インド西北地方・中央アジアの古代都城と仏寺跡

釈尊ゆかりの地

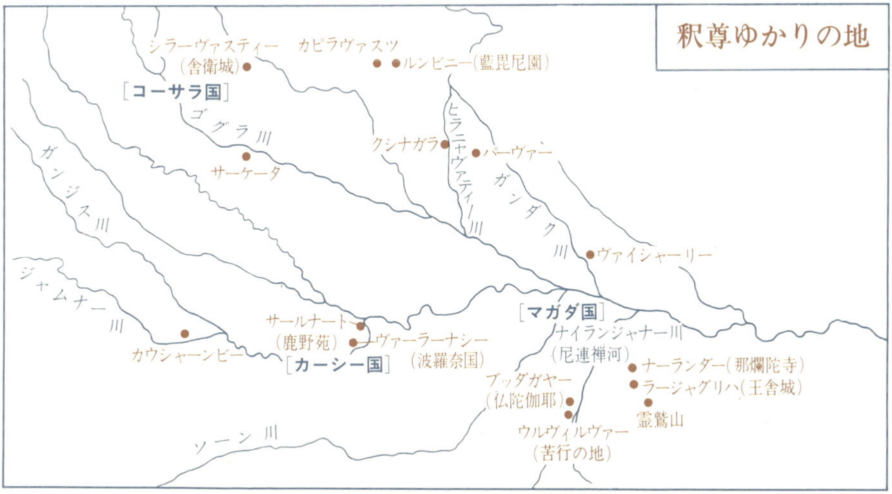

岩波
仏教辞典
第二版

編集
中村　元　福永光司
田村芳朗　今野　達
末木文美士

岩波書店

第二版刊行にあたって

『岩波 仏教辞典』の初版は，1989年の刊行以来版を重ね，研究者のみならず，学生や一般の方にも広く用いられ，好評を博してきた．コンパクトでありながら，重要項目を網羅し，説明も最新の成果を反映させて信頼できると同時に，現代人にも分りやすく，かつまた周辺分野まで目配りした豊かな内容が，多くの方々の支持を得た結果であろう．

仏教研究の第一人者であった中村元先生・田村芳朗先生に，中国哲学の福永光司先生，国文学の今野達先生を加えた編者の布陣は，望みうる最高のものであり，何度か同席させていただいた編集会議では，侃侃諤諤の大激論が交わされ，編者の先生方のいずれ劣らぬ学問にかける情熱に，深い感銘と興奮を覚えたものであった．そのことがつい先頃のようにありありと思い出されるのに，4人の編者のうち，中村元・福永光司・田村芳朗の3先生がいまは鬼籍に入られ，この10余年の推移の激しさにただ呆然とするばかりである．

その後，本辞典改訂の計画が立てられ，初版のときにお手伝いした縁で，私に正式に編者に加わって，作業に当るようにとの依頼をいただいたのは1999年のことであった．当初，私はこの改訂作業に対して，いささか臆するところがあった．多少の新項目の追加程度ならばともかく，初版の編者・執筆者の方々が心血を注いだ項目に手を加えることは，改訂どころか改悪になりかねないと恐れたからである．

しかし，初版以後の関係諸学の進展は著しく，とりわけ学際的な協力によって明らかになってきたところは少なくない．それを辞典に反映させることは不可欠のことである．そこで，斎藤明(インド仏教)，菅野博史(中国仏教)，石井公成(韓国朝鮮仏教)，松尾剛次(日本史)，小峯和明(文学)，山本勉(美術)，藤井恵介(建築)というそれぞれの分野の第一人者の方々に編集協力者となっていただき，既存の全項目を慎重に見直し，近年の研究状況に照らして相当数の項目に加筆修正を加えることとなった．それとともに，600近い新項目を追加して，面目を一新することができた．

新項目としては，チベット関係，東南アジア関係，インド思想関係などの用語を重点的に追加し，さらに初版に欠けていた近代関係も加えた．これによって，時代的にも古代から近代まで，地域的にも仏教の広まったほぼ全地域をカバーすることができた．付録の図版や年表も増補し，さらに索引を充実させて，活用の便を図った．その結果，一冊本の小型辞典としては，質・量ともに現段階で可能な限り最高最善の内容になったと自負している．協力を惜しまれなかった編集協力者・執筆者，また岩波書店や印刷所・製本所の関係者の皆様に，ここに改めて感謝の意を表したい．

本辞典によって，読者が豊かな仏教の世界に理解を深めていただけるならば，何よりも嬉しいことである．

2002年10月

末木文美士

はじめに

われわれ日本人の生活の中には，仏教が深く入り込んでいる．仏教的儀礼や行事が日常生活の大きな節目となっているだけでなく，仏教思想は日本人の精神生活に根底から影響を与えている．われわれがふだん使用する言葉には仏教ゆかりのものが数多くあり，また日本文学も，ことにいわゆる古典文学は多かれ少なかれ仏教思想の影響のもとに成立している．

このように，仏教が日本文化に与えた影響は，はかり知れないものがある．したがって，仏教を正しく理解することは，日本人の生活，とりわけその精神的側面に裨益するところが大きい．そのためには，古代から近代に至る仏教の流れを大きく見つめ，その思想の展開をできるだけ深く認識することが必要である．

そこで，ひろい視野から文化交流に照明をあてて，改めて仏教を見直し理解しようという意図をもって編纂されたのが，この辞典である．

まず，仏教の成立と発展を，インド古来の諸宗教との関連に特に注意しつつ，インド，ネパール，スリランカその他のアジア諸国の文化と社会の発展の中に位置づけ，近年のいちじるしく進歩した学問的研究を参照して，その成果を盛り込むことにした．

さらに仏教が東アジア諸国に広まると，漢字文化圏独自の伝統のうちに受容消化され，新しい意義を獲得した．いわゆる仏教語とよばれるものは，実は中国文化の古代からの伝統を受けて用いられたものがほとんどであるから，中国における原義を明確ならしめ，それが中国から日本の仏教においてどのような新しい解釈を産んだか，その経過を検討した．

われわれが特に仏教を問題とするのは，前述したように仏教が日本人の精神生活の根底にあり，無意識のうちに人生観を支配しているからである．そこで日本仏教の解明に特に力を注ぎ，日本の古典に仏教がどう現れ，どのようにわれわれの文化に影響を与えたか，その迹を追究することに努めた．

編集委員たちはしばしば会合して打合せをし，編集部を通して諸執筆者と絶えず連絡をとったが，全企画の中心となっていたのは，田村芳朗教授である．田村教授は精魂を傾けて，項目・執筆者の選定，文体の統一，用語の吟味などに当った．しかし近年健康がすぐれず，刊行を待たずして本年3月20日に逝去されたのは痛惜の至りである．

なお本辞典の編纂に当っては，故宇井伯寿博士の未刊の労作『佛教語彙』の原稿も参照させていただいた．遺稿使用を快く了承してくださった宇井家に感謝の意を表するものである.

編纂の過程では，末木文美士氏には全体にわたって，神塚淑子氏には古代中国語を中心に，櫻岡寛氏には用例の検索と採集を中心に，それぞれ協力をいただいた．また，阿部慈園・三友量順両氏をはじめとする財団法人東方研究会の諸氏にはさまざまな面から援助・協力をいただいた．ここに記して謝意を表したい.

この辞典によって，新しい仏教理解への道が開かれるであろうと期待する.

1989 年 10 月

編　　者

第二版執筆者一覧

編集委員

中村　元
田村芳朗
末木文美士
福永光司
今野　達

編集協力者

石井公成
小峯和明
藤井恵介
山本　勉
菅野博史
斎藤　明
松尾剛次

執筆者

朝倉　尚
浅見龍介
阿部泰郎
有賀弘紀
安藤　充
池上良正
石井公成
石川　透
石濱裕美子
伊藤文生
稲本泰生
伊吹　敦
石上和敬
岩城英規
岩鼻通明
上田　昇
牛山佳幸
大久保良峻
大島　薫
岡田繁穂
小野健吉
加島　勝
片岡　啓
桂島宣弘
神塚淑子
河野　訓
神田千里
菅野博史
岸田依子
金　天鶴
金　文京
小島裕子
小峯和明
斎藤　明
佐伯俊源
佐古年穂
佐藤弘夫
島田　明
下田正弘
末木文美士
杉田瑞枝
鈴木隆泰
住吉朋彦
曽根原理
平　雅行
高堂晃壽
田中公明
近本謙介
津田徹英
中尾良信
永村　眞
西本照真
朴　亨國
長谷洋一
林　淳
引田弘道
福田洋一
藤井恵介
細田典明
堀内伸二
堀川貴司
前川健一
増尾伸一郎
松尾剛次
松尾恒一
松下みどり
松村　巧
丸井　浩
蓑輪顕量
三宅晶子
安原眞琴
山下　勤
山之内誠
山部能宜
山本　勉
吉水千鶴子
吉村稔子
吉村　均
渡辺匡一
渡辺浩希
渡辺麻里子

初版執筆者一覧

編集委員

中村　元	福永光司	田村芳朗	今野　達

執筆者

秋月龍珉	梶山雄一	今野　達	高木　豊
淺井圓道	柏木弘雄	三枝充悳	高崎直道
阿部慈園	柏原祐泉	斎藤　明	高島　要
新井慧誉	勝又俊教	佐伯真光	高橋審也
荒牧典俊	加藤純章	阪田宗彦	高橋俊和
池田練太郎	金沢　篤	坂元ひろ子	田上太秀
池山一切圓	神塚淑子	坂輪宣敬	滝本裕造
石井公成	上村勝彦	櫻井徳太郎	田口和夫
石井修道	辛島静志	櫻岡　寛	竹村牧男
石上善應	川口久雄	櫻部　建	多田孝正
石田尚豊	川崎信定	佐々木宏幹	橘　俊道
石田瑞麿	河村孝道	定方　晟	田中教照
石破　洋	菅野博史	佐藤良純	田中　淡
伊東史朗	木内堯央	里道徳雄	田辺和子
伊藤瑞叡	菊地良一	塩入伸一	谷沢淳三
井上　正	北川前肇	塩入亮達	玉城康四郎
今成元昭	木下政雄	塩入良道	玉村竹二
岩松浅夫	木村清孝	島田外志夫	圭室文雄
瓜生津隆真	金　知見	清水善三	田丸徳善
江島惠教	雲井昭善	下泉全暁	田村晃祐
大島　晃	桑山正進	真野俊和	田村隆照
太田博太郎	見理文周	吹田和光	田村芳朗
岡部和雄	小島恵子	末木文美士	千本英史
丘山　新	小林保治	菅沼　晃	塚本啓祥
沖本克己	小林芳規	勝呂信靜	津田真一
奥村郁子	小松邦彰	関山和夫	土田龍太郎
梶谷亮治	小南一郎	曾根正人	鶴岡靜夫

徳田和夫
礪波護
永井義憲
中田直道
長廣敏雄
中別府温和
中村生雄
中村廣治郎
奈良康明
西口芳男
西村聡
西山厚
納富常天
野口圭也
袴谷憲昭
畑中要
蜂屋邦夫
濱田隆
林淳
早島鏡正
速水侑
原實
坂東性純
平岡定海
平川彰
平田喜信
平林盛得
廣田二郎
福永光司
藤井教公
藤井學
藤田宏達
星野英紀
細川行信
本郷真紹
前田惠學
前田專學
正木晴彦
松浦正昭
松田愼也
松長有慶
松野純孝
松村巧
松本照敬
松本史朗
丸山孝雄
三木紀人
三崎良周
三友量順
峰岸明
宮次男
宮家準
宮崎英修
宮田登
宮元啓一
麥谷邦夫
宗政五十緒
望月良晃
森章司
森祖道
森岡清美
矢島道彦
柳沢良一
柳田聖山
山内舜雄
山折哲雄
山口瑞鳳
山住正己
山田和夫
山田昭全
由木義文
横山紘一
吉川忠夫
吉田久一
吉田宏晢
吉野恵子
頼富本宏
脇本平也
渡邊寶陽

協力者（付録図解，年表，索引）

石田尚豊
太田博太郎
神塚淑子
桑山正進
児玉義隆
田中淡
田村隆照
林淳
本郷真紹
宮本道夫
吉岡司郎

テーマ項目一覧

文学関係

漢詩文と仏教　174
記紀と仏教　192
近世文芸と仏教　231
上代文学と仏教　531
中国文学と仏教　709
中世文学と仏教　711
俳諧と仏教　815
平安文学と仏教　892
昔話と仏教　983
物語と仏教　1005
和歌と仏教　1079

美術関係

インドの仏教美術　60
浄土教美術　537
禅宗美術　618
チベットの仏教美術　702
中国の仏教美術　708
朝鮮の仏教美術　718
東南アジアの仏教美術　760

その他

易学と仏教　86
音楽と仏教　118
教育と仏教　207
社会福祉と仏教　460
天皇と仏教　743

凡　例

項　目

1．仏教用語を中心に，文学・歴史・民俗・法事・行事・美術などの諸領域にわたり，固有名詞としては仏天・経典・書名・人名・寺名・地名などを採録．また仏教思想との関わりにおいて重要な一般語も項目として立てた．

2．特定の分野(テーマ)における仏教の影響，仏教との関わりを一括解説するため，総合的な項目を立てた．「テーマ項目一覧」を前頁に掲げた．

　例：中世文学と仏教，昔話と仏教，俳諧と仏教，音楽と仏教，インドの仏教美術，浄土教美術，天皇と仏教，など．

3．項目の配列は五十音順で，清音・濁音・半濁音の順とした．配列に際して，促音・拗音は直音の後に置き(例：執事しつじ，悉地しっじ)，長音(ー)，ハイフン(-)は無視した．なお，中黒(・)およびカンマ(，)のある対語項目の配列は，検索を考慮して中黒・カンマ以下の用語の読みは配列から除外し，適宜「仮見出し」を立てた(例：信士・信女しんじ・しんにょ)．

見出し

1．原則として常用漢字・人名用漢字については新字体とそれに基づく表記を採用したが，仏教思想と密接に関わりのある語は，必ずしもそれに依らなかった．

　例：智慧(知恵)，讃歎(賛嘆)，顚倒(転倒)，など．

2．漢語は漢字で表記し，平仮名で読みを示した．異なる表記・読みがある場合は本文で言及し，必要に応じて「仮見出し」を立てた．ただし，読みの清音・濁音については，本文での言及は多くの場合省略した．

　例：**安穏** あんのん　〈安隠〉とも書かれる．
　　　宛然 えんねん　〈えんぜん〉とも読む．
　　　法界 ほうかい　⇒法界ほっかい
　　　善神 ぜんしん　「〈ぜんじん〉とも読む．」は省略した．

3．和語は，漢字および漢字仮名交り表記の定着している語については漢語に準じ，平仮名表記の語については現代仮名遣いで表記した．

　例：あるべきようは(…やうは)，あわれ(あはれ)．

4．外国語は片仮名で表記した．

　例：アジャンター，ヴェーダーンタ，ジャータカ，など．

　ただし，古来国語での表記が定着し，現在も原語の片仮名書きと漢字の音写語が共用されていると思われる語は，国書読解の便を配慮して漢字表記を優先し，片仮名表記は，必要と思われるものを「仮見出し」とした．

　例：阿育王(アショーカ王)，阿毘達磨(アビダルマ)，婆羅門(バラモン)，など．

5．同一分野の項目で表記と読みが同じものが複数ある場合は，右肩に数字を付して区別した．

　　慧遠[1] えおん　　**慧遠**[2] えおん　　**『法華義疏』**[1] ほっけぎしょ　　**『法華義疏』**[2] ほっけぎしょ

　ただし解説文中では，両者の識別が明瞭な場合は右肩の数字は省略した．

原　語

1．必要に応じて，見出し語の次に原語をローマ字表記によって表示した．対応する原語が複数ある場合には，その代表例を掲げた．表示に当ってはサンスクリット語を優先し，場合によってはパーリ語や他の原語を併記した．ただし，見出し語との関係で，解説文中に記載した場合も多い．なお，チベット語は北村-ワイリー方式で転写した．

s: サンスクリット語　*p*: パーリ語　*pkt*: プラークリット語　*t*: チベット語

2．上記以外の外国語見出しには，相応する原語をローマ字で表記し，言語表示は省略した．

例：**アンコール-ワット**　[Angkor Vat]

ラ-ヴァレ-プサン　[Louis de la Vallée Poussin]

3．中国人名は，その読みを拼音(ピンイン)で，朝鮮人名は，マッキューン-ライシャワー方式で表記した．

例：**洞山良价** とうざんりょうかい　[Dòng-shān Liáng-jiè]（中国人）

元暁 がんぎょう　[Wŏn-hyo]（朝鮮人）

本　文

1．原則として常用漢字・人名用漢字は新字体を採用したが，見出しと同様な理由から，必ずしもそれにこだわらなかった．

2．現代仮名遣いを採用したが，引用文についてはその限りでない．

3．典拠のある文を引用する場合は「　」で，強調したい語句などは主として〈　〉で囲んだ．また経典以外の書名は『　』で囲んだ．

4．解説文中で＊を付した語は，その語が項目として立てられていることを示す．ただし立項されている語すべてに＊を付したわけではない．また，他の項目を参照することが望ましい場合は，文末にその項目を ⇀ で示した．

5．年代表示は原則として西暦を主とし，必要に応じて和年号・中国年号を付した．

6．大項目には，読解の便を考慮して，適宜【　】を付して小見出しを作成した．

7．解説文中のサンスクリット語は，誤解の恐れのないかぎり，*s* の注記を省略した．

用　例

1．仏教用語の日本文化への浸透の一端を例挙し，併せて用語の理解に資するために，用例を採取し，解説に添えた．その趣旨から，用例は原則として日本の古典籍より採取し，中国の典籍からの採取は最小限にとどめた．

2．用例採取に当っては，『日本古典文学大系』『日本思想大系』（いずれも岩波書店）を中心に広く評価の定まったテキストを用い，出来るだけ他の辞典類に収載されていない新用例を採択するよう心掛けた．なお，文脈の中で理解し得る用例を求める趣旨から，古辞書の利用は極力避けた．

3．見出し語とまったく同じ表記であることにこだわらず，音読の見出しに訓読の例を当てるなど，その表記の範疇にあると見なせる語例を柔軟に採用した．

4．用例は「　」で囲み，その後ろに出典名を〔　〕で示した．この形式は，解説文中における経論・中国古典などの引用文にも適宜応用した．

5．読解の便を優先して，仮名は平仮名に統一し，拗音・促音は小文字とした．また適宜漢字を仮名に，仮名を漢字に改めたほか，句読点を付し，必要に応じて送り仮名を補った．

6．原典が漢文体である場合には読下し文に改めた．読下し文は，同時代の表記に準拠して歴史的仮名遣いを使用した．

7．使用した主要な出典とその表示については「出典要覧」を参照されたい．

出 典 要 覧

1) 本辞典に採録した用例の出典は多岐にわたるが，その主要なものを以下に表示する．解説文中に記された文献は省略した．
2) 異本のある場合，本文の出典名表示ではその区別をしたものもある．
例：古活字本平治物語，七巻本宝物集，貞享版沙石集，十二巻正法眼蔵，など．
本要覧では書名を掲げるにとどめた．
3) （ ）内は本文中で使用した書名の略称もしくは通称を示す．
4) 〔 〕内に室町・江戸期の文学作品のジャンルを略称で示した．
謡: 謡曲　幸若: 幸若舞曲　浄: 浄瑠璃　伽: 御伽草子　仮: 仮名草子　噺: 噺本
浮: 浮世草子　洒: 洒落本　滑: 滑稽本　人情: 人情本　読: 読本　説経: 説経浄瑠璃

壒嚢鈔
秋夜長物語〔伽〕
朝熊山縁起
吾妻鏡
敦盛〔幸若〕
意見十二箇条
異制庭訓往来
伊勢太神宮司解案
伊曾保物語〔仮〕
一言芳談
一休咄〔噺〕
一遍上人絵伝（一遍聖絵）
一遍上人語録（一遍語録）
妹背山婦女庭訓〔浄〕
石清水不断念仏縁起
因果物語〔仮〕
鵜飼〔謡〕
浮世床〔滑〕
浮世物語〔仮〕
宇治拾遺物語（宇治拾遺）
鶉衣
宇津保物語（宇津保）
瓜子姫物語
詠歌大概
栄花物語（栄花）
叡山大師伝
延喜式
塩山和泥合水集（合水集）
艶道通鑑
延徳御八講記
往生拾因
往生要集
大鏡
奥の細道
御伽物語
御文
おらが春
折たく柴の記
尾張国郡司百姓等解
海道記
懐風藻
開目抄
下学集
花鏡
覚海法橋法語
かげろふ日記
華実年浪草
家伝
仮名手本忠臣蔵〔浄〕
鹿の子餅〔噺〕
唐鏡〔噺〕
軽口御前男〔噺〕
軽口露がはなし
河越記
閑居友
勧化往生論
菅家後集
菅家文草
菅家遺誡
元興寺伽藍縁起
元興寺伽藍縁起付牒
漢光類聚
勧奨天台宗年分学生式
（山家学生式）
観心本尊抄
観音利益集
看聞御記
奇異雑談集
義経記
北野大茶湯之記
北野天神縁起
きのふはけふの物語〔噺〕
九十箇条制法
嬉遊笑覧
狂雲集
教行信証
狂言六義
孝養集
玉葉
空也上人絵詞伝
愚管抄
愚迷発心集
庫裡法門記
黒谷上人語灯録
傾城禁短気〔浮〕
華厳法界義鏡（義鏡）
解脱上人戒律興行願書
顕戒論
顕戒論縁起
元亨釈書
源氏物語（源氏）
源平盛衰記（盛衰記）
興正菩薩御教誡聴聞集
（興正聴聞集）
好色一代男〔浮〕
好色一代女〔浮〕

好色五人女〔浮〕
興禅護国論
高僧和讃
興福寺奏状
高野山往生伝
高野山文書
高野大師御広伝
小大君集
粉河寺縁起
古今和歌集
国性爺合戦〔浄〕
古今著聞集(著聞)
後嵯峨院宸筆御八講記
小盃〔仮〕
後山霊験記
古事記
古事談
五十年忌歌念仏〔浄〕
五常内義抄
後鳥羽院御口伝
後鳥羽院正治二年御百首
後鳥羽院正治二年
　第二度御百首
古来風体抄
崑山集
今昔物語集(今昔)
言泉集
西鶴諸国ばなし〔浮〕
西行物語絵詞
摧邪輪
再住妙心開山特賜仏智弘済
　禅師行業略記(盤珪行業)
最須敬重絵詞
西大寺資財流記帳
狭衣物語(狭衣)
ささめごと
薩摩歌〔浄〕
更級日記
申楽談義
山家集
三教指帰
三国伝記
三国仏法伝通縁起
三冊子
参天台五台山記
三塔巡礼記
三人法師〔伽〕
三部経大意
三宝絵詞(三宝絵)
山門堂舎記
慈慧大師伝
自戒集
鹿の巻筆〔噺〕
信貴山縁起
私聚百因縁集
地蔵菩薩霊験絵詞
地蔵菩薩霊験記
七十一番職人歌合
七番日記
十訓抄
釈家官班記
沙石集
拾遺往生伝
拾遺黒谷上人語灯録
拾遺和歌集
宗義制法論
十善法語
守護国界章
守護国家論
種々御振舞御書
酒食論
出定後語
春色辰巳園〔人情〕
承久記
上宮聖徳法王帝説
上顕戒論表
正眼国師逸事状(盤珪行業)
小乗大乗分別抄
成尋阿闍梨母集(成尋母集)
正信念仏偈
正像末浄土和讃
　(正像末和讃)
樵談治要
正徹物語
聖徳太子伝暦
浄土和讃
正法眼蔵
正法眼蔵随聞記(随聞記)
勝鬘経義疏
将門記
成唯識論述記
小右記
請立大乗戒表
承暦元年法勝寺供養記
続日本紀
諸山縁起
諸宗階級
諸神本懐集
新御伽婢子〔浄〕
新古今和歌集
真言伝
真言内証義
真言付法纂要抄
新猿楽記
心中二枚絵草紙〔浄〕
心中万年草〔浄〕
新勅撰和歌集
神道集
真如観
神皇正統記
新花摘
親鸞消息
菅原伝授手習鑑〔浄〕
聖覚四十八願釈
醒睡笑〔噺〕
青楼昼之世界錦之裏〔洒〕
尺素往来
摂州合邦辻〔浄〕
善光寺縁起
千載和歌集
撰時抄
禅宗綱目
撰集抄
選択本願念仏集(選択集)
仙伝抄
善無畏三蔵抄
雑談集
僧尼令
増山井
造立盧舎那仏詔
曾我物語(曾我)
続教訓鈔
続古事談
続遍照発揮性霊集補闕抄
　(性霊集補闕抄)
続本朝往生伝
大安寺伽藍縁起
　并流記資財帳

大経直談要註記
大山寺縁起
大日本国法華経験記
（法華験記）
太平記
大法正眼国師盤珪琢大和尚
行業曲記（盤珪行業）
当麻曼荼羅縁起
当麻曼陀羅疏
竹取物語
多度神宮寺伽藍縁起
并資財帳
玉の小櫛
多聞院日記
歎異抄
竹斎〔仮〕
中華若木詩抄
注好選
澄憲作文集
長秋詠藻
椿説弓張月〔読〕
堤中納言物語
妻鏡
鶴岡社家執事職次第
徒然草（徒然）
天台座主良源起請
天台法華宗牛頭法門要纂
天台法華宗年分学生式
（山家学生式）
天台法華宗年分度者回小
向大式（山家学生式）
殿暦
東海道中膝栗毛〔滑〕
東海道名所記
道元和尚広録
童子問
道成寺〔謡〕
東大寺諷誦文稿
道範消息
童謡集
栂尾明恵上人遺訓
（明恵遺訓）
栂尾明恵上人伝記
（明恵上人伝）
土佐日記
俊頼髄脳

問はず語り
夏祭浪花鑑〔浄〕
男色大鑑〔浮〕
仁勢物語〔仮〕
日蓮遺文
入唐求法巡礼行記
（巡礼行記）
日本永代蔵〔浮〕
日本往生極楽記
（往生極楽記）
日本国現報善悪霊異記
（霊異記）
日本書紀（書紀）
野守鏡
俳諧歳時記
俳諧新選
誹諧歯がため
梅花無尽蔵
梅松論
誹風柳多留
芭蕉〔謡〕
八幡宮巡拝記
八幡愚童訓
花子〔狂言〕
花摘
浜松中納言物語
春告鳥〔人情〕
盤珪仏智弘済禅師御示聞書
（盤珪語録）
播州法語集
比叡天台法華院得業学生式
ひとりね
秘密安心又略
秘密曼荼羅十住心論
（十住心論）
百錬抄
風姿花伝
風俗文選
夫婦宗論物語〔仮〕
藤〔謡〕
舞正語磨
扶桑略記
普通唱導集
仏智弘済禅師法語
（盤珪語録）
仏法夢物語

懐硯〔浮〕
文華秀麗集
平家物語（平家）
平治物語（平治）
遍照発揮性霊集（性霊集）
反故集
保元物語（保元）
方丈記
法成寺金堂供養願文
法然消息
宝物集
法隆寺伽藍縁起
并流記資財帳
法隆寺金銅釈迦三尊造像記
法蓮抄
菩提集
菩提心集
法華修法一百座聞書抄
（法華百座）
発心集
法相二巻抄
堀川波鼓〔浄〕
本覚讃
本願寺聖人親鸞伝絵
本朝新修往生伝
本朝神仙伝
本朝続文粋
本朝二十不孝〔浮〕
本朝無題詩
本朝文粋
本理大綱集
毎月抄
枕双紙
増鏡
松の葉
満仲〔幸若〕
万法甚深最頂仏心法要
万葉集（万葉）
御堂関白記
明恵上人歌集（明恵歌集）
明恵上人行状
明恵上人夢記
妙行心要集
妙好人伝
夢中問答
無名抄

紫式部日記
無量寿経釈
明月記
盲安杖
役者論語
康富記
鑓の権三重帷子〔浄〕
唯一神道名法要集
用明天皇職人鑑〔浄〕
義経千本桜〔浄〕
夜の寝覚
頼印大僧正行状絵詞
洛陽誓願寺縁起
立正安国論
琉球往来
梁塵秘抄（梁塵）
梁塵秘抄口伝集
蠡測集
蓮如上人御一代聞書
連理秘抄
驢鞍橋
路れん〔狂言〕
和漢朗詠集
和州久米寺流記
わらんべ草

函・扉の装画
東大寺蔵「盧舎那仏像台座蓮弁毛彫り」より

ア

愛 あい　仏教における〈愛〉を考える場合，漢訳語「愛」やそれに相当するインド語原語を通しての考察と，たとえ，「愛」という語は見られなくとも，現代的意味(多分に西洋の概念に基づく)での〈愛〉に関連する諸概念，たとえば，〈慈悲〉などについての考察といった両面が想定されるが，本項においては，基本的に前者の立場からの叙述が中心となる．

【インド仏教】仏典において〈愛〉は，否定・肯定両方のニュアンスで扱われる．否定されるべき〈愛〉の代表は，本来，喉の渇きを意味する tṛṣṇā (*p*: taṅhā) であろう．「渇愛(かつあい)」などと訳され，好ましい対象に対する飽くなき渇望，欲望を意味する．taṅhā は諸々の苦の源泉とされ，*輪廻(りんね)・*再生の因にも位置付けられ，初期仏典・大乗仏典を問わず，常にその捨離が推奨される．次に，kāma もしばしば否定の対象となる．kāma は本来「意欲，意志」一般を意味したが，「欲望」さらには男女間の「愛欲」の意味にも発展し，やはり，諸々の苦の源泉として，出家者には特に厳しく戒められる．他には，「貪りの心」を意味する rāga，「愛着」などに当たる sneha (*p*: sineha)，「愛するもの」を意味する priya (*p*: piya) なども，自己中心的な執着の意味を持つ場合には否定されるべき〈愛〉である．

一方，肯定されるべき〈愛〉としては，*仏法僧(ぶっぽうそう)や*涅槃(ねはん)，*善知識(ぜんちしき)などの宗教的対象に対する〈愛〉がまず挙げられる．先に触れた kāma も dharma-kāma (「愛法」などと訳す) などという場合は肯定的ニュアンスであり，さらに，「愛情，親愛」に近い preman (*p*: pema)，「喜び，楽しみ」を意味する rata, rati なども〈愛〉を含む訳語をもって肯定的に説かれる事例も散見される(無論，宗教的対象と言えども，それらを固定的・実体的に捉え執着することは戒められる)．また，「愛らしい，好ましい」を意味する形容詞 priya (*p*: piya) を含む複合語 priya-vāda (愛語)，priya-cakṣu (愛眼) などが奨励される例も珍しくない．*利他の精神より発する〈愛〉も肯定されるのである．

〈愛〉に両面のあることは，*『倶舎論(くしゃろん)』でも preman を挙げて次のように言う．「愛(preman)には二種あり．*染汚(ぜんま)(kliṣṭa)と不染汚(akliṣṭa)とである．その中で，染汚なる[愛]とは渇愛(tṛṣṇā)であり，子や妻等に対する[愛]の如きである．不染汚なる[愛]とは*信(śraddhā)であり，師長や有徳の人々に対する[愛]である」．→渇愛，カーマ，慈悲．

【中国・日本での展開】中国の思想家が説く〈愛〉に関わる語が，漢訳仏典に採用された事例として，墨家の「兼愛(けんあい)」(無差別平等の愛)，儒家の「仁愛(じんあい)」などが挙げられよう．これらは慈悲とも通じ，肯定されるべき意味合いを持つ．〈愛〉という語に二面性を認める状況は，たとえば，日本の*親鸞(しんらん)などにも顕著である．親鸞は自身を「愛欲の広海に沈没し」〔教行信証 信巻〕と述懐するなど〈愛〉を否定されるべき煩悩と捉える一方，そのような罪重の身のままに救われていく喜びを，「一念喜愛の心」〔教行信証 行巻〕とも唱っている．

「今夜(こよひ)正しく女の彼の許に行きて，二人臥して愛しつる顔よ」〔今昔 31-10〕「我なくて後に愛する人なくは飛びてかへれね高嶋の石」〔明恵上人伝〕

愛敬 あいぎょう　愛し敬(うやま)うこと．漢語の〈愛敬(あいけい)〉は，父母や君主など目上の人に対して持つ心情をいい，『孝経』天子章，『呂氏春秋』孝行など多くの用例がある．仏教では，仏・菩薩の優しく温和な相貌を〈愛敬相(あいぎょうそう)〉といい，また，人々の和合親睦を祈り，互いに愛し敬う心を起させる修法を〈愛敬法(あいぎょうほう)〉という．日本では〈愛〉に意味の重点が移って，かわいらしいこと，愛らしく魅力的なことの意に用いられるようになった．*観音経(かんのんぎょう)(法華経普門品)など一般仏典では〈あいきょう〉と読むために，中世末には〈あいきょう〉とも読んで，のちに〈愛嬌〉を当てるようになった．なお，貴人の婚礼時の乗物を〈愛敬手車〉，婚礼後3日目の祝い餅を〈愛敬餅〉などと称したのは，男女の情愛がこまやかで和合する意に転じたものである．「笑ひたるまみ，愛敬づきたり」〔源氏 蜻蛉〕「その姿美麗にして，衆人愛敬す．その貌(かたち)端正(たんじや)

うにして見る者歓喜す」〔新猿楽記〕

阿育王 あいくおう　治世前268-232　〈阿育〉はサンスクリット語Aśoka(パーリ語Asoka)に相当する音写．アショーカ王．〈無憂王むうおう〉とも漢訳する．*マウリヤ王朝第3代の王．古代インドにおける統一国家建設の偉業を果たした．その版図は南はインド亜大陸の南端近くまで，西はアフガニスタンやアラコシアに及んだ．王は在位中の事業や政策の方針を詔勅(法勅と称する)として岩壁(磨崖法勅)や石柱(石柱法勅)に銘刻せしめた(*アショーカ王碑文)．

即位してから8年のちのカリンガ征服によって生じた悲惨な結果を悔恨した王は，仏教に帰依し，武力による征服から*法による征服へ政策を転換し，法大官を設置して種々の事業を遂行した．娯楽の巡遊(狩猟)を廃して法の巡礼をはじめ，*婆羅門ばらもん・*沙門しゃもん・*長老を訪ねて金銭を*布施し，人民を接見して法の訓誡をなした．殺生を禁じ饗宴のための浪費を誡め，道路には植樹し，井泉を掘鑿くっさくし，休息所を設置せしめた．また人と家畜のための2種の療養院を建て，薬草や果樹を栽培させた．仏教，バラモン教(*婆羅門教)，*ジャイナ教，*アージーヴィカ教(邪命外道じゃみょうげどう)などのすべての宗教を人間の真理の実現に役立つものとして平等に保護し，帝国の辺地やギリシア，エジプト諸国に法の使臣を派遣した．王は*正法しょうぼうの永続を願って*比丘びくらが実践すべき7種の法門を銘刻せしめ，ルンビニー(*藍毘尼園らんびにおん)や過去仏コーナーガマナの塔を訪れて供養した．当時，仏教教団は分派の傾向にあったため，教団の分裂(破僧伽はそうぎゃ)を誡める法勅を発布している．スリランカ史伝によれば，王の治世に首都パータリプトラで第三*結集けつじゅうが開催されたと伝えられる．

また，『阿育王伝』によれば，王は仏滅時に建立された8塔(*仏舎利塔)中の7塔を開いて，仏舎利をさらに分配し，全インドに8万4千塔を建立したという．現存仏塔の中で*クシナガラ，*ヴァイシャーリー，バールフト，*サーンチー，アマラーヴァティー，ソーパーラーなどの諸塔は，王の建立または増広ぞうこうに由来する．この王の事績は後世のインドにおいて仏塔の建立と供養を流行せしめた(→塔)．なお，阿育王の8万4千塔造立の所伝は，中国・日本にも強力な影響を及ぼし，中国では西晋の劉薩訶(何)りゅうさっかの8万4千塔の1基発見に由来する阿育王山広利禅寺(略して育王山)信仰が高まり，また呉越王銭弘俶せんこうしゅくの8万4千*宝篋印塔ほうきょういんとうの制作などがあった．特に育王山信仰は日宋交通を介してわが国にも多大な影響を与えた(→阿育王山)．

阿育王山 あいくおうざん　〈育王山〉ともいう．中国,浙江省寧波市の東にある山．山中に阿育王寺があり，阿育王塔の伝承を持つ．*『法苑珠林ほうおんじゅりん』38によれば，劉薩何(訶)りゅうさっか(慧達えたつ)が仮死した時，胡僧から阿育王塔を礼拝すれば地獄に入るのを免れると教えられ，蘇生後，出家して塔を探し求めたところ，この地から*舎利と*宝塔が出現したという．六朝以後，歴代にわたって堂宇が修建され，禅宗五山の第五に数えられた．現在は天王殿・大雄宝殿・舎利殿・蔵経楼があり，舎利殿内に高さ7メートルの石塔，その中に舎利を納めた木塔がある．また寺の西側に高さ36メートルの六角磚塔せんとう(1365年建立)がある．

阿育王塔発見に由来する育王山信仰は，日宋交通を介してわが国にも多大の影響を与え，平安末期以降，育王山は*五台山に代って入宋巡礼僧の聖地となり，日本国内でも，『平家物語』に伝える平重盛の沙金寄進を始め，重源ちょうげんの材木施入，源実朝の前生育王山長老説と渡海志願などがあった．なお，近江国(滋賀県)石塔寺を阿育王の八万四千塔所在の地とする説話も，『源平盛衰記』以下中世文学作品に散見して著名．

愛見 あいけん　[s: tṛṣṇā-dṛṣṭi]　*愛と*見の2種の煩悩ぼんのう．〈愛〉は事物に対する愛着の情で*貪欲とんよくなどをいい，〈見〉はとらわれた見方で*我見・*邪見などをいう．*『大智度論』7では，*結けつ(煩悩)を〈愛〉に属するものと〈見〉に属するものに分ける．〈愛見の大悲だいひ〉とは，衆生に対する愛着の情によって生じる*慈悲の心をいい，これは煩悩を断っていないものであるから捨離すべきであるとされる．*維摩経ゆいまぎょう問疾品に見える．

挨拶 あいさつ　〈挨〉も〈拶〉も押す，迫るの意．宋代頃から見える口語表現で，群衆が他を押しのけて進む意．禅では，相手の悟りの浅深をはかるために*問答をしかけることの意に用いる．転じて，日本では応答・返礼などの意味に用いられ，また，出会いや別れのときの親愛の言葉や動作のことを一般に〈挨拶〉というようになった．

愛染 あいぜん　仏教では*愛は貪(むさぼ)り・*執着(しゅうじゃく)で*煩悩(ぼんのう)とみなされるが，密教では，愛の積極的な活用を評価して，それを*衆生(しゅじょう)の救済に向かう原動力とみる．この場合，自己中心の欲望に染(そ)まり，それを充足させることではなく，自我を離れ，生けるものすべてを対象とし，その救済に向かう欲に染まることをすすめる．このような思想を仏としたのが〈*愛染明王〉であり，愛染明王を中心とする17尊を配置した曼荼羅(まんだら)を〈*愛染曼荼羅〉という．愛染明王を*本尊として，*敬愛法(けいあいほう)を修するのが〈愛染法〉である．「自法を愛染するゆゑに他人の法を毀呰(きし)すれば，持戒の行人なりといへども地獄の苦をまぬかれず」〔拾遺黒谷上人語灯録中〕

愛染曼荼羅 あいぜんまんだら　人びとが愛し和合を願う*敬愛法(けいあいほう)の本尊．金剛界(こんごうかい)曼荼羅*理趣会(りしゅえ)の中尊の*金剛薩埵(こんごうさった)を，愛染明王に代えただけの理趣会系曼荼羅(根津美術館・鎌倉時代，随心院・鎌倉時代)のほかに，内院中心に愛染明王と両脇に各2童子，四隅に馬頭・降三世(ごうざんぜ)・大威徳(だいいとく)・無能勝(むのうしょう)，外院(げいん)に*十二天をめぐらすもの(*太山寺，室町時代)や，愛染明王を中心に両頭(りょうず)愛染・不動・大威徳・観音・弥勒(みろく)・宝幢(ほうどう)・剣竜をめぐらすものなど，一定の*経軌(きょうき)によらない各種の曼荼羅がある．

変形として〈両頭愛染曼荼羅〉(*高野山金剛峯寺，鎌倉時代)がある．白線をめぐらす日輪内に，愛染・不動合体の両頭愛染明王を描き，上方*三鈷杵(さんこしょ)の左右に金剛界・胎蔵界(たいぞうかい)の*大日如来，下方*宝瓶(ほうびょう)の左右に騎獅赤身の*制吒迦(せいたか)童子と騎象白身の*矜羯羅(こんがら)童子を配する真言宗*口伝(くでん)の曼荼羅．→愛染明王，両界曼荼羅．

愛染明王 あいぜんみょうおう ［s: Rāgarāja］　浄化された人間の愛欲を尊格化した*明王．*金剛薩埵(こんごうさった)が姿を変えた仏とされ，金剛薩埵の17尊を*眷属(けんぞく)とする．愛欲の激しさを象徴する赤色で，*菩提心(ぼだいしん)の堅固(けんご)を表す燃える日輪を背にし，三目で六臂(ろっぴ)あるいは四臂，*金剛杵(こんごうしょ)と鈴(れい)・弓矢・蓮華(れんげ)などをもつ．*瑜祇経(ゆぎきょう)に基づいて画かれる．人をひきつけ救済する*敬愛法(けいあいほう)の本尊となる．*種子(しゅじ)は吽(うん)(hūṃ)字の場合が多い．遺品として彫像に*仁和寺像(平安末期)や*西大寺像(1247，善円作)がある．→愛染曼荼羅(まんだら)，付録(仏像3)．

『**壒嚢鈔**』 あいのうしょう　観勝寺行誉(ぎょうよ)編．7巻．1445-46年(文安2-3)成立の百科事彙集．『塵袋(ちりぶくろ)』の影響のもとにあるが，分類は緇素(しそ)両問に分けるのみである(〈緇〉は黒衣で僧を表し，〈素〉は白衣で俗を表す)．巻1-4の「素問」には和漢の故事・故実，名数・異名・語源，漢字の字源など一般項目347条，巻5-7の「緇問」には仏教・仏教史に関する項目188条を収める．仏書・漢籍・国書など，引用書も多く，中には現在見られない書物もあって貴重である．なお『塵添(じんてん)壒嚢鈔』は，『壒嚢鈔』の「素問」に『塵袋』からの抜粋201条を加えて一書としたもの．1532年(天文1)成立．

愛別離苦 あいべつりく　⇒四苦八苦(しくはっく)，苦(く)

阿吽 あうん ［s: a-hūṃ］　梵字(*悉曇(しったん))において，〈阿〉は口を開いて発する最初の字音であり，〈吽〉は口を閉じて発する最後の字音で，そこから万物の始源と終極を象徴するものとみなされた．密教では，〈阿〉を*万法(まんぼう)発生の理体，〈吽〉を万法帰着の智徳と説く．寺院の門の*仁王(におう)や神社の社頭の狛犬(こまいぬ)の口が，一方は開き，他方は閉じているのは，それが適用されたもの．俗に，呼気と吸気にあてて〈阿吽の呼吸〉といい，対面者相互の微妙な気持や調子をさす．「真言の数息観は阿吽是なり．出づる息は阿，入る息は吽」〔覚阿抄下〕「阿吽の息も消え消えと，反(の)っつ返しつ苦しむ声」〔浄・心中万年草下〕．→阿字，『吽字義』．

閼伽 あか　〈阿伽〉〈遏伽(あつか)〉とも書く．サンスクリット語 argha の音写で，arghya の音写とも．価値あるもの，あるいは客のために捧げる水を意味するが，両者は混同して用いられることが多い．仏教では仏に*供養する水を〈閼伽〉〈閼伽水(あかのみず)〉〈閼伽香水(こうずい)〉というが，その水を入れる容器を閼伽ともいう．密教において閼伽は塗香(ずこう)・*華鬘(けまん)・*焼香・

飯食・*灯明と共に六種供養として*本尊に奉呈する．六種供養に〈前供養〉と〈後供養〉とがあり，インドの風習にしたがえば前者の閼伽は洗足水，後者の閼伽は漱口水に相当する．また密教の*灌頂の儀式はこの閼伽水による．なお，閼伽専用の井戸を〈閼伽井〉といい，東大寺*二月堂の若狭井や*教王護国寺灌頂院の閼伽井は名高い．→六種供養．

「六時に閼伽・香炉・灯を供して，毎夜に三千反の礼拝を奉りて」〔今昔 14-17〕「閼伽の花の，夕ばえして，いとおもしろく見ゆれば」〔源氏幻〕

阿伽陀 あかだ　サンスクリット語 agada に相当する音写．薬のこと．また薬の名．〈阿伽陀薬〉ともいう．また〈阿掲陀〉〈阿竭陀〉とも書き，〈不死薬〉〈丸薬〉などと漢訳される．原語の a は否定詞で，gada は〈病〉の意であるから，agada は〈無病の〉〈健康な〉の意を持つが，〈普去〉(普く病気を去る)，〈無価〉(量り知れない価値を持つ)の意にも解され，効能大なる薬とされた．なお，その卓越した薬効については不空羂索神変真言経 21 に詳しく，また*『今昔物語集』4-32 には，阿竭陀薬の力で瀕死の皇子が救われた奇譚を収める．

アーガマ [*s*, *p*: āgama]　⇒阿含経

秋篠寺 あきしのでら　奈良市秋篠町にある寺．もと法相宗で真言宗を兼学し，明治以降は浄土宗西山派に属したが，第二次世界大戦後は単立寺院．780 年(宝亀 11)光仁天皇(709–781)の勅願で*善珠の*開基と伝え，桓武天皇(737–806)の時代に*伽藍が整備されたが，1135 年(保延 1)に*講堂を残して焼亡．中世以降は常暁(?–866)が将来した*太元帥法と香水閣が信仰の中心を占め，隣接した*西大寺と寺領・用水をめぐり相論を行なった．*本堂は鎌倉時代の復古建築で天平の遺風をよく残す．伎芸天立像・梵天立像・帝釈天立像・救脱菩薩立像は，いずれも頭部のみ奈良時代の脱活*乾漆造，体部は鎌倉時代の木造補作である．本尊は薬師如来坐像(室町時代)で両*脇侍は平安後期の製作．

下語 あぎょ　語を下すこと，語を付けること．〈著語〉ともいう．禅者が自己の見解を示すために語を付けること．師が修行者のために示す語と，修行者が師に示す語とがある．また，禅録で，本則および頌の句の下に付ける寸評の語をいう．「おのづから下語する僧侶も，多く都不是(全然だめ)なり」〔正法眼蔵仏性〕．→著語．

悪 あく [*s*: pāpa]　『老子』20 に「善と悪と，相去ること何若」とあるように，〈善〉(puṇya)に対する．仏教では人間の行為や心に関して種々の悪が立てられたが，*殺生・*偸盗・*邪婬・*妄語の〈四悪〉に整理され，これに*飲酒が加わって〈五悪〉となった．*五戒は，それを戒めたもの．

【十悪】悪についての考察・整理が進むと，身・口・意の三つの働き(*三業)にあてはめ，殺生・偸盗・邪婬(身三)，妄語・*綺語・悪口・*両舌(口四)，*貪欲・*瞋恚・*邪見(意三)の〈十悪〉が立てられた(晋の郗超『奉法要』に「十善に反するもの，これを十悪と謂う」とある)．ここで飲酒があがっていないのは，それ自体が悪(性罪)として戒められた(*性戒)のではなく，過ぎるといけない(遮罪)ということで戒められた(*遮戒)からである．口の悪が四つ立てられているが，人間の交わりの道具として，ことばを重視したもの．最後の意三は，悪を根源的に深めていって立てられたもの．

【三毒】意の三悪の中の貪欲と瞋恚とに愚癡を加えて，仏教では古くから貪・瞋・癡の〈*三毒〉とか〈三不善根〉と称された(『大智度論』31 に「三毒は一切煩悩の根本と為す」，新訳仁王経上に「貪瞋癡の三不善根を治す」とある)．貪欲とか瞋恚(怒り)は悪行為(悪業)のもととなる*煩悩で，さらにその煩悩の根源が*愚癡である．愚癡は*無明ともいわれるもので，心がとらわれていて真理に明らかでないことを意味する．経典に「不善の根本(akuśalamūla)は貪・瞋・癡である」〔中部 1-9〕と説かれているように，貪・瞋・癡，特に愚癡(無明)は悪の根元であり，仏教における根本悪(不善根)とみなしうるもの(カントにおける根本悪やキリスト教における原罪と対比される)．

【五逆・誹謗正法】*極悪の行為についても考察が進み，*五逆と誹謗正法が立てられた(「唯だ五逆と誹謗正法とのみを除く」

〔無量寿経上〕).〈五逆〉とは，1)母を殺すこと，2)父を殺すこと，3)*聖者を殺すこと，4)仏を傷つけること，5)教団を破壊することで，人倫にそむく最大の罪悪とされ，〈誹謗正法〉とは真理をそしるという意で，〈*謗法〉と略称され，五逆と並んで極悪なものとみなされた．大乗の涅槃経(4世紀)には，icchantika(*一闡提)という語が見え，断善根者と訳されたが，具体的には誹謗正法者をさす．

【救済論と性善・性悪説】五逆・謗法の行為は極悪の重罪とみなし，極苦の*無間(*阿鼻)地獄に落ちるとされ，そこから無間業と称されるにいたったが，その結果，極悪人の成仏ないし救済の可能性が論議となった．このことに関連して，人間の本性は善か悪かという，いわゆる*性善・性悪の問題が仏教においてもおきた．もし性善ならば，無間地獄の極悪人も，いつかはそれが芽ばえて仏界へと救われることになる．仏教では永久の地獄ゆき(永久責罰論)は説かず，その意味では性善説に立つといえるが，実際の現実においては，特に*末法の世となれば，極悪人の増えてくることも事実で，そのために改めて極悪人の成仏・救済が論議となった．→悪人成仏．

人間は性善か性悪か，あるいは善悪の両性をそなえているかという問題は，善と悪の関係論理を生みだすことにもなる．いわゆる善悪論で，中国では『老子』27に「善人は不善人の師，不善人は善人の資」などとあり，仏教でも種々な角度から善悪論が展開していった．なお，無量寿経下に「悪を為して罪に入り，其の殃罰を受く」とあるように，人間の行為に関して，悪と並べて*罪という語が使われたが，悪そのものは，悪世とか悪道など，人間の行為のみならず，社会現象などにも用いられた．→善悪．

「悪を見ては遠く去り，善を見ては近づく．此れ諸の仏の説き給ふ所なり」〔今昔17-40〕

安居院 あぐい　*澄憲を祖とする天台宗の*唱導の一流派．名称は京都にあった澄憲の里坊の名に由来する．法会の*表白，経釈，*論義，*講式など唱導をお家芸とし，特に流祖澄憲とその子*聖覚は*説経の名手として著名．歴代児孫が法流を相続して大いに栄え，その唱導は広く他宗の範となって，後世話芸の一源流ともなった．中世文学への影響も大で，その法談や華麗な詞藻は*『平家物語』以下の軍記物語や仏教説話集に利用された．聖覚以後は鎌倉にも下り，東国の唱導世界に影響を及ぼした．*金沢文庫に多くの資料が伝存する．『転法輪鈔』，『澄憲作文集』，聖覚編*『言泉集』などは当流の規範的唱導文集．寺社縁起を集大成した*『神道集』は「安居院作」とするが偽作であろう．

悪作 あくさ　⇒悪作，五篇七聚

悪趣 あくしゅ　[*s*: durgati]　悪業を積んだ報いとして趣かなければならない苦しい生存のあり方をいう．〈悪道〉ともいう．ふつう，*地獄・*餓鬼・*畜生・*阿修羅・*人・*天の〈六趣〉(六道)のうち，阿修羅を除いた〈五趣〉(五道)中の地獄・餓鬼・畜生の三つ，あるいは阿修羅を含めた四つを，それぞれ〈*三悪趣〉(*三途とも)・〈四悪趣〉というが，*無漏の浄土に対して，*輪廻転生すること自体を煩悩に汚された苦の世界(*穢土)と見て，人や天をも含めて悪趣と呼ぶこともある．「五悪趣を自然にたちすて四生をはなる」〔尊号真像銘文〕「願はくは経の力に依りて，命終決定して，浄土に往生し，悪趣に堕ちざらむ」〔法華験記上14〕．→六道．

悪人正機 あくにんしょうき　*親鸞の言葉を記したとされる*『歎異抄』の，「善人なをもちて往生をとぐ，いはんや悪人をや」という言葉に示される思想．*末法に生を享けた人間はその本質において皆悪人であるがゆえに，なまじ自分を善人と思って*自力の*作善に励むものよりは，悪人としての自己の本性を自覚して*阿弥陀仏の本願*他力にすなおに身をゆだねるものの方が，*極楽浄土に近い位置にいるとする思想である．

かつては親鸞の思想の真髄とみなされたこともあったが，こうした明確な逆説的表現が親鸞自身の著作にみえないことなどから，この創作に*唯円の関与を指摘する説がある．また源智編『法然上人伝記』や覚如の*『口伝鈔』にはこれと類似の表現があり，それを根拠として親鸞のオリジナリティを否定する見方もある．さらに，弥陀の第一次の救済対象を顕密の高度な教行に堪えられない悪人とする，平安時代以来の伝統的な〈悪人正機説〉と区別するために，末法の衆生の本質を悪人とみる立場から善人の偽善性を指摘する『歎異抄』のような主張を，〈悪人正因説〉とよぶべきである，という説も提起されている．

なお親鸞は，悪人が弥陀の救済の正機であるとは説いても，人々が積極的に悪事をなすことは厳しく批判した．

悪人成仏 あくにんじょうぶつ　仏教では，仏説を否定し，人が*涅槃ねはんに至るのを妨げる行為を〈*悪〉と規定する．貪とん瞋じん癡ちの*三毒，殺生・偸盗などの十悪，殺父母・出仏身血などの*五逆，*誹謗正法ひほうしょうぼうなどはその代表的なものである．*悟りへと至るためにはこうしたもろもろの悪を退け，正しい仏道を実践すべきことが説かれた．その一方で，悪を行うものは悪道に堕ちるとされた．とりわけ五逆と誹謗正法は*極悪ごくあくの行為とみなされ，救済から除かれるべきことが強調された．

このように，はじめ悪は禁止の対象とされていたが，〈悪〉に対する哲学的な思索が進むにつれて，その由来に考察が及び，ひいては悪人の救済の可能性が論じられるようになった．大乗涅槃経は，万人が*仏性ぶっしょうを有する(悉有しつう仏性)ゆえに極悪の*一闡提いっせんだいでも*成仏じょうぶつできると説き，観無量寿経には，*提婆達多だいばだったにそそのかされて父を殺そうとした*阿闍世あじゃせ王をめぐるドラマが描かれている．中国仏教では天台が，極悪人も善なる本性＝仏性を有するゆえに成仏は可能であると論じた．こうした思想は後に*本覚ほんがく思想において増幅され，そこでは迷える*凡夫や悪人がそのままの姿で肯定された．また天台では，極善の仏にも本性としての悪の存在が認められた(如来性悪説)．

日本では平安時代後期から往生伝や説話集などに，*破戒はかい*無慙むざんの悪人が一瞬の翻意によって*往生を遂げた話が多数みえるようになる．*法然ほうねんは悪人も往生できると主張し，*親鸞しんらんの言葉を記したとされる*『歎異抄たんにしょう』では，*末法のすべての衆生が悪人であるという認識を前提として，自己の悪人の本性を自覚できるものこそがまず救われるとする〈*悪人正機説〉が説かれた．また*日蓮にちれんは，提婆達多をはじめとするあらゆる五逆や誹謗正法のものが，法華経によって成仏できることを強調した．

「年来としごろ罪を造り積みたる人なれども，思ひ返して一度阿弥陀仏と申しつれば…遂には仏となむ成る」〔今昔 19-14〕

悪魔 あくま ［s: māra］　宗教一般では，〈*悪〉および〈不義〉を擬人的に表現したものであり，キリスト教ではサタンを意味するが，仏教では*仏道を妨げる悪神を意味する．また仏教では〈魔〉ともいわれる．māra は，殺す者という意味であるから，〈殺者〉〈奪命者だつみょうしゃ〉と漢訳されることもある．人の生命を奪い，善を妨げる*鬼神のこと．欲界の*第六天・他化自在天たけじざいてんないし他化自在天主*魔王波旬はじゅんを指すこともある．また，悪魔の軍勢について，欲望，嫌悪，飢渇きかつ，愛執あいしゅう，ものうさと睡眠，恐怖，疑惑，みせかけと強情，誤って得られた利得と名声と尊敬と名誉，自己をほめたたえて他人を軽蔑けいべつすること，であると*『スッタニパータ』第3章に述べられるように，悪魔は心の中に住む*煩悩ぼんのうのことと考えられることもある．また殺す者という意味から，〈*閻魔えんま〉すなわち死の神をあてるときもある．「悪魔の，さりがたき人となりて，二世を妨ぐる事は，誰も必ずあるべき事なり」〔発心集 4〕．→魔．

下火 あこ　〈下炬〉とも書く．松火たいまつで火をつけること．禅宗で，火葬の時，導師が遺骸に火をつける作法をいう．〈秉炬ひんこ〉ともいう．現在では，形式だけのものとなり，木片・麻殻などで松火の形をつくり，点火を擬する．「荼毘だびの規則を調へて，仏事の次第厳重なり．…下火は南禅寺の定山和尚にてぞおはしける」〔太平記 40.将軍薨逝〕

阿含経 あごんぎょう　原始仏教経典をいう．〈阿含〉とはサンスクリット語・パーリ語 āgama (アーガマ)の音写で，伝承された教説，またはその集成聖典の意．したがって，〈阿含経〉とは，釈尊しゃくそん直説とみなされた経典を多く含んだ*経蔵(Sutta-piṭaka)のこと．現存形態上から大別して2種が数えられる．

*南伝仏教所伝の経蔵は，個々の経典の長短を基準に編纂した〈長部ちょうぶ〉(Dīgha-nikāya)と〈中部ちゅうぶ〉(Majjhima-nikāya)，主題や対話者の種類などにより集めた〈相応部そうおうぶ〉

(Saṃyutta-nikāya), *法数(ほっすう)によって分類した〈増支部(ぞうしぶ)〉(Aṅguttara-nikāya), これら以外の単行の経典を集めた〈小部(しょうぶ)〉(Khuddaka-nikāya)の五部(〈部〉の原語は nikāya, まとまったもの, の意)に分かれる. 他の*北伝仏教所伝の漢訳阿含経は, 〈長(じょう)阿含〉〈中(ちゅう)阿含〉〈雑(ぞう)阿含〉〈増一(ぞういち)阿含〉の4種(四阿含経)に分類され, それぞれ南伝の〈小部〉を除く四部におおよそ対応する.

阿含経の個々の経典の成立年代およびその順序, また, 阿含経蔵の編成次第については, その分類項目の順序の問題なども含めて諸説があり一定しないが, 常に最古の経典群として尊重研究された. 特に釈尊直説としての信仰的立場から重視されたが, 中国・日本においては, 小乗経典であるとして大乗仏教の立場から貶(へん)せられる傾向にあった. しかし近代になり研究が進展すると, その内容が明快で合理的であることもあって, 改めて内外の学者や仏教徒の関心を集めることになった. →原始仏教.

浅井了意 あさいりょうい　1610頃(慶長年間)-91(元禄4)　真宗大谷派の*談義僧, 仮名草子作者. 本性寺昭儀坊と称する. また, 松雲・瓢水子・羊岐斎などと号した. 父は摂津(大阪府)三嶋江の真宗大谷派本照寺の住職. 若くして*内典・外典を博覧し, 天海の弟子容膝に学び, 儒教・仏教・神道に通じる. 大坂に住んだが, 寛永末年に京都に移り, 二条菊本町の正願寺の住職となる. また1675年(延宝3), 本性寺の紙寺号(寺は実在しないが, 形式上の住持職)を許された.

談義僧としては,『浄土三部経鼓吹』『観信義談鈔』『盂蘭盆経疏新記直講』『大原談義句解』『聖徳太子伝暦備講』『往生拾因直談』『仏説十王経直談』『法林樵談』『勧信念仏集』『父母恩重経和談抄』など15部の仏書を著した. これらは仏典の訓詁注釈書や庶民教化のための談義本の類である. 一方, 仮名草子作者としては, その代表者とも称され,『堪忍記』『可笑記評判』『孝行物語』『むさしあぶみ』『東海道名所記』『江戸名所記』『かなめいし』『京雀』『伽婢子(おとぎぼうこ)』『浮世物語』『鬼利至端破却論伝』『狂歌咄』『新語園』『狗張子』など, 数多くの仮名草子や地誌類などを著している. これらの書物は刊本となって流布し, 了意の名は生前から民衆に広く知られた.

朝観音・夕薬師 あさかんのん・ゆうやくし　江戸時代の信仰で, 毎月, 観音の*縁日18日には朝, 薬師の縁日8日には夕方, 参詣する風習をいう. 江戸後期の戯作者柳亭種彦(りゅうていたねひこ)の『柳亭記』に「観音には朝の参詣おほく, 薬師には夕のまゐりあるゆゑに, 朝観音に夕薬師といふ諺ふるくよりあり」と記され, また宝井其角の句に「夕薬師涼しき風の誓ひかな」とよまれている. →観音信仰, 薬師信仰.

朝座夕座 あさざゆうざ　仏教の法要儀式を, 朝に行うものを〈朝座〉といい, 夕に行うものを〈夕座〉という. 法要儀式は, 昼夜*六時(ろくじ)に配当されたりもするが, 朝夕を一対として行う場合,〈朝座・夕座〉と称する. ことに法華経8巻を講ずる*法華八講では, 朝の講座を朝座といい, 夕の講座を夕座と称している. 天台宗で朝*懺法(あさせんぽう)夕*例時(ゆうれいじ)というような, 朝夕課誦勤行のそれぞれも, 朝座・夕座という.「供養の後, 朝座・夕座に講莚(こうえん)を行ひて, 法を説かしむ」〔今昔 13-19〕

朝題目夕念仏 あさだいもくゆうねんぶつ　天台宗では, 朝課(朝の勤め)に*法華懺法(ほっけせんぽう)を修し, 晩課に*例時作法(れいじさほう)を修する. 法華懺法は*普賢菩薩(ふげんぼさつ)の法華経護持の*誓願にならった行儀であり, 例時作法は*阿弥陀経(あみだきょう)を読誦し念仏する往生の行儀として, 一対になっている. また平安時代を風靡した信仰は, 法華経を読み, 念仏を唱えることを例としていた. 鎌倉時代になって,〈朝題目〉は日蓮における*唱題(しょうだい)に,〈夕念仏〉は法然・親鸞における*称名(しょうみょう)念仏に展開し, 後には〈朝題目夕念仏〉といえば信仰の定まらないさまを批判的にいう語ともなった.「八宗九宗とせり合へど, 解ければ同じ谷川の, 三水四石は未来の導き, 後生願への種にとて朝題目に宵念仏」〔浄・摂州合邦辻下〕

『阿娑縛抄』 あさばしょう　*台密(たいみつ)における*修法(しゅほう)作法, および*図像の集成書. 特に修法作法については, 1)この法を修すべきこと(目的), 2)支度(道具, 香・花, 日時など), 3)形像(安置の尊像), 4)道場の*荘厳(しょうごん)(*曼荼羅(まんだら)や幡蓋(ばんがい)(*幡)の懸け方, 尊像安置の仕方など), 5)*行法(ぎょうほう)(修法者の作法, 印契(いんげい)(*印相), *真言(しんごん)など), 6)*護摩(ごま), 7)*経軌(きょうき)(所依の経典・*儀軌(ぎき))などに分けて記されている．完本の写本はなく，227巻(*大正新脩大蔵経図像8,9)か233巻(*大日本仏教全書)の集録がある．編者については，承澄(しょうちょう)(1205-82)といわれていたが，最近，承澄の弟子尊澄(生没年未詳，承澄と兄弟との説もある)が1242年(仁治3)に起草し，1259年(正元1)に成立，続いて承澄その他の人々により再治・増補がなされたという説がある．

題名の〈阿娑縛〉の阿(a)は仏部，娑(sa)は蓮華(れんげ)(菩薩(ぼさつ))部，縛(va)は金剛(こんごう)部を意味し，密教におけるすべての*仏・*菩薩・*明王(みょうおう)などの修法ということになる．なお，本書は多くの図像を収載し，台密における図像集として重要である．巻末に，菩提心論勘文・教相雑抄・密教の法数名目・悉曇(しったん)・明匠略伝・書籍・名所・諸寺縁起・『大日経義釈』や曼荼羅の要文などが付せられている．→『覚禅抄(かくぜんしょう)』．

アサンガ [*s*: Asaṅga] ⇀無着(むじゃく)

阿字 あじ　*サンスクリット語のaの字・音のこと．真言密教では一般に*悉曇(しったん)文字で表記される．サンスクリット語では，aは全ての母音・子音の最初に位置し，文法的には否定を表す接頭辞として用いられる．これらをふまえて，阿字は一切の文字・言語の根源と考えられ，非・無などの義を有するとされる．

大乗仏教では，*『大智度論』や*華厳経(けごんぎょう)に阿字に関する説が出るが，とくに阿字が重視されるのは密教においてであり，一切の*真言(しんごん)の根本に位置づけられる．*『大日経疏(だいにちきょうしょ)』などによれば，阿字は本不生(ほんぷしょう)(ādi-anutpāda．一切の事物の本初は*空であり生滅がないこと)の義であるとされ(阿字本不生)，*毘盧遮那仏(びるしゃなぶつ)(胎蔵(たいぞう)大日)の一字真言，*菩提心(ぼだいしん)の*種子(しゅじ)であるとされる．また阿字には5種の音韻上の変化，すなわち，阿a，阿長ā，暗aṃ，噁aḥ，噁引āḥがあり，これを〈阿字の五転〉という．この五字は胎蔵大日の真言であり，五字はそれぞれ*発心(ほっしん)・*修行・証菩提(しょうぼだい)・入涅槃(にゅうねはん)・方便為究竟(ほうべんいくきょう)の5種の修行段階や，胎蔵*五仏・*五智などに配当される．

日本では，空海が*『吽字義(うんじぎ)』で，『大日経疏』の説を踏まえて，阿字に字相・字義の二釈を設け，字相浅略釈に無・不・非の三義を，字義深秘釈に不生・空・有の三義を挙げている．また，空海の弟子実恵(じつえ・じちえ)(786-847)の作とされる『阿字観用心口決』にもとづいて，阿字を*観想の対象とする〈阿字観〉が広く行われた．→阿字観．

アシヴァゴーシャ [*s*: Aśvaghoṣa] ⇀馬鳴(めみょう)

アージーヴィカ教 ――きょう [*p*: Ājīvika] ブッダ(*釈迦(しゃか))在世時に存在したとされる非正統バラモンの宗派．Ājīvikaの語義を「生活手段のために修行をなす者」と解して，〈邪命外道(じゃみょうげどう)〉と漢訳することもある．*六師外道の一人マッカリ-ゴーサーラ(*p*: Makkhali Gosāla)が代表者とされる．自派の聖典は現存せず，仏典・*ジャイナ教聖典などによってその実態・教義が伺える．仏典によれば，その行者は裸体で*苦行を行じ，また教義的には，個人の努力によって運命を変えることはできないとする一種の決定論・運命論を主張したとされ，仏教側から厳しい非難が浴びせられている．ジャイナ教聖典によれば，かつてゴーサーラはマハーヴィーラ(*ニガンタ-ナータプッタ)と修行を共にしたとされており，実践面・教義面双方において両教には共通点も多い．アショーカ王(*阿育王(あいくおう))当時は仏教・ジャイナ教と比肩するほどであったが，後にジャイナ教に呑み込まれたとされる．

足利学校 あしかががっこう　下野国足利荘(栃木県足利市)に設けられた学問所．創設には諸説があって不詳．12世紀末頃から存在したとする説がある．その後1419-40(応永26-永享12)の約20年ほどの間に関東管領上杉憲実は，鎌倉から僧快元を庠主(しょうしゅ)(学校の長)として招き，宋版の経書を寄進して整備復興した．その後約百余年室町末期まで隆盛をきわめ，盛時には学徒三千と伝えられた．庠主は臨済の僧で明治初年まで23代，その日課は*禅林の規範により，学校には学規があった．庠主は仏教と儒学に堪能で，易学は特に武家の子弟に受講された．近世にいたり庠主は学校の維持経営に労多く，教育活動は見られない．なお足利学校遺蹟図書館には，経書の宋刊本をはじめ多くの貴重図書が収蔵されている．

阿字観 あじかん　*悉曇(しったん)文字の a の字(阿字)を対象とする*観法．密教では，阿字は本不生(ほんぷしょう)の義を有するとされ，阿字の*観想によって本不生の理を証得することを目的とする．これに，声(しょう)・字・*実相の3種があり，〈声〉は入息・出息ごとに阿を唱え，〈字〉は阿字の字形を観じ，〈実相〉は直接阿字本不生の理を観ずる．一般には，月輪(がちりん)の中，蓮華の上に，悉曇文字の阿字を書いたものを本尊として掲げ，観法を行う．阿字観の行法次第としては，空海の弟子実恵(じつえ・じちえ)(786-847)作といわれる『阿字観用心口決』が標準であり，これをもとに多くの書が著され，広く実習された．⇀阿字，月輪観．

アシタ［*s*: Asita］　⇒阿私陀(あしだ)

阿私陀 あしだ　サンスクリット語・パーリ語 Asita に相当する音写．アシタ．〈阿私仙〉ともいう．占相と*ヴェーダに通じた聖仙．誕生直後の釈尊(しゃくそん)の相を観じて，長じて俗界にあっては*転輪聖王(てんりんじょうおう)となり，出家すれば人びとを導く最高の宗教者となるであろうと予言する．多くの*仏伝にその名が見えるから，古い時代から成立していた伝承であろう．*ガンダーラ地方から発掘された浮彫りには結髪の，長いあごひげをたくわえた聖仙が，赤子を抱いた姿で表されている．

阿闍世 あじゃせ　サンスクリット語 Ajātaśatru(パーリ語 Ajātasattu)に相当する音写．アジャータシャトル．古代インド*マガダ国王ビンビサーラ(*頻婆娑羅(びんばしゃら))の王子．デーヴァダッタ(*提婆達多(だいばだった))にそそのかされて父王を殺害し，釈尊(しゃくそん)入滅8年前に即位．後，後悔の念激しい時，大臣ジーヴァカ(*耆婆(ぎば))のすすめで釈尊に会い入信する．この話は大乗の涅槃経に劇的な物語として説かれる．母は，ヴィデーハの女ヴァイデーヒー(*韋提希夫人(いだいけぶにん))とも，コーサラ王の妹ともいわれる．コーサラ王プラセーナジット(*波斯匿王(はしのくおう))とも戦うが後に和睦．またヴァッジ族を滅ぼそうとして釈尊より，ヴァッジ族は決して衰退しない七つのことを実行していると聞いて断念．釈尊入滅の後*王舎城(おうしゃじょう)に*舎利(しゃり)塔を建てて供養する．なお*観無量寿経(かんむりょうじゅきょう)によれば，父を幽閉した阿闍世は，ひそかに会いに行った韋提希をも幽閉し，その時悲歎する韋提希に対して釈尊が説いたのが観無量寿経であるという．この話は，王舎城の悲劇として名高く，敦煌莫高窟の壁画や*当麻曼荼羅(たいままんだら)に描かれ，またわが国の文学にも大きな影響を及ぼした．

アジャータシャトル［*s*: Ajātaśatru］　⇒阿闍世(あじゃせ)

阿闍梨 あじゃり　サンスクリット語 ācārya(アーチャリヤ)の音写〈阿闍梨耶(あじゃりや)〉の略．漢訳では〈軌範師(きはんし)〉〈正行(しょうぎょう)〉などと訳される．弟子を教導する師匠の意味．*律蔵の規定によると，インド仏教では元来，*沙弥(しゃみ)出家以来の指導を受ける唯一の師匠のことを*和尚(upādhyāya(ウパッジャーヤ)の音写)といい，*受戒を受けて正式な*比丘(びく)となってからも最低5年間は*依止(えじ)することになっていたが，その間に和尚が死亡などでいなくなった際に，弟子比丘に教育を与える代行者を阿闍梨と呼んだ．一方，このような限定的な職名以外に，古代インド社会では先生の意味の一般的敬称として阿闍梨が広く用いられていた．仏教者はこの両者の意味を適宜使い分けていたが，やがて後者の意味が拡大して僧団内の様々な役職を阿闍梨と呼ぶようになり，*『四分律(しぶんりつ)』などでは出家・受戒・教授・受経・依止の〈五種阿闍梨〉が説かれるようになった．

密教では，*伝法灌頂(でんぼうかんじょう)の儀式によって師匠から弟子に法が代々伝えられる*師資相承(ししそうじょう)が重視され，灌頂の*導師となり授法する僧を〈大阿闍梨〉(略して大阿)，灌頂で大阿を助けて入壇の弟子を教導する僧を〈教授阿闍梨〉といい，灌頂を受けた弟子は阿闍梨としての資格を得た．*大日経巻二具縁品には，密教の阿闍梨が具足すべき要件として，*菩提心を持つ，*智慧・*慈悲を備える，技術に巧みである，など13徳が説かれている．日本で阿闍梨という場合，通常この密教の阿闍梨をさすが，さらにわが国では843年(承和10)官許で真紹(しんしょう)がはじめて伝法阿闍梨職に補されて以降，官許制をとり，また各寺院単位に定員をもって置かれるようにもなり，10世紀末以後そのような〈寺分(じぶん)阿闍梨〉が増大した．こうした状況を背景に阿闍梨は一般に僧職として捉えられ，*内供奉十禅師(ないぐぶじゅうぜんじ)・三会(さんね)*已講(いこう)とともに有職(うしき)と呼ばれた．また天台宗の藤原師輔の子息尋禅(じんぜん)が973年(天延1)に補せられて以降，貴顕子弟がその人を限り官符により阿闍梨職を授与される〈一身(いっしん)阿闍梨〉の例も開かれた．

「阿闍梨，今は律師なりけり．召して，この法事のこと掟てさせ給ふ」〔源氏蜻蛉〕

アジャンター ［Ajaṇṭā］　インド，マハーラーシュトラ州アウランガーバード北東100キロメートルのアジャンターにある，紀元前1世紀から6世紀までの仏教石窟寺院(せっくつじいん)．総数30窟中5窟が仏塔を祀った祠堂(しどう)(*チャイティヤ)，他が*僧房(そうぼう)．前期窟(前1世紀–後1世紀)と後期窟(5–6世紀)に分かれる．簡素な構造の前期窟は計6窟を数え，第9･10窟にはわずかながら古代初期の壁画が残る．一方，後期窟は規模も大きく，窟全体を絵画や彫刻で豊かに*荘厳(しょうごん)する．とくに第1･2･16･17窟に豊富に残る説話図や尊像の壁画は，*グプタ時代の絵画の唯一の現存作例としてきわめて重要である．→石窟寺院．

阿閦如来 あしゅくにょらい　サンスクリット語Akṣobhyaに相当する音写．東方に住するとされる大乗の仏の一つ．サンスクリット語には〈震動せられざる〉の意がある．〈閦〉の字は翻経者に基づく造字といわれる．阿閦仏国経などによれば，その昔，東方の阿比羅提(Abhirati，妙喜･妙楽･善快)国の大目如来のもとで発願修行して成仏し，現に妙喜世界において説法するという．法華経では前生は*大通智勝如来の十六王子の一人とされる．密教の金剛界曼荼羅(こんごうかいまんだら)では*五仏の一つで，*大円鏡智(だいえんきょうち)を表す．西方極楽世界の*阿弥陀仏と並んで重視される．なお東方所住の仏であったことから，わが国では*薬師如来と混同または習合されがちで，説話や物語では往々にして阿閦の薬師への転換が見られる．

阿修羅 あしゅら　サンスクリット語asuraの音写．略して〈修羅(しゅら)〉．〈阿素羅(あそら)〉〈阿須倫(あしゅりん)〉などとも音写し，また〈非天(ひてん)〉〈無酒神(むしゅしん)〉(いずれも通俗的な語源解釈に基づく)などの漢訳語もある．血気さかんで，闘争を好む*鬼神の一種．原語のasuraは古代イラン語のahuraに対応し，元来はahuraと同じく〈善神〉を意味していた．しかしのち*インドラ神(*帝釈天(たいしゃくてん))などの台頭とともに彼等の敵とみなされるようになり，常に彼等に戦いを挑む*悪魔･鬼神の類へと追いやられた．原語を〈神(sura)ならざる(否定辞a)もの〉と解する通俗的な語源解釈(漢訳: 非天)も，恐らくその地位の格下げと悪神のイメージの定着に一役買ったと思われる．

仏教の*輪廻転生(りんねてんしょう)説のうち，五趣(五道)説では独立して立てられないが，六道説では阿修羅の生存状態，もしくはその住む世界が〈(阿)修羅道〉として，三善道の一つに加えられている．仏教ではまた，天竜八部衆(*八部衆)にも組み入れられて，*仏法の守護神の地位も与えられた．また密教の胎蔵界曼荼羅(たいぞうかいまんだら)(→両界曼荼羅)では，外金剛部院にその姿を見ることもできる．図像学的には*三面六臂(さんめんろっぴ)で表されることが多く，*興福寺の阿修羅像(天平時代)はその代表例である．

戦闘を好む阿修羅神は，古来仏教説話などを通じてわが国にも広く知られ，悲惨な闘争の繰り広げられる場所や状況を〈修羅場(しゅらば･しゅらじょう)〉，戦闘を筋とする能楽の脚本を〈修羅物(しゅらもの)〉，また争いの止まない世間を〈修羅の巷(ちまた)〉と呼ぶなど，多くの比喩表現も生んだ．なお，阿修羅の好戦を象徴する阿修羅王と帝釈天の戦闘は*『倶舎論(くしゃろん)』や正法念処経の所説に由来するもので，そのとき帝釈天宮に攻め上った阿修羅王が日月をつかみ，手で覆うことから日蝕･月蝕が発生するとも説かれる．→六道．

「阿修羅，怒れるかたちをいたして…眼を車の輪のごとく見くるべかして」〔宇津保俊蔭〕「天帝釈，修羅の軍(いくさ)に責められて須弥山ににげ登りけるに」〔宝物集4〕「天下はみな有道を忘れて，六十余州は修羅の岐(ちまた)となれり」〔河越記〕

アショーカ王 ――おう ［*s*: Aśoka, *p*: Asoka］ ⇒阿育王(あいくおう)

アショーカ王碑文 ――おうひぶん　インドの*マウリヤ王朝第3代，アショーカ王(*阿育王(あいくおう))が，領土内各地で石柱や磨崖，洞院に自らの統治理念を法勅(ほうちょく)として銘刻させたもの．現在のパキスタン，アフガニスタンから南インドのカルナータカ州にかけて40数種が見つかっている．領内の西北辺境に定住していたギリシア人やイラン人に向けたギリシア語やアラム語の碑文もある．即位第8年の東インド・カリンガ征服で死者数十万という悲惨な戦争を経て，アショーカ王は武力征服をやめ，*法ほう(*ダルマ)，つまりインド古来の社会生活規範を重視した統治へと改めた．それを人民に宣布したのが〈アショーカ王碑文〉であり，長上者への敬意，*不殺生ふせっしょう，自制を人民に説き，他方で王や官吏の義務も明示した．法大官のもとですべての宗教を平等に保護したが，仏教教団の分裂(破*僧伽はそうぎゃ)を誡める碑文も残っており，仏教史・インド史を解明するための第一級史料である．→阿育王．

飛鳥大仏 あすかだいぶつ　*飛鳥寺と称される安居院あんごいんの*本尊，銅造釈迦如来坐像．像高275.7センチメートル．この寺は法興寺ほうこうじと号し，588年(崇峻1)から造り始められ，596年(推古4)に完成したが，現本尊はこの時に鞍部加羅爾くらつくりべのからにら帰化系工人が造ったものとする説，遅れて606年に*繡仏しゅうぶつとともに止利仏師とりぶっしにより造立されたものとする説，の両説がある．わが国で最初に造られた本格的な仏像としての意義は大きい．1196年(建久7)の火災で，もとの面影を伝えるのは頭部と右手の一部で，他は後補．→止利仏師．

飛鳥寺 あすかでら　奈良県高市郡明日香村にある寺．蘇我馬子そがのうまこ(?-626)によって創建された我が国最初の本格的寺院．〈法興寺ほうこうじ〉または〈元興寺がんごうじ〉ともいわれ，平城京の元興寺に対して〈本もと元興寺〉といわれた．1196年(建久7)*伽藍がらんを焼失して衰微．発掘調査により，塔を中心とし東西北の三方に*金堂こんどうを持つ伽藍配置であることが明らかになり，また塔跡からは*仏舎利ぶっしゃりや，装身具・馬具・挂甲などが心礎を中心に発見された．*瓦は百済くだらから来た瓦工によって造られた．606年(推古14)に*止利仏師とりぶっしにより造立されたと伝える現存の釈迦像(*飛鳥大仏)は後世多くの修補を受けながらも，塔頭たっちゅうの一つであった安居院あんごいん(真言宗)に安置されている．→元興寺，付録(伽藍配置)．

校倉造 あぜくらづくり　断面三角形の材を横に積み重ね，隅で組んで壁体を造った建物をいう．近世では〈叉倉〉とも書いている．同様な構造のものに〈板倉〉〈丸太倉〉などがある．これらは木材を多く産する地方でできた構法で，倉だけでなく住宅にも用いられているが，日本では倉として造られている．倉のうち重要なものに用い，〈甲倉こうくら〉とあるのがこれに当たるか．遺構は，*正倉院宝庫をはじめとしてみな高床であるが，*『信貴山縁起しぎさんえんぎ』には地上においたものが描かれている．なお中国では，『史記』に前漢の武帝が作ったという〈井幹楼せいかんろう〉が校倉造の文献上の初見で，雲南省から出土した青銅器の画像紋にもこの種の糧倉がみえるが(ただし床下も校木を積む)，その後は次第に消滅したらしく，現在は西南辺境の住居などにしか遺構は残らない．

阿僧祇 あそうぎ　サンスクリット語asaṃkhya, asaṃkhyeyaの音写．原語は，数えきれないことを意味する．一般に無量の数をいう．〈無数むしゅ〉〈無央数むおうしゅ〉と漢訳される．インドでは無数無限とは考えず，巨大な数の単位とするが，一定しない．*『倶舎論くしゃろん』12では第52番目の位くらい，すなわち10の51乗の数とし，中国の命数法では，仏典を受け入れ，10の56乗として広く知られている．また，〈阿僧祇劫こう〉の略で，無数の時間の単位．『倶舎論』によれば*菩薩ぼさつが仏になるまでの長大な時間は三阿僧祇劫(三無数劫)であるという．「何ぞ朝の露の如くなる身をもて阿僧祇劫の業を造らむ」〔今昔6-6〕．→劫．

悪口 あっく　粗雑な言葉．人に不快感を与える荒々しい言葉．十悪の一．⇒悪あく

安土宗論 あづちしゅうろん　1579年(天正7)，織田信長の命によって近江(滋賀県)安土浄厳院で行われた浄土宗と日蓮宗の宗論．浄土宗霊誉玉念の説法に日蓮門徒が質疑したことを契機に，玉念・聖誉貞安・信誉洞庫と日蓮宗の日珖・日諦・日淵が問答．信長の日蓮宗抑圧の内意を受けた因果居士ら判者は，浄土宗の勝とした．日蓮宗側は詫び証文を提出，京都諸寺は罰金を納めた．この結果，*折伏しゃくぶく的傾向の強かった日蓮宗のなかに*摂受しょうじゅ的傾向がひろがっていった．→宗論．

熱原法難 あつはらほうなん　〈加島かじま法難(法乱)〉ともいう．1279年(弘安2)に起った駿河(静岡県)富士郡熱原地方の*日蓮にちれん門弟への弾圧．*日興にっこうは富士郡に日蓮の教えを弘め，熱原滝泉寺の日秀・日弁らを弟子とし，日秀

らはこの地域の農民を教化した．同寺の院主代で浄土教信奉者の平左近入道行智は日秀らを抑圧すべく，彼らが刈田狼藉をしたと鎌倉に訴えた．その結果，農民20名が鎌倉に連行され，3名が斬首，その他は禁獄．日蓮はこれを全門下への弾圧と受けとめた．→法難．

アティシャ ［*s*: Atiśa］　982–1054　別称，ディーパンカラ-シュリー-ジュニャーナ．11世紀の*チベット仏教復興に大きな影響を与えたインドの学僧．インド東部のサホル王家に生まれ，後に*ヴィクラマシーラ寺の管長に就任．仏教の復興に力を尽していた西チベット，ガリの王チャンチュプウー(Byang chub 'od)の招きに応じて1042年に西チベットに入り，*『菩提道灯論』(*Bodhipathapradīpa*)を著した．その後，後の一番弟子ドムトゥン('Brom ston)らに請われて1045年中央チベットに向かい，そこで死去するまで各地に*法を伝え，重要な論書のチベット語訳に従事し，弟子を教化した．その思想は，仏教内の相異なる様々な立場(小乗・大乗・密教)を，いずれも捨てることなく全て〈*菩提への階梯〉(ラムリム，lam rim)の中に位置づけようとするものであった．弟子のドムトゥンはアティシャの教えを受け継ぎ*カダム派を開いた．ラムリムの教えは，後に*ツォンカパに大きな影響を与えた．

アートマン ［*s*: ātman］　インド最古の文献*『リグ-ヴェーダ』での「呼吸」「生気」「生命原理」「自身」「万物に内在する霊気」などの語義を経て，*ウパニシャッドでは万有の根源・帰趨・本質たる*ブラフマンと究極的に一体とされる「個体の本質」「内なる真我」の意味へと高められた．この普遍我の覚知のもとで自我意識は滅却するとされ，初期仏教以来の*無我(*s*: anātman，*p*: anattan)の教説も，これと実践上の目的は大差ないといえる．しかしヒンドゥーの諸哲学と仏教の論争が進むなかで，永遠不滅の主体原理アートマンを軸とする前者の静的思想体系と，自我を含むあらゆる本体・実体的な存在の虚構性を強調する仏教のダイナミズムの対立構図が次第に顕著となり，アートマンの存否をめぐる一大論争が展開した．

ただし，ヒンドゥー哲学諸派間でも，自他の区別・一切の差異を超えた唯一無二の実在・真実たるアートマンを説く*ヴェーダーンタの不二一元論や，活動原理としての根本原質*プラクリティから明確に区別された純粋精神*プルシャを説く*サーンキヤの二元論，各人固有の主体原理(個我)として多数のアートマンを立てるニヤーヤ-ヴァイシェーシカ(→ニヤーヤ，ヴァイシェーシカ)の多元論などがあり，アートマン観は決して一様ではない．*ジャイナ教も無数の個我(jīva)の存在を認める．また仏教内部においても，*輪廻主体の説明原理としてプドガラ(pudgala)や*一味蘊を想定する部派があり，さらに大乗仏教では唯識哲学におけるアーラヤ識(*阿頼耶識)，大般涅槃経の*大我や，*如来蔵・*仏性など，アートマン観の諸相にある意味でよく対応する諸概念が登場する．総じて，自己と超越者の連続性・同質性・一体性を説くインド神秘思想の諸系譜を特徴付ける，きわめて重要な術語・概念といえよう．→我．

阿那律 あなりつ　サンスクリット語 Aniruddha(パーリ語 Anuruddha)に相当する音写．〈阿泥律陀〉などとも音写される．アニルッダ(アヌルッダ)．*カピラヴァスツの*釈迦族の出身で，釈尊のいとこにあたる．*十大弟子の一人で*天眼第一といわれた．釈尊*説法の座にあって眠り，叱責せられてから常坐不臥の*行を修すること長年に及び，そのため失明したという．釈尊の信頼あつく最後の旅にも同行していた．釈尊の入滅の際，アーナンダ(*阿難)に指示して，*クシナガラのマッラ族に葬儀を行う用意をさせた．ヴァッジ族のヴェールヴァ村の竹林で亡くなったと伝えられる．なお，阿那律が天眼を得た因縁譚は有名で，『三宝絵』下15，『注好選』中18，『今昔物語集』2-19など諸書に所見．原拠は*『法苑珠林』巻35．然(燃)灯篇に「譬喩経云」とするが，同経は現存しない．

阿難 あなん　サンスクリット語・パーリ語 Ānanda に相当する音写で，〈阿難陀〉とも．アーナンダ．釈尊のいとこで*十大弟子の一人．侍者として25年のあいだ釈尊につかえ，*説法を聴聞することが特に多かったので，多聞第一と呼ばれる．釈尊の滅後，*王舎城(おうしゃじょう)で仏典の第1回*結集(けつじゅう)が行われた際には，経典の誦出(じゅしゅつ)に重要な役割を果たしている．マガダ国のアジャータシャトル王(*阿闍世(あじゃせ))と，*ヴァイシャーリーのリッチャヴィ族の双方の帰依をうけ，死後その遺骨は二分されてそれぞれに祀られたことが*律蔵や法顕(ほっけん)の*『仏国記』，玄奘(げんじょう)の*『大唐西域記』に記されている．

アーナンダ [*s*, *p*: Ānanda] ⇒阿難(あなん)

アニミズム [animism] ラテン語で気息とか霊魂・生命を意味する anima から出た語．さまざまな霊的存在(神霊，精霊，*霊魂，*生霊(いきりょう)，*死霊(しりょう)，祖霊，妖精，妖怪など)にたいする信仰・観念を指し，〈霊魂・精霊崇拝〉とか〈有霊観〉と訳される．

イギリスの人類学者タイラー(Tylor, E. B.)はアニミズムをもって宗教文化の起源と本質を説明しようとした．彼は，最古の人類が人間に宿る生命原理としての非物質的実体＝霊魂の存在を信じ，これを動植物・自然物にも及ぼしたことから，さまざまな霊的存在にたいする信仰・観念が生じ，霊魂・精霊崇拝がさらに進化して諸神や一神の観念を生むにいたったと仮説した．アニミズムは未開社会の宗教に濃厚に見られるが，開発途上社会や文明社会の諸宗教にも広く存在する．死者(霊)崇拝，*祖先(霊)崇拝はもとより，各種動植物崇拝や山岳・海洋崇拝を含む自然崇拝もアニミズムの観念の延長上にある．

仏教は本来霊魂・精霊崇拝を否認する立場を特徴とする宗教であるが，仏教が伝播，定着した国々においては，何らかの形でアニミズムとの習合が見られる．日本においても，とくに民衆レベルにおいて，仏教は宗派を問わずアニミズムと結合することにおいて展開した．

アニルッダ [*s*: Aniruddha, *p*: Anuruddha] ⇒阿那律(あなりつ)

姉崎正治(あねさきまさはる) 1873(明治6)-1949(昭和24) 宗教学者．号は嘲風(ちょうふう)．東京帝国大学卒業後，ドイツ，イギリスに留学し，帰国後，東京帝国大学教授に就任．同大学宗教学講座の初代主任となった．『現身仏と法身仏』をはじめとする初期仏教研究のほか，友人・高山樗牛(たかやまちょぎゅう)の影響による日蓮研究，キリシタン研究，聖徳太子研究など，多くの業績を残した．また，ハーヴァード大学，コレージュ・ド・フランスなどへの出講，国際会議への出席などを通じて，日本文化・宗教の紹介につとめた．

阿耨達池(あのくだっち) サンスクリット語 anavatapta(パーリ語 anotatta)に相当する音写．〈無熱池〉〈無熱悩池〉などとも漢訳する．古代インドの世界観において，*雪山(せっせん)(Himavat，ヒマラヤ)の北側，そして香酔山(こうすいせん)(Gandha-mādana，*カイラーサ山に相当するとされる)の南側にあるとされた湖のこと．たとえば*『倶舎論(くしゃろん)』によれば，この湖はガンジス川，インダス川などの四大河の水源になっており，一辺50ヨージャナ(*由旬(ゆじゅん))の正方形で，*八功徳水(はっくどくすい)に満たされており，また，湖の辺には贍部(せんぶ)(閻浮(えんぶ))樹(jambu-vṛkṣa)が生えているとされる．この湖に辿り着くには，超人的な能力が必要であるとも説かれる．また*『大唐西域記』などは，湖中には菩薩が*竜王に化して潜み，清涼な水を吐き出しているという伝承を伝えている．阿耨達池は想像上の湖とも考えられるが，チベットのマーナサローワル湖に相当するという見方もある．

阿耨多羅三藐三菩提(あのくたらさんみゃくさんぼだい) サンスクリット語 anuttarā samyaksaṃbodhiḥ に相当する音写．無上の真実なる完全な〈*悟り〉の意で，〈無上正等覚〉〈無上正真道〉〈無上正遍知〉などと漢訳され，また〈阿耨菩提〉とも略称される．仏の悟りをさす．原始仏教から大乗仏教まで，広く仏教が目的とする悟りの意味で用いられる．最澄は，788年(延暦7)比叡山に*根本中堂を建立する際，「阿耨多羅三藐三菩提の仏たちわが立つ杣(そま)に冥加(みょうが)あらせたまへ」〔新古今和歌集20〕と詠じたという．「諸仏如来，ともに妙法を単伝して阿耨菩提を証するに，最上無為の妙術あり」〔正法眼蔵弁道話〕

あの世(あのよ) 死後の世界．〈よみじ〉〈*他界〉〈*冥途(めいど)〉〈冥界〉とも．仏教の説く*輪廻転生(りんねてんしょう)は迷いの世界を比喩的に提示したもので，霊魂不滅説を唱道したわけではない．けれども，民間へ受容されるにつれ，*六道絵や*地獄*変相図が*絵解きによって導入され，それが日本人の他界観に大きな影響を与えた．しかし，日本人本来の考え方として，死後の世界は現世と連続するところに存在し，死者は*盆・*彼岸(ひがん)・*命日には容易に両界を往来し，子孫に相まみえることが出来ると考えていた．

あばた　サンスクリット語 arbuda の音写語〈頞部陀(あぶだ)〉が訛り，僧侶のあいだで主に天然痘の後遺症を指す隠語として用いられてきたのが，日常語となったものと考えられる．頞部陀は，八寒地獄の最上部の*地獄の名称でもある．あまりの寒さのために皮膚に水疱，つまり頞部陀ができることからこの名がある．また，サンスクリット原語には，蛇とか，2カ月目の胎児の形といった意味もある．「また頞部陀等の八寒地獄あり」〔往生要集大文第1〕「岩おこしほどな大粒な痘痕(あばた)があるけれど」〔滑・浮世床2〕

アバヤギリ-ヴィハーラ ［p: Abhayagiri-vihāra］　〈無畏(むい)山寺〉と漢訳する．史書*『マハーヴァンサ』によれば，スリランカ(セイロン)島北部に位置するアヌラーダプラにヴァッターガーマニ-アバヤ王が紀元前1世紀に建築した寺院と伝える．3世紀にダンマルチに指導された一部の者たちが，インドのヴァッジプッタカの*比丘(びく)たちと共同し，スリランカの正統派である*マハーヴィハーラ(Mahāvihāra，大寺)派から独立してダンマルチ-ニカーヤ(Dhamaruci Nikāya. Abhayagirika，アバヤギリ派)という別派をこの寺院に立てた．アバヤギリ派単独の教義は保存されていないが，大寺派から反駁される内容によって類推が可能であり，それによれば彼らはほとんど*大乗と目される教義を主張したことは間違いない．交通至便な場所にあるこの寺院は，南インドのみならず中央インドとも直接交流を持つなど新しい動きを起こす拠点であり，保守的な大寺派に脅威を与えつづけた．中国の訳経三蔵である*法顕(ほっけん)もスリランカ滞在期間の2年間はこの寺に住し，大寺派以外に所属する阿含(あごん)や化地部(けじぶ)の*律などを手に入れている．

阿鼻 あび　サンスクリット語 avīci の音写．〈阿鼻旨(あびし)〉などとも音写し，また〈*無間(むけん)〉と漢訳する．〈阿鼻地獄〉のこと．〈無間地獄〉に同じ．八大地獄(*八熱地獄)のなかの最下に置かれ，父母・出家を殺害するなどの*五逆罪や，仏の教えを非難する*謗法(ほうぼう)などの重罪を犯したものが堕ちるとされる．罪人は犯した*罪の報いとして，この獄中で猛火に身を焼かれ，極限の苦しみを味わうという．なおこの地獄の四門の外には，鉄野干食処(てつやかんじきしょ)・黒肚処(こくとしょ)・雨山聚処(うせんじゅしょ)などの16の小地獄が付属する．〈無間〉と漢訳されたのは，その苦しみに間断がないからであるというが，原語の意味は不明である．

災害などで人々が逃げまどい，泣き叫ぶ様を〈阿鼻叫喚(きょうかん)〉とか〈阿鼻叫喚の巷(ちまた)と化す〉などというが，阿鼻叫喚の熟語は本来，阿鼻地獄と*叫喚地獄とを併せたものである．→地獄．

「般若の空の義を疑ひしに依りて，命終して阿鼻地獄に堕ちて，苦を受くる事無量なり」〔今昔3-19〕「をめきさけぶ声，焦熱・大焦熱・無間阿毘のほのほの底の罪人も，これにはすぎじとぞみえし」〔平家5.奈良炎上〕

阿毘達磨 あびだつま　［s: abhidharma，p: abhidhamma］　アビダルマ．〈阿毘曇(あびどん)〉〈毘曇(びどん)〉などとも音写し，〈対法(たいほう)〉〈無比法(むひほう)〉〈勝法(しょうほう)〉などと意訳し，単に〈*論(ろん)〉〈論書(ろんじょ)〉ともいう．アビダルマの原意は〈ダルマに関して〉であるが，これから〈ダルマの研究〉の意味となり，対法と訳された．さらに〈アビ〉に勝れるという意味があるために，ダルマを釈迦の悟りの〈法〉と解釈し，このダルマを理解する弟子達の智慧をアビダルマとなし，勝法・無比法などと訳した．さらに弟子達のアビダルマの理解を書物にまとめた〈論〉〈論書〉がアビダルマと呼ばれた．

紀元前2世紀ごろからアビダルマ論書が作られはじめた．*部派仏教時代には，アビダルマと言えば論書を指す．次第に多数の論書が作られ，論書を集めたものを〈アビダルマ-ピタカ〉(Abhidharma-piṭaka，論蔵(ろんぞう))と呼び，ほぼ西紀前後に成立した．そして*原始仏教時代に成立した*律蔵と*経蔵に加えて〈*三蔵〉と呼び，三蔵によって仏教文献を総称した．セイロン(スリランカ)の*上座部は7種の論書で論蔵を組織し，北インドの*説一切有部(せついっさいうぶ)も7種の論書(『識身足論』などの6種の論書(六足論)と『発智論(ほっちろん)』)を論蔵としたが，さらにその後に，この7論を注釈した2次的なアビダルマ論書が多数に作られた．アビダルマは，釈迦の説いたダルマ

(教法)を研究し，その意味を解明し，それを多方面から分析的に説明し，それに付随して新しい教理をも発展させた．しかしその分析があまり微細になりすぎ，釈迦の真意を逸脱する嫌いがあった．→ダルマ，法．

『阿毘達磨倶舎論』 あびだつまくしゃろん　⇒『倶舎論』

『阿毘達磨大毘婆沙論』 あびだつまだいびばしゃろん　⇒『大毘婆沙論』

アビダルマ [s: abhidharma]　⇒阿毘達磨

阿鞞跋致 あびばっち　サンスクリット語 avinivartanīya, avaivartikaに相当する音写．〈阿毘跋致〉〈阿惟越致〉などとも音写．原語は，退転しない，退歩しないという意．修行者がある程度の階位にまで達して，もう二度と*欲に染まり，*迷いに苦しめられる状態に後戻りすることがなくなった堅固な心の状態をいう．漢語で〈不退転〉〈無退〉などと意訳される．将来*仏陀になることが約束されて決して迷いの世界に転落することがない*菩薩の心のあり方をいう．→不退．

阿毘羅吽欠 あびらうんけん　サンスクリット語 a vi ra hūṃ khaṃ の音写．ア・ビ・ラ・ウン・ケン．*大日経に説かれる胎蔵*大日如来の*真言．〈五字真言〉〈満足一切智智明〉ともいう．元来は大勤勇三摩地と呼ばれる勇者(この場合大日如来)に対する*讃歎の真言であったが，地(a)・水(va)・火(ra)・風(ha)・空(kha)の五大*種字説が確立したため，阿毘羅吽欠も*五大との対応上教義化された．*十三仏のうち，大日如来(13回忌)の真言としては，*金剛界大日如来の真言と総合して用いることもある．なお，結句に〈蘇婆訶〉(svāhā, 成就・驚覚)を添えることもあり，また俗信では歯痛止めの呪文などにも用いられる．→付録(十三仏の種子と真言)．

「婀尾囉吽欠の，最極大秘の法界体」〔十住心論1〕「それほどのことに，あびらもうんけんもそわかもいる事にてはあらず」〔噺・一休咄〕

アヒンサー [s: ahiṃsā]　⇒不殺生

尼 あま　語源はサンスクリット語 ambā の俗語形の音写か．出家*得度して剃髪し*染衣をつけ，*尼寺にあって修行する女性を典型とするが，熱心に仏法を信ずる女人ということで〈尼入道〉〈尼女房〉〈尼御前〉〈尼御台〉などと呼ぶことも多い．仏教では本来尼僧に対する*戒律はきびしいのであるが，日本ではやや緩やかである．中古には貴族出身者は〈さげ尼〉と称して，髪を肩の辺でそいで尼となることができた．中世以降この風習が一般に広まった．かくて女性は，夫と死別し，離婚し，老婆となった時など，容易に尼となることができた．源頼朝の死後に妻の政子は尼になり，政権を振い，尼将軍と呼ばれた．中世の禅宗や律宗などでは，得度・*受戒後尼寺に住む尼が多く生まれた．たとえば，禅尼の*無外如大や律尼の*信如尼があげられる．「いまひとところの姫君，花山院の御時の女御にて，四条宮に尼にておはしますめり」〔大鏡頼忠〕．→比丘尼．

雨乞 あまごい　旱魃の時，祭祀や呪術，*読経などによって降雨を祈請すること．〈*請雨〉〈祈雨〉ともいう．中国古代の雩の祭は，五方の天帝を祈請の対象とするが，あわせて水神の*竜を祭ることも多い．仏教では，中国・日本を問わず，専ら*竜王を請じて降雨を祈請することを説く大雲経請雨品，大雲輪請雨経，陀羅尼集経祈雨法壇，孔雀王経などの密教系の経典に基づく*修法が広く行われた．なお日本には*十六善神の画像を本尊とし，*大般若経を*転読する雨乞の民俗もあった．「日照りのしければあまごひの歌よむべき宣旨あり」〔小大君集〕「秋七月の丁巳の朔丁卯に，大きに雩す．旱なればなり」〔書紀持統2.7〕

甘茶 あまちゃ　アマチャの乾燥葉を煎じたもので，甘味のある飲物．4月8日の*灌仏会の時に誕生仏の頭に注ぐのに用いられる．これは*釈尊誕生の時，天の神々が香湯で釈尊を灌沐したという伝承，また，誕生の瑞応として*甘露が現れたという伝承による．中国，北宋の『東京夢華録』にも，灌仏会に香味料入りの糖水が用いられたことが見える．

尼寺 あまでら　〈にじ〉ともいう．女性の仏教者である*尼が住する寺のこと．〈比丘尼寺〉〈比丘尼所〉〈庵寺〉ともいう．*戒律により，男僧と尼の共住は許されなかったので，古代インドにも尼寺は存在した．中国でも3世紀前半には尼寺が存在したという．

日本では，最初の出家者であった3人の尼在住の桜井寺さくらいでら(桜井道場，奈良県高市郡)が最初の尼寺と考えられる．741年(天平13)以降，*聖武しょうむ天皇は全国に〈国分僧寺〉とともに〈国分尼寺〉を建立した(*国分寺)．しかし，9世紀以降，尼寺は次第に衰退した．ところが，鎌倉時代初期になると，*明恵みょうえにより京都・善妙尼寺が創建され，尼寺が復活し始めた．1249年(宝治3)2月には*叡尊えいそんらによって奈良*法華寺ほっけじが比丘尼の住む律寺として復興を遂げ，それ以降，*律宗系の尼寺が全国に多数創建された．1383年(永徳3)には，足利義満あしかがよしみつが禅宗僧寺の*五山の制度にならって，京都に景愛寺・通玄寺・檀林寺・護念寺・恵林寺，鎌倉に太平寺・*東慶寺・国恩寺・護法寺・禅明寺の禅宗の〈尼寺五山〉を定めた．このように中世には，禅宗・律宗などの遁世僧教団により，数多くの尼寺が創建された．なお，皇女や上級貴族の女子の住持する尼寺を〈*比丘尼御所〉という．

天照大神 あまてらすおおみかみ　伊勢神宮の内宮に祭られる天皇家の祖先神．太陽を神格化したもので，「日神ひのかみ」「大日孁貴おおひるめのむち」ともいう．はじめ一地方社であった伊勢神宮は6世紀ごろに天皇家と結びつき，天武・持統期における天皇中心の国家体制の整備にともなって，その祭神である天照大神は神々の頂点に位置づけられた．国家の最高神としての天照大神は，8世紀初頭に相次いで成立する『古事記』『日本書紀』に登場する．平安後期になって*本地垂迹説ほんじすいじゃくせつが普及すると，天照大神も*垂迹として位置づけられ，その*本地には*十一面観音や，同じく太陽神に由来する*大日如来だいにちにょらいが比定された．また，*両部神道などの神道説や中世日本紀では古代神話の大胆な再解釈が試みられ，「天照大神・*空海くうかい同体説」のように，天照大神も記紀神話のそれとはまったく異なる相貌を示すようになった．鎌倉中期以降の神道説では，*本覚ほんがく思想を取り入れて天照大神を〈本覚神〉としたり，垂迹の仏に対する〈本地〉と規定するものもみうけられる(→反本地垂迹説)．

近世になるとお伊勢参りや御蔭おかげ参りの流行によって，天照大神は庶民信仰の神としての性格を強めた．安政の大地震(1855)後に出回る鯰絵なまずえにはしばしば天照大神の姿が描かれる．なお，天照大神は一般的に女神とされるが，本来は男神であったという説もあり，男神として描かれた図像も多い．

「天照太神と申すは，遍照如来秘密の神力をもて王法を守り，国土を治めんが為に伊勢にて跡をたれ給へり」〔野守鏡〕

天邪鬼 あまのじゃく　記紀に見える〈天探女あまのさぐめ〉に由来するとされる悪鬼の称．心がねじけ，人の心を見すかしては悪事を働くことから，人にさからうひねくれ者や，出しゃばって悪さをする者の称となった．また，*四天王像や*執金剛神しゅうこんごうじん像の足下に踏みつけられている〈邪鬼じゃき〉や，*毘沙門天びしゃもんてん像の鎧の腹部にある鬼面の称ともするのは，鬼面の鬼が中国の水鬼である河伯かはくと考えられ，河伯と同類の中国の水鬼，海若かいじゃくが〈あまのじゃく〉と訓読されることから，わが国古来の天邪鬼と習合されて，足下の鬼の称にまで敷衍されたものらしい．「天照あまてる御神天下りける昔より，万よろづの事にさはりわづらひなすあまのさぐめといふくせものあり」〔瓜子姫物語〕「天の邪鬼重きに耐へし我われが身も音をこそ泣かめ人は恨みじ」〔仮・仁勢物語〕

阿摩羅識 あまらしき　〈阿末羅あまら識〉〈菴摩羅あんまら識〉とも．垢けがれのない*識の意で，漢訳文献における用例は，『決定蔵論』『十八空論』などの*瑜伽行派ゆがぎょうは系の*真諦しんたい訳論書にほぼ限定される．その原語に関しては，amala-vijñāna や amala-jñāna であろうという解釈，さらにはまた真諦の造語説もあるが，未決着である．『十八空論』に「阿摩羅識は是れ*自性清浄心じしょうしょうじょうしん」とあるように，この識は，すべての凡夫に内在する本来清浄な識として，*三性さんしょうの中の真実性(*玄奘げんじょう訳の円成実性えんじょうじっしょう)の性質をもち，この点で，依他起えたきすなわち他のものに依存する性質をもつアーラヤ識(*阿頼耶識あらやしき)に相対する．真諦は『決定蔵論』の中で，後に玄奘が「*転依てんね」や「浄識」と訳出し，またチベット語訳もそれに対応する箇所においても，意図してこの「阿摩羅識」の語を適用したと推定されている．かれはこの識を〈第九識〉と位置づけ，『九識義記』(未伝)を著したといわれる．この*九識説は*摂論宗しょうろんしゅう，さらには天台・華厳の両教学にも影響を与えた．

阿弥衆 あみしゅう　中世から近世初頭にかけて，*時宗教団に客寮衆(客僚とも)というのが従属していた．僧俗の中間的存在で，剃髪法衣の姿は僧に似て，妻子を養い諸芸に従事するところは俗である．時宗では男性は僧俗ともに〈何阿弥陀仏〉の阿弥陀仏号を称し，省略して〈何阿〉(阿号)を用いる．これに対して客寮は〈何阿弥〉(阿弥号)と呼ばれた．僧は決して阿弥号を用いない．

客寮は，南北朝時代に敗残者や世間のあぶれ者が教団の保護を求めたのにはじまる．衆僧の給仕や雑用を勤めた．また鉦を打ち和讃念仏を称えながら家々をまわり，信施を受けて世を渡った客寮が〈鉦打ち聖〉である．妻子を養うために農耕や商い・諸芸に従事するものもあった．彼等は時宗寺院の内あるいはその周辺に住み，藤沢の客寮，七条の客寮などと呼ばれ，身分的には僧尼同様に諸役・諸税が免除されたので，室町時代にはその数はかなり多かったと考えられる．京都の寺院所属の客寮衆の中には，将軍や大名に仕え〈*同朋衆〉となり，芸能の達者も現れた．茶の能阿弥，華道の台阿弥，作庭の善阿弥・相阿弥，能の観阿弥など，いわゆる阿弥号を称する人々は，時宗の僧と考えられているが，実は客寮衆もしくはその子や孫とみるべきであろう．

阿弥陀 あみだ ［*s*: Amitāyus, Amitābha］　*大乗仏教における最も重要な仏の一つ．〈阿弥陀仏〉〈阿弥陀如来〉と呼び，略して〈弥陀〉ともいう．

【原語と訳語】サンスクリット原名は二つあり，Amitāyus は〈無限の寿命をもつもの，無量寿〉，Amitābha は〈無限の光明をもつもの，無量光〉の意味で，どちらも〈阿弥陀〉と音写された．漢訳仏典では，この阿弥陀と並んで〈無量寿〉という訳語がよく用いられているが，これは字義どおりには Amitāyus に相当するにしても，実際には Amitābha の訳語として用いられることも少なくない．→無量寿仏，無量光仏．

【経典】阿弥陀信仰を主題とする経典としては，〈*無量寿経〉〈*観無量寿経〉〈*阿弥陀経〉の*浄土三部経があり，これらにもとづいて*浄土教が成立した．無量寿経によると，過去久遠のむかし世自在王仏のもとで，無上なるさとりを得ようと発心した*法蔵菩薩(法蔵比丘)が衆生を救済するために四十八の本願(*四十八願)を立て，途方もなく長い間*修行を重ねた後，本願を成就して今から十劫のむかしに仏と成った．この仏は〈阿弥陀〉と名づけられ，ここより西方の十万億仏土を過ぎた*安楽(*極楽)と呼ばれる世界(*浄土)で現在も説法していると説く．阿弥陀経によると，この仏を阿弥陀と名づけるのは光明と寿命の無量によるからであるという．

【阿弥陀信仰の展開と影響】このような阿弥陀仏とその浄土については，浄土三部経以外の多数の経論にも言及されており，その信仰はインドから中央アジアを経て東アジア諸地域に広く流布した．阿弥陀仏の浄土に往生することを願う教えを*浄土教と称する．日本では飛鳥時代から阿弥陀信仰が見られるが，平安後期以降，特に浄土教が隆盛し，鎌倉時代に*浄土宗・*浄土真宗(または真宗)・*融通念仏宗・*時宗などの諸宗派が成立し，浄土教は日本仏教の一大系統を形成するにいたった．それにともない，仏教美術における阿弥陀如来の造形も重要度を増した．彫刻における*定朝様や安阿弥様のような定型の成立と流行，また絵画における各種の浄土曼荼羅や*来迎図の継承と展開がそれを物語る．→阿弥陀像，浄土教美術．

なお，阿弥陀信仰の流行にともない，阿弥陀に関連する語もいろいろ作られた．〈阿弥陀笠〉〈阿弥陀被〉は笠や帽子を後頭部に傾けてかぶること，またそのようにかぶった笠，〈阿弥陀籤〉は紙に放射状の線を引いて行うくじ，〈阿弥陀割〉は道路を放射状に設ける割り方をさすが，これらはいずれも形が阿弥陀如来像の光背(笠後光)に似ているところから出た呼称である．中世の浄土教系の芸能者が用いた〈阿弥号〉(観阿弥・世阿弥・相阿弥など)も阿弥陀に由来している．

阿弥陀経 あみだきょう ［*s*: *Sukhāvatī-vyūha*］　〈小無量寿経〉〈小経〉〈四紙経〉ともいう．紀元100年頃，北西インドで成立．サンスクリット名は*無量寿経と一致する．浄土三部経の一つ．*阿弥陀仏が説法している*極楽世界の荘麗なさま，阿弥陀仏の*名号を執持しゅうじすることによってその世界に往生できること，六方世界の諸仏によるその証明などを説く．*鳩摩羅什くまらじゅう訳が浄土教所依の経典となっているが，サンスクリット原典，チベット語訳，*玄奘げんじょう訳の〈称讃浄土仏摂受経しょうさんじょうどぶつしょうじゅきょう〉も現存する．浄土三部経の中でももっとも短いので，読誦用に広く用いられた．→浄土三部経．

阿弥陀寺 あみだじ　山口県防府ほうふ市牟礼むれにある真言宗御室おむろ派の寺院．山号は華宮山．東大寺を再興した勧進僧かんじんそう俊乗房*重源しゅんじょうぼうちょうげんが，造営料に当てられた周防すおう国を管理し，民衆を教化きょうけするために下向して建立，東大寺の別院とした．付近を流れる佐波さば川上流は有数の杣山そまやまで，切り出した材木は筏いかだに組んで瀬戸内海に流し，淀川・木津川をさかのぼり，木津で荷上げして奈良に運んだ．佐波川には流水をせきとめた関水せきみずが残る．寺の遺品も重源の事績を物語るものが多く，材木に記す「東大寺」の焼印，工人の疲れをいやす岩風呂や釜などのほか，建久8年(1197)の年紀と阿弥陀寺建立の由来を記す鉄*宝塔と重源の肖像彫刻などがある．

阿弥陀像 あみだぞう　*浄土教の中心をなす阿弥陀如来を造形化したもの．阿弥陀如来とその浄土は*浄土三部経の他，多くの大乗経典に記述されており，その信仰はインド，中央アジア，チベット，中国，日本に広く流布した．→阿弥陀．

【飛鳥・奈良時代】阿弥陀信仰は日本には7世紀に伝えられ，それと共に造像が盛んに行われた．その*印相いんぞうははじめ*施無畏せむい・*与願印よがんいんをした通仏印であったが，奈良時代中頃から両手を胸前にあげて*説法せっぽうする姿，すなわち*転法輪印てんぽうりんいんの阿弥陀像がつくられた．*法隆寺金堂の焼失六号壁や*当麻曼荼羅たいままんだらの*中尊にみられ，*広隆寺講堂像は平安前期の像であるが，奈良時代の信仰をうけて造立されたものである．

【平安時代】平安時代前期，空海をはじめとする天台・真言の入唐にっとう僧によってもたらされた胎蔵たいぞう・金剛こんごう両部曼荼羅(*両界曼荼羅)には，*結跏趺坐けっかふざした膝の上に両手を交叉結印した定印じょういんの阿弥陀像があるが，円仁えんにんの伝えた*常行三昧じょうぎょうざんまいの*本尊はこの*金剛界八十一尊曼荼羅から抽出した像を立体化したもので，平安時代を通じて貴族たちが造立した*阿弥陀堂の本尊としてしばしば安置され*観法かんぼうの対象とされた．藤原頼通よりみち(992–1074)の建てた*平等院鳳凰堂ほうおうどうの像は名匠*定朝じょうちょうの作像として有名である．これよりさき藤原道長みちなが(966–1027)によって建立された*法成寺ほうじょうじには〈九体阿弥陀像〉を安置する無量寿院むりょうじゅいん九体阿弥陀堂があり，彼はその堂内で五色の綱を阿弥陀像と自らの手を結んで往生したという(→糸引如来)．

現存する九体阿弥陀像は*浄瑠璃寺じょうるりじの九体阿弥陀堂に安置されているが，その中尊の一体のみ来迎引摂(接)らいこういんじょう印を結んでいる．平安後期から鎌倉時代にかけてはこの印相をもった阿弥陀像がつくられ*三千院の像は著名である．両側に蓮台れんだいをささげる観音(*観世音菩薩かんぜおんぼさつ)と合掌する*勢至菩薩せいしぼさつを配した来迎形の〈阿弥陀三尊像〉で，*高野山こうやさんにある阿弥陀聖衆しょうじゅ来迎図にも，来迎形のこの阿弥陀三尊像が中心に描かれている．→来迎図．

【鎌倉時代】浄土欣求じょうどごんぐのたかまりと共に動的な表現を持った阿弥陀像が多くつくられ鎌倉時代に盛行した．なかでも俊乗房*重源ちょうげんの意を体して*快慶(安阿弥陀仏あんなみだぶつの名を持つ)が造立した播磨はりま*浄土寺の阿弥陀三尊像は，西方*極楽浄土へ日没の明かりと共に導かれることを実感させる優作であり，このほかにも像高80センチから1メートルの〈安阿弥様あんなみよう〉と呼ばれる完成された来迎形の阿弥陀立像に多くの*造像銘を残している．〈定朝様〉〈安阿弥様〉と名づけられた阿弥陀像が多く継承され，現代の阿弥陀坐像・立像の表現に生きているということは，いかに日本人にとって阿弥陀信仰が仏教信仰の中で大きい部分を占めているかを物語るものであろう．

なお，鎌倉時代以後には，わが国の阿弥陀如来像の根本と考えられた信濃(長野)*善光寺本尊阿弥陀三尊像の模像が流行した．これを〈善光寺式阿弥陀三尊像〉と呼ぶ．→善光寺式阿弥陀三尊．

阿弥陀堂 あみだどう　*阿弥陀仏が本尊として安置された堂のこと．平安時代からの

*浄土信仰の隆盛に伴って数多く建てられ，特有の形式が生れた．大別して二つに分けられる．一つは，現世に阿弥陀仏を見，かつ来世に*極楽往生をなし遂げるため，主に修行を目的として造られたものである．もう一つは，この世に阿弥陀仏の極楽世界と，その*荘厳(しょうごん)を想像し造られたものである．前者は天台宗の*四種三昧(ししゅざんまい)の一つである*常行三昧(じょうぎょうざんまい)を修する〈常行(三昧)堂〉に始まり，後者は*平等院の鳳凰堂(ほうおうどう)(1053)にその例をみることができる．他に遺構として*富貴寺(ふきじ)大堂(12世紀前半)や*願成寺(がんじょうじ)(白水阿弥陀堂，1160)，〈九体阿弥陀堂〉の唯一の現存例である*浄瑠璃寺(じょうるりじ)阿弥陀堂(1107)などがある．

阿弥陀聖 あみだひじり　〈阿弥陀の聖〉ともいう．阿弥陀仏の*名号(みょうごう)を唱えて教化したことからの称で，特定的には*空也(くうや)の異称．また，広く念仏を勧める*聖の総称ともした．*鹿杖(かせつえ)をついて市中村里を*遊行(ゆぎょう)し，名号を唱え，金鼓(こんく)を打って*勧化(かんげ)したという．空也流の念仏勧進聖を称するとすれば，平安中期の発生となり，鎌倉仏教の浄土信仰を醸成したといわれる．こうした念仏勧進聖は，*末法(まっぽう)の時代観にのって盛んになっていった．特に彼らは，臨終に勧化し，遺体を葬る，荼毘(だび)すなわち*火葬に付するなどのことにかかわった．葬事の三昧(さんまい)聖もこれに含まれる．「沙門空也は…口に常に弥陀仏を唱ふ．かるがゆゑに世に阿弥陀聖となづく」〔往生極楽記17〕「世に阿弥陀の聖といふ者有りけり，日夜に行(ある)き，世の人に念仏を勧むる者なり」〔今昔17-2〕

阿弥陀曼荼羅 あみだまんだら　*不空訳『無量寿軌』に基づき，おもに*敬愛法(けいあいほう)に用いられる曼荼羅．八葉蓮華中央に*観自在菩薩(かんじざいぼさつ)，八葉上にそれぞれ定印(じょういん)を結ぶ8体の*阿弥陀如来をめぐらし，一見，*聖観音(しょうかんのん)曼荼羅にみえる．内院四隅に内四供(ないのしく)，外院(げいん)四隅に外四供(げのしく)，四方に四摂(ししょう)を配する金剛界(こんごうかい)曼荼羅の構成をとるが，内院中央は胎蔵界(たいぞうかい)曼荼羅中央と同じ八葉蓮華であるため，金胎合成の曼荼羅である．図像集には載るが，頴川(えがわ)美術館本(平安時代)が唯一の遺品．→別尊曼荼羅，両界曼荼羅．

阿羅漢 あらかん　サンスクリット語 arhan(パーリ語 arahant)に相当する音写．〈*羅漢〉とも略称する．漢訳は〈*応供(おうぐ)〉．尊敬・施しを受けるに値する*聖者(しょうじゃ)を意味する．インドの宗教一般において，尊敬されるべき修行者をさした．*原始仏教・*部派仏教では修行者の到達し得る最高位を示す．学道を完成し，もはやそれ以上に学ぶ要がないので阿羅漢果を〈無学位〉という(それ以下の不還(ふげん)・一来(いちらい)・預流(よる)果を〈有学(うがく)位〉というのに対する．→有学・無学，四向四果)．また通俗語源解釈によって，煩悩の賊(ari)を殺し(√han)，また*涅槃に入って迷いの世界(*三界)に生れない(a(不)＋ruh(生ずる))ので，〈殺賊(せつぞく)〉あるいは〈不生〉ともいう．部派仏教では退法・思法・護法・安住法・堪達法・不動法の六種阿羅漢を立てる．

釈尊の10の別称(*十号)にも〈応供〉の名がみられるように，もとは*仏の別称であったが，のちに仏と区別されて，弟子(*声聞(しょうもん))に〈阿羅漢〉の称が当てられるようになった．特に大乗仏教では批判的に声聞を阿羅漢と呼び，仏と区別した．中国・日本では仏法を護持することを誓った16人の弟子を〈*十六羅漢〉と称し，また，第1回の仏典編集(*結集(けつじゅう))に集まった500人の弟子を〈*五百羅漢〉と称して(異説もある)尊崇することが盛んになった．特に禅宗では阿羅漢である*摩訶迦葉(まかかしょう)に釈尊の正法が直伝されたことを重視するので，釈尊の高弟の厳しい修行の姿が理想化され，五百羅漢の図や石像を製作して，正法護持の祈願の対象とした．

「昔は，阿羅漢の金剛心は是れ学の中の極なりと明す」〔勝鬘経義疏〕「釈迦牟尼仏の滅期には，迦葉尊者も値(あ)はざりき．歩みを運びて来しかども，十六羅漢にも後れにき」〔梁塵173〕

荒行 あらぎょう　⇒苦行(くぎょう)

阿頼耶識 あらやしき　[*s*: ālaya-vijñāna]　アーラヤ識．個人存在の根本にある通常我々が意識することのない*識であって，眼(げん)・耳(に)・鼻(び)・舌(ぜつ)・身(しん)・意(い)・末那(まな)・阿頼耶の*八識(はっしき)の最深層に位置するとされる．*瑜伽行派(ゆがぎょうは)独自の概念である．〈阿頼耶識〉とは，サンスクリット語 ālaya の音写と，vijñāna の意訳〈識〉との合成語であり，*玄奘(げんじょう)以前の漢訳仏典では〈阿黎耶識(ありやしき)〉〈阿梨耶識(ありやしき〉と表記される．ālaya とは住処の意であるとされ，そこに過去のすべての経験の潜在余力(*習気じっけ)が蓄積されている蔵のような存在であるから〈蔵識ぞうしき〉と訳される．この習気は，現在および未来における自己の身心および対象世界(*現行げんぎょう法)，すなわち一切諸法(*一切法)を生み出す因となるから*種子しゅうじとも呼ばれ，それら一切法の種子を保つ阿頼耶識のことを〈一切種子識〉ともいう．このように万有は阿頼耶識より*縁起したものであるとする*唯心論的な理論のことを，通常，〈阿頼耶識縁起説〉と称する．

この識は個人存在の中心として多様な機能を具えているが，その機能に応じてほかにもさまざまな名称をもって呼ばれている．過去の善悪業の報い(*異熟いじゅく)として生じた点からは〈異熟識〉と呼ばれ，他の諸識の生ずる基である点から〈*根本識〉と呼ばれ，身体の感覚機能を維持する点から〈阿陀那識あだなしき〉(ādāna-vijñāna，執持識しっちしき)と称せられる．このように阿頼耶識は，過去の経験を保持しつつ，身体を維持し続けながら恒常的にはたらくのであるが，あくまでも一瞬一瞬に生じては滅すること(*刹那滅せつなめつ)を繰り返しつつ持続(相続)する*無常なる存在であるから，永久不変の実体的な自己存在(*我が)と混同されてはならないという．

阿頼耶識は，通常は*迷いの生存の根底として機能するのであるが，しかし*見道けんどう以後は悟りの*諸法もまた阿頼耶識から生じるとされる．インドにおいても一部の文献では，さらに進んで阿頼耶識と*如来蔵にょらいぞうを同一視する考え方も現れており，こういった動きを承けて玄奘以前の中国では，阿黎耶識の本質は，清らかな真識しんしきであるか，汚れた妄識もうしきであるかをめぐる論争が生ずることになった．

阿蘭若 あらんにゃ　サンスクリット語araṇya の音写．略して〈蘭若らんにゃ〉．また〈阿練若あれんにゃ〉(略して練若)，〈阿蘭那〉などの音写語もある．*出家の*修行に適した閑静な場所のこと．原語の通常の意味は，森林・原野などであるが，仏教ではそれらに限らず，人里から程よく離れた修行に適した静かな場所，またそのような場所に作られた庵や小房などをも含め，より広い意味でこの語を用いるようになった．〈*空閑くうげん〉〈閑寂〉〈遠離処おんりしょ〉〈寂静処じゃくじょうしょ〉などの漢訳語が見られるゆえんである．阿蘭若における修行は，12 種の*頭陀行ずだぎょうの第一にも掲げられ，出家修行上きわめて重んじられたことがうかがえる．「終に当寺の蘭若をしめて弥陀の浄刹をのぞむ」〔著聞釈教〕「難行苦行して本尊に祈請し，阿練若に独住して賢善聖人の相を示せども」〔妻鏡〕

アーリヤデーヴァ［s: Āryadeva］　2-3 世紀．〈聖提婆しょうだいば〉とも漢訳する．ナーガールジュナ(*竜樹りゅうじゅ)とともに*中観派ちゅうがんはの祖と仰がれる．セイロン島(スリランカ)に王子として生まれたが，王位継承の地位を捨てて，南インドに渡りナーガールジュナの弟子となったという伝承や，仏教に転ずる以前は南インドのバラモン(*婆羅門ばらもん)であったという伝承などが伝わっている．『百字論』『百論』『四百論』などの作品を残したが，このうち『百論』はナーガールジュナ作とされる*『中論』*『十二門論』とともに中国・日本の*三論宗所依の論書となった．アーリヤデーヴァは*菩薩ぼさつ思想および*空くう思想など大乗的思想を説くが，同時に舌鋒鋭く*サーンキヤ学派や*ヴァイシェーシカ学派などに対する他学派批判を行なっており，当時の諸学派の思想を知る上でも重要な思想家である．→『百論』，『四百論』．

アルタクリヤー［s: artha-kriyā］　効果的作用などと訳され，*ダルマキールティおよびその影響下にある仏教*論理学の学匠たちの間で広く用いられた用語である．一般に〈アルタ〉は多義的であるが，ここでは目的の意味と事物の意味とが含まれる．〈クリヤー〉は作用，働きを意味する．したがって，アルタクリヤーは「目的を行うこと(目的の実現)」および「事物の作用」の二重の意味を持つ．典型的には薬草の解熱作用や火の温暖作用などを指す．アルタクリヤーは，さまざまな教理の理論化に大きな役割を果たした．たとえば*刹那滅せつなめつ論においては，存在するものの刹那性がアルタクリヤーによって根拠づけられ，またアポーハ論(apoha，排除．言葉の意味は「他の排除」であるとする理論)では，事物の類似性と差異性が，同一のアルタクリヤーを有するか否かに還元され，普遍実在論的立場に対する反論の根拠となった．

あるべきようは　人それぞれの境遇・能力・職業などに即して，心身ともに今現在まさに行うべきことを行うのがよいとの思想・精神をあらわした語．嘉禎4年(1238)に成った，*明恵(みょうえ)述・高信編とされる*『明恵上人遺訓』(別題『阿留辺幾夜宇和』)に，「人は阿留辺幾夜宇和(あるべきやうわ)と云ふ七文字を持(たも)つべきなり」と，主に出家者のあるべき様が説示され，以後，様々なかたちで多方面にわたって継承された．たとえば，*『沙石集(しゃせきしゅう)』(無住著)には明恵の言葉が援用され，*『醒睡笑(せいすいしょう)』(安楽庵策伝著)には，「七字の口伝，山門にはあるにまかせよ，三井寺にはあるべきやうに，安居院には身の程を知れ」と記される．小異はあるが，後者に類似した表現は『大原談義選要鈔』(覚誉著)にも見える．また，鈴木正三(すずきしょうさん)は*『万民徳用』で，士・農・工・商・僧侶など，職業別にそれぞれのあり様，いわば職業倫理を，仏教的・世俗的な観点から説いたが，これも，この思想の延長線上に布置し得るものである．→身の程．

あわれ　文芸理念語．感動詞〈あはれ〉よりの転で，しみじみとした深い感慨，わけても悲哀・哀愁の情感について用いることが多い．*西行(さいぎょう)に「心なき身にもあはれは知られけり鴫(しぎ)立つ沢の秋の夕暮」〔新古今和歌集4〕の和歌があるように，仏の道にある者は本来〈あはれ〉を知らぬものとなって修行せねばならないが，*戒律のきびしい僧はかえって俗界の者よりも感ずるところは深いはずで，本居宣長(もとおりのりなが)は「せめて思ひを和歌にはらさんこと，いとあはれなることにあらずや」〔あしわけをぶね〕と，仏者の歌心に深い理解を示している．なお，限定的な用法ではあるが，諸行の無常を自覚し，また人間の死をいたむ真実の詠嘆が，往々にして〈あはれ〉の語を表出させたことも，もと仏教がそうした認識の上に成立した事情と思い合わせて注目される．

「深き秋のあはれまさりゆく風の音身にしみけるかな，とならはぬ御独り寝に」〔源氏 葵〕「さてはもののあはれは知り給はじ．…子故にこそ，万のあはれは思ひ知らるれ」〔徒然142〕

庵　あん　禅宗寺院において，大寺に付属する小*僧房(そうぼう)を指す．元来，〈草庵〉〈庵室(あんじつ)〉などとも呼ばれ，出家者の住む仮の住居を意味した．転じて，鎌倉・室町時代以降，禅宗寺院における*塔頭(たっちゅう)(塔中)を指すようになった．塔頭は，高僧の*示寂(じじゃく)後，弟子たちが墓所たる塔の辺に小庵を建てて奉仕したことに始まり，転じて*祖師の塔所の域内に建てられた*子院(しいん)，あるいは大山の有名な高僧が住持を退いた後，山内に隠居した小院を指すようになった．これらは独立寺院でないので，*山号・寺号をもたず，〈庵〉をはじめとし，〈院〉〈軒〉などと呼ばれた．後に明治時代以後は，多くは法的に独立した寺院となったため，〈庵〉も寺院名称として用いられるようになった．

行脚　あんぎゃ　〈遍参(へんざん)〉〈*遊行(ゆぎょう)〉というも同じ．僧が*行雲流水(こううんりゅうすい)のごとくに，一処に止住せず常に諸方に明眼(みょうげん)の師を求めて遍歴して仏法を参学すること．この僧を〈*雲水〉〈行脚僧〉〈遊行僧〉という．僧の行ずべき十二*頭陀(じゅうにずだ)(*斗藪(とそう))の中に，人舎・聚落・郡県に宿さず山上・野田に露臥すべきことを説くことにもとづくもの．*『祖庭事苑』雑志に「行脚は郷曲を遠離して天下を脚行するを謂う．情を脱し累を捐(す)て，師友を尋訪して法を求め証悟するなり．所以(ゆえ)に学ぶに常の師無く，徧参するを尚(たっと)しとなす」と注解している．なお，日本では中世以後，行脚によって人事・自然の真実に触れ，詩魂を練るよすがともするようになった．*西行・宗祇・*松尾芭蕉などの旅は，その代表的なものといえよう．

「行脚の次(ついで)に相州禅門の館の跡を立寄りて見けるが」〔三国伝記3-9〕「奥羽長途の行脚ただかりそめに思ひたちて」〔奥の細道〕

アングリマーラ　[*s*, *p*: Aṅgulimāla]
⇀央掘摩羅(おうくつまら)

安居　あんご　[*s*: varṣa]　仏教教団で，修行者たちが一定期間一カ所に集団生活し，外出を避けて修行に専念すること，またその期間をいう．雨季の定住．〈雨安居(うあんご)〉ともよばれる．サンスクリット語 varṣa は雨，雨季，歳を意味する言葉で，インドでは春から夏にかけて約3カ月続く雨季の間は，外出が不便であり，またこの期間外出すると草木の若芽を踏んだり，昆虫類を殺傷することが多いので，この制度が始まったとされている．

雨季という明確な季節のない中国や日本でも，陰暦4月16日(または5月16日)から3カ月間，安居が行われ，〈夏安居げあんご〉〈夏行げぎょう〉〈夏げ籠り〉〈夏げ勤め〉〈坐夏ざげ〉〈坐臘ざろう〉，あるいは単に〈夏げ〉とよばれた．安居に入ることを〈結夏けつげ・けちげ〉〈結制けっせい〉とよび，また安居中に経を唱えたり，写経を行うことを〈夏経げきょう〉とよんだ．僧侶の*法臘ほうろう，すなわち僧侶になってからの年数は，夏安居の回数によって数えられた．

わが国で宮中で最初に安居が行われたのは683年(天武12)で，日本書紀に記録がみえる．平安時代以後，安居は一般寺院でも盛んに行われ，中世には特に禅宗寺院で厳格に実行され，〈江湖会ごうこえ〉と称された．禅宗では冬季にも安居があり，〈冬安居とうあんご〉〈雪安居せつあんご〉とよばれる．〈解夏げげ〉，すなわち安居の終る7月15日には，参加者全員による反省と*懺悔さんげの集会，〈*自恣じし〉が催された．なお，漢語の〈安居あんきょ〉は，ゆったりとやすらかにしているという意味で，『孟子』滕文公をはじめ中国古典に広く用いられている．

「常に熊野に詣でて安居を勤む」〔今昔13-34〕「京の元興寺の沙門慈応大徳，檀越の請によりて夏安居し，法花経を講ず」〔霊異記上11〕

安国寺 あんこくじ　*夢窓疎石むそうそせきの勧めにより，足利尊氏(1305-58)，直義(1306-52)兄弟が古代の*国分寺制にならって全国66国2島に1寺・1塔の建立をおこない，*仏舎利を奉安した．1345年(康永4)の光厳上皇の院宣に基づき，寺を〈安国寺〉，塔を〈利生塔りしょうとう〉と称した．その目的は元弘の変(1331)以来の戦死者の霊を弔うことと，他方で主として新興の禅・律2宗の勢力を利用して民心の収攬しゅうらんを図ることにあった．しかし足利氏の勢力が衰微すると，安国寺・利生塔もしだいに衰え廃絶したものが多い．

アンコール-ワット [Angkor Vat]　カンボジアのシェムリアプ州，古クメール王都跡アンコール-トムの南1500メートルにあり，王都に付随した砂岩を主とする大寺院．12世紀前半スールヤヴァルマン2世(在位1113-50頃)が建立し，*ヴィシュヌ神の化身として神格化された王を祠る墳墓寺院として成立したのち，小乗仏教の流伝と共に仏教寺院ともなり，巡礼地となった．東西1500メートル，南北1300メートルの広大な寺域の中心に，基壇にのる3段ピラミッドを造り，最上段に地上高65メートルの主塔，四隅に4塔を配する壮麗なクメール建築・美術の代表的遺構．

行者 あんじゃ　中国では，*得度せずに有髪うはつのまま寺内での種々の用務をするものをいう．6祖*慧能えのうが5祖*弘忍こうにんの下で〈盧行者ろあんじゃ〉(『祖堂集』2)と呼ばれ，米を搗ついたのが*禅林でのはじまりという．日本では，得度・未得度をとわず，寺の住持や重役に従って雑用を行う修行者をいう．ちなみに〈*行者ぎょうじゃ〉という場合は，仏道修行者をさすので，特に禅林で使用する〈行者あんじゃ〉とは異なる．

暗証 あんしょう　〈闇証〉とも書く．経論の研究を怠り，*坐禅だけで悟れるとする立場，またそのような誤った悟り，低劣な悟りを批判した言葉．そのような禅者を〈暗証の禅師〉という．文字にこだわり実修を忘れた教学の徒を〈文字もんじの法師〉と禅者が評するのに対し，教宗の方から*不立文字ふりゅうもんじを主張する禅宗を非難する言葉として用いられた．もと*『摩訶止観』巻5に出る．「近年禅法の興行天下に喧かまびすし．暗証の朋党人間に満つ」〔太平記24.依山門嗷訴〕「この十重の観法は，横竪に収束し，微妙精巧なり．…闇証の禅師，誦文の法師のよく知るところにあらざるなり」〔摩訶止観5上〕

安心 あんじん　一般に，心が落ち着き心配のないことをいい，中国古典では『管子』心術下などに用例が見える．とくに仏教では，信仰や実践により到達する心の安らぎあるいは不動の境地を意味する．聖道門しょうどうもんでは自己への精神集中(*観心かんじん・*止観しかん)によってその境地を目指すが，浄土門じょうどもんでは*阿弥陀仏あみだぶつへの帰依が前提となる(→聖道門・浄土門)．すなわち観無量寿経は至誠心しじょうしん・深心じんしん・廻向発願心えこうほつがんしんの*三心を，無量寿経は*第十八願中に至心ししん・信楽しんぎょう・欲生よくしょうの三心を説き，阿弥陀経は*一心(不乱)を説いて，阿弥陀仏を信じて*極楽に往生するための心の持ち方を示す．これらはすべて

〈安心〉につながる．また，浄土信仰のあり方を信心・*修行，特に*称名念仏の修行を意味する〈安心起行作業(あんじんきぎょうさごう)〉によって示す．浄土真宗では，*親鸞の説く安心とは異なった説を〈*異安心(いあんじん)〉と呼ぶ．

なお〈安心立命(りつめい・りゅうみょう)〉は，儒教で説かれる，天が己れに賦与したものを全うするという意味の〈立命〉(『孟子』尽心上)という語を〈安心〉と結びつけたもので，心身を天命にまかせ心の乱れないことを言い，禅宗でも使われる．

「他力の安心を獲得(ぎゃくとく)すといふも，ただこの南無阿弥陀仏の六字のすがたをよくこころえわけたるを，安心決定のすがたとはいふべきなり」〔御文〕「安身立命(りふみやう)，いづれの処にかある，劫火洞然として大千を焼く」〔狂雲集〕

『安心決定鈔』 あんじんけつじょうしょう　14世紀初頭までには成立したとみられる日本の*浄土信仰の教義書．2巻．著者不明．*無量寿経(むりょうじゅきょう)にみられる阿弥陀仏(あみだぶつ)の*第十八願に依拠して，阿弥陀仏の*正覚(しょうがく)は衆生の*往生実現によるものであり，従って正覚は往生と同時に実現することになり，阿弥陀仏と*念仏行者とを一体のものと説く．この主張は中世の浄土信仰に，さらには浄土系・非浄土系を問わず中世仏教者の*浄土教理解に広くみられる「唯心弥陀，己心浄土」(自分の心が即仏なり)の言説と通底する．*蓮如(れんにょ)がこれとは大きく異なる真宗の教義を説きながらも，この書を「黄金を掘り出すようなる聖教」と語ったとの挿話にみられるように，真宗の仏教者をはじめ，浄土系信仰の日本中世の仏教者に大きな影響を与えた．→安心．

安世高 あんせいこう　[Ān Shì-gāo]　生没年未詳．後漢代の訳経僧．もと*安息国(あんそくこく)の皇太子で，安侯ともいう．「安」は安息国出身を意味する．父王が薨じ，服喪の後，王位を弟に譲って出家．漢の桓帝(在位146-167)の初めに*洛陽に至り，建寧年間(168-172)に至るまで20余年，*『出三蔵記集』によれば34部40巻の訳経を残している．阿毘曇(あびどん)(*阿毘達磨(あびだつま))の学に詳しく，禅経に通じており，その訳経は*阿含経(あごんぎょう)，阿毘曇，禅経が中心である．主な訳経としては，〈安般守意経(あんぱんしゅいきょう)〉〈陰持入経(おんじにゅうきょう)〉がある．現在の安般守意経は経文と注の区別が明らかでなくなっているが，出息と入息を観じ，心の乱れを防ぐ*数息観(すそくかん)を説いたもの．陰持入経は安世高の禅学の系統に属する人によって3世紀には注が作られており，いずれの経も*支婁迦讖(しるかせん)の大乗般若学に対していわゆる小乗禅学の系統を形成するうえで重要な役割を果たした経典で，初期中国禅観思想史に大きな影響を及ぼした．

安息香 あんそくこう　〈あんそっこう〉とも読む．安息香樹の木片や粉末，または樹液を乾燥させて固めた香料．安息香樹は東南アジアに生育するエゴノキ科の亜高木で，高さは25メートルほどにもなる．〈安息〉は古代ペルシアにあったパルティア王国(*安息国．紀元前248年頃-紀元後220年頃)のことである．中国の文献上，安息香は4世紀の初めに西域僧の仏図澄(ぶっとちょう)が水を祈願するときに焚いた香料として『晋書』に記されるのが初見であるが，この頃すでにパルティア王国は滅亡しており，したがってこの香が安息特産の香としてこの名を有するものかどうかは詳らかではない．しかし天平19年(747)の『法隆寺伽藍縁起幷流記資財帳』に「安息香七十両二分」と記載されており，この名の香料が奈良時代にすでにもたらされていたことが知られ，当時東アジアの広範囲でよく知られた香料であったことが推測される．

安息国 あんそくこく　トルクメニスタン南西部，コペトダーグ山脈北麓一帯を根拠としてパルティア王国を開いた，パルノイ族族長アルサク(前248頃没)の名を，中国で張騫(ちょうけん)(前114没)(『史記』大宛伝)以来，〈安息〉と音写し，その王国名とした．中国仏教史では*安世高(あんせいこう)・安玄(あんげん)・安法欽(あんぽうきん)・安法賢(あんぽうけん)のように安姓をもつ訳経僧が後漢(25-220)から西晋(265-316)まで来住して初期の中国仏典翻訳に大きな貢献をした．一般に安姓は安息すなわちアルサク朝(パルティア)出身とみて当時そこに仏教が既存したと解されているが，仏寺跡・典籍の発見はない．

安鎮法 あんちんほう　家屋を新築する際に修する密教の*修法(しゅほう)．〈地鎮法(じちんほう)〉が一般の家屋の新築に際して修されるのにたいし，〈安鎮法〉は皇室・将軍家の場合になされる．修法の本尊は*不動明王・葉衣(ようえ)観音・八字文殊菩薩の3種があるが，不動明王による修法が普通である．四臂不動・*十二天を*勧請し，吽字(→阿吽)を観じ，鎮宅の*呪を誦す．*結願後，*十二天曼荼羅を画してこれを新しい寝殿の中心梁の中に収める．家屋のみでなく*鎮護国家のため修せられることもある．

安慧 あんね ［s: Sthiramati］ 510-570頃 スティラマティ．*唯識派の思想家・注釈家．主な注釈に『真実義』(*『俱舎論』に対する注釈)，『唯識三十頌釈』，『中辺分別論復注』，『大乗阿毘達磨雑集論』，『大乗中観釈論』(*『中論』に対する注釈)などがある．思想的立場は無相唯識と考えられている．つまり，*識における相分・見分の成立を認めず(識の一分説)，識は端的に*虚妄なるものを識の外に見るとする．これは*陳那(ディグナーガ)などの有相唯識と対立するが，量論(知識論)においても，*量(pramāṇa)として*現量・*比量・聖言量を認める三量説を採り，陳那の現・比二量説と対立する．ナーランダーとともに仏教学問の中心地であったヴァラビーに*精舎を建てたことが碑文から知られている．

安然 あんねん 841(承和8)-? 平安時代の*天台宗の学僧．*台密の完成者．〈五大院大徳〉(阿闍梨・和尚)，〈阿覚大師〉〈秘密大師〉ともいう．近江(滋賀県)の人．*最澄の俗系と伝えられる．幼くして*円仁の室に投じ，859年(貞観1)円仁に従って菩薩大戒を受ける．円仁の滅後，*遍照に師事し顕教・密教の研鑽に努める．877年(貞観19)入唐の官符を受け，太宰府まで行ったが，入唐を果たせなかった．この頃，円仁所学の*悉曇・*金剛界法などを道海・長意などから伝授を受ける．884年(元慶8)遍照より*胎蔵・金剛界授位灌頂を受け，元慶寺の伝法大阿闍梨に任ぜられた．889年(寛平1)朝廷での法会に堂達となったが，それ以後の消息は不明で没年も知られない．902年(延喜2)に『八宗秘録』の序を書いているが，疑問視する説もある．*比叡山に五大院を構えて住し，研究と著作に没頭したので，一般に〈五大院の先徳〉といわれる．名利に貪着せず，そのために餓死したとの伝承も生れた．

著書は顕・密・悉曇にわたり，『教時問答』『菩提心義略問答抄』『普通授菩薩戒儀広釈』『悉曇蔵』『八家秘録』『胎金蘇対受記』『教時諍論』など極めて多い．安然は円仁・*円珍の後を受け，日本天台の円密一致の教旨を宣揚し，〈*五時五教〉の*教相判釈を立て台密を大成させた．この教判は，天台の化法の四教に密教を加え五教としたものである．また，四一教判は，一仏・一時・一処・一教という四つの一を立てて，全仏教の「*一即一切」の原則のもとに統合しようとしたものである．また，顕教に関しても，『即身成仏義私記』『勘定草木成仏私記』などにより，日本天台の理論的基礎をつくった．

安穏 あんのん 〈安隠〉とも書かれる．安らかで平穏無事なこと．*安楽．無量寿経巻上「彼の仏国土は清浄安穏にして微妙の快楽あり」，法華経薬草喩品「現世は安穏にして，後には善処に生ず」など，魏晋(220-420)の時期から用例が多く見られるようである．「浪に寄らずして，安穏にして岸の上に着き竟りぬ」〔法華験記中41〕「大聖の方便にもあづかり，今世後世安穏なる事ありぬべしとも覚え侍り」〔雑談集6〕

アンベードカル ［Bhīmrāo Rāmjī Ambedkar］ 1891-1956 インドの社会改革運動家，政治家．西部デカンの不可触民*カースト(マハール)の出身．独立達成よりもカースト制の撤廃などの社会改革を優先させるべきであると主張し，*ガーンディーと対立した．独立後は初代ネルー内閣の法務大臣，憲法起草委員会の委員長として活躍．また，死のおよそ2カ月前に仏教に改宗し〈新仏教徒(ネオ-ブディスト)運動〉を起こしたことで知られる．この時点で，かれに同調して30万人を越える集団改宗があり，その後も，マハーラーシュトラ州を中心に，かれと同じカーストの約75パーセント，300万人を越える仏教徒が誕生した．『カーストの絶滅』『ブッダとそのダンマ』など多くの著作を残している．現在，インドの仏教徒は全人口のおよそ0.7パーセントであるが，その過半はかれの唱道による新仏教徒である．

菴摩羅識 あんましき ⇒阿摩羅識

『安養集』 あんようしゅう 源隆国(1004-

77)が，宇治平等院の南泉房において延暦寺阿闍梨数十人と共に編集．10巻．インド・中国・日本の*浄土教典籍2百余巻を集め，浄土教の重要論題について要文を抄出したもの．本書を読むことによって西方願生の心をおこさせるためである．内容は*『往生要集』にならって，7門(厭離・欣浄・修因・感果・依報・正報・料簡)に分かち，72論題の要文を抄記，編者の私見は加えていない．本書の特色は，純正浄土教の典籍を多く引用し，*観念の念仏より*口称くしょうの念仏への展開を知り得ること，古佚書いっしょを多量に引用しているので，それらの書を復元してその思想を知り得ることである．*成尋じょうじんが1072年(延久4)渡宋に際して持参，彼地において賞讃されたといい，したがって1071年以前の成立とみることが出来る．

安養浄土 あんようじょうど ⇀安楽あんらく，極楽ごくらく

安楽 あんらく ［*s*: sukha］ サンスクリット語は安らかで心地よい状態を意味する．いわゆる幸福にあたる．単に〈楽〉とも漢訳された．なお，大乗経典になると，sukhāvatī(楽のあるところ)という語が用いられ，安楽世界とか安楽国土を意味したが，これを〈安楽〉〈安養〉〈極楽〉などと漢訳した．ちなみに，来世の安楽世界を描写した浄土経典，*無量寿経むりょうじゅきょう・*阿弥陀経あみだきょうの原名は，ともに*Sukhāvatī-vyūha*(極楽の荘厳しょうごん)である．漢語の〈安楽〉については，中国の古典の『詩経』小雅谷風や『国語』晋語，『墨子』魯問，『呂氏春秋』離俗などに多く用例が見られる．漢訳仏典では，無量寿経上や法華経ほけきょう薬王品などにおいて，*阿弥陀仏の西方極楽浄土を〈安楽国〉〈安楽国土〉〈安楽世界〉と呼んでいる．なお，無量寿経の安楽国土すなわち*浄土じょうどに往生するための主要な教説を集めた著作としては，道綽どうしゃくの*『安楽集』が注目され，法華経では，悪世において妙法を修行する道として，身しん・口く・意・誓願の*四安楽行を説く「安楽行品」を特に1章として立てる．

この仏教に対して，*道教の経典もまた〈安楽〉の語を多く用いており，たとえば「世々安楽にして禍乱生ぜず」〔大戒上品経十善勧戒〕，「天下は太和し，人民は安楽なり」〔洞淵神呪経長夜遣鬼品〕のごとくであるが，わが国でも「普天の下，永く安楽を保つ」〔書紀雄略23年〕などは，道教のそれに最も近い．→極楽．

「諸もろもろの聖は仏の教へを受けて口に法を唱へて，一切衆生を安楽せしめむと誓へり」〔今昔3-35〕「七日の聴聞によって，安楽世界にむまれ候ひなんうれしさよ」〔曾我2.奈良の勤操〕

安楽庵策伝 あんらくあんさくでん 1554(天文23)-1642(寛永19) 美濃(岐阜県)の出身．金森長近かなもりながちかの弟．日快と号す．美濃の浄音寺で出家して，浄土宗*西山派の僧となる．上洛して永観堂(*禅林寺)で修行．長じて山陽・近畿地区で布教に従事．浄音寺・立政寺りゅうしょうじ住持を経て，京都の*誓願寺55世となり，*『醒睡笑せいすいしょう』8巻を著作．竹林院に隠居後，茶室安楽庵で余生を楽しみ，『百椿集』『策伝和尚送答控』を残す．文人・茶人ともいわれるが，落語の祖という名声が最も高い．

『安楽集』 あんらくしゅう 唐の*道綽どうしゃくの撰．2巻．道綽は涅槃経ねはんぎょうの学者であったが，のちに浄土門に転じた．生涯に*観無量寿経かんむりょうじゅきょうを講ずること二百回に及んだという．本書は同経を解釈したもので，仏教を聖道しょうどうと浄土の二門に区別した最初の書である．大きく12門(十二大門)の綱格からなり，問答形式で*安楽国すなわち極楽浄土に関する諸問題の解明に努め，特に*曇鸞どんらんの浄土念仏を受けついで，それを*末法まっぽう到来に即応したものとした．これがさらに弟子の*善導に受けつがれて，浄土念仏の大成となる．曇鸞の*『往生論註』，善導の*『観無量寿経疏』とともに，日本における法然・親鸞の浄土念仏の基盤となった．→聖道門・浄土門．

安楽律 あんらくりつ 妙立みょうりゅう(1637-90)を祖として，霊空れいくう(1652-1739)，玄門げんもん(1666-1752)などが，僧風刷新のため*梵網経ぼんもうきょうに説かれた*大乗戒のほかに小乗250戒をも兼持することを主張して，管領宮公弁法親王(1669-1716)の助力を得て*比叡山ひえいざん飯室谷の安楽院で唱えた新戒律．〈天台律宗〉ともいう．祖師伝教大師(*最澄さいちょう)制定の一紀12年住山制度を復興したが，その一紀満了者は必ず小乗戒を兼学すべしとの管領宮公寛法親王の令旨が出るに及んで，祖師の制度に違うとする反対者が生じ，公啓法親王が管領

宮になると，小乗戒兼学を排して一向大乗戒に復せしめられた．しかし次いで公遵法親王(1722–88)が管領宮になるや再び小乗戒兼学に復して明治維新に至った．その間の安楽律をめぐっての衝突を〈安楽騒動〉という．

行履 あんり　〈あん〉は〈行〉の唐宋音．〈行〉も〈履〉も，おこないの意で，仏教用語としては，特に禅宗において，日常の起居動作，生活のすべてをさしていう．「古人の行じ置ける処の行履，皆深き心あり」〔随聞記 2〕

安立 あんりゅう　〈施設(せせつ)〉と同義で，何事かを設定・仮設(けせつ)(*仮説(けせつ))すること．〈安〉は置く，定めるの意味．たとえば，*真如(しんにょ)・真理は*言説(ごんぜつ)を超えたものであるが，それを仮に言語文字によって説き示すのを〈安立諦(たい)〉という．また〈安〉は安定・安らかの意で，何事かをしっかりと打ち立てる，しっかりと成り立たせること．*無量寿経(むりょうじゅきょう)巻上に「無数の衆生を教化安立す」とある．

イ

意 い ［s: manas］　思考する働き，あるいは思考作用をなす心的器官(*意根)．*部派仏教は伝統的に，心(しん)・意・*識(しき)を同義異名とみる．そのうち〈意〉は，思考(思量)する働き，すなわち心の考える方面を表す．今日の知・情・意の〈意〉には，むしろ思の*心所(しんじょ)(意志作用)が相当しよう．*唯識派(ゆいしきは)では，心・意・識はおのおの異なる心に対応していると考える．そこで心は*阿頼耶識(あらやしき)，意は*末那識(まなしき)，識は*六識をさす．

〈末那識〉は mano nāma vijñānam(マナスと名付ける識)といい，阿頼耶識を自我として思量する働きをなす．この末那識には，常に我愛・*我見・*我慢・我癡(がち)の四つの*煩悩(ぼんのう)が付随している．事物を認識・識別する六識のうちで，〈*意識(第六識)〉はこの末那識を依り所(意根)とし，また眼(げん)・耳(に)・鼻(び)・舌(ぜつ)・身(しん)の五識(前五識ともいう)が働くときは必ずこの意識が同時に働いているので，六識は煩悩に汚されてしまうことになる．このように，心の汚れのもととなる末那識は，〈染汚意(ぜんまい)〉(kliṣṭa-manas)とも呼ばれる．また，意根は元来，*刹那(せつな)刹那に識が生滅している場合に，ある刹那に識が滅して，次の刹那に識が生起したとき，前に滅した識のことをいう．これを〈無間滅(むけんめつ)の意〉といい，後の識に道を開き，導き手・依り所となることから〈開導依(かいどうえ)〉ともいう．この意は，識の生起を助けているわけであり，等無間縁という*縁として語られるものである．→心(こころ)．

なお，*身口意(しんくい)の*三業(さんごう)ということがいわれるが，この場合の〈意〉とは，心(こころ)の思いとか意志など，一般的な意味での心の働き(意業(いごう))をさす．

異安心 いあんじん　とくに真宗における信仰上の*異端をいう．〈異義〉〈異解(いげ)〉〈邪義〉などとも呼ばれ，すでに宗祖*親鸞(しんらん)時代から存し，親鸞は門弟間の異端について消息などでたびたび誡(いまし)め，また長男*善鸞を異端者として義絶した．その頃の真宗初期教団の種々の異端は*『歎異抄(たんにしょう)』でも指摘されている．その後，本願寺3世*覚如かくにょの『改邪鈔がいじゃしょう』では主に真宗の他流を異端として批判し，ついで8世*蓮如の〈*御文おふみ〉(御文章ごぶんしょう)では，地方信仰集団の秘事法門などの我流の信仰形態を，再三にわたり説諭している．さらに徳川時代になると，各派に真宗学の研究が進み，それに伴い異端的な教説が続出した．普通，〈異安心〉の語は，この徳川時代以後の異端に対して用いる．→秘事法門．

徳川時代の各派では，宗学や仏教学を研究・教育する学寮・学林などと称する学問場が設けられ，とくに宗学は発展し，体系化され，さらに固定化されて，その内容も精緻を極めたため，おのずから異端も多くならざるをえなかった．同時代の著名な異安心問題には本願寺派の〈*三業惑乱さんごうわくらん〉事件や大谷派の〈頓成とんじょう〉事件などがあるが，共に幕府が介入，処理に当っている．明治以後の近代にも異安心問題はしばしば起り，とくに大谷大学の曾我量深そがりょうじんや金子大栄かねこだいえい，竜谷大学の野々村直太郎ののむらなおたろうの思想が伝統宗学に反するとして，共に強い批判をうけたことは著名である．

イェシェーデ [*t*: Ye shes sde]　8世紀後半-9世紀初頭頃．古代チベット王国時代の代表的な翻訳師の一人．大乗経典や秘密部の*タントラ，さらには*中観ちゅうがん部・*唯識ゆいしき部の論書の翻訳を多く手がけた．またティデ-ソンツェン王の命を受け，インド語からチベット語への欽定訳の基準となった『二巻本訳語釈』(814)と*『翻訳名義大集ほんやくみょうぎたいしゅう』の編纂にたずさわった．かれにはまた，『見解の区別』(*lTa ba'i khyad par*)という名の著作もあり，現行の*チベット大蔵経および*敦煌とんこう出土チベット語文献の中に残される．この書物は，小乗の有外境うげきょう論者，唯識派，瑜伽行ゆがぎょう中観および経きょう中観の順に従ってそれぞれの教理の大綱を説明する一種の仏教綱要書で，当時のチベットおよびインドにおいてインド仏教各派の思想がいかに理解されていたかを伝える貴重な文献である．

医王 いおう　医師の王者，最も優れた医者の意．仏・菩薩が衆生しゅじょう済度のはたらきに巧みなことを，病人に対する優れた医者に喩えていったもの．仏(釈尊)を大医王と呼ぶことはすでに阿含あごん経典にも見られるが，大乗仏教でも，仏・菩薩が相手に応じて法を説き(*対機説法たいきせっぽう)，これを教化することが，優れた医者が病気に応じて薬を与え(*応病与薬おうびょうよやく)，病気を癒して再発させないことにたとえられた．なお，特に*薬師如来を指して〈医王〉ということもある．〈医王善逝ぜんぜい〉といえば普通は薬師如来のことであり，〈医王寺〉を名乗る寺では薬師如来が本尊となっている場合が多い．「薬師医王の浄土をば瑠璃の浄土と名づけたり」〔梁塵33〕「医王・山王の結縁も捨てがたく，同朋同宿の別れもさすがに余波なごり惜しく」〔伽・秋夜長物語〕

易往 いおう　*往生が容易であること．称し易い*念仏の行により，阿弥陀仏あみだぶつの*本願力でたやすく*浄土へ往生できるところから〈易往易行いおういぎょう〉ともいう．*無量寿経むりょうじゅきょう下の〈易往而無人いおうにむにん〉という句もその趣旨を述べたものであるが，〈而無人〉については2種の解釈があり，*蓮如れんにょは，本願力によって浄土へは行きやすいけれども，真実の信心の人はまれであるから無人となすといい，*聖冏しょうげいは，往生を願って念仏する人はまれであるから無人という，と解釈している．「双巻経(無量寿経)の文には，横截五悪趣，悪趣自然閉，昇道無窮極，易往而無人と説けり．まことに行きやすきこと，これにすぎたるや候ふべき」〔黒谷上人語灯録13〕「難解難入の門を聞きて，易往易行の道におもむく」〔著聞釈教〕

医学 いがく　〈*医方明〉(vyādhi-cikitsā-vidyāsthāna)とも呼ばれ，*五明ごみょうのうちの一つ．ブッダや菩薩を医師(*医王)に喩えることや，*応病与薬おうびょうよやく，*四百四病，またブッダ時代の名医ジーヴァカ(*耆婆ぎば)の伝説や*薬師信仰など，仏教の教理と信仰のうちには，治病・施薬など医学との密接な関係を示す例を数多く見いだすことができる．

【仏典と医学】仏典中に散見される医学に関する記述を総称して便宜的に〈仏教医学〉と呼ぶ場合もあるが，特にまとまった医学体系が示されているわけではなく，それぞれの経典ごとに特色が見られる．初期仏教経典中の仏教教団内での日常生活，衛生面での規定や人体構造，病因論，病気の治療，薬方についての記述には，インド医学(アーユル-ヴェーダ，āyurveda)と共通の要素も見られる．

大乗経典中には*法華経の良医治子(ろういちし)の喩をはじめ*維摩経(ゆいまぎょう)，*金光明経(こんこうみょうきょう)などに病気と医療に関する譬喩や説話を見いだすことができる．密教経典中には除一切疾病陀羅尼経(じょいっさいしつびょうだらにきょう)など病気平癒のための*陀羅尼が見られる．また*大正新脩大蔵経には囉嚩拏説救療小児疾病経(らばなせつくりょうしょうにしつびょうきょう)，迦葉仙人説医女人経(かしょうせんにんせついにょにんきょう)といった医学書も収められている．

【伝播と影響】仏典中に見られる医学知識は周辺諸国へ伝えられ，それぞれの地域の医学に影響を及ぼした．中国には漢訳仏典を通じてインド医学説や薬方，治療法が部分的に導入され，中国医学は仏教思想によっても大きな影響を受けた．*チベット大蔵経の医方明部には『ヨーガ-シャタカ』(*Yogaśataka*)や『アシュターンガ-フリダヤ-サンヒター』(*Aṣṭāṅgahṛdayasaṃhitā*)など重要なインド医学書のチベット語訳が収められ，チベット医学の形成に大きな影響を与えた．

日本では仏教伝来以来，一般には治病効験に対する期待も大きく，仏教僧の中には様々な医療行為を行う者があらわれた．また養老年間(717-724)以降，*悲田院(ひでんいん)・*施薬院(せやくいん)など仏教寺院に付属した施設において仏教思想に基づく救療事業が広く行われた．『医心方』をはじめとする日本の医学書には，仏典中の医学に関する記事の引用や影響がしばしば認められる．この傾向は，安土桃山時代に儒教精神に基づく医学がおこるまで続いた．江戸時代までの日本の医学においては，仏教僧あるいは僧位を有する医家が重要な役割を果たした．

斑鳩寺 いかるがでら　〈鵤寺(いかるがでら)〉とも．① 法隆寺(ほうりゅうじ)の別称．奈良県生駒郡斑鳩町法隆寺を中心とする一帯の地名〈斑鳩〉に由来する．法隆寺は最初，斑鳩寺といわれたが，天武朝頃から法隆寺といわれるようになった．→法隆寺．

② 兵庫県揖保(いぼ)郡太子町にある天台宗の寺院．『上宮聖徳法王帝説(じょうぐうしょうとくほうおうていせつ)』によると，598年(推古6)に推古天皇は講経の布施として*聖徳太子に播磨国揖保郡佐勢の地五十万代を与え，法隆寺の地となしたという．寺伝では聖徳太子の創建と伝えるが，確定できない．室町時代建立の三重塔，鎌倉時代の釈迦如来像・薬師如来像・如意輪観音像・絹本聖徳太子勝鬘経講讃図などを伝える．

威儀 いぎ［*s*: īryā-patha］　禅宗では〈いいぎ〉とよむ．規則にかなった正しい行い．中国古代においては礼儀の細かな規則，または容姿行動が厳かで礼儀にかなっているさまをいう．『礼記』『儀礼』など礼の書物に見えるのをはじめ，広く用いられる．仏教語としては，一挙手一投足，すべて他人に畏敬の念を起させるような仏弟子の行動をいう．大比丘三千威儀経に，在家出家共に戒を守るだけでは不十分であるとして，細かく行動の規定が示され，『沙弥十戒法幷威儀』にも*沙弥(しゃみ)の威儀が説かれている．菩薩善戒経では，行・住・坐・臥のあらゆる行動に威儀が求められる(*四威儀)．また，小乗には三千の威儀，大乗には八万の威儀があるといわれる．威儀を完全にそなえた状態を〈威儀具足(いぎぐそく)〉という．

奈良時代より，法会(ほうえ)に際し僧たちを指南する役として〈*威儀師(いぎし)〉〈従威儀師〉(従儀師(じゅうぎし・じゅぎし))がおかれた．真宗では，威儀師に当る僧を〈威儀僧〉という．なお，平安時代にも威儀僧の語があり，『大鏡』道長上にも「威儀僧にはえもいはぬものどもえらせ給ひて」と見えるが，これも威儀師を指すと思われる．

「入滅の時，威儀を具足して極楽に往生せむ」〔往生極楽記 24〕「仁和寺の威儀師といふ者を語らひて，この君のことを扱はせけるに」〔狭衣 1〕

威儀師 いぎし　奈良時代に国家的な法会などで僧尼の*威儀を正す目的で置かれた僧職．定員は数名で，初め〈威儀法師〉と呼ばれていたが，のち〈威儀師〉〈従儀師(じゅうぎし・じゅぎし)〉の二階梯に分れた．8世紀後半には，従儀師とともに本来の職務を帯びたまま僧綱所(そうごうしょ)(*綱所(こうしょ))の構成員となり，その事務も司るようになった．*僧綱が次第に栄誉職的な地位に転じると，法会の執行とその伝達，僧侶の招集，故事典礼の調査などの仏教行政の実務的側面を担当するに至り，11世紀中葉には，威儀師・従儀師の筆頭者がそれぞれ惣在庁(そうざいちょう)・公文(くもん)という職につき，両者が僧綱所を指揮する体制が成立した．以後，〈綱所〉の語は威儀師・従儀師を指すことが多い．

生仏 いきぼとけ　有徳の高僧・名僧の尊称．仏は永遠不滅の真理を本体とし，肉眼では見えない存在であるが，修行により仏徳をそのまま体現したかのような人の意．〈生菩薩〉〈生如来〉ともよぶ．転じて慈愛に富む人や，死者に対して生きている人格者をもいう．なお，チベット仏教では，知・慈・力の具現者としての*活仏(かつぶつ)が崇拝され，観音や弥陀の*化現(けげん)身としての*ダライ-ラマや*パンチェン-ラマ，モンゴルのゼツンタンパが有名．「右衛門尉の次郎君においては，すでに智行具足の生き仏なり」〔新猿楽記〕「かく待ち受けて後，安くは教へ給はずして，生き仏の様なりける人どもに合はせて，かく老いたる腰を踏み折られぬること」〔今昔 20-2〕

易行 いぎょう　容易な*行．*難行に対する．浄土教で，*他力(たりき)念仏の立場を易行とし，*自力修行の難行に対するものとして人々に勧める．もとは，竜樹(りゅうじゅ)の*『十住毘婆沙論(じゅうじゅうびばしゃろん)』易行品に，諸仏の名を称えることによって不退転に至る道を〈易行道〉と呼び，「陸道の歩行は則ち苦しく，水道の乗船は則ち楽しきが如し」と喩えたことに由来する．「易行品」ではいまだ*阿弥陀仏(あみだぶつ)とは限らなかったのを，曇鸞(どんらん)が*『往生論註』に引用したことによって，浄土念仏に結び付けられることになった．法然(ほうねん)は，*『選択本願念仏集(せんちゃくほんがんねんぶつしゅう)』において，易行道＝*浄土門，難行道＝*聖道門(しょうどうもん)とし，さらに，阿弥陀仏が*称名(しょうみょう)念仏を*本願として選択したのは，易行であり，かつ勝行であるからと，理由付けた．こうして易行の念仏が正当化され，広められることになった．「竜樹大士世にいでて，難行易行のみちをしへ，流転輪廻のわれらをば，弘誓(ぐぜい)のふねにのせたまふ」〔高僧和讃〕「不退転の位に至るに難易の二道あり．易行道と言ふは，即ちこれ念仏なり」〔往生要集大文第10〕

意楽 いぎょう　⇒楽(らく)

潙仰宗 いぎょうしゅう　潙山霊祐(いさんれいゆう)(771–853)とその法嗣(はっす)の仰山慧寂(きょうざんえじゃく)(807–883)を祖とする中国禅宗の一派．*五家七宗(ごけしちしゅう)の一つ．両人の住した山の頭文字を併せて〈潙仰〉の宗名とした．霊祐は*百丈懐海(ひゃくじょうえかい)に参じて嗣法した後，唐・元和年間(806–820)に潭州(湖南省)の大潙山に住し，同慶寺を建立，*大衆(だいしゅ)を指導した．その法嗣である慧寂も，乾符6年(879)，袁州(江西省)の仰山の観音院に住して宗風を宣揚した．五代(907–960)には隆盛を誇ったが，宋代に至ると衰え，臨済宗に併呑された．

慧寂は霊祐に師事する以前に，南陽慧忠(なんようえちゅう)の法嗣である耽源応真(たんげんおうしん)の教導を得たことより，96種の円相など，その家風をも受け継いでおり，霊祐の峻烈と併せて，硬軟両面より*学人(がくにん)の指導に当たり，*問答を通じて師弟が暗黙の内に*妙法を領悟(りょうご)する独特の宗風を完成した．慧寂の法嗣に光涌(こうゆう)(850–938)，光穆(こうぼく)(?–890)があり，それぞれ仰山の南塔と西塔とに住し，〈南塔派〉〈西塔派〉の二派をなした．→潙山霊祐．

生霊 いきりょう　訓読して〈いきずたま〉また〈いきすだま〉とも．生存者の怨念が凝って祟(たた)りをなすもの．*怨霊(おんりょう)の一種で，死者の怨霊をさす〈*死霊(しりょう)〉の対語．人にのり移って〈物の怪(け)〉と呼ばれることもある．平安時代になって御霊(ごりょう)とともに恐れられた．一般に生霊を始めとする祟り霊は*加持*祈禱によって鎮められ，駆除されると信じられた．『源氏物語』葵で，光源氏の愛人六条御息所が嫉妬の余り，その生霊が出産間近の正妻葵(あおい)の上に取りついて苦しめる場面は有名．なお，漢語〈生霊(せいれい)〉は生民(人民)，生命の意．「近江の国におはする女房の生霊に入り給ひたるとて，この殿の日来例ならず煩ひ給ひつるが」〔今昔 27-20〕「御修法や何やと，わが御方にて多く行はせ給ふ．物の怪，生霊(いきすだま)などいふもの多く出で来てさまざまの名のりする中に」〔源氏葵〕

イクシュヴァーク [*s*: Ikṣvāku]　⇒甘蔗王(かんしょおう)

生け花 いけばな　⇒華道(かどう)

已講 いこう　南都の*三会(さんね)(宮中の*御斎会(ごさいえ)，興福寺*維摩会(ゆいまえ)，薬師寺*最勝会(さいしょうえ))や北京(ほっきょう)の三会(天台三会．円宗寺*法華会(ほっけえ)・最勝会，法勝寺*大乗会(だいじょうえ))などの勅会の講席で*講師(こうじ)を勤め已(お)わった人をいう．三会講師歴任者は*僧綱(そうごう)に任ずるのが定例となった．現在*比叡山(ひえいざん)では，次回の法華大会の講師に擬せられる学匠が，*探題(たんだい)をはじめとして先輩大学匠を特別に請い招いて*竪義(りゅうぎ)を開き(別請竪義という)，自ら*竪者となって先輩大学匠の質疑を受け，延々10数時間に及ぶ問答を重ね，最後に探題から及第の判定を得て已講に任命される．そして次回の法華大会に正式の講師として臨むのである．「維摩・御斎・最勝，これを三会といふ…講師は同じ人つかうまつる．終へぬれば已講といふ」〔三宝絵下〕．→擬講．

遺骨 いこつ　古くは〈ゆいこつ〉と読む．死体の腐肉が消失したあとに遺った骨格．仏教では，特に仏または聖者の遺骨を〈*舎利〉と称する．日本についていえば，各寺院には分骨された仏舎利を安置するために〈舎利塔〉（三重・五重・七重・十三重），〈舎利殿〉が築造され，その仏舎利に供物を献じて廻向し功徳をたたえるため，〈舎利会〉〈舎利講〉などの法会が催される．この舎利崇拝の信仰は，アジアの仏教圏諸地域に広くみられる．ただし，一般に遺骨を拝する風が仏教成立以前にすでに出現していることは，先史時代の喪制を検討する考古学の成果が示すとおりである．→舎利信仰．

遺骨の処理をめぐっては，土葬と*火葬によって違いがみられる．土葬の場合は，しばらく土中に埋葬のままおき，腐肉が土化したころを見はからい掘り出して洗浄し（*洗骨），ふたたび骨壺などに容れ墓槨内に埋納する．いわゆる二重葬制をとる所に多い．沖縄を中心とする南西諸島では，現在も顕著な洗骨再葬制を保持している．ただし本土の*両墓制地帯では遺骨を納めない空墓へ参詣する．つまり遺骨崇拝の観念が消滅していることに注意したい．これに対し，火葬後に拾った遺骨は，七七忌（*四十九日）ののち墓碑内に収納され，一部は分骨して由縁の地や本寺・霊場の納骨堂に納められる．遺骨信仰の現れといえよう．

大阪一心寺の骨仏のように，砕いた骨を仏像に練り固めて礼拝する例もある．戦死者の遺骨が返還されないかぎり当人の死を確認できないとしたところにも，遺骨崇拝の念が生きている．骨を*霊魂の鎮留する容器とみて尊崇する観念が存在するとみてよかろう．「遺骨を拾ひて，同じ山の麓鳥辺山の北の辺，大谷にこれをををさめ畢んぬ」〔本願寺聖人親鸞伝絵下〕

意根 いこん　眼・耳・鼻・舌・身の*五官とならぶ心的器官で，*意識の依り所となって思考する働きをなす．→六根，意．

潙山霊祐 いさんれいゆう ［Wéi-shān Líng-yòu］771–853　中国，唐代の禅僧．福州（福建省）の人．俗姓は趙氏．15歳で出家，経律を学んだのち，*百丈懐海に就いて修行し，その法を嗣いだ．同門に*黄檗希運がいて，共に盛名をはせた．大潙山（湖南省）において教化に従い，多くの弟子を育てた．中でも仰山慧寂が有名で，この2人をもって〈潙仰宗〉の開祖とする．潙仰宗は中国*五家七宗の一つで，五代のころ栄えたが宋代に衰えた．霊祐の語録に『潙山警策』がある．→潙仰宗．

意地 いじ ［s: mano-vijñāna-bhūmika］意地の〈意〉は*意識のこと，それに*随煩悩などが*相応して働くが，その拠って働く場となるところを〈地〉といったもので，意地も意識もほぼ同じことである．また*『瑜伽師地論』では，「本地分」中に17の地（段階）による仏教教義の説明があるが，その第2番目に〈意地〉がある．これは意識身相応地のことであり，ここでも結局，意識の*自性や*所依や所縁や相応する*心所などが解説されている．一般にいう意地が，意志の凝り固まったものをいうのであれば，仏教語としての意地とはやや異なるであろう．「三毒は三業の中には意地具足の煩悩なり」〔一遍語録〕

意識 いしき ［s: mano-vijñāna］　〈*識〉は心の主たるもの（*心王）を表し，〈意識〉は，五感の心（眼・耳・鼻・舌・身の五識（前五識ともいう））と区別される第6番目の心（第六識）である．よく自覚的という意味で〈意識する〉ということがいわれるが，それは仏教では*心所（個別の心作用）の作意（注意する働き）あるいは*唯識説でいう*自証分の働きなどに求められよう．もっとも，前五識が明瞭に働くのは，それらに意識が同時に働いているからである．

前五識は*五根（眼・耳・鼻・舌・身の五つの感覚器官）に依り，五境（色・声・香・味・触の五つの感覚的対象）を認識するが，意識は意根という器官に依り，*法という対象を認識する．この場合の法とは，物質的・精神的一切の事物を含む．また，前五識が現在の事象のみを対象とするのに対し，意識は過去・未来・現在の*三世(さんぜ)を対象とする．さらに，前五識はいわば*無分別(むふんべつ)のあり方で対象を認識するのに対し，意識には，過去を再構成したり推理したりする働きがあり，*分別のあり方が顕著である．言語活動なども意識に固有の機能である．よく*執着(しゅうじゃく)ということがいわれるが，仏教ではそれは悪見(誤った見解を固執する働き)の一つと考えており，それも主に意識と*相応するのである．しかし意識は*聖教(しょうぎょう)(経典)を対象として，心が*清浄(しょうじょう)になる道を開くものでもある．なお，*唯識派では，第六意識のほか，第七*末那識(まなしき)，第八*阿頼耶識(あらやしき)をたてている．→心(こころ)，六識，意．

「意識の万(よろ)ろの事を思惟分別する時の心王・心所の有様も皆かくの如し」〔法相二巻抄上〕「八万四千の煩悩は，意識を以て根本とす，意識は諸相に貪著して，地獄の業を増長す」〔合水集中〕

石手寺 いしてじ　愛媛県松山市石手にある真言宗豊山(ぶざん)派の寺．山号は熊野山．*四国八十八箇所の第51番*札所(ふだしょ)．寺伝では728年(神亀5)に越智玉澄が創建，813年(弘仁4)に法相宗(ほっそうしゅう)から真言宗に改めたという．鎌倉時代末期に河野氏の援助で*伽藍(がらん)が復興整備された．*仁王(におう)門は1318年(文保2)に造立されたもの．鎌倉時代の楼門(ろうもん)の代表作で，正・背面の蟇股(かえるまた)も秀作．そのほか*本堂・三重塔・訶梨帝母(かりていも)天堂・*鐘楼(しょうろう)・*護摩(ごま)堂などの中世建築が現存している．寺の入口には鎌倉時代の石造五輪塔が立つ．本尊は薬師如来．毎年4月の*練供養(ねりくよう)が有名である．

伊字三点 いじのさんてん　*悉曇(しったん)の 𑖂(伊)字(古形は ∴)の形が三点から成り立っているので，このように呼ぶ．この三点は，縦にも横にも一列には並ばず，三角形を構成するので，三者が一体不離である関係を象徴する．大乗の*涅槃経(ねはんぎょう)では，法身(ほっしん)・般若(はんにゃ)・解脱(げだつ)の*三徳(さんとく)が一体不離であることが真の*涅槃の内容であることを喩えるのに用いる．

伊舎那天 いしゃなてん　[s: Īśāna]　支配者，自在なる者を意味する．*シヴァ神の八相の一つとされ，空間の広がり，すべてのものを清め育む空気の働きを神格化したものである．仏教においては，八方天，*十二天(八方天に上・下・日・月を加える)中の一つとして東北の方角を司る．大*自在天の*忿怒(ふんぬ)身であるという解釈がなされている．日本においては，伊弉諾尊(いざなぎのみこと)とも結び付けられる．三目を有し，身体は青白色．右手には三叉戟(さんさげき)，左手には髑髏杯(どくろはい)を持つ．髑髏を装身具(*瓔珞(ようらく))とし，蛇を聖なる縄として身にまとう．雄牛に乗る場合もある．*胎蔵界曼荼羅(たいぞうかいまんだら)では最外院(さいげいん)の東北隅に位置するが，金剛界(こんごうかい)曼荼羅には見られない．

石山合戦 いしやまかっせん　織田信長に敵対する勢力と*本願寺が結び，大坂本願寺をはじめ近江・越前・伊勢長島など各地で本願寺門徒が蜂起した*一向一揆(いっこういっき)のこと．当時本願寺が石山なる地にあったとの伝承によりこの呼称がある．1570年(元亀1)信長およびその擁立する将軍足利義昭に対立する三好三人衆，六角，朝倉，浅井などの大名と結び，大坂付近の野田・福島で信長・義昭軍と三好三人衆との交戦中に本願寺が蜂起して始まった．義昭と信長との断交・敵対に際しては，義昭および武田，上杉，毛利などの諸大名と結んで，74年(天正2)信長と交戦するなど，三度の一時的和睦をはさんで抗争は続き，80年(天正8)に劣勢になった本願寺が大坂退去を条件に信長と和睦して終結した．和睦に際しては，信長に応ずる宗主*顕如(けんにょ)を支持する勢力と，義昭と結んで徹底抗戦を主張する嫡子*教如(きょうにょ)を支持する勢力とが対立する一幕もあり，これは後の東西分立の遠因となった．将軍義昭をめぐる政治抗争の色彩が強いが，本願寺教団の信仰，政治的地位を示す重大な政治的事件としても注目される．→石山本願寺．

石山寺 いしやまでら　滋賀県大津市石山寺1丁目にある真言宗東寺派の別格本山．山号は石光山(せっこうさん)．*西国三十三所の第13番の観音霊場．造東大寺司所属の造石山寺所が761年(天平宝字5)から翌年にかけて，*本堂(本尊塑造丈六観音)・*法堂(はっとう)・*鐘楼兼*経蔵・*食堂(じきどう)・写経所などを建てた．本堂は前身の古堂を改築したものであるが，この古堂が*『石山寺縁起』などに見える749年(天平勝宝1)*良弁(ろうべん)開基の寺にあたるかどうかは詳らかではない．初代座主*聖宝しょうぼう，2代座主観賢かんげん(853–925)によって密教寺院となり，次第に観音の霊験所として信仰を集めた．高野山大師廟の故事に基づく淳祐しゅんにゅう(890–953)の薫におい の聖教しょうぎょうをはじめ，校倉あぜくら聖教・石山寺一切経など多くの経典・*聖教を所蔵する．

本堂は1096年(永長1)に再建された．*多宝塔は仏壇墨書から1194年(建久5)の建立と認められ，多宝塔として最古の遺構である．本堂の本尊木造二臂如意輪観音像はその作風から，堂再建時のものとされる．多宝塔本尊大日如来像は仏師*快慶の作で，塔建立時のものか．他にも鎌倉時代の建造物や平安時代の彫刻が多く，また紫式部の伝承から和歌・文学ゆかりの絵画なども多い．

【石山詣でと文学】平安中期以降，*観音信仰と遊楽を兼ねた石山詣でが盛行するに伴い，物語・日記・歌集などに石山詣での記事が頻出し，『蜻蛉かげろう日記』や『更級さらしな日記』には作者自身の体験が回想されている．鎌倉末期頃になると，紫式部がここで*『源氏物語』を起筆したという伝承が形成され，やがて本堂の一隅にも〈源氏の間〉なるものが設定されることになった．この伝承を取りこんだ浄瑠璃じょうるりに『源氏六十帖』(石山寺開帳)がある．本寺の観音霊験譚としては，古くは『今昔物語集』16–18や室町物語『伊香いかご物語』があるが，まとまった形としては，絵巻物『石山寺縁起』7巻33段に総集されている．南北朝時代以降は寺内でしばしば連歌が興行され，二条良基よしもと(1320–88)らの『石山百韻』，里村紹巴じょうは(1525頃–1602)らの『石山四吟千句』『石山千句』などが残っている．〈石山秋月〉が古来近江八景の随一と称されてきたのも，信仰と文学と景勝の三者によるものであったろう．

『石山寺縁起』いしやまでらえんぎ　*石山寺の草創の由来と本尊*如意輪観音にょいりんかんのんの*霊験れいげんのかずかずを描いた絵巻．7巻．石山寺蔵．序文詞書にある正中年間(1324–26)はテキストのつくられた年代で，絵巻自体の制作年代は第1・2・3・5巻が南北朝時代，第4巻が室町時代，第6・7巻が江戸時代．南北朝期の絵は当時の宮廷絵所えどころの典雅で華麗な作風で描かれ，室町期の絵は土佐光信(?–1525頃)筆，江戸期は谷文晁(1763–1840)筆である．各時代の一流絵師によって制作された絵画史上貴重な作品である．また霊験の中に，『蜻蛉日記』や『更級日記』にもとづく話や紫式部が*『源氏物語』の構想を啓示された話など文学関係の話が多いのも特徴である．

石山本願寺いしやまほんがんじ　摂津国東成郡生玉庄大坂の石山(現・大阪市中央区)にあった本願寺．その初めは，*蓮如れんにょが1496年(明応5)に坊舎を建てたのに起る．そののち1532年(天文1)8月，*山科やましな本願寺が細川・六角・日蓮宗徒により焼かれたため，本願寺10世*証如しょうにょは大坂に移り，石山の坊舎を本願寺とした．東は大和川，北側は淀川に守られた要害の地であると同時に渡辺の津に近く，西は海につづく瀬戸内海方面への交通の要衝であった．寺院の周辺には大勢の門徒が住み，*寺内町じないまちを形成した．1580年(天正8)，11世*顕如けんにょは織田信長との争いの末，紀州鷺森に移り，のち豊臣秀吉が石山本願寺の地に大坂城を築いた．→本願寺．

異熟いじゅく［*s*: vipāka］　過去世や現世などの行為(*業ごう)を因として，未来世に，*果報かほうが生ずるさい，その果報が因と異なった形で熟することをいう．何が異なるのかというと，いくつかの立場があるが，*説一切有部せついっさいうぶや*唯識派ゆいしきはでは，善もしくは悪の因が，*無記むき(善でも悪でもないあり方)という果をもたらすこと，すなわち，〈因是善悪いんぜぜんあく・果是無記かぜむき〉(因は善または悪であるが，果は善でも悪でもない無記である)と異類に熟することが，〈異熟〉であるとする．善は楽果，悪は苦果をもたらす(善因楽果・悪因苦果)が，楽・苦の果そのものは善・悪・無記の*三性さんしょうでみるときは無記なのである．このように，善悪の*業感や*六道輪廻ろくどうりんねを説明するのが異熟の教義である．この異熟の関係を因・果においていうとき，因を〈異熟因〉といい，果を〈異熟果〉という．

唯識派では，*輪廻の中で*阿頼耶識あらやしきが人間界など，ある特定のあり方に生を受けるとき，その真の因は，阿頼耶識(無記)自身の*種子しゅうじであり，これを直接の因である異熟因と考えている．それに対し，現実の善業・悪業が〈間接因〉(*増上ぞうじょう縁)となって，その果をもたらす．なお，異熟果としての阿頼耶識を〈異熟識〉ともいう．また，この果そのものである第八識(阿頼耶識)を〈真異熟〉といい，この第八識に基づいて生じる*六識の異熟果を〈異熟生(しょう)〉と称して区別する．

「因によりては異熟の果と等流の果とを得，縁となる方は増上の果を得るなり」〔菩提心集下〕

違順 いじゅん　逆らうことと従うこと．逆境と順境．教理的に言えば，苦を感じるのが〈違〉で，楽を感じるのが〈順〉である．これらは*煩悩(ぼんのう)によって引き起される二元対立的なもので，それを超えることが要請される．「違順相争ふ，是れ心病たり」〔信心銘拈提〕「とこしなへに違順につかはるる事は，ひとへに苦楽のためなり」〔徒然242〕

異生 いしょう [s: pṛthag-jana]　原語の意味は，異なる生き物．転じて，低級な人々．〈異生類〉とも漢訳し，〈愚〉を冠して〈愚異生〉ともいう．仏教の真理に暗い愚かな凡夫(ぼんぶ)の別称．聖人とは異なる*業(ごう)因を作り，異なる*果報を享受する点をとらえて〈異〉という．凡夫としての性質を〈異生性〉，その位階を〈異生位〉という．また*空海は，愚かな凡夫の心を羊にたとえて〈異生羝羊心(いしょうていようしん)〉と称し，*十住心(じゅうじゅうしん)の第一に数えた．「異生羝羊心とは，これすなはち凡夫の善悪を知らざる迷心，愚者の因果を信せざる妄執なり」〔十住心論1〕．→凡夫．

意生 いしょう [s: manu-ja]　人・人類を意味する．〈人祖マヌの子孫〉の意であるが，通俗語源解釈によって〈意(manas)から生じたもの〉と解したのである．また，心によって生じた身体．ときに*中有(ちゅうう)を〈意生身〉(mano-maya-kāya)あるいは〈意成(いじょう)〉という場合がある．中有や色界(しきかい)・無色界の衆生(しゅじょう)，あるいは*変化身(へんげしん)は意より生じ，精子や卵子などの肉体的条件を必要としないからである．また，菩薩(ぼさつ)が衆生済度のために心のままに生をうけることを〈意生〉ともいい，あるいは*阿羅漢(あらかん)・*縁覚(えんがく)・菩薩などは心にしたがい，肉体に縛られないから〈意生身〉ともいわれる．「意性(生)化身自在不滅の縁に引かれて，夜もすがら歌舞をなさんと参りたり」〔謡・藤〕

以信代慧 いしんだいえ　信を以て慧に代えること．*日蓮(にちれん)が『四信五品抄(ししんごほんしょう)』などで，*信心中心の*法華経受容を指し示した言葉．法華経は長年修錬して来た高位の*菩薩(ぼさつ)のための教えと理解されてきた．浄土教は，法華経の理は深いが，下根の者は理解が少ない(理深解微(りじんげみ))と批判した．それに対して日蓮は，法華経こそ末代の*凡夫(ぼんぶ)のために説かれた教えであり，法華経に説かれた*久遠(くおん)釈尊の智慧は〈*南無妙法蓮華経(なむみょうほうれんげきょう)〉を信じることによって譲り与えられると説いた．

以心伝心 いしんでんしん　こころからこころに伝える．禅では，真理の伝達は体験により，文字や言葉によらない，という意味を端的にあらわした語．禅宗は，経典に根拠を求める諸宗を批判し，根本の仏法は*拈華微笑(ねんげみしょう)により釈尊から*摩訶迦葉(まかかしょう)に伝えられ，それが*菩提達摩(ぼだいだるま)によって中国に伝えられ，以心伝心によって相伝されていると主張した．〈*不立文字(ふりゅうもんじ)〉〈*教外別伝(きょうげべつでん)〉と同義．現今では，文字や言葉によらなくても，心の中はそれとなく自然に伝わるという，一般的な意味に用いられる．「ここに摩訶迦葉一人破顔微笑して，拈花瞬目の妙旨を心を以て心に伝へたり」〔太平記24.依山門嗷訴〕

イスラーム教 ――きょう [al-Islām]　かつて中国西北辺境のトルコ系*ウイグル族(回紇，回鶻)居住地域にイスラーム教徒(ムスリム)が多数住んでいたことから，イスラーム教は歴史的に中国・日本で〈回教(かいきょう)〉と呼ばれてきた．

イスラーム教は，アラビア半島のメッカ(マッカ)に生まれたムハンマド(570頃-632)が西暦7世紀初めに創唱し，アジア，アフリカの諸地域で広く信奉されている世界宗教である．ユダヤ教，キリスト教と並ぶセム系一神教の一つで，歴史的にはこれら先行宗教の影響を強く受けているが，イスラーム的にはそれらは，普遍的な純粋一神教としてのイスラーム教の前史として位置づけられる．

【教義】教義の中心は，唯一絶対なる神(Allāh)とその世界支配，世界の創造と終末，復活と審判，天国・地獄における賞罰，預言者たちの派遣と神の啓示(ムハンマドは最後の預言者)，などである．ムハンマドが受けた啓示をまとめたものが聖典『コーラン』であり，これに基づく儀礼的・倫理的・法的規範がイスラーム法(sharī'a)である．この規範に示された神の意志に絶対服従して生きること——これが本来の〈イスラーム〉(islām)の意味である——の中に，現世の繁栄と来世の救いがあるとする．

【インド思想との相互影響】イスラーム教徒の中央アジアやインドへの進出は8世紀に始まる．その際多くの仏教寺院や仏像が破壊されたといわれるが，それはイスラーム教の厳しい偶像否定と単純に結びつけられるものではない．事実，イスラーム教のインドや仏教文化圏への浸透は，イスラーム聖者や商人の活動に負う所が大きく，その過程で仏教や他のインド思想の影響を受けることになる．

たとえば，8-9世紀から神との〈合一〉と愛を強調するスーフィー(神秘家)がイスラーム教の中に現れるが，その起源の一つがインド思想や仏教に求められている．具体的には，イブラーヒーム-イブン-アドハム(777頃没)は，中央アジアのかつての仏教の中心地，バルフ(アフガニスタン北部)の王子であったが，狩りの最中に「汝はこのために生を享けたのか」との天の声を聞いて回心し，そのまま世を捨てたといわれる．この伝承と*仏陀(ぶっだ)の出家物語の類似性は明瞭である．そのほか，仏教の*涅槃(ねはん)とスーフィーのファナー(消滅)や，両者の修行法の類似性なども指摘されてきた．また，イスラーム神学には存在・時間の最小単位として原子を認める立場が有力であるが，これを古代ギリシアの原子論のほかに，部派仏教の〈*極微(ごくみ)〉〈*刹那滅(せつなめつ)〉の思想や*ヴァイシェーシカ学派の哲学に関連づける学者もいる．

他方，イスラーム教，特にスーフィズムのインド思想への影響が，カビール(1440-1518頃)などの*バクティ(唯一の神への絶対的帰依，信愛)運動について指摘されるが，やがてインド，中央アジアから姿を消した仏教には，その影響はみられないようである．

伊勢神道 いせしんとう　伊勢神道は，外宮(げくう)の祠官度会(わたらい)氏により立てられた教説で，その発生の時期は〈神道五部書(しんとうごぶしょ)〉の成立と同じころと見られている．すなわち吉見幸和(よしみゆきかず)(1673-1761)の『五部書説弁』(1736)によれば，まず『宝基本紀』が作られ，最後に『倭姫命世記(やまとひめのみことせいき)』が成ったとし，その時期は治承(1177-81)以後，永仁(1293-99)以前としている．この説はその後に詳細に考証されているが，神道五部書の撰述は，内宮(ないくう)に対抗して外宮を重からしめようとする意図に出たもので，これにもとづいて伊勢神道が推進されていく．その中心は度会行忠(ゆきただ)(1236-1305)といわれる．

依拠された教説の主たるものは*両部神道説であるが，中国の典籍を用いていることも多い．たとえば，外宮は元来，内宮*天照大神(あまてらすおおみかみ)のための食物を主宰する御饌津神(みけつかみ)であるが，それを同格またはそれ以上にするため，内宮を*胎蔵界(たいぞうかい)，外宮を*金剛界(こんごうかい)とし，また陰陽(いんよう)五行説により，外宮の神を水徳，内宮の天照大神は日であるから火徳とし，水は火に勝つとしている．

伊勢神道におけるもう一つの特徴をいえば，鎌倉時代はじめまでの仏本神迹の*本地垂迹(ほんじすいじゃく)説に対して，神本仏迹の*反本地垂迹説があらわれてきたことが指摘され，これは元寇(げんこう)(1274,1281)により神国思想の自覚がおこったためという説があるが，当時*比叡山(ひえいざん)を中心に展開した天台*本覚思想の影響も考えてよいであろう．この後，伊勢神道は度会家行(いえゆき)(1256-1351)の『類聚神祇本源(るいじゅうじんぎほんげん)』(15巻)『瑚璉集(これんしゅう)』(5巻)，慈遍(じへん)(-1332-)の『旧事本紀玄義』(10巻)『豊葦原神風和記(とよあしはらしんぷうわき)』(3巻)，北畠親房(きたばたけちかふさ)(1293-1354)の『神皇正統記(じんのうしょうとうき)』(6巻)『元元集』(8巻)『二十一社記』(1巻)，忌部正通(いんべのまさみち)(-1367-)の『神代巻口訣(じんだいのまきくけつ)』(5巻)などへ受け継がれていく．

韋提希夫人 いだいけぶにん　〈韋提希〉はサンスクリット語 Vaidehī(パーリ語 Vedehī)に相当する音写．ヴァイデーヒー．釈尊在世時代のマガダ国*頻婆娑羅(びんばしゃら)王の妃で，*阿闍世(あじゃせ)王の母．阿闍世のために塔に幽閉された頻婆娑羅王のもとへひそかに食物を運ぶが，それを知った阿闍世は彼女をも幽閉する．*観無量寿経(かんむりょうじゅきょう)は，この*王舎城(おうしゃじょう)の悲劇を機縁として，仏が韋提希の苦悩を除くために西方浄土の観法(*十六観)を説くという形をとる．なおこの経説を描いたのが観経*変相で，日本では*当麻曼荼羅(たいままんだら)が有名．この変相図一軸を説き明かす曼荼羅*絵解きが盛んに行われた．

異体同心 いたいどうしん　身体は異なっていて

も，心は一つであるということ．年齢・性別・職業・身分などが異なっていても，信仰を同じくしていることをいう．「日蓮が一類は異体同心なれば，人々すくなく候へども大事を成じて，一定法華経ひろまりなんと覚へ候」〔日蓮消息文永11.8〕

韋駄天 いだてん　〈韋駄〉はサンスクリット語 Skanda に相当する音写．ただし〈韋〉の字は原音と合わない．〈建〉を〈違〉と誤写した結果とも考えられる．〈塞建陀〉〈私建陀〉〈建陀〉〈素健〉〈違駄〉〈違陀〉など多くの音写語をもつ．スカンダは本来*婆羅門教の神で，*シヴァ神の子．*悪魔を打ち破る軍神．これがのち仏教に取り入れられ，*仏法の守護神となった．*増長天の八大将軍の一つとされ，*四天王三十二将軍神の筆頭に置かれる．特に*伽藍を守る神とされ，寺院の厨房などにその像がまつられる．今日，中国の寺院では，多く天王殿の弥勒仏の裏側に韋駄天をまつる．この神はその駿足でもつとに知られ，修行僧が悪魔に悩まされるときは，走り来ってこれを救うとされた．〈韋駄天走り〉という．この韋駄天の性格には中国の韋天将軍との混同もうかがわれる．遺例に乙津寺像(鎌倉時代，岐阜市)や*泉涌寺像などがある．

板碑 いたび　死者・*逆修追善供養のため板状の石でつくった*卒塔婆．三角形の上部の下に2条の横線を刻み，その下に仏*種子または仏像・銘文などを彫ってある．〈ヘラ仏〉〈石卒塔婆〉などともよばれる．*五輪塔が変化した，修験道の碑伝に由来する，中国より伝来した，などの諸説があるが，起源は明らかでない．刻銘には鎌倉時代から室町時代のものが多く，武蔵国(東京・埼玉)を中心とする関東地方と四国の東部に分布する．当時の仏教信仰の実態を摑むことができる．

板彫仏 いたぼりぶつ　板面に浮彫りされた*仏像や*曼荼羅．裏面に把手の付くものがあり，そのような作品は*印仏作法の具として使われたことが推定される．また，2面以上あり，それらが蓋と身の関係となるもの，または合口風に重ね合わされるものがある．いずれも西域や中国起源のものが多く，それにならったわが国での作例もある．またこのような伝統に沿うもののほかに，建築や仏像の一部に付属品として貼り付けられた板彫の例もあり，11世紀の*興福寺板彫十二神将像は日本独自の浮彫技法の頂点を示す名品である．

異端 いたん　特定の宗教や思想を信奉する集団において，「正統」とされる教説と対立し，批判・排除の対象となる教義をいう．術語としての正統・異端の対概念は，正統であるローマ-カトリック教会とそれに対するさまざまな異端運動といった図式で，キリスト教をめぐって用いられたが，のちには仏教，儒教，マルキシズムなど他の宗教・思想運動にも広く適用されるようになった．

仏教教団では，正統に対立する異端的教説は〈*異安心〉〈異義〉〈別解〉などと呼ばれた．ある教義を異端として排斥する現象は日本でもたびたび見られ，*親鸞は異義を主張したとして子の*善鸞を義絶している．江戸時代には日蓮宗*不受不施派が幕府によって異端とされ，禁圧された．また真宗本願寺派では，教学の解釈をめぐって〈*三業惑乱〉と呼ばれる異安心事件が起こり，幕府が介入して決着をみている．日本宗教史の分野では，1970年代に黒田俊雄が〈顕密体制論〉を提唱し，顕密仏教＝旧仏教を中世の正統，新仏教をそれに対する異端運動と捉えたことで，日本仏教の正統・異端の概念をめぐる論争が起こった．なお，「異端」という語は，『論語』などにみえるものである．

一印 いちいん　一つの*印相，印契．手指の組合せによって仏・菩薩の内実や*誓願を象徴し，また具体的な*行法を象徴的に表現する．一つの印相と明呪(*真言)を代表的に用いることを〈一印一明〉といい，それによってすみやかに*悟りを得ることを〈一印頓成〉という．特に金剛界曼荼羅(→両界曼荼羅)の第六会ᵉは，*大日如来(経典では*金剛薩埵)が一つの印(教義的には*智拳印)でもって真理を表現するので〈一印会〉と称されている(九会曼荼羅では上段中央部)．

一会 いちえ　一つの法会．法要・説法などの集まり．また，その座にいる人々．〈会〉は多くの人が寄りあつまる意．なお，茶人山上宗二の語として有名な〈一期一会〉の〈一会〉は一度の会合の意で，広く一生一度の出合いとか，生涯一度限りの意に用いられる．「ほのかに如来唄(にょらいばい)を引き給ひしかば，梵音(ぼんおん)遠く叡山の雲に響いて一会の奇特を顕せし事ども，委細に演説仕りたれば」〔太平記 11.書写山行幸〕

一衣一鉢 いちえいっぱつ　僧が所有することを許されたものに*三衣(さんね)一鉢があり，それは単に〈*衣鉢(えはつ)〉とも称される．一衣一鉢は衣鉢と同意であるが，僧の所有するものの少なさを強調して用いられる語．→六物(ろくもつ)．

一月三舟 いちがつさんしゅう　〈いちげつさんしゅう〉とも．同じ一つの月を見るのに，舟の動止によって違いがあるように，一つのことを見るのに，立場によって違いがあることを言う．すなわち，停泊している舟からは月は停止しているように見え，南に向かう舟からは月も南に向かって動くように見え，北に向かう舟からは月も北に向かうように見える．仏の教えも受けとめる人によってさまざまに解釈されることのたとえ．

一行 いちぎょう　一つの修行法．天台宗・華厳宗などでは，一つの修行法の中に一切の修行法が含まれるとする〈一行一切行〉という考え方を説く．また，それは〈円行〉ともいわれている．他方，〈一行〉を決めて修行する*三昧(さんまい)は〈一行三昧〉といわれ，文殊般若経(もんじゅはんにゃきょう)や『大乗起信論』に説かれる．天台宗の*四種三昧の一つ〈常坐(じょうざ)三昧〉は，文殊般若経による一行三昧で，具体的には 90 日間坐りつづけて，一仏の名を称え，*実相を観ずる．『大乗起信論』の一行三昧は，*法界(ほっかい)は一相であること，つまり一切諸仏の*法身(ほっしん)と衆生身(しゅじょうしん)は平等無二であることを知る三昧のことである．「一度機をかがみて，一行におもひさだめて後，人の，とかくいへばとて，変改の条無下(むげ)の事なり」〔一言芳談〕

一行 いちぎょう［Yī-xíng］　683–727　中国,魏州の昌楽(河南省南楽県)生まれとも，鉅鹿(きょろく)(河北省鉅鹿県)生まれともいう．俗姓は張，名は遂．道教に通じ，仏教の中でも禅・天台・戒律に精しく，数学や天文学の大家でもあり，〈開元大衍暦(かいげんだいえんれき)〉を作成した．この暦は唐以後の暦学者に多く用いられ，わが国にも奈良時代に伝えられ，およそ 100 年の間使用された．また*善無畏(ぜんむい)が入唐するや*密教にも関心を示し，*金剛智(こんごうち)と善無畏から密教を授かり，善無畏の*大日経の翻訳の手助けをして，注釈書である*『大日経疏(だいにちきょうしょ)』を著した．*真言宗(しんごんしゅう)の伝持(でんじ)の第 6 祖．諡号は大慧(だいえ)禅師．

一隅 いちぐう　物の一方のすみ．かたすみ．限定的には世の中のひとすみ．最澄(さいちょう)は*『山家学生式(さんげがくしょうしき)』に「一隅を照らす，此れ則(すなわ)ち国宝なり」と記し，国宝とは道心ある者で，世の一隅に光を与える者であるとする．中国春秋時代，斉の威王が，国宝とは国の一隅を守れば他国が侵入出来ず，将とすれば千里を照らす者であると言ったという故事(『史記』巻 46)を，中国天台宗の湛然(たんねん)が*『摩訶止観輔行伝弘決(まかしかんぶぎょうでんぐけつ)』巻 5-1 で引用しており，最澄の場合も，「千里を照らし一隅を守る者」の意であると見る学者もいる．「このゆゑに一隅を挙げて同門に示す者なり」〔性霊集 2〕「衆徒の恨み申す処，其のいはれあるに似たりと云へども，是は皆一隅の管見なり」〔伽・秋夜長物語〕

一夏 いちげ　ひと夏の期間のこと．つまり 90 日間ある*安居(あんご)のことで，〈一夏九旬(いちげくじゅん)〉ともいう．陰暦 4 月 16 日から 3 カ月，90 日間は，インドで雨期にあたり，この間，僧衆は各地に*遊行(ゆぎょう)せず，一所に留まって修行する〈安居〉を行なった．「一夏の間を勤めつつ，昼夜に信心怠らず」〔梁塵 48〕「一夏九旬の間，普賢の御前にして難行苦行して此の事を祈り請ふ」〔今昔 14-16〕

一元論 いちげんろん［monism］　世界の諸現象をただ一つの原理から把握しようとする立場のこと．複数の原理を想定する〈二元論〉(dualism)ないし〈多元論〉(pluralism)に対する．二元論でも，例えば精神と物質，主観と客観，本質と現象，善と悪などという種々の対立が考えられうる．これらはそれぞれ存在論的，認識論的および価値論的な二元論と言えるが，それと同じく，一元論にもいくつかの種類が区別できる．精神が根源的で物質は二次的と見れば，唯心的な一元論であるが，逆に物質を重視し精神を派生的とすれば，唯物的な一元論が成り立つことになる．また価値の対立を絶対的なものと見る二元論に対しては，何らかの仕方でそれを超えようとする一元論が考えられる．

これらの見方はすべて，いわば普遍的な思

想の型として，洋の東西や時代を問わずに見いだされるものである．インドでも古来，精神的な*プルシャ(puruṣa，純粋精神)と物質的な*プラクリティ(prakṛti，原質)とを立てる*サーンキヤ学派の二元論がある一方，*ヴェーダーンタ学派の一元論(advaita-vāda)が有力であった．仏教は，このような存在論的な問題については，概して中立でありながら，*煩悩を滅して*涅槃(ねはん)にいたることを本旨とする限り，価値論的な二元論の立場から出発したといえる．しかし大乗仏教においては，仏と凡夫とは不二(ふに)であると説くにいたった．これは一元論への傾斜を強めたものと解することができる．→不二，本覚思想．

一期 いちご　人の一生涯の間．特に*茶道において，一生涯にただ一度だけ会うことを〈一期一会(いちごいちえ)〉といい，一つ一つの瞬間は再び繰り返されることはなく，その時その時を重んずべきことを説く言葉として用いられる．『山上宗二記(やまのうえのそうじき)』に「常の茶の湯なりとも路地へ入るより出るまで，一期に一度の会のやうに，亭主を敬畏すべし」とある．また，一区切の期間，修行のために限った一定の期間をさしていう．たとえば，天台智顗(ちぎ)の*『摩訶止観(まかしかん)』2上に説かれる常坐三昧・*常行三昧という修行法では，90日を一期とした(「九十日を一期となし結跏して正坐す」)．「人一期過ぐる間に，思ひと思ふわざ，悪業にあらずといふ事なし」〔発心集序〕

一業所感 いちごうしょかん　多くの人々が同一の*業により同一の*果報を感じること．たとえば山河などの自然の環境世界は，万人が共通してつくる業であり，その結果として*苦楽の果報を感じることも共通であること．〈共業共果(ぐうごうぐうか)〉ともいう．「いかなる一業所感にか，かかる乱世に生まれ逢うて，或いは餓鬼道の苦を生きながら受け，或いは修羅道の奴(やつこ)と死なざる前(さき)に成りぬらん」〔太平記31.新田〕

『一言芳談』 いちごんほうだん　*仮名法語集．上下2巻．編者未詳．鎌倉末頃の成立．*法然(ほうねん)と，その影響下にあった明遍・明禅・敬仏・顕性など，有名無名の念仏者の言動を集めたもので，念仏行のあり方，念仏者の心得を実際的に述べる．現世の徹底否認と後世渇望の姿勢から，学や知を否定し一向に念仏することを強調するが，信や道心の重要性を説く点では，*一遍らの念仏と性格を異にする．

一字金輪 いちじきんりん　［s: eka-akṣara-uṣṇīṣa-cakra］　仏のなかの最勝最尊の仏を〈仏頂尊(ぶっちょうそん)〉というが，その仏頂尊のなかで最も優れた*徳を持つ仏のこと．*大日如来(だいにちにょらい)を指す．〈一字〉とは(ボロン)(bhrūṃ)であり，仏・菩薩(ぼさつ)のすべての*功徳(くどく)がこの尊に帰するという．〈金輪〉は金銀銅鉄の4種の*転輪聖王(てんりんじょうおう)中の最高を表す．この仏を本尊とする*修法(しゅほう)は，無量の罪障があっても必ず救済され，*成仏(じょうぶつ)するという．また，この〈一字金輪法〉を修する者がいる500*由旬(ゆじゅん)のうちでは，他の修法はすべて効き目がないほどすぐれた功徳があるという．*中尊寺外十七箇院所蔵の彫像は稀少な独尊像の遺例である．『曼荼羅集(まんだらしゅう)』*『別尊雑記』などに*一字金輪曼荼羅を載せる．「遍照牟尼(大日如来)の一字金輪の表徳なり．摧魔怨敵の三摩耶形の体相なり」〔中臣祓訓解〕．→仏頂．

一字金輪曼荼羅 いちじきんりんまんだら　*不空訳の『一字頂輪王一切時処念誦儀軌』『金輪王仏頂要略念誦法』に基づき，*敬愛法(けいあいほう)・息災法(そくさいほう)に用いられる曼荼羅．*中尊は金輪をめぐらす日輪(赤円光)内に金剛界(こんごうかい)*大日如来の*智拳印(ちけんいん)を結ぶ．この尊を中心に，仏眼尊(ぶつげんそん)・輪宝(りんぽう)・珠宝・象宝・馬宝・女宝・主蔵神宝・主兵神宝を八方に配するもの(*高野山遍照光院，鎌倉時代)や，八葉の蓮華上にめぐらすもの(*壺坂寺，鎌倉時代)などがある．

智拳印の金剛界大日如来は，本来白色の月輪(がちりん)内に存するが，月輪を*胎蔵界(たいぞうかい)を表す赤色の日輪とすることによって金胎(こんたい)両部の大日の徳を兼ねるため，最高の金輪王の*仏頂(ぶっちょう)を有し，すべての仏・菩薩の*修法(しゅほう)はこの1尊の*梵字(ぼんじ)の1字(，bhrūṃ)に帰するとして，〈一字金輪仏頂〉と称する．したがってこの曼荼羅の修法は最強で，他尊の修法を圧倒するため，東寺(*教王護国寺)の*長者のみが行いうる最秘の修法とされた．→一字金輪，両界曼荼羅．

一字三礼 いちじさんらい　経典を書写するに際し，1字書くたびに仏を念じて三度礼拝すること．『吾妻鏡(あずまかがみ)』文治2.6.15，了恵の『聖光上人伝』(1284)などに見え，平安末期から鎌倉時代にかけて行われた．〈一筆三礼〉ともいい，この場合は仏画を描くときにも用いられ，さらに仏像彫刻に際しては〈一刀三礼〉という．「三箇年が間，一字三礼の法華経を我とかきたてまつりて」〔日蓮 種種御振舞御書〕

一実 いちじつ　唯一平等なる真実の意．形容詞として，〈一実境界〉〈一実無相〉〈一実円頓〉などの熟語をつくる．また，*真如，*実相をさすこともある．天台系の*神道を〈山王一実神道〉といい，法華経の一実の理によってあらゆる神祇を解釈していく．一実はまた，*一乗の真実な教えの意で，すべての人が平等に成仏できる一乗の思想をいうこともある．「一実の理，本懐をこの時に吐き，無二の道，満足を今日に得」〔十住心論 8〕「見ず知らぬ他方世界，浄土菩提，ないし一実真如の妙理まで，併ら我が心中に有り」〔法相二巻抄 上〕

一実神道 いちじつしんとう　⇀山王神道

一字不説 いちじふせつ　釈尊は，悟りを開いてから*涅槃に入るまでの間，一字も*法を説かなかったということ．究極の真理は説こうとしても説きえないことを表現するもので，釈尊一代の説法は*方便に過ぎないと解される．この句はいくつかの経典に出るが，なかでも*楞伽経に出るのが有名．*教外別伝・*不立文字を標榜する禅宗で珍重された．よく〈四十九年，一字不説〉という．「楞伽には『我得道の夜より，涅洹(槃)の夜まで一字をも説かず』と云へり」〔沙石集 10末-2〕

一樹の蔭・一河の流 いちじゅのかげ・いちがのながれ　他人同士が同じ木の陰に宿ったり，同じ川の水をのんだりすること．この世でのわずかなかかわりも，実は前世からの深い因縁で結ばれていることをいう比喩．『説法明眼論』に見え，平安末期以後，説経や文学作品によく引用される．後世の「袖振(摺)り合うも他生の縁」もこれと同じ趣旨である．なお，説経でこの比喩が取り上げられる際には，その由来として有名な中国の五郡孝子の説話(『捜神記』4)などが引かれたようである．「一樹の陰に宿りあひ，同じ流れをむすぶだに，別れは悲しきならひぞかし」〔平家 1. 祇王〕「一河の流れを汲むも皆これ他生の契りなり」〔義経記 2. 伊勢三郎〕

一乗 いちじょう　[*s*: eka-yāna]　〈一仏乗〉(eka-buddha-yāna)ともいう．一つの乗物の意．乗物とは*衆生を仏の*悟りに導いて行く教えをたとえたものであって，それにより一切衆生がひとしく仏に成ることができると説く．⇀二乗，三乗．

【法華経と一乗】一乗は，般若経・華厳経・勝鬘経などに散説されているが，これをもっとも力説しているのは*法華経である．この経に「十方仏土中に唯一乗の法のみ有り．二も無く，また三も無し」〔方便品〕とある．この文意について，通常〈二〉は*声聞・*縁覚の二乗，〈三〉は声聞・縁覚・*菩薩の三乗をさし，二乗あるいは三乗の差別を否定してそれらを統一したものが〈一乗〉であると解されている．天台・華厳はこの考えに立ち，この点の解釈をめぐって中国では*三車・四車の論争があった．しかしサンスクリット文によると，〈二〉とは第二をさし，〈三〉は第三を意味する．したがってその文意は，唯一の〈乗〉のみあって，第二・第三はないというもので，このような理解に立つ三論と法相の両宗は，この一文を，唯一の菩薩乗(＝仏乗)のみあって，第二の縁覚乗も第三の声聞乗もないことを意味すると解釈する．すなわち〈四車家〉の立場をとる天台・華厳に対して，〈三車家〉の立場からの解釈である．このように，いずれの解釈に立つにせよ，一乗には，〈唯一〉と〈統一〉(または同一)の意味がある．直接の語意は〈唯一〉であるが，思想的には，声聞・縁覚・菩薩の3種類の乗，あるいは第二の縁覚乗や第三の声聞乗の存在を否定して唯一の仏乗に帰一させ，統一するという点では，〈統一〉の意味をもつといえる．法華経においては，教法の差別のみならず声聞・縁覚・菩薩という修行者の差別も否定され，声聞・縁覚の*成仏を説いているが，これはこの経独自の教えであるとされる．

法華経に基づく*天台宗においては，〈*会三帰一〉〈*開三顕一〉〈*開会〉などの言葉によって統一の教義を表現し，また教・行・人・理(*教行人理)の四つの視点における〈一〉(四一)の教義を説いている．

「聖人，偏へに法花を持して，深く一乗の理を悟れり」〔今昔12-32〕

【華厳宗と一乗】*華厳宗は諸経論に説かれる一乗の説を総合して再組織し，大きく〈同教一乗〉と〈別教一乗〉の二つに分けている．前者は一乗と三乗とが同じレベルで係わり合うような考え方をいい，一乗が諸教を包摂する立場にあることを示すもので，法華経が主として説く〈会三帰一〉の思想はこの中に含まれる．後者は，主として*華厳経に説くところであって，三乗と区別され，それを超越する立場における一乗であるが，終局的には三乗と不一不異の関係にあるとされる．さらに華厳宗では，〈存三の一乗〉(三乗の差別を肯定する一乗)と〈遮三の一乗〉(三乗を否定する一乗．法華経)と〈直顕の一乗〉(三乗の否定を通さずに直ちに顕された一乗．華厳経)の三つを区別している．「消えなむとする花厳一乗の御法，再び光をかかやかさむこと，いといみじく覚ゆるところに」〔明恵歌集〕

【法相宗と一乗】唯識*法相宗では，教理においては三乗が一乗に統一される面を認めているが，修行者(人)においては統一を拒否して，*五性各別，三乗の差別を主張し，このため天台宗・華厳宗との間に論争を引き起すに至った．→三一権実，応和の宗論．

一乗寺 いちじょうじ　兵庫県加西市坂本町にある天台宗の寺．法華山と号す．*西国三十三所の第26番*札所．7世紀中葉に天竺人の法道仙人が開いたと伝える．平安時代後期には観音霊場として栄えた．1523年(大永3)兵火にかかり堂宇の多くが焼亡したが，1562年(永禄5)赤松義祐の援助で永厳が諸堂を再興し，1628年(寛永5)本多忠政が*金堂を修築した．現存する三重塔は平安末期の承安年間(1171-75)，護法堂・五輪塔は鎌倉期，妙見堂・弁天堂は室町期の建築である．寺宝に平安後期の絹本着色の聖徳太子及び天台高僧像10幅，飛鳥時代後期の銅造観音像2軀などがある．

一乗止観院 いちじょうしかんいん　⇒延暦寺

『一乗要決』 いちじょうようけつ　*源信撰．3巻．1006年(寛弘3)10月起稿．法相宗の*三乗思想・*五性各別思想を天台の*一乗思想から破した書．一切衆生に*仏性があり，*成仏できないものはないとする立場から，諸文献を検証し，法相との論争の終結を期した．「法華に依って一乗を立つ」「余教の二乗作仏の文を引く」「無余界の廻心を弁ず」「一切衆生有性成仏の文を引く」「定性の二乗の永滅の計を斥す」「無性有情の執を遮す」「仏性の差別を弁ず」「教の権実を弁ず」という8門で構成されている．本書は*最澄と*徳一(本書では得一)の論争を継承するものであるが，特定の個人を相手にしたものではない．*応和の宗論にまつわる伝説的な逸話も記されていない．法華一乗の立場から，密教も視野に入れ，緻密な論証を施した書として貴重であり，*『往生要集』から20年あまりを経た円熟期における研鑽が知られる名著である．なお，巻末に，*無量寿仏の前に生まれることを願う旨が記されている．

一塵 いちじん　〈一微塵〉のこと．〈塵〉は*微塵の意で，物質を構成する極小の単位．一つのちり．この一微塵のうちに全宇宙(*法界)を包含していることを〈一塵法界〉という．『圜悟録』1に「一塵は法界を含み，一念は十方に徧し」とある．「身貧しくして一塵の貯へなし」〔今昔13-14〕「非情草木といっぱ，まことは無相真如の体，一塵法界の心地の上に，雨露霜雪の形を見す」〔謡・芭蕉〕

一即一切・一切即一 いちそくいっさい・いっさいそくいち　一がそのまま一切であり，一切がそのまま一である，の意．*華厳経十住品に示される「一即多・多即一」(一がそのまま多であり，多がそのまま一である)の教説などをよりどころとして，中国華厳宗において完成された思想で，限りなく関わりあう事象・事物の相互の関係を表す代表的なことば．あらゆるものごとが，その本質から見て一体的であることをいう．

一代 いちだい　漢語としての意味は，一王朝の統治する時代，狭義には一帝王の治世．またある一つの時代，当代のこと．仏教語として，釈迦の*成道から*入滅にいたるまでの一生涯における教説を〈一代教〉〈一代諸教〉といい，天台智顗の*五時八教の教相判釈に基づく．〈一代*聖教〉〔四教儀〕，〈一代教法〉〔止観義例下〕をはじめとして，〈一代時教〉〔碧巌録6則〕，〈一代の化儀〉〔沙石集4-1〕などの言い方がある．また人の一生涯，生きている間を〈一代〉ともいう．「一代聖教の中には，いづれの経にか此の説見えたる」〔真如観〕

一大事 いちだいじ　ただ一つの重大な事がら，または仕事の意．*法華経方便品では，一切衆生にたいして仏の智慧(仏知見，如来知見)を開き示し悟らせ，その道に入らせることが〈一大事〉とされ，その目的のために仏がこの世界に出現するとされる．同品に「ただ一大事因縁を以ての故に，世に出現す」とある経文から広く用いられるようになった．また，禅家では修行の眼目という意味で用い，〈大事〉ともいう．「彼の法華経は如来出世の本懐，諸仏一大事の因縁たり」〔聖覚四十八願釈14〕「そもそも一大事を心にかけ，不生の心地に御遊覧候ふ事，まことによろこび入り候ふ」〔道範消息〕

一日経 いちにちきょう　1日のうちに書写した経典，または1日のうちに*写経すること．この儀式を〈頓写会〉という．平安時代中期から鎌倉時代にかけてよく行われ，特に*法華経が多いが，他に*大般若経も行われている．また，数年月をかけて千部書写する〈千部一日経〉があり，藤原基衡らが父藤原清衡追善のために行なった〈法華経千部一日経〉(1138–48)は著名である．なお，亡霊*廻向のために，法華経1日頓写の*功徳は絶大とされ，それを勧説する比喩的説話は諸書に散見する．「一日経を書き供養して，此の苦患を救ひ候へ」〔太平記20.結城入道〕

一如 いちにょ　絶対的に同一である，事物の真実のすがた(*実相)．*分別を超えた真実の智(実智)によって洞察される〈事物のあるがままなる真相〉(tathatā．*如，*真如)は，現象としての一切の事物において，普遍的に同一(不二，不異)であるので，〈一の如〉と称する．漢語の数詞〈一〉も，もと*老荘思想に由来する哲学概念であり，万物を生成し存立せしめている根源の真実在(*道)，あるいはその差別相を超えたあり方を意味する〔老子42〕．「一切衆生をして一如の理を悟らしめん」〔顕戒論縁起〕「大乗の法門はただ凡聖一如，迷悟不二これ肝要なり」〔雑談集10〕．→不二．

一念 いちねん　元来二つの系統がある．第1に，きわめて短い時間，一瞬間を意味するもので，サンスクリット語 eka-kṣaṇa などに対応する．kṣaṇa は*刹那と音写される時間の単位．ただし，「九十刹那を一念とする」という説も見られる(仁王経)．第2に，心のわずかな働きを意味するもので，eka-citta-utpāda などのサンスクリット語に対応する．この心の内容によって，初発心・発菩提心を意味したり(一念発起)，わずかな信心(一念信)を意味したり，また1回の念仏を意味するなど，多様に用いられる．特に，法華経分別功徳品には「一念信解」を説き，無量寿経には*第十八願の「乃至十念」と関連して，その成就文に「乃至一念」と説いており，後代に大きな影響を与えた．

中国における大きな展開としては，第1に，天台の〈一念三千〉論の形成があり，これによって〈一念〉に大きな哲学的意味が与えられるようになった．華厳や禅で言われる〈一念不生〉は，わずかな妄心も起らない境地で，やはり哲学的な一念論の発展と言いうる．第2に，浄土教で*善導が「念称是一」を唱え，これによって無量寿経の「一念」「十念」が一回の*称名，十回の称名を意味するようになった．ここから日本で*法然門下において〈一念往生〉(一回の称名で往生できる)の思想が生れ(一念義)，一念・多念の論争も起った．→一念三千，十念，多念．

「井の底に臥しながら，世間の無常を観じて一念の菩提心をおこす」〔今昔5-21〕「もしは十念におよばずとも，一念二念なりとも引摂せむ」〔法華百座7.11〕

一念三千 いちねんさんぜん　一念に三千*世間が具足されているということ．中国の天台*智顗が確立した天台宗の根本教説．〈一念〉とは*凡夫が日常におこす一瞬一瞬の心をさし，〈三千〉とは，*十界のそれぞれが互いに他の九界を具足しあっている(十界互具)から百界，その百界の一々にそれぞれの*十如是があるから千如是，そして千如是は*三種世間のそれぞれにわたるので〈三千世間〉の*法数が成立する．極小と極大の*相即した統一的宇宙像を示すとともに，実践的には，自己の心中に具足する仏界を観ることをいう．智顗はこのことを*『摩訶止観(まかしかん)』5で1回言及しただけであるが，湛然(たんねん)は*『摩訶止観輔行伝弘決(まかしかんぶぎょうでんぐけつ)』5でこれを智顗の「終窮・究竟の極説」と釈し，これを指南とするよう説いた．

日蓮(にちれん)は，特に『観心本尊抄(かんじんほんぞんしょう)』において，*末法(まっぽう)の日本国における一念三千の修行の仕方を論じ，一念三千は法華経の*本門によって完全なものとなること，本門の仏界を中心とする十界を具象化したものが*十界曼荼羅(まんだら)であり，この本尊に*帰命(きみょう)する心を具体化したものが*題目であると説いた．→一念．

市聖 いちひじり ⇒空也(くうや)

一仏 いちぶつ　ひとりの*仏陀(ぶつだ)の意．一世界ごとに，ただ一仏のみ出現し，衆生(しゅじょう)を*教化(きょうけ)するとされる．一仏の教化する世界を〈一仏土〉と称するが，その範囲は，仏陀観の発展につれ，*四大洲から*三千大千世界・*無辺世界へと拡大された．また，同一時に一仏のみ存在するのか，あるいは多仏が同時に併存しうるのか(一仏多仏)が問題とされたが，大乗仏教では，おおむね同一時に多くの世界において多くの仏が存在すると考える．なお日本天台の*安然(あんねん)は，諸経論に説く諸仏は，そのまま*大日如来(だいにちにょらい)の一体にほかならないとして〈一仏即一切仏〉を説いた．

「一仏の法門たりといへども，大小権実の相違によりて，其の流れ八宗に分れ侍り」〔樵談治要〕「嘲らん人，憐まん人，順逆の二縁，共に一仏土に生れて一切衆生を済(すく)へとなり」〔海道記〕「十方遍法界の迹仏は一心より流出す．一心は同時なれば，一仏にして多仏あることなしと論ず．この故に，一仏即一切仏と曰ひ，一切仏即一仏と曰ふのみ」〔本理大綱集〕

一仏乗 いちぶつじょう ⇒一乗(いちじょう)

一分 いちぶん　一部分，部分的の意で，特に仏教語というわけではないが，仏教においてもしばしば用いる．例えば，〈一分戒〉といえば，一部分の戒のみ受持することで，〈全分戒〉に対する．〈全分〉の語は仏教に特殊なようである．一分はまた，二分・三分などに対することもある．例えば，*唯識(ゆいしき)学で〈一分家〉といえば，見分・相分・自証分・証自証分などの三分・四分を認めず，一分のみをたてる*安慧(あんね)の説をいう．「身に一分の疵(きず)も蒙らずして，安穏に家に還りぬ」〔法華験記下85〕

一棒 いちぼう　*禅林で指導者が修行者を導くために，また戒めるときに用いる手段で，棒で打つこと．棒とは，禅者が*遊行(ゆぎょう)するときに使用していた*拄杖(しゅじょう)が，*僧堂や*法堂(はっとう)でも用いられるようになったもの．大声を出して指導する*一喝(いっかつ)と共に代表的な禅宗の指導法である．*『祖堂集(そどうしゅう)』19に「一棒の下に於て仏の境界に入る」と見える．「御家の一棒をこわきかいかふで，引導いかにとせめられける」〔噺・一休咄〕．→三十棒．

一木造 いちぼくづくり　像の頭部と体部の主要部を一材から彫り出す木彫の技法．寄木造(よせぎづくり)に対する語．両手やその他の小部分，坐像では両脚部を別材で彫って寄せることが多いが，この場合も一木造に含める．背中や底から内刳(うちぐり)を施す場合とムクの場合とがあり，さらに像の一部を割り放って内刳を行う〈割矧(わりはぎ)〉という技法も古くから併用されたが，それが大規模に行われる場合には独立した技法として〈割矧造(わりはぎづくり)〉と呼ぶ．白檀やその代用材による*檀像(だんぞう)や，*立木仏(たちきぶつ)を含む霊木仏など用材崇拝の思想に支えられ，日本では7-9世紀に多く行われた．→寄木造，割矧造．

『一枚起請文』 いちまいきしょうもん　『一枚起請』『一枚消息』『御誓言の書』などとも．1212年(建暦2)1月23日，臨終の床にあった*法然(ほうねん)が，浄土往生の要義を簡潔に1枚の紙に記して勢観房源智に与えたもの．*観念の念仏に対して*称名(しょうみょう)の念仏が強調され，「智者のふるまひをせずして，ただ一向に念仏すべし」という．真蹟と伝えるものを*金戒光明寺(こんかいこうみょうじ)に蔵する．法然の浄土念仏の要旨が凝縮されたものとして古来珍重され，多くの注釈書が出された．

一味 いちみ［s: eka-rasa］　同一の味．*如来(にょらい)の説法をたとえる．ひとつの雲から降りそそがれた同一の味の雨が，地上の大小さまざまの草木をうるおし，それぞれの性質に応じて成育・結実させるように，如来はすべての人々に対して同一に*解脱(げだつ)・*涅槃(ねはん)

を説き，人々はそれぞれの能力に応じてそれを聴受し修行することをいう．〈一味の法〉〈一味の雨〉ともいう．法華経薬草喩品に見える．また，海の水はどこでも同じ塩からい味がするように，現象(事)や本質(理)は無差別平等であることをも一味という．「我等は薄地の凡夫なり．善根勤むる道知らず．一味の雨に潤ひて，などか仏に成らざらん」〔梁塵82〕「罪すすぐ昨日今日しも降る雨はこれや一味と見るぞ嬉しき」〔栄花蜘蛛の振舞〕

一味蘊 いちみうん　初期仏教では*輪廻(りんね)の主体，たとえば霊魂(れいこん)を説くことはなかったが，部派仏教の*経量部(きょうりょうぶ)では輪廻の主体を想定し，それを〈一味蘊〉と名づけた．無限の過去より同一の本質をもち，連続して働き続けている微細な*意識．*五蘊の中の物質要素である色蘊(しきうん)を除いた精神的要素，すなわち受(じゅ)・想(そう)・行(ぎょう)・識(しき)の四蘊からなるという．また〈根本蘊〉ともいい，〈根辺(こんぺん)蘊〉〈枝末(しまつ)蘊〉と対になる．

一文不知 いちもんふち　一字も読めず，一字の意味もわからない愚かな*凡夫(ぼんぷ)のこと．*法然(ほうねん)は「一文不知の愚鈍の身になして，尼入道の無智のともがらにおなじくして，智者のふるまひをせずして，ただ一向に念仏すべし」〔一枚起請文〕と説いた．ひたすら凡夫となって，*称名(しょうみょう)念仏に徹することを強調したもの．〈一文不通〉も同義で，*親鸞(しんらん)は「一文不通にして，経釈のゆくぢもしらざらんひとの，となへやすからんための名号におはしますゆゑに，易行(いぎょう)といふ」〔歎異抄〕，*道元は「一文不通にて，無才・愚鈍の人も，坐禅を専らにすれば，多年の久学・聡明の人にも勝れて出来(しゅったい)する」〔随聞記6〕と説いて，それぞれに称名と坐禅の普遍的卓越性を強調している．

一来 いちらい　[*s*: sakṛd-āgāmin, *p*: sakad(sakid)-āgāmin]　音写して〈斯陀含(しだごん)〉ともいう．一度(sakṛd)天界に生れ再び人間界に戻って悟りに入る者の意．四向四果(しこうしか)の一つ．原始仏教では三結(*有身見(うしんけん)，*戒禁取(かいごんじゅ)，*疑)を断ち，貪(とん)・瞋(じん)・癡(ち)(*三毒)が薄くなった者としていたが，*『倶舎論(くしゃろん)』では，〈一来向(いちらいこう)〉は*欲界の修惑(しゅわく)(情的煩悩)の前三品または四品を断じた者とし，〈家家(けけ)〉と呼ぶ．人界の家と天界の家とを往復するからである．これには，三生家家・二生家家，等生家家・不等生家家，天家家・人家家などの区別を立てる．〈一来果(いちらいか)〉は欲界の前六品を断じた位である．→四向四果．

一理随縁 いちりずいえん　*真如(しんにょ)の一理が*無明(むみょう)の縁に触発されて(*随縁)生起したのが万有(*万法(まんぼう))であるという説．中国で，華厳宗3祖*法蔵(ほうぞう)が『大乗起信論義記』などでこれを力説したが，天台宗6祖*湛然(たんねん)がこの説を採用して*『金剛錍論(こんごうべいろん)』などで自宗の*性具(しょうぐ)説を飾り，華厳宗よりも優位に立とうとした．ところが華厳思想に併呑されることを恐れた天台14祖*知礼(ちれい)は両者間に差別を設け，華厳*別教は随縁後の万法と真如との*相即(そうそく)を認めないが湛然は相即を説いたとして，華厳の随縁説を〈別理随縁〉〈一理随縁〉と呼んだ．しかし日本天台では知礼より百年も早く，安然(あんねん)が*『真言宗教時義』などにおいて別円両教の真如随縁説を区別している．→円理随縁，随縁真如．

一類 いちるい　[*s*: eka, ekīya]　eka は，一つの，ある，同一の，の意．ekīya は，一つのものに所属する，の意．漢語としては，一つの種類(のもの)，の意〔呂氏春秋貴公〕．仏典では，毘曇(ひどん)部・瑜伽(ゆが)部の論書に頻見する．同一の種類(のもの)，の意．*『倶舎論(くしゃろん)』巻30，*『順正理論(じゅんしょうりろん)』巻51，*『成唯識論(じょうゆいしきろん)』巻4，『摂大乗論釈(しょうだいじょうろんしゃく)』巻4などによれば，心識や諸事象は*刹那(せつな)ごと間断なく生起し滅し去って行くが，その中で前のものと後のものとは，因果関係をなして〈相続〉しているとされ，両者の間に同一性が保持されつつ相続することを〈一類相続〉といい，主として*識(しき)の説明に用いられる．また，ある一つの種類(のもの)を意味する場合もある．たとえば，〈一類外道(げどう)〉〔倶舎論12〕，〈一類衆生(しゅじょう)〉〔華厳経探玄記17〕など．

なお浄土宗の*西山(せいざん)派は，派祖*証空(しょうくう)以来*称名念仏(しょうみょうねんぶつ)を*正定業(しょうじょうごう)とし，この〈一類〉の修行によってのみ浄土に往生できるとする〈一類往生〉説を説き，*鎮西(ちんぜい)派の〈二類往生〉説と対立した．

一蓮托生 いちれんたくしょう　〈一蓮託生〉とも書く．〈託生〉の語は，この世に生を寄せるという意で，『荘子』天地に用例が見える．*極楽浄土(ごくらくじょうど)の同じ蓮(はす)の花の上に生まれること．〈托(託)〉は，よりどころとする意で，この場合は，蓮の花に寄託するの意．このように，浄土往生の思想に由来する語であるが，一般には，運命や行動を共にすることを意味する語として使われる．「後の世には，『おなじ蓮(はちす)の座をも分けむ』と契りかはし聞こえ給ひて」〔源氏御法〕「その方も我と一味の安心にもとづき，未来も一蓮托生の契りを結ばんは，快き事にあらずや」〔妙好人伝〕

一角仙人 いっかくせんにん　インド*波羅奈国(はらなこく)の山中で，仙人の精を飲んだ鹿から生れ，頭に一角あり，鹿の足を持つという仙人．インドの叙事詩*『マハーバーラタ』*『ラーマーヤナ』に見え，それが仏教に取り込まれた．山道で滑って怒り，*竜王を封じて雨を止めたが，扇陀(せんだ)女の容色に迷って通力を失い，雨が降る．女と王城に出て大臣となるが，再び山に帰って通力を得る．仙人は今の釈迦，女は*耶輸陀羅(やしゅだら)という．『大智度論』17に見え，『法苑珠林』71，『経律異相』39にも引かれる．

これを原拠として和文化した説話に基づくのが『今昔物語集』5-4である．これは女の名を〈ケカラ女〉とし，*本生譚(ほんじょうたん)としない．『太平記』37と『三国伝記』2-28は『今昔物語集』より仏典に近い．金春禅鳳作の能『一角仙人』は『太平記』的段階に取材したもので，見どころの多い*風流(ふりゅう)能である．これが歌舞伎に脚色されて，鳴神(なるかみ)上人と雲の絶間姫の事とした鳴神物となり，歌舞伎十八番の一つ『鳴神』もつくられる．

一喝 いっかつ　*禅林で指導者が修行者に対して大声で怒鳴ること．日本では「カーツ」と大声を出すことだとして解されてきた．修行者が悟りを求めることに逡巡したり，大きな疑問の壁にぶつかって身動き出来なくなった時などに，指導者が瞬時に機転を与える有効な手段として使用される．*『祖堂集(そどうしゅう)』16には「一喝して大虫便(すなわ)ち草に入る」とある．「機先の一喝，鉄囲崩る，五逆元来衲僧にあり」〔狂雲集〕「衆寮(しゅりょう)坊主聞き付けて走り出で，これを見，即ち一喝すれば倒れけり」〔仮・因果物語中26〕．→喝．

一機一縁 いっきいちえん　特定の，あるいは一部の*衆生(しゅじょう)の*機縁をいう．〈機〉も〈縁〉も，衆生の宗教的なあり方，能力，条件を意味する．

一休宗純 いっきゅうそうじゅん　1394(応永1)-1481(文明13)　臨済宗の僧．一休は道号，宗純は諱(いみな)．また，夢閨(むけい)・狂雲子(きょううんし)・瞎驢(かつろ)・国景・曇華(どんげ)などの号をもつ．京都の出身．華叟宗曇(かそうそうどん)(1352-1428)の法を嗣ぎ京・堺などの小庵あるいは民家を転々としつつ教化につとめ，1474年(文明6)*大徳寺住持となり応仁の兵乱(1467-77)に荒廃した寺の再建をはかる．その言動は奇抜・風狂で知られるが，名利に流れる*禅を排し，脱俗風流で簡素な生活をたたえ，自らを臨済禅の正統をになう者と任じ，形式的な*戒律を守るよりも*見性(けんしょう)悟道を第一の目的とする立場にたつ．その文言はきわめて露骨なものがあり，世にはばかるところがなかったが，禅の民衆化に大きな足跡を残した．法嗣(はっす)はないが，彼のもとには多くの文人が参禅し，中でも村田珠光(むらたしゅこう)(1422-1502)や堺商人との出合いは*茶道が禅より生まれるもととなる．著述には『自戒集』『一休和尚仮名法語』*『狂雲集』などがある．

なお一休の穎悟洒脱な言行は次第に伝説化され，それにともなって近世に入ると狂歌咄(ばなし)を中心に多数の一休仮託の話が作出され，『一休咄』以下のいわゆる一休物の噺本(はなしぼん)が誕生した．一方，一休の仮名法語『一休水鏡』『一休骸骨』などが仮名草子などに与えた影響も大きく，近世文学に一種の一休ブームをもたらした．ちなみに，山東京伝の代表作『本朝酔菩提全伝』も一休説話を取りこんだ作品の一つ．

一句 いっく　〈一句子(いっくす)〉ともいう(子は助辞)．*禅林で悟りの端的を表す一言一句をいう．ただ一句で仏法の真髄を言い尽して余りないことを〈一句道尽〉といい，一句であらゆる*葛藤を断ち切って表現することを〈一句道断〉といい，究極的な絶対の境地を述べたものを〈末後(まつご)一句〉などというように，一句で仏教の真理を包括し，言語表現しようとする．禅林では，悟ること以上にその悟りをどのように言いとめるかが大事であり，難しいと主張されるが，それが表詮(ひょうせん)されたものが〈一句〉である．*『碧巌録(へきがんろく)』7則垂示には「声前一句，千聖伝えず」とある．「一

句了然，百億を超ゆ」〔証道歌〕

一向 いっこう　ひたすら，ひとすじ，そのこと一つに専心すること．無量寿経(むりょうじゅきょう)に説く「一向専念無量寿仏」を，善導(ぜんどう)は*『観無量寿経疏』散善義で「一向専称無量寿仏名」と専ら*阿弥陀仏の*名号(みょうごう)を称えることと解釈し，これをうけて*法然(ほうねん)は「専修(せんじゅ)念仏」〔選択本願念仏集〕として，浄土宗を立てて広く人びとに弘めた．この〈一向専修〉の念仏は，*親鸞(しんらん)を祖とする浄土真宗に強く伝承され，特に*本願寺教団は〈一向宗〉と呼ばれた．「念仏往生の願を一向に信じてふたごころなきを，一向専修とはまうすなり」〔末灯鈔〕

一向 いっこう　1239(延応1)-87(弘安10)　鎌倉中期の*遁世(とんせ)僧，時宗一向派の祖．諱(いみな)は俊聖(しゅんしょう)．筑後国竹野庄の草野永泰の子．1245年(寛元3)播磨の書写山*円教寺に入り15歳で出家．南都に遊学した後，59年(正元1)鎌倉で活動していた*良忠(りょうちゅう)(浄土宗鎮西派3祖)に師事した．73年(文永10)に名を〈一向〉と改めて*遊行(ゆぎょう)の旅に出，九州・四国・中国・近畿・北陸を布教．〈時衆(じしゅ)〉と称し弟子に阿弥号(あみごう)をつけ*踊念仏を行うなど，*一遍(いっぺん)と酷似した活動をとったが，一遍との交流はない．84年(弘安7)近江国番場(ばんば)に蓮華寺を興し，ここで没した．『一向上人伝』があり『定本時宗宗典』下に収める．その門徒は〈一向派〉と呼ばれ，一向衆は元来これを指すともいう．江戸時代に時宗に組み込まれたが，1942年(昭和17)に浄土宗に転じた．

一向一揆 いっこういっき　中世の戦国時代を通じて，真宗(しんしゅう)教団が領主権力と対立して起した一揆で，戦国時代発展の歴史的な一翼を荷うとともに，とくに本願寺(ほんがんじ)教団の発展と密接な関係があった．古代からの荘園支配や鎌倉時代以後の守護・地頭の誅求(ちゅうきゅう)などに対抗し，南北朝頃から農村に自治的な〈惣(そう)〉が結成されるが，この惣の代表者達が本願寺8世*蓮如(れんにょ)の頃から真宗門徒となり，結束力を固めていった．さらにその結束力を頼る地方武士も門徒化して伸張を計り，やがて，同じく旧勢力を破って成長した戦国大名間の争いに加担し，あるいは対抗せざるをえなくなっていった．

一向一揆は蓮如時代の1474年(文明6)，加賀の守護富樫政親(とがしまさちか)と弟幸千代との対立に際し，本願寺門徒が政親方に与したことから始まった．門徒の勢力の増大に伴って，88年(長享2)には政親とも衝突し，その後，約1世紀の間，本願寺門徒は加賀一国を支配した．そして1506年(永正3)，越前門徒が朝倉貞景と，越中門徒が長尾能景と争う頃から，本願寺は戦国諸大名との抗争に入り，さらに1570年(元亀1)以後は大坂石山の本願寺と織田信長とが直接戦い，80年(天正8)閏3月の両者の講和により，一向一揆は事実上の幕を閉じた．8月，*石山本願寺は焼失し，のち豊臣秀吉から京都に寺地を得て再興されるが，もはや戦国的戦闘体制は完全に払拭され，寺院活動のみに限定された．→浄土真宗，本願寺，石山合戦．

一光三尊 いっこうさんぞん　⇒善光寺式阿弥陀三尊(ぜんこうじしきあみださんぞん)

一向宗 いっこうしゅう　⇒浄土真宗(じょうどしんしゅう)

一箇半箇 いっこはんこ　一人か半人．きわめて少数の意．真理がわかる者はきわめて少ないことをいう．特に*禅林で*法(ほう)を嗣ぐべき弟子を育てるにあたり，真の弟子は容易に育つものではないし，また，生半可な多くの弟子を育てるべきではないとして，禅林教育の厳しさを表現し，きわめてわずかな修行者だけが弟子となりうることをいう．前秦王苻堅(ふけん)が379年，10万の軍勢によって襄陽を陥落させたが，得たものはわずかに「一人半」といったことに基づく．一人は*道安(どうあん)を指し，半人は習鑿歯(しゅうさくし)を指す(『高僧伝』巻5道安伝に出る)．「すすむらくは大隠小隠，一箇半箇なりとも，万事万縁をなげすてて，行持を仏祖に行持すべし」〔正法眼蔵行持下〕

一切皆苦 いっさいかいく　[*s*: duḥkhāḥ sarva-saṃskārāḥ]　*諸行無常(しょぎょうむじょう)・*諸法無我(しょほうむが)・*涅槃寂静(ねはんじゃくじょう)の*三法印に加え，〈*四法印〉と呼ばれる仏教の基本的教義を構成する一句．「皆」の原語はサンスカーラ(*行(ぎょう))であり，〈一切行苦〉の訳の方が原義に沿う．duḥkha の原義は「不安定な，困難な，望ましくない」という意味．仏教は苦を，苦苦(duḥkhaduḥkha)，壊苦(えく)(vyayaduḥkha)，行苦(ぎょうく)(saṃskāraduḥkha)の3種(三苦)に分けて説明する．〈苦苦〉は肉体的苦痛を，

〈壊苦〉は損失による精神的苦痛を表し，一般に用いる苦の意味に最も近い．一方，仏教は生れたままの自然状態，すなわち*凡夫ぼんぷの状態は*迷いの中にある苦としての存在と捉え，そこから脱却して初めて*涅槃という*楽に至ると考えて，この迷いの世界のありさまを〈行苦〉と表現する．この行苦は涅槃に至った者を除いて例外なく存在し，皆苦の意味を持つ．習俗的宗教であるバラモン(*婆羅門ばらもん)思想が，生れ(ジャーティ，jāti)によって定まった*ダルマの実践をもって至福の楽が実現されると説いたのに対し，仏教がその自然状態からの脱却を目指して理想が達せられると説く点は，創唱宗教としての仏教の著しい特徴である．→苦．

一切皆空 いっさいかいくう　あらゆるものに実体がないという思想．実体(*自性じしょう，svabhāva)とは恒常で変化せず，自己同一性を保ち続ける本質のことで，それは人間の概念にすぎず，事実としてのいかなるものにも存在しない．人間に自我(*我が，ātman)という実体がないとともに，他のあらゆるものにも実体はない．しかしそれはものがまったく存在しないことではなく，ものは夢や幻のように，*有うでもなく*無でもないという形のものであることを意味する．*般若経はんにゃきょうや*中観派ちゅうがんは(三論宗)の*空くうの思想である．「(般若心経が)一切皆空の旨を説きて，諸もろもろの罪をのぞき候ふらむには」〔法華百座聞7.11〕

一切皆成 いっさいかいじょう　1 *解深密経げじんみっきょうや入楞伽経にゅうりょうがきょう，およびこれらの経典に依拠する*唯識派ゆいしきは(*法相宗ほっそうしゅう)では，人間を5種に分け，そのうちにどうしても悟れない者(無種性むしゅしょう)の存在を認めた．それに対し，*法華経，大乗の*涅槃経，そして*天台宗などは，5種の人間の区別を認めず，すべての*有情うじょう(意識ある生きもの)は等しく仏陀になることができる，いいかえれば，あらゆる者に*仏性ぶっしょうがあるとして，〈一切皆成〉を主張した．〈成〉とは成仏，仏陀に成る性質の意．→五性各別ごしょうかくべつ，一切衆生悉有仏性いっさいしゅじょうしつうぶっしょう．

2 *一切皆空いっさいかいくうと結びつけて，〈一切皆空・一切皆成〉という．竜樹りゅうじゅの*『中論』観四諦品に「空性くうしょうの成立するところに一切は成立する．空性の成立しないところに一切は成立しない」と説かれており，*空は事物の否定ではなく，一切の成立根拠であることをいったもの．→真空妙有しんくうみょうう．

一切経 いっさいきょう　〈一切経典〉〈一切経蔵〉ともいう．一切の経典の意味で，〈*大蔵経だいぞうきょう〉と同義で用いられる．この場合の〈経〉は，経・律・論の*三蔵さんぞうはもちろん，その他の仏教文献をも含めた広義の経であり，仏典の総称といってよい．一切経の書写が行われた役所を〈一切経所〉といい，東大寺写一切経所が最も有名である．また一切経を供養する法会を〈一切経会〉といい，日本では11世紀ごろ始まった．*平等院における一切経会が始まりらしい．「大きに飛鳥寺に設斎をがみして一切経を読ましむ」〔書紀天武6.8〕「この女，菩薩の装束を着て，安楽寺の一切経会の舞人の中にあり」〔続本朝往生伝42〕

『一切経音義』 いっさいきょうおんぎ　『大蔵だいぞう音義』ともいう．*一切経のなかの難解な字句や熟字をとりあげ，注釈を施したもの．2種類あり，初唐の玄応げんおうの著は25巻または26巻．『玄応音義』ともいう．後に慧琳えりんが増補したものは807年(元和2)に完成．100巻．『慧琳音義』ともいう．とくに音訳語の解明に力を注ぎ，反切はんせつにより原音を示し，*旧訳くやくなどの誤りを指摘し，さらに語義を明らかにする．『説文解字』『玉篇』などの中国の古い字書を参酌するとともに，サンスクリットの原音にも行きとどいた考察を加えている．唐代につくられた最も包括的な仏教語辞典といってよい．

一切衆生悉有仏性 いっさいしゅじょうしつうぶっしょう　すべての*衆生しゅじょうに*仏ぶつとなる*本性ほんしょうがある，という教説．大乗の*涅槃経ねはんぎょうが出典である．仏性は仏の因の意で，衆生の中にある仏と同じ徳性で，それが*成仏じょうぶつを可能にする．しかもそのような可能性がすべての衆生に例外なく平等にあると説くところに，この教説の特色があり，中国・日本の仏教に大きな影響を与えた．ただし，経自体には，この定言のあとに「ただし，一闡提いっせんだいを除く」と付加する．*一闡提はこの場合，仏法を謗そしるもの，不信の徒をさす．しかし，経(大本涅槃)の後半では一闡提の成仏も認める．「漫々たる大海の上に，一切衆生悉有仏性，如来常住無有変易へんやくと立つ浪の音あり」〔太平記 18. 比叡山〕．→如来蔵(にょらいぞう)，仏性，草木成仏．

一切智 いっさいち　すべてを知っている人(sarva-jña)，すなわち仏のこと．*『倶舎論(くしゃろん)』は「仏と称される個体連続(相続)には，望みのものに対して，心を向けるだけで，錯誤の無い智が生じるという能力がある」と説明する．また，一切を知る*智慧(sarvajña-jñāna)，すなわち仏の智慧のこと．余すことなく*諸法(しょほう)の独自のあり方(自相)を理解することである．道種智(どうしゅち)・一切種智(いっさいしゅち)とともに*三智の一つ．

一切法 いっさいほう　[*s*: sarva-dharma]　〈一切法〉という場合，〈法〉とは物質的・精神的な諸要素，ひいては存在するもの，事物を意味する．したがって一切法とは物質的・精神的なすべてのものごと．〈一切諸法〉〈*万法(まんぼう)〉ともいう．ただし，一切が〈*縁起した存在〉つまり*有為(うい)法に限定されるのか，*無為法をも含むのかなど解釈には異なりもある．法華経安楽行品「一切法を観るに，皆な有する所なし．猶お虚空の如く，堅固なるもの有るなし」など用例は多い．「我一乗に依りて，眼に遠くの方を見，耳に衆の声を聞き，意(こころ)に一切の法を知る」〔法華験記上 18〕

一山 いっさん　〈全山〉〈全寺〉の意．多く大寺に用い，同じ境域内の*塔頭(たっちゅう)や*子院なども含む寺全体，また所属する住僧全員をさす．中世語の〈一山ばらり(と)〉は，寺僧全部の意から転じて，全般に，全部を意味するようになった句．「此れ唐の天台大師(智顗(ちぎ))の忌日なり．一山の営みとして今に絶えず」〔今昔 11-26〕

一山一寧 いっさんいちねい　1247(中国淳祐 7)-1317(日本文保 1)　一山は道号，一寧は諱(いみな)．鎌倉時代に中国・元より来日した臨済宗の僧．台州(浙江省)臨海県の胡氏の出身．曹源派の頑極行弥(がんきょくぎょうみ)の法を嗣ぐ．元の世祖のとき，正使(詔諭使(しょうゆし))に任ぜられて，日本に入貢を促すという使命を帯び，1299 年(正安 1)に，西礀子曇(せいかんしどん)や石梁仁恭(せきりょうにんきょう)らとともに国書を携帯して来日する．このため一山は間諜の疑いを受け，いったんは伊豆の修禅寺に幽閉された．やがて許されて，北条貞時(ほうじょうさだとき)ら鎌倉武士の手厚い帰依を受け，晩年は，後宇多院に招請されて上京，よくその問法に応えた．鎌倉の建長寺・円覚寺・浄智寺に住し，京都では南禅寺 3 世となっている．法嗣(はっす)には石梁・*雪村友梅(せっそんゆうばい)など，門生には*高峰顕日(こうほうけんにち)・*夢窓疎石(むそうそせき)・*虎関師錬(こかんしれん)などがある．その門派を〈一山派〉という．広い教養の持主として知られ，*五山文学の代表的先駆者であった．語録 2 巻がある．後宇多院より〈一山国師〉と諡(おくりな)された．

一師印証 いっしいんしょう　禅宗において，ただ一人の師匠のみから*印可(いんか)状(嗣書(ししょ))を受けることをいう．唐代に盛んになった禅宗では，悟りを得るために諸方を行脚し，多くの師のもとで修行することが広く行われていた．そのため，当初は師匠と弟子の関係は必ずしも固定的ではなく，双方の自覚と信頼関係のみによって保たれていたが，禅宗が権威を確立し，師承(ししょう)が重んじられるようになると，師弟関係を証明するものとして印可状が出現し，ただ一人の師匠のみから授けられるものとされるようになった．

こうした思想と風習は，禅宗の流入とともに，そのまま日本に伝えられたが，室町時代になると密参禅の流行などによって破られ，複数の師匠から印可状をもらい，多くの法系に連なるということが一般化した．江戸時代になって禅宗の復興が叫ばれるようになると，こうした状況に対して批判の眼が向けられるようになり，〈一師印証〉の伝統への復帰が図られるようになった．特に曹洞宗の卍山道白(まんざんどうはく)がこれを強く主張し，遂に幕府に認めさせたことは有名である．

一色一香無非中道 いっしきいっこうむひちゅうどう　天台*智顗(ちぎ)の極説である円頓止観(えんどんしかん)を最も端的に表現した句で，*『摩訶止観(まかしかん)』の章安*灌頂(しょうあんかんじょう)による序章中のいわゆる〈*円頓章(えんどんしょう)〉に使われているが，智顗みずからも『摩訶止観』1 章の下，4 章の上，6 章の上などに頻用している．いかなる微小な物質的存在をとりあげても，すべて*中道という真理にほかならないという意．〈一色一香〉とは，*六根の対境である色(しき)・声(しょう)・香(こう)・味(み)・触(そく)・法(ほう)によって表現されるあらゆる存在や事象を意味し，それを色・香に代表させたものである．なお，本句の確かな最古の訓読例は，*『三宝絵』下 6 に見える「一(つ)の色一(つ)の香も中道にあらぬはなし」である．→止観．

「一房の花を捧げ，一捻りの香を燃(た)いて，一仏に供養する時，一色一香中道に非ずといふ事なきが故に，此の一花一香，則ち真如なれば法界に周遍して」〔真如観〕

一子地 いっしじ　*衆生(しゅじょう)を自分の一子(*羅睺羅(らごら)をさす)の如くに想う*仏の位．金剛三昧経(こんごうざんまいきょう)に「如来の大悲は本願を捨てず．故に一子地に於いて，煩悩(ぼんのう)に住す」とある．遡(さかのぼ)って，大般涅槃経(だいはつねはんぎょう)梵行品に「極愛一子地」の名が見え，これは伝統的に，*菩薩(ぼさつ)の初地，あるいは性地に相当するとも，八地を意味するとも解釈されている(→五十二位)．同経には「衆生を見ること羅睺羅の如し」という表現がしばしば見られるが，菩薩の階位としては由来するところ不明．「平等心を得るときを一子地と名づけたり．一子地は仏性なり．安養にいたりてさとるべし」〔浄土和讃〕

一子相伝 いっしそうでん　仏法の奥義(おうぎ)を自分の子または弟子一人のみに伝えること．日本天台で*恵檀二流(えだんにりゅう)が発展すると，*口伝(くでん)を重んじ，唯授一人を標榜し，面授*口決(めんじゅくけつ)を生命とし，さらには実子相続が行われた．新義真言宗の法住(ほうじゅう)(1723–1800)は，『秘密安心又略(ひみつあんじんゆうりゃく)』で，*真言(しんごん)の法は*法身の悟りそのものの法で，最高の味(醍醐味(だいごみ))，仏の*解脱(げだつ)の味であり，一子相伝の本法であり，師の坊から口ずから授かり受ける法である，と述べている．なお，こうした伝授方法は仏法に限らず，楽道・歌道・*声明(しょうみょう)を始め，特に中世芸道では一般的であった．「無相に即する妙醍醐味，一子相伝の本法，いはゆる如来解脱味なり」〔秘密安心又略〕．→実子相承，嫡嫡(てきてき)相承．

一周忌 いっしゅうき　⇒年忌(ねんき)

一生補処 いっしょうふしょ　⇒補処(ふしょ)

一生不犯 いっしょうふぼん　⇒不犯(ふぼん)

一所不住 いっしょふじゅう　一定の場所や在り方に止住しないこと．空観(くうがん)(→三観)に基づく大乗の*菩薩(ぼさつ)のとらわれなき在り方をいい，〈無住〉〈無所住〉に同じ．般若(はんにゃ)系経典や*『中論(ちゅうろん)』四諦品などによれば，もろもろの事象はそれ自体の固定的実体性を持たず(*無自性(むじしょう))，*因縁(いんねん)に感じて無限に生起し変化し，そのゆえに分別(ふんべつ)や執着(しゅうじゃく)を越えて〈*空(くう)〉であるとされる．このような*実相と一体となった菩薩は固定的な在り方に執着せず，*有為(うい)にも*無為(むい)にも止住せず，*生死(しょうじ)にも*涅槃(ねはん)にも止住せず，ただ衆生(しゅじょう)の求めに応じて自在に教化(きょうけ)するとされ〔肇論般若無知論，勝天王般若経 51〕，このような境地を〈不住之住〉〔大集経 7〕，〈無住処涅槃〉〔摂大乗論釈 13〕という．「行基歩を進め近づきて，何なる人ぞと問ひ給へば，一所不住の僧と答へ給ふ」〔地蔵菩薩霊験記 9-3〕．→無住．

一心 いっしん　元来必ずしも仏教語ではなく，皆で心を一つにする意，あるいは専心する意で，中国古典にも見られる．仏教でも特に専心する意では多く用いる．例えば，〈一心敬礼(きょうらい)〉は心をこめて*三宝(さんぼう)を敬礼すること，〈一心帰命(きみょう)〉は心をこめて仏に帰依すること，〈一心不乱〉は*念仏などにおいて心を散乱させないこと，〈一心専念〉〈一心称念(しょうねん)〉〈一心正念(しょうねん)〉なども念仏に関して言われる．ただし，これらにおいては後述のような哲学的なニュアンスも加わってきている．

そこで，この哲学的な意味の〈一心〉であるが，これも『荘子』天道に天地と一体になった境地が「一心定まる」と言われている用法などが先駆となる．仏典においては，特に*華厳経(けごんぎょう)十地品の「三界虚妄(こもう)，唯是一心作(さ)」がもっとも重要である(*三界唯一心，三界唯心ともいう)．この原義は，世界のあり方は我々の心のあり方に依存するという意で，ここでの「一心」は特別の心を意味するわけではない．「一心一切法，一切法一心」などと言われるのもこの思想の発展である．ところが，後にはその「一心」を染心と見るか浄心と見るかで説が分れるようになり，特に中国では浄心と見る方向が主流となる．これには*『大乗起信論(だいじょうきしんろん)』の影響が大きく，中国華厳や禅では，〈一心〉はすべての根源の原初的・絶対的な心とされるに至る．

「菩薩・声聞・天人・大衆，一心に合掌して尊顔を瞻仰(せんごう)すれば」〔往生要集大文第2〕「一心敬礼声澄みて，十方浄土に隔てなし」〔梁塵 171〕「一心，三千に遍ずれども，本より已来(このかた)不動なり」〔一遍語録〕

一心戒 いっしんかい　衆生の根底にある絶対的な*一心にもとづく戒．達磨(だるま)の一心戒と称され，*光定(こうじょう)の著作である『伝述一心戒文』の中に登場する．光定は，一心戒を*最澄(さいちょう)の主張する日本天台の*大乗戒の内実として位置づけようとするが，最澄の著作の中では，〈円戒〉〈一乗戒〉〈大乗戒〉の用語が用いられ，〈一心戒〉の語は出ない．

『伝述一心戒文』によれば，*一乗の仏子は，一心戒を理解し，すぐさま仏位に入ると記され，戒と*成仏(じょうぶつ)の直接的関係がいわれるが，これは*北宗(ほくしゅう)禅の思想の中に既に見られる．最澄の主張する円戒は，天台教理に基づき，一方，一心戒はそれとは系譜を異にし，達磨禅の*付法相承(ふほうそうじょう)の系列から生じたものと考えられる．また一心戒は*自性清浄(じしょうしょうじょう)心や*阿字門(あじもん)とも関連づけられ，密教思想との関わりも指摘される．*『内証仏法相承血脈譜(ないしょうぶっぽうそうじょうけちみゃくふ)』行表の譜の文中に，達磨の心法を受けて*仏性(ぶっしょう)の法門を学び，内外は清浄にして仏法に住持するとある記述などから考えて，自性清浄心を媒介にし，達磨大師からの付法相承を重視する中で，光定が使用し始めた用語であると考えられる．また最澄に仮託された『一心金剛戒体決(いっしんこんごうかいたいけつ)』の中にも一心戒の用語が見られ，後代にも影響を与えている．

「比叡山一乗止観院に於いて自性清浄の一心戒を受く」〔伝述一心戒文上〕

一神教 いっしんきょう　一体の*神を信奉する宗教形態をさし，ふつう*多神教や*汎神論と対置して用いられる．ただ〈一〉と言い，〈神〉と言っても，その内容は必ずしも明確ではないから，実際にはさらにいくつかの型を含んでいる．古代インドの*ヴェーダ宗教では，多くの神々のうちそれぞれある特定の神が，あたかも唯一であるかのように礼拝の対象とされた．こうした多神の中の一神の崇拝を〈単一神教〉(henotheism)と呼ぶ．日本の*神道にも，時としてこれに近い形態が認められる．他方，自らの民族・集団の中では，ある一神の信奉を要求しながら，他の民族・集団が別の神を拝することは妨げないという立場もある．古代イスラエルの宗教などがその典型であり，これを〈拝一神教〉(monolatry)と称する．これらに対して，少なくとも理念の上で全人類や世界を統括する唯一絶対の神を信ずるのが，狭義での〈一神教〉であって，これをとくに〈唯一神教〉(monotheism)と名づけることもある．一般にキリスト教やイスラーム教がその代表とみなされている．

これらすべての場合をつうじて，〈神〉とは，身体または心性について擬人的でありながら，しかも通常の人間を超えると考えられるものをさしている．仏教はもともと*法(dharma，*ダルマ)の自覚を基本とする教えであり，この意味の〈神〉への信仰を中心とする型の宗教ではない．しかし，その法を悟った具体的な人格としての*仏(ぶつ)が，通常の人間(*凡夫)と異なり，理想として渇仰される限り，仏も〈神〉的な特徴を示すことはたしかである．とくに大乗仏教では，多くの仏が信じられるようになったが，中でも浄土教の*阿弥陀仏(あみだぶつ)や，*日蓮の久遠本仏(くおんほんぶつ)のように，唯一神教的な色彩のつよいものもある．ただし，そのような仏も，法を悟って仏となったという点では変りはなく，それらを一神教的とみるのは，あくまでも譬喩(ひゆ)的な解釈にすぎないというべきであろう．

一心三観 いっしんさんがん　天台の*観法，空観(くうがん)・仮観(けがん)・中観(ちゅうがん)を順次に行うのを〈次第(しだい)三観〉〈*隔歴(きゃくりゃく)三観〉と称するのに対し，三観を同時に*一念のうちに観ずる*円教(えんぎょう)の観法を〈一心三観〉といい，執われの心を破し(空観)，すべての現象が仮のものながら存在することを悟り(仮観)，絶待(ぜつだい)的世界に体達する(中観)ことを一思いの心のうちにおさめとって観ずることをいう．これは，竜樹(りゅうじゅ)の*『中論(ちゅうろん)』の「因縁所生法，我説即是空，亦名為仮名，亦名中道義」(因縁もて生ずる所の法，我は即ち是れ空なりと説き，亦た名づけて仮名と為し，亦た中道義と名づく)に通ずるもので，天台仏教では仮の現実肯定面が重視される．

また，この三観思想を基調にして，地獄から人天までの六道と声聞・縁覚・菩薩・仏の四聖との十界互具(じっかいごぐ)説となり，*十如是(じゅうにょぜ)や五陰・衆生・国土の三世間が相乗された三千の世間が一念の心に具しているという〈一念三千〉の思想となって，天台*性悪説(しょうあくせつ)に展開していく．→三観，一念三千，十界．

「天台秘密の法門なりとて，一心三観の相承血脈を授けらる」〔盛衰記5〕

一水四見 いっすいしけん　*唯識派(ゆいしきは)が説く考

えで，心を離れて事物は存在しないということの証明のために用いる実例．〈一処(いっしょ)四見〉〈一境(いっきょう)四見〉ともいう．人間が水と見るものを，人間と異なった生物が見ると別の異なったものに見えるという考えである．たとえば，人間が水や浪と見るものを，天人は瑠璃(るり)でできた大地，地獄人は膿で充満した河，魚は家宅や道路としてそれぞれ見るという．このように，見る側のあり方によって同一の事物もその様相を変えるから，心を離れて事物は実在しないと唯識派は主張する．「譬(たと)へば一水に四見あるが如し．上界の天人は甘露と見，人間は浄水と見，魚は宮殿楼閣と見，餓鬼は火焔と見るなり」〔万法甚深最頂仏心法要上〕

一世 いっせ　過去・現在・未来の*三世(さんぜ)のうちの一つ．親子の縁は現世だけのものとされるところから，〈一世の縁〉〈一世の契(ちぎ)り〉という．また一般に，人の一生涯．ある一つの時代．〈一世一期(いちご)〉〈一世一代〉などという．「親は一世の契りと申せども，是れを形見にて，来世にて参りあはん」〔曾我9.曾我へ文〕

一隻眼 いっせきげん　一個の眼の意．禅語で，真実を見抜く眼のこと．*『碧巌録(へきがんろく)』8則に「一隻眼を具す」の語があり，肉眼以外の眼，心眼をいう．『碧巌録』に「頂門(ちょうもん)に眼(げん)を具す」〔3則〕，「頂門に眼(まなこ)有り」〔26則〕と説く，頭の頂にある〈頂門眼(ちょうもんげん)〉に同じ．「一隻眼を具う」の表現は，*禅の思想の影響下にある南宋(1127–1279)の厳羽(げんう)『滄浪詩話』で，詩に対する見識をさして用いた例をはじめ，一能一芸に独特の見識を持つ人の意味で用いられる．「看転大蔵経には，壱隻眼をもちゐるとやせん，半隻眼をもちゐるとやせん」〔正法眼蔵看経〕

一殺多生 いっせつたしょう　1人を殺して多数の人を救うこと．*殺生(せっしょう)は罪悪であるが，もし1人を殺して多くの人を生かすことができるのならば，*功徳(くどく)となるという考え方で，*『瑜伽師地論(ゆがしじろん)』41には菩薩(ぼさつ)が盗賊を殺す事例で説かれる．*涅槃経(ねはんぎょう)12の仙預王の話，『行願品疏鈔』5に引く報恩経7にも，この考えが述べられている．「一殺多生の理に任せ，かれを殺せと言ひ合へり」〔謡・鵜飼〕「一殺多生の功徳有るべし」〔幸若・満仲〕

一刹那 いっせつな　⇒刹那(せつな)

一闡提 いっせんだい　サンスクリット語icchantikaに相当する音写．略して〈闡提〉ともいう．〈断善根(だんぜんこん)〉〈信不具足(しんふぐそく)〉などと漢訳されているが，これは意訳である．字義どおりには，〈欲求する人〉という意味に解され，現世の欲望を追求する人びとをさすが，仏典の用例では，因果・業報・来世を信ぜず，仏の所説にしたがわず，*正法(しょうぼう)を誹謗(ひぼう)して*成仏(じょうぶつ)の縁を欠くものをいう．

大乗の*涅槃経(ねはんぎょう)に多く出るが，同経(大本涅槃)の所説においては，一闡提を不成仏者と規定しつつも，最終的には*仏性(ぶっしょう)を有するゆえに成仏するものとしている．*楞伽経(りょうがきょう)では一闡提に〈断善根〉と〈大悲(だいひ)闡提〉の二つを分ける．前者は，仏の神力によって*善根を生ずることのあるもの，後者は，*菩薩(ぼさつ)が衆生を救おうとする慈悲心によって，願を起して*涅槃(ねはん)に入らず*悪趣(あくしゅ)(悪道)にとどまっているものをいう．唯識*法相宗(ほっそうしゅう)では，最終的に成仏し得ない衆生として〈無種性(むしゅしょう)〉(無性有情(むしょううじょう))を立てるが，それは一闡提に相当するものである．同宗の論である*『大乗荘厳経論』においては，〈無般涅槃法(むはつねはんぽう)〉(涅槃に達することのできないもの)に〈時辺(じへん)般涅槃法〉と〈畢竟(ひっきょう)無般涅槃法〉の二つを分つ．前者はある期間は涅槃に入ることはないが最後には涅槃に入って成仏するもの，後者は永久に成仏しないものである．

一闡提の成仏を認めるか否かということが，唯識法相宗と，*一切皆成(いっさいかいじょう)を説く天台宗・華厳宗などとの間の論争の焦点となった．

「いはゆる重罪といふは，四重と八重と五逆と謗方等と一闡提と，これなり」〔十住心論1〕「信なき者をば一闡提と名づけて，仏にならぬ者といへり」〔沙石集2-1〕

一相 いっそう　ただ一つのすがた．差別も対立もない絶対平等のすがた・ありさまの意で，*真如(しんにょ)の相・*実相をいう．法華経(ほけきょう)安楽行品に「常に一相に住す」とある．また，仏は衆生(しゅじょう)の*機根(きこん)・能力に応じてさまざまに*法を説くが，その実，仏の真意・究極の法はただ一つであることを〈一相一味〉といい，法華経薬草喩品に「如来の説法は一相一味なり」とある．「相即空門には，十界，六凡四聖，一相無相といへり」〔ささめごと〕．→相．

一草一木各一因果 いっそういちもくかくいちいんが　すべてのものはそれぞれの原因によって生ずる結果であり，一つの草，一本の木も*因果の理法によらないものはない，という意味．963年(応和3)の*応和の宗論(おうわのしゅうろん)の際，天台宗の*良源(りょうげん)が法相宗の仲算(ちゅうさん)に対し，「一草一木各一因果，山河大地同一仏性」と，すべては因果の理法により，すべては*仏性(ぶっしょう)をそなえているので，草木もまた成仏すると主張した．「一草一木各一因果，山河大地同一仏性の故に，講答既に理仏性を具すと許す」〔太平記 24. 依山門嗷訴〕．→草木成仏(そうもくじょうぶつ)．

一諦 いったい　ただ一つの諦理(真理)．〈一実諦〉〈実諦〉ともいう．*二諦・*三諦・*四諦などに対して究極唯一の真理のこと．*『摩訶止観(まかしかん)』3下に「実には是れ一諦なるも方便もて三と説く」とある．→諦．

一体三神 いったいさんじん [s: tri-mūrti]　〈三神一体〉ともいう．ヒンドゥー教の主神たる*シヴァ，*ヴィシュヌ，ブラフマー(*梵天(ぼんてん))を同一神のとる三つの姿にすぎぬものと考え，このような唯一最高神をトリムールティと呼ぶことがある．この場合，ブラフマーは宇宙の生成を，ヴィシュヌとシヴァはその維持と破壊をそれぞれ表すものと考えられる．このような三神一体説はときにヒンドゥー教の〈三位一体(さんみいったい)〉と名付けられる．

一体三宝 いったいさんぼう　⇒同体三宝(どうたいさんぼう)

一知半解 いっちはんげ　多少は理解しているが十分ではない，なまはんかな理解の意．なまわかり．なまかじり．元来の意味は，ほんのわずかな理解ということで，もともと禅宗において，修行者の悟りが透徹していないことを批判するために用いられた言葉であるが，宋代に禅宗が士大夫階級の間に広まると，彼らを担い手とする様々な文化領域にも禅思想が大きな影響を与えるようになり，そうしたなかで，この言葉も詩論などでも用いられるようになり，さらに一般化して〈いっちはんかい〉の読みで広く用いられるようになった．なお，*『正法眼蔵(しょうぼうげんぞう)』弁道話で「一向に坐禅弁道して，一知半解を心にとどむることなかれ」というのは，知識によって*禅を理解しようとする立場を完全に否定せんとしたもので，ここでは〈ほんのわずかな知的理解〉の意味であるらしく，*道元独自の用法と見られる．

一搩手半 いっちゃくしゅはん　〈搩手〉はインドの尺度 vitasti の訳．手の親指と中指をいっぱいに張った長さを〈一搩手〉といい，約8寸(24.2センチメートル)に当たる．したがって〈一搩手半〉は1尺2寸(36.4センチメートル)となる．*丈六(じょうろく)・半丈六・*等身(とうしん)などと共に，念持仏などの小形の像の規準をなした．なかでも，大きな材を得難い白檀の場合，十一面観音立像のように，一搩手半で造ることが定めとなっていた場合もあった．*法隆寺九面観音像(唐代)は*檀像(だんぞう)の一例．「ただ一生の間，造るところは綵色せる一搩手半の阿弥陀三尊のみなり」〔拾遺往生伝 中12〕

一転語 いってんご　禅宗において，進退きわまった修行僧が，自ら転身し，窮地から脱するために発する語をいう．禅宗では相手の境地を確認し，また，より高い境地へと導くために禅問答が行われるが，その際，禅匠は，様々な作略(さりゃく)を用いて修行者を通常の論理的思考では解決不可能な状況に追い込もうとする．そうした状況に置かれた修行者が，その陥穽から脱した境地にいることを示すために発する言葉を〈一転語〉といい，そうした言葉を発することを〈一転語を下す〉という．また，後に*公案(こうあん)が流布するようになると，それに対して禅僧が提起した独自な見解をも〈一転語〉と呼ぶようになった．その言葉は禅体験に裏づけられたものであるから，それを見聞する者にも，その体験への参入を促すものとなる．その意味からすれば，〈一転語〉は自らの立場を転ずるのみならず，他者の立場を転ずるものであるとも言える．

一天四海 いってんしかい　〈一天〉は*須弥山(しゅみせん)上の天界，〈四海〉は須弥山を取り巻く四方の海のことで，総じて全世界をいう．*日蓮(にちれん)は「一天四海広宣流布」を唱えたが，この理想を受け継いで日蓮の弟子日持(にちじ)は46歳で単身北海道から大陸に布教伝道の旅を続けた．すべての人々がことごとく法華の*妙法に帰依することを〈一天四海皆帰妙法(かいきみょうほう)〉という．「その人ならではけがすべき官ならねども，一天四海を掌(たなごころ)の内ににぎられし上は」〔平家1.鱸〕. →四海, 日持.

一音 いっとん　一つの音声, 同一のことばの意. また, 〈一音教いっとんぎょう〉のこと. 仏の教えは一つであるが, 衆生しゅじょうの*機根に応じて種々の理解が生じたという*教相判釈きょうそうはんじゃく. もと*維摩経ゆいまぎょう仏国品の「仏は一音を以て法を演説するに, 衆生は類に随って各おのおの解を得」に基づくが, *鳩摩羅什くまらじゅうに一音教の考えがあったとも伝えられ, また508年に*洛陽に来た*菩提流支ぼだいるしが立てたともされる. 「仏は一音に説き給へれども, 衆生はしなじなにしたがひてさとりを得ること」〔三宝絵中〕「一音の説法, 涇渭けいい流れを分かつ」〔善光寺縁起1〕

一鉢 いっぱつ　一つの鉢はち(pātra, 食器). インドにおいて, *比丘びくは本来, *律りつにかなった一つの鉢と3種の衣服えぶく(僧伽梨そうぎゃり・鬱多羅僧うったらそう・安陀会あんだえの*三衣さんね)のみの私有が許された〔四分律6,8,9〕. このため後世〈*三衣一鉢〉を所持して*行乞ぎょうこつする清貧な生活こそ, 仏弟子の本来の姿と見なされた〔沙石集10末-3〕. なおこの三衣一鉢は, 比丘が必ず所持すべきものであったので尊重され, 比丘の埋葬の副葬品とされたり〔楽邦遺稿下〕, また特に禅宗においては, 〈*法ほう〉の象徴として師から弟子へ*相承そうじょうされた〔緇門警訓7〕. 「一鉢余り有り, 三尊尚饗したまへ」〔性霊集7〕「慈悲深重にして, 三衣の破ゃれたる事を悲しまず, 行業不退にして, 一鉢の空しき事を愁へず」〔太平記12.千種殿〕

一筆経 いっぴつきょう　⇒写経しゃきょう

一百三十六地獄 いっぴゃくさんじゅうろくじごく　八大地獄(*八熱地獄)と, そのおのおのに付属する各16の小地獄計128を合わせていう言葉で, すべての地獄界というほどの意味. なお, これに八寒地獄を加えて, 〈一百四十四地獄〉と称することもある. 「仏, 光明を放ちて地の下一百三十六地獄を照らし給ふに, 罪人一人もなかるべし」〔日蓮佐度御書〕「地獄に八寒八熱あり. 大小総計すれば一百四十四なり. これ皆閻浮提の地下にあり」〔当麻曼陀羅疏13〕. →地獄.

一百八遍 いっぴゃくはちへん　念仏をとなえる回数の一つ. 人間の持っている108の煩悩ぼんのう(*百八煩悩)を除くために, 108個の木槵子もくげんじの実をつないで作った数珠じゅずを用い, それをつまぐりつつ念仏をとなえる. 木槵子経に説かれている. なお, 木槵子は, 中国原産のムクロジ科の木.

一遍 いっぺん　1239(延応1)-89(正応2) *時宗じしゅうの祖師. 諱いみなは智真ちしん. 伊予(愛媛県)の出身. はじめ天台を学び, のちに太宰府で*証空の弟子の聖達しょうたつについて浄土念仏を習う. 証空は法然の門下ではあるが, 叡山天台の*本覚思想に包みこまれた浄土念仏と同じく, 一念信による弥陀との一体を主張した. その系統を受けた一遍もまた, 「仏法は当体の一念の外には談ぜざるなり」〔一遍語録下〕といい, ただ今の一念信によって阿弥陀仏が感得されると説く.

33歳のとき, 信濃の善光寺に詣でて*二河白道にがびゃくどうの図を写し, 故郷に帰って3年間, それを本尊として念仏に励み, *一念による極楽往生や十一不二(十劫じっこうの昔の阿弥陀の成仏と, 現在の衆生の一回の念仏による往生とは同じもの)の頌じゅを体得した. 36歳のとき, 四天王寺・高野山を経て*熊野に参籠し, 神託を得て, 名を〈一遍〉と称し, 「南無阿弥陀仏決定往生六十万人」と書いた念仏札を配り(*賦算ふさん), 全国を巡歴(*遊行ゆぎょう)して念仏をすすめた. これをもって〈時宗(時衆)〉の開宗とする. 一遍は遊行上人と呼ばれ, また, すべてを捨て去ったところから*捨聖すてひじりと称された. なお, *空也にならって*踊念仏を考案したが, これが一般にも流行して*念仏踊となり, 芸能化し, *風流ふりゅうの代名詞ともなった.

『一遍上人絵伝』 いっぺんしょうにんえでん　時宗じしゅうの開祖*一遍智真の伝記絵巻. 聖戒しょうかい編『一遍聖絵いっぺんひじりえ』12巻と宗俊そうしゅん編『一遍上人絵詞伝いっぺんしょうにんえことばでん』10巻の2種が伝存している. 『一遍聖絵』は一遍没後10年の命日1299年(正安1)8月23日に完成, 絵は法眼円伊えんい筆で, 歓喜光寺かんぎこうじ(京都市山科区)・*清浄光寺しょうじょうこうじ等蔵. 絵は一遍が*遊行ゆぎょうした土地の景観描写がすぐれている. 『絵詞伝』は原本が1911年(明治44)に焼失するものの, 鎌倉時代の転写本が真光寺しんこうじ(神戸市), 金光寺こんこうじ(京都市下京区)などに蔵されるほか, 室町時代の転写本が多数伝えられている. 前4巻が一遍, 後6巻が2祖の他阿真教たあしんきょう(1237-1319)の事績にあてられ, 『遊行上人縁起絵巻』とも呼ばれて, 時宗教団の成立の歴史に主眼がおかれている．

『一遍上人語録』 いっぺんしょうにんごろく　時宗の開祖*一遍(いっぺん)の言行録．2巻．1763年(宝暦13)*遊行(ゆぎょう)52代一海が編集版行．上梓(じょうし)後火災で印板を失い，1770年(明和7)一海の委嘱を受け，俊鳳が改めて編集出版した．初版とは内容・排列に多少の相異がある．上巻は『一遍聖絵』『一遍上人絵詞伝』などから集めた和讃・消息・偈頌(げじゅ)・和歌などを収め，下巻は一遍の古い語録である『播州法語集(ばんしゅうほうごしゅう)』などの門人伝承の法語を載せる．一遍の思想を伝える重要資料である．→『一遍上人絵伝』．

一品経 いっぽんぎょう　*法華経(ほけきょう)28品を各1巻ずつ28巻に書写した経．平安時代中期以降流行した．その多くは*装飾経(そうしょくきょう)で，文献では『栄花物語』巻16「もとのしづく」にみえるが，遺品では，*平家納経，久能寺経(鉄舟寺蔵，静岡県清水市)，慈光寺経(慈光寺蔵，埼玉県比企郡)などが知られている．また法華経28品を歌題にして詠んだ和歌を〈一品経和歌〉，それを書いた懐紙(かいし)を〈一品経懐紙〉という．

なお現存しないが，紫式部が*『源氏物語』を書いた罪で地獄に落ちたのを救うための書写といわれる〈源氏一品経〉は有名で，その供養時の*澄憲(ちょうけん)作『源氏一品経表白』や伝*聖覚(せいかく)作の『仮名源氏表白』は現存し，後者に基づいたものに世阿弥作の謡曲『源氏供養』がある．→源氏供養．

「道因法師妙覚寺にして一品経供養して八講行ふとて」〔長秋詠藻下〕「紫式部のためとて結縁経供養し侍りける所に，薬草喩品を送り侍るとて」〔新勅撰和歌集10〕

威徳 いとく　威ある*徳，または，威と徳の意．すぐれた徳性．また，威力と徳性．仏・菩薩(ぼさつ)・神の徳や念誦者・*三昧(さんまい)などの力を讃えていう．法華経(ほけきょう)授記品に「仏に大威徳有りて，名聞は十方に満つ」とある．なおこれに対して，俗世の勢威を表す類語に〈勢徳〉がある．「勢徳有りて世間叶ひたりける僧」〔今昔31-24〕などと用いられ，権勢と財力を意味する．「ここに阿弥陀如来閻浮檀金の色にして，威徳巍々たり」〔孝養集中〕「末世といへども神明の威徳不可思議なり」〔神皇正統記後宇多〕

糸引如来 いとひきにょらい　古くから阿弥陀(あみだ)*来迎図(らいごうず)の*中尊の手中から五色の糸を引き渡し，臨終の者がこの糸を握って西方極楽浄土に*往生しようと願うことが行われた．この形式の阿弥陀如来を〈糸引如来〉と呼ぶ．*金戒光明寺(こんかいこうみょうじ)や*禅林寺の来迎図にその遺例があり，文献では964年(応和4)の延暦寺(えんりゃくじ)延昌(えんしょう)(880–964)の例〔日本往生極楽記〕や藤原道長(966–1027)〔栄花物語〕，建礼門院(1155–1213)〔平家物語〕などの例がみられる．なお糸引きの作法についても諸書に見えるが，『孝養集』下1に説くところが具体的である．

維那 いな［s: karma-dāna］　古くは〈ゆいな〉とも．僧の雑事を司り，また指授する役の僧．〈都維那(ついな)〉〈悦衆(えっしゅ)〉〈知事〉〈授事〉などとも呼ばれる．*『十誦律(じゅうじゅりつ)』によれば，僧に時を知らせ，講堂や食処を掃灑(そうさい)・塗治し，牀を敷き，散乱した語を弾指したりするなどの僧として釈尊が立て，愛・瞋(しん)・怖・痴に随(したが)わず浄・不浄を知る者を維那に任じたという．中国では姚秦(ようしん)時代に悦衆が任ぜられ，律宗や禅宗に置かれた．日本では，奈良時代より大寺院を管理する役に上座(じょうざ)・寺主(じしゅ)・維那の*三綱(さんごう)が置かれた．

禅宗では，〈いのう〉〈いの〉ともよばれ，禅院の内部を統治する六つの役(六知事)の一つとしておかれ，僧たちの綱紀を取り締り，修行者の指導に当り，読経(どきょう)に際して経の題目や*廻向文を読み上げる役である．→知事．

「我，昔，前の世に衆僧の為に維那と成れりき」〔今昔7-21〕「玄奘三蔵，大般若経を翻訳し給ふ．玉花寺の都維那の沙門，寂照・慶賀等筆受たり」〔今昔7-1〕

稲荷 いなり　本来，農耕神で，五穀をはじめとして，すべての食物や蚕桑(養蚕)のことを司る神．それが〈稲荷〉とよばれるようになったのは，〈稲生(いねな)り〉がつまって〈イナリ〉になったとされる．稲を荷っている*神像(しんぞう)に表される．もと秦(はた)氏の氏神で，伏見稲荷大社(ふしみいなりたいしゃ)が本社とされ，そこから広く各地に広まったが，その際，土着の様々な信仰を吸収していった．狐がその使いとされ，祭礼としては初午(はつうま)がもっとも盛大．

仏教との関係は，*教王護国寺(東寺)の守護神となったことに由来する．その際，胎蔵界曼荼羅たいぞうかいまんだらの荼枳(吉)尼天だきにてんと習合し，荼枳尼天の神体を白狐としたことから，稲荷＝荼枳尼天＝白狐の信仰が生まれた．もともと狐は呪術と関わりが深い上，荼枳尼天法が性愛や栄達に関わる呪法であったため，稲荷信仰もその影響を受けた．豊川稲荷とよかわいなり(愛知県豊川市，妙厳寺)や高松の最上稲荷さいじょういなり(岡山市高松稲荷)は，荼枳尼天を祀る．→荼吉尼天．

なお，稲荷信仰，特に伏見稲荷は古来京都内外の貴賤の信仰を集め，文学との関連も広範かつ密接で，中古・中世の和歌・物語・説話などに関連記事が頻出する．舞台を伏見稲荷の祭礼の場に設定した『新猿楽記』(平安後期)や，『今昔物語集』28-1 などは特記すべきもの．

井上円了 いのうええんりょう　1858(安政5)-1919(大正8)　仏教哲学者．越後の真宗大谷派の出身で，東京帝国大学哲学科卒業後，1887年に〈哲学館〉(東洋大学の前身)を設立した．三宅雪嶺みやけせつれいらと政教社を結成し，国粋主義を主張．『仏教活論』などにより，近代思想に対し仏教を擁護するとともに，キリスト教批判を展開した．その仏教理解は，天台・華厳の教学に依拠した〈現象即実在〉という立場を基礎にしている．1891年，妖怪研究会を組織し，迷信打破の立場から，超常現象の科学的説明を行なった．著書に『真理金針こんしん』『妖怪学講義』などがある．

祈り いのり　本来的には，崇拝対象としての神や仏と信仰者との内面的な交わり・対話を意味し，*懺悔さんげ，感謝，救済，神仏との合一(神秘体験)，願望の達成(祈願)，呪術じゅじゅつ的行為(祈禱きとう)などをその内容とする．しかし一般的には，失望・落胆・失意・不安などの逆境や危機に直面したときに現れ出る人間の基本的な本能とでもいうべき願心をさす．自己の望みを叶えてほしいと願う心から，ひたすら他の人びとの幸せを祈願する無私の心までをも包括する幅広い内容を宿している．祈りの言葉は，宗派や伝統により無数の異なった表現形態をもつ．日本の仏教諸派で祈りは行われるが，浄土真宗では〈祈る〉のは心情が不純であると考えてこの語を嫌い，〈念ずる〉という語を用いる．→祈願，祈禱．

「このわたり，海賊のおそりありといへば，神仏かみほとけを祈る」〔土佐日記〕「御祈りなども，ねんごろに仕うまつりしを」〔源氏手習〕

位牌 いはい　〈霊牌れいはい〉ともいう．死者の*法名ほうみょうや*戒名かいみょうを記し，故人の霊が宿るものとして尊崇礼拝される木製または金属製の板．長方形で蓮台れんだいなどが下部についている．まず葬式の祭壇中央に安置し，その後は*仏壇ぶつだんの本尊の両脇または下方のひな壇に置く．*四十九日の中陰(*中有ちゅうう)あけまで白木しらきを用い，内うち位牌と野の位牌の2種を作る．〈内位牌〉は葬式のあと屋内の祭壇に用い，〈野位牌〉は野辺送りのとき墓所へ持参して埋葬個所に安置する．野位牌は中陰があけると墓所に埋めたり焼却したりするが，近年は火葬のあと中陰あけまで遺骨を屋内に留める風習が一般化しているため省略されつつある．内位牌は中陰あけのとき黒の漆うるしや金箔の塗り位牌に作りかえられる．

位牌の起源は*儒教じゅきょうで祖先祭の時に用いた官位や氏名を記す位版いはん・木主ぼくしゅ・神主しんしゅ・廗主ぐしゅなどに基づくとか，*神道しんとうで用いた霊代たましろが原形であるとか，諸説があるが，一般には両者の習合しゅうごうしたものと考えられている．禅僧が日本にもたらし，江戸時代に庶民に普及した．一つの位牌に2霊以上書く合同位牌や，何枚かの板が収納できる繰くり出し位牌もある．また親の位牌は位牌分けといって，子供の数だけ作り配布する．生前に戒名を授かった人は〈逆修牌ぎゃくしゅはい〉と称する位牌を作るが，葬式のとき作るものは〈順修牌〉と呼ばれる．位牌の表面には戒名と没年月日，裏面には俗名・年齢・続柄を記す．戒名の上部に*円寂えんじゃく・帰真きしん・帰元きげんなどの字，または*梵字ぼんじを付して*成仏じょうぶつを願う．

「位牌と云ふ事，禅家に好み用ふる儀か．正道の古き所に無き事なりと云へり．先代の中比より早ありけるにや」〔壒囊鈔11〕「二人の位牌の前にも，花香おなじくそなへたり」〔曾我12.虎いであひ〕

意馬心猿 いばしんえん　心が，走り回る馬，せわしく騒ぐ猿のようで，定まらぬことをいう．*煩悩ぼんのうや情欲のために心意が散乱して少しも落ち着かぬこと，また心の欲・乱れが制しがたいことの喩え．*曇鸞どんらん『略論安楽浄土義』には，*凡夫の心・識を馬・猿に喩える例が見えるが，〈意馬〉〈心猿〉の語は『趙州録』遺表のほか，唐代の詩文に用例が見える．文字通り〈意馬心猿〉の例は，宋の朱翌(1098–1167)の詩「睡軒詩」に，また〈心猿意馬〉は唐の敦煌*変文『維摩詰経菩薩品』に例が見える．仏語の性格が濃いが，『周易参同契発揮』巻中という道教関係の書物や，王守仁(1472–1528)の『伝習録』巻上でも用いている．

なお，わが国では都良香(834–879)の詩文集『都氏文集』巻3「大唐明州開元寺鐘銘一首并序」に「初め賢真海に泛びて唐に入り，勝地を経過し，明州の治南に開元寺を得たり．以て意馬を繫ぐべく，以て心猿を降すべし」とあるのが初出例．

「その定善の門にいらんとすれば，すなはち意馬あれて六塵の境にはせ，かの散善の門にのぞまんとすれば，又心猿あそんで十悪の枝にうつる」〔拾遺黒谷上人語灯録中〕

衣鉢 いはつ　⇒衣鉢

遺髪 いはつ　『陳留風俗伝』(『太平御覧』373)に「沛公(劉邦)皇妣を黄郷に喪う…其の浴処に遺髪有り．故に諡して昭霊夫人と曰う」とあり，死者が形見に残した頭髪のこと．*仏陀の遺髪に関しては，『南史』扶南国伝に「(梁)武帝，阿育王仏塔を改造して，旧塔下の舎利および仏の爪髪を出だす．髪は青紺色なりき」とある．死後に限らず，生前にも従軍など生還を期しがたい場合には遺髪をとどめた．この習俗は，本来は髪の一部を切り取って出家のしるしとしたもので，それによって死者の冥福をはかった臨終の行儀だったものが，やがて故人をしのぶよすがの品と意味づけられたのであろう．『太平記』26に，楠木正行が四条畷出陣に先立って如意輪堂に詣で，*過去帳に名を連ね，「逆修の為と覚しくて，各鬢髪を切りて仏殿に投げ入れ」とあるのも原義を踏まえたもので，いわゆる形見の遺髪ではなかった．

衣服 いふく　⇒衣服

『異部宗輪論』 いぶしゅうりんろん　ヴァスミトラ(Vasumitra，世友)著．662年*玄奘訳，1巻．他に*真諦訳の『部執異論』，*鳩摩羅什訳とされる『十八部論』とがある．*説一切有部を正統とする立場に立って，仏教における部派の分出の歴史とそれら各部派の教義の要点とを述べたもの．サンスクリット原典は発見されていないが，チベット訳が存在する．説一切有部以外の部派の教義を知る上で貴重な資料である．また，*仏滅後百余年のアショーカ王(*阿育王)の時代に根本分裂があったとしており，仏滅年代を定める上で重要な資料でもある．なお本書の著者は，婆沙の四大論師の一人である*ヴァスミトラ(2世紀頃)とは別人である．

医方明 いほうみょう　医学のこと．〈医方明処〉また単に〈医方〉ともいう．*五明の一つ．医学という語に対応するサンスクリット語はvyādhi-cikitsā-vidyā(病を癒す学問)である．原始経典の雑阿含経15には医方に関して次の4分野が立てられている．1)病をたくみに説明する．2)病の原因をたくみに説明する．3)生じた病をなくすことをたくみに説明する．4)病の再発を防ぐことをたくみに説明する．この4分野が漢訳諸経論を通して，*『摩訶止観』7に説く，病相・因縁・治法・損益・止観の5種の病患境観に影響を与えているものと考えられる．『摩訶止観』の同節は，悟りを求めて修行中の者が病に倒れたとき，医学に関する的確な基礎知識を持ったうえで*円頓止観を病患境に適用する方法を説いたものである．

なおインドの伝統医学アーユル-ヴェーダでは，医学が八つの分野に分けて説かれる(八分医方)．また，法華経の良医の喩などはインド医学の一端を示し，大乗仏典の中には種々の治病に関する説明が存する．→医学．

今道心 いまどうしん　〈今参り〉〈今出〉などと同じ語構成で，〈今〉は新しいの意．新しく*道心をおこした者，すなわち出家してから間もない者の称．ただし，幼少時に寺入りした者ではなく，人生の中途から何らかの理由で仏門にはいった者をさすことが多い．〈*新発意〉〈俄道心〉〈青道心〉なども類義語で，道心未熟の意もこめられている．「今道心の御出家と，尋ねておあひ遊ばせや」〔浄・義経千本桜3〕

今様 いまよう　平安後期に流行した*歌謡．〈今様〉には現代風の意味があり，在来の催馬楽・神楽歌・風俗などの〈古様〉に対して，新興の歌を〈今様〉と呼んだ．*『梁塵秘抄』1に「今様二百六十五首」として収載されたものが狭義の今様で，これは娑羅林(しゃらりん)・片下(かたおろし)・早歌(そうか)などを含む広義の今様と区別して「只(ただ)の今様」〔梁塵秘抄口伝集10〕と呼ばれた．詩形は7・5または8・5を4句連ねるのが基本．ごくまれに寂然(じゃくぜん)・*慈円(じえん)の作とわかるものもあるが，大部分は作者不明である．詞の内容は無常観，仏・菩薩の讃歎，経典の解釈など，当時の仏教信仰を反映したものが大半を占める．→法文歌(ほうもんか)．

忌 いみ　人は快適な生活を求めて，それを保証する崇高なものや威力のあるものを尊び迎え，反対に，不安不快の感情をつのらせる混迷や衰退を嫌い避ける．それらは，観念としては〈清浄〉と〈不浄〉とに分類できるが，その清浄なものを保つためにそれを日常的な生活圏から隔離するのを〈斎(いみ)〉といい，反対に不浄なものを拒否するためにそれを日常生活の場から隔離するのを〈忌(いみ)〉という．

忌の対象となる不浄は〈*穢(けが)れ〉として認識されるが，それは〈け〉すなわち生命を養い育てる霊力が〈かれ(離・放・枯)〉ることである．したがって，生命力を減退させるもの，たとえば流血や腐食などが〈穢れ〉であるが，その究極は死であるということになる．仏教の本義からいえば，死は生によってもたらされるものであるから，生もまた〈穢れ〉であり，人間存在自体が不浄なものとなるが，日常の習俗としては死にまつわることだけを〈穢れ〉とし，それを忌避することになっている．そこで，人が死んだ日を〈忌日(きにち)〉とし，近親者が喪に服するのを〈忌籠(いみごも)り〉といい，忌籠りの期間が終了するのを〈忌明け〉などという．→物忌み，斎(さい)，忌日．

「西国のいくさと申すは，親うたれぬれば孝養し，忌あけて寄せ，子うたれぬれば思ひ歎きに寄せ候はず」〔平家5.富士川〕

忌詞 いみことば　宗教上の理由や音声のひびきから不吉なものを連想するとして，使うのを避ける語，また，その語の代りとして用いる語．伊勢の斎宮(いつきのみや)では，『延喜式』の定めによって仏教関係七語を忌詞とし(内七言)，仏を〈中子(なかご)〉，経を〈染紙(そめがみ)〉，塔を〈阿良良岐(あららぎ)〉，寺を〈瓦葺(かわらぶき)〉，僧を〈髪長(かみなが)〉，尼を〈女髪長(めかみなが)〉，斎を〈片膳(かたしき)〉と称し，そのほか死を〈なほる〉，病いを〈やすみ〉などと称した．一般にも，梨(なし)を〈ありの実〉，四(し)を〈よ〉〈よん〉，摺鉢(すりばち)を〈あたり鉢〉などという．

入母屋造 いりもやづくり　*寄棟造(よせむねづくり)の上に*切妻造(きりづまづくり)を載せた形の屋根．中国では，唐・宋時代は〈厦両頭(かりょうとう)〉，清代には〈歇山(けつざん)〉と称した．また北宋時代の建築書『営造法式』(1103)では，厦両頭造を〈九脊殿(きゅうせきでん)〉〈漢殿〉〈曹殿〉ともいったとあり，漢代以降に盛行した形式のように伝えている．時代を通じて〈四阿(しあ)〉すなわち寄棟造が宮殿などの最高級の建物に用いられたのに対して，一段低い等級の建物に用いられる屋根形式であった．日本では古語に真屋(まや)(切妻造)と東屋(あずまや)(寄棟造)だけしかないところからみると，入母屋造も東屋に含まれていたのであろう．寺院の重要な建物に用いられ，*金堂(こんどう)・*本堂はほとんどすべて入母屋造で，中国と違って，奈良時代以外では入母屋造の方が寄棟造より重視された．→寺院建築．

異類 いるい　古くは仏・菩薩・明王・諸天・人間に対して*鬼畜(きちく)類を指すことが多かったが，次第に広く人間以外の動植物や自然物・人工物をも指すようになった．万物が人間同様に思念し，言葉を発するという民俗的な発想が古代からあり，これが*六道思想の餓鬼道，畜生道のわが国への定着に作用した．いわゆるおばけ(化物)や妖怪など，零落した神や精霊から転化したものもこれにあたる．

口承文芸の昔話に動物昔話と呼ばれる一群があり，動植物の人間同様の発想と活躍を語る．また幸福の追求をテーマとする本格昔話には，人間と異類との婚姻譚が多い．妖怪などの異類の行進，いわゆる百鬼夜行(ひゃっきやぎょう)の話は『大鏡』師輔や『今昔物語集』などに散見し，これとは別に，室町時代の『百鬼夜行絵巻』で代表される妖怪絵巻がある．また，御伽草子のなかには異類小説(異類物)と呼ばれる一群があり，謡曲などにも異類を取り扱ったものが少なくない．これらと仏教とのかかわり方は一様ではないが，総じて*三宝の霊威による異類の*調伏(ちょうぶく)と，*草木国土悉皆成仏(そうもくこくどしっかいじょうぶつ)思想に基づく異類の往生を説くものが多い．なお，『付喪神(つくもがみ)』絵巻は〈非情成仏絵〉とも呼ばれ，仏力による異類の救済を考える上で参考になる．「菩薩・天人・天竜八部・若干(そこばく)の衆会・異類の輩(ともがら)，皆各(おのおの)歎かずといふ事無し」〔今昔 3-31〕「異類衆形の鬼神禽獣，数千集会せり」〔法華験記 上11〕

伊呂波歌 いろはうた　音(おん)の異なるすべての仮名を集めて，同じ仮名を重複させずに七五調四句47字にまとめた誦詩．作者未詳．「色は匂(にほ)へど，散りぬるを，我が世誰ぞ，常ならむ．有為(うゐ)の奥山，今日(けふ)越えて，浅き夢見じ，酔(ゑ)ひもせず」と読まれる．*雪山偈(せっせんげ)「諸行無常(しょぎょうむじょう)，是生滅法(ぜしょうめっぽう)，生滅滅已(しょうめつめつい)，寂滅為楽(じゃくめついらく)」の和訳に当るという．院政期以降，弘法大師*空海の作とも言われて来たが，同じく音の異なる仮名を集めた「あめつちの詞(ことば)」に比して〈え〉の仮名が一つしかなく，音韻史上，ア行のエ(e)とヤ行のエ(je)の区別が消滅した天暦年間(947–957)頃以前にさかのぼることができないこと，同じ47字の「たゐにの歌」より優れていること，さらに七五調四句の*今様(いまよう)の盛行が平安中期以降であることなどから，現在は空海作とは認められていない．現存最古の例も『金光明最勝王経音義(こんこうみょうさいしょうおうきょうおんぎ)』承暦3年抄本(1079)所載のもので，院政期に降る．この本では「いろは」が1行7字，7行に書かれ，声点も加えられているが，これは歌意を反映した読誦とともに，7音区切りの読誦が古く存したことを示す．

「いろは歌」の製作意図については仮名手本などと理解するのが普通であるが，近年仏典読誦における漢字音の声調学習のためとする説も提起されている．なお，末尾に〈京〉の字を添えた最古例は，了尊の『悉曇輪略図抄』(1287)に見える．→五十音図．

印可 いんか　指導者が修行者の悟境を点検して，その円熟が認められたときに，修行者の悟境を認可し証明すること．印可を修行者が受けることによって，修行者はその指導者の*法(ほう)を嗣ぐべき弟子(法嗣(はっす))となる．特に禅宗で重視され，*看話禅(かんなぜん)の流行にともなって，印可を得ることは禅門の最も重要な修行目的となった．印可を証明するものとして，*袈裟(けさ)・印可状・*頂相(ちんぞう)(師の賛を付したもの)などが，師から弟子に与えられる．密教でも，その流の*秘伝を伝授することを〈印可〉という．のちに芸道の免許を許す意にも使用されるようになった．

「証明(しょうみょう)ただしき善知識の印可をうけたらん人を信ずべし」〔合水集 上〕「為手(して)御持ち候ふ事は，はやとくより印可申して候ふ」〔世阿弥書状〕

因果 いんが　[s: hetu-phala]　原因と結果の併称．また，すべてのものは原因があって生じるという理法の意では，〈*縁起(えんぎ)〉に同じ．

【初期仏教】インドでは仏教成立以前から，*苦(く)としての*輪廻(りんね)する生存，および輪廻の原因としての*業(ごう)に基づく世界観・人生観がひろく行われていた．仏教もこの思想風土にあって，すでに*釈迦の最初の説法(*初転法輪(しょてんぽうりん))と位置づけられる*四諦(したい)説のなかに，人生の苦(結果としての所与)とその成り立ち(原因)の考察(苦諦(くたい)・集諦(じったい))を，また苦の止滅としての*解脱(げだつ)(目指すべき結果，目的)とその実現の方法論(手段，原因)(滅諦(めったい)・道諦(どうたい))を説く．さらに釈迦は，生存における苦を象徴する老死(ろうし)と，その根源的な原因たる*無明(むみょう)とのあいだの因果関係(十二支縁起(じゅうにしえんぎ)，*十二因縁(じゅうにいんねん))を，生起と止滅との順逆2つの排列で瞑想して悟りを開いたとされる．これらは，現実と悟りの各々および相互の因果関係に関するすぐれて実践的な解明が，当初から仏教の枢要な思想的・宗教的課題であったことを示している．

【部派仏教】*部派仏教では，十二支縁起説が輪廻する生存の因果関係の直接的な説明に適用された．これは，12の支分を過去世・現在世・未来世の*三世(さんぜ)に配当し，人間は*煩悩(*惑(わく))・行為(業)・苦としての生存(苦)の順序で輪廻をくり返すと説く(*業感(ごうかん)縁起)．過去(因)–現在(果)と現在(因)–未来(果)との二重の因果関係をみることから〈三世両重因果(さんぜりょうじゅういんが)〉ともいう．また，部派の因果論は，人間個々の輪廻のみならず，縁起した*法(ほう)(*有為(うい))に関わるものとしてあらゆる現象一般にまで及んだ．その代表が*説一切有部(せついっさいうぶ)の〈*六因(ろくいん)・四縁(しえん)・五果(ごか)〉で，因果の時間的先後(同時・*刹那・異時)，因(善悪)と果(楽苦)との道徳的区分，果に及ぼす因の寄与の大小や直接・間接の差などに基づいて，6つの原因(六因)と5つの結果(五果)，およびこの両者の関係のうち特徴的なものを挙げた4つの縁(四縁)を立てる．

【大乗仏教】こうした部派の分析は，*凡夫(ぼんぶ)が知りうる迷いの世界全体に関するという意味で狭義の〈因果論〉と呼びうるが，*竜樹(りゅうじゅ)はこれを存在・現象の実体視につながるものとして激しく批判した．*大乗仏教は，竜樹による縁起–*無自性(むじしょう)–空(くう)の論証をうけ，縁起の概念が〈法〉の空をも明らかにしているとする*中観派(ちゅうがんは)の解釈，さらには〈法〉と〈*我(が)〉との空を，悟りを志向する実践主体との関わりにおいて論じる*瑜伽行派(ゆがぎょうは)の教説を生んだ．これらにより，因果論は単に存在・現象に看取できる因果関係の分析を離れ，迷いと悟りの因果関係をも包括して論じることになった．→空，三性(さんしょう)，如来蔵(にょらいぞう)．

【中国における受容】中国の六朝時代には道家の自然(*無為(むい)自然)の思想が流行していたが，これはおのずからそうであるありかたを強調し，万物がみずからを根拠・原因として発現し存在するという自然宿命論で，個々人の置かれている現実の境涯を解明してはくれなかった．新しく伝来してきた仏教の三世因果応報説では，前世の〈業〉が因となって現世の状況が生まれ，現世の行いが来世のあり方を決定するとしており，東晋代の知識人に*因果応報の思想として好んで受け入れられた．三世因果応報説について，東晋末の廬山(ろざん)の*慧遠(えおん)は『三報論』を著し，*応報の遅速についての疑念を晴らした．

北周の甄鸞(けんらん)は『笑道論』において，仏教が因縁(因果)を，道教が自然をそれぞれ根本にしているとし，隋の*吉蔵(きちぞう)(嘉祥大師)，華厳の第5祖である唐の*宗密(しゅうみつ)はそれぞれ*『三論玄義』(破邪の部)，*『原人論(げんにんろん)』斥迷執第一の中で，仏教を因縁(因果)の教えとして強調し，自然の教えとしての*老荘思想を激しく批判した．

「因果の報を示すにあらずは，何に由りてか，悪心を改めて善道を修めむ」〔霊異記上序〕「五逆罪を造り，因果を撥無し，大乗を誹謗し，四重を犯し，虚しく信施を食へる者，この中(無間地獄)に堕つ」〔往生要集大文第1〕

因果応報 いんがおうほう　すべての行為(*業(ごう))には必ず結果がこたえ報いるということ．原則は，〈善因楽果・悪因苦果〉であるが，一般には，悪因苦果に関して語られることが多い．結果(*果報)そのものの性質は苦楽で，また善とも悪ともいえない行為の結果は不苦不楽とされる．一方，原因となる行為は，伝統的に身体・言語・思考による*身口意(しんくい)の*三業(さんごう)に分類される．また，結果が生じる時期については現世・次世，あるいは第三世以降という*三時業の説が広まった．行為そのものの性格づけと，行為がいかに結果をもたらすかについては，部派によって理解を異にした．*経量部(きょうりょうぶ)は，行為の潜勢力を*種子(しゅうじ)と呼び，それが心と身体の継続(相続)のなかで保持され，果報を生じると説明した．*瑜伽行派(ゆがぎょうは)はさらに，すべての種子は*識(しき)の中に*熏習(くんじゅう)されるとし，この識を*異熟(いじゅく)識あるいはアーラヤ識(*阿頼耶(あらや)識)と呼んで，現世および三世にわたる因果応報の理論化につとめた．→因果，十善．

院家 いんげ　〈院〉は垣をもつ建物の意．本寺の境内にあって，親王や貴族出身の僧尼が止住する寺のこと．寺格の一種．899年(昌泰2)，宇多上皇が出家して*仁和寺(にんなじ)に入り，これに従って出家し寺内の*子院に止住した皇族を〈院家〉と称したのが始まりとされる．*法親王や権門勢家の出身僧が入寺するようになると，*伽藍(がらん)を増築し広大な荘園を有し，本寺の*座主(ざす)・*別当職の補任を専断することもあった．院家では*凡僧の入寺は拒否され，貴族の子弟が入寺して堂舎や資財を相伝した．門跡(もんぜき)と同義に用いられることもあるが，門跡を援助・輔佐する院家もあった．*本願寺の院家は門跡を輔佐し*法務をおこなう機関であった．「夜になれば院家の側に立ちまぎれ，築山の松の木陰，前栽の草の露の底に隠れ居たれば」〔伽・秋夜長物語〕．→門跡．

印契 いんげい　⇒印相(いんぞう)

隠元隆琦 いんげんりゅうき　1592(中国万暦20)–1673(日本寛文13)　中国明代の禅僧．隠元は道号，隆琦(りゅうき)は僧名．福州(福建省)の人．29歳のとき，*黄檗山(おうばくさん)の鑑源興寿を師として得度剃髪し，その後，諸方を遍参して学行を積んだ．1633年，費隠通容(ひいんつうよう)が黄檗山に住したとき，請われて*西堂(せいどう)職につき，37年，費隠に嗣法して黄檗山主となった．1654年，長崎の興福寺の僧逸然性融(いつねんしょうゆう)

らに請われて渡日を決意し，弟子30人を連れて来航し，興福寺に入った．ときに63歳．彼を京都妙心寺の住持に迎える動きがあったが，日本には鎌倉以来の純禅の伝統があり，今さら明朝の念仏禅をという愚堂東寔(ぐどうとうしょく)らの反対で実現せず，1661年(寛文1)，宇治に黄檗山*万福寺を創建して，日本*黄檗宗の開祖となった．ちなみに〈隠元豆〉は，隠元が明国から移植して日本に広まったものという．

因業 いんごう [*s*: hetu-karman]　因(原因)と*業(行為)，または，因である業の意．因と業の意に用いられるときは単に教理的な意味しか持たないが，因である業と考えられるとき，業は多分に悪いものと見なされるため，現代語に見られるような，頑固，強情，無慈悲などという意味を生じ，頑固で無慈悲な人を〈因業者〉などと言うようになった．「三十六種の餓鬼等は，皆慳嫉(けんしつ)の因業によって生ず」〔十住心論1〕

院号 いんごう　〈院〉は垣をめぐらした建物の意．院号は上皇の称号，天皇の追号，女院の称号でもあるが，仏教関係の施設を〈院〉と称することが中国・日本で行われ(東大寺戒壇院など)，寺で院号を称するものも多く(知恩院など)，また寺内の*子院や*塔頭(たっちゅう)の称号でもあった．やがて，貴族の生前建立した寺院の院号がその*戒名(かいみょう)の中に用いられるようになり，のちには寺院建立に関係なく，一般庶民の戒名にも院号が付けられるようになった．「今までの仏は院号が付いて，何とやら院，何々，何々信女と，皆おそろしく長い中に，今度のはなぜ短うござると」〔滑・浮世床2下〕

引接 いんじょう　〈引摂〉とも書く．〈引導接(摂)取(いんどうしょうじゅ)〉の略．仏が衆生を導き，摂(おさ)め取ること．浄土念仏では，*阿弥陀仏(あみだぶつ)が臨終に*来迎(らいこう)して浄土へ導き，弥陀の光の中に摂め取ること(来迎引接)を意味する．そこから，衆生を救い取ろうとする弥陀の*本願を〈引接の悲願〉という．*四十八願中の第十九願をさす．また，弥陀によって極楽に引き取られると*観想することを〈引接想〉という．なお，浄土に往生して自由自在となった後，*娑婆(しゃば)で縁あった人びとを浄土へ導き取ることを〈引接結縁(けちえん)〉という．「本覚の道を示して，浄土に引接すること，仏法僧にしくはなし」〔往生要集大文第6〕「弥陀の誓ひぞ頼もしき，十悪五逆の人なれど，一度御名を称ふれば，来迎引接疑はず」〔梁塵237〕．→引導．

印信 いんじん　*法門を授受した証として*阿闍梨(あじゃり)より弟子に*付嘱(ふぞく)されるもの．〈印〉は*印可，〈信〉は符契(ふけい)(割符)の意味とされ，一般には授与された*法を証明する文書を指す．しかし，文書に限らず法具類までも含む広義の場合もある．密教の*伝法灌頂(でんぽうかんじょう)において授受されるものは，広沢流(ひろさわりゅう)では印明(いんみょう)(*印契(いんげい)と*真言(しんごん))と*血脈(けちみゃく)が，小野流(おのりゅう)では印明と血脈と紹文(じょうもん)(法門相承の血脈の大旨と付嘱の趣旨を述べた文章)とが授けられたと考えられる．印信はその折り方で〈竪(たて)印信〉と〈横(よこ)印信〉の2種に分かれ，*事相(じそう)の流派によって用い方が異なったという．印信を書き与えて法門の授受を証する方法は，*恵果(けいか)和上が*空海(くうかい)に授けたものが最初とされるが真偽は定かではない．その発給は信者を含めた教団の中で*付法を証明する必要性が存在したからと考えられる．

引声 いんぜい　〈いんじょう〉とも．経を読むときや*念仏を称えるとき，声に抑揚をつけてゆるやかに発声する仕方．それによる念仏を〈引声念仏〉という．*円仁(えんにん)が中国の*五台山から伝え，*比叡山に常行三昧堂(じょうぎょうざんまいどう)を建て，851年(仁寿1)ここで行なったのがわが国における始まりという．京都真如堂などに現在でも伝わる．また，ゆるやかな節をつけて*阿弥陀経(あみだきょう)を読誦(どくじゅ)することを〈引声阿弥陀経〉という．「これ極楽の聖衆の阿弥陀如来を讃(ほ)め奉る音(こゑ)なり．引声と云ふ」〔今昔11-27〕「山寺行ふ聖こそ，あはれに尊きものはあれ，行道引声阿弥陀経，暁懺法釈迦牟尼仏」〔梁塵190〕

印相 いんぞう [*s*: mudrā]　ムドラーの訳で，〈印契(いんげい)〉〈密印(みついん)〉ともいい，略して〈印(いん)〉という．また音写して〈母陀羅(もだら)〉ともいう．本来，封印または標幟(ひょうじ)の意味で，広義には仏・菩薩などの諸尊格の働き，*誓願(せいがん)，*功徳(くどく)などを象徴するものをさす．狭義には，彫刻・絵画にあらわされた仏像類の手の指の屈伸による特殊な形(*手印(しゅいん))をさす.

基本的な印相は，仏教の開祖釈尊のある特定の行為，たとえば*説法(説法印・*転法輪印)，瞑想(*禅定印)，*降魔成道(触地印)などに帰因する．以上の三印に，望みをかなえる*与願印と恐れを除く*施無畏印と合せて〈根本五印〉とする．*阿弥陀如来には上品上生から下品下生に到る*九品往生に伴う印相の区別がある．密教の尊像は，*金剛界大日如来の〈*智拳印〉，*胎蔵界大日如来の〈法界定印〉など，各尊が特定の印相をもつ．

密教では*行者が本尊に印相を結ぶことによりその尊格との身体的同一を達成する身密行として重視された．*真言とともに用いるときは〈印言〉という．印の結び方には〈十八印〉〈十二*合掌〉〈六種拳〉などがあるが，秘教性を保つために，左右の両手(*定慧)，各指(地・水・火・風・空の*五大)に特有の名称をあてることもある．→三密．

仏教美術では*持物と共に仏像の図像表現の重要な標幟となっている．→付録(仏像1)．

「すべてこの仏，昔より印相さだまり給はぬよし申しつたへて候へど」〔著聞釈教〕「印契むすびし左右の手も所々にみだれ，陀羅尼を唱へし唇もはや色かはりぬれば」〔仮・御伽物語1〕

インダス文明 ぶんめい　インダス河流域に西紀前2500年頃から1000年近く栄えた文明．ハラッパー(上流)とモエンジョ-ダーロ(下流)の二大遺跡を中心とし，東はジャムナー河上流，南はグジャラート州の海岸やナルマダー河河口に及んでいる．上記の二大遺跡は公共性と聖性を帯びた高い区域と，一般住居の密集する低い区域とからなる．また近年，二大遺跡に匹敵する規模の遺跡の発掘がグジャラート州内のドーラビーラで進められ，注目を集めている．地中海やメソポタミア文明との関連がみられ，この文明の建設者も西方からの移住者(現在南インドに分布するドラヴィダ人の祖先？)と考えられている．西紀前1500年頃インドに侵入したアーリヤ人がその聖典*『リグ-ヴェーダ』にハリユーピーヤー(おそらくハラッパーの語源)の名や「砦の破壊者」(*インドラ神のあだな)の語を残しているので，この文明はアーリヤ人によって滅ぼされたかのようにみえるが，実際は気候の変化あるいは住民の自然破壊によってみずから衰亡の道をたどり始めたらしい．

最古のインド文化はアーリヤ人の田園的バラモン(*婆羅門)文化であると永らく考えられてきたが，1921年にハラッパーの都市遺跡が発見されるに及んで，*ヒンドゥー教の淵源の一つをこの文明のなかに探る試みが行われるようになった．宗教的な沐浴場，瞑想的な目つきをした人物像，石製男根は，それぞれヒンドゥー教の沐浴施設，*ヨーガ，リンガとのつながりを暗示する．印章の図柄のなかには*結跏趺坐する人物が象などの動物と共に表されているものがあり，これが獣主*シヴァ神の祖形を表すのではないかと考えられている．人物の陰茎は勃起しているようにみえるが，これもシヴァ神の特徴である．

因陀羅網 いんだらもう　[*s*: indra-jāla]　*『リグ-ヴェーダ』の最も主要な神であり，後に*仏法の守護神となった*帝釈天すなわち*インドラ神の宮殿である帝釈天宮に，それを*荘厳するために幾重にも重なり合うように張りめぐらされた宝網のことで，〈帝網〉とも〈帝釈網〉ともいわれる．一つ一つの結び目に*宝珠がつけられていて，数えきれないほどのそれらが光り輝き，互いに照らし映し合い，さらに映し合って限りなく照応反映する関係にある．それはすべての存在が*重重無尽に交渉し合って*相即相入(すべてのものは在り方としても働きとしても互いに入りくんでいて，一体不離であること)することの喩えとして用いられる．

因中有果・因中無果 いんちゅううか・いんちゅうむか　[*s*: satkārya, asatkārya]　多様な現実の世界・事象(物的・心的)を根本原質*プラクリティの開展(pariṇāma)・顕現によって説明する*サーンキヤは，結果はあらかじめ原因の中に存在するという〈因中有果説〉を，多数の存在要素(原子など)の離合集散によって分析する*ヴァイシェーシカは，原因の集合によって新たに結果物が生ずるという〈因中無果説〉を立てた．後者は〈新造説〉(ārambha-vāda, 集積説(しゅうせ(しゅうじゃくせつ)積聚説(しゅうじゅせつ))）とも呼ばれる．*『リグ・ヴェーダ』以来の宇宙生成論の展開に照らせば，前説は*有る(sat, 秩序）からの創造（流出），後説は*無(asat, 混沌)からの創造の系統である．両説のほか，唯一無二の実在*ブラフマンが認識者の無知ゆえ多様界として現前するかのごとく錯覚しているとする，*ヴェーダーンタ不二一元論派の仮現論(vivarta-vāda)がある．実体（神，絶対者，不滅の霊魂など）を立てず(*無我)，*無常観を掲げる仏教では，*縁起が世界生成の説明原理となる．→流出説，転変，積聚じゃく.

印度 いんど 唐の*玄奘(げんじょう)以来，サンスクリット語 Indu の音写といわれるが，インドの原典には Indu という語はみられない．インドの名称は，もともとインダス河のサンスクリット名 Sindhu に由来するが，古い漢訳語である〈信度(しんど)〉〈身毒(しんどく)〉はそれに対応する．また〈賢豆(けんず)〉とも漢訳する．〈印度〉という漢訳語は唐代(618-907)から使われる．*『大唐西域記』巻2に「天竺の称，異議糾紛す．旧くは身毒と云い，或いは賢豆と云う．今，正音に従えば，宜しく印度と云うべし」とある．なお，中国・日本で古くから用いられる*天竺(てんじく)に同じ．

引導 いんどう [s: parikarṣaṇa] 古くは漢の王充の『論衡』自記に「薬を服して引導す」とあり，大気を導いて体内に引き入れる*道教の養生術．また『南史』王僧弁伝に「群魚有りて水に躍り空に飛びて引導す」のように，手引きする，案内するの意にも用いられていたが，仏教では*法華経(ほけきょう)方便品「無数の方便を以て衆生を引導す」のように，人びとを導いて仏道に入らせるの意に用いられる．また転じて，死者を*済度(さいど)することをもいう．現今では，葬儀の時に，その法要を主宰している*導師が，棺の前に立って法語や偈頌(げじゅ)を唱えることによって，迷界から死者を浄土へ導くことを意味する儀式．これを〈引導を渡す〉という．死者儀礼の引導としては，『韻府群玉』13により，*黄檗希運(おうばくきうん)が母の溺死に際して炬火を投じ，法語を説いたのを最初とする．日本へは禅宗によって伝えられ，真宗以外の諸宗で行われる．

「ただ願はくは大徳後世を引導し給へ」〔三宝絵中〕「老婆程なく死す．長老つひに血脈を授けず，引導し給ふ」〔仮・因果物語上〕

インド教 きょう ⇒ヒンドゥー教

『印度蔵志』 いんどぞうし 平田篤胤(ひらたあつたね)著．25巻(脱稿は第1巻から第8巻，第21巻から第23巻までの計11巻)．1820(文政3)-26(文政9)年に成るといわれる．第1巻から第3巻までは「印度国俗品」と名づけられ，玄奘(げんじょう)の*『大唐西域記』2のはじめにあるインド紹介記事をもとにして，インドの地理・種族・風俗・習慣などを論述し，第4巻から第8巻までは「大千世界品」と名づけられ，古代インド人の宇宙観・世界観を論述し，第21巻から第23巻までは「印度伝通品」と名づけられ，仏教発達の歴史などについて論ずる．第9巻から第20巻は「仏祖生涯品」と名づけられていたと推定され，この部分の草稿は『印度蔵志稿』4巻に該当する．第24・25巻は，中国・日本への仏教伝来を扱う予定であったと推定される．平田篤胤は『古史伝』と同じスタイルで，仏教の客観的な歴史を記述しようとした．特に仏典の中に残存しているインドの古説に対して注目している．

インド哲学 てつがく ⇒婆羅門教(ばらもんきょう)，六派哲学(ろっぱてつがく)

インドの仏教美術 ぶっきょうびじゅつ 【仏伝図浮彫から仏陀像の製作へ】*仏陀(ぶっだ)の入滅後，その生涯の重大事が起こった場所や，遺骨を祀ったストゥーパ(仏塔)は*聖地となり，聖地の*荘厳(しょうごん)を目的とする仏教美術の造形活動が本格化した．とりわけストゥーパは礼拝対象として盛大な信仰を集め，ストゥーパを囲む*欄楯(らんじゅん)や塔門には，仏陀の伝説を表す様々な*仏伝図(ぶつでんず)浮彫が表された．これらの仏伝図の初期作例では，仏陀の存在を足跡・*法輪(ほうりん)・*台座などの様々な象徴物で暗示的に表現しており，仏陀の姿を具体的に表すことは避けられていた．紀元後1世紀頃にこの伝統は破られ，*クシャーナ朝治下の*ガンダーラと*マトゥラーとで仏陀像の製作が開始されるに至った．これにやや遅れて，南インドのアーンドラ地方でも独特の形式を持つ仏陀像が製作された．以後，仏陀像は仏伝図に代わる造形活動の中心テーマとなり，礼拝対象としてもストゥーパと並ぶ地位を占めることとなった．→塔，仏像，釈迦像.

【仏陀像の展開と石窟寺院の開窟】5世紀に入るとガンダーラの造形活動は衰退するが，*グプタ朝の支配のもとで中インドの造形活動は活発化した．マトゥラーではガンダーラの仏陀像の形式を取り入れて，理想的な人体美を追求した端正な通肩(つうけん)仏陀立像を作りだした．ガンガー河(*ガンジス河)中流域のサールナート(*鹿野苑(ろくやおん))では，衣の襞を刻まないことを特徴とする，繊細・優美な仏陀像を数多く製作した．西デカンでも紀元前後頃の活動に続いて仏教石窟(せっくつ)の開窟が再び活発化し，有名な*アジャンターの壁画をはじめとする多くの絵画・彫刻が製作された．ポスト-グプタ時代(6-8世紀)に入ると，*ヒンドゥー教の台頭によって仏教は衰退し始めるものの，ガンガー河中・下流域を中心に造形活動は依然活発で，西デカンでもアウランガーバード後期窟や，*エローラの仏教窟の造営が行われた．

8世紀以降にはパーラ朝支配下の東インドで仏教美術は最後の繁栄をみせ，伝統的な顕教像と並行して，多くの密教像が製作された．しかしパーラ朝滅亡後はヒンドゥー教の台頭とムスリム勢力の侵入が続き，13世紀初頭にはこの地方でも仏教美術の造形活動は終了した．一方，南インドではセイロンや東南アジアとの交易を背景に仏教は存続し，その中心地であったナーガパッティナムでは16世紀頃まで小規模な造形活動が続いた．→石窟寺院．

インド仏教 —ぶっきょう　インドは仏教の故郷である．そこで仏教は*釈尊(しゃくそん)による開教(紀元前5世紀ごろ)以来，千七百年に及ぶ展開を見たが，13世紀初頭にイスラーム軍の進撃のもとにベンガル地方の拠点寺院が破壊されて，一時その幕を閉じた．ただし，カシミール，ネパール，東ベンガルなどの周辺地域にはその後も存続して，今日に至っている．近代に入って，スリランカから*大菩提会(だいぼだいかい)の運動による再輸入があり，その影響下に，社会運動の一環としてのいわゆる不可触民の集団入信があり，さらに，チベット流民の受け入れによる*チベット仏教，日本山妙法寺による布教なども加わって，現在インド共和国には700万近くの仏教徒がいる．

【四大画期】13世紀に至るまでのインド仏教の歴史は，1) 初期または*原始仏教の時代(開教から教団の分裂まで，約100年間)，2) *部派仏教の成立(前3世紀ごろ以降)，3) *大乗仏教の興起(前1世紀ごろ)，4) *密教の成立(7世紀以降)，をもってその画期とする．ただし，大乗仏教の成立以後も，部派の教団は存続し，その教理の確立・展開を見た．さらに密教も，その萌芽は大乗仏典中に見られるし，教義確立後も大乗の*中観派(ちゅうがんは)と密接な交渉がある．要するに後期には部派の教団と大乗の学派と密教の運動団体とが重層的に共存していた．

【地理的拡大】地理的に，釈尊時代の仏教は*マガダ，コーサラの2国を中心とするガンジス河中流域を範囲としたが，その後百年の間に西はアヴァンティ地方，北は*マトゥラー地方に拠点をもつに至り，アショーカ王(*阿育王(あいくおう))の時代以降，南はランカー島(スリランカ)，北は*ガンダーラに及び，後者からさらにアフガニスタン，中央アジアへも進出した．また5,6世紀以降は，インド人の入植とともに東南アジア諸地域にもひろがった．しかし，*イスラーム教の浸透とともに多くの地域で仏教は衰退し，南アジアおよび東南アジアでは，主としてスリランカに拠点をもつ*上座部(じょうざぶ)系の教団の勢力が残り，現在の*南伝仏教となった．

インド仏教の盛時は前3世紀から後3世紀にかけてで，以後はヒンドゥー教の盛行に伴ってしだいに衰えを見せた．それでも，*グプタ朝からハルシャヴァルダナ王(*戒日王)の時代(7世紀)までは仏教が優勢で，外教との間の論争も盛んに行われ，そのため，*論理学を発達させ，それがまた，ヒンドゥー教系の諸学者に大きな影響を与えている．

インド文学 —ぶんがく　悠久3000年にわたってインドの文化は哲学・宗教に多彩を極めるが，文学の伝統も連綿として続いている．最古の文献*『リグ-ヴェーダ』(*Rig veda*，原綴は *Ṛgveda*，紀元前12世紀？)は元来神々への讃歌を集めた宗教文献であるが，韻を踏む間に巧みな比喩を交じえ，文学的措辞(そじ)に卓(すぐ)れたものを示し，韻文の伝統は*ウパニシャッド，抒情的讃歌集，法典そのほか哲学的文献にもうけつがれている．散文で綴られた*ブラーフマナは各種の神話伝説を伝え，後世の説話文学に豊富な資料を提供している．

サンスクリット叙事詩には『マハーバーラタ』と*『ラーマーヤナ』があり，前者は量において世界最長とされ，後者は美文調文学の嚆矢(こうし)となった．仏典にもいくつかの平行句・類句がみえる．抒情詩は*プラークリット語(俗語)によって伝えられ，その胚芽は仏教の『テーリー-ガーター』(尼僧の告白)に求められる．中世にはカーリダーサ(Kālidāsa，4-5世紀頃)の『メーガドゥータ』(雲の使者)，『リトゥサンハーラ』(季節集)が有名であり，『アマル百頌』『バルトリハリ三百頌』も人口に膾炙している．美文調宮廷詩(カーヴィヤ)の伝統は，仏教詩人アシヴァゴーシャ(*馬鳴(めみょう))に溯る．『ブッダチャリタ』(*『仏所行讃(ぶっしょぎょうさん)』)，『サウンダラナンダ』が彼に帰せられ，カーリダーサの『クマーラサンババ』『ラグヴァンシャ』に至って完成し，その後は技巧に精細を極めた．散文カーヴィヤではバーナ(Bāṇa，7世紀頃)の著作が卓(すぐ)れている．戯曲の伝統もアシヴァゴーシャに溯るが，バーサ(Bhāsa，3世紀頃)の13の戯曲に次いでカーリダーサの『シャクンタラー』以下3篇がよく知られている．社会劇(シュードラカの『ムリチャカティカ』)，政治劇(ヴィシャーカダッタの『ムドラーラークシャサ』)，寓意劇(クリシュナミシュラの『プラボーダチャンドラ-ウダヤ』)も盛んであった．

この他，説話(『カターサリットサーガラ』)，物語(*『パンチャタントラ』)，伝奇小説(『ダシャクマーラチャリタ』)などにもサンスクリット文学は多彩を極める．

インドラ［s: Indra］〈帝釈天(たいしゃくてん)〉と漢訳され，〈因陀羅(いんだら)〉と音写される．インド最古の聖典*『リグ-ヴェーダ』における最大の神．ヴァジラ(*金剛(こんごう))という武器を投じて悪竜ヴリトラを殺す英雄神．古代イランでは，インドラは*悪魔とみなされた．後代の神話においては，インドラの地位は相対的に下がり，悪魔におびえ，聖仙の*苦行を妨害し，美女に心を奪われる神となる．インドラはアイラーヴァタという象に乗り，東方を守護するとみなされた．この神に対する信仰が仏教に取り入れられ，仏法を守護する神と考えられた．→帝釈天．

隠遁 いんとん　世間から遁(のが)れ，隠れ住むこと．隠棲(いんせい)．世俗の人々と交際する煩わしさを避けて人里離れた閑静な地に居を占め，孤独ではあるが気ままな生活をいとなむ消極的隠遁(隠者)と，世俗や世俗化した僧侶集団の生活が宗教的救いからほど遠いことを自覚し，仏道修行のため進んで山間僻地に身を隠したり，僧侶集団を離れて，逆に民衆の中に入って行く積極的隠遁との二つのタイプがある．名聞(みょうもん)利養の追求に明け暮れる世俗あるいは世俗化した僧侶集団の生活に強い批判を有する点で両者は共通するが，それを直接仏道精進に結びつける後者に対し，前者は仏道よりも趣味や風流の世界に沈潜して自我の充足をはかることが多い．

隠者文学は通例こうした消極型隠遁者によって生み出されるもので，鴨長明の*『方丈記』などはその典型とみなされる．一方，積極型隠遁者の場合は，親鸞(しんらん)のように，いわゆる鎌倉新仏教の祖師となる場合もあるが，世間との交渉を完全に断ってしまい，世俗の文字を使って物を書き残すことさえもやめてしまうことがあり，後世にその人の存在自体がわからなくなる場合が少なくなかったと思われる．*『発心集(ほっしんしゅう)』に伝えられる玄賓，*『一言芳談(いちごんほうだん)』に名を連ねる敬仏・明遍などの念仏聖(ねんぶつひじり)たちは，積極型に属しながら名をとどめた例である．しかし，名は埋もれたとはいえ，その名利を捨てたひたすらの求道生活は世人の共感と尊敬を呼び，説話的に美化され理想化されて多分に類型的な隠遁者像を生み出した．その間の事情をよく伝えているのが，消極的隠遁者の側から著作された『発心集』*『撰集抄(せんじゅうしょう)』*『閑居友(かんきょのとも)』などである．

なお，隠遁は一般に仏教思想を基盤にするが，時に中国の竹林の七賢のような，老荘的理念に基づくものもあった．近世の〈隠逸(いんいつ)〉と呼ばれる者の中にそうした要素が流入している．ちなみに中国の隠逸は，政治の世界を俗とみなして仕官せず，山谷や民間に隠れて高潔に生きることをいい，広い意味では仏教の僧侶や道教の道士も隠逸者と見なされた．→遁世．

「なまじひに世間を捨てて，わづかに深山

の洞に移るといへども，隠遁はただ名のみあり」〔愚迷発心集〕「隠遁の心深きが故に，長和二年に大原山に入りて，勝林院を草創して」〔瑳嚢鈔10〕

因位・果位 いんに・かい　因位は〈いんい〉とも読む．仏道修行の過程において，まだ修行中の状態を〈因位〉，修行を完成させた状態を〈果位〉という．釈尊の本生譚ほんじょうである〈*ジャータカ〉を例に挙げれば，猿や鹿など様々な姿で修行するボーディサッタ(*菩薩ぼさつ)が因位で，釈尊が果位である．通常両者は，*悟り・*解脱げだつという契機があるかないかによって明確に区別されうるものであるが，大乗仏教の段階では，因位にある菩薩が果位にある*如来にょらいの慈悲業じひごうの代行者としての側面を強く有したり，菩薩が如来を自らの内に抱え込む(*如来蔵にょらいぞう思想)が表明されたり，あるいは〈無住処涅槃むじゅうしょねはん〉(→涅槃)のように，永遠に因位にあり続けることの中に真の果位を見出そうとしたりと，因位・果位両者の関係には複雑な思想的展開が見られる．→修行．

因縁 いんねん　①［s: hetu-pratyaya, p: hetu-paccaya］中国語としての〈因縁〉は，『史記』田叔列伝に「少わかくして孤…未だ因縁有らず」，『後漢書』陳寵伝に「不良の吏，因縁を生ず」などとあるように，つて，よすが，かかわり，機縁を意味する．仏教では，因と縁，または因も縁も同じ意味(因即縁)ということで一つに結びつけたもの．広くは原因一般をさす．すなわち，すべては*縁起している，つまり因縁によって生じている(因縁生いんねんしょう)と説き，因縁は仏教思想の核心を示す語である．〈因〉(hetu)と〈縁〉(pratyaya)は，原始経典ではともに〈原因〉を意味する語であったが，のちに因を直接原因，縁を間接原因，あるいは因を原因，縁を条件とみなす見解が生じた．そこから，因と縁とが結合して万物が成立することを〈因縁和合〉という．*阿毘達磨あびだつま(論書)では因縁を詳細に分類し，*説一切有部せついっさいうぶの四縁六因，*上座部の二十四縁の説が著名である．→縁，六因・四縁・五果．

仏教では人間の努力による因果いんが形成を建前としており，したがって因や果を固定したり，創造など神の力を因とする〈尊祐説〉外在的・宿命的な力を因とする〈宿作因説〉などの説，あるいは因なくして始めから果があったとする決定論的な主張(*無因有果説)，原因というものは有り得ないという説(無因縁説)に対してきびしい批判を向けたが，竜樹りゅうじゅは*『中論ちゅうろん』の「観因縁品」において，改めて大乗仏教の*空くうの立場からそれらの*外道げどうの説を批判し，加えて有部の*四縁説をも否定した．同書「観四諦品」では，因縁によって生ずる(縁起)諸法は空であると説く．→因果．

因縁の，中国語原義と関連するその派生的な意味としては，理由，由来，いわれ，動機，機縁，ゆかり，かかわりなどがあり，一般に〈浅からぬ因縁〉などと言ったり，また全く無関係なものに因果関係を認めることについて，〈因縁をつける〉などの語法も生じた．「日本の衆生，この因縁に，生々世々に，仏にあひ奉り，法を聞くべし」〔宇津保俊蔭〕「灯指比丘，何の因縁を以て指の光有るぞ」〔今昔2-12〕

②［s: nidāna］十二分教じゅうにぶんきょうの一分である〈尼陀那にだ〉(nidāna，因縁)があり，これは*経きょうや*律りつが説かれるに至った機縁や理由を示す教説をさす．→十二分教．

因の三相 いんのさんそう　主張を論証するために論証因が満たすべき三条件．起源は明らかでないが，*世親せしん(ヴァスバンドゥ)以後の仏教徒はこれを採用し，*陳那じんな(ディグナーガ)は彼の論理学(*比量ひりょう論)の基本原理とした．インド論理学における主張命題は一般に「pにおいてsがある」の表現をとるが，たとえば「かの山(p)において火(s)がある．煙の故に」なる論証において，論証因である煙は以下の三条件を満たす．1. パクシャ(p)において存在する(遍是宗法性へんぜしゅうほっしょう)．2. 同品(sを有するもの)に［のみ］存在する(同品定有性どうほんじょうゆうしょう)．3. 異品(同品でないもの，すなわち，sを有さないもの)には存在しない(異品遍無性いほんへんむしょう)．この三条件のそれぞれには曖昧さが残り，また十全な条件とはいえない．たとえば，陳那も承知していた事柄として，主張命題とその否定について，それぞれ三条件を満たす因が存在する現象(相違決定そういけつじょう)がある．→論理学．

院派 いんぱ　平安後期以後の仏師の一派．

*定朝じょうちょうの子覚助の弟子院助いんじょ(?-1108)を始祖とする．名の〈院〉字にちなみ，〈院派〉と称する．京都に仏所を構えて，主として院や貴族のための造仏に従事し，12世紀後半の院尊いんそん(1120-98)以来，鎌倉中期まで京都では最も力をもった．各派の仏師が参加した蓮華王院れんげおういん本堂(*三十三間堂)の再興造像(1251-66)でもこの派が最多数を占める．鎌倉末期には地方の真言律宗しんごんりっしゅう寺院の造像に進出し，南北朝期には臨済宗寺院や室町幕府と結んで全国で活動した．室町時代に〈七条大宮しちじょうおおみや仏所〉〈六条万里小路ろくじょうまでのこうじ仏所〉と呼ばれるのはこの系統．作風の上では，鎌倉中期頃までは定朝様式にのっとった保守性が顕著であるが，鎌倉末期以後は中国風を意識したあくの強い独特の作風を形成した．→仏師，仏所．

印仏 いんぶつ　仏像の形を版型に彫り，墨や朱をもって紙に捺印したもの．中国唐代の記録に「印仏」の語がみえるが，これは原型である印そのものをさすと考えられる．これを絹や紙に捺して供養したという記録もあり，その風が日本に伝えられた．日本では，奈良時代に始まったが，遺品は平安時代後期，12世紀以後のものが知られる．その多くは*作善さぜんのためにおびただしい数の仏像を捺印するもので，しばしば*発願ほつがん造立された木彫仏像の像内などに納入された．また鎌倉時代以降大勢の人びとが*結縁けちえん勧進かんじんする作善行にも広く行われた．なお印仏にはこれらとは別に，仏教の作法として版型を紙上に捺印するのでなく，香煙や流水・浄砂・虚空などに印し*観仏かんぶつの一助とするものがあり，平安初期に唐から請来された小型の*板彫仏いたぼりぶつの中にはこのような作法に用いられたと思われるものがある．

因分・果分 いんぶん・かぶん　*悟りに至る以前の仏道修行の段階を〈因分〉といい，仏の悟りの境界を〈果分〉という．→因果．

因明 いんみょう　[*s*: hetu-vidyā]　*声明しょうみょう・工巧明くぎょうみょう・*医方明いほうみょう・内明ないみょうと並ぶ，インド古来の*五明(五つの学問)の一つ．論理学．文字通りの意味からすれば，推理・推論における理由(因)(hetu)についての学問であるということになるが，本来は，議論の技術・規則を考察する学問であった．インドの王侯たちは，古くから異なった諸宗教・諸哲学の間の論争の集会(日本でいえば*宗論しゅうろんに近い)を目の前で闘わせ，その優劣を見極め，議論に勝利をおさめたほうに財政的援助を厚くするという風習があったため，因明は一種の死活問題であり，それだけ熱心に研究された．

西暦5ないし6世紀頃に現れたディグナーガ(*陳那じんな)は，それまでの議論の技術というよりも，推理・推論そのものに論究の焦点を当て，〈因〉の正しいありかた，正しくないありかたを明らかにし，通常いう〈論理学〉に匹敵する学問を確立した．そのため，ディグナーガよりも前の因明は〈古因明〉，それ以降の因明は〈新因明〉と呼ばれるようになった．この新因明は，*ニヤーヤ学派との論争を経過しながら，*ダルマキールティ(法称)などによって精緻な体系が築かれた．ただ，漢訳され，とくに注目されたのは，ディグナーガの『因明正理門論』，およびディグナーガとほぼ同時期のシャンカラスヴァーミン(商羯羅主しょうからしゅ)作とされる*『因明入正理論』という綱要書であった．とりわけ後者には，*基きによる『因明入正理論疏』(別称『因明大疏』)という厖大な注釈書が書かれ，わが国では，因明の研究といえば，もっぱらこの注釈書の研究を指した．

奈良時代の秋篠寺の*善珠ぜんじゅを始めとして，因明の学者は連綿と現れ，とくに*法相宗ほっそうしゅうにおいてその伝統は重視されたが，あくまでもその伝統を墨守するばかりで，もとの『因明大疏』はもとより，さらには『因明入正理論』の構想に，新たな視点を開拓することに成功したとはいいがたい．→論理学．

『因明入正理論』 いんみょうにっしょうりろん　[*s*: *Nyāyapraveśa*]　文字どおりには「正理(Nyāya)入門(praveśa)」の意味．*玄奘げんじょう訳，1巻．*論理学に関する簡潔な用語解説書的入門書．似能立じのうりゅう(擬似論証)の実例を多く掲げている．著者は*陳那じんな(ディグナーガ)の弟子とされるシャンカラスヴァーミン(Śaṅkarasvāmin)あるいは陳那自身と考えられるが，いずれであるかは未決着．仏教徒やジャイナ教徒により多数の注釈が著されたと見られる．11-12世紀のジャイナ僧ハリバドラの注釈，およびそれに対する複注などが現存する．玄奘訳には*基きの『因明入正理論疏』を始め，多くの注釈があり，陳那著・玄奘訳『因明正理門論』(1巻，*Nyāyamukha*)とともに中国・日本における*因明(論理学)の基本的典籍の一つとなった．チベット語訳に二つあり，うち一つは玄奘訳からの翻訳である．

恁麼 いんも　中国で，唐末・五代以後多く用いられる口語で，そのように，このように，の意．また，そのような，このような，の意で形容詞的にも用いる．〈与麼よも〉も同じ．禅では*這箇しゃこ(これ)などと同じく，なんとも表現も限定もできない究極の真理や悟りの境地を端的に指していうことがある．なお日本では〈什麼なに〉と混同され，疑問の意に誤用されることがある．「恁麼の事を得んと欲せば，すべからくこれ恁麼人なるべし…この宗旨は，直趣ぢきしゅ無上菩提，しばらくこれを恁麼といふ」〔正法眼蔵恁麼〕「高重は庭に立ちながら，左右に揖して問とって曰く，いかなる是れ勇士恁麼の事じ」〔太平記10.長崎高重〕

印文 いんもん　〈*印相いんぞう〉と同じ．*手印しゅいんに限らず，広く仏・菩薩などの理智や功徳を表徴する標識をさす．ちなみに，〈大日だいにちの印文〉は，*独鈷とっことも，*種子しゅじの*阿字あじともされる．また，そうした標識を押捺していることから，護符やお守り札の称にも転じた．なお，中世に流布し，文学作品にも散見する大日印文説話は，*両部神道に由来する大日如来・天照大神一体説に立って，日本が大日如来の印文より生れ，神仏はうわべは分離背反しながら，内実は一つであることを説いた習合説話である．「すべては大海の底の大日の印文より事起こりて，内宮外宮は両部の大日とこそ習ひ伝へて侍れ」〔沙石集1-1〕「大日の阿字の一文よりおこれる国土なれば，いづれの世界にも春日の御冥助をはなれたるはなし」〔続教訓鈔跋〕

婬欲 いんよく　性欲のこと．仏教はこの世界の現相を*輪廻りんねとして捉え，この世界内にある人間の生を根本的に*苦であると認定する(苦諦くたい)．ゴータマ-ブッダ(*釈尊しゃくそん)の立場は，この苦の原因を世界の本質が*渇愛かつあい(*p*: taṇhā)であることに求め(集諦じったい)，その渇愛を滅して*涅槃ねはんの*寂静じゃくじょう(滅諦めったい)に帰するために*行ぎょうを行ずべきである(道諦どうたい)，というのに尽くされるのであるが(*四諦)，この場合の渇愛の最も端的な現れが〈婬欲〉である．すなわち〈渇愛〉は，「欲愛・有愛うあい・無有愛」(*p*: kāmataṇhā, bhavataṇhā, vibhavataṇhā)〔マハーヴァッガ I. 6. 20〕と定義されるが，これは渇愛とは〈愛欲〉(*p*: kāma)であり，この世界と人間との根底をなす普遍的・根源的な性的欲求または意志が，現実世界において人間に対して生存・自我拡大への欲求(*有愛，リビドー)とその逆の生存否定への願望(無有愛，モルティドー)として働き，人間を永遠に苦の世界に輪廻せしめていることを意味する．

したがって，この苦の現世を離脱することを目的とするブッダの宗教(*根本仏教あるいは*原始仏教)においては，自らの婬欲を抑制し克服すること(*梵行ぼんぎょう)がその実践の本質をなす．すなわち，性行為の禁止(不婬戒)が*出家者の戒律の根本をなし，その違反は直ちに教団からの追放という最重罪(*波羅夷罪はらいざい)を形成する．ただし，*在家信者には不邪婬戒ふじゃいんかいが課せられるにとどまる．→愛，性．

「譬ひ婬欲盛りにして発おこりて心むねを焦こがすが如くに思ふと云ふとも，経を書き奉らむ間は思ひ止むべし」〔今昔14-26〕「其の十戒の意を略して申さば…三には何に付けても婬欲を行ずべからず」〔孝養集中〕

『蔭涼軒日録』 いんりょうけんにちろく　*相国寺しょうこくじ鹿苑院ろくおんいんに足利あしかが将軍が設けた書院〈蔭涼軒〉の軒主が司った蔭涼職(はじめ将軍の侍僧役，のち僧事に関する奉行役)の公用日記．季瓊真蘂きけいしんずい・亀泉集証きせんしゅうしょうの記述による，永享7年(1435)-明応2年(1493)の記事を載せる．季瓊記録の部分は住持・僧職の任免など公務が忠実に記されており，亀泉筆録の部分は私事や詩文など私的な面が多く混入している．原本は関東大震災で焼失したが，その影写をした尊経閣(前田家)本61冊および謄写本である翰林本(内閣文庫本)65冊が残るほか，永禄年間(1558-70)当時の軒主継之景俊けいしけいしゅんの筆写にかかる古写本がある(伊達家本)．また原本の断簡3葉が現存し，裏文書もあって貴重．→『鹿苑日録』．

ウ

有 う　存在するもの，ものが存在する状態，存在すること，存在，存在性．bhāva, sat, astitā 等に相当する訳語として用いられる．〈*無〉の反対概念．〈有〉についての仏教の考えは多様で，実体として存在する〈*実有じつう〉，車や林のように部分の集合体として存在する〈仮有けう〉〈施設有せせつう〉，真俗*二諦にたいの考えを背景とした〈世俗有〉〈勝義有〉などがある．

中国では，『老子』に天地万物を生み出す根源を無とする思想があったが，西晋の裴頠はいぎ(267–300)は，当時，王弼おうひつ(226–249)などの影響で流行していた無の思想が自己保身の政治的逃避主義の温床となっていることを批判して，現実の世界は無ではなく有が根本であるという哲学論文『崇有論すうゆうろん』を著し，中国における無と有の議論の先駆となった．

また，生きものの生存状態，生存領域(*s*: bhava)．*十二因縁では第10番目に位置し，欲界・色界・無色界の*三界を*有情うじょう(*衆生)が*輪廻りんねしていく状態を指す．なお，その有情が輪廻再生する過程を4種に分けて，生有・本有・死有・中有の四有という．→三有，四有．

「空と云ふ，有と云ふ，みな方便の門なり．実には一心法界非有非空なり」〔沙石集4-1〕

有愛 うあい［*s*: bhava-tṛṣṇā, bhava-rāga］〈愛〉(tṛṣṇā)は，仏教では渇いた者が水を欲するような激しい欲求を指し，一般に*煩悩ぼんのうの一種とされる．また rāga(*貪とん)が〈愛〉と訳されることもある．〈有〉(bhava)は，生存の意味であり，したがって〈有愛〉は，生存に対する強い欲望のことである．たとえば，天上などのよい世界に生まれたいと願う激しい欲求などをいう．「七使と言ふは，一つには欲愛，二つには恚，三つには有愛，四つには慢，五つには無明，六つには見，七つには疑なり」〔止観輔行伝弘決6-1〕．→愛，有．

ヴァイシェーシカ［*s*: Vaiśeṣika］　漢訳は〈勝論かつろん〉．インド正統バラモン哲学の六体系(*六派哲学)の一つで，世界の構成・諸事象や人間の認識・行為などを，厳密に概念規定された六つないし七つの存在カテゴリー(padārtha, *句義)によって，機械論的に分析・解明しようとする多元論的合理思想．*業ごうの観念，*解脱げだつ論や神観念は後代になって導入ないし強化されたと思われる．六カテゴリーとは，〈実体〉(地・水・火・風・虚空の五元素や*アートマンなど9種)，〈属性〉(全実体にある数・大きさなど，元素にある色・味など，アートマンにのみある快・不快の感情や意思・認識の働き，行為の余力など)，〈運動〉(原子や思考器官マナス(*意い)などに起こる)，〈普遍〉(個物間に同類の観念を引き起こす原理)，〈特殊〉(異類・個別の観念を引き起こす原理)，〈内属〉(実体と属性・運動，個物と普遍などの間にある不可分の結びつき)であり，12世紀頃からはこれに〈無〉を加えた七カテゴリーが一般的となった．

根本テキストは学祖カナーダ(Kaṇāda(別名ウルーカ(Ulūka)など))に帰された『ヴァイシェーシカ・スートラ』(*Vaiśeṣika-sūtra*, 2世紀前半頃までに成立)であり，実在論的思考や原子論，因中無果(→因中有果・因中無果)などの諸概念の基本はすでに認められるが，六カテゴリーの体系が確立・整備されたのは，プラシャスタパーダ(Praśastapāda)(5-6世紀)の『パダールタ・ダルマ・サングラハ』(*Padārtha-dharma-saṃgraha*)においてであり，その後はむしろ本書が基本テキストとなって重要な注釈が，10–11世紀にかけてヴョーマシヴァ，シュリーダラ，ウダヤナによって書かれた．部分(糸)の集合によって一つの全体(布)が新たに生ずると考え，「布」という言葉・概念に対応する，布一般に共通する普遍(布性)が外界に存在すると見なし，眼前の布を「布だ」と知覚できると考える(有分別うふんべつ知覚)．概念的思考の虚構性，ないし実在との乖離性(布という全体あるいは布一般は観念の産物)を主張する仏教論理学者とは対照的である．

漢訳仏典に六派哲学の文献としてヴァイシェーシカの『勝宗十句義論しょうしゅうじっくぎろん』(慧月作，玄奘訳)と*サーンキヤの『金七十論きんしちじゅうろん』(真諦訳)の二書のみが含まれているが，両派ともに古くから仏典に言及・批判され(最古の資料は*『大毘婆沙論だいびばしゃろん』)，相互に白熱した論争が交わされたらしい．このような事情から両派の思想に仏教徒もある程度知識を持つ必要性があり，上記の二書が翻訳されたと思われる．

ヴァイシヤ［*s*: vaiśya］　⇀吠舎(べいしゃ)，四姓(しせい)

ヴァイシャーリー［*s*: Vaiśālī］　〈毘舎離(びしゃり)〉とも音写する．古代リッチャヴィー国の首都でブッダ在世時の六大都市の一つ．*ジャータカによれば，ブッダは*成道(じょうどう)後5年にして飢饉に苦しんだこの街から招請を受け，訪れて*安居(あんご)をしたと伝えられる．遊女アンバパーリーもこの都市においてブッダに*精舎(しょうじゃ)を寄進しており，当時賑わいを極めた都市だったことが知られる．史伝によれば仏入滅百年後にはいわゆる「十事」(→非法)を主張した*比丘(びく)たちがこの街に現れたことで仏教教団内に論争が起こり，第一次教団分裂の舞台ともなっている．ここには広く知られる六つの*チャイティヤがあり，仏教普及以前から宗教的旧跡の多い地域であったことがうかがわれる．この地は主要な*経や*律が説かれる舞台となっており，原始経典の制作・編纂作業に関わった人々がいた可能性が高い．

ヴァイデーヒー［*s*: Vaidehī, *p*: Vedehī］　⇀韋提希夫人(いだいけぶにん)

ヴァジラボーディ［*s*: Vajrabodhi］　⇀金剛智(こんごうち)

ヴァスバンドゥ［*s*: Vasubandhu］　⇀世親(せしん)

ヴァスミトラ［*s*: Vasumitra］　2世紀頃．〈婆蘇蜜多羅(ばそみったら)〉〈和須蜜(わすみっ)〉などと音写され，〈世友(せゆう・しょう)〉と漢訳される．*説一切有部(せついっさいうぶ)教義の集大成たる*『大毘婆沙論(だいびばしゃろん)』編纂において主導的役割を果たしたとされ，婆沙の四大論師の一人として重要な位置を占める．特に，〈*三世実有(さんぜじつう)〉に関して，彼の「作用(さゆう)」に基づく定義が説一切有部の正説とされている点は注目に値する．『品類足論』『尊婆須蜜菩薩所集論』の作者であり，漢訳によれば『界身足論』の作者でもある．このことから，説一切有部独特の*一切法(いっさいほう)の分類法である〈*五位〉(色法，心法，心所有法，心不相応行法，無為法)の成立にも深く関与しているものと考えられる．また，*『異部宗輪論(いぶしゅうりんろん)』などの著者ともされるが，上記のヴァスミトラとは別人である．

ヴァーラーナシー［*s*: Vārāṇasī］　⇀波羅奈国(はらなこく)

雨安居 うあんご　⇀安居(あんご)

有為 うい［*s*: saṃskṛta］　〈有為(ゆうい)〉は中国の儒家の文献では，立派なことを行う，などの意で用いられるが，*老荘思想では〈無為〉と対比して用いられ，人為的なあり方を意味する．仏教では〈うい〉と読み，さまざまな原因や条件(*因縁(いんねん))によって作り出された一切の現象をいう．*諸行無常(しょぎょうむじょう)などという場合の〈*諸行〉もこれと同義である．われわれの生存している世界は，すべて生じては変化し，やがて滅していく諸現象・諸存在によって成り立っている．〈有為転変〉という語もこのことを意味している．そうした諸現象・諸存在を*無常・*無我と理解するのが仏教の立場である．後世のアビダルマ(*阿毘達磨(あびだつま))仏教の時代になると，生滅変化するこの現象界の要素を〈有為法〉とし，それに対して因縁によって作り出されたものでない存在を〈無為〉(asaṃskṛta)とするようになった．→無為．

「日月天にめぐりて有為を旦暮にあらはし，寒暑時をたがへずして無常を昼夜につくす」〔曾我12.母二宮〕「かつは有為の法はみな仮体なるべきによりて，実あらざるを実とすべし」〔野守鏡〕

ヴィクラマシーラ寺 じ［*s*: Vikramaśīla(Vikramaśilā) mahāvihāra］　インドのパーラ王朝第2代ダルマパーラ王によって800年頃に現在のビハール州のガンジス河岸に建立されたインド仏教最後期の代表的寺院．〈ヴィクラマシラー〉とも呼ばれる．インド後期密教の根本道場であると同時に総合大学として*顕密(けんみつ)の著名な学僧を輩出した．1203年イスラーム勢力によって破壊されたのをもってインド仏教の消滅とみなされる．チベットやネパール，中国などからの留学生も多く，同寺で仏典のチベット語訳も行われていた．チベット仏教の形成に大きな影響を与えた*アティシャや*シャーキャシュリーバドラも同寺の僧院長を勤めた．後者は同寺最後の僧院長である．

ウイグル［Uigur］　テュルク系の部族．

隋(581–619)に〈韋紇(いこつ)〉，唐(618–907)に〈回紇(かいこつ)〉として知られ，一時，突厥(とっけつ)・薛延陀(せつえんだ)に服したのち，646年に瀚海(かんかい)都督府として唐に帰属．727年以後モンゴル高原に覇者となり，840年まで唐朝北方の勢力であった．のち四散したが，一部は河西で王国を形成し，11世紀に西夏(せいか)に下った．天山方面の移住者はその南北にウイグル王国を形成．13世紀にモンゴル下で半独立状況ののち，チャガタイ-ハン国域に入ってウイグル政権は消滅．ウイグル王国時代，諸宗教が流布し，特に仏教はウイグル文字による典籍の訳経が行われ，またトルファンのベゼクリク石窟はこの時代の仏教を知る上で重要な手がかりを与える．

ヴィシュヌ ［*s*: Viṣṇu］ *婆羅門教(ばらもんきょう)と*ヒンドゥー教の神の名．概して自然と人生の明るい面を司る神である．*吉祥天(きちじょうてん)に相当する神妃ラクシュミー(別名シュリーまたはシュリー-ラクシュミー)を侍らせ，ガルダ(*迦楼羅(かるら))を乗物とし大蛇を褥(しとね)とする．この神の名はすでに*『リグ-ヴェーダ』に見えるが，*バクティ(bhakti，絶対帰依)信仰の高揚とともに，*シヴァと並ぶ最高神として崇められるようになったのは叙事詩，*プラーナ(Purāṇa，古譚・古伝話)時代以降のことである．*クリシュナ，ラーマ(→『ラーマーヤナ』)そして*仏陀(ぶっだ)は，それぞれヴィシュヌの十アヴァターラ(avatāra，*権化・*化身)の一つとされる．このヴィシュヌ，またはその化身を直接の信仰対象とするヒンドゥー教の支派を〈ヴィシュヌ派〉と呼ぶ．

ヴィドゥーダバ ［*p*: Viḍūḍabha］ ⇀瑠璃王(るりおう)

宇井伯寿 うい はくじゅ 1882(明治15)–1963(昭和38) インド哲学・仏教学者．曹洞宗の僧．愛知県出身．東京帝国大学卒業後，ドイツ，イギリスに留学．留学中，『勝宗十句義論(しょうしゅうじっくぎろん)』の英訳を完成し，世界的評価を得た．曹洞宗大学(駒沢大学)，東北帝国大学，東京帝国大学の各教授を歴任した．研究範囲はインド*六派哲学から中国・日本の仏教にいたるまで極めて広いが，中心をなすのは，初期仏教研究および*唯識(ゆいしき)思想研究である．厳密な実証的学風で知られ，*仏滅(ぶつめつ)年代論や*阿含(あごん)経典についての研究，*弥勒(みろく)の実在性の主張，*真諦(しんたい)系統の唯識説への注目など，その業績は学界に大きな影響を与えた．また，多田等観らとの共著で『西蔵大蔵経総目録』を完成した．著書は，『印度哲学研究』6巻(続巻を併せて全12巻)，『仏教汎論』など多数．

ヴィハーラ ［*s*: vihāra］ ⇀精舎(しょうじゃ)，僧院(そういん)，僧房(そうぼう)

ヴィマラキールティ ［*s*: Vimalakīrti］ ⇀維摩(ゆいま)

ヴィルーダカ ［*s*: Virūḍhaka］ ⇀瑠璃王(るりおう)

ウェーサク祭 ―さい ［Vesak］ *南伝仏教独得の年中行事．ウェーサーカ月(4–5月)の満月の日を中心に数日間行われる．南方の伝承では，この満月の日に釈尊は生まれ，悟って仏となり，死んだとされ，ビルマ(ミャンマー)ではさらに彼の初説法もこの日だったとされている．この時は寺院参拝のほか，祭りのための野外の飾り(釈尊像や彼の生涯の絵巻物など)，大提灯，行列，歌と踊りなどで盆と正月が一緒にきたような賑やかさである．

ヴェーダ ［*s*: Veda］ 〈吠陀(咜)〉と音写．アーリヤ人の伝えたインド最古の〈聖典群〉の名称．〈知識〉を意味するが，神の啓示と信ぜられ，バラモン教徒(→婆羅門教)の精神生活上の権威となっている．成立は，ほぼ紀元前12世紀より紀元前3世紀に至る．祭式に参加する祭官の職能に従って共時的に4種(リグ，サーマ，ヤジュル，アタルヴァ)に分かれ，通時的に4部門(サンヒター，ブラーフマナ，アーラニヤカ，ウパニシャッド)より成る．

【ヴェーダの4部門】〈サンヒター〉(Saṃhitā)の中では*『リグ-ヴェーダ』(*Ṛgveda*)のそれが最も重要で，神々への讃歌の中にインド宗教思想の淵源をみる．*インドラを中心とする神々の数は，天・空・地の三界に配された33神ともいわれ，その多くは自然現象や自然界の構成要素，あるいはそれらの背後に想定された支配力を神格化して崇拝の対象としたものである．『サーマ-ヴェーダ』(*Sāmaveda*)は音楽史上重要であり，『ヤジュル-ヴェーダ』(*Yajurveda*)は祭式の実態を伝え，『アタルヴァ-ヴェーダ』(*Atharvaveda*)は呪法をはじめとする民間信仰を伝えている．これに続く〈*ブラーフマナ〉(Brāhmaṇa)は祭式万能の時代思想を反映した注釈文献で，『シャタパタ-ブラーフマナ』『ジャイミニーヤ-ブラーフマナ』を二大雄篇とする．祭式解釈学の中に古代インドの神話伝説を鏤(ちりば)めている．〈アーラニヤカ〉(Āraṇyaka，通常「森林書」と称せられる)は森林の中で伝授されるべき秘密の祭式や神秘的教義を収載する．これに続く〈*ウパニシャッド〉(Upaniṣad)に至ると卓(す)ぐれた哲人が登場して哲学説を説き，インド哲学史上重要な思想を盛る．

【付属文献】上述の『リグ-ヴェーダ』をはじめとする四ヴェーダに対し〈第五のヴェーダ〉と称する文献群があり，その中には〈ダヌル-ヴェーダ〉(武術学)，〈ガンダルヴァ-ヴェーダ〉(歌舞音曲)，〈アーユル-ヴェーダ〉(医学)などが数えられる．ただし，原始仏典では史詩，*プラーナ聖典などを第五のヴェーダと呼んでいる．

ヴェーダーンタ ［s: Vedānta］ インド哲学史の主流をなす思想体系．バーダラーヤナ(Bādarāyaṇa，前1世紀頃)を開祖とし，*ミーマーンサーと姉妹関係にある．紀元前3世紀ころまでには，ヴェーダーンタの源流が成立し，多数の学者が活躍し，およそ700年にわたるかれらの活動を背景に，紀元400–450年ころ，この学派の根本聖典『ブラフマ-スートラ』(*Brahma-sūtra*)が現形のように編纂された．バラモン教(*婆羅門教)の聖典の一つ*ウパニシャッドに絶対的権威を認め，その中に雑然と説かれている，ときとして相矛盾した聖句や教説の統一的解釈と体系化を行おうとする学派である．

『ブラフマ-スートラ』はヴェーダーンタ哲学を，ウパニシャッドの中心論題である*ブラフマン(brahman，*梵(ぼん))の考究を目指すものと性格づけ，ブラフマンを，この世界の生起・持続・帰滅の原因として定義し，それ以外の世界原因を否定する．世界創造はブラフマンの自己開展であり，創造は単なる遊戯にすぎないが，現象世界は長い期間存続した後，再びブラフマンに帰滅する．個人の本体である個我(jīva)はその部分で，永遠の昔から*輪廻(りんね)している．人生の最高の目的を*解脱(げだつ)であるとする．後代になると，この学派は*シャンカラ(Śaṅkara，700–750頃)の不二一元論派(Advaitin)，ラーマーヌジャ(Rāmānuja，1017–1137)の被限定者不二一元論派などの派に分かれた．ヴェーダーンタは，仏教を批判しながらも，その影響を徐々に受けて仏教化したが，シャンカラはこれを本来の姿に戻そうとした．

有縁・無縁 うえん・むえん 〈有縁〉は，仏・菩薩と*因縁を結んでいる意．仏の教えを聞いて悟りを得る*機縁(きえん)を持っている人々のことを〈*有縁の衆生(しゅじょう)〉といい，逆に，そうした機縁を持っていない人々を〈無縁の衆生〉という．また，〈*縁〉は自分とのつながりの意で，〈有縁無縁〉は自分とかかわりのある者，ない者すべての意になる．「常差別の時は各々に十方世界に土をしめて，有縁・無縁を分かち給ふ」〔善無畏三蔵抄〕「有縁の悲願を聞くに，また機感のいたれる事を知り」〔発心集 6-13〕．→無縁．

有学・無学 うがく・むがく ［s: śaikṣa, aśaikṣa］ *修行の結果到達する*預流(よる)・*一来(いちらい)・*不還(ふげん)・*阿羅漢(あらかん)の四つの階梯のうち，初めの3段階までを〈有学〉といい，最後の段階を〈無学〉という．有学は*煩悩(ぼんのう)が断じ尽くされていないで，まだ学修することが残っている段階，無学はもはや学修すべきことが残っていない段階．したがって，有学・無学の意味内容は，世間一般の用法とはむしろ逆になる．なお，有学・無学の解釈について，虎関師錬(こかんしれん)は*『元亨釈書(げんこうしゃくしょ)』27.学修志で異見を立て，阿羅漢はなお有学，*仏にして初めて無学と反論している．「此の千人の羅漢の中に，九百九十九人は既に皆無学の聖者なり．ただ阿難一人，有学の人なり」〔今昔 4-1〕．→四向四果(しこうしか)．

浮世 うきよ 定めない世の中，*無常の世．3世紀，竹林の賢人として有名な魏の阮籍(げんせき)の『大人先生伝』に「浮世に逍遥して道と倶に成る」とあり，この「浮世」は『荘子』刻意の「其の(世に)生くるや浮かぶが若(ごと)し」に基づく．仏教との関連では，晩唐の詩人盧延遜(ろえんそん)の〈僧に贈る詩〉に「浮世と浮華と一に空(くう)に断ち，偶(あまね)く煩悩を拋(なげう)って蓮宮(浄土)に到る」とあり，俗世と同義．これを受けて，わが国でも〈浮世〉〈浮生〉の漢語は定めない世の中，はかない人生を意味した．しかし平安時代に入ると，つらい世の中を嘆く心情が仏教的無常観と結びついて〈浮世〉を詠嘆的にとらえ，その訓読語の〈浮き世〉に同音の〈憂き世〉を当てて嘆かわしい現世を意味する用法が一般化し，その表出が和歌や物語の一つのテーマともなった．

それが再転して，どうせままならぬ世なら，せめて浮き浮きと楽しくという気持をこめたのが，近世的〈浮世〉の語義である．近世に入ると，現実を肯定的に生き，刹那刹那を楽しもうとする風潮が一般に広まる．そこで，現在流行の風俗的なものに〈浮世〉という語を冠することになる．当時の風俗を描いた小説の〈浮世草子〉(その書名にもたとえば『浮世栄華一代男』など)，あるいは〈浮世絵〉〈浮世模様〉などがそれである．さらには遊里での遊びの意にも用いられた．

「我身も世にあるべき日数，かぞへ立てられて，憂き世離るべき門出し給ひけり」〔狭衣 2〕

有見・無見 うけん・むけん ①〈すべてのものは存在する〉という考えかたと，〈すべてのものは存在しない〉という考えかた．これらは〈有無の二見〉とも表現され，*断見・*常見とならんで二つの極端な考えかた(二辺)の代表例．いずれも*縁起の道理に適わないとして否定された．このいずれからも離れ自由な立場に立つことが〈*中道(ちゅうどう)〉，すなわち*中(ちゅう)の実践と呼ばれる．

②[*s*: sanidarśana, anidarśana] *玄奘(げんじょう)の訳語．*真諦(しんたい)は〈有顕・無顕〉という語で訳す．物体として明確に指示できるものと，そうでないもの．*十八界のなかでは物質(*色(しき))のみが〈有見〉で，他はすべて〈無見〉とされる．

有作 うさ [*s*: ābhisaṃskārika] 〈作〉は，ものを形成する作用，心理的に表象する作用，人の行為・はたらきかけを意味すると共に，形成されたもの，表象されたもの，行為の結果などを指す．それを伴うのが〈有作〉，伴わないのが〈無作〉(anabhisaṃskāra, akṛta)．類語として〈有為・無為〉〈有願・無願〉〈有表・無表〉などがある．

「有作・無作の諸法の相を見ざる所」〔栄花 玉の台〕．→無作．

有時 うじ 〈ある時〉という一般的な意味であるが，道元は*『正法眼蔵』有時で，〈有〉は存在，〈時〉は時間として，独自の時間論を展開した．すなわち「いはゆる有時は，時すでにこれ有なり，有はみな時なり」と，存在と時間との*相即関係を追究し，一切存在は時間において完全に実現されていると解した．ここから〈有時の而今(にこん)〉といわれるように，〈ある時〉という一瞬の時間を前後截断して，そこに絶対の現在を見，永遠の今を見た．「時もし去来の相を保任せば，われに有時の而今ある，これ有時なり」〔正法眼蔵 有時〕

『宇治拾遺物語』 うじしゅういものがたり 鎌倉時代初期の*説話集．15巻．ただし，古写本は巻を立てないものが多いことから，その方が原形だったかと思われる．編者は未詳．1200年代前半の成立か．平仮名本位の和文体で記した雑纂的作品で，読み物的性格が強い．日本を中心にインド・中国三国にまたがる長短197話を集録し，そこに登場する人物は，帝王・后妃から武士・庶民に至る社会の全階層にわたっている．主流をなすのは世俗的話題で，そこには貴族的趣味に根ざす和歌・芸能説話から，超階級的関心に支えられた武勇剛力・怪異譚，笑話・昔話などまで，世上百般の話題が展開するが，仏教関係の説話も少なからず収録され，全体の3分の1強をしめている．

仏教説話は，仏法僧の霊験奇特譚や発心・往生譚，貧者の観音救済利益譚など，概して*三宝(さんぼう)の霊威・功徳と信仰の諸相を伝えるものが多いが，一方でいかさま*聖(ひじり)の誑惑譚もみられ，それらに仏教説話特有の意図的説経臭が乏しいのは，説話採録の本意が仏法の鼓吹にはなく，話のおもしろさの追求にあったことをうかがわせる．しかし，これらが編者の創作ではなく，歴史的所産の継承であったことを思うと，それは説話の仏教離れというよりも，むしろ一般人の仏教説話受容の姿勢を示すものであろう．この事実は，説経師が非仏教的話題を取りこみ，聴衆の興味に訴えながら説法をしたこととも表裏の関係にある．説経の名手安楽庵策伝(あんらくあんさくでん)が*『醒睡笑(せいすいしょう)』に本物語収載話を採録したのも，こうした流れの上に立つものであった．なお，本物語中の仏教説話としては，昔話「藁しべ長者」の源流と見られる「長谷寺参籠の男利生にあづかる事」，*『信貴山縁起』詞書と同じ「信濃国の聖の事」などが著名．

烏瑟膩沙 うしつにしゃ　サンスクリット語 uṣṇī-ṣa の音写．略して〈烏瑟〉，和語では〈うしち〉とも．一般にターバンや冠を指すが，仏教では〈*仏頂（ぶっちょう）〉と訳され，仏の頭頂にある髻（たぶさ）状の肉の隆起（*肉髻（にっけい））を意味する．頭頂のこの特徴を〈頂髻相（ちょうけいそう）〉あるいは〈*肉髻相（にっけいそう）〉（uṣṇīṣa-śiraskatā）と呼び，*三十二相の一つに数える．さらに，仏の頭頂は衆生には見えないとして，この特徴が〈無見頂相（むけんちょうそう）〉の名のもとに*八十種好（はちじっしゅごう）の一つに数えられる．「毘沙利（びしゃり）国の観音は，今は烏瑟も見えじかし」〔梁塵 422〕「烏瑟翠（みどり）の元結（もとゆひ）は，髪筋ごとにぞ光るなる」〔梁塵 231〕

氏寺 うじでら　古くは〈氏の寺〉また〈私の寺〉ともいった．特定氏族が建立し，その子孫に帰依・護持・相伝された寺．仏教受容が進むにつれ，各地に建立されたが，飛鳥時代には氏族の根拠地に建てられ，後には平城京の内外に建立されるようになった．藤原氏の*興福寺（こうふくじ）はその典型．氏寺の住僧はその氏族出身者で，氏族の繁栄を祈願した．氏神（うじがみ）とともに，氏寺とそこで行われる法会は氏族の連帯を進め，氏族の繁栄と衰退を象徴したが，その機能は，氏族の細分化とともに家寺・*菩提寺（ぼだいじ）にかわられていった．「大伴の氏の者等，心を同じくしてその里の中に寺を造りて，氏寺として崇（あが）む」〔今昔 14-30〕「我宣旨をうけたまはりて道場を造らしむといへども，いまだ私の寺を建てず，仏を造り奉らず」〔今昔 11-35〕

牛仏 うしぼとけ　仏・菩薩や諸天神が衆生利益のために*化身（けしん）した牛．仏天が仏寺建立の*本願に感応して牛となって*化現（けげん）し，用材などを運搬して造営を助け，仏殿の竣工を待って死ぬのが霊異譚の類型．*鑑真（がんじん）在唐時の崇福寺建立の際の牛仏の出現を先例とし，わが国では*聖武天皇の東大寺大仏殿建立時，*重源（ちょうげん）の大仏殿再建時，延鏡（慶）の*関寺（せきでら）修造時の出現などがある．特に関寺修造時の霊異は著名で，『小右記』『左経記』以下，『関寺縁起』『栄花物語』『今昔物語集』など多数の文献に所見．ちなみに崇福寺建立時の牛仏は金剛力士の化現，関寺修造時の牛仏は迦葉（かしょう）仏の化現とされる．なお一説に，牛仏を法華経に説く*大白牛車（だいびゃくごしゃ）の故事に由来するとするが，保証しがたい．

「此の牛仏礼（をが）みに来たる諸（もろもろ）の人，皆物を具して奉る」〔今昔 12-24〕「昔，関寺に牛ありけり．行道して仏壇を廻る事ばかりありけるを，猶々人貴みて牛仏と云ひける」〔雑談集 1〕

有宗 うしゅう　〈有教〉ともいう．空宗（くうしゅう）（空教）の対．法有（ほうう）を説く宗．インドの*説一切有部（せついっさいうぶ）（有部）がその代表的なもので，あらゆる存在（一切）の構成要素（*法）は実在する，と説く．日本では*倶舎宗（くしゃしゅう）をいう．有部の教義をまとめた世親（せしん）の*『倶舎論』に基づくからである．*成実宗（じょうじつしゅう）に対していう．また，*法相宗（ほっそうしゅう）の称ともする．*唯識説（ゆいしきせつ）に基づき*識の存在を認めるからである．*一切皆空（いっさいかいくう）を説く*三論宗に対していう．「有宗・空宗・唯識・唯境，義門ことなれども，法体これ同じかるべし」〔沙石集 4-1〕．→空宗．

有情 うじょう［s: sattva］　サンスクリット語は〈生存するもの〉の意で，*旧訳（くやく）では〈*衆生（しゅじょう）〉と訳された．有情は情（心の働き，感情）を持つものという意味で，生きているものの総称として用いられる．〈非情〉に対する語．〈含霊（がんれい）〉〈含識（がんしき）〉ともいう．「唯一無二の一乗宗を立て，有情・非情，皆，成仏の旨を悟らしめて」〔今昔 11-10〕．→非情．

有所得 うしょとく［s: upalabdhi］　知覚すること．また，相対立する二者のうち，いずれか一方を取ってそれに執（とら）われること．〈無所得〉の対．〈所得〉という語は，一般には自分の所有となるもの，収入・利益などをいうが，仏教では認識に関わる語として用いられることが多い．それから展開して，*執着（しゅうじゃく）のある心で自らの利益を図ることの意味を持つようになったと思われる．「もし纔（わづ）かに有所得ならば，更に仏法者と云ふに足らず」〔明恵遺訓〕「有所得の法を説きて人を化度するをば，三千世界の人の眼（まなこ）を抜くよりも咎なり」〔ささめごと〕．→無所得．

有心 うしん　心のあること，またその働きのあること．心には，知覚や認識，思量など様々な働きがあるが，原始仏教以来，現象的なあり方を超えた*本性（ほんしょう）としての〈心〉を心性清浄(しんしょうじょう)と捉え，大乗仏教も*自性(じしょう)清浄と解した．しかし〈無心〉と対比的に用いられる場合の〈有心〉は，*解脱(げだつ)に至り得ぬ多くの衆生が持つ，清浄な本性から外れた迷いや執着の心を指し，そうした*煩悩(ぼんのう)を脱した〈無心〉こそが理想の境地とされる．

一方，文芸理念としての〈有心〉は，深い心の働きがあり，情調が深く豊かなさまをいい，鎌倉初期に藤原定家が*詠歌における心のあり方や歌風様式の理念として重視(「常に心有る躰の歌を御心にかけて」〔毎月抄〕)して以来，中世*歌論の重要な理念となり，室町中期には詠作における心の修行の要を説いた心敬(しんけい)によってさらに継承深化された．「有心体といへるは偏に心地修行の境に入りはてたる歌連歌なるべし」〔ささめごと(神宮文庫本)〕．*連歌では和歌的情趣の正風(しょうふう)の連歌を〈有心連歌〉，卑俗で滑稽な句風の連歌を〈無心連歌〉と称した．→無心．

有身見 うしんけん [s: satkāya-dṛṣṭi] 〈身見〉とも漢訳される．誤った5種の見解(五見)の一つ．〈見〉(dṛṣṭi)は見解の意味．satkāya は〈薩迦耶(さつかや)〉と音写されることもある．われわれの身心は*五蘊(ごうん)が仮に集合して成り立っているのに，それを実体的な自我や自我の所有(*我我所(ががしょ))として*執着(しゅうじゃく)する見解．→見．

烏枢沙摩明王 うすさまみょうおう　サンスクリット語 Ucchuṣma の音写．〈烏枢瑟摩(うすしま)〉とも音写し，〈穢積金剛(えしゃくこんごう)〉〈火頭菩薩(かずぼさつ)〉ともいう．二臂(ひ)から八臂まで多種の図像があり，身色も多様である．*敦煌(とんこう)壁画，和歌山・正智院(しょうちいん)および東京国立博物館所蔵の唐時代の五大明王鈴にもみられ，中国で盛んに造像されたことが知られる．780年(宝亀11)の『西大寺資財流記帳(さいだいじしざいるきちょう)』に火頭菩薩像の名が記載されており，奈良時代に伝わったことが確認できる．空海*請来目録中にも*儀軌(ぎき)1巻があるが真言系の遺品は少ない．*円珍(えんちん)が唐から請来した図像では五大明王の北方尊を烏枢沙摩にしており，これを受けて天台密教，ことに*寺門(じもん)では，*金剛夜叉(こんごうやしゃ)明王に替えて採用した．作例に岐阜・来振寺(きぶりじ)の五大明王画像，京都国立博物館蔵の画像がある．単独でも信仰され，特に穢れを浄化する力があると考えられた．→五大明王．

有相・無相 うそう・むそう　〈*相〉(lakṣaṇa)は，特徴・属性などの意であり，それの有無によって〈有相〉と〈無相〉とに分けることが多い．また，存在するものと存在しないもの，形態を備えたものと備えないもの，*有為(うい)と*無為などを意味することもある．無相の方が仏教の正しいありかた，すなわち*空(くう)・*無我の立場を表し，有相は誤ったありかた，実体的なとらえかたを表すことが多い．たとえば，*教相判釈(きょうそうはんじゃく)で仏教を3段階ないし5段階に分類するさい，諸々の事象や*因果の法則を実体的にとらえる*小乗の教義を〈有相教〉などという場合もそれにあたる．また，*唯識(ゆいしき)仏教には，認識主体としての*識そのものに認識内容の相がそなわっているとする〈有相(sākāra)唯識〉と，そのような相に実体を認めない〈無相(nirākāra)唯識〉との二つの立場がある．なお，種々雑多な，取るに足りない人々や事物を意味する〈うぞうむぞう〉(有象無象)は，〈有相無相〉よりの転ともされる．

「護法菩薩は法相宗の元祖にて，有相の義を談じ，清弁菩薩は三論宗の初祖にて，諸法の無相なる理を宣べ給ふ」〔太平記 24.依山門嗷訴〕「汝有相の修行に一生を送って，終に無為の仏果を証せず」〔妻鏡〕「有相の歌道は無相法身の歌道の応用なり」〔ささめごと〕

有待 うだい　他者に依存する相対・有限の存在．「吾れ待つ有りて然る者ならんや」〔荘子斉物論〕に基づき，6世紀の道教経典『真誥(しんこう)』運題象3には「太無の中に無待，太有の中に有待」などとある．仏典ではこれを承けて，生滅無常の*凡夫(ぼんぶ)の身を意味し，「有待の身は必ず資籍を仮かる」〔摩訶止観4下〕，「弥(いよ)いよ有待の煩たるを覚ゆ」〔高僧伝道安伝〕などと見える．「有待の依身，縁かくれば保ちがたし」〔貞享版沙石集5上〕も仏典の用例と同義で，〈依身〉については，*『翻訳名義集(ほんやくみょうぎしゅう)』6.陰界入法篇に「身は是れ(諸根の)依止する義」とある．「伽藍を建立するは，有待の身命のためなり」〔顕戒論上〕「有待の人の身は，食をもて命となす」〔法華験記中47〕

歌念仏 うたねんぶつ　近世初期に鉦(かね)を叩きながら*念仏をうたうように唱えることが流行したために，この呼称が起った．法然(ほうねん)の弟子の空阿からはじまったという伝説がある．元禄(1688–1704)から享保(1716–36)にかけて盛行し，僧形の男や*比丘尼たちが*説経節や浄瑠璃の詞章を歌念仏の節でうたって歩いた．歌念仏には，定まった場所で聴衆を集めるものと門付をして歩くものとがあった．大道芸として長く命脈を保ち，幕末ごろまで続いた．「沙門の説経をやつして，下僧のかたるを歌念仏といへり」〔浮・色道大鏡8〕「歌念仏の日暮しと云ふは…かの京の鉦たたき，盂蘭盆の頃勧進にまはりしが」〔浮・日本永代蔵3〕

歌比丘尼 うたびくに　江戸時代に四つ竹や〈びんざさら〉を鳴らして*歌念仏や流行歌をうたって歩いた僧形の女性．*比丘尼とは出家得度して*具足戒を受けた尼僧のことだが，歌比丘尼たちは剃髪していても具足戒は受けていなかったと考えられる．もとは熊野権現のために諸国を*勧進して回っていたので〈勧進比丘尼〉〈熊野比丘尼〉といわれ，〈浮世比丘尼〉という別称もあった．天和・貞享・元禄(1681–1704)のころには本来の姿を喪失していた．〈御寮〉と呼ばれ，少女比丘尼を連れ，「ちと勧進」といいながら一升柄杓を差し出したので，〈ちと勧〉という異名もあった．⇀熊野．

黒羽二重で頭を包み，あるいは付鬢帽子をかぶり，あるいは加賀笠をつけ，褐染か浅黄色の布子に黒綸子の二つ割りまたは竜紋の中幅帯を前に結び，畝足袋ばきという姿で，大型の文箱を小脇にかかえ，文箱の中に地獄極楽の絵巻物や熊野の牛王(牛王宝印と書いた厄除けの護符．⇀宝印)や酢貝(巻貝の一種．玩具にした)などを入れ，地獄極楽の*絵解きを得意とした．牛王を分配し，酢貝を与えて勧進をするのが表向きの仕事であった．歌比丘尼は仏に仕えることを本来の目的としながら堕落的行為を重ねたが，それでも一般からは出家の身と認められていた．やはり女性*唱導家の変形であり，庶民の中に割りこんだ仏教芸能者の姿として見逃すことはできない．

「笹の小笹のびんささら，花の手被，お手を引かれた，これも熊野の修行かや．…節はあはれに身は伊達に，歌は念仏の歌比丘尼」〔浄・五十年忌歌念仏下〕

ウダヤナ［*s*: Udayana］⇀優塡王

有智・無智 うち・むち　〈有智〉は*智慧があること，また智慧ある人．〈無智〉は智慧がないこと．漢語としては，有智は『孔子家語』執轡に，無智は『呂氏春秋』分職に，それぞれ初例が見える．「念仏往生の願は，有智・無智を選ばず，持戒・破戒を嫌はず」〔無量寿経釈〕

『打聞集』 うちぎきしゅう　平安末期の*説話集．「下巻」のみの孤本である．1925年滋賀県の*金剛輪寺で発見された．インド・中国・日本にわたる27話を比叡山関係の古文書の裏面に記し，巻末に『大鏡』裏書，『大和物語』からの抄出メモを付す．1134年(長承3)に僧栄源によって筆写された．転写本と考えられるが，当て字の使用などから口頭語をそのまま書き写したものとする説もある．『今昔物語集』との共通話が21話に達するなど，同時代の説話集との関係が注目されている．外題に「日記因縁に付す」とあるように，*説経などの手びかえや学習ノートとして話材を集めたものであろう．

有頂天 うちょうてん　*天のなかの最高の天の意．〈有頂〉(*s*: bhava-agra)は*有(bhava，存在)の頂き(agra)を意味し，*三界(欲界・色界・無色界)のうちの最高の場所(無色界の最高の場所)である〈非想非非想処〉(⇀非想非非想天)をさす．またときに色界の最高の場所である*色究竟天をさす．〈天〉は天界を意味すると同時に，そこに住む者をも意味する．有頂天に登りつめる，絶頂をきわめるの意から転じて，喜びで夢中になることを〈有頂天になる〉という．「是の如きの衆類，上，有頂天を絡り，下，無間獄を籠めて」〔三教指帰下〕

団扇太鼓 うちわだいこ　一枚革を丸い枠に張り，それに柄をつけた太鼓で，形状が団扇に似ているところからこの名称がある．日蓮宗で用い，*南無妙法蓮華経の*題目を唱えたり，法華経の要文を誦するときに調子を合わせてたたく．この太鼓の起源は定かでないが，安藤広重の「池上詣」「会式風俗」に描かれていることから，江戸時代中期ころにはすでに普及していたものと考えられる．なお，これよりのち，両面張りの団扇太鼓が作られている．

優塡王 うでんおう　〈優塡〉はサンスクリット語 Udayana（パーリ語 Udena）に相当する音写．ウダヤナ．〈優陀延(うだえん)〉〈鄔陀衍那(うだえんな)〉とも音写する．ヴァンサ国コーサンビー（Kosambī）の王．釈尊(しゃくそん)在世中の仏教保護王．生まれるときから数奇な運命をもつ王として伝えられ，夫人の勧めで仏教に入信したとも，コーサンビー出身の仏教僧ピンドーラの説法で入信したとも伝えられる．また，釈尊が*忉利天(とうりてん)に昇って母のために説法して3カ月人間世界を留守にしていた時，王は釈尊にはやく帰ってきてもらうため，*仏陀の姿に似せた栴檀(せんだん)の仏像を彫刻したと伝えられる．*奝然(ちょうねん)によって宋よりもたらされた*清凉寺(せいりょうじ)の釈迦像（*清凉寺式釈迦像）は，中国に伝えられたこの像の模刻という．

優曇華 うどんげ　[s: udumbara-puṣpa]　〈優曇〉は udumbara の音写〈優曇婆羅(ばら)〉の略．ウドゥンバラの花．ウドゥンバラとは，インドで古くより神聖視される樹木．クワ科の常緑樹，学名 *Ficus glomerata* に比定される．この樹は無花果(いちじく)の一種で，毎年開花はするが，その花は外部からは見えない．そこで仏教徒は，これを3千年に一度だけ咲くきわめて珍しいものとし，会い難い稀有な事柄・出来事のたとえに用いるようになった．たとえば，*如来(にょらい)がこの世に出現すること，その教えを*聴聞すること，などである．「くらもちの皇子(みこ)は優曇華の花持ちて上り給へり」〔竹取物語〕「仏法にあへる事，優曇花よりも希なり」〔沙石集 3-7〕

右遶 うにょう　[s: pradakṣiṇaṃ √kṛ]　〈右繞〉とも書き，〈右旋(うせん)〉ともいう．インドの礼法の一つ．敬意を示したい対象（貴人・聖火など）に右肩を向け，その周囲を右回りに廻る礼．これが仏教にも取り入れられて，〈右遶三匝(うにょうさんぞう)〉（右回りを3回繰り返すこと）の礼法が一般化した．今日でも，たとえば法要に際して多数の僧侶が列を作り，読経しながら仏堂や仏像の周囲を巡り歩く場合（遶堂・*遶仏・遶行・*行道などという）や，葬儀の折りに霊龕(れいがん)の周囲を三匝する場合など，諸種の仏教儀礼のなかにこの礼法が見られる．「右繞未だ三匝に充たざるに，左語已に数十声なり」〔元亨釈書 27〕「その時に牛，堂を右に三匝(みめぐり)廻(め)ぐりて，庭に仏の御前に向かひて臥しぬ」〔今昔 12-24〕

有念 うねん　〈念〉（smṛti）は，具体的な形象を心に思念すること．真理（dharma，*法）を観照する場合，対象に具体的な*相を認めて，それを思念する〈有念〉の立場は，相にとらわれたものに過ぎず，逆に，思念を離れ，真理を，相を超えたままに達観する〈無念〉の観照こそ正しい立場とされる．なお，*親鸞(しんらん)門下においては，散乱した日常の心のままに善を修める〈散善(さんぜん)〉を〈有念の行(ぎょう)〉，雑多な想念を廃してひたすら*浄土を観ずる〈定善(じょうぜん)〉を〈無念の行〉と称し，いずれも*自力心に依るものとして廃して，有念・無念のいずれでもない，絶対的*他力への信心を強調した．「有念無念と申す事は，他力の法文にはあらぬ事にて候ふ．聖道門に申す事にて候ふなり」〔親鸞消息〕．→無念，念，定善・散善．

優婆夷 うばい　⇒優婆塞・優婆夷(うばそく・うばい)

優婆塞・優婆夷 うばそく・うばい　〈優婆塞〉はサンスクリット語 upāsaka に，〈優婆夷〉は upāsikā に相当する音写．漢訳語として前者には〈清信士(しょうしんじ)〉〈信士〉〈近事男(ごんじなん)〉〈善宿男(ぜんしゅくなん)〉，後者には〈清信女(にょ)〉〈信女〉〈近事女〉〈善宿女〉などがある．それぞれ男性の在俗信者，女性の在俗信者を指す．すなわち仏教の教団を構成する*四衆(ししゅ)のうち，*在家(ざいけ)の二衆のことで，仏法僧の*三宝(さんぼう)に*帰依(きえ)し，定められた*戒律を守りながら教団を経済的に支えるとともに，*出家より教えを受けるべき人々をいう．原語は元来，仕える人，かしずく人の意で，これが出家に随侍し，世話をする在俗信者に対して用いられるようになったもの．きわめて古い用語であり，仏教・*ジャイナ教などの興起した時代には，すでに諸宗教のあいだで共通に用いられていた言葉である．

「火の光りし所に小さき山寺あり．一人の優婆塞ありてめぐり歩きて行ふ」〔三宝絵 下〕「経を開きて見れば，その優婆夷，昔時(むかし)写し奉りし梵網経二巻，心経一巻なり」〔霊異記 中 19〕

優婆提舎 うばだいしゃ　[s: upadeśa]　〈優波提舎〉とも音写される．古くから〈*論義〉と漢訳される．教説，*問答あるいは論説を意味する．*十二分教の一つとしては，仏陀あるいは弟子たちが教えについて論義し，問答によって理を明らかにしたもの．また，経の内容を哲学的に論究した論書．たとえば世親の*『往生論』は『無量寿経優婆提舎願生偈』と呼ばれ，*無量寿経の内容を注解してまとめている．また，経の注釈書の標題としても用いられる．

有髪 うはつ　仏門に入った者が，髪の毛をのばしたままでいること．また，その人，すなわち〈有髪の僧〉〈有髪の尼〉のこと．その形状から〈烏髪〉とも書く．俗に夫を亡くした女の異称となる．→僧形．

ウパニシャッド［*s*: Upaniṣad］　語義的には，(*ブラフマン(*梵)と*アートマン(*我)に究極する大宇宙と小宇宙の相応を説く)〈秘説〉〈秘義〉を意味し，普通名詞として現代にも用いられるが，ここにいうウパニシャッドは*ヴェーダの第4部門に相当する〈哲学的文献群〉を指す．その数は108ともされるが，実際はそれ以上存する．ただし通常はヴェーダの学派に属する散文あるいは韻文で伝えられた13篇(古ウパニシャッド)を指す．108のうち残余の95篇は年代的にも成立が遅く，*ヴィシュヌ，*シヴァ，シャークタなどヒンドゥー教の特定宗派の信仰を表明しているものが多い．

これら古ウパニシャッド(紀元前6世紀-紀元前3世紀頃の成立と思われる)の中で，『ブリハド-アーラニヤカ-ウパニシャッド』『チャーンドーギヤ-ウパニシャッド』を二大雄篇とするが，この中にはヤージニャヴァルキヤ(Yājñavalkya)，シャーンディリヤ(Śāṇḍilya)など著名な哲人が往時の祭式教義にことよせ，巧みな比喩を用いつつ，主として対話の形式で宇宙の最高原理(ブラフマン: 梵)や個体の究極原理(アートマン: 我)を求めてそれぞれ独自の哲学説を打ち出している．生死の問題，死後の運命など人生の諸問題も論ぜられ，*輪廻転生の思想もここに体系化されている．8世紀の哲学者*シャンカラをはじめとして近世のシュリー，オーロビンドに至るまで著名な哲人や思想家は，これら古ウパニシャッドに注釈を書いてはそれぞれ自分の哲学を打ち出した．

優波離 うばり　サンスクリット語・パーリ語 Upāli に相当する音写．ウパーリ．*カピラヴァスツの出身．*釈迦族に仕えた理髪師であった．釈尊の弟子の中でパーチャーラー比丘尼と並んで持律第一と呼ばれた．つまり*戒律を厳守することに特に優れていた．教団の規律の中には彼の意見によって設けられたものが多い．彼と*遊行をともにする*比丘はみな持律者であるとまでいわれたという．釈尊の滅後，釈尊の説法や戒律を編集する会議(*結集)が開かれたが，そのとき優波離は戒律編集の中心人物であった．仏*十大弟子の一人．

ウパーリ［*s, p*: Upāli］　⇒優波離

有部 うぶ　⇒説一切有部

有無 うむ　有と無，有の立場と無の立場．〈存在するもの・存在性〉(bhāva, astitva)と〈存在しないもの・非存在性〉(abhāva, nāstitva)，また物事について存在すると判断主張する立場と，存在しないと判断主張する立場．あるいは，ある事についての肯定と否定．仏教において〈有〉〈無〉〈有無〉は，単に存在論・*認識論上の問題としてだけではなく，倫理・宗教の問題としても多様な思索が展開されている．そして，人は〈有〉〈無〉いずれの判断主張にも固執すべきではないというのがその基調をなすといってよい．→有，無．

【有無の二見】初期仏教において，「すべてのものは永久に存在する，絶対的に存在しない」というのは〈有無の二見〉あるいは〈断常の二見〉(*断見・*常見)と呼ばれ，それぞれ〈有無〉〈断常〉に固執しているために，物事の真の姿を把握しえない，*悟りを阻害するものとされている．またアビダルマ(*阿毘達磨)仏教では，認識の対象になっているものはすべて実在するとする*説一切有部，認識の対象になっているからといってものは必ずしも実在せず，相対的存在にすぎないと主張する*経量部などがあり，〈有無〉について詳細な議論をなしている．

【非有非無】大乗仏教では，有にも執われず無にも執われない〈*非有非無〉の*縁起・空性・*中道の思想を基本的には是認しながら，*中観派はあくまで非有非無の空性を主張し続けた．これに対し*瑜伽行派は，日常的な認識の構造に注目し，認識対象は外在的なものではなく*識の顕

れにしかすぎない(*唯識)ので〈非有〉，しかし識の顕れは現実に存在するので〈非無〉と分析し，それによって〈有無〉に執われない悟りへの実践が具体的に理論づけられるとした．このようにインド仏教では〈有無〉は矛盾的なものとして超越されるべきものと考えられている．

【中国仏教での解釈】中国仏教はインド仏教の歴史的展開のそれぞれの段階を受容しつつ，かつ独自の解釈と理論づけを行なった．インドにおいて〈有〉と〈無〉は矛盾概念としてはっきり意識されていたが，中国では初期の*老荘思想がもつ万物の根源は〈無〉であるという考えに影響され，根源的な〈無〉を媒介として〈有〉と〈無〉は融合連結しているという理解を生む．換言すれば，〈非有非無〉なのは〈根源的な無〉であって，〈有〉〈無〉はその顕れとするものであり，それは〈有〉〈無〉が概念上の矛盾ではなく，心理上の緊張対立関係にあるとするものであろう．その意味で中国的な〈有無〉の解釈は，インドとは違う新たな思想の展開を示すものである．

なお，〈非有非無〉の中国語は僧肇の*『肇論』不真空論に「万物は果して其の有ならざる所以あり，無ならざる所以あり，…故に有と雖も有に非ず…無と雖も無に非ず」と見え，『荘子』則陽「道は有りとすべからず，また無しとすべからず」に基づく．

「汝が有無の心を簡ばざるの失は，界内の発心にこの煩ひあるのみ」〔守護国界章上の下〕

有耶無耶 うやむや　あるかないか明白でないこと．おぼろげなさま．曖昧模糊．『荘子』寓言に*鬼神の有無を論じて「之を若何ぞ其れ鬼無きや…之を若何ぞ其れ鬼有りや」とあり，また同じく『荘子』則陽に「心を無窮に遊ばせれば」天下国家など「存るが若く亡きが若きか」とある．それを承けて仏典では，「邪見の稠き林の有るが若く亡きが若き等に入る」〔法華経方便品〕，「存して有と為さず，亡びて無と為さず」〔肇論涅槃無名論〕などと使われている．

有余 うよ ［s: sopadhiśeṣa, sopadhika］余すところがあること．〈有余依〉とも訳す．〈無余〉ないし〈無余依〉の対語．とくに*涅槃に関して用いられる．*煩悩を断じ尽くして心の束縛を離れることができたとしても，肉体を残しているために，肉体上の束縛からは解放されていない涅槃を〈有余涅槃〉，あるいは〈有余依涅槃〉という．「因尽くるを有余と謂ひ，果亡ずるを無余と謂ふ」〔勝鬘経義疏〕．→無余．

盂蘭盆 うらぼん　*盂蘭盆経に出る語．〈盆〉〈お盆〉と略称する．『玄応音義』13は，正しくは〈烏藍婆拏〉であり，〈倒懸〉と訳し，逆さ吊りの意であって地獄での苦しみを意味するとし，これが通説となってきた．〈烏藍婆拏〉や〈盂蘭盆〉の原語については，倒懸を意味するサンスクリットの俗語形ullambanaとしたり，イラン系言語で魂を意味するurvanであるとするなど様々な説があるが，雨期の*安居の最終日(満月15日，場合によっては14日)，つまり僧侶が他の僧たちに罪を指摘してもらって*懺悔し，僧団が最も清らかになる*自恣(pravāraṇā)の日に，亡き親などへの*追善を願って僧侶たちに盆器に盛った食事をさしあげるのが通例であったことから，pravāraṇāがインド・西域などで変化した語，uravāṇaないしuravāṇaなどの音写と近年では推定されている．また，*目連が地獄にいる母の苦しみを救うため，釈尊に教えられて盂蘭盆会を行なったとする盂蘭盆経は，中国成立であるため原語を誤解し，様々な果食を供える盆器そのものを〈盂蘭盆〉と呼ぶのだと考えたようである．唐代には既に民間行事の影響を受け，竹や木で組んだものに様々な供物を据えて祀る風習が確立しており，それが中国の*中元の思想，*孝の思想，諸国の先祖供養儀礼などと結びついた形で，東アジア諸国に広まっていった．

盂蘭盆会は，〈盆会〉〈歓喜会〉〈魂祭り〉ともいう．7月15日に*精霊棚を作り，先祖の霊を招いて僧に読経してもらう．その際，僧にご馳走の接待をして*功徳を積み，先祖に*廻向する．年一度の盆会に先祖が少しでも長逗留してほしいとの気持から，期日は拡大され，多くは7月13日より16日までとするが，7月全体を盆月とみなすこともある．農村部では農作業の関係から月遅れの8月，または旧暦で行うことが多い．旧暦の7月は秋であるから，盂蘭盆会は元来秋の仏事であった．盂蘭盆会は中国では538年(大同4)，日本では606年(推古14)に行われた記録が古い．日本で7月15日に行う*論義を〈盂蘭盆講〉，盆会月に行う地蔵講を〈地蔵盆〉ということなど，盂蘭盆の影響力の一端をうかがわせるものである．なお，日本での盂蘭盆会盛行は，この前後を正月に対応する祖霊来訪の時期とした民俗信仰との習合によるものともされている．

「盂蘭瓫(盆)自恣を加ふ瓫供は仏のおはしまししし世よりはじまれるなり」〔三宝絵下〕「そもそも盂蘭盆と申すは，もと目連尊者の母青提女と申す人，慳貪の業によりて五百生餓鬼道におち給ひて候ふを，目連救ひしより事起こりて候ふ」〔日蓮消息文永8〕

盂蘭盆経 うらぼんぎょう　*竺法護の訳とされているが，疑問視されている．サンスクリット原典やチベット語訳はない．*布施の*功徳を先祖供養に結びつけて説くため，*孝を重んずる中国や日本で重視された．経によれば，*目連尊者は死んだ母親が*餓鬼世界に堕ち苦しんでいるのを発見し，仏の教えに従って*安居を終える7月15日，僧たちが*自恣をするに当たり食物などの布施をしたところ，その功徳で母親は救われたという．〈盂蘭盆会え〉はこの経典に基づく法要．注釈書は*宗密の『盂蘭盆経疏』(2巻)が有名．

なお目連救母説話は中国で幾種類もの*変文を生み，日本でも平安時代以来説教材として盛行し，説話文学に頻出するほか，室町物語『目連の草子』，説経浄瑠璃『目連記』を生み出すなど，文学に及ぼした影響も広範多彩である．→盂蘭盆．

ウルヴィルヴァー［s: Uruvilvā］ ⇒苦行林

優楼頻螺迦葉 うるびんらかしょう　サンスクリット語 Uruvilvā-kāśyapa(パーリ語 Uruvela-kassapa)に相当する音写．ウルヴィルヴァー-カーシヤパ．*仏陀伽耶の南，ウルヴィルヴァー(*苦行林)の村に住んでいたのでこの名がある．*三迦葉の長兄．火を崇拝する儀式を実修していて500人の弟子を擁していたが，*成道間もない釈尊に教化され，弟子とともに帰依．次弟*那提迦葉，三弟*伽耶迦葉もこれに続き，初期釈尊教団の中核となった．

有漏 うろ［s: sāsrava］〈漏〉(āsrava)とは，さまざまな心の汚れを総称して表す語で，広い意味での*煩悩と同義と考えられる．本来は〈流れ入ること〉を意味したが，仏教では古来〈流れ出ること〉〈漏出〉の意味に解し(漏のほか，漏泄・漏注・漏失などの漢訳語もある)，汚れ・煩悩は五つの感覚器官と心から流れ出て，心を散乱させるものと説明した．そのような汚れのある状態を〈有漏〉といい，一方そのような汚れがすべて滅し尽くされた状態を〈無漏〉という．この有漏・無漏の二分法は，煩悩を伴うか伴わないかという観点から，*法や身体や智についても有漏法と無漏法，有漏身と無漏身，有漏智と無漏智などのように，それぞれを価値的に大別する基準となる．「かの観念の中に，散位より定位に至り，有漏より無漏に及ぶ」〔興福寺奏状〕．→無漏．

胡乱 うろん　もと，唐以降の口語で，でたらめに，いいかげんに，の意．〈ウロン〉は，唐宋の音が訛ったもの．唐宋以降の禅*語録や儒者の語録，白話小説などに散見する．特に禅家では，むやみに注解することを〈胡乱に指注す〉〔碧巌録〕，また職位交替の際の暫定的な席位を〈胡乱坐〉〔東福清規〕という．なおわが国でも，初めは禅家を中心に原義とほぼ同意に用いられたが，室町末期ごろから不確実性を表す意が強まり，近世になると一般に疑わしい，あやしいの意に用いられるようになった．「(近習者として)よからぬ類をいはば，一にはうろん猛悪にして欲にふける人」〔樵談治要〕「昨日は俗人，今日は僧，生涯胡乱，これわが能」〔狂雲集〕

吽 うん ⇒阿吽

蘊 うん ⇒五蘊

運慶 うんけい　?-1223(貞応2)　平安末-鎌倉前期に活躍した〈*慶派〉の代表的な仏師．*康慶の子，*湛慶・康弁・康勝らの父．*奈良仏師として成長，のち北条時政(1138-1215)，和田義盛(1147-1213)ら鎌倉幕府の首脳部が発願した造仏を担当，さらに父康慶と共に*東大寺復興造像に従事して，名声をえた．父の没後は慶派一門を率いて活動，鎌倉時代彫刻様式の根幹を形成し，以後の彫刻界に絶大な影響を及ぼした．

青年時代の*円成寺えんじょうじ大日如来像(1176)では，その形式に古典学習の成果が見え，写実的表現に天賦の才能をうかがわせながらも，まだ平安彫刻の端正な様式の制約内に踏みとどまっている．しかし中央の規範を離れた東国での造像である静岡県田方郡韮山にらやま町の願成就院がんじょうじゅいん阿弥陀あみだ像・毘沙門天びしゃもんてん像・不動三尊像(1186)では，平安彫刻とは隔絶した量感あふれる現実的な作風に鎌倉彫刻の新様式を明確に示す．神奈川県横須賀市の浄楽寺じょうらくじ阿弥陀三尊像・不動明王像・毘沙門天像(1189)は同じ幕府関係の像として願成就院像にならう表現である．

次いで東大寺復興期の*南大門なんだいもん仁王におう像(1203)以降，次第に作風の完成を見せ，晩年の*興福寺こうふくじ北円堂の弥勒みろく像や無着むじゃく・世親せしん像(1208-12)では写実主義と雄大な体軀を見事に調和させ，記念碑的ともいえる壮大な様式を完成，鎌倉様式を確立した．1195年(建久6)法眼ほうげん，1203年(建仁3)法印ほういんとなる．このほか推定作品には，*高野山こうやさん八大童子像(1197)，愛知県岡崎市の滝山寺たきさんじ観音・梵天ぼんてん・帝釈天たいしゃくてん三尊像(1201)，*六波羅蜜寺ろくはらみつじ地蔵菩薩坐像，栃木県足利市の光得寺こうとくじ大日如来坐像がある．

雲岡石窟 うんこうせっくつ　〈雲崗石窟〉とも書く．中国,山西省大同市西郊15キロメートル，武州川北岸の砂岩層の断崖に東西1キロメートルにわたり開鑿かいさく．東方・中央・西方の3区に分かれ，東端第1窟-第4窟(東方区)，第5窟-第13窟(中央区)，第14窟-第20窟(西方区東部)・第21窟-第43窟(西端諸窟．窟龕くつがんの編号の付け方の違いでは最後が第53窟)の順で，ほとんどが北魏時代に属する．

草創は460年(和平1)，高僧曇曜どんようの文成帝への奏請による五大仏を彫った5窟(第16-20各窟)である．それら大仏は高14-16メートル．*敦煌莫高窟とんこうばっこうくつ，*炳霊寺石窟へいれいじせっくつ最初期窟造像と類似する様式をしめす．つづく初期窟は第7・第8，さらに第9・第10の各一対いっつい窟で整備された構造．仏・菩薩・天人のほかシヴァ・ヴィシュヌの門神など西方的要素や*本生図ほんじょうず浮彫がある．後期は486年(太和10)前後の豪華かつ整然たる第6窟にはじまる．仏像衣制が一変して漢族式となり，肉体を露出しない．以後この仏像様式は普及し東西魏までつづく．北魏の*洛陽遷都(494)ころより急に衰え多くの小窟龕に変わり，中央区・西端区に彫られ，いままでにない幽玄な趣を呈する．岩質の損傷のため遺存の造像記刻銘は少ない．未完成第11窟の483年(太和7)，第17窟明窓の489年(太和13)の銘は貴重．524年(正光5)銘が北魏時代における最後期の石窟開鑿をつげるといえる．→石窟寺院．

『吽字義』 うんじぎ　平安初期，真言宗開祖*空海くうかい(弘法大師)の著作．1巻．〈吽〉(hūm)という字を字相と字義との二方面から解明した書．字相とは字の直接的意味で，吽(hūm)は訶(h)，阿(a)，汙(u)，麽(m)の4字合成の語であり，〈訶か〉は因(hetu)で，一切*諸法は*因縁より生ずるの意味，〈阿あ〉は本初(ādi)で，一切の字の母，一切の声の体，一切の*実相の源であるの意味，〈汙う〉は損減(ūna)で，一切諸法の*空・*無常・*無我の意味，〈麽ま〉は*増益ぞうやくで，一切諸法に*我・*人にんがあるの意味をもつ．

字義は字の真実の意味で，密教独特の深い意味を示すが，これに別釈べっしゃくと*合釈がっしゃくがある．別釈では，因・本初・損減・増益は，真実の立場すなわち空の立場からすれば，すべて不可得であると説く．合釈ではこの4字は順次に*法身ほっしん・*報身ほうじん・*応身おうじん・*化身けしん，または理・教・行・果の意味であり，また因・根・*究竟くきょうの3句を示すとも説き，これらの密号・密義を知るものは*正覚しょうがくを成ずるという．字義を通して密教の基本的教義を明らかにした言語哲学の書である．→『声字実相義しょうじじっそうぎ』．

温室 うんしつ　寺院に設けられた浴室を意味し，古くは〈ゆや〉(湯屋)とも訓読する．インド(または中央アジア)では身体の清浄を尊び，また暑熱も手伝って僧院に浴室が設けられ，洗浴の功徳くどくを説く温室洗浴衆僧経うんしつせんよくしゅそうきょうが作成されたり，入浴の仕方を取り決めた*戒律などが制定された．この風習は中国・日本にも伝えられたが，日本では仏教社会事業の一端として，癩病人や貧窮者などのために寺院の浴室が開放された．鎌倉時代のはじめ，*重源ちょうげんは興福寺・東大寺の浴室造営のほかに常設の浴場(湯屋)を諸所に開き，計15カ所の浴室を建設したという．

社会事業，特に非人救済に努めた*忍性も，5カ所に浴室を建設した．室町末期には，次第に社会救済活動と分離して，いわゆる〈銭湯〉となる．なお，*『三宝絵』下4.温室は，諸経説を引き，例話をまじえて入浴の功徳を強調した，わが国最古の一文として注目される．

「それ温室の善根を尋ぬれば，出離解脱の根源，往生浄土の指南なり」〔澄憲作文集〕「或いは満堂の衆を供養し，或いは温室の営に奔波せり」〔拾遺往生伝上19〕

運心 うんしん　〈うんじん〉とも読む．あれこれと心をめぐらすこと，また心をある方に向けること．特に最澄は*大乗戒壇設立において，新しく制定した*受戒の儀式『授菩薩戒儀』で，*菩薩戒を受けるに際して，*戒師の前で心をめぐらし己の罪過を*懺悔することを〈運心〉と称して重視した．なお，ただ心中に*供養の思いを起こすだけで事実にあらわさないことを〈運心供養〉という．「念仏の功積もり，運心年深き者は，命終の時に臨んで大いなる喜び，自ら生ず」〔往生要集大文第2〕

雲水 うんすい　禅の修行僧のこと．*行雲流水(行く雲や流れる水)のように，一カ所に止住しないで諸方に師を求め道を訪ねて*行脚するところからいう．そこから一般に，一定の道場に留まって修行する修行僧をも含めて〈雲水〉という．また，〈雲衲〉(〈衲〉は雲水の着る破れ衣すなわち*衲衣の意)とも，〈衲子〉とも，〈行脚僧〉ともいう．なお転じて，「東西に走り南北に遊行する，雲水のたのしみえもいはれず」〔東海道中膝栗毛3上〕のように，自由気ままな旅，またはその身の上を意味することもある．

「山寺あり，人里の寺あり，そのかず称計すべからず．そのなかに雲水おほし」〔正法眼蔵梅花〕「さてかの石子久弥といふ者は，只今那波道愚と申す雲水の身となり」〔浄・薩摩歌上〕

雲棲袾宏 うんせいしゅこう [Yún-qī Zhū-hóng] 1535-1615　明末四大名家の一人．俗姓は沈氏．杭州府仁和(浙江省杭州市)の人．雲棲寺(杭州五雲山)に住んだので〈雲棲〉とも称され，〈蓮池〉と号す．「生死事大」を座右の銘として修養に励む．31歳で出家し，日々参究して悟る．37歳で*行脚して雲棲山に至り，そこの古寺に留まる．この地で教養著述に心血を注ぎ，30余種300余巻の著述を残す．諸宗融合・三教合一という明末の時代思潮の下，儒学など幅広い教養を持った仏教知識人として，教理面では，華厳教学を思想的枠組みとしつつ，*即身成仏の禅と彼岸*往生の念仏を共に宣揚し，この両者が同一であるとする〈禅浄一致〉を唱えた．また信仰面では，万暦年間(1573-1619)，最大の仏教結社を起こし，後代，蓮宗第8祖と称される真摯な浄土念仏者であった．著作は『雲棲法彙』(34巻)にまとめられ，そのうち，主なものとして『禅関策進』『僧訓日記』『緇門崇行録』『自知録』『竹窓随筆』などがある．

雲中供養菩薩 うんちゅうくようぼさつ　如来や観世音菩薩などの主尊を天上より*讃歎する菩薩のうち，雲上にあって奏楽・歌舞・散華・合掌などの*供養のかたちをとるものをいう．彫刻では，*光背の周縁部に配されるいわゆる飛天光背(滋賀県蒲生郡の浄厳院阿弥陀如来像など)に多くの例があり，*平等院鳳凰堂には壁間に52軀の浮彫菩薩を懸け吊っている例がある．絵画では，*来迎図のなかで，阿弥陀如来を中心に，大きな団雲の上で二十五菩薩とも呼ばれる菩薩たちの供養するさまが描かれる(*高野山金剛峯寺阿弥陀聖衆来迎図など)．

芸亭院 うんていいん　〈芸〉は藝の略字ではなく，もとからあった文字で，香草の漢名．防虫の役割を果したところから，書庫・書斎の名称に用いられた．芸亭院は奈良時代末期の高官石上宅嗣の文庫で，〈芸亭〉ともいう．宅嗣はその邸宅を阿閦寺とし，ここに芸亭を設け，仏書の理解を補うため，仏書以外の書をここに備えた．芸亭の芸は，同寺の本尊*阿閦如来の*種子 हूं(ウン)によるともされる．宅嗣は芸亭の蔵書閲覧を公開したので，日本における最初の図書館とされている．

雲版 うんぱん　〈うんばん〉とも読む．また〈雲板〉とも書き，〈火版〉〈長版〉ともいう．梵音具(音を発する仏具)の一つで，主として禅宗寺院で用いられる．庫院(禅院の台所)や斎堂(食堂)の前に掛けてあり，粥飯(朝食と昼食)の時刻を知らせるために鳴らす．鋳銅製または鉄製の平板で雲の起る形を鋳出したことに基づく名．銘文上では応安6年(1373)の山梨県・保福寺雲版にはじめて「雲版」の呼称が見える．『僧堂清規考訂別録』5.鳴法器付木魚梆雲板考訂には，その形様と意味について「雲版は支那十刹の図にものせて，起雲の形を作る．雲は雨を含むゆへ厨下(ちゅうか)に掛(か)けて鎮火の意を寓す．粥飯の熟して火をひく時，三下打つゆへに火版ともいふ．斎粥の時，長打するゆへに長版とも云ふ．ともに用に付ての名なり．雲版と云は形体に付て名づく」と説明している．なお，雲版を〈鐘版(板)(からかね)〉とも称するのは後世の呼称か．

雲門宗 うんもんしゅう　雲門文偃(うんもんぶんえん)(864-949)を祖とする中国禅宗の一派．*五家七宗(ごけしちしゅう)の一つ．文偃は，*黄檗希運(おうばくきうん)の法嗣(はっす)である睦州道明(ぼくしゅうどうみょう)(道蹤(どうしょう)とも)に参じ，次いで，雪峰義存(せっぽうぎそん)(822-908)に参じて嗣法した．その後も諸方を歴訪し，韶(しょう)州(広東省)で長慶大安の嗣である霊樹如敏(れいじゅにょびん)(?-920)の法席を継いで，同光元年(923)に韶州雲門山に禅宇(後の光泰禅院)を建立，同寺で*大衆(だいしゅ)の指導に当たった．峻厳かつ簡潔な接化(せっけ)の方法に特色がある．宋代には臨済宗とともに栄えたが，南宋以後は衰えを見せ，元代には法系が途絶えた．法嗣に子祥，縁密，顥鑑，師寛，澄遠などがある．なお，縁密の法系，雲門下第5世に『輔教篇』『原教孝論』を著した仏日契嵩(ぶつにちかいすう)(1007-72)があり，澄遠の法系，雲門下第4世に雪竇重顕(せっちょうじゅうけん)(980-1052)がある．→雲門文偃．

雲門文偃 うんもんぶんえん [Yún-mén Wén-yǎn] 864-949　中国,唐末五代の禅僧．嘉興(浙江省)の人．俗姓は張氏．17歳で出家，初め睦州道蹤(ぼくしゅうどうしょう)に参じ，のち雪峰義存(せっぽうぎそん)について修行し，その法を嗣いだ．そののち霊樹如敏(れいじゅにょびん)の会下(えか)に参じ，その没後，法席を嗣ぎ，さらに韶州の雲門山に禅寺を建立し，門下に常に千人の修行僧がいたという．賜号は匡真(きょうしん)大師，諡号は大慈雲匡聖宏明大師という．その語録として『雲門広録』3巻がある．彼を初祖とする〈雲門宗〉は中国*五家七宗(ごけしちしゅう)の一つで，言句の妙密さをもって天下に名を得た．宋代には臨済宗とともに栄えたが，南宋以後は衰えた．→雲門宗．

雲遊 うんゆう　浮雲が風のままに流れるように，一カ所に止住しないで，諸方を*行脚(あんぎゃ)遊歴して，参禅弁道すること．〈雲遊萍寄(うんゆうへいき)〉ともいう．〈萍寄〉は，浮草がただようように，所定めず，こころにまかせて行脚する意．「予，雲遊のそのかみ，大宋国に至る」〔正法眼蔵仏性〕

エ

慧 え　⇒智慧(ちえ)，三学(さんがく)，般若(はんにゃ)

永遠 えいえん　『書経』君奭に「永遠に天威を念(おも)う」として初出．世界の諸宗教は，それぞれの思想体系のなかに時間論を含み，なんらかの形で永遠の問題にふれている．大別すると，三つほどの様式に類型化できると思う．一つは，莫大な数量の神話的な時間によって永遠を象徴するもの，二つは，円環的に回帰する無際限の時間によって永遠を語るもの，三つは，時間を超越する無限性ないし無時間性として永遠を示すもの，である．仏教思想のなかにも，これら三つの様式に対応する時間論が併存している．→時間．

【長大な時間】第一は，インドに伝統的なカルパ(kalpa)を受けついだ〈*劫(こう)〉〈劫波(こうは)〉〈永劫(ようごう)〉の思想である．*磐石劫(ばんじゃくこう)のたとえによると，1辺1*由旬(ゆじゅん)(約7キロメートル)の巨岩に，100年に一度天人が舞い降りてきて，その衣のすそが岩に触れる，その繰り返しによって岩が完全に磨滅する時がくるが，それでもまだ1劫は終わらないという．この劫の単位を五つ重ねた五劫の間思惟して，*阿弥陀仏(あみだぶつ)はその*本願を立てたと説かれている．

【円環的永遠】さらに世界は，成(じょう)(生成)，住(じゅう)(存続)，壊(え)(破壊)，空(くう)(*空無)の〈*四劫〉を絶えることなく繰り返して経歴するという思想もある．これは，円環的な永遠回帰という第二の類型になる．宇宙は一定のサイクルを経て創造の原点に立ち返り，これを無際限に反復することによって再活性化するという思想は，原始宗教以来その例は多い．これを人間に当てはめれば，*霊魂が死と再生を繰り返すという*輪廻(りんね)の思想になる．古いインド伝統のこうした思想もまた仏教に取り入れられ，日本ではさらに民俗的な霊魂観とも結びついて，たとえば*六道(ろくどう)輪廻の信仰として定着する．

【超越的永遠】輪廻は，宗教的には両義性を持つ．*生天(しょうてん)の願望につながる反面では，永遠の業苦(ごうく)とも受けとめられる．その場合には，輪廻を断ち切る*解脱(げだつ)が理想とされる．仏教の涅槃寂滅(ねはんじゃくめつ)(*涅槃寂静)とはその意味であった．ここでは，*生死(しょうじ)輪廻を超越する無時間性が立ち現れる．*空(くう)の境地における永遠といってもよいであろう．すなわち永遠の第三の類型である．

時間を超越する永遠は，有神的宗教では，人間の可死性・有限性に対する*神の不死性・無限性として表象されることが多い．*不生不滅・*無始無終の実在としての神とか，あるいは人間の側では宗教体験における永遠の今とかいった形で論理化される．これに対して仏教では，*無常(むじょう)即*仏性(ぶっしょう)とか*生死即涅槃とか説かれる．すなわち無常・生死の時間が空の立場から*常住(じょうじゅう)・不滅の永遠に転換されるわけである．あるいは*仏身論の展開につれて，いわば有神論ふうに*久遠実成(くおんじつじょう)の本仏といった捉え方も現れる．

詠歌 えいか　漢語の原義は，声を永くひきのばして詩をうたうこと．日本では，一般には和歌を詠むこと，または和歌そのものを意味する．しかし仏教が日本に根を下ろし，広く流布すると，和歌と仏教との習合作用がおこり，仏教に潤色された詠歌が教団の内外で行われるようになった．その代表的な例に〈御詠歌(ごえいか)〉がある．御詠歌は*西国三十三所，*四国八十八箇所などの霊場を巡礼する際に朗唱した〈巡礼歌(うた)〉の俗称である．巡礼歌の起源は平安時代の花山院のころまでさかのぼるといわれるが，独特な哀調をおびた曲節が付されて，*札所(ふだしょ)ごとに所定の短歌を朗吟する御詠歌が流行するのは中世末期以降である．中世の初期，*西行・*慈円・*無住道暁などおもに密教僧の間に，和歌は*陀羅尼(だらに)に相当するという密教的和歌観が成立する．御詠歌はこうした和歌即陀羅尼観を基盤として流行した．詠歌は陀羅尼であるがゆえに，これを朗吟すれば仏・菩薩も納受すると信ぜられた．

御詠歌の流行に並行して，修験道(しゅげんどう)や一部の真言宗においては，神仏を礼拝するのに実際に和歌を陀羅尼として唱えることが行われた．中世の後半以降*神道の密教化が著しいが，特にそこにみられる「大事」と称する秘伝書の類(たぐい)には多数の〈秘歌〉が収載されている．これらの秘歌は明らかに呪文(じゅもん)として唱えたものである．なお平安時代中頃から行われる〈訓伽陀(くんかだ)〉や〈*教化(きょうけ)〉も，法会の中で朗吟された詠歌である．これらは，梵讃(ぼんさん)・漢讃(かんさん)にかわる*和讃(わさん)の一種とみられる．

「この詠歌のことばを翻(かへ)して，仏をほめ奉り，法を聞きてあまねく十方の仏土に往詣し」〔古来風体抄〕「御詠歌とかやいふ歌を，大声どもしぼりあげつつ，一堂(ひとだう)のうちゆすりみちてこたふなるは」〔菅笠日記〕

永観 えいかん　1033(長元6)-1111(天永2)　〈ようかん〉とも読む．院政期*浄土教の代表的人物．父は文章博士源国経(みなもとのくにつね)．11歳のとき*禅林寺の深観に師事．翌年東大寺で*具足戒を受け，有慶・顕真に*三論を学び諸宗を兼修する．早くより*念仏の行をはじめ，30代で東大寺三輪宗の別所である山城国相楽郡の光明山寺に隠棲して念仏を専らにする．1072年(延久4)，40歳で禅林寺に帰住．1100年(康和2)より3年間東大寺別当を勤めたほかは，*称名念仏と衆生教化・福祉活動を通じて浄土教の流布に努め，*法然(ほうねん)にも大きな影響を与えている．主著に*『往生拾因(おうじょうじゅういん)』があり，その主張を実践化した往生講の作法として*『往生講式』を制作している．なお，禅林寺は彼の名をとり〈永観堂〉と通称される．

影供 えいぐ　〈えいく〉とも読む．神仏や故人の肖像に供物(くもつ)を捧げて祀(まつ)ることをいう．もとは儒者が聖人としての*孔子(こうし)の画像を祀ることから始まったらしいが，現在でも，真言宗で弘法大師空海の忌日にその画像を供養する〈御影供(みえいく)〉，日蓮宗で日蓮の忌日に同様の供養を行う〈御影講(みえいこう)〉などの儀式がある．和歌史上では，平安時代白河天皇のときに創始されたという，歌聖柿本人麻呂の画像を掲げて祀り和歌を献ずる〈人丸影供(ひとまるえいぐ)〉が特に著名である．「三月八日，この御影を供養して，御影供といふ事をとりおこなふ」〔問はず語り5〕「敦光に讃つくらせ，顕仲に清書せさせて，(人丸の画像を)本尊として始めて影供せられける時に」〔十訓抄4〕

永源寺 えいげんじ　滋賀県神崎郡永源寺町にある臨済宗永源寺派本山．瑞石山と号す．1361年(康安1)に寂室元光(じゃくしつげんこう)(1290-1367)が開く．元光の門下に弥天永釈(みてんえいしゃく)(?-1406)などの四哲が出るに及んで教線を延ばし，室町時代には永源寺四派を形成し，1495年(明応4)には寺格が鎌倉*円覚寺の上に列せられた．その後一時衰えたが，1643年(寛永20)一絲文守(いっしぶんしゅ)(1608-46)が入山し中興した．現在の堂宇は1728年(享保13)朴宗禅師の時に建造された．塑造寂室和尚坐像，絹本着色約翁徳倹像，同地蔵十王図，紙本墨書寂室元光墨跡，同遺偈など多くの寺宝がある．

栄西 えいさい　1141(保延7)-1215(建保3)　〈ようさい〉とも読む．日本*臨済宗の祖．いわゆる鎌倉新仏教の祖師の一人．鎌倉幕府の帰依を受けた最初の禅僧．道号は明庵(みょうあん・みんなん)．葉上房，千光法師とよばれる．備中(岡山県)吉備津神社の社司賀陽氏の出で，比叡山で*台密を学ぶが，山上の先師たちの渡海求法の後をついで，28歳で5カ月，47歳より5年の二度入宋．*天台山に巡礼し，*天童山で虚庵懐敞(きあんえじょう)より臨済宗黄竜派の禅と戒を受けた．第2次入宋は，西域よりインドに赴いて親しく仏陀の遺跡を礼する計画であったが，金軍の南下で断念．帰朝後，京都で*教外別伝(きょうげべつでん)の禅を説く日本達磨宗の*大日能忍(だいにちのうにん)とともに比叡山の弾圧をうけ，*『興禅護国論』を上進して仏法の総府，諸教の極意としての禅宗の立場を弁明する．幕府の帰依で，*寿福寺や*建仁寺を創し，東大寺再建の大勧進となるなど，広く日本仏教の中興につとめる．

晩年，源実朝に献じた*『喫茶養生記』は医薬としての*茶の効用を説いたもので，当時は最新の百科全書であった『太平御覧』によっていて，国際的教養人としての一面をあらわす．ほかに，『教時義勘文』(1176)，『菩提心論口訣』(1187)，『出家大綱』(1200)など，台密と戒律の著作がある．

叡山 えいざん　⇒比叡山(ひえいざん)

栄山寺 えいさんじ　奈良県五條市小島町にある真言宗豊山(ぶざん)派の寺．学晶山梅室院と号す．719年(養老3)に藤原武智麻呂(むちまろ)(680-737)が創建したと伝えるが，創建年代には異説がある．もとは〈前山寺〉と書き〈さきやまでら〉と訓じた．天平宝字年間(757-765)に，武智麻呂の子の仲麻呂(706-764)が亡き父母のために八角堂を建立．興福寺の末寺として多くの寺領を有して栄え，南北朝期には長慶天皇(1343-94)の行宮(あんぐう)となった．八角堂は法隆寺の*夢殿とともに奈良時代の八角堂として貴重で，堂内の柱や天井などには*飛天(ひてん)などの絵が残る．境内には他に*本堂・塔之堂・*鐘楼(しょうろう)などがあり，寺の北には武智麻呂の墓がある．本尊は薬師如来坐像(室町時代)．梵鐘(ぼんしょう)はもと山城国の道澄寺にあったもので，917年(延喜17)に完成した．『栄山寺文書』(5巻)は現在では国の所有となっている．

永宣旨 えいせんじ　〈ようせんじ〉とも読む．元来は平安時代に朝廷から諸国に対し永例として賑給(しんごう)・施米や諸仏事の召物(めしもの)を賦課するため発給された文書．宣旨のほか綸旨(りんじ)・院宣(いんぜん)の形式が用いられた．鎌倉時代以降は，寺院社会による公家護持の祈禱への勧賞として，寺家・院家や寺僧に*僧綱(そうごう)位(僧都・律師位)や有職(うしき)位(*阿闍梨(あじゃり))の補任権が永宣旨により付与された．この永宣旨をうけた*別当・*門跡(もんぜき)・院主などは，上奏を経ずに配下の寺僧・弟子に*僧階を与えることが許された．寺院内で貴種(貴族出身の寺僧)は公家主催の法会に出仕し，その功で僧階昇進を遂げたが，その機会をもたぬ平僧(出自の低い寺僧)は永宣旨によって僧綱位(ただし「権(ごん)」官)や有職位に就くことができた．このように僧階の補任権が公家から寺院・寺僧に移譲された結果，僧綱位・有職位は実務・学識から離れ，単なる寺僧の地位の呼称となり，さらに*仏師・医師も永宣旨により僧綱位が与えられた．

叡尊 えいぞん　1201(建仁1)-90(正応3)　〈えいそん〉とも読み，〈睿尊〉とも書く．字・房名は思円(しえん)，*諡号(しごう)は興正菩薩(こうしょうぼさつ)．鎌倉時代の律僧で，*真言律宗の祖師．奈良の興福寺の僧を父として現在の大和郡山市に生まれる．1217年(建保5)，17歳の時に京都府山科の醍醐寺(だいごじ)で得度し，同年に東大寺戒壇で*受戒(じゅかい)した．醍醐寺などで密教を主に学ぶ．1235年(嘉禎1)に*西大寺(さいだいじ)に入寺す．翌36年9月に，興福寺の*覚盛(かくじょう)，円晴(えんせい)(1180-1241)，有厳(うごん)(1186-1275)らと東大寺法華堂の観音菩薩の前で*戒律を守ることを誓って菩薩僧(単に自分だけの悟りをめざすのみならず，他人も救済しようとする僧のこと)となった，と主張した．これを自誓(じせい)受戒という．これ以後，奈良西大寺を中心として興法利生(こうぼうりしょう)(仏教を興し，衆生を救済する)活動に努めた．

*悲華経(ひけきょう)に基づく釈迦信仰・*太子信仰・文殊(もんじゅ)信仰などを広め，戒律護持を勧めた．とくに，癩病患者の救済活動や宇治橋修造などの社会救済活動で知られる．62歳の時には，北条実時(1224-76)他の請いにより鎌倉へ下向し，都市鎌倉の人々に大きな影響を与え，関東地方でも叡尊教団が大発展する契機となった．また，晩年には，*易行(いぎょう)成仏の近道として不断*光明真言(ふだんこうみょうしんごん)を始め，西大寺の年中行事とした．叡尊は戒律と密教とを*不即不離の関係にあると位置づけていた．著書に自伝の『感身学正記』3巻，『梵網経古迹記輔行文集』10巻，弟子の聞き書きである『興正菩薩叡尊御教誡聴聞集』などがある．高弟に*忍性(にんしょう)がいる．

永代経 えいたいきょう　〈永代読経(どきょう)〉の略で，〈永代供養(くよう)〉ともいう．先祖など死者のために*位牌(いはい)をまつり，*命日(めいにち)または毎月の*忌日(きにち)，または春秋の*彼岸(ひがん)などに永代にわたって*菩提寺(ぼだいじ)で読経してもらうこと．したがって*施主(せしゅ)がいなくなったり子孫が絶えても，また住職が代わっても，その読経供養は続けられる．*布施(ふせ)は長年の供養に必要なだけのものが必要となる．永代経は主に真宗(しんしゅう)でいうのに対し，他の宗派では〈祠堂経(しどうきょう)〉という．

影堂 えいどう　祖師や高僧の木像・絵像を安置した堂．「影堂・金堂の砌(みぎり)には，入堂の人希(まれ)にして，大塔・西塔の中には，転経の音絶えたり」〔金剛峯寺供僧等解案 永暦1.6.25〕．→御影堂(みえいどう)．

叡福寺 えいふくじ　大阪府南河内郡太子町にある単立寺院．磯長山(しながさん)聖霊院(しょうりょういん)と号し，〈磯長寺〉ともいう．もと真言宗．境内に聖徳太子墓がある．622年(推古30)，聖徳太子がその妃と共に斑鳩宮(いかるがのみや)に没したので，遺命によってここに葬った．中央に御母(穴穂部間人(あなほべのはしひと)皇后)，その東に太子，西に御妃(膳部菩岐々美郎女(かしわでのほききみのいらつめ))を配し，世にこれを三骨一廟(さんこついちびょう)という．歴代の天皇は多くここを崇敬し，*親鸞(しんらん)は19歳のとき参籠し告示を受けた．聖霊殿(1603)には聖徳太子十六歳像を安置する．→聖徳太子.

『永平広録』 えいへいこうろく　*道元撰. 10巻. 道元の*興聖寺・大仏寺・*永平寺における*上堂・小参・*法語・*頌古・真賛・偈頌などの集録に, *『普勧坐禅儀』『坐禅箴』を加えたもの. 第1の興聖寺語録, 第9の頌古, 第10の真賛・偈頌は詮慧, 第2の大仏寺語録, 第3-4の永平寺語録, 第8の小参・法語は*懐奘, 第5-7の永平寺語録は義演の編集になる. 伝写本としては, 永平寺蔵の門鶴本, 慶長3年(1598)書写の輪王寺本, 興聖寺蔵の興聖寺本などがある. 寛文12年(1672)卍山道白が序を付して刊行した.

永平寺 えいへいじ　福井県吉田郡永平寺町にある*曹洞宗大本山. 山号は吉祥山. 開基は波多野義重. *道元は, 京都に近い深草の*興聖寺から義重の請により, 1243年(寛元1)越前に移り, 翌年大仏寺を開き, 1246年(寛元4)寺号を〈永平寺〉と改める. 鎌倉行化の一時期を除き晩年をここで過し, 弟子の打出(育成)と*『正法眼蔵』の撰述につとめた. 寺号は中国への仏教公伝とされる後漢の永平年間になぞらえたものといわれる.

1253年(建長5)道元示寂の後, *懐奘が永平寺2世となったが, 1267年(文永4)病のため徹通義介にゆずり, 義介第3世となる. その後, 教団の発展をめざす義介の派と, *只管打坐の伝統を固守しようとする義演の派との間に, 確執が起った. これら新旧両派の争論は, 前後3回にわたり, 三代相論とよばれる. 義介一派は, ついに永平寺を出て加賀の大乗寺に移り, その門から*瑩山紹瑾が出て能登に*総持寺を開いた. 永平寺は義演・寂円・義雲とつづき, 寂円の法系は, 天正年間の20世門鶴にまで至った. その後は寂円下以外の相続となり, 徳川時代は関三刹(下総総寧寺, 下野大中寺, 武蔵竜穏寺)から晋住するようになった. 明治以後は, 宗内の公選となり現在に至る. 寺宝に道元自筆の*『普勧坐禅儀』(1233)を有する.

『永平清規』 えいへいしんぎ　*道元撰. 2巻. 〈清規〉とは, 禅林独自の教団規則をいう. 6編より成り, 1.「典座教訓」は, 修行僧の朝昼2回の食事を掌る役職者(*典座)の心得を説いたもの, 2.「弁道法」は, 禅林の日課・行事を示したもの, 3.「赴粥飯法」は, 食事(粥飯)の作法を説いたもの, 4.「衆寮箴規」は, 修行僧の食事後の読書や喫茶を行う寮舎(*衆寮)での作法・心得を示したもの, 5.「対大己五夏闍梨法」は, 5年以上禅林で修行した*長老に対する後輩の礼儀作法を説いたもの, 6.「知事清規」は, 禅門寺院の運営を管理する僧(*知事)の職掌と心構えを示したもの, である. 各編個別に成立したが, 寛文7年(1667), 永平寺30世光紹智堂が, 一書に編集して初めて刊行した. →清規.

永保寺 えいほうじ　岐阜県多治見市虎渓山町にある臨済宗南禅寺派の寺院. 虎渓山と号す. 1313年(正和2)*夢窓疎石が, *高峰顕日に同参の元翁本元(1282-1332)と共に美濃長瀬山に庵居したのが初め. 後, 元翁は長く留まって大道場と成した. 南禅寺派の法統を継ぐ. 開山堂は元翁の塔所. 南北朝の遺構で, 方1間・*裳階付き・*入母屋造・*檜皮葺の*祠堂と, 方3間・入母屋造・檜皮葺の*昭堂からなる. 観音堂は, 方3間・裳階付き・入母屋造・檜皮葺の堂で室町期の遺構. 開山堂と共に禅宗仏堂の典型を示す. ほかに絹本着色千手観音像(南宋請来本)が伝わる.

永明延寿 えいめいえんじゅ　[Yǒng-míng Yán-shòu]　904-975　臨安府(浙江省)余杭の人. 俗姓は王氏. 智覚禅師と号す. 幼くして出家を志したが果たさず, 官吏となったが, 30歳で*得度. その後, 天台徳韶の法を嗣いで, *法眼宗第3祖となる. 952年に明州雪竇山資聖寺に住し, 960年に呉越の忠懿王に請われて杭州霊隠寺を復興し, 翌年, 永明寺(後に浄慈寺)に移った. 禅と浄土思想との一致を目指し諸宗の体系化を試みたが, 信仰面では, 毎日, 弥陀の*名号を十万遍称えるなど真摯な浄土念仏者であった. このため忠懿王は西方広厳殿を建てて彼を住させ, 石芝宗暁は彼を蓮宗第7祖と仰いだ. 高麗王はその学徳を敬慕し, 36人の僧を遣わして学ばせた. これにより法眼宗は高麗に広まり, 朝鮮禅浄宗の発展を見るに至った. 代表的な著作は*『宗鏡録すぎょうろく』(100巻)で，その他『万善同帰集』(3巻)，『唯心訣』などがある．

絵入本 えいりぼん　絵を挿入した書籍．仏書ではインドの具葉ばいよう本(→貝多羅葉ばいたらよう)の夾板きょうばん裏，チベットの紙本しほん仏典の首尾に仏・菩薩・天部などの画像を入れたものがある．また*敦煌莫高窟とんこうばっこうくつ出土の仏典中，観音像や如来像を挿入した経巻があり，宋版そうはんの*観音経や『文殊指南図讃もんじゅしなんずさん』は絵入経典の典型である．日本では，天平時代の*『絵因果経』や鎌倉時代の*『華厳五十五所絵巻』が知られる．江戸時代では*十王経や和文の*『往生要集おうじょうようしゅう』をはじめ，縁起・僧伝など啓蒙的な出版物に絵入本が多い．なお，文学関係にも絵入本は多い．

『絵因果経』 えいんがきょう　過去現在因果経(4巻，劉宋の*求那跋陀羅ぐなばっだら訳)の内容(*仏伝ぶつでん)を経巻の上半分に描き，下半分に書写した経文と対応させて作った*絵巻．奈良時代に唐本に基づいて制作された．『過去現在因果経絵』ともいう．正倉院文書によると，奈良時代に少なくとも3部あった．遺品としては，上品蓮台寺じょうぼんれんだいじ(京都市北区)，*醍醐寺だいごじ，東京芸術大学ほかに蔵されている．また，鎌倉時代1254年(建長6)制作のものが根津美術館と五島美術館に蔵され，〈新因果経〉とも呼ばれている．→過去現在因果経．

慧遠[1] えおん [Huì-yuǎn]　334–416　中国,東晋代の僧．〈*廬山ろざんの慧遠〉と呼ばれる．俗姓は賈氏．雁門楼煩(山西省寧武)の人．若くして儒家・道家の学問に通じたが，21歳のとき太行恒山で*道安と出会い，弟子となった．365年，道安に伴われて四百余人の同門の人びとと襄陽に移り，のち，道安と別れて，384年(一説に386年)以後没するまで廬山の東林寺に住した．この間，391年には僧伽提婆そうぎゃだいばを迎えて『阿毘曇心論あびどんしんろん』4巻などの訳出を請い，401年以降，長安に来た*鳩摩羅什くまらじゅうと親交を結び，402年，123人の同志とともに念仏の結社(*白蓮社びゃくれんしゃ)を結び，404年，桓玄かんげんに反論して『沙門不敬王者論しゃもんふきょうおうじゃろん』を著し(→沙門不敬王者)，410年には羅什教団から追われた*仏駄跋陀羅ぶっだばっだらを迎え入れている．

廬山の慧遠教団は，江南の仏教の中心として戒律を守り，中国仏教教団の基礎を作った．また中国*浄土教の祖とも見なされる．著書には前記のほか，『沙門袒服論』『明報応論』『念仏三昧詩集序』などがあり，また鳩摩羅什との手紙による問答は*『大乗大義章』3巻としてまとめられている．

慧遠[2] えおん [Huì-yuǎn]　523–592　中国,北周–隋代の僧．〈浄影寺じょうようじ慧遠〉と呼ばれる．俗姓は李氏．*敦煌とんこうの人．20歳のとき大統の法上に*具足戒を受け，その後，曇隠どんいんに*『四分律』を学び，さらに法上に地論じろん教学を学んで*地論宗南道派の学問を大成した．また北周の武帝の*廃仏の際には，これを諫めたが，むなしく汲郡の西山に隠棲した．晩年は浄影寺に住み，多くの経論の注釈書を著した．著書に*『大乗義章』20巻，『維摩義記』8巻，『大般涅槃経義記』10巻，『観無量寿経義疏』2巻，『十地経論義記』7巻(うち4巻現存)などがある．

会下 えか　〈えげ〉とも．『下学集』下に「会下は参禅参学を以て本と為す」とあり，一人の師の下に集まって学ぶ修行者の総称，また修行するところをいう．「大宋国の叢林にも，一師の会下に，数百千人の中に，実まことの得道得法の人は，はつか一二なり」〔随聞記3〕「やがて関東へ修行に出で，松島の会下に三年候うて」〔伽・三人法師〕

慧可 えか [Huì-kě]　487–593　中国*禅宗の第2祖．*洛陽らくよう武牢(河南省洛陽付近)の人．俗姓は姫き，名は神光．その伝記は史実と伝承が入り混じっている．若い頃から儒教の古典を学び，長じて仏書を読んで自得し，出家する．40歳の時，嵩山すうざん*少林寺の*菩提達摩ぼだいだるま(達磨)に教えを請うたが，その際，左臂を切断し，求道の切なる思いを示した〈慧可断臂えかだんぴ〉の話は，画題として有名である．後，鄴都ぎょうとに出て説法すること34年，義学の徒の誣告ぶこくによって刑せられた．敦煌とんこう本*『二入四行論ににゅうしぎょうろん』は，達磨・慧可に代表される初期禅仏教を担った人々の*語録ごろくであり，徹底して*般若はんにゃを実践していこうとする禅法は，*牛頭禅ごずぜんや*洪州宗こうしゅうしゅうの禅に直結する要素を持つ．

慧観 えかん [Huì-guān]　4–5世紀．中国，南北朝時代初期の僧．俗姓は崔氏．清河(河北省邢台州・山東省武城付近)の出身．若くして出家し，のち廬山ろざんの*慧遠えおんの弟子となったが，*鳩摩羅什(くまらじゅう)が中国に来ると北地に赴き，その教えを受けた．*僧肇(そうじょう)と並び，「難を精くするは，観・肇第一なり」と評されたという．羅什の死後，建康に帰って道場寺に住し(これによって道場寺の慧観とよぶ)，71歳で没．

*『十誦律(じゅうじゅりつ)』に精通し，慧厳(えごん)，*謝霊運(しゃれいうん)らと協力して*曇無讖(どんむしん)訳〈涅槃経〉40巻(北本)を一部改訳，再編集して36巻本(南本)を作った．また現存する経序，『法華宗要序』『修行地不浄観経序』『勝鬘経序』を著した．*道生(どうしょう)の〈*頓悟(とんご)説〉に対して〈漸悟(ぜんご)説〉を唱える．これに関して，『弁宗論』『論頓悟漸悟義』などを著したとされるが，現存しない．釈尊説法の内容を*頓教・漸教に分け，漸教について三乗別教・三乗通教・抑揚教・同帰教・常住教の〈五時教判〉を立て，南地の教判論の基礎を築いた．→五時教，教相判釈．

易学と仏教　えきがくとぶっきょう　原始仏教では卜筮(ぼくぜい)や占いや呪術にたよることを禁止したが，後代の大乗仏教，特に真言密教では妥協的容認の態度が見られる．インドの仏教が中国に伝来した時，中国人がその教理を解釈理解し，教学として整理体系化するのに最も大きな役割を果したのは，いわゆる〈三玄〉(易と老・荘)の古典学術思想であった．→老荘思想．

【易学による仏教教理の解釈】このうち易学についていえば，インドの仏教は「聖人は神道を以て教を設く」〔易経観卦彖伝〕の〈神道〉の一種として受け取られ(*慧遠(えおん)『沙門不敬王者論(しゃもんふきょうおうじゃろん)』，僧肇(そうじょう)*『肇論(じょうろん)』涅槃無名論など)，したがって*仏陀(ぶった)はインドの〈聖人〉として理解された(『肇論』宗本義など)．また「浮屠(ふと)(＝仏)の祭祀」〔後漢書楚王英伝〕と記されたように，仏陀を中国古来の〈*天神〉もしくは「西方の神」(袁宏『漢紀』)として理解したため，神と仏とが早くから折衷習合された．一方また神道の〈神〉を，「万物より妙なるもの」〔易経説卦伝〕で，「精極まりて霊と為(な)れる者」〔沙門不敬王者論〕と解釈したため，人間の神霊(霊魂)が実体化されて六朝期の大規模な*神滅不滅(しんめつふめつ)の論争を引き起すに至った(*『弘明集(ぐみょうしゅう)』などに記載の范縝(はんしん)「神滅論」および諸家の「難神滅論」)．

このほか仏教の業報(ごうほう)*輪廻(りんね)の教説も，「咸は感なり…二気感応して以て相与(あいくみ)す」〔易経咸卦彖伝〕の*感応(かんのう)の哲学によって，「心は善悪を以て形声を為し，報は罪福を以て影響を為す．本(こころ)は情を以て感(うご)きて応(むくい)おのずから来る」(慧遠『明報応論』)と解釈され，業報の主体も「積善の家には必ず余慶あり，積不善の家には必ず余殃(よおう)あり」〔易経坤卦文言伝〕によって，祖先から子孫に及ぶ〈家〉を基盤として理解された．わが国の俚諺にいう「親の因果が子にめぐる」である．

【六朝隋唐期における思想的影響】さらにまた，隋唐期の中国仏教哲学を代表する天台・華厳両宗の教学においても，たとえば智顗(ちぎ)の*『摩訶止観(まかしかん)』の〈止〉と〈観〉の哲学，宗密(しゅうみつ)の*『原人論(げんにんろん)』の〈理〉(理法界)と〈性〉(仏性)の哲学などは，『易経』の「止静」〔艮卦〕と「観道」および「貞観」〔観卦，繫辞伝下〕，「理を窮(きわ)め性を尽くす」「性命の理に順(したが)う」〔説卦伝〕などの教説と密接な関連を持っている．また信仰修道の実践面においても，「嘉(よ)く遯(のが)る，貞(ただ)しければ吉なり」〔遯卦〕，「信を履(ふ)み順を思う」〔繫辞伝上〕ないし「邪を閑(ふせ)ぎて其の誠を存す」〔乾卦文言伝〕，「苟(いやしく)も其の人に非ざれば道は虚(むな)しくして行われず」〔繫辞伝下〕などの教説が，六朝期の慧遠・*僧肇・*道安らの義解(ぎげ)僧(仏教経典解釈学の僧侶)の著作にしばしば引用・強調されている．

【日本の場合】ちなみに「積善の家には必ず余慶あり」云々の句は，『平家物語』2.小教訓にも，「父祖の善悪は必ず子孫に及ぶとこそ見えて候へ」と前置きして，平重盛が父の清盛を諫(いさ)める言葉の中にそのまま引用されている．また，聖徳太子の著述とされる*『勝鬘経義疏(しょうまんぎょうぎしょ)』自性清浄章に「信順の二忍は是れ大乗の因なり」と述べられている〈信順〉の言葉と思想も，上記『易経』の「信を履み順を思う」に基づく．

易学は日本に入って来てから中国文化の一部と見なされ，特に排斥されることもなかったが，浄土真宗は，易にたよることは弥陀一仏に対する信仰に反するものとして強く斥けている．

絵系図　えけいず　日本中世に*真宗門徒の一部で用いられた，絵像を用いて法脈を表現した系図．親鸞(しんらん)の弟子源海に始まる荒木門流の，明光(みょうこう)の中国地方の門弟たちや，了源(りょうげん)の率いる*仏光寺教団により鎌倉末–南北朝初期頃から用いられた．当初は了源など教団の指導者を起点とする門徒集団内の師弟関係を表示するために使用されたが，寺院の歴代住持を系図の形で表現するものも現れ，中近世移行期頃からは単に僧形(そうぎょう)の人物絵像，ないし僧形の人物絵像を複数描いたものを絵系図と呼ぶようになり，系図の表現という当初の機能は変質していった．各絵像には*法名(ほうみょう)，没年月日，*逆修(ぎゃくしゅ)年月日などが記入されて寺院に保管され，法事の際の*位牌(いはい)と同様な機能を果すようになる．現在も仏光寺派寺院の一部で用いられ，盆に絵系図参りが行われる場合もある．

廻向 えこう ［*s*: pariṇāma, pariṇāmana, pariṇāmanā］ 〈回向〉とも書く．原語は変化・変更・成熟・発展などを意味し，またインド哲学，特に*サーンキヤや*唯識(ゆいしき)の教理において，〈*転変〉〈能変〉などと訳される重要な術語となった．仏教では自己の善行の結果である*功徳(くどく)を他に廻(めぐ)らし向けるという意味に使われ，〈廻向〉と漢訳された．廻向という仏教語にはいくつかの発展段階がある．*布施(ふせ)の功徳を父母兄弟に廻らし向けるという例は，原始経典にみられる．ここには，功徳は他に移し替えることができるというインド的な発想がある．大乗仏教になると，廻向を受ける対象が一切衆生(しゅじょう)に拡大された．善行を単に自己の功徳としただけでは真の功徳とはならず，それを他の一切のものに振り向けることによって，完全な功徳になるという大乗仏教の思想がここにある．

*浄土教では，*念仏をはじめすべての功徳を一切の衆生に振り向けて，共に往生したいと願う心を，〈廻向発願心(えこうほつがんしん)〉または〈廻向心(えこうしん)〉とよぶようになった．*曇鸞(どんらん)は，廻向には，*往相(おうそう)・還相(げんそう)の2種があるとし，功徳を一切衆生に振り向けて共に往生せんとするのを〈往相廻向〉といい，一たび浄土に往生した人が，そこに留まることなく，*輪廻(りんね)の世界にもどって，一切衆生を浄土に向かわしめることを〈還相廻向〉と名づけた．これに対して*親鸞は，往相・還相ともに，廻向の主体たりうるのは*阿弥陀仏(あみだぶつ)のみであるとし，衆生の側からの*自力による廻向を否定した．衆生側に立てば，これは〈不廻向〉とよばれる．

以上のさまざまな語義を踏まえた上で，わが国では，仏事法要に僧侶を招いて読経念仏し，故人の冥福菩提を祈ることを〈廻向〉とよぶようになった．

「我，十二年の間修する所の善根，今日極楽に皆廻向す」〔今昔 15-31〕「御念仏果てて，声よき僧の廻向したる，いみじう尊きに」〔栄花 玉の台〕

慧光 えこう ［Huì-guāng］ 468–537 中国,北魏–東魏代の僧．*地論宗(じろんしゅう)南道派の祖．また四分律(しぶんりつ)宗の祖ともされる．俗姓は楊氏．河北省滄州市(定州長盧)の出身．13歳の時，*洛陽に行き，仏陀扇多(ぶっだせんた)のもとで出家した．若くして聖沙弥(しょうしゃみ)と称されるほどの俊才で，『摩訶僧祇律(まかそうぎりつ)』*『四分律』などの諸律や，*華厳経(けごんぎょう)・*十地経(じゅうじきょう)・*維摩経(ゆいまぎょう)・*『十地経論』などの諸経論を学び，講じた．508年からの4年間に*勒那摩提(ろくなまだい)・*菩提流支(ぼだいるし)が*世親(せしん)の『十地経論』を訳出するにあたって，その訳場に立ち会い，さらにそれに注して『十地論疏』を著した．僧官としても才能を発揮し，鄴(ぎょう)の都に入り国統になり，「僧制十八条」を定め*僧官制度を整えた．また*教判(きょうはん)として，因縁宗・仮名(けみょう)宗・誑相(おうそう)宗(不真宗)・真宗(常宗)の四宗判を立てた．大覚寺において70歳で没した．慧光門下には法上，僧範，道憑(どうひょう)，曇遵，慧順，霊詢，道慎，曇衍，安廩(あんりん)，僧達などがいる．その後，地論宗南道派は法上の弟子の浄影寺*慧遠(えおん)に至って大成された．

廻向文 えこうもん 〈回向文〉とも書く．*廻向のサンスクリット語は pariṇāmanā といい，振り向けること，という意味．*修行によって蓄積した*善根や*功徳(くどく)を自分のためにではなく，他人や人以外の生物の幸せを願って振り向けることを〈廻向〉という．また*追善，つまり死者の安穏を期待して仏事法要を営んでその功徳を振り向けることもいう．〈廻向文〉とは，「乃至法界衆生平等利益」のごとく仏事法要などの最後にその功徳を*衆生(しゅじょう)や死者のために廻向する目的で読まれる文をいう．

衣裓 えこく 花を盛る器．*散華(さんげ)を入れる器．花かご．*華籠(けこ)．〈裓〉は本来は衣の裾すそのことであるが，衣の前衿とする解釈もある．

会座 えざ　仏法を聞くために集まる場所をいう．説法が行われている会場の聴法者の座席．「一会のありさま，実に如来涅槃ねはんの会座，思ひ合はせらる」〔興正聴聞集〕

会三帰一 えさんきいち　仏の教えに声聞しょうもん・縁覚えんがく・菩薩ぼさつの〈*三乗さんじょう〉の差別が存するのは*方便として説かれたものであるから，その差別に対する執着を捨て去ることによって，それらを絶対の〈一仏乗(*一乗)〉に統一(会)し帰一せしめるという考え方をいう．*法華経ほけきょう思想の特徴が会三帰一にあることは，すでにこの経の訳者*鳩摩羅什くまらじゅうの門下において，*僧肇そうじょう・*道生どうしょう・*慧観えかんらによって唱えられたが，この法華経観は中国仏教界に大きな影響を与え，*法雲ほううん・*吉蔵きちぞうらもこれを唱え，とくに天台宗に取り入れられて大成された．「法華已前にはただ未だ会多帰一を論ぜざるのみならず，また未だ曾かつて従一出多を説かず」〔真如観〕．→開三顕一かいさんけんいち．

慧思 えし［Huì-sī］　515–577　〈南岳大師〉〈思大和尚〉とも称す．中国,河南省武津の人．天台宗の大成者*智顗ちぎの師であり，中国天台宗第2祖．北斉の慧文禅師に就き法華経による*禅定ぜんじょうの境地(*法華三昧ほっけざんまい)を体得する．また，*般若はんにゃ思想の実践者でもあり，般若・法華などの諸大乗経の講説につとめる．生涯において，しばしば悪論師たちに迫害されたが，徹底した求道をつらぬいた．『立誓願文りっせいがんもん』において，*末法まっぽうの考えをはじめて唱え，阿弥陀と弥勒の信仰をもっていたとされる．河南省南部の大蘇山だいそざんに住していた時，智顗に*法を伝え，晩年，湖南省衡山こうざん(南岳なんがく)にこもる．他に『法華経安楽行義』『諸法無諍三昧法門』『随自意三昧』などの著作がある．

依止 えじ　依託止住えたくしじゅうの意．頼りとし，拠り所として留まること．*法華経ほけきょう涌出品に「此れ等は是れ我が子なり，是の世界に依止す」とある．この漢訳に先立って，後漢の鄭玄じょうげん(127–200)の『周礼』注に「山川は蓋けだし軍の依止する所なり」の用例がみえる．「師なき時は，所の上首に依止すべし」〔明恵遺訓〕

会式 えしき　〈法会の式次〉の略．仏教各宗の読経・説法の集りのことで，*法会と同義に用いられる．特に日蓮宗では，*祖師の正*忌日きにちに行う法会を〈御会式おえしき〉といい，毎年10月12,13の両日，同宗派の寺院にて報恩の法会が営まれる．ことに*逮夜たいやにあたる12日夜は，万灯行列と共に多くの参詣者がつめかけ，終夜*団扇太鼓の音が絶えない．池上*本門寺および堀ノ内妙法寺(東京都杉並区)の法会が盛んで有名．〈御影供みえいく〉〈御影講みえいこう〉〈御命講おめいこう〉などともいう．「林鐘半ば(陰暦6月中旬)，かの会式にて御座候ふ程に，ただ今参詣仕り候ふ」〔謡・九世戸〕

壊色 えじき［*s*: kaṣāya］　青黄赤などの原色を破壊した色の意．インドでは修行者(*比丘びく)が着用する衣の色として，衣服に対する執着を捨てさせるために華美な色(青黄赤白黒の5標準色と緋紫緑などの5中間色)は避けられ，壊色が用いられた．普通は柿渋色(木蘭もくらん)で，木や樹皮・果汁などで染められる．今日でも東南アジアの比丘僧の衣は〈黄衣こうえ〉が一般であるが，その色は黄色ではなく木蘭色と考えられている．kaṣāya は〈*袈裟けさ〉と音写され，〈僧衣〉を意味するが，この壊色の衣を原義とする．

会釈 えしゃく　仏典中の異なった説を照合し，その教えの根本に立ちかえって融和させ，矛盾なく説明すること．〈会〉は和会わえ，〈釈〉は解釈の意．〈会通えつう〉に同じ．転じて意見の調和をはかる，相手にうまく対応するなどの意となり，再転して軽い挨拶の意となった．「もし両宗偏党せば，あにこの会釈を設くべけんや」〔摧邪輪〕「一定をとはんをりは，両方に会尺をまうくる由の案どもにて」〔愚管抄6.後鳥羽〕．→会通．

会者定離 えしゃじょうり　会う者は必ず別離するの意．*生者必滅しょうじゃひつめつとともに，世の*無常をあらわす語．大乗涅槃経2に「夫れ盛んなるは必ず衰うることあり，合会すれば別離あり」といい，また遺教経に「世は皆無常にして，会えば必ず離るることあり」という．「盛者必衰・会者定離と云ふことわりは，是にて侍るなり」〔愚管抄3.桓武〕

エジャトン［Franklin Edgerton］　1885–1963　アメリカの言語学者，インド学者．言語学者ブルームフィールドに比較言語学，サンスクリット語を学び，のちイェール大学で教鞭をとった．大乗仏教経典の*偈げ文などに特徴的な方言とみられていたサンスクリット語の研究を飛躍的に進展させ，『仏教混淆梵語文法および辞典』(*Buddhist Hybrid Sanskrit Grammar and Dictionary*, 1953)という，近年のインド学・仏教学で最も重要な著作の一つを出版した．ほかに，ヒンドゥー教の聖典*『バガヴァッド-ギーター』のテキスト校訂・英訳の業績も残している．

依正 えしょう　依報えほうと正報しょうぼう．〈正報〉とは*衆生しゅじょうの心身，〈依報〉とは正報たる衆生の心身のよりどころとなる環境世界をいう．衆生と*国土．どちらも過去の行為の報いとして受けたものであるということから，依報・正報といわれる．中国天台宗第6祖*湛然たんねんはその著『法華玄義釈籤ほっけげんぎしゃくせん』において十不二門じっぷにもんをたて，その第6に依正不二門を説いた．〈依正不二〉とは，主体たる正報とそのよりどころたる依報とが一体*不二の関係にあることをいう．「阿弥陀経は，極楽の依正二報の功徳を説く」〔法華百座 3.27〕

慧沼 えしょう [Huì-zhǎo]　650-714　中国,唐代の僧．俗姓は房氏．山東省淄博市(淄州ししゅう淄川)の出身．*法相宗ほっそうしゅう第2祖で，淄州大師と称される．15歳で出家，*玄奘げんじょう・*基きに師事し，法相唯識ゆいしきの教えを学んだ．語学にも堪能で*義浄ぎじょうや菩提流志ぼだいるしの訳経に際して証義をつとめた．西明寺*円測えんじきが『成唯識論疏』を著して基の説を批判すると，『成じょう唯識論了義灯』7巻を著して反駁した．また，一乗家の法宝ほうぼうが『一乗仏性究竟論いちじょうぶっしょうくきょうろん』6巻を著して*一切皆成仏いっさいかいじょうぶつを主張したのに対して，*五性各別ごしょうかくべつ・一分いちぶん無仏性説の立場から論争を挑み，『能顕中辺慧日論』4巻を著して反論した．日本では*徳一とくいちが慧沼の立場を引き継ぎ，*最澄さいちょうと*三一権実さんいちごんじつ論争を展開した．

懐弉 えじょう　1198(建久9)-1280(弘安3)　曹洞宗の僧．道号は孤雲．京都の人．初め比叡山横川よかわで出家．のち*大日能忍だいにちのうにんの禅をついだ覚晏かくあんを*多武峰とうのみねに訪い，その日本達磨宗の徒をつれて1234年(文暦1)深草興聖寺の*道元の門に投じた．以来師の没する1253年(建長5)まで常に随侍し*『正法眼蔵しょうぼうげんぞう』の浄書・整理に従事した．道元の法話を筆録して*『正法眼蔵随聞記』としてまとめた．道元の法をつぎ*永平寺2世となり，1267年(文永4)その席を徹通義介てっつうぎかいにゆずる．遺言により師の傍に葬られた．

『廻諍論』 えじょうろん　[*s*: *Vigrahavyāvartanī*]　*竜樹りゅうじゅ(ナーガールジュナ)に帰せられる論書の一つ．70の詩頌とそれに対する自注によって構成される．サンスクリット校訂本のほか，チベット語訳および漢訳がある．本書は，*ニヤーヤ学派およびアビダルマ(*阿毘達磨あびだつま)論師との問答という形式をとり，ことば・知覚・*法(dharma)などが*空すなわち*無自性むじしょうでありながら，いかにして空を証明するかや，知覚や善悪の行為が可能になるのかを論じる．前半20*偈げまでが反論で，後半の50偈がそれに回答するという構成をもつ．竜樹に帰せられる論書の中では，散文のかたちでサンスクリット本が残される唯一の論書である．チベットでは，*『中論ちゅうろん』『六十頌如理論ろくじゅうじゅにょりろん』『空七十論』『ヴァイダルヤ(広破)論』とあわせ，竜樹の5理論書の一つとされる．

回心 えしん　〈廻心〉とも書く．自己の不信の心に気付き，宗教の世界に向かって目が開かれること．すべての宗教に普遍的な現象で，回心なくして*信心の確立はないといっても過言ではない．英語のconversionに当る言葉で，キリスト教では〈かいしん〉と呼んでいる．ただ，〈かいしん〉と読んだ場合には，犯罪者が罪を悔い改め，更生を誓う意味にも使われるが，〈えしん〉と読む場合はすべて宗教的意味である．ちなみに中国古典では，『漢書』礼楽志に「天下をして心を回らして道に郷むかわしむ」などと見える．

仏教的回心にはいろいろな意味がある．仏教の真理に気付き，覚りを求める心をおこすこと．これは*発心ほっしんともよばれる．また，小乗に執着していた心を捨てて，大乗の信仰をおこすこと．これを〈回心向大えしんこうだい〉または〈回小向大えしょうこうだい〉という．さらに浄土教では，*自力じりきの心をひるがえして，本願*他力たりきに帰することをもいう．*『歎異抄たんにしょう』には「一向専修のひとにおいては，廻心といふこと，ただひとたびあるべし」というが，他方，空海の*『十住心論じゅうじゅうしんろん』は，回心の奥にさらに次の回心があるという構造を明らかにしている点に特色がある．

「合掌して仏に帰依す，廻心して禅を学習す，厭離す今の罪網，恭敬す古(むかし)の真筌(しんせん)」〔菅家後集〕

穢身 えしん　けがれた肉身．不浄なる*凡夫(ぼんぶ)の肉体．仏教では一般に，我が身をけがれたものと考え，肉身を捨て肉身を超えたところに*解脱(げだつ)を見出だそうとする．中国の古典においては，我が肉体をけがれたものとして捨て去ろうとする思想はほとんどみられず，むしろ現実の自らの肉体の*不死もしくは長生を希求した例が数多くみられる．なお，日本の古典中の仏教語としては，〈穢身〉と〈依身(えしん)〉(生命あるものがよりどころとする肉体)を混同誤用した例が少なくない．「たとひ四部の書をかがみて，百療(はくれう)に長ずといふとも，いかでか有待(うだい)の穢身を救療(くれう)せん」〔平家 3. 医師問答〕

恵心僧都 えしんそうず　⇒源信(げんしん)

恵信尼 えしんに　1182(寿永1)–1268(文永5)?　*親鸞(しんらん)の妻．親鸞の越後(新潟県)流罪(るざい)により同地で結婚したらしい．越後の豪族三善為則の息女と伝え，親鸞より9歳年下．3男3女の母．親鸞と行動を共にしたが，晩年，京都から越後に帰り，孫たちの養育や雇人の管理に当った．京都の末娘*覚信尼にあてた手紙10通(恵信尼文書)が*西本願寺に現存し，親鸞を知る第一級史料である．*他力(たりき)信心の上でも，親鸞第一の弟子．

恵心流 えしんりゅう　⇒恵檀二流(えだんにりゅう)

依他起性 えたきしょう　⇒三性(さんしょう)

恵檀二流 えだんにりゅう　平安末期から，*比叡山(ひえいざん)を中心として，*本覚思想・*観心(かんじん)主義・*口伝(くでん)主義に基づく天台教理の授受・伝承の流派が発生し盛行したが，その成立を慈慧大師*良源(りょうげん)の2弟子，恵心院*源信(げんしん)と檀那院*覚運(かくうん)に託したため，〈恵心流(えしんりゅう)〉〈檀那流(だんなりゅう)〉の系脈ができた．これにつき定珍(じょうちん)(1571頃)の『先徳名匠記』によれば，「天台宗に恵檀両流を分かつ事は，慈恵(慧)大師に恵心院源信と檀那院覚運の二弟子あり，源信には観門，覚運には教門を伝授す．是れ両門の根元なり．光定(最澄(さいちょう)の弟子)云く，天台山にて最澄は行満から教門を，道邃(どうずい)から観門を授けられたことに由来す」とあり，恵檀両流の起源を最澄の*天台山における受法に求めている．ところが，檀那流の相伝書には檀那流に*本門(ほんもん)，恵心流に*迹門(しゃくもん)が伝えられたとされている．このように，両流ともに自流の方にこそ最高の真理が伝えられたと主張しており，その内容はいずれもきわめて本覚思想的性格が顕著である．

のちに恵心流から椙生(すぎう)流・行泉房流など，檀那流から慧光房(えこうぼう)流・竹林房流・安居院(あぐい)流などが派出し，それらには*実子相承(じっしそうじょう)のものが多い．この傾向は，密教の流派や口伝・*切紙(きりがみ)の伝授の影響が天台教理の授受にまでおよび，師弟の系脈が閉鎖的な法流となった．なお，恵心流では忠尋(ちゅうじん)(1065–1138)の『漢光類聚鈔』『法華略義見聞』，その弟子皇覚(こうかく)の『三十四箇事書』，檀那流では澄豪(ちょうごう)(1049–1133)の『紅葉赤山影響秘奥密記(こうようせきざんようごうひおうみっき)』などが重要文献としてあげられるが，いずれも両流の学僧に名を借りた偽託書で，その成立年代の考証が課題となっている．

会通 えつう　もと『易経』繋辞上伝の言葉．事物の多様な変化それぞれにうまく適合して，事態が滞りなく進展すること，あるいは，その道理．仏教学では，経典解釈上の術語として用い，〈*会釈(えしゃく)〉ともいう．そもそも経典が歴史的に形成されたものである以上，その中に一貫した*教理によっては疏通しえない章句が含まれることは避けられない．これに対し，仏の〈教〉は，さまざまな*教化(きょうけ)の対象や情況に応じて説かれたものであって，矛盾のごとく見える教説も，深い一貫した〈*理〉に裏付けられたものであるという立場から，多様な文章表現のそれぞれに適合するような，融通性のある統一的な解釈を行うことを〈会通〉という．『大般涅槃経集解(だいはつねはんぎょうしゅうげ)』*『法華義記』など南朝の*経疏(きょうしょ)の中で用いられ，のち*教相判釈(きょうそうはんじゃく)の考えと結びついて頻用される．「私に会通を加へば，本文を黷(けが)すが如し」〔観心本尊抄〕

『閲蔵知津』 えつぞうちしん　中国，明の蕅益(ぐうやく)*智旭(ちぎょく)著．48巻．1654年の成立．*大蔵経を読む(閲蔵)場合の拠り所(知津)となるようにと著した，いわば仏典解題集である．仏典を，経・律・論(*三蔵(さんぞう))と雑の四蔵に大別し，三蔵は*大乗と*小乗とに，雑蔵は西方

(インド)撰述と此方(中国)撰述とに分け，重要な典籍1773部につき，翻訳の考証や要旨などを記している．なお，大乗経は，天台の五時の教判きょうはん(→五時八教)に則って分類されており，密教はその中の方等部に収められている．

穢土 えど　けがれた国土．仏・菩薩の国たる〈浄土じょうど〉に対して，*凡夫ぼんぶの住む現実世界，または*三界・*六道のように生死しょうじ流転るてんする迷いの世界の総称．*五濁ごじょくの穢土であるこの世を厭い，仏の国への*往生を願うことを〈*厭離穢土おんりえど・*欣求浄土ごんぐじょうど〉という．しかし，心さえ清浄しょうじょうであればこの穢土もまた浄土に等しいと見なす〈心浄土浄〉の説や，穢れ多いこの*娑婆しゃば世界にこそ，光り輝く浄土的世界が見られるとする〈娑婆即寂光土〉の思想などもある．「他力称名の行者は，此の穢身はしばらく穢土にありといへども，心はすでに往生をとげて浄土にあり」〔播州法語集〕．→浄土．

絵解き えとき　掛け軸や*絵巻に描かれた，*六道ろくどうや高僧の一代伝記，寺院の縁起などの絵を解説する視聴覚による説教．また，絵解き説教を行う僧侶や芸能者．日本における文献上の初出は，『李部王記』逸文にみられる，承平元年(931)貞観寺の*八相成道はっそうじょうどう柱絵の説明とされる．平安時代以降，絵解きの行為はさまざまな記録にみることができる．絵解きを行うのは，寺院の僧侶が中心であるが，鎌倉時代制作の『一遍聖絵いっぺんひじりえ』(*『一遍上人絵伝』)には，傘の柄に巻物をつり下げた俗体の男が描かれ，絵解きを行う芸能民と考えられている．その姿は，『三十二番職人歌合絵巻』の男や，『住吉祭礼図屛風』の*熊野比丘尼くまのびくになどにみられ，いずれも絵を指し示すための棒を持つ．

絵解きされるのは，古くは*壁画にされた『法華経変相図』などで，その淵源は*敦煌とんこう壁画にもみることができる．『浄土変観経曼荼羅』(*当麻曼荼羅たいままんだら)の絵解きは，中将姫伝説と結び付いて中世から近世にかけて盛行した．『聖徳太子絵伝』の絵解きは，*太子信仰の流布とともに全国に広がり，富山県瑞泉寺では掛幅図をもとに現代でも行われている．絵画や文献に散見する熊野比丘尼は，『那智参詣曼陀羅』を持ち歩き，各地を歩いて絵解きをしていた．また，現行の和歌山県*道成寺どうじょうじの『道成寺縁起絵巻』のように，絵巻物を絵解きする例もあり，物語縁起の流布に深く関わっている．絵解きは，平安時代には上層階級が対象であったが，中世・近世を通して，庶民に親しまれるようになった．

「絵解き参る．いまだ聞かざるの間，召して聞かしむ．更に感気なし．甚だ比興の事なり」〔看聞御記永享5.9.3〕

慧日 えにち [Huì-rì]　680–748　中国，唐代の僧．萊州らいしゅう(山東省萊州市)の出身．慈愍流じみんりゅう浄土教の開祖，慈愍三蔵慧日のこと．*義浄ぎじょうのインド求法の事績に感化され，23歳の時，自ら海路インドに向かい出発．18年間に70余国を巡って，719年に陸路*長安に帰京し，玄宗より〈慈愍三蔵〉の号を賜る．旅行中に，観音の霊告を得て浄土法門は諸行に勝過せりとの信仰に達し，帰朝後はもっぱら*浄土の業を勧修かんじゅした．『略諸経論念仏法門往生浄土集』3巻(『浄土慈悲集』，上巻のみ存)，『般舟三昧讃はんじゅざんまいさん』，『願生浄土讃』，『西方讃』などを著す．748年，69歳にて洛陽罔極寺もうごくじに寂した．思想的には*善導ぜんどうの浄土教を基盤としつつも，同時に禅と浄土との双修並行することを主張した点が注目され，*永明延寿えいめいえんじゅ(904–975)の禅浄合一の思想にも影響を与えた．

慧能 えのう [Huì-néng]　638–713　唐代の禅宗の僧で，〈六祖大師〉〈曹渓そうけい大師〉などとも呼ばれる．俗姓は盧ろ氏，嶺南の新州(広東省)の人．若くして蘄州きしゅう(湖北省)の黄梅山の5祖*弘忍こうにんに参じ，*印可いんかを得た後，嶺南に帰って韶州しょうしゅう(広東省)の曹渓山宝林寺や大梵寺を中心に布教を行い，新州の国恩寺で没した．嶺南に東山法門を伝えた人として〈弘忍の十大弟子〉の一人にも数えられた人物であったが，特別の位置づけがされるに至ったのは，弟子の荷沢*神会かたくじんねの活動によるところが大きい．

弘忍没後，禅の主流を形成したのは，中原に展開した*神秀じんしゅう門下の*北宗ほくしゅう禅の人々であったが，神会はこれに対して〈*南頓北漸なんとんほくぜん〉説を唱え，師の慧能こそが〈六祖〉であると主張した．この主張は神会の社会的な成功によって広く受け入れられて定説化した．そのため憲宗からは「大鑑禅師」と諡(おくりな)され，後世，禅の主流を形成することになる*南岳懐譲(なんがくえじょう)や青原行思(せいげんぎょうし)(?–740)もその門下とされるに至り，〈*南宗(なんしゅう)の祖〉としての地位が確立された．

*『景徳伝灯録』の「慧能伝」などでは*金剛般若経(こんごうはんにゃきょう)との関係が強調され，慧能が黄梅山で修行していた時，「*本来無一物(ほんらいむいちもつ)」の偈文を提示して師に認められた，あるいは，得法の後，長年にわたって隠遁生活を送っていたが，印宗に見出されて出家を遂げたなどの様々な説が見られるが，これらは敦煌(とんこう)本*『六祖壇経(ろくそだんきょう)』や『曹渓大師別伝』などの説を承けるものであり，神会一派(*荷沢宗)の創作に基づく点が多い．なお，慧能が大梵寺で行なった説法の記録とされるものが『六祖壇経』であるが，後世の付加が著しく，最も古い形態を伝える敦煌本ですら荷沢宗による書き加えが多いと考えられている．

江ノ島 えのしま　〈江の島〉〈絵ノ島〉などとも書く．神奈川県藤沢市にある陸繫島．地名は，島の形が〈江〉という文字に似ていたからという．早くから弁財天(べんざいてん)信仰で栄え，現在も観光地となっている．『吾妻鏡(あずまかがみ)』によれば，1182年(寿永1)4月5日，奥州藤原秀衡(ふじわらのひでひら)*調伏(ちょうぶく)のために，源頼朝は，*文覚(もんがく)上人に大弁財天を*勧請(かんじょう)させた．頼朝は，有力御家人を率いて現場に臨んだ．文覚は，江島(えのしま)神社に同日より26日まで*参籠(さんろう)し，祈禱を行なった．これが史料上の初見であるが，それによれば，江ノ島弁財天は頼朝によって勧請されたことになる．おそらくそれ以前から，竜神の住む聖なる場と考えられていたのであろう．中世以後，江ノ島*明神(みょうじん)は，竜形の弁財天で，江ノ島竜穴に住んで雨と致富を担当していると信じられた．江戸時代に入ると，江島神社は，岩本院・上之坊・下之坊の三社に分立し，全島が三社の領地とされたが，しだいに，岩本院が優勢になっていった．→弁才天(べんざいてん)．

衣鉢 えはつ　〈えはち〉〈いはつ〉とも読む．*三衣(さんね)と*一鉢(いっぱつ)のことで，*出家・*受戒のときも，これを持つことが条件とされる．禅宗では，*『祖堂集』18に「衣鉢を授与し，伝えて六祖と為す」とあるように，弟子に*法を伝える証拠としてこの法具を用いることから，教法・奥義を意味するようになった．師匠と弟子の法の授受を〈衣鉢を伝える〉〈衣鉢を継ぐ〉などと表現することから，転じて広く先人の事業・業績を継承することを〈衣鉢を継ぐ〉という．「自ら如来寿量品を書写して，衣鉢を投げて諸(もろもろ)の僧を請じて，一日の法会を修して」〔今昔14-3〕

衣服 えぶく　着衣．一般に身に着する着物を指し，僧尼の身にまとう*袈裟(けさ)，衣(ころも)の総称．無量寿経(むりょうじゅきょう)には，*阿弥陀仏(あみだぶつ)の*四十八願のうち第三十八願として〈衣服随念願〉をあげ，*極楽浄土に住む人々は，衣服を得ることに苦労せず，裁縫・洗濯などの必要もないことを述べている．

絵仏師 えぶっし　*仏画の製作工人．平安時代に密教伝来を契機として仏画製作が盛んになると，それを専門とする絵師が生まれた．平安後期には，世俗画を本務とする絵師や仏像彫刻を専門とする*仏師(木仏師)に対し，〈絵仏師〉と呼ばれた．この時代の仏師と同様，はじめ寺院工房に所属し，僧侶に準じて僧名を名のった．やがて私的な工房を構えるものがで，造仏の褒賞として講師職(こうじしき)や*僧綱(そうごう)位を得た．1068年(治暦4)教禅(きょうぜん)(?–1075)が法橋(ほっきょう)に叙せられたのを始めとし，*法印に昇った智順(ちじゅん)・頼源(らいげん)などが知られる．鎌倉時代以降，興福寺や東大寺などの寺院で絵所座が形成され，僧綱位が世襲的に継承された．こうした絵所座の諸派のほか，室町初期まで続いた宅磨(たくま)派の系譜が知られる．また絵所絵師や画技に優れた僧(画僧)が仏画を描くこともあった．「右の仏師等，謹んで案内を撿するに，御倉町の絵仏師となりて年序を経るの間」〔御倉町絵仏師等解 久安3.6.23〕

依報 えほう　⇒依正(えしょう)

依法不依人 えほうふえにん　〈法に依(よ)りて人に依らず〉の意．依り所を求めるのに，その教えを誰が説いたかではなく，教えの内容の真理性に依るべきであるということ．*『大智度論』9には，〈依法不依人・依義不依語・依智不依識・依了義経不依未了義〉と並べている．これを通常，〈法の四依〉という．

会本 えほん　本文とは別に用いられている注釈書を，本文の各分節ごとに合わせて併記し，一本とした書籍のこと．中国宋朝(960–1279)以降の刊行本にこの形式が多く用いられ，講習の便宜のため近代の学者に広く用いられるところとなった．たとえば『法華玄義釈籤しゃくせん会本』は，天台*智顗ちぎ述*『法華玄義』とその注釈書である荊渓*湛然けいけいたんねん著『法華玄義釈籤』を明の万暦年中(1573–1619)，天台山仏隴ぶつろうの真覚が会合したものである．

絵馬 えま　祈願や奉謝のため社寺に奉納する馬の絵などを描いた額のこと．神馬じんめ奉納(献馬)に起源をもつ．後に土馬や木製の馬形，紙馬の奉納に代わり，平安時代に板絵馬が発生してくる．現存する絵馬の遺品はほとんど室町時代以降のものであるが，すでにこの頃から絵は馬に限らなくなった．江戸時代には役者絵・歌仙絵・武者絵・物語絵や船・鉄砲・算術などさまざまな絵馬があらわれた．また諸病平癒のためのものもある．絵馬は大きさによって〈大絵馬〉〈小絵馬〉に分けられる．絵馬を掲げる建物を〈絵馬堂〉という．「前に板に書きたる絵馬あり．足の所破れたり」〔今昔 13-34〕「江戸中寺社の絵馬に，吉弥面影を乗り掛けに，坊主小兵衛が馬子の所，これを見てさへ恋にしづみ」〔浮・男色大鑑 5〕

絵巻 えまき　巻子かんすに描いた絵画作品で，〈詞ことば〉(文章)と〈絵〉が前文後図の形で交互に配列されるのが普通である．日本絵巻の直接の母体は中国で，8 世紀中頃に中国の作品を模写した*『絵因果経えいんがきょう』が現存している．これは経文が絵の下に書かれた上図下文の形である．絵巻が日本で特に発展したのは〈大和絵やまとえ〉が成立した平安時代中期以降で，物語文学の隆盛に合わせて物語絵巻が盛んに作られ，また説話に関心が高まった平安後期には説話絵巻が作られるようになった．前者の例に，12 世紀中頃の『源氏物語絵巻』，後者に 12 世紀後半の『伴大納言絵巻ばんだいなごんえまき』があげられる．

また仏教宣教のために仏教説話の絵巻も作られ，12 世紀後半の*『地獄草紙じごくぞうし』*『餓鬼草紙がきぞうし』が伝存している．鎌倉時代になると，仏教界の活況を反映して，高僧伝絵巻・社寺縁起絵巻が多数作られた．前者では*法然ほうねん・*親鸞しんらん・*一遍いっぺん・弘法大師(*空海)など祖師伝絵巻がそれぞれ数種類作られ転写された．後者では『北野天神縁起』『長谷寺縁起』『八幡縁起』などが室町時代にかけて広く転写された．このほか，鎌倉・室町時代には，前代からの主題に加えて，合戦絵巻・歌仙絵巻・御伽草子絵巻など文学関係の絵巻が作られているが，その絵は平安時代以来の大和絵の伝統を継承した典雅なものが多い．しかし，室町時代末期になると，新作の題材は冊子形式をとるものが多くなり，また絵の様式も変化をみせ，大和絵の絵巻はここに終焉する．

会理 えり　852(仁寿 2)–935(承平 5)　平安前期の真言僧．9 世紀終り頃から 10 世紀初め，絵画・彫刻にすぐれた識見と技術をもって活躍した．出家して高僧の誉れ高かった宗叡しゅうえい(809–884)や*聖宝しょうぼうに密教を学んだが，『東寺長者補任』に「木仏絵像共究竟」と記されるように上醍醐かみだいご(*醍醐寺)の薬師三尊像，東寺(*教王護国寺)食堂じきどうの千手観音せんじゅかんのん造立にかかわり，また*比叡山ひえいざん常行三昧堂じょうぎょうざんまいどうの阿弥陀あみだ造立や柱絵，東寺灌頂院かんじょういんの祖師影などを制作した．915 年(延喜 15)東寺*凡僧ぼんそう別当，928 年(延長 6) 77 歳で権律師，同年東寺二長者にのちょうじゃになり，932 年(承平 2)律師，935 年(承平 5)に権少僧都になっている．『東大寺別当次第』(第四十代別当の項)によって，これよりさき 926 年(延長 4)から東大寺講堂の千手せんじゅ・虚空蔵こくうぞう・地蔵の造立に仏師五十余人と共にあたったことが知られる．また，東大寺大仏殿柱絵を画くなどその生涯を通じての幅広い業績は特筆されるべきであろう．

衣領樹 えりょうじゅ　冥土めいど(*冥途)において罪人の衣服を脱がせて懸ける樹．〈衣領〉とは，もともと着物のえりの意味であるが，転じて衣服の意味にも用いられる．*三途さんずの河の渡し場に大きな樹があり，*奪衣婆だつえばと懸衣翁けんえおうという 2 匹の鬼がいて，死人の衣服を脱がせて樹に懸け，その下がり具合で生前の罪の軽重を判断するといわれている．地蔵菩薩発心因縁十王経に，「官の前に大樹あり，衣領樹と名づく」とあり，禅珍の『十王経抄』に「梵に大波羅樹と云う，又毘羅樹と云う．漢に衣領樹と云う．罪人の衣を懸くるが故に，衣領樹と云うなり」とある．

エローラ [Ellora]　インド，マハーラーシュトラ州アウランガーバード北西のヴェールルレー村近在の石窟寺院せっくつじいん．1.9 キロメートルにわたる東面の崖に，南から北へ，仏教(7–8 世紀)，ヒンドゥー教(6–9 世紀)，ジャイナ教(8–9世紀)の3宗教の石窟群が並ぶ．仏教窟(第1–12窟)は各尊像の配置が幾何学的で，多臂(たひ)像や女性尊が見られるなど，密教的な性格が強く窺える．ヒンドゥー教窟(第13–29窟)では岩盤を削って巨大な寺院を作り上げた第16窟(カイラーサナータ寺)が有名で，力感と動きにあふれた神像彫刻群はヒンドゥー教美術の最高傑作の一つに数えられる．ジャイナ教窟(第30–34窟)では多くの彫刻や天上画が残る第32窟が重要である．→石窟寺院．

縁 えん ［s: pratyaya］　広義には，原因一般，あらゆる条件をいい，狭義には，結果を引き起こすための直接的・内的原因を〈因(いん)〉(hetu)というのに対し，これを外から補助する間接的原因を〈縁〉という．広義の場合，縁はさらに4種に分類されることがある(四縁)．また慮知(りょち)するという意味で，主観と客観との関係，すなわち心識が外的な対象を認識する作用を〈縁〉といい，この場合，用言〈縁ずる〉と読むことが多い．また〈所縁〉とは縁ぜられたもの，すなわち認識の対象をいう．以上は〈縁〉の仏教独特の用法である．この他，漢訳仏典に現れる中国古典と共通の用法としては，由来する，手段，えにし，などがある．→因縁，四縁．

「理を縁として菩提心を発するも，また因果を信じて，勤めて道を修行すべきや」〔往生要集大文第4〕「仏法を習ひ伝へむ心深きに依りて，仏法を伝ふべき縁有らば，おのづから参り着きなむ」〔今昔4-25〕

円覚 えんがく　まどかな悟りの意で，仏の悟りのこと．これを主題とする*円覚経によれば，〈円覚〉は大陀羅尼門(だいだらにもん)の名で，これから「一切の清浄なる真如，菩提，涅槃(ねはん)，および波羅蜜(はらみつ)を流出す」という．禅宗において好まれた語で，たとえば永嘉玄覚(ようかげんかく)の*『証道歌(しょうどうか)』には「諸行無常一切空，即(すなわ)ち是れ如来の大円覚」とうたわれる．なお*宗密(しゅうみつ)は，この悟りの特徴を，分別・念想がない点に見出している．日本では*本覚思想と関連して強調された．「いまの観心無常，すなはち如来大円覚なり，大円覚如来なり」〔正法眼蔵三十七品菩提分法〕

縁覚 えんがく　［s: pratyeka-buddha, p: pacceka-buddha］　サンスクリット語あるいはその俗語形から〈辟支仏(びゃくしぶつ)〉とも音写される．*新訳では〈独覚(どっかく)〉と漢訳されるように，師なくして独自にさとりを開いた人をいい，仏教のみならず*ジャイナ教でもこの名称を用いる．*十二因縁を観じて理法をさとり，あるいはさまざまな外縁によってさとるゆえに〈縁覚〉という．独覚は，仲間をつくって修行する〈部行(ぶぎょう)独覚〉と，麒麟の一角の如く独りで道を得る〈麟角喩(りんかくゆ)独覚〉とに分ける．大乗仏教ではこの立場を自己中心的なものと考え，声聞(しょうもん)とともに*二乗と称する．「三根の差別に随って，三種の菩提を出す．いはく，声聞の菩提，縁覚の菩提，諸仏の菩提」〔摧邪輪上〕．→声聞．

円覚経 えんがくきょう　詳しくは〈大方広円覚修多羅了義経〉．1巻．北インド出身の仏陀多羅(ぶっだたら)(Buddhatāra)が唐代に*白馬寺において訳出したと伝えられるが，実際には8世紀初めごろ中国で撰述された*偽経．一切の衆生が本来有していながら悟入できずにいる*如来(にょらい)の浄らかな〈円覚〉(まどかな悟り)を主題とし，中国・朝鮮・日本で広く用いられ，特に禅宗では今日にいたるまで重視されてきた．*『大乗起信論』の影響を強く受けており，同じく偽経の*首楞厳経(しゅりょうごんきょう)との関係が深い．文殊・普賢など12人の菩薩が質問して，釈尊が答えるという構成になっている．文殊の質問に対しては，仏には〈円覚〉と名づけられる大陀羅尼門(だいだらにもん)があり，そこから*真如(しんにょ)・*菩提(ぼだい)・*涅槃(ねはん)・*波羅蜜(はらみつ)が流出すると説く．注釈書に，*宗密(しゅうみつ)の『円覚経大疏』13巻(または6巻，12巻)，『円覚経大疏鈔』13巻，『円覚経道場修証儀』18巻その他がある．→円覚．

円覚寺 えんがくじ　神奈川県鎌倉市山ノ内にある臨済宗円覚寺派本山．山号は瑞鹿山(ずいろくさん)．鎌倉*五山の第二．1282年(弘安5)，北条時宗を開基とし，*無学祖元(むがくそげん)を開山として創建された．無学についで来朝僧の大休正念(だいきゅうしょうねん)，西磵子曇(せいかんしどん)，*一山一寧(いっさんいちねい)，東明恵日(とうみょうえにち)，清拙正澄(せいせつしょうちょう)らが，わが国の僧では桃渓徳悟(とうけいとくご)，無隠円範(むいんえんぱん)，南山士雲(なんざんしうん)，*夢窓疎石(むそうそせき)，*古先印元(こせんいんげん)ら諸派にわたる禅僧が住持した．ほかに*虎関師錬(こかんしれん)，*中巌円月(ちゅうがんえんげつ)らが遊学し，*義堂周信(ぎどうしゅうしん)は塔頭(たっちゅう)黄梅院主として知られている．1374年(応安7)に大火にあい，これを義堂が復興した．室町時代も火災を重ね，1563年(永禄6)の火災で山内は退廃したが，1625年(寛永2)に*仏殿を再修して以来，諸堂宇が復興された．舎利殿しゃりでん(室町時代)は太平寺仏殿を移築したもの．紙本淡彩円覚寺境内絵図(鎌倉時代)によって，往時の*伽藍がらんがしのばれる．

本尊は宝冠釈迦如来像．寺宝には梵鐘(1301年)をはじめ，木造無学祖元坐像(鎌倉時代)，絹本着色無学祖元像(1284年自讃)，絹本着色五百羅漢像(鎌倉時代)，銅造阿弥陀三尊像(1271年)，円覚寺開山簞笥収納品(鎌倉時代)，北条時宗書状(1278年)など優れた文化財が多い．なお『仏日庵公物目録』(1363年)は，当時の禅刹の収集品を知るうえできわめて貴重である．

円観 えんかん　1281(弘安4)-1356(延文1，正平11)　円観は房名で，諡おくりなは慧鎮えちん．慈威じい和尚・五代国師ともいう．鎌倉末期から南北朝時代の天台系の律僧．近江(滋賀県)に生まれる．1295年(永仁3)15歳のときに，*延暦寺えんりゃくじで出家し，伊予房道政という延暦寺*官僧となる．1304年(嘉元2)には*遁世とんせし，いったんは禅僧になったが，1305年(嘉元3)には，興円こうえんを中心とする天台系の*戒律復興運動に従事した．その後，京都岡崎の*法勝寺ほっしょうじの大*勧進として復興に成功し，東大寺の大勧進にも就任した．遁世僧として京都の民衆の心を摑む一方，後醍醐天皇の信任を得て，鎌倉幕府討幕の祈禱に従事するなど，政僧としても名をはせた．南北朝期には中立の立場をとり，南北両朝の和平の使者となった．最近の研究では，円観とその教団が，『太平記』を制作したとする説もある．すなわち，従来，作者とされてきた小島法師は，円観の弟子で，法勝寺がいわば編纂所であったという．

縁起 えんぎ　[*s*: pratītya-samutpāda, *p*: paṭicca-samuppāda]　縁よって生起すること．ゴータマ-ブッダ(*釈迦しゃか)の悟りの内容を表明すると伝えられる，仏教の根本教理の一つ．生存の苦悩はいかにして生起し，また消滅するのかを示す，*諸法の因果関係．此れを縁とすること，の意をもつ〈此縁性しえんしょう〉(*s*: idaṃpratyayatā，*p*: idappaccayatā．*縁生)も同義．種々の縁起説は煩悩(*惑わく)→行為(*業ごう)→苦悩(*苦く)を骨格とするが，*無明むみょうを根本原因とする12の項目からなる縁起(*十二因縁)の説が次第に定着した．→因縁，因果．

【初期仏教・部派仏教】初期仏教時代の縁起説は，苦しみ悩む*有情うじょうが主題となったため，老死という苦しみの原因を無明(無知)に求める〈十二支縁起〉(十二因縁)説が代表的なものであった．続く部派仏教時代には，これを過去世・現在世・未来世の三世にわたる業の因果関係とみる三世両重の〈*業感ごうかん縁起〉説として解釈することが行われたが(*説一切有部せついっさいうぶ)，一般諸科学の発達に促されて世界観も広がったため，客観世界や客観的現象までも説明しうる〈*六因・四縁・五果〉(説一切有部)や〈二十四縁〉(南方上座部)というような縁起説も説かれるようになった．しかしこの段階までの縁起説は，迷いの世界(*有為うい)のみを説明するものであり，悟りの世界(*無為)は縁起の中に含まれなかったから，悟りは*滅めつや*解脱げだつと表現され，縁起を超越し縁起の滅した世界とされた．

【大乗仏教】初期の*般若はんにゃ経典は，縁起する諸法の本質が*空くうであり，個別の特徴をもたず(*無相)，それゆえすべての*執着しゅうじゃくをはなれることの必要性を強調した．また*竜樹りゅうじゅ(ナーガールジュナ)は，説一切有部が諸法に固有の本質(*自性じしょう)を認めたうえで縁起や因果を説明する点を批判した．かれは，諸法は空すなわち*無自性であるから縁起し，また縁起するから自性をもたず空であると語る．また，一切は*識しきのみであると説く*唯識派ゆいしきはでは，縁起は識の*転変の意であるとし，アーラヤ識(*阿頼耶識あらやしき)とマナス(*末那識まなしき)および*六識とが相互に因果となって転変することをさすとした．これを〈阿頼耶識縁起〉と呼ぶ．〈*真如しんにょ縁起〉(如来蔵にょらいぞう縁起)は*『大乗起信論』により大成された*如来蔵思想に見られる縁起説で，この現象世界は真如(如来蔵)が縁に従って現れたものと見る．また〈*法界ほっかい縁起〉(*重々無尽じゅうじゅうむじん縁起)は現象世界そのままが真如であると見るものであり，華厳経をもとにした中国の*華厳宗において形成された．さらに，この法界縁起説をふまえて，後に

*空海が六大縁起説を大成した．それぞれに性質と作用をもつ地・水・火・風・空・識の*六大(六界)が，*法身(ほっしん)*大日如来の本質として，また世間の一切の生き物や事物をも構成する本質として実在し，相互に無碍融通しながら*万法(まんぼう)に遍在しているありさまを〈六大縁起〉と呼んだ．

【語の転用・拡大】以上のように縁起は，仏教思想発展の各段階を通じて，その世界観・人間観を示すもっとも重要な教説であるが，もともと原因や条件を追求し説明しようとする姿勢から生れたものであったため，これが転用されてさまざまな語義が生じた．すなわち，神社仏閣や仏像・経典などの由来や沿革をも〈縁起〉といい，また幸・不幸の因由・前兆といった意で，「縁起が悪い」とか「縁起をかつぐ」というような言い方が生じた．さらに，寺社などの由来を意味する縁起も時代によって意味内容が拡大変化し，本来は漢文または変体漢文で表記した，寺社の起源や沿革本位の記述だったものが，平安末期頃から次第に霊験利益譚中心のものに移行し，絵を伴ったいわゆる〈縁起絵巻〉の制作も盛んになった．*『信貴山縁起』『北野天神縁起』『当麻寺(曼荼羅)縁起』などがそれで，従来の漢文縁起に対して物語縁起とでも称すべきものである．さらに鎌倉末期頃から*本地垂迹(ほんじすいじゃく)説に基づく中世本地物語が登場してくると，それらにも『厳島縁起』『諏訪縁起』など，縁起の名が付されるようになった．

「甚深の縁起の道理を観察せんと楽(ねが)ひ，最極の空・無願・無相の作意に安住せんと楽ふ」〔十住心論 5〕「寺家の縁起并(なら)びに資財等の物，子細に勘録して，早(すみ)やかに牒上すべし」〔元興寺伽藍縁起付牒天平 19.2.11〕

縁起相由 えんぎそうゆう　すべての現象は相関的な関係において成り立っているとする華厳宗(けごんしゅう)説．*法蔵(ほうぞう)が，師である*智儼(ちごん)が用いた譬喩に基づき，中期の作である『華厳経旨帰(しいき)』『華厳三宝章』において説き，晩年の*『華厳経探玄記(たんげんき)』でさらに展開した．一と多とは，互いに相手の存在のための*縁となりあうことによって一つの*縁起を成り立たせるという．たとえば，一と十という数があってこそ，一から十までの数全体が成り立ち，その中の存在である一と十もそれぞれ成り立つとするのである．

その相互の関係については，文献によって説明は様々だが，一と十とは別であるとして，その上で一と十とが互いに相対すると見る場合は，両者は〈別体〉であるといい，一と十とは同じものの二つの面であると見る場合は，両者は〈同体〉であるという．働きという観点から見る場合は，一の方を中心にして見ると，その一があってこそ全体が成り立つという点で，一が〈有力(うりき)〉であるとされ，十の方は〈無力〉といわれる．この他，繁雑な議論が展開されているが，これは，華厳経が描いている一即一切(いっそくいっさい)の不可思議な境地を，できる限り論理的に説明しようとする試みであり，現代数学の無限論に通じる性格を持っている．→一即一切・一切即一．

円教 えんぎょう　完全な教えの意で，中国では諸経典の内容を分類批判する教判(*教相判釈(きょうそうはんじゃく))において，究極的な教えを〈円教〉と名づけた．天台*智顗(ちぎ)はすべての経典の教えの高低浅深を，*三蔵教・*通教・*別教・円教の〈化法四教(けほうしきょう)〉に分類整理し，円教は華厳・方等・般若の説法中にもあるが，*法華経はもっぱら円教のみを説いたとして，これを〈円教〉とし，日本では天台宗を〈円宗〉という．華厳宗の*法蔵(ほうぞう)は小乗教・大乗始教・終教・頓教・円教の五教判を立てたが，円教は*一乗(いちじょう)のことで，華厳経を〈別教一乗〉として，法華系の〈同教一乗〉を超えるものとした．*台密(たいみつ)では密教を加えて〈一大円教〉とした．「六学生を差して円教の学を奨め，八大徳を屈して灌頂の水を飲ましむ」〔顕戒論上〕．→五時八教，五教十宗．

円教寺 えんぎょうじ　兵庫県姫路市書写山にある天台宗の寺．山号は書写山(しょしゃざん)．本尊は如意輪観音(にょいりんかんのん)で，*西国三十三所の第 27 番*札所(ふだしょ)．966 年(康保 3)に*性空(しょうくう)が創建したと伝える．霊場寺院として信仰を集め，花山(かざん)法皇(968–1008)や後白河法皇(1127–92)が行幸し，平清盛(1118–81)は一切経 7 千余巻を施入した．鎌倉時代には俊源の*勧進(かんじん)により堂宇が整備された．1331 年(元弘 1)雷火で諸堂を焼失したが，すべて再興された．*伽藍(がらん)は書写山の山上にあり，室町時代の*講堂・*食堂(じきどう)・常行(じょうぎょう)堂・金剛(こんごう)堂・護法堂・*鐘楼(しょうろう)などが立ち並ぶ．講堂安置の釈迦三尊像と観音堂(摩尼(まに)殿)安置の四天王像は創建当初のものである．

なお性空住山中，京都の貴紳僧俗による*結縁(けちえん)のための書写詣でが盛行したが，それに伴って結縁の詩歌も制作された．和泉式部の結縁歌「暗きより暗き道にぞ入りぬべき遥かに照らせ山の端の月」〔拾遺集 20〕は古来名歌として著聞し，具平(ともひら)親王(964-1009)の結縁詩は『本朝麗藻』下に収める．こうした背景のもとに書写山は天下有数の霊場とされ，*『梁塵秘抄(りょうじんひしょう)』にも「聖(ひじり)の住所」として「播磨なる書写(そき)の山」が散見する．また『義経記』3 には，寄宿中の武蔵坊弁慶と当山の衆徒の乱闘を活写し，それがもとで全山が灰燼に帰したとする．

縁切寺 えんきりでら　江戸時代の離婚は夫にのみ権限があったが，妻も特定の尼寺に駆け込み，尼として 3 年奉公することにより離婚できた．この特権をもつ尼寺を〈縁切寺〉〈駆込寺(かけこみでら)〉という．鎌倉*東慶寺(とうけいじ)の開山覚山尼(かくさんに)(1252-1306，北条時宗妻)が，家庭不和などに苦しむ女性を救済するため，寺法を定めたといわれているが，江戸時代には特にこの寺法が活用された．東慶寺以外には群馬県の満徳寺(まんとくじ)(廃寺)も有名である．両寺の特権は明治になり廃止された．

円空 えんくう　1632(寛永 9)-95(元禄 8)　江戸前期の修験(しゅげん)僧．美濃竹鼻(岐阜県羽島市)に生まれ，伊吹山(いぶきやま)での修験修行後，*遊行(ゆぎょう)僧となって北海道から畿内にわたる広範囲を行脚(あんぎゃ)した．この間，各地に大胆な彫法で多くの仏像や*神像，高僧像など，いわゆる〈円空仏〉を残した．その生涯に 12 万体の仏像をつくる*大願を立てたといわれる．材を四つないし八つに割って縦の直線を利用しながら鋭い鑿(のみ)痕を残した彫りが特徴で，その初期から円熟期に至る幅広い作風の変遷はあるものの，気を鑿に託して瞬間に注入したと思われる迫力をもつ像が多い．1666 年(寛文 6)には北海道を廻国し伊達市の善光寺聖観音(しょうかんのん)像以下 36 体の像を残しているが，作像は故郷に近いせいもあって岐阜・愛知両県に特に多い．なかでも竜泉寺(名古屋市守山区)に秀れた馬頭観音像や荒子観音寺(名古屋市中川区)に木端仏(こっぱぶつ)(*千体仏)が残されていて，その作風の特徴を捉えることができる．

円光 えんこう［Wŏn-gwang］　532-630 頃(異説あり)　新羅(しらぎ)仏教の基礎を築いた僧．姓は朴氏(異説あり)．円光の伝記は『続高僧伝』，古本『殊異伝』，『三国事記』，*『三国遺事』などに見えるが，内容が少しずつ異なるため，『続高僧伝』を基本にして他の資料で補う必要がある．それによると，円光は 25 歳頃に儒学を学ぶために中国に渡ったが，*金陵(きんりょう)で荘厳寺*僧旻(そうびん)の弟子の講義を聴いて儒学の虚しさを悟り，陳の皇帝の勅許を得て剃髪受戒．成実(じょうじつ)・涅槃(ねはん)に通じ，虎丘山に入って*禅定(ぜんじょう)を修めた．587 年には山を降りて*『成実論』を講義，隋の開皇 9 年(589)*長安に入り，*『摂大乗論(しょうだいじょうろん)』勃興の気運の中でその研究に励み，名声を得たため，新羅は帰国を求め，円光は 600 年帰国する．その後，世俗*五戒を作って仏教を国民道徳とし，占察(せんさつ)法会を開催し，百座講会に参加するなど，教化に励み，*皇竜寺(こうりゅうじ)で入寂する．著述に『如来蔵経私記』3 巻，『大方等如来蔵経疏』1 巻があったが，現存しない．弟子に円安らがいる．→占察経．

圜悟克勤 えんごこくごん［Yuán-wù Kè-qín］　1063-1135　臨済宗楊岐派(ようぎは)の禅僧．俗姓は駱氏．字は無著．北宋の徽宗(きそう)より〈仏果〉，南宋の高宗より〈圜悟〉の賜号を得た．彭州(四川省)の崇寧県の出身．幼くして出家，各地の禅者に参じて最後に竜舒(安徽省)の白雲山海会寺で 5 祖法演(ほうえん)(?-1104)に参じてその法を嗣いだ．崇寧年間(1102-06)，四川・成都の六祖院に初住，当時の知識人の庇護を得て諸寺に歴住した．成都の昭覚寺，澧(れい)州(湖南省)の夾山(かっさん)，長沙(湖南省)の道林寺において，*雲門宗(うんもんしゅう)中興の祖，雪竇重顕(せっちょうじゅうけん)(980-1052)が古則百則を選んだ『頌古(じゅこ)百則』(『雪竇頌古』)を門人に提唱し，垂示(すいじ)・*著語(じゃくご)・評唱(ひょうしょう)したものが『碧巌録(へきがんろく)』(10 巻)である．他に，没後編集された『圜悟仏果禅師語録』(20 巻)，『圜悟禅師心要』がある．門下には，*大慧宗杲(だいえそうこう)，虎丘紹隆(くきゅうじょうりゅう)(1077-1136)がある．→『碧巌録』．

円測 えんじき［Wŏn-ch'ŭk］　613-696　新羅(しらぎ)を代表する*唯識(ゆいしき)の学僧．諱は文雅．新羅国王の孫ともいわれる．15 歳で入唐して*長安におもむき，*玄奘(げんじょう)も師事した法常・僧弁から*真諦(しんたい)系統の唯識学を学んだ．インドや西域の諸語に通じていたことで知られ，西明寺(さいみょうじ)に住した．玄奘が帰国すると，玄奘が訳した*『瑜伽師地論(ゆがしじろん)』，*『成唯識論(じょうゆいしきろん)』，*般若心経(はんにゃしんぎょう)などの経論について研究し，独自の立場からいちはやく注釈を著して歓迎されたため，*基(き)やその他の玄奘門下から激しい非難・中傷を受けた．その思想は，*旧訳(くやく)の*仏性(ぶっしょう)思想に近く，折衷的であるとされてきたが，近年では，玄奘の立場に近いとする説が有力である．*則天武后(そくてんぶこう)に尊崇され，武后の命によって地婆訶羅(じばから)(Divākara)や実叉難陀(じっしゃなんだ)(Śikṣānanda)らの訳場に参加し，証義の役をつとめた．中国・新羅・日本の唯識学に大きな影響を与えており，『成唯識論疏』を初めとする多くの著作のうち，『般若心経賛』『仁王経疏(にんのうきょうしょ)』『解深密経疏(げじんみっきょうしょ)』などが残っており，『解深密経疏』はチベット語訳も現存している．

円寂 えんじゃく ［*s*: parinirvāṇa］ 原語は，完全な止滅を意味するが，〈般涅槃(はつねはん)〉と音写され，〈*入滅〉と漢訳されたりする．接頭辞の pari には，全きの意があり，nirvāṇa は*寂滅の意があるので，〈円寂〉と漢訳したのである．後に仏や高僧の死没をさすにいたる．なお中国では，〈円〉は修行が完成して一切の*功徳(くどく)を円満したことを意味し，〈寂〉は*煩悩(ぼんのう)(障)が滅したことと，分けて解釈されることもあった(*法蔵の解釈)．「(仏の存在は)生滅(しょうめつ)を超えて改めず，増減を越えて衰へず．万劫を踰(こ)えて円寂なり，三際に亙って無為(むい)ならむ」〔三教指帰下〕「叡山中道院にして，右脇にして臥し円寂に入りたり」〔法華験記上3〕．→涅槃．

円宗 えんしゅう ⇀円教(えんぎょう)

円照 えんしょう 1221(承久3)-77(建治3) 字は実相房．鎌倉時代後期の律僧．*東大寺中興開山．父は東大寺*学侶(がくりょ)厳寛，母は，後に*法華寺中興第2世長老となった如円．11歳で出家し，*官僧となる．21歳で父の死に遭って官僧をやめて*遁世(とんせ)僧となる．白毫寺(びゃくごうじ)・竹林寺で*律を学び，1247年(宝治1)には*海竜王寺(かいりゅうおうじ)に移住し，*叡尊(えいぞん)に戒律を学んだ．また，唐招提寺(とうしょうだいじ)の*覚盛(かくじょう)の弟子となった．1251年(建長3)4月，31歳で東大寺戒壇院に移って，*戒壇院を律宗の道場として復興．以後，戒壇院は東大寺における遁世僧系律僧の拠点となった．また，1258年(正嘉2)には東大寺大勧進職に任命された．

縁生 えんしょう ［*s*: pratītya-samutpanna］ 縁(よ)って生じたもの，の意．*縁起(pratītya-samutpāda)の道理に従って，原因となる*法が縁となり，それによって生じた結果としての法をさす．根元的な法である*無明(むみょう)を除き，すべての法は結果として生じたものであるから，〈縁生法〉あるいは〈縁已生(えんいしょう)法〉(pratītya-samutpannā dharmāḥ)と呼ばれる．「君，縁生を悟りて初果を得たりと云ふに随ひて，仏，五百の比丘を遣はす」〔今昔1-23〕

円成 えんじょう ［*s*: pariniṣpanna, niṣpanna］ 完全に成就したこと．唯識(ゆいしき)*三性(さんしょう)説に〈円成実性(じっしょう)〉が説かれるが，そのサンスクリット語 pariniṣpanna-svabhāva の pariniṣpanna は完成されたの意である．*法相宗(ほっそうしゅう)では，教学上〈円成実〉を*円満・成就・実性と解する．円満は遍満，成就は*常住(じょうじゅう)(もともと成就しているが故に)，実性は真実を意味する．なお，日本では，*伽藍(がらん)がすべて完成したときや事業が無事に遂行されたときなどに用いることがある．

円成寺 えんじょうじ 奈良市忍辱山(にんにくせん)町にある真言宗御室(おむろ)派の寺．山号は忍辱山．本尊は阿弥陀如来(あみだにょらい)坐像(平安後期)．1026年(万寿3)に命禅(みょうぜん)が十一面観音を祀って創建．のち経源により浄土信仰の寺となり，また寛遍(かんぺん)(1100-66)により真言密教化した．鎌倉時代には堂宇が整備されたが，1466年(文正1)に焼亡．しかしまもなく栄弘(えいこう)によって再建された．このとき栄弘が請来した高麗版大蔵経(*高麗蔵(こうらいぞう))は，後に徳川家康(1542-1616)に献納され，*増上寺に移されて今日にいたっている．境内には平安時代末期の浄土式庭園があり，*本堂(1472)の脇には現存最古の春日造(かすがづくり)社殿である春日堂と白山堂(1227-29頃)が建つ．本堂の柱には諸菩薩の*来迎図(らいごうず)が残る．近年再建された*多宝塔の本尊大日如来坐像(1175-76)は，現存する*運慶の作品の中で最も早い時期のもの.

円通 えんずう　〈えんつう〉とも. あまねく通じ達すること. すべてにわたって滞ることなく融通無碍(ゆうずうむげ)であること. 仏・菩薩の悟りの境地をいう. 〈円通無碍(むげ)〉〈円通自在〉などと用いる. *首楞厳経(しゅりょうごんきょう)5,6では, 25人の菩薩・阿羅漢が諸々の方便によって円通を得たことが記され, そのうち, 耳根(にこん)を通じて悟りを得た*観世音菩薩が最上であるとされている. このことから観世音菩薩のことを〈円通大士(えんずうだいじ)〉という.「勢至念仏円通して, 五十二菩薩もろともに, すなはち座よりたたしめて, 仏足頂礼せしめつつ」〔浄土和讃〕

厭世 えんせい　世を厭(いと)うこと. この世には種々の苦痛が充満しているとして, 生きることを辛くうとましいものに思うこと.『荘子』天地に「千載, 世を厭えば去りて上僊す」とある. 日本では貧苦, ままならぬ恋, 近親者の死などを経験して, 世を憂ぅしと見る例が, すでに『万葉集』などに少なくない. こうした上代の厭世は自然発生的なもので, いかなる時代・民族にも共通してみられる. 仏教はこのような自然発生的厭世を体系的にとらえ, 〈厭世観〉という思想として組織化している.

*『往生要集』が冒頭に「*厭離穢土(おんりえど)」の章を置き, *六道の苦相を詳しく記述しているのが好例である. それによれば, たとえば人道には不浄・苦・無常の三つの厭相があるとして, 肉体を構成する骨・肉・内臓などが不浄のかたまりであり, これが生老病死などの苦悩にさいなまれ, 無常の理法によって栄枯盛衰を繰り返すと説いている. このように人間界(*娑婆(しゃば))の厭相を詳細に描出することによって, すすんで厭離する意欲を引き出そうとしている. 自然発生的な厭世は消極的な意味しか持ち得ないが, 仏教の思想体系の中に取り込まれると, それは求道へ動機づけるものとして積極的な役割をになうことになる.「敬仙房云はく, 一生はただ生をいとへ」〔一言芳談下〕のように, 熱心な*浄土教信者には, 厭世観が*往生への必須の条件となっている. →遁世(とんせ).

「昔の釈迦仏の, 世を厭ひて出で給ひけんたび」〔成尋母集〕「世をいとふ心の深くなるままに過ぐる月日をうち数へつつ」〔新古今和歌集18〕

円相 えんそう　禅の問答などの場で, 自分の悟りの境地を示すために指, *払子(ほっす), *如意(にょい)などを用いて虚空, 紙, 地面などに描く円. 〈一円相〉ともいう. 円は, 欠けることのない絶対的な真理や境地を象徴的に示したもので, *仏性(ぶっしょう), *真如(しんにょ), *法性(ほっしょう)などを表すとされる. また, 円の中に様々な文字や記号を描いて特殊な意味を表す場合もある.

『人天眼目(にんでんがんもく)』巻3の*潙仰宗(いぎょうしゅう)の条には, 暗機・義海・字海・意語・黙論・円相の六義を挙げ, 暗機の説明として(牛)は「許す」の義, (ム)は「奪う」の義, (人)は「肯(うべな)う」の義, ○は「面会を許す」の義であると説く. 仰山慧寂(きょうざんえじゃく)(807-883)の*語録によると, 円相を描く方法は南陽慧忠(なんようえちゅう)(?-775)にはじまるとされ, 97の円相を耽源真応(たんげんしんのう)に伝え, 真応は仰山慧寂に伝えたというが, 実際には慧寂の独創によるところが大きいと思われる. *洞山良价(とうざんりょうかい)の「五位君臣」を図式化した曹山本寂(そうざんほんじゃく)(840-901)の「五位君臣図」(◓, ◒, ◉, ○, ●)も円相を用いているし, 宗密(しゅうみつ)も*『禅源諸詮集都序(ぜんげんしょせんしゅうとじょ)』巻下之二で多くの円相(真如は○, 阿梨耶識(ありやしき)は◉など)を描いている.

円珍 えんちん　814(弘仁5)-891(寛平3) 天台宗寺門派の祖. 讃岐国(香川県)那珂郡に生まれる. *空海の甥. 一説に, 母は空海の姪. 14歳, 第1世天台座主(ざす)*義真に師事する. 853年(仁寿3)入唐し, 福州・*天台山などで*悉曇(しったん), *『四分律(しぶんりつ)』, *『倶舎論(くしゃろん)』, 天台学などを学び, 長安の*青竜寺(せいりゅうじ)で法全(はっせん)から胎蔵(たいぞう)・金剛界(こんごうかい)・蘇悉地(そしつじ)の*三部大法を伝授され, 858年(天安2)帰朝. 以来, 顕密(けんみつ)の著作多く, 特に*台密(たいみつ)の興隆に努め, *園城寺(おんじょうじ)に灌頂壇(かんじょうだん)を開く. 第5世天台座主. 〈智証大師(ちしょうだいし)〉と勅諡される.

なお唐から請来した『胎蔵図像』『胎蔵旧図様』『悝多僧蘖囉五部心観(りたそうぎゃらごぶしんかん)』は, *円仁(えんにん)請来の『大悲胎蔵三昧耶曼荼羅図(だいひたいぞうさんまやまんだらず)』とともに, 従来の密教史や曼荼羅図像研究の常識を基本から見直すべき資料である. また『法華論記』(10巻), 『菩提場経略義釈』

(5巻)のほか，多数の*事相や*曼荼羅に関する撰述があり，特に『大日経義釈』(*『大日経疏』)諸異本の校合は貴重である．円珍系の*口伝を伝えたものに*『授決集(じゅけつしゅう)』がある．後に円仁系と円珍系は対立し，円珍系は993年(正暦4)に*比叡山(ひえいざん)を下りて園城寺に拠り，以後山門派(→山門・寺門)と激しく対立した．

円堂 えんどう　日本建築は木造であるため，円形平面を造ることが困難で，*多宝塔(たほうとう)上層くらいにしか造られない．そのため，六角・八角平面の堂は円形を象(かたど)ったものとして〈円堂〉と呼ばれる．八角円堂は法隆寺*夢殿(739)を始め*栄山寺八角堂(764)，*興福寺北円堂(1210)・南円堂(1789)などかなりあり，故人の供養のために建てられたものが多い．*六角堂は京都のものが有名であるが，古い建物としては長光寺地蔵堂(1510，愛知県稲沢市)がある．

円頓 えんどん　円満円融(えんまんえんにゅう)にして頓極頓足(とんごくとんそく)(仏果をたちどころに極め満足すること)の義で，完全なる教えと修行を意味する．天台*智顗(ちぎ)が南岳*慧思(えし)から漸次(ぜんじ)・不定(ふじょう)・円頓の〈三種止観(しかん)〉(→止観)を伝えられたことから，この語が用いられ，その究極とする教えや行を名づける．*『摩訶止観(まかしかん)』も初本は『円頓止観』と称し，また天台宗を〈円頓宗〉といい，そのほか円頓教・*円頓戒・本願円頓一乗などの称がある．唐代以後天台と華厳教学で，*円教(えんぎょう)について頓漸・頓々などの解釈が精密となり，漸円と頓円の主張が互いに行われた．「円頓の学人は三車を門外に求めず．なんぞ羊車の威儀を用ゐん」〔上顕戒論表〕「或いは法華読誦の道場もあり．念仏三昧の砌(みぎり)あり．円頓教の窓あり」〔盛衰記9〕

円頓戒 えんどんかい　円満で頓(たちま)ちに*正覚(しょうがく)に至る戒．日本の天台宗が主張した*大乗戒を，やがてこの用語で呼ぶようになった．ただし*最澄(さいちょう)は，〈円戒〉という語を使用し，〈円頓戒〉の語は用いていない．最澄は，大乗の大僧(正式な出家者)を成立させる独自の戒があると考え，*梵網経(ぼんもうきょう)に説かれる*十重四十八軽戒(じゅうじゅうしじゅうはちきょうかい)を具体的な*学処(がくしょ)とする大乗戒の主張を行なった．『授菩薩戒儀』によれば，*授戒の方軌の上では*三聚浄戒(さんじゅじょうかい)を授ける形式であったと考えられるが，この戒がやがて*仏性(ぶっしょう)思想と法華経の精神に基づくことから，円頓戒と言われるようになった．円頓戒とは弟子の世代に登場する用語であり，『一心金剛戒体秘決』に用例が存在するが，内容的には最澄の創意である．この戒を授受する*大乗戒壇が比叡山に創設されて以降，日本天台宗が南都側の仏教界より自立したとされる．

円頓章 えんどんしょう　*『摩訶止観(まかしかん)』章安*灌頂(しょうあんかんじょう)序の「円頓者」に始まる133字と，*湛然(たんねん)の「一念三千」を解釈した終りの4字6句を合して読誦用にした天台宗常用経で，江戸初期以前は〈円頓者〉と称した．天台*止観(しかん)の究極を述べた内容で，あらゆる生存や存在の外に別に仏教的真理があるのではなく，現実の一色(いっしき)一香(いっこう)どの存在もすべて*中道(ちゅうどう)という真理にほかならないと述べ，改めて苦を捨てたり，集を断じたり，滅を証したり，道を修したりする必要がないと主張する．抄出時期は不明．→一色一香無非中道，四諦(したい)．

円爾 えんに　1202(建仁2)–80(弘安3)〈えんじ〉とも読む．臨済宗の僧．諱(いみな)をはじめは〈弁円(べんねん)〉といい後に〈円爾〉とした．道号はなし．駿河(静岡県)の出身．はじめ倶舎(くしゃ)・天台を学び，のち禅を修し，入宋して*無準師範(ぶじゅんしばん)の法を嗣(つ)ぐ．帰国後九州を教化，上洛して*東福寺開山となる．宮中にて禅籍を講ずるなど禅宗の流布に力をつくしたが，その宗風は禅密兼修で純一な禅でなく，教化においても禅宗を諸宗の根本とするが，禅のみを説くことなく真言・天台とまじって禅宗をひろめようとした．東大寺大勧進職につくなど禅宗以外の宗派でも活躍して信望をえ，また宋学導入の先駆ともなった．〈聖一国師(しょういちこくし)〉と諡(おくりな)されたが，これは日本における禅僧に対する*国師号の最初であり，その法系を聖一派という．著述に『聖一国師語録』『仮名法語』がある．

縁日 えんにち　神仏と*衆生(しゅじょう)とが*縁(えん)を結ぶ日．〈有縁(うえん)の日〉あるいは〈結縁(けちえん)の日〉といい，また〈因縁日(いんねんび)〉ともいう．それぞれ決まった日に特定の寺社に参詣して神仏を追念して縁を結ぶことによって，その*功徳(くどく)が生ずる日である．たとえば，毎月，

5日は水天宮，18日は観世音，28日は不動尊などと，それぞれの神仏に配する．年一度あるいは数度のものもあり，その日には縁日商人が寺社の門前・境内などに露店・屋台店などを出して賑わう．「今日は十八日，観音の御縁日なり」〔今昔14-7〕

円仁 えんにん　794(延暦13)-864(貞観6)　天台宗山門派の祖．下野国(栃木県)都賀郡の出身．15歳，比叡山に登り*最澄に師事する．838年(承和5)入唐し，揚州で宗叡・全雅から*悉曇・*密教を学び，いったん遣唐使とともに帰朝せんとしたが，登州(山東省)，*五台山を巡歴し*法照流の五会念仏を学ぶ．次に*長安に入り，元政・義真・法全から胎蔵・金剛界・蘇悉地の*三部大法・*灌頂を伝授さる．その間，会昌の*廃仏に遭う．847年(承和14)帰朝．

比叡山に*台密の基礎を据え，総持院を建立して天子本命祈禱の道場となし，*東密の*後七日御修法に相対した．また*法華三昧・*常行三昧の制度を確立したが，特に常行三昧に五台山の引声念仏を導入したことは，比叡山*浄土教の発祥となった．第3世天台座主．〈慈覚大師〉と勅諡．顕密の著作が多いが，特に9カ年にわたる唐の旅行記である*『入唐求法巡礼行記』(4巻)は有名．後に円仁系の門徒は*円珍系の寺門派(→山門・寺門)と対立した．

延年 えんねん　〈延年〉は，長寿祈願を意味する仏教語(最勝王経など)で，転じて，寺院において寺僧によって催された芸能の会，催しの名となった．平安中期から室町期，興福寺・東大寺・多武峰・延暦寺・園城寺など畿内の諸大寺で盛行したが，*衆徒と呼ばれる寺院内の新興の僧侶らが示威を目的とし，法会の後宴，賓客の饗応，寺僧の位階昇進祝賀など種々の名目により催した．

開会の辞たる開口・僉議，問答体の当弁，児(*稚児)による*舞楽・白拍子などの*歌舞，連事(和漢の故事を題材にした問答で，歌謡を伴う)・*風流といった劇芸能等々が演じられた．その多くは同時代の滑稽な猿楽芸を模したものであるが，経文を音楽的な節付けで読む*声明など，発声や所作は寺院の儀礼・作法が強い影響を与えた．このうち，風流は能(*能楽)以前の劇芸能として注目される．児による歌舞は大きな人気を博したが，これは児に対する賞翫の欲求が強かった当時の僧侶の嗜好を反映したものであると同時に，児を仏・菩薩の顕現とする信仰を背景とするものであった．天台系の寺院，大和*多武峰(談山神社)，岩手県*毛越寺などにおいては，正月行事の*修正会の折に行われたが，これらは*摩多羅神を本尊とする*玄旨帰命灌頂と呼ばれる天台宗独自の伝授儀礼と深い関連を有する．

室町期以降，畿内の諸大寺では寺勢の衰えとともに催されなくなるが，毛越寺・日光*輪王寺・岐阜県長滝寺(長滝白山神社)など，地方の寺院では修正会における芸能として採り入れられ，かたちを変えながらも現在に伝えられている．→芸能．

宛然 えんねん　〈えんぜん〉とも読む．そっくりそのままのさま，さながら．また，まのあたりに見るようにの意．さらに，物の変化にまかせて，あるがままにの意味で，〈自然〉とほとんど同じように用いられることもあり，これは『荘子』天下に見える「物とともに宛転す」という文と思想的な関連が考えられる．「寂照宛然として闕減なきを中道と云ふなり」〔漢光類聚〕

役小角 えんのおづぬ　7世紀後半から8世紀頃の*呪術宗教者．*葛城山(大阪府・奈良県境)に住したが，その弟子韓国連広足の讒言により，伊豆に配流された．その後，平安時代初期には，*鬼神を使役して，葛城山と金峰山(奈良県吉野郡)の間に橋を架けさせたなどの伝説が作られた．鎌倉時代初期以後，*修験道の始祖に仮託され，金剛蔵王権現感得譚，前鬼・後鬼を従えた像などが生み出された．修験道では，〈役行者〉，〈神変大菩薩〉(諡号，1799年授与)と呼んで崇めている．現存の役小角伝としては*『日本霊異記』上28，*『三宝絵』中2などが古いが，別に*『扶桑略記』5．文武天皇3年5月に引く佚書『役公伝』も古伝として注目される．→蔵王権現．

円派 えんぱ　平安後期以後の仏師の一派．*定朝の弟子長勢(1010-91)の系統であり，長勢の子の円勢(えんせい)(?–1134)以来，名に〈円〉字をつけることが多いのにちなみ，〈円派〉と称する．京都に仏所を構え，院や上級貴族のための造仏に従事したが，円勢やその子長円(ちょうえん)(?–1150)の時代は仏師界最大の勢力を誇った．平安後期にはほかに賢円(けんえん)，明円(みょうえん)(?–1199)が顕著な活動をした．鎌倉時代には〈*院派(いんぱ)〉〈*慶派(けいは)〉にくらべ劣勢であるが，中期に隆円(りゅうえん)が活躍する．すでに平安期に京都三条に仏所があったとみられ，鎌倉末期以降，〈三条(さんじょう)仏所〉と呼ばれる．作風の上では，定朝様式を継承して，鎌倉中期以後にはそれに新様を加味するものの，他派の作風に変化のいちじるしい鎌倉末期以後にもあくまでも典雅な作風を堅持した．→仏師，仏所．

閻浮提 えんぶだい　サンスクリット語 Jambu-dvīpa に相当する音写．われわれの住む世界を意味する．仏教の宇宙観によると，宇宙の中心に*須弥山(しゅみせん)があり，その南にわれわれの住む島(洲)があるが，その形は南の辺が短い台形であるというから，インド亜大陸を反映しているのであろう．閻浮提は，閻浮(jambu)樹が繁茂する島(dvīpa，提波)を意味する．〈贍部洲(せんぶしゅう)〉〈南贍部洲(なんせんぶしゅう)〉とも呼ぶ．なお，*末法にはいった平安後期以後，特にわが国人の意識に，日本が閻浮提の周辺なる*粟散(ぞくさん)国の一つで，仏法に縁の薄い土地とする考え方が強まった．「(釈迦如来)閻浮提に下生(げしょう)しなむと思(おぼ)しける時に，五衰を現し給ふ」〔今昔 1-1〕．→四大洲，粟散(ぞくさん)．

閻浮檀金 えんぶだごん　〈えんぶだんごん〉とも読む．*閻浮提(えんぶだい)の閻浮樹林のなかを流れる川に産するという砂金．美しい輝きをもつとされる．閻浮檀は〈閻浮那檀〉(*s*: jambū-nada)のことであり，閻浮が樹木の名，那檀が川を意味する．ヒンドゥー教の説明では，閻浮樹の果液を吸収した砂が微風に吹かれて乾燥して砂金になる．黄金中最も精良なものとして，仏の尊容や仏像の塗金・金箔の形容とする．「(阿弥陀仏の)身の色は百千万億の閻浮檀金の如く」〔往生要集大文第4〕

円仏 えんぶつ　中国仏教においてなされた*教相判釈(きょうそうはんじゃく)で最高位におかれた*円教(えんぎょう)に対応する仏のことで，*毘盧遮那(びるしゃな)仏をいう．また中国天台宗の円教で*十界(じっかい)互具の仏を〈円仏〉という．*『法華文句』巻1に「唯だ不可思議なること虚空の相の如きを示すは，即ち円仏の自覚・覚他のみ」とある．なおインド仏教にはこのような概念はなく，中国仏教における新造語であり，〈円〉は，まどかな，欠けることなき完全なを意味する漢語である．

閻魔 えんま　*地獄の主神，冥界(めいかい)(*冥途(めいど))の総司として死者の生前の*罪を裁くと考えられている．サンスクリット語 Yama(ヤマ)の音写で，〈焔(え)ん摩〉〈焔魔〉〈琰(えん)魔〉〈剡(えん)魔〉などとも表記される．また罪人を束縛するという意味から〈縛(ばく)〉，あるいは yama が一対をなすの意味から〈双王〉，また〈獄主〉〈獄帝〉などとも漢訳される．なお，〈閻羅(えんら)〉ということもあるが，それは〈閻魔羅〉，すなわち〈閻魔王〉(Yama-rāja)の略称である．この Yama(しばしば Yāma)はまた〈夜摩〉とも音写され，*六欲天の第三に位置づけられる．

もともとインドの古い神であり，インド最古の文献*『リグ-ヴェーダ』に現れる神で，そこではヤマは*虚空(こくう)のはるか奥にある住所に住むとされ，彼はときに死と同一視されることもあったが，死者の楽園の王，死んで天界にある祖先を支配する神と考えられていた．後にヤマは黄色い衣を着け，頭には冠をかぶり，手には捕縄を持ち，それによって死者の*霊魂(れいこん)を縛り，自らの国に連れて行くと考えられ，つまり下界を支配する死の神で，その名は征服者または処罰者の意味とも考えられるようになった．

このように死者の審判を行う神としての〈閻魔〉は，*地蔵信仰などと混じて中国に伝わったが，インド古来からあった地獄という考えを基礎にし，さらに*道教の俗信仰が加わり，裁判官である*十王の一つとして信仰されるようになった．地蔵十王経によると，冥界十王の第五で，死者は死後第五七日(ごしちにち)に閻魔の庁で罪過を裁かれるという．わが国でも地蔵との習合は古く，すでに『日本霊異記』下9に「我は閻魔王，汝が国に地蔵菩薩といふ是れなり」と見える．

なお密教の修法の一つに，閻魔や眷属の后・妃・*太山府君などの冥界の神々に供物をささげ，除病・息災・延寿・出産などを祈願する〈閻魔天供〉がある．毎年正月16日と7月16日の閻魔天の*斎日(さいにち)に行われる．

美術作例としては，*醍醐寺(だいごじ)の焔摩天の画像と彫像(いずれも平安後期)が著名で，騎牛の姿にあらわされる．閻魔王は画像・彫像で十王の一つとしてあらわされることが多い．

「閻魔法王，帳を引き札を検(かむが)へていはく，罪業深きに依りて，地獄に遣はすべし」〔法華験記上32〕

閻魔天曼荼羅 えんまてんまんだら　*地獄の諸官達を供養して除病・延命・除災をはかる冥道供(みょうどうぐ・めいどうぐ)，閻魔天供の本尊．内院は，人頭杖(にんずじょう)を執り，臥牛上に片脚を踏み下げて坐る閻魔天を中心に，閻魔天妃・閻魔天后を配し，外院は毘那夜迦(びなやか)・成就仙(じょうじゅせん)・遮文荼(しゃもんだ)・*荼吉尼(だきに)などの閻魔天*眷属(けんぞく)のほかに，*太山府君(たいざんふくん)・五道大神・司命(しめい)・司録などの道教系の諸尊がめぐる(真言系)．その他，*梵天(ぼんてん)・*帝釈天(たいしゃくてん)の二天，天曹(てんそう)府君・伽毘羅神(かびらしん)・*四天王などを加えたもの(*園城寺(おんじょうじ)，鎌倉時代．天台系)もあり，*儀軌(ぎき)によらない*阿闍梨(あじゃり)意楽(いぎょう)の曼荼羅のため一定しない．→閻魔，別尊曼荼羅．

円満 えんまん　[s: saṃpad, paripūri]　成就したこと，完成したこと，充足したこと，完全に*具足したことなどの意．一例に，*『摂大乗論(しょうだいじょうろん)』は*受用身(じゅゆうしん)(*報身)の*浄土を18種の完成した姿で説明するが，ここを*玄奘(げんじょう)は「円満」と訳し，達摩笈多(だつまぎゅうた)(?-619)は「具足」と訳す．このサンスクリット語はsaṃpadと考えられ，*『往生論』の「仏国土荘厳功徳成就」の成就も同じ語の訳である．「釈迦の像，相好円満し給ひて，光を放ち給ひけり」〔今昔6-12〕

円密一致 えんみついっち　*円教(えんぎょう)(天台宗)と*密教が一致するという，日本天台宗で唱えられた主張をいう．日本天台宗の祖である*最澄(さいちょう)は，入唐して円(天台)・密(密教)・禅(*牛頭禅(ごずぜん))・戒(*円頓戒(えんどんかい))という四つの教学を伝えたが(四種相承(ししゅそうじょう))，その後，*円仁(えんにん)や*円珍(えんちん)といった後継者たちは特に密教の受容に努めたため，密教研究はいよいよ盛んとなり，遂に*安然(あんねん)によって〈天台密教〉(*台密(たいみつ))として大成されるに至った．その過程で，本来の立場である天台宗との関係が問題となり，両者が全く対等の価値を有するという〈円密一致〉の思想が形成された．玉泉(ぎょくせん)天台(唐代に荊州玉泉寺を中心に展開した天台宗の一派)に見るように，中国においても天台宗と密教との関係には非常に緊密なものがあったから，この主張はそれを継承するものとも言えるが，同時に，真言密教に対して天台密教の独自性を強調するものでもあった．

円明 えんみょう　*智慧(ちえ)が完全で一点の曇りもない状態．また，華厳宗の*五教十宗において第10宗を〈円明具徳宗〉といい，華厳宗をさす．*白隠慧鶴(はくいんえかく)は『坐禅和讃』の中に「四智円明の月冴えて…」と詠じている．「篇・序・題・曲・流の五つは五大所成，五仏五智円明を顕し」〔ささめごと〕

延命地蔵 えんめいじぞう　日本偽撰の*延命地蔵経に説かれる地蔵．経によれば，*六道(ろくどう)をめぐり，安産をはじめとする10の*福徳を人びとに与えるという．母子の擁護や延命利生(りしょう)の*利益(りやく)で信奉される．一般の地蔵と同じく右手に*錫杖(しゃくじょう)，左手に*宝珠(ほうじゅ)を持ち，*蓮華座(れんげざ)に坐る姿だが，左足を踏み下げる姿のものを〈延命地蔵〉と呼ぶことが多い．遺例に，平安時代の明星輪寺像(岐阜県大垣市)や*観世音寺像などがある．→地蔵．

延命地蔵経 えんめいじぞうきょう　詳しくは〈仏説延命地蔵菩薩経〉といい，〈地蔵延命経〉とも略称．1巻．*延命地蔵の*利益(りやく)を説くもの．唐の*不空の訳と記すが，内容からみて日本撰述の偽経である．平安時代末期に*末法無仏世界の救い主として*地蔵信仰が起こり，それに基づいて偽作された．*覚鑁(かくばん)の『地蔵講式』(偽撰説もある)，あるいは12世紀末成立の『山家要略記(さんげようりゃくき)』を14世紀初めに抄出した『山家最略記』に引用されるのが初見という．地蔵十王経(→十王経)とともに近世民間の地蔵信仰に大きな影響を与えた．注釈書は多いが，亮汰(りょうた)(1622-80)が1678年(延宝6)に著した『延命地蔵経鈔』〔増補改訂日本大蔵経第6巻〕が有名である．

延命法 えんめいほう　長寿・延命を願って修する密教の法．六種法の一つで，*増益(ぞうやく)法の系統に属す．金剛寿命陀羅尼念誦法(こんごうじゅみょうだらにもしくは金剛寿命陀羅尼経を典拠とする．この延命法に，延命法と普賢延命法の2種がある．〈延命法〉は延命尊すなわち二臂の*金剛薩埵を本尊とする普通の*修法で，〈普賢延命法〉は二十臂の*普賢延命菩薩を本尊とし，大じかけな大法立ての法である．延命観音・*延命地蔵が本尊となる場合もある．→四種法．

円融 えんゆう　〈えんにゅう〉とも読む．〈円満融通〉の義で，完全にして欠けることなく一体となって互いに妨げないこと．〈円融無礙〉ともいい，天台・華厳教学で主に用いられる．円融は*円教の内容を意味するとされ，〈円融*三学〉〈円融*三諦〉〈円融*無作〉などの熟語が用いられる．特に天台の*三観においては，*別教で説く〈隔歴三諦〉に対して，円教では空諦そのままが仮諦・中道第一義諦とされ，三諦おのおのに他を互具互融している〈円融三諦〉を説くとする．それを*一心三観ともいう．「所観の衆相はすなはちこれ三身即一の相好光明なり．諸仏同体の相好光明なり．万徳円融の相好なり」〔栄花玉の台〕「法華已前には次第の三諦を明かす．法華の時には会入するを円融の三諦と名づく」〔真如観〕．→隔歴．

閻羅 えんら　⇒閻魔

厭離穢土 えんりえど　⇒厭離穢土

円理随縁 えんりずいえん　*円教における*真如(真理)の*随縁説をいう．中国天台宗6祖*湛然は華厳宗の*法蔵が説いた真如随縁説を採り入れ，*『金剛錍論』などでこれを円教的に展開した．*性起説の華厳*別教では不変なる真如が*無明の縁にあって生起して*万法となるが，生起後の*有為の万法と*無為の真如とは*相即しないと考えた．これに対して，*性具説を基盤とする湛然は，真如は本来万法の性を具有するから，真如即万法・万法即真如であると説いた．→一理随縁，随縁真如．

延暦寺 えんりゃくじ　滋賀県大津市と京都市にまたがる比叡山にある，*天台宗の総本山．山号は比叡山．785年(延暦4)*最澄が入山し，788年〈一乗止観院〉を建てたことにはじまる．818年(弘仁9)，最澄は法華経を納める宝塔六所を全国に置き，比叡山をその中心，総括の地として*結界し，九院・十六院を設けた．822年(弘仁13)，最澄の没後に*大乗戒壇が許され，翌年〈延暦寺〉の寺号が下賜された．第1代延暦寺座主は*義真．*円仁が北峰の横川を開き，*良源のとき寺務行政上独立して，東塔・西塔・横川の三塔が成立した．*円珍が一乗止観院の薬師堂などを改修して根本中堂とし，これが〈東塔〉，ひいては延暦寺の中心となる．〈西塔〉には*釈迦堂(転法輪堂)・*常行三昧堂などが置かれ，東西両塔の境に最澄の廟である浄土院が営まれた．〈横川〉には円仁が根本観音堂(横川中堂)を建立した．

円仁門徒と円珍門徒の対立により円珍門徒が*園城寺に拠って以後，延暦寺は〈山門〉と称し，〈寺門〉と称した園城寺との間で長く対立が続いた．1571年(元亀2)織田信長によって全山焼打ちにあったが，その後再建され，今日にいたっている．最盛時は三塔十六谷に三千坊を数えたといわれ，鎌倉時代の祖師たちの多くは，開宗前，比叡山で学んだ．最澄自筆の『請来目録』『天台法華宗年分縁起』をはじめ，多くの寺宝を有する．

なお，平安朝以来，様々な*説話や物語，歌の舞台となり，また*唱導活動を媒介して多彩な文芸を産み出す基盤を担った．→比叡山，根本中堂，三塔，山門・寺門．

オ

笈摺 おいずり 〈おいずる〉とも読む．巡礼などが笈を負うとき，背が摺れるのを防ぐために着る袖無しの羽織状の着衣．〈笈〉は*山伏や旅僧が衣服・経典・食器など旅中の必需品を入れて背負うための箱型の容器のことで，竹笈と板笈の2種がある．時には笈そのものを笈摺ともいう．また*修験道では，笈を摺って通るほど険しい山中の難所のことを指す場合もある．「観音の寺々拝みめぐるものども，おひずりとかいふあやしげなる物をうち着たる，男女老いたる若き，数もしらずまうでこみて」〔菅笠日記〕「一挺の笈には，鈴・独鈷・花皿・火舎・閼伽坏・金剛童子の本尊を入れたりけり」〔義経記 7.判官北国落〕

黄巻赤軸 おうがんしゃくじく 〈こうかんせきじく〉とも読み，〈黄紙朱軸〉ともいう．黄巻は書物のことで，仏教経典は朱色に染めた軸を用いるので，このように呼ばれる．天平写経は*黄麻紙を料紙とした赤軸の*経巻が多いのもこの理由による．『華厳演義章』に「黄巻赤軸と言うは，今の大蔵の巻是れなり」とある．「此の度の経も一巻に書けり．黄紙に玉の軸を入れたり」〔三宝絵中〕「その中に無量の経典を安置す．黄紙朱軸，紺牋金文，欄に満つること幾千幾万ぞ」〔拾遺往生伝上 29〕

奥義 おうぎ 奥深い意義．深遠な哲理．古代インドの哲学書*ウパニシャッドの語義を〈秘義〉〈秘語〉などと解釈する見方から，明治以後，ウパニシャッドを〈奥義書〉と邦訳することがなされた．「奥義を深淵に探りて，黄河の流れよこさまに注ぐ」〔本朝文粋 3〕「浄土の因縁，法花の奥義を対論せしむ」〔往生極楽記 16〕

応供 おうぐ [*s*: arhat] *供養を受けるにふさわしい者の意．サンスクリット語を音写して〈阿羅漢〉という．釈尊時代のインドにおいて，宗教的な最高の境地に達した聖者の呼称として用いられたもの．仏教でも*如来の別号たる*十号の一つに数えられ，仏そのものを指したが，部派仏教では如来(仏)とは区別され，如来の弟子たる*声聞の最高位として位置づけられた．「また四用といふは…四には自己用，羅漢は応供の徳備はり，自己の物を用ふるがごとし」〔貞享版沙石集 4-3〕．→阿羅漢．

央掘摩羅 おうくつまら サンスクリット語・パーリ語 Aṅgulimāla に相当する音写．アングリマーラ．〈鴦掘魔〉とも音写される．コーサラ国シラーヴァスティー(*舎衛城)の出身．仏弟子．多くの人々を殺す残虐な賊であった．釈尊に出会ったとき殺そうとしたが，逆に*教化され出家した．人を殺してその指を集めて髪飾りを作ったと伝えられることから〈指鬘外道〉とも呼ばれる．出家後*托鉢の時，町の人々から人殺しであったため非難され傷つけられることも度々であったが，修行をおさめて最高の悟りを得たと伝えられている．央(鴦)掘摩羅経に説く．

応化 おうげ [*s*: nirmita] 仏や菩薩が衆生を残りなく*済度するために，救済すべき相手に応じて，さまざまに姿を変えて世間に現れること．〈*化現〉〈応現〉ともいわれる．種々の姿を現して衆生のために教えを説き，*悟りを開かせて無上の利益を与えることを〈応化利生〉という．法身・報身・応身の*三身の中では，応身(応化身)としての働きをいう．「舟より道に下れば老公見えず．その舟忽ちに失せぬ．すなはち疑はくは，観音の応化なることを」〔霊異記上 6〕「斎灯の火に，御正体の鏡十二所おのおの光を輝きて，応化の姿映るらんと見ゆ」〔梁塵秘抄口伝集〕．→権化．

往詣 おうけい いたる．此岸の娑婆の世界から*彼岸の浄土におもむくことで，〈*往生〉の〈往〉をいう．さらに，神仏に参拝すること，参詣の意でも用いる．「もろもろの菩薩衆，皆ことごとく無量寿仏のみもとに往詣し」〔往生要集大文第 2〕「日本国の皇城，ならびに五畿七道の霊験の寺社等に，往詣し給ふこと自在なり」〔北野天神縁起〕

応現 おうげん ⇒応化

往還 おうげん ゆきとかえり，また，ゆきかえりの道，道路．古く，「曳かれて而る後に往き，飄風の還るが若し」〔荘子天下〕，

「火に入りて往還するも…身は焦(こ)げず」〔列子黄帝〕などと見える．この〈往還〉の語を中国浄土教の教理解釈に用いたのは*曇鸞(どんらん)で，*『往生論註』下において〈往相・還相〉ないし〈往相廻向・還相廻向〉の往還二廻向の論を展開している．なお〈往還衣(おうげんえ)〉は，五種衲衣(のうえ)すなわちぼろきれを縫い綴って作った5種類の僧衣の一つで，外出の際に用いる．「宗師(曇鸞)は大悲往還の回向を顕示して」〔教行信証証〕．→往相・還相，廻向．

『往五天竺国伝』 おうごてんじくこくでん　新羅(しらぎ)の慧超(えちょう)(704-?)著．1巻．慧超が海路インドに渡り，インド各地をめぐり，北西インドから*バーミヤーン経由で陸路を通って727年にクチャ(*亀茲(きじ))に到着するまでの旅行記．8世紀前半のインド西域の宗教・文化・風俗を記したものとして重要な資料的価値がある．20世紀初頭，*ペリオによって*敦煌(とんこう)から残巻が発見された．慧超は，中国に帰還の後，*金剛智，*不空の弟子となった．

王三昧 おうざんまい　種々の三昧中の王たる三昧の意で，最高の三昧のこと．〈三昧王三昧〉ともいう．禅宗では*坐禅のことをさす．*『正法眼蔵(しょうぼうげんぞう)』三昧王三昧には「結跏趺坐(けっかふざ)，これ三昧王三昧なり」と見える．浄土門では*念仏のことをいう．念仏三昧によってその人の罪は軽重を問わず滅し，救われるので，念仏を三昧の中の王であると見なす．*『往生要集』大文第10に「念仏三昧はこれ王三昧なるをや」とある．→三昧．

横死 おうし　〈横〉は〈枉(おう)〉に通じる．まげて，よこしまに，の意．事故や災難などによって天命をまっとうしないで死ぬことを〈横死〉(枉死)という．〈枉死〉という語は，『後漢書』天文志下などに用例が見える．和語の〈横ざまの死〉は〈横死〉の訓読語．仏教では，食べるべきでないものを食べる，節食しない，悪友に近づくなど，この横死に9種の原因があるとする(九種横死)が，その内容については，経論によって異なる．〈横病(おうびょう)〉も類語で，思いもよらない病気，不慮の病気をいい，〈横病横死〉などと熟して用いることもある．「心をして乱れざらしめ，横病を受けず，横死に遇はず」〔一遍語録〕

王舎城 おうしゃじょう　[s: Rājagṛha, p: Rājagaha]　ラージャグリハの漢訳名．古代インドで強大であった*マガダ国の首都の名．ビハール州の首府パトナから約96キロメートルの地にあり，現在ラージギールと呼ばれている．パンダヴァ，ギッジャクータすなわち*霊鷲山(りょうじゅせん)，ヴェーバーラ，イシギリ，ヴェープラの五山に囲まれ，釈尊(しゃくそん)在世当時は，マガダ最大の都として文化的・経済的に栄えていた．釈尊が最も長く居住した所で，竹林園(*竹林精舎(ちくりんしょうじゃ))や霊鷲山などで多く説法している．ビンビサーラ(*頻婆娑羅(びんばしゃら))王はギリヴラジャ(旧王舎城)に都を構えていたが，彼またはその子アジャータシャトル(*阿闍世(あじゃせ))王がラージャグリハ(新王舎城)に都を移した．

往生 おうじょう　この世の命が終って，他の世界に生れることをいうが，浄土思想の発展によって，この*穢土(えど)を離れてかの浄土に往き生れることをいうようになった．この往生思想の源流は*生天(しょうてん)思想に見られ，死後，善因によって天界に生れることが説かれた．元来，〈往生〉という語は，他の世界に生れるとか，生れ変るという意味を持っている．ところで往生思想が生天思想にその源流をみることができるといっても，両者の間には決定的な違いがある．すなわち，生天は*輪廻(りんね)の世界を超えるものでないのに対して，往生浄土は輪廻を脱して*仏の世界に到るという意味を持つ．

浄土には多種のものが説かれ，それに伴って往生浄土の信仰も一様ではない．その主要なものに，弥勒上生経(みろくじょうしょうきょう)や弥勒下生経(げしょうきょう)に基づく〈兜率(とそつ)往生〉，十方随願(じっぽうずいがん)往生経による〈十方往生〉，無量寿経(むりょうじゅきょう)や観無量寿経による〈西方(極楽)往生〉などがある．このうち，兜率往生と極楽往生はともに往生思想を代表するものであったが，やがて*浄土教(*阿弥陀仏(あみだぶつ)信仰)の盛行によって，往生とは〈極楽往生〉のことと見られるようになった．*法然(ほうねん)は「此を捨て彼に往き蓮華化生する」と解説し，いわゆる〈捨此往彼(しゃしおうひ)〉が往生であるとする．西山浄土宗では，〈即便(そくべん)往生〉と〈当得(とうとく)往生〉の二往生を説き，浄土真宗では，真実*報土に往生する〈化生(けしょう)〉と方便化土に往生する〈胎生(たいしょう)〉を説いている．またこの世で往生が定まることを〈即得往生〉，浄土に生れることを

〈難思議往生〉という．→浄土，極楽．

なお，平安中期以降，浄土教の盛行を背景に大勢の往生行達成者が輩出するに及んで，彼等は往生人とたたえられ，その行業を伝える説話・物語やその伝記を集成した*往生伝類が多数作出され，往生のモチーフが文学に占める役割も飛躍的に増大するに至った．また一般に死ぬことをいう場合(大往生)，何もするすべがないことをいう場合(立往生)もある．

「願はくは，我一切衆生とともに，安楽国に往生せむ」〔往生極楽記叙〕「今往生人あり．行きて縁を結ぶべし」〔発心集2〕

『往生講式』おうじょうこうしき　1巻．毎月15日に修する往生講の儀式作法を記したもの．禅林寺*永観(えいかん)の作といい，成立年は1079年(承暦3)とも，1096年(永長1)ともいう．西壁に阿弥陀仏(あみだぶつ)*来迎(らいこう)の像を安置し，香華などを供え歌頌(かしょう)を唱えて着座．法用(ほうよう)(*法要)・*表白(ひょうびゃく)・神分(じんぶん)・*勧請(かんじょう)を行い，ついで発菩提心(ほつぼだいしん)門・懺悔業障(さんげごうしょう)門・随喜善根(ずいきぜんこん)門・念仏往生(ねんぶつおうじょう)門・讃嘆極楽(さんだんごくらく)門・因円果満(いんえんかまん)門・廻向功徳(えこうくどく)門の七門について講演し，一門ごとに歌頌・三礼・*十念を唱える．最後に釈迦を礼拝讃嘆して往生業の成就を祈る．室町中期の写本，および1634年(寛永11)などの刊本がある．→講式．

『往生拾因』おうじょうじゅういん　東大寺別当を勤めた*永観(えいかん)の著．1巻．康和年間(1099-1104)成立．一心に阿弥陀仏を称念すれば，1)広大善根(こうだいぜんごん)の故に，2)衆罪消滅(しゅざいしょうめつ)の故に，3)宿縁深厚(しゅくえんじんこう)の故に，4)光明摂取(こうみょうせっしゅ)の故に，5)聖衆護持(しょうじゅごじ)の故に，6)極楽化主(ごくらくけしゅ)の故に，7)三業相応(さんごうそうおう)の故に，8)三昧発得(さんまいほっとく)の故に，9)法身同体(ほっしんどうたい)の故に，10)随順本願(ずいじゅんほんがん)の故に，必ず*往生を得ると説く．永観は南都の学僧であったが浄土信仰に入り，*観想念仏より*称名(しょうみょう)念仏を勧めた．

往生伝おうじょうでん　*阿弥陀仏(あみだぶつ)を教主とする西方極楽浄土に*往生した人びとの*行業(ぎょうごう)集．中国唐代の*浄土教の流行に伴って，感応伝・霊験伝の中から独立して作られ出した．唐の文諗(ぶんしん)・少康共編，道詵刪補『往生西方浄土瑞応刪伝』が現存最古の書といわれる．この書などの影響をうけ，わが国でも，平安後期の浄土思想の高まりを背景に，984年(永観2)頃慶滋保胤(よししげのやすたね)著*『日本往生極楽記』が作られ，以下『続本朝往生伝』(大江匡房(まさふさ)編)，『拾遺往生伝』，『後拾遺往生伝』(三善為康編)，『三外往生伝』(蓮禅編)，『本朝新修往生伝』(藤原宗友編)，『高野山往生伝』(如寂編)と続く．最後の書は*高野山に限った往生伝でやや特殊だが，いずれも浄土への関心と先行書の遺漏を補う態度で共通している．往生者の行業は，法華と念仏の共業や密教が見えるが，一般に諸信仰混在の傾向が強い．ほかに*『法華験記』(『大日本国法華経験記』)，*『本朝神仙伝』，『楞厳院二十五三昧結衆過去帳』などの類似書がある．

鎌倉時代には『探玄往生伝』，『念仏往生伝』(行仙編)，『三井往生伝』(昇蓮編)などが知られるだけで，新興浄土諸宗の平易な実修と布教が往生伝の作成を必要としなくなった．往生伝の編纂は，江戸時代に至って，浄土宗・浄土真宗などの僧によってふたたび始められる．『緇白(しはく)往生伝』(了智編)，『近世往生伝』(如幻明春編)，『現証往生伝』(桂鳳編)，『専念往生伝』(音空編)など，前期から後期にかけて多数の往生伝が書写・刊行された．また，仰誓(ごうせい)・僧純・象王編*『妙好人伝』は，1859年(安政6)に一括して刊行されて以来，今日に至るまで版を重ねている．これら江戸期以降の往生伝の特徴は，民衆布教と世俗倫理を説く点にある．

『往生要集』おうじょうようしゅう　平安中期の代表的*浄土教典籍．*源信(げんしん)(恵心僧都(えしんそうず))撰．3巻(本末6帖)．984年(永観2)11月書き始め，翌年4月完成．完成後，中国に送られているが，これを初稿本と区別して遣宋本といい，本文に多少の差異がある．本書の構成は，「*厭離穢土(おんりえど)」「*欣求(ごんぐ)浄土」「極楽証拠」「正修(しょうしゅ)念仏」「助念方法」「*別時念仏」「念仏利益(りやく)」「念仏証拠」「往生諸行(しょぎょう)」「問答料簡」の10門からなる．流転(るてん)輪廻(りんね)の*六道の迷いを捨てて，*阿弥陀仏の極楽浄土に生れることを勧め，*浄土に生れるには何がもっとも大切であるかを明らかにした，画期的な意義をになった体系的組織的な教学書である．

10門の分類は整然としていて，説く所き

わめて懇切丁寧であるが，本書の中心は*念仏にあって，「往生の業は念仏を本と為す」という表現はそれを端的に物語る．ただ念仏には仏の姿を*観想する念仏とその名を称える念仏との二つを立てて観想に優位を与え，また平生の念仏と共に臨終の念仏を重視し，臨終の行儀を強調した．

本書が与えた影響は絶大で，『栄花物語』や*釈教歌をはじめ物語や説話，うたの類に及ぶ．絵画でも地獄絵や六道絵，極楽絵などの規範となり，*絵解きによって広められ，挿絵つきの版本も各種刊行された．極楽や地獄・六道のイメージの原型をなしたといえる．

『往生礼讃偈』 おうじょうらいさんげ　*善導著．1巻．『勧一切衆生願生西方極楽世界阿弥陀仏国六時礼讃偈』または単に『往生礼讃』『六時礼讃』ともいう．極楽浄土への*往生を願って，一日に6回，仏前で*礼拝する儀式を定めた書．*六時とは日没・初夜・中夜・後夜・晨朝・日中である．六時礼拝の儀式は，南北朝時代以降，仏道修行者の間で一般に行われていたが，礼拝の対象となる仏をはじめとして，具体的内容は各派で異なっていた．本書は，浄土教の立場から，*阿弥陀仏への礼拝・*讃歎・*懺悔の行儀次第を，*無量寿経や*竜樹・*世親・彦琮，そして善導自身の著作にもとづきながらまとめたものである．日本でも古来，浄土教においては本書にもとづく礼拝の儀式が行われてきた．

『往生論』 おうじょうろん　*世親(ヴァスバンドゥ)著．1巻．正式名は『無量寿経優婆提舎願生偈』．『浄土論』ともいう．*菩提流支訳．浄土教所依の経論として*浄土三部経とともに高く位置づけられている．5言1句・4句1行で24行96句からなる偈頌(*偈)と，*長行(散文)からなる．偈頌の冒頭で「世尊我一心　帰命尽十方　無碍光如来　願生安楽国」として*阿弥陀仏への帰命信順と極楽浄土への一心願生を*表白し，続いて*浄土の三種荘厳(国土荘厳・仏荘厳・菩薩荘厳)が説かれる．長行では，*往生の行業として礼拝門・讃歎門・作願門・観察門・廻向門の*五念門，および往生者の果徳として近門・大会衆門・宅門・屋門・園林遊戯地門の五果門などが説かれる．→『往生論註』．

『往生論註』 おうじょうろんちゅう　北魏*曇鸞の著．2巻．『浄土論註』あるいは単に『論註』ともいう．*世親の『無量寿経優婆提舎願生偈』(*『往生論』)の注解書．難行・苦行を要しない*易行道の成立根拠を説き，*十悪・*五逆の悪人も*十念により往生可能とする悪人往生を説き，そのためには阿弥陀仏の*本願による救済を信ずるよう勧めている．善導・法然・親鸞などの浄土思想形成に多大な影響を及ぼした．

応身 おうじん［*s*: nirmāṇa-kāya］　仏陀の三種の身体(三身)の一つで，*衆生の救済のために，さまざまに*変化して現れた身体．→三身，仏身．

往相・還相 おうそう・げんそう　浄土教における2種の廻向のあり方．仏教者が自己の*功徳を自分以外の方向に向けて，生きとし生けるすべての存在にあまねく施し与えてゆき，ともどもに*阿弥陀如来の安楽浄土に*往生せんとする願を立てるのが〈往相〉．それとは逆に，*浄土からこの罪に汚れた現実世界(*穢土)に帰ってきて，生きとし生けるすべての存在を導き救って仏教の真理に向かわせるのが〈還相〉である．わが国の*親鸞がみずから「本師」〔教行信証行〕と呼んでいる北魏の*曇鸞の浄土教義の解釈書*『往生論註』下に，「廻向に二種の相あり．一は往相，二は還相．往相とは己れの功徳を以て一切衆生に廻施して共に彼の阿弥陀如来の安楽浄土に往生せんことを作願す．還相とは彼の(浄)土に生れ已おわり，奢摩他毘婆舎那(śamatha-vipaśyanā，止観)を得て方便力も て成就し，廻らして生死の稠き林に入り，一切衆生を教化して共に仏道に向かうなり」とあり，親鸞も*『教行信証』においてこれを承け，〈往相廻向〉と〈還相廻向〉について具体的かつ詳細に論じている．→廻向．

なお，曇鸞の『往生論註』における往相・還相ないし往還二廻向の論述は，「逝ゆけば曰ここに遠く，遠ければ曰ここに帰る」〔老子25〕，「虚にして往き実にして帰る」〔荘子徳充符〕など，老荘の〈往く〉と〈帰(還)る〉の哲学をその根底基盤に置いている．

「謹んで浄土真宗を按ずるに，二種の廻向あり．一つには往相，二つには還相なり．往相の廻向について真実の教行信証あり」〔教行信証教〕

横超・竪超 おうちょう・じゅちょう　*親鸞が浄土真宗の特質を表す教判(*教相判釈)で用いた言葉で，〈横〉は*他力，〈竪〉は*自力を表す．また，〈超〉は頓速(すみやか)に迷いを離れることを意味する．親鸞は，「横超とは本願を憶念して自力の心を離る」〔教行信証化身土〕と定義している．これに対して，〈竪超〉は自力修行によってただちに仏となる教えで，横超は浄土真宗の教え，竪超は華厳・天台・真言などをさすとした．「横超とは横は竪超・竪出に対す，超は迂に対し廻に対するの言なり．竪超とは大乗真実の教なり．…横超とは即ち願成就一実円満の真教，真宗これなり」〔教行信証信〕．→二双四重．

黄檗希運 おうばくきうん　[Huáng-bò Xī-yùn]　?-850頃　中国，福州閩県(福建省)の出身．名は希運．若くして郷里の福州黄檗山で出家．身長7尺の偉丈夫で，額に肉珠があった．はじめ*天台山に遊び，次いで*長安に出たが，老婆から*百丈懐海のことを聞き，江西に赴き，その法を嗣ぐ．しばらく洪州大安寺にいたが，やがて高安(江西省)に出身の寺の名に因む黄檗山を開創する．842年に洪州竜興寺に，848年には宛陵(安徽省宣城県)開元寺に，いずれも裴休(787-860?)の請により住す．この間の説法を裴休が記録したものが*『伝心法要』である．その禅は，*洪州宗の禅を発揚したもので，心の分析にすぐれている．その弟子*臨済義玄はその*大悟に際して，「黄檗の仏法多子無し(特別変わった子細はないのだ)」〔臨済録〕と喝破した．

黄檗山 おうばくさん　中国，福州府(福建省)福清県にある．山中に黄檗(きはだ)の木を多く産したのが山名の由来．唐・貞元5年(789)，6祖*慧能の弟子，正幹の開創．はじめ〈般若堂(台)〉と称したが8年後に改めて〈建福禅寺〉とした．以後，臨済一派の道場として宋代に栄えたが，次第に衰え，明・洪武23年(1390)，大休によって再興されるに至った．嘉靖34年(1555)倭寇により焼かれた．隆慶年間(1567-72)，中天正円が復興を図ったが成らず，万暦年間(1573-1619)の末年，朝廷の援助を得て〈万福禅寺〉の寺号を賜った．崇禎10年(1637)，*隠元隆琦が住持となって復興が完成した．

黄檗宗 おうばくしゅう　*禅宗の一派．京都府宇治市の黄檗山*万福寺を*本山とし，江戸初期に来日した*隠元隆琦を開祖とする．教義・修行・儀礼・布教など日本*臨済宗と異ならず，〈黄檗宗〉の名も明治政府の宗教政策で臨済宗より独立させられたもの．日本臨済宗の各派が，鎌倉より室町中期にかけて宋と元の中国禅を受け入れ，早く日本化したのに比して，隠元の来日が新しい上に，明末清初の国粋化運動のもとで意図的に中国禅の正統を自任し，臨済正宗を名乗ったことから，独自の宗風を生むこととなる．

黄檗山万福寺の名は，隠元の前住地である福建省福州祖山の名をとり，歴代住持も第16代までは中国僧，仏像や建築も中国様式，修行生活も中国風であったため，蘭学や南蛮美術と共に鎖国下の日本における唯一の唐寺の風があって，「山門を出れば日本ぞ茶摘うた」という菊舎尼の名句で知られる．隠元に師事した日本僧*鉄眼道光が訓点一切経を出版した(*鉄眼版)のが荻生徂徠の古学に影響したという説があり，黄檗僧が伝える近世中国文化は，医学や社会福祉，文人趣味の展開とも関係する．南蛮風の*頂相画や，*普茶料理，隠元豆の名など，その代表的なものである．

黄檗版 おうばくばん　⇒鉄眼版

応病与薬 おうびょうよやく　病に応じて薬を与えるという意．仏の教えは，衆生の*機根(仏教を受ける素質・能力)に適合するように説かれ，このことを〈*対機説法〉〈随機説法〉という．仏は衆生の病を癒す医者の王にたとえられる場合があるが，そのたとえの立場から，仏が衆生の病の種類に応じて，その病を癒す薬を調合して与えるという発想が生まれ，応病与薬という用語ができた．

欧米の仏教 おうべいのぶっきょう　【欧米への仏教伝播】西洋への仏教の伝播は，15世紀からの西洋列強のアジア進出に伴って本格化する．アジアから将来された仏典は言語学者らの研究対象となり，19世紀中期以降，*ビュルヌーフ，*ミュラー，*リス-デヴィズ，*オルデンベルク，*レヴィなどの優秀な仏教学者を輩出し，その仏教研究の方法論は明治期以降の日本の仏教学に大きな影響を与えた．一方アメリカでは，1875 年に設立された〈神智協会〉が上座仏教(→南伝仏教)をアメリカに広め，1893 年のシカゴ万国宗教大会で〈*大菩提会だいぼだいかい〉や*禅が紹介されることになる．

【20 世紀前半の実践活動】20 世紀に入ると欧米で独自の仏教実践活動が展開する．イギリスではセイロン(スリランカ)のダンマパーラ(Anagārika Dhammapāla, 1864–1933)が 1925 年ロンドンに大菩提会の支部を設立し，後の欧米での支部展開の先駆けとなった．ドイツで 1924 年にダールケ(P. W. Dhahlke, 1865–1928)博士が建てた〈仏教の家〉は〈スリランカ伝道協会〉に引き継がれ，有数の上座仏教伝道センターとなった．アメリカでは 1897 年から 11 年間滞在した*鈴木大拙すずきだいせつの研究や翻訳が，のちの禅ブームの素地となった．また，明治初期の日本人移民のために浄土真宗本願寺派が*開教使かいきょうしを派遣し各地で仏教会を組織すると，他の宗派もこれに続いた．

【第二次大戦後の展開】第二次世界大戦後は，禅や*チベット仏教の普及，および上座仏教の新たな展開が特徴的である．アメリカでは鈴木大拙を中心とした禅思想が戦後広まり，特に 1960 年代から坐禅会の活動が活発化し，臨済系・曹洞系の禅センターがニューヨーク，ロサンゼルス，サンフランシスコなどに展開された．また 1972 年にカリフォルニア北部で総持寺系の白人尼僧が開いた修道院的道場は，北米からイギリスへと広がりをみせた．1967 年に単身渡仏した曹洞宗の弟子丸泰仙でしまるたいせん(1914–82)が，一時は 1700 人余の弟子，30 万以上の信者を得るに至ったのも異色である．日本からは禅のほか浄土真宗や*新宗教系の仏教の進出も着実に進んでいる．チベット仏教は 1959 年の*ダライ-ラマ亡命をきっかけに欧米に弘通ぐずうすることになり，アメリカでは文化人による積極的な支援をうけて研究・啓蒙活動，*瞑想を中心とした実践活動が盛んになる．上座仏教では，1981 年にロンドン郊外チトハーストの僧院に*戒壇かいだんが設置され，ヨーロッパ独自の上座仏教サンガ(*僧伽そうぎゃ)の成立をみた．このほか，欧米ともに，ベトナム・中国などアジア系移民の増大に伴い，各民族向けの寺院の設立も相次いでいる．

今後は，アジアの多様な仏教からの選択的受容の段階から，欧米独自の仏教の形成発展へと至るかどうかが注目される．

応報 おうほう　*善悪の行為に応じて報いあらわれる苦楽の結果をいう．このサンスクリット語として特定できるものはないが，感受されるべき結果を意味する vedanīya や，時を経過してもたらされる結果を意味する vipāka などが，意味上この語に対応していると考えられる．このような行為の結果は，*因果いんがの理法という強い必然性を意識して用いられるため，善因善果(楽果)，悪因悪果(苦果)という意味で，〈因果応報〉と熟語化して用いられることが多い．この応報説は*輪廻りんね思想を背景にして個人の行為と*果報の関係を説く．これに対して，中国では「積善の家には必ず余慶あり，積不善の家には必ず余殃よおうあり」〔易経〕とあるように，応報は祖先と子孫との間で生じる問題と考える伝統があるため，仏教的な応報輪廻説はしばしば論争に巻き込まれた．「善悪の報は影の形に随ふが如く，苦楽の響きは谷の音に応ずるが如し」〔霊異記上序〕．→因果応報．

王法・仏法 おうぼう・ぶっぽう　国家と仏教との関係を説く際に用いられる対概念．主として日本中世において頻繁に使用された．*世俗世界からの超越を掲げる仏教が権力者に対してどのような態度を取るかは，仏教の成立以来，仏教者にとっての大きな課題だった．インドにおいては仏教教団の自立と世俗権力に対する優越は比較的確保されていた．なかでも仏教に深く帰依した*阿育王あいくおうの治世は，のちに王法・仏法の理想的な関係の時代とされた．しかし，中央集権国家の色彩が強い中国に入ると，仏教を国家権力に従属させようとする圧力が強まった．仏教界からは強い反発が起こり，東晋の*慧遠えおんは『沙門不敬王者論しゃもんふきょうおうじゃろん』を著して，出家者が国王を礼拝することを否定した．→沙門不敬王者．

中国仏教の影響の強い日本では，伝来当初から仏教は国家権力と強い結び付きをもっており，その傾向は古代律令国家が成立するとますます強まった．大寺院は国家権力に依存し，その安寧を祈ること(*鎮護(ちんご)国家)によってその存続を保証されていた．だが，平安後期に入って古代国家の解体が本格化すると大寺院は国家からの自立傾向を強め，独自の領地と武力をもつ〈権門(けんもん)〉への道を歩みはじめた．そうした歴史状況を背景として12世紀ごろに成立する論理が，王法と*仏法が車の両輪のごとく相互に依存し合う関係であることを説く，〈王法仏法相依論(おうぼうぶっぽうそうえろん)〉である．ここでいう〈王法〉とは天皇を頂点とする既存の政治支配秩序を，〈仏法〉とはこの論理を主張する個々の寺院とそこに伝えられる教法を意味した．主として旧仏教において盛んに主張され，*『平家物語』などにもみえるこの論理は，かつては仏法の王法への奉仕を説く古代的論理であるとされた．だが近年では，権門寺院の国家からの自立と仏教の社会的影響力の増大に対応し，俗権に対する教権の原則的優位を主張する中世的論理であると考えられている．

国家権力に対する仏法の優越は，道元(どうげん)・日蓮(にちれん)など*鎌倉仏教ではさらに強く主張された．室町時代には真宗の*蓮如(れんにょ)が〈*王法為本(おうぼういほん)〉の教えを掲げて，*一向一揆とよばれる武装闘争を起こす門徒を戒めている．⇀天皇と仏教．

王法為本 おうぼういほん　〈王法〉とは王が定めた法の意で，国家の理念や法律などを総称し，荘園制・武家法・法度(はっと)をはじめ時代の制度・道徳・習慣を含めた世俗の掟をいう．この王法を以て根本とすることが〈王法為本〉で，特に真宗では，*信心を重んずる〈仏法為本〉の立場であったものが，門徒勢力の増大にともない，*蓮如(れんにょ)は「まづ王法をもて本とし，仁義をさきとして，世間通途の儀に順じて，当流安心をば内心にふかくたくはへて」〔御文〕と教誡するに至った．⇀王法・仏法．

王本願 おうほんがん　⇒第十八願(だいじゅうはちがん)

黄麻紙 おうまし　麻を材料(または麻をまぜた)とした紙を防虫の目的をもって黄蘗(きはだ)の煮汁で染色した黄紙(おうし)．奈良時代に*写経料紙として最も多く用いられた．このほか黄紙には楮(こうぞ)を原料にして同様に染色した黄楮紙(おうちょし)がある．なお，染色しない麻紙は白麻紙(はくまし)という．

応無所住而生其心 おうむしょじゅうにしょうごしん　*金剛般若経(こんごうはんにゃきょう)の有名な一節で，書き下しでは，一般に「応(まさ)に住する所無くして，而(しか)も其の心を生ずべし」と読まれている．古来，禅宗で非常に重んじられた句であるが，その理由は「而」という文字によって，「無所住」「生其心」という対立的な概念が結合されている点にある．つまり，中国禅の特質は，*禅定(ぜんじょう)における静的な境地(無所住)に止まることなく，日常生活のただ中でそれを生かす(生其心)ことを主張した点にあるが，禅宗の人々は，その主張を投影して，この経文を理解したのである．それゆえ，この句の重視と*頓悟(とんご)思想との間には密接な関係が認められる．早い時期にこの句に注目したのが，侯莫陳琰(こうばくちんえん)(660–714)や荷沢*神会(かたくじんね)ら，特に〈頓悟〉を強調した人々であったのもそのためであるが，後に，この思想が浸透し，一般化すると，*『六祖壇経(ろくそだんきょう)』などにも取り込まれ，*慧能(えのう)が*弘忍(こうにん)に参ずるに至ったのは，この句を聞いたためであるなどともされるに至った．

黄門 おうもん［s: paṇḍaka］　〈こうもん〉とも読み，原語は〈般吒(はんた)〉〈半択迦(はんちゃくか)〉などと音写し，〈不男(ふなん)〉と漢訳する．生まれつき男性として生殖器の不完全な者．天閹(てんえん)のことで，男子で婦人を娶っても子供のできない者のこともいう．また割勢された(男根を去った)者のこと．つまり〈宦者(かんじゃ)〉の称で，後漢(25–220)の時，宮城中の禁門を〈黄門〉と呼び，その諸官として宦者があてられたことによる．なお，*律には5種の黄門すなわち5種の不男をあげる(*『十誦律(じゅうじゅりつ)』)．「大海の水は蚊飲(ぶんいん)を遮せず，菩薩の戒は何ぞ黄門を遮せん」〔顕戒論中〕

往来 おうらい　真実在の世界に目覚めを持って，一切の存在をあまねく*教化(きょうけ)すること．『荘子』在宥に「独り往き独り来る…これを至貴と謂(い)う．(至貴の)大人の(万物を)教うるや，形の影におけるがごとく，声の響におけるがごとし」とある．仏教ではまた，釈迦如来が繰返しこの*娑婆(しゃば)世界に生れてきて衆生を教化することをいう．*梵網経(ぼんもうきょう)下は「吾れ(釈迦)今此の世界に来ること八千返(ぺん)，此の娑婆世界の為に…略(ほぼ)心地の法門品を開き竟(お)わる」と説く．これを〈往来八千返〉といい，このようにして衆生を教化することを〈往来の利益(りやく)〉という．梵網経上には「形を六道に現し…但(もっぱ)ら人を益して利することを為す」とある．またときに*輪廻(りんね)する(saṃ-√sṛ)ことを意味する(『中論』16)．「一切無量無辺の功徳の往来は，この身現の一造次(いちぞうじ)なり」〔正法眼蔵仏性〕

往来物 おうらいもの　平安中期から明治初頭までの初等教科書．この名は，往復一組の手紙が教材に使用されたことに由来する．江戸期には〈往来〉の文字の有無に関係なく，寺子屋の教科書を〈往来物〉と称した．総数3千を越え，近代以前の世界に類のない多数の教科書である．内容は教訓・実業・地理・歴史・理学さらに語彙など，広い分野にわたっていた．代表的なものに，平安末期成立の，仏教的色彩の濃い*『実語教』(「山高故不貴，以有樹為貴」で知られる)，鎌倉中期以前成立の*『童子教』，室町初期成立の『庭訓(ていきん)往来』，江戸期の『商売往来』などがある．なお，現存最古の往来物は10世紀末または11世紀初頭の『高山寺古往来』で，『和泉(かせん)往来』や藤原明衡(あきひら)(989?–1066)作の『明衡(めいごう)往来』がこれに次ぐ．また書状の往来集ではないが，源為憲(ためのり)作の『口遊(くちずさみ)』(970)なども，貴族の子弟教育用のものであった．→教育と仏教，寺子屋．

誑惑 おうわく　〈狂惑〉〈横惑〉とも書く．だます，たぶらかすという意味で，*法華経(ほけきょう)にも用いられている語．『今昔物語集』14–44には，物をだまし取ろうとして詐術を構える法師を「横惑の奴」と称している．鎌倉時代には誑惑を職業とする法師がいたことが『雑談集(ぞうたんしゅう)』9に「誑惑事」として記されている．『宇治拾遺物語』6で「狂惑の法師」と称しているのもこれであって，後に狂言のスッパ，昔話のウソツキとして造型されるのもこの系譜にある．「たまたま学する者は皆仏法を能芸として，渡世のため狂惑の手立とせり」〔妻鏡〕

応和の宗論 おうわのしゅうろん　963年(応和3)宮中清涼殿で行われた，天台宗と奈良仏教との論争．村上天皇が法華経を書写した機会に，天台宗の*良源(りょうげん)の主唱により開かれ，天台宗と南都側それぞれ10名の僧が出，5日間昼夜10座にわたって法華*三部経をテーマに論争された．*一乗(いちじょう)思想と*三乗思想の優劣が争われ，良源が名声を博した．法相宗(ほっそうしゅう)の仲算(ちゅうさん)が，本来は一乗思想の経文を「無の一は成仏せず」「地獄も天宮も皆浄土たらましかば，有性も無性も斉(ひと)しく仏道を成ぜん」と三乗の思想に則(のっと)って読み下したことで有名．→無一不成仏，宗論．

御会式 おえしき　⇒会式(えしき)

大袈裟 おおげさ　3種の*袈裟のうちの最も大きなもの．修行僧の正装で，威儀張ってものものしいところから，俗に物事を実際より誇張する様子をいう語となる．また〈大袈裟斬り〉の略で，袈裟をかけた形に一方の肩先から反対側の腋(わき)の下にかけて斜めに大きく斬りおろすこと．「故建仁寺本願(栄西)，度唐して如法の大袈裟・大衣・持斎の行儀，我が国に始行して」〔雑談集9〕「肩先より背骨まで，大袈裟に切り放せば，そのまま息は挑灯とともに消へたる」〔浄・夏祭浪花鑑〕

大谷探検隊 おおたにたんけんたい　浄土真宗本願寺派第22世法主・大谷光瑞(おおたにこうずい)(1876–1948)が組織した探検隊．1902(明治35)–04年，08–09年，10–14年(大正3)の3次にわたって中央アジアに派遣され，日本人による西域(さいいき)調査の嚆矢となった．*敦煌(とんこう)文献・ウイグル語文献・仏像など膨大な文物を将来し，その主なものは1915年に『西域考古図譜』として公表された．しかし，探検費用がすべて大谷光瑞の独力でまかなわれたため，光瑞が財政破綻によって失脚する一因ともなった．将来品の大部分は大連図書館・京城博物館に保管されていたため敗戦によって国外流出することになったが，日本に将来されたものについては竜谷大学に保管されている．

大原問答 おおはらもんどう　〈大原談義〉ともいう．1186年(文治2)，京都愛宕大原で，*法然(ほうねん)と*南都北嶺(なんとほくれい)の碩学(せきがく)たち(のちの天台座主顕真，天台の証真，三論の明遍，法相の貞慶，東大寺勧進重源ら)との間で行われた浄土宗義上の問答．ここで法然は，*念仏の功徳と阿弥陀仏(あみだぶつ)の*本願の主旨を明らかにした．満座の聴衆は3昼夜，*不断念仏を勤行(ごんぎょう)したという．この問答以後，法然の*専修念仏(せんじゅねんぶつ)は隆盛となっていった．専修念仏唱道後11年に当る．この問答は顕真の発議によったという．

大服 おおぶく　元日に若水(わかみず)を沸かして，梅干と昆布を入れて飲む茶．大服茶．京阪地方では元日の朝，雑煮(ぞうに)を祝う前に家中の者がそろってこれを飲み，一年中の健康を願う習俗がある．951年(天暦5)に京都で悪疫が流行した時，*六波羅蜜寺(ろくはらみつじ)の開山*空也(くうや)上人が人々に飲ませたことに始まるという．村上天皇もこれを服したので，〈皇服茶〉とも呼ばれる．六波羅蜜寺では正月三ガ日，参詣者にこれを授与する．江戸(東京)では〈福茶(ふくちゃ)〉ともいう．「構いて，茶をたてた，などといふな．大福御祝ひ候へ，と申せ」〔噺・きのふはけふの物語〕「加茂川の水一壺進上つかまつり候ふ．大ぶくに御遣ひ下さるべく」〔役者論語〕

大峰山 おおみねさん　奈良県の*吉野山から和歌山県の*熊野にいたる172キロメートルにわたってのびる山系．平安時代以来，修験道(しゅげんどう)の中心的な修行道場とされ，全体が*金剛界(こんごうかい)・*胎蔵界(たいぞうかい)の曼荼羅(まんだら)に擬せられた．また北の吉野山，南の熊野三山に修験道の拠点が作られると共に，山中の山上ヶ岳・小笹(篠)・弥山・釈迦ヶ岳・深仙・前鬼などにも行所が設けられ，大峰*八大金剛童子などがまつられた．修験者は吉野か熊野から山中に入って，これらをはじめとする70-80の宿を*斗藪(とそう)する*峰(みね)入り修行を行なった．→修験道．

大山 おおやま　丹沢山系の東南端に位置し，神奈川県厚木市・秦野市・伊勢原市にまたがる*山岳信仰の山．標高1252メートル．別名を〈阿夫利山(あふりやま)〉ともいうが，これは「あめふり(雨降)山」の訛りで，かつて*雨乞(あまごい)祈禱を行なっていた名残ともいう．山頂に現在は阿夫利神社の御神体となっている，石尊大権現(せきそんだいごんげん)と呼ばれる自然石があり，これを依代(よりしろ)とした原始信仰から，次第に*神仏習合の霊場として発展していった．とくに近世には，江戸から近いこともあって〈大山詣で〉が盛んとなり，落語の題材ともなった．中腹にある大山寺(だいさんじ・おおやまでら)は，明治維新の*神仏分離まで一山を管理していた寺で，縁起によれば東大寺の造営に尽力した*良弁(ろうべん)の開山と伝え，鎌倉時代の鉄造不動明王像を本尊としている．

おかげ　他から恩を受けること．特に，自然の脅威や病気・社会苦など生命や生活が危機に陥った際に救ってくれる諸神・諸仏の恩をさす．これらの諸神・諸仏に対し報恩的行為を起すのを〈おかげ参り〉〈お礼参り〉などとよぶ．たとえば，無事出産を果した主婦が産明(うぶあけ)ののち守護神に感謝の参詣をこころみ，厄年の男が順調に厄難を越えたとき社寺へおかげ参りに参向する．伊勢参宮や諸国の寺社・霊場巡礼の風もここに起因している．

岡寺 おかでら　奈良県高市郡明日香村にある真言宗豊山(ぶざん)派の寺で，*西国三十三所第7番の*札所(ふだしょ)．山号を東光山，院号を真珠院，法名を竜蓋寺(りゅうがいじ)と称し，*義淵(ぎえん)*開基になる五竜寺の一つ．寺伝では663年(天智2)岡本宮を改めて*精舎(しょうじゃ)とし，義淵に賜ったのに創まるとされる．文献では正倉院文書の740年(天平12)の写経所啓(けい)に見られるのが初見．寺域西方の治田(はるた)神社境内に残る礎石や出土瓦から，この場所が旧*伽藍(がらん)の中心部であったとされる．早くから観音霊場として信仰を集め，また厄除祈願の寺として名高い．

現在の伽藍は山の中腹寄りに桃山時代から江戸時代に建立された*本堂・書院・楼門(ろうもん)・開山堂・*鐘楼(しょうろう)・*仁王(におう)門(1612)などが配される．本尊の塑造(そぞう)菩薩(伝如意輪観音(にょいりんかんのん))坐像(奈良時代)は創建時の古像で，現本堂への移座に際し，当初の半跏形(はんかぎょう)から現状に改めたとする説もある．本尊の胎内仏(たいないぶつ)であったと伝える銅造菩薩半跏像(飛鳥時代後期)，木心乾漆義淵僧正坐像(奈良時代)，天人文磚(てんにんもんせん)(飛鳥時代後期)などの名宝も伝存している．なお，古く本寺の由来を説いたものに『竜蓋寺記(伝記とも)』があり，『東大寺要録』1，『七大寺年表』大宝3年，『扶桑略記』大宝3年以下諸書に引くほか，『今昔物語集』11-38にも同系の伝承に連なる縁起譚を収める．

御髪剃 おかみそり　〈おこうぞり〉ともいわれる．在俗の男女が真宗に帰依したことを証するために頭上に剃刀をあてて行われる*剃髪(ていはつ)に擬した儀式で，〈帰敬式(ききょうしき)〉ともいう．僧侶の*得度(とくど)に準ずるものとして，各派とも門主みずから行うが，時には法嗣(ほっし)(門主の後継者)や連枝(れんし)(門主一族の男子)が代行することもある．受式者を祖師の御影前に坐らせ，剃髪のしるしを行なった上で*法名を下付する．これは，他宗で在家に*三帰依*五戒を授けて*戒名を与える*授戒に相当する．

荻原雲来 おぎわらうんらい　1869（明治2）-1937（昭和12）　仏教学者．浄土宗の僧．和歌山県の出身．1899年第1回浄土宗海外留学生としてドイツに留学，サンスクリット語を研究，帰国後，大正大学教授などを歴任．『瑜伽論菩薩地』，称友（Yasomitra）造『倶舎論疏』などを校訂出版し，世界的評価を受けた．専門論文は『荻原雲来文集』に収録されている．

抑止 おくし　衆生が悪事に向かわないよう，仏が*方便として用いる道徳的抑止力をいう．〈*摂取〉に対する語．同じ*浄土三部経にありながら，*悪人成仏に関し，無量寿経は，*五逆と*正法を謗る者を除くと言い，観無量寿経は，五逆*十悪を犯した者も*仏名を称すれば結局は*往生できると説く．これに対し，*善導は前者を〈抑止門〉，つまり未だ悪をなしていない者への防止効果を狙った教化法，後者を〈摂取門〉，すなわちすでに悪をなしてしまった者への大慈悲による救済説であると位置づけることにより，この矛盾を解決した．

憶持 おくじ ［s: smaraṇa, smṛti］　記憶して心に持つこと．心に記憶して忘れないこと．翻訳語としては*憶念と同一．*玄奘が〈憶念〉と訳する語を*真諦が〈憶持〉と訳している例は多い．しかし，中国・日本で，憶念と区別して理解される場合，憶持には*受持して忘失しないというニュアンスが濃い．*唯識学の用語（たとえば*『摂大乗論』巻1）として現れる〈憶持識〉（玄奘もそう訳す．smṛti-vijñāna）は，過去の経験を記憶している心の意である．「僧の経を読誦するを聞きて，憶持して忘れず」〔法華験記上24〕

沃焦 おくしょう　〈よくしょう〉とも読む．大海の底にある水を吸う石の名．その下に*無間地獄があるので，この石は常に熱く焼けているという．また海に流れ込む水はこの石のところに至ってつきはててしまうので，大海の水は増加しないという〔文句記9下，金剛三昧本性清浄不壊不滅経〕．*凡夫の欲情の窮りないことを喩える．沃焦石のある海を〈沃焦海〉と称し，*衆生が苦しみを受けるところに喩える〔超悟疏〕．なお，『荘子』秋水に〈尾閭〉つまり海の底にあって海水を排泄する大きな穴のことが見え，それをふまえた嵆康『養生論』中の〈尾閭〉の語を説明する『文選』李善注所引の司馬彪の注解では，一名〈沃焦〉として東の大海中にあり，しかも巨大な石があって，海水が注ぎ込むとその水をこがしつくしてしまうとしている．

憶念 おくねん ［s: smṛti, anusmṛti, smaraṇa］　仏教語〈*念〉（smṛti）は，心にたるみがなくいきいきとした注意をゆき届かせている状態を意味し，また，対象に心を留めて忘れずつねづねそれを思い起こすことを意味する．後者の意で smṛti は〈憶念〉と訳され，また，同様の意で用いられる anusmṛti も〈憶念〉と訳される．東アジアの*浄土教において憶念の語は，殊に，*阿弥陀仏や，阿弥陀仏の*功徳，あるいはその*本願を，思って忘れぬこと，しばしばそれを思い起こすこと，の意に用いられることが多い．「衆生，仏を憶念すれば，仏また衆生を憶念したまふ」〔本願念仏集〕．→憶持．

奥院 おくのいん　寺社の本堂や拝殿の奥にあって，*開祖や*開山に関与した霊仏・本地仏などを祀った堂舎．多くは本堂・拝殿後方の山上や岩窟内などに置かれる．なかでも空海の*入定身を安置した*高野山奥院は有名で，一般的にはこれをいう．835年（承和2）の入定の前年，空海自ら当地を選び，入定の際には真然（804-891）が中心となって空海の身を石室に安置し，上に*五輪卒塔婆と*宝塔を建立したのに始まる．10世紀初め観賢（853-925）が高野山*座主となった頃から空海生身入定信仰の中心として崇敬を集め，藤原道長や白河・鳥羽上皇はじめ多くの人々が参詣している．「滝口入道を先達にて，堂塔巡礼して奥院へ参り給ふ」〔平家10.高野巻〕

送り火 おくりび　*盂蘭盆会の最後の日に，*精霊を送り出すためにたく火のこと．盆の初めの〈迎え火〉に対応する．いわゆる*門火のように家々が門口でたくだけのものから，地域社会の民俗行事として伝えられるものまで，規模も形態もさまざまである．後者の有名な例に，各地の灯籠流しや百八灯，京都の大文字などの送り火(施火)や，さらには柱松のように山伏の祭りに取りこまれたものもある．盆の火は，民俗的には小正月の火(いわゆるどんど焼きなど)に対応した秋口の火祭りとも考えられる．また盆の火を山上でたくという例が多いのは精霊と山とのつながりをうかがわせる．なお，葬式の出棺のあとや，嫁が実家を出る時に庭先でたく火をも〈送り火〉という．「洛外所々の山岳幷に原野，諸人集りて枯麻の条・樒の枝・破子・公卿台の類を燎たく．これを聖霊のおくり火といひ，また施火といふ」〔俳諧歳時記下〕「おくり火の出口に消えぬこよひかな」〔ひとりね上〕．→迎え火．

悪作 おさ［s: kaukṛtya］〈あくさ〉とも読む．*説一切有部アビダルマ(*阿毘達磨)および*唯識の教理において，心理作用を表す法(*心所法)のうち，不定法の一つとして数えられる．〈悔け〉と訳されることもある．*善悪いずれの行為を行なった後も，それについて思いめぐらせ後悔すること．倶舎学の伝統では〈あくさ〉と読み，法相学では〈おさ〉と読む．

御師 おし　もとは御祈禱師の意であるが，のち祈禱のほか寺社参詣や宿泊の世話，守り札の配布などを通じて特定の寺社と信者(*檀那)との間を取り持つ宗教者の呼称となった．中世からの*熊野・石清水八幡・賀茂社など，さらに近世に発達した伊勢大神宮の御師が著名．当初は参詣時のみの一時的な関係であったものが次第に恒常的な師檀関係へと発展し，御師は信者からの寄進・施物を蓄財の対象とするようになり，師檀関係そのものが相続・売買された．「伊勢の御師か何ぞのやうに，白太夫とお付けなされた．すなはちけふが誕生日」〔浄・菅原伝授手習鑑3〕

押出仏 おしだしぶつ　〈打出仏〉ともいい，また〈鎚鍱像〉とも呼ばれる．多くは鋳造した雄型の上に銅板を置いて，木槌などで像をたたき出し，さらに木鏨で細部を浮きださせた仏像をいう．板にはりつけ*厨子に入れて礼拝対象とした*法隆寺の阿弥陀五尊像(飛鳥時代後期)のようなもの，数多くの同一押出像をつくり堂内壁面や厨子の内側にはりつける場合などあり，有名な法隆寺*玉虫厨子内の*千体仏(天平時代)は後者の最も古い作例である．このように数多くの像を容易に造立するために用いられ，*唐招提寺の吉祥天像(奈良時代)をはじめ遺例が多い．この技法で仏像の正・背面を別々に造り，2枚を組み合わせて立体としたものもある．*懸仏などにもこの手法の仏像が用いられ，円板上に置きあるいは円鏡と併用することもある．

和尚 おしょう　『晋書』仏図澄伝に「悪心を起すこと莫なかれ，和尚は汝を知らん」とあり，サンスクリット語 upādhyāya に相当する音写．〈鄔波駄耶〉〈和闍〉〈和上〉とも音写．〈力生〉と意訳．また〈かしょう〉〈わじょう〉とも読む．仏法の師をいう．*授戒のとき，*羯磨師・教授師と共に戒を授ける人を〈戒和尚〉といい，生涯にわたって指導する師をいう．禅宗・浄土宗では〈おしょう〉，華厳宗・天台宗では〈かしょう〉，律宗・真言宗などでは〈わじょう〉といい，律宗のみは〈和上〉と書く．古くは高僧を呼んだが，今日では，住職・僧侶を一般に〈和尚〉という．→和上，受戒．

恐山 おそれざん　古くは〈宇曾利山〉ともいった．青森県下北半島にある霊場．山麓にある曹洞宗円通寺の奥の院で，本尊地蔵菩薩の縁日を期して7月20日から5日間，地蔵講会が催される．近郷の人びとからは〈御山〉と愛称され，人が死ぬとその霊魂はことごとく御山に鎮留するものと信ぜられ，身内の死に遭遇した人びとは地域ごとに*講を組んで登山し，供養につとめる．その仏を呼び出すシャーマンの〈イタコ〉による口寄が盛んである．→シャーマニズム．

御陀仏 おだぶつ　極楽往生を願い，臨終に*南無阿弥陀仏と唱えることから，死ぬことを指す．転じて，だめになること，おしまいになることをもいう．近世も後期になってからの用語らしい．「いや，この肴はおだぶつだぜ．こりゃきのふのまぐろだな」〔滑・東海道中膝栗毛3上〕

億劫 おっこう　〈おくこう〉とも読む．きわめて長い，ほとんど無限の時間をいう．〈百千万億劫〉の略で，〈劫〉自体がすでにきわめて長い時間を表す言葉であるが，それを百千万億倍(100×1000×1万×1億)することによって，さらに意味を強めたもの．音転して〈おっくう〉となり，あまりにも長くて耐えられないことから，わずらわしくて気が進まないさまを意味する一般語ともなった．「億劫に一たび説きたまひし釈尊の教法も，ほとんどその詮なきがごとし」〔愚迷発心集〕．→劫．

踊念仏 おどりねんぶつ　〈踊躍(ゆやく)念仏〉ともいう．*一遍(いっぺん)が1279年(弘安2)冬，信州佐久の武士の館で念仏中，信心歓喜(かんぎ)のあまり僧俗一体となって踊った．それ以来*時宗(じしゅう)の重要な法儀となった．踊念仏は平安中期の*空也(くうや)が京都の市中で踊ったのがはじめで，一遍はそれを再興したと『一遍聖絵』は伝える．鉦(かね)を打ち，念仏に*和讃をまじえて称えながら踊る．日中礼讃のあと踊るのが定めであった．藤沢*清浄光寺(しょうじょうこうじ)の9月の薄(すすき)念仏会(庭おどり)も踊躍念仏の一種である．「ちと踊り念仏を初めて，きゃつをうかいて(浮かれさせて)やらう」〔大蔵虎寛本狂言・宗論〕「一遍房といひし僧…頭をふり足をあげて踊るをもて，念仏の行義(儀)としつ」〔野守鏡〕．→念仏踊．

鬼 おに　死者の霊を一般に〈鬼(き)〉という．中国では古来，心思を司る〈魂(こん)〉は昇天して〈*神(しん)〉となり，肉体を主宰する〈魄(はく)〉は地上にとどまって〈鬼〉となるとするが，〈鬼〉字は人屍の風化した姿から成立し，「鬼は先祖を祭るなり」〔広雅釈天〕とあるように亡霊をいう．人の認識を超えて，人に働きかけてくる超人間的作用のうちの忌避すべき観念につらなる．漢字部首の〈鬼〉は*死霊およびその作用を総括する．

インドの死者の霊 preta，peta(逝きし者)を訳して，〈鬼〉〈餓鬼(がき)〉というが，仏教流入によって*輪廻(りんね)転生する鬼，*供養をうける亡霊の観念が生じた．餓鬼は死霊が飢えて供養を待つと考えたからであり，鬼界は*霊魂輪廻の一界すなわち*六道の一つに数えられる．六朝志怪小説中には鬼の廻向(えこう)成仏譚や鬼王の娘が八関斎(*八斎戒)をうけるなどの例がみられる．唐代以降では*十王思想の展開と共に*太山府君を中心とする冥界の陰府が成立し，大都市の城隍(じょうこう)神，地方の土地神が鬼を治めるとされた．生前に鬼界で優位を占めるための*逆修(ぎゃくしゅ)などが行われるに至り，あの世は現世の反転した世界であり，鬼はあの世の人間と考えられた．また，*夜叉(やしゃ)・*羅刹(らせつ)など人に危害を加える凶暴な精霊や，*牛頭(ごず)・馬頭(めず)，青鬼・赤鬼などの地獄の*獄卒もすべて悪鬼の一種である．→餓鬼，鬼畜，鬼神，鬼界．

【日本―在来概念と展開】日本の〈おに〉の語源については諸説があるが，〈隠(おん)〉の字音の転訛らしく，原義は隠れて見えないもの，すなわち常民社会とは異なる世界にあって不断は目に見えないものの意であろう．それらは折にふれて常民社会に去来し，その生活に多大の影響を及ぼし，特に種々の災禍をもたらすことが多いと考えられた結果，畏怖すべきもの，猛々しく恐ろしいものとされるようになったのであろう．古代人にとっての他界は空間的異境に限らず，過現未にまたがる霊界にもわたるものであったから，〈おに〉の対象も多様で，海のかなたの異邦人はもとより，平地の住民から見れば生活習俗を異にする山住部族も〈おに〉であり，常民社会に災害をもたらす生霊・死霊のごとき*怨霊(おんりょう)なども鬼の一種であった．〈もの〉とか〈もののけ〉(物の怪)と総称される霊的存在の中にも〈おに〉と重なるものが多い．

こうしたやや漠然とした在来的〈おに〉の概念に外来の仏教の鬼や中国の鬼の概念が結びついた時に，日本の鬼の概念や形状にも次第に整理と輪郭づけが進み，やがて後世の固定化した鬼へと展開していったものらしい．ちなみに形状一つを例にとっても，平安時代などはいわば習作時代で，人体を基本に鬼の猛威と怪奇性を強調するための種々のデフォルメが施され，肌色も黒・赤・紺青・緑など多彩で，後世の『百鬼夜行絵巻(ひゃっきやぎょうえまき)』を見る思いがする．しかし，鎌倉時代の『北野天神縁起絵巻』に描く地獄の冥鬼などになると，明らかに後世の鬼の固定的イメージの原形と見られるものが確立している．

「明くる日彼(そ)の鬼の血を尋ねて求め往けば，其の寺の悪しき奴を埋め立てし衢(ちまた)に至る．即ち知りぬ，其の悪しき奴の霊鬼なることを」〔霊異記上3〕「早う人には非ずして怖しげなる鬼どもの行くなりけり．或は目一つある鬼もあり，或は角生ひたるもあり．或は手数(あまた)あるもあり，或は足一つして踊るも

あり」〔今昔16-32〕

追儺 おにやらい ⇒追儺(ついな)

小野流 おのりゅう ⇒野沢二流(やたくにりゅう)

御仏名 おぶつみょう ⇒仏名会(ぶつみょうえ)

御文 おふみ 本願寺8世の*蓮如(れんにょ)が門徒に書き与えた消息体の*法語．蓮如みずから〈御文〉と称したが，そののち，大谷派では〈御文〉と呼ぶのに対して，本願寺派では〈御文章(ごぶんしょう)〉と呼んでいる．浄土真宗の要義を簡潔・平易に説き，真宗の普及に果した役割は極めて大きい．その数は真偽未決のものを除いて221通を伝え，このうち80通を五帖に編集して『五帖御文(ごじょうおふみ)』といい，五帖以外のものを『帖外御文(じょうがいおふみ)』という．「御文は如来の直説(じきせち)なりと存ずべきの由に候ふ．形を見れば法然，詞(ことば)を聞けば弥陀の直説と言へり」〔蓮如上人御一代聞書〕

御水取 おみずとり 東大寺における修二会(しゅにえ)の*二月堂の十一面悔過法要(別火(べっか)2月20-28日，本行3月1-15日)のなかで，3月13日の午前2時頃，*悔過(けか)の途中で呪師(しゅし)役のものが練行衆(れんぎょうしゅ)(平衆)をひきいて堂下の閼伽井(あかい)へ霊水を汲むために下堂する行事．若狭の遠敷(おにゅう)明神との縁起(『二月堂絵縁起』)による信仰とも伝えられ，*神仏習合的な性格も帯びている．そしてその発生から考えて，天平時代の霊水信仰をうかがうことができ，仏教のもつ神仏習合に基づく*現世利益(げんぜりやく)的なものとして現在も行われている．→修二会．

オーム [*s*: om] ⇒唵(おん)

『遠羅天釜』 おらてがま *白隠慧鶴(はくいんえかく)の仮名法語．3巻，続集1巻．寛延2年(1749)の自筆刻本があり，同4年の改版流布本が世に行われる．上巻は「鍋島摂州殿下近侍に答ふる書」，中巻は「遠方の病僧に贈りし書」，下巻は「法華宗の老尼に贈りし書」．続集は改版に際して，和文の「念仏と公案との優劣如何の問に答ふる書」と漢文の「客難に答ふる」の2編を加えたもの．大部分が平易な和文で禅の要諦を説いたもので，武士の参禅の心得，病僧の病中の修行の心得などを述べ，白隠の法華観や念仏観が知られる，彼の代表的な法語の一つである．書名は白隠愛用の茶鐺(ちゃとう)(茶釜)の名に由来する．

オルデンベルク [Hermann Oldenberg] 1854-1920 仏教学，*ヴェーダ学に偉大な業績を残したドイツ人学者．古典学とインド文献学を修め，ベルリン，キールおよびゲッティンゲンで教鞭をとる．パーリ文献の校訂に若くして着手し，*『ディーパヴァンサ』(1879)，『律蔵』(1879-83)，『長老偈・長老尼偈』(1883)を出版した．また，著書『ブッダ，その生涯・教説・教団』(*Buddha, sein Leben, seine Lehre, seine Gemeinde*, 1881)は，パーリ語資料に基づいて歴史的実在としてのゴータマ-ブッダ伝を描いた古典的名著で，改訂を重ね各国語に翻訳されている．『ヴェーダの宗教』(*Die Religion des Veda*, 1894)や一連の*『リグ-ヴェーダ』の韻律・テキスト研究によるヴェーダ学への貢献も大である．ドイツから論文集3巻(1967-93)が刊行されている．

怨 おん 他からの仕打ちに対する憎しみ・嘆き・不満の思い．〈おん〉はしばしば力として発動し，相手に不幸・災厄を与えると見なされる．したがって，他からの仕打ちを憎みながらも仕返しもできず，忘れずに心にかけている一般の怨〈うらみ〉に対して，〈おん〉は呪術-宗教的意味をもつ．藁人形の眼や胸に古釘を打ちこんで他人に不幸・災厄をもたらそうとする〈黒呪術〉または〈邪術〉は怨念・怨憎に発している．人形(ひとがた)のような道具を用いずに，生者の怨念・怨憎が発動して他人を不幸に陥れることを*生霊(いきりょう)の憑っき・*たたり・障(さわ)りなどという．怨念をもつ*死霊(しりょう)は*怨霊(おんりょう)として怖れられた．

平安時代に平安京の貴族社会を中心に御霊(ごりょう)信仰が流行して*御霊会が行われ，また菅原道真(すがわらのみちざね)の霊が北野天神として祀られた．民間では犬，猫，狐，蛇なども怨を持つと人にたたるとされ，そうした現象は現在も見られる．なお，怨霊成仏のテーマは古来文学・芸能にも多く取り上げられてきた．

恩 おん 【中国思想における恩】後漢(25-220)，許慎(きょしん)の『説文解字(せつもんかいじ)』によれば，恩の原義は〈恵〉である．また，『孟子』公孫丑に「内は則ち父子，外は則ち君臣，人の大倫なり．父子は恩を主とし，君臣は敬を主とす」とあるように，恩は本来，親の子に対する慈愛を意味したが，それはそのまま君主と臣民との関係にも拡大適用された．しかし，儒家は五倫・*五常などの徳目によって君臣・父子・夫婦・兄弟・長幼の関係を厳しく規定し，なかでも，父子の関係を人倫秩序の根底として重視し，父の子に対する〈慈〉と子の父に対する〈*孝〉を強調した．このため，恩はあくまでも〈慈〉〈*仁(じん)〉〈恵〉などの周辺に位置する副次的な概念に過ぎず，他の先秦(せんしん)(前221以前)の諸思想も含めて恩が特に強調されることはなかった．以後，朱子学や陽明学などに至るまで，*儒教イデオロギーの中での恩の地位に大きな変化は見られない．

【仏教における恩】*原始仏教では，社会生活の中での他者の自己に対する有益な行為を意味するkṛta(なされたる)あるいはupakāra(利益・助成)が〈恩〉に相当する概念として挙げられるが，これらは*報恩の概念と対をなして肯定的に説かれる．これに対して，出家者の断つべき*煩悩(ぼんのう)の根源としてのtṛṣṇā(*渇愛・*恩愛)，肉親間の愛情を意味するpriya(恩愛)などは超克すべきものとして否定的に説かれる．

前者の系列からは後世の*四恩の思想が展開したが，初期の漢訳仏典では四恩の内容は必ずしも明らかではない．四恩をはじめとして恩と報恩が積極的に説かれるようになるのは漢訳大乗仏典においてである．正法念処経(しょうぼうねんじょきょう)は，母の恩・父の恩・*如来(にょらい)の恩・説法師の恩を挙げるが，仏教が完全に王権のもとに掌握された唐代の訳である*心地観経(しんじかんぎょう)は，父母の恩・衆生(しゅじょう)の恩・国王の恩・*三宝(さんぼう)の恩を挙げており，新たに国王の恩が加えられた．これはインドにおいて*クシャーナ王朝および*グプタ王朝のもとに王権がたかまった社会的・政治的変化を反映しているのであろうが，王権の支配の強かった中国および日本において，王権と妥協しつつ仏教がひろまるのに役立った．また中国では，仏教定着の時期が子の親に対する孝をとりわけ重視した魏晋南北朝期(220–589)に当たったため，出家剃髪(ていはつ)を不孝と見なす儒教的批判をかわし，仏教こそ真の孝を説く教えであることを強調するために，父母の恩とそれへの報恩を説く*盂蘭盆経(うらぼんぎょう)や*父母恩重経(ぶもおんじゅうぎょう)などが偽作され，*道教経典にも取り入れられて広く普及した．

一方，後者の系列からは，出家入道の際に唱える「*棄恩入無為(きおんにゅうむい)，真実報恩者(しんじつほうおんじゃ)」という*偈(げ)に典型的に見られるように，肉親の恩愛の情を断ち，出家入道することこそ，真の報恩に他ならないのだという思想が展開した．

「吾かくの如く早く仏の位に至れるはこれ父母の恩に依り，また孝養の力に依りてなり」〔前田本三宝絵上〕「悟りなき虫だになほ恩を受くれば恩をかへす」〔霊異記中12〕

唵 おん　サンスクリット語omの音写．オーム．ただし実際に発音されるときにはoṃ(オーン)となる場合が多い．もと*ヴェーダなどで呪文のはじめに用いられた祈禱語．普通は呼びかけに応える間投詞．応諾の意を内含する．*ウパニシャッドには，これは*梵(ぼん)(*ブラフマン)であるとし，これを唱えることは*我(が)(*アートマン)に梵を得しめよとの意であるとする．またoṃをa, u, mの3字に分け，女・男・中性の3性，3ヴェーダ，*ヴィシュヌ・*シヴァ・ブラフマーの3神などに配釈した．

密教では守護国界主陀羅尼経(しゅごこっかいしゅだらにきょう)にa, u, mを法・報・応の*三身(さんじん)に配し，一切*陀羅尼のはじめとし，またすべての仏がこの字を観じて*成仏(じょうぶつ)したと説き，多くの*真言(しんごん)の最初にこれを冠する．→唵蘇婆訶(おんそわか)．

恩愛 おんあい　語の原義は君臣・父子・夫婦・師弟などの間の恩寵愛顧(おんちょうあいこ)．漢訳仏典では，*煩悩(ぼんのう)の根源をなす肉親の情愛やさまざまな*妄執(もうじゅう)・愛執などを意味する．出家入道の際に唱える「*棄恩入無為(きおんにゅうむい)，真実報恩者(しんじつほうおんじゃ)」という*偈(げ)が端的に示すように，これらは仏道修行の妨げとなるので，一度は断ち切らねばならないとされる．また，恩愛の深く断ち難いことを譬えて，〈恩愛河〉〈恩愛獄〉などともいう．「恩愛の断ちがたきだに我なほ断たむとおもふ．生死の尽くしがたきだに我なほ尽くさむとおもふ」〔三宝絵上〕．→恩．

音楽と仏教 おんがくとぶっきょう　【初期仏教】今日，仏教はとくに寺院法会の場において，音楽と密接に関係しているが，初期の教団では，これを実践することはもとよりその鑑賞も禁じられていたことが，戒律を集成した*律蔵などによって知られ，パーリ*上座部の「沙弥十戒文」の第7は，舞踊(nacca)，歌(gīta)，器楽演奏(vādita)，見世物(visūka)の鑑賞から離れることを教えとしている．

しかしその一方で，『根本説一切有部毘奈耶雑事』には，経を吟じて讃誦する善和の清らかな音声が，*梵天に徹するものであったと記されており，*世尊は善和を音声第一の*比丘とし，その和雅な音韻は聞く者の心に歓喜をもたらして*業を廃絶するから，欲心を去ることのできない比丘たちは，日々その*読誦を聞くよう告げたという．これは，仏徳を讃歎する〈声唄〉が娯楽的な〈歌〉とは区別されて用いられていたと伝えられることに通じる．ただし，このように功徳を認められた歌詠も，増一阿含経増上品にみられる*目連と*阿難との例のように，技を競い合った場合には，梵志(*婆羅門の漢訳，*外道)に異なることなく，*三蔵の意にふさわしくないとして退けられた．原始教団では，長老偈などの gāthā (*偈・*伽陀)がさかんに制作されたが，それらは実際に僧侶によって朗唱されていたものと現在では考えられている．その唱法の実態は，上記の梵志の法や，*『四分律』に登場する六群比丘が，婆羅門のごとく語声を高大にして経を誦したともあるように，仏教成立以前から古代祭祀音楽として行われていた*ヴェーダ讃歌のサーマン(sāman．旋律，『サーマ-ヴェーダ』の朗唱)に近いものであったと考えられる．

【大乗仏教】大乗仏教の発生以前の音楽的な活動は，経典の吟誦や偈頌などの朗唱に限られていたようであるが，大乗仏教の興隆とともに，これらは唄・*梵唄として中国に，さらに日本へと伝来された．我が国では平安時代以降の仏教儀式の整備に伴い，これを〈*声明〉と称した．中国や韓国では失われた声明の記譜が，我が国に現存していることは，音律の研究に極めて貴重である．初期大乗経典には，奏楽に関する記事も多く見いだせる．なかでも，*法華経方便品にみられる鼓・角・貝・簫・笛・琴・箜篌・琵琶・鐃・銅鈸による供養がよく知られる．*無量寿経のあらわす極楽世界では，自然には万種の*伎楽があり，その楽の声は法音に非ざることはないと説かれ，*浄土における音楽は仏を供養するものとされた．一方，密教の経典には多くの音楽記事が散見され，*両界曼荼羅には楽器を持って奏楽し，歌を謡い舞を舞って供養を行う菩薩や，歌天・楽天の姿などが描かれた．

【日本での展開】我が国では，神事と音楽が密接不離だった祭祀伝統を踏まえて，仏教と音楽との関係はきわめて密なものとなった．それは特に*三宝の讃歎と仏神への*法楽の意図によるところが大きく，声明や奏楽などの音声による法会の*荘厳が盛行した．天平勝宝4年(752)に催された東大寺*大仏開眼供養は，唄・*散華・*梵音・*錫杖の4種の声明曲を中心に伎楽や舞楽などの管絃歌舞を伴う，音楽的にも国際色豊かな大規模な法要であったとされ，以後の寺院法会における音楽の位置を高めた．

平安時代になって法会における音楽は，密教においては楽舞を伴う曼荼羅供に顕著にみられるが，浄土教の普及により，特に*阿弥陀の*来迎信仰においては，極楽世界を想起させる表現のひとつとしてその芸術性を開花させ，*聖衆来迎の絵像や仏像彫刻などの多くの造形美術を生んだ．やがて，阿弥陀の来迎を具現する迎会も出現し，その中で浄土さながらの音楽が演奏された．

平安後期以降，声明と管絃とを楽理的な合奏という形態で讃歎する声明曲『三十二相』が*悔過会の中で行われたり，楽はすなわち法界の管絃歌舞に匹敵する供養であるとして，*講式による歌詠と奏楽とによって法会を構成する〈管絃講〉が，「声仏事を成す」という思想に支えられて盛行した．また，仏徳を和語声明で讃歎する法会の歌謡である*和讃や*教化が今様の*法文歌にも展開したり，講式の朗誦が中世芸能である語り物(平曲や宴曲，能の謡など)の生成に影響を与えるなど，後の様々な文芸や芸能が生み出されていった．特に寺院法会の*延年の場からは，現在の能(*能楽)や*狂言へと通じる芸能の流れが萌芽した．中世の声や楽に関する*得道観は，信仰に根ざした音楽観をもとに，音楽説話や芸道を意識した楽人による楽書として著されたが，それらは*狂言綺語を*讃仏乗の因として，音楽の徳による往生を説いた〈音楽成仏思想〉を形成するに至った. →歌舞.

遠忌 おんき　遠く歳月を経過した後に行われる*忌日(きにち)の法要をいう. 御遠忌(ごおんき). 一般の人の場合は, 死後年月が経つにつれ次第に*年忌は行われなくなるが, 一宗の*開祖, 一派の*祖師になると, 宗派の存続するかぎり, 年忌には法要が行われる. 真言宗の〈御影供(みえいく)〉, 浄土宗の〈御忌(ぎょき)〉, 浄土真宗の〈*報恩講(ほうおんこう)〉, 日蓮宗の〈御会式(おえしき)〉などはそれである. しかし, 各宗が御遠忌と称するものは, 宗祖の年忌が50年, 100年とまとまったときの大規模な法要をさすのが一般である. 「後白河法皇の御遠忌追賁(ついひ)の御為に, (後光厳天皇)三日まで御逗留有りて法花御読経あり」〔太平記 40. 中殿御会〕

音義 おんぎ　難解な漢字の字形・字音・字義などを解明した典籍をいう. 中国の史書や経書に関する音義類ははやくつくられていたが, やがてこれが仏典にも適用された. 南北朝時代に『十四音訓叙』『一切経音義』がつくられたとされるが, 現存しない. 唐代には玄応(げんおう)の*『一切経音義』25巻, 慧琳(えりん)の『一切経音義』100巻, 希麟(きりん)の『続一切経音義』10巻などがつくられた. 中国にならって, 日本でも『大般若経音義』『法華経音義』など, 各種の音義類がつくられている.

隠形 おんぎょう　〈隠行〉とも書く. 密教の修行の成果(*悉地(しつじ))の一つで, 形を隠して人に見られないこと. そのために用いられる薬を〈隠形薬〉という. 特に陽炎(かげろう)を尊格化した*摩利支天(まりしてん)の〈隠形法〉を行うと*悪魔・*外道(げどう)などの目から自己の形を隠しうるとする. 日常, 気のゆるみやすい睡眠・沐浴・逢客・飲食・入厠の時にこの印言(いんごん)を結誦する. 古来, 武士階級が摩利支天を尊ぶのはこの隠形を目的とするからである. ほかに*不動明王の隠形法もある. 「其の時に俗三人ありて, 語らひ合はせて隠形の薬を造る」〔今昔 4-24〕「恐ろしさに隠形の印を結びて, 息を沈めてゐて見るに」〔沙石集 7-20〕

飲光 おんこう　⇒慈雲(じうん)

飲酒 おんじゅ　酒を飲むこと. 過失・犯罪の原因となることから, 仏教ではこれを戒め, 〈飲酒戒〉(不飲酒戒)として*五戒の一つに数えられる. 禅家などで〈*葷酒(くんしゅ)山門に入るを許さず〉とし, また仏家が酒を隠語で〈*般若湯(はんにゃとう)〉とか〈大乗の茶〉と称してひそかに用いたのもそのためである. 酒が本性を曇らせ, 正しい道理を悟らせないことから, *無明(むみょう)を酒にたとえて〈無明の酒〉〈無明の酔〉などともいう.

インドの仏教教義学によると, 殺生・盗み・邪婬・妄語はそれ自体が罪悪であるから〈*性罪(しょうざい)〉であるが, 飲酒は, 行為それ自体は罪ではないが, その結果として罪を犯すにいたるおそれがあるので〈遮罪(しゃざい)〉として禁止された. 南アジアの仏教徒の間では不飲酒の戒律は厳重に守られている. なお, 中国では*『摩訶止観』6上以来, 五戒を*五常に配する時は不飲酒戒を智または信に当て, わが国でも平安時代以来この配当が行われた.

「殺・盗・婬・飲酒の者, この中(叫喚地獄)に堕つ」〔往生要集 大文第1〕「定心をみだり諸罪を犯すこと, 飲酒よりも甚しきはなし」〔合水集 上〕

園城寺 おんじょうじ　滋賀県大津市にある天台寺門宗総本山. 山号は長等山(ながらさん). 奈良時代末, 大友氏の*氏寺(うじでら)として開創. 大友皇子(おおとものおうじ)の発願と伝える. 天智・天武・持統三帝の産湯(うぶゆ)の水に用いた井泉があるところから〈御井寺(みいでら)〉〈三井寺(みいでら)〉と呼ばれるようになったという. 859年(貞観1)第5代天台座主(ざす)*円珍(えんちん)が再興. 866年天台別院となり, 円珍が*別当となる. 別当職は*長吏(ちょうり)と称し, 円珍門徒がこれにあたり, *円仁(えんにん)門徒との抗争で*延暦寺(えんりゃくじ)を撤退してから, 延暦寺の〈山門〉に対し, 園城寺を〈寺門(じもん)〉と称した(→山門・寺門). 教団独立のため*戒壇の別立を計画したが, 山門の徒の妨害にあう. その抗争で堂舎の焼亡が重なったが, 皇室, 摂関家の庇護で復興していった. 院政期以後皇族の入寺があいつぎ, 円満院門跡などが成立. 一門には*聖護院(しょうごいん)門跡もある. 源平の争乱で源氏のいただく以仁(もちひと)王につき, 平家に焼かれる(1180). 戦国の争乱でも1595年(文禄4)に豊臣秀吉に破却没収されたが, 1598年(慶長3)寺領が返され, 徳川家康の保護で諸堂が復興した.

三院九谷の寺域は, 中院に*金堂(こんどう)・三重塔・*釈迦堂や, 円珍入唐(にっとう)将来(しょうらい)の経論章疏・道具を収める唐院があり, 南院に*西国三十三所14番*札所(ふだしょ)の観音堂, 北院に新羅善神堂がある．勧学院・光浄院客殿は1600年(慶長5)と01年の建立で，書院造の代表的な形を遺す．智証大師(円珍)坐像，黄不動絵像，新羅明神像，円珍将来物・関係文書など，名品が数多く遺る．

怨親平等 おんしんびょうどう　戦場などで死んだ敵味方の死者の霊を供養し，恩讐を越えて平等に極楽往生させること．中世の戦乱が多数の死者を生み，その霊が弔われないままに放置されたのを*念仏によって救済した*鎮魂行為で，特に*時宗僧の活躍が知られている．ちなみに，神奈川県藤沢市の時宗の総本山*清浄光寺の境内には，応永23年(1416)から24年にかけての前関東管領上杉氏憲と鎌倉公方足利持氏の合戦の戦没者を供養した応永25年建立の敵御方供養塔(怨親平等碑)が現存し，その碑文には，戦火で落命した敵味方の人畜の往生浄土を祈願し，碑の前で僧俗が*十念を称名すべきことを刻んでいる．死者への慈悲に加えて，死霊の御霊化を恐れ，念仏による慰霊をはかったものと解されている．さらに文永・弘安の役の蒙古軍撃退ののちに敵味方の霊を弔ったことは，民族や国の対立を超えることを意味し，島原の乱のあとで敵(切支丹)味方の霊を弔ったのは，宗教の相違をも超えることをめざしていたわけである．

怨憎会苦 おんぞうえく　⇒四苦八苦，苦

唵蘇婆訶 おんそわか　サンスクリット語 oṃ svāhā の音写．オーン-スヴァーハー．どちらも古代インドの*ヴェーダ聖典を起源とする秘密語(マントラ)で，後に密教の*真言*陀羅尼に多用された．〈唵〉はもと神に祈る際の感嘆詞で呪文などの冒頭で唱える聖音．また〈蘇婆訶〉は神に供物を献ずる時の感嘆詞で呪文の最後に唱えた．密教では〈唵〉に*帰依・*供養などの意味があり，〈蘇婆訶〉は願望の成就を祈る語とされる．真言陀羅尼には，たとえば「唵*阿毘羅吽欠蘇婆訶」のように〈唵…蘇婆訶〉の形のものがきわめて多い．→唵．

陰入界 おんにゅうかい　五陰(*五蘊)・十二入(*十二処)・*十八界を略していう．〈蘊処界〉〈陰界根〉〈陰界入〉などともいう．初期の仏教で，あらゆる存在物を表すのに用いられた．五つの蘊(skandha,〈陰〉は古い訳語)とは，物質(*色)・感受作用(*受)・表象作用(*想)・意志作用(*行)・識別作用(*識)，十二の処(āyatana,〈入〉とも訳す)とは眼・耳・鼻・舌・身の五つの感覚器官と*意(あわせて*六入)と，それらに対応する色・声・香・味・触・法の6種の対象(*六境)，そして十八の界(dhātu)とは六入・六境に，眼識・耳識・鼻識・舌識・身識・意識の6種の知識作用(*六識)を加えたものをいう．これらは総じて，あらゆる存在を認識論的な観点より分類したものであるが，これは永遠不滅の実体としての自我を認めない仏教の基本的思想(*無我説)に基づくものである．「また陰入界に即して，名づけて如来となすにあらず」〔往生要集大文第4〕

隠坊 おんぼう　表記は一定せず，〈御坊〉〈隠亡〉〈煙坊(亡)〉なども当てる．中・近世，土葬や火葬など，死体の処理にたずさわった人の称．墓所の管理などもした．古くは〈三昧聖〉とか〈御坊聖〉と称されたように，本来は半僧半俗的な念仏聖で，三昧(共同墓地)で死者の埋葬や追善に当った．*行基が畿内に*五三昧を設立して死者を埋葬したという伝説に基づき，その流れを汲むと称する者が多い．死穢に触れる職業だったことから，一般人がこれを忌みきらい，差別視する弊風を生じた．「薩生法眼三昧義を立て，三昧衆と号す．今の世の三昧聖これなり．また御坊聖と名づく」〔三国仏祖伝集〕「妙縁童女の墓所へ，晩景に予，北向等参り了んぬ．水已下をこれに供へて念仏申し了んぬ．おんばうに布施少し遣はし了んぬ」〔言継卿記天正17.1.19〕

唵麽抳鉢訥銘吽 おんまにぱどめいうん　サンスクリット語 oṃ maṇi padme hūṃ の音写．オーム・マニ・ペーメエ・フームと発音する．〈六字大明呪〉ともいう．チベット，モンゴルの仏教徒がつねに唱える6シラブルからなる蓮華手・*観世音菩薩の*真言．「ああ蓮華の上にある*摩尼宝珠よ，幸あれ」の意味であるが，『マニカアブム』(*Ma ṇi bka' 'bum*)などには複雑な教義づけがされている．この真言を岩壁に刻んだり，小石に書いたものを積み上げたマニ塚や，手に携帯して回転させて読誦の*功徳を求める糸

巻き状のもの，あるいは寺院入口の6本の茶筒状のマニ車がチベット仏教圏に多く見られる．

隠密 おんみつ　漢語としては，裏に隠れているの意．仏教では，主に仏の教の説かれ方(*教相(きょうそう))に関して用いられ，〈隠密〉は教の本義が言説の裏になお秘匿(ひとく)されていること．これに対し，教の本義が完全に顕示されていることを〈顕了(けんりょう)〉という．*『瑜伽師地論(ゆがしじろん)』巻37には，智の劣った者に対する〈隠密説法〉と，智の優れた者に対する〈顕了説法〉との区別が説かれており，*『解深密経(げじんみっきょう)』巻3は，仏の*説法を浅から深に至る三時に分け，それぞれの教相を〈*四諦(したい)相〉〈隠密相〉〈顕了相〉と称している．この語は，経解釈においても用いられ，新羅(しらぎ)の*元暁(がんぎょう)が，無量寿経(むりょうじゅきょう)にいう〈*十念〉の義を解するに当たって，〈隠密義〉〈顕了義〉に分けて解釈している〔両巻無量寿経宗要，遊心安楽道〕のは，その一例である．

なお日本語としては，物事を包み隠すこと，内密の意に多く用いられ，それが転じて，近世には諸方に出向いてひそかに情報を収集する忍びの者の意ともなった．

「この経にまた顕彰隠密の義あるべし」〔教行信証化身土〕「互ひに隠密しけれども，兄は弟に語り，子は親に知らせける間」〔太平記33.新田左兵衛佐〕

陰馬蔵 おんめぞう　[*s*: kośopagata-vasti-guhya]　〈陰蔵(おんぞう)〉〈陰蔵相(おんぞうそう)〉〈陰蔵如馬王(おんぞうにょめおう)〉などともいう．*仏陀(ぶっだ)に備わるとされるすぐれた身体的特徴(三十二相(さんじゅうにそう))の一つで，色欲を離れた高潔な人の男根は常に体中に蔵されており，外部には顕れないというもの．漢訳語に示されるように，ときにその様子が馬の陰部にたとえられるが，原語自体に〈馬〉の意味があるわけではない．「裸のものを見て衣を施せしが故に，陰馬蔵の相を得たり」〔往生要集大文第4〕「如来の陰蔵は平らなること満月のごとし」〔往生要集大文第4〕．→三十二相．

陰妄 おんもう　五陰(ごおん)(*色(しき)・*受(じゅ)・*想(そう)・*行(ぎょう)・*識(しき))が迷妄であることを〈陰妄〉という．五陰は*五蘊(ごうん)の*旧訳(くやく)．普通，〈陰妄の一念〉などと使われるが，これは*凡夫(ぼんぶ)が日常に起こす迷いの*一念を意味する．天台宗では，この迷いの一念が，宇宙のあらゆる事象をそなえていると説き(*一念三千)，このことを観察することが重要な修行とされる．

陰陽道 おんようどう　連声して〈おんみょうどう〉〈おんにょうどう〉とも読む．中国古代の陰陽五行の哲学が，漢魏の時代の神秘的・呪術宗教的性格を顕著に持つ讖緯(しんい)思想，特に『易緯』(乾鑿度(けんさくど)・通卦験(つうかけん)・是類謀(ぜるいぼう)・坤霊図(こんれいず)などの緯書)のそれと結合し，さらに日本古来の土俗的な呪術信仰・宗教思想とも習合して特殊に発達した，*道教の日本的変形とも見るべき方術を総称する語．〈陰陽道〉の語は「一陰一陽，これを道と謂(い)う」〔易経繋辞伝上〕もしくは「天地の義に本づき陰陽の道に順(したが)う」〔易緯乾鑿度下〕に基づき，中国南北朝時代の道教経典にも「真一の道とは是れ則ち陰陽の妙道なり」〔昇玄経〕などとある．この『易経』『易緯』の「陰陽の道」ないし道教の「陰陽の妙道」が仏教と習合した形でわが国にもたらされたのは，6世紀，飛鳥時代に始まる．『日本書紀』推古10年に「百済(くだら)の僧観勒(かんろく)，暦本及び天文地理書幷びに遁甲方術の書を貢(たてまつ)る」とある「遁甲方術の書」がそれである．ただし陰陽道として確立するのは平安時代11世紀の頃である．

【前史(飛鳥・奈良時代)】その後，この陰陽の妙道の教えは7世紀，天武・持統両帝の頃から盛んとなる．同じく『日本書紀』によれば，大海人皇子(おおあまのおうじ)(天武天皇)は，「壮なるに及んで天文遁甲を能(よ)くす」し(即位前紀)，即位後は外薬寮と共に陰陽寮を置き(天武4年)，「占星台を興(た)て」(同4年)，陰陽師に命じて「応(まさ)に都すべきの地を視占(みた)させ」(13年)，病気治療の道術を行わせている(朱鳥元年)．また皇后の持統女帝も陰陽師とともに呪禁(じゅごん)博士を置いている(持統5年)．そして奈良時代，元正女帝の時に撰定された『養老律令』職員令に「陰陽寮は頭(かみ)一人，天文暦数・風雲気色を掌(つかさど)り…陰陽師六人，占筮して地を相(うらな)ふを掌り…陰陽生十人，陰陽を習ふを掌る」とあるのは，上記の陰陽寮・陰陽師を正式に官制化したものである．

【成立と展開】平安時代以後になると，「陰陽師召して祓(はら)へさせ給ふ．舟にことごとしき人形(ひとかた)載せて流す」〔源氏須磨〕，「七人の陰陽師を召されて千度の御祓仕る…陰陽師などいふは，反陪とて足をもあだに踏まず」〔平家 3.公卿揃〕とあるように，陰陽師は，禍を避け福を招く道教の道士的な性格を次第に強め，彼らの呪術宗教的な道術を一般的に〈陰陽道〉と呼ぶことも広く定着してゆく．一方また，この陰陽道は，仏教とくに真言密教の*加持祈禱の術，とりわけ星辰信仰とも折衷習合してゆき，中国本土ですでに道教と折衷習合して「衆星中の最勝，神仙中の仙」〔七仏所説神呪経 2〕と呼ばれている北辰*妙見菩薩が，陰陽道の本命星信仰と結合された(『陰陽雑書』33. 本命星)．ちなみに『陰陽雑書』の著者賀茂家栄(1066–1136)は，わが国の陰陽道を代表する安倍晴明(921–1005)の師賀茂保憲(?–977)の子孫で，平安後期から鎌倉–室町期にかけての陰陽道の学術は，この賀茂と安倍の両家によって独占的に世襲された．賀茂家栄が記すわが国の陰陽道の本命星信仰が，中国道教のそれを忠実に継承するものであることは言うまでもない．

【民間陰陽師】民間陰陽師に関する記事も平安以後の文献に散見し，中でも播磨国(兵庫県)の陰陽師の存在は有名である．安倍晴明と呪力を争ったという道満法師や智徳法師もその出身とされ(『今昔物語集』『右記』『峰相記』など)，「法師陰陽師」〔今昔 14-44,19-3〕の語にも徴されるように，彼等の多くは半僧半俗的生活を送っていた．中世以後民間陰陽師の拡散は一段と進み，〈唱門師〉とも呼ばれて各地の散所などを有力な拠点として活躍したらしいが，やがてその一部は宗教的，呪術的芸能民に変身していったとされる．江戸時代になると安倍家の系譜をひく土御門家が天社神道を唱えて陰陽師を組織化したが，明治3年(1870)に天社神道に廃止令が出された．

厭離穢土 おんりえど　〈厭離〉は〈えんり〉とも読み，厭い離れる，厭い捨て去るの意．*浄土思想の用語として，この*娑婆世界を穢れた国土として，それを厭い捨て去るという意である．*阿弥陀如来の住む*極楽世界を清浄な国土として，それを切望する意の〈*欣求浄土〉と対をなす．源信の*『往生要集』に詳しく説明されている．「厭離穢土の心は日々にすすみ，欣求浄土の念時々に増さりければ」〔太平記 20.義貞首〕

怨霊 おんりょう　怨みを含んだ*死霊または*生霊のこと．怨霊は神霊と同じようにこの世に祟りをなすと信じられ，*供養と*鎮魂の儀礼によって慰撫されると考えられた．奈良時代には〈死魂〉〈亡魂〉といわれたが，平安時代に入って〈御霊〉〈物の怪〉として恐れられた．

御霊は桓武天皇の弟，早良親王の場合のように，政治的に非業の死をとげた人の怨霊をいい，863年(貞観5)には，その種の御霊をまとめて祀り，その怒りを慰めるために京都の*神泉苑で*御霊会が行われた．物の怪は特に承和年間(9世紀前半)から頻発するようになり，『源氏物語』『栄花物語』などの物語類には，それに取りつかれて難産や病気に苦しむ状況が頻出する．『紫式部日記』の中宮彰子の出産場面には「御もののけども駆りうつし，かぎりなくさわぎののしる」とある．御霊や物の怪を退散させるためには，密教僧や験者の*加持祈禱が有効であると考えられた．怨霊の最大最強のものは大宰府に流されて憤死した菅原道真の怨霊であるが，やがて北野天神として祀られ，祟り神が転じて最有力の守護神となった．藤原氏の讒言にあって自決した万葉歌人長屋王や，承平・天慶の乱で敗死した平将門の怨霊も有名であり，また，『吾妻鏡』には平家の怨霊を宥和するという記事が見える．

なお，こうした怨霊はもろもろの災害をもたらす根元とも考えられていたので，その鎮魂慰霊は民生の安定に不可欠の重大事とされ，その思想や習俗は各時代の文学・芸能にも大きな影響を与えた．軍記物や*謡曲や*風流などはその典型的なものである．また，中世には戦死者の慰霊のために，*怨親平等の立場から敵味方供養碑が建立された．

「早良の廃太子をば崇道天皇と号し，井上の内親王をば皇后の職位にふくす．これみな怨霊を宥められしはかりことなり」〔平家 3.赦文〕「およそ，怨霊・憑物などの鬼は，面白き便りあれば(演ずるのは)易し」〔風姿花伝〕

カ

果 か　⇀因果(いんが)，果報(かほう)

我 が［s: ātman, p: attan］　原語の〈アートマン〉はドイツ語の Atem（動詞形 atmen）と同じく，もと気息，呼吸の息を意味し，生気・本体・霊魂・自我などを表す．インドの諸哲学が個人をさらに掘り下げて，*常住・単一・主宰のアートマン（我）を最重視し，それをめぐって展開するのに対して，仏教はそのような〈我〉は否定し，我・自我そのものを諸要素の集合と扱う．すなわち，いろ・かたちある物質的なもの（*色(しき)），感受作用（*受(じゅ)），表象ないしイメージ（*想(そう)），潜勢的で能動的な形成力（*行(ぎょう)），認識作用（*識(しき)）の五つの集まり（五つのおのおのもやはり集まりから成る）による*五蘊(ごうん)説と，眼(げん)・耳(に)・鼻(び)・舌(ぜつ)・身(しん)・意(い)の*六入(ろくにゅう)説とが特によく知られる．

〈我〉はこのような諸要素より成り，〈我〉を実体視する立場はあくまで斥ける〈無我〉説が，仏教全般に一貫する．ただし最初期（釈尊のころ）の無我説は，*我執を含むあらゆる*執着(しゅうじゃく)からの解放を強調した．同時に，〈我〉は〈われ〉としてあらゆる行為の主体・責任の所在であって，この場合は〈我〉が自己または主体性とみなされるところから，執着を捨て，とらわれることなく，種々の実践を果たす主体者として，きわめて積極的な意義を担う．この立場により〈*自灯明，自帰依〉（自らを灯明とし自らを依りどころとする）を強調する．なお部派仏教の一部，特に*説一切有部(せついっさいうぶ)において，この〈我〉を*ダルマ（*法）と結びつけ（法有我(ほううが)），法そのものの積極的な実体視に進展し，逆にそのような説のすべてが，大乗仏教の*空(くう)によって厳しく批判された．またさらに後期の仏教には，〈我〉を*仏と一体視する思想も現れる．→アートマン，無我．

「かつて我の自性を観せずして，いづくんぞよく法の実諦を知らん」〔十住心論1〕「万法は無より生じ，煩悩は我より生ず」〔播州法語集〕

戒 かい　⇀戒律(かいりつ)，三学(さんがく)

界 かい［s: dhātu］　事物をその上に置き支えたもつもの．要素や，原理ないし本質，あるいは根元や原因など，事物を支える確固としたものを広くさす．

① もの（物質と精神の一切を含む）を構成する成分・要素の意で，地・水・火・風・空・識の6種，あるいは*六根(ろっこん)と*六境(ろっきょう)と*六識(ろくしき)との18種などに分類し，これをそれぞれ〈六界(ろっかい)〉（*六大(ろくだい)とも），〈*十八界(じゅうはっかい)〉と称する．また，層・境域という意もあり，欲・色・無色に分類して〈*三界(さんがい)〉という．この三界は*輪廻(りんね)転生(てんしょう)する苦しみの世界で，この中にあることを〈界内(かいない・かいだい)〉といい，ここから逃れ出た世界を〈界外(かいげ)〉という．「浄土に往生せんがためには，まづまさにこの界を厭離(えんり)すべし」〔往生要集大文第6〕．

② 確固とした原理や本質，さらには原因の意味でも古くから用いられる．*無明(むみょう)を縁として*行(ぎょう)がある，行を縁として*識がある，などと規定される此縁性(しえんしょう)（*縁起）は，*如来(にょらい)がこの世に出生するしないにかかわらず確定した〈界〉（原理）であるという．この用法は，後に大乗仏教において重視され，「界は無始時来であり，一切法の依りどころである．これがあるから一切の趣(しゅ)があり，また涅槃(ねはん)の証得もある」という大乗阿毘達磨経(だいじょうあびだつまきょう)の一説の中の〈界〉も，*一切法の依りどころとなり，輪廻と*涅槃とを可能にする確定した原理をさす．瑜伽行唯識(ゆがぎょうゆいしき)思想では，この〈界〉を*阿頼耶識(あらやしき)と見なして，原因の意味を付与する．これに対して*如来蔵(にょらいぞう)思想では，この〈界〉を如来蔵ととらえ，*法身(ほっしん)を得るための原因であるとした．また*瑜伽行派が重んじた，*真如(しんにょ)や空性と同義の*法界(ほっかい)（dharma-dhātu）というばあいの〈界〉は，*諸法の本質，さらには根元や原因として意味づけられた．この法界説は後に，中国の*華厳宗における理法界の概念を生むことになる．

果位 かい　⇀因位・果位(いんに・かい)

蓋 がい［s: nīvaraṇa, nivaraṇa］　煩悩(ぼんのう)を表す術語の一つ．不善の精神作用・心理状態が心を覆う様子から表現された語である．この語と他のより具体的な煩悩とを結び付けて，一般には五蓋として説かれる．〈五蓋〉

とは，欲貪蓋・瞋恚蓋・惛眠蓋・掉悔蓋・疑蓋であり，それぞれ*執着・怒り・憂鬱・高ぶりと後悔・疑いによって心が覆われた状態をいう．パーリ仏教(*南伝仏教)では六蓋説を説くこともある．「通じて蓋と称するは，蓋覆ひて纏綿し，心神昏闇にして定慧発らず．故に名づけて蓋と為す」〔摩訶止観4下〕「はやく禁戒受持して常爾一心念除諸蓋の故に，生死の魔軍をくだして菩薩の彼岸に至るべし」〔八幡愚童訓〕．→五蓋，煩悩．

海印三昧 かいいんざんまい　［*s*: sāgara-mudrā-samādhi］　大海がすべての生き物の姿を映し出すように，一切の*法を明らかに映し出すことのできるような智慧を得る*三昧．大集経や大般若経などでも説かれるが，華厳宗ではこの三昧を華厳経の根本三昧とし，この三昧の力によって一切が*相即し合う事事無礙の世界が成り立つとする．「ただ耳目をおどろかす事は，無量義経に，花厳経の唯心法界，方等般若経の海印三昧・混同無二等の大法をかきあげて」〔開目抄〕

海印寺 かいいんじ　伽倻山(韓国慶尚南道)にある名刹．*義湘の法系である順応と利貞によって802年(新羅の哀荘王3年)に創建された．新羅末から高麗初期にかけて，南岳と称された智異山*華厳寺との対立が激しくなり，希朗が活躍した伽倻山海印寺は北岳と称されて華厳宗の中心的存在となった．のち，再雕版〈高麗大蔵経〉の版木が移され，今日に至るまで*経蔵に奉安して伝えてきたことで知られ，この大蔵経を〈海印寺版大蔵経〉とも称する．このため，朝鮮における仏・法・僧の*三宝のうち，法宝を象徴する寺として重んじられてきた．→高麗蔵．

開会 かいえ　天台宗の法華経観を示す教義用語．声聞・縁覚・菩薩の*三乗教の差別に固執する誤った考えを否定し，その三乗教の*方便であることを開きあらわして，真実の一仏乗(*一乗)に帰入統一(会)することをいう．*開三顕一・*会三帰一・破三顕一などの教義も同じ趣旨をあらわすが，〈開会〉という言葉はとくに日本仏教において多く用いられたようである．一般化していえば，開会は，諸思想の統一・包容・止揚などを意味しうる言葉である．「教時義には，一切智智・一味の開会を説くがゆゑに法華の摂と云へり」〔日蓮真言天台勝劣事〕．→廃立．

海外布教 かいがいふきょう　近代以後の仏教宗派の海外布教は，アジアとアメリカの二つの方面を対象にしてきた．第二次世界大戦後は，アジアへの布教は途絶えたが，アメリカへの布教は復興し，アメリカ，ブラジルへと仏教宗派は進出した．海外布教の歴史において，真宗大谷派・西本願寺派の浄土真宗両派が積極的に中国・朝鮮への布教に乗りだし，他の宗派よりも先行した．

1871年(明治4)日清修好条規，1876年(明治9)日朝修好条規の後，政府の後押しによって真宗大谷派は中国・朝鮮への布教を始めたが，政府による進出政策のため地均しの機能をはたした．日清戦争後には，朝鮮・中国海港地・台湾への日本人渡航が増加し，それを追いかけるようにして各宗派が，一斉に海外布教に乗り出した．真宗大谷派は上海を中心にした華中，朝鮮に進出し，西本願寺派は北京を中心にした華北，台湾に進出した．曹洞宗は台北に曹洞宗宗務支局を設置し，台湾寺院との間で本末関係をつくり，台湾の僧侶を宗務局管理下に置いた．日蓮宗は日蓮宗報国義会をつくり，日清・日露戦争では従軍布教を軍に懇請し，従軍僧を送りこんだ．日露戦争後，中国東北部・南樺太にまで海外布教は拡大していった．1910年(明治43)の韓国併合によって，曹洞宗による韓国寺院併合が企てられたが，両国の仏教界からの反対で実現しなかった．

第一次世界大戦後は，日本が南洋地域統治権を獲得し，南洋への移民が奨励されたが，同時に海外布教も始まった．ハワイへの布教は，1889年(明治22)に西本願寺派が日本人移民を追いかけるようにして始まった．1898年(明治31)にハワイのアメリカ併合によって自由移民の時代となり，大谷派・浄土宗・曹洞宗・日蓮宗などが進出した．

開基 かいき　基を開くこと，またその人の意で，寺院を創建した人をいう．通常，経済的基礎を提供し，仏寺を創設した在家の信者をさす．開基に対し，創設された寺院の初代の住職となった人を*開山というが，開基が開山を指す場合もある．「当山開基の初めより跡を垂れし事なれば」〔太平記17.山

攻〕

戒急 かいきゅう　仏教徒を，戒を守ることを主とする者と，教えを聞くことを主とする者とに分類したとき，戒を厳格に守って，教えを聞くことに怠慢なこと(これを戒急乗緩じょうかんともいう)．「或いは乗急の人，或いは戒急の者，行ひの品品に従ひて極楽の迎へを得たり」〔栄花玉の台〕

開経・結経 かいきょう・けっきょう　ある経典の，その思想内容上の連絡から考えて序論に相当する他の特定の経典を〈開経〉といい，結びに相当する経典を〈結経〉という．たとえば，法華経ほけきょうの開経は*無量義経むりょうぎきょうで，結経は*観普賢経かんふげんぎょうであるとされる．「開結の経を添へて，全くもて法華大乗を転読す」〔法華験記下118〕

戒行 かいぎょう　*戒律を守って*修行すること．『顔氏家訓』帰心篇に「ただまさに兼ねて戒行を修め，心を誦読に留め，以て来世の津梁と為すべし」とある．また〈かいあん〉と読み，禅宗で*授戒じゅかいの時，*戒師につかえて用務を果たす役僧の称とする．〈戒師行者あんじゃ〉の略．「念仏を修せず，戒行たもたずして犯す所多し」〔今昔6-37〕

開経偈 かいきょうげ　経巻を繙ひもとくときに唱える偈文「無上甚深微妙法，百千万劫難遭遇，我今見聞得受持，願解如来真実義」(無上甚深微妙の法は，百千万劫にも遭あい遇あうこと難し．我れ今見聞し受持することを得たり．願わくは如来の真実義を解げせん)をいう．わが国では各宗ともに経典の*読誦どくじゅに先立っておおむね同様の偈文を唱えるが，作者は未詳．

開教使 かいきょうし　〈開教師〉とも書く．まだ仏教が広まってない地で仏教の宣教に従事する僧をさす．この語が適用されるのは，近代において*海外布教を行う僧についてである．1877年(明治10)朝鮮開教に派遣された奥村円心と1886年(明治19)ロシアのウラジオストックに派遣された外間速明がそのはじまり．この2人のように初期の開教使は浄土真宗の僧が多かった．日本から多くの移民が渡ったハワイやアメリカ本土には，移民を布教対象に多くの開教使が派遣された．

快慶 かいけい　生没年未詳．鎌倉時代前期に活躍した慶派けいはの仏師．運慶うんけいの実父*康慶こうけいの弟子と伝える．東大寺を再建した俊乗房*重源しゅんじょうぼうちょうげんに帰依して*浄土教信者となり，〈安阿弥陀仏あんなみだぶつ〉と号した．40体に及ぶ作品に署名を残しており，署名の推移で〈仏師快慶時代〉〈安阿弥陀仏時代〉〈法橋ほっきょう時代〉〈法眼ほうげん時代〉の4期に編年される．

仏師快慶時代や安阿弥陀仏時代前半にはまだ康慶の影響下にあり量感に富むたくましい様式をみせる．安阿弥陀仏時代の主な事績には*東大寺の復興造像があり，康慶一門の主要な仏師として活躍した．1203年(建仁3)には運慶・定覚じょうかく・*湛慶たんけいと共に同寺*南大門なんだいもん仁王におう像を造る．この時期には兵庫県小野市の*浄土寺浄土堂阿弥陀三尊像のように中国宋時代の仏画を写した造像があり，快慶が重源の意図した宋風美術導入の担い手であったことがわかる．法眼時代の顕著な事績に1219年(承久1)の奈良*長谷寺本尊十一面観音像の再興があり，1223年(貞応2)の湛慶と共同した京都*醍醐寺だいごじ閻魔堂諸尊の造立が最後の記録．

以上の各時代を通じて，像高80センチメートルから1メートルの来迎形らいこうぎょうの阿弥陀立像の遺品が多い．その美しく整えられた形式は〈安阿弥様あんなみよう〉と呼ばれて，阿弥陀立像の規範となり，後世への影響は大きい．

戒賢 かいけん［*s*: Śīlabhadra］529-645　シーラバドラ．中期の*唯識ゆいしき思想家．東インド出身で，ナーランダー寺(*那爛陀寺ならんだじ)の学匠として活躍．*護法ごほう(ダルマパーラ)の弟子の一人で，師に次いで同寺の学頭となり，*玄奘げんじょうを同寺に迎えた．ここで5年間修学した玄奘に*『瑜伽師地論ゆがしじろん』を講じ，護法の唯識説を伝えたことで知られる．このとき戒賢はすでに100歳を越えていたといわれる．チベット語訳に〈仏地経〉に対するかれの注釈が残される．

開顕 かいけん　*法華経ほけきょう解釈の教義で，天台宗において詳論される．〈*開権顕実かいごんけんじつ〉〈*開三顕一かいさんけんいち〉〈*開迹顕本かいしゃくけんぽん〉などの略．法華経以前に説かれた諸経(爾前経にぜんきょう)の教えは，真実の教えである法華経に入らせるための*方便として示されたものであるから，これらを*権教ごんきょう(仮の教え)であると打ち明けて，真実の教えを顕あらわし出すことをいう．これを〈開権顕実〉といい，その内容は〈開三顕一〉と〈開迹顕本〉(*開近顕遠(かいごんけんのん))である．開三顕一は法華経前半14品の*迹門(しゃくもん)の部分に説かれる思想であって，方便としての声聞・縁覚・菩薩の*三乗(さんじょう)教を開いて*一乗(いちじょう)教を顕すことをいう．開迹顕本は法華経後半14品の*本門(ほんもん)の部分に説かれる思想であって，歴史的人物の釈尊などのもろもろの有限な仏(近成(ごんじょう)仏，迹仏)は，その本体としての永遠な仏(久成(くじょう)仏，*久遠実成(くおんじつじょう)仏)が，衆生救済のためにかりの姿(迹)を取って現れた方便の仏であると打ち明けて，本体としての無限な仏(本仏)を顕し出すことをいう．

〈開・顕〉の概念および思想は，法雲の*『法華義記』に見られ，三論宗の*吉蔵(きちぞう)らにも踏襲されているが，とくに天台宗の*智顗(ちぎ)によって体系化された．〈開顕〉とは要するに諸教の本質的意義を法華経の統一的思想によって明らかにすることをいう．

「鈍根の二乗は，法華の開顕に依って得道す」〔漢光類聚〕

開眼 かいげん　新たに作られた仏像・仏画などを堂宇に安置し，魂を請じ入れること．開眼の儀式には，*香華・*灯明・*護摩(ごま)などの供養をともなうので，〈開眼供養〉という．752年(天平勝宝4)の東大寺大仏の開眼供養はその例．また，智慧の眼を開き，仏教の真理に目覚めることをも〈開眼〉という．「開眼の日は紫の雲空に満ち，妙なる声空にきこゆ」〔三宝絵下〕「大仏師康成が家に行きて，相語らひて，不日に地蔵の半金色の像造りて開眼供養しつ」〔今昔17-10〕．→大仏開眼．

開元寺 かいげんじ　中国,唐の開元26年(738)，時の皇帝玄宗(げんそう)(在位712-756)は，勅して全国の州府に，〈竜興寺(りゅうこうじ)〉〈竜興観〉の他に仏教の〈開元寺〉，*道教の〈開元観〉を置かしめた．開元寺観は主に皇帝の誕生日の祝禱などの道場として用いられた．705年(神竜1)に中宗(ちゅうそう)(在位683-684, 705-710)により諸州に設置された中興寺観を707年に竜興と改めた竜興寺観は，先帝の*国忌(こっき)の道場に用いられた．その他，地方における道仏二教の信仰の中心的役割を果たすとともに，宗教行政をも取り扱った．なお，時代的にも，日本の*国分寺(こくぶんじ)建立に影響を与えたともいわれる．河北省正定県，江蘇省蘇州，福建省泉州，広東省潮州その他に現存する．

『開元釈教録』 かいげんしゃっきょうろく　唐の智昇(ちしょう)(658-740)が730年(開元18)に編集した*大蔵経(だいぞうきょう)の目録で，『開元録』『智昇録』などとも呼ばれる．中国では翻訳経典の整理のために，*道安(どうあん)以来，しばしば*経録の編集が行われたが，それらの成果を承け継ぎつつ集大成したのが本書である．全体は20巻より成るが，前半の10巻は〈総括群経録〉と呼ばれ，王朝ごとに翻訳者とその翻訳を列挙し，巻数・翻訳年・異訳・存欠などを注記している．一方，〈別分乗蔵録〉と呼ばれる後半の10巻では，同本異訳や別行本などの整理，従来の経録に漏れたものや疑偽経の提示を行なった後，〈現蔵入蔵録〉と呼ばれる最後の2巻で，大蔵経として備えるべきものを，大乗の*経律論，小乗の経律論，インド人の著作，入蔵を認められた中国人の著作の順に列挙している．

私撰の経録であったが，内容が完備していたため大いに尊ばれ，入蔵も認められた．本書の成立以降も経録の編集は続けられたが，基本的には本書をベースにしつつ，その後の翻訳を補ったものに過ぎなかった．そのため，本書の〈現蔵入蔵録〉で掲げられる1076部5048巻という数が大蔵経の定数のごとくに見做される傾向も生じた．

廻国 かいこく　〈回国〉とも書く．〈廻国巡礼〉のこと．廻国僧・廻国聖の例は，*高野聖(こうやひじり)，*阿弥陀(あみだ)聖，六十六部(ろくじゅうろくぶ)などがある．いずれも諸国を遍歴し，布教・勧進・行乞などをする．このうち六十六部は〈六部〉とも略称され，全国六十六カ所の霊場に法華経を納経して歩く廻国修行で，廻国といえば六十六部だけをとりあげることもある．笈(おい)に経巻を入れて背負い，托鉢(たくはつ)によって路用を調達し，善根宿(ぜんこんやど)と呼ばれる，布施に宿所を提供する行為に頼っていた．鎌倉時代初期にはみえる．「熊野の順礼・廻国は，みな釈門の習ひなり」〔謡・安達原〕．→六十六部．

開権顕実 かいごんけんじつ　*法華経(ほけきょう)以前の教えを*権教(ごんきょう)(仮の教え)であると打ち明けて，真実を顕(あら)わす意．法華経の*迹門(しゃくもん)では〈*開三顕一(かいさんけんいち)〉〈*会三帰一(えさんきいち)〉ともいう．法華経において仏は，声聞(しょうもん)には*四諦(たい)，縁覚には*十二因縁，菩薩には*六波羅蜜(ろくはらみつ)を説いて，*三乗(さんじょう)のそれぞれに応じた行果を得させたが，三乗差別は仏の*方便説であって，真実の仏意は三乗に平等に仏果を与えることにあると説く．ただちに仏慧(ぶつえ)を説く華厳経を〈直顕実〉，権を開いて仏慧を説く法華経を〈開権顕実〉として，両経を区別することもある．→開顕．

開近顕遠 かいごんけんのん　近成(ごんじょう)を*方便であると打ち明けて，遠成(おんじょう)を顕(あらわ)す意．光宅寺の法雲が*『法華義記』において*法華経(ほけきょう)の「如来寿量品」を中心とした部分を定義づけたものであり，智顗(ちぎ)は*『法華文句』で法華経の*本門(ほんもん)(後半部)にこれをあてた．〈近成〉とは，仏陀は35歳のとき伽耶(がや)城近くの菩提樹下で始めて*成道したという歴史的成道観．〈遠成〉とは仏の真実の成道は久遠の昔にすでに達成されていたという教説．「如来寿量品」に説かれ，智顗はこれを諸経と異なる法華経の特徴と見た．→開迹顕本(かいしゃくけんぽん)，久遠実成(くおんじつじょう)．

戒禁取 かいごんじゅ　[*s*: śīla-vrata-parāmarśa]　誤った5種の見解(五見)の一つ．〈戒禁取見〉ともいい，〈戒取〉とも略す．仏教以外の宗教(外教(げきょう))で，*解脱(げだつ)を得るためや天界に生まれるために誓いを立て，*禁戒(ごんかい)・習慣を守り，*苦行を行おうとするのを，正しい方法とみなす誤った見解．→見．

開山 かいさん　寺院を草創した僧の敬称．〈*開祖〉ともいう．宗派を開いた者を呼ぶ場合もあり，*道元の開山禅師，*親鸞(しんらん)の開山聖人の呼称はその例．また〈*勧請(かんじょう)開山〉と称して，寺院を草創した当人ではなく，その師僧を開山とすることもある．別に〈*開基〉ともいうが，禅宗では寺院草創の大*檀越(だんおつ)を，浄土真宗では末派寺院草創者のみを開基と呼ぶ．鎌倉時代に入ると，大体は*仏殿の前方西側の位置に〈開山堂〉が置かれて開山の位牌や影像を祀るようになり，開山没日には〈開山忌〉が行われるようになった．「諸堂御巡礼の次に，開山性空上人の御影堂(みえいどう)を開かるるに」〔太平記 11.書写山行幸〕

開三顕一 かいさんけんいち　仏の教えに声聞・縁覚・菩薩の*三乗(さんじょう)の差別が立てられているのは，法華経の*一乗(いちじょう)教に入らせるための*方便であると打ち明けて，一乗教を顕(あらわ)し出すこと．*法雲が「開三顕一，以て因の義を明かす」〔法華義記〕と主張し，それを受けて*智顗(ちぎ)が，法華経の前半14品の*迹門(しゃくもん)の部分にその意義が説き示されているとした．「法花已前の諸経は帯権赴機の説にして，未だ開三顕一の旨を明かさず，無始より五性各別なりと明かして」〔真如観〕．→開顕．

戒師 かいし　[*s*: karma-kāraka]　原義は，*羯磨(こんま)を行う人，つまり〈羯磨師〉の意で，*授戒に限定されたものではない．戒には*五戒・*十戒(じっかい)・*具足戒(ぐそくかい)など様々なランクがある．これらを授ける師を一般に〈戒師〉と称するが，本来は具足戒の授戒における*三師七証(さんししちしょう)のうち，儀式を執行する羯磨師を特に〈戒師〉，また〈戒和上〉〈授戒師〉などとも称した．授戒は*僧伽(そうぎゃ)の羯磨の一種であるから，戒師が直接に戒を授けるわけではなく，その主体は僧伽である．したがって，在俗信者および*沙弥(しゃみ)の五戒や十戒の授戒の場合の戒師とは内容が異なる．*大乗仏教では*仏陀(ぶっだ)を戒師に見たて，その像前で受戒を行う方法も認めており，また広義には三師七証を含めて戒師と称する場合がある．

「九条殿は，念仏の事を法然上人すすめ申ししをば信じて，それを戒師にて出家などせられにしかば」〔愚管抄 6.土御門〕

開士 かいじ　〈かいし〉とも読む．*菩薩(ぼさつ)の異訳語．菩薩がボーディサットヴァ(bodhisattva)に相当する音写であるのに対して，〈開士〉はその意訳語として漢訳仏典に見える．おそらく，ボーディ(悟りの意)を〈開〉(開解(かいげ)，開悟などと熟語を作るときの悟るという意)と訳し，サットヴァを〈士〉(男子の美称．立派な人の意)と訳したのであろう．玄応の*『一切経音義』には，「法を以て開導する(教え導くの意)の士」という教理的解釈を示している．

開示 かいじ　〈開〉は「解なり」の訓詁があるように，閉じていたものをあけて解説する意で，〈示〉は説き示す意．『後漢書』馬援伝などに用例が見える．漢訳仏典に頻出し，たとえば*『妙法蓮華経(みょうほうれんげきょう)』薬草喩品には，「諸の因縁，種々の譬喩を以て仏道を開示す」などとある．なお〈開示悟入〉は，『妙法蓮華経』方便品に説かれる一仏乗(*一乗)の思想を表示する用語で，仏は一切衆生(しゅじょう)に対して仏知見を開き，示し，悟らせ，仏知見の道に入らせるために，この世に出現したとされる．「仏方便力を以て一乗の妙心を開示して，迷倒の衆生をして見性成仏せしめんとす」〔合水集上〕

開遮 かいしゃ　〈開制〉ともいう．*戒律についていう用語．〈開〉は許すという意で，普通，禁止されている行為が，命が危い時は守らなくてもよいといった具合に，ある条件がそなわれば許される場合，その行為を〈開す〉という．〈遮〉は制止・禁止するという意で，開の反意語．「戒相の持犯開遮，五篇(ひん)七聚等の種々の律法を習学する」〔夢中問答下〕

開迹顕本 かいしゃくけんぽん　*垂迹(すいじゃく)身が*方便であると打ち明けて，*本地(ほんじ)身を顕(あらわ)す意．智顗(ちぎ)が*『法華玄義』で，法華経*本門の「如来寿量品」の教説の用(ゆう)(はたらき)を特徴づけた10の言葉(十重顕本(じゅうじゅうけんぽん))の一つ．経では，歴史上の*応身(おうじん)釈尊がみずからの本地を明かして久遠の昔に*成道したと示す．智顗は「師弟遠近(おんごん)不遠近相」〔法華玄義1〕といって，釈尊と衆生との久遠以来の*宿縁(しゅくえん)がここで示されたといい，日蓮(にちれん)は*『観心本尊抄(かんじんほんぞんしょう)』で，「十界久遠」が示されたといっている．→開近顕遠(かいごんけんのん)，久遠実成(くおんじつじょう)，本門・迹門．

海住山寺 かいじゅうせんじ　京都府相楽郡加茂町にある真言宗智山派の寺院．山号は補陀落山(ふだらくさん)．735年(天平7)*良弁(ろうべん)の開創で，*聖武天皇の*勅願寺と伝えられるが確かな史料を欠く．もと藤尾山寺と称したが，のち現在の名に改められた．1208年(承元2)解脱上人*貞慶(じょうけい)が笠置(かさぎ)より本寺に移り住み，以後寺運隆盛に赴くという．本尊十一面観音立像は平安時代，10世紀の作．このほか白檀(びゃくだん)十一面観音立像(平安初期)，絹本着色法華曼荼羅(ほっけまんだら)図(鎌倉時代)がある．建築のうち五重塔および文殊堂(もんじゅどう)の2棟は鎌倉時代の遺例である．

戒定慧 かいじょうえ　⇒三学(さんがく)

回心 かいしん　⇒回心(えしん)

開祖 かいそ　宗教集団の創始者をさす．*教祖・*開山・*祖師・宗祖は同じ意味．教祖が広く一般的に宗教的指導者をさすのに対し，開祖・開山・祖師・宗祖は，仏教宗派の創始者をあらわすために用いられることが多い．浄土宗・禅宗では寺院開創に尽力した*檀越(だんおつ)を*開基，その開創の僧を開山と区別することもある．浄土真宗では*親鸞(しんらん)のみを開山と呼び，寺院の創建者を開基と呼びならわす．

戒体 かいたい　戒の本体．防非止悪の功能を指す．*戒律を守ることを誓った結果生ずる，戒律を守り続けさせる原動力を〈戒体〉という．戒体は，*倶舎宗(くしゃしゅう)では*受戒の時に身口の二業に現れる表色(ひょうしき)(他人から認知されるもの)によって生ずる功能であり無表色(他人から認知されない)とされ，*色法に分類される．また*法相宗(ほっそうしゅう)では表色によって生じる心法であり，*種子(しゅうじ)とする．*成実論(じょうじつろん)では非色非心(色法でも心法でもない)の戒体を立てる．南山律宗の*道宣(どうせん)は，*唯識(ゆいしき)の義に基づき，戒体は種子であるとするなど，多くの見解が存在する．

開題 かいだい　仏教経典の題目について解釈し，その大要を述べること．〈開〉は開通・陳説の意．中国では梁の*武帝が涅槃経(ねはんぎょう)と般若経(はんにゃきょう)の開題をおこなった記録があり，わが国でも*空海の著作に『大日経開題』『法華経開題』などがある．また，新たに経典を書写した時におこなう法会を〈開題供養〉，略して〈開題〉ともいう．「天台は弥陀を以って法門の主となし，高野大師は弥陀・観音・法華全体一つの法門なる事，御開題にみえたり」〔雑談集10〕「香を焼(た)き花を散らして開眼開題し，涙を拭(のご)ひ悲しみを含みて供養恭敬(くぎょう)す」〔澄憲作文集〕

戒台寺 かいだいじ　中国，北京市内中心部から西に約35キロメートルの門頭溝区の馬鞍山の麓の古刹．別名，戒壇寺(かいだんじ)．隋代の開皇年間(581-600)の創建と伝えられる．原名は慧聚寺(えじゅじ)．隋代の名僧智周(ちしゅう)が喧騒を避けてこの寺に隠居し，7体の仏像を彫塑し，発展の基礎を築いたため，開山祖師とされる．遼代の咸雍5年(1069)に律師として著名であった法均(ほうきん)大師がこの寺に入り，荒廃した寺院を修理・復興し，翌年には全国最大規模の*戒壇を造った．この戒壇は福建省泉州の開元寺(かいげんじ)，浙江省杭州の昭慶寺(しょうけいじ)とともに全国三大戒壇と呼ばれ，「天下第一壇」の異名を持つ．遼の道宗は『大乗三聚戒本』の親筆本を法均大師に授け，以来，寺宝として代々の住持に継承された．明代の正統5年(1440)，英宗はみずから寺額を題し，万寿禅寺の名を賜った．清代には康熙帝・乾隆帝などの皇帝が度々訪れ，中国北方地域の重要寺院として今日に至るまでその地位を確保している．松が美しい寺としても有名で，臥竜松・自在松，九竜松・活動松など樹齢千年を越える立派な松の老木が見られる．

戒壇 かいだん　*戒律の授受を行うために土を築いて設けられた壇をいう．そこでは，見習僧である*沙弥しゃみ(あるいは*式叉摩那しきしゃまな)が，正式の僧である*比丘(*比丘尼)となるための通過儀礼である授戒を行う．授戒に際しては，戒律に精通した*戒師の前で，戒律護持を誓った．唐の義浄ぎじょうの*『大唐西域求法高僧伝』には，インドの*那爛陀ならんだ寺院の戒壇について，平地に方1丈余，高さ2尺ほどの壇があり，そのなかに塔があったとの記述がある．→授戒．

【中国】中国では，嘉平・正元のころ(249-255)*洛陽に築かれたと伝えるが，434年(元嘉11)南林寺に築壇されて授戒したのがその始めとする説もある．唐代に至って，*道宣どうせんが667年(乾封2)浄業寺に築壇し，戒壇の名称・起源・形態などについて詳述している．その後，中央・地方に戒壇が立てられていった．

【日本】日本では，唐僧*鑑真がんじんが来日して，754年(天平勝宝6)*東大寺大仏殿の前に築壇したのが，国家的戒壇の始めである．ついで，761年(天平宝字5)には筑前(福岡県)*観世音寺，下野(栃木県)*薬師寺にも戒壇が設置された．東大寺・観世音寺・薬師寺三戒壇では，*『四分律しぶんりつ』に説く250もの戒律が授けられる点は共通しているが，東大寺戒壇では，*三師七証さんししちしょう(3人の戒師と7人の証明師)の前で授戒がなされたのに対して，観世音寺・薬師寺両戒壇では，三師二証(3人の戒師と2人の証明師)の前でなされた．さらに，東大寺戒壇では畿内の沙弥が，観世音寺戒壇では九州の沙弥が，薬師寺戒壇では関東地方の沙弥が授戒を受けた．ところが，*最澄さいちょうは，『四分律』の戒を*小乗しょうじょう戒とし，東大寺他の戒壇を小乗戒壇と位置づけた．さらに，天台宗を学ぶ弟子達のために，比叡山*延暦寺えんりゃくじに*梵網経ぼんもうきょう下に説く大乗菩薩戒だいじょうぼさつかい(*大乗戒)を授ける*大乗戒壇の樹立をめざし，822年(弘仁13)6月に，それが公認された．延暦寺戒壇では，釈迦・文殊・弥勒・一切如来・一切菩薩の「不現前」(目に見えない)の五師のもと，*座主を戒師として梵網経下に説く*十重四十八軽戒じゅうじゅうしじゅうはちきょうかいの授戒がなされた．

11世紀には薬師寺戒壇が機能を停止するが，他の東大寺・観世音寺・延暦寺三戒壇は，形式化しつつも，ひとまず中世を通じて機能し続けた．延暦寺戒壇は天台宗の僧侶のために立てられたが，山門派と寺門派の対立によって，11世紀には*園城寺おんじょうじの寺門派は園城寺戒壇の樹立をめざすことになった．しかし，それは山門派の反対により認められず，12世紀後半まで寺門派は東大寺戒壇で戒を受けた．そうした国家的戒壇から尼が排除されていたことは注目される．東大寺戒壇ほかの国家的戒壇に対して，*叡尊らは*西大寺さいだいじ・*唐招提寺とうしょうだいじほかに教団独自の戒壇を樹立したが，とくに，*法華寺ほっけじ戒壇は尼のための戒壇であり大いに注目される．

「其の後，忽たちまちに東大寺の大仏の前に戒壇を起たて，和尚(鑑真)をもって戒師として登壇・受戒し給ひつ」〔今昔 11-8〕「弘仁十三年六月にこれを許し下して官符を賜ひ，(延暦寺に)戒壇を立てたり」〔三宝絵 下〕

戒壇院 かいだんいん　*戒壇を含む施設とその区画．戒の授受が定期的に行われるにつれて，戒壇の恒常的設置とそれを建物の中に収容することが行われるようになった．したがって，戒壇が設置された*東大寺，筑前(福岡県)*観世音寺，下野(栃木県)*薬師寺，*延暦寺にそれがあり，日本に正統的戒律を伝えた*鑑真がんじん在住の*唐招提寺にもあったが，なかでも東大寺戒壇院が著名で，754年(天平勝宝6)鑑真が東大寺大仏殿の前で築壇*授戒したあと，大仏殿の西に戒壇院を造立した．

戒壇石 かいだんせき　結界石けっかいせき(pāṣāṇa-nimitta)のこと．*僧伽そうぎゃの範囲を決めることを*結界(境界を定めること)というが，その界内に*授戒のため臨時に小界を設け，これを〈*戒壇〉もしくは〈戒場〉(upasaṃpadā-sīmāmaṇḍala)という．その四方に杭くいを打ったり石を積んで目印とした，その石のことをいう．中国では戒壇は常設され，欄や壁で囲んで標識とし，戒壇石は置かなかったようである．また，寺院の壁を小界の目印として寺全体を戒壇と見なすことも古くから行われていたが，門前に石碑を建て，「不許葷酒入山門」(葷酒(くんしゅ)山門に入るを許さず)などと書いて，戒壇石と称した．禅宗の伝来と共に日本にも伝わったが，中国における起源は明らかではない．

戒壇廻り かいだんめぐり　庶民の信仰をあつめる寺院で，本堂の地下を隧道のように掘り，そこを参詣者が一周して廻る礼拝形式をいう．*善光寺の金堂では*内陣の瑠璃壇の下に暗い通路を設けており，また弘法大師の誕生地と伝える香川県*善通寺の御影堂の下にも地下道がくり抜かれ，参詣者の巡る回廊になっている．山の霊場には大小の洞窟がみられるが，*修験道(しゅげんどう)ではそこをくぐり抜ける*行(ぎょう)がおこなわれ，〈胎内くぐり〉と呼び慣わしてきた．その風が寺院にも及んだのであろう．洞窟や地下を*他界と見立てて，そこをくぐり抜けることによって死んで生れ変る体験を得ようとしたのである．

戒牒 かいちょう　*沙弥(しゃみ)・沙弥尼が*受戒したことを示す文書で，日本では受戒者側が用紙を準備した．もとは受戒した時*公験(くげん)が授けられ，度縁(どえん)(*度牒)とともに僧尼の身分証明書でもあったが，*鑑真(がんじん)による正式な*授戒(754年)以後は度縁を破棄して公験授与を停止し，戒牒を与えて僧尼の証明とした．しかし，813年(弘仁4)には，戒牒とともに，度縁も破棄しないで，これに太政官印の押捺，受戒の年月日の記入や関係官人の署名が行われ，治部省(じぶしょう)印を押捺して，僧尼の証明書とした．882年(元慶6)以後は戒牒の後紙に受戒者の本籍姓名を記入した．

東大寺戒壇での戒牒の形式は，戒を受けようとする者が戒師・立会いの十師に受戒を乞い，十師がこれを許可したことを記し，これに受戒したことを証するため授戒を管掌する*僧綱(そうごう)・玄蕃寮(げんばりょう)・治部省の関係者が官位姓名を連ねた．延暦寺戒壇の戒牒も，受戒の要請と授戒の許可という形式は共通するが，延暦寺別当の署名と太政官印の押捺において異なり，同宗の僧綱管理下からの離脱を示している．戒牒は中世を通じて発給され，近世のものも伝わっている．

「およそ大乗の類は，すなはち得度の年，仏子戒を授けて菩薩僧となし，その戒牒には官印を請はん」〔山家学生式〕

開帳 かいちょう　〈開扉(かいひ)〉〈啓龕(けいがん)〉ともいう．*本尊など仏像類を安置してある*厨子(ずし)を開けたり，仏像の前面をおおってある幕を開いて外から直に拝めるようにすること．*秘仏(ひぶつ)を一定の周期または*縁日などに一般開帳したり，参拝者のもとめに応じて随時開帳することもある．その寺内で行うものを〈居(い)開帳〉，他所に出張して行うものを〈*出開帳〉という．出開帳には本尊でなく〈お前立ち〉(本尊に代わる尊像)が用いられることもある．「ひととせ，大和の法隆寺に太子の開帳有り」〔三冊子〕

海潮音 かいちょうおん　海のうしおの響きのことで，仏・菩薩の説法の音声が大きいことをたとえる．また，仏・菩薩の説法が衆生(しゅじょう)の必要に応じて時にたがえずなされることが海潮にたとえられたとする解釈もある．法華経普門品に「妙音観世音，梵音海潮音」と見える．島崎藤村『落梅集』(1901)の「寂寥」に「岸うつ波は波羅蜜の海潮音をとどろかし」とあるのはこれにもとづき，上田敏の訳詩集『海潮音』(1905)の題名もこれに出来する．なお，近代中国の*太虚(たいこ)の創刊した雑誌に『海潮音』がある．

『海東高僧伝』 かいとうこうそうでん　高麗(こうらい)時代の華厳宗の僧，覚訓(かくくん)が1215年に王命を奉じて編纂した朝鮮最初の僧伝．現在は「流通(るずう)篇」の一部(2巻)が残るのみだが，少なくとも5巻以上あったようである．「訳経篇」の代わりに「流通篇」を設ける以外は，中国の高僧伝と同じ構成であったと推定される．現存する部分のうち，巻一は三国時代の仏教将来と受容に関する記録で11人が，巻二は求法僧の伝記で22人が載っている．本書には『国史』『花郎世紀』『殊異伝』『大覚国師外集』などの朝鮮文献と，『梁高僧伝』『続高僧伝』*『大唐西域求法高僧伝』『新羅国記』などの中国文献とが引用され，他に見られない記録も多く，資料的価値が高い．→高僧伝．

戒日王 かいにちおう　[s: Śīlāditya]　在位606頃–647頃　曲女城(きょくにょじょう)(Kanyākubja)に都し，7世紀前半の北インドに君臨した英主ハルシャヴァルダナ(Harṣavardhana)のこと．

〈戒日王〉とは，その別名シーラーディティヤ(Śīlāditya)の漢訳．仏教に帰依し学芸を奨励し，自らも『竜王の喜び』(*Nāgānanda*)，『ラトナーヴァリー』(*Ratnāvalī*)などの戯曲を著している．唐の使節王玄策，求法僧*玄奘がインドを訪れたのはこの王の治世中のことであるが，彼の事績は，*『大唐西域記』や彼の大臣バーナ(Bāṇa)作の『ハルシャチャリタ』(*Harṣacarita*)また碑銘類によって知られる．

開廃会 かいはいえ　〈開〉と〈廃〉と〈会〉．天台宗において*法華経を論ずる三つの趣旨．順次に，〈*開権顕実〉〈廃権立実(*廃立)〉〈*会三帰一〉の略称である．法華経以前の教えを方便*権教であると打ち明けて法華経の真実の教えを顕すことと，権教のはたらきを廃して真実の教えを立てることと，権教たる*三乗を融会して真実の教えたる*一乗に帰入することをいう．〈開〉は主として教えの体，〈廃〉は教化に際しての教えの用(作用)，〈会〉は修行と修行者(人)について論ずる．

回峰行 かいほうぎょう　〈千日回峰行〉ともいう．*比叡山無動寺谷を開いた相応和尚(831–918)に始まり，比叡山の峰々谷々の諸堂霊跡260余カ所で読経・誦呪・礼拝して毎日，山上山下30キロの山道を跋渉する*苦行．7年間で1000日の行を完了する．500日を満じて下根満，700日直後，無動寺谷本堂に*参籠，9日間の断食・断水・断眠・不臥の行を満じて中根満，次の100日間は山上山下30キロのほか西麓京の赤山禅院(→赤山明神)への雲母坂上下往復を加えての赤山苦行，次の100日間は山上山下・赤山苦行のほか京の洛中洛外の寺社巡拝を加えて1日100キロを走破する大廻りの苦行をつづけ，再び100日間比叡山を山上山下して，1000日を満じて〈大行満〉と称せられ，草鞋ばき(土足)のままで御所へ参内して玉体を*加持することが許されている．

開発 かいほつ　漢語の意味は，開く，起こす．*教化もしくは*修行にかかわる表現．文脈によって意味が異なるが，次の三義に大別できる．1)迷妄を取り除く．2)*功徳・道行・*菩提心・*覚性などを起こす．3)前二者を兼ね，総じて，衆生を悟らせる．なお，唐の*澄観は，〈*発心〉の義を解するに当たり，菩提心を起こすことを〈*発起〉，菩提心が起こることを〈開発〉と区別して用いている〔華厳経疏16〕．また，唐の*一行は，菩提心を生ずることを，「最初に金剛宝蔵を開発す」〔大日経疏1〕と表現し，これを承けて*真言宗では，菩薩の*十地の位を〈開発金剛宝蔵位〉と称する．「前世に浄土を欣求してかの仏を念ぜし者の，宿善内に熟して今開発するのみ」〔往生要集大文第10〕

戒本 かいほん［*s*: prātimokṣa］　*波羅提木叉に同じ．〈別解脱(律儀)〉〈戒経〉などとも訳される．戒条の本文のみを記した経で，*戒律の基本となる文献であることから〈戒本〉と訳された．〈戒〉は一般にśīlaの訳語として用いられるので混同されやすいが，簡便な呼称なので中国・日本で広く使われている．内容は各部派の伝持する戒本によって多少の変化はあるが，犯した罪の軽重によって*波羅夷以下，8種に分類され記述されている．「新学の衆のために，常に依止として，戒本一本といへども，名目一科といへども，勧めてこれを誦せしめ」〔解脱上人戒律興行願書〕

戒名 かいみょう　もと，*受戒した者に与えられた名．この意味の戒名は〈*法名〉〈法号〉と同義．法名は，中国・日本を通じてみられるように，仏教に帰依入信した者に授けられた．したがって，浄土真宗や日蓮宗などのように通例の戒の授受を行わなくとも，戒名＝法名を授けているし，戒名は出家・在家の区別なく与えられた．戒名には2字の名が多かったが，出家の場合には，戒名＝僧尼名のほかに諱や房号・道号・字などをもっている．

戒名＝法名はもとより生前入信したときに与えられたが，在家の男女が死後，僧から〈法名〉を与えられることが行われるようになり，これをも〈戒名〉とよんだ．この種の戒名は，日本では中世末期ごろからみられ，近世の*檀家制度のもとで一般的となり，戒名といえば，この死後授与の法名を指すようになり，むしろ法名・法号は出家の戒名を意味するようになった．さらに戒名の下に，男性には*居士・禅定門・信男・*信士，女性には*大姉・禅定尼・*信女，子供には童子・童女などの号をつけ，戒名の上に*院号・院殿号などを冠することも行われ，現代に至っている．ただし真宗では，〈釈〉(男性)，〈釈尼〉(女性)の字を2字の法名に冠するのを通例とする．

「遠藤滝口盛遠と申せしが，出家して戒名を文覚とこそ申しけれ」〔幸若・文覚〕「戒名を見た所が，縁応信女と，たった二字戒名だっさ」〔滑・浮世床2下〕

『開目抄』 かいもくしょう　*日蓮著．2巻．1272年(文永9)の成立．*『立正安国論』*『観心本尊抄』とともに，〈日蓮三大部〉の一つとされる．佐渡に流された日蓮が，*法難に対する弟子や信徒の疑念をはらすために著したもの．*末法の衆生が信ずべき*一念三千の法門がその〈文底〉に収められているゆえに，*法華経が至高の経典であることを説く．その法華経をたもつ日蓮が法難にあうのはすでに経文に予言されていることであり，その迫害に堪えて布教に邁進する日蓮こそが，真の〈法華経の行者〉の名に値すると主張する．そうした自負心の端的な表明が，われこそ「日本の柱」「日本の眼目」「日本の大船」になろう，といういわゆる〈三大誓願〉である．末法の大導師の自覚が表明されていることから，宗学では法開顕の書『観心本尊抄』に対し，本書は人開顕の書とされる．真蹟は身延山*久遠寺にあったが，1875年(明治8)の火災で焼失した．

カイラーサ山 ―さん　[*s*: Kailāsa]　古代インドにおける伝説的な山．チベット南西部のカイラース山脈の西部に位置するカイラース山(6656メートル，チベット名カンリンポチェ)がこれにあたるとされる．*ヒンドゥー教，*チベット仏教，*ボン教の聖地として，その麓にあるマーナサ湖(Mānasa-(sa)rovar，マーナサローワル湖がこれにあたるとされる)とともに古くから聖地として崇敬されている．インドの叙事詩，*プラーナや*タントラ文献には，*シヴァ神の住まう処あるいは玉座としてしばしば登場する．また世界の四守護神のひとつで，北方を司るクベーラ神(Kubera，別名 Vaiśravaṇa，*毘沙門天)の宮殿もこの山にあるといわれる．仏教的宇宙観における〈香酔山〉(マーナサ湖が*阿耨達池)にあたり，またボン教徒は教祖シェンラプ-ミボが天から降りたったところとして崇拝する．

戒律 かいりつ　〈戒〉(śīla)と〈*律〉(vinaya)との合成語で，仏教教団(*僧伽)の修行規範を示す用語．〈戒〉とは修行規則を守ろうとする自律的な決心で，修行を推進する自発的な精神である．〈律〉は教団(僧伽)の規則の意．

【修行と戒】在家信者は，仏教を修行しようと決心するとき，仏・法・僧の*三宝に帰依し，*比丘に従って〈*五戒〉を受ける．さらに毎月4回ある*布薩日には〈*八斎戒〉を受ける．信者は僧伽を作らないから，律を守ることはない．在家信者が出家して修行しようと欲するとき，20歳以下なら比丘を師(*阿闍梨)として，*沙弥となる．そのとき〈*十戒〉を受ける．女性は*比丘尼を師として*沙弥尼となる．さらに20歳以上になって，正規の出家修行者となろうと欲すれば，僧伽に入団許可を願い，和尚・羯磨師・教授師の三師と証明師よりなる10人(*三師七証)，あるいは5人の比丘僧伽において審査をうけ，入団が許可されて比丘となる．この時，〈*具足戒〉を受ける．沙弥尼は比丘尼になるが，その前に2年間，正学女(*式叉摩那)として修行する．その間〈六法戒〉を守る．このように仏教の修行者は，在家も出家もすべて戒に基づいて修行をする．戒定慧の*三学といって，戒の実行があってはじめて，*禅定と悟りの*智慧とが得られる．戒の自発的決心が修行の根本である．

【僧伽と律】しかし比丘・比丘尼の場合は，比丘僧伽・比丘尼僧伽という集団生活において修行するため，集団の規則を守ることが要求される．その集団規則が〈律〉である．律は他律的な規則であるが，比丘がそれを自律的な戒の精神で守るところに〈戒律〉の意味がある．律には比丘個人の修行規則と，僧伽の統制の規則との2種類がある．前者は比丘が入団のとき受ける具足戒であり，比丘に250戒(*二百五十戒)，比丘尼に350戒ほどの条文があり，これを〈*波羅提木叉〉という．比丘・比丘尼がこれらの条文を犯すと罪と認められる．後者は僧伽運営の規則であり，〈*羯磨(こんま)〉という．これには僧伽入団の規則，布薩の規則，*安居(あんご)の規則，犯罪比丘に罪を与える方法，僧伽に諍(いさか)いが起った時の裁判規則，その他多数の羯磨がある．比丘たちは和合の精神に基づいて，僧伽の羯磨を運営し，僧伽の和合を実現するために努力する．ここに〈戒〉と〈律〉との結合がある．

【大乗戒】大乗仏教が興ると，大乗の*利他の精神に基づいて*大乗戒が説かれ，最初は〈十善戒(じゅうぜんかい)〉(*十善)が主張された．のちに*『瑜伽師地論(ゆがしじろん)』において，〈*三聚浄戒(さんじゅじょうかい)〉が説かれ，この中に止悪門として，*律蔵に説く律が導入された．三聚浄戒は，この止悪とともに*作善(さぜん)と衆生利益とを誓う戒である．『瑜伽師地論』ではこのほかに，大乗経典に散説された戒を集めて〈四重四十二(新訳四十三)軽戒(きょうかい)〉の大乗戒を説いている．なお中国・日本では*梵網経(ぼんもうきょう)に説く梵網の〈*十重四十八軽戒〉が重視され，律蔵の律と併修されたが，*最澄は律を捨てて〈梵網戒〉のみを大乗仏教の修行規範とすべきことを主張し，かつこれを実行した．そのために日本仏教の僧伽の性格は変質を余儀なくされた．

戒律復興 かいりつふっこう　【チベット】チベットでは，古代王朝が分裂した9世紀半ば以降，中央の権力による仏教の規制はなくなり，土着の民間信仰と混淆した在家密教が多くの民衆の間に浸透していった．このため10世紀に入ると，本来の仏教に立ち返るために，*戒律を復興する動きが現れた．中央チベットでは，青唐王国のツォンカ地方に伝わっていた古代王朝以来の戒律の伝統を移入させた．これにより10世紀末には中央チベットの各地で，戒律にもとづく*僧伽(そうぎゃ)が再興された．この系統の戒律を〈低地律〉という．これに対して，西チベットのガリ地方においても，チャンチュプウー王が東インドからダルマパーラという名の学僧を招き，同様に戒律復興運動を起こした．これを〈高地律〉という．同王は，さらにまた1042年には，*ヴィクラマシーラ大僧院から*アティシャを招くことに成功し，*菩薩戒や菩薩行のあり方を伝えさせた．

【日本】日本における戒律復興運動といえば，*実範(じっぱん)がまず挙げられる．実範は戒律の衰退を嘆き，*唐招提寺(とうしょうだいじ)で田を耕す僧から，戒律を学び，以後，戒律の復興に努めた．実範の跡を継いで，戒律復興に努めた僧として*貞慶(じょうけい)がいる．貞慶は，初め*興福寺(こうふくじ)所属の官僧であったが，1193年(建久4)に*遁世し，山城*笠置寺(かさぎでら)のち*海住山寺(かいじゅうせんじ)に入った．貞慶は「釈迦に帰れ」を目標に，戒律復興をめざし，1212年(建暦2)に弟子覚真(かくしん)に命じて興福寺に常喜院を建て，*律を講じさせた．この常喜院の講筵に列なった*覚盛(かくじょう)・円晴(えんせい)・有厳(うごん)と*叡尊(えいぞん)は，1236年(嘉禎2)9月に自誓受戒を行うなど，奈良*西大寺(さいだいじ)・唐招提寺を中心とする戒律復興運動(南京律(なんきょうりつ))を行なった．こうした奈良を中心とした戒律復興運動に対して，京都泉涌寺(せんにゅうじ)*俊芿(しゅんじょう)の〈北京律(ほっきょうりつ)〉の復興運動も起こった．さらに，鎌倉後期の興円(こうえん)・恵鎮(えちん)らによる梵網菩薩戒(ぼんもうぼさつかい)の戒律復興運動や江戸時代に〈*正法律(しょうぼうりつ)〉を唱えた*慈雲(じうん)の戒律復興運動なども注目される．

海竜王寺 かいりゅうおうじ　奈良市法華寺町にある真言律宗の寺院．『七大寺巡礼私記』(1140)に，*玄昉(げんぼう)の入唐に際し，求法の目的をはたして無事に帰朝することを願って*光明皇后が建立したと記される．*法華寺の前身である皇后宮(あるいは藤原不比等邸)の東北隅に位置することから〈隅院〉(隅寺)とも呼ばれた．天平年間(729–749)には*回廊をめぐらせた三*金堂(こんどう)をもつかなりの規模の*伽藍(がらん)であった．

平安時代には*興福寺の支配下におかれたが，鎌倉時代になって*叡尊(えいぞん)とその高弟の止住を境に伽藍の復興や修理も進み，叡尊教団の*戒律の道場として隆盛をきわめた．1499年(明応8)の兵乱，1596年(慶長1)の大地震は本寺に致命的な損害をあたえた．しかし慶長7年(1602)の寺領百石寄進により伽藍の修造が始まり，*本堂の再建，*経蔵(きょうぞう)(鎌倉時代)の修理などが行われ，天平時代の西金堂を残す佐保路の寺として現在に至っている．寺宝に五重小塔(天平時代)のほか，本尊十一面観音・文殊菩薩像・金銅火焔宝珠形舎利塔(正応3年銘)・毘沙門天画像などいずれも鎌倉時代の遺品があり，他に経巻などが多数伝世されている．なおインドから伝来した棕櫚の一葉の写本(6世紀前半)が伝えられている．

回廊 かいろう　【インド】インドの*僧院建築は，僧衆が居住する*精舎(vihāra)では，中央の中庭を囲んで房室を持つ方形プランが流行し，開放的な中庭は，時には列柱に支えられた広間を配置した(ナーガールジュナコンダ僧院)が，ナーランダー僧院(*那爛陀寺)では，中庭の周囲に列柱を置いて回廊となっている．しかしジャウリアーン僧院の回廊には列柱はない．また礼拝の対象たる仏塔(stūpa，*塔)では，基壇の周囲に囲遶のための歩廊を配している(*サーンチーなど)．ついで仏塔が僧院に導入された時，支提堂(*チャイティヤ堂，caitya-gṛha)または支提窟(チャイティヤ窟，caitya-guhā)では，塔を巡って列柱が置かれ，その周囲に回廊または側廊が配せられている．→付録(インド亜大陸の仏教寺院，塔1·2)．

【中国】中国では古く殷代初頭の宮殿址にすでに複廊形式の回廊遺構が検出されている．回廊を指す用語としては，『楚辞』に「曲屋歩壛」，前漢の司馬相如『上林賦』に「歩櫩周流」などとみえる〈歩櫩〉(また歩壛・歩簷・歩檐とも書く)が古い．また〈廡〉〈廊廡〉〈両廡〉〈歩廊〉などともいう(ただし廡・廊廡は建物四周の吹放し廊の意にも用いる)．

【日本】日本では〈廡廊〉〈歩廊〉〈四面廊〉などともいう．〈回(廻)廊〉の語は平安時代になってから現れる．*中門から出て*金堂・*塔を囲んで閉じるもの，*講堂に連なるもの，金堂に連なるものがあり，通路・垣であるとともに，法会の時の人の座となる．堂に連なる部分を〈軒廊〉といい，また左右回廊に開く門を〈楽門〉という．飛鳥時代のものは梁行(→桁行)1間の単廊であるが，奈良時代になると，梁行2間の複廊ができる．平安時代には左右の廊はあるけれども，前に中門を開く回廊はごく少なくなるが，禅宗では再び造るようになり，門は*三門と呼ぶ．回廊は*法隆寺(7世紀末)，*東大寺(1716–37)，*延暦寺(1642)および曹洞宗・黄檗宗のものが残っている．→寺院建築，伽藍，付録(伽藍配置)．

戒臘 かいろう　*法臘に同じ．*比丘としての年齢．仏教では比丘となった時を基準として年数を数え，それに応じて席次など，*僧伽での地位を決した．実際の年齢は無視するのである．したがって，いかに老齢でも法臘が少なければ*長老とは呼ばない．*和合僧という，基本的に平等な関係の中で生活上の便宜のために序列を設けたのである．この比丘となることは*具足戒を受持することが条件であるから，両者は等価と見なされ，法臘は即ち戒を受持している年数と同じであるから，かく〈戒臘〉とも称する．後，中国やその影響下にある日本では，教団組織の変化によって種々の役職や*僧階の制が行われるようになり，こうした世俗的な地位が戒臘より優先されるに至った．転じて，芸道修行の年数などをさすこともある．「首座，大衆をひきて入堂し，戒臘によりて巡堂立定す」〔正法眼蔵安居〕

カウティリヤ [*s*: Kauṭilya]　別名チャーナキヤ，またはヴィシュヌグプタ．ナンダ王朝を倒して*マウリヤ王朝を創始したチャンドラグプタ(Candragupta，在位前317–293頃)の名宰相であったとされる．後代，この知謀家に関する様々な伝説が作られたが，カウティリヤ自身の実像は定かではない．彼は『カウティリーヤ-アルタシャーストラ』(*Kauṭilīya Arthaśāstra*，『カウティリヤ実利論』)の作者とみなされる．この書には，徹底して国王の利益を追求すべきことが説かれているので，カウティリヤはしばしばマキァヴェリと比較される．

鵞王 がおう [*s*: haṃsarāja, rājahaṃsa]　〈雁王〉とも訳す．*仏の異名．原語は，前者が〈ハンサ鳥の王〉，後者が〈偉大なハンサ鳥〉を意味し，また後者はそのような名を持つハンサ鳥の一種をも指す．ハンサ鳥とはインドの古典文学によく知られた渡り鳥で，白い大型の水鳥．脚とくちばしのみ紅く，体形はガチョウなどに類似すると考えられる．ヒンドゥー教ではブラフマー(*梵天)の乗り物として知られる．これが仏の異名の一つとされた理由は必ずしも明らかではないが，仏が*前世でハンサ鳥の王として活躍したとする本生話(*ジャータカ)の流布と恐らくは関係しよう．ほかに仏の*三十二相の一つである手足指縵網相(しゅそくしまんもうそう)(手足の指の間に水かきのような膜があること)に関連づけて，ハンサ鳥の水かきとの類似からこの異名が生じたとの説もある．「鵝王，閑(しずか)に歩(あゆび)を引く，道士が洞(ほら)の中なる家」〔菅家文草2〕「当山に参籠し，纔(わずか)かに鳩の杖を携へ，鵝王を巡礼し」〔高野山往生伝32〕

果海 かかい　修行という因(原因)の果(結果)として得られた仏の悟りの世界．広大で，無限に豊かな徳性を具えているのを，海にたとえたもの．

我我所 ががしょ［s: ātma-ātmīya］　*我と我所．自己自身と自己の所有するもの．永遠不変の自我の主体と，それに所属すると考えられるもの．また，自我に*執着(しゅうじゃく)する見解(*我見)と，自我の所有物に執着する見解(我所見)とを意味することもある．「かの土の衆生は，所有の万物において，我我所の心なく，去来進止，心に係る所なし」〔往生要集大文第2〕

呵呵大笑 かかたいしょう　『晋書』載記石季竜に「喪に臨んで哭せず，直(ただ)だ呵呵と言い，大笑して去る」，*『景徳伝灯録(けいとくでんとうろく)』8に「谷山は呵呵大笑すること三声」などとあり，〈呵呵〉は擬声語で，「ワッハッハ」と大声で笑うこと．*禅林で指導者と修行者が悟りを求めて*問答した場合に，指導者が一笑に付すとき，相手の力量を賛嘆するとき，相手にやり込められて素直に頭を下げるときなど，それぞれの状況に応じて発声する．時に修行者の方から指導者と立場を逆転させて発することもある．「師すなはち呵々大笑す」〔正法眼蔵祖師西来意〕

餓鬼 がき［s: preta］　サンスクリット語は元来，死せる者，逝きし者を意味し，ヒンドゥー教では死後1年たって祖霊の仲間入りする儀礼が行われるまでの死者霊をさす．その間，毎月供物(くもつ)を捧げて儀礼が行われるが，もしこうした儀礼がなされないときは，preta は祖霊になれず，一種の亡霊となる．仏教でも死者霊としての用法はあって，*閻魔(えんま)の住所たる*地獄に行ったり，人に憑ったり，生者からの供養をうけて望ましい世界に生れ変ることを願ったりする．また中国から日本では，新仏(しんぼとけ)の供養と同時に有縁(うえん)無縁の三界万霊への供養が合して，施餓鬼会(せがきえ)の伝統が発展し，今日に至っている．

【餓鬼道】死者霊としての餓鬼と重なりつつ，さらに重要な用法は，六道(ろくどう)(または五道)輪廻(りんね)の一環たる餓鬼世界の住人としての餓鬼である．餓鬼世界(餓鬼道)は地獄の上，*畜生(ちくしょう)(動物)世界の下にあり，生前に嫉妬深かったり物惜しみやむさぼる行為をした人の赴く所である．餓鬼の悲惨な状況は種々に描写されているが，飲食物を得られない飢餓状況にあることは共通している．絵巻物などで，乞食や窮民の姿態を餓鬼のイメージでとらえていることが多いのも，そのためであろう．インドでもすでに僧院の壁などに，餓鬼世界やその他の輪廻世界を描いて*因果応報を示し，人々に倫理的行為をすすめた．*『餓鬼草紙』に代表される，日本の六道絵や*十界図中の餓鬼描写も，この伝承を受けている．また，餓鬼道の受苦と救済を説く仏教説話も多いが，中国・日本を通じて最も広く行われたのは，*盂蘭盆(うらぼん)の由来を説く目連(もくれん)救母説話である．なお，子供を卑しめて餓鬼というのは，餓鬼のように食べ物をむさぼりほしがることからの称であり，障子や襖(ふすま)の骨の細いものを餓鬼骨というのも，やせ細った餓鬼の形相に見たてたものである．→輪廻，六道，施餓鬼．

「後世に地獄に堕ちて，餓鬼と成りて苦を受けむ事堪へがたかるべし」〔今昔1-32〕「餓ゑたる時は，餓鬼の苦しみを思ひやりて，まして，といふ」〔発心集3〕．

『餓鬼草紙』 がきぞうし　六道(ろくどう)のうち*餓鬼道の有様を描いた絵巻．現在，東京国立博物館に正法念処経(しょうぼうねんじょきょう)に基づく1巻，京都国立博物館に餓鬼救済をテーマにした1巻が蔵されている．いずれも12世紀末の制作で紙本着色．東博本は絵だけ10段，醜悪な餓鬼が実に生き生きと描かれている．京博本は詞(ことば)・絵とも7段で，その中に*目連(もくれん)尊者が餓鬼道におちた母を救う物語が含まれている．

カギュー派 は［t: bKa' brgyud pa］　*チベット仏教の一宗派．〈カギュー〉は教えの伝統を意味する．キュンポ(Khyung po, 990-1139)を開祖とする〈シャンパ-カギュー派〉と，マルパ(Mar pa, 1012-97)を開祖とし，*ミラレーパ(1040-1123)をへて，ガムポパ(sGam po pa, 1079–1153. 別名ダクポラジェ)によって確立された〈マルパ-カギュー派〉(あるいはダクポ-カギュー派)の二つの系統からなる．いずれもインドの行者*ナーローパ，マイトリーパから受け継いだ密教修行を中心とする．ガムポパは『道次第解脱荘厳』(*Lam rim thar rgyan*)を著し，インド密教，アティシャの*『菩提道灯論』に倣った*中観思想，*禅宗的瞑想の実践の3種を組み合わせて，本来*清浄な心の本質を*観想する*大印契(マハームドラー)の教義を体系化し，これがカギュー派を代表する教えとなった．13世紀以後，さらに諸派に分裂し，チベットの覇権をめぐって政治抗争を展開した．中でも*カルマ派，ディグン派，ドゥク派は有力で，今日まで存続している．

火坑 かきょう　〈かこう〉とも読み，〈火阬〉の字を当てることもある．火の燃えさかる坑，特に*地獄の猛火が燃え上がる火口をさす．きわめて危険な恐るべき状況をいう．法華経普門品に「たとい害意を興し，大火坑に推落するも，彼の観音の力を念ずれば，火坑変じて池と成る」とある．なおこの経文をもじり，『平家物語』1.清水炎上で，比叡山の*大衆が*清水寺を焼亡したとき，「観音火坑変成池はいかに」に対して「歴劫不思議力及ばず」の落書問答が行われた話は有名．「譬へば，痴人の，火坑に堕ちて自ら出づることあたはざらんに，知識これを救ふに一の方便を以てせば」〔往生要集大文第3〕「つひに火坑を棲にすべくとも，一衆生をも助くる理あらば更に痛しとすべからず」〔興正聴聞集〕

覚 かく　中国語としての〈覚〉は，『荘子』斉物論に「大覚」を「大夢」と対せしめているように，〈目ざめ〉もしくは〈悟り〉を意味するが，仏教でも〈さとり〉と訓読され，真理に対する覚醒，もしくは認識能力のある種のはたらきを表す．

【訳語としての覚】*旧訳ではサンスクリット語 vitarka の訳．vitarka は〈尋〉とも訳し，対象を推しはかり分別する麁い心のはたらきをいう．一方，同様な細かい心のはたらきを vicāra(旧訳では〈観〉，新訳では〈伺〉)といい，両者はほぼ対になって用いられる(→尋伺)．この両者はともに*定心を妨げるものであるが，*禅定の深まりとともに消滅するとされる．新訳では bodhi の訳．bodhi は〈菩提〉と音写され，*悟り，もしくは悟りの智慧を表す．古くは〈*道〉〈意〉〈覚意〉などとも訳された．*菩提樹を覚樹といい，仏の悟りである*阿耨多羅三藐三菩提を無上正等(正)覚，あるいは単に*正覚などというときの〈覚〉がそれである．→菩提．

〈覚〉はまた buddha の訳としても用いられる．buddha は〈*仏陀〉と音写され，悟った人，目覚めた人(『荘子』斉物論にいわゆる〈覚者〉)の意で，仏のこと．如来*十号の正等覚(正遍知)や，覚雄・覚王などの〈覚〉はこの意である．→仏．

【覚と不覚】*『大乗起信論』では，*阿頼耶識に覚と不覚の二義があるとし，覚をさらに始覚と*本覚とに分けて説明する．すなわち，われわれの心性は，現実には*無明に覆われ，妄念にとらわれているから〈不覚〉であるが，この無明が止滅して妄念を離れた状態が〈覚〉である．ところで，無明は無始以来のものであるから，それに依拠する不覚に対しては〈始覚〉ということがいわれるが，われわれの心性の根源は本来清浄な悟りそのもの(本覚)であって，それがたまたま無明に覆われていただけのことであるから，始覚といってもそれは本覚と別のものではなく，始覚によって本覚に帰一するに過ぎない，という．

なお，菩薩や声聞・縁覚などの大力量の人が*覚悟し思念すべき八つの事項を〈八大人覚〉という．すなわち，少欲覚・知足覚・寂静覚・正念覚・正定覚・精進覚・正慧覚・無戯論覚の8である．→覚支．

「この洲の中にのみ金剛座有り，上地際を窮め，下金輪に踞せり．一切の菩薩，皆登りて覚を成ず」〔十住心論1〕「一家天台の心は，本起不動の三観を妙行となす．本起不動ならん時は，別して覚不覚を沙汰すべからず．当体本仏なり」〔漢光類聚〕

我空法有 がくうほうう　アビダルマ(*阿毘達磨)では，あらゆる事物に対してさらなる細分化が不可能な構成要素(*法)に至るまで分析を加え，そこに*常住不変の個体の主宰者たる*我を見出しえないことにより，我を否定する(我空)．しかしそれは，構成要素を各々独自のあり方をするものとして認めていくことにつながり，大乗仏教の*空の立場から，構成要素を実体視するもの(法有)として厳しく批判された．大乗仏教では〈我空法空〉を唱える．

覚運 かくうん　953(天暦7)-1007(寛弘4)　平安中期の天台僧．京都の出身．藤原貞雅の子．*良源(りょうげん)に師事し，*比叡山(ひえいざん)東塔南谷の檀那院(だんないん)に住した．高い学識を有し天台教学を振興したことにより，恵心流(えしんりゅう)の祖とされる*源信(げんしん)と並び称され，〈檀那流〉の祖と言われる．995年(長徳1)，宋の源清(げんせい)が自著『観無量寿経疏顕要記(かんむりょうじゅきょうしょけんようき)』2巻の批判を求めてきたのに対し，源信と覚運がそれぞれ上巻と下巻の『破文(はもん)』を分担執筆した．また，密教を静真に学び，静真の没後は自身よりはるかに年少の*皇慶(こうけい)に師事して，よく弟子の礼を尽くした．生涯名利を疎んじた源信とは異なり，覚運は藤原道長や一条天皇など権力者に接近し，積極的な天台教学の進講を行なった．道長には，*『摩訶止観(まかしかん)』や*『法華文句(ほっけもんぐ)』などを教授している．覚運撰とされる諸著作については，不明瞭な点が多い．→恵檀二流．

鰐淵寺 がくえんじ　島根県平田市別所町にある天台宗の寺．〈一乗院〉ともいう．山号は浮浪山(ふろうざん)．594年(推古2)，天皇の眼病平癒を祈願して出雲(いずも)の僧智春が創建した．幽邃(ゆうすい)な地形に恵まれた浮浪滝を中心に，古くから山岳修験(しゅげん)場として開かれたのであろう．平安時代には箕面(みのお)*勝尾寺(かつおじ)，播磨書写山(はりましょしゃざん)*円教寺(えんきょうじ)，*熊野・那智などと並ぶ著名な霊場で，*『梁塵秘抄(りょうじんひしょう)』297にも，「聖(ひじり)の住所はどこどこぞ．箕面よ勝尾よ，播磨なる書写の山，出雲の鰐淵や，日の御崎(みさき)，南は熊野の那智とかや」と歌われている．中世以降は元弘の乱(1331)に敗れて隠岐(おき)に流された後醍醐天皇(1288-1339)や，戦国時代の毛利元就(もうりもとなり)(1497-1571)とも深いかかわりを持った．寺宝に飛鳥時代後期の銅造観音菩薩立像2躯がある．うち1躯には，壬辰の年に出雲国の若倭部臣徳太理(わかやまとべのおみとくたり)が父母のために作った旨の銘記があり，壬辰の年は692年(持統6)にあてられる．この時代の出雲文化を考察する上での重要資料．

格義 かくぎ　中国における仏教受容の初期段階に行われた*教理解釈法．仏教伝来以前に，すでに独自の古典文化を完成させていた中国では，インド仏教の原典に即して直接その教理を理解するのではなく，漢訳仏典に全面的に依拠しつつ，思想類型の全く異なる中国古典との類比において仏教教理を理解しようとした．このような方法を特に〈格義〉といい，それに基づく仏教を〈格義仏教〉という．

時代的には，西晋(280-316)末から東晋(317-420)にかけて盛行し，老荘玄学(*老荘思想)が主流を占めた思想界の状況を反映して，老荘の〈*無〉の思想によって般若(はんにゃ)経典(*般若経)の〈*空〉の思想を解釈することが流行った．西晋末の竺法雅(じくほうが)は，豊かな中国古典の教養を活用して仏教に暗い知識人を教導し，格義仏教の端緒を開いて仏教の知識人間への普及に貢献したが，やがて原典から遊離した格義による〈空〉義研究は多くの異論を生み出すようになり，釈*道安(しゃくどうあん)の批判を招く結果となった．その後，5世紀初頭に*鳩摩羅什(くまらじゅう)によって*竜樹(りゅうじゅ)の般若教学の体系が紹介されるに及んで，格義仏教はその歴史的使命を終えた．しかし，*中国仏教はその本質において終始格義的仏教であり続けた．

「経中の義数を以て，外書に擬配し，生解の例と為す．之れを格義と謂う」〔高僧伝4.竺法雅伝〕

学解 がくげ　学問的・理論的に理解すること．修行の対として，仏教の教えを頭で理解することを指していう．禅宗では実践体験重視の立場から，*教外別伝(きょうげべつでん)・*不立文字(ふりゅうもんじ)を主張し，学解は言葉にとらわれたものとして否定される．しかし，〈行解相応〉〔景徳伝灯録3，正法眼蔵渓声山色〕として，両者の*相即(そうそく)一致を重視することもある．「大乗の行人，文字を執し，学解をたのみて，心地にうとくは，菩提に遠ざかるべし」〔沙石集10末-3〕

覚悟 かくご　漢語の〈覚〉と〈悟〉は，いずれも，さとる，さとす意味で，〈覚悟〉は2語が熟した複合動詞．中国古典の『荀子』成相，

『韓非子』外儲説右下，『史記』孟嘗君伝，『漢書』息夫躬伝など多くの用例が見える．仏典では，眠りからさめるという一般的な意味でも用いられるが，特に*迷いからさめ，さとりに至ること，真理をさとり，真智を開くことを指していう．「先生(せんしやう)に営まざるがゆゑに，今はすでに一文の覚悟なきがごとし」〔愚迷発心集〕「古歌をよくよく覚悟すべし」〔連理秘抄〕

覚支 かくし [*s*: bodhyaṅga] 〈*覚〉(*悟り)の部分，すなわち，悟りへと導く要素のこと．〈覚分(かくぶん)〉〈菩提分(ぼだいぶん)〉とも訳される．原始経典以来，1) *念(ねん)，2) 択法(ちゃくほう)，3) *精進(しょうじん)，4) 喜(き)，5) *軽安(きょうあん)，6) *定(じょう)，7) *捨(しゃ)の七つが覚支として数えられ，〈七覚支〉と総称された．それは，これまでのおのれの言行を注意深く思い起こし(念)，それらを正しい*智慧によってよく思量しつつ(択法)，怠ることなく励むならば(精進)，心に喜びが生じ(喜)，喜ぶことによって身体が軽やかになり(軽安)，それより心が安らかになり統一されて(定)，あらゆる感情を離れた平等な態度が達成される(捨)，ということである．

*四念処(しねんじょ)の修行から七覚支の修行に進み，七覚支の修行の完成によって*明(みょう)(悟りの*智慧)と*解脱(げだつ)が得られるとは，原始経典にしばしば説かれるところである．また，七覚支は*三十七道品(さんじゅうしちどうほん)の構成要素の一つでもある．

「定めて知る，真如宮の裏(うち)三明の月更に朗らかに，菩提樹の下七覚の華弥(いよいよ)鮮やかなり」〔本朝文粋 14〕

学地 がくじ [*s*: śaikṣabhūmi] 原語は，*悟りに至るためにまだ修学すべきことのある境地の意．*煩悩(ぼんのう)を*対治(たいじ)するために戒(かい)定(じょう)慧(え)の*三学を修学している者を〈*有学(うがく)〉といい，その修学の段階にある境地を〈学地〉という〔法華経譬喩品〕．〈有学地〉〔倶舎論 10〕とも．転じて，学問修行をするところ，場所をもいう．「阿難尊者，如来の親しき弟子なり．疎からず．学地に住して年久し」〔梁塵 96〕「そもそも北嶺は円宗一味の学地，南都は夏臈得度の戒定なり」〔平家 4. 山門牒状〕．→有学・無学．

隠し念仏 かくしねんぶつ 東北地方を中心に発展した，秘密的組織で運営される念仏集団．真言(しんごん)念仏の系統をうけ，また真宗的な表現形態もとる．徳川時代中期に京都の秘事者鍵屋五兵衛の系統を伝えるともいい，幕末から近代に至り栄えた．秘事法門(ひじぼうもん)と同じく，特定の指導者が信仰者を恍惚裡に入信させるもので，その集団は日常生活でも結束を固めた．狭義では*異安心(いあんじん)とは異質的であり，秘事法門との関係についても区別すべきとする説がだされている．→秘事法門．

覚者 かくしゃ [*s*: buddha] 目ざめたる者，悟れる人の意で，*仏陀をいう．後漢の牟子(ぼうし)*『理惑論』1に「仏の言たる，覚なり」，晋の孫綽『喩道論』に「仏とは梵語にして晋(中国)にては覚と訓ず」などとあり，buddha の漢訳に〈覚者〉を当てるのは「其の覚者なるか其の夢者なるかを識(し)らず」〔荘子大宗師〕に基づく．なお覚者の〈覚〉は，漢の許慎『説文解字』8下に〈悟る〉と〈発(さと)す〉の二義を挙げているが，隋の慧遠(えおん)*『大乗義章』20末もそれを承けて，「既に能(よ)く自ら覚(さと)り，復(ま)た能く他を覚(さと)す…故に名づけて仏と為す」と述べ，覚者に自覚者と覚他者の両義があることを指摘している．「覚者知者はたとひ諸仏なりとも，仏性は覚知覚了にあらざるなり」〔正法眼蔵仏性〕「此の法門修行の肝要，覚者の亀鏡なり」〔沙石集 4-1〕

学者 がくしゃ 仏教では特に，仏道を学ぶ者の意．〈*学生(がくしょう)〉〈学匠(がくしょう)〉〈学徒(がくと)〉などがほぼ同じ意味で用いられる．中国の古典では一般に学問する人の意で，『論語』憲問，『礼記』学記ほか多くの用例がある．「禅宗の学者の中に，本分の理を解了するを道をさとれりと思ふ人あり」〔夢中問答中〕

覚性 かくしょう 悟りの*本性(ほんしょう)，また*覚者(仏)の本性．さらに，仏となる可能性の意味でも用い，その場合(*仏性(ぶっしょう))は〈*如来蔵(にょらいぞう)〉と同義．〈仏性〉〈覚性〉は，原始仏教ではほとんど論じられなかったが，悟りの普遍性と衆生*済度(さいど)を説く大乗仏教に到って，衆生が〈仏性〉を具有するか否かが重大な問題となり，大般涅槃経(だいはつねはんぎょう)師子吼菩薩品は，「*一切衆生悉有仏性(いっさいしゅじょうしつうぶっしょう)」(一切の衆生は悉く仏性を有す)と宣説し，また大方等如来蔵経も，衆生が如来蔵を具有することを説いた．このように衆生が悟りの本質を潜在的に具備し，本来的に仏であることを〈本覚(ほんがく)〉というが，*『大乗起信論』では，想念を絶離した心の本体を〈本覚〉と名づけ，*発心(ほっしん)修行を通じてこれを顕現させることを〈始覚(しかく)〉と呼んで区別した．また*仁王般若経(にんのうはんにゃきょう)巻上では，衆生の清浄(しょうじょう)なる*自性(じしょう)を〈本覚性〉と名づけている．→本覚．

覚盛 かくじょう　1194(建久5)-1249(建長1)　字は学律房，後に窮情房と名乗る．鎌倉時代の律僧．*唐招提寺(とうしょうだいじ)中興開山．1212年(建暦2)，*貞慶(じょうけい)が戒律研究所として建てた*興福寺(こうふくじ)常喜院に，最年少の20歳で入り，*戒律を学ぶ．1236年(嘉禎2)9月，同じ常喜院の円晴・有厳，西大寺(さいだいじ)の*叡尊(えいそん)とともに東大寺法華堂で，自誓受戒(じせいじゅかい)を行なって菩薩比丘(ぼさつびく)(自己の悟りのみならず他者の救済をも目指す*比丘)となったと主張．当時は，東大寺戒壇での*授戒制度が形式化しつつも機能していたこともあり，自誓受戒によって比丘性が獲得できるのか否かを巡って批判が起こる．それに対して，『菩薩戒通授遣疑抄』などを著して反論を展開するなど，*戒律復興活動の理論的な面においても大きな役割を果たした．1244年(寛元2)2月に唐招提寺に入り，西大寺と並ぶ戒律復興の拠点とした．

学生 がくしょう　〈学匠(がくしょう)〉〈*学侶(がくりょ)〉ともいう．仏道を学習する僧．元来，儒教などを学ぶ者を指し，大学寮の学生を意味したが，後に大寺で学ぶ僧をもいうようになった．最澄(さいちょう)は*『山家(さんげ)学生式』を制定し，天台宗で得度・受戒した僧を学生として12年間*比叡山に住せしめ，学問・修行させる制度を設けようとし，没後に許可された．また，遣唐使に同行して往復する学問僧を*還学生(げんがくしょう)(特に専門を限って学ぶ者を請益生(しょうやくしょう))，長く唐に留まって学問する僧を*留学生(るがくしょう)とよんだ．他に，金剛業学生・胎蔵業学生・声明業学生などとも用いられた．なお，「高麗の学生道登は元興寺の沙門なり」〔霊異記上12〕のように，学問にすぐれた僧，学僧の意に用いられた例も多い．

「是の時に，唐の国に遣はす学生(ふむやわらは)…并(あは)せて八人なり」〔書紀推古16.9〕「天台円宗両業の学生，所伝の宗に順(したが)ひ，円教の戒を授け，菩薩僧と称して菩薩の行を勧め」〔上顕戒論表〕

覚信尼 かくしんに　1224(元仁1)-83(弘安6)?　*親鸞と*恵信尼(えしんに)との間に生れた末娘．京都で日野広綱と結婚し，覚恵(かくえ)ら2子をもうけたが，夫と死別．後に小野宮禅念と再婚して唯善(ゆいぜん)を生む．禅念の私有地(京都東山大谷)に親鸞の廟堂を創立し，禅念からその敷地を譲り受け，廟地を門徒の共有として寄進した．ただ廟堂を預かって給仕する者は自分の子孫から出させてほしい，それは門徒の「御心にかな」った者であること，とした．この廟堂が*本願寺のおこりである．

『覚禅抄』 かくぜんしょう　『覚禅鈔』とも書き，『百巻抄(鈔)』ともいう．平安末期から鎌倉初期に金胎房覚禅(1143-?)が撰した*図像集．原本は伝わらず，勧修寺(かじゅうじ)本などの諸本の巻数は差異が著しい．興然(こうぜん)(1121-1203)の弟子覚禅は勧修寺・高野山などで同書を撰述．*東密(とうみつ)の*事相，特に別尊法を集成し，諸仏・仏頂・諸経・観音・文殊・菩薩・明王・天等・雑の9部に分類．各節に関係*経軌(きょうき)，尊像の由来，形像，*印相(いんぞう)，図像を収録するほか，先行の*『図像抄』(平安後期)，*『別尊雑記』に未載の異図や新図を含むなど東密図像集の決定版．→『阿娑縛抄(あさばしょう)』．

学頭 がくとう　わが国の各宗派・諸大寺において教学・教育などの学事を統轄する僧の役職名．すでに鎌倉時代初期頃には，*延暦寺(えんりゃくじ)・*園城寺(おんじょうじ)などをはじめ各地の諸大寺に置かれたようである．なお，学頭の職名は平安時代の文献にも散見し，それによると，*別当・*三綱(さんごう)の下に置かれた大寺の役僧で，一山の学務や記録・故実などを管掌したものらしい．「ここに六宗の学頭の僧等，集ひ会して怪しび，女人に問ひて曰く」〔霊異記中28〕「法師になさんとて，比叡の山の学頭西塔桜本の僧正のもとに申されけるは」〔義経記3.弁慶生まる〕

学道 がくどう　道を学ぶ，すなわち仏の道を学び修めること．無量寿経上に「世の非常を悟り，山に入りて道を学ぶ」，『臨済録』に「真に道を学ぶの人は并(なら)びに仏を取らず」などとあり，わが国の高野山で毎夏8月に行われる真言密教の論講の式典も〈勧学院学道〉と呼ばれている．また道元には*『学道用心集』という著書がある．ただし〈学道〉の語は

「君子，道を学べば則ち人を愛す」〔論語陽貨〕に基づき，道教経典『真誥』稽神枢にも「増城の山中に入りて道を学ぶ」「道を学んで仙を得たり」などとあり，〈*道教〉の語が古くは儒・仏・道三教のそれぞれを呼ぶ言葉として用いられたのと同じく，〈学道〉も三教に共通して用いられ，そこからまたさらに広く，茶道・書道・武道などの技芸に関しても用いられる．「願はくは我が出家・学道を聴し給へ」〔今昔 1-4〕「我学道する様は，諸仏菩薩はいかが仏道をば修行し給ひけんとのみ，守り居たれば」〔明恵遺訓〕

『学道用心集』 がくどうようじんしゅう　*道元著．『永平初祖学道用心集』の略称．1巻．*学道の用心を初学者向きに説いたもの．入宋帰朝して間もない深草*興聖寺時代の撰述で，道元の至純な学道観が簡潔の中に懇切に説示されている．1)*菩提心をおこすべきこと，2)*正法を見聞しては必ず修習すべきこと，3)仏道は必ず*行によって証入すべきこと，4)*有所得心をもって仏道を修すべからざること，5)参禅学道は正師を求むべきこと，など10カ条から成り，道元の仏法の基底が知られる．

覚如 かくにょ　1270(文永7) 1351(観応2)　真宗の僧．諱は宗昭．*親鸞の曾孫，*本願寺3世．親鸞を顕彰する『報恩講式』や『親鸞伝絵』を作り，一方，三代伝持の血脈を強調するため*『口伝鈔』や『改邪鈔』を著し，*仏光寺系教団を批判するなど，*本願寺中心の実現を目指した．「信のうへの称名」を唱え，*信を往生決定の正因とし，信後の*称名を仏恩報謝の行とする〈信心正因称名報恩〉の教義を確立．これが今日の本願寺教学の基本となっている．親鸞の『顕浄土教行証文類』を*『教行信証』と呼んだのも覚如からであろう．

学人 がくにん　*『臨済録』示衆に「学人に向って道う，仏は是れ究竟なり，と」などとあり，仏道を学び修行する人．*禅林では禅の修行者をいい，自称にもしばしば使用する．「学人，初心の時，道心有りても無くても，経論・聖教等よくよく見るべく学ぶべし」〔随聞記 5〕

廓然無聖 かくねんむしょう　〈廓然〉は，からりとして際限のないこと．〈無聖〉は，仏法の真実からみれば凡とか聖とかの区分はない意．禅宗の開祖の*菩提達摩が梁の*武帝から聖諦第一義(究極の真理)とは何かを問われて，このように答えたといわれる．*『祖堂集』に見え，さらに禅林第一の書とされる*『碧巌録』第1則で取り上げられ，禅問答や*公案の代表的な言葉となった．

覚鑁 かくばん　1095(嘉保2)–1143(康治2)　*新義真言宗開祖．号を正覚房，*諡号を興教大師，また鑁上人・密厳尊者とも呼ばれる．肥前国(佐賀県)の出身．伊佐氏．13歳で仁和寺*寛助の室に投じ，寛助・定覚より密教を学ぶ．翌年，南都興福寺で慧暁より倶舎・唯識を，東大寺覚樹院で華厳，同寺東南院で三論を学んだ．16歳で得度し，十八契印・両部大法・護摩秘軌などを精勤した．20歳，東大寺*戒壇で*具足戒を受け，その年，*高野山に登り，阿波上人青蓮に迎えられ，ついで最禅院明寂に師事して虚空蔵*求聞持法を合計9回*修法．その間，仁和寺成就院道場で寛助から両部*灌頂を受け，また醍醐理性坊賢覚(1080–1156)から五部灌頂を受けた．これら灌頂や求聞持法の*結願には奇瑞が現れ*悉地を得たという．

鳥羽上皇(1103–56)の帰依を得て，〈大伝法院〉を建立し，密教教義の教育研鑽の儀式である伝法大会を復興した．*東密・*台密の*事相を総合して伝法院流を開いた．また平安末期の浄土思想を密教的に裏づけた*密厳浄土思想や真言念仏，一密成仏思想を表明．40歳の時，金剛峯寺(高野山)座主となったが，翌年，座主職をめぐる争いを厭うて密厳院に籠り，千日無言行を修した．荘園をめぐる金剛峯寺方との争いを避けて46歳の時，高野山から*根来寺に移り，49歳，根来寺で入滅．著書に*『五輪九字明秘密釈』があり，詳伝に『伝法院本願覚鑁上人縁起』がある．

覚猷 かくゆう　1053(天喜1)–1140(保延6)　*天台宗の僧で画事にも詳しい．大納言源隆国(1004–77)の子．園城寺覚円(1031–98)の弟子．鳥羽上皇(1103–56)の厚遇を得て鳥羽離宮内の証金剛院に住し〈鳥羽僧正〉と呼ばれた．*法成寺座主，

*園城寺長吏などを経て大僧正に任ぜられ，85歳のとき天台座主に補せられた．画技に長じ，生涯のかなりの期間，密教図像類の蒐集と筆写に携わったらしい．*高山寺(こうざんじ)の『鳥獣人物戯画』の作者に擬せられるが確証はない．後世，戯画のことを覚猷にちなんで〈鳥羽絵〉と呼ぶことがある．なお話題性にも富む人物で，その洒脱飄逸な言行と戯絵(ざれえ)の才を伝える話は，*『宇治拾遺物語』や『古今著聞集』などをにぎわしている．

学侶 がくりょ　奈良・高野山・比叡山などの大寺で，僧侶のうち，修学を専門にする僧の称．薬師寺に学侶と堂方，法隆寺に学侶方と堂方があり，高野山大伝法院では*覚鑁(かくばん)が12世紀前半に学侶と*堂衆をわけた．のち高野の堂衆は*行人(ぎょうにん)と称し，学侶と対立するようになる．高野山では，これに聖方(ひじりかた)(*高野聖)を加え，高野三方(こうやさんかた)といわれる．比叡山でも同じ頃，上方・中方・下僧と三階層ができ，上方が学生・学匠・学侶と呼ばれ，中方が堂衆であった．「鎮守八幡大菩薩の宝前において，一百人の学侶を択び，三十座の講筵を披(ひら)き」〔後白河院庁公文所問注記案 養和1.8.18〕「この時顕密のあるじを失って，数輩の学侶，蛍雪のつとめおこたらむ事心うかるべし」〔平家2.一行阿闍梨〕．→高野三方．

学侶方 がくりょがた　⇒高野三方(こうやさんかた)

鶴林 かくりん　⇒鶴の林(つるのはやし)

学林 がくりん　学問の盛んな所，学徒の大勢集まる所の意から，学府・学校の称．特に江戸時代，幕府の教学研究奨励の政策により，仏教各宗派にその宗の教学の研究・教授機関が設置されたが，天台宗・浄土宗・日蓮宗・曹洞宗などは〈*檀林(だんりん)〉，真宗大谷派などは〈学寮〉と称し，本願寺派は〈学林〉と称した．「これもはらにその人を責むるにあらず，一向に学林に進ましむるなり」〔菅家遺誡〕「今一人は関東の学寮に十四才より師の坊の前をはしり出て，托鉢に飯料を求めて七年の勤学」〔浮・懐硯4〕．→勧学院．

鶴林寺 かくりんじ　兵庫県加古川市加古川町にある天台宗の寺．刀田山(とださん)と号し，俗称を〈刀田太子堂〉という．587年(用明2)，*聖徳太子が秦河勝(はたのかわかつ)に命じて創建したと伝える．852年(仁寿2)*円仁(えんにん)が*伽藍(がらん)を整備して法相宗(ほっそうしゅう)から天台宗に改宗，のち鳥羽天皇(1103–56)の*勅願寺(ちょくがんじ)となり，〈鶴林寺〉の寺号を賜ったという．現存する最古の堂である太子堂は1112年(天永3)*法華三昧堂(ほっけざんまいどう)として建立されたもので，のち鎌倉時代に*太子信仰が盛んになってから，太子創建の寺伝が生まれると共に，この堂も太子御影を安置する太子堂に改造された．近年，赤外線写真により，来迎壁(らいごうへき)の表面に九品阿弥陀(くほんあみだ)来迎図，裏面に釈迦涅槃図(しゃかねはんず)が描かれていることがわかり，12世紀の数少ない絵画遺品として注目を浴びた．このほか，*折衷様(せっちゅうよう)の代表作といえる本堂(1397)，常行堂(じょうぎょうどう)(鎌倉初期)などの遺構や，銅造聖観音(しょうかんのん)像(飛鳥時代後期)以下の彫刻，聖徳太子絵伝(室町時代)以下の絵画など多数の文化財を蔵する．

駆込寺 かけこみでら　⇒縁切寺(えんきりでら)

火血刀 かけつとう　〈火塗(かず)〉〈血塗(けちず)〉〈刀塗(とうず)〉の三塗(*三途(さんず))をいい，順に*地獄・*畜生・*餓鬼(がき)にあてはめられる．これらは迷いの衆生が堕ちる苦しみに満ちた三つの生存領域で，〈三悪道〉〈*三悪趣〉とも呼ばれる．地獄は火に苦しめられ，畜生は互いに食い殺しあって血を流し，餓鬼は刀に責められることから，上のような対応が考えられた．なお〈塗(途)〉は，〈道〉〈趣〉などと同じくサンスクリット語のガティ(gati)の漢訳語である．「この生に名誉を揚げず空手にして過ぐすは，後世(ごせ)に火血刀の路を歩むべし」〔法華験記 上23〕

懸仏 かけぼとけ　銅や鉄，木製の円板形の中央に半肉の仏像・*神像を取り付け，上方の左右2カ所に獅嚙(しがみ)座付きの鐶(かん)を設け，神殿や仏殿の随所に吊り下げたもの．〈*御正体(みしょうたい)〉ともいう．その起こりは，神の憑代(よりしろ)である鏡面に仏像が現れるという，後に*本地垂迹(ほんじすいじゃく)思想に発展する*神仏習合の風潮のなかで生まれ，はじめは鏡面に線刻(*鏡像(きょうぞう))，やがて半肉像となり，中世以降には丸彫像を取り付けるなどして徐々に大型化した．鎌倉時代から室町時代にかけて最も盛んに行われた．

我見 がけん　［s: ātma-dṛṣṭi］　自我(ātman)の存在を是認する誤った見解(*邪見)のこと．ときとして自我の所有(ātmīya)，わがものに執着する邪見(我所見(がしょけん))を含めていうこともある．自我（術語としては〈*我〉）はバラモン教（*婆羅門教）系統の諸聖典で古くから主張されていた個体の中の実体であるが，*ウパニシャッドでは，その個我が宇宙的我である〈*梵（ぼん）〉（brahman），すなわち絶対者と同一であることが主張された．ゴータマ-ブッダ（釈尊）と同時代の非バラモン系統の思想家（いわゆる*六師外道（ろくしげどう））の中にも，自我の存在を主張する者がいた．

自我は永続し，決して変化しない，単一の実体で，個人の中にある主体として，自（みずか）らを支配するもの（常・一・主・宰）であると，仏教では解釈し，ゴータマ-ブッダをはじめ，小乗・大乗のすべての学派が実体としての自我の存在を否定している（*無我）．*大乗仏教では個人の主体としての我を否定した（人無我）だけでなく，あらゆる存在の実体性をも〈我〉と呼んで，これを否定した（法無我）．瑜伽行（ゆがぎょう）唯識学派では自我意識（*末那識（まなしき）manas，染汚意（ぜんまい）kliṣṭa-manas）がアーラヤ識（*阿頼耶識（あらやしき），ālaya-vijñāna）を対象として執着する誤りから我見が生ずるという．アーラヤ識はわれわれの潜在的な根本識であるが，不変不滅の実体としての我ではないからである．→人我見・法我見．

「一切衆生は皆我見を起す．我見を根本として貪瞋癡（とんじんち）の三毒を起すなり．三毒を起すを衆生と名づく」〔漢光類聚〕

可見有対色 かけんうたいしき　あらゆる物質的存在を意味する*色法（しきほう）に，眼（げん）・耳になどの5種の感覚器官（*五根（ごこん））と，*色・声（しょう）などの5種の対象（*五境（ごきょう））と，*無表色（むひょうしき）とがあるうち，〈色境〉のことをいう．眼で見ることができ，*極微（ごくみ）（原子）よりなっていて，障害となるもの．〈対〉とは妨げの意で，場所を占有して物質的に妨げとなること．また〈有見有対色〉ともいい，声などの四境を〈不可見有対色〉，無表色を〈不可見不対色〉というのと対になる．

華原磬 かげんけい　*興福寺に伝わる銅造*梵音（ぼんおん）具（仏教儀式用の楽器）の通称．名称の由来は不明．734年（天平6）創建の西金堂内に置かれていたもので，*金鼓（こんく）と呼ばれ，これを打つ3尺の婆羅門（ばらもん）立像とセットになっていた．獅子（しし）の上に六角柱を立て，これに尾を巻き絡める竜4匹が，胴のつくる円形空間に金鼓を抱えて虚空に立ち上るもので，それぞれに口中に玉を含んでいた痕跡がある．鎌倉時代の補作とみられる金鼓を除いて唐（618–907）からの渡来品ないし奈良時代の製作とする説が従来行われていたが，獅子と竜の面貌など細部の作風の相違に注目して，獅子を西金堂創建時のものとし，竜・金鼓を鎌倉初期の補作とする，有力な新説がある．総高96.0センチメートル．

加護 かご　漢語の意味は，気をつけて保護すること，大切にいたわること（梁の陸倕（りくすい）（470–526）の「以詩代書別後寄贈」と題する詩など）．漢訳仏典では，神仏が力を加えて助け護る意で，八十華厳経27「諸仏の加護」や金光明最勝王経8「諸天の加護」などの用例が見える．なお，加護すること，神仏の力が衆生（しゅじょう）に加わることを〈*加被（かび）〉という〔楞厳経6〕．「三宝の加護にあらずは，誰か此の難を助けむ」〔今昔12-16〕

過去現在因果経 かこげんざいいんがきょう　釈迦如来の伝記を書いた経典．4巻．劉宋の*求那跋陀羅（ぐなばっだら）訳．その内容は釈迦如来の本生（*ジャータカ）である善慧仙人の求道から説き出し，*兜率天（とそつてん）から*下生（げしょう）して誕生，幼時勉学，納妃，*四門出遊，*出家，*苦行，*降魔（ごうま），*成道（じょうどう），*初転法輪（しょてんぽうりん），諸弟子の*化度（けど），そして*摩訶迦葉（まかかしょう）出家にいたる．過去に植えた因が現在の果となって成就すると述べるところから，この名称が起こった．*仏伝（ぶつでん）中，最も知られており，この経に絵を挿入した『絵因果経（えいんがきょう）』は有名である．また日本文学，特に仏伝関係の叙述に与えた影響も大きく，*『今昔物語集』巻1巻初に展開する仏伝説話は本経に基づいている．→『絵因果経』．

過去七仏 かこしちぶつ　略して〈七仏〉ともいう．ゴータマ-ブッダすなわち*釈迦牟尼仏（しゃかむにぶつ）（Śākyamuni）と，かれ以前に現れたとされる6人の*仏たちを併せていう．6人とは，順に〈毘婆尸仏（びばしぶつ）〉（Vipaśyin），〈尸棄仏（しきぶつ）〉（Śikhin），〈毘舎浮仏（びしゃふぶつ）〉（Viśvabhū），〈拘留孫仏（くるそんぶつ）〉（Krakucchanda），〈拘那含牟尼仏（くなごんむにぶつ）〉（Kanakamuni），〈迦葉仏（かしょうぶつ）〉（Kāśyapa）のこと．教え（*法，*ダルマ）は普遍的なものであり，釈尊以前のはるか遠い昔から，これらの諸仏によって順次説き継がれて来たものであるという．彼等が出現した時期は，古代インドの*劫(こう)の*時間論によって大別され，六仏のうち最初の三仏は，計り知れない遠い昔(過去荘厳劫(かこしょうごんこう))に，また残りの三仏は釈迦と同じ時代(現在賢劫(げんざいけんごう))に現れたとされる．

この過去仏信仰は，インドの他の宗教にも類似したものを見ることができるが，仏教では，後に*弥勒菩薩(みろくぼさつ)の出現を待つ*未来仏信仰を生む素地ともなった．なお，過去七仏が共通に伝えたという戒めの詩句，すなわち〈七仏通戒偈(しちぶつつうかいげ)〉なるものが古くから存し，なかでも「諸悪莫作(しょあくまくさ)，衆善奉行(しゅぜんぶぎょう)，自浄其意(じじょうごい)，是諸仏教(ぜしょぶつきょう)」(もろもろの悪をなすことなく，もろもろの善を行い，みずからの心を浄めること，これが諸仏の教えである)の一偈はとくに有名で，今日でも広く誦唱されている．→七仏通戒偈．

「百人の僧を請じて，過去七仏の法より般若波羅蜜を講読せしかば」〔曾我 7.斑足王〕

過去帳 かこちょう　〈霊簿(りょうぼ)〉〈点鬼簿(てんきぼ)〉〈*鬼籍簿(きせきぼ)〉ともいう．死者の*戒名(かいみょう)・没年月日・年齢などを記録する帳簿．*俗名や続柄・出身・略歴を記すこともある．寺院には*檀家(だんか)全員の過去帳があり，本尊とともに最も大切にされる．鎌倉時代から作られるようになったと推定され，檀家制度の確立した江戸時代以後，常備されている．家庭でも，直系の先祖を記帳した過去帳を作って*仏壇(ぶつだん)に置く．過去帳には死亡順に書く年表式と，年月に関係なく31日間に配当してまとめる日めくり過去帳とがある．「過去帳を守り，かの忌日の役ごとに，一時念仏三昧を勤行したてまつるべし」〔吾妻鏡 弘長 3.3.17〕「今日の軍(いくさ)に討ち死にせんと思ひて，過去帳に入りたりし連署の兵百四十三人」〔太平記 26.四条縄手〕

葛西念仏 かさいねんぶつ　*踊(おど)り念仏の一種で，武蔵国(東京都)葛西村の農民が鉦(かね)・太鼓・笛に合わせて念仏を唱和し，江戸市中を狂い踊って巡行したことから有名となった．狂い法師泡斎(ほうさい)の踊りに似ているので〈泡斎念仏〉とも，また〈葛西踊り〉とも呼ばれる．この鳴り物が歌舞伎に取り入れられ，農家・土手場・寺など淋しい場面の立ち回りに奏する下座囃子(げざばやし)の型ともなった．その起源や沿革は明らかでないが，*六斎念仏や踊躍(ゆやく)念仏(*空也(くうや)念仏)の坂東への伝播によるものであろう．

笠置寺 かさぎでら　京都府相楽郡笠置町の笠置山頂にある．真言宗智山派の寺．山号は鹿鷺山(ろくろさん)．『今昔物語集』によると，天智天皇の皇子大友皇子がこの山で狩りをして道に迷った時，山神の加護で難を免れたので，その場所に笠を置き，弥勒(みろく)石仏を本尊として一寺を創建したという．また縁起は，草創を682年(天武11)とする．平安時代には*弥勒信仰に基づく*修験道の霊場とされ，また貴賤の笠置詣でが盛んであった．鎌倉時代に入り，遁世した*貞慶(じょうけい)がこの寺に住してからはいっそう弥勒信仰の道場としての性格が強まった．元弘の乱(1331)で後醍醐天皇(1288–1339)がこの寺に遷幸し行在所を置いたことから，南北両軍の戦場となり，多くの堂舎が焼亡した．本尊弥勒石仏が，現状のようにほとんど古い面影を留めなくなったのもこの戦乱が原因である．1381年(永徳1)に本堂が再建されたが，のち再び焼失し，現在の本堂以下の主な建物は1469–87年(文明年間)の造営とされる．

加持 かじ ［*s*: adhiṣṭhāna］　もともと原語は，上に立つ，あるいは住処などの意味であるが，仏教では*加被(かび)・*加護の意味に用いられる．空海は*『即身成仏義』において，加持を2字に分解して，*仏と*行者(ぎょうじゃ)の*瑜伽(ゆが)の関係でそれを理解する．すなわち，仏から*衆生(しゅじょう)に対する働きかけを〈加〉といい，行者が仏からの働きかけを受けとめ持することを〈持〉と名づける．手に印契(いんげい)(*印相(いんぞう))を結び，口に*真言(しんごん)を唱え，心を三摩地(さんまじ)(*三昧(さんまい))に住する*三密(さんみつ)の瑜伽行によって行者と仏が一体となると，仏の超自然的な力が現実世界に加えられるため，不可思議な*悉地(しっじ)があらわれる．それを〈三密加持〉という．この加持の力をいい，身体の5カ所に及ぼすことを〈五処加持〉といい，同じく供物(くもつ)・念珠(ねんじゅ)・香水(こうずい)などを浄化することを〈供物加持〉〈念珠加持〉〈香水加持〉などという．

さらにのちには*祈禱(きとう)を加持と同一視する考えが一般化し，〈加持祈禱〉と併称される場合も多い．死者の罪を消し，硬直した身体を柔軟にするための土砂を*光明真言を唱えつつ加持する〈*土砂加持〉とか，病気平癒のための〈病人加持〉，安産を祈る〈帯加持〉などが広く一般に行われている．

「御修法にさぶらふなかに，験かしこきを召して，御加持参りなどし給ふ」〔夜の寝覚1〕

加持身 かじしん　真言密教の*仏身観の一端で，本地身に対す．*法身である*大日如来が衆生に説法するという主張は密教独自のものであるが，法身の説法も，真言宗の中で，真理そのものが直接説法するという古義真言宗と，*行者の*観法の中で，仏の*加持の力によってあらわれた加持身が説法するとみる*新義真言宗の両説に分かれ，はげしい論争が行われた．加持身説の主張者としては13世紀終わり頃，根来寺の*頼瑜が有名で，ほぼ1世紀おくれて，聖憲(1307–1392)が大成したとされる．→本地身．

カシミール [*s*: Kaśmīra]　インド亜大陸北西部，カラコルム-ヒマラヤの西南に位置し，比較的狭い南北にのびた盆地．東はチベット，北はカラコルムからタリム盆地南縁，南はパンジャーブ，西はインダスから往昔の*ガンダーラに通じるが，山岳内の盆地という地理上，文化には独自の気風が強い．

仏教の伝承によると，ガンダーラの*カニシカ王下に第四*結集が行われ，引き続き仏教の別天地のごとく認識されているが，広く仏典全般にみえる〈罽賓〉をカシミールにあてるからである．しかし，訳経上，罽賓をカシミールに対応する訳語として音韻上固定していた事実以外，中国,南北朝(439–589)には多くガンダーラを指し，隋代(581–619)にはカシミールを指し，唐の*玄奘以後は〈カシミール〉を〈迦湿弥羅〉などと音写するに至った．この事実は最古の仏寺跡ハールワーンが6世紀に遡るにとどまり，以前の仏寺皆無の状況に合致する．6世紀後半カシミールは低地パンジャーブ西部に覇権を及ぼし，以後8世紀に最も繁栄した．現存の仏寺・ヒンドゥー寺は多数あるが，ほぼこの時期に集中し，巨石を構造材とする壮大な寺院建築が特色であり，仏寺の好例はシュリーナガル北西のパリハーサプラ，ヒンドゥー寺のそれは南方のマールタンド，アヴァンティプルにみられる．

呵責 かしゃく　〈呵嘖〉〈訶責〉とも書く．「呵」「訶」は大声でしかること．漢語としての〈呵責〉は，厳しく責めるの意．*律蔵の中では*学処が制定される由縁を説く経分別の箇所で，*非法を犯した*比丘を釈尊が呵責するとして，この語が多用される．*『四分律行事鈔』僧綱大綱篇第7によれば，比丘を罰する7種の法(呵責・擯出・依止・遮不至白衣家・不見罪・不懺罪・説欲不障道)の一つとされ，その意味は，まずその過ちを出し，後に正しく治するを明かすことと説明される．*『四分律』巻44呵責犍度によれば，*僧伽の中に争い事を起こさせた比丘を釈尊が呵責する例が見られる．この場合には呵責*羯磨なるものが白四羯磨形式で規定されている．呵責羯磨を受けた者は，他人に大戒を与えてはいけない，人の依止を受けてはいけない，*沙弥を畜えてはいけない，など35項目の権利を停止され，またその停止を解くにも白四羯磨による手続きが必要とされた．「大師小事に依りて呵嘖を加へ，勘当しけり」〔法華験記上11〕

掛錫 かしゃく　〈挂錫〉〈駐錫〉ともいう．遍参遊行する修行者が，携えて歩く*錫杖(*拄杖)を掛けること．*行脚修行を止めて，寺に止まり，他の修行者と起居を共にして止住することをいう．〈掛搭〉も同義で，衣鉢袋を僧堂の単位(座席)の鉤に掛ける．*『祖庭事苑』8には「西域の比丘は，行くとき必ず錫を持し，二十五の威儀有り．凡そ室中に至れば，地に著くことを得ず，必ず壁牙上に挂く．今の僧の止住する所の処なり．故に挂錫と云う」と記されている．「四海五湖の雲衲霞袂(修行僧)，この会に掛錫するをねがふところとせり」〔正法眼蔵行持上〕

我執 がしゅう [*s*: ātma-grāha]　意識ある生きもの(*有情・*衆生)の主体として，恒常・不変の自我(人我，ātman)が実在すると考えて執着すること．すべての存在に実体(法我)があると考える〈法執〉(dharma-grāha)と対をなす．この二つは〈人我見・法我見〉と同じ．我執には，人に生れつきそなわっている(倶生)ものと，後天的に教えこまれたり，考え出したりしたもの(*分別)によるものと2種ある．8種の認識(*八識)を数える唯識思想では，前者は第7の*末那識(manas, mano nāma vijñānam)に，後者は第6の*意識(mano-vijñāna)に属する，とされる．また，自己意識と所有意識をあらわす ahaṃkāra と mamakāra が対となって，それぞれ〈我執〉〈我所執〉と訳されることもある．「我執・法執の上に居して法門を談ずるを，無眼の知識とは申すなり」〔夢中問答下〕．→人我見・法我見，我見．

勧修寺 かじゅうじ　京都市山科区勧修寺仁王堂町にある真言宗山階派大本山．〈かんしゅうじ〉〈かんじゅじ〉とも読む．亀甲山と号し〈山科門跡〉ともいう．900年(昌泰3)醍醐天皇(885-930)の生母藤原胤子(?-896)の*本願により宮道弥益の邸宅を改めて*伽藍とし，承俊(?-905)を*開山に創められた．905年(延喜5)*定額寺となり，*年分度者による真言・三論両宗の研鑽の寺となった．918年(延喜18)第1世*長吏に済高(870-942)が補任されて以来，寺運盛衰を繰り返しつつ格式ある寺院として四十数世を数える．真言*事相で重きをなす〈勧修寺流〉は7世の寛信(1084-1153)によって始められ教学面でも隆盛であった．そのご豊臣秀吉の換地要求の拒否事件で領地の没収もあり，堂舎は昔日の規模をはなはだしく縮小しているが，庭園は平安朝時代の林泉のたたずまいをみせる．仁王経良賁疏三帖，蒔絵経筥は重文に指定．旧蔵の繡帳釈迦説法図は国に移管され奈良国立博物館にある．

【本寺をめぐる縁起物語】本寺の本願胤子の両親，藤原高藤と宮道弥益娘とのラブ-ロマンスを説く本寺の縁起物語は，『今昔物語集』22-7，『勧修寺縁起』以下諸書に取り上げられ，中世には絵巻物ともなって賞翫された．現存する詞書だけの『高藤卿絵詞』などはその名ごりである．この縁起物語は平安中期以降一貫して人気があったようで，『宇津保物語』俊蔭に見える若小君(兼雅)と俊蔭娘の恋愛譚や，『枕草子』や『源氏物語』に引かれて著名な散佚物語『交野の少将』などは，これに取材したものと推定されている．

カシュガル [Kashgar]　中国，新疆ウイグル自治区喀什(カシュガル)を中心とする地方．北は天山北麓，西はフェルガーナやソグド，東は*亀茲方面，南はターシュクルガーンを経てインドと接触する地理上の要衝にあり，天山やヒンドゥークシュの北麓の遊牧国家や中国(唐・清)と深くかかわった．しかしチャガタイ-ハン国時代(13-14世紀)にはアルティシャフル(六城の地)を形成，ティムール朝(1370-1507)以後カシュガル-ハン国の中心となる．また仏教東漸では文献上要地とみえるが，仏寺跡は極めて少ない．

我所 がしょ [s: ātmīya]　我がもの，我に属するものの意．この「我がもの」とみなす*執着を棄てることが，我ならざるもの(非我)を我とみなす執着を棄てることとともに，仏教経典の最古層に見られる*無我説である．*『スッタニパータ』950-951は「名称と形態とについて我がものという思いが全く存在しない人，また[なにものかが]無いからといって愁えることのない人，かれは実に世にあって老いることがない．これは我がものである，これは他人のものであるというような思いが全く無い人，かれは，我がものという観念が存在しないから，我に無しといって愁えることがない」と説いている．

和尚 かしょう　⇒和尚

迦葉 かしょう　⇒摩訶迦葉，優楼頻螺迦葉，那提迦葉，伽耶迦葉，三迦葉，過去七仏

火定 かじょう　〈火光三昧〉〈火生三昧〉〈火界三昧〉ともいう．身体から火炎を生じる*三昧(*定)である．密教では，*不動明王が入るべき三昧(火生三昧)とされ，*智慧の火によって*煩悩を焼き尽くすことを象徴する．わが国では火中に身を投じて死ぬことを〈火定〉〈*焼身入定〉といい，仏道修行者の間で行われた．「思ひよりし事ありて，火定に入るべしとて，薪あまた積ませ」〔新著聞集7〕

加上説 かじょうせつ　江戸中期の比較思想学者*富永仲基が，その著書*『出定後語』で提示している思想史の発展に関する一般的法則．仲基は『出定後語』でそれを仏教史に適用した．たとえば，小乗仏教よりもおくれて成立した大乗仏教が，むしろ仏教教義の上では根本であるとして小乗仏教の上に加かれる，というようにして仏教が発達展開

していくという．この説は*大乗非仏説として論争をひき起した．仲基の他の著書『翁の文(おきなのふみ)』も〈加上〉の原則に基づいて論ぜられている．ちなみに〈加上〉の語は，『春秋』の注釈書『穀梁伝』僖公7年に「朝服は敝(やぶ)ると雖(いえど)も必ず上に加う」と見えている．「諸教の興起するの分(仏教のさまざまな教説の成立展開のありよう)は，皆本(もと)其の相(あい)加上するに出づ．其の相加上するにあらずんば則(すなわ)ち道法は何ぞ張らん」〔出定後語1〕

『春日権現験記絵』 かすがごんげんげんきえ　*春日明神に関する*霊験(れいげん)の数かずを集めて描いた絵巻．20巻，絹本着色．宮内庁蔵．付属の目録によると西園寺公衡(さいおんじきんひら)が願主となり，詞書(ことばがき)の起草者は覚円法印(かくえんほういん)，詞書筆者は鷹司基忠(たかつかさもとただ)とその子冬平(ふゆひら)・冬基(ふゆもと)・良信(りょうしん)僧正の父子4人，絵の筆者は絵所預(えどころあずかり)の高階隆兼(たかしなたかかね)で，1309年(延慶2)に春日社に奉納したことがわかる．当時の宮廷絵所の様式で描かれ，華麗な色彩と精緻な描写に特色がある．鎌倉絵巻の代表的な規準作品である．なお56条の霊験を集成した詞書は，それだけを切り離しても優に一編の霊験説話集たりうるもの．先行の縁起や霊験記類によったほか，『中外抄』*『撰集抄(せんじゅうしょう)』*『沙石集(しゃせきしゅう)』などに取材したものも多く，説話文学史的にも注目される．

春日版 かすがばん　平安時代末期から鎌倉時代にわたって，奈良*興福寺で出版された経・論・疏(しょ)をいう．〈春日〉は藤原氏の氏神(うじがみ)春日神社のことで，*春日明神の神恩に報いるため刊行奉納するなどの刊記のあるところから，〈春日版〉とよばれる．現存最古のものは，永久4年(1116)の墨書銘のある『成唯識論了義灯(じょうゆいしきろんりょうぎとう)』である．興福寺は*法相宗(ほっそうしゅう)の本寺であったから，同宗の根本書*『成唯識論』やその注釈書が多いが，15回にわたって開版された法華経もある．

春日曼荼羅 かすがまんだら　春日神社(奈良市春日野町)の信仰に基づき，春日神社の社地の景観や祭神，また神鹿などを描いた*垂迹(すいじゃく)画．文献上では平安末期に社景図が見られるが，*本地垂迹思想が浸透し，鎌倉末頃になって，垂迹曼荼羅が盛行するようになる．

種類は多く，1)御蓋山(みかさやま)を背景に，社域を鳥瞰(ちょうかん)的に描いた〈宮曼荼羅〉(東京国立博物館，鎌倉時代)．2)社景の上に大円*鏡像(きょうぞう)や小円鏡像を配する〈社寺曼荼羅〉(東京国立博物館，鎌倉時代)．〈鹿曼荼羅〉(MOA美術館，室町時代)もこの変形．3)垂迹*神像と*本地仏(ほんじぶつ)を並列的に集合した〈本迹曼荼羅〉(静嘉堂文庫，鎌倉時代)．4)本地仏のみを配列し，神域の景観を添えた〈本地仏曼荼羅〉(根津美術館，鎌倉時代)．5)春日の神域を*浄土とみなすことから，宮曼荼羅の上部に本地仏の浄土を描いた〈春日浄土曼荼羅〉(*長谷寺(はせでら)能満院，鎌倉時代)．以上のように大別され，数多く制作された．→垂迹美術，別尊曼荼羅．

春日明神 かすがみょうじん　〈春日権現(ごんげん)〉ともいう．春日神社(奈良市春日野町)の祭神．建御賀豆智命(たけみかずちのみこと)，伊波比主命(いわいぬしのみこと)，天児屋根命(あめのこやねのみこと)，比売神(ひめがみ)の4祭神を総称する．〈春日四所明神〉ともいう．建御賀豆智命は鹿島神宮(かしまじんぐう)(茨城県鹿嶋市)，伊波比主命は香取神宮(かとりじんぐう)(千葉県佐原市)，他の2神は藤原氏の祖神を祭神とする枚岡神社(ひらおかじんじゃ)(大阪府東大阪市)にまつられていた．これらの神は神託により鹿島・香取・枚岡の順で春日社に鎮祭され，768年(神護景雲2)四座揃って鎮座の典をあげるにいたった．ここに藤原氏の氏社としての春日神社が成立した．以後，藤原氏の隆盛とともに繁栄したが，*興福寺の発展と*神仏習合思想の展開にともない興福寺の守護神として位置づけられ，12世紀初頭ころには興福寺に支配されるにいたった．とくに，1135年(保延1)に創建された春日若宮では，祭祀の中心は僧侶が担っていた．中世において，*貞慶(じょうけい)・*明恵(みょうえ)らによっても信仰され，とくに明恵は春日明神の託宣によりインド行きを思いとどまったことは有名である．

カースト［caste］　ヒンドゥー社会を構成する閉鎖的な社会単位，ならびにそれによって構成される社会体系．casteの語は，家柄・血統を意味するポルトガル語のcastaに由来する．インド語ではjāti(ジャーティ，生れの意)といい，現在2千から3千のカーストがあるという．ヒンドゥー教徒の生活には浄・不浄やけがれの観念が大きく働いていて，各カーストには職業の選択や結婚，他のカーストとの階層的関係，交際のありかた，共同体の宗教行事への参加の仕方などに独自の規則と慣行がある．それを法(*ダルマ)というが，それぞれのダルマを守るところに個人の幸福と社会の秩序が保証される．同時に，カーストごとに異なる権利や義務，生き方は，すべてがヒンドゥーのダルマであるということで統合されるメカニズムもある．

古代インドの文献に示されている*四姓しせい(varṇa)制度とカースト(jāti)制度とは区別するほうが正しい．前者はバラモン(*婆羅門)の立場からの在るべき社会の理想像が中核にあり，後者は種族・部族・職業・地方などの種々の要因から派生した実質的社会集団である．しかし歴史的には両者は複雑に混淆融合し，ヒンドゥー社会と生活文化に決定的な影響を与え続けている．現代インドの憲法はカースト制度を認めていないが，現実には強く機能している．→ヒンドゥー教．

果頭無人 かずむにん　果は因の上にあるので〈果頭〉といい，仏果を指す．天台宗では，仏の教説を*三蔵教さんぞうきょう・*通教つうぎょう・*別教べっきょう・*円教えんぎょうの四教に分類し，それぞれに行位を立て，仏位を設けている．しかし円教以前の三教の修行者はある段階で円教の行位に収められてゆく．そのため円教以前の三教には実際上仏位を証する人がいない．これを〈果頭無人〉という．→五時八教．

跨節 かせつ　天台教学で用いる*教相判釈きょうそうはんじゃく上の用語．原意は〈節をまたぐ〉，すなわち，区切り・境界を越えるという意．*一代いちだい仏教のうち，*法華経ほけきょうを至高の経典とし，その*一乗いちじょう思想の立場から他の諸経の価値や存在意義を判定することを〈跨節〉といい，一方，それぞれの経典自体に範囲を限定して，その経典の教意を判定することを〈当分とうぶん〉といい，跨節に対する．→当分．

鹿杖 かせづえ　把手とってに桛かせを取り付けた杖．桛には*撞木しゅもくの形(丁字ちょうじ形)に横木をつけた．杖の上端が二股に分れたもの(またぶり杖)もある．同類のものに鹿の角を杖の上端につけた〈わさづの〉があり，桛木かせぎと鹿かせぎ(しかの古称)の音が通うことから〈鹿杖〉と表記するようになったものであろう．仏教では，念仏勧進聖かんじんひじりたちが携帯していた〈わさづの〉を，鹿杖と称した．京都*六波羅蜜寺ろくはらみつじに蔵する*空也くうや上人の像は，念仏勧進聖の形態をあざやかに遺す名品であるが，その右手には鹿杖が握られている．「老いて後入滅の時，鹿杖もて腰を息やすめて，毎夜よごとに闕かかず釈迦堂に詣で」〔法華験記中20〕

迦旃延 かせんねん　サンスクリット語 Kātyāyana(パーリ語 Kaccā(ya)na)に相当する音写．カーティヤーヤナ．〈摩訶迦旃延まかかせんねん〉(Mahākātyāyana, Mahakaccā(ya)na)とも．南インドの*婆羅門ばらもんの出身．アヴァンティ国の首都ウッジャイニーを中心に，その周辺の西方インドにも伝道活動をした．この地域は釈尊しゃくそんの教線の外であったので，釈尊も*舎利弗しゃりほつも*目連もくれんもいなくなったあとの教団のなかで中心となって教化に活躍した．彼は論義第一といわれた．釈尊の説法の説明役を果たし，その意味内容について広く解るように説明した．幾人かの王に*四姓しせい(婆羅門・*刹帝利せっていり・*吠舎べいしゃ・*首陀羅しゅだら)平等論を説いて歩いたといわれる．仏*十大弟子の一人．

火葬 かそう［*p*: jhāpita］〈*荼毘だび〉は jhāpita に相当する音写語．遺体処理の方法として，死体を火で焼くこと．英語の cremation にあたる．すでに青銅器時代からこの風習が世界各地にあったことが知られており，ヨーロッパでもキリスト教以前には，火葬はかなり普及していた．火葬が採用された理由としては，衛生上の理由のほかに，死霊が復活して生者に害を加えるのを防ぐ意味や，遊牧，戦争などの場合に，部族内の死者の遺体を容易に運搬できる可動性などがあったと考えられる．

【インド】しかし，古代から継続して火葬の風習が重んじられてきたのはインド文化圏である．その理由として，バラモン教，ついでヒンドゥー教では，死者の霊が煙とともに天界に登ることができると信じられていたからだ，と説明される場合が多い．仏典によると，インドには4種の葬法(火葬，水葬，土葬，風葬)があったが，*転輪聖王てんりんじょうおうなど尊貴な人の葬法は火葬によるべきものとされていた．釈尊の入滅にゅうめつ後，遺体を白布で巻いて荼毘に付したのも，このためである．ここから，釈尊に倣って火葬するのが仏教的な遺体処理法と考えられるようになった．インド古来の風習，釈尊火葬の前例以外に，火葬と仏教の間には，教理的必然性はあまりないといえる．このためか，中国やチベットの仏教徒の間では，火葬が一般化しなかった．中国の場合は，遺体損壊を忌む思想が強かったためでもあろう．

【日本】日本では，文武天皇4年(700)に元興寺の*道昭(どうしょう)を遺言に従って火葬したのが，火葬の嚆矢とされている．しかし，最近，古墳の発掘でそれより古い火葬骨蔵器が発見され，道昭以前にも民間では火葬が行われたことが明らかになった．とはいえ，道昭の火葬が火葬普及の端緒になったことは，はやくもその2年後，持統上皇が崩じ，天皇として初めて火葬されたことからもわかる．以後，江戸時代まで，二三の例外を除き，天皇の葬法としては，火葬が普通になった．道昭は入唐して*玄奘(げんじょう)・*基(き)について学び，帰国後，南寺伝法相宗(ほっそうしゅう)の祖となった人であるから，玄奘の場合をはじめ，中国では僧侶の火葬が盛んだったことを知っていて，自らの火葬を遺命したのであろう．

奈良時代以降火葬が一般化したといっても，実際火葬を行なったのは僧侶・貴族・官吏などであった．一般庶民に火葬が広まったのは，江戸時代中期以後で，特に法令などによる火葬の強制・奨励の結果，全国的に火葬が浸透したのは，明治以後，殊に第二次世界大戦後である．江戸時代には天皇火葬の廃止，国学者による神葬祭運動があったが，長い間の仏教の影響と，清浄潔白を尊ぶ日本人の心性によるものか，現在の日本人には，火葬に対する抵抗感・嫌悪感はほとんど見られない．

我想 がそう ［*s*: ātma-saṃjñā］〈我相〉とも書く．字義どおりには，自我という観念，われという観念であるが，教理的には実体としての自我があると思う*妄想(もうそう)のこと．*維摩経(ゆいまぎょう)文殊師利問疾品に，「又た，此の病の起こるは，皆な我に著するに由る．是の故にまさに我に於て著を生ずべからず．既に病の本を知れば，即ち我想と及び衆生想とを除き，まさに法想を起こすべし」とあるように，*執着(しゅうじゃく)の根本にある妄想の一つ．「真実の智恵なくて，執心偏執，我相憍慢ある者」〔沙石集 7-20〕．→我執．

伽陀 かだ　サンスクリット語 gāthā に相当する音写で，〈*偈(げ)〉〈頌(じゅ)〉〈諷頌(ふじゅ)〉などと訳される．原意は〈歌謡〉で，サンスクリット語のシラブル(音節)の数や長短などを要素とする韻文のこと．これに多くの種類があり，仏典に多く用いられるのは，16音節2行より成るシュローカ(śloka)，22-24音節2行より成るトリシュトゥブ(triṣṭubh)，音節を制限しないで8句2行より成るアーリヤー(āryā)などである．仏典の記述上の形式からすれば，前に散文の教説を説きおわってただちに韻文で記された教説を〈ガーター〉といい，散文の教説が説かれて次に重ねてその内容を韻文で説く場合のその全体の教説を〈ゲーヤ〉(geya，重頌(じゅうじゅ))という．いずれも*九分教(くぶんきょう)，*十二分教(じゅうにぶんきょう)の一つ．漢訳においては，5字または7字，4字など，字数を揃えて長行(散文)と区別するが，押韻はしない．

なお，〈訓伽陀〉を略して〈伽陀〉ということもある．訓伽陀は伽陀を訓読したもの，または日本語による伽陀の意で*和讃(わさん)と同類の4句形式の仏教歌謡．和讃から抄出されたもの，逆に和讃に取り上げられたもの，また今様(いまよう)の*法文歌(ほうもんか)に取り入れられたものもある．

「かくの如きの真言，かくの如きの伽陀は法体を此の身に示し，真理を此の心に表す」〔性霊集補闕抄 8〕「廻向の伽陀も終はりければ，吹き送る笛の声，弾じ終はる琴の音に，簾中も簾外も皆涙を流せば」〔盛衰記 32〕

『カターヴァットゥ』 ［*p*: *Kathāvatthu*］　アビダルマ(*阿毘達磨(あびだつま))七論書の第五として挙げられる論書．*ブッダゴーサの注釈書によれば，アショーカ王(*阿育王(あいくおう))による第三*結集(けつじゅう)時に，モッガリプッタ-ティッサ(Moggaliputta-Tissa)によって編纂されたと伝えるが，骨格をなす偈頌(げじゅ)(*偈)についてはブッダの所説であるとする．全23章の構成のもとに，正統派の説と異端の説とを対峙させて議論を展開し，自説の正当性を浮き彫りにするという手法をもつ．話題は仏教教理の問題全般にわたり，当時の仏教界に存在したさまざまな異説を知るためには，*『異部宗輪論(いぶしゅうりんろん)』とならんで貴重な資料である．成立は紀元前におくことが多いが，各異説がどの派に属するかについては，5世紀ブッダゴーサの注を待つしかない．パーリの史書は，アショーカ王時代に蔓延した異説を整理するために作成されたというが，議論がいわゆる北伝でいう大天(だいてん)の*五事に対応する内容吟味とその判断から始まっていること，*大衆部(だいしゅぶ)，正量部(しょうりょうぶ)などの異説が説かれていることから，部派分裂以後の作品であることは間違いない．

火宅 かたく　*法華七喩(ほっけしちゆ)のうち「譬喩品(ひゆほん)」に説かれる喩で，「三界は安きこと無く，猶(なお)火宅の如し」とある経文にもとづく．煩悩や苦しみに満ちた*三界(さんがい)を燃え盛る家に喩え，その家に遊び戯れている子供たちを*衆生(しゅじょう)に喩える．子供たち(一切衆生)の欲する羊・鹿・牛のひく三車(*三乗)が門外にあると誘い出して，父親である*仏陀(ぶっだ)は火宅からかれらを救い出し，*大白牛車(だいびゃくごしゃ)(一仏乗，*一乗)を平等に与える．火宅喩は〈三車一車の喩え〉ともいう．「火宅の八苦を覚らず，むしろ罪報の三途なることを信ぜんや」〔十住心論1〕「車ぞとこしらふれども火の家に惑ふ心はやまずぞありける」〔成尋母集〕．→三車・四車．

荷沢宗 かたくしゅう　河南省洛陽荷沢寺に住した荷沢神会(かたくじんね)を祖とする中国禅宗の一派．神会の法嗣(はっす)については，圭峰(けいほう)*宗密(しゅうみつ)の『円覚経略疏鈔』『禅門師資承襲図』に記載があり，『宋高僧伝』*『景徳伝灯録』などの記述と法号などに若干の相違が見られるものの，太行山の磁州法如(ほうにょ)(智如(ちにょ))，洛陽同徳寺の無名(むみょう)，荊州(湖北省)国昌寺の行覚(ぎょうかく)(恵覚(えかく))，沂州(山東省)宝真院の光瑶(こうよう)(光宝(こうぼう))，雲坦(うんたん)，道隠(どういん)らがあり，法孫には清涼*澄観(せいりょうちょうかん)，全証(ぜんしょう)，弁真(べんしん)らがある．

宗密は『禅門師資承襲図』に，荷沢神会―磁州智如―益州南印(なんいん)―遂州道円(どうえん)―宗密の法系を主張するが，これは自らの*教禅一致説に荷沢禅を取り込むための捏造であって，実際の法系は，浄衆寺(じょうしゅうじ)神会―益州南印―遂州道円―宗密であるのを，意図的に浄衆寺を排除するものとなっている．宗密に拠れば，荷沢宗の教説は，「知之一字，衆妙之門」(宗密*『禅源諸詮集都序(ぜんげんしょせんしゅうとじょ)』他――本来は清涼澄観『演義鈔』巻34に水南禅師の言葉として引かれる)に集約されるが，宗密の著作中にまとめられた荷沢宗の主張の内容は，上述の如く教禅一致説に資するべく変形されているので，注意が必要である．かかる宗密の荷沢宗宣揚の努力にもかかわらず，*南宗(なんしゅう)禅は青原行思(せいげんぎょうし)下，*南岳懐譲(なんがくえじょう)下を本流として伝えられ，荷沢宗は衰微してゆくこととなる．→神会．

刀加持 かたなかじ　武具に対する*加持の一つで，戦勝祈願のために〈武具加持〉〈弓箭加持〉〈馬加持〉などと並んで行われた．加持とは，仏・菩薩の加護の力と行者の持念の力とを同化させることであるが，通常は〈加持祈禱〉と併称されて超自然的な効能を期待する呪法の意に用いられる．刀加持の場合には，刀は不動明王の*降魔(ごうま)の利剣に見立てられ，修法者は印(→印相(いんぞう))を結び*真言(しんごん)を称えることによって不動明王の威力を刀に転移させる．

我他彼此 がたひし　我(自己)と他(外物)，彼(かれ)と此(これ)とが対立衝突して，闘争葛藤の絶えないこと．上田秋成(1734–1809)の『胆大小心録』に「我非彼是，彼是我非，我他彼此のたがひなり」とあり，郭象の『荘子注』斉物論に「我を内として物(他物)を外にす」，「此(これ)も亦(ま)た自ら是として彼を非とし，彼も亦た自ら是として此を非とす」とあるのに基づく．なお，立て付けの悪い家具・建具の出す雑音や，物事が円滑を欠くさまを形容する現代語の〈がたぴし〉も，本語に由来するとする説もある．同義の類語に〈自他彼此〉がある．「我他彼此の分別によりて，流転生死の凡夫たり」〔沙石集10本-5〕「広く真如法界を我と思ひて，自他彼此の差別を弁(わきま)へ」〔真如観〕

カダム派 ―は　[t: bKa' gdams pa]　*チベット仏教の一宗派．〈カダム〉は教えを選び取ったという意味．インドからチベットへ招かれた*アティシャの弟子ドムトゥン('Brom ston, 1005–64)が開いた密教道場を中心に，教団として発展した．外界の存在は心が作り出した幻であるという*唯識(ゆいしき)思想を認めた上で，*中観派(ちゅうがんは)の立場からその*無自性(むじしょう)を説くアティシャの思想に従いながら，密教もあわせて修めていたが，次第に*論理学の学習を重んじるようになる．とくにゴク-レクペー-シェーラブが建立し，甥のゴク-ローデン-シェーラブ(1059–1109)が発展させたサンプ僧院はその拠点となった．そこで活動したチャパ-チューキ-センゲ(Phya pa chos kyi seng ge, 1109–69)は独自の論理学の体系を確立し，中観自立論証派の思想を推進，*サキャ派，*ゲルク派にも大きな思想的影響を与えた．15世紀に〈新カダム派〉として起こったゲルク派に吸収される．

果断 かだん　*業の結果として*迷いの生存に束縛されている状態から*解脱すること．*縛に，*煩悩に束縛される〈子縛〉，迷いの生存という苦果に束縛される〈果縛〉の2種がある．この果縛を断ち切ることを〈果縛断〉〈果断〉という．

月輪観 がちりんかん　満月の月輪を対象として，そこに自らの悟りの*現証を体現しようとする*観法．梵字の*阿字(a)を用いる〈*阿字観〉，複数の梵字の連環(字輪)を観想する〈*字輪観〉もその一種である．*竜樹(*竜猛)菩薩の作と伝える『発菩提心論』に，「我れ，自心を見るに形月輪の如し．何んが故にか月輪を以て喩とするとならば，いわく，満月円明の体は，即ち菩提心と相類せり」とある．すなわち我々に本来備わっている*仏性は，中秋の名月のように*円満かつ*清浄である(*本覚)が，*無明(根本的無知)の*煩悩に覆われていて気付かない．それをシンボルとしての〈月輪〉(心月輪)を用いて新たに修得する(始覚)のが〈月輪観〉である．密教観法の成立したインドでは，精神を沈静化するには灼熱の太陽よりも清涼な月の方が適していた．

新義真言宗の祖興教大師*覚鑁の撰と伝える『月輪観頌』では，「月即ち是れ心なり．心即ち是れ月なり．月輪の外に更に心念無し」と説く．また『無畏三蔵禅要』には，刹那心，流注心，甜美心，摧散心，明鏡心という5種の*三昧に区別して説く．

「かの都率の覚超僧都は，月輪観を修して証を得たる人なり」〔発心集7〕「諸法空の文を抄き出して屏風に推し，また月輪を画きて枕上に案ず」〔続本朝往生伝27〕

喝 かつ　禅林で指導者が修行者を導くために大声でどなること．*迷いや*執着を断ち，悟りへの転機を与える．*『臨済録』上堂に「師便ち喝して後に随って打つ」，*『祖堂集』16に「師は喝して云う，這の畜生と」などとある．*臨済義玄の喝は徳山宣鑑の棒と並んで有名．もとは「カーツ」と大声で言うことではないが，現在の日本では「カーツ」と大声でとなえる．→一喝．

渇愛 かつあい［*s*: tṛṣṇā, *p*: taṇhā］　対象に対する本能的な強い執着，欲望のこと．インド語原語の意味を反映して，しばしば「喉の渇き」にも喩えられる．〈愛〉と漢訳されることもある．初期仏典においては，渇愛は*苦の源泉とされ，『サンユッタ-ニカーヤ』には「渇愛を捨て去ることによって涅槃がある」との文言も見る．渇愛は，*四諦説で苦の生起する原因(集諦)と見なされるほか，十二支縁起(*十二因縁)説の第八支として，好ましい対象に対する愛着(その裏返しとして，好ましくない対象に対する嫌悪をも含む)と捉えられ，それと同時に，*輪廻的*再生をもたらす根元とも位置づけられるなど，初期仏教の重要な教説に深く関わる．また，渇愛はしばしば河の流れにも喩えられ，それを渡ることが求められる．なお，伝統的注釈によれば，渇愛はさらに詳しく，欲愛・*有愛・非有愛などに分類される．→愛．

月愛三昧 がつあいざんまい　月光のようにすべての衆生に愛される三昧．衆生の善心を開かしめ*煩悩の熱を除き，さらに*涅槃の道を修める者の心に歓喜を呼びおこす*慈悲の三昧で，それを，人々に愛でられる月の光にたとえたもの．大般涅槃経によれば，*世尊(仏)が，皮膚病(瘡)に苦しむ*阿闍世王のためにこの三昧に入るや，大*光明が放たれ，その清涼な光が阿闍世王の身体を照らすと，王の病は癒され，熱は下げられたという．「かくのごときの瑞相は，即ちこれ如来，月愛三昧に入りて放つところの光明なり」〔教行信証信〕．→三昧．

勝尾寺 かつおじ　大阪府箕面市粟生にある高野山真言宗の寺．応頂山菩提院と号す．〈かつおうじ〉〈かちおじ〉〈かちおでら〉ともいう．*西国三十三所の第23番*札所．寺記によると，摂津守藤原致房の双生児，善仲・善算は*四天王寺栄湛に師事していたが，

727年(神亀4) 20歳の折，当山に入り草庵を結んで修行に勤しんだ．765年(天平神護1)光仁天皇の一皇子が，怪僧*道鏡の帝位をうかがわんとするに際し，宮中を出て当山に入り，善仲・善算を師として*受戒，開成(かいじょう)と称した．2師の没後，開成は遺命を守って寺を建て，777年(宝亀8) *講堂を建立，旅僧妙観の手になる千手観音(せんじゅかんのん)像を安置したという．寺宝に開成皇子の念持仏と伝えられる薬師三尊像(木造素地)がある．本寺に遺る中世以降の古文書も『勝尾寺文書』として著名である．

なお，古来山中苦修の霊場として知られ，『梁塵秘抄』298にも「聖(ひじり)の住所はどこどこぞ，大峰・葛城・石の槌，箕面よ勝尾よ，播磨の書写の山」と見える．また，本寺第4代勝(証)如と*教信(きょうしん)沙弥の結縁同心往生譚は人口に膾炙し，『日本往生極楽記』22，『往生拾因』以下諸書に収録する．

学階 がっかい　僧の学識をあらわす階位．平安時代，*安居(あんご)や*三会(さんえ)(維摩会・最勝会・御斎会)の*講師(こうじ)をつとめた者，試業・複講・竪義・夏講・供講の五または前の三をつとめた者を*得業(とくごう)とよんだ．また，南京(なんきょう)・北京(ほっきょう)の三会の講経の役を講師といい，講師を勤める以前の僧を*擬講(ぎこう)，勤めた後の僧を*已講(いこう)とよんだ．今日，各宗派で種々の名称の学階が用いられており，天台宗では望擬講・擬講・已講・*探題・勧学，真言宗では司講・都講・学匠・碩学，浄土宗では得業・擬講・嗣講・講師・已講・*勧学，浄土真宗本願寺派では得業・助教・輔講・司教・勧学，同大谷派では学師・擬講・嗣講・講師の学階を用いている．

月忌 がっき　本来は死亡した翌月の*命日(めいにち)をいい，その後の月々の命日は〈*忌日(きにち)〉といって区別したが，やがて毎月の命日を〈月忌〉と呼ぶようになった．また，その日に行う仏事をもいう．死亡月日に当る毎年の月忌を〈祥月命日(しょうつきめいにち)〉といい，僧が命日に*檀家を廻って読経供養することを〈月忌参り〉という．「仏・菩薩の縁日ならびに主君の月忌をわすれず恩を報ずる事，人倫のなかにもありがたき事にて侍るに」〔著聞魚虫禽獣〕．→祥月．

活句 かっく　禅門の術語で，活きた言句をいう．その反対が〈死句〉である．『林間録』に，「語中に語あるを死句と名づく，語中に語なきを活句と名づく」とあるように，禅の語を*分別理解して，語に執(と)らわれるのを〈死句〉というのに対し，言葉を用いながら言葉を超えた真理を的確に言い当て，自由な境地をそのまま表現したものが〈活句〉である．転じて，俳諧などで，句外に余情を含む句を活句，そうでないものを死句という．「所以(このゆえ)に須(すべか)らく活句に参ずべし，死句に参ずることなかれと道(い)ふ」〔碧巌録2〕

活計 かっけい　生活のてだて．なりわい．生計．中国の口語系の語彙で，禅籍に見える．例えば，〈鬼窟裏(きくつり)の活計〉と言えば，幽鬼のすみかで生活していること，すなわち，古人の言葉などに捉われて自由がきかないことを意味する．「鱗甲を漁(すなど)るを産業となし，禽獣を殺すを活計となす」〔拾遺往生伝下26〕

渇仰 かつごう　のどのかわいた者が水をあこがれ求めるように，*仏を心から仰ぎ慕うこと．漢訳の例は，*法華経寿量品などに見える．転じて，人や事物を仰ぎ慕う，敬慕すること．なお漢語として，農耕において雨を心から願う意に用いた例もある〔周書黎景熙伝〕．「歓喜して涙をふらし，(阿弥陀仏を)渇仰して骨に徹(とお)る」〔往生要集大文第2〕「法華経を持(たも)ちて，渇仰頂戴す」〔法華験記下109〕

月光 がっこう　⇒日光・月光(にっこう・がっこう)

月光摩尼 がっこうまに　[*s*: candra-bhāsa-maṇi-ratna]　〈摩尼〉はサンスクリット語maṇiの音写で，珠玉の総称．〈珠〉〈宝〉〈*如意(にょい)〉などとも漢訳される．〈月光摩尼〉とは，その光が月の光のように輝く*宝珠(ほうじゅ)のことをいう．*無量寿経巻上「月光摩尼・持海輪宝たる衆宝の王を以て，之を荘厳す」とある．また，*千手観音(せんじゅかんのん)の右手に持つ物の一つで，熱病に病む者がこの珠に触れると清涼を得るという．なお，〈月精(がっしょう)摩尼〉〈月愛珠(がつあいしゅ)〉とも漢訳される．→摩尼．

甲刹 かっさつ　〈こうさつ〉とも読む．官寺機構の一つで，中国において南宋(1127–1279)末，*十刹(じっせつ)に次ぐ寺として各州ごとに甲刹が指定された．多数の中で筆頭(甲)にくる寺(刹)という意味である．日本でも鎌倉末期にこの制度を取り入れたが，甲刹に相当するものは公文書では「諸山(しょざん)」と書かれ，甲刹の名は雅称・異名としてのみ使用された．各地の由緒ある禅宗寺院が指定されたが，序列はなく数に制限もなく江戸期はじめには230余寺になった．

月山 がっさん ⇨出羽三山

喝食 かっしき 〈喝〉は唱える意．*僧堂で食事をするとき，*行者が，食事の種別（浄粥など）や進め方（再進など）を衆僧に唱え告げること．そこから，その役に当る〈喝食行者〉の略称となった．なお，その役に有髪の童子も当り，給仕などもしたことから，寺に仕える小童，*稚児の称とも転じた．「寺々において，小僧・喝食になりてたまたま身命をたすかりたる輩，にはかに還俗すといへども」〔梅松論上〕「喝食は年十三なるが，此のほどやみ給ひて死去あって，今日初七日の作善なり」〔奇異雑談集〕

活地獄 かつじごく 〈活〉は生きるという意．生きながら*地獄の苦しみを受けること．普通，地獄は悪業の報いとして死後堕ちていくべきところとされるが，現世において，それと同じようなひどい苦しみを受けることを活地獄という．わが国では〈生き地獄〉ともいう．

合釈 がっしゃく ⇨六合釈

合掌 がっしょう ［s: añjali］ 顔や胸の前で両手の掌を合わせること．インドで古くから行われてきた敬礼法の一種．インド，スリランカ，ネパールなど南アジア諸国では，世俗の人々が出合ったときには，互いに合掌する．いわばわが国のお辞儀に相当する．中国・朝鮮・日本などでは，仏教徒が仏や菩薩に対して礼拝するとき，この礼法を用いる．中国で著された経典の注釈書によると，両手を合わせることは，精神の散乱を防いで心を一つにするためである，と説明されている．

インドでは，右手を清浄，左手を不浄とみなす習俗があり，これを受けて密教では，右手を仏界，左手を衆生界，5本の指を地・水・火・風・空の*五大に配し，合掌は仏の五大と衆生の五大の融合を象徴するとし，*成仏の相が示されていると解釈する．また右手を*金剛界（智慧），左手を*胎蔵界（理法）の象徴と見なし，理智*不二を示すともいう．密教の修法においては，手指をさまざまに組み合わせる印契（印相）が結ばれるが，十二合掌と六種拳とを基本形とし〈印母〉と呼ぶ．

普通見られる合掌形は，十二合掌中の虚心合掌に相当し，両手の指を均等に合わせ，掌の内側に若干の空間を作る．密教僧が通常の儀式の際に用いる合掌形は，帰命合掌または金剛合掌と呼ばれる形で，両掌を合わせ，10指の上節を右指を手前にして交互に組み合わせる．→印相．

「西に向かひて端坐・合掌して失せぬれば，極楽に往生する事疑ひなし」〔今昔15-33〕

月水 がっすい 〈月経〉の異称．月水の語は呪術-宗教的・民俗信仰的意味で用いられ，〈月やく〉〈よごれ〉〈赤不浄〉などとも呼ばれる．それは女性の出産能力を示す，望ましく祝われるべき現象とされると同時に，出産や死とともに穢れて忌まわしいものでもあるという両義性を持った．月水の間当人は月小屋で寝起きし，穢れの他への転移を避けた．その間，身に着ける着物を〈月水衣〉という．月水の終りには海や川で沐浴し，身を清めてから家に戻った．現在ではほとんど見られない．「香椎の宮には聖母の月水の御時いらせ給ふ所とて，別の御殿をつくり御さはり屋と名付けたり」〔八幡愚童訓〕

割截衣 かっせつえ 布を小さく方形に裁って田と畦の形に模して縫い合わせた衣．普通の袈裟（*三衣）はこの方法で仕立てられる．伝承では，仏陀が*王舎城の郊外の田の畦を見て，仏教の修行僧の着衣として定めたというが，明らかではない．長方形の布をはぎ合わせた列を条といい，布の重ね合わせられた部分を葉という．これに対し〈縵衣〉は，1枚の布を割截せずに用い周縁のみを縫ったものである．「割截は，行の裏を裁ち断ち，縫ひ連ねて条をなす．これを割截衣といふなり」〔元和三年本下学集〕．→袈裟．

月天 がってん ⇨日天・月天

葛藤 かっとう 葛や藤が他の草や木にまつわりつくことから，悟りを開く妨げとなるもの．禅門では，特に文字や言句が，ともすれば人を束縛して自由を失わせることから，文字や言句のことをいう．葛藤は断たれなければならないが，古則*公案のように言語を超えた真理を言語によって言いとめることが重視されるところから，葛藤の必要性が説かれる．また*道元(どうげん)においては，師と弟子が一体となるところに*仏祖の道が伝えられることを〈葛藤〉と呼んでいる．なお一般語として，葛や藤のようにもつれたり，争ったりすること，心の中で迷うことの意に用いられる．「おほよそ諸聖ともに葛藤の根源を截断(せつだん)する参学に趣向すといへども」〔正法眼蔵葛藤〕

活人剣 かつにんけん　〈かつじんけん〉とも読む．禅門で，*師家(しけ)が*学人(がくにん)を導く活殺自在の働きを刀剣に喩(たと)えたもの．相手の誤った立場を打ちくだくはたらきを〈殺人刀(さつじんとう・せつにんとう)〉と呼び，それに対して，相手を真理に目ざめさせるはたらきを〈活人剣〉と呼ぶ．なお，日本では字義に即して，人を殺傷するのに用いる殺人刀(剣)に対し，人を生かすのに用いる刀剣の称ともする．「殺人刀・活人剣はすなはち上古の風規，また今時の枢要なり」〔碧巌録2〕「弓箭刀杖に携り，殺人刀活人剣，みな一念の内なり」〔幸若・満仲〕

豁然 かつねん　〈かつぜん〉とも．陶淵明『桃花源記』に「豁然として開朗す」とあるように，目の前の風景がからりと開けて明るくなるさま．転じて疑いや迷いが氷解するさまをいい，〈豁然貫通〉〈豁然大悟〉などと用いる．「かはらほどばしりて，竹にあたりてひびきをなすをきくに豁然として大悟す」〔正法眼蔵渓声山色〕「禅堂にて，一旦豁然として機の転じたる事有って」〔盤珪語録〕

活潑潑地 かっぱつぱっち　〈活鱍鱍地〉〈活撥撥地〉とも書く．『二程全書』4に「活潑潑地に会し得る時は活潑潑地なり」とあり，*『臨済録』示衆の「無住処にして活鱍鱍地なり」などに基づく．〈地〉は特に意味がなく，〈活潑潑〉に添えた助辞．魚がピチピチとはねあがる形容で，生きのよいこと，勢いのよいさまをいう．『歴代法宝記』には「無住の禅は…，用いて垢浄無く，用いて是非無し．活鱍鱍にして，一切時中，総て是れ禅なり」とある．「天地国土もこの法輪に転ぜられて活鱍鱍地なり」〔正法眼蔵梅花〕

活仏 かつぶつ［*t*: sprul pa'i sku］　〈転生(てんしょう)活仏〉の略語．*仏や最高の境地に到達した*菩薩(ぼさつ)は*教化(きょうけ)のためこの世界に*化身(けしん)を現す．化身は世界の人々がすべて救済され尽くすまでこの世界に生まれ変わり，自分の平安を求めて*涅槃(ねはん)に入ることがない．チベットでは優れた僧をそのような化身とみなし，その没後49日の間に懐胎され，誕生した者の間からその転生者を神託(しんたく)，夢占い，故人の言行を頼りに探し出し，幼童に故人の遺品を選び取らせて*前世の記憶を確認したものとする．転生者は故人の弟子などによって献身的教育を施され，しばしば大成した．この習慣はモンゴルでも行われた．はじめ宗派の法主や大寺院*貫主(かんしゅ)がこの方式で選ばれたので，欧米や中国・日本では俗称で〈活仏〉と呼ぶようにもなった．

歴史的には，14世紀半ばに*カルマ派と呼ばれる宗派が法主を選ぶのに初めて採用し，*施主(せしゅ)勢力の拡大と宗派的結束のために役立てた．この派と対立した*ゲルク派でも同じ効果をめざして16世紀半ばにデープン大僧院の貫主の転生者を選んだ．これが後の*ダライ・ラマ3世である．転生者による相続が次第に下層の僧達にまで及び，故人の遺産も相続できるようになると，転生者選定のために手段を選ばぬ争いが続き，国情まで乱した．

羯磨 かつま　[1] サンスクリット語 karman に相当する音写．〈*業(ごう)〉や*戒律用語を意味する．この場合は，〈こんま〉と読むことが多い．→羯磨(こんま)．

[2] *密教法具の一つで，〈羯磨金剛(こんごう)〉の略称．〈羯磨輪(りん)〉〈羯磨杵(しょ)〉〈十字金剛〉〈十字縛日羅(ばじら)〉などとも称する．形状は陀羅尼集経(だらにじっきょう)に「交叉二跋折羅，その形十字形のごとし」とあるように2本の*三鈷杵(さんこしょ)を十字に組んだ形を呈し，*修法(しゅほう)の際に大壇の四隅に羯磨台に載せて安置される．わが国へは平安時代になってもたらされたものとみられ，*入唐八家(にっとうはっけ)のうち最澄が請来したのは2口の羯磨であったが，空海・円行・恵運・円珍・宗叡はそれぞれ4口の羯磨を請来していることから，すでに大壇の四隅に安置する使用法も伝えられていたものと推定される．京都・東寺(*教王護国寺)の*後七日御修法(ごしちにちみしほ)道具中の羯磨4口は空海請来品の可能性もあり，わが国に現存する羯磨のうち最古の作で，もっとも優れている．中央の鬼目に素弁16葉の蓮弁をめぐらしているが，鎌倉時代以降の

作例では八葉蓮華にかたどるのが通例となる．

活命 かつみょう　命を活かす，つまり生活する意．『倶舎論記』巻5に，時縛迦(Jīvaka，*耆婆)の説明として「此には活命と云う．善く衆病を療し能く命を活かすが故なり」とある．「或いは鬼あり．海の渚の中に生まる…ただ朝露をもって自ら活命す」〔往生要集大文第1〕

葛城山 かつらぎさん　奈良県御所市と大阪府南河内郡との境に所在．大和と河内の国境をなした南北に長い金剛山地にあり，南に位置する主峰の金剛山(1125メートル)につぐ標高959メートルの山．金剛・葛城山系の総称としても用いられる．ただし，古代・中世の史料に所見する葛城山は現在の金剛山を指すことが多いと考えられる．一言主神の坐す*山岳信仰の霊地として発展し，奈良時代には官僧らが山林修行をしばしば行なった．699年(文武3)百姓に妖言をなしたという理由で伊豆に流された*役小角もここで修行したという．のち，*大峰山と並ぶ*修験道の根本道場とされ，全国から*峰入りの行者が集まった．葛城・金剛山中には28の宿と95の行場が設けられ，山麓周辺には現在も多くの寺社が点在する．

勝論 かつろん　⇒ヴァイシェーシカ

カーティヤーヤナ　[s: Kātyāyana，p: Kaccā(ya)na]　⇒迦旃延

火天 かてん [s: Agni]　〈火仙〉〈火光尊〉ともいい，また〈阿耆尼〉〈阿哦那〉などの音写語がある．火を司る神．火神．古代インドの火神アグニは，かまどの火，稲妻，太陽など，多様な形態をとる火を擬人化したもので，*ヴェーダの祭式宗教では特に多機能の神として重んじられた．これが仏教にも取り入れられ，特に*十二天の一つとして知られるようになった．*眷属に火天后・火天妃を持つという．密教の*護摩修法は，火神アグニを祭るヴェーダの祭式さながらに行われるものの，火はそこでは*煩悩などを焼き滅ぼす内的な智慧の象徴とされる．火天は胎蔵界曼荼羅(→両界曼荼羅)の外金剛部院に配され，図像としては，4本の腕に仙杖や水瓶などを持ち，火焔のなかに坐る仙人の姿で描かれ，通常青い羊を乗り物とする．「彼の兜調は火天を祭りて梵天を願ひしかども，犬の身となりて汝に養育せらるるなり」〔今昔3-20〕

過度 かど　生死*輪廻の苦界を出て*彼岸の安楽世界に渡すこと．〈*救済〉と同義．無量寿経上に「生死を過度して解脱せざるは靡なし」とあり，道教経典『真誥』運題象に「遂に不死を得て，壬辰(の厄)を過度す」とある．なお，わが国平安末期の大江匡房『江家次第』1に載せる，元旦の四方拝の儀式で天皇が北斗七星を礼拝して唱える呪文「賊寇の中，我が身を過度せよ．毒魔の中，我が身を過度せよ．…」は，道教経典に基づく．「すみやかに信心をおこして生死を過度すべし」〔三部経大意〕．→度．

裹頭 かとう　僧が布で頭を包むこと．一般的には目だけ出して頭から顔を五条*袈裟で包んだ姿，またそのような姿の僧衆(裹頭衆)をいう．*最澄が入唐のさい将来したとされる縹帽に似ている．平安末期以降，延暦寺・園城寺・東大寺・興福寺などの*大衆(*僧兵)が裹頭した上で，素絹の下に腹巻・葛袴・高下駄を着し，太刀・長巻を帯びて警備・闘争に当たったことから僧兵の別称としても用いられた．「裹頭の僧庭上に満ち，穢履の類堂中に入る」〔天台座主良源起請〕「僧徒裹頭，鎌倉中を横行する事．保々に仰せてこれを禁ずべし」〔吾妻鏡弘長1.2.29〕

華道 かどう　樹枝・草花などを花器に挿して，その風姿を観照する芸術．またその基礎理論・思想．日本には古来より花を神の〈依代〉として神聖視する考えがあった．華道の直接の源流となったのは仏教寺院における仏前に花を供える〈*供花〉の習慣で，華道の流派である池坊流の名は，*六角堂の名で知られる頂法寺の*僧房である池坊に由来する．供花が発展した〈立花〉(たてばな，のちに，りっかと音読み)は室町時代から江戸時代初期にかけて座敷飾としてもてはやされ，池坊専慶やその後継者である専応，専好(？-1621)らが活躍した．

立花は今日の〈生花〉とは趣きが異なり，胡銅の花瓶にまっすぐに本木を立て下草を添えるもので，高さ2-3メートルに達するものもあった．花会はしばしば催され，特に*盂蘭盆会と関連した七夕*法楽に花を立てることが多かった．その後，壮麗で様式化

が進んだ立花に対して，より自由な〈抛入花なげいればな〉が茶席に飾る茶花として好まれるようになり，そこから自然さを重視した〈生花〉が生まれた．

「其の法師こそ見えね，生花は毎日かはりたる事ぞと申しき」〔男色大鑑 7〕「投げ入れといふは，船などにいけたる花のことなり」〔仙伝抄〕

果徳 かとく　結果として実現された性質や働きの意味で，主として〈仏果ぶっか〉についていい，〈因行いんぎょう〉(成仏の因となる修行)に対する．仏の果徳は，総じていえば，*涅槃ねはんや*菩提ぼだいなどであるが，その細目については経論によって異なり，大般涅槃経だいはつねはんぎょう巻 23 や勝鬘経しょうまんぎょう第 12 章では，涅槃の四徳として，*常じょう楽らく我が浄じょうをあげ，また『摂大乗論釈しょうだいじょうろんしゃく』巻 14 や『仏性論ぶっしょうろん』巻 2 などでは，仏の果徳として，〈智徳〉(*智慧ちえの完成)，〈断徳〉(*煩悩ぼんのうの断滅)，〈恩徳〉(広大な*慈悲じひ)の*三徳を数えている．「諸仏の果徳，無量深妙の境界，神通・解脱まします」〔教行信証行〕「大日如来不可得の因果を摂して遮那の果徳をあらはし」〔野守鏡〕

門火 かどび　家の門口や庭先でたく*盂蘭盆うらぼんの火をいう．盆の初めの〈迎え火〉と，終りの〈送り火〉とがある．いずれも藁や苧殻おがら，線香をたくことが多い．ただし，その 1 年以内に死者を出した家では庭先に杉や竹をたてて灯籠を高くかかげる風習が各地に見られる．新仏がこの柱を目当てに帰ってくるのだという．また，門火で送り迎えされるのは普通はその家の先祖の霊魂だが，そのほかに祀り手のいない*無縁仏のために火をたくこともあった．なお，古来葬儀の際，死棺を送るために門口でたく火を〈門火〉と称した．それにならって近世には，嫁入りの時，嫁がふたたび実家に戻らぬようにとの意をこめて門火をたく習俗が広く行われた．盆の門火もこうした葬送儀礼としての門火に由来したものらしい．→送り火，迎え火．

「菅秀才の亡骸なきがらを御供申す．いづれもは，門火門火と門火を頼み頼まるる」〔浄・菅原伝授手習鑑 4〕「おさゐが嫁入の時，まあここで門火を焚き，千秋万歳と祝ひしその道具」〔浄・鑓の権三重帷子下〕

金縛法 かなしばりほう　〈きんばくほう〉とも．睡眠中に身体が動かなくなり，意志の自由がきかなくなることを〈金縛かなしばりに遭う〉という．本来は，*不動明王の威力によって，敵軍や賊を身動きできないようにしてしまう密教の*修法しゅほうのこと．*不空訳の『底哩三昧耶不動尊威怒王使者念誦法』にその方法が説かれ，また，わが国の修験しゅげんの聖典である『大聖不動明王深秘修法集役仙流金縛秘法』などに，その印契いんげい(*印相いんぞう)，*真言しんごんが説かれている．

仮名法語 かなほうご　仏教の教えを仮名文で，比喩・方便をまじえて分りやすく説いた祖師・高僧のことば．広義に〈*法語〉とは，仏教の道理によって説かれたすべての教えをいう．中国唐宋時代には，仏者が偈頌げじゅや散文をもって仏法を演説するのを〈法語〉と称した．日本では平安朝に*浄土教が興隆するころから，仮名文をもって教理を説く書が見られるようになった．中世には，いわゆる鎌倉新仏教の祖師たちが地方の庶民階層に対して，演説や仮名書きの書物をもって布教することが盛んになり，仮名法語が流布するようになった．唯円ゆいえんの*『歎異抄たんにしょう』，信瑞しんずいの『広疑瑞決集』など，浄土宗や日蓮宗の教団に多くの仮名法語がある．禅宗では師家が*上堂じょうどう説法をするが，その時の法語は，今日多くは漢文体の〈*語録〉として存在する．この権威的な上堂法語とは別に，簡略におこなう随時の説法がある．これは表現が平易に説かれ，理に入りやすく，特に漢文表記をさけて仮名文体として表記した仮名法語が存在する．道元の*『正法眼蔵しょうぼうげんぞう』，*虎関師錬こかんしれんの『紙衣謄しえとう』など，禅の教義を説く法語がそれである．近世には，禅宗や浄土教団その他の諸宗にこの種の法語書が多くつくられた．一方では*唱導・*説経書としても用いられた．仮名法語には問答体，説法体，特定人に対する垂示，書簡体，聞き書き記録体など種々の形体がある．

カニシカ王 おう　[*s*: Kaniṣka]　イラン系の*クシャーナ王朝の 3 代目の王．〈迦膩色迦かにしか〉と音写される．おそらく紀元後 2 世紀頃(一説に，在位 129 頃–152 頃)，中央アジアと北インドを支配し，その領内では，イラン，インド，ギリシア - ローマなどのさまざまの文化が融合し，仏教など諸宗教が栄えた．

いわゆる*ガンダーラ美術の隆盛もこの治世の前後とされる．王は*仏法を保護し，その治下に*ヴァスミトラらの高僧によるいわゆる第4回仏典*結集(けつじゅう)が行われたとされるが，これが史実か否かは明らかではない．

蟹満寺 かにまんじ　京都府相楽郡山城町にある真言宗智山派の古刹．〈紙幡(かばた)寺〉〈蟹満多(かにまた)寺〉ともいう．*行基(ぎょうき)の開創といい，飛鳥時代後期から奈良時代初期の製作と推定される*丈六(じょうろく)の銅造釈迦如来坐像を本尊とする．近年の発掘により飛鳥後期の瓦が出土したことから，現本尊が創建時以来の本尊である可能性が説かれる．『法華験記』に，蟹を放生した女人が，父が約束した蛇との婚姻を免れ蛇は千万の蟹にさし殺される，この蟹の罪と蛇の苦を救うため建立したという寺の縁起を載せる．縁起の形をとらない類話は『日本霊異記』などにもあり，それらの蟹報恩譚が現在地の旧称蟹幡(かむはた)郷の名に結びつけられたらしい．

鐘 かね　⇒梵鐘(ぼんしょう)

鐘供養 かねくよう　鐘を新しく鋳造し，その撞っき初めをする*供養．〈撞鐘(とうしょう)落成法会〉ともいう．近世から女性に撞かせる風習ができたといわれる．「今日吉日にて候ふほどに，鐘の供養を致さばやと存じ候ふ」〔謡・道成寺〕「鐘供養踊り子が来てらりにする」〔誹風柳多留〕

金沢文庫 かねさわぶんこ　〈かなざわぶんこ〉ともいう．金沢(かねさわ)氏の祖，北条実時(1224–76)は鎌倉幕府の要職にありながら，清原教隆(きよはらののりたか)に儒学を学び，多くの図書を収集した．晩年，金沢(横浜市)の別邸に隠退すると同時に，図書類も鎌倉から移し，金沢文庫を創設した．そののち顕時(1248–1301)，貞顕(1278–1333)，貞将(1302–33)の三代にわたり充実された．収集した国書・漢籍・仏典は約2万巻といわれ，武家文化の中心となった．北条氏滅亡後，図書類は氏寺の*称名寺(しょうみょうじ)に移されたが，1897年(明治30)には伊藤博文により金沢文庫書見所が境内に建てられた．1930年(昭和5)，神奈川県によって現在の金沢文庫(横浜市金沢区金沢町)が復興されたので，図書類はこれに移し，中世歴史博物館として一般に公開している．聖教の紙背には金沢氏関係の中世文書が多数あり，『金沢文庫古文書』として知られている．

加被 かび　*如来(にょらい)もしくは*聖者(しょうじゃ)が，その優れた力を*菩薩(ぼさつ)や*衆生(しゅじょう)に加え被らせること．*慈悲に基づく活動性を意味する．〈加備〉〈加威(かい)〉〈加祐(かゆう)〉〈*加護(かご)〉〈*加持(かじ)〉と同義，あるいは単に〈加〉ともいう．加被力とは，不可思議な威神力のことであり，その力に加護されることで本来持たない力を発揮することが可能になる．なお，〈被加〉，すなわち加を被るといういい方もなされ，この場合は受ける側の衆生が主体となる．また，加被を〈*冥加(みょうが)〉と〈顕加(けんか)〉という2種に分類することもある．顕加は目に見える加被，冥加は目に見えない加被である．特に冥加の語は，知らず知らずのうちに神仏からの加被を受けるという意味で用いられたが，転じて，寺社への上納金としての冥加金という語を出現させることにもなった．

峨眉山 がびさん　中国，四川省峨眉県の西南にある山．四大霊山の一つ．主峰の万仏頂は海抜3099メートル，山容は豊かで変化に富み，〈天下の秀〉と称される．早くから神仙信仰・道教信仰の霊地(洞天(どうてん))とされ，仏教伝来後は，*普賢菩薩(ふげんぼさつ)の霊現の地として数多くの仏教寺院が建立された．金頂の舎身崖は，雲海に光輪と人影がうつる〈仏光〉があらわれることで知られる．現在，報国寺(明代の儒仏道融合の会宗堂が清代に寺に変えられた)，万年寺(東晋創建)，洪椿坪(明代)，洗象池(明代)，金頂(明代)などの寺院がある．

画餅 がびょう　〈がべい〉〈がへい〉とも読む．絵にかいた餅の意で，実用にならないもの，無意味なもの，無駄なものをいう．この言葉は中国で古くから用いられていたものであるが，禅宗では，実地の修行や体験から遊離した単なる知的理解の無意味さを，これによって表現した．特に，唐代の香厳智閑(きょうげんちかん)が修行時代に，学問的知識を離れて本分のところを表現してみろという*潙山霊祐(いさんれいゆう)の要求に全く答えられず，「画餅は飢(うえ)を充つべからず」と嘆じたことは有名であり，道元の*『正法眼蔵(しょうぼうげんぞう)』画餅も，この故事を扱ったものである．なお，日本では近世以降，この言葉が単に〈無意味〉〈無駄〉の意味で一般に広く用いられるようになった．

カピラヴァスツ［s: Kapilavastu］〈迦毘羅衛かびらえ〉などと音写される．釈尊しゃくそんの故郷の町で，釈尊の属するシャーキャ(*釈迦しゃか)族による部族国家の中心地である．現在のネパールのタラーイ地方にあたり，釈尊の誕生地ルンビニー(*藍毘尼園らんびにおん)から約24キロメートル離れたところにある．カピラ仙の住処であったことに由来する名であるという．釈尊の晩年にコーサラ国王のヴィルダーカ(*瑠璃王るりおう)に滅ぼされた．近年インド領内のピプラーワー(Piprāhwā)を発掘し，発見された遺品をもとに，インドの多くの考古学者はピプラーワーがカピラヴァスツの遺跡だと主張しているが，まだ断定的な結論は得られていない．

迦毘羅衛 かびらえ　⇒カピラヴァスツ

歌舞 かぶ　【初期仏教】仏教と歌舞との関係は，たとえば*声明しょうみょうと*舞楽ぶがくとを交互に行う〈舞楽*四箇法要しかほうよう〉に顕著であるが，初期仏教における戒律を集成した*律蔵には，*比丘びく・*比丘尼の*波逸提はいつだい法として，これを鑑賞することが禁じられていた．四大広律には，「伎楽」「歌舞倡伎」〔四分律〕，「伎楽歌舞」〔十誦律〕，「歌舞伎楽」〔摩訶僧祇律〕，「歌舞作伎」〔五分律〕などの語がみられ，娯楽として演劇や音楽を見たり聞いたりすることを禁ずる〈歌舞観聴戒かぶかんちょうかい〉が存在した．しかし，〈歌〉(gīta)には「自心貪著」以下五つの過失があるとされる一方で，〈声唄せいばい〉についてはこれをなすべきことが説かれるなど〔十誦律〕，〈唄〉(bhāṣā)には「身体不疲」「不忘所憶」「心不疲労」「声音不懐」「語言易解」という五つの利益があるとされ，「諸天は唄声を聴いて心則ち歓喜する」という．同様のことが原始経典の長阿含経じょうあごんぎょうにも認められ，〈唄〉は世俗的な〈歌〉とは区別されていた．〈唄〉とは〈唄匿ばいのく〉の略で讃頌・*讃歎を意味し，現在の声明に相当する．

【大乗仏教】その後，大乗仏教の興隆とともに，歌舞は仏塔崇拝や仏讃歎の意をもって奨励され，*香華こうげと並び，身の施しにより法会を*荘厳しょうごんする供養法の一つとなった．*法華経分別功徳品には「種々の舞戯有りて，妙なる音声を以て歌唄讃頌す」とあって，*舎利塔しゃりとう供養の様を記す．また*観無量寿経(観経)による造形世界への影響下に，*敦煌莫高窟とんこうばっこうくつの壁画などをはじめとする浄土変相図(*浄土変)が表された．一方，真言密教においても歌・舞は，香・華とともに仏供養として重視され描出された．*金剛界曼荼羅こんごうかいまんだらの三十七尊中には，中央大月輪内の四隅に内四供養(嬉き・鬘まん・歌・舞)と第一重の方壇四隅に外四供養(香・華・灯とう・塗ず)が描かれ，内四供養の金剛歌菩薩は智慧をもって西北隅に，金剛舞菩薩は徳をもって東北隅に住し，*大日如来を供養する．

中国では，「歌楽を作なし，鼓舞して以て諸神を楽しめ」〔楚辞九歌〕，「歌は其の声を詠じ，舞は其の容かたちを動かす」〔礼記楽記〕などと，その効用は古くから諸書に記されてきた．声明については，3世紀に魏の曹植そうしょくが山東省泰安府東阿県の*魚山ぎょさんの地で*梵天ぼんてんの妙音を感じ，これを曲譜に書写して初めて*梵唄ぼんばいを作ったという「魚山梵聞」の伝承がある〔法苑珠林〕．また，6世紀北魏の都*洛陽の景楽寺では，「六斎日ごとに常に女楽を設け，歌声は梁を繞めぐり，舞袖は徐ろに転じた」〔洛陽伽藍記〕とあり，歌舞が寺院法会で行われていたことが記される．また，韓国やチベットでも民間信仰と習合しながら，独自の宗教的な歌舞が形成された．

【日本】仏教とともに舞が伝来したことは，仮面歌舞劇の*伎楽ぎがくが百済の味麻之みましによって伝えられ，*聖徳太子がこれを寺院の式楽としたことで知られる．また，寺院における舞楽については，天平勝宝4年(752)東大寺*大仏開眼だいぶつかいげん供養の舞楽四箇法要が典例で，*毘盧遮那びるしゃな仏の庭前で伎楽とともに外来の舞が披露された．その後*浄土教の普及に伴い，浄土変は早く*当麻曼荼羅たいままんだらに表されたが，10世紀末に源信が*『往生要集』を著して以来，末法思想の隆盛を背景に，平安貴族の間には浄土信仰が広まり，観経の*観想行による*極楽への欣求が，浄土荘厳の仏教美術の発展を促した．阿弥陀の*来迎らいごうは楽を奏で舞を舞う二十五菩薩を伴って描出され，宇治の*平等院鳳凰堂の*雲中供養菩薩や*知恩院早来迎図を初めとする来迎仏の製作・絵画化が盛行し，浄土信仰の影響が顕著な文学にも，豊かな表現世界をもって描かれた．また，音の世界を*讃仏乗の因とした音楽成仏思想の成立に伴い，管絃説話に並び歌舞の徳にまつわる伝承も多く生まれ，寺院法会の中の歌舞的要素は，後の様々な芸能を生み出す源となった．→音楽と仏教．

禿居士 かぶろこじ　〈かむろこじ〉とも．本来は漢語で，〈とくこじ〉ともいう．頭髪を剃っているだけで生活は俗人同様の者の意で，戒行を欠く半僧半俗的僧侶をさす．破戒僧の蔑称とすることが多いが，僧がみずからを謙って言う場合の謙称ともする．親鸞(しんらん)が〈*愚禿(ぐとく)〉と称した類は後者の例である．〈*俗聖(ぞくひじり)〉〈*毛坊主〉〈禿驢(臚)(とくろ)〉なども類義語．「身に白衣を着て威儀を具せず．時人軽弄して禿居士(とくこじ)と名づく」〔心性罪福因縁集中〕「破戒無慚なるを禿居士とも云ひ，袈裟を着たる賊とも云へり」〔沙石集 4-2〕

果分 かぶん　⇒因分・果分(いんぶん・かぶん)

果報 かほう　過去の行為を原因として，現在に結果として受ける報い．因に対する〈果〉，*業(ごう)に対する〈報〉という意味．〈*異熟(いじゅく)〉または〈異熟果〉ともいう．現世でなした因としての行為(業)にもとづく果報について，*阿毘達磨(あびだつま)(論書)では順現法受(じゅんげんぽうじゅ)，順次生受(じゅんじしょうじゅ)，順後次受(じゅんごじじゅ)の3種が立てられた．〈順現法受〉とは今生につくった業の果報を今生に受けるもの，〈順次生受〉とは果報を次の生に受けるもの，〈順後次受〉とは果報をそれ以後の生に受けるものである．これは，果報がすぐ現れない，また必ずしも善因楽果・悪因苦果とならないために，果報を来世に延ばしたものである．これら3種の果報はまた〈*現報〉〈生報〉〈後報〉とも呼ばれる．俗に果報とは，よい果報のみをさし，幸運・幸福であるさまをいう．

「この日の本の国に契(ちぎ)りむすべる因縁有るによりて，その果報，豊かなるべし」〔宇津保俊蔭〕「貧福は自然の物なり，果報はねてまてといふことがある」〔続狂言記・箕被〕

カーマ [*s*: kāma]　享楽，特に性愛を意味する．古来インド人は，*ダルマ(dharma，宗教的社会的義務)とアルタ(artha，実利)とともに，カーマを人間の三大目的の一つとみなした．カーマに関する論書が〈カーマ-シャーストラ〉(性愛論)で，最も有名なものが4–5世紀頃の成立と推定されるヴァーツヤーヤナ(Vātsyāyana)作の『カーマ-スートラ』(*Kāma-sūtra*)である．カーマは神格化されて愛の神とされた．カーマ神は花でできた5本の矢で人の心を射て愛をかきたてるが，*シヴァ神に焼かれて，〈体なきもの〉(アナンガ)になったという．→愛．

鎌倉五山 かまくらござん　⇒五山(ござん)

鎌倉大仏 かまくらだいぶつ　鎌倉市長谷にある高徳院(こうとくいん)(浄土宗)の銅造*阿弥陀如来(あみだにょらい)坐像の俗称．像高11.9メートル．造像に関する史料に乏しく，1252年(建長4)深沢の里(現地)で金銅八丈の釈迦像を鋳造した由を伝える記録があるものの，尊名が相違するほか，製作の過程や仏師名などの詳細も不明である．関連史料に乏しいのは，この像が国家的な事業ではなく，民間の事業として遂行されたことを物語る．像身を体部7段，頭部は前面5段，背面6段に分けて鋳造しているが，像身は薄手に仕上げられ，各段を鋳つぎする技術(鋳からくり)も，東大寺大仏(*奈良大仏，752)に比して高水準にあるといわれる．切れ長の眼や極端に猫背の体型など，特異な作風には中国宋代の影響を強く受けており，これ以後鎌倉地方に展開する中国風文化の先駆といえる．材質に鉛分が多いため，当初は金箔押しで*荘厳(しょうごん)していた．また大仏を覆っていた大仏殿は1495年(明応4)の津波で倒壊した．

鎌倉仏教 かまくらぶっきょう　日本の仏教史の中で鎌倉時代の仏教を特別視するのは近代以降のことである．特に，禅や浄土系の諸宗，日蓮宗など，この時代に端を発する諸宗や，その祖師の活動を〈鎌倉新仏教〉と呼んで，日本の仏教史の中でも特別優れたものとして評価することは，戦前から戦後にかけて長い間常識視されてきた．その特徴として，民衆中心であること，実践方法の単純化，宗教哲学的な深化，政治権力に対して宗教の自立性を主張したことなどが挙げられた．それに対して，*南都北嶺(なんとほくれい)の仏教や真言密教などは旧仏教とされ，新仏教の活動を阻害したり敵対したりする勢力と見なされた．

このような見方は，1970年代に黒田俊雄によって顕密体制論が提示されて大きく変わることになった．黒田は，当時の仏教界の主流はあくまで従来旧仏教といわれてきたものであり，これを顕密仏教と呼び，それに対して，いわゆる新仏教は当時極めて勢力の小さな異端派に過ぎなかったと主張した．黒田以後，いわゆる旧仏教に関する研究が急速に進められるようになり，従来新仏教の特徴とされてきた民衆中心の教化や実践方法の単純化は旧仏教にも見られることが明らかにされ，新仏教と旧仏教という二分化が疑問視されるようになってきた．新仏教という用語を用いる場合でも，*叡尊(えいそん)の律宗教団を含むなど，新たな見直しが提案されている．さらに言えば，鎌倉時代の仏教を特別視することも必然性はなく，鎌倉仏教も他の時代の仏教の中で相対化して理解されなければならなくなってきている．

カマラシーラ ［*s*: Kamalaśīla］ 740頃–797頃 〈蓮華戒(れんげかい)〉と漢訳される．チベットに流行した唐の*摩訶衍(まかえん)和尚の禅を論破するためナーランダー大僧院(*那爛陀寺(ならんだじ))から794年チベットに招かれた*中観派(ちゅうがんは)の大学匠．チベットに*僧伽(そうぎゃ)を創設した*シャーンタラクシタの弟子．〈*サムイェーの宗論〉とも呼ばれる摩訶衍との論争では，禅宗は*利他行を欠いて自らの*悟りのみを求めるから*大乗ではなく，*三昧(さんまい)のみを求めて正見を欠き，*般若(はんにゃ)の智を完成できないので仏教であり得ないと批判した．結果として論争に勝ち，チベットにインド仏教の特に中観思想を正統説とする伝統を定着させたが，反対派に暗殺されたといわれる．*『修習次第(しゅじゅうしだい)』『中観光明論』などの著作がある．

我慢 がまん ［*s*: asmi-māna］ *煩悩(ぼんのう)の一つで，強い自我意識から起こる慢心のこと．仏教では自己を固定的実体とみてそれに*執着(しゅうじゃく)すること(我執)から起こる，自分を高く見て他を軽視する思い上がりの心を〈慢(まん)〉(māna)と呼び，このような心理状態を分析して三慢・七慢・九慢などを説く．我慢はこの七慢の中の一つとして数えられる．現代の日本語で，自己を抑制する，たえしのぶの意に用いられるのは，我意を張る，強情の意を介した転義で，近世後期からの用法らしい．「かやうに度々の合戦に打ち勝って，いとど我慢の鉾(はたほこ)をぞ研きける」〔盛衰記9〕「我慢を高くして人法を誹謗する者は，魔道に入るまでもなし，直(ぢき)に地獄に堕すべし」〔夢中問答上〕．→慢，我執．

神 かみ 漢字の〈神(しん)〉は，神を祭るときの祭卓の形〈示〉と電光が斜めに走る形〈申〉とからなり，天神(てんじん)・自然神の意という．日本人は，民族的伝統の〈カミ〉にこの字を当て，さらにはキリスト教の God をはじめ諸宗教の theos や deus なども〈神(かみ)〉と呼ぶにいたっている．この一般的呼称としての〈神〉とは，宗教学的にいえば，超自然的な力と自由なる意志とを持って人間との間に人格的な交わりを結ぶ一個独立の存在のことであるが，インドでは〈デーヴァ〉(deva，光り輝くもの)，漢訳して〈天(てん)〉〈天神(てんじん)〉と呼ばれた．仏教は，*ヴェーダ以来の諸天諸神を傘下に取り入れて，*仏陀(ぶっだ)より下位にあって随順しながら守護するものとして，これらを位置づけた．*梵天(ぼんてん)・*帝釈天(たいしゃくてん)・*四天王・*八部衆などがそれである．→神(しん)，天，天神．

【本居宣長の定義】日本の〈カミ〉の定義としては，本居宣長(もとおりのりなが)(1730–1801)のそれが有名である．「凡て迦微(カミ)とは，古御典等(イニシヘノミフミドモ)に見えたる天地の諸(モロモロ)の神たちを始めて，其(ソ)を祀(マツ)れる社に坐(マス)御霊(ミタマ)をも申し，又人はさらにも云(ハ)ず，鳥獣(トリケモノ)木草のたぐひ海山など，其余何(ソノホカナニ)にまれ，尋常(ヨノツネ)ならずすぐれたる徳(コト)のありて，可畏(カシコ)き物を迦微(カミ)とは云なり．(すぐれたるとは，尊(タフト)きこと善(ヨ)きこと，功(イサヲ)しきことなどの，優(スグ)れたるのみを云に非ず，悪(アシ)きもの奇(アヤシ)きものなども，よにすぐれて可畏(カシコ)きをば，神と云なり)」〔古事記伝3〕とある．つまり，尋常普通の次元を超越する非常の力を有して人間の吉凶・禍福を左右し，そのため畏怖・畏敬の念を呼びおこすようなさまざまな存在が，日本の神々だというわけである．

【日本の神と仏】このような日本の神は，もともとは姿形を持たず，目には見えない存在であった．定まった社も持たず，人々から祀られるときに依代(よりしろ)に降りてくる神であった．日本民族が初めて仏教に接したとき，この伝統的な神信仰の立場から*仏を理解することになった．その仏とは，特に〈相貌端厳(かほきらぎら)〉しい*釈迦仏の金銅像であった．これを日本人は〈蕃神(あたしくにのかみ)〉と呼んだ(蕃神は『酉陽雑俎(ゆうようざっそ)』などに見える中国語)．そしてやがて，日本の神を仏になぞらえたり，仏を神になぞらえたりして，神仏をとらえ表象するようになった．いわゆる*神仏習合である．習合の仕方には，歴史の流れに沿っていくつかの形態がある．神が*仏法を護る護法神とされたり，いわゆる*本地垂迹説によって，仏が*本地で神はその仮の現れとされたりして，そこでたとえば*八幡神は*権現とか*菩薩と号せられた．神道側がこれに反発して神本仏迹(*反本地垂迹説)を説いたこともある．そうした教学的な論争とは別に，一般人の実情としては〈神〉と〈仏〉との区別にこだわらない場合が多い．なお中国において，仏を神とよぶことは『後漢紀』巻10 (明帝の永平13年)に「西方に神有りて，其の名を仏と曰う」などと見え，仏陀は当初から天神として受け取られていた．

紙衣 かみこ　紙でつくった衣服．かみぎぬ．厚い和紙に柿渋を塗り，日光に干して乾燥させた後，夜露にさらし，もみやわらげて仕立てた衣服．もとは僧侶が着用したものであったが，後には一般貧民の防寒用に着られるようになり，その*わびのある味わいから茶人・俳人などにも愛用されるようになる．元禄頃には遊里などでも流行し，金襴・緞子などを肩・襟などに用いた豪華なものが作られた．「もとは紙衣をただ一つ着たりければ，まことにいと寒かりつるに」〔信貴山縁起〕「旅の具多きは道ざはりなりと物皆払ひ捨てたれども，夜の料にとかみこ壱つ」〔笈の小文〕

髪長 かみなが　僧のことをいう*忌詞．伊勢の斎宮で忌詞として定めた仏教関係七語の一つ．なお，尼は〈女髪長〉という．「三宝の名をも正しくは云はず．仏をば立すくみ，経をば染紙，僧をば髪長，堂をば木燃と云ひて」〔神道集1-1〕

過未無体 かみむたい　⇒現在有体・過未無体

科文 かもん　経典(*経)，論書(*論)を解釈するのに，本文をその内容によって大小の段落に区切り，またさらに各段落の内容を短い標語にまとめて示したもの．全体の構成を図で示したものもある．内容の理解，特に全体の要旨を体系的・統一的にとらえるのに便ならしめんとするものである．〈*序分〉(その経典が説かれるにいたった由来・因縁を述べる部分)，〈正宗分〉(その経典の中心となる教説を述べる部分)，〈流通分〉(その経典の後世での普及・*流通をすすめる部分)の3区分といった大きな区切から，数行ずつといった細かい区切まで行われた．科文は古く中国の南北朝期(420-589)よりすでに行われた．また，〈分科〉〈科段〉などともいう．「章疏の釈と経の文と，相会めて思惟し，文の義と科文と相称へり」〔法華験記中46〕．→分科．

伽耶 がや　サンスクリット語 Gayā の音写．ガヤー．インドのビハール州，ガンガー河(*ガンジス河)の一支流である*尼連禅河(現在のパルグ河)の西岸にある．シャヘーブガンジュの町の南に接してガヤーの古址がある．古代より宗教の中心地で*ヒンドゥー教の遺跡が多い．今日でもガヤーにおけるヒンドゥー教の大祭には各地方から数万人の民衆が雲集する．ガヤーの南方10キロメートルにある仏陀伽耶(ブッダガヤー)に対して，この地をブラフマガヤーと称する．*『スッタニパータ』によれば，仏陀はこの地で説法されたという．近くに*三迦葉が火神アグニを祀る儀式を執行した処や前正覚山・*菩提樹・金剛座などの遺跡がある．→仏陀伽耶．

伽耶迦葉 がやかしょう　サンスクリット語 Gayā-kāśyapa (パーリ語 Gayā-kassapa)に相当する音写．ガヤー・カーシヤパ．〈象迦葉〉ともいう．*三迦葉の末弟．*マガダの*婆羅門の身分として生まれ出家した修行者であって，頭に螺髻(まげ)を結い，*ヴェーダの聖典を暗誦し，聖火を絶やさないことを義務とし，規定に従って火神アグニを祀る儀式を執行した．伽耶山または*伽耶近郊の*尼連禅河の河畔に住して200人の弟子を擁した．長兄*優楼頻螺迦葉の帰依に伴い，次兄*那提迦葉と共に仏陀に帰依した．長兄の弟子500人，次兄の弟子300人とともに，初期*僧伽の中核となった．

歌謡 かよう　曲節・拍子をつけてうたう歌が歌謡であるが，大方の宗教がこれを重視し，儀礼の中に組み入れ，信仰心の鼓舞や儀式典礼の厳粛化に役立てている．仏教にも古く，唄・*散華・*梵音・*錫杖・*讃・*伽陀など，〈*声明〉と総称するものが存在するが，これらは儀礼化した歌謡とみることができる．日本に仏教が流伝展開する過程で，こうした声明もまた独自の変容や発展をとげ，そこに固有の仏教歌謡が成立する．〈*和讃わさん〉は梵讃ぼんさん・漢讃かんさんに対する和文の讃で，仏・菩薩の功徳くどく，祖師先徳の行化ぎょうけを*讃歎さんだんする内容のものが多い．浄土真宗や時宗は和讃を布教の中心に置いたため，*『三帖和讃』(親鸞)，『浄業じょうごう和讃』(一遍他)などの傑作を生んだ．『法華讃歎』『百石ももさか讃歎』『舎利讃歎』などの讃歎も和讃の一種とみなすことができる．〈訓伽陀くんかだ〉は，漢文体の伽陀を読み下して唱えたことによる呼称．〈*教化きょうけ〉も伽陀の一種であるが，後に短歌体のものが行われるようになった．

こうした讃歌は，本来漢文体のものを和文体に読み下すという過程を経て日本の仏教歌謡となったが，平安後期に流行する〈*今様いまよう〉は，はじめから和語によって作られた純粋な和製歌謡で，それを集成した*『梁塵秘抄』には敬虔な信仰心の昂揚がみられる．中世に入ると，新しく〈早歌そうか〉が流行する．〈宴曲えんきょく〉ともいい，関東の武家層を基盤に流布したもので，四季の自然，名所，寺社，日常の器物，動植物などを題材に取り上げ，長文の詞章に綴った歌謡である．詞章の形態・曲節など，*講式の影響を受けているものと思われる．このほか巡礼歌じゅんれいうたや小歌など，仏教歌謡の流れの中に位置づけられるものが中世後半に流行した．→詠歌えいか，法文ほうもん歌，釈教歌しゃっきょうか．

掛絡 から　〈絡子らくす〉〈掛子かす〉ともいう．僧が着用する3種の*袈裟けさ(大衣・七条衣・五条衣)のうち，五条衣を簡便にしたもの．五条衣は〈行道衣ぎょうどうえ〉〈作務衣さむえ〉ともいわれ，*作務や*行脚あんぎゃの時に身に着ける袈裟であるが，これを両肩から胸前に掛けるように縮小して作り替えたもの．唐の*則天武后が禅僧に作り与えてから，禅門において日常に用いられるようになったとされる．特に日本においては大小の掛絡(絡子)を用い，大掛絡は肩上に横に掛けている．「しばしは禅僧にならせ給ふとて，緑衫ろうそうの御衣に掛絡といふ袈裟かけさせ給へり」〔増鏡11〕．→五条．

唐様 からよう　日本からみて中国風である風習や様式の意で，唐絵・唐門のように〈唐〉を冠する呼び方は，平安時代からすでに一般化していたが，〈唐様〉の語も，*『雑談集ぞうたんしゅう』に見られるから，鎌倉中末期にはすでに用いられていたことがうかがえる．しかし今日では，芸術の各ジャンルにおいて日本風の様式，すなわち〈*和様わよう〉が成立して以後に意識的につくられた，ないしは選択された中国風の様式をいうことが多い．したがってジャンルによって意味するところは多少異なる．書道では，ふつうは狭義に，わが国で江戸時代の儒者や文人の間で流行をみた主として中国風のうち，元の趙孟頫ちょうもうふ(子昂)，明の文徴明ぶんちょうめいに代表される書風をいう．この唐様は江戸時代の初め黄檗三筆といわれる*隠元隆琦いんげんりゅうき，木庵性瑫もくあんしょうとう(1611–84)，*即非如一そくひにょいちなどの黄檗僧おうばくそうによって伝えられ，また北島雪山(1636–97)は長崎で書を明人兪立徳から文徴明の書法を学び，これを江戸の細井広沢(1658–1735)に伝えるなどして広まった．しかし明治時代になって，中国の古代の書をよい拓本から学ぶようになると，唐様は自然に衰えていった．

なお，建築でも〈和様〉に対して〈唐様〉が用いられてきたが，最近では禅宗建築の様式であるので〈*禅宗様〉と呼ばれている．

伽藍 がらん　サンスクリット語 saṃghārāma の音写〈僧伽藍摩そうぎゃらんま〉〈僧伽藍〉の略．〈衆園しゅおん〉〈僧園そうえん〉と漢訳．僧衆が集い修行する清浄な場所の意．後には寺院また寺院の主要建物群を意味するようになった．→寺院，寺院建築．

【インド】インドでは，礼拝の対象を祀る仏塔(stūpa，*塔)と僧衆が居住する*僧房そうぼう(ヴィハーラ，vihāra)とは，その発生起源を異にするが，後世になって*僧院は仏塔を受容した．後期の僧院では，礼拝の対象(塔または仏像)を安置した*祠堂しどう(*チャイティヤ堂)の他に，中央の中庭を囲んで房室を持つ方形プランの*精舎しょうじゃが流行した．精舎の付帯施設として，会堂・食堂・台所・貯蔵室・流し場・便所が設けられている．多数の修道僧の団体生活に必要な施設を整備すると同時に，個人の私生活を守り，瞑想に適せしめた．ベンガル(バングラデシュ)のソーマプラ-マハーヴィハーラは250メートル四方あり，方形プランの僧院としては最大である．

【中国】中国で仏教寺院の伽藍について知られる最古の例は，『呉志』に，後漢時代末に窄融が徐州に建てたと記す〈浮屠祠〉で，それは金色の仏像をまつり，*相輪に九重の銅槃を垂らした二重の楼閣を中心として，閣道(二層回廊)をめぐらし3千人を収容できたといい，この楼閣は後世の〈*仏殿〉と〈塔〉の両者の機能をあわせもつものであった．

南北朝時代に入ると，仏教が社会に浸透し，南朝の建康(*金陵，南京)や北魏の*洛陽のように，500や1000を超える寺院が林立する都市も出現した．当時の*仏舎利信仰に伴い，仏殿と塔の機能分離が行われ，仏舎利を安置する塔が伽藍の中心を占めるようになったらしい．洛陽の永寧寺はこの時期を代表する寺院で，伽藍の中央南側に30重の相輪をいただく九重塔，その北側に太極殿に似た形式の仏殿を縦列し，四周を牆垣で囲み，四面に各1カ所の門を開き，ほかに僧房・楼観1千余間(柱間総数で総規模を表す)を数えた．洛陽の仏寺は塔・仏殿・講堂(また講室・講殿)を中心に前後に並べ*回廊がめぐらされ，ほかに禅房・尼房などを擁するものが多かったようである．

双塔をもつ伽藍も南北朝時代にすでに現れたが，隋・唐時代に入ると伽藍の中心は塔から仏殿に逆転したらしく，唐の*道宣の『戒壇図経』にみえる寺院は仏殿を南に，塔を北に縦列する配置をもつ．また隋・唐の*長安城内の仏寺も仏殿(または宝閣・宝台など)を中心とし，塔の位置は仏殿の後方，もしくは中軸を外れた両側にとられる配置のものが多かったと推定されるが，ただし中国の寺院は洛陽永寧寺，長安西明寺などを除いて発掘調査の事例が皆無に等しく，今後の調査にまたねばならない点が多い．現存する遺構は晩唐時期以降のものであるが，ある程度の数の建築群を有する寺院では，伽藍の向きを別とすれば，前方から後方へ，天王殿(または山門)・仏殿・楼閣などを縦列し，各建物ごとに回廊によって庭院を取り囲み，仏殿の前方左右に両配殿(閣)を置く配置が圧倒的に多くを占める．

【日本】南都六宗では，*塔・*金堂・*講堂・*僧房・*経蔵・*鐘楼・*食堂を〈七堂伽藍〉といい，禅宗では仏殿・*法堂・*三門・*僧堂・庫院(*庫裏)・*浴室・*東司をこれにあて，これら堂塔の配置を〈伽藍配置〉という．

*南都六宗の伽藍配置は，塔・金堂を縦に並べた*四天王寺式と横に並べた*法隆寺式が古く，四天王寺式の塔を二つにしたものが*薬師寺式，塔と講堂とが外に出たのが*東大寺式(塔が一つのものを*興福寺式)とし，さらに塔が*南大門外に出たものが*大安寺式というように説明され，大変分かりやすかったが，戦後の発掘で，塔を中心とし金堂が三つあり*回廊が後ろで閉じて講堂がその外にある*飛鳥寺，回廊が金堂に連なり中に塔がある大官大寺，もう一つの金堂と塔がある*川原寺，その他変わった多くの事例が明らかとなり，また法隆寺や*山田寺では回廊が後方で閉じ，講堂はその外にあることが確認され，伽藍配置の系統を説明するのが難しくなった．このため，1塔1金堂，1塔3金堂，2塔1金堂というように塔と金堂の数によって分類する人もあるが，あまりにも機械的に過ぎる．むしろ，回廊が後ろで閉じているか，講堂に連なるか，金堂に連なるかといった機能面を考えた分類法を考えなければなるまい．

平安時代に入ると，密教の山地伽藍では敷地の制約があり，奈良時代のような整然とした伽藍配置は見られなくなったが，平地伽藍では奈良時代の配置が踏襲され，一方，浄土教の発展に伴い，前面に広い池を設けた浄土曼荼羅図(*浄土変)にみるような伽藍が多く建てられた．

鎌倉時代になると，禅宗の伝来によって再び左右対称の伽藍配置が行われ，惣門(→南大門)を入ると三門が立ち，三門から出た回廊は仏殿に達し，後ろに法堂・*方丈を建て，回廊左右に庫院と僧堂を，三門斜前方に浴室と東司を設けるという中国風の配置が復活した．禅宗では塔を建てるけれども，伽藍中枢部を離れ，伽藍配置として有機的な関連は持たない．新興の浄土宗・浄土真宗・日蓮宗寺院の中世における伽藍配置は明らかでないが，近世のものでみると，*本堂と大師堂(*御影堂)あるいは*開山堂が左右に並ぶ形を基本としていることが分かる．→付録(伽藍配置)．

伽藍神 がらんじん　*伽藍を守護する神．*鎮守(ちんじゅ)もその一種であるが，通常禅宗寺院あるいは*泉涌寺(せんにゅうじ)系律宗寺院などにまつられる道教神の姿の像をいう．中国宋時代の寺院では土地堂(つちどう・どじどう)に土地公などと呼ばれる道教神をまつっており，それが日本にも伝えられた．鎌倉時代の*建長寺の伽藍配置を示す「建長寺指図」によれば，*仏殿の東に土地堂がある(いま堂はなく仏殿内に安置される)．建長寺像(5躯)が鎌倉時代に造られた現存最古の像．*『禅林象器箋(ぜんりんしょうきせん)』によればその名称は張大帝(ちょうたいてい)・大権修利(だいげんしゅうり)・掌簿判官(じょうぼはんがん)・感応使者(かんのうししゃ)・招宝七郎(しょうほうしちろう)であるという．康安2年(1362)尭慶(ぎょうけい)作の*寿福寺(じゅふくじ)像(3躯)，応永25年(1418)朝祐(ちょうゆう)作の神奈川・覚園寺(かくおんじ)像(3躯)がこれに次ぐ中世の遺品．近世には大権修利菩薩の名で達磨(だるま)大師像と一対でまつられることが多い．→土地堂(どじどう)．

干栗駄 かりだ　サンスクリット語 hṛd, hṛdaya の音写で，他に〈汗栗多(かんりった)〉〈紇哩陀耶(きりだや)〉などという音写もある．hṛdaya とは心臓のことである．hṛd はもともと感情・情緒などに関する心をいうが，仏教ではこれを〈真実心〉〈堅実心〉と訳し，*真如(しんにょ)・*法性(ほっしょう)の心としてとらえ，*如来蔵(にょらいぞう)的な心の意味にしている．そのような考え方からさらに展開して，天台系では草木の心のことをいうようになった．また〈*肉団心(にくだんしん)〉と漢訳して，人間の肉体的な心臓を指すこともある．

訶梨帝母 かりていも　⇒鬼子母神(きしもじん)

訶梨跋摩 かりばつま　⇒ハリヴァルマン

迦陵頻伽 かりょうびんが　サンスクリット語 kalaviṅka に相当する音写．略して〈迦陵頻〉とも．〈好声〉〈妙声〉〈美音〉〈好音声鳥〉など漢訳語も多い．鳥の名．美しく妙なる鳴き声を持つとされる鳥で，ヒマラヤ山や*極楽浄土に住むという想像上の鳥．インドのブルブル鳥(ナイチンゲールの一種)は，実在の鳥のなかでこれにもっとも近いイメージを持つとされる．

図像の上では人頭鳥身の姿で表されるが，美貌にして妙音であることから，わが国では*仏の妙音の形容ともし，また近世には美貌美声の芸妓や花魁(おいらん)をさすこともあった．井原西鶴作『諸艶大鑑(しょえんおおかがみ)』(好色二代男)の発端で主人公の初夢に登場し，色道の奥義を伝授した女護の島の人頭鳥身の美面鳥も，諸説はあるが迦陵頻伽から脱化したものであろう．なお，奈良時代に伝来した雅楽に同名の童舞〈迦陵頻〉がある．法会で仏・菩薩(ぼさつ)に供養した舞で，2人または4人の子供が天冠をかぶり，鳥の翼をつけて舞い踊る．胡蝶の舞と対になって舞われるもので，略して〈鳥の舞〉ともいう．

「こよひの御楽(おんがく)は，上品蓮台の暁の楽もかくやとおぼえ，今の御声は，迦陵頻伽の御声もこれには過ぎ侍らじと思ふに」〔問はず語り 3〕「わらはべの蝶・鳥の舞ども，ただ極楽もかくこそはと思ひやりよそへられて見るほどぞ」〔栄花音楽〕

訶梨勒 かりろく　サンスクリット語 harītakī の音写．インド，インドシナ地方に産するシクンシ科の高木．青黄色・卵形の果実は，五薬にも数えられるほどの薬効があり，眼病・風邪・通便に効くとされた．葉は長楕円形，花は白色，初秋に実をつける．室町時代には，象牙・銅・石で訶梨勒の果実を模造したものを白綾(しらあや)などで包み，組紐で飾って柱飾りとした．その薬効により邪気を払う具として柱に掛けたことに始まるという．「今朝，左大弁哥梨勒・檳榔子(びんろうじ)を乞ふ．使ひに付けてこれを遣はす」〔小右記 万寿 2.8.18〕「然れば瀉薬を服せしめんとて，呵梨勒丸を服せしむ」〔江談抄 3〕

カルマ派 ―は　[*t*: Karma pa]　チベット仏教*カギュー派から分かれて発展した一宗派．ガムポパの高弟カルマ-ドゥースム-キェンパ(Karma dus gsum mkhyen pa, 1110–93)を開祖とする．〈黒帽派〉と〈紅帽派〉に分れる．いずれも14世紀には転生*活仏(てんしょうかつぶつ)による相続制度を採用して活仏教団となり，*ゲルク派と政治的に対立して覇権を争った．17世紀に*ダライ-ラマ政権が成立した後は力を失うが，今日も教団として活動している．カギュー派の*大印契(マハームドラー)の教義と実践を受け継ぐ．黒帽派第3世ランチュン-ドルジェ(Rang byung rdo rje, 1284–1338)の『大印契誓願』(*Phyag rgya chen po'i smon lam*)はこの派の重要典籍であり，大印契の実践によって心の汚れが除かれて本来清らかな*仏性(ぶっしょう)が顕現することを説く．

迦楼羅 かるら　サンスクリット語 garuḍa に相当する音写．ガルダ．〈金翅鳥きんしちょう〉と訳される．伝説上の巨鳥．ガルダは竜(蛇)の一族の奴隷となった母を救うために，神々と争って不死の飲料であるアムリタ(*甘露かんろ)を手に入れ，母を解放した．竜を憎んで食べるとされる．*ヴィシュヌ神と親交を結び，その乗物となったという．仏教にも取り入れられて，*八部衆の一つとされる．*『リグ・ヴェーダ』において，神酒ソーマを地上にもたらした鷲(スパルナ)と同一視される．なお一説に，わが国の烏天狗の形相は，鳶に迦楼羅の姿態を混淆したものともいうが，定かではない．「金翅鳥きんじ，つひに竜王の子を取る事あたはずして帰りぬ．この鳥をば迦楼羅鳥とも云ふ」〔今昔 3-9〕

花郎 かろう　古代朝鮮，新羅しらぎの青年貴族集団の指導者．*弥勒菩薩みろくの*化身けしんとされる花郎の下に，成年式を経た青年たちが花郎徒として団結し，平時は山水を跋渉して宗教儀礼や道徳的・肉体的修練を行い，また歌舞を楽しみ，戦時には戦士団として外敵にあたる．部族社会の青年会集に淵源するが，弥勒が花郎の肉体を通じて現れるという点，弥勒下生げしょう信仰の影響が大きい．『三国史記』(1145)は真興王の治世(540-576)に始まると記すが，その原型は6世紀はじめに遡ると思われる．→弥勒信仰．

歌論 かろん　和歌に関する評論をいう．平安時代後期から鎌倉時代にかけて歌論が急速に発達する中で，和歌と仏教，歌道と仏道の相関をめぐる論議が盛んになり，特に白楽天(*白居易はっきょい)の「香山寺白氏洛中集記」に端を発する*狂言綺語きょうげんきご観は，涅槃経の「帰第一義」の教説とも結びついて，後代に大きな影響を与えた．

仏教の側からすれば「浮言綺語の戯れ」〔古来風体抄〕に過ぎない和歌を，「これを縁として仏の道にも通はさんため」〔古来風体抄〕に，仏徳を深く感じ讃歎することによって，両者の合一を図ろうとする主張が多くなされた．また詠作の態度に関しては，藤原俊成しゅんぜいや藤原定家らの歌論に与えた天台宗の*止観しかんの影響を無視することができない．俊成は，『古来風体抄こらいふうたいしょう』に*『摩訶止観まかしかん』の冒頭を引用し，和歌も止観も深層では相通

ずるものがある，と説く．定家の『毎月抄』でも，彼の主張する*有心うしん体の歌は「よくよく心を澄まして，その一境に入りふしてこそ，稀に詠まるる事ははべれ」と説かれ，その精神集中のありようが止観と共通するものであったことを明らかにしている．→和歌と仏教．

河口慧海 かわぐちえかい　1866(慶応2)-1945(昭和20)　仏教学者，探検家．大阪府の出身．*黄檗宗おうばくしゅうの僧であったが，原典による仏教研究を志し，1900年(明治33)，当時鎖国状態だったチベットに日本人として初めて入国し，02年まで滞在した．その後1913-15年にかけてチベットに入り，*チベット大蔵経をはじめ多くの文物を将来した(現在，東洋文庫などに保管)．第1回の事跡を記した『西蔵旅行記』は，当時のチベットの風物を伝えて貴重であり，英訳版(*Three Years in Tibet*)もある．帰国後は，チベット訳仏典にもとづく仏教研究・翻訳に従事し，宗教大学(大正大学)などでチベット語を講義した．還暦を期に*還俗げんぞくを発表し(ただし*持戒は継続)，晩年は*在家ざいけ仏教を提唱した．

川崎大師 かわさきだいし　神奈川県川崎市川崎区大師町にある真言宗智山派の大本山．金剛山金乗院こんごうさんきんじょういんと称し，一般には川崎大師平間寺へいけんじという．寺伝によると，1127年(大治2)，平間兼乗かねのりが霊夢によって海中より空海像を引き上げ，尊賢そんけんを開山として創建したという．1590年(天正18)豊臣秀吉の小田原攻めで焼失したが，江戸幕府の*外護げごで復興．*大師信仰の盛況を背景に，江戸に近く，東海道の往還に沿うという地の利もあって，江戸中期以降急速に信仰が拡大し，その江戸*出開帳と相まって広く庶民の信仰を得た．厄除やくよけ大師として栄え，正月の初詣でや3月21日の御影供みえいく，5月と9月の21日*護摩ごま供には特に参詣者が多い．成田山*新勝寺しんしょうじ，高尾山*薬王院とともに智山派の三大本山の一つといわれる．

川施餓鬼 かわせがき　施餓鬼会の一種で，特に水死者のためのものをさす．船上や川岸で行われたりする．しかし施餓鬼会そのものがもともと河原を舞台とすることが多かったようである．たとえば1422年(応永29)，京

都五条河原の施餓鬼会は有名で，前年の飢饉による死者の骨で6体の地蔵をつくって供養を行なったが，このときは数万の群衆がここに集まった．水や水死者に対する恐れは日本の民俗文化においてきわめて根強く，*怨霊(おんりょう)の慰撫(いぶ)を目的とする御霊(ごりょう)信仰もまた水辺の祭りと習合しながら発展してきた．「江戸の僧俗，七月盆中船中に誦経し，経木に志す所の戒名を記さしめ，これを流水中に投ず．これを川施餓鬼といふ」〔俳諧歳時記下〕「川施餓鬼でなければ，廬船(やかたぶね)へ乗ったことなき老仁(おやぢ)」〔洒・青楼昼之世界錦之裏〕．→施餓鬼．

瓦 かわら 【中国】西周時代初期(紀元前11世紀頃)の周原宗廟遺址(陝西省岐山鳳雛)から瓦が出土しており，西周晩期の陝西省西安市客省庄などの住居址からも出土例があり，これら初期の平瓦(ひらがわら)には瓦釘・瓦環という突出部を持つものが多く，その用途は瓦の固定のためと推測されるが，なお解明されていない．西周晩期までには棟(むね)の抑え用(日本の堤瓦〈雁振瓦(がんぶりがわら)〉)，平瓦，丸瓦(まるがわら)の種別が登場するが，初期の瓦葺(かわらぶき)屋根は全面ではなく，大棟(おおむね)・降棟(くだりむね)などの一部にのみ用いられたようである．

文献的にみると，春秋時代にはすでに宮殿などの主要な建物では瓦葺が普遍化し，戦国時代末期になると，民家でも瓦の使用が相当広く行われたらしい．秦・漢時代以降は，宮殿・官衙(かんが)・壇廟や仏教寺院なども瓦葺が原則となった．漢代の文献によると，火災を封ずる信仰から魚形の瓦を棟に置くことが始まったと伝えるが，蚩尾(しび)・鴟吻(しふん)・大吻(だいふん)などと称する，日本の鴟尾(しび)の源流となる形式のものは東晋時代以降に出現し，唐代になると宮殿の屋根は四阿(しあ)(*寄棟造(よせむねづくり))で棟の両端に鴟尾を置くことが定式化した．北宋時代の『営造法式』(1103)では平瓦を瓪瓦(はんが)，丸瓦を甋瓦(とうが)と称し，甋瓦を用いるのが最高級とするが，これは瓪瓦を谷，甋瓦を山に葺き重ねる形式(日本の本瓦葺(ほんがわらぶき)にあたる)で，それより一段簡素なものとして瓪瓦を山・谷の表裏交互に葺く形式を記す．近代には平瓦を板瓦，丸瓦を筒瓦と称し，本瓦葺にあたる筒板瓦，平瓦表裏使いの仰臥瓦(また仰合瓦)，平瓦だけを谷使いに並べる仰瓦などの各種形式があり，平瓦のみを用いる簡略形式は江南地方の大きな寺院建築遺構でも今日見られる．

瓦の表面に釉薬(ゆうやく)を施した琉璃瓦(るりがわら)はすでに南北朝時代に出現しているが，唐・宋・元時代には一層普遍化し，地方の寺院でも広く用いられた．このほか，唐代以降の遺構をみると，鴟尾だけでなく，大棟の中央，降棟の下端，隅棟の下半部などにさまざまな装飾の瓦が用いられている．

【日本】仏教伝来とともに伝えられた屋根葺(やねふき)材で，寺院はほとんど瓦葺としたから，〈瓦葺〉は寺の*忌詞(いみことば)として使われた．江戸中期に桟瓦葺(さんがわらぶき)ができるまで，瓦葺はすべて平らな平瓦を並べ，間に半円筒形の丸瓦を伏せた〈*本瓦葺〉であった．平瓦は女瓦(めがわら)，丸瓦は男瓦(おがわら)といい，軒先に出る瓦は先端に文様をつける．これを軒(のき)平瓦(宇瓦(のきがわら))，軒丸瓦(鐙瓦(あぶみがわら))といい，文様は瓦の時代判定の有力な根拠となる．軒平瓦には唐草文(からくさもん)，軒丸瓦は中世以後，巴文(ともえもん)が多いので，前者を唐草瓦，後者を巴瓦という．

瓦は棟(むね)そのほか特別な所に使うものがあり，役瓦(やくがわら)という．役瓦のうち特に重要なのは棟の端を飾る瓦で，鴟尾(しび)，鯱(しゃ)，鬼瓦(おにがわら)，獅子口(ししぐち)などがある．〈鴟尾〉は鵄尾・鮪とも書き，また形から沓形(くつがた)ともいう．鳥の羽根または魚の鱗のような形がつくられ，飛鳥・奈良時代の主要な堂に用いられた．〈鬼瓦〉は棟の端の納まりと飾りのために付けられた板状の瓦の表に蓮花文(れんげもん)あるいは鬼面を表したもので，鬼面をつけるものが大部分であるためこの名がある．古くはごく平面的な鬼面であったが，室町時代以後，立体的になった．

瓦経 かわらきょう　埋経(まいきょう)の一種で，瓦板の両面に経文をへら書きして刻み，焼いたもの．数例の*願文(がんもん)によると，釈迦滅度後，*弥勒菩薩(みろくぼさつ)の*出世を期して救済されんことを願って作ったと推定される．すなわち，地中に埋納すべく作られたのである．平安時代後期の遺品が多く発見されており，経典は法華経・無量義経・観普賢経・大日経・金剛頂経・蘇悉地経(そしつじきょう)・理趣経・般若心経など，また*両界曼荼羅(りょうかいまんだら)図を写したものもある．→埋経．

川原寺 かわらでら　奈良県高市郡明日香村にある真言宗豊山ぶざん派の古寺．〈河原寺〉とも書き，〈弘福寺ぐふくじ〉ともいう．大官大寺・*飛鳥寺あすかでら・*薬師寺と並ぶ飛鳥京・藤原京期の四大寺の一つ．斉明女帝(594-661)が没した時，飛鳥あすか川原宮で葬儀を行い，天智天皇がその宮跡に川原寺を創建したと思われる．2金堂こんどう，1塔をもつ独特の*伽藍がらん配置を持つ．673年(天武2)に川原寺で*一切経の書写が行われた記録が残る．のち*空海が当寺を賜って東南院に住したと伝え，弘福寺は東寺(*教王護国寺)の末寺となった．

棺 かん　死者を葬るにあたり，遺骸を入れる内箱．外箱を〈槨かく〉という．『説文解字せつもんかいじ』に「棺とは関なり．以て屍を掩う所ものなり」とあるように，中国伝統のもの．ただし仏教の場合，棺に「出離生死，入住涅槃，寂静無畏，究竟安楽」(生死を出離し，入りて涅槃に住し，寂静にして畏れなく，究竟安楽なり)，「迷故三界城，悟故十方空，本来無東西，何処有南北」(迷うが故に三界の城あり，悟るが故に十方は空なり．本来東西なく，何れの処にか南北あらんや)などと書き添えるようになった．それを〈棺文かんもん〉という．日本では中世から〈*龕がん〉を同義に用いた例が散見するが，近世に入ると，両語はまったく区別なく用いられている．なお，〈棺〉に対応する和語は〈ひつぎ〉(古くは，ひつき)である．「門徒の僧等，達磨を棺に入れて墓つかに持もて行きて置きつ」〔今昔6-3〕

観 かん　⇒止観しかん

願 がん　[s: praṇidhāna]　求めるもの(目的・目標)を前において(あらかじめ定めて)それを得ようと願い求めること．〈志願〉〈欲願〉〈願求〉〈誓願せいがん〉などとも訳される．一般に，ねがい，ちかいを意味する．この〈願〉を達成するための修行(実行，努力)を〈*行ぎょう〉といい，合わせて〈願行〉という．また往生を願うことを〈願生がんしょう〉，願の達成を〈願成就〉，願の力(はたらき)を〈*願力〉，悟りとか救いを願う心を〈願心〉などという．

ところで大乗仏教になると，あらゆる*衆生しゅじょうの救済を願って，無上の悟りをめざす*菩薩ぼさつの道が強調されるようになる．たとえば*竜樹りゅうじゅは大乗仏教の特質として，菩薩の願と行と*廻向えこうの三つをあげている．大乗の菩薩がすべてのものの救済を願うのは，*慈悲の心を根本としているからである．そこでこの願は〈*悲願〉といわれる．その内容はあらゆる衆生を救済する(仏にならせる)ために*仏国土ぶっこくどを建設しようとすることが中心となっている．その理想を示しているのが無量寿経に説かれる*法蔵ほうぞう菩薩の*浄土建立の願である．

なお，願には〈総願〉と〈*別願〉とがある．総願とはすべての仏・菩薩に共通している願のことで，*四弘誓願しぐぜいがんがそれである．別願とは，*阿弥陀仏あみだぶつ(法蔵菩薩)の*四十八願しじゅうはちがんのように，仏・菩薩がそれぞれ独自の立場から立てた特別の願のことである．また，国土安全・病悩平癒・致富成功・安産・申し子など，広く各人が神仏に願い事をすることをも〈願〉といい，その達成のために一定期間寺社に参籠する習俗もあった．〈願立て〉〈願懸け〉〈立願りゅうがん〉などは願を懸ける行為であり，その願いがかなえられた時には〈願ほどき〉〈願果たし〉などと呼ばれるお礼参りをするのが習いである．→誓願，本願．

「念仏往生の願と言ふは，その意広く周あまねきなり」〔無量寿経釈〕「ふるき願ありて，初瀬にまうでたりけり」〔源氏手習〕

龕 がん　字義は，〈含〉に通じて，受ける，盛る意．『広韻こういん』(1008)に「塔なり．また塔下の室を言う」と．仏寺の*塔の下につくった小室を指し，そこに尊像を祠ったことから*厨子ずし・*仏壇ぶつだんの意にも転じる．また日本では，中世頃から〈龕〉を〈棺〉に通用させることもあった．近代においては，ラテン語 nidus(巣)から派生した niche(英・仏)や Nische(独)と対応させた用語として用いられ，彫像や物品を置くために壁面に小規模に造成した〈くぼみ〉を指す．磨崖まがいや石窟中の壁面ばかりではなく，家屋などの構造物の壁面や柱にも設けることが多い．「吉利王，仏のために塔を起て，四面に龕を作り，上に師子の像，種々の綵画を作り」〔十二巻正法眼蔵供養諸仏〕「且しばらく行満龕墳を掃灑し，院宇を修持して」〔拾遺往生伝上3〕「我死せば，金柄の小刀と六道銭上銭六文龕の内へ入れよ」〔因果物語上〕．→龕像，磨崖仏．

寛永寺 かんえいじ　東京都台東区上野桜木にある天台宗の寺院．山号は東叡山とうえいざん．16

25年(寛永2)*天海が本坊円頓院を建立，寺名は年号に因む．以後，諸氏競って諸堂を建立，さらに*喜多院きたいんより山号東叡山を移して*比叡山ひえいざんに擬した．江戸城*鬼門に当たる要地を占め，平安京に対する比叡山の位置づけと同様，都城鎮護の意味をもった．1647年(正保4)守澄しゅちょう法親王が入寺し，まもなく寛永寺貫主の法親王が日光*輪王寺りんのうじ門跡となり一宗を統括する体制が形成された．宗門行政の中心は原則2名の*執当しっとうで，寛永寺の子院から選ばれ*門跡の下で活動した．子院の住職のうち凌雲院が学頭，寒松院が*東照宮とうしょうぐうの*別当を勤めた．歴代将軍廟所の地位を争った*増上寺ぞうじょうじと共に近世を通じて最上の格式を誇ったが，明治以後は特権的地位を失った．戊辰戦争や第二次世界大戦で堂舎の多くを焼失したが，清水堂や旧本坊表門などが現存する．

勧学 かんがく　近世末以来，日本仏教の宗派の中で，教学の蘊奥うんのうをきわめた指導的立場の僧侶に，〈勧学〉の称号を与えていることがある．浄土宗や天台宗では，僧侶に*僧階のほかに*学階を設けて，教学面での階位の最高位に勧学の称号を置いている．天台宗では勧学の学階のものの中から教学の諮問に与る出仕勧学を任命する．浄土真宗本願寺派では勧学を定員制とし，教学の指導的役割を果している．浄土宗西山派・浄土真宗興正寺派・同専修寺派にも置かれる．

勧学院 かんがくいん　鎌倉時代以降，大寺に設置された学僧養成の学問所．1281年(弘安4)北条時宗(1251–84)造営の高野山こうやさん勧学院が初見．続いて1312年(正和1)の園城寺おんじょうじ，さらには東寺(教王護国寺)・興福寺・東大寺と中央寺院に次々と設置され，数十名程の*学侶がくりょを対象として*論義・*談義の形式で教学教育を行い学匠を養成した．江戸時代に入って勧学院を持つ寺院はさらに多く，なかでも*長谷寺・*智積院ちしゃくいん・*禅林寺の勧学院は日本三学席と称揚された．また地方でも摂津の本興寺ほんこうじ(兵庫県尼崎市)，紀伊の*粉河寺こがわでらなど多くの寺院で勧学院と呼ばれる施設が設置された．なお，勧学院の名は，821年(弘仁12)藤原冬嗣が大学寮に学ぶ一族の子弟のための寄宿舎として建てたもので，後に大学別曹として公認されたものにはじまる．→檀林だんりん，学林．

勧学会 かんがくえ　平安時代に行われた僧俗合同の法会．作文と崇仏の両立を志した*白居易はくきょいの影響を受けた慶滋保胤よししげのやすたねら大学寮紀伝道きでんどうの学生が，叡山僧勝算しょうさんらと，毎年3月・9月の15日に叡山西麓辺で，法華講・阿弥陀念仏・作詩の会を催したのに始まる．康保元年(964)から保安3年(1122)まで，2回の中断で3期にわけられる．なかでも第1期は，保胤の行動や叡山浄土教とのかかわり，*狂言綺語きょうげんきご観など，浄土信仰発達史上注目すべき宗教運動である．なおこの行事の様子は，*『三宝絵』下14の「比叡坂本勧学会」に詳しい．「台山の禅侶二十口，翰林の書生二十人，共に仏事を作なして勧学会といふ．縁を結び，因を植う．盛んなるかな，大いなるかな」〔本朝文粋10〕

歓喜 かんぎ　教えを聞き*信心決定しんじんけつじょうした時に起こるよろこび．*親鸞しんらんは『一念多念文意』に「歓喜といふは，歓は身をよろこばしむるなり，喜は心をよろこばしむるなり．得べきことを得てむずとかねてさきより喜ぶこころなり」と，真実の信心をえて往生が決定したとき身心ともによろこびに包まれることが歓喜であるという．*十地経じゅうじきょうは菩薩の*十地を説き，初地を「歓喜地」と呼んでいるが，これは，初地をえた菩薩は，自己への執着を捨てて，他の一切のものの悟りを実現するためあらゆる徳目の実践をめざし，そこによろこびを得るからである．*無量寿経むりょうじゅきょうには，「その名号を聞いて信心歓喜し」とあって信心のよろこびを説き，また*阿弥陀経あみだきょうには「仏の所説を聞きて歓喜信受し」と，*聞法もんぽうによるよろこびを述べている．親鸞は，信心のよろこびを得た人は「如来とひとし」と讃えられている，という．

歓喜はまた〈*踊躍歓喜ゆやくかんぎ〉というように用いられることがあるが，この場合，踊躍は形や動作に現れるよろこび，歓喜は心の中のよろこびをいう．

「初めて浄土に往生するなり．その時の歓喜の心はことばをもって宣ぶべからず」〔往生要集大文第1〕

歓喜天 かんぎてん　[*s*: Nandikeśvara, Gaṇapati, Vināyaka]　〈歓喜自在天〉〈大聖歓喜天〉ともいい，略して〈聖天しょうでん〉という．インドで大*自在天の子として父の軍隊を統轄するガネーシャ(Gaṇeśa)にあたり，またもろもろの事業の障害をなすビナーヤカ(Vināyaka)神ともいわれる．密教では*大日如来(だいにちにょらい)の眷属(けんぞく)として*両界曼荼羅(りょうかいまんだら)の*天部に位置し，*儀軌(ぎき)により多くの尊形がある．わが国では特に象頭の夫婦双身像として夫婦和合・安産・子宝・財宝の神として尊崇され，生駒(いこま)聖天(宝山寺，奈良県生駒市)，妻沼(めぬま)聖天(歓喜院，埼玉県大里郡妻沼町)などが有名である．遺例に，歓喜院の*錫杖(しゃくじょう)の像(鎌倉時代)や宝戒寺像(鎌倉時代，神奈川県鎌倉市)などがある．なお，歓喜天に供える菓子を〈歓喜団〉〈歓喜丸(がん)〉といい，穀類・薬種などをこね合わせて油で揚げたもの．

閑居 かんきょ ⇒閑居(げんご)

寒行 かんぎょう 寒(かん)の入りから30日間，寒苦に耐えて坐禅・托鉢(たくはつ)・誦経(ずきょう)・念仏・題目などを行うこと．修行の容易な他の季節の修行より功徳が大きいという信仰がその背景にある．鉦(かね)を叩いて念仏や*和讃を唱えるのを〈寒念仏〉，鈴を鳴らしながらはだしで社寺に参詣するのを〈寒参り〉，冷水を浴びるのを〈寒垢離(かんごり)〉という．僧俗を問わず行われ，俗間では技能の進歩を祈って行う者もあった．「修験の徒，寒中道路ならびに橋上に立ちて水をあみ，銭を乞ふなり．これを寒垢離といふ．これ寒中の水行なり」〔俳諧歳時記下〕「寒中三十日の間，毎夜七墓を廻り，鉦を敲(たた)き，念仏を唱ふ．これを寒念仏といふ」〔華実年浪草15〕

諫暁 かんぎょう いさめさとすこと．*日蓮(にちれん)は，釈尊が聴衆に末代弘経(ぐきょう)には身命を捨てて取り組むよう訓戒したことを，しばしば〈諫暁〉と称した．転じて，幕府・民衆に*法華信仰を勧める日蓮の立正安国(りっしょうあんこく)の運動を，後世〈国家諫暁〉と呼び，江戸期に入るまでは，朝廷・幕府に対し*『立正安国論』に申状(もうしじょう)を添えて上進し，改信をせまることを宗門要路者の恒例とした．「法華経を流通せんと，諸(もろもろ)の大菩薩に諫暁せしむ」〔日蓮消息文永12〕「高祖，すでに国主の謗人に施すことを痛んで，安国論を造って天下を諫暁したまふ」〔宗義制法論〕

観行 かんぎょう *観察・*観想の*行法(ぎょうぼう)．〈観〉(vipaśyanā)は，真理(dharma，*法)を観察することで，〈止(し)〉(śamatha，心の静止)の*行(ぎょう)に対する(→止観)．観察の対象によって，〈観因縁行〉〈観無常行〉〈観苦行〉〈観空行〉〈観無我行〉などともいう〔大集経28〕．この〈観行〉の概念は，天台教学において，*円教(えんぎょう)の修行の階位を表す*六即(ろくそく)(理即・名字(みょうじ)即・観行即・相似即・分真即・究竟(くきょう)即)の第三位に位置づけられ，真理を概念(*名字)としてのみ知り，それを心で観察して*智慧(ちえ)を増長(ぞうじょう)してゆく段階とされた〔法華玄義1上，摩訶止観1下〕．「五部の真言雲晴れて，三密の観行月煸(はが)らかなり」〔新猿楽記〕「心に観行を凝(こ)らして，妙法を読誦し，文の義を思惟して句逗(くとう)(句読)を乱さず」〔法華験記中43〕

元暁 がんぎょう ［Wŏn-hyo］ 617-686 〈げんぎょう〉とも読む．*朝鮮仏教を代表する僧．新羅(しらぎ)の押梁郡仏地村(慶尚北道慶山郡)の生まれ．姓は薛(せつ)，名は思．諡(おくりな)は和諍(わじょう)国師．若くして各地を遊学し，多くの師について学んだ．後輩の*義湘(ぎしょう)とともに入唐を試みた際，旅の途上で一切は心が生み出したものであることに気づき，留学をやめたと伝えられる．和諍の思想，すなわち対立する諸説を調停しうる思想を追求して，*『大乗起信論(だいじょうきしんろん)』に基づく独特の立場に立ち，すべての経論は平等であって説き方が違うだけであると論じて，新訳*唯識(ゆいしき)説と旧訳の*仏性(ぶっしょう)説の論争を初めとする様々な論争や異説の調停に努めた．のちに還俗して子をもうけたが，還俗後は俗服を着て小姓居士と名のり，道徳にとらわれずに自由に振る舞い，村々を歌い歩いて仏教を広めたとされ，様々な逸話が伝えられている．

『二障義』『金剛三昧経論』『無量寿経宗要』『十門和諍論』その他，広範な領域にわたる膨大な著作を著した．これらは，新羅で重んじられただけでなく，中国でもある程度読まれたようであり，なかでも『起信論義疏(海東疏)』は*法蔵(ほうぞう)の『起信論義記』に大幅に取り入れられ，中国仏教に大きな影響を与えた．日本でも，奈良時代には元暁の著書が数多く将来され，南都仏教を中心としてきわめて尊重されており，日本のみに残っている著作も多い．*高山寺(こうざんじ)の*『華厳縁起(けごんえんぎ)』は，

*明恵(みょうえ)が元暁と義湘の事跡を描かせたものである．

『閑居友』 かんきょのとも　1222年(承久4)成立の仏教*説話集．撰者は法華山寺の入宋僧慶政(けいせい)か．さる内親王の依頼による編述で，上巻に21，下巻に11の発心・遁世・求道・往生話を収める．特に下巻の大半は女性を主人公とし，女性を対象とする指向がうかがえる．各話の後半に，主人公の行実の美点をインド・中国・日本の先例や*『摩訶止観(まかしかん)』を中心とする仏典を引用して裏付け，読者が彼等と*結縁(けちえん)し，往生の機縁たらしめるよう勧説する．*往生伝を受け，*『発心集(ほっしんしゅう)』に倣(なら)いつつ，説話説示の新様式を生み出し，*『撰集抄(せんじゅうしょう)』に強い影響を与えた．

看経 かんきん　〈きん〉は唐音，〈看〉はみる意．禅宗で，経を黙読することをいい，声をあげて読む〈*諷経(ふぎん・ふきょう)〉の対語．*『臨済録』に用例がみられ，道元の*『正法眼蔵』に「看経」の巻があって黙読の意に用いられ，看経のための堂宇を〈看経堂〉，看経に対する布施の金銭を〈看経銭〉とよんでいる．ただし，道元と同時期に成立した『明恵上人伝記』などでは，「僧俗群集して，あるいは看経し，あるいは礼拝す．其の声を聞くに」のように看経を*読経(どきょう)・*誦経(ずきょう)の意に用いている．「現在，仏祖の会(え)に，看経の儀則それ多般あり」〔正法眼蔵看経〕「衣の破れたるに七条(の袈裟)をかけて看経ありしが，道行にやせて色黒み，そのさま衰へてあれども」〔伽・三人法師〕

『閑吟集』 かんぎんしゅう　室町末期，1518年(永正15)に成立した(巻頭の真名(まな)序)歌謡集である．編者は連歌師の宗長(そうちょう)(?–1532)という説もあるが不明．京洛を避け，東海地方の富士山の見える地に隠遁生活を送った僧の著作である．収載歌は長短あわせて311首．このうち4分の3は小歌で，ほかに大和節・近江節・田楽節・放下(ほうか)歌・早歌(そうか)なども採り込まれている．応仁以降の乱世の時代思潮を反映して，無常思想に根ざす虚無感，刹那主義的恋愛観などを表白した歌が多い．

寒苦鳥 かんくちょう　インドの*雪山(せっせん)(ヒマラヤ)に住むとされる想像上の鳥．夜は穴居して寒さに苦しみ，明日は巣を造ろうと鳴き通すが，朝日を浴びると寒苦を忘れ，今日明日の命も保証しがたい無常な世の中に巣造りなどしても意味がないと鳴き通して，毎日を送るという．現世の苦界にあえぎながら，出離(しゅつり)解脱(げだつ)の道，すなわち仏法を求めない凡夫の懈怠(けたい)のたとえとする．譬喩(ひゆ)として説教に引かれることが多く，インドの故事として周知されて，*釈教歌(しゃっきょうか)の歌題ともなっている．「寒苦鳥は無常を観ず」〔注好選下〕「雪山(の)寒苦鳥　中納言実守　雪に住む鳥とや言はん卯の花の陰に隠るる山ほととぎす」〔九巻本宝物集2〕

勧化 かんげ　人を説き勧めて仏教に帰依させること．また，寺社のために財物を寄進するよう勧募すること．〈勧化所〉は寄進を受けたしるしにお札(ふだ)などを渡す所，〈勧化帳〉は寄進した人の名を記すもの．近世においては，寺社の維持・修繕・再建などのために*寺社奉行の免許状をもって村を巡り，寄付を集めることを〈御免勧化(ごめんかんげ)〉と呼び，各村は伝馬・人足を無料で提供し，割当ての金額を負担しなければならなかった．「もはら称名の行をすすめ給ひしかば，勧化一天にあまねく，利生万人に及ぶ」〔黒谷上人語灯録11〕「小湊なる誕生寺に経堂を建立せんとて…最寄(もより)最寄の邑村(むらむら)を勧化にあるく一群が」〔人情・春告鳥6〕

管絃講 かんげんこう　〈管弦講〉とも書く．笛・琵琶など楽器の演奏を伴って上演される*講式をいう．たとえば真源の『順次往生講式』は，9段から成る式文を朗読するにあたり，各段ごとに楽器の演奏に合わせて*舞楽と催馬楽(さいばら)の声歌も吟誦するよう演出されていた．このような講式を演ずること，またその場を〈管絃講〉とよんだようである．楽器の演奏は極楽の快楽の象徴として用いたもののようで，浄土教系の講式にしばしばみられる．ほかに今様(いまよう)講・朗詠講・郢曲(えいきょく)講など音楽を目的とする講会にも楽器の使用がみられ，それらも〈管絃講〉とよんでいた．「今夜，鶴岡若宮の宝前において，管絃講を行はる．別当僧正，式を読む」〔吾妻鏡文永2.3.9〕

元興寺 がんごうじ　奈良市にある寺院．

【法興寺から元興寺へ】『日本書紀』によれば蘇我馬子(そがのうまこ)(?–626)は588年(崇峻1)飛鳥(あすか)の真神原(まかみのはら)の地に寺の造営を発願し，約9年を要して596年(推古4)に完成したという．この寺が〈*飛鳥寺(あすかでら)〉で，〈法興寺(ほうこうじ)〉とも呼ばれた．天武朝には*官寺となり，藤原京時代には四大寺の一つとなった．平城遷都に伴い718年(養老2)に法興寺の大部分が現在地に移り，〈元興寺〉と呼ばれた．中金堂(ちゅうこんどう)などを残す飛鳥の法興寺は〈本(もと)元興寺〉と呼ばれるようになった．

奈良時代には*写経が盛んに行われ，元興寺の経巻はその正確さのために定本として多く用いられた．教学では*三論宗・*法相宗(ほっそうしゅう)の本拠としてそれぞれの僧団を形成し，都の教界で重きをなした．しかし，1451年(宝徳3)と1859年(安政6)の火災で*伽藍(がらん)を失い，現在は奈良市芝新屋町に仮堂の本堂を残すのみである．なお，元興寺と法興寺は同寺説と異寺説とがあったが，現在は同寺説が通説となっている．

【元興寺極楽坊】この寺の三論宗の一派から*智光(8世紀頃)が出現し，*浄土教を学んで『無量寿経論釈』などを著した．智光が感得して画工に描かせた*智光曼荼羅(ちこうまんだら)が安置されたことから，智光の住房は〈極楽房(坊)〉と称せられ，中世には極楽坊を中心として*叡尊(えいぞん)教団による復興がなされ，極楽坊は*西大寺末寺の寺院となった．すなわち奈良市中院町にある*真言律宗の〈元興寺〉で，旧称〈元興寺極楽坊〉といい，本堂と禅室は鎌倉前期の貴重な遺構である．

【文学への影響と伽藍縁起】こうした寺史を背景に，元興寺は古代・中世文学との関係も密で，創建時の奇蹟，智光曼荼羅の由来，智光と*行基(ぎょうき)の因縁などは長く説話文学の中に伝承され，元興寺の諸仏諸天の霊験譚は一括して9世紀後半成立の*『日本感霊録』に収録されている．また*『日本霊異記』の圧巻である元興寺の下僧道場法師関連説話群や*西行の寄進とされる柿経(こけらきょう)など，本寺は日本文学史上の話題に富む．

この寺の建立の由来などを記したものとして『元興寺伽藍縁起幷流記資財帳(がんごうじがらんえんぎならびにるきしざいちょう)』がある．これは747年(天平19年)に牒上されたものとその末尾に記されているが，その内容は五つの部分からできている．第一は，仏教伝来から推古天皇や*聖徳太子の誓願に及び，建興寺・建通寺の建立にふれ，第二は，建通寺塔露盤銘，第三は，元興寺丈六釈迦像光背銘を記し，第四は，746年(天平18)の流記資財帳の抄録，第五は，インドの物語に付会して元興寺の由来を述べたものである．これらのうち第一から第四までは大体，豊浦寺(とゆらでら)の由来を述べて僧寺の建立に至り，二つの銘を記し元興寺(法興寺と同寺)の創建を示そうとしている．

観察 かんさつ [s: vipaśyanā] 〈かんざつ〉とも読む．観察がvipaśyanā(毘婆舎那(びばしゃな))の訳語である場合，それは〈観〉と同じであり，〈止〉(śamatha，奢摩他(しゃまた))に対する(→止観)．慧(え)，すなわち澄みきった理知のはたらき，によってもろもろの*法のすがたや性質を観察することを意味する．観察の対象たる法は，時に，心の中に浮かべる種々のイメージ(その場合の観察は*観想ともいう)であり，自身の心の本性(その場合の観察は*観心ともいう)であり，あるいは，仏のもつ諸徳性(その場合の観察は*観仏ともいう)であったりする．東アジアの浄土教では，観察はその実践の一部門(五念門(ごねんもん)の第4，五正行(ごしょうぎょう)の第2)として重んぜられ，*阿弥陀仏(あみだぶつ)の，その仏国の，およびそこに在る諸*菩薩(ぼさつ)の，すぐれた徳性が観察の対象とされる．「有漏心をひるがへして思惟観察せば，何ぞ菩提心を発得する事なからんや」〔夢中問答上〕．→五念門．

願作仏心 がんさぶっしん *仏になろうと願う心．*浄土に往生したいと願う心．曇鸞(どんらん)の*『往生論註』下にある言葉．「願作仏心とは即ち是れ度衆生心(どしゅじょうしん)なり．度衆生心とは即ち是れ衆生を摂取して有仏の国土に生ぜしむる心なり」と述べ，仏になろうとする自利の心はすなわち*衆生を度するという利他の心であることを強調している．「金剛心はすなはちこれ願作仏心なり，願作仏心はすなはちこれ度衆生心なり」〔教行信証信〕

寒山・拾得 かんざん・じっとく [Hán-shān, Shí-dé] 中国,唐，8-9世紀頃，*天台山(浙江省)国清寺に隠棲した豊干(ぶかん)門下の風狂の高僧，寒山と拾得．〈寒山〉は山中の寒巌幽窟に住み，〈拾得〉は豊干に拾われたことに因む名という．実在人物かどうか不明だが9世紀には伝説化された．後人が編集した*『寒山詩』は，その禅機に富む脱俗性，時俗への諷刺という詩風が宋，邵雍(しょうよう)(1011–77)の

『撃壌集(げきじょうしゅう)』の一派に継承された．なお，禅宗画の画題とされ，*明兆(みんちょう)(東福寺蔵)や海北友松(かいほうゆうしょう)(妙心寺蔵)などの作例がある．また森鷗外に，彼らを主人公とした短編『寒山拾得』(1916)がある．→寒山寺．

『寒山詩』 かんざんし　正しくは『寒山子詩集』といい，唐代の伝説的な僧である寒山の詩を集めたものとされる．現行本は，冒頭に閭丘胤(りょきゅういん)の序，末尾に豊干(ぶかん)と拾得(じっとく)の詩を付している．3人は*天台山国清寺で交渉を持ったとして〈国清三隠〉と称され，しばしば画題にも用いられた．そのため本書も，しばしば〈三隠詩〉〈三隠集〉などとも呼ばれている．異本によって収録する詩の数，配列，字句などに異同が見られるが，最も古い宮内庁書陵部の宋版では，寒山の詩が306首，豊干の詩が2首，拾得が55首となっている．寒山の詩とされるものも，内容は極めて多様性に富み，1人の作者の作品と見なすことは難しく，かなりの数の詩が後人の仮託と考えられている．その詩は脱俗性と風刺精神に富むため，古くから愛好されていたようであるが，宋代になって禅が社会体制に深く組み込まれると，いよいよ憧憬の対象として注目されるようになり，しばしば刊行された．日本には禅僧によって伝えられ，*叢林(そうりん)を中心に流布した．*五山版を初めとして多くの刊本があり，江戸時代には数種の注釈書も著された．→寒山・拾得，寒山寺．

寒山寺 かんざんじ　中国，江蘇省の蘇州西郊にある風光明媚な寺で，唐代の伝説的な僧である寒山が庵を結んだ故地とされる．近くの楓江(ふうこう)にかかる橋，楓橋にちなんで，〈楓橋寺〉とも呼ばれた．その創建は梁代に遡るというが，注目されるようになったのは，寒山や拾得(じっとく)の伝説化が進んだ唐代からで，特に張継(ちょうけい)の詩，〈楓橋夜泊〉で，「月落ち，烏啼いて，霜天に満つ．江楓，漁火，愁眠に対す．姑蘇城外の寒山寺．夜半の鐘声，客船に到る」と詠われて，一躍有名となった．宋代には*『寒山詩』の流行もあって，名刹としての地位を不動のものとしたが，その後，たびたび火災に遭い，明代以降，衰微した．清代に編集された『寒山寺志』3巻がある．→寒山・拾得．

元三大師 がんざんだいし　第18代天台座主*良源(りょうげん)の別名．ただし大師といっても公式の*諡号(しごう)ではなく，正月三日(元三)に没したところから，のちにこう呼ばれるようになった．正式には慈恵大師．死後はやくから誕生・往生の奇瑞や験力が伝説化され，また*比叡山(ひえいざん)内の各所で影像や画像が祀られるなど，大師自身が信仰の対象となってきた．弘法大師とならんで代表的な大師信仰の主人公である．江戸期以降は大師をまつる寺で魔よけとして，角をはやした夜叉姿の*角大師(つのだいし)など木版刷りの絵符をだす風習がひろまった．正月3日を初縁日(元三会)とする．

官寺 かんじ　*伽藍(がらん)造営や維持の費用を国から受ける寺で，官大寺・*国分寺・有食封寺(ゆうじきふじ)・*定額寺(じょうがくじ)が含まれる．天武朝の中央集権的な仏教統制政策の下で，氏寺(うじでら)・私寺といった私的目的で建立された寺院が，経営の困難もあって国家仏教寺院へと再編されたのが官寺の発端であり，早い例では679年(天武8)寺の食封(じきふ)調査の詔が見えている．以後，主たる大寺は当初から官寺として建立されるようになり，古代においては官寺が仏教の主軸を形成した．

〈官大寺〉は，基本的には天皇の発願で建てられ*鎮護国家を祈る寺で，寺田・出挙稲(すいことう)・永年の食封を受けた．680年(天武9)の勅で，大官大寺(だいかんだいじ)(*大安寺)，弘福寺(ぐふくじ)(*川原寺(かわらでら))，法興寺(ほうこうじ)(*飛鳥寺(あすかでら)・*元興寺(がんごうじ))をさすと思われる文言が見えるのを初見として，藤原京ではこれに*薬師寺を加えた〈四大寺〉，756年(天平勝宝8)には大安寺・薬師寺・元興寺・*興福寺・*東大寺・*法隆寺・弘福寺をさすとみられる〈七大寺〉，平安時代には十五大寺まで増加したが，食封は天皇一代に限られるようになった．〈国分寺〉は737年(天平9)，740年(天平12)，741年(天平13)の詔によってやはり鎮護国家を祈る寺として建立され，食封と出挙稲を給されたが，実際の創設は国によっては平安時代までかかっている．

〈有食封寺〉の大半と〈定額寺〉は貴族豪族建立の準官寺であるが，前者は寺田・出挙稲と5年(大宝令制)の食封を受け，749年(天平勝宝1)を確実な初見とする．後者は寺田と出挙稲を受けた．中世以降においては幕府の特に保護する寺院の称とした．→南都七大寺，氏寺．

乾屎橛 かんしけつ　〈橛〉は杙．乾いてかちかちになった棒状の糞．なんの用もなさぬ無意味なものの意．しかし，それがそのまま見事な真理の提示になっている．*『臨済録』上堂に「無位の真人是れ什麽の乾屎橛ぞ」とあり，また『雲門広録』上に「雲門因みに僧問う，如何なるか是れ仏．門云く，乾屎橛」とあるのが有名．従来，民家で用いた除糞用の竹べらとか，使用後の尻を拭う木べらとか解されてきたのは誤り．「文字は乾屎橛の如く皆やくにたたぬ物，文字のうへになきこそ禅家の無乗の法なり」〔ひとりね〕

観自在菩薩 かんじざいぼさつ　⇒観世音菩薩

ガンジス河 がわ　[s: Gaṅgā]　〈ガンガー〉，漢訳して〈恒河〉．インド亜大陸の大河の一つ．全長 2,580 キロメートル．流域面積 905,000 平方キロメートル．ヒマラヤ山脈のナンダ-デーヴィー山の近く，高度 7,000 メートルのガンゴートリ氷河，ゴームク(牛の口の意，北緯 30°54′，東経 79°7″)に源を発し，ウッタルプラデーシュ州アラーハーバードでジャムナー河と，ビハール州パトナでガンダク河と合流し，東に流れて河口にデルタ地帯を形成して，チベット高原に源を発するブラフマプトラ河を合わせてベンガル湾に入る．

〈ガンガー〉の名称は，すでに*『リグ-ヴェーダ』に見られるほか，紀元前 304 年頃シリア王セレウコス-ニーカトール帝により，チャンドラグプタ王(*マウリヤ王朝)の許に派遣されたメガステーネスのギリシア語文献にも見られる．ただし，ガンガーの語源はオーストロ-アジア系ともドラヴィダ系ともいわれ明確ではない．ヴェーダ学者の説によると，√gam (行く)という語根の複説形で〈行き行きて〉という意味を内含するともいう．*ヒンドゥー教の伝承によれば，ガンガーは初め天上にあり，*ヴィシュヌ神の爪先より流れ出て天界を潤したが，流れを地上に導きたいとの人々の熱望により，バギーラタ仙が長年にわたって厳しい*苦行を行じ，その*功徳の結果として地上に下降したとされる．下降に際して，その水量があまりにも豊かで洪水の危険があったところから，*シヴァ神が頭上の頭髪にこれを受け，あらためて七つの河としてインド大陸に流したと伝えられる．南インド，マドラスの南，マハーバリプラムの海岸寺院(7 世紀造立)にはガンガー降下の神話を石の浮彫に表現したものがある．

ガンガーはインドの人々にとり最も神聖な河であり，流域にはリシケーシ，ハルドワール，アラーハーバード，ベナレス，ガンガーサーガルなど，ヒンドゥー教の聖地が点在する．ヒンドゥー教徒が*火葬の灰を川に流すのも，すべての川はガンジス河に通じ，魂は天上に赴くとの信仰に基づく．漢訳経典には〈恒河〉と記され，*恒河沙(恒沙)はこの河の無数に多くの砂の意味から，浜のまさごと同じく，無数に多いことの喩えとして用いられる．

乾漆像 かんしつぞう　乾漆技法を用いた像をいう．乾漆は中国で〈夾紵〉と呼ばれた技法で，秦・漢時代にこの技法による容器があり，やがて仏像彫刻にも用いられた．日本では 7 世紀後半，天智朝の百済大寺の乾漆丈六像が最古の記録．奈良時代の*正倉院文書には，〈即〉〈塞(壌)〉の字をあてている．木や縄を心とした塑土を原型として，その上に漆で麻布をはり，乾いた後さらに何回か麻布を漆ではりこむ同じ工程を繰り返す．その後，乾燥を待って内部の塑土を像底あるいは像の背面の一部から抜き取り，空洞化した内部に収縮によるひずみを除くためと形を保つために木や棚状の板などを入れて心木として，切り取った部分を縫合して最後に木屎漆とか抹香漆と呼ぶ通気性に富んだ物質と漆をねったもので，細部の盛りあげや*荘厳などを行い，金箔を押したり彩色をおいて仕上げる．このような技法を〈脱活乾漆〉〈脱乾漆〉といい，奈良時代にさかんに行われ，*興福寺の*十大弟子や*八部衆，*唐招提寺の*盧舎那仏，東大寺*三月堂の諸像など有名である．

奈良後期，平安初期に行われた〈木心乾漆〉像は原型を塑土の代わりに，大体の形を彫り出した木彫として，その上に漆と麻布を何回か重ねてのち，木屎漆などを盛りあげて仕上げをし，同じく金箔押しや彩色を行なったもので，唐招提寺金堂の*千手観音立像や*薬師如来立像などがある．同時期から行われるようになった木彫が，木心乾漆像の成立に寄与したとみられる．なお，仏身から遊離した*天衣・*条帛や手指などは，金属線に麻布をまきつけて成形することが多い．

漢詩文と仏教 かんしぶんとぶっきょう　【飛鳥時代】推古朝以降，仏教精神が政治理念と結び付き，聖徳太子は自ら仏教を鼓吹し，仏典の注釈にまで手を染めるが，それは詩文の領域には及ばない．天智天皇を中心とする近江朝の改革は中国文化を範として進められ，その皇子が初めて漢詩を創作する．天武天皇をめぐる壬申の乱を経て，漢詩の風も次第に盛んになるが，宮廷や貴族の間の遊宴の詩が中心で，*智蔵のような入唐留学の僧の詩にも仏教文学の色彩はない．*『万葉集』の歌の作られた時代は，仏教文化が日本列島に流入した時代であるが，『万葉集』には*満誓沙弥や山上憶良の無常歌に仏教の精神がうたわれるほかは，寺院の風景断片を詠む程度で，仏教文学というほどのものはない．近江朝より天平期に至る漢詩人64人，作品120編の漢詩を編集した『懐風藻』も，遊宴詩が中心で，山寺梵門にわたる作品はきわめて少ない．さらに，太安万侶の墓碑銘板が発見され，成立が8世紀初頭であることが立証された記紀の歴史撰述にも，文体や措辞や注文形式に多少仏典の影響が認められる程度である(→記紀と仏教)．

【奈良時代】奈良時代の仏教漢文学は，多く初唐の影響をうけ，模倣のあとが多い．中でも東大寺正倉院にある*聖武天皇の『宸翰雑集』の中の詩篇，あるいは東大寺*大仏開眼会における供養舎那仏歌辞や供養真言銘板銘などは，奈良時代の仏教思想を反映する文学作品として注意すべきものである．奈良時代に特に注目すべきは，天平の代に出て延暦の初めまで生きた2人の皇族貴族文人，淡海三船と石上宅嗣である．三船は唐僧*鑑真の在俗の弟子，『懐風藻』序の撰者で，鑑真の伝記*『唐大和上東征伝』を修撰した．宅嗣・三船ともに文人の首とたたえられ，儒仏を兼修し，宅嗣は自宅を寺として，そこに外典の書をも蒐め，*芸亭院と名付けて人々に開放した．

【平安時代前期】三船・宅嗣の仏教文学を受け継いで展開大成したのが空海である．*『三教指帰』は，儒・道二教をのり超えて仏教に救いを見出す魂の軌跡が美しい四六駢儷の散文で描かれる．*『性霊集』は弟子の真済の撰になるが，詩のほかに*願文・*表白なども収めて多彩である．さらに，留学僧としての入唐体験をもつ人々の中から生み出された作品として，円仁の*『入唐求法巡礼行記』のようなすぐれた求法紀行文学作品もある．9世紀初頭には勅撰漢詩集が続撰されるが，空海や最澄をめぐる僧団と貴族との交流を物語る梵門詩の新しい項目も設けられた．空海の山居を詠んだ漢詩群，多くの人たちのために作った願文・表白の作品は，10世紀初頭に進献された菅原道真の『菅家文草』12巻，ことに若い日の「顕揚大戒論序」や多くの願文作品と共に，平安朝をかざる二大記念碑である．道真と同時代の三善清行の『詰眼文』の作品には，眼が老いの果てにかすむようになった嘆きを訴え，懺悔回心して仏法僧の*三帰依の門に入ることを勧めるが，同様のことは後に源為憲も*『三宝絵』で強調し，その作品構成の柱にたてた三帰*五戒は仏教の根本の柱で，敦煌*変文でも宣唱されるところである．

【平安時代中期】10世紀前半から11世紀初頭にかけての王朝漢文学の中興・再盛期は，一方で日本語文学への分化・解体期でもある．964年(康保1)，慶滋保胤が首唱者となって*勧学会が行われた．わが国の浄土教史上画期的な意義をもつもので，これによって推進され，教理的には源信の*『往生要集』によって整備された*阿弥陀信仰(広義の浄土教)は，*末法思想も契機となって摂関権力斜陽期の上下社会に広く浸透した．保胤は『池亭記』や往生伝の嚆矢としての意義をもつ*『日本往生極楽記』も著している．藤原公任撰の*『和漢朗詠集』や高階積善撰の『本朝麗藻』には，中国の部類書の標徴には見られない仏事の部も設けられた．また，大江匡衡の『江吏部集』には釈教部が設けられ，仏・経・寺・僧・願文を詠んだ詩が集められている．

【平安時代後期】11世紀後半以降の王朝後期漢文学は，さまざまな変貌を遂げていった．文人貴族たちは郊外の山寺に安らぎを求めてたびたび集い，そのとき詠まれた詩が多く『本朝無題詩』に収められる．しかし特に注目すべきは，*往生伝・*霊験記・*縁起などの説話的な文学，あるいは願文・表白などの*唱導的な文学を多く続出させたことである．往生伝では大江匡房(おおえのまさふさ)の『続本朝往生伝』，三善為康(みよしのためやす)の『拾遺往生伝』『後拾遺往生伝』，蓮禅(れんぜん)の『三外往生伝』，藤原宗友(ふじわらのむねとも)の『本朝新修往生伝』，如寂(にょじゃく)の撰といわれる『高野山往生伝』，霊験記では散佚した『地蔵験記』『本朝金剛般若集験記』，縁起では『清水寺縁起』『世尊寺縁起』などがある．また，法華信仰の浸透に伴って鎮源(ちんげん)は『大日本国法華経験記』(*『法華験記』)を著し，その説話の大半は*『今昔物語集』に収められている．大江匡房には，仙人の不老長生や霊験を語る*『本朝神仙伝』，自作の願文を集めた『江都督納言願文集(ごうとくなごんがんもんしゅう)』などの著作もある．当時の願文は，藤原明衡(あきひら)撰の『本朝文粋』や『本朝続文粋』にも多数収められている．こうして，漢文体の説話文学や漢文体の表白・願文の唱導文学は，その根底に漢文の骨格を抱えながら，あるいは説法の場において和(やわ)らげられ，訓(よ)み下され，翻訳されて，次の中世へと受け継がれ，仏教説話集や軍記物語などを生み出すこととなる．

【鎌倉時代以降】中世になると，王朝時代の宮廷貴族を中心とする漢詩文そのものの流れは力を失って，余喘(よぜん)を保つ程度であるが，鎌倉期には新しい仏教改革が進行して，宗教的な緊張を伴った漢詩文が生れる．鎌倉初頭に出た*道元(どうげん)の晩年の詩偈に，すがすがしい宗教的な気魄と情熱に貫かれた作品群が見られ，また，京都次いで鎌倉を中心にした地で，臨済宗や曹洞宗の一部の僧侶によって文雅の交遊が続けられ，禅林に*五山文学を開花させている．隆盛期は南北朝から室町前期にかけてで，この時期をはさんで前後約400年間におびただしい数の偈頌(げじゅ)や詩文が作られた．*義堂周信(ぎどうしゅうしん)の『空華集(くうげしゅう)』や*絶海中津(ぜっかいちゅうしん)の『蕉堅稾(しょうけんこう)』は，その最高の詩境に到達していると言われる．中世以後も，『法華経廿八品詩』などをはじめ釈教詩が作られ，*『言泉集(ごんせんしゅう)』などの唱導文学作品も作られた．また『貞和類聚祖苑聯芳集』『翰林五鳳集』など，釈門の漢詩偈頌の大規模な総集も生まれた．

近世に入ると，漢詩文の主な担い手は，幕府や藩に仕える儒学者たちに移るが，僧侶たちも中世以来の伝統を守りつつ，新たな動きを見せる．それは*隠元隆琦(いんげんりゅうき)の来日(1654年)により始まった黄檗宗(おうばくしゅう)の発展である．明代末期禅宗の直輸入である黄檗禅は，美術・建築・医学など文化全般に影響を与えたが，漢詩文に関しては唐話(現代中国語)の知識を広め，荻生徂徠(おぎゅうそらい)や伊藤仁斎(いとうじんさい)らの古学成立を促したことが最大の貢献であろう．この動きは臨済宗にも及び，*無著道忠(むちゃくどうちゅう)や桂洲道倫(けいしゅうどうりん)など，禅宗文献の注釈的研究を行なって現在も高い評価を受ける学僧を輩出させた．この流れの中から出た詩人には大潮元皓(だいちょうげんこう)，大典顕常(だいてんけんじょう)がいる．他には天台宗の六如慈周(りくにょじしゅう)や曹洞宗の大愚*良寛が知られる．

巻数 かんじゅ　〈かんず〉とも読む．僧侶や行者が経典や神呪などを読誦して，その回数を記録した文書や紙片．〈巻数木〉と呼ばれる小枝に結びつけられて依頼者に届けられた．平安時代に始まり，後には*神道にも取り入れられた．伊勢大神宮の御師(おし)が配布するいわゆる大麻は，祓いの数取りの麻が元である．いずれも祈禱の証拠品であると共にそれ自体が*護符(ごふ)の性格も持ち，巻数に付属する巻数板を屋敷の入口に吊り下げて悪霊よけなどにする風習があった．今日一部の地方に伝えられる〈かんじょうつり(なわ)〉習俗の源流とも考えられる．「法花経一万部を読み奉る．その後また巻数を記さず」〔拾遺往生伝 上17〕「巻数木の様に削りたる木の，白くをかしげなるが二尺ばかりなるを差し出でて」〔今昔 24-6〕

貫主 かんじゅ　〈貫首〉〈管主〉とも書き，〈かんず〉とも読む．一宗一派あるいは一寺の上首の称．〈貫〉は本貫すなわち本籍の意で，本来は郷党の上首，一門一職の首長の称であったが，平安後期から中世には僧職の上首の称として用いられるようになり，ことに天台*座主(ざす)を指す場合が多い．その他，園城寺(おんじょうじ)*長吏など一般的に諸山の長を指すこともある．後世には諸宗本山や諸大寺の*住持の一般的敬称として普及した．「多武峰の在家房舎どもを焼くによりて，貫主を停任し，学徒の公請を止められをはんぬ」〔玉葉承安3.8.9〕「両国を管領し，十七万騎の貫首たりながら，百日相支(ささ)へず」〔吾妻鏡文治5.9.7〕

願主 がんしゅ　仏像の造像図写，寺塔の建立，経典の書写など，仏道に関する*功徳(くどく)・*善根を積むことによって，成仏(じょうぶつ)あるいは往生(おうじょう)を願う人．転じて，広く金品を奉納して神仏に祈願する人の称．「願主此れを聞きて，掌(たなごころ)を合はせて聖人に向かひて泣く泣く恭敬礼拝して」〔今昔12-1〕

寛助 かんじょ　1057(天喜5)-1125(天治2)院政期の真言宗の僧．*仁和寺(にんなじ)成就院の開祖で，法関白と呼ばれた．右中弁源師賢(みなもとのもろかた)の子．経範(きょうはん)僧都に入室．1080年(承暦4)仁和寺御室の性信(しょうしん)法親王より*伝法灌頂(でんぼうかんじょう)を受け，真言宗の広沢流を継承．以後，天皇・上皇・中宮らの御願による数々の密教修法を禁中や仙洞(せんとう)御所で行なったが，とりわけ孔雀経法(くじゃくきょうほう)を得意とし，生涯に17度に及んだという．この間に多くの勧賞を蒙って*僧位・僧官では法印大僧正に至り，*法務を勤めたほか，*阿闍梨(あじゃり)・*護持僧(ごじそう)，遍照寺・仁和寺・円教寺・円宗寺・広隆寺・法勝寺・東大寺の各*別当，および東寺一長者を歴任した．*灌頂の弟子に覚法(かくほう)法親王(高野御室)，聖恵(しょうえ)法親王・寛遍(かんぺん)・*覚鑁(かくばん)ら33人がいたと伝える．

願所 がんしょ　個人および氏族において特別な信仰の対象として経営・関与を行なっている霊所・霊廟．実際には天皇の勅願所を指す事例が多い．また私人の願所が当人の請願により公認を受けて勅願所に列せられる例も見られる．「忝(かたじけな)くも鳥羽院の御願所となりて年序これ尚(ひさ)し」〔吾妻鏡文治5.9.10〕．→勅願寺．

元初 がんじょ　最初とか根源・根本などの意．たとえば，*元品(がんぽん)の無明(むみょう)(根本の無明)を〈元初の無明〉ともいい，その無明によっておこる最初・一刹那(いっせつな)の迷いの心を〈元初の一念〉という．日本天台の*本覚思想では，瞬間即永遠(久遠即今日)，迷悟不二(*仏凡不二)を主張し，元初の一念についても，一瞬一瞬におこる迷いの心がそのまま不二・本覚の現れとするにいたる．たとえば*『枕双紙(まくらのそうし)』20に，「元初の一念とは，常住不変の念なり」，「三世一世・善悪不二・邪正一如と知るを，元初と云ふなり」と説く．

喚鐘 かんしょう　⇒梵鐘(ぼんしょう)

勧請 かんじょう　すすめうながし，請い願うこと．*仏伝(ぶつでん)においては，開悟した釈尊(しゃくそん)に対して*梵天(ぼんてん)が一切*衆生(しゅじょう)のために*法を説くよう勧請したことが有名である(梵天勧請)．また高僧などを請い迎えたり，*法要において諸仏・菩薩にその場へ来臨するよう祈願要請することをいう．日本では，仏教に限らず，神道・俗信をも含めて，広く諸仏・諸神の分身・分霊を請いうけて他の場所に移しまつること，分祀の意に用いる．「蟹を持ち，更に返りて大徳を勧請し，呪願して放つ」〔霊異記中8〕「伝教大師，大和の三輪の明神を勧請して山王とす」〔続古事談4〕

灌頂 かんじょう　[s: abhiṣeka, abhiṣecanī]　密教で行う，頭頂に水を灌(そそ)ぎかける儀式．古代インドにおける国王の即位や立太子の式典での四大海の水を頭に注ぎかける厳儀を仏教が採用したもので，*華厳経(けごんぎょう)でも*菩薩(ぼさつ)が諸仏の*智水の灌頂を受けて仏位に登るなどの描写が存するが，特に密教において重要な儀式として発達し，多くの分類がなされている．

その中で〈*伝法(でんぼう)灌頂〉(受職(じゅしき)灌頂・阿闍梨位(あじゃりい)灌頂)は最高位のもので，正しく修行を積んだ有資格の弟子を灌頂道場(灌室)内の灌頂壇の前に引入し，如来(にょらい)の*五智を表す五瓶の水を*阿闍梨(師匠)が散杖(さんじょう)で弟子の頭頂に注ぎ，阿闍梨の職位を継承したことを証する秘儀である．このほかに，密教の修行を始めて弟子になろうと発意したものに授ける〈弟子灌頂〉(受明(じゅみょう)灌頂・学法(がくほう)灌頂)や，一般の信者たちに目隠しをして入壇させ，投華得仏(とうけとくぶつ)などの仏縁を結ばせる儀式とお授けを行う〈*結縁(けちえん)灌頂〉などがあり，またその目的から成就・除難・息災・*増益(ぞうやく)・*降伏(ごうぶく)など〈五種灌頂〉の分けかたがある．

〈*流れ灌頂〉は，流水の中に*光明真言(こうみょうしんごん)・*陀羅尼(だらに)・弥陀(みだ)の*名号(みょうごう)を記した*卒塔婆(そとば)・*幡(ばん)を立てて，これが海にまで流れることによって水中の生物がすべて*功徳(くどく)に浴して救われるとする，日本に中世から流行した民間信仰である．また日本では中世以後，和歌・芸能・音曲などで*奥義や*秘伝を授けることをも〈灌頂〉といった．*『平家物語』に「灌頂の巻」を立てた平曲などはその好例である．さらに中世には，神道における〈神道灌頂〉や天皇即位の際に行う〈即位灌頂〉も見られた．

なお，*空海が812年(弘仁3) 11月15日，同年12月14日，813年(弘仁4) 3月6日の3回，高雄山寺で行なった灌頂の記録に『灌頂暦名(れきめい)』(『灌頂記』ともいう．*神護寺蔵)がある．受者の名前を連ねた記録で，*最澄や和気真綱などの名が見え，大部分は空海自筆の貴重な書跡である．

「灌頂の起こりを尋ぬれば，伝教大師もろこしの貞元二十一年四月に順暁和尚にあひて，越州の竜興寺にしてこれを受く」〔三宝絵下〕「古今集灌頂などといへり．密宗の一大事とて伝ふるに変はる事なし」〔ささめごと〕

灌頂 かんじょう [Guàn-dǐng] 561-632 灌頂は諱(いみな)で，字を法雲という．俗姓は呉氏．〈章安(しょうあん)大師〉〈章安尊者〉の賜号がある．中国天台宗の第2祖．臨海章安(浙江省)の人．7歳で出家，20歳のとき*具足戒(ぐそくかい)を受ける．583年(至徳1)，天台宗の初祖，*智顗(ちぎ)に従って金陵(きんりょう)の*光宅寺(こうたくじ)に入り，天台の*教相と*観心(かんじん)を学ぶ．以後，智顗の侍者として親しく講席に連なり，師の講説を筆録し後世に残した．智顗の主著である〈天台三大部〉は，いずれも灌頂の筆録になるものであり，後に*『仏祖統記(ぶっそとうき)』の著者，志磐(しばん)が*阿難(あなん)になぞらえる所以である．著書は*涅槃経(ねはんぎょう)の注釈である『大般涅槃経玄義』2巻，『大般涅槃経玄疏』33巻を初め，『智者大師別伝』1巻などがある．→天台三大部．

願成寺 がんじょうじ 福島県いわき市内郷白水町にある真言宗智山派の寺院．菩提山(ぼだいさん)無量寿院と号す．もとは天台宗延暦寺末．境内にある白水阿弥陀堂(しらみずあみだどう)はもとは独立の仏堂で，岩城則通の後室である徳尼が1160年(永暦1)に建立したと伝えられる．方3間の*宝形造(ほうぎょうづくり)，組物は出組．内部の須弥壇上には阿弥陀三尊像と二天像を安置する．堂の前面には，浄土式庭園の遺構の一部が復原されている．*中尊寺金色堂と共に，平安時代後期の一間四面*阿弥陀堂の典型的なものである．

甘蔗王 かんしょおう [*s*: Ikṣvāku, *p*: Okkāka] インドの古王．イクシュヴァークは人類の祖とされるマヌ(Manu)の子で，仏典ではこれが*釈迦族の開祖の名とされる．〈甘蔗王〉という漢訳名は，イクシュという語が砂糖きびを意味することによる．継母のたくらみにより都を追われたイクシュヴァークの諸王子が*雪山(せっせん)の麓に新都*カピラヴァスツを築き釈迦族の開祖となったというが，これをそのまま史実とみなすことは難しい．しかし釈迦族がイクシュヴァークの末裔であるという通念はかなり早くに定まったと考えられる．

勧進 かんじん 本来は，人びとを教化して仏道に入らせることを意味したが，後には社寺堂塔の造営・修復・造像・写経・鋳鐘あるいは架橋・溝池掘削・道路建設など，種々の*作善(さぜん)に結縁(けちえん)して*善根を積むことを勧め，金品を募集することを意味するようになった．起源は奈良時代の*行基(ぎょうき)のころから始まるが，鎌倉時代初期の，東大寺を再建した*重源(ちょうげん)が有名である．勧進を名目として広く*遊行(ゆぎょう)して募財をする半僧半俗のものを〈勧進聖(ひじり)〉といった．中世においては，寺社は庄園などを失い，国家領主などからの援助を得がたくなったので，勧進聖が事業のすべてを請け負って，修理再建などに当った．

寺社の縁起や霊験など募財の趣旨を記したものを〈勧進帳〉と呼ぶ．また勧進の事務を行う所を〈勧進所〉と呼ぶが，浄財の寄付を求めてお札(ふだ)・御影(みえい)などを渡す所をもいう．また尼の姿で勧進するものを〈勧進比丘尼(びくに)〉と呼んだが，ふつう〈熊野比丘尼〉と呼ばれたように，*熊野信仰を*絵解きによって宣伝した(→歌比丘尼)．近世になると，売色をするものも現れた．勧進聖が請け負った寺社の資金調達のために，さらに芸能者に下請けさせて芸能の興行を開催し，その観覧料をあてることが行われ，その主催するものを〈勧進元〉と呼んだが，近世になるとこの語は興行主を意味するようになった．

「六角堂の焼失の時，かの勧進のために，日々に説法ありけり」〔沙石集6-8〕「利欲の心すすまねば，勧進聖もしたからず」〔一遍語録〕

観心 かんじん *己心(こしん)を対象に*観法すること．天台*止観(しかん)では，仏教には種々の観法があって広く高度であるため，初心者はまず自己の心を観ずべきことを説く．*五時八教のように釈尊の教義を分別する〈教相門〉ばかりでなく〈観心門〉をも修することを主張する．*智顗(ちぎ)述『観心論』は観心による*四種三昧(ししゅざんまい)を勧め，*『法華文句』の「観心釈」も観法を観心として把えたもので，已心即仏と観じて*阿弥陀仏(あみだぶつ)を念ずるのを〈観心念仏〉と称し，日本中古天台で，已証を中心に*口伝(くでん)を尊ぶ法門を〈観心法門〉とする．「もし有待の身を引きてしひて観心の境に同ぜば，何ぞ難処を制しまた安居を制せんや」〔顕戒論上〕「法華の観心と瑜伽の観心とは一にして二あることなし」〔本理大綱集〕

鑑真 がんじん　688（中国垂拱4）-763（日本天平宝字7）　奈良時代中期の唐僧．日本*授戒(じゅかい)制の創設者．揚州江陽県（江蘇省）の出身．俗姓は淳于(じゅんう)．701年，揚州大雲寺の智満禅師について得度し，大雲寺に住す．705年，道岸禅師から*菩薩戒(ぼさつかい)を受け，708年，*長安の実際寺戒壇で*具足戒(ぐそくかい)を受けた．その後，長安・洛陽で律・天台などを学んだ．江淮の地（江蘇・安徽省）で講律・授戒を行い，40歳の頃には屈指の伝戒師(でんかいし)と称せられた．

当時，日本では，平城遷都後，仏教が発展するに従い，*官僧が増加したが，それにともない，規律の乱れがめだつようになった．また，中国へ渡る僧も増えていったが，中国では*沙弥(しゃみ)の扱いを受けた．そうしたことを背景として，中国方式の授戒の導入がはかられ，733年（天平5）に栄叡(ようえい)・普照(ふしょう)らが中国から戒師を招請するために派遣された．

栄叡・普照らは，742年（天平14）揚州大明寺の鑑真を訪れ，来日を要請した．鑑真は，以後，五度の渡日を企てたが，妨害や難破により失敗し，鑑真自身も失明した．そうした失敗を乗り越え，753年（天平勝宝5）12月に渡日に成功した．754年（天平勝宝6）には奈良に入り，4月には*東大寺大仏殿の前に仮設の*戒壇(かいだん)を築いて*聖武(しょうむ)上皇・*光明(こうみょう)太后らに菩薩戒を授けた．さらに，賢璟(けんけい)ら80余人の僧に具足戒を授けた．ここに，戒壇で*三師七証(さんししちしょう)方式により*『四分律(しぶんりつ)』の250戒を授ける国家的授戒制が始まった．鑑真は，東大寺唐禅院に住して戒律を広め，755年（天平勝宝7）には*戒壇院を開設した．757年（天平宝字1）には故新田部親王の旧宅を与えられて*伽藍(がらん)を作り，759年（天平宝字3）に*唐招提寺(とうしょうだいじ)と名付けられた．756年（天平勝宝8）には大僧都にまで任じられた．鑑真の高弟として法進・恵雲・道忠・*思託らが知られ，鑑真の伝記として，*『唐大和上東征伝』がある．

『観心覚夢鈔』 かんじんかくむしょう　良遍(りょうへん)（1194-1252）の著述．『唯識宗綱要(ゆいしきしゅうこうよう)』とも称せられる．寛元2年（1244）51歳の時の作で3巻13項目から成立．上巻は「所依本経」「一代教時」「百法二空」「四分安立」，中巻は「三類境義」「種子熏習」「十二縁起」「三種自性」，下巻は「三種無性」「二諦相依」「二重中道」「唯識義理」「摂在刹那」の章から成り立つ．『法相二巻章(ほっそうにかんしょう)』『真心要決(しんじんようけつ)』などと並ぶ著作で，後に補う意味で『観心覚夢鈔補欠法門』を著述．*唯識学の入門・概論書であるとともに日本法相唯識学の奥義書でもある．本書は四分義，三類境義が百法二空の直後に説かれるところに特徴がある．四分義は*善珠(ぜんじゅ)（723-797）や仲算(ちゅうざん)（935-976）によって大きく取り上げられたもので，〈四分三類唯識半学〉（四分・三類義がわかれば唯識は半分理解したことになる）の日本法相の伝統を如実に示している．一時期作者不明とされ尊重されなかったが，日本唯識の勝れた成果の一つであり重要である．

観心寺 かんしんじ　大阪府河内長野市寺元にあり，檜尾(ひのお)山と号す．高野山真言宗に所属する．前身は文武天皇（683-707）の大宝年中（701-704）*役小角(えんのおづぬ)のはじめた雲心寺と伝える．のち空海の*巡錫(じゅんしゃく)もあり，高弟実慧(じつえ)（786-847）やその弟子の真紹(しんじょう)（797-873）により寺観を整え〈観心寺〉と改めた．843年（承和10）*定額寺(じょうがくじ)となり，その後も京都・*高野山往還の中継的役割を持った寺として栄えた．883年（元慶7）勘録(かんろく)の『観心寺縁起資財帳』によって当時の詳細を知ることができる．

本尊六臂(ろっぴ)如意輪観音(にょいりんかんのん)坐像は官能的なまでの豊麗さを持つ平安初期の密教像として有名（毎年4月17・18日開扉）．南北朝時代は南朝や楠木正成(くすのきまさしげ)（1294-1336）などと深い関係を保ち，堂宇の整備もされた．のち豊臣秀頼(とよとみひでより)(1593-1615)の修理もあり，現本堂は室町初期のもので*和様(わよう)をもとに*大仏様(だいぶつよう)や*禅宗様(ぜんしゅうよう)を加えた*折衷様(せっちゅうよう)で，建築史上注目される遺構である．

勧進帳(かんじんちょう)　寺社の造営，修復再建などを目的に行われる寄進活動を〈*勧進〉といい，その委細や趣旨，功徳を述べた文章を〈勧進帳〉という．その歴史は古いはずだが，詳細は未詳．中国でもあったと思われるが，影響関係は分明ではない．日本では，まとまったものに12世紀，院政期の*安居院(あぐい)の*唱導資料『讃仏乗抄』があり，笠置の*貞慶(じょうけい)などがかかわる．

寺社独自の経営基盤が必要になった中世には，特に勧進活動が活発になり，専門的に勧進を行う〈勧進聖(ひじり)〉が活躍した．その要が勧進帳であり，語り芸など*芸能の発生にも深くかかわる．人々に仏の教えを説き，信仰にいざなう目的をもつから，勧進帳は唱導資料の一端に加えることができる．屋内外を問わず，儀礼の場で勧進聖によって読み上げ，唱えられ，その読み方や声の響きが影響力をもった．*『平家物語』の*文覚(もんがく)が後白河院の前で読み上げ捕縛される有名な例がある．歌舞伎の弁慶の勧進帳も有名だが，その反面，勧進帳の内実は知られていない．

勧進帳の作り手や文体，作法，次第などはどうだったのか．叡山文庫蔵『延命抄』によれば，およそ神おろし・嘆徳・勧進・祈願といった構成で書かれていた．寺社が荒廃したさまを強調，それによって再建の急務たることを訴える文章が特徴的．多くは漢文の対句の修辞を凝らした華麗な文章で綴られる，晴儀の漢文体であった．中世には平仮名体も出てくる．有力な寺社には能筆の書いた巻子の勧進帳が多く伝わる．*願文(がんもん)や*表白(ひょうびゃく)に匹敵するといってよく，『延命抄』では表白や詩序，*諷誦(ふじゅ)文などと同列に扱われる．勧進帳は勧進の数だけあったことになり，その全貌をつかむのは容易ではない．他の文体資料に比して，研究が遅れている．勧進帳は寺社の縁起とも結びつき，それに対応した寺社の喧伝の根幹をなすテキストでもあり，その文化史上の意義はおおきく，今後の研究が待たれる．

『観心本尊抄』(かんじんほんぞんしょう)　*日蓮(にちれん)著．1巻．正式には『如来滅後五五百歳始観心本尊抄』という．*『立正安国論(りっしょうあんこくろん)』*『開目抄(かいもくしょう)』とともに〈日蓮三大部〉の一つに数えられる．1273年(文永10)流罪地の佐渡で著された．すべての人間が*成仏(じょうぶつ)できる原理は法華経(ほけきょう)の*本門に説き明かされているが，本門の肝心は*題目のうちに込められており，*久遠実成(くおんじつじょう)の釈尊は*末法の人々を救うため〈*地涌(じゆ)の菩薩〉に題目弘通を委託した．したがって末法の衆生は難解な*一念三千(いちねんさんぜん)の教理を知らなくても，地涌の菩薩である日蓮の勧める題目を*受持(じゅじ)(*唱題)するだけで，法華経のすべての功徳を譲り与えられるのであり，それが日蓮のいう〈本門の*観心〉であるとされる．また信仰の対象である〈本尊〉は，題目の5字を中心に，釈迦・多宝などの諸仏菩薩が連なる相が表現されたものとされる．これを図顕したものが，〈大曼荼羅(だいまんだら)〉(*十界(じっかい)曼荼羅)である．本抄は佐渡流罪以後，新たに日蓮が確立した信仰世界をもっとも体系的に説いたものであり，日蓮宗では人開顕(にんかいけん)の書『開目抄』と並んで，法開顕(ほうかいけん)の書として尊重されてきた．日蓮自筆本が中山*法華経寺に現存する．

監寺(かんす)　〈す〉は〈寺〉の唐宋音．禅宗寺院で寺内の事務一切を運営監督する役職の名．六知事の一つで都寺(つうす)に次ぐ重職．古くは〈監院(かんいん)〉ともいった．現在では住職に代わって寺務を司る僧の意味でも用いられる．「寿昌寺の監寺等賜紫三人と対面す」〔参天台五台山記〕．→知事．

眼睛(がんぜい)　〈がんせい〉とも読み，〈眼精〉とも書く．眼の球，転じて眼目，要点の意．なお，道元は*『正法眼蔵(しょうぼうげんぞう)』「眼睛」の巻で師の天童*如浄(にょじょう)の「大地山河，眼睛に露はる」を引用して，山河大地がそのまま禅の真理，禅の風光をあらわしていることを論じている．「あきらかに仏祖の眼睛を抉出しきたり」〔正法眼蔵三昧王三昧〕

観世音寺(かんぜおんじ)　福岡県太宰府市にある天台宗の寺院．筑紫で崩じた母斉明天皇(594-661)のために天智天皇が発願したが，746年(天平18)にようやく完成された．大宰府正庁の東にあり，761年(天平宝字5)に創設された*戒壇院(かいだんいん)は奈良の*東大寺，下野の*薬師寺の戒壇とともに天下の〈*三戒壇〉とされ，九州の僧の*受戒の場として，中世においても機能した．墾田地五百町と定められたが，平安後期には寺運傾き，東大寺の末寺となった．中世には律僧定空が中興し，唐招提寺末寺となった時期もある．白鳳時代の梵鐘(ぼんしょう)や十一面観音・馬頭観音・不空羂索観音など平安時代以降の仏像が所蔵されている．なお，菅原道真(845-903)は大宰権帥(ごんのそち)に左遷中に七言詩〈不出門〉中に「都府楼は纔(わず)かに瓦の色を看(み)，観音寺は只鐘の声を聴く」〔菅家後集〕の名句を詠んでいる．

観世音菩薩(かんぜおんぼさつ) *慈悲(じひ)*救済(くさい)を特色とした*菩薩の名．現存サンスクリット原典に拠れば，サンスクリット語名は Avalokiteśvara (*観察することに*自在なの意)．〈観音菩薩〉とも．

【原語と訳語】*鳩摩羅什(くまらじゅう)訳の*妙法蓮華経(みょうほうれんげきょう)には，〈観世音〉と共に〈観音(かんのん)〉なる訳語が用いられることから，観音は観世音の略称と考えられる．また，羅什以前には〈闚音(きおん)〉〈光世音(こうせおん)〉などと訳され，隋唐時代(581-907)には〈観世自在(かんぜじざい)〉〈観自在(かんじざい)〉などと訳出される．これらは原語の違いに基づくものと考えられ，上記サンスクリット語名は，avalokita (観) と īśvara (自在) との合成語よりなるが，古くは後半が -svara (音) なる原語のテキストがあったらしい．中央アジア発見の法華経断片などには avalokitasvara と記されているものがあり，これならば〈観音〉と訳され得る．また，光世音に関しては ava でなく ābhā (*光明(こうみょう)) と理解して訳出した可能性がある．なお，〈世〉は原語中の lokita を loka (世界) に結びつけて翻訳したと考えられるが，詳細は未詳である．

この〈観音〉〈観世音〉なる名称の由来に関して，妙法蓮華経観世音菩薩普門品には，「若し無量百千万億の衆生ありて諸の苦悩を受け，この観世音菩薩を聞きて一心に名を称うれば，観世音菩薩は即時に其音声を観て皆解脱を得しむ」とある．また観世音菩薩には異名として〈救世(くせ)菩薩〉〈救世浄聖(くせじょうしょう)〉〈施無畏者(せむいしゃ)〉〈蓮華手(れんげしゅ)〉〈普門(ふもん)〉〈大悲聖者(だいひしょうじゃ)〉などがある．

【観世音菩薩と諸経典】この菩薩はインドでも広く知られており，金光明最勝王経(こんこうみょうさいしょうおうきょう) (*金光明経)，薬師七仏本願功徳経 (*薬師経)，*解深密経(げじんみっきょう)などではその名が出るのみであるが，*無量寿経(むりょうじゅきょう)には阿弥陀仏(あみだぶつ)の浄土に観世音・大勢至(だいせいし)の二菩薩がいることを説き，*観無量寿経には観世音菩薩に関する*観法を説いており，浄土思想においてはこの二菩薩は阿弥陀の*脇侍(きょうじ)として礼拝されるようになった．阿弥陀仏とのかかわりは観世音菩薩授記経・悲華経(ひけきょう)などにも説かれる．また，妙法蓮華経観世音菩薩普門品はこの菩薩の威神力を詳説しており，観音は*三十三身に*変化(へんげ)して衆生を救済すると説く．同品は〈*観音経〉として単独にも流布し，中国・日本では観音信仰の典拠となった．

*華厳経(けごんぎょう)入法界品では 53 人の*善知識の一人として補怛洛迦山に住むというが，これが古来，観世音菩薩の住所とされた南海摩頼耶(まらや)山中の*補陀落(ふだらく)を指し，中国では浙江(せっこう)省舟山群島の*普陀山(ふださん)普済寺(ふさいじ)，わが国では那智山(なちさん) (*青岸渡寺(せいがんとじ)) を当てる．なお密教に至っては，観世音は蓮華部の主尊とされ，*大日経以下，観世音菩薩を説く経典は非常に多い．

【観音信仰】ところでインドでは，『法顕伝(ほっけんでん)』(*『仏国記』)，*『大唐西域記』などによると，*大乗仏教の行われていた地域では*文殊(もんじゅ)菩薩と並んで観世音菩薩の塔が建てられ，供養礼拝が広くなされていたという．中国では，東晋(317-420)の頃より観世音菩薩を念ずる者が増加し，後秦(384-417)に鳩摩羅什により訳された法華経(妙法華(みょうほっけ))が広く流布し，魏の高歓(こうかん)(496-547)らが厚く信仰し，*偽経(ぎきょう)高王観音経が出現するに至り，観音信仰は広く行われるようになった．隋(581-619)の天台*智顗(ちぎ)は特に観音経の注釈をなしたほどである．

わが国でも観音信仰が推古朝以来盛んであったことは，*聖徳太子の法隆寺夢殿観音 (*救世観音) 以下多数の造像・遺作例や，奈良・平安時代を通じて観音霊場が西国中心に全国各地に出現したことにも徴される．それは平安中期以降，浄土信仰の高まりにつれて一段と高揚し，やがて平安末期には*西国三十三所観音の巡礼が始まった．その後それを模して東国各地にも観音霊場巡拝の風が起こるなど，観音信仰は全国的全国民的規模に広がり，それが文学・美術を始め国民生活全般に及ぼした影響は甚大なものがあった．→観音信仰．

【観音の諸形態】観音は，さまざまに*神通じんずう変化して，衆生を救うとされるところから，図像的にも極めて多様な形態をとって表わされるようになった．根本の姿である*聖観音しょうかんのんに対して，これらの多様な姿は変化観音と呼ばれ，*千手せんじゅ観音・*十一面観音・*如意輪にょいりん観音・*馬頭観音・*不空羂索ふくうけんじゃく観音・*魚籃ぎょらん観音・*楊柳ようりゅう観音などがあり，それらを六観音・三十三観音などにまとめている．

官僧 かんそう　天皇から*鎮護国家の祈禱の資格を認められた官僚僧のこと．8世紀には国から*公験くげんを給されて，6年毎に作られる僧尼名籍，毎年作られる僧名帳に名を載せられた．〈官度僧かんどそう〉ともいい，官許を得ないで出家した〈*私度しど僧〉に対する言葉．狭義には*官寺に住し，官給によって生活，国の催す護国法会に奉仕するのを職務とする僧侶．転じて，*僧官の職にある僧侶の称ともし，また限定的に用いられて，勅によって袍・裳・素絹などの官服や錦襴の*袈裟けさを着すことを許された僧のことで，*戒律通りの法衣を着す律僧に対する言葉．「北面・有官無官の滝口・諸家の侍・官僧・官女・医陰の両道に至るまで」〔太平記16.聖主又臨幸〕

観想 かんそう　対象に心をこらし，その姿を想い描くこと．〈観念〉ともいう．特に浄土教では*仏や*浄土の具体的様相を想起する初歩的な*観法の一つ．この功徳により罪障を滅し，往生を目指す．*『往生要集』に説く．〈観想念仏〉ともいう．四種念仏の第3．四種念仏とは，1)仏名を口に称える〈*口称くしょう念仏〉，2)仏の形像を念観する〈観像(観念)念仏〉，3)*観仏三昧海経などにより*三十二相など仏身の具体的特徴を観想する〈観想念仏〉，4)仏の実相たる*法身ほっしんを観ずる〈実相念仏〉，をいう．「経を読み，仏を観想すれば，名号かならずあらはるるなり」〔播州法語集〕．→観念，念仏．

龕像 がんぞう　〈龕〉とは*厨子ずし状に刳られたくぼみで，その中に安置された像を龕像という．インド・西域・中国に多い*石窟寺院には，壁面に多くの龕像が刻出される．また檀木だんぼく製の小龕像のことを〈檀龕像〉と称する．これは携帯に便利なため，わが国には多くの作品がもたらされた．空海が唐より請来したといわれる金剛峯寺(*高野山)の，枕本尊まくらほんぞんといわれる〈諸尊仏龕〉は最も名高い．→龕，檀像．

ガンダーラ [*s*: Gandhāra]　〈健駄邏けんだら〉〈犍駄羅〉などと音写．*原始仏教聖典では*十六大国の一つに数えられ，インダス河の西方にあってプシュカラーヴァティー(現在のパキスタンのチャールサッダ)を首都とした．*マウリヤ王朝期には*カシミールをも含んだが，カシミールの発展に伴って両地名は区別されるにいたった．インド-ギリシア王国ではタキシラが中心都市であった．中国での呼称〈罽賓けいひん〉は，南北朝(439–589)には多くガンダーラを指し，隋代(581–619)にはカシミールを，唐代(618–907)以後はカシミールは〈迦湿弥羅〉などと音写された．マウリヤ王朝のアショーカ王(*阿育王あいくおう)はタキシラを北部州の州都とし，ダルマラージカー塔と僧院は仏教の拠点として発展した．インド-ギリシア王朝とサカ族による仏教への寄進行為が知られるが，*クシャーナ王朝の*カニシカ王はプルシャプラ(現在のペシャーワル)に都し，カニシカ伽藍がらん(シャー-ジー-キー-デリー)をはじめとして多数の仏教僧院が建立された．中国・ローマとインドとの通商路に位置し，インド-ギリシア王朝以来定着したヘレニズム文化を基盤として，ギリシア，イラン，インドの諸信仰と文化を融合せしめた．

【ガンダーラ美術】パキスタン北部のガンダーラ地方(現在のペシャーワル周辺)を中心に，紀元後数世紀にわたって興隆した仏教美術．その発生と展開については不明な点が多いが，サカ族の支配時代(紀元前1世紀–紀元後1世紀)に行われていた土着的な美術が，パルティア族時代(紀元後1世紀中葉)の西方との交流により西方的要素を強め，続くクシャーナ時代(1世紀後半–3世紀中葉)に造形活動の最盛期を迎えたとする説が有力である．仏教美術の最初の作例はパルティア族時代末期からクシャーナ時代初期(1世紀中葉-後半)頃の製作とみられる*仏伝図浮彫で，作風にはギリシア-ローマ美術の強い影響が認められる．また，それらに表されている仏陀像は，中インドの*マトゥラーの作例と並び，インド亜大陸で最も古い仏陀像作例と考えられている．一方，ガンダーラ北部のスワートでは，仏陀を象徴物で暗示的に表した浮彫や，仏陀像を表した〈*梵天勧請〉の浮彫が少なからず発見されており，これらを上記のヘレニスティックな仏伝図より古いとみる説もある．クシャーナ時代に入ると様々な仏伝図に加えて，単独の仏・菩薩像も多数製作されたが，作風は次第に土着化の傾向を強め，3世紀中葉を過ぎると造形活動は衰退した．その後キダラ-クシャーナ朝(4世紀末-5世紀中葉)の時代に*塑像を主とする造形活動の高まりが見られたものの，エフタル族の侵入により5世紀末には仏教美術の製作はほぼ終了した．

管長 かんちょう　日本近代の*神道・仏教諸宗において，一宗一派を管轄する長．宗制寺法の制定，住職の任免，神職や僧職の等級の昇降，寺院所属の宝物管理などの行政を統轄する．その選出は，選挙・推戴・数個本山住職の交代制・世襲などで，任期も終身から数年までと宗派により異なる．1872年(明治5)各宗に*教導職管長1名を置いて宗内の取締りに当たらせたのに始まり，1884年に教導職は廃止されたが，管長の名称は存続し今日に至る．

ガーンディー [Mohandās Karamchand Gāndhī]　1869-1948　インド独立運動の指導者．マハートマー(Mahātmā，偉大なる魂)，バープー(Bāpū，父さん)と呼ばれ，大衆に敬慕された．カーティヤーワール半島の小藩王国ポールバンダルの宰相の末子として生まれる．ロンドンに遊学して弁護士となり，1893年より南アフリカにおいてインド人労働者の市民権獲得闘争を指導，自ら〈サティヤーグラハ〉(真理の把持)と名づけた，非暴力(アヒンサー(ahiṃsā)=*不殺生，不傷害)をもって抵抗するというこの時の政治闘争理念は，のちのインド独立運動の基礎となった．帰国後，国民会議派に加わり，第1次サティヤーグラハ運動(1919-22)，塩の行進にはじまる第2次サティヤーグラハ運動(1930-34)などを指導し，インドを独立に導いた．ヒンドゥー，ムスリムの対立融和を訴えたが，ために狂信的ヒンドゥー主義者に暗殺された．著書に『真の独立への道(ヒンド-スワラージ)』(1909)，『自叙伝』(1927-29)などがある．

雁塔 がんとう　インド古代，*マガダ国の帝釈窟(Indra-śaila-guhā)の東方にあったといわれる*塔．昔，*菩薩が浄肉(→肉食)を食べる僧を教導するために，雁(haṃsa)に化して空中より落ちて死んだ跡と伝えられる〔大唐西域記9〕．また，中国，唐の永徽3年(652)，*玄奘によって陝西省の*長安(西安)に建てられた*大慈恩寺の塔をいい，〈大雁塔〉とも通称される．これに対して，長安の永寧門外にある大薦福寺の塼塔(8世紀初め)は〈小雁塔〉とも呼ばれる．転じて，広く仏塔の称ともする．なお，〈雁(鴈)宇〉も同義．「(法勝寺九重塔は)其の奇麗崔嵬なることは三国無双の雁塔なり」〔太平記21.法勝寺塔〕

看話禅 かんなぜん　〈看〉は，じっと見守る，注視するの意，〈話〉は，話頭すなわち*公案(古則公案)を指し，禅宗において，公案に参究することで*悟りを開こうとする立場をいう．公案を用いるので〈公案禅〉と呼ばれる場合もある．

唐から五代にかけては多くの禅匠が輩出し，彼らの間で多種多様な禅問答が行われたが，そのうちの特に優れたものが，〈悟り〉の典型的表現，〈公案〉として広く流布するようになった．それゆえ，公案は，もともと禅匠たちの*拈古や*頌古の対象であったのであるが，後になると，学徒に悟りを開かせる手段として用いられるようになった．すなわち，悟りは*疑団の打破によってもたらされるのであるが，その疑団を起こすためにこれが用いられたのである．それにともなって効果的に疑団を起こすことのできる〈趙州無字〉などの比較的少数の公案が用いられる傾向が強まった．これが〈看話禅〉であって，宋代に臨済宗の*大慧宗杲において方法論的に確立を見たとされている．この方法は開悟の体験を得るという点で顕著な成果を上げたため大いに流布し，士大夫層にも広まっていった．もっとも曹洞宗には，こうした方法に与せず，*坐禅に徹することを説く〈黙照(もくしょう)禅〉の人々も存在したが，大勢とはなりえなかった．この流れを汲む*道元(どうげん)が，悟りを目標視するとして看話禅を厳しく批判したことは有名である．

看話禅は日本でも臨済宗を中心に広く行われたが，室町期以降，公案の解釈が*口伝(くでん)化し，〈密参禅(みっさんぜん)〉となってしまった．これを再生させたのが江戸時代の*白隠慧鶴(はくいんえかく)で，〈*隻手の音声(せきしゅのおんじょう)〉などの新たな公案を考案するとともに，公案の分類や使用法に工夫を凝らしたため，その児孫は繁栄し，臨済宗を覆い尽くすまでになった．→無字，黙照禅．

堪忍 かんにん　①中国古典語としては，こらえ忍ぶという意味で，『書経』湯誥，『魏書』李洪之伝などに用例が見え，漢訳仏典では，苦難を堪え忍ぶ(kṣānti)という意味で用いられる．その用例は雑阿含経をはじめ，南本*涅槃経(ねはんぎょう)26，*『倶舎論(くしゃろん)』18など多数の漢訳仏典に見える．「理非を聞かぬ悪人には，是非を論じて所詮なし．ただ権威と堪忍とをもってむかうべし」〔仮・伊曾保物語中〕

②サンスクリット語 Sahā(*娑婆(しゃば))の漢訳．原語が語源的に，忍ぶ，という意味であることから〈忍〉また〈忍土〉と訳し，衆生(しゅじょう)が苦悩に堪え忍ばなければならない世界という意味で〈堪忍〉と漢訳した〔法華文句2下，法華玄賛2〕．この世，人間の住む現実世界をさす．「堪忍の境を出でて，真如の宮に帰す」〔本朝続文粋12〕

願人坊主 がんにんぼうず　江戸時代の*僧形(そうぎょう)の庶民芸人．略して〈願人坊〉〈願人〉ともいう．願人とは，依頼者に代って代参・代待ち・代垢離(だいごり)などをする代願人の意味．京都鞍馬大蔵院の依頼を受けた東叡山*寛永寺の支配下にあり，主として江戸で活動した．鞍馬派・羽黒派があり，江戸橋本町の集団生活は有名．判じ物・すたすた坊主・和尚今日・金毘羅行人・半田行人・おぼくれ坊主・わいわい天王・あほだら経・住吉踊りなどの大道芸で生活した．後世のかっぽれや浪花節の先駆的役割も演じた．「八王子の柴売り，神田橋にたてる願人坊主，金椙(かなすぎ)の馬宿までも，君を思へばかちはだしにて」〔浮・好色一代男6〕「願人坊主がかのえ庚申かのえ庚申とよびありく」〔鶉衣〕

観念 かんねん　対象に心をこらし，その姿を想い描くこと．特に浄土教では*仏や*浄土のすぐれたすがたを心に想い描き念ずること．〈観想〉ともいう．*観仏三昧海経などにより，*三十二相など仏身の具体的特徴を観想すること．観念念仏．*念仏とは本来，心に仏を念ずる意味であるが，容易な*口称(くしょう)念仏を勧める立場からは，〈観念〉といえば，口称以外の*禅定(ぜんじょう)に入った状態での念仏を指す．なお，天台宗では*一念三千の相を観ずるなど，心的な自己体験を重視するところから，〈観心(かんじん)〉という．「持仏堂にて観念する間に，空にこゑありて，あはれ，貴き事をのみ観じ給ふものかな，と云ふ」〔発心集2〕．→観想，観心．

観念論 かんねんろん　[idealism]　意識，理性，意志，理念など，ひろい意味で精神的な原理から世界の現実を解釈しようとする立場のこと．事物は主観の認識とは独立にそれ自体のあり方で存在すると考える〈実在論〉(realism)に対立する．〈観念〉の語はプラトンのイデア(idea)に由来するが，それは変化する現象に対立する真の実在とされた(存在論的観念論)．また観念論はときに，存在するものはつきつめると精神(心)とその様態としての精神現象(心作用)につきるとする〈*唯心論〉(spiritualism)と同一視されて，〈*唯物論〉(materialism)に対立する．さらに近代に入ると，観念は単に思惟された内容にすぎないと見る傾向が強まり，したがって，観念論は外界の実在を否定するものとの意味も生じた(認識論的観念論)．

大乗仏教，とくに*唯識(ゆいしき)説や華厳(けごん)教学では，世界は心を離れては存在せず，また心識が一切の根源であると説くので，仏教は観念論と呼ばれることもある．しかし仏教は，必ずしも存在論的または認識論的に心のみを強調するものではなく，それは同時に実践的な意味をもつことに注意しなければならない．仏教では，〈*観念〉は本来，*諸法の真のすがたや，仏・菩薩，あるいは浄土などに心を集中して観察思念することをさす．→認識論．

堪能 かんのう　よくものに堪える力があること．漢語として『後漢書』胡広伝に用例が見えるが，仏語としては*『大乗起信論』に「一切の時一切の処に於て，所有の衆善，己れが堪能に随いて，修学を捨てずして心に懈怠無し」と見え，*『摩訶止観(まかしかん)』7下にも用例がある．日本では〈堪〉の慣用音が〈たん〉で，〈堪能〉を〈足(た)んぬ〉（足りぬ，の音便形）の転じた〈たんのう〉に当てたことから，〈堪能(たんのう)〉が満足の意となり，さらに同語が〈堪能(かんのう)〉と混同して用いられるようになったため，転じて，その道にすぐれた能力を持つこと，またそうした才能の持主をいう．なお，漢語として才能を意味した例が，すでに『宋書』明帝紀，『顔氏家訓』勉学などに認められる．

「情は新しきをもって先となし，詞は旧きをもって用ふべし．風体は，堪能の先達の秀歌に效(なら)ふべし」〔詠歌之大概〕

感応 かんのう　直接に接触関係を持たぬもの同士が反応をおこすこと．『易経』の「咸卦(かんけ)」の彖伝(たんでん)に「二つの気が感応して互いに通じあう」とあり，前漢時代の董仲舒(とうちゅうじょ)（前179頃-104頃）は*天と人間世界との感応関係を理論化し，超自然的な現象に政治的な意味を与えた．また個人も心をこめて祈願するとき，霊異の事件を引きおこす（感ぜしめる）ことができるとされ，その典型的な例は六朝期に多数編纂された*孝子伝などに見ることができる．仏教にあっては，衆生の機が仏・菩薩の応現・教化を発動させ（感），仏・菩薩がそれに応じるという救済思想が成立した．また仏教霊異説話に見られる感応関係は，孝子伝などに見える中国本来の感応の観念と重なるところが大きい．*『法苑珠林(ほうおんじゅりん)』は，仏教理論を証拠づけるため具体的な事例を挙げた部分を〈感応縁〉と呼んでいる．

「専ら仏法僧を念じて，感応の力を忘るることなかれ」〔一遍語録〕「因縁和合し感応道交して，一切の事を成就すといへる事は仏教の定判なり」〔夢中問答上〕

観音 かんのん　⇒観世音菩薩(かんぜおんぼさつ)

観音経 かんのんぎょう　「観世音菩薩普門品(かんぜおんぼさつふもんぼん)」として法華経(ほけきょう)の第25章（サンスクリット本では第24章）に含まれる．*観世音菩薩の信仰に基づいて別行していた経典が法華経の中に編入されたとの説もあるが，反論もある．漢訳の偈文は*鳩摩羅什(くまらじゅう)訳の〈妙法蓮華経(みょうほうれんげきょう)〉(406)にはなく，その後の〈添品(てんぽん)妙法蓮華経〉(601)にいたって訳出されたものが妙法蓮華経に編入された．現今のサンスクリット本，チベット本の韻文部分には，漢訳にない*阿弥陀仏(あみだぶつ)との関わりを説く偈文が加えられている．観世音菩薩が*三十三身をとって衆生を救済することを説き，アジア各地の*観音信仰のよりどころとされた．またその*現世利益(げんぜりやく)的性格や世俗的な欲望を肯定する面などに，中国固有の宗教思想との共通性が見出され，それらは道教経典の思想とも共通するものである．→妙法蓮華経，法華経．

観音信仰 かんのんしんこう　【インド・チベット・中国】インドにおける観音信仰の形成は，西暦紀元1世紀頃と考えられている．当初の信仰対象は，いわゆる*聖(しょう)(正)観音像だったが，6世紀以後，ヒンドゥー教の影響もあって，多面多臂(ためんたひ)の密教的*変化(へんげ)観音があいついで成立した．さらにまた，密教の隆盛にともない，とくに東および北インドでは観音菩薩とともに，その神妃としてのターラーが多羅(たら)菩薩の名のもとに信仰をあつめ，ネパールからさらにチベットにも影響を与えた．

そのチベットでは，古代王朝を創建した*ソンツェン-ガムポ王をはじめ，後には歴代の*ダライ-ラマもまた観音菩薩の*化身(けしん)であるとされた．それゆえダライ-ラマの宮殿は，観音菩薩の住まいであるポータラカ（*補陀落(ふだらく)）に由来する「*ポタラ」の名をもつ．またチベットでは，今なお観音信仰は盛んで，〈オーム・マニ・ペーメエ・フーム〉（*唵麼抳鉢訥銘吽(おんまにはどめいうん)）という観音の六字*真言(しんごん)（六字大明呪(ろくじだいみょうじゅ)）をくり返し唱える巡礼者や，その真言を刻んだ石積みを道端で目にし，各地の寺院ではまた，多くの参拝者が，その六字真言を護符にして収めた大きなマニ車を回している姿に出会う．

中国では，*観音経が広まる六朝時代から，さらに唐代に入ると，密教の流行と相まって，さまざまな変化観音が登場する．その中には*白衣(びゃくえ)観音や*魚籃(ぎょらん)観音のように，中国で誕生しわが国にも伝来して信仰をあつめた観音もある．また観音は，*現世利益(げんぜりやく)を重んじる中国各地の道教信仰との習合も著しく，とくに授児・育児，病気治癒，あるいはまた海上安全などの女神として知られる各地の娘娘（ニャンニャン）神と観音の習合は特徴的である．

【日本】わが国の観音信仰は，飛鳥時代に日本に伝来したと思われるが，奈良時代には多面多臂の変化観音像も造られ非常に盛んになった．当時の観音信仰は，*鎮護国家から日常的な致富や除災など現世利益が中心であった．しかし平安時代の10世紀頃から*浄土(じょうど)信仰の発達を背景に観音信仰も来世的色彩を帯び，現世利益に加えて，*六観音による*六道抜苦や，阿弥陀(あみだ)脇侍(きょうじ)としての*来迎引摂(らいこういんじょう)の利益も説かれた．*現当二世の利益を兼ねる観音への人々の帰依は，毎年1月18日に仁寿殿(じじゅうでん)で観音像を供養する宮中二間観音供をはじめとするさまざまの〈観音供〉，観音の徳を讃える〈観音講〉，観音を本尊として罪を*懺悔(さんげ)する〈観音懺法(せんぼう)〉など，多くの観音の法会を発達させた．また10世紀末以後，京都や畿内の観音霊像を安置する寺院への貴族や民衆の参詣が流行し，これら観音霊場を*巡礼して験力(げんりき)をみがく修験者も現れた．

【観音霊場三十三所の成立】観音*三十三身にちなんで畿内周辺の代表的観音霊場三十三所をめぐる西国巡礼の確実な例は，1161年(応保1)の*園城寺(おんじょうじ)僧覚忠(かくちゅう)(1118–77)に遡る(→西国三十三所)．13世紀には*坂東(ばんどう)三十三所，15世紀には*秩父(ちちぶ)三十三所(後に三十四所となる)が成立し，また15世紀頃から修験者の他に武士や豪農も参加する巡礼大衆化がはじまり，この過程で*札所(ふだしょ)の順序や服装・御*詠歌など今日見られる巡礼のスタイルの原型が定まった．近世には全国各地に100に余る三十三所が形成され，観音は現当二世にわたる幅広い利益によって民衆信仰の代表的存在となった．

それだけに観音信仰の文学への投影も甚大で，その霊験利益譚は『今昔物語集』以下の仏教説話集類に多数収録されるほか，『長谷寺験記』のごとき単独の観音霊験集も制作された．なお，*長谷寺や*清水寺など，著名な観音の霊験利益は，『源氏物語』から御伽草子に至る古代・中世の物語類にもしばしば説かれるところである．→観世音菩薩．

看病禅師 かんびょうぜんじ　奈良時代，天皇や皇后の病気のさい，宮中*内道場(ないどうじょう)に侍してその平復を祈る役職の僧侶．教学よりも山林修行などによって現世的呪力に堪能な者が選ばれた．天皇・上皇が病気がちであった聖武朝から称徳朝の8世紀中期にはその活躍が目立ち，756年(天平勝宝8)には*聖武上皇のために126人もの看病禅師が任じられた例も見えている．また宮廷に近いことから政治権力を握って現世的出世の糸口ともなりうる役職であり，*道鏡(どうきょう)・慈訓(じきん)(691–777)・*玄昉(げんぼう)はその代表例．なお，一般に病人の側におって平癒を祈る僧を〈看病の僧〉という．「看病の僧紀明，眼を挙げて浄土の変像(相)を見るに」〔拾遺往生伝下28〕「禅師を勧請して看病せしむるに，呪する時は愈(い)え，即ち退けば病を発す」〔霊異記下2〕

観普賢経 かんふげんぎょう　詳しくは〈観普賢菩薩行法経(かんふげんぼさつぎょうほうきょう)〉といい，〈普賢観経〉とも略す．1巻．劉宋の曇摩蜜多(どんまみった)(356–442)訳．その内容が，*法華経(ほけきょう)の終章である「普賢菩薩勧発品(かんぼつほん)」を承けて書かれた内容であるため，天台*智顗(ちぎ)によって法華経の結経(けっきょう)とされてより，*開経(かいきょう)の*無量義経(むりょうぎきょう)とともに〈法華三部経〉の一つとされている．

観不思議境 かんふしぎきょう　天台の〈円頓止観(えんどんしかん)〉(摩訶(まか)止観)を修する*観法の対象十境のそれぞれに対して，10種の観じ方があり(十乗観法(じゅうじょうかんぼう))，その最初の観法のこと．上根(じょうこん)の修行者はこれのみで足れりとする．凡夫(ぼんぷ)が日常に起す*一念の心の中には，あらゆる生存や事象が具わっており，空(くう)仮(け)中(ちゅう)*三諦(さんだい)が相互に融け合っている不可思議の妙境であると観ずること．また現前の一瞬の心に，*十界(じっかい)・*十如是(じゅうにょぜ)・*三種世間(さんしゅせけん)が具し合っている三千世間というあらゆる事象が具わっていることを観ずることで，*一念三千といい，天台観法の極致といわれる．→止観，十乗観法．

観仏 かんぶつ　仏を心に*観察し*観念すること．〈念仏〉と同じ．*見仏，すなわち仏をまのあたり見ること，とは別である．ただ，念仏はまた仏の名を口に唱えることをも意味するから，観仏はそのような*口称(くしょう)念仏とは区別される〈観念念仏〉に当たる．観仏はもとより慧(え)によるが，しかしその慧は*定(じょう)，すなわち*三昧(さんまい)によって得られるのであるから，観仏のための*行(ぎょう)は〈観仏三昧〉

と呼ばれる．観仏の行はやがて見仏をもたらす，と考えられている．*観仏三昧海経などに説かれる．「汝観仏三昧の力を修す．故に我涅槃相の力をもって汝に色身を示し，汝をして諦観せしむ」〔往生要集大文第4〕．→念仏．

灌仏会 かんぶつえ　〈*降誕会〉〈仏生会〉〈浴仏会〉〈竜華会〉〈花会式〉〈花祭〉ともいう．4月8日の*釈尊の誕生を祝う仏事．日本では種々の草花で飾った〈花御堂〉を作り，中に灌仏桶を置いて*甘茶を入れる．その中央に*誕生仏を安置し，ひしゃくで甘茶をかける．釈尊誕生のとき，*竜が天からやってきて香湯をそそいだという話に基づくもので産湯に相当しよう．宗派に関係なくどの寺院でも行う．甘茶は参拝者にふるまわれ，甘茶で習字すると上達するとか，害虫よけのまじないを作ったりとかする．南アジアでは5月頃に行う*ウェーサク祭が灌仏会に該当する．なお〈花祭〉の名称は，明治時代より*浄土宗で採用したもので，以来，宗派を問わず灌仏会の代称として用いている．「承和七年四月八日に，清涼殿にしてはじめて御灌仏の事を行はしめ給ふ」〔三宝絵下〕．→花摘．

観仏三昧海経 かんぶつざんまいかいきょう　東晋の*仏駄跋陀羅訳と伝えられる．単に〈観仏経〉〈観仏三昧経〉とも呼ばれる．*釈迦牟尼仏の身体的特徴（*相好）を順次に*観想するための方法を説く経典で，形式・内容ともに*観無量寿経との関係が深く，5世紀前半に中国仏教界にもたらされたいわゆる〈六観経〉のなかで，中心的位置を占める．サンスクリット原典やチベット訳の存在は知られておらず，漢訳から重訳されたソグド語訳の断片が存在するのみである．経典中の相好の描写と*ガンダーラ美術との類似性などからガンダーラ成立説が提起されたことがあったが，最近の研究によると，むしろ中央アジア成立の可能性が高いとされている．善導の*『観無量寿経疏』や源信の*『往生要集』においては，*阿弥陀仏の観想法を叙述するにあたり，観無量寿経の記述を本経典の記述で補完しており，後世にいたるまで本経典が観無量寿経と密接に関連したものとして捉えられていたことが窺える．

勘弁 かんべん　〈勘〉はしらべる，〈弁〉は見分けるの意．相互に見解を試み，悟りの浅深を調べただす*問答をいう．『雲門広録』や*『臨済録』の語録の中に「勘弁」の章を設け，修行者との問答商量を記録している．転じて，一般に過失・罪咎をゆるすことの意に用いられるようになった．「蘭亭を観ること当に禅宗の如く勘弁すべし」〔放翁題跋〕「或いは得法の人，諸方を勘弁に行脚せられたるも有り」〔驢鞍橋〕

観法 かんぼう　〈観〉はサンスクリット語vipaśyanāの訳である．〈観法〉は，広くは理論面である〈教法〉に対し，仏道における実践修行一般のことをいうが，狭くは心の散乱を静止し正しい*智慧によって対象を*観察するという仏教における実践を意味し，また〈観〉と〈法〉の関係から，*法を観察することと，観察の方法との両義を含んでいる．観察する対象すなわち法の内容に応じて，経典に説かれたものから，インド・中国から日本に至る仏道者によって説き示されたものまで実に多種多様であり，分類も様々になされている．その主なものとして，*日想観・*月輪観や九想観（*九相）などのように，具体的な形や相といった事相を観察する〈事観〉と，具体的形相に象徴されている深い教理や，あるいは形相をもった現象の背後にある*空や*無我といった理法を観ずる〈理観〉とに分ける分類がある．

観法を最も詳細に分類整理している天台教学では，法を大きく〈心〉と〈仏〉と〈衆生〉の三つに分けた上で，観察に最も適した心を対象とし，これを観ずることを〈*観心〉といい，その究極的なものとして，一瞬一瞬起滅する*一念に三千世間を具えていることを観ずる〈*一念三千観〉を説いている．これは，一念の本質に三千世間を具えていることを観察する理観であるが，日蓮宗では，さらに事観としての一念三千の観法を説いている．

「上人の御方へ参って候へば，燭をかかげて観法定坐せられて候ふ」〔太平記2.三人僧徒〕．

元品の無明 がんぽんのむみょう　〈無明〉（avidyā）は，人間存在の真相にたいする正しい*智慧（*明，vidyā）のないことをいう．初期仏教の*十二因縁説以来，あらゆる*煩悩の根本であるとされた．*勝鬘経に説く四住地の煩悩にたいする無始無明住地，

*『大乗起信論』の無始無明(根本無明)などが有名．それはあらゆる迷妄の中で最も根源的なものであり，仏道の実践によって*対治(たいじ)される場合にも最後まで残る最も微細な妄念であるとされる．天台の*円教(えんぎょう)では無明を四十二品に分け，そのなかで最後に断ち切るべきものを〈元品の無明〉という．これを断ち切れば*成仏(じょうぶつ)するとされる．→無明．

寒参り かんまいり ⇒寒行(かんぎょう)

観無量寿経 かんむりょうじゅきょう 〈観無量寿仏経〉〈無量寿観経〉などとも言われ，〈観経〉と略称される．浄土三部経の一．劉宋の畺良耶舎(きょうりょうやしゃ)訳とされるが，サンスクリット原典もチベット訳もなく，インド撰述であるかどうか疑問視されている．中国撰述説，中央アジア撰述説などがある．*阿闍世(あじゃせ)太子が*提婆達多(だいばだった)に唆されて，父*頻婆娑羅(びんばしゃら)王を幽閉し，王に会いに行こうとした母*韋提希夫人(いだいけぶにん)もまた捕らえられたという〈*王舎城の悲劇〉を導入として，悲嘆に暮れる韋提希に対する説法として展開する．

その内容は，*十六観と呼ばれるように，16段階の*観法からなる．そのうち，前十三観は，西方に沈む太陽から*浄土の荘厳(しょうごん)を観ずる*日想観に始まり，次第に*極楽浄土の*観想へと進み，*阿弥陀仏と観音・勢至の両菩薩を観想するに到る．それに対し，後三観は浄土に*往生する衆生の行業と臨終における*来迎(らいごう)や往生のさまが，上品上生(じょうぼんじょうしょう)から下品下生(げぼんげしょう)に至る9段階に分けて説かれ，*九品(くほん)段と呼ばれる．特に*下品では悪人が臨終に阿弥陀仏の名を称えることで往生することが説かれ，後の悪人往生思想のもととなった．なお，この九品は，『漢書』古今人表の「上上」(聖人)から「下下」(愚人)に至る九等の序列や，六朝時代の九品中正の人材登用制度と関係するという説もある．浄土変相(*浄土変)などを通して民衆に親しまれ，中国・日本の浄土教に与えた影響は計り知れない．後にウイグル語にも訳され，その広まりが知られる．→浄土三部経．

『観無量寿経疏』 かんむりょうじゅきょうしょ 中国唐代の浄土教者*善導(ぜんどう)が著した〈*観無量寿経〉の注釈書．4巻．『観経四帖疏(かんぎょうしじょうしょ)』とも『古今楷定疏(ここんかいじょうしょ)』とも呼ばれる．善導以前の浄影寺*慧遠(じょうようじえおん)，*智顗(ちぎ)，*吉蔵(きちぞう)などの注釈書を批判して，凡夫のための*浄土往生の要義が説かれた経典であると宣揚した点に特徴がある．

全体の構成は，「玄義分(げんぎぶん)」「序分義(じょぶんぎ)」「正宗分定善義(しょうじゅうぶんじょうぜんぎ)」「正宗分散善義(しょうじゅうぶんさんぜんぎ)」各1巻の4巻からなる．第1巻の「玄義分」は総論で，釈尊*出世本懐(しゅっせのほんがい)が凡夫のために浄土往生の要門たる観経を説くことにあったこと，その要門とは*定善・散善の二善の実修であることなどが説かれる．第2巻「序分義」では，観経全体を*序分・*正宗分・得益分(とくやくぶん)・*流通分(るずうぶん)・耆闍分(ぎじゃぶん)の5段に分け，*王舎城(おうしゃじょう)の悲劇が説かれている序分を解釈する．第3巻と第4巻は主として正宗分の注釈，すなわち*阿弥陀仏とその*極楽浄土の様相を観想する*十六観の注釈からなる．慧遠が十六観全部を聖人のために説かれた定善と判定したのに対して，善導は十三観までを凡夫である*韋提希夫人(いだいけぶにん)のために説かれた定善とし，残りの三観を未来世の凡夫のために説かれた散善と位置づけた．

この著作で注目すべき思想史的解釈としては，阿弥陀仏の*本願力に乗じて凡夫も高いレベルの浄土(報土)に往生できるとした点，凡夫のための浄土の観想の方法として西の彼方に極楽世界が実在すると観ずる(指方立相(しほうりっそう))方法を提唱した点，*称名(しょうみょう)念仏を往生行の中心(*正定業(しょうじょうごう))に据えた点などがある．

この注釈書は中国ではあまり流布しなかったが，わが国の*源信をはじめ，「偏依(へんね)善導」を標榜した*法然や，「善導独明仏正意」〔正信念仏偈〕と讃歎した*親鸞などの浄土思想の形成に多大な影響を及ぼした．

眼目 がんもく 原義は目の意．また主眼点の意．禅で，真実の自己を表す〈*本来の面目(めんもく)〉の意味に用いられる．「自己の眼目いまだあきらめず」〔正法眼蔵行持下〕

願文 がんもん 神仏に祈願する文書．あるいは仏事を修する時，願意を記した文．生前にみずからの死後の供養を行う*逆修(ぎゃくしゅ)，寺塔建立・造仏・*写経などの供養，死者の冥福を祈る*追善供養などのための仏事法会の時に，*施主(せしゅ)の願意を述べる．これには一定の型式があって，まず「敬白」と記し，次に仏事*作善(さぜん)を記し，改行して趣旨・願意を述べ，「敬白」または「立願如件」と書き止め，別行で年月日，願主の名，さらに「敬白」と記す．

自らが記すのが原則であるが，上流貴族の願文は修辞をこらし，故事を踏まえた四六文の漢文であるので，文章博士(もんじょうはかせ)などが代作し，能書のものが執筆した．一般には僧などが代作し，その文の体裁などを例示したものに印融(いんゆう)(1435–1519)の『文筆問答鈔』がある．庶民や女性の場合には和文体のものもある．『本朝文粋』『願文集』『江都督納言願文集』『転法輪鈔』『東草集』『拾珠抄』などに名家の願文が集められており，*『言泉集(ごんせんしゅう)』はそれらの中から名句を抄出して類従し，願文などの制作の時に便したものとして著名．〈発願文(ほつがんもん)〉は*誓願(せいがん)を起して願意を述べたもので，願文に同じ．

「この月に，百済，丈六の仏像を造りまつる．願文(ことねがひのふみ)を製(つく)りて曰(い)へらく」〔書紀欽明6.9〕「願文は大江匡衡つくり，佐理宰相清書せられたり」〔続古事談4〕「賤(いや)しげなるもの…願文に作善多く書きのせたる」〔徒然72〕

漢訳大蔵経 かんやくだいぞうきょう　古典中国語(漢文)に翻訳され，収集・分類された仏典の総称．広義には，東アジア(中国・朝鮮・日本など)の仏教者が著した注釈書や論文を含む．単に〈*大蔵経〉ともいい，また〈*一切経〉〈衆経〉などとも別称する．

【経録の編纂】中国では2世紀の中葉から仏典の伝訳が始まり，元代まで続くが，漢訳仏典の絶対数の増加とともに，仏典そのものの散佚，翻訳者や翻訳年代の不明化，*偽経の出現などの問題が生じ，漢訳仏典を収集・整理する必要も高まった．このため，本格的なものとしては364年に成立した*道安(どうあん)撰の『道安録』(『綜理衆経目録(そうりしゅきょうもくろく)』)を嚆矢として，梁の*僧祐(そうゆう)が撰した*『出三蔵記集(しゅつさんぞうきしゅう)』など多数の漢訳仏典の総合目録が編纂された．『道安録』には合計639部886巻が収載されたという．また，その後の目録で後世の範となったものは，730年に智昇(ちしょう)により編纂された『智昇録』(*『開元釈教録(かいげんしゃっきょうろく)』)で，これには「入蔵録」の一章が立てられ，中国で作られた目録・伝記・儀軌の類も含めて合計1076部5048巻が正規の仏典として入蔵されている．入蔵とは大蔵経に加えることで，中国では勅許を必要とし，容易に認められなかった．→経録．

【大蔵経の刊行】ところで，このように膨大な漢訳大蔵経を一括して残そうという積極的な試みは，書写・石刻・刊行などの形で行われてきた．このうち，書写としては，*聖武天皇の勅願に始まるわが国の天平時代の一切経書写などがあり，また石刻としては，隋代に静琬(じょうえん)が彫りはじめ，以後約700年にわたって継続された河北省の*房山石経(ぼうざんせっきょう)が有名である．

しかし，それらに比べていっそう大きな社会的影響力をもつ事業は，大蔵経の刊行である．その最初のものは，宋の太祖，太宗の発願により，971年から12年をかけて完成した，『智昇録』にもとづく板行(23万枚．〈旧宋本〉または〈蜀版〉という)であるが，以来，主な刊行だけでも10種ほどを数える．とくに，朝鮮の〈高麗版〉(〈*高麗蔵(こうらいぞう)〉と呼ばれる．1011年，顕宗が発願し，文宗の代に完成したが，焼失のため，高宗が1236年に再雕本を発願し，15年後に完成．1512部6791巻)や，日本の〈黄檗版(おうばくばん)〉(〈*鉄眼版〉とも．*鉄眼道光の発願．1681年完成．明の〈万暦蔵〉にもとづく．1618部7334巻)などがその一つとなっていることは，漢訳大蔵経が中国のみならず東アジアの精神世界の全体を長い間大きく支え，かつ性格づけてきた一証左といってよかろう．

なお，現在，内外を問わずもっともよく用いられる漢訳大蔵経は，日本の*高楠順次郎(たかくすじゅんじろう)らの発願によって1934年に完成した〈*大正新脩大蔵経(たいしょうしんしゅうだいぞうきょう)〉(高麗再雕本を底本とし，*敦煌(とんこう)発見の写本類や中国・日本の著述を大幅に入蔵する)である．また中国では，新たに趙城蔵(ちょうじょうぞう)(*金刻大蔵経)を底本とする〈中華大蔵経〉が刊行された．→大蔵経，宋版大蔵経，南伝大蔵経，チベット大蔵経．

願力 がんりき　〈本願力(ほんがんりき)〉ともいう．仏の*本願の働きのこと．特に浄土教では*無量寿経(むりょうじゅきょう)に，*阿弥陀仏(あみだぶつ)が衆生を救うため48の願を立て，それを成就したことが説かれているが，この阿弥陀仏の救済の力をいう．浄土真宗では，*浄土に生れるための手だても，浄土で得る悟りも，すべて阿弥陀仏よりふりむけられたもの〈願力廻向〉と説く．また，その働きはわれわれの*分別を超えたものであるため，〈願力不思議〉という．なお，浄土真宗では*他力は阿弥陀仏の本願力であるので〈本願他力〉という．「彼の一切衆生の心徳を，願力をもて南無阿弥陀仏と成ずる時，衆生の心徳は開くるなり」〔一遍語録〕．→願，四十八願．

寒林 かんりん［s: Śītavana］　シータヴァナの漢訳名．〈尸陀林〉〈屍陀林〉と音写される．元来，*マガダ国首都*王舎城付近の森林の名で，山深く冷える場所で，死体を葬った所であった．それが転じて，死体を棄てる所の意に用いられるようになった．インドでは山林の中にあり，静かで寂しく，なくなった人の魂が休まるところとして，*瞑想に適した場所とされている．釈尊も寒林の中にとどまったといわれるが，現代でもヒンドゥー行者が住んでいることもある．なお*目連が寒林で，苦果を恨んで前生のわが死骸をむち打つ*餓鬼を見た話（『天尊説阿育王譬喩経』所説）は，説経や文学に取材されて著名．「其の寒林の中に下り至りて，香を焼き花を散らして尸骸を供養す」〔今昔 2-7〕

甘露 かんろ［s: amṛta］　原語のアムリタは不死，あるいは神々がそれを求めて常用した不死を与える飲料を意味する．仏教では，〈甘露門〉(amṛta-dvāra)や〈甘露城〉(amṛta-pura)などの用例に見るように古くから*涅槃を意味した．あるいはまた〈甘露のような教説〉(śāsana-amṛta)や，〈甘露法門〉〈甘露法雨〉などの用例では，涅槃に導く教説そのものをさす．また後代，*阿弥陀仏が〈甘露王〉と呼ばれることもある．中国では古来，天下太平の祥瑞として天が降らせるという甘いつゆを意味し，この語が仏典にでるアムリタの訳語として採用され，定着したものである．「その甘露を受けて服するに，忽ちに餓ゑの苦しび皆やみて楽しき心になりぬ」〔今昔 2-27〕「末法に入って甘露とは南無妙法蓮華経なり」〔日蓮御講聞書〕．→不死．

キ

気 き　人間を含む一切万物の生成してくる根源の質料，もしくは生成してきた万物のそれぞれを形成する極微の元素をいう．自然界に関しては多くの場合，「天地の一気」〔荘子大宗師〕「陰陽の気」〔荘子人間世〕「元気」〔春秋繁露王道〕「玄気」〔漢書礼楽志〕「大気」〔韓詩外伝 5〕「紫気」〔晋書張華伝〕「風気」〔漢書律暦志〕などの成語が用いられる．一方，人間存在に関しては，「浩然の気」〔孟子公孫丑上〕「気を陰陽に受く」〔荘子秋水〕「純気」〔荘子達生〕「魂気」〔礼記郊特牲〕「神気」〔礼記孔子間居〕「精気」〔易経繫辞伝上〕「病気」〔史記扁鵲倉公伝〕「邪気」〔荘子刻意〕「悪気」〔新書明誠〕「養気」〔孟子公孫丑上〕「調気」〔為蕭太傅東耕教（江淹）〕などの成語が用いられる．そしてこのような自然と人間に関する〈気〉の言語と思想は，3 世紀，漢魏の時代以後，*道教の教義に取り入れられて，「一元気」の宇宙生成論ないしは「服気胎息」の呼吸調整の道術を展開させた．

このうち特に中国仏教と密接な関連を持つのは，服気の道術もしくは病気治療の医術・薬学などである．たとえば『雲笈七籤』59 に載せる『達摩大師住世留形内真妙用訣』の「聖人の息気は常に気海に在り．気海は即ち元気の根本なり」，同じく『曇鸞法師服気法』の「徐々に長く気を吐くこと一息二息，傍なる人は気の出入の声を聞く」などがそれである．また，金光明最勝王経除病品には「針もて刺して身の疾ならびに鬼神悪毒及び孩童を傷破して年を延ばし気力を増す」と見える．

基 き［Jī］　632-682　一般に〈窺基〉と呼ばれるが，〈基〉が正しい．中国，唐代の僧．俗姓は尉遅氏，字は洪道．京兆長安の人．*法相宗の祖．主に長安の*大慈恩寺に住した．*玄奘に師事して，その訳場に列し，とりわけ*『成唯識論』の翻訳に功績があった．またこの論書に二つの注釈（『成唯識論述記』『成唯識論掌中枢要』）をつくり，*真諦訳に代表される古い*唯識説を批判し，新しい法相唯識の立場を宣揚した．これはインドの*護法(ダルマパーラ)の唯識説を正統とみなすことにほかならない．〈百本の疏主〉といわれるほど多数の著作を残し，*『大乗法苑義林章』*『法華玄賛』などがある．〈慈恩大師〉と尊称される．

疑 ぎ [*s*: vicikitsā]　ものごとをはっきり決めかねて，ためらうこと．意の定まらないこと．*四諦など仏教の説く教えを信じきれず，あれこれと疑いを抱くことで，基本的な*煩悩の一つ．教理学上の〈疑〉は，仏教の教えに対する躊躇のみをいい，日常生活における疑惑やためらい，あるいは仏教を学び*修行する上での疑問などは含まない．

〈疑〉は，われわれを*輪廻の生存に結びつけるものとして〈疑結〉とも呼ばれ，他の煩悩と合わせて三結・五下分結・七結・九結の中に数えられる(→結)．また，心をおおって*禅定や*悟りへ導く，善い心の生起を妨げるものとして〈疑蓋〉と呼ばれ，*五蓋の一つに数えられる．六煩悩・七*随眠・十随眠の一つでもある．なお，仏典において広義に〈疑い〉を意味する原語として一般的なのは，kāṅkṣā，saṃśaya であり，漢訳では〈疑〉〈疑懼〉〈疑悔〉〈*疑惑〉などが用いられる．

中国・日本の浄土教では，*無量寿経下巻に説くところに基づき，*阿弥陀仏を信じきれず，*極楽に生まれることに疑いを持つこと，*他力を信じない*自力心のことを〈疑〉という．禅宗では，悟りを求めて疑いを起こすべきことを説き，疑って疑いぬくこと，思量分別を捨てて疑いそのものになりきることを〈大疑〉という．

帰依 きえ [*s*: śaraṇa, *p*: saraṇa]　原語の意味は，庇護を求めること．頼りにするという意味の〈依帰〉という漢語は，中国の古典の『書経』金縢などにも見えるが，仏典漢訳語としての〈帰依〉は，すぐれたものに対して自己の身心を投げ出して信奉することをいう．仏(buddha)と法(dharma)と僧(saṃgha)の*三宝に帰依することを〈三帰〉〈*三帰依〉といい，これは仏道に入る第一歩とされる．「仏法の殊妙を聞かば，必ずよく帰依し信受すべし」〔十住心論3〕．→帰命．

機縁 きえん　仏道の悟りを開くきっかけ．〈機〉は弩(いしゆみ)の矢を発するばねじかけのことで，転じて，物事のきっかけ，あるいは物事のからくりの意．また，何らかのきっかけによって発動する潜在的能力をも意味する．仏の教えを聞いて道にめざめるのは，その人の心の中に仏の教えに反応する〈機〉が備わっているからであり，また，それは仏の教えを受ける*因縁がその人にあったことによるというところから，〈機縁〉とよばれる．「古人悟道の機縁を見れば…工夫用心とて人にたづね問へることはなし」〔夢中問答中〕「機縁時至って仏法東流せば，釈尊は教へを伝ふる大師と成って」〔太平記18.比叡山〕

義淵 ぎえん　?-728(神亀5)　〈ぎいん〉とも読む．奈良時代初期の僧．大和国高市郡の出身．俗姓は市往氏とされるが異説もある．*元興寺の智鳳に師事して*唯識教学と*法相宗を学んだ．内裏に出仕して代々の天皇に近侍し，とくに文武天皇からはその学業を賞せられて，703年(大宝3)に僧正となる．その後，*聖武天皇からも功績を讃えられた．門下からは*行基・道慈・*玄昉・*良弁など，奈良仏教の隆盛を支えた多くの僧がでた．草壁皇子の宮(飛鳥岡本宮)を寺院にしたという伝承のある竜蓋寺(現*岡寺)のほか，竜門寺・竜福寺など「竜」のつく五カ寺を創建したとされる．

祇王寺 ぎおうじ　京都市右京区嵯峨鳥居本小坂町にある真言宗大覚寺派の尼寺．高松山往生院と号す．祇(妓)王は近江国(滋賀県)野洲郡の生まれで父の戦死後，妹祇(妓)女と共に母に連れられて京に上り白拍子となる．『平家物語』によれば，祇王は平清盛の寵愛をうけたが，清盛の心が白拍子仏御前に移ると，悲嘆のあまり嵯峨に隠棲し，母子もろとも出家して尼となったが，やがて仏御前も彼女らの庵を訪ねて出家し，以後4人一緒に念仏を称えて極楽往生をとげたといわれ，本寺はその跡と伝えられる．同寺境内には祇王・祇女・母の合葬の*宝篋印塔，清盛供養塔の五輪塔がある．また，近江国野洲郡祇王村(野洲町)にも同名の尼寺妓王寺があり，同寺の縁起などによると，祇王はこの地の出身で，父の死後，母と妹祇女と共に上京して白拍子となったものといい，両寺の関連を説くむきもある．なお，祇王一家と仏御前をめぐる恩讐を越えた同心往生譚は，中世物語や説話の一類型として以後の文学に影響を与えている．

祇園会 ぎおんえ　〈祇園祭〉〈祇園御霊会〉ともいう．素戔嗚尊を祭神とする京都八坂神社の祭礼．八坂の社名は*神仏分離後の呼称で，それ以前は〈祇園社〉〈祇園感神院〉とよばれた．古来，*町衆が主体となって行う山鉾巡行で知られ，旧暦6月，現在は7月に催される．社伝は869年(貞観11)6月，*牛頭天王の祟りによる疫病を消除するため始めたと記すが，970年(天禄1)6月の*御霊会に始まるとする説が有力である．インドの*祇園精舎の守護神と伝えられる牛頭天王は，*蘇民将来伝説にうかがえるように，防疫の力も絶大な疫病神として民間で畏怖され，*神道と習合して素戔嗚尊と同一視されるようになった．

人口が集中する京都は夏期にはしばしば疫病に襲われ，その原因を*怨霊の祟りとし，これを慰撫する御霊会が9世紀後半から盛んであった．こうした京都住民に牛頭天王は強力な防疫神として受容され，感神院に祀られたのである．すでに10世紀末の祇園会には山鉾の原型を思わせる標山類似の作り物がみられたが，平安末期からは*風流をこらした田楽などが催されるようになり，14世紀中頃には山鉾が現れる．応仁の乱(1467-77)で一時中絶したが1500年(明応9)再興し，古式を伝えて今日に至っている．また祇園社が各地に*勧請されるにともない，鎌倉祇園会のように祇園祭も地方に伝播し，山車による祭りの形態を普及させることとなった．

「祇園の会の時，もし御所の御前にや参るべき，内々用意の時」〔申楽談儀〕「祇園会の時，中将といへる小僧，十二歳にして，作り山伏となりて，町の童子と同心して相渡る」〔宗義制法論〕

祇園精舎 ぎおんしょうじゃ　[*s*:Jetavana Anātha-piṇḍadasyārāma, *p*:Jetavana Anāthapiṇḍi-kārāma]　〈祇洹〉〈祇桓〉とも．古代インドのコーサラ国の都シラーヴァスティー(*舎衛城)にあった*精舎の名．シラーヴァスティーのスダッタ(*須達)長者が私財を投じて，ジェータ(Jeta，祇陀)太子の園林を買い取って，釈尊とその教団のために建てた*僧房の名である．ジェータ太子の苑林であるから，〈祇樹〉〈祇園〉などと漢訳された．スダッタ長者は貧しい孤独な人々に食を給したので，〈祇樹給孤独園〉とも漢訳されている．釈尊によって多くの説法がこの地でなされた．もとは7層の建物であったといわれる．「祇園精舎の鐘の声，諸行無常の響きあり」〔平家 1.祇園精舎〕「震旦の西明寺は祇薗精舎を移し造れり，本朝の大安寺は西明寺を移せるなり」〔今昔 11-16〕

棄恩入無為 きおんにゅうむい　剃頭出家する時に唱える偈文(*偈)の1句．転じて，出家することをもいう．なお，偈文は「流転三界中，恩愛不能脱．棄恩入無為，真実報恩者」(*三界の中に流転して，恩愛，脱すること能わず．恩を棄てて*無為に入るは，真実，恩に報ゆる者なり)〔清信士度人経(法苑珠林入道篇所引)〕．「弟子たまたま恩愛不能断の家をいでたりといへども，むなしく棄恩入無為の心なし」〔西行物語絵詞〕「それ恩を棄てて無為に入りしより，あしたには花蔵世界の花をたづね，ゆふべには本有常住の月を待ち」〔野守鏡〕．→恩，恩愛．

鬼界 きかい　餓鬼の住む世界．そもそも，〈鬼〉のサンスクリット語 preta は，逝きし者の意．漢語の〈鬼〉も，もと死者の*霊魂を意味し，『論語』為政，『礼記』祭統などに用例が見える．〈鬼〉の観念は，仏教に取り入れられると悪業の*果報として餓えに苦しむ者のイメージを帯び，〈餓鬼〉と漢訳される．〈餓鬼世界〉は，理念的には*六道*輪廻の中の三悪道(*三悪趣)の一つに数えられ，天台教学では，六道に声聞界・縁覚界・菩薩界・仏界を加えた〈*十界〉の一つに数える．また空間的には，餓鬼は人間界に混住する者と餓鬼世界に住む者とに大別されるが，餓鬼世界は我々の住む*閻浮提の地下に位置し，*閻魔王によって治められているとされる〔正法念処経 16，倶舎論 11〕．→餓鬼，鬼．

伎楽 ぎがく　[*s*: vādya]　原語は，話さるべき，響かせるべき(楽器)の意で，漢訳は，楽，音楽，伎楽，妓楽，楽器．仏教では，供養のための伎楽を勧めているが(法華経序品，無量寿経巻下)，娯楽のための伎楽は禁じている．奈良時代，伎楽も呉楽(〈ごがく〉とも読む)も共に外来仮面音楽劇のことを指していたが，平安時代にはいると漢語としての〈伎(妓)楽〉の意が一般化して広く外来音楽一般を指すようにもなり，さらにそれが仏教法会に奏楽されることが多かったことから，法会に伴う管絃を意味する語ともなった．「呉に学びて，伎楽の舞を得たり」〔書紀推古20〕「空中に微細の伎楽あり．諸の人聞くやいなや，といへり」〔往生極楽記13〕．→歌舞，音楽と仏教．

機感 きかん　仏と衆生の関係において，仏の*教化・応現を発動させる衆生の側の構え，あり方を〈機〉という．この機が仏を動かすこと(感)を〈機感〉という．「もし機感あらばすなはちために法を説く」〔顕戒論中〕「機感すでに相応す．仏天さだめて納受し給ふらむ」〔後嵯峨院宸筆御八講之記〕

機関 きかん　漢語としては『漢書』芸文志などにも用例があって，仕かけ・からくりを意味し，転じて，*師家(修行指導に当たる僧)が*学人・修行者の能力に応じて悟りを得られるように考案する指導手段のことをいう．理論的に悟りへの道すじを示す〈理致〉に対し，主として*公案という手段で得悟を導くもので，このような禅を〈機関禅〉と称する．「或いは棒喝を行じ，或いは義理にわたらざる話頭をしめすをば機関となづけたり」〔夢中問答下〕

祈願 きがん　神仏に自己の願いごとが叶うよう祈り願うこと．祈願を行う社や寺を〈祈願所〉と称し，祈願の内容を文章に記したものを〈祈願文〉または〈祈願状〉という．〈*祈禱〉に同じ．ただし祈禱は主として一定の儀軌に則って行うものをさす．「文殊に値遇し奉らむと祈願し給ひけるほどに」〔今昔11-7〕「長尾寺並びに求明寺…これ源家累代の祈願所なり」〔吾妻鏡治承5.1.23〕．→祈り，願．

窺基 きき　⇒基

機宜 きぎ　漢語としては嵆康の「山巨源に与えて交わりを絶つ書」などにも用例があって，その時どきにかなうという意味．仏教では，〈機〉すなわち衆生の能力・条件などの宗教的あり方にほどよく適応することをいう．「剣刃の上に活殺を論じ，棒頭の上に機宜を別つ」〔碧巌録7〕

儀軌 ぎき　[s: vidhi, kalpa]　儀式・祭典の実行に関する規則・細則．元来は*ヴェーダ聖典における命令条項，諸神礼拝の手続きを指したが，密教に取り入れられて，仏・菩薩・諸天(*天部)などの図像学的取り決め(造像儀軌)，念想の作法(念誦儀軌)，供養の仕方(供養法)，印契の結びかた(結印法)・実施順序(*次第)などの約束ごと一般(密軌)を意味するようになった．転じて，これらの規則を記した文献をも意味した．*チベット大蔵経には多量の儀軌が存する．日本においても〈*切紙〉などの奥義として秘密裡に*師資相承された．「儀軌・本経ならびに諸聖教によりて，この事をかむがふべし」〔明恵上人行状〕

記紀と仏教 ききとぶっきょう　『古事記』の成立は712年(和銅5)，『日本書紀』は720年(養老4)とされ，それぞれ仏教の勃興，興隆期という史的背景をもつが，その仏教的色彩は全体的にそれほど強くはない．『古事記』は，神話時代から推古朝までを記すが，仏教受容をめぐる蘇我・物部の対立，*聖徳太子の事蹟などについては一切語らない．内容上では，海幸彦山幸彦の条の塩盈珠・塩乾珠と仏典の*如意宝珠，および八俣の大蛇と*竜王の類似を言う説もあるが，全般に仏教の投影は薄弱であると言える．しかし，その使用語彙，音仮名の用字，原因・理由を説く「何由以」「所以…者」などで始まって「故」で結ぶ文体，敬語表現に用いる「白」字，詩句と散文の併存する文章形態など，文章，文体，語彙については漢訳仏典から学んだと考えられるものが多く挙げられている．

『日本書紀』には，欽明13年(552)の仏教公伝の記事をはじめとして，蘇我・物部の抗争，聖徳太子の事蹟，大化以後の宮廷仏事の盛行，天武朝での国家仏教成立などが記載され，また，読まれた経典も数多く記されている．当時の経典読誦の目的は，そのほとんどが*除災招福，*請雨などの現世利益追求にあったという．文体については，顕宗，武烈，継体，欽明の諸紀に金光明最勝王経(*金光明経)による潤色のあることが明らかにされている．

帰敬 ききょう　*帰依・*帰命し，敬礼・尊敬すること．経典(*経)，論書(*論)の初めにおかれて，*仏・*菩薩・*三宝などに帰依敬礼することを表す言葉を〈帰敬偈〉〈帰敬序〉〈帰敬文〉などという．後秦(384-417)の仏陀耶舎訳*『四分律』の冒頭に「諸仏及び法，比丘僧に稽首し礼す」とある．また，仏教に帰依し入信する儀式を〈帰敬式〉〈帰依式〉〈入信式〉などという．「二つの目盲ひたる女人，薬師仏の木像に帰敬して現に眼を明く」〔霊異記下11〕「黄紙・朱軸の荒品なりとも，経教をば帰敬すべし」〔随聞記4〕

起行 きぎょう　信心が*身口意のはたらきの上に現れた行為・実践．〈*安心〉に対する．浄土教では*五念門(礼拝・讃歎・作願・観察・廻向)や五正行(読誦・観察・礼拝・称名・讃歎供養)などをさす．「浄土に往生せんとおもはん人は，安心・起行と申して，心と行との相応すべきなり」〔法然消息〕

偽経 ぎきょう　〈疑経〉とも書く．中国や朝鮮・日本でつくられた経のこと．サンスクリット本その他から翻訳された経を〈真経〉〈正経〉と呼ぶのに対し，翻訳経とはみなしがたい経をいう．偽経は古く『道安録』(『綜理衆経目録』，4世紀)でとりあげられて以来，歴代の*経録編纂者たちから厳しい批判を受けつづけた．翻訳仏典の目録を編むという彼らの任務からすれば，経の真偽に特別の関心を払うのは当然である．したがって仏説の真実性を晦ます偽経の存在を決して容認することなく，その摘出と排除に全力をつくした．しかし偽経は雑草のごとく増殖の一途をたどった．*道安のころ26部30巻だった偽経は，南北朝時代になると46部56巻に倍増し，さらに隋代には209部490巻，唐代には406部1074巻と飛躍的にふくれあがった．これを*『開元釈教録』の入蔵録1076部5048巻と対比してみると，偽経の隆盛ぶりを推知しうる．

仏教の伝統的立場からは百害あって一利なしと見なされてきた偽経であるが，難解な仏教教理に縁のない庶民が仏教に何を期待したかを具体的に研究することができる点では，偽経はかけがえのない価値を有する．中国の土着思想との交渉という面からも極めて興味深い資料となる．しかし偽経は入蔵を許されなかったので，*大蔵経の中には稀にしか存在せず，多くは散逸した．しかし幸い*敦煌出土仏典には大量の偽経が含まれており，近年は名古屋の*七寺一切経から多くの偽経が発見されて注目をあびている．なお，朝鮮や日本でも数は多くないが偽経が作られ，その一部は現存している．

記家 きけ　中世叡山の教学は顕・密・戒・記に四分されたが，〈記家〉は*比叡山の記録・故実を専門とした．しかし単なる記録者ではなく，記録・故実にみな秘伝を認め，*口伝を説いて相承伝授した．記録の集大成である光宗(1276-1350)の*『渓嵐拾葉集』(全300巻，現存117巻)によると，記録の内容は，「浄刹結界」(叡山の官符などの結界，東塔・西塔・横川の三院の分地・境界)，「仏像安置」(一山三塔の諸堂仏閣とその本尊，建立供養料足施入の事)，「厳神霊応」(開創以来の諸天善神の瑞応，山王明神の和光垂迹)，「鎮護国家」(護国秘密の念誦など)，「法住方軌」(叡山が三学霊場であることを明らかとして，さらに顕密諸教の軌則)，「禅侶修行」(学生式・延暦寺禁制式などを中心に僧の心得・修行の行儀一切を明かす)の六科からなるとする．

記家の活動は鎌倉時代に盛んになり，義源・光宗の師弟によって大成された．六科の第3に「厳神霊応」があるように，*山王神道の発展に極めて関係が深い．代表的な著作としては，『渓嵐拾葉集』の他に『山家要略記』がある．前者が記録以外の顕・密・戒も含むのに対し，後者は狭義の記録に限っており，中世の山王神道の集大成として重視される．

「山門記家の相承に云はく，嶺には薬師・釈迦・弥陀の三仏」〔定賢問答抄〕「山門の記家相伝の一書の中に，受戒の戒場を荘厳すべきの旨を山家大師の記されたる文有り」〔永徳記至徳2.4.21〕

伎芸天 ぎげいてん　芸能を司る*天部の女神．密教によれば，大*自在天が天上で諸天女に囲まれて歌舞を楽しんでいたところ，突然，髪の生えぎわから生まれて来たのがこの伎芸天だという．豊饒・吉祥・富楽のことや諸芸を速やかにかなえさせてくれるという．顔容端正にして*伎楽第一．*経軌では*天衣・*瓔珞に身を飾り，左手に一天華をとる姿をなす．*秋篠寺の伎芸天像は有名であるが，本来，それとして造られたものではない．

起顕竟 きけんきょう　〈起〉は事が起る，〈顕〉は事が十全に顕われる，〈竟〉は事がおわる意．*日蓮の「この御本尊は…宝塔品より事起りて寿量品に説き顕し，神力，嘱累品に事極り候ひしぞかし」〔新尼御前御返事〕という言葉に基づく．*本尊論・*付嘱論の立場から*法華経を区分づけたもの．

「見宝塔品第十一」で*多宝塔中に入った釈尊は仏滅後の法華弘経者を募る．聴衆の種々のグループがこれに応じるが，釈尊は「従地涌出品第十五」で「止めよ，善男子」と謝絶し，代わりに末代弘経の担い手として本弟子達(*地涌の菩薩)を地下から呼びよせる．そして「如来寿量品第十六」において付嘱の本体(妙法蓮華経)を顕説し，「如来神力品第二十一」では，別して本弟子達に対して一切の仏の教えの肝要を四句(如来の一切の所有の法，如来の一切の自在の神力，如来の一切の秘要の蔵，如来の一切の甚深の事)に結んで伝授し，「嘱累品第二十二」では，総じて一切大衆に法華経一部および〈余の深法〉を付嘱する．

日蓮は天台教学を熟考のすえ，「神力品」の四句を妙法蓮華経の五字，本弟子達を自己に擬した．また「涌出品」から「嘱累品」までの八品の有様を図示したのが〈大曼荼羅本尊〉(*十界曼荼羅)である．

喜見城 きけんじょう　[*s*: Sudarśana, *p*: Sudassana]　*忉利天(別名，三十三天)にあり，*帝釈天が住む城の名．*須弥山の頂にあるとされる．*『大智度論』巻100に「七帀山の頂に三十三天の宮ありてその城七重なり．名づけて喜見となす」とあるが，一般的には〈善見城〉と漢訳する場合が多い．『倶舎論頌疏』巻11に「山頂の中に於て宮あり，善見と名づく．亦た喜見城と名づくるなり．見とは善を称えるなり」とあるように，〈善見〉のほうが原語に近い漢訳といえる．

綺語 きご　[*s*: saṃbhinna-pralāpa]　意味のない，無益なおしゃべり．〈雑穢語〉とも訳す．けがれた心から発せられたことばのうち，嘘いつわり，仲違いをはかることば，他人を傷つけることばを除くすべてをいう．*『倶舎論』巻16では，おもねること，心を惑わせるような歌をうたったり，せりふを語ること，誤った教説を述べることをあげている．十悪の一つ．漢語の〈綺語〉は，綾絹のようにうわべを美しく巧みに飾ったことばの意ともなることから，詩文・小説などをいやしんでいうのにも用いる．「道義の語を思ひて綺語を離るれば，現身にすなはち諸人の敬ひを得ぅ」〔十住心論2〕．→悪，狂言綺語．

擬講 ぎこう　南都の*三会や北京の三会(天台三会)などの勅会講席の*講師任命の宣旨を受けてから以後，実際に勅会に臨んで講師の役を勤めるまでの称号．三会の講師を勤めた者は〈已講〉という．現在，*比叡山においては，山麓東南寺にて毎年行われる法華経講演説法(戸津説法という)を勤め已わると望擬講に任命され，その中から法華大会勤修の年に1名だけ擬講に選ばれる．そしてその年の法華大会の講師の控え役になり，法華大会中日の広学*竪義には已講に代わって一ノ問者の役を勤めるなどして，次回の法華大会の講師に備える人の称である．「講師の講(請?)は，南北各別の勅会なり．受請以後勤仕已前は擬講と称す．勤仕以後は已講と号くるなり」〔釈家官班記下〕．→已講．

機根 きこん　〈根機〉ともいう．*仏道の教えを聞いて*修行しうる能力．さらに，*衆生各人の*根性・性質を意味する．修道上の見地から，この機根にさまざまな等差をつける．たとえば*利根・*鈍根，上根・中根・*下根に分ける．また浄土教では，教えを受ければ必ず悟りうる*正定聚の機，どうしても悟りえない邪定聚の機，前二者の中間にあってどちらに進むか定かでない不定聚の機に三分(*三定聚)する．「一宗に志ある人余宗をそしりいやしむ，大きなるあやまりなり．人の機根もしなじななれば教法も無尽なり」〔神皇正統記嵯峨〕

亀茲 きじ　〈きゅうじ〉とも読む．中国，新疆ウイグル自治区庫車(クチャ)・新和・沙雅3県にまたがり，ウイガン，クチャ両河が形成する沃地に農耕・鉱産・貿易を基盤に，白

(帛)氏を支配者として成立した王国.〈丘慈〉〈邱茲〉〈屈茨〉〈屈支〉, 後の〈苦叉〉〈苦先〉〈曲先〉〈倶支嚢〉は kūčī の音写. 古代には印欧語のクチャ語を用いた. 仏教東漸上ホータンや*カシュガルと共に要地で, 3-4 世紀の白延(はくえん)や*鳩摩羅什(くまらじゅう)は中国仏教史に足跡を残し, 雀離(梨)大清浄(昭怙釐(しょうこり)伽藍)・阿奢理弐(あじゃりに)伽藍は遺跡も確認され, *ガンダーラと深いつながりにあった.

鬼子母神 きしもじん [*s*: Hārītī] サンスクリット語の漢訳で, 原語は〈訶梨帝(かりてい)〉〈呵利底〉と音写される. また〈歓喜母〉〈愛子母〉とも訳される. 鬼神王般闍迦(はんじゃか)(Pāñcika, パーンチカ)の妻で, その児一万(あるいは千とも五百とも)あったという. はじめ邪神でインドの*王舎城(おうしゃじょう)の町に来て多くの幼児を奪い食い殺していたが, 仏の教化をうけて悪行を止め, 仏の教えを守り, 児の養育を助けることを誓ったと伝えられている. もとはインドの母神であったらしく, 夫のパーンチカや愛児と共にいる彼女の優美な彫刻が, 北インドや*ガンダーラを中心としていくつも発見されている.

法華経陀羅尼品では十*羅刹女(らせつにょ)と共に法華経を弘通(ぐずう)する行者を守護することを誓願しているが, *日蓮(にちれん)はこの経説による守護を確信し, 数多くの迫害・弾圧の諸難をのがれたのはひとえにこの守護力によることを再三説いている. はじめ鬼子母神と十羅刹女は同格ないし母子の関係にあると思われていたが, 鎌倉中末期には母子から離れて鬼子母一神が単独に崇敬されるようになる. すなわち天女の形相の鬼子母・十女の十一軀像とは別に, 鬼子母一神が崇敬され, 江戸時代に入ると有角, 裂口, 憤怒相の鬼形の鬼子母神が出現する. こうして鬼子母神は鬼形と天女形の二類となり, また十一軀像の鬼子母神にはその夫般闍迦がそえられ十二軀像となる. こうした十一軀・十二軀像, あるいは鬼子母の本地身をそえた十三軀像と鬼形の鬼子母神は日蓮宗独自の展開であり, 鬼子母神は完全に日蓮宗の守護神となって尊崇されている. 千葉県中山, 東京雑司が谷, 同じく入谷の鬼子母神は特に著名である. なお, 鬼子母神説話は, 古来母の慈悲深重を説くたとえ話ともされて, 平安末ごろには, すでに幼児の平安を願って, その名を守り札に書いて子供の首にかける習俗が行われていた.

喜捨 きしゃ [*s*: vyavasarga-rata] 喜んで財物を施すこと. また, 報償を求めない施しのこと. *四無量心(しむりょうしん)(慈・悲・喜・捨)のなかの〈喜〉(muditā)と〈捨〉(upekṣā)をいうときは, 他者の幸せをうらやまずに心から喜び, 他者を差別せずに平静な心で扱うことの意となる.「慈悲喜捨を念々に専修し, 国家を誓護し, 生界を利安せよ」〔天台座主良源起請〕

帰寂 きじゃく 死の別称.〈入寂〉と同じ. *寂滅(じゃくめつ)に帰し, 寂滅に入ること.〈寂〉は漢語として静か, 安らかの意味であるが, 仏語として〈*滅〉と同じ意味を持つ.〈寂滅〉は nirvāṇa (*涅槃(ねはん))の漢訳同義語で, 本来*迷いの世界を離脱した, 生死(しょうじ)ともに滅した*悟りの境地をいうが, 僧侶の死を尊んでこれらの語を用いた. *『釈氏要覧(しゃくしようらん)』下. 送終初亡には*釈氏の死の称し方として, ほかに〈*円寂〉〈帰真〉〈*滅度〉〈*遷化(せんげ)〉〈順世(じゅんせ)〉をあげる. また真寂の本元に帰すという意味で〈帰元〉の語も用いられる.

なお中国の古代思想においては, 仏教が入る前に, 死者を意味する〈鬼〉を音通から〈帰〉の字義で解釈したり, 死を本来のありように復帰すると捉える考え方が行われていた.

「釈尊帰寂より以来(このかた), 聖賢相続っぎて遷去し, 像末の仏弟子, 唯尸羅(しら)を師と為す」〔天台座主良源起請〕「(不空三蔵)帰寂ありしかば司空(しくう)の官をおくらる」〔神皇正統記 称徳〕

義寂 ぎじゃく [Ŭi-chok] 統一新羅(しらぎ)の学僧. 7 世紀後半から 8 世紀初めにかけて活躍したと推定される. 伝記は不明. 華厳宗の*義湘(ぎしょう)の十大弟子の一人とも伝えられるが, 著作および日本での受容のあり方から見て, 学問の中心は*唯識(ゆいしき)と*浄土教であったと思われるため, 同名の別人であった可能性もある.『成唯識論未証決(じょうゆいしきろんみしょうけつ)』『大乗義林章(だいじょうぎりんしょう)』『涅槃経義記(ねはんぎょうぎき)』など 20 部を越える著作を著した. そのうち, 唯一現存している『梵網経菩薩戒本疏(ぼんもうきょうぼさつかいほんしょ)』2 巻ないし 3 巻は, *菩薩戒解釈に関する代表的な典籍の一つとして日本では高く評価された. 平安期の浄土教で重視された『無量寿経述記

(むりょうじゅきょうじゅっき)』3巻は，現在は引用などから復元されているが，その特徴は，地論宗の*慧遠[2](えおん)などの伝統的な浄土解釈に加え，*善導や懐感(えかん)の影響を受けて弥陀(みだ)の*本願および*口称(くしょう)の念仏の意義を強調している点にある．

耆闍崛山 ぎじゃくっせん　⇒霊鷲山(りょうじゅせん)

祇樹給孤独園 ぎじゅぎっこどくおん　⇒祇園精舎(ぎおんしょうじゃ)

起請 きしょう　仏神に誓って物事を約束すること．また，その約束事を記した文書．文書の場合は〈起請文(きしょうもん)〉ともいい，本文に誓いの内容を記し，この誓いに違反した場合には仏神の処罰を受けることを約束する．古代の探湯(くかたち)(湯起請)や火起請をその起りとする．主従の間や男女の間の誓約など一般の誓約だけでなく，歌道や医学や諸芸の入門誓約にも見られる．用紙は誓約者の氏神の牛王(玉)(ごおう)(厄除けの護符)など一般の牛王を用いるが，遊里では熊野牛王を用いるのを基本とした(→宝印)．また，*法然(ほうねん)とその門徒が念仏修行について誓約した『七箇条起請文』(*『七箇条制誡』)をはじめとして，寺院社会でも寺僧が合議に基づく寺法の制定や寺職の補任，落書(らくしょ)などに公正を期するため，牛王を翻(ひるがえ)して起請の旨を記した．なお，文学作品では，謡曲『正尊』に土佐坊正尊が弁慶に手渡した自筆の文が見られる．「もしこの起請を壊(やぶ)りて供養する者あらば，国の境を追ふべし」〔今昔1-11〕「奥に起請文の詞(ことば)を載せて，厳密の法をぞいだしける」〔太平記5.大塔宮〕

義湘 ぎしょう［Ŭi-sang］　625-702　正しくは〈義相〉．新羅華厳(しらぎけごん)の初祖．鶏林の人．俗姓は金，号は義持，諡(おくりな)は円教国師．29歳(一説に20歳)で皇福寺にて*祝髪(しゅくはつ)．662年から唐の華厳宗第2祖*智儼(ちごん)の門下で*法蔵(ほうぞう)と共に華厳を習う．670年，華厳学を大成して帰国．676年，太白山に華厳の根本道場浮石寺(ふせきじ)を創建，さらに全国に華厳十刹(じっせつ)を建立，華厳宗を広める．門下に十大弟子をはじめ多くの門徒が雲集したといわれる．著作よりも実践を重んじたが，数種の著作を残し，代表的著作に*『華厳一乗法界図』がある．新羅から高麗，さらに朝鮮朝にかけて『一乗法界図叢髄録』4巻，『華厳法界図円通鈔』2巻，『華厳一乗法界図註并序』などの注釈書が作られ，現在でも韓国仏教のよりどころの一つとなっている．教宗としては華厳宗が最も栄え，高麗から主流となった禅宗も華厳の色彩が強いのは，義湘の影響による．なお，華厳宗の第3祖法蔵が義湘に寄せた「寄海東書」は，義湘を兄弟子としてあがめた内容であり，*高山寺(こうざんじ)蔵の*『華厳縁起』は*明恵(みょうえ)が義湘と*元暁(がんぎょう)の事跡を描かせたものである．

義浄 ぎじょう［Yì-jìng］　635-713　中国，唐代の僧．斉州(山東省斉南)の出身．俗姓は張氏，字は文明．*法顕(ほっけん)や*玄奘(げんじょう)の偉業を慕い，戒律の研究を志して，37歳のとき広州から海路インドに赴く．25年にわたり三十余国を巡り，695年多数の梵本を将来して洛陽に帰った．帰国後，それらの翻訳につとめ，金光明最勝王経，孔雀王経など56部230巻を訳出した．訳経の重点は*説一切有部(せついっさいうぶ)所伝の*律蔵(『根本説一切有部毘奈耶』)を翻訳・紹介した点にある．著書に*『大唐西域求法高僧伝』*『南海寄帰内法伝』などがあり，とくに後者は自らの旅行の見聞を伝える文献として貴重である．

疑城胎宮 ぎじょうたいぐ　*阿弥陀仏(あみだぶつ)の*本願を疑う者の生れる浄土の片ほとり．疑惑を城にたとえて〈疑城〉といい，また母胎の中にいる胎児のように，疑惑の心に自己満足し，安住して仏や法を見聞することができない閉鎖的な境地であるので〈胎宮〉とも称する．この境地は〈懈慢界(けまんがい)〉とも称し，自力の念仏行者を*報土(ほうど)(弥陀の*誓願(せいがん)によって成就された浄土)に往生せしめるために，*四十八願中の第十九・二十の*方便の本願によって成就された真実報土の一部で，〈方便化身土(ほうべんけしんど)〉とも呼ばれる．無量寿経に「五百歳の間」と説かれるのは，永遠の場所ではないことを示唆しており，疑惑が晴れればそこがそのまま真実報土となる．特に浄土真宗で詳しく論じられる．→懈慢，化土(けど)．

「罪福信ずる行者は，仏智の不思議をうたがひて，疑城胎宮にとどまれば，三宝にはなれたてまつる」〔正像末和讃〕「正行の中の専修専心・専修雑心・雑修雑心は，これみな辺地・胎宮・懈慢界の業因なり」〔教行信証化身土〕

軌生物解 きしょうもつげ　⇒任持自性・軌生物解

キジル石窟 せっくつ　中国，新疆ウイグル自治区拝城県キジル鎮の東南7キロメートル，ムザルト川北岸にある．石窟総数236．中国公認の窟編号は谷西区の第1より谷内区・谷東区・後山南区・後山北区の順序．岩質は礫岩．石窟は塑造の仏像を安置し全壁壁画に被われる．年代的に3,4段階に区分され，広義*ガンダーラ美術の影響を徐々に脱しキジル地方色を強める．*バーミヤーン石窟と類似点があるが漢文化の痕跡はない．中国の公式見解では早期はほぼ4世紀初め，晩期は8世紀ごろと推定されている．→石窟寺院．

鬼神 きしん　超自然的・神秘的な霊力を有し，生者に禍福をもたらす霊的存在．中国では，人間は精神を司る〈魂〉と，肉体を司る〈魄〉との二つの神霊を持ち，死後，魂は天上に昇って〈*神〉となり，魄は地上にとどまって〈鬼〉となると考えられた．その顕現の仕方によって，善神と悪鬼との両様に分かれ，祭祀と祈禳の対象となる．仏教では，鬼は六趣(*六道)の一，神は*八部衆の総称であり，*夜叉などがその代表とされる．なお，日本では〈おにがみ〉とも訓読し，広く〈もの〉即ち威力ある精霊を神格化した称呼とするほか，荒々しく猛々しい神の意にも用いる．「災ひも来たることを得ず．鬼神も窺ふべからず，盗賊も犯すべからず」〔本朝文粋12〕「義睿迫より見れば，様々の異類の形なる鬼神ども来たる」〔今昔13-1〕「鬼神も罪許しつべく，あざやかに物清げに，若う盛りに匂ひを散らし給へり」〔源氏夕霧〕．→鬼．

寄進 きしん　神仏に祈願や報謝の誠意を表すために，土地・金銭・財物などをさしあげること．同義の語に〈献物〉〈施入〉〈奉納〉〈献納〉〈献上〉などがある．奈良時代には〈献物〉〈施入〉が用いられ，平安時代に入り，〈寄進〉の語がみられるようになる．932年(承平2)の『伊勢太神宮司解案』にその早い用例が見られる．寄進した品目や趣旨を記した文書が寄進状・施入状で，寄進された土地その他は寺社の財産となるから，これらの文書は寺社の重要な文書であった．「寔に公家三か郡を以て太神宮に寄進せらるといへども」〔伊勢太神宮司解案承平2.10.25〕「仏法を信じ，徳政行はれ，諸寺に寄進の事これあり」〔雑談集3〕

義真 ぎしん　781(天応1)-833(天長10)　初代天台座主．相模国(神奈川県)に生まれる．法相を学び，中国語に通ずる．22歳で得度．804年(延暦23)*最澄の通訳として入唐．*天台山で*具足戒を受け，最澄とともに天台学・菩薩戒・密教などを受けて翌年帰国した．最澄の遺言により*天台宗の後継者となる．823年(弘仁14)，最澄の主張した新しい*大乗戒のみによる初めての授戒に際し，戒和上となり，824年(天長1)初代の*延暦寺(天台)座主となった．また*維摩会の講師をつとめた．*天長勅撰六本宗書の一つ『天台法華宗義集』その他の著作があり，弟子に*円珍などがいる．修禅大師と称される．

奇瑞 きずい　不思議な吉兆，めでたいしるしの意．漢の王充(27-100)の『論衡』宣漢などに漢語としての用例が見えるが，中国では古くから聖天子の出現に伴う瑞兆が問題にされた．『論語』子罕の「鳳鳥至らず，河，図を出ださず」という，*孔子の言葉に見える鳳凰や河図は，その代表的瑞兆．仏教では*仏法に関するありがたい現象をいう．ただし，如来が衆生を教化するためのはかり知れない*変化である〈教誡神変〉は説かれたが，その他の奇蹟や奇瑞は本質的意義を有していない．「先づ御修法の間種々の奇瑞有りて，承暦三年七月九日皇子御誕生あり」〔太平記15.園城寺〕．→奇蹟，神通，瑞相．

犠牲 ぎせい　天地や宗廟の祭りなど，祭祀のときに供える生贄．純色で形の完全に具わった牛・羊・豕を用いる．『書経』泰誓，『孟子』尽心下，『国語』楚語下，『礼記』月令など多くの例が見える．また，殷の湯王が自分の身を犠牲にして天に祈り*雨乞をした故事〔呂氏春秋順民〕から，ある目的のために己の生命や財産を投げすてることをいう．同様の習俗はインドの*ヴェーダの宗教でも行われていた(yajña)．犠牲獣としては牛・羊・山羊・馬などが神々にささげられた．

仏教では，生命あるものを殺すことは罪の中で最も重く，不殺生戒として*五戒・*八斎戒・*十戒の第一にあげられているが，仏に*供養し，他の生物を救うため，我が身を捨てる*捨身(しゃしん)という行為がある．*布施(ふせ)の最上のものとされたが，ある意味では犠牲行為といえる．わが国では古来〈犠牲〉を〈いけにへ(え)〉と訓読し，〈生贄〉を当てることが多いのは，生き物を生きたまま供えたためであろう．これが仏教の*殺生戒(せっしょうかい)を犯すということから，*神仏習合の中世には，諏訪明神(現・諏訪大社)のように，犠牲の生き物を浄土に往生させるための*方便だとする説さえ生まれた．→供犠．

「痩せ弊(つたな)き生贄を出だしつれば，神の荒れて作物も吉からず」〔今昔 26-8〕

奇蹟 きせき　〈奇跡〉とも書く．自然の法則や人の力に頼らないで超自然的な力によって引き起こされると考えられている事象をいう．古代インドでは，*修行によって高い段階の境地に到った宗教家は，よく超自然的力を発揮して予想もしないことを現したと伝えられている．仏教では*六神通(ろくじんずう)や*三明(さんみょう)があり，*禅定(ぜんじょう)を修行する過程で副産物として身につくといわれる．

釈尊(しゃくそん)は*悟りを開いたあと，伝道活動をしているときによく神通力によって奇蹟を現したと伝えられている．たとえば拝火教の教団を率いるカーシヤパ三兄弟(*三迦葉(さんかしょう))を集団改宗させた主な原因は，釈尊がカーシヤパ三兄弟よりも優れた神通力を持っていたからであり，いろいろな奇蹟を現し互いに競い合ったが，しかし釈尊の神通力による奇蹟がより優れていたので，カーシヤパ三兄弟は釈尊のもとに弟子千人を連れて帰依したという．また，釈尊の弟子のなかに神通第一と呼ばれた*目連(もくれん)がいて，神通によってさまざまな奇蹟を現し多くの信者や弟子を獲得したが，そのために異教徒から憎まれて迫害を受けて殺されたという．

もともと仏教は合理的な思索と修行によって悟りをめざすものであり，いわゆる奇蹟は批判されることが多かった．しかし，一般信者の信仰の中で釈尊は次第に超人的存在と見なされるようになり，上記のような奇蹟譚が語られるようになった．また釈尊のみならず，*祖師や熱烈な信仰者についても様々な奇蹟が語られることが少なくない．西方願生者における往生奇瑞などもこの例である．他方，禅定修行者や山岳修行者・密教者においては，その修行によって身につけた呪力が様々な奇蹟を引き起こすと考えられた．日本でしばしば*説話のテーマとされる験競(げんくらべ)もこうして身につけた呪力を競いあうものであった．→神通，神変，霊験(れいげん)．

鬼籍簿 きせきぼ　〈*過去帳〉のこと．たんに〈鬼籍〉とか，〈鬼簿〉〈点鬼簿〉〈鬼録〉などともいう．日本語の〈おに〉は非常に豊富な意味内容をもっているが，ここでは漢字本来の語義にしたがって死者のことをさしている．中国思想においては，人が死ぬと，精神をつかさどる魂(こん)は天にのぼって神になり，肉体を主宰する魄(はく)は地にかえって鬼(き)になるとされた．冥官は鬼となった死者の姓名をこの帳簿に記載したのである．→鬼(おに)．

器世間 きせけん［s: bhājana-loka］〈器世界〉ともいう．〈有情(うじょう)世間〉(衆生世界)に対する．*有情(衆生)の存在する環境世界のこと．依報・正報(*依正(えしょう))の依報に当り，*五陰(ごおん)・*衆生・*国土の三世間では〈国土世間〉にあたる．*『倶舎論(くしゃろん)』によると，器世間はいわゆる*三千大千世界のことで，そのそれぞれの世界は*須弥山(しゅみせん)を中心とする宇宙構造をなしている．サンスクリット語も，文字通り〈容器たる世界〉の意である．「此の千如に一々各三種の世間あり．いはゆる五陰世間・衆生世間・器世間なり．此等を三千世間とす」〔真如観〕

喜多院 きたいん　埼玉県川越市小仙波町にある天台宗の寺院．〈北院〉とも当てる．星野山無量寿寺と号し，通称〈川越大師〉．830年(天長 7)*円仁(えんにん)の創建というが，元久(1204-06)の兵乱で焼失．1296年(永仁 4)尊海(1253-1332)が再興して関東天台の中心寺院となり，南・中・北院も成立．1537年(天文 6)の兵火で焼失後，1599年(慶長 4)*天海が北院を領有，入寺後は徳川家康の*外護(げご)にて復興し，天台宗八*檀林(だんりん)の一つとして栄え，後陽成天皇(1571-1617)から〈東叡山(とうえいざん)〉の山号も賜った(のち*寛永寺(かんえいじ)に譲る)．現在の*伽藍(がらん)の多くは1639年(寛永 16)の再興で，客殿・書院・庫裏(くり)はその時の遺構，山門(1632)は天海の建立．寺宝に職人尽絵，宋版一切経などがある．

北枕 きたまくら　⇒頭北面西(ずほくめんさい)

疑団 ぎだん　修行の上で起る疑問，疑いがかたまりのように大きくふくれあがること．大疑団．禅においては大疑団を起し，それを突破するところに悟りが得られるとして，疑団を起すことが重視される．

鬼畜 きちく　*六道輪廻の三悪道(*三悪趣)に属する餓鬼道と畜生道を合わせた略語で，餓鬼と畜生の意．自然神や俗神なども鬼畜界に配せられるが，やがて〈鬼〉は，餓鬼ならぬ悪鬼としての鬼のニュアンスを持たされるようになった．そこで，鬼畜も，そうした意味での〈鬼畜生〉の略語と考えられるようになり，悪逆非道を行う人物などを指すこととなった．「善業によりては人・天・修羅の三善道の報を感じ，悪業によりては地獄・鬼・畜の三悪道の報をまねく」〔真如観〕．→餓鬼，畜生，鬼．

吉祥 きちじょう ［*s*: lakṣmī, śrī］　めでたいことが起る前兆．また，めでたいこと．漢語の〈吉祥〉は，『荘子』人間世や『戦国策』秦策などに用例が見える．釈尊の*成道は，吉祥という名の童子が捧げた吉祥草を敷いた座の上でなされたと伝えられる．「庭の中に十種の吉祥を現ず」〔今昔 3-2〕「我をば功徳天と云ふ．いたる所には，吉祥・福徳のみあり」〔沙石集 7-25〕．→吉祥天．

吉祥天 きちじょうてん ［*s*: Śrī-mahādevī, Mahāśrī, Lakṣmī］　〈きっしょうてん〉とも読む．〈大吉祥天女〉〈功徳天〉とも漢訳され，また〈室利摩訶提毘〉と音写される．幸福をもたらす女神．インドのヒンドゥー教神話によく知られた美と繁栄の女神ラクシュミー(別名シュリーまたはシュリー-ラクシュミー)が仏教に取り入れられたもの．ヒンドゥー教では*ヴィシュヌ神の妃とされ，また愛神*カーマの母とされるが，仏教では*毘沙門天の妃となった．また竜王徳叉伽(→八大竜王)を父とし，*鬼子母神を母とするといわれる．

特に*金光明経大吉祥天女品でその*功徳が強調されたことから，わが国ではこの女神の像を祀って天下泰平・五穀豊穣を祈願する〈吉祥悔過〉(吉祥懺悔，吉祥御願とも)などの法会が古くから行われ特に信仰された．*薬師寺の麻布着色画像(奈良時代)や東大寺法華堂(*三月堂)の*塑像(奈良時代)はその*本尊であったと思われる．図像の上では，左手に*如意宝珠をささげ持ち，右手を*与願印に作る容姿端麗な立像彫刻が多く，*浄瑠璃寺像(鎌倉前期)はその代表例である．→黒闇天．

吉祥天曼荼羅 きちじょうてんまんだら　雑密の陀羅尼集経(阿地瞿多訳)に基づく，財宝獲得・五穀豊穣を祈る曼荼羅．古様の叙景風曼荼羅で，中央宣字座上に立つ吉祥天(功徳天)は，左手に*如意宝珠を持ち，右手は*施無畏印(または*与願印)を示し，左右に*梵天・*帝釈天が侍立する．背後の七宝山には雲に乗る*六牙の白象が，鼻で巻いた*宝瓶から吉祥天に宝物を注ぎ，左右に天女が舞い，下方の蓮池のかたわらには呪師を配する．遺品に MOA 美術館本(鎌倉時代)がある．→吉祥天，別尊曼荼羅．

吉蔵 きちぞう ［Jí-zàng］　549–623　中国の六朝末から隋・唐初にかけて，*三論の教学を大成した学僧．会稽(浙江省紹興県)の嘉祥寺に住したので〈嘉祥大師〉と称せられる．俗姓を安といい，祖先は*安息国(パルティア)の人であることから〈胡吉蔵〉ともいわれる．*金陵(南京)で生まれ，興皇寺法朗(507–581)に師事し，7 歳(おそらくは 11 歳)で出家し，21 歳にして*具足戒を受けた．隋が中国を統一した 589 年以後 7,8 年間，嘉祥寺に止泊して教えをひろめた．その後，晋王広(後の*煬帝(在位 604–618))に召されて揚州の慧日道場に入り*『三論玄義』などを著した．約 2 年後，晋王広により*長安の日厳寺に召され，多数の聴衆を集めた．唐の武徳(618–626)の初め，十大徳の一人に選ばれた．命終に臨み『死不怖論』を製して 75 歳の生涯を閉じた．

大乗経典は道を説き明かす点においてみな平等であるとする立場に立って，般若経や，その*空の思想を理論的に説明した三論のみならず，法華経・華厳経・維摩経・涅槃経などの諸大乗経を講讃し，注釈書を著した．代表的な法華経疏に*『法華義疏』があり，大乗仏教の重要な概念について論じた*『大乗玄論』もある．あわせて 25 部(『弥勒経遊意』を除く)が現存する．

忌中 きちゅう　近親に死者があった場合，その*穢れを忌み，逸楽や慶事を慎しむ期間．〈喪中もちゅう〉とも称する．古代から存在する穢れを忌避する習慣によって形成されたと考えられる．中国では死者を追慕して一定の期間，*喪に服する習慣が存在するが，日本では死穢しえを忌み嫌って慎むところが中国とは異なる．死穢は，早くは『延喜式』などにも見える．一般に忌中の期間とされる*四十九日しじゅうくにち間は，地蔵菩薩本願経の七七日なななぬか・しちしちにちの説に起因すると考えられる．なお忌中の間，新仏の位牌を安置し水や線香を供える棚を設ける地域もある．その棚を〈忌中棚〉と呼び，部屋を〈忌中屋〉〈忌中部屋〉と言う．さらには葬式後に死者の子供達が交代で行う念仏を〈忌中念仏〉と称することもある．

喫茶去 きっさこ　中国唐代の禅僧*趙州従諗じょうしゅうじゅうしんの語として有名．お茶を飲みに行け，お茶を飲んで目を覚まして来いの意で，相手の不明を叱責する語．ただし，後に「お茶を召し上がれ」の意に解され，お茶を飲むという日常性の中に深い悟りのはたらきを見るという意にとられるようになった．

『喫茶養生記』 きっさようじょうき　*栄西えいさい著．2巻．鎌倉初期の茶書．1211年(承元5)序．『茶経ちゃきょう』(陸羽, 760頃)をはじめ中国の文献を多く引用しつつ，茶は身体の調和をはかる妙薬であるといい，茶の木の栽培法・採取・製造法や喫茶法を説く．日本最初の茶書であるが，飲茶の作法などを重視する後世の茶書とは異なり，茶の医用品としての効能を説き，当時は医書として用いられた．飲茶の風習を日本に定着させるうえで先駆的なものであり，日本茶道史の重要文献である．→茶，茶道．

義天 ぎてん　[Ŭi-ch'ŏn]　1055-1101　高麗こうらい時代の学僧．*諡号しごうは大覚国師．高麗第11代王，文宗の第4子として生まれ，1067年(13歳)に僧統となる．1085年5月に入宋して華厳宗の浄源じょうげんなど当時各宗派の人物と交流し，帰国後は中国で失われた文献を送って宋代華厳の復興のきっかけを作った．1097年に国清寺を完成して高麗天台宗を開創し，禅と教の和合を図った．興王寺に住し，教蔵都監を設けて遼・宋・日本などから仏教書籍を取り寄せ，国内の書も集めて〈高麗続蔵経〉を刊行した．その際，作ったのが『新編諸宗教蔵総録』である．義天の著述や刊行した華厳関係の論疏は日本に伝わり，現在まで残っている．著述としては『円宗文類』23巻(3巻存)，『釈苑詞林』250巻(5巻存)，『大覚国師文集』23巻(一部欠落)などがある．

祈禱 きとう　神仏に心願をこめて祈り，霊験・利益・加護・救済などを願う宗教的行為．祈願・祈誓・祈念などともいう．仏からの働きかけ(加)を衆生が*受持じゅじ(持)するという意味の「加持かじ」という言葉を冠して，〈加持祈禱〉という熟語としてしばしば用いられる．世界のあらゆる宗教においてこうした行為は認められ，東洋では古くから各地で行われた．

古代インドの*ヴェーダの慣習では，天啓聖典ヴェーダの呪句(マントラ)には神秘的な霊力(*ブラフマン，*梵ぼん)が宿っており，それを用いて祈れば神々をも自由に動かして世俗的な目的を達成することができるとされた．釈尊は，現世の吉凶禍福は三世因縁の*業ごうに基づく*果報であるから，根本の業因を無くす方に重点を置き，祈禱を重視しなかった．わが国の仏教の中でも浄土真宗のように祈禱を否定して行わない宗派もある．しかし，仏教の歴史展開の中でヴェーダ以来の祈禱の慣習が仏教にも取り入れられ，仏教においても祈禱の要素が強くなっていった．特に密教は，世間の習慣を仏教的に昇華させたものなので，出世間しゅっせけん(→出世)の成仏成就のための*修法しゅほうとともに，*現世利益げんぜりやくを得るための祈禱も重視する．

わが国でも，平安時代以来，国家の安泰や個人の除災招福を願って，密教教団(真言宗と天台宗)において盛んに加持祈禱が行われるようになった．密教における加持祈禱は，身に*手印しゅいんを結び，口に*真言しんごん・*陀羅尼だらに・*呪じゅを唱え，心に仏を念ずるという〈*三密さんみつ加持〉の方法に依り，*経軌きょうきの説にしたがって*壇だんを構えて*供養法くようほうを修し，あるいは*護摩ごま法を行じて祈禱するのを本儀とする．古来，その目的に応じて*四種法・六種法などに分類される．〈息災そくさい法〉は，災害や苦難を除去するために修す．〈*増益ぞうやく法〉は，幸福や健康を招来するために修す．〈*敬愛けいあい法〉は，人間の心に慈愛の念を起させるために修す．〈*調伏ちょうぶく法〉は，悪人や悪心や邪霊を駆逐し抑圧するために修す(以上，四種法）．〈延命法〉は，命を長らえるために修す．〈鉤召法〉は，本尊などを*勧請するために修す（以上，六種法）．それぞれに壇の形状，*荘厳の相，供養物の種類，開白結願の時期などを異にする．→加持．

「旁につきて祈禱どもをせさせけれども，其の験も無かりければ」〔今昔30-3〕「印・真言無くんば祈禱あるべからず」〔日蓮法華真言勝劣事〕

鬼道 きどう　〈鬼〉とは本来，死者の*霊魂，*幽冥界における霊的存在を意味し，天界・人界を貫く原理を〈*天道〉〈人道〉というのに対して，*鬼神の世界を貫く原理法則を〈鬼道〉という．また，国家祭祀における万神の祭壇の八方に設けられる鬼神の通路や，国家非公認の呪術的宗教などをも意味する．仏教では，衆生の*輪廻転生する*六道の一つ（*餓鬼の住むところ）を〈鬼道〉または〈鬼趣〉といい，さらに広く餓鬼・*羅刹・*夜叉といった諸々の鬼神の住む世界を意味する．「成佐，鬼道にありといへども，人を害する心なし」〔著聞哀傷〕「願はくは我早く死して必ず鬼道に入りて」〔真言伝4〕

義堂周信 ぎどうしゅうしん　1325（正中2）-88（嘉慶2）　臨済宗の僧．義堂は道号，周信は諱．初期*五山文学の第一人者．土佐（高知県）の人．早くより*夢窓疎石に師事し，その法を嗣ぐ．文学者としては建仁寺の竜山徳見を介して元の古林清茂の作風を学び，日本禅林の文学者の始祖と目された．壮年時は関東に在って相模（神奈川県）善福寺・瑞泉寺・円覚寺黄梅院に住し，晩年上洛して等持寺・建仁寺・南禅寺に住する．その間，足利義満・基氏，上杉能憲らの帰依を受けた．弟子に月潭中円，文学の門生に*絶海中津らがいる．著作に『空華集』（詩文集），*『空華日用工夫集』（日記），『義堂和尚語録』など．

奇特 きどく　漢語の意味は，奇異にして特出していることをいうが〔宋書武帝紀上〕，サンスクリット語 āścarya または adbhuta の漢訳語として用いられ，奇妙特別の意味で，神仏などの不思議な力についていう．*『仏所行讃』4，*賢愚経 8，*『大唐西域記』1 などに例が見られる．わが国でも古来両義の用法があったが，次第に神仏の霊験や人智を越えた不思議な事柄の形容に用いられるようになり，転じて，広くすぐれたさま，感心すべきさまを意味するようにもなった．「奇特の事多しといへども，一々に注し尽くし難し．まことに，法花の力，明王の験新たなり」〔今昔13-21〕「御衣ばかり残りて，御体は見えさせたまはず．諸臣皆奇特の相をなして，もとのごとく御棺ををさめ奉らる」〔夢中問答下〕

忌日 きにち　人の死亡した月々または年々の当日，すなわち*命日をいう．故人の喪に服し，身を慎んで仏事を営む日．なお古くは，忌日（ただし祥月命日）のある月を〈忌月〉といった．「今日は外祖の忌日なり．入道殿法性寺に渡らしめ給ひ，修せらると云々」〔明月記建久7.5.21〕「八月は大将の御忌月にて，楽所のこと行ひたまはんに便なかるべし」〔源氏若菜下〕．→月忌，祥月．

季御読経 きのみどきょう　〈年の御読経〉とも．708年（和銅1）から宮中で行われるようになった*大般若経講読の法会．729年（天平1）には年に一度，862年（貞観4）には春夏秋冬の4回行われた記録があるが，その後，春（2月）・秋（8月）二季に行われるのが一般となった．期間は3日ないし4日で，僧は100人を召し，大極殿や紫宸殿で行われることが多い．なお，平安中期になると，宮中にならって，院宮や摂関・大臣家などでも春秋二季に行われるようになった．「年ごとに二度定まれる事にて，季の御読経をなむ行ひ給ひける」〔今昔19-18〕

耆婆 ぎば　サンスクリット語・パーリ語 Jīvaka に相当する音写．ジーヴァカ．古代インド*マガダ国の首都*王舎城に住んでいた小児科医の名．ビンビサーラ（*頻婆娑羅）王と娼婦の間の子とも，またアバヤ（無畏）王子と娼婦の間の子とも伝えられる．このためクマーラブリタ（*s*: Kumārabhṛta, *p*: Komārabhacca），すなわち「王子に育てられたもの」という通り名をもつ．タキシラ（パキスタン北東部にあった古代都市）でピンガラについて医道を学ぶ．名医としても有名であるが，仏教信者として篤く釈尊を*外護した．アジャータシャトル（*阿闍世せ)王子が父を殺し，悔恨の思いをもって悩んでいる時，王子を釈尊のもとに連れて行き，すすめて仏教信者にさせたと伝えられる．釈尊や仏弟子，人々の病をなおし，尊崇された．

軌範師 きはんし　弟子の軌範(手本，模範)となる師．阿闍梨(ācārya)の訳．出家した後の僧が10年間つき従う長老の僧をいう．→阿闍梨．

記別 きべつ ［*s*: vyākaraṇa, *p*: veyyākaraṇa］　〈記莂〉とも書く．〈分別経〉〈記〉〈記説〉などの訳語もある．サンスクリット語の vyākaraṇa は動詞 vyākaroti(分ける)に由来し，分別•説明•解答を意味する．また言語を分析するところから文法の意味もある．転じて未来を〈予言〉する意味を生じ，後世*如来が弟子の成仏を予定する授記作仏思想が発達する．

記別の語は〈九分教〉〈十二分教〉のうちの一分の名称として第三支に置かれる．伝統的な解釈として*『瑜伽師地論』巻25,『顕揚論』巻6,『阿毘達磨集論』巻6,『雑集論』巻11などは，略説の*経に対する分別広説するもの，ないし意を尽くさない未*了義の経を説明解釈するものであるとする．しかし，これでは十二分教の〈*論義〉(*優婆提舎)と区別できない．真の意味は*『大毘婆沙論』巻126，*『成実論』巻1，*『順正理論』巻44が説く〈問答体〉にある．記別には本来，問い(praśna)に対する解答の意味がある．*阿含経の中には時として問答体の経が〈記別〉と呼ばれている実例がある(長部21経,28経，中部49経など)．→授記，九分教，十二分教．

「弥勒の出世の時生まれて，仏の記別に預りて衆生を利益すべし」〔今昔4-19〕

機法 きほう　〈機〉は仏法を受ける*衆生の宗教的あり方，〈法〉は衆生を救う仏の力．特に*阿弥陀仏をたのむ心と，それを救う仏の力をいう．浄土宗西山派および浄土真宗では，その*他力の教義を表す要語として〈機法一体〉が説かれるが，それは衆生の機と阿弥陀仏の法が一体不離であることをいう．「『念々不捨者』といふは，南無阿弥陀仏の機法一体の功能なり」〔一遍語録〕

紀三井寺 きみいでら　和歌山市名草山中腹にある寺．紀三井山金剛宝寺護国院と称す．もと真言宗勧修寺末寺，現在は救世観音宗総本山．寺伝は770年(宝亀1)為光上人の開創とするが，本尊十一面観音像の作風からみて平安時代中期の成立か．『寺門高僧記』覚忠伝所収の1161年(応保1)の「三十三所巡礼記」に二番霊場として記され，以後，*西国三十三所第2番*札所として有名になり，多くの参詣者を集め今日に至っている．

君名 きみな　〈公名〉〈卿名〉とも書く．*比叡山で上流貴族の子弟を*稚児として弟子に取ったさい，未*得度のあいだ父の官職名を付して〈中将の君〉〈兵部卿の君〉などと呼ぶ風習．その根源は，堂上貴族の子弟で*僧位や僧職についた者に父の官職名を付して〈式部卿の法師〉〈左大臣の僧正〉などと称した慣例によるとされる．「近来行人とて山門の威に募り…徳付き，公名付きなんどして以ての外に過分に成り」〔盛衰記9〕

帰命 きみょう ［*s*: namas］　サンスクリット語は，頭を下げて敬意を表すこと，の意．〈*南無〉はその音写語．〈帰命〉の語義は己れの身命を投げ出して仏に*帰依すること，または仏の教命に帰順することと解釈され，いずれも仏を深く信じる意を表している．頭を地につけて仏の足を礼拝し，帰依•帰順の気持を表すことを〈帰命頂礼〉という．なお，漢語としての〈帰命〉は，命令に帰順する意で，『新書』五美などに用例が見える．「竜樹尊に帰命したてまつる，わが心の願を証成したまへ」〔往生要集大文第4〕

木村泰賢 きむらたいけん　1881(明治14)-1930(昭和5)　仏教学者．岩手県の出身．曹洞宗の僧で，東京帝国大学卒業後，イギリス，ドイツへの留学を経て，1923年に東京帝国大学印度哲学科教授に就任．初期仏教•アビダルマ思想を中心として，原典研究に基づくインド哲学•仏教思想の研究に業績を挙げた．初期仏教の*縁起思想の理解をめぐって，*宇井伯寿•和辻哲郎と論争を行なった．著書に『阿毘達磨論の研究』『原始仏教思想論』などがあり，没後，全集6巻が出版された．

疑網 ぎもう　疑いが張りめぐらされて自己を束縛し自由を奪うさまを，網の目にからまれる様子に譬えていったもの．「上人忽ちに

驚きて，不覚の涙落ちぬ．かつは疑網を悔い，かつは罪障を懺くいたり」〔拾遺往生伝中8〕

亀毛兎角 きもうとかく　本来実在しないものの喩え．眼病者に誤って見られる〈空中の花〉(*空華くうげ)や，語義からして絶対にありえない〈石女うまずめの子〉などとともに，実在しない事物の代表的な比喩の一つである．亀は，水草をからませて遊泳するとき，あたかもその甲羅に毛が生えているように見え，また兎の長い耳は，ときに角と誤認されかねない．しかしながら実際には，亀の毛も兎の角もむろん錯覚であり，実在しない．「亀毛の長短，兎角の有無，亀の甲には毛なし，なんぞ長短をあらそひ，兎の頭には角なし，なんの有無を論ぜん」〔聖密房御書〕．→兎角．

鬼門 きもん　中国古代の神話地理書『山海経せんがいきょう』に由来する*鬼神の出入する門．*陰陽道おんようどうでは，家または城郭の艮うしとらの方角すなわち東北隅を鬼門といい，陰悪の*気きが集まり，百鬼の出入する門戸として，万事にこの方角を忌んだ．とくに都城の築造に当たっては，この方角に鎮めの社寺を置くのが通例で，京都では*比叡山ひえいざんの*延暦寺えんりゃくじ，鎌倉では五大堂，江戸では上野の*寛永寺などがその役割を果たした．「山門に事出で来ぬれば世も必ず乱るといへり．理ことわりや鬼門の方の災害なり．これ不祥の瑞相なるべし」〔盛衰記9〕

祇夜 ぎや　サンスクリット語 geya（パーリ語 geyya）に相当する音写．漢訳に〈重頌じゅうじゅ〉〈応頌〉〈頌経〉〈歌〉〈歌詠〉〈美音経〉〈詩〉〈誦〉などがある．原語の geya は動詞√gai（歌う，誦する）から作られた gerundive（未来受動分詞）の名詞的用法で特殊な形．意味は，歌わるべきもの，誦せらるべきもので，〈応頌〉はこれに当たる．*九分教くぶんきょう・*十二分教じゅうにぶんきょうのうちの第二分に置かれる．*『大毘婆沙論だいびばしゃろん』巻126には，「諸経の中，前に散説せる契経かいきょうの文句によりて，後に結して頌をなして，これを諷誦ふじゅす」と説明している．すなわち，散文の形で説かれた経（契経）の内容を，韻文の形で重説したものである．→伽陀かだ．

逆悪 ぎゃくあく　五逆罪と十悪．五つの最も重い罪と十の悪い行為．きわめて悪いことをいう．漢語の〈逆悪〉は，道理にもとり悪いことの意で，『周礼』地官・師氏などに用例が見える．「本願円頓えんどん一乗は，逆悪摂すと信知して，煩悩菩提体無二ぼんのうぼだいたいむにと，すみやかにとくさとらしむ」〔三帖和讃〕．→五逆，悪．

逆縁 ぎゃくえん　⇒順縁・逆縁じゅんえん・ぎゃくえん

逆観 ぎゃくかん　〈順観じゅんかん〉の対語．*十二因縁，*四諦したい，仏の*三十二相などを観ずるのに，順次に観ずるのを〈順観〉，逆に観ずるのを〈逆観〉という．たとえば，仏の三十二相を観ずるのに頂上から足へと観ずるのを順観，足から頂上へと観ずるのを逆観という．十二因縁を観ずるについては二説あり，一説は，*無明むみょう・*行ぎょう・*識しき…老死へ因から果(*因果)へと観ずるのが順観，その逆に老死・生・*有う…無明へ果から因へと観ずるのを逆観とする．他の一説は，「無明があるから行がある，行があるから識がある，…」というように*迷いの由来を観ずるのを順観，「無明がないとき行がなく，行がないとき識がない，…」というように*悟りの実現へと観ずるのを逆観とする．

逆化 ぎゃくけ　〈化〉とは*教化きょうけのことで，人々を教え導いて，その心を願うべき方向に転化・改変させること．化導，*化度(教化し*済度さいどすること)，化益けやく(*利益りやくを得られるよう教化すること)などの用法に同じ．〈逆化〉とは，衆生しゅじょうに教えを説き救済する場合，信順しようとしない者に対して違逆の手段を用いて無理に教化することをいい，漸次に順当な教えで教化する〈順化〉と対になる．

逆罪 ぎゃくざい　人倫や仏道に逆らう極悪の罪．犯せば*無間むけん地獄に堕ちるとされ，別名〈無間業むけんごう〉ともいう．具体的には，1)母殺し，2)父殺し，3)阿羅漢あらかん殺し，4)仏身より出血させる，5)僧侶の和合組織である教団を破壊する，の〈五逆〉を数えるものが最も有名．1)と2)は親の恩田おんでんに，3)–5)は仏の*福田ふくでんに背く罪．無量寿経中，*第十八願に「唯ただ五逆と誹謗正法とを除く」とある五逆も，これを指す．他に，類似内容の五逆に殺和尚・殺阿闍梨せつあじゃりを加えた〈七逆罪〉もある．「何ぞ今，父母を殺して逆罪を造らむ」〔今昔5-6〕．→五逆，逆謗ぎゃくほう．

逆修 ぎゃくしゅ　生前から死後の*菩提ぼだい

を祈って仏事を行うこと．〈預修〉ともいう．灌頂経や地蔵本願経などの説に基づくが，わが国では平安時代から盛んになった．また，生前に*法名をつけたり，あらかじめ位牌や石塔に朱書したり，あるいは早死をした若者のために年長者が仏事を行うことなどをもいう．「逆修のためとおぼしくて，おのおの鬢髪を切りて仏殿に投げ入れ」〔太平記26.正行〕「入滅の年に臨みて，にはかに始めて逆善を修す」〔吾妻鏡文治5.9.17〕

客塵煩悩 きゃくじんぼんのう　[*s*: āgantuka-kleśa, āgantuka-upakleśa]　〈かくじんぼんのう〉とも読む．*煩悩すなわち，心を汚し，悟りを障げる機能は，心に本来具わったものでなく，単に一時的に付着した塵のようなものにすぎないという主張．〈客〉(āgantuka)とは，主人に対する客，すなわち，外来の，一時的滞在者をいう．〈塵〉は，ハンカチーフについた汚れのように，洗えばおちるのに譬えて加えた語．心の本性が光り輝いている(*自性清浄)のと対比される．*阿含経から大乗に至るまで，広く認められるが，とくに*如来蔵思想で強調する．「多知広学は是れ客塵煩悩とて，さとりをさふる因縁なり」〔合水集中〕

獲得 ぎゃくとく　[*s*: lābha]　ものを得ること，手に入れること．〈獲〉と〈得〉の字は同義であるが，獲と得とを分けて解することもある．浄土真宗において，因位の時に得ることを〈獲〉とし，果位の時に至って得ることを〈得〉とする場合があるのがその例．「菩提心を以て往生の正業とせざる大邪見を獲得す」〔摧邪輪〕．→因位・果位．

逆謗 ぎゃくほう　*五逆と*謗法の併称．共に極悪罪であるため，無量寿経中，*第十八願には「唯五逆と誹謗正法とを除く」と一括して仏の救済から除外されているが，謗法(誹謗正法)の方が罪は重く，〈破法〉〈断法〉ともいわれる．同じ*浄土三部経でありながら，観無量寿経には五逆・十*悪の者をも救済すると説かれており，第十八願との矛盾をめぐって，古来，浄土教学者間に種々の説がある．*善導は*抑止・*摂取の教義でこれを解決し，日本浄土教もその影響を強く受けている．「名号不思議の海水は，逆謗の屍骸もとどまらず，衆悪の万川帰しぬれば，功徳のうしほに一味なり」〔高僧和讃〕「それ弥陀の願網普く一切の善悪を救済すといへども，なほ五逆謗法の輩を漏らす」〔黒谷上人語灯録10〕

隔歴 きゃくりゃく　互いに差別や隔たりのある意で，〈*円融〉に対する語．天台教学では空と仮と中の*三諦を説くが，化法四教(→五時八教)の*別教では三諦それぞれが個々に独立した真理と考えるから，隔歴・歴別・次第・不融・別相の三諦などと称し，空と仮の二諦は劣り，中諦はすぐれたものとする．これに対し*円教では，三者が別個でなく一諦の中に三諦を具えるから〈円融三諦〉という．「隔歴の三諦は麁法なり．円融の三諦は妙法と名づく」〔真如観〕

逆流 ぎゃくる　広義には，*生死*輪廻の流れに逆らい，*悟りに向かって進むこと．*首楞厳経巻4に「今，生死の欲流に逆らわんと欲すれば，反りて流れの根を窮め，不生滅に至る」とある．これに対して，生死の流れに従うことを〈順流〉という．また逆流は，狭義には，部派仏教の修行階梯の一つである*四向四果のうち，はじめて*仏法の流れに預かった位である*預流・須陀洹の古い漢訳語として用いられた．*『大乗義章』17本には，「須陀洹とは是れ外国の語にして義釈に三あり．…二に，義に随いて傍翻すれば，名づけて逆流となす．生死の流れに逆えば，三途の生死，永く受けざるが故に」と解釈されている．「もし二世の重障を懺悔して四種三昧を行ぜんと欲せば，まさに順流の十心を識りて明らかに過失を知るべく，まさに逆流の十心を運んで以って対治と為すべし」〔摩訶止観4上〕

逆路伽耶陀 ぎゃくろかやだ　極端な快楽主義を奉ずる人々，という程の意か．*鳩摩羅什訳の*法華経安楽行品に〈路伽耶陀〉(Lokāyata，順世外道)と併記して出される語．〈左順世外道〉などと注解されるが，現存のサンスクリット原典に対応語はなく，訳出の経緯は不明．また古代インド社会に，*ローカーヤタ派とともにこの名の一派が実在したということも，目下のところ知られない．

脚下照顧 きゃっかしょうこ　足もとを見よの意．自己を明らめずに，いたずらに外に向かって真理を追い求める修行者を警告する語．禅院の玄関にこの句を記した張り紙がしてあるのは，足もとをみて履物を揃えることに転用し，そこに自己開明の第一歩があることを教えるものである．*『臨済録(りんざいろく)』示衆にいう「回光返照(えこうへんしょう)」も同意．「下座，巡堂，喫茶，各各脚下を照顧せよ」〔大川語録〕

伽羅 きゃら　サンスクリット語 kālāguru に相当する省略された音写．〈黒沈香木〉と漢訳される．沈香属の香木の芯から精製する，樹脂分多く，良質の香．なお，日本随一の名香とされる*正倉院宝物の香木蘭奢待(らんじゃたい)も伽羅で，それをめぐる話題は歴史や文学をにぎわしている．「物いはぬ契りをこめ，左の袂に伽羅の割り欠けを入れ置きしが，それはと問へば」〔浄・男色大鑑2〕

九華山 きゅうかざん　中国，安徽省青陽県の西南部にある山．*五台山(ごだいさん)（山西省），*峨眉山(がびさん)（四川省），*普陀山(ふださん)（浙江省）とともに中国仏教の四大聖地とされる名山．天台峰・蓮華峰・天柱峰・十王峰などの九峰が連なり，主峰の十王峰は海抜1342メートル．『太平御覧』に，「奇秀にして高く雲表より出，峰巒異状にして其の数九有り，故に九子山と名づく」とある．唐代の李白が詩に，「昔，九江の上に在りて遥かに望む，九華峰．天河は緑水に掛り，繍出す，九芙蓉」と詠んだことから，〈九華山〉と呼ばれるようになった．

唐の開元年間（713-741．一説に永徽年間（650-656））に新羅(しらぎ)王の近宗金喬覚(きんそうきんきょうかく)（僧名地蔵で，後に地蔵菩薩の化身として信仰された）が来山し，地蔵王道場を設け，大々的に寺廟を建立し，宋代から清代にかけてますます盛んになった．最盛期には仏寺が300余り，僧侶が4000人以上にも達したという．開山寺として有名な化城寺，近宗金喬覚の肉身を祀った月身宝殿，明代に五台山からやって来て100歳余で没し，3年間顔色の変わらなかった無暇禅師を祀った百歳宮をはじめ，祇園寺・慧居寺・上禅堂など80余りの古刹があり，地蔵菩薩の住まう仏教聖地として多くの人々が巡礼参拝に訪れる．→巡礼．

救済 きゅうさい　⇒救済(くさい)

休静 きゅうじょう　[Hyu-jŏng]　1520-1604　朝鮮時代中期の禅僧・僧将．完山崔氏．号は清虚，別号は西山大師．平安道安州出身．初め儒学を学んだが，芙蓉霊観(ふようれいかん)の説法を聞いて感銘を受け，崇仁(すにん)長老に参じて出家，1549年には僧科に及第した．禅教両宗判事にまでなったが，真の出家の道ではないと知って職を離れ，諸山をめぐり，*廃仏の風潮が強まるなかで多くの弟子を育てた．1592年，豊臣秀吉軍が朝鮮に侵略すると，勅命を受けて全国の寺に檄(げき)を発し，義僧軍を組織して国難を救った．乱後には妙香山に戻り，全国の寺を巡歴して仏教を興隆し，*曹渓宗(そうけいしゅう)の再興に努めた．著書に『三家亀鑑』3巻，『禅教釈』『禅教訣』各1巻，文集に『清虚堂集』7巻などがある．弟子は千名に及び，松雲惟政(しょううんいせい)，鞭羊彦機(べんようげんき)，逍遥太能(しょうようたいのう)，静観一禅(じょうかんいちぜん)の四大派が形成され，今日の韓国仏教の基いとなっている．

経 きょう　[*s*: sūtra, *p*: sutta]　経の原語である〈スートラ〉(sūtra)は糸やひもを意味し，古代インドでは，祭式ないし学術の基本説を，暗誦用に短い文章にまとめたものをさした．仏教もこれにならい，仏陀の教えを文章にまとめたものを〈スートラ〉の語で呼んだ．一方，漢語の「経(けい)」は織物の縦糸を原意とし，物事の根本義，とくに古代の聖人の言葉をさし，儒学の根本典籍を伝統的に〈経書(けいしょ)〉と呼ぶ．仏典の翻訳に伴い，訳者はこの「経(きょう)」の語をスートラの訳語にあてた．スートラはまた，〈契経(かいきょう)〉〈貫経(かんぎょう)〉〈正経〉〈聞経〉などとも訳され，〈*修多羅(しゅたら)〉〈修妬路(しゅとろ)〉などと音写される．

【九分教・十二分教】仏教最古の用例は，*九分教(くぶんきょう)・*十二分教(じゅうにぶんきょう)のうちの第一分に置かれる〈経〉である．*『大毘婆沙論(だいびばしゃろん)』巻126には「諸経の中に散説する文句なり．諸行無常 諸法無我 涅槃寂静と説くが如し」といい，『顕揚聖教論(けんようしょうぎょうろん)』巻12には「長行(じょうごう)の直説にして，諸法の体を摂するもの」と解釈．要するに〈端的に法の内容を簡略にまとめた聖典中の散文〉である．この意味での〈経〉は，仏教聖典が経*律(りつ)二蔵(にぞう)に分かれる以前のもので，律蔵中の*波羅提木叉(はらだいもくしゃ)やこれと併行する発達過程をたどった中部(ちゅうぶ)分別品（135-140経），中阿含(ちゅうあごん)根本分別品（31,162-164,169-171）などに見出すことができる．

【個別経典】第二段階の〈経〉は，大乗*涅槃経(だいじょうねはんぎょう)北本巻15に「如是我聞(にょぜがもん)よりないし歓喜奉行にいたる，かくの如きの一切を修多羅と名づく」というように，〈*如是我聞一歓喜奉行〉形式のもので，阿含から大乗にいたるまでの多くの個別経典の一般形式である．パーリ聖典では，〈中部〉中の経典はすべて ～sutta と名づけられ，長い経典を集めた〈長部〉では ～suttanta と名づけられて区別される．しかし，いずれも〈経〉と和訳する．

【経律二蔵・三蔵・大蔵経】第三は個別の経典を集めて編纂した叢書としての*経蔵(Sūtra-piṭaka)であり，*戒律に関する文献を集めた*律蔵(Vinaya-piṭaka)に対応する集成をいう．経律二蔵が*原始仏教時代に成立したあと，部派時代に論蔵(Abhidharma-piṭaka)が成立してインドで*三蔵が揃う．さらに大乗や密教の聖典も，編纂者および大乗仏教徒の信仰と理解のうえから，釈尊の教説であるという意義づけが与えられ，同様に〈経〉と呼ばれた．それぞれ時代が少し下ると，〈経〉に関連して，大乗や密教の論書や，広義の戒を記す一部の文献も登場した．ただし，インドの大乗仏教や密教系の諸学派は，特定の聖典や論書を伝持，修学することに重きを置き，*具足戒などに関しては，それぞれに関係した伝統部派の律蔵に依拠することが多かった．なお，密教の聖典は，後期になるとスートラ(経)でなく，「縦糸」や「要点」「原則」などを意味する〈*タントラ〉(tantra)の語で呼ばれるのが通例となった．これが第四段である．

中国に仏教が伝わると，あらゆる*経律論とそれに関連する中国人仏教徒の撰述した文献が*大蔵経とか*一切経の名の下にまとめられる．また，仏説の経という権威を借りた中国撰述経典が多数作られた．これを*偽経という．また日本ではさらに各宗派の宗祖や*祖師たちの著述や作品までもその中に包括せられ，これらすべてが俗に〈経〉といわれる．

境 きょう ［*s*: viṣaya, artha, gocara］ 認識作用の対象．〈*塵〉とも訳される．viṣaya は認識の対象となる領域，artha は認識の対象となる事物，gocara は認識が行われる範囲というのが原意であるが，どれも認識作用(vijñāna，*識)の対象の意で用いられる．これに*色・声・香・味・*触・*法の〈六境〉(ṣaḍ-viṣaya)があり，それぞれ眼・耳・鼻・舌・身・*意の*六根，および*六識に対応する．法を除いて〈五境〉ともいい，この場合は*五根・五識に対応する．またあるものに到達した場合の心の状態・環境(境地・境界)なども〈境〉という．「心と境とともに合するに，なんぞ煩悩の生ぜざる時あらん」〔往生要集大文第5〕「境は心に随って転変する故に」〔沙石集10末-1〕．→六境．

行 ぎょう サンスクリット語および漢訳術語の数が多いので，主なものを挙げてみる．行住坐臥の*四威儀のうちの〈行〉(gamana)は歩くこと，の意．一般に*菩薩の*行願(修行と誓願)，行証(修行とその結果である証悟)，*加行(準備的修行)，信行(信心と修行)，大行大信(名号の働きとしての称名と信心)，解行(理解と修行)，行学(実践と学問)などの〈行〉は実践(carita，caryā，pratipatti)であり，繰り返し身につけるという意味の〈*修行〉(bhāvanā，anuyoga)をいう．

仏道修行のことを略して〈*行道〉というが，この語は，仏を右廻りに三度めぐって散華・読経したりする儀式にも使われる．また，三種行儀(尋常・別時・臨終)のような念仏行事の儀式を〈*行儀〉という．〈行〉は行為・行動であるから〈*業〉(karman)と同義に使われ，*身口意の行いを〈*行業〉という．

さらに，仏教教理の固有の術語として使われる〈行〉の原語に，saṃskāra (サンスカーラ．形成力，形成されているもの)あるいはときに saṃskṛta (サンスクリタ．形成されたもの，*有為)がある．*三法印の一つ「諸行無常」の〈*諸行〉は saṃskāra (*p*: saṅkhāra)の複数形で，現象世界の生滅変化している全存在をいう．また，われわれの身心を構成する五つの要素である〈*五蘊〉(色受想行識)の〈行〉と，十二縁起(*十二因縁)の第二支の〈行〉は，いずれも意識を生ずる意志作用である．

「文学(覚)は行はあれど，学はなき上人なり」〔愚管抄6.後鳥羽〕「念仏を疎相に申さば，信が行をさまたぐるなり」〔一言芳談〕

軽安 きょうあん ［*s*: praśrabdhi］ 身体と心を安楽で軽やかな状態にさせる心理作用．また，そのような身心の状態．善い心理作用の一つに数えられる．*『倶舎論(くしゃろん)』では大善地(だいぜんじ)法の中に入れ，*唯識(ゆいしき)では善法のグループに入れる．

教育と仏教 きょういくとぶっきょう　仏教には国や民族により，また一つの国の中にも多数の宗派があるが，東アジアでは〈漢訳大蔵経〉を基本としている点では共通しており，その内容の習得が教育の中心になる．仏教における修行は，現実の矛盾を*解脱(げだつ)して人間の完成をめざす自己教育の実践にほかならない．その場合，知識の伝達・学習よりも，体験による感得・修行が重視されるところに特徴がある．

【古代・中世】日本では排仏派の物部(もののべ)氏の滅亡につづく*聖徳太子の推古朝に蘇我(そが)氏の強力な支持もあって，仏教は私的な信仰から国教としての様相を呈し，中国に学んだ学僧たちのいる寺院は，当時の学芸・教学の中心となった．教育機関としては奈良時代に吉備真備(きびのまきび)が二教院を，また平安初期に空海が*綜芸種智院(しゅげいしゅちいん)を創設，いずれも仏教研究・布教を目的としていた．平安末期には仏教の民衆化の一つとして，寺院で生活しながら手習いを通じて教養を身につける者が増えた．こういう寺院での教育が〈寺子屋(てらこや)〉の源流となり，そこに学ぶ子を〈寺子〉と称した．一方，天変地異にともなう飢餓への対策として民衆のための社会事業も僧侶の手で行われたが，仏教が国家鎮護のイデオロギーとして利用されることもあり，僧侶は国家行事の執行者としての役割を果した．しかし鎌倉時代には，貴族仏教に代り，法然(ほうねん)・親鸞(しんらん)・日蓮(にちれん)らによる新しい仏教が台頭し，仏教の民衆への浸透はさらにすすんだ．→寺子屋．

【近世】近世に入り庶民の教育への要求が強まり，寺院以外の教育機関も〈寺子屋〉と称され，僧侶以外に武士・医師をはじめ町人のなかからも師匠が出るようになった．そこで教科書としてもっとも広く使用された書物は，仏教的色彩の強い*『実語教(じつごきょう)』*『童子教(どうじきょう)』などであり，これらを通して仏教思想は庶民の日常生活に影響をあたえた．徳川幕府が切支丹禁制，*宗門改めを行い，それが功を奏した背景には仏教思想の浸透があったといえる．しかし支配者である武士の教育は儒教によって行われ，親向けの育児書の多くも儒教思想にもとづいて書かれていた．そういう風潮のなかでも，仏教のありかたを反省しながら，庶民の教育に努力した人たちがいた．その一人である浄土真宗の仰誓(ごうせい)らの*『妙好人伝(みょうこうにんでん)』は教団内外に大きな反響を呼んだ．そこには子どもの登場する物語もあり，純真な子どもらの信心深い言動が大人たちを啓発し信仰に入らせるという筋立てになっている．

【近代】明治以降，学制公布(1872年)により全国規模で学校制度が確立されて寺子屋は廃止となり，ほぼ同時に*廃仏毀釈(はいぶつきしゃく)の嵐があって，仏教は大きく後退させられた．しかしキリスト教団による学校設立に刺激され，仏教各宗派が大学を建て宗門別専門教育を行うようになった．また幼稚園や保育所を設立する町や村の寺院も多く，これらは，仏教関係の行事などによって仏教に感化させようとしているところに特色がある．この他，仏教芸術とくに仏像・寺院建築など美術・工芸に多数のすぐれた作品があり，これらは社会教育における芸術教育にとって貴重な遺産となっている．

経石 きょういし　〈きょうせき〉とも読む．小さな石に1字ずつ経文を写したもの．〈一石経〉〈一字一石経〉とも呼ばれる．これを土中に埋めて*経塚を築く．経塚は平安時代まで遡ることができるが，経石の埋納の盛行は江戸時代に至ってからといわれる．その動機は*追善供養や堂塔の地鎮，*作善(さぜん)一般などさまざまで，書かれる経典も阿弥陀経や般若心経の他，法華経が最も一般的である．経塚の築造は今日もまれにあり，また特に祈願のある人が仏前に奉納する風習は盛んである．

『狂雲集』 きょううんしゅう　室町時代の禅僧*一休宗純(いっきゅうそうじゅん)の詩偈(しげ)集．1巻または2巻．偈集のみのもの，偈集と詩集とからなるもの，さらに道号頌(どうごうじゅ)を含むものに大別される．宗教性の強い偈の方が，詩よりも早い時期に詠まれているようである．偈集は一休の宗教者としての活動を示すものであり，真剣一途な禅道修行を背景にして，多くは古則*公案(こそくこうあん)をふまえて表現されている．森女との色愛の作品も，一首を除いてすべて偈集に収められる．詩集では，心に浮かんだ詩想を，『三体詩』をはじめとする基本的な漢籍を典拠として表現している．とは言え，禅僧としての真摯な生き方と赤裸々とも思われる生々しい生き方，高僧としての風貌と*破戒僧としての風貌など，相反する価値観の表明が渾然として共存しており，得体の知れない僧の作品集としての一面を有している．

交会 きょうえ ［*s*: mithuna, mithunīcārin］ 男女の性交のこと．*律(りつ)の中に頻見する．また，〈交接(きょうせつ)〉〔増一阿含47〕，〈交通(きょうつう)〉〔長阿含三明経〕とも漢訳され，〈行婬(ぎょういん)〉も同義．仏教においては本来，*出家修道者の性交は婬戒として厳禁され，特に*比丘(びく)・*比丘尼(びくに)がこれを犯した場合*波羅夷(はらい)罪とされ〔四分律1,22〕，また*在家(ざいけ)信徒については*邪婬(じゃいん)戒として夫婦の間の正常な交わり以外の性交が禁止され，これを犯せば*受戒の望みが断たれた〔優婆塞五戒相経婬戒〕．ただしわが国では，平安後期以降，出家僧の妻帯がしばしば見られ，特に*親鸞(しんらん)が*妻帯してより，真宗にあっては妻帯が公認された．→性．

「伊弉諾(いざなぎ)の尊と伊弉冉(いざなみ)の命と男女交会の事を此処にして始め」〔三国伝記6-3〕「男女の交通する事，世の常の習ひなり」〔今昔14-5〕

教王護国寺 きょうおうごこくじ　京都市南区九条町にある東寺*真言宗総本山．一般には〈東寺(とうじ)〉と呼ぶ．本名は〈金光明四天王教王護国寺〉．古くは〈左寺〉〈左大寺〉とも．

【伽藍の造営と教学の展開】平安遷都(794)後，羅城門(らじょうもん)の左右に東西両*官寺を造営(→西寺(さいじ))．東寺は*金堂(こんどう)のみ完成した後，823年(弘仁14)嵯峨天皇(786–842)より*空海に下賜．空海は他宗僧の混在を禁じ，*鎮護国家の道場として僧50口を置く．825年(天長2)*講堂着工し，*須弥壇(しゅみだん)諸像は839年(承和6)*開眼(かいげん)供養．828年(天長5)東方の隣接地に*綜芸種智院(しゅげいしゅちいん)を創設し庶民教育を意図．2代東寺*長者実慧(じつえ)(786–847)の時，灌頂院(かんじょういん)建立．910年(延喜10)東寺長者・金剛峯寺(こんごうぶじ)(*高野山)*検校(けんぎょう)を兼ねた観賢(かんげん)(853–925)は御影供(みえいく)の礎を築く．1233年(天福1)康勝(こうしょう)作の空海像を西院不動堂に安置．1308年(延慶1)後宇多法皇(1267–1324)は西院に住し，観智院(*杲宝(ごうほう)開基)，宝菩提院(亮禅(りょうぜん)開基)など21院を建立．鎌倉末から室町初期には頼宝(らいほう)(1279–1330)，杲宝(1306–62)，賢宝(げんぽう)(1333–98)の世にいう東寺の三宝が出て東寺教学を打ち立てた．

中世には多くの荘園を領有．南北朝の動乱，応仁の乱，土一揆などにより荒廃．特に1486年(文明18)*伽藍(がらん)の大半を焼失．豊臣秀吉は寺領を認め，秀頼は金堂を再建(1603)．江戸幕府は保護と統制の両面政策をとり，徳川家光の代に五重塔を再建(1644)．明治以降*神仏分離の影響を受けたが，庶民の*大師信仰の所産である毎月21日の縁日〈弘法さん〉と，真言宗最大の修法，*後七日御修法(ごしちにちみしほ)の寺として著名．

【文化財】境内はほぼ創建時の規模で，*南大門(1601)から北に金堂・講堂(1598修造)・*食堂(じきどう)の伽藍が一直線に並ぶ．金堂の東に五重塔，西に灌頂院(1634)があり，講堂と食堂の西方に，それぞれ本坊(寺務所)と*御影堂(みえどう)(1380,1390)が位置する．五重塔北方の宝蔵は*校倉造(あぜくらづくり)の平安建築で東寺の建造物中最も古い．

文化財としては，空海の請来品である真言五祖像(唐,李真ら画)，犍陀穀糸(子)袈裟(けんだこくしけさ)・横被(皮)(おうひ)(唐代)のほか，空海が指導したとされる講堂の仁王般若経(にんのうはんにゃきょう)系羯磨曼荼羅(かつままんだら)を表す諸像(21軀のうち15軀が弘仁期作)，伝真言院曼荼羅(899)・敷曼荼羅(1112)などの現図系*両界曼荼羅，御修法に用いられた五大尊図(1127)，羅城門楼上に安置されていたと伝える胡様(こよう)の兜跋毘沙門天(とばつびしゃもんてん)像(唐代)，初期の*神像彫刻である僧形(そうぎょう)八幡神像・女神像(平安初期)，*会理(えり)作という食堂本尊の千手観音(せんじゅかんのん)立像(平安中期)，二間(ふたま)観音といわれる聖(しょう)観音・梵天(ぼんてん)・帝釈天(たいしゃくてん)の*檀像(だんぞう)三尊仏(鎌倉時代)など密教美術の宝庫．観智院には，伝安祥寺恵運(えうん)(798–869)請来の五大虚空蔵菩薩(ごだいこくうぞうぼさつ)像(唐代)を伝える．書跡では空海筆の『風信帖(ふうしんじょう)』，*最澄写の『空海請来目録』，工芸品には海賦蒔絵袈裟箱(かいぶまきえけさばこ)(平安中期)，金銅密教法具(唐代)，そして文書類には『東寺百合文書(とうじひゃくごうもんじょ)』*『東宝記(とうぼうき)』(杲宝・賢宝編)，観智院蔵の聖教(しょうぎょう)類をはじめ厖大な量の古文書を蔵している．

境界 きょうがい　感覚器官と心とによって知覚され，思慮される対象のこと．サンスクリット語 gocara，viṣaya などの漢訳語であるが，それらの原義は，感覚器官の能力の届く範囲，活動領域である．また，*無量寿経上「比丘，仏に白さく，斯の義弘く深くして，我が境界にあらず」のように，中国・日本では，心の境地をも意味する場合もある．ただし，漢訳仏典以前の中国古典ではすでに，領域の意で用いられていた．なお日本では，転じて広く環境・境遇，特に*前世(ぜんせ)の*果報としてのそれを意味する語ともなった．「およそ三業・四儀に，仏の境界を忘るることなかれ」〔往生要集大文第5〕「必ず禁戒を守るとしもなくとも，境界なければ何につけてか破らん」〔方丈記〕

教誨師 きょうかいし　系譜的には平安朝にも例はあったが，近代仏教教誨の先駆は，1872年(明治5)*真宗大谷派仰明寺住職対岳による東京府巣鴨の監獄教誨である．説教は，三条教則(さんじょうきょうそく)と真宗俗諦門(ぞくたいもん)を合わせて行なったと思われる．明治末までに，ほとんどの監獄に教誨師がおかれた．教誨内容はさまざまであるが，1)国恩，2)親の恩，3)自己反省，が主であった．仏教教誨は真宗両派を中心として，さかんになった．

経帷子 きょうかたびら　葬儀のとき死者に着せる衣服で，仏名，経文，*陀羅尼(だらに)，*六字の名号などを書きつらねた白衣．〈経衣(きょうえ)〉〈無常衣〉ともいう．麻・木綿・*紙衣(かみこ)でつくられ，死者はこれを着ると罪業(ざいごう)が消滅して地獄の苦しみを免れると信じられた．「踊りゆかたの伊達染(だてぞめ)の中へ，経かたびらを恥づるにや」〔鶉衣〕

経巻 きょうかん [*s*: pustaka]　原語の意味は，書物．インドでは，樹葉や樹皮に書写して書物とした(*貝多羅葉(ばいたらよう))．中国では，仏典を〈*経〉として受容し，しかも南北朝から唐末に至るまで，巻子本(けんすぼん・かんすぼん)が書物の主要な形態であったので，〈経巻〉の語を訳語に当て，広く仏教経典の意味で用いた．経巻を尊重し，これを*受持(じゅじ)・*読誦(どくじゅ)・解説・書写・*供養することは，信仰の実践の一つとして諸経論に説かれている〔法華経法師品〕が，特に，*末法(まっぽう)思想の流行に際して，その意義が重視された〔南岳思大禅師立誓願文〕．「僧を請じて道(だう)を行はしめ，仏像を造り経巻を写す」〔今昔9-32〕

教観 きょうかん　教相(きょうそう)と観心(かんじん)．この二方面をさして〈教観二門〉という．〈教相〉は教えのすがた，ありようの意で，実践を裏付ける理論的側面．具体的には*五時八教の*教相判釈(きょうそうはんじゃく)をさす．〈観心〉は自己の心を観ずることで，理論に支えられ理論を実証すべき実践をいう．具体的には*『摩訶止観(まかしかん)』に示される*観法の体系をいう．特に天台*智顗(ちぎ)は，やみくもに実践する者と理論ばかりで実践の伴わない者を，〈*暗証(あんしょう)の禅師〉〈誦文(じゅもん)の法師〉と厳しく批判し，教観二門はその一方にかたよらず，二門一体となって相補い完成することを強調した．「ああ教観に明らかなること，誰か智者にしかむや」〔教行信証信〕「文字の法師・暗証の禅師，たがひに測りて己れにしかずと思へる，共に当たらず」〔徒然193〕．→教相，観心．

行願 ぎょうがん　*行と*願．身の行いと心の*誓願(せいがん)．衆生(しゅじょう)救済や自らの開悟などの誓願とそのための実践修行．また，行に対する誓願の意で，何事かをなしとげようとする誓願．「菩薩の行願ありといへども，いかでかたやすくこれを助けん」〔沙石集2-9〕

叫喚地獄 きょうかんじごく [*s*: Raurava]　〈叫呼獄(きょうこごく)〉〈号叫(ごうきょう)地獄〉などとも漢訳される．八大地獄(*八熱地獄)のうちの第4の地獄で，*殺生(せっしょう)・盗み・*邪婬(じゃいん)・*飲酒(おんじゅ)の罪を犯したものが堕ちるとされる．湯の煮えたぎる大釜に投げ込まれたり，猛火を出す鉄壁の部屋に追い込まれたり，あるいは口をこじ開けられて溶けた銅を流し込まれるなど，もろもろの責苦に遭うところという．この地獄には，火末虫処(かまつちゅうしょ)・雲火霧処(うんかむしょ)などと呼ばれる16の特別な地獄が付属するという．罪人は泣き叫んで，許しを請うが，悪業(あくごう)の尽きるまで責苦は止まないという．「心に邪見のみ有りて善根を断ぜりき．命終(みやうじう)して叫喚地獄に堕ちたり」〔今昔2-41〕「京白河の貴賤男女，喚(をめ)き叫ぶ声，叫喚・大叫喚の苦しみの如し」〔太平記12.大内裏造営〕．→地獄．

経軌 きょうき　密教における経典と*儀軌(ぎき)をいう．儀軌とは，方法・規則という意味で，密教の仏・菩薩・天などの*図像の作成や*供養くようの方法・規則をいう．

経木 きょうぎ　木を薄く剝(は)いで短冊状にし，経典の一節や故人の*法名(ほうみょう)などを記したもの．奈良*元興寺(がんごうじ)には柿経(こけらきょう)といって20枚くらいずつをたばねた鎌倉-室町時代の遺品がある．今日では〈経木塔婆〉〈水塔婆〉ともいって上部に切り込みを入れて五輪塔の形にしたものに参詣者が水をかけて供養としたり，*川施餓鬼(かわせがき)などの折にはこれを水に流す経木流しの風習が各地の寺院にある．特に大阪四天王寺亀井の水のそれは有名で，近世の歳時記類にも収められ，俳諧・俳句の季語ともなっている．なお経木は，後には魚・肉などの食品の包装用にも広く用いられた．「経木流し…世俗(東大寺の)経書堂に於て，七月十六日経木の表に法名を記し，亀井の水を手向け霊魂を弔ふ」〔華実年浪草 9〕

教義 きょうぎ　教の義，すなわち，教えの内容〔大般涅槃経義記 6〕．また，教と義，すなわち，教えとその内容．『大乗起信論義記』巻上では〈教義相対〉〈理事相対〉といい，『華厳(けごん)一乗十玄門』『華厳経内章門等雑孔目章』巻3では，〈教義理事〉と四者を併称している．このうち，〈教〉は*衆生(しゅじょう)に対する具体的な教説であり〈事(じ)〉に属し，*教化(きょうけ)される衆生の認識能力に従って*三乗などの区別がある．これに対し，〈義〉すなわち教説の内容は，唯一にして普遍なる〈理(り)〉(真理)に帰着するとされる．また近代においては*教理と同義に用いられることもある．→理，事理．

行基 ぎょうき　668(天智7)-749(天平21) 奈良時代の僧．河内国(大阪府)大鳥郡の人．父は渡来系氏族の高志才知(こしのさいち)，母は蜂田古爾比売(はちだのこにひめ)．682年(天武11)出家し，*道昭(どうしょう)・*義淵(ぎえん)らに師事して*『瑜伽師地論(ゆがしじろん)』や*唯識論(ゆいしきろん)など法相教学を学ぶ．民衆教化と社会事業に尽力し，知識集団を組織して，*四十九院と称される道場の建立，布施屋(ふせや)の設置，池溝橋の開発などを活発に行い，民衆から〈行基菩薩〉と崇められた．こうした活動は*僧尼令(そうにりょう)違反として717年(養老1)以降，政府からたびたび弾圧されたが，731年(天平3)以降禁圧は緩和され，743年(同15)の*盧舎那仏(るしゃなぶつ)造立には弟子・衆庶を率いて協力し，745年(同17)正月には大僧正に任じられた．749年(同21)2月，平城京右京の菅原寺(すがわらでら)において入寂す．民間布教者としての行基の伝説は*『日本霊異記』をはじめとする仏教説話集に多くみえ，行基信仰が後世大いに広まった．

澆季 ぎょうき　〈澆〉は軽薄，〈季〉は末の世の意．人情軽薄にして道徳感情の衰えた末世をいい，〈澆末〉〈澆世〉〈澆時〉ともいう．「末代澆時には伝化易からず」〔大乗起信論義記 上〕．後に，この意を踏まえて，時に〈*後世(ごせ)〉と同義にも用いる．「世，澆季に及ぶといへども，万乗の余薫はなほ残らせ給ひけるにや」〔保元 下．新院御経沈め〕．→末世．

行儀 ぎょうぎ　仏教の修行・実践に関する規則，または仏教儀式のこと．日常語としては，礼儀一般にかなった動作をいう．浄土宗では，*善導の著作5部9巻のうち，*『観無量寿経疏』を浄土教の理論的側面に重点をおいた〈解義(げぎ)分〉〈教相分〉というのに対し，残りの4部5巻は，その実践面を具体的に解説した〈行儀分〉と呼ぶ．浄土宗では*念仏に尋常・別時・臨終の〈三種行儀〉を立てる．「律の行儀にも，履(くつ)などの新しきも，先づちとはくよしにて僧にははかしむ」〔雑談集 6〕

経行 きょうぎょう　[s: caṅkrama]　一般には〈きょうぎょう〉と読み，禅宗では宋音に従い，〈きんひん〉と読みならわす．原語の意味は，歩行．インドでは療病や消化促進の健康法として，道俗を問わず広く行われた．一定の距離を直線的にゆっくり反復往来する〔南海寄帰内法伝 3〕．あたかも織布の〈経(けい)〉(たて糸)のように，まっすぐ往来するので〈経行〉というとする解釈もある〔阿弥陀経義疏〕．

仏教では修禅法の一つとされ，樹間・静室・堂前・僧院の廊下などにおいて，静かに瞑想しながら，反復歩行する．その効用について*『四分律』巻59は，遠行にたえられるようになる，思惟にたえられるようになる，病にかかりにくくなる，食物が消化しやすくなる，長く*禅定(ぜんじょう)できるようになるの五点をあげている．なお禅宗では，睡気を醒ますためや足の疲れをとるため*坐禅のかたわらこれを行う〔坐禅用心記〕．

「禅堂に入りて出観ののち，闇々たる暗き闇に縁の辺に経行ありて」〔明恵歌集〕

『教行信証』 きょうぎょうしんしょう　*親鸞(しんらん)著．6巻．正式の書名は『顕浄土真実教行証文類』．

本文中に1224年(元仁1)の年号が見えるところから，初稿はその頃に成立したと考えられているが，自筆の坂東本(*東本願寺蔵)を見ると，最晩年まで改定が続けられていたことが知られる．「信巻」別撰説が出されたこともあるが，書誌学的にはその証拠は見出せない．教・行・信・証・真仏土・化身土の6巻からなり，〈*無量寿経〉における*阿弥陀仏の*願文を根拠にして，経典や祖師の文章を引用しながら，私釈を加えるという形で展開する．

「教巻」ではまず，*往相・還相の2種の*廻向があることを明らかにし，往相に教・行・信・証があるとする．そして，〈無量寿経〉こそがその最大の根拠となることを明らかにする．「行巻」では，阿弥陀仏の*本願になる*念仏こそが*行であるが，それは衆生の行う行ではなく，阿弥陀仏によって完成された*他力の行であることが説かれる．「信巻」ではその行を受け入れる*信もまた，行者の*自力ではなく，阿弥陀仏に与えられた他力であることが説かれる．「証巻」では，その信によって*涅槃が到達されることが説かれるとともに，涅槃の世界からこの世界に戻って救済に当たる還相廻向が明らかにされる．さらに，「真仏土巻」「化身土巻」では，真実の信によって到達される真仏土と，自力の諸行や自力の念仏によって到達される化身土が対比される．このように，本書は経典や祖師の著作を用いながらも，それを換骨奪胎して，徹底した他力救済の教えとしたところに特徴がある．

教行人理 きょうぎょうにんり　仏の教えと，その中に説かれた修行法と，その修行をなす人と，その人によって悟られる真理との四つを指す．天台では法華経の*一乗を解するのに，教・行・人・理のそれぞれが唯一絶対であるとする．すなわち，教一・行一・人一・理一の〈四一〉である．*『法華文句』4上などに説かれるが，そのもとは光宅寺*法雲の説く教一・理一・機一・人一であり，それを*智顗が批判しながら，発展させたものである．

経供養 きょうくよう　経典を書写したり，入手したりしたときに行う供養法会．古代・中世には，貴族や武士たちの間で，*如法経(法華経)供養をはじめ，さまざまの経供養が盛んに行われた．「十余年の間に，金泥の法花経千部を書写し畢りて供養しつ」〔今昔14-10〕

教化 きょうけ　①教導化育する意．人々を教育・訓練することにより，あるいは仏教徒と成らしめ，あるいは*仏と成る資格を持つように導くこと．法華経方便品には，よくこの語が出る．なお漢語の〈教化〉は，儒教の礼の思想によって人々を教え導くという意．「菩薩(行基)あまねく都鄙に遊びて，衆生を教化せり」〔往生極楽記2〕

②和文の*声明に属し，法会における仏教*歌謡の一つ．*導師によって独唱され，もとは法会ごとに新作されていた．法会全体あるいは法要の各段ごとの旨趣を要約し，衆会の人々を教化するために機能する．「教導化益」「説法教化」などの意による称．平安朝の中期頃からの存在が認められ，『西宮記』や『江家次第』などの儀式書に記録が残る．一般に仏名に続いて教化と次第する．詞章は七五調で，片句という四句一章を基本形とし，四句二連以上の対句形式のものを諸句という．四句ごとの終わりが「(ン)コソアリケレ」「(ン)モノナリケレ」で結ぶのが特徴．句間に用いられることのある「爾者」の語には*唱導文的な要素が認められる．和語によって解き和らげられた詩的表現が，導師の独唱による優美な旋律にのることで，ことばが意味単位として聴衆に伝わる意義は大きく，今様*法文歌をはじめ，文芸表現の創造に影響をもつ．*修正会・*修二会・*法華八講・*結縁灌頂・*伝法灌頂・*仏名会・*季御読経など，様々な法会で用いられた．

教外 きょうげ　⇒教内・教外

行解 ぎょうげ　①認識される形象を，認識の主体・作用と認識の対象との結合に基づく影像と見る，*唯識学系の心識論の術語(→本質)．*心(*心王)および心に属する作用(*心所)が対象に働きかけることを〈行〉といい，それによって対象が認知・理解されることを〈解〉という．またこの〈行解〉によって，心と心作用に対象の影像が現出することを〈行相〉という．玄奘門下の普光の『倶舎論記』巻1末，*基の『成唯識論述記』巻5本などに見える．

② 修行と理解．特に禅宗系では，修禅と慧解(えげ)をさす．*『摩訶止観輔行伝弘決(まかしかんぶぎょうでんぐけつ)』巻1-2，『注華厳法界観門(ちゅうけごんほっかいかんもん)』などに見え，宋明以降の禅家の文献には，〈行解兼修〉〔緇門警訓6〕，〈行解相応〉〔密菴和尚語録，正法眼蔵渓声山色〕などの形で頻出する．「身に行なく，心にさとりなくとも，他人のほむることありて，行解相応せりといはん人をもとむるがごとし」〔正法眼蔵渓声山色〕

教外別伝 きょうげべつでん　禅宗が他宗に対して自らの立場を示すために唱えたスローガンで，一般には睦庵善卿(ぼくあんぜんきょう)の*『祖庭事苑(そていじえん)』などに見える「教外別伝．不立文字(ふりゅうもんじ)．直指人心(じきしにんしん)．見性成仏(けんしょうじょうぶつ)」という，いわゆる〈四句〉の中の一つとして知られている（ただし，四句の形で用いられることは稀である）．他の仏教諸宗が経論の研究によって仏の*悟りを理解しようとするのとは異なり，禅宗では，現に悟りの体験を得ている師匠が，*叢林(そうりん)生活において直接に弟子を指導することによって，自らの境地を追体験させることを目指すことを示したものであり，その意味を明確化させるために，しばしば〈不立文字〉とセットの形で用いられている．四句のうち，〈教外別伝〉のみが他宗の存在を前提としたものであることは注意すべきであり，恐らくは，その成立が他に較べて遅いことを示すものであろう．→不立文字，直指，見性，拈華微笑(ねんげみしょう)．

「この禅宗は不立文字・教外別伝なり．教文に滞らず，ただ心印を伝ふ」〔興禅護国論6〕「教外別伝にして言ふも言はれず，説くも説かれず」〔謡・放下僧〕

狂言 きょうげん　室町時代にはすでに，能と能の間をつなぐ「間(あい)のもの」として，能と共に上演される形態が整っていた．さらに能一曲中の登場人物を演じたり，中入りの間をつないで物語を説明する役割（間(あい)狂言）が与えられていた．「をかし（咲(おかし)）」とも呼ばれるように，滑稽で軽みのある芸を持ち味として，人間のドラマが演じられる．また翁猿楽(おきなさるがく)（式三番(しきさんばん)）の三番叟(さんばそう)や，室町末期頃から〈翁〉に付随して演じられた*風流(ふりゅう)も，狂言役者の担当である．江戸初期に鷺(さぎ)（明治期に消滅）・大蔵(おおくら)・和泉(いずみ)の各流が確立し，台本も整えられた．

現行曲は約260曲で，うち仏教関係の曲は約2割．福神，鬼，出家といったジャンルに分けられる．狂言に登場する神は，夷(えびす)・大黒(だいこく)・毘沙門(びしゃもん)・福の神といった福神（夷大黒・毘沙門連歌・福の神・福部(ふく)の神(しん)など）で，*現世利益(げんぜりやく)をもたらす神として多数存在する．鬼は閻魔(えんま)大王やその獄卒(ごくそつ)達で，娘に人の食い初めをさせようとする鬼が為朝に負ける〈首引(くびひき)〉や閻魔が地蔵の依頼で死人を極楽に届ける〈八尾(やお)〉がある．狂言では鬼も滑稽で祝福をもたらす存在とされる．鬮(くじ)で鬼の役となり，罪人役の主人を責め立てる〈鬮罪人(くじざいにん)〉など太郎冠者(たろうかじゃ)物に応用される鬼もある．出家者の奇妙な生態をからかうような視点で演じられる曲は多数存在する（宗論・無布施経・魚説経・名取川・薩摩守など）．仏像の身代わりになって失敗する〈金津〉〈仏師〉〈六地蔵〉や，主人から太刀の付け金の値を聞けと言われた太郎冠者が，寺々の鐘の音を聞いて回る〈鐘の音〉など，信仰の対象として大切にされる物も笑いの材料に使うしたたかさの好例である．→能楽．

狂言綺語 きょうげんきご　〈きょうげんきぎょ〉とも読む．仏の説いた〈実語〉に対して，道理にはずれた語や人の心を惑わす偽り飾られた語のことで，仏教の立場から文学や歌舞音曲などの*芸能を指していう．唐の*白居易(はくきょい)が晩年に自らの詩を香山寺の*経蔵(きょうぞう)に納めるに際して，「我れに本願あり，願はくは今生世俗文字の業，狂言綺語の過ちを以て，転じて将来世世讃仏乗の因，転法輪の縁となさんことを」〔白氏文集71〕と記したのが，この語の起こりである．

日本においては，964年（康保1）に創始された*勧学会(かんがくえ)にその影響が認められる〔三宝絵下〕．勧学会とは，白居易にならって仏教と文学との両立を志した慶滋保胤(よししげのやすたね)ら紀伝道(きでんどう)の学生が，比叡山麓の坂本に集い，僧侶などと法華講や阿弥陀念仏を行うとともに仏法を讃歎する詩文を賦した会である．その場では，白居易の「狂言綺語」の詩句を誦することが，一連の*次第の中に取り込まれていた．また，広く享受された*『和漢朗詠集』にこの詩句が採られたことは，後世への影響を拡大した．

狂言綺語を転じて仏法への導きとする考え

方は，「狂言綺語の過ちは，仏を讃むる種として，麁(あら)き言葉もいかなるも，第一義とかにぞ帰るなる」〔梁塵秘抄 222〕のように，天台の*諸法実相(しょほうじっそう)の思想とともに，文芸を第一義(諸の法において最高の真理であること)とする思想に発展し，和歌や物語など文学そのものを*陀羅尼(だらに)とみなす考え方も生じている．紫式部が狂言綺語の戯れとして*『源氏物語』を著した罪で地獄に堕ちたとする考え方に対して，式部を観音の化身とみなし，比譬方便の力によって衆生を仏道へ導こうとしたと説く『今鏡』の記述は，そうした考え方を背景に生まれてくる．こうした狂言綺語観の影響は，『袋草紙』『拾玉集』『澄憲作文集』*『沙石集』など，幅広い文学の領域に見出される．

一方で，文芸を行いの妨げになるものとして排したのが曹洞禅の祖*道元であったが，これは，勧学会以来の狂言綺語観がいかに仏法の世界においても深く浸透していたかをものがたるものである．

「狂言綺語をたよりとして導き給はんの御心ざしふかくして」〔問はず語り 4〕

行劫 ぎょうこう　〈行功(ぎょうこう)〉とも表記される．修行の年功．修行を積み重ねることによって得られた功力(くりき)．「われ人の行劫もかやうのためにてこそ候へ，涯分祈ってこの鐘をふたたび鐘楼へ上げうずるにて候ふ」〔謡・道成寺〕

行香 ぎょうこう　*法会(ほうえ)において，*香を持って配り回り，参会の人々に*焼香させること．また，香をたきながら仏殿中あるいは諸堂をめぐり行くことをもいう．「関白已下(いげ)公卿八人，行香に立つ．蔵人仲国(なかくに)火舎を取る」〔玉葉 安元 3.7.8〕「ことごとくの僧，行香し畢(おわ)り，また其の途より堂を指して廻り来たる」〔巡礼行記 1〕

行業 ぎょうごう　おこない．ふるまい．*身口意(しんくい)の所作．〈行〉も〈業〉もふるまいの意．*『摩訶止観(まかしかん)』5 下に「先世の行業，父母に託生して此の身有るを得」とある．「現身に四人の父母を具足して，報恩孝養せり．乃至修行して行業を退かざりき」〔法華験記 上 31〕「志，忍びがたきあまり不慮の行業を企つるなり」〔保元 下．新院御経沈め〕

行乞 ぎょうこつ ［s: piṇḍa-pāta］　出家修行者が在家信者の家の門に立ち，食物を乞い求めることで，〈乞食(こつじき)〉と同じ．鉢の中に食物を入れてもらい，家々を順次に訪れるから〈托鉢(たくはつ)〉ともいう．最初期仏教時代いらい，出家修行者はこのように食物の*布施(ふせ)を受けて，少欲知足の生活をなし，身体を保護しつつ修行に専念した．行乞や食事の規定は，釈尊在世時いらい厳格に守られており，タイ，ビルマ(ミャンマー)の上座部仏教の早朝托鉢や，わが国禅僧の托鉢の風景は，清新な感じを与える．なお，この語は，中国古典では『呂氏春秋』報更に「行乞を羞(は)じて自ら取るを憎む」と見える．→乞食，托鉢．

警策 きょうさく　〈警覚策励〉の意で，修行者の精進を励ますこと．また，*坐禅のとき眠りをさまし，怠りを励ますために打つ，手元は丸く先になるほど平たい樫の棒をいう．曹洞宗では〈きょうさく〉といい，臨済宗では〈けいさく〉という．「前車の覆する処，後車驚く．警策怠る時，禍必ず生ず」〔狂雲集〕「内の者を集め，共に坐禅を作(な)し，警策を打するに」〔驢鞍橋〕

脇侍 きょうじ　〈わきじ〉とも読み，〈脇士〉〈夾(挟)侍〉とも表記．本来は*仏の両脇に侍して立ち，仏の衆生(しゅじょう)*教化(きょうけ)の働きを助ける*菩薩(ぼさつ)，*阿羅漢(あらかん)などのこと．仏教寺院で*本尊としての仏・*如来(にょらい)像をまつるとき，*中尊たるその像の左右両脇に侍立する菩薩像．たとえば阿弥陀(あみだ)如来にとっては観世音(かんぜおん)と勢至(せいし)が，薬師如来に対しては日光と月光との両菩薩が，脇侍となって三尊を形成する．「是の月に，始めて丈六の繡像・俠侍・八部等の三十六像を造る」〔書紀 白雉 1.10〕「阿弥陀仏像一軀…脇侍菩薩像二軀，各居高二尺三寸，塞(そく)金薄，蓮花坐，高さ三尺九寸」〔西大寺資財流記帳〕．→三尊．

経師 きょうじ　[1]〈きょうし〉と読む．経の師僧の意で，経文を講説する師僧．また，経文を*読誦(どくじゅ)諷経(ふぎん)するのが巧みな僧．「(明雲座主は)公家の御経師，法皇御受戒の和尚なり」〔百錬抄 治承 1.5.15〕

[2]〈きょうじ〉と読む．経論を書写する人．〈書生(しょしょう)〉〈経生(きょうしょう)〉ともいう．国家仏教の盛んな奈良時代には，官営の写経所に多くの経師が官人として勤務し，経論の書写に従事していたが，民間にも*写経を業とする経師

と呼ばれた人びとの存在も知られている．後には，寺社で写経や装潢そうこうを行う僧を経師とよび，転じて表具師を経師と呼ぶようになった．なお，[1]と[2]は語源を異にし，[2]は，写経や装潢などを行う意の動詞〈経す〉の連用形〈経し〉が名詞化したものとされる．「其の経師を其の堂に請け，法花経を写し奉らしむ」〔霊異記下18〕「経師．この巻切り，いかにしたるにか，切り目のそろはぬよ」〔七十一番歌合〕

境識 きょうしき ［s: artha-vijñāna］ 認識を構成する二つの要素．このうち〈境〉とは認識される客体としての対象を，〈識〉とは認識する主体としての心をそれぞれ意味する．識としては，たとえば眼げん識・耳に識・鼻び識・舌ぜっ識・身しん識・意い識の〈*六識〉が，境としてはそれら六識の対象である色しき・声しょう・香こう・味み・触そく・法ほうの〈*六境〉が説かれる．この用語は特に*唯識派ゆいしきはにおいて重んじられ，境と識とはあい依って存在し得るから，もしも境が無くなればそれを認識する識も滅してしまうという〈境識倶泯きょうしきくみん〉という考えが主張された．境も識も無くなったところに空性くうしょうが現れると説く．→境，識．

『教時義』 きょうじぎ ⇒『真言宗教時義』しんごんしゅうきょうじぎ

形色 ぎょうしき ［s: saṃsthāna］ 感覚器官としての眼根げんこんの対象としての*色しき(色境)，すなわち眼に見られるものを〈いろ〉と〈かたち〉の2種に分かつうちの〈かたち〉．長・短・方・円・高・下・正・不正の8種がある．顕色けんじき(いろ)の対．

行者 ぎょうじゃ 漢語としての本義は，道を行く者の意〔呂氏春秋知接，淮南子説林訓〕．これを当てて仏教語としては，仏道を修行する者の意とする〔観無量寿経〕．肉体的欲望を抑え修行に励むことは，多くの宗教のすすめるところであるが，とりわけインドの*苦行は際立ち，苦行者のことは古くギリシア人メガステネス(紀元前4世紀頃)などによって報告されている．釈尊もまた*成道じょうどう前，マガダ国のウルヴィルヴァー(*苦行林)の山林に籠って苦行に身をゆだねた．日本でも広く仏道修行者を意味し，真言行者・法華行者・念仏行者などと用いられるが，特に山林苦行の修行者をさすことも多く，それがやがて*修験道の行を修める者，*山伏の称となった．なお，それらの流れをくむ零落した乞食放浪民の称とすることもある．→行者あんじゃ．

「願はくはもろもろの行者，疾とく厭離おんりの心を生じて，速すみやかに出要の路に随へ」〔往生要集大文第1〕「いと賢く，行ひさらぼへる行者ぞ」〔宇津保俊蔭〕

教迹 きょうしゃく *教化きょうけという行為の迹あと．〈迹〉の概念は『荘子』天運にもとづき，そこでは，先王の教化の迹を意味し，〈所以迹〉(迹あとする所以ゆえ)としての〈*道どう〉に対する．郭象かくしょう(252?–312)は〈迹〉と〈所以迹〉の概念を，広く，行為と行為の根拠の意味で用いたが〔荘子注〕，*僧肇そうじょうはこれを〈迹〉と〈本〉と言い換えた〔注維摩序〕．〈本〉〈迹〉の概念は，さらに隋唐仏教において，特に*教相判釈きょうそうはんじゃくの中で用いられたが，総じていえば，仏が悟得し，一切の*衆生しゅじょうが悟得すべき究極の唯一なる真理が〈本〉であるのに対し，それを説いた仏の種々の教説や経典が〈教迹〉とされる〔法華玄義7上，大乗玄論5.教迹義〕．「彼の山は，境囂塵がうぢんを離れ，洞教迹を留む」〔本朝文粋14〕

経宗 きょうしゅう 経の宗で，経典の思想の根本主旨をいう．また，経典をよりどころとして立てた宗派．*涅槃宗ねはんしゅう・*天台宗てんだいしゅう・*華厳宗けごんしゅうなどをいい，*論によって立つ*成実宗じょうじつしゅう・*倶舎宗くしゃしゅう・*三論宗などの〈論宗〉に対する．*最澄さいちょうは「論宗経宗は，九易の故に信じ易く解し易し．法華経宗は，六難の故に信じ難く解し難し」〔法華秀句〕と述べている．「天台独り論宗を斥け，特に経宗を立つ．論は此れ経の末，経は此れ論の本なり」〔叡山大師伝〕

行住坐臥 ぎょうじゅうざが 人の挙止動作の基本である，歩くこと(行)，止まること(住)，すわること(坐)，臥せること(臥)をいう．仏教では，これに*戒律上の制約があるので，礼儀にかなった振舞いの意で，〈四威儀しいぎ〉と総称する．転じて，日常・不断・始終などの意に用いる．「行住坐臥，造次顛沛ぞうじてんぱい，ただ一乗を誦して已に多年を経たり」〔拾遺往生伝中3〕「日々夜々，行住座臥に，この心を忘れずして，定心ぢやうしんにつなぐべし」〔花鏡〕．→四威儀．

経疏 きょうしょ 〈*経〉に対する，中国人・

朝鮮人・日本人の撰述した注釈書．〈*疏〉の語義は，疏通(滞りを除いて通じさせる)の意．儒学では，南北朝期の経典講義に由来する注釈を〈講疏〉〈義疏〉と称したが，〈疏〉は特に，漢魏の〈注〉〈解〉の解釈を通じて，〈経〉の義を疏釈した書をさす．仏教でも〈疏〉は，南北朝期の講経に由来するが，経文を科段に分けて疏釈する仏教独自の注釈形式(*科文)は，南朝の斉梁期に確立し，さらに隋唐期には，従来，注解の冒頭に掲げられていた〈経題序〉が長大化し，独立してもっぱら〈経〉の大義を論じる形式の注釈書(章疏・*玄義・義章など)が起こり，随文釈義の注釈(狭義の疏)と並行して作られた．また宗派の確立した唐中期以降には，宗祖の〈疏〉を再釈した〈末疏〉が盛んに作られた．

教信 きょうしん　866年(貞観8)没と伝える．平安前期の念仏*聖．播磨国賀古(兵庫県加古川)の駅家近くに住み，人に雇用されて妻帯生活をしていたが，常時弥陀の*名号を唱えていたので阿弥陀丸と呼ばれた．死期を知るや，*勝尾寺の勝(証)如に結縁し，予告通り往生を遂げたという．念仏者の手本として称讃喧伝され，永観の*『往生拾因』，*『今昔物語集』，信瑞の『明義進行集』，住信の*『私聚百因縁集』などにも取り上げられた．〈不僧不俗の形〉といわれ，〈非僧非俗〉の*親鸞の理想像であったという．なお『峰相記』によると，播摩国教信寺はその住庵の後身であり，同地の野口の大念仏は，教信を仰慕した一遍の弟子湛阿がその祥月命日を記念して勧進創始したものという．その伝記は*『日本往生極楽記』などに見える．

行水 ぎょうずい　漢語として古典に見える例は，流水，水上を行く，水を治めるなどの意味で，〈こうずい〉と読む．パーリ語 oṇīta-patta-pāṇi の直接の意味は〈鉢から手を離して〉であるが，漢訳者は，食事の後に鉢や手を洗うことに解して「食訖りて行水す」〔長阿含経〕などと訳した．また，神仏に祈るとき，水で身体を洗い清める意味を有するようになった〔梁高僧伝〕．わが国でも古くは神事や仏事をとり行うために身体を洗い清めることで，水・湯ともに用いられたようである．誦経時に手を洗い口をすすぐことを行水ということがあった．現代語的意味への移行は中世を通じて行われたものか．

「春日の御社に参らむと欲するは今日なりと思ひて，まさに行水せむとす」〔明恵上人夢記〕「こよひは御行水も候はで(法華経を)読み奉らせ給へば」〔宇治拾遺1〕

楽説 ぎょうせつ［*s*: pratibhāna］　原義は，弁舌さわやかなこと．〈楽説無礙〉は，法無礙・義無礙・詞無礙とともに，〈*四無礙智〉(菩薩や仏が実現する4種の自在な能力)に数えられる〔倶舎論27〕．なお，漢語の〈楽〉は，願うの意．〈楽説〉の語義については，相手のために説くことを願う，相手の願いを知って説く〔法華義疏1〕など，種々の解釈がある．

教禅 きょうぜん　教にもとづく立場を〈教家〉，禅にもとづく立場を〈禅家〉と呼ぶ．禅家は*教外別伝を主張し，教家を批判し，両者はしばしば対立した．しかし他方で，両者をともに必要とみる〈教禅一致〉の立場も有力であり，特に明代以後は主流となった．

教祖 きょうそ　宗教集団の創始者をさす．この語が適用されるのは，キリスト教・イスラーム教・仏教などの世界宗教の創始者と，日本の*新宗教などの近代の教団の創始者である．仏教宗派の創始者はむしろ〈宗祖〉〈派祖〉〈*開祖〉と呼びならわすが，教祖とよく似た性格をもつ場合が多い．教祖は召命・*悟り・霊感などのような特別な神秘的体験を経て，宗教的真理や神と密接な関係をもつようになる．信者にとっては，教祖は他の人類とは区別される特別な存在として信仰の対象になる．教祖の死後も神話化された教祖像がますます信仰の対象として鼓吹されることが多い．

教相 きょうそう　教えのすがたの意．実際に説き示されている教説のこと．中国では，多くの仏典がその成立の順序とほとんど無関係に次々と伝訳されたため，それらの教相を判定し解釈すること，すなわち〈*教相判釈〉(教判)が仏教界の大きな課題となった．なお，真言宗では〈教相〉(教義の方面)と〈事相〉(儀礼・実践の方面)，天台宗では〈教相門〉(理論的方面)と〈観心門〉(実践的方面)を一対の概念として扱う．具体的には，真言宗の教相は顕密二教判(応身の釈迦仏が説いた法相・三論・天台・華厳の四宗の*顕教にくらべて，法身の大日如来が説いた*密教を真実の教えとする)や*十住心を指し，天台宗の教相門は*五時八教の教判を指す．「しばらく我が宗には事相・教相を居きとして，即身成仏の義をたて申さる」〔平家 10.高野御幸〕「五時四教を立てて，上五百余年の学者の教相をやぶり」〔日蓮聖密房御書〕．→事相，観心．

経蔵 きょうぞう　仏教の文献は，基本的に*経・*律・*論の三つに分類される．経は釈尊の直説(とされるもの)のことであり，その全集が〈経蔵〉(Sutta-piṭaka)である．また中国・日本では，実際に経典を納める蔵庫を〈経蔵〉といい，〈経楼〉〈経堂〉とも呼ぶ．他に輪転式蔵庫の*輪蔵がある．もちろん，そこに納められた文献は経のみでなく，律・論，さらにそれらの注釈類を含むものである(*大蔵経)．遺構に奈良時代の*法隆寺経楼や*唐招提寺経蔵がある．「天皇の世に，仏殿・経蔵を作りて，月ごとの六斎を行へり」〔書紀持統 5.2〕．→三蔵．

鏡像 きょうぞう　明治以後の用語で，鏡の表面に表した仏像などのことをいい，転じてその鏡のことをもいう．神社の御神体としての鏡に，仏・菩薩などが宿るという*神仏習合の思想に基づき，鏡面に仏像を線刻または墨画したものをさし，懸け吊るための装置をもつ*懸仏と区別される．中国でも北宋(960–1127)時代に行われた例(*清涼寺釈迦如来立像胎内納入水月観音鏡像)がある．鏡は唐式鏡と和鏡があり，9 世紀の例(*醍醐寺如意輪観音等鏡像)を最古とする．三葉形で据え置き形の変わった例(総持寺*蔵王権現鏡像，1001 年，東京都足立区)もある．

行相 ぎょうそう［*s*: ākāra］　*諸法の姿，特徴，様相をさす．*『倶舎論』では，苦・集・滅・道の*四諦それぞれがもつ 4 種ずつの特徴を合計して〈十六行相〉と呼び，*見道およびその準備(*加行)の段階である*四善根位においてこれらの観察(*現観)を重んじる．また，*唯識説においては，認識主体である心(*心所)がその対象である*境を現し出すとき，主体である心に映し出された対象の(または対象に似た)像ないし形象をいう．また，映し出すはたらきをもいう．→十六行相．

行像 ぎょうぞう　装飾を施した車に仏像を載せて市街を巡行すること．古くから，インド・西域・中国において釈尊生誕の 4 月 8 日に大規模に行われた．現代ではヒンドゥー教徒のあいだで，神像を車に載せて華麗な行像を行う．

鏡像円融 きょうぞうえんゆう　本体(*性)としての〈鏡〉と現象(*相)としての〈像〉の*不二・*相即を説いた譬喩．平安初期，天台宗の*生死即涅槃・*煩悩即菩提という*円融無礙の教学は既存の法相宗の摂相帰性門(現象界の差別も平等の本性に帰着するという見方)と同一であるとして，*徳一が天台宗の無用を論じたのに対して，最澄は*『守護国界章』で「鏡像円融の義は口決に非ずんば解せず」といい，相と性との不二を立てない法相宗とは違うと答えた．これは，智顗が*『摩訶止観』1 下で*円教の即空即仮即中の観を説明するのに，「譬えば明鏡の如し」として即空を明るさ，即仮を像，即中を鏡に喩え，明・像・鏡の三者は不即不離・不前不後の関係において一つの現象を可能ならしめていると説明したことなどを指す．日本天台では平安末期以後，天台の諸流派において研究上の一課題として重視された．

教相判釈 きょうそうはんじゃく　〈教判〉〈教相〉〈教時〉などとも略称される．釈尊が*成道して以後*涅槃に入るまでに多数の大小乗経典を説法したとする中国的仏伝理解にもとづいて，これら諸経典の*教相もしくは教時を分判し，その順序次第を解釈して，それによって仏教経典の根本真理および仏道修行の究極目標を確立しようとする経典解釈学．インドでは時代の経過とともに経典が編集されていったが，中国へは前後無関係に将来されたために，中国の仏教者がそれぞれの考えで経典を価値的に配列するに至ったもの．この教相判釈が，講経会初日に講ぜられる〈開題〉の主要テーマとなり，そこにおいて〈法師〉が提唱する仏教総論として大いに発達した．こうして教相判釈が，中国仏教に独自な学問として発達することになった．

中国　【四種法輪・五時教】最も古くは，竺道生(5世紀)が，在家信者のための〈善浄法輪〉，声聞・独覚・菩薩乗の〈方便法輪〉，法華経の〈真実法輪〉，大般泥洹経(だいはつないおんぎょう)の〈無余法輪〉という原初教判を創説した．つづいておそらく*慧観(えかん)が，第一時には鹿野苑で四諦法輪を転じ，第二時には大品般若経(だいぼんはんにゃきょう)，第三時には維摩経(ゆいまぎょう)・思益梵天所問経，第四時には法華経，最後に第五時に沙羅双樹林で大般涅槃経(だいはつねはんぎょう)を説法したという，著名な〈五時教判〉を提唱した．ほかにも，竺道生の教判を発達させた劉虬(りゅうきゅう)の七階の教判などもあった．→五時教．

【頓漸二教判・三教判】次に，このような南朝前半期仏教を輸入して北朝後半期仏教が発達しはじめる頃に，智誕(ちたん)が，南朝系教判のうちの法華経までは*漸教(ぜんぎょう)であって不*了義(意義がまだ十分に説き明かされていない教え)であり，最後の大般涅槃経だけが*頓教(とんぎょう)であって了義(完全な教え)であるという〈二教判〉を提出したのではないかと考えられる．さらに北朝後半期仏教が*慧光(えこう)を初代僧統として展開して，華厳経や『十地経論』などの研究理解が深化したところで，声聞・独覚・菩薩乗が別教であり，法華経が通教であり，涅槃経・華厳経・大集経(だいじっきょう)が通宗教であるが，涅槃経までは漸教であり，華厳経こそが円頓教であるという〈三教判〉が成立した．ここから，華厳経は頓教であり，漸教が第一時三乗別教，第二時般若経，第三時維摩経および思益梵天所問経，第四時法華経，第五時涅槃経であるというように南北朝諸教判が集大成されて，ここに隋唐諸宗派教判の基本型が成立した．

【五時八教・五教十宗】天台宗の*智顗(ちぎ)はこれを教理的にも実践的にも完成させて，6祖*湛然(たんねん)時代に〈五時八教〉として定式化される教判を説いた．これに対し三論宗の*吉蔵(きちぞう)は，南朝般若学の伝統にもとづいて，〈五時〉などの教判も大小乗執着の一つに過ぎず，「*破邪顕正(はじゃけんしょう)」して「*不二(ふに)中道」の究極の一理を正観すべきであると主張し，華厳宗の*智儼(ちごん)や*法蔵は，北朝華厳学を集成して，〈五教十宗〉の教判を完成させた．このような中国で発達した教判を批判して，唐初には法相宗の*基(き)が，インド伝来の解深密経(げじんみっきょう)の経説にもとづいて，1)阿含などの有教，2)般若などの空教，3)華厳・深密などの中道教の〈*三時教〉を提出したが，これより以後，中国本土では教相判釈による経典解釈学は発達しなかった．→五時八教，五教十宗．

日本 日本仏教においては，平安初期に*最澄・*空海によって独自の仏教が展開しはじめるとともに，新しい教相判釈が発達することとなる．日本独自の教相判釈は，3グループにまとめて論ずることができよう．

【天台宗】第1は天台宗である．最澄は，五時八教教判を発達させて空海の新興真言密教を摂取し，*徳一の伝統的法相教義と対決し，超八法華・円密一致の教相判釈を展開しはじめ，それが*円仁・*円珍を経て*安然に継承・完成された．特に密教との関係が最大の問題となり，円密一致から理同事勝(道理においては一致するが，*事相面では密教が勝れている)を主張するに至った．

【真言宗―空海】第2に，空海は，彼自身の密教修行の宗教体験にもとづいて，顕密対弁の*即身成仏思想を発展させ，815年(弘仁6)*『弁顕密二教論』を述作し，最晩年の830年(天長7)勅撰書の一として『秘密曼荼羅十住心論』(『十住心論』)を奉献した段階で独自の顕密対弁の〈十住心〉の教相判釈を完成させた．この十住心思想は，教理的教判としては台密の円珍・安然などの厳しい批判を受けたこともあって，空海以後ほとんど発達しなかった．→『十住心論』．

【鎌倉仏教】第3に平安中期以後，叡山・南都・高野山などで浄土教などの実践的仏教が発達し，そこから*鎌倉仏教諸宗が成立して来ると考えられるが，これら諸宗を開宗する教相判釈は，もはや如来一代の仏教を総合する究極の哲学的教理として提言されるのではなく，むしろ祖師それぞれの〈内証の決判〉にもとづく実践的真理として選択されるようになる．このような実践的に選択される教相判釈は，中川*実範(じっぱん)が安然の『十住心論』批判を再批判して，「十住心位とは自心に発菩提し自心に住して三密倶修し五相成仏する真言行者の住心次第」(『大経要義抄』取意)と〈内証の決判〉をなしたところに淵源すると考えられる．

*法然は，東大寺において『無量寿経釈』を

講説して仏教を聖道・浄土の二教に分け，その理論は*『選択本願念仏集』において展開された．*親鸞は*『教行信証』信の中に自力・他力の菩提心を説き，他力の立場を*横超と称した．*日蓮の*五義も名高い．このような新仏教側の教判に対し，天台*本覚思想においても独自の教判体系として*四重興廃が成立した．

脇尊者 きょうそんじゃ ［*s*: Pārśva］　2世紀頃の人．〈脇〉はパールシヴァの漢訳名．*説一切有部に所属していたと思われる学僧．*ガンダーラの出身で，80歳で出家し，「決して脇を席に著っけない(横にならない)」と誓って努力し，ついに悟りに達したので，この名があるという〔大唐西域記〕．また，*カニシカ王の第4回経典*結集の際の中心的人物であったという．『馬鳴菩薩伝』は*馬鳴の師であったと伝える．

境致 きょうち　禅宗では寺内外の風致を特に重んじ，山・岩・川・池・建物・橋など，景観として重要なものを選んで〈十境〉と呼び，詩に詠まれている．十境は必ずしも寺内のものに限らず，たとえば〈建仁十境〉には五条大橋や，法観寺五重塔(京都市東山区，1440)なども含めている．

境智 きょうち　〈*境〉とは認識の対象，智によって悟られる真理．〈智〉とは*理を悟る*智慧．智慧と真理との合一を求めて修行し，ついに境智冥合したところを仏という．智顗は*『法華玄義』2上以下で法華経*迹門の*十妙を説き，その初めに境妙・智妙があり，麁境を去って*実相の理を妙境とし，麁智を去って*円融相即の能観を妙智と定め，妙境によって妙智は発し，妙智によって妙境が顕れる相互関係を説いている．また*『摩訶止観』の第7章「正修章」では，十境(境)・十乗(智)の観法(*十乗観法)を説いて，*己心に仏界を観取する方法を述べている．「幻化の智をもて幻妄を除きて後，境智ともに幻にもあらずとなり」〔ささめごと〕

経帙 きょうちつ　*大般若経など大量の*経巻を櫃または*厨子に納めて保管する際，おおむね10巻をまとめて一帙に納めるが，これを巻き締めるための長方形の被覆物をいう．細い竹ヒゴを並べて色糸で編み，経巻の当たる内側には綾を，縁には錦をそれぞれ貼り，短辺の一方に組紐を付したものが一般的であるが，*正倉院に遺る13枚のなかには，竹のほか紙・布・斑藺などを用いたものが見られる．

正倉院の最勝王経帙は竹製で，紫と白の色糸で迦陵頻伽葡萄唐草円文と742年(天平14)2月14日の詔勅によって諸国*国分寺の塔に安置された金字金光明最勝王経の帙であることを示す銘文(『続日本紀』は741年(天平13)3月24日のことと記す)とが織り出されている．紙製の華厳経論帙からは新羅国官文書を裏返して用いた芯が発見され，新羅製のものであることが確認された．平安時代の遺例では，*高野山奥院*経塚から出土した天永4年(1113)銘*経筒に納められたものは紗で縁取りした綾裂によるもの．*神護寺*一切経は後白河法皇(1127-92)により文治元年(1185)奉納されたものであるが，これを包む竹帙は久安5年(1149)の銘を持つものを含み，202枚が遺っている．芯には紙，裏には綾を用い，表面の黒く染めた竹ヒゴの下には，点々と雲母片を貼って，銀色の輝きを加え，3箇所に蝶の金具を配している．なお，平安時代には，書籍の覆いをも含めて〈帙簀〉といっている．

「仏・経箱・帙簀ととのへ，まことの極楽思ひやらる」〔源氏若菜上〕「ふみどもうるはしきちす紺に包みて，唐組の紐して結い」〔宇津保蔵開上〕

経塚 きょうづか　経典を書写して後世に伝えるため地中に埋納した塚．その源は中国で，わが国では*円仁が唐から伝え，平安時代から江戸時代まで行われた．特に平安後期が盛んで，その理由は*末法思想による仏法滅尽を恐れたためである．経典(法華三部経・阿弥陀経・般若心経・弥勒経・大日経・金剛頂経など)のほか，仏像・仏具・装身具・銭の類も*供養のために埋める．経は陶製または金銅の*経筒・*経箱に入れた紙本経のほか，*瓦経・銅板経・*石経・柿経などがある．→埋経．

経机 きょうづくえ　仏前で読経する時などに，経文を置く机．〈経卓〉ともいい，禅家では〈経案〉と称する．黒または赤の漆塗りで，縁や端が金具で飾られている．「(法華経

の)一の巻を読み畢(をは)りて経机に置くに」〔今昔13-1〕

経筒 きょうづつ　経文を納めて地中に埋める筒.〈如法経筒〉ともいう. もともとは, 仏法が滅亡した後もそれを後世に伝えようとする意図から出たものであるが, やがて埋納者の祈願や死後の*菩提(ぼだい)のために行われるようになった. 法華経を主とする経文を書写して筒の中に入れ, 霊山や墓のわきに埋蔵した. わが国では平安時代以降盛んに行われ, 有名なものとして藤原道長が大和(奈良県)の金峰山(きんぷせん)に埋納したものがある. 円筒形・六角形・八角形などがあり, 青銅・金銅・鉄・石などで作られ, 筒の周囲には*埋経の趣旨が刻されている.

敬田 きょうでん　⇒福田(ふくでん)

経典訓読 きょうてんくんどく　仏教の経典が日本に渡来した当初は, これを外国語として音読しそれを当時の口語で翻訳したであろうが, 音読が今日に至るまで長く行われている一方, 訓読, すなわち漢文の語序や表記を変えずに日本語の語法に従って一定の訓法で訳読する方法は, 朝鮮の訓読の影響を受け, 推古朝には既に整っていたらしく, 奈良時代には金光明最勝王経や梵網経の訓読文と見られる部分が『続日本紀宣命』に引用され, 「優婆塞貢進解(うばそくこうしんげ)」や「延暦二十五年官符」により法華経や最勝王経が音読とともに訓読されたことが知られる.

訓読した言語を仮名やヲコト点・返点などの符号によって, 経典の漢文の紙面上に直接に書き入れることは, 奈良時代末から南都の僧侶の間で考案され行われた. 大東急記念文庫蔵の『華厳経刊定記』5には延暦2年(783)と7年に書き入れた漢数字の返点と句切点が施され, 正倉院聖語蔵の一切有部毗奈耶・一切有部苾芻尼毗奈耶には万葉仮名を主とした仮名の記入も見られ, 聖語蔵の羅摩伽経には粗笨な原初的なヲコト点も使われている. これらの書き入れは平安初頭期であり, 訓点発生期の状況を示している. 天長5年(828)に白点で書き入れられた『成実論』は, 既に省画体の仮名も多く, ヲコト点も整備されている. 平安初期には訓点は備忘的な性格が強く, 省画の方法やヲコト点の使い方が人により資料によって区々であったが, 平安新興の天台宗や真言宗の僧も使うようになり, 師資相承により訓読が訓点本で伝えられる傾向が強くなる中期以降は, 仮名字体が簡略化して一定する方向に向い, ヲコト点も, 宗派ごとに定まった形式に固定するようになる.

平安初期の訓読は原文の意味を汲んで文章として丸ごと読解することに重点があり, 訓読文も個性的であり, 特に助字の訓法や助詞・助動詞などの読添えは浮動的で, 後世と異なる点が多く, 訓読文全体が, 漢文の読解という制約に伴い説明体をとりながらも, 当時の書き言葉と甚しくは離れず口頭語も含まれていた. 平安中期を過渡期として, 後半期以降は訓読の方式が, 漢文の各漢字を一字一字としてそれに対する一定の訓を以て読み, その寄せ集めとして全文を訓読するという, 即字的な訓読法の方向に変改し, それが助字にまで及び, 読添えの助詞・助動詞も種類と量を減じた. 祖始者の使った訓点や訓読文が忠実に伝承され, 重んぜられる風潮に伴って, この新しい訓読法は次第に固定化して, 漢文訓読文という独特の文章体が創り出されるに至った.

経塔 きょうとう　経文・*陀羅尼(だらに)を納めて供養する塔. *グプタ王朝期以前では*舎利(しゃり)塔の建立・供養がさかんであった. 法華経法師品では経巻を安置した支提(しだい)(*チャイティヤ)の建立を勧奨している. グプタ王朝以降パーラ王朝にかけて縁起法頌や陀羅尼を蔵した塔の建立が流行した. ギルギット(*カシミール北西部)の塔から多数のサンスクリット原典の写本が発見された. 中国・日本においても多数の事例がみられる. また経文によって紙面に塔形を細画した〈経曼荼羅(まんだら)〉を経塔と呼ぶこともある. →塔.

享堂 きょうどう　〈享〉は祀(まつ)る意. 禅院において, 祖師*菩提達摩(ぼだいだるま)をはじめその寺の開山に至る*伝灯(でんとう)列祖の像や位牌を安置して奉祀する堂をいう. 〈*祖師堂〉, 略して〈祖堂〉ともいう. 各寺院や*庵の*開山・*開基・歴代の*住持の牌を奉安する〈開山堂〉〈*昭堂〉に対する. *『禅林象器箋(ぜんりんしょうきせん)』2. 殿堂門に「祖像牌を安ずるの堂. 祭享をこれに設く. 故に享堂と云ふなり」と説明している.

行道 ぎょうどう　*仏道を修行すること〔法

華経安楽行品など〕. 儒教では，人の道を履み行うの意〔孝経開宗明義章〕. また，修禅法の一つで，瞑想しながら一定の距離を歩行往来すること〔十誦律3など〕. 経行きんひんに同じ. さらに，敬意を表すため，尊敬の対象の周囲を，右回りにめぐる儀礼のこと. 仏に敬礼するため，仏の周囲を3周する儀礼(*遶仏にょうぶつ・右遶三匝うにょうさんぞう)を〈行道〉ともいう〔釈氏要覧中など〕. 仏堂や仏塔に対してこの儀礼を行うこともあり(遶堂・遶塔)，日本では法会の儀式の一つとなった. 「吉野の金かねの峯みたけに，ひとりの禅師あり. 峯を往きて行道す」〔霊異記下1〕「庭に橘の木あり. 木の下に行道したる跡あり」〔宇治拾遺13〕「事始まりぬれば，左右分かれて行道す. こなたかなたの御堂，おほめぐりにやがてめぐれば」〔栄花音楽〕. →経行きょうぎょう，右遶.

響堂山石窟 きょうどうざんせっくつ　中国，河北省邯鄲かんたん市峰峰鉱区，鼓山こざんの周囲に位置する*石窟寺院. 北響堂山(9窟)，南響堂山(7窟)，水浴寺(別称小響堂)の三つの窟群からなる. 一部唐–明に下る小窟龕もあるが，大半が北斉時代に整備された. 北斉の都，鄴ぎょう周辺の造像の実態を知る上で貴重な彫刻群の造形は，新来の西方からの影響が著しい. 北響堂山では帝室勅願で三つの大窟が，北洞(第7窟)，中洞(第4窟)，南洞(第1・2窟)の順に開鑿かいさくされた. 前二者は中心柱窟，南洞は塔形を象った二層構造の窟. 南洞造営の下限は天統4年(568)で，下層に同年から刻まれた唐邕とうようによる刻経は仏教史上価値が高い. 南響堂山は7窟全て北斉時代とする説と，一部隋に下るとする説があり，天統元年(565)ころの開鑿開始と，第2窟の造営への北斉王族の関与を記す隋碑が近年発見された. 水浴寺には，武平5年(574)頃までに完成した西窟(中心柱窟)と，唐–宋の窟龕が若干ある.

教導職 きょうどうしょく　政府は1872年(明治5)3月，神祇省を廃して教部省を設け，4月教導職を置き，神官・僧侶をこれに任じた. 教導職は大教正以下権訓導まで14級に分かった. そして，〈三条教則さんじょうきょうそく〉すなわち「敬神愛国ノ旨ヲ体スベキ事」「天理人道ヲ明ニスベキ事」「皇上ヲ奉戴シ朝旨ヲ遵守セシムベキ事」を宣布させた. 教導職は明治初期政府の宗教利用政策であったが，1884年(明治17)廃され，寺院住職の任命は，各宗管長に委任された. →教部省.

京都五山 きょうとござん　⇒五山ござん

教頓機漸 きょうとんきぜん　教えは他力念仏で頓速に悟りをうる法であるが，それを受ける衆生は自力念仏によって順次に修行する機であるという意. 親鸞しんらんは*『教行信証きょうぎょうしんしょう』の「方便化身土巻」に，真門しんもん(要門・真門・弘願の三三さんさんの法門の一つ)について自らの理解を示すなかで「教は頓にして，根は漸機なり」と述べ，教法は*他力の念仏でありながら，その念仏を*自力の*廻向えこうを以てはげむ，いわゆる第二十願の教と機をいう. →四十八願.

教内・教外 きょうない・きょうげ　〈教〉は言語文字による教説，もしくはそれを留めた経論. 禅宗では，仏の正しい法門，あるいは禅による悟りの道は，言語文字による教説(教内の法門)とは別に，心から心へ伝えられたものであるとし，これを〈*教外別伝〉という〔無門関世尊拈花〕. 〈教外〉の法門とは，*菩提達摩ぼだいだるまによって中国に伝えられた*祖師禅そしぜんをさす〔臨済恵照玄公大宗師語録序〕. 「教内・教外別なりといへども，我が身の始終不可得なる事，これをもって行道の用心とする事，これ同じ」〔随聞記5〕「教内には人に教へられて月を見るが如し. 教外には我と月を見るが如し」〔妻鏡〕

経流し きょうながし　死者の*追善，あるいは生類しょうるいの*供養のため，経典を書写して海や川に流すこと. 殊に戦死・事故・怨死・遭難など非業ひごうの死者，自殺・重病死・夭折ようせつなどの異常死者に対する慰霊供養のために行う. 海浜や離島の海難事故の多い所で盛んである. 五七忌(三十五日)や中陰の日(四十九日)に寺僧を招き，浜にしつらえた供養壇に香花をそなえ，読経*廻向えこうののち経札を1枚ずつ海へ流す. 千枚を数えるので〈千枚供養〉ともいう. このとき遺族縁者が念仏を唱える.

教如 きょうにょ　1558(永禄1)–1614(慶長19)　真宗大谷派*本願寺12世. 諱いみなは光寿，院号は信浄院. 1580年(天正8)の本願寺と織田信長との*石山合戦の和議に，教如は父*顕如の意に反していったん籠城し，諸国の門末に応援を求めたが，このときの門末が，のち*東本願寺別立に同調した．1592年(文禄1)顕如没後，本願寺12世を継いだが，やがて豊臣秀吉の命で隠居．その後も先の門末と密接な関係を保ち，1602年(慶長7)徳川家康から寺地を得て東本願寺を別立した．

行人 ぎょうにん　一般的用語としては仏道修行者，特に験力を身につけるために苦修練行する僧や，山林*斗藪などをする修験者をさすことが多い．*高野山では，高野三方として*学侶と行人と*聖の3種を区別するが，行人方に分類される，密教修法と*大峰山などを行場とする修験の行をするものたちをよぶ．*比叡山でも，学侶と*堂衆とがあるが，学侶にしたがってその世話をやく堂衆とよばれる童子あがりの僧を指していうことがある．江戸時代には，山伏や願人とともに，物乞いをしてあるく僧も指した．「今は昔，吉野の山に日蔵といふ行人ありけり」〔今昔14-43〕「まづ上は検校より下は行人・聖に至る迄，諸事古法に違背し，新規非例のことこれある時は」〔諸宗階級上〕．→高野三方．

行人方 ぎょうにんがた　⇒高野三方

行年 ぎょうねん　生れてから経た年数．特に仏教語というわけではない．例えば，『荘子』天運に「孔子，行年五十有一にして道を聞かず」とある．日本ではしばしば〈享年〉と同一視し，天から受けた寿命の年数，亡くなった時の年齢を指す．なお〈行年書〉は，書画の落款に行年と氏名とを記したもの．「園寺の長吏に補せられて，寺務年久しく，行年七十五にて滅せられけり」〔粉河寺縁起〕

凝然 ぎょうねん　1240(仁治1)-1321(元亨1)　律僧で，特に華厳教学を専門とした．伊予(愛媛県)の人．世に凝然大徳と敬称される．18歳で東大寺戒壇院の*円照の弟子となり，他の師にもついて，律・天台・密・華厳・法相・三論・浄土・禅など広く学び，*八宗兼学といわれる．円照没後戒壇院に住し，その間唐招提寺・室生山にも住した．後宇多上皇の戒師となる．仏教概説*『八宗綱要』，仏教史概説*『三国仏法伝通縁起』や*三経義疏の注釈のほか，『内典塵露章』『浄土源流章』『声明源流記』*『律宗綱要』など，その著作は華厳・律・真言・浄土・法相，さらには声明・伝記にわたって，160部1千余巻に及び，現存する書も多い．

経箱 きょうばこ　広義には*経を納める箱類の総称であるが，狭義には箱に脚を付した〈経櫃〉と区別して用いられる．奈良時代には一般的な箱・櫃が用いられたようであるが，平安時代になって専用の箱・櫃として造られるようになった．*一切経・*大般若経など大量の経を納めるものは実用性が主であるが，*法華経のように一箱で事足りる少量のものについては，蒔絵や木地螺鈿など，高度な美の技法を駆使したものが造られた．仏功徳蒔絵経箱(藤田美術館蔵)，蓮華唐草蒔絵経箱(奈良国立博物館保管)などにみられるように平安時代には蒔絵のものが盛んに造られ，*平家納経を納めた金銀荘雲竜文銅製経箱(厳島神社蔵)も銅製ながら蒔絵の感覚をそなえている．この他，*埋経用の金銅製のものも造られ，*金峯山寺の金銅経箱のように金銅製の四脚の台をそなえたものも造られた．

「(法華経を)供養の後，漆を塗れる皮筥に入れて」〔霊異記下10〕「此の経を納め奉らむが為に，遠く近くに白檀・紫檀を求めて，此れを以て経筥を造らしむ」〔今昔12-26〕

教派神道 きょうはしんとう　明治以降に，復古神道や神祇信仰，*山岳信仰などに基づいて形成されてきた諸宗教を神道系宗教教団として再編した際に生まれた概念．一般には教派神道十三派といわれ，神道大教，黒住教，神道修成派，出雲大社教，扶桑教，実行教，神習教，神道大成教，御岳教，神理教，禊教，金光教，天理教を指す(いずれも現在名)．当初教派神道に数えられていた神宮教は，1899年(明治32)に神宮奉斎会となり離脱した．また，神道大教は1940年(昭和15)以前は神道本局という名で，独立教団というよりも，神道事務局の系譜を引く統轄組織であった．

教派神道十三派はその名からいずれも神道系宗教として認知され，かつ教団自らもそのように自覚している場合が多いが，近世の山岳信仰や創唱宗教に起源を有するなど一概には規定できない．むしろ，明治政府の宗教行政によって，最終的に神社神道が国家祭祀として位置づけられたことに伴い，仏教以外の神道的と見なされた宗教勢力が神社神道から分離されて教団として組織された側面が強い．また，金光教・天理教のように明治政府の弾圧に直面して，神道的な教義を整え，教派神道に合流したものもある．

教判 きょうはん ⇒教相判釈

恐怖 きょうふ ⇒恐怖

行布 ぎょうふ　修行における階位の浅深の区別．華厳宗では，そうした区別にしたがって順次に程度の高い教理を説いていく立場を〈次第行布門〉（行布門）と呼び，一切の階位がとけあって差別がないと見る立場を〈円融相摂門〉（円融門）と呼ぶが，*円教においてはこの2門は同時に成り立って妨げ合わないと説く．天台宗では華厳経を行布の立場であるとし，法華経を円融とする．→円融．

教部省 きょうぶしょう　明治初期に，国民教化と寺社の行政を掌った機関．明治維新により神祇官が復活し*神道による国民教化が試みられたが，さしたる成果が挙がらず政策の修正が必要となった．一方，*廃仏毀釈の打撃をうけた諸寺院は，自らの立場を強化するため，仏教を所轄する中央官庁設置を政府に要望した．こうした事情により1872年（明治5）3月，神祇省（前年8月に神祇官を改める）を発展解消する形で教部省が設置された（ただし祭事などの事務は式部省に移管）．

その管轄範囲は教義・教派・教則，寺社の廃立・格式，僧侶や神職の任命・等級などに及び，宗教団体の統括と神道を中心とする国民教化の実行を目指し，さらにキリスト教制圧を図った．そのために，全国の僧侶と神職全てを*教導職に任命し，教義として〈三条教則〉（敬神愛国の体現，天理人道の明示，皇上奉戴と朝旨遵守）を下付し，それにもとづく説法を行わせた．しかし，神仏合同布教には無理があり，信教の自由を求めて真宗各派の運動が興り，教化政策に対する官僚や世論の批判も盛んになったため，結局1877年（明治10）1月に廃止され，寺社の行政管轄は内務省に移された．

行仏 ぎょうぶつ　*仏としてのあり方を実践してゆくこと．仏の本来のあり方は，我々の外に対象として客観的に存在することではなく，我々自身が日常の一挙一動の中に主体的に実現していかねばならないという考え方．*道元の根本思想の一つで，*『正法眼蔵』に「行仏威儀」の巻があり，「諸仏かならず威儀を行足す．これ行仏なり」などと言われている．

行法 ぎょうぼう　修行の方法をいう．特に密教では，*修法や密法と同義に用いられる．その場合，*十八道の行法，*胎蔵界の行法，*金剛界の行法，*護摩の行法の四種行法をいい，*四度加行ともいう．「真言の密法を受けて，毎日の行法怠らず」〔今昔13-29〕

憍慢 きょうまん ［s: māna］　おごり高ぶる心．うぬぼれ．māna という語は普通には〈*慢〉と訳されるが，〈憍慢〉と訳されることもある．しかし本来は，〈憍〉（mada）と〈慢〉とはいくぶん異なった*煩悩である．一般に，〈慢〉は他との比較のうえで起こるおごりであり根本的な煩悩とされるが，〈憍〉は比較と無関係に起こる，家柄・財産・地位・博識・能力・容姿などに対するおごりであり付随的な煩悩（*随煩悩）とされる．「汝，聖にして憍慢の心を生すべからず．早くかの所に詣りて悔過懺謝せよ」〔法華験記上17〕

行用 ぎょうゆう　1 *行の作用，つまり修行の働きを意味する．〈用〉は，中国仏教において〈体〉（本体の意味）と対になる概念で，作用の意味．→体用．

2 密教の*修法は，*秘伝・*口訣によって伝承されていたが，それが分派の原因ともなったので，後にそれらを記すようになった．この記されたものを〈行用〉という．また〈*次第〉〈私記〉と呼ぶこともある．

楽欲 ぎょうよく　〈楽〉は願う，〈欲〉は欲求するの意．類義字を重ねた複合動詞で，願い求めるの意．また，願い求める心の意から，欲望を意味する．「行者の楽欲に随って，まさに半行半坐を修し，また非行非坐を修すべし」〔顕戒論上〕

敬礼 きょうらい ［s: vandana］　中国の古典の『呂氏春秋』懐寵，『史記』汲黯伝，『漢書』王吉伝などに漢語の用例がすでに見え，敬意を表して礼遇する，敬って礼をする，また，その礼をいう．原語は恭敬礼拝すること，つまり仏や僧に礼拝することで，〈和南〉と音写したり，〈敬礼〉〈*稽首(けいしゅ)〉などと漢訳する〔義林章2〕．「行者，蓮の台(うてな)より下りて五体を地に投げ，頭面(ずめん)に敬礼したてまつる」〔往生要集大文第2〕

教理 きょうり　ギリシア語のドグマ(dogma)に相当するものとして，明治以後の仏教学者のつくりだした語．*教義に同じ．各宗教，各宗派において公認された真理の体系をいう．仏教用語としては，言葉として説かれる教説をさす〈教〉と教説によって示される真理をさす〈理〉とに分けられる．

教理行果 きょうりぎょうか　教えと，教えによって示される道理ないし真理と，道理ないし真理にもとづく修行と，修行によって得られる悟りの結果のこと．仏道の全体を表す一表現．法相宗(ほっそうしゅう)を大成した*基(き)は，*『大乗法苑義林章』三宝義林において，仏・法・僧の*三宝(さんぼう)の中の法の属性としてこの四つを挙げ，〈教〉とは言声・名・句・文，〈理〉とは*二諦(にたい)・*四諦など，〈行〉とは*自利利他の諸行，〈果〉とは*涅槃(ねはん)・*菩提の二果をいうとしている．

『経律異相』 きょうりついそう　宝唱(ほうしょう)編．50巻．516年(梁の天監15)成立．経律論*三蔵(さんぞう)の要文を類集して仏教の霊異を総括した中国の仏書．序文によると，宝唱が梁の*武帝の勅命により，僧豪・法生らの助力を得て編纂したもので，これに先立つ508年，*僧旻(そうびん)が勅命によって編した類書になお遺漏ありとして増補新編したものという．天部より地獄部に至る39部から成り，その間に仏・菩薩・声聞・沙弥から国王・太子以下衆庶・鬼神・鳥獣虫魚にわたる道俗一切の部を立て，各部に広く三蔵より抄出した*譬喩(ひゆ)・*本生譚(ほんじょうたん)中心の要文を集めて，仏法の霊異の諸相を大観させる仕組となっている．*大蔵経(だいぞうきょう)の要集的仏書として珍重され，日本でも僧家に活用されて平安以降多数の仏書に引かれている．*唱導(しょうどう)資料の有力な取材源ともなり，仏教文学にも直接間接に多大の影響を与えている．ちなみに，『法華修法一百座聞書抄』の中には本書に由来する説話が散見し，『今昔物語集』以下の仏教説話集にも本書と共通する話材が頻出する．なお本書にならった国書に，平安末期または鎌倉初期成立の*『金言類聚抄(きんげんるいじゅうしょう)』がある．

経律論 きょうりつろん　［s: sūtra, vinaya, abhidharma］　仏の教説を記す〈経〉と，戒律を記す〈律〉と，経を注釈・解説した〈論〉のこと．仏典全体を3種に区別して呼んだもので，合わせて*三蔵という．「華厳経を初めとして，諸(もろもろ)の大小乗の経律論・章疏を講ぜしむるなり」〔今昔11-29〕．→経，律，論．

経量部 きょうりょうぶ　［s: Sautrāntika］　西暦4,5世紀に現れたインド仏教の一学派．シュリーラータ(Śrīlāta)と*世親(せしん)を中心とし，説一切有部(せついっさいうぶ)の〈*三世実有(さんぜじつう)〉説に反対して，現在の*法(dharma)のみの実在を認め，過去と未来のそれを否定する〈*現在有体(げんざいうたい)・過未無体(かみむたい)〉説の立場をとる．学派の名称について世親は，「経典を知識根拠(pramāṇa，*量)とし，論を知識根拠とはしない」(*『倶舎論(くしゃろん)』)と解説する．ただしこの学派は，*『異部宗輪論』(*玄奘(げんじょう)訳)やその異訳が伝える「経量部」「説経部」「修多羅論」とは別で，後者はいずれもSūtravāda(説経部)を原語とし，「諸蘊の前世より転じて後生に至るもの有り」と主張する説転部(Saṃkrāntivāda)の別称である．

世親は，有部によって『倶舎論』の詩(韻文)を著し，のちに経量部に移ってその注釈(散文)の中に同学派の説を反映させ，ついで*大乗に転向して*唯識(ゆいしき)説を完成させたと伝えられている．近年の研究はしかし，『倶舎論』における経量部説のかなりの部分が*『瑜伽師地論(ゆがしじろん)』に基づくことを明らかにしており，このため世親の経量部説と初期の*瑜伽行派説との関連，ならびに世親の帰属学派の問題が改めて注目されている．→説一切有部，部派仏教．

経録 きょうろく　翻訳仏典の目録．*一切経(いっさいきょう)の目録のこと．

【中国】経録には，経名(異名・略名)，巻数や紙数，訳者と訳時，単訳・重訳の別，有本・欠本の別，真経・偽経の別，全訳・抄訳の別，大小乗または経律論のいずれに属するか，など種々の情報が盛り込まれている．現存経には，すべて特定の経名・巻数・訳時・訳者が付されているが，これが果して正しいかどうかは，諸経録の記載を比較して検討しなければならない．

現存する経録は元代まで数えると19種ほ

どあるが，代表的なものは次の11種である．1.*『出三蔵記集(しゅつさんぞうきしゅう)』15巻(梁・*僧祐(そうゆう)撰)，2.『法経録(ほうきょうろく)』7巻(隋・法経ら撰)，3.*『歴代三宝紀(れきだいさんぼうき)』15巻(隋・費長房(ひちょうぼう)撰)，4.『仁寿録(にんじゅろく)』5巻(隋・彦琮(げんそう)撰)，5.『静泰録(じょうたいろく)』5巻(唐・静泰撰)，6.『大唐内典録(だいとうないてんろく)』10巻(唐・*道宣(どうせん)撰)，7.『古今訳経図紀(ここんやっきょうずき)』4巻(唐・靖邁(せいまい)撰)，8.『大周刊定衆経目録(だいしゅうかんじょうしゅきょうもくろく)』15巻(唐・明佺(みょうせん)ら撰)，9.*『開元釈教録(かいげんしゃっきょうろく)』20巻(唐・智昇(ちしょう)撰)，10.『貞元新定釈教目録(じょうげんしんじょうしゃっきょうもくろく)』30巻(*『貞元釈教録』，唐・円照(えんしょう)撰)，11.『至元法宝勘同総録(しげんほうぼうかんどうそうろく)』10巻(元・慶吉祥(けいきちじょう)ら撰)．なお2,4,5は正式にはいずれも〈衆経(しゅきょう)目録〉であるが，今は通称に従う．

これらは撰述の目的により，その内容や体裁を異にする．各時代の訳経を編年的に配列したもの(代録的目録)，大小乗・経律論などの分類を主眼としたもの(標準入蔵目録または分類整理的目録)，特定寺院の経蔵に収められている現存経を目録化したもの(現蔵入蔵目録)，これらのいくつかを組み合わせ，あるいは全体の総合を目ざしたもの(総合的目録)などである．

なお，経録に類するものとして高麗の*義天の『新編諸宗教蔵総録』，日本の永超(えいちょう)の*『東域伝灯目録』のように入蔵していない疏(注釈書)をも含む目録が，朝鮮や日本で編纂された．

【チベット】チベットでは824年に，最古の経録*『デンカルマ目録』がペルツェクやルイ-ワンポなどの手により編纂された．すでに訳出を終えた経典・論書とともに当時訳出中であった一部の典籍を加え，総数734部(一説に736部)を収載する．この後，吐蕃(とばん)王朝が崩壊する843年までに，『チンプマ目録』『パンタンマ目録』が相次いで作成されたが，いずれも現存しない．さらに，14世紀初頭には写本の形で〈旧ナルタン版大蔵経〉が成立する．これを補訂したツェルパ本カンギュル(仏説部)とシャル寺本テンギュル(論疏部)が今日の大蔵経の基となったが，そのいずれの成立にも貢献した*プトゥンは，1322年に『プトゥン仏教史』を著し，その最終章に総数3648部(ラサ版での集計)を収める訳経論目録を置いた．本目録は顕教および密教の経典と論書に加えて，チベット撰述文献をも付載する．またこれとは別にプトゥンは，1335年にはシャル寺本テンギュルの編纂に関連して『テンギュル目録』を著し，後代のテンギュルの構成に決定的な影響を与えた．

経論釈 きょうろんじゃく　仏の教説である〈経〉と，その教説をインドの学者が注釈・解説した〈論〉と，漢訳された経および論を中国などの学者が解釈・敷衍(ふえん)した〈釈〉の3種．仏典のうち，理論的方面のよりどころとなるものの総称．

魚鼓 ぎょく　⇒魚板(ぎょばん)，木魚(もくぎょ)

玉眼 ぎょくがん　木造の仏像や高僧像などに現実感を与えるために水晶を嵌入(かんにゅう)した眼をいう．これに対して彫りあらわすのみの眼を〈彫眼(ちょうがん)〉という．頭部を前後に，あるいは面部を仮面状に割矧(わりは)ぎにして内側を刳(く)り，目の形を刳り抜いたあと，内側の目の周辺をさらに薄く削ったところに凸レンズのようにして裏側に瞳を描いた細い水晶をはめこみ，紙や綿をあてて白眼部とし，さらに木をあて木・竹釘，鎹(かすがい)などで固定したものである．平安末期，長岳寺(ちょうがくじ)(奈良県天理市)の阿弥陀三尊(あみださんぞん)に用いられているのが早い例とされ，鎌倉時代の写実的傾向と相俟って盛んに行われた．現在のところ，日本独自の技法と考えられている．「十二神将．雲慶(運慶)これを作る．仏菩薩の像に玉をもつて眼を入るる事，この時始めて例とす」〔吾妻鏡文治5.9.17〕

玉耶経 ぎょくやきょう　竺曇無蘭(じくどんむらん)訳(4世紀末)．1巻．婦道のあり方を説く*原始仏教の経典で，別に〈玉耶女経〉として訳されるほか，アングッタラニカーヤ(Ⅶ.59)や増一阿含(ぞういちあごん)(巻49)にも収められている．主人公は，給孤独(ぎっこどく)長者(*須達(しゅだつ))の長男の嫁の玉耶で，実家の家柄や財産を誇って夫や姑に尽くすところがなかった．そこで長者の要請をうけて釈尊(しゃくそん)が玉耶を教誡し，世に7種の妻(satta-bhariyā)がいるということを懇切に説いた．以来，仏教徒となるとともに婦徳を重んじるようになったという．仏の説法の中に種々の妻としての心がまえなどが示されている．

曲彔 きょくろく　〈曲椂〉〈曲録〉〈曲親〉とも書く．説法や法要のときにもちいる椅子．〈曲彔〉とは，木を刻んで曲りくねったさまをいい，椅子の肘かけや背もたれの形からこう呼んだ．〈曲木〉〈曲彔木〉ともいう．現在では，腰をおろすところは皮をはり，曲りくねった肘かけや折り畳みの交脚の木組みの部分には，朱塗りで金具を付けるものが多い．「上堂して云く，二十五年，這の曲彔木頭上に坐す」〔法演禅師語録〕「異国本朝の重宝を集め，百座の粧ひをして，皆曲彔の上に豹・虎の皮を敷き」〔太平記 33. 公家武家〕

虚玄 きょげん　〈こげん〉とも読む．奥深くて把捉し難いこと．また，空虚にして*玄妙なること．もと『老子』において，〈*道〉を「玄之又玄」と称し，また道やそれを体得した聖人の在り方を〈虚〉(虚無・虚静)と形容しているのに基づく．『韓非子』解老篇では，『老子』の説く〈道〉を〈玄虚〉と言い換えており，後世，仏教側から老子の思想に言及する場合，しばしばそれを〈虚玄〉の教と概括する〔法苑珠林 55，華厳経随疏演義抄 14，宗鏡録 46〕．また，中国人の仏教理解においてもこの概念がしばしば援用され，*僧肇は*般若や*涅槃を〈虚玄〉と形容し〔肇論般若無知論，涅槃無名論〕，また，禅家では*法・道や*悟りの本体としての清浄なる心性を〈虚玄〉と形容している〔宗鏡録 3，虚堂和尚語録 4〕．

清沢満之 きよざわ まんし　1863(文久 3)-1903(明治 36)　明治時代の真宗大谷派の僧侶．宗教哲学者．名古屋・徳永家に生れる．幼名満之助．16 歳で*得度し，東本願寺育英教校に入学．本山留学生として東京帝国大学で哲学を学び，大学院で宗教哲学を専攻した．88 年京都尋常中学校校長に就任．同年結婚，愛知西方寺に入り清沢姓となる．90 年校長を辞職して禁欲的修道生活に入った．96 年『教界時言』を刊行し，宗門改革運動を展開，本山から除名処分を受けた．98 年許され，1900 年東京・本郷に〈浩々洞〉を開き，1901 年暁烏敏(1877-1954)らと雑誌『精神界』を発行．*親鸞回帰の〈精神主義〉を提唱して，仏教における近代的信仰を打ち立てた．同年，真宗大学(現・大谷大学)の学監となった．著書『宗教哲学骸骨』『我信念』など．『清沢満之全集』(全 8 巻)がある．

魚山 ぎょざん　中国，山東省東阿県にある*声明の起源地として伝説に残る地名．三国魏の武帝の子，曹植(192-232)は魚山中でひとり忽然と空に*梵天の響きを聞き，感動して仏法に感じ，*法身がわが機に応じたと悟り，その声楽を慕って模し，文・音律を調え，*梵唄(声明)を制定したという．山麓の西に曹植の墓・墓碑がある．日本での梵唄の地となった京都の大原来迎院の山号，魚山も中国での故事に因む．「称揚讃仏の砌には鷲峰の花薫を譲り，歌唄頌徳の所には魚山の嵐響きを添ふ」〔太平記 2. 南都北嶺〕

虚寂 きょじゃく　〈こじゃく〉とも読む．空虚にして静寂なること．中国思想の用語としては〈虚静〉と同義で，主に，とらわれなき心，あるいは〈*道〉にのっとった聖人の在り方についていい，『老子』16 の「虚を致して極まり，静を守りて篤し」，『荘子』天道の「虚静恬淡，寂寞無為」，『淮南子』俶真訓の「凝滞する所なく，虚寂にして待つ」などに基づく．仏教では，〈虚〉〈寂〉の語を心や智慧の本体に関して用いることもあるが(たとえば*『肇論』答劉遺民書に，*般若には「照らして虚なるを失わず，怕然として永く寂す」)，多くは〈空寂〉と同義で，*諸法の*実相は実体性がなく静寂であること，もしくは悟りの境地は煩悩が*滅尽して*寂静であることをいう〔宗鏡録 31, 34 など〕．→空寂．

清澄寺 きよすみでら　千葉県安房郡天津小湊町にある日蓮宗の霊蹟寺院．〈せいちょうじ〉ともいう．山号は千光山．*日蓮が出家得度し，32 歳のとき立教開宗した寺．開創は 771 年(宝亀 2)不思議法師によるとされ，のち 836 年(承和 3)に*円仁がこの地で修行し堂塔の復興にあたり，天台宗寺院の基盤を築いた．しかし南北朝に入ると古義真言宗に属し，江戸時代には新義真言宗の流れを汲む寺となった．1949 年真言宗智山派より日蓮宗に改宗．

魚板 ぎょばん　禅門で用いる法具の一つで，〈梆〉〈魚梆〉〈魚鼓〉〈*木魚〉ともいう．木を魚身の形に彫って作ったもので，*僧堂または斎堂(*食堂)の前に横に掛けて斎粥(さいしゅく)(食事)の時間を報ずる．『勅修清規』8. 法器章に「木魚，二時(斎粥)に，長撃すること二通，僧衆を普説するには長撃すること一通」とある．なお〈梆〉は，古くは浴室内の小板として用い，一声鳴らせば湯を添え，二声には水を添え，三声には中止の意を伝えた(『禅林象器箋』27. 唄器門)．また〈木魚〉も古くは〈梆〉のことで，現今の読経の時に用いる円形の魚鱗を彫ったものとは異なっている．

清水寺 きよみずでら　京都市東山区清水1丁目にある北法相宗(きたほっそうしゅう)の大本山．山号は音羽山(おとわさん)．*西国三十三所観音第16番*札所(ふだしょ)．〈せいすいじ〉ともいう．大和国子島寺(こじまでら)(奈良県高市郡)の住僧延鎮(えんちん)は，山城木津に草庵を結び観音を安置していたが，784年(延暦3)長岡京遷都に際して山城東山に移った．その折，坂上田村麻呂(さかのうえのたむらまろ)(758-811)は厚くこれに*帰依(きえ)し，八坂の自邸を*喜捨(きしゃ)して堂舎を建立し〈北観音寺〉と称した．のち田村麻呂の東征および桓武(かんむ)天皇(737-806)の病気平癒の祈願などに*霊験を示したことにより，805年(延暦24)堂塔を造立して勅願所に列せられた．806年(大同1)紫宸殿(ししんでん)を賜って*本堂とし，〈音羽山清水寺〉と改めた．813年(弘仁4)*鎮護国家の道場となし，延鎮の門流をもって寺司となし，田村麻呂の子孫をもって寺家の職たらしめた．

当寺は真言・法相の兼学で南都*興福寺に属し，京都における南都勢力の拠点として，しばしば北嶺天台勢力との間に衝突を繰り返し，兵火にかかることが多かった．ちなみに，1165年(永万1)の延暦寺*大衆(だいしゅ)による焼打ちは，*『平家物語』1に「清水寺炎上」として取り上げられている．1633年(寛永10)徳川家光(1604-51)の再興になる本堂は，懸崖(けんがい)に架して構築されたもので，その正面の設いは〈清水の舞台〉として著名である．本尊の千手観音(せんじゅかんのん)立像(南北朝時代)は，脇手の一組の手を頭上高く組んで，掌上に*化仏(けぶつ)を安んずる独特の形相を持ち，日本各地にこの系流に属する遺例を見ることができる．

【清水詣でと文学】本寺は，平安時代以降，国民各層から広く信仰され，*『梁塵秘抄(りょうじんひしょう)』313には「観音験(しるし)を見する寺，清水・石山・長谷の御山…」と観音霊場の筆頭にあげられ，同書314には当時の清水詣での盛行を反映して，その道行きの順路が「いづれか清水へ参る道…」とよみこまれている．平安時代の物語・日記類にも信仰の盛況はうかがわれ，その霊験利益は特に『今昔物語集』以下の説話集類に伝えるところが多い．その他，中世物語(御伽草子)・謡曲・浄瑠璃など，日本文学の広域にわたって本寺*観音信仰の影響は多大であった．これに加えて，本尊の*脇侍(きょうじ)とされた*勝軍(将軍)地蔵の信仰も盛んで，その霊験利益は中世以降の諸書に散見する．なお，本寺の沿革と霊験を説く*縁起は，811年(弘仁2)記とされる古縁起を始め，平安時代を通じて数種制作され，さらにそれを受けついだ1517年(永正14)制作の縁起絵巻『清水寺縁起』も遺存する．

虚無 きょむ　⇒虚無(こむ)

虚無主義 きょむしゅぎ　もとは，西洋思想におけるニヒリズム(nihilism)の訳語．一切の既成的価値を否定し，存在の虚無(nihil)を主張したもの．それを哲学として論究したのは，ニーチェ(Nietzsche, F. W.)である．ニーチェは，キリスト教の神ないし既成の本質的原理に懐疑の眼を投じ，仏教思想に共感しつつ虚無主義を主張した．かれは『ヨーロッパのニヒリズム』において，仏教的特徴は「無への憧憬」にあるとし，それがニヒリズムの典型で，このニヒリズムがヨーロッパの戸口に立っているとし，その意味で，ヨーロッパに「第二の仏教」が訪れようとしているとさえ説いた．

【仏教と虚無主義】ゴータマ-ブッダは，恒常不変の*アートマンや，先験的な行為主体の存在を，経験されえないという理由から否定した．そのうえで，*有情(うじょう)のあらゆる行為は必ず苦楽の感受というかたちで結果(*果報)をもたらすとして，行為とその結果を*縁起(えんぎ)の関係として説明し，それゆえ自らを行為論者(kammavādin)や作用論者(kiriyavādin)と呼んだのである．それゆえかれは，行為による*苦・*楽・不苦不楽の結果をめぐる宿命論，神意論，あるいはまた偶然論的な当時の諸説を斥けている．しかし，仏教史の過程においては，たとえ誤解の向きがあるとはいえ，ゴータマ-ブッダをはじめ，*無我や*空(くう)を説く仏教の思想家は，ときに一種の虚無主義として批判を受けたのも事実であった．

原始経典には，ある*沙門(しゃもん)・*婆羅門(ばらもん)がブッダに対して，「沙門ゴータマは虚無主義者（venayika）である．存在する有情の断滅・滅亡・消滅を説き示す」〔中部22〕と非難したとある．これに対してブッダは，「昔も今も，私は苦と苦の滅（＝*涅槃(ねはん)）こそを説き示す」と語り，このような非難は不当であるという．また，*『中論』第18章の諸注釈においても，空を説く者は善悪の行為とその結果や，来世を否定するある種の虚無主義者（nāstika）であるとの非難をめぐる論議が見られる．さらにまた後代，ヒンドゥー教系のインド諸哲学諸派からも，仏教はしばしば*唯物論や*ジャイナ教とともに，*ヴェーダの権威や神を認めない異端派として広義の虚無主義者（nāstika）の中に位置づけられた．

【無と空】中国において経典が翻訳された当初は，〈空〉を*老子の〈*無〉などにあてて解したが，西暦5世紀に空に関する経典や論書が多く翻訳されるにしたがい，老子の無との違いが意識され，改めて空の真実義の解明とともに，*虚無(こむ)的な空の解釈の是正に努力がはらわれた．天台*智顗(ちぎ)の空仮中の*三諦(さんだい)・*三観の論などが，その好例である．しかし，一般においては空を虚無と受けとめがちで，日本でも，たとえば近世ないし近代の*仏キ論争に際して，キリスト教から空を虚無と評され，仏教は虚無主義であると批判された．

魚籃観音 ぎょらんかんのん　*観音経の信者に嫁した魚商の美女が，実は観音の化身(けしん)であったという唐代（618–907）の説話に起源を持つ観音．手に魚籃（びくのこと）を持ち，あるいは水上の大魚に乗る姿で示される．中国では宋（960–1279）以降信仰され，日本にも江戸初期に伝わり*三十三観音の一つとされた．魚籃観音を本尊とする魚籃寺（東京都港区）が建立されている．なお，三十三観音は観音経に説かれる観音の三十三変化身(へんげしん)にヒントを得て，江戸時代に成立したものである．

義理 ぎり　ことわり．道理．事がらの筋道．また，経典の説く意義・道理．「経の義理を悟りて，衆生の為に演(の)べ説かむ」〔今昔7-42〕の例のように，一般には，正しいと考える筋道のことをいう．仏教では「癲狂(てんごう)が利口，自(おの)ずから世法仏法の無尽の義理をふくめり」〔沙石集3-1〕のように，仏教での正しい道筋をいうのに用いる．また，文学芸能論では，形式的なものに対する内容的なものをいう場合，あるいは意味のことをいう場合もある．

江戸時代になると，義理は儒教思想，とりわけ〈義理の学〉（道を求める真実の学）とも称された朱子学で重視されて，人間関係にも多く用いられるようになり，人間関係において踏み行わねばならない道義，という意味に使われるようになった．さらに原義から変容して，恩義のある関係，と解されるようになった．「浮世の義理」などという言い方がその例である．特に武士の間では最も重視される倫理となり，これがさらに庶民の間にも広がることになる．

町人層においては，血縁関係・地縁関係のみならず友人関係や商工業の取引関係などの間に形成される義理がさまざまに複雑にからみ合ってくるため，その処理に人間性を疎外されることもしばしば起ってくる．これは「義理と人情の対立・葛藤」という図式でとらえることができるので，それを，近松門左衛門の世話物浄瑠璃などのような町人を主人公・副主人公とした演劇，あるいは小説の内容を把握する有力な通路として用いている．→人情．

「わづかに真名(まな)の文字をば読めども，またその義理をさとり知れる人はなし」〔愚管抄2.後堀河〕「苦しきものは浮世の義理，形(あぢき)なきは武士(もののふ)の意地なりかし」〔読・椿説弓張月後21〕

切金 きりかね　〈截金〉とも書く．金箔(きんぱく)・銀箔を細い紐状あるいは小さな三角・四角に切り，線や文様をあらわす装飾技法．中国の唐時代（618–907）に完成し，わが国に伝えられた．*法隆寺金堂の四天王像（飛鳥時代）に使われたのが古例である．以後，奈良・平安時代を通じて，絵画・彫刻・工芸に広く行われた．この全盛期は平安時代後期で，当時の美術品を豪華に飾った．また別に，仏像の衣文(えもん)の峰に沿って切金線を置き，起伏を際立たせる例もある．鎌倉時代はこの継承期で，細緻・複雑な技巧を見せるようになった．

切紙 きりがみ　宗教・文学・芸能・技術などにおいて，奥義を伝達する方法として用いられた一枚物の紙切れ．紙を横長に折って綴じる横帳などとは違い，メモのような紙切れによって伝授される．*本覚(ほんがく)思想全盛であった平安末期の天台教学では，口伝えで秘密相伝する〈*口伝(くでん)法門〉があり，その中に〈切紙*相承(そうじょう)〉の嚆矢が見られるとされる．歌道の古今(こきん)伝授でも，15世紀後半の連歌師宗祇(そうぎ)の頃から切紙伝授が見られるという．日本曹洞宗では14-15世紀以降，さまざまな*儀軌(ぎき)などを切紙によって秘密相伝する伝統が生まれた．これは他の禅宗諸派には見られない現象で，近世にはいると切紙相承が*伝法の一環として，*師資相承の場である室内で行われるようになる．「古今集聞書五冊，口伝切紙八枚，氏輝まゐらせおき侍り」〔宗長手記大永5〕

キリスト教 ―きょう　仏教とキリスト教との関連は，二重の視点から見る必要がある．一つは両者の歴史的な交渉，影響，対決などの過程をたどることであり，もう一つはそれぞれの宗教としての特徴を，類似と相違をふくめて解明することである．

【キリスト教の成立と仏教】キリスト教はパレスチナに興ったが，それはインドに成立した仏教に遅れること数百年後であった．仏教が主として東南，中央ならびに東アジア地域の社会に伝わったのに対し，キリスト教の主流は西アジアから，当時のローマ帝国に伝わり，そしてさらにのちには欧米諸国に受容された．7世紀以後，これらの地域の中間に強大なイスラーム勢力が介在したことから，両者の交渉が可能であったのは，紀元前後の数世紀と，近世の大航海時代以後の二つの時期である．

第1の時期には，仏教が時代的に先行していたので，キリスト教の成立に際しての仏教からの影響の有無が問題となる．紀元前4世紀末のアレクサンドロス東征で，インドと西方世界との交流が促されたことを考えると，その可能性は捨てきれないし，それを強調する研究者もいる．ただこの時期の交渉は，かりに事実だとしても，断片的なものにとどまったと見るのが妥当であろう．キリスト教の出現は，主に当時のパレスチナをめぐる宗教的状況から理解されるべきものである．

【中国・日本への伝来】中国では，7世紀にキリスト教のネストリウス派(*景教)が伝わり，仏教とも交流し，ときに対論したと考えられる．さらに16世紀以降，キリスト教は西欧諸国の海外進出に伴って各地に広まり，仏教をはじめ他宗教と本格的に接触するに至った．日本へは1549年(天文18)，イエズス会のフランシスコ-ザビエルらにより，〈天主教〉の名で伝えられ，信徒はポルトガル語から取って〈吉利支丹(きりしたん)〉と呼ばれた．以後，徳川幕府による禁教までの間，しばしば仏教僧との対論がなされたが，それは創造神や霊魂の問題など，両教の根本教義にかかわる，きわめて密度の高いものであった(→仏キ論争)．なお，両教の思想的な対決は，明治以降，キリスト教の再伝道に際して，新しい装いの下に継続された．

【仏教との類似と相違】このような経過からも，仏教とキリスト教の類似と相違とが明らかに読みとられる．両者はともに〈普遍宗教〉であり，その成立の直接の地盤を離れ，民族・言語などの壁を超えて伝えられた点で共通する．しかし，キリスト教が〈神〉への信仰を基本とする典型的な有神論的宗教であるのに対し，仏教は本来，修行による〈悟り〉を教える体験中心型の宗教である．しかしその仏教も，大乗の一部として展開した*浄土教などでは，キリスト教に近い構造を示すに至った．ここに宗教の歴史的変容の著しい例を見ることができる．

切妻造 きりづまづくり　本を半ば開いて伏せた形の屋根．両端(妻(つま))が切られているのでこの名がある．古くは〈真屋(まや)〉〈両下(まや)〉といった．寺院では付属的な建物に使われるが，古い形式の神社本殿はみな切妻造であるから，仏教建築渡来以前は切妻造の建物が*寄棟造(よせむねづくり)のものより格が上のものであったと考えられる．中国では〈四阿(しあ)〉(寄棟造)，〈厦両頭造(かりょうとうぞう)〉(*入母屋造(いりもやづくり))よりもさらに低い等級の建物に用いられた屋根形式である．唐代には〈両下(りょうか)〉(または両夏(りょうか))の語が切妻造の屋根，もしくは*回廊などの合掌型天井を表した．清代には〈歇山(けつざん)〉と称し，これと同形で螻羽(けらば)や軒の出のない簡素な形式を〈硬山(こうざん)〉と称した．→寺院建築．

棄老説話 きろうせつわ　年老いた親や親族を山野に捨てる話で，老人遺棄の習俗と結びついた形で説かれる場合が多い．国際的説話で，わが国でも古来文献に頻出し，昔話としても百数十例が採集されている．それらは普通4亜型に分類されているが，基本をなすのは外来型で，他はその影響下に作出されたものと見られる．外来型には『孝子伝』収載の原谷説話から出た〈親捨て畚(もっこ)〉型もあるが，日本文学とより深くかかわり，昔話としても全国的に分布しているのは仏典起源のもので，特に*雑宝蔵経(ぞうほうぞうきょう)1の棄老国縁に由来するものは広く行われた．

この話は，ある国が隣国から難題を出されて危機に瀕した時，ひそかに隠されていた老人の知恵で難題が解決されたので，以後その国では棄老の悪習を改めて養老の国となったというもの．この型の話は『枕草子』社はに「蟻通し明神縁起譚」として収めるほか，『今昔物語集』5-32，『打聞集』などに見え，同型の昔話も〈親捨て山〉〈蟻通し〉の名称で全採集話例の過半数をしめている．このほか雑宝蔵経9の不孝婦欲害其姑反殺其夫縁と婦女厭欲出家縁の結合形に由来する不孝譚も，中世には棄老国説話と混交されて棄老説話化した．中世歌学書類に伝承する富士山の異名，枝折り山の地名起源話がそれで，同話は昔話化していわゆる〈枝折り〉型ともなっている．『大和(やまと)物語』以下に見えて有名な姥捨山の伝説も，こうした外来系棄老説話が二転三転して歌話に昇華したものであろう．

譬喩(ひゆ)経典所収話が日本的に変容した例は多いが，棄老説話に見られる日本化などは，外来仏教説話が日本の国土に根づき，国民的説話にまで成長した典型的一例と言ってよい．なお，前記の棄老国説話は，中国でも中国化されて俗講(ぞっこう)資料などに利用されたらしく，*敦煌(とんこう)出土の『雑鈔(珠玉鈔)』には，これを殷王朝の紂(ちゅう)代の話に作り変えたものが収録されている．→昔話と仏教．

疑惑 ぎわく　中国の古典における用例としては，『荀子』解蔽に，心が分散することによって疑い惑う意味で用いられ，『漢書』杜周伝，孔光伝，『論衡』問孔などにも見える．漢訳仏典では，事理に迷い是非を決定できない意味で，法華経譬喩品や無量寿経巻下などに見える．なお〈疑〉は，教理学上では仏教の教えに対する躊躇(ちゅうちょ)をいい基本的な*煩悩(ぼんのう)の一つであるが，〈疑惑〉は広義の疑いを意味する．→疑，疑団．

金閣寺 きんかくじ　京都市北区金閣寺町にある臨済宗相国寺(しょうこくじ)派の寺．山号は北山．金閣寺は通称で，正式には〈鹿苑寺(ろくおんじ)〉．当地にはもともと西園寺(さいおんじ)家の山荘があったが，将軍職を子の義持(よしもち)にゆずった足利義満(あしかがよしみつ)(1358-1408)が1397年(応永4)に入手して北山殿(きたやまどの)を造営，義満は晩年ここで過ごしたので，義満没年までの10年間，北山殿は政治・文化の中心となった．義満の没後，遺言により禅寺に改め，名も義満の法号をとって〈鹿苑寺〉とした．応仁の乱(1467-77)で金閣(*舎利殿(しゃりでん))を除いてほとんどの堂舎を焼失したが，近世に入り豊臣秀吉や徳川家康の援助を得て，西笑承兌(せいしょうしょうたい)(1548-1607)，鳳林承章(ほうりんじょうしょう)(1593-1668)，文雅慶彦(ぶんがけいげん)(1621-98)らの*住持(じゅうじ)が再興し，現状に復した．

金閣は浄土式庭園の鏡湖池(きょうこち)に面して立つ三層の楼閣(ろうかく)で，屋根は*宝形造(ほうぎょうづくり)で柿葺(こけらぶき)．初層(法水院)と第二層(潮音洞)が住宅風であるのに対し，第三層(究竟頂(くきょうちょう))は*禅宗様(ぜんしゅうよう)の仏殿風である．二層と三層の内外壁の全面に金箔(きんぱく)を押しているのでこの名がある．1950年(昭和25)に焼失，1955年(昭和30)に再建，さらに1987年(昭和62)金箔のすべてが修復された．

銀閣寺 ぎんかくじ　京都市左京区銀閣寺町にある臨済宗相国寺(しょうこくじ)派の寺．正しくは〈東山慈照寺(とうざんじしょうじ)〉という．応仁の乱(1467-77)で荒廃していた天台宗浄土寺の旧地に，1482年(文明14)足利義政(あしかがよしまさ)(1436-90)が隠棲所として山荘東山殿(ひがしやまどの)の造立に着手，常御所(つねのごしょ)をはじめ西指庵(せいしあん)・超然亭(ちょうねんてい)などに続き，1487年(長享1)持仏堂(東求堂(とうぐどう))，1489年には山荘の中心的な建物である観音殿(かんのんでん)(銀閣)も上棟されたが，義政はその完成を見ずに1490年(延徳2)に没した．山荘は遺言により禅寺に改められて，義政の法号をとり〈慈照寺〉と称した．いわゆる東山文化を象徴する存在．のち戦国時代を経て荒廃したが，なお持仏堂(東求堂)と観音殿(銀閣)を残している．

銀閣は*宝形造(ほうぎょうづくり)・柿葺(こけらぶき)，二層の楼閣(ろうかく)で，上層は潮音閣と呼ぶ*禅宗様(ぜんしゅうよう)

の仏堂，下層は心空殿といい*書院造になる住宅風の建物．〈金閣〉に対して〈銀閣〉と通称するが，建物に銀箔(ぎんぱく)を押した形跡はない．東求堂は*入母屋造(いりもやづくり)・*檜皮葺(ひはだぶき)単層の建物で，仏間と同仁斎(どうじんさい)と呼ばれる四畳半の書院など四間からなる．庭園も義政が*西芳寺(さいほうじ)を範としてつくらせたという池泉回遊式庭園で東山文化の遺構．銀閣前に白砂を盛りあげた銀沙灘(ぎんしゃだん)や円錐形の向月台がある．

金棺出現図 きんかんしゅつげんず　摩訶摩耶経(まかまやきょう)の所説に従って，釈尊が*涅槃(ねはん)に入り入棺の後，*忉利天(とうりてん)より馳せ参じた仏母摩耶（*摩耶夫人(まやぶにん)）のために金棺より起き上がり，光を放ちながら仏母と再見し説法するさまを描く図．仏涅槃に続く劇的な一場面として涅槃図の周辺に描かれる例もあるが，独立した画像では長法寺(ちょうほうじ)（京都府長岡京市）に伝来した平安後期の名作（絹本着色．現在国有，京都国立博物館保管）があり，経文に従って金棺上より起き上がって対面する釈尊と仏母を中心に，聴聞する菩薩(ぼさつ)・弟子・天・大衆(だいしゅ)をダイナミックに描く．

『**金言類聚抄**』きんげんるいじゅうしょう　平安末期以後，弘安元年（1278）以前に成立した仏教百科的文献（仏典類書）で，インド・中国の故事を編目別に類集する．国子司業（大学助(だいがくのすけ)の唐名）潭朗編．現存するのは巻22の「禽類部」と巻23の「獣類部」（末尾欠）だけで，巻22は〈鶴三事〉以下6項23条の鳥類故事，巻23は〈師（獅）子三事〉以下11項24条の獣類故事を収める．この残された2巻より推測するに，編成・内容を*『経律異相(きょうりついそう)』にならった全25巻程度のものだったかと考えられる．引用文献は間接的なものが多いようであるが，経・律・論以下の仏典が中心で，一部に外典をも交える．後代への影響は痕跡程度であるが，『経律異相』や*『法苑珠林(ほうおんじゅりん)』を模した類書の編纂がわが国でも行われたことを示す貴重な遺品である．

金刻大蔵経 きんこくだいぞうきょう　〈金蔵〉〈趙城蔵(ちょうじょうぞう)〉とも略称．金代（1115-1234）に刊行された*大蔵経のこと．1934年に山西省洪洞県趙城の広勝寺から金刻大蔵経が発見され，それまで不明であった金の大蔵経雕印(ちょういん)事業の実態が解明されることになった．この大蔵経は，北宋版大蔵経を底本としているが，さらにそれまでに散逸したとされた仏典も編入されており，その部分は，1935年『宋蔵遺珍』として影印出版された．〈中華大蔵経〉の底本とされている．

径山寺 きんざんじ　中国，浙江省余杭県城の西北25キロメートル，*天目山(てんもくざん)の東北峰である径山の山麓にある寺の名．唐代，牛頭宗(ごずしゅう)（*牛頭禅）の法欽(ほうきん)（道欽，714-792）によって開かれ，769年勅命によって寺を建立し，のち興聖万寿禅寺(こうしょうまんじゅぜんじ)の号を賜った．かつて*大慧宗杲(だいえそうこう)・*無準師範(ぶじゅんしばん)（1178-1249）らが住し，*道元・*円爾(えんに)などが学んだ臨済禅(りんざいぜん)の大道場で，中国禅宗*五山の一つ．なお，径（金）山寺味噌はここから製法が伝えられたものといわれる．現在，すでに廃れ，いくつかの遺址と宋・明代の碑が残るだけである．

錦織寺 きんしょくじ　滋賀県野洲郡中主町木部にある真宗木辺派の本山．山号は遍照山．〈にしごりでら〉ともいう．寺伝では，858年（天安2）毘沙門天(びしゃもんてん)を本尊とする天安堂にはじまり，1238年（暦仁1）天女が錦を織る瑞夢により四条天皇から〈天神護法錦織之寺〉の勅額を得，さらに*親鸞(しんらん)が帰洛の途次，この地に滞在してより真宗寺院となったという．しかし実際には，南北朝期に慈空が開いたと考えられる．ついで存覚の子綱厳(こうごん)（1334-1419）が入寺して伝統をつたえたが，のちに*蓮如(れんにょ)の支配下に入った．現在の*御影堂(みえいどう)は1701年（元禄14），阿弥陀堂は1825年（文政8）の再建．

金人 きんじん　『魏書』釈老志によると，前漢武帝の時代に，霍去病(かっきょへい)が匈奴(きょうど)を征圧（前121）したとき，高さ丈余の金人を得，帝はこれを宮殿に安置して焼香礼拝したという．この金人は仏像であり，このことが中国への仏教初伝である，と見なす説もあったが，今日，この金人は西域天神の金銅の像と考えられている．一方，『後漢紀』巻10は，後漢の明帝が「夢に金人の長大にして頂に日月光有るを見」たことがきっかけとなって，中国に仏教が伝えられたことを説いている．この金人は，仏そのもののことである．外国の宗教として中国にはふさわしくないと批判された仏教は，中国の皇帝自らがインドに仏教を求めたというこの伝説を重用したが，これも今日，史実としては疑われている．「太子，夜，夢に金の人来たりて，解らぬ義を教ふと見る」〔上宮聖徳法王帝説〕「常に金人ありて，東方より至りて告ぐるに妙義をもてす」〔往生極楽記1〕

磬子 きんす 〈金子〉〈磬子〉〈銅鉢〉ともいう．日蓮宗以外の各宗派で多く用いられる*梵音具の一つで，銅製で鉢形の器形を呈し，縁を打棒で打ち鳴らす．*『禅林象器箋』には「磬」として記載があり，仏前に置いて*行香や*読経の際に，また*剃髪の時にも打ち鳴らすとされる．『祇園図経』には大きさは五升を受けるほどと規定される．現在の禅宗寺院では口径30-60センチメートル程の大型のものが使用され，真宗寺院では〈平磬〉という浅鉢形のものも用いられる．古い時代の遺品はないが，愛知・妙興寺に永禄8年(1565)銘の箱書を有する作例が伝えられる．

近世の仏教美術 きんせいのぶっきょうびじゅつ 仏教美術における近世は，社会の安定を背景に伝統的な様式が定型化しながら伝承された時代であるが，その一方で新奇な，あるいは強烈な個性が輩出したことも注目される．

安土桃山時代には，彫刻において，京都*方広寺大仏の造立に関わった奈良の仏師宗貞・宗印，また京都東寺(*教王護国寺)をはじめとする諸大寺の再興造仏に関わった七条仏師康正一門の活躍が知られる．彼らが近世初頭に果たした役割は伝統*仏所の健在を示したことで，七条仏師の一門は以後江戸幕府にも禁裏にも重用された．

江戸時代は，*檀家制度により全国各地に寺院仏閣が建立整備され，諸宗にあっても*本末制度により教線の拡張がはかられた．こうした背景のもと，これまで画像類を*本尊としていた浄土真宗・日蓮宗・禅宗の中小寺院でも，本尊を画像類から彫像類へ置換することが急速に進められ，阿弥陀如来像，十界諸尊像，開山祖師像などが多数製作された．ことに浄土真宗では，形姿を統一した本尊を本山から各末寺に配布するため，渡辺康雲，樋口播磨，宗重らを本山御用*仏師として本山組織の一角に組み込み，本尊製作に専従させた．日蓮宗では多種多様な尊像が安置されるため，林如水のように日蓮宗関係の造像を専一にする仏師も現れる．真言宗・浄土宗などの寺院も*祖師信仰の高まりと共に，仏像彫刻に加えて開祖・高僧などの肖像彫刻を製作安置し，寺院の充実整備に努めた．絵画にあっても涅槃図や六道絵・高僧一代記など伝統的な構図に沿った仏画類の製作整備が進められ，*絵解きなどを介して教線の拡張と民衆への教化浸透がはかられていった．

また江戸時代には真言律を中心に*戒律復興運動が進められ，高僧の輩出と教学の深化をみたが，それが造像に及び，本格的な仏像を生み出した例も少なくない．*湛海は仏師清水隆慶(？-1732)を介して，*浄厳は仏師北川運長(？-1755)を起用して，*儀軌に忠実に従った造像を行なった．ここには僧侶の精神性と仏師の造形力との結合がみられる．この他，明僧*隠元隆琦が建立した*万福寺には明の仏師范道生(1637-70)が明朝風，いわゆる〈黄檗様〉の仏像を造った．その製作を補助した京都仏師がいたと思われ，その後，一部に伝統的作風と黄檗様との融合がみられる．

近世美術が世俗化への傾斜を強めるのにともない，仏教美術も伝統的な定型・図様を順守する一方で，民衆の日常感覚に合わせて，より親しみやすい表現や想像力をかきたてる表現も行われた．彫刻では，自らの宗教的情熱を数量的な造形表現で示した作品が多くみられ，松雲元慶(1648-1710)の*五百羅漢像，一種抽象的表現の*円空仏や素朴な親しみを持つ木食仏(→木食五行)などは，その好例である．絵画でも多数の画家による謹直な仏画が描かれる一方で，*白隠慧鶴・*仙厓は，明るいユーモアに満ちた独特のスタイルを持った禅画を通して民衆の素朴な信仰心に訴えて教化をはかった．→古代・中世の仏教美術．

近世文芸と仏教 きんせいぶんげいとぶっきょう 江戸時代の仏教は将軍家たる徳川氏が篤く保護し，天皇家も深く尊崇し，諸国の大名家・領主も保護したので，前代に比してはなはだ盛んとなった．*檀家制度が全国に布かれ，諸国に寺院仏閣が建立された．仏典の刊行も大いに盛んとなり，諸宗では学寮・*檀林(だんりん)が整備されて，仏学・宗学が深化した．こうした背景のなかで文芸作品が制作され，享受された．そのため文芸作品には，多く仏教思想ないしは仏教的なものが内容・形式に反映されることになった．

【俗文学】俗文学の場合，その作品への仏教の投影は，高邁(こうまい)な教理・教説というよりも俗人に対する常識的な教化の教説として現れる程度であった．まず小説では，近世初期に制作された仮名草子に仏教説話集風の作品が数多く見られる．代表的作品として*鈴木正三(しょうさん)の『因果物語』『二人比丘尼(ににんびくに)』がある．この時期は浄土教信仰が最も盛んで，これに対抗したのは法華信仰であったから，後者が反映した『糺(ただす)物語』のような作品が現れた．これにからんで浄土・法華の信仰の対立を描いた*宗論(しゅうろん)物も制作された．さらに禅思想の影響がある．一休(いっきゅう)物の狂歌咄がこれに充てられよう．この期には，中国から新しく黄檗(おうばく)禅が，明(みん)末の中国思想とともに日本に入って来た(1654年)．仏教思想と儒教・神道の思想との三教の一致を説く教説が，この頃から文芸にも現れる．この教説は，中国明末の儒仏道*三教一致思想の日本化と考えられ，儒学者松永尺五(せきご)などがこれを推進したようである．また，仏教に修身・斉家(せいか)的な規範を求めようとする考え方も示される．仏教の弘布に役立った黄檗版一切経(*鉄眼版(てつげんばん))の刊行もこの時期である．

つづく浮世草子の時代には現世肯定主義的思想が一般に拡がるが，井原西鶴(いはらさいかく)の作品にしても*因果応報のような仏教思想を基礎にした倫理が見られ，仏教説話を素材にした諸篇が認められる．江戸中期になると，仏教*談義(だんぎ)書の刊行の影響もあって，教訓書的色彩をもった談義本が制作され，これがさらに文学的表現を豊かにして，〈読本(よみほん)〉というジャンルが成立する．読本の代表的作品は滝沢馬琴(ばきん)の『南総里見八犬伝』である．この作品は儒教思想で枠組みされてはいるものの，一面で，因果応報の理を含めて，仏教的な諸相が仕組・趣向に取り入れられている．近世後期小説の〈滑稽本〉〈人情本〉その他では，作品の構成・趣向において，仏教教理から習俗・芸能に及ぶさまざまな投影が認められる．

【韻文学】韻文学では，俳諧の分野で*松尾芭蕉(ばしょう)が臨済禅に参じていて，その句には禅的な色彩をもつものがあり，また彼の門人には一向宗(いっこうしゅう)の千那(せんな)のような一寺の住職，丈草のような禅に参じた遁世者もおり，このジャンルの作品に仏教の反映を見ることが出来る．作品への浄土教信仰の投影ということで世によく知られるのは，江戸後期の信濃(長野県)の俳人小林一茶(いっさ)である．俳諧の一体である川柳(せんりゅう)では，世事一般が笑いの対象とされたので，仏教的諸相もまたこの対象から免れることは出来なかった．

【劇文学】劇文学では，浄瑠璃(じょうるり)の分野で，一宗の開祖の伝記を劇化した『親鸞記』のような庶民教化の一助ともなりうる作品が，近世初期に作られている．元禄期の近松門左衛門(ちかまつもんざえもん)に至って，同時代の事件が劇化され，世話物の諸作品が上演されたが，これらの作品にも仏教的な色彩が添えられており，『曾根崎心中』では終末が浄土思想の詞章で飾られている．仏教的な色彩を技法に取り入れることは，歌舞伎においても見られるところであった．浄瑠璃・歌舞伎は，京都・大坂・江戸では一定の場所が常打ちの興行地として定められていたが，寺社の祭礼・縁日にはその境内(けいだい)で短期間の宮地(みやじ)芝居の興行が許されていたので，そうした寺社の祭礼や*開帳(かいちょう)などを当て込んだ作品が制作・上演され，この面からも演劇の内容が仏教的色彩を帯びてくることになる．なお，歌舞伎の始祖である出雲(いずも)の阿国(おくに)の踊りは，念仏を伴うものであった．

【雅文学】次に雅文学の場合，まず漢詩文では，前代の*五山文学の伝統があって，僧侶でこのジャンルに参加する者が多かった．江戸前期の代表的な漢詩人は，徳川家の直参武士から*妙心寺(みょうしんじ)に入った石川丈山(いしかわじょうざん)と，深草の*元政(げんせい)である．元政は彦根井伊家に出仕した武士であるが，法華の篤信者で，若くして出家し，京都深草の地に一庵を構えた．『草山集(そうざんしゅう)』は彼の詩文集であり，文章にも仏教関係の諸篇が数々見られる．江戸後期になると，天台の学僧六如慈周(りくにょじしゅう)が現れて，江戸中期に時代を風靡(ふうび)していた唐詩風の詩風を宋詩風に，日本の詩風を一変させた．『六如庵(りくにょあん)詩鈔』が彼の詩集で，ここでは仏家の日常もまた自在に作品に表出されている．なお，黄檗宗の浸透の表れとして，中国の文人趣味が近世中期から後期にかけて広まる．煎茶(せんちゃ)とこれに付随する文芸はその例である．

【和歌】和歌では，古代から*釈教歌(しゃっきょうか)が制作されていたが，この流れは江戸時代においても変らず行われていた．また，僧侶・出家遁世者たちで和歌を詠む者もかなり多かった．とりわけ江戸後期になって，和歌が社会の中層まで広く詠まれるようになると，余技的に作歌をしていた仏教者の中から同時代の代表的な歌人と評価される僧侶が現れる．世に寛政京都地下(じげ)和歌四天王と称された4人のうち，澄月(ちょうげつ)・慈延(じえん)はともに天台僧である．江戸末期になると，曹洞の歌僧として*良寛(りょうかん)が出る．良寛は越後(新潟県)の人，調べの流麗な万葉調の歌を詠み，近代に至って高く評価されている．

【和文・和学】和文は江戸中期から盛んになり，浄土僧蝶夢(ちょうむ)が出，また歌人伴蒿蹊(ばんこうけい)の『近世畸人伝』には有名無名の僧侶の伝をも載せて，世に知られる．民間の*妙好人(みょうこうにん)の伝を載せた*『妙好人伝』もまた注意される伝記文学である．しかし，近世文芸において最大の功績があった僧侶とその業績といえば，近世前期の真言僧*契沖(けいちゅう)と彼の和学研究であろう．契沖は『万葉集』の注釈書『万葉代匠記(だいしょうき)』，『古今和歌集』の注釈書『古今余材抄』などの古典注釈書のほか，語学書『和字正濫鈔(わじしょうらんしょう)』の著者として知られている．彼は仏教学の研究法である文献学的実証の方法を日本古典研究に適用して，すぐれた成果を挙げた．これによって和学は新しい展開をとげ，近世古典学が成立した．

近世文芸における仏教は，その思想，教理教説，実作者の各面で，檀信徒の多かった鎌倉仏教系の諸宗のみならず，平安仏教系，新渡の黄檗宗と，広範にわたってその関係をきわめて密接に持っていたのである．→上代文学と仏教，平安文学と仏教，中世文学と仏教，近代文学と仏教．

金石文(きんせきぶん)　広義には，金属製の彫刻・器物や石彫・石碑・瓦磚(がせん)などに刻まれた銘文・文章をいう．便宜的に木簡や布帛などに記された銘文一般をも含むことがある．仏教関係のものとして，インドでは*阿育王(あいくおう)の石柱・磨崖(まがい)の法勅(ほうちょく)(*アショーカ王碑文)，*サーンチーなどの浮彫に刻された銘文，*仏陀伽耶(ぶっだがや)の石碑などが有名である．インドには歴史書がないために金石文は特に重要な歴史研究資料である．中国では北魏(386–534)以来の石碑・*石経・瓦磚があり，*房山(ぼうざん)石経は特に有名である．わが国では*法隆寺金堂薬師如来像の光背銘のごとき造像記銘，道登の宇治架橋を伝える宇治橋碑のごとき各種碑文をはじめ，仏具・*梵鐘(ぼんしょう)などの銘文，墓誌・石塔・印章・*瓦経(かわらぎょう)などがある．なお狭義には，中国学で鐘鼎(しょうてい)(金)・碑碣(ひけつ)(石)などに鐫勒(せんろく)された古い文字を〈金石文〉という．

近代仏教(きんだいぶっきょう)　近代社会における仏教の社会的形態は，近世における仏教のそれとは異質であり，その点にこそ近代仏教の特質があった．

第1に，仏教界の宗派勢力が大幅に変わった．1868年(明治1)の*神仏分離令，*廃仏毀釈(はいぶつきしゃく)の動きによって，習合的な真言宗・天台宗の山岳寺院や*修験道(しゅげんどう)のセンターは破壊の対象となった．1871年(明治4)には上知令(あげちれい)(→社寺領上知(しゃじりょうじょうち))が発布され，朱印地・黒印地・除地(じょち)などを与えられてきた奈良の大寺院・天台宗・真言宗・浄土宗・臨済宗は致命的な打撃を受けた．朱印地への依存が少なかった浄土真宗・日蓮宗・曹洞宗にとって打撃は少なく，仏教界における勢力が大きく変わった．山県有朋・伊藤博文などの長州出身の政治家とのつながりを有した*西本願寺派は政界への影響力を強め，全般的に浄土真宗の影響力が近代の仏教界のなかで著しく伸張した．

第2に，僧侶身分の否定である．1872年(明治5)の壬申戸籍によって近世の幕府が認めていた僧侶の身分が否定され，僧侶は身分ではなく職業の名称となった．同年の僧侶の蓄髪(ちくはつ)・*肉食(にくじき)・*妻帯(さいたい)は勝手たるべきことという布告によって，僧侶は日常的にも平民同様の扱いの対象になった．すでに1869年(明治2)に*宗旨人別帳(しゅうしにんべつちょう)作成は僧侶の手から奪われ，地方官の職務となっており，僧侶は国家的な職務からは外された．浄土真宗以外の宗派では，妻帯問題が重要な問題として浮上した．

第3に，宗派の組織体制が，近世的な*本山(ほんざん)中心の体制から*管長中心の体制へと変化した．1884年(明治17)に*教導職は廃止され，仏教各宗派，*教派神道において管長制の下で，一定の自治権を認められるという体制が始まった．内務卿の認可のもとで宗制・寺法の制定，住職の任免，等級の進退は管長に委ねられた．この管長制の導入によって，本山の権威と管長の権限との抗争，本山寺院と末寺寺院との対立が広がったが，内務省の介入によって宗派の教団体制はしだいに安定化した．また教導職制廃止によって各宗派の枠内で僧侶の養成・教育を行わねばならず，僧侶の教育問題が浮上し，各宗派による教育機関の設置が始まった．

第4は，*在家(ざいけ)の信仰運動の存在である．明治10年代から20年代にかけて教会・結社の運動が各宗派において盛んにあり，在家の人々の信仰を掘り起こした．その後も在家の仏教運動は，教団の内外で形をかえて継続した．

近代仏教学 きんだいぶっきょうがく　近世の仏教宗派では漢訳仏典による仏教研究，祖師の著述の研究が行われてきたが，明治期にヨーロッパのインド学が導入され，大学制度のなかに仏教を研究する学科ができたことによって近代仏教学が成立・展開した．1879年(明治12)に原坦山(はらたんざん)が，漢訳仏典の素養を生かし東京大学で仏典の講義をしたのが，大学で講ぜられた仏教学の嚆矢であった．*南条文雄(なんじょうぶんゆう)・笠原研寿(かさはらけんじゅ)が，渡英しマックス-*ミュラーに師事し，*サンスクリット語を学び，ヨーロッパの文献研究をもたらした．1885年(明治18)に南条が，東京大学でサンスクリット語の講義を行なった．井上哲次郎は，1891年(明治24)に東京帝国大学で「比較宗教及東洋哲学」，翌年に「印度哲学」を講義したが，それ以降仏教研究が日本では〈印度哲学〉という名称のもとで営まれた一因は，井上の東洋哲学の構想にあった．1904年(明治37)に東京帝国大学に印度哲学学科，1906年(明治39)に京都帝国大学に印度哲学史の講座が設置され，研究者の養成機関が本格化した．

大正年間になると，*大日本仏教全書・*日本大蔵経・*大正新脩大蔵経がつぎつぎ編纂・刊行され，学問的な基盤が整備された．1918年(大正7)の大学令で私立大学が認可され，仏教宗門系の大学が設立され，宗学を中心にした仏教学が復興した．1928年(昭和3)に発足した〈日本仏教学会〉では，帝国大学を中心にしたサンスクリット語・*パーリ語による仏教学と，漢訳経典研究を引き継いだ仏教宗門系大学の仏教学の連携がはかられた．日本の仏教学は，一方でヨーロッパのインド学の成果を摂取しながら，他方で漢籍を読む知的伝統を生かすことで，世界的な水準の研究成果を産み出してきた．

近代文学と仏教 きんだいぶんがくとぶっきょう　【近代以前と以後】日本の近代文学には，それ以前の古典文学の中にあって思想的背景となったような形での仏教は存在しない．とくに明治前期における文学と仏教との接触は，きわめて少ない．日本の近代以前と以後とでは，仏教への認識や価値評価が大きく変ったからである．近代以前においては，仏教は人びとの心と生活環境や習慣の中に浸透しており，各種の芸術に影響を与え，武士の美意識や庶民の生活感情を大きく支配した．それが近代以後になると，仏教は*神仏分離政策を契機として*廃仏毀釈(はいぶつきしゃく)をまねき，西欧の宗教や近代思想の移入・摂取にともなって社会思潮の片隅に追われ，その保守性・封建性・非合理性のゆえに，伝統が断ち切られようとさえしたのである．

【近代文学の形成】そのような精神風土の中から古典文学にあったような仏教文学が生れなかったのは，当然といえる．文学は仏教の思想性を失い，ただ風俗的な外容だけが，単なる創作上の素材にされがちになった．その描かれ方も，近代の作品においては，多分に批判的で暴露的・揶揄(やゆ)的で戯画的な傾向をもつようになったことも否めない．

一般的に言って，日本の近代文学の時代区分を明治初年からとするのは適当でない．明治維新という政治と社会制度の改革が，そのまま文学の内容的な区分や出発点にはなり得ないからである．真の近代文学は，西欧の近代文学の圧倒的な影響下に，それへの模倣や同化によって成立し，それ以前の伝統的な文学を批判したり否定したりする志向をもっている．そして，そのような発想と方法によって近代的な作品が作られたのは，明治の後期になってからであったといえる．

したがって日本の近代文学は，根本的に，日本風の伝統的な美への感覚や愛着(芸術至上主義的な傾向)と，西欧風の合理的・唯物的な思考や分析(自然主義的な傾向)との併立や対立，という原理的な矛盾をはらんでいる．とくに仏教をテーマや題材とした文学は，この矛盾にまともに立ち向かわなければならなかった．作家たちは仏教に批判的な姿勢を示すことで，つまり背教者となることで，真の近代文学の作家たり得たのである．しかし，そのような作品や作家が実際に現れたのは，大正時代以降，とくに昭和も第二次大戦以後である．

【明治期】明治時代の代表的な作品は『高野聖』(泉鏡花)と『門』(夏目漱石)で，いずれも仏教を近代人の眼で把えた作品といえる．前者は仏教の*輪廻(りんね)や非合理的な面を見直し，後者は禅僧の修行や悟りの世界を，自分の体験に基づいて再点検している．ほかに，幸田露伴・高浜虚子・樋口一葉・森鷗外らに仏教への関心や教養を示す作品がある．また高山樗牛は熱烈な日蓮主義者となって評論活動を展開した．明治期の先駆的作品としては，依田学海の戯曲『文覚上人勧進帳』が挙げられる．

【大正期】大正時代は，明治の唯美主義と自然主義のほかに，人道主義・新理想主義やプロレタリア文学などが起って，多彩に入り乱れ，新感覚派などの次期文学に移る過渡期である．思想的に仏教を表現した作品は少なく，法然・親鸞・日蓮などの宗祖の伝記を題材にした小説や戯曲が多く出現した．とくに親鸞に関するものが多く，中でも『出家とその弟子』(倉田百三)は宗教文学の傑作として喧伝された．この作品と並んで世評を呼んだ『法城を護る人々』(松岡譲)は，文学作品としての形象性が足りずに読み継がれなかったが，旧来の仏教の在り方への疑問と告発の自伝的作品であり，近代文学の原型的な意味で注目される．そのほか，宮沢賢治が『春と修羅』『銀河鉄道の夜』などの作品に仏教思想を通底させ，法華経の行者的な生き方を示したことは特筆される．また『蜘蛛の糸』(芥川竜之介)は知識人の仏教への関心と巧みな表現を示し，『大菩薩峠』(中里介山)は人間の*業(ごう)を曼荼羅(まんだら)的に展開したものとして，岡本かの子の諸作品の大乗仏教による独特な生命哲学の展開とともに注目される．全般的には，仏教の故事来歴を題材にした作品が多い．

【昭和期】昭和時代に入っても，依然として宗祖・高僧を題材にしたものと，仏教故事や習俗を作品化したものは多い．しかし次第に，単なる叙事的なものから，『鮎』(丹羽文雄)のように作者の個性や体験にもとづく新しい視点や表現の作品になる．もちろん，思想と表現の自由を失った戦時中にはほとんど見るべき作品がないが，第二次世界大戦後には近代文学の原理と方法で仏教を作品化したものが多く現れている．仏門の生活を体験した作家による多くの作品には，興趣と信憑性がある．また，仏教の史実を作者の独特な視点で再構成した作品に優れたものがあり，そのほか現代の仏教と僧を個性的に題材とした作品，*煩悩即菩提(ぼんのうそくぼだい)をテーマとした特異な作品などが見られる．→上代文学と仏教，平安文学と仏教，中世文学と仏教，近世文芸と仏教．

金泥塗 きんでいぬり　*木彫像(もくちょうぞう)の表面仕上げの一技法．仏の金色相(こんじきそう)を表現するために，下地に白土さらに淡紅色の顔料を塗った上に金粉を膠(にかわ)で溶いた金泥を塗る．かつては金粉を蒔(ま)いたものともいわれ，粉溜(ふんだみ)・ふんだめの称があった．着衣部にはこの上に*切金(きりかね)文様を置くことも多い．平安最末期の文献に初めて認められ，鎌倉時代以後に流行した．1192年(建久3)*快慶(かいけい)作の*醍醐寺(だいごじ)弥勒菩薩(みろくぼさつ)坐像が最古の作例．中国に源流があるが，金色相の解釈と関連して，日本独自の展開を見せた．金粉の粒子が乱反射を起こして，*漆箔(しっぱく)にはない陰影を含んだ質感が生まれ，金色に輝きながら，現実の肉身・布帛のごとくみせる効果がある．金の発光にも現実感をもとめる，鎌倉時代的な嗜好の発現であり，この期の彫刻の絵画的表現への傾斜とも関わりがある．

緊那羅 きんなら　サンスクリット語 kiṃnara の音写．〈*人非人(にんぴにん)〉〈疑神〉の漢訳語もある．歌神．天界の楽師で，特に美しい歌声をもつことで知られる．もとインドの物語文学では，ヒマラヤ山のクベーラ神の世界の住人で，歌舞音曲に秀でた半人半獣(馬首人身)の生き物として知られたが，仏教では*乾闥婆とともに天竜*八部衆に組み入れられ，*仏法を守護する神となった．人非人(人とも人でないともいえないもの)や疑神の漢訳語は，この語の通俗的な語源解釈(人間(nara)だろうか？)に基づいている．密教の胎蔵界曼荼羅(→両界曼荼羅)では外金剛部院の北方にその姿が見える．なおわが国では，香山の大樹緊那羅が仏前で8万4千の音楽を奏し，*摩訶迦葉がその妙音に威儀を忘れて立ち踊ったという故事(大樹緊那羅王所問経1，『法華文句』2)で著名．「香山大樹緊那羅の瑠璃の琴になずらへて，管絃歌舞の曲には，法性真如の理を調ぶと聞こゆ」〔栄花音楽〕

均如 きんにょ ［Kyun-yŏ］　923–973　高麗時代初期の華厳学僧．黄州辺氏．15歳で復興寺の識賢のもとで出家，霊通寺の義順に学んだ．華厳宗における南岳派と北岳派の対立を統合しようとし，*智儼・*法蔵・*義湘など華厳宗の祖師たちの著作の研究に努めた．973年6月入寂し，八徳山に葬られた．伝記としては，赫連挺『均如伝』(1075)がある．著作のうち，『釈華厳教分記円通鈔』10巻，『旨帰章円通記』『三宝章円通記』『法界図円通記』各2巻，『十句章円通記』1巻などが現存する．他に郷歌11首があり，朝鮮語学・文学史上，貴重な資料となっている．均如は中国華厳の文献に加え，新羅・高麗華厳の書物も多数引用しており，頓円一乗を説き，同教を*一乗の枠から分離させて*別教一乗としての華厳経の意義を強調するなど，華厳経の優越性を高めようとした．

経行 きんひん　⇒経行

金峯山寺 きんぶせんじ　奈良県吉野郡吉野町吉野山に所在する金峯山修験本宗総本山．〈きんぷせんじ〉ともいう．本来は山上(大峯(大峰))から山下(吉野山)にかけて散在した数多くの寺院を総称して〈金峯山寺〉と呼んだが，現在では山下の吉野蔵王堂，すなわち金峯山寺蔵王堂を中心に寺域を持つ山岳寺院で，吉野・大峰・熊野三山を結ぶ*山伏の修験霊場でもある．→大峰山，吉野，熊野．

寺伝では672年(天武1)に*役小角が開いたと伝え，奈良時代には*行基・*良弁・護命(750–834)などの入山・入峰伝説を持つ．*円珍・*聖宝などの入峰伝説は修験と密教の結びつきを物語る．『御堂関白記』などの藤原道長(966–1027)の金峰山詣でと山上での*経塚造営あたりから正史に登場し，公家・皇族の信仰を集めて寺格を高め，鎌倉時代に源頼朝(1147–99)から寺領の寄進を受けて隆盛をきわめた．南北朝時代には吉野*大衆をたよった後醍醐天皇(1288–1339)の南朝系と手を結び南朝史の舞台となる．1348年(正平3)に高師直(?–1351)の兵火で山下蔵王堂が焼失，1455年(康正1)に再興され，続いて1591年(天正19)に豊臣秀吉(1536–98)が修営を加え，現在の寺観がつくられた．1872年(明治5)*延暦寺に属したが，第二次世界大戦後，天台系を離れ，修験本宗として独立し現在に至る．

主要*伽藍は*本堂の蔵王堂のほか，室町時代造立の*仁王門・銅鳥居など．寺宝では本尊木造*蔵王権現立像3軀(室町時代)を筆頭に数多いが，金峰山経塚出土品(平安後期)など本寺の歴史に定着する品もある．例年7月7日に行われる蓮華会・蛙飛びの行事，7月8日の蓮華入峰がよく知られる．なお，本寺の歴史は日本文学にも大きく反映し，特に『義経記』5の源義経吉野落ちの哀話や『太平記』7の大塔宮吉野城合戦などは，本寺周辺を舞台とするものとして著名．ちなみに，現行の謡曲『吉野静』『忠信』，文楽や歌舞伎で人気の高い『義経千本桜』なども前者の影響下に成った作品である．

禁欲 きんよく　禁欲の対極は快楽で，禁欲主義と快楽主義の対立は古代ギリシアのストア派とエピクロス派のそれを始めとして，昔から今まで，世界各地の倫理思想にみられる．

仏教発生当時のインドにもこうした対立があったが，宗教界では，積極的に肉体を苦しめることによって*解脱が得られるという*苦行主義が，大きな影響力をもっていた．*ジャイナ教はこのような禁欲主義の代表である．これにたいして仏教は，禁欲・快楽の両極端を否定し，*中道を説いたところに特色があった．禁欲主義の背景には，肉体と精神を二分して考える二元論があるが，仏教が中道主義に立つということは，このような二元論を否認し，物と心を不可分一体のものと考えていることを意味する．同じような批判は快楽主義にもあてはまる．

最初期仏教いらい，少欲知足の精神が堅持され，ときには禁欲的と思われる生活や修行が強調されたこともあったが，中庸を尊ぶ傾向は変らなかった．ただし出家した僧侶は男女間の性的関係を一切絶ち独身を守り，また午後には食事をせず，食物を貪り食うことを制したという点では禁欲的であったといえよう．世俗の信者たちに対しても，欲に任せて放縦となることを戒めていた．→欲．

金陵 きんりょう　現在の中国，南京市の古名．戦国の楚が金陵邑を置いたのにちなむ．以後，三国時代には〈建業〉，晋代に〈建康〉と改められ，明代以降〈南京〉といわれている．呉の孫権(在位 229–252)の時，*康僧会(?–280)によってはじめて仏教が伝えられ，建初寺が建立された．それ以来，東晋南朝(317–589)の都となったこの地は仏教の一つの中心となり，とりわけ梁の*武帝(在位 502–549)の時代，寺院は500余，僧尼は10余万人をかぞえた．晩唐の杜牧(803–852)が「南朝四百八十寺」〔江南春〕とうたうのは，その時代に思いをはせてのことである．五代南唐(937–975)の都ともなり，禅宗の一派の*法眼宗がさかえた．

ク

苦 く［*s*: duḥkha, *p*: dukkha］　【苦楽の苦と一切皆苦】*阿毘達磨(アビダルマ)文献によれば，苦は〈逼悩〉(pīḍa, pīḍanā)の義と定義される．圧迫して悩ます，という意である．この苦には二つの用法がある．一つは楽や不苦不楽に対する苦であり，他は〈*一切皆苦〉といわれるときの苦である．前者は日常的感覚における苦受であり，肉体的な身苦(苦)と精神的な心苦(憂)に分けられることもある．しかしまた，肉体的精神的苦痛が苦であることはいうまでもないが，楽もその壊れるときには苦となり，不苦不楽もすべては*無常であって生滅変化を免れえないから苦であるとされ，これを苦苦・壊苦・行苦の〈三苦〉という．すなわち苦ではないものはないわけで，〈一切皆苦〉というのはこの意である．→苦楽，楽．

【苦の超克—初期仏教・部派仏教】初期仏教や部派仏教では，この苦を直視し，これを超克することが最大の課題であった．そこで苦は，重要な教説の中心に据えられている．無常・苦・*無我の教えは，五取蘊(生きものを構成するとともにその執着の対象となる物質的(色)，精神的(受・想・行・識)な五要素．→五蘊)は無常であり，苦であり，無我であるということを如実に知見して，この世界を厭い離れ，貪欲を滅して*解脱せよと説く．*縁起説は苦の代表である老死の原因を探求して*渇愛や*無明(無知)を見出し，これらを滅すれば苦も滅するとした．*四諦説は以上の二つの教えを総合して，現実の世界は苦であり(苦諦)，その原因は渇愛などの*煩悩であり(集諦)，これを滅すれば苦も滅する(滅諦)，そのために八つの正しい道(*八正道)を行ぜよ(道諦)と説くものである．

苦が生・老・病・死・怨憎会苦・愛別離苦・求不得苦・五取蘊苦の〈四苦八苦〉に分類されるのは，苦諦の説明として行われたものであり，最後の五取蘊苦は「要約すれば五取蘊は苦である」と提示されたもので，一切皆苦ということを表す．すなわち五取蘊について無常・苦・無我といわれたものが，〈*諸行無常〉〈*諸法無我〉と並んで〈一切皆苦〉とまとめられ，縁起説における苦が「老死愁悲苦憂悩などの全ての苦のあつまり」とまとめられて，これが五取蘊と言い換えられるのと軌を一にする．→四苦八苦，生老病死．

【無自性・空―大乗仏教】大乗仏教に至ると積極的に仏の境涯や*仏国土が説き出されるようになり，煩悩も苦も悟りも*無自性・*空であって固定性をもたないという見方が基盤となったため，*煩悩即菩提，娑婆即寂光といった言葉も生れた．そこで苦が最大の関心事ではなくなり，大乗の*涅槃経では仏は*常楽我浄として逆に〈楽〉が強調されている．こうして苦を中心課題とした四諦説も小乗の教えとして次第に顧みられなくなり，中国や日本の仏教ではさらに現実肯定的な傾向が強くなって，苦という言葉の比重も軽くなったということができる．

「処はこれ不退なれば永く三途・八難の畏れを免れ，寿もまた無量なれば終に生老病死の苦なし」〔往生要集大文第2〕「苦・空・無常・無我の四徳，波羅蜜のさとりをひらき給ひなば」〔曾我12.少将法門〕

庫院 くいん ⇨庫裏

空 くう［*s*: śūnya, *p*: suñña］ 固定的実体の無いこと．実体性を欠いていること．うつろ．サンスクリット語のシューンヤは，「…を欠いていること」の意．この語に抽象名詞語尾を添えたシューンヤター（śūnyatā）は「空であること」を意味し，しばしば〈空性〉と訳される．インドの数学においては，世界史上最初に発見したゼロを表す．

【初期仏典】この śūnya は śū（＝śvā, śvi, 膨張する）からつくられた śūna にもとづいて，空虚，欠如，ふくれあがって内部がうつろなどを意味し，初期の仏典にも登場する．たとえば「自我に執着する見解を破り，世間を空として観察せよ」〔スッタニパータ 1119〕や「空虚な家屋に入って心を鎮める」〔法句経 373〕など．特に〈小空経〉〔中部 121 経，中阿含経巻 49〕には，「この講堂には牛はいない，牛についていえば空（欠如）である．しかし比丘がおり，比丘についていえば空ではない（残るものがある）」と説かれ，欠如と残るものとの両者が，〈空〉の語の使用と重なり説かれる．これから〈空〉の*観法という実践が導かれて，〈空三昧〉は〈無相三昧〉と〈無願三昧〉とを伴い，この*三三昧を*三解脱門とも称する．またこの用例は特に中期以降の*大乗仏教において復活され，その主張を根拠づけた．また〈大空経〉〔中部 122 経，中阿含経巻 49〕は〈空〉の種々相（たとえば内空と外空と内外空との三空）を示す．さらには，〈空〉と*縁起思想との関係（後述）を示唆する資料もある〔相応部 20.7，雑阿含経 1258 経〕．*部派仏教における〈空〉の用例も初期仏教とほぼ同じで，上記の段階では，〈空〉が仏教の中心思想にまでは達していない．

【般若経】大乗仏教の最初期の経典である*般若経は，仏陀の本質を*般若（prajñā）あるいは*一切智とも呼ばれる智慧に見た．同経は，*悟りや*涅槃をも含むあらゆるものごとに対する無執着のあり方を〈空〉と呼び，先の空・無相・無願の三三昧を強調した．大品般若経はまた，先の三空に空空・大空などを加えて，総計で 18 の観点から〈空〉を観察すべきこと（十八空）を説く．

【竜樹―空＝無自性縁起説】初期の般若経で説かれた〈空〉を理論的に大成したのが*竜樹（ナーガールジュナ）である．かれはまず，〈空〉こそがゴータマ-ブッダ（*釈迦）の悟りの内容にほかならないことを*二諦説や八不（→八不中道）の縁起説との関連で明らかにしようと努めた．第二にまた，〈空〉の意味内容を論じ，〈空〉は*無に等しいのではなく，すべての事物が*無自性にして縁起することを意味すると説いた．竜樹のこの主張には，世界を構成する精神的・物質的な要素としての〈*法〉に*自性を認め，*諸法は常に存在する（*三世実有）とした*説一切有部流の〈法〉解釈に対する強い批判が込められる．第三にまた，すべての事物は〈空〉であればこそ*因果も変化も成長も可能であり，すべての言語表現もまた空・縁起・作用を基礎に仮に命名（*仮名）されることによって可能になるとした．

【瑜伽行派・如来蔵思想】*瑜伽行派は，先の小空経の説く〈空〉を基礎にしながら，

〈*色〉や〈声〉などの諸法に関して，それらの名称どおりのものとして*分別された本質や，諸法のうえに分別された*我や，あるいはまた認識対象と認識に二分された認識のあり方などは空であり無であるが，不可言な*真如や，*無我性や，認識の二分をこえた認識の完成されたあり方(*円成実性)は不空であり*有であるとした．このばあいの不空ないし有は，前者つまり分別されたものが空であり，無であるということそのものをさす．また，*如来蔵思想を説く*勝鬘経や*『究竟一乗宝性論』もまた小空経の〈空〉の説明によりながら，*客塵煩悩は空であるが，仏陀の不可思議な諸徳性は不空であるという．

【中国仏教】空の思想は竜樹の*『中論』や*『大智度論』，さらには*般若心経・*金剛般若経などの般若経典を介して，インドのみならず中国・日本・チベットなどの仏教にも大きな影響を与えた．特に中国では，『老子』40の「道は無なり」とする思想，『荘子』の「道に通じる者は無心」〔天地〕，「道は有とせず，また無とせず」〔則陽〕の思想などをふまえて，*『肇論』にいわゆる「本無」「心無」「即色」の3種の〈空〉の解釈などを生むに至った．また*吉蔵の*三論宗では竜樹・聖提婆(*アーリヤデーヴァ)の論に基づいて空の思想を受容し，*天台宗でも空の思想を基礎として*円融三諦説などを発展させた．

「団団たる水鏡は空にして仮なり．灼灼たる空花は真ならず」〔性霊集補闕抄 10〕「仏五十年の説法も，三十年は畢竟空を説けりとなり」〔ささめごと〕

空有 くうう　*空と*有，空の立場と有の立場．〈空〉はものが固定した実体性を持たないこと，あるいは〈*無〉と同義で，ものが存在しないことであり，〈有〉はものが存在することを意味する．〈空有〉は中国でよく用いられる表現で，〈空有二宗〉は小乗の空を説く*成実宗と有を説く*倶舎宗，〈空有二論〉は大乗中で依他起(→三性)を〈空〉と説く*竜樹系の立場と，それを〈有〉と説く*世親・*護法系の立場とを指す．また中国では〈空有〉が〈*有無〉と同義の場合が多い．「空有の見，像末に起こるといへども，しかもよく迷を断ず」〔顕戒論上〕「花厳の祖師香象，大唐にして此の空有の論を聞きて」〔太平記 24．依山門嗷訴〕

空海 くうかい　774(宝亀5)-835(承和2)　*真言宗の開祖．*諡号は弘法大師．

【修学から入唐】四国の讃岐国多度郡屏風ケ浦(香川県善通寺市)に生まれる．父は佐伯直田公，母は阿刀氏，幼名を真魚という．15歳のとき伯父の阿刀大足に伴われて上京し，18歳のとき大学に入り，中国の諸学問を学んだが，仏教を行学する志をいだき退学した．四国の阿波(徳島県)の大滝岳や土佐(高知県)の室戸崎(室戸岬)で*求聞持法などきびしい修行をなし，また奈良の諸大寺で仏教学を学び，24歳のとき*『三教指帰』を著して儒教・道教・仏教の優劣を論じたが，これが空海の出家の宣言書ともいわれる．その頃，久米寺(奈良県橿原市)で*大日経を発見し，*密教に深い関心を寄せ，804年(延暦23)，31歳のとき遣唐大使藤原葛野麻呂(755-818)の一行と共に海上と大陸の苦難の旅をつづけ，唐の都*長安についた．翌年5月より12月まで*青竜寺の*恵果に師事して*灌頂を受け，秘法を授けられた．また般若三蔵などからも学んだが，12月に恵果が示寂したので，翌806年3月(大同1)，多くの経論，*曼荼羅・法具などを請来し，10月帰国した．

【教団・教学の確立と展開】36歳のとき京都の高雄山寺(*神護寺)に入住し，真言密教の法灯をかかげた．これより嵯峨天皇(786-842)の外護のもと，真言宗の発展につとめ，また天台宗の*最澄と交わり，最澄とその弟子たちに灌頂を授けた．816年(弘仁7)，43歳のとき*高野山の開創にとりかかり，生涯を通じての一大事業となった．823年(弘仁14)，50歳のとき東寺(*教王護国寺)を勅賜せられ，以来，真言宗の根本道場とし，堂塔の建立につとめた．この間，空海は多くの門弟を教導し，多くの人々を教化し，真言宗の教団の基礎を築いた．また*『弁顕密二教論』*『即身成仏義』*『声字実相義』*『吽字義』*『十住心論』*『秘蔵宝鑰』『般若心経秘鍵』など多くの著作をなし真言宗の教学を確立した．また文才にすぐれ，多くの詩文をつくり，それらを蒐集したものに

*『性霊集(しょうりょうしゅう)』がある．能筆家としても知られ，『風信帖(ふうしんじょう)』『聾瞽指帰(ろうこしいき)』などの真筆が現存する．さらに四国の*満濃池(まんのういけ)の修築に指導的役割を果たし，*綜芸種智院(しゅげいしゅちいん)を設立して一般の人々の教育につとめ，わが国の教育史上に輝かしい業績を残した．

【示寂と影響】こうして空海は平安初期に，中国密教を伝えて，これを再組織し，新たに真言宗を開き，*即身成仏と社会教化を宗旨とするとともに，文化・教育・社会事業と幅広い活動をなし，一代の師表と仰がれたが，835年(承和2)3月，62歳のとき高野山で示寂した．921年(延喜21)，〈弘法大師〉の諡号を賜った．この頃から*入定(にゅうじょう)信仰やさまざまな*大師信仰が現れた．なお，空海伝は極めて多いが，成立が古く，後代諸伝の基本となり，古代・中世文学との関連も顕著なものは，『御遺告(ごゆいごう)』付載伝と『金剛峯寺(こんごうぶじ)修行縁起』収載伝である．

空観 くうがん　⇒三観(さんがん)，一心三観，空(くう)

空教 くうぎょう　*解深密経(げじんみっきょう)にもとづいて中国法相宗の*基(き)が立てた三時教(さんじきょう)のうちの，第二時の*般若経(はんにゃきょう)に説かれる〈*空(くう)〉の教えのこと．釈尊は，第一時に*四諦(したい)相の有教(うきょう)(*阿含経(あごんぎょう))を説いたのに対し，第二時にすべての*法は実体がなく〈空〉であることを*隠密(おんみつ)相(あらわでない形式)によって説いた．しかしこれらは未*了義(みりょうぎ)(方便の教え)であり，第三時に至って非有非空の*中道(ちゅうどう)の教えを顕了(けんりょう)相(真実をあらわに説く形式)によって説いた*華厳経(けごんぎょう)や解深密経などが了義(真意が明らかにされたもの)であるという．→三時教．

空空 くうくう　[s: śūnyatā-śūnyatā]　*大乗仏教の端緒を開いた*般若経(はんにゃきょう)が〈空(くう)〉を強調したさい，*説一切有部(せついっさいうぶ)の固定的な実体視を厳しく批判し否定したが，すでに初期仏教(特に〈大空経〉〔中部122経，中阿含経巻49〕)にみられた〈空〉の種々相(三空)の分析を受けつつ，いわば対象ごとに分析しては〈空〉を当て，十八空が説かれたなかに，この〈空空〉がある．そこでは，内も外も〈空〉としてから，〈空〉であるという知そのものも〈空〉であるといい，〈空〉の固定化・実体視をあくまで排除する．〈空亦復空(くうやくぶくう)〉(空もまた空であること．鳩摩羅什(くまらじゅう)訳*『中論』)ともいわれ，ここに〈空〉の徹底が浸透した．「戯論(けろん)を空空に滅し，寂静を如如に証せむ」〔性霊集7〕．→空．

空華 くうげ　[s: kha-puṣpa]　〈空花〉〈虚空華(こくうげ)〉などとも．原義は，*虚空のうちにある花の意．実在しない物の一例として挙示される．実在の華である樹華(vṛkṣa-puṣpa)などと対比される．しばしば*亀毛兎角(きもうとかく)や石女(うまずめ)の子などと同様に，哲学上の議論において，実在しないものの喩えとして用いられる．しかし，*円覚経(えんがくきょう)などの偽経典や中国撰述の論典などでは，或る種の眼病者がその眼病(翳(えい))ゆえに，錯覚して見る「空中の華」として説明されることもある．「団団たる水鏡は空にして仮なり．灼灼たる空花は真ならず」〔性霊集補闕抄10〕「三世は仮法なり．心は不相応行の随一なり．国界また空華の如し」〔雑談集1〕

空仮中 くうけちゅう　⇒三諦(さんだい)，三観(さんがん)

『空華日用工夫集』 くうげにちようくふうしゅう　臨済宗夢窓派(むそうは)の禅僧で，初期*五山文学の代表的作者の一人である*義堂周信(ぎどうしゅうしん)の日記．『空華日工集(くうげにっくしゅう)』『日工集』とも略称する．はじめ48冊であったが，その在世中または死没の直後に8冊が失われ，いつのころか全部をも失う．現存する流布本は『空華日用工夫略集』(『略集』と略称)であり，作者が年譜作成の史料に用いるために準備したものが主体をなす．『略集』は4巻4冊．後人の複雑な書き入れ，増補の過程を経ている．主部をなす本文は，1367年(貞治6)から1388年(嘉慶2)に至る．崇光(すこう)院や二条良基(にじょうよしもと)，さらに足利義満(あしかがよしみつ)・基氏(もとうじ)，斯波義将(しばよしまさ)などとの親交を通じて，南北朝時代の政治・社会・文化の諸相を筆録し得た．*五山制度が定着する途次において，自らが属する夢窓派の教線の伸張の状況をも記している．

空見 くうけん　[s: śūnyatā-dṛṣṭi]　〈空〉はすでに初期仏教にも説かれるが，大乗仏教ではその基本的立場となる．この〈空〉は否定を根幹としており，概括すれば，存在論的には欠如を，認識論的には矛盾を，実践的には*執着(しゅうじゃく)からの離脱を意味する．*竜樹(りゅうじゅ)(ナーガールジュナ)はこれに*縁起(えんぎ)の相依(そうえ)説，つまり*無明(むみょう)→*行(ぎょう)→…などの方向性をもった縁起でなく，事物が相互に縁起するという説を加えた．しかしいったん〈空〉を主張して〈空〉をふりかざすと，とかく却ってその〈空〉にとらわれてしまい，〈空〉の本義を逸脱しやすい．これが〈空見〉であって，もっぱらネガティヴなニヒリズム(*虚無(きょむ)主義)に陥る．このような〈虚無(こむ)空見〉は，もちろん誤りの危険思想として，仏教はたえずそれを戒めており，そのさいに〈*空空(くうくう)〉ないし〈空亦復空(くうやくぶくう)〉の術語を用いた．→空，虚無(こむ)．

「むしろ我見を起こすこと須弥山の如くすとも，空見を起こすこと芥子(けし)許りの如くもせざれ」〔往生要集大文第10〕「ただ事相真言の人は常見なり．教相を立つる人は空見なり」〔覚海法橋法語〕

空閑 くうげん [s: araṇya] サンスクリット語は，曠野，森林の意．〈*阿蘭若(あらんにゃ)〉と音写される．集落から少し離れた，人のいない静かな場所で，修行者が*禅定(ぜんじょう)・*誦経(ずきょう)・*懺悔(さんげ)などを行うのに適したところ．〈空閑処(くうげんしょ)〉ともいう．なお，漢語としての〈空閑〉(空間)は，何も物のない，空いている，の意．「寂静(じゃくじょう)を欣(ねが)ひて空閑にある事は，いかさまにも勇猛精進にて，頭陀門の行者等に取りての上の事なり」〔明恵遺訓〕

空劫 くうこう ⇒四劫(しこう)

共業 ぐうごう [s: sādhāraṇa-karman] 他人と共有しうる結果をもたらす行為の力のこと．山河大地などの自然環境は多くの人々が共通に享受できるものであるが，このような環境世界を，多くの人々の行為の力としての業(ごう)の結果とみなしたものを〈共業〉という．これに対し，個々の人々の身や心のように，各自が別々に享受する結果をもたらす業を〈不共業〉という．→業．

窮子 ぐうじ 貧窮している子．窮地に陥った人の意にも用いられる．法華経信解品には，父である長者(仏)のもとを離れて他国を流浪し，生活に困窮している子供(声聞(しょうもん)・縁覚(えんがく)の*二乗(にじょう)の人)が，やがて父に巡り合って財産の全て(一乗妙法)を相続するという長者窮子の喩(たと)えが述べられている．「窮子の譬ひぞあはれなる．親を離れて五十年，万(よろず)の国に誘はれて，草の庵に留まれば」〔梁塵78〕「誰もこの道の窮子なれば，すなはち道に入るべきにあらず」〔ささめごと〕．→長者窮子喩．

空寂 くうじゃく サンスクリット語 vivikta (静かで淋しいこと)の漢訳，もしくは〈空〉(śūnya)と〈寂静(じゃくじょう)〉(śānti, śānta)の併称．空虚にして静寂なこと．そもそも一切の事象は*因縁(いんねん)によって生じたものであり，固定的実体性がなく(空)，したがって分別(ふんべつ)や執着(しゅうじゃく)を越えた静寂にして清浄(しょうじょう)なる在り方(寂)こそがその*本性(ほんしょう)であり，*実相であるとされる(たとえば，雑阿含経巻10に「諸行空寂」，華厳経巻16に「一切諸法…性空寂滅」)．

またこのような観点に立ち，分別・執着・煩悩(ぼんのう)を除去した静かな心の境地も〈空寂〉と形容され〔十住断結経1〕，さらに煩悩やそれに基づく迷いとしての一切の現象を滅尽(めつじん)して到達される*悟り，あるいは*涅槃(ねはん)の境界も〈空寂〉とされ〔金剛三昧経論上〕，このような空の観点に立った空寂の追求を〈空寂行(ぎょう)〉という〔放光般若経学品〕．なお，このように事象の実相を空寂ととらえ，到達されるべき究極の境地をも〈空寂〉とする仏教の基本的立場は，日本の中世以降の歌道・茶道・能楽・俳諧において重視された〈*幽玄(ゆうげん)〉や〈*わび〉〈*さび〉の美意識の基底をなしている．

「仏，十六会(え)にして，諸法は皆空寂なりと説き給へり」〔法華百座聞7.11〕「衆生の三道，弥陀の万徳と，もとより空寂にして一体無碍なりといひき」〔栄花玉の台〕

空宗 くうしゅう 〈空教〉ともいう．有宗(うしゅう)の対．*空を説く宗．般若経に基づく竜樹(りゅうじゅ)などの*中観派(ちゅうがんは)をいう．*有(う)(存在)に執着する迷いを除くため，あらゆる存在は因と縁(*因縁)によって成り立っているから固定的実体はない(*一切皆空(いっさいかいくう))と説く．中国では，竜樹の*『中論』*『十二門論』，聖提婆(しょうだいば)(アーリヤデーヴァ)の*『百論』に基づく*三論宗をいう．日本では，我空(がくう)・法有(ほうう)を説く*倶舎宗(くしゃしゅう)に対して，*人空(にんくう)・法空(ほうくう)を説く*成実宗(じょうじつしゅう)をいう．→有宗．

寓宗 ぐうしゅう 他の宗に寄寓する宗の意．*『元亨釈書(げんこうしゃくしょ)』では，*倶舎(くしゃ)宗・*成実(じょうじつ)宗・*浄土教の3宗を寓宗とする．倶舎・成実の2宗は，それぞれ*法相(ほっそう)宗・*三論宗の付属とされ，延暦25年(806)の*年分度者の割当てでは，法相と倶舎，三論と成実で各3名とされた．玄叡の『大乗三論大義抄』にはそれぞれの思想的共通性が指摘されている．浄土教は，鎌倉時代に*法然の浄土宗，*親鸞の浄土真宗として独立した宗派を形成する以前は，飛鳥・奈良・平安時代を通じて，他の諸宗の中で信仰されてきた．「また浄土あり，成実あり，倶舎あり．この三つを寓宗となし，国の付庸に譬ふ」〔元亨釈書27〕

空手還郷 くうしゅげんきょう　三国魏の曹丕の『典論』序に「空手にして白刃に入る」，また『荘子』漁父に「郷に還りて立つ」などとあるのにもとづく．*道元が中国から帰国した時に，師の天童*如浄の下で*身心脱落した大悟の境涯を述べた語で，全身心が*仏法そのものであることを覚証して帰ってきたとの意．このことからさらに〈空手〉は，無所得，無所悟の自己，一切存在の縁起空，無相のいのちの真実相を言い，〈還郷〉はそのような自己の*本来の面目に落ち着き，安んじたすがたをいう．我執に発する生活を超えて本来の無相・無我の本然の事実に落ち着き安らうこと．

「山僧(道元)，叢林を歴ること多からず，ただ是れ等閑に先師天童に見まえて当下に眼横鼻直なることを認得して人に瞞ぜられず，すなはち，空手にして郷に還る，所以に一毫も仏法なし」〔道元和尚広録1〕

空性 くうしょう　⇀空

共生 ぐうしょう　あるものが生ずる場合，自己自身の原因と他のものに由来する条件とが共に作用することによって生ずること．また，先天的な，生まれながらのものを意味し，その場合は〈*倶生〉ともいう．また〈ともいき〉と読むと，人々が共に助け合って生きるという意味になり，大正・昭和時代における仏教指導者(たとえば椎尾弁匡)の特に強調したところである．

窮生死蘊 ぐうしょうじうん　*生死(迷いの生存)を窮める蘊の意．小乗部派の一つ化地部の説で，一生死を超え無限の生死を窮めて連続し，最後の*煩悩を断じて生死の終りである〈金剛喩定〉(*金剛三昧)に至るまでの*輪廻の主体として考えられたもの．三蘊の一つ．〈蘊〉とは，積み集められたものの意で，類別して集められたもの，生存を構成する要素．三蘊とは，一*刹那ごとに生滅する〈一念蘊〉，生から死まで一生のあいだ続く〈一期生蘊〉とこの〈窮生死蘊〉とをいう．

共相 ぐうそう［s: sāmānya-lakṣaṇa］　諸事物に共通の特徴，または性質をさす．個々の青いものに共通する〈青性〉や，一切の*有為法に共通する〈無常性〉などが共相にあたる．事物の固有の特徴または性質をさす〈自相〉(svalakṣaṇa)に対比される．ディグナーガ(*陳那)の*認識論においては，直接知覚(*現量)と推理(*比量)の2種の認識手段(*量)が認められており，自相が直接知覚の対象であるのに対して，共相は後者の推理によって認識され，言語表現の対象になるとされる．

空即是色 くうそくぜしき　⇀色即是空・空即是色

空諦 くうたい　⇀三諦

空大 くうだい　⇀五大，六大

共般若 ぐうはんにゃ　不共般若の対．〈共〉とは共通，〈不共〉とは共通でないの意．*『大智度論』100によれば，*般若波羅蜜は総*相は一つであるが，説かれる対象によって相異があり，大別して共声聞の説(*声聞と*菩薩とに共通に説かれる般若)と，*十地の大菩薩のみに説かれる般若との2種がある．一般に，声聞・*縁覚・菩薩に共通に説かれるのを〈共般若〉，菩薩のみに説かれるのを〈不共般若〉という．天台宗では，*通教を共般若，*別教と*円教を不共般若とする．→般若．

空無 くうむ　*空のこと．空は自我や世界の構成要素の実在性を認める迷執を否定するので，その否定つまり*無を空の特質としてあらわす．*『中論』24-18のśūnyatā(空性)を*鳩摩羅什が「無」と訳すなど，中国において空は無に近似する概念として理解される傾向がつよい．

空無辺処 くうむへんじょ　*無色界を構成する四段階のうちの最初の段階．空無辺処定(*色界に関するすべての想念を断ちきり，無辺の空を感得する瞑想)に入ることによって得られる境地．ここは物質的な要素

(*色(しき))を超越した精神的な要素(*受(じゅ)・*想(そう)・*行(ぎょう)・*識(しき))のみを持つ者が住む世界．ここの住人の寿命は2万年とされる．→天，三界．

空門 くうもん　*空を説く*法門．法門とは真理・悟りに至る門すなわち教えの意．あらゆる存在は因と縁(*因縁)とによって成り立っており固定的実体はないと説いて，存在に対する*執着(しゅうじゃく)を除き，悟りに導く教えをいう．また，四門(有(う)門・空門・亦有亦空(やくうやくくう)門・非有非空門)の一つ．天台大師智顗(ちぎ)の*『摩訶止観(まかしかん)』6上などに説く．さらに，仏教の総称ともする．仏教は主として空を説いて悟りに導く教えであることからであり，仏教の出家者を〈空門子(くうもんし)〉ともいう．「空門の所証は頓教に同(どう)じ，有門の証悟は円教に同ずるなり」〔禅宗綱目〕

空也 くうや　903(延喜3)-972(天禄3)〈こうや〉とも読む．平安中期の念仏*聖(ひじり)．名を光勝といい，〈市聖(いちひじり)〉〈*阿弥陀聖(あみだひじり)〉などと呼ばれた．醍醐天皇の第5皇子とも伝えられる．はじめ在俗の修行者として諸国を*遊行(ゆぎょう)遍歴した．阿弥陀仏の名を唱えながら，各地で道を拓き，井戸や池を掘り，橋を架け，野原に遺棄された死骸を火葬にした．20歳のころ尾張(愛知県)の国分寺で剃髪(ていはつ)し，空也と名乗る．その後も諸国行脚(あんぎゃ)をつづけたが，938年(天慶1)，36歳のとき京都に移って，市中に乞食(こつじき)し，施物(せもつ)を貧民に与えるのを常とした．948年(天暦2)，46歳のとき*比叡山にのぼって*受戒し，以後貴族の外護も受けるようになった．48歳のとき金泥般若経1部600巻の書写を発願し，14年をかけて完成している．京都東山の西光寺(のちの*六波羅蜜寺(ろくはらみつじ))で入滅．

空也のほぼ同時代に*源信がおり，主として比叡山を中心に貴族や僧などの知識人の間で知的な*浄土教を弘めていた．それに対して空也は，庶民の間に遍歴遊行して情動的・狂躁的な浄土教を弘めた点に特色がある．六波羅蜜寺には，口から6体の小さな阿弥陀仏を出す空也像(康勝作)が伝えられており，民間を遊行して歩いた念仏聖の生活と面影をよく写し出している．なお空也伝として古いものは，源為憲(?-1011)の『空也誄(るい)』や『日本往生極楽記』所収伝などである．

空也忌 くうやき　平安中期の念仏聖(ねんぶつひじり)*空也の忌日(きにち)である11月13日に，京都の空也堂で行われる法会．念仏を唱え，鉦(かね)を打ち，瓢簞を叩いて京都の内外を巡り歩く．空也は972年(天禄3)9月11日に入滅したと伝えられるが，晩年東国へ*遊行(ゆぎょう)に赴く時，出立の日を命日とせよと言い，以後その日を忌日として法会を行うという．「空也忌十三日暁の鉢たたき．四条坊門堀河の東にてけふより行をはじめて，四十八夜暁ごとにつとめ侍り」〔増山井11月〕

空也念仏 くうやねんぶつ　〈踊躍(ゆやく)念仏〉ともいう．平安中期の念仏聖(ねんぶつひじり)*空也が弟子の平定盛に教えたといわれる踊念仏(おどりねんぶつ)で，念仏や和讃を唱え，鉢や瓢簞を叩き鉦(かね)を鳴らして，*死霊(しりょう)や*怨霊(おんりょう)の鎮魂を行うもの．この念仏は踊りと音楽を伴って人々をエクスタシーに誘うもので，後に*一遍(いっぺん)によって時宗のあいだに浸透し，現代の農村社会にまで引き継がれた．→踊念仏，念仏踊．

九会 くえ　⇒両界曼荼羅(りょうかいまんだら)

倶会一処 くえいっしょ　ともに一つの場所で出会うということ．*阿弥陀経(あみだきょう)は極楽浄土へ生れる願いを起すことをすすめ，それは浄土の仏・菩薩たちと倶(とも)に一つの処で出会うことができるからである，と説いている．一つの処とは*浄土のことである．真宗では，念仏の信仰に生きる人は，この世の命が終るとただちに浄土に生れるとし，そこで墓碑に「倶会一処」と刻むことがある．

久遠 くおん　久しい間の意で，すでに『孟子』『管子』に出る．仏典には，主に遠い過去の意で出，「過去久遠」などという表現も見られる．とくに*法華経(ほけきょう)如来寿量品の釈尊が数え切れないほど遠い過去に*成仏(じょうぶつ)したことを〈久遠の成仏〉といい有名である．たとえば「我れ実に成仏してより已来，久遠なること斯の如し」，「是の如く我れ成仏してより已来，甚大久遠なり．寿命は無量阿僧祇劫にして，常に住して滅せず」などとある．釈尊が真実には遠い過去に成仏したことを〈*久遠実成(じつじょう)〉といい，釈尊を〈久遠本仏〉という．この考えは*阿弥陀(あみだ)如来にも適用されて，十劫(じっこう)の阿弥陀(十劫の昔に成仏した阿弥陀)に対して，遠い過去に成仏した阿弥陀を〈*久遠の弥陀(阿弥陀)〉という．

久遠寺 くおんじ　山梨県南巨摩郡身延町に

ある*日蓮宗総本山．山号を*身延山という．1274年(文永11)，*日蓮が領主波木井実長の要請に応じて，草庵を構えたことにはじまる．以後日蓮は死の直前まで，この地で弟子の育成と執筆活動に専念した．1281年(弘安4)には，10間四面の*法華堂が完成している．久遠寺の寺号は日蓮の著作にはみえないが，門下の筆録があることから，法華経の〈*久遠実成〉の思想に基づいて日蓮自身が命名したものと推定される．

1282年に日蓮が池上(東京都大田区)で没すると，遺骨は身延に収められて廟所が建てられた．その維持にははじめ，日蓮の6人の高弟(*六老僧)を中心とする*輪番制がとられたが，やがて*日興が常住するようになり，彼が実長と不和になって駿河国(静岡県)富士郡の*大石寺に去ると，日向(1253-1314)がその後を継いだ．以後その門流が久遠寺を継承した．近世前期には〈受不施〉義を掲げて〈*不受不施〉派と対立し，幕府の支持をえて日蓮系教団のうち最大のものとなった．1875年(明治8)火災で多くの堂舎と日蓮の真蹟を失ったが，復興して今日に至っている．

久遠実成 くおんじつじょう　*法華経従地涌出品で「娑婆世界の下」の「虚空」から涌出した「六万恒河沙」の*菩薩の出自に関する*弥勒菩薩の問いに，釈尊は「我，久遠より来た是等の衆を教化せり」と答えた．そこで弥勒は釈尊に，*成仏してから40余年という短い期間に，これほど多くすぐれた菩薩を教化したとはとても信じられないと問う．その答えが「如来寿量品」で，一切世間は釈尊のことを「伽耶城を去ること遠からず，道場に坐して」始めて*成道した仏(伽耶始成，始成正覚)と思っているが，「我実に成仏してよりこのかた無量無辺百千万億那由他劫なり」と説かれる．この経説を〈久遠実成〉と呼ぶ．すなわち，釈尊が伽耶ではじめて成仏したとする説は*方便であって，真実には久遠の昔に成仏し，それ以来衆生を教化してきたとする．この〈久遠実成〉という語は*湛然(妙楽)によるものであり，天台宗さらに日蓮宗で重視された．「法華経において一念三千・久遠実成の説を聞いて正覚を成ずべし」〔日蓮法華真言勝劣事〕．→開近顕遠．

久遠の弥陀 くおんのみだ　*久遠実成の*阿弥陀仏をいう．〈久遠実成〉は久遠の昔に成仏したことを言い，〈十劫正覚〉の阿弥陀仏に対する．天台教学では，*法華経の本門の中心である「如来寿量品」で説かれた久遠実成の釈尊を本仏とし，衆生を導くために現れた仏を迹仏とするが，日本天台ではそれを阿弥陀仏に応用して〈久遠の弥陀〉を主張するに至った．*親鸞もまた〈久遠の弥陀〉を主張した．その結果，真宗教学において，*十劫の弥陀と久遠の弥陀との関係について論議が起った．

苦海 くかい　〈くがい〉とも読む．苦しみの海の意．衆生が住むこの現実世界を〈苦界〉，すなわち苦しみの世界とみなし，それを海に喩えたもの．たとえば法華経寿量品には「我れ(仏)，諸の衆生の苦海に没在せるを見るも，故に為に身を現さず，其れをして渇仰を生ぜしむ」とあり，華厳経(八十華厳)入法界品の救護一切衆生主夜神の一節には「常に苦海に於いて衆生を救う」とある．〈苦輪海〉(苦しみの輪廻の海)などともいう．「むなしく苦海に溺れんよりは，急ぎて彼岸を欣ふべし」〔愚迷発心集〕

公界 くがい　もともと禅宗で用いられた言葉で，*叢林において*大衆が共同生活する場そのものを意味した．禅寺の住持が行う定例の*上堂を〈公界上堂〉，*法堂・*仏殿など大衆が共同で使う場所を〈公界道場〉と呼ぶのは，これである．しかし，後には，叢林を超えて，様々な意味で用いられるようになった．まず，〈私〉に対する〈公〉，すなわち，公共の場，社会，世間の意味に用いられ，そこから，社会において本来あるべき姿，公の任務，社会正義，社会の通念などの意をも含むようになった．さらに，音の類似から〈*苦海〉とも関連づけられて，苦しい生きかた，つらい生活の意味でも用いられるようになり，特に遊女の生活を指すようにもなった．

弘願 ぐがん　広大な願いの意．仏が衆生を助け，悟りへと導くために起す，広大な*誓願のこと．〈*弘誓〉〈弘誓願〉ともいい，これを一般的にまとめたものが〈*四弘誓願〉である．なお，浄土教では，一般に阿弥陀仏の*本願(無量寿経に説く*四十八願)を意味する．ただし，浄土宗鎮西派では四十八願のうち十八・十九・二十・三十五の4願を，浄土宗西山派や浄土真宗では第十八願のみを指してこう呼ぶこともある．「ただ善導の遺教を信ずるのみにあらず，またあつく弥陀の弘願に順ぜり」〔黒谷上人語灯録15〕

『**愚管抄**』(ぐかんしょう)　*慈円(じえん)著．7巻．歴史書．承久2年(1220)成立(追記があり，承久の乱後成立説もある)．わが国初の史論書．神武天皇から順徳天皇まで，歴史の流れを道理という史観で説明，皇統の不変を，仏法・摂関家・武士が守るとする．*末法思想が説かれ，皇権の衰退と武士の台頭から，鎌倉幕府の成立，後鳥羽上皇の討幕計画など，複雑な世相の中で，摂関家出身で天台座主でもある著者が，自分の家九条家の存在意義と公武協調の利を献言した書．

句義　くぎ［*s*: padārtha］　語の意味，さらには広く，語によって指示される対象，事がら，ものをさす．さらに*ヴァイシェーシカ学派では，現象世界の構成原理またはカテゴリーを句義と呼ぶ．通常は，実体・性質・運動・普遍・特殊・内属の6句義を立てるが，後には〈無〉もまた独立の句義として認められることになる．

供犠　くぎ［*s*: yajña］　神仏に供物(くもつ)として種々の*犠牲をささげる行為，もしくはそのささげられたもの．宗教儀礼上の意義として主に仏教で用いられる〈*供養(くよう)〉と共通するところも多い．ただし供犠においては動物の命を断ったり，血を流したりするところに供養との大きな違いがあるといえる．供犠は世界的にみても非常に広い分布を示しており，感謝，贖罪(しょくざい)，贈物，神との交流などさまざまな意義がこめられている．また宗教学的には供えられる物の聖化と破壊(死・流血)とが本質的な要素と考えられている．供犠の対象は必ずしも動物に限られないが，その場合でも破壊をもたらす暴力的なエネルギーに大きな意義を認めようとする心意がこの風習を支えているといえよう．さらにしばしば欠かせないのは神と人間との共食(きょうしょく)である．供えられた供物を神と共に食べることにより，人間は神の恩寵を得られるのである．日本ではそれを一般に〈直会(なおらい)〉とよんできた．

【日本文化における供犠】日本文化において，供犠は主に民間の信仰や儀礼の中に現れてきた．最も濃厚にそれが見られるのは狩猟にまつわる儀礼である．一例をあげれば，青森県津軽地方の狩人たちは獲物をしとめると，平地に運んでいって皮をはぎ，内臓を取り出して神々にささげたという．まず剝(は)いだ皮の頭を死骸にかぶせ，それから解体にとりかかる．そのあと心臓・肺・肝臓を取り出して串にさして雪の上にたて，山の神をはじめ山中の神聖な場所を司る神々にそれを供えるのである．こうした儀礼だけを取り上げてみれば狩人にかぎられた風習にすぎないが，日本文化全体の中では思いもかけない広がりをもっている．例えば切腹は日本固有の習俗として外国人から好奇の目で見られてきたが，そこには生命や精神の中心がそこに宿るとする日本人の腹＝内臓に対する特有の思い入れがうかがわれ，狩人によって山の神にささげられた獣の内臓ともつながってくる．また今日では伝説の中でしか語られない人柱(ひとばしら)の風習も，実在が確かめられれば人身供犠として位置づけられることになる．インドでは puruṣa-medha という．

【日本仏教の場合】一方，*不殺生(ふせっしょう)を建て前とする仏教において，供犠の習俗は明瞭には認められないが，僧侶たちの現実の活動には人身供犠を思わせる記録がある．*焼身(しょうしん)供養というのがそれで，応照という僧が法華経薬王品の教える所に従って自らの身を焼き，身体の各部をさまざまな仏に供養した(『法華験記』9)のをわが国の初見として，平安中期以後の仏教説話集にはこのことが散見される．「*僧尼令(そうにりょう)」で禁止され，*行基(ぎょうき)らが行なったとされる「焚剝指臂」「灯指焼尽身」「剝身皮写経」といった行為も，こうした供犠の一形態と見てよいだろう．

究竟　くきょう　サンスクリット語の paryanta (極限)，atyanta (無限の，完全な)，niṣṭha-√gam (究極に到る)などの漢訳語．究極(の)，極め尽くすの意で善悪いずれにも用い，形容語としても動詞としても用いる．ちなみに，究極の悟りを〈究竟覚(かく)〉〔大乗起信論〕，究極の寂滅(じゃくめつ)を〈究竟涅槃(ねはん)〉〔法華経方便品〕という．また天台教学では，*円教(えんぎょう)の修行の階位を表す*六即(ろくそく)のうち最後の，完全な悟りの位を〈究竟即そく〉〔摩訶止観1下〕と称する．なお日本語では，すでに中世から，きわめてすぐれたさまを形容する一般語となり，大変好都合なとか，きわめて強力なの意に用いられた．

「曠劫多生行ひ給ひて，三身円満し，究竟妙覚の位にかなひ給へる仏の」〔法華百座6.26〕「もしよく心を観ずれば究竟して解脱し，心を観ぜざる者は究竟して流転すと云々．究竟は同じけれども流転の究竟かなしむべし」〔雑談集7〕「(歌を)人にも見せずして詠みおきたれば，卒爾そつじの用にも叶ひて，究竟の事にてあるなり」〔後鳥羽院御口伝〕

苦行 くぎょう [*s*: tapas, duṣkara-caryā]
古くからインドは〈苦行の故地〉と称せられ，紀元前4世紀インドに侵入したアレキサンダー大帝以下のギリシア人も苦行者を見，7世紀入竺した*玄奘げんじょうも彼らの*行法ぎょうぼうを目撃し，15世紀以降インドを訪れた初期の西洋人も奇異の眼をもってインドの苦行者のことを報告している．沈黙の戒・*禁欲・*断食など，肉体的欲望を抑える*修行・苦行の類は多かれ少なかれあらゆる宗教の奨すすめるところであるが，インドの苦行はとりわけ際立っているように思われる．*原始仏教興起時代にも*沙門しゃもんの名の下に世俗を捨てた行者の群が言及され，*仏もまた*成道じょうどう前に苦行に身を挺したと伝えられる．インドの法典や宗教文献も苦行者を分類して4種とも6種ともしている．

【荒行への発展】もと難行・苦行とは人間自然の欲望を抑えて精神力を鍛えることを目的としていた．饒舌を抑えては沈黙の戒となり，食欲を抑えては断食，性欲を抑えては禁欲となる道理である．人はこれらに耐えて精神力を涵養かんようするが，更により積極的・人為的に肉体を苦しめることを奨めた．かくて酷熱の太陽の下で四方に火を置いて暑さに耐え，また冬に水に籠って寒さに耐え，腕を挙げ，一足にて立ち，蹲踞そんきょの姿勢を保つなど，長期間同一姿態を保つ〈荒行あらぎょう〉へと発展し，これらの身体的苦痛に耐える間に強度の神秘力・神通じんずう力を己れの内に蓄積すると信じられていた．

【神通力の獲得】苦行の結果，身につく神秘力・神通力の中には，過去と未来を知る能力，前世を知る能力，他人の心の中を知る読心術，千里眼，水上歩行などが数えられ，苦行者の超能力は神々をも畏怖せしめたとして各種の神話・伝説・物語が伝えられている．ただし仏教ではこれら神通力は行者の修行の間にたまたま現れて来る副次的なものとされ，それを誇示したり，濫用らんようしたりすることは厳に戒められ，それは*ヨーガ学派にも一貫した姿勢であった．→神通．

古典サンスクリット文学にあって，行者が苦行によって得た神秘力は，怒って他人を呪うこと，および愛欲に迷って女性と交わること，によって完全に消滅するものと考えられていた．同時にそれは苦行者の呪詛じゅその必中性を保証し，行者の胤として女性に宿った子孫の非凡性を約束していた．いずれも苦行の熱力の外的顕現と考えられていた故である．

「それより尼連禅河にれんぜんがの側ほとりに至り給ひて，坐禅修習して苦行し給ふ」〔今昔1-5〕

『究竟一乗宝性論』 くきょういちじょうほうしょうろん [*s*: *Ratnagotravibhāga Mahāyānottaratantra-śāstra*] 北魏，*勒那摩提ろくなまだい訳(510年頃)．4巻．『宝性論』とも略称する．著者は，唐の*法蔵の記録によれば，沙羅末底しゃらまてい(堅慧けんね，Sāramati)．ただし，チベットの所伝では*弥勒みろくの*偈げに*無着むじゃくが釈したものとする．現行のサンスクリット本には何の記載もない．基本頌約170と，その内容を要約する注釈偈約210，および注釈偈を解説し典拠を示す散文の三部から構成される．書名の〈宝性〉(ratnagotra)は，*衆生しゅじょうがみな備えている悟りの可能性(*如来蔵にょらいぞう)を，宝石(ratna)を生ずる山(gotra)に喩え，修行による錬磨で自らの内なる*如来を現すこと，また，すべての衆生が仏・法・僧の*三宝さんぼうを生む家系(gotra，*種姓しゅしょう)に属し，三宝の筆頭にして根拠たる仏(如来)の生じる因である(*仏性ぶっしょう，如来蔵)ことをいう．

この〈宝性〉を，如来蔵と如来の*法身ほっしんそれぞれのあり方，および両者の関係を中心に解明する．第1章冒頭で三宝を論じ，続いて〈如来蔵〉が，仏の*本性ほんしょうとしての〈*真如しんにょ〉にほかならない点で如来と共通だが，衆生にあっては偶然的な*煩悩の汚れを纏った〈有垢うく真如〉であることを説明する．第2章は，同じ如来蔵が，悟りを完成した如来においては真理を身体として現した〈法身〉で，有垢から〈無垢むく真如〉への転換(*転依てんね)であるとする．第3,4章は法身に備わる徳性と機能を述べる．

如来蔵思想を組織的に説いた論典として重要．サンスクリット原語表題中の別題がいう〈究竟論〉(uttaratantra)は，本書が先行する空性くうしょう思想の後(uttara)を継ぎ，かつ究極(uttara)であるという意．*華厳経けごんぎょう・*勝鬘経しょうまんぎょうなど多数の大乗経典からの引用を駆使し，悟りを志向する衆生(*菩薩ぼさつ)すべてが悟りを完成しうる根拠を理論的に呈示していることからも，大乗仏教の究極の論との自負はそれなりの妥当性をもつといえる．

究竟次第 くきょうしだい ［*s*: niṣpannakrama, *t*: rdzogs rim］ インド後期密教*タントラ聖典が説く修行法．性*瑜伽ゆがをともなう*灌頂かんじょうを受けて実践する身体的な*ヨーガである．呼吸法によって精神生理学的に特殊な状態を生み出す．すなわち身体を貫く脈管に風を通し，脈管の結び目である*チャクラ(輪)に到らしめ，その結び目をほどくことで自由に風をあやつり，*菩提心ぼだいしんを象徴する精液と溶かし合わせて根源的な意識である心臓の不壊の滴を溶かす．そして*光明のヴィジョンを観て最高の快楽(*大楽だいらく)を得ることを目的とする．*ポワを含む*ナーローパの六法などのヨーガもこの一種である．教団の中では*戒律に触れる性瑜伽は瞑想のみにとどめられ，大楽の体験を*空性くうしょうの体得と異ならないとする理論づけも行われた．チベットにおいても密教の修行法の基本であるが，教団においては〈生起しょうき次第〉を終えた者でなくては実践することは許されない．→生起次第．

苦行釈迦 くぎょうしゃか *仏伝ぶつでん中の重要な一場面をなす，山林で*苦行する姿の釈迦．早くから造顕の対象となり，パキスタンのラホール博物館には，*ガンダーラ・シークリー出土の痩軀の著名な石像(2世紀)がある．*キジル石窟に壁画(唐時代，7世紀)があり，*敦煌莫高窟とんこうばっこうくつ第248窟に*塑像そぞう(北魏時代，5世紀)，*炳霊寺へいれいじ石窟にも同期の塑像がある．北宋末・南宋初(12世紀)には，片膝を立て瞑想する姿の像が造られ禅の隆盛と共に流布した．わが国では室町時代に*禅林で描かれた．真珠庵(*大徳寺塔頭)には曾我墨渓そがぼっけい(?-1473)筆，*一休宗純いっきゅうそうじゅん賛の画像がある．→出山釈迦．

弘経の三軌 ぐきょうのさんき 仏の滅後に弘経者が経を弘めるに際して心得るべき3種の規範．法華経法師品に，法華経を説かんと欲する者は，1) 如来の室に入り，2) 如来の衣を着，3) 如来の座に坐して，説くべきであり，1) 如来の室とは大慈悲心，2) 如来の衣とは柔和*忍辱にんにくの心，3) 如来の座とは一切法*空くうである，と説くのによる．〈衣座室〉と略称することもある．

恭敬礼拝 くぎょうらいはい 〈恭敬〉は，うやうやしくつつしむこと．〈恭〉は行為など外に現れるものにおける慎み深さを意味し，〈敬〉は心の慎みを意味する．中国古典に広く用例が見える．〈礼拝〉は敬礼すること．〈礼〉は尊敬する意，〈拝〉は胸の前で組んだ手まで首を下げておがむこと．〈恭敬礼拝〉は両語を複合した熟語で仏典に頻出し，神仏に対して敬虔な気持で拝むことを意味する．「(法花経を)供養の後は，懃ねむごろに恭敬礼拝し奉る事限りなし」〔今昔 7-18〕．→礼拝．

苦行林 くぎょうりん ［*s*: Uruvilvā］ ウルヴィルヴァーの漢訳名．古代インドの村落の名．〈鬱鞞羅〉〈優婁頻螺〉〈烏留頻螺〉などと音写．ゴータマ-ブッダ(*釈迦)が*成道じょうどうまでの6年間，この村の林で*苦行を行なったという事跡にちなんで，このように訳されたもの．現ビハール州のボードガヤー(*仏陀伽耶ぶつだがや)から南へ数キロメートルの付近に相当し，近くにはナイランジャナー河(*尼連禅河にれんぜんが)が流れていたとされる．

供花 くげ 〈供華〉とも書く．仏前に時節の花をそなえること．特にそのために行う法要を〈供花会くげえ〉という．5月と9月に行なった長講堂ちょうこうどう(京都市下京区)，3月の*六波羅蜜寺ろくはらみつじのそれは有名．また*香華こうげとか献花献香というように，花は*香とともに仏前または霊前にささげるものとして欠かせない．真言宗では*六種供養の一つにかぞえる．花をまきちらす*散華さんげも供花の一．花で刺とげのあるもの，しおれたもの，悪臭のあるものは避けることになっている．日本における生け花は，供花に由来するといわれる．「そのかみ宣陽門院の御供花の御会の歌に，常夏契久と云ふ題にて」〔無名抄〕

口訣 くけつ　〈口決〉とも書く．師から門人弟子など数少ない選ばれた者に対して密かに口ずから*奥義(おうぎ)・*秘伝(訣)を伝授すること．〈*面授(めんじゅ)口訣〉ともいう．転じて，その奥義の筆録も〈口訣〉という．口訣は*法門の秘訣を弟子に誤解なく伝え，体得させ護持させる最良の方法として，多い少ないの差こそあれ各宗派で行われるが，特に密教にあっては尊ばれ秘密裡に伝持されている．「知るべし，その口決相承もすべて先徳の本意にあらずといふ事を」〔夢中問答中〕「故建仁寺の本願の口決に，地不決といふ書これあり」〔雑談集6〕．⇀口伝(くでん)．

『**弘決外典抄**』ぐけつげてんしょう　村上天皇の皇子，具平(ともひら)親王(964–1004頃)撰．4巻または2巻．〈弘決〉とは，天台*智顗(ちぎ)の*『摩訶止観(まかしかん)』の注釈書である荊渓*湛然(けいけいたんねん)著*『摩訶止観輔行伝弘決(まかしかんぶぎょうでんぐけつ)』のこと．湛然は出家以前は儒学者であった．そのため解釈中に仏教典籍以外の書(外典)をも頻りに引用している．時の仏教学者は仏典以外を外典と蔑視し，研究の対象としなかったため，湛然の著作を転写する時に誤って写したものもあり，その引用には理解し難いものがあった．本書はこの問題を解決するために，『弘決』に引用された『周易(しゅうえき)』『尚書(しょうしょ)』などの50余部の書籍の文章を抄出し，その原本に従って注を加え，研究者の理解をうながしたものである．

公験 くげん　国の機関から発行される証明書．中国では主にパスポート，古代日本では私有地の売買・譲与を公認する文書をさすが，日本仏教界においては*得度(とくど)の際に発行される*度牒(どちょう)(度縁)，*授戒の際に発行される*戒牒など，公認僧尼に交付される官僧身分証明書をいい，*僧綱(そうごう)・治部省(じぶしょう)・玄蕃寮(げんばりょう)が関与管轄した．『続日本紀』によると，720年(養老4)に初めて僧尼に交付したと見え，以後，公験制は国家の認める僧尼を確定し，律令仏教の大枠を画する制度となった．平安時代に入り，律令制度が崩壊するに伴って次第に弛緩したが，14世紀半ばまでは機能しつづけた．「公験を授くるに僧尼多く濫吹有り，ただ学業をなす者一十五人に公験を授け自余は停むべし」〔続日本紀8〕

口業 くごう　⇒三業(さんごう)

救済 くさい［*s*: paritrāṇa, uttaraṇa］　サンスクリット語の意味は，救うこと，護ることであり，漢訳では，〈救済〉のほかに，〈救護〉〈救抜〉〈抜済〉などが当てられている．ちなみに，〈救済(きゅうさい)〉という漢語は，『三国志』などに用例が見える．*『倶舎論(くしゃろん)』では，救済とは，仏・法・僧の*三宝(さんぼう)に帰依することによってすべての苦から救われることを意味している．法華経譬喩品では，*三界はすべて仏の所有であり，衆生はことごとく仏の子であり，したがって苦しんでいる人々のために，ただ仏のみが〈救護〉となる，と言い，華厳経十廻向品では，「一切衆生を救護して衆生の相を離れしむ」と言う．このように，『倶舎論』では，仏自身が衆生を救うというまでには至っていないが，法華経や華厳経のような大乗経典では，仏自身が衆生の救い主になっている．

親鸞(しんらん)は*『教行信証』総序で，「権化の仁斉(ひと)しく苦悩の群萌を救済す」と言い，また『皇太子聖徳奉讃』のなかで，*聖徳太子について「有情救済の慈悲ひろし」と言い，太子が亡くなった後も「有情を救済せむひとは，太子の御身と礼すべし」とも言う．親鸞は，*阿弥陀仏(あみだぶつ)を衆生の救済者と見ており，太子については，その生前も没後も衆生救済の活動を続けていることを認めている．

キリスト教では，神やキリストは〈救い主〉(sōtēr)であり，信仰の点で，親鸞とキリスト教とが比べられるが，親鸞は，阿弥陀仏をつねに人格的とだけ見ているのではない．帰する所は*法身(ほっしん)であり，形のないものとなっている．

九斎日 くさいにち　三長斎日(さんちょうさいにち)と六斎日とを合わせて〈九斎日〉という．〈三長斎日〉は1・5・9月のそれぞれの前半の半カ月．〈六斎日〉は毎月の8・14・15・23・29・30日をいう．これらの*斎日には在家(ざいけ)の信者が*八斎戒(はっさいかい)を守り，身心にわたって行為をつつしみ反省して*清浄(しょうじょう)をたもち，善事を行う．〈*斎〉(つつしむ)は*プラークリット語(u)poṣadha(*布薩)に相当する漢訳語であるが，もともと『論語』『孟子』『墨子』『荘子』などの中国古典にみえる語で，飲食や行動をつつしんで身心を清めることを意味する．

九字 くじ　[1] 中国の*道教で流行した〈六

甲秘呪〉呪法をわが国の*修験道が受容．臨・兵・闘・者・皆・陣・列・在・前の九字を唱え，四縦五横の直線を空中に画するもので，「九字を切る」と称する．災を払い，勝利を得るための*呪とされ，各字に固有の*印相を用いることもある．なお，中世には九字を通して，敵に包囲されてもわが身は助かり，遂に敵陣が敗れるという意味づけがされて，武人の出陣式の祝言などに用いられ，それはやがて忍者の保身の呪にまで展開した．「出陣の時，大将は御心中に九字を観ぜらるべし．十字は秘事あるべし」〔体源鈔 12 上〕

2 阿弥陀如来の*真言・*陀羅尼のうち，オン・ア・ミリ・タ・テイ・ゼイ・カ・ラ・ウンの九字から成る真言．長文の根本陀羅尼(大呪)に対し小呪という．興教大師*覚鑁が*大日如来の五字真言(*阿毘羅吽欠)と*会通した．「九山は八葉の九尊なり．妙法等の九字なり」〔諸山縁起〕

九識 くしき　天台宗・華厳宗などの法性宗が主張する，眼識・耳識・鼻識・舌識・身識・意識・*末那識・*阿頼耶識・*阿摩羅識の9種の識をいう．唯識派である*法相宗が主張する阿頼耶識までの〈八識〉に，新たに第9番目の識を加えたものがこの九識説である．〈阿摩羅識〉(菴摩羅識ともいう)とはサンスクリットで amala-vijñāna と推定されるが，原語は確認されていない．垢れなき識を意味し，〈無垢識〉とも訳される．この識は別名〈*真如〉ともいわれ，ありとあらゆる現象を生み出す根源であると考えられる．これを〈*真如縁起〉とよぶ．これに対して法相宗は，阿摩羅識は阿頼耶識から垢れがなくなったものであると考え，第九識を立てず，一切は阿頼耶識から生ずるという〈阿頼耶識縁起〉を主張する．→識，六識，八識．

「或いは此の(八識の)上に第九識を立て，諸法は此の識の随縁の相なり，此の故に三界一心と説けり」〔夢中問答下〕

クシナガラ [s: Kuśinagara]　〈拘尸那掲羅〉などと音写．古址については異説があったが，現在ではインドのビハール州，ガンガー河(*ガンジス河)の支流ガンダク河の西方，ゴーラクプルの東 56 キロメートルのカシアーに比定されている．5 世紀の銘のある*涅槃像と大涅槃寺の銘のある古泥印，および涅槃塔から銅板が出土したことがその論拠となっている．クシナガラは仏陀時代の*十六大国の一つであるマッラ族の都で，仏陀は北郊のサーラ林(*娑羅双樹の下)で入滅したという．塔と祠堂の周囲には後世の僧院遺構がある．この地名を古い仏典では Kusinagarī という美称をもってよび，現在ではこの地はヒンディー語およびネパール語でクシーナガル(Kuśīnagar)とよばれている．

狗子仏性 くしぶっしょう　〈くすぶっしょう〉とも読む．*『無門関』第 1 則で有名な禅の*公案．〈趙州無字〉ともいう．*趙州従諗に僧が「狗子(犬)にも仏性があるか」と尋ねたら，「無」と答えた．原典の『趙州録』における意味は，単に「ない」ということであるが，公案禅において，この〈無〉が〈有〉と〈無〉という言語次元における二項対立を超える手がかりとして重視された．この公案は近代日本において，いわゆる〈東洋的無〉の原典とされ，注目されるようになった．→無字．

「或人狗を指して，狗子に仏性ありや．答ふる人二人あり．其の中に一人いはく，狗子に仏性あり．一人は，狗子に仏性なし，と答ふ」〔三国伝記 11-30〕

孔雀経曼荼羅 くじゃくきょうまんだら　*不空訳『大孔雀明王画像壇場儀軌』に基づき，祈雨・息災を修する孔雀経法に用いられる曼荼羅．内院八葉蓮華の中央に四臂の孔雀明王，各葉上に*過去七仏と*弥勒菩薩をめぐらし，四方に四辟支仏(*縁覚)，四隅に四大*声聞，それらの間に金色*宝瓶を配す．中院は 6 侍者を従え荷葉上に坐す*十二天，外院には二十八薬叉大将と九曜・十二宮・*二十八宿をめぐらす．遺品は少なく，松尾寺本(鎌倉時代，大阪府和泉市)が知られる．→孔雀明王，別尊曼荼羅．

孔雀明王 くじゃくみょうおう [s: Mahāmāyūrī]　〈孔雀王〉〈仏母大孔雀明王〉ともいう．仏母とするのは原語が女性名詞であるため．*明王であるが他と異なり*忿怒相をとらない．古くから成立した尊格で，毒蛇を食す孔雀を神格化し，一切諸毒を除く能力を持つとして信仰した．この明王は，孔雀王呪経・大孔雀呪王経・仏母大孔雀明王経などに述べられ，そのサンスクリット原典は Mahāmāyūrī という表題である．

孔雀明王を*本尊として修する秘法を〈孔雀経法〉といい，その呪文は諸病や貪(とん)瞋(じん)癡(ち)(*三毒)も含めた害毒を消除し，*息災延命・*請雨(しょうう)止雨のために盛んに用いられた．尊容は一面二臂(ひ)もしくは四臂・六臂で，手には孔雀の羽根を持ち，四臂・六臂の場合は孔雀に乗る．遺例としては，画像では東京国立博物館像(平安後期)や*仁和寺(にんなじ)像(南宋)，*白描(はくびょう)図像に淡彩をほどこした*醍醐寺(だいごじ)像(鎌倉時代)など多く，彫像では*快慶作の*高野山金剛峯寺(こんごうぶじ)像がある．

倶舎宗 くしゃしゅう　インドの*世親(せしん)が著した，*説一切有部(せついっさいうぶ)の教理を中心とする教理の綱要書『阿毘達磨倶舎論(あびだつまくしゃろん)』(*『倶舎論』と略称)を研究する宗派．中国で，南北朝時代の毘曇宗(びどんしゅう)を受けついで成立した．日本では，*法相(ほっそう)宗を始めて伝えた*道昭(どうしょう)が伝来し，東大寺などで研究され，*南都六宗の一つに数えられている．延暦25年(806)の官符では，法相宗の付属の宗(*寓宗(ぐうしゅう))として毎年1名の僧の*得度が認められた．

クシャトリヤ [s: kṣatriya]　⇨刹帝利(せっていり)，四姓(しせい)

クシャーナ王朝 —おうちょう [s: Kuṣāṇa]　〈貴霜(きそう)〉と音写．匈奴に追われた大月氏(だいげっし)は，紀元前130年頃バクトリアを占拠したが，その支配下にあったトカラ族の五翕侯(きゅうこう)の1人，貴霜は，紀元前後頃に大月氏にとってかわり，他の四翕侯を支配してクシャーナ王朝を創設した．始祖クジューラ-カドフィセースはインダス河以西の地を支配し，ヴィーマ-カドフィセースはサカスターナ，アラコシア，西部インドを併合した．*カニシカ王はプルシャプラ(現在のペシャーワル)に都して，ガンガー河(*ガンジス河)の中流，ヴィンディヤ山脈，カーティアーワール半島，*カシュガル，ヤルカンド，ホータンからアラル海にいたる地域を支配した．カニシカ，フヴィシカ，ヴァースデーヴァの仏教への寄進行為は顕著であり，*説一切有部(せついっさいうぶ)を中心とする諸部派が隆盛した．

また同王朝下の北西インドにおいて，1世紀末頃からヘレニズム文化の影響を受けて*ガンダーラ美術が興り，仏像の彫刻も始まった．一方，ほぼ同じ頃，王国の南東部の都市*マトゥラーでも独自の様式をもつ仏像彫刻が生まれている．同王朝は，ペルシアのササン王朝シャープール1世(在位240-272)に滅ぼされた．

『倶舎論』 くしゃろん [s: *Abhidharmakośa-bhāṣya*]　*世親(せしん)(ヴァスバンドゥ)の著．詳しくは『阿毘達磨倶舎論(あびだつまくしゃろん)』という．〈倶舎〉(kośa)とは容れ物(蔵)の意味で，アビダルマ(*阿毘達磨(あびだつま))の教理がその中にすべて含まれているという意味．直接には*説一切有部(せついっさいうぶ)の論蔵の一つである『発智論(ほっちろん)』と，これを注釈した*『大毘婆沙論(だいびばしゃろん)』200巻の内容を巧みに収め，説明しているから，その名に恥じない．しかも有部の教理の行きすぎた点を，*経量部(きょうりょうぶ)の立場から批判している点に特色がある．

本書は600の偈文とこれを注釈した散文より成り，*法の種類やその活動を示した「界品」「根品」，*世界の構成を示した「世間品」，有情(うじょう)の輪廻(りんね)の因となる*業(ごう)や*煩悩を示した「業品」「随眠品」，*悟りの段階を示した「賢聖品」，悟りの*智慧や*禅定(ぜんじょう)を示した「智品」「定品」，以上の8章に有部のアビダルマの教理がまとめられており，付録に「破我品」がある．近年サンスクリットの原典が発見され，公刊された．他にチベット訳と漢訳2本(真諦(しんだい)訳と玄奘(げんじょう)訳)とがあり，研究には玄奘訳が用いられる．これには冠導本というよいテキストがあり，普光と法宝とのよい注釈がある．

『倶舎論』は中国でもよく研究されたが，日本では奈良時代に*倶舎宗の所依の論として重視され，その後も仏教教理の基礎学としてよく研究され，現在もその重要性は減じない．またチベットやモンゴルでも，仏教教理学の入門書として学習されている．

口授 くじゅ　⇨口伝(くでん)

久住 くじゅう　①久しく住すること．仏教では，仏法が末長く弘められ，多くの人びとを救うことができるように，「令法久住(りょうぼうくじゅう)」(法をして久住ならしめよ)と祈る．

②久しく住している者の意．一つの修行に専念して，その道場に久しく住している人

を指す．*比叡山(ひえいざん)などで，法華経に基づくもろもろの修行を続けている者を〈久住者(くじゅうしゃ)〉といい，効験をあらわすものとして扱われた．「中堂の久住者二十人ぐして参りて，いみじく祈りやめまゐらせて」〔愚管抄 4.鳥羽〕

苦集滅道 くじゅうめつどう　⇒四諦(したい)

久修練行 くしゅれんぎょう　長い間仏道修行を積むこと．「山林に年を積みて，練行日尚(ひさ)しかりき」〔法華験記 上32〕などとあるように，これらの僧は山林や山寺にこもって多年修行し，有験(うげん)の*行者として尊ばれた．ちなみに，*比叡山(ひえいざん)で12年の山籠りの制を越えて籠山苦修する〈*久住者(くじゅうしゃ)〉などもこの類である．「また有験の久修練行のしるしには，ここに徳を開き給ふべきなり」〔孝養集 下〕「初心始学にもあれ，久修練行にもあれ，伝道授業(でんだうじゅごふ)の機をうることもあり，機をえざることもあり」〔正法眼蔵 渓声山色〕

口称 くしょう　〈口唱〉とも書く．口に出して称(とな)えること．特に，阿弥陀仏の*名号(みょうごう)を「*南無阿弥陀仏(なむあみだぶつ)」と称えること．これを〈口称念仏〉といい，観想念仏・実相念仏とともに〈三種念仏〉の一つ．浄土門では阿弥陀仏の*第十八願に基づいて，衆生(しゅじょう)を容易に*極楽へ導く道として口称念仏を最も重視する．日蓮宗では，「*南無妙法蓮華経(なむみょうほうれんげきょう)」と題目をくりかえし唱えることを〈題目口称(唱)〉という．「その行とは，悟入門には心地修行・口称念仏なり」〔妻鏡〕．→称名，唱題．

倶生 くしょう　[1] [s: saha-ja] 〈倶生起〉の略．生れると同時に生起する先天的な*煩悩(ぼんのう)．後天的に生起する〈分別起〉の対．*唯識(ゆいしき)では，邪師・邪教・邪思惟によって起る分別起の煩悩に対して，倶生の煩悩は働きが微妙で根深いとされる．そこでまず*見道(けんどう)で分別起の煩悩を断じたのち，*修道(しゅどう)で長い時間をかけて倶生の煩悩を断じていく，と説く．「生まれしよりこの身心につきそふたる煩悩なれば，倶生の惑といふ」〔十善法語 10〕

[2] [s: saha-utpanna] 〈倶生法〉の略．同時に(結びついて)生ずること．また，そのようにして生じたもの．

九条 くじょう　三衣(さんえ)の一つ．〈僧伽梨(そうぎゃり)〉(saṅghāṭī)と称し，三衣のなかでは最も上に着用する．〈大衣(だいえ)〉〈重衣(じゅうえ)〉〈和合衣(わごうえ)〉〈説法衣(せっぽうえ)〉などと訳されている．長布と短布を継ぎ合わせて一条とし，これを九条並べて縫い合わせて作る．材質や色彩は，はじめ*律蔵に定められた質素なものであったが，中国・日本では法要の際に用いられ，種々の模様をほどこした華麗なものが多い．僧伽梨にはこのほか十一条以上二十五条の9種類を数え，〈九品衣(くほんえ)〉ともいわれる．「九条の袈裟を外(はず)して奉り給へば，東山の上人泣く泣く受取り給ひけり」〔義経記 6.関東〕．→三衣，袈裟(けさ)．

公請 くじょう　宮中に召されること．また*御斎会(ごさいえ)・*仁王会(にんのうえ)など朝廷主催の法会に*講師(こうじ)・*読師(とくし)などの役僧(*七僧)として召されること．公に高僧として認められていることの一つの表象であり，大きな名誉であったが，平安時代に入ると，名利を嫌って自らの修行を全うせんとする僧侶の中には，*性空(しょうくう)や*『信貴山(しぎさん)縁起』の命蓮(みょうれん)のようにこれを固辞する者も現れた．さらに平安末期から中世にかけての*末法思想流行の中では，世を逃れた隠遁者や念仏者の間で，公請の辞退は望まれるポーズの一つともなった．安居院(あぐい)の*澄憲(ちょうけん)の「公請表白」が知られる．「千観内供は顕密兼学の人にて，公請にも従ひけり」〔著聞 釈教〕

倶生神 くしょうじん　常に人の両肩にいて善悪の行動を記録し，死後，*閻魔(えんま)王に報告するという2人の神．1人を〈同生〉といい，1人を〈同名〉という．インドでは冥界などを司る双生児神としての性格が強かったが，中国では司命(しめい)などの中国固有の思想と結びつき，*偽経経典の中でさまざまな性格を付加されて中国化が進んだ．日本でも*十王信仰とともに流行し，鎌倉時代以後の彫像や画像がある．「倶生神の左右の肩に在って，善悪を記するをも顧みず」〔愚迷発心集〕

弘通 ぐずう　〈ぐつう〉とも読み，〈弘宣(ぐせん)〉ともいう．教えや経典などが広まること，ないしは広めること．迷えるすべての*衆生(しゅじょう)を救うことを目的として説かれた仏教聖典は，広めるあるいは広まることについての教えを聖典の内に含んでいる．中国において行われた経典解釈における科段分けでは，この部分を〈流通分(るずうぶん)〉と呼んでいる．中国撰述の仏典には，この語が教えの広まることにも用いられている例を多く見受けるが，弘通の語も，すでに『梁高僧伝』の法雲伝に「法蔵を弘通す」とみえ，日本でも古く*『法華義疏』持品に「此の経を弘通せんと欲せば」と見える．→流通，科文(かもん)，分科．

救世 くせ　〈くぜ〉〈ぐぜ〉とも読む．世間の人々の苦悩を救うということで，慈悲深い仏・菩薩を形容する語として用いられる．たとえば*『大乗起信論』帰敬序には，仏に対して「救世の大悲者」といっている．なお，*法華経普門品に「衆生，困厄(わざわい)を被りて，無量の苦，身に逼(せま)らんに，観音の妙智力は，能く世間の苦を救わん」とあることから，それが一般化してやがて救世といえば観音(*観世音菩薩)を意味するようになった．「金色の僧ありて謂(い)ひて曰(いは)く，吾救世の願あり．願はくは后(きさき)の腹に宿らむといふ」〔往生極楽記 1〕「日羅(にちら)地に跪(ひざまづ)きて居り，合掌して白(まう)していはく，敬礼救世観音大菩薩，伝灯東方粟散王」〔聖徳太子伝暦上〕

弘誓 ぐぜい　広大な*誓願(せいがん)のこと．*菩薩(ぼさつ)が悟りを求め衆生(しゅじょう)を救おうと誓うこと，またはその誓いのこと．その内容と決意が広大であることから〈弘誓〉という．阿弥陀仏(あみだぶつ)の*四十八願はその一例．またすべての菩薩に共通した誓願は〈総願〉というが，*四弘誓願はその代表的なもの．「普賢菩薩，法花経において弘誓の願を発して，持経者を守護し」〔法華験記中 58〕「東山の麓に六八弘誓の願(阿弥陀仏の四十八願)になぞらへて，四十八間の精舎をたて」〔平家 3.灯炉〕

救世観音 くせかんのん　〈くぜかんのん〉ともいう．*聖(しょう)観音の一名で，〈救世大士〉〈救世菩薩(ぼさつ)〉〈救世薩埵(さった)〉または〈救苦(くく)観音〉とも呼ぶ．〈*救世(くせ)〉の語は，法華経普門品の「観音妙智力，能救世間苦」より出たものと思われ，わが国では*聖徳太子の関係寺院に遺例が多く，中世には太子の*本地(ほんじ)仏として崇敬された．なかでも，8世紀より太子*等身(とうしん)像として著名な法隆寺*夢殿の救世観音像は，太子生存中の念持仏とも考えられる貴重な遺例である．なお，〈救世〉の名称を中国で盛んであった〈救苦観音〉の写し誤りという説もある．

九山八海 くせんはっかい　仏教宇宙観で，*金輪(こんりん)の上にある世界をさす．金輪の上は水で覆われているが，その中心に須弥山(しゅみせん)がそびえ，これを七つの山脈が同心状にとりまき，さらに金輪の外縁を*鉄囲山(てっちせん)が縁どる．以上の九つの山によって八つの海が形成される．これらを総称して九山八海という．「難陀尊者在俗の時，仏の通力に随ひ奉りて，九山八海を廻り，天上地獄を見たりき」〔盛衰記 48〕．→須弥山，付録(須弥山世界図)．

九相 くそう　〈九想〉とも書く．人間の死骸が土灰に帰するまでの九段階の変相をいう．また*不浄観の一つとして，この変相を観想して肉体への*執着(しゅうじゃく)を断ち，*無常を悟って*解脱(げだつ)をはかること．各段階の変相の名称については一定しないが，*『大智度論』21の所説では脹・壊・血塗・膿爛・青・噉・散・骨・焼，伝蘇東坡(そとうば)作の「九相詩」では新死・肪脹(ぼうちょう)・血塗・方乱・噉食(たんじき)・青瘀(しょうお)・白骨連・骨散・古墳の九相．

この各相をそれぞれ詠じた漢詩を〈九相(想)詩〉といい，古くは*『性霊集(しょうりょうしゅう)』「補闕鈔」10所収の空海作のものもあるが，日本文学への投影が大きいのは蘇東坡に仮託されたもの(一説に五山僧の作かとも)で，その詞章は室町期の謡曲に散見する．また，この各相に和歌2首ずつを添えたものも行われ，その影響は近世の仮名草子『二人比丘尼』や西鶴の『好色一代女』にも認められる．なお，六道絵や*十界図(じっかいず)の人界(にんがい)に九相図を描いたものがあるのは，六道苦を説く説経の資料としたものである．

「かの九想を観じて深く道心を起こし，遂にもて出家したり」〔続本朝往生伝 33〕「二つのまなこたちまちにとぢ，一つの息ながくたえぬれば，日かずをふるままにそのいろを変じ，次第にあひかはるに九相あり」〔存覚法語〕

九僧 くそう　大規模な*法会において役割を分担する9人の役僧．1)*導師，2)呪願師(じゅがんし)，3)唄師(ばいし)，4)散華師(さんげし)，5)梵音師(ぼんおんし)，6)錫杖師(しゃくじょうし)，7)引頭(いんず)，8)堂達(どうたつ)，9)納衆(のうしゅ)，の9人．→七僧．

宮僧 くそう　⇒社僧(しゃそう)

供僧 ぐそう　〈くそう〉とも読む．〈供奉僧(ぐぶそう)〉の略で，*本尊に奉仕する僧の意．大寺にあっては，寺内の諸院・諸堂をあずかって管理し，それぞれの本尊に仕えた役僧で，人数は院・堂の規模や職掌に応じて定員があったようである．定時の読経をはじめとする寺務に従事し，*公請があれば定時・臨時の法会などにも参列して供料を受けた．なお，学徳が高く，選ばれて宮中の*内道場に奉仕した僧は特に〈*内供奉〉，略して〈内供〉〈供奉〉などと称された．「蓮坊阿闍梨は，慈念大師の弟子なり．釈迦堂の供僧なり」〔法華験記上20〕「壇光房を蓮花王院の供僧になされたりけるに」〔著聞興言利口〕

具足 ぐそく　〈具〉は備わる，〈足〉は足る，みち備わるの意．類義字を重ねた熟語で，すでに『論衡』正説などに見える．物事が十分に備わるの意を踏まえて，仏教語としては，〈完全な〉の意の形容語として使われたり，〈完全に〉の意の副詞として使われたりする．法華経方便品に「具足の道を聞かんと欲す」とある．なお仏教でも，道具という意味に使われることもある．「仏滅後，如来の法を紹隆したまへる教・禅の宗師，皆同じく戒相を具足したまへり」〔夢中問答下〕「およそ仏道修行には，何の具足もいらぬなり」〔明恵遺訓〕

具足戒 ぐそくかい　*比丘・*比丘尼，すなわち正式に出家した男女が，*僧伽という集団内で守るべき*戒律の*学処を総称したもの．諸部派で規定された学処の条数（戒律の数）は異なり，南方*上座部では比丘は227条，比丘尼は311条を数え，東アジアの漢訳文化圏では*『四分律』に従い，それぞれ250条，348条とされた．

【内容】具足戒は，具体的には，犯せば僧伽より追放される重罪である〈*波羅夷法〉（婬・盗・殺・妄），次に六昼夜他の全ての比丘を礼拝するなどの贖罪の摩那埵を行い，20人以上の比丘からなる僧伽の前で出罪*羯磨を行う（罪を隠していた場合には同じ期間の別住がさらに課せられる）などの一定の手続きの後に許される〈*僧残法〉，僧伽または衆多人（2,3人）または1人の比丘の前に不法に所持したものを捨てることで許される〈*波逸提法〉，他の比丘に向かって*懺悔すれば許される〈波羅提提舎尼法〉，自ら反省懺悔することで許される〈突吉羅〉などの内容を持つ．

【授戒】出家して僧伽に所属するためには，一定の手続きを踏んだ上でこの具足戒を受けるものとされ，その儀式は〈ウパサンパダー〉（*p*: upasaṃpadā）と呼ばれた．受け終わって正式の出家者として入門を許可されることを〈ウパサンパンナ〉（*p*: upasaṃpanna）という．この具足戒は，〈白四羯磨〉形式で授受され，羯磨と呼ばれる部分で具足戒を授けるとの文言を述べるのが中心であるが，後に教団追放に処せられる〈波羅夷法〉と，僧伽の基本的生活規定である〈四依法〉（糞掃衣住・乞食住・樹下住・陳棄薬住）を受者に誓わせる儀式が付随するようになった．入門の儀礼には，入門希望者の直接指導者である〈戒和上〉，希望者が十分な資格を備え犯罪人であるなどの遮難がないかを確認する〈教授師〉，儀式の進行役を勤める〈羯磨師〉の3人と，証人となる7人の僧侶（*三師七証）の立ち会いが必要とされた．なお，*『十誦律』巻56によれば，自然無師・自誓・善来などの十種類の具足戒の得戒があるとされた．→授戒．

「その年の四月十三日に，東大寺の戒壇院にて具足戒を受けつ」〔今昔11-32〕

苦諦 くたい　⇒四諦，苦

百済観音 くだらかんのん　*法隆寺百済観音堂に安置される観音菩薩立像．像高210.9センチメートル．〈くだら〉と俗称されるのは，日本の仏像としては異例の長身であるため，百済から渡来した*虚空蔵菩薩という伝承が江戸中期にできあがって以降のことらしい．クスノキの*一木造で，面相や上半身の肉づけに丸味が加わり，肩にかかる垂髪も写実的となり，*天衣も奥行への変化をみせるなど，止利様式（*止利仏師の様式）と異なる飛鳥時代後期の特色を示すが，近年，南中国の彫刻との関連を重視して，止利派の彫刻と並行して飛鳥時代前期に製作されたとする説もある．*光背を支える竹状の支柱も木造．

百済大寺 くだらのおおでら　⇒大安寺

愚癡 ぐち　[*s*: moha, mūḍha]　漢語の本来の意味は，愚かでものの道理を解さないこと．『論衡』論死など，仏伝以前に用例がある．教学用語としての〈愚癡〉は〈無明〉と同じで，仏教の教えを知らず，道理やものごとを如実に知見することができないことをいう．単に〈癡〉ともいう．*煩悩の中でももっとも基本的なもので，*三毒(さんどく)や六*根本煩悩の一つに数えられる．通俗的には，愚かで知恵のないこと一般をいい，「ゐなかのひとびとの，文字のこゝろもしらず，あさましき愚癡きはまりなきゆゑに」〔一念多念文意〕というように用いられる．また現在では〈愚痴〉と書き，「愚痴をこぼす」のように，言っても仕方のないことを言って嘆く意にも用いられる．「愚癡邪見にして因果を知らざるによりて」〔今昔12-27〕．→無明．

口伝 くでん　広く口で伝える意であるが，特に仏教では口で*法門を伝授すること．別に〈口授(くじゅ)〉〈*口訣(くけつ)〉〈*面授〉ともいう．筆録することをよしとしない法門の秘法・作法などの*奥義(おうぎ)を，伝持に耐えられると思われる少数の弟子を選び，師より口ずから相伝することをいう．転じて，師の口より直接伝授された奥義・秘義の類をもいう．

特に密教では秘密の口伝が尊重され，〈十二口伝〉を数える．密教相伝3種の本経・*儀軌(ぎき)・口伝中での最後の訣(奥義・秘伝)は口伝による．したがって，筆録文書(もんじょ)中にも符号や脱落・乱文を用いて口伝の余地を残存させた一連の書物がある．日本天台の*本覚思想は〈口伝法門〉によって特異な思想を発展させ，諸流派は法門の*師資相承(ししそうじょう)を保ったが，一方で煩瑣(はんさ)な教学と閉鎖性を生み育てたことは否めない．

また，禅では*教外別伝(きょうげべつでん)・*不立文字(ふりゅうもんじ)，*以心伝心を主張し，真理は文字では表現できず，師と弟子の境地の契合によって伝えられるとした．このように各宗にそれぞれ口伝に類するものがある．後には能楽・生け花・茶の湯などの伝持や家元制などにも取り入れられ，日本文化形成の一翼を担った．

「我聞く所に従ひて口伝を選び，善惡を儻(かたちは)ひ，霊奇を録す」〔霊異記下39〕「合掌は秘印なり．重重の習ひあるべし．秘事・口伝は憚りありてこれを記すに及ばず」〔雑談集7〕

『口伝鈔』 くでんしょう　本願寺3世*覚如(かくにょ)の著．3巻．善鸞(ぜんらん)の子如信(にょしん)(本願寺2世)が祖父*親鸞(しんらん)から折々聞いたものの中から，覚如が他力真宗の肝要として21カ条に選びまとめたもの．1331年(元弘1)，覚如が親鸞の*報恩講中に談じたものを弟子の乗専が筆記し，翌年清書した．ここには，法然から親鸞，如信へと3代にわたって伝持された*面授口決(めんじゅくけつ)の法統の正当性とその継承が強調されている．

求道 ぐどう　中国の古典には，『書経』太甲下に，正しい道理をたずね求めるという用例が見えるのをはじめ，『漢書』西南夷伝には道を捜すという意味の用例がある．仏教語としては，*仏道を求める，仏の教えを願い求めることで，〈求法(ぐほう)〉に同じ．漢訳仏典の無量寿経巻下や法華経安楽行品などをはじめ，孟浩然(もうこうねん)(689-740)の「宿立公房詩」などに例が見える．わが国での用法も仏道を求めるというのが本義．「求道の時，心にこのみ願ひし所に随ひ，大小意(こころ)のままに，ために経法を説き」〔往生要集大文第2〕「詔を奉じて海を渡り道を求め(求道)，台州の国清寺に詣(いた)り」〔顕戒論縁起〕

功徳 くどく［s: guṇa, puṇya, anuśaṃsa］善行(ぜんぎょう)に備わった善い性質，そのような善い性質をもつ善行(造像・起塔・写経など)そのもの，善行をなすことにより人に備わった徳性，さらにまた善行の結果として報われた*果報や*利益(りやく)の意．サンスクリット語のguṇaは，本体に備わる性質(属性)の意味あいで，人の徳性や行為の善性を意味する代表的な原語．またpuṇyaは幸福やめでたさとともに，清浄さや神聖さの意味あいが強く，行為や果報そのものを形容することが多い．しばしば福や*福徳とも訳される．一方またanuśaṃsa(p: ānisaṃsa)は，善行によって得られたよい結果，つまり利益や利得(利徳)の意味で用いられることが多い．なお，仏の功徳の広大さを海にたとえた〈功徳海〉，功徳を生むもとになる*福田(ふくでん)の意から*三宝(さんぼう)をさす〈功徳田〉，功徳を多く積み重ねることを蔵にたとえた〈功徳蔵〉，極楽浄土の池水をさす〈功徳池〉〈功徳水〉など，功徳の語を冠した仏教語は多数にのぼる．

「かの仙人に，菜摘み，水汲みせし功徳のゆゑに，輪廻生死の罪を亡ぼして人の身を得たるなり」〔宇津保俊蔭〕「念仏はこれ大乗の行なり，無上の功徳なり」〔三部経大意〕

愚禿 ぐとく　〈愚〉は謙遜(けんそん)の辞，〈禿〉は剃髪(ていはつ)した頭で僧侶を意味することから，〈愚禿〉は僧侶の謙称．*親鸞(しんらん)は，1207年(建永2，承元1)念仏弾圧によって強制的に

還俗させられ越後(新潟県)へ流されたのを機縁として，「僧にあらず俗にあらず．この故に禿の字を以て姓とす」〔教行信証化身土〕と，みずからを〈愚禿親鸞〉と名のるようになった．なお，「建長七年乙卯八月二十七日書之　愚禿親鸞　八十三歳」という奥書のある『愚禿鈔』では，「賢者の信を聞きて，愚禿が心を顕はす」という．なお，親鸞の自称以前に同語の用例が見当らないことから，〈愚禿〉は親鸞の造語と見られる．ちなみに*最澄は，『叡山大師伝』に引く発願文中で「塵禿」と自称している．

「ここに愚禿釈の親鸞，慶ばしいかな，西蕃・月支の聖典，東夏・日域の師釈に遇ひがたくして，今遇ふことを得たり」〔教行信証序〕「塵禿の有情，底下の最澄，上は諸仏に違ひ，中は皇法に背き，下は孝礼に闕けたり」〔叡山大師伝〕

功徳衣 くどくえ　〈堅固衣〉ともいう．サンスクリット語の kaṭhina が功徳・堅固と訳される．また，迦絺那と音写されるので，功徳衣は〈迦絺那衣〉ともいう．3カ月の*安居の間，修行に精励した*比丘に*供養される衣で，安居終了後，5カ月の間だけ所持することを許された．この功徳衣を受けたものには，5種の功徳(特典)が与えられた．

『愚禿鈔』 ぐとくしょう　漢文体で書かれた*親鸞の著作．『二巻鈔』ともいう．〈*愚禿〉は親鸞の自称．上巻は*二双四重の分類によって仏教全体における*浄土真宗の立場の位置づけをおこない，下巻では主として善導の*『観無量寿経疏』を引き，〈至誠心〉〈深心〉〈廻向発願心〉の*三心の本意を明らかにし，自力の三心を捨て他力の*三信への帰入を勧めている．撰述年代は奥書に「建長七年乙卯八月二十七日書之　愚禿親鸞　八十三歳」とある．自筆本は伝わらない．三重県*専修寺に蔵する1294年(永仁2)の顕智による書写本が最古のものである．

瞿曇 くどん　⇒釈迦

求那跋陀羅 ぐなばっだら　394-468　サンスクリット語 Guṇabhadra に相当する音写．グナバドラ．〈功徳賢〉という漢訳名もある．劉宋代の訳経僧．中インドに生れ，のちにセイロン島(スリランカ)を経由し，海路広州に着く．建康の祇洹寺や荊州の辛寺などで大小乗の諸経を翻訳した．雑阿含経，*勝鬘経，*楞伽経(4巻本)，*過去現在因果経，相続解脱経などがその主なものである．いずれものちの中国仏教の展開に少なからぬ影響を与えた．江南の王侯貴族から尊崇され，摩訶衍法師とも呼ばれた．

国中連公麻呂 くになかのむらじきみまろ　?-774(宝亀5)　奈良時代の*東大寺造営を中心とする官営造仏所で指導的地位にあった人物．公麻呂は公万呂とも書く．百済から帰化した国骨富の孫で，大和国葛下郡国中村に住んだので国中連と称した．745年(天平17)頃，金光明寺の造仏長官に任ぜられ，造東大寺司の下で行われた東大寺大仏の造立に主導的な立場にあった．760年(天平宝字4)には，*光明皇后1周忌のために，*法華寺阿弥陀浄土院の造営に当たり，翌年，造東大寺司次官となる．767年(神護景雲1)に退職するまで，*石山寺や香山薬師寺(*新薬師寺)の造営に尽力した．東大寺法華堂の乾漆諸像に彼の関与した造像の特色をみることができるが，唐代(618-907)，ことに盛唐期の仏像様式・技法に基づき，整美で壮大な作風をつくり出し，古典的規範として後世に与えた影響は大きい．

九悩 くのう　〈九厄〉〈九難〉などともいわれる．釈尊が現世で受けた9種の災難のこと．1)*外道たちの企みによりスンダリーから讒言をされたこと．2)バラモン(*婆羅門)女性チンチャーからそしられたこと．3)デーヴァダッタ(*提婆達多)に足を傷つけられたこと．4)木に足を刺されたこと．5)ヴィルーダカ王(*瑠璃王)のために頭痛を病んだこと．6)アッギダッタのために3カ月間馬麦(大麦？)を食べたこと．7)冷風による背痛．8)*成道前の6年間の*苦行．9)バラモンの村で*托鉢食を得られなかったこと．

功能 くのう　*倶舎・*唯識の伝統的学問では〈くうのう〉と読む．漢語としては，作用・能力の意味で，『管子』乗馬などに用例が見える．仏教では，サンスクリット語の samartha(能力)，kāritra(作用)などの漢訳語として用いられ，一般には，原因となって結果を引き起こす働きをいう．ただし*『順正理論(じゅんしょうりろん)』巻14では，内在的・直接的な原因(因)となって，あるものそれ自体の結果をもたらす働きを〈作用(さゆう)〉と称し，外在的・間接的な原因(*縁)となって，他類の結果の生起を助ける働きを〈功能〉と称して，両者を区別している．「知らるる物ありとも，まさしく其れを知る功能無くんばいかでか知らんや」〔法相二巻抄上〕「法の功能，仏神の威力，私無き事なれば」〔沙石集7-24〕

苦縛 くばく　苦しみや悩みにつなぎしばられること〔法華経方便品〕．〈苦縛の凡地(ぼんじ)〉は，*四苦八苦に縛られて*解脱(げだつ)することができない*凡夫(ぼんぶ)の住地で，人間世界をさしていう．「弥勒菩薩は兜率天上にましますと云へども，衆生利益の為には苦縛の凡地に下りて」〔今昔17-34〕

恐怖 くふ［*s*: bhaya］　おそれおののくこと．自責の念，他人からの非難，わが身に危険の及ぶことへの不安から生じるとされる．恐怖の生じる原因を知って，あらかじめこれをおそれ，行動を正しくし，心を調御(じょうご)すべきことが説かれる．のちの大乗仏教では，われわれは*輪廻(りんね)の生存のなかで*罪業(ざいごう)をかさねることによって苦しみ恐怖しているのであると説き，諸仏にすがってその*罪を受けとってもらうことにより恐怖から解放されるとする．「此の光を見て，異類恐怖をなして出現せず」〔真言伝3〕．→怖畏(ふい)．

供奉 ぐぶ　⇒内供奉(ないぐぶ)

工夫 くふう　〈功夫(くふう)〉とも表記する．手段そのもの，あるいは手段を講ずるという意味で古くから用いられていた言葉であるが，唐代には，手間ひまかけること，努力すること，さらには，手間ひまをかけるだけの時間的余裕を意味する俗語として広く用いられるようになった．折しも勃興した禅宗では教化に際して積極的に俗語を用いたため，この言葉も*叢林(そうりん)に流入し，主として参禅修行に励み，様々な努力を重ねるという意味で盛んに用いられるようになった．禅宗の発展は儒教にも多大な影響を与え，宋の朱子学や明の陽明学を生んだが，それらにおいても完全な人格を実現するために様々な実践が説かれたから，この言葉は儒教においてもほぼ同様の意味で使われるようになった．今日も中国では様々な意味で広く用いられているが，日本では主として，いろいろよい方法を考えること，様々に思い巡らすことの意味で使われている．

九部経 くぶきょう　⇒九分教(くぶんきょう)

グプタ王朝 ―おうちょう［*s*: Gupta］　*マウリヤ王朝の崩壊後，北インドおよび中インドには異民族の侵入が相次ぎ，不安定な政情が続いたが，チャンドラグプタ1世(Candragupta I，在位320-335)がグプタ王朝を創設してパータリプトラに都した．その子サムドラグプタ(Samudragupta，在位335-375)が南北インドへ支配権を拡大するに及んで，*マガダの王統を継承する統一国家が数百年ぶりに成立した．

王朝は社会の安定化を基礎づける理論として古来のバラモン教(*婆羅門教(ばらもんきょう))を復興した．社会組織に関しては，*四姓(しせい)(ヴァルナ)の別とそれぞれの役割を規定した『ヤージニャヴァルキヤ法典』などの法典(ダルマ-シャーストラ)が整備され，また実利論(アルタ-シャーストラ)に属する政治論書も作製された．バラモン教系の諸学派の体系もいちおう完成し，土着の多くの信仰がバラモン教学に裏づけられながら*ヒンドゥー教諸派の中に再編成された．古典文化が大きく花開いたこの時代には，バラモン(*婆羅門)の共通語である*サンスクリットが全インドにおいて公用語と定められた．従来，各地域の言語を用いて聖典を伝承してきた仏教の学僧たちも，サンスクリットを用いて聖典を伝承し，論書を著すようになった．5世紀末に匈奴と親縁関係にあるエフタル人が西北インドに侵入し，やがて帝国は分裂状態に陥り，ついに滅亡した．

求不得苦 ぐふとくく　⇒四苦八苦(しくはっく)，苦(く)

九分教 くぶんきょう［*s*: navāṅgapravacana］〈九部経(くぶきょう)〉〈九部法(くぶほう)〉ともいわれる．パーリ聖典に〈九分教〉(*p*: navaṅgabuddhasāsana)として，

1) 〈*経(きょう)〉(sutta)：散文で簡略に示された教説．
2) 〈重頌(じゅうじゅ)〉(geyya)：散文で説かれた教説(経)に，その内容を重ねて説く韻文部分(*伽陀(かだ))を合わせた全体の教説．

3)〈*記別〉(veyyākaraṇa)：問答体による教説.

4)〈*偈〉(gāthā)：散文を伴わずに，韻文で説かれた教説.

5)〈自説〉(udāna)：自らの感興により自発的に説かれた教説.

6)〈如是語〉(itivuttaka)：「このように世尊は説かれた」という文句で始まる教説．なお〈*本事〉は後代の解釈で，仏陀の過去世物語をさす.

7)〈*本生〉(jātaka，*ジャータカ)：仏陀の前世物語.

8)〈方広〉(vedalla)：弟子がその都度歓喜しながら質問を重ねてゆく教理問答．後代には，甚深の教理を広説したものという解釈が生まれる.

9)〈未曾有法〉(abbhutadhamma)：仏陀および仏弟子の勝れた徳性を讃歎する教説.

の九つをあげるのが，本来の古い形に近い.

九分教はさらに三分を加えて〈十二分教〉となり，十二分教または十二部経の名で広く知られてきたが，本質的には同じもので，仏所説如来所説の*法の分類である．この法は*経蔵にも*律蔵にもわたる広い意味である．*原始仏教聖典の中から，九分教の形式に合する部分を抽出すれば，聖典成立以前の古い素材を取り出して，最古の仏教思想を明らかにする有力な手がかりとなる．しかし後世は，経典が仏所説如来所説の法であることを示す権威の標識となる．→十二分教.

求法 ぐほう　⇒求道

九品 くほん　*凡夫が生前に積んだ*功徳の違い，またそれに応じて異なる浄土*往生の仕方9種類をいう．*観無量寿経に説かれる．この，功徳によって異なる9段階の往生を〈九品往生〉といい，*上品・*中品・*下品のそれぞれを上生・中生・下生に細分する．往生の違いによって迎えられる*蓮華の台が異なり，これを〈九品蓮台〉と称する．浄土については，往生の違いに応じて9種類の浄土(九品浄土)があるとする説と，往生相は違っても浄土は一つであるとする説がある．なお，〈九品印〉といって，阿弥陀仏像に九品の*印相が立てられる．→品.

「その勝劣に随ひて，まさに九品を分かつべし」〔往生要集大文第10〕「阿弥陀仏は，九品蓮台に迎へ給へ，そこにてだにかならず対面せん」〔成尋母集〕

熊野 くまの　紀伊半島南端部の地域を指し，『日本書紀』に伊弉冉尊の葬地とあるように，古来，他界への入口であると考えられた．天台系修験の拠点ともなった和歌山県の〈熊野三山〉があり，〈熊野詣〉の参詣者を集めた．熊野の神の使いは烏であるとされ，烏の形を配列した〈熊野牛王(玉)宝印〉という印判を捺した紙が誓約文用に重用された．熊野は神仙境として，*蓬萊山に擬せられ，不老不死の仙薬を求めた徐福伝承も生まれた．熊野を観音浄土，*補陀落山の東門として補陀落渡海の往生行が行われたことでも知られる.

【熊野三山】熊野三山は本宮・新宮・那智から成るが，当初は別個のもので神格も異にしていた．すなわち，東牟婁郡本宮町鎮座の本宮〈熊野坐神社〉は木の神を神格化した家津御子神を主神とし，明治初期までは熊野川の中洲に祀られていた．熊野川河口の新宮市に鎮座する新宮〈熊野速玉神社〉は寄神の速玉神を，那智勝浦町の那智大滝を祀る〈那智大社〉は熊野夫須美神を主神としていた．その後，9世紀末頃に三山が相互に関係をもち，各社に三神を祀るようになり，平安時代末期になると*本地垂迹思想にのっとって，家津御子神の本地は阿弥陀如来，速玉神の本地は薬師如来，熊野夫須美神の本地は千手観音とされ，三神格を〈熊野三所権現〉と呼ぶようになった．それに五所王子と四所宮が加わって〈熊野十二所権現〉が成立した.

【熊野詣】平安時代末期の*浄土思想の盛行によって，熊野を訪れると極楽往生が遂げられると信じられ，熊野詣は貴族の間に隆盛した．院政時代には最高潮に達し，上皇・法皇の熊野御幸が盛んに行われ，大坂から熊野までの街道沿いには〈熊野九十九王子〉が祀られた．熊野御幸は後鳥羽上皇の承久の乱(1221)の敗北をもって終焉となり，以降は一般民衆への布教に向かい，多くの参詣者を集めた様相は〈蟻の熊野詣〉と称された．多くの参詣者に対して，熊野三山の側には，*御師・*先達の制度が整備され，全国的に師檀関係のネットワークが張りめぐらされた．近世に入って伊勢信仰が広まると，那智は*西国三十三所巡礼の第一番札所として位置付けられ，伊勢参宮・西国巡礼の一環として参詣者を集めるようになった．

【熊野比丘尼】熊野三山は*女人禁制ではなかったため，多くの女性の参詣者を集めたが，熊野信仰を布教した女性の宗教者が熊野比丘尼であった．熊野権現の縁起は室町時代に御伽草子『熊野の本地』として流布したが，中世末期には熊野比丘尼が〈熊野観心十界図〉を*絵解きして地獄極楽の様相を語りながら熊野信仰を広めた．一方で，*勧進のために〈熊野那智参詣曼荼羅〉が同時期に作成され，同様に絵解きが行われて一般民衆への布教に活用された．

熊野比丘尼 くまのびくに　⇒歌比丘尼

熊野曼荼羅 くまのまんだら　本宮・新宮・那智の熊野三山の神仏や社殿を描いた*垂迹画．平安末の院政期に貴顕の熊野詣が盛んになり，熊野十二社を含めて*本地仏が定められ，*鏡像や*懸仏が作られたが，曼荼羅が描かれるのは鎌倉時代からである．

種類は*春日曼荼羅に通い，以下のものがある．1)熊野三社の各社景の上に小円鏡を配する〈社寺曼荼羅〉(クリーヴランド美術館，鎌倉時代)．2)垂迹*神像と本地仏を並列的に配した〈本迹曼荼羅〉(湯泉神社，兵庫県神戸市，鎌倉時代)．3)垂迹神像のみを配し神域を添えた〈垂迹曼荼羅〉(静嘉堂文庫，南北朝時代)．4)本地仏のみを雛壇式に，また曼荼羅風に配列し，神域の景観を背景にした〈本地仏曼荼羅〉(*聖護院・鎌倉時代，*高山寺・南北朝時代)．そのほか那智滝図(根津美術館，鎌倉時代)や熊野影向図(檀王法林寺，京都市左京区，鎌倉時代)も熊野曼荼羅にふくめて考えることができる．→熊野，垂迹美術．

鳩摩羅什 くまらじゅう　344-413 一説 350-409　サンスクリット語 Kumārajīva に相当する音写．〈羅什〉〈什〉とも略称される．古くは〈くもらじゅう〉と読んだこともある．中国，後秦時代に活躍した訳経僧．インドの貴族の血を引く父と*亀茲国の王族の母との間に生れ，7歳のとき母とともに出家．初め原始経典や*阿毘達磨(アビダルマ)仏教を学んだが，やがて*具足戒を受けたのち須利耶蘇摩と出会い，*大乗に転向し，主に*中観派の諸論書を研究した．384年，亀茲国を攻略した呂光の捕虜となり，以後18年間，呂光・呂纂の下で涼州での生活を余儀なくされたのち，401年，後秦の姚興に迎えられて*長安に入った．女人を受け入れたため戒律を破ったが，以来，在俗的な生活の中で10年足らずの間に精力的に経論の翻訳を行うとともに，多くの門弟を育てた．東アジアの仏教は，かれによって基本的に性格づけられ方向づけられたといってよい．

主な訳出経論に，〈般若経〉〈維摩経〉〈法華経〉などの重要な大乗経典の重訳，『中論』『十二門論』『百論』『大智度論』などの*般若思想に関係の深い論の新訳(前の三つの論は，*三論宗の基盤となった)，戒律・禅観に関する『十誦律』と〈坐禅三昧経〉，その他『成実論』『十住毘婆沙論』や〈十住経〉〈阿弥陀経〉〈弥勒下生経〉〈弥勒成仏経〉など中国仏教に影響力の大きかった経論がある．彼を画期として，それ以前の翻訳を「古訳」，彼以降*玄奘までの翻訳を「*旧訳」という．また彼の思想の一端は，廬山の*慧遠との問答集である*『大乗大義章』3巻や，彼と*僧肇・*道生の注を含む『注維摩詰経』10巻などから知ることができる．門弟は，道生・僧肇・道融・*慧観らをはじめ，三千余人に上ったという．

鳩摩羅什は多数の名訳を中国仏教界に提供したばかりでなく，仏典の講義や慧遠との問答を通じて，中国仏教界に大きな思想的な影響を与えた．なかでも，大乗と小乗の区別と大乗の優位を認め，多様な経典のそれぞれの役割を認め，経典の説かれた時期の相違によって思想の相違の理由を説明する視点を導入するなど，教判(*教相判釈)形成の基本的な考えを提供した．

『弘明集』 ぐみょうしゅう　南朝梁の*僧祐撰．六朝時代の仏教護教論集．同じ僧祐が最晩年に撰述した*『出三蔵記集』では10巻32篇とするが，僧祐の「弘明集序」では14巻とする．現蔵本も14巻で57篇を収める．本書は，儒教・道教など中国の伝統思想からの批判や国家権力による干渉に対する仏教の立場を明らかにするために，仏教伝播以降の道俗による主張・反論を集めたものが多く，唐の道宣(どうせん)の*『広(こう)弘明集』とともに儒仏道三教交渉史を考えるうえで重要な資料である．

牟子(ぼうし)*『理惑論(りわくろん)』(巻1)では，原始道教と神仙家への批判，儒仏の一致，剃髪・出家と孝の問題，生死観，夷夏(いか)論争(中国とインドの文化の優劣論争)など仏教の中国固有思想に対する優越が明らかにされる．宗炳(そうへい)『明仏論(めいぶつろん)』(巻2)では『弘明集』の一つの主題である神滅神不滅(*神滅不滅論)が論じられる．これ以外にも仏教の神不滅論の立場に立つものとしては宗炳『難白黒論(なんびゃっこくろん)』(巻3)，羅君章(らくんしょう)『更生論(こうせいろん)』(巻5)，鄭道子(ていどうし)『神不滅論』(同)，蕭琛(しょうしん)『難神滅論』(巻9)などがある．孫綽(そんしゃく)『喩道論(ゆどうろん)』(巻3)は*老荘思想を媒介にして「周孔は即ち仏，仏は即ち周孔」と儒仏の一致を説く．*慧遠(えおん)『沙門不敬王者論(しゃもんふきょうおうじゃろん)』(巻5)は，慧遠が東晋の大尉桓玄の質問に対し，出家の法である仏教が俗権たる国家権力に優越すると主張した内容(巻12所収)をまとめたもの．同『袒服論(たんぷくろん)』(巻5)は仏教の風俗と中国の礼の違いについての議論である．第6巻，第7巻は，中国古来の道教がインド成立の仏教に優越すると説いた顧歓(こかん)の『夷夏論』に対する仏教側の論難を主な内容とし，謝鎮之(しゃちんし)が顧歓に与えた書2通などを含む．郗超(ちちょう)『奉法要』(巻13)は東晋の桓温に用いられた郗超が，自らの罪過を反省して，在家仏教者としての実践を述べたもの．

共命鳥(ぐみょうちょう)　〈命命鳥(みょうみょうちょう)〉〈生生鳥(しょうしょうちょう)〉などとも呼ばれる．これらはサンスクリット語 **jīvaṃ-jīvaka** を直訳した名前であるが，〈耆婆耆婆(ぎばぎば)〉や〈耆婆耆婆迦(ぎばぎばか)〉と音写語で表現されることもある．元来はインド北部にすむ雉子(きじ)の一種で，その鳴き声によって名づけられたもの．また共命や命命の字義から，経典ではしばしば，身体は一つでありながら頭と心を二つもつ珍鳥として登場する．「普賢・文殊の像，並びに共命鳥・伽陵頻伽鳥の像を置く」〔巡礼行記1〕

『愚迷発心集』(ぐめいほっしんしゅう)　*貞慶(じょうけい)著．1巻．貞慶は1193年(建久4)笠置山に隠遁したが，本書はその後，神仏の前に道心を発し，その加護を請うて書かれたものである．駢儷(べんれい)体の美文で書かれ，その内容は，仏の在世を遠く離れた凡夫として，愚かな迷いの中に沈んでいる我が身を深く見つめ，神仏の加護によって道心を発して，仏道に励みたいと誓っている．法相の学僧であると同時に，真摯な実践家でもあった貞慶の心情が吐露されている．

久米仙人(くめせんにん)　伝によって異同があるが，奈良時代の人で，大和国(奈良県)吉野郡竜門の山中で仙道を修行し，飛行自在の通力を得たという．竜門から*葛城山(かつらぎさん)へ飛行中，吉野川で洗濯する若い女の脛(はぎ)を見て愛欲をおこし，通力を失って落下した話は，『徒然草』などにも引かれて特に有名．その後この女と結婚して還俗したが，通力はなお消えうせず，*聖武天皇の東大寺造営の人夫に召された時，吉野山から用材を空を飛ばせて運んだとされる．妻との同心往生，十一面観音の化身説などが伝えられるほか，久米寺の開基とする伝承もある．なお，『今昔物語集』巻11の24は，読み物としても手ごろな久米仙人伝．

供物(くもつ)　仏・法・僧の*三宝(さんぼう)に対して*供養する物をいう．また，広く神社などにお供えする物をもいう．具体的には，飲食物・香・花・衣服・湯薬・臥具(寝具)などがある．四事供養・*十種供養や密教の*六種供養など，供物のさまざまなまとめ方がある．「供物を庭の前よりおくるに，茶を煎じ，菓子をそなふ」〔三宝絵下〕

求聞持法(ぐもんじほう)　〈聞持〉とは*見聞覚知(けんもんかくち)したことを覚えて忘れぬこと．この聞持を求める法で密教の一種の記憶力増進法．平安時代の官吏登用試験の受験生の間にも知られていたという．本尊は*虚空蔵菩薩(こくうぞうぼさつ)や*如意輪観音(にょいりんかんのん)だが，多くは前者が普通で〈虚空蔵求聞持法〉ともいう．*行法(ぎょうぼう)の中心は虚空蔵菩薩の*真言(しんごん)を1日1万遍唱え100日これを続ける．この*修法(しゅほう)が成功すれば見聞覚知したすべてを忘れることがないという．若き日の空海もこの法を修して成就したことがその著*『三教指帰(さんごうしいき)』に述べられている．

旧訳(くやく)　旧(ふる)い訳の意で，〈*新訳〉に対する．中国の訳経史では，新旧に特定の時代区分を設けて用いる．すなわち*玄奘(げんじょう)以後の訳経を〈新訳〉と称し，それ以前の訳経を〈旧訳〉と呼ぶ．それと言うのも玄奘が新旧の区別をことさら強調し，旧訳は訛謬(かびゅう)と断じたからである．例えば samādhi は〈三昧(さんまい)〉，yojana は〈由旬(ゆじゅん)〉，sattva は〈衆生(しゅじょう)〉と訳すのがほぼ定まった訳語であったが，玄奘はこれを改め，それぞれに〈三摩地(さんまじ)〉〈踰闍那(ゆじゃな)〉〈有情(うじょう)〉という新訳語を当てた．たしかに新訳語の方がサンスクリットの発音や原意に忠実である．しかし旧訳を誤りであるとか不完全であるとして排斥するのは早計であろう．初期の漢訳経典の多くは*プラークリット(俗語)や西域の諸語から訳出されたからである．

旧訳を代表するのは*鳩摩羅什(くまらじゅう)と*真諦(しんたい)である．とくに羅什の訳語・文体はそれ以前の訳とはっきり区別できるすぐれた特色をもっている．維摩・妙法蓮華・金剛般若の諸経は，諸訳ありといえども羅什訳をもって第一とされること久しく，名文の誉れが高い．

なお，訳経史上では，羅什以前の訳を〈古訳〉と言って旧訳から区別することがある．僧祐(そうゆう)が*『出三蔵記集(しゅつさんぞうきしゅう)』の中で西晋以前の訳語と羅什以後の訳語の相違に注目しているが，それにほぼ対応するといってよいであろう．例えば bodhisattva (菩薩)の古訳語は〈扶薩(ふさ)〉または〈開士(かいじ)〉である．古訳時代の代表的訳者は*支謙(しけん)と*竺法護(じくほうご)である．→新訳．

供養 くよう［*s*: pūjā］　原語は，敬意をもって，ねんごろにもてなすこと．特に神々，祖霊や動植物の霊，さらには尊敬すべき人などに対して，供犠や供物を捧げること，またそれによって敬意を表すことを意味する．仏教では仏・法・僧の*三宝(さんぼう)や父母・師長・亡者などに，*香華(こうげ)・*灯明(とうみょう)・飲食(おんじき)・資材などの物を捧げることをいう(供給資養(くきゅうしよう))．略して〈供〉とも．

初期の教団では，飲食・*衣服(えぶく)・臥具(がぐ)・湯薬(とうやく)の〈四事供養〉が説かれ，十地経では香華・飲食などを供養する利供養，敬い讃える敬供養，仏法を修行する行供養の〈三種供養〉，法華経では〈*十種(じっしゅ)供養〉，密教では〈*六種供養〉などが説かれている．また，死者の冥福を祈る〈*追善供養〉やそのために*卒塔婆を立てる〈塔婆供養〉，餓鬼に食物を施す〈*施餓鬼供養〉をはじめ，〈*千僧供養〉〈*開眼供養〉〈経供養〉〈鐘供養〉などが供養の名のもとに行われているが，*阿育王(あいくおう)に始まるとされる*無遮会(むしゃえ)，中国で5-6世紀頃から行われ，わが国で奈良時代以降行われるようになった*放生会(ほうじょうえ)なども供養の一形態と見てよいであろう．

なお漢語としては，父母を奉養すること，またその奉養する物品を意味する．『韓非子』外儲説左上・『戦国策』や，『詩経』蓼莪箋・『儀礼』既夕注・『礼記』曾子問注など鄭玄注に用例が見える．

「天皇，尊重して常に供養し，諸人帰依してつねに恭敬(くぎゃう)しき」〔霊異記上 26〕

苦楽 くらく［*s*: duḥkha-sukha］　〈苦〉と〈楽〉を複合した語．心・身にせまって人びとを悩ます状態を〈苦〉といい，心・身におけるこころよい感情を〈楽〉という．人間が善い行いをした場合(善因)にはこころよい感情としての*果報(楽果)を招き(善因楽果(ぜんいんらくか))，反対に悪い行いをした場合(悪因)には，それによって人間の心・身を傷つけ，悩ます果報(苦果)を招く(悪因苦果(あくいんくか))と説かれる．また，苦楽を人間の感受作用とみる場合には，苦の感受(苦受)，楽の感受(楽受)，苦でも楽でもない感受(不苦不楽受)の〈三受〉がある．「とこしなへに違順につかはるる事は，ひとへに苦楽のためなり」〔徒然 242〕．→苦，楽，因果．

鞍馬寺 くらまでら　京都市左京区鞍馬本町にあり，現在は鞍馬弘教総本山，もと天台宗．*鑑真(がんじん)和尚の弟子鑑禎(がんじょう)の創建と伝え，796年(延暦15)，藤原伊勢人(ふじわらのいせんど)が，観音・毘沙門(びしゃもん)同体という夢告により，*毘沙門天像を安置したという．1126年(大治1)焼亡し，翌年現存の毘沙門天像・吉祥天(きちじょうてん)像が造立され，1133年(長承2)鳥羽上皇の沙汰として*落慶(らっけい)．1236年(嘉禎2)に再び焼亡，再興の供養は1248年(宝治2)のことであった．1258年(正嘉2)には*沙弥(しゃみ)西蓮(さいれん)の*勧進(かんじん)により現存の銅灯籠がつくられた．大治2年(1127)の像内納入経典のある毘沙門天像のほかに，兜跋(とばつ)毘沙門天像，奥院の3体の毘沙門天像，*経塚(きょうづか)埋納の毘沙門天像など，おびただしい数のこの尊像が残り，当寺周辺からは多くの*経塚遺構が発掘されている．

【鞍馬信仰と文学】中世以降，鞍馬信仰は広域に広がり，民間に定着していったが，それには毘沙門天の*摺仏などを配布して回った鞍馬御師(*願人坊主)の布教活動や，鞍馬信仰に基づく文学の盛行があずかって力があった．特に『義経記』に見える牛若丸伝説は有名で，謡曲『鞍馬天狗』以下浄瑠璃・歌舞伎・浮世草子などに与えた影響は大きく，ほかに室町物語や説経節に『毘沙門の本地』もある．寺伝を説く平安時代の古縁起は散佚し，現在は室町中期の『鞍馬蓋寺縁起』が残る．なお，6月20日の〈竹伐り祭〉と10月22日の〈鞍馬の火祭〉(境内にある由岐神社の祭)は名高く，特に後者は，*広隆寺の牛祭，今宮神社のやすらい祭と並ぶ京都三大奇祭の一つ．

庫裏 くり　〈庫裡〉とも書き，〈庫院〉ともいう．〈庫〉は財物をいれる建物，〈裏〉は〈裡〉と同じで，うち，なかの意．住僧の食事や仏前に供える*仏餉などをととのえる建物．古くは厨房の意に限られていたが，後には寺務所・客殿も含むものになった．現代では，僧侶とその家族が住むところをいう．また，浄土真宗では住職の妻をいう．〈おくりさま〉はその敬称．「方丈には人一人もなし．庫裡の傍らに法師二人，児三人居たり」〔義経記 5.忠信吉野山〕

クリシュナ [*s*: Kṛṣṇa]　ヒンドゥー教徒に最も愛好され信奉される神で，*ヴィシュヌ神の化身の一人．おそらく紀元前7世紀に実在した人で，ある部族の政治・宗教上の指導者だったらしい．死後すぐに神格化され，*ヴェーダ神話に組み込まれた．*『バガヴァッド-ギーター』の宣説者で，インド中世以降の宗教信仰の主流となった*バクティ思想がはやくも説かれている．種々の伝承の上に9世紀にはクリシュナ神話が完成し，とくに牧牛女ラーダーとの恋物語はエロス的神秘思想を鼓吹し，音楽・絵画・文学の格好のモチーフとなった．

九輪 くりん　⇒相輪

紅蓮地獄 ぐれんじごく [*s*: Padma]　*『大毘婆沙論』172などでは八寒地獄中の第7に，長阿含経19などでは十寒地獄中の第10に数えられる．それらは贍部洲(*閻浮提)の下にあって八大(もしくは九大)熱地獄に隣あう．その名のPadma(鉢特摩と音写)は真紅の*蓮華をいうが，そこでは，この花の開いたように，寒さのために身体の肉が裂けて血が流れる．「恣に僧の事を犯して，遂に死して紅蓮地獄に堕ちぬ」〔今昔 6-34〕「洞然猛火の焔にまじはり，紅蓮大紅蓮の氷にいりたまふとも」〔曾我 12.少将法門〕

『黒谷上人語灯録』 くろだにしょうにんごとうろく　*法然の遺文・消息・法語などを集録したもの．18巻．編者は浄土宗3祖*良忠の弟子で*鎮西流三条派の祖とされる了慧道光(1243–1330/31)．『漢語灯録』10巻，『和語灯録』5巻，『拾遺黒谷上人語灯録』3巻(上巻は漢語，中下巻は和語)からなる．『漢語灯録』には文永11年(1274) 12月8日付の序が，『和語灯録』には翌年1月25日付の序があることから，法然没後60年ほどを経て編纂されたことがわかる．法然門下で異義異説が生じたため，正しい教えを伝えるために法然の真撰を選んで集録したと序に記している．*浄土三部経の解釈，浄土往生の要義，念仏者の心得などが説かれており，有名な*『一枚起請文』もこの中に収められている．

葷酒 くんしゅ　ねぎやにらのような臭い野菜と酒．なお〈葷〉は，精力のつく辛い野菜のほかに生臭い肉や魚をもいい，両者を総称して〈葷腥〉ともいう．修行僧は，この二つの飲食を禁じられているので，禅寺には，山門に「不許葷酒入山門」(葷酒山門に入るを許さず)という石柱が立っている．しかし「許さざれども葷酒山門に入る」などと揶揄されるように，必ずしも厳格に守られてこなかった．「今時碑を建て葷酒を箴制す，内犯の人あればなり」〔盤珪行業〕「深く仏法に帰して，終に葷腥を断てり」〔往生極楽記 34〕．→飲酒，五辛．

熏習 くんじゅう [*s*: vāsanā, bhāvanā]　強い香りが衣服などに付着して残存するように，経験した事柄が心あるいは肉体に印象を与えてその結果が残存することをいう．仏教一般で用いられる言葉であるが，とくに唯識*法相宗において重んじられる．それによると，われわれに認識せられている客観世界の*諸法(*現行げんぎょう法)は，善悪の*業ごうの力によって，その認識内容を主観の中心的な心作用である*阿頼耶識あらやしきに熏習し，その結果*種子しゅうじが形成される．形成された種子は，熏習と同時点において，あるいはそれ以後に，阿頼耶識より発現して客観世界の諸法をあらわし出す．このように主観と客観が相互作用をなしつつ阿頼耶識は中断することなく持続(相続)する．

熏習は一般に*有為うい法に属する作用であるが，*『大乗起信論だいじょうきしんろん』は*無為法の*真如しんにょについても熏習を説いている．すなわち根本的な煩悩である*無明むみょうがその熏習によって真如を汚し，それにより迷いの世界(*流転るてん)が成立する(染法ぜんぽう熏習)と説くとともに，他方，真如の熏習の力によって煩悩を滅し，それによって悟りの世界(*還滅げんめつ)が実現する(浄法じょうぼう熏習)と説いている．

なお日本では，「薫修自らに運びて，部数多く積れり」〔法華験記下118〕，「無始の罪障我が身に薫入して」〔今昔13-29〕などのように，誤って〈薫修〉〈薫入〉などを当て，修行の功が積るとか，多年の行為や因習が身にしみついて離れない意に用いられることも多い．

「行業熏習積って，験徳いみじけれども」〔妻鏡〕

捃拾教 くんじゅうきょう　〈捃拾〉は，ひろい集める意．『後漢書』独行．范冉伝などに見える．落ち穂拾いに譬えられる教えのことで，天台宗で*涅槃経ねはんぎょうの教説をいう．五時八教の*教相判釈きょうそうはんじゃくによれば，*法華経ほけきょうの後に涅槃経の*説法がなされ，法華経の説法の利益からとり残された者を拾って救うとされる．つまり，涅槃経は，法華経で漏れた者を拾いあげて，蔵教(*三蔵教)・*通教・*別教・*円教の四教を改めて説き(追説)，そのうち蔵教・通教・別教を否定して(追泯ついみん)すべての人々を円教えんぎょうに帰入させる教えとされる．→五時八教．

群生 ぐんじょう　中国の古典では，多くのものがむらがり生ずること〔荘子馬蹄〕，すべての生物・人民〔荘子刻意，国語国語下，史記孝文紀，漢書董仲舒伝〕の意で，読みは〈ぐんせい〉．仏教語としては，多くの*衆生しゅじょう，多くの生類を意味する．維摩経仏国品，無量寿経巻上，法華経方便品などの漢訳仏典をはじめ多くの用例が見える．なお〈群生海ぐんじょうかい〉は，衆生が数限りなく多いことを海にたとえた語．「機に随ひ法を説きて群生を利し，同じく一味の真如海に入らん」〔顕戒論下〕

軍荼利明王 ぐんだりみょうおう　サンスクリット語 Kuṇḍalī の音写．五大明王の一で*宝生如来ほうしょうにょらいが怒りを表した姿とされる．蛇を象徴とするヒンドゥー教タントリズムの*シャクティ(性力)崇拝が仏教化されて成立した尊格と考えられ，また不死の妙薬である*甘露かんろ信仰とも結びついた．〈甘露軍荼利〉〈蓮華軍荼利〉〈金剛軍荼利〉の3種があるが，甘露軍荼利が代表的．図像的には身体に蛇がからみつく特異な姿をとる．同尊を本尊として息災や治病などを祈願する修法を〈軍荼利法〉という．→五大明王．

群盲象を評す ぐんもうぞうをひょうす　『ウダーナ』Ⅵ．4や*六度集経ろくどじっきょう8．鏡面王経の所説に由来する成句で，〈群盲象を撫なず〉ともいう．真理を全体としてとらえず，部分的にみて自説の完全性を主張することのたとえ．ちなみに原経では，たくさんの盲人に大象を示して，それぞれに象の鼻・耳・身体・足・背・尾などをさわらせて，象とはどんなものかを批評させると，それぞれ自分がさわって知ったことだけで判断して，象はこれこれであるといって主張してゆずらなかったという．

ケ

仮 け　*『荘子』天道に「仮(か)ること無きものを審(つまびら)かにし…物の真を極む」とあるように，〈仮〉は〈真〉や〈実〉に対立し，一般に，現象として仮(かり)にあることをいう．対応するサンスクリット語の一つである prajñapti は，名称を設定して対象を表示することであり，〈施設(せせつ)〉とも訳される．また設定された名称(*仮名(けみょう)・*仮説(けせつ))そのものを意味する場合も多い．同様に，〈仮〉や〈仮説〉などの訳語をもつ upacāra は，構成要素の集まりにすぎない自我や事物に対して比喩的に名称を適用することであり，そのような比喩的表現，あるいはその対象となる仮構存在をも意味する．漢訳語としての〈仮〉もまた，名称のみあって実体のないことをさし，〈仮有(けう)〉〈仮名有(けみょうう)〉などと同義である．

天台宗では，*『摩訶止観(まかしかん)』3上に「仮を破(は)して空に入る」とあるように，仮は*空(くう)の対立概念として*有(う)の面，すなわち現象として仮(かり)に有ること(仮諦(けたい))をさし，空・仮・*中(ちゅう)の三より成る三諦円融(さんたいえんゆう)の思想が立てられる．その上で，仮より空に入る従仮入空観(じゅうけにっくうがん)，空より仮に入る従空入仮観(じゅうくうにっけがん)，さらにこの二観にとらわれずに並べ用いる中道第一義諦観(ちゅうどうだいいちぎたいがん)の三つの*観法に基づく三観思想が説かれている．→三諦，三観．

現象としての事物が仮有であることについては，二仮・三仮・四仮など種々の説がある．大品般若経(だいぼんはんにゃきょう)は，1)人や物体は*諸法の集まりにすぎず(受仮(じゅけ))，2)諸法そのものもまた因と縁とによって生じ(法仮(ほうけ))，3)すべては名称のみである(名仮(みょうけ))という〈三仮〉を説く．また*『成実論(じょうじつろん)』などでは，1)人や物体は*因縁によって成立し(因成仮(いんじょうけ))，2)一瞬ごとに生滅しながら前後相続し(相続仮(そうぞくけ))，3)大小・長短・軽重などは絶対的でなく相対的である(相待仮(そうだいけ))から仮である，との三仮説が説かれる．

「団々たる水鏡は空にして仮なり」〔性霊集補闕抄10〕「されば天台には，法・報・王(応)の三身，空・仮・中の三諦なりと釈しましまし候ふ」〔曾我12.少将法門〕

偈 げ［s, p: gāthā］　〈偈陀(げだ)〉〈*伽陀(かだ)〉とも音写し，意訳して〈*頌(じゅ)〉〈偈頌(げじゅ)〉という．仏の教えや仏・菩薩の徳をたたえるのに詩句の体裁で述べたもの．

【経典の首盧迦】仏典に最も多く出るのは，16音節(8音節1句を2句)2行の32音節よりなる〈首盧迦(しゅろか)〉(śloka)体の偈である．漢訳はこの一偈を4字または5字の4句に訳すことが多い．狭義の偈には，前に散文がなく，韻文のみの教説である〈孤起偈(こきげ)〉(gāthā)と，散文の教説につづいて重ねて韻文で散文の内容を説く〈重頌偈(じゅうじゅげ)〉(geya)がある．

【中国・日本の場合】漢訳においては，偈の外形は漢詩と同じであるが，押韻することは少なく，中国の詩と異質である．また，それを模して，中国・日本の仏教者が悟境を詩の体裁で述べたものをも偈という．その場合，押韻するのが普通であるが，日本では必ずしもその形式に従わない．また禅では形式より内実を重視し，詩の規則を無視することもしばしば見られる．「今代の禅僧，頌を作り法語を書かん料に，文筆等を好む，是れ則(すなわ)ち非なり．頌作らずとも，心に思はん事を書いたらん，文筆調はずとも，法門を書くべきなり」〔随聞記2〕．また拾得(じっとく)の詩に「我が詩も也(ま)た是れ詩，人有りて喚びて偈と作(な)す．詩も偈も総て一般(おなじ)，読む時須(すべか)らく子細なるべし」とある．拾得の詩も，偈を批判する人が当時いたことをうかがわせる．「五百の羅漢(らかん)を師として，九十日が間，一の偈を習ひえたり．守口摂意身莫犯，如是行者得度世，といへり」〔沙石集10末-3〕

夏安居 げあんご　⇒安居(あんご)

磬 けい　中国で古代より用いられた打楽器の一つ．もともとは石や玉を扁平に切り，それを吊るして打ち鳴らした．仏教の仏前行事では一般には銅製のものを用い，*礼盤(らいばん)の右側に置いた磬架に吊るして打ち鳴らす．への字に似た形のものが一般的で，曲形・蝶形・雲形・蓮華形などのものもある．「磬を撃つ，雲峯の裡(うち)，暮春寒さ退(の)かず」〔文華秀麗集中〕「磬に八葉の蓮を中にて，孔雀の左右に立ちたるを文に鋳つけたりける」〔著聞和歌〕

敬愛法 けいあいほう ［*s*: vaśīkaraṇa, vaśya］ 〈愛敬法〉〈慶愛法〉ともいう．原意は，支配下に置く，意のままにする，魅惑すること．*愛染明王・*千手観音などを本尊にいただき，*護摩を焚いて和合・親睦あるいは異性・上位者からの愛顧を祈る*修法．*四種法の一つであるが，三種法中の*増益法より分かれたもの．通例，*行者は西方に向かい，法具は赤色とし，*壇・炉は蓮華形のものを用いて修する．「真言の中に敬愛の法と云ふは，夫婦・親子・君臣などの中わろきが思ひ合ふ徳あり．即ち愛染の法等なり」〔雑談集6〕

恵果 けいか ［Huì-guǒ］ 746-805 中国，*長安の東の昭応で生まれる．俗姓は馬氏．はじめ曇貞につき，のち*不空に師事して主として*金剛頂経系の密教を授かり，また*善無畏の弟子玄超から*大日経系と*蘇悉地経系の密教をも受けた．金剛頂経の密教と大日経系の密教の総合者と目され，*金剛界と*胎蔵(界)の両部曼荼羅の中国的な改変にも関与したと思われる．著作に密教の実修法に関する『十八契印』がある．住坊である長安の*青竜寺には，中国のみならず東アジア各地から弟子が集まった．*空海は恵果の最晩年の弟子で，金剛界・胎蔵(界)の両部密教を授かり，恵果の滅後，碑銘を撰した．それは恵果の伝記資料の一つで，空海の*『性霊集』巻2に収められている．*真言宗の*付法および伝持の第7祖．→『秘蔵記』．

猊下 げいか 〈猊〉は狻猊，すなわち獅子のこと．*仏が坐るところを〈猊座〉〈*獅子座〉といい，仏を百獣の王の獅子に比していったもの〔大智度論7〕．〈下〉は殿下・貴下などの場合と同じく敬称．後に転じて，一宗の高徳の僧を尊称するのに用い，今日では，各宗派の*管長の尊称として用いる．

景教 けいきょう *キリスト教ネストリウス派に対する中国での呼称．唐・太宗朝の635年にペルシア僧アラホン(阿羅本)率いる伝道団が*長安に至り，勅許を得て経典の翻訳および布教を始めた．3年後には波斯寺(玄宗朝に大秦寺と改称)が創建され，教勢も次第に盛んになり，781年には「大秦景教流行中国碑」が建てられた．しかし，845年の会昌の*廃仏の際，他の外来宗教ともども禁圧され，以後急速に衰えた．

稽古 けいこ 漢語としての意味は，古を稽える〔書経堯典,舜典〕，古事を研究・学習する，転じて学問のこと〔後漢書桓栄伝,文心雕竜史伝〕．日本でも同義に用いるが，敷衍して芸道全般の習練についてもいう．なお*道元は，*仏祖のあとを慕って修練する人，仏道に志のある人を〈稽古之人〉と称する〔永平知事清規〕．「これ稽古のおろそかなるなり．慕古いたらざるなり」〔正法眼蔵仏性〕「学窓に蛍を聚めて，稽古に隙なき人なれば」〔太平記12.大内裏造営〕

警策 けいさく ⇒警策

瑩山紹瑾 けいざんじょうきん 1268(文永5)-1325(正中2) 曹洞宗の僧．瑩山は道号，紹瑾は諱．越前(福井県)に生れ，8歳で永平寺3世徹通義介につき，13歳で*懐奘によって得度．東福寺に湛照・慧暁を訪い，興国寺の覚心に参ずる．22歳のとき義介に従い大乗寺に移り，1300年(正安2)*『伝光録』を著す．これは*『正法眼蔵』と併称される書である．1321年(元亨1)*総持寺を開く．門下より峨山韶碩・明峰素哲が出て全国的な教線拡張を見，教団の今日的基礎をきずいた．曹洞宗では*道元を高祖，瑩山を太祖，併せて両祖となす．道元4世の法孫にあたる．諡は常済大師．

稽首 けいしゅ 頭を地につける挨拶．中国における最高の敬意を表す敬礼法で，古くから行われた．漢訳仏典では「三宝に稽首す」といった形で用いられることが多い．なお，手紙文の結びにも用いられる．「三身の仏，顕密半満の教，三乗の賢聖，僧及び護正法者に稽首して」〔心性罪福因縁集上〕「拝謝誠有り，ただ至心と稽首となならくのみ」〔菅家文草6〕．→五体投地．

啓請 けいしょう 経文を読む前に仏・菩薩を招き請うこと．*『禅林象器箋』17に「凡そ諷経の前，仏菩薩を奉請する．これを啓請と為す」とある．たとえば，楞厳会の際には，楞厳会の仏・菩薩の*名号をまず唱えることなどをいう．漢語としては〈けいせい〉と読み，願い乞うことの意〔魏書〕．

境内 けいだい　〈けいない〉ともいう．寺院や神社の境域の内側の土地をいう．ただし，こうした特定の意味が生まれたのは比較的新しい時代のようで，それ以前は，単に境界のうち，境域内の意．『宗教法人法』には，〈境内地〉として，その他に次のようなものをあげる．1)参道として用いられる土地．2)宗教上の儀式行事を行うために用いられる土地．3)庭園，山林その他尊厳又は風致を保持するために用いられる土地．4)歴史，古記等によって密接な縁故がある土地．5)前各号に掲げる建物，工作物又は土地の災害を防止するために用いられる土地．なお漢語の〈境内（きょうない）〉は，国内・城内の意で，中国古典に多くの用例が見える．「城中遍満す，菩提の念（おも）ひ，境内掃除す，雑染の塵」〔菅家文草4〕

契沖 けいちゅう　1640(寛永17)-1701(元禄14)　国学者．摂津(兵庫県)尼崎の人．11歳で出家，24歳で*阿闍梨（あじゃり）の位を得る．40歳の頃，大坂今里の妙法寺の住持分となり，そこで『万葉代匠記』を完成させ，51歳の時に高津の円珠庵に移り住んで，多くの研究書の著述に当った．その研究態度は，中世的な秘伝の世界を離れ，文献学的方法を駆使した合理的なものであったが，これは，若い日々の仏典への傾倒とその書写・精査から自ら体得したものであったろう．その真価は賀茂真淵・本居宣長らによって深められ，かつ広められた．

慶長法難 けいちょうほうなん　慶長13年(1608)，日蓮宗の常楽院日経（にちきょう）は，尾張(愛知県)で浄土宗を批判して江戸幕府に訴えられ，江戸に召喚されて江戸城で浄土宗との問答を命じられたが，問答前夜暴徒に襲われ負傷，問答に十分応答できず，浄土宗の勝利となり，翌年日経は京都で耳鼻をそぐ刑に処せられた．これを〈慶長法難〉といい，徳川家康はこれを機に，日蓮教団諸本寺に「念仏無間（ねんぶつむけん）」(→四箇格言（しかかくげん）)の文証なしとの確認書提出を命じて諸寺を従わせ，日蓮教団の*折伏（しゃくぶく）的傾向抑圧の処置をとった．

『景徳伝灯録』 けいとくでんとうろく　『伝灯録』とも略称される．法眼（ほうげん）下三世に当たる永安道原（えいあんどうげん）が編輯した最も代表的な〈灯史（とうし）〉(禅宗史書)で，全体は30巻より成る．1004年(景徳1)に上進され，楊億（ようおく）(973-1020)らの校訂を経て入蔵を許され，1080年には刊行もされた．冒頭に楊億の序や「西来年表」などを置き，巻1から巻29までの29巻が〈*過去七仏〉から〈西天二十八祖〉〈東土六祖〉を経て，法眼文益（ほうげんもんえき）(885-958)の弟子に至る52代の伝記と*機縁の集成で，巻30には禅宗関係の偈頌（げじゅ）が収められ，末尾に跋文などを付している．掲載される人物は1701人に達し，俗に「千七百則の公案」といわれるゆえんとなっているが，名前だけで伝記や機縁を留めない人も多い．

*教外別伝（きょうげべつでん）を立場とした禅宗では，必ずしも経典に依拠しようとはしなかったから，*伝法の系譜を説く〈灯史〉は自らの正統性を証明するものとして重要な位置づけを与えられ，*北宗（ほくしゅう）禅の時代から，しばしば編集が行われた．とりわけ本書は，インドや中国における伝法の系譜や*菩提達摩（ぼだいだるま）や*慧能（えのう）の伝記を確定するとともに，当時の年号を冠して入蔵されることで禅宗の権威を国家に認めさせたという点において画期的なものであった．そのため，影響は大きく，後を襲う形で『天聖（てんしょう）広灯録』(1036)などの〈五灯録〉が次々と編まれることとなった．日本でも禅宗の立場を示す最も基本的な文献として，室町時代以降，しばしば開版を見，江戸時代には，その形態を真似た卍元師蛮（まんげんしばん）(1626-1710)の『延宝伝灯録』(1678)が現れた．なお，本書には別に王随（おうずい）(?-1035?)が刪定した『伝灯玉英集』(1034)があって，やはり入蔵を認められた．

芸能 げいのう　古代に我が国に伝来した仏教は，*読経・*論義・*念仏・*懺悔（さんげ）などの儀礼によって*鎮護国家祈願の実践を行なったが，平安時代には，*講式・*和讃・訓*伽陀（くんかだ）といった，和文による儀礼も誕生した．その多くは旋律豊かな*声明（しょうみょう）と呼ばれる曲節によって唱えられ，また身体所作をともない，それ自体が人々を魅きつける芸能としての側面を有していたが，従来の日本の芸能に絶大な影響を与え，さらに新たな芸能を誕生させてゆく原動力ともなった．

論義・*釈教（しゃっきょう）は経典をわかりやすく説き聞かせる儀礼で，古代から中世期に南都・京洛の大寺院や宮中で行われたが，これが庶民に伝わり*説経節（せっきょうぶし）と呼ばれる語り芸となり，あるいは*琵琶法師の語りなどに影響を与え，さらに，江戸時代には人形浄瑠璃や落語へと展開した．寺院は古代には公的な仏事において，仏に奉納するための*舞楽・散楽の場として大きな役割を果したが，中世期には，*衆徒(僧兵)が私的に主催した*延年が，これらの奏演の場として大きな比重を占めるようになった．特に観世座を始めとする大和猿楽の誕生した奈良においては，延年や寺院の行事は能(*能楽)の成立にも大きな影響を与えた．論義・*竪義の声明は*謡曲の音調の源流ともなり，また年頭祈願の懺悔の儀礼たる*修正会・*修二会では，法呪師役が真言密教の作法に基づく*結界作法を行なったが，これを芸能的に演じた呪師や呪師と共演した猿楽者の芸能より，能における神聖曲『翁』が誕生した．鎌倉新仏教においては，浄土宗系の宗派が庶民布教の手段として念仏を重視したが，時衆(後の時宗)を率いた*一遍は，これに踊りを導入して*念仏踊りを行い，人々を*法悦・*帰依へと誘った．念仏踊りは，室町時代には，灯籠や花笠など華やかな作り物，にぎやかな囃子をともなって*風流踊りへと展開し，これが，江戸時代のかぶき踊り，現代に続く各地の盆踊りの源流ともなった．

慶派 けいは　鎌倉時代以後の仏師の一派．平安後期の*奈良仏師の傍系から出た*康慶を始祖とする．名の〈慶〉字にちなみ，〈慶派〉と称するが，その正系は南北朝期以後は名に〈康〉字を用いることが多い．鎌倉初頭には京都仏師の〈*院派〉〈*円派〉に比して劣勢であったが，早くに鎌倉幕府勢力と結び，*東大寺大仏をめぐる巨像群の造像で一気に勢力を伸張した．康慶の子*運慶の代に京都に進出し，*湛慶以後は〈東寺大仏師職〉を相承する系統として認識され，14世紀頃からは〈七条仏所〉と呼ばれた．康慶・運慶の代に，奈良仏師の古典研究の成果に立って，現実感あふれる鎌倉彫刻の新様式を樹立．*快慶や2人の*定慶などの個性的な作風も含め，慶派の作風は以後の彫刻様式展開の軸となった．→仏師，仏所．

啓白 けいびゃく　⇒表白

『渓嵐拾葉集』 けいらんじゅうようしゅう　〈けいらんしゅうようしゅう〉とも読む．道光上人光宗(1276-1350)が著した仏教書．300巻といわれるが，現存するのは117巻．1318年(文保2)6月9日付の序があるが，その後も書き足された．その期間は，1311年(応長1)から1348年(貞和4)にわたる．顕・密・戒・記録・医療・雑記の6部構成で，内容は天台教学，密教，戒律論，諸社寺の縁起，民間信仰など多岐にわたり，一種の百科全書的な体裁を備えている．思想的には，山王権現と天台の*一心三観を結びつけた，いわゆる〈山王一実神道〉が説かれていることが注目される(→山王神道)．また，伊勢の内外宮を金胎両部にあてる*両部神道説もみられる．さらに，*本覚思想に関する*口伝法門も随所に見えている．著者の光宗は，もと*延暦寺の官僧であったが，*遁世して興円・恵鎮らの*戒律復興運動に参加し，京都鷲尾にあった金山院を再興した天台系律宗の僧である．

希有 けう［s: āścarya］　原語の意味も，めったにないこと，まれなことの意で，中国の古典の『漢書』王莽伝，『論衡』超奇，『晋書』張華伝など多くの用例と同義．漢訳仏典においても，無量寿経巻上や法華経序品などに，漢語本来の意味をそのまま踏襲して使われている．日本での用い方もほぼ同義であるが，まれで珍しいことから，奇異に思う，不思議だという語感が強くなり，人智を越えるものという意味で，仏神や*変化の所業に対する評語として用いることも少なくない．なお，*『今昔物語集』などでは，再三「希有の事なれば如此く語り伝へたるとや」などと注記して，希有なることを説話伝承の一要件としている．「世の末にも，かかる希有の事はありけり」〔今昔 27-37〕「平氏の大将維盛・通盛，けうの命生きて(九死に一生を得て)，加賀国へ引き退く」〔平家 7.倶梨迦羅落〕

化縁 けえん　*教化の*機縁・*因縁のこと．『高僧和讃』(→『三帖和讃』)に，阿弥陀仏が「化縁すでにつきぬれば，浄土にかへりたまひにき」とある例から知られるように，*仏あるいは*菩薩が*衆生を教え導く機縁をいう．これは教化をなす主体である仏や菩薩の側からみた教化の機縁である．しかし同時に，この語は，教化を受ける側である衆生の因縁をも意味し得る．

悔過 けか　罪過を懺悔する意で,〈懺悔(さんげ)〉ともいう.漢語〈悔過(かいか)〉は,『孟子』万章上などに用例が見える.サンスクリット語は種々あって確定しがたく,漢訳経典の古いものほど〈悔過〉と訳し,南北朝ごろから〈懺悔〉の訳語が多くなるが,同一経典に両訳のある例もある.日本では奈良期までは〈悔過〉を用い,礼仏して身(しん)口(く)意(い)の罪過を発露(ほつろ)懺悔し,五穀豊穣などの利益を求める儀礼を〈悔過法〉と称し,勅命で〈薬師(やくし)悔過〉〈吉祥(きちじょう)悔過〉〈阿弥陀(あみだ)悔過〉などが修せられた.中国の*懺法(せんぼう)と同様の行儀であるが,平安期以後は*法華懺法を中心に諸懺法が行われるようになった.→懺悔.

「その神の蹲(こむら)に繋(か)けたる縄を引きて,礼仏悔過す」〔霊異記中21〕「畿内七道諸国に勅し,一七日の間,各国分金光明寺において,吉祥天悔過の法を行ふ」〔続日本紀神護景雲1.1.8〕.

穢れ けがれ　人畜の死や出血,出産など異常な事態を神秘的に危険視・忌避視することで,神聖観念の一つ.穢れが広く忌避・排除の対象となるのは,それが共同体に不幸や災厄をもたらす危険な力または性質をもつと見られるからである.このため死穢(しえ)(黒不浄(くろふじょう))や血穢(けつえ)(赤(あか)不浄)が生じた際には,喪屋(もや)や産屋(うぶや)を別に建てて穢れとの接触を厳禁した.死穢はとくに死者の家族・親族を重度に汚染すると見なされたから,遺族は一定の期間の服喪を遵守した.死穢が共同体内の他の人びとに伝染することを怖れたからである.

宗教的には不浄(穢れ)は清浄と対を成しており,ともに聖観念の構成内容である.日本語の〈いみ〉の語も,清浄なるものを異常視し隔離する意味の〈斎(いむ)〉と不浄なるものを特別視し忌避する意味の〈忌(いむ)〉との両義を内包するとされる.穢れの状態を元に戻すためには儀礼的手続きが必要であり,一般には一定期間の謹慎の後に禊(みそぎ)(水浴)などによる清浄化が行われる.

穢れの観念は,死体や不浄視されるものを扱う人びとに及ぼされると,人間や職業を不浄視するにいたり,しばしば差別観につながる.インドの*カースト制度はブラーフマン階層を清浄としアンタッチャブルズを不浄と見なす点,聖観念の極性における穢れの社会的位置をよく示している.日本でも,古代・中世において穢れ忌避の観念は,天皇を中核とする貴族社会を中心として強固であった.また,*神仏習合により,神祇信仰の穢れ忌避観念が仏教界にも入り,とくに天皇に関わる国家的祈禱に従事した官僧たちは穢れを避けるために葬式などに従事するのに制約があった.他方,中世の,禅・律・念仏僧など*遁世(とんせい)僧とよばれる僧侶たちは,そうした制約から自由で,葬式などにも組織として取り組んだ.→不浄観,忌(いみ).

化儀 けぎ　天台の教判(教相判釈(きょうそうはんじゃく))で用いられる教理用語.天台では,あらゆる教えを比較検討する,いわば比較宗教学として,〈五時八教〉という教判を立てる.この五時八教という組織体系化された教判を構成するのが,五時と化儀四教(*頓教(とんぎょう)・*漸教(ぜんぎょう)・秘密教・不定教(ふじょうきょう))と化法(けほう)四教(蔵教(*三蔵教)・*通教・*別教・*円教)の三つの構成要素である.〈五時〉が,釈尊一代にわたるすべての説法を,*成道(じょうどう)した後から*涅槃(ねはん)を迎えるまでの五つの時間に区切り包摂するのに対して,〈化儀〉は,「化物の儀式」と伝統的に説明されてきたように,物すなわち衆生を教化する方法・仕方という意味である.ちょうど,五時にわたって説かれてきた諸経典が,苦のただ中にいる衆生に与えられた薬だとすれば,その薬を釈尊がどのような仕方で投与したかを表すのが〈化儀〉であり,処方箋に相当する.この喩えで言えば,〈化法〉は,調合される薬に喩えられる.→五時八教,教相判釈.

化儀四教 けぎしきょう　⇒化儀(けぎ),五時八教(ごじはっきょう)

加行 けぎょう　[s: prayoga]　広くは修行一般をいい,狭くはある事を達成するための準備的な修行をいう.*説一切有部(せついっさいうぶ)による*五位の修道体系では,*資糧(しりょう)位・加行位・*見道(けんどう)位・*修道(しゅどう)位・*無学(むがく)位が説かれ,また*瑜伽行派(ゆがぎょうは)の体系では,資糧位・加行位・通達(つうだつ)位・修習(しゅじゅう)位・*究竟(くきょう)位が説かれる.いずれの場合も加行は第2の段階で,さらに高い段階へ向かって努力精進を加える準備行として位置づけられる.密教では,*灌頂(かんじょう)や*授戒などの正行を受ける前の特定の前行をさす.「灌頂行ふべき用意にて,百日の加行同じく始む」〔沙石集2-5〕. →四度加行.

下化衆生 げけしゅじょう　⇒上求菩提・下化衆生

化現 けげん　[s: nirmita]　仏や菩薩が衆生を*済度するために,さまざまに姿を変えて世間に現れること.〈*応化〉〈応現〉などともいわれる.法身・報身・応身(応化身)という仏陀の*三身のなかでは,応身の働きをいう.「生身の地蔵の化現し給ひけりと貴く覚えて,泣く泣く見廻りけるに」〔大山寺縁起〕. →権化,化身.

華籠 けこ　〈花籠〉〈華筥〉とも書き,〈はなご〉とも訓む.また〈華盤〉〈*衣裓〉ともいう.散華供養に用いる花を盛る器.最初は実用の竹籠だったと推測されるが,次第に装飾性を増した.竹製・木製・金属製・紙胎製などがある.*正倉院には竹製のほかに,珠玉を銅線に通して綴ったものがあり(奈良時代),藤田美術館には竹を編んだ上に綾絹を張った例がある(平安時代).鎌倉時代には,神照寺(滋賀県長浜市)の銅製透彫に金銀鍍金を加えたものや,万徳寺(愛知県稲沢市)の紙胎に漆塗りとした例などがある.

外護・内護 げご・ないご　1 *身口意の悪業や不浄を防ぎ,身を清浄に保つこと,あるいはそのための*禁戒を〈護〉(saṃvara)といい,〈外護〉とは外的な社会生活における禁戒,〈内護〉とは内心にかかわる禁戒〔陀羅尼集経1〕.

2 仏法を擁護することを〈*護法〉といい,〈内護〉とは*比丘・*比丘尼など仏教教団内部の人々による護法,〈外護〉とは国王・大臣など,また天竜*八部衆など仏教教団外部の勢力による護法〔大毘婆沙論192,法華経玄賛1末〕.「或いは外護となり,或いは檀越となりて仏法を流通し」〔夢中問答上〕「大檀那たる人は,八宗いづれをも断絶なきやうに,外護の心をはこび給ふべし」〔樵談治要〕

3 *仁王般若経に基づく概念.〈内護〉とは菩薩が仏果を守り,*十地の行を修め,衆生を教化すること.〈外護〉とは国王などの権力者が災難や盗賊を滅息して,国土と人民を安寧に保つこと〔智顗・仁王護国般若経疏1,3など〕.

下根 げこん　上根の対.意志が弱く,素質の劣っている者であり,〈*鈍根〉ともいう.教えを受ける者の持つ宗教的素質・能力のことを仏教では〈*根〉と称し,*声聞・*縁覚(独覚)は鈍根,*菩薩は*利根といわれ,さらに声聞は鈍根中の鈍根,縁覚は鈍根中の利根とされる.「我等は下根の者なれば,一切をすてずば,さだめて臨終に諸事に著して,往生を損ずべきものなり」〔播州法語集〕

『華厳一乗法界図』 けごんいちじょうほっかいず　新羅華厳宗の祖である*義湘が華厳経の趣旨を*偈にまとめ,当時流行の謎詩の形で文字をジグザグ状に配置したもの.『法界図』『一乗法界図』と略称する.偈に対する義湘の注釈も含めて『華厳一乗法界図』と呼ぶことが多いが,本来は偈の部分だけを指した.入唐して*智儼に師事した義湘が,智儼が668年に亡くなる少し前に法界図を作ったとされている.

図では,偈の冒頭にあたる「法性」の句の「法」の字が中心部に位置し,その字の上に「衆生」の「衆」の字が,また下に偈の末尾である「仏」の字が来ているため,縦に見ると「衆法仏」と並んでいる.この「法」は「心」を意味するため,ここに〈*心仏及衆生,是三無差別〉(心と仏と衆生の三つは区別がない)と説く華厳経の思想が表現されている.この偈が図印とも称され,木版で刷られて流布したのは,修行の過程を描いた偈の全体が一時に印刷されるという点で,「初めて発心した時,既に仏に成っている」とする華厳経の思想を表している.注釈の部分には,「理理円融」などの特異な主張も見られる.注釈には,法界図に対する古注釈類や義湘の弟子たちの言葉を編集した編者不明の『法界図記叢髄録』,*均如の『一乗法界図円通記』などがある.

華厳会 けごんえ　*華厳経を読誦講讃して国家安泰を祈る法会.*東大寺で旧暦3月14日に修せられたものが有名.起源については諸説あるが,一説に,天平年間,*聖武天皇の命を受けて*良弁が主催したという.後にはしだいに儀礼化し,音楽を伴う華やかなものとなった.「此の寺(法華寺)に花厳経

を講ぜしめて，会を行はせ給ふを花厳会と名づく」〔三宝絵下〕

『華厳縁起』けごんえんぎ　新羅しらぎ華厳宗の開祖である*義湘ぎしょうと*元暁がんぎょうが唐に留学した際の様子を描いた絵巻物．6巻，紙本着色．13世紀前半の制作．『華厳宗祖師絵伝』とも称する．栂尾とがのお*高山寺蔵．*明恵みょうえ上人が2人の名僧の跡を慕って描かせたもの．図様・画風ともに中国宋代絵画との強い関連が指摘される．

華厳経けごんぎょう　［*s*: *Buddhāvataṃsaka-nāma-mahā-vaipulya-sūtra*］　大乗を代表する経典のひとつ．漢訳では，60巻本と80巻本があり，経の最後に位置する「入法界品にゅうほっかいぼん」のみを増広ぞうこうして単行させた40巻本もある．漢訳では，〈大方広仏だいほうこうぶつ華厳経〉と称し，略して〈華厳経〉と呼ぶ．東晋の*仏駄跋陀羅ぶっだばっだらが420年に訳したものを〈六十華厳〉，唐の実叉難陀じっしゃなんだの訳を〈八十華厳〉，唐の般若はんにゃが訳したものを〈四十華厳〉と称する．仏駄跋陀羅訳は初めは50巻であり，のちに60巻とされ，さらに唐代に補訳が加えられている．

【成立と構成】チベット語訳に記されている*梵語ぼんごの題名は，「仏の華飾りと名づけられる広大な経」の意であり，仏たちが無数に集まっている様子を描いた経典という意味になる．*善財童子ぜんざいどうじが*菩薩ぼさつや僧だけでなく医者・商人・娼婦・少年・少女などを含む様々な*善知識ぜんちしきに真理を尋ねて遍歴する修行の旅を描いた「入法界品」は，インドでは *Gaṇḍa-vyūha*（茎の荘厳）と呼ばれ，単行経典として広まっていたようであり，華厳経全体が *Gaṇḍa-vyūha* と呼ばれることもあった．インドで単行経典として広まっていたことは，菩薩の修行の階梯を示し，一切の現象は心が作り出したものと説く*十地経じゅうじきょうや，一切の衆生は仏の智慧を具えていると説く性起経しょうきぎょうなどの場合も同様であり，3世紀頃に中央アジアでそれらの諸経が集成されて〈華厳経〉が作られたと見る説が有力である．華厳経では，教主とされる*毘盧遮那びるしゃな（Vairocana．六十華厳では〈盧舎那るしゃな〉と音写）仏は，宇宙に遍満する光の仏として描かれており，*成道じょうどうの場である*寂滅道場を動かないまま普光法堂ふこうほうどう・*忉利天とうりてんなどに次々に移動し，七処八会しちしょはってと称される七つの場所，八度の法会（八十華厳では九度）において*説法をするが，自身では語ることはなく，その力を受けた菩薩たちが説法するという形をとっている．

【華厳宗の成立と影響】華厳経は，南地で訳されたものの，北地の北魏で重視され，主に*地論宗じろんしゅうの学僧によって講義や注釈が盛んに行われ，華厳経を唯一最高の経典とみなす者たちもいたほか，*五台山を華厳経で重視される*文殊もんじゅ菩薩の聖地とする信仰も早い時期から広まっており，南地では*三論宗による研究が盛んであった．唐代になると，*智儼ちごんや*法蔵ほうぞうらによって〈華厳宗〉が成立し，華厳経が随所で説く一つの塵の中に無限の世界が入るといった不可思議な*一即一切いちそくいっさいのあり方を教理として確立して，諸宗に大きな影響を与えた．智儼の弟子である*義湘ぎしょうは新羅しらぎに戻って華厳宗を広め，日本では，新羅で*元暁がんぎょうの系統について学んだ*審祥しんじょうが，現在の*東大寺の前身である金鐘寺こんしゅじで，740年（天平12）に法蔵の*『華厳経探玄記たんげんき』によって〈六十華厳〉を講じ，東大寺には*聖武天皇の発願によって盧舎那仏の大仏が建立された．→華厳宗．

『華厳経探玄記』けごんぎょうたんげんき　華厳宗の大成者である唐の*法蔵ほうぞうが，*仏駄跋陀羅ぶっだばっだら訳の*華厳経を注釈したもの．20巻．『探玄記』と略称される．1）華厳経が説かれた理由，2）仏教経典における華厳経の位置，3）華厳経に対する諸師の*教判きょうはん，4）*受持じゅじする者の資格，5）教えの本体，6）経が示す根本趣旨，7）題目の解釈，8）華厳経の種類・異訳・奇跡譚など，9）義理分斉ぎりぶんざい（法門の内容，他の経典との違い），10）個々の経文の解釈，という十門に分けて華厳経の特質を明らかにしているが，第九の義理分斉は，*『華厳五教章』の義理分斉とならんで，法蔵の思想を代表するものとして尊重されてきた．華厳経は他の経典とはきわだって異なる特別な*一乗いちじょうの法門でありつつ，すべての教えを含んだ完全な教えであることを強調し，*一即一切いちそくいっさいあるいは事事無礙じじむげなどの語で呼ばれる華厳経の不可思議な描写を，できる限り理論的に解明しようとしている．以後の華厳経解釈の模範となっただけでなく，中国仏教の教義を代表する著作の一つとされている．

『華厳五教章』けごんごきょうしょう　中国,唐代の華厳宗第3祖*法蔵(ほうぞう)の最初期の著作．3巻または4巻．テキストによって『華厳一乗教分記』『華厳一乗教義分斉章』など様々な題名があり，『華厳五教章』『五教章』などと略称される．教理・教判の様々な問題を十門に分け，小乗教・大乗始教・大乗終教・頓教・円教の五教の立場から説明し，法相宗(ほっそうしゅう)や禅宗などを含む様々な教えに比べ，*円教である別教一乗，つまり*華厳経がいかに勝れているかを強調したもの．→五教十宗．

華厳教学の綱要書として奈良時代から尊重され，江戸以後は仏教教理の入門書としても広く読まれた．奈良時代以来の伝承本である3巻の和本，宋代に校訂された4巻の宋本が現存するほか，新羅(しらぎ)の*義湘(ぎしょう)が章の順序を改めた本を法蔵がさらに再治したと伝えられる朝鮮伝来の錬本もあるが，各テキストの系統・性格については異説が多い．中国・朝鮮・日本で多くの注釈が作られており，最古のものとしては東大寺寿霊『華厳五教章指事』3巻，詳細なものとしては*凝然(ぎょうねん)『通路記』52巻(39巻が現存)がある．

『華厳五十五所絵巻』けごんごじゅうごしょえまき　*華厳経入法界品に説かれている*善財童子(ぜんざいどうじ)の*善知識(ぜんちしき)歴参の物語を描いた絵巻．歴参の場所を54段に描き，*東大寺蔵の1巻は37段，藤田美術館蔵の1巻には10段をふくむ．ほかに断簡として7段分が分蔵される．紙本着色．平安時代末期，12世紀後半の制作．善財童子が悟りの道を求めて*文殊菩薩(もんじゅぼさつ)の指示に従い，南方の諸賢者を順次尋ねて教えをうけ，最後に*普賢菩薩(ふげんぼさつ)から仏の法門を聞くというもので，絵は可憐な童子の姿がきわめて印象的である．詞書(ことばがき)はなく，各段の上部の色紙形に各賢者の行(ぎょう)・位階・住所・尊名・賛文が墨書してあり，それによって各場面の内容がわかる．〈善財童子歴参図〉はこのほかに，東大寺・根津美術館などに分蔵される額装本の『華厳五十五所絵』(平安時代末期)，また東大寺蔵の『華厳海会善知識曼荼羅図』(鎌倉時代)などがある．

華厳寺　けごんじ　[1] 中国,陝西省西安市．640年(貞観14)，*華厳宗の初祖である*杜順(とじゅん)が没し，その遺体を長安(西安)の南郊を流れる樊川(はんせん)の北原に葬ったが，その地に墓塔として645年に建立．のちに第4祖の*澄観(ちょうかん)の舎利塔も建てられ，ともに現存する．

[2] 中国,山西省五台県台懐鎮．北魏時代5世紀末に創建され，唐代に大華厳寺と改名され，明代以後，顕通寺と称する．*五台山で歴史が最も古く，規模も最大．日本の*円仁も訪れた．現在，五台山仏教協会の所在地である．

[3] 中国,山西省大同市．遼代の建立．現在は上・下の2寺に分れ，上華厳寺の*大雄宝殿は1140年の重建．また下華厳寺の薄伽(ばが)教蔵殿は1038年の建築といわれ，現存する中国木造建築物中最古のもの．

[4] 韓国,全羅南道．新羅(しらぎ)統一時代の創建で，有数の大建築を有する．*元暁(がんぎょう)・*義湘(ぎしょう)もここで華厳経を講じた．16世紀兵火にあって焼失し，李朝時代再興されて禅宗の道場となった．

[5] 岐阜県揖斐郡谷汲村．山号は谷汲(たにぐみ)山．天台宗．平安初期の創建で，醍醐天皇のとき*勅願寺となる．*西国三十三所納めの札所として著名．

華厳宗　けごんしゅう　中国の初唐代に成立した学派．華厳経を最高・究極の経典とし，その思想を根本的なよりどころとして固有の教学を形成した．→華厳経．

【成立と展開】伝統的な見方では，初祖を*杜順(とじゅん)(557–640)，第2祖を*智儼(ちごん)(602–668)，第3祖を*法蔵(ほうぞう)(643–712)，第4祖を*澄観(ちょうかん)(738–839)，第5祖を*宗密(しゅうみつ)(780–841)とする五祖説，または初祖の杜順の前に*馬鳴(めみょう)(2世紀頃)と*竜樹(りゅうじゅ)(150–250頃)を加える七祖説が立てられる．このうち，七祖説における前2祖は，信仰的立場から学派の正統性を主張し，その権威を高めるために置かれたと考えられる．また，五祖説における初祖と2祖，2祖と3祖の間，および4祖と5祖の間には明確な師資の関係が認められるが，3祖と4祖の間には年代の開きがあり，直接の師資関係はもちろんない．以上のことからも，祖統説そのものにさえさまざまの問題があることが推測されよう．しかし，民間で盛んであった華厳経信仰の布教者の一人が杜順であり，諸経が説く*如来蔵思想と華厳経の無尽の思想との違いを強調して教学を基礎づけたのが智儼であり，社会的にも思想的にもそれを大成したのが法蔵であり，それを大きく変革したのが澄観と宗密であることは間違いない．そして，宗密以後の唐代の華厳宗は勢力を弱め，思想的にも新しい展開はほとんど見られない．しかしその教学は，宗派の枠を越えて禅者や念仏者に影響を与えた．遼代には密教と結びついた独自な教学が生まれ，宋代には智儼・法蔵の教学に戻ろうとする動きがあり，教学が復興した．

華厳宗は，智儼に学び，法蔵の兄弟子に当たる*義湘(625–702)によって671年に新羅に伝えられ，また新羅に留学した*審祥によって8世紀半ばに*元暁と法蔵の影響が強い華厳教学が日本に伝えられ，それぞれに独自の変容・発展を見せる．朝鮮においてはその影響が深く浸透している．日本華厳宗に関しては，とくに華厳経・*梵網経にもとづく東大寺大仏の建立(743–749)，*明恵による*李通玄の思想や密教思想との結合，*凝然による東大寺系教学の確立などが重要である．

【教学の特徴】このように，華厳宗は，1300年以上の歴史をもち，地理的にはほぼ東アジア全域に広められたものである．それゆえ，華厳教学にも時代的・地域的にかなり大きな変容があり，一概にまとめることはむずかしいが，たとえば日本の凝然は，それを*五教十宗の教判によって代表させ，華厳宗自身の教えである*円教については，その根本的特徴を〈事事無礙〉(事物・事象が互いに何の障げもなく交流・融合すること．いわゆる*一即一切・一切即一の縁起の事態)を明らかにする点に見出している(*『八宗綱要』)．

袈裟 けさ　サンスクリット語 kaṣāya に相当する音写．原語は赤褐色を意味し，〈*壊色〉〈*染衣〉などと漢訳される．*比丘の三衣をその色から〈袈裟〉と称するようになった．壊色については諸説あるが，鮮明な原色を避け，青・黒(泥)・茜(木蘭)など混濁した〈不正色〉を指す．比丘の衣は，塵埃の集積所または墓地などに捨てられていた布の断片を縫い合わせて作った*糞掃衣(*衲衣)が原則であったから，*衣服についての欲望を制するために，一般の*在家者がかえりみない布の小片を綴り合わせて染色したものが用いられたのである．→三衣．

仏教の伝播と共に，気候風土や衣服の慣習の相違から種々の変形を生じた．中国・日本では日常の衣服としての用法を離れ，僧侶の装束として*法衣の上に着用し，特に儀式用の袈裟は金襴の紋様，縫い取りが施されて華美で装飾的なものとなった．ただし，*五条・*七条・*九条など布を長方形に裁断し田の形(田相)に縫い合わせる〈*割截衣〉の方法は*戒律の規定を伝承している．〈五条袈裟〉は安陀会(下衣)の変形，〈小五条〉〈絡子〉〈威儀細〉などはさらに簡略化されたものであり，〈遠山袈裟〉は山形の模様からその名がある．

「衣・袈裟も，あるは赤く，あるは青くなどして」〔栄花音楽〕「其の内に八十ばかりなる比丘居たり．綴り袈裟より外に着る物なし」〔今昔 4-9〕

芥子 けし　からし菜の実．物がきわめて微細であることのたとえに用いる．〈芥子劫〉は，*劫がきわめて長久であることのたとえとして，雑阿含経 34 や『大智度論』38 などに見えるもので，1*由旬(または 100 由旬)四方の大きな城に芥子を満たし，百年に一度，1粒の芥子を取り続け，芥子が全部なくなっても劫はまだ終らないという．また，からし菜の実は辛くて堅いところから，加持祈禱の時の*降伏のために用いられる．

「(将門降伏の加持祈禱のために)一七日の間に焼くところの芥子は，七斛余りあり」〔将門記〕「劫の久しささまざまに侍り．磨石劫・芥子劫云々」〔久遠寺本宝物集 2〕

化主 けしゅ　化は*教化の意で，教化の主のことをいう．具体的には，*衆生を教化し救済する教主である*仏・*如来をさす．しかし，後には高徳の*僧や大寺院の*住持を呼ぶようにもなり，新義真言宗では，*管長または寺院の住持の敬称として用いられるようになった．また禅宗では，禅院の役職の一つとして〈街坊〉とも〈街坊化主〉とも呼ばれ，街に入って信徒を教化し寺の生活に必要な品を勧募する役をもいう．

化生 けしょう ［*s*: upapāduka］ 四生の中の一種．母胎や卵殻などの何らかの拠り所から生まれ出るのと異なり，何もないところから忽然として出生する生まれ方，およびその生物．たとえば，前の生涯(*前世)における善悪の行為(*業)の結果として生まれた，*天人や地獄の衆生や*中有など．さらに，この世に現れた最初の人間もこれに当たるとされる．転じて，日本では神仏の*化身や妖怪変化の類をさしていうこともある．また姿を変えて生ずることも〈化生〉(nirmāṇa)という．なお漢語の〈化生〉は，天地・陰陽の精が合して新しい物が生まれることをいい，『易経』繫辞下などに用例が見える．「その柴の皮の上に，忽ちに弥勒菩薩の像化生し給ふ」〔今昔 17-34〕「化生の人は智慧すぐれ，無上覚をぞさとりける」〔三帖和讃〕．→四生．

化城 けじょう 仮に作られた幻の都城．法華経化城喩品には，五百*由旬の彼方にある宝処に向かう隊商たち(*衆生)が途中で疲れ果ててしまったために，指導者(仏陀)が神通力によって都城(小乗の悟り)を出現させて彼らを休息させ，ついには宝処に導くという譬喩が述べられる．小乗(*二乗)の悟りは仮のもので，法華経の一仏乗(*一乗)の成仏にいたるための方便であることを喩える．化城喩は*法華七喩の一つ．〈化城宝処の喩え〉ともいう．「二乗は無為涅槃をねがふ欲心あるが故に，猶も化城にとどまる」〔夢中問答上〕

下生 げしょう *仏が天上界より下って*衆生を救済すること．釈迦仏の場合にも用いるが，より典型的には*弥勒菩薩の場合に用いる．弥勒菩薩については上生・下生の両経典があるが，下生経では，仏滅後，56億7千万年ののちこの世界に弥勒菩薩が下生して，仏滅後の衆生を*竜華三会を催してことごとく救済するという．*極楽浄土の不退転地の浄土ではなく，衆生救済のためにみずから再びこの世に生まれかわってくるという*来迎の思想も含まれている．「(釈迦が)閻浮提に下生しなむと思しける時に，五衰を現し給ふ」〔今昔 1-1〕．→弥勒信仰．

化身 けしん ［*s*: nirmāṇa-kāya］ 原義は，*変化した身体，つくり出された身体．〈応身〉〈変化身〉と漢訳することもある．衆生を教化・救済するために，種々の形を取って*化現した仏をいい，仏の本質たる〈*法身〉(真理そのものとしての仏)に対する〔大智度論 30〕．狭義には，*三十二相*八十種好を具備し仏として現出したものを〈応身〉といい，*神通によって種々の衆生の姿を取って化現したものを〈化身〉といい，これに〈法身〉を加えて，仏の〈三身〉という〔合部金光明経三身分別品〕．なお，応身と化身を合して〈応化身〉ということもある．「日本の国においては，これ化身の聖なり．隠身の聖なり」〔霊異記中 29〕「善導和尚の，弥陀の化身として専修念仏をすすめたまへるも」〔法然消息〕．→三身，応化．

解深密経 げじんみっきょう ［*s*: *Saṃdhinirmocana-sūtra*］ *玄奘訳．5巻．*唯識派の所依の経典の一つで，唯識思想を初めて説いたといわれる経典．西暦300年前後の成立．標題は，深密(saṃdhi)すなわち直截には表明されていない真意を解き明かす(nirmocana)という意味．本経における注目すべき内容は，1)仏説の歴史を*声聞乗(*有)・*大乗(*空)・一切乗(*中)に分け，前二者を未了義としたうえで，*一切法の*無自性を明瞭に解き明かした第三の唯識説こそが，*了義の説であると位置づけ，2)*六識の奥に深層心理を考察する立場から*阿頼耶識の存在を，3)存在を三つの形態に分ける三*自性・三無自性説を，さらには，4)一切はただ心の現れにすぎないという〈唯識〉の考えを初めて宣揚したことである．序品を除く全体が*『瑜伽師地論』の「摂決択分中菩薩地」の中に取り込まれている．

灰身滅智 けしんめっち 仏教の理想はニルヴァーナ(nirvāṇa．*涅槃，絶対の平安)であるが，いっさいの*無知や*煩悩や*執着を離脱しても，なお生命の続くかぎりは生理的な機能ははたらいて，たとえば病や疲労などが残る．そのために，生命維持作用の最低のものを〈余依〉〈余〉(upadhiśeṣa)と称し，特に*部派仏教においてこの〈余〉を完全に消滅した境地を〈無余(依)涅槃〉と名づけ，それには身を灰に帰し智(＝心)を滅するというありかたが求められた．これが〈灰身滅智〉であり，それは或る種のネガティヴで虚無(きょむ)的な敗北主義にすぎないとして，*大乗仏教から激しい批判を浴びた．ただしこの術語の典拠は不明なところが多く，むしろ，他者との連帯のもとで現実社会における活躍を強調する大乗仏教が，一般民衆から離れてひたすら自己の完成を求める部派仏教を批判し攻撃したさい，その実態からこれを造語した可能性もある．ことに天台教学で用いる．「定性の者は，此の位に住して，灰身滅智して無余界に入るなり」〔十住心論 4〕．→虚無主義．

仮説 けせつ　仮(かり)に名称を設定して対象を表示することで，〈仮設(けせつ)〉とも書く．対応するサンスクリット語の一つである upacāra は，構成要素の集まりに対して比喩的に特定の表現を適用することで，そのような表現そのもの，あるいはまたその対象となる仮構存在を意味する場合もある．*『唯識三十頌(ゆいしきさんじゅうじゅ)』において*世親(せしん)は，「自我と諸要素(法)の仮説」を論じ，いずれも比喩的，第二義的にそのように表現されるにすぎず，第一義的には非存在であるという．→仮，仮名(けみょう)．

化他 けた　⇒自行化他(じぎょうけた)

仮諦 けたい　⇒三諦(さんだい)

懈怠 けだい［*s*: kausīdya］　悪を断ちきり，善を修する努力を尽くしていないことをいう．アビダルマ(*阿毘達磨(あびだつま))における*五位七十五法の大煩悩地法(だいぼんのうじほう)にあげる六つの*煩悩の一つ．*『倶舎論(くしゃろん)』4 に「心が積極果敢でないこと」とあるのがそれである．また，唯識(ゆいしき)の*随煩悩のうち大随惑とされる八つの煩悩の一つ〔唯識論 6〕．漢語の〈懈怠(かいたい)〉については，おこたる，なまけるの意で，中国古典の『韓非子』八姦，『呂氏春秋』音律，『呉子』論将，『後漢書』馬皇后伝などに用例が見えている．「世の厭はしきことは，すべて露ばかり心もとまらずなりにて侍(はべ)れば，聖(ひじり)にならむに，懈怠すべうも侍らず」〔紫式部日記〕

計度 けたく　意識のはたらきによって種々の事物を思いめぐらすこと．〈計度分別(ふんべつ)〉とは，三*分別の一つで，対象の差別を判断推量するはたらき〔倶舎論 2〕．漢語の〈計度(けいたく)〉は計算しはかる意味で，漢の王充『論衡』談天に用例が見える．「仏知見の照らす所を執見をもって計度して」〔沙石集 3-5〕「此の幻相を分別する自心の計度を放下すべし」〔夢中問答 中〕

解脱 げだつ［*s*: mokṣa, vimukti, vimokṣa］　原語は，束縛から解き放す意．仏教では*煩悩(ぼんのう)から解放されて自由な心境となることをいう．インド思想全般で説かれる理念で，仏教にも採用された．解脱した心は*迷いがなく，煩悩が再び生じないので，涅槃(ねはん)と同じ意味になる．インド一般の思想では，*輪廻(りんね)から解放されて，二度と生存世界に立ち戻らない状態に到達することをいう．釈尊(しゃくそん)は煩悩から解脱して涅槃を得たが，35 歳の*成道(じょうどう)後 80 歳で亡くなるまでは身体を備えていたので〈有余(うよ)(依(え))涅槃〉といい，死とともに〈無余(むよ)(依(え))涅槃〉に入ったとか〈大般(だいはつ)涅槃〉に入ったという．→涅槃．

*原始仏教では，修行者の理想は煩悩を滅し尽くした*阿羅漢(あらかん)の姿である．つまり修行者は戒(かい)定(じょう)慧(え)の*三学と解脱と解脱知見(解脱し悟ったことの自覚)の*五分法身(ごぶんほっしん)を備えることが必須条件である．阿羅漢はまた*貪愛(とんあい)からの解脱(心解脱)，*無明(むみょう)からの解脱(慧解脱)，*智慧と*禅定(ぜんじょう)の両面で得る解脱(倶(く)解脱)を得ているとする．*部派仏教では，煩悩や解脱を*法(ほう)として実体視するなど，部派ごとに解脱をめぐって独自の解釈を展開した．しかし，どれも修行者個人の解脱が問題であり，その限りで実践もなされていた．それに対して*大乗仏教では，自己の解脱は*衆生(しゅじょう)の*救済(くさい)と共にあると考え，*六波羅蜜(ろくはらみつ)の*利他行(りたぎょう)が重視された．そして全ての法は*空(くう)であって，解脱にも実体がないと主張し，それを悟り実践するところに解脱があるとした．

「観音品の初めの段を誦しをはれば，即ち解脱することを得たり」〔霊異記 上 15〕「もし深秘を解せざれば，すなはち途(みち)に触れて縛を為す．生死を出でて解脱を証すること得ず」〔十住心論 3〕

解脱上人 げだつしょうにん　⇒貞慶(じょうけい)

桁行 けたゆき　建物の棟(むね)と平行な方向を〈桁行〉といい，これと直角の方向を〈梁行(はりゆき)〉という．〈梁間(はりま)〉を梁行と同じ意味で使っていることが多い．棟は通常長手(ながて)方向に造るから桁行は梁行より大きいのが普通である．建物の大きさは奈良時代の文書には，桁(梁)行何丈何尺何寸(何間何尺何寸)というように実長で表すことが通例で，平安時代以降は，柱間の数と庇を付した面の数を示し，何間何面と記すようになった(間面記法)．→間．

結縁 けちえん　〈縁〉は*因縁，関係性の意で，特に仏，仏法との関係をいう．仏法との関係を結んで，未来に*成仏するためのきっかけを作ることを〈結縁〉という．なお結縁の目的で行われる儀式に〈*結縁灌頂〉，経を書写する〈結縁経〉，経を読誦廻向する〈結縁諷経〉，*法華八講を開く〈結縁八講〉などがある．また造寺・造仏の*勧進も，衆生を仏道に結縁させることを目的とする．「京より上中下の道俗，聖人に結縁せむが為に参り合へり」〔今昔 12-34〕

結縁灌頂 けちえんかんじょう　密教の灌頂の儀礼のうちで最も初歩的なもので，広く一般*在家の信者を対象とし，彼らに儀礼的に仏縁を結ばせるために行う．すなわち，眼かくしした受者を導いて香象(象形の*香炉)をまたいで*道場に引入し，敷曼荼羅の前に立って華を投ぜしめ，その華が落ちたところの尊の名を告げてその尊の印明(印・*手印と*明・*真言)を授け(投華得仏)，以後その尊を導きとして，あるいはその尊の本誓を自らのものとして仏道にさらに精進すべきことを諭す儀礼．「有縁は赴き来たって結縁灌頂す」〔巡礼行記 3〕「(東寺恒例の)結縁灌頂は同(承和)十一年三月十五日に，同じく実恵僧都始めて行ひ給ふ所なり」〔壒嚢鈔 15〕．→灌頂．

結願 けちがん　日数を定めて行う*法会・*修法・*祈願などの最後の日に，願意を結びしめくくるのを〈結願〉といい，その時に唱える文を〈結願文〉という．禅宗では〈結座〉という．転じて*彼岸の末日を俗に結願といい，さらに講義や興行・行事などが終わることを結願ということもある．「礼仏了れば導師は独り結願，廻向す」〔巡礼行記 2〕「その結願の日は，我が入滅の時なり」〔往生極楽記 16〕

血脈 けちみゃく　〈けつみゃく〉とも読む．原義は血管，血統の意．師匠と弟子の間で法門を*相承すること．師資は本来父子ではないが，父の血が子に伝わるのに譬えて〈血脈〉という．これを系譜に表したものをさすこともあり，またこの相承の次第を記した系図を〈血脈譜〉とよぶこともある．師から戒を授けるとき，仏祖に遡る法系の最後に受戒者の名を書き，相承の証として受戒者に与える．真宗仏光寺の絵系図は血脈を視角的に表現したものである．なおこれとは別に，在家の信者に与える血脈もある．法門相承の略系譜を記し，包み紙に〈血脈〉とか〈戒脈〉と書いて三宝印または種子印を押す．

「円戒を伝へんがために，顕戒論三巻，仏法血脈一巻を造り，謹んで陛下に進む」〔上顕戒論表〕「末代なりといへども，内典外典の血脈相承たえず」〔夢中問答中〕「門前の老婆日ごろ血脈を望めども，なにかと延引す．老婆程なく死す」〔仮・因果物語上〕

結 けつ　[*s*: saṃyojana]　*煩悩を表す術語の一つ．不善の心理状態が心を拘束し結び付ける様子から表現された語である．これを数種類のより具体的な煩悩と組み合わせて，三結・五上(下)分結・七結・九結・十結などとする．原始経典においては〈五上分結〉(色貪・無色貪・掉挙・*慢・*無明)と〈五下分結〉(欲貪・*瞋恚・*有身見・*疑・*戒禁取)とに分けるのが一般的である．前者は衆生を*色界・*無色界の生存に，後者は*欲界の生存に束縛する煩悩とされる．「金剛の句句に結を断じ，解りを証す」〔性霊集 6〕．→結使．

結界 けっかい　[*s*: sīmābandha]　教団の僧尼の秩序や聖性を維持するため，ある一定の区域を限ること．その標識として石や木などが使われ，石の場合は〈結界石〉という．*受戒や*布薩などを行うための〈摂僧界〉，その内では*三衣を離れて宿しても罪とならない〈摂衣界〉，その内で食を煮ても罪にならない〈摂食界〉がある．

密教では修行道場に魔障が入らないように特別の*修法によって結界する．これに〈国土結界〉〈道場結界〉〈壇上結界〉があり，*比叡山や*高野山は国土結界の例である．その他，女性の出入を禁じた〈女人結界〉などがある．

「大師自ら結界して，谷を堺ひ，峰を局って，女人の形を入れず」〔無量寿経釈〕「金剛界を受けし時，結界の火焔，郭(くるわ)を遶りて入ることを得ざりき」〔本朝神仙伝9〕「貴き結界の地と承れば，高野に参りて出家をもして」〔盛衰記39〕

結跏趺坐 けっかふざ ［*s*: paryaṅkam ā-√bhuj(√bandh)］〈結加趺坐〉とも書く．坐法の一つ．趺(あし)を結跏(けっか)して坐る，という意．〈趺〉は足の甲．結跏(加)は，趺を交わらせ(結)，たがいに反対の足の腿(もも)の上に乗せること(跏，加)．足を結んだような形をしているのをいい，結跏した上側の足をはずして，片方の足だけを腿(もも)ないし膝(ひざ)の上に乗せる坐り方は〈半跏趺坐〉という．左右の足の上下の違いにより，意味が異なる．右足で左足を圧する形は*悟りを開いたものの坐で〈吉祥坐(きちじょうざ)〉といい，その反対の形は修行中のものの坐で〈降魔坐(ごうまざ)〉という．吉祥坐はまた〈蓮華坐(れんげざ)〉ともいう．種々の坐法の中で吉祥坐がもっとも理想的坐法で，悪魔も退散させる威力を持つと考えられている．「和尚，面(おもて)を西に向けて，結跏趺坐して失せ給ひにけり」〔今昔11-8〕．→坐禅，付録(仏像5)．

結経 けっきょう ⇒開経・結経(かいきょう・けっきょう)

結解 けつげ 〈*結〉は，サンスクリット語 saṃyojana の漢訳語として用いられることが多く，原義は，結びつけることで，特に*仏教梵語(ぼんご)では*煩悩(ぼんのう)の一つの呼称である．衆生(しゅじょう)の心身を生死流転(しょうじるてん)の世界に結縛(けつばく)するの意で，〈*結使(けっし)〉〈結縛〉ともいう．〈解〉は，サンスクリット語 mokṣa などの漢訳語として用いられ，原義は，解放することで，*解脱に同じ．したがって〈結解〉は，*首楞厳経(しゅりょうごんきょう)巻5「結と解とは因る所を同じくし，凡と聖とは二路なし」のように煩悩と解脱を意味する．しかし文脈によっては，煩悩の束縛が解かれる，または束縛から解かれるという意にもなる．ちなみに漢訳仏典では，〈解〉は解脱のほかに，理解する，の意で用いられることが多い．

結構 けっこう 原義は，組立て，構造．また，家屋や文章などを組み立てること．中国の古典に広く使われる．仏教語ではないが，構築物に用いられて，仏寺の堂塔の造作や構えをさすことが多い．また，計画や用意の意ともなり，さらに組立てが巧みで，用意が行き届いている意から，すぐれていること，十分なさまを意味するようになった．なお，中近世には人柄を評する語ともなり，お人よしを意味する〈結構者〉〈結構人〉などの語が生れた．

潔斎 けっさい *婬欲(いんよく)を断ち，酒肉をつつしむこと．また，心身を清めてものいみをすること．神事や仏事に奉仕または関与するに当たって，事前に一定のきまりにしたがって行うのが普通．漢語としては，『説苑』脩文，『孔叢子』問軍礼，『後漢書』楚王英伝などにすでに用例が見える．〈*精進(しょうじん)〉〈*物忌み〉ともいう．「御祭りの日より潔斎して，御注連(しりくべ)を給はりて，一年の間精進にして」〔今昔10-33〕「手を握り心を砕き，精進潔斎して仏神に祈請を致し」〔承久記上〕

結使 けっし ［*s*: saṃyojana, anuśaya］ saṃyojana の原義は，結びつけること．anuśaya の原義は，内心に潜む悪に向かおうとする性向ないし性癖で，*随眠(ずいめん)とも訳される．ともに〈結使〉と漢訳され，またそれぞれ〈*結〉〈*使〉と訳されることもある．いずれも*煩悩(ぼんのう)の異名．結使の語には，衆生(しゅじょう)を*迷いの世界に結びつけ，また結ぼれて*生死(しょうじ)を形成し，また衆生を*繫縛(けばく)して駆使するものといった意味が含まれる〔大乗義章5〕．なお，慳(けん)と嫉(しつ)を〈二結〉といい〔中阿含釈問経〕，婬(いん)・怒(ぬ)・癡(ち)を〈三結〉というが〔長阿含闍尼沙経〕，これ以外にも〈五結〉〈七使〉〈九結〉〈十使〉など種々の数え方がある〔大乗義章5,6〕．「一切衆生の為に，煩悩・結使の賊を降伏せむ」〔今昔1-4〕

月氏 げっし 〈月支〉とも書く．古代，中国西部から中央アジアにかけて居住した遊牧民族．紀元前2世紀頃，匈奴(きょうど)に追われて大半はイリ河からシール河流域に移住し大月氏と呼ばれた．これに対し，旧来の土地に留まったものを小月氏と呼ぶ．ちなみに*カニシカ王は小月氏に属する．月氏出身者の中には*竺法護(じくほうご)のように仏法を伝えるうえで功のある者もいたが，民族全体の宗教については確かなことは判っていない．「ここに知りぬ，吾が土の人なれども，猶し月氏・漢家の人に過ぎたりといふことを」〔本朝神仙伝9〕

結集 けつじゅう ［*s*: saṃgīti］ 原語は，ともに歌うことの意．*比丘(びく)たちが集まってブッダ(*仏陀)の教えを誦出し，互いの記憶を確認しながら，合議の上で聖典を編集すること．聖典編纂会議のこと．ブッダの滅後数百年間，その教えはもっぱら記憶暗唱を頼りとして受け継がれたから，その散逸を防ぎ，また教団の統一化をはかるためには，このような結集が幾度か必要とされた．

伝承によると，ブッダの滅後ラージャグリハ(*王舎城)郊外に500人の比丘たちが集まり，最初の結集が開かれたという(五百結集)．このときは仏弟子マハーカーシヤパ(*摩訶迦葉)が座長となり，アーナンダ(*阿難)とウパーリ(*優波離)がそれぞれ*経(教法)と*律(*戒律)の編集主任を担当したとされる．その後のインドにおける主な結集としては，仏滅後100年頃，戒律上の異議が生じたことを契機に，*ヴァイシャーリー(毘舎離)で700人の比丘を集めて開かれたとされる〈第2回結集〉(七百結集)，滅後200年にアショーカ王(*阿育王)の治下，パータリプトラ(華氏城)で1000人の比丘を集めて行われたという〈第3回結集〉(千人結集)，紀元後2世紀頃*カニシカ王のもとで*カシミールの比丘500人を集めて開かれたという〈第4回結集〉などが知られている．ただし，このうち第3回・第4回の結集については南伝・北伝の両仏教の伝承が一致していない．

「千人の羅漢皆集まり座して，大小乗の経を結集し給ふ」〔今昔4-1〕

月性 げっしょう　1817(文化14)-58(安政5)　徳川時代後期の勤王僧．字は知円，清狂と号す．周防国(山口県)大島郡の浄土真宗本願寺派妙円寺10世．村田清風・吉田松陰・頼三樹三郎，安芸国(広島県)の同派僧黙霖や梅田雲浜・梁川星巌らと交わった．1856年(安政3)『仏法護国論』を著し，仏教による護国とキリスト教排撃を中心に尊王攘夷論や海防論を説き，勤王志士や護法家に大きな影響を与えた．また西本願寺や紀州藩にも招かれ，自説を説いた．

月称 げっしょう　⇒チャンドラキールティ

下天 げてん　天界の最下の天で，*六欲天の下層，須弥山の中腹にある*四王天をさす．〈上天〉の対語．*『倶舎論』11の説くところでは，四王天は六欲天中*果報が最も劣り，その1昼夜は人間界の50年，そこに住む*天人の寿命はその計算での500歳とされる．その果報の劣る下天に比べても人間の命は一瞬に過ぎないという意味から，両者は対比されることが多い．「人間五十年，けてむ(下天)の内をくらぶれば夢まぼろしのごとくなり」〔幸若・敦盛〕「下天も広狭に不同あり」〔神皇正統記上序〕．→天．

外典 げてん　⇒内典・外典

化土 けど　衆生のために仮に現し出した*浄土の意．仏の*誓願によって成就された〈報土〉に対する．〈方便化身土〉ともいう．浄土教では*阿弥陀仏の浄土を報土とするが，これは一切衆生の救いを誓う阿弥陀の本願を信ずる衆生の住する境地(本願酬報の国土)をいう．*親鸞は報土に2種を分かち，〈真実報土〉と〈方便化(身)土〉とした．この化土は報中の化(報土の中の化土)といわれ，本願を疑惑する人が生れる浄土の片ほとりであるとする．「報土の信者はおほからず，化土の行者はかずおほし，自力の菩提かなはねば，久遠劫より流転せり」〔正像末和讃〕．→報土，疑城胎宮，懈慢．

化度 けど　*衆生を感化し，これを教え導いて，悟りの世界に導き渡らせることをいう．なお，〈化導〉も人を*教化して導く意味の語として用いられた仏教語であるが，漢語としての〈化導〉は，*徳をもって人を導く意味で，すでに『後漢書』王吉伝,廉范伝に用例が見える．「誠にこれ上人の衆生を化度するの力なり」〔往生極楽記17〕

外道 げどう　[*s*: tīrthika, tīrtha-kara]　1)仏教以外の他の宗教・哲学，またはそれらを信奉する人びとを総称した呼称．一般には〈内道〉(仏教)に対していうが，2)道にはずれた人のことを貶していう場合が多い．1)の場合は，インドに仏教が興った紀元前5-6世紀頃，ガンジス河中流南岸地域にあった*マガダ地方に存在していた*六師外道や，異教の思想一般を総称し，2)の場合は，むしろ*異端邪説を語る人をさしていい，正論者からの貶称である．

【外道の原語と意味】〈外道〉という訳語の原語には，para-pravādin(他の教えを語る者)やanya-tīrthya(他の宗派の祖)があるが，通常は，渡し場，沐浴場，霊場を作る人を意味する tīrthika ないし tīrtha-kara で，一派の教祖・派祖をさす．*ジャイナ教の開祖も同じである．仏教の古い経典には，仏陀(釈尊)と同時代に6人の派祖・教祖がいて「それぞれサンガ(僧団)やガナ(集団)を持ち，集団の師主として知識が広く，名声が高く，教祖として多くの人びとに尊敬されていた」〔長部1-2〕とあるように，宗教家を意味していた．

【大乗経典の場合】しかし，後代の大乗仏教経典において，明らかにそれらを外道邪見の意味で理解し，仏教以外の道を説く教祖・派祖を貶称して，その信奉者を外道の徒と軽視するようになった．その背景には，仏教が主張する*縁起説に対して，仏陀時代の他の教祖たちは異なった主張，異説を唱えていたことがある．たとえば，万物はすべて自在神が化作したものとする〈尊祐造論〉，すべては過去世に作った原因の結果で宿命的であるという〈宿作因論〉，すべては偶然的で因も縁もなくして生じ，かつ滅するという〈無因無縁論〉の三つが，三種外道として仏教から批判された．したがって，仏教はその当初より，仏教以外の宗教家を広く意味して外道と呼ぶ例と，仏教と対立する異教邪説を貶称して外道と呼称する用例をもっていた．

【その他の場合】宗教が一つの*宗として独立し，その体制を整備するにしたがって，一つの宗が他の宗を批判の対象とするのは当然であり，その過程で対立する宗教・哲学を異端邪説としてしりぞけるのも自然の理である．六学派に代表されるインド諸哲学も，仏教からみれば外道哲学となる．仏教の経典を〈内典〉と呼び，それ以外の経典を〈外典〉と呼ぶのも同様である(→内典・外典)．

わが国の文学においては，むしろ「その尼を嫌みて言はく，汝は是れ外道なり」〔霊異記下19〕などのように，2)の意味で使われる場合が多い．日常用語としては，人をののしる場合に用いられる語である．

「始めて外道の門徒を背きて，釈迦の御弟子と成りて初果を得たり」〔今昔1-9〕「信心の行者には，天神地祇も敬伏し，魔界外道も障碍することなし」〔歎異抄〕

介爾 けに　きわめて微弱なこと．〈介〉は〈芥〉に通じ，微細，微小の意．特に，*『摩訶止観輔行伝弘決』5-3に「介爾とは刹那の心を謂う」とあるように，心についていう．また，我々がいまちょっと起こす心を〈介爾陰妄心〉または〈介爾陰妄一念〉と称し，天台宗山家派では〈*観心〉の対象となる妄心とする．「自性不思議にして介爾の一念に三千の性相を具す」〔漢光類聚〕

化人 けにん　仏が，*衆生を*化度する者として，仮に形を変えて人となったもの．また，仏の*神通力によって人の形に作り出されたもの(nirmitaka)．〈化〉は神通力によって作り出すこと，または作り出されたもの．漢語の〈化人〉の例は『列子』周穆王に見え，そのあり方について，水火に入り，金石を貫き，千変万化してきわまりないとする．この〈化人〉は*仙人あるいは幻人(幻術を行う人)の意味だが，*『翻訳名義集』7では周の穆王の時，文殊・目連が来て*教化し，穆王が従ったことに，この〈化人〉をあてて理解する．なお，仏・菩薩が形を変えて女となること，また，神通力によって女の形に作り出されたものを〈化女〉という．「前にこの仏を造り奉れりし者は化人なり」〔今昔11-16〕「其の時，彼の糸を此の化女に授け給ふ」〔著聞釈教〕

繋縛 けばく　心が*煩悩につながれ，しばられていること．*解脱の対語．転じて，広く心が何かにとらわれている意にも用いる．拘束．「立ちても居ても，煩悩の仇の為に繋縛せられたる事を悲しみ」〔発心集5〕「言葉に花を咲かせんと思ふ心に繋縛せられて，句長になるなり」〔申楽談儀〕

華瓶 けびょう　*三具足の一．〈花瓶〉とも書く．仏の供養具のひとつで，花を挿す瓶．口・胴・台が張り，頸・腰の絞られる亜字形華瓶と，頸が細長く，下膨らみの胴のある徳利形華瓶があり，前者が古様である．*修禅寺，勝福寺(兵庫県神戸市)，東京国立博物館(那智経塚出土，稲荷山出土)などの亜字形華瓶は平安時代後期にさかのぼり，*観心寺，*浅草寺，岩屋寺(愛知県知多郡)などの徳利形華瓶は鎌倉時代の例である．「数刻評定有り…その中に，大きなる花瓶二口を仏前に立つべきの

由」〔玉葉安元 3.7.5〕

化仏 けぶつ　〈変化(へんげ)仏〉〈応化(おうげ)仏〉ともいう．衆生*教化(きょうけ)のために仏や菩薩が*神通力(じんずうりき)により衆生の*機根に応じた姿に身を変えた状態．仏の*化身は法身(ほっしん)・報身と共に*三身の一つに数えられ，〈応身〉ともいう．釈迦(しゃか)仏はその典型．化仏は修行の進んだ者の前に現れるとし，修行の低い者または人間以外の者の前に出現する〈応仏〉と区別することもある．浄土教では，法身仏が衆生済度のために*阿弥陀(あみだ)仏に身を変えた*方便の法身仏(実は報身仏)を説き，それは*極楽浄土の真身としての阿弥陀仏，およびこの世に衆生を迎えに来る化仏としての阿弥陀仏の両側面を説く．

なお仏像表現において，菩薩などに*本地(ほんじ)仏を標識するため頭部などに置く小仏像も〈化仏〉という．すなわち*観世音菩薩は頭部や*宝冠に阿弥陀仏の化仏を表し，*千手観音はその一手に化仏を持つ．*光背や*天蓋(てんがい)などに表現された小仏像も化仏と呼ばれることがある．

「一々の化仏におのおの七菩薩ありて，もって侍者となす」〔往生要集大文第 4〕

化法四教 けほうしきょう　⇒五時八教(ごじはっきょう)

毛坊主 けぼうず　在家でありながら地域社会での宗教活動にたずさわる半僧半俗の宗教者．土地により〈毛坊〉〈毛ぼん〉〈おぶん様〉〈手次坊主〉などとよばれ，おもに飛騨・美濃(岐阜県)，越前(福井県)，近江(滋賀県)地方山間部の浄土真宗地帯にひろがっていた．正規の寺ではないから*檀家はもたないが，寺のない村で僧侶の補佐役として葬儀にたずさわったり，*年忌法要をいとなんだり，ときには葬儀の*導師となることもあった．さらに毛坊主は，たんに寺院から委託された下級の儀礼執行者にとどまるだけでなく，地域社会の宗教的指導者であり，また世俗の生活の中心的な存在でもあった．歴史的には，葬送をおもな職分とする念仏の*俗聖(ぞくひじり)が農村に定住し，やがて*本願寺の配下に組みこまれたものと考えられている．「我は別不(べっぷ)(美濃の地名)一向宗の毛坊主，宗兵衛なり，と云ふ」〔因果物語中 24〕

下品 げぼん　*九品(くほん)のうち最下位の 3 品，すなわち〈下品上生(じょうしょう)〉〈下品中生(ちゅうしょう)〉〈下品下生(げしょう)〉をいう．生前なんらかの善業を修した*凡夫(ぼんぶ)は*上品(じょうぼん)・*中品に往生するのに対し，善を修せず悪をなした者は下品に生ずるという．*観無量寿経(かんむりょうじゅきょう)に説かれる．転じて下等，下級を意味する一般語となり，さらに〈げひん〉と読んで，品(ひん)が悪いことを意味するようにもなった．ちなみに〈下品(かひん)〉という語は，もと中国貴族制社会において下等の家柄や地位を意味していた．

「下品の三生には別の階位なし．ただこれ具縛造悪の人なり」〔往生要集大文第 10〕「下品の句と思へども，点者の意巧によりて長点などある事，つねの事なり」〔連理秘抄〕

外凡・内凡 げぼん・ないぼん　聖者に対して，まだ真に悟っていない凡庸な者を凡夫(ぼんぶ)といい，これを外凡・内凡に分ける．より劣った位を〈外凡〉といい，比較的すぐれた位を〈内凡〉という．*説一切有部(せついっさいうぶ)では，外凡は五停心(ごじょうしん)・別相念住(べっそうねんじゅう)・総相念住(そうそうねんじゅう)の*三賢位をさし，内凡は煖(なん)・頂・忍・世第一法の*四善根位(しぜんこんい)をさす．天台・華厳の教学では，外凡は十信(じっしん)位，内凡は十住(じゅうじゅう)・十行(じゅうぎょう)・十廻向(じゅうえこう)の三賢位をいう(→五十二位)．天台の*六即では，観行即を外凡，相似即を内凡とする．→凡夫．

華鬘 けまん　[s: kusuma-mālā]　華には〈花〉，鬘には〈縵〉〈幔〉をも当てる．糸で生花を綴り，またはこれを結んで，頸飾りまたは身の装飾となし，あるいは仏の*供養に用いる．わが国では仏堂の*荘厳(しょうごん)として，牛皮(ごひ)や銅・木・ガラス玉などが生花の代わりに用いられ，〈華鬘代(けまんだい)〉(略して華鬘とも)の名で呼ばれ，主に柱間に懸け吊られた．*唐招提寺金堂所用といわれる牛皮製のものが最も古い 8 世紀の例で，*中尊寺金色堂所用の金銅透彫(こんどうすかしぼり)のものは 12 世紀の優品として著名である．花の文様を主とし，中央に紐を総角(あげまき)結びにしたもの，左右に*迦陵頻伽(かりょうびんが)を配した意匠が一般的であった．

「天人の頭の上の花鬘は萎む事なきに萎みぬ」〔今昔 1-1〕「金堂の母屋幷びに廂・裳層(もこし)，講堂，阿弥陀堂，法花堂等に幢(はたほこ)・花幔代を懸く」〔承暦元年法勝寺供養記〕「もやの柱ごとに，幡(はた)，華鬘をかけらる」〔問はず語り 3〕

懈慢 けまん　*懈怠(けだい)にして高慢心のあること．また，そのような者の住む国土，〈懈慢界(けまんがい)〉(懈慢国)の略．懈慢界は，*念仏以外の行を修する者の往く世界とされ，菩薩処胎経3によれば，*閻浮提(えんぶだい)の西方12億*那由多(なゆた)にある快楽の世界で，浄土願生者でひとたびこの国土に生ずる者は，執着のあまり怠りおごり高ぶり，信心が薄れて弥陀(みだ)の国へ行けなくなるという．浄土宗ではこれを此岸(しがん)と*彼岸(ひがん)の中間に在る，*浄土とは別の国土とするが，浄土真宗では浄土の辺地(*辺土)たる〈方便化(身)土(ほうべんけ(しん)ど)〉と見なす．なお漢語〈懈慢(かいまん)〉は，おこたる意で，『後漢書』楊震伝などに用例が見える．

「信ぜざれども，辺地・懈慢・疑城・胎宮(たいぐ)にも往生して」〔歎異抄〕「浄土と娑婆との間には，懈慢国と云ふ国あるが故に，また来迎にも或いは魔縁たぶらかし，或いは地獄の迎へにまぎるる事あるべし」〔孝養集下〕．→化土，疑城胎宮(ぎじょうたいぐ)．

仮名 けみょう　仮(かり)の名称．実体のないものに仮に名称を与えること，あるいは与えられた名称そのものをさす．通例そのサンスクリット語はprajñaptiで，この語は，車輪や車軸などの集まりが〈車〉と呼ばれ，*五蘊(ごうん)の集合体が〈人〉と名づけられるように，一般に構成要素の集まりに対して名称を与え，知らしめること，ならびにそのようにして付与された名称そのものを意味する．単に〈仮(け)〉と訳される場合もある．なお，日本では〈実名〉の対語として，世間で言い習わしている名，俗称，通称の意にも用いる．「仮名の念仏，浄業熟し難く，順次往生，本意に違失あり」〔興福寺奏状〕「仮名実名事新しく，ことごとしげに名乗り申せば」〔太平記38.諸国宮方〕．→仮．

外面似菩薩内心如夜叉 げめんじぼさつないしんにょやしゃ　「外面は菩薩に似て，内心は夜叉の如し」と読み下されるもので，「女人(にょにん)は地獄の使にして，能(よ)く仏の種子を断ず」に続くことば．本来は女性の色香に迷う男性にたいして，戒めとして説かれたものと考えられるが，実際は女性にたいする差別思想の典拠となった．*日蓮遺文(にちれんいぶん)には「華厳経に云く」として紹介され，*存覚(ぞんかく)の『女人往生聞書』には「唯識論にいはく」として掲載されているが，いずれの経典や論書にも，このことばは見あたらない．最古の用語例は『宝物集』(1200年以前)に見られ，古本系は涅槃経，改変本は華厳経の所説としている．日蓮・存覚らもこれに依ったもので，もとは安居院(あぐい)流の*唱導などが，不邪婬を説く説法の方便として作出した句かと考えられる．

悕望 けもう　願い求めること．〈悕〉は中国古典にはほとんど使われることがないが，漢訳仏典には多くみられる．後者の場合，そのほとんどは*無量寿経下「ただ悪を為さんと欲して妄りに非法を作す．常に盗心を懐きて他の利を悕望す」のように欲望に基づく願望を意味し，否定されるべきものとして使われる．特に求める意味の場合には〈悕求(けぐ)〉が用いられる．なお日本では，〈希望(けもう)〉を当てることも多い．「悕望するところなき清浄の道心を，随喜讃嘆せり」〔法華験記中42〕「一生は尽くるといへども，希望は尽きず」〔長享本方丈記〕

仮門 けもん　究極のものではなく，仮の教え．〈*仮〉は*方便，仮の手立て．〈門〉は*法門，教え．浄土真宗では，漢訳*無量寿経の阿弥陀仏(あみだぶつ)*四十八願中，*第十八願を真実とし，第十九願を〈方便仮門〉，第二十願を〈方便真門〉とする．第十九願(至心発願の願)は，*念仏以外の諸善を修め，往生極楽を願う者に対して，臨終に*来迎(らいこう)すること．このような考え方はインド・中国の浄土教にはなく，この語も日本の浄土真宗が独自に立てたもの．*『教行信証(きょうぎょうしんしょう)』化身土に，「久しく万行諸善の仮門を出で，永く双林樹下の往生を離る」とあるのに基づく．『教行信証』では，〈真門〉もまた第二十願に説く*自力の念仏の立場であり，第十八願の真実の*他力の立場は〈仮門〉〈真門〉を超えているとされる．「大利無上は一乗真実の利益なり．小利有上は則ちこれ八万四千の仮門なり」〔教行信証行〕

快楽 けらく　〈快〉は「楽なり」の訓詁があるように，快楽は類義字を重ねた熟語．ここちよい，楽しいの意．漢語の〈快楽(かいらく)〉は『焦氏易林』巻1などに用例がある．仏教では，物質的欲望の満足がもたらす楽しみを意味することもあるが，宗教的・精神的な楽しみを意味することも多い．たとえば，「便ち無量の安穏快楽を得」〔法華経譬喩品〕，「彼の仏国土は清浄安穏にして，微妙快楽なり」〔無量寿経〕などである．「皆快楽を得ること，譬へば比丘の滅尽三昧を得るが如し」〔往生要集大文第1〕「今生の刹那の快楽は，まことにもって益なし」〔愚迷発心集〕

ゲルク派 ――は　[*t*: dGe lugs pa]　*チベット仏教最大の宗派で，〈ゲルク〉はよい教え，行いを意味する．*ツォンカパ(1357-1419)を開祖とし，*カダム派の流れを継承するので，〈新カダム派〉〈改革派〉とも呼ばれた．インドの*チャンドラキールティ(7世紀)に由来する中観帰謬論証派(→中観派)の*空思想と*ダルマキールティ(7世紀)に由来する*論理学を融合させ，論理的考察を重要視する立場をとる．一方で空思想による密教の理論化も進め，*『秘密集会タントラ』の聖者流の*生起次第と*究竟次第の教義に従って，密教の実践で体験される*大楽は空と異ならないものだと解釈し，思想的裏づけをもった密教の体系を確立した．

ガンデン大僧院を中心に発展したこの宗派は，16世紀，*カルマ派との政治抗争の結果，転生*活仏を法主とする活仏教団となって結束を固め，モンゴル人の支持を得て17世紀にはチベット全土を掌握，活仏*ダライ-ラマによる政権を樹立した．ダライ-ラマによる統治は，亡命政権となった現在も続いている．

下臈 げろう　〈*上臈〉〈中臈〉に対する語．〈*臈〉を多く積んでいないこと．また，その人，すなわち修行歴の少ない僧．転じて，〈下臈の蔵人〉〈下臈の女房〉のように官位の低い者，〈下臈徳人〉のように素姓の良くない者をさし，さらに転じて〈下郎〉の字を当て，下賤な男，下僕の意となり，さらには人をののしって言う語となった．「上下あはせて二百余人ばかりあり．上臈は五貫，中臈は三貫，下臈は一貫づつ(銭を)給ふ」〔宇津保あて宮〕

繋驢橛 けろけつ　驢馬を繋ぐ棒杭のこと．転じて，文字言句や概念に執着してこれに滞おれば，自由闊達なはたらきを失い，ちょうど杭のように自らを束縛するものとなる意．「羅漢辟支はなほ厠穢の如し，菩提涅槃は繋驢橛の如し」〔臨済録示衆〕

戯論 けろん　[*s*: prapañca]　戯れの談論の意．原語は，拡大・拡散・分化・複雑化などを意味し，ここから現象世界(拡散・分化した世界)や，無益で冗漫な議論一般，さらには，対象を分化し*分別する心作用そのものをさす用例が生まれる．*竜樹(ナーガールジュナ)によれば，戯論は妄分別，さらには*業と*煩悩を生む原因であり，それは空性を知ることによって滅するという．また戯論は，事物に対する愛著の心をさす〈愛論〉と，諸種の偏見を意味する〈見論〉の2種として説明されることもある．「戯論妄想の方には心引かれて，まことしき事は物ぐさげなり」〔明恵遺訓〕

仮和合 けわごう　この*迷いの世界のあらゆる存在は，*因縁によって和合して成立している仮の存在であるが，その状態を〈仮和合〉という．仮有などと同じ思想に基づく語．たとえば，五陰(*五蘊)の仮和合を*衆生という．〈*仮〉とは，一般に真や実などに対して不変的実体のないことをいい，〈虚妄不実〉などともいう．「我が身分かれて四人となり，また四人の外に我が身ある事なし．此の四人は四大種仮に和合して此の身をつくる故に，客人を見る」〔真言伝7〕

見 けん　[*s*: darśana, dṛṣṭi, paśyati]　種々の場合に用いられる言葉である．狭義には眼根(器官)の作用すなわち視覚をいうが，広義には認識作用一般の意味に用い，とくに真理(*法)を見るという実践において重要な意義がある．すでに原始仏教において*八正道の徳目の第1に〈正見〉が掲げられている．また*四諦などの真理を見る実践である〈*見道〉が，大・小乗の修行体系において重要なポイントになっている．さらに真理(法)と*仏とは一体であることから，信仰の立場において，仏を見るという実践が行われ，大乗仏教の一部においては，*観無量寿経など〈*見仏〉を主題とする経典も作成された．

しかし〈見〉(dṛṣṭi)が誤った見解，邪見など悪い意味に用いられることもある．原始仏教経典においては*外道の誤った見解を〈*六十二見〉にまとめ，そのほか〈見〉の名のもとに種々の悪見が説かれている．それらが有部*阿毘達磨において整理されて，

*有身見(うしんけん)・*辺執見(へんじゅけん)・*邪見・見取(けんじゅ)・*戒禁取(かいごんじゅ)の〈五見(ごけん)〉にまとめられた．五見は唯識*法相宗(ゆいしきほっそうしゅう)においては煩悩*心所(しんじょ)の中に含められている．

このように〈見〉は正見・邪見の両方にまたがるのであるが，〈見〉そのものの作用を抽出すれば正邪善悪にかかわらないものといえる．したがって有部阿毘達磨(*倶舎宗(くしゃしゅう))および唯識法相宗では，〈見〉は識知・判断・推理などをなす〈慧〉の心所(善悪にかかわらないもので有部阿毘達磨では十大地法，唯識法相宗では別境心所の中に収める)の作用とみなされている．

「僧は六和をもって本とす．戒・見・利・身・口・意なり」〔雑談集5〕「外道の見は多しといへども，断常の二見を本とす」〔夢中問答中〕

間 けん 【日本】〈柱間(はしらま)〉の数を数える単位．木造建築では10尺(約3メートル)程度の柱間が経済的で，これがもっとも多かったから，*桁行(けたゆき)柱間数で建物の大きさを示した．たとえば〈五間屋〉のごとく．梁行(はりゆき)は2間(あるいは1間またはまれに3間)と定まっていたので記さない．建物の平面を広げるためには，その外に柱を立てた．この内部の部分を〈*母屋(もや)〉といい，その外を〈庇(ひさし)〉という．庇をつけたとき，そのつく面の数で，〈三間在一面庇〉…〈三間在四面庇〉のように記し，これを略して〈三間一面〉〈三間四面〉のごとく記した．したがって〈三間四面〉は母屋が桁行3間，梁行2間で四周に庇があるから桁行5間，梁行4間の建物となる．これを間面記法(けんめんきほう)という．明治以後，〈面〉の意味を梁行の柱間数の単位として，〈三間四面〉を桁行3間，梁行4間としたり，東大寺法華堂(*三月堂)の平面を〈五間八面〉としたりしたのは誤りである．古書に〈一間四面堂〉とあるのは，母屋桁行1間(梁行も1間)，四方に庇があるという意であるから，方3間の堂となる．なお柱間の広さは10尺から次第に狭くなり，15世紀中頃には6.5尺となった．これが京間で，江戸時代にはさらに6尺となった．これが現在の1間(田舎間)である．

【中国】中国建築でも，日本と同様に柱間の数を数える単位．宮殿や住宅などの建築群のおよその規模を示す場合に，その正面柱間の総和を〈間(けん)〉で表すこともある．また住宅などの小屋では，ごく一般的用法として〈三開間〉〈五開間〉…のように正面の〈間〉数でその規模を表すことがあり，実際には日本の〈間(ま)〉と同様の用法であるが，ただし日本の1間＝6尺のような特定の寸法規定はない．日本建築の〈三間四面〉式の表記に対応するのが，〈三間五架〉〈五間九架〉…のように，正面の柱間数〈間(けん)〉と，奥行方向の梁組み構架を重ねる回数(すなわち棟木・母屋桁(もやげた)の総数)〈架(か)〉とによって表記するもので，この表記は漢代からすでにみられ，唐代になると〈間架税〉という不動産税の算定基準に用いられ，一層普遍化した．

幻 げん ［s: māyā］ 人の目をまどわすこと．また，その術．実体のないまぼろし．*因縁によって成立し，それ自身の*本性(ほんしょう)を持たない仮の存在を〈幻有(げんう)〉という．また，幻術師の化作(けさ)を〈幻化(げんけ)〉，幻術によって化作された人を〈幻化人(げんけにん)〉という．仏典では古くから，すべての事物には実体性がないことのたとえとして用いられる．

またインド思想，とくに*ブラフマンのみを唯一の実在とみる*ヴェーダーンタ派では，仏教の多大な影響を受けながら，しばしば多様な現象世界をマーヤー(māyā)のようなものと説いた．この場合のマーヤーは，「幻影」あるいは「幻惑する力」の意味をもち，現象世界が仮に現れた*虚妄(こもう)なものであることを喩えている．この学説はのちにマーヤー説や仮現説と呼ばれることになる．

「吾諸法を観るに譬(たと)へば幻の如し．惣(す)べて是れ衆縁の合成する所なり」〔性霊集補闕抄10〕「およそ名号の外は，みな幻化の法なるべし」〔一遍語録〕

玄 げん *分別(ふんべつ)を超えた深遠な*悟りの境地．『老子』冒頭の「玄之又玄，衆妙之門」に基づき，人間の思議を超えた幽遠玄妙なる世界の根源を意味したが，老荘的言辞を手がかりとして理解された中国での仏教がとりいれた．よって，〈玄学〉は三玄(老・荘・易)の学から仏学，〈玄籍〉は仏経典，〈玄侶〉は僧侶をあらわすようになった．「理を弁じ玄を談ずるとも，誰かこれを弁じ誰かこれを会(え)せん」〔太平記24.依山門傲訴〕．→老荘思想．

『顕戒論』 けんかいろん *最澄(さいちょう)撰．3巻．

819年(弘仁10)天台円宗の確立を目指して朝廷に奉った〈四条式(しじょうしき)〉(*『山家学生式(さんげがくしょうしき)』の一つ)が護命(ごみょう)を中心とする*僧綱(そうごう)の反対に遭い拒否された後，天台円戒の特色を明らかにした書．〈四条式〉により大乗独自の大僧戒として梵網戒(ぼんもうかい)の重要性が提唱されたが，*菩薩戒(ぼさつかい)である梵網戒が大乗独自の正式の僧侶を生み出すものであるとする主張は，伝統的理解とは異なるものであった．この主張は，結果として日本天台独自の*大乗戒壇を造ることに結びついたが，国家管理下の僧侶の再生産という点では同じ枠内であった．最澄は，この*大乗戒を天台独自のものとして〈円戒〉と呼び，小乗戒とは異なる大乗戒が存在することを証明するために本書を著し，*伝法の系譜を示した「血脈(けちみゃく)」(*『内証仏法相承血脈譜』と何らかの関係があると推定される)と共に，朝廷に奉られた．

本書は大乗独自の寺院と戒が*天竺(てんじく)や*震旦(しんたん)にあることを示そうとし，新羅(しらぎ)の*太賢(たいけん)や*義寂(ぎじゃく)の『梵網経疏』なども用いられ，朝鮮半島における戒律観の影響も見て取れる．また戒と乗を同一視するなど，独自の視点も存在する．「開雲顕月篇第一」に始まり，一向大乗寺・一向小乗寺・大小兼行寺の存在を証明する「開顕三寺所有国篇第二」，大乗寺においては食堂の*上座に文殊(もんじゅ)が安置されることを明かす「開顕文殊上座篇第三」，大乗の大僧戒の存在を示す「開顕大乗大僧戒篇第四」，大乗の戒のみで正式の僧侶とすることを示す「開顕授大乗戒為大僧篇第五」，その他16条の明拠という内容から成り立つ．

還学生 げんがくしょう　遣唐使に便して，中国にわたり短期間に学問・仏教を学ぶ者．〈留学生(るがくしょう)〉に対する．滞在期間は，同行した遣唐使の入国から帰国までの間で，*円仁(えんにん)は不法に逃れて長期滞在した．長期・短期にかかわらず，仏教を学ぶものは〈学問僧〉と称されるが，ことに短期滞在の僧を〈還学僧〉といい，そのうち入唐に際しその専攻分野を限って学ぶものを〈請益僧(しょうやくそう)〉〈請益生(しょうやくしょう)〉ともいう．838年(承和5)発の戒明・円行・円仁は請益僧である．→留学生，学生．

玄関 げんかん　古くは北極の関門を意味して，『論衡』道虚に「北海に游び，太陰を経て，玄関に入る」，また家宅の正面の入口を意味して，李白の『春，裴使君に陪して石娥渓に遊ぶ詩』に「粛条，世表に出で，冥寂，玄関を閉ざす」などとある．仏教との関連では，奥深い教えに入る関門を意味して，梁の王巾『頭陀寺(ずだじ)碑文』に「玄関と幽鍵と，感じて遂通(すいつう)す」，また『頓悟要門』に「稠人広衆(おおくのひとびと)に対して玄関を啓鑿し，般若の妙門を開く」などとあり，寺の門，禅院の入口などをもいう．「寺へ参りければ，御坊の御留守とみえて玄関が明かぬ」〔噺・きのふはけふの物語〕

現観 げんかん [s: abhisamaya]　原語は，本来は集まるの意であるが，特に仏教では，明晰なる認識，真理を直観的に把握すること．漢語〈現観〉は漢訳仏典造語で，「現」は明らかに(『翻訳名義集』「現，明也」)，もしくはありのままにの意であり，〈現観〉で眼前に明瞭に真理を観察することを意味する．

しばしば修行論において用いられ，*聖者(しょうじゃ)の位に入った最初の階梯である*見道(けんどう)での瞑想を指す．たとえば部派仏教の*『倶舎論(くしゃろん)』で説かれる〈聖諦(しょうたい)現観〉は，見道に到達した修行者が*四諦(したい)を対象として行うもの．苦諦(くたい)から順にそれぞれを認め知り(忍可(にんか))*煩悩を断じる〈八忍(はちにん)〉と，これを因として続いて生ずる*無漏(むろ)の智たる〈八智(はっち)〉とをいう(→忍)．瑜伽行派(ゆがぎょうは)の*『成唯識論(じょうゆいしきろん)』では，智諦(ちたい)現観・遍智(へんち)現観・究竟(くきょう)現観の3種の現観と，これを補助増強する思(し)現観・信(しん)現観・戒(かい)現観とをまとめて〈六現観〉を説く．また*『現観荘厳論(げんかんしょうごんろん)』は般若経に瑜伽行派の立場から注釈した綱要書であるが，現観を*般若波羅蜜(はんにゃはらみつ)に基づく8つの修行の段階として論じている．

『現観荘厳論』 げんかんしょうごんろん [s: *Abhisamayālaṃkāra-nāma-prajñāpāramitopadeśa-śāstra*]　〈二万五千頌(じゅ)般若経(はんにゃきょう)〉を中心にして*般若経を実践の観点から270余*偈(げ)により解説したもの．チベットの伝承ではマイトレーヤ(*弥勒(みろく))五論の一とされるが，中国には伝えられなかった．*三智・四*加行(けぎょう)・*法身(ほっしん)の八*句義(はちくぎ)およびその細目としての七十義が説かれる．〈三智〉は一切相智者性(いっさいそうちしゃしょう)(仏陀の智慧)，道智者性(どうちしゃしょう)

(菩薩の智慧), 一切智者性(いっさいちしゃしょう)(声聞・独覚などの智慧)を意味する. 〈四加行〉は三智を実現するための修習であり, 一切相現等覚(いっさいそうげんとうがく), 頂*現観(ちょうげんかん), 次第(しだい)現観, 一刹那(いっせつな)現等覚の順が設定される. 一刹那現等覚の直後に得られる果が法身である. ヴィムクティセーナ, *ハリバドラ, ラトナーカラシャーンティなどによる注釈が多数(一部チベット訳のみ)存在する.

玄義 げんぎ　奥深い*道理. 特に天台宗で諸経を解釈するさい, 巻頭においてまずその経の要旨を論釈するのを〈玄義〉と題した. また, 名・体・宗・用・教の5項をそれぞれ玄義と呼び, まとめて〈五重玄義〉という. *『法華玄義』『金光明玄義』などがその例. ただ玄義の語はすでに『南斉書』張融伝に見える. また六朝時代の*儒教の経典解釈学において, 義・通義・大義・文外大義・要義・秘義などの語とともに, 玄義問答の語が使われている〔隋書経籍志〕. なお, 天台*智顗(ちぎ)が著した『法華玄義』の略称ともする. 「此れは天台の御詞(おんことば), 玄義の中に侍るにや」〔沙石集3-8〕. →五重玄義.

検校 けんぎょう　事務を点検し監督すること, またそれを行う職名をさす. 特に僧職として用いられる場合が多く, 一山一寺の*長吏(ちょうり)をいう. 奈良時代には寺社の事務をし僧尼の監督をする臨時の役であったが, 平安中期ごろから常置のものとなり, 一山の頭領として主として寺務をつかさどるようになる. また中世以降, 盲人*琵琶法師の当道座(とうどうざ)四官の最高官などにも適用された. 近世では盲人琵琶法師集団の最上位をあらわすことになる. なお, 「此の隣に候ふ三郎検校」〔沙石集7-17〕のように, この称号を転用して人名に付し, 敬称的に用いた例もある. 「弟侯周入り来たり, 兄の家に向ひて検校す」〔敦煌本句道興撰捜神記〕「宗賢は, 高野山の検校なり」〔粉河寺縁起〕

顕教 けんぎょう　明らかに説かれた教え, の意. *空海が明確にした教判(*教相判釈(きょうそうはんじゃく))上の概念で, 真理そのものの現れとしての*大日如来(だいにちにょらい)が自ら味わうために示した究極の教えとしての〈密教〉に対し, 衆生を*教化(きょうけ)するために姿を現した釈尊が衆生の性質・能力に応じて明確に説き示した仮の教えをいう. 空海の解釈では, 法華経や華厳経もこれに属するが, *台密(たいみつ)(密教化した日本天台宗)ではそれらを密教に含め, 円密一致を説く. 「ただ法華を誦して他の経を読まず, 俗典を習はず, 真言を持せず, 顕教を学ばず」〔法華験記上31〕. →密教, 円教.

現行 げんぎょう [s: samudācāra]　現象として具体的に現れること, または現象として現れたもの, をいう. *唯識派(ゆいしきは)では一切を心すなわち*識に還元する〈一切唯識〉の立場から, 心を深層と表層との2領域に分け, 前者を一切の*種子(しゅうじ)(可能力)を貯えた〈*阿頼耶識(あらやしき)〉, 後者をその阿頼耶識から生じた具体的な心の働きと考え, 後者を〈現行識〉と名付ける. 現行はまた種子と対比されることばであり, 阿頼耶識の中の種子から表層的な心の働き(転識・現行識)が生ずることを〈種子生現行(しゅうじしょうげんぎょう)〉という. またこの現行が深層の阿頼耶識に種子を植えつけることを〈現行熏種子(げんぎょうくんしゅうじ)〉とよぶ.

源空 げんくう　⇒法然(ほうねん)

賢愚経 げんぐきょう　〈賢愚因縁経〉ともいう. *譬喩(ひゆ)経典(avadāna)の一. 445年(太平真君6), 北魏の涼州の僧慧覚らの訳. 13巻69品(ほん)(高麗大蔵経本は62品)より成り, その多くは現在物語の人物を過去物語の人物と結びつける譬喩譚の定型をとるが, それが未来の*授記(じゅき)につながるものや, 現在の行為にともなう現在の果報を説く現報譚なども含まれている.

*『出三蔵記集(しゅつさんぞうきしゅう)』9の「賢愚経記」によると, 河西の曇学・威徳ら8僧が于闐(うてん)の大寺の般遮于瑟会(はんしゃうしちえ)(5年に一度の*無遮大会(むしゃだいえ))で各自が聴聞した諸僧の説経を訳出し, 高昌(こうしょう)に持ち帰って編集したもので, それを涼州の僧慧朗が内容に即して〈賢愚経〉と名づけたものという. 訳者の慧覚は, 慧(威)徳と曇覚(学)の合名であろう. 伝本間に添削改編があったらしく, 宋・元・明版大蔵経本と高麗本とでは品数と各品の配巻が相違し, 一方チベット本は51品で配列はまったく異なる. 〈*雑宝蔵経(ぞうほうぞうきょう)〉〈撰集百縁経〉とともに仏教譬喩文学の代表的経典とされ, 撰集百縁経との間に7品の同話があることも注目されている.

中国では6世紀以後広く流布し, 516年成立の*『経律異相』，668年成立の*『法苑珠林』以下多数の仏書が本経を引用する．日本でも古来譬喩譚の宝庫として珍重され，本経を引く中国仏書の流伝と相俟って仏教文学，特に仏教*説話文学に大きな影響を与えた．ちなみに本経13「蘇曼女十子品」はすでに『日本霊異記』下19に引かれており，『今昔物語集』の「天竺部」にも本経に由来する説話が多数収載されている．

現見 げんけん　眼前に現に存在しているの意．サンスクリット語 pratyakṣa, pratyakṣa-tva の訳で，（推知でない）直接知，または，直接知の対象であることをいう．また dṛṣṭa の訳として，世間一般に見られていること，広くそうと知られていることをもいう．さらに時間的に，已見（すでに見たの意），当見（やがて見るであろうの意）に対して，現に見ることを意味したり，〈現見法〉（現法，dṛṣṭa-dharma）は，現在のこの世，死後でない今の生涯，というほどの意味に用いられる．

言語 げんご　仏教が言語使用に対して消極的姿勢を持っていたことは梵天勧請の物語に明らかである．そこでは仏陀の説法は*梵天の要請を容れて開始されたのであって，*成道直後仏陀は真理を人々に説くことは困難であると考えたとされる．これは，*無記（形而上学的問題に対する無回答ないし沈黙という回答）において看取されるように，対話を通じての真理への到達という西欧哲学における企図の如きをも否定するものである．このような言語使用に対する否定的態度は禅の〈*不立文字〉に極まる．

*竜樹（ナーガールジュナ）および*中観派の論師もまた，*空思想の下に言語の真理到達（伝達）性を否定する．とはいえ，言語の否定はあくまで*勝義においてであり，*世俗における言語使用までもが否定されたのではない．しかし彼にとって，言語の否定は勝義の一部分を成すというよりは全体であった．つまり，世俗すなわち現象世界は言語的分別の世界と見られた．*戯論（prapañca）なる語は言語的分別と現象世界の広がりを同時に意味し，真理は戯論寂静にあるとされる．*唯識派は，言語活動（戯論）によってアーラヤ識（*阿頼耶識）に植え付けられた*習気を〈名言種子〉（→種子）と名づけ現象世界を生み出す根源と見た．しかし，もし現象世界をそのまま真実世界と捉え返すならば，言語は真理そのものとなる．密教における*真言（mantra）の真理性や声字実相の思想（空海*『声字実相義』）はそこから生まれる．

宗教的観点からばかりでなく，いわば世俗的な意味での言語論も存在した．アビダルマ（*阿毘達磨）の*法の分類体系では，言語は音声（śabda）としては*色法に，名（nāma：名辞），句（pada：文章），文（vyañja-na：音節）としては心不相応行法に配当される（→五位七十五法，五位百法）．また，*現量（直接知覚）と*比量（推論）のみを*量（知識手段）と認め，声量（聖言）を独立した量とは認めなかった*陳那（ディグナーガ）は，言葉による知が比量による知に他ならないことを示すための言語理論（アポーハ論）を展開した．

閑居 げんご　〈閑〉は静かの意．したがって，閑居は文字どおりには静かにしていることを意味する．〈閑居〉という語の中国古典の用例としては，『荀子』解蔽に「閑居静思すれば則ち通ず」とあり，嵆康（223–262）の『幽憤詩』に「道を楽しみて閑居す」とある．漢訳仏典では，〈閑居静処〉（静処に閑居す）などという表現がよく使われる．静かな場所で何もしないで静かにしていることを意味するが，具体的には*禅定を修することを意味することがある．なお日本では，〈かんきょ〉と読み，俗世を離れ，俗事にわずらわされず，心静かに仏道にいそしむ意に用いることも多い．また，中世の仏教説話集に慶政上人の*『閑居友』がある．

「閑居静所にして，一身を助けて，衣粮に労する事なくして仏道を行ずべし」〔随聞記 2〕「閑居の友としたてまつらまほしくて，涙をのごひて，おろおろかの姿を絵にとどめてとりて後」〔撰集抄 6〕

減劫 げんこう　人間の寿命が次第に短くなって行く時期をいう．宇宙は，成立（成）・存続（住）・破壊（壊）・*空無（空）の四つの時期（四劫）を無限に繰り返すものとされ，それらの時期のおのおのにさらに20の小時期があるというが，このうち存続の時期（住劫）の小時期においては，人間の寿命が1時期毎に増減を繰り返すという．8万歳の寿命が，悪業のために100年毎に1歳ずつ減少して10歳になるまでの期間を〈減劫〉と呼ぶ．これに対して，100年毎に1歳ずつ増えて8万歳に戻るまでを〈増劫〉というが，*仏陀が出現するのは，悪業のために人々が苦しむ減劫の時期であると考えられた．「減劫の有情は衆悪盛りなり．富楽寿命，すでに減少せり」〔十住心論2〕．→劫，四劫，増劫．

『元亨釈書』 げんこうしゃくしょ　*虎関師錬撰．30巻．仏教伝来以降，鎌倉時代末にいたる仏教の展開過程を総合的に記述した日本仏教の史書．1322年(元亨2)成立．巻1–19は四百余名の僧俗の略伝，巻20–26は資治表の部で，編年体による欽明天皇から順徳天皇までの仏教通史，巻27–30は志で，10の部門に分けた日本仏教史各論．師錬は本書を朝廷に献上して*大蔵経に加えることを奏請，南北朝時代に許された．ときに記述に潤色がみられる．

現在 げんざい［s: pratyutpanna］　*三世の一つで，〈現世〉のこと．現在世．また，今，ただいまの意．〈見在〉とも書く．〈現在〉〈見在〉をこうした意味で用いるのは漢訳仏典の独特の用法であり，漢語としては本来，『論衡』正説などに見えるように，目の前に存在する，現存するの意であった．なおサンスクリット語 vartamāna に相当する訳語としての〈現在〉は，いま，いまここにあることの意．「仏は常にこの両菩薩と共に対坐して，八方・上下，去来・現在の事を議したまふ」〔往生要集大文第2〕．→今生．

現在有体・過未無体 げんざいうたい・かみむたい　*説一切有部の主張する*三世実有・法体恒有説に反対し，*法は現在の一瞬だけ実在し(現在実有)，過去・未来には存在しないとする説．すでに*大衆部によって主張されたが，これを明確に主張したのは*経量部で，三世実有説よりも厳密な*刹那滅の考えに立ち，〈*諸行無常〉に対して徹底した解釈を施した．しかし，この説では，過去になされた善悪業が未来にその結果を必ずもたらすという仏教の業報思想は説明されえないことになる．そこで，経量部は*種子という概念を想定した．すなわち，人が善悪業をなしたとき，その善悪業の法は瞬間に消え去るが，その善悪業は種子の形で次の瞬間に現れる法に宿り，次々と受け渡されて，未来のある時にその*果報を生ずるというのである．この種子説は，大乗の唯識派が唱える*阿頼耶識説の先駆をなすものと考えられている．

羂索 けんさく［s: pāśa］　〈けんじゃく〉とも読む．〈宝索〉〈金剛索〉とも．わが国では五色線をより合わせ，一端に環，他端に半*独鈷杵を付けるものを用いることが多い．元来，武器の一種であったが，仏教的には難化(言うことを聞かない)の者を*調伏する意味を持つ．不動明王・不空羂索観音・千手観音・金剛索菩薩・水天などが羂索を持つ尊格として著名．「塔中に金の種字，銀の羂索，ならびに仏舎利三粒，五輪の種字を籠め奉り」〔藤原兼実願文文治5.9.28〕

玄旨 げんし　*玄妙なる趣旨の意．古くは『注維摩詰経』弟子品に用例が見える．仏教以外では，主として道家系の哲理をさし，書名としても用いられた(『旧唐書』経籍志に著録する韓荘の『老子玄旨』)．仏教では，仏教の哲理や宗派の宗旨をさす〔信心銘〕．特に中古の日本天台では，一言三諦や*一心三観などの奥義を〈玄旨〉と称して*口伝相承し，その*行法は〈*帰命〉の*口訣の相承と併せて〈*玄旨帰命壇〉と称され，秘密の法門の一つとされた．「坐禅を大事の行と思へるは，いまだ坐禅の玄旨をしらざる故なり」〔夢中問答中〕

玄旨帰命壇 げんしきみょうだん　中古天台の*恵檀二流のうち，檀那流に相伝された秘儀で，玄旨壇と帰命壇とを合わせて1語としたものである．〈玄旨壇〉とは，*一心三観の深旨を口授する玄旨灌頂のことであり，法華の法水を受者の頭頂に灌ぐ儀式である．その儀式の場(壇場)に祀られる*摩多羅神は，障礙神とも*三毒(貪瞋癡)煩悩を表象したものともいわれ，それがそのまま*本覚*法身の妙体とされる．

〈帰命壇〉とは，衆生の生命の根源は天台の明かした天地宇宙の理としての*一念三千にあるとしつつ，それを実現するための秘儀という．*阿弥陀(無量寿)信仰も取りこみ，壇場には阿弥陀仏の像を安置し，行者の呼吸の出入がそのまま弥陀の*来迎(らいこう)往生と観じ，そこに生死の根源をきわめるとされる．また，月食の時を陰陽和合と見て，その精気が下界に降ることにより万物が生成するが，同様に衆生が生命を受けるのも，日月の精気が父母和合のときの息風に乗って胎内に入ることに始まるとも説く．

いずれも生死の本源をきわめ，安心を得ようとしたものであるが，実際は，室町時代に爛熟期を迎えた*本覚思想の徹底した現実肯定の産物で，愛欲などの煩悩の達成を目的とした祈禱・儀礼を考察したところである．霊空光謙(れいくうこうけん)(1652–1739)が『闢邪編(びゃくじゃへん)』(1689)を著して批判を加えたことによって衰退した．なお，真言宗の*立川流(たちかわりゅう)と対比される．

源氏供養 げんじくよう　紫式部の亡霊が，*『源氏物語』に*狂言綺語を記し好色を説いた罪で地獄に落ちたと告げたということから，その苦を救い，合わせて読者の罪障をも消滅させるために，法華経二十八品を各人一品ずつ*写経して供養した法会．治承・文治(1177–90)頃の例が最古のもののようで，その時に安居院*澄憲(ちょうけん)が制作した『源氏一品経表白』は著名であり，別に*聖覚(せいかく)作と伝えられる『仮名源氏表白』もある．後者は後代文学に及ぼした影響が大きく，それに基づくものに謡曲『源氏供養』，御伽草子『源氏供養草子』などがあり，近松門左衛門作の浄瑠璃『源氏供養』もまたその影響圏内のものである．

原始仏教 げんしぶっきょう　原始仏教とは，通常，仏教の開祖*釈尊(しゃくそん)によってはじめられた統一原始教団が，仏滅後100年頃，部派に分裂するまで，または前3世紀のアショーカ王(*阿育王(あいくおう))時代頃までの，インド仏教最初期の段階を指す．しかし原始仏教の用語については，学者の間に異論がある．西洋では primitive Buddhism ともいわれるが，低次元の原始宗教を連想させるイメージが嫌われ，日本では当初〈根本仏教〉の名称が用いられた．釈尊とその直弟子の仏教を根本仏教とし，これに孫弟子以下の時代の仏教を含めて広く原始仏教として区別する場合もある．ただ根本仏教の用語は，後世の仏教を枝葉末節として極端に低い評価を下すものと批判される．近年ではまた〈初期仏教〉(early Buddhism)の語が没価値的表現であるとして好まれる傾向にある．ただし，原始仏教の用語も，*木村泰賢『原始仏教思想論』(1924)や和辻哲郎『原始仏教の実践哲学』(1927)以来，広く定着している．最近では英語で original Buddhism と表現する例もあるが，これも適切であろう．→根本仏教．

【布教の展開と聖典の成立】釈尊は，東方インドの*ガンジス河中流地域で伝道布教したが，釈尊の晩年頃からは，仏弟子らが活躍して，アヴァンティ国(都ウッジャイニー)を中心とする西方インドに発展した．さらにアショーカ王時代には，インドのほぼ全域からスリランカや西北インド(現在のパキスタン北部)など辺境の地にも仏教がひろがった．釈尊自身は古代マガダ語または古代東部インド語と呼ばれる東方の言語で話していたらしいし，その痕跡が*パーリ語聖典のうちに認められるが，後には西部インドで成立したパーリ語が教団の聖典用語として用いられるようになった．

仏教の聖典を経(きょう)律(りつ)論(ろん)の〈*三蔵(さんぞう)〉と総称するが，そのうち*律蔵と*経蔵の二蔵がこの時代に成立し，〈原始仏教聖典〉とも呼ばれる．現在漢訳に伝えられている経蔵の内容は，〈長阿含(じょうあごん)〉〈中(ちゅう)阿含〉〈雑(ぞう)阿含〉〈増一(ぞういち)阿含〉の四阿含であり，また南方*上座部(じょうざぶ)では，〈長部(ちょうぶ)〉〈中(ちゅう)部〉〈相応(そうおう)部〉〈増支(ぞうし)部〉と〈小(しょう)部〉の五部(ニカーヤ)をもって構成されている．長阿含(長部)は長い経典の集成，中阿含(中部)は中位の長さの経典の集成で，雑阿含(相応部)と増一阿含(増支部)の2部2阿含は短い経典を集めている．→阿含経．

【中心的教理】原始仏教聖典は，釈尊の言行録を長い年月をかけてまとめたため，幾多の新古の層より成る．原始仏教の中心的な教理としては，最初説法で説かれたといわれる*四諦(したい)・*八正道(はっしょうどう)・*縁起(えんぎ)，*五蘊(ごうん)の*無常・*苦・*無我の説や，後になってまとめられたと思われる*戒(かい)・*定(じょう)・*慧(え)・*解脱知見(げだつちけん)の四法の教説などがあげられる．律蔵は僧・尼の守るべき*戒律の条項やその制定の因縁，条項の解説，運用法などをまとめたもの．時代の経過とともに次第に条項が増加して，後世250戒といわれたりするが，原始仏教時代にはわずかであったと思われる．

『源氏物語』げんじものがたり　平安中期の長編物語．54帖．紫式部むらさきしきぶ作．世界的名作の一つとされる．『源氏物語』の構想に法華経や天台宗の教学が深く関わっているという見方は平安末期にすでに始まり，本居宣長によって批判が加えられるまで息長く主張され続けた．これら旧説には，〈*天台三大部〉と『源氏物語』を結びつける説や，この物語が仏教真理を説き明かすための書であったとする方便説などが多い．一方，物語の現世観が仏教の*三世因果に根ざした*宿世すくせ観に支配されていることは否定できない．

法華経を中心に据えながら浄土の世界に傾いていった当時の天台門の教理と風潮に，この物語世界が深く絡みとられていたことは事実であろう．いわゆる「雨夜の品定め」の場面は*『三教指帰さんごうしいき』などと同様，仏教の*論義の形式を模したと考えられるが，形式だけでなくその論の運びにまで法華経の三周説法(同じことを三度繰り返して説くこと)の影響が見られると，一条兼良は指摘している(『花鳥余情』)．また，蛍巻の物語論においても，〈*煩悩即菩提ぼんのうそくぼだい〉などの天台の教理を踏まえて物語の本質を説こうとしていると，解釈されている．同時に，光源氏をはじめとする作中人物についても，宿世を感じ，仏罪をおそれ，出家を願うというかたちで，当時一般的であった仏教観に人物を直面させ，そこから生ずる苦悩や葛藤の姿を描くことによって，生々しい人物像の造型を図っている．その意味では，この物語には，当時の生きた仏教の実態，宗教観が，具体的に反映しているといえるであろう．

験者げんじゃ　〈げんざ〉とも読む．有験うげんの者の意で，五穀豊穣・怨敵退散・病悩治癒など，招福攘災の加持祈禱にすぐれた力を持つ僧や修験道しゅげんどうの*行者(*山伏)の称．*真言しんごん*陀羅尼だらにの修法による密教的呪力や，山林苦行によって体得した呪力などに負うもので，東密・台密に精通した高僧や，霊山霊地で苦修練行した修行者には，例えば東密の*空海・*仁海，台密の相応，山中修行の浄蔵など，験者の名の高い者が多い．「鬼か，神か，狐か，木魂か．かばかりの天の下の験者のおはしますには，え隠れたてまつらじ」〔源氏手習〕

見性けんしょう　人間に本来そなわる根源的な*本性ほんしょうを徹見すること．*性しょうを*法性ほっしょう，心性しんしょう，*仏性ぶっしょうともいうので，〈見法性〉〈見心性〉〈見仏性〉あるいは〈見心見性〉などと使用する．性は本来，*煩悩に汚されることはなく，それ自体で清浄なものであり，この*自性清浄じしょうしょうじょう心に気づくことをさす．禅における悟りであり，臨済禅では今日でも見悟を目ざして坐禅修行に励む．禅の教えの標識として〈*教外別伝きょうげべつでん・*不立文字ふりゅうもんじ，直指人心じきしにんしん・見性成仏けんしょうじょうぶつ〉と言われるように，見性はただちに*成仏と考えられた．ただし，*道元は不変の心性を認めないのが仏教であるとし，見性を全く否定する禅を説く．「此の経を受持すれば，即ち見性することを得て直ちに成仏し了る」〔祖堂集4〕「見性せざる人の多智広学は，正法しゃうぼふのあだなり」〔合水集中〕

賢聖けんじょう　〈げんじょう〉とも読む．サンスクリット語 ārya(形容詞としては高貴な，名詞としては聖人の意)の漢訳語として用いられることが多い．この場合，〈賢聖〉は1語であり，〈賢〉と〈聖〉とは2語ではない．ところで，漢語としての〈賢聖〉は，同じく智徳の卓越した(人)の意を表すが，時に〈賢者〉と〈聖人〉とを意味する．さらに仏教の教理学では，おおよそ凡夫位にある者を〈賢〉，悟りへの流れに入った者を〈聖〉として区別することがある．*『俱舎論くしゃろん』では，*見道に至る前の*三賢・*四善根の段階にある者を〈七賢〉とし，見道・*修道しゅどうにある者を〈七聖〉などと概括して区分する．天台・華厳教学における*五十二位説でも，十信位を*外凡，十住・十行・十廻向位を*内凡または三賢位とした上で，*十地(十聖)・*等覚・*妙覚位を聖位として区別する．「妙法の力に依りて，賢聖常に現じ，天神身に副ひたり」〔法華験記中68〕「失とがを求むれば，三賢十聖も失の誹そしるべきあり」〔霊異記下33〕

現証げんしょう　真理の実現・実証ということ．主体的には真理を体得し，実証することを意味するが，客観的には三証(理証・文証もんしょう・現証)の一つとして，真理が現実の証拠を通して証明されることをいう.「末代に真言の利益あるべき事，経の文といひ，現証といひ，疑ふべからず」〔沙石集2-8〕. →三証.

還生 げんしょう　広義には，*迷いの世界に再びかえり生まれることで，〈再生〉に同じ．狭義には，大乗仏教で*二乗の人はいったん無余涅槃界(肉体も尽きた*悟りの世界)に入るが，*業が完全に尽きていないので，数*劫を経て再び心身を生じ，大乗の*菩提心を発し，究極の悟りを完成することをいう．また，いったん*破戒した者が*懺悔して，さらに戒を受けることをいう．いずれもインド仏教特有の発想に基づく用語である．→再生．

玄奘 げんじょう [Xuán-zàng]　602-664　中国四大翻訳家の一人．河南省*洛陽出身．俗姓は陳氏．はじめ*涅槃経や*『摂大乗論』を学んだが，さらにアビダルマ論(*阿毘達磨)や*唯識学を原典に基づいて研究しようと志し，独力で629年に*長安を出発し，艱難辛苦しつつ新疆省の北路—西トルキスタン—アフガニスタンからインドに入り，中インドのナーランダー寺院(*那爛陀寺)でシーラバドラ(*戒賢)に師事して唯識説を学び，インド各地の仏跡を訪ね，仏像・仏舎利のほか梵本657部を携え，645年に長安へ帰った．

帰国の年，彼の翻訳事業のために勅命によって建てられた国立翻訳機関としての翻経院において，弟子らと共に仏典の漢訳を開始した．漢訳されたものは，*大般若経全600巻をはじめ75部1335巻にのぼる．なかには*『唯識三十頌』の諸注釈書を*護法のそれを中心として整理したうえで翻訳した*『成唯識論』もあり，玄奘門下より興った*法相宗の根本典籍となった．彼の翻訳は原典により忠実であることを目指した．たとえば意訳しないで音写語を用いる五種の場合(五種不翻)の原則を確立した．彼以前の漢訳を〈*旧訳〉として彼の〈*新訳〉と区別される．また玄奘の旅行記*『大唐西域記』は，7世紀前半の中央アジアやインドの地理・風俗・文化・宗教などを知る上に貴重な文献である．ちなみに玄奘の旅行は元・明代に戯曲化され，*『西遊記』が作られた．後世，〈玄奘三蔵〉〈*三蔵法師〉などと呼ばれるようになった．

現成公案 げんじょうこうあん　〈見成公案〉とも表記される．現に目の前におのずから存在している*公案の意．〈現成〉〈見成〉は，できあいの，既成のという意味の俗語である．通常，〈公案〉と呼ばれているのは，古の禅僧の言動を素材にした〈古則公案〉であるが，これに対して，〈悟り〉を開く糸口はどこにでもあるという視点に立って，現象世界をそのまま〈公案〉と見立てたもの．この言葉自体は，唐代の睦州道蹤が「現成公案．なんじに三十棒を放す」と言ったことに始まるとされている．ここでは「ここに問題が提示されている」と注意をうながす表現であるが，宋代以降は，「現象世界がそのまま究極存在である」という，哲学的な意味合いのもとに用いられるようになった．

本来，古則公案と現成公案は相互に補完すべき性格のものであったが，南宋時代に臨済宗の*大慧宗杲によって*看話禅が確立を見ると，古則公案の持つ意義が強調されるようになった．曹洞宗の*黙照禅の流れを汲んだ日本の*道元は，大慧の看話禅を悟りを目的視するものとして嫌い，現成公案を非常に重んじた．彼の主著，*『正法眼蔵』にも「現成公案」の巻があり，高度の思想を盛った名文として名高い．「しかあるを，水をきはめ，そらをきはめてのち，水そらをゆかんと擬する鳥魚あらんは，水にもそらにもみちをうべからず，ところをうべからず．このところをうれば，この行李したがひて現成公案す．このみちをうれば，この行李したがひて現成公案なり」〔正法眼蔵現成公案〕

見性成仏 けんしょうじょうぶつ　⇒見性

見濁 けんじょく　⇒五濁

見思惑 けんじわく　見惑と思惑．ともに*三界(欲界・色界・無色界)内に存する*煩悩である．天台宗で立てる*三惑(見思惑・塵沙惑・無明惑)の一つ．〈見惑〉は三界の理に迷うもので*見道において断ぜられる．〈思惑〉は〈修惑〉ともいい，三界の事(現象)に迷うもので*修道で断ぜられる．この二惑は三界の生死を受ける因であって，これを断滅することによって修行者は三界の生死を超越する．そしてこれより進んで塵沙惑を断じ，さらに無明惑を断ずることによって次第に悟りを向上せしめ，究極の仏果に達するのである．この二つの概念は，もと小乗の*阿毘達磨(あびだつま)において見道で断ぜられる煩悩と修道で断ぜられる煩悩を分けて説いたのを，天台宗が取り入れ再組織したものである．見道は*四諦(したい)の理を観じてはじめて聖人の位に入る段階，修道はその後に同様の修行を繰返し行なって行く段階である．「況んや惣(すべ)て三界の見思の惑を断じて二乗の果を執(と)れる昔だにもなし」〔真如観〕．→惑．

現身 げんしん　現在のこの身のこと．たとえば*親鸞(しんらん)は，末法の世においては「現身にさとりを得ること，億億の人の中に一人もありがたし」〔唯信鈔文意〕という．〈現身往生〉とは，この身のままで*往生する意．また，仏・菩薩が身を現すこと，またその身，すなわち〈*応身〉．法華経普門品には，観音について「十方の諸(もろもろ)の国土に，刹(せつ)として身を現ぜざるもの無し(無刹不現身)」と説く．〈現身仏〉は，身を現した仏の意．「現身に仏をも見，仏智をもひらき，聖果をも証すべし」〔明恵上人行状〕

源信 げんしん　942(天慶5)–1017(寛仁1)　平安中期の天台僧．大和(奈良県)の出身．幼くして*比叡山に登り，*良源に師事，13歳で得度受戒した．その秀れた才学によって33歳のとき，*法華会(ほっけえ)の広学*竪義(りゅうぎ)にあずかり，名声を謳(うた)われたが，いつの時か，名利を嫌って横川(よかわ)に隠棲した．隠棲後，頼まれて仏教論理学(*因明(いんみょう))に関する著述をものし，また44歳の年，往生極楽の教行(きょうぎょう)こそ「末代の目足(もくそく)」であって，「頑魯(がんろ)の者」のための道であると断じて*『往生要集(おうじょうようしゅう)』3巻を完成し，日本浄土教史に一大金字塔を打ちたてた．やがてこれを指南とした念仏結社が生れ，源信はこの結社のために毎月15日を念仏の日と定めるなど12条の細則(起請十二箇条)を作っているが，このような規式は，源信の勧めで造られた霊山院(りょうぜんいん)釈迦堂についてもみられる．

62歳のときには弟子*寂昭(照)の入宋に託して四明*知礼に『天台宗疑問二十七条』を書き，64歳の年には『大乗対倶舎抄』，翌年には*『一乗要決』を著した．とくに『一乗要決』は長く争われて来た*法相宗(ほっそうしゅう)との対立に終止符を打ち，天台教学の宣揚に光彩を放つ栄を担った．源信はその住した恵心院によって世に〈恵心僧都(えしんそうず)〉と敬称されるが，実際は権少僧都に任じられた63歳の翌年，これを辞退している．→恵檀二流(えだんにりゅう)．

現図曼荼羅 げんずまんだら　*空海が師*恵果(けいか)から与えられ日本に請来(しょうらい)した両界曼荼羅の系統の曼荼羅．真寂(しんじゃく)(886–927)が『諸説不同記』の中で，「現図」と称して他本と区別して以来の呼称．空海請来の絹本着色の大曼荼羅は損耗著しく，821年(弘仁12)に転写が行われて以来，四転写をへた元禄本が，東寺(*教王護国寺)灌頂堂(かんじょうどう)に現存する．一方，天長年間(824–834)高雄*神護寺(じんごじ)灌頂堂のために空海が作った両界曼荼羅(高雄曼荼羅)は現存最古の現図曼荼羅で，原本の彩色を金銀泥にかえて紫綾地に描く．伝真言院曼荼羅(絹本着色，899)は，宮中真言院*後七日御修法(ごしちにちみしほ)所用の曼荼羅と伝えるが，*『東宝記(とうぼうき)』に記載される西院*内陣に懸けられた小幅とみるのが妥当で，彩色曼荼羅として最古の遺品．他にも*醍醐寺(だいごじ)五重塔(951)初層内の両界曼荼羅壁画，子島(こじま)曼荼羅(紺綾地金銀泥絵，平安中期，子島寺，奈良県高市郡)，血曼荼羅(絹本着色，1150，*高野山金剛峯寺)をはじめ，現図曼荼羅は広く分布している．→曼荼羅，両界曼荼羅．

現世安穏・後生善処 げんぜあんのん・ごしょうぜんしょ　鳩摩羅什(くまらじゅう)訳の*妙法蓮華経(みょうほうれんげきょう)薬草喩品に「是(こ)の法を聞き已(おわ)って，現世安穏にして後(のち)に善処に生ず」とあるもの．仏の教え(法)の*功徳を，現世・来世における安楽という人びとの願いに即して強調した説．現世中心の日本では，*現世利益(げんぜりやく)を目的とした信仰が高まり，死後の来世*浄土も現世利益の延長線上に考えられたが，その典拠として，〈現世安穏・後生善処〉のことばが盛んに用いられ，重視されるにいたる．「妙法蓮花は，うたがひなき現世安隠(穏)・後生善所の薬草にこそは候ふらめ」〔法華百座6.5〕

元政 げんせい　1623(元和9)–68(寛文8)　日蓮宗の僧．漢詩文家，歌人．俗姓は石井，元政は名，法名日政(にっせい)．京都の人．彦根藩主井伊直孝に出仕したが，26歳で仕を退いて出家，日蓮宗*妙顕寺の日豊に従って修行する．33歳の時，洛南の深草に称心庵を営み，仏道修行の場とした．法華経や『摩訶止観』などの仏典を注釈・校訂して刊行．法華宗義を一般の人々に説いた『題目和談鈔』や，『釈氏二十四孝』などのほか，『草山集』『草山和歌集』『身延道の記』『扶桑隠逸伝』など著述に富む．深草の庵はのち瑞光寺となり，今日に至っている．

現世利益 げんぜりやく　神仏の恩恵や信仰の*功徳くどくが，現世における願望の実現として達成されること．教義面だけでいえば，仏教は現世の欲望への執着を離れた境地に到達することを究極的な理想とするから，現世利益などは否定されるか，少なくとも副次的な位置づけとなる．しかし，現実には，すでに*部派ぶは仏教の時代から，一般民衆にとって仏教は*除災招福じょさいしょうふくを実現する宗教として期待された．サンガ(*僧伽そうぎゃ)での仏道修行も，出家者たちにとっては*正覚しょうがくにいたる道として理解されたとしても，在家の人々は，そこで獲得される超自然的な呪力に大きな期待を寄せたのである．古代インドのアショーカ王(*阿育王あいくおう)による仏教保護政策も，国家統一という明確な現世的目的をもち，これは日本の律令時代の仏教に期待された*鎮護ちんご国家の思想にまでつながる．在家の信仰を重視した*大乗仏教では，対機方便的な理論のもとで，現世での*果報を積極的に説いた経典も，数多く生み出されていった．現実の歴史的展開をみるかぎり，現世利益をまったく拒否した仏教の伝播・受容などはありえなかった．

日本に受容された初期の仏教でも，*仏舎利ぶっしゃり信仰や，荘厳な仏像に対する人々の期待にみられるように，仏教は現世超越の思想であると同時に，現世の幸福を即効的に実現する力の源泉として歓迎された．仏像・仏具・仏画・経典・僧侶・袈裟などは，いずれも超越的な力をもつと信じられた．仏僧による*加持かじ*祈禱きとうはもとより，在家による造塔・造像・*写経などの功徳が奇跡的に病気を治したり，財福をもたらしたり，窮地を救ったりといった話は，平安期以降の説話集をはじめ，口承による民話などの中核をなし，仏教が全国津々浦々の庶民層に浸透する原動力となった．現在でも，仏教寺院の大きな機能としては，死者供養と並んで各種の祈禱をあげることができる．そこでは，家内安全・病気平癒・五穀豊穣・大漁満足・商売繁昌・交通安全・受験合格・就職祈願・恋愛成就・安産祈願，はては賭事の勝利や縁切りまで，ありとあらゆる庶民の願望が祈られている．

「現世の利益なほしかくの如し，後生の抜苦疑ふべからず」〔今昔 12-28〕

現前 げんぜん［*s*: abhimukha, pratyakṣa］現在目の前にあること，目の前に現れること．また，ありのままに現れること．たとえば，理念としての*僧伽そうぎゃを四方僧伽(*招提しょうだい僧)というのに対し，実際に生活を共にする僧の集団(4 人以上)を〈現前僧(伽)〉といい，また華厳経では*菩薩ぼさつの修行の階位として*十地じゅうじ(その他)を説くが，その中の第 6 位を〈現前地〉というのは，*法(*縁起の理法)が現前する(眼の前に現れる)境位，という意味である．「目を閉づればすなはち極楽の相髣髴はうひとして現前す」〔往生極楽記 27〕「仁王経に，五千女人現前成仏と説きたるも秘密の成仏なり」〔野守鏡〕

還相 げんそう　⇒往相・還相おうそう・げんそう

眷属 けんぞく［*s*: parivāra］　とりまきの者．随順する者．漢語としては，家族・親族また夫婦の意で，『史記』樊噲伝に見える「婘属」(婘は眷に通ず)が最初の用例，〈眷属〉の例は『南斉書』江斅伝や『梁書』侯景伝などに見える．日本でも家族や親族を意味することもないではないが，古くは『色葉字類抄』に「眷属下賤部 僕従分」とあるように，従者や召使い，それも身近に仕える者をさすことが多かった．仏教語としては主尊の従類の称で，薬師如来の*十二神将，不動明王の*八大童子，千手観音の*二十八部衆などをいう．「難波の辺に車を留めて逍遥せさせて，多く郎等・眷属と共に，物食ひ酒呑みなどして」〔今昔 30-5〕「黒天といふは…これ自在天の眷属なり」〔十住心論 3〕

還俗 げんぞく　*出家して僧尼となり，のちにまたもとの俗人にもどること．また，特に僧侶が*戒律を破ったり仏教で定める法に触れたりして，俗人にもどることを〈還俗〉といい，自ら僧の道をやめるのを〈帰俗〉といって，区別する場合もある．『宋書』徐湛之伝，『魏書』釈老志，大宝積経 88 などが早い用例．なお，一度*落飾らくしょくして出家した者が，再び髪をたくわえて俗人になることを〈復飾〉というのも，〈還俗〉のこと．「此れを徒(いたづら)に棄てらるべきにあらず．速やかに還俗して公に仕(つかまつ)るべきなり」〔今昔 31-3〕

玄題 げんだい　日蓮宗で唱える〈*南無妙法蓮華経(なむみょうほうれんげきょう)〉の*題目のこと．〈玄〉は幽玄な，奥深く深遠である意．〈妙法蓮華経〉の題目は，単なる経の題名ではなく，その五字に法華経一部二十八品の全生命を収め，釈尊の説いた法華経の*功徳(くどく)のすべてを含んでいるというところから，玄題という．

乾闥婆 けんだつば　サンスクリット語 gandharva の音写．〈香神(こうじん)〉〈食香(じきこう)〉などと漢訳し，また〈犍達婆〉〈健闥縛〉〈乾沓和(けんとうわ)〉などとも音写する．1)天上の音楽師，楽神ガンダルヴァ．2)*中有(ちゅうう)の身体．

インド神話におけるガンダルヴァは，古くは神々の飲料であるソーマ酒を守り，医薬に通暁した空中の半神とされ，また特に女性に対して神秘的な力を及ぼす霊的存在とも考えられていたが，後には天女アプサラスを伴侶として，*インドラ(*帝釈天(たいしゃくてん))に仕える天上の楽師として知られるようになった．仏教では，この楽師としての半神ガンダルヴァが，歌神の*緊那羅(きんなら)とともに天竜*八部衆の一つに数えられる一方で，また女性の懐妊・出産などにかかわるその神秘的性格のゆえか，*輪廻転生(りんねてんしょう)に不可欠な霊的存在とも見なされ，肉体が滅びてのちに新たな肉体を獲得するまでの一種の霊魂，すなわち微細な*五蘊(ごうん)からなる〈中有の身体〉を意味するという特殊な用法も生んだ．胎児や幼児を悪鬼から守るといわれる密教の(栴檀(せんだん))乾闥婆神王(けんだつばしんのう)は，人間の*再生に不可欠なこの中有の身体としてのガンダルヴァが神格化されたものであろう．

なお，インドの古典文学において〈ガンダルヴァの都〉(gandharva-nagara)は蜃気楼(しんきろう)を意味し，実在しない虚妄なもののたとえに用いられるが，この表現は仏典でも好んで使用された．〈乾闥婆城〉〈尋香城(じんこうじょう)〉などと漢訳される．

玄談 げんだん　漢語としては，魏晋時代に盛行した〈清談(せいだん)〉における哲学的論議．〈*玄〉は形而上の〈*道(どう)〉を意味し，〈道〉に論及している『易(えき)』『老子(ろうし)』『荘子(そうじ)』を〈三玄之書〉という．仏教における〈玄談〉は，経典解釈上の術語．また〈懸談(けんだん)〉〈懸譚(けんだん)〉ともいう．経典の本文を講論・解釈するに先立って，経題の意味，撰者の略伝，経文の概略などを論じること，またそれが書物として独立し，随文解釈の*経疏(きょうしょ)と別行したものをもいう．書物としての〈玄談〉は，〈*玄義〉〈玄論〉と同じ．例としては，唐の*澄観(ちょうかん)の『華厳経疏鈔玄談』などがある．「古き寺に玄談するは，臈(らふ)老いにたる僧」〔菅家文草 3〕

簡択 けんちゃく　〈揀択〉とも書く．漢語としては，選ぶの意．『戦国策』楚策などに用例がある．仏典では論部の書に頻見し，サンスクリット語の pratisaṃkhyāna(熟慮して見通すこと)，および upanidhyāna(考察すること)，parīkṣaṇa(調べること)の漢訳語．*智慧(ちえ)の力によって，諸事象の真偽・正邪を選び分け，正しく判断すること．なお，簡択する智慧の力を〈択力(ちゃくりき)〉，*諸法を簡択することを〈択法(ちゃくほう)〉といい，また簡択によって*煩悩(ぼんのう)を消滅し*解脱(げだつ)を得ることを〈*択滅(ちゃくめつ)〉といい，これによって得られた*涅槃(ねはん)を〈択滅無為(むい)〉という〔倶舎論 1〕．「智恵も方便の位は揀択籌量し，思想観察す．世間の智なり．断惑の力なし，正智にあらず」〔沙石集 4-1〕

建長寺 けんちょうじ　神奈川県鎌倉市山ノ内にある臨済宗建長寺派本山．山号は巨福山(こふくさん)．鎌倉*五山の第一．開基は北条時頼，開山は*蘭渓道隆(らんけいどうりゅう)．1249 年(建長 1)に創建が開始され，1253 年(建長 5)に落慶供養が行われた．都市鎌倉の北西の入口に位置するが，もとそこは刑場であった．わが国ではじめて純粋の宋朝禅を鼓吹した禅刹として名高く，蘭渓の大覚派，*兀庵普寧(ごったんふねい)，大休正念(だいきゅうしょうねん)，*無学祖元(むがくそげん)の仏光派，*一山一寧(いっさんいちねい)らが競って住持し，鎌倉禅刹の中心として大いに栄えた．1293 年(永仁 1)と 1315 年(正和 4)に火災にあったが，1331 年(元弘 1)までには創建当初に近い規模で再建が終っている．その後室町時代にも火災にあい，江戸時代には*仏殿・唐門が復興，ついで*三門・*法堂(はっとう)が再建されて現在にいたる．往時は*塔頭(たっちゅう) 49 院を数えた．

*伽藍(がらん)配置は，総門・三門・仏殿・法堂が中央の直線上に並ぶ中国禅院の様式を伝える

(→付録・伽藍配置)．山頂には奥の院・坐禅窟・半僧坊がある．仏殿には本尊地蔵菩薩像(室町時代)を中心に千手観音像・伽藍神五軀像(いずれも鎌倉時代)を安置，方丈には宝冠釈迦如来像(鎌倉時代)を安置する．寺宝として，時頼・蘭渓らの銘のある創建当初の梵鐘(1255年)，絹本淡彩蘭渓道隆像(1271年自讃)，蘭渓の墨跡をはじめ，絹本着色釈迦三尊像(南宋)，木造北条時頼坐像(鎌倉時代)，絹本墨絵観音像(室町時代)など，多数の優れた文化財が伝わる．また塔頭にも多くの文化財が遺されている．

犍度 けんど　パーリ語 khandha(ka)(サンスクリット語 skandha(ka))に相当する音写．*戒律用語で〈章〉の意．原語は〈蘊〉とも訳されるが，それとは区別するためこのように音写する．単に部類別の集成の意であるが，*受戒・*布薩・*安居・*衣服などの*僧伽運営上の規定を項目ごとに解説したものをさし，〈犍度部〉と称する．広律中に含まれ，15–22章に分かれており，各部派によってその章数や内容は異なる．このことから，小乗仏教各部派の成立と共に，それぞれにまとめられたものであることが明らかである．→『四分律』．

見道 けんどう [s: darśana-mārga]　修行の階梯である*三道の一．くわしくは〈見諦道〉といい，*無漏の智慧によって四聖諦(*四諦)を明確に観察する位のこと．この位において，誤った見解にもとづく88の*煩悩(見惑)が断ぜられ，聖者の位に就くことが可能になるので，*凡夫性を離れるという意味で〈離生〉といい，また邪性のない*涅槃に向かう聖道という意味で〈正性〉ともいわれる．*修道・無学道と進展する三道の最初であり，また，修道とともに修学の必要な位(有学道)とされる(→有学・無学)．大乗仏教では見道位を菩薩地の初地(*五十二位の*十地の第一)にあてる．

現当二世 げんとうにせ　現世と*当来世のこと．現在のこの世と，次に来るはずの*来世．〈当〉は，〈当来世〉(まさに来るべき世)の中の最初の1字を採ったもの．「身の代はりに謹厚の者を度せしめよ．まさに現当の師となさむとす」〔拾遺往生伝下1〕「現当二世の祈禱なにごとかこれにしかんや」〔合水集中〕

見得 けんとく [s: dṛṣṭi-prāpta, dṛṣṭy-āpta]　原語はともに，見て識る働きの達成された，の意．〈見至〉〈見到〉とも漢訳される．*智慧の照見する働きによって，真理に対する正しい見解に到達すること．*修行の階位の呼称．修行者が*四諦を知見して以降，究極の*悟りに至るまでの階位を，大別して〈*三道〉(*見道・*修道・無学道)というが，〈見得〉(見至)は，見道が完成し初めて修道に入ったものの位の一つで，真理を確信し了解する〈*信解〉の位に次ぎ，いわゆる七聖および十八有学の第4の位，二十七*賢聖の第17の位に数えられる〔倶舎論23,25，四教儀6〕．転じて〈見得〉は能楽論などの用語としても用いられ，芸の奥義を見きわめる，会得するの意ともなった．

「すでに恁麼見得するがごときは，有仏向上人をしり，無仏向上人をしる」〔正法眼蔵仏向上事〕「かへすがへす有主・無主の変り目を見得すべし」〔至花道〕

顕得成仏 けんとくじょうぶつ　即身成仏の三義の一つ．真言宗では，〈即身成仏〉(*衆生が，現世の肉身のままで，究極の*悟りを成就し得ること)を強調するが，これに，3種の意味があるとする．

その第1は，〈理具即身成仏〉(衆生の内に，本来，仏の*法身が理法として具わっていること)．第2は，〈加持即身成仏〉(*三密の*加持を修めることによって，内在する仏が顕現すること)．第3は，〈顕得即身成仏〉(修行が完成することにより，心に諸々の働きが具わり，心中に具有する究極の悟り・*涅槃・*仏国土を*行者が内に証見し覚知すること)．このうち〈理具〉と〈加持〉の二義が，即身成仏の内在的および外在的な根拠を明かしているのに対し，〈顕得即身成仏〉は，前二者によって顕現し成就される境地を表している〔即身成仏義異本の4，真言名目〕．→即身成仏．

「諸仏は顕徳の成仏を遂げて，自在に利益を施し給ふ」〔沙石集1-3〕

慳貪 けんどん [s: mātsarya-mala]　むさぼり(貪)，物惜しみすること(慳)．自分の所有するものを惜しんで他人に与えず，また欲するものを欲望のままにむさぼること．*餓鬼道に堕する第一の因とされ，正法念処経16にも「一切の餓鬼は皆，慳貪・嫉妬の因縁の為にかの処に生じ」とされ，わが国でも*『往生要集』大文第1の2以下諸書にこれを受けて敷衍するところが多い．なお〈慳〉には，教えを説くことを惜しむ〈法慳〉と，財物を施与することを惜しむ〈財慳〉とがある．言葉や態度が乱暴で不親切なさまをいう現代語の〈突慳貪〉も，もとは，むさぼり，物惜しみする心理状態から起こる態度に由来した語であろう．

「慳貪の心深くして，妻の眷属の為に物を悋む事限りなし」〔今昔 3-22〕「慳貪の業によりて，地獄に落つべきを哀れませ給ふ御心ざしによりて」〔宇治拾遺 6〕

顕如 けんにょ　1543(天文12)-92(文禄1)　真宗の僧．諱を光佐という．*本願寺11世．1554年(天文23)父*証如の後を継ぎ，59年(永禄2)門跡号を許される．70年(元亀1)織田信長と*石山本願寺との間にいわゆる*石山合戦が勃発し，10年あまり攻防を繰り返した末，80年(天正8)3月に信長と和睦．顕如は紀州鷺森へ本願寺を移した．その後，貝塚・天満を経て，豊臣秀吉寄進になる京都の地(現在の*西本願寺所在地)に寺基を定めた．

建仁寺 けんにんじ　京都市東山区小松町にある臨済宗建仁寺派本山．山号は東山．1202年(建仁2)土御門天皇(1195-1231)の発願により源頼家(1182-1204)が*檀越となり，*栄西を開山に迎えて1寺を創建することとなり，年号にちなんで建仁寺と名づけられた．1205年(元久2)落成し，当初は天台・真言・禅三宗兼学の道場であった．後1265年(文永2)*蘭渓道隆が住持となって以後，禅寺として隆盛となり*五山に列せられ，室町期には文筆僧が多く学芸が盛んであった．

創建以来いく度かの火災に見舞われたが，特に1552年(天文21)の兵乱で全焼し，現在の建物は安国寺恵瓊が復興して以後のもので，勅使門(鎌倉後期)は六波羅邸の門を移したものといわれ，方丈(1487年頃創建)は恵瓊が安芸安国寺より文禄年中(1592-96)に移築したものと伝えられる．*仏殿は明和年間(1764-72)の建造である．寺宝に，俵屋宗達の風神・雷神図，海北友松の竹林七賢図や*一山一寧墨跡，宋拓本三自省など多数を所蔵する．*塔頭の寺宝には両足院の三教図(如拙筆)，禅居庵の松竹梅図(海北友松筆)などがある．

『原人論』 げんにんろん　華厳宗第5祖*宗密(780-841)の著．1巻．儒・仏・道の*三教の人間観を比較し，仏教の勝れていることを説いた書．華厳と禅を結びつけた〈一乗顕性教〉を最上とした上で，儒教・道教ならびに仏教諸派の学説を紹介し，その批判と*会通を説き，当時における思想概論となっている．心性の問題を重視し，また三教融合の根拠を明確に示すなど，後世にきわめて大きな影響を与えた．

見仏 けんぶつ　眼によって*仏を見る，まのあたりに仏のすがたを拝するの意．心に仏を観ずる*観仏に対する．大乗経典に説かれる見仏は，多く*三昧に入った中での体験としてわが面前に立つ仏を見るという形において得られる．その三昧(観仏三昧→見仏三昧)の代表的なものが〈*般舟三昧〉すなわち〈諸仏現前三昧〉である．また，*阿弥陀仏の*浄土に生まれようと願う者は，その臨終に，阿弥陀仏が仏自らの*誓願に基づいて，わが面前に立つのを拝して，浄土に往生する，すなわち往き生まれる，とされている．法華経如来寿量品にも*久遠の釈尊に対する見仏が「一心に仏を見んと欲して，自ら身命を惜しまざれば，時に我及び衆僧は，倶に霊鷲山に出ず」と説かれる．「称名の外に見仏を求むべからず．称名即真実の見仏なり．肉眼を以って見る所の仏は，実との仏にあらず」〔播州法語集〕

玄昉 げんぼう　?-746(天平18)　奈良時代の*法相宗の僧．阿刀氏の出身．*義淵に法相教学を学び，716年(霊亀2)入唐して智周(668-723)に学んだ．時の玄宗皇帝から三品の位と*紫衣を賜り，735年(天平7)*光明皇后の〈五月一日経〉のテキストとなった経論5千余巻などをともなって帰朝．*興福寺に住して日本法相第四伝となった(北寺伝)．737年(天平9)僧正に任ぜられ，皇太夫人宮子の看病に験を示した．また橘諸兄の下で吉備真備と共に権力を振るったが，これが740年(天平12)の藤原広嗣の乱の原因となった．後，藤原仲麻呂の台頭と共に，745年(天平17)筑紫*観世音寺に左遷され，この地で没した．

現報 げんぽう [s: dṛṣṭa-dharma-vedanīya] 現在世に受けるべき果報のこと．因としての*業によって報われる果報を，報われる時世の遅速に従って3種に分けたもの．現報・生報・後報の一つ．現在世になした業の因に対して，同じ現在世においてその果を受ける場合を〈現報〉といい，次世で受ける場合を〈生報〉，第三世以後に受ける場合を〈後報〉という．

中国においても，仏教伝来以前に漠然とした*因果応報思想はあったが，因果応報は事実とくい違う点も多いため，しばしば疑問を呈されていた．仏教は*三世にわたる因果応報思想を明確に説き，因果応報の道理が真実であることを示した．その代表は廬山の*慧遠の『三報論』であり，現報・生報・後報を論じている．なお，*『日本霊異記』は，この現報の顕然として恐るべきことをテーマとしたわが国最初の仏教説話集であり，また，それを触発した中国の唐代の*『冥報記』は，現報・生報・後報の三報の諸相を説いた仏教説話集である．→果報．

「首を獄門に懸けらるること，前世の宿業，今生の現報かとぞ人申しける」〔平治上.信西の首実験〕

現法涅槃 げんぽうねはん [s: dṛṣṭa-dharma-nirvāṇa] 〈現法〉はサンスクリット語 dṛṣṭa-dharma の直訳で，原義は可視的な世界，つまり現世を意味する漢訳仏典造語である．したがって〈現法涅槃〉は，この世で*涅槃を体得すること．〈現世涅槃〉とも訳す．

顕密 けんみつ 〈顕教〉と〈密教〉のこと．真言宗において仏の教説を大きく二分したもので，前者は明らかに説かれた仮の教え，後者は真実・究極の秘説をいう．「伝教大師もろこしに渡りて顕密の道を習ひ，菩薩のいむことを受けてより天台宗始めておこり」〔三宝絵下〕．→顕教，密教．

玄妙 げんみょう 奥深く微妙なこと．またその*道理をいう．中国古典の『淮南子』覧冥訓，『後漢書』馮衍伝に見えるのがその早い例．『老子』1に*道の幽深にして測り知れないことを形容して「玄のまた玄は，衆妙の門」というのは有名．道教や仏教において，道や心について形容して用いられる．「希夷玄妙にして忽怳冥然なりと云ふと雖も」〔性霊集7〕

還滅 げんめつ [s: nivṛtti] 生死輪廻が尽きて*寂滅に帰すること．〈還源〉とも漢訳される．迷妄におおわれた*有情は，生死を重ね*六道を輪廻するが，このような在り方を〈*流転〉(pravṛtti)という．それに対し，*迷いの存在を断ち切って*涅槃に入ることを〈還滅〉という．なお，*本覚思想に基づく教説にあっては，生死を相続する迷いの心を尽くし，本来的に*清浄なる心の本体(本覚の体)へ復帰することを意味する〔大乗起信論義記中〕．「次に十二縁生の流転還滅を書くべし」〔今昔1-23〕

見聞覚知 けんもんかくち [s: dṛṣṭa-śruta-mata-jñāta] 見ること，聞くこと，知覚すること，識知することの併称．〈見聞知覚〉の順で称することもある．*六識のうち，眼識は〈見〉に，耳識は〈聞〉に，鼻識・舌識・身識の三者は〈覚〉に，*意識は〈知〉に，それぞれ相当する〔倶舎論16〕．なお〈見〉〈聞〉〈知〉が三識の個々に配され，〈覚〉が三識を合わせたものに配される理由は，前三者が*修道に有益であり，*世間の事象と*出世間の事象を兼ねて認識し，また善・*悪・*無記にかかわるのに対し，後者が世間の，また無記の事象を認識するにとどまるためであるとされる〔智度論40〕．「行住坐臥，見聞覚知，皆是れ仏法なりと思へるも妄想なり」〔夢中問答中〕

剣葉刀林 けんようとうりん 罪人が受ける代表的な*地獄の責め苦の一つ．剣の葉と刀の林，すなわち幹も枝葉もことごとく刀剣で出来上がっている林で，その山道を通る罪人は刀で身を貫かれ，雨のように降りそそぐ剣の葉で五体を切りさいなまれるという．*『往生要集』に説く*無間地獄の記事などに由来するものらしい．六道絵の地獄の描写にも見られる光景で，和泉式部は「地獄の絵に剣の枝に人の貫かれたるを見てよめる」として，「あさましや剣の枝のたわむまでこは何の身のなれるなるらん」〔金葉和歌集10〕とよんでいる．この詠歌は説経にも引かれて*『宝物集』などに見えるほか，現存の*十界図や地獄極楽絵にも*絵解きの詞として注するものがある.「刀剣の刃の路より間無くして刃葉の林あり」〔往生要集大文第1〕「刀林刃利とくして鉄城に充満せり」〔七巻本宝物集2〕

還来 げんらい　原義は，もどる．*賢聖の*修道の階梯において，いまだ*欲界の*惑を断ち尽くしていない者が，再び欲界にもどって来ること．*四向四果のうち阿那含(anāgāmin，*不還)の位に達すれば，もはや〈還来〉しない〔大宝積経声聞衆品〕．また，*生死を超脱し，*浄土に到った*仏や大乗の*菩薩が，*慈悲のゆえに，衆生済度のため再びこの*穢土にもどって来ること．〈還来生死〉〔正信偈〕，〈還来穢国〉〔一言芳談〕などと表現され，また〈還来〉の代わりに，〈還入〉〔文殊師利浄律経聖諦品〕，〈廻入〉〔浄土論〕の語を用いることもある．「利生は還来穢国を期すべし」〔一言芳談〕

現量 げんりょう ［*s*: pratyakṣa］　直接知覚を意味し，主として感覚器官と外界の事物との接触によって生ずる知覚の過程，ならびにその結果としての知覚内容をさす．推理(比量)とならんで仏教*論理学で認められる2種の正しい知識手段(pramāṇa，量)の一つ．ディグナーガ(*陳那)の定義によれば，現量は概念作用を伴わず，対象そのものの個別相(自相)を認識する．さらにまた*ダルマキールティ(法称)は，欠陥をもつ感官による誤認を排除するために「迷乱のないもの」という規定を加えた．「物ごとに善悪浅深重々なる事，現量の境なり」〔雑談集7〕．→量，比量．

コ

五悪段 ごあくだん　*無量寿経下の現世の〈五悪〉を説く一段．五悪とは，不殺生・不偸盗・不邪婬・不妄語・不飲酒の*五戒に背くこと．また別の解釈では，仁・義・礼・智・信の*五常に背くこと．この一段は，その前の〈三毒段〉とともに，現世の人間の愚かさや悪業を徹底的に描き出して感銘深いが，サンスクリット本・チベット本などには見えず，また中国的な表現が多い．ここから，中国での付加あるいは大幅な加筆の可能性が推測されている．

五位 ごい　①*一切法を五つに分類したもの．〈五事〉あるいは〈五法〉ともいう．*色・*心・*心所(心所有)・心不相応行・*無為の五つをさす．*説一切有部に*五位七十五法の説があり，また*唯識・*法相説として*五位百法がある．

②修行上の位を5段階に分けたもの．説一切有部では，〈資糧位〉〈加行位〉〈見道位〉〈修道位〉〈無学位〉の5段階をさす．*資糧は修行の素材の意で，資糧位は*三賢を内容とし，〈順解脱分〉ともいう．*加行は準備的な修行を意味し，その内容は*四善根で，〈順決択分〉ともいう．この二位を合わせて〈七賢〉とも〈七方便位〉ともいう．そのうえで，本格的な修行道である*見道と*修道の二道によりすべての*煩悩を克服し，もはや学ぶべきことがなくなった*阿羅漢の位を*無学位という．これに対して*瑜伽行派では，〈資糧位〉〈加行位〉〈通達位〉〈修習位〉〈究竟位〉という*菩薩の修行道の5段階を意味した．このばあい通達位と修習位はそれぞれ菩薩にとっての見道と修道にあたり，*究竟位は仏のさとり(無上正等覚)に相当する．さらに*唯識説が定着すると，五位は唯識を悟入するうえでの5段階として位置づけられた．

五位七十五法 ごいしちじゅうごほう　もろもろの事物(*一切法，*諸法)のありかたを整理したもので，*『倶舎論』に説く*説一切

五位七十五法

[五位]

- 五位七十五法(ごいしちじゅうごほう)
  - 有為法(ういほう)
    - 色法(しきほう)
      - 眼根(げんこん)
      - 耳根(にこん)
      - 鼻根(びこん)
      - 舌根(ぜっこん)
      - 身根(しんこん)
      - 色境(しききょう)
      - 声境(しょうきょう)
      - 香境(こうきょう)
      - 味境(みきょう)
      - 触境(そくきょう)
      - 無表色(むひょうじき)
    - 心法(しんぽう)
    - 心所法(しんじょほう)
      - 大地法(だいじほう)
        - 受(じゅ)
        - 想(そう)
        - 思(し)
        - 触(そく)
        - 欲(よく)
        - 慧(え)
        - 念(ねん)
        - 作意(さい)
        - 勝解(しょうげ)
        - 三摩地(さんまじ)
      - 大善地法(だいぜんじほう)
        - 信(しん)
        - 勤(ごん)
        - 捨(しゃ)
        - 慚(ざん)
        - 愧(き)
        - 無貪(むとん)
        - 無瞋(むしん)
        - 不害(ふがい)
        - 軽安(きょうあん)
        - 不放逸(ふほういつ)
      - 大煩悩地法(だいぼんのうじほう)
        - 無明(むみょう)
        - 放逸(ほういつ)
        - 懈怠(けだい)
        - 不信(ふしん)
        - 惛沈(こんじん)
        - 掉挙(じょうこ)
      - 大不善地法(だいふぜんじほう)
        - 無慚(むざん)
        - 無愧(むき)
      - 小煩悩地法(しょうぼんのうじほう)
        - 忿(ふん)
        - 覆(ふく)
        - 慳(けん)
        - 嫉(しつ)
        - 悩(のう)
        - 害(がい)
        - 恨(こん)
        - 諂(てん)
        - 誑(おう)
        - 憍(きょう)
      - 不定地法(ふじょうじほう)
        - 悪作(あくさ・おさ)
        - 睡眠(すいめん)
        - 尋(じん)
        - 伺(し)
        - 貪(とん)
        - 瞋(しん)
        - 慢(まん)
        - 疑(ぎ)
    - 心不相応行法(しんふそうおうぎょうほう)
      - 得(とく)
      - 非得(ひとく)
      - 同分(どうぶん)
      - 無想果(むそうか)
      - 無想定(むそうじょう)
      - 滅尽定(めつじんじょう)
      - 命根(みょうこん)
      - 生(しょう)
      - 住(じゅう)
      - 異(い)
      - 滅(めつ)
      - 名身(みょうしん)
      - 句身(くしん)
      - 文身(もんしん)
  - 無為法(むいほう)
    - 虚空無為(こくうむい)
    - 択滅無為(ちゃくめつむい)
    - 非択滅無為(ひちゃくめつむい)

有部の説をまとめたもの．*五位とは，*色(物質)，*心，*心所(心の作用)，心不相応行(心と結びつかないものの意で，つまり他の四以外のもの)，*無為(作られないもの)のことで，一切を5種の領域に大別したもの．これをさらに分類して，*有為法としての色法11，心法1，心所法46，心不相応行法14，ならびに無為法3の計75法が立てられる．

また，心所法はさらに6種に分類され，〈大地法〉(善悪の性質や煩悩のあるなしにかかわらず，あらゆる心地に属する心作用) 10，〈大善地法〉(善の性質をもつあらゆる心地に属する心作用) 10，〈大煩悩地法〉(煩悩に染まったあらゆる心地に属する心作用) 6，〈大不善地法〉(不善の性質をもつあらゆる心地に属する心作用) 2，〈小煩悩地法〉(小煩悩に染まったあらゆる心地に属する心作用) 10，〈不定地法〉(以上の五つに確定されない心作用) 8とする．この中で，地(bhūmi)とは，心作用(心所)の活動領域を意味し，心作用がその上ではたらく心そのもの(心地)をさす(前頁の表参照)．→五位百法．

五位百法 ごいひゃっぽう　*唯識派が説く諸事物(*一切法，*諸法)の分類法．*世親(天親)造・*玄奘訳の『大乗百法明門論』にもとづく分類で，一切法を〈*心〉，〈*心所〉(心所有ともいい，心作用の意)，〈*色〉，〈不相応行〉(心に結びつくことなく作用するもの)，〈*無為〉(作られないもの)の五類(*五位)に分け，そのうえで心を8(*八識)，心所を51，色を11，不相応行を24，無為を6の*法からなるとし，総計で百種の法を数えることから，〈五位百法〉と呼ばれる．

この中の51の〈心所〉は，さらに遍行(あらゆる場合にはたらく心作用で，作意など) 5，別境(特別な場合にはたらく心作用で，欲求など) 5，善(善い心作用で，*信など) 11，*煩悩(根本的な煩悩で，貪瞋癡慢疑見) 6，*随煩悩(*根本煩悩にもとづいて生じる副次的な煩悩で，忿など) 20，不定(随煩悩となりうるが，必ずしも確定していない心作用で，睡眠など) 4，の6種に分けられる．〈色〉は*五根・*五境に，第六*意識の対象となる法処所摂色をくわえて11となり，〈心不相応行〉は得・命根などの24を数え，〈無為〉は*虚空・*択滅(＝*涅槃)・非択滅の三無為に，不動滅・想受滅・*真如をくわえて6となる．→五位七十五法．

劫 こう　サンスクリット語 kalpa に相当する音写．〈劫波〉ともいう．古代インドにおける最長の時間の単位．宇宙論的時間で，Brahmā 神(*梵天)の一昼，つまり半日の長さを1劫ともする．その長さは，人間の年に換算すると43億2千万年(360 × 12000 × 1000)に相当する．また劫は〈永劫〉〈阿僧祇劫〉〈兆載永劫〉などと曠遠な時間を表すのに用いる．兆・載・*阿僧祇も数の単位．

雑阿含経34に，〈芥子劫〉と〈磐(盤)石劫〉とがある．四方と高さが1*由旬の鉄城があり，その中に*芥子を充満し，100年に一度，1粒の芥子を持ち去って，すべての芥子がなくなったとしても，まだ劫は終わっていないという．これを〈芥子劫〉という．また，四方1由旬ある大きな岩山(*磐石)があって，男がカーシー産の劫貝(カルパーサ樹で織った白氎)で，100年に一度払う．その結果，大岩山が完全になくなっても，劫は終わっていない．これを〈磐(盤)石劫〉という．*『大毘婆沙論』135，*『大智度論』5,38にも少し変化して伝えている．

〈微塵劫〉は，*微塵の数が分からないほどに，きわめて永い時間．〈*四劫〉は，宇宙が存続し，破壊され，*空無となる期間を四つに分類したもの．宇宙が生成し(成劫)，維持し継続され(住劫)，破壊され消滅し(壊劫)，一切なにもなくなる期間(空劫)のこと．それぞれが20劫(20中劫ともいう)からなる成・住・壊・空の四劫の1サイクルで80劫となり，これを〈1大劫〉と呼ぶ．なお，〈*億劫〉は〈百千万億劫〉の略で，本来はきわめて永い期間をいったが，時間が長くかかってやりきれない意で，めんどうくさいことを〈億劫〉というようになった．

「非器なりと云って修せずは，いづれの劫にか得道せん」〔随聞記6〕「山々寺々をがみま

はり，とぶらひ奉れば，いまは一劫もたすかり給ひぬらん」〔平家5.福原院宣〕

孝 こう　子が親を養い敬(うやま)うという行為，心情．すでに中国の西周初めに，〈孝〉と兄弟間の〈友〉とがもっとも基本的徳目とされ，春秋末に儒教が形成されると，これらは〈孝悌(こうてい)〉として定着し，普遍的道徳たる〈*仁(じん)〉の根本とされた．『論語』為政に，親が「生くるときは事(つか)うるに礼をもってし，死すれば葬るに礼をもってし，祭るに礼をもってす」とあるように，孝は親の生死を通じて実行すべき子の義務であった．同時に，その形式主義も反省され，敬とともに愛の必要が説かれた．

戦国時代には，孝悌の家族倫理とともに君臣間の義という国家倫理が強調され，孝は忠と結合して国家規模の倫理となった．戦国末には，おそらく儒家のうちでとくに孝を重視する曾子学派によって『孝経』が作成され，孝は「天の経，地の義，民の行」として自然界・人間界を貫徹する原理とされた．かくて孝は，祖先を祭り，親を敬い，子孫を絶やさないという過去・現在・未来をつなぐ倫理であり，親から与えられたわが身を尊重し，父祖の意志を継承する根拠であり，国家的には，親につくすように君主につくすことを要請する規範となった．漢代以降，歴代王朝の庶民教化策は孝を奨励するのが一般であった．

仏教伝来後，孝を重んじる中国社会に融けこむために，*六方礼経(ろっぽうらいきょう)などの孝に関係する仏典が翻訳された．しかし，中国の伝統思想から見て，*出家と*剃髪(ていはつ)の制度は不孝として批判されざるをえなかった．それに対して，仏教側は，仏教は父母を救済し，祖先に福報を与えるのであるから不孝ではないとした．また孝の徳を勧めるために，*父母恩重経(ぶもおんじゅうぎょう)や大報父母恩重経などの偽経を新たに作成し，また亡くなった父母の恩に報ずるために*盂蘭盆経(うらぼんぎょう)を作成し，その重要性を強調した．唐の初期から中期にかけての仏教全盛期を経て，中期以降は，仏教と儒教・道教は究極的には一致するという三教同根の思想がひろまった．一人が出家すれば9代前の祖先まで極楽にゆけるという信仰も浸透した．仏教は中国社会に定着し，民間では，孝と仏教とは矛盾しないという考え方が一般的となった．→儒教，恩．

香 こう［s: gandha］　香を薫じたり，身に塗ったりして，悪臭を取り除き芳香を生活の中に漂わすインド古来の習俗が，仏の*供養に取り入れられたことにより，香は供養の重要な料となった．沈香(じんこう)・白檀(びゃくだん)香・丁子(ちょうじ)香など数多くの南方産のものが用いられているが，*密教では，仏部に沈香，金剛(こんごう)部には丁字香，蓮華(れんげ)部には白檀香，宝部には竜脳(りゅうのう)香，羯磨(かつま)部には薫陸(くんろく)香をそれぞれ区分して用いている．身に塗るものを〈塗香(ずこう)〉といい，香水(こうずい)・香油・香薬などに分かれ，炷(た)くものを薫香・*焼香(しょうこう)といい，丸香(がんこう)・*抹香(まっこう)・練香(ねりこう)・線香などに加工される．

講 こう　本来は仏典を講説する僧衆の集会を意味したが，転じて信仰行事とそれを担う集団をさし，さらに転じて共通の利益のための世俗的な行事とその集団をさすのに用いられる．7世紀にすでに最勝講会(*最勝会(さいしょうえ))，仁王講会(*仁王会(にんのうえ))，法華講会(*法華会)など仏典講究の集会の例があるが，9世紀に入ると法華経の読誦が流行して*法華八講が広まり，法会に〈講〉の名称を付ける風が一般化した．

【信仰集団としての講】やがて，時々の法会を担う崇敬者の集団も講名で呼ばれるようになり，流用されて仏教の行事や集団だけでなくさまざまな信仰集団に用いられるようになった．それをつぎの四つに分類することができる．

1)自然崇拝と精霊信仰を基盤とする民俗信仰に立脚するもの．山林関係の仕事に従事する人々の山の神講，漁民が豊漁を祈る海神講，農作の豊穣を祈る農民の田の神講，自然の災害を免れその恩恵を願う日待(ひまち)講や月待(つきまち)講などがあり，しばしば村落の村組が担った．

2)地域の神社を中心に氏子(うじこ)がつくった氏神講・鎮守講・権現講・宮座講など，神社の祭礼のさいに特定の行事や役割を執行するもの．

3)信仰対象ゆかりの地域内の寺院・仏堂・神祠を活動拠点とする観音講・薬師講・地蔵講・天神講など．しばしば地域の性別年齢集団に担われ，また死者供養の念仏を唱和するための念仏講や無常講のように，近隣互助の宗教的側面を担当するものもある．

4)信仰対象を地域外にもつ参拝講・参詣講．地理的に便がよい場合には全員の総参りをするが，遠隔の場合には代表者を選んで参詣させる．これを代参講といい，くじ引きで決まった代参者が講員から拠出された経費によって信仰対象の社寺に参詣し，その祈禱札や*護符を持ち帰って講員に配る．このような参詣講は大体において社寺の側から組織したものであって，全国的なものとしては，富士講・善光寺講・伊勢講・本願寺講・熊野講・大社講など，地方的なものとしては，東北地方の出羽三山講，関東の榛名講，中部地方の戸隠講，四国の金比羅講，九州の太宰府講などがある．

【世俗的集団としての講】講の名で呼ばれる世俗的な集団としては，経済生活で機能する講が著しい．僧侶間の金融を図るところに発端して俗間に普及した頼母子講たのもしこう，*無尽講がその例である．宗教的な講は談話と共同飲食の機会をともない，その娯楽機能が魅力であったが，娯楽の機会がふえまた多様化したことが講を衰退に導いている．また，経済的互助の講も金融その他の経済機関の発達により衰微した．

「普賢ふげん講，阿弥陀の念仏など，かかる方の御いとなみもろともにし給ひて」〔浜松中納言物語2〕「念仏講の借盛物かしもりもの，三具に敲鉦たたきがねを添へて，一夜を十二文」〔浮・本朝二十不孝1〕「常に中よき友だち十人ばかり，講をむすびてさいさい参会せし．名をうそ講と付けたり」〔噺・軽口露がはなし〕

業 ごう ［*s*: karman, *p*: kamma］ 漢語〈業ぎょう〉は仕事・事業などの〈事〉の意．原語の基本的意味は，〈なすこと〉〈なすもの〉〈なす力〉などで，〈作用〉〈行為〉〈行為対象〉〈祭祀〉などを表す語としてインド思想一般で広く用いられた．

【業と輪廻】とくに紀元前6–7世紀に*ウパニシャッドが登場し，輪廻りんね説が展開されるようになると，業の思想は輪廻転生説と深くかかわることになる．徳のある人は，(前世の)徳のある行為(業)によって生じ，悪人は悪しき行為によって生じる，というウパニシャッドの著名な哲人ヤージニャヴァルキヤの言葉は，業と輪廻のかかわりを典型的に表明する．このように業は単なる行為にとどまらず，死後にも潜勢的な力となって残存し，人の来世の善悪のあり方を規定するとの考えは広く浸透することになった．仏教も，このような時代思潮の中に誕生したのである．無我むが説に立つ仏教では，業をとどめて輪廻の主体となっていくような実体的個我は認められていないが，精進努力して現状を打破していく自発的行為としての業はむしろ強調されたため，業をめぐる種々の見解が無我説との関連において考察され，教理上も仏教思想の中心的概念の一つと目されるに至った．→輪廻，無我．

【業の分類】業は，行為のあり方により，身体にかかわる行為を〈身業しんごう〉，言語にかかわる行為を〈口業くごう〉または〈語業ごごう〉，意思にかかわる行為を〈意業いごう〉といって*三業に区別されるが，また業が，意思の内的活動である〈思業しごう〉とその結果としての〈思已業しいごう〉とに区分される場合には，意業が思業，身業と語業が思已業と呼ばれる．また，身業と語業とは，具体的表現をとって他人に明示しうる点で〈表業ひょうごう〉ともいわれるが，この表業の善悪の強度の高いものは，その場ですぐ消えてしまうのではなく，目に見えぬ微細な物的力として残存すると考えられ，そのような力を残す身業と語業の目に見えぬ力を特に〈無表業むひょうごう〉と呼ぶ．また業は*自業自得といわれるように，個々人それぞれに結果をもたらす各別の行為(不共業ふぐうごう)を基本とする．ただし部派仏教においては，共通した自然環境をもたらす，*有情うじょうの共通した行為もあるとして，これを〈*共業ぐうごう〉と呼んだ．

【業と縁起】業がいかに残存していかなる結果をもたらすかについては，単に無表業のみならず，さまざまな見解が仏教思想史上に展開されたが，輪廻転生を*縁起えんぎとしてとらえ，*惑わく(煩悩)に基づく業によって*苦くなる生存が繰り返されるとする，業を中心とした，この惑・業・苦の円環的因果関係を特に〈*業感ごうかん縁起〉と呼ぶ(→惑業苦)．この代表的なものが，*説一切有部せついっさいうぶの十二支縁起(*十二因縁)に基づく〈三世両重の因果〉説である．業とは，この十二支縁起のなかでは，第二支の*行ぎょう(saṃskāra)と第十支の*有う

(bhava)とを指す．このうち，前者の行は，現在世の結果をもたらした過去世の三業と解釈された．

業はこのように輪廻と結びつき，過去世の行為の善悪によって現世の状態が決まり，現世の行為の善悪によって来世の状態が決まるとする．いわゆる*因果応報である．日本ではしばしばそれが*宿業(しゅくごう)として宿命論的に受け取られ，現世の苦難を前世の業の結果として甘受する傾向を生じた．そのことは，一方では*親鸞(しんらん)に見られるように，自らの*罪業の深さを自覚させる宗教的な深化をもたらしたが，他方において，社会的差別や病気・障害などを前世の業によるものとして正当化し，それを受け入れた上で，現世において善業を積むことによって来世に救済を求めるようにと説得することになった．このことは特に近世に著しく，社会的差別を固定化する機能を果たすことになった．

「我が重き病を得しは，殺生の業によるがゆゑに」〔霊異記中5〕「生死の妄念つきずして，輪廻の業とぞなりにける」〔一遍語録〕

後有 ごう [s: punar-bhava]　原語の漢訳語で，〈再生〉すなわち再び生まれることを意味する．また，〈*後生(ごしょう)〉〈来生〉などとも漢訳される．〈後〉は後世・将来の意で，また〈*有〉は生存・存在の意味であり，後の生存を意味する．輪廻転生(りんねてんしょう)に基づく漢訳仏典造語．→再生．

公案 こうあん　禅の*問答，または問題をいう．元来は官庁の調書・案件を意味する法制用語の一つだが，後に師が弟子を試み，指導するための問題を意味する禅語となった．唐末の睦州道蹤(ぼくしゅうどうしょう)(780-877)がある参問者に答えて，「現成公案，你(なんじ)に三十棒を放(ゆる)す」(即決裁判で，三十棒与えるところを，特に猶予してやる)とあるのが古い用例．

禅の問答は，時と所を異にして第三者のコメントがつくことが多く，始めに何も答えられなかった僧に代る〈代語(だいご)〉や，答えても不充分なものには別の立場から答えてみせる〈別語(べつご)〉など，第2次第3次の問答を生み出した．最初の問答を〈本則〉(もととなる公案)，または〈古則〉(古人が提示した公案)，〈話頭(わとう)〉(話題，テーマとなる公案)，〈話則〉(同)などと呼び，次第にそれに向かって参禅*工夫する公案禅，または*看話(かんな)禅の時代となった．宋代は，一般士大夫の間にそうした看話の関心が高まって，古則を集めた〈挙古(きょこ)〉や，韻文の頌をつける〈*頌古(じゅこ)〉，散文のコメントを集めた〈*拈古(ねんこ)〉など，種々の公案集が編(あ)まれた．

圜悟克勤(えんごこくごん)が雪竇重顕(せっちょうじゅうけん)の『頌古百則』を講じた『碧巌録(へきがんろく)』や，無門慧開(むもんえかい)が48則の公案に評と頌をつけた*『無門関(むもんかん)』は，代表的著作である．とくに後者の最初に収める*趙州従諗(じょうしゅうじゅうしん)の〈*狗子仏性(くしぶっしょう)〉の公案は，看話修行の典型となる．狗子(犬)に仏性が有るかと問う僧に趙州が「無」と答えたというもので，江戸時代に*白隠慧鶴(はくいんえかく)が発明した〈*隻手(せきしゅ)の音声(おんじょう)〉という公案と共に，今も禅の修行の初関とされる．

なお，〈公案〉の語は転じて芸道の思案，工夫の意にも用いられ，世阿弥(ぜあみ)などは好んでこの語をその能楽論書中に使用している．

「公案・話頭を見て，いささか知覚ある様なりとも，それは仏祖の道に遠ざかる因縁なり」〔随聞記6〕「この花の公案なからん為手(して)は，上手にては通るとも，花は後まではあるまじきなり．公案を極(きわ)めたらん上手は，たとへ能は下(さが)るとも，花は残るべし」〔風姿花伝〕

行雲流水 こううんりゅうすい　『宋史』蘇軾伝に「文を作るは行雲流水の如く，初めより定質無し」とあり，行く雲や流れる水のような，大自然のおのずからなる無心無作のはたらきをいう．転じて，一処に滞(とどこお)ることなく自由無礙(むげ)なる達道の人，およびその境涯を指していう．また，略して〈*雲水〉ともいい，一処不住に諸方に師を求めて参学*行脚(あんぎゃ)する修行僧とその心境とを指す．「しかあれば参学の雲水，かならず勤学なるべし」〔正法眼蔵心不可得〕「江湖の僧の，一夜二夜にちぎり捨て，身を雲水にまかせたるが」〔風俗文選〕

黄衣 こうえ　〈おうえ〉とも読む．黄色の*法衣．黄色は元来，五正色(ごしょうじき)(*五色)の一つで官服に用い，僧服には使用されていなかった．『僧史略』上に後周(951-960)から僧服に使用されたとあり，元代にはしばしば黄衣が下賜された．なお〈黄衣(こうい)〉は『論語』郷党や『礼記』月令，玉藻などに見えている語．日本でも僧衣に用いたが，中世には*習合思想の影響もあってか，僧衣を象徴する*黒衣に対して，「黄衣の神人(神の化身)」など，神衣に用いた例が散見する．「うしろに声ありて返れやと云ふ．見返れば黄衣の俗ましましけり」〔八幡宮巡拝記下57〕

光音天 こうおんてん [s: Ābhāsvara] 〈極光浄天ごくこうじょうてん〉〈光曜天こうようてん〉などの漢訳語もある．〈阿波会あはえ〉と音写．天界の名，またそこに住む神々のこと．*色界しきかい第二禅の最高位である第三天を指す．下位の二天，すなわち〈少光天〉(Parīttābhā)，〈無量光天〉(Apramāṇābhā)と同じく清らかな光を特徴とするが，特にこの天界では，神々が語るときに口から放たれる光(ābhā)が，そのまま彼等の言葉(svara，音声)となるので，〈光音天〉の名称があると説明される．ちなみに，極光浄天などの訳語は，原語が「最上の(vara)光(ābhāsa)をもつもの」と解されたもの．→天．

劫火 こうか [s: kalpa-agni, yuga-anta-agni] 世界の終末に起こる大火災のこと．二つの原語のうち，前者は〈劫焼こうしょう〉〈劫尽こうじん大火〉とも漢訳される．後者のユガ(yuga)は通常ヒンドゥー教に固有の宇宙期の概念，この場合はカルパ(kalpa，*劫)と同一視される．成じょう・住じゅう・壊え・空くうの*四劫のうち，壊劫の終りに世界を焼き滅ぼすこの大火災が起こるという．ただし仏教では，壊劫の終りに〈大の*三災〉と呼ばれる火災・水災・風災のいずれかが順次に発生し，世界は空劫に至るものとされる．なおヒンドゥー教では，世界の終りは文字通り宇宙の完全な消滅を意味するが，仏教では火・水・風の三災によって，おのおのの*色界しきかいの初禅天・二禅天・三禅天までが滅びるとし，すべてが空無に帰すとはいわない．

「一渧の水を大海になげぬれば三災にも失うせず，一華を五浄によせぬれば劫火にもしぼまず」〔日蓮消息文永7〕

業火 ごうか 悪業あくごうが身を滅ぼすのを，すべてを焼き尽くす火にたとえて，業火という．また，それに見立てて*地獄に堕ちた罪人を焼き苦しめる熾烈な火，猛火をもいう．地獄を〈火塗(途)かず〉というのも，この猛火にちなんだものである．「金堂の方へ立ち出でたれば，業火盛んに燃えて，修羅の闘諍四方に聞こゆ」〔太平記15.三井寺〕

恒河 ごうが ⇒ガンジス河

広学竪義 こうがくりゅうぎ ⇒竪義りゅうぎ

恒河沙 ごうがしゃ [s: Gaṅgā-nadī-vālukā (-vālikā)] 〈恒河〉は*ガンジス河で，〈沙〉は砂をさす．ガンジス河の砂の数のように多いことをいう．〈恒沙ごうじゃ〉とも略される．諸仏，菩薩ぼさつ，あるいは*仏国土の数などが計り知れないことをたとえる．「八百万億那由他なゆたの恒河沙の諸仏供養し奉らむよりも」〔法華百座3.24〕「たとひ一日に三度恒沙の数の身を捨つとも，なほ仏法の一句の恩をだにも報ずる事あたはじ」〔三宝絵中序〕

交割 こうかつ 〈校割〉とも書く．〈交〉は交参点検することで，両方の帳簿を対交(校)し考照する意．〈割〉は分割．禅院において*住持の交代する時や，各寮舎で僧たちが新旧交替する時に，その寺院や各寮舎の*什物じゅうもつについて公の器物と私物とを照合して分割し，公器の有無を明確にすること．その明細を記した台帳を〈交割帳〉と言い，各寺院に備用されている．*『禅林象器箋ぜんりんしょうきせん』13.執務門には「新旧の人，相共に交参す，故に交と言ふ．公私の物を分割す，故に割と言ふ．およそ常住の寮舎，遷居の人，必ず自己の用度有って公界の物に雑る．交代に及んで新に遷人と共に対交して公器私物を分割するなり」と注記している．「その塔いま本山にあり，庫下くかに交割す」〔正法眼蔵行持上〕

業感 ごうかん 業による報いを感受すること．善悪の行為を原因として*苦楽の結果を受けること．このように，業を中心に据え，業は*惑わく(煩悩)の結果であり，その業から*苦くが結果するというように，惑→業→苦の循環において輪廻りんねする*縁起のあり方を解釈したものを〈業感縁起〉という．*十二因縁の中では，〈無明むみょう〉という惑から生じる〈*行ぎょう〉と，〈愛あい〉〈取しゅ〉という惑から生じる〈*有う〉とが業に当り，残りの七つが苦に当る．「夫それ災禍の興る，略ほぼ三種あり．一つには時運，二つには天罰，三つには業感」〔秘蔵宝鑰中〕「浮世の事はみな，前世の業感なり」〔妙好人伝〕．→業，惑業苦．

『広弘明集』 こうぐみょうしゅう 唐の*道宣どうせん(596–667)の撰．梁の僧祐そうゆうの*『弘明集』の跡を継ぎ，またそれに漏れたものを補い，仏法を顕彰する諸人の文章を集める．道宣は僧祐の生れ変りと言い伝えられた．あわせて30巻．帰正・弁惑・仏徳・法義・僧行・慈済・戒功・啓福・悔罪・統帰の10篇に分かち，それぞれの篇のはじめに道宣の小序を付す．護教的立場がきわめて鮮明であって，仏教と*道教との論争の記録はとりわけ綿密に採録されている．具体的には，「帰正篇」に梁*武帝『捨事李老道法詔』，彦琮『通極論』，「弁惑篇」に沈約『均聖論』，*道安『二教論』，甄鸞『笑道論』，*法琳『弁正論十喩九箴篇』，「法義篇」に*謝霊運『弁宗論』などが収載されている．

香華 こうげ　*香と花．ともに仏に供養するもの．法華経法師品に見える*十種供養にも含まれ，古くから仏の供養に欠かせないものであった．のちに一般に広まって，死者の供養にも用いられるようになる．「死人を輿に乗せて，香花をもってその上に散らす」〔今昔 1-3〕

康慶 こうけい　生没年未詳．平安末期-鎌倉初頭に活躍した*奈良仏師．康朝の弟子といわれ，*運慶の父．南都寺院の復興に際し，*慶派一門を率いて*東大寺・*興福寺の造仏に手腕をふるい慶派発展の基を築いた．遺品は興福寺南円堂にのこる不空羂索観音像・法相六祖像，同寺中金堂四天王像(南円堂旧像)(1189)が知られ，奈良彫刻の写実性と平安前期彫刻の塊量性を取り入れた鎌倉新様式の開花が見られる．1177年(治承1)蓮華王院五重塔の造仏の功によって法橋となる．同年，「法橋□慶」の銘がある静岡県富士市の瑞林寺地蔵菩薩像も彼の作と見られる．

皇慶 こうげい　977(貞元2)-1049(永承4)　平安中期の天台宗山門派の僧．谷流の祖で通称は〈谷阿闍梨〉．橘広相の曽孫で，播磨書写山の*性空の甥と伝える．7歳で*比叡山に登り，東塔の静真について密教や*悉曇学などを究める．その後，諸国を遍歴．九州では真言僧の景雲から*灌頂を受けて，空海請来の秘法を伝授されるなど，*東密にも造詣が深く，また*斗藪にも長けて肥前国背振山などで修行した．渡宋も企てたがこれは果たさず，のち丹波国に隠棲．万寿年中(1024-28)国司源章任の推挙で，天皇のために十臂毘沙門法を修して*阿闍梨に補せられ，以後は比叡山東塔南谷の井ノ房に住む．門下から長宴・院尊・安慶などが出た．伝記に大江匡房の執筆した『谷阿闍梨伝』がある．

江湖 ごうこ　『荘子』大宗師に「江湖に相忘る」とあり，三江五湖の略で，広く世間，天下四方を意味する．仏教では，*『景徳伝灯録』石頭希遷章に「江西は大寂を主とし，湖南は石頭を主とす．往来憧々として並に二大師の門に湊る」とあり，晩唐代に*馬祖道一(大寂禅師)は江西に，石頭希遷(700-790)は湖南に在って共に禅風を振い，天下の参禅の修行僧はこの2師の下に参集し相往来して修行したことから，広く諸方の僧が集まり結制*安居の修行をする会(あつまり)を〈江湖会〉，略して〈江湖〉ともいう．

「山林は富貴，五山は衰ふ，ただ邪師のみあって正師なし．一竿をとって漁客とならんと欲するも，江湖近代逆風吹く」〔狂雲集〕「さて十三年目に膳徳寺に江湖あり．大衆放参の陀羅尼をよみ給へば」〔仮・因果物語下〕

高座 こうざ　*説法や講経などの時に，説法者・*講師の坐る一段高い席．もと釈尊が*成道したという金剛宝座にかたどったもの．後には，講釈師や寄席の芸人の席をも高座という．「仏の御前，高座左右に立て，礼盤立てさせ給へり」〔栄花もとのしづく〕「導師高座に上がり，発願の鉦打ち鳴らし，謹み敬って白す」〔謡・丹後物狂〕．→礼盤．

幸西 こうさい　1163(長寛1)-1247(宝治1)　浄土宗の僧．成覚房と号する．はじめ比叡山西塔に住したが，のち*法然の門下となった．1207年の念仏弾圧の際には法然らとともに流罪となり(建永の法難または承元の法難という)，幸西は阿波(徳島県)へ流され，1227年には壱岐(長崎県)に流罪となった(嘉禄の法難)．その後関東に赴き，下総(千葉県)栗原で布教．幸西は，仏の*一念と衆生の一念が冥合するとき往生が成就するという〈一念義〉を説き，生涯にわたる念仏によって往生が決定するという〈多念義〉と対立した．→多念．

高山寺 こうざんじ　京都市右京区梅ケ畑栂尾町にある単立寺院，もと真言宗．山号は栂尾山(とがのおさん)．774年(宝亀5)に開かれたと伝えるが，平安時代には衰微したらしい．1206年(建永1)*明恵(みょうえ)がこの地を賜り，彼の*華厳宗復興のもとに造営が始まった．1219年(承久1)新造の釈迦(しゃか)・弥勒(みろく)，古仏の十一面観音の3尊が本尊とされたが，承久の乱(1221)後，新たに*運慶(うんけい)の十輪院の盧遮那仏(るしゃなぶつ)像などが移された．1225年(嘉禄1)，白光神・春日明神・善妙神が*鎮守(ちんじゅ)として*勧請(かんじょう)され，のち住吉明神も加えられ，鎮守は4社となった．久しく明恵の住房であった石水院(せきすいいん)は1228年(安貞2)の水難により，実体は東経蔵に引き継がれた．現存の鹿や馬の彫刻は石水院神殿に祀られていたもの．寺宝は，『鳥獣人物戯画』(平安後期-鎌倉前期)，*『華厳縁起(けごんえんぎ)』(『華厳宗祖師絵伝』とも．鎌倉前期)をはじめとして絵画・彫刻・聖教(しょうぎょう)などにわたり，明恵在世時の遺品が極めて多い．近年，高山寺典籍の調査が行われ，その成果は『高山寺資料叢書』として刊行されている．

降三世明王 ごうざんぜみょうおう　［*s*: Tailokyavijaya］　五大明王の一で，五仏中の*阿閦如来(あしゅくにょらい)が怒りを表した姿とされるほか，大日経・金剛頂経(こんごうちょうぎょう)にも説かれる代表的な明王．〈降三世〉の名は，*大日如来に従わず三世界(すべての世界)の主であると自称したインドの主要神*シヴァ(大*自在天)を*降伏(ごうぶく)させたという密教の神話に由来する．また三世を貪(とん)瞋(じん)癡(ち)の三煩悩(ぼんのう)に解釈し，この*三毒の煩悩を降伏させるとも説かれる．*忿怒(ふんぬ)の形相を表して，大自在天と妃の烏摩(うま)(Umā)を足下に踏みつける姿が図像的特徴である．→五大明王．

孔子 こうし　［Kǒng zǐ］　前551-479　*儒教の開祖．『史記』孔子世家に「名は丘，字(あざな)は仲尼(ちゅうじ)，姓は孔氏」とある．この孔子が仏陀の存在をすでに識っていたという話に関しては，「孔子曰く，西方の人に聖者有り」〔列子仲尼〕という記述があり，林希逸は「西方の人とは…仏に非ずして何ぞ」〔口義〕と注記している．一方，仏教の方で孔子を*菩薩(光浄菩薩)の生れ代りとする説は，中国撰述経典の清浄法行経に見られる．このようにして，中国の聖人である孔子と*老子にインドの聖人である釈迦を併せて三聖と呼ぶことが，南宋以後広く行われるようになり，好んで三教三聖図が描かれるようになった．わが国の京都の両足院に所蔵される如拙筆の三教図など，その流れを汲む代表的な作品といえよう．

講師 こうじ　① 法会において仏前の右*高座に登り経論を講説する役僧．*七僧の一．狭義には南都(南京(なんきょう))*三会(さんえ)の講師をいう．三会講師は国講師の五階に加えて三会*聴衆(ちょうじゅ)の経験を積んでいることが必要とされた．859年(貞観1)からこれを歴任した者を*僧綱(そうごう)に任ずるのが定例となった．平安時代末期には北京(ほっきょう)三会歴任者もこの例に加えられた．「天皇，善珠大徳を勧請して講師とし」〔霊異記下35〕

② 平安時代各国*国分寺に置かれ，講経をもって仏法興隆に努める役職．〈国講師〉ともいう．もと*国師(こくし)と称し，国内寺院僧尼を監督し兼ねて講経をも行う官人的職務であったが，795年(延暦14)の改組と共に講経を専らとする終身役職となった．次いで805年(延暦24)には任期が6年となり，855年(斉衡2)には試業・複講・竪義(りゅうぎ)・夏講・供講の五階の補任試験制が定まり，さらには天台・真言両宗からも交互に補任されるようになり，任国での自宗の宗勢拡大に努めた．「その国の講師にて，薬仁といふ者あって，年来の宿願あるによりて」〔今昔15-2〕

講式 こうしき　〈講〉とは経文を分かりやすく説くこと，およびそれが行われる場のことであり，〈式〉とはその会を進めるための*次第や*作法を意味する．講式は，本尊(多くの場合画像)に向かって*伽陀(かだ)を唱えつつ礼拝する惣礼(そうらい)に始まり，*表白(ひょうびゃく)や式文の*読誦(どくじゅ)以下の作法へと進む．式文は3段や5段に分節され，それぞれの段ごとに伽陀が配される．

*厭離穢土(おんりえど)の思想を説き，*源信が関わったとされる『二十五三昧式』およびその簡略な体裁の『六道講式』が講式の濫觴(らんしょう)と考えられ，それに*永観(えいかん)の*『往生講式』などが続く．『二十五三昧式』は，二十五三昧会という25人からなる念仏結社によって営まれるものであったが，講式の盛行は，参加者の広がりと，講において礼拝讃歎する対象に多様化をもたらした．*明恵(みょうえ)の手になる中

世の代表的な講式の一つ『四座講式』は，多くの参加者を前に演じられており，講式作者として明恵と双璧をなす*貞慶じょうけいには，諸尊を礼拝讃歎する講式のほかに，神祇や経典を対象とするものが多数確認される．

講式の式文が対句や麗句によって構成され，音律を伴って朗誦されたことは，語りや*歌謡といった領域と接点を有することとなる．*『平家物語』と『六道講式』との密接な関わりや，*舎利しゃり講の場でその内容に即した和歌が詠ぜられたことなどが指摘されており，文学研究に示唆が与えられつつある．

「講式にいはく，笙歌孤雲の上に聞こゆれば，耳に恩愛の声を忘る，聖衆落日の下に来たれば，眼まなこに人間の声を隔つ」〔聖覚四十八願釈19〕「机の上に巻物一巻あり．講式と覚ゆ」〔盛衰記42〕

孝子伝 こうしでん　古くは〈きょうしでん〉とよんだ．中国で唐以前に盛んに編集された孝子説話の集成書で，〈列仙伝〉〈列女伝〉の類と同様，伝記集また説話集的性格を持つ．絵を伴うものもあったようで『孝子伝図』などの書名も残る．日本でも後代それを模して『孝感録』『本朝孝子伝』のような類書が編集された．劉向りゅうこう(前79-8?)撰の所伝もあり，以後六朝・唐代を通じて，蕭広済・周景式・宋躬之・虞盤佑・師覚授・王韶之・鄭緝・徐広撰など十指に余る『孝子伝』が撰集され，*敦煌とんこうからも撰者未詳の『孝子伝』が発見されている．しかしその多くは散佚さんいつし，たまたまその名を冠する現存本も，後代文献に引く佚文を集めて再編したものがほとんどである．

【日本への伝来と影響】これらの中には奈良時代にすでに日本に伝来していたものもあったようだが，わが国の古代・中世を通じて最も流布していたのは陽明文庫蔵の撰者未詳の『孝子伝』上・下1巻と，それと異本関係にある清原家(船橋家)本『孝子伝』の2種1系の『孝子伝』である．ともに儒教的見地に立つ編集であるが，仏教でも父母の*恩を四恩の一として強調したことから，*唱導しょうどう資料として重視され，それに取材して*説経や作文さくもんを行うことが多かった．ちなみに，*『言泉集ごんせんしゅう』や『普通唱導集』には『孝子伝』からの多数の孝子説話の抄出引用が見られ，またそれを踏まえた亡父母供養の*願文がんもん・*表白ひょうびゃく類の実作例を収載する．

一方，日本文学への影響も大で，『孝子伝』収載話の和訳や翻案が，*『今昔物語集』巻9，10，*『注好選』上以下の説話文学，また『宇津保物語』俊蔭巻その他などに多数認められるのを始め，各ジャンルにわたる多数の作品にその投影が見られる．なお『孝子伝』の亜流として，孝子説話を収める『蒙求もうぎゅう』，室町時代に伝来した『二十四孝詩選』なども同様の意味合いで注目すべきもの．前者の影響については平安時代以来顕著なものがあるが，後者についても近世以後の影響は大きく，その和訳に御伽草子『二十四孝』があり，また井原西鶴作の浮世草子『本朝二十不孝』，近松半二等作の浄瑠璃『本朝二十四孝』などもその影響圏内の作品であった．

洪州宗 こうしゅうしゅう　洪州(江西省)の馬祖道一ばそどういつ(709-788)を祖とする中国禅宗の一派．道一は開元2年(714)に*南岳懐譲なんがくえじょうより嗣法して後，諸方に歴住して，大暦4年(769)から洪州開元寺で*学人がくにんの教導に当たった．その主張は，「平常心是道びょうじょうしんぜどう」「*即心是仏そくしんぜぶつ」に代表され，日常の全てがみな*仏性ぶっしょうのたちあらわれであり，他ならぬ心そのものこそが仏であるとする．馬祖の法系は，*百丈懐海ひゃくじょうえかい・*黄檗希運おうばくきうんと伝えられ，いずれも洪州で布教したが，黄檗の法嗣はっす，*臨済義玄りんざいぎげんに至って河北に中心を移した．→馬祖道一．

綱所 こうしょ　〈僧綱所そうごうしょ〉の略．僧尼を監督し，*法務を統轄するものが僧綱であるが，その僧綱に係わる一切の事柄を司る事務所のこと．ここでは僧正そうじょう・僧都そうず・律師りっしの任官やその儀式なども行われた．奈良時代には僧綱所は*薬師寺やくしじに置かれ，平安遷都(794)後は*西寺さいじに移ったが，のち次第に機能を果たさなくなり，中世には廃絶した．「綱所の惣在庁覚俊仰せて云はく」〔古事談3〕．→僧綱．

迎接 こうしょう　〈ごうしょう〉とも読む．*浄土に生れることを願う人の臨終に，*阿弥陀仏が観音・勢至，浄土の菩薩たちと迎えに来て，手をとって浄土に導くこと(聖衆来迎しょうじゅらいごう)をいう．これが儀式化されて*迎え講(迎接会)となった．なお漢語〈迎接げいせつ〉は，客をむかえてもてなすこと．六朝時代の文などに用例が見える．「仏の迎接を預りて，極楽世界に往生することを得てき」〔今昔17-17〕「中山の吉田寺において，迎接の講を修せり」〔拾遺往生伝下26〕．→来迎(らいこう)．

向上 こうじょう　上に向かうことで，悟りに向かって修行すること．これに対して，悟りの境地を出て衆生救済に赴くことを〈向下(こうげ)〉という．禅文献で重視する〈向上〉はそれとは異なっている．これは中国唐・宋代の俗語で，以上の義，あるいはそこから発展して最上・無上の義と解される．例えば，〈仏向上〉は仏を超えた更に上のあり方のこと，〈向上一路〉は究極・絶対の境地のこと，〈向上一句〉は悟りの立場から発する言葉である．これらの〈向上〉を悟りに向かって進むことと解するのは誤りである．「七仏ともに向上向下の功徳あるがゆゑに，曹谿(そうけい)にいたり七仏にいたる」〔正法眼蔵古仏心〕

光定 こうじょう　779（宝亀10）-858（天安2）　天台宗の僧．別当大師といわれた．伊予国（愛媛県）風早郡．贄(にえ)氏の出身．幼少に父母を失い，比叡山の*最澄(さいちょう)に師事．810年（大同5）天台宗*年分度者となる．812年（弘仁3）東大寺で受戒する．同年末，最澄と空海から*灌頂(かんじょう)受法．818年（弘仁9）から最澄が*大乗戒壇建立運動をはじめると，その実現にあたり朝廷との交渉に功があった．経緯を『伝述一心戒文』に記す．854年（斉衡1）に延暦寺総別当となる．

康尚 こうじょう　生没年未詳．平安時代後期，10世紀末から11世紀初葉にかけ，藤原道長（966-1027）の時代に活躍した*仏師．*定朝(じょうちょう)の父ともいわれ，991年（正暦2）の祇陀林寺(ぎだりんじ)の丈六釈迦如来像をはじめ，比叡山(ひえいざん)霊山院釈迦堂の釈迦如来像，同華台院の丈六阿弥陀如来像および関寺(せきでら)の五丈弥勒仏像などの造像が知られている．確実な作例はないが，現在の*東福寺同聚院(どうじゅいん)不動明王坐像が，1006年（寛弘3）*法性寺(ほっしょうじ)五大堂の中尊に当たるといわれ，彼の作に擬せられている．998年（長徳4）に土佐講師に任じられ，近江講師の称号を付す記録もある．

業障 ごうしょう　[s: karmāvaraṇa]　〈ごっしょう〉とも．悪業（悪い行為）によってもたらされたさわり，障害のこと．*三障の一つで，具体的には，聖道の起る妨げとなる〈五無間業(ごむけんごう)〉をさす．五無間業とは，母の殺害，父の殺害，*阿羅漢(あらかん)の殺害，教団の分裂破壊，*仏身にたいする悪意の流血をいう．「災難自らのぞこり，業障必滅すべし」〔沙石集5本-1〕．→業，無間．

高昌国 こうしょうこく　中国，新疆ウイグル自治区，天山東部のボグドオーラ南麓のトルファン盆地に交河城を軸として5世紀から7世紀まで存続した漢人支配者による王国．成立の端緒は沮渠(そきょ)・闞(かん)氏にあるが，麴嘉(きくか)（在位498-521）より麴文泰(きくぶんたい)（在位623-640）に至る王国で，土着民はイラン系が多い．官制は中国式，公用に漢字・漢文が使われた．宗教は*ゾロアスター教と共に仏教が隆盛し，都城内の仏寺ばかりでなく，トユク，センギムアジズ，シクチンなど遺跡が知られる．地理上，北方の遊牧国家や中国との狭間にあり，文化上も双方と深くかかわっていた．

興聖寺 こうしょうじ　京都府宇治市宇治山田にある曹洞宗の寺院．山号は仏徳山．宋から帰朝した*道元は京都深草の極楽寺内の安養院で禅を説いたが，1233年（天福1）そこに寺を開き，1236年（嘉禎2）寺号を〈興聖宝林寺〉と称した．宋朝禅院の風を伝え，わが国曹洞宗寺院の第1号である．道元はこの寺に11年間止り，禅の弘通(ぐずう)と*『正法眼蔵(しょうぼうげんぞう)』の撰述につとめた．のち道元は越前*永平寺に移り，深草の寺は荒廃した．現在の興聖寺は，1649年（慶安2）万安英種(ばんあんえいしゅ)の再建になる．

興正菩薩 こうしょうぼさつ　⇒叡尊(えいぞん)

劫濁 こうじょく　⇒五濁(ごじょく)

庚申 こうしん　干支(えと)に当てはめて庚申(かのえさる)に当る日のことで，中国の道教思想では，この日の夜，人が寝たあと三尸(さんし)と呼ばれる虫が体内から抜け出し，天帝に当人の罪過を上告するとされた（『抱朴子(ほうぼくし)』微旨など）．そこでそれを防ぐため，庚申の夜は身を慎んで徹夜するという信仰が生じた．これを〈守庚申(しゅこうしん)〉という．その信仰が平安時代初期にわが国に伝来し，貴族の間で守庚申が流行し，やがて民間に広まった．これらを〈庚申会(こうしんえ)〉〈庚申待(こうしんまち)〉〈庚申講〉などという．60年ごとに供養塔を建てるが，仏教系では*青面金剛(しょうめんこんごう)を，神道系では猿田彦(さるたひこ)の像を刻む．

なお，平安中期以後になると，庚申の夜は一種の社交的集会の場ともなり，歌合せなども盛んに行われて，文学形成の場としても見のがせないものになった．不寝の一夜を過ごすために行われた雑談や夜伽が，説話や物語伝承の有力な場となったろうことも推測に難くない．庚申信仰が習合した日待・月待も，民間習俗や伝説・昔話などを伝える媒体となっている．

「中の大殿に庚申し給ひて，男女かた分きて，石はじきし給ふ」〔宇津保祭の使〕

黄泉 こうせん　訓読して〈黄なる泉〉とも．死者の赴く*他界．葬地の情景や死体の腐爛過程との連想から生み出された．〈冥府〉〈*冥途〉などともいう．古代中国では死者の*霊魂の行くところをいったが(『春秋左氏伝』隠公元年など)，のちにインド伝来の仏教の地獄観と融合して，*閻魔王を中心とする*十王思想が生み出された．わが国の『古事記』では，死んだ伊邪那美命の赴いたところが黄泉国であった．平安初期に成立した*『日本霊異記』では仏教の地獄イメージとともに描かれ，垂直的な地下世界というよりはむしろ周縁的な世界として水平の方向に想定されている．なお中国・日本の禅僧でも，辞世の偈に，死後に行くべき世界を〈黄泉〉と呼んでいる例がある．「広国，黄泉に到りて善悪の報を見，顕録して流布す」〔霊異記上30〕「苔生ふる岩に千代ふるいのちをば黄なる泉の水ぞ知るらん」〔宇津保藤原君〕．→黄泉．

『興禅護国論』 こうぜんごこくろん　*栄西著．3巻．鎌倉初期の禅籍．1198年(建久9)著述．仏教における*戒律の重要性を説き，*禅を興すことはすなわちその国を守護することになる，禅は古来より多くの僧が修し，*教外別伝・*不立文字の教えは古くよりある，などを諸経論を引用して証明し禅の大綱を論じた．禅に対する既成宗派からの攻撃に対し，禅の本旨を論じて禅が一宗として独立すべきことを主張した．

高祖 こうそ　中国において，ある王朝を開いた帝王をいう．漢の始祖，劉邦(在位前202-195)をはじめ，歴代王朝の始祖を高祖という例は多い．この意味が仏教において転用され，各宗派の*開祖を高祖というようになった．なお，5世の祖，すなわち祖父の祖父のことをもいう．「高祖の行持多しといへども，しばらくこの一枚を挙こするなり」〔正法眼蔵行持下〕．→祖師．

康僧会 こうそうえ［Kāng Sēng-huì］　3世紀頃．三国，呉で活躍した仏僧．父の代にインドから安南国の交趾(現在のハノイ付近)に移住した．康僧会の「康」は康居(中央アジアのシル河下流域)出身を表す．247年，呉の都建業(*金陵)に入り，粗末な家に仏像を祀り，仏道を行じていたところ怪しまれ，呉主孫権に仏教の霊験について詰問された．孫権にはでたらめであるとして危うく罪せられそうになったが，3週間後，霊験のある*仏舎利を感得して孫権に献上したところ，孫権は舎利の威神に服し，約束どおり康僧会のために塔寺(建初寺)を建てた．これ以来，江南の地で仏教が盛んになったという．康僧会の訳とされる*六度集経9巻(現8巻)は梵本から直接訳されたものではなく，康僧会が選択編集した経集である．内容は全91経中82経が仏が菩薩であったころの前生物語(*ジャータカ)であり，布施・戒・忍辱・精進・禅定・明(般若)の*六波羅蜜にしたがって収められている．

高僧伝 こうそうでん　一般的呼称としては，*徳の高い僧侶の伝記を集録したもの．

【中国】伝記を好む中国文化において各種の僧伝が作られた．名称としては梁の慧皎(497-554)の『高僧伝』13巻が最も古く，内容は後漢(25-220)以来，当時に至るまでのインド・西域渡来僧を含めた高僧の伝記を集めている．その後，唐の*道宣の『続高僧伝』30巻，宋の賛寧(919-1001)の『宋高僧伝』30巻，明の如惺(16世紀後半-17世紀前半)の『大明高僧伝』8巻が編集されたが，これらは〈四朝高僧伝〉と総称される．また単に〈高僧伝〉という場合，梁の慧皎のものを指すこともある．

『大明高僧伝』と同じく『宋高僧伝』を継いだものに，明の明河(1588-1640)の『補続高僧伝』26巻，さらにその後に中華民国の喩謙らの『新続高僧伝』65巻がある．これらの中国撰述の高僧伝に関して，京都妙法院尭恕(1640-94)は各種僧伝の抄出と索引を兼ねた『僧伝排韻』108巻を作った．

【朝鮮・日本】朝鮮には高麗覚訓(12世紀後半-13世紀前半)の*『海東高僧伝』2巻，日本には卍元師蛮(1626-1710)の*『本朝高僧伝』75巻，道契(1816-76)の『続日本高僧伝』11巻，性潡(1633-95)の『東国高僧伝』10巻などがある．

【各種の高僧伝】このほか，『付法蔵因縁伝』などインドにおける*師資相承に関するもの，唐の義浄の*『大唐西域求法高僧伝』や『入唐五家伝』のように求法僧に関するもの，珂然(1669-1745)の『浄土本朝高僧伝』のように一宗に限られたものなども一種の高僧伝といえる．

なお，東大寺僧*宗性は，建長元年から3年(1249-51)にかけて既存の個々の僧伝を抄出要約し，『日本高僧伝要文抄』3巻とその目録『日本高僧伝指示抄』1巻を編集している．前者には，散逸した日本最古の僧伝である*思託『延暦僧録』(788年成立)が24条にわたり引用されている．また，いわゆる高僧伝ではないが，*虎関師錬の*『元亨釈書』も，内容的にはその役割を果たしている．

高台寺 こうだいじ　京都市東山区下河原町にある臨済宗建仁寺派の寺．正しくは〈鷲峰山高台聖寿禅寺〉．山号は〈岩栖不動山〉ともいう．豊臣秀吉(1536-98)の夫人北政所(ねね，出家して高台院．1549-1624)が秀吉の没後，1605年(慶長10)に*菩提をとむらうため，先に生母朝日局吉子の*追善に建立した康徳寺(京都市寺町御霊馬場)をこの地に移建，〈高台寺〉と改めた．徳川家康(1542-1616)は政治的な配慮から援助を惜しまなかったので，*伽藍は壮観をきわめたという．その後たびたび火災にかかり，当初の遺構としては，表門・開山堂，それに秀吉夫妻の肖像と高台院の遺骸をまつる*霊屋が残る．霊屋の*須弥壇と*厨子には黒地に種々の文様を配した豪華な蒔絵が施されるほか，同工の蒔絵による調度品を多数伝えている．いずれも桃山時代の蒔絵工芸を代表し，〈高台寺蒔絵〉と呼ばれる．また開山堂庭園は東山を借景にした池泉観賞式の庭園で，山上の茶室，傘亭と時雨亭は伏見城の遺構と伝える．

光宅寺 こうたくじ　中国，梁の*武帝(在位502-549)の発願によって，507年，都建康(南京)の三橋に存在した旧宅址に建立された寺．*法雲が寺主に任ぜられた．寺名は，『書経』尭典「天下に光宅す」にちなむ．1丈9尺の無量寿仏像は*僧祐の製作にかかり，周興嗣の寺碑が建てられた．梁の元帝に「光宅寺大僧正法師碑」，また沈約に「光宅寺刹下銘」が存する．陳末には，天台*智顗が招かれてここに住し，仁王般若経や法華経を講義したことがある．

降誕会 ごうたんえ　*釈尊の誕生を祝って行う*法会のことで，〈灌仏会〉〈仏生会〉〈花祭〉ともいう．わが国では，釈尊の伝記を伝える経典*『仏所行讃』などを根拠として4月8日に行うのを恒例としている．さらにわが国では，諸宗派の宗祖の誕生を祝う法会のことも，〈降誕会〉と呼んでいる．→灌仏会．

香奠 こうでん　〈香典〉とも書き，〈香資〉〈香銭〉ともいう．奠は，すすめる，そなえる意で，原義は仏前または死者の霊前に*香をそなえること，またはその香物．現在では，香を買う資金または香の代品という意味で，親戚や知人がもちよる金品を意味することが多い．農村では米などをもちよることもあった．葬儀や法事で*施主はまとまった出費がかかるため，まわりの者はその一部にと香奠を提供するので，仏事が終わり余りが出れば，香奠返しをする．また仏具などを買って*菩提寺に寄進する．「委曲見聞のうへ，言上の次第御感心のあまり，御香奠まで下されしとなり」〔妙好人伝〕

勾当 こうとう　専門に事務を担当することを意味し，官衙における令外の事務官の役職名だった．のちに東大寺，真言宗，天台宗などでも寺内の庶務雑事をつかさどる僧侶を〈勾当〉と呼んだ．*別当の下に位する．常時あるいは神事法会の際に雑役に従ったり，社寺領の検断に当たり，時に武器をとることもあった．また中世以降，盲人*琵琶法師などの当道座四官の一つとしても勾当がある．「乳一勾当，朝飯の後に平家二句あり」〔言国卿記 文明13.9.6〕

講堂 こうどう　南都六宗・真言宗・天台宗で法を講ずる堂をいう．〈講法堂〉〈*法堂〉ともいう．多くの僧が入るため*金堂より大きく造り，中央に仏壇を設け，その前左右に論議台をおく．禅宗では〈法堂〉と呼び，仏像を安置せず，*法座を設け，住持がここに上って説法をする．後世になると，次第に建てられなくなり，禅宗でも*仏殿と合併されるようになる．遺構としては，*法隆寺大講堂(990)，*唐招提寺講堂(8世紀)，*当麻寺(たいまでら)講堂(1303)などがある．➡寺院建築，伽藍(がらん)，付録(伽藍配置)．

業道 ごうどう　*三道の一．業の道の意．業がそこではたらく場所となるもので，*苦楽の*果報へと導く通路となるもの．実質的には，苦楽の果報を感じさせる善悪の業をいう．十善(じゅうぜん)業道と十悪業道とがある．江戸後期の*慈雲(じうん)は*『十善法語』を著して，十善戒の護持をすすめ，十善業道の実践をめざした．「一切衆生，その業道依正ひとつにあらず，その見まちまちなり」〔正法眼蔵仏性〕．➡業，十善．

黄頭大士 こうとうだいし　*釈尊の異名．釈迦族の都城であった〈カピラ城〉(Kapilavastu，*カピラヴァスツ)の名は，その昔カピラ仙人が住んでいた土地という伝承に由来する．このカピラが「黄色」「黄赤色」などの意味を持つため，カピラ仙人はときに〈黄頭仙人〉と訳され，またカピラ城も〈黄頭居処〉と意訳された．黄頭大士とは，この黄頭居処出身の*菩薩・*大士という意味で，釈尊をさす。なお，〈白頭大士〉は*文殊菩薩の異称．「日種氏・甘蔗氏・金仙氏，金色の大仙，黄面老いづれも釈迦の事ぞ…黄面常の事ぞ，黄頭面白ぞ」〔蠡測集〕「白頭大士は文殊なり．釈迦の時に，菩薩地に下りて化して助けたは」〔蕉窓夜話〕

弘忍 こうにん［Hóng-rěn］　601-674 一説602-675　〈ぐにん〉とも読む．中国禅宗5祖．蘄(き)州(湖北省)黄梅県の出身．隋・仁寿元年(601)に生まれる．出家の後，4祖道信(どうしん)(580-651)に参じ，嗣法．蘄州黄梅県，双峰山の西山より東山に移り，多くの弟子を育てたことで中国禅宗も教団としての隆盛を迎えることとなった．その集団は〈東山(とうざん)法門〉と称される．弟子の内では，*慧能(えのう)・*神秀(じんしゅう)・玄賾(げんさく)・法如(ほうにょ)らが有名．心の本源を究める〈守心〉を重んじた．咸亨5年(674)没．*諡号(しごう)は大満(だいまん)禅師．その著作とされるものに，『蘄州忍大師導凡趣聖悟解脱宗修心要論』(通称『修心要論』)がある．

業の秤 ごうのはかり　*地獄で生前の罪の重さを計る秤のこと．*十王経にこのことが述べられ，以降，地獄を描写する各種文献に，人頭台・*浄玻璃(じょうはり)の鏡とともに登場する．六道絵・十王図・*十界図などの地獄絵にも必ずこの秤が描かれており，人々の善行を勧める一助になっていた．寺院において，地獄の釜の蓋の開く日(正月16日)や，*盂蘭盆会(うらぼんえ)の折に，このような地獄絵が展観されて*絵解きされたのである．「娑婆世界の罪人を，あるいは業の秤にかけ，あるいは浄頗梨の鏡にひきむけて」〔平家2.小教訓〕「奥に行きてみれば，高大なる秤あり．これ業の秤なり」〔八幡愚童訓〕

向拝 こうはい　〈ごはい〉ともいう．仏堂・社殿の前面に柱を立て屋根を葺下(ふきおろ)したところ．礼拝のための施設で，階段が濡れるのを防ぐ用もするので，〈階隠(はしかくし)〉ともいう．前面にあるのが普通であるが，背面にもつけられたものがある．

光背 こうはい　仏身から発する*光明(こうみょう)を意匠化したもので，仏像*荘厳(しょうごん)の一種．像の背後に配するので，別に〈後光(ごこう)〉ともいう．光明の思想は仏教以前にさかのぼり，原始信仰にまで行きつく普遍的なものといえるが，ペルシアで行われた*ゾロアスター教は特に光明を中心に置く宗教で，ミトラ神にはすでに円形の〈頭光(ずこう)〉が用いられている．このあたりを起点とし，その西伝がキリスト教，東伝が仏教のそれとなって広まったものといわれる．仏教においては，*蓮華(れんげ)と光明とが一体化して〈光明花〉となり，光背形成の基本的な思想となった．さらに中国では，古代インドの*蓮華化生(けしょう)の観念と中国古来の*気(き)の思想とが結び合い，光輪と蓮華による比較的シンプルなものから，複雑な構成をもつ複合的な意匠へと展開し，諸宗教のなかで最も発達した荘厳の一画を形成した．

【構成要素】一般に，頭部の背後の〈頭光(ずこう)〉と体部に応ずる〈身光(しんこう)〉とに分かれ，これを合わせて〈二重円相〉といい，その外部を周縁部，下辺の受花(うけばな)を光脚(こうきゃく)と呼ぶ．光背意匠の基本的要素は蓮華・光明および雲気で，頭光の中心部には尊像の神威の象徴ともいうべき八葉蓮華を据え，その周りに光明(同心円または放射形)，さらに蓮華の働きを示す唐草(からくさ)または雲気を，そしてその周縁には*化生した仏や音声(おんじょう)歌舞の菩薩などを配して，尊像*讃歎(さんたん)のさまを表すものが多い(飛天(ひてん)光背)．

【形式】光背の形式は多様であるが，頭光だけのものと，頭光・身光を一連のものとする〈挙身光(きょしんこう)〉とに大別できる．頭光だけの場合には〈円光(えんこう)〉(周縁のみを造形する場合，〈輪光(りんこう)〉という)と〈宝珠光(ほうじゅこう)〉とがある．8世紀以後の密教尊像においては，仏身・光背・*台座のすべてを包む大円光の配されることが多く，これを〈円相光〉と呼ぶ．*求聞持法(ぐもんじほう)の*虚空蔵菩薩(こくうぞうぼさつ)や*愛染明王(あいぜんみょうおう)などは必ず大円光を伴う．

挙身光は円相の周縁に火焔(かえん)・*飛天・唐草などを配して尖頭形(せんとうけい)に造るのが一般的で，隋代(581-618)以前には頭光・身光を一体のものとする意匠が行われ(舟形(ふながた)光背)，飛鳥時代の一光三尊形式はこの流れをくんだものである．唐代(618-907)以後は身光の前面に宝珠形頭光を合わせる形式が盛んとなるが，わが国の平安時代以後の作例のなかには，両者が一体化して便化(べんか)の様相を示すものも現れた．〈板(いた)光背〉は，その顕著なもので，1枚ないし複数枚の板を光背形にかたどり，表面に円相や周縁の文様を彩画している．特殊なものでは，放射光のみの〈傘(かさ)後光〉(如来(にょらい)に使用)，火焔中に鳥頭の*迦楼羅(かるら)が現れる〈迦楼羅焔光〉(不動明王に使用)，椅屏(いへい)の上に頭光を合わせた〈壬生(みぶ)光背〉(地蔵菩薩に使用)などがあげられる．→付録(仏像6,光背)．

「薬師像一軀…挙身光一基．高さ一丈一尺．化仏幷びに音声菩薩像あり．各鏡七十二面を着く．大小雑」〔西大寺資財流記帳〕「(阿弥陀如来像の)御腹心の内には五色をわかちて五臓六腑をそなへ，十二経脈をつりわけ，円光のうちには三世三千仏をつくりつけて」〔洛陽誓願寺縁起〕

業病 ごうびょう　前世の悪業の報いでおこるとされた悪い病気．仏教では行為の因果関係を善悪の基準で判断する*業(ごう)の思想を説いたが，その考えを不治とされた病に転用したもの．「衆病をいやすといふとも，あに先世の業病を治せむや」〔平家3.医師問答〕

業風 ごうふう　*業の力を風にたとえたもの．風が人をさまざまの方向に漂わせるように，善業は人を善い所に吹きやり，悪業は人を地獄に吹きやるという記述が，*『大乗義章』7に見える．また，悪業が人を地獄に向かわせる力は他のいかなる風よりも強いところから，特に，人を地獄に追いやる風，もしくは地獄に吹く風を〈業風〉という．「一切の風の中には，業風を第一とす」〔往生要集大文第1〕「かの地獄の業の風なりとも，かばかりにこそはとぞおぼゆる」〔方丈記〕

降伏 ごうぶく　[s: abhicāra, ābhicārika]　〈降伏法〉，また〈*調伏(ちょうぶく)〉〈調伏法〉ともいう．法力によって邪悪な対象を屈伏させること．密教には種々の*現世利益(げんぜりやく)を目的とする*修法(しゅほう)が存するが，その主なものに息災(そくさい)・増益(ぞうやく)・降伏・敬愛の*四種法があり，その中の一つ．仏法や国土に害をなす悪人や敵国を降伏するための呪法．インド古代の*ヴェーダの祭式に起源を有し，*護摩(ごま)を焚いて神々に怨敵(おんてき)の破滅を祈るが，時には一種の形代(かたしろ)であるヤントラを作り，それに対して焼く，釘を打ちつけるなどの象徴的な治罰(じばつ)行為を行うこともある．

日本の密教では降伏の相手によっては，たとえば外敵降伏のための*太元帥明王(たいげんみょうおう)などのように通常の不動明王以外の特別の明王を選び，護摩壇や護摩炉も三角形青黒色のものを用いるなど，他の修法との対比において種々の規定がある．密教以外にも，蒙古襲来に際しての*日蓮の祈念などの例がある．

「三密の法を瑩(みが)きて，魔縁を降伏す」〔法華験記上5〕

興福寺 こうふくじ　奈良市登大路にある*法相宗(ほっそうしゅう)大本山．

【創建の由来と変遷】藤原鎌足(ふじわらのかまたり)(614-669)の妻鏡女王(かがみのおおきみ)が，669年(天智8)山城国に建てた〈山階寺(やましなでら)〉に始まる．後に飛鳥(あすか)に移り，〈厩坂寺(うまやさかでら)〉と称したが，平城遷都(710)の後に現在地に移され，〈興福寺〉となった．藤原氏の*氏寺(うじでら)であるが，720年(養老4)には*官寺に列せられ，皇室および藤原氏一族の堂塔造営や寺領寄進が続いた．*講堂で行われる*維摩会(ゆいまえ)が*御斎会(ごさいえ)・*最勝会(さいしょうえ)と並んで南都*三会(さんえ)の一つに列せられたのも寺勢興隆の一因となる．813年(弘仁4)，藤原北家の冬嗣が創立した南円堂(なんえんどう)は，その後摂関家の篤い尊崇をあつめた．*神仏習合の流れの中で，春日社(かすがしゃ)との関係を強め，12世紀前半には春日社支配を完成して，勢威はいよいよ拡大した．

1180年(治承4)には平重衡(たいらのしげひら)の南都焼討に遭うが，比較的短期間に復興した．この期に再興された建築のうち北円堂(ほくえんどう)・三重塔が現存する．鎌倉時代には，摂関家子弟が入る〈一乗院〉〈大乗院〉両*門跡(もんぜき)が成立し，公卿子弟の*院家(いんげ)とともに*別当職を占めて繁栄した．また幕府から大和守護職を委ねられ，一国支配権を確立した．鎌倉末期には両門跡の対立が生じ，これに南北朝の対立もからんで，抗争が激化し，寺勢は衰えた．室町時代には守護職に復したが，かつての繁栄はみられぬまま，戦国乱世に突入する．現存する東金堂(とうこんどう)・五重塔はこの時代，1411年(応永18)の雷火で焼失した後の再建である．

江戸時代には将軍家の保護を受けたが，1717年(享保2)の大火にみまわれ，それまで創立当初の規模を伝えてきた*伽藍(がらん)の多くの堂を失った．経済逼迫の中で復興は進まず，唯一再興された南円堂(現存)の入仏供養も1797年(寛政9)に降る．さらに明治維新後の*廃仏毀釈(はいぶつきしゃく)により壊滅的な打撃を受けたが，1881年(明治14)には再興が認可されて，文化財集中寺院として復興の歩みが始まり，現在に至っている．

【縁起と文芸】現存する最古の縁起『興福寺縁起』は，900年(昌泰3)に藤原良世が著したもので，金堂・南円堂その他の建立次第や維摩会などの法会の由来を記している．平安期に堂塔や安置仏について記述したものとして，大江親通(おおえのちかみち)の二度にわたる南都巡礼の記録『七大寺日記』(1106)，『七大寺巡礼私記』(1140)がある．平重衡による南都焼亡後の伽藍再建の最中，1192年(建久3)に興福寺僧実叡によって著された『建久御巡礼記』に至ると，藤原鎌足による蘇我入鹿(そがのいるか)誅罰を祈念したとする金堂創建縁起や，*春日明神が老翁の姿で藤原北家隆盛を言祝(ことほ)ぐ和歌を詠じたとする南円堂創建縁起など，伝承への傾斜が顕著になる．こうした興福寺諸堂縁起の世界は，その内容を豊かに彩られながら，舞曲『大織冠』や謡曲『海人』として，中世の文芸世界に結実する．中世に形成された重要な縁起要素としては，金堂釈迦仏の眉間の珠が不比等と契った海人によって竜神から取り戻された仏法の宝であるとする玉取り伝承や，春日明神と*宝珠(ほうじゅ)に対する信仰の結びつきなどがあげられる．

興福寺と文芸との関係においては，藤原氏の氏神である春日明神への信仰を基に藤氏一門によって1309年(延慶2)に作成された*『春日権現験記絵(かすがごんげんけんきえ)』や，興福寺支配下の大和猿楽四座のうち結崎座(ゆうざきざ)から出た世阿弥(ぜあみ)による*能楽の大成なども特筆される．

【美術】興福寺は創建以来，南都の造形活動の中心的な寺であった．たびたびの災禍や廃仏毀釈に遭いながらも，各時代の規準的な美術作例を多く伝えている．彫刻では，734年(天平6)完成の西金堂に安置された八部衆・十大弟子像は奈良前期の脱活*乾漆(だっかつかんしつ)像の名品．いま北円堂・東金堂に安置する四天王像2具はいずれも奈良末期ないし平安初期の作例．北円堂分は鎌倉後期に*大安寺から移った像で修理銘から791年(延暦10)の作とわかる．11世紀頃の板彫(いたぼり)十二神将像は稀少な浮彫り像．鎌倉初期の再興時の遺品は彫刻史上の重要作例が多い．南円堂の不空羂索観音(ふくうけんじゃくかんのん)像・法相六祖像は1189年(文治5)に*康慶(こうけい)が復興した像で，鎌倉新様式の中央での成立を示す画期的な作．北円堂の弥勒仏(みろくぶつ)・*無着(むじゃく)・*世親(せしん)像(1212)は康慶の子*運慶(うんけい)による鎌倉彫刻の最高傑作．東金堂の*維摩居士(ゆいまこじ)像(1197)は運慶らに伍して活躍した*定慶(じょうけい)の作．なお鎌倉初期に東金堂本尊となった飛鳥*山田寺講堂本尊像は仏頭が現存する．工芸では，西金堂創建時に安置されたという*華原磬(かげんけい)が著名．観禅院に伝来した*梵鐘は銘記から727年(神亀4)の作とわかる古鐘である．

『興福寺奏状』(こうふくじそうじょう)　1205年(元久2)，奈良*興福寺の*僧綱(そうごう)らより提出された念仏停止を求める奏状．*貞慶(じょうけい)の執筆とされる．急速に広まった*法然(ほうねん)の念仏は，既成の教団を脅かし，社会問題化する情勢となった．そこで南都から提出されたのが本状で，「新宗を立つる失」，「新像を図する失」，

「釈尊を軽んずる失」,「万善を妨ぐる失」,「霊神に背く失」,「浄土に暗き失」,「念仏を誤る失」,「釈衆を損ずる失」,「国土を乱す失」の9条からなる.この翌年から法然教団への弾圧が始まる.

高弁 こうべん ⇒明恵

杲宝 ごうほう 1306(徳治1)-62(貞治1) 〈こうほう〉とも読む.はじめ弘基と称し,のち杲宝と改む.南北朝時代の真言宗の学僧.姓は源氏,下野国(栃木県)の出身という.一説には但馬国(兵庫県)出身という.幼くして*高野山に入って出家.18歳の頃,東寺(*教王護国寺)宝菩提院の頼宝に師事し,真言教学を学んだ.1346年(貞和2)2月8日付けで,*勧修寺慈尊院栄海より*伝法灌頂を受けた.1348年(貞和4)3月には東寺勧学会学頭となる.観智院の初代住持.東寺の総合図書館といえる金剛蔵の整備につとめ,聖教の収集に尽力した.とくに,東寺の総合的な寺誌*『東宝記』を編纂したことで有名.師の頼宝,弟子の賢宝とともに〈東寺三宝〉と呼ばれる.彼は*金剛界の理と*胎蔵界の智とは,同一の法の両義にして,一法の二面にすぎないとする*不二門の立場に立っていた.

高峰顕日 こうほうけんにち 1241(仁治2)-1316(正和5) 高峰は道号,顕日は諱.*諡号は仏国禅師,応供広済国師.鎌倉後期の臨済宗仏光派の禅僧.後嵯峨天皇の皇子.1256年(康元1),16歳で*東福寺(京都)*円爾について出家した.1260年(文応1)に来日した*兀庵普寧が鎌倉*建長寺に入ると,その侍者となった.翌年,下野国(栃木県)那須の雲巌寺を禅寺として再興した.1279年(弘安2),*無学祖元が来日して建長寺に住すると,参じて*印可を受け,嗣法した.鎌倉*浄妙寺,京都万寿寺,建長寺を歴住し,晩年は再び雲巌寺に帰った.その門下から*夢窓疎石などの優れた弟子を輩出し,関東禅林の主流派を形成した.著書に『仏国禅師語録』,和歌集『仏国禅師御詠』がある.

弘法大師 こうぼうだいし ⇒空海

降魔 ごうま [*s*: māra-jaya] 悪魔を*降伏させること.ブッダ(*仏陀)の伝記の八大事件(*八相成道)の一つ.ブッダが悟りを開かれた際に*魔王 pāpīyas(*波旬)をはじめ多くの悪魔・魔女たちが脅迫・誘惑して*成道の妨害を企てたが,このときブッダは右手で大地を指差して悪魔を退散させた.この姿から左手で衣をとり,右手を右膝の前で大地に触れる〈降魔印〉(触地印)の*印相ができている.密教では仏の威力をかりて*魔や怨敵を制圧するために*護摩を修したりする降伏法・*調伏法が発達した.

「また(悉達太子は)降魔・成道・転法輪,忉利天に昇り給ひて摩耶を孝じ奉り給ふ」〔栄花音楽〕「不動・愛染王などの降魔のかたちにて,恐ろしげなる御姿なれども,内に慈悲の御心あるによりて」〔野守鏡〕

光明 こうみょう [*s*: prabhā, āloka] 仏・菩薩の*智慧・*慈悲を象徴するものとして用いられる.〈光明信仰〉は古代イランの*ゾロアスター教における最高の光明神アフラ-マズダー(Ahura Mazdā)の信仰や,インドの*『リグ-ヴェーダ』その他ひろく*ヴェーダ聖典一般における太陽神 Sūrya, Āditya,暁紅神 Uṣas,火神 Agni および雷霆神*インドラ(Indra)の光明,さらにまた太陽の光照作用に関係する*毘盧遮那 Vairocana に対する信仰に広く看取できる.*ウパニシャッドおよびそれを継承した*ヴェーダーンタ哲学においても,*解脱した後に身体を抜け出た*アートマン(*我)が光の道を歩んで最高者*ブラフマン(*梵)に到達すると説く.

【仏と光明】仏教においてもブッダ(*仏陀)の偉人化・神格化と平行してかなり初期から仏と光明との関係が説かれた.*三十二相の一つに身金色相が説かれ,*釈迦は〈日種〉(太陽の裔,Āṅgirasa)であるとされた.仏の持つ光に常光と神通光がある.〈常光〉は,仏の背後の1丈ほどの後光で図像的には*光背と呼ばれ,キリスト像や聖人像の halo に相当する.〈神通光〉は,誕生・*降魔・*成道・*転法輪・般*涅槃といった特別の機会にブッダが放つ放光で*三千大千世界をまばゆく照らす.

放光般若経・法華経・華厳経・金光明経・薬師琉璃光如来本願功徳経などにはそれぞれ仏の光明が描写されているし,観無量寿経などの浄土経典には*阿弥陀仏(無量光如来,Amitābha)の十二光が詳細に説かれる.また仏の光は仏智の輝きとして智光(ちこう)・心光(しんこう)とそれが具体的に仏の身体から放たれている色光(しきこう)・身光(しんこう)とにも分けられる．

【光明と智慧】認識の仕組みと光明の照射の構造との類似はハイデガー(M. Heidegger)によって指摘されているが，仏典でも*『大智度論』*『廻諍論(えじょうろん)』などに他を照らすとともに自らをも照らす灯明と智慧の類似が説かれる．密教の大毘盧遮那如来(Mahāvairocana)は太陽信仰と密接に関係するとみられ，善無畏(ぜんむい)の*『大日経疏(だいにちきょうしょ)』には*大日如来の仏格の日光に似た特徴として「除闇遍明」「能成衆務」「光無生滅」の三つを挙げる．この如来の*真言(しんごん)として〈*光明真言〉があり，この真言で*加持(かじ)した土砂を死者に散ずれば直ちに離苦得脱するとされた．

「仏の相好端厳にして，金色の光明を放ちて，普く城門を照らし給ふを見て」〔今昔 2-14〕

光明皇后(こうみょうこうごう)　701(大宝1)-760(天平宝字4)　藤原不比等(659-720)の第三女，母は県犬養(あがたいぬかい)(橘)宿弥三千代(?-733)．文武天皇夫人，藤原宮子の異母妹，*聖武天皇(しょうむてんのう)の皇后，孝謙天皇の母．皇后自筆の『楽毅論(がっきろん)』に「藤三娘」と署名がある．*東大寺創建の理想とその必要性を聖武天皇に説き，中国の*則天武后の影響もうけ*国分寺の創建を勧めたという．皇太子基王の*菩提(ぼだい)をとむらい，また740年(天平12)には不比等と橘三千代のため一切経5千余巻を写さしめることを発願し，〈五月一日御願経(ごがつついたちごがんぎょう)〉が始められた．749年(天平勝宝1)には孝謙天皇の即位ののち皇后宮職を改めて紫微中台(しびちゅうだい)を設置して藤原仲麻呂を中心として政治の実権を掌握した．

僧*鑑真(がんじん)の来朝とともに東大寺大仏殿の前で戒を受け〈則真〉と称し，わが国への仏教受容に積極的な役割を果たした．聖武天皇の崩御にともなって，天皇の生前遺愛の品々を東大寺に施入して*正倉院(しょうそういん)に納れ，これが現在の*正倉院宝物の中心である．社会福祉にも意を尽くし，*悲田院(ひでんいん)・*施薬院(せやくいん)を設けたという．その崩御に際して〈中台天平応真仁正皇太后〉と称され，60歳であった．そして佐保山に葬られた．また父不比等と藤原氏のために*興福寺・*新薬師寺・*法華寺なども皇后の力により創建され，法華寺十一面観音像は皇后の姿を刻んだものともいわれる．

光明寺(こうみょうじ)　[1] 京都府長岡京市粟生(あお)にある西山(せいざん)浄土宗総本山．報国山念仏三昧院と号す．粟生光明寺と通称．1198年(建久9)に熊谷直実が*法然(ほうねん)を開山に迎え堂宇を創建したのがはじまりと伝える．法然の遺骸がここで*荼毘(だび)に付され，その跡に廟堂が造営された．西山派祖*証空(しょうくう)が根本道場とし，四条天皇(1231-42)から勅願を受けた．本尊は法然上人像．寺宝に，平安中期の千手観音(せんじゅかんのん)像，鎌倉時代の*二河白道図(にがびゃくどうず)・四十九化仏阿弥陀来迎図などがある．

[2] 神奈川県鎌倉市材木座にある浄土宗七大本山の一つ．天照山蓮華院と号す．*良忠(りょうちゅう)が北条氏一族の大仏朝直(おさらぎともなお)の帰依をうけて，鎌倉に悟真寺を建立したのが始まり．蓮華寺を経て光明寺と改められる．1495年(明応4)後土御門天皇(1442-1500)から関東良忠門下六派の総本山の号と勅願所の綸旨(りんじ)を受け，永く*十夜法要を行うことも勅許された．東国における浄土宗の*檀林(だんりん)として栄え，江戸時代には関東*十八檀林の第一とされた．鎌倉時代の『当麻曼荼羅縁起(たいままんだらえんぎ)』『浄土五祖絵伝』などを伝える．

光明真言(こうみょうしんごん)　〈不空大灌頂光真言(ふくうだいかんじょうこうしんごん)〉，略して〈光言(こうごん)〉ともいう．真言宗で最も重要視される*真言で，菩提流志(ぼだいるし)訳の不空羂索神変真言経，*不空訳の不空羂索毘盧遮那仏大灌頂光真言などを典拠とし，無量の*福徳があり，二,三あるいは七遍，誦(じゅ)すればよく一切の*罪障(ざいしょう)を滅するとされる．ことにこの真言を誦して土砂を*加持(かじ)し，それを死屍に散ずれば，罪障を除き西方極楽国に往生せしめるとされる．→土砂加持．

「オン・アボキャ・ベイロシャノウ・マカボダラ・マニ・ハンドマ・ジンバラ・ハラバリタヤ・ウン」という伝承音は，Oṃ amogha vairocana mahāmudra maṇi padma jvala pravarttaya hūṃ というサンスクリット原文を予想させる．これは中尊*毘盧遮那(びるしゃな)(vairocana, *大日如来(だいにちにょらい))とそれを囲む*四仏，すなわち北方・不空成就(ふくうじょうじゅ)如来(amogha = Amoghasiddhi, 不空)，東方・*阿閦(あしゅく)如来(mahāmudrā，大印)，南方・*宝生(ほうしょう)如来(maṇi，*摩尼(まに)＝宝族)，西方・*阿弥陀(あみだ)如来(padma，*蓮華(れんげ)族)の総体としての*法身(ほっしん)大日如来への呼びかけと解しうる．あるいはこれをさらに*タントラ風に解釈して「オーム，不空なる者よ，ヴァイローチャナよ，大印を擁する者よ，摩尼と蓮華の結合状態にある者よ，光焔を放て，フーム」という意味にとることも充分に可能である．

日本においては，浄土信仰の興隆に伴い，平安時代から盛んになった．鎌倉時代には*明恵(みょうえ)によって採用され，さらに西大寺の*叡尊(えいぞん)らに受け継がれた．

広目天 こうもくてん ［s: Virūpākṣa］ ヴィルーパークシャとは，通常でない眼を有する，という意味で，ヒンドゥー教の主神*シヴァも額に第三の眼を有するのでヴィルーパークシャと呼ばれる．広目天の形像に三叉戟(さんさげき)を持つものがあるからシヴァの特徴を受けつぐといえる．四天王(してんのう)の一で，*須弥山(しゅみせん)西方中腹に住して西方を守護する．形像は，甲冑を着けた*忿怒形(ふんぬぎょう)で，右手に筆，左手に巻物を持つのが普通であるが一定しない．→四天王，天，付録(仏像4天部)．

空也 こうや ⇒空也(くうや)

高野山 こうやさん 和歌山県伊都郡高野町にあり，海抜900メートル前後の山上に東西4キロメートル余にわたってひろがる盆地．明治以前までは，〈金剛峯寺(こんごうぶじ)〉と総称された．816年(弘仁7)，*空海が修禅の道場として一院を建立したのに始まる．835年(承和2)，金剛峯寺は*定額寺(じょうがくじ)の一つに加えられ，同年3月21日，空海はこの地に*入滅した．*伽藍(がらん)は*講堂と*中門(ちゅうもん)を南北軸とする後方東西に，*胎蔵(たいぞう)と*金剛界(こんごうかい)の両部をもって宇宙を象徴する大塔(*根本大塔)と西塔を配する密教独自の構成をもつ．

空海滅後，都から遠隔の地にあるため衰微したが，10世紀中頃から，高野山で空海が生きたまま*禅定(ぜんじょう)に入り，衆生(しゅじょう)を救済するという*入定(にゅうじょう)信仰が興り，貴族や皇族の相つぐ*登山(とうざん)によって隆盛に向かった．11世紀初め，明算(めいざん)(1021–1106)がおこした*事相の一派は中院流と称し，金剛峯寺系統の事相を代表する．15世紀の初め頃，*宥快(ゆうかい)(1345–1416)，長覚(ちょうかく)(1340–1416)などの学匠によって高野山の教学は大成し，その伝統は現在まで一山の教学制度の中に受け継がれている．13世紀中頃には〈高野版〉といわれる出版が活発に行われた．14世紀から15世紀にかけて，経済基盤であった寺領荘園をほとんど失って以来，地方の諸大名と寺檀関係を結び，参詣者を勧誘する*宿坊(しゅくぼう)経済が発達した．1872年(明治5)*女人禁制が解かれ，次第に*在家(ざいけ)の人も山内に居住するにいたり，現在53の宿坊を含む117の寺院と，大学・高校をはじめとする教育機関，商家などが並ぶ門前町を形成し，年間100万余の参詣者で賑わう．

【美術】真言密教の中心道場にふさわしい*密教美術はもとより，高野山の多様な信仰を反映した仏教美術を伝える．彫刻では，草創以来の講堂本尊といわれた阿閦如来(あしゅくにょらい)像以下7軀が1926年12月まで*金堂(こんどう)に存していたが，焼失した．諸尊仏龕(しょそんぶつがん)(枕本尊)は空海が請来した中国唐時代の檀龕(だんがん)像．西塔大日如来像は887年(仁和3)頃の塔創建時*五仏の中尊とみられる．不動堂の八大童子像中6軀は作風から1197年(建久8)*運慶作の伝えを信じられるもの．四天王像，孔雀明王像，阿弥陀如来像(遍照光院蔵)など*快慶作品も伝えられる．絵画では，平安仏画の優品が多い．画中に1086年(応徳3)の年紀がある仏涅槃図(応徳涅槃図)は日本仏画の様式完成を示す遺品．記録から1145年(久安1)定智(じょうち)筆と知られる善女竜王(ぜんにょりゅうおう)像は筆者が明らかな平安仏画として稀有の存在である．五大力菩薩像(有志八幡講十八箇院蔵)は11世紀の遺品で東寺(*教王護国寺)に伝来したものを豊臣秀吉が高野山に寄進したという．阿弥陀聖衆来迎図(あみだしょうじゅらいごうず)(所蔵同前)は平安末の*来迎図で*比叡山に伝来したもの．*勤操(ごんぞう)僧正像(普門院蔵)は平安後期の肖像画として貴重．空海の唐への途次の災難を救った観音を描いたという伝船中湧現観音像(竜光院蔵)も平安末期の遺品．阿弥陀三尊像(蓮華三昧院蔵)は鎌倉前期の復古的な浄土教画である．工芸にも，沢千鳥螺鈿蒔絵小唐櫃(さわちどりらでんまきえこからびつ)など平安後期の優品が伝えられる．

【文学】高野山は文学とも深くかかわり，教学や諸説を問答形式にした入門書『高野物語』や高野関係の*往生伝『高野山往生伝』がある．特に中・近世文学との関係は密である．*西行の20年にわたる高野住山が生み出した数々の文学，『平家物語』に収める「高野巻」，滝口入道や俊寛・有王をめぐる物語を始め，*高野聖の*道心と*浄行を伝える多彩な説話・物語は中世の諸書に引かれて世上に喧伝された．中でも高野聖の間で醸成された荒五郎発心譚に由来する『三人法師』は御伽草子中の傑作として知られ，苅萱・石童丸の哀話は，謡曲・説経節・浄瑠璃などに取材されて近世に満開した．

高野三方 こうやさんかた　*高野山の教団を構成する，〈学侶方〉〈行人方〉〈聖方〉の三派をいう．平安末期ごろにはすでにこうした三方の構成はできていたようである．*学侶は学僧であり，純粋な真言教学を伝持する僧侶たちである．*行人は，密教修行とあわせて山林*斗藪など修験も併修する一群である．聖はいわゆる*高野聖である．行人や聖は学侶に従っていて，行人・聖の順に教団の周辺に位置することになる．1868年(明治1)三方の区別は廃止された．

『高野春秋』 こうやしゅんじゅう　懐英(1642-1727)撰．18巻．『高野春秋編年輯録』の略名．*空海が開創した816年(弘仁7)より1719年(享保4)にいたる編年体の*高野山史．1693年(元禄6)，高野山での*学侶と*行人との間の紛争がおさまり，学侶方の支配権が復活した．それを機会に，学侶中心の観点からまとめられた高野山の歴史である．内容的には著者の誤解や年代錯誤なども少なくなく，歴史書としてはかならずしも信憑性が高いとはいえないが，まとまった高野山史の資料としては貴重．

高野聖 こうやひじり　*高野山で修行している僧の総称とすることもあるが，特に，高野山の因縁譚や*大師信仰などを弘めながら*勧進をして歩く*聖たちをいう．*高野三方の一つ．〈高野坊〉とか〈高野坊主〉などとも呼ばれる．その発祥は，平安中期の正暦の大火後，高野山の復興のために定誉が組織した〈勧進聖〉にはじまり，その中には，*西行・熊谷直実などという隠遁者も加わる．教懐や*覚鑁がいっそう組織を強め，教学的発展をもたらして，聖を統轄していたが，やがて鎌倉時代に入ると，明遍らの蓮華谷，行勝らの五室，心地覚心による萱堂などの聖が発生した．萱堂聖の流れに*一遍が出，千手院谷聖が*時宗の聖集団となって，諸国への*勧化はいっそう活発になった．こうした高野聖の活躍によって，奥の院を中心とする霊地への納骨も盛んになり，現在にその信仰は続いている．なお，時宗化した高野聖は，1606年(慶長11)，真言帰入を強制された．

一方，中世末期頃から，勧進活動の行きづまりなども災いして，しだいに高野聖の商僧化が目立つようになり，やがて彼等の中には，*売僧とか呉服聖と呼ばれる行商・押売りの徒に堕する者も出て来た．また，破戒女犯の聖も現れ，近世に入ると，宿借聖をもじった夜道怪の蔑称が生れたり，「高野聖に宿貸すな，娘取られて恥かくな」といわれるなど，その俗悪化が進み，*行乞を事とする者，高野聖をよそおった偽物の横行なども見られた．

なお，平安末期以来高野に入山した有名無名の高野聖の消息は文学とも深くかかわり，特にその道心と浄行は多彩に脚色されて中世文学の形成に参与した．『平家物語』『発心集』『高野山往生伝』以下諸書に伝えられる多くの高野聖の所伝，荒五郎発心譚から成長した『三人法師』，苅萱道心の哀話に基づく諸作品などがそれであり，また西行の和歌や，彼と妻子をめぐる恩愛譚なども高野聖と無縁のものではなかろう．

「敬仏房とて，明遍僧都の弟子にて道心者と聞こえし高野ひじりは」〔沙石集10本-10〕「遠州市野村に惣衛門と云ふ者，高野聖の宿なり．此の聖，北国立山へ参詣しけるに」〔仮・因果物語中5〕

孝養 こうよう　古くは〈きょうよう〉とよむ．孝心を尽して親を養うこと，親に孝行を尽すことが原義であるが，わが国の仏教では，孝養を生前と死後に分けて，生前の孝養もさることながら，没後の孝養として亡親の*追善供養を特に重視した．亡霊の*解脱往生が究極の孝と考えられたためで，*忌日・*年忌の法事はもとより，造寺造仏・墓碑建立・経典書写・布施寄進など種々の*作善も孝養の一環として行われることが多かった．こうしたことから孝養は追善供養を意味するようにもなり，中世には，亡親に限らず，亡児に対する*逆縁の追善も，他人に対する*無縁の供養も広く孝養と称されるようになった．平安末期老母の往生に資するために書かれたという往生勧説の書が『孝養集』と名づけられ，『今昔物語集』9が孝養の名において中国の世俗的孝子譚と追善供養譚を一括編集しているのも，孝養の語義の転化にともなうものである．

なお現在，亡親の墓石に「孝子〇〇建之」などと記す習俗があるのも，没後の孝養という伝統につながるものであろう．また台湾に伝わる中国の伝統として，親の死亡通知に「不孝〇〇」と自分の名を記すことが行われる．親の生存中に孝養を尽し得なかった不孝の子，という意味である．→孝．

「幼少の時より孝養の心深くして，父母に奉仕する事限りなし」〔今昔9-8〕「大納言為家卿，最愛の御女に遅れ給ひて，彼の孝養の願文の奥に」〔沙石集5末-9〕

高麗蔵 こうらいぞう　〈高麗大蔵経〉．高麗時代に雕造された*大蔵経．顕宗は，1010年(顕宗1)に侵略してきた契丹軍の撃退を祈願して，大蔵経雕造に着手し，4代40年を経て完成した．これを初雕蔵経と称する．符仁寺に蔵され，護国の象徴として尊崇されていた初雕本の版木は，1232年(高宗19)モンゴル軍によって焼かれたため，高宗は顕宗にならって大蔵経雕造による敵軍退散をはかり，江華島に大蔵経都監本司を，晋州付近に分司を設置し，16年をかけて1251年(高宗38)に完成させた．1524部・6558巻(一説に1521部・6589巻)からなる再雕蔵経は，現存する大蔵経としては世界最古のものであり，81258枚あることから，〈八万大蔵経〉ともいわれる．再雕版の版木は，はじめは江華島に板堂を建立して奉安したが，しばらくして江華島の禅源寺に移蔵し，1398年にはソウルの支天寺に臨時奉安された．のちに現在の*海印寺に移された．

経板の大きさは約24センチ×69センチ，厚さ約3.8センチで，両端に曲らぬように角木をつけ四面角を銅で装飾し，全面にうるしを塗る．板面は上下に線を引き，1面23行，1行14字，両面に彫刻，板の端に経名・巻数・張数，さらに千字文による函号を刻む．なお，高麗蔵の印本はわが国にも多数請来されたが，*増上寺所蔵本は〈縮刷大蔵経〉〈*大正新脩大蔵経〉の底本とされた．また近年，韓国で高麗大蔵経の影印版が刊行され，電子化も進んでいる．→漢訳大蔵経，大蔵経．

業力 ごうりき　〈*業〉はサンスクリット語のkarmanの漢訳語で，行為の意．善業は楽果を，悪業は苦果を引き起こす働き・力があり，これを〈業力〉という．〈業〉は漢語の意味としては，しごと・しわざ．漢訳仏典では，行為を意味するkarmanを〈行〉と訳すよりも〈業〉と訳す場合が圧倒的に多かった．ただし，まれには〈行〉という訳例もあり，さらには〈*行業〉という表現もみられる．「その業力に随って所住各異なり」〔十住心論1〕「仏力もしたやすく業力をさへぎることあらば，悪道におつる者はあるべからず」〔夢中問答上〕

広隆寺 こうりゅうじ　京都市右京区太秦にある真言宗の寺．山号は蜂岡山．古くは〈蜂岡寺〉といわれた．〈太秦寺〉〈葛野寺〉〈秦公寺〉などともいう．603年(推古11)，*聖徳太子より賜った仏像を本尊として秦河勝が創建した．当初の寺地は現在よりももっと東方にあったという説がある．創建当初の本尊は宝冠弥勒と称される現存の*半跏思惟像と推定される．この像は朝鮮産のアカマツを材とし，また韓国ソウル市の国立中央博物館にある金銅製の半跏思惟像が本像と極めて似た像容を示すということから，朝鮮半島からの将来と考えられている．なお本寺には，宝髻弥勒または泣き弥勒といわれるもう一体の半跏思惟像がある．

平安時代に入り，818年(弘仁9)火災に遇ったが，道昌(798–875)が*別当となり再興した．永万年間(1165–66)頃の遺構である*講堂に祀られる阿弥陀・地蔵・虚空蔵の3尊もこの復興期の造顕である．864年(貞観6)，高3尺の薬師仏*檀像が願徳寺から迎えられて新たに本尊とされたという．これが現在も*秘仏として祀られる，天部形という珍しい形姿の薬師像である．この像の*霊験は著名で，平安時代後期には京中の人々が挙げて参詣し，1064年(康平7)には仏師長勢(1010-91)作の日光・月光，十二神将像が*脇侍・*眷属として安置された．1150年(久安6)再び炎上したが，1165年(永万1)に再興の供養が行われた．現在，*西本願寺に移されている銅鐘はこの頃のものである．鎌倉後期には*叡尊の弟子，中観により中興がなされ，広隆寺奥院桂宮院は*西大寺末寺となった．桂宮院本堂(1251頃)は八角円堂である．なお，本寺の*伽藍神である大酒神社の祭礼を牛祭といい，京都三大奇祭の一つとされる．「角文字のいざ月もよし牛祭り」〔俳諧新選〕

皇竜寺 こうりゅうじ　新羅古都の韓国慶尚北道の慶州にあった寺．〈黄竜寺〉とも書く．規模や寺格から見て新羅第一の寺であった．新羅の真興王14年(553)に新宮を月城の東，竜宮の南に築こうとした際，黄竜が現れたため，新宮を改めて寺とすることにし，569年に完成した．三国時代の*伽藍配置の典型である一塔形式に従っている．中心である九層の木塔は，*慈蔵が隣国降伏と王祚永安のために建立を企て，645年に完成したものであり，同寺の*丈六釈迦三尊像とともに，新羅三宝の一つとして尊重された．広大な講堂があり，真平王35年(613)には百講座が設けられ，*円光が仁王経を講義したほか，*元暁が金剛三昧経を講義したことでも知られる．孝昭王7年(698)，雷によって九層塔が損傷したのをはじめ，以後，皇竜寺は災害と重修を繰り返し，高麗高宗25年(1238)には蒙古兵によって塔と丈六釈迦三尊像が焼かれ，以後の沿革は明らかでない．皇竜寺址の発掘調査は1970年代に入って本格的に行われ，金銅菩薩頭や金銅仏立像など，古新羅の仏教美術の研究に重要な資料および遺跡が発見されている．

香炉 こうろ　*三具足の一．*香を薫ずるための供養具で，〈居香炉〉〈柄香炉〉〈釣香炉〉の3種がある．居香炉のうち，博山炉は仏教以前に中国で行われていたもので，山岳形の蓋から香煙が立ちのぼる式の仙岳思想に基づくもの．一般的な三脚式の火舎香炉は宝珠鈕をもつ甲盛の蓋に，猪の目形や雲・鳥などを切り透かして煙出し孔としたものである．その他では，蓮華形をかたどったものが多い．柄香炉は〈手炉〉ともいい，朝顔形の炉に長柄を付した手に持つ*焼香具で，柄の末端が鵲尾形を示すものと，獅子の小像をもって鎮子としたものなどがあり，炉・柄ともに香炉全体を蓮華にかたどったものもある．「数千の僧侶，香炉を捧げて囲繞し」〔往生極楽記21〕「香呂の灰の中に仏の舎利を得たり」〔三宝絵下〕

鴻臚寺 こうろじ　中国で，漢・北斉以来，諸侯や蛮夷など，王朝にとっての賓客に関する事務をあつかった役所．僧の住する*伽藍を〈寺〉と称するのは，そもそも鴻臚寺に由来するのだともいわれるが，北斉代(550-577)，鴻臚寺に〈典寺署〉が設けられて仏教の管理にあたることとなった．けだし仏教が外来の宗教だからである．典寺署は隋代に〈崇玄署〉と改名，あわせて*道教の管理にもあたり，唐代にひきつがれた．唐初の一時期，寺院と道観に監1名が置かれ，やはり鴻臚寺の管理をうけたこともある．694年，僧尼は尚書省礼部の祠部曹の所管に，737年，道士女冠は宗正寺の所管に移された．

五蘊 ごうん［*s*: pañca-skandha］　人間の5つの構成要素．色蘊・受蘊・想蘊・行蘊・識蘊をいう．*旧訳では〈五陰〉〈五衆〉など．〈蘊〉(skandha)は集積，全体を構成する部分の意．〈*色〉は感覚器官を備えた身体，〈*受〉は苦・楽・不苦不楽の3種の感覚あるいは感受，〈*想〉は認識対象からその姿かたちの像や観念を受動的に受ける表象作用，〈*行〉は能動的に意志するはたらきあるいは衝動的欲求，〈*識〉は認識あるいは判断のこと．人間を〈身心〉すなわち肉体(色)とそれを依り所とする精神のはたらき(受・想・行・識)とから成るものとみて，この5つにより個人の存在全体を表し尽していると考える．

こうした分析は，人間が〈*我〉であると考えるものは正しくはこれら構成要素の集まりであって，固定的な自己同一はそのいずれにもないとする〈五蘊無我〉〈五蘊仮和合〉の教説において，初期仏教から用いられた．また，後に*一切法の3つの分類法である〈三科〉(五蘊・*十二処・*十八界い)のひとつとして，人間個人のみならず世界全体を意味するようになると，〈色蘊〉は外界をふくむ物質一般を，〈行蘊〉は受・想以外のさまざまな心的作用および心とは無関係な力や概念を包含する．このとき，とくに個人存在を指して〈五取蘊〉という．〈*取〉(upādāna)の原義は受け取ること，転じて自らのものにすること，執着・煩悩，さらには素材．人間つまり五蘊が煩悩を伴なう(*有漏)ものであることを強調して，これら5つが，1)〈我〉があると思いなす素材であり，2)〈我〉であるとする執着の対象であり，3)執着の結果として生じた*輪廻する存在である，という3つの側面からいい表している．

「かかる五蘊の身のあればこそ，そこばくの煩ひ苦しみもあれ」〔明恵上人伝〕「五体より汗をながし，五蘊をやぶり，骨髄をくだく事，いふにおよばず」〔曾我7.三井寺大師〕

御詠歌 ごえいか ⇒詠歌

牛王宝印 ごおうほういん ⇒宝印

五陰 ごおん ⇒五蘊

呉音 ごおん 中国六朝期の南方呉地方の方言音を基盤とすると説かれるが，日本に伝えられた漢字音としては，〈漢音〉と対置する字音の体系の一．漢音系字音に先立って伝えられた字音を体系化して把えたもの．いわゆる〈和音〉および〈対馬音〉はこの系統に属する．唇音および舌音・半歯音の清濁字は m-(木モク)，n-(女ニョ)に写すなど現代呉語の特色とも一致し，古代呉地方の音の流れを汲む．漢音が儒書中心であるのに対して，呉音は漢訳仏典の*読誦音として漢音以前から浸透していたために，8世紀末の漢音奨励にもかかわらず，漢音と併行しまたは交用されて後世まで根強く伝存している．

五陰盛苦 ごおんじょうく ⇒四苦八苦，苦

五果 ごか ⇒六因・四縁・五果

五戒 ごかい [s: pañca-śīla] 在俗信者の保つべき五つの戒(習慣)．不*殺生・不*偸盗・不*邪婬・不*妄語・不*飲酒の5項からなる(東晋の郗超『奉法要』には五戒として，不殺・不盗・不婬・不欺・不飲酒を挙げる)．*原始仏教時代にすでに成立しており，他の宗教とも共通した普遍性をもつ．しかし行為に関する外形的制約にすぎず，心の動きは問わない．この点で*十善戒に劣り，*大乗興起の頃は*小乗の持する戒として重んじられなかった．

*大乗仏教中期(3世紀頃)以降になると教団運営の主導権が*比丘に移り，*七衆の*波羅提木叉の第一として大・小乗を兼受することが一般化し，再び重視されるようになった．今日でも*在家信者の戒の代表的な地位を占めている．比丘となるために*受戒する場合もこの五戒から受け直すことになっており，いずれの場合も*三帰依の後に受けるのを通例とする．なお，五戒の特定の戒だけを受ける分受については意見が分かれているが，これを認める部派もあった．→戒律．

「汝等，早く各五戒を持し，仏の御名を念じ奉りてこの難を免がれよ」〔今昔5-28〕「御頂しるしばかりはさみて，五戒ばかり受けさせたてまつりたまふ」〔源氏若菜下〕．

五蓋 ごがい [s: pañca nivaraṇāni] 5種類の心をおおう*煩悩のことで，〈*蓋〉(nivaraṇa)は，おおうもの，障害の意．1)*貪欲(欲貪とも，kāma-cchanda)，2)*瞋恚(怒り，vyāpāda)，3)惛眠(身心が重苦しい状態の*惛沈と心の眠気や萎縮をさす睡眠，styāna-middha)，4)掉悔(心のざわつきの掉挙と心を悩ます後悔，auddhatya-kaukṛtya)，5)*疑(疑いやためらい，vicikitsā)，の5種の障害をいう．「五蓋を棄つれば即ち意根を浄む．六根浄まる時，相似即是と名づく」〔摩訶止観4下〕

粉河寺 こかわでら 和歌山県那賀郡粉河町にある粉河観音宗の本山，もと天台宗．山号は風猛山．本尊は千手観音像．*西国三十三所第3番*札所として名高い．草創の縁起は『粉河寺大卒都婆建立縁起』(仁範撰，1054)によると，770年(宝亀1)大伴吼子古が童子行者の造った千手観音像を本尊として創建したという．この伝承は同寺蔵の12世紀末の絵巻『粉河寺縁起』にもみえている．平安時代には朝廷の庇護があり，1069–74年(延久年間)には補陀落山施音教寺，願成就院の勅額を受けた．古くから貴紳の尊崇が篤く中世には室町幕府の庇護があり栄えたが，その後再三火災にあい，1720年(享保5)に御池坊寂隠が現本堂を建立して現在に至っている．

五官 ごかん　5種の感覚器官の意．仏教では〈*五根〉の用語を用い，眼・耳・鼻・舌・身を五感官と考える．ただ，人身の〈五官〉については，*『荘子』天運，『荀子』天論,正名など中国古典に見えるものである．『荀子』天論では耳・目・鼻・口・形を〈五官〉とするが，このほか鼻・目・口・舌・身(古代医家の五官六府説)や両手・口・耳・目〔隋書劉炫伝〕にあてる説などがあり，考え方は一様ではない．

五観 ごかん　5種の*観法のこと．法華経普門品に説かれ，*観世音菩薩が衆生を観察するときの観法で，真観・清浄観・広大智慧観・悲観・慈観をいう．このほか，僧侶が食事の際に有すべき五つの観念(食物が供されるまでの人々の辛苦と*施主の恩，自己にこれを受ける*徳があるかどうか，多くを貪らないこと，飢渇をいやす良薬であること，道を修めるための食物であること)をいう〈食事五観〉〔行事鈔下2〕や，*五眼(肉眼・天眼・慧眼・法眼・仏眼)の観照，華厳宗の*五教の観法を称して用いる場合もある．

御願寺 ごがんじ　⇒勅願寺

虎関師錬 こかんしれん　1278(弘安1)-1346(貞和2)　虎関は道号，師錬は諱．臨済宗の僧．京都の人で，藤原氏の出身．臨済宗聖一派の東山湛照の法を嗣ぐ．伊勢本覚寺を開き，山城円通寺・三聖寺・東福寺・南禅寺などに住し，東福寺海蔵院に退居した．法嗣に竜泉冷淬・性海霊見，門生に夢巌祖応などがある．刻苦勉励，博覧強記，入元することなくして彼地の知識を蓄積した．1306年(嘉元4)，29歳で著した韻書『聚分韻略』5巻は，禅林で長く愛用せられた．1307年(徳治2)，関東に下向，常楽寺に在った*一山一寧を訪い，かえって日本の事についての無知を叱せられ，これを機に発憤し，1322年(元亨2)に大著*『元亨釈書』30巻を撰述した．『和漢編年干支合図』1巻，『仏語心論』18巻，『十禅支録』3巻，『禅儀外文集』2巻，『紙衣謄』1巻などのほかに，詩文集『済北集』20巻がある．〈本覚国師〉と諡された．

五巻の日 ごかんのひ　〈いつまきのひ〉ともいう．*法華八講，または開結二経(→開経・結経)を加えた十講で，法華経の第5巻を講説する日．第5巻の初めの「提婆達多品」が，仏敵*提婆達多と*娑竭羅竜王の8歳の童女の成仏を説くところから，*悪人成仏，*女人成仏の証拠として尊重され，特にこの日は法華讃歎をして*薪の行道を行なった．なお，「提婆達多品」の所説は，特に女人往生の根拠として，この日に限らず周知尊信された．『更級日記』の作者が少女時代，夢に「法華経の五の巻をとく習へ」と啓示されたなども，これによるものである．

「五巻の日，薪を荷ふ事は，国王の昔の心をまねぶなり」〔三宝絵中〕「五巻の日，清範，其の講師として，竜女が成仏の由を説きけるに」〔今昔13-43〕

五義 ごぎ　教・機・時・国・序の*教相判釈．〈五綱〉〈五綱判〉〈五知判〉ともいう．*日蓮は法華経*本門の教えに帰結するために，教えの深さ(教)，受容者の*機根(機)，時代(時)，国土(国)，仏法が流布する順序(序)の大綱を知らねばならないことを説いた．彼は流罪の地伊東で著した『教機時国鈔』でこれを明らかにしたが，そればかりでなく，生涯を通じて，仏教理解と法華経への帰結の論理として〈五義〉を問うている．竜口の法難(1271)後，日蓮は自己を地涌の菩薩の上首，*上行菩薩であると自覚して，仏法流布の〈序〉の代わりに〈師〉の自覚を立てた．

五逆 ごぎゃく　〈五逆罪〉の略．人倫や仏道に逆らう5種の極悪罪．犯せば*無間地獄に堕ちるとされ，〈五無間業〉ともいう．1)殺母(母を殺す)，2)殺父(父を殺す)，3)殺*阿羅漢(聖者を殺す)，4)出仏身血(仏身を傷つけ出血させる)，5)破*和合僧(教団を破壊する)の五つを挙げるものが最も著名．*提婆達多は三逆(殺阿羅漢・出仏身血・破和合僧)を犯した大悪人であるが，法華経提婆達多品において天王如来となるという*記別を受け，*悪人成仏が説かれた．また無量寿経では，悪人往生に関して，五逆を犯した者と*正法を*誹謗した者は往生できないと説かれたが，観無量寿経では五逆・十*悪を犯した者も往生できると説かれた．→逆罪，逆謗．

「炎熱は六種により，極熱は七悪により，無間は五逆罪なり」〔十住心論1〕「諸仏の捨て給へる五逆の悪人をも助けんと誓ひ給へれ

ば」〔発心集 8〕

五教 ごきょう　経典の説かれた形式・順序・思想内容などによって，教説を5種に分類し体系づけた*教相判釈(きょうそうはんじゃく)の一種で，代表的なものとして宋の*慧観(えかん)が確立したと伝えられ，南北朝時代に流行した五時教判，天台宗の*五時八教，華厳宗(けごんしゅう)の*五教十宗判などがある．「華厳は五教を立てて，法相三論をば始教終教とくだし」〔沙石集 4-1〕．→五時教．

五境 ごきょう　⇒五欲(ごよく)，六境(ろっきょう)，境(きょう)

五行 ごぎょう　① *菩薩(ぼさつ)の修める5種の修行法．*涅槃経(ねはんぎょう)では，戒(かい)定(じょう)慧(え)の*三学を修める〈聖(しょう)行〉，清い心で人々の苦を除き楽を与える〈梵(ぼん)行〉，天然の理に従って修める〈天行〉，*慈悲の心で小善を行ずる〈嬰児(ように)行〉，悩める人々と同じように病苦を示現する〈病行〉をいう．*『大乗起信論』では，*布施・*持戒・*忍辱(にんにく)・*精進・*止観(しかん)行をいう．

② 中国では，一般に万物を構成する要素ないし万物を分類する範疇(はんちゅう)としての水・火・木・金・土の5要素．この5要素の相互関係に相生(そうしょう)と相剋(そうこく)の二説がある．木→火→土→金→水→木の順に前者が後者を生じることを〈相生〉といい，水→火→金→木→土→水の順に前者が後者に勝つことを〈相剋〉という．「此の五常，天にては五緯なり，地にては五嶽なり，人にありては五蔵なり，物にありては五行なり」〔唐鏡 1〕

五教十宗 ごきょうじっしゅう　華厳宗(けごんしゅう)で，仏教の教説を分類し段階づけた代表的教相判釈(きょうそうはんじゃく)(教判)．第3祖*法蔵(ほうぞう)が，第2祖*智儼(ちごん)の用いた諸教判のうち，小乗・初教・熟教(終教)・頓教・円教の五教の教判を継承・整備し，これに新興の*法相宗(ほっそうしゅう)が用いた八宗の教判を摂取・拡充して関連づけ，確立した．

かれの主著ともいうべき*『華厳経探玄記(けごんぎょうたんげんき)』(六十華厳の注釈書)によって示せば，〈五教〉とは，1)小乗教(*小乗の教え)，2)大乗始教(本性が*二乗の人は成仏しないとする*大乗の教え)，3)大乗終教(すべてのものが成仏すると説く大乗の教え)，4)*頓(とん)教(上の二教のように段階的な修行を説かず，〈一念不生〉の境位がそのまま仏であるとする教え)，5)*円教(えんぎょう)(どの境位もすべての境位と即応し，信の完成が仏の悟りにほかならないなどと説く究極の教え)である．〈十宗〉とは，1)法我倶有(ほうがくう)宗(*法も*我もともに実在すると説く．犢子部(とくしぶ)など)，2)法有我無(ほううがむ)宗(法の恒常的な実在性と*無我を主張する．*説一切有部(せついっさいうぶ)など)，3)法無去来(ほうむこらい)宗(現在のみの法の実在を説く．*大衆部(だいしゅぶ)など)，4)現通仮実(げんつうけじつ)宗(現在の法の中でも*五蘊(ごうん)は実在するが，*十二処・*十八界は実在しないとする．説仮部(せっけぶ)など)，5)俗妄真実(ぞくもうしんじつ)宗(世俗の法は仮のもので，*出世間の法が真実であるとする．説出世部など)，6)諸法但名(しょほうたんみょう)宗(我も法も仮に名づけられたものですべて実体がないとする．一説部など)，7)一切皆空(いっさいかいくう)宗(一切の法はみな本来*空であると説く．大乗始教の立場)，8)真徳不空(しんとくふくう)宗(一切の法は真理そのものの現れであるとする．大乗終教の立場)，9)相想倶絶(そうそうくぜつ)宗(ことば・想念を離れた真実の境位を表す．頓教の立場)，10)円明具徳(えんみょうぐとく)宗(究極・真実の円教の立場)である(*『華厳五教章』もほぼ同一)．華厳宗はもちろん，このうちの第五教・第十宗を明らかにするとされる．

なお，のちに第4祖*澄観(ちょうかん)は，第二宗に儒教・道教をも含めて論じ，また第七宗に三性空有(さんしょうくうう)宗を加えて第九宗の相想倶絶宗を落とすなど，修正を行なっている(『華厳経疏』)．→教相判釈，華厳宗．

「智儼大師は五教を発揮し，六相を証悟し，開済弥(いよいよ)綸(をさ)む．香象大師(法蔵)は普賢の応迹，一乗を顕揚し，十宗を恢弘す」〔三国仏法伝通縁起 上〕

極悪 ごくあく　きわめて悪いの意．後漢の王符の『潜夫論(せんぷろん)』述赦に「下愚極悪の人なり」と見える．仏教では，殺・盗・婬(いん)・*妄語(もうご)の〈*四重罪〉と，母を殺す，父を殺す，*阿羅漢(あらかん)を殺す，仏身より血を出す，*和合僧(わごうそう)を破るの〈*五逆罪〉を犯すことをいう(*涅槃経(ねはんぎょう)に四重罪と五逆罪を犯すことを〈極重悪〉ということによる)．また，極悪の自覚は浄土思想家によくみられることであり，観無量寿経の下品上生・中生・下生の愚人を，*源信は極重悪人と呼び，*親鸞は極悪深重と呼んでいる．「熱炎(ねつえん)のくちばしの鳥・狗犬(くけん・野干ありて，その声，極悪にして甚だ怖畏すべし」〔往生要集大文第1〕．→悪．

黒闇天 こくあんてん ［s: Kālarātri, Kālarātrī］〈黒闇女〉〈黒夜神〉〈暗夜天〉などともいう．不吉・災いの女神．吉祥天の妹．常に姉と行動をともにするが，容姿は醜悪，性格も全く異なり，災いのみをもたらすという．別名，〈黒耳〉(Kālakarṇī，不幸・災難の意）という．原語は元来〈世界終末の夜〉を意味し，ヒンドゥー教ではこれが擬人化されて*シヴァ神の妃ドゥルガーと同一視され，またヤマ神の妹とされた．密教では*閻魔天（ヤマ神）の妃とされ，中夜を支配するものとされる．胎蔵界曼荼羅（→両界曼荼羅）の外金剛部院にその姿があり，その形像は肉色で，左手に人の顔を描いた杖を持つ．→吉祥天．

虚空 こくう ［s: ākāśa］ 現在の概念でいえば，ほぼ空間に相当する．そこでは，いっさいのものがなんの礙げもなく，自由に存在し運動し変化し機能することができる．このため〈空〉の説明にも活用された．インド人もギリシア人も，地水火風を*四大と称して最重要視したうえで，虚空はそれらに場所を提供するところから，第五の要素として扱い，ここに一種のエーテルを認めた説もある．仏教で，全存在を諸要素（二法）に分類して，*有為法（つくられたもの）と*無為法（つくられたのではないもの）とに二分するさい，*部派仏教の多くは虚空を無為法の一つに数えるが，無為法としての虚空は，自然界に経験される虚空界（事物としての虚空）とは区別される別のものである．なお，虚空は上述の*無礙のほか，無限や遍満などの喩えにも用いられる．「数十の禅僧，宝輿をもて音楽を唱へ，西方より来たりて虚空の中に住す」〔往生極楽記14〕．→空．

虚空蔵菩薩 こくうぞうぼさつ ［s: Ākāśagarbha］ *大集経虚空蔵品や虚空蔵菩薩経などに説かれる*虚空のごとく無量の*智慧や*功徳を蔵する菩薩．密教の教主である*大日如来の働きのうち，〈虚空〉と〈蔵〉という特性を持った菩薩．虚空は何ものにも打ち破られないから無能勝であり，蔵はすべての人びとに利益安楽を与える宝を収めているという意味である．胎蔵曼荼羅虚空蔵院の主尊，金剛界曼荼羅では賢劫十六尊中にある（→両界曼荼羅）．また，虚空蔵は金剛界大日，*地蔵は胎蔵大日で，両者同体ともいわれ，あるいは明星はこの尊の*化身であるともいわれる．求聞持法の*本尊としても有名．

遺例に，額安寺像（奈良時代，奈良県大和郡山市）や東京国立博物館画像（平安後期）があり，五大虚空蔵菩薩の作例に*神護寺像（平安初期），唐より請来されたと伝える*教王護国寺観智院像がある．なお求聞持法の呪力を介して知恵を授ける菩薩としての信仰を集め，僧俗貴賤が学芸向上のために祈願した事例は平安時代以来諸書に見える．その代表的なものが，虚空蔵菩薩を本尊とする法輪寺（京都市西京区）詣でである．→求聞持法．

黒衣 こくえ 黒色の僧衣のこと．僧衣は，*袈裟がもともとくすんだ色を意味したように，黒といっても純黒は許されず，雑泥で染めたものが許されたが，後に，それに似たものとして墨片で染めたものが用いられた（墨染の衣）．中国では，禅僧が多く着用し，日本では平僧に用いられた．また，名利をきらって*比叡山の黒谷に身を寄せ，修行した*隠遁の僧なども用いた．転じて，僧自体をさすこともある．〈黒衣の宰相〉は，僧籍にありながら国政を動かす大臣，またはそれに準ずる人物で，*崇伝・*天海が名高い．なお〈緇衣〉も，〈緇〉は黒い絹で〈黒衣〉と同意．「外廊に通夜しける程に，夢に宝殿の内より黒衣の僧出でさせ給ひて」〔八幡愚童訓〕．→緇衣，白衣．

国学 こくがく 近世に起こった日本の古典や古代文化，「古道」を考究する学問の総称．一般には*契沖を創始者として，荷田春満・賀茂真淵を経て本居宣長が大成したといわれるが，平田篤胤以降の幕末国学もこの流れの中にある．大成者とされる本居宣長によれば，『古事記』は神々の事跡としての「道」，仏教や儒教伝来以前の日本にのみ伝えられた真実の「道」が記述された書であるという〔古事記伝〕．宣長はこの「道」の存在を示すために，契沖・真淵の方法や荻生徂徠らの文献学的方法を受け継いで，歌論・言語・書誌学・神道論の多岐にわたる領域での研究を進めた．この結果，儒教・仏教伝来以前に存在したとされる「やまとごころ」「やまとことば」が文献学的に宣揚されていくことになるが，それは常に儒教や仏教に対する排撃を伴う独善的な日本の優位性の主張でもあった．儒教は作為的な規範性を有したものとして排撃され〔直毘霊〕，仏教に関しては主として*来世観が虚妄な「作り言」として攻撃されることとなるが〔鈴屋答問録〕，いずれも日本古来の「道」とは相容れない「外国説」であると位置づけられ，その影響が否定的に捉えられた点に特質があった．もっとも，宣長は近世知識人の支配的イデオロギーであった儒教を主たる攻撃対象としていて，仏教に関しては儒教より言及は少ない．

仏教批判は，宣長の継承者を自認していた平田篤胤において強化されたといってよい〔出定笑語，印度蔵志，神敵二宗論など〕．だが，それも日本の古伝説がいかにインドに誤り伝わったかの「証明」に力点が置かれていて，死後安心論に宣長よりもはるかに大きな関心を有していた篤胤にとって，仏教的*他界観はむしろ日本の古伝説を補強するものとしてあった．いずれにせよ，それまで普遍的な教説と見なされてきた儒教・仏教が「外国説」とされたことは軽視すべきではなく，そこに近代ナショナリズム生成の時代における国学の役割を認めることができよう．

国師 こくし　① 奈良時代諸国に置かれ，第一に寺領資財の管理，次いで国内寺院の監督，仏事法務に当たる官僧．702年(大宝2)に設置され784年(延暦3)には任期を6年と定められた．定員は次第に増加して奈良時代末までには国ごと3-4人となり，大国・上国には大国師・小国師の別も現れたが，795年(延暦14)講読師制への改組と共に*講師と改称された．

② 国家の師表たるべき高僧に対して君主より賜る称号．中国では北斉の覆船山法常が賜ったのを初例とし，日本では1311年(応長1)花園天皇から*円爾に賜った聖一国師号が初見．なお生前に賜るのを特賜，死後に賜るのを勅諡という．「王，この僧を智者なりとて，あがめて国師とすと云へり」〔沙石集5本-5〕

黒縄地獄 こくじょうじごく　⇒八熱地獄

獄卒 ごくそつ［s: naraka-pāla］〈獄〉は罪人を捕えておく牢屋，〈卒〉はしもべ・兵士．獄卒は，漢語としては牢屋の番人の意味で，『後漢書』廉范伝などに用例が見える．仏教では〈地獄卒〉ともいい，naraka-pāla の漢訳語として使われる．地獄で，悪業の報いとして堕ちてくる罪人を責めさいなむ*鬼のこと．*『倶舎論』には，この獄卒は本当の*有情(生命あるもの)ではなく，罪人の*業力によって作り出されたものとする．「獄卒ありて我を地獄の中に投ぐるに，地獄返りて華の池と成りぬ」〔今昔6-29〕．→地獄．

国土 こくど［s: kṣetra］　原義は，土地・地域・領土．転じて，活動の範囲の意味でも用いる．〈刹多羅〉もしくは〈刹〉と音写し，音写語と意訳語を組み合わせて，〈刹土〉ともいう．〈国土〉は，漢語としては王の領土を意味し，仏典においてもこの意味での用例は頻見するが〔長阿含経転輪聖王修行経など〕，特に*法の王(dharma-rāja)としての仏が住し，衆生を*教化・*救済する範囲(buddha-kṣetra)を〈仏国土〉と漢訳した．「あさましかりし瞋恚の報いに，国土の衆生になりにたり」〔宇津保俊蔭〕．→刹，仏国土．

黒白 こくびゃく　一般に，〈黒〉(黒色・暗黒)は悪を象徴し，〈白〉(白色・*光明)は善を象徴する．一切の行為(*業，karman)のうち，悪なる行為を〈黒(kṛṣṇa)業〉，善なる行為を〈白(śukla)業〉とよび，善と悪のまじった行為を〈黒白業〉，善悪を越えた*無漏の行為を〈不黒不白業〉(非黒非白業)という〔中阿含経達梵行経〕．

なお東アジア諸国において，修行僧が*黒衣(黒またはくすんだ色の衣)をまとい，在俗の人々が*白衣をまとったことから，〈黒〉と〈白〉が出家と在俗を象徴することもある．また劉宋時代の慧琳(5世紀中葉)は，『白黒論』(一名『均善論』)を著し，仏教を批判しつつ，結論として仏教と儒学・道家哲学との一致・調和を主張したが，その中で，仏教を〈黒学〉，儒学と道家哲学を〈白学〉とよんでいる〔宋書97〕．

「黒勝つ時には我が身の煩悩増さり，白勝つ時には我が心の菩提増さり，煩悩の黒を打ち随へて菩提の白の増さると思ふ」〔今昔4-9〕「黒白をわきまへ，文筆に達し，理非にまか

せて贔屓をいたさざらんを，よき奉行とは称すべし」〔樵談治要〕

国分寺 こくぶんじ　奈良時代，国ごとに置かれた官立寺院．その先駆的動きはあったが，741年(天平13)*聖武天皇が国分寺建立の詔を発表．これ以後諸国の国府所在地に，国分僧寺(金光明四天王護国之寺)，国分尼寺(法華滅罪之寺)が建立されていった．僧寺には僧20名を配置して金光明最勝王経を，尼寺には尼10名を置いて法華経を読誦させ，護国と滅罪を祈らせた．大和の僧寺*東大寺を〈総国分寺〉，同じく尼寺*法華寺を〈総国分尼寺〉とよんだ．

極微 ごくみ［s: paramāṇu］　原語は，物質を構成する極限の微粒子という意味．〈極微塵〉の略．*旧訳では〈隣虚〉という．最も微細なもので，これ以上分割できない最小の実体．原子に近い．一極微は分けられないが，上下および四方の隣接する極微とともに七極微が集合すれば〈微塵〉(aṇu)となって物質の最小単位となる．このとき，地・水・火・風の4元素(*四大)があり，それぞれ堅さ(堅)・潤い(湿)・熱さ(煖)・動き(動)という特質を持つという．一般には極微は微塵とあまり変わらずに使用されている．「くだくるときあり，極微にきはまる時あり」〔正法眼蔵身心学道〕．→微塵．

極楽 ごくらく［s: Sukhāvatī］　サンスクリット語は，楽のあるところという意味で，*阿弥陀仏の住する世界をさす．〈極楽世界〉〈極楽国土〉ともいう．漢訳仏典では〈須摩題〉〈須呵摩提〉などという音写語や，〈*安楽〉〈安養〉という訳語も用いられている．漢語の〈極楽〉は中国古典では枚乗の『上書諫呉王』(『文選』39)などに「この上ない楽しみ」という意味で，また班固の『西都賦』などに「楽しみを極める」という意味で見え，さらに『淮南子』原道訓には「至極の楽しみ」という語が出てくるが，仏典では*鳩摩羅什訳の*阿弥陀経に用いられたのが初出である．

極楽世界を説く代表的経典は*浄土三部経であるが，その一つの阿弥陀経によると「これより西方十万億の仏土を過ぎて世界あり，名づけて極楽という」と述べ，この極楽世界の楽に満ちた光景を描写している．*無量寿経になると，その描写はいっそう詳しく説かれているが，これは大乗仏教一般において〈国土を浄める〉という*菩薩道の実践によって実現される〈浄土〉の観念を有形的・具象的に表現したものであり，仏の悟りの世界をあらわしたものと考えられる．極楽浄土は，法蔵比丘(*法蔵菩薩)が*四十八願を成就して阿弥陀仏となり完成した浄土である．中国・日本では阿弥陀仏の浄土が他の仏の浄土にくらべて盛んに信仰の対象とされたため，〈浄土〉といえば阿弥陀仏の極楽をさす用法が定着するようになり，〈極楽浄土〉という語も広く流布するにいたった．また，*弥勒菩薩の住する兜率浄土(*兜率天)と極楽浄土の優劣論が起こり，全体としては極楽浄土の優越性が認められるようになった．→浄土．

「大徳西面して端座し，こころよくみまかりき．定めて知りぬ，必ず極楽浄土に生れしことを」〔霊異記上22〕「今は阿弥陀仏を心にかけ奉りて，とく死にて極楽に参らむことをのみ思ひ侍りて」〔成尋母集〕

『極楽願往生歌』 ごくらくがんおうじょうか　1142年(康治1)6月，沙弥西念が極楽往生を願って作成した48首の和歌．沓冠歌の形式で各歌の始めと終りにいろは47文字を置いて詠じた47首と，別和歌1首とから成る．*伊呂波歌，和歌の片仮名表記の古資料として，また音韻史上オ・ヲの区別の消失した46音韻の時期を示す資料として，国語学史上重要．1906年11月，京都市内で供養目録1巻1通とともに和歌記載の文書が発掘された．ちなみにこの種の沓冠歌は信仰歌としてよまれたものらしく，13世紀末の『続教訓鈔』跋巻末にも「始終伊呂波幷念仏」として同類歌が付収されている．阿弥陀仏を篤信した撰者狛朝葛の詠で，各歌の始めと終りにいろは47字と〈京〉字を置いた48首で，第2句に〈南無阿弥陀仏〉をよみこんだものである．

なお，『極楽願往生歌』とともに出土した西念の*願文2通と自序は，彼の身灯入海の往生行を伝えるもので，平安末期から高揚され，多くの入水往生説話を伝える「天王寺西門は極楽の東門に通じる」の実例として浄土信仰史上貴重な遺例である．

極楽寺 ごくらくじ　神奈川県鎌倉市極楽寺にある真言律宗の寺院．霊鷲山感応院と号す．はじめ深沢の里にあった念仏寺を，北条重時(1198–1261)が現在地に移し，寺観を整えた．1267年(文永4)に*忍性が入ってから東国における叡尊教団の拠点として栄えた．盛時には極楽寺古絵図にみられるように，七堂*伽藍と49の*子院があり，寺域には病舎・癩宿・薬湯室・療病院などの施設が作られ，貧者・病者の救済活動が展開された．鎌倉後期から南北朝期には，鎌倉の内港和賀江津の管理権や由比ヶ浜の殺生禁断権を握っていた．忍性没後は栄真・順忍・俊海らが歴住し，寺運の興隆につとめたので，北条氏滅亡後も*勅願寺となり，室町時代には鎌倉御所の保護をうけた．しかしあいつぐ火災や地震などにより，衰微してしまった．奥院には〈忍性塔〉といわれる大五輪塔がある．

虚仮 こけ　漢語としては，実の伴わないこと．いつわり．用例は『墨子』修身に見える．仏典では，*真実の反意語であるが，文脈によって二義がある．一は，*虚空と同じく，もろもろの事象が空虚で実体性を欠いていること〔如来不思議秘密大乗経5など〕．二は，*虚妄と同じく，心や行為が真実でないこと．うそ，いつわり〔維摩経菩薩品〕．外に善を装い，内に虚偽を懐いた行為を〈虚仮之行〉という〔観経疏4〕．「世間は虚り仮りにして，ただ仏のみこれ真そ」〔上宮聖徳法王帝説〕「ほかには精進の相を現じて，うちには懈怠なる，これは不真実の行なり，虚仮の行なり」〔三部経大意〕

虎渓三笑 こけいさんしょう　僧の出世間性を自覚，宣言し，隠逸・修道の居を*廬山(江西省)東林寺に定めた晋代，*慧遠(334–416)の高士の清風を伝える故事．客人の有名な道士陸修静(406–477)と詩人陶淵明(365–427)の2人を送った慧遠は〈*道〉談議に熱中のあまり，俗界禁足の誓いを破って東林寺の下の虎渓を過ぎ，虎の鳴声で気づいて3人ともに大笑したという．この伝説は儒道仏が融合化する唐以降の中国，それ以上に鎌倉末期以降の日本で画題として好まれ〈三笑図〉ともいう．作例に祥啓(*大徳寺孤篷庵蔵)や狩野山楽(*妙心寺蔵)のものなどがある．

五家七宗 ごけしちしゅう　〈五家〉とは，*南宗禅において家風を異にする代表的な系統を掲げたもので，六祖慧能門下の*南岳懐譲の系統から出た〈*潙仰宗〉と〈*臨済宗〉，青原行思(？–740)の系統から出た〈*曹洞宗〉〈*雲門宗〉〈*法眼宗〉の五つを指し，宋代に形成された臨済宗の二大系統である〈黄竜派〉と〈楊岐派〉の二つを加えて〈五家七宗〉と呼ぶ．

禅宗では，*馬祖道一の出現によって，悟りと日常の*相即が求められるようになり，人格が禅風に反映される道が開かれた．そのため，唐末から五代にかけては，多数の個性豊かな禅匠の活躍が見られたが，禅宗では師弟関係が極めて重要な意味を持ったから，次第に系統ごとに個性(家風)が形成されてゆき，独特の家風を持つ代表的な系統を列挙する試みも行われるようになった．法眼文益(885–958)の『宗門十規論』に始まる〈五家〉も，その一つに過ぎなかったが，宋代以降，しばしば採り上げられたため次第に定着し，禅宗における定説となった．〈五家〉のうち，宋代に隆盛を見たのは雲門宗と臨済宗であったが，黄竜慧南(1002–69)や楊岐方会(992–1049)の活躍により，次第に臨済宗が優勢となっていった．黄竜派や楊岐派が〈五家〉と並記されるに至ったのは，臨済宗が禅の主流となったことを示すものといえる．→禅宗．

「蓋し南嶽・青原は両輪なり．臨・雲・潙・曹・法は五緯なり．楊岐・黄竜の五家に加はるや，猶大陽大陰の七曜を成すがごとし」〔元亨釈書27〕

五見 ごけん　⇒見

五眼 ごげん　[*s*: pañca-cakṣus]　*『マハーヴァストゥ』(大事)によれば，諸仏の具える〈肉眼〉(māṃsa-cakṣus)，〈*天眼〉(divya-c.)，〈慧眼〉(prajñā-c.)，〈法眼〉(dharma-c.)，〈仏眼〉(buddha-c.)，の五眼をいう．般若経および『大智度論』33,39–40によれば，菩薩は初*発心のとき〈肉眼〉で世界の*衆生の苦患を見，次いで〈天眼〉を得て*六道の衆生の身心の苦を見，〈慧眼〉を得て衆生の心相の種々不同なるを見，〈法眼〉を得て衆生を導いて*法中に入らしめ，*十地を経て*金剛三昧に入り*無礙*解脱を得て〈仏眼〉を生じ*仏となるという．経論により異説がある．「菩提僧正は西域より来たって金容を拝して，まさしく五眼の功徳を開けり」〔盛衰記 24〕

胡語 ごご　〈胡〉とは，中国古代に北方辺地や西域の民族をいい，漢代以降は広く外国一般のことをもいうようになった．したがって〈胡語〉とは，西域やインドの言語をいう．しかし六朝後半になると，中央アジア一帯の言語のみを〈胡語〉といい，インドの*サンスクリット語を*梵語と呼び，区別するようになる．なお，〈胡本〉とはそのような言語で書かれた仏典の原本をいい，後には同様に〈梵本〉と区別されるようになった．

五綱 ごこう　⇒五義

後光 ごこう　⇒光背

五劫思惟 ごこうしゆい　*阿弥陀仏が*法蔵菩薩として修行中の時，すべての*衆生の救済のため*四十八願を立てたが，その前に五*劫という長い間考えつめていたことをいう．*『歎異抄』には「弥陀の五劫思惟の願をよくよく案ずれば，ひとへに親鸞一人がためなりけり」と語った*親鸞のことばが記されている．これは阿弥陀仏の衆生救済の願いがいかに深いものであるか，それを親鸞が自己の上にしっかりと受け止めていたことを示している．「法蔵比丘，五劫思惟の智慧，名号不思議の法をさとり得て，凡夫往生の本願とせり」〔一遍語録〕「四十八願の主，五劫思惟の光を放ちて念仏の行者を照し」〔海道記〕

護国三部経 ごこくさんぶきょう　鎮護国家や*除災招福を祈るため採用された三つの経典で，〈*金光明経〉〈*仁王般若経〉〈*法華経〉がそれに当たる．ちなみに金光明経には国王がこの経典を聞き，大切にする時には国王や国家が守護され，国難が除かれるといった趣旨のことが説かれている．676 年(天武 5)に朝命により諸国で金光明経と仁王般若経が講読され，護国が祈られ，後には法華経も加えられ，護国三部経となった．→鎮護国家．

五五百歳 ごごひゃくさい　*大集経月蔵分では，仏滅後 2500 年間の仏道修行の衰退ぶりを解脱堅固・禅定堅固・読誦多聞堅固・多造塔寺堅固・闘諍言訟白法隠没(闘諍堅固)の 5 箇の 500 年に区分する．これを*三時説に配当すると，*正法千年，*像法千年(あるいは五百年)，そして*末法万年のはじめとなる．日蓮は*『末法灯明記』が数えた『周書異記』の仏滅年代算定法に従って，仏滅を紀元前 949 年とし，現時を末法に入って二百余年と認識して仏法のあり方を考え，『如来滅後五五百歳始観心本尊抄』(いわゆる*『観心本尊抄』)を著した．

五鈷鈴 ごこれい　密教法具の 5 種の金剛鈴のうち，*鈴の柄が五鈷*金剛杵の形のものを〈五鈷金剛鈴〉あるいは〈五鈷鈴〉と呼ぶ．*壇上で*行者の正面に配置された金剛盤という台の上に*独鈷杵・*三鈷杵・五鈷杵などの金剛杵と共に置かれる．*修法の際の*振鈴には金剛鈴のうち五鈷鈴が用いられるのが普通である．空海・最澄をはじめとする入唐僧による請来品も多く，密教法具の中心を形成している．「八供養の具両壇，鈴杵，五胡鈴四口，塔宝・三胡・独胡鈴各一口」〔参天台五台山記〕．→金剛鈴．

心 こころ［*s*: citta, hṛdaya］　心は，漢字としては心臓の象形であるが，一般に，知性・感情・意志などの総称として用いられ，ものや身体とは区別されると考えられている(『荀子』解蔽に「心は形の君にして神明の主なり」とある)．また，意識下の心，深層心理が説かれたりしている．

仏教でも，心は形あるものとしての*色(rūpa)と区別されている．特に*説一切有部では，心法と*色法をまったく別の存在とし，あるいは*根(器官)・*境(認識対象)と心(*識，認識主観)とを厳密に区別した．一方，大乗の*唯識派は，色法も識が現し出したものとして，心の中に摂めている．唯識派では，意識下の心の*阿頼耶識も説いている．今日の科学的な見方では，心は脳の所産とする見方が有力だが，仏教には，色法が心法を生むという見方はない．ただし，*サーンキヤ学派では現実の精神作用は物質的なものであると考える．→身体．

【関連語と意味】さて，仏教では，〈心〉を〈しん〉と音読する．仏教には，広義の心に対応する多くの語がある．一般に，〈心〉

(citta)，〈*意(い)〉(manas)，〈識(しき)〉(vijñāna, vijñapti)は同義異名といわれる．citta は，種々の(citra)対象を認識するからとも，集める(cinoti)からとも語源的に解釈され，前者の場合は〈*六識〉を，後者の場合，特に唯識派では〈阿頼耶識〉を意味する．阿頼耶(ālaya)とは住居や貯蔵所をさすが，それはこの識が過去の経験を集め貯蔵することに由来する．また，それが未来の*諸法を起こしていくところから〈集起心(じゅうきしん)〉といわれたりする．manas は，思慮する働きで，〈思量心(しりょうしん)〉といわれる．唯識派では〈*末那識(まなしき)〉を指す．vijñāna，vijñapti は，〈了別(りょうべつ)〉と訳されるもので，認知する働きといえよう．〈了別心〉〈縁慮心(えんりょしん)〉〈慮知心(りょちしん)〉といわれたりする．唯識派では〈六識〉をいう．この他，hṛdaya も心である．これは，もともとは心臓をさし，この意味の心を〈*肉団心(にくだんしん)〉という．それはまた中心・心髄の意を示す．*般若心経(はんにゃしんぎょう)の〈心〉は hṛdaya であるが，核心・心髄の意である．

また，心を構成する重要な要素である感情や意志は，人間存在を*五蘊(ごうん)で見るときはその中の*受(じゅ)と*行(ぎょう)が相当し，あるいは後にいう*心所(しんじょ)の中に分析されている．

【心王と心所】多様な作用をもつ心をどう捉えるかについて，仏教には大きく分けて二つの立場があった．*経量部(きょうりょうぶ)は，一つの心(*心王(しんのう))が種々に作用する(心所は心王と別に存在しない)と解するが，説一切有部や唯識派では，心と，心に属する諸作用とを区別する．その中で中心となるものを〈心王〉とよび，それと共におこる個々の心作用を〈心所有法(しんじょうほう)〉(心所)という．心王は識であり，心所には必ず心王と共におこるものや，必ず善であるものや，*煩悩(ぼんのう)などが分析されている．部派仏教や大乗仏教によってその数え方は異なるが，説一切有部では心王は1(六識一体)，心所は46，*護法(ごほう)の系統の唯識派では心王は8，心所は51が挙げられている．→五位七十五法，五位百法．

【心の本性】原始仏教は一般に，心は浄化されることも汚染されることもあり，心の染浄のあり方こそが生存の苦楽を導くと説く．ただし，比較的成立の遅い〈増支部(ぞうしぶ)〉経典などには，心の現象的な姿はともあれ，その本性は光り輝き，清浄なものである(心性本浄(しんしょうほんじょう))という説が登場する．後にそれが〈*自性清浄心(じしょうしょうじょうしん)〉と呼ばれることになる(*『大乗起信論』解釈分に「衆生の自性清浄心」)．*二諦(にたい)でいえば第一義諦のことであり，この他，*法性(ほっしょう)とも*真如(しんにょ)とも呼ばれるものに相当する(『大乗起信論』序分に「法性真如の海」)．それはあくまでも空性(くうしょう)・*無自性(むじしょう)性のことであり，実体的な*霊魂としての心とはまったく異なるものである．この自性清浄心が，それにとっては外的な*無明(むみょう)煩悩によって覆われている状態を説明するものとして，*如来蔵(にょらいぞう)説が大乗仏教では説かれた．これら不生不滅の故に堅固にして真実なる心は〈堅実心〉と呼ばれたりする．

【〈唯心〉的思想の展開】原始仏教以来，心の染浄がその人の*境界(きょうがい)を規定していくという考え方はあったが，大乗仏教になると，たとえば*華厳経(けごんぎょう)ではっきり三界唯心(さんがいゆいしん)(迷いの世界はすべてただ心のみ．*三界唯一心)の思想が説かれた．華厳経は，心は巧みな画師のように種々の世界を描くといっているが，この延長に唯識思想も組織されたのである．仏教の*唯心(ゆいしん)思想は*一心(いっしん)の哲学を展開していく．『大乗起信論』は，大乗の当体を衆生(しゅじょう)心とし，その一心に〈心真如門〉と〈心生滅門〉の二門を設け，心生滅門において心(心・意・意識)が世界を描き出すさまなどを説明している．この〈一心〉の思想は，中国では地論宗・華厳宗を中心として展開し，諸宗に影響を与えた．禅宗では*菩提達摩(ぼだいだるま)が伝えた*法として一心を重んずると同時に，とらわれまいとして*無心と説くことも多かった．

「八万の患(うれ)へは三毒によって心を害す」〔十住心論1〕「余行によらず，念仏によらず，出離の道，ただ心に在(あ)り」〔興福寺奏状〕「所縁の境は，心を離れてはあることなし．心識心所の生起するの時，必ず前の境を変じて，もって所慮所託の法とす」〔義鏡上〕

五根 ごこん [s: pañca-indriya] 〈根(こん)〉(indriya)とは本来〈力〉〈能力〉を意味し，普通には感覚の能力もしくは器官のことをいう．この意味での五根は，視覚器官(眼(げん))，聴覚器官(耳(に))，嗅覚器官(鼻(び))，味覚器官(舌ぜつ)，触覚器官(身)の五つを指す．〈*五官〉ともいう．これに精神作用をつかさどる内的な器官(*意)も加えると〈六根〉となる．このほかに，*悟りを得るための五つのすぐれた力ないし機能も〈五根〉と呼ばれ，*二十二根や*三十七道品の構成要素となる．すなわち，信仰(*信)，*精進(勤)，思念(*念)，*禅定(*定)，*智慧(慧)である．「八万の毛孔は乱れたる草の覆へるが如く，五根・七竅は不浄にて盈ち満てり」〔往生要集大文第1〕．→根，六根．

御斎会 ごさいえ　〈みさいえ〉とも読む．*最勝会の一つ．興福寺*維摩会，薬師寺最勝会とともに〈南都三会〉(南京三会)の一．正月8日から14日の7日間，宮中大極殿(ときに紫宸殿)に本尊盧遮那仏を安置し，金光明最勝王経(*金光明経)を講説して国家安穏を祈り，僧に斎食を供する法会．その始めについては，766年(天平神護2)，768年(神護景雲2)の2説がある．*講師は前年の維摩会講師が勤め，御斎会講師が薬師寺最勝会講師を勤めるようになった．平安時代初頭から，最終日に同経の*論義を行い，〈御斎会論義〉とよばれた．「正月八日より十四日まで，八省にて，奈良方の僧を講師とて，御斎会行はしむ．公家よりはじめ，藤氏の殿ばらみな加供し給ふ」〔大鏡藤氏物語〕．→斎会，三会．

巨刹 こさつ　大きな*寺院のこと．〈巨〉は大きな，〈刹〉は寺院の意．〈刹〉は普通クシェートラ(kṣetra)の音写語で，国土の意．玄応の*『一切経音義』によれば，仏塔の上に立てる竿(ヤシュティ，yaṣṭi)を〈刹〉と名づけるようになった．おそらく，そこから意味が転化して仏塔を，さらに寺院を意味するようになったものと推定される．→刹．

五山 ござん　*禅宗の寺格を表す言葉で，*十刹の上位に当り，〈五山十刹〉と併称される．南宋の末期，行在所のあった臨安府を中心に，径山・霊隠・天童・浄慈・育王という5カ所の名刹を選んで，国祚の長久を祝するために勅によって輪番で高僧を住持としたのによる．*大慧宗杲に帰依した史弥遠の献策である．

日本では，鎌倉より室町時代にかけて，幕府と公家の氏寺5カ所を選ぶ，同じ趣旨の献策があり，*建長寺・*円覚寺・*寿福寺・*浄智寺・*浄妙寺のいわゆる〈鎌倉五山〉が定められた．その後，*夢窓疎石とその一門の発展に伴って，数次の寺刹選定，寺格の変更を経て，京都を中心とする五山制度が定着した．1386年(至徳3)7月には，*南禅寺を五山の上位に置き，*天竜寺・*相国寺・*建仁寺・*東福寺・万寿寺を〈京都五山〉と位置付けた．五山は，天下僧録司の出仕する蔭涼軒制と共に幕府の文教や寺格統制に関係して，学術センターとしての機能を高め，*五山文学や*五山版の成果を生む．〈十刹〉〈*甲刹〉の制はこの時期以後のもので，公武出身の有力尼僧の住院を〈尼寺五山〉とすることもあった．

五山の選定は，インドの*祇園精舎その他，仏陀が長く滞在した天竺五山にならうともいうが，事実はむしろ中国五山の根拠をインド仏教史に求めたにすぎず，臨安を中心とする漢族文明の強化を望んで，人の五体や五臓のそれをモデルとする*風水思想の成果のようである．

「今夕大光明寺に大施餓鬼あり．是れ人民死亡の追善の為なり．五山以下寺々に施餓鬼ありと云々」〔看聞御記応永28.6.15〕

五山版 ござんばん　鎌倉時代末から室町時代にかけて，京都・鎌倉の*五山を中心に，禅僧によって刊行された出版物で，主として宋・元版の復刻であるが，日本人の著作も含まれる．内容は禅籍を主とするが，その他の漢籍もあり，その後の出版文化に大きな影響を与えた．出版した寺院によって，臨川寺版・建仁寺版などと称し，地方でも総持寺版(能登)・瑞竜寺版(美濃)など重要である．〈五山版〉の呼称は江戸時代末に田口明良が初めて用いたものである．

五山文学 ござんぶんがく　日本の中世から近世前期にかけて，*五山派諸寺院およびその周辺に行われた，漢詩文の制作を主眼とする学芸の称．唐宋の間に興隆した中国の禅宗には，言語の象徴的機能に効用を認める風潮が起こったが，宋代における士大夫層との接触は，その教養を*禅林に移植する機会を生じ，俗家流の詩文も悟入の契機たり得るとの考えが広がった．これらは臨済宗黄竜派，大慧派などに殊に著しく，両派には文名を以て鳴る者が多かった．元初に振った古林清茂(くりんせいむ)の会下では，偈頌(げじゅ)(→偈)の他には文事を戒めたが，かえって高尚な表現を求める側面もあった．

平安末から鎌倉期にかけて中国に渡ったわが国の留学僧は，そうした中国禅林の生活を経験し，帰朝後その門庭には宋元流の文事が学ばれた．また*一山一寧(いっさんいちねい)をはじめ来朝中国僧の領導により，漢文の*法語や偈頌を著し，折々の感興を詩に託するなど，文雅を以て潤色する生活が営まれ，*雪村友梅(せっそんゆうばい)，*虎関師錬(こかんしれん)などの文筆僧を生んだ．以来，五山派には古林下の偈頌主義が鼓吹され，大慧派流の駢儷文が模倣されるなど，大陸の学芸に直接の影響を被った．

南北朝から室町期にかけて五山僧が社会の中枢に参与し，その文雅の営みが公武の権力を荘厳するものともなると，五山僧の間には宋元より明初に至る当代の漢詩文が持て囃され，様々の古典や初学書が繙かれた．また江西竜派の『新選集』など，中国詩の総集が邦人によって編まれ，*義堂周信(ぎどうしゅうしん)の『空華集(くうげしゅう)』や*絶海中津(ぜっかいちゅうしん)の『蕉堅藁(しょうけんこう)』など，邦人の作も流行して，文雅の学びに供された．学芸の一般化が進むと，駢儷文の制作を専業とする者が現れる一方，俗塵を避け風流韻事に固執する傾向を生じ，また禅宗本来の悟入を求めて五山を去る者も多く，禅僧社会は分化の色を濃くした．室町後半になると五山の学芸は俗化・日本化の度を深め，漢籍の講筵が俗人と共有され，連歌を規模とする和漢聯句が流行した．さらに室町幕府が崩壊すると五山の求心力も衰え，*林下(りんか)の僧侶，*足利(あしかが)学校の出身者や儒者に，その地位を譲ることとなった．

五三昧 ごさんまい　5カ所の葬場(三昧)の意．時代・資料によって異同がある．鳥辺野(とりべの)は京都東山阿弥陀峰の西方にひろがる野で，『栄花物語』の巻名にもなるなど最も代表的．蓮台野(れんだいの)は北区船岡山の西方にひろがる．『徒然草』に「鳥部野・舟岡，さらぬ野山にも」，『撰集抄』に「鳥辺・船岡のけぶりをよそに見て」と並び称せられる．南都では般若野(はんにゃの)が有名で，いずれも都市への出入口で傾斜地．「左大臣疵を病みて薨ず．大和国般若野の五三昧に葬す」〔百錬抄 保元 3.7.14〕「無縁の聖霊をとぶらはんために，夜々(よなよな)五三昧をめぐり」〔奇異雑談集 6〕

居士 こじ　[s: gṛhapati]　gṛhapatiは，〈家の主人〉の意であるが，特に商工業に従事する資産者階級(ヴァイシヤ，*吠舎(べいしゃ))を意味した．経典などに出るこの語を中国では〈居士〉と訳した．また upāsaka (*優婆塞(うばそく)と音写．男性の*在家(ざいけ)信者)の訳語としても用いられる場合がある．浄影寺*慧遠(えおん)の『維摩義記』では，前者を〈居財の士〉，後者を〈居家の道士〉と解釈している．漢語としての居士(きょし)は，学徳を備えておりながら仕官しない人を指し，『礼記』玉藻や『韓非子』外儲説左上などに用例が見える．今日では，特に*禅を修行する在家の者によく用いる．なお，男子の*法名(ほうみょう)の下につけられ，〈*大姉(だいし)〉の対であるが，中国の禅録には，女居士の例もあった．

「浄行の居士，皆共に愛す」〔十住心論 2〕「草のいほりの内に白衣の居士一人あり．年たけひげ白くして黒髪のこりなし」〔金沢文庫本観音利益集 12〕「院号から居士までで，べらぼうに長々と，法性寺入道見たやうに，三遍つづけては唱へられねへ仏が」〔浮世床 2〕

五事 ごじ　[s: pañca vastūni, p: pañca vatthūni]　*五蘊(ごうん)説に代表されるように，しばしば仏教では考察されるべき主題を五つのカテゴリーに分ける．五事もその一つで，破僧を企てたデーヴァダッタ(*提婆達多(だいばだった))が主張したと*律蔵に現れる，*乞食(こつじき)・*糞掃衣(ふんぞうえ)・*露座(ろざ)・不食酥塩(ふじきそえん)・不食魚肉(ふじきぎょにく)の五事の教団規律のほか，大天(だいてん)の五事，有部(うぶ)アビダルマにおける五事，瑜伽行派(ゆがぎょうは)の説く五事などが知られる．

【大天の五事】有部系の論書において*上座部と*大衆部(だいしゅぶ)の根本分裂の直接的契機として伝えるのが，いわゆる〈大天の五事〉である．北伝によれば，釈尊入滅後百年して*大天(Mahādeva)という人物が現れ，*阿羅漢(あらかん)の完全性について異議をはさみ，阿羅漢でも「夢精をすることがある，無知が残っている，疑いが残っている，他人から知る知識がある，さとりはことばによって表される」という5項目の内容を説いた．この立場を認めるものが大衆部となり，否定するものが上座部となったという．ただこの記録が史実を表したものと見る学者は少ない．南伝には大天の名前は登場しないが五事の記録はある．大寺(*マハーヴィハーラ)派はしかし，これを誤った説として否定する．

【有部アビダルマおよび瑜伽行派の五事説】*説一切有部のアビダルマ(*阿毘達磨)において，*色・*心・*心所・心不相応行・*無為のいわゆる〈*五位〉は，しばしば〈五事〉あるいは〈五法〉(pañcadharma)と総称される．このばあいの五事は，*法を分類する五つの主要事ないしカテゴリーを意味する．さらに，初期の*瑜伽行派では，名(nāman)，*相(nimitta)，*分別(vikalpa)，正智(samyagjñāna)，*真如(tathatā)という五つのカテゴリーを重視し，やはり〈五事〉あるいは〈五法〉と呼ぶ．名称(名)とその根拠となる事物の諸特徴(相)がいかに分別のはたらきと関係するか，また真如を対象とする正しい*智慧はいかにして得られるか，という実践的な視点からの分類枠で，同派の経論はしばしば，この五事と*三性との関係を論じている．

五色 ごしき　青・黄・赤・白・黒の5種の色をいう．五色の観念は，中国古代，『書経』禹貢，『老子』12，『周礼』天官，『礼記』礼運など多くの用例が見え，*五行説に関連づけられた．仏教では〈五正色〉また〈五大色〉とも称するが，インドの教団では*比丘が着用する衣には用いてはならない華美な色とされた．五正色は五方の正色の意味で〈五間色〉(緋・紅・紫・緑・碯黄)に対していう．五大色は*五大説のもとに五色を考えるもの．特に密教において教義に関連づけて説かれ，五方の配当にも二説ある．

なお，聖衆来迎の瑞相とされる〈五色の雲〉，臨終の儀式として*阿弥陀仏の手と病者の手をつなぐ〈五色の糸〉の五色は，いずれも青・黄・赤・白・黒の五色をさした．→壊色．

「百日法花経を講じけるはての日，其の所に五色の雲たちて，過去の四仏あらはれたまへり」〔法華百座 3.27〕「入滅の日に，五色の糸をもて仏の手に繋けて，これを取りて念仏して気絶えぬ」〔拾遺往生伝中 27〕

五時教 ごじきょう　中国における*教相判釈の一種．すべての経典は*釈尊一代の教説であると認めて，釈尊の*成道から*入滅までの*説法を，五つの時期に分け体系づけたもの．中国仏教独特の経典整理のしかた．

1) *慧観(5世紀)の創唱と伝えられる説：華厳経を*頓教，他の諸経を漸教とし，漸教を三乗別教(阿含経など)，三乗通教(般若経など)，抑揚教(維摩経など)，同帰教(法華経など)，常住教(涅槃経など)に分ける．2) 劉虬(438-495)の説：慧観と同様に頓漸を分け，漸教を人天教(提謂経)，有相教(阿含経など)，無相教(般若経など)，同帰教(法華経)，常住教(涅槃経)に分ける．

梁代(502-557)江南の仏教界では，仏性と仏身の*常住を説く涅槃経を重視していた．しかし天台*智顗は，五時八教判により，涅槃経を*捃拾教と位置づけ，*諸法実相を説く法華経の思想に摂収した．→五時八教．

なお〈五時講〉は，天台の五時教判にしたがって五部の大乗経典，すなわち華厳・大集・般若・法華・涅槃の各経の要文を順次講説する法会．仁康が991年(正暦2)，源融の亡霊供養のために河原院で行なったのに始まるという．

「仮堂を作りて始めて五時講を行ふ」〔続古事談 4〕

五時五教 ごじごきょう　日本の天台密教(*台密)における教判(*教相判釈)．天台宗では，通常，〈五時八教〉の教判が用いられるが，日本天台において教義の密教化に伴い，密教経典を優位に位置づける教判が現れた．その終極として組織されたのが〈五時五教〉で，五大院安然が，*円仁・*円珍などの説を踏まえて体系化したものである．五時のうち前の四時(華厳・阿含・方等・般若)は，五時八教と同様であるが，第五時(法華涅槃)をさらに初・中・後の三時に分け，初に法華経，中に涅槃経，後に大日経などの陀羅尼蔵を対応させており，第五時の最後に密教経典を位置づける点に特徴がある．五教とは，同じく五時八教で説く四教(*三蔵教・*通教・*別教・*円教)に，密教を加えたものである．→五時八教，安然．

護持僧 ごじそう 〈御持僧〉とも書く．清涼殿の天皇御座所の次の間で*修法を行い，天皇の身心の安穏を祈る僧．修法は不動法・如意輪法・*延命法などの密教修法の他，平安京鎮守21社を*勧請しての祈念も含まれ，多くは通夜密かに行われる．797年(延暦16)桓武天皇の*内供奉となった*最澄が初例．嵯峨天皇の時には*空海が勤仕し，のち天台座主*円仁・*円珍，東寺長者真雅(801–879)・宗叡(809–884)らが勤めて以来，延暦寺・園城寺・東寺の僧から選出される例となった．人員は当初1名だったが，平安末期には7名の例も見えている．なお，後には広く貴人の寝所に伺候する僧の称ともなり，〈夜居の僧〉と同義になった．

「(空海は)嵯峨の天皇の護持僧として，僧都の位にてなむましましける」〔今昔 11-9〕「座主明雲はひとへの平氏の護持僧にて，とまりたるをこそわろしと云ひければ」〔愚管抄 5. 安徳〕

後七日御修法 ごしちにちみしほ 〈ごしちにちみしゅほう〉とも読む．略して〈御修法〉．毎年正月8日から7日間国家の繁栄・玉体安穏・万民豊楽を祈念して行われる真言宗の*修法．834年(承和1)*空海が朝廷の勅許を得て自ら*導師となって修したのに始まり，以後，宮中の真言院などを*道場として何度か中断しながら明治の*廃仏毀釈まで続いた．1883年(明治16)に再興され，東寺(*教王護国寺)灌頂院で行われるようになった．元日から7日間(前七日)の宮中節会に対するところから〈後七日御修法〉という．

「御修法・読経なども，いとおどろおどろしう騒ぎたり」〔源氏柏木〕「阿闍梨は宇治殿へ参りなどし給ふに，また内の御修法とし，道をなかにて歩き」〔成尋母集〕

五時八教 ごじはっきょう 天台*智顗が説いた教判(教相判釈)で，在来の教判を五時・化儀四教・化法四教と複合的に組織したもの．ただし五時八教という用語は*湛然のときに成立した．華厳経が*頓教，涅槃経が釈尊最後の教説とする当時の教判に，法華経を最勝の教えとして位置づけるため案出した有機的な教義体系で，華厳宗のそれとともに中国教判の代表とされる．

〈五時〉とは，涅槃経の*五味や法華経の*長者窮子喩などにより，釈尊一代の説法を華厳時(華厳経)，鹿苑時(阿含経)，方等時(維摩経・勝鬘経など)，般若時(般若経)，法華涅槃時(法華経・涅槃経)に分けたもの．鹿苑時はまた阿含時ともいう．またそれらの説法を教えの形式から頓教，漸教，秘密教，不定教の〈化儀四教〉に配し，教理の面から解体して*三蔵教(小乗)，*通教(大乗仏教の入門的な教えで，*三乗に共通に教示される教え)，*別教(*菩薩にだけ教示される高度な大乗仏教)，*円教(最も勝れた完全な教え)の〈化法四教〉を立てたもので，北宗代の諦観*『天台四教儀』に巧みに整理されている(下表参照)．→教相判釈，化儀．

「五時を華厳に始め，涅槃に成ず．…万法を弥綸する者は八教なり」〔元亨釈書 27〕「これに依りて五時八教の式を弁へず，五性三乗の品を知らず」〔異制庭訓往来〕

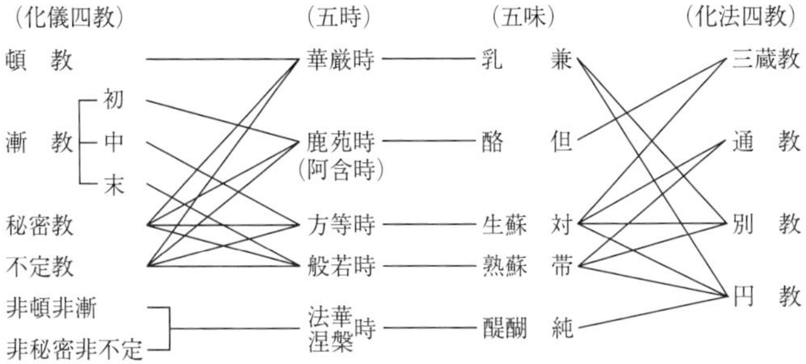

五時八教

居士仏教　こじぶっきょう　＊居士とは〈居家の士〉のことで，＊出家せず俗人のまま仏道修行する者をいう．こうした＊在家(ざいけ)信者を主体とする仏教教団ないし仏教運動は，インドでは，在俗の仏教徒が出家教団に反発しておこした初期の＊大乗仏教に見られ，中国では＊三階教や＊白蓮教(びゃくれんきょう)・＊白雲宗(はくうんしゅう)といった当時の新興仏教，日本では＊親鸞(しんらん)教団やその後の新仏教などに見られるが，とくに居士仏教として有名なのは，中国清代における居士を中心とした仏教活動である．

清朝に仕えることを拒否して野にあった知識人たちが仏教研究を支え，やがて仏教界を指導するに至った．当時の著名な居士としては，宋世隆(そうせいりゅう)・畢奇(ひつき)・周夢顔(しゅうぼうがん)・彭紹升(ほうしょうしょう)・鄭学川(ていがくせん)・＊楊文会(ようぶんかい)などがいる．彼らはいずれも仏教の振興に挺身し，特に鄭学川は太平天国の乱(1851–64)で＊大蔵経(だいぞうきょう)が失われたのを悲嘆して経典の刊行に尽力し，また楊文会は，同じく経典の刊行のほか，仏教学研究所を設立して仏教研究の再興を図った．

このように，清代以降の仏教復興には在家居士が大きな役割を果した．また近代日本においても，＊田中智学の国柱会(こくちゅうかい)の運動や＊鈴木大拙らの居士禅など，教団に縛られない在家居士の活躍が，仏教の近代化に当って大きな役割を果した．

五趣　ごしゅ　⇒六道(ろくどう)，悪趣(あくしゅ)

五十音図　ごじゅうおんず　同一ないし類似の子音を有する音節を表記する仮名を縦に各5字，同一の母音を有する音節を表記する仮名を横に各10字，合計50字の仮名を配列した一覧表．仮名の字種は＊伊呂波(いろは)歌と同じ47種で，イ・ウ・エの3種が重出する．作者・制作年代は未詳．現存最古の音図は醍醐寺蔵『孔雀経音義(くじゃくきょうおんぎ)』平安中期写本巻末所載のもの，ついで大東急記念文庫蔵『金光明最勝王経(こんこうみょうさいしょうおうきょう)音義』承暦3年抄本(1079)巻首・巻末付載の3種が古く，行・段の順序はそれぞれに相違する．

中世にも音図は数多く作成されるが，行・段の順序はまちまちであった．しかし，そうした中で，段の順序はしだいに現行のものに固定する．また行の順序も，近世初期までに現行のそれに定着を見る．これには悉曇章(しったんしょう)(＊梵字(ぼんじ)の字母表)の配列が影響を及ぼしたものと見られる．中世に生じたイ・ヰ，エ・ヱ，またオ・ヲの所属についての混乱は，それぞれ＊浄厳(じょうごん)・＊契沖(けいちゅう)，また富士谷成章(ふじたになりあきら)・本居宣長(もとおりのりなが)によって復元された．

音図の成立事情については悉曇出自説をはじめ諸説あるが，悉曇研究の場における漢字音学習と深く関わるようである．音図は，古く仮名づかい・語源・活用などの研究に際して，その理論的根拠として利用された．また，語の配列基準としては『温故知新書』(1484)に採用されたが，五十音図が一般に普及するのは明治以後のことである．→悉曇，付録(梵字悉曇字母表)．

五重玄義　ごじゅうげんぎ　経文を解釈するに先立って，経題の意味や経の要旨を説くのを〈＊玄義〉あるいは〈玄論〉〈玄談〉といい，天台＊智顗(ちぎ)は玄義の構成を，1)釈名(しゃくみょう)(題名の解釈)，2)弁体(教えの基盤となる本体を明確にする)，3)明宗(みょうしゅう)(教主の修行の根本を明らかにする)，4)論用(ろんゆう)(教えのはたらきを論ずる)，5)判教(仏教全体中で経の教えが占める位置を定める)とし，これを天台教学の五重玄義という．

五重相対　ごじゅうそうたい　＊日蓮(にちれん)の＊教相判釈(きょうそうはんじゃく)の一つで，仏一代の教えをはじめ広く世間のすべての思想教学の勝劣を，教理の浅深によって比較し選択して，＊法華経「如来寿量品(にょらいじゅりょうほん)」に顕(あらわ)された事(じ)の＊一念三千，妙法五字(妙法蓮華経)が＊末法の究極の要法であることを論じたもの．1)内外(ないげ)相対(仏教の内と仏教以外の教えの外とを相対させ，前者をすぐれるとすること)．2)大小相対(仏教の中の＊大乗と＊小乗とを相対させ，前者をすぐれるとすること)．3)権実(ごんじつ)相対(実大乗の法華経と権大乗のその他の諸経とを相対させ，前者をすぐれるとすること)．4)本迹(ほんじゃく)相対(法華経の＊本門と＊迹門とを相対させ，前者をすぐれるとすること)．5)教観相対(本門の文上の＊教相と文底の＊観心とを相対させ，後者をすぐれるとすること)．

五重相伝　ごじゅうそうでん　＊浄土宗の奥義(おうぎ)を伝える行事．〈五重〉とも略称する．五重の次第を立てて＊相承(そうじょう)し，5通の＊血脈(けちみゃく)を伝授するもので，1393年(明徳4)12月，了誉*聖冏から弟子の酉誉聖聡に伝えられたのを起源とする．五重とは，機・法・解・証・信の大綱で，『往生記』『末代念仏授手印』『領解末代念仏授手印鈔』『決答授手印疑問鈔』を書伝として初重から四重に配し，第五重は*『往生論註』の*十念の口伝を以て相伝する．なお，この伝授が秘儀であったことから，のちには単に秘伝の意にも用いられ，これをもじって，「おまん(人名)が五重相伝は，丸裸で受けました」〔浄・薩摩歌上〕のように，色事の奥義の伝授の意に用いた例さえある．「浄土宗などに五重相伝などいふて，人を集め伝授すれども，誠の相伝といふはこのたび得たまふなり」〔庫裡法門記〕

五十二位 ごじゅうにい　*菩薩瓔珞本業経に基づいて立てられる菩薩の52の修行の階位．十信・十住・十行・十廻向・*十地・*等覚・*妙覚の各階位の総称．ただし経自体には，十信(十信心)は階位とみなされてはおらず，また等覚の位は〈無垢地〉と名づけられている．なお，一般には，十地位の初地以上を〈聖位〉，十廻向位以下を〈凡位〉とし，凡位をさらに区別して十信位を〈外凡位〉，十住位・十行位・十廻向位を〈内凡位〉(*三賢位)とする．「五十二位を一々の位に多倶低(胝)劫を経て，衆生界を尽くして仏に成るべし」〔日蓮一代聖教大意〕

五十二類 ごじゅうにるい　〈五十二衆〉ともいう．*涅槃経に説くところで，釈尊入滅時に，その死を哀惜して参集した，仏弟子から鳥獣・虫魚・毒蛇に至る52種の生類の総称．生きとし生けるもの，生あるものすべての意ともなる．「六欲四禅の天衆飛び来たりて哀惜し，五十二類の衆生，はせあつまりて悲歎しき」〔続教訓鈔14〕

五重塔 ごじゅうのとう　⇒塔

五趣蘊 ごしゅうん　⇒五蘊，四苦八苦，苦

五種不男 ごしゅふなん　[s: pañca-paṇḍaka]　男根未発育や両性具有(半陰陽)などの性的障害者を5種に分類したもの(法華経安楽行品)．各律典により訳語が異なるが，*『十誦律』は，生不能男(生れつき性交不能)，半月不能男(両性をもち，半月ごとに男女の機能を代える)，妬不能男(両性をもち，一根が交わると他根が嫉妬する)，精不能男(両性をもち，男女それぞれに対して機能する)，病不能男(病気などで性器が破損したりした者)の5種を挙げる．「五種不男とは何ぞ．男女二形と云ふ是れなり」〔壒嚢鈔7〕

五種法師 ごしゅほっし　法華経の「法師品」に説く，受持・読・誦・解説・書写の5種の修行をする人をいう．〈*受持〉は経典の信心受持，〈読〉は経文を看て読むこと，〈誦〉は暗誦，〈解説〉は経を他者に解釈し敷衍すること，〈書写〉は*写経．*日蓮は受持を以て五種の代表とし，口に「*南無妙法蓮華経」と唱え，心に深く信心を致し，身に法華経を色読体験する(身を以て実践する)ことを行者の不可欠の受持の行とした．「妙法蓮華経，書き読み持てる人は皆，五種法師と名づけつつ，つひには六根清しとか」〔梁塵139〕

後生 ごしょう　今の世の生を終えて生れ変ること．また，死後の世界．〈*今生〉〈*前生〉に対する語．〈後生一大事〉は，来世の安楽を最も大切なことと考え，それを願うこと．〈後生善処〉は，死んでのちに*極楽浄土や天界などの善い所に生れるという意味で，法華経薬草喩品に見える(→現世安穏・後生善処)．ちなみに，漢語としての〈後生〉は，自分より後に生れる人，後進の者の意．「後生に三悪道に堕ちて苦を受けむ事，疑ひ無し」〔今昔1-38〕．→後世，来世．

五条 ごじょう　*比丘が所有を認められた三衣の一つ．長方形の長短の布2片または4片を縦につないで一条とし，五条を横に並べ，両辺を重ね，縫い合わせてつくる．元来は〈安陀会〉(antaravāsaka，内衣・下衣)で肌着として着用し，また道路を行くとき，作業を行うときに着けるところから〈道行衣〉〈作務衣〉などという．中国・日本では*法衣の上に着け，禅宗の〈絡子〉，浄土宗の〈大師五条〉や〈威儀細〉(小五条)のように変形・簡略化されている．「三衣の内，先づ五条を当時譲り奉らむ．残りをば死後に伝へ取り給へ」〔発心集2〕．→三衣，袈裟．

五乗 ごじょう　〈*乗〉は乗り物の意で，人びとを運んで理想の世界に到達させる教えを

喩える．一般に，*人(にん)・*天(てん)・*声聞(しょうもん)・*縁覚(えんがく)・*菩薩(ぼさつ)の5種類の教えをいい，*世間に生まれさせる前二者を〈世間乗〉，*悟りに導く声聞以下の教えを〈出世間乗〉という．天台宗では，人乗・天乗・声聞縁覚乗・菩薩乗・*仏乗，華厳宗(けごんしゅう)では，*小乗・声聞乗・縁覚乗・菩薩乗・*一乗をいう．また，天乗(*欲界に生まれる)・梵(ぼん)乗(*色界・*無色界に生まれる)・声聞乗・縁覚乗・諸仏如来乗などの諸説がある．「この経(法華経)は五乗の異執を廃して，一極の玄宗を立つ」〔開目抄〕

五常 ごじょう　人が常に行うべき，仁・義・礼・智・信の5種の徳目のこと．『荘子』天運や『礼記(らいき)』楽記に五常の語がみえるが，それらは天地万物の構成要素である木火土金水の〈*五行(ごぎょう)〉のことと思われる．『孟子』告子上には惻隠(そくいん)・羞悪(しゅうお)・恭敬・是非の心として仁・義・礼・智の四徳がみえ，前漢の董仲舒(とうちゅうじょ)にいたってこれに誠心の信を加え，〈五行〉に配当して〈五常〉とした．中国仏教では，天台*智顗(ちぎ)以降，*五戒にあてる場合がある．この考え方は*『摩訶止観(まかしかん)』などを介して天台宗で行われ，東密でも早く空海撰*『秘蔵宝鑰(ひぞうほうやく)』に見られる．それが組織化されて教訓書の形をとったのが鎌倉中期の『五常内義抄』であり，それはやがて南都の楽家に摂取されて，五常・五戒・五音相関説を生むに至った．→数法相(すほっそう)配釈．

「内には五戒をたもって慈悲を先とし，外(ほか)には五常をみださず，礼義をただしうし給ふ」〔平家2.教訓状〕「仁・義・礼・智・信，俗には五常と名付け，殺・盗・婬・妄・酒とす．法には五戒なり」〔五常内義抄跋〕

五性各別 ごしょうかくべつ　衆生(しゅじょう)が先天的に具えている宗教的人格の素質(性)を5種に分かち，それは決定的に確定しているとする説．〈性〉は〈姓〉とも書き，*種姓(しゅしょう)(種性)の略である．1)声聞定性(しょうもんじょうしょう)，2)独覚(どっかく)定性，3)菩薩(ぼさつ)定性，4)不定性(ふじょうしょう)，5)無種性(むしゅしょう)(*無性)の五つをいう．前の三つはそれぞれの修行道と得られるべき悟りの果が決まっていて変更が許されないとされ，これを〈決定性(けつじょうしょう)〉という．4)の不定性はそれが決まっていなく変更がゆるされるもの，5)の無種性は悟りを得ることのできないものである．以上の5種のうち，*成仏(じょうぶつ)しうるのは3)と4)のみである．このような考え方は，悟りの根元となる因を求める発想から発生したと思われ，やがてそれは*法爾(ほうに)として存在する*無漏種子(むろしゅうじ)の有無に還元された．すなわち，現実の衆生の中には無漏種子を持たないものも存在するとし，それが無種性とされ悟りの可能性の無い*一闡提(いっせんだい)の存在を生み出した．

大乗仏教の通念である一切衆生成仏の思想と反する点があるため，論争の的になり，中国では，*玄奘(げんじょう)の門下生において既に対立意見が存在し，霊潤(れいにん)と神泰(しんたい)の間に見解の相違が認められる．また*涅槃経(ねはんぎょう)を重視した法宝(ほうぼう)は『一乗仏性究竟論(いちじょうぶっしょうくきょうろん)』を著し五性各別説に対立し，*慧沼(えしょう)は『能顕中辺慧日論(のうけんちゅうへんえにちろん)』を著して各別説を支持した．また日本では，平安初期に最澄と徳一の間で論争となり*『守護国界章(しゅごこっかいしょう)』などが著され，平安中期には*応和の宗論(おうわのしゅうろん)が存在する．この対立は，源信の*『一乗要決(いちじょうようけつ)』によって整理され皆成の立場が宣揚された．

「僧正は草木成仏の義を宣(の)べ給へば，仲算(ちゅうざん)は五性各別の理を立てて難じ」〔太平記24.依山門嗷訴〕

孤調解脱 こじょうげだつ　自分一人を調(ととの)えて悟り(*解脱，*涅槃(ねはん))を求めること．慈悲利他行に欠ける*二乗(小乗)を批判したもので，智顗(ちぎ)の*『摩訶止観』3上において，二乗に関し，「ただ孤調解脱のみあり」という．

五障三従 ごしょうさんじゅう　〈五障〉は訓読して〈五つの障(さわ)り〉とも．中阿含経28，増一阿含経38，法華経提婆達多品などの所説で，女には梵天王・帝釈・魔王・転輪聖王・仏の五種になることができない障害があるということ．〈三従〉はインドの*『マヌ法典』，中国の『儀礼(ぎらい)』喪服などの所説で，女は幼い時には親に従い，嫁(か)しては夫，老いては子に従うべきだとする考え．いずれも女性の*成仏を妨げる根本的障害で，そこから女性は男性に変身しなければ仏になることができない(*変成男子(へんじょうなんし))と考えられた．インドにおける女性差別の思想が仏教に入りこんだもので，日本において一段と強調され，ときに*女人成仏の思想と拮抗するにいたった．→女性．

「弥陀の本願に乗じて，五障三従の苦しみ

をのがれ，三時に六根をきよめ」〔平家灌頂.六道〕「ことに女人は，五障三従とてさはりある身なれば，即身成仏はまづおきぬ」〔曾我12.少将法門〕

五停心観 ごじょうしんかん　小乗アビダルマ(*阿毘達磨)の*三賢の第1位．*声聞の入門的な仏道修行である．心を停める5種類の*観法．1) *不浄観: 肉体や外界の不浄なありさまを観じ，貪りの心を止める．2) 慈悲観: 一切衆生を観じて*慈悲の心を生じ，怒りの心を止める．3) 因縁観: 諸事象が*因縁によって生ずるという道理を観じ，無知の心を止める．4) 界分別観: *五蘊・*十八界などを観じ，物に実体があるという見解を止める．5) *数息観: 呼吸を数えて，乱れた心を止める．界分別観のかわりに念仏観をおいて，〈五種観門〉ともいう．

後生善処 ごしょうぜんしょ　⇀現世安穏・後生善処 げんぜあんのん・ごしょうぜんしょ

五濁 ごじょく　*四劫のうち，住劫の*減劫(人の寿命が減少する期間)に起る五つの厄災．〈劫濁〉(以下の四濁の起る時代であること．時代の汚れ)，〈見濁〉(人々が誤った思想・見解を持つようになること)，〈煩悩濁〉(貪・瞋・癡などの*煩悩が盛んに起ること)，〈衆生濁〉(見濁・煩悩濁の結果として，心身が弱く，苦しみが多くなること)，〈寿命濁〉(寿命が次第に短くなり，最低10歳にまでなること)の五つ．五濁の起る時代を〈五濁悪世〉といい，*末法と重ねて考えられた．なお仮名文学では，これを訓読して「五つの濁り深き世に」〔源氏蓬生〕などと用いられることもある．

「五濁の正災は諸仏も滅することあたはず」〔顕戒論中〕「げにこの五濁悪世には余らせ給ひにける．いかにして仮にも宿らせ給ひけん」〔狭衣3〕

居士林 こじりん　*在家の*禅の修行者のための道場のこと．禅宗で，多くの修行者(*雲水)が各地から集まってきて，共に修行生活を送る場を，草木が群生している姿に喩えて*叢林というが，居士林とは，*居士のための叢林のことをいう．鎌倉の*円覚寺などに見ることができる．

己心 こしん　自分の心．大乗仏教では，華厳経の〈三界唯心〉に見られるように，心を重視する．そこから，中国や日本では，*凡夫の日常の心に絶対の悟りの世界を見ようとする思想が展開した．日本の*本覚思想で発展する〈己心の浄土〉〈己心の弥陀〉の思想も，このような系統を受けるものである．「安楽世界とは，四安楽の行者の己心の浄土なり」〔万法甚深最頂仏心法要下〕

五辛 ごしん　5種の辛味のある野菜のことであるが，〈五葷〉(5種の臭味のある野菜)と重ねて説かれることが多い．一般には葱(ねぎ)・薤(らっきょう)・韮(にら)・蒜(にんにく)・薑(はじかみ)などの5種をいうが，大蒜・茖葱・慈葱・蘭葱・興渠〔梵網経下〕をいう説など，細かにはその名称・種類には異同がある．臭気があり，色欲を刺激するので，仏家は*戒律としてこれを食することを禁じた．また臨終の行儀として，病人はもちろん，身辺の人も五辛を食することを禁じられた．食すれば，魔障の乗ずるところとなり，*往生がさまたげられるというのである〔孝養集下〕．なお，道家道教においても〈五葷〉〈五莘〉が考えられている〔本草綱目26.菜部蒜〕．

「五穀は腑を腐す毒，五辛は目を損ずる鴆」〔三教指帰中〕「或いは酒を飲み肉食をし，或いは五辛を食する口にて(経を)読み奉る事，ゆゆしき恐れの中の恐れなり」〔孝養集中〕

護身法 ごしんぼう　密教で修行者が*修法や*読経を始める際に通常，結び唱える印(*印相)と*真言のこと．浄三業・仏部三昧耶・蓮華部三昧耶・金剛部三昧耶・被甲護身の5種からなる．浄三業で自分自身が本来*清浄であることを確認したのち，仏部・蓮華部・金剛部の各部に属する諸尊により身口意の*三業のそれぞれに*加持を受け，最後に衆生済度のための大慈悲を甲冑のごとく身につけ，身心を堅固に守護すると*観想して修行の完成を祈る．「真言院の律師のもとに消息言ひ遣はしつ．参り来ば護身せさせ奉らん」〔宇津保国譲中〕

牛頭・馬頭 ごず・めず　*地獄の獄卒で，牛頭人身のものを〈牛頭〉，馬頭人身のものを〈馬頭〉という．『大智度論』16や大仏頂首楞厳経8，十王経などに見える．また，五苦章句経には，牛頭の名は〈阿傍(あぼう)〉とある．仏教思想にもとづく地獄の獄卒の話やその形状は，六朝時代以降の中国小説類の中にしばしばあらわれ，日本でも堕地獄説話や六道絵などでなじみが深い．「閻魔王の使ひ，阿傍羅刹(あはうらせつ)，牛頭・馬頭目をいからかし，牙をちがへたるもの多し」〔法華百座6.26〕

五衰 ごすい　いわゆる〈天人の五衰〉で，天界の住人が死ぬ時に現れるという5種類の衰弱の様相．その内容や順序は経説によって異なるが，日本で広く行われているのは*『往生要集(おうじょうようしゅう)』大文第1に引く六波羅蜜経(ろくはらみつきょう)3の所説で，そこには，1)頭の上の花鬘(はなかつら)忽(たちま)ちに萎(しぼ)み，2)天衣が塵垢に著(け)がされ，3)腋(わき)の下より汗出で，4)両の目しばしば眴(くるめ)き，5)本居(ほんご)を楽しまず(天界の生活を嘆く意)の5相を挙げる．ちなみに，異説が多いのは4)で，上述の代りに涅槃経19は「身体臭穢(しゅうえ)」，法句譬喩経1は「身上の光滅す」(仏本行集経5も同趣)，摩訶摩耶経下は「頂中の光滅す」を挙げる．正法念処経23に説くところでは，この五衰時の苦悩に比べれば，地獄の受苦もその16分の1に満たないという．

『往生要集』以来，わが国の六道釈では，無数無量の快楽を受ける天人さえ六道に住する限りは五衰の大苦を免れ得ないことを指摘して，すみやかに六道輪廻(りんね)の境界(きょうがい)より離脱すべきことを勧説している．なお，中世本地物語『熊野の本地』に見える「五衰殿」の名称などはこれに由来するもの．

「かの忉利天の如きは，快楽極まりなしといへども，命終に臨む時は五衰の相現ず」〔往生要集大文第1〕「およそ人間の八苦，天上の五衰，今にはじめぬ事にて候へども」〔曾我12.虎いであひ〕

牛頭禅 ごずぜん　牛頭法融(ごずほうゆう)(594-657)を祖とする中国禅宗．〈牛頭〉の名称は，法融所住の弘覚寺が江蘇省牛頭山に存したことに由来する．牛頭宗の法系は，*菩提達摩(ぼだいだるま)—*慧可(えか)—僧璨(そうさん)—道信(どうしん)—*弘忍(こうにん)—法融とされるが，これは南北両宗に拮抗すべき新たなる正当性を主張するため，南北両宗が事実上の起点とする5祖弘忍よりさらに遡及した起源を求めて創出されたものであって，実際に一宗としての確立を見たのは，潤州(江蘇省)の鶴林玄素(かくりんげんそ)(668-752)の頃からではないかと考えられる．玄素は牛頭宗第6世とされ，その法系は，法融—智巌(ちがん)—慧方(えほう)—法持(ほうじ)—智威(ちい)—玄素となる．法融の禅は，*三論宗の影響を受けたと見られ，理知的・論理的な構成を具える．禅林寺翛然(しゅくねん)より法を受けた*最澄(さいちょう)によって日本にも伝えられた．宋代以降は衰微した．

牛頭天王 ごずてんのう　もとは，インド*舎衛城(しゃえじょう)の*祇園精舎(ぎおんしょうじゃ)の守護神．牛頭天王は，東方*浄瑠璃世界(じょうるりせかい)の薬師如来の*垂迹(すいじゃく)といわれ，武荅王の太子で*娑竭羅竜王(しゃかつらりゅうおう)の女を后として八王子を生む．頭に牛の角をもち，*夜叉(やしゃ)の如く，形は人間に似る．猛威ある御霊的神格だったことから素戔嗚尊(すさのおのみこと)に習合され，京都祇園の八坂神社に祀られて除疫神として尊崇される．『東海道中膝栗毛』に，「祇園の社にまいる．御本社の中央は大政所牛頭天皇」とある．なお，牛頭天王の除疫譚は，*蘇民将来(そみんしょうらい)・巨旦将来説話として奈良朝以来伝承されているが，これを祇園社の本地物語化したのが*『神道集』3-12の「祇園大明神事」や室町物語の『祇園牛頭天王縁起』である．→祇園会．

後世 ごせ　*三世の一で，〈前世〉〈現世〉の対語．死後に生れ変る世界，また生れ変った世界をいい，類義語に〈*後生(ごしょう)〉がある．〈*来世〉も同義語であるが，極楽往生を説き，それを願う人々の用語としては後世が圧倒的に多く，次第に語自体の中に後世の善所，後世の安楽の意がこめられるようにもなった．〈後世者(ごせしゃ)〉は仏道に専念し，死後の浄土転生を希求する人の称であるが，特に*阿弥陀仏(あみだぶつ)に帰依し，その*誓願にすがって念仏往生を遂げようとする道心者をさすことが多い．なお，*往生伝類に始まり，中世を通じて制作された浄土教的文学には，そうした後世者の浄行を讃美し，それを説話または物語化して世俗に宣揚するという重要な一側面もあった．「富める者は楽しみに貪(ふけ)って，すべて後世を知らず」〔愚迷発心集〕「或る入道，年来(としごろ)念仏の行者にて，随分の後世者と思へり」〔沙石集7〕

古先印元 こせんいんげん　1295(永仁3)-1374(応安7)　古先は道号，印元は諱(いみな)．鎌倉後期-南北朝時代の臨済宗の禅僧．薩摩(鹿児島県)の人．*諡号は正宗広智禅師．初め鎌倉*円覚寺桃渓徳悟に入門．1318年(文保2)入元して無見先覩，*中峰明本，古林清茂らに参じ，中峰明本より嗣法した．1326年(嘉暦1)に帰国．*夢窓疎石と親しく，1337年(建武4)に請われて甲斐(山梨県)恵林寺に入った．ついで，京都三条坊門等持寺の開山となった．さらに，*天竜寺建設に際しては，大*勧進となった．1345年(貞和1)京都真如寺，1350年(観応1)京都万寿寺に住持し，1358年(延文3)には鎌倉長寿寺の開山となった．翌年には，鎌倉円覚寺，ついで建長寺に住し，建長寺内に広徳庵を構えた．また，奥羽(福島県)須賀川普応寺の開山としても知られる．

胡僧 こそう　〈胡〉とは，中国古代に北方辺地や西域の民族を指し，漢代以降は広く外国一般のことをもいうようになった．したがって〈胡僧〉とは，西域や，さらにインドよりやってきた出家僧をいう．また禅の*語録などでは，特に中国禅宗の初祖とされる*菩提達摩のことを胡僧ということがある．なお，胡僧は〈胡道人〉と同じ意にも使われる．「彼の葱嶺の上にして此の事を告げし胡僧，誰人ならむ」〔今昔6-3〕

小僧 こぞう　本来は〈大僧〉に対する語で，〈しょうそう〉と読む．戒行に欠ける僧，修行の未熟な僧の意で，*私度僧の称ともした．〈羊僧〉〈*貧道〉などと同じく，僧が謙遜の自称とすることも多い．〈こぞう〉はその転で，広く年若い僧，年少の僧をさすが，修行未熟という意味をこめた蔑視的用法もすでに平安中末期の間に認められる．〈小大徳〉〈小院〉なども類義語．なお現代語で，年少の男子に対する蔑称としたり，商店などの年少の使用人の称としたりするのは，近世末期ごろよりの，もう一段の転義である．「然らば御前をば，『小寺の小僧』とこそ申すべかりけれ」〔今昔28-8〕

五相成身 ごそうじょうじん　[*s*: pañcākārābhisaṃbodhi(-krama)]　*金剛頂経，すなわち初会金剛頂経たる一切如来真実摂経は，その冒頭に一切義成就菩薩が通達菩提心・修菩提心・成金剛心・証金剛身・仏身円満の五つの段階(krama)を履んで成仏し，*毘盧遮那如来となるその有様を叙述する．これは，釈迦族の王子シッダールタ(*悉達多)が*成道して*釈迦牟尼仏となった歴史的な事実に対する密教的な解釈を示すものであるが，後の*金剛界系の密教においては，この成仏の体験をこの5段階において象徴主義的に模倣する*行法(五相成身観)が即身成仏の方法とみなされることになった．→即身成仏．

その5段階においては，それぞれ対応する*真言が誦され，その真言の内容に対応した象徴的な心的イメージが*観想される．そして，それらを歴史的なブッダのさとりの内容にほかならないとみなすところに密教の方法論が設定されるのである．それら五つの真言とは，通達菩提心：oṃ cittaprativedhaṃ karomi(オーン，吾は(自)心(の源底)に通達せん)，修菩提心：oṃ bodhicittam utpādayāmi(オーン，吾は菩提心を発さん)，成金剛心：oṃ tiṣṭha vajra(オーン，起て，金剛よ)，証金剛身：oṃ vajrātmako 'ham(オーン，吾が本質は金剛に他ならず)，仏身円満：oṃ yathā sarvatathāgatās tathāham(オーン，一切諸如来があるが如くに，その如くに吾はあり)である．

「我則金剛，我則法界，三等の真言加持の故に五相成身し，妙観智力をもて即身成仏し」〔性霊集補闕抄8〕

五大 ごだい　[*s*: pañca-(mahā-)bhūtāni, pañca-dhātavaḥ]　地・水・火・風・空の〈五大種〉(五大主要元素)．〈大〉とは万物の依り所として広くゆきわたっていることを意味する．*俱舎・*唯識などの顕教では万物を構成する要素として〈四大種〉を説くが，密教ではこれに空大を加えた〈五大〉，さらに識大を加えた〈六大〉を説く．〈空大〉の性質は*無礙(さまたげられない)，働きは不障(さわりがない)で，物質として考えられた*虚空(空間)を意味し，他をその中に安住させる場である．*サーンキヤ哲学ではその25原理(二十五諦)の一つとして考えられ，五つのより微細な元素(五唯)から生ずるものとされた．「五微塵気より五大を生ず．五大より貪欲・瞋恚等の諸の煩悩を生ず」〔今昔 1-5〕．→四大，六大．

五大虚空蔵曼荼羅 ごだいこくうぞうまんだら　不空訳の*瑜祇経に基づき，福徳・除災を願う*修法の本尊．虚空蔵菩薩に具わる*五智が分かれて五尊となったとも，金剛界*五仏の変化身ともいわれる〈五大虚空蔵菩薩〉をあらわす．大円明(大月輪)内の中円に白色の法界虚空蔵，前円に黄色の金剛，右円に青色の宝光，後円に赤色の蓮華，左円に黒紫色の業用と，四虚空蔵菩薩をめぐらし，四隅に*華瓶を配する．遺品に*大覚寺本(平安後期)などがある．なお仏画のみならず，*神護寺や*教王護国寺観智院像(唐代)など彫刻による立体曼荼羅も存する．→虚空蔵菩薩，別尊曼荼羅．

五台山 ごだいさん　中国,山西省東北部に位置する山岳．四大霊山の一つ．東西南北中の五つの台状の峰から成るのでこの名がある．*華厳経にみえる清涼山にあたって*文殊菩薩の住地であると考えられるようになり，とりわけ唐代以後，信仰をあつめた．西域方面からの参詣者もあり，朝鮮や日本の僧侶にとってもあこがれの聖地となった．円仁は*『入唐求法巡礼行記』に詳細な記録を伝え，また成尋に*『参天台五台山記』がある．唐の慧祥の『古清涼伝』，宋の延一の『広清涼伝』は五台山の名勝誌．現在，顕通寺(後漢創建)，塔院寺(元代)，菩薩頂(北魏)，殊像寺(元代)，羅睺寺(唐代)，広宗寺(明代)，十方堂(清代)，黛螺頂(明代)，碧山寺(北魏)，観音洞(清代)，金閣寺(唐代)，竹林寺(唐代)などがある．

古代・中世の仏教美術 こだい・ちゅうせいのぶっきょうびじゅつ　日本の仏教美術の歴史は，6 世紀の半ば，欽明朝における百済からの〈仏教公伝〉に始まる．これ以後，古代・中世を通じて，大陸からの影響とその日本化の様相とが，仏教美術の展開の軸となった．

【飛鳥-奈良時代】飛鳥時代前期(～ 662 年頃)には朝鮮三国からしばしば仏像や造仏工・造寺工が送られ，中国南北朝時代の仏教美術の技術や様式が朝鮮半島を経由して日本に移植された．飛鳥時代後期(～ 710 年．白鳳時代)には隋・唐からの新たな影響が加わるとともに，日本独自の造形感覚が明確に看取されるようになった．奈良時代(～ 784 年あるいは 794 年．天平時代)には，国際性に富む中国盛唐文化の圧倒的な影響の下で，律令体制によって整備された国家仏教を基盤に，日本仏教美術の古典様式が完成した．

【平安時代】平安時代前期(～ 10 世紀前半頃)は，依然として唐の影響下にあり，ことに*空海らによって導入された正純*密教によって〈密教美術〉が生まれたことが特筆されるが，様式的には前代の古典様式の延長上にある．公式の日唐交渉がなくなる 9 世紀末以降には〈*和様〉への歩みが始まった．奈良時代に萌芽のみられた*神仏習合の思想はこの期に*神像の遺品を生むことになる．平安時代後期(～ 1185 年)には，密教的*修法がいちじるしく発達して密教美術は一層多彩になった．また，*末法思想の流行があって隆盛した*浄土教や法華経信仰(*法華信仰)に基づく美術作品も数多い．それらの美術諸ジャンルにおいて，貴族的に洗練された和様が完成し，全国的な，そして後代まで続く，美術の規範となった．この時代の後半，いわゆる院政期には和様は耽美的な方向に進み，装飾性が増加するが，同時に潜在していた中国への憧憬の感覚がしだいに表面にあらわれてくる．→密教美術，浄土教美術．

【鎌倉-室町時代】鎌倉時代(～ 1333 年)には，武家という新支配層の登場や南都復興の大事業を経て，あるいは鎌倉新仏教成立や*戒律復興といった仏教界の革新にともなって，美術についても古典復興や〈宋風〉の導入という，変革の面が強調されがちだが，それらも平安後期以来の和様の成熟の上に立ち，その中に採り入れられたものであることが見逃せない．むしろ，この時代の後半，さらに南北朝時代(～ 1392 年)に，主として*禅林を受け皿として導入された中国宋元時代の〈禅宗美術〉が，和様に対する，いわゆる〈*唐様〉の仏教美術となったといえよう．室町時代(～ 1570 年頃)の仏教美術もそうした枠組の中で展開するが，それは仏教美術自体が世俗的な美術の中に大きく採り込まれての現象であったことも忘れてはならない．→禅宗美術，近世の仏教美術．

五体投地 ごたいとうち　五体とは全身のこと．全身をその前に投げ伏して*仏や高僧，師匠(guru)などを礼拝する，インドにおいて最も丁重な礼拝(らいはい)の仕方．現実には仏像や仏塔，僧侶に対して額と両肘，両膝を地に着けて礼拝する．仏典にはしばしば「…の両足に頭を以って敬礼して…」という表現が見られる．チベットにおいても最高の礼拝の様式として尊重され，多くの巡礼者や参拝者がこれを行う．「毎日五百返，五体投地の礼拝をして祈念しけり」〔沙石集 2-1〕「五体を地に投げ，発露啼泣(ほつろていきう)し給ひしかば」〔平家 10.高野巻〕．→礼拝，頂礼(ちょうらい)．

五大明王 ごだいみょうおう　元来は別個の成立である*不動明王・*降三世(ごうざんぜ)明王・*軍荼利(ぐんだり)明王・*大威徳(だいいとく)明王・*金剛夜叉(こんごうやしゃ)（もしくは*烏枢沙摩(うすさま)明王）の5明王を集成したもの．第5の明王について，真言宗は金剛夜叉，天台宗は烏枢沙摩の各明王を立てる．〈五大尊〉〈五大忿怒(ふんぬ)〉ともいい，特に画像では五大尊と呼ぶ傾向が強い．成立は中国と推定されるが，わが国においては平安時代に各尊それぞれの*壇(だん)を設けて*調伏(ちょうぶく)や出産を祈願する〈五壇法〉が藤原氏などの貴族階級を中心に信仰され，〈五大堂〉も建立された．

遺例として，彫像では*空海が指導したとされる東寺（*教王護国寺）講堂の諸像中の五大明王像（平安初期）が最も早く，*醍醐寺(だいごじ)像（平安中期）・*大覚寺像（平安後期）などがあり，画像では東寺(1127)・来振寺(きぶるじ)（平安後期，岐阜県揖斐郡）・醍醐寺（鎌倉前期）などの五大尊図が残されている．→明王．

「後七日の本尊には，烏蒭沙摩金剛とかう童子，五大明王の威験殊勝なるを四方にかけて」〔曾我 1.伊東を調伏〕「（出産の）程近うならせ給ふままに，御祈りども数を尽くしたり．五大尊の御修法行はせ給ふ」〔栄花初花〕

五大力菩薩 ごだいりきぼさつ　〈五大力尊〉〈五大力〉〈五方菩薩〉ともいう．旧訳(くやく)*仁王般若経(にんのうはんにゃきょう)所説の，*三宝(さんぼう)を護持し，国王を守護する〈金剛吼(こんごうく)〉〈竜王吼〉〈無畏(むい)十力吼〉〈雷電吼〉〈無量力吼〉の5菩薩．菩薩ながらも*忿怒(ふんぬ)尊の性格を持つ．本経は*鳩摩羅什(くまらじゅう)訳と伝えられるが，*偽経(ぎきょう)の疑いが濃い．日本では奈良時代以後，*護国三部経の一つとして重視された．後に，*不空による新訳仁王般若経では*金剛界系の菩薩に変化し，さらに『仁王念誦儀軌』において*五大明王と結びつけられた．*醍醐寺(だいごじ)の*仁王会の本尊．遺例に高野山有志八幡講十八箇院蔵の画像（平安後期，現3幅）がある．

ゴータマ-ブッダ　［s: Gautama Buddha］　⇒釈迦(しゃか)

五智 ごち　［s: pañcajñānāni］　密教で説く仏の具備する5種の*智慧．仏教一般でいう*大円鏡智(だいえんきょうち)・平等性智(びょうどうしょうち)・妙観察智(みょうかんざっち)・成所作智(じょうしょさち)の四智に，〈法界体性智(ほっかいたいしょうち)〉(dharma-dhātu-svabhāva-jñāna，真理の世界の本来の性質を明らかにする智慧）を加えたもの．*大日如来(だいにちにょらい)の備える智を5種に分けたものとも，また*阿閦(あしゅく)・*宝生(ほうしょう)・*阿弥陀(あみだ)・不空成就(ふくうじょうじゅ)・大日の5如来にそれぞれの智が配せられるもの（五智如来）とも解釈される．→四智，五仏．

「五智の荘厳本より豊かなり．知らむと欲(おも)はばまづ灌頂の法に入れ」〔性霊集 1〕「五瓶の水をたたゆるがゆゑに五鈴(いすず)河といふ．五智如来に五瓶五鈴ある事を表す．河の中に鏡あり．五智の中の大円鏡智の鏡なり」〔野守鏡〕

国忌 こっき　〈こき〉ともいう．皇帝および皇后の*忌日(きにち)に行われる中国の古制．*『仏祖統紀』40によれば，唐の玄宗皇帝の時代に始まり，その忌日には，天下諸郡の仏寺・道観において*斎会(さいえ)を営み，百官が参集して香を焚くこと（行香）が行われた．日本でも天皇ないし天皇の父母などの忌日に国家行事として*追善供養の仏事が行われた．687年（持統1）に行なった天武天皇1周忌の国忌の斎が初見．「養老令」では国忌の日には政務を休むことが定められたが，時代が下るとともに国忌が増加し政務が渋滞したため，平安時代には国忌の整理が行われ，『延喜式』において諸規定が整備された．中世以後，令制の衰退とともに，国家行事としての国忌は自然消滅した．

乞食 こつじき　［s: piṇḍa-pāta］　〈*托鉢(たくはつ)〉ともいう．古代インドの*婆羅門(ばらもん)階級の人びとは，人生を学生(がくしょう)期・家長(かちょう)期・林住(りんじゅう)期・遊行(ゆぎょう)期（遍歴期）の〈四住期〉に分けて送った．〈遊行期〉は遍歴して食物を乞い，ひたすら*解脱(げだつ)を求める生活である．釈尊を始め仏弟子たちも，衣食住のすべてにおいて少欲知足を旨とする修行形態を，婆羅門教で定める遊行期のそれに範を採った．いわゆる〈頭陀行(ずだぎょう)〉で，12ないし13の頭陀支からなる(→頭陀)．これらのうち，常乞食(必ず托鉢によって得た食物を摂ること)と次第乞食(貧富の別なく順次に家を訪ねて托鉢すること)の二つの支分を守ることが〈乞食〉の意味である．

乞食(こつじき)が転じて，食のみ乞うて道心のない者を乞食(こじき)と俗にいうが，本来，出家修行者を*比丘(びく)・*比丘尼(びくに)といい，その語義〈食を乞う者〉(bhikṣu 乞士男(こつしなん)，bhikṣuṇī 乞士女(こつしにょ))に由来する．また，出家修行者たちが托鉢すること，あるいは托鉢食のことを piṇḍa-pāta(食べ物が落ちる意)といい，施された食べ物を食べる人(piṇḍa-pātika)も含めて，中国では〈乞食〉と訳された．また〈乞丐(きつがい)〉とも訳されたが，〈乞食〉〈乞丐〉いずれも中国古典にすでに用例の見える語である．日本では，古くは〈乞者(こつじゃ)〉〈乞丐(こつがい)〉を当てることも多かった．乞食はインドの社会的慣習である宗教修行者にたいする*布施・*供養の通念に立つとともに，簡素な修行生活に精励する頭陀(dhūta，煩悩の損減)の精神を伝持するものである．

「乞食・かたゐまで，いかなることならん，見聞かばや，と思ひいふ」〔宇津保楼上.下〕「乞者来たりて法華経の一品をよみて食を乞ふ」〔三宝絵中〕

兀庵普寧 ごったんふねい [Wù-ān Pǔ-níng] 1197-1276 兀庵は道号，普寧は諱(いみな)．鎌倉時代に宋から来朝した臨済宗楊岐派(ようぎは)の僧．四川省の人．鎌倉五山の一つである*浄智寺の開山の一人．儒学から仏教に転じ，*唯識(ゆいしき)を学ぶがやがて*禅に造詣を深くした．1260年(文応1)，知己であった*蘭渓道隆(らんけいどうりゅう)や*円爾(えんに)の招請を受け入れ，日本に来朝した．はじめ博多の*聖福寺(しょうふくじ)に入り後に鎌倉に移った．北条時頼の招きに応じて*建長寺2世となり，また大休正念(だいきゅうしょうねん)(1215-89)とともに鎌倉の浄智寺の開山になった．時頼の厚い庇護があったが，時頼の死後，理解者が得られず，また弟子の争いに嫌気がさし，1265年(文永2)，日本人景用を伴い在日6年で中国に帰国した．婺州(ぶしゅう)(浙江県金華)の双林寺，温州の江心寺に住し，1276年(至元13)に示寂した．

『五灯会元』 ごとうえげん 宋・大川普済(だいせんふさい)撰(一説には，門人の雪篷慧明(せっぽうえみょう)撰)．20巻．宋・宝祐元年(1253)刊．〈五灯〉とは，*『景徳伝灯録(けいとくでんとうろく)』『天聖広灯録(てんしょうこうとうろく)』『建中靖国続灯録(けんちゅうせいこくぞくとうろく)』『聯灯会要(れんとうえよう)』『嘉泰普灯録(かたいふとうろく)』の五つの禅宗灯史を指す．それらの灯史の内容に刪補(さんぽ)を加えて集大成した．これを〈会元〉という．*五家七宗(ごけしちしゅう)の総合的な通史である．*過去七仏より西天二十七祖，東土六祖を経て，青原(せいげん)下十六世，南岳(なんがく)下十七世までの*祖師の列伝となっており，中国・日本で多く版を重ねた．

後得智 ごとくち [s: pṛṣṭha-labdha-jñāna] 仏教の説く*智慧(ちえ)の一つで，根本無分別智(こんぽんむふんべつち)の後に獲得される智慧をいう．〈根本無分別智〉とは究極の真理である*一味・平等の*真如(しんにょ)を*無分別に見る智慧のことであり，その根本的な智慧を得たのちに，ふたたび現象的な*差別(しゃべつ)の世界を*分別をもって眺める智慧のことを〈後得智〉という．真如を見る以前の〈分別智〉とちがって，この後得智はすでにそのなかから汚れがとり除かれ，*清浄(しょうじょう)になって世間を観察するから，詳しくは〈世間清浄分別智〉とよばれる．この智によって具体的に世間の中で人びとを救済することができる．

五念門 ごねんもん 世親(せしん)の*『往生論』に説かれる5種の往生浄土の*行(ぎょう)のこと．1)*阿弥陀仏(あみだぶつ)を礼拝する〈礼拝(らいはい)門〉，2)阿弥陀仏の名をとなえその徳を讃える〈讃歎(さんだん)門〉，3)阿弥陀仏の浄土に生れたいと一心に念じる〈作願(さがん)門〉，4)阿弥陀仏の浄土の荘厳(しょうごん)をさまざまに心に観じる〈観察(かんざつ)門〉，5)自ら修めた諸功徳をすべての衆生にさしむけて，ともに浄土に生れ仏となることを願う〈廻向(えこう)門〉の五つをいう．「上人これに住して，五念門を修して三ケ年に及ぶ」〔拾遺往生伝上18〕「五念行を四修にはげみて無間に修し，余の事をまじへざれ」〔沙石集10本-1〕

五比丘 ごびく 釈尊と6年間の*苦行をともにした5人の比丘．釈尊が，苦行は*菩提(ぼだい)への道ではないと知って村に入り食を得たのを見ていったんは離れていったが，釈尊*成道(じょうどう)後，*鹿野苑(ろくやおん)において最初の説法を聞いて悟りを開き，最初の仏教*僧伽(そうぎゃ)の構成員となった．5人とは阿若憍陳如(あにゃきょうじんにょ)

(Ājñāta-kauṇḍinya)，阿説示(Aśvajit)，摩訶男(Mahānāman)，婆提(Bhadrika)，婆数(Bāṣpa)であるが，伝承によって多少の出入がある．

五秘密 ごひみつ　金剛界*現図曼荼羅の*理趣会の中尊*金剛薩埵と，それを囲む欲(下方・東)，触(左方・南)，愛(上方・西)，慢(右方・北)の四金剛菩薩の五尊の総称．欲・触・愛・慢という煩悩の名を借りて仏徳を表すので〈秘密〉という．この場合の四金剛はそれぞれがその配偶女神(欲金剛女以下の…)を伴う男尊であるが，よりオリジナルな，たとえば『理趣釈』では，それらが欲金剛明妃・金剛髻梨吉羅明妃・愛金剛明妃・金剛慢明妃とされていることから明らかなように女尊である．それらは現図の場合のようにおのおのが別々の座に坐するのではなく，一つの円光の中の一つの*蓮華座の上に金剛薩埵を囲んで坐して，一種の性行為における五尊の不離一体の状態を示している．

この合一の状態はより詳しくは『大楽軌』に，白蓮台上に坐して「大印に住」する金剛薩埵の前方に赤色の金剛箭(欲金剛)が弓矢を持し，右に白色の金剛喜悦(触金剛)があって金剛薩埵の三昧耶体を抱き，後方に青色の金剛愛が摩竭幢を持し，左に黄色の金剛欲自在(慢金剛)が2拳を胯に当てて位置するものとして描かれている．これは「大印に住する」という表現を，大印(mahāmudrā，*大印契)たる(もう1人の)明妃(vidyā)との性的結合状態にある，という意味に解すれば，ただちにインドにおける*タントラ仏教の性的実践の核心部分に直結する．

インド密教においては，*金剛頂経以来一貫して5人の明妃のグループの全体を悟りの基盤をなす智慧たる*明(vidyā)，すなわち*般若波羅蜜そのものとみなす．それらの女達との結合・*瑜伽(yoga)の状態を悟りの本質である浄菩提心，その瑜伽の状態にある男性修行者は金剛薩埵に他ならないと考えられているのである．

五秘密曼荼羅 ごひみつまんだら　*不空訳の『十八会指帰』『五秘密修行念誦軌』『理趣釈』に基づく，*敬愛や滅罪のための*修法の本尊．金剛界曼荼羅*理趣会の中尊*金剛薩埵と，四方に配された金剛欲・触・愛・慢の四菩薩を，大円光(月輪)内の同一蓮台上に集合させた叙景風の曼荼羅．現世の欲・触・愛・慢という人間の激しい欲望を具象化した菩薩と，真理に目覚めた中央の金剛薩埵とは同体であるとし，欲望も一転浄化されれば清浄な*菩提心となりうるという，聖俗一体の妙をなす曼荼羅．遺品に鎌倉時代の*金剛寺本や*醍醐寺本などがある．→五秘密，両界曼荼羅．

五百戒 ごひゃくかい　*比丘尼の持すべき*波羅提木叉の通称．比丘尼*律は成立が新しく，各部派によって戒条間の格差が大きいこともそれを証する．五百戒というのも俗称で，最も多い『根本有部律』でも360条ほどである．*比丘の学処(守るべききまり)が俗に250戒といわれるのに対し，比丘尼はその倍の学処が必要であるという意味．社会的制約下にあって，女性の*出家集団は維持が難しいことを背景としており，また女性であるために特に警戒すべき事柄もあるので数が多いが，実際は比丘の学処に瑣末な規定を補ったもので，*十戒を守ればあとは自然に*円満するともいわれている．「一は優婆塞戒，二は優婆夷戒…七は比丘戒二百五十戒なり，八は比丘尼戒謂はく五百戒なり」〔当麻曼陀羅疏28〕

五百塵点劫 ごひゃくじんでんごう　法華経如来寿量品で釈迦の*成道が久遠の昔であることを譬えた語．五百千万億*那由多*阿僧祇の*三千大千世界を砕いて*微塵とし，五百千万億那由他阿僧祇の国を過ぎるごとにそのうちの*一塵を下し，微塵が尽きるまでそれを続ける．こうして過ぎた国々をまた砕いて微塵とし，その一塵を一*劫として算えた総時間数を表す．なお「化城喩品」には三千塵点劫(はじめに砕いて微塵とする世界の数を三千大千世界とする)の昔の*大通智勝仏が説かれる．「釈迦の正覚成ることは，このたび初めと思ひしに，五百塵点劫よりも彼方に仏になりたまふ」〔梁塵21〕．→久遠実成，塵点劫．

五百羅漢 ごひゃくらかん　阿羅漢果を修得した500名の聖者のことで，仏滅後第1*結集もしくは*カニシカ王の第4結集への参加修行僧を指すとするものをはじめ，諸説がある．もともと各個の名は伝えられなかったが，中国では諸説を無秩序に列挙した明の 1643 年(崇禎 16)高承挺の序を有する「乾明院五百羅漢名号碑」に基づく彫像・絵画が作られ，ことに禅宗寺院では*護法と弁道(べんどう)(仏道の修行に励むこと)の安泰を願って山門(*三門)楼上に五百もしくは十六羅漢像を安置するのが慣いとなった．→阿羅漢，羅漢．

日本でも，鎌倉時代に*禅宗が伝えられると羅漢信仰が盛んになってくる．遺例としては，*東福寺(伝*明兆(みんちょう)筆)・*大徳寺・*万福寺(池大雅(いけのたいが)筆)などに画像が伝えられ，*喜多院や羅漢寺(大分県下毛郡)はその石像で名高い．また東京目黒の五百羅漢寺の木彫像も有名である．なお，わが国の俗信に，五百羅漢像にもうでると，その多様な面相の中に必ず思慕する故人のおもかげを見いだすことが出来るとされ，井原西鶴の『好色一代女』の大尾の構想はこの信仰を踏まえている．

「五百羅漢を師として，一夏九旬の間，一偈を教へ給へり」〔沙石集 2-1〕「本堂を下向して，見わたしに，五百羅漢の堂ありしに，これを立ちのぞけば」〔浮・好色一代女 6〕．

五篇七聚 ごひんしちじゅ　〈五篇〉は*波羅夷(はらい)，*僧残(そうざん)，*波逸提(はいつだい)，提舎尼(だいしゃに)，突吉羅(ときら)の五つ．〈七聚〉は五篇の最後の突吉羅を悪説(あくせつ)と*悪作(あくさ・おさ)に分け，波羅夷以外の未遂罪である偸蘭遮(ちゅうらんじゃ)を加えたもの．各々の*学処(がくしょ)に応じ罪の軽重が定められたもので，略して〈篇聚(ひんじゅ)〉とも称する．〈波羅夷〉は婬・盗・殺・妄(悟りを得ていないのに得たと嘘をつく)の四つを指し，それを犯せば教団追放に処せられる重罪，〈僧残法〉は*僧伽(そうぎゃ)が審査し僧残に相当すると判定した場合，一定の贖罪を科す第二級の重罪である．贖罪は摩那埵(まなた)(mānatta)と呼ばれ，6 日間謹慎した後，出罪*羯磨(こんま)という一定の手続きを経て復帰できる．〈波逸提〉は捨堕(しゃだ)と意訳され僧伽へ罪に触れたものを捨し，僧伽，複数の*比丘(びく)または 1 人の比丘の前に告白*懺悔(さんげ)することで許される罪，〈提舎尼〉は波逸提より軽く食事に関するもので 1 人の比丘の前に告白懺悔する罪，〈突吉羅〉は本人が心の中で悪いことをしてしまったと反省懺悔すれば許される罪．

護符 ごふ　お守り札，護身符．仏・菩薩・諸天神などの姿絵，*種子(しゅじ)・*真言(しんごん)を書いたり印刷した紙片や木札で，これを飲み込んだり，肌身はなさずに携帯したり，または門戸に貼り付けることによって，神仏の*加護(かご)が得られるとする．西欧社会における魔よけ札(amulet)に相当し，わが国のものには道教の習俗の影響があるといわれ，*陰陽道(おんようどう)とも関係が深い．平安時代以後，諸寺院・諸神社からさかんに出された．「もはや医術も叶ふまじ．このうへは竜勝寺の護符いただかせんより外なし」〔妙好人伝〕．→宝印(ほういん)．

古仏 こぶつ　古(いにし)えの仏．特に禅において重視され，*過去七仏はもちろん，さらに*正法(しょうぼう)を伝持した*祖師をも意味する．例えば，〈宏智(わんし)古仏〉〈趙州(じょうしゅう)古仏〉〈永平古仏(道元のこと)〉の如くである．これは，真理は古今を通じて一であり，それを悟れば古えの仏と同等であるという思想に基づく．*『正法眼蔵』には「古仏心」の巻があり，そこには，「祖宗の嗣法するところ，七仏より曹谿(そうけい)にいたるまで四十祖なり．曹谿より七仏にいたるまで四十仏なり」などと言われている．なお，古い仏像を〈古仏〉ということもある．「(当麻寺の地は)これ役(えん)の行者久修練行の砌(みぎり)，古仏経行の所，霊山崛宅の境なり」〔私聚百因縁集 7-4〕「今作り奉りたる新しき仏を古仏の様に烟に熏(ふす)べて」〔七巻本宝物集 1〕

五仏 ごぶつ　密教の*曼荼羅(まんだら)で中央の*大日如来(だいにちにょらい)とその四方の*四仏をいう．*金剛界(こんごうかい)と*胎蔵界(たいぞうかい)の別がある．金剛界は果曼荼羅で仏の智の世界を表すとされ，その五仏は大日如来を中央に，東方・*阿閦(あしゅく)，南方・*宝生(ほうしょう)，西方・*阿弥陀(あみだ)，北方・不空成就(ふくうじょうじゅ)で，順に法界体性智・大円鏡智・平等性智・妙観察智・成所作智の五智を配して〈五智如来〉ともいう．

胎蔵界(*現図曼荼羅では〈胎蔵〉と称する)は因曼荼羅で仏の*理の世界を表すとされ，その五仏は大日如来を中央に，東方・宝幢(ほうどう)，南方・開敷華王(かいふけおう)，西方・*無量寿(むりょうじゅ)，北方・天鼓雷音(てんくらいおん)である．四仏は大日如来の総徳を分かち持ち，これから流出したものであるので，金・胎でそれぞれ名称は異なるが同体であると解釈される．→五智，四智，付録(両界曼荼羅)．

「法勝寺の五仏を立て奉りける時，覚尋僧正その座位を誤りけり」〔古事談 5〕

五分作法 ごぶんさほう　論証式の一種で，〈五支作法(ごしさほう)〉ともいわれる．主張命題(*宗(しゅう))，理由(因(いん))，実例(喩(ゆ))，適用(合(ごう))，結論(結(けつ))の五つの部分によって構成される．例えば，1)主張命題「あの山には火がある」，2)理由「なぜなら煙があるから」，3)実例「何であれ煙があるところには火がある．例えば竈(かまど)のように」，4)適用「煙のある竈のように，あの山も同じである」，5)結論「それゆえ，あの山には火がある」，というように．『チャラカ-サンヒター』『方便心論』および『ニヤーヤ-スートラ』などにおいて用いられた．これに対して，ディグナーガ(*陳那(じんな))以後の仏教*論理学(新*因明(いんみょう))では，主張命題・理由・実例の三つからなる〈三支作法〉が主流となった．

御文章 ごぶんしょう　⇒御文(おふみ)

五分法身 ごぶんほっしん　戒(かい)・*定(じょう)・慧(え)・*解脱(げだつ)・解脱知見の五つ．〈五法蘊(ごほううん)〉(*p*: pañcadhammakkhandha)ともいう．行動やことばをつつしみ(戒)，心の動揺や散乱を静め(定)，澄みきった理知のはたらきを生じ(慧)，束縛やとらわれから精神的に解放され(解脱)，われは解放され安らかで自由であると自覚する(解脱知見)こと．*仏と*阿羅漢(あらかん)がこの五つを具えるとされる．〈法〉は功徳法(くどくほう)すなわち徳性，〈身〉あるいは〈蘊〉はあつまり，の意．戒・定・慧の三つを*三学(あるいは三蘊)と呼ぶ．

『**五分律**』 ごぶんりつ　中国に翻訳された律典の名．いわゆる漢訳五大広律(こうりつ)の一．全体を5章に分けるからこの名がある．詳しくは『弥沙塞部和醯(みしゃそくぶわけい)五分律』という．ここに〈弥沙塞部〉とは Mahīśāsaka(人名)の音写で，彼を流祖とする部派のことで，訳して化地部(けじぶ)という．〈和醯〉は意味が明らかでない．求法僧*法顕(ほっけん)がスリランカで得て未訳のまま没したあと，*カシミールの化地部僧・仏駄什(ぶっだじゅう)に訳出させたもの．釈慧厳(しゃくえごん)(363–443)と竺*道生(じくどうしょう)も訳出に加わっている．訳出時期は 422–423 年の間．現本は 30 巻から成るが，古くは 34 巻であったらしい．→律，律蔵．

護法 ごほう ［*s*: Dharmapāla］　530–561　ダルマパーラの漢訳名．世親(せしん)(ヴァスバンドゥ)の*『唯識三十頌(ゆいしきさんじゅうじゅ)』に注釈した*唯識十大論師の一人．南インド出身で，ナーランダー寺(*那爛陀寺(ならんだじ))の学頭として多くの弟子を育成した．29 歳でブッダガヤー(*仏陀伽耶(ぶっだがや))の菩提樹辺に隠棲し，32 歳で世を去ったといわれる．その唯識説は弟子の*戒賢(かいけん)(シーラバドラ)を介して*玄奘(げんじょう)に伝えられ，さらに玄奘よりこの教理を受けた慈恩大師*基(き)が中国*法相宗(ほっそうしゅう)を開くことになる．著述として伝わるものに，『成唯識宝生論』5 巻，『観所縁論釈』1 巻，『大乗広百論釈論』10 巻などがあり，これらの 3 文献はいずれも漢訳にのみ伝わる．なお，玄奘訳*『成唯識論(じょうゆいしきろん)』は護法説を中心として，他の論師の説を集録している．

護法善神 ごほうぜんじん　仏法を守護する神．インドではとくに*梵天(ぼんてん)と*帝釈天(たいしゃくてん)とが仏法を守護すると考えられた．*四天王などもひろくは護法善神の一種であるが，狭義には密教や修験道の高僧・行者につかえてこれを守護し，また聖俗両界にわたって使役される神霊をさす．狭義のそれは古代から中世にかけての仏教説話集に語られることが多く，十羅刹女(じゅうらせつにょ)や鬼神，さらに天童子とか天諸童子とよばれる童子姿の護法神が描かれた．後者はとくに護法童子とか乙(おと)護法ともよばれる．役行者(えんのぎょうじゃ)(*役小角(えんのおづぬ))に使われる前鬼・後鬼，*『信貴山縁起(しぎさんえんぎ)』の剣の護法，*白山の泰澄(たいちょう)に仕えた臥行者などがことに有名である．また山伏に使役された，いずな・いなりのような空想上の動物霊なども，一種の護法善神ということができる．「其の時に護法の善神，人の形に成りて来たりて，聖人に告げて宣(のたま)はく」〔今昔 13-39〕「古人の徳を讃むるにも，魔王を飼ひて護法善神とす，と云へり」〔沙石集 10 本-6〕

五品 ごほん　5 種類．〈*品〉は，同類のもの，種類，等級などを意味する．また，〈五品弟子位〉のこと．天台宗において，*円教(えんぎょう)の行位として，法華経分別功徳品に基づいて十信(じっしん)以前の*外凡(げぼん)の位に随喜品(ずいきほん)・読誦品(どくじゅほん)・説法品(せっぽうほん)・兼行六度品(けんぎょうろくどほん)・正行六度品(しょうぎょうろくどほん)の 5 階級を立てたものをいう．円教の*六即(ろくそく)位(理即・名字(みょうじ)即・観行(かんぎょう)即・相似即・分真即・究竟(くきょう)即)では，観行即の位にあたる．天台大師*智顗ぎはこの位に登ったと伝えられる．「新学は小大雑乱せんことを恐る．故に兼学を許さず．名字五品は，皆これ新学なり」〔宗義制法論〕

護摩 ごま　*供物くもつを火に投げ入れて祈願する（焼施）という意味のサンスクリット語 homa の音写．インドのバラモン教（*婆羅門ばらもん教）の*火天 Agni を本尊として祀って行う火の*供犠くぎが密教に取り入れられたもの．*儀軌ぎきに則した形・寸法の火炉を持つ〈護摩壇だん〉を設けて，*不動明王ふどうみょうおう・*愛染明王あいぜんみょうおうなどを本尊として招き，乳木にゅうもく・段木だんもくと呼ばれる規定の〈護摩木〉を積んで燃やし，火中に五穀・五香などを投じ香油を注いで*供養することによって願主の所願を達するもの．目的に応じて，災いを除き（息災そくさい），幸せを増し（増益ぞうやく），悪を屈服させる（降伏ごうぶく）護摩の区別がある．さらに増益から一族の平安を願い（敬愛きょうあい），諸尊を呼召する（鉤召こうしょう・こうちょう）護摩の区別が生じた．

祈願の趣旨を板や紙（剣状が多い）に記したものを〈護摩札ふだ〉と称し，*修法しゅほうの後，願主が*護符ごふとした．また，弘法大師修法の炉の灰で*霊験れいげんがあると詐称して売り歩く者の意から転じて，旅人の道中荒らしを〈護摩の灰はい〉と呼ぶようになったとの説がある．

「山の僧どもの山籠りしたるして，尊勝の護摩・阿弥陀の護摩など仕まつらせ給ふ」〔栄花玉の村菊〕「かの童はら本尊の絵箱，護摩の壇，仏具の箱，護摩木，礼盤等をになひ，もちきたる」〔奇異雑談集 2-2〕

五味 ごみ　5種の味のこと．酸（すっぱい），苦（にがい），甘（あまい），辛（からい），鹹かん（しおからい）の5種の味，また味覚．五味の語は『老子』，『周礼』天官，疾医，『礼記』礼運，『荀子』勧学などの中国古典に見え，『周礼』『礼記』の後漢の鄭玄注に上記の5種をあげる．仏教では，乳味にゅうみ・酪味らくみ・生酥味しょうそみ・熟酥味じゅくそみ・*醍醐味だいごみという牛乳を精製する過程で経る5段階の味をいい，醍醐味を*涅槃経ねはんぎょうに比定する〔涅槃経 14〕．天台宗では，特に*五時教に配して，釈迦一代の聖教が説かれた次第とその醇熟することにたとえる．

「もしこの石淋をなめて，五味のやうをしる人あらば，その心をうけて療治せんに」〔曾我 5. 呉越〕「天台には或いは五味，或いは四教なりと云々」〔無量寿経釈〕

五明 ごみょう　[s: pañca vidyā-sthānāni] 〈五明処〉ともいう．〈明〉は知識・学問というほどの意味で，古代インドで学芸を五つのカテゴリーに分類したものの総称．次の五つをいう．1）声明しょうみょう（śabda-vidyā）：〈声〉はことば，言語の意．ことばに関する学問，すなわち言語学，とくに文法学をいう．2）因明いんみょう（hetu-vidyā）：〈因〉は原因，理由の意．主張とその理由との関係を考察する学問，すなわち*論理学をいう．3）内明ないみょう（adhyātma-vidyā）：もとは形而上学であるが，中国・日本では他の宗派・学派とは異なった自派固有の学問，すなわち教理学をいう．4）医方明いほうみょう（vyādhi-cikitsā-vidyā）：広い意味での*医学．このなかには薬学のほかに呪術なども含まれる．5）工巧明くぎょうみょう（śilpa-karma-sthāna-vidyā）：建築・工芸などの造形の学をいう．
→声明，因明，医方明．

虚無 こむ　絶対の無．中国で，*老荘思想の影響下に，*涅槃ねはんの境地を表すのに用いられた．三国魏（220–265）の康僧鎧こうそうがいの訳とされる無量寿経上には「自然虚無之身じねんこむのしん」とあるが，サンスクリット原文にはなく，漢訳者による付加と考えられる．老荘思想の〈虚無きょむ〉は，聖人の根源的なあり方として，『老子』に「無為にして為さざるなし」とあるような，存在を無条件に肯定した上での無限定な絶対者〈無〉や，「虚無無為」〔荘子刻意〕，無為自然を意味し，仏教でいう涅槃とは異なる．しかし，涅槃も*無為とされたし，*般若はんにゃ説の空くう義が老荘の無為・虚無思想に近い面をもつとみなされ，中国固有の思想に拒絶されず，受容されて，無を悟道の関門とし，*頓悟成仏とんごじょうぶつを唱える中国禅の創出にもつながった．

ただし，〈虚無空見こむくうけん〉といわれるように，虚無は空への執著，*理・*法体ほったいなどを全面否定する*邪見・*断見を表し，否定的に用いられることも多い．大乗仏教では，空は〈有に非ず，無に非ず〉と解せられているからである．→虚無きょむ主義，無，空．

五無間 ごむけん　地獄の中で最も代表的な

*八熱地獄の第8たる無間地獄(*阿鼻(あび)・無救(むく))を言う．そこに堕ちると5種(趣果無間・受苦無間・時無間・命無間・形無間)の間断ない極苦をこうむるという．また，そのような結果を招く五つの*極悪の行為．〈五無間業(ごう)〉の略で五逆罪を指すが，*謗法(ほうぼう)の者もここに堕ちるとされる．「五無間を以て具すと雖(いえど)も，猶(なほ)能ょく此の大道意を発(おこ)す」〔開目抄〕．→五逆．

虚無僧 こむそう　*普化宗(ふけしゅう)の有髪(うはつ)の僧．筒形で下方に窓のある深編笠(ふかあみがさ)をかぶり，尺八を吹きながら*行乞(ぎょうこつ)する．*『徒然草』にみえる「ぼろ」「ぼろぼろ」はこの虚無僧ともいわれ，室町時代成立の『三十二番職人歌合』6番には〈虚妄僧〉として〈算置き〉(算木による占いを業とする者．陰陽師・山伏など)と対にされ，「薦僧の三昧紙衣(かみぎぬ)肩にかけ，面桶(めんつう)腰につけ，貴賤の門戸によりて，尺八吹くほか別の業なきものにや」と評されている．同時代の朗庵(ろうあん)が中国唐代の風狂僧普化を慕い薦席で尺八を吹いたので〈薦僧(こもそう)〉の名が生じ，〈虚無僧〉が当て字されたとする説がある．江戸時代前期には普通の編笠をかぶったが，中期ごろから筒形の深編笠をかぶるようになったという．「虚無僧残夢来たって語るなり」〔仮・因果物語上20〕．→梵論(ぼろ)．

虚妄 こもう [*s*: abhūta, mṛṣā]　うそ．いつわり．空虚で，真実でないこと．物事の真相を誤ってみだりに認識*分別することを〈虚妄分別〉という．維摩経(ゆいまぎょう)観衆生品に「欲貪はなにをか本となす．答えて曰く，虚妄分別を本と為す」とある．中国古典では『論衡』奇怪，『風俗通』正失などに用例が見える．「諸仏菩薩の誓願は本より虚妄なし」〔今昔17-17〕

籠り こもり　社寺や堂庵に泊りこんで祭りにそなえたり，あるいは神仏に祈願する行為．社寺にはそのための専用施設である〈籠り堂〉を設けていることも少なくない．かつて神を迎えるにあたって籠りはきわめて重要な*精進(しょうじん)の手段であったので，神主役の者や氏子たちが〈精進屋〉とも呼ばれる籠り堂に籠り，火と食物とを外部から遮断する生活が相当長期間になることも珍しくはなかった．籠り自体が祭りの中心になったり(出雲佐陀神社のおいみ祭，高知土佐神社のいこもり祭など)，神社の名になったり(鳥海山の大物忌神社など)する例もある．さらにある特定の日には針仕事をしない(針供養)とか，山の神の日だといって山に入ると木に数えこまれてしまうとする各地の伝承なども，すでに祭りとは意識されないけれども，かつての祭りの前の忌(い)み籠りに発すると考えられている．

一方，祈願のために日数を限って神仏の前に籠る風習や，修行のためのそれも古くからあった．これは籠り＝瞑想が神仏と一体化したり交流したりするために有効な方法とされたからであり，その際に見る*夢は神仏の啓示とされた．有名な法隆寺の*夢殿は本来，こうした夢を見るための籠り堂であったともいわれる．また霊山霊場に詣でるにあたって参詣者が一定期間籠り堂(精進屋)に籠るという習俗や，かつて葬式の際に〈籠り僧〉が一室に籠って読経にあたったという風習は，祭りと祈願の中間的な形態といえるだろう．

なお，籠りのモチーフは古来文学作品にも頻出し，その時の夢告を重要な契機として展開する物語や説話はきわめて多い．→参籠(さんろう)，通夜(つや)．

「世の中むつかしうおぼゆるころ，太秦(うずまさ)(広隆寺)にこもりたるに」〔更級日記〕「東大寺の僧各ゝ朔日より十四日に至りて参籠す．二月堂昼夜行法有り．是を籠りといふ…参詣の男女所願ある者は仏前に止宿するも，また籠りといふ．或いは通夜と称す」〔華実年浪草3〕

子安観音 こやすかんのん　安産を祈念する婦人で結成する子安講が信仰する対象の一つ．*観世音菩薩(かんぜおんぼさつ)のもつ女性的・母性的イメージが反映し，ことに中国で発展した悲母観音信仰の影響を受け，さらに民間における安産祈子の信仰とも習合し，いっそう盛行したものと考えられる．インド由来の*鬼子母神(きしもじん)信仰の民間化との関連も考えられる．子安観音の信仰は古いものらしく，『平家物語』1(長門本)には，京都清水寺境内にあった三重塔が子安の塔と呼ばれていたよしが見える．これが後の同寺楼門前の泰産寺の子安観音につながったのであろう．観音を崇(あが)める子安講の分布は西日本に濃い．→観音信仰，子安地蔵．

子安地蔵 こやすじぞう　祈子安産と子育ての守

護仏とされる地蔵菩薩．*地蔵は，日本ではとくに童児との結びつきが強く，子どもに親しまれてきた．また婦人は産育の霊験を期待して子安地蔵講を結び，尊崇の念を献げた．必ずしも*縁日の 24 日に集会するわけでなく，十九夜講・十七夜講など別の日に催されているのは，安産を月に祈った月待の原始民間信仰に由ったからであろう．地蔵の子安講の分布は東日本に多い．「子安の地蔵の御言葉，思ひあはすればまことに正月の骨仏とはなりぬ」〔浮・男色大鑑 7-3〕．→地蔵信仰，子安観音．

五欲 ごよく　五つの欲望．*五根(五つの感覚器官，眼・耳・鼻・舌・身)が，その対象となる〈五境〉(*色・声・香・味・触)に*執着して起こす 5 種の欲望で，色欲・声欲・香欲・味欲・触欲をいう．また，五境そのものをも，欲望をひき起こす原因となるので五欲という．また別に，財欲・色欲・飲食欲・名欲(名誉欲)・睡眠欲をいうこともある．なお，五欲という語そのものは『管子』内業にみえているが，その意味する内容は同じでない．「もろもろの衆生は貪愛をもって自ら蔽ひ，深く五欲に著す」〔往生要集大文第1〕．→欲．

五楽 ごらく　[1] *色・声・香・味・*触の*五欲の快楽．

[2]〈五種楽〉ともいう．1)出家楽：*出家して道を求め*苦を断つ楽．2)遠離楽：*色界初禅の楽．欲界の煩悩を離れ，*禅定の喜楽を生ずる．3)寂静楽：第二禅の楽．初禅になお存する尋(対象をおおまかに考察すること)，伺(対象を微細に考察すること)という思惟推求する心の働きがやみ(→尋伺)，*寂静を得る．4)菩提楽：悟りの*智慧を得る楽．5)涅槃楽：*無余涅槃に入る究極の楽．→楽，四禅．

垢離 こり　漢語としては見当たらず，和語であろう．「川降」(川に降りたって禊をすること)の約とする語源説に立てば，垢(けがれ)を離れるという意味的関連から，漢語〈離垢〉よりの連想もあって〈垢離〉を当てたものか．神仏に参詣や祈願をするときに，冷水を浴びて罪や汚れを洗い落とし，身心を清浄にすること．〈水垢離〉ともいう．この垢離の*行をすることを〈垢離を取る〉〈垢離を掻く〉などという．*修験道などで行われることが多いのは，古来の禊の習俗が取り入れられたのであろう．「例のよひあかつきの垢離の水をせむ方便になずらへて，那智の御山にて，この経をかく」〔問はず語り 5〕

五力 ごりき［*s*: pañca balāni］　*悟りに至らしめるはたらきのある，すぐれた 5 種の勢力．*信(信仰)・勤(*精進)・*念・*定・慧(*智慧)の*五根が，欺・怠・瞋・恨・*怨の 5 種の障害(五障)を克服する力をいう．悟り(*菩提)に至るための 37 種の修行準備(*三十七道品)の中に含まれる．また，不思議なはたらきのある 5 種の力をいう．*禅定の力(*定力)，*神通の力(通力)，*色界の二禅天以上の境地に住する修行者に備わる初禅天の五識を起こす力(借識力)，仏や菩薩の*誓願の力(大願力)，*仏法の力(法威徳力)．「百宝の色の鳥…五根と五力と七菩提分を演暢す」〔往生要集大文第 2〕

御流 ごりゅう　宇多法皇に始まり*仁和寺に伝わる密教法流．法皇は*益信に空海以来の*血脈を稟け*伝法灌頂を授かり，その法流は寛空や済信を経て大御室性信に至った．その許に白河院皇子覚行が入り初代の*法親王となり，次代の覚法において御室法親王の法流として確立し，広沢流の中で最も尊貴な地位を占めた．さらに後白河院皇子*守覚法親王により，御流の許で小野流と広沢流との*野沢二流の統合が目指され，*事相書『密要鈔』として体系化された．以降，小野流では守覚に伝授した勝賢を介して〈三宝院御流〉が成立し，諸尊法類聚『秘鈔』が中世真言密教の規範として流伝した．後宇多法皇は禅助から授法して〈大覚寺御流〉を興した．中世に皇室の権威と一体化した御流は，鎌倉幕府など諸権門の渇仰の的となった．院政期密教の到達した最も高度な文化体系であった．

御霊会 ごりょうえ　〈御霊祭〉ともいう．不慮の死をとげた人の霊は祟りを招くと恐れられて〈御霊〉と呼ばれるが，御霊会はその*鎮魂の儀礼．〈御霊〉はもと天皇家の死者の霊を意味するミタマであったが，時代の推移と共に非業の*死霊を意味するようになり，それは*怨霊とみなされた．疫病・飢饉・地震・雷災などは御霊の仕業とみなされ，その慰撫が必要となり，御霊は〈御霊神〉という神格にみなされるに至った．

8–12 世紀は特に御霊神時代といわれる．863 年(貞観 5) 5 月 20 日，*神泉苑で御霊会が国家的レベルで行われ，以後に強く影響を及ぼした．藤原氏によって非業の死をとげた崇道天皇(早良親王，?–785)，伊予親王(?–807)，藤原夫人(吉子，?–807)，観察使，橘逸勢(?–842)，文室宮田麻呂(–843–)は六所御霊とみなされ，御霊会の対象となった．のちに菅原道真(845–903)，吉備真備(693–775)，井上皇后(717–775)などから 2 霊を加えて八所御霊が生まれ，京都の上御霊神社と下御霊神社で祀られて有名．また，行疫神の*牛頭天王を祀る八坂神社(感神院)の祇園御霊会(*祇園会)は，今日，祇園祭として知られ，火雷神として畏怖された菅原道真の御霊慰撫は菅公信仰として全国的広がりを見せている．関東地方中心であるが，平将門(?–940)の御霊信仰なども特筆すべきものである．

なおこれらに限らず，悪霊鎮魂の行事は，生命をおびやかす疫難や農作に被害をもたらす虫害対策を中心に全国各地で行われたが，中世以降，そうした御霊鎮送行事に鎮魂を業とする念仏聖などの広範な参加があったことが，やがて踊念仏(*念仏踊)・田楽系統の民間諸芸能や*風流的出し物を生み出す要因ともなった．

「誰とも知られ奉らねば，御霊会の細男のてのごひして顔隠したる心地するに」〔栄花わかばえ〕「世間騒がしかりける年，ならびのをかの辺に社をつくらばしづまるべしと示現ありて…社を作りて御霊会おこなひけり」〔続古事談 4〕

五輪 ごりん　密教では，空・風・火・水・地の*五大を，*法性に輪円具足されているもの，という意味で〈五智輪〉〈五輪〉とも呼ぶ．*種子では kha，ha，ra，va，a，形としては団形・半月形・三角形・円形・方形，色では青・黒・赤・白・黄，*行者の身体の部位としては頂・面・胸・臍・膝の五処に対応する．このような対応関係の下に行者の肉体を構成する五輪が*五智であり，肉身が*仏身にほかならないと*観想するのが〈五輪成身観〉〈五字厳身観〉である．

石で五輪を形造って積み上げた〈五輪塔〉や，木・板を五輪に刻んだ*卒塔婆は，日本仏教では墓標として，または故人への*追善供養のために建てられている．→五輪塔．

「地水火風空，五大五輪は人の体，なにしに隔てあるべきぞ」〔謡・卒都婆小町〕「山野の墓原へゆきて，五輪・率都婆ををがみたらんずるは，まことにもてその利益もあるべし」〔御文〕

『五輪九字明秘密釈』 ごりんくじみょうひみつしゃく　真言宗新義派の開祖である*覚鑁の主著．覚鑁は*高野山金剛峯寺の*座主を勤め，大伝法院を創建，後に紀州*根来寺へと発展する．本書は『頓悟往生秘観』とも称し，真言密教の中に*阿弥陀信仰を融合したものとして名高い．*大日如来と阿弥陀如来の同体を主張し，当時隆盛に向かいつつあった浄土信仰を巧みに真言宗に取り入れようとした著作である．*極楽浄土と*密厳浄土とは同体であり，*往生は*成仏であると主張する．*五輪は地・水・火・風・空の*五大を形に表現したものとされ，「五輪は各おの衆徳を具するが故に輪と名づく」という．五輪は*五智や五蔵と一致すると位置づけられ，九字は阿弥陀如来に対する*真言の九字を指し，それぞれオン・ア・ミリ・タ・テイ・ゼイ・カ・ラ・ウンである．さらに九字の*曼荼羅は五輪門中の一門と一致するとされる．

五輪塔 ごりんとう　〈五輪塔婆〉〈五輪卒塔婆〉ともいう．仏教においてすべての根元をなす*五輪(地・水・火・風・空)を象徴的に塔の形であらわしたもの．塔が元来，*仏舎利安置を目的としたところから五輪塔も必然的に仏舎利容器としても機能し，わが国では中世以降，五輪塔が石造の墓標として展開した．その典拠は 9 世紀に宗叡が日本にもたらした『慈氏菩薩略修愈誐念誦法』に基づくとみられ，別に同経に依拠したと考えられる五輪図も京都・*仁和寺本唐本図像の存在から 9 世紀には既にわが国で知られていたようである．ただし，わが国において実際にその造形が確認できるのは『醍醐寺新要録』3 に図入りで記録される応徳 2 年(1085)

銘の円光院五輪塔が文献上，最も古く，康和5年(1103)の「東寺新造仏具等注進状」(『平安遺文』第10巻所収)にみえる「仏舎利安置五輪塔」がこれに次ぐ．

現存遺例では京都・*法勝寺址出土の保安3年(1122)銘瓦に施された浮き彫り瓦当文を最初とし，次いで兵庫・常福寺裏山の極楽寺経塚から康治元年(1142)および天養元年(1144)銘の*瓦経とともに出土した土製五輪塔が最古の立体遺品である．そのかたちは『慈氏菩薩略修愈誐念誦法』に拠って，地輪を土台として四角柱であらわし，次いで下から順に水輪を球形，火輪を四角錐，風・空輪を台座付き*宝珠形であらわすのが一般的である．異形として火輪を三角錐，空輪を球形(団形)とする〈三角五輪塔〉(*舎利容器)があり，鎌倉初期の俊乗房*重源の関係遺品(兵庫・*浄土寺や滋賀・胡宮神社所蔵のそれなど)に認められる．その形態は，従来，重源が入宋僧を称したことから中国の遺品に倣ったと考えられたが，*儀軌が説く文言通り再現を試みた彼の発意になるとみるべきか．このほか地輪と火輪の平面を六角形とする〈六角五輪塔〉(舎利容器)があり，その遺例は西大寺*叡尊が造営に参画した奈良・*般若寺十三重石塔や京都・放生院浮島十三重石塔から発見されており，叡尊の創意になる可能性がある．→付録(塔5)．

鼓楼　ころう　〈くろう〉とも読む．中国や日本の寺院で，*講堂の左右に*鐘楼と相対して建てられた．中に太鼓をかけ，それを打って時を知らせた．遺構として，*唐招提寺鼓楼(1240)や*万福寺鼓楼(1668)などがある．なお，中国では宋代以降，都市の中央部に鐘楼と共に設けられた．また，道教の寺院である道観の境内にも建てられた．

語録　ごろく　ある禅僧について，その*行履や弟子に対して行なった説示，他の禅僧と交わした*問答などを，口語のまま記録・編集した著作をいう．古くは〈語本〉と呼ばれたが，唐末には〈語録〉あるいは〈語要〉と呼ばれるようになり，禅僧の全著作を網羅したものは，後世，特に〈広録〉と呼ばれた．一般に弟子が編集した形をとっているが，実際には本人の校閲を経ている場合が多く，後には生前に刊行される場合もあった．

【成立の背景と代表的語録】こうした著作が現れた理由は，禅宗において*頓悟思想が発展し，*悟りと日常生活との*相即が説かれるに至ったところに求めることができる．これによれば，禅匠の生活を描くことが，そのまま悟りの表現となるべきはずだからである．それゆえ，語録の先駆が，こうした意味での頓悟をはじめて主張した荷沢*神会の『南陽和尚問答雑徴義』に求められるのも当然であり，とくに，この思想を究極にまで推し進めた*馬祖道一以降の大機大用禅では，これ以外には，その思想を十全に表現する方法はなかったといってよい．唐・五代の代表的な語録としては，大梅法常(752–839)の『大梅録』，臨済義玄の*『臨済録』，*趙州従諗の『趙州録』，*雲門文偃の『雲門広録』などを挙げることができる．なお，馬祖道一の『馬祖録』や*百丈懐海の『百丈広録』なども伝わっているが，これらは後世になって種々の資料に基づいて再編集されたもので，古形を伝えるものではない．宋代以降も*大慧宗杲の『大慧普覚禅師語録』や*宏智正覚の『宏智禅師語録』，*中峰明本の『中峰和尚広録』などのように，語録の編集は続けられたが，*公案の流行に伴って〈*拈古〉や〈*頌古〉が，また，*叢林の文芸化の傾向を受けて〈偈頌〉(*偈)や〈四六文〉が重要な位置を占めるようになった．また，宋代には禅が社会に広く受け入れられ，儒教にまで影響を与えたため，朱熹(1130–1200)の『朱子語類』に見るように，儒学者についても語録が編集されるようになった．

【日本の語録】日本でも，禅の本格的な移入に伴って，中国の代表的な語録は広く流布したが，それに止まらず，日本人の禅僧についても，それを模した漢文の語録が編まれるようになった．東福*円爾の『聖一国師語録』，*南浦紹明の『大応国師語録』などは初期の代表的なものである．その後も*五山などでは*絶海中津の『絶海和尚語録』など多くの語録が編集されたが，文学の比重が増し，思想的な活力は失われた．

「学道の人，教家の書籍及び外典等学すべからず．見るべき語録等を見るべし．その余は且く是れを置くべし」〔随聞記 3〕「文字

にかかはらずとて，釈尊の教文をば信ぜずして祖師の語録をば信ず」〔野守鏡〕

五惑 ごわく　五つの妄惑，*煩悩．*貪(むさぼり)，瞋(いかり)，癡(おろか)，*慢(おごり)，*疑(うたがい)の五つ．この五つはその惑いとしての性分が鈍いので，〈五利使〉(五つの鋭利な煩悩．五*見)に対して〈五鈍使〉ともいう．〈使〉は煩悩に同じ．⇀惑，三毒．

根 こん［s: indriya］　原語の漢訳語で，機能・能力などの意．ある作用を起こす力をもったもの．中国仏教では，*増上(すぐれていること)，能生(生ぜしめる働きがあること)の義と解釈され，草木の根が幹や枝葉を養い生ぜしめるような働きをもったもの．感覚を起こさせる機能または器官として眼・耳・鼻・舌・身を〈五根〉といい，これに意根を加えて〈六根〉という．また*信(信仰)・勤(*精進)・*念・*定・慧の五つは煩悩を除いて*悟りへ向かわせるのにすぐれた力があることから〈五根〉または〈*五力〉という．⇀五根，六根．

人の生まれつきの性・持ち前は，*善悪の行為を引きおこす力があるので〈*根性〉また〈*機根〉〈根機〉などといい，教えを聞き修行し悟ることについての能力・素質をさす．男女それぞれの性的特徴をもたらす力，また男女の性器を男根・女根というのも，その生み出す力からである．なお，中国の古典においては，特に『老子』において万物を生み出す根源として〈根〉の語が用いられ，〈根に帰る〉思想が説かれる．

「浅きより深きにすすめ，有相より無相へ入るる，これ中下の根を接する方便なり」〔沙石集 5 末-10〕「耳根の申すやうは，諸根ありとも，おのれがかかることありと聞けばこそ師(獅)子の血もとれ，と申す」〔法華百座 6.19〕

禁戒 ごんかい［s: śikṣā-pada］　〈きんかい〉とも読む．仏教徒がそれぞれの立場に応じて守るべききまり．〈学処〉とも訳され，戒の条項をさし，また戒一般をさす場合にも用いる．戒の止悪的方面を強調して〈禁〉の字をあてたもの．一般に仏教徒は4種あるいは7種に分けられる．男・女および*出家・*在家の別に分けるのが4種であるが，在家の男女の2種のほかに出家男女を5種(*比丘・*比丘尼・*沙弥・*沙弥尼・式叉摩那)に分けるのが7種の区分法である．この区分に従って持する禁戒を*波羅提木叉と称し，おのおの異なるが，逆に持する禁戒によって仏教徒としての位置づけが明らかになる機能をもつものである．「共に禁戒を守り，斉しく仏道を期す」〔法華験記上 17〕．⇀戒律．

金戒光明寺 こんかいこうみょうじ　京都市左京区黒谷町にある浄土宗七大本山の一つ．山号は紫雲山．通称，黒谷の本山・黒谷堂．*法然が*比叡山西塔の黒谷別所を出てこの地に庵室を結んだのが始まりと伝える．第8世運空が後光厳天皇(1338–74)に*円頓戒を授けて以来，金戒光明寺と称する．後小松天皇(1377–1433)から「浄土真宗最初門」の勅額を受ける．念仏と戒律の寺として公武の尊崇を受けた．豊臣秀吉から寺領を受け，1610年(慶長15)には*紫衣の寺となった．寺宝として法然自筆という*『一枚起請文』，鎌倉時代の〈山越阿弥陀像・地獄極楽図屏風〉を所蔵する．

矜羯羅童子 こんがらどうじ　〈矜羯羅〉はサンスクリット語 Kiṃkara の音写で，〈緊迦羅〉とも写す．原語は，用を伺い何でも(kim)命ぜられたことを行う(kara)従僕，もしくは精霊の意．*不動明王の*脇侍となる二大童子，あるいは*八大童子の一として通常*制吒迦童子と対となる．教義的には*行者に給仕・奉仕するために現れる慈悲の*化身とされる．像容は15歳の童子のごとくであり，蓮華冠を頂き，二手は合掌して両手の親指・人差指の間に*独鈷杵をはさむ．

根機 こんき　⇒機根

権教 ごんきょう　⇒権実

勤行 ごんぎょう　努力して行うの意．すでに，『老子』に「上士，道を聞けば，勤めて之を行う」とあり，『荘子』大宗師に「而も人は真に以て勤め行う者と為す」とある．仏教でもその意を受けて，熱心に*修行することを勤行といい，漢訳仏典に頻出．また，時を定めて仏前において*読経することをいい，これを〈おつとめ〉ともいう．「五つの寺をたてて，今にたえせず，勤行とこしなへなり」〔曾我 2. 奈良の勤操〕

金口 こんく　*仏の金色の口の意から，仏の*言説(ごんせつ)・教えをさす．転じて，尊重すべき言説・教訓の意にも用いられる．〈金言(きんげん)・こんごん〉も同意で，*『金言類聚抄(きんげんるいじゅうしょう)』などの書名はこの意味で名づけられたもの．また，仏の直接の教えを〈金口直説(こんくじきせつ)〉といい，天台では，*摩訶迦葉(まかかしょう)から師子に至る代々の*仏法の伝授の次第を，*如来(にょらい)が自ら説いた*相承(そうじょう)という意味で〈金口相承〉と呼んでいる．*『摩訶止観(まかしかん)』1上に「付法蔵の人は始め迦葉より終り師子まで二十三人，…諸師みな金口の記す所なり」とある．〈金口〉は仏教関係以外の中国古典では，天子の言，また他人のすぐれた言論という意味で用いられている．『晋書(しんじょ)』巻55.夏侯湛伝に「今は乃ち金口玉音，漠然として沈黙す」とある．

「万千の羅漢はすなはち金口を信ず」〔十住心論8〕「唐朝の大師南岳・天台・章安・妙楽，自解(じげ)仏乗の智を得て，金口の相承を続っぎ給ふ」〔太平記24.依山門嗷訴〕

金鼓 こんく　〈こんぐ〉〈きんこ〉とも読む．梵音具(音を発する仏具)の中で，金属製の鼓(つづみ)の総称．古くは念仏*称名しながら*撞木(しゅもく)で打った鉦(かね)，つまり*鉦鼓(しょうこ)や*伏鉦(ふせがね)を指すことが多い．特に「金鼓を打つ」の場合は例外なくその鉦を指す．しかし，時代が下るにつれて*鰐口(わにぐち)を指すことも多くなった．鰐口は，仏殿や神社の前軒に吊るし，その前に鉦の緒と呼ぶ太い綱を下げ，参詣の人がこの綱を振ってその面に当てて鳴らす．*金光明経(こんこうみょうきょう)には信相菩薩が夢に金鼓を見た記述がある．その大音声(おんじょう)は「懺悔(さんげ)の偈頌(げじゅ)を演説」〔金光明経懺悔品〕するものであった．〈鼓〉は元来，打つことを意味し，古くは打楽器の総称であったが，普通には革楽器の大部分を占める．

「衣・袈裟直(うるは)しく着て，金鼓を頸に懸けていはく，我は此より西に向かひて阿弥陀仏を呼ばひ奉りて金を叩きて」〔今昔19-14〕「夢想紛紜(ふんうん)たり，仍(よ)て金鼓を打たしめ，諷誦を七か寺に修す」〔小右記万寿2.3.17〕

欣求浄土 ごんぐじょうど　*極楽浄土に生れることを欣(ねが)い求めること．〈*厭離穢土(おんりえど)〉と対をなす．源信の主著*『往生要集』は10門から成っているが，その第1が「厭離穢土」，第2が「欣求浄土」と題されていて，厭離穢土の自覚が欣求浄土の心の前提となることが示唆されている．ただし，この両者は相対する心情ではなく，*穢土を厭(いと)い離れようとする心がそのまま浄土を欣い求める心となる．

「うれへのほのほに身をこがし，悪趣の薪をつみしかど，大菩薩の御計(はから)ひ目出度くて，今日は厭離穢土の伴侶となり，欣求浄土の同法たり」〔八幡愚童訓〕

権化 ごんげ　概念としてはサンスクリット語 avatāra に相当するが，用例はまだ確かめられていない．〈権〉は，仮(かり)の意で，仏や菩薩(ぼさつ)が*衆生(しゅじょう)を救済するために，この世にさまざまな姿をとって現れること，またその現れた仮の姿をいう．〈応現(おうげん)〉〈*化現(けげん)〉〈*示現(じげん)〉〈*権現(ごんげん)〉などともいい，法身(ほっしん)・報身(ほうじん)・応身(おうじん)の*三身のなかでは，応身(*化身(けしん)，応化身)としての働き，また応身そのものをいう．

ヒンドゥー教では，*ヴィシュヌ神が魚，亀，野猪，人獅子，矮人，パラシュラーマ，ラーマ，*クリシュナ，ブッダ，カルキという10のアヴァターラ(権化・化身)をあらわしてすべての時代の人々を救済すると説く．仏教では*観世音菩薩が有名で，法華経普門品では，観世音菩薩が33の姿(*三十三身)に化身して衆生救済に努めると説く．なお，キリスト教では，権化に対比されるものとして受肉(incarnation)の思想がある．

「これ実の狗にあらず．皆これ権化にして，祇園精舎に法を聴きし衆なり」〔法華験記上35〕

権化神・実類神 ごんけしん・じつるいしん　〈権社(ごんしゃ)の神・実社の神〉ともいう．仏教が日本に伝来した当初は，インドにおけると同様に，神々をすべて迷える衆生の一種とみなしたが，天武期(7世紀後半)あたりで天皇を中心とした国造りが整ってくると，*天照大神(あまてらすおおみかみ)を頂点として国造りに参加した神々(民族神)と，自然霊や死霊のままにとどまった自然神(民俗神)との区別が生じ，前者に対しては菩薩(ぼさつ)号を呈するなどして敬意を表し，悟りの世界へと上げていった．

平安中期(10世紀)以降の*本地垂迹(ほんじすいじゃく)説になると，民族神について，その*本地(ほんじ)は仏であり，日本の人びとを救うために神として*垂迹し，権(かり)に神として現れ，*応化(おうげ)したとみなすにいたる(*権化)．こうして，神に*権現(ごんげん)号が付されたり，〈権化神〉あるいは〈権社の神〉と呼ばれるようになり，一方，自然神(民俗神)は〈実類神〉あるいは〈実社の神〉と呼んで区別してくる．権化神・実類神という用語は，*『興福寺奏状』に見える．

「念仏の輩，永く神明に別る．権化・実類を論ぜず，宗廟大社を憚らず」〔興福寺奏状〕「権社の神は喜びて擁護し給ふべし．本地の悲願にかなふが故なり．実社の神は恐れて悩まさず．もろもろの悪鬼神をして便りをえしめざるが故なり」〔諸神本懐集本〕

権現 ごんげん　権(かり)に神となって現れたということ．平安中期(10世紀)ごろから見えだす*本地垂迹(ほんじすいじゃく)説において，*天照大神(あまてらすおおみかみ)や*八幡神(はちまんじん)そのほか日本の代表的な神々は，*本地は仏であり，日本の人びとを救済するために権(かり)に神となって現れたとみなし，天照大神の本地として*大日如来(だいにちにょらい)，八幡神の本地として*阿弥陀仏(あみだぶつ)ないし*観世音菩薩(かんぜおんぼさつ)をあてるなど，神々それぞれに本地として仏・菩薩を設定し，また八幡大権現などのように，神に権現号を付したり，春日(かすが)権現・熊野権現・*蔵王権現・山王(さんのう)権現など，神を権現名で呼ぶようにもなる．なお，仏寺建築の用式を取りこんだ神社建築を〈権現造り〉という．「日来(ひごろ)精進して遥かなる途(みち)を出で立ちて，権現の宝前に参り向かふ」〔法華験記下129〕．→権化(ごんげ)．

金剛 こんごう [s: vajra]　堅固不壊で強力な光を放つものを意味し，雷光あるいはダイヤモンド(金剛石)をさす．バラモン教の主要神である*インドラの武器として有名なヴァジュラは，雷光すなわち稲妻をかたどったもの．仏教に入っては，〈金剛〉や〈*金剛杵(しょ)〉とも訳され，いかなる迷いの敵をも打ち破る強力な武器の象徴として金剛力士(*仁王(におう))や金剛手菩薩が手にし，また密教の法具(*独鈷(とっこ)・*三鈷杵・五鈷杵など)ともなった．また，*金剛心，金剛句，*金剛山，*金剛乗，金剛念誦(ねんじゅ)などの用例は，それぞれの特性を，堅固不動で極めて貴重な鉱石であるダイヤモンドに喩えて形容したもの．「御心ざし金剛よりもかたくして，一向専修は御変改候ふべからず」〔黒谷上人語灯録13〕

金剛界 こんごうかい [s: vajradhātu]　真言密教(しんごんみっきょう)では，胎蔵(たいぞう)(界)と対をなして，〈両部(りょうぶ)〉という．胎蔵を客体すなわち〈*理〉とするに対し，金剛界を主体すなわち〈智〉(*智慧(ちえ))とし，真理は主客一体，智と理の*不二(ふに)であると説く．〈金剛界〉とはダイヤモンドのような堅固な*悟りを体とするという意味で，それを表現したものが〈金剛界曼荼羅(まんだら)〉である．*智拳印(ちけんいん)を結ぶ*大日如来(だいにちにょらい)と，それを取り囲む*阿閦(あしゅく)・*宝生(ほうしょう)・*阿弥陀(あみだ)・不空成就(ふくうじょうじゅ)の*四仏(しぶつ)を中心に，四波羅蜜(しはらみつ)・十六大・八供養女・四摂(ししょう)*菩薩(ぼさつ)の37尊からなる．

わが国で金剛界曼荼羅といえば，東寺(*教王護国寺)や高雄山*神護寺(じんごじ)などに伝えられた*現図曼荼羅にみるような〈九会(くえ)曼荼羅〉を指す．それは9等分された複合曼荼羅であり，中心をなす〈成身会(じょうじんえ)〉をはじめ中・下段の6会は，それぞれ前記37尊から構成されるが，上段の3会は構成を異にする．しかし金剛界の典拠となる金剛頂経(こんごうちょうぎょう)には九会は説かれておらず，チベットに現存する金剛界曼荼羅は37尊からなるものが基本形である．8世紀以降のインド後期密教およびチベット密教は，主として金剛界曼荼羅の系統をひいている．→金剛頂経，両界曼荼羅，胎蔵界，付録(両界曼荼羅)．

「菩薩権仏の二宮は，またいまだ究極の金剛界に到らず」〔十住心論1〕「古堂の金剛界の三十七尊を木にて造りてすゑ奉りたるありけり」〔真言伝4〕

金剛界八十一尊曼荼羅 こんごうかいはちじゅういっそんまんだら　*金剛界九会(くえ)曼荼羅の中心の成身会(じょうじんえ)のみを独立させた曼荼羅．曼荼羅の内院は，金剛界曼荼羅成身会と等しいが，中院は成身会の賢劫(げんごう)千仏(現世の千仏)上に，他の四種曼荼羅(四曼)の賢劫十六尊を配して，外院(げいん)は四曼の二十天以外に四隅に四大*明王(みょうおう)をおく．成身会61尊に20尊を加えた81尊で，金剛界九会を代表させたもの．*空海も請来したが遺品を欠く．*円仁(えんにん)請来本に基づく天台系曼荼羅の遺品に根津美術館本(鎌倉時代)などがある．→四種曼荼羅，両界曼荼羅．

金剛界曼荼羅 こんごうかいまんだら　⇒両界曼荼羅(りょうかいまんだら)

金剛薩埵 こんごうさった ［*s*: Vajrasattva］ 〈*金剛〉は vajra の漢訳，〈*薩埵〉は sattva に相当する音写．真言密教*付法8祖の第2として信仰される尊名．*大日如来(だいにちにょらい)の説く法門を聴いてこれを*結集(けつじゅう)し，南天竺の鉄塔内に安置し後に*竜猛(りゅうみょう)に伝授したとされる．*普賢菩薩(ふげんぼさつ)と同体異名とされ，大日如来より*灌頂(かんじょう)を受けて二手に*五智の*金剛杵(こんごうしょ)を与えられたので〈金剛手菩薩〉と呼ばれる．またの名を〈執金剛〉〈秘密主〉とも称する．曼荼羅(まんだら)上では*金剛界37尊中の十六大菩薩の一つで，成身会(じょうじんえ)・三昧耶会(さんまやえ)・微細会(みさいえ)・供養会(くようえ)の*阿閦(あしゅく)如来の四親近(ししんごん)菩薩の一つ，四印会(しいんえ)の大日如来の東方の内眷属(ないけんぞく)，*理趣会(りしゅえ)の1尊，胎蔵(たいぞう)曼荼羅金剛手院の主尊などとして種々の現出をしている．彫像の遺例として，*教王護国寺講堂の五大菩薩中の像(平安初期)，随心院像(*快慶作，鎌倉時代)などがある．→両界曼荼羅，付録(両界曼荼羅)．

金剛山 こんごうざん ① ［*s*: Vajramaya-parvata］〈こんごうせん〉とも読む．〈金剛囲山(こんごうちせん)〉ともいい，*鉄囲山(てっちせん)(Cakravāḍa-parvata)の別称．金剛不壊(ふえ)のゆえに金剛山と名付けるという．

② 北朝鮮の江原道東部にある山脈(主峰の標高1638メートル)の名．古くから名山として知られ，朝鮮半島第一の景勝の地とされる．ここは華厳経(八十巻本)の「諸菩薩住処品」に説かれている法起(ほうき)菩薩の住む霊山と考えられている．山中に数十の寺院があるが，内金剛の正陽寺・表訓寺・長安寺，外金剛の神渓寺，新金剛の楡岾寺が最も著名である．いずれも新羅時代に建てられた由緒ふかい寺院である．

金剛三昧 こんごうざんまい ［*s*: vajra-samādhi］ 〈*金剛〉はサンスクリット語 vajra(金石中最剛の物)の訳語で，漢訳仏典の造語．〈三昧〉はサンスクリット語 samādhi(*禅定(ぜんじょう)・*瞑想(めいそう))の音写語．金剛が一切のものに礙(さまた)げられぬように，あらゆる事がらに通達する三昧のことを〈金剛三昧〉という．*『大智度論』巻47に「金剛三昧とは，譬えば金剛の物として陥(そこな)わざるなきがごとく，此の三昧も亦復(また)かくのごとく，諸法において通達せざるなし」とある．また，*三乗の修行者が最後に一切の*煩悩(ぼんのう)を断じ，*究竟(くきょう)の境地を得る三昧のことをいう．なお，〈金剛喩定(ゆじょう)〉〈金剛定(じょう)〉ともいう．→三昧．

金剛寺 こんごうじ 大阪府河内長野市天野町にある真言宗御室(おむろ)派の寺．天野山(あまのさん)三宝院と号す．寺伝では*行基(ぎょうき)が開創したという．承安年間(1171–75)に阿観(あかん)(1136–1207)が再興し，八条院暲子内親王(1136–1211)の祈願所となった．1180年(治承4)に源貞弘が私領を寄進して経済的基盤が築かれ，鎌倉時代に堂塔や什物(じゅうもつ)が整備された．鎌倉時代末期には禅恵と文観(もんかん)(1278–1357)によって後醍醐天皇(1288–1339)，護良(もりなが)親王(1308–35)，楠木氏の保護を得，南朝と深く結び，後村上天皇(1328–68)などの行宮(あんぐう)にもなった．

現在の*伽藍(がらん)は，*金堂(こんどう)(1320)と*多宝塔(平安時代)の他，鎌倉時代末期から桃山時代にかけて建立された楼門・*鐘楼(しょうろう)・*食堂(じきどう)・*御影堂(みえどう)などがあり，いずれも1605–06年にかけて豊臣秀頼(1593–1615)によって大修理がなされている．寺宝も多く，主なものとして，金堂本尊の大日如来坐像(平安時代)，絹本着色弘法大師像(平安時代)，日月山水図屛風(桃山時代)，蓮花蒔絵経筥(鎌倉時代)，宝篋印陀羅尼経(ほうきょういんだらにきょう)(平安時代)などがある．また多数の古文書を有し『金剛寺文書』として名高い．かつては山内で酒が醸造され，〈天野酒(あまのさけ)〉として珍重された．

金剛杵 こんごうしょ ［*s*: vajra］ 原語は，(*インドラの下す)雷電の意．それを一般化した意味では，堅固なもの，力の強いものを表すが，特にインドラ神(*帝釈天(たいしゃくてん))などが持つ古代インドの武器をさす．鉄・銅などの金属製が主で，中央に把手があり，両端が尖ったきっさき(鈷(こ)・峰)となっている．この金剛杵の威力が密教では特に重視され，*大日経・胎蔵曼荼羅(たいぞうまんだら)，*金剛頂経・金剛界曼荼羅に説く金剛部の思想に発展し，特に後者では，部族仏としての*阿閦如来(あしゅくにょらい)，その象徴である*菩提心(ぼだいしん)，*五智の一つである*大円鏡智などと密接に結びついてゆく．仏の智慧を表し，また*煩悩(ぼんのう)を打ち砕く菩提心の象徴として諸尊の*持物(じもつ)となるほか，法具として用いられる．鈷の数により種別するが，通例は*独鈷(とっこ)・*三鈷・五鈷を用いることが多い．*執金剛神(しゅうこんごうしん)・*金剛童子・*蔵王権現(ざおうごんげん)などが持物とする．
「手に金剛杵を取り，或いは猪の頭(かしら)，或いは竜の頭，この様の怖(おそ)ろしき形の類ひ若干(そこばく)有り」〔今昔 1-6〕「諸仏の正覚は金剛杵にして，往古の菩薩は智法身なり」〔唯一神道名法要集〕

金剛杖 こんごうじょう　〈こんごうづえ〉とも．*山伏が山岳*斗藪(とそう)の際に持つ身の丈(たけ)ほどの木製の棒．*先達(せんだつ)の持つものを〈檜杖(ひじょう)〉，新客(しんきゃく)(初めて入峰する者)の持つものを〈担杖(たんじょう)〉と呼び，〈金剛杖〉は度衆(どしゅう)(入峰二度以上の者)の持つものを指す．度衆が*金剛薩埵(こんごうさった)と同じ位にあるとの理由に由来し，悪魔を打ち破る智慧の象徴であり，仏法守護・衆生利益をはかるとされる．本来は，*聖(ひじり)の持つ*鹿杖(かせづえ)などと同様，霊や神の宿る依代(よりしろ)(神霊をよりつかせる道具)であったと考えられる．「思ひ思ひの打ち刀，頭巾(ときん)，鈴懸(すずかけ)，法螺(ほら)の貝，金剛杖を突き連れて」〔伽・酒呑童子〕

金剛乗 こんごうじょう　[s: vajrayāna]　*金剛頂経(こんごうちょうきょう)系統のインド後期密教を，*小乗・*大乗と対比して，第三の最高の教えとみる立場からの名称．時には拡大解釈によって*大日経(だいにちきょう)系統も含めた密教の総称として用いられることもある．ダイヤモンドに比すべき堅固な性質と比類ない貴重な価値，さらには*金剛杵(こんごうしょ)のような武器の優秀性，これらの特性を兼ねそなえた最上の教えという意味で名付けられた．「初めに三論・法相を学びて，後に金剛乗に入りぬ」〔本朝神仙伝〕

金剛心 こんごうしん　金剛は金剛石(ダイヤモンド)をさす．仏教では，堅固で破壊されないことを金剛石にたとえることが多く，金剛心も*菩薩(ぼさつ)の心を堅固不壊の金剛石にたとえていったもの．また天台教学では，菩薩としての最後・最高の位である*等覚(とうがく)の位を意味することがある．また浄土真宗では，他力真実の*信心のことをいう．いずれの場合も，堅固で破壊されない心という原義を踏まえたものである．「金剛心は天魔外道の為に伏せらるるにあらず」〔勝鬘経義疏〕

金剛水 こんごうすい　〈誓水(せいすい)〉あるいは〈金剛誓水〉ともいう．密教で*伝法灌頂(でんぼうかんじょう)のはじめに独自の戒律である*三昧耶戒(さんまやかい)を授けるとき，*菩提心(ぼだいしん)を退失しないよう自誓させるために受者に飲ませる水のこと．沈香(じんこう)・鬱金(うこん)・竜脳(りゅうのう)・栴檀(せんだん)などの種々の妙香を水に和して〈香水(こうずい)〉とし，また*不動明王・*降三世(ごうざんぜ)明王・*軍荼利(ぐんだり)明王などの*真言(しんごん)で*加持(かじ)し清める．受者がこの水を飲めば身心ともに清浄となり，伝法灌頂において*法(ほう)を受けるにふさわしい器になるとされる．

金剛智 こんごうち　[s: Vajrabodhi]　671-741　ヴァジラボーディの漢訳名．中インドのイシャナヴァルマ(Iśanavarma)王の第3子．ナーランダー寺(*那爛陀寺(ならんだじ))で出家し，*大乗(だいじょう)・*小乗を学び，31歳のとき南インドで*竜智(りゅうち)菩薩から*金剛頂経(こんごうちょうきょう)系の*密教を授けられ，スリランカ，スマトラを経て，海路中国に入り，*長安と*洛陽(らくよう)において，密教の宣布につとめた．金剛頂経の一種である略出念誦経(4巻)などを翻訳し，祈雨法をはじめとする密教の呪法(じゅほう)を用いて朝野の信頼を得，唐代の中国に密教を定着させるのに功があった．*真言宗(しんごんしゅう)の*付法の第5祖，伝持の第3祖．

金剛頂経 こんごうちょうきょう　[s: *Vajraśekhara-sūtra*]　金剛頂経は*大日経(だいにちきょう)と並んで，日本の真言密教(しんごんみっきょう)では，〈両部の大経〉として重要視されるが，単一の経典ではなく，*大日如来が18の異なった場所で別々の機会に説いた10万頌(じゅ)に及ぶ大部の経典の総称である．一般に〈金剛頂経〉といわれるときは，そのうちの初会(しょえ)にあたる〈一切如来真実摂経(いっさいにょらいしんじつしょうきょう)〉(*Sarvatathāgata-tattva-saṃgraha*)をいう．漢訳として*金剛智(こんごうち)訳の〈略出念誦経(りゃくしゅつねんじゅきょう)〉(4巻)，*不空(ふくう)訳の〈金剛頂大教王経〉(3巻)，施護(せご)訳の〈一切如来真実摂経〉(30巻)がある．サンスクリット原典，チベット語訳も現存し，それらは漢訳では施護訳と対応する．7世紀中頃から終わりにかけて，南インドでその基本形が成立し，次第に施護訳にみられるような完成形態に移行した．

内容は，大日如来が一切義成就菩薩(いっさいぎじょうじゅぼさつ)(釈尊(しゃくそん))の問いに対して，自らの*悟りの内容を明かし，それを得るための実践法が主となっている．その悟りの内容を具体的に示したのが金剛界曼荼羅であり，その実践法の中心となるのが*五相成身観である．五相成身観とは，*行者の汚れた心を，*瑜伽の*観法を通じて見きわめ，その*清浄な姿がそのまま仏の*智慧に他ならないことを知り，仏と行者が一体化して，行者に本来そなわる仏の智慧を発見するための実践法である．8世紀の瑜伽部密教の三大学匠といわれるブッダグヒヤ，アーナンダガルバ，シャーキヤミトラなどの注釈書がチベット訳として残る．→金剛界，両界曼荼羅．

金剛童子 こんごうどうじ ［*s*: Kaṇikrodha, Vajra-kumāra］ 曼荼羅のなかの，*金剛杵を持つ童子の姿をした*忿怒尊で西方・*無量寿仏の*化身とされる．*東密系の青色六臂の〈青童子〉と*台密系の黄色二臂の〈黄童子〉がある．二臂像は左手を高く挙げて*三鈷杵を持ち，右手は伸ばして垂れ*施無畏印とし，左足を高く挙げる丁字相をとる．六臂像は右手に金剛杵・棒・斧，左手は棒・金剛拳・剣を持し，海中より出現する．怖畏・毒難・諸障を除き，財宝・聞持を得る効験がある尊とされるが，とくに三井寺(*園城寺)・*熊野で，産生・*降伏の祈願にこれを本尊とした*修法が行われた．

金剛般若経 こんごうはんにゃきょう ［*s*: *Vajracchedikā-prajñāpāramitā*］ 詳しくは〈金剛般若波羅蜜経〉，略して〈金剛般若経〉〈金剛経〉ともいう．6種の漢訳があるが，*鳩摩羅什訳が一般に用いられ，サンスクリット原典，チベット語訳，モンゴル語訳なども現存．*般若経典の一つで，*空の用語を用いないで空を説く経典として知られる．同経はまた，漢訳で「A即非A」と表現される論理を多用するため，〈即非の論理〉(*鈴木大拙)を展開する経典とも呼ばれる．一切のものへの*執着を離れ，ものへの思いをも捨て，そして〈私〉という観念を退けることによって仏陀の*悟りは得られるという．〈*応無所住而生其心〉にその意味が込められている．本経の霊験利益を集録したものに唐の孟献忠編*『金剛般若経集験記』などがある．

『金剛般若経集験記』 こんごうはんにゃきょうしゅうげんき 中国唐代の，*金剛般若経の霊験説話集．3巻．孟献忠編．718年(開元6)の成立．上巻は救護・延寿の2編31章，中巻は滅罪・神力の2編19章，下巻は功徳・誠応の2編20章，計6編70章から成り，唐代の金剛般若経信仰の様相を伝えるもの．中国では散佚したが，古くわが国に伝来し，*『日本霊異記』には『般若験記』として引かれて，その成立にかかわった．平安時代にも金剛般若経の信仰と平行して読まれたようで，現存しないが，〈金剛般若集験記屛風〉の制作や，三善為康(1049-1139)に類書『金剛般若経験記』1巻の著述があったことが知られている．なお，間接的ながら，本書収載話は*『三宝感応要略録』を介して*『今昔物語集』にも流入している．

金剛峯寺 こんごうぶじ ⇒高野山

『金剛錍論』 こんごうべいろん 唐の天台僧*湛然著．1巻．『金剛錍』『金錍論』ともいう．金剛錍とは，良医が盲人の眼膜を手術するのに用いるメスをいい，迷える衆生の心眼を開くとの意．特に，華厳宗の*澄観を破すものであるとの説などがある．本書は，大乗の*涅槃経に説かれる衆生が*仏性を有するという思想を拡大解釈して，*非情(仏教において生命体でないと考えられた草木や国土など)にも仏性が遍在していることを説く．また従来天台で重視されていなかった*『大乗起信論』を多く用いた点に特色がある．この見解は，後世の趙宋(960-1279)天台の思想的展開に多大な影響を与えた．→草木成仏．

金剛宝戒 こんごうほうかい 〈金剛(宝)〉はサンスクリット語 vajra の訳語でダイヤモンドのこと．ダイヤモンドのごとく堅固で優れた戒の意．*梵網経に出る言葉で，そこに説かれる〈*菩薩戒〉を自ら賞揚して様々に表現するものの一つ．最澄の発給した*戒牒や法然系の偽書に見られる．「忽ちに内侍の宣を被り，各尊師の法を竭し，金剛の宝戒を受け，灌頂の真位に登る」〔叡山大師伝〕

金光明経 こんこうみょうきょう ［*s*: *Suvarṇaprabhāsottama-sūtra*］ 大乗経典の一つ．*曇無讖訳，*真諦訳，闍那崛多(523-600)訳，*義浄訳という4漢訳が知られるが，完本として残るのは曇無讖訳4巻と義浄訳10巻のみである．後者の正式の名称は〈金光明最勝王経〉であり，〈最勝王経〉と略称される．サンスクリット原典も現存し，数種のチベット語訳・コータン語訳断片などもある．護国経典として名高く，我が国では*護国三部経の一つとされた．奈良時代以来，正月に宮中の*御斎会や諸国の*国分寺で昼は義浄訳〈金光明最勝王経〉が*読誦・講説され，夜は同経「大吉祥天女増長財物品」に基づいて吉祥悔過が行われた．全篇の核をなすのは「如来寿量品」であったと考えられるが，国王の義務を説く「王法正論品」を収め，また「大弁才天女品」「大吉祥天女品」などは我が国におけるこれら諸天の信仰に多大の影響を及ぼしたと考えられる．なお，*捨身飼虎で有名な薩埵王子の話は本経「捨身品」に，*放生会で読誦・講説される*流水長者の話は本経「長者子流水品」に由来する．

金剛夜叉 こんごうやしゃ　[*s*: Vajrayakṣa]　〈金剛薬叉〉ともいう．五大明王の一つであるが，他の*明王に比して後代の成立で，金剛界曼荼羅(→両界曼荼羅)中の金剛牙菩薩との関連が注目される．*烏枢沙摩明王と混同される場合もあるが，両者は別体であり，特に真言宗では金剛夜叉明王の方を重視する．尊容は*三面六臂で主面は五眼．左手には*金剛鈴・弓・*輪宝，右手には五鈷杵・矢・剣を持つ．金剛夜叉明王を本尊として*修法する〈金剛夜叉法〉は，平安時代に特に*調伏の目的で多く修されたという．→五大明王．

金剛力士 こんごうりきし　⇒仁王，執金剛神

金剛輪寺 こんごうりんじ　滋賀県愛知郡秦荘町にある天台宗の寺．松峰山と号し，松尾寺とも呼ばれる．*西明寺，百済寺と共に湖東三山の一つ．737年(天平9)に*聖武天皇の発願により*行基が開創したと伝える．嘉祥年間(848-851)に*円仁が天台密教の道場となし，中世には後鳥羽天皇(1180-1239)や近江源氏佐々木氏の崇敬を受けて寺勢盛んとなったが，1571年(元亀2)織田信長によって焼き打ちされ荒廃した．のち寛永年間(1624-44)に江戸幕府の援助を受けて堂宇を修築した．現存の*本堂は鎌倉期に建てられた*和様建築の優作で，*内陣の一部には*禅宗様の手法も見られる．三重塔は室町前期の建立．寺宝として平安後期の十一面観音像，鎌倉時代の阿弥陀如来像2軀・不動明王像・毘沙門天像などを伝える．なお，*『打聞集』の現存唯一の伝本である1134年(長承3)古写本も本寺の旧蔵であった．

金剛鈴 こんごうれい　[*s*: vajra-ghaṇṭā]　密教で使われる法具．元来は楽器であった．*鈴の把が*独鈷・*三鈷・五鈷などの*金剛杵の形をとるためこの名がある．またこのほかに*宝珠と塔を把にする鈴があり，以上をあわせて〈五種鈴〉とよぶ．このうち通常は*五鈷鈴が最も多く用いられ，*修法の際に諸尊を呼びさまし，*歓喜させ*供養するために振り鳴らされる．これを*振鈴という．また鈴の響きは*如来の説法にもたとえられる．金剛鈴は金剛杵と対になって諸尊の*持物とされる場合が多い．「余りにあわてて金剛鈴を捨つる思ひもなくして，手に持ちながらからりからりと鳴りけるを」〔盛衰記34〕

言語道断 ごんごどうだん　あらゆるものの真実のすがた(*諸法実相)は*空であって，言語の道が断たえ，言葉で表現する方法のないこと．「一切諸法…心行処滅　言語道断」〔大智度論2〕，「諸法実相者　心行言語断」〔中論18-7〕のごとく「心行処滅」(心のはたらきの及ぶ範囲が滅し，思惟をこえていること)と共に記されることがある．中国ではこれを「諸法実相　言忘(亡)慮絶」(言葉と思慮をこえている)〔三論玄義〕と要約した．なお日本では，本語はすでに平安時代より善悪両様の意に用いる一般語となり，表現しがたいほどすばらしいの意にも，あまりひどくて何とも言い表しようがない，もってのほかの悪事の意にも用いられてきた．

「仏法は言語道断し，心行処滅す．是れ出世の道なり」〔沙石集10末-3〕「田堵依行の作手を押妨せんとするの条，凡そ言語道断の猛悪なり」〔某荘田堵大江依行解長寛2.8.5〕

勤策 ごんさく　[*s*: śrāmaṇera]　〈沙弥〉のこと．一般には14歳(または7歳)以上20歳未満の，正式に*比丘になるための準備

段階の人．〈勤〉も〈策〉も勤め励む意．サンスクリット語の語根 √śram は勤め励む意であり，そこから〈勤策〉と訳された．中国の注釈では，比丘になるために努力するから勤策というのだとする．〈勤策男(なん)〉ともいい，それに対して*沙弥尼は〈勤策女(にょ)〉という．*新訳の語である．*旧訳(くやく)で〈息慈〉〈息悪〉〈行慈〉などと訳すのは，俗語で samaṇa といい，sam(息(や)む)に由来すると解したからである．→沙弥．

近事 ごんじ ［*s*: upāsaka, upāsikā］〈*優婆塞(うばそく)・優婆夷(うばい)〉に相当する意訳．在俗の信者．対応するサンスクリット語は upa＋√ās（近くに坐る）に由来するのでこう訳す．*三宝(さんぼう)に近くつかえる意であるという．優婆塞を〈近事男(なん)〉，優婆夷を〈近事女(にょ)〉という．*新訳の語であり，*旧訳(くやく)では〈清信士(しょうしんじ)〉〈清信女〉などと訳す．

紺紙金泥 こんしきんでい 〈こんしこんでい〉とも読む．紺色に染めた紙に金泥を用いて書いた経巻や仏画などをいう．経巻では平安時代末期に書写された中尊寺経(*中尊寺・*高野山蔵)，荒川経(*高野山蔵)，神護寺経(*神護寺蔵)などの*一切経が有名であり，これらの経巻には見返しに経意を金銀泥で描くことが行われている．仏画では，法華経を金泥で塔形に書写し，その周囲に経意を描いた〈法華経金字宝塔曼荼羅図〉が，談山神社(*多武峰(とうのみね))と立本寺(りゅうほんじ)(京都市上京区)に蔵されている．前者は平安末，後者は鎌倉中期の作である．「長保以後，皆紺紙をもって料紙とす．今またこれに同じ．金銀泥をもって，堺の上下に蓮華を画く」〔玉葉安元 3.7.5〕．→装飾経．

金翅鳥 こんじちょう ⇒迦楼羅(かるら)

権実 ごんじつ 〈権〉は仮に手立てとして設けられたもの，〈実〉は真実・究極のものの意．中国古典では，不変の道理である〈経〉に対して臨時の便法を〈権〉という．『孟子』離婁上に「嫂(そう)の溺れたるとき，之れを援(たす)くるに手を以てするは，権なり」とある．仏教では，この〈権〉を*方便と同義に用いた．教えや智慧に関してもこの観点から分類し，それぞれ，〈権教〉〈実教〉(権実二教)，〈権智〉〈実智〉(権実二智)と称する．ただし，それらの内実や相互の関係をどのように捉えるかについては，学派・宗派によって相違があり，たとえば天台宗では*法華経の教えを〈実教〉，その他の教説を〈権教〉とし，法華経において両者の関係が明らかにされるとする．「権実別(わか)ち難く，顕密濫し易し．知音にあらざるよりは誰かよくこれを別たむ」〔性霊集補闕抄 10〕

権者 ごんじゃ 〈ごんざ〉とも読む．仏・菩薩が衆生(しゅじょう)救済のためにかりにとった姿．〈権〉は手段が常道に反していながら，結果として道に合すること．〈経〉の反対．しかし，仏教では〈実〉の反対とされる．*『摩訶止観(まかしかん)』10 下に「権者実を引き，法を聞けば即ち悟る」とある．「この僧ども見奉るに，なほ権者におはしましけりと見えさせ給ふ」〔栄花鶴の林〕

『今昔物語集』 こんじゃくものがたりしゅう 日本最大の*説話集．12 世紀中葉に近いころの成立．編者は未詳，大寺所属の学僧とみる説もある．31 巻．文体は漢文訓読文調を基本とし，表記は漢字に片仮名を交えた宣命書(せんみょうがき)．8・18・21 の各巻と 23 巻の前半を欠くが，未完成の結果とみる説が有力．仏法東伝の次第を追った「天竺(てんじく)」(インド)，「震旦(しんたん)」(中国)，「本朝(ほんちょう)」の三部編成で，「天竺」は 1–5 巻，「震旦」は 6–10 巻，「本朝」は 11–31 巻から成り，現存収録話数は題目だけのものをも含めると 1059 話．

「天竺部」は釈迦伝的構想をとる 1–3 巻を基幹として仏教の創成と展開を説き，話性的には仏法から非仏法への配列をとる．「震旦部」「本朝部」の構成もこれと同じパターンで，初めに仏法の伝来と流布，*三宝(さんぼう)の霊威功徳(くどく)の諸相が具体化され，仏法・王法相依観に基づく世界に続いて多彩な世俗的説話が展開される．後者の世界，特に藤原氏列伝に始まり，勇力・芸能・合戦・宿報・霊鬼・巷談・滑稽・悪行…と続く世上万般の話題を収める「本朝部」の世俗的世界は，まさに俗世の縮図ともいえるもので，一見仏法とは対立的な世界でさえある．しかし，これを単なる説話的興味の対象とするだけでなく，世法を仏法に包摂し，王権の支配する俗界の世情も，そこに生きる仏縁なき衆生の営みも所詮は仏界の一相ととらえたところに，凡百の類書には見られない，本書独自の仏教的世界観がうかがわれる．

一方，説話伝承史的視座に立つと，本書に収載する膨大な三国の仏教説話が，一つとして編者の恣意的創作に出たものはなく，すべて本書以前の多数者の多年にわたる仏教と仏典受容の歴史的遺産であったことも見のがせない．なお，この大作は未完のまま埋もれ，中世まではほとんど流布せず，その後代文学への影響なども近世中期を待って初めて確認される．

禁呪 ごんじゅ ⇒呪(じゅ)

今生 こんじょう この世．〈*前生(ぜんしょう)〉〈*後生(ごしょう)〉に対して，いま生きているこの現世をいう．この世における生存．この世に生きている間．「まさに知るべし，苦海を離れて浄土に往生すべきは，ただ今生のみにあることを」〔往生要集大文第1〕

根性 こんじょう 〈根〉は能力，生み出す力(能生(のうしょう))，〈性〉は性質．人の生まれつきの性は，*善悪の行為を引き起こす力があるので〈根性〉あるいは〈機根〉といい，仏教語としては，仏の教えを聞くところの*衆生(しゅじょう)の素質や能力・性質をいう．「頭を剃りて道に入りたれども，根性痴鈍にして習学に堪へず」〔法華験記中47〕「衆生の根性種々なりといへども，総じてこれをいはば五類あり．一には声聞性，二には縁覚性，三には菩薩性，四には不定性，五には闡提性なり」〔夢中問答下〕．→根，機根．

厳浄 ごんじょう 〈厳〉は，みごとに飾るの意．*荘厳(しょうごん)で*清浄(しょうじょう)なこと〔無量寿経，法華経序品〕．また，*戒律を正しく守り汚さない意味で用いる．「丹素(にしろ)・金碧(きんあを)をもて形容(ぎやうよう)し，香火・花菓をもて厳浄せり」〔法成寺金堂供養願文〕「坐禅をもはらせむ人，かならず戒律を厳浄すべしや」〔正法眼蔵弁道話〕

金神 こんじん 中国古代哲学の*五行(ごぎょう)(火・水・土・木・金の5元素)の一つである〈金〉を呪術宗教化した神．『礼記』中庸の鄭玄(じょうげん)の注に，五行の神を儒教の五徳(仁・義・礼・智・信)に配当して「金神は義」とあり，『広雅』釈天に「金神これを精明と謂(い)う」，さらに「金神の白虎は太白(星)の精なり」〔五行大義5〕，「金気を傷(そこな)えば罰は太白(星)に見(あら)わる」〔五行大義3〕などとあることから，金神のいる方角に対して土木の起工，出行，移転，嫁取りなどを禁忌とする土俗信仰を生んだ．

日本では，平安中期頃に賀茂氏・安倍氏によって，陰陽五行説に起源を有する*陰陽道(おんようどう)が呪術的宗教として成立して以降，貴族層の災厄除法の一環として金神を忌む習慣が広がり始めた．江戸時代になると，安倍氏の流れをひく土御門家の管掌する暦が陰陽師を通じて普及するとともに，金神は建物や土地を汚すと祟る神として広く知られるようになって，暦に基づいてその巡る方向を忌む習慣や修験者(しゅげんじゃ)の祈禱によって祟りを除去する信仰が民間でも定着をみた．『和漢三才図絵(わかんさんさいずえ)』(1712)には，金神の巡る方位と年とが詳しく記載されており，その盛行の様相が窺える．また，江戸時代末期に成立した金光教は，金神を恐ろしい祟りの故に，逆に人間を救済する神としているが，教祖赤沢文治(1814-83)の信仰回顧録『金光大神覚』にも，祟り神として猛威を振るう金神の姿が克明に記録されている．

根塵 こんじん ［*s*: indriya-viṣaya, indriya-artha］ 感覚や認識の器官・機能の対象．もしくは器官・機能とそれの対象との併称．〈根境(こんきょう)〉に同じ．原語の indriya(*根)は，感覚・認識を起こす器官・機能を意味し，眼(げん)・耳(に)・鼻(び)・舌(ぜつ)・身(しん)を*五根，またこれに〈意(い)〉を加えて*六根という．viṣaya，artha(*境＝*塵)は，対象の意．六根の対象の色(しき)・声(しょう)・香(こう)・味(み)・触(そく)・法(ほう)を*六境という．この〈根〉と〈境〉との相因によって，感覚・認識の作用(vijñāna，*識(しき))が生じるとされる．このうち〈境〉は，*煩悩(ぼんのう)を引き起こす外的な汚れであるので，別に〈塵〉(土ぼこり)とも漢訳された〔倶舎釈論7など〕．なお漢語の〈塵〉は，俗世の汚れの意味でも用いられる〔荘子斉物論〕．

「此の根も塵も清浄の六識を六大法身と名づく」〔万法甚深最頂仏法法要下〕「根塵相対して一念起こる時も，いづくより来たると云ふ事なし」〔仏法夢物語〕

惛沈 こんじん ［*s*: styāna］ 心の滅入ること，ふさぎこむこと．心を沈鬱な不活発の状態にさせる心理作用．また，そのような状態．*『倶舎論(くしゃろん)』では大煩悩地法(だいぼんのうじほう)の一つに数え，*唯識(ゆいしき)では*随煩悩の一つに数える．「惛沈はただ迷へるにはあらず，重くしづみほれたるなり」〔法相二巻抄下〕

言説 ごんぜつ　言語表現一般を意味する．*真如に対比される場合には，言説(vyavahāra)はあくまでも*方便的手段として用いられた，いわゆる*仮名(仮に設けられた表現)に過ぎない．しかし真如といえども，それが他人に伝えられるためには，まず言語表現の形をとることが不可欠であり，この意味での言説は，ことばによって表された真如(依言真如)，すなわち〈教説〉(deśanā)をさすことになる．「有に非ず無に非ず，言説を離れたり」〔性霊集補闕抄 10〕

金仙 こんせん　金色の仙人の意で，仏のことをいう．〈*仙人〉は，中国では不老長生を得た超越者をいい，中国に仏教が伝来した当初，中国人は仏を仙人(*神仙)のイメージで理解した．インド最初期の仏典では〈仙〉をṛṣi(仙人)と呼んでいる．仏の身体は金色であるとされるところから〈金仙〉の称があり，この語は唐宋時代の詩文にも多く用いられている．また，*過去七仏の第 5，拘那含牟尼仏(Kanakamuni)もまた金色の仙人の意で〈金仙人〉や〈金色仙〉と意訳される．

『言泉集』 ごんせんしゅう　*表白・*願文・*諷誦文などの*唱導の要文集．*聖覚の撰．*安居院流の唱導文献を集大成した『転法輪鈔』の目録によれば七結五十四帖とあるが，諸本を集めても現存はその 30 %を越えない．金沢文庫蔵本は，法会に際して導師が携帯するに便利な小型の分類された小冊子で，これが原型を残しているものであろう．いま 22 帖 40 冊および断簡 3 冊を知り得るが，欠落が非常に多い．

内容は*澄憲・聖覚の作と，先行の『江都督納言願文集』『本朝文粋』その他経典・僧伝・寺社の縁起・霊験など膨大な文献から，全文あるいは要句を長短不同で抄出し，類従して，小冊子に表題と内容を略記してある．経典として金光明最勝王経・大般若経などがあるが，その*経供養に際しての唱導の参考に使用されることを示している．僧追善・出家，あるいは亡父・亡母・亡夫など，さらに堂・塔・橋供養など 50 以上の項目に分類して文例を蒐集したらしいが，現在では散佚してその一部を知り得るのみである．法会に際して模範文集として便利なために諸種の伝本があるが，後人の追補もある．

金蔵 こんぞう　*涅槃経に出る*仏性の喩えの一つ．詳しくは〈真金之蔵〉である．ある貧しい女性の家の地下に，多くの真金を貯えた収蔵庫(蔵)があるのに，その女性は知らずにいる．そこである人がそのことを女性に教え，また掘り出してあげる．女性はそれに歓喜し，その人を敬う．この比喩において，ある人は*如来を，女性は一切*衆生を，金蔵は仏性を意味するのである．この喩えは，*如来蔵経や*『究竟一乗宝性論』にも用いられている．

勤操 ごんぞう　754(天平勝宝 6)(一説に 758)–827(天長 4)　大和国(奈良県)高市郡秦氏の出身．初め大安寺信霊に師事，次いで三論教学を善議(729–812)に学んだ．796 年(延暦 15)*法華八講の先駆とされる〈石淵八講〉を石淵寺(平城京の東，高円山下)で創始．813 年(弘仁 4)には大極殿*最勝講で*法相宗側を論破し学匠としての勇名を馳せた．この活躍によって*僧綱に列せられ，また弘福寺(*川原寺)*別当，次いで*西寺別当に任ぜられた．一方，最澄・空海の新仏教にも理解を示し，両者との交わりも親密であった．西寺北院で没し，時に大僧都．没後荼毘の際に僧正位が追贈され，出家贈官の先例となった．世に石淵僧正という．高野山普門院には藤原時代のものとされる肖像画が現存．なお，石淵寺八講の由来を説く大安寺僧栄好との交誼を伝える話は，*『三宝絵』中 18 以下に見えて著名．

権大乗 ごんだいじょう　実大乗の対．〈権〉とは仮の意で*方便(upāya，手段・てだて)の異名．仏が能力の異なる人びとを導くために方便を用いて仮に説いた*大乗．仏の教え，仏となるための教えは実はただ一つ(*一乗，一仏乗)であるが，仏が人びとの能力に随って仮に*声聞乗・*縁覚乗・*仏乗(*菩薩乗)の 3 種類の教えに分けて説いた〔法華経方便品など〕．中国の*『大乗義章』9 では，華厳経・法華経などの所説を〈実大乗〉といい，仮に説いた*三乗の中の大乗を〈権大乗〉と名づけた．日本では，一乗のみを真実の教えとする天台宗・華厳宗などを実大乗といい，三乗を真実とする法相宗や，三乗を容認する三論宗を権大乗と呼んでいる．

金胎両部 こんたいりょうぶ　⇒金剛界，胎蔵

(界)(たいぞう(かい))，両界曼荼羅(りょうかいまんだら)

権智 ごんち　〈権〉は仮(かり)の意で*方便(upāya，手段・てだて)の異名．〈権智〉とは，現象的存在(因と縁(*因縁)が仮に和合して現れているもの，事(じ))の*差別(しゃべつ)のありさまを知る*智慧(ちえ)である．ものの真実のすがた(*真如(しんにょ)，*理(り))を見きわめる〈実智(じっち)〉の対．合わせて〈権実二智〉という．また教えと*仏身について，能力の異なる人びとに対し，てだてを用いて仮に3種の教え(*三乗)や*化身(けしん)(迹身(しゃくしん))などを示して教え導く智慧を〈権智〉(方便智)といい，*一乗・*法身(ほっしん)(本身)を仏が明らかにし，修行者がこれを真実であると見きわめる智慧を〈実智〉という〔大乗義章19.二智義，法華玄論4，(上宮)維摩経義疏上〕．「殊勝なる凡夫の中にも，権智の巧みなる事かくのごとし．まして仏の方便堅く信ずべし」〔雑談集9〕

金堂 こんどう　*本尊をまつる堂で，伽藍(がらん)の中心となる建物．〈*仏殿(ぶつでん)〉ともいう．仏を*金人(きんじん)というところから，金人を安置する堂の意であろう．後世の文献ながら，*『東宝記(とうぼうき)』(杲宝，1352)や『醍醐寺新要録(だいごじしんようろく)』(義演，1620)にはそのように伝えている．平安時代には前に*礼堂(らいどう)ができ，その2棟が一つ屋根に覆われるようになって，それまでの金堂と違った平面になったため，金堂をやめて〈*本堂〉というようになったのであろう．禅宗では礼堂を造ることなく，〈仏殿〉と呼ばれている．遺構としては，*法隆寺金堂(7世紀後半)，*唐招提寺金堂(8世紀後半)，*東大寺大仏殿(1705)，*大徳寺仏殿(1665)などがある．中心の仏殿を金堂と呼ぶのは日本独特である．なお中国では，〈金堂(きんどう)〉は仏教寺院に固有の語ではなく，金色の堂，もしくは単に建物の華麗の形容として用いられる．仏教寺院の中心になる建物は，一般に〈仏殿〉〈*大雄宝殿(だいゆうほうでん)〉〈大殿〉〈正殿〉などという．→寺院建築，伽藍，付録(伽藍配置)．

金銅仏 こんどうぶつ　銅で鋳造して，表面に鍍金(ときん)を施した仏像．*ガンダーラにおける初期仏像以来の伝統があり，インド・中国・朝鮮を通じて*石仏とともに仏像製作の主流であった．日本では仏教公伝時に朝鮮から伝えられた仏像も金銅仏であり，飛鳥・奈良時代に盛んに製作された．平安時代には*木彫像(もくちょうぞう)に押され，やや少なくなるが，12世紀頃から徐々に増加し，鎌倉時代以後は再びその製作が盛行する．

鋳造の方法は原型の材質により〈臘型(ろうがた)〉〈土型〉〈木型〉に分類される．臘型は，まず像の概形を鋳物土(いものつち)(中型(なかご))で造り(型の保持のために中に鉄心を籠める)，その上に臘をかぶせ，これに細部を造形して原型とし，その全体をさらに鋳物土(外型)で包む．加熱して臘が溶け出た空間に溶銅を注いで造る．飛鳥・奈良時代の金銅仏はほとんどがこの技法である．土型・木型は，原型を土または木で造り，これを二つに分けた鋳物土(外型)で包んで鋳型をとる．内部の原型をとりはずした後に，原型より一回り小さい中型を入れて二つの外型を合わせ，空間に溶銅を注いで造る．平安後期以後の金銅仏にこの技法がみられる．なお仏像製作に用いられた金属は，銅以外にも金・銀・鉄などがある．→四十八体仏，鉄仏．

魂魄 こんぱく　人間の身体に宿ってその活動をつかさどる神秘的な力．たましい．〈魂〉は人間の精神の働きをつかさどる陽気の神霊，〈魄〉は肉体をつかさどる陰気の神霊をいう．人が生きている間は魂魄はその身体にとどまっているが，死ぬと，身体から遊離して，魂は天に帰り，魄は地に帰ると考えられた．中国において招魂復魄(たまよばい)の儀礼が行われたのは，遊離した魂魄を呼び戻して死者を蘇らせることを祈ったためである．また，一つの身体から遊離した魂魄は，他のものの中に移り住むこともあると考えられていた．また，道教においては，魂魄を体内に拘束することによって永生不死が得られるとし，三魂(胎光・爽霊・幽精)を拘し，七魄(尸狗・伏矢・雀陰・呑賊・非毒・除穢・臭肺)を制する道術が用いられた．

一方，中国における仏教受容の過程において，魂魄に関する一つの論争が起った．人の死後にも〈*神(しん)〉すなわち*霊魂(魂魄)は存続するか否かという論争(*神滅不滅論(しんめつふめつろん))がそれである．六朝時代の排仏論者たちは，肉体が滅びれば〈神〉も滅びると説いたのに対し，仏教擁護の側は，〈神〉を*輪廻転生(りんねてんしょう)の主体としてとらえ，その永続不滅を主張した．これは中国古来の魂魄の観念に基づいた輪廻の思想の中国的な受けとめ方を示している．

「画木(画像や木像)に魂魄と申す神を入るる事は法華経の力なり」〔日蓮四条金吾釈迦仏供養事〕「魂は陽に帰り魄は陰に残る．執心却来の修羅の妄執，去って生田の名に負へり」〔謡・箙〕

金毘羅 こんぴら　サンスクリット語 Kumbhīra の音写．〈宮毘羅〉〈倶毘羅〉とも音写される．Kumbhīra はもともと*ガンジス河に棲む霊魚で，鰐を神格化したものであったが，原住民のあいだで恐れられ，崇拝されて，やがて仏教の俗信のうちに採り入れられた．薬師*十二神将の一，般若守護*十六善神の一．*夜叉を主領し，誓願して仏法を守護する夜叉神王の上首である．薬師如来本願経・大宝積経などに仏法守護の本誓と功徳力が説かれているが，とくに金毘羅童子威徳経には，千頭千臂の童子の姿を現じて*魔王を*降伏し衆生の苦悩を救療することを説く．香川県の金刀比羅宮は金毘羅大権現として知られ，交通安全の守護神として崇敬されている．

根本 こんぽん　[s: mūla, ādi]　時間的には起源・本元，空間的には中心，そして理念的には基礎，基本を意味する．ただし実際にはこれらが重層的に用いられ，例えば〈*根本仏教〉という時には時間的な意，*金剛界曼荼羅の九会の中央を〈根本会〉という場合には空間的な意がつよく，〈*根本煩悩〉〈根本罪〉〈根本空〉〈根本識〉といった場合は，理念的に用いられたわけであるが，といって他のニュアンスが存しないというわけではない．なお漢語の原義は，ものの根幹の意．

「微少の罪にして，大きなる怖畏を生ず．況や根本の罪を犯さむや」〔法華験記中41〕

根本識 こんぽんしき　[s: mūla-vijñāna]　現象世界の*識活動の根本(*所依)となる識．*唯識派では*八識を説くが，その第八*阿頼耶識に相当するものは，それ以前の部派仏教でも様々に説かれていたと考えられる．そのうち*大衆部では根本識を説いたと伝えられており，唯識派はそれも阿頼耶識の異名に他ならないとする．

根本大師 こんぽんだいし　伝教大師最澄を指す．叡山大師・山家大師とともに最澄の私称の一つ．天台の密教(*台密)においては，第3代天台座主*円仁の慈覚大師流，第5代天台座主*円珍の智証大師流に対し，最澄の系統を根本大師流という．根本大師流は台密十三流の一つにも数えられる．「根本大師の旧規に循ひ，山侶を将ゐて三聖の聖祠に就きて金剛般若経を誦す」〔慈慧大師伝〕．→最澄．

根本大塔 こんぽんだいとう　インド密教で説く南天鉄塔に擬した塔で，〈*大塔〉とも〈根本大塔〉ともいい，密教独特の塔である．日本では*高野山の大塔を根本大塔とする．外形は*多宝塔を大きくしたものであるが，内部は円形に柱を立て，*大日如来を中心とする*五仏を安置する．1843年(天保14)に焼失し，90余年を経て1934年(昭和9)再建された．なお根来山大伝法院(*根来寺)の大塔は室町時代に高野山の根本大塔に摸して建造されたものである．

根本中堂 こんぽんちゅうどう　*比叡山東塔の中心建築に付された固有の呼称．当初は〈一乗止観院〉と呼ばれたが，平安時代中頃から〈根本中堂〉というようになった．*最澄が比叡山入山後程なく草堂を建て(788年)*薬師如来を安置したのが始まりである．後，第5代座主*円珍時代に，薬師堂の左右に相並ぶ文殊堂と経蔵をも併せて一大屋根で覆う*桁行9間，梁行4間で1間の孫庇付の大堂に建て換えられ(882–885)，その後第18代座主*良源時代に，桁行11間，梁行6間に大改造せられ(980)，*回廊も設けられて今日の規模になった．現在の建物は9年の歳月をかけて1642年(寛永19)に完成した豪華絢爛たる*和様の大建築で，*礼堂と*内陣とに分かれ，内陣は礼堂より3メートル低い石畳で，天台特有の建築様式になっている．礼堂は上礼堂・下礼堂の2部分からなる．内陣本尊大宮殿前に不滅の法灯が輝いている．→延暦寺．

根本仏教 こんぽんぶっきょう　*姉崎正治は「東方の仏教は花蕊，南方の仏教は枝葉」であり，釈尊の人格とその思想が「仏教の根本」であると主張して『根本仏教』(1910)を著した．本書は日本における釈尊時代の最初期仏教研究のパイオニア的な役割を果たした一書である．本書では根本仏教の教理の中心を*四諦・*八正道に置き，その内容を説明するに，苦諦を世相の観察，集諦は世相の分析，滅諦を*解脱の理想，道諦は正道とその実行としている．これに対し*宇井伯寿は，根本仏教を原始仏教の一部とした．つまり「仏陀の根本思想」は，その行跡・時代思潮などから，相伝の説を取捨しつつ，〈論理的〉に明確にできる．釈尊とその直弟子の仏滅後30年くらいまでを特に〈根本仏教〉と称し，それ以後部派分裂まで，宇井説によれば，アショーカ王（*阿育王）即位までを〈原始仏教〉とする．その他，渡辺楳雄・増永霊鳳・西義雄などの学者が根本仏教の用語を用いているが，必ずしも多くはない．→原始仏教．

根本法輪 こんぽんほうりん　⇒三種法輪

根本法華 こんぽんほっけ　⇒三種法華

根本煩悩 こんぽんぼんのう　われわれをこの世に縛り付ける根本の煩悩で，*貪・瞋（*瞋恚）・*慢・*無明・*見・*疑の6種の煩悩をいう．〈*随眠〉（anuśaya）ともいう．迷いの生存の根源（mūla）であり，これ無くしては，いかなる*業も生存を結果することができない．また，他の煩悩が起こるもととなるもの．貪を欲界の貪（欲貪）と色界・無色界の貪（有貪）に分けて七つとする．あるいは，見を*有身見・*辺執見・*邪見・見取見・*戒禁取見の五見に分けて十とする．この十煩悩は，さらに，欲・色・無色界における*見道所断（苦・集・滅・道）と*修道所断に分けることができる．ただし，色・無色界に瞋は存在せず，*三界において修道所断の疑・五見は存在しない．また，有身見・辺執見は見苦所断のみであり，戒禁取見は見苦所断と見道所断のみである．それ故，欲界には36，色・無色界には各31，総計98の煩悩が存在することとなる．これに十*纏を加えれば，〈百八煩悩〉となる．→煩悩，百八煩悩．

羯磨 こんま　サンスクリット語 karman（パーリ語 kamma）に相当する音写．南都では〈こんま〉，北嶺では〈かつま〉と読む．カルマンには大別して2種の意味がある．一つは*業，すなわち作用や働きの意で最も広い用法である．第二は*僧伽の議事運営法や祭式や*授戒などの宗教行事をさす．この後者の用法を〈業〉と区別するため特に〈羯磨〉と表記した．また，律典は一般に〈*戒本〉〈広律〉〈羯磨〉に分かたれるが，条文の由来や運営法を記した広律中の*犍度部の，僧伽運営の上で必要な作法部分を抄録したものがテキストとしての「羯磨」で，これらは多く中国でまとめられたものである．

僧伽の議事は全て全員一致で決せられることを原則とし，その方法には〈白四羯磨〉（案件を1度述べ，3度同意のための確認を取る），〈白三羯磨〉（案件を1度述べ，2度同意のための確認を取る），〈白二羯磨〉（案件を1度述べ，1度同意のための確認を取る）などがあり，事の軽重や事情に応じて用いられた．→羯磨．

「羯磨百千，口吻に波瀾し，調伏の万巻，舌上に括嚢す（たくわえもつ）」〔性霊集補闕抄8〕「羯磨をばかつまと読み，南都にはこんまと云ふ」〔興正聴聞集〕

根葉花実論 こんようかじつろん　日本（*神道）を種根に，中国（*儒教）を枝葉に，インド（仏教）を果実になぞらえた説．室町時代に，神本仏迹・神主仏従の反本地垂迹説が主張されたが，それに中国の儒教を加えて，神道の優位を論じたもの．天台から神道へ回心した慈遍の『旧事本紀玄義』5（1332）に，「和国は三界の根にして，余州を尋ぬれば此の国の末なり．謂く日本は則ち種子の芽のごとし…本は神国に在り．唐は枝葉を掌どり，梵は菓実を得，花は落ちて根に帰る」といい，*唯一神道を大成した吉田兼倶の『唯一神道名法要集』に，「日本は種子を生じ，震旦は枝葉を現じ，天竺は花実を開く．故に仏教は万法の花実となし，儒教は万法の枝葉となし，神道は万法の根本となす．かの二教は皆これ神道の分化なり」という．→反本地垂迹説．

金輪 こんりん　[1] [s: kāñcana-maṇḍala]　仏教の*須弥山世界説において，世界をその基礎となって支えている三つの輪の最上層の輪．*『倶舎論』11によると，まず*虚空中に広さ無限，厚さ160万ヨージャナ（*由旬）の〈*風輪〉があり，その上に深さ112万ヨージャナの〈水輪〉があり，やがてその水輪の表面が凝固して厚さ32万ヨージャナ，直径は水輪と同じ120万3450ヨージャナの〈金輪〉が形成され，この金でできた輪が，須弥山を中心とし*鉄囲山を周縁とする*九山八海をその上に載せて支えている．そしてこれらの〈三輪〉を成立せしめたものは*有情の行為・*業の力(業増上力)であるとされる．因みに，われわれが住んでいるこの世界(具体的にはインド大陸)としての南贍部洲(*閻浮提)は東西南北の*四大洲の一つとして，鉄囲山のすぐ内側の鹹海の中にある．「金輪とは，有情の業力，別風を感して，起してこの水を搏ち撃ちて，上結して金と成る」〔十住心論1〕．→三輪．

② 〈金輪宝〉の略で，*転輪聖王の*七宝(輪・象・馬・珠・主蔵臣・玉女・主兵臣)の第一．この場合の〈輪〉(*チャクラ)に金・銀・銅・鉄の4種があり，最上の金輪宝を有して四大洲のすべてを支配する転輪王を〈金輪王〉と称する．この金輪王の威勢を示す千輻の金輪宝が仏教に入り，*法の帝王としてのブッダ(*仏陀)の威徳を示し，あるいはその真理の説示を*転法輪と称してそのシンボルになり，ブッダは手の平や足の裏に*千輻輪の相あるものとされて仏像・仏画などに表現されるようになった．それがさらに密教に至って仏の真理を象徴する尊名，たとえば*一字金輪などや，それらの尊が持する標徴としての普通は八輻の金輪となった．「金輪久しく転じて我が法久しく弘むべく，玉燭長く明らかにして我が寺長く興すべし」〔法成寺金堂供養願文〕「汝達砂の塔をつくるに…四揲手なるは，金輪王となりて四天下に王とあらむ」〔三宝絵下〕

金輪際 こんりんざい　大地の一番底のところ．仏教の*須弥山世界説では，大地は*虚空中に浮かぶ*風輪・水輪・*金輪の上に載っている．したがってその最上層をなす金輪の最下端，つまり水輪とのさかいめは，金輪の上に載る大地にとってもぎりぎりの底であるため，〈金輪際〉と呼ばれる．転じて，ものごとの最後の最後まで，徹頭徹尾の意に用いられるようになった．「此の大地の底は金輪際とて，金を敷き満ちたり」〔盛衰記18〕「聞き掛ったりゃ，金輪際聞かにゃおかぬ」〔伎・韓人漢文手管始1〕

崑崙 こんろん　*『南海寄帰内法伝』1では中国の南海にある諸国を指していい，『宋高僧伝』1などと*『大唐西域求法高僧伝』上下にも言及され，マレー半島，インドネシア諸国に擬せられる．別に山名とする場合，『山海経』などでは西王母の住地とされ，後に阿耨達山ともされ，黄河の源として中国の西北に置かれるが，仏五百弟子自説本起経の冒頭や仏典系の説では，五河・四大河・恒河(*ガンジス河)の源としてカイラース山(→カイラーサ山)にも比定される．

サ

斎 さい [*s*: upavāsa, *p*: uposatha, *pkt*: (u)poṣadha]　音写語〈布薩ふさつ〉に対応する漢訳語．中国の祭式用語を転用したもの．漢語の〈斎〉は祭祀を行う前に飲食や行動を慎んで身心を清めること．1カ月の内，8日，14日，15日，23日，29日，30日の六斎日ろくさいにちには寺に参って僧を供養したことから，転じて正午の食事を意味するようになった．やがて仏事に供される食事一般をも〈斎さい〉と呼ぶようになり，僧に食事を供する法会である〈*斎会さいえ〉などが成立した．〈斎〉は「とき」とも読み，食事の意で用いられる．布薩説戒会が衰退すると共に正午の食事の意で用いられることが多くなり，布薩の意に用いることはほとんど無い．「官人有り．斎を設け浄財を施せし，師には看転大蔵経を請ず」〔正法眼蔵看経〕．→布薩，斎とき，八斎戒．

罪悪 ざいあく [*s*: pāpa]　一般的には*戒律かいりつに反する行為を罪といい，これは悪にほかならないから〈罪悪〉といわれる．またこの根源には貪とん・瞋じん・癡ち(*三毒)などの*煩悩ぼんのうがあり，これも罪悪と把握されることがある．このように仏教では，罪と悪と煩悩は必ずしもはっきりとは区別されない．*浄土教においてしばしば引用される，「自身は現に是れ罪悪生死の凡夫，曠劫よりこのかた常に没し常に流転して出離の縁あること無し」〔観無量寿経疏散善義〕もこのような意である．「一分の悪をも断ぜざらむ罪悪生死の凡夫，いかにしてかこの真実心を具すべきや」〔三部経大意〕．→罪つみ，悪．

西域仏教 さいいきぶっきょう　西域とは，*敦煌とんこうの西北玉門関ぎょくもんかん以西のいわゆる*シルク-ロード沿いの地域を指し，パミール高原を境にした東トルキスタンと西トルキスタンから成る．

【西トルキスタン】西トルキスタン東南の*ガンダーラには1世紀半ば頃からギリシア風の*仏像が現れた．2世紀に入るとバクトリアに大月氏族の*クシャーナ王朝が成立して*カニシカ王が現れ，ペシャーワルに*大塔だいとうを建立して*説一切有部せついっさいうぶに寄進したように，西トルキスタンにも有部の*僧伽そうぎゃが成立した．西方のパルティア(*安息国あんそくこく)にも*小乗しょうじょうの教団が成立し，アムダリア河の北東のソグディアナでも小乗仏教が行われた．しかし，2世紀半ば以降にこれらの地域から*洛陽らくように至った*訳経やっきょう僧達は，それぞれ大乗経典を将来しょうらいして訳出しているので*大乗仏教も行われていたらしい．

3世紀半ば頃クシャーナ朝が衰えササン朝が興り，4世紀末には小月氏キダーラ朝がバクトリアに興ったが，5世紀初めにはエフタルに圧倒された．エフタルはソグディアナからガンダーラに至るまでを支配し，6世紀後半にバクトリアで滅ぶが，必ずしも仏教を弾圧し続けたのではなかったらしい．これらの期間を通じて，北方ではササン朝の盛り立てた*ゾロアスター教が栄えたが，7世紀前半のバクトリアは，*玄奘げんじょうが小*王舎城おうしゃじょうと呼ぶほど仏教が盛んで，*バーミヤーンには巨大な仏像が出現していた．その後もアムダリア河上源のアジナテペに大涅槃ねはん像が造られたりしているが，9世紀を待たないで仏教は消えていった．

【東トルキスタン】東トルキスタンでは，3世紀半ば頃から南道のホータンと北道のクチャ(*亀茲きじ)から中国に仏教がもたらされるようになる．ホータンの仏教は，伝承によれば，*カシミールから有部が伝えられて僧伽が構成されたが，大乗を奉ずるものもあったらしい．5世紀初め頃，六十華厳けごん(→華厳経)と共に小乗の*『四分律しぶんりつ』を中国にもたらした者もいた．また，7世紀末には*密教も行われていた．クチャでは，玄奘が訪れた7世紀前半にも小乗が行われていたとされる．しかし，3–4世紀にもその地から大乗経典が漢土に将来され，5世紀に入ると，その地から出た*鳩摩羅什くまらじゅうが長安で大乗諸経典や論書，小乗の*『十誦律じゅうじゅりつ』を訳している．

西域でもインドのように小乗の僧伽の中で消長はあっても古くから大乗が信奉されたのであろう．東方のトルファン(*高昌国こうしょうこく)や敦煌では中国から逆輸入された仏教が漢人系の住民の間で信奉された．8世紀末から9世紀前半の南道はチベット軍に占領されたが，ホータンに仏教は残り，*ウイグル人の間にも仏教は広まった．11-12世紀には河西に西夏の仏教が行われ，モンゴル人の時代になると，やがてその治下では*チベット仏教が用いられるようになる．

斎会 さいえ　〈*斎〉とはつつしむ意で，僧尼が正午過ぎ食事をとらないという制約を意味したが，転じて僧尼に食事を供養するのを斎・斎食(さいじき)というようになった．大仏頂首楞厳経(だいぶっちょうしゅりょうごんぎょう)に忌日に斎を営むとあるのはその意で，仏事を修して僧尼に斎食を供するのが〈斎会〉である．この意味の斎会は*梵網経(ぼんもうきょう)下に見え，日本での初見は，734年(天平6)の「尾張国正税帳」に記された，国庁での金光明最勝王経(*金光明経(こんこうみょうきょう))の講説を斎会としたことという．「韓筥(からのはこ)に頭を入れ，初七日の朝に，三宝の前に置きて斎食を為しき」〔霊異記中33〕．→御斎会(ごさいえ)．

斎戒 さいかい　中国では『孟子』離婁下に「斎戒沐浴」とあるごとく，神を祀るときに身心を清め，行いを慎むことを意味したが，仏教の導入後，*八斎戒(はっさいかい)の略称としても用いられるようになった．インド伝来の仏教行事を，中国の伝統的神事の用語で置換した用例の一つであるが，単なる流用にとどまらず，その概念やしきたりも中国的な変容をこうむっている．たとえば行事そのものが簡略化される一方，神仏への*祈願の傾向を強めているなどはその一例である．「此の像を作るに斎戒，至心して自ら工巧の妙を尽くす」〔巡礼行記3〕

西行 さいぎょう　1118(元永1)-90(建久1)　平安末期の歌人．諱(いみな)は円位．俗名佐藤義清(のりきよ)．佐藤氏は代々衛府に仕える武士で，先祖に俵藤太(たわらとうだ)秀郷がいる．義清は23歳で出家したが，その動機が伝わっていないため，さまざまな伝説・説話が生じた．出家後は，陸奥や*吉野・*熊野，讃岐の白峰，鎌倉・平泉などへの旅を重ね，壮年期には*高野山に，老年期には伊勢に生活の場を置いたこともあった．出家当時の作「鈴鹿山うき世をよそにふりすてていかになり行くわが身なるらん」によってもうかがえるように，自身でも行くえの知れぬ出離生活であったろう．残した和歌には，真言の行者・修験者としての修行に明け暮れた日々の作もあり，また一方で，俗めかしい風情を漂わせた作も数多くあって，そこに西行独自の，多面的で魅惑的な歌境が生み出されている．

なお，出家後の西行については，典型的な初期*高野聖(こうやひじり)であったと見る説もあるが，職業的な勧進(かんじん)聖ではあり得ず，「数奇の隠遁者」にとどまっていたとする見方もある．家集は『山家集』．代表作「心なき身にもあはれは知られけり鴫(しぎ)立つ沢の秋の夕暮」など．

西教寺 さいきょうじ　滋賀県大津市坂本にある天台真盛(しんせい)宗の総本山．戒光山と号す．618年(推古26)*聖徳太子が師の高句麗僧慧慈(えじ)のために創建，667年(天智6)天皇から〈西教寺〉の勅額(ちょくがく)を賜ったという．その後，最澄・良源・源信らによって再興され，さらに元亨・正中年間(1321-26)に慈威(じい)和尚(円観，慧鎮．1281-1356)が*伽藍(がらん)を整備して京都白川*法勝寺(ほっしょうじ)の末寺とした．1486年(文明18)慈摂(じしょう)大師*真盛(しんせい)が*比叡山横川(よかわ)衆徒の請願により入寺，堂舎を再興して法華*円頓(えんどん)の戒律と称名念仏(しょうみょうねんぶつ)の道場とし，発展の基を固めた．1571年(元亀2)織田信長の焼打ちに遭い全山焼亡，1574年(天正2)当時坂本城主であった明智光秀などの援助を得て再興した．客殿は1598年(慶長3)，*本堂・*鐘楼(しょうろう)以下の堂舎は元文年間(1736-41)の再建．本堂に*丈六(じょうろく)の阿弥陀坐像(平安末期)を，また客殿には法勝寺から移したと伝える薬師坐像(鎌倉時代)を安置するほか，阿弥陀来迎図(鎌倉時代)や源隆国(みなもとのたかくに)編*『安養集』の古写善本の所蔵でも知られ，境内には真盛上人・明智光秀・米田監物らの墓塔がある．

在家 ざいけ　[s: gṛhastha]　出家(しゅっけ)の対．一般に仏教教団において聖職者として出家生活を送る者以外の仏教徒をこの言葉で意味するが，インドにおいてはジャーティ・ヴァルナ(いわゆる*カースト)制度の枠内で*ヒンドゥー世界における宗教的・社会的義務を果たしながら生きる者を指す．インドにおいて宗教を担う専門家バラモン(*婆羅門(ばらもん))はすべて在家者であり，出家して初めて宗教の専門家となる仏教とは立場を決定的に異にする．仏教においては*三帰依(さんきえ)を受けることによって仏教徒となることができ，三帰依を受けた男性信者を〈*優婆塞(うばそく)〉(upāsaka)，女性信者を〈優婆夷(うばい)〉(upāsikā)と呼んだ．優婆塞や優婆夷にはさらに*五戒(不殺生・不偸盗・不邪婬・不妄語・不飲酒)や*八斎戒(五戒に三つを加えたもの)を受けることが許された．八斎戒を守りながら一定期間在家を離れて*僧院に住する生活は，在家者に認められた最高の修行であり，出家者の儀式に習って*布薩と呼ばれた．

古代インドにおいて，生まれのままの在家者はあくまでヒンドゥー教徒であり，仏教徒には三帰依という積極的な*受戒によってしかなり得ない．こうした優婆塞や優婆夷はヒンドゥー教における救済に飽き足らずに仏教の救済を求める者であり，出家者である*比丘・*比丘尼と並んで〈四衆〉と総合して称されるごとく，本来出家者に匹敵するきわめて熱心な仏教徒に冠された称号である．結婚をせず労働にも携わらない聖職者によってのみ構成される出家教団は，*部派仏教・*大乗を問わず，その人的資源も財政基盤もともに在家者なしには成り立ち得ず，仏教教団は常に在家と出家との相補的な関係によって維持され続けた．なお，日本では出家者の*戒律が必ずしも尊重されず，また天台宗系統で在家者にも共通する梵網戒(→大乗戒)を出家者の戒として採用したこと，浄土真宗では出家者の*妻帯が公認されたこと等の理由により，出家者と在家者の区別が曖昧化した．→出家．

「行者に二あり．いはく，在家と出家となり」〔往生要集大文第10〕「在家出家ことなりといへども，衆生のために仏道をもとむる人を菩薩と申すなり」〔夢中問答中〕

罪業 ざいごう　罪のおこない．善業に対する悪業．人間のなす行為を*業といい，これは*因果応報の思想と結びついている．前世または現世における*罪悪のおこないは，現世または来世において*苦の報いを受けるという因果応報の連続性を背後に含んで〈罪業〉という語は用いられる．「この娑婆世界の不信の男，さらに一善を修することなし．罪業のみあるものなり」〔法華百座2.29〕．→罪．

西国三十三所 さいごくさんじゅうさんしょ　西国における33カ所の観音巡礼の霊所．その成立は古く平安末期を下らない．史料上の初見は，『千載和歌集』記載の園城寺の僧覚忠(1118-77)の歌に遡り，1161年(応保1)である．*札所番号と順路は次のごとくである．

1. *青岸渡寺(紀伊)，2. *紀三井寺(金剛宝寺，紀伊)，3. *粉河寺(紀伊)，4. 施福寺(和泉・大阪府和泉市)，5. 葛井寺(河内・大阪府藤井寺市)，6. *壺阪寺(南法華寺，大和)，7. *岡寺(竜蓋寺，大和)，8. *長谷寺(初瀬寺，大和)，9. 南円堂(*興福寺内，大和)，10. 三室戸寺(山城・京都府宇治市)，11. 上醍醐寺(*醍醐寺，山城)，12. 岩間寺(正法寺，近江・滋賀県大津市)，13. *石山寺(近江)，14. 三井寺(*園城寺，近江)，15. 今熊野(観音寺，山城・京都市東山区)，16. *清水寺(山城)，17. *六波羅蜜寺(山城)，18. *六角堂(頂法寺，山城)，19. 革堂(行願寺，山城・京都市中京区)，20. 善峰寺(山城・京都市西京区)，21. 穴太寺(丹波・京都府亀岡市)，22. 総持寺(摂津・大阪府茨木市)，23. *勝尾寺(摂津)，24. 中山寺(摂津・兵庫県宝塚市)，25. 清水寺(播磨・兵庫県加東郡)，26. *一乗寺(播磨・兵庫県加西市)，27. *円教寺(播磨)，28. 成相寺(丹後・京都府宮津市)，29. 松尾寺(丹後・京都府舞鶴市)，30. *宝厳寺(近江)，31. 長命寺(近江・滋賀県近江八幡市)，32. 観音正寺(近江・滋賀県蒲生郡)，33. 華厳寺(美濃・岐阜県揖斐郡)．→三十三所，観音信仰．

西寺 さいじ　京都市南区唐橋西寺町に在った*官寺．797年(延暦16)までには平安左右両京と東西両国の鎮護のために朱雀大路をはさんで左京の東寺(*教王護国寺)と対に右京に造営が始まった．開基は大安寺慶俊で〈右大寺〉とも称した．*綱所が置かれ，*国忌も当寺で行われた例の多いことから，初めは東寺より格は上だったらしい．以後9世紀前半にかけて堂舎が整備されると共に，840年(承和7)には住僧の，866年(貞観8)には*三綱の条件規定が制された．この間，守敏・*勤操・長恵・*聖宝らが経営に関与し，また844年(承和11)には滋野貞主(785-852)が別院慈恩院を建立するなどしたが，律令制の崩壊と共に衰微し990年(正暦1)の火災以後荒廃した．なお，唐橋平垣町にある浄土宗西山派の西寺(旧西方寺)

は，平安京の西寺の名を継承した寺院である．浄土宗に属するのは，寺伝によれば13世紀初期の*証空(しょうくう)の滞留による．

斎食 さいじき　⇒斎(さい)，斎(とき)

『摧邪輪』 ざいじゃりん　詳しくは『於一向専修宗選択集中摧邪輪』という．1212年(建暦2)，*明恵(みょうえ)によって著された念仏批判の書．3巻．*法然(ほうねん)の生前，明恵は法然の人格を尊敬していたが，その没後*『選択本願念仏集(せんちゃくほんがんねんぶつしゅう)』が刊行されるに及び，それを読んだ明恵は邪見に満ちているとして，激しい法然批判を展開するに至った．その内容は，「菩提心を撥去(はっきょ)する過失」「聖道門を以て群賊に譬(たと)える過失」の2項目からなり，特に前者が詳しい．同年，『摧邪輪荘厳記』を著して，本書を補足した．

『最須敬重絵詞』 さいしゅきょうじゅうえことば　本願寺3世*覚如(かくにょ)の伝記．7巻．1352年(文和1)，覚如の高弟乗専の撰に成る．絵巻物の詞書(ことばがき)としてまとめられたが，絵は指図書によって推測されるのみで，伝わっていない．内容から，同じ覚如の伝記絵巻*『慕帰絵(ぼきえ)』の補遺として作られたものと考えられる．現存する諸本とも3・4巻を欠く．

罪障 ざいしょう　罪というさまたげ．〈障〉は塞(ふさ)ぐ，または蔽(おお)うの意．*罪悪のおこないは悟りへの道を塞ぎ蔽ってしまうので〈罪障〉という．「罪障のかろきおもきをも沙汰せず，ただ口に南無あみだ仏ととなへて」〔一言芳談〕．→罪(つみ)．

最勝会 さいしょうえ　金光明最勝王経(*金光明経(こんこうみょうきょう))を講讃し，国家安穏・天皇息災を祈る法会．日本で著名なのは以下の三つ．

1)宮中最勝会．*御斎会(ごさいえ)ともいい，毎年正月8-14日まで大極殿(後に清涼殿)で行われ，天皇御前での内*論義を伴う．その起源は766年(天平神護2)，768年(神護景雲2)の2説があるが，宮廷年中行事第一の大事といわれた．

2)薬師寺最勝会．毎年3月7-13日まで講経と論義を行う．830年(天長7)(829年とも)創始．興福寺*維摩会(ゆいまえ)，1)の御斎会と共に〈南都三会(なんとさんね)〉または〈南京三会(なんきょうさんね)〉と称され，*講師(こうじ)にはこの二会講師歴任者を任じ，三会講師を勤め終えた者は*已講(いこう)と呼ばれて将来*僧綱(そうごう)に任ぜられる例であった．また*読師(とくし)には薬師寺僧の練行の者をあて，*聴衆(ちょうじゅう)には諸寺の学匠を請じてあてた．

3)円宗寺最勝会．毎年2月19日より5日間，のちに5月19日より5日間行われ，1082年(永保2)創始．円宗寺*法華会，法勝寺*大乗会と共に〈北京三会(ほっきょうさんね)〉または〈天台三会〉と称され，南都三会に準ずる扱いを受けたが，講師は天台僧がなる例であった．

「維摩・御斎・最勝，これを三会といふ．日本国の大きなる会これにはすぎず」〔三宝絵下〕

最勝王経 さいしょうおうきょう　⇒金光明経(こんこうみょうきょう)

最勝講 さいしょうこう　金光明最勝王経(*金光明経(こんこうみょうきょう))を講讃して国家平安を祈る法会．最も権威ある宮中最勝講は，毎年5月中の吉日を選び5日間清涼殿で行われるもので，1002年(長保4)(1010年とも)創始，当初〈最勝王経講〉とも呼ばれた．院政期には仙洞(法皇御所)最勝講・*法勝寺(ほっしょうじ)御八講と共に〈三講〉と称され，証義・*講師(こうじ)・*聴衆(ちょうじゅう)(問者を兼任)には東大寺・興福寺・延暦寺・園城寺(おんじょうじ)の成業(じょうごう)僧で先の二講の*論義で功あった者を任じ，*僧綱(そうごう)への登竜門の一つであった．また貴族の子弟などは最初から宮中最勝講への参加を許され(直参と称す)，同様に僧綱に任じられる例であった．「承安四年内裏の最勝講に，澄憲法印御願の旨趣啓白の次でに」〔著聞釈教〕

再生 さいせい　*婆羅門教(ばらもんきょう)では，*婆羅門・*刹帝利(せってつり)・*吠舎(べいしゃ)の3種の階層を〈再生族〉(dvija)というが，この再生とは，*ヴェーダ学習開始時に行われるウパナヤナ(upanayana)という一種の成人式を意味する．この3種の階層のみがウパナヤナを行うことを許されたためである．最下の*首陀羅(しゅだら)階層はウパナヤナに与ることができない．

仏教の再生思想は*輪廻(りんね)思想と*業(ごう)思想の融合によって形成されたものである．婆羅門教においては，息子を自らの再生者と見なすごく単純な思想が見受けられ，また祭祀の*功徳(くどく)による天界での再生もしきりに説かれる．*ウパニシャッドではさまざまな形の輪廻思想が説かれているが，中でもいわゆる五火・二道説が名高い．同時に生前の行為の善悪により死後の存在が決定されるという思想もウパニシャッドなどに見られるが，仏教はこの種の業による輪廻の思想を取り入れて，独自の*六道（ろくどう）輪廻の説として定式化したのである．ユダヤ教・キリスト教・イスラーム教の教義で重要な意味をもつ死者の復活の思想は仏教には見られない．輪廻という形での再生は，仏教的観点からすれば*苦の連続にほかならず，このような*死と再生のはてしないくりかえしを断つことが救いとなるのである．

賽銭 さいせん　〈賽〉は神から福を受けたことに報いる意．中国古代においては冬に，神のめぐみに感謝をささげる〈賽〉の祭りがおこなわれたことが，『史記』封禅書に見える．賽銭は，神仏の福を受けて祈願を成就できたお礼のしるしに神仏に奉る金銭の意．転じて，神仏に参詣した時に奉る金銭のことをいう．円仁（えんにん）の*『入唐求法巡礼行記（にっとうぐほうじゅんれいこうき）』3 や韓愈（かんゆ）の『論仏骨表』の文によれば，中国では唐代中期から仏前に銭を奉る風習が一般化し，〈散銭（さんせん）〉の名で呼ばれていた．「散銭も，今は散米といふことなければにや，賽銭とのみいふ」〔嬉遊笑覧 7〕「近辺の寺々に法座あるときは，賽銭をあたへて参詣せよと勧められければ」〔妙好人伝〕

妻帯 さいたい　妻をもつこと，特に僧侶が*戒律を破って妻をもつことをいう．不婬戒は四*波羅夷（はらい）（*四重）の筆頭であり，梵網（ぼんもう）十重戒（*十重禁戒）にも規定されるなど，僧侶の*女犯（にょぼん）妻帯は厳しく禁じられており，今日でも多くの仏教国でそれが遵守されている．

日本古代では*私度（しど）僧など仏教界の周縁部には在俗妻帯の僧がいたが，9 世紀までは女犯の*官僧は流罪・*還俗（げんぞく）などの処分を受けている．ところが宇多法皇や花山法皇が出家後に子供を儲けたこともあって，10 世紀からは*顕密（けんみつ）僧の女犯は実質的に黙認されるようになり，1263 年（弘長 3）の公家新制でも*破戒（はかい）妻帯した僧侶の処罰放逐を否定している．そのため*南都北嶺などでは 11 世紀後半から*三綱（さんごう）の世襲化が始まり，12 世紀になると*学侶（がくりょ）の真弟（しんてい）（僧侶の実子が弟子となったもの）相続が増加して*不犯（ふぼん）の僧は少数となった．その影響は世俗社会にも及んで，僧侶の娘や孫が女院や天皇となっている（土御門天皇）．一方，鎌倉時代には仏教界の粛正と戒律護持を掲げる改革運動が起こり，禅律僧がその中心となった．そのため禅律僧の女犯への対応は厳しく，室町幕府は斬首などの措置もとっている．江戸時代になると浄土真宗以外は妻帯が禁じられ，幕府が女犯僧をきびしく取り締まった．1742 年（寛保 2）に編纂された『公事方御定書』では女犯の住職は遠島，密夫は獄門と定められている．

1872 年（明治 5）維新政府によって，僧侶の*肉食（にくじき）妻帯が自由とされ，ほとんどの宗派で妻帯が許されるようになった．なおネパールやチベット紅帽派でも僧侶の妻帯が認められている．

「念仏の機に三品あり．上根は，妻子を帯し家にありながら，著（ぢゃく）せずして往生す」〔播州法語集〕

西大寺 さいだいじ　奈良市西大寺芝町に所在する寺院で，*南都七大寺の一つ．*真言律宗（しんごんりっしゅう）総本山．764 年（天平宝字 8）の藤原仲麻呂（ふじわらのなかまろ）（706–764）の乱に際し，孝謙上皇（718–770）が戦勝を祈願して発願造立した 7 尺の金銅四天王像にその濫觴（らんしょう）を持つ．仲麻呂の誅殺後，再び皇位についた上皇，称徳天皇は東の大寺（*東大寺）に匹敵する西の大寺の造営を意図したのが創建時の状況で，780 年（宝亀 11）勘録（かんろく）の『西大寺資財流記帳』に詳しい．広大な境域に薬師・弥勒（みろく）両金堂（こんどう），東西両塔，四王堂，十一面堂院など百十余の堂宇が甍（いらか）を並べ，その隆盛ぶりは東大寺と並び南都の二大寺とも呼ばれた．平安京への遷都（794）を境に急速に衰え，平安後期の 1140 年（保延 6）の『七大寺巡礼私記』によれば，*食堂（じきどう）と四王院と塔 1 基を残すのみで，他はすべて礎石だけであったという．

鎌倉時代に入って，本寺の復興が本格的になるのは中興の祖と仰がれる*叡尊（えいぞん）が止住してからである．叡尊は*伽藍（がらん）の復興，教団の組織化につとめ 10 万人近くの信者を獲得した．その事績は彼の自伝である『感身学正記』などで知ることができるが，四王堂と塔を中心に多くの在家信者を構成員とする中世寺院として再生せしめた．しかし室町時代の 1502 年（文亀 2）の兵火は伽藍に壊滅的な打撃を与え，残ったのは四王堂の中門，石塔院，地蔵院，東大門のみで，諸堂の再興は近世に入っての徳川家康による寺領の寄進まで待たねばならなかった．

現存主要伽藍は，*本堂・愛染堂(あいぜんどう)・四王堂・大黒天堂・護摩堂・*鐘楼(しょうろう)・山門などで，江戸時代以降の再建である．寺宝としては平安前期の十二天画像をはじめとして，本尊の木造釈迦如来立像(善慶作，鎌倉時代)を中心に木造愛染明王坐像(善円作，鎌倉時代)，木造興正菩薩坐像(善春作，鎌倉時代)など中世の復興を物語る彫刻・絵画・工芸・経典などおびただしい量の伝世がみられる．特に中世の復興の背景にもなった舎利(しゃり)信仰の実体を物語る数々の*舎利容器の一群は質量共に屈指の存在で，中世工芸史の面からも無視しえない．

最澄 さいちょう　767(神護景雲1)(一説に766)-822(弘仁13)　日本における*天台宗の開創者．諡号(しごう)は〈伝教大師(でんぎょうだいし)〉．*根本大師・叡山(えいざん)大師・山家(さんげ)大師などとも称する．近江(滋賀県)の帰化人系の三津首百枝(みつのおびとももえ)の子．幼名広野．12歳で近江国分寺の行表(ぎょうひょう)に弟子入りし，*北宗(ほくしゅう)禅を受けた．14歳で得度．19歳，東大寺で受戒ののち*比叡山(ひえいざん)へ入り，禅を修し華厳を学び，天台に転向した．*内供奉(ないぐぶ)に任ぜられ，和気弘世(わけのひろよ)らの請いに応じ，高雄山寺(たかおさんじ)(*神護寺(じんごじ))で天台を講じた．桓武天皇の天台振興の志により，804年(延暦23)*還学生(げんがくしょう)として入唐．台州および*天台山で，中国天台第7祖道邃(どうすい・どうずい)や行満(ぎょうまん)から天台の付法を受け，翛然(しゅくねん)から禅，道邃から*菩薩戒を受けた．さらに越州で順暁(じゅんぎょう)その他から密教の付法を受け，翌年帰国．

806年(延暦25)新たな*年分度者(ねんぶんどしゃ)の割当てに当って，天台宗にも2名の割当てをするよう朝廷に申請し，許可された．これは天台宗が公認されたという意味をもった．最澄は密教修得の不十分さを自覚し，*空海の弟子となったが，両者の仲は離れ，天台密教(*台密(たいみつ))の充実は後の*円仁・*円珍によることになった．817年(弘仁8)最澄は東国を訪れ，それを機に会津(福島県)の法相宗(ほっそうしゅう)*徳一(とくいち)との間に天台教学と法相教学，および一乗思想と三乗思想の真実性をめぐって，数年にわたる論争が展開された．〈*三一権実(さんいちごんじつ)論争〉とよばれる．818年(弘仁9)と翌年にわたって*『山家学生式(さんげがくしょうしき)』(六条式・八条式・四条式)を朝廷へ提出して，新たに比叡山上に戒壇を設け，*大乗戒のみによって*授戒し，授戒以後12年間比叡山に籠って学問・修行させる制度の樹立を図った．南都の反対にあって論争したが，生前には許されず，没後7日目に許可され，翌年新しい制度による授戒の制度が始まった．主著に*『守護国界章』*『法華秀句』*『顕戒論』があり，彼の受法の系譜を*『内証仏法相承血脈譜』に記す．

済度 さいど　サンスクリット語 nī(導く)，paritrāṇa, uttāraṇa(*救済(くさい))などの漢訳語で，単に〈*度(ど)〉と訳すこともある．漢語としての〈済〉〈度＝渡〉〈済度〉は，ともに，もと，川を渡るの意．また〈済世(さいせい)〉〈済民(さいみん)〉と熟する場合の〈済〉は，豊かにし救うこと．〈度世(どせい)〉〔楚辞遠遊など〕は，俗世を超出して仙界に昇ること．道教文献に見える〈度人(どじん)〉は，人々を救い仙界に導くこと．

仏典では*迷いの*境界(きょうがい)を去って*悟りに至ることを表すut-√tṝ(越える)，nir-√yā(脱出する)を〈度〉と訳すこともあるが，〈済度〉は，おおむね*仏や大乗の*菩薩(ぼさつ)が，迷いの境界，あるいは生死(しょうじ)の苦の中に漂う衆生(しゅじょう)を救い，悟りの世界へ導くこと．生死の苦を〈海〉に，仏や菩薩を〈船師〉に，悟りの世界を〈*彼岸(ひがん)〉に，それぞれ譬えた表現．「我はすでに悪世に生まれて，済度するに力なし」〔愚迷発心集〕

斎日 さいにち　〈さいじつ〉とも読む．*物忌みをして身心の清らかさを保つ日．仏教では毎月の8・14・15・23・29・30日を〈六斎日(ろくさいにち)〉と呼び，この日には天の神々が人間の行いを監視しているので，在家の人たちも戒を守って行いを慎まなければならないとされる．これに1・18・24・28の4日を加えたのが，地蔵本願経如来讃歎品などに説く〈十斎日〉である．〈斎〉は*プラークリット語(u)poṣadha(布薩(ふさつ))に相当する漢訳語として用いられたが，中国においても司命(しめい)の神が人の行為を監視し，その善悪に応じて寿命を増減すると考えられており，特に*庚申(こうしん)の日が重視されていたことが，『抱朴子(ほうぼくし)』微旨などによって知れる．→斎(さい)，布薩．

「その寺にして，斎日ごとに阿弥陀の念仏を修しけり」〔今昔4-36〕「新たに式を造りて，十斎日ごとに往生講を勤修(ごんしゅ)せり」〔拾遺往生伝下26〕

賽の河原 さいのかわら　民間信仰で，死児の赴く所．*三途(さんず)の川の手前にあり，小石を積んで*地蔵菩薩(じぞうぼさつ)に供えることによって罪障を去り，無事渡河できるとする．京都の桂川と鴨川の合する佐比の河原が庶民葬送の地で，そこに地蔵の小仏や小石塔が建てられたところに起因を求める説もあるが，仏教の*地蔵信仰と民俗の塞(さえ)の神(*道祖神(どうそじん))とが習合して成立したものとみられる．霊山や霊場には必ず賽の河原が設けられている．なお俗信に，死児が父母供養のために小石を積んで塔を作ると*獄卒がやって来て突きくずすが，死児は地蔵に救われて繰り返し小石積みをするという．「その次に，さいのかはらあり．右の方にて往来のともがら，石をつみ念仏申して通るなり」〔東海道名所記2〕「この人死にたらん後は，かならずさいの河原に生れて，父母恋しがる子どもに立ちまじはり，地蔵おぼさつの御衣の下にかくれ」〔風俗文選〕

罪福 ざいふく　*罪悪と*福徳のこと．仏教では，*五逆(ごぎゃく)十悪などの*悪(pāpa)の行為をとがめられるべき罪悪とし，*五戒*十善などの善(puṇya)の行為を福徳とする．そして，善因楽果・悪因苦果の*因果(いんが)律と*業(ごう)思想とによって，罪をなす者は*罪業の報いによって現世および来世に*苦の*果報をうけ，福徳をなす者は，*楽の果報をうけると説く．罪福応報の観念は中国にも存したが，仏教の説く*因果応報は，個人の単位で*三世にわたる点に特徴がある．「不忠不孝にして罪業繁し．因果を撥して罪福無し」〔性霊集1〕「然れば罪福の果報此くの如し．終に朽つる事なし」〔今昔2-31〕

西芳寺 さいほうじ　京都市西京区松尾神ケ谷町にある臨済宗の寺．通称〈苔寺(こけでら)〉．洪隠山(こういんざん)と号す．*行基(ぎょうき)が天平年中(729-749)に開いた四十九院の一つ〈西方寺〉に始まるという．鎌倉初頭の建久年間(1190-99)に中原師員(もろかず)が堂舎を再興，さらに1339年(暦応2)師員の子孫で松尾大神宮司の摂津親秀(ちかひで)が*夢窓疎石(むそうそせき)(夢窓国師)を招き臨済の禅院として中興，寺名も〈西芳寺〉と改めた．

当初は阿弥陀如来(あみだにょらい)を安置する*仏殿(西来堂)，舎利殿(しゃりでん)，無縫塔(むほうとう)(*卵塔(らんとう))，瑠璃(るり)殿，潭北亭(たんほくてい)以下の堂舎がそろい，夢窓国師の考案になるといわれる庭園も，境内から洪隠山頂にかけて整備されていて名庭として名高く，また後世の作庭に大きい影響を与えた．しかしその後，兵火や洪水で荒廃，現存の堂舎は1878年(明治11)の再建．背後の山腹を利用した枯山水(かれさんすい)と，黄金池(おうごんち)を中心とした回遊式池泉が当初の姿をとどめ，史跡・特別名勝に指定されている．また慶長年間(1596-1615)に千利休(せんのりきゅう)の子，千少庵(宗淳(そうじゅん)，1546-1614)が再建したといわれる庭内の茶室，湘南亭(しょうなんてい)も名高い．

西方浄土 さいほうじょうど　略して〈西土(さいど)〉．また〈西刹(さいせつ)〉とも．西方の*浄土，とくに*阿弥陀仏(あみだぶつ)の*極楽浄土をいう．〈西方極楽浄土〉〈西方弥陀浄土〉ともいう．浄土経典によると，この世界から西方に向かって十万億の仏土をすぎたところに極楽浄土があり，現に阿弥陀仏が法を説いている，という．死後に往生すべき理想世界と考えられた．「よくよく耳にとどめ心にそめて，なき世の苦しみをのがれ，西方浄土に生まるべし」〔曾我12.母二宮〕「我等は何して老いぬらん，思へばいとこそあはれなれ．いまは西方極楽の，弥陀の誓ひを念ずべし」〔梁塵235〕

西明寺 さいみょうじ　滋賀県犬上郡甲良(こうら)町にある天台宗の寺．竜応山と号し，池寺とも呼ばれる．*金剛輪寺，百済寺(ひゃくさいじ)と共に湖東三山の一つ．834年(承和1)仁明(にんみょう)天皇(810-850)の勅願により三修(さんじゅ)が開創したと伝える．平安時代から鎌倉時代にかけて寺勢盛んとなった．1571年(元亀2)織田信長により焼き打ちを受けたが，江戸時代初期に幕府より寺領30石が与えられ，また京都山科(やましな)毘沙門堂(びしゃもんどう)の公海(こうかい)が復興に尽力した．現存する*本堂と三重塔はともに鎌倉時代を代表する純*和様(わよう)建築の優作．本堂は鎌倉前期の五間堂を南北朝期に拡張して，現在みる*桁行(けたゆき)7間，梁行(はりゆき)7間，*入母屋造(いりもやづくり)，*檜皮葺(ひわだぶき)とした．三重塔(鎌倉後期)の内部には巨勢派(こせは)の画家による極彩色の壁画が遺されている．寺宝として平安後期の不動明王・二童子像，鎌倉時代の薬師如来像，清凉寺式釈迦像などを伝える．→付録(寺院建築2)．

最明寺 さいみょうじ　神奈川県鎌倉市山ノ内にあった臨済宗の寺．山号は福源山．1256年(康元1)*蘭渓道隆を開山として北条時頼(1227-63)が創建．同年出家した時頼は当寺禅室を居室とし，悟空敬念(1217-72)，東巌慧安(1225-77)，*兀庵普寧(1197-1276)などの禅僧を招いて聞法，当寺北亭で没した．その後，時頼廟所となったが，子時宗の援助で禅寺として復興，〈禅興寺〉と改称した．1269年(文永6)には大休正念(1215-89)が住し，後には鎌倉*十刹の1位(2位とも)となるなど繁栄したが，近世に至って衰微，*塔頭の明月院のみを残す．

祭文 さいもん　祈願・祝呪・讃歎の心を神や仏にたてまつる詞章．また，それを*読誦すること．神道・儒教・仏教いずれも用いたが，神仏混淆の日本では神道の祝詞・呪詞を*声明で誦した．仏教界では諸宗を通じて用いられ，祈願や*追善の法会に読誦する．平安時代から俗化し，中世には陰陽師・修験者(山伏)らによって広まり，近世には芸能化して〈山伏祭文〉となり，娯楽本位の〈歌祭文〉〈説経祭文〉として庶民に迎えられ，寄席演芸にもなった．さらに，ちょんがれ，阿呆陀羅経から浮かれ節となり，浪花節を生むに至った．なお中国では，〈祭文〉は，死者をとむらう祭りや雨乞いなどの祈禱の時に神前で読みあげる文をいう．

『西遊記』 さいゆうき　明代の口語小説．従来，呉承恩の作とされてきたが疑わしい．三蔵法師*玄奘のインドへの取経の旅にまつわる伝説がふくらんだ作品であり，当然，仏教と深い関係がある．*敦煌発見の『宝生如来図』には虎を伴った玄奘の姿が描かれ，また入唐僧，常暁の将来した『深沙神記幷念誦法』に，後の沙悟浄のモデルである*毘沙門天の化身，深沙神(*深沙大将)と玄奘についての記述がある．孫悟空についても*賢愚経にみえる頂生王故事，仏説師子月仏本生経，大日経序，薬師*十二神将などとの関係が指摘され，猪八戒にはチベット仏教の影響が考えられる．しかし宋の『大唐三蔵取経詩話』などを経て成立した明代の小説では，登場人物を*五行に配当するなど，道教の影響が強くなっている．

蔵王権現 ざおうごんげん　9世紀後半以降，金峰山(奈良県吉野郡)で崇拝された*修験道独自の神格．その前身は*五大力菩薩，*執金剛神，胎蔵界曼荼羅虚空蔵院中の百八臂金剛蔵王菩薩などとされているが定かでない．10世紀以降，修験道では蔵王権現を*役小角が金峰山上で岩中から涌出させた釈迦・千手観音・弥勒菩薩の徳を兼備した神格として崇めている．眷属は大峰*八大金剛童子．像容は頭に三鈷冠をいただく三眼・青黒色の*忿怒像で，左手は剣印で腰にあて，右手に*三鈷杵を持ちあげ，左足に磐石を踏み，右足を空中にあげた形である．吉野山蔵王堂(*金峯山寺)などに安置されている．

坂田寺 さかたでら　奈良県高市郡明日香村大字阪田にあった尼寺．現在，坂田寺跡の東南200メートルの地にある金剛寺(浄土宗)は坂田寺の後裔という．587年(用明2)鞍作多須奈の創建とも，606年(推古14)多須奈の子鞍作止利(*止利仏師)の創建とも伝える．用明2年の造立とすれば，日本最古の寺となる．606年に，鞍作止利が丈六仏像(*飛鳥大仏)を造って法興寺(*飛鳥寺，元興寺)に納めた功により，近江坂田郡の水田を与えられ寺に入れたので，〈坂田寺〉の名が興った．寺史の詳細ははっきりしないが，686年(朱鳥1)には*無遮大会を行なっている．1172年(承安2)には*多武峰の末寺となっていた．また，室町時代には*興福寺の末寺であった．昭和47年(1972)から10次にわたる発掘調査が行われ，奈良時代の金堂跡・東回廊跡・南回廊跡・西回廊跡などが発掘されている．とくに，創建当初のものと思われる瓦・銅鏡・和同開珎が遺物として出ており注目される．

娑竭羅竜王 さからりゅうおう　⇒娑竭羅竜王しゃからりゅうおう

サキャ派 ――は　[t: Sa skya pa]　*チベット仏教の一宗派で，クンチョク-ギェルポ(dKon mchog rgyal po, 1034-1102)がチベットのサキャ地方に密教道場を建てたことに始まる．氏族によって運営される在家教団として発足，教義として，修行そのものが悟りを得ることを保証するという〈道果説〉を唱えた．インドの学匠*シャーキャシュリーバドラから*唯識思想，*認識論，*論理学などを学んだサキャ-パンディタ(Sa skya paṇḍita, 1182–1251)は，『正理の蔵』(*Rigs gter*)などの多くの書物を著して論理学を推進し，思想的考察を欠いた実践を批判して，中観自立論証派的(→中観派)な立場を重視した．サキャ派はモンゴル帝国，元朝の信任を得て，13 世紀後半から 14 世紀前半にかけて実質的にチベットを支配した．その後，政治的影響力は失ったが，*ゲルク派の教学と競って多くの優れた学僧を出し，チベット仏教思想の発展に貢献した．

座具 ざぐ［*s*: niṣīdana］ 〈坐具〉とも書く．サンスクリット語を音写して〈尼師壇〉ともいう．*比丘が常に所持すべき*六物・*十八物の一つで，坐臥するとき下に敷く長方形の布製の敷物．地上の植物・虫などから身を守り，*三衣や寝具の汚損を防ぐためのもの．中国・日本では仏像や師長を礼拝するときに敷くようになった．また座具の一種の〈草座〉は，釈尊が*成道のとき吉祥草(茅の類)を敷いて坐ったという伝説にちなみ，紺と白の組み糸を垂らし，草の葉にかたどったもので，*法会などのときに導師が敷く．「草深く露繁き，市原野べに尋ね行き，座具をのべ，香を焚たき」〔謡・通小町〕「役ぇの行者みづからは草座に乗りて，母をば鉢にのせて唐へわたりにけり」〔三宝絵中〕

座主 ざす 本来は一座の主または*高座の主の意で，中国で，人々の主，学解にすぐれた人，寺の上首を称した．日本では天台宗の管長の称となり，854 年(斉衡 1)*円仁が座主に任ぜられて後，江戸時代まで勅旨によって任ぜられた．*義真を初代，以下円澄・円仁と数えて現在に至っている．他に，超昇寺・貞観寺・金剛峯寺・醍醐寺・日光山・法性寺・極楽寺などでも，住職を座主と称している．「一品の宮の御物の怪けに悩ませ給ひける，山の座主御修法つかまつらせ給へど」〔源氏手習〕

作善 さぜん 善行をなすこと．仏や僧への*供養，*写経などの仏教的な善行のほか，貧者・病者の救済などの世俗的・社会的な善行もある．善行をなせば来生に*福徳が得られるというのは原始仏教以来の考え方であるが，日本では特に自らの浄土往生のためや死者の*追善廻向のために作善が求められた．その典型は*重源で，『南無阿弥陀仏作善集』を著し，さまざまな作善をなして往生を求めた．しかし，このような立場は，*専修念仏の立場からは〈*諸行往生〉として批判される．「此のほどやみ給ひて死去あって，今日初七日の作善なり」〔奇異雑談集 1-6〕

坐禅 ざぜん 〈禅〉は，精神の安定と統一を意味するサンスクリット語 dhyāna の俗語形，jhān の音写語，〈禅那〉の省略形であるといわれているが，この言葉は意訳されて〈定〉とも呼ばれるため，両者を合して〈*禅定〉という言葉もしばしば用いられている．インドでは古くから*ヨーガの伝統があったが，これを仏教の修行法に取り入れたものが，この〈禅定〉であって，以来，*三学や*六波羅蜜の一つに数えられ非常に重視された．→禅，定．

禅定は，もともと精神の状態を意味するものであって，必ずしも身体の姿勢を規定するものではないが，便宜上，最も安定した姿勢である*結跏趺坐が修行に適していたため，実際には，ほとんど常にこれが用いられた．そのため，精神状態を示す〈禅〉に，身体の姿勢を示す〈坐〉が結びつけられて，〈坐禅〉という言葉が用いられるようになった．それゆえ，ゴータマ-ブッダ以来，坐禅は仏教修行の中心に位置してきたといえるが，大乗仏教の成立以降は，*維摩経に見るように，一方で〈坐〉という形態に囚われることへの批判も行われるようになった．

坐禅という修行法は，仏教とともに中国に伝えられ，超能力の獲得などへの欲求もあって古くより盛んに実践された．南北朝時代から隋にかけて成立した地論宗や成実宗，天台宗，三論宗などにおいても坐禅は重要な位置を占めたが，唐の中期に*禅宗教団が確立を見ると，彼らがその実践の中核を担うようになった．そのため，後世，禅宗では，坐禅の具体的方法を説く「坐禅儀」がしばしば著されたが，一方で禅宗は，次第に日常と悟りの乖離を否定する方向に思想を発展させたため，インドにおいてすでに胚胎していた坐禅に対する批判的視点が先鋭化し，荷沢*神会(かたくじんね)のように，悟りの立場から坐禅を完全に精神的に理解するような説や，*馬祖道一(ばそどういつ)のように，坐禅を不要視する説も唱えられるようになった．しかし，実際問題としては坐禅の修行方法としての意義は否定しがたかったから，その後も禅僧の坐禅に対する相反する視座は併存し続けた．宋代における*看話禅(かんなぜん)と*黙照禅(もくしょうぜん)の対立は，これが再び先鋭化したものとも言うことができる．

「室に入りて坐禅し，寂静安静にして，法華経を誦し，息を止めて入滅せり」〔法華験記中45〕「仏祖の道は，ただ坐禅なり．他事に順ずべからず」〔随聞記6〕

『坐禅用心記』 ざぜんようじんき　*瑩山紹瑾(けいざんじょうきん)著．1巻．*総持寺開山の瑩山が，*坐禅の用心を初心者向きに詳述した書．構成は，坐禅の用心を綿密に説いた前半の部分と，教・行・証と戒・定・慧の*三学にかけて洞門の坐禅論を展開した中間の部分，および坐禅儀の形式をとった後半の部分から成る．曹洞宗では道元の*『普勧坐禅儀(ふかんざぜんぎ)』と併用している．1680年(延宝8)卍山道白(まんざんどうはく)により初めて刊行された．注釈に『坐禅用心記不能語』(指月慧印著)がある．

薩埵 さった　[1] サンスクリット語 sattva に相当する音写．sat は，動詞語根 √as(ある)の現在分詞，tva は中性名詞を作る語尾．sattva という中性名詞は存在性を意味し，さらに仏教では，sattva が男性名詞に用いられると，特に生きとし生けるものを指す．〈有情(うじょう)〉ないし〈衆生(しゅじょう)〉と漢訳される．→有情，衆生．

[2] 菩提薩埵(ぼだいさった)の略．→菩薩(ぼさつ)．

[3] *サーンキヤ哲学で説く根本原質(*プラクリティ)を構成する3要素(トリグナ)の一つ．純質とも訳され，快を本性とする．

茶道 さどう　〈ちゃどう〉とも．茶を供し，また喫む作法．その場を芸術として観照する理論・思想．喫茶の習慣はすでに平安時代はじめに*最澄(さいちょう)などの留学僧によって唐からもたらされたが，茶道の直接の源は，禅宗とともに抹茶とその喫茶法がもたらされたことにあると考えられている．日本臨済宗を開いた*栄西(えいさい)は，宋から茶の実を持ち帰り，*『喫茶養生記』を著した．曹洞宗の開祖*道元(どうげん)の*『永平清規(えいへいしんぎ)』の中にも，茶礼についての規定がみられる．その後，茶の飲み当てをする闘茶が流行し，茶は輸入された唐物で座敷を飾る華美な遊戯となっていったが，*一休宗純(いっきゅうそうじゅん)について参禅した村田珠光(むらたしゅこう)(1422–1502)，その流れをくむ堺出身の武野紹鷗(たけのじょうおう)(1502–55)，その門下の千利休(せんのりきゅう)(1522–91)らによって，〈侘茶(わびちゃ)〉が確立された．

〈侘茶〉は，連歌の冷えた美しさと，日常の所作の中にこそ仏道があるとする禅の思想を結び付けることによって成立したもので，その精神に基づいて茶の作法や茶会の形式が整えられた．「水を運び，薪をとり，湯をわかし，茶をたてて仏に供へ，人にもほどこし，吾ものむ．花をたて，香をたく．みなみな仏祖の行ひのあとを学ぶなり」〔南方録〕．千利休の死後は古田織部(ふるたおりべ)や小堀遠州(こぼりえんしゅう)ら武門の茶人が活躍したが，千利休の孫である千宗旦(そうたん)の3人の子供が表・裏・武者小路の三千家をおこし，〈侘茶〉の伝統を今に伝えている．→茶．

座頭 ざとう　室町時代に盲人*琵琶法師の職業を保護するために設けられた当道座(とうどうざ)四官の一つ．*検校(けんぎょう)・*別当(べっとう)・*勾当(こうとう)・座頭の最下位に位置する．また，剃髪をして僧形となり，琵琶・箏・三味線・胡弓などの楽器を弾じて歌謡や語り物を演じ，または按摩(あんま)・鍼(はり)治療などを施して生業とした人たちの総称．

なお，座頭は狂言にもしばしば取り上げられ，そのしぐさを滑稽諧謔化した『丼礑(どぶかっちり)』『月見座頭』など，いわゆる座頭物がある．

悟り さとり［s: bodhi］　*迷いの世界を超え，真理を体得すること．〈覚り〉とも書く．〈*覚(かく)〉〈悟(ご)〉〈*覚悟〉〈証(しょう)〉〈証得(しょうとく)〉〈証悟〉などともいい，bodhi を音写した〈*菩提(ぼだい)〉も用いる．また，漢訳仏典においては，bodhi の意訳として〈*道(どう)〉をしばしば用いるが，これは仏教における悟りを中国古典における根源的実体である道と同一視するものである．bodhi は語根 budh に由来し，目覚めることを意味する．同じ語根に由来する*仏陀(ぶっだ) buddha は目覚めた人の意である．悟りは仏教が最終的に目的とするところで，その絶対性を表すために，*阿耨多羅三藐三菩提 anuttarā samyaksaṃbodhiḥ (無上正等覚．この上ない完全な悟り)という言い方もなされる．*煩悩の炎を吹き消し，*輪廻の世界を超脱したというところから，*涅槃や*解脱とも同義とされる．

【初期仏教】釈尊は人生上の苦悩を解決するために出家し，*苦行を重ねたが，それでは解決できなかった．そこで山を下り，*尼連禅河のほとりで村の少女から乳粥の供養を受け，対岸のピッパラ樹の下で*坐禅を組み，*悪魔の誘惑を退けながら，次第に*禅定を深め，ついに悟りに到達し，仏陀となった．そこから，ピッパラ樹は*菩提樹(悟りの樹)と呼ばれるようになり，悟りの地ブッダガヤー(*仏陀伽耶)は聖地として信者の巡礼の場となった．仏陀は当初，その悟りの境地は他の人には理解できないと考え，自分ひとりで境地を味わうだけに留めようとしたが，*梵天の*勧請を受けて，人々に説くようになったと伝えられる．それ故，仏陀の説法の根本は，その悟りの体験を言語化して伝え，その境地に人々を導くことにあった．そして，そのような悟りに到達することこそが後代に至るまで仏教の根本目的であった．

初期仏教においては，その悟りの内容は*四諦として体系化される．すなわち，この世界を*苦と見(苦諦)，その原因を追求して*無明に至り(集諦)，無明の滅により苦が滅せられることを知り(滅諦)，その滅にいたる方法として*八正道が提示される(道諦)．このように，悟りは一面ではきわめて体系的に言語化されて理解されるという知的側面を持つとともに，他面では八正道に示されるような実践を通してはじめて体得されるものである．仏教の実践はまた，戒・定・慧の*三学にまとめられるが，*戒律に従う正しい生活の中で，禅定の深まりを通して，はじめて真実の*智慧である悟りに達するのである．

【大乗仏教】しかし，大乗仏教においては，このような初期仏教の悟りの観念は*小乗的として退けられ，より根源的な仏陀の世界への参入が求められるようになった．大乗の実践者は*菩薩 bodhisattva と呼ばれ，この語はさまざまに解釈されるが，「悟り bodhi を求める衆生 sattva」という解釈がいちばんもとであったと考えられる．ここで言われる悟りは，部派の教学で固定化してしまった悟りをもう一度より根源的に捉えなおすもので，このような仏陀の絶対的な境地に到達するところから，*成仏とも言われる．そこに至るためには*六波羅蜜の実践が必要とされ，自利のみならず，*利他の精神が説かれるようになる．また，初期仏教以来の禅定を超えるさまざまな*三昧が実践された．また，仏陀の悟りに向かおうという菩薩の根本的な志向は，*菩提心として，大乗修行の原点と考えられるようになった．

インドでは，悟りは輪廻を繰り返しながら長い年月をかけて到達すべきものと考えられたが，東アジアでは，現世で到達されるべきものとして理解されることが多くなった．*煩悩即菩提がスローガンとして掲げられ，*即身成仏が説かれたり，また，禅において漸悟に対して*頓悟が主流を占めるようになった．今日では，悟りは禅体験と関連して説かれることが多い．

生飯 さば　〈さば〉の読みは，〈生飯〉の唐音〈さんぱん〉の転とするのが有力．禅家では〈さんぱん〉という．鎮魂慰霊の施食で，食事を少し取り分けて*餓鬼・*畜生・無縁霊などに*供養するもの．仏家の食事作法としては，食膳の飯を一箸取り分けて片隅に置き，それを集めて屋上や野外の鳥に供養したり，施餓鬼台に盛って餓鬼に供養したりする．*盂蘭盆の供養で祖霊に供するものとは別に，*精霊棚の隅などに置いて無縁霊に供する飲食も同類の施食である．「斎のさばには菜を具し候ふべきか．斎の生飯をば屋の上にうちあげ候ふべきか」〔黒谷上人語灯録 15〕「物食はむたびに必ず三飯を取りて施食の頌を誦すべし．三飯と云ふは三つぶなり」〔菩提集〕

茶飯 さはん　お茶とご飯．また，お茶を飲み，ご飯を食べること．さらに，そうした行為は誰もが行う，ごくありふれたことであるから，平凡な日常そのもの，尋常底をいう．〈日常茶飯事〉といわれるように，もともと，日々に行われる平凡で些細なことがら，ありふれてつまらないことがらを意味するが，禅宗では〈平常心是道(びょうじょうしんぜどう・へいじょうしんぜどう)〉(唐代の*馬祖道一(ばそどういつ)の語)という言葉に示されるように，究極の境地を日常生活そのものの中に求めたため，その代表として〈茶飯〉を取り上げ，そうした平凡な日常に徹すべしという意味合いのもとで用いられることも多い．

さび　とくに俳諧において，*松尾芭蕉および蕉門の俳人達の作品のもっている色調の美的性格，特質をいう．無常観，閑寂枯淡な孤独の境涯を基盤とする．『御裳濯河歌合(みもすそがわうたあわせ)』の西行歌「きりぎりす夜寒に秋のなるままに弱るか声の遠ざかりゆく」ほか2首が藤原俊成によって〈さび〉ありと評価されたのに始まり，心敬(しんけい)(和歌・連歌)，千利休(せんのりきゅう)(茶道)を経て，芭蕉に継承された．漢詩の解釈，享受にも，五山僧を中心とする*抄物(しょうもの)において詩美を説くのに用いられ，この方面からも芭蕉に影響を及ぼしている．「『在明の月』の殊にさびて勝(ま)さるとや申すべき」〔建久四年六百番歌合〕「有りし世の鯛の奢(おごり)を，なら茶田楽のさびにかへて」〔鶉衣〕．→わび．

差別　さべつ　⇀差別(しゃべつ)

作法　さほう　日常の行為や仏事の儀式などで守るべき礼法をいう．「身口意の威儀，皆千仏行じ来たれる作法あり．各其の儀に随ふべし」〔随聞記1〕．なお曹洞宗では全行為をおろそかにしないということで，〈作法是宗旨〉と強調し，*『正法眼蔵』洗浄には「その宗旨，はかりつくすべきことかたし．作法これ宗旨なり，得道これ作法なり」と記されている．「故宮の御叔父の横川(よかわ)の僧都に仰せ言あれば，うけたまはりて，その作法どもして鉦うち鳴らし給ふを」〔狭衣2〕

三昧耶　さまや　⇀三昧耶(さんまや)

作務　さむ　*『祖堂集』5に「仏地の西に至りて作務の所有り」とあり，農耕作業や掃除などの肉体労働をさす．もともとの*戒律によれば，*比丘(びく)が労働に従事することは禁じられていたが，禅門では自給自足を原則とし，上下が力をあわせて共同作業をすることを修行として重要視する．〈*普請(ふしん)〉に同じ．なお〈作務衣(さむえ)〉は，作務のときに身につける衣服の称．「作務のとき，作務の具をかくして師にあたへざりしかば，師その日一日不食なり．衆の作務にくははらざることをうらむる意旨なり．これを百丈の一日不作一日不食のあとといふ」〔正法眼蔵行持上〕

サムイェーの宗論　――のしゅうろん　〈チベットの宗論〉ともいう．8世紀末のチベットで，中国仏教禅僧とインド仏教僧との間で行われたとされる宗教論争．後代のチベット史書の伝説では，チベットの古刹サムイェー(bSam yas)寺においてチベット王*ティソン-デツェンの御前で，仏果を得るための修行方法について〈*頓悟(とんご)〉を主張する禅僧*摩訶衍(まかえん)と〈*漸悟(ぜんご)〉を主張するインドの学僧*カマラシーラが論争し，最終的にはインド側が勝利して，以後チベットではインド仏教が正当とされたと伝えられる．一方，中国側の同時代資料によると，インド僧との間に論争があったが，その結果，禅宗も仏教の思想と違うことがないことが確認され，以後の布教が許されたとされる．こののち*チベット仏教は表面的にはインド仏教を忠実に継承するものとして形成されていくことになったが，*ニンマ派などの一部の思想の中に禅宗の影響を読みとることができる．

侍法師　さむらいほうし　〈さぶらいほうし〉とも．俗僧．のちに〈*寺侍(てらざむらい)〉といわれる．仁和寺(にんなじ)や興福寺大乗院など*門跡(もんぜき)寺院で，*坊官の下にあり，警備・雑務に従事した僧．はじめ髪を剃り僧の姿をしたが妻帯を許され，のちには剃髪せず，侍の姿と変らなくなった．〈法橋(ほっきょう)〉〈法眼(ほうげん)〉の身分を与えられた．「出世・坊官・児(ちご)・侍法師ども，方々へ逃げ散りぬ」〔太平記21.佐渡判官〕

作礼而去　さらいにこ　「礼を作(な)して去りき」と訓む．*阿弥陀経(あみだきょう)に「仏の所説を聞きて歓喜信受して礼を作して去りき」とあるように，多く経典の末尾にある言葉．礼をなすとは，仏を礼することで，教えを説いた仏に対して心からの恭敬と感謝をすることである．この言葉で経典が終るのは，経典が仏の説法であること，また聴衆がその説法に心から帰依(きえ)していること，さらに*聞法(もんぼう)における敬虔な姿勢などを表している．

娑羅双樹　さらそうじゅ　〈しゃらそうじゅ〉とも．〈娑羅〉(〈沙羅〉とも書く)はサンスクリット語 śāla(パーリ語 sāla)に相当する音写で，意訳して〈堅固〉または〈高遠〉という．娑羅樹はインド原産のフタバガキ科の高木．淡黄色の小さな花をつける．パーリ長部経典内の大般涅槃経(だいはつねはんぎょう)などによると，釈尊は*クシナガラ郊外の林中，一対の娑羅樹(娑羅双樹)の間に横たわり，涅槃(ねはん)に入ったが，そのときこの樹は季節はずれの花を開き散華して釈尊に供養したという．

〈双樹〉についてはさまざまに説かれ，大般涅槃経後分によれば〈四双八隻〉，すなわち釈尊の臥所の東西南北に各1対の娑羅樹があり，涅槃に入ると同時に東西の2双，南北の2双が合してそれぞれ1樹をなし，釈尊を覆ったという．そのとき各樹は即時に白変し，あたかも白鶴のようであったと説かれ，ここから〈鶴林(かくりん)〉の語が生れた．また『大般涅槃経疏』は8樹のうち4樹は枯れ4樹は栄えたと説き，これを〈四枯四栄〉という．無常または無常観の比喩として引かれることが多く，特に*『平家物語』冒頭の「祇園精舎の鐘の声，諸行無常の響あり．娑羅双樹の花の色，盛者必衰の理(ことわり)をあらはす」の句は著名．なお日本で娑羅の樹と呼ばれているのはツバキ科のナツツバキで，インドの娑羅樹とは異なる．

参 さん　特に禅宗でしばしば使用される言葉であるが，〈参〉自体が「お目にかかる，参謁する」「様々な点からよく考える，参究する」などの意味をもつため，それに応じて様々な場合に用いられている．〈参〉が「お目にかかる」の意の場合は，師匠に弟子入りし，その教えを受けるという意味．*雲水(うんすい)が各地を回って優れた禅僧に師事するのを〈遍参(へんざん)〉と呼び，住持が*法堂(はっとう)で修行者を集めて説法をする*上堂(じょうどう)を〈大参〉，それに対して*方丈で行われる形式ばらない説法を〈小参〉などと称し，また，ただ一人，*師家(しけ)の室に入って見解を呈するのを〈独参〉などというのは，この例である．一方，「様々な点からよく考える」の意の場合は，*公案などに参究し，その真意をつかむ，*悟りの境地に習熟するという意味．*坐禅を行うことを〈参禅〉と呼び，師が弟子に対して「更に参ぜよ三十年」などというのは，この例である．しかし，禅宗の特質が師匠の指導によって悟入を目指すところにあるため，明確には区別し難い場合も多い．→放参．

讃 さん ［*s*: stotra］　仏・菩薩をほめたたえる定型の詩文．音律にあわせて賦詠されたもの．*梵音(ぼんおん)のまま音写されたものを〈梵讃〉，漢語に訳されたものを〈漢讃〉という．中国においては，讃は文体の一つで，人や事物の善美をたたえる有韻の詩文のことをいう．なお，これにならってわが国では七五調の和文による〈*和讃〉が広く流行した．「阿闍梨おはして，阿弥陀の讃と申すものの，古きを書きあらためて」〔成尋母集〕

三悪趣 さんあくしゅ　〈さんなくしゅ〉〈さんまくしゅ〉とも読む．3種の悪趣．〈三悪道〉〈*三途(さんず)〉ともいう．生ある者が，自らのなした悪行(悪業(あくごう))の結果として(悪果)，死後にたどる3種の苦しい，厭うべき境涯(世界)で，*地獄・*餓鬼・*畜生を指す．*輪廻(りんね)中の3種の世界ともいえる．なお，*阿修羅・*人・*天は善業の結果として趣くから〈三善趣〉(三善道)という．「三悪趣ある麁悪(そあく)の国土を選び捨てて，その三悪趣なき善妙の国土を選び取る」〔無量寿経釈〕．→悪趣，六道．

三一権実 さんいちごんじつ　*法華経は，仏の教えに声聞(しょうもん)・縁覚(えんがく)・菩薩(ぼさつ)の*三乗の差別の存するのは衆生を導くための*方便であって，真実には*一乗に帰すべきことを説いているが，これに基づいて，天台宗・華厳宗は，三乗は〈権教(ごんきょう)〉(かりの教え)，一乗は〈真実教〉であると唱えた．これに対し法相宗(ほっそうしゅう)は，*五性各別(ごしょうかくべつ)説によって，三乗の差別の存するのが真実であって，法華経が一乗を説いたのは，とくに宗教的素質の定まらない衆生(不定性(ふじょうしょう)と称し五性の中の一つ)を対象として，かれらを導くための方便の教えであると主張した．天台宗・華厳宗の立場は〈三乗方便一乗真実〉，法相宗の立場は〈三乗真実一乗方便〉であって，両者は対立する．

この対立関係は日本仏教にももたらされ，論争として発展した．すなわち日本天台宗の開祖*最澄(さいちょう)は，法相宗の*徳一(とくいち)(得一)を主要な論敵として*『守護国界章』などを著し，法相宗義を批判して一乗真実の立場を宣揚した．これを俗に〈三一権実論争〉と称している．最澄は南都(奈良)仏教と対決して自宗の独立をはかるために，その代表である法相宗を論敵として法論を展開したのである．

三因仏性 さんいんぶっしょう　正因(しょういん)仏性・了因(りょ

仏性・縁因仏性のことで，涅槃経師子吼菩薩品に説かれたものを天台*智顗が整合し，確立した(『金光明経玄義』など)．*成仏のための三要因のことで，〈正因仏性〉とは，本性としてそなわっている仏性を意味し，〈了因仏性〉とは，仏性を照らしだす*智慧，あるいは智慧として発現した仏性を意味し，〈縁因仏性〉とは，智慧として発現するのに*縁となる善行を意味する．

なお，*世親(ヴァスバンドゥ)の『摂大乗論釈』7-5や*『仏性論』2-1に，自性住仏性・引出仏性・至得果仏性の三仏性が立てられており，これも三因仏性の説とみなされる．〈自性住仏性〉とは本性としてそなわる仏性を意味し，〈引出仏性〉とは修行によって仏性が引き出され，あらわとなっていくこと，ないしは，あらわとなっていった仏性を意味し，〈至得果仏性〉とはそれが仏果として完成すること，つまり仏果として実った仏性を意味する．→仏性．

「其の三字と申すは，空仮中の三諦，正了縁の三因仏性，法報応の三身なり」〔孝養集中〕「仏は三字の名号を子供に授けて，三因仏性の隠れたるを呼び出だし」〔海道記〕

三有 さんう [s: trayo bhavāḥ] *三界におけるそれぞれの生存(bhava，有)のありかた．*欲界の生存である〈欲有〉，*色界の生存である〈色有〉，*無色界の生存である〈無色有〉の3種の生存をいう．三界と同義に用いられることもある．また，現在の生存における身心である〈*本有〉，未来の身心である〈当有〉，本有と当有の中間に受ける身心である〈*中有〉をいう．ちなみに，生まれる瞬間の身心を〈生有〉，それ以後*死に至るまでの身心を〈本有〉，死の瞬間の身心を〈死有〉，次の生有に至るまでの身心を〈中有〉とする四有の説もある．「それ生死の海たらく，三有の際を纏うて弥望するに極まりなし」〔三教指帰下〕．→有，四有．

三会 さんえ ⇒三会(さんね)

三慧 さんえ ⇒聞思修(もんししゅ)

三縁 さんえん 〈さんねん〉とも．*念仏する者が受ける3種の特別の*利益．*善導が*観無量寿経中の第九観の「(弥陀は)念仏衆生を摂取して捨てず」とある経文を釈して説いた，念仏者への3種の*縁．具体的には，1)*身口意に仏を念じ，称え，礼敬すれば，仏はこれを見，聞き，知って衆生と親しい関係となる(親縁)，2)念仏者が弥陀を見たいと願うと，行者の目前に出現する(近縁)，3)*名号を称えると徐々に罪が消え，*功徳が増して，臨終には必ず往生できる(増上縁)の三つをいう．「善導の三縁の中の親縁を釈し給ふにも」〔拾遺黒谷上人語灯録下〕

サンガ [s: saṃgha] ⇒僧(そう)，僧伽(そうぎゃ)

山外 さんがい ⇒山家・山外(さんげ・さんがい)

三界 さんがい 仏教の世界観で，*輪廻する生きもの(*有情，*衆生)が住み，往来する世界の全体をさす．*欲界・*色界・*無色界の三つの領域(*界)からなる．最下層の〈欲界〉(kāma-dhātu)とは，*婬欲・食欲の二つの欲望をもつ生きものが住む領域で，地獄・餓鬼・畜生・修羅・人・天の*六道(または六趣)をふくむ．その上の領域である〈色界〉(rūpa-dhātu)とは，物質的な制約は残るものの，婬欲と食欲をはなれた生きものが住むところ．*四禅天，詳しくは十七天に区分される*禅定の領域をさす．最上層の〈無色界〉(ārūpya-dhātu)は，物質的制約をもはなれた高度に精神的な世界で，*四無色定の禅定を修める者の境域をさす．*法華経譬喩品にでる〈三界火宅〉とは，迷いと苦しみのこれらの境域を，燃え盛る家にたとえたもの．なお，〈三界に家なし〉とは，この境域が安住の地でないことを意味し，後には女性の不安定な地位を表す諺になった．→天，火宅．

「それ三界は安きことなし，最も厭離すべし」〔往生要集大文第1〕「三界は家無し，六趣は不定なり」〔三教指帰下〕

三階教 さんがいきょう 〈三階〉〈三階宗〉〈普法宗〉ともいう．*末法思想と*如来蔵・*仏性思想を基盤に隋・唐代に栄えた仏教の一宗派．開祖は信行(540–594)．三階教は，仏教のあらゆる教えを，時・処・人に関して三つの階級に分ける．たとえば，仏滅後500年は第一階で*一乗の教えがふさわしく，次の500年は第二階で*三乗の教えがふさわしくなった．そして現在(当時)は，時は末法，処は*穢土，人は*破戒*邪見の凡夫の第三階で，これらの人々を救うには，これまでにない新たな教えが求められているという．信行は，この第三階の条件にふさわしい仏教(第三階仏法)として，すべての人にとって帰依すべき真実であるところの普法(普真普正仏法)を唱えた．それは，一切の*三宝に帰し尽くし，一切*衆生を度し尽くし，一切の悪を断じ尽くし，一切の善を修し尽くし，一切*善知識を求め尽くすという独特のものである．中でも，自己以外の一切の人々を本来的にも将来的にも仏として敬う〈普敬〉の実践と，自己一身に対して徹底して悪を認め*懺悔していく〈認悪〉の実践を重視した．そして，このような実践を通して成仏の可能性が断たれた第三階の衆生の救済の道が開けてくるとした．

三階教徒は粗衣・粗食・粗住の*頭陀*乞食の生活を理想とし，*坐禅や昼夜*六時の礼懺行，*常不軽菩薩の実践にならった民衆礼拝行など厳しい修行を行なった．また，第三階の修行は奥深い山中ではなく人々の住む場所で行うべきであるとして，都市型仏教を志向した．長安には化度寺・光明寺・慈門寺・慧日寺・弘善寺の三階五寺が置かれ，特に化度寺は三階教の中心寺院として*無尽蔵院の金融活動も含めて大いに賑わった．この中国の新興仏教は，当時の社会不安や末法思想の浸透と相まって，民衆の間に急速に広まっていったが，それだけにしばしば弾圧されることにもなる．それには，無尽蔵院の経営という独自の経済活動も一つの理由となった．三階教は，唐代には民衆の間に隠然たる力を有していたが，宋代には消滅している．

三戒壇 さんかいだん　*東大寺，下野(栃木県)*薬師寺，筑前(福岡県)*観世音寺の戒壇の総称．いずれも*『四分律』に説く*二百五十戒の*授戒がなされた．東大寺戒壇は，754年(天平勝宝6)来日した*鑑真によって建立され*三師七証方式で授戒がなされた．薬師寺・観世音寺の戒壇は761年(天平宝字5)建立され三師二証(3人の戒師と2人の証明師)方式で授戒がなされた．信濃(長野県)以東の東国10カ国の*沙弥は薬師寺の戒壇で，西海道(九州)諸国の沙弥は観世音寺の戒壇で*受戒すべきことが定められた．〈三戒壇〉の総称がいつごろから行われるようになったのか未詳だが，*『元亨釈書』では〈三壇〉とよんでいる．→戒壇．

三界唯一心 さんがいゆいいっしん　この句は*華厳経十地品の第六現前地の経文，特に八十華厳の〈三界所有，唯是一心〉に由来するもので，〈心外無別法〉(心のほかに別のものはない)の句と対句をなして行われる．*三界(欲界・色界・無色界)の現象はすべて*一心からのみ現れ出た影像で，心によってのみ存在し，心を離れて別に外境(外界の対象)が存在するのではないという意味である．サンスクリット原典には「この三界に属するものはすなわち唯心(citta-mātra)である」，「また如来によって分別して演説されたこれら十二有支であるところのもの，それらすべてもまた一心(eka-citta)に依るものである」とある．

漢訳の六十巻本には「三界は虚妄にして但一心の作なり」，「十二因縁分は皆心に依る」と記されている．一般には〈三界が虚妄である〉というのは*般若の空を指し，〈但一心の作である〉というのは*諸法実相の立場に立つことを意味し，〈十二因縁分〉云々は雑染(煩悩に汚されたもの)なる*十二因縁分(十二有支の縁起によって生成している具体的な人間存在)が*清浄なる一心に*依止している点をいうのであると解釈されている．

〈三界唯一心〉は唯心偈の一節の〈*心仏及衆生，是三無差別〉とあわせて，古来，華厳経の主意である唯心縁起思想を端的に表すものとして言い習わされている．なお本句は，謡曲『放下僧』に「皆是れ三界唯心の理なりと思しめし」，『柏崎』に「三界一心なり，心外無別法」などとあるように，わが国の思想文化にも相応の影響を及ぼしている．

「されば花厳経には三界唯心と説き，普賢経には我心自空とのたまへり」〔法華百座3.12〕「かかるに付けても，三界唯一心なり．心の外に別の法なかりけりとおぼゆ」〔十訓抄7.小序〕

三学 さんがく　[*s*: trīṇi śikṣāṇi, *p*: tisso sikkhā]　仏道を*修行する者が必ず修めるべき三つの基本的な修行の項目．戒学・定学・慧学の三つをいう．これらはまた卓越(*増上)した修行法であるため，それぞれ増上戒学・増上心学・増上慧学と呼ばれ，〈三勝学〉とも総称される．〈戒学〉とは戒禁(かいごん)(*戒律)であり，*身口意(しんくい)の三悪を止め善を修すること，〈定学〉とは*禅定(ぜんじょう)を修めることであり，心の散乱を防ぎ安静にさせる法，〈慧学〉とは*智慧(ちえ)を身につけることであり，*煩悩(ぼんのう)の*惑を破り静かな心をもってすべての事柄の真実の姿をみきわめることをいう．また，この三学は*三蔵(さんぞう)に相当し，戒学は*律蔵に，定学は*経蔵に，慧学は論蔵によって導き深められるが，三者の関係は，戒を守り生活を正すことによって*定(じょう)を助け，禅定の澄心によって智慧を発し，智慧は真理を悟り悪を断ち，生活を正し，結果として*仏道を完成させる．*不即不離であるこの三者の学修を通して仏教は体現されるが故に，三つの基本的学であるとされる．またこの三学に*解脱(げだつ)と解脱知見を加えて〈*五分法身(ごぶんほっしん)〉という．「一乗の出家は年年双(なら)べども，円教の三学未だ具足せず」〔顕戒論下〕

山岳信仰 さんがくしんこう　山岳に宗教的意味を与えて崇拝し，また山岳を崇拝対象として種々の儀礼を行うことをいう．『史記』封禅書に「天子は名山を祭る．五岳は三公に視(なぞら)う」とあるように，山岳は世界各地で，神霊や悪霊の居処，あるいはそれ自体神として崇められてきた．また世界の中心，宇宙軸，宇宙山，母なる山，*曼荼羅(まんだら)としてとらえられた．そして山中に祭場・行場・墓などの霊地を設けて修行，加入式，死者儀礼，豊穣(ほうじょう)儀礼などを行なった．

【須弥山世界と中国の霊山】インドにおいて仏教と関係の深い山岳信仰としては，ヒマラヤ信仰がある．Himalaya は，サンスクリットの hima（雪）と ālaya（蔵するもの・住居）の合成語である．ヒマラヤは古くから神々や聖賢の住むところとして信仰を集めており，特に北西の*カイラーサ山は*シヴァ神と妃のパールヴァティーが住む聖山として崇められたうえ，チベット仏教の聖山ともされ，今日に至るまで巡礼の聖地となっている．仏教の*須弥山(しゅみせん)世界は，世界の中軸としての聖山の概念に，ヒマラヤやインド大陸の地理に関する知識や伝説を加えて構築されたものである．須弥山は世界の中心に聳(そび)える黄金の高山で，高さは8万*由旬(ゆじゅん)，頂上には*帝釈天(たいしゃくてん)，山腹には*四天王(してんのう)が住む．そして周囲を七つの金山が囲繞(いにょう)し，その外側の海中に*四大洲(しだいしゅう)がある．インド・中国・日本は，このうちの南の贍部洲(せんぶしゅう)(*閻浮提(えんぶだい))にある．さらに一番外周を*鉄囲山(てっちせん)がとりかこみ，太陽・月・星が須弥山の周囲を廻っているという．このようにここには須弥山を世界の中心にある宇宙山と捉える壮大な宇宙観が見られるのである．なお*法華経(ほけきょう)に説く，釈迦(しゃか)が瞑想後，教えを説き，地中から*宝塔が涌出(ゆじゅつ)してそれが真実である事を示した*霊鷲山(りょうじゅせん)も，仏教の山岳信仰を示している．

中国では，古来，五方に充当された五岳(ごがく)の信仰があるが，このうち南方の湖南省の衡山(こうざん)は仏教の霊山になっていった．また4世紀，孫綽(そんしゃく)の「天台山に遊ぶ賦(ふ)」に歌われ，神仙や隠士(いんし)の居処とされていた浙江省の*天台山も，*智顗(ちぎ)が*天台宗を開いて仏教の霊山となったように，伝統的名山，あるいは道教の霊山として知られる山が仏教の名山ともなっている例は多い．このほか，文殊菩薩の*五台山，観音菩薩の*普陀山(ふださん)，普賢菩薩の*峨眉山(がびさん)，地蔵菩薩の*九華山(きゅうかざん)が，中国仏教の四大名山として信仰を集めている．

【山岳仏教から修験道へ】わが国では，古来，山民は山中には動物や木の主である山の神がいると信じていた．一方，里の水田稲作民は山の神を，農耕を守ってくれる水分神(みくまりのかみ)，のちには祖神として崇め，山麓に祠(ほこら)をつくって拝していた．その後，7世紀頃から仏教や道教の影響を受けて，*籠山(ろうざん)修行をする者があらわれた．特に平安時代初頭，最澄(さいちょう)が*比叡山(ひえいざん)，空海が*高野山(こうやさん)を開いて以来，山岳仏教，特に密教が隆盛した．

この密教の*験者(げんじゃ)のうち山岳修行によって験力(げんりき)を修めて*加持(かじ)*祈禱(きとう)の効験のある者が，〈修験者(しゅげんじゃ)〉とよばれた．さらに修験者に導かれての金峰山(きんぷせん)・*熊野などの霊山詣が盛んとなった．そして中世期には，金峰山・*大峰山・熊野・羽黒山・*英彦山(ひこさん)などの霊山で〈修験道〉が確立した．近世の修験道は，天台系の〈本山派〉（本寺*聖護院(しょうごいん)）と真言系の〈当山派〉（本寺醍醐(だいご)三宝院．

→醍醐寺)，羽黒，英彦山が中心をなしていた．また大和の山上ヶ岳・*出羽三山・英彦山・*富士山・御嶽などの霊山では庶民の霊山詣が盛行した．1872年(明治5)修験道は廃止されたが，霊山の社寺詣は存続し，第二次大戦後は修験教団も復活した．→修験道．

三迦葉 さんかしょう　〈迦葉〉はサンスクリット語 Kāśyapa(パーリ語 Kassapa)に相当する音写．3人の迦葉の意で，*優楼頻螺迦葉(うるびんらかしょう)，*那提迦葉(なだいかしょう)，*伽耶迦葉(がやかしょう)の三兄弟をさす．いずれも火を崇拝する儀式を行なっていたが，*成道(じょうどう)後間もない釈尊に教化されて，その弟子となった．3人あわせて千人の弟子を率いていたといわれ，それらの弟子たちも同時に釈尊に帰依したため，釈尊の教団は一気に大集団となり，後の発展の基盤が確立することになった．

三月堂 さんがつどう　〈東大寺法華堂〉の通称．756年(天平勝宝8)の『東大寺山堺四至図』では，本尊に*不空羂索観音(ふくうけんじゃくかんのん)を安置した関係から〈羂索堂〉と記され，その成立は定説では747年(天平19)頃だが，天平12年頃との説もある．旧暦の3月16日に毎年*法華会がいとなまれたので〈三月堂〉といわれた．この三月堂は正堂(しょうどう)および諸仏像(地蔵・不動を除く)は天平時代で，*礼堂(らいどう)は鎌倉時代の正治1年(1199)に*重源(ちょうげん)によってつけ加えられたものである．

正堂は東西柱間(*桁行(けたゆき))5間，南北(梁行(はりゆき))が4間で*寄棟造，*和様(わよう)であるのに対して，礼堂は*大仏様(だいぶつよう)で東西5間・南北2間で板敷・寄棟造で，正堂と礼堂の間には東西5間・南北2間のつくり合いの間を形成し，正堂のもとの棟をそのまま残存している．現在土間となっている正堂内部はもと床を張っていた．奈良時代と鎌倉時代の異なる様式が一棟に収められ，好対照となっている．また本尊の不空羂索観音は*六観音のうちの人界を司る観音で，脱活乾漆に金箔を押し，唐様の*梵天(ぼんてん)・*帝釈天(たいしゃくてん)をしたがえ，西域様の*四天王を四方に配するなど，まさに*シルク-ロードの終着点にふさわしい文化を示している．

三観 さんがん　天台*止観(しかん)の基本となる*観法(かんぼう)で，*菩薩瓔珞本業経(ぼさつようらくほんごうきょう)の語に基づいた〈従仮入空観(じゅげにっくうかん)〉〈従空入仮観(じゅうぐうにっけかん)〉〈中道第一義諦観(ちゅうどうだいいちぎたいかん)〉をいう．常識的思慮分別により真実とされるものは仏教の真実からすると仮(かり)のものであるという観点から，*仮(け)から*空(くう)に入る，すなわちすべての存在は空であるとする〈空観(くうがん)〉，本質的には実体のない空であるが*縁起によって存在している現実に眼を向ける〈仮観(けがん)〉，空観と仮観を止揚して*不二(ふに)とする〈中観(ちゅうがん)〉をいったもので，空仮中(くうげちゅう・くげちゅう)三観という．

空観によって*見思惑(けんじわく)を断じて空諦(くうたい)を観察し一切智を完成する．仮観によって塵沙惑(じんじゃわく)を断じて仮諦(けたい)を観察し道種智を完成する．中観によって無明惑(むみょうわく)を断じて中諦(ちゅうたい)を観察し一切種智を完成する．*智顗(ちぎ)はこの三観に基づいて*三蔵教・*通教・*別教・*円教の〈化法四教(けほうしきょう)〉を構成した．空観は対象をその構成要素に分析・還元したうえで，その空を観察する〈析空観(しゃくくうがん)〉(拙度観(せつどがん))と，そのような分析・還元を経ないで，対象の全体をいっきょに空であると観察する〈体空観(たいくうがん)〉(巧度観(ぎょうどがん))に分かれ，前者は三蔵教，後者は通教とされる．仮観は別教，中観は円教に相当する．別教は空諦のみでなく仮諦をも観察し，さらに空と仮の二辺(二つの極端)を超絶したところに中諦を観察するので，別教の真理観を〈*隔歴(きゃくりゃく)三諦〉という．円教のそれを〈*円融(えんゆう)三諦〉という．それに対応して別教の観法を，空観・仮観・中観を段階的に修する〈次第三観〉といい，円教のそれを三観と同時に修する〈*一心三観〉という．→三諦，三智，三惑．

なお，華厳(けごん)の三観とは，一心法界(ほっかい)を観ずる高下により，*四法界観のうち理法界観を〈真空観(しんくうかん)〉，理事無礙(りじむげ)法界観を〈理事無礙観〉，事事無礙(じじむげ)法界観を〈周遍含容観(しゅうへんがんようかん)〉とし，〈法界三観〉という．また，南山律の三観は，〈性空観(しょうくうかん)〉を*二乗の観法，〈相空観(そうくうかん)〉を*小乗菩薩の観法，〈唯識観(ゆいしきかん)〉を*大乗菩薩の観法とする．

「我が身の内に三諦即一，三観一心の月曇りなく澄みけるを」〔身延山御書〕「桓武帝，比叡山を開いて，もって四教三観の法灯を挑(かか)ぐ」〔太平記17.山門牒〕

三願 さんがん　阿弥陀仏(あみだぶつ)が*因位(いんに)の*法蔵菩薩(ほうぞうぼさつ)のときに建立した四十八の

*誓願の中で，特に〈*第十八願〉〈第十九願〉〈第二十願〉の三つをさす．*親鸞はこの三願を阿弥陀仏の浄土に生まれるための因を誓った願として注目し，〈三願転入〉の思想を確立した．第十八願の「至心に信楽して我が国に生ぜんと欲ひて，乃至十念せん」の箇所，第十九願の「菩提心を発し，諸の功徳を修し，至心に発願して我が国に生ぜんと欲せん」の箇所，および第二十願の「我が名号を聞きて念を我が国に係け，諸の徳本を植ゑ，至心に廻向して我が国に生ぜんと欲せん」の箇所を比較すると，*信楽と*発願と*廻向の違いがあることから，それぞれ〈*至心信楽の願〉〈至心発願の願〉，〈至心廻向の願〉とも呼ばれる．親鸞は発願や廻向が*自力の信であるのに対して，信楽は阿弥陀仏の*名号の不可思議なる功徳を深信して疑う心のまったくない*他力廻向の信心と受けとめた．また，第十九願は*菩提心を発して様々な修行を実践することが必要とされる〈修諸功徳の願〉であり自力*諸行往生の誓願，第二十願は諸の徳本を植えること(仏の名号を多く称えること)が必要とされる〈植諸徳本の願〉であり自力念仏往生の誓願，第十八願は自力の行や信を一切必要としない絶対他力往生の誓願とみなした．→三願転入，四十八願．

この他，曇鸞『往生論註』巻下では衆生が阿弥陀仏の本願力によって因果満足して速やかに仏果を得ることを的らかに証した第十八，第十一(必至滅度の願)，第二十二(還相廻向の願)の三願(三願的証)が説かれ，また，浄影寺*慧遠『観無量寿経義疏』巻上では阿弥陀仏の四十八願を摂法身願(12,13,17)，摂浄土願(31,32)，摂衆生願(その他の願)の三願に分類している．

「今的しく三願を取りて，用ひて義の意を証せむ」〔教行信証行〕

三願転入 さんがんてんにゅう　阿弥陀仏の*四十八願のうち，〈*第十八願〉〈第十九願〉〈第二十願〉の三願を浄土*往生の因を誓った*願と位置づけ，浄土往生を願う人々はまず第十九願の方便要門から第二十願の真門に転入し，続いて第二十願の真門より第十八願の弘願真実門に転入することによって真実の浄土に往生するという思想で，*親鸞の浄土往生思想の根幹をなす．

第十九願は，定散二善(*定善・散善)によって往生を目指す万行諸善の仮門であり，第二十願は，*自力の念仏によって浄土に往生しようとする念仏*一行の法門である．この二願が自力の*行と*信にもとづく*方便の法門であるのに対して，第十八願は阿弥陀仏の*本願力の*廻向によって真仏土へと往生するという絶対*他力の真実の法門である．*『教行信証』化身土巻に，「ここをもって愚禿釈の鸞，論主の解義を仰ぎ，宗師の勧化によりて，久しく万行諸善の仮門を出でて，永く双樹林下の往生を離る．善本徳本の真門に回入して，ひとへに難思往生の心を発しき．しかるに，今まことに方便の真門を出でて，選択の願海に転入せり．すみやかに難思往生の心を離れて，難思議往生を遂げんと欲す．果遂の誓，まことに由あるかな」とある．→三願．

慚愧 ざんぎ［*s*: hry-apatrapā］　恥じること．自らがおかした悪行を恥じて厭い恐れること．〈慚〉(hrī)は自らをかえりみて恥ずかしく思うこと，〈愧〉(apatrapā)は他人に対して恥ずかしく思うこととされる．なお，わが国でこの語の中世的用法として〈慚愧す〉の形で非難する意に用いられた例が散見するのは，他人の行状ながらわが事のように恥ずかしく思うの意からの転か．「若くより罪をのみ作りて，いささかも懺(慚)愧の心なかりけり」〔発心集3〕「『あなかはゆや，さこそ卑しき夫なりとも，これほどまでは打ちはらずともあれかし』と慚愧してぞ過ぎ行きける」〔太平記26.執事兄弟〕

三帰依 さんきえ　略して〈三帰〉ともいう．仏と法(仏の教え)と僧(仏の教えを奉じる集団)の〈*三宝〉に信順すること．出家・在家たるを問わず，仏教徒の受持しなければならない誓いで，パーリ語では “Buddhaṃ saraṇaṃ gacchāmi, Dhammaṃ saraṇaṃ gacchāmi, Saṃghaṃ saraṇaṃ gacchāmi”(私は仏・法・僧に帰依します)と三度唱えて言い表す．漢文では「帰依仏，帰依法，帰依僧」といい，〈三帰依文〉といわれる．これは出家や在家の戒を受ける際の基本的条件でもあるから，〈三帰戒〉ともいう．また三帰依を表明する敬礼文やその儀式を*三帰礼という．「三帰五戒を受くる人すら，三十六天の神祇，十億恒河沙の鬼神護るものなり」〔栄花疑〕「此の男すこし立ちしりぞきて，三帰をとなへてゐたる所に」〔著聞興言利口〕

サーンキヤ [s: Sāṃkhya] カピラ(Kapila, 前350–250頃)という聖仙を開祖とするバラモン教(*婆羅門教)の一学派．*六派哲学の一つとして*ヨーガ学派と密接に関係する．サーンキヤというサンスクリット語は「数」(saṃkhyā)に由来すると解されて〈数論〉と漢訳される．現存する最古の文献は，イーシュヴァラクリシュナ(Īśvarakṛṣṇa, 4世紀頃)の『サーンキヤ-カーリカー』(*Sāṃkhya-kārikā*, 数論偈)で，それ以前のサーンキヤ思想を整備体系化した．以後，それに対する注釈文献群が作成されていくが，14世紀以降，*プルシャと*プラクリティを峻別する二元論から有神論的一元論へ傾斜，融合していった．

この学派の特徴的な思想として，結果が原因の中にあらかじめ存在しているとする*因中有果説や，世界がプラクリティより順次に開展したものとする*転変(開展)説があり，*縁起説の立場にたつ仏教の典籍においては代表的な*外道の見解として批判される．『数論偈』の注釈の一つは*真諦によって『金七十論』と題して漢訳され，日本で江戸時代に盛んに研究された．

三教 さんぎょう 中国の儒教・道教・仏教の各教をいう．魏晋(220–420)以来，*格義による仏教理解が深められ，儒教の人倫主義・現世主義や中華思想と仏教の出世間主義(→出世)という対立から論争が重ねられ，仏教の側から順応して実践的中国禅を生みだしたし，仏教の刺激で体系化を進めた道教と儒教の側からも三教相補関係説が唱えられたりし，唐末以降，〈三教一致〉に向かい，明以降はそれが広く社会思潮にまで及んだ．三教交渉史は中国思想史そのものを構成する．日本では，古くは*『三教指帰』におけるように，中国同様，儒教・道教・仏教を指すこともあるが，後には仏教・神道・儒教の三教をさすことが多い．「三教は鼎の三脚のごとし，ひとつもなければくつがへるべしといふ．愚癡のはなはだしき，たとひをとるに物あらず」〔正法眼蔵諸法実相〕．→儒仏論争，仏道論争．

三経義疏 さんぎょうぎしょ *聖徳太子撰と伝えられる3種の経典の注釈書，すなわち『法華義疏』4巻，『勝鬘経義疏』1巻，『維摩経義疏』2巻の総称．三経義疏についての奈良時代の記録には，747年(天平19)『法隆寺伽藍縁起幷流記資財帳』に「上宮聖徳法王御製者」と記され，『上宮聖徳法王帝説』に法華の等き経の疏七巻の御製疏があったと書かれており，智光の『浄名玄論略述』や寿霊の『華厳五教章指事記』などに三経義疏からの引用がなされている．また誠明・得清が入唐し，揚州の霊祐(鑑真の弟子であろう)に与え，唐の明空が『勝鬘経義疏私鈔』6巻を著した．平安・鎌倉時代には，最澄・空海・円珍・玄叡・仲算・貞慶・澄禅・宗性など諸宗の多くの学僧が引用・論及しており，*凝然は三経義疏の全体に注釈を施した．1247年(宝治1)三疏が模刻出版され，以後多くの版が出されている．

三疏についての記録が奈良時代以降であるため，聖徳太子撰の直接的証拠となるものがなく，真撰説・偽撰説があり，偽撰説には三疏とも偽撰とするもの，一部だけを偽撰とするものがある．義疏の内容は*一乗説に立つ注釈であり，参考書として光宅寺*法雲の*『法華義記』など中国江南諸師の古い著作を使用したと見られており，*法華経は鳩摩羅什訳の二十七品本を使用するなど，内容的には古いものである．ただし，これらの参考書に対し，その内容をよく検討し，しばしば疑問を呈示して自己の解釈を示し，法華経の本文に反対する箇所さえあるなど，著者の自由な思索のあとを示している．→『法華義疏』『勝鬘経義疏』．

三帰礼 さんきらい 仏法僧の*三宝への帰依(*三帰依)を*表白すること，またその*敬礼文のこと．*華厳経浄行品にもとづく「自帰依仏，当願衆生，体解大道，発無上意．自帰依法，当願衆生，深入経蔵，智慧如海．自帰依僧，当願衆生，統理大衆，一切無礙」等のような文句が用いられる．

散華 さんげ 仏・菩薩の*来迎時，あるいは仏・菩薩をほめたたえる時に天空から花が降るという経説に由来するもので，花を散布して仏に供養すること．*四箇法要などの時に散華をおこなうのは，花の芳香によって悪い鬼神を退却させ，道場を清めて仏を請来するためとされる．儀式により樒の葉なども用いるが，紙製の蓮華の花びらを散らすことが多い．なお，これとは別に，仏教経典の中の偈頌を〈貫華〉というのに対して，〈散華〉を散文の称ともする．「今日の夕座，散花の後，堂上に灯を挙げ，庭中に明かりを立つ」〔玉葉安元 3.7.7〕「ねんごろに念仏申して，水をあみ，香をたき，花を散らして」〔宇治拾遺 13〕

懺悔 さんげ ［*s*: deśanā, kṣama, paṭi karoti, āpatti-pratideśanā］ 〈*悔過〉ともいい，自ら犯した罪過を仏や*比丘の前に告白して忍容を乞う行儀．〈懺悔〉または〈悔過〉と漢訳されたサンスクリット語は種々ある．中国仏教では，忍んで許してくれるよう乞う意の〈懺摩〉(kṣama)と，過去の罪過を追悔する意の〈悔〉との合成語とする．

*律では満月と新月の説戒に，夏*安居の終了日に，*戒本を誦し，違反した罪を1人(対首懺)ないし4人(衆法懺)の大僧に告白した行儀で，āpatti-pratideśanā (他に対して告白する)と称した．*阿含経では釈尊に罪を告白して許しを願った例が多く，大乗仏教では十方仏や諸仏を礼して身口意*三業の罪やあらゆる罪過を発露し懺悔する行儀となり，中国ではこれが特定の儀礼となって*懺法の儀則が成立した．

天台*智顗は，懺悔を行動に表す〈事懺〉と，*実相の理を観ずることで罪過を滅する〈理懺〉に分け，作法(律の懺悔)・取相(観法)・無生(理懺)の3種にも分類した．南山律の*道宣は，戒律の〈制教懺〉(戒律を，邪非を制止する教という意で制教という)を小乗とし，*業道の罪を懺悔する〈化教懺〉(経論を，道俗をともに教化する意で化教という)をすべての仏教に通ずるものとする．天台仏教では*法華懺法中*『十住毘婆沙論』に依用する懺悔・*勧請・*随喜・*廻向・*発願を〈五悔〉と称し，すべてを懺悔の内容とする．密教では〈ごかい〉という．また浄土教の*善導は，毛孔や眼から血の出る*上品から，涙を出す*下品までの三懺悔を述べるが，後に中国・日本では懺悔の行儀は次第に儀礼化するに至った．

「(法華経)一巻を誦しをはりて，三宝を礼拝し，衆くの罪を懺悔せり」〔法華験記上 13〕

山家・山外 さんげ・さんがい 趙宋(960-1279)天台において，清竦門下の志因・義寂(919-987)の両法系の間に，*観心の解釈をめぐって異説が生じた．すなわち，前者の法系の源清(?-999 頃)・慶昭(963-1017)・智円(976-1022)などは華厳・禅の*性起説を導入し，*一念を霊知の本源として〈真心観〉を唱えた．これに対して，後者の法孫四明*知礼は，日常起こる一*刹那の迷心である介爾陰妄一念を観察の対象とする〈妄心観〉を唱え，自らを天台の正統(山家派)となし，前者を天台の正統から外れたもの(山外派)と批判した．さらに知礼は，山外派の*『大乗起信論』に基づく随縁義は*別教にすぎないものである(別理随縁説)とも主張した．

また，もと山家派に属しながらも後に，*仏身説などについて知礼と論争した仁岳(992-1064)，山家の*仏性説の解釈を批判した従義(1042-91)など(後山外派または雑伝派)がいる．各派は互いに激烈な論争を展開したが，後世，知礼の法系のみが栄えた．なかでも，広智尚賢(-1028-)，神照本如(982-1051)，南屏梵臻(-1072-)は〈四明三家〉と呼ばれ，以降中国天台の流れはほとんどこの系統により繰り広げられた．

『山家学生式』 さんげがくしょうしき *最澄撰．〈六条式〉〈八条式〉〈四条式〉の3部の総称．818年(弘仁9)5月，最澄は天台宗に与えられた*年分度者の*受戒と受戒後の修行・任用などについて規式を立て(六条式)，嵯峨天皇の裁許を請い，さらに8月，〈八条式〉を作って補足細説する所があった．しかし反応がなかったため，翌年3月，さらに〈四条式〉を作って独自の受戒方式などを示し，天台円宗の菩薩の意義と自覚を宣揚した．〈四条式〉は3式を総括して天台宗の独自性と独立を宣言したものとして重要である．→『顕戒論』．

三解脱門 さんげだつもん ［s: trīṇi vimokṣa-mukhāni］ 悟り(*解脱げだつ)に通ずる入口となる3種の瞑想のこと．〈*三三昧さんざんまい〉ともいう．3種の瞑想とは，あらゆるものが実体を持たず(*空くう, śūnyatā)，特徴を持たず(無相むそう, animitta)，欲求に値しないこと(無願むがん, apraṇihita)を瞑想する*禅定ぜんじょう(*三昧, samādhi)である．全てのものに実体がないことを，存在論的・認識論的・心理学的にそれぞれ指摘している．*般若経はんにゃきょうを始めとして，大乗仏教の経典・論書の中に広く用いられる術語である．「百僧尅念こくねんして大般若経を転読し，三解脱門を観念す」〔性霊集補闕抄 8〕

懺悔物語 さんげものがたり　わが身の罪障を*懺悔するという趣向をとった物語の称．本来は罪を犯した当人がその話を第三者に告白するもので，それによって罪障が消滅すると考えられたのであるが，やがて当人に限らず，広く懺悔話の形式をとって語られ，叙述された物語の総称ともなった．用語例が見られるのは鎌倉時代に入ってからであるが，実際にはそれ以前から行われていたのであろう．中世以後は懺悔物語に対して，自己の*滅罪のためのみならず，それを利用して他をも教化するという意味づけが強まり，広く*説経の用にも供されるようになった．特に*高野聖こうやひじりや熊野比丘尼びくになどで知られる廻国*勧進かんじんの徒は，懺悔物語を持ち回って教化勧進に利用し，彼等の中には既存の発心譚や因果話を自身の懺悔物語として説く者も少なくなかった．

こうした話はやがて文字に移されて文学の世界に取り上げられ，さらにこの様式をとって構成した作品も登場するようになった．高野聖の間で育成された荒五郎発心譚や，それを素材とした御伽草子『三人法師』などは典型的懺悔物語であったし，近世初期の『七人比丘尼』『二人比丘尼』なども懺悔物語形式の仮名草子であった．なお，色懺悔で終始しているが，井原西鶴の『好色一代女』なども，様式的にはこの亜型につながる作品である．

「後白河院の御所にして小侍従が懺悔物語の事」〔著聞好色〕「われらみな半出家なり．何故に遁世しけるぞ．いざ座禅の面々懺悔物語申し候はん」〔伽・三人法師〕

懺悔文 さんげもん　自己の罪過を仏前に*懺悔する際に述べる言葉で，懺悔経典や仏名経典，さらに*懺法せんぼうなどに各様の文があるが，華厳経普賢行願品の偈文「我昔所造諸悪業，皆由無始貪瞋癡，従身口意之所生，一切我今皆懺悔」(我れ昔より造る所の諸の悪業は，皆な無始の貪瞋癡に由り，身口意従よりの生ずる所なり．一切を我れ今皆な懺悔す)が仏教一般で唱えられる偈で，〈略懺悔りゃくさんげ〉ともいう．

三賢 さんげん　部派仏教では，修行者の階梯における初期の3段階のこと．〈五停心ごじょうしん〉〈別相念住べっそうねんじゅう〉〈総相念住そうそうねんじゅう〉をいう．まず五停心で，*不浄観から*数息すそく観までの5種の予備的瞑想(*五停心観)により，心の乱れを止める．次いで別相念住・総相念住の2段階で，身しん・受じゅ・心しん・法ほうの4つを対象として瞑想し(*四念処しねんじょ)，これらがそれぞれ浄・楽・常・我(*常楽我浄じょうらくがじょう)であるとする4つの誤った見解(*四顚倒してんどう)から脱却する．〈念住〉は，思念を正しい*智慧によって保持する意で，〈念処〉ともいう．〈別相〉が，4つの瞑想対象の各々に固有の特徴を個別に観ずることをいうのに対し，〈総相〉は，別相念住の最後の法念住の境地に入ったうえで，同じ4つの対象に共通する*無常・*苦・*空・*無我という特徴をまとめて観ずることをいう．

大乗仏教では，*菩薩ぼさつの修行の52の階位(*五十二位)のうち，心に空の理法をとどめる〈十住じゅうじゅう〉，*利他行りたぎょうを行う〈十行じゅうぎょう〉，自らの修行の功徳を衆生にふり向ける〈十廻向じゅうえこう〉の3つのこと．これらの位は，大乗・小乗の教学いずれにおいても修行が進捗した段階を指すため〈賢〉とされるが，修行を完成した*聖者しょうじゃの階位と対比して，凡夫ぼんぶの階位に分類される．→四善根，外凡・内凡，凡夫，四道．

山号 さんごう　寺名の上につけられる〈山〉の称号．中国で，寺の所在を示すため用いたのにはじまる．わが国では，奈良時代には，寺は主に平地に造られたので山号はなく，平安時代，山上に造られた寺は*比叡山ひえいざん・*高野山こうやさんなど山の名を用いたが，いわゆる山号ではなかった．中国で禅宗の代表的寺院に*五山・*十刹じっせつの制が定められ，鎌倉時代，禅宗とともにこの制がわが国に伝えられると，巨福山こぶくさん建長寺など寺名の上に山号が付けられるようになり，鎌倉五山・京都五山などがえらばれた．その後，他の宗の寺院も，寺名の上に山号を付けるようになった．「東山は建仁寺の山号なり．九淵は東山の僧なり」〔中華若木詩抄中〕

三業 さんごう　一切の行為(karman，業ごう)を，3種に類別したもの．一般には，〈身しん業〉(kāya-karman，身体的行為)，〈口く業〉(vāk-karman，言語表現)，〈意い業〉(manas-karman，心意作用)の3種の行為をさす〔倶舎論13など〕．〈身口意しんくいの三業〉ともいう．ただし，類別の基準により〈善業〉〈悪業〉〈無記むき業〉(善でも悪でもない行為)をさす場合〔倶舎論17〕，〈福業〉(*欲界の善業)，〈非福業〉(欲界の悪業)，〈不動業〉(*色界・*無色界の*禅定ぜんじょう)をさす場合〔倶舎論15〕等々，多義がある．「人間三業の過とがは，冥路に苦聚多し」〔十住心論1〕「如説而修行といふは，身・口・意の三業を懺悔するなり」〔法華百座3.12〕．→業，身口意．

三綱 さんごう　各寺院に置かれ，管理運営の責務を担った3種の役僧．通常〈上座じょうざ〉〈*寺主じしゅ〉〈都維那つい な〉(*維那)の3職をさす．日本における初期の例では，*僧綱そうごうの3職や寺主・*知事・維那を三綱と称した例が見受けられる．中国では唐代(618-907)以前にすでにこれに類する僧職が設けられていた．日本では701年(太宝1)に「大宝令たいほうりょう」が制定された頃から唐の制度にならって設けられたと考えられる．その職務には，寺院の施設・資財の管理，僧尼の教導・監督，仏事の勤修などがあり，律令政府は三綱を通じて寺院・僧尼の統制を行なった．〈鎮ちん〉がその上に置かれる場合もあり，また後には*別当べっとうや*座主ざすなどの役職が設けられて三綱はその配下に置かれた．「其の時三綱某それがし，五十人の分を乞ひ集め，五十両の金をもって広江寺の法師に給ひけり」〔古事談5〕

『三教指帰』 さんごうしいき　平安初期，真言宗開祖*空海くうかい(弘法大師)の著作．3巻．空海24歳(797年)の作で出家の宣言書といわれる．巻上は「序」と「亀毛先生論」(儒教)，巻中は「虚亡隠士論」(道教)，巻下は「仮名乞児論」(仏教)で，儒教と道教と仏教との三教の思想の特質をあげ，仏教が最も優れた教であることを明らかにした．序には空海の出家の動機を述べ，また本論で三教の優劣を論ずるに，ある政治家の家に主人と不良青年がおり，そこに三教の人物を登場させ，戯曲的文学作品の形をとる．空海の若き日の深い学殖と文才がうかがわれる．なお『三教指帰』の原本と考えられるものに『聾瞽指帰ろうこしいき』があり，空海の真筆である．

三業惑乱 さんごうわくらん　*西本願寺教団の教義論争による江戸後期の大規模な内部抗争．西本願寺派*学林第7代*能化のうけ智洞ちどうは，〈三業帰命説〉(弥陀の*本願を信じる以上に身しん・口く・意い*三業による*往生祈願を本則とする説)を，6代能化功存こうぞんから継承したが，それへの批判が*蓮如れんにょ三百回忌法要での智洞の演説をきっかけに高まり，批判派の古義派と学林を中心に智洞を支持する新義派とが対立した．古義派の強い安芸あきでは学徒が『十六問尋』『金剛錍こんごうべい』などを著して智洞を批判した．美濃みのでは新義・古義派の対立が激化し幕府*寺社奉行の介入に至った．対立は本山首脳部に及び，新義派は二条家を頼み畿内門徒を動員して武闘に及び，古義派も二条家に推参するなど対抗した．1803-05年寺社奉行で糾明され，本山の意向通り新義派が異義に決し，智洞は遠島，その一派も処罰され，西本願寺も百日の閉門に処せられた．

『三国遺事』 さんごくいじ　一然いちねん(1206-89)の作．5巻．朝鮮三国時代の略史，1284年頃完成．高句麗こうくり・百済くだら・新羅しらぎの遺文逸事などを収録，各事項に高麗こうらい中期までの事実を記録して遺事と称した．これは正史に漏れ落ちた事実を意味する．5巻を9項目に分類し，第1王暦，第2紀異，第3興法，第4塔像，第5義解，第6神呪，第7感通，第8避隠，第9孝善の順で記録する．第3興法以降は仏教史関係の記述が中心で，古代朝鮮史の重要な資料であるとともに朝鮮仏教史上貴重な資料でもある．

『三国伝記』 さんごくでんき　室町時代の*説話集．12巻．沙弥玄棟げんとう編．15世紀前半の成立．インド・中国・日本三国の説話を輪番に配列し，各巻30話，全360話を収録する．応永14年(1407)8月17日の夜，天竺の僧梵語坊，大明の俗漢字郎，本朝近江の隠遁者和阿弥が京都清水寺で梵・漢・和の順で物語るという*通夜物語(つやものがたり)的趣向で，直接には『太平記』35の「北野通夜物語」に想を得ている．文体は駢儷(べんれい)的美文を交えた漢字片仮名交り文，内容は文献取材のものが多く，釈迦伝以下の僧伝類，寺社縁起譚，仏法僧の霊験利益譚など，仏法説話を主流とするが，中国・日本説話には歴史故事や和歌説話など世俗的話題も少なくない．中世説話文学の掉尾を飾る大作で，仏教説話にも読物として堪えうるものが多い．とりわけ近江の在地伝承にまつわる話が注目されている．

三国伝来 さんごくでんらい　〈三国相伝〉〈三国相承〉〈三国伝通〉ともいう．インドから中国または朝鮮を経て日本に伝わってきたこと．仏像・図像・経典・宝物などについて用いられる形容句で，その権威を示す表象の一つとされた．なお，*清凉寺の釈迦如来像や*善光寺の阿弥陀三尊像は〈三国伝来〉として信仰をあつめ，多くの模像が作られている．「抑(そもそも)善光寺の生身の如来は…其の出世利物の生起由来を尋ぬれば，即ち三国伝来の三意あるべし．三国とは天竺・百済・日本なり」〔善光寺縁起1〕

『三国仏法伝通縁起』 さんごくぶっぽうでんずうえんぎ　1311年(応長1)，華厳宗*凝然(ぎょうねん)著．3巻．鎌倉後期の仏教史書．諸宗伝播の有様を，上巻はインド・中国，中・下巻は日本について概観したもので，中国では毘曇(びどん)・成実(じょうじつ)・戒律・三論・涅槃(ねはん)・地論・浄土・禅・摂論(しょうろん)・天台・華厳(けごん)・法相(ほっそう)・真言の13宗，日本では*南都六宗と天台・真言の8宗について説明し，最後に日本の禅宗と浄土宗について略述している．仏教史史料として貴重だが，鎌倉後期当時の南都仏教界の関心・通念に沿って著されたもので，必ずしも記述は客観的に古代仏教の史実を反映しているわけではない．

三鈷杵 さんこしょ　密教法具の一つで，*煩悩(ぼんのう)を砕く堅固な*菩提心(ぼだいしん)の象徴とされる金剛杵(こんごうしょ)のうち両端が三叉の形状のもの．〈三股杵〉とも書き，〈三鈷〉とも略称する．伝統教学では仏と衆生(しゅじょう)との身(しん)口(く)意(い)の*三密が平等であることの表示とされる．*修法(しゅほう)の際には*加持の法具として使用されることが多く，また三鈷杵を持てば悪神の障難を防ぎ祈願を成就できると経典に説かれることから，*護摩(ごま)法を修するときに*行者(ぎょうじゃ)が三鈷杵を手に持つ流派もある．諸尊の*持物(じもつ)となることも多い．わが国の遺品では*正倉院宝物や男体山山頂出土品中にある忿怒形(ふんぬぎょう)のものが古様である．「八人の童子有り．身に三鈷・五鈷・鈴杵等を着けて，各(おのおの)掌(たなごころ)を合はせ」〔今昔13-21〕．→金剛杵．

三災 さんさい　仏教の宇宙観で，周期的に起こるとされる宇宙的規模の災害．2種類あり，〈小の三災〉は刀疾飢(とうしつき)(戦争・疫病・飢饉)であり，各20中劫(ちゅうこう)からなる成(じょう)・住(じゅう)・壊(え)・空(くう)の四劫(しこう)それぞれにおいて1中劫ごとにその一つまたは三つが起こる．〈大の三災〉は火災・水災・風災であり，1大劫(80中劫)ごとにこの順序でその一つが起こり，火災は*風輪(ふうりん)から初禅天までを，水災は二禅天までを，そして風災は三禅天界以下の世界を破壊する．この考えは*道教の天地崩壊・開闢(かいびゃく)説に影響を与えた．「大の三災はまだしき物を，さすがに仏法のおこなひものこりたり」〔愚管抄7〕．→四劫，四禅．

三山 さんざん　山岳信仰において，三柱の神を一括して祀(まつ)る形式．三つの山神を立てて信仰対象とする代表的事例は，熊野三山と出羽三山にみられる．熊野坐(くまのにます)神社(本宮，阿弥陀如来)，熊野速玉(はやたま)神社(新宮，薬師如来)，熊野夫須美(ふすみ)神社(那智，千手観音)の〈熊野三山〉(三熊野(みくまの))と，羽黒山(伊氐波(いでは)神社，正観音)，月山(がっさん)(月読(つくよみ)神社，阿弥陀如来)，湯殿山(大山祇(おおやまつみ)神社，大日如来)の〈出羽三山〉は，それぞれ*神仏習合の影響を受け，かつ*修験道の重要拠点となり，*御師(おし)・*先達(せんだつ)の制のもとに信者を組織化していた．→熊野，出羽三山．

三三昧 さんざんまい　[s: trayaḥ samādhayaḥ]　通例，〈空(くう)三昧〉(śūnyatā-samādhi)，〈無相(むそう)三昧〉(ānimitta-samādhi)，〈無願(むがん)三昧〉(apraṇihita-samādhi)のことをいう．*阿含(あごん)経典をはじめ広くさまざまな仏典に現れるが，その解釈は一様ではない．アビダルマ(*阿毘達磨(あびだつま))仏教では，*我(が)・*我所のないことを観じるのが空三昧，五官の対象・男女の特性ならびに*有為(うい)法の生・住・滅といった*相を観じないのが無相三昧，*三界(さんがい)での生存を願わないことが無願三昧であるとされる．一方大乗仏教では，*一切法(いっさいほう)の*空を観じるのが空三昧，一切法の*無相を観じるのが無相三昧，一切法に対して求めるところのないのが無願三昧だとされる．なお，*無漏の三三昧のことを〈*三解脱門〉という．また，これとは別に，有尋有伺三昧・無尋唯伺三昧・無尋無伺三昧の三者のことも三三昧と称する．→三昧，尋伺．

三時 さんじ　[1] 釈尊滅後の時代を正法・像法・末法の3期に分けた時代区分をいう．唐の基の*『大乗法苑義林章』6に「仏の滅度せし後，法に三時有り．正と像と末とを謂う」とある．「正像末の三時のつかさどる所，在世には仏を本として法と僧とは仏による」〔沙石集9-13〕．→正像末，末法．

[2] 昼夜を六時に分け，晨朝・日中・日没を〈昼三時〉，初夜・中夜・後夜を〈夜三時〉という．単に三時という場合はふつう昼三時を指し，*勤行などを行う．「弟子に命じて三時に念仏三昧を修せしむ」〔往生極楽記14〕．→六時．

三時教 さんじきょう　釈尊一代の教を〈有教〉〈*空教〉〈中道教〉に整理した*法相宗の教判(*教相判釈)．古来インド仏教の*声聞的な伝統を守っていた*瑜伽行者たちが，*竜樹などの*中観思想の影響を受けて大乗の菩薩行を形成する過程で*解深密経を説き，自らの瑜伽行唯識思想の立場を宣言した教相判釈のこと．世尊は，第一時に阿含経の有教を説き，第二時に般若経などの空教を説いたが，それらは〈未了義〉(方便の教え)であり，第三時に〈*了義〉(真実の教え)として解深密経の中道教を説いたという．

法相宗を開宗するにあたって，*基は，この*玄奘直伝の三時教を自宗の教判として，天台宗などの教判を批判した．日本の法相宗も三時教の教判を継承し，とくに*徳一が『中辺義鏡』においてこの立場から天台宗の*五時八教を批判し，それに対して最澄が*『守護国界章』において反論したことはよく知られている．

三時業 さんじごう　原因としての善悪の業によって報われる結果を，報われる時世の遅速に従って3種に分類したもの．現世で報いを受ける業である〈順現法受業〉(dṛṣṭa-dharma-vedanīyaṃ karma)と，次世の場合の〈順次生受業〉(upapadya-vedanīyaṃ karma)と，第三世以降の場合の〈順後受業〉(apara-paryāya-vedanīyaṃ karma)とをいう．順現報・順生報・順後報の〈三報〉ともいう．*『倶舎論』15に説かれる．「仏祖の道を修習するには，その最初より，この三時の業報の理をならひあきらむるなり」〔十二巻本正法眼蔵三時業〕．→業，果報，現報．

三師七証 さんししちしょう　*比丘となるために具足戒を受けるさい必要とする3人の師と7人の証明師のこと．〈三師〉とは，正しく戒(*戒律)を授ける〈戒和上〉，*表白文および*羯磨文を読む〈羯磨師〉，受者に威儀作法を教える〈教授師〉の三師をいい，〈七証〉とは，その儀礼がとどこおりなく行われ，1人の比丘が誕生したことを証明する最低7人以上の師達をいう．→具足戒，戒師，授戒．

三車・四車 さんしゃ・ししゃ　法華経譬喩品に，火災の屋宅から子供らを救い出すため，羊車・鹿車・牛車(玩具の乗物)を与えると叫び，屋外に救出した子らに本物の大白牛車を与えたとし，それらの車を声聞・縁覚・菩薩の*三乗と一仏乗(*一乗)に譬えた*火宅の喩で，牛車(菩薩乗)と大白牛車(一仏乗)が同じか別かの論争をいう．同じであれば車は3種となり，別とすれば車は4種となる．法相の*基は〈三車家〉，光宅寺*法雲・天台*智顗，華厳の*法蔵は〈四車家〉とされ，三論の*吉蔵は三車家・四車家のどちらか一方に偏しない自由な立場に立った．法華経方便品の「唯有一仏乗無二亦無三」を第二乗(縁覚乗)・第三乗(声聞乗)がない(梵本)と読むのと，二つの乗(声聞乗・縁覚乗)三つの乗(声聞乗・縁覚乗・菩薩乗)も無いとする両様の解釈が対立した．→大白牛車．

三従 さんじゅう　⇒五障三従

三十三観音 さんじゅうさんかんのん　*法華経普門品に説かれる観音の三十三応現身の数に合わせて33種の観音を集め総称したもの．名称は，楊柳・竜頭・持経・円光・遊戯・白衣・蓮臥・滝見・施薬・魚籃・徳王・水月・一葉・青頸・威徳・延命・衆宝・岩戸・能静・阿耨・阿摩提・葉衣・瑠璃・多羅・蛤蜊・六時(ろくじ)・普悲(ふひ)・馬郎婦(めろうふ)・合掌(がっしょう)・一如(いちにょ)・不二(ふに)・持蓮(じれん)・灑水(しゃすい)．この多くは成立不明で*経軌(きょうき)に説かれるものはわずかである．ちなみに，*西国三十三所観音などの33の数もこれに由来するもので，各所観音はそれぞれ各応現身に見立てられている．→三十三身，観音信仰．

三十三間堂 さんじゅうさんげんどう　京都市東山区三十三間堂廻り町にある天台宗の寺．1164年(長寛2)，後白河法皇(1127-92)が邸宅である法住寺殿の西側の現在地に営んだ〈蓮華王院(れんげおういん)〉の*本堂で，*内陣の柱間(はしらま)が33間(ま)あるところから〈三十三間(げん)堂〉と通称される．1249年(建長1)焼失，1266年(文永3)再建されたのが現在の遺構である．*湛慶(たんけい)作の*千手観音(せんじゅかんのん)坐像(1254)を本尊とし，左右に各500体の千手観音立像を配する．大部分は湛慶一門が中心となり，それに円派(えんぱ)・院派(いんぱ)の仏師を加えて造立したものであるが，創建当初の像も124体を残す．平安時代から鎌倉時代にかけて流行した*千仏思想を表す貴重な遺品．内陣前方の*風神・雷神をふくみ30軀の*二十八部衆は建長火災の際に救出されたとする記録があるが，それにあたるとしても，13世紀半ばに近い時期の湛慶(たんけい)工房の製作とみられる．1月15日に本堂西側で行われる通し矢は天正年間(1573-92)に始まるといわれる．江戸時代には堂の西側広縁で一昼夜で何本の矢を通すかが競われ，垂木(たるき)や柱に矢疵が残っている．また*南大門(なんだいもん)(1600)，築地塀(ついじべい)(桃山時代)の遺構がある．三十三間堂は豊臣秀吉(1536-98)の没後，付近の*妙法院(みょうほういん)の所管に任せられている．

なお，文学との関係も浅からぬものがあり，特に建立時の棟木の由来譚は古浄瑠璃『熊野権現開帳』以来諸作に取材されたが，なかでも浄瑠璃『祇園女御九重錦』の三段目が独立した『三十三間堂棟由来(むなぎのゆらい)』は歌舞伎に上演されて著名．また，一昼夜の速吟を競う矢数俳諧(やかずはいかい)も本寺の通し矢にならったもので，井原西鶴が1684年(貞享1)の住吉神社(大阪市住吉区)での2万3500句で覇権を握った．

三十三所 さんじゅうさんしょ　*観世音菩薩(かんぜおんぼさつ)を安置した33カ所の霊場のこと．13世紀には〈*坂東(ばんどう)三十三所〉，15世紀には〈*秩父(ちちぶ)三十三所〉(後に三十四所となる)など成立したが，〈*西国(さいごく)三十三所〉は特によく知られている．33という数は*法華経普門品に説かれている観世音菩薩が衆生を救うために33の身，すなわち，仏(ぶつ)・辟支仏(びゃくしぶつ)・声聞(しょうもん)・梵王(ぼんおう)・帝釈(たいしゃく)・自在天(じざいてん)・大自在天・天大将軍・毘沙門(びしゃもん)・小王・長者・居士(こじ)・宰官(さいかん)・婆羅門(ばらもん)・比丘(びく)・比丘尼(びくに)・優婆塞(うばそく)・優婆夷(うばい)・長者婦女(ぶにょ)・居士婦女・宰官婦女・婆羅門婦女・童男・童女・天・竜・夜叉(やしゃ)・乾闥婆(けんだつば)・阿修羅(あしゅら)・迦楼羅(かるら)・緊那羅(きんなら)・摩睺羅伽(まごらが)・執金剛(しゅうこんごう)に身を変ずるところよりでている．なお，三十三所巡礼の盛行に伴って文学との交渉も密になり，特に近世以降は，巡礼歌謡や関連名所図絵の制作が目立ち，*巡礼のモチーフも浄瑠璃・歌舞伎・読本(よみほん)などに広く採取された．→三十三身．

「那智に千日籠って三十三所の巡礼のために，罷(まか)り出でたる山伏ども」〔太平記 5.大塔宮〕

三十三身 さんじゅうさんしん　*法華経普門品に説かれる*観世音菩薩(かんぜおんぼさつ)の33種の*変化身(へんげしん)をいう．観世音菩薩は普現色身三昧力(ふげんしきしんざんまいりき)により変現自在にその姿を変えて，衆生(しゅじょう)の*機根(きこん)に即して出現し，それぞれに応じた仕方で*法を説くとされる．〈普現色身三昧〉とは，種々の身体を現し生きとし生ける衆生を導く*三昧である．

三十三身とは，1)仏身，2)辟支仏(びゃくしぶつ)身，3)声聞(しょうもん)身，4)梵王(ぼんおう)身，5)帝釈(たいしゃく)身，6)自在天(じざいてん)身，7)大自在天身，8)天大将軍身，9)毘沙門(びしゃもん)身，10)小王身，11)長者身，12)居士(こじ)身，13)宰官(さいかん)身，14)婆羅門(ばらもん)身，15)比丘(びく)身，16)比丘尼(びくに)身，17)優婆塞(うばそく)身，18)優婆夷(うばい)身，19)長者婦女(ぶにょ)身，20)居士婦女身，21)宰官婦女身，22)婆羅門婦女身，23)童男身，24)童女身，25)天身，26)竜身，27)夜叉(やしゃ)身，28)乾闥婆(けんだつば)身，29)阿修羅(あしゅら)身，30)迦楼羅(かるら)身，31)緊那羅(きんなら)身，32)摩睺羅伽(まごらが)身，33)執金剛(しゅうこんごう)身，である．

このように身を種々に変現して衆生を*利益(りやく)し*済度(さいど)することを〈普門示現(ふもんじげん)〉という．その力の源は法華経の経力にあるという．なお，わが国では平安時代末頃より三十三身に合わせて三十三の観音霊場を選び，それらを巡礼し，観音の*功徳に浴そうとする信仰が広まった．また三十三の変化身に数を合わせて，江戸時代には中国や日本起源の観音を含む〈三十三観音〉が成立した．三十三身の彫像の遺例として蓮華王院本堂(*三十三間堂)本尊光背付属の像(鎌倉時代)，長谷寺像(室町時代，神奈川県鎌倉市)がある．➡三十三観音，三十三所，巡礼．

「三十三身に身を変じて衆生の願ひを満てずは，祇園精舎の雲に交はり，永く正覚を取らじと誓ひ」〔義経記 3.弁慶義経〕

三十三天 さんじゅうさんてん　⇒忉利天

三重七箇法門 さんじゅうしちかほうもん　日本中世天台の恵心流の*口伝法門で伝えられる内容を定式化したもの．*本覚思想の体系化されたもので，〈広伝四箇大事〉と〈略伝三箇大事〉とからなり，その七箇大事を教・行・証の三重にわたって伝授するところから，〈三重七箇大事〉と呼ばれる．広伝四箇大事は*一心三観・心境義・止観大旨・法華深義からなり，略伝三箇大事は蓮華因果・円教三身・*常寂光土からなる．広伝四箇の名称は，もっとも古くは『天台法華宗伝法偈』(伝最澄作)に見え，1100年頃に成立していたと考えられる．『修禅寺決』(伝最澄作)もその体系を用いている．七箇大事としては『法華略義見聞』に見え，その成立は静明(13世紀後半)頃と考えられる．『一帖抄』(1329，心賀の説を心聡が筆記)，『二帖抄』(心賀の説を尊海が筆記)などになって，ほぼ完全に体系化された論述が見られる．

七箇法門は天台教学のもっとも中核となる理論の要点をまとめたものであるが，広伝四箇のうち，一心三観・心境義・止観大旨は*止観に関するもの，法華深義は*法華経に関するものである．略伝三箇は法華深義を開いて詳しく説いたものである．その中でも本覚思想としての特徴が顕著な例として，円教三身で，法華経の*仏身を*無作三身とするところが挙げられる．無作三身とは，人為を加えない我々の存在がそのまま仏身であるとみるものである．三重七箇法門は恵心流の中でも主流をなす相生流に伝えられ，その伝授は荘厳な儀礼を伴って相伝された．

三十七道品 さんじゅうしちどうぼん　〈道品〉(bodhi-pākṣika, bodhi-pakṣya)とは*菩提，すなわち悟りの智慧を得るための修行法のこと．〈菩提分法〉ともいう．〈*四念処〉〈四*正勤〉(四正断とも)〈四*神足〉〈*五根〉〈*五力〉〈七*覚支〉〈*八正道〉という7種の修行法をまとめて三十七道品という．初期仏教経典における最も代表的な実践論とされる．

『三十帖冊子』 さんじゅうじょうさっし　『三十帖策子』とも書く．*空海(弘法大師)が入唐中，蒐集して請来した貴重な密教関係の文献．空海，橘逸勢(?-842)，唐の書生の筆写したもの．三十帖から成る冊子本で，*不空三蔵・般若三蔵らの訳出の経典，秘密*儀軌類，およそ140余部を収めている．現在蒔絵箱に収められ*仁和寺に秘蔵．初め東寺(*教王護国寺)の経蔵に収め，門外不出の霊宝としたが，一時*高野山に移され，観賢(853-925)がこれを再び東寺に返還させ，1186年(文治2)，仁和寺の守覚法親王(1150-1202)が借覧してそのまま秘蔵して現在に至る．

三獣渡河 さんじゅうとが　三獣は兎・馬・象をいう．*『大毘婆沙論』や優婆塞戒経などに，三獣が河を渡るとき兎は水上に浮かび，馬はその足が水底に至るものと至らざるものがあり，象は底を踏んで渡るという喩えを挙げ，それぞれを*声聞・*縁覚・*如来の悟りの深さに喩える．また*『法華玄義』では三獣を二乗(声聞・縁覚)と菩薩とに配する．

三十二相 さんじゅうにそう　*仏および*転輪聖王にそなわる32の優れた身体的特徴．名称・内容は経典により小異があるが，*『大智度論』4に挙げる主なものに，足下安平立相(扁平足である)，足下二輪相(足の裏に*千輻輪の文様がある)，手足指縵網相(手足の指の間に水かきがある)，正立手摩膝相(直立したとき手が膝に届く)，陰蔵相(*陰馬蔵相．男根が腹中に隠れている)，金色相(肌が金色である)，四十歯相(歯が40本ある)，大舌相(広長舌相．舌は顔を覆うほど大きい)，頂髻相(頭頂に隆起(*肉髻)がある)，白毛相(眉間に白い旋毛(*白毫)がある)などがある．なお人間に転用して，完全無欠な容姿の形容ともする．「弥陀の御顔は秋の月，青蓮の眼は夏の池，四十の歯ぐきは冬の雪，三十二相春の花」〔梁塵28〕．→八十種好，相好．

三重塔 さんじゅうのとう ⇒塔

三十番神 さんじゅうばんじん 日本旧六十六カ国の神々の中から*勧請され，一カ月三十日の間順番に国を守る三十神をいう．この番神には禁闕守護，仁王経守護，法華経守護，如法経守護などの三十番神があり，平安中期にはすでに一般信仰となって流布していた．鎌倉末期，日蓮宗僧*日像は*神天上法門の一環として日蓮宗に取り入れ，室町中期，吉田兼倶はこれを吉田家相伝と認めた．こうして番神は日蓮宗独自の神祇信仰となり，日蓮宗信仰の中に融けこんで行った．「百済寺には彼の一万大菩薩を勧請して，三十番神に加へ奉る」〔三国伝記7-24〕

三十棒 さんじゅうぼう 禅の*師家が，慈悲心から修行者に与える警覚策励(*警策)のための打棒のこと．徳山宣鑑(782-865)の「道い得るもまた三十棒，道い得ざるもまた三十棒」の語はよく知られている．三十とは必ずしも30回打つ意ではなく，数の多いこと．「然しも是の如くなりと雖も，汝已に我が三十棒を喫し了れり」〔正法眼蔵行持上〕．→一棒．

三種教相 さんしゅきょうそう 法華経が優れていることを示すために，天台智顗が*『法華玄義』で用いた教えの特質を判定する3種の方法．弟子の*機根が十分に成熟して*円融しているかどうかの〈*根性の融不融の相〉，*三世にわたる仏の*教化の始源と結末が説かれているかどうかの〈化道(導)の始終・不始終の相〉，仏と弟子の久遠の昔からの密接な関係が説かれているかどうかの〈師弟の遠近不遠近の相〉の3種．法華経は，弟子の機根が円融し，化導の始終(「化城喩品」の*大通智勝仏の故事の思想)，師弟の遠近(「寿量品」の久遠仏の思想)が説かれている点で，他のすべての経に優越するといわれる．また，『法華玄義』で整理された智顗以前の教判(*南三北七)のうち，南地の教判に共通に見られる頓教・漸教・不定教のことをいう．

三聚浄戒 さんじゅじょうかい [s: trividhaṃ śīlam] 〈三種浄戒〉ともいう．*菩薩戒の特色を表す概念で，*華厳経に初出する．本来は〈戒〉には止悪・修善・利他の3種の働きがあるとする*大乗の立場からの観察・意義づけであったが，後に3種それぞれの徳目を列挙するようになった．代表的なものに*『瑜伽師地論』と*菩薩瓔珞本業経がある．日本では簡便な菩薩瓔珞本業経・*梵網経系の三種浄戒，すなわち〈摂律儀戒〉(すべての悪を断ずること)，〈摂善法戒〉(すべての善を実行すること)，〈摂衆生戒〉(饒益有情戒ともいう．すべての衆生を救済すること)が専ら用いられた．その特色は摂律儀戒に小乗戒を含まず，*十重禁戒をあてるところにある．

「菩薩戒といふは三聚浄戒なり．一つには摂律儀戒，もろもろのあしき事を断つなり．二つには摂善法戒，もろもろのよき事を行ふなり．三つには饒益有情戒，もろもろの衆生をわたすなり」〔三宝絵下〕「三聚浄戒は，上求下化の二心をもって本と為す」〔興正聴聞集〕

三種世間 さんしゅせけん 世界(世間)を3種に分類したもの．〈三世間〉ともいう．*『大智度論』などの説では，〈五陰世間〉〈衆生世間〉〈国土世間〉をいう．五陰世間は，〈五衆世間〉とも〈五蘊世間〉ともいわれ，原始仏教以来，精神的・物質的な要素(*法)として認められた色・受・想・行・識の*五蘊からなる世界．衆生世間は，〈有情世間〉や〈仮名世間〉ともいわれ，五蘊によって構成され，「我」や「有情」と仮に名づけられた生きもの(*衆生，*有情)からなる世界．国土世間は〈住処世間〉ともいい，衆生の住む自然環境としての世界．また，『華厳経疏』の説では，〈*器世間〉〈衆生世間〉〈智正覚世間〉のことをいう．「この千如に一々各三種の世間あり．所謂五陰世間，衆生世間，器世間なり．此れ等を三千世間とす」〔真如観〕．→世間．

三種法輪 さんしゅほうりん 根本法輪・枝末法輪・摂末帰本法輪の3種の教えをいう．中国三論宗の嘉祥大師*吉蔵が*法華経うの「信解品(しんげほん)」や「譬喩品(ひゆほん)」に基づいて，釈尊の一生涯の教えをこの3期に分けた．*成道(じょうどう)後，まず*華厳経(けごんぎょう)において，もっぱら*菩薩(ぼさつ)のために*一乗を説いた．これが〈根本法輪〉である．次に，一乗を聞く能力のない人びとのために，諸経において，一乗を仮に*三乗に分けて説いた．これらが〈枝末法輪〉である．40余年，三乗の教えによって人びとの心を陶練し，しかる後に法華経を説いた．法華経は三乗(枝末)を一乗(根本)に帰せしめ統一する教えであるから〈摂末帰本法輪〉というのである．〈三転法輪〉〈三法輪〉ともいう．→法輪．

三種法華 さんしゅほっけ　根本(こんぽん)法華・隠密(おんみつ)法華・顕説(けんぜつ)法華の3種をいう．最澄が*『守護国界章(しゅごこっかいしょう)』巻上之上において，釈尊の一生涯の教えをこの3期に分類した．最澄は，妙法華のほかに一句の経もなく，唯*一乗のほかに余乗はないが，聞く人々の能力に随って教えに浅深があるとし，まず「於一仏乗」すなわち一仏乗(一乗)に基づいて説いた*華厳経(けごんぎょう)を〈根本法華〉の教え，次に「分別説三」すなわち一乗を隠して仮に*三乗に分けて説いた*阿含経(あごんぎょう)・*方等経(ほうどうきょう)・*般若経(はんにゃきょう)などの諸経を〈隠密法華〉の教え，最後に「唯一仏乗」すなわち仮に分けた三乗を統一して，釈尊の教えは実にはただ一仏乗のみであると顕らかに説き示した*妙法蓮華経(みょうほうれんげきょう)を〈顕説法華〉の教えとした．

三性 さんしょう　① *諸法(しょほう)の性質を宗教倫理的価値の点から分類したもので，善・悪・*無記(むき)(善でも悪でもないもの)の三つをいう．「三性が中の善性を説いてこれを名づけて善とす，不善性をば名づけて悪とす」〔摧邪輪〕．→善悪．

② *瑜伽行派(ゆがぎょうは)の代表的な実践理論の一つ．〈三性〉(trisvabhāva)とは，三つの性質の意味で，迷いと悟りのあり方をふくむ現実世界(諸法)が，*分別(ふんべつ)された性質(遍計所執性(へんげしょしゅうしょう))，他のものに依存するという性質(依他起性(えたきしょう))，および完成された性質(円成実性(えんじょうじつしょう))という三つの性質をもつことをさす．〈三相〉ともいう．*空性(くうしょう)や*法性(ほっしょう)を*真如(しんにょ)とも呼ぶ最初期の瑜伽行派は，真如に対する迷乱はいかに生じ，またいかにして，その真如はあるがままに知られうるかを論じた．

『解深密経(げじんみっきょう)』「一切法相品」および『瑜伽師地論(ゆがしじろん)』「摂決択分中・菩薩地」などに見る最初期の三性説は，諸法の*縁起する性質(依他起性(相))と，*仮名(けみょう)されたとおりの性質(遍計所執性(相))と，諸法の共通性質である真如(円成実性(相))，といういわば言葉と真如の関わりを文脈とする三性，あるいは三相説である．その議論の淵源は『瑜伽師地論』「本地分中・菩薩地・真実義品」に求められる．

これに対して，依他起性を*三界の心・*心所(しんじょ)に相当する*虚妄(こもう)分別のもつ性質とし，その虚妄分別によって心，すなわち認識が主客(*能所(のうじょ))に二分されたあり方を遍計所執性，そして主客の二分から解放された状態を円成実性と規定したのが*『中辺分別論(ちゅうへんふんべつろん)』である．この三性説は，いわば分別と真如(＝空性)との関わりを文脈とした三性説であるが，他方また，*唯識(ゆいしき)説を前提にした三性説の誕生ということもできる．*『唯識三十頌』もまたこの同じ立場から三性説を簡潔にまとめる．そのうえで，遍計所執された事物は独自の特徴(*相)を欠き(相無自性(そうむじしょう))，依他起を性質とする分別も，他のものに依存して生起するのであるから，自ら生起するのではなく(生(しょう)無自性)，円成実性こそは，諸法の真如であり*勝義(しょうぎ)(勝義無自性)であり，唯識性にほかならないとした．ここにいう三種の*無自性説は，〈三無性説〉ともいい，無自性を強調する初期の般若経典や*『中論(ちゅうろん)』由来の大乗仏教の伝統を念頭に置くもので，直接には『解深密経』「無自性相品」に遡ることができる．

三証 さんしょう　文証(もんしょう)・理証・*現証をいう．*日蓮(にちれん)は正しい仏教の選択のためには，この三つの証明が必要であると主張した(『三三蔵祈雨事』)．〈文証〉とは，経文に証拠を求めること．〈理証〉とは，真理であることを道理・理論によって証明すること．〈現証〉とは，現実に実証されること．三証がそろうこと(三証具足)によって，真理であることが完全に証明される．

三障 さんしょう ［s: āvaraṇa-traya］　聖道や善根の起るのを妨げる3種の重大な障害をいい，〈*業障(ごうしょう)〉と〈*煩悩障(ぼんのうしょう)〉と〈異熟障〉とをさす．業障とは，次生には即刻地獄に落ちるとされる〈五無間業〉のこと，煩悩障とは，絶えず現れて除去しがたい煩悩のこと，異熟障とは，全く悟る機会のありえない環境に生れることで，3種とも聖道や善根に重大な障害となると考えられた．*『倶舎論』17に説かれる．このほかに，別な3種の障害を挙げて三障とする例もかなり見られるが，上述したものが代表的なものである．「南浮の衆生は三障重き故に，不動を念ずべし」〔沙石集 2-7〕

三乗 さんじょう ［*s*: yāna-traya, tri-yāna］ 3種の乗物の意．乗物とは*衆生を悟りに導いて行く教えをたとえたものである．〈*声聞乗〉〈*縁覚乗〉〈*菩薩乗〉の三つをいう．縁覚乗を〈独覚乗〉，菩薩乗を〈*仏乗〉と称することもある．仏は衆生の素質に応じてこの3種の教えを説いた．前二者は*小乗に属し，後者は*大乗である．*法華経は，三乗の差別の存するのは*方便説であって真実には*一乗に帰すべきことを説いている．声聞は*四諦の理により，縁覚は*十二因縁を観ずることにより，菩薩は*六波羅蜜を修行することにより，それぞれの悟りを得るとされる．「聞く者，皆涙を流して歓喜し，ことごとく三乗の道果を得けりとなむ」〔今昔 4-39〕「門の外なる三つ車，二つは乗らむと思ほえず，大白牛車に手をかけて，直至道場訪ひ行かむ」〔梁塵 74〕．→一乗，二乗．

三定聚 さんじょうじゅ 悟りの修行から，あるいは往生の道から，人(機)すなわち修行する人々の精神的素質を3種に分類したもので，〈*正定聚〉〈邪定聚〉〈不定聚〉をいう．一般に正定聚とは，必ず悟りを得ることに定まった者，邪定聚とは，必ず地獄に堕ちる者，不定聚とは，いずれにも定まっていない者のことであるが，浄土真宗では，真実信心を得た者を正定聚，自力の善によって往生しようとする第十九願の人を邪定聚，自力の念仏にはげむ第二十願の人を不定聚と呼んでいる．

『三帖和讃』 さんじょうわさん *親鸞作の『浄土和讃』『高僧和讃』『正像末和讃』の3部を合わせて名づけたもの．*『浄土和讃』は118首を収録し，浄土真宗の根本を讃仰したもの，『高僧和讃』は117首を収め，*七高僧の遺徳を讃えたもので，ともに76歳のとき著された．『正像末和讃』は114首(文明本)を収め，特に末法における真宗信仰の真髄を示している．和語の代表的著作で，日常勤行において*『正信念仏偈』(正信偈)とともに6首ずつ繰り読みされている．

三心 さんしん 〈さんじん〉とも．仏典中には種々の三心が語られ，例えば，長阿含経では*三学のことが三心といわれ，維摩経仏国品では，直心・深心・菩提心(大乗心)の三心が列挙され，『大乗起信論』では，*真如の法を正しく念ずる直心，一切の善行を集めるよう願う深心，衆生の苦を除かんと欲する大悲心という三心が述べられ，金光明経では，*凡夫の除き難い心として，起事心・依根本心・根本心の三心が説明されているが，最も流布した重要なものとしては，*観無量寿経で説く至誠心・深心・廻向発願心の三心で，浄土に*往生するために起すべき3種の心のことである．

浄土教の展開は，いわばこの経文を深く読みこむことによって起ったとも言いうるので，この三心の解釈は一様ではないが，*善導は，〈至誠心〉を真実の心，〈深心〉を*深信の心(7種ある深信の第1は，自身が罪悪生死の凡夫で救い難き存在であることを深く信じること，第2は，それにもかかわらず阿弥陀仏は*四十八願によって衆生を救い往生させてくれることを深く信じることである．この二つを〈二種深信〉として特に重要視している)，〈廻向発願心〉を一切善根を*廻向して往生しようと願うことと解した．また*親鸞は，無量寿経の*第十八願における至心・信楽・欲生の*三信を観無量寿経の三心にあて，特に*信楽を重視した．

「三心まちまちにわかれたりといへども，要をとり詮をえらびてこれをいへば，深心ひとつにをさまれり」〔三部経大意〕

三信 さんしん 無量寿経の*第十八願に説かれる〈至心〉〈*信楽〉〈欲生〉の3種の信心．浄土に往生するための真因たる信心を三つに開いたものである．*親鸞は，*阿弥陀仏の真実心(至心，至徳の尊号)，*本願を疑いなく信じる心(信楽)，必ず浄土に生まれよと呼びかける心(欲生，召喚の勅命)の三心(さんしん)は，いずれも本願力によって*廻向(えこう)された絶対*他力の信心に他ならず，〈三心即一(さんしんそくいつ)〉の信心であるとした．*法然(ほうねん)はこの3種の心を〈三心〉と呼び，観無量寿経の上品上生に説く三心(至誠心(しじょうしん)・深心(じんしん)・廻向発願心(えこうほつがんしん))と同一のものとして対応させて解釈しているが，親鸞は無量寿経に説かれる3種の信心を〈本願の三心〉，もしくは〈三信〉と呼び，顕説のうえでは観経の三心とは区別しつつ，隠意においては観経の三心も無量寿経の三信に通じるものとする．「観経の三心往生を按ずれば是れ即ち諸機自力各別の三心なり，大経の三信に帰せんが為なり」〔愚禿鈔〕．→三心，至心信楽．

三身 さんじん　ブッダ(*仏陀(ぶっだ))の三つの身体．*大乗仏教で説かれる*法身(ほっしん)・*報身(ほうじん)・*応身(おうじん)のこと．〈法身〉(dharma-kāya)は，*真理(*法)の身体の意味で，永遠不変の真理(*真如(しんにょ))の当体をさし，法仏(ほうぶつ)・法身仏(ほっしんぶつ)・法性身(ほっしょうしん)・自性身(じしょうしん)・如如仏(にょにょぶつ)・如如身(にょにょしん)・実仏(じつぶつ)・第一身(だいいっしん)とも，また真身(しんじん)とも呼ばれる．〈応身〉(nirmāṇa-kāya)は，さまざまな*衆生(しゅじょう)の救済のために，それらに応じて現れる身体で，応仏(おうぶつ)・応身仏(おうじんぶつ)・応化身(おうげしん)などとも呼ばれる．〈報身〉(saṃbhoga-kāya)は，*仏となるための因としての*行(ぎょう)を積み，その報いとしての完全な*功徳(くどく)を備えた仏身である．

〈法身〉は絶対的真理そのものをさし，永遠不滅ではあるが人格性を持たないものであり，〈応身〉は歴史的世界に現れたブッダの身体であって，人格性を持つものではあるが*無常な存在であるのに対して，〈報身〉はその両者を統合した仏身である．それは，衆生済度の願いと実践を重ねることによって報われた功徳(因行果徳(いんぎょうかとく))を持つ身体であり，真理の生きた姿であるとされる．三身説にはこの他，〈法身〉〈応身〉〈*化身(けしん)〉，〈法身〉〈解脱身(げだつしん)〉〈化身〉，〈自性身(じしょうしん)〉〈*受用身(じゅゆうしん)〉〈変化身(へんげしん)〉などがある．

歴史的に見れば中期大乗仏教(4世紀)までは法身(永遠身)と色身(しきしん)(rūpa-kāya，現実身)の〈二身説〉で来たが，4世紀から5世紀にかけて永遠相(本質界)と現実相(現象界)の関係づけないし統一が問題となり，それが仏身論に及んで法身と色身(応身)を統一したものとして報身が立てられ，〈三身説〉となったと考えられる．中国から日本にかけては，三身のうちのどれを表(おもて)に立てるかで論議がおこる．→仏身，仏陀崇拝．

「阿弥陀仏は，まづ三身の功徳具し給へり」〔法華百座聞7.11〕

散心 さんじん　⇒定心・散心(じょうしん・さんじん)

三途 さんず　〈三塗〉とも書く．*地獄・*餓鬼・*畜生の〈三悪道〉〈*三悪趣(さんあくしゅ)〉のことで，地獄は火に焼かれることから〈火途(かず)〉，畜生は互いに相食(は)むことから〈血途(けちず)〉，餓鬼は刀で責められることから〈刀途(とうず)〉といい，合わせて*火血刀(かけつとう)の三途とも称する．

〈三途の川〉は死者が冥界に入るまえに渡るとされる川の名．これを説く地蔵十王経は中国に始まり，日本で敷衍された*偽経で，三途の川の観念は仏教本来のものではない．別名に〈葬頭河(そうずか)〉や〈三瀬川(みつせがわ)〉〈三つの渡り〉があるが，三瀬川は歌語としても用いられた．川辺には*奪衣婆(だつえば)がいて死者の衣をはぎ，懸衣翁(けんえおう)がそれを*衣領樹(えりょうじゅ)の枝にかける．この情景は，平安中期以後の文学や六道絵などに散見する．ギリシア神話のアケローン川と渡し守カローンの観念に似るところがある．→六道，十王経．

「世の人は子によりてもろもろの罪を造る．三途に堕ちて永く苦しびを受く」〔三宝絵下〕「三瀬川渡る水棹(みさを)もなかりけり何に衣(ころも)を脱ぎて掛くらん」〔拾遺和歌集9〕

サンスクリット [Sanskrit]　元来「完成された」という意味をもつ動詞過去分詞saṃskṛtaに由来する．文典家の規定する文法の細則に則って「完成，洗練された」言語を意味する．インド-ヨーロッパ語に淵源する古代インドの言語．その最古層は〈ヴェーダ語〉と称せられ区別されることもあるが，*ヴェーダ聖典がこの言語(広義のサンスクリット)によって伝えられるほか，*ヒンドゥー教の文学・哲学・宗教，特殊科学の文献，後期*大乗仏教や*ジャイナ教の論書もこの言語(サンスクリット)によって綴られている．その量は膨大で，一言語の伝えた文献の量ではサンスクリット語の右に出るものはないと称せられる．ヴェーダ語にあっては，言語使用は比較的自由であったが，パーニニ(Pāṇini，前4世紀?)以下の文典家の出現以後固定化し，紀元前既に文章語・教養語・雅語となり，俗語・方言の類(プラークリット語)よりこれを区別した．

ヴェーダ語はアクセントを有していたが，古典期には廃れた．名詞は多数の子音，母音語幹が3性(男・中・女)，3数(単・双・複)，8格に変化し，動詞は現在語幹に10種を数え，直接法・可能法・命令法の3法，能動・中間・受動の3態，複雑な時制(過去・未来・現在)の下に活用する．合成造語法に著しい発展をみせ，語彙も極めて豊富で，分野ごとに多くの特殊術語を擁している．→付録(サンスクリット語の手引き)，パーリ語，プラークリット，仏教梵語，梵語，梵字．

サンスクリット写本 ―しゃほん [Sanskrit manuscripts] 北伝の*阿含経典をふくむ，主に*大乗仏教系の経典や論書の原典を伝承する写本．インドおよびその周辺地域(中央アジアを含む)で作成され，筆写・伝承されたもの．使用言語は*サンスクリットを中心とするが，俗語や方言の類を使用したり部分的に交えるものもあり，また文字表記にも時代や地域による変遷が見られる．これらの写本の一部はチベットや中国にも請来され，中国からさらに日本に伝えられた写本もある．

仏教がインドで衰退してからは，ネパールを中心に，中央アジア，ギルギット，さらにはまたチベットの一部の寺院から断片をふくむ多くの写本が発見され，仏教研究に大きく寄与した．また近年ではアフガニスタンの*バーミヤーン郊外から大量の仏教写本が発見され，注目を集めている．カローシュティー文字による筆写本も少なくないこれらの写本は，紀元後1世紀にも遡ると推定される古写本をふくむ貴重なもので，すでにその研究成果が公開されつつある．またこれらとは別に，20世紀以降になると，写本そのものの入手ではなく，現地で写真撮影された写本がマイクロ-フィルムやフィッシュなどのかたちで保存され，目録出版と併せて，広く研究者の利用に供される機会もふえている．

三世 さんぜ [*s*: tryadhvan, traiyadhvika, traikālya] 過去(atīta)，現在(pratyutpanna)，未来(anāgata)．〈過・現・未〉〈過・未・現〉と略すこともあり，〈三際〉というのも同じ．原語はいずれも動詞の過去分詞で，〈過去〉は*法がすでに過ぎ去った状態，〈現在〉は現に生起している状態，〈未来〉はいまだ起こって来ない状態をいい，またそれぞれの状態にある法そのものを示す．〈世〉(adhvan)は，〈世路〉とも漢訳されるように道の意で，法が経過する時間的過程．この表し方からも察せられるように，三世の区分はあくまで移り変わってゆく現象・存在としての法に視点を置いたもので，実体的あるいは抽象的概念としての時間をいうものではない．概念としての時間はむしろ，*五位七十五法のなかで法の変化の様相を表す抽象的原理(不相応行)として立てられた〈生・住・異・滅〉の*四相，および法がこの四相を瞬間ごとにくり返し生滅しているとする〈*刹那滅〉に近い．部派仏教では，三世のうちとくに過去と未来のあり方をめぐり，三世すべてにわたり法が本体を保持して実在する(*三世実有・法体恒有)と説く*説一切有部と，法は現在のみ実在し過去・未来には存在しない(*現在有体・過未無体)とする*経量部などが対立した．

なお〈三世因果〉というのは，過去・現在・未来にわたって*因果の関係がつながっていること．また，生まれる前にあった一生を〈*前世〉，現在の生涯を〈現世〉，死後の生涯を〈*来世〉と呼び，それを〈三世〉ということもある．→時間．

「三世諸仏の説法の儀式もかくやと，歓喜の涙留めがたし」〔栄花音楽〕「奉る蓮の上のつゆばかりこころざしをもみよ(三世)の仏に」〔古本説話集上〕

三世実有・法体恒有 さんぜじつう・ほったいごうう 〈*法〉の本体は過去・現在・未来の*三世にわたって実在するという意．部派仏教の有力学派である*説一切有部(有部)の主要な教義で，同学派の名称の由来にもなっている．

有部は法印の一つである〈*諸行無常〉を，法が瞬間ごとに生起・存続・変化・消滅の4つの様相を経ながら生滅をくり返すとする*刹那滅によって解釈する．法は刹那滅のものとして*無常であるが，アビダルマ(*阿毘達磨)では法を現象的実在とみなすので，法の本体や本質(*自性)はいかなる瞬間にも存在しているとされる．一方で，過去になされた善悪*業が未来に必ずその*果報を引き起すこと，また過去や未来のことを対象として認識が起ることを説明するには，これらの事象の*因果関係を成立させるべく，過去・未来の法も何らかのかたちで有ることが要請される．すなわち，時間的経過として，法はいまだ生起あるいは作用を終えていない状態である未来から，*因縁によって引き出されその瞬間においてのみ認識される現在へ至り，そして直後の瞬間に生起あるいは作用を終えて過去のものになる，と考えるが，有部はこの経過における過去・未来の法もまた，現在の法と同様にその自己同一を保って実在する，と主張したのである．ただし，ここで〈実有〉〈恒有〉といわれる法の本体は，あくまで森羅万象を構成する要素としてのものであり，〈*無我〉説には抵触しないとする．

これに対し，4世紀ごろ起った*経量部が〈*現在有体・過未無体〉説を唱え，また大乗仏教も*諸法は*空であると主張し，この説に反対した．

散善 さんぜん ⇒定善・散善

三千院 さんぜんいん 京都市左京区大原来迎院町にある天台宗の寺．山号は魚山．もと〈円融房〉〈円徳院〉〈梨本御坊〉〈梶井宮門跡〉などと呼ばれていた．*青蓮院・*妙法院と共に*延暦寺三*門跡の一つ．788年(延暦7)*最澄が*比叡山東塔南谷の梨の大樹の下に一宇を建立したのに始まると伝える．1130年(大治5)堀河天皇の第2皇子最雲法親王(1104–62)が入寺してより門跡寺院となり，1156年(保元1)には大原の魚山一帯にあった大原寺(来迎院・勝林院などの総称)を末寺とし，現在の地に円融房の政所を置いた．鎌倉時代以降，本坊は近江(滋賀県)坂本，京都船岡山などを転々とし，応仁の乱(1467–77)後は大原の現在地に移り，1871年(明治4)極楽寺を加えて寺名を〈三千院〉と改めた．

平安末期以降，天台の*声明音律(大原流声明)を統轄し，江戸時代には1060石の寺領を有した．声明にちなんで名づけた呂川と律川を左右に従えた景勝の地として著名．本堂の〈往生極楽院〉は高松中納言実衡の妻真如房尼が亡夫の*菩提をとむらうために1148年(久安4)頃に建立した*阿弥陀堂で，*来迎形式の阿弥陀三尊像(1148)を安置する．

三千大千世界 さんぜんだいせんせかい 古代インド人の世界観による全宇宙．*須弥山を中心としてその周囲に*四大洲があり，そのまわりに*九山八海がある．これがわれわれの住む〈一須弥世界〉で，上は*色界の初禅天から，下は大地の下の*風輪にまで及ぶ範囲をさす．この一つの世界を1000集めたのを〈小千世界〉という．さらにこの小千世界を1000集めた世界を〈中千世界〉といい，中千世界をさらに1000集めたものを〈大千世界〉という．この大千世界は，大・中・小の3種の千世界から成るので〈三千大千世界〉(三つの千世界から成る大千世界)，略して〈三千世界〉〈三千界〉とも呼ばれる．したがって三千大千世界は1000の3乗，10億の須弥世界から成り，これが一仏の教化する範囲であるといわれる．

「大きに光明を放ちて，普く三千大千世界を照らし給ふ」〔今昔1-2〕「六方恒沙のもろもろの仏，舌をのべて三千界におほひて，これ実なりと証明し給ふ」〔発心集6〕

三蔵 さんぞう [*s*: tri-piṭaka, *p*: ti-piṭaka] *経蔵(Sutta-piṭaka)，*律蔵(Vinaya-piṭaka)，論蔵(Abhidhamma-piṭaka)の三つをいう．仏教の典籍を総称したもの．〈蔵〉のサンスクリット原語 piṭaka は〈かご〉という意味であるが，ここでは単に容物だけでなく，そこに収められた内容をも含めていう．すなわち，〈*経〉という範疇に分類されその中に含まれる典籍が〈経蔵〉ということになる．〈律蔵〉〈論蔵〉も同様である．古代インドでは，仏教の典籍はおおむねこの三つに分類されたが，中にはこの三つには収めきれないで，四蔵や五蔵を立てた部派もあった．また中国では，この分類法がかならずしも適切ではなかったこともあって，仏教典籍を総称して〈*大蔵経〉あるいは〈*一切経〉と呼ぶようにもなった．なお，〈三蔵に精通した人〉の意でこの語が用いられることもある．〈玄奘三蔵〉などと使われるのがそれである．「三歳を綿歴するに，学三蔵を通じ，三界の欲を断じ，三明の智を得」〔正法眼蔵行持上〕「三蔵たちこれを訳して唐土にひろめ，本朝へ伝へたまふ」〔黒谷上人語灯録 11〕．→経律論，三蔵法師．

三蔵教 さんぞうきょう　天台教学の化法四教のうちの第一で〈蔵教〉ともいい，*小乗教をさす．釈尊の滅後，*摩訶迦葉などが経・律・論の三蔵を*結集（編纂）して小乗の教理を収めたので，小乗の三蔵教という．三蔵教は，析空観によって空諦を観察するが，これは空の一面のみを知って，不空の反面を知らないので但空の道理といわれる．「言ふ所の初めとは，これ三蔵教の，界内の事を縁とする菩提心なり」〔往生要集大文第 4〕．→五時八教．

三草二木 さんそうにもく　法華経薬草喩品には種類の異なる草木が，同一の雨にあたって平等に潤いを受け，その大小に従って成長する譬喩が説かれている．〈三草二木喩〉あるいは〈薬草喩〉といい，*法華七喩の一つ．衆生たちに能力素質の相違はあっても，仏の*説法は平等にかれらを潤し，ついには真実の世界たる一仏乗（*一乗）に到らしめることを喩える．法雨を受ける衆生や教えを三草（小・中・大草）と二木（小・大樹）に配するのには，さまざまな見解がある．「釈迦の御法はただ一つ，一味の雨にぞ似たりける．三草二木はしなじなに，花咲き実なるぞあはれなる」〔梁塵 79〕

三蔵法師 さんぞうほうし　〈さんぞうほっし〉とも読む．*経律論に通暁した僧を〈三蔵師〉（*p*: tepiṭaka）と通称したことはインドでも既に行われた．中国でもこれにならったが，三蔵法師の通称は，*『出三蔵記集』14 の「求那跋摩・僧伽跋摩伝」にみえるのが嚆矢で，南朝宋（420–479）時代のこと．その後，三蔵の称は一般化し，特に北周（556–581）では昭玄三蔵・周国三蔵など僧官の称にも用いられたが，三蔵法師は〈三蔵律師〉〈三蔵禅師〉などと共に，出身地名を付し，渡来訳経僧のうち高僧の尊称として*『歴代三宝紀』以後に頻出する．8 世紀末には，これが中国訳経高僧に対しても敷衍され，さらに以前にも遡って用いられるようになった．なかでも有名なのは*玄奘で，〈三蔵法師〉といえば玄奘のことを指す場合も多い．なお経録に「罽賓三蔵法師（律師，禅師）何某」とあるが，「罽賓三蔵である法師（律師，禅師）何某」とも読みうる．→三蔵．

三尊 さんぞん　仏教寺院で堂に仏像を祀る場合，しばしば中央の仏像（多くの場合*如来）の左右に，*脇侍の*菩薩などの像を並べて三尊を形成する．釈迦如来を*中尊として文殊・普賢，あるいは薬王・薬上の 2 菩薩を脇侍とする〈釈迦三尊〉，薬師如来と日光・月光両菩薩の〈薬師三尊〉，阿弥陀如来と観世音・勢至両菩薩の〈阿弥陀三尊〉などが普通に見られるものであるが，脇侍は菩薩に限らず，*梵天・*帝釈天あるいは*執金剛神などの*護法善神や，*摩訶迦葉や*阿難などの仏弟子の場合もあり，それぞれの典拠によって尊名などの異同が多い．なお，用法としては仏法僧の*三宝を〈三尊〉とよぶほうが古い（長阿含経 2 など）．空海も*『性霊集』で三尊を三宝と同義に用いている．

「東山辺に堂を造りて，阿弥陀の三尊を安置す」〔発心集 7〕「謹むで麁飯を設けて三尊に供献す」〔性霊集 7〕

三大 さんだい　*大乗の*法体は人間の心に他ならないということから，心の本体（体），すがた（相），はたらき（用）を合わせて〈三大〉という．*『大乗起信論』によれば，心の実体は普遍平等・広大無辺の*真如であるから〈体大〉，その根底に無限の*功徳を*如来蔵として備えているから〈相大〉，その功徳によって善行を積んで善果を得，*解脱に到らせるはたらきを持つので〈用大〉という．また，三大阿僧祇劫の略．→相，体用．

三諦 さんだい　〈さんたい〉とも読む．天台*智顗が*『中論』観四諦品の三諦偈（「因縁もて生ずる所の法，我は即ち是れ空なりと説き，亦た名づけて仮名と為し，亦た中道義と名づく」）に基づき，三観思想によって展開させた空仮中の三諦をいう．あらゆる存在は実体のない*空であるとする否定面の〈空諦〉，実体はないが*縁起による仮の存在とみなす肯定面の〈仮諦〉，空諦・仮諦のいずれにも偏せず，高次に統合した真理である〈中諦〉（中道第一義諦）をいう．*別教では，空と仮の二辺（二つの極端）を超絶したところに中諦を観察するので，三諦が統合されず各別である〈*隔歴三諦〉を説き，*円教では，三諦が互いに*円融している〈円融三諦〉を説く．「天台には空・仮・中の三諦，性・縁・了の三法義」〔三部経大意〕「三諦は一諦にして，三にあらず一にあらず，しかも三，しかも一にして，不可思議なり．三はおのおの三を具して，倶体倶用なり」〔天台法華宗牛頭法門要纂〕．→三観．

三大秘法 さんだいひほう　*日蓮が説き示した，*末法の衆生救済のための三つの重要な*法門．略して〈三秘〉ともいう．本門の*本尊・本門の*戒壇・本門の*題目を指す．「三大秘法」という言葉は，真偽両説がある『三大秘法抄』だけにみられるものであり，確実な遺文では「本門三法門」などと表現される．〈本門の本尊〉とは，題目の5字を中心に釈迦・多宝が並坐し，地涌の四菩薩(*地涌の菩薩)が脇侍となるもので，これを紙上に図顕したものが日蓮独自の大曼荼羅本尊(*十界曼荼羅)である．〈本門の戒壇〉については日蓮は具体的な説明は行わないが，『三大秘法抄』では最勝の地を選んで建立すべしとする．後世になると，戒壇を富士や身延といった特定の地と結びつける主張も現れる．〈本門の題目〉は，*久遠実成の釈尊の修行と悟りの功徳がすべて収められた，末法に修すべき唯一の*法としての題目をいう．→本門．

讃歎 さんだん　仏の徳を讃えること．世親の〈*五念門〉では，浄土往生のための礼拝・讃歎・作願・観察・廻向の五行の第二に，また善導の〈五正行〉(→正行・雑行)では，*阿弥陀仏に対する正しい行いを示す読誦・観察・礼拝・称名・讃歎供養の五行の第五にあげる．諸々の経典には「歌唄讃歎」「歌詠讃歎」などという語として散見され，偈頌(→偈)などによってこれを行うことが説かれる．音楽的行為を*戒律で禁じた原始仏教においても，*伽陀(gāthā)と呼ばれる仏を讃える歌頌が存在し，大乗仏教では種々の*声明(仏教声楽)を積極的に法会の中に取り入れた．

仏教の伝来とともに，本邦においても様々な形態の声明が唱えられることとなったが，その中に〈讃歎〉と称する和語の仏教讃歌が見られる．和文の声明で，曲調は*讃に等しいが，歌体は一致せず，*和讃以前の古い讃歎歌をいう．「法華経ヲ我ガエシコトハ薪コリ」で有名な『法華讃歎』(伝*光明皇后または*行基作)〔三宝絵〕や『百石讃歎』(伝行基作)〔三宝絵〕，*仏足石歌などがこれにあたる．また，讃歎から和讃へと転ずる間に『舎利讃歎』(伝*円仁作)が位置づけられる．和語による仏讃歌には，讃歎・訓伽陀・*教化・和讃があるが，短歌体の讃歎歌であることが，同じ和語讃歎である七五整形からなる平安中期以降に盛行した和讃とは異なる．讃歎は，寺家方に伝わるバリアントに末句を繰り返す型のものが認められることからも，奈良時代の南都寺院の奉献歌などに見られるような仏前*諷誦の和歌などから派生し，法会の奉讃供養のために制作された*歌謡とみられる．

三智 さんち　大品般若経三慧品などに説く，*一切智・道種智・一切種智の3種の*智慧．このうち〈一切智〉は，一切の事象を総体相としてとらえ，それらが等しく*空であり*一相であると知る智慧で，*声聞・辟支仏(*縁覚)の智．〈道種智〉は，種々の衆生を教化・救済するために，真理を種々の*差別相に即して知り尽くす智慧で，*菩薩の智．〈一切種智〉は，一切の事象・真理を総体相に即しつつ，個別相においてすべて知り尽くす智慧で，*仏の智とされる〔また，大智度論27〕．なお天台宗では，この〈三智〉を*菩薩瓔珞本業経賢聖学観品に基づく空観・仮観・中道観の〈*三観〉に配し，三観を因，三智を果と位置づけ，さらに*別教では三智はそれぞれ順次に得られるが，*円教では三智が前後の区別なく仏の*一心に備わると説く〔観音玄義下〕．「摩醯の三目は三智を示してしかも清浄なり」〔守護国界章上の下〕

サーンチー [Sāñcī, Sanchi]　インド，マディヤ-プラデーシュ州，ヴィディシャー近郊の丘陵上に，3基の仏塔を中心として，各時代にわたる多数の堂塔伽藍の遺構が現存している．第1塔はアショーカ王(*阿育王)時代の創建であり，前2世紀に増広され，現形のような切石積みとなった．古代初期の仏塔の形をほぼ完全に残す最古の例である．2重の*欄楯と4基の塔門を備え，塔門には*仏伝や*ジャータカをモティーフとした浮彫がなされている．塔門は前1世紀後半の造立である．第2塔にはサーンチー地方の*長老の遺骨が分骨して合祀されている．遺骨を納めた*舎利容器には，仏教史上で著名なモッガリプッタ-ティッサや，*雪山地方への伝道師の名前が銘刻されている．第3塔には仏陀の十大弟子中の*舎利弗と*目連の遺骨が分骨して合祀されている．

第40寺院は前方後円形プランによる原初的な例で，前方後円形の内壁と，内側が前方後円形で外側が長方形をした外壁の基礎のみを残して焼失し，シュンガ王朝期(前180–68頃)に柱脚の上に柱のある広間が建立された．第18祠堂(*チャイティヤ)はシュンガ王朝期頃の創建で，前方後円形身廊の基礎の上に，7世紀に後陣と列柱が設けられた．また第17寺院は*グプタ王朝期の建立であり，第45僧院は11世紀までも建立活動が継続したことを示している．

丘の麓に建つ考古博物館にはアショーカ石柱の獅子柱頭，*マトゥラーから運ばれた仏・菩薩像や，樹神信仰を示すヤクシー(夜叉女)像，ナーガ(竜神)信仰を表すナーガ像などが現存している．→付録(塔1)．

三天 さんてん　*ヒンドゥー教における*梵天(ブラフマー神)，韋紐天(*ヴィシュヌ神)，*自在天(*シヴァ神)の三天．同教の神話には，ブラフマー神が世界を創造し，ヴィシュヌ神がそれを維持し，シヴァ神が破壊するという意味で，〈*一体三神〉(tri-mūrti)説もみられる．*道教では，根源の*道から最初に派生する太清(大赤)・上清(禹余)・玉清(清微)の三天をいう．

三転 さんてん　三たび転ずるの意．〈転〉は仏教では，教えを〈輪〉(車輪またはインド古代の武器)にたとえて*法輪といい，教えを説くことを*転法輪(法輪を転ずる)という．三転は〈三転法輪〉〈三転十二行相〉ともいう．苦諦・集諦・滅諦・道諦の*四諦について，示・勧・証の3段階にわたって説くこと．〈示〉は，これこそ苦であるなどと四諦をそれぞれ示すこと．〈勧〉は，苦は知るべきものであるなどと四諦の修行を勧めること．〈証〉は，私はすでに苦を知ったなどと仏が自分について四諦を証したことを明らかにすること．また示・勧・証の3段階を，それぞれ見道・修道・無学道の*三道に対応させる説もある．

『参天台五台山記』 さんてんだいごだいさんき　*成尋著．8巻．紀行．成尋が老齢で入宋を志し，62歳の1072年(延久4)3月15日，一行8人で壁島(佐賀県呼子町加部島)を出帆し，4月13日杭州に着いてから，*天台山・杭州・蘇州・汴京(開封)・*五台山を巡歴し，汴京の大平興国寺での見聞その他を記した，1年3カ月にわたる日録．全盛期の北宋の政治・社会・経済・文化の事情を知る貴重な資料で，仏教事情・寺院行事・朝廷内の修法はじめ，水陸交通の里程はきわめて正確で，日用品の物価，食事の献立に至るまで詳細に記録されている．なお，この成尋の老母が入宋するわが子との別離を悲しみ，思いのたけを綴った日記的家集が『成尋阿闍梨母集』である．

三土 さんど　*仏土(*仏国土)を3種に立てたもの．〈法性土〉〈*報土〉〈*化土〉の3種をいう．これは*仏身を法性身・報身・化身の3種に分けるのに対応したものである．*唯識説では，〈法性土〉〈受用土〉〈変化土〉という．親鸞は*『愚禿鈔』で，仏について法身・報身・応身・化身の4種を立て，これに伴って仏土も法身土・報身土・応身土・化身土の4種に分けている．また報土について，弥陀・釈迦・十方(諸仏)の3報土をあげている．

三塔 さんとう　天台宗総本山，比叡山*延暦寺を構成する三つの境域，すなわち東塔・西塔・横川をいう．東塔・西塔は，*最澄が818年(弘仁9)に構想した六所宝塔(安東上野宝塔院・安南豊前宝塔院・安西筑前宝塔院・安北下野宝塔院・安中山城宝塔院・安総近江宝塔院)のうち，安総の東塔院，安中の西塔院に由来する．横川は829年(天長6)に*円仁が隠棲して開き，954年(天暦8)に*良源が首楞厳院を建てて充実．比叡山参拝者はこの三塔をくまなく巡ることが多く，これを〈三塔巡礼〉と称し，14,5世紀頃から巡礼修行記など案内記録もできている．*回峰行では必ず三塔を巡拝する．「三男多田の法眼とて，山法師にて，三塔第一の悪僧なり」〔曾我1.惟喬惟仁〕「衆僧一両輩物語のついで，叡山三塔秘

密の順礼の望みを申しあへり」〔三塔巡礼記〕

三道 さんどう　衆生(しゅじょう)が生死輪廻(しょうじりんね)を無限の過去より未来にわたり続けて行くあり方を示したもの．人間存在の苦悩の根源である*煩悩(ぼんのう)を〈惑道(わくどう)〉，その煩悩に基づいて起こる*身(しん)口(く)意(い)の行いを〈*業道(ごうどう)〉，煩悩と*業とにより*三界・*六道を流転する苦悩を〈苦道(くどう)〉という．〈*惑業苦〉〈輪廻三道〉〈*三輪〉などともいう．また，修行の階梯である*見道(けんどう)・*修道(しゅどう)・無学道(→有学(うがく)・無学)をも〈三道〉といい，さらに*地獄・*餓鬼(がき)・*畜生の三悪道(*三悪趣)をも略して〈三道〉という．なお，仏像の首(くび)に刻まれた3本の皺(しわ)も〈三道〉といい，1本または2本の場合もある．「されば我等が一切衆生の身の中の煩悩・業・苦の三道，これも仏の法身・般若・解脱の三徳なり」〔真如観〕

『参同契』 さんどうかい　唐代の石頭希遷(せきとうきせん)(700–790)禅師の代表的な著作で，5言44句220字からなる長篇の古詩．1巻．著者は僧肇(そうじょう)の*『肇論』を見て省悟する所あり，題名は道士魏伯陽(ぎはくよう)の同名の書から採り，当時の禅宗南北両宗の論争を調停し時弊を救おうとして述作されたと考えられる．その要旨は，法はちらばり入り組んでいて(交「参」)果てしないが，本来，全く一致して(「同契」)融通し合っているという意味を明らかにしたもので，森羅万象の差別の現象と平等一如の*実相とが，*相即(そうそく)*円融(えんゆう)する理を述べ，宇宙の体(たい)・相(そう)・用(ゆう)，*三大(さんだい)の旨を明らかにしており，禅宗の宇宙観を示したものといえる．曹洞宗では宗要を説いた聖典として非常に重視し，朝夕*諷誦(ふじゅ)する．その注釈書は日本・中国において古今にわたり，極めて多く著された．

三徳 さんとく　仏に具わる3種の徳．すべてを見透す〈智徳〉，*煩悩(ぼんのう)を滅し尽くす〈断徳〉，衆生救済のために恵みを施す〈恩徳〉．*『仏性論』巻2，『摂(しょう)大乗論釈』巻14などに説く．また，大*涅槃(ねはん)に具わる3種の徳．仏の本体は*常住(じょうじゅう)不滅の*法性(ほっしょう)を身にするという〈法身(ほっしん)徳〉，ものごとをあるがままに覚知する〈般若(はんにゃ)徳〉，一切の繋縛(けばく)を離れ*自在である〈解脱(げだつ)徳〉．*涅槃経巻2などに説く．なお，*サーンキヤ学派においては，原質(*プラクリティ)の開展を通じてはたらくサットヴァ(純質)，ラジャス(激質)，タマス(翳質(えいしつ))の三つの構成要素をいう．『金七十論』巻上に説く．「我等が一切衆生の身の中の煩悩・業・苦の三道，これも仏の法身・般若・解脱の三徳なり」〔真如観〕「三諦を悟り，三徳を備へ給へる弥陀なれば」〔沙石集4-1〕

三毒 さんどく　衆生(しゅじょう)の善心を害する，もっとも根本的な3種の煩悩(ぼんのう)を毒にたとえたもの．教学用語としては〈三不善根〉と呼ばれ，また垢(けが)れにたとえて〈三垢(さんく)〉ともいう．*貪欲(とんよく)(むさぼり)，〈*瞋恚(しんい)〉(いかり)，〈*愚癡(ぐち)〉(愚かさ，無知)の三つで，略して〈貪瞋癡(とんじんち)〉という．「世間の名利名聞と，三毒十悪をば恐れ憚(はばか)らず」〔沙石集6-10〕．→煩悩．

三会 さんね　〈さんえ〉とも読む．衆生*済度(さいど)のための3回の大法会．特に*竜華三会(りゅうげさんね)として知られる．〈竜華三会〉とは，*当来(とうらい)仏の*弥勒菩薩(みろくぼさつ)が，56億7千万年の後，*兜率天(とそつてん)より地上に下って，華林園中の竜華樹のもとで3回の法会を開き，数多くの人々を救うことをいう．この時を，竜華三会の時，竜華会の朝，竜華下生の暁，などという．わが国でも，*阿弥陀(あみだ)信仰と並んで弥勒仏信仰が広く信じられていた．

なお，興福寺の*維摩会(ゆいまえ)，宮中大極殿の*御斎会(ごさいえ)(一説に興福寺の*法華会(ほっけえ))，薬師寺の*最勝会(さいしょうえ)を〈南京(なんきょう)三会〉(南都三会)といい，円宗寺の法華会・最勝会，法勝寺の*大乗会(だいじょうえ)の天台三大法会を〈北京(ほっきょう)三会〉という．

「今は当来弥勒の三会の暁疑はず」〔梁塵164〕「南京の法師，三会講師しつれば已講(いこう)となづけて」〔大鏡道長．上〕

三衣 さんね［s: tri-cīvara］〈さんえ〉とも読む．出家の*比丘(びく)が個人所有を許されていた3種の衣(ころも)．1)僧伽梨(そうぎゃり)(saṅghāṭī，大衣(だいえ)・重衣(じゅうえ))は，*説法・*托鉢(たくはつ)・村落に赴く際に着用したところから，説法衣・乞食衣(こつじきえ)・入聚落衣(にゅうじゅらくえ)などとも呼ばれる．2)鬱多羅僧(うったらそう)(uttarāsaṅga，上衣(じょうえ)・上著衣(じょうちゃくえ))は，上着．3)安陀会(あんだえ)(antaravāsaka，内衣(ないえ)・下衣(げえ)・中宿衣(ちゅうしゅくえ))は，最も下に着ける下着を指した．

三衣作製の方法については，長方形の長短

の布片を縫い合わせ，*五条・*七条・*九条などに仕立てる裁断・縫製，および布片を*壊色(dubbaṇṇa，悪しき色)に染色する定めなど*戒律に規定がみられるが，異説も多い．中国・日本では，安陀会を五条，鬱多羅僧を七条，僧伽梨を*九品に分けて九条より二十五条までとするが，これは後世の変遷である．条数も各律に奇数と定めるが，理由は分明ではない．

なお*比丘尼には三衣に加えて腋・胸部を覆う〈覆肩衣〉(saṅkakṣikā，僧祇支)と〈水浴衣〉(udakaśāṭikā，厥修羅 kusūlaka：下裙)の二衣の所持が許された．ただし比丘尼の二衣については各律により異同が多い．三衣以外の余分の衣を〈長衣〉と呼び，10日以上これを所持することは，たとえ保管を依頼されたものでも禁じられた．南伝仏教の比丘は，今日でもサフラン色の三衣，チベット僧は臙脂色(紫がかった赤褐色)の衣のみを用いる．また，この三衣を収納し，他行の際などに持ち運ぶ箱を〈三衣(の)箱〉という．→袈裟．

「糞掃の麁き衣をもて衣服となして，三衣より外にまた衣服なし」〔法華験記 中 65〕「尼きと入り来たりて，僧正の傍らに置きたる三衣の筥を取りて逃げて行きければ」〔今昔 20-5〕

三衣一鉢 さんねいっぱつ　〈さんえいっぱち〉とも読む．*比丘が個人所有を許された〈僧伽梨〉(大衣)，〈鬱多羅僧〉(上衣)，〈安陀会〉(下衣)の3種の衣(*三衣)と，*托鉢の際に*布施(食物)を受ける1個の〈鉢〉(pātra，応量器・鉢盂)．出家修行僧は俗世間の欲望を断って，簡素な生活を送ることを原則としたから，私的所有物はこれらに〈坐具〉と〈水漉こし器〉を加えた*六物に限られていた．後に，弟子が師の教えを受け継ぐことを〈*衣鉢を継ぐ〉というようになった．「持するところのものは三衣一鉢，修するところのものは坐禅経行なり」〔拾遺往生伝 上 16〕

三熱 さんねつ　*竜(蛇形の鬼神で天竜*八部衆の一つ)の受ける三つの苦しみ．大楼炭経には〈三熱〉，長阿含経・世記経には〈三患〉とある．内容は，熱風熱沙に皮肉骨髄を焼かれる苦しみ，暴風が吹いて宝で飾られた衣服が奪われる苦しみ，宮中で楽しんでいるときに金翅鳥(*迦楼羅)が飛んできて食べられてしまう苦しみ，の三つの苦しみをいう．なお，この境界を一個の苦界と見立てたのが〈蛇道〉である．「もろもろの竜の衆は，三熱の苦を受けて昼夜に休むことなし」〔往生要集 大文第1〕．→蛇道．

山王神道 さんのうしんとう　山王神道とは，*比叡山に祀られた神祇の信仰・祭祀儀礼をいい，*神仏習合の天台神道である．〈山王〉とは，山麓にある日吉神社のことで，*本地は仏で，*垂迹・*権現して日吉神となったということから〈山王権現〉とも称される．『古事記』に「此の神(大山咋神)は近淡海国日枝山に坐し」とあるが，平安中期の記録に「天智7年(668)，大和国三輪に坐す神を比叡山に祀った」とあるのは信憑性がないらしい．次に藤原不比等の子武智麻呂(680-737)が社殿を造ったことが『懐風藻』(751)に記されている．

【山王三聖とその展開】*最澄のころから〈大比叡〉〈小比叡〉という称呼が行われ，天台の諸師に崇められてきたが，その神が*三輪明神と大山咋命とされるのは，大江匡房(1041-1111)撰という『扶桑明月集』のころからである．9世紀末の記録に〈山王三聖〉の語が見え，鎌倉時代に入ると，大比叡—三輪明神—大宮・法宿—釈迦，小比叡—大山咋命—二宮・華台—薬師，聖真子—八幡(または賀茂神)—阿弥陀，を〈山王三聖〉と称するようになった．そして次第に祭神が増加して〈山王七社〉，やがて〈山王二十一社〉となり，またそれぞれの小社87社を加え〈山王一百八社〉と称し，日本国中の主要な諸社を*勧請するにいたる．なお〈山王〉の名は唐の*天台山に祀られる山王元弼真君の名から取っている．

【教理】教理としては，1)天台の本迹思想が用いられ，一般にいう仏本神迹説や権現思想は山王神道に関するものが早い．2)山王の〈山〉は縦三横一，〈王〉は縦一横三の字画で，これは三権一実・*三諦即一・*一心三観の天台の奥義を示すものという．3)日吉三聖であるので，第一鳥居は*胎蔵界𑖀字門，第二鳥居は*金剛界𑖪𑖽字門，第三鳥居は*蘇悉地字門で，*台密の*三部を示す．この三門を通ることによって，衆生のもつ三重の*無明を消すことができるとされる．4)『山家要略記』などに山王神を*一字金輪仏頂の*種子（）で示しているが，これまた蘇悉地部の教理から出ている．

山王神道については『耀天記』(1223)，『山家要略記』，*『渓嵐拾葉集』などに詳説されているが，徳川時代の初め，*天海によって山王神道説が再形成され，〈山王〉と〈*一実〉とを結合して〈山王一実神道〉が立てられ，多くの神道書が作られ，また諸国に山王日枝神社が造られた．宗派的には，真言宗系の*両部神道と対比される．

『山王霊験記』 さんのうれいげんき　滋賀県大津市坂本に鎮座する日吉山王社（日吉大社）の*霊験譚を集めた説話集．鎌倉時代中期，日吉大社の祭神七社の神道説（*山王神道）をまとめた『耀天記』を先駆けとして，次々と生み出された山王霊験集の一つ．絵巻の体裁をとる伝本も多く，鎌倉時代末期以降，江戸時代に至るまで，広く享受された．最も古い1288年（弘安11）の奥書を持つ，静岡・日枝神社蔵1巻は日吉社の縁起を記すうちに，後二条師通が日吉山王の罰を受けて死んだため，母麗子が日枝社を分祠した事を伝える．また，もともと15巻であった久保惣記念美術館本2巻，頴川美術館本1巻，延暦寺本1巻，スペンサー-コレクション本1巻（15巻分の本文は妙法院蔵『山王絵詞』に見える）は，頼豪や忠快など延暦寺の僧伝に因んで山王の霊験が語られている．同系統の書に『山王絵詞』『日吉山王利生記』があり，『日吉山王利生記』内閣文庫本やイェール大本には絵も付されている．

三拝 さんぱい　三度*礼拝すること．三拝も二度礼拝する再拝もすでに中国古典に出る．三拝は，たとえば『儀礼』郷飲酒礼に「主人西南に面して衆賓に三拝す」とある．これを受けて中国仏教では三拝が行われるようになった．インドではもともと貴人に対し，また神聖なもの（たとえば聖火）に対して，右肩を向けて三たび廻って礼拝する（右遶三匝）という習俗があり，仏教でも行われていたので，中国古来の〈三拝〉と融合しやすかったと考えられる．*『釈氏要覧』によれば，これは身口意の*三業による敬意を示すものとされる．「施主，聖僧前にいたりて，焼一片香，拝三拝あり」〔正法眼蔵看経〕．→右遶．

三輩 さんぱい　3種に類別される人たちで，無量寿経は，*阿弥陀仏の浄土に*往生する人びとを，修行や徳行の浅深によって〈上輩〉〈中輩〉〈下輩〉に区別している．上輩とは，世俗を捨てて出家し，悟りを求めて一心に阿弥陀仏を念ずる人，中輩とは，出家せずに悟りを求める心を起し善を修める人，下輩とは，悟りを求める心を起すがただ阿弥陀仏を念ずる人をいい，いずれも阿弥陀仏の浄土へ生れることができる，と説いている．観無量寿経に説く*九品は，この三輩をさらに詳しく展開したもの．「これらの文によるに，三輩について三種の三心あり．また二種の往生あり」〔教行信証化身土〕

三部 さんぶ　*大日経，*蘇悉地経などに説く3種の尊格グループ．*如来・*仏を中心とする〈仏部〉，観音（*観世音菩薩）に代表される〈蓮華部〉，金剛手・*金剛薩埵から成る〈金剛部〉の三部で，俗に〈仏蓮金〉と称す．順に身密・口密・意密（*三密）を表す他，阿・娑・縛の3*種子で表現される．これらに財宝性の〈宝部〉，作業性の〈羯磨部〉が加わり，*金剛頂経系の〈五部〉を形成する．また，胎蔵法・金剛頂法・蘇悉地法を総称することもある．天台密教では蘇悉地法を両部*不二の最深秘法とする．

「両界三部の道，諸尊衆聖の儀は，これより我が土に弘まりぬ」〔本朝神仙伝〕「和尚灌頂壇に入れて，三部の大法を受けしむ」〔拾遺往生伝上3〕

三武一宗の法難 さんぶいっそうのほうなん　中国における4王朝の4人の皇帝による*廃仏を総称する語．仏教が中国社会で勢力を拡大させるにつれ，何度か国家権力による迫害をうけたが，なかでも，1)北魏の太武帝（在位423-452），2)北周の武帝（在位560-578），3)唐の武宗（在位840-846）の三武と，4)後周の世宗（在位954-959）の一宗，つまり〈三武一宗〉の治下における弾圧が激甚を極めたので，弾圧をうけた仏教側が，これらの廃仏を一括して〈三武一宗の法難〉と呼ぶ．これら4皇帝による廃仏の直後，何時も次の皇帝によって，人心収攬をも意図した仏教復興政策がとられたことと，第3回以外は，北中国のみが対象とされ，江南地方などには及ばなかった点は注意されねばならない．

1)の〈魏武の法難〉は，道教どうきょう皇帝ともいうべき太武帝により，446年から7年間も強行された．*雲岡石窟うんこうせっくつは，この直後の復仏事業の一環として開掘されたのである．2)の〈周武の法難〉は574年と577年の二度にわたり，道教も廃された．この法難の後に*末法まっぽう思想が流布し，それが原動力となって隋唐の仏教全盛を導きだした．3)の〈会昌かいしょうの廃仏〉は，会昌5年(845)に断行されたもので，道教徒の画策により西方伝来の*景教けいきょう・祆教けんきょう(→ゾロアスター教)・*マニ教の三夷教も禁圧された．4)の〈後周の法難〉は，955年におこった．今回は前3回とは異なり，国家財政の窮迫が主たる動機で，仏像・仏具は改鋳されて銅銭となった．→法難．

【日本文学への影響】三武一宗の法難は，間接的ながら，日本文学への影響も認められる．たとえば，〈周武の法難〉による危機意識から編集された『衆経要集金蔵論しゅきょうようしゅうこんぞうろん』がすでに奈良時代には伝来して，*『今昔物語集』以下の仏教説話文学の有力な原拠となり，また〈会昌の廃仏〉に遭遇した*円仁えんにんの求法受難(*『入唐求法巡礼行記にっとうぐほうじゅんれいこうき』)がデフォルメされた纐纈城こうけちじょう説話が，平安・鎌倉時代の説話集に散見し，それがやがて井原西鶴の『本朝二十不孝』の一素材ともなったごときである．

『三部仮名鈔』さんぶかなしょう　向阿上人証賢しょうけん著．7巻．1321–23頃(元亨年中)成立．『帰命本願鈔きみょうほんがんしょう』3巻，『西要鈔さいようしょう』2巻，『父子相迎ふしそうこう』2巻，合わせて3部7巻の仮名文である．1419年(応永26)刊本がある．*法然上人の門流に教義上に異義が生じたことをおそれ，教義を正し，あきらかにする目的で作られた．第1部で*阿弥陀は*本願をもって人々を救済すること，第2部では〈*二河白道にがびゃくどう〉の譬喩ひゆをもって念仏者の摂取不捨を，第3部では阿弥陀の慈悲に帰依するまことの心とは父子相迎の歓喜の心であるとして信心の究極を説いている．教理の組み立てと，物語風な構想と，優雅な文体をもって作られ，浄土信仰はこの法語によって多くの人々に受容されたと，伴蒿蹊ばんこうけいは指摘している．

三部経　さんぶきょう　数ある経典中より取り出された，同じ趣旨の三経を一括していう．法華の三部(*無量義経むりょうぎきょう・*法華経・*観普賢経かんふげんぎょう)が最も古くから数えられており，わが国ではこの他に鎮護国家の三部(*護国三部経．法華経・*仁王般若経にんのうはんにゃきょう・*金光明経こんこうみょうきょう)，大日だいにちの三部(*大日経・*金剛頂経こんごうちょうぎょう・*蘇悉地経そしつじきょう)，弥勒の三部(弥勒上生経みろくじょうしょうきょう・弥勒下生経・弥勒成仏経)などがある．法然は*『選択本願念仏集せんちゃくほんがんねんぶつしゅう』においてはじめて*浄土三部経(*無量寿経・*観無量寿経・*阿弥陀経)の名称を用いた．

讃仏偈　さんぶつげ　〈歎仏偈〉ともいう．仏の徳を讃歎した偈頌げじゅ．特に*無量寿経上に述べられる，*法蔵菩薩が世自在王仏せじざいおうぶつに向かって唱えた「光顔巍巍」ではじまる四言八十句の偈頌が著名．世自在王仏の徳を讃え，みずからの*誓願を述べ，その誓願の偽りでないことの証明を諸仏に請う内容を持つ．そのほか*曇鸞どんらんの「讃阿弥陀仏偈」があり，また華厳経・法華経など諸経に讃仏偈を見ることができる．

三仏寺　さんぶつじ　鳥取県東伯郡三朝みささ町の三徳みとく山麓一帯に境内を広げる天台宗*修験道しゅげんどうの山岳寺院．山号は三徳山(美徳山)．本尊は阿弥陀あみだ・釈迦しゃか・大日だいにちの三仏．706年(慶雲3)*役小角えんのおづぬの開基で，849年(嘉祥2)に中興の*円仁えんにんが山下の堂舎を創建したとの寺伝を持つ．正史では『玉葉ぎょくよう』の寿永3年(1184)の条に初見．1196年(建久7)源頼朝が寺領3千石を寄進して堂宇・寺坊の造営を行なったが次第に荒廃し，1369年(応安2)に足利義満が諸堂・寺坊を再建．この後，数度の兵火のため堂宇の大半を焼失し，現寺観は1633年(寛永10)の領主池田光仲とこれに続く歴代領主の堂舎修営による．現存主要*伽藍がらんは本堂(江戸時代)，文殊堂(桃山時代)，地蔵堂(室町時代)，納経堂(鎌倉時代)，岩窟内に建てられた懸造かけづくりの投入なげいれ堂(平安後期)で，寺宝として木造蔵王権現ざおうごんげん立像7軀(平安後期)，木造十一面観音立像(平安後期)，*御正体鏡(長徳3年銘)などがある．

讃仏乗 さんぶつじょう　法華経方便品の言葉で，仏が仏となる道を説くこと．白楽天は晩年，仏道への傾倒を深め，仏の教えに背馳する文学との訣別を考え，その在洛12年間の作詩を集めた『洛中集』を香山寺経堂に奉納し，「今生世俗の文字の業，狂言綺語の過をもって，転じて将来世世に仏乗を讃ずるの因，法輪を転ずるの縁となさんと願うなり」と記した(『白氏文集』71.香山寺白氏洛中集記)．この言葉は平安期以来流布し，世俗の詩歌文章・芸能がかえって仏の教えを仰ぐ機縁となるのだという芸術正当化の常套句となった．「法華経を書きゐたるも，讃仏乗の縁とはおほせられざりしことの罪ふかさもかなしく案ぜられて」〔問はず語り3〕．→狂言綺語．

三不動 さんふどう　不動明王の画像中3点の優品の総称．各身色にしたがって〈黄不動〉〈青不動〉〈赤不動〉と通称する．1)黄不動(平安前期，絹本着色，*園城寺蔵)．*円珍感得像で両眼開目，*条帛を持たないなど不動十九観成立以前の自由な構図．転写本に*曼殊院本(平安後期)，観音寺本(鎌倉期，滋賀県草津市)など．2)青不動(平安後期，絹本着色，*青蓮院蔵)．玄朝様の特色を示す不動二大童子像で華麗な*迦楼羅炎が特徴．3)赤不動(平安後期，絹本着色，*高野山明王院蔵)．円珍が*比叡山横川で感得して描かせたと伝え，二童子を左辺に配する．→不動明王．

三宝 さんぼう ［*s*: ratna-traya, trīṇi ratnāni］　仏教において最も重要とされる仏教の教主である〈*仏〉(ブッダ)と，その教え〈*法〉(*ダルマ)と，それを奉ずる人々の集団〈*僧〉(サンガ)の三つを宝にたとえたもの．このように仏・法・僧を三つに分けてとらえることを〈別相三宝〉というが，三者とも本質的には*真如に発するから一つであるととらえるのを〈一体三宝〉といい，仏像と経巻と出家の僧ととらえるのを〈住持三宝〉という．また「仏法僧宝」の4字を刻した印を〈三宝印〉といい，鎌倉時代より始まり，祈禱札・護符などに用いられるようになった．「三宝の力を蒙らずは，救ひ治むべきこと難し」〔書紀敏達14.6〕

三法印 さんぼういん　仏教教理の特徴をあらわす三つのしるし．あらゆる現象は変化してやまない(*諸行無常)，いかなる存在も不変の本質を有しない(*諸法無我)，迷妄の消えた*悟りの境地は静やかな安らぎである(*涅槃寂静)の三つをいう．これに〈*一切皆苦〉を加えて〈四法印〉とすることもある．中国隋代の僧天台*智顗は，*『法華玄義』の中で，三法印を非仏説から*小乗の仏説を弁別するための基準であると述べている．「此の文を聞くに即ち如来の説教なり．三宝印の諸行無常の印なり」〔大経直談要註記16〕．→四法印．

三宝院 さんぼういん　⇒醍醐寺

『三宝絵』 さんぼうえ　平安中期の仏教*説話集．3巻．源為憲編．984年(永観2)，当時仏門にあった冷泉天皇の第二皇女尊子内親王に献上し，内親王の仏道修行の一助としたもの．本来は絵を伴っていたが，現存するのは詞書部分だけで，『三宝絵詞』ともいう．表記は，伝本によって平仮名文，漢字片仮名交り文，漢文の三様があるが，献上本は女性にふさわしい平仮名表記であったろう．

上巻を仏宝，中巻を法宝，下巻を僧宝に配し，上巻には*六波羅蜜などの菩薩行を実践した釈迦の*本生譚13条を諸経より引き，中巻には聖徳太子以下18人の日本仏教の体現者の行状と霊験を記し(多くは*『日本霊異記』による)，下巻には当時朝廷・大寺・民間で行われていた主要な法会・仏事31条を1月から12月まで月を追って挙げ，その内容と由来を所依経典を引いて解説している．わが国最初の，しかも当時唯一の女性のための仏教入門書として特記すべきもので，その平易にして啓蒙的な内容が珍重されて，『栄花物語』『今昔物語集』『宝物集』など，平安・鎌倉時代を通じて諸書の記述に利用されている．

『三宝感応要略録』 さんぼうかんのうようりゃくろく　中国宋(遼)代の仏教*説話集．3巻．遼僧の非濁(?-1063)編．濁世の衆生を教化して仏道に導くために，インド僧を含む中国仏教の霊験譚を集録したもので，上巻に諸仏の霊験譚50，中巻に諸経の霊験譚72，下巻に諸菩薩の霊験譚42，計164話を収める．多くを先出文献に取材するが，編者の新録と見られるものも含まれ，当時の中国仏教の民間流布と信仰の状況を伝えている．11 世紀末にはわが国にも伝来し，以後中世を通じて仏教説話文学や*唱導文学に多大の影響を与えた．『今昔物語集』『法華修法一百座聞書抄』『私聚百因縁集』『三国伝記』以下，本書に取材した作品はきわめて多く，1184 年(寿永 3)書写他の古写本が伝存，影響度は伝来仏教説話集中屈指のものと言ってよい．

三宝荒神 さんぼうこうじん　略して〈荒神〉とも．民家の代表的な屋内神で，火の神，竈神として祀られる．激しく祟りやすい性格をもつ一方，火伏せの*霊験があるとされる．如来荒神・麁乱荒神・忿怒荒神の三身とするが，これは無障礙経という偽経の中で説かれているもので，仏教とは直接関係していない．民間宗教家の地神盲僧(僧侶の風体で地神経を唱えて回る盲人)が家祈禱の際に祀る対象であり，西日本地方に比較的多く見られる．祭日は毎月 28 日，不動信仰との習合も見られる．「これは夢か現か，三宝荒神の御利生か，死したる母の御授けか」〔浄・心中二枚絵草紙中〕

三昧 さんまい　サンスクリット語・パーリ語 samādhi に相当する音写．〈三摩地〉とも音写する．訳して〈*定〉〈等持〉などとする．伝統的な諸学派の解釈によると，*三学の第 2，*五分法身の第 2，*五根あるいは*五力の第 4．心を静めて一つの対象に集中し心を散らさず乱さぬ状態，あるいはその状態にいたる修練．後者の意味では，〈*禅〉(禅那の略．dhyāna，*静慮と訳す)，〈*瑜伽〉(yoga)などの語も用いられる．

心の安静を深めて次第にその散動をなくしてゆく過程に初禅から第四禅までの 4 段階が数えられ，さらに*空無辺処・識無辺処・無所有処・*非想非非想処の 4 境地が挙げられる．前の四つを〈四静慮〉(*四禅)，後の四つを〈*四無色定〉として，〈滅尽定〉(三昧の深まりの極みに心のあらゆる動きが全く止滅した状態)を併せて，九次第定と数えることもある．また，空・無相・無願の〈*三三昧〉も心が静止して対象を追って動くことのなくなった境地を示している．*悟りに至るには三昧が前提とされるが，悟りに達する直前の心の堅固で不動なる状態を指して，特に〈金剛喩定〉(*金剛三昧)の名で呼ぶ．

大乗経典では種々の名称を付した数多くの三昧が説かれる．その代表的なものに*般舟三昧(諸仏現前三昧)・*首楞厳三昧(健行三昧)・*海印三昧などがある．大品*般若経に説かれる百八三昧の列挙は名高い．中国・日本の仏教では，天台の*四種三昧(*常行三昧など)，念仏宗の念仏三昧，密教の理趣三昧などが盛んに実修された．

なお，わが国では平安時代以来，墓所に*三昧堂を建てて三昧僧や三昧聖が三昧を修して死者を*廻向したことから，三昧の語は寂静の本義と相俟って，墓所，特に共同墓地の称にも転じた．

「功徳のためにかく功をつみ，勇猛精進の心をおこさんには，現身に三昧をも得つべし」〔発心集 8〕「そこに御骨ををさめ奉りて，いまに三昧行ひ奉り給ふ」〔大鏡道長上〕

三昧堂 さんまいどう　悟りないし悟りを得るための修行である*三昧を修する堂をいう．具体的には*法華三昧を修する〈法華三昧堂〉と，*常行三昧を修する〈常行三昧堂〉をいう．これらの三昧は，*智顗の*『摩訶止観』に出る*四種三昧のうちの 2 法で，堂は天台宗で多く造立され，のち*高野山や奈良*東大寺などでも造られるようになった．東大寺四月堂は法華三昧堂である．三昧堂で修行する僧を〈三昧僧〉と呼ぶことにもなる．「高き石をば削り，短き所をば埋めさせ給ひなどして，やがて三昧堂を建てさせ給ふ」〔栄花疑〕「法華三昧堂を建立して大法螺を吹き，日夜法華を読誦することを断たず」〔法華験記上 3〕．→法華堂．

三昧耶 さんまや　〈さまや〉とも読む．サンスクリット語 samaya の音写．日本密教では，①平等，②本誓，③除障，④驚覚の四義ありというが，インド仏教では，1)時，2)教義，3)本誓などの意に用い，チベットでは 1)は dus，2)は gzhung lugs，3)は dam tshig と訳し分けるようになった．漢訳で〈三昧耶〉と音写する場合も，ほとんどが密教の〈本誓〉，つまり仏・菩薩の衆生を救済せんとの*誓願の意である．三昧耶は仏の意密(→三密)に相当し，仏・菩薩の本誓を象徴する種々の器物は〈三昧耶形〉，それを配置した*曼荼羅は〈三昧耶曼荼羅〉という．また密教の戒律を〈*三昧耶戒〉，仏・菩薩の本誓に背く行為を〈越三昧耶〉と称するのも，これに通じる用法と思われる．

三昧耶戒（さんまやかい） [*s*: samaya-saṃvara] 真言密教の修行者の戒．*空海がその著『三昧耶戒序』において述べるところによれば，この戒を保つ者は，僧俗を問わず真言密教の*行者であり，この戒の内容(*戒体)は信心・大悲心・勝義心・大菩提心であり，戒相は四重禁戒である．これに対してインド-チベット系の密教では，三昧耶(samaya)と戒(saṃvara)は，並列的に用いられることが多い．*灌頂に際して，密教行者の象徴である*金剛杵と*鈴，印の三つを護持することを〈三昧耶〉(あるいは三三昧耶)，『金剛頂タントラ』(第二会の*金剛頂経に相当する)所説の五部の律儀を護ることを〈戒〉と称する場合が多い．→三昧耶．

三密（さんみつ） 密教において，仏の*身口意の行為を〈身密〉〈口(語)密〉〈意(心)密〉の三密とする．密教の修行によって，衆生の*三業は仏の三密と合致して，*即身成仏する．すなわち，身体により*手印を結び，口に*真言を読誦し，心に本尊の*観想を行うことにより，衆生と仏とが相い結び合い(三密相応)，仏が*慈悲心により衆生の*行に応え，行ずる者が*信心により仏の顕現を感得する(三密加持)とき，衆生は本尊との合一を達成し，即身成仏を得る．「速やかに，三密の法を極めて衆生を導くべし」〔今昔 11-12〕「一乗の薫修，三密の加持，あにまたその力なからんや」〔興福寺奏状〕．→加持．

三明（さんみょう） [*s*: tisro vidyāḥ] *仏や*阿羅漢がもつ3種の*神通(超能力)のこと．サンスクリット語はもと三ヴェーダ(*『リグ-ヴェーダ』『ヤジュル-ヴェーダ』『サーマ-ヴェーダ』)のことを意味したが，仏教では別の意味内容を付与した．智慧の働きによって愚闇を破るので〈*明〉という．3種とは，第1に過去世を見通す〈宿住智証明〉(pūrva-nivāsa-jñāna-sākṣātkriyā vidyā)で〈宿命明〉ともいい，第2に未来の衆生の死と生の相を見通す〈死生智証明〉(cyuty-upapāda-jñāna-sākṣātkriyā vidyā)で〈天眼明〉ともいい，第3に仏教の真実によって煩悩を断滅した〈漏尽智証明〉(āsrava-kṣaya-jñāna-sākṣātkriyā vidyā)で〈漏尽明〉ともいう．なお，経典では「阿羅漢の道をえ，三明・六通ありて八解脱を具す」〔観無量寿経〕のように，〈六通〉(*六神通)と結合した形で用いられることが多い．「和尚，三明円かにして万行足れり」〔性霊集 5〕「仏の御許に詣でて出家して，羅漢果を得て三明六通を具せり」〔今昔 2-20〕

三面六臂（さんめんろっぴ） 尊像の表現形態の一様式で，一つの身体に顔が3つ，手が6本あるもの．尊格の様々な機能や性格を強調するために多面多臂の尊容が生み出されたが，三面六臂の例が最も多い．起源的にはヒンドゥー教の*シヴァ神のイメージが影響を与えている．仏教の尊格では*金剛夜叉明王や天竜八部衆中の*阿修羅が代表例．転じて1人で数人分の働きをすることの譬えとする．「為朝，三面六臂ありとも脱れ得じ」〔読・椿説弓張月 残篇 4〕

三門（さんもん） 寺院の*山号にならって，〈山門〉とも書く．禅宗寺院の*仏殿の前にある門．*南都六宗寺院の*中門にあたる．三門は，空・無相・無願の〈*三解脱門〉を象徴するといわれる．これは，仏殿を*解脱・*涅槃にたとえ，そこに到達するために通らなければならない門である三解脱門にたとえたものである．三門は*入母屋造二重門を正規とし，下層左右に金剛力士(*仁王)や二天，上層に釈迦や十六羅漢などを安置する．遺構としては，*東福寺三門(1405頃)や*大徳寺三門(1526, 1589)などがある．なお〈山門〉は，寺院の正式な門の呼称として一般に広く用いられている．

山門・寺門（さんもん・じもん） 山門は一般には寺院の表門や，寺院そのものをいうが，山門と寺門を並べるとき，〈山門〉は比叡山〈*延暦寺〉を指し，〈寺門〉は三井〈*園城寺〉を指す．10世紀末*円仁・*円珍両門徒の抗争後，天台宗が二門に分裂したのにはじまる．山門の称は，分裂以前から延暦寺を指し，中国の天台*智顗一門も山門と称した．比叡山を山門とするのは，山上の文殊楼を山門と呼んだことによるともいう．寺門も一般には寺の門の意味だが，山門に対し園城寺を寺門とした．これらを略して〈山・寺〉と併称することも多い．「山門・寺門は天台をむねとするゆゑにや，顕密をかねたれど，宗の長をも天台座主と云ふめり」〔神皇正統記嵯峨〕「教化おこなふ所，山・寺の作法うつして，大懺悔す」〔紫式部日記〕

三門徒 さんもんと　*親鸞しんらんの孫弟子にあたる如道にょどう(1253–1340)が越前大町に教線をひろげた念仏集団．特に親鸞の*和讃わさんをもっぱら読誦したので〈讃門徒〉と称し，それが〈三門徒〉に転じたという．その教団情勢については，長泉寺別当孤山こざんの『愚暗記』と如道の『愚暗記返札』によってうかがわれるが，そののち本願寺の*蓮如れんにょは「三門徒おがまず衆」としてしりぞけた．現在の三門徒派・誠照寺じょうしょうじ派・山元やまもと派は，この系統に属する．

三益 さんやく　仏の*三世さんぜにわたる衆生教化に種しゅ・熟じゅく・脱だつの三層の利益があることをいう．〈種〉とは下種げしゅ，すなわち*仏種を衆生の心田に下すこと．〈熟〉とは成熟じょうじゅく，すなわち種を育成すること．〈脱〉とは*解脱げだつ，すなわち種子が成長して悟りの果として実ること．

法華経は過去の*宿善が現在の福をあらしめていることを繰り返し説く経であるが，とくに「化城喩品けじょうゆほん」では三千*塵点劫じんでんごうの過去世の*大通智勝仏の第十六王子釈迦菩薩の娑婆世界における法華覆講(父の大通智勝仏が説いた法華経を繰り返し説いたこと)を説き，「如来寿量品にょらいじゅりょうほん」では*五百塵点劫来の釈迦如来の衆生教化を説く．このことを智顗ちぎは*『法華玄義』1上で*三種教相(法華の3種の教説上の特徴)を立てる中の第2に三千塵点にわたる「化道(導)の始終・不始終の相」を述べ，*『法華文句』1上では仏の三世にわたる三益の具体的な過程について，久遠下種・中間熟・今日脱，久遠下種・中間熟・近世脱，中間下種・他経熟・法華脱，今世下種・次世熟・未来得脱の四つの場合を示している．

*日蓮にちれんはこの天台教学を承け，また「常不軽品じょうふきょうほん」の説相をも考慮して，*末法まっぽうを下種の時と定め，仏種なき末代の凡夫には*折伏しゃくぶくによる下種で未来得脱の縁を結ばせることが最も肝要であると戒めて，下種仏教を唱えた．

三力 さんりき　*大日経悉地出現品には，修行者自身の自力の修行である〈我功徳力がくどくりき〉，衆生しゅじょうを*慈悲によって守る如来の*加持力である〈如来加持力にょらいかじりき〉，修行者に内在する*仏性ぶっしょうの力である〈法界力ほっかいりき〉をいう．この三力が合致することによって衆生の*即身成仏そくしんじょうぶつが実現される．また*『摩訶止観まかしかん』には，〈慧眼えげん力〉〈法眼ほうげん力〉〈化導けどう力〉を説き，『教行録』には〈仏威力〉〈三昧さんまい力〉〈行者本願功徳力〉を説く．「三力の故に悉地成じやすし．行住坐臥に修行を心として甚深の習ひ侍るにや」〔沙石集10末-3〕

三輪 さんりん　〈輪〉のサンスクリット語は cakra あるいは maṇḍala であるが，cakra は車輪あるいは車輪形をした*ヴィシュヌ神の武器，またそれに由来する*転輪聖王てんりんじょうおうの*輪宝りんぽうを意味し，より一般的には円形のもの，円盤状のものを意味する．maṇḍala は一般的に円形のもの，円盤状のものを意味し，さらに進んであるものがいくつかの要素からなるとき，その要素のすべてを具足した状態におけるその全体を意味する．〈三輪〉というとき，通常は*須弥山しゅみせん世界の根底にあってそれを支える3層の円盤状の土台としての*風輪ふうりん(vāyu-maṇḍala)，水輪すいりん(ab-maṇḍala)および*金輪こんりん(kāñcana-maṇḍala または suvarṇa-cakra)を意味する．

また原義の車輪は，それが回転し進行するイメージから*仏陀ぶっだの教法が世間に広まることの譬えとして*法輪(dharma-cakra，法という車輪)という語を成立せしめ，仏陀の教法を3種類に分けて〈三法輪〉として，その略語として〈三輪〉を用いる．さらに敵を摧破さいはする武器・輪宝の譬えから，*煩悩ぼんのうという敵を摧破する*如来にょらいの身しん・口く・意いの*三業さんごうの働きを〈三輪〉という．

なお，一つの完全なる全体を成立させるのに必要な要素という意味の例として，*布施ふせをなす場合に，布施する主体(施者)，布施する相手(受者)，布施する物品(施物)の価値という3要素に*執着しゅうじゃくしないことを条件とする正しい布施という意味で，〈三輪空寂の布施〉あるいは〈三輪清浄の布施〉などという用例が成立する．

「仏の化儀も三輪なり．意輪機を鑑み，身

輪通を現し，口輪説法す」〔雑談集1〕「三輪清浄にして功徳円満する処を等流法身と申すなり」〔舞正語磨中〕

三輪身 さんりんじん　日本密教で*曼荼羅，ことに*金剛界*現図曼荼羅の中に描かれた諸尊をその性格に従って分類する仕方の一つで，〈自性輪身〉〈正法輪身〉〈教令輪身〉の三つをいう．

金剛界曼荼羅の実質(*自性)は中央の*大日如来(*毘盧遮那)，東方・*阿閦如来，南方・*宝生如来，西方・*阿弥陀如来，北方・不空成就如来の五如来によって分担されるが，これら五如来はそれぞれが真理の当体(自性)に他ならないので〈自性輪身〉といわれる．この場合〈輪〉とは，全き全体(輪，cakra)を形成するための要素という意味である．しかしながらこの真理は衆生を*教化・*救済するため，という曼荼羅顕現の本旨からして，衆生に向かって教法として説かれねばならない．すなわち，自性輪身はその教法を衆生に説いて衆生を救済する*菩薩としての〈正法輪身〉を必要とし，さらにその教法は衆生*済度の徹底という点で，その教法に従わず*調伏し難い衆生を教令に従って強制的に*折伏する忿怒形の*明王としての〈教令輪身〉を必要とする．すなわち，金剛界の当体である真理はそれ自体(自性)という要素(輪)の上に，教法(正法)とそれを教令として実行すること，という要素をまってはじめて完全な(輪 cakra としての)曼荼羅上の尊格となりうるのである．

通常，五如来の一々を自性輪身として，それにそれぞれ一つの正法輪身と教令輪身が対応して三つで一体を形成する．異説が多いが，一例として*『秘蔵記』によるなら，それらの対応関係は下のようである．

自性輪身	正法輪身	教令輪身
大日	般若菩薩	不動明王
阿閦	金剛薩埵	降三世明王
宝生	金剛蔵王菩薩	軍荼利明王
阿弥陀	文殊菩薩	大威徳明王
不空成就	金剛牙菩薩	金剛薬叉明王

「正法輪身は慈悲に住すること母の如く，観音等なり．教令輪身は威怒を現ずること父の如し，不動等なり」〔雑談集1〕

参籠 さんろう　法会の施行や神祭の執行にあたり，*精進*潔斎のため居宅を離れ別屋に宿泊して一定期間を過ごすこと．また，親鸞が*六角堂に参籠して聖徳太子の夢告を，一遍は*熊野に参籠して熊野権現の夢告を得たように，宗教上の重要な啓示を得るためにも行われた．そのために，特別に〈籠り屋〉や〈精進屋〉を建てる．密教などでは灌頂・伝法・授戒にさいし，*加行と称し，所定の期間を設け特別に〈籠り堂〉に入って礼拝・水浴などの厳重な*行に服する．山中*斗藪の山伏や，伊勢・熊野などへの参詣道者，各地の巡礼者，さらに成年式を迎える若者が山岳登拝の修行をするときにも，行屋に参籠して水行や*物忌みに入る．「大神宮にまうでて，内宮に七箇日参籠，七日みつ夜の夢に，宝珠を給はると見侍りけるほどに」〔著聞神祇〕「これも道(修験道)の習ひにて候へば，羽黒山にしばらく参籠し候はんずれば」〔義経記7.直江の津〕．→籠り．

三論 さんろん　竜樹(ナーガールジュナ)の*『中論』4巻および*『十二門論』1巻と，その弟子聖提婆(*アーリヤデーヴァ)の*『百論』2巻の，三部の〈*論〉をいう．いずれも*鳩摩羅什によって漢訳された．一切法空を説く．

『中論』では*不生不滅・不常不断・不一不異・不来不去の八不を掲げて，*生・*滅などの両極端を離れた何ものにも執着しない*中道を説き(*八不中道)，あらゆるものは因と縁から生じたもの(*因縁生法)であって，それ自体に固有の本性はなく(*無自性)，*空である(一切法空)とする．『十二門論』は「観因縁門第一」をはじめとする12章からなり，やはり一切法空を説く．『百論』は一切法空によって*外道(仏教以外の宗教)の説を論破している．*僧肇の『百論序』によれば，もと百偈あったから『百論』と名づけられたというが，現存のものに百偈はない．

この三論に基づいて中国に*三論宗が興り，わが国にも伝えられ*南都六宗の一つに数えられている．なお，三論に竜樹の*『大智度論』100巻(大品*般若経の注釈，鳩摩羅什訳)を加えて〈四論〉という．

『三論玄義』(さんろんげんぎ)　中国の隋末唐初に*三論の教学を大成した嘉祥大師(かじょうだいし)*吉蔵(きちぞう)が慧日道場(えにちどうじょう)にいた時期(597–599)に，三論の奥深い教義を簡明に説き明かした書．1巻または2巻．三論とは竜樹(りゅうじゅ)(ナーガールジュナ)の*『中論』*『十二門論』とその弟子聖提婆(しょうだいば)(*アーリヤデーヴァ)の*『百論』の三部の*論で，一切法空(いっさいほうくう)を説く．ともに*鳩摩羅什(くまらじゅう)によって漢訳された．

本書は「通序大帰(つうじょだいき)」(三論に共通の根本趣旨を述べる総論)と「別釈衆品(べっしゃくしゅほん)」(個別の問題を論ずる各論)とに分かれる．「通序大帰」は破邪(はじゃ)と顕正(けんしょう)の二門からなる．〈破邪〉では*外道(げどう)(仏教以外のインドの宗教および中国の思想)，阿毘曇(あびどん)(*阿毘達磨(あびだつま)，小乗の論部)，*『成実論(じょうじつろん)』(吉蔵はこれを小乗とする)，大執(だいしゅう)(*大乗を学びながらそれに執(と)らわれている立場)の*邪見(じゃけん)すなわち謬(あやま)った見解を論破する．〈顕正〉では竜樹の正当性と三論の教義が*究竟(くきょう)無余(完全無欠)であることを説く．「別釈衆品」は造論縁起を初めとする十一門からなり，三論と，これに*『大智度論』を加えた〈四論〉について，共通の根本趣旨と，それぞれの特色について論ずる．

吉蔵は本書において，邪を破するために正を提示するが，邪が破せられたならば，正にも執われてはならないとし，*諸法の実相(あらゆるものの真実のすがた)は言忘慮絶(ごんもうりょぜつ)である，すなわち言葉も*分別も超えているといい，そしてこのように相対観を否定すれば正理(しょうり)を悟って正観(しょうかん)を発生し，*苦が滅する，これが三論の根本趣旨である，と力説している．→破邪顕正．

三論宗(さんろんしゅう)　中国隋代に*吉蔵(きちぞう)によって大成された一学派．中国の*十三宗の一つ．日本の*南都六宗の一つ．〈*三論〉とは，インドの竜樹(りゅうじゅ)の*『中論(ちゅうろん)』*『十二門論』とその弟子聖提婆(しょうだいば)の*『百論』とをいい，*般若経(はんにゃきょう)の*空(くう)の思想を論じたもので，三論宗は，この三論の教義に基づく学派である．〈*空宗〉〈無相宗〉ともいう．三論は5世紀初頭，長安において*鳩摩羅什(くまらじゅう)により漢訳され，門下の*僧肇(そうじょう)らによって研究された．のちに僧朗(そうろう)により江南に伝えられ，弟子僧詮(そうせん)から法朗(ほうろう)(507–581)が*相承(そうじょう)し，その弟子吉蔵が隋・唐初に三論の教学を大成した．僧朗以前を〈古三論〉，以後を〈新三論〉という．三論宗は，何ものにもとらわれない*無所得(むしょとく)*中道(ちゅうどう)を証する中道正観(しょうかん)の修行を重視する．この立場から，吉蔵は多くの注釈書を著したが，特に*『三論玄義』は*破邪顕正(はじゃけんしょう)・真俗*二諦(にたい)・中道を説き明かし，以後とりわけ日本において三論宗の基本的な研究書とされた．

日本には625年(推古33)吉蔵の弟子高句麗僧の慧灌(えかん)が三論を伝え，*元興寺(がんごうじ)に住した．三論の初伝である．福亮(ふくりょう)・*智蔵(ちぞう)と相承し，智蔵は入唐して重ねてわが国に三論を伝え，*法隆寺に住した(第二伝)．その弟子道慈(どうじ)も入唐し，帰朝後*大安寺に住して三論を弘めた(第三伝，大安寺流)．ただし，以上の伝来説はあくまで伝承であり，史実としては問題がある．三論宗は南都六宗のうち最初に伝来した宗で，*智光・礼光(元興寺流)，善議・*勤操(ごんぞう)らの学僧が輩出し，奈良時代には盛んであったが次第に衰微していった．平安時代に*聖宝(しょうぼう)は三論の衰微をなげき，東大寺に東南院を建立して三論宗の根本道場とした．しかし三論のみを学ぶものはほとんどいなくなった．

三惑(さんわく)　一般には3種の根本的な煩悩(ぼんのう)，つまり〈*貪欲(とんよく)〉〈*瞋恚(しんい)〉〈*愚癡(ぐち)〉をいう．天台宗では，*見思(けんじ)惑と塵沙(じんじゃ)惑と*無明(むみょう)惑とをいう．〈見思惑〉とは，*我見・*辺見などのかたよった見解(見惑)と物事を見て起こす貪・瞋・癡などの*妄想(思惑)．〈塵沙惑〉とは，*衆生(しゅじょう)救済のために無数の*法門を知らねばならぬのに，それができないこと．〈無明惑〉とは，*非有非無(ひうひむ)の理法に迷い，*中道(ちゅうどう)の障りとなる惑のこと．「その名は聖なりといへども，実には三惑未断の凡夫」〔開目抄〕．→惑．

シ

死 し［*s*: maraṇa, kālaṃ√kṛ］　叙事詩や仏典に「生命(jīvita)は死に終わる(maraṇa-anta)」という表現が散見されることからも推測されるように，インドでは生命ある者に死が不可避であることは明確に意識されていたであろう．人間に死がなければ，仏がこの世に出現することもなかったであろう，とは仏典の一再ならず説くところであり，死の問題は仏教においても枢要なテーマである．→生死(しょうじ)．

【インド思想】古来インドでは，現世と来世とが何らかの形で連続していると考えられたようであり，*『リグ-ヴェーダ』にも死者の赴く世界がいくつか言及される．*ウパニシャッドになると，いわゆる業(ごう)・輪廻(りんね)思想の萌芽が現れ，来世での生存の様態が現世での行為と密接に関連するという考え方，また，肉体の死によっても不滅である霊魂(ātman など)の存在というものが意識され始める．→業，輪廻，霊魂．

【インド仏教】*解脱(げだつ)・*涅槃(ねはん)の同義語の一つに〈*不死〉(amṛta)が数えられることは，ある意味では，仏教の究極目的は死の超克に存したと言うことも可能であろう．*四念処(しねんじょ)の一つ身念処などは，生に執着することの無益を諭すことによって死への恐怖を超克せしめる代表的な教説であろう．ところで，仏典には死の定義として，「寿命(āyu)と体温(usmā)と意識(viññāṇa)という三つがこの身体を離れるとき，この身体は捨てられ，投げ出され，心のない木片のように横たわる」〔中部第43経〕，また，死とは「受けたところの身を捨するなり」〔大般涅槃経〕などが知られている．

現世と来世との連続という観点から言えば，仏教は，死後も不滅の*アートマンが存続するという見解(*常見(じょうけん))と，死後には何も残らないとして*因果の道理を否定する見解(*断見(だんけん))との，いずれにとらわれることをも戒める．釈尊は死後の霊魂の存在などに関わる質問に対して〈*無記〉をもって応じたと伝えられる．もっとも，仏教と言えども，輪廻説自体を否定しない以上，死後にも何らかの相続主体が連続することは認めていたと推測される．実際，初期仏典において，在家者への教説の中で，死後の*生天(しょうてん)を推奨したり，また，大乗仏典に見られる，諸仏の*仏国土への往生を誘う思想などは，死後に何らかの相続主体の連続を想定していたと考えるほうが自然であろう．→往生．

【中国・日本仏教】中国では，もともと祖先祭祀は盛んであったが，死後の世界については明白な表象がなかった．知識人の間では，死後の世界を否定する傾向も強く見られた．そこに仏教が*六道輪廻や浄土往生の観念をもたらし，はじめて本格的に来世について考えるようになった．*神滅不滅論争は，このような仏教思想の導入により，中国伝統思想との発想の相違が自覚されたところに生まれた．仏教がもたらした来世の観念は業の思想と結びついており，善因楽果・悪因苦果の立場から，現世の道徳的生活へと動機付けるとともに，さまざまな死者儀礼を発展させた．日本においては，死後にいくと考えられた*黄泉(よみ)の国は，死体が腐乱してゆくところから形成されたもので，仏教の来世観の到来で大きく変容することになった．特に地獄の恐怖や来世浄土の荘厳は，日本人の発想に大きな影響を与え，往生のための念仏や死者供養の儀礼を発展させた．他方，本覚思想や禅の立場では，*生死即涅槃(しょうじそくねはん)や生死一如の思想が展開し，生死に執着しない生き方が理想とされた．

使 し［*s*: anuśaya］　*煩悩(ぼんのう)の異名．煩悩は衆生につき従い，迷いの生存に繋縛し，解放させないものであるから．→結使，根本煩悩，五惑．

自愛 じあい　自分の身を大切にすること．漢語としては『老子』72や『荀子』子道その他に用例が見える．東晋の曇無蘭(どんむ)訳の自愛経では，自愛とは身(しん)・口(く)・意(い)の*三業(さんごう)を清らかにし，*三宝に帰依することであるとされる．また，金光明最勝王経(こんこうみょうさいしょうおうきょう)1では，自愛は苦悩を生じる原因となるから除くべきであるとされる．なお日本では，自分で物を大事にすること，物を大切にすること，などの意にも転じた．「件(くだん)の僧，人の

いさかひして，腰刀にて突き合ひたるを書きて自愛してゐたりけるを」〔著聞画図〕

止悪修善 しあくしゅぜん　仏道修行上の*悪の行いをしないようにし，善の行いをつとめてすることをいう．*七仏通戒偈にも「諸悪莫作，衆善奉行」とある．大乗仏教では，戒として摂律儀戒と摂善法戒と摂衆生戒(饒益有情戒)の〈*三聚浄戒〉を説くが，それらは，止悪・修善・*利他に相当する．止悪がいわゆる戒律を意味し，修善は*八正道や*六波羅蜜の修習をいう．「ただ罪をつくれば重苦をうけ，功徳を作れば善所に生ずる故に，止悪修善を教ゆるばかりなり」〔一遍語録〕．→善悪．

四阿含経 しあごんぎょう　⇒阿含経．

四安楽行 しあんらくぎょう　法華経安楽行品に説かれる修行法で，*初心の*菩薩が釈尊滅後の悪世において，どのように法華経を説くべきであるかを示したもの．天台*智顗によれば，身・口・意・*誓願の4種の〈安楽行〉(sukha-vihāra)からなる．〈身安楽行〉とは安らかに法華を行ずるに好ましくない10種の事を身から遠ざけ離れること，〈口安楽行〉とは4種の語を遠ざけ離れること，〈意安楽行〉とは意に4種の過失を遠ざけ離れること，〈誓願安楽行〉とは無上の*菩提を得たなら*神通智慧力をもって衆生を悟りの*法に導き入らせようと誓願を発すことである．また『華厳経疏』では，修行を安楽にする4種の*行(畢竟空行・身口無過行・心無嫉妬行・大慈悲行)をいう．「常に善き夢想を見ること，四安楽行の夢に，八想を唱ふるがごとし」〔法華験記中69〕

四威儀 しいぎ　人間の四つの行動，すなわち〈行〉(行くこと)，〈住〉(とどまること)，〈坐〉(すわること)，〈臥〉(横になること)をいう．さらに，これら四つの行動を*戒律に従って正しく整え，具備することをも意味し，〈威儀即仏法〉などという言い方がなされる．「四威儀の中に，ただ弥陀の相好，浄土の荘厳を観じけり」〔往生極楽記11〕．→威儀，行住坐臥．

子院 しいん　〈支院〉〈枝院〉とも書き，〈寺中〉〈寺内〉とも称す．大寺の寺域内に在って本寺の統制下に或る程度の独自性を有して存する小院．一般に寺号ではなく，院・舎・*坊・軒・*庵・斎といった号を持つ．奈良時代*南都六宗の僧は，すべて*僧房(三面僧房)に住んでいたが，平安時代になると，仏門に入る皇族・貴族が増え，宇多上皇の*仁和寺南御室にみられるように私僧房としての子院が発生し，以来，大寺に次々と建てられるようになった．禅寺の*塔頭も子院の一種で，*開山を祀った塔に付属して設置された小院から発生した．また単に末寺のことを呼ぶ場合もある．

四院 しいん　〈四箇院〉ともいう．聖徳太子の発願により建てられた*四天王寺にあった〈*施薬院〉〈療病院〉〈*悲田院〉という三つの社会福利施設と，〈敬田院〉のこと．施薬院，療病院の意味は明瞭だが，悲田院は貧窮孤独の人を収容救済する一種の養老院，孤児院であった．敬田院は，人びとを救う仏をまつり，僧侶が居住する四天王寺の中心的建物をさしている．これらの呼び名は，経典にしばしば現れる福田思想に由来しており，聖徳太子の仏教理解とその理想をよく示している．→福田．

寺院 じいん　寺院の建造物は，礼拝の対象を祀る〈堂塔〉と，僧衆が居住する〈*僧房〉とに区分される．この二つの構成要素は成立過程を異にし，インド・中国・日本にわたってその原則が継承されている．最初期の*出家者の一時的定住地はāvāsa(住処)またはārāma(園)と称せられた．都邑の郊外にある土地が所有者によって*僧伽に寄進されたものを〈僧伽藍摩〉〈僧伽藍〉(saṃghārāma)，略して〈伽藍〉という．

出家者の定住化に伴って*僧院(leṇa=*s*: layana)が形成された．*精舎(vihāra)・平覆屋・殿楼・楼房・窟院(guhā)の5種がある．精舎や窟院では広間と房室を中心として諸施設が整備された．信仰の対象としての〈仏塔〉は，はじめ*在家信者によって護持されたが，起塔供養の流行に伴って僧院中に受容され，塔を礼拝の対象とするチャイティヤ堂とチャイティヤ窟が建立または開鑿された．やがて塔の崇拝は*仏像の崇拝にとって代わられ，その推移は，窟院構造の変遷および経典の発展の過程について認められる．幾多の変遷を経て，ついに中国・日本の*金堂の原型が成立した．→伽藍，チャイティヤ，塔，石窟寺院．

〈寺〉は，役所・官舎の意．西域僧が中国に仏教を伝えた時，はじめ*鴻臚寺に滞在し，のちに*白馬寺を建てて住せしめた．以後はじめの宿泊所に因んで僧の住処を〈寺〉と称するにいたった．〈院〉は寺中の別舎をいう．

寺院建築 じいんけんちく 【インド】インド原始仏教においては，僧は自然の洞窟などで起居しながら*遊行を続け，1年を通じて僧が居住する施設は少なくとも教団成立当初には存在しなかったと想像される．しかし教団が巨大化するに従い，遊行の困難な雨期に僧が滞在(雨*安居)する場所，また僧達が一堂に会するための場所として恒久的な建築物が作られ，定住の場としての寺院へと発展していった．*マウリヤ時代(紀元前3世紀)以前の寺院の構造は現存例がなく明らかでないが，ポスト-マウリヤ時代(紀元前2世紀から紀元後1世紀頃)に開かれた初期*石窟寺院では，ストゥーパ(stūpa，塔)を祀る*チャイティヤ堂(caitya-gṛha，*祠堂)と，複数のヴィハーラ(vihāra，*僧房)とで構成されるという，インドの仏教伽藍の基本形がすでに成立している．これらの石窟の初期の例(バージャー，ピタルコーラー，コンダーネーなど)では，礼拝空間としてのチャイティヤ堂と，僧の生活するヴィハーラとは，構造面でも機能の上でも明確に区別されている．しかし2世紀以降になると，ヴィハーラの奥壁にストゥーパを表した例(ナーシク第3窟)や，ストゥーパと仏陀像とを祀った例(ナーガールジュナコンダ第4僧院)など，ヴィハーラ内部に礼拝機能を組み込んだ例が見られるようになる．この傾向はさらに発展し，*グプタ時代にはヴィハーラの奥に仏陀像を祀る仏殿を設ける形式が一般化した．一方，チャイティヤ(ストゥーパ)も伽藍の構成要素および礼拝対象として重要な機能を持ち続け，グプタ時代以降もサールナート(*鹿野苑)のダーメーク塔(5–6世紀頃)をはじめ，*エローラ(7–8世紀頃)，パハールプル(9世紀頃)など多くの建造例を認めることができる．→伽藍，塔，付録(インド亜大陸の仏教寺院)．

【中国】中国の寺院建築は，仏教がインドから伝来した漢代にはじまる．〈寺〉の語は，中国では本来官衙を意味したが，後漢の明帝(在位57–75)の感夢求法説に，インドからはじめて仏像・経典が将来されたという地をのちに〈仏寺〉に改めたのがその始源で，これが現在の*白馬寺(河南省洛陽)の前身と伝えられる．仏教寺院建築の文献上の初見は，『呉志』にみえる後漢時代末に笮融が徐州に建てた〈浮屠祠〉で，金色の仏像をまつり，九重銅槃の*相輪を屋頂に載せた二重楼閣を中心にして，〈閣道〉すなわち二層回廊をめぐらすもので，3千人を収容できたという．初期の寺院建築は，後世の〈*仏殿〉と〈*塔〉の両者を兼ねた建物を中心として構成されたが，その後，*仏舎利信仰の普及に伴って，仏舎利をまつる塔と仏を安置する仏殿が独立，併置されるようになった．北魏の*洛陽の永寧寺は，南に木造の九重塔，北に太極殿に似た形の仏殿を配列し，周囲を牆垣で囲み，四面に1カ所ずつ門を開く配置であり，また唐の*道宣の『戒壇図経』に描かれた寺院は塔を北に，仏殿を南に縦列する配置をもっている．隋・唐時代にも都城の大興(*長安)に数多くの仏寺が建てられ，全国各地でも寺院の建設が相次いだが，唐代以前の寺院建築は会昌の廃仏(→三武一宗の法難)や火災のためにほとんど失われ，現存遺構は，塼塔・石塔などを除くと，晩唐時期以降のものしかない．現存する寺院建築のうち，木造で最古のものは南禅寺大殿(山西省五台山，唐・782)だが，3間の小殿で，これに次ぐ仏光寺大殿(山西省五台山，唐・857)は間口7間，*寄棟造の本格的形式を伝える．降って独楽寺観音閣(天津市薊県，遼・984)や，華厳寺・善化寺(山西省大同)，隆興寺(河北省正定)などには遼・金・宋時代の遺構が各数棟ずつ現存する．→伽藍，塔．

【日本】飛鳥時代に朝鮮を経て伝来した仏教は寺院建築として大陸の建築様式を伝えた．それまでの日本建築は伊勢神宮の社殿に見るような，掘立柱で床を高く張り，柱上に組物をおかず直接梁や桁を支え，屋根は*切妻造・茅葺で，木部は白木のままであった．これに対し，寺院建築は土間で，礎石上に柱を立て，柱上に組物をおき，屋根は瓦葺で主要な建物は*寄棟造あるいは*入母屋造で，木部に彩色を施した．飛鳥時代末から奈良時代にかけて，中国唐の様式が直接輸入され，これが寺院建築の基本的様式となった．平安時代には床を張り，組物が簡略化され，屋根を*檜皮葺にするなど日本化が進んだが，鎌倉時代になると，東大寺の再建に際し*大仏様が，禅宗の伝来によって*禅宗様が輸入され，宋の様式によるものが建てられ，平安時代以来の*和様に大きな影響を与え，室町時代には宋様式を採り入れない和様は全くない状態になったが，基本となったのは和様であった．しかし，禅宗寺院では江戸時代まで，固く禅宗様を守っている．江戸時代になって，*黄檗宗の伝来により三度，大陸様式の伝来があったが，これは黄檗宗寺院に用いられただけで，大勢に影響を及ぼすには至らなかった．

*南都六宗では，*塔・*金堂を中心とする〈塔金堂僧房等院〉，寺内僧侶の生活を支え寺務を行う〈大衆院〉，倉のある〈倉垣院〉，野菜畑である〈苑院〉，花を植える〈花苑院〉，奴隷のいる〈賤院〉からなり，塔・*食堂・*浴室がそれぞれ塔院・食堂院・温室院(*温室)として独立するものもあった．

密教では真言堂・灌頂堂・*法華堂・常行堂などの新しい形式の仏堂が設けられたが，建築様式としては従来の様式が用いられ，新しいものとしては，*多宝塔が造られ，金堂(あるいは正堂)前面に建てられた*礼堂が金堂と一体化して，奥行の深い本堂建築を生んだことが挙げられよう．また*子院が発達し，大規模な寺全体の僧房がなくなったのも特徴の一つで，南都六宗もこの影響を大きく受けている．

禅宗では再び大陸の様式により，土間で，左右対称の伽藍配置を取り，庫院(*庫裏)・浴室・*東司といった日常生活用の建物が重要視され，*回廊が設けられるなど，大きな変化があった．禅宗では個々の建物の様式は禅宗様を近世まで持ち続けたが，密教の子院が増えたように*塔頭が増加し，庫院は*方丈に付属した庫裏となり，回廊は設けられず，*法堂は仏殿と兼用されるなど，次第に簡略化された．塔は臨済宗では中世には多く建てられているが，曹洞宗にはない．曹洞宗では法堂が方丈(あるいは客殿)と兼用になったが，回廊の制は近世まで守られている．

鎌倉時代に起こった浄土宗・浄土真宗・日蓮宗などの寺院が大規模になるのは中世末以後で，近世のもので見るしかないが，最大の特徴は宗祖をまつる堂(*御影堂・大師堂・*祖師堂)が*本堂と同様，あるいはそれより大きく造られたことで，寺院建築の質的内容としては大きな変化といえよう．現存のこれら諸宗の建築は中世末以後のものであるから，当時の寺院建築がすべて禅宗様を多く採り入れた和様であったので，宗派として特別の様式を持ったものではないが，浄土宗にとくに禅宗様の採用が多いことは注目されよう．これは浄土宗における建物の名称にも見ることができる．なお浄土宗・浄土真宗では塔を建てないが，日蓮宗では五重塔を建てるものが多い．黄檗宗では明・清の様式により，左右対称の配置とし，細部の装飾にも中国風を採り入れている．→伽藍，塔，瓦，間，門，大工，付録(塔4-5，寺院建築1-4)．

寺院法度 じいんはっと　江戸時代，寺院僧侶に対して出された法令．徳川家康が最初に手がけたのは，1601年(慶長6)の「高野山寺中法度」5カ条で，その後も各宗派の本山や大寺あてに法度が出された．宗派単位では1609年(慶長14)の「関東古義真言宗法度」9カ条がそのはじめであるが，15年(元和1)7月には各宗派ごとに出されている．このとき法度が出されたのは，臨済宗五山十刹諸山・同大徳寺派・同妙心寺派・真言宗・高野山衆徒・曹洞宗永平寺派・同総持寺派・浄土宗・同西山派である．

各宗派共通の内容で法度が出されたのは1665年(寛文5)7月の「諸宗寺院法度」で，将軍徳川家綱の判物「定」9カ条と老中下知状「条々」5カ条の2通である．この2通の法度が以降も寺院統制の基本となっている．その後，1687年(貞享4)10月「諸寺院条目」12カ条，1722年(享保7)7月「諸宗僧侶法度」8カ条があるが，いずれも数カ条にわたって幕法とは思われない内容が含まれているので，全文幕法とは断定しにくい．いずれにしろ法度の内容は初期の*本末制度の厳守，戒律の厳守，教学研鑽の奨励のものから，時代が下るにつれて僧侶株売却の禁止，寺領質入売買禁止，さらには僧侶の*檀家への金銭強要禁止，飲酒の量目の制限，*斎の汁菜の制限と，寺院内部の問題から僧侶の生活規制へと内容が変化していった．→諸宗諸本山法度．

四有　しう［*s*: catvāro bhavāḥ］　〈*有〉とは生存のことで，有情が*輪廻転生する過程の，ある一定期間の生存状態を四分して〈四有〉という．第1に死んでから次の生を受けるまでの〈*中有〉(antarā-bhava)，第2に生を受けた瞬間の〈生有〉(upapatti-bhava)，第3に受生後から死ぬまでの〈*本有〉(pūrva-kāla-bhava)，第4に臨終の瞬間の〈死有〉(maraṇa-bhava)の四つを指す．*『倶舎論』9などに説かれる．→三有．

シヴァ［*s*: Śiva］　*ヴィシュヌと並ぶ*ヒンドゥー教の最高神．通常三眼の苦行者の姿をとり，弓・三叉の槍を携え，牡牛を乗物とし，その体には蛇が巻きついている．性格は一様ではないが，概して世界と人生の暗い面を司る破壊神と見なされる．*ヴェーダのルドラ神に由来するシヴァ神の信仰は時とともに高揚し，多くの宗派が生まれた．一般にシヴァ神，またはその配偶神などを直接の信仰対象とするヒンドゥー教の支派を〈シヴァ派〉と呼ぶ．シヴァ神およびその諸側面を表す神は，大*自在天・*伊舎那天・*大黒天などとして仏典の内にも言及される．

ジーヴァカ［*s*, *p*: Jīvaka］　⇒耆婆

紫雲　しうん　紫色の雲．中国においては紫雲が現れることは聖天子出現の祥瑞の一つとされた．これは神仙思想・道教思想において紫色が重んじられたことと関連する．中国・日本で浄土信仰がさかんになる中で，*極楽浄土には紫雲がたなびき，*阿弥陀仏が紫雲に乗って念仏行者の前に*来迎するとされるようになる．「西天高く晴れて，紫雲斜めに聳き，無量の聖衆その中に集会す」〔拾遺往生伝上11〕

慈雲　じうん　1718(享保3)–1804(文化1)　真言宗の僧．大坂に生まれる．俗姓上月氏．名は飲光．百不知童子・葛城山人と号す．慈雲尊者と尊称される．河内(大阪府)高貴寺の中興者．顕密諸宗の学に広く通じていたが，特に戒律の復興に努め，〈*正法律〉を唱え，また，在家者のために*十善の法を説いた．*梵語研究の先駆者，さらに，*神道は人間一切の秩序の本源であり，仏教と習合させたり，儒教によって神道を説明するのは誤りであるなどとする〈雲伝神道〉の創始者としても知られる．著書は*『十善法語』12巻，*『梵学津梁』1千巻など多数．

四依　しえ　*法の四依．出家修行者が依り所とすべきもので，法・*了義経・義・智をいう．法に依って人に依らず，了義経に依って未了義経に依らず，義に依って語に依らず，智に依って識に依らないことである．

*行の四依．出家修行者が修行生活の依り所とすべきもので，*托鉢によって得た食物，*糞掃衣，住まいとしての樹下の坐臥所，陳棄薬(腐爛薬，薬に用いる大小便)をいう．

*人の四依．*仏滅後に人々が依り所とすべき4種の人々をいう．*涅槃経は，*三賢*四善根を初依，*預流・*一来を二依，*不還を三依，*阿羅漢を四依とする．大乗では，五品・十信を初依，十住・十行・十廻向を二依，*十地を三依，*等覚・*妙覚を四依とする(→五十二位)．あるいは，五品・十信を初依，十住を二依，十行・十廻向を三依，十地を四依とする．

説の四依．〈四意趣〉(abhiprāya)，〈四秘密〉(abhisaṃdhi)ともいう．仏の教えの背後に潜む仏の意図で，平等・別時・別義・補特伽羅意楽をいう．仏の教えは，言葉通りにとると，時に不合理，あるいは矛盾しているように思われることもあるが，それも実は衆生を導くための*方便としての説き方にほかならない．*法身としては等しいことから過去仏と釈迦牟尼仏を同一視するなど，異なる存在を本質の等しさに基づいてあえて同一視して(平等)教えが説かれることもある．「別の時に」と言うべきところを時間の隔たりなどをあえて無視して(別時)教えが説かれることもある．比喩表現など文字通りにとるべきではない表現を用いて(別

義)教えが説かれることもある．また，個人の意欲・能力に応じて説き方を変えて(補特伽羅意楽)教えが説かれることもある．

紫衣 しえ　紫色の*袈裟(けさ)と*法衣(ほうえ)をさしていう．もとインドにおける僧衣は粗末な布を用い，色も濁った地味な色が基調とされており，紫色は認められていなかったが，中国・日本において朝廷より紫衣が下賜されたことから，最も尊貴な服色として行われるようになった．宋の賛寧(さんねい)(919–1001)の『僧史略』によれば，唐の*則天武后の時に法朗らが紫衣を賜ったのが，中国における紫衣の始めとされている．わが国では『続日本紀』に，*玄昉(げんぼう)が入唐中に下賜され，また帰国後にも朝廷より下賜されて着用したとされるのが古い例であり，その後，紫衣を下賜された例が多くみられ，紫衣の着用には朝廷などの許可を必要としていた．→紫衣事件．

古代中国においては，支配的な思想である*儒教(じゅきょう)では『論語』陽貨に「紫の朱を奪うを悪(にく)む」とあって，紫は尊重される色ではなかった．しかし同時に一方で，『韓非子』外儲説に「斉の桓公，紫を服するを好み…」といい，『春秋左氏伝』哀公17年には「紫衣狐裘(をきる)」とあって，古代山東地方で紫を愛好する風があったことが知られ，またその後の神仙*道教思想で紫色を重んじていることが，道教を尊崇した唐朝で初めて僧侶に紫衣を賜ったことと合せて注目される．

「賜ふに善恵大師の号をもてし，兼ねて紫衣を賜へり」〔続本朝往生伝21〕

緇衣 しえ　〈緇〉は厳密には正黒色でなく，紫ないしねずみを帯びた黒色とする説もあるが，普通には黒衣をさして緇衣と呼んでいる．僧服の一般的な色であることから，僧侶をさして〈緇衣〉〈緇流〉〈緇門〉〈緇徒〉などという．また僧の緇衣に対して在俗者の服色は白をもって代表し，白のことを〈素(そ)〉ともいうことから，僧俗をあわせて〈緇素〉と表現される．日本では特に禅宗で緇衣を多く用いた．緇衣という言葉そのものは，『詩経』鄭風に「緇衣」の篇があり，『論語』郷党に「緇衣には羔裘(こうきゅう)」などの用例があって，仏教伝来以前に古くから用いられていた．「其れより有る所の出家黒衣を著す．仍(よ)ってこれを緇徒とも，緇衣とも，黒衣とも云ふなり」〔壒嚢鈔8〕．→黒衣，白衣(びゃくえ)．

紫衣事件 しえじけん　1626年(寛永3)，朝廷が事前に幕府に相談なく僧侶に紫衣を賜っていたことが発覚した．翌年幕府が「勅許紫衣法度(ちょっきょしえはっと)」および「禁中並公家諸法度(きんちゅうならびにくげしょはっと)」に違反するとの理由でこれを咎めたところ，大徳寺の*沢庵宗彭(たくあんそうほう)・玉室宗珀(ぎょくしつそうはく)や妙心寺の単伝士印(たんでんしいん)らが京都所司代に対して抗議したため，1629年(寛永6)に至り幕府は彼らを流罪にするとともに，それまでの勅許状を無効として紫衣を奪った．これら一連の事件をいう．紫衣とは高徳の僧尼に与えられる紫色の*法衣(ほうえ)・*袈裟(けさ)で，紫衣着用の認可は元来朝廷の権限に属するものであったため，この処置に不満の念を抱いた後水尾天皇が退位を決意するきっかけともなり，朝廷に対して幕府権力の優越性が明確に示された事件と言いうる．→紫衣．

四縁 しえん　すべての原因を4種に分類したもの．〈縁〉は，ここでは原因の意味．*因縁(いんねん)，等無間縁(とうむけんねん)(次第縁ともいう)，所縁縁(しょえんねん)(縁縁ともいう)，増上縁(ぞうじょうえん)の4種．〈因縁〉は，直接的・内的原因．〈等無間縁〉は，前の心が滅することが次の心を生じさせる原因となること．〈所縁縁〉は，認識の対象が認識を起こさせる原因となること．最後の〈増上縁〉には，前の3種以外のすべての原因が含まれる．これには，他のものが生ずるのに積極的に力を与える場合(有力(うりき)増上縁)と，他のものが生ずるのを妨げないことが原因になるという消極的な場合(無力(むりき)増上縁)の2種がある．→六因・四縁・五果，縁．

資縁 しえん　〈資〉は助ける，拠り所となるの意．〈*縁〉も拠り所，手がかりの意．仏教特有の用語で，*仏道修行を助ける衣食住などの外的な条件をいう．主体的な内的・直接的要因に対比される．特に日本仏教で用いられることが多い．転じて，俗に渡世のたよりの意から生業をいうこともある．「仏弟子にして，専ら正道を修し，貪求する所なき者，自然に資縁を具す」〔往生要集大文第10〕「只我が資縁のために人を誑惑せん，財宝を貪らんためか」〔随聞記3〕

慈円 じえん　1155(久寿2)–1225(嘉禄1)　鎌倉時代前期の天台僧．諡(おくりな)は慈鎮．吉水僧正と呼ばれる．関白藤原忠通の子，兄は九条家の祖兼実．保元の乱の前年に生れ，1165年(永万1) 11歳で*延暦寺の青蓮院(しょうれんいん)に入り，1192年(建久3) 38歳で天台座主となり，九条家の浮沈に応じて四度座主となる．歌人としても後鳥羽上皇に認められ，源頼朝とも交わった．勧学講などにより叡山に習学の風を興し，法然没後は，法然の弟子*証空に西山往生院を譲って住まわせた．『新古今和歌集』に多く入集し，家集『拾玉集』，わが国初の史論書*『愚管抄』などの著作がある．

四王天 しおうてん　〈四大王衆天〉のこと．仏教の宇宙観により，世界の中心にそびえる巨大な山，*須弥山(しゅみせん)の中腹にある*四天王(してんのう)の住む天．〈*下天〉とも呼ばれる．四天王は*帝釈天(たいしゃくてん)に仕え，仏教を守護する護法神(ごほうじん)で，東方・*持国天(じこくてん)，南方・*増長天(ぞうじょうてん)，西方・*広目天(こうもくてん)，北方・多聞天(たもんてん)(*毘沙門天(びしゃもんてん))がそれぞれの方角を守護するとされる．欲界に属する*六欲天(ろくよくてん)の第一天で，最下層にある．「法を聞きて歓喜せしによりて，此の二つの鳥，四天王天に生まるべし」〔今昔3-12〕．→天．

四恩 しおん　我々が平等に恩恵をうけているものに四つあることをいう．*心地観経(しんじかんぎょう)によれば，その四つとは，父母の恩・*衆生(しゅじょう)の恩・国王の恩・*三宝(さんぼう)の恩とである．三宝とは，仏・法・僧をさすが，そのうち僧とは，教団を意味する．*『釈氏要覧(しゃくしようらん)』では，国王・父母・師友・*檀越(だんおつ)の恩としており，その他，若干異なる四恩が説かれる場合もある．「一切衆生は皆是れ我が四恩なり」〔十住心論1〕「まづ世に四恩候ふ．天地の恩，国王の恩，父母の恩，衆生の恩これなり」〔平家2.教訓状〕．→恩．

知客 しか　禅院における六頭首(ろくちょうしゅ)(六つの役職)の一つで，賓客接待を担当する．〈典客(てんかく)〉〈客司(かくす)〉ともいう．その寮室を知客寮という．「このとき，知客いまし施主をひきて雲堂にいる」〔正法眼蔵看経〕

四海 しかい　*須弥山(しゅみせん)を取り巻く四方の外海．須弥山の四方の海には，*四大洲として南贍部(なんせんぶ)洲 (Dakṣiṇa-jambudvīpa)・東勝身(とうしょうしん)洲 (Pūrva-videha)・西牛貨(さいごけ)洲 (Apara-godānīya)・北倶盧(ほくくる)洲 (Uttara-kuru)があり，人間は南贍部洲に住むという．総じて全世界の意．→一天四海，閻浮提(えんぶだい)．

持戒 じかい　仏道に帰依(きえ)する者の遵守(じゅんしゅ)すべき規則(戒，śīla)を保持し，生活を律して非違のなきよう努めること．一般に*戒律の保持は，仏道実践の基礎とされ，戒・定(じょう)・慧(え)の*三学の首に数えられる．〈戒〉には，在家(ざいけ)信徒の守るべき〈*五戒〉から出家修道者の守るべき〈*具足戒(ぐそくかい)〉に至るまで，繁簡の区別がある．なお大乗仏教では，別に〈*菩薩戒(ぼさつかい)〉を立て，持戒の完成を*六波羅蜜(ろくはらみつ)もしくは十波羅蜜の第二に数える．「持戒にして，よく善利を生ずるを見る」〔十住心論3〕「法花経しばしも持(たも)つ人，十方諸仏喜びて，持戒頭陀に異ならず，仏に成ること疾(と)しとかや」〔梁塵109〕

尸解仙 しかいせん　不老不死の仙術を得た*神仙が，死んだように見せかけて肉体から脱出したもの．『真誥(しんこう)』4や『酉陽雑俎(ゆうようざっそ)』2によれば，死後も生きたごとくであったり，形骨が消えて無くなったりするという．蟬が殻を脱ぐように肉体を抜け出して新たな発展をするとされる．『抱朴子(ほうぼくし)』内篇2，論仙に天仙・地仙・尸解仙の区別が見え，尸解の術を使いうることが神仙の証(あかし)で，尸解の術を得て飛仙になるともいう．『神仙伝』や『列仙伝』によれば，死後，棺を開くと屍(しかばね)はなく，竹の杖や剣，靴，衣，冠などが残っていたりする．

こうした尸解仙の神異は*道教の伝来に伴ってわが国にも影響を及ぼし，『日本書紀』景行40年には日本武尊(やまとたけるのみこと)の尸解，『聖徳太子伝暦』上には*聖徳太子の尸解登仙を伝える．また『日本書紀』推古21年には，太子が片岡で出会った飢人の尸解を記し，『七代記』はそれを達磨(だるま)(*菩提達摩(ぼだいだるま))かとする．以後平安・鎌倉時代を通じて，尸解説話は多く僧の往生譚の形をとって続出し，『今昔物語集』『本朝神仙伝』以下の説話集や僧伝類に散見する．

「楊貴妃は尸解仙といふものにてありけるなり．…尸解仙といふは，生けるほどは人にもかはらずして，死後にかばねをとどめざるなり」〔続古事談6〕

四箇格言 しかかくげん　*日蓮(にちれん)が法華経最勝の立場から，法華経以外の諸経・諸宗を否定し，その*謗法(ほうぼう)を指摘した「念仏無間(ねんぶつむけん)

・禅天魔・真言亡国・律国賊」(念仏は*無間地獄に堕ちる業因である，禅は*天魔の行為である，真言は亡国の原因である，律は国の賊である)の四句をいう．これは法華経以前の諸大乗経は仏の本懐を説いていない*方便の教えであるから，成仏の真因とはならないとする爾前無得道論に基づく主張で，それを各宗の教えの特徴に合わせて表現したのが四箇格言である．「我が師は法花経を弘通し給ふとてひろまらざる上，大難の来たれるは，真言は国をほろぼす，念仏は無間地獄，禅は天魔の所為，律僧は国賊とのたまふゆゑなり」〔諫暁八幡抄〕

慈覚大師 じかくだいし ⇒円仁

自我偈 じがげ 法華経如来寿量品の，「自我得仏来」から「速成就仏身」までの偈文をいう．はじめの「自我」の2字をとって〈自我偈〉といい，本仏釈尊の久遠の*成道を説いていることから〈久遠偈〉ともいう．自我偈では本仏釈尊は久遠の過去から常に衆生を教え導いてきた不滅の仏であることを説くとともに，衆生の住する*娑婆世界がそのまま寂光浄土(*常寂光土)であることを説いている．「十方世界の諸仏は，自我偈を師として仏にならせ給ふ．世界の人の父母の如し」〔法蓮抄〕

四箇法要 しかほうよう 国家的な大きな*法会に際して，*職衆によって行われた作法の一つ．遅くとも鎌倉期までに主要寺院で行われており，室町期には諸寺の法会でも定着していたことが*『壒嚢鈔』の記事などで知られる．4種類の儀式からなり，その次第は次の通りである．第一は〈*梵唄〉といい，1人が法会の開始前に仏徳を*讃歎する4句の*偈を唱えるが，これは心を静めて法会に臨む準備を整える意味がある．第二は〈*散華〉で，全員が偈を唱和しながら花をまき散らして悪鬼を退け，仏を請じる．第三は〈*梵音〉で，やはり職衆全員が8句の偈を清浄の音で唱和して*三宝を供養する．第四は〈*錫杖〉で，全員が手に錫杖を執り，偈を唱和しつつ各節の終わりに錫杖を振る．

止観 しかん [s: śamatha-vipaśyanā] 漢語としては，『荘子』の〈止〉(「唯ただ止のみ能ょく衆止を止とどむ」〔徳充符篇〕など)と〈観〉(「吾れ之が本を観る」〔則陽篇〕など)の用例がある．心を外界や乱想に動かされず静止させる śamatha(止)と，それによって正しい*智慧をおこし対象を観ずる vipaśyanā(観)とをいい，戒定慧(*三学)の〈*定〉と〈慧〉に相当するが，〈止〉と〈観〉とは互いに他を成立させて仏道を完まっとうさせる不離の関係にある．

天台*智顗は南岳*慧思から相伝した〈三種止観〉によって，当時の諸経論の禅観すべてを整理統摂して仏教の修行法を体系づけた．すなわち，*持戒のうえ*禅定を修し，しだいに深い禅観に入って真実を体得する〈漸次止観〉を『次第禅門』で述べ，修行者の性質能力に応じた順序の不定な実践法〈不定止観〉は『六妙門』で説き，初めから*実相の真実を対象とし，*行も理解も円満で頓速な〈円頓止観〉を*『摩訶止観』で解釈し，大乗仏教の極致とした．また智顗は，〈止観〉に相待(相対)と絶待(絶対)の意があり，相対的意味には，〈止〉には止息・停止，不止に対する止の意，〈観〉には貫穿・観達，不観に対する観の意があるとして，あらゆる*行法は止観に統摂されるとする．絶対的意味からは，〈止〉も〈観〉も不可得で言語や思慮を絶したものであるが，種々の*因縁や*方便によって説かれ修練されるものである．

この天台止観の方法は空観・仮観・中道観の〈三観〉を基本として，初心者の*四種三昧から*十乗観法に至る，多面に及ぶ綿密な行法を組織づけていくのが特色である．なお，〈止観〉を『摩訶止観』の略称とすることもある．→三観．

「大隋の天台山国清寺の智者禅師，此の門に依ょりて止観を修し，法華三昧を得て」〔十住心論 8〕「真言止観の行は道幽かすかにして迷ひ易く，三論法相の教は理奥ふかくして悟りがたし」〔往生拾因跋〕

時間 じかん [s: kāla] 時間の捉え方としては，大きく分けて，外在する物の変化に即して捉える場合と，意識の流れにおいて捉える場合と，時間を実体視する場合がある．古代インドでは，*ヴァイシェーシカ学派のように時間を実体の一つに数えたり，また時間を絶対者の主要な能力と考えるような論者達がいた．後者を〈時間論者〉(kālavādin)と呼ぶ．仏教では，外界の数量的に計量され得る時間を kāla と呼び，時点・時機を samaya と呼び，意識に即した或いは意識の流れそのものである時間(計量され得ない)を adhvan (世せまたは世路せろと訳す)と呼び区別している．一般に仏教では，時間の実体化を極力排する方向にあった．そして，*諸行無常しょぎょうむじょうの原理，つまり物事は常に変化するという考え方と時間論とが密接に関連していった．

【説一切有部ほか】まずアビダルマ(*阿毘達磨あびだつま)仏教の*説一切有部せついっさいうぶは，時間を独立したものとして立てずに，存在の75種の原理の中に時間を含めなかった．彼らは，*生しょう住じゅう異い滅めつという存在の変化の様相を時間と結びつけた．時間は*刹那せつな，刹那に分けられ，現在は一刹那のみである．時間の流れとしては，未来→現在→過去というように，常識とは反対の見方をとった．*ヴァスミトラ(世友せゆう・しょう)によれば，未来・現在・過去の区分は作用があるかないかによる．すなわち，未だ作用を起こしていない*法が未来世であり，作用を起こすことにより現在世になり，作用が消えることにより過去世となる．そして，有部では刹那，刹那の物や心を現象的実在と考えたので，現在(一刹那)のものは実在しており，それは未来から生じるので，未来も実在でなければならず，現在が過去になっていくので，過去も実在であると考え，いわゆる〈*三世実有さんぜじつう〉の説を説いた．これは，時間を存在に即して考え，時間そのものの実体化を排除したものであるが，過去と未来とを現在と同様に実在としたのである．これに対して*経量部きょうりょうぶは，現在のみの実在性を認め，過去と未来は実在しないとした．

【大乗仏教】*大乗仏教になると，時間は*執着しゅうじゃくをもたらすものとして超越されるべきものという考え方がより明確になる．つまり，過去・現在・未来という区別は*分別ふんべつに過ぎず，そこに執着が生じる．*竜樹りゅうじゅ(ナーガールジュナ)は，過去・現在・未来は相対的にあるものであり，それ自体としてあるものではなく，固定的に認識される時間はない，と説き，量的な時間を否定した．そして，存在者に基づいて時間があるのなら，独立した時間はないことになり，その上，全存在は*空くうなので，時間もまた空であると説いた．それ故に時間に対する執着を絶つべきだということになる．彼の流れを継いだ聖提婆しょうだいば(*アーリヤデーヴァ)は，*無常むじょう説を徹底し，説一切有部の三世実有説の中に，無常論と矛盾する危険性を見て，それを徹底的に批判した．

この空思想を前提とした*唯識ゆいしき思想においては，存在者を全て*識しきの*転変てんぺんに現れるとする説を説く当然の結果として，時間も識の流れに現れる表象にすぎない．そして，過去・現在・未来の位置づけは，*因果関係によって説明される．つまり，原因・結果が共に作用し終わったものが過去，原因・結果が共に作用していないのが未来，原因の作用が始まり，結果がまだ現れていないのが現在である．この説は，外界の実在を認めず，識の流れにおいて考えているという点で，先の説一切有部の説と大きく異なる．

【中国仏教】中国仏教の時間に関する論議は必ずしも多くないが，第一に，長大な時間にわたる修行(*歴劫修行りゃっこうしゅぎょう)を経て遠い将来に*成仏じょうぶつするという考え方よりも，頓悟成仏が主流となったこと，第二に6世紀中葉から*正像末しょうぞうまつの三時思想に基づく*末法まっぽう思想が流行し，末法時代に相応しい新しい仏教が模索されたこと，第三にとくに*華厳宗において，*円融えんゆう無礙むげ思想の時間論に対する応用として，永遠即瞬間の思想が*十玄縁起じゅうげんえんぎの「十世隔法異成門」によって示されたことが注目される．十世とは，過去・現在・未来の三世にそれぞれ三世を含んで九世となり，全体を総合する一世を加えて十世とする．この十世が同時に顕現して円融無礙であることを説く．

【日本仏教】日本においても中国と同様，頓悟成仏が主流となり，*即身成仏(空海・最澄・日蓮など)，*往生即成仏(親鸞)などの思想が広まった．また平安時代末期から末法思想が流行し，終末論的な状況の中で，*浄土教などの救済思想が展開した．時間論そのものとしては，『正法眼蔵』有時における道元の時間論が注目される．そこには，「いはゆる有いう時は，時すでにこれ有なり．有はみな時なり，丈六金身これ時なり．時なるがゆへに，時の荘厳光明あり」とあり，存在と時間と自己が一体となったところに時の光明が現れることが説かれている．この立場においては，森羅万象すべて，存在は時間として顕現するものと考えられる．

止観業 しかんごう　天台宗の本来の実践方法である*止観を修学する*行業(ぎょうごう)．*最澄(さいちょう)は，806年(大同1)*年分度者(ねんぶんどしゃ)の南都六宗への平等な割当てと天台の年分度者を加えることを申請して許可され，天台宗の2名の割当てのうち，1名に*大日経(だいにちきょう)，1名に*『摩訶止観(まかしかん)』を読ませることにした．その後818年(弘仁9)の*『山家学生式(さんげがくしょうしき)』(六条式)で，2名の年分度者を〈止観業〉と〈遮那業(しゃなごう)〉とに分け，止観業の学生には毎日，法華経・金光明経・仁王経・守護国界主陀羅尼経など護国の諸大乗経典を読ませることと定めた．「止観業には具(つぶさ)に四種三昧を修習せしめ」〔山家学生式〕．→遮那業．

只管打坐 しかんたざ　〈祇管打坐〉とも書く．〈只管〉は唐・宋代の口語で，ひたすらにの意．ただひたすら*坐禅すること．*黙照禅(もくしょうぜん)の伝統をつぐ天童*如浄(にょじょう)の法を受けた*道元は，只管打坐を強調した．道元は，一方で坐禅を悟りに達するための手段とする立場を否定し，他方で修行無用・修行否定の立場を否定し，坐禅をすることがそのまま悟りのあらわれであるという*修証一等(しゅしょういっとう)の立場を主張した．「只管打坐して大事をあきらめ，心の理をあきらめなば，後には一字を知らずとも他に開示せんに，用ゐつくすべからず」〔随聞記3〕「参禅とは身心脱落なり，祇管打坐にして始めて得」〔正法眼蔵三昧王三昧〕

色 しき［s: rūpa］　いろ・形あるものの意．認識の対象となる物質的存在の総称．一定の空間を占めて他の存在と相容れないが(これを質礙(ぜつげ)という)，絶えず変化し，やがて消滅するもの．〈内色(ないしき)〉(五つの感覚器官)と〈外色(げしき)〉(感覚器官の対象)，〈細色(さいしき)〉(微細な色)と〈麁色(そしき)〉(粗い色)，〈定果色(じょうかしき)〉(瞑想の結果としての色)と〈業果色(ごうかしき)〉(行為の結果としての色)などに区別される．また，眼によって捉えられるもの，見ることができるものをもいい，〈顕色(けんじき)〉(いろ)と〈*形色(ぎょうしき)〉(かたち)がある．「心を用ゐても仏の色を得ず，色を用ゐても仏の心を得ず」〔往生要集大文第6〕「その仏性の色にあらはれたるは，この法花経におはします」〔法華百座3.26〕

識 しき［s: vijñāna，vijñapti］　(区別して)知る(vijānāti)ことを〈識〉という．この知るとは，対象を得ることでもあり，その作用を伝統的には〈了別(りょうべつ)〉という．世界の構成要素を*五蘊(ごうん)に分析するときは，〈識蘊〉としてその一角を形成し，*十二因縁の中では第3の項目(支分)にあたる．アビダルマ(*阿毘達磨(あびだつま))で*五位の中に*心王(しんのう)と*心所(しんじょ)をたてるところでは〈心王〉に相当する．→心(こころ)，意(い)．

【説一切有部と唯識派】部派仏教の*説一切有部(せついっさいうぶ)などでは，心(しん)(citta)や意(manas)と識は同義異名と見た．説一切有部では識について，眼(げん)・耳(に)・鼻(び)・舌(ぜつ)・身(しん)・意の〈*六識〉のみをいい，しかも体は一つとする．一方，*唯識派(ゆいしきは)では，心は〈*阿頼耶識(あらやしき)〉，意は〈*末那識(まなしき)〉，識は〈六識〉を表すと考えるのであり，狭くは六識のみを意味し，広くは*八識すべてに通じるとした．また，説一切有部は識を外界の対象を写し取るようなものと考えるが，唯識派では識の認識する対象は自識の中にあると考える．

【識の内部構造—唯識派】唯識説では，認識するものとしての識を〈見分(けんぶん)〉(grāhakākāra, svābhāsa)といい，識の内部にある認識される形象を〈相分(そうぶん)〉(grāhyākāra, viṣayābhāsa)という．見分と相分とを依他起(えたき)，つまり*縁起して生じるものとして認める唯識説を〈有形象(うけいしょう)(有相(うそう))唯識説〉というのに対して，見分と相分の二つのあり方そのものを誤って分別されたものとして否定する初期の唯識説を〈無形象(むけいしょう)(無相(むそう))唯識説〉という．またディグナーガ(*陳那(じんな))は，識が識自身の内にある形象を認識することを，識の自己認識(svasaṃvedana，自証)と呼ぶ．このためかれは，識の内部に見分と相分に加えて，第3の契機としての〈自証分〉を認める*論師(ろんじ)とされ，さらにまたダルマパーラ(*護法(ごほう))は，この自証分を認識する第4の契機として〈証自証分〉を立てたといわれる．

【九識・十識説】パラマールタ(*真諦(しんだい))は，唯識説本来の八識に加えて，*有情(うじょう)に内在する本来的に清浄な識として，第9の*阿摩羅識(あまらしき)(無垢識(むくしき)，真如識(しんにょしき)などとも)を立て，〈*九識説〉を説いた．この説は中国の*摂論宗(しょうろんしゅう)，さらには天台宗・華厳宗の教学に影響を与えた．さらにまた，空海が重んじた*『大乗起信論』の注釈*『釈摩訶衍論(しゃくまかえんろん)』では，唯識説の八識に加えて，第9に〈多一識〉あるいは〈一切一心識〉，および第10に〈一一識〉あるいは〈一心一心識〉を説く．

「識を説かばただ六種，法を摂(せっ)すればすなはち五位なり」〔十住心論4〕

食 じき [s: āhāra, bhojanīya] 衆生(しゅじょう)の肉身，聖者の*法身(ほっしん)を一定の状態に引きとどめ，長く養い育て保ち続けさせるもの(牽引(けんいん)・長養(じょうよう)・任持(にんじ))の意．肉体を養う飲食物のようなものばかりでなく，感覚，心の働き，意志力を維持させるものまでも含めた〈世間食(せけんじき)〉と，悟りのための*智慧となるような念想・*誓願(せいがん)などの〈出世間食(しゅっせけんじき)〉がある．出家者は*乞食(こつじき)によって生活すべきで，その他の生きかたは邪命食(じゃみょうじき)である．出家者は，許された食物(浄食(じょうじき))のみを摂取すべきで，また食事時間は朝から正午までとされ，それ以外の時間に食べるのは*非時(ひじ)食として禁じられていたが，大乗仏教ではこの規律は弛緩した．「諸仏菩薩・諸天護法，食を送りて供養し，昼夜に守護したまふ」〔法華験記上17〕．→肉食(にくじき)．

時機 じき 仏法の弘まる時節と衆生の*機根(きこん)．*法然(ほうねん)は教法の浅深によって仏法を取捨するという従来の教判(*教相判釈(きょうそうはんじゃく))を捨て，新たに〈機教相応(ききょうそうおう)〉という視点を導入し，末代の愚者悪人にふさわしい教法として*他力(たりき)*易行(いぎょう)の念仏を勧めた．その後に出た*日蓮(にちれん)はこの発想の影響下に，教法の浅深と機根と時運と国土，および教法流布(るふ)の前後という五綱(ごこう)(*五義(ごぎ))を仏法弘通(ぐずう)の用心とし，中でも法華経の弘まる時運を重んじた．

自帰依・法帰依 じきえ・ほうきえ [s: ātma-śaraṇa, dharma-śaraṇa] 〈自帰依〉とは他人を依り所とせず自分を依り所とすること，〈法帰依〉とは仏陀が説いた真理(法)を依り所とすること．仏陀最晩年の旅における説示と伝えられる．〈*自灯明・法灯明〉に同じ．

色界 しきかい *欲界(よくかい)・色界・*無色界からなる〈三界(さんがい)〉の第二．物質的な制約は残るが，*婬欲(いんよく)と食欲をはなれた生きもの(*有情(うじょう))が住む世界．*四禅(しぜん)天からなる*禅定(ぜんじょう)の境域．→三界，天．

色究竟天 しきくきょうてん [s: Akaniṣṭha] 〈阿迦膩吒天(あかにたてん)〉と音写することもある．*欲界(よくかい)の上の天界である*色界(しきかい)の四つの天の中の最上に位する天．色界とは，清らかな物質から成り立つ世界で，欲望を断じ，肉体を存する世界のことだが，色究竟天とは，この上には物質的な領域(*色(しき))がないのでこのように呼ばれる．色界の中の第四*静慮(じょうりょ)処の最上にいる天．→天，三界(さんがい)．

『信貴山縁起』 しぎさんえんぎ 信貴山に籠って修行をつんだ命蓮(みょうれん)という僧に関する三つの*説話を描いた絵巻3巻．紙本着色．朝護孫子寺(ちょうごそんしじ)蔵(奈良県生駒郡平群町)．1)は山中に居ながら*托鉢(たくはつ)の鉢を人家に飛ばして，山崎に住む長者の米倉を鉢に乗せて信貴山に持ち帰らせた「山崎長者(飛倉(とびくら))の巻」．2)は醍醐天皇の病を山に居ながら*加持祈禱(かじきとう)して，剣の護法という童子を飛ばせて帝の病をなおした「延喜加持の巻」．3)は信濃から姉の尼公(あまぎみ)が命蓮をたずねて出てきて，東大寺大仏の夢告により無事再会した「尼公の巻」．この説話は梅沢本『古本説話集』や『宇治拾遺物語』にもみえるので，平安末期には広く知られていた．絵は流暢な描線を駆使して物語の展開を時々刻々に描き出し，その絶妙さは驚嘆に値する．平安末期の代表的な絵巻作品である．

直指 じきし 〈直指〉は，直ちに指し示す，直接に提示するの意．禅宗において，言葉や概念，思想などを媒介とせず，直接，弟子を*悟りに至らせることを表現するために用いられる語で，しばしば，〈直指人心(にんしん)〉，あるいは〈直指単伝(たんでん)〉などの熟語として使用されている．〈直指人心〉は，禅宗の立場を示す代表的なスローガンである〈四句〉の中の一つで，日常生活において自在に働いている，その心そのものに気づけ，と教えるものであり，日常生活への徹底を標榜する*馬祖道一(ばそどういつ)以降の大機大用(だいきだいゆう)禅の思想を端的に表現したものといえる．それに気づけば，それが悟りであるから，この言葉は，しばしば悟りを示す常套語である〈見性成仏(けんしょうじょうぶつ)〉とセットで用いられている．一方，〈直指単伝〉は，直指による弟子の指導が，そのまま禅宗における*伝法であることを表現したもので，〈*単伝〉とは，媒介を経ず，直接に全てを授ける，の意．→教外別伝きょうげべつでん，不立文字ふりゅうもんじ，見性．

式叉摩那 しきしゃまな　サンスクリット語 śikṣamāṇā に相当する音写語．〈正学女しょうがくにょ〉と漢訳される．*沙弥尼しゃみにのうち，18歳から20歳までの者をいう．この期間，不婬・不偸盗・不殺生・不妄語・不飲酒・不非時食の〈六法戒〉を保ち，志操の堅固を証したのち，*具足戒ぐそくかいを受ける．

職衆 しきしゅ　〈色衆〉とも書く．密教の*灌頂かんじょうまたは大法会のとき，*導師にしたがい*声明しょうみょう(仏教声楽)，*散華さんげ(花をまき散らす)，鳴物ならしもの(鐃しょう・鼓こ・*磬けい・戒尺かいしゃく・*木魚もくぎょ・*鈴れいなど)その他の諸役をつかさどるものをいう．法を伝授できる*阿闍梨あじゃりになるための*伝法灌頂の場合，*僧綱そうごう，*金剛杵こんごうしょをもつ持金剛衆，花筥けこをもつ持華衆，*幡ばんをもつ持幡衆などがある．諸職をつかさどるから〈職衆〉といわれ，色の法衣を着しているから〈色衆〉ともいわれる．

直心 じきしん　『後漢書』郅惲伝に「直心にして諱むこと無きは誠に三代の道なり」とあり，純一でまじりけがなく，まっすぐな心．仏教では，それが悟りを求める*菩提心ぼだいしんでもあるとされ，そのこころを得ることができれば，そこが*浄土となるともいう．*維摩経ゆいまぎょう仏国品には「宝積，当まさに知るべし，直心は是れ菩薩の浄土なり．菩薩成仏の時，諂へつらわざる衆生来りて其の国に生ぜん」とあり，また同経菩薩品には「我れ問う，道場とは何の所か是れなる．答えて曰く，直心是れ道場なり．虚仮こけ無きが故に」とある．「菩提の心体に略して三種あり．一には直心．真如の法を念じて，大智着することなし」〔義鏡下〕

色心不二 しきしんふに　一般的には〈物心一如いちにょ〉〈身心一如〉と称する．事物ないし身体(色)と心とが不二・一体であることをいう．仏教の基本的考えかたからすると，事物ないし身体にしても，心にしても，それぞれ独立・固定の実体(*我が)をもって無関係に存在しているのではなく，*無我・*空くうのもとで，関係し合って不二であるとされる．中国において法華経の統一的真理(一乗妙法)に基づいて総合統一的な世界観をうち立てた天台哲学は，改めて色心不二を強調するにいたる．天台6祖の*湛然たんねんは，「十不二門じっぷにもん」〔法華玄義釈籤14〕において10の不二を立てたが，その最初に〈色心不二〉をあげる．「心を常住といふ事は，凡聖同体にして，色心不二なる一心法界をしめすなり」〔夢中問答下〕．→不二．

色即是空・空即是色 しきそくぜくう・くうそくぜしき　[s: rūpaṃ śūnyatā, śūnyataiva rūpam]　*般若経はんにゃきょうの諸本にこれと同類の表現が反復されるなかで，*般若心経はんにゃしんぎょうのこのフレーズは特によく知られる．〈*色〉(rūpa)は，いろ・かたちあるもの，現象する対象，物質的な存在の総体をいい，いっさいを*五蘊ごうん(五つの集まり)に分かつその第1で，たんに〈もの〉とみなしてもよい．

〈もの〉に関して，通常はそれが〈そのもの〉として実在しているという素朴な日常的な考えを，このフレーズは根底から否定し，〈そのもの〉が現象し存在しているとするのには，それを成立させ得る主体的・客体的なあらゆる諸条件が充全に備わってはじめて可能であることを明らかにする．すなわち，〈もの〉はそれ自体が実体として現象し存在するのではないことを〈色即是空〉といい，また実体としてではなくて，諸条件に支えられているからこそ，〈そのもの〉が〈そのもの〉として現象し存在することを〈空即是色〉と説く．

般若心経は他の般若経の諸本と同じく，このフレーズに直ちに続けて，五蘊の他の四つ(*受じゅ・*想そう・*行ぎょう・*識しき)に関しても，色のばあいとまったく同じであると説き，ここに，いっさいの存在や現象の〈空〉を謳うたい，〈空〉のゆえにいっさいの存在や現象が基礎づけられる．徹底して実体・実体的なみかたを排除することによって，独断や偏見はもとより，*迷い・*煩悩ぼんのう・*執着しゅうじゃくが完全に払拭され，無限の多様のうちに自由な境地が解放されて，多彩な思惟・判断・認識また実践活動の場が開かれる．→空．

「色は即ちこれ空なるが故に，これを真如実相といふ．空は即ちこれ色なるが故に，これを相好・光明といふ」〔往生要集大文第4〕「空即是色の心を．前大僧正道玄．春秋の花も紅

葉もおしなべて空しき色ぞまことなりける」〔続拾遺和歌集19〕

直談 じきだん　広義には，直接対面して語ること．経典や仏の教え，宗門の教義を講じること．*談義とほぼ同義．活動の結果，多くの書(直談抄)が生み出された．『鷲林拾葉鈔』直談由来事の条では，*最澄が父母の*菩提のために行なった坂本生源寺と戸津観音堂の直談が，日本での最初だとする．狭義には何も介在させずに真理に至ることで，*観心や*観法などに通じる．『鷲林拾葉鈔』によれば，訓読が，経論や釈義の引用により経旨を説くのに対して，直談は，直接的に経旨に至ろうとする．この「直」は直指・直達・直入などに通じる．*『法華経直談抄』では，経論や釈義の引用を，直談にはふさわしくないとして省く箇所もある．直談の語を有する書は，他に『法華直談観心抄』『直談因縁集』『往生要集直談』『選択集直談鈔』『梵網経直談鈔』『阿弥陀経秘直談抄』など多数ある．→直談抄．

直談抄 じきだんしょう　*談義の場で生まれた諸書の総称．中世には各地の*談義所を中心として，盛んに経典の談義注釈が行われ，諸書が著された．講師(*能化)が自ら用意した講義の手控え，受講者(所化)の筆録，筆録を再編集したものなど多様である．談義の対象は幅広く，法華経の他，阿弥陀経・仁王般若経・観無量寿経・維摩経・梵網経・大日経など様々な経典や，*『法華文句』*『法華玄義』などの注釈書，さらに宗要・義科・問要などについても談義が行われた．法華経の談義の書としては例えば，春海『法華直談私類聚抄』，叡海『一乗拾玉抄』，尊舜『鷲林拾葉鈔』，実海『轍塵抄』，栄心*『法華経直談抄』などがある．直談抄の中には，日付が記されたもの，口述の跡を残すもの，同じ談義を複数の所化が筆録したものなどもあり，談義の実態を示す重要な資料である．また引用される論疏・釈義や物語・和歌などから，談義所における学問の様相がうかがえる．→直談．

直道 じきどう　迂曲せず，直ちに*悟りの世界に至る道のこと．〈大直道〉ともいい，法華経の*開経である*無量義経に説かれる．最澄は*『守護国界章』の中で，悟りの世界に至る道を，迂回道・歴劫道・直道の三つに分類し，〈迂回道〉を*小乗の修行道と，〈歴劫道〉を*菩薩のそれと，〈直道〉を法華*一乗のそれとしている．また最澄は直道を飛行の無礙道ともよんでいる．親鸞も*『教行信証』の序で直道について言及し，*念仏こそ最勝の直道だとしている．「般若経は，これ，菩提の直道，往生の要須なり」〔今昔7-5〕

食堂 じきどう　僧侶が一堂に会して斎食をとるための堂宇．古くは独立した建造物であって，*東大寺・*興福寺に遺址が存在する．禅宗ではかつては*僧堂で食事がなされたが，江戸時代*黄檗宗が伝えられてから，食事のための建物が別に設けられた．臨済宗では食堂，黄檗宗では〈斎堂〉と称する．曹洞宗ではそのまま僧堂で，他宗では*庫裏が当てられた．現代語の〈食堂〉は，この語に由来する．

直綴 じきとつ　〈直裰〉とも書く．僧侶の着する*法衣の一種．肩や腋を覆う*僧祇支の変形として中国で考案された*偏衫(上衣)と，下衣である裙子とを直接に綴じ合わせたもので，着用を簡便にした略儀の僧服．中国以来，主として禅宗系統の僧侶に用いられ，日本では初めこれを俗服として寺内では用いない宗派もあったが，現在では広く用いられている．「東司にては直綴を著せざるにも，衆家と揖し気色するなり」〔正法眼蔵洗浄〕

色法 しきほう［*s*: rūpa-dharma］　*一切法(事物)を分類する際の一カテゴリー．概ね物質一般に相当する．*法を分類する方法は，原始(初期)経典の段階では*五蘊・*十二処・*十八界が一般的であるのに対して，アビダルマ(*阿毘達磨)教学の段階ではさらに精緻な分類法が編み出された．*『倶舎論』によれば，*説一切有部は一切法を75に分類し，1)色法11，2)心法1，3)心所法46，4)心不相応行法14，5)無為法3，の五位に配当した．色法に属する法は，*五根(pañca-indriya．五つの器官である眼根・耳根・鼻根・舌根・身根)，*五境(pañcaviṣaya．五根の対象である色境・声境・香境・味境・触境)，*無表色(avijñapti-rūpa．五根・五境によって引き起こされた表面に現れない*業)の11種である．中国・日本においてもこの有部の学説が伝統的に用いられてきた．→五位七十五法．

樒 しきみ　モクレン科の常緑小高木．その枝葉を〈はな〉として仏前に供え，あるいは葉と樹皮を粉にして*抹香(まっこう)をつくる．神前に供える榊(さかき)に対するもので，〈梻〉とも書くのは，仏前に供える木の意から作出された国字．*鑑真がわが国にもたらしたともいう．*熊野の那智妙法山では，死者の霊は枕元の一本花の樒の枝をもって山に登り，奥の院に落としていくといわれている．仏前草．「其の内に梻(しきみ)を立て廻らかして注連(しりくへ)を引きて」〔今昔 14-44〕「七日七日に墓所へ参り，折々の草花山に入りて樒手折りてここにさし」〔懐硯 4〕

自行化他 じぎょうけた　自ら修行することと他を教化すること．大乗の*菩薩(ぼさつ)の，〈自利〉(自分のためにすること)と〈*利他〉(他のためにすること)の二面にわたる行いを簡潔に表したもの．〈自行化彼(じぎょうけひ)〉ともいう．「他に読誦を勧め，自行化他，功徳円満して，永く無常に帰せり」〔法華験記 上 14〕．→自利利他．

持経者 じきょうしゃ　経典，とくに*法華経を受持し*憶持(おくじ)する修行者．略して〈持者〉ともいう．主として山林霊場で修行する出家者をいうが，中世には在家者も含めるようになった．8世紀から文献上に現れるようになり，平安時代の*『法華験記(ほっけげんき)』や*『今昔物語集』には，その生態が活写されている．国家の公認をえない出家者(*私度(しど)僧)が多くを占めた．持経者は〈*聖(ひじり)〉とも呼ばれ，激しい苦行で体得した験力(げんりき)によって人々の尊信を集めた．その信仰の特色として，教学研鑽の軽視，万単位で経を*読誦(どくじゅ)する数量的信仰，などがあげられる．〈法華経の行者〉を自称する*日蓮(にちれん)を，この持経者の系譜に位置づける見方もある．「雲浄といふ持経者ありけり．若くより日夜に法花経を読誦して年を積めり」〔今昔 13-17〕

四句 しく［*s*: catuṣ-koṭi(ka)］　ある主題について，Aである，Aでない，AでありかつAでない，AでもなくAでないのでもない(A，－A，A・－A，－A・－－A)という4種の賓辞(述語)をつけて考察することで，〈四句分別〉ともいう．また tetralemma と英訳される．例えば，人は死後も存在する，…存在しない，…存在しかつ存在しない，…存在もしないし存在しないのでもない．釈尊は形而上学的問題については，この四句すべてが成立しないことを示し(*無記)，*中観派はあらゆるものについて，原則的に，この四句すべてを否定するのが*空(くう)の思想の立場であるとした．ただしこれを一種の分類法あるいは段階的な教義として，肯定的にみなすこともある．その立場に立つと，一種の表現法として採用するのである．

四苦 しく　⇒生老病死(しょうろうびょうし)，四苦八苦(しくはっく)

慈救呪 じくしゅ　*不動明王の*真言(しんごん)の一つ．不動明王は大慈悲心をもって*衆生(しゅじょう)を救護するとされるゆえにこの名がある．真言は，ノウマク・サマンダ-バザラダン(namaḥ samanta-vajrāṇāṃ，一切の金剛(こんごう)尊に帰依す)，センダ-マカロシャダ(caṇḍa-mahāroṣaṇa，恐ろしき大*忿怒(ふんぬ)尊よ)，ソハタヤ(sphaṭaya，打ち砕きたまえ)，ウン・タラタ・カン・マン(hūṃ traṭ hāṃ māṃ)．不動明王の三種真言のうち最も多く用いられ，また*十三仏真言の一つとしてもこれを用いることが多い．「かの阿闍梨を北野よりめし出だされて，不動の慈救呪を一たびみてしかば，女房はさめにけり」〔北野天神縁起〕

四弘誓願 しぐせいがん　〈しくせいがん〉とも．あらゆる仏・菩薩がおこす次の四つの*誓願をいう．1)衆生無辺誓願度(しゅじょうむへんせいがんど)．数かぎりない人びと(*衆生)を悟りの*彼岸に渡そうという誓願．2)煩悩無尽誓願断(ぼんのうむじんせいがんだん)．尽きることのない*煩悩(ぼんのう)を滅しようという誓願．3)法門無量誓願学(ほうもんむりょうせいがんがく)(もしくは誓願知)．量り知ることのできない仏法の深い教えを学びとろうという誓願．4)仏道無上誓願成(ぶつどうむじょうせいがんじょう)．無上の悟りを成就したいという誓願．仏・菩薩の決意した心を示したもの．語句には若干の異同が存するが，原型は*心地観経(しんじかんぎょう)功徳荘厳品に見られ，定型的なものは智顗(ちぎ)の*『摩訶止観(まかしかん)』10下に見られる．古来，菩薩の整理・要約された誓願として〈総願(そうがん)〉と称し，口に唱えられた．

なお真言宗では，衆生無辺誓願度・福智無辺誓願集・法門無辺誓願覚(学)・如来無辺誓願事・菩提無上誓願証の〈五大願〉とする．

「惣じてこれを謂はば仏に作(な)らんと願ふ心なり．また，上は菩提を求め，下は衆生を化(すく)ふ心とも名づく．別してこれを謂はば四弘誓願なり」〔往生要集大文第4〕

竺仙梵僊 じくせんぼんせん　1292(中国至元29)-1348(日本貞和4)　竺仙は道号，梵僊は諱(いみな)．別に来来禅子・思帰叟・最勝幢とも号する．鎌倉時代末に中国元より来日した臨済宗の僧．明州象山県(浙江省寧波)の徐氏の出身．臨済宗古林派の古林清茂(くりんせいむ)の法を嗣ぐ．1329年(元徳1)，明極楚俊(みんきそしゅん)に同行して来朝した．浄妙寺・浄智寺・南禅寺・建長寺などに住す．法嗣(はっす)に椿庭海寿(ちんていかいじゅ)，門生に*春屋妙葩(しゅんおくみょうは)・*中巌円月(ちゅうがんえんげつ)・別源円旨(べつげんえんし)などがある．*雪村友梅(せっそんゆうばい)・乾峰士曇(けんぽうしどん)などとも親交を結んだ．竺仙は，日本における古林会下(えか)(「金剛幢下(こんごうとうか)」と称する)の統率者をもって任じ，大友貞宗(さだむね)，上杉貞氏(さだうじ)，足利尊氏(たかうじ)・直義(ただよし)などの手厚い保護を受けた．偈頌(げじゅ)作成の流布・普及に強い影響力を及ぼし，*一山一寧(いっさんいちねい)とともに禅林の学芸の隆盛の基礎を築いた功労者である．*五山版の印刷事業にも深い関心を寄せた．語録7巻のほか，偈頌集『来来禅子集』『来来禅子東渡語』『来来禅子東渡集』『来来禅子尚時集』，さらに『天柱集』がある．

四苦八苦 しくはっく　苦しみを四つあるいは八つに分類したものの併称で，原始経典以来説かれる．〈四苦〉とは，生(しょう)(生れること)・老(ろう)・病(びょう)・死(し)で，これに怨憎会(おんぞうえ)苦(憎い者と会う苦)，愛別離(あいべつり)苦(愛する者と別れる苦)，求不得(ぐふとく)苦(不老や不死を求めても得られない苦，あるいは物質的な欲望が満たされない苦)，五取蘊(ごしゅうん)苦(五盛陰(ごじょうおん)苦・五陰盛(ごおんじょう)苦とも．現実を構成する五つの要素，すなわち迷いの世界として存在する一切は苦であるということ)を加えて〈八苦〉となる．後世になると四苦八苦は，人間界のすべての苦ということから，この上ない苦しみ，言語に絶する苦を意味するようにもなった．→苦，生老病死．

なお四苦八苦の解説は，六道苦を説いて離苦得脱を勧める六道釈で特に重視され，*『往生要集』を起点として，特に浄土門の*唱導(しょうどう)において敷衍され練り上げられてきた．*『宝物集(ほうぶつしゅう)』の六道釈中の四苦八苦論はその一つの到達点で，そこでは多数の証話・証歌を駆使して講釈自体が一個の文学にまで高められている．

「八苦と申すは，生と老と病と死と，是れを四苦といふ．此の外(ほか)怨憎・愛別・求不得・五盛陰なり．是れを八苦と申すなり」〔九巻本宝物集2〕「集(つど)ひ易く排(はら)ひ難きものは八大辛苦なり」〔万葉5〕「断末魔の四苦八苦，あはれと言ふもあまりあり」〔浄・曾根崎心中〕

竺仏念 じくぶつねん [Zhú Fó-niàn]　生没年未詳．涼州(甘粛省武威県)の人．前秦(苻秦)の建元年間(365-384)，*道安(どうあん)の主宰していた訳経場で漢訳の補佐的立場にあったというが，僧伽跋澄(そうがばっちょう)らの婆須蜜経(ばしゅみつきょう)訳出や曇摩難提(どんまなんだい)の王子法益壊目因縁経(おうじほうやくえもくいんねんきょう)訳出にあたって，実際に梵本を漢語に翻訳したのは竺仏念であったとされる．384年に趙正(ちょうせい)が曇摩難提に増一阿含経(ぞういちあごんぎょう)と中(ちゅう)阿含経の訳出を依頼したときにも漢訳の任に当たり2年で完成させている．竺仏念が漢訳に従事した時期は*鳩摩羅什(くまらじゅう)の翻訳活動の前後にあたる．*安世高(あんせいこう)・*支謙(しけん)以後，竺仏念を超えるものはないと称えられ，苻姚二秦における仏典漢訳の中心人物とされる．自らも菩薩瓔珞経(ぼさつようらくきょう)，十住断結経，出曜経(僧伽跋澄との共訳)，菩薩処胎経，中陰経などを訳し，『鼻奈耶』『十誦比丘戒本』『比丘尼大戒』など，*律の漢訳にもかかわっている．

竺法護 じくほうご [Zhú Fǎ-hù]　239-316　中国，西晋代の訳経僧．月氏系帰化人の末裔で，*敦煌(とんこう)に生れた．敦煌菩薩・月氏菩薩の尊称がある．法護はDharmarakṣaの訳で，曇摩羅察(どんまらさつ)とも音写された．〈竺〉を冠するのは師の竺高座にちなんだもの．西域で多くの仏典を入手し，敦煌・酒泉・長安・洛陽などで翻訳した．訳出経は大小乗にわたって150余部にのぼるが，正法華経・光讃般若経・維摩経・普曜経など教理・信仰の上から重要なものが少なくない．〈正法華経〉は*法華経の最初の漢訳として著名である．*鳩摩羅什(くまらじゅう)以前の訳経では量質ともに最もすぐれている．

竺法蘭 じくほうらん [Zhú Fǎ-lán]　中インドの出身．サンスクリット名はDharmaratnaか．『梁高僧伝』によると，後漢の明帝(めいてい)の時代(紀元1世紀後半)に蔡愔(さいいん)らを西域に遣わして仏経を求めさせたとき，竺法蘭は摂摩騰(しょうまとう)(迦葉(かしょう)摩騰)とともに中国に行くことを約し，蔡愔に随(したが)って出発しようとしたが，たまたま弟子たちに押しとどめられ同行はできなかった．しかしのちに*洛陽にたどりつき，*四十二章経(しじゅうにしょうぎょう)など5部を訳し，六十余歳で寂したという．しかし，古い訳経について最も信頼度の高い*『出三蔵記集』には竺法蘭の記載がなく，四十二章経も後代の編纂と考えられるので，史実とはみなしがたい．伝説上の人物というべきであろう．

師家 しけ　禅宗で，修行者を導く指導者をいう．これに対して，修行者のことを*学人(がくにん)という．師について参禅し，*印可(いんか)を得てその*法を嗣いで，はじめて師家となることができる．「今時は少し見解有らば，早(はや)修行成就と思ひ師家を立て，また人を印可するなり」〔驢鞍橋〕

寺家 じけ　寺方・寺院当局の意味．公家・朝家・領家・俗家などに対する語として用いられることも多い．また*比叡山(ひえいざん)における職名をいい，〈*執当(しっとう)〉ともいわれる．『円光行状翼賛』9には，執当とは*知事のごときもので，寺家といい，山門(比叡山)の僧事，法会の威儀，ならびに回文などを執務する役だと記されている．なお一般語としては，奈良時代以来常用されて寺院または寺僧を意味し，それに使役される下男下女を〈寺家人〉と称した．「それ寺家の屋は俗人の寝処にあらず」〔万葉16〕

支謙 しけん［Zhī-qiān］　2世紀末から3世紀中頃の人．三国，呉で活躍した在俗の訳経家．字は恭明．越ともいう．祖父の法度は，後漢霊帝のときに大*月氏(支)から国人数百人を率いて帰化し，率善中郎将に任じられた．13歳で胡(こ)書を学び，6カ国の言語に通じた．*支婁迦讖(しるかせん)の弟子支亮(しりょう)に師事し，あらゆる経典・典籍を究めた．後漢が乱れたために献帝(在位190-220)の末に呉に逃れた．呉主孫権は支謙の博学・才慧を聞いて博士とし，太子孫亮の教育にあたらせた．*『出三蔵記集』によれば，孫権の保護のもと，黄武元年(222)から建興年間(252-253)に至るまでおよそ30年の間に，維摩詰経(ゆいまきつきょう)(*維摩経)，瑞応本起経(ずいおうほんぎきょう)，大阿弥陀経(だいあみだきょう)，大明度無極経(だいみょうどむごくきょう)など36部48巻を訳している．*法句経(ほっくきょう)の翻訳にあたっては文飾を加えない維祇難(いぎなん)の翻訳方針にしたがったが，その訳文は文雅であり，聖典の意味をよく捉えていたとされている．

示現 じげん　サンスクリット語 saṃdarśana などに相当する語．仏や菩薩が衆生(しゅじょう)*済度のため種々に身を変えてこの世に現れること，また広く，神や仏がさまざまな*霊験を示し現すことをいう．「普門に示現する神通力」〔法華経普門品〕，「(菩薩は)方便の慈を行い，一切に示現するが故に」〔維摩経観衆生品〕などと使われている．わが国でも同義に用いられ，特に，示し現したこと，すなわち啓示，お告げを意味することが多い．「四天護法は時々示現を致す，十八善神は度々(たびたび)夢想を為(な)す」〔尾張国郡司百姓等解永延2.11.8〕「春日大明神の示現によりて，すずろに御経蔵と云ふ額を，一枚書きておき給ひけれども」〔十訓抄10〕

四劫 しこう　〈劫〉(kalpa)は，きわめて長い時間の一単位．四劫とは，一つの世界の形成から次の世界の形成が始まる前までの世界の変遷を4期に分けたもの．〈成劫(じょうこう)〉(世界が成立する時代)，〈住劫(じゅうこう)〉(継続する時代)，〈壊劫(えこう)〉(破壊する時代)，〈空劫(くうこう)〉(破壊し終わって，次の成劫までの間，完全に空無となる時代)の4期．それぞれが20劫(中劫)からなり，四劫全体で80劫(＝1大劫)を数える．*『倶舎論(くしゃろん)』によれば，住劫のときには，人の寿命が8万歳からしだいに減って10歳になり，次にしだいに増えて8万歳になり(増劫(ぞうこう))，またしだいに減って10歳になり(減劫(げんこう))と，これを20ある各劫ごとに繰り返すという．→劫，減劫，増劫．

「劫は必ず始めあり，必ず終りあり…これに付きて四劫あり．謂(い)はく一は成劫，下は風輪際より上は梵天の国土に至る」〔注好選上1〕「今本時の娑婆世界は，三災を離れ，四劫を出でたる常住の浄土なり」〔観心本尊抄〕

師号 しごう　高徳の僧に国から賜う称号．*大師・*国師・*禅師・*和尚・*法師・*上人・*菩薩・*三蔵などがある．没後に追贈するものを〈*諡号(しごう)〉という．また〈嘉号(かごう)〉と称して，本来の僧名に大師・国師などの号を付すことを許す場合もある．749年(天平勝宝1)，聖武天皇らに*授戒した*行基(ぎょうき)に〈大菩薩〉の号を賜ったとする*『扶桑略記』の記述を初見とするが，*最澄・*空海の大師号，*叡尊(えいぞん)の菩薩号，*円爾(えんに)の国師号など多くは没後の諡号である．ただし禅師号のみは生存中に贈られる場合が多い．

諡号 しごう　高徳の人物の没後その徳を追尊して国から贈る称号．〈諡〉は〈おくりな〉とも訓む．もとは中国の帝王や貴族などの間で行われた慣習．僧の諡号は北魏(386–534)の法果が胡霊公と追贈されたのを初見とし，わが国でも平安時代から実例が見られている．諡号には*大師・*国師などが付くもののほか，それらが付かず，たんに2字のおくりなの場合もある．また東晋(317–420)の廬山*慧遠(えおん)やわが国の*法然(ほうねん)のように1人に何度も異なる諡号を贈る場合が稀にあり，重諡・加諡と称する．別に〈徽号(きごう)〉ともいうが，これは生存中に賜る号を呼ぶ場合が多い．→師号．

四向四果 しこうしか　原始仏教や部派仏教における*修行の階位で，預流向(よるこう)・預流果，一来向(いちらいこう)・一来果，不還向(ふげんこう)・不還果，阿羅漢向(あらかんこう)・阿羅漢果のこと．〈向〉は特定の果に向かう段階，〈果〉は到達した境地を示す．向と果の対(双)が四種(四双)あるため，総計で八種の段階にある人という意味で，〈四双八輩(しそうはっぱい)〉ともいう．〈*預流〉とは聖者の流れ，すなわち*見道位に入ることで，最大7回*欲界の*人(にん)と*天の間を生れかわれば悟りを開く位．〈*一来〉とは1回人と天の間を往来して悟りに至る位．〈*不還〉は欲界には再び還らず*色界(しきかい)に上って悟りに至る位．〈*阿羅漢〉は今生の終りに悟り(*涅槃(ねはん))に至り再び*三界には生れない位をいう．この位に到達した者を〈*無学〉といい，これ以前の聖者(七輩)を〈*有学(うがく)〉という．

「四向三果の位をへて，大阿羅漢の極位にいたるなり」〔黒谷上人語灯録11〕「鹿(かせぎ)が苑なる岩屋より，四果の聖ぞ出でたまふ」〔梁塵220〕

自業自得 じごうじとく　自らなした行為の*果報(かほう)は自らに受けるということ．元来，*業(ごう)とは行為のことで，それには善もあれば悪もあり，善の行為をした場合は*楽(らく)の果を受け，悪の行為をした場合は*苦(く)の果を受けるのである．本来は，主体的な行為・責任を強調したものであったが，後には，特に日本では，自分の行為によって得た結果であるから，あきらめるより仕方がないという宿命論的な意味に解されるにいたった．「かの冥吏呵責(かしゃく)の庭に，独り自業自得の断罪に舌をまき」〔海道記〕「三毒を食として三悪道の苦患をうくる事，自業自得果の道理なり」〔一遍語録〕

地獄 じごく [*s*: naraka, niraya]　〈奈落(ならく)〉〈泥犁(梨)(ないり)〉などの音写語がある．悪業(あくごう)を積んだ者が堕ち，種々の責苦を受けるとされる地下世界の総称．*破戒(はかい)などの罪を犯した者が死後に赴くとされる最も苦しみの多い生存状態．*三悪趣(さんあくしゅ)・五趣・*六道・*十界(じっかい)の一つ．

【八熱地獄・八寒地獄】経典にはさまざまな地獄が説かれるが，*等活(とうかつ)より*阿鼻(あび)に至る〈*八熱地獄〉(八大地獄)と，極寒に苦しめられるという〈八寒地獄〉が特に知られる．他に八熱の各地獄に付随する〈増(ぞう)地獄〉(副地獄)，地獄の各所に散在するという〈孤(こ)地獄〉などがあるという．正法念処経(しょうぼうねんじょきょう)や*『倶舎論(くしゃろん)』などの経典・論書ではこれらの地獄を組織的に説くが，もちろん一時期に成立したものではない．たとえば八寒地獄は，古くは特に寒冷との結びつきを持たず，しかも10種の地獄として説かれていた．後にヒンドゥー教の影響下に八熱地獄が成立したことにより，それとの対比で八寒とされたものと思われる．

いずれにせよ，古代インド社会における業報(ごうほう)*輪廻(りんね)の世界観の定着とともに，仏教でも早くからこの地獄思想を取り入れ，悪業の報いとしての堕(だ)地獄の恐怖が盛んに説かれた．そして，*在家(ざいけ)として*戒律を守り善業を積めば，死後には*生天(しょうてん)の*果報を得，また*出家として清らかな身を保つ者は，輪廻の苦界そのものから逃れて究極の*解脱(げだつ)を得ることができるものとされた．

【閻魔と地獄】死王ヤマ(*閻魔(えんま))と地獄との結びつきは，すでにインドの仏教において認められるし，死後審判の思想は仏教以前から存在していた．しかしこれが中国に至ると，特に道教における*太山府君(たいざんふくん)の冥界思想と習合して*十王信仰を生み，閻魔大王を地獄の主宰者とする審判思想の明確な成立を見た．わが国では，この中国的な太山冥府の地獄思想が古くからの*黄泉(よみ)の国の*他界観念と結びつき，さらにインド以来の地獄観，輪廻思想も漸次仏典から紹介されて入り込んだことから，全体としてはきわめて錯綜した他界観，あるいは地獄観が形成されるに至った．

【日本文化への影響】仏教の地獄思想が人心を深くとらえたのは，特に源信(げんしん)の*『往生要集(おうじょうようしゅう)』(平安中期)に八大地獄が詳述されて以来のことであり，以後，〈地獄変(へん)〉〈地獄変相(へんそう)〉などと呼ばれる絵画や，*『地獄草紙(ぞうし)』のような解説文(詞書)を付した絵巻物などの作成が盛んとなり，それを利用した六道説法の盛行と相俟って人々の堕地獄に対する恐怖感をあおり，わが国における浄土信仰の隆盛の大きな要因となった．のみならず，そのような地獄思想の具体的な描出が，わが国の文化や社会に及ぼした影響は計り知れず，その事例は枚挙にいとまがないほどである．*三途(さんず)の川や*賽(さい)の河原などの諸信仰の成立，また〈地獄谷〉〈地獄の沙汰(さた)〉〈奈落の底〉などといった表現・言い回しの流布も，そのようにして仏教の地獄観が広く民間に浸透した結果生まれたものである．

「仏，難陀を地獄に将ゐて至り給ひぬ．もろもろの鑊(かなへ)どもを見せ給ふに，湯盛りに涌きて人を煮る」〔今昔 1-18〕「地獄絵にかきたるやうなる鬼形の輩，その数，かの家に乱入して家主を捕へ」〔古事談 4〕

『地獄草紙』 じごくぞうし　*地獄の有様を描いた絵巻．平安末期の作品として3巻が伝存する．いずれも紙本着色．1)は正法念処経(しょうぼうねんじょきょう)所説を描いた東京国立博物館蔵，2)は起世経(きせきょう)所説の奈良国立博物館蔵，3)は仏名経(ぶつみょうきょう)所説の沙門(しゃもん)地獄(僧侶の堕ちる地獄)の断簡が諸家分蔵．これらは地獄で罪人たちが受ける刑罰の有様を描き，現世の罪業を戒める．

持国天 じこくてん［*s*: Dhṛtarāṣṭra］　四天王(してんのう)の一つで，*乾闥婆(けんだつば)王(Gandharva-rāja)が持国天であると見なされている．*須弥山(しゅみせん)中腹に住して東方を守護する武神である．密教では，胎蔵界曼荼羅(たいぞうかいまんだら)外金剛部院の東に配置される(→両界曼荼羅)．形像は一定しないが，右手に*宝珠(ほうじゅ)，左手に剣などを持つのが普通である．→四天王，天．

四国八十八箇所 しこくはちじゅうはっかしょ　〈四国八十八箇所弘法大師(こうぼうだいし)霊場〉とも称す．四国内に散在する，弘法大師*空海(くうかい)ゆかりの霊場88カ所を*巡礼するコースのこと．〈*遍路(へんろ)〉と呼ばれる巡礼者が霊場に参詣すると，そのしるしに「南無大師遍照金剛(なむだいしへんじょうこんごう)」と弘法大師の宝号を記した札を納めることから，88カ所の寺を〈*札所(ふだしょ)〉という．四国遍路といえば，下記に記すように，阿波・霊山寺(徳島県鳴門市)を一番とし，讃岐・大窪寺(香川県さぬき市)を八十八番とする．こうした四国八十八箇所は，*大師信仰の広がりを背景にして成立したが，とくに，1687年(貞享4)の真念著『四国遍路指南』に「阿州霊山寺より札はじめは大師巡行の次第と云々」と記述し，番数を記して順次札所について説明してある．それを契機に，現在のような〈四国八十八箇所〉が確立していったようである．遍路が白装束で御*詠歌(ごえいか)を唱えつつ，巡礼することはよく知られている．小豆島・京都*仁和寺(にんなじ)・江戸などにもこれを模したものがつくられた．以下，県別に札所番号を付して88カ所を挙げる．

徳島県　**1.**霊山寺(りょうぜんじ)，**2.**極楽寺(ごくらくじ)，**3.**金泉寺(こんせんじ)，**4.**大日寺(だいにちじ)，**5.**地蔵寺(じぞうじ)，**6.**安楽寺(あんらくじ)，**7.**十楽寺(じゅうらくじ)，**8.**熊谷寺(くまだにじ)，**9.**法輪寺(ほうりんじ)，**10.**切幡寺(きりはたじ)，**11.**藤井寺(ふじいでら)，**12.**焼山寺(しょうさんじ)，**13.**大日寺(だいにちじ)，**14.**常楽寺(じょうらくじ)，**15.**国分寺(こくぶんじ)，**16.**観音寺(かんおんじ)，**17.**井戸寺(いどじ)，**18.**恩山寺(おんざんじ)，**19.**立江寺(たつえじ)，**20.**鶴林寺(かくりんじ)，**21.**太竜寺(たいりゅうじ)，**22.**平等寺(びょうどうじ)，**23.**薬王寺(やくおうじ)，**66.**雲辺寺(うんぺんじ)．

高知県　**24.**最御崎寺(ほつみさきじ)，**25.**津照寺(しんしょうじ)，**26.**金剛頂寺(こんごうちょうじ)，**27.**神峰寺(こうのみねじ)，**28.**大日寺(だいにちじ)，**29.**国分寺(こくぶんじ)，**30.**善楽寺(ぜんらくじ)(安楽寺(あんらくじ))，**31.**竹林寺(ちくりんじ)，**32.**禅師峰寺(ぜんじぶじ)，**33.**雪蹊寺(せっけいじ)，**34.**種間寺(たねまじ)，**35.**清滝寺(きよたきじ)，**36.**青竜寺(しょうりゅうじ)，**37.**岩本寺(いわもとじ)，**38.**金剛福寺(こんごうふくじ)，**39.**延光寺(えんこうじ)．

愛媛県　**40.**観自在寺(かんじざいじ)，**41.**竜光寺(りゅうこうじ)，**42.**仏木寺(ぶつもくじ)，**43.**明石寺(めいせきじ)，**44.**大宝寺(だいほうじ)，**45.**岩屋寺(いわやじ)，**46.**浄瑠璃寺(じょうるりじ)，**47.**八坂寺(やさかじ)，**48.**西林寺(さいりんじ)，**49.**浄土寺(じょうどじ)，**50.**

繁多寺(はんたじ)，51. *石手寺(いしてじ)，52. *太山寺(たいさんじ)，53. 円明寺(えんみょうじ)，54. 延命寺(えんめいじ)，55. 南光坊(なんこうぼう)(光明寺(こうみょうじ))，56. 泰山寺(たいさんじ)，57. 栄福寺(えいふくじ)，58. 仙遊寺(せんゆうじ)，59. 国分寺(こくぶんじ)，60. 横峰寺(よこみねじ)，61. 香園寺(こうおんじ)，62. 宝寿寺(ほうじゅじ)，63. 吉祥寺(きちじょうじ)，64. 前神寺(まえがみじ)，65. 三角寺(さんかくじ).

香川県　67. 大興寺(だいこうじ)，68. 神恵院(じんねいん)，69. 観音寺(かんおんじ)，70. 本山寺(もとやまじ)，71. 弥谷寺(いやだにじ)，72. 曼荼羅寺(まんだらじ)，73. 出釈迦寺(しゅっしゃかじ)，74. 甲山寺(こうやまじ)，75. *善通寺(ぜんつうじ)，76. 金倉寺(こんぞうじ)，77. 道隆寺(どうりゅうじ)，78. 郷照寺(ごうしょうじ)(道場寺(どうじょうじ))，79. 高照院(こうしょういん)，80. 国分寺(こくぶんじ)，81. 白峰寺(しろみねじ)，82. 根香寺(ねごろじ)，83. 一宮寺(いちのみやじ)，84. 屋島寺(やしまじ)，85. 八栗寺(やくりじ)，86. *志度寺(しどじ)，87. 長尾寺(ながおじ)，88. 大窪寺(おおくぼじ).

持斎　じさい　広義には，*戒律(かいりつ)を守って身心を*清浄(しょうじょう)に保つこと．漢語としての〈斎〉は，宗廟(そうびょう)の祭祀の準備として飲食や起居を節制し，身心を清浄にする宗教的行事をさし，『論語』郷党，『礼記(らいき)』祭義,祭統などに規定が見え，また『荘子(そうじ)』人間世では，精神を統一し雑念を去る〈心斎〉が説かれている．

仏典に見える〈斎〉は*布薩(ふさつ)の原語(upavasa, (u)poṣadha)からの訳語であり，もとインドにおける*ヴェーダの祭祀の準備としての*潔斎(けっさい)に由来する．仏教においては，月々に2日(満月と新月)もしくは6日(六*斎日(ろくさいにち))，出家僧が会集して戒律を*読誦(どくじゅ)し，罪を*懺悔(さんげ)する行事を〈布薩〉というが，この布薩の日に，*在家(ざいけ)信徒が8項目の戒律(*八斎戒(はっさいかい)・聖八支斎)を遵守(じゅんしゅ)して，聖者と同等の清浄なる生活を行う行事を特に〈持斎〉という〔中阿含経持斎経〕．なお後世にあっては，八斎戒のうち，正午を過ぎて食事を取らぬ節食の規定が特に強調された〔釈氏要覧上〕．→斎(さい)，斎(とき)．

「持斎の日において，己が財物を捨てて六親に与ふ」〔十住心論2〕「本より持斎を好まず，朝夕これを食せり」〔往生極楽記10〕

自在　じざい　[*s*: vaśitā, vaśitva]　vaśitāは，意のままに従わせる力．vaśitvaは，意のままであること．ただし語源的には両語は区別されない．漢語の〈自在〉も，意のままであることで*自由と同義．用例は『漢書』王嘉伝などに見える．仏典では，*煩悩(ぼんのう)などの束縛を離れた菩薩(ぼさつ)や仏の*無礙(むげ)なる境地や能力をいう．〈自在力(りき)〉の数え方には，二種自在・四種自在・五種自在・八種自在・十種自在などの諸説がある．ちなみに*華厳経(けごんぎょう)巻26では，八地以上の菩薩に備わる自在力として，命(みょう)自在・心(しん)自在・財(ざい)自在・業(ごう)自在・生(しょう)自在・願(がん)自在・信解(しんげ)自在・如意(にょい)自在・智(ち)自在・法(ほう)自在の10種をあげ，また*大宝積経(だいほうしゃくきょう)巻68では，*法身(ほっしん)の菩薩に備わる自在力として，寿命(じゅみょう)自在・生自在・業自在・覚観(かくかん)自在・衆具果報(しゅぐかほう)自在の5種を数えている．「仏を見，法を聞くこと，心に自在を得たり」〔法華験記上18〕

資財帳　しざいちょう　寺院の財産目録．一般的には後代のものもいうが，主として奈良・平安時代に政府が官寺・準官寺に提出させたものをさす．霊亀2年(716)から毎年，天長2年(825)から国司の交替の6年ごと，貞観10年(868)からは4年に一度作成が義務付けられた．詳しくは〈伽藍縁起并流記資財帳(がらんえんぎならびにるきしざいちょう)〉といい，冒頭に草創由来を記し，以下堂舎，仏像，法具，宝物から所領，奴婢などにいたるまで，寸法・員数などを詳細に記す．現存最古の資財帳には，天平19年(747)の大安寺，法隆寺，元興寺のものがある．→流記(るき)．

自在天　じざいてん　[*s*: Īśvara]　*婆羅門教(ばらもんきょう)，*ヒンドゥー教では，世界を創造し支配する最高神をイーシヴァラと名付けるが，これは多くの場合*シヴァ神の別名となる．イーシヴァラは仏典にも登場し，また仏画や曼荼羅(まんだら)に描かれている．イーシヴァラまたはマヘーシヴァラ(Maheśvara)はそれぞれ〈自在天〉〈大自在天〉と漢訳され，後者はまた〈摩醯首羅天(まけいしゅらてん)〉と音写される．仏教においては自在天は*外道(げどう)神としての性格を色濃く留めているが，一方では諸尊の一つとして重要視され，ときには仏・菩薩の*化身(けしん)ともいうべき扱いを受けている．なお，菅原道真(すがわらのみちざね)(845-903)の御霊(ごりょう)に「天満大自在天神」の神号が追贈されたのは，御霊の絶大な神威を大自在天の神威に習合させたものである．

自殺　じさつ　自分で自分の生命を断つこと．自害・自死のこと．仏教では〈じせつ〉と読む．

一般に，*殺生は十悪の一つに数えられ，*波羅夷罪を犯すものであるとして，*五戒の一つであるから，自殺といえどもそれに抵触するものとして禁じられている．だが，病などで死期が間近い病人が，病に苦しみ，自らの存在が僧団の他の*比丘らに多大の迷惑をかけているとの自覚の結果，自発的な*断食・断衣・断薬などにより死地に赴くことはその限りではない，とされる．また，仏・菩薩などが他の者のために，自らの身体を放棄すること(*捨身など)が最高の*布施と見なされた他，法華信仰・浄土信仰などの発生と共に，*焼身者・入水者が現れた．たとえば，*熊野の那智浜宮から補陀落舟(丸木舟)に乗り，観音浄土の*補陀落山へ渡ることをめざす補陀落渡海(＝入水往生にあたる)もまた，捨身行の一つである．

自恣　じし［*s*: pravāraṇā, *p*: pavāraṇā］　インドの仏教教団では雨季の3カ月間，修行者たちは外出を避け，一箇所に定住して，修行に専念した．これが〈*安居〉，または〈夏安居〉である．夏安居の最終日は普通，陰暦の7月15日で，この日は参加者全員が集まり，修行中のことを互いに反省し，自発的に罪を告白*懺悔した．これを〈自恣〉という．この日は新月と満月の夜に行われる*布薩の日にあたり，特に盛大な布薩が催された．後に西域地方で，この自恣の日に僧侶を供養すると，過去七世の父母を救うことができるという信仰が生じ，*盂蘭盆の行事となって，中国・朝鮮・ベトナムに伝えられ，現在も日本で続いている．漢語〈自恣〉は，思いのままにふるまう，ほしいままに事をおこなう意．

「そもそも此の日安居終へつれば，すなはち自恣を行ふ．堂の前の庭を払ひて寺の中の僧を集む」〔三宝絵下〕

慈氏　じし　⇒弥勒

獅子吼　ししく［*s*: siṃha-nāda］　仏陀の説法．漢訳仏典では，多く〈師子吼〉と書かれている．仏陀が大衆にむかって堂々と教えを説き，邪説を排して異教の徒を怖れさせるのを，獅子が咆哮して他の獣を怖れさせるさまにたとえた語．転じて，雄弁をふるうことをいう．「師子吼とは，自ら大理を宣ぶるに怖畏する所無し．義，師子の衆狩を畏れざるに同じ．故に師子吼と云ふ」〔勝鬘経義疏〕

獅子賢　ししけん　⇒ハリバドラ

獅子座　ししざ［*s*: siṃha-āsana］　仏陀の座席．インドでは一般に国王など貴人の坐する台座を〈獅子座〉と呼び，その呼称を仏教がとり入れたもの．仏陀を百獣の王である獅子にたとえ，その座所を〈獅子座〉と呼んだのだと解釈される．漢訳仏典では，多く〈師子座〉と書かれる．〈猊座〉とも．転じて，仏陀の教説すなわち経典を講説するための高座を指し，また仏像の*台座をもいう．「仏を見奉れば，師子の御座より御衣のこぼれいで給へるほど，いみじくなまめかしく見えさせ給ふ」〔栄花鳥の舞〕

獅子身中の虫　しししんちゅうのむし　〈師子身中の虫〉とも書く．*梵網経下や*仁王般若経下などの所説に由来する成句．獅子の身体に巣くって，この恩恵をこうむっているにもかかわらず，獅子の肉を食って害毒を及ぼす虫の意で，転じて，味方でありながら，内部から害をなすものの意．仏教徒でありながら，かえって仏法の害となるもののたとえとする．「『師子身中の虫の如し』とは仏弟子の源空これなり」〔守護国家論〕「師子の身中の虫の師子をくらふがごとしとさふらへば，念仏者をば仏法者のやぶりさまたげさふらふなり」〔親鸞消息〕

師資相承　ししそうじょう　〈師資〉は師と弟子のことで，師から弟子へ受けつがれること，*法が正しく伝えられていくことをいう．特に禅宗において，仏教の正しい継承の仕方を表現したもの．〈師資承襲〉〈師資相伝〉などとも称する．密教でも*血脈相承を重視する．「聖道家の諸宗，おのおの師資相承あり」〔選択本願念仏集〕「師資相承の寺院ならびに聖教等をもって弟子に譲賜するは，法水の流例，釈門の恒規なり」〔後鳥羽天皇宣旨建久8.4.27〕．→相承．

四悉檀　ししっだん　〈ししつだん〉とも．〈悉檀〉はサンスクリット語 siddhānta に相当する音写で，確定した立言，定説，*宗というほどの意味．仏の説法の言葉を四つの範疇に分け，一見相互に矛盾が見られるような場合にも，それぞれの範疇内で言えば真実である，ということを明かしたもの．次の四つをいう．〈世界悉檀〉：仏教の究極から言えば*虚妄こもうであるが，世間的な意味では真と認められることがら．〈各各為人かくかくいにん悉檀〉：その人その人の資質や能力・思想などに応じて説かれる真実．〈対治たいじ悉檀〉：病やまいに応じて薬があるように，その人の誤った見解や生活態度などを改めて正しい道に導くために説かれる真実．〈第一義悉檀〉：仏教の究極の真実，悟りそのもの．これらは，浅から深へ，人々を教え導くための方便・方策と見ることも出来る．*『大智度論』1 などに説かれている．

「我が有学なる事は四悉檀の益の為なり」〔今昔 4-1〕「初心の行人頓とみに三学斉ひとしく修むること甚はなはだ難し．故に四悉の方便，一学を初めと為し，漸く全く斉しく修む」〔雑談集 1〕

獅子奮迅 ししふんじん ［s: siṃha-vijṛmbhita］ 獅子が奮い立つこと．転じて，勢い激しく事に当るさまをいう．漢訳仏典では多く〈師子奮迅〉と書かれる．仏陀が入る瞑想を〈師子奮迅三昧ざんまい〉といい，仏陀がこの*三昧に入ると，獅子のように身を奮って異教の徒を圧倒するというので，このようにいう．法華経従地涌出品にも「諸仏の自在神通の力，諸仏の師子奮迅の力」と見える．

事事無礙 じじむげ ⇒四法界しほっかい

侍者 じしゃ 貴人の側そば近くに居る者．仏教では，仏や長老のそばに仕えて身のまわりの世話をする者をいう．*阿難あなんが釈尊に仕えたのはその例．侍者には信心の堅いことや精進など，八つの徳が必要であるとされる（大般涅槃経 40）．禅宗寺院にはその職務によって，焼香侍者・書状侍者・請客しんか侍者・衣鉢えはつ侍者・湯薬侍者などの別がある（『勅修百丈清規』4）．「五大力の尊は侍者を東土に遣はし，八大尊の官は神の鏑かぶらを賊の方に放つ」〔将門記〕「大衆に告げて，入滅のため法堂はったうの鼓ならすべき由，侍者に告げて」〔沙石集 10 末-3〕

寺社縁起 じしゃえんぎ 寺院や神社の草創や沿革をかたる詞章・絵巻・記録などの総称．寺社縁起の起源は，746 年（天平 18）に僧綱所そうごうしょ（*綱所こうしょ）より下された命めいに応じて諸寺が作成した*縁起・*資財帳であり，*元興寺がんごうじや*法隆寺ほうりゅうじのものが伝えられていて，〈古縁起〉と称される．これらのうち『元興寺伽藍縁起并流記資財帳がんごうじがらんえんぎならびにるきしざいちょう』には，仏法伝来から元興寺創建に至る経緯が長大な縁起として記されている．*『今昔物語集』本朝仏法部の冒頭巻 11 には諸寺の縁起が類聚され，*醍醐寺だいごじ本『諸寺縁起集』をはじめとして多くの縁起集が伝存するように，諸社寺の縁起の集成も企図された．

縁起の内容が霊験利益譚の性質を帯びたものは，*『信貴山しぎさん縁起』『北野天神きたのてんじん縁起』のように，絵巻として伝えられる事例も多い．また中世には，*本地垂迹説ほんじすいじゃくせつを背景として，神仏が人間界で苦難を経た後に神や仏へと昇華していく物語（*本地物）が，*『神道集』その他にかたられている．作成された縁起は，信者の獲得や，縁日・法会の際の*絵解えときなどに用いられることもあった．近世以降も，民衆の参詣や教化きょうけと関わって，〈略縁起〉という簡略な縁起の摺り物が作成されている．

示寂 じじゃく 〈寂〉は，サンスクリット語 nirvāṇa（音写は*涅槃ねはん）の漢訳語で〈*寂滅〉と同じ．〈示寂〉は寂滅を示現じげんする，すなわち衆生教化のために寂滅の相を示す意で，仏・菩薩・高僧が死ぬことをいう．〈入寂〉〈*帰寂〉〈*円寂〉なども同義．なお，〈寂〉という語は，『易経』『老子』『荘子』などの中国の古典においては，音声・形象を超越した高い境地を表す．「貞雅法印に随ひて受法灌頂す．…康暦元己未十二月二十八日示寂す．四十八才」〔鶴岡両界壇供僧次第〕

寺社奉行 じしゃぶぎょう 鎌倉・室町・江戸時代を通じて，仏寺・神社についての訴訟・人事・雑務のことをつかさどった職務・機関．鎌倉・室町期は，幕府においておもに寺社の訴訟・紛争を扱った要職で，室町期より寺奉行・社家奉行への分化が認められる．また，興福寺・延暦寺など特定の大寺社におかれた別奉行も寺社奉行といい，幕府と寺社を結び命令の伝達や訴訟の取次ぎ，寺社内の紛争処理などにあたった．江戸幕府では三奉行の最上位，将軍直属の機関で譜代大名が任ぜられた．1635 年（寛永 12）に職制として設置され，全国の寺社および寺社領内の宗教者・芸能者・一般人民の支配や裁判行政を行なった．

四衆 ししゅ ［s: catasraḥ parṣadaḥ］ 〈四

部衆〉とも．仏教教団を構成する*出家の二衆と*在家の二衆をいう．出家の二衆とは，*比丘と*比丘尼であり，在家の二衆とは，*優婆塞と*優婆夷である．比丘は成年男子の出家者で*具足戒を受けた者，比丘尼は成年女子のそれ．優婆塞は男子の仏教信者で*三宝に帰依し*五戒を受けた者，優婆夷は女子のそれ．在家の二衆は，出家の二衆の衣食住の世話をするのが常である．また，仏の*説法に関係する者を4種類に分けて〈四衆〉ともいう．説法をうながす〈発起衆〉，教えを聴聞して利益を受ける〈当機衆〉，他所からきて説法をたすける〈影響衆〉，直接利益をうけないものの，説法の場にいて未来に悟りを得る因縁を結ぶ〈結縁衆〉の四つからなる．「四衆を四天王寺に請ませて，仏像四軀を迎へて，塔の内に坐ませしむ」〔書紀大化4〕「八国の王集まり来たり，四衆議して罪を除かむが為に得たる所の舎利なり」〔今昔4-3〕．→七衆．

寺主 じしゅ　寺内を統轄する*三綱の第2席．中国では後漢(25-220)の*白馬寺寺主がその名の初見とされるが，三綱の一人としての寺主は梁(502-557)の法雲の*光宅寺寺主任命を初例とする．日本では645年(大化1)恵妙の百済大寺寺主任命が初見．奈良時代には寺の副長官であったが，平安時代に三綱の上に*別当・*座主などの職が置かれるとその下で事務を執る官人的職務となり，権官も置かれて4年の任期ごとに官によって補任され，交替の際には解由状(後任者から前任者に渡す引継状)を必要とするにいたった．

四重 しじゅう［*s*: catvāraḥ pārājikāḥ］　原語は〈四重禁〉〈四重罪〉の意．4種の*波羅夷(処)の義．発達した小乗*具足戒では僧侶の罪状に種々のランクをつけ，軽重の*罰を課した．このうち婬・盗み・殺人・妄語(自分が悟っていないのに修行が完成したと*妄語すること)の4種を特に重大な犯罪と規定したことから，意訳して〈四重罪〉〈四重禁〉と称し，略して〈四重〉と呼んだ．教団(*僧伽)追放に該当する．これらは在家*五戒や沙弥*十戒にも共通し，普遍宗教一般にも通じる徳目である．なお，*大乗戒では四重・六重・八重・十重などの*禁戒が説かれるが，それらにも全て含まれている．

「いはゆる重罪といふは，四重と八重と五逆と謗方等と一闡提と，是れなり」〔十住心論1〕「殺盗婬妄等の四重禁戒を犯すものの，四悪趣におつることをばうたがはず」〔合水集中〕

時宗 じしゅう　〈遊行宗〉ともいう．1274年(文永11)*一遍によって開創された*浄土教の一門．一遍は浄土宗西山派の祖*証空門下の聖達の弟子で，*法然の孫弟子に当る．唐の*善導がその法会に集まる人々を〈時衆〉と呼んだのにちなみ，一遍も門下の僧尼を時衆と呼んだ．昼夜*六時に念仏して浄土を願う*同行衆の意である．それが次第に教団の名となり，江戸時代には〈時宗〉として公認された．

時宗の教えの根本は*口称念仏の実践にある．一遍が全国を*遊行し，念仏*賦算したのも，一人一人に実際に念仏を称えさせ，念仏の同行*同朋とするためであった．以来歴代の遊行上人は国中を遊行し，念仏を*勧進し，賦算を任として今日に至っている．*清浄光寺(遊行寺)を本山とし，所属寺院4百余．*六字の名号を本尊とする．所依の経典は*浄土三部経，特に*阿弥陀経を正所依とし，*『一遍上人語録』，善導の五部九巻の書，法然の*『選択本願念仏集』を根本の宗典とする．一遍が熊野本宮に参籠して，*権現から他力念仏の深意を授けられたという歴史的背景があるので，神仏習合の立場をとり，神祇との深い関係がある．特殊な行法として踊躍念仏(*踊念仏)や歳末別時念仏会などがある．

四十九院 しじゅうくいん　観弥勒菩薩上生兜率天経(*弥勒経)にある*兜率天内院の四十九重の宝殿，または本経を典拠に建立したとされる49の寺堂や坊舎をいう．個々の院名は*聖冏の『釈浄土二蔵義』に見えるが出典は不詳．日本では*行基建立とされる四十九院が有名だが，その数を疑問とする説や*薬師経に拠ったとする説などがある．一方，墓上施設の四十九院は日本独特のもので，兜率天往生思想と殯習俗とが習合したものと思われる．*弥勒信仰と関係深い．「此の身をもて一切衆生を荘して，しかしながら四十九重摩尼殿の御前へまいり侍らんずるなり」〔著聞 釈教〕「菩薩(行基)畿内に道場を建立すること凡そ四十九処，諸州にまた往々にして存せり」〔往生極楽記 2〕

四十九日 しじゅうくにち　インドでは人の死後，7日ごとに*追善供養を行う風があったが，その7回目の最後の日．〈七七日《なななぬか・しちしちにち》〉ともいう．この日が過ぎると死者は他の生に赴くと考えられた．人が死んで他の生を受けるまでの四十九日間を〈*中有《ちゅうう》〉〈中陰《ちゅういん》〉といい，最後の四十九日目を〈満中陰〉と称する．七七日の追善供養は，わが国では平安時代に入って盛行するようになった．「連夜の誦経，更に休息せず，四十九日の法事の已後《のち》，その声聞こえず」〔法華験記 上 39〕「薬師の法は行はずとも，四十九日《なななぬか》の中に生き返りなまほしう」〔狭衣 3〕

四重興廃 しじゅうこうはい　*三重七箇法門《さんじゅうしちかほうもん》とともに*本覚思想の教判《きょうはん》体系．「迹門《しゃくもん》の大教興《おこ》れば爾前《にぜん》の大教亡《もう》じ，本門《ほんもん》の大教興れば迹門の大教亡じ，観心《かんじん》の大教興れば本門の大教亡ず」〔法華略義見聞 中．四重興廃事〕というように，〈爾前〉(*法華経《ほけきょう》以外の諸経)，〈迹門〉(法華経の前半)，〈本門〉(法華経の後半)，〈観心〉(*止観《しかん》)の四つについて勝劣・興廃を論じ，観心最勝をもって結んだもの．徹底した現実肯定に立ったもので，教理・経説(教相)としては法華経の本門を現実肯定の意に解して最高視し，さらに，それは*已心《こしん》のほかのなにものでもないということから，観心を最後に置いた．→本門，迹門，観心．

四十二章経 しじゅうにしょうぎょう　摂摩騰《しょうまとう》(迦葉《かしょう》摩騰)と*竺法蘭《じくほうらん》が共訳したとされるが，おそらく5世紀ごろ中国で編纂されたと思われる．1巻．漢訳経典から倫理的・実践的教説を記した章句を集め，42章にまとめたもの．もともと小乗経典の性格を有していたが，のちに禅宗内でもてはやされ，禅宗的教説を含む改訂本もつくられた．今日でも，この両系統のテキストが並び行われている．*『出三蔵記集《しゅつさんぞうきしゅう》』以来，本経は中国への仏教初伝の伝説と結びつき，漢訳仏典の第1号と考えられてきた．しかし史実とは見なしがたい．

四十八願 しじゅうはちがん　阿弥陀仏《あみだぶつ》が*因位《いんに》の*法蔵菩薩《ほうぞうぼさつ》であったとき，世自在王仏《せじざいおうぶつ》のもとで二百十億の*仏国土の様相を見せてもらい，その中から特に勝れた箇所だけを選び取って建立した四十八の*願．*無量寿経《むりょうじゅきょう》巻上に説かれる．これらの願はいずれも，「設《たと》い我《われ》仏を得たらんに」(私が仏になった場合に)という常套句で始まり，続いて成仏した際に満たされるべき仏身・仏土・衆生などに関する条件を挙げ，最後にそのような条件が満たされない場合には「正覚を取らじ」(仏の覚《さと》りを得ない)という語で結ばれる．ただし，第十八願のみは例外で，「唯《ただ》五逆と正法を誹謗するとを除く」との語句が付加されている．

【分類と位置づけ】四十八願をどのように分類し，個々の*誓願《せいがん》をどのように位置づけるかに関しては，古来より様々な解釈がなされている．浄影寺《じょうようじ》*慧遠《えおん》は〈摂法身《しょうほっしん》の願〉(仏身に関する願，12,13,17)，〈摂浄土《しょうじょうど》の願〉(仏土に関する願，31,32)，〈摂衆生《しょうしゅじょう》の願〉(衆生に関する願，その他の43願)の3種類に分類した．また，*善導や*法然《ほうねん》は第十八願を念仏往生を説いた願として最も重視し，法然はこの願を〈本願中の王〉と位置づけている．*親鸞《しんらん》は願を真と仮に分かち，11,12,13,17,18,22を真実の願，19,20,28を仮願とし，19→20→18の次第で仮から真へと深まっていく〈三願転入《さんがんてんにゅう》〉の思想を確立した．→第十八願，三願，三願転入．

【異本における誓願の数】漢訳された無量寿経の異本に記される誓願の数は，大阿弥陀経ならびに平等覚経は二十四願，大乗無量寿荘厳経では三十六願，*大宝積経《だいほうしゃくきょう》「無量寿如来会」では四十八願であり，また梵本(足利本)では四十七願，西蔵訳の無量光荘厳大乗経では四十九願である．大別すると初期に成立した原本に基づく系統では二十四願系が主流をしめ，増広発展の過程で四十八願系が成立したと考えられる．中国・日本では無量寿経が最も流布したため，阿弥陀仏の誓願といえば一般に四十八願をさすようになった．

「善知識来たりて極楽のありさまを説き聞かせ，法蔵比丘の四十八願を説き聞かす」〔菩提心集 上〕

四十八夜 しじゅうはちや　〈四十八夜念仏〉ともいわれる．*阿弥陀仏が立てた48願にちなみ，48夜に限り，専ら*念仏を修め，無量寿経・観無量寿経・阿弥陀経の*浄土三部経を誦する行事．平安時代より始められたとみられる．『真如堂縁起』(1524)には，「戒算上人が四十八日を取りて，不断念仏を勤行し，浄土三部経を講宣した」との例をみることができる．しかし，後には形骸化したため，江戸時代には*増上寺などでは禁止した．→四十八願．

四十八体仏 しじゅうはったいぶつ　明治初年に*法隆寺から皇室に献納された〈法隆寺献納宝物〉(東京国立博物館保管)に含まれる，51件57軀の小*金銅仏の総称．その呼称は近世以来のもので，阿弥陀の*四十八願になぞらえたとする説もあるが，『金堂日記』にみえる，1078年(承暦2)に*橘寺から法隆寺に移した金銅仏49体の数が念頭にあってのものと思われる．一群中には，辛亥年銘観音像(651)，丙寅年銘菩薩半跏像(606または666)など飛鳥時代の在銘像があるほか，三国時代の朝鮮で造られた渡来像，*止利仏師周辺の作である止利派の像，7世紀末の法隆寺再建期の作とみられる童子形像などがあり，古代彫刻史研究の重要な資料である．かつてこれらに付属していた金銅製*光背40面も献納宝物中に残されている．

四種三昧 ししゅざんまい　天台*智顗が，諸経に説く様々な*行法を，身の動作・口の唱法・意の*観心の三面から分類し，主に坐と行という身の動作の違いによって4つの範疇に分け整理したもの．1)常坐三昧．文殊師利所説般若経などに基づく．90日間を*一期として，身はもっぱら坐して一仏に向かい，口は常に黙し，意においては*法界の理を*観念する．ただし疲労したり疾病・睡魔などの障害に悩まされたときには仏名を唱えることも許される．2)*常行三昧．般舟三昧経に基づく．*阿弥陀仏を本尊とし，90日間常にそのまわりを歩き，口には阿弥陀仏の名を唱え，意にはただ阿弥陀仏を念ずる．3)半行半坐三昧．方等陀羅尼経による方等三昧と法華経による*法華三昧とに分けられるが，いずれも坐と行とを組み合わせた修行法である点は同じである．前者は，7日を一区切りとし*陀羅尼を唱えながら本尊のまわりを歩き，終わって坐し意に*実相を観念することを繰り返す．後者は21日間を一区切りとし，同じく本尊のまわりを*行道することと坐すこととを繰り返すが，その間に*懺悔，*誦経などを行う．4)非行非坐三昧．前の3種以外のすべての行法を含む．一定の行儀を規定しないで*縁にしたがって*観法を行うので非行非坐と名づけられる．→三昧．

「三年楞厳院に蟄居して，四種三昧を修せり」〔往生極楽記4〕

『私聚百因縁集』 しじゅひゃくいんねんしゅう　単に『百因縁集』ともいう．仏教*説話集．9巻．僧住信が1257年(正嘉1)常陸国(茨城県)で編集．仏法東伝の歴史を踏まえてインド・中国・日本の3部編成とし，巻1-4が「天竺編」で73話，巻5・6が「唐土編」で36話，巻7-9が「和朝編」で38話，計147話を収める．跋文によると，衆人の機根に応じて教化するために種々の因縁譚を収録したとあり，そこに*説経資料の集成という意図がこめられていたことが知られる．

3国各編とも各国の〈仏法王法縁起由来〉の条で始まり，以下に各国の仏教の成立展開と霊験利益の諸相を説話によって叙述するが，説話採択の基準と編集の姿勢には，編者の立脚する浄土教的観点が強く反映している．ちなみに，中国仏教の展開相は慧遠・曇鸞・道綽・善導ら浄土教系高僧伝を中心にして説かれ，日本仏教の展開相も，聖徳太子・行基から最澄・円仁を経て源信・永観・法然に至る僧伝を軸として叙述されている．収載説話は多様で，各編に見合った内容を収録するが，「天竺編」に地蔵十王経にちなむ冥界*十王の解説が列記され，「唐土編」に孝養譚が多出しているのは注目される．「和朝編」で核になっているのは，阿弥陀信仰に根ざした極楽往生譚や霊験功徳譚である．なお，収載説話は*『発心集』をはじめ先行文献に取材したものが多いが，それだけに本書が説話の書承研究に果す資料的価値も大きい．

四種法 ししゅほう　息災・*増益・敬愛・*降伏という四つの*修法．密教修法における四種類の区別で，〈四種護摩法ほう〉〈四種成就法(しゅじょうじゅほう)〉とも称する．〈息災法〉は災害を除くための修法，〈増益法〉は延命や智慧の増進を図るための修法，〈*敬愛法〉は穏やかではない心を持つ者を心変わりさせ歓喜させるための修法，〈降伏法〉は*正法(しょうぼう)を惑乱させる者に対して悲愍(ひみん)の心から降伏させる修法である．『金剛頂瑜伽護摩儀軌(こんごうちょうゆがごまぎき)』などの金剛部では四修法に鉤召法(こうちょうほう)(諸尊・善神を召集する修法)を加えた〈五種法〉を説き，さらには増益を延命と増益の二法に開いた〈六種法〉を説くものもある．*蘇悉地経(そしつじきょう)ではただ息災・増益・*調伏(ちょうぶく)の〈三種法〉を出すが，いずれも開合の相違であり，基本的には四種法に含められる．四種法は金剛部・胎蔵部(たいぞうぶ)・蘇悉地部などを通じて修法を分類したものと考えられる．

自受法楽 じじゅほうらく　自ら*法楽を受けるの意で，仏がその広大な悟りの*境界(きょうがい)にあらわれる楽しみを自ら享受すること．仏が自分の悟った教えを自分自身で楽しむことをいい，特に*成道(じょうどう)直後の釈尊や，大日如来についていわれる．「十善寺に参りて，おのおの自受法楽の法施を奉り」〔太平記 34．二度紀伊国軍〕

四種曼荼羅 ししゅまんだら　大曼荼羅・三昧耶(さんまや)曼荼羅・法曼荼羅・羯磨(かつま)曼荼羅の4種の曼荼羅．略して〈四曼〉という．〈大曼荼羅〉は五大の原色を基調に，仏・菩薩の形像を彩画した曼荼羅．〈三昧耶曼荼羅〉は尊像の代りに，*持物(じもつ)や印契(いんげい)(*印相(いんぞう))のごときもの(*三昧耶形(さんまやぎょう))で表した曼荼羅．仏像という具象を超えた抽象的な象徴の力をかりて仏の*誓願(せいがん)の深意を示す曼荼羅．〈法曼荼羅〉は象徴以上に抽象化された仏の音声(おんじょう)的表現である呪(じゅ)(*陀羅尼(だらに)・*真言(しんごん))をさらに集約化し，各尊を梵字(ぼんじ)1字の*種子(しゅじ)(種子曼荼羅)や，*金剛杵(こんごうしょ)中の尊像(微細会(みさいえ))などで表した曼荼羅．〈羯磨曼荼羅〉は木像・金属像・*塑像(そぞう)などの立体像や，*供養し合う所作を示す(供養会)諸尊で，仏の羯磨(行動)を表す曼荼羅．金剛界(こんごうかい)曼荼羅の中核は，この四種曼荼羅で占められている．→両界曼荼羅．

「仰ぎ願はくは，金剛海会三十七尊・大悲胎蔵・四種曼荼羅，…塵数の眷属と与(とも)に無来にして来たり」〔性霊集補闕抄 8〕「四曼の徳，誰か能くこれを称謂せむ」〔性霊集 7〕

自受用 じじゅゆう　⇒受用身(じゅゆうしん)

四生 ししょう [s: catur-yoni]　生物を生まれ方の違いによって4種類に分類したもの．胎生(たいしょう)・卵生(らんしょう)・湿生(しっしょう)・*化生(けしょう)をいう．〈胎生〉(jarāyu-ja)は，哺乳動物など母親の胎内から出生するもので，いうまでもなく人間はこれに含まれる．〈卵生〉(aṇḍa-ja)は，魚類・鳥類など卵殻から出生するもの．〈湿生〉(saṃsveda-ja)は，湿潤なじめじめしたところから出生する虫など．〈化生〉(upapāduka)は，何もないところから忽然(こつぜん)として出生するもので，諸*天や*中有(ちゅうう)あるいはまた地獄の*衆生(しゅじょう)などはこれに当たる．「此の願力を以て，七世の四恩，六道の四生，倶(とも)に正覚を成さむ」〔法隆寺金銅釈迦三尊造像記〕「四生の起滅は，夢の皆空しきがごとく，三界の漂流は，環(たまき)の息(や)まぬがごとし」〔万葉 5〕．→生(しょう)．

資生 ししょう　『易経』坤卦に「至れるかな坤元(こんげん)，万物資(と)りて生ず」とあるのに基づく語．万物がそれをもとにして生ずるところのもの．〈資生〉と訳されるサンスクリット語のうち，upakaraṇa には，生活に役立つもの，生活のための必需品(資生具)，資産などの意味があり，他方，bhoga は，享受することの意のほか，享楽の対象や財産・収益などを意味する．生活に資する*布施(ふせ)の意では〈資生施〉ともいう．なお，法華経法師品に説く「俗間の経書，治世の語言，資生の業(ごう)等を説かば，皆正法にしたがわん」の〈資正の業〉は，生活に役立つ仕事や事業の意である．

自性 じしょう [s: svabhāva]　もの・ことが常に同一性と固有性とを保ち続け，それ自身で存在するという本体，もしくは独立し孤立している実体を，〈自性〉という．部派のうち最大の*説一切有部(せついっさいうぶ)は，もの・ことや心理作用のいっさいを，諸要素ともいうべき*法(ほう)(dharma)に分かち，通常は七十五法(*五位七十五法)を掲げて，そのおのおのにそれぞれの自性を説く．これを厳しく批判しつつ*大乗仏教が興り，特に*竜樹(りゅうじゅ)(ナーガールジュナ)は，相依(そうえ)(相互依存関係)に基づく*縁起(えんぎ)説によって，実体と実体的な考えを根底から覆し，自性の否定である〈無自性(niḥsvabhāva)〉を鮮明にして，それを〈*空〉に結びつけた．「羝羊，自性無きが故に善に遷る」〔十住心論3〕「自性天真の如来を信ずる人は，三身四智をも貴しとせず」〔夢中問答上〕．→無自性．

自証 じしょう ［s: pratyātma-vedya, pratyātma-adhigama］ 他の助けを借りずに自ら悟ること．自らの心で真理を悟ること．諸仏の悟り．→悟り．

四正勤 ししょうごん ⇒正勤

四摂事 ししょうじ 〈四摂法〉とも．〈摂〉は引き寄せてまとめる意．人びとを引きつけ救うための四つの徳．原始仏教以来説かれるもので，〈*布施〉(dāna，施し与えること)，〈愛語〉(priyavacana，慈愛の言葉)，〈利行〉(arthacaryā，他人のためになる行為)，〈同事〉(samānārtha，他人と協力すること)をいう．道元の*『正法眼蔵』菩提薩埵四摂法には，四摂事の一々について宗教的な解説がなされている．

自性清浄 じしょうしょうじょう ［s: prakṛti-prabhāsvara, prakṛti-viśuddhi］ 字義は，自性として(本来，生れつき)清浄なことの意．仏典では多くの場合，心について言われる．パーリ増支部に，「比丘たちよ，この心は光り輝いている．ただ，外来のもろもろの煩悩(*客塵煩悩)によって汚されている」とある(いわゆる心性本浄説)．光り輝いている(光浄，清浄)とは白紙のような状態と解される．〈自性として〉には，本来清浄であるが，現実には汚れているという意が含められる．そこで，悟りによって外来の諸煩悩を離れた状態は〈離垢清浄〉と説明される．垢れを離れて本来の清浄性を取り戻したという意味である．*唯識説は，*瑜伽行によって心が離垢することを重視し，自性清浄とあわせて離垢清浄を並べ，さらに〈所縁清浄〉(仏の法すなわち教説の清浄性)，〈道清浄〉(修行道の*無漏性)とあわせて，四種清浄という．この場合，〈自性清浄〉は，*真如・*法界を意味する．

なお，心が自性として清浄であるか否かは，諸部派の間で意見が分れ，*説一切有部などはこれを認めない．しかし，*大乗はすべてこれを承認する．ただし，*般若経は，清浄を〈*空〉の意に解し，ひろく，法が*縁起，*無自性，空であることを示すものと解釈した．これに対し，*如来蔵系の理論では，〈自性清浄心〉を，如来蔵・*仏性の名で，如来の*法身と同質の*無為なる存在として絶対化し，これを〈心性〉とよんでいる．また，*『大乗起信論』はこれを〈*本覚〉ともよぶ．

「自性清浄法身は如々常住の仏なり」〔一遍語録〕「およそ無尽の法界は，備はりて弥陀の一身にあり…本性清浄にして心言の路絶えたり」〔往生要集大文第4〕

地神 じしん 〈堅牢地神〉〈地天〉ともいう．古く*『リグ-ヴェーダ』に天地両神の一つとして，地神を〈プリティヴィー〉(Pṛthivī)と称し，母なる大地の観念はさらに古きにさかのぼる．『アタルヴァ-ヴェーダ』には「大地(ブーミ)の歌」が伝えられ，宝を秘め，万物を生み育て，一切を支える女性に喩えられる．ヒンドゥー教世界にあっても，大地は辛抱強い女性に喩えられ，世が乱れて大地がその重荷に耐えられなくなる時，神は*化身して世直しをし，その重荷を払って再び天に帰ると信じられていた．

仏教ではこれを〈地天〉として*十二天の一つに配し，密教ではこれを供養(地天供)して〈地鎮法〉とする．また〈堅牢地神〉としての神力功徳は*金光明経堅牢地神品，地蔵本願経地神護法品に説かれ，そこでは農作の豊穣，薬草による寿命増進など，大地母神的性格に根ざした福利が強調される．

「(釈迦生誕時に)蓮花の地より生ずる事は，地神の化する所なり」〔今昔1-2〕「汝命終して後，釈迦の世に菩薩と成りて二つの名を得む．一つは大弁才天と云ひ，二つは堅牢地神と名づく」〔注好選下33〕

自信教人信 じしんきょうにんしん *善導の*『往生礼讃偈』にある句で，自ら信じ人にも教えて信じさせること．*浄土真宗の布教は，この語を立場として教化伝道する．*親鸞は，北国より東国に入る折，自信教人信が*称名のほかにないことを思いかえして，それまで続けていた衆生利益のための*浄土三部経読誦を中止した．こうした伝道は，*覚如や*蓮如を通じて今日まで伝えられている．

至心信楽 ししんしんぎょう まごころをこめて

*阿弥陀如来の*本願を信じ*往生を願うこと．これに〈欲生〉を加えて三信という．四十八願のうち*第十八願に出て往生の必須の条件とされる．*親鸞は第十八願を〈至心信楽願〉と名づけた．「至心・信楽・欲生，その言異なりといへども，その意これ一つなり」〔教行信証信〕「十方の衆生心を至して信楽して，我が国に生まれんと願ひて乃至十念せんに」〔発心集6〕．→三信，信楽．

四姓 しせい ［*s*: catur-varṇa］〈ししょう〉とも読む．古代インドにおいて，社会の大きな枠組を理論的に示したもので，*ブラーフマナ(司祭者．*婆羅門)，クシャトリヤ(王族．*刹帝利)，ヴァイシヤ(庶民．*吠舎・毘舎)，シュードラ(隷民．*首陀羅)の四種姓のこと．ブラーフマナが最も尊いことは，*『リグ-ヴェーダ』聖典によって権威づけられている．現実の社会においては，ジャーティ(jāti)という分類が機能しており，これがいわゆるカースト(ポルトガル語〈カスタ〉に由来)にあたる．→カースト，種姓．

紙銭 しせん　紙を貨幣の形に切り，神を祀るときに用いた紙幣の模型．〈ぜにがた〉〈かみぜに〉とも称する．沖縄に残る習俗で，清明祭や墓参り，お盆や年忌などの先祖供養の際に燃やされた．また御嶽などの聖地や屋敷の中で先祖や神を礼拝する時にも燃やされる．本来は中国の習慣であり，沖縄では〈ウチカビ〉(打ち紙)や〈アンジカビ〉(あぶり紙)とも呼ばれる．紙銭は死後の世界のお金と考えられ，子孫が燃やすことであの世の先祖に送ることができると考えられた．普通は黄土色の紙が使用され，四角い形をしていて円筒形の道具を使い銭形を刻印するが，その上に金紙や銀紙が張られる．金紙の張られた紙銭は神に，銀紙のものは祖先や鬼に対して使用される．

四禅 しぜん　*色界の4種の*禅定．〈四*静慮〉ともいう．色界は*三界のうち欲界を超えた*清浄な世界であるが，無色界より下で，未だ物質性が残っている．〈初禅〉は欲望から離れることによる喜び(離生喜楽)，〈二禅〉は禅定から生ずる喜び(定生喜楽)，〈三禅〉は通常の喜びを超越した真の喜び(離喜妙楽)，〈四禅〉は*苦楽を超越した境地(非苦非楽)をそれぞれ特徴とする．四禅のそれぞれを修して到達される世界が〈四禅天〉である．なお，この修行は仏教以前から行われていたのを取り入れたものらしい．→天，付録(須弥山世界図)．

「高山深嶺に四禅の客乏しく，幽藪窮巌に入定の賓希なり」〔性霊集補闕抄9〕「彼は貝の殻をもて大海を汲みしかば，六欲四禅の諸天来たりて同じく汲みき」〔拾遺黒谷上人語灯録中〕

自然 しぜん　**インド思想・仏教**　【ヴェーダの自然観】厳しい自然環境の猛威に対する畏怖と随順の気持から，*ヴェーダ時代の古代インド人は，自然界の構成要素や諸現象，またはその背後に存在すると想定された力を神格化して，太陽神(Sūrya)・風神(Vāyu)・雷霆神(Indra)などとして賛歌を捧げ厚く崇拝した．これらの神々は仏教信仰に受容され，守護神として尊崇されている．

【ウパニシャッドと六師外道の場合】*ウパニシャッドの哲人たちは，自然界において見出される根本的と思われる要素または元素を宇宙生成の究極的原理と考えた．ギリシアと同じくインドにおいても，まず究極原理と見なされたのは水であり，さらに水大・火大・地大・風大の*四大が宇宙自然界の構成原理として想定された．また哲学的思索の深化とともに，万物の根底にあって万物を生成維持してゆく究極的原理としての唯一者*ブラフマン(*梵)あるいは*アートマン(*我)からの世界展開に考察をめぐらすようになった．

他方，*六師外道の一人アジタ-ケーサカンバラは，万物が諸元素あるいはその合成から生じるとして，主宰神や霊魂・意志の介在をまったく認めなかった．このような無因縁・無意志の原子説の立場，または万物の生成を因縁によるものと認めずに本来的に定まっているとするマッカリ-ゴーサーラの決定論の立場は〈*自然外道〉と呼ばれ，仏教において批判の対象とされている．同じく六師の一人である*ジャイナ教の祖*ニガンタ-ナータプッタ(マハーヴィーラ)は，全世界を*霊魂と非霊魂とに分けて，霊魂に地・水・火・風・植物・動物の6種類を認める*アニミズム説を主張した．

【宇宙生成の三理論】インド思想の自然・宇

宙生成の理論には古来三つの型があった．1)六師外道や仏教の*説一切有部せついっさいうぶも主張しており，*ヴァイシェーシカ学派においてもっとも整備された〈原子集合説〉(積集説しゃくじゅうせつ, ārambha-vāda)，2)大乗仏教の*唯識ゆいしき学説や*サーンキヤ学派の〈*プラクリティ(根本原質)説〉および密教*タントラ説に見られるような，万物の根元からの〈転変流出一体説〉(*転変説, pariṇāma-vāda)，3)シャンカラの*ヴェーダーンタ説に典型的に看取されるような，万物の〈幻出説〉(仮現説, vivarta-vāda)である．これらの3説は，それぞれ求める方向は異なりながら，人間とそれを取り囲む自然環境の物心の双方を作り出す根本要因を探求する点では共通するものがあり，仏教思想の形成にも大きな影響力をもっていた．

【インド仏教の場合―四大・五蘊】仏教徒は，世界とは山河・草木・岩石などの物質界(bhājana-loka, *器世間きせけん)と心情をもつ生物界(sattva-loka, *有情うじょう世間)とから構成されるとした．植物はインド仏教では無生物に分類される．そして物質界・生物界を構成する共通の要素は四大元素(四大)であり*五蘊ごうんであるとされた．五蘊は四大所造の物質的要素(色しき)と受・想・行・識の心理的要素からなりたっていて，これらが仮に結合しあって(五蘊仮和合ごうんけわごう)，我々の個体およびそれを取り巻く環境世界が構成されるとされ，*縁起観にもとづく存在の論理関係の説明が展開された．

生物は五つの感覚機能(*五根ごこん)と*意識を所有する点で，意識感覚を持たない物質と区別される．生物には死有・中有・生有・本有の4種類の生存の時間的形態(*四有しう)があり，一つの存在はみずからの過去および現在における行為の影響力(*業ごう, karman)によって，地獄・餓鬼・畜生・阿修羅・人・天の6種類の境涯(*六道ろくどう)に*輪廻りんね転生てんしょうをする．大乗仏教の唯識思想では，万法が*阿頼耶識あらやしきの所現であるとして「存在するものは唯ただ識のみであり，外界の事物は実在しない」と説く*唯心思想が展開された．

また，大乗仏教で説く*真如しんにょ(tathatā)や*法界ほっかい(dharma-dhātu)の説は，この世界をそのまま根源的な真理の現れと見るところから，外界の自然もまた真理の顕現と考えるようになった．このような思想は中国においてさらに発展し，*老荘思想の影響を受けながら，*草木成仏や草木説法の説が形成された．

日本における自然観と仏教　日本においては，自然物に神が宿るというアニミズム的発想が古くからあった．特に，山・岩・古木などは，神のヨリシロとして重視され，それ自体が神聖視されることも多かった．仏教の伝来とともに，無常観が大きな影響を与え，自然を移ろいやすいものと見るようになった．平安期になると，美的な視点から自然の変化を愛好するようになり，『古今和歌集』以下の勅撰和歌集では，前半の巻々に花や月を中心的な題材とする四季の歌がまず収載され，後半の恋の歌と並んで所収歌の過半数を占めている．『源氏物語』や『枕草子』などの物語・随筆のジャンルにおいても，自然は同様の視角から描かれている．仏教界においては，平安初期から草木成仏説が発展し，空海もまた，この世界すべてが法身として説法すると説き(*『声字実相義しょうじじっそうぎ』)，その後の日本の自然観に大きな影響を与えた．

【中世】中世に入ると，一方で平安時代以来発展した*本覚思想の自然観が広く影響を与え，他方では中国から伝来した禅の自然観も注目される．本覚思想においては，草木成仏説がさらに発展し，草木の*生住異滅しょうじゅういめつの変化の姿をそのまま悟りの現れと見るようになった．ここから*謡曲ようきょくなどにもしばしば見える「*草木国土悉皆成仏そうもくこくどしっかいじょうぶつ」の文句が広く用いられるようになった．また*『徒然草』に見られるように，自然の変化に興趣を感ずる美学もこのような背景によるものである．そこに禅の影響が加わり，「*柳は緑，花は紅」のような文句も好まれた．禅は絵画における自然描写にも大きな影響を与えた．さらに禅とかかわるところの老荘道教的ないしは宋代道学的なものの見方の影響も考えられる．『太極図説たいきょくずせつ』(周敦頤しゅうとんい撰)によると，宇宙の究極の根底を「無極にして太極」とし，その〈太極〉から天地万物が生生化育されると説く．

宋学においては，このようにして生生化育された天地万物は，太極が個々の事物として現れたものであり，それゆえに人間の世界をも含みこんだ個々の事物にはすべて太極の理がそなわっていると見る．これを〈理一分殊(りいつぶんしゅ)〉の説という．この理一分殊の説は，「三界唯一心，心外無別法」〔華厳経十地品〕とする大乗仏教的宇宙観と結びついて，わが国にも大きな影響を与えた．

【近世・近代】近世に入ると，宋明理学の『老子』『荘子』解釈によって，万物を化育する太極は，『荘子』大宗師にいわゆる「造化者」(造物主)と同じ主体的な実在であるとする見方が仏教と結合して知識層の間に浸透した．*松尾芭蕉の風雅風狂も，こうした自然観・世界観の上に立ち，さらに『荘子』逍遥遊・養生主の「彷徨」「遊刃」の〈*道(どう)〉の哲学と結合した旅と作句という実践を通して，天地万物有情非情のそれぞれと直接的主体的にかかわるところから展開していった造化随順の思想によって貫かれていた．

明治以後，西欧的自然科学的な自然観が入ってきてからは，伝統的な自然観は超えられたかのように見えるが，実際は自然を単に客観的外在的に見るのではなく，自然の中に没入し，そこに救いを求めるという発想が大きな影響を与え続けてきている．→自然(じねん)．

四善根 しぜんこん　部派仏教の修行者の階梯における，*聖者(しょうじゃ)の位に入る前の最後の4段階．三賢(さんげん)に次ぐ．煖(なん)・頂(ちょう)・*忍(にん)・世第一法(せだいいっぽう)をいう．〈煖〉は，*煩悩を焼滅する火である*智慧の兆しとしてのぬくもりの比喩．〈頂〉は，修行が進んで最高の境地に達したとの理解が得られた段階．〈忍〉は，頂位では山頂から落ちるように修行が後退する可能性がまだ残っているのに対比して，悟りへ至ることが確定できた位．〈世第一法〉は，*有漏(うろ)の*世間における限りでの最も優れた悟り．

これら4位の修行の内容はいずれも，*四諦(したい)を対象とする，〈四諦十六行相観〉(*十六行相)と呼ばれる瞑想で，苦諦(くたい)に関して無常・苦・空・無我，集諦(じったい)に関して因・集・生・縁，滅諦(めったい)に関して滅・静・妙・離，道諦(どうたい)に関して道・如・行・出というあり方(行相)を観ずる．〈*善根〉は，この瞑想の反復実践によって生じる，最善の*果報である悟りをもたらす根源の意．4位への分類は，四諦に対する理解の深浅に基づく．三賢と一括して，〈七賢(しちけん)〉とも，また*無漏(むろ)の智慧を獲得する*見道(けんどう)への予備的修行という意味で〈*加行(けぎょう)道〉とも呼ばれ，あくまで*凡夫(ぼんぶ)の階位に分類される．→三賢．

四相 しそう　*有為(うい)法が必ず伴う四つの相状で，生(しょう)・住(じゅう)・老(ろう)(異(い))・無常性(滅(めつ))の〈有為法の四相〉をいう．増支部(ぞうしぶ)経典は，生・住異・滅の〈三相〉を挙げており，*五蘊(ごうん)すなわち個人存在の生老死を意図していたものと考えられる．アビダルマ(*阿毘達磨(あびだつま))において，あらゆる有為法に働くものと考えられるようになるとともに，住異が住と異の二つに分けられた．*説一切有部(せついっさいうぶ)では，四相は各*刹那(せつな)の有為法に働く独立した法であり，心不相応行法(しんふそうおうぎょうほう)に分類される．また，四相各々も有為法として，特別な四相である四随相を伴うとする．しかし，*経量部(きょうりょうぶ)は，個体連続(相続)のそれぞれの状況に過ぎないとするなど，部派によって理解が異なっている．→生住異滅，相．

自相 じそう ［s: svalakṣaṇa］ ⇒共相(ぐうそう)

事相 じそう　*教相(きょうそう)の対語．教相が密教の経典の内容やその世界観などの*教理面の理論的研究であるのに対して，*曼荼羅(まんだら)の建立や*灌頂(かんじょう)の儀式，各種の*護摩(ごま)の作法などの密教儀礼とそれを構成する要素としての作壇法や，印契(いんげい)(*印相(いんぞう))・*真言(しんごん)などの密教的シンボルの具体的実際的な修習の側面を意味する．

この事相と教相とは車の両輪のように倶行しなければならないとされるが，*『大日経疏(だいにちきょうしょ)』巻8に「凡そ秘密宗の中には，皆因縁の事相に託して以って深旨を喩す」(密教は具体的現実的な事物の相(すがた)に目を向け，それをシンボルとして用いて言葉では表現しきれない深い真理を比喩的に表現し，あるいはその真理に到達しようとする)というように，人間の意識の深層とそれに対応する世界の本質という，いわば真理の領域をシンボリスティックに表象し，そのシンボルによって逆にその真理の領域を操作しようという密教の本質からするなら，むしろ事相こそが密教修習の中心となるべきものであると考えられる．

なお，『大日経疏』20巻のうち，*大日経6

巻31品の最初の*品である「住心品」に対する注釈である第3巻前半までを〈口の疏〉と呼んで教相とし，それ以後を〈奥の疏〉として事相に配当する．後者は古来，師匠から弟子への直接的伝授によってのみ伝えられ，公開の研究はなされなかった．

「真言師は，事相・教相並べて真実の大事は准ひ知るべし」〔雑談集1〕

地蔵 じぞう ［s: Kṣitigarbha］ *菩薩の名．原語の kṣiti は大地，garbha は胎・子宮で包蔵を意味するところから〈地蔵〉と訳す．地蔵十輪経に「よく善根を生ずることは大地の徳のごとし」と記すように大地の徳の擬人化で，*婆羅門教の*地神プリティヴィー（Pṛthivī）が仏教に組みこまれ，菩薩の一つとなったものと考えられる．地蔵がさまざまの*現世利益をもたらすと共に冥府の救済者とされるのも，かかる大地の徳の擬人化によるのであろう．またインドに地蔵信仰のあったことは，疑いない．インドの仏教論書に地蔵を讃える経典の文句が引用されているからである．

【主要経典と地蔵信仰】〈地蔵十輪経〉（*玄奘訳，唐），〈地蔵本願経〉（伝実叉難陀訳，唐），〈占察善悪業報経〉（伝菩提灯訳，隋，偽経説が有力）を地蔵三経と呼ぶが，ことに十輪経と本願経に地蔵信仰の特色がうかがえる．すなわち地蔵は，釈迦没後，*弥勒出世までの*無仏の*五濁悪世の救済を仏にゆだねられており，*地獄をはじめ*六道を巡り，*閻魔以下さまざまに姿を変えて人びとを救うという．地蔵が菩薩でありながら一般に*宝珠・*錫杖を持つ*比丘の姿（*声聞形）で造顕されるのも，かかる地蔵の*本願を示すものである．これら地蔵経典に加えて，日本では平安末期以後，地蔵を冥府の裁判を司る閻魔王の*本地とする〈地蔵十王経〉や，延命福徳を与えると説く〈*延命地蔵経〉なども偽撰され，民間では*現当二世の利益絶大で親近感のある菩薩として広く信奉された．なお，中国では僧形でなく五冠を被り，*九華山を聖地とする．→地蔵信仰，六地蔵．

【美術】胎蔵界曼荼羅（→両界曼荼羅）の地蔵院の主尊は菩薩形だが，一般には比丘形がほとんどである．剃頭とし，左掌上に宝珠を載せ，右手は垂下して*与願印とするのが古式である．この他に右手を胸前に挙げて印を結ぶ金剛山寺（矢田寺）本尊（平安時代，奈良県大和郡山市）などの異形もある．平安時代後期には，左手に宝珠，右手に錫杖をそれぞれ執る像が現れ，以後近世に至るまで一般化する．また，片足を踏み下げる姿の像が行われるようになったのもこの頃からである．片足踏み下げの地蔵は，中国では*敦煌，朝鮮半島では高麗時代（918–1392）にも遺品が見られ，いずれも帽子を被ることから〈被帽地蔵〉と称せられる．わが国では，被帽の例はないが，片足踏み下げの像としては*壬生寺本尊（焼亡）が古例として名高い．

慈蔵 じぞう ［Cha-jang］ 590頃–658 新羅の*戒律仏教の定立者．姓は金氏，名前は善宗郎．真骨出身の茂林の子．はやくに両親をなくし，山中で枯骨観を修した．636年（善徳女王5）に勅を受けて入唐．*五台山に行き，*文殊菩薩像に参拝して夢で予言を蒙り，帰国してからも元寧寺で文殊菩薩を拝したという．留学して7年（643），慈蔵は*大蔵経を得て帰国し，芬皇寺の住職となって仏法を興隆させることにつとめ，宮中において大乗論を講義し，*皇竜寺において7日7夜菩薩*戒本を講義した．以後，勅を受けて大国統となり，僧尼一切の規律を統率した．*通度寺を創めて金剛*戒壇を築き，皇竜寺の九層塔を建立し，隣国からの安寧を計るなど，慈蔵が建てた寺と塔は10余にのぼる．著述には『阿弥陀経疏』1巻，『阿弥陀経義記』1巻，『四分律羯磨私記』1巻，『十誦律木叉記』1巻があったとされるが，現存しない．新羅十聖の一人とされ，興輪寺金堂に祭られた．

地蔵信仰 じぞうしんこう 【インド・中国】インドの地蔵信仰は，農耕女神とされた*地神に起源するところから，4世紀末ころにはタリム地方の農耕民の間などで信奉されたというが，他尊の信仰に比較して，それほど盛んではなかった．中国では，北涼（397–439）の時代に十輪経が訳され，7世紀の唐代には，堕地獄の恐怖と末世下愚の衆生は地蔵を教主とすべきだと説く*三階教の影響もあって急速に広まり，さらに宋代には，道教の*十王思想と結合した偽経である預修十王生七経(*十王経)の流布や地蔵説話集の撰述もあって民間に広く浸透した．なお，*九華山が地蔵菩薩の霊場とされた．これは唐の開元7年(719)に新羅しらぎ僧がこの山で修行し，地蔵菩薩の化身とされたことによる．

【日本への伝来】地蔵像や経典が日本に伝来したのは奈良時代だが，当時は地獄の思想が未熟であったためか，さして注目されず，平安時代に入っても貴族社会では地蔵が単独で造像信仰された例は乏しい．しかし11世紀ころ*浄土教が民間に広まると，*『今昔物語集』巻17や改撰本*『地蔵菩薩霊験記』などにうかがわれるように地蔵信仰は民間で盛んになり，地蔵*専修せんじゅの例も出てくる．地獄に入り，信者の苦を代わって受ける地蔵の*利益りやくが，浄土往生の善根を積めず，堕地獄を恐れる民衆に受け入れられたためと思われる．鎌倉時代には*悪人成仏を説く専修念仏に対抗する意味合いもあって，*『沙石集しゃせきしゅう』にうかがわれるように旧仏教諸師は，*六道をめぐる地蔵の身近な*現世利益げんぜりやくを強調した．

【信仰の広範な展開】信者の苦を代わって受ける地蔵の性格から，信者の願いを代わってかなえたり，危難に際して身代りとなる〈身代り地蔵〉の信仰が盛んになり，地蔵の看病や田植(泥付地蔵)の話，戦場で危難を救ってくれる話(*勝軍地蔵・矢取り地蔵・縄目地蔵)などが生まれた．加えて室町時代の葬式仏教の発達に伴い，地蔵は亡者を審判する*閻魔えんまの*本地ほんじとしても尊崇された．近世には，*延命地蔵・片目地蔵・首無し地蔵・笠地蔵など，無数の現世利益的身代り地蔵が創出されるとともに，地蔵が若い僧の姿で現れるとの古来の通念から，子供の守護神的面も強くなり，「*賽さいの河原和讃」が作られたり，地蔵縁日の旧暦7月24日に子供たちが地蔵をまつる〈地蔵盆〉の風習も盛んになった．

なお，こうした広範な信仰を反映して，地蔵信仰の文学・美術への投影も平安中末期に始まり，中世以降は極めて顕著なものになった．実叡じつえい原撰『地蔵菩薩霊験記』以下の霊験説話集，『矢田地蔵縁起』(矢田寺蔵，京都市中京区)，『星光寺縁起』(東京国立博物館蔵)以下の地蔵霊験絵巻，『今昔物語集』以下の仏教説話集が収録する多数の地蔵利益譚などがそれであり，一方，地蔵像の製作も，中世にはいってから急速に増加する．⇀地蔵，地獄，『地蔵菩薩霊験記』．

『地蔵菩薩霊験記』 じぞうぼさつれいげんき　地蔵霊験説話集．中国の『地蔵菩薩像霊験記』(宋の常謹撰)などの影響をうけて成ったか．現存するのは1684年(貞享1)刊の14巻本と，続群書類従本(下を欠く上中2巻で，14巻本の巻1,2に相当)．平安後期と推定される実叡じつえいによる原撰本から近世前期の14巻本の成立に至る改訂・増補の過程は，未だ明らかではないが，少なくとも一回的補訂ではなさそうである．「地獄は必定」の認識をうけた地獄や冥途救済の話が圧倒的に多い．*地蔵信仰の隆盛と相俟って，中世から近世にかけては，『地蔵菩薩霊験絵』や『地蔵縁起』を含めて，多くの地蔵霊験説話集や絵巻作品が成ったが，14巻本は質・量ともに群を抜く．

四蛇 しだ　〈しじゃ〉とも読む．仏教的世界観で万物の構成素とされる地・水・火・風の4元素，つまり*四大を一つの箱の中に入れた4匹の蛇にたとえた語．四蛇の譬喩は金光明経重顕空性品や北本涅槃経高貴徳王菩薩品に見えるもので，地・水・火・風が相剋しせめぎ合って安定を得ないさまを，一つの箱の中の4匹の蛇が互いに殺傷し合うのにたとえたもの．四大から成る人間の身体も四大の相剋によって病苦を生じ，それに宿る心識も種々の*業ごうを作るとされる．なお，〈四つの蛇〉は四蛇の訓読語．*五蘊ごうんを訓読した〈五つの鬼もの〉とともに人間の不浄な肉体を形成するものとして，*仏足石歌に「四つの蛇へみ，五つの鬼の集まれる，穢き身をば厭ひ捨つべし，離れ捨つべし」と歌い上げられている．主に日・月の譬喩とされる白・黒の二つの鼠と対になる場合が多い．

「幻城を五陰ごおんの空しき国に築つき，泡軍を四蛇の仮の郷に興す」〔三教指帰下〕「二つの鼠競ひ走りて，目を度わたる鳥旦あしたに飛び，四つの蛇争ひ侵して，隙を過ぐる駒夕ゆふべに走る」〔万葉5〕

四諦 したい　[*s*: catur-ārya-satya, *p*: cattā-ri ariya-saccāni]　*諦(satya, sacca)とは真理の意で，苦く諦・集じっ諦・滅めっ諦・道どう諦という4種の真理のこと．〈四聖諦ししょうたい〉とも訳される．しばしば*鹿野苑(サールナート)における*初転法輪の内容とされ，初期仏教の中心的教義の一つとされる．四諦説は特に初期仏典に質量ともに豊富に見られるが，サンユッタ-ニカーヤ(相応部)の転法輪経の教説などが，整った形態のものとして有名である．

〈苦諦〉とは，迷いの生存は苦であるという真理であり，その代表として，*生老病死などのいわゆる*四苦八苦が挙げられる．〈集諦〉とは，苦の生起する原因についての真理であり，その原因は，*再生をもたらし，喜びと貪りをともない，ここかしこに歓喜を求める*渇愛にあるとされる．〈滅諦〉とは，苦の止滅についての真理であり，それは，渇愛が完全に捨て去られた状態をいう．〈道諦〉とは，苦の止滅に到る道筋についての真理であり，正見・正思惟などのいわゆる*八正道として示される．

このように，四諦の各項はそれぞれ，苦，苦の生起する原因，苦の止滅，そして苦の止滅への道，と呼ばれる通り，すべて〈苦〉に関わる問題である点，留意されるべきである．また，四諦説は肉体の病気を治す治病の原理にも喩えられる(雑阿含経など)．すなわち，苦は病状に，集は病因に，滅は病気の回復に，道は治療に各々相当するというのである．→苦．

「三宝四諦の声を聞けども是れ善なりと知らず，殺害鞭打の声をも是れ悪なりと知らず」〔十住心論1〕「比丘，また十二因縁の法・四諦の法門を説きて聞かしめつ」〔今昔3-25〕

支提 しだい ⇒チャイティヤ

四大 しだい 〈大〉はサンスクリット語 mahā-bhūta の訳．広大な範囲で万物の依り所となる四つの実在の意で，〈四大種〉ともいう．物質を作り上げる地・水・火・風の4元素のこと．それぞれの本質と作用として，〈地〉には固さと保持，〈水〉には湿潤と収集，〈火〉には熱さと熟成，〈風〉には動きと生長が充てられる．*説一切有部の教学では，いずれも*十二処のうちの触処に含まれる．人の身体もこの四大から成り，病気はそれらの調和が崩れたときに起るとみなされるので，病気の状態のことを〈四大不調〉という．「凡そ一切の有情は，地・水・火・風の四大の成す所なり」〔孝養集上〕「もし人四大調和にして身心軽安なる時は，医書の秘決も用なし，良薬霊方もいらず」〔夢中問答中〕．→五大，六大．

次第 しだい 儀式の進行を時間に沿って順序立てて記述したもの．仏教の法儀に関するものを含む．法会一般はもとより，密教*事相の*修法儀礼について，経典や*儀軌にもとづいて，*十八道以下の四度次第や*灌頂次第を基本として，あらゆる諸尊法が次第に移し替えられて実践された．平安時代には，朝廷の儀式書が『江家次第』のようにすべて次第化されたのと軌を一にして，仏事法会も同様に次第として記された．御室*法親王の関与した儀礼を網羅した*守覚法親王の編になる『紺表紙小双紙』がその代表的な例である．またその故実化は，次第における差異が流派を弁別する表象ともなった．

四大洲 しだいしゅう 〈四洲〉ともいう．仏教宇宙観で*須弥山の東西南北にあるとされる四つの島(大陸)．東勝身洲(Pūrva-videha，弗婆提)は半円形，南贍部洲(Dakṣiṇa-jambudvīpa)は台形，西牛貨洲(Apara-godānīya，瞿陀尼)は円形，北倶盧洲(Uttara-kuru，鬱単越)は方形．南贍部洲(*閻浮提とも訳される)はわれわれ人間の住む島で，インド亜大陸の形状を反映している．→付録(須弥山世界図)．

シータヴァナ [s: Śītavana] ⇒寒林

思託 したく 生没年未詳．唐僧．中国，沂州の人．俗姓は王氏．*鑑真の弟子で754年(天平勝宝6)，鑑真や法進らとともに渡来した．*文殊菩薩や*善財童子を夢に見，妙喜世界や衆香国土に遊ぶ夢を見たことから，仏道に思いを寄せ，鑑真に随って出家・受戒し，律・天台を学んだと伝えられる．*天台山に住していたこともある．来朝後，*道璿の請いを受けて*大安寺で法礪の『四分律疏』を講じた．師である鑑真の偉功を伝えるため『大唐伝戒師僧名記大和上鑑真伝』3巻を撰述するが今に伝わらない．これを参照し抄出したのが真人元開(淡海三船)の*『唐大和上東征伝』1巻である．同じく思託の撰とされるものに

『延暦僧録』があり，完本は現存せず逸文が伝わるのみであるが，それらも日本における最初の僧伝の記録として重要である．

尸陀林 しだりん　⇒寒林

寺檀制度 じだんせいど　江戸時代に，寺院と信者の家(*檀家)が，葬祭を核とし永続的な関係を結んだ制度．〈檀家制度〉ともいう．近世前期の農民の間に単婚(一夫一妻)小家族の家が成立し，各家で葬祭や先祖供養の重要性が高まると，檀家の確保を望む寺院と，寺院を利用しキリスト教排除や宗教的統制を図る幕藩権力の意図が一致し制度化された．その出発点は，キリスト教徒の改宗を寺院が保証し〈*寺請状〉(非キリスト教徒の証明)を発行した1614年(慶長19)に求められる．やがて一般人にも，寺請状を必要とする制度が定められ，島原の乱終結後の1638年(寛永15)に全国的に広まった．その後は，幕府法令を根拠に*檀那寺の権限が強化され，寺院への参詣や宗教的・経済的義務が檀家に課せられた．1873年(明治6)のキリシタン禁止高札の撤去に到るまで，檀那寺は檀家の戸籍を掌握し人身支配を行なったが，一方でそれは寺院僧侶の堕落を招き，江戸時代を通じて*排仏論が唱えられる素地ともなった．→宗門改め．

四智 しち　四つの智慧の意．煩悩の汚れを離れた清らかな智慧に4種あることをいう．*唯識説では，仏智を次の四つに分ける．〈大円鏡智〉(ādarśa-jñāna)：鏡のようにあらゆるものを差別なく現し出す智．〈平等性智〉(samatā-jñāna)：自他すべてのものが平等であることを証する智．〈妙観察智〉(pratyavekṣaṇā-jñāna)：平等の中に各々の特性があることを証する智．〈成所作智〉(kṛtya-anuṣṭhāna-jñāna)：あらゆるものをその完成に導く智．これらはそれぞれ，*阿頼耶識・*末那識・*意識・前五識(眼・耳・鼻・舌・身)が*転依して証得されるとする．「三障霧のごとく巻いて，四智月のごとくに朗らかならむ」〔性霊集7〕．→智慧，五智．

シチェルバツコーイ　［Fyodor Ippolitvich Stcherbatskoi］　1866–1942　Theodore Stcherbatsky(テオドール-シチェルバッキー)とも表記される．ロシアのインド学・仏教学者．ペテルブルグ大学でミナエフにサンスクリット語を学んだのち，ウィーンでインド学を研究，1900年から母校でサンスクリット語の教授をつとめた．主要な業績は，仏教の*論理学，*認識論に関するもので，特に*ダルマキールティ(法称)の『正理一滴論』(*Nyāyabindu*)とそのダルモーッタラ注の研究が名高い．また，後期仏教の認識論と論理学についての主要概念をまとめた著作(1909)は『仏教論理学』(*Buddhist Logic*, 1930–32)と題する英語増補版で知られている．

七覚支 しちかくし　⇒覚支

『七箇条制誡』 しちかじょうせいかい　『七箇条起請文』ともいう．諸宗の非難・圧力に対して，1204年(元久1) 11月7日付で，*法然とその弟子190名が連署して誓った文書．1)天台・真言の教説を破せず，阿弥陀以外の仏・菩薩を謗らないこと，2)諍論(争い論ずること)をしないこと，3)念仏者以外の人を嫌い嘲笑わないこと，4)念仏門には戒行なしとして，婬・酒・食肉をすすめたり，造悪を恐れるななどと言ったりしないこと，5)はばかるところなく自説を述べたりしないこと，6)唱導を好んでしないこと，7)仏教以外の邪法を説いて師範の説だと偽らないこと．以上が大意である．

七高僧 しちこうそう　〈七祖〉〈七高祖〉ともいう．*親鸞が真宗相承の祖師とした7人の高僧．すなわち，インドの*竜樹・*世親，中国の*曇鸞・*道綽・*善導，日本の*源信・*法然の7人をいう．真宗寺院では，聖徳太子像一幅とともに，七高僧連座の一幅を安置する．→浄土五祖．

七衆 しちしゅ　〈しちしゅう〉とも．仏教教団を構成する*出家の五衆と*在家の二衆をあわせて〈七衆〉という．出家の五衆とは，1)成年男子で*具足戒を受けた*比丘，2)未成年男子で*十戒を受けた*沙弥(見習僧)，3)成年女子で具足戒を受けた*比丘尼，4)未成年女子で十戒を受けた*沙弥尼，5)特に18歳から20歳までの女子で六法戒を受けた*式叉摩那．在家の二衆とは，6)男子の仏教信者で*五戒を受けた*優婆塞，7)同じく女子の*優婆夷である．「一代の化儀，大小異なれども，七衆を分かつことは皆小乗の軌則に任す」〔沙石集 4-1〕．→四衆．

七重宝樹 しちじゅうほうじゅ　阿弥陀仏(あみだぶつ)の*極楽浄土にある*七宝(しちほう)からなる樹のこと．〈七重行樹〉ともいい，浄土真宗本願寺派(西)では〈しちじゅうごうじゅ〉とよみ，大谷派(東)では〈しちじゅぎょうじゅ〉とよむ．行樹とは並木のことで，宝樹が七重に行列しているからである．七宝とは，黄金・紫金・白銀・碼碯(めのう)・珊瑚(さんご)・白玉・真珠をいう．これらの七宝が根・茎・枝・条・葉・華・実の七つを構成し，七重の宝樹の並木となって極楽を*荘厳(しょうごん)しているという．これを心に念ずることを〈宝樹観〉といい，浄土を*観想する修行の一つに数えられている．

「七重宝樹には花咲き，木の実むすびて，寒暑あらたまる事なし」〔九巻本宝物集 9〕．→十六観．

七生 しちしょう ［s: sapta-kṛtvas］　*見道(けんどう)を終えて預流果(よるか)に入った聖者が人界(にんがい)と欲天(*六欲天)それぞれに7回の生存をうけること．最多で7回であるため〈極七返(ごくしっぺん)〉(sapta-kṛtpara)ともいう．人界と欲天に分ければ14の生存となり，さらにそれぞれに*中有(ちゅうう)があるので28の生存となる．後には，7回生まれかわること，さらには何度も生まれかわることの意味にも用いられるようになった．また，地獄有・傍生有(畜生有)・餓鬼有・天有・人有・業有・中有の〈七有〉(sapta bhavāḥ)のことで，〈*有〉は生存を意味する．これは，五道(五趣)の果とその因とを合わせて数えたもの．「七生まで只同じ人間に生まれて，朝敵を滅さばやとこそ存じ候へ」〔太平記 16. 正成兄弟〕．→預流，四向四果(しこうしか)．

七条 しちじょう　*比丘(びく)の三衣(さんね)の一つ．〈鬱多羅僧(うったらそう)〉(uttarāsaṅga)と呼ばれ，〈上衣(じょうえ)〉〈上著衣(じょうちゃくえ)〉〈入衆衣(にっしゅえ)〉〈院中衣(いんちゅうえ)〉などと訳されている．長布2片と短布1片，または長布3片と短布1片をもって一条とし，横にこれを七条並べて継ぎ合わせる形を基本とする．インドの僧団で制定された形状・色彩は，中国・日本では大きく変化し，金・銀の刺繡をほどこした華美なものもある．「七条の袈裟を脱ぎ下ろし，岩の上に敷きたまひて」〔説経・かるかや〕．→三衣，袈裟(けさ)．

七情 しちじょう　人の七つの感情．『礼記』礼運に，喜・怒・哀・懼(く)・愛・悪・欲の七つをいうと見える．これは中国の古典にしばしば出る喜・怒・哀・楽・愛・悪の〈六情〉に懼を加えたもの．〈欲〉は〈楽〉に同じ．「おとなしき者の病も七情より起こるとなり」〔盲安杖〕

七祖 しちそ　7人の*祖師の意．次の各宗派で，教えを伝持した7人の祖師を挙げる．1)蓮社(れんしゃ)の七祖(中国浄土教)：廬山の*慧遠(えおん)・*善導(ぜんどう)・承遠(しょうおん)・*法照(ほうしょう)・少康(しょうこう)・*永明延寿(えいめいえんじゅ)・省常(しょうじょう)．2)華厳の七祖：*馬鳴(めみょう)・*竜樹(りゅうじゅ)・*杜順(とじゅん)・*智儼(ちごん)・*法蔵(ほうぞう)・*澄観(ちょうかん)・*宗密(しゅうみつ)．3)真言宗付法の七祖：*大日如来・*金剛薩埵(こんごうさった)・*竜猛(りゅうみょう)(竜樹)・*竜智・*金剛智・*不空・*恵果(けいか)．これに*空海を加えて〈真言宗付法の八祖〉という．→七高僧(真宗)，浄土五祖．

七僧 しちそう　法会の主役となる7人の役僧．1)*講師(こうじ)，2)*読師(とくし)，3)食事のあと施主の祈願を体した呪願文を読む呪願師(じゅがんし)，4)*仏法僧あるいは*三尊への帰依礼拝を主導する三礼師(さんらいし)，5)サンスクリットの経文を曲調をつけて詠ずる唄師(ばいし)，6)花をまいて仏を供養する散華師(さんげし)，7)式場での伝達など雑務を行う堂達(どうたつ)の7人．このうち呪願師に最も*上﨟(じょうろう)の者がなる．また，呪願師・*導師・唄師・散華師・梵音師(ぼんのんし)・錫杖師(しゃくじょうし)・堂達をもって七僧とする場合もある．なお，七僧の出仕によって行われる大法会を〈七僧法会〉ともいう．

七堂伽藍 しちどうがらん　⇒伽藍(がらん)

七難 しちなん　7種の災難．経典によってその内容が異なる．*仁王般若経(にんのうはんにゃきょう)受持品では，日月失度難・二十八宿失度難・大火難・大水難・大風難・天地国土亢陽(こうよう)難・賊難をいい，*薬師経では，人衆疾疫難・他国侵逼(しんぴつ)難・自界叛逆(ほんぎゃく)難・星宿変怪難・日月薄蝕(はくしょく)難・非時風雨難・過時不雨難をいう．また，*智顗(ちぎ)の『観音義疏』は，法華経普門品に見える衆生(しゅじょう)のもろもろの苦悩を，火難・水難・羅刹(らせつ)難・王難・鬼難・枷鎖(かさ)難・怨賊難の七難として整理している．なお，八苦(→四苦八苦)と結合して，〈七難八苦〉で人間の受けるありとあらゆる苦難の意とする．「数年九旬の観行の功にあらざるよりは，何ぞ七難を悪世に排し，また三災を国家に除かん」〔顕戒論中〕

七難即滅七福即生 しちなんそくめつしちふくそくしょう　*七難がただちに滅び，七福がただちに生じる意．*仁王般若経(にんのうはんにゃきょう)受持品に見える語で，国土に七難がある時，国王がこの経を読めば，七難はただちに滅んで七福が生じ，人々は安楽を得ると説く．

七福神 しちふくじん　恵比須(えびす)・大黒天(だいこくてん)・毘沙門天(びしゃもんてん)・弁才天(べんざいてん)・福禄寿(ふくろくじゅ)・寿老人(じゅろうじん)・布袋(ほてい)の七柱の福の神をいう．〈恵比須〉は〈夷〉とも書き，元々は海の彼方から漂着した漁神で，蛭子(ひるこ)と同一視された．〈*大黒天〉は，仏教の守護神で寺院の台所にまつられ，大国主命(おおくにぬしのみこと)と習合した．〈*毘沙門天〉は，仏教の守護神である*四天王の一つで〈多聞天(たもんてん)〉ともいい，単独で施財の神としても信仰された．水の女神である〈*弁才天〉は，仏教では智慧と音楽の神とされ，日本では宇賀神(うがのかみ)と習合して財福の神としても信仰され，〈弁財天〉と書かれることもある．〈福禄寿〉は中国で南極星の*化身(けしん)とされ，〈寿老人〉は長寿の神とされるが，この二神は同一神だとする説もある．〈*布袋〉は中国に実在した僧で，*弥勒(みろく)の化身とされる．

なかでも恵比須と大黒は，福神としての信仰が〈恵比須かき〉〈大黒舞〉といった宗教芸能の担い手によって浸透し，一対の存在としてまつられることも多かった．室町時代末期までに聖数である「七」の数に合わせて〈七福神〉として整えられた．福禄寿や寿老人のような日本では一般的でない中国の神々が選ばれていることから，禅宗系の僧の関与が推測されている．江戸時代には大都市を中心に，穢れを払い福を招く存在として信仰を集め，正月に七福神詣がおこなわれ，七福神を乗せた〈宝船〉の絵を枕の下に入れてよい初夢を見ることが願われた．

「ひる子とまうすは，ゑびすのことよと，うたふも古風な七福神」〔人情·春色辰巳園4〕

七仏 しちぶつ　⇒過去七仏(かこしちぶつ)

七仏通戒偈 しちぶつつうかいげ　〈通戒〉〈通戒偈〉ともいう．*過去七仏が共通して保ったといわれる*偈で，仏教思想を一偈に要約したものとも見なされる．漢訳で，「諸悪莫作(しょあくまくさ)，衆善奉行(しゅぜんぶぎょう)，自浄其意(じじょうごい)，是諸仏教(ぜしょぶっきょう)」〔法句経183〕といい，「もろもろの悪をなさず，すべての善を行い，自らの心を浄めること，これが諸仏の教えである」の意．「凡(およ)そ仏法の大綱は諸悪莫作，衆善奉行，自浄其意，是諸仏教と云へり．大乗の学者是れにそむくべからず．七仏の通戒なり」〔沙石集4-1〕「七仏みな諸善奉行，諸悪莫作と説き給へる上は」〔野守鏡〕

七仏薬師 しちぶつやくし　善名称吉祥王如来・宝月智厳光音自在王如来・金色宝光妙行成就如来・無憂最勝吉祥如来・法海雷音如来・法海勝慧遊戯神通如来・薬師琉璃光如来の七仏の総称で，いずれも東方の*仏国土で現在*説法しているという．仏国土の名は順に光勝・妙宝・円満香積・無憂・法幢・善住宝海・浄琉璃といい，七仏とも独自の*本願をたて，衆生(しゅじょう)*済度(さいど)を行なっている．*義浄(ぎじょう)が707年(神竜3)に漢訳した〈薬師琉璃光七仏本願功徳経〉やチベット語訳の〈七仏薬師経〉に出る．七仏薬師を本尊として息災(そくさい)増益(ぞうやく)を祈る*修法(しゅほう)を〈七仏薬師法〉といい，天台宗の四箇大法の一つで，盛んに行われた．なお，〈琉璃〉は〈瑠璃〉と書くこともある．「除病延命のために七仏薬師の像を造り奉らむといふ」〔拾遺往生伝下9〕．→薬師如来．

七宝 しちほう　［s: sapta-ratna］　〈しっぽう〉とも読む．1 7種の貴金属や宝石．金(suvarṇa)，銀(rūpya)，*瑠璃(るり)(vaiḍūrya，琉璃とも．ラピスラズリ)，頗黎(はり)(sphaṭika，*玻璃・水精とも．水晶)，硨磲(しゃこ)(musāragalva，車渠とも．貝の一種)，珊瑚(さんご)(lohitamuktikā，赤珠とも．赤真珠)，瑪瑙(めのう)(aśmagarbha，馬瑙・赤色宝とも)の7種．ただし経典により異同多く，順序なども一定しない．初期の仏典にすでに見られるが，特に浄土系諸経典や法華経(ほけきょう)などの大乗経典に出て，*仏国土(ぶっこくど)・*極楽浄土の描写に用いられる．たとえば，浄土の林は七宝の樹木より成るとされ，〈七宝樹林〉とか〈七宝行樹(ごうじゅ)〉と呼ばれる．なお七宝焼も，金・銀・銅などの素地にガラス釉(ゆう)を焼きつけたことからの称である．「衆宝の国土の，一々の界(さかひ)の上には，五百億の七宝より成るところの宮殿・楼閣あり」〔往生要集大文第2〕「帝釈の宮殿もかくやと，七宝を集めてみがきたるさま，目もかかやく心ちす」〔増鏡11〕

2 *転輪聖王(てんりんじょうおう)が所持するという7種

のすぐれた宝物．輪(統治に用いる*チャクラの輪)，象(白象)，馬(紺馬)，珠(神珠，あまねく照らす珠)，女(玉女)，居士(資産家)，主兵臣(すぐれた将軍)の七宝．仏の説法を転輪聖王の*輪宝になぞらえ，*転法輪という．

実有 じつう　実体(dravya，実物，実事)として存在する(asti)こと．この世の現象や事物は，さまざまな名称を与えられ，実体を持たずに存在している(prajñapti-sat，仮有)のに対して，それらの基礎となる要素(*法)は実在すると主張する．部派仏教の一学派である*説一切有部では，あらゆる法は*三世にわたって実体としてある(dravyato 'sti)と主張した(*三世実有・*法体恒有)．

十戒 じっかい ［s: śrāmaṇera-saṃvara］〈じゅっかい〉とも読む．原語は，*沙弥の学処(守るべききまり)の意．10条あるから一般にはかく称する．出家して沙弥・*沙弥尼になるときに受持する戒．内容は在家信者の*五戒およびそれを一歩出家に近づけた臨時の戒である*八斎戒に共通し，八斎戒のうち，装身具をつけず歌舞を見ないこと，を2条に分け，財産を貯えない，という条目を加えたもの．出家さらに*比丘への階梯が明瞭に見てとれる位置にある．ただ後には*十善戒や梵網経の*十重禁戒など，10条からなる様々な戒も〈十戒〉と称するようになった．なお平安時代末期頃から*釈教歌として，十戒の各戒を詠題とした〈十戒歌〉がよまれた．「十戒を授けられければ，中将随喜の涙を流いて，これを受けたもち給ふ」〔平家10.戒文〕．→戒律．

十界 じっかい　① *『倶舎論』巻1で，十界(daśa dhātavaḥ)とは，眼・耳・鼻・舌・身の〈*五根〉と，*色・声・香・味・触の〈五境〉(→五欲，境)とを合わせていう．この場合に〈*界〉(dhātu)とは構成要素の意味である．

② 迷えるものと悟れるものとのすべての境地(存在もしくは生存の領域)を10種に分類したもの．すなわち，地獄界・餓鬼界・畜生界・阿修羅界・人間界・天上界・声聞界・縁覚界・菩薩界・仏界，である．

【六界(六道)】このうち，*地獄・*餓鬼・*畜生の三界を〈三悪道〉(*三悪趣)，*阿修羅・人間・天上の三界を〈三善道〉という．また三悪道に阿修羅を加えて〈四悪趣〉といい，三悪道と三善道とを合わせて〈*六道〉〈六趣〉〈六凡〉と称する．*有情は*業によってこの六界を*輪廻するが，これを〈六道輪廻〉という．六趣の*衆生を〈有情世間〉，有情の住する場所である*世間を〈*器世間〉という．

【六凡・四聖】〈六界〉は原始経典ないし部派仏教でも説かれるが，後の四界を加えた〈十界〉説は大乗の法華経法師功徳品などにその萌芽が見える．四界がつけ加わったのは*声聞・*縁覚の二乗(小乗)を批判し，それに対して*菩薩・*仏を上にすえたことを示す．これを教学の上で体系化して説いたのは天台教学においてである．前六界を*生死輪廻する迷界と見て〈六凡〉と称し，後四界を*執着を断って現実を超越した存在ということで〈四聖〉と称するが，完全に*正覚を得たのは仏のみである．また四趣・*人天・二乗(声聞・縁覚)・菩薩・仏と分類したり，三悪道・三善道・二乗・菩薩・仏と区分することもある．

【十界互具】天台教学では法華経方便品の*諸法実相の理や二乗作仏(声聞や縁覚でも*成仏すること)の義に基づいて，十界のそれぞれが相互に他の諸界を*具足する(十界互具)と主張する．したがっていかなる衆生も成仏できるし，仏は*慈悲の因縁によって地獄の衆生までも救済することができるという．十界の差別が反省せられるとき，そこに十界互具の平等思想が生まれたのであるから，十界は互具の前提である．また，十界互具から百界となり，百界の一々に*十如是を具すので千如是となり，千如是は*三種世間を具すので三千世間となり，この三千世間が一瞬の心に具すとする*一念三千説が形成された．なお十界を画図に描き*厭離穢土*欣求浄土を勧めたのが〈*十界図〉である．また日蓮は〈*十界曼荼羅〉を図顕した．

「釈迦の御法は多かれど，十界十如ぞすぐれたる」〔梁塵63〕「目前の十界をはなれて，三世にめぐると見る人こそおろかに侍れ」〔ささめごと〕

十界図 じっかいず　*十界とは四聖道と*六道とを合わせていう．これを画図に描いたものが〈十界図〉であるが，むしろ六道の無常・無惨な姿を写実的に写し，*厭離穢土*欣求浄土の思想を鼓吹せんとするところに重点がある．*禅林寺の十界図2幅は，阿弥陀如来や僧形人物が加わるが実質的には六道絵的な性格がつよい．また*聖衆来迎寺の15幅の画幅は，もと30幅あって四聖図15幅は1571年(元亀2)の比叡山焼打ちのとき失われたとするが，現在は六道絵と呼ばれている．両寺本とも鎌倉時代の作．

十界曼荼羅 じっかいまんだら　*日蓮が一幅の紙面に書きあらわした〈大曼荼羅本尊〉のこと．中央に*南無妙法蓮華経を独特の書風で大書し，両側に南無釈迦牟尼仏・南無多宝如来などを配し，以下，仏界から地獄界までの*十界がすべて釈尊と法華経の救いに包まれているありさまを描く．十界すべての成仏を現すのは十界互具を中核とした*一念三千の教義に基づく．日蓮はこの本尊を，仏滅後二千二百二十余年後の*末法に始めて書きあらわしたものであると誇揚している．

『**十巻章**』じっかんじょう　*真言宗の教義を説く重要な書物を集めたもので，その内容は*空海(弘法大師)の著作のうち*『即身成仏義』(1巻)，*『声字実相義』(1巻)，*『吽字義』(1巻)，*『弁顕密二教論』(2巻)，*『秘蔵宝鑰』(3巻)，『般若心経秘鍵』(1巻)に，*竜猛菩薩造の*『菩提心論』(1巻)を合わせて10巻となるから，〈十巻章〉という．古来，真言宗の教義を学ぶために必読の書物とされており，江戸時代以後版本も多い．

実教 じっきょう　⇒権実

習気 じっけ　[s: vāsanā]　〈じゅって〉というよみぐせがある．*熏習の結果残された気分，習慣的な力．*業の潜在的余力．たとえば悪業の熏習によって*煩悩が生じている場合，煩悩そのものを滅してもその後に習慣性の残っていることをいう．多くは煩悩についていうが，*菩提心・善業などの習気を説くこともある．唯識*法相宗においては，〈*種子〉と同義語で，その異名とされる．しかし同宗においても，断惑の実践を説く場合には，両者を区別し，種子を断じた後において，習気を捨てると述べている．「汝毒忿の心あるは，これ毒蛇の習気ならくのみ」〔法華験記下93〕

十劫の弥陀 じっこうのみだ　衆生救済のため，*本願と修行を成就して*正覚を取ってから，今に至るまですでに十*劫の時間をへた*阿弥陀仏．無量寿経上に「成仏より已来，おおよそ十劫を歴へたまえり」とあり，また阿弥陀経にも「成仏已来，いまに十劫なり」と説かれている．この十劫正覚の弥陀に対し，*親鸞は*久遠の弥陀を説き「弥陀成仏のこのかたは，いまに十劫とときたれど，塵点久遠劫よりも，ひさしき仏とみへたまふ」〔浄土和讃〕と讃詠した．

『**実語教**』じつごきょう　平安末期に成立した児童教育のテキスト．著者は不明であるがおそらく僧侶で，『童子教』同様，本来は寺家の子弟教育を配慮したものか．1句5字，96句から成り，2句1連を単位とする対句形式をとって口誦・暗記にも適したものとなっている．儒仏二教に立つ教訓で，智慧こそ人間最大の宝であるとし，その習得を強調しながら処世の実践道徳と後世に備えた離悪修善を説く．『童子教』と並ぶ中近世児童教育の代表的テキストで，特にそれが近世庶民教育・思想に及ぼした影響は多大である．→『童子教』．

十穀 じっこく　米・麦・黍・粟・豆の〈五穀〉のほか，大豆・小豆・胡麻・蕎麦・稗・麻などを加えた穀物類の総称．ただし五穀・十穀にどの穀類をあてるかはインド・中国・日本で異なり一定しないが，仏教・道教・修験道などではいずれもそれら穀類の摂取を絶つこと(穀断ち)を修行の重要な眼目とした．日本ではそのような修行者は〈五穀断ち〉〈十穀断ち〉の*聖，あるいは*木食行者として畏敬され，超人的な修行によって得られた験力が病気治癒などを可能にすると信じられた．なお十穀断ちの聖は〈十穀聖〉，略して〈十穀〉ともいわれ，彼等の中には社会的声望を踏まえ，*勧進聖として活躍する者もあった．

「東大寺俊乗房の勧進義は勧進衆と号す．今の世の十穀聖これなり」〔三国仏祖伝集〕「橘寺の僧，十穀なり．太子伝を持ち来たり

てこれを読む」〔尋尊大僧正記文明 18.5.16〕

実際 じっさい ［*s*: bhūta-koṭi］　原義は，最も真実なるきわ．〈真際〉とも漢訳される．相対的な*差別相を超えた，事象の最も真実にして究極的な*境界を意味し，ここにおける事象のあり方(*実相)は，無差別にして絶対の一であり，いかなる思慮や言辞も及びえないものであるので，〈*如〉と名づけられ，また固定的実体としてとらええないので〈*空〉と称し，またこのようなあり方こそが事象の本来的な姿であるゆえに，それを〈*法性〉と称する〔大品般若経実際品，維摩経弟子品〕．「衆生の幻はかなしく，諸仏の幻は貴し．是れ仏事門の中の分別なり．実際理事に是れを論ずる事なし」〔沙石集 4-1〕

執事 しつじ　事務を執る者の意．広く院宮・摂関家，また幕府などで政務・家政を管掌する役職をいうが，経典では侍者の意に用い，わが国の寺院では寺内の実務を司る高級事務職の名称．*神宮寺では文書事務を処理する中級・下級事務職の称とする．禅宗では*知事の別称．「執事高武蔵守師直，越後守師泰兄弟を両大将にて」〔太平記 26.正行参吉野〕「宝蔵坊紹賢…応永十七年五月執事辞退」〔鶴岡社家執事職次第〕

悉地 しつじ　サンスクリット語 siddhi の音写で，〈成就〉と漢訳する．〈悉地成就〉と梵漢併称することもある．完成の意．密教的な実践により*本尊の境地に到達すること，あるいはその境地，もしくはその境地において得られる超越的な能力．*仏の境地自体を〈悉地〉，そこに至る過程・手段を〈成就〉と使いわける場合もある．悉地を得た者を〈成就者〉という．*『大日経疏』では*正覚を完成した位を〈無上悉地〉とし，それに至る五種悉地の段階を設定し，それを菩薩行の*十地の階梯にあてはめる．「二世の悉地を成就しましまし，今生には百年の算をまもりて…西方極楽世界に送り置き給ふなり」〔北野天神縁起〕「日本天台の安然和尚，三論の祖師清弁菩薩真言に廻入し下品の悉地を開く」〔真言伝 2〕

実子相承 じっしそうじょう　実の子どもに*法を伝授し，あとを継がせること．その実子を文献の上では，多く〈真弟〉という．日本天台の*本覚思想は，要旨を秘かに口伝えで弟子に授ける(秘授口伝)か，*切紙に書いて授ける(切紙相承)という方法をとったが，さらに進むと，実際に血のつながった実子でないと内奥の真理は伝わらないとし，*血脈相承をことばどおりに解し，〈実子相承〉を唱えるにいたった．室町時代に出て天台本覚思想を最後に集大成した尊舜(1451-1514)の『二帖抄見聞』(1501)巻上に，「当流は皇覚以来，実子に付属するなり」「当流は代々実子門跡を相続するなり．これ即ち血脈相承と申す」という．

十宗 じっしゅう　日本における宗派の数．10 という数は凝然の*『八宗綱要』による．凝然は，最初日本に伝わった宗派を，1) *倶舎宗，2) *成実宗，3) *律宗，4) *法相宗，5) *三論宗，6) *天台宗，7) *華厳宗，8) *真言宗とした．ところが凝然の当時，法然や親鸞の浄土教や，栄西の臨済宗，道元の曹洞宗が興ったため，それらを無視することができず，『八宗綱要』の「付録」に〈*禅宗〉と〈*浄土宗〉の 2 宗を加え，10 宗とした．→八宗．

十種供養 じっしゅくよう　法華経法師品に記される経巻供養のための十種のもの(華・香・瓔珞・抹香・塗香・焼香・繒蓋・幢幡・衣服・伎楽．あるいは繒蓋幢幡(幡蓋)を一つとして合掌を加える)をいう．後世には*三宝への供養方法として大法会などの儀式に用いられる．また，身・支提・現前・不現前・自作・他作・財物・勝・無染・至道場の十種の供養をいう．「十種供養はてて後は，浄金剛院へ御身づから納めさせ給へば」〔増鏡 7〕

十刹 じっせつ　〈じっさつ〉とも読む．官寺機構の一つで，五山につぐ地位にある 10 の禅宗寺院をいった．中国において南宋(1127-1279)末頃，〈五山十刹〉の制が定められ，日本でもそれにならって設けられた．文献上では五山より少し遅れて建武年間(1334-38)から現れる．五山は京・鎌倉のみであったが十刹は地方にもあり，また 10 カ寺に限定されず時と共に数を増し，単に寺格を表すものとなり，江戸期はじめには 60 余カ寺に達した．「洛中洛外の諸社，諸寺・五山十刹・公家・門跡の滅亡は，かれらが所行なり」〔樵談治要〕．→五山，甲刹．

実相 じっそう　真実のすがたの意．すべての存在(*諸法)の，ありのままのほんとうのすがた(実相)のことで，*鳩摩羅什くまらじゅうが好んだ用語であり，多く〈諸法実相〉と熟して用いられる．対応するサンスクリット語として，*『中論』18-9 の tattvasya lakṣaṇam (真実なるもののすがた)や dharmatā (*法性ほっしょう．存在の本質)，*法華経序品の dharma-sva-bhāva (存在の本性)などがあるが，直接対応する語が見出せない場合もある．さまざまのニュアンスを含み，漢訳仏教の独自の発展を促した重要な語で，その観察を〈実相観〉，その大乗仏教の標識としての性格を〈実相印〉という．→諸法実相．

「もし実相を求めば，実相の理は名相無し．名相無き者は虚空と冥会せり」〔性霊集補闕抄10〕「実相真如の日輪は生死長夜の闇を照らし，本有常住の月輪は，無明煩悩の雲を掃ふ」〔盛衰記24〕

悉達多 しっだった　*釈尊しゃくそんが*出家する以前，まだ王子であった頃の名．シッダールタ(*s*: Siddhārtha)またはシッダッタ(*p*: Siddhattha)に相当する音写．釈尊のこの俗名は広く知られているが，南方上座部仏教の聖典語である*パーリ語の*三蔵さんぞうには用いられておらず，一方これに代わる釈尊の個人名も他に見出されない．シッダールタとは〈目的を成就したもの〉という意味である．→釈迦．

シッダッタ [*p*: Siddhattha]　⇒悉達多しっだった

シッダールタ [*s*: Siddhārtha]　⇒悉達多しっだった

悉曇 しったん　サンスクリット語 siddham の音写．サンスクリットの文字・音韻・文法などに関する伝統的学問の称．siddham は，成就したものの意で，北方系ブラーフミー文字に属するグプタ文字から6世紀に発達した一字体シッダマートリカー文字の書体を指す．インドからこの書体を伝えられた中国では，書体・字母を〈悉曇〉，文法・語句解釈を〈*梵語ぼんご〉と呼んで区別したが，わが国ではその全体を含めて〈悉曇〉という．

悉曇の字母表を〈摩多体文まただいもん〉と呼ぶ．〈摩多〉(マートリカー)は母音字，〈体文〉(ヴィアンジャナ)は子音字の意である．悉曇は表音文字であるが，字母や合成字に一定の意義が付され，これを〈字門〉と称し，経典では50字門，42字門などの説が立てられている．字母の綴り方や合成の方法(切継きりつぎ)を記した書を〈悉曇章〉といい，これに解説を加えた唐の智広の『悉曇字記』1巻が，*空海くうかいの手でわが国にもたらされ，悉曇学者に重んぜられた．五大院*安然あんねんの『悉曇蔵』8巻は，平安期における悉曇学の集大成である．また江戸期の代表的な研究書として，*浄厳じょうごんの『悉曇三密抄』7巻または8巻，*慈雲編著の*『梵学津梁ぼんがくしんりょう』約1000巻が名高い．→付録(梵字悉曇字母表)．

執当 しっとう　本来は単に事務を管掌する意味だったが，のち仏教界で〈執務別当〉の略称とされた．

1 *門跡もんぜきに奉公する妻帯の僧(*坊官)の長官．法橋ほっきょうから*法印までの*僧位を得る例であった．

2 東寺(*教王護国寺)・*延暦寺などで宗内の事務や寺内の諸役職の任命などを行う役．*三綱さんごうの内から輪番で任ぜられた．

3 *神宮寺の社僧の一役職で事務的雑用を行う下役．

十徳 じっとく　僧衣の袍ほうと裳もを上下綴じつけた*直綴じきとつの転とされる．直綴が道服どうふくに転じ，それがさらに簡略化された*衣服えぶくで，〈十徳〉を当てたのは利便の多い衣服の意からであろう．道服に似て，垂襟たれえり広袖で脇襞わきひだをとり，羽織のように紐ひもをつけた丈の短いもので，下に袴はかまを着用しない．室町初期頃から現れ，当初は高貴な*法体ほったいの俗人の用とされたが，次第に法体の僧俗一般に流行し，近世になると，医師・茶人・俳人・隠士なども広く着用するようになった．現在の羽織はこれが変化して生まれたものとされる．一方，この十徳を素襖すおうと折衷させたのが武家用の十徳で，定紋をつけ，脇襞や紐がなく，下に袴を着用する．武家の平服であったが，次第に下級武士の用となり，さらには駕輿丁がよちょう(かごかき)や下僕の礼服ともなった．

「隔子かうしの紋の帷子かたびらに萠黄の綟もぢ(綟織)の十徳に，刀脇差にて宿を出づ」〔奇異雑談集〕「年栄えん時より，法体しての十徳，名を善入とよばれて，何の役なし坊となりぬ」〔浮・本朝二十不孝2〕

拾得 じっとく ⇀寒山・拾得・

実如 じつにょ 1458(長禄2)-1525(大永5) 真宗の僧．諱は光兼．*本願寺8世*蓮如の五男．長兄順如の死後，法嗣となり，1489年(延徳1)本願寺9世となる．当時は蓮如の教化により本願寺教団の勢力が飛躍的に発展した時代で，*一向一揆も各地に頻発した．実如は一揆の動きを抑制することに腐心し，北陸門徒に3カ条の掟を発して戦乱に介入することを戒めた．また，本願寺一族を一門衆・一家衆に分ける〈一門一家の制〉を定め，教団の護持につとめた．

失念 しつねん ［*s*: muṣita-smṛti］ 気分を散漫にし，善いことをはっきりと記憶または想起させない心の作用．大乗仏教の*唯識教学では，心の作用(*心所)として51種を数えるが，そのうち基本的な*煩悩に付随して生じる20種のよくない心の作用(二十*随煩悩)の一つとされる．「失念は，物忘れする心なり．かかる人は多く散乱せり」〔法相二巻抄上〕

漆箔 しっぱく 仏像彫刻の表面仕上げの一技法．仏の金色相を表現するために，地固めをして漆を塗った上に金箔を貼る手法．仏像の製作技法とともに大陸から伝来した．7世紀前半の*木彫像である法隆寺夢殿*救世観音像は白土下地に金箔を貼る手法であったが，7世紀後半に大陸から渡来した*塑像，*乾漆像，*塼仏，*押出仏などの新技法の仏像に漆箔技法が用いられ，日本でも行われるようになった．ことに奈良時代の造像の中心となった乾漆像の表面は漆箔となじみがよく，漆箔技法はその表面仕上げとして一世を風靡した．乾漆像は平安以後あまり行われなくなるが，この表面仕上げ技法は，木彫像の金色相表現の最も正統かつ一般的な技法として命脈を保ち，今日に至っている．→金泥塗．

実範 じっぱん ?-1144(天養1) 〈じちはん〉〈じつはん〉とも読む．通称，中川少将・少将上人．平安後期の真言宗・律宗の僧．出身は京都．父は参議藤原顕実．*興福寺に入寺し，*法相を学び，ついで*醍醐寺厳覚からは真言密教を，*比叡山横川の明賢から天台宗を学んだ．のちに，奈良の中川寺(現廃寺)成身院を開創した．戒律の衰微を嘆き，*戒律復興に努めた．*『元亨釈書』では，*唐招提寺を訪ね，牛を使って耕作していた禿丁から戒を受けたと述べられている．この話に象徴されるように，衰えていた戒律を研究し，『東大寺戒壇院受戒式』を撰述した．藤原忠実並びに関係者の出家に際し*戒師を勤めている．唐招提寺の復興にも努めた．*貞慶・*叡尊らの南都を中心とした戒律復興運動の起点は実範にあるといえる．晩年は，*浄土教に傾倒し，山城国の光明山寺に移った．著書は，『眉間白毫集』『阿字義』など多数．

『十不二門指要鈔』 じっぷにもんしようしょう 四明*知礼撰．2巻．天台智顗述*『法華玄義』の本迹二門(*本門・*迹門)の*十妙について解釈した荊渓*湛然著『法華玄義釈籤』の記述を別行したのが『十不二門』であり，本書はその注釈書である．知礼は，迹門の十妙の解と，本門の十妙の行とがともに重要と説き，特に山外派(→山家・山外)の説を批判し，*観心の対象が真心ではなく妄心であると説き，天台の*性具説を昂揚したことから，後世本書は天台の正統教義を示す書として重んぜられる．

竹篦 しっぺい *師家(禅の指導者)が*学人の接化(直接に相対して教え導く)に当って，その迷妄を警覚するため打ち叩くのに用いる法具．〈篦〉は竹のへら．長さ約60-70センチから1メートルくらいで，割竹をへら状にして弓形に曲げ，籐で巻いて全体を漆塗りにしたもの．弓を切断して代用することもある．現今では師家が用いることは少なく，*首座の法戦式に使用される場合が多い．「汝州首山省念禅師…因みに竹篦を拈じて示衆して曰く，汝等諸人，若し喚んで竹篦と作さば即ち触るる．竹篦と喚作せざれば即ち背く．汝諸人，且らく喚んで什麼とか作さん」〔正法眼蔵三百則269〕

十遍処 じっぺんじょ ［*s*: daśāni kṛtsnāyatanāni, *p*: dasa kasiṇāyatanāni］ 〈じゅうへんじょ〉とも読む．初期仏教以来，伝統仏教において受け継がれた代表的な瞑想法であり，観察対象である世界を，地(paṭhavī-kasiṇa)，水(apo-)，火(tejas-)，風(vāyu-)という要素，青(nīla-)，黄(pīta-)，赤(lohita-)，白(odāta-)という色，そして空間(ākāsa-)，意識(viññāna-)の，それぞれ唯一のものに満たされていることを個別に観察するもの．目の前の大地や海・池，ランプの火，梢に吹く風，自然界の花の色などを対象として用いることもあるが，より便宜的には，三角・四角・円形の単一素材の単一色で作られた人工的な対象を準備して観察する．この観察法は，意識を単一の情報で満たし，他のあらゆる情報を遮断することによって通常の意識活動を一時停止してしまうものであり，*四無色定しむしきじょうの第一段階に至るための方法として採用されている．

七宝 しっぽう ⇒七宝しちほう

十方世界 じっぽうせかい 十方は，東・西・南・北の四方と東南・西南・東北・西北の四維しいと上・下との十の方角．十方にそれぞれ*衆生しゅじょうの住む所があるとされ，それを十方世界という．また十方世界にはそれぞれ諸仏の*浄土があると説かれ，それを〈十方浄土〉という．十方の観念は，中国では六朝時代に*道教の思想に影響を与えた．「神通自在にして十方世界に遊び，仏を供養し，衆生を教化し」〔真如観〕．→世界．

実類神 じつるいしん ⇒権化神・実類神ごんけしん・じつるいしん

死出の田長 しでのたおさ ホトトギスの異名．『伊勢物語』43に「名のみ立つしでのたをさは今朝ぞ鳴く庵いほりあまたとうとまれぬれば」と詠まれている．〈しでのたおさ〉は〈賤しずの田長〉の転で，もと農耕を勧める鳥のことであったという説もあるが，『拾遺和歌集』哀傷の「死出の山越えて来つらむほととぎす恋しき人のうへ語らなむ」などからすると，ホトトギスはかなり古くから，〈死出の山〉(冥途との地境にあるという，死者の越え行く険阻な山．十王経に見える)から飛来する鳥というイメージで捉えられていたようである．なお，死出の山から飛来して無常を告げるということから，ホトトギスには〈無常鳥むじょうどり〉の異名もある．

寺田 じでん 〈寺家田〉〈供養田〉〈仏餉ぶっしょう田〉〈伝法田〉ともいう．寺院の所有する田地のことで，国への租税を免除された不輸租田．灯油田・布薩戒本田・出家得度田・放生田・長生田などの種類がある．仏教伝来以来，寺院は朝廷から田地の寄進を受け，また大化改新(645)以後も特権として一定の寺田所有を認められていたが，律令制では田地の買得は禁止されていた．それが743年(天平15)の墾田永年私財法発令以後，寺院は財力を投入して開墾・買得を行なって寺田拡大を進め，さらには皇族・貴族の寄進を受けて広大な寺領荘園形成への素地となった．

四顛倒 してんどう *無常・*苦・*無我・*不浄であることを，逆に常・楽・我・浄(*常楽我浄じょうらくがじょう)であると誤解すること．*諸法を*如実にょじつに知見することを重んじる仏教では，この説は初期仏教から大乗仏教に至るまで強調された．ただし，その順序や内容，あるいはまた四顛倒を退治する*観法については，他の教理との結びつきの中で微妙な変化を見た．とくに部派のアビダルマ(*阿毘達磨あびだつま)以来，四顛倒説はしばしば*四念処しねんじょ観と結びつけられた．その結果，不浄・苦・無常・無我である身体・感受・心・法の四つを，順次，浄・楽・常・我と誤解することが四顛倒で，それを退治するために四念処観が位置づけられた．また，宝積経ほうしゃくきょう迦葉品では，常・楽・我・浄の四顛倒の治療法として諸行無常・一切皆苦・諸法無我・涅槃寂静の*四法印を置く．さらに大般*涅槃経だいはつねはんぎょう(南本)になると，常・楽・我・浄である*涅槃を，無常・苦・無我・不浄と誤解することがむしろ顛倒であるともいわれた．これを*有為ういの四顛倒に対する*無為の四顛倒ともいう．→顛倒．

四天王 してんのう 古代インドの護世神が仏教に取り入れられ，四方を守る護法神となったもの．略して〈四王〉〈四天〉ともいう．場所的には〈*四王天〉という．仏教の世界観の中に存在する*須弥山しゅみせん中腹の四方を居所として*帝釈天たいしゃくてんに仕えることから，仏寺の*須弥壇しゅみだんの四方に安置される．わが国では，*金光明経こんこうみょうきょう(四)天王品などに拠り，*鎮護国家的性格を強めた．東方は〈*持国天じこくてん〉(提頭頼吒天だいずらたてん)，南方は〈*増長天ぞうじょうてん〉(毘楼勒叉天びるろくしゃてん)，西方は〈*広目天こうもくてん〉(毘楼博叉天びるばくしゃてん)，北方は〈多聞天たもんてん〉(毘沙門天びしゃもんてん)という．

本来，定められた*儀軌ぎきはなかったが，中国へもたらされる過程で武将形が一般的となった．甲冑をまとい，武器などを執り，足下に邪鬼(じゃき)を踏む姿が通例である．広目天が筆と巻子，多聞天が剣と宝塔をそれぞれ執り，他の2天は剣を持つ形姿が多いが，必ずしも定まったものではない．今日の中国では，持国天は琵琶，増長天は宝剣，広目天は竜，多聞天は傘をもつのが一般的．北方を守護する多聞天が独尊として信仰されることも少なくなく，その場合は〈*毘沙門天〉と称される．中国では意外に古い作例は少ないが，日本では遺品は多く，*法隆寺金堂の四天王像は飛鳥時代のわが国最古の像で，以後，奈良時代の*東大寺戒壇院像，平安時代前期の*教王護国寺講堂像など多くの名作がある．なお，諸芸諸道にすぐれた4人を選んで〈四天王〉と称する．

「我等をして戦ひに勝たしめ給ひたらば，四天王の像をあらはして堂塔を建てむ」〔三宝絵中〕

四天王寺 してんのうじ　大阪市天王寺区四天王寺にあり，〈荒陵寺(あらはかでら)〉ともいい，略して〈天王寺〉ともいう．現在は和宗(わしゅう)総本山，もと天台宗．『日本書紀』の587年(用明2)条に，物部守屋と蘇我馬子の間の争いの際，*聖徳太子の戦勝祈願により建てられたとし，また同書593年(推古1)条にはこの年の創建とする．現在では本格的な造営の始まりを後者の年に当てている．*伽藍(がらん)配置は*中門(ちゅうもん)・五重塔・*金堂(こんどう)・*講堂を一直線に配するもので〈四天王寺式〉とよばれる(→付録・伽藍配置)．平安時代には落雷や火災に遇ったがそのつど復興され，*太子信仰復活の気運の中で，11-12世紀の間，皇族・権臣の参詣も相次いだ．その頃，当寺が大阪湾に面し，*日想観(にっそうかん)にふさわしい地でもあることから，当寺の西門を*極楽浄土の東門とみなす信仰がおこり，極楽往生を願って難波(なにわ)の海に投身する者もあった．その中で有名なのが*『極楽願往生歌』(1142)を詠じた西念(さいねん)である．その後，*山門(さんもん)・寺門(じもん)の当寺別当職相承をめぐる争いなどがあり，また罹災することもしばしばであった．鎌倉末期には*忍性(にんしょう)らによる堂舎の復興がなされ，当寺薬師院は*西大寺末寺の律院となった．1945年戦災を受けたが，1963年には復興し，現在に至っている．

当寺について特記すべきことに，福祉と*舞楽の伝統がある．前者は聖徳太子の敬田(きょうでん)・施薬以下*四院(しいん)設置の伝承に由来するもので，古来窮民救済の*作善(さぜん)が行われ，鎌倉末期の別当忍性らの活動も伝えられている．一方，舞楽は*興福寺と並ぶ歴史を持ち，秦河勝(はたのかわかつ)の流れとされる所属楽人は天王寺方(がた)と名づけられ，*聖霊会(しょうりょうえ)の舞楽演奏などで著名である．

四土 しど　天台*智顗(ちぎ)が，諸経典に説かれている*国土を四通りに分類したもので，凡聖同居土(ぼんしょうどうごど)・方便有余土(ほうべんうよど)・実報無障礙土(じっぽうむしょうげど)・*常寂光土(じょうじゃっこうど)をいう．*天台三大部をはじめ諸著作に散説されるが，*維摩経の「仏国品」を注釈した『維摩経文疏』1の説明が最も詳しい．四土のうち凡聖同居土は，迷いの世界である*三界の内に在るので〈界内(かいない)〉という．これに対し，残りの三土は，三界を超えた*聖人(しょうにん)が住する土であることから同じく〈界外(かいげ)〉といわれるが，聖人の修行の程度に応じてその国土も異なる．

最初の〈凡聖同居土〉は，*凡夫と*聖者(しょうじゃ)とが雑居する国土である．これに*浄土と*穢土(えど)との別があり，穢土とは現世の*娑婆(しゃば)世界のように不浄が充満する世界をいい，西方の*極楽浄土のように*清浄(しょうじょう)なる世界を浄土という．〈方便有余土〉とは，*方便道を修行し*見思惑(けんじわく)を断じた*二乗および*三賢(さんげん)(*別教(べっきょう)の十住・十行・十廻向の位にいる*菩薩)が住する国土である．まだ根本的な迷いである*無明(むみょう)の惑が残存するため方便有余といわれる．〈実報無障礙土〉は，無明の惑を断じて*真如(しんにょ)*中道(ちゅうどう)を悟った聖者(別教の初地以上と*円教の初住以上の菩薩)が住する土である．以上の三土はいずれも*断惑証理(だんわくしょうり)・*因果の程度に応じて名前が立てられているのに対し，最後の〈常寂光土〉は，因果を超えている*常住(じょうじゅう)の浄土すなわち*諸法実相(しょほうじっそう)の理に名づけられたものである．そこで古来，常とは*法身(ほっしん)，寂とは*解脱(げだつ)，光とは*般若(はんにゃ)であって，この三徳を具えた*涅槃(ねはん)界であると説明される．

私度 しど　律令体制の下，官の許可なく私的に*得度(とくど)して僧尼になることを意味する．また，そのような僧尼を〈私度僧〉という．〈*度〉は，生死(しょうじ)の迷いの世界(此岸)より*悟りの世界(*彼岸)に至ることから転じて，*出家して僧になることを意味するようになった．しかし当時僧尼になるためには官許を必要としたので，私的に僧になることを〈私度〉といったもの．古くは「牟妻(むつ)の沙弥は，榎本の氏なり．自度にして名なし」〔霊異記下10〕のように〈*自度〉ともいわれ，*法名(ほうみょう)を付すことも稀で，居住地や出身地を冠して*沙弥(しゃみ)と呼ばれることが多かった．

720年(養老4)，私度は禁止されたが，民衆の支持もあってその跡を絶たず，「歴門仮説，…」〔続日本紀7〕の記事や*行基(ぎょうき)の事績に徴されるように，都鄙内外に私度独自の布教*勧進(かんじん)活動と，架橋・造道・療病宿泊施設設置などの社会的*作善(さぜん)事業を推進した．特に行基を中心とする私度僧団の東大寺建立のための勧進活動への参加は，彼等の地位を保全し，その社会的役割を高からしめたとされる．なお，平安時代以降の*聖(ひじり)・*俗聖(ぞくひじり)などと称された半僧半俗的出家者の多くは私度の後身とも見られるものであるが，彼等が文学・芸能以下日本文化の形成に果たした貢献度はきわめて高いものがある．

「私度の人は，たとひ経業有りとも，度の限りにあらず」〔僧尼令〕「天応元年十二月の始め，私度の沙弥法教，伊勢・美濃・尾張・志摩幷びに四国の道俗の知識らを引導して法堂幷びに僧房・大衆の湯屋を造立す」〔多度神宮寺伽藍縁起資財帳〕

自度 じど　〈*度(ど)〉は*迷いの*境界(きょうがい)を脱け出て*悟りに至ること．漢語としての〈度〉は〈渡〉に同じく，川などを渡ること．また〈度世(どせい)〉〔楚辞遠遊など〕は，俗世を超出して仙界に昇ること．仏典では，迷いの世界(生死(しょうじ)の*苦海(くかい))から衆生(しゅじょう)を救い，悟りに導くことを〈度他(どた)〉というのに対し，〈自度〉は自らが悟りに至ること〔無量義経十功徳品，無量寿経下〕．なお日本では，古くは自度を*私度と同義にも用いた．「昔，山背(やましろ)の国に一(ひとり)の自度有り」〔霊異記上19〕「自調・自度なりしかば，未来の八相をごするなるべし」〔開目抄〕

四道 しどう　*涅槃(ねはん)(nirvāṇa)に至る過程にある4種の階位．*三賢(さんげん)・*四善根(しぜんこん)という修行の段階において，戒(かい)・定(じょう)・慧(え)の*三学を修する〈加行(けぎょう)道〉．正しい*智慧を起こして*煩悩(ぼんのう)を断ずる〈無間(むけん)道〉．無間道の後に起こる智慧によって，正しく仏法を理解する〈解脱(げだつ)道〉．その後さらに定と慧とが発達してゆく〈勝進(しょうしん)道〉．以上の4種類の道をいう．また，*預流(よる)・*一来(いちらい)・*不還(ふげん)・*阿羅漢(あらかん)の四つの階位を指すこともある．「もし出家ならば，生死の海を断じて三明六通を得て，四道四果を具せむ」〔今昔5-5〕

祠堂 しどう　*位牌(いはい)堂や*持仏(じぶつ)堂など，寺院や俗家にあって死者の霊や神仏をまつる建物．古辞書にも「祠堂 シダウ 諸檀那・亡者の位牌処」〔文明本節用集〕とある．地域社会においては堂守をおく程度で，もっぱら住民によって管理される施設であるが，それだけに祭りや*講(こう)が行われたり，集会所として使われるなど，聖俗両面にわたる生活の中心施設とされてきた．中には中世以来の歴史を持つものさえある．また墓地と並存するものが少なくないように，祠堂は仏教が民衆に教線を拡げていく際の拠点でもあった．そうした意味で，単に寺院に準ずる施設にとどまらない重要な歴史的意義をもっている．なお，広くほこら・小社の称ともする．

なお，インドの仏教建築で祠堂の機能を持つものに*チャイティヤ(caitya)堂がある．チャイティヤは本来，精霊の宿る樹木などを意味する言葉であるが，仏教ではストゥーパ(*塔)の同義語としても用いられた．とくに建築においては，僧の居住するヴィハーラ(vihāra，*僧房)と区別して，ストゥーパを祀る独立のお堂をチャイティヤ堂(caitya-gṛha，祠堂)と呼んだ．

「余このごろ武(武蔵国)の江戸城に寓す．城に丞相の祠堂有り．柳を栽(う)ゑ松を挿(さ)させり」〔梅花無尽蔵2〕

祠堂銭 しどうせん　死者の冥福を祈り，その霊を*供養(くよう)*廻向(えこう)するために寺へ寄進する金銭．〈祠堂金〉〈祠堂銀〉ともいう．寺院へははじめ，田畑・山林から米麦などの現物が納められたが，銭貨が普及するにつれて銭納が中心となった．寺院ではこれら祠堂銭を基として金融殖利の事業を行い，それが寺院財政を支える主たる財源となった．江戸時代以降*寺檀制度が確立すると，*菩提寺(ぼだいじ)堂塔の修復・経営などの経費，本山への上納金を，祠堂銭の名のもとに*檀家に割り当て徴収した．「土一揆相国寺に打ち入り，祠堂銭・借物等を破却す」〔康富記享徳3.9.15〕「有銀三百貫目祠堂銀に入れて，常念仏を執り建て，老母もろともに後の世のねがひ」〔浮・懐硯2〕

自灯明・法灯明 じとうみょう・ほうとうみょう [p: attadīpa, dhammadīpa] 「自らを*灯明とし，自らをたよりとして，他人をたよりとせず，真理(*法)を灯明とし，真理をよりどころとして，他のものをよりどころとせずにあれ」という教え．釈迦の遺言として長阿含経巻2などに伝えられる．本来，「自らを島とし…」と訳されるべきところ，〈島〉を意味するサンスクリット語 dvīpa はパーリ語などの俗語では灯明を意味する dīpa と同語形になることから，俗語で書かれた原典によった漢訳者が誤訳したものと考えられている．

四度加行 しどけぎょう 密教僧が*伝法灌頂を受ける前に，一定期間行わねばならない*修法のこと．*十八道法・金剛界法・胎蔵(界)法・護摩法の4種からなるため〈四度〉という．十八道法では*如意輪観音または*大日如来，金剛界法・胎蔵界法では大日如来を主尊とする金剛界曼荼羅・胎蔵界曼荼羅(*両界曼荼羅)，護摩法では*不動明王をそれぞれ本尊として*練行をつむ．法流の違いにより4種の順序が相違し，日数も約30日から100日と幅があるが，密教僧の基本的修行である．→加行．

志度寺 しどじ 香川県さぬき市志度にある真言宗善通寺派の寺．山号は補陀落山．*四国八十八箇所霊場の第86番*札所．寺伝には625年(推古33)この地の尼薗子の感得した十一面観音像を安置したのを創始とし，『志度寺縁起』(7巻，南北朝初期)には694年(持統8)持統天皇と*行基が創建したとする．保元の乱(1156)後の崇徳上皇(1119-64)，屋島の合戦(1185)後の平氏などが一時この寺に拠っている．1261年(弘長1)亀山天皇(1249-1305)から寺領を賜って以来，細川頼之・勝元の保護を受けた．16世紀後期に長宗我部元親の兵火にあって焼失したが，近世，生駒氏さらには松平氏によって復興した．なお，上記縁起に伝える藤原不比等の妻となった海人の珠取り説話や，白杖童子の堂舎建立説話に取材したものに，謡曲『海人』や幸若舞曲『大織冠』などがある．

支遁 しとん [Zhī-dùn] 314-366 俗姓は関氏，字は道林．陳留(河南省開封市東)の人．東晋貴族仏教の代表的存在．林慮(河南省林県)の人ともいう．代々仏教を信奉する家に生れ，都建康(*金陵)に出てからは王蒙・殷融らに重んじられた．早くから余杭山(浙江省)に隠棲．道行般若経や慧印三昧経を究め，25歳で出家した．のち東晋の都建康に出て貴族社会と交わり，知識人の清談に加わった．老荘(*老荘思想)に通じ，白馬寺では劉系之らと交わり『荘子』逍遥遊篇を談じ，その注解を作った．362年にも哀帝に招かれて建康に出，東安寺に止まり道行般若経を講じたときには，僧俗，朝野のもの皆が感服した．最後は余姚の塢山において53歳で寂したという．生涯を通じて般若経典の研究を行い，その学説を〈即色義〉，学派を〈即色宗〉という．著には『即色遊玄論』などがあるが亡佚し，『大小品対比要鈔序』などが現存する．

寺内町 じないまち 中世末期の，寺院を中心にして濠や堀で防御された集落・町．真宗寺院にとりわけ見られ，*山科本願寺の場合が最初で，同寺を移した*石山本願寺にも10に及ぶ町が形成された．自衛のため寺の周囲に堀をめぐらし，その内部に商人・職人・町衆が居住，自治的運営が行われた．近畿・東海地方の本願寺系寺院に形成され，法華宗寺院にもみられるが，織豊政権の形成によって解体させられていった．

ジナ教 ――きょう ⇒ジャイナ教

自然 じねん [s: svabhāva, svayaṃbhū] 日本では古来〈しぜん〉(漢音)，〈じねん〉(呉音)両様のよみが行われ，平安末期の古辞書『色葉字類抄』などにも両様のよみがみえる．しかし，古くは仏教語に限らず概して〈じねん〉のよみが優勢だったようで，平安中期以後の仮名書き例にも〈じねん〉が多い．近世までの〈自然〉の用法は，近代になって nature の訳語として用いられるようになった〈自然〉とは異なっている．

仏教伝来以前の中国では，『老子』に「功成り事遂げて，百姓は皆我れを自然と謂う」〔17章〕，「(聖人は)万物の自然を輔けて敢て為さず」〔64章〕とあり，『荘子』に「物の自然に順(したが)いて私を容るる無し」〔応帝王篇〕，「常に自然に因りて(吾が)生を益さず」〔大宗師篇〕，「真とは天より受くる所以なり，自然にして易(か)うべからず」〔漁父篇〕などとあるように，〈自然〉とは〈自(おの)ずから然(し)かる〉，すなわち本来的にそうであること(そうであるもの)，もしくは人間的な作為の加えられていない(人為に歪曲されず汚染されていない)あるがままの在り方を意味する．

しかし一般的な仏教用語としての〈自然〉の用法には，仏教から批判の対象となった使い方と仏教が肯定的に使う場合との両様がある．

【批判的使用例―自然外道】批判の対象となったものとしては，インドの*自然外道(じねんげどう)と中国の老荘の自然説があげられる．自然外道は*六師外道の一つと考えられるもので，原始経典の*沙門果経(しゃもんかきょう)(*p*: *Sāmaññaphala-sutta*)によると，〈果〉(出来あがったもの)としての事物は*因縁によらず，固定的な*自性(じしょう)によって，はじめからそのように決定づけられて，その意味で自然に存していると主張した．そこから，決定論(niyati-vāda)とか自然説(svabhāva-vāda)と評された．因果論からは，*無因有果説とみなされた．すべては固定され，決定づけられており，改変は不可能で，あるがままに任せるよりほかないという意味で〈自然〉(svabhāva)といったもので，因果形成の人間の努力を否定した邪説として，宿命論とともに強い批判が仏教から向けられた．

自然外道にたいする仏教からの批判は，中国や日本においてもしばしばなされたが，さらに中国では，たとえば天台*智顗(ちぎ)の*『摩訶止観(まかしかん)』10上や*吉蔵(きちぞう)の『中観論疏(ちゅうがんろんしょ)』1末で，『荘子』の自然説がインドの自然外道と同様な形で批判された．

【肯定的使用例―法華経・無量寿経など】仏教が肯定的に使う〈自然〉の例としては，法華経や無量寿経などがあげられる．いま，法華経原典と竺法護(じくほうご)訳の〈正法華経(しょうほけきょう)〉(正法華)および鳩摩羅什(くまらじゅう)訳の〈*妙法蓮華経(みょうほうれんげきょう)〉(妙法華)とを対照させると，svabhāva・自然・実相，svayaṃbhū・自由あるいは自在・自然となる．正法華が〈自然〉と訳した svabhāva の意味は，妙法華の〈*実相〉という訳に示されているように，事物のありのままのすがたということで，いいかえれば，自己にたいする固執の念(人(にん)我見)を捨て(人空)，事物を事物に即して，あるがままに観察し，生かすということであり，いっぽう，妙法華が〈自然〉と訳した svayaṃbhū は，正法華が〈自由〉とか〈自在〉と訳したように，対象的事物にたいする固執の念(法我見)を捨て(法空)，対象にとらわれひきずられて失った自己を回復し，自由・自在に自己を生かすということである(→人我見・法我見，人空・法空)．正法華・妙法華に共通した〈自然〉の訳語でいえば，仏教が肯定的に使う〈自然〉とは，事物をあるがまま(自然)に生かし，自己を自由・自在(自然)に生かすということである．

一方また*無量寿経(むりょうじゅきょう)にも，「自然虚無之身」とか「無為自然」などと〈自然〉の語が頻出している．しかし，それにあたるサンスクリット語は見あたらず，翻訳にさいしての中国思想の借用が考えられる．ここでも，あるがまま自由の境地が表現される一方，「天道自然」のように因果の必然性を意味する場合もある．

なおまた，*『肇論(じょうろん)』涅槃無名論「玄根(みち)を未始(むなしき)に抜(さと)り，群動(ばんぶつのうごき)に即して以て心を静め，恬淡淵黙(てんたんえんもく)，自然と妙契(ぴったりひとつ)になる」や*『景徳伝灯録(けいとくでんとうろく)』5「(慧能曰く)我の説く不生不滅は外道に同じからず…但(ただ)一切善悪，都(す)べて思量すること莫(な)ければ，自然にして清浄の心の(本)体に入ることを得，湛然(たんねん)として常に寂(じゃく)，妙用は恒沙(かぎりなき)なり」などと説く禅文献も注目される．

【日本での使用例―自然法爾】日本の中世において，仏教界はいうに及ばず，一般思想界でも，共通して〈自然〉が強調された．たとえば，*法然(ほうねん)という名は〈法爾自然(ほうにじねん)〉の略であり，*親鸞(しんらん)には『自然法爾章』と名づけられた文がある．〈法爾自然〉ないし〈*自然法爾(じねんほうに)〉は，事物(法)が作為を越えて本来自然に存することをいったものである．慈円(じえん)の*『愚管抄』にも〈法爾自然〉という語が見えている．→自然(しぜん)，法爾．

自然外道(じねんげどう)　あらゆる存在(*一切法，

一切万物)は*因縁によらないで自然に有るとする説で，万物を創造したという主宰神のような造作する者とか，人間の意志の自由というような観念をすべて否定する．三十種外道の一つといわれる．自然じねんという思想は，「例えば，蓮華の花が生じてその色が鮮やかなのも，誰かが色を染めたというのでもない．自然に鮮やかなのである．また，棘とげの先端が鋭く尖っているのも，誰かが先端を削りとって尖らせているのでもなく，すべて自然にそうなっているのだから，万物の生成は無因に生じたものである」〔大日経疏2〕という．このような考えは，六師外道の一人マッカリ-ゴーサーラの「人間の苦・楽の果報は行いによらず自然に定まっている」〔注維摩詰経3〕とみる説，或いは，同じ六師外道の一人アジタ-ケーサカンバラの「一切法は自然にして存在し，因縁に従わず」〔維摩経義記2本〕とする説に比定する．→外道，六師外道，自然．

四念処 しねんじょ [*s*: catvāri smṛtyupasthānāni] 〈四念住しねんじゅう〉ともいう．四つの専念の意．浄じょう・楽らく・常じょう・我がの〈四顛倒してんどう〉を打破するための修行法で，身体の不浄性を観察し(身念処)，感覚の苦性を観察し(受念処)，心の無常性を観察し(心念処)，法の無我性を観察する(法念処)．原始仏教では*三十七道品(修行法)に加えられる．*『倶舎論くしゃろん』では，聖者の位に入る前段の修行位(*加行位けぎょうい)で，この4項をわけて観察し(別相念住べっそうねんじゅう)，また一括して観察する(総相念住そうそうねんじゅう)．「四念住．四念処とも称ず．一つには観身不浄，二つには観受是苦，三つには観心無常，四つには観法無我」〔正法眼蔵三十七品菩提分法〕．→四顛倒，常楽我浄．

自然智 じねんち [*s*: svayaṃbhu-jñāna] 師匠による教導なくして自分だけで悟りを開き，得た*智慧．*無師独悟の智慧．ブッダ(*仏陀ぶっだ)の智慧を表すが，それ以外でも，師なくして悟った人に関して言われることがある．日本では，*最澄さいちょうの著作に「比蘇ひそ自然智」「比蘇自然智宗」などという言い方が見え，吉野の比蘇山に自然智を得た修行者がいたことが知られる．これは唐から来日して比蘇山に隠棲した*道璿どうせんを指すとか，比蘇山で修行した神叡しんえいを指すという説があるが，道璿は普寂ふじゃくの弟子であるから，自然智というのにふさわしくない．なお，この「自然智宗」を宗派的なものと見る説もあるが，この場合の「宗」は「立場」という通常の意味で通じるので，宗派的なものの存在を考える必要はない．ただ，山岳修行が自然智に結びついている点は注目される．

自然法爾 じねんほうに 〈法爾自然〉とも称し，事物(*法)が作為を越えて，本来，自然に存することをいう．類似のことばとして〈法性自爾ほっしょうじに〉があり，天台智顗ちぎの*『摩訶止観まかしかん』5上に，「問う，一念に十法界を具するは，作念さねんして具すとなさんや，任運に具すとなさんや．答う，法性自爾にして，作さの成ずる所にあらず」と解説されている．〈自爾〉は『荘子』郭象注に多く見える語で，〈自然〉と同義．→自然じねん，法爾．

【日本中世の共通理念】日本の中世においては，仏教界のみならず，一般思想界でも〈自然法爾〉が主張され，中世の共通理念の一つともなった．たとえば*法然ほうねんの名(房号)は〈法爾自然〉から取ったものであり，類似の語である〈法爾道理〉を法然は強調したという(『禅勝房伝説の詞』)．*明恵みょうえの「阿留辺幾夜宇和あるべきやうわ」(*『明恵上人遺訓』)もまた当時〈*身の程ほどを知れ〉という意味に理解され，自然法爾を人間の生き方にあてて，おのがはからいを捨て，あるがままに身を任せることと解された．これを念仏信仰にあてはめたのが*親鸞しんらんで，『自然法爾章』に，「自然といふは，自はをのづからといふ，行者のはからひにあらず，然といふはしからしむといふことばなり．しからしむといふは行者のはからひにあらず，如来のちかひにてあるがゆゑに法爾といふ」と説いている．

慈円じえんは，歴史の流れについて，自然法爾ということを主張した．『愚管抄ぐかんしょう』後鳥羽に，「上下の人の運命も，三世の時運も，法爾自然にうつりゆく」といい，それに〈*道理〉の語を結びつけて，法爾道理を主張している．当時の共通背景の*本覚思想においても，一切*諸法について，「仏の作さにもあらず，修羅・人天の作にもあらず．法爾自然」「作意さい・造作の法にあらず…煩悩生死，菩提涅槃，皆天然の法位なり」「道理法爾法然なり」〔枕双紙〕などと説いている．

【仏教からの批判】いっぽうにおいて〈自然

法爾〉は，仏教から批判の対象となっている．すなわち，天台智顗の*『法華玄義』8下に，「もし自然法爾としてだれか作者なしと言うは，これ無因縁の生なり」と，*自然外道などの*無因有果説に自然法爾があてられている．そこでの意味は，すべては因なくして，始めから，そのように決定づけられて自然に存在しているということで，人間の努力を否定した宿命論として，原始仏教以来，批判されたものである．

司馬達等 しばたつと　生没年不明．〈司馬達止〉〈鞍部(案部)村主〉とも．6世紀頃の渡来人で，仏教の移入に深くかかわった．鞍作(鞍部)氏は蘇我氏の配下だったらしい．達等の娘嶋(*善信尼)は2人の少女とともに，日本最初の*出家となった．達等の孫の鞍作止利(*止利仏師)は飛鳥時代の有名な*仏師で，法隆寺金堂の釈迦三尊像を造った．

尸毗 しび　サンスクリット語Śiviに相当する音写．〈尸毘〉とも書く．釈尊の過去世において，王として生まれていた時の名．善行を行なったとされる．尸毗王の前生物語については2説あり，南方所伝のものは，老バラモン(*婆羅門)に両眼を乞われた尸毗は，自分の両眼をえぐり取って与えたとされるもので，北方所伝は，鷹に追われた鳩を救うために，鳩の肉と同じ量の自分の肉を切り取って鷹に与えたとされるものである．バラモンも鷹も尸毗を試そうとする*帝釈天の仮の姿である．インド，中央アジアなどに古くから描かれているので有名．

わが国で流布した尸毗王説話は北方所伝のもので，*六度集経1や*『大智度論』35の所説に由来するもの．*六波羅蜜の第一，檀(布施)波羅蜜を説く例話として説経に多用され，『三宝絵』上，『宝物集』，『私聚百因縁集』など諸書に引かれる．

慈悲 じひ　*仏がすべての*衆生に対し，生死*輪廻の苦くから*解脱させようとする憐愍の心．*智慧と並んで仏教が基本とする徳目．

【慈と悲】慈悲の〈慈〉(maitrī)は，mitra(友)から派生した「友愛」の意味をもつ語で，他者に利益や安楽を与えること(与楽)と説明される．一方，〈悲〉(karuṇā)は他者の苦に同情し，これを抜済しようとする(抜苦)思いやりを表す．ただし，漢訳仏典では後者を〈慈悲〉と訳す例も多い．両語の意義の差については，上掲の〈与楽〉と〈抜苦〉が一般的で，*南伝仏教の注釈も，〈慈〉とは利益と安楽をもたらそうと望むこと，〈悲〉とは不利益と苦を除こうと欲することと説明する．あるいは衆生が苦を身に受けていると観ずるとき〈悲〉がおこり，自分がかれらを解脱させようと思うとき〈慈〉がおこるともいわれる．また，〈慈〉を父の愛に，〈悲〉を母の愛にたとえることもある．

初期の仏教では〈慈〉が多用された(例えば*『スッタニパータ』)が，後に〈悲〉と併称されるようになり，さらに2語のほかに〈喜〉(他者の幸福を喜ぶ)と〈*捨〉(心の平静，平等心)の二つが加わって，〈*四無量心〉あるいは〈四梵住〉の名で，修行者のもつべき基本的徳目の一種とされた(この利他心によって，衆生は無量の*福徳を得，修行者は*梵天の世界に生れるという)．一方，仏徳をあらわすには〈大慈大悲〉と〈大〉の字を付すが，とくに*大悲が仏徳の象徴として語られるようになる．→抜苦与楽．

【大乗仏教】慈悲は*部派仏教でも説かれるが(たとえば『倶舎論』に説く*五停心観の第二，慈悲観)，*大乗仏教になるとさらに強調される．そこでは仏と同じ慈悲にもとづく*利他行が修行者の全員に要求される．慈悲は*菩薩の*誓願にも示されるが，その究極は，自己の悟りよりも衆生の抜済を先とする点にあるとされる．さらに，大乗では慈悲の根拠を空性(→空)に求める．たとえば*布施を行うに当って，施者も受者も施物もすべて*空寂であるとき，はじめて*功徳を生ずるという(三輪清浄)．

また，3種の慈悲として，1)衆生縁，2)法縁，3)*無縁を挙げ，1)は衆生に対する慈悲で*凡夫にも実践出来るもの，2)は個体を構成する*諸法を対象とする慈悲で，*声聞・*縁覚二乗の実践するものをさすのに対し，3)は空の理を対象とする慈悲，すなわち，いかなる特定の対象ももたずに現れる絶対の慈悲で，これが大乗の菩薩の慈悲であるとする(*『大智度論』40，チャンドラキールティの*『入中論』など)．

密教においても，仏徳としての大悲は重んじられる．*大日経住心品は，悟り(一切智智)を得るためには，「菩提心を因とし，大悲を根とし，方便を究竟とする」という．また同経が説く*曼荼羅(まんだら)は，*大日如来の大悲により一切衆生を救済する方便であるという意味で，大悲胎蔵生曼荼羅と呼ばれる．さらに，*無上瑜伽(むじょうゆが)タントラ系の後期密教のなかでも，とくに方便空を重視し，*法身(ほっしん)が現実世界に展開する過程(*生起次第(しょうきしだい))を*観法として組織した方便・父タントラ系の密教は，修法に関して，一切衆生に対する大悲心を起こすことを強調する．

「浄土の慈悲といふは，念仏して，いそぎ仏になりて，大慈大悲心をもて，おもふがごとく衆生を利益するをいふべきなり」〔歎異抄〕「慈悲の眼(まなこ)は鮮やかに，蓮(はちす)の如くぞ開けたる．智恵の光は夜々に，朝日の如く明らかに」〔梁塵223〕

四百四病 しひゃくしびょう　仏教の疾病観で人間の病気を総称していう．人体は地大・水大・火大・風大(*四大(しだい))の四つの元素から構成されており，病気はこの四大が調和を失うと起こるものであり，四大のそれぞれに101の病を生じ，合わせて四百四種の病を生ずるとする．修行本起経下に「人に四大あり，地水火風なり．一大に百一の病あり，展転相い鑽して四百四病，同時に倶に作る」とある．「六府(腑)五蔵(臓)の診脈を知り，四百四病の根原(源)を探る」〔新猿楽記〕

『**四百論**』しひゃくろん　[*s*: *Catuḥśataka*]　*アーリヤデーヴァ(聖提婆(しょうだいば)，3世紀)の著作で，*中観派(ちゅうがんは)の基本論書の一つ．チベット訳および後半部分の漢訳(*玄奘(げんじょう)訳『広百論本』)がある．〈四百論〉なる名称は本論が全16章400偈(各章25偈)から成ることによる．また同じ著者の作品に*『百論』(*鳩摩羅什(くまらじゅう)訳)があり，本書と大綱において一致し，本書の入門的な性格が強い．前半8章は〈説法の百〉と呼ばれ，*常楽我浄(じょうらくがじょう)の*四顛倒(してんどう)，*菩薩行(ぼさつぎょう)，諸*煩悩(ぼんのう)および諸*業(ごう)の断が論じられ，また第8章では全面的に空性(くうしょう)が説かれる．後半は〈論議の百〉と呼ばれ，常・我・時などを論破する議論が展開する．後半8章については*護法(ごほう)(ダルマパーラ)が『大乗広百論釈論』10巻(玄奘訳でのみ残存)を著したが，*チャンドラキールティは16章全体は一つのものであるとして全章にわたって注釈を著した(『四百論注』)．これにはチベット訳およびサンスクリット断片がある．

四仏 しぶつ　大乗仏教における*仏の複数化に従って他方多仏説(他方世界において多仏が同時に存在することを認める説)が登場し，*金光明経(こんこうみょうきょう)では*阿閦(あしゅく)・宝相(ほうそう)・*無量寿(むりょうじゅ)(*阿弥陀(あみだ))・天鼓雷音(てんくらいおん)の四方四仏が成立．密教では*中尊に*毘盧遮那(びるしゃな)(*大日如来)を配して*五仏としたが，四仏には*金剛界(こんごうかい)(*金剛頂経)系の阿閦・*宝生(ほうしょう)・阿弥陀・不空成就(ふくうじょうじゅ)，*胎蔵(たいぞう)(*大日経)系の宝幢(ほうどう)・開敷華王(かいふけおう)・無量寿・天鼓雷音の2系統がある．特に金剛界五仏は*五智・五部(→三部)・*五色などと不可分に結びつき，以後の密教教義の根本概念となった．

持仏 じぶつ　〈念持仏〉の略．個人が身近に安置し，つねに帰依礼拝する仏像．*内仏あるいは枕もとにおくので〈枕本尊〉ともいう．法隆寺の橘夫人念持仏は日本最古の持仏として有名(*橘夫人厨子(たちばなぶにんずし))．江戸時代には，各家庭にも持仏安置が一般化し，*仏壇が成立した．なお，持仏を安置する小堂ないし仏間を〈持仏堂〉というが，*本堂と別に*子院などで僧侶が礼拝する持仏堂を〈内持仏堂〉とよぶこともある．「年頃，多宝の御塔を一尺よばかりに造り磨きたてさせ給ひて，やがて御持仏にとおぼしおきてさせ給へりける」〔栄花駒競〕「浄尊も尼も共に持仏堂に入りぬ．聞けば，終夜(よもすがら)共に念仏を唱ふ」〔今昔15-28〕

『**四分律**』しぶんりつ　中国で翻訳された律典．律典は戒条(*戒本．『四分律』では比丘*二百五十戒，比丘尼三百四十八戒)を解説する「経分別部」と行事を規定する「*犍度部(けんどぶ)」に分かれる．現存する広律(戒本だけでなく，律を詳しく説いた文献)は漢訳5種，パーリ律1種，チベット語訳1種の6種7本である．『四分律』は小乗部派の一つ，法蔵部(Dharmaguptaka)の伝持した広律で，漢訳は全体を四分することからこの名がある．カシミール僧仏陀耶舎(ぶっだやしゃ)が暗記して中国にもたらし，*竺仏念(じくぶつねん)と共に訳したものである．訳出時期は410–412年の間．5世紀前半のうちに五大広律中の4種(『四分律』*『五分律(ごぶんりつ)』*『十誦律(じゅうじゅりつ)』『摩訶僧祇律(まかそうぎりつ)』)が一斉に漢訳されているのは偉観というべきで，もって中国仏教の成熟と整備された戒律への要求の強かったこととが知られる．翻訳当時は40巻にまとめられ，それが名称の由来ともなった如くであるが，現本は再編されて60巻になっている．

中国における律学は，はじめは*鳩摩羅什(くまらじゅう)などが訳出した*説一切有部(せついっさいうぶ)の『十誦律』が主流を占めていたが，北魏仏教の隆盛と共に*慧光(えこう)らが『四分律』を宣揚し，その系統に*道宣(どうせん)が出るに及んで全土を風靡するに至った．道宣の起こした*律宗を〈南山(律)宗〉と呼び，日本律学の実質的な祖と目される*鑑真(がんじん)もこの系統に属する．したがって本書は日本や中国の律宗の原典というべき特に重要な位置にある．→律，律蔵．

『四分律行事鈔』 しぶんりつぎょうじしょう　南山律宗(なんざんりっしゅう)の開祖，*道宣(どうせん)が，唐の貞観年間(627–649)に完成した．*『四分律』を基本として，戒律の行事を説明し，その運営を総合的に解説した書．*『十誦律(じゅうじゅりつ)』『摩訶僧祇律(まかそうぎりつ)』*『五分律(ごぶんりつ)』などの広律および，『薩婆多論(さつばたろん)』『善見律』などの*律の注釈を参照し，さらに大小乗の経を引用している．内容は，「上巻」では，戒律の正宗(しょうしゅう)を示し，*三宝(さんぼう)住持の徳を示し，修学をすすめ，仏教教団の成立・組織を明かし，教団への入団作法などさまざまな行事を示す．「中巻」では，戒律の罪の種類を示し，*二百五十戒を解説し，犯罪や罪を浄める*懺悔(さんげ)の方法などを示す．「下巻」では，*袈裟(けさ)その他の衣類，食物・薬，食器・住居，*布施(ふせ)物の種類，*頭陀(ずだ)行，礼拝の対象としての僧宝・仏像・経巻，請食の作法，教化の作法，*比丘(びく)・*比丘尼・*沙弥(しゃみ)などの作法，他部派の律の異説などをあげる．*律宗の三大部の一つとして，後代，数多くの注釈書が著された．

嗣法 しほう　禅宗で師の*法を嗣ぐこと，〈*伝法〉をいう．禅宗では参禅修行によって悟りを開くことが求められたが，その悟りを師匠に認められ，その証拠として*印可(いんか)状(嗣書(ししょ))を渡されて正式にその法系に連なることをいう．この制度は，目標を指し示すことで僧侶に修行を促し，また，免許によって僧侶の質を一定に保つことを主眼としたものであるが，こうしたものが成立しえたのは，思想的背景として祖統説が存在したためである．禅宗では〈*教外別伝(きょうげべつでん)〉〈*不立文字(ふりゅうもんじ)〉を説き，経典や論書の学習を重んじなかったが，それでも仏教であることを標榜したため，釈迦から*摩訶迦葉(まかかしょう)に「*以心伝心」によって授けられた法が，同様な方法で多くの*祖師を経て自らに伝えられているという主張を行なった．これが〈祖統説〉であり，禅宗を基礎づける重要な論拠とされたが，そのため，禅宗では，伝法ということが他宗にも増して重視されるようになり，特に〈嗣法〉と呼ばれるに至ったのである．

四法印 しほういん　〈法印〉(dharmoddāna)とは，*法の要約の意．すなわち，仏教教理の特徴をあらわしているしるしのこと．〈四法印〉とは，あらゆる現象は変化してやまない(*諸行無常(しょぎょうむじょう))，いかなる存在も不変の本質を有しない(*諸法無我(しょほうむが))，*迷いの生存におけるすべては*苦である(*一切皆苦(いっさいかいく))，迷妄の消えた*悟りの境地は静やかな安らぎである(*涅槃寂静(ねはんじゃくじょう))をいう．ここから一切皆苦を省き，〈三法印〉ということもある．また今日，スリランカ，ビルマ(ミャンマー)，タイなどの諸国で行われている南伝上座部仏教では，ここから涅槃寂静を省き，三つの特相(*p*: tilakkhaṇa)というまとめ方が用いられている．→三法印．

指方立相 しほうりっそう　方角を指定し，具体的なすがた・かたちを立てて認めること．すべての現象の*差別(しゃべつ)のすがたを認めること．具体的には西方阿弥陀仏(あみだぶつ)の*極楽浄土を具体的なすがたをもったものとして立てること．これは，すがた・かたちを離れ心念を離れて*真如(しんにょ)の理と合する*観法ではなく，心の統一のできない乱想の*凡夫(ぼんぶ)のためのものとされた．善導の*『観無量寿経疏(かんむりょうじゅきょうしょ)』定善義に，「此の観門は，等しく唯，方を指し相を立て，心を住せしめて境を取らしむ．すべて無相離念を明かさず」とあり，日本では*法然(ほうねん)によって重視された．

四菩薩 しぼさつ　特別の意味を持つ四体の*菩薩グループ．1) *胎蔵(たいぞう)四菩薩は*大日経入秘密曼荼羅位品に説く*中台八葉院の宝幢如来(ほうどうにょらい)などの胎蔵*四仏の間隙に配される観音(*観世音)・*文殊(もんじゅ)・*普賢(ふげん)・*弥勒(みろく)の四菩薩．教義的には四仏の原因的存在とする．2) *金剛界(こんごうかい)四菩薩．金剛界の*五仏には各四体の菩薩が四方から各仏を取り囲み，その属性と作用を分掌する．阿閦(あしゅく)を例にとれば*金剛薩埵(さった)・金剛王・金剛愛・金剛喜の四菩薩がある．各四菩薩を〈四親近(ししんごん)菩薩〉と別称する．なお，*大日如来の四親近菩薩を特に〈四波羅蜜(しはらみつ)菩薩〉と称する．3) *法華経涌出品の*地涌(じゆ)の菩薩の上首としての，上行・無辺行・浄行・安立行の四菩薩をいう．→付録(両界曼荼羅)．

四法界 しほっかい　四つの*法の領域の意．華厳宗(けごんしゅう)の第4祖*澄観(ちょうかん)が唱えた4種の存在領域のことで，〈事法界〉(事象の世界)，〈理法界〉(真理の世界)，〈理事無礙(りじむげ)法界〉(事象と真理とが妨げなく交流・融合する世界)，〈事事無礙(じじむげ)法界〉(事象と事象とが妨げなく交流・融合する世界)をいう．とくに第4に事事無礙法界を究極の世界観として立てるところに華厳教学の特徴があるとされるが，澄観がその根拠について「真理が事象を融ずるから」と述べていること，また，大成者である第3祖の*法蔵(ほうぞう)までは〈事事無礙〉の語が用いられていないと思われることは，注意する必要がある．「華厳は如来始成の高趣なり…五教章は以って一蔵を包み，四法界は以って群機を摂す」〔元亨釈書 27〕．→法界，法界縁起．

四梵住 しぼんじゅう　⇒四無量心(しむりょうしん)

四魔 しま ［s: catvāro mārāḥ］　生命を奪い，またその因縁となる四つのものを悪魔にたとえたもの．*『大智度論』68によれば，〈煩悩(ぼんのう)魔〉とは百八の煩悩などをいい，〈陰(おん)魔〉とは煩悩が和合して成り立ったこの身心すなわち*五蘊(ごうん)(五陰(ごおん))をいい，〈死魔〉とは五蘊の相続を破する死をいい，〈天子魔〉とは世間に愛着せしめて仏道を憎嫉せしめる天子をいう，とする．なお仏典によっては陰魔を〈身魔〉〈蘊魔〉ともいい，天子魔を〈*天魔〉〈他化自在天(たけじざいてん)魔〉ともいう．「不動は三障四魔の障(さはり)を除き給ふ」〔沙石集 2-5〕．→魔，悪魔．

紫磨金 しまごん　最高の質をもつ金で，紫色を帯びている．中国に古来よりある呼び名(しまきん)であり，〈紫金〉ともいう．その色を紫磨金色(しまごんじき)という．わが国では時に〈*閻浮檀金(えんぶだごん)〉の別称ともされた．なお，紫色を最高の色と考えるのは，中国の神仙思想の中にもある．「(仏の)紫磨金の膚(はだへ)は耀きて塵なし」〔三宝絵上〕

島地黙雷 しまじもくらい　1838(天保9)-1911(明治44)　幕末から明治期の浄土真宗本願寺派の僧侶．周防国(山口県)専照寺に生まれ，28歳同国妙誓寺の住職となり島地姓となる．1868年上洛して赤松連城(あかまつれんじょう)(1841-1919)らと*西本願寺改革運動を推進した．*廃仏毀釈(はいぶつきしゃく)に対して政府に寺院寮・*教部省の設置を建議した．72年ヨーロッパの宗教事情を視察，その間に国民教化政策として発布された〈三条の教則〉への批判の建白書を提出．帰国後，神道国教化政策に抵抗して政教分離・信教自由論を展開し，教部省の設置した*大教院からの真宗の離脱を推進し，大教院を廃止に追い込んだ．『報四叢談』などを発行．白蓮社などの設立，女子文芸学舎(現・千代田女学園)の創立に加わるなど幅広い社会的活動を通して布教活動を行なった．93年本山執行長，94年勧学就任．

四万六千日 しまんろくせんにち　観音(*観世音菩薩(かんぜおんぼさつ))の*縁日の7月10日あるいは月遅れの8月10日のこと．この日に参詣すれば四万六千日間参詣したのと等しい*功徳(くどく)があるとされる．経典には説かれず，その数についてはいくつかの解釈がある．江戸時代中期から始まった風習で，それ以前から習俗としてあった*千日参りの功徳に匹敵するものとして盛んになり，東京の*浅草寺(せんそうじ)，京都の*清水寺(きよみずでら)，大阪の*四天王寺をはじめ各地の観音を祀る寺院で縁日が持たれるようになった．「七月九日より十日に至りて参詣あり．夜に入り殊に多し．今日参詣，平日の千度或いは四万六千日に当ると云々」〔華実年浪草 9〕．→観音信仰．

事密・理密 じみつ・りみつ　主として*台密(たいみつ)の用語．すなわち*東密では，大日経・金剛頂経(こんごうちょうぎょう)による真言密教を最高とし，華厳(けごん)・法華(ほっけ)・三論・法相(ほっそう)はすべて*顕教(けんぎょう)であり，劣るものとしている．それに対し元来，天台宗では法華経・涅槃経(ねはんぎょう)を最高とするのであるが，*最澄(さいちょう)以来の日本天台では

*密教を導入することになったため，法華経と大日経・金剛頂経の一致が目ざされた．すなわち天台*智顗の著に，大乗教の至極を秘密と称することや，*善無畏口述・*一行記の『大日経義釈』(*『大日経疏』)に法華経や天台の教理が多く引用されていることなどにより，*円仁は『蘇悉地経疏』巻1において，華厳・維摩・般若・法華などの大乗教は密教，三乗教は顕教と分類した．しかし法華経などには密教の理論(理密)はあっても，大日経・金剛頂経のように*身口意の*事相(事密)は説かれていないので，これを〈唯理秘密〉とし，大日経・金剛頂経にはその両方が兼ね具わっているとして，〈事理倶密〉と称して区別した．

四無畏　しむい　[*s*: catvāri vaiśāradyāni]　〈四無所畏〉ともいう．仏が説法をするに際してもつ4種類のゆるぎのない自信．〈正等覚無畏〉すなわち，自分が*諸法に対する完全な*悟りを得ていることに対する自信，〈漏永尽無畏〉すなわち，自分がすべての*煩悩を断じつくしていることに対する自信，〈説障法無畏〉すなわち，弟子達に染法が仏道の障害となることを説くことに関する自信，〈説出道無畏〉すなわち，弟子達に苦しみから解放される道を説くことに関する自信，の四つのことをいう．これらによって，仏は他者から論破されるのではないかという怖れを持つことなく，雄弁な説法(*獅子吼)をなすことができるのである．仏のみがもつ18の固有の特性(*十八不共法)に含まれる．

四無礙智　しむげち　[*s*: catuṣpratisaṃvid]　〈四無礙弁〉〈四無礙解〉ともいう．自由自在で滞ることのない理解力・表現力などの4種の*智慧．教法に関して*自在である〈法無礙〉，教えの内容理解に関して自在である〈義無礙〉，言葉の表現力に関して自在である〈辞無礙〉あるいは〈詞無礙〉，およびこれら3種の無礙智によって，*衆生のために明らかに教えを説くことが自在である〈楽説無礙〉または〈弁無礙〉の4種．

四無色定　しむしきじょう　[*s*: catasrā ārūpya-samāpattayāḥ]　三界のうち*無色界に配当される*禅定の最高段階で，物質的束縛から完全に解放された〈*空無辺処〉(ākāśānāntyāyatana)，〈識無辺処〉(vijñānānāntyāyatana)，〈無所有処〉(ākiñcanyāyatana)，〈*非想非非想処〉(naivasaṃjñānasaṃjñāyatana)の四つの状態を指す．あらゆる物質的障害が消えさるとともに，*意識は*虚空の極まりなさで満ち，次にその意識を内に転じ虚空の極まりなさが意識そのものの*無辺さであることを知り，やがて所有すべきものが一切存在しない状態に導かれるとともに，ついには*有無の言語表現を超え無いことさえも無い世界に達する，とする．しかしながら最終的に仏教では，この無所有処・非想非非想処は異教徒にも存在すると見ており，ブッダの至った*涅槃はそれらを超えたものとする．

四無量心　しむりょうしん　[*s*: catvāry apramāṇāni]　四つのはかりしれない*利他の心．慈(maitrī)，悲(karuṇā)，喜(muditā)，*捨(upekṣā)の四つをいい，これらの心を*無量におこして，無量の人々を悟りに導くこと．〈慈〉とは生けるものに*楽を与えること，〈悲〉とは*苦を抜くこと，〈喜〉とは他者の楽をねたまないこと，〈捨〉とは好き嫌いによって差別しないことである．これを修する者は大梵天界に生れるので〈四梵住〉(catvāro brahmavihārāḥ)ともいう．「有漏の禅定を修行せる上に，慈悲喜捨の四無量心を修行せる人なり」〔法蓮抄〕．→慈悲，喜捨．

四明山　しめいざん　中国，浙江省寧波の西南にある山．古来霊山として名高く，東晋の孫綽〈天台山に遊ぶ賦〉〔文選11〕に「陸に登れば則ち四明と天台有り．皆な玄聖の遊化する所，霊仙の窟宅する所」とあり，注に引く宋の謝霊運の〈山居の賦〉に「天台と四明とは相接連し，四明は方石(四角な岩)の四面に自然にして窓を開く」とある．この〈四明〉は，六朝時代の茅山道教の教義書『真誥』闡幽微では，東明公・西明公・南明公・北明公の四明公として神格化され，「四明は四方の鬼を主領する」と記述されている．天台宗の*知礼がこの地で活躍したので〈四明尊者〉といわれた．*最澄が平安朝の初期，*天台山に留学して天台宗を持ち帰り，平安京の鬼門に当る比叡山に*延暦寺を建立して以後，比叡山を四明山もしくは四明岳と呼ぶようになった．「延暦寺第十三の座主，

法性坊尊意贈僧正，四明山の上，十乗の床の前に観月を照らし，心水を清めおはしましける」〔太平記 12.大内裏造営事〕

四明知礼 しめいちれい ⇒知礼

持物 じもつ　仏像が手に執る品々のこと．僧侶が法会の際に手にする*仏具も持物と称することがある．仏像の場合には持つべき持物が*儀軌によって規定されており，尊名を決定する上で*印相とともに重要である．*顕教と*密教とでは持物の規定に違いがある場合があるが，その区別は厳密なものとはみなしがたい．顕教像では*経巻・薬壺・*払子・*如意・*錫杖・*数珠など，密教像では*金剛杵(独鈷杵，三鈷杵，五鈷杵など)・*金剛鈴(独鈷鈴，三鈷鈴，五鈷鈴など)・宝塔・宝剣・*羂索・*蓮華などが代表的な持物としてあげられる．→付録(仏像1-4)．

霜月会 しもつきえ　天台大師*智顗の徳を讃えて，11月24日の命日を中心に行われる大法要．〈天台会〉〈天台大師報恩会〉ともいう．伝教大師*最澄が798年(延暦17)*比叡山で法華十講を修したのに始まる．後，同じく法華十講を修する伝教大師報恩会の〈六月会〉とともに〈法華大会〉と称せられ，966年(康保3)勅許の広学*竪義が付け加えられるに及んで，大講堂での一大勅会となって今日に至っている．「十一月，山の霜月会の内論義にあはせ給ひては，法師ばらの論義の劣り勝りの程を定めさせ給ひて」〔栄花疑〕．→法華会，法華八講．

寺門 じもん　*園城寺のこと．*延暦寺を山門と称するのに対する．日本の*天台宗は山門派と寺門派に分れて争った．→山門・寺門

四門出遊 しもんしゅつゆう　〈四門遊観〉ともいう．*釈尊がまだ*出家せず太子であったころ，都の東南西北にある四つの城門から外出し，それぞれ老人・病人・死人・出家者を目のあたりにして深く心に感じるところがあり，出家へと心ひかれるようになったとする伝説をいう．*過去現在因果経巻2，普曜経四出観品，*仏本行集経巻14-15などに見える．

捨 しゃ [s: upekṣā]　無関心，心の平静，心が平等で苦楽に傾かないこと．*説一切有部では，大善地法(善心に付随して起る心作用)の一つとし，*唯識学では善心所(善の心作用)の一つとするが，いずれも*惛沈(心のしずみ)と掉挙(心のうわつき)を離れた平らかな心作用とする．*四無量心(慈・悲・喜・捨)や七*覚支(択法・精進・喜・軽安・捨・定・念)，三受(苦・楽・捨(不苦不楽))などの中にも見られる修行上の重要な心作用．

ジャイナ教 ――きょう [Jainism]　〈ジナ教〉(Jinism．耆那教の邦訳もある)ともいう．インドの伝統的な宗教の一つで，徹底した禁欲主義で知られる．紀元前6-5世紀ごろ，仏教とほぼ同時期にインド東部で成立．開祖は当時の*沙門の一人で，本名ヴァルダマーナ(Vardhamāna)，尊称してマハーヴィーラ(Mahāvīra，大雄)という．伝承によると30歳で出家し，12年の苦行の後に開悟してジナ(Jina，勝利者)となったという．仏典ではもっぱら*ニガンタ-ナータプッタ(Nigaṇṭha Nātaputta)の名で知られ，*六師外道の一人に数えられる(ニガンタは彼の属していた*出家の一派の称，ナータプッタは〈ナータ族の出身者〉であることから生じた通称)．

【基本教義】ジャイナ教では動植物のみならず，地・水・火および大気にも*霊魂(生命)が宿ると主張し，それらの生命体を守るために特に*不殺生(ahiṃsā，アヒンサー)の誓戒の厳守を説く．この不殺生を中心として，さらに不妄語・不盗・不婬・無所有を加えた五つの〈大誓戒〉が出家の戒律の基本とされ，これらを完全には守れない在家者に対しては同項目の〈小誓戒〉が与えられる．生きものが*輪廻の世界で苦悩しているのは，霊魂(本性的自己)が種々の*業(karman)のために束縛されているからであり，その救済のためには，*断食などの苦行と*禁欲に専心して業の影響を除去し，心の汚れを浄化しなければならない，というのが教義の基本であり，苦行の最終段階においては断食死も容認される．

【思想的特徴】形而上学的には，霊魂・物質(業もその一種)・空間・運動因・静止因の5種を基本的実体とみなす多元的実在論を示し，仏教と同じく主宰神・創造神などの絶対神を立てない無神論の立場をとる．また認識論上

の特徴として，事物の判断における相対性を主張し，インド思想史のなかで特異な位置を占めている．仏教とともに非正統バラモン教系の宗教として発展し，インド亜大陸の思想・文化・社会に少なからず影響を与えて来た．

【教団】教団は早くから〈白衣派〉と〈裸行(空衣)派〉の 2 派に別れて発展したが，裸行派は出家が厳格に裸体を守る保守的なグループで，とくに南インドに多く，白衣派は出家の着衣を認めるなどの寛容性を持つグループで，主として西北および西インドを拠点とする．白衣派は半マガダ語と称する古代インドの俗語(仏典の*パーリ語に近似)で書かれた聖典を所持する．なお，不殺生の誓戒を厳守する立場から，ジャイナ教徒には伝統的に商業従事者が多い．信徒数約 300 万．

邪婬 じゃいん ［*s*: kāma-mithyācāra］ 仏教では*輪廻の世界の本質を*渇愛(tṛṣṇā)に求めるが，渇愛とは根源的な愛欲(kāma)をその実体とする．この根源的愛欲は性欲として発現するのであるから，輪廻からの*解脱を目的とする原始仏教ないし部派仏教においては，この性欲を抑制する*梵行が仏教の修行法の基本となり，逆に性行為は違反の最たるものとなる．したがって*出家者に対しては性行為はいかなる意味においても*戒律(不婬戒)によって禁止される．それに対し，*在家信者に対しては現世および後世に悪法を招くような邪な性行為だけが禁止され，〈邪婬戒〉(不邪婬戒)として在家の*五戒の一つをなす．「まさに知るべし，危苦は皆邪婬に縁ょって生まる」〔十住心論 1〕「仏種をたち，生死輪廻の業因を相続する，是邪婬なり」〔合水集上〕．→婬欲．

舎衛城 しゃえじょう ［*s*: Śrāvastī, *p*: Sāvatthī］ シラーヴァスティー．〈舎衛〉は Śrāvastī の*プラークリット語形 Śāvatth(ī) に相当する音写．仏陀時代のコーサラ王国の中心地で，プラセーナジット(*波斯匿王)がここに都した．また〈コーサラ国〉のことを〈舎衛国〉と呼ぶこともある．かつて Savattha (サヴァッタ)仙が住していたところであるから Sāvatthī と名づけると伝える．現在のマーヘートの遺跡がその宮殿址に比定されている．隣接してサーヘート(*祇園精舎)の遺跡がある．コーサラ王国は南北の 2 国より成り，北コーサラを単にコーサラ国，南を南コーサラ国と称するが，*『大唐西域記』は，南を単に憍薩羅国(『慈恩伝』は南憍薩羅国)となし，北を室羅伐悉底国(Śrāvastī, 舎衛国)と称している．

釈迦 しゃか　1 サンスクリット語 Śākya (パーリ語 Sākiya)に相当する音写．仏教の開祖ゴータマ-シッダールタ(釈尊)の属していた種族の名．

2 〈釈迦牟尼〉の略称．前 463–383 頃．一説に前 566–486 頃，南方伝承では前 624–544 頃．姓をゴータマ(*s*: Gautama, *p*: Gotama, 瞿曇)，名をシッダールタ(*s*: Siddhārtha, *p*: Siddhattha, 悉達多・悉陀)という．〈釈迦〉とは，〈釈迦牟尼〉(Śākya-muni)の略称で，釈迦族出身の聖者を意味し，〈釈尊〉はその異称．いまは〈ゴータマ-ブッダ〉または〈ブッダ〉(Buddha, 仏・仏陀)と呼ぶことが多い．

【生誕から成道】釈迦は，釈迦族の中心地である*カピラヴァスツ(Kapilavastu)で父をシュッドーダナ(Śuddhodana, *浄飯王)，母をマーヤー(Māyā, *摩耶夫人)といい，その長子として生まれた．カピラヴァスツは現在のネパールの南辺からインド国境付近のタラーイ盆地にあり，その近くにあるルンビニー園(Lumbinī, *藍毘尼園)が生誕地である．誕生日は 4 月 8 日(一説には 2 月 8 日)とするが，南方伝承では，ヴァイシャーカ(ウェーサーカ)月(*s*: Vaiśākha, *p*: Vesākha, 4–5 月)の満月の日とする．釈迦は生後 7 日目に生母を失い，叔母マハープラジャーパティー(Mahāprajāpatī, 摩訶波闍波提)によって養育された．16 歳のとき妃を迎えた．妃の名は，伝承ではヤショーダラー(Yaśodharā, *耶輸陀羅)としているが，明確ではない．一子ラーフラ(Rāhula, *羅睺羅)をもうけた．

この頃，深く人生の問題に悩み，ついに 29 歳(一説に 19 歳)で*出家した．バラモン(*婆羅門)の道を求めず，むしろそれを批判し，自由なシュラマナ(śramaṇa, *沙門)の道を歩んだ．はじめアーラーダ-カーラーマ(Ārāḍa Kālāma)，ついでウドラカ-ラーマプトラ(Udraka Rāmaputra)という聖仙の*修定主義者のもとで*禅定を修した．すぐに体得したがまだ満足しなかった．そこで*マガダ(Magadha)国のウルヴィルヴァー(Uruvilvā，*苦行林くぎょうりん)の山林に籠って，食事もとらずに難行苦行に従事し，ついには肋骨が見えるほどになっても*悟りは得られなかった．

この6年(または7年)間の*苦行の無意義であることを知って中止し，ナイランジャナー河(Nairañjanā，*尼連禅河にれんぜんが)で沐浴後，村の娘の捧げる乳糜にゅうみ(牛乳で調理した粥)を飲み体力を回復した．それからブッダガヤー(Buddhagayā，*仏陀伽耶ぶっだがや)のアシュヴァッタ樹(aśvattha，無花果いちじく樹)のもとで沈思*瞑想めいそうし，ついに35歳で大悟した．日本の仏教徒はこの日を12月8日として*成道じょうどうの日と呼ぶ．またこの樹を*菩提樹ぼだいじゅという．このとき〈*覚者かくしゃ〉(Buddha)となったことから〈ブッダ〉と呼ばれる．やがてヴァーラーナシー(Vārāṇasī，Benares，*波羅奈国はらなこく)の郊外にあるムリガダーヴァ(Mṛgadāva，*鹿野苑ろくやおん)に行き，かつて一緒に修行した5人を*教化きょうけして弟子とし，ここに仏教教団が成立した．

【教説と教団の発展】釈迦の教えは，人間の生きるべき道を明らかにしたのであり，この道と，それを構成する心・身の諸要素を*ダルマ(dharma，*法ほう)と呼んだ．人生の苦しみから脱し，*迷いの生存(*輪廻りんね)を断ち切って自由の境地に至る．それが*解脱げだつであって，*涅槃ねはんという．そのために，*苦をもたらす諸要素としてのダルマのその関係性(*縁起えんぎ)を明らかにしようとした．また涅槃に到達するための実践として，正しい見解，正しい思考，…，正しい瞑想(禅定)からなる*八正道はっしょうどうの実践を説いた．

釈迦はマガダ国で尊敬されていた拝火バラモンのカーシヤパ(Kāśyapa，迦葉かしょう)の三兄弟(*三迦葉)を弟子にし，懐疑論者サンジャヤ(Sañjaya)の高弟で当時著名であったシャーリプトラ(Śāriputra，*舎利弗しゃりほつ)とマウドガリヤーヤナ(Maudgalyāyana，*目連もくれん)たちの集団転向によって，一躍知れわたった．さらに，マガダ国のビンビサーラ(Bimbisāra，*頻婆娑羅びんばしゃら)王の*帰依きえを受けて，教団としての確固たる基礎を築いた．

教団はサンガ(saṃgha，*僧伽そうぎゃ・*僧)といい，インドの階級制度を否定し，サンガ内部では先に出家したものが上位に坐るというルールを保ちながら，平等主義を貫いた．また女性サンガを創始したことも，当時としては画期的なできごとであった．在俗信者は仏・法・僧の*三宝さんぼうに帰依し，*五戒を守ることを基本に置いた．また，正しい職業に従事し，真実を語り，他人の利益をはかり，精励努力することによって信頼をえることを勧めている．釈迦とその弟子たちは毎年，雨期には一カ所にとどまり，反省と禅定などの定住生活(雨安居うあんご)を行なった．それ以外の時は，つねに遍歴と教化に従事した．

【入滅】晩年，シャーリプトラやマウドガリヤーヤナの突然の死に遭い，また従弟デーヴァダッタ(Devadatta，*提婆達多だいばだった)の離反などの悲しい事件が起きた．やがて北へ向かって最後の旅に出て，*クシナガラ(Kuśinagara)で80歳で*入滅した．東アジアの仏教徒はこの日を2月15日とし*涅槃会ねはんえを行なっている．南方伝承では，ウェーサーカ月の満月の日に誕生し，成道し，入滅したということから，この仏誕の日を*ウェーサク祭として現在も祝っている．*娑羅双樹さらそうじゅの間に，頭を北にして，最後の教えを説いて入滅し，やがて*荼毘だびに付された．その後，遺骨が八分される伝説が，大般涅槃経だいはつねはんぎょうなどに語られている．

遮戒 しゃかい [s: prajñapti-sāvadya] それ自体は本来罪悪ではないが，世間のそしりを避け，あるいは他の罪を誘発させないために制した戒のこと．性戒しょうかいの対．サンスクリット語は本来，〈遮罪〉(仮に認められた*罪)の意で，予想される原語としてはprajñapti-śīlaが考えられるが見出されていない．戒(*戒律)は随犯随制といわれるように，修行の妨げとなる行為が発生するたびに，*僧伽そうぎゃの規則として加えられていった．かくて250条の*波羅提木叉はらだいもくしゃが制せられたが，自ら内容には軽重の差がある．それらを2種に大別して考察したものが〈性戒〉〈遮戒〉である．たとえば*飲酒おんじゅは初期には禁じられておらず，また殺人などと異なって，一般社会では罪にはならないが，修行に相応しくないので禁じられた．これを遮戒と認めるのである．各戒条がいずれに属するかについては様々に論じられ，やがて遮戒を軽視する傾向が生じた．→性戒．

社会福祉と仏教（しゃかいふくしとぶっきょう）　用語として，慈善(caritas, charity)は，近世のキリスト教が基準になっており，社会事業は，日本では制度的用語として使用されてきたので，仏教では福祉(welfare)が最もふさわしい．

社会福祉から仏教思想をみた場合，次の諸点が重要である．1)*慈悲(じひ)思想．人間の愛は慈悲によって否定されるが，両者は断絶でなく，否定を通じて連続している．2)*縁起(えんぎ)思想．相互依存で，平等を基礎に連帯性が特色である．3)*恩(おん)思想．すべての存在から恩をうけ，すべての存在に奉仕する．特に*四恩中の衆生恩(しゅじょうおん)が重要である．4)*自利利他相即の*菩薩(ぼさつ)思想．5)実践的過程の重視．具体的福祉思想として*六波羅蜜(ろくはらみつ)，特に*布施(ふせ)・*持戒(じかい)，*福田(ふくでん)思想，*四摂事(ししょうじ)，*四無量心(しむりょうしん)などが著名である．

【インド・中国】典型的な例としては，まずインドの*阿育王(あいくおう)の法政治があげられる．中国においては，仏図澄(ぶっとちょう)(232–348)などによって早く教育・医療・貧民救済の活動がなされた．北魏の孝文帝の476年頃，曇曜(どんよう)の進言によって〈僧祇戸(そうぎこ)〉〈仏図戸(ぶっとこ)〉が設置された．また庶民の金融のため，*無尽蔵(むじんぞう)や寺院に質庫(寺庫)が設けられたりした．唐代(618–907)には仏教の福田思想に基づいて貧窮者・疾病者・孤独者達のために寺院内に悲田養病坊が設けられた．供養・布施のため*無遮会(むしゃえ)・大*斎会(だいさいえ)も南北朝(439–589)以来さかんに催された．僧侶の指導による土木事業もなされ，一般の人々や巡礼者のために寺院が無料の宿泊所として開放されたりもした．

【日本での展開】仏教福祉の，日本史での展開のしかたは，次の三つの方向である．1)*聖徳太子から明治の真宗本願寺派の大日本仏教慈善財団にいたるまで，国家の政治や政策と結びついた場合が多い．2)*叡尊(えいそん)や*忍性(にんしょう)から本真尼(ほんしんに)(1845–1928)にいたるまで，純粋に*戒律を守るという立場をとりながら，多くの慈善行為が行われている．3)*行基(ぎょうき)などにみられる布施屋を付属した四十九院のような運動形態をとった福祉活動で，近代にもその例を事欠かない．

これらを具体的に例示すれば，聖徳太子は四天王寺に*四院を設置したと伝えられている．行基は布教活動のかたわら，橋を架け，池を掘り，港を築き(船息(ふなとめ))，無料宿泊所(布施屋)を設置した．また和気広虫(わけのひろむし)(法均尼(ほうきんに))は孤児を収容し愛育した．平安時代には*最澄は弟子を諸国に派遣し，布教と共に地方の開発・土木事業に参加せしめ，自らも布施屋を神坂峠(信濃坂)の信濃側・美濃側の双方に一カ所ずつ設け広済院・広拯(こうじょう)院と名づけた．*空海は讃岐(香川県)の灌漑用溜池*満濃(まんのう)池を修築し，*綜芸種智院(しゅげいしゅちいん)を創設して庶民の子弟を教育したという．浄土念仏を広めた*空也は諸国を廻って道を開き，橋を架け，井戸を掘り，荒野に捨てられた死骸を葬った．鎌倉時代，戒律の復興と共に叡尊や忍性は貧民・癩患者の救済に努め，殺生禁断を励行し，特に忍性は*悲田院・常施院・療病所・癩院等々を作って救済・治療に当たったばかりでなく，馬病舎さえも作った．近世において一時沈滞したが，明治になって福田会育児院，浄土宗労働共済会は，明治社会福祉を代表する施設であったし，特に大正時代は仏教社会福祉の隆盛期であった．現在は福祉社会をいかに実現するかが，仏教福祉にとっても最重要課題である．

【鎌倉仏教に現れる福祉思想】仏教福祉は，現代日本の民間社会福祉の中枢となっている．鎌倉仏教に系譜を持つ諸教団や，真言宗教団によってである．しかし日本社会福祉が，世界的視点で注目されているのは，鎌倉仏教による福祉思想である．時期的順序からいえば，法然(ほうねん)の*『選択本願念仏集(せんちゃくほんがんねんぶつしゅう)』にあらわれる平等の慈悲，その具体的事例としての「室の津の遊女に示された御詞」，親鸞(しんらん)の〈*悪人正機(あくにんしょうき)〉〈*自然法爾(じねんほうに)〉〈*還相(げんそう)廻向〉〈*同朋*同行〉にみえる福祉思想，道元の*『正法眼蔵』に示された〈自未得度・先度他〉あるいは〈菩提薩埵四摂法(ぼだいさったししょうぼう)〉，日蓮の災難の思想化や，現世肯定的な〈*浄仏国土・成就衆生〉観と，その実現としての菩薩思想である．加えて*一遍の思想に展開される*遊行(ゆぎょう)性・個別性・平等性が重要である．

これらは教団の教学や哲学的思想というよ

り，鎌倉時代から現代にいたるまで，意識的・無意識的を問わず，日本の社会福祉(social welfare)の基底に流れており，特に対人福祉サーヴィス(personal social services)の理念となったものである．福祉社会の日本的定着のため，鎌倉仏教に現れる福祉思想の再評価が重要である．

釈迦像 しゃかぞう　*釈迦(釈迦牟尼，釈尊)を造形化することは紀元前2世紀頃のインドで，仏塔(*塔)の塔門や*欄楯(石の柵)の表面に*仏伝(釈迦の一代記)を浮彫で表現することから始まった．しかしこの段階ではまだ釈迦は人間の姿をとらず，*菩提樹や*法輪，*仏足石・仏塔など釈迦の生涯に関係深い種々の形象を借りてあらわされるにとどまった．したがってこの段階は〈無仏像の時代〉と呼ばれる．

【釈迦像の成立】釈迦が人間の姿で，すなわち仏像として表現されるのは紀元1世紀の後半，当時東西文化の交流地として栄えていた現パキスタン領の*ガンダーラ地方およびガンジス河の支流ジャムナー河流域の*マトゥラー地方においてである．この場合も，はじめは仏伝図中の一登場人物としてあらわされるにすぎなかったが，やがて説話の主題から独立し，礼拝の対象にふさわしい正面向きの立像あるいは坐像の形式を獲得する．図像的にも，当初から*肉髻・*白毫・*三道など*如来としての*瑞相を備えたほか，上半身にも衣をつけるなど，ほぼ釈迦像の形式が成立していた．*印相も当初は仏伝中の特定の主題を示す*禅定印や*降魔印(触地印)，*説法印を結んでいたが，中国の北魏(386–534)時代の後半(5世紀末)に至って右手*施無畏，左手*与願の印相が採用され，釈迦像の定形が固まった．→仏像．

【群像表現・仏伝図】釈迦像は単独であらわされる場合もあるが，文殊・普賢，薬王・薬上，あるいは特定の尊名を持たない2体の*菩薩を左右に配して〈釈迦三尊〉像を構成することも多く，また*阿難や*摩訶迦葉の2*羅漢を加えて〈釈迦五尊〉像としたり，*十大弟子や天竜*八部衆などの眷属を周囲にしたがえて大群像を構成することもある．

一方，仏伝の主題に基づく釈迦像もこれと並行して製作されたが，インド・西域地方が主題も作例の数も豊富であったのに反し，中国以東では次第に後退し，日本では*灌仏会に使用する誕生の釈迦像(*誕生仏)と*涅槃会の本尊となる涅槃図(→涅槃像)がその中心を占めた．そのほか数は少ないが，*苦行釈迦像，*霊鷲山の釈迦説法図，釈迦*金棺出現図などがあり，法華経宝塔品に基づく釈迦・*多宝如来の二仏並坐の主題も平安時代以降に好まれた．

【清涼寺式釈迦像】京都嵯峨*清涼寺の本尊釈迦像は平安時代中期，東大寺僧*奝然が中国におもむき，釈迦生存中にインドの*優塡王が釈迦の生身を写したと伝える〈優塡王釈迦像〉の模刻．鎌倉時代以降，釈迦信仰の復活に伴ってその模像が流行した．これを〈清涼寺式釈迦像〉と呼ぶ．→清涼寺式釈迦像．

釈迦堂 しゃかどう　釈迦如来像を本尊とする仏堂．仏教の開祖である釈尊を慕い敬うところから諸寺につくられた．*比叡山西塔の釈迦堂(1347頃)，*清涼寺の釈迦堂(1701)，千本釈迦堂(*大報恩寺，1227)はよく知られている．特に東大寺の*奝然により宋より請来された，清涼寺釈迦堂の生身釈迦如来(*清涼寺式釈迦像)は多くの人の信仰を集めた．

『釈迦譜』 しゃかふ　梁の*僧祐撰になる中国最古の*仏伝．5巻，広本は10巻．長阿含経・増一阿含経など20をこえる経律から釈迦の伝記に関連した34項を抽出．序文偈に「本師の源の縁の記を集め経律より証を伝えて信根を増さん」とある．修行本起経など本文引用以外の出典をも適宜併せ参照して，主要な異同を示し，「祐観ずるに」などの形で撰者の意見も付す．唐代には煩を嫌って六分の一近くまで略述した*道宣の『釈迦氏譜』がある．わが国でも平安時代以来，釈迦伝の有力なテキストとして利用された．

釈迦牟尼仏 しゃかむにぶつ　〈釈迦牟尼〉はサンスクリット語 Śākya-muni に相当する音写．〈釈迦族出身の聖者たる仏陀〉の意．*牟尼(muni)は，インドの宗教界において，聖者・賢者に対する尊称として用いられた．釈迦に同じ．→釈迦．

娑竭羅竜王 しゃからりゅうおう ［s: Sāgara-nāgarāja］ 〈さからりゅうおう〉とも読む．〈娑竭羅〉は Sāgara に相当する音写で〈娑伽羅〉と音写されることもある．また海竜王や竜王と意訳される．法華経ほけきょう説法の時に，*聴衆ちょうじゅの中に列していたとされる*八大竜王の一つ．古来から*請雨しょうう法の本尊とされ，千手観音せんじゅかんのんの眷属けんぞくである*二十八部衆の一つにも加えられている．法華経提婆達多品によれば，8歳になったばかりのこの竜王の娘が，法華経を修したことによって*即身成仏したと述べられている．

シャーキャシュリーバドラ ［s: Śākyaśrībhadra］ 1140年代-1225 インド仏教最後の拠点*ヴィクラマシーラ寺の最後の僧院長をつとめた*顕密けんみつにわたる大学僧．イスラームによる寺院破壊を逃れてオリッサに滞在中，チベットのトプ翻訳官に招かれ，1204年から約10年間チベット各地でインド仏教最後の伝統を伝えた．*カシミール出身であるためチベットでは〈カシミールの大学者〉(Kha che paṇ chen)と呼ばれた．チベットにおける*律と*僧伽そうぎゃの伝統を復興し，*ダルマキールティの論理学の主著『プラマーナ-ヴァールティカ』(*Pramāṇavārttika*，『量評釈』)の翻訳と講説の伝統を伝え，それまで以上に正確な*仏滅年代の計算を行い，*『時輪タントラ』をはじめとする*無上瑜伽むじょうゆがタントラの法統を伝えた．*サキャ派の大学僧サキャ-パンディタ(Sa skya paṇḍita)をはじめ多くの弟子を育てたほか，後の*プトゥンや*ツォンカパの教学にも多大な影響を与えた．

写経 しゃきょう　経典を書写すること，または筆写した経典．写経は大乗経典において特に強調されているが，これはヒンドゥー教の*プラーナ(Purāṇa)聖典において，聖典書写の*功徳くどくをたたえているのに対応する．仏教の経典には教学・修行・勤行ごんぎょう・法会ほうえなど僧侶の日常生活に用いられる実用性と，経典そのものを本仏とみなす信仰の両側面があるが，特に*法華経ほけきょうでは写経による功徳が強調されており，実用と信仰の二元性は保たれなければならない．写経は国により，また時代によってさまざまな材料が用いられるが，わが国ではもっぱら紙に墨書することが行われている．これは中国の形式を継承するものである．中国では後漢(25-220)に漢訳経典が現れると同時に写経が始まったと考えられ，北魏(386-534)から隋唐(581-907)には盛行したが，北宋(960-1127)以後は印刷がこれに代わり，写経は衰微した．

わが国では673年(天武2)に*川原寺かわらでらで*一切経の書写が行われたという『日本書紀』の記事が最古で，以後，奈良時代では官立の写経司しゃきょうしの支配下に置かれた〈写経所〉で，写経生しゃきょうしょうにより行われた．そして，写経所は東大寺をはじめ，主要寺院におかれていた．平安時代は通常の写経のほかに*如法経にょほうきょう・頓写経・一筆経(1人で一切経などを写す)・装飾経など，信仰面の強く示された写経が行われた．鎌倉時代以降は印刷術がおこり，大規模な写経は行われないが，信仰のための写経は行われ，現在に至っている．「終日写経す．秉燭へいしょくに及びて化城喩品を終ふ．今日十六枚」〔明月記嘉禄2.8.28〕

【書風と作品】奈良時代の官立の写経所では，書の上手な者を試験のうえ採用する制度を設けるなど，国家的背景で多量のよい写経が作られた．大般若経(和銅経)・聖武天皇勅願経・光明皇后御願経・紫紙金字金光明最勝王経(国分寺経)などが代表的なものである．その書風は，整然とした楷書で隋唐の風を受けた書法であったが，天平後期頃より次第に唐風を脱して独自の書風に変化していった．平安時代になってからは，*円仁えんにんの始めた法華経を主体とする如法経が盛んとなり，中期以後は，浄土思想に基づいて写経の*荘厳しょうごんに意を用いるようになり，金銀字一切経(中尊寺経)や*平家納経・久能寺経・慈光寺経など，金銀をちりばめた美しい彩箋料紙に，文字も優美な*和様わようで，美術品ともいうべき写経が作られるにいたった．なお，写経の料紙には素紙(白紙ないし黄紙おうし)のほか，紺紙・紫紙・色紙，さらに装飾料紙があり，墨のほか金・銀泥で書写された．→装飾経，紺紙金泥こんしきんでい，黄麻紙おうまし．

釈 しゃく　1 *釈迦(Śākya)の略．仏教僧が，釈迦の弟子であることを示すために*法名ほうみょうに冠した語．出家者を〈釈家しゃけ〉〈釈門〉〈*釈氏〉〈*釈子〉などと呼ぶ．「天竺より

僧渡れり，名を釈の利房と云ふ」〔今昔6-1〕

[2] 経典や論書の意味を解説する注解文献をいう．「善導の御釈を拝見するに，源空が目には三心四修皆共に南無あみだ仏と見ゆるなり」〔一言芳談〕

著語 じゃくご　〈*下語(あぎょ)〉ともいう．禅者が古人の*問答や行動に対して，自己の見解をもって述べる，根源的な立場から行う批評の語．その方法はいくつかあって，古人が言葉で述べることのできなかった場合に代って自己の言葉を加えたり，古人が言った言葉とは別の語を提示して自己の見解から批評する場合がある．前者を〈代語(だいご)〉，後者を〈別語(べつご)〉ともいう．また，時によっては，古人の問題点を取り挙げて，修行者に問いただすこともある．これを〈挙語(こご)〉とか〈徴語(ちょうご)〉ともいう．「是をもって頌を作り歌をよみ，下語著語を好み」〔合水集下〕

釈子 しゃくし [s: Śākya-putra]　〈釈〉は*釈迦(しゃか)の略．釈迦の弟子．仏道に入門した者．「へつらひて利養恭敬(くぎょう)を心とする故に，釈子の風に背き，出家の儀を欠く」〔沙石集9-2〕．→釈[1]，釈氏．

釈氏 しゃくし　仏教の*出家者が用いる称号．仏教教団に出家した者は，階級や氏姓を離れ，みな〈*釈子〉(釈迦族に属する者＝釈尊に従う者)として平等であると釈尊は説いた．後に中国では外国僧を，その国籍に従い，〈支〉(月支)，〈竺〉(インド)などの姓で呼び，漢人の出家者もその師匠の姓を継承していたが，東晋の*道安は，出家者はみな釈尊の弟子であるから，〈釈氏〉を姓とすべきだと提唱し，自らも〈釈道安〉と称した．その後，これが出家者の習わしとなった．「我適(たまたま)俗塵の郷(境)界を離れて，釈氏の門室に入りながら」〔伽・秋夜長物語〕

積聚 しゃくじゅ　〈しゃくじゅう〉とも読む．種々のものが一つに積み重なることをいう．通俗語源解釈によって，すべてのものが心に集約されるところから，積聚の義を〈心〉にあて，また諸経の心髄を〈積聚精要心(しょうようしん)〉という．

なお，*ヴァイシェーシカ学派が唱えた説を〈積聚(集)(しゃくじゅう)説〉(ārambha-vāda)というが，あらゆるものは，さまざまなものが寄せ集まって出来たものであるということを指す．とくに，多くの原子または要素からこの世界が出来上がるさまの説明に用いられる．ただし〈積聚説〉という言葉は，近代の学者の訳語で，本来，ārambha という原語は，新たに造り出すことを意味し，原因の中に結果が予め存在することはないとする説(因中無果論)と同義語であるから，訳語としては適切さを欠くといわざるをえない．近年では〈集積説〉あるいは〈新造説〉と訳されることもある．→因中有果・因中無果．

錫杖 しゃくじょう [s: khakkhara, khakharaka]　原語の漢訳語で，〈喫棄羅(きけら)〉と音写し，〈鳴杖(めいじょう)〉〈声杖(しょうじょう)〉などともいうが，〈錫杖〉の名が最も一般的である．僧の携行する一種の杖で，杖の上端に金属製の輪形があり，その輪形にさらに数個の金属製の小さい環を通して，動かすごとに音がするようになっている．これを振り鳴らして毒蛇・害虫を追い払ったり，*乞食(こつじき)の時に門前に至ったことを知らせたりする．行路の際には杖ともなる．*比丘(びく)*十八物の一つで，後には神聖化され，その形状・使い方が細かく規定されたりもした．日本の天台宗などでは，*梵唄(ぼんばい)を唱える際に柄の非常に短い手錫杖を振り，調子をとる道具としても用いられる．またわが国では路傍の*地蔵菩薩がその手に錫杖を持っていることから馴染みが深い．僧が常に携行するところから，各地を旅することを〈飛錫(ひしゃく)〉〈*巡錫〉といい，滞在することを〈留錫(るしゃく)〉〈*掛錫(かしゃく)〉という．

「僧のなりども，皆，梵音・錫杖品々に従ひていろいろなり」〔栄花音楽〕

寂昭 じゃくしょう　?-1034(長元7)　〈寂照〉とも書く．平安中期の天台僧．三河聖(ひじり)・三河入道とよばれた．大江斉光の第3子で，俗名定基．三河守のとき任地で妻を亡くして入道．988年(永延2)，寂心(慶滋保胤(よししげのやすたね))について出家．京都東山に住し，*源信から天台宗，*仁海から密教を学ぶ．1002年(長保4)*五台山をめざして入宋．源信から託された天台教学の疑問27カ条について四明*知礼の答釈を得る．*天台山にも行き，中国で散佚の仏書を彼の地に持参．真宗(しんそう)より円通大師(えんずうだいし)の号を賜わる．杭州で寂．比類ない往生人として『続本朝往生伝』に収載されたほか，彼をめぐる多彩な説話が形成されて，平安末期以後の文学に取り上げられている．中でも有名なのは発心の因縁を説く愛人（赤坂の遊女力寿とも）との死別譚で，『今昔物語集』に初見する．

寂静 じゃくじょう　サンスクリット語の śānta, śama などに対応．心の静まった状態．*執着しゅうじゃくを離れ，憂いなく，安らかなこと．*悟りの境地．*涅槃ねはんの世界の表現として用いられる．「汝が着たる衣は寂静の衣なり．往昔わうじやくの諸仏の袈裟なり」〔今昔1-4〕「法性の理は，寂静湛然として縁起の相あることなし．一念の無明起こって寂静の理に違するが故に，この時諸法あり．故に無明縁起なり」〔漢光類聚〕．→涅槃寂静．

『釈氏要覧』 しゃくしようらん　宋の道誠どうじょうが，出家の者が僧団において生活していくのに必ず知っておかなければならないことを27項目とりあげ，解説したもの．1019年（天禧3）の成立．全3巻で，簡便なものとなっている．上巻には出家の作法や食事の作法，中巻には修行に関すること，下巻には集団生活上の軌範などが説かれている．

釈宗演 しゃくそうえん　1859（安政6）-1919（大正8）　明治・大正時代の臨済宗の僧侶．道号は洪嶽．号は楞伽窟りょうがくつ．若狭国（福井県）高浜の一ノ瀬家に生まれる．京都*妙心寺の越渓守謙えっけいしゅけんのもとで12歳で出家．1878年鎌倉*円覚寺の今北洪川いまきたこうせん（1816-92）に参じ，82年その法を嗣いだ．その後慶応義塾大学に入学，87年卒業の後，福沢諭吉の勧めによりセイロン（スリランカ）へ留学．89年帰国した．92年（明治25）洪川の後をついで円覚寺派管長，1903年*建長寺派管長となる．1893年シカゴでの万国宗教大会に出席．1905年アメリカ，ヨーロッパ，インドなどを歴訪，*禅を広く海外に紹介した．1914年（大正3）臨済宗大学（現・花園大学）学長に就任．門下に*鈴木大拙，徳富蘇峰などがいる．『釈宗演全集』（全10巻）がある．

釈尊 しゃくそん　日本・中国における*釈迦牟尼仏しゃかむにぶつの尊称．釈迦族の尊者の意．〈釈迦牟尼世尊〉の語を略したものか．「昔釈尊の御法とかせ給へりける鷲の御山」〔撰集抄4〕．→釈迦，世尊．

敵対開会 じゃくたいかいえ　*開会の思想には，差別的諸法の部分性あるいは対立性を止揚して，無差別平等相においてそれを統一するという意義が含まれているが，この場合に，たとえば小善を開いて大善に会するというような同種類のものの開会を〈類種るいしゅ開会〉，悪を開いて善に会するというような異種類のものの開会を〈敵対開会〉あるいは〈相待そうだい開会〉という．これはもと智顗ちぎの*『法華文句』における所説に基づくものであるが，後に天台宗において，*煩悩即菩提ぼんのうそくぼだい，*生死即涅槃しょうじそくねはんというような〈*即そく〉の思想，あるいは矛盾的な二者がその当体において統一されているという〈当体全是とうたいぜんぜ〉の思想が強調されるにつれて，敵対開会の意義が留意されるに至った．

シャクティ［s: śakti］　śakti は一般に，力や能力を意味する．*ヒンドゥー教，さらにはタントリズムにおいては，*シヴァなどの最高神が静的で永遠不変の男性神であるのに対して，シャクティは活動的なその神妃として世界の展開を司る女神と考えられた．

【シヴァ神妃】ヒンドゥー教のシヴァ派においては，最高神シヴァの神妃の名として用いられ，アムビカー（Ambikā），パールヴァティー（Pārvatī），ウマー（Umā），ドゥルガー（Durgā），カーリー（Kālī），ガウリー（Gaurī）などの女神を指した．これら女神はそれぞれ起源を異にする村落的・部族的母神の観念の統合態であるところの大母神である．このため，これらの大母神に先行し，後に統合されることになった多くの村落的母神をも指すことになる．

【タントリズム】ヒンドゥー教の主要な聖典である*プラーナ文献では，シヴァあるいは*ヴィシュヌの神妃を崇拝する傾向がいっそう強まる．これは，男性神中心のバラモン教（*婆羅門教ばらもんきょう）の背後に存在しつづけた女神崇拝の潮流が表に現れたものであるが，単なる女神崇拝とは異なり，多くのばあい，*ウパニシャッド由来の*一元論的な思想に裏づけられる．すなわち，シヴァないしヴィシュヌという静的な男性神の存在を前提とし，その不可分な顕現として具体的に活動するのが，それぞれの神妃であるパールヴァティーや，あるいはまたラクシュミー（Lakṣmī）などのシャクティ（女神）であるとされる．そして，このようなシャクティを最高神として崇拝するタントリズムの一派が〈シャークタ派〉と呼ばれ，ヒンドゥー教においては，ときにシヴァ派およびヴィシュヌ派とならび称される．→タントラ．

折伏 しゃくぶく　教化方法の一種で，〈摂受〉と対になる．寛容・寛大な立場に立って相手の立場を摂取包容する〈摂受〉に対して，〈折伏〉は相手の誤りを厳しく破折し，伏する教化方法のこと．*勝鬘経十大受章に初出し，*吉蔵は『勝鬘宝窟』において，「剛強は伏すべし．伏して悪を離れしむべし．柔軟は摂すべし．摂して善に住せしむ．故に折伏・摂受と名づくるなり」と注釈した．

日本を*謗法の国とみなした日蓮は，*『開目抄』(1272)の中で，「無智悪人の国土に充満の時は摂受を前とす．安楽行品の如し．邪智謗法の者多き時は，折伏を前とす．常不軽品の如し」として，無智悪人には〈摂受〉，邪智謗法者には〈折伏〉をあてた．折伏の例として*法華経の「常不軽品」をあげたのは，智顗の*『法華文句』によったもので，法華経の「常不軽品」では，*常不軽菩薩が人びとを軽んぜず，ひたすら礼拝の行をなしたと説かれている．これが折伏の例とされたということは，折伏が人身攻撃でなく，真理(*正法)を惜しむ心の現れであり，積極的な愛の表現であることを意味している．このことに関連して，日蓮は『唱法華題目鈔』(1260)などにおいて，*慈悲のうちの〈慈〉を父の愛として，それに〈折伏〉をあて，〈悲〉を母の愛として，それに摂受をあてて，折伏の裏に摂受があることを弟子たちに注意した．

「重悪をばすなはち勢力をもって折伏し，軽悪をばすなはち道力をもって摂受す」〔勝鬘経義疏〕「仏法は摂受・折伏時によるべし．譬へば世間の文武二道の如し」〔日蓮消息文永9〕

『釈摩訶衍論』 しゃくまかえんろん　*如来蔵と*阿頼耶識の結合をはかり，*本覚を説いた*『大乗起信論』にたいする応用的な注釈書．10巻．*竜樹(150-250頃)の作として伝えられているが，実際には8世紀の前半に中国仏教圏で，華厳教学を背景として成立したと考えられる．古くから新羅成立説もある．わが国で弘法大師*空海が，この論の中にあらわれた密教的な要素に注目し，真言密教の立場を一般の大乗仏教から峻別するための重要な典拠として用いたために，真言教学の歴史において特に重視されてきた．

寂滅 じゃくめつ　サンスクリット語の vyupaśama などに対応．心の静まりかえった状態．*煩悩の炎の鎮められた究極の安らぎ．*悟りの境地．*涅槃のこと．*輪廻の世界が苦であるのに対し，涅槃の世界こそ真の楽であるとして，〈寂滅為楽〉という．わが国では，転じて，死ぬこと，消失することの意にも用いる．「春の花を見てはすなはち世間の無常を観じ，秋の月に臨んではかつて諸法の寂滅を悟る」〔新猿楽記〕「手に経巻を執り，観念して寂滅に入れり」〔法華験記上20〕．→雪山偈．

寂滅道場 じゃくめつどうじょう　*寂滅(vyupaśama, nirvāṇa などに相当)は悟りの境地，*涅槃を意味し，*道場(bodhi-maṇḍa)は〈道〉つまり*菩提，悟りを完成させた〈場所〉を意味する．〈寂滅道場〉といった場合にも，悟りをひらいた場所という意味であり，ただ〈道場〉という場合とほぼ同じ意味．略して〈寂場〉〈寂滅場〉ともいう．具体的には，釈迦が悟りをひらいたとされる，マガダ国の*伽耶城の南，*尼連禅河のほとりにあった菩提樹下の金剛座を指す．また，寂滅道場は*華厳経が説かれた場所の一つとしても有名であり，華厳経を重視する人々にとりわけ注目されてきた．華厳宗の*法蔵は寂滅と道場の各々に四義があると解釈している．なお，八十華厳では「阿蘭若法菩提場」と訳されており，原語の想定の上からも留意されるべきであろう．

迹門 しゃくもん　*法華経全28品のうちの前半の14品をいう．天台*智顗が法華経を解釈する際に，〈本門〉と〈迹門〉との二門に*分科し説明したことに基づく．久遠本仏から*垂迹した迹仏が説いた法門なので，このようにいう．迹門の中心である「方便品第二」には，*一乗の思想(一切衆生が平等に*成仏できるとする)が説かれている．→本門．

邪見 じゃけん［s: mithyā-dṛṣṭi］　善悪の*果報や*三世の*因果などを否定する誤った見解．広くはすべての邪悪な誤った見解を指すが，特に因果の道理すなわち*縁起(えんぎ)の教法や，また修行によって*悟りに達した*仏陀(ぶっだ)の存在などを認めず，その結果として*三宝(さんぼう)の否定につながる見解をいう．したがってこれは仏教と根本的に対立する立場であるため，誤った五つの見解(五見)の中で最悪のものとみなされている．なお，現代日本語で，思いやりのないこと，無慈悲なさまを意味するのは，正しい見解を持ち得ない意を介しての転義で，同義の用法は「世間の法には，慈悲なき者を邪見の者といふ」〔日蓮顕謗法鈔〕のように，すでに中世から認められる．「懈怠邪見の輩(ともがら)に，忍辱(にんにく)の心を起こさしむるゆゑに」〔宇津保俊蔭〕．→見．

這箇 しゃこ　〈遮箇〉〈者箇〉とも表記する．中国で古くから用いられていた俗語で，この，これ，こいつ，の意．唐代に確立を見た禅宗では俗語を積極的に用いたため，この言葉も同様の意味で使用されたが，それとは別に禅宗固有の用法として，特に〈*本来の面目〉〈悟りそのもの〉を指すのにも用いられた．これは，悟ったものにとっては，悟りは常に眼前にあるにも拘わらず，個物のように特定の名称によっては呼びえないものであるために，〈これ〉と表現せざるをえなかったためと考えられる．

遮罪 しゃざい　⇒性罪(しょうざい)

邪宗門 じゃしゅうもん　江戸時代に幕藩権力によって〈邪宗〉と認定された，主にキリスト教を指す語．江戸幕府は当初キリスト教に寛容であったが，1630年代までに全面禁止となり，信者に対する激しい弾圧が行われた．弾圧の理由は，世俗権力に対し宗教的権威の優越を説く点にあった．本来〈邪宗〉の語は一般名詞であり，中世には自宗に敵対する他宗を指す語として用いられてきた．それに対し，世俗権力側の基準により対象となる宗派が特定された点に，江戸時代の特徴がある．幕府法令では，キリスト教や日蓮宗*不受不施(ふじゅふせ)派・悲田(ひでん)派などを邪宗とし寺請(てらうけ)を禁止したため，隠れ信者となり信仰を守る人々が生まれ，しばしば土俗信仰との習合も見られた．明治維新の際も「キリシタン邪宗門」の高札が掲げられるなど政府の弾圧が続き，キリスト教禁制解除は1873年(明治6)，不受不施派公認は1876年に到ってようやく実現した．

邪正一如 じゃしょういちにょ　〈一如〉とは*不二(ふに)・不異，つまり一つであって異なることがないということ．よこしまなこと(邪)と正しいこと(正)は，よこしまな心と正しい心とが別にあるのではなく，一つの心が邪ともなり正ともなるのであるから，本来は同じものであるということ．〈善悪不二〉と並べて用いることが多い．「善悪不二の道理には，そむきはてたる心にて，邪正一如とおもひなす，冥(みょう)の知見ぞはづかしき」〔一遍語録〕「邪正一如と見る時は，色即是空そのままに」〔謡・山姥〕

社寺領上知 しゃじりょうじょうち　1871年(明治4)1月5日に明治政府は上知令(あげちれい)を発布して，現有境内地を除く社寺領を収公した．これによって1869年(明治2)の版籍奉還以来の封建的な土地領有の改革は社寺地にも適用されたことになり，近代的な土地私有制度の基盤が築かれた．前史としては，1865年(慶応1)に島津藩は，財政的な理由によって藩内の寺院を整理して，寺領を没収した．*廃仏毀釈(はいぶつきしゃく)に際しても各地で社寺領の一部が没収されるということがしばしば起こった．版籍奉還が施行された後，社寺の朱印地・黒印地の処分が論議されるようになり，民部省による社寺領の還納案が採用され，上知令が発布された．上知令では，禄制(ろくせい)の制定とそれに従った廩米(りんまい)の下賜があることが示されたが，1884年(明治17)には社寺禄は全廃された．封建的所有地であった朱印地・黒印地・除地(じょち)を有していた天台宗・真言宗・臨済宗・浄土宗は，上知令によって深刻な打撃を受けたが，朱印地などに依存することが少なかった浄土真宗・日蓮宗・曹洞宗の打撃は少なく，これによって仏教界における宗派間の勢力交代が，急速に進んだ．

捨身 しゃしん　仏に*供養し，また他者を救うために我が身を捨てて*布施(ふせ)すること．*薬王菩薩(やくおうぼさつ)の*焼身供養(法華経薬王品)，薩埵(さった)太子の*捨身飼虎(しこ)(金光明経捨身品)，*雪山童子(せっせんどうじ)の捨身羅刹(らせつ)(涅槃経聖行品)などが経典中に説かれた捨身の例として著名であるが，特に大乗仏教において捨身という自己犠牲的な激越な行為が強調されたようであり，*『大智度論』巻12では布施を上中下に分け，捨身的行為を上布施としている．また*ジャータカ中にも，身を焼いたウサギや，ハトの身代りとなった*尸毗王の物語などが説かれ，開祖ゴータマ(*釈迦)の神秘化・超人化への動きがみられる．

このような捨身行の説は，後の仏教信奉者に大きな影響を与え，中国では『高僧伝』亡身篇，『続高僧伝』遺身篇，『宋高僧伝』遺身篇などに捨身の事績が記録されている．また中国南北朝時代(420-589)の南朝においては，王侯貴族が一時的に世俗の地位を捨て，自分の身を寺院に布施して〈*三宝の奴〉となるのを捨身とよんだが，これは本当に身を捨てるのではなく，多額の財物を寺院に寄進してその身をうけだすというもので，特に梁の*武帝の例が有名である．

なお，わが国でも捨身行は深く敬仰讃歎され，インド・中国・日本三国にわたる捨身求道譚は広く支持伝承され，古来文学にもしばしば取り上げられ，*説経の講席でも盛んに引用された．前記のような捨身行を説く釈迦の*本生譚は，*『三宝絵』上巻，*『今昔物語集』天竺部以下の仏教説話集に頻出し，わが国の捨身行者の行状も焼身や入水をはじめ『法華験記』や『拾遺往生伝』などに特に伝えるところが多い．

「捨身の行に，なじかは御身を惜しませ給ふべき」〔平家灌頂.大原御幸〕「我に抱持唼吻の興ありて，つひに火聚捨身の心なし」〔狂雲集〕

捨身飼虎 しゃしんしこ　餓死しかけた7匹の子虎と母虎とを救うために，薩埵王子がわが身を投げ出してその肉をくらわせたことをいう．この物語は賢愚経や『大唐西域記』にもあるが，*金光明経捨身品に詳しく，わが国では『三宝絵』や『東大寺諷誦文稿』に見られ，*唱導を通してひろまった．また，中央アジアや中国をはじめ，古代美術では*本生図として表され，*敦煌莫高窟や*キジル千仏洞などの壁画に見出される．法隆寺の*玉虫厨子には，台座漆絵として右側面にこの図が描かれている．

灑水 しゃすい　〈洒水〉とも書き，〈加持香水〉ともいう．灑水器という器の中の水(香水)を*真言と印契(*印相)とにより浄化(*加持)し，それを散杖という木の棒を用いて*行者・供具・*壇・*道場にそそぐ作法によって煩悩や垢れを洗除する密教の儀礼．作法は流派により異なる．*護摩の際の灑水および胎蔵法の際の作壇の次の灑水は，〈灑浄〉と称して区別する．*三十三観音中の〈灑水観音〉は，左手の灑水器の水を右手の散杖で地に灑水する姿をとる．「地蔵菩薩の灑水器に水を入れて，散杖をそへて水を灌きて給へば」〔沙石集 1-6〕「真言灑水をもって道場をきよむるをもて，和光の棲とするなり」〔八幡愚童訓〕

『沙石集』 しゃせきしゅう　〈させきしゅう〉とも．鎌倉中期の仏教*説話集．*無住道暁(一円)編．10巻．1283年(弘安6)成立．成立後も添削・改編が続けられ，その跡をうかがわせる多様な伝本が残る．仏教の趣旨についての啓蒙を主眼とする書で，豊富な例話を引く．霊験談・発心遁世談など型どおりの仏教説話ばかりでなく，和歌・連歌説話や卑俗な滑稽談も多い．無住は禅密兼修の僧で，他の諸宗にも明るく，所説は多岐にわたっている．後世よく読まれ，抄出本も多く*説経の種本ともされた．→『雑談集』．

社僧 しゃそう　古代以来，神社付設の*神宮寺に所属して仏事などを行なった僧．〈宮僧〉〈*供僧〉〈神僧〉ともいう．社僧を監督する職が*検校で，検校の下に*別当以下*勾当・専当その他が置かれ，掃除などの雑役は*承仕・宮仕・職掌人など下級社僧が勤めた．上級の社僧は神宮寺が所属する神社の神官以上の権限を持った．近世の排仏運動の高まりのなかで，社僧を廃止した藩もあったが，1868年(明治1)，神仏判然令(*神仏分離令)により全国的に廃止された．「北野の社僧の坊におはしまして，一七日参籠の御志ある由を仰せられければ」〔太平記 6.民部卿〕

ジャータカ [*s*, *p*: jātaka]　*釈尊が前世において*菩薩であったとき，生きとし生けるものを救ったという善行を集めた物語で，薩埵王子・*尸毗王・*雪山童子の捨身供養譚のごときがそれである．〈*本生〉と漢訳され，今日日本では〈本生話〉〈本生譚〉と訳される．

〈ジャータカ〉とは，本来は特別な形式と内容をそなえた古い文学のジャンルの名称で，漢訳経典の中にも〈本生経〉という名があげられている．*九分教くぶんきょう・*十二分教の一つに数えられる．*パーリ語聖典にはジャータカとして547の物語が収められているが，それぞれの物語をもジャータカと呼んでいる．その形式は，現在世物語・過去世物語・結び，という3要素から成り立っている．散文と韻文とから成り，紀元前3世紀頃，当時インドに伝わっていた伝説や口碑こうひがもとになり，仏教的色彩が加わってできたものと考えられている．

仏教の伝播にともなって，世界各地の文学に影響を及ぼしている．『イソップ物語』や『アラビアン-ナイト』にも取り入れられており，日本でも漢訳経典を介して広く受容され，*『今昔物語集』の天竺部や*『三宝絵』の上巻以下諸書に収載されるなど，日本文学に広範な影響を与えたほか，兎が月にこめられた話やくらげ骨なしの話など，一部は昔話化して民間にも流布する．中世に流行する*本地物ほんじものの祖型をなしたと考えられる．→昔話と仏教，本生図．

釈教 しゃっきょう　釈迦の説いた教説，すなわち仏教．転じて，広く仏教関係の意に用い，特に和歌・連歌・俳諧などで仏教的題材や仏教思想に基づいて詠まれた歌や句の称とする．またそれらを編集分類する時の部立ぶだてや編目の称ともされる．「相共に会集して，釈教の義理，世間の無常を論談す」〔往生極楽記 25〕．→釈教歌．

釈教歌 しゃっきょうか　広く仏教に関する和歌全般を指していう分類上の呼称．仏教的な内容を込めた歌は，はやく*『万葉集』の山上憶良の作にも見られるが，勅撰集では『拾遺和歌集』哀傷のものが最も早く，『後拾遺和歌集』に至って雑6に「釈教」の小部立が「神祇」と共に設けられ，『千載和歌集』で初めて独立した一部立(巻19)となった．平安時代の中頃になると，*法文ほうもんや教理を和歌に詠むことが流行し，「法華経二十八品歌」「維摩経十喩歌」が私家集中に見られ，釈教歌ばかりを集めた*『発心ほっしん和歌集』もある．以後，源俊頼みなもとのとしよりの『散木さんぼく奇歌集』のような私家集，『久安百首』のような定数歌にも，「釈教」の部立が設けられるようになり，『新古今和歌集』以下の勅撰集では，欠かすことのできないものとして重視されるに至った．

歌の内容自体も，初期の情緒的な讃仏の歌から，積極的に経典の内容を詠む〈経旨歌きょうしか〉が増え，それも和歌をもって仏道に資する，いわゆる功徳くどく主義の傾向が顕著となるといったように，次第に変化を見せている．文芸性という点では，やや概念的に過ぎ，一般の歌に比して見劣りする作も多いが，詠者の内奥の宗教的な感動がおのずと表れ出た秀歌も少なくない．→和歌と仏教．

迹化 しゃっけ　⇒本化・迹化ほんげ・しゃっけ

寂光院 じゃっこういん　京都市左京区大原にある天台宗の寺．山号は清香山．寺伝によると，推古天皇2年(594)*聖徳太子が創建，太子の乳人めのと玉照姫が最初の住持になったという．本尊は六万体地蔵尊．平家滅亡(1185)後，平清盛の娘で高倉天皇の皇后となり安徳天皇を生んだ建礼門院けんれいもんいん徳子がここに庵室を結び，平家一門亡魂の菩提を祈った．後白河法皇が臨幸したことは『平家物語』や謡曲『大原御幸おはらごこう』で有名．一時荒廃したが，1603年(慶長8)豊臣秀頼の母淀君の本願によって本堂の再建にかかったという．代々尼僧が住職となっている．2000年，本堂が焼失．本尊も甚大な焼損を被った．

寂光浄土 じゃっこうじょうど　⇒常寂光土じょうじゃっこうど

蛇道 じゃどう　死後，蛇身に生れ変って*三熱の苦を受けるという境界．*六道に当てれば畜生道の一部ということになるが，範疇を異にするもので，一日三度の熱苦を受け，金翅鳥こんじちょう(*迦楼羅かるら)の難に遭う大海中の竜族の境界から転じたもの．インド・中国では悪因を特定しないようであるが，日本では多く*邪婬戒じゃいんかいに触れた者が落ちる悪道とされている．蛇を多婬とする考え方に由来するものである．「汝等が知識の善根の力に依りて，忽ちに蛇道を離れて，浄土に生まるる事を得たり」〔今昔 13-42〕

闍那崛多 じゃなくった　523-600/605　サンスクリット語 Jñānagupta に相当する音写．隋代の訳経僧．北インドのガンダーラ，プルシャプラの人．北周の明帝武成の年中(559-560)に*長安に来て草堂寺に住した．宇文倹うぶんけんが蜀を鎮めると益州僧主として3年間竜淵寺に住した．574年，北周武帝の破仏に遭って西に逃れたが，突厥とっけつに留め置かれた．

575年，斉僧の宝暹(ほうせん)，道邃(どうずい)，僧曇(そうどん)ら10人とともに西域に経典を求め，260部の梵本(ぼんぽん)を手に入れた．581年，宝暹らは梵本を携えて長安に帰り，翻訳を開始したが，*音義に不明なところがあり，585年，文帝に突厥から闍那崛多を召還することを奏上したため，勅をもって迎え入れられ，以後長安で翻訳を行なった．文帝の建立した*大興善寺(だいこうぜんじ)に住して*仏本行集経(ぶつほんぎょうじっきょう)60巻など37部176巻を訳出した．601年に*妙法蓮華経(みょうほうれんげきょう)と梵本とを校勘し〈添品(てんぼん)妙法蓮華経〉を残したという記録もあり，没年には諸説がある．

遮那業 しゃなごう　天台宗で*密教を学修する*行業(ぎょうごう)．*最澄(さいちょう)は天台と密教思想は一致するものと考え，806年(大同1)申請して天台の*年分度者(ねんぶんどしゃ)2名が認められると，1名は大毘盧遮那(だいびるしゃな)経(*大日経)を読ませることにした．818年(弘仁9)の*『山家学生式(さんげがくしょうしき)』(六条式)では，経典名からこれを〈遮那業〉と名づけ，毎日，大日経・仏母孔雀王経・不空羂索神変真言経・仏頂尊勝陀羅尼経の*真言(しんごん)など護国の真言を長時念誦させることとし，得度・受戒の後12年間*比叡山(ひえいざん)に籠って修行させることとした．「遮那業には具(つぶさ)に三部の念誦を修習せしめん」〔山家学生式〕．→止観業(しかんごう)．

車匿 しゃのく　サンスクリット語 Chandaka(パーリ語 Channa)に相当する音写で，〈闡陀迦(せんだか)〉とも音写する．チャンダカ．釈迦(しゃか)が*出家のため都を抜け出したとき，途中までつき従った御者の名．ともに出家することを望んだが許されず，愛馬カンタカと装身具とを託されて都へ帰る．後に出家．傲慢な性格で，しばしば教団の規律を乱したが，釈迦が入滅にあたって彼に課した懲戒処分によって奮起し，*阿羅漢果(あらかんか)を証した．

娑婆 しゃば　サンスクリット語 Sahā に相当する音写．われわれが住んでいる世界のこと．sahā は〈忍耐〉を意味する．西方*極楽世界や東方*浄瑠璃世界(じょうるりせかい)と違って，娑婆世界は汚辱と苦しみに満ちた*穢土(えど)であるとされたため，〈忍土(にんど)〉などとも漢訳されている．*悲華経(ひけきょう)によると，*阿弥陀仏(あみだぶつ)などが他方世界に*浄土を作ったのに対し，釈迦はこの穢土である娑婆の救済を望んだとして，釈迦信仰を説く．なお，仏滅から*弥勒菩薩(みろくぼさつ)の56億7千万年後の*下生(げしょう)に至るまで，娑婆世界は*無仏で，*地蔵菩薩などがその間の導師であるとされる．しかし，この娑婆を離れて浄土はないという〈娑婆即寂光〉の思想も日本では展開した．「今この娑婆世界は，これ悪業(あくごう)の所感，衆苦(しゅく)の本源なり」〔往生要集大文第6〕

瀉瓶 しゃびょう　瓶の水を他の瓶に一滴も漏らさず瀉(うつ)すように，師が弟子に*仏法を残すことなく伝授すること．転じて学問や芸道の伝授についても用いられることがあった．大般涅槃経(だいはつねはんぎょう)40に，釈尊(しゃくそん)が*阿難(あなん)に*法を伝えたことを瓶水を瀉すのにたとえた記述があり典拠とされる．〈瀉瓶相承(そうじょう)〉ともいい，真言宗で*経軌(きょうき)・印(*印相(いんぞう))・*真言などを悉(ことごと)く*師資(しし)相承するのにこの言葉を用いる．*空海が師*恵果(けいか)から法を授かった時にこの表現を使用したため後世に流行した．また浄土宗でも法流を相承する意味で用いられる．「七人の聖僧に逢ひて密教を写瓶したり」〔本朝神仙伝〕「二年が間に，今様…田歌に到るまで，みな習ひて瀉瓶し畢(をは)りぬ」〔梁塵秘抄口伝集〕

捨閉閣抛 しゃへいかくほう　*日蓮(にちれん)が法然(ほうねん)の*『選択(せんちゃく)本願念仏集』を批判する際に，法華経を*誹謗(ひぼう)するものであるとして挙げた4字(*『立正安国論(りっしょうあんこくろん)』ほか)．すなわち同書は，*称名(しょうみょう)念仏の*一行だけを選び取れと言い，それ以外の一切の自力修行の*聖道門(しょうどうもん)・*雑行(ぞうぎょう)を捨て，閉じ，閣(さしお)き，抛(なげう)てと言っているとし，この4字をもって人々を迷わしたと主張したもの．事実，『選択本願念仏集』には，この4文字があり(術語とはなっていない)，称名念仏以外の信仰・修行に対して排他的な態度をとっている．「善導房は法花経は末代には千中無一と書き，法然は捨閉閣抛と云々」〔下山抄〕

差別 しゃべつ　〈シャ〉は〈差〉の呉音．古くは和音も〈シャ〉で〈しゃべつ〉が普通．ただし漢音で〈さべつ〉，また〈シャ〉の直音化で〈さべつ〉と読んだ例もある．区別，相違といった意味のほか，現象世界のすべてが区々別々であり，多様なものとして存在していることをいう．とくに，法の立場から*万法(まんぽう)が*一如(いちにょ)であるとする見方にたいして，個々の存在があくまでも独自で，それぞれに異なるすがたを持っていること．その上で〈差別即平等〉〈平等即差別〉ともいう．ここに〈*即〉というのはイコールではなく，自己(自我)否定を経た上での両者の一如をいう．禅において高処高平，低処低平というのも同じ．「ただし，彼(か)の国に九品(くほん)の差別あり」〔孝養集下〕「迷へば則(すなは)ち差別して雲泥のへだて有り．今悟れば平等にして水乳に似たり」〔雑談集7〕．→平等．

邪魔 じゃま　修行を妨げ，正しい教えから逸脱させようとする邪(よこしま)な*悪魔(māra)のこと．元来は他化自在天(たけじざいてん)(*第六天)に住まいする*天魔(てんま)のことを意味し，釈尊の修行時代にたびたび現れ，巧みな言葉で誘惑し，その修行を断念させようとしたが，徒労に帰したとされている．転じて，およそものごとを達成しようとするときに，その妨げとなるもののことを指すようになった．なお，〈邪魔〉という語は中国の道教にも取り込まれ，『神呪経』には「悪鬼邪魔」「邪魔鬼」などと見える．「若(も)しこれつらのものに近づかん人は，在家も出家も正法の縁を失って，邪魔の眷属(けんぞく)となるべし」〔合水集下〕「天魔種々(くさぐさ)の方便を儲けて菩薩の成道を妨げ奉らむとすといへども」〔今昔1-7〕

シャーマニズム [shamanism]　神仏や精霊と意のままに直接接触・交流し，その間に託宣・予言をし，病気治療を含むさまざまな儀礼を行う呪術-宗教的職能者シャーマンを中心とする宗教形態．全世界的に見られる．シャーマンの語はトゥングース語のšaman(トゥングース族の主要な呪術-宗教的職能者)に由来するが，19世紀以降は北アジア地域の職能者一般に適用され，さらに広く世界各地の類似職能者にも使用されるにいたった．わが国では巫者・巫師などと呼ばれる．

シャーマンの特徴は，神仏・精霊との直接交流によって力能を得，直接交流によって役割を果し，役割を果している間トランス状態(意識がかわった状態)になっている点にある．したがってシャーマニズムは*アニミズムを基盤にして成立している．シャーマニズムは幻覚や夢を通じての神界・異界訪問，神仏や精霊による憑依(ひょうい)(神がかり)，各種霊感による霊的存在との交流などを含む．古代または原始的王権はシャーマニズムと深く関わり，*新宗教の教祖にはシャーマン的特質を具えた者が多い．わが国の巫者(いたこ・わか・ゆたなど)には，*死霊(しりょう)・祖霊の口寄せを通じて死者・祖先儀礼に関わり，同じ儀礼に関わる仏教僧侶と役割領域を共有している者が少なくない．

沙弥 しゃみ　サンスクリット語śrāmaṇera(パーリ語sāmaṇera)に相当する音写．〈*勤策(ごんさく)〉〈勤策男(なん)〉などと漢訳する．*十戒(じっかい)を受けてはいるが*具足戒を受ける以前の14歳(特別な場合は7歳)以上20歳未満の男性の出家者．女性は〈*沙弥尼〉という．僧に従って雑用をつとめながら修行し，戒壇で*受戒して正式の僧となった．またわが国では，修行未熟者の意から，正規の手続きを経ない出家者を〈*私度(しど)の沙弥〉，形は僧でも妻子を養い，生業についている者を〈*在家(ざいけ)の沙弥〉という．*行基(ぎょうき)の弟子の多くや入唐前の修行中の*空海も私度の沙弥であった．10世紀初め，僧には免租権などの特権があるため，私度の沙弥が多数増加し社会問題化していると指摘され，一方10世紀末に始まる*往生伝(おうじょうでん)の中には，*破戒の沙弥の往生話が収められ，その宗教活動が注目されている．そうした宗教活動に従事した私度の沙弥や官僧から離脱した僧は〈*聖(ひじり)〉とも呼ばれた．なお，沙弥の信仰と布教活動が強く投影しているとされる作品に*『日本霊異記』がある．「一(ひと)りの自度あり，字(あざな)を伊勢の沙弥といふ．薬師経十二薬叉(やしゃ)の神名を誦持し，里を歴(めぐ)りて食を乞ふ」〔霊異記下33〕

沙弥尼 しゃみに　サンスクリット語śrāmaṇerī(パーリ語sāmaṇerī)に相当する音写．〈勤策女(ごんさくにょ)〉(つとめる女)などと漢訳する．*剃髪(ていはつ)して仏門に入り，*十戒(じっかい)を受けてはいるが*具足戒を受ける以前の20歳未満の女性の入門修行者．*比丘尼(びくに)になる前の2年間は特に〈*式叉摩那(しきしゃまな)〉と呼ばれる．「河内の国若江の郡，遊宜(ゆげ)の村の中に，練行の沙弥尼有り」〔霊異記上35〕．→沙弥．

邪命外道 じゃみょうげどう　⇒アージーヴィカ教

沙門 しゃもん　サンスクリット語śramaṇa(パーリ語samaṇa)に相当する音写．〈努力する〉(√śram)より派生した語と解されて，〈功労(くろう)〉などと漢訳されることがある．また通俗語源解釈によって √śam(休息する)という語根に由来すると解せられて，〈息心〉〈静志〉などと訳されることもある．śramaṇa を〈勤息〉と訳すことがあるが，この場合には上述の2種の語源解釈に由来するのであろう．〈沙門〉は古来インドでは男性の出家遊行者の総称であり，仏教や*ジャイナ教でもこの語を用いた．仏陀の在世当時は，仏陀自身をふくめ，*ガンジス河中流域の諸都市を中心に多くの〈沙門〉が活躍し，その大半は*ヴェーダ聖典の権威を認めなかった．仏典はしばしば当時の宗教思想家を「沙門・婆羅門」として一括し，ヴェーダ聖典を奉じる〈*婆羅門〉と並べて用いる．

「沙門恵隠を内裏に請ませて，無量寿経を講とかしむ．沙門恵資をもて論議者とす．沙門一千をもて作聴衆とす」〔書紀白雉3.4〕「沙門法を聞きて羅漢と成りて，即ち涅槃に入りぬ」〔今昔2-32〕

沙門果経 しゃもんかきょう ［*p*: *Sāmaññaphala-sutta*］ 長部(ディーガ-ニカーヤ)に所収の経．ブッダを訪れ，仏門に出家をする功徳を質問する*阿闍世王に答える形で経典が展開し，結論としてあらゆる宗教の中で仏教出家者の*果報の優れたことを主張する．王はブッダを訪ねる以前にプーラナ-カッサパ(善悪の報いを否定する道徳否定論者)，マッカリ-ゴーサーラ(運命論を説く*アージーヴィカ教徒)，アジタ-ケーサカンバラ(世界を四要素で解釈する唯物論者)，パクダ-カッチャーヤナ(七要素からなると見る唯物論者)，*ニガンタ-ナータプッタ(*ジャイナ教の開祖)，サンジャヤ-ベーラッティプッタ(懐疑論者)のいわゆる*六師外道と呼ばれる名だたる宗教家に教えを聞くが，その各師によって展開される内容は，紀元前5-6世紀のシュラマナ(*沙門)といわれる異端派の宗教者たちの思想のありさまを知ることのできるほとんど唯一の資料として貴重である．漢訳で長阿含経に属する．

沙門不敬王者 しゃもんふきょうおうじゃ 〈しゃもんふけいおうじゃ〉とも読む．方外の徒，すなわち世俗の外の存在である*沙門は，君主にたいして敬礼を行わなくともよいとする仏教者の立場をいう．それにたいして世俗権力は，東晋の340年を最初として，402年には帝位篡奪を目前にひかえた桓玄が沙門の敬礼を要求した．廬山の*慧遠の『沙門不敬王者論』は桓玄にたいする反論である．北魏の，僧徒を統監する道人統の法果は，皇帝即*如来とする立場から，皇帝を拝することはそのまま仏を拝することであると主張した．唐の高宗時代に議論はふたたび白熱化したが，世俗権力の敗北に終わった．唐の玄宗時代のごく一時期，沙門の君主にたいする敬礼が定められたものの，間もなく撤回された．沙門の〈拝父母〉，すなわち父母にたいする拝礼とあわせて論ぜられることが多い．中国成立の*梵網経巻下には，「出家の人の法は，国王に向かって礼拝せず，父母に向かって礼拝せず」(第四十軽戒)とある．日本でも*道元などによって主張された．なお，南アジアの仏教諸国では出家修行僧は国王に敬礼しない．むしろ国王が僧侶に敬礼するだけである．

娑羅双樹 しゃらそうじゅ ⇒娑羅双樹

舎利 しゃり サンスクリット語 śarīra(パーリ語 sarīra)に相当する音写で，〈設利羅〉とも音写する．一般に，骨組・構成要素・身体を意味する．これが複数形で śarīrāṇi となると，遺骨，特に仏・聖者の〈遺骨〉の意味で用いられることがある．その意味での舎利を崇拝・*供養することが，舎利塔を建立するなどの形で，古来アジア諸国で広く行われているが，実際は，舎利を象徴する水晶など他のもので代用されることが多い．中国でも，舎利供養の功徳が重視され，祈願すると五色に輝く舎利が得られたのでこれを祀ったといった記述が六朝初期から見られるほか，高僧を*荼毘に付したところ舎利が得られたので塔を立てて祀ったとする例や，生前の高僧の目から舎利がこぼれ落ちたなどとする話が多い．特に*得道の禅師を仏と同一視する禅宗では，舎利に関する奇蹟が歓迎された．「この時に達等，仏の舎利を斎食の上に得たり」〔書紀敏達13〕．→仏舎利，遺骨，塔．

舎利信仰 しゃりしんこう 【インド】〈舎利〉はサンスクリット語 śarīra に相当する音写．単数形で「遺体」，複数形で「遺骨」の意味を持つが，舎利信仰は後者の遺骨を収めた仏塔(*塔)を崇拝する信仰．ゴータマ-ブッダの入滅後，遺体は*火葬に付され，その遺骨を収めた仏塔（stūpa）が建立された．古代インド仏教において仏塔は，単に死去したブッダの墓標にとどまらず，無余*涅槃に入ったブッダの現れとして積極的な意味を持ち，出家・在家を問わず崇拝の対象となっていた．*三宝のうち仏宝とは実質的には仏塔を指す場合が少なくなく，仏教徒はそこに入滅後のブッダの実在を認めていたことが，経典や*律などの文献資料と，碑文や遺跡などの考古学的資料の双方から確かめられる．

この理解は古代インド仏教史を貫き，時代の推移に従って，仏塔の中に収められるものは，*遺骨や*遺髪などの具体的聖遺物（色身舎利）から，縁起頌といわれる聖句（法身舎利）に移り変わっていくものの，ブッダ入滅後より仏教がインドから姿を消す12世紀まで，仏塔は全インドで信仰の中心的象徴であり続け，北伝・南伝を問わずインド外の世界にも広く伝播していった．歴史的人物の遺骨や聖遺物を崇拝の対象とする現象は，インドにおいては創唱宗教である仏教を嚆矢とし，真理が歴史的人物の存在と関わりのないインド正統派の宗教には本来見られない．聖遺物の中でも遺骨は肉体を滅した清浄な存在の象徴として尊重され，仏典の中には，*三昧の力で起こした火炎によって自らの肉体を焼き尽くし，涅槃に入ることを理想とする記述が認められる（火光定，火界定）．中国では南北朝時代から宋代にかけて，この理想に従ったと見られる焼身自殺が報告されている．

【中国】舎利の讃仰崇敬を物語る逸話は，呉の建初寺建立の契機となった*康僧会の舎利感応のほか，*道安・曇翼・慧達ら諸高僧の伝に見える．南朝斉の法献は于闐から諸経典と共に仏牙・舎利などを持ち帰ったという．仏の遺骨への讃仰崇拝は非常に強く，庶民の熱狂的な舎利信仰を示す出来事としては，538年，梁の*武帝が長干寺阿育王塔から舎利や仏爪が出土した際に設けた無碍大会，557年，陳の武帝が即位6日目に法献が将来したという仏牙をもとに行なった*無遮大会がある．隋の文帝は仁寿年間（601-604），全国に113の舎利塔を建立し，仏舎利奉安の法要を厳修させた．唐代，長安などでは毎年，舎利供養が行われ，盛大な賑わいを見せた．長安西郊の法門寺では30年に一度，舎利供養が行われていたが，819年，宮中に舎利を迎えようとした憲宗を，『論仏骨表』により諫めた韓愈は逆に怒りをかって流罪とされた．

【日本】日本における舎利信仰の文献上の初見は，584年（敏達13），*司馬達等が蘇我馬子に舎利を献じ，翌年，馬子が大和の大野丘に塔を建て，献上された舎利を柱頭に収蔵したことである．平安時代には，舎利を供養する法会である〈舎利講〉〈舎利会〉〈舎利報恩講〉が行われた．舎利会は，860年（貞観2）4月に*延暦寺で行われたものが最も古いが，以後，盛んに行われた．とくに鎌倉時代には，釈迦信仰の高揚にともなって，舎利信仰も大流行し，*明恵・*叡尊らによって〈舎利講式〉が作成され，舎利を納める舎利塔も数多く作製された．室町時代にも，足利尊氏・直義によって諸国に一塔ずつ設定された*利生塔には，2粒の舎利が納められた．

シャーリプトラ　［*s*: Śāriputra，*p*: Sāriputta］　⇒舎利弗

舎利弗　しゃりほつ　サンスクリット語Śāriputra（パーリ語Sāriputta）に相当する音写．シャーリプトラ．〈舎利子〉〈鶖鷺子〉などともいう．*婆羅門の出身．舎利弗の名は母シャーリの子（プトラ）という意味．*王舎城近くのウパティッサ村に生まれたので，ウパティッサという名もある．懐疑論者サンジャヤ（Sañjaya）の弟子であったが，*目連と一緒に釈尊に帰依し，サンジャヤの弟子250人を引き連れて集団改宗した．釈尊の実子*羅睺羅の後見人でもある．至る所で釈尊の代わりに説法できるほど信任が厚く，多くの弟子を擁した．釈尊より年長で先に世を去った．*智慧第一の弟子として知られる．仏*十大弟子の一人．

舎利容器　しゃりようき　釈迦の遺骨（*舎利）を納める容器．釈迦の滅後，*荼毘に付して遺骨を分かち各地にストゥーパ（*塔）が建てられ，そのさい遺骨を埋納するためにつくられた．わが国でも最初の本格的寺院，法興寺（*飛鳥寺）の塔の心礎に舎利容器が入れられていたと思われるが，火災な

どのため後世のものに代わっていた．いま完全な姿を示しているのは滋賀県*崇福寺(すうふくじ)の塔心礎から，1939年(昭和14)発見されたものである．金の蓋(ふた)を持った舎利を入れた*瑠璃(るり)の壺を金の内箱に入れ，これを銀でつくった中箱に入れ，さらに金銅製の外箱に入れられていた．おそらくさらに陶(とう)または石製の容器に入れて埋納されたと思われる．このような金・銀・銅の入子(いれこ)式の方法はインドでも中国でも同様で，その遺例に接することができる．なお，*鑑真(がんじん)将来の舎利を納めた*唐招提寺のガラス製舎利容器はレースに包まれ，洗練された工芸的意匠の金銅の舎利塔に納められている．鎌倉時代舎利信仰の盛大に伴って多くの舎利塔がつくられ，釈迦信仰の中心になった．→仏舎利，舎利信仰．

謝霊運(しゃれいうん) [Xiè Líng-yùn] 385–433 南朝，東晋，宋の詩人．字は宣明．陳郡陽夏(河南省太康県)の人．謝玄の孫で，謝康楽(こうらく)と称される．黄門侍郎・永嘉太守などを歴任したが，政治的には不遇で，のち臨川内史に左遷され，次いで広州に流され，謀反の咎で死刑に処せられた．山水に楽しみを求め，優れた自然詩を詠じて大きな影響を与えた．才があり傲るところがあったが，廬山(ろざん)の*慧遠(えおん)を一目見るや，粛然として心服したといい，慧遠のために「仏影銘」を著し，その死に当たっても「廬山慧遠法師誄」を著し，さらに碑文も書いている．諸道人と論難した問答を収める『弁宗論(べんしゅうろん)』では，*道生(どうしょう)の*頓悟(とんご)説を祖述している．慧厳(えごん)・*慧観とともに*曇無讖(どんむしん)訳の大般涅槃経(だいはつねはんぎょう)40巻を再治し，36巻25品に改めた．前者を〈北本涅槃経〉，後者を〈南本涅槃経〉と称し，後者をもとに*涅槃宗が成立した．

シャンカラ [*s*: Śaṅkara] 700–750頃 ヒンドゥー教の哲学者で，*ヴェーダーンタ学派のうち最も有力な不二一元論派(ふにいちげんろんは)の開祖．伝説では，南インドのケーララ地方，カーラディでナムブーディリというバラモン(*婆羅門(ばらもん))階級に生まれ，*ヴェーダの学問を修めた後，*遊行(ゆぎょう)者となることを志した．ゴーヴィンダ(Govinda，670–720頃)に師事し，インド各地を遍歴，シュリンゲーリなどに僧院を建て，32歳あるいは38歳の若さでヒマラヤ地方ケーダールナータで没したという．

シャンカラの哲学史上の業績は，仏教の影響下にあった当時のヴェーダーンタ思想の潮流を転回し，本来の*ウパニシャッドに立脚しつつ仏教的要素を包摂したことである．その思想の核心である〈不二一元論〉は，ウパニシャッドの*梵我一如(ぼんがいちにょ)に基づき，いかなる限定もない絶対無差別で唯一の*ブラフマンと，自己の中の個我たる*アートマンとが本来同一で，真実の実在であり，現象世界は*無明(むみょう)によって作られた幻に過ぎない，とする〈幻影主義的一元論〉である．さらに，*輪廻(りんね)の原因は無明であり，*解脱(げだつ)のためアートマンと非アートマンを識別する明智が必要とされる．主要な著作は『ブラフマ-スートラ注解』(*Brahmasūtra-bhāṣya*)や『ウパデーシャ-サーハスリー』(*Upadeśasāhasrī*)で，他にウパニシャッドや*『バガヴァッド-ギーター』に対する注釈書などがある．

シャーンタラクシタ [*s*: Śāntarakṣita] 725–784頃 漢訳名は〈寂護(じゃくご)〉．インドのナーランダー僧院(*那爛陀寺(ならんだじ))の学匠．763年頃と770年代，吐蕃(とばん)王朝の招きでチベットに入り，サムイェー僧院を建立，779年，チベット人6人に*具足戒(ぐそくかい)を授け，チベット最初の出家教団を発足させた．後にやはりチベットに招かれた*カマラシーラの師．

詩頌で書かれた『真理綱要』(*Tattvasaṃgraha*)は，仏教の諸学派ならびにヒンドゥー教諸学派の哲学思想を広く批判的に論じ，当時のインドの思想状況を詳しく伝える．主著*『中観荘厳論(ちゅうがんしょうごんろん)』(詩頌と自注)では，*説一切有部(せついっさいうぶ)，*経量部(きょうりょうぶ)，*瑜伽行派(ゆがぎょうは)，*中観派それぞれの思想を批判的に考察し，中観派の*空(くう)思想を最上位のものと位置づける．いずれもカマラシーラによる注釈が存する．*ダルマキールティの*認識論・*論理学の影響を受けて空性を論理的に証明することを重んじ，また*唯識(ゆいしき)思想を評価したので，後代には中観自立論証派内部の瑜伽行中観派に分類された．

シャーンティデーヴァ [Śāntideva] 690–750頃 インド後期*中観派(ちゅうがんは)の実践思想家．意訳して〈寂天(じゃくてん)〉とも訳す．主著に*『入菩提行論(にゅうぼだいぎょうろん)』および『学処集成』(*Śikṣāsamuccaya*)がある．前者は*空の思想にもとづき，大乗の*菩薩(ぼさつ)が行うべき実践(菩薩行)を913*偈(げ)の詩頌によって謳いあげ，後者の『学処集成』は，総数27の自作の偈頌を骨格とし，100を越える大乗仏典からの引用にもとづいて，菩薩が学ぶべきこと(*学処，śikṣā)を語る．とくに10世紀後半以降のインド仏教史および後伝期のチベット仏教史では，中観派流の*菩薩戒を語る一論師として注目を集めた．また『入菩提行論細疏(さいしょ)』を著したプラジュニャーカラマティ(950–1000頃)は，かれを中観派のなかでも*チャンドラキールティに近い思想家ととらえた．この理解はチベットでも受け継がれ，かれはしばしばチャンドラキールティと同じ中観帰謬[論証]派に位置づけられた．

取 しゅ [*s*: upādāna]　さまざまな対象を求めて止まず，取って放さないこと．*煩悩(ぼんのう)の異名としても用いられる．またときに，取られ執着される対象をさす．五取蘊(ごしゅうん)という語の中の〈取〉がこの例で，肉体的・精神的要素としての*五蘊が執着の対象となるため〈五取蘊〉と呼ばれる．*十二因縁の第九支として用いられるときは，欲望(*渇愛(かつあい))を取って放さないという意で用いられている．これを，1)貪(とん)瞋(じん)癡(ち)などの煩悩，2)誤った見解，3)誤った生活信条，4)*我見，をそれぞれ執着することに分類して，欲取・見取・*戒禁(かいごん)取・我語取の〈四取〉とする．

趣 しゅ [*s*: gati]　行くこと，趣(おもむ)くことの意であるが，仏教では，特に生前の行為(*業(ごう))に引かれて趣き住する境遇を指していうことが多い．これを6種に分けたものが〈六趣〉で，また悪業(あくごう)の報いとして趣くべき地獄などの悪い境遇が〈*悪趣〉である．なお，gatiは〈道(どう)〉とも訳される．→六道．

受 じゅ [*s*: vedanā]　〈痛〉〈覚〉とも訳される．〈*根(こん)〉(*六根．眼・耳などの認識器官)と〈*境(きょう)〉(*六境．色・声などの認識の対象)と〈*識(しき)〉(*六識．眼識・耳識などの認識作用)との〈*触(そく)〉(接触和合)から生じる*苦・*楽・不苦不楽などの印象・感覚をいう．*有情(うじょう)やこれを取り巻く世界を五つの要素に分類した*五蘊(ごうん)の一つに数えられ，*十二因縁の第七支としても組み込まれている．また*説一切有部(せついっさいうぶ)の*阿毘達磨(あびだつま)や*唯識(ゆいしき)説では，心の働くときにはいつでも生じている精神作用として十大地法や五遍行の一つに数えられる．「受と申すは，即(すなわ)ち受の心所なり．凡(およ)そ此の心所に五受と申して五の位あり．憂受・苦受・喜受・楽受・捨受なり」〔法相二巻抄上〕

呪 じゅ　〈しゅ〉ともよむ．〈呪〉(咒とも書く)は，「祝を室に詔っぐ」〔礼記郊特牲〕の孔穎達(くようだつ)の疏に「祝は呪なり」とあるように，古くから〈祝(しゅく)〉と共通に用いられた．晋の葛洪(かっこう)の『抱朴子(ほうぼくし)』でも，「禁呪の法」〔至理篇〕を同一書内で「禁祝の法」〔祛惑篇〕に作っている．呪(祝)の原義は神に告げる言葉であるが，そこから祈り願う(呪願(じゅがん)＝祝願(『抱朴子』勤求))，のろう(呪詛(じゅそ)＝祝詛(『漢書』武五子伝))，もしくはまじない(禁呪＝禁祝(上述))の言葉を意味するようになり，それらの道術を総称して〈呪術〉と呼ぶ．なお〈呪術〉の語は，梁の劉孝威(りゅうこうい)の『東宮の浄饌を錫(たま)うを謝するの啓』に「一角仙人をして其の呪術を恥じしめる」とあり，*観無量寿経にも「幻惑の呪術もて此の悪王をして多日に死せざらしむ」と見える．

〈呪〉は，仏典の漢訳では主として dhāraṇī (陀羅尼(だらに))の訳語として用いられる．梁の僧祐*『出三蔵記集』4には，灌頂七万二千神王護比丘呪経，最勝長者受呪願経などのほか，摩訶般若波羅蜜神呪，七仏安宅神呪，十八竜王神呪経など，神秘な呪文を意味する〈神呪〉の語を用いた経典が多数著録されている．ちなみに〈呪文〉の語は，唐の道世の*『法苑珠林(ほうおんじゅりん)』妖怪に，宋の元嘉14年(437)の頃，魯郡太守の梁清が*鬼神を降伏させるために外国の道人(僧侶)を呼んで「呪文(祝文)を読ませた」話として見えている．

わが国では，すでに早く『日本書紀』神代下に「天照大神…乃(すなわ)ち矢を取りて之に呪して(上代は「ほきて」と訓読)曰く，もし悪心を以て射ば則(すなわ)ち天稚彦(あめわかひこ)かならずまさに害に遭ふべし」とある．→陀羅尼，真言(しんごん)，呪術．

「薬力は業鬼を却(さ)くることあたはず，呪の功(く)は通じて一切の病を治す」〔十住心論1〕「峰延，大威徳・毘沙門天の呪を誦せり．神呪の力，忽(たちま)ちに大蛇を斬りつ」〔拾遺往生伝下

2〕

頌 じゅ　⇒偈げ

思惟 しゆい　「作是思惟」(このように心に思う)とか「不可思惟」(理論的に思考できない)といった一般的な用法のほか，特に，対象を思考し分別する心作用をいう．*八正道の一つである〈正思惟〉は正しい意志ないし決意のこと．空思想が発展すると「一切の思惟分別を断ずる，これを正思惟となづく」〔大智度論 19〕などといい，真実は無智，無分別のところで得られるとする後代の大乗仏教の主張の道をひらく．*浄土教では浄土の荘厳を思う意にも用いる．「百千万億の念念の思惟は妄想至って深し」〔愚迷発心集〕

手印 しゅいん［*s*: hasta-mudrā］　*仏・*菩薩・*明王などの諸尊の悟りの内容や働きを象徴的に表現するしるし(印相・印契)のうち，手指の組合せによって示したもの．元来，仏教以外で用いられていたものをとりいれ，*施無畏印・*与願印・*転法輪印・触地印・*禅定印などが成立した．さらに密教において*三密の実践法にとりいれられ大きな発達をみた．儀則類には数千種が数えられているが，十二合掌・六種拳を基本とし，主な 18 種を特に〈印母〉という．「誠の心を至して，九百九十三仏の威儀・手印を知らむと祈請す」〔今昔 6-28〕．→印相，合掌，付録(仏像 1)．

修因感果 しゅいんかんか　人間が行為(*業)をなすと，いつかはその行為の*果報をうける．すなわち，善い行為の因(善の業因)には必ず善い果報があり，悪い行為の因(悪の業因)には必ず悪い果報がある．この〈*因果応報〉の関係を仏道という実践修道の上でみると，*修行という行為が因となって，*悟りという果を獲得することになる．〈感〉とは果を招くことをいう．また，〈修因得果〉ともいう．「そもそもこの重衡卿は，大犯の悪人たる上，三千五刑のうちにもれ，修因感果の道理極上せり」〔平家 11. 重衡被斬〕．→因果．

宗 しゅう　おおもと，根本の意．主要な，根本の教え・趣意．隋の智顗の*『法華玄義』1 上に「宗とは要なり」，また『老子』4 章に「道は…淵として万物の宗に似たり」とある．ちなみに，〈宗〉の訓〈むね〉も主要とかもっぱらの意である．一つの経論の中の根本・中心となる教説をさし，そこから後には根本教説の違いによって生じた流派・学派さらには教団を〈宗〉とよぶ．〈宗〉の字のもともとの意味は，先祖を祀った廟屋で，祖廟は一族団結の中心であるから，中心・根本として尊ぶ意味に使われる．後漢(25-220)の許慎の『説文解字』には「宗は，尊なり，祖廟なり」という．なお*因明においては，サンスクリット語 pratijñā の訳語として，主張の意．「我が宗こそ勝れたれ，人の宗は劣りなりと言ふ程に，法敵も出で来たり，謗法も起こる」〔歎異抄〕

自由 じゆう　〈自由〉の語は，「吾が進退は豈に綽綽然として余裕有らざらんや」〔孟子公孫丑下〕に対する後漢の趙岐の注に「進退すること自由，豈に綽綽たらざらんや」と見え，また『後漢書』閻皇后紀には「閻景・閻晏ら…威と福と自由なり」と見える．いずれも〈自ら由る〉〈自己に本づく〉の意であるが，前者は「道は…自らに本づき自らに根ざす」〔荘子大宗師〕の〈自本〉〈自根〉と同じく，自己自身に立脚する，自己の主体性を堅持する，何ものにも束縛されずに自主的に行動するなどの積極的な意味を持つ．これに対して『後漢書』にいう〈自由〉は，「惟これ辟(君)福を作なし威を作す」〔書経洪範〕の〈作福〉〈作威〉と同じく，自分の思い通りにする，勝手気ままにふるまうなどの反価値的な意味を持つ．

〈自由〉の語のこのような 2 種の用法は，中国仏教学においてもそのまま引き継がれて，「生死に染まず，去住自由なり」「他の万境に回換せられて自由を得ず」〔臨済録示衆〕などとある〈自由〉は前者の用法を承け，『注維摩詰経』方便品「是の身は無我」の*僧肇の注に「縦任自由，之を我と謂いう」とある〈自由〉は後者の用法を承けている．漢訳経典の中に〈自由〉という語は珍しいが，正法華経光瑞品では svayaṃ svayaṃbhuvaḥ(独立自存である，それ自身において存する)を〈自由〉と訳している．また*解脱のことを svatantrī-karaṇa と解釈していることがあるが，これこそ〈自由〉(みずからに由る)と訳し得る語である．

ちなみに初期の漢訳仏典では，「諸仏は法に於て最も自在なるを得」〔法華経信解品〕，

「不可思議の自在なる神通」〔維摩経法供養品〕などのように，〈自由〉よりも〈*自在〉の語の方が多く用いられている．〈自由〉もしくは〈自由自在〉の語が，煩悩の束縛から離れた解脱の境地を説明する言葉として盛んに用いられるようになるのは，唐宋の禅学文献からである．なお〈自由自在〉の語は，たとえば*『祖堂集』9．羅山和尚に「曠劫已来，不可思議底の常教現露して自由自在なり」などと見える．

「脚に信せて涼しき風に自由を得たり」〔菅家文草2〕「先づ身心を道の中に入れて，恣に睡眠せず，引くままに任せて雑念をも起さず，自由なるに随って坐相をも乱らず」〔明恵遺訓〕

集 じゅう ［s: samudaya］ 原義は，集まり合わさって結果を生じること．また結果をもたらす原因をさす．仏教では，衆生の〈*苦〉(duḥkha)もしくは〈苦〉を本質とする衆生の生存は，*無明(avidyā，*無知)ないし*愛(tṛṣṇā，*妄執)などの，もろもろの*因縁が集まり合わさった結果であると説く(*四諦の中の集諦)が，このように因縁が集まり合わさって，結果を生起すること，およびその原因そのものを〈集〉という．なお，*安世高訳本など初期の漢訳経典では，〈習〉と訳された．漢語としての〈習〉は〈因〉と同じく，かさなるの意〔人本欲生経注〕，また〈集〉は〈聚〉と同じく，あつまるの意．

十悪 じゅうあく ⇒悪

十一面観音 じゅういちめんかんのん ［s: Ekādaśamukha］ 原語は，11の顔を持つ者という意味．*観音信仰の広がりの中で最も早くヒンドゥーの神と接点を持って変化した観音で，頭上に10の小面をつけ本面と合わせて十一面を持つ．これは*観世音菩薩の別名として，あらゆる方角(十方)に顔を向けたもの，という救済者として持つべき能力を具体化したものともいえよう．正面三面が慈悲面，左三面が瞋怒面，右三面が狗牙上出面，後方暴悪大笑面，頂上仏面である．陀羅尼集経や十一面神呪経の漢訳に伴って中国・日本でも広い信仰を集めた．

二臂像と四臂像があり，胎蔵曼荼羅(→両界曼荼羅)では四臂坐像に表し，右第一手*施無畏手，右第二手念珠，左第一手*蓮華，左第二手軍持(水瓶)を持っている．*法金剛院像(鎌倉時代)は施無畏手に*錫杖を持っているが，曼荼羅に忠実な表現といえよう．しかし十一面観音についていえば，人間的な親しみからか自然な二臂像が圧倒的に多く，水瓶に蓮華をさして左手の持物とするのである．また本面の横耳のところに比較的大きく表現した脇面も*渡岸寺(向源寺)の十一面観音像(平安前期)に表現されているものの，これも曼荼羅とは違った小面配置が一般的である．これはインド，カンヘーリーの第41窟の十一面観音のように，頭上高く重ねる小面や脇面の大きい不自然さを避けるために，中国で変容した*宝冠様の小面配置が日本で好まれたためである．小さいながら脇面をあらわしていた*法隆寺金堂十二号壁のような十一面観音や那智山発掘の金銅十一面観音(飛鳥時代後期，東京国立博物館)の形式はほとんどつくられていない．

代表的遺例に，もと大御輪寺の*本地仏であった聖林寺十一面観音(奈良時代，奈良県桜井市)や観音寺像(奈良時代，京都府京田辺市)など木心*乾漆像をはじめ，平安時代前期の*法華寺像・*道明寺像・*室生寺像など多くの一木彫(*一木造)の秀作があり，平安中期には*六波羅蜜寺像，禅定寺像(京都府綴喜郡)，遍照寺像(京都市右京区)などがある．*海住山寺の平安前期の像なども美しい十一面観音といえよう．また，唐代(618–907)の*檀像として請来された法隆寺九面観音も，小面の数に違いがあるが特記しなければならない像である．なお，奈良県桜井市*長谷寺の本尊十一面観音像(現存像は天文7年(1538)の再興像)にならって右手に錫杖を執る形式の像を〈長谷寺式十一面観音像〉と呼ぶ．

十王 じゅうおう 冥界(*冥途)で死者の罪業を裁く10人の王で，〈十仏事〉の成立に応じて立てられたもの．すなわち，死者は初七日に〈秦広王〉，二七日に〈初江王〉，三七日に〈宋帝王〉，四七日に〈伍官王〉，五七日に〈閻羅王〉(*閻魔)，六七日に〈変成王〉，七七日に〈太山王〉(*太山府君たいざんふくん)，百箇日に〈平等びょうどう王〉，1周年に〈都市とし王〉，3周年に〈五道転輪ごどうてんりん王〉のところに行って裁きを受けるということで，唐の蔵川ぞうせん述と伝わる*十王経に説かれる．

〈十王信仰〉は諸宗融合化に向かった唐末(10世紀)から*道教との融合のもとに起こり，閻魔王信仰となって民衆の間に流布し，日本でも，鎌倉時代以降において盛行した．禅宗寺院でも，世俗的な勧善懲悪かんぜんちょうあくのため，十王を祀まつることがある．なお，この十王を描いた図を〈十王図〉といい，*敦煌文書とんこうもんじょにも図入りの写本があり，中国から日本にかけて盛んに描かれた．遺品に*二尊院や浄福寺(京都市上京区)などの十王図がある．また，彫像の遺例も多く，円応寺・宝積寺・白毫寺の諸像(いずれも鎌倉時代)などが代表的なものである．十王像を安置する堂舎を中国・朝鮮では〈十王殿〉〈冥府殿〉と称し，日本では〈閻魔堂〉と称する．

十王経 じゅうおうきょう　詳しくは〈閻羅王授記四衆逆修生七往生浄土経〉あるいは〈預修十王生七経〉ともいい，唐の蔵川ぞうせん述となっている．唐末の10世紀ごろの作と考えられる*偽経．十仏事に結びついた十王信仰が説かれている．実叉難陀じっしゃなんだ訳とされる〈地蔵菩薩本願経〉の系統を引く．

また，〈地蔵菩薩発心因縁十王経〉(地蔵十王経)と名づけられたものがあり，やはり蔵川述となっているが，これは十仏事が日本に普及する鎌倉時代はじめの日本偽撰と考えられる．冥途における十王ならびに*地蔵菩薩の発心の因縁を説いたもので，*閻魔えんま王の*本地は地蔵菩薩であると説いており，それらの点が中国偽撰の十王経と相違する．おそらく，平安末期に*地蔵信仰が増大し，それに結びつけて，改めて偽作されたものと思われる．地蔵十王経は十仏事とともに大いに流行し，それに基づいて論書も作成されたが，有名なものとして，日蓮作と伝えるが後世の偽作と考えられる『十王讃嘆鈔』があり，日蓮宗における先祖供養や年忌ねんき法要に珍重された．浄土真宗では，存覚の『浄土見聞集』(1356)などがある．→十王．

酬恩庵 しゅうおんあん　京都府京田辺市薪たきぎにある臨済宗大徳寺派の寺．山号は霊瑞山れいずいざん．〈一休寺〉とも称する．本尊は釈迦如来．*南浦紹明なんぽじょうみょうが正応年間(1288-93)に霊瑞山妙勝寺を建てたことにはじまるという．いったん衰微したこの寺を復興したのが*一休宗純いっきゅうそうじゅんで，1456年(康正2)に*落慶らっけいした．1475年(文明7)，彼は京都の虎丘庵を寺内に移し，〈慈楊じよう〉と名付ける寿塔を建てた．1481年，彼が88歳で示寂した後この塔は葬塔とされた．1506年(永正3)に室町時代を代表する禅宗建築である本堂が建てられ，続いて前田利常により寺観が整えられた．方丈ほうじょう奥の祠堂に安置される一休禅師の*頂相ちんぞう彫刻は，死の前年に弟子の墨斎がつくり，師の鬚髪を植えたといわれる．

守覚法親王 しゅうかくほうしんのう　1150(久安6)-1202(建仁2)　〈しゅかくほっしんのう〉とも読む．第6代の*仁和寺にんなじ御室おむろで，喜多院きたいん御室と呼ばれた．後白河天皇の第2皇子で初名は守性．1156年(保元1)仁和寺南院に入室，60年(永暦1)同寺北院で出家，68年(仁安3)一身*阿闍梨いっしんあじゃりに補されるとともに，覚性かくしょう法親王(紫金台寺しこんだいじ御室)から*伝法灌頂でんぽうかんじょうを受けて仁和寺*御流ごりゅうを継承．70年(嘉応2)親王宣下．以後，天皇・仙洞の御願による数々の密教修法を行なったが，平清盛のために六波羅亭で孔雀経法くじゃくきょうほうを修したこともある．*六勝寺ろくしょうじや四円寺しえんじの*検校けんぎょうを歴任し，*高野山へも度々参詣した．また，日記の『北院御室日次記』のほか，『野決鈔』『沢見鈔』など著作は知られるものだけでも90点近くにも及び，平安末期を代表する文化人のひとりでもあった．

『十牛図』 じゅうぎゅうず　宋代には〈牧牛図〉の制作が流行した．これは牛を題材とした絵と解説，*偈げ文によって禅修行の過程を表現したものであるが，そのうち特に10章から成るものを〈十牛図〉と呼んでいる．数種が存在したようであるが，古く日本で流布したのは廓庵師遠かくあんしおんのもの(12世紀)で，「本来の自己」を牛になぞらえ，禅修行を逃げ出した牛を連れ戻す過程として表現している．

各章の内容を掲げれば，次のごとくである．①〈尋牛じんぎゅう〉 自己喪失の自覚．不安に襲われた段階．②〈見跡けんせき〉 経典・祖録によって本来の自己への糸口をつかんだ段階．③〈見牛〉修行によって本来の自己に目覚めた段階．④〈得牛〉修行の進展で，本来の自己をつかんだ段階．⑤〈牧牛〉つかんだ自己を自分のものとする段階．⑥〈騎牛帰家(きぎゅうきか)〉本来の自己を自分のものにした段階．⑦〈忘牛存人(ぼうぎゅうそんにん)〉自己と完全に一体化し，意識にすら上らなくなった段階．⑧〈人牛俱忘(にんぎゅうぐぼう)〉主体すら無くなった絶対無の段階．⑨〈返本還源(へんぽんげんげん)〉現実世界への回帰が起こる段階．⑩〈入鄽垂手(にってんすいしゅ)〉自然に人々の教導へと赴く段階．

本書は内容が平易な上に禅修行の全体を俯瞰できるため，『禅宗四部録』や『五味禅』に収められてしばしば開版を見た．なお，江戸時代には明との交流の中で新たに普明(ふみょう)の〈十牛図〉が伝えられたため，両者の趣旨を合し，12枚の絵と和文，和歌で綴った月坡道印(げっぱどういん)(1637-1716)の『うしかひぐさ』(1668)が現れたことなども注目すべきである．

宗教 しゅうきょう　今日では〈宗教〉は，例えば神道，ヒンドゥー教，キリスト教などという特定の形を超え，人間社会にひろく見られる現象をさすものとして用いられている．また，必ずしも明確な教えや組織をもたない民間信仰のたぐいも，これらと共通の性格を示す限り，その中に含められる．すなわち，〈宗教〉は類概念であって，仏教もその一種に数えられるのである．

【宗と教】もっともこのような用法は，割合に新しく成立したものである．〈宗教〉という熟語は，古く中国の仏教論書に使われており，法蔵(ほうぞう)の*『華厳五教章(けごんごきょうしょう)』などでは〈宗〉と〈教〉に分けて説明する．それによれば，〈*宗〉とは教えの中にひそむ究極の理，つまり要義(奥義)・要旨(宗旨)を意味し，〈教〉とはそれを相手に応じて教え説いたものである．〈宗〉は言説を超えたものであるが，〈教〉はいろいろな形態で存在し得る．これら二つを合わせて，要するに仏教を意味するものにほかならなかった(「おおよそ宗教を扶竪(ふじゅ)(確立)するは，すべからく是れ英霊の漢(おのこ)なるべし」〔碧巌録 1-4〕の「宗教」も同じ)．それが明治維新の前後，欧米諸国との接触の過程で，近代ヨーロッパ語の religion の訳語として採用され，次第に定着するに至ったのである．なお，やや似た事情は religion についても認められる．元来それは宗教一般をさしたわけではないが，近代以後の思想の展開の中で徐々に幅をひろげ，今日のような意味をもつようになった．

【共通する諸要素】このように，ひろく人間社会に共通するものとすれば，当然，その特徴は何かとの定義が問題となる．現在のところ，この点について見解の一致は見いだしにくいが，宗教がさまざまな局面から成り，はなはだ複合的であることは指摘することができる．それはまず，形式や内容は異なるにしても，何らかの信念と思想とを含む．しかし，宗教は単なる信念だけではなく，その信念はつねに行動と相関している．儀礼や修行と呼ぶものがそれである．これらは個人の生活に限られず，社会的な組織や制度という姿をとることが多い．そして何よりも，宗教はそれを信ずる当事者にとって，ある絶対的な意味をもつ．この絶対性という質の体験を欠くならば，宗教はあるいは哲学，あるいは道徳・習俗などに解消されることになろう．

【類型化】以上の諸要素は，すべての宗教に共通するものであるが，それらの実際の内容は場合ごとに違う．その結果，いくつかの類型が生れることになる．中でも重要なのは，〈*神〉への信仰を基本とし，それを絶対とする宗教と，そうでないものとの区別である．欧米に広まり，その伝統の中核をなしている*キリスト教は，明らかに前者に属するから，近代ヨーロッパ語の religion も，神中心的に理解される傾向がつよい．近代になって仏教が欧米に紹介・研究されたとき，しばしば宗教とは認められなかったのは，こうした事情による．仏教は前記の諸特徴をそなえ，疑いもなく宗教であるが，ただキリスト教などとは異なる型に属するにすぎない．

なお，世界の諸民族がたがいに交渉をもつに至った結果，西洋人も世界に多数の宗教の存在することを承認せざるを得なくなった．そこで個々の宗教を意味するときには a religion, religions といい，特定の宗教を意味するときには the religion といい，諸宗教にわたる本質的なものを意味するときには冠詞も語尾もつけず，ただ religion という．

宗教関係法規 しゅうきょうかんけいほうき　近代の政府は，神仏判然令以降，太政官布達や断片的な法令，行政上の通達によって宗教を管理してきたが，統一的な法典としては1939年(昭和14)の〈宗教団体法〉が最初であった．国家神道体制が確立する過程で神社は宗教ではないということで公法上の営造物法人として扱われたが，仏教，*教派神道，キリスト教の宗教団体は民法の公益法人を適用されないままであった．宗教に関する法律の必要性は政界においても認識されており，1899年(明治32)には第一次宗教法案が貴族院に提案されたが，否決された．1927年(昭和2)，1929年(昭和4)にも宗教法案が議会で提案されるが，審理未了に終わった．宗教団体法の制定によって，一般の宗教団体は初めて法人となり，キリスト教も初めて法的地位を得たが，監督・統制色が強い法律であった．第二次世界大戦後，1945年(昭和20)12月28日に〈宗教法人令〉が制定・施行され，宗教団体への規制が撤廃された．1951年に宗教法人令が撤廃され，認証制を導入した〈宗教法人法〉が制定された．オウム真理教事件をきっかけにして1995年(平成7)には宗教法人法が一部改正された．

十玄縁起 じゅうげんえんぎ　詳しくは〈十玄縁起無礙法門(むげほうもん)〉という．〈一乗十玄門〉〈十玄門〉〈十玄〉などともいわれる．*六相(ろくそう)の説とともに，華厳宗(けごんしゅう)の代表的教説であり，10の視点から究極の*縁起の世界のあり方を説いたもの．2種類あるが，*智儼(ちごん)および初期の*法蔵(ほうぞう)が説いた十玄門(古十玄)は，1)一切の*法門が同時に備わって一縁起となると説く〈同時具足相応門(どうじぐそくそうおうもん)〉，2)一と多が互いに相手のうちに入りこむと説く〈一多相容不同門(いったそうようふどうもん)〉，3)多と一とが互いに同化しあうと説く〈諸法相即自在門(しょほうそうそくじざいもん)〉，4)一切が一の中に映り，その一の中の一切のうちの一にまた一切が映りというように，無限に重なっていくあり方を説く〈因陀羅網境界門(いんだらもうきょうがいもん)〉，5)小と大とが互いに入りあうと説く〈微細相容安立門(みさいそうようあんりゅうもん)〉，6)ある面が表に出ている時はある面は隠れていながら同時に併存しているあり方を説いた〈秘密隠顕倶成門(ひみつおんけんくじょうもん)〉，7)*行(ぎょう)の面から見れば一つの行のうちに一切*諸法を含むように純粋なあり方と多様なあり方が混融するさまを説いた〈諸蔵純雑具徳門(しょぞうじゅんぞうぐとくもん)〉，8)過去・現在・未来やさらに細分化した十の時間の位相のどれもが他の時間の位相を含むと説く〈十世隔法異成門(じっせきゃくほういじょうもん)〉，9)一切諸法は心が転じたものと説く〈唯心廻転善成門(ゆいしんえてんぜんじょうもん)〉，10)*華厳経中に登場する具体的な事物のすべてが深遠な法門を現していて人々を悟らせると説く〈託事顕法生解門(たくじけんぽうしょうげもん)〉であり，これらの十門が融合して一縁起をなすという．

法蔵が*『華厳経探玄記』で展開して*澄観(ちょうかん)などが継承した十玄門(新十玄)では，第二門以下はすべて順序が変わり，やや曖昧であった〈諸蔵純雑具徳門〉と*重重無尽(じゅうじゅうむじん)の面が弱い〈唯心廻転善成門〉が消えて，〈広狭自在無礙門(こうきょうじざいむげもん)〉と，いずれかが主となる際は他が伴となる形で無限の徳を含むとする〈主伴円明具徳門(しゅばんえんみょうぐとくもん)〉が加えられている．

十号 じゅうごう　〈仏十号〉〈如来十号〉ともいう．仏を指す10種の呼び名．1)*如来(にょらい)，2)*応供(おうぐ)(*阿羅漢(あらかん))，3)正遍知(しょうへんち)(あまねく正しく悟った人)，4)明行足(みょうぎょうそく)(智慧と行為を具えた人)，5)*善逝(ぜんぜい)，6)世間解(せけんげ)(世間をよく知った人)，7)無上士(むじょうし)(最高の人間)，8)調御丈夫(じょうごじょうぶ)(人を指導するに巧みな者)，9)天人師(てんにんし)(神々と人間たちの師)，10)*仏(ぶつ)(仏陀(ぶつだ))，11)*世尊(せそん)．実際には11の称号があるので，これを10にするために，経典によって6)，7)あるいは7)，8)が一つにまとめられる．

執金剛神 しゅうこんごうしん　[*s*: Vajrapāṇi]　〈しゅこんごうしん〉とも読む．〈金剛手(こんごうしゅ)〉〈持金剛〉ともいう．*金剛杵(こんごうしょ)(vajra)を執って仏法を守る神．*ガンダーラでは半裸形で表されたが，中国・日本では甲冑をつけた武将形が一般的．東大寺法華堂(*三月堂)像(塑造，奈良時代)が著名である．金剛院像(*快慶作，京都府舞鶴市)はその模刻の例．なお，寺門の左右に安置される裸形の力士像は一般に〈金剛力士〉〈仁王(におう)〉と呼ばれる．→仁王．

十三宗 じゅうさんしゅう　中国における宗派の数．13という宗派の数は，凝然(ぎょうねん)が*『三国仏法伝通縁起』の中で，中国における宗派を興起・弘伝の順序により，1)毘曇宗(びどんしゅう)，2)*成実宗(じょうじつしゅう)，3)*律宗，4)*三論宗，5)*涅槃宗ねはんしゅう, 6)*地論宗, 7)*浄土宗, 8)*禅宗, 9)*摂論宗しょうろんしゅう, 10)*天台宗, 11)*華厳宗けごんしゅう, 12)*法相宗ほっそうしゅう, 13)*真言宗しんごんしゅう, と挙げていることによる. ただし, 中国における〈*宗〉は, 宗派的なものではなく, 学派に近く, また十三宗が実際にあったわけではない.

十三仏 じゅうさんぶつ 死者の*追善供養のために初七日から始まる七七日しちしちにち(*四十九日), 百カ日, 一周忌, 三回忌, 七回忌, 十三回忌, 三十三回忌の〈十三仏事〉それぞれにわりあてられた仏・菩薩をいう. 最初から順に不動, 釈迦, 文殊, 普賢, 地蔵, 弥勒, 薬師, 観音, 勢至, 阿弥陀, 阿閦あしゅく, 大日, 虚空蔵である. 中国の十王思想から発展してきたもので, いずれも冥王の本地仏とされる. 地蔵十王経にははじめの十仏事のみが説かれるが, 日本では中世以降にあとの三仏事が加わり, 十三仏信仰が成立した. なお, 中世以降の成立といっても, 良季撰『普通唱導集』(1297-1302年頃成立)に十王十仏だけをあげて七回忌以降に触れず, たまたま十三回忌を取り上げながら何のしるすところもないことから, 当時は十三仏信仰が未成立または一般化していなかったと思われる. →十王, 年忌, 付録(十三仏の種子と真言).

宗旨 しゅうし もっとも根本的かつ本質的な教え. 〈宗〉とは根本, 主要なものの意で, 〈旨〉はおもむき. 〈宗要〉と同義. より具体的には, ある宗門のよって立つ根本の思想と実践の教えをいう. 一宗の教義はもっとも重要な乗物という意味で〈*宗乗〉というが, 宗旨はその極致をさす. なお, 俗語としては宗派のことをもさす. 「ご宗旨は」と尋ねる時や, 「宗旨がえをした」という場合の用法である. 「宗教とは四教・五時・本迹等なり. 宗旨とは天真独朗・三千・三観なり」〔漢光類聚〕「後に禅の知識に呵せられて, 宗旨を替へければ, 奇特を失するなり」〔仮・因果物語下〕. →宗.

種子 しゅうじ [s: bīja] 唯識説では多く〈しゅうじ〉, 密教では〈しゅじ〉と読む. *唯識ゆいしき説では, 深層心理の立場から想定された*阿頼耶識あらやしきの中に存在する特別の力, すなわち物であれ心であれ, ありとあらゆる存在を生ずる力を, 植物の種子にたとえてこういう. これら種子を貯えた場が阿頼耶識であるから, この識は〈一切種子識〉(一切の種子から構成されている識の意)ともよばれる.

種子は次のように分類される. 1)名言みょうごん種子と業ごう種子: 自己の身心と自然界とを生成する種子を〈名言種子〉(ことばの種子)という. 現象的存在はことばと緊密に関係しているとみる見解から, このような名称が成立した. この名言種子の中で, 特に善あるいは悪の行為によって植えつけられた種子を〈業種子〉とよぶ. これは未来世の自己の形成に関与する種子である. 2)本有ほんぬ種子と新熏しんくん種子: 先天的にそなわっている種子を〈本有種子〉という. 仏になる可能力, すなわち仏の種子は, この類に属する. これに対して後天的に植えつけられた種子が〈新熏種子〉である.

種子が現象的存在すなわち*現行げんぎょうを生ずることを〈種子生現行しゅうじしょうげんぎょう〉, 逆に現象的存在が深層心(阿頼耶識)のなかにその影響を熏じつけることを〈現行熏種子げんぎょうくんしゅうじ〉という. 種子を植えつけることを〈*熏習くんじゅう〉とよび, 熏じつけられた種子を〈*習気じっけ〉ということもある. →種子しゅじ.

十地 じゅうじ [s: daśa-bhūmi, daśa bhūmayaḥ] 大乗経典において説かれる最も代表的な*菩薩ぼさつの階位. この十地の他に菩薩の階位として四階位を説くもの(初発心しょほっしん・久修習くしゅじゅう・不退転ふたいてん・一生補処いっしょうふしょ, あるいは自性行じしょうぎょう・願性がんしょう行・順じゅん願性行・不転性ふてんしょう行)が著名であり, ほかに三地・四地・五地などの説も散見されるが, *十地経や〈入法界品にゅうほっかいぼん〉などの*華厳経けごんぎょうによって採用された十地の説が中国以東においては最も流布した.

十地の内容については経典によって差異があり, ことに大乗と小乗を区別する〈不共十地ふぐうじゅうじ〉と, 小乗をも包摂する〈共十地ぐうじゅうじ〉とに大別され, 後者は前者に遅れて成立したものとみなされる. 前者の代表として華厳経「十地品」に説く, 1.歓喜かんぎ地 pramuditā (bhūmiḥ), 2.離垢りく地 vimalā, 3.発光ほっこう地(明みょう地) prabhākarī, 4.焰慧えんね地(焰えん地) arciṣmatī, 5.難勝なんしょう地 sudurjayā, 6.現前げんぜん地 abhimukhī, 7.遠行おんぎょう地 dūraṃgamā, 8.不動ふどう地 acalā, 9.善慧ぜんね地 sādhumatī, 10.法雲ほううん地 dharmameghā の十地がある．後者としては大品*般若経に説く，1.乾慧地，2.性地，3.八人地，4.見地，5.薄地，6.離欲地，7.已作地，8.辟支仏地，9.菩薩地，10.仏地がある．ほかにも*『マハーヴァストゥ』による，1.難登，2.結慢，3.華荘厳，4.明輝，5.広心，6.妙相具足，7.難勝，8.生誕因縁，9.王子位，10.灌頂位，〈入法界品〉の，1.初発心，2.新学（治地），3.修行，4.生貴，5.方便具足（方便道），6.成就正心（成就直心），7.不退，8.童子（童真），9.法王子（深忍），10.灌頂などの異なった体系が存在する．

住持 じゅうじ　とどめ，たもつの意．滅失せずに持続すること．*仏法を保持し伝えていくこと．*仏法僧の*三宝を後世に維持し伝えていくものとして，仏像・経巻・出世の*比丘を住持の三宝とよんだ．北魏の菩提流支訳*『往生論』に「安楽国清浄にして常に無垢輪を転じ，化仏菩薩の日，須弥の住持するが如し」，唐の実叉難陀訳の*華厳経巻70に「菩薩常に充満し，諸仏の法を住持す」などとある．

後には，一寺を主管する僧をさして，〈住持〉また〈住持職〉というようになり，略して〈住職〉ともいう．寺院の主管者としての住持の名称は，はじめ禅寺で使われた呼称で，『勅修百丈清規』住持章によれば，唐の*百丈懐海が一寺の衆を指導する師僧を〈住持〉としたのに始まるとする．

「寺を建つる本意は，出家を置かんがため，また三宝の寿命を住持せんがためなり」〔顕戒論上〕「住持，此の男の泣きつる事どもを寺の僧どもに語りて，哀れがる事限りなし」〔今昔29-17〕

十地経 じゅうじきょう　［s: *Daśabhūmika-sūtra*］この経典は，サンスクリット本のほかに，種々の漢訳があり，最古のものは*竺法護訳の〈漸備一切智徳経〉であり，次に*鳩摩羅什訳の〈十住経〉があり，また*華厳経（六十華厳・八十華厳）にも編入されて「十地品」となっている．その後，尸羅達摩訳の〈仏説十地経〉がある．〈*十地〉とは，仏に向かって進んでいく*菩薩の境地を10の段階に分類したものである．初めは歓喜地で，真理を体得した喜びにあふれているという境地である．これを出発点として，離垢地，発光地，焔慧地，難勝地，現前地，遠行地，不動地，善慧地，法雲地（十地の名称は八十華厳による）へと進み，しだいに仏の世界に融け入っていく．自分だけの悟りではなく，〈衆生と共に〉ということが重要である．→『十地経論』．

『十地経論』 じゅうじきょうろん　*世親（ヴァスバンドゥ）による*十地経（*華厳経十地品）の注釈書．12巻．現存本は北インドの僧*菩提流支の訳とされるが，『十地経論』序によれば，511年，菩提流支と中インドの僧*勒那摩提の共訳である．*『歴代三宝紀』などによれば訳出の際，上記2人と仏陀扇多三者の意見が合わなかったために，三処で別に訳したのち参校し，後人が一つにまとめたともいう．内容は「十地品」の全経文を引き，その義を解釈したものであるが，各地の重頌及び第二地以下の各地の初めにある偈頌（*偈），第九地の末尾は欠いている．後代本論を所依とする*地論宗（地論学派）が成立したが，もともと訳者である菩提流支と勒那摩提のあいだに教理上の見解の相違があったために，勒那摩提の説を受けた*慧光の南道派と菩提流支の説を受けた道寵の北道派の二派に分かれた．6世紀には*『摂大乗論』を所依とする*摂論宗とともに盛んに研究された．

十七条憲法 じゅうしちじょうけんぽう　*聖徳太子が作ったといわれる憲法．『日本書紀』によると，604年（推古12）の制定とする．しかし，原形が推古朝に成立したとしても，後世の加筆がかなりあり，どの部分が推古朝に遡れるか解明が難しい．憲法といっても，近代的な意味での法律ではなく，君・臣・民のうち，臣に対する訓戒であり，具体的には政治に関わる豪族たちに対する心得という面が強い．仏教・儒教・法家の思想などが混在しており，第2条の「篤く三宝を敬え」とか，第10条で，我も人も凡夫であるから，「人の違うことを怒らざれ」と説くところなどには仏教の影響がうかがわれる．しかし，第1条の「和を以て貴しとす」は，『論語』学而に「礼の用は和を貴しと為」とある他，唐代の俗諺にもあり，必ずしも仏教思想とは言えない．後世，『御成敗式目』の制定などに影響を与え，また，

*太子信仰と結びついて重視された．

宗旨人別帳 しゅうしにんべつちょう　江戸時代の領主が，領民の*宗旨を把握するために作成させた帳簿類．戸籍としての役割を持ち，除名即無宿人として扱われた．〈宗門人別改帳〉〈宗門帳〉などともいう．内容は，家ごとに戸主を筆頭に家族・奉公人などの名と年齢が記載され，持高もちだかや身分(本百姓・水呑百姓など)が記入される例も多い．また各人ごとに，キリスト教信者でないことを証明する*檀那だんな寺の押印が必須とされ，*寺檀制度の基盤となった．当初は宗旨と戸籍の把握は別々に行われた．宗旨把握を目的とする帳簿の作成は寛永年間(1624–44)から幕領で見られたが，1671年(寛文11)に到って全国で一般化し，戸籍の役割も兼ねることとなった．1871年(明治4)戸籍法が成立し，その役割を終えた．→宗門改め．

執着 しゅうじゃく［*s*: abhiniveśa］　事物に固執し，とらわれること．〈執著〉とも書く．術語というよりも，一般的な用語で，現代語の執着(attachment)に似ている．*煩悩ぼんのうの術語としての rāga(愛)あるいは lobha(貪とん)に近い意味である．サンスクリット原語は，abhiniveśa の他に，sakti，āsakti(没頭すること)，parigraha(摂取，所有)などよい意味でも使われる語が同時に執着の意味をもち，grāha(にぎる，理解)，adhyavasāya(決知，判断)など認識にもかかわる語がまた執着の意味でも用いられる．「われらがごとくの不覚人は，一定執着しつとおぼえ候ふなり」〔一言芳談〕

十重禁戒 じゅうじゅうきんかい　*梵網経ぼんもうきょうに説かれる*十重四十八軽戒じゅうじゅうしじゅうはちきょうかいの内の十重戒を指す．〈十重禁〉〈十波羅夷はらい〉〈十波羅提木叉はらだいもくしゃ〉ともいう．大乗の*戒律として重要な戒とされる．*菩薩瓔珞本業経ぼさつようらくほんごうきょうによれば，*三聚浄戒さんじゅじょうかい(摂律儀戒・摂善法戒・摂衆生戒)のうちの摂律儀戒しょうりつぎかいに相当すると位置づける．内容は，*不殺生・不盗・不婬・不*妄語・不酤酒ふこしゅ・不説罪過ふせつざいか・不自讃毀他ふじさんきた・不*慳貪ふけんどん・不*瞋恚ふしんい・不謗*三宝ふほうさんぼう戒から成り，自らなしてはならないとするのみならず，他をして犯さしめてはならないとする所に特色がある．前半の〈*四重〉は〈前四重〉とも呼ばれ，*律蔵に説かれる四*波羅夷法しはらいほうとほぼ同じ内容を持ち，後半の四重は〈後四重〉とも呼ばれ，*『瑜伽師地論ゆがしじろん』に説かれる四他勝処法したしょうしょほうと一致する．「円頓無作の大戒，梵網の十重禁をぞ説き給ふ」〔源平盛衰記39〕．→波羅夷，波羅提木叉．

十重四十八軽戒 じゅうじゅうしじゅうはちきょうかい　10の重い罪に対する戒と，48の軽い罪に対する戒．*梵網経ぼんもうきょう(鳩摩羅什訳)に説かれる*菩薩戒ぼさつかい，すなわち*大乗戒の内容．十重戒は，〈*十重禁戒きんかい〉ないし〈十重波羅提木叉はらだいもくしゃ〉とも呼ばれる10種の重大な禁戒．不殺戒・不盗戒・不婬戒・不妄語戒・不酤酒ふこしゅ戒・不説罪過ふせつざいか戒・不自讃毀他ふじさんきた戒・不慳ふけん戒・不瞋ふしん戒・不謗三宝ふほうさんぼう戒をいう．四十八軽戒は，48の軽垢罪きょうくざいに対する戒で，不敬師長戒・不飲酒戒・不食肉戒・不食五辛戒その他からなる．→戒律，禁戒ごんかい，波羅提木叉．

十住心 じゅうじゅうしん　⇒『十住心論じゅうじゅうしんろん』

『十住心論』 じゅうじゅうしんろん　平安初期，真言宗開祖*空海くうかい(弘法大師)の代表的著作．10巻．詳しくは『秘密曼荼羅ひみつまんだら十住心論』．天長(824–834)の勅撰書．*大日経住心品の思想に基づき，新たに平安初期の思想界に注目して，人の心を〈十住心〉に分類した．第一〈異生羝羊いしょうていよう住心〉は，悪事のみをなす最低の人の心．第二〈愚童持斎ぐどうじさい住心〉は，ふとした動機で善心がおこり道徳的にめざめた人の心．第三〈嬰童無畏ようどうむい住心〉は，いろいろな仏教以外の宗教を信奉してしばしの安らぎを得ている人の心．第四〈唯蘊無我ゆいうんむが住心〉は，小乗仏教の*声聞しょうもん乗の教を修行した人の心．第五〈抜業因種ばつごういんじゅ住心〉は，*縁覚えんがく乗の教を修行した人の心．第六〈他縁大乗たえんだいじょう住心〉は，大乗の*利他の行をなす*法相宗ほっそうしゅうの人の心．第七〈覚心不生かくしんふしょう住心〉は，*三論宗の修行をなす人の心．第八〈一道無為いちどうむい住心〉は，*天台宗の修行をなす人の心．第九〈極無自性ごくむじしょう住心〉は，*華厳宗けごんしゅうの修行をなす人の心．第十〈秘密荘厳ひみつしょうごん住心〉は，*真言宗の修行をなす人の心，である．

この十住心は人が本来持っている*菩提心ぼだいしんが次第に展開する心の状態を示したものであり，同時にまた世間の三つの住心，小乗の二乗と大乗の4宗と真言密教との優劣を区別し，十住心の*教相判釈(きょうそうはんじゃく)を示したものである．本書はきわめて多くの引用経論を引証し，十住心の思想の成立を論証する．この多くの引証経論を省略し，新たに若干の加筆をなしたものが*『秘蔵宝鑰(ひぞうほうやく)』3巻で，両者は広本と略本の関係にある．

『十住毘婆沙論』 じゅうじゅうびばしゃろん　宋元明三本は15巻，高麗(こうらい)本は17巻．伝*竜樹(りゅうじゅ)(ナーガールジュナ)造．*十地経(じゅうじきょう)(*華厳経(けごんぎょう)十地品)の初地・第二地の注釈書．現蔵本は後秦*鳩摩羅什(くまらじゅう)訳とされるが，その師仏陀耶舎(ぶっだやしゃ)が口誦して鳩摩羅什とともに訳したといわれる．サンスクリット本・チベット訳ともに伝わらない．〈十住〉は十地経の*十地で，鳩摩羅什には別に〈十住経〉という十地経の異訳もある．十地経本文の逐語的解釈ではなく，偈頌(げじゅ)(*偈)によって経の大意を要約したうえで解釈を施している．全35品(章)のうち第27品までが第一地，第28品以下が第二地．とりわけ*阿弥陀仏(あみだぶつ)の信仰を説く第9品の「易行品」は中国浄土教の祖とされる*曇鸞(どんらん)が*『往生論註』の中で取り上げ，難易二道の対立をより明確にして以来，浄土思想一般の形成に与えた影響が大きい．

重重無尽 じゅうじゅうむじん　華厳宗(けごんしゅう)の*縁起(えんぎ)説の特色を示す語句で，〈十十無尽〉とも書く．すべての存在は互いに関連し合って際限のないこと，一切が相互に入り混じって*相即(そうそく)し融合しているさま．*因陀羅網(いんだらもう)や鏡像の喩えで説明される．鏡像の喩えは，10枚の鏡を立て中央に蠟燭(ろうそく)を置くと，その炎が鏡に映り，それが更に他の鏡に映り，複雑に映り合って限りなく幾重にもなることをいう．要するに重なり合って尽きることのない万物の縁起の関係を形容する言葉である．

『十誦律』 じゅうじゅりつ　薩婆多部(さつばたぶ)(Sarvāsti-vādin)すなわち*説一切有部(せついっさいうぶ)の伝持した広律(こうりつ)．*『四分律(しぶんりつ)』『摩訶僧祇律(まかそうぎりつ)』*『五分律(ごぶんりつ)』と並び四大広律の一つ．長安において*鳩摩羅什(くまらじゅう)と弗若多羅(ふつにゃたら)の共訳によって404年から408年にかけて訳され，後に罽賓(けいひん)国(*カシミール)出身の卑摩羅叉(ひまらしゃ)が全体を校訂し58巻であったものを61巻に再治した．全体の構成が10に分けられるので『十誦律』と命名される．*法顕(ほっけん)が*戒律を求めて天竺に渡ったのに刺激されて中国に将来されたと考えられ，最初に北地に広まったが後には『四分律』に取って代わられた．ただし，『四分律』の訳語が『十誦律』のものを多く踏襲している事実からすると，その影響はすこぶる大きい．*『出三蔵記集』巻3,新律伝来漢地四部序録第七には「薩婆多部十誦律〈六十一巻〉」と記される．→律，律蔵．

宗乗 しゅうじょう　〈*宗〉は教えの根本・主旨を意味し，〈*乗〉は悟りに至る乗物の意．みずからの属する宗派の教学を〈宗乗〉といい，これに対して他の宗派の教学を〈余乗(よじょう)〉と呼ぶ．もとは禅宗で用いられていたが，やがて各宗それぞれに自宗の教学にこの称を用いるようになった．「檀那始終宗乗の外護(げご)として，令法久住万幸ならん」〔沙石集10末-3〕

十乗観法 じゅうじょうかんぼう　円頓(えんどん)*止観(摩訶止観)を修する*観法の対象である陰入(おんにゅう)(現前の一念)・煩悩・病患・業相・魔事・禅定・諸見・増上慢・二乗・菩薩の〈十境(じっきょう)〉それぞれに，10種の悟りの果(か)に運ぶ乗物の意の〈十法成乗観(じっぽうじょうじょうかん)〉があり，〈十乗観法〉ともよばれる．

十乗観法とは，1)*観不思議境(かんふしぎきょう)(一心に一切法を具すという思議できない対境を観察する)，2)発真正菩提心(ほっしんしょうぼだいしん)(起慈悲心ともいう．*菩提心を発して*四弘誓願(しぐぜいがん)を立てる)，3)善巧安心(ぜんぎょうあんじん)(止観によって心を安定させる)，4)破法遍(はほうへん)(すべてのものに対する執着を徹底的に破す)，5)識通塞(しきつうそく)(真理に通じているか塞がっているかの得失を知る)，6)道品調適(どうほんじょうじゃく)(*三十七道品を適宜修する)，7)対治助開(たいじじょかい)(観法の補助行を修する)，8)知次位(ちじい)(修行の階位を正しく知る)，9)能安忍(のうあんにん)(動揺しないで自己の修行に専念する)，10)無法愛(むほうあい)(真実でない法に愛着しない)の10種．上根は1)のみで足りるが，中根は2)から7)を修し，下根は2)以下の観法を具備して完全となる．

十善 じゅうぜん　仏教で善とは*楽(らく)の果(か)をもたらす行為をいうが，身・語・意(*身口意(しんくい))の三方面におけるその代表的な10の行為が十善である．まず身の行為に関し，不*殺生(ふせっしょう)・不*偸盗(ふちゅうとう)・不*邪婬(ふじゃいん)，語の行為に関し，不*妄語・不悪口・不*両舌・不*綺語，意の行為に関して，無*貪・無瞋（→瞋恚）・正見（→八正道）がいわれる（受十善戒経，十善業道経など）．大乗の戒（*戒律）は，この〈十善業道〉を基本とする．この反対を，〈十悪〉〈十不善業〉などという．

なおインドでは，帝王は世の中に十善を実現すべきであると考えられていた．日本にこの思想が入ると，帝王は前世に十善を守った*功徳によりこの世に王位を得るにいたったという意で，天皇・天子を〈十善の君〉〈十善の主〉ともいい，その位を〈十善の帝位〉ともいうようになった．→悪．

「われ十善の戒功によって，万乗の宝位をたもつ」〔平家1.二代后〕

十禅師 じゅうぜんじ　[1] 10人の選ばれた禅師の意．持戒浄行や看病効験といった条件によって選ばれ，国から供米と弟子2名を給されて天皇の*内道場に侍し，その安泰を祈る役僧．定員10名で欠ができると補充された．772年（宝亀3）光仁天皇の時に秀南・広達らが初めて任ぜられた．当初から同じく内道場に侍する*内供奉との兼職であり，まとめて〈内供奉十禅師〉と呼ばれた．「石山寺の僧真頼は，内供奉十禅師淳祐に就きて，真言の法を受けき」〔往生極楽記20〕

[2] *勅願寺に属して*鎮護国家を祈る*座主1名・*三綱3名・*供僧6名，計10名の定額僧の総称．別名〈十師〉．「比叡の山の定心院といふ所の供僧その十禅師にて春素といふ僧ありて」〔今昔15-9〕

[3] 日吉山王の七社権現の一つ，現在の樹下神社の古称．祭祀する権現瓊瓊杵尊が国常立尊から10代目に当たることからの名．「諸社の中に十禅師霊験あらたにましますす」〔沙石集1-6〕

『十善法語』 じゅうぜんほうご　*慈雲飲光の著．12巻．1773年（安永2）から翌年にかけて京都阿弥陀寺で行なった講義を弟子が筆録したもの．これに慈雲自身が手を加えて文語体に改めたものを開明門院（桃園天皇母）に献上したが，後に口語体のものが刊行され（1824），流布した．十善（不殺生・不偸盗・不邪婬・不妄語・不綺語・不悪口・不両舌・不貪欲・不瞋恚・不邪見）について懇切に説いたもの．*『人となる道』は本書を簡略にしたものである．→十善．

十大弟子 じゅうだいでし　釈尊の十大弟子として名前があがっている人物は文献によって一定していない．パーリ増支部には十大弟子と限らないで*比丘，*比丘尼，在家信者の男・女の名前を数十名あげて，「…第一」というように表現して優れた特性を持つものを列記する．今日知られている十大弟子は*維摩経弟子品にあるもので，*舎利弗（*智慧第一），大目犍連（*目連，*神通第一），大迦葉（*摩訶迦葉，*頭陀第一），*須菩提（解空第一），富楼那弥多羅尼子（*富楼那，*説法第一），摩訶迦旃延（*迦旃延，*論義第一），*阿那律（*天眼第一），*優波離（持律第一），*羅睺羅（密行第一），阿難（多聞第一）の10名．

衆徒 しゅうと　〈しゅと〉とも．〈寺僧衆〉〈僧徒〉の意．〈*大衆〉とも．ふつう一般僧を概括していう語．寺院社会は大別して，*別当・*学侶・*堂衆の三階層からなり，別当は上層執行部，学侶はその下にあって，経論の学習，法会の運営にあたり，堂衆は学侶の召使い・童子などで雑務を行う．このうち学侶を衆徒といって，堂衆を区別することもあるが，11世紀ごろから顕著になる*僧兵を衆徒という場合，学侶も含むが堂衆が主体である．また興福寺のように，学侶・堂衆とは別の組織を指す場合もあり，さまざまである．「衆徒は大勢にて御わたり候ふ．我等は小勢なり」〔平治中.義朝敗北〕

終南山 しゅうなんざん　中国，陝西省西安市の南約70キロメートルにある名山．陝西省の中部を東西約800キロメートルにわたって横たわる秦嶺山脈の一部で，古くから史書に見え，『詩経』にも周の名山としてうたわれている．〈南山〉〈太乙山〉〈周南山〉などとも称される．古来から仏教や道教の修行者が隠棲し修行した山として有名である．『抱朴子』には，*神仙になるための仙薬を煉るべき名山と数えられ，六朝時代には老子化胡説にともない*老子が西へ赴く途中にこの山中の尹喜の宅で『道徳経』を授けたとの説が流布するようになった．隋唐仏教の名僧に縁の深い寺としては，彰淵・智正，そして華厳宗の第2祖*智儼などが住した至相寺，*三階教の開祖信行の墓所とされる百塔寺，南山律宗の祖とされる*道宣が住した浄業寺，同じく彼が*戒壇を建立したとされる豊徳寺，中国浄土教の大成者*善導が修行したとされる悟真寺などがある．

十二因縁 じゅうにいんねん　現実の人生の苦悩の根元を追究し，その根元を断つことによって苦悩を滅するための12の条件を系列化したもの．仏教の基本的考えの一つ．〈十二縁起〉〈十二支縁起〉などともいう．→因縁，縁起．

【十二の支分と順観・逆観】1) *無明(*無知)，2) *行(潜在的形成力)，3) *識(識別作用)，4) *名色(名称と形態)，5) 六処(*六入．六つの領域，眼耳鼻舌身意の6感官)，6) *触(接触)，7) *受(感受作用)，8) *愛(*渇愛，*妄執)，9) *取(*執着)，10) *有(生存)，11) *生(生まれること)，12) 老死(老い死にゆくこと)，の12をいう．この場合，〈無明〉によって〈行〉が生じるという関係性を観察し，〈行〉より次第して〈生〉〈老死〉という*苦が成立することを知り(順観，*流転の縁起)，また〈無明〉が消滅すれば〈行〉も消滅するという観察(*逆観，*還滅の縁起)と両方向にわたって観察して，人間のありように関する*因果の道理を明らかにする．その結果，苦悩の原因は因果の道理に対する無知にあると悟る．そのとき苦悩は消滅し，根元の無明が消滅しているから*輪廻もなくなる．

【三世両重の因果説】後に，*説一切有部では，1),2)を過去世の因，3)-7)を現在世の果，8)-10)を現在世の因，11),12)を未来世の果とみて，胎生学的に解釈する．〈無明〉は迷いの根本．〈行〉は〈無明〉から次の〈識〉を起こす働き．〈識〉は受胎の初めの一念．〈名色〉は母胎の中で心の働きと身体とが発育する段階．〈六処〉は6感官が備わって，母胎から出ようとしている段階．〈触〉は2-3歳ごろで，苦楽を識別することはないが，物に触れる段階．〈受〉は6-7歳ごろで苦楽を識別して感受できるようになる段階．〈愛〉は14-15歳以後，欲がわいてきて苦を避け楽を求めたいと思う段階．〈取〉は自分の欲するものに執着すること．〈有〉(生存)は〈愛〉〈取〉の段階とともに未来の果が定まる段階．さらに〈生〉〈老死〉は未来の果というように，*三世と二重の因果関係になっているので，〈三世両重の因果〉という．

「十二因縁の法を説き給ひて，もろもろの衆生を教へ給ひて，皆仏道に入れ給へり」〔法華百座聞7.8〕「三千世界は眼の前に尽き，十二因縁は心の裏に空し」〔和漢朗詠集下〕

十二縁起 じゅうにえんぎ　⇀十二因縁

十二支縁起 じゅうにしえんぎ　⇀十二因縁

十二処 じゅうにしょ　[*s*: dvādaśa āyatanāni]〈処〉(āyatana)とは，〈入〉とも訳され，領域，場所の意で，知覚を生じる場ないし条件のこと．〈十二入〉〈十二入処〉ともいう．眼耳鼻舌身意という六つの感覚器官(*六根または六内処)と，それぞれの対象たる色声香味触法の六つ(*六境または六外処)との総称．また，

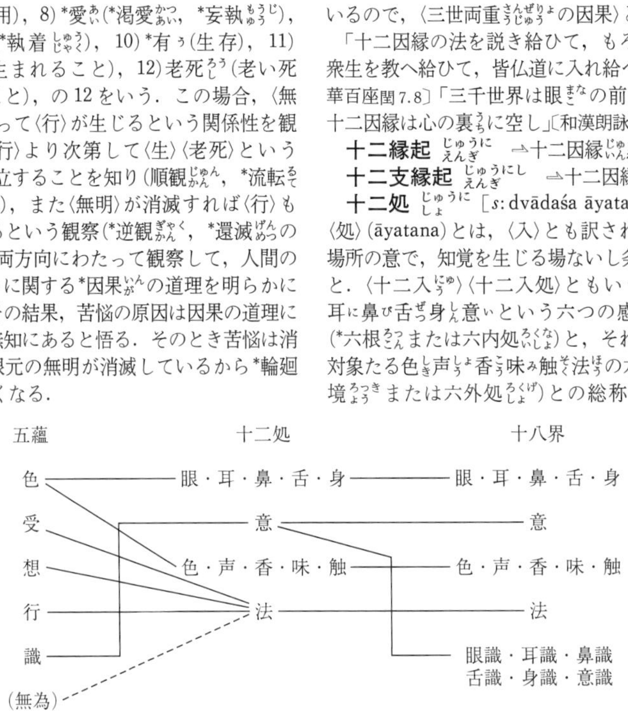

五蘊・十二処・十八界

*五蘊ごうん・十二処・*十八界を並べて〈三科さんか〉と称する．

「一切の諸法におきて，十二の数を具せずといふ事なし…論には十二門論，教へには十二分教，顕色の法は十二種，三科法は十二処」〔九巻本宝物集 4〕

十二神将 じゅうにしんしょう　*薬師如来の*眷属けんぞくで，薬師の*名号みょうごうを受持し，衆生を護る役目をもつ．薬師如来の 12 の*大願に応じて現れる薬師の分身ともされる．それぞれの名称は訳語によって異なるが，よく行われるのは，宮毘羅くびら・*伐折羅ばさら・迷企羅めきら・安底羅あんちら・頞儞羅あにら・珊底羅さんちら・因達羅いんだら・波夷羅はいら・摩虎羅まこら・真達羅しんだら・招杜羅しょうとら・毘羯羅びから の 12 神で，また別に，*金毘羅こんぴら・和耆羅わきら・弥佉羅みこら・安陀羅あんだら・摩尼羅まにら・宗藍羅しゅうらんら・因陀羅いんだら・婆耶羅ばやら・摩休羅まくら・真陀羅しんだら・昭頭羅しょうとら・毘伽羅びから という名称も多い．

*敦煌莫高窟とんこうばっこうくつの隋代(581–619)の薬師浄土変相図には慈悲形の十二神将が描かれるが，唐代(618–907)にはこれが武将形に変わっている．また，昼夜十二時の護法神として，十二支をこれらに配することも行われた．わが国では平安時代後期以後，十二支獣を標幟ひょうじとして頭上にあらわす例が一般的となる．十二支獣のない古例としては*新薬師寺の塑像そぞう(奈良時代)や仏師長勢作の*広隆寺像(1064)，仏師円勢・長円作の*仁和寺旧北院の*檀像(1103)の台座にあらわされたものが名高い．

「十二神将，かたじけなく医王善逝の使者として凶賊追討の勇士にあひくははり」〔平家 7．返牒〕

十二天 じゅうにてん　12 種の*天部の神々で，それぞれに*眷属けんぞく衆を伴う．これは人間を取り囲む方角や地水火風などの宇宙的ないし自然的要素を神格化し，あるいはそれらに対応する神格を配したもので，密教ではそれらを*曼荼羅まんだら上に配置し，視覚化され意識化されたそれら環境的諸要素の恩恵的調和に改めて感謝し，あるいはその調和を祈って災厄を払い，自らの身の安穏をはかる．ことに*灌頂かんじょうの儀式に際しては，これら十二天を六曲一双の屏風に描いて*阿闍梨あじゃりの背後にたて，魔障を排除し，受者と儀式そのものを守護する意を表す．十二天の名をその居する方角，それらが統轄する眷属の鬼霊と共に列挙すれば次のごとくである．

1) 地天じてん(*地神，Pṛthivī)：下方，地上・樹下や曠野砂漠に住する一切*鬼神の主．2) *水天すいてん(Varuṇa)：西方，諸々の河流江河・大海に棲む神や*竜たちの主．3) *火天かてん(Agni)：東南方，諸々の火神および持明者・仙人たちの主．4) 風天ふうてん(Vāyu)：西北方，諸々の*風神や無形流行神たちの主．5) *伊舎那天いしゃなてん(Īśāna)：東北方，諸々の魔衆の主．6) *帝釈天たいしゃくてん(Indra)：東方，*須弥山しゅみせんなどの一切の山に居住する*天神や*鬼類の主．7) 焔摩天えんまてん(Yama)：南方，*地獄の冥官司命や行役の諸神・*餓鬼の主．8) *梵天ぼんてん(Brahmā)：上方，色界*静慮じょうりょの一切諸天の主．9) *毘沙門天びしゃもんてん(Vaiśravaṇa, Kubera)：北方，諸々の薬叉の主．10) 羅刹天らせつてん(Nairṛti)：西南方，諸々の*羅刹の主．11) *日天にってん(Āditya, Sūrya)：諸々の恒星・七曜・遊星など天空に居する一切の光神の主．12) *月天がってん(Soma, Candra)：住空二十八宿・十二宮神などの一切星宿神の主．

美術作例は絵画が多く，彫像は少ない．画像の代表的作例に，*西大寺さいだいじ本(平安前期)，京都国立博物館本(1130，*教王護国寺きょうおうごこくじ伝来)がある．十二天屏風は，教王護国寺本(1191，宅磨勝賀筆)，*神護寺じんごじ本(鎌倉時代)などが著名．京都国立博物館には教王護国寺に伝来し，同寺の塔供養の際の*行道ぎょうどうに用いられた十二天の仮面(7 面現存，平安後期)がある．

「釈迦一代の蔵経を，昼夜に守護し奉る十二天のその中に，火天これまで来たりたり」〔謡・輪蔵〕「実恵僧都を以て護摩壇とし，真済僧正をもて十二天壇を勤め」〔真言伝 3〕

十二天曼荼羅 じゅうにてんまんだら　息災・国土安泰の〈十二天供〉の本尊．内院は四臂ぴ*不動明王，外院げいんは右上隅の*伊舎那天いしゃなてんより十二天がめぐる．うち十天の図像は，法全はっせん『供養護世八天法』に基づき，*空海請来とされる『十天形像じってんぎょうぞう』(*醍醐寺だいごじ蔵)と一致する．それに*日天・月天の二天を加えるが，図像の出所は不明．遺品に国分寺本(鎌倉時代，山口県下関市)がある．本図に類似し誤りやすいものに，〈安鎮あんちん曼荼羅〉がある．内院に二臂不動明王，中院八方に四臂不動明王，外院に八方天を配する『不動安鎮軌』に基づき，家宅の安全を願う安鎮軌の本尊．→十二天，安鎮法．

十二部経(じゅうにぶきょう) ⇒十二分教(じゅうにぶんきょう)

十二分教(じゅうにぶんきょう) [s: dvādaśāṅga-dharmapravacana] 〈十二分聖教(じゅうにぶんしょうぎょう)〉〈十二部経(じゅうにぶきょう)〉ともいわれ，仏(ぶっ)所説如来(にょらい)所説の教法を内容・形式によって分類したもの．伝承により多少の異同があるが，

1)〈*経(きょう)〉(sūtra，*修多羅(しゅたら)・契経(かいきょう))：散文で簡略に示された教説．

2)〈重頌(じゅうじゅ)〉(geya，*祇夜(ぎや)・応頌(おうじゅ))：散文で説かれた教説(経)に，その内容を重ねて説く韻文部分(*伽陀(かだ))を合わせた全体の教説．

3)〈*記別(きべつ)〉(vyākaraṇa，*授記(じゅき)・問答)：問答体による教説．

4)〈*偈(げ)〉(gāthā，伽陀・諷頌(ふじゅ))：散文を伴わずに，韻文で説かれた教説．

5)〈自説(じせつ)〉(udāna，優陀那(うだな)・感興偈(かんきょうげ))：自らの感興により自発的に説かれた教説．

6)〈如是語(にょぜご)〉(ityuktaka，または*本事(ほんじ) itivṛttaka)：「このように世尊は説かれた」という文句で始まる教説．なお，本事は後代の解釈で，仏陀の過去世物語をさす．

7)〈*本生(ほんじょう)〉(jātaka，*ジャータカ)：仏陀の前世物語．

8)〈方広(ほうこう)〉(vaipulya，p: vedalla，*方等(ほうどう))：弟子がその都度歓喜しながら質問を重ねてゆく教理問答．後代には，甚深の教理を広説したものという解釈が生まれる．

9)〈未曾有法(みぞうほう)〉(adbhutadharma)：仏陀および仏弟子の勝れた徳性を讃歎する教説．

の〈九分教(くぶんきょう)〉に

10)〈*因縁(いんねん)〉(nidāna，尼陀那(にだな))：経や*律が説かれるに至ったきっかけや理由を説明するもの．

11)〈*譬喩(ひゆ)〉(avadāna，阿婆陀那(あばだな))：主に仏陀以外の人物を主人公とした過去世物語．

12)〈*論義(ろんぎ)〉(upadeśa，*優婆提舎(うばだいしゃ))：仏陀や仏弟子が簡略な経の内容を解釈し広説したもの．

の三分を加えていう．

おそらく経より自説にいたる五分が古く，さらに未曾有法にいたる四分を加えて〈九分教〉(九部経)の呼称が発生し，さらに後の三分が加わって〈十二分教〉(十二部経)となった．仏教最古の聖典成立の在り方を示す．資料により九分教を伝えるものと十二分教を伝えるものに分かれる．本事経巻5，『摩訶僧祇律(まかそうぎりつ)』巻1やパーリ聖典は九分教を伝え，長阿含(じょうあごん)巻3，中(ちゅう)阿含巻1，雑(ぞう)阿含巻41，*『四分律』巻1，*『五分律』巻1，*『大智度論』巻25その他大乗の諸経論には十二分教の名を伝えるものが多い．〈優陀那〉(パーリ聖典 Udāna)，〈如是語〉(漢訳本事経)のように聖典の形に具体的にまとまっているものも一部あるが，その名称は文学上のジャンルを示すことが多い．→九分教．

「神には十二所熊野権現，仏には十二光の弥陀，十二の菩薩，十二の天，経には十二部経，十二仏名経，十二名号経」〔九巻本宝物集4〕

『十二門論』(じゅうにもんろん) *竜樹(りゅうじゅ)(ナーガールジュナ)作とされる大乗の論書．409年に*鳩摩羅什(くまらじゅう)が漢訳したものであるが，サンスクリット原典・チベット訳ともに存在せず，インド仏教史にその痕跡はなく，竜樹の真撰も疑われている．26の偈とその注釈文よりなり，そのうち17偈は*『中論(ちゅうろん)』よりとられている．『中論』*『百論』と合わせて〈*三論〉と呼ばれ，中国*三論宗の所依の論書となった．注釈として，*吉蔵(きちぞう)の『十二門論疏』が著名であり，日本にも蔵海の『十二門論宗致義記』がある．

十如是(じゅうにょぜ) 略して〈十如〉ともいう．*諸法の*実相(存在の真実の在り方)が，*相(そう)(外面的特徴)・*性(しょう)(内面的特徴)・体(たい)(実体)・力(りき)(潜在的能力)・作(さ)(顕在的な活動)・因(いん)(原因)・*縁(えん)(条件，間接的原因)・果(か)(結果)・報(ほう)(果報，間接的結果)・本末究竟等(ほんまつくきょうとう)(相から報に至るまでの九つの事柄が究極的に無差別平等であること)という10の範疇において知られることをいう．法華経方便品に「ただ仏と仏とのみいまし能く諸法の実相を究尽したまえり．いわゆる諸法の是(か)くの如き相，是くの如き性，是くの如き体，

是くの如き力，是くの如き作，是くの如き因，是くの如き縁，是くの如き果，是くの如き報，是くの如き本末究竟等なり」と説くのに基づく．

〈十如是〉の典拠は*鳩摩羅什くまらじゅう訳の法華経であるが，梵本には十如是に相当するものがない．鳩摩羅什が*『大智度論』を参考として補って訳したものである．*道生どうしょうは本と末を分けて〈十一事縁〉と数えており，〈十如〉とまとめたのは南岳*慧思えしが最初である．天台*智顗ちぎは十如是をもとに〈*一念三千〉説を形成した．

「入道前関白家に，十如是の歌よませ侍りけるに」〔新古今和歌集20〕「釈迦の御法みのりは多かれど，十界十如ぞすぐれたる」〔梁塵63〕

十念 じゅうねん　原始経典以来用いられるのは，仏・法・僧・戒・施・天・休息・安般・身・死の十を念ずることで，前の〈六念〉に後の四つを加えたものであるが，中国・日本で重視されるのは，浄土教において無量寿経むりょうじゅきょうの*第十八願に出る*往生の要件としての「乃至ないし十念」である．観無量寿経の下品下生にも「具足十念」とある．この〈十念〉にはさまざまな解釈があるが，最も広く見られるのは十回の念仏，特に十回*阿弥陀仏あみだぶつの名を唱える*称名しょうみょう念仏の意とするものである．なお，〈十念〉を開いて〈十声の念仏〉ということもある．「墓の殯前において七僧を請じ，称名十念して呪願す」〔巡礼行記4〕「西に向ひ，高声に十念唱へ，最後の詞ぞあはれなる」〔平家4.宮御最期〕

宗派 しゅうは　一般には，教義・儀礼などの相違により生じた分派を指す．インド仏教では*戒律や教義をめぐる学派の分立が見られ，*部派仏教としては18から20の部派に分かれ，大乗仏教の流れにおいては*中観派ちゅうがんはと*唯識派ゆいしきはに分かれた．中国仏教では，外来思想としての仏教受容のため教判きょうはん(*教相判釈きょうそうはんじゃく)が発達し，仏教全体の内において依拠する教義や経論の意義を考究する活動を経て，南北朝時代には*成実宗じょうじつしゅう・*涅槃宗ねはんしゅうなどの学派が成立し，隋唐以降になると集団としてのまとまりをもつ宗派として天台宗・華厳宗・禅宗などが成立した．

日本仏教はまずそれを受容し，やがて二つの展開を経て宗派概念の変質をみた．第一の転換は平安初期である．既に奈良時代，師僧を囲む集団としての〈衆しゅ〉からいわゆる*南都六〈宗〉なんとろくしゅうが生まれていたが，その基本的性格は学問集団であり，しばしば同一の寺内に複数の〈*宗〉が混在していた．それに対し*最澄さいちょうの一向大乗寺いっこうだいじょうじ，*空海くうかいの*顕教に対する*密教の主張は，方向性は異なるものの共に自他を弁別する志向を持ち，各寺院を一宗で統一する結果をもたらした．その風潮にもとづき，釈尊以来の相承と勅許による立宗を標榜する八宗(南都六宗と*天台宗・*真言宗)が成立した．第二の転換は鎌倉初期である．*法然ほうねんは勅許を得ない立宗を宣言し八宗側の猛反発を受けたが，自己の教説に基づき新たな宗を立てる風潮が広まり，次々に*禅宗・*日蓮宗などの立宗が行われた．その後，近世には幕藩権力による宗派の編成が行われ，明治以降は政府の統制に服し，戦後は宗教団体認証という形式で現在に到っている．

十八檀林 じゅうはちだんりん　江戸時代の浄土宗で僧侶の学問所として定められた関東の18カ寺を指す語．1.*光明寺こうみょうじ(鎌倉)，2.勝願寺しょうがんじ(鴻巣)，3.常福寺じょうふくじ(瓜連うりづら)，4.*増上寺ぞうじょうじ(芝)，5.弘経寺ぐきょうじ(飯沼)，6.東漸寺とうぜんじ(小金)，7.大巌寺だいがんじ(生実おゆみ)，8.蓮馨寺れんけいじ(川越)，9.大善寺だいぜんじ(八王子)，10.浄国寺じょうこくじ(岩槻)，11.大念寺だいねんじ(江戸崎)，12.善導寺ぜんどうじ(館林)，13.弘経寺ぐきょうじ(結城)，14.霊山寺りょうぜんじ(本所)，15.幡随院ばんずいいん(下谷)，16.伝通院でんずういん(小石川)，17.大光院だいこういん(太田)，18.霊巌寺れいがんじ(深川)で，〈関東十八檀林〉とも呼ばれる．

徳川家は代々浄土宗信者であったが，特に*鎮西派ちんぜいは白旗流の存応ぞんのう(1544-1620)が家康の帰依をうけ，存応を住持とする江戸の増上寺が有力となった．十八檀林は，中世以来の*檀林(談義所)の系譜に立ち，関東の伝統的な有力寺院を中心に，新規に成立した徳川の由緒寺院をも加え編成された．18の数は，存応が家康と相談の上，阿弥陀仏あみだぶつの*第十八願や松平氏十八流にあわせ制定したと伝えられるが，実際は最も遅い霊巌寺の成立が1624年(寛永1)であり，十八檀林の制度確立はさらに遅れて寛文年間(1661-73)以降と思われる．本来浄土宗の中心寺院は京都の*知恩院であったが，修学に加え宗教行政の中心も十八檀林へ移された．関東という地域性の重視，中心寺院が知恩院や光明寺から増上寺へ移った点などに，近世的特質が窺える．

十八道 じゅうはちどう　〈十八道加行〉の略．密教の修行法である*四度加行の最初に行われる*行法を十八道加行といい，これは18種の契印によって組織されている．十八契印は六法に分類されるが，〈六法〉とは，*仏を客として迎えて*供養する六つの段階である．それらは，行者の*三業を清める〈荘厳行者法〉あるいは〈*護身法〉(5契印)，世界を浄める〈*結界法〉(2契印)，本尊の*道場を設ける〈荘厳道場法〉(2契印)，本尊を迎える〈*勧請法〉(3契印)，道場内外の障害を除く〈結護法〉(3契印)，本尊に供養する〈供養法〉(3契印)，である．

十八不共法 じゅうはちふぐうほう　[*s*: aṣṭādaśa āveṇikā buddha-dharmāḥ]　つぶさには〈十八不共仏法〉という．〈不共〉とは共通でない意．すなわち不共法とは，*声聞や辟支仏(*縁覚)にはなく*仏もしくは*菩薩だけがもつすぐれたはたらきで，それが18種あることをいう．経典によって異説があるが，通常は〈*十力〉に〈*四無畏〉，〈三念住〉(説法の相手に対する三つのこだわりのない心，すなわち相手がよく聴こうと思っても，そう思わなくても，その両者がいても，それにとらわれない心)，および〈*大悲〉を合わせたものをいう．

十八物 じゅうはちもつ　大乗仏教の僧尼が常に所持すべき18種の持物．*梵網経十八物図によれば，*楊枝，澡豆(洗濯用の豆の粉)，*三衣，瓶(飲料水や洗い水用の壺)，*鉢，*座具，*錫杖，*香炉，漉水嚢(水をこす袋)，*手巾，刀子(剃髪や裁衣用の小刀)，火燧(火打ち石)，鑷子(毛抜き)，*縄床，経典，*戒本(梵網経)，菩薩像(文殊・弥勒)，仏像の18をいう．「菩薩比丘十八種の物ばかりこれを持ち，住処定めなく，鳥の飛びあるく如くなるべし」〔雑談集6〕．→六物．

十八界 じゅうはっかい　[*s*: aṣṭādaśa dhātavaḥ]　眼・耳・鼻・舌・身・意の*六根(六内処)と，色・声・香・味・触・法の*六境(六外処)の*十二処(十二入)に，眼・耳・鼻・舌・身・意の*六識を合わせて〈十八界〉とする．これは感覚的・知覚的認識を三つのカテゴリーに分類し，さらにそれぞれを6種の要素に分析したものであり，*無常・*無我の教理に基づいて認識作用を考察したものである．〈*界〉(dhātu)は，ここでは要素の意味とみられる．この〈*根〉(感官)・〈*境〉(客観)・〈*識〉(主観)の三者によって認識が成り立っているとされるのである．

繡仏 しゅうぶつ　刺繡によって表した仏・菩薩像，あるいは*変相図．中国の六朝時代(*敦煌莫高窟出土断片，供養人物，北魏)以来の伝統があるが，日本では仏教伝来とともに飛鳥時代より行われ，605年(推古13)銅繡丈六仏像が作られたのをはじめ，622年(推古30)には〈*天寿国繡帳〉が作られた．以後，奈良時代にいたるまで制作の記録が少なくない．これらの多くは仏殿の壁面に懸けられ堂内*荘厳の役割も果たしたものとみられる．奈良時代の遺品と目されるものに〈刺繡釈迦如来説法図〉(奈良国立博物館)，〈綴織当麻曼荼羅〉(当麻寺)があるが，いずれも唐からの舶載品とする説も有力である．平安時代には一時衰退したが，鎌倉時代には再び隆盛を迎え，当代に流行した阿弥陀三尊来迎図などの作例が多い．「合せて繡仏の像参帳，一帳は高さ二丈二尺七寸，広さ二丈二尺四寸」〔大安寺伽藍縁起幷流記資財帳〕

周文 しゅうぶん　生没年未詳．室町時代中期の画僧．*相国寺の都寺の役にあった周文は，盛名は高かったが，その生涯は詳らかでなく，作品にも未確定なところが多い．意識的に作品に款記をつけなかったとの説もある．仏像の製作に携わった記録も多く，奈良達磨寺の達磨大師像(1430)は彼が彩色を担当した遺品である．足利幕府の御用絵師的立場は，同じ相国寺の宗湛(1413–81)が受け継いだが，*雪舟もまた周文の影響下に画業を出発させている．いずれも彼の作と考えられている〈三益斎図〉(1418)から文安年間(1444–49)の〈水色巒光図〉〈竹斎読書図〉〈蜀山図〉などの間が，周文の主な活動期間とされている．

宗峰妙超 しゅうほうみょうちょう　1282(弘安5)–13

37(建武4)　臨済宗の僧．宗峰は道号，妙超は諱(いみな)．播磨(はりま)(兵庫県)の出身．はじめ天台を学び，のち禅を修し*南浦紹明(なんぽじょうみょう)(大応国師)の法を嗣(つ)ぐ．嗣法の後，約20年草庵にあって悟後の修行に励むが，峻烈無比の禅風の故に近づく人も少なかった．やがて*大徳寺開山となり，花園天皇(1297–1348)の帰依をうけ，1325年(正中2)〈正中の宗論(しょうちゅうのしゅうろん)〉にて顕密(けんみつ)の学僧を論破して名声を高め，のち興禅大灯および高照正灯の*国師号を賜った．

その宗風は唐代の禅，特に雲門の禅風の復活を志向した．自ら*公案をつくって弟子を育成し，教化においてもほとんど*方便を使わず，正面より禅の極致を打ち出し，凜然たる威気近傍しがたしといわれたように，容赦ない厳しさをもって人に接し，深く自己の悟境を掘り下げていくことを重視した．師の大応から大灯国師宗峰と弟子関山慧玄(かんざんえげん)(1277–1360)へ続く法系を〈応灯関〉といい，現在日本臨済宗はみなこの法系に属する．著述には『大灯国師語録』『仮名法語』『祥雲夜話』などがある．

十万億土　じゅうまんおくど　*阿弥陀経(あみだきょう)にある「十万億仏土」(〈じゅうまんのくぶっど〉と読誦される)の略．この*娑婆(しゃば)世界と*極楽浄土との間にある無数の仏土．阿弥陀経に「是より西方十万億の仏土を過ぎて世界あり．名づけて極楽と曰(い)う」とある．相対有限の迷いの世界と，絶対無限の悟りの世界との質的相違を，多大の数値で暗示したもの．「遠く十万億土をへずして極楽に至り，久しく十二大劫をすごさずして弥陀に逢ひ奉らん事は」〔八幡愚童訓〕「はるかに西のかた，十万億の国へだてたる九品の上ののぞみ，うたがひなくなり侍りぬれば」〔源氏若菜上〕

宗密　しゅうみつ　[Zōng-mì]　780–841　〈すみつ〉とも読む．中国，唐の果州(四川省)の人．俗姓は何(か)氏．*華厳宗第5祖．諡号は定慧(じょうえ)禅師．圭峰(けいほう)禅師・草堂禅師・圭山大師などと称された．はじめ儒学を学んだが，27歳で道円について出家．*円覚経(えんがくきょう)に心を寄せ，禅を修し，さらに*澄観(ちょうかん)に師事して華厳を学んだ．禅の諸宗を体系づけ，*教禅(きょうぜん)一致を唱える*『禅源諸詮集都序(ぜんげんしょせんしゅうとじょ)』を著した．宗密が荷沢*神会(かたくじんね)を宗祖とする*荷沢宗の正系に連なるとしたのも，彼の教禅一致が荷沢宗と通じるからである．また円覚経に対する膨大な注釈『円覚経大疏』3巻，『円覚経大疏釈義鈔』13巻を書き，『円覚経道場修証義』18巻を著して仏教儀礼を整理し，*『原人論(げんにんろん)』を著して仏教と中国思想との協調に努めるなど，幅広い分野で活躍した．

十妙　じゅうみょう　天台智顗(ちぎ)の*『法華玄義(ほっけげんぎ)』に説かれる．〈*妙〉は〈麁(そ)〉の対語で，優れているの意味．*法華経の*迹門(しゃくもん)(前半14品)が法華経以前の諸経より優れている点を10項目に整理したものが〈迹門の十妙〉で，境妙・智妙・行妙・位妙・三法妙・感応妙・神通妙・説法妙・眷属妙・利益妙を指す．*本門(ほんもん)(後半14品)が迹門より優れている点を10項目に整理したものが〈本門の十妙〉で，本因妙・本果妙・本国土妙・本感応妙・本神通妙・本説法妙・本眷属妙・本涅槃妙・本寿命妙・本利益妙を指す．

迹門の十妙は，*三蔵教・*通教・*別教の立場を麁とし，*円教の立場を妙としている．本門の十妙は，釈尊の久遠(くおん)の成仏(*久遠実成)を明かす「如来寿量品(にょらいじゅりょうほん)」の教えに基づく立場を妙としたものである．このように迹門と本門とでは，十妙の数え方が異なるが，その違いは，仏因を明かすことに重点が置かれている迹門と，仏果を明らかにすることに主眼が置かれている本門との教説の相違による．したがって，本門では本因妙の語に集約されている仏因が，迹門では，境妙・智妙・行妙・位妙の四妙に展開されており，反対に久遠の成仏が詳説されている本門では，迹門にはない本国土妙や本涅槃妙・本寿命妙が新たに加えられている．

什物　じゅうもつ　〈什〉は〈十〉に通じ，種々さまざま，雑多を意味し，〈什物〉とは，種々雑多な家財道具一般を意味する．中国古典では『後漢書』周栄伝などに用例が見える．現代語の，日常生活に使用する家具・道具を意味する〈什器(じゅうき)〉に相当する．とくに仏教寺院においては，僧院生活あるいは修行のために必要な資具一般を，中国以来〈什物〉と称した．修行僧個人の所有ではなく，寺院全体の所有物をいう．椀(わん)などの食器や箒(ほうき)などの道具類から，*資財帳に記載される珍重すべきもの(法宝物)までを含める(『法苑珠林』).「三衣一鉢は仏制として釈子の什物，なつかしく侍るままにこれを持つこと年久し」〔雑談集3〕

宗門改め しゅうもんあらため　江戸時代に切支丹禁制政策実施のために行われた宗教帰属の強制調査．1614年(慶長19)以降，訴人に賞金を出し，連座制の罰則をもって五人組に監視させ，北九州では踏絵も用いるなど，さまざまな方法で切支丹の摘発が行われたが，1664年(寛文4)に至って〈宗門改め〉が全国的に実施されることになり，その柱として寺請(→寺請状)と宗門改帳の作製が制度化された．

〈宗門改帳〉には，家ごとに檀那寺，戸主以下家族の名および年齢，妻の実家，嫁入りした年月日，雇人があれば雇入れの年月などが記載され，これに戸主の判を押し，檀那寺，庄屋，五人組頭の証印を受けて，宗門改役に提出した．記載事項には時代あるいは地方によって精疎があり，なかには戸主の肩書の箇所に所有高や高持・無高・水呑の別など，宗門改めに直接関係のない情報を盛ったものもある．そこで，宗門改帳は戸籍の機能をもつようになり，宗門改めの必要がなくなっても，戸籍の機能のゆえに作製しつづけられ，1871年(明治4)戸籍法によって壬申戸籍(1872年施行)が編成されることに定まってようやく廃止された．→宗旨人別帳．

「万事に付き，宗門改めの時，奉行に偽りを申さず，申しいだしたる義は替へざるやうに籠舎或いは吊され候ふ」〔契利斯督記〕

十夜 じゅうや　〈御十夜〉ともいう．〈十夜法要〉の略称で，*浄土宗において10昼夜を*一期として修する念仏会のこと．この法会は，*無量寿経下の「ここ(この世)において善を修すること十日十夜すれば，他方の諸仏の国土において善を為すこと千歳するに勝れり」に基づいて行われる別時の*勤行．15世紀前半，平貞国が京都の真如堂で昼夜にわたる*別時念仏を修した後，夢告を受け，さらに昼夜の念仏を勤めたのを起源とする．さらに明応4年(1495)に観誉祐崇が鎌倉の*光明寺で十夜法要を始めてより，各地で毎年盛大に行われた．「関東よりのぼりたる長老，寺へすはりて始めて十夜の談義をとかれける」〔噺・軽口露がはなし〕「方々に十夜の内のかねの音」〔炭俵〕

十力 じゅうりき　*仏に特有な10種の智力．1)*道理と非道理とを弁別する力(処非処智力)．2)それぞれの*業とその*果報を知る力(業異熟智力)．3)諸々の*禅定を知る力(静慮解脱等持等至智力)．4)衆生の*機根の優劣を知る力(根上下智力)．5)衆生の種々の望みを知る力(種種勝解智力)．6)衆生の種々の*本性を知る力(種種界智力)．7)衆生が*地獄や，*人天，*涅槃など種々に赴くことになるその行因を知る力(遍趣行智力)．8)自他の過去世を思い起こす力(宿住随念智力)．9)衆生がこの世で死に，業とその果報が相続して，かの世に生まれることを知る力(死生智力)．10)*煩悩を断じた境地とそこに到る方途を知る力(漏尽智力)．これら10の力をいう．〈*十八不共法〉に含まれる．「善知識の其の為に阿弥陀仏の十力の功徳，戒定恵，解脱，解脱知見を説き讃むるに遇ひて」〔菩提心集上〕

十輪院 じゅうりんいん　奈良市十輪院町にある真言宗醍醐派の寺．山号は雨宝山．本堂の奥，合の間を隔てた堂内に石仏*龕(鎌倉前期)がある．本尊の地蔵菩薩立像はその奥壁に厚肉彫され，周囲を浮彫や線刻の十王・釈迦・弥勒・五輪塔・星宿などが取り巻いている．本堂はこの仏龕を拝むための*礼堂として鎌倉時代に建てられた．寺の創建や沿革は明らかでない．鎌倉時代の*『沙石集』に，南都の著名な地蔵霊仏の一つとして本尊が挙げられているのが初見．

十六行相 じゅうろくぎょうそう　[s: ṣoḍaśa-ākāra] 4種の真理(*四諦)を観察確認するあり方(ākāra，行相)．各真理に対して4種の観点を立てて十六とする．まず，〈苦諦〉において，あらゆる事物は条件に依存しているから非常(*無常，anitya)，苦しめるものであるから*苦(duḥkha)，自己に属するものはないから*空(śūnya)，*常住普遍の内なる主宰者(*我)はないから非我(*無我，anātman)と見る．〈集諦〉において，欲望は苦の主要な原因であるから因(hetu)，直接原因として苦を現前させるから*集(samudaya)，苦を継続させるから*生(しょう)(prabhava)，条件を整えて苦を成立させるから*縁(えん)(pratyaya)と見る．〈滅諦(めったい)〉において，個人存在の構成要素(*五蘊(ごうん))が終息に至るから*滅(めつ)(nirodha)，欲望の焔を吹き消すから静(じょう)(śānta)，あらゆる困苦から離れているから*妙(みょう)(praṇīta)，あらゆる災厄から解放されているから離(り)(niḥsaraṇa)と見る．〈道諦(どうたい)〉において，滅に導くから道(どう)(mārga)，道理に適っているから*如(にょ)(nyāya)，正しく*涅槃(ねはん)を完成させるという意味で*行(ぎょう)(pratipatti)，完全に生死を超出させるから出(しゅつ)(nairyāṇika)と見る．

十六善神 じゅうろくぜんじん　般若経(はんにゃきょう)を受持し読誦する者を守護するとされる16体の護法*夜叉(やしゃ)善神で，〈釈迦十六善神〉〈般若守護十六善神〉ともいう．陀羅尼集経(だらにじっきょう)3，『般若守護十六善神王形体』などの*経軌(きょうき)に説かれるが尊名は一定していない．また薬師*十二神将に*四天王を加えたものともされる．釈迦如来または般若菩薩の周囲に十六善神を描いた図像は，*大般若経を*転読する法会の本尊とされるほか，大般若経の経本・経箱に十六善神像が*玄奘(げんじょう)三蔵などとともに描かれている．遺例に，釈迦十六善神画像として鎌倉時代の*園城寺(おんじょうじ)本や*南禅寺本などがあり，経箱絵に*七寺(ななつでら)の大般若十六善神(1175)がある．「般若十六善神は，十六会(え)をこそ守るなれ」〔梁塵51〕「大般若書写によりて，十六善神の立ちそひて加護し給ひけるにや」〔著聞釈教〕

十六大国 じゅうろくたいこく　釈尊在世当時のインドの16の国．経典の伝承により国名に異同が見られるが，代表的にはインド西北から東南にかけて，カンボージャ，*ガンダーラ，マツヤ，シューラセーナ，アヴァンティ(*s, p*:Avanti)，クル，パンチャーラ，チェーティ，アシュヴァカ，コーサラ(*s, p*:Kosala)，ヴァッツァ(*s*:Vatsa，*p*:Vaṃsa ヴァンサ)，マッラ，カーシー，*マガダ(*s, p*:Magadha)，ヴリジ(ヴァッジ)，アンガを挙げる．このうち，原語を付した四大国が有力な国家として繁栄し，王族・庶民階級の台頭により，旧来のバラモン(*婆羅門(ばらもん))に対抗する*沙門(しゃもん)と呼ばれる思想家が輩出した．諸国家は，マガダ国のチャンドラグプタ王によって統一され(紀元前317年頃)，この*マウリヤ王朝第3世のアショーカ王(*阿育王(あいくおう))が領土拡張の後，仏教に帰依することにより，インド内外に仏教が広まった．

十六羅漢 じゅうろくらかん　⇒羅漢(らかん)，阿羅漢(あらかん)

十六観 じゅうろっかん　〈じゅうろくかん〉とも読む．*観無量寿経(かんむりょうじゅきょう)に説かれる*極楽浄土に生まれるための16種の*観法．1)*日想観(にっそうかん)．西方の極楽浄土を想いつつ，沈みゆく太陽を見てイメージを焼きつける．2)水想観(すいそうかん)．水や氷を見て瑠璃のごとく透き通った極楽の大地を想う．3)地想観(じそうかん)．極楽の宝で飾られた大地を明瞭に観ずる．4)宝樹観(ほうじゅかん)．極楽の宝樹の林を観ずる．5)宝池観(ほうちかん)．極楽の宝の池の水を観ずる．6)宝楼観(ほうろうかん)．極楽の5百億の宝の楼閣を観ずる．この観により宝地・宝樹・宝池など総ての情景を見ることになるので〈総観〉ともいう．7)華座観(けざかん)．*阿弥陀仏(あみだぶつ)の座っている蓮華の台座を観想する．8)像想観(ぞうそうかん)．仏像を見て，阿弥陀仏をはじめとする極楽国土の様子を観想する．9)真身観(しんじんかん)．阿弥陀仏の身相や*光明をつぶさに観じ，その結果，一切の諸仏を見る．10)観音観(かんのんかん)．阿弥陀仏の脇侍(きょうじ)の*観世音菩薩を観ずる．11)勢至観(せいしかん)．*勢至菩薩を観ずる．12)普観(ふかん)．極楽に生じる想いをなし，極楽の仏・菩薩・国土を普(あまね)く観ずる．13)雑想観(ざっそうかん)．変現自在なる阿弥陀仏の身相を小身，大身など雑(ま)じえて観ずる．14)上輩観(じょうはいかん)．15)中輩観(ちゅうはいかん)．16)下輩観(げはいかん)．この3観では，人々の能力や行いにより上・中・下の3品に大別し，さらに各段階を上・中・下の3生に細分し，上品上生から下品下生までの9段階(*九品(くほん)段)に分けて，浄土往生の方法と往生の有様を想うことを説く．*善導(ぜんどう)以前の注釈家は，この3観も含めて16観全体を聖人のみが修めることのできる定善(じょうぜん)(精神統一した状態で修める善行)の観法とみなしたが，善導は前の13観を定善，後の3観を凡夫でも修めることのできる散善(さんぜん)(日常の散乱した心で修める善行)と位置づけた．→定善・散善，三輩(さんぱい)．

「観無量寿経の十六の観思ひ出でられて」〔栄花玉の台〕「十六相願(観)にも，まづ日観

をむねと功徳うることには説き給へるにやあらむ」〔法華百座 6.19〕

宗論 しゅうろん　宗派間において，教義上の優劣あるいは真偽について行う論争．宗派が存立する場合には宗派独自の教義があり，教説を異にする宗派の僧俗が議論して勝劣を争うことをいう．〈法論〉あるいは〈*問答〉ともいう．インドでは，*中観派と*唯識派の間で論争があり，また中国では，華厳と天台，あるいは禅宗をめぐる論争などがある．しかし日本に較べて宗派性が弱かったため，通常宗論と呼ばれることはない．

チベットでは，794年頃に，中国の禅僧*摩訶衍とインドの学僧*カマラシーラが，サムイェー寺において*ティソン-デツェン王の御前で，主に*禅定修行のあり方をめぐる論議を行なった．*サムイェーの宗論と通称されるこの論議では，無念無想の禅による*頓悟を主張する摩訶衍に対して，カマラシーラは瑜伽行中観派の立場から，聴聞(聞)・思索(思)・修習(修)による三種の智慧(*聞思修)を重視し，*漸悟を主張したと伝えられる．

日本では，*最澄は比叡山を開いて天台法華宗を掲げるにあたり，法相宗の護命と*大乗戒の問題で争い，また法相宗の*徳一と*三一権実論争をくりひろげている．その後，963年(応和3)法華会の折，天台宗と法相宗との間で，定性二乗の成仏・不成仏の論争があり，これを*応和の宗論と呼ぶ．1186年(文治2)には大原の勝林院で，南都・比叡山の学匠と*法然との論議が行われ，これを*大原問答という．

*日蓮の場合には，法華一乗の立場から念仏無間・禅天魔などを主張し(*四箇格言)，諸宗との論争がみられたが，問答は公的に開かれて勝劣が決せられるべきであると主張した．日蓮の論争のあり方は門下に継承され，1436年(永享8)日出と天台宗の金剛宝戒寺心海との間に宗論(永享問答)があった．また，1536年(天文5)松本問答，1579年(天正7)*安土宗論，1608年(慶長13)慶長宗論(*慶長法難)などがあり，これらによって日蓮宗は大きな打撃を受ける結果となった．江戸時代に入ると，口頭による議論から著述による宗論へと変化がみられた．なお狂言に，法華僧と浄土僧との論争を題材とした『宗論』がある．

「仲算は非人の沙門なりしかども，宗論に八宗の頂官たり」〔ささめごと〕

受戒 じゅかい　[*s*: upasaṃpad, upasaṃpanna]　戒を*受持すること，またその儀式をいう．ただし原義は，到達すること，身につける(*具足)こと．*僧伽の*羯磨によって*比丘と認められることをさす．それが*波羅提木叉を受持して比丘となる意味となった．単に出家して*沙弥になること(pravrajyā)とは区別して用いられた．後には，*在家信者の*三帰依・*五戒や*八斎戒の受持，またそのための儀式も広く〈受戒〉と称するようになった．

僧伽の最も重要な儀式の一つであるから，厳格な規定があり，*戒壇に登って*三師七証の下で受戒するが，のち，*大乗戒では単独で受戒する〈自誓受〉が認められるようになったので，本来の受戒法を〈従他受〉と称して区別した．中国では*大衆受戒も行われ，日本にも伝わっている．→授戒，戒律．

「花山院は，去年の冬，山にて御受戒せさせ給ひて，その後熊野に詣らせ給ひて」〔栄花 3.さまざまのよろこび〕

授戒 じゅかい　[*s*: upasaṃpad, upasaṃpanna]　〈戒〉を授けること．この戒を授ける儀式が〈授戒〉である．授ける立場に立てば〈授戒〉であり，受ける立場に立てば〈*受戒〉となる．*僧伽の*羯磨によって*比丘・*比丘尼と認められることを指し，それが*具足戒，すなわち*波羅提木叉を受持して比丘・比丘尼となる意味となった．また単に出家して*沙弥または*沙弥尼になること(pravrajyā)とは区別して用いられた．後には在家信者が〈三帰戒(*三帰依)〉〈*五戒〉〈*八斎戒〉の受持，またそのための儀式も広く授戒または受戒と称するようになった．それは具足戒の受持に当たって五戒・*十戒も改めて内容的に受け直すことに由来すると考えられる．

【三師七証】授戒は僧伽のもっとも重要な儀式の一つであり，厳格な規定が*律蔵の授戒*犍度の中に存在する．まず受戒希望者の日常の指導に当たる〈戒和上(かいわじょう)〉，遮難(しゃなん)(十難十三遮)がないかどうかを確認する〈教授師(きょうじゅし)〉，授戒の儀式において具体的な*表白(ひょうびゃく)を行う〈羯磨師(こんまし)〉という三師が必要とされ，また正式の比丘7人の証人の立ち会いが必要とされた(*三師七証(さんししちしょう))．儀式の羯磨の部分では僧伽が具足戒を授けると述べ，それを僧伽が承認するのに〈白四羯磨(びゃくしこんま)〉(羯磨師が1回，白を申し上げ，確認の手続きの羯磨を3回行うこと)という手続きが用いられた．やがて，上記の儀式の直後に犯せば僧伽追放になる〈四*波羅夷(はらい)法〉，および生活の基本的方針である〈四依(しえ)法〉の護持を受者に誓わせるという儀式が付随するようになった．→具足戒．

【展開】後に梵網戒(ぼんもうかい)などの*大乗戒が登場し，仏から直接戒を授かる〈自誓受(じせいじゅ)〉の形式が認められると，具足戒においては自誓は認められないとして，本来の受戒法は他から受けるという意で〈従他受(じゅうたじゅ)〉と称するようになった．なお，日本中世の*律宗(りっしゅう)においては，*覚盛(かくじょう)らによって具足戒も*三聚浄戒(さんじゅじょうかい)の授受で発得(ほっとく)できると新たに主張され，この受法は〈通受(つうじゅ)〉と呼称された．自受と従他の二つを認める通受が登場すると，本来の授(受)戒は〈別受(べつじゅ)〉と称され，日本独自の展開が見られるようになった．

「菩薩の授戒は権実同じからず．小乗の授戒も機に随ひてまた別なり」〔顕戒論中〕「凡そ授戒は毎年三月十一日始めてこれを行ひ，月の内に畢(を)はらしめよ」〔延喜式玄蕃式〕

呪願 じゅがん　〈しゅがん〉とも読む．祈りの言葉を唱えて仏・菩薩の*加護を願うこと．僧に施された食事や法会において，*施主(せしゅ)の望むところに応じて*法語を唱え，施主の福利を祈願すること．*『十誦律(じゅうじゅりつ)』巻41には「…仏言わく，今より食時にはまさに唄し呪願し讃歎すべし」とあって，食時の呪願は古くインドの*婆羅門(ばらもん)において行われていたのを仏教僧の作法としても取り入れたようである．道教でも，『抱朴子(ほうぼくし)』勤求篇に「三牲酒餚を以て，鬼神に祝願し(祝は呪と通ず)，以て延年を索(もと)む」とあるように，*鬼神などに対して祈り願う意味で用いられる．また，堂塔建立・修理の*落慶(らっけい)法要において，*導師が*願文(がんもん)を読むのに続いて呪願文を読む役僧を〈呪願師〉という．

「海人(あまびと)およびすなどりする人の殺さむとする魚を買ひ取りて，僧をもて呪願せしめて水にはなつなり」〔三宝絵下〕「開眼師菩提僧正，講師隆尊律師，呪願師大唐の道璿律師，都合一万二十六人なり」〔盛衰記24〕

授記 じゅき　[*s*: vyākaraṇa, *p*: veyyākaraṇa]　サンスクリット語のvyākaraṇaは，動詞vyākaroti(分ける)に由来し，区別・説明・解答などを意味する．また，言語の分析的説明としての〈文法〉や，さらには，未来の特別な生れやあり方についての予言をも意味する．仏典では大別して2種の用例がある．その第1は*十二分教(じゅうにぶんきょう)の一つとして，仏陀と仏弟子その他の間の問答体形式の教法をさす(→記別)．第2は，上記の予言の意味で〈授記〉〈受記〉〈受授〉〈授決〉などと訳される．

授記とは，過去世において過去仏が修行者に対して未来の世において必ず*仏となることを予言し保証を与えること．釈尊は過去世に*燃灯仏(ねんとうぶつ)から現世における*成仏(じょうぶつ)を授記されたといわれる．スリランカでは仏殿*内陣背後の回廊部に過去二十四仏とその授記を受ける男女や動物の姿をリアルに画く．*大乗では〈授記作仏(さぶつ)〉思想が発展する．無量寿経(むりょうじゅきょう)では法蔵比丘(*法蔵菩薩)が師の世自在王仏から*阿弥陀仏(あみだぶつ)となると授記をえる．法華経(ほけきょう)には*舎利弗(しゃりほつ)ら*声聞(しょうもん)に対する授記，悪人*提婆達多(だいばだった)に対する授記を説く．

「此等の法門を習学せずして，未顕真実の経に説く所の，名字ばかりなる授記を執する」〔日蓮消息弘安1〕

修行 しゅぎょう　仏道修行の語が示すように，仏教における修行とは，真実の自己を実現するために，みずからの行いを正し修めることである．対応するサンスクリット語の一つbhāvanāは現しだすことを原義とし，想像や瞑想の意で，〈修〉〈修習(しゅじゅう)〉あるいは〈*観想〉とも訳される．*修道(bhāvanā-mārga)の〈修〉も原語は同じ．abhyāsaはくり返して身につけることを意味し，〈数習(すじゅう)〉〈常習〉などの訳もある．pratipattiは正しい行為の意で，〈*正行(しょうぎょう)〉とも訳される．prayogaは準備的な修行の意味あいが強く，〈*加行(けぎょう)〉の訳もある．yogaはしばしば〈*瑜伽ゆが〉と音写され，精神集中による心作用の抑制を重んじるインド的な修行法を代表する語．ちなみに中国古典では，「仁義を修行す」〔史記宋微子世家〕，「先王の道を修行す」〔漢書儒林伝〕のように*儒教の教えによって身を修めるという意味で用いられていた．

【戒定慧と修行】初期仏教以来，修行の目的は苦滅の境地に達することで，そのために戒(かい)定(じょう)慧(え)の*三学が順次に修せられてきた．まず*五戒などの誓戒や生活規律を身につけ，それによって*禅定(ぜんじょう)・*三昧(さんまい)の瞑想を深めながら諸種の真理観を修める．ついで，真理の観察を通して*智慧(ちえ)を体得する者，すなわち初歩の悟りを得る聖者位から進んで*阿羅漢(あらかん)の*解脱(げだつ)の位に達する者となる．ちなみに，〈戒〉(śīla)は習慣の意味があり，abhyāsa と同じに，くりかえし身につけるから，自戒の力が体内に蓄積され，〈戒香薫習(かいこうくんじゅう)〉の人とたたえられる．また，〈慧〉は智慧(prajñā)のことで，相対分別する知識を超えた〈*無分別智〉をいい，この智慧は*正法(しょうぼう)(正しい真理の教え)を聞くこと，あるいは*思惟(しゆい)(思索)すること，あるいは修習することによって得られるとする(*聞思修(もんししゅ)の三慧という)．そこで，智慧の獲得は単なる知識・理論よりも，修行によってなされることがわかる．

【ゴータマ-ブッダと聖求】ゴータマ-ブッダ(釈尊)の出家目的が聖求(しょうぐ)(ariyapariyesanā，聖なるものの探求)であり，菩提樹下で悟りを開き*覚者(かくしゃ)となって80歳で入滅するまで，ひたすら聖求の道を歩み続けたと，ブッダみずからが語っている．悟りを求める人を*菩薩(ぼさつ)(求道者)と呼ぶが，ブッダは悟りを開いて覚者となっても，なお悟りを求め続けた．仏も求道者であり，永遠の修行者であるということである．*大乗仏教は，このような釈尊観に立つ．とりわけ，大乗仏教徒は前生(ぜんしょう)の釈尊が菩薩として*誓願をたて，*波羅蜜(はらみつ)を修め，*自利利他の完成者たる覚者を目指して長年月の修行をなしたことに共鳴し，かれらも菩薩と称して空観と慈悲観を修行内容とした．

【修行道】修行によって仏果の悟りを得るといっても，釈尊滅後，修行道が複雑化し，人びとの能力低下などによって，悟りを現生において得ることが困難であるとされ，三祇百大劫(さんぎひゃくだいこう)という長年月を経なければならぬとさえいわれ出した．こうしたなかで，各部派はそれぞれに修行道を体系化した．*説一切有部(せついっさいうぶ)による資糧位・加行位・見道位・修道位・無学位という*五位の修行道はそれを代表する．大乗仏教では，早くから*六波羅蜜(ろくはらみつ)や*十地(じゅうじ)の修行体系を重んじたが，とくに*瑜伽行派(ゆがぎょうは)では，有部の五位説に倣い，新たに菩薩の修行道として資糧位・加行位・通達位・修習位・究竟位の五位を体系づけた．これは無学位に相当する阿羅漢を目標とするのでなく，通達位において十地の中の初歓喜地に入り，究竟位としての仏の悟り(無上正等覚)を目指すものであった．密教では，儀軌・次第などに従いながら，身体により手印を結び，口に*真言(しんごん)を唱え，心に本尊を観想する(*三密妙行)ことを正行とし，これにより衆生は本尊との合一を達成し，*即身成仏(そくしんじょうぶつ)を得ることを目指した．

また，中国では禅宗において修行によって忽ちに悟りにいたる*頓悟が主流となり，段階的に悟りにいたる*漸悟は低いレベルのものと考えられるようになった．

日本においては平安初期に*空海や*最澄により即身成仏思想が主張され，鎌倉初期には，*道元により修行(修(しゅう))と悟り(証(しょう))とが別物ではないとする*修証一等，*本証妙修(ほんしょうみょうしゅ)の立場が提唱された．また浄土教の隆盛の中で，*念仏という修行により浄土に往生することが悟りの心であるとする浄土往生の考えも生まれた．

なお，〈修行〉は，日本では転義して，*托鉢(たくはつ)などをして諸国の霊場寺院を遍歴すること，*廻国巡礼の意となり，さらに広義に諸芸諸道の習得に努力する意ともなった．

「修行は仏道の為になす善根の名なり」〔孝養集中〕「ある僧，近江国を修行しけり」〔発心集2〕

儒教 じゅきょう　*孔子(こうし)によって説かれた教説．広義には孔子を信奉する後継者たちの教説を含む．名分秩序の主張に着目して〈名教(めいきょう)〉といい，孔子を神聖視して〈孔子教〉〈孔教〉と呼ぶ場合もある．〈儒〉とは，王侯を補佐し，民衆を教化する知識人のことであり，孔子は『詩経』や『書経』(『尚書(しょうしょ)』ともいう)をテキストとし，個人的•社会的な礼を身につけ，音楽に通暁した，そうした知識人を育成しようとしたのである.

【中心思想】教説の根本は，主として孝悌(こうてい)という家族倫理を人間一般の道徳性にまで昇華した〈*仁(じん)〉におかれた．孟子(もうし)になると，利己主義の道家に対して〈仁〉を，博愛主義の墨家に対して〈義〉を主張し，〈仁義〉を並称した．仁の内在を前提とする性善説に立ち，諸侯に対しては仁義を実践する王者の道を説いた．荀子(じゅんし)は人間性にひそむ悪を重視して性悪説に立ち，悪を克服する礼や学問を強調した．かくて儒教は体系的な教説をもったが，それは，教説の系譜としては，尭舜(ぎょうしゅん)を祖述し，文武周公を憲章(手本として明らかにすること)し，孔子を宗師とし，内容的には，礼楽の教養と仁義の徳目を中心として『詩経』など六経の学習と道徳の実践を説き，個人的な〈修身斉家(しゅうしんせいか)〉からそれを拡張して〈治国平天下(ちこくへいてんか)〉を実現することを目的とした．道徳の修得•実践と徳治の仁政を説く点にもっとも特色がある.

【儒教の展開と仏教】戦国末には低調であったが，前漢の武帝時代に董仲舒(とうちゅうじょ)の上言によって国教的位置が与えられた．前漢末には讖緯(しんい)の学を併せ，孔子は神格化され，後漢は儒教国家の性格をもった．六朝時代には儒教の権威はおとろえ，仏教が風靡したが，儒教側は，*出家*剃髪は不孝であり，仏教は夷狄(いてき)の教えであるとして排撃した(→孝)．仏教側は仏教の文化的存在価値を強調して中華意識を止揚し，儒教を外面的なもの，仏教を内面的なものとして二教の調和を図った．また，仏教の精緻な学問に触発されて，経学は義疏学(ぎそがく)を発展させ，唐の『五経正義』として完成した．唐代は仏教全盛時代であるが，中期以後には儒教側からの反撃と，仏教の*見性成仏(けんしょうじょうぶつ)説などを摂取した新理論が出現した.

宋代には，新興の科挙官僚によって新たな儒学，性理学が創造された．程顥(ていこう)•程頤(ていい)の兄弟は道徳主義を強調し，程頤の理一分殊説は，華厳(けごん)の理事無礙(りじむげ)説を摂取しつつ，仏教の*理が結局は空観(くうがん)にゆきつくのに対し，理の内実を人倫的規範としてその社会性を回復したものである．性理学は朱熹(しゅき)によって大成された．明代には陽明学が成立して良知説が提唱されたが，それは仏教の影響も受けながら儒教や仏教の枠を超える超教学的な性格をももつものであった．儒教道徳は善書(ぜんしょ)などを通して民衆の間にも広く浸透した．清代には，陽明学の極端な発展への反省から，経書に即して聖賢の本意を探る考証学がおこり，儒教は学術化した.

清末から民国にかけて，新たな中国を形成する過程で儒教は封建的•反近代的なものの元凶として攻撃された．しかし，儒教の精神をふまえつつ新しい時代の哲学の樹立を模索した馮友蘭(ふうゆうらん)らの思想が，一時期きびしい批判を受けながらも，再び現代の新儒学として注目される動きがあるなど，儒教の評価をめぐっては今なおさまざまの議論がなされている．なお，儒教が日本をはじめ東アジア世界に与えた影響にも甚大なものがあった．韓国および台湾では現在でもなお根強く奉ぜられている.

手巾 しゅきん [*s*: snāna-śāṭaka]　現在の手拭いに相当する．洗面ののち手や顔を拭う布片のこと．大乗仏教の修行僧が常に所持すべき*十八物(じゅうはちもつ)の一つに挙げられる．手巾が汚れを除くことから，清浄光仏(しょうじょうこうぶつ)(無量寿経に説く，*阿弥陀仏(あみだぶつ)の別名で，いわゆる十二光仏の一つ)の徳にたとえられる．*『正法眼蔵(しょうぼうげんぞう)』洗面によれば，手巾の長さは1丈2尺で，その色は白であってはならないという．また大比丘三千威儀経を引用し，手巾で鼻や脇•背中•腹や足などを拭ってはならないと説く.

宿縁 しゅくえん [*s*: pūrva-yoga]　〈すくえん〉とも．過去の生存でなした行為(*業(ごう))と現在この身に生じたその結果との因果関係(*縁)をいう．〈宿因〉ともいう．漢語〈宿〉には，かねてからの，ひさしい，という意味があるが(「宿，久也」〔小爾雅〕)，これより派生して，漢訳仏典では，〈宿縁〉〈*宿業(しゅくごう)〉〈*宿世(すくせ)〉と，もっぱら過去の生存以来の，前世からの，もしくは過去世の，前世の，の意味で使う．*輪廻(りんね)思想に基づく，新しい用法である．多くは pūrva の訳語．「前世の宿縁によりて，此の寺の吏になりたり」〔続古事談 4〕

宿願 しゅくがん [*s*: pūrva-praṇidhāna]

漢語〈宿願〉は〈宿志〉〈宿心〉〈素願〉に同じく，平素からの願い，素志の意で，西晋，陸機の『思帰賦序』など六朝時代の文章に見える．他方，漢訳仏典では，仏・菩薩が過去世に立てておいた願い，*本願の意．*観無量寿経では阿弥陀仏の〈宿願力〉に言及している．日本では転用して，神仏にかけた願い事をも意味する．「先師の心にかなふ所あらば，この宿願成就せん」〔問はず語り 5〕「宿願あるに依りて，八幡宮に詣でたり」〔法華験記上 21〕

宿業 しゅくごう ［*s*: pūrva-karman］ 過去の行為．過去世における業．前世の生存においてなされた*善悪の行為の力．仏教における業思想の展開とともに重要視されるに至った用語．業思想において，業とは，単なる行為だけではなく，行為の結果もたらされる潜在的な力をもさすが，そのような業のうち，現在世においてなされた行為と区別して，過去の生存中においてなされた善悪の行為の現在に及ぶ潜在的な力を特に〈宿業〉と呼ぶ．部派仏教で体系づけられた*十二因縁の有力な考え方によれば，十二因縁中の過去世を代表する〈*無明〉と〈*行〉のうち，〈行〉が宿業とされ，それが現在世の結生の瞬間である〈*識〉に影響を及ぼすと見なされている．

しかるに，このような宿業観は，仏教を信ずると信じないとにかかわらず，業が客観的に実在し，それが人々の生存を決定するのだというように，業を実体視する方向へと向かわせることになり，仏教の宿業観が，一般社会においても，宿命論と同様の機能を果すに至った．すなわち，社会的差別や病気・障害などを宿業によるものとして説明し，正当化する役割を果した．しかし他方，宿業による罪悪感は宗教的自覚を深めることにもなった．このことは，平安文学の*宿世の思想にうかがわれ，さらに*親鸞において宿業の自覚が*阿弥陀仏に対する*信によって裏付けられ，深められるに至った．→業，宿命．

「比丘夢覚めて深く慚愧を懐きて，宿業を羞ぢ歎き」〔法華験記中 53〕

粥座 しゅくざ 禅宗において朝食のことをいう．昼食を〈斎座〉，夕食を〈*薬石〉と呼ぶのに対する言葉で，〈行粥〉ともいう．古くは禅院の食事は，インドの制度を守って朝昼の2食であったが，朝食には粥を，昼食にはご飯を食べたことから，このように呼ばれるようになった．後に南宋時代になって，昼食の残りものを夕食とするようになって，1日3食の制が定まったが，夕食は正式の食事ではないとして〈薬石〉と呼んだ．

宿執 しゅくしゅう 過去世から心の中で執着して離れない善・悪の性質をいう．〈宿〉は古いの意で，*宿世，すなわち過去世のこと，〈執〉は執心で，事物を固執して離さない執着をいう．現世における善・悪の*果報は，すべて過去世からうけついできた善・悪の性質に対する執着心による．善の性質が顕著な場合には現世における善の果が，反対に悪の性質が顕著な場合には悪の果があらわれる，とする*因果応報説の基盤をなす．「前世の宿執にや，此の事さり難く心にかかり侍れば」〔十訓抄 7〕．→因果．

宿習 しゅくじゅう ［*s*: pūrva-abhyāsa］ 〈しゅくしゅう〉とも．過去世，*宿世の習いぐせ，前世に身につけたものをいう．また，過去世から身につけた*煩悩の名残り，隠された余力をいう．過去世になした行為（*宿業）が善・悪の名残りとなってとどまることで，〈宿〉が久しい，古いの意から，過去世を宿世という．過去世の善・悪の行為（善業・悪業）が習慣となってとどまり（習），その名残りがひきつづいて今世以後の生存にかかわることをいう．「衆生のもろもろの行，はじめ耳に触れしより，心にすすみ，功を積み，証を得るまで，悉く前世の宿習によりて」〔発心集 7-4〕

宿善 しゅくぜん 〈宿〉は古いの意で，前世・過去世につくられた善い行為（善業）をいう．前世でなされた善い行為が根となって善い果報を今世にもたらすことから，宿世の*善根という．宿世の善根が，ある時期になって花が開くことで信心が得られることを〈宿善開発〉という．反対に，宿善が無いことを〈無宿善〉という．「よき心のおこるも，宿善のもよほすゆゑなり」〔歎異抄〕

祝髪 しゅくはつ 〈祝〉は断つの意．〈祝髪〉は髪を断ち切ること．すでに中国古典に用例がある．たとえば『春秋』穀梁伝．哀公 13 年に，

「呉は夷狄の国なり．祝髪文身す」(文身は身にいれずみをすること)とある．仏教ではその意味を受けて，*剃髪(ていはつ)して仏門に入ることをいう．「幼年にして生死を疑ひ，四十二にして祝髪，六十余にして得悟す」〔驢鞍橋〕

宿坊 しゅくぼう　〈宿院〉ともいい，宿泊所となる坊舎・*僧院の意．一般的には他の地からきた修行僧の寄宿する僧院，参詣者を宿泊させる坊舎をいう．*高野山(こうやさん)・*大峰山(おおみねさん)・*身延山(みのぶさん)・*善光寺(ぜんこうじ)などに発達した．中でも高野山では鎌倉末頃より院家(支院)が宿坊化し，戦国時代には大名と師檀関係を結び，江戸時代には庶民を*檀那(だんな)とした．なお地域によっては宿坊同士や宿屋との争いも生じた．転じて，*檀家(だんか)の帰属する寺院，または自己の*僧房をもいう．「夜道照の宿坊に行きて，窃(ひそ)かに伺ひ見るに」〔今昔 11-4〕「近ごろ貧しき女房常に参籠して，宿坊にて…と云(い)ひければ」〔八幡愚童訓〕

宿命 しゅくみょう　漢語〈宿命(しゅくめい)〉は，前世から先天的に定まった運命もしくは運勢．「死生に命有り」〔論語顔淵〕，「寿夭貧富・安危治乱には固(もと)より天命有り」〔墨子非儒〕などの〈命〉〈天命〉と，「宿(つと)に征伐する所を定む」〔管子地図〕などの〈宿〉との合成語．漢訳仏典においては〈しゅくみょう〉と読み，前世における生活または生活状態をいう．〈命〉は生活の意．前世の生活における行為の善悪が現世の運命に影響するので，この点で中国古典における〈宿命〉の慣用的意義につながる．仏説興起行経下(後漢の康孟詳訳)に「世尊すなわち宿命の偈を説く」，生経4(西晋の竺法護訳)に「如来は即(すなわ)ち本(もと)の宿命を知り憶したまう」などとある．

*六神通(ろくじんずう)の一つである〈宿命通(しゅくみょうつう)〉(宿命智証通)とは，自己と他人の前世における善悪の所行を自在に知ることのできる通力をいうが，この語は出曜経30(姚秦の竺仏念訳)に「唯(た)だ如来・等正覚のみ此の宿命通を得」などと見え，わが国でも「阿羅漢，七日が間，定(ぢやう)に入って，宿命通を得て過(去)現(在)を見給ふに，沙門の前生は耕作を業とする田夫なり」〔太平記 2.三人僧徒〕などと見える．ちなみに，〈運命〉の語は三国魏の李康の『運命論』に「治乱は運なり．窮達は命なり」，〈運勢〉の語は同じ三国魏の何晏の「景福殿賦」に「大運の戻(さだ)まる攸(ところ)…勢合して形は離る」などとある．

「法を聞きて宿命を悟りて，八十億の煩悩を断じて忽(たちま)ちに須陀洹果(しゅだおんくわ)を得給ひつ」〔今昔 2-2〕「宿命智を以(も)て其の心を覚り，神境通を以て近き縁となり，方便力を以て教へ導く」〔孝養集下〕

宿曜経 しゅくようきょう　詳しくは〈文殊師利菩薩及諸仙所説吉凶時日善悪宿曜経〉という．2巻．8世紀唐の*不空(ふくう)により訳出された*密教経典．内容は，七曜・十二宮・二十七宿の関係を基礎に，人の生誕の日により，その一生涯の運命を占い，あるいは日々の吉凶を占察する方法を説いたもの．インドの瞿曇仙(くどんせん)が案出したといわれる暦法を，中国の暦法と調和させている．なお，密教では本経によって吉日を選び，諸行事をおこなう．

綜芸種智院 しゅげいしゅちいん　*空海が，唐には坊に閭(りょ)塾，県に郷学があるが，平安京には一大学があるのみという現状を憂え，*芸亭(うんてい)院・二教院を先例とし，藤原三守の旧宅を譲り受けて開いた最初の庶民の子弟向けの学校．『性霊集補闕抄(しょうりょうしゅうほけつしょう)』10所収の「綜芸種智院式幷序」(828)によると〈綜芸〉は三教を兼ねるというが，それは顕密二教と儒教であり，道教は含まれない．〈種智〉は*菩提心(ぼだいしん)．創設は828年(天長5)以前とされている．空海没後衰退し，後継者の実恵(じつえ)は845年(承和12)，土地を売却，閉鎖した．

『授決集』 じゅけつしゅう　*円珍(えんちん)の著．2巻．『秘巻(かくれたるまき)』ともいわれる．884年(元慶8)成立．叙によれば，本書は弟子の良勇が長年，円珍に付き従った功の報いとして，円珍より授かったものとされている．内容的には，円珍が入唐した時，越州開元寺の良諝(りょうしょ)から*口伝(くでん)されたものや，覚書を54項目選び出し集めたもので，天台宗寺門派の根本教典である．また所々に「面授口決(めんじゅくけつ)」の言葉がみられ，後世の口伝法門とのかかわりをみることができる．

修験道 しゅげんどう　日本古来の山岳信仰，なかんずく山人の信仰が，外来の仏教・道教・儒教，*シャーマニズムや*神道の影響のもとに平安時代末頃にまとまった宗教形態をとったもの．山岳で修行することによって，超自然的な力を獲得し，その力を用いて*呪術(じゅじゅつ)

宗教的な活動を行う*山伏・修験者を中核としている．→山岳信仰．

【山岳修行と修験者】わが国では古来，山人は動物や木の主を山の神として崇めていた．また弥生時代以来定住して水田稲作農耕に従事した里人は，山の神を水を与え豊穣をもたらす神として崇め，山麓に祠(ほこら)を設けて祭りを行なった．やがて仏教や道教の影響を受けた宗教者が山人の導きで山中に入り，*陀羅尼(だらに)や経文を唱えて修行した．7世紀から8世紀頃，*葛城山(かつらぎさん)で修行した*役小角(えんのおづぬ)などもその一人である．平安時代になって，山岳仏教や密教が隆盛すると，密教僧のなかにも，金峰山(きんぶせん)で修行した醍醐(だいご)三宝院の*聖宝(しょうぼう)，*比叡山(ひえいざん)で*回峰行(かいほうぎょう)をはじめた相応(そうおう)(831–918)のように山岳修行をするものが増加した．そしてこうした中で，験力(げんりき)を修め*加持(かじ)*祈禱(きとう)の効験の著しい者が〈修験者〉と呼ばれるようになった．彼らが，当時盛行した貴族の御嶽詣(みたけもうで)や熊野詣の*先達(せんだつ)を勤めることも多く，金峰山や熊野は修験者の拠点となっていった．

【修験集団の形成】このうち*熊野の修験者は，三井寺(みいでら)(*園城寺(おんじょうじ))の僧増誉(ぞうよ)(1032–1116)が1090年(寛治4)に白河上皇の熊野御幸の先達をした賞として，熊野三山*検校(けんぎょう)に補されたのを契機に，三井寺に掌握されることになった．鎌倉時代末頃には各地の熊野系の修験者は三井寺末の*聖護院(しょうごいん)を本寺として役小角を開祖に仮託した〈本山派〉と呼ばれる教派を形成した．一方，内山(うちやま)永久寺・三輪山(みわやま)平等寺など近畿地方の36の諸大寺に依拠した廻国修験者は，金峰山の奥の小笹に拠点を置き，聖宝を祖にいただいて〈当山三十六正大先達衆〉と呼ばれる結衆を形成した．また羽黒(→出羽三山)・*英彦山(ひこさん)などにも修験集団が確立した．

【教義・儀礼の成立】室町時代の末には，修験道では山岳を*金剛界(こんごうかい)・*胎蔵界(たいぞうかい)の*曼荼羅(まんだら)とし，*蔵王権現(ざおうごんげん)・熊野権現など霊山の神格と開山を崇め，山伏十二道具を身につけて*十界(じっかい)修行を行うことによって*即身成仏(そくしんじょうぶつ)の達成をはかる教義や儀礼が成立した．〈山伏十二道具〉は，斑蓋(はんがい)・*頭巾(ときん)・鈴懸(すずかけ)(*篠懸(すずかけ))・*結袈裟(ゆいげさ)・*法螺(ほら)・最多角念珠(いらたかねんじゅ)・*錫杖(しゃくじょう)・肩箱(かたばこ)・笈(おい)・*金剛杖(こんごうづえ)・引敷(ひっしき)・脚半(きゃはん)で，〈十界修行〉は，十界のそれぞれに充当された床堅(とこがため)・*懺悔(さんげ)・業秤(ごうびょう)・水断ち・*閼伽(あか)・相撲(すもう)・*延年(えんねん)・小木(こぎ)・穀(こく)断ち・正灌頂(しょうかんじょう)の10種の作法である．

【近世以後の展開】近世期には，幕府の政策により全国の修験者は聖護院を本寺とする天台系の〈本山派〉と，醍醐(だいご)三宝院(→醍醐寺)を本寺とする〈当山派〉に二分された．ただし，羽黒と英彦山は独立を認められた．そうして，こうした教団に属した修験者は，町や村に定着して加持祈禱や呪法などに従事した．1872年(明治5)，修験道は禁止され，本山派・羽黒派は*天台宗，当山派は*真言宗に所属した．しかし第二次大戦後は，本山修験宗・真言宗醍醐派・金峯山修験本宗・修験道などの修験教団が相ついで独立した．

頌古 じゅこ　禅門における*祖師の〈古則〉(古人が示した仏法把握の規範となることば)について，韻語の*偈(げ)をもってその真義を敷衍し挙揚したものをいう．その始まりは，中国宋代の天禧年間(1017–21)に作られた汾陽善昭(ふんようぜんしょう)の『頌古一百則』とされる．〈頌(しょう)〉は『詩経』の六義の一つで，宗廟(そうびょう)に用いて先祖をたたえる詩．仏教では〈じゅ〉といい仏祖を讃歎する詩を指す．「蓋(けだ)し此の集は夢岩和上集むる所の古徳の上堂・頌古の法と為すべき者なり」〔蔗軒日録 文明17.11.14〕．→拈古(ねんこ)．

衆合地獄 しゅごうじごく［s: Saṃghāta］　*八熱地獄(八大地獄)の第三．*殺生(せっしょう)・盗み・*邪婬(じゃいん)の罪を犯したものが堕ちる地獄で，罪人は長期にわたってさまざまな責苦を受けるという．たとえば，*牛頭(ごず)・馬頭(めず)などの姿を持つ鬼どもによって鉄の山々の中に追い込まれ，その山々に両側から迫られて押し潰されるとか，鉄の臼の中に放り込まれて鉄の杵で打ち砕かれるとか，また猛獣や鳥・鷲などに身をついばまれたり，また刀剣に似た葉の繁る樹林に迷い込み，美女にたぶらかされて体中を切り裂かれたり，種々の責苦にさいなまれるという．悪見処(あくけんしょ)・多苦悩(たくのう)などの小地獄がこの地獄に付属するという．「三に衆合地獄とは，黒縄の下にあり」〔往生要集 大文第1〕「衆合地獄の，重き苦しみ，さて懲り給へや」〔謡・恋重荷〕．→地獄．

『守護国界章』 しゅごこっかいしょう　*最澄さいちょう撰．818年(弘仁9)成る．9巻．天台宗最澄と法相宗*徳一とくいちとの間の，三一権実さんいちごんじつ論争中の最も包括的な論争書で，論争初期を代表する書．天台教学に徳一が批判を加え，対応する法相教学を記して著した『中辺義鏡』3巻に，最澄が反駁はんばくしたもの．内容は，天台と法相の教判きょうはん論，天台の*『摩訶止観』*『法華玄義』と*『法華文句』をめぐる論争，およびすべての人は成仏できるという天台の*一乗思想と成仏できる人とできない人の区別を認める法相宗の*三乗思想との論争より成る．→三一権実．

『守護国家論』 しゅごこっかろん　*『立正安国論りっしょうあんこくろん』と並ぶ*日蓮にちれん初期の代表的著作．成立は1259年(正元1)，38歳のときと推定される．*法華経ほけきょうを最高の教えとする立場から，その信仰を廃れさせる元凶として法然ほうねんの*『選択本願念仏集せんちゃくほんがんねんぶつしゅう』がきびしく批判される．同じく法然排撃を主題としながらも，*念仏流行がもたらす社会的な悪影響を説く『立正安国論』に対し，『守護国家論』の方は法華至上主義の立場からの教理的な批判という色彩が強い．法華と*真言しんごんをともに正法しょうぼうとする法華真言未分の思想や，この現実世界こそが浄土であるという立場からの*西方さいほう浄土＝*穢土えど論など，注目すべき主張がみられる．また，守護すべき「国家」を支配権力ではなく国土と人民の意味で用いるなど，従来の護国思想とは異なる地平を切り開いている．真筆本は身延山*久遠寺くおんじにあったが，明治期に火災で焼失した．

呪禁 じゅごん　〈しゅうきん〉とも読む．呪文を唱え，まじないの作法を行い，邪気・毒虫などの害を除き，邪悪を払うこと．奈良朝の令制に定められた官職として〈呪禁師〉がある．『日本書紀』敏達6.11の条に百済くだら王が呪禁師を献じたと見える．呪禁の術には仏教系と道教系の2系統があり，仏教系では雑密ぞうみつ的な*祈禱きとうが用いられたと推測される．平安時代には呪禁師の名は消え，道教系の陰陽師や新来の密教がその役割を果たすに至った．「百済国の王，還使かへるつかひ大別王等に付けて，経論若干巻，幷せて律師・禅師・比丘尼・呪禁の師・造仏工・造寺工，六人を献る」〔書紀敏達6.11〕

種子 しゅじ [s: bījākṣara]　密教において，尊格を象徴するとされる*梵字ぼんじ．〈*種子しゅうじ〉と区別して，〈種字〉と綴られる場合もある．種子は，尊名の頭文字(例：薬師如来のbhai)や，*真言しんごんを構成する特徴的な一音節が独立して，尊格の象徴とされたものである．原則として一文字であるが，traṭ(金剛界曼荼羅こんごうかいまんだらの金剛鬘菩薩)，kṛṭ(金剛界曼荼羅の金剛舞菩薩)のように，まれに二字になる場合もある．また*不動明王ふどうみょうおうの種子カンマン(hāṃ māṃ)を縦に連ねてモノグラムのように書くのは，日本で考案されたものである．

密教の発展とともに，尊格の*観想にあたっては，まず種子を観想し，これが*三昧耶形さんまやぎょう，尊形へと転変する〈種三尊しゅさんぞん〉の*観法が広く行われるようになった．〈種子〉と綴られたのも，尊格生起の根本原因と考えられたからである．種子の字義については，教理上から様々の解釈がなされているが，その中には牽強付会の説も少なくない．→付録(梵字悉曇字母表)．

受持 じゅじ [s: dhārayati]　〈受〉は受領，〈持〉は*憶持おくじの意．〈受け持たもつ〉と訓読し，教えを受けて記憶すること．*『大智度論だいちどろん』では「信力の故に受け，念力の故に持つ」と釈している．経典を信受し，心に念じて片時もゆるがせにしないこと．法華経について用いられた例が多い．日蓮宗にちれんしゅうではこの語に，〈*妙法蓮華経みょうほうれんげきょう〉の五字を受け持つことという特別の意味を持たせる．法華経法師品には受持・読どく・誦じゅ・解説げせつ・書写しょしゃの*五種法師ごしゅほっし行を説くが，中心となるのが受持で，他の四つの修行は受持のうえに行ぜられるものである．*日蓮は身に法華経を色読(身読ともいう．経文を単に心で理解するのではなく，自己の人生体験をとおして読むこと)し，口に*題目を唱え，意に堅い信心を持つ〈三業受持さんごうじゅじ〉を基本とした．そして妙法五字を受持することにより仏果を得ることができると成仏の法門を示した．

「一人は能よく法華経を持し，一人は金剛般若を受持す」〔法華験記上17〕「法花経を受け持ちて，毎日ひごとに三部，毎夜よごとに三部を読誦して」〔今昔13-4〕

主師親 しゅししん　主師親は，それぞれ主君・師匠・両親を意味する．*日蓮が*儒教・*外道(インド哲学)・仏教などの精神文化を論ずるために基本とした三つの徳．〈主徳〉とは治世の道理を実現する徳望，〈師徳〉とは精神文化の深化を指示する徳望，〈親徳〉とは情愛の真実を確かめる徳望をいう．日蓮は*『開目抄』の冒頭に「夫れ一切衆生の尊敬すべき者三つあり．所謂主・師・親これなり」としてこれらを挙げ，仏教以前の諸文化はこれらの三徳を部分的に表してきたが，これらを徹底して実現したのは仏教であり，わけても法華経であると論じた．

『修習次第』 しゅじゅうしだい　[*s*: *Bhāvanākrama*]　*カマラシーラ著．チベットでの中国禅宗との間で行われた宗教論争〈*サムイェーの宗論〉の後に，自らの立場をまとめたものとされる．*坐禅による無念無想の境地のみを重視する禅宗を批判し，仏の位を得るためには，まず*慈悲を繰り返し瞑想し(修習)，それによって一切衆生を救うために正しい悟りを得ようと願う*菩提心を生じて仏道修行に励む必要がある．その仏道修行とは*般若の智慧を得ることと*方便行を実践することであり，この二つを必ず双修しなければならない．特に般若の智慧を得るためには，*聴聞によって経典の意味を確認し，次いで論理的思索によってその真意を確定し，それを踏まえて精神を集中しその真実の意味である*空性を繰り返し瞑想するという過程を経なければならない．さらにこれに続いて*菩薩としての長い修行階梯を踏んではじめて仏果に辿り着くことができると説く．

種熟脱 しゅじゅくだつ　⇒三益

呪術 じゅじゅつ　一見無関係に存在する二つの事物の間に，超自然的・神秘的な対応関係または影響力の発現の可能性が存在することを前提とし，それら二つの事物のうちの一方，自らがそれを操作しうる象徴的な事物の方を操作して，その影響力を遠隔操作的に発動し，他方の事物に影響を及ぼし，あるいはそれを操作して特定の目的を達成しようとする*行法ないし技法のこと．*真言・*印契などの象徴が本来的に具有する力に依拠する*密教は本質的にこの呪術としての性格を有し，通常それは真言の呪誦や*護摩の，いわゆる*加持*祈禱の儀礼の上にあらわれる．

タントラ仏教の段階になると，呪殺・治罰・使役などの対象となる相手の姿を象徴的に模した呪物(ヤントラ，yantra)を作製し，それに特定の操作を加えてそれに対応した効果を相手の上に実現しようとするより明確な技法が説かれるようになる．たとえば『ヘーヴァジュラ-タントラ』では，*請雨法として種々の規定に従ってアナンタ*竜王の小像を造り，それを相合わせた二つのカパーラ(髑髏器)の中に封じ込め，それを池の辺に*曼荼羅を画いてその上に定置し，真言を呪して降雨を祈るという行法が説かれる．その場合，アナンタ竜王はそのヤントラの象徴力によって支配されていて，もし雨が降らない場合はその頭が破裂してしまうことになっており，いわゆる模倣的呪術の典型を示している．

殊勝 しゅしょう　[*s*: viśeṣa, viśiṣṭa]　とりわけすぐれている，卓越しているという意で，*仏法僧の霊妙善美を形容する語として多く用いられてきた．転じて，〈殊勝な心がけ〉というように，けなげな，奇特な，神妙な，などの意味で用いられている．「白檀の観自在菩薩の像まします．霊験殊勝にして常に人詣づる事数十人絶えず」〔今昔 4-28〕

種姓 しゅしょう　[*s*: gotra]　〈しゅうじょう〉とも読み，〈種性〉とも書く．家系，家柄，*カーストなどをさす用語で，ちょうど日本語の〈氏素姓〉に当る．仏典では，婆羅門などの*四姓をさすほか，比喩的に*菩薩を*如来の家に生れたもの，如来の種姓をもつものなどと言う．また，*声聞・*縁覚・菩薩の*三乗は，それぞれ種姓が異なるとする場合もある．この場合，種姓とは*涅槃を得る能力で，これを生得のもの(本性住種姓，性種)と修得のもの(習所成種姓，習種)に分ける．なお，三乗の種姓のいずれにも確定しないものを〈不定種姓〉，涅槃を得る能力のないものを〈無姓(種姓)〉といい，合わせて〈五種姓〉という(『成唯識論』など)．これに対し，*如来蔵思想では，すべての*衆生に如来の種姓すなわち*仏性があるとする．「我，身を受くること唯五尺余有りとは，五尺とは五趣の因果なり，余とは不定の種性にして，心を廻らして大に向かふなり」〔霊異記下38〕. ⇀五性各別.

拄杖 しゅじょう　僧侶のもつ杖．釈尊は，老齢の僧また病者には，杖を用いることを許したと伝える．禅門では，*行脚の時にたずさえ，また寺院で一種の法具としても用いる．「拄杖を識得すれば，一生参学の大事畢る」(1本の杖のことが分れば，一生の修行の大事が終る)といわれるように，禅の修行上，一種の象徴的意味をもつ．「拄杖・応器・衲子の道具，一を留めず付属し畢はる」〔興禅護国論〕

修定 しゅじょう　*禅定を修して捨てないこと．『集異門論』などは，*比丘の基本的にして最も重要なつとめは禅定を修することであると説く．また『正理門論』には，*ヨーガを修行する者という意味で〈修定者〉の語が見える．

衆生 しゅじょう ［*s*: sattva, *p*: satta］　多くの生きとし生けるもの，一切の生物．『礼記』祭義に「衆生は必ず死す」とあり，『荘子』徳充符に「正生もて衆生を正す」などとある．この〈衆生〉の語がsattvaの訳語として使用された．sattvaは本来，存在すること・本質・心・感覚・活力・感覚をもつもの・生きもの，など多義に用いられるが，仏教では一般に*六道輪廻する生きものをさして〈衆生〉や〈*有情〉(*新訳)と訳した．ただし，*仏や*涅槃と対比して用いるときには，*十界の中の仏界を除く九界をさし，最高位の衆生を仏とみるときには十界のすべての生きものを〈衆生〉と呼ぶ．また衆生の世界を〈衆生(有情)界〉(sattva-dhātu)や〈衆生(有情)世間〉(sattva-loka)という．これらをふまえて漢訳文献や中国撰述文献の中でも衆生の語意は説明され，衆多の法が仮に和合して生ずるので〈衆生〉と名づける(大法鼓経上)，衆多の生死を経るので〈衆生〉と名づける(*『大乗義章』7)などの諸説がある．

なお「衆生を済度す」〔法華経方便品〕とは，生死の海(迷いの世界)に溺れ沈んでいる衆生を救済して*彼岸(悟りの世界)に渡す意で，〈*度〉は〈渡〉と同義．また「一切の衆生は悉く仏性を有す」〔涅槃経師子吼菩薩品〕とは，すべての生物すなわち意識を持った存在はみな仏に成れる本性を持つ意であるが，この言葉はまた，仏に成れるのは有情のみで，無情(*非情とも．非精神的存在)の存在は除外されるという意味をも併せて含む．⇀一切衆生悉有仏性.

「この法を受伝してもって国家を守護し，衆生を利楽すべし」〔顕戒論縁起〕「南無安養教主弥陀善逝，三界六道の衆生を普く済度し給へ」〔平家3.灯炉〕

修証一等 しゅしょういっとう　修行と証(さとり)とが一体であるという意．〈修証不二〉〈修証一如〉ともいう．通常，修行は証を得るための手段とされるが，*道元は修を手段化することなく，修の中に証を見，証のなかに修のあることを説いた．師の天童*如浄から受けついだ*只管打坐の主張を更に押しすすめたものである．「仏法には修証これ一等なり．いまも証上の修なるゆゑに，初心の弁道すなはち本証の全体なり」〔正法眼蔵弁道話〕

修正会 しゅしょうえ　〈修正月会〉の略．毎年正月初めに旧年の悪を正し，新年の天下泰平などを祈る法会．期間は通例年初の7日だが，3日・5日といった事例もある．起源は中国の年始の儀式．日本では古くは759年(天平宝字3)以前から官大寺で行われ，767年(神護景雲1)以後，*国分寺でも行われた吉祥天*悔過，さらに平安時代では827年(天長4)東寺(*教王護国寺)・*西寺での薬師悔過が源流とされる．平安中期以降諸大寺で一般的に行われるようになった．修正会は寺ごとの単位ではなく，寺内の堂ごとに行うものであり，また*追儺を伴う例も見えている．「無動寺の修正行ひけるに，七日既に畢はてて仏供の餅を一寺の僧に分かち与へける」〔今昔28-36〕

『修証義』 しゅしょうぎ　曹洞宗が僧侶や檀信徒のために編纂した宗典．1巻．明治23年公刊．『曹洞教会修証義』ともいう．5章31節の全文が，すべて道元の*『正法眼蔵』からの抜粋より成る．5章は「総序」の生死観から「懺悔滅罪」「受戒入位」「発願利生」「行持報恩」と，*安心への歩みを平易に説き，終りの行持報恩は*即心是仏を以てしめくくる．曹洞宗は*坐禅を宗旨とするが，教化活動への時代的要請から生れたもので，教団近代化の原点に位置する．

衆聖点記 しゅしょうてんき　*仏滅直後のウパーリ(*優波離(うばり))による律蔵(りつぞう)*結集(けつじゅう)以来，雨*安居(あんご)毎に諸聖者が点をうち年数を示したもの．サンガバドラ(Saṃghabhadra，僧伽跋陀羅(そうがばつだら))が南斉(479–502)に伝えたとされる衆聖点記のことは*『歴代三宝紀』などに詳述されている．『三宝紀』などで示される点数により仏滅年代を逆算すればほぼ紀元前486年となり，仏滅を紀元前480年余りとする南方伝承に近い．衆聖点記の信憑性には問題があるが，仏滅年次を考えるときには，考慮に入れられるべきものである．

数珠 じゅず　〈ずず〉とも読む．また，〈珠数〉〈誦珠〉〈呪珠〉とも書き，〈念珠(ねんじゅ)〉ともいう．仏などを拝んだり，*念仏の際に手にかけて用いる仏具．本来，*称名(しょうみょう)，*陀羅尼(だらに)唱誦などの回数を数えるためのものとされる．多くの珠を糸ないし紐で貫いて輪状にしたもので，*百八煩悩(ひゃくはちぼんのう)との関わりで108個の珠からなるものが普通であるが，その半数あるいは四分の一のものなど多種ある．珠は木槵子(もくげんじ)・珊瑚(さんご)・水晶などで作る．インドでは〈念誦の輪〉(japa-mālā)として，仏教外でも用いられることがあったが，キリスト教で用いられることがあるロザリオという形態および名称が仏教に由来することは西洋の専門学者によって指摘されている．

「木槵子の数珠を以(も)て二十万遍念仏すれば天に生まる．百万遍申せば極楽に往生す」〔孝養集中〕「年来持(も)たりける水精の念珠を阿闍梨に与へつ」〔今昔16-22〕

修禅寺 しゅぜんじ　静岡県田方郡修善寺町にある曹洞宗の古刹．別に〈桂谷山寺〉ともいい，山号を〈肖廬山(しょうろざん)〉〈走湯山〉ともいう．〈修禅〉の語は『摩訶止観(まかしかん)』9上に「凡夫も亦，此の禅を修む」などと見える．寺伝では*空海の創建というが，平安末期の東寺長者寛信(かんじん)が編集した『東寺要集』所収の元慶2年(878) 11月11日付文書には，空海の弟子杲隣(ごうりん)が創建したとある．1193年(建久4)に将軍源頼朝は弟範頼をこの地に幽閉して殺害したが，範頼は修禅寺に住在したものと思われる．また1203年(建仁3)には頼朝の子，二代将軍頼家が北条時政により修禅寺に幽閉され，翌年暗殺された．このために母政子はその冥福を祈って経蔵を建て宋版*一切経を寄進したが，後にこの一切経は家康によって江戸芝の*増上寺に移された．本尊大日如来坐像(1210，実慶作)の像内に納める女性の頭髪は，頼家の側室辻殿(公暁の母)のものと推測されている．建長年中(1249–56)，宋僧*蘭渓道隆(らんけいどうりゅう)が来住して臨済宗となり，*廬山(ろざん)に似るところから山号を肖廬山と改めた．室町初期には伊豆国*利生塔(りしょうとう)が設置された．のち一時荒廃したが，小田原北条氏が同族出身の隆渓繁紹(りゅうけいはんじょう)(1449–1504)を請し，重修して寺領を付して曹洞宗に転じた．1863年(文久3)には堂宇を全焼したが，明治20年に再興して今日に至っている．

衆善奉行 しゅぜんぶぎょう　⇒七仏通戒偈(しちぶつつうかいげ)

首座 しゅそ　〈上座(じょうざ)〉〈第一座〉〈座元(ざげん)〉〈禅頭(ぜんちょう)〉〈首衆(しゅしゅ)〉とも．*『祖庭事苑(そていじえん)』8に「首座は即ち古(いにしえ)の上座なり」というように，*禅林の修行者の中で首位に坐るものをいう．古くは，修行者を指導する最高の役職で，第1位のものをさしたが，のちには90日の*安居(あんご)期間の中で，修行者の首位に坐る役職をさす．首座と呼ぶのに4種がある．*僧堂の前堂の首位に坐る〈前堂首座〉，後堂の首位に坐る〈後堂首座〉，また，正規の首座のほかに特に修行者のために説法を願う〈立僧(りっそう)首座〉，前堂首座の中で特にすぐれた人を選んで任ずる〈名徳(めいとく)首座〉をいう．

「嘉禎二年臘月除夜，始めて懐弉を興聖寺の首座に請ず」〔随聞記5〕

須達 しゅだつ　サンスクリット語・パーリ語 Sudatta に相当する音写．スダッタ．〈すだつ〉とも読み，〈須達多(しゅだった・すだった)〉とも音写する．貧しく孤独な人々に食を給したところから〈給孤独(ぎっこどく)長者〉と呼ばれた人の本名．中インドのシラーヴァスティー(*舎衛城(しゃえじょう))の長者で，釈尊(しゃくそん)とその教団のためにシラーヴァスティーのジェータ(Jeta，祇陀(ぎだ))太子の苑林を買い取って*祇園精舎(ぎおんしょうじゃ)を建立して寄進したので有名．

修多羅 しゅたら　サンスクリット語 sūtra に相当する音写．ほかに〈蘇多羅(そたら)〉〈蘇怛羅(そたら)〉〈素呾纜(そたらん)〉〈修妬路(しゅとろ)〉などの音写がある．〈経(きょう)〉と訳す．*三蔵の一つ．*九分教・*十二分教の一つ．→経．

奈良時代に諸大寺で行われた〈修多羅供〉は，華厳経以下の経律論疏を*転読講説して，国家の平安と万民の安寧を祈願する法事で，そのための施入金を〈修多羅(供)銭〉と称した．〈修多羅宗〉と呼ばれるグループもあった．

なお，僧侶が用いる七条袈裟の飾りに用いる組紐も修多羅というが，sūtra には，糸・ひもの意味があるところからとったもの．

「修多羅によりて真実を顕して，横超の大誓願を光闡す」〔正信念仏偈〕「大安寺の大修多羅供の銭なり」〔今昔 12-15〕

首陀羅 しゅだら　サンスクリット語 śūdra に相当する音写．シュードラ．インドの*四姓(ヴァルナ)の最下位を占める身分．〈首陀〉ともいう．最古代においてはダーサ(dāsa)といわれるものに相当し，インドに侵入したアーリヤ族に支配されたドラヴィダ族などの先住民の多くが奉仕階級としてのシュードラとなった．彼らは社会の発展とともに農奴または奴隷に転落し，やがて手工業や雑役に従事する身分を形成した．儀礼的には入門式による浄化と*再生の可能性から締め出され，上位の三身分(*婆羅門，*刹帝利，*吠舎)と区別され，多くの生活権を奪われた．しかし時代が下るにつれて，農業や牧畜に従事する過半の人口を占める生産大衆がシュードラに位置づけられ，ヒンドゥー社会の重要な担い手となった．「刹利も首陀も変はらぬ奈落の底の有様，今は哀れにこそ覚ゆれ」〔海道記〕．→カースト，旃陀羅．

出家 しゅっけ ［*s*: pravrajyā, *p*: pabbajjā］ 家庭生活を捨てて遍歴*遊行生活に入る意で，*世俗を離れ，*修行者の仲間に加わること．仏教教団において*受戒し，正式の修行者となることをいうが，広く*剃髪して*仏門に帰した僧尼の称ともする．*在家の対．インドでは，紀元前5世紀頃，*婆羅門教の伝統的権威を認めない〈*沙門〉と呼ばれる自由思想家達が現れ，*解脱への道を求めて哲学的思索や*苦行などの修行にいそしんだが，かれらはそのために出家することを旨とした．有力な沙門のもとには多くの弟子が集まり，出家者集団を形成したが，*釈迦もそのような沙門の一人であった．仏教における出家の伝統はこれに由来する．

仏教では，出家者は在家者を教え導き，在家者は出家者を経済的に資助するものとされ，出家の精神的優位が説かれたが，紀元前1世紀頃に始まった大乗仏教においては，*菩薩による衆生済度の観点から，在家の意義も積極的に認めた．中国では，仏教の出家主義は*儒教の側から〈*孝〉などの社会規範を乱すものとしてしばしば非難を受けた．また唐代(618–907)以降は，国家経済的見地から出家行為自体を統制し，出家者数を国家的に管理する法制度が整えられた．日本では，浄土真宗の祖*親鸞が，出家の立場を捨て，僧侶でありながら*妻帯*肉食をする〈*非僧非俗〉の立場を主張，実践したことが知られている．

「出家・在家，通じて戒を受くといへども，しかも僧・不僧の別あり」〔顕戒論中〕「泣く泣く出家の心ざし深きよし，ねんごろに語らひ」〔源氏手習〕

出山釈迦 しゅっさんしゃか　山林での6年に及ぶ*苦行を経ても*解脱を得ず，大悟を求めて山を出る姿の釈迦．中国*禅林で好んで絵画化され，北宋(960–1127)の画家王靄に早い作例があった．*大慧宗杲，長翁*如浄，虚堂智愚(1185–1269)などに画賛があり，禅僧と交流した梁楷(南宋中期)に著名な画像がある．南宋(1127–1279)の禅林では既にかなり好まれた画題であったろう．

わが国では，*重源の『南無阿弥陀仏作善集』に初見し，*兀庵普寧をはじめとする来朝禅僧の*語録に多くの画賛が録される．作例では栗棘庵(*東福寺塔頭)の白雲慧暁(1223–97)着賛の墨画が早く，江戸時代の*白隠慧鶴まで禅林で極めて多く描かれた．なお出山釈迦のイメージは生け花にまで取りこまれ，古伝書の『仙伝抄』には，仏前に供える「三つ具足の花」の心得を説いて「出山の尺迦のすがたをまねぶなり」などとしている．

『出三蔵記集』 しゅつさんぞうきしゅう　南朝梁の*僧祐によって撰述されたまとまって現存する最古の*経録．あわせて経序・経後記などの識語を集め，巻13–巻15には主要な仏教者の伝を載せている．もともとは最後の伝はなく，12巻であったと考えられるが，510–518年の間に現蔵本15巻の形となった．撰述の目的は，本来，建康(南京)の建初寺あるいは定林寺に設置された*経蔵の標準入蔵録であったと考えられるが，現在の体裁が整った後に付加されたと考えられる僧祐自身の序によれば，撰述の動機について，漢訳仏典の書写は繰り返し行われているものの，訳出年や訳者が定かでなくなりつつあるため，源流を尋ね，聞き得たところを記し，これを『出三蔵記集』とした，という．

本書の最も重要な資料となっているのは*道安の『綜理衆経目録』(『道安録』)である．同録は現存しないが，本書によりほぼ復元することができる．本書は，巻2が代録の体裁をとっているのみで，後世の分類である代録(各時代の訳経を編年的に配列したもの)，標準入蔵目録(経蔵に収められるべき経律論を目録化したもの)，現蔵入蔵目録(特定寺院の経蔵に収められている現存経を目録化したもの)のいずれにも該当していないことから，経録としての形式が整っていないとも，また，南朝梁で撰述されたために北朝の*訳経についての記載が十全でないともいわれるが，現存する最古の経録であり，古訳期の訳経に関する豊富な資料を含む経録として，その内容は信頼するに足り，極めて高く評価されている．

出定 しゅつじょう [*s*: vyutthāna] *禅定から出て平常の意識に戻ること．〈*入定〉の対．大乗経典の多くは，仏や菩薩がすぐれた*定から出たのちその境地を説くという形式になっている．「入定して…ついで出定して，この事をもって衆にまうす」〔十二巻正法眼蔵三時業〕

『出定後語』 しゅつじょうごご *富永仲基の著．2巻．〈しゅつじょうこうご〉とも．1745年(延享2)出版．25章からなり，仏教経典がすべて釈迦の直説であるとする従来の常識を批判，いわゆる*大乗非仏説論の先駆をなす．その理論の中心は〈加上〉の説で，多くの仏教経典は釈迦の説にかこつけ，正統性を装っているものの，実は従前の説に新しい要素を加えながら順次成立したものであると主張した．本書が出版されると，排仏論者の賛成論，仏教者の反対論が相次いだ．→加上説．

『出定笑語』 しゅつじょうしょうご 平田篤胤(1776–1843)が1811年(文化8)に行なった一般むけの講演を門人が筆録したもので，本文3巻と付録(*『神敵二宗論』)3巻とからなる．別名は『仏道大意』．題名は富永仲基の*『出定後語』をまねたもので，内容もそれによるところが大である．服部天游(1724–69)の『赤倮倮』も参照しながら，卑俗な用語や表現で極端なまでに仏教を排撃している．当時の*排仏論の急先鋒に立ったもの．玄奘の*『大唐西域記』や新井白石の『采覧異言』などをあげながら，インドの地理・風俗・文化にもふれ，日本・天皇・神道を最高のものと結論する．付録では順に仏教全体，浄土真宗，日蓮宗を厳しく批判している．

出世 しゅっせ 世に出ること．この世界に出現すること，特に*仏が*衆生救済のためにこの世に生まれ出ること．法華経寿量品に「諸仏の出世は値遇すべきこと難し」とある．また〈出世間〉の略で，*世間を超出し，俗世間を離れた*仏道の世界の意．そこから僧侶を〈出世者〉とよび，さらに世俗社会を厭い離れた世捨て人をも出世者という．わが国では特に公卿・殿上人などの貴族の子弟の*出家したものをさし，これらは昇進が早く位を極めるところから，僧侶が高位に昇って大寺の*住持となることをいい，さらに一般に立身栄達をとげることをいうようになった．禅宗では，修行を終えて寺院の住職となることをも出世という．これは悟りから俗世間に出て教化を行う意である．

「仏の番々に出世して，衆生を仏に成さんとし給ふ」〔明恵遺訓〕「もし人出世の要を問へば，答ふるに念仏の行をもてせり」〔拾遺往生伝下26〕

出世本懐 しゅっせのほんがい *釈尊がこの世に現れた本当の目的のこと．〈出世の素懐〉とか〈出世の一大事〉というのも同じことを指す．*法華経方便品において，釈尊は，一切衆生を平等に*成仏させるために，この*娑婆世界に現れたのだと説かれる．なお，これを題名に冠した室町時代の釈迦の通俗的伝記物語に『釈迦出世本懐伝記』(釈迦の本地)がある．「只一切衆生に我即ち真如なりと知らしむるを法華経と名づく．三世の諸仏

の大事の因縁，出世の本懐とするなり」〔真如観〕

シュッドーダナ　[s: Śuddhodana, p: Suddhodana]　⇀浄飯王(じょうぼんおう)

出離 しゅつり [s: naiṣkramya]　原語の漢訳語．離れ脱け出ていること．*迷いの世界，*煩悩(ぼんのう)の束縛を離れること．*生死(しょうじ)を繰り返す*輪廻(りんね)，迷いの世界を離れることを〈出離生死〉という．後秦(384–417)の仏陀耶舎(ぶっだやしゃ)訳の長阿含経(じょうあごんぎょう)大本経に「出離を讃歎して，最微妙清浄第一と為す」とある．

「現前には最勝の悉地を成就し，後世にはまた生死を出離することを得む」〔法華験記下93〕

手灯 しゅとう　掌中の油に浸した灯心や脂燭(しそく)に火をともすこと．〈手灯行〉といい，仏道修行の*難行・*苦行の一つとされる．*法華経薬王品に「若し発心して阿耨多羅三藐三菩提を得んと欲する者有らば，能く手の指乃至足の一指を灯(とも)して仏塔を供養せよ」とし，それが一切の*供養にまさると説くのに基づくもので，古くは手足の指そのものをともす苦行であった．類語の〈身灯〉も同経同品の所説に出たもので，*焼身(しょうしん)供養による往生行をいう．このほか入水・*断食など，平安中期以降，法華滅罪信仰や浄土信仰の高まりに伴って過激な往生行が盛行し，それを伝える説話も*往生伝や説話集類に多く収められている．

「これ手に灯(ともしび)を捧げて，弥勒に奉り給ふ志を顕し給ふなり」〔今昔11-29〕「今の世にも，手足の皮をはぎて指をとぼし，爪をくだき，さまざまかたはをさへつけて仏道を行ふ人は」〔発心集4〕「夏中(げちう)は毎夜手灯かかげて，大経の勤めおこたらず，有り難き比丘尼とはなりぬ」〔浮・好色五人女1〕

修道 しゅどう [s: bhāvanā-mārga]　仏道実践者の*修行の進展程度をいう*三道(*見道・修道・無学道)の一つで，*四諦(したい)を観察する段階とされる見道の次の段階．四諦の特徴(*十六行相)を*観想しながら修惑(しゅわく)(思惑(しわく))つまり*三界の*貪(とん)・*慢(まん)・癡(ち)(欲界では瞋(しん)も)の煩悩を断ち，最終的に*阿羅漢果(あらかんか)をめざす段階．また一般的に，道を習得すべく努力修行することをいう．中国古典における一般的な用例としての修道(しゅうどう)の語は『中庸(ちゅうよう)』1章に「道を修むる，之を教と謂う」とある．

シュードラ [s: śūdra]　⇀首陀羅(しゅだら)，四姓(しせい)

修二会 しゅにえ　〈修二月会〉の略．インドでは卯の月(中国の旧暦2月)を，中国は寅の月を年初とすることから，中国の2月はインドの正月に当たるので，修正月(*修正会(しゅしょうえ))に準じて仏へ造花を供えて供養するのだといわれる．

奈良時代には*東大寺をはじめ*南都七大寺で盛んに行われた．その行法は*六時(日中・日没・初夜・半夜・後夜・晨朝)をもって*悔過(けか)作法がなされ，東大寺*二月堂でも旧暦2月1日より二七日(14日)間行われていたが，現在は3月1日より15日まで行われる．入堂の松明(たいまつ)を〈おたいまつ〉とも呼び，堂内では十一面悔過作法が毎日行われ，その間，3月5日には修二会を創始した実忠(じっちゅう)和尚の示寂した日に当たるため実忠忌が行われ，7日には小観音，12日には*御水取，12・13・14日には達陀(だったん)の行法などが組み込まれている．二月堂の修二会の供料は川上荘，筑前*観世音寺より差し出す鎮西米，伊賀国黒田新庄の松明料などが充当されていた．

ジュニャーナガルバ [s: Jñānagarbha]　700–760頃　後期*中観派(ちゅうがんは)の思想家．主著に『二諦分別論(にたいふんべつろん)』がある．*勝義(しょうぎ)と*世俗の*二諦の区別をテーマとするこの書には，*清弁(しょうべん)(バーヴィヴェーカ)および*ダルマキールティの影響がうかがえる．勝義は，無*戯論(けろん)・*無分別にして無顕現の真実であるが，正しい論理によって得られる知や，「[事物は]生起しない」などの言明もまた，勝義に随順するものとして，二次的な勝義の位置に置かれる．世俗は正しいものと誤ったものに区別される．正しい世俗とは，他に依存して生起し，感官の対象として分別がはたらくことなく顕現したもので，かつまた効果的作用をなすものをいう．これに対して誤った世俗は，これらの特質のいずれかを欠いたもの，つまり分別が構築した「[事物は]生起する」などの諸説や，感官の対象として顕現しないもの，あるいはまた顕現はするが，感官の欠陥などによって知覚される「二つの月」や「陽炎」などの効果的作用のないものである．なお，本書には*シャーンタラクシタによる注釈(『同論細疏』)がある．

ジュニャーナシュリーミトラ [s: Jñānaśrīmitra] 980–1050頃 後期*唯識派(ゆいしきは)の代表的な思想家，論理学者．*ヴィクラマシーラ大僧院の著名な学僧の一人で，*アティシャと同様にスヴァルナドヴィーパのダルマパーラに師事したと伝えられ，弟子にラトナキールティがいた．『刹那滅論(せつなめつろん)』『遍充論(へんじゅうろん)』『アポーハ論』『有形象(うけいしょう)証明論』などの12の著作のサンスクリット本が，『ジュニャーナシュリーミトラ著作集』として出版されている．この中では『因果関係証明論』のみにチベット語訳がある．かれは唯識説の中でも〈有形象知識説〉(sākārajñānavāda)ないし〈形象真実説〉，つまり真実において知は自らの内に形象を保持するという説に立つ．また，論理学者としては，推理の主題以外の実在する喩例の提示を求め，その喩例において論証因と論証されるべき属性との間の*遍充(周延)関係を確認する〈外遍充論〉(bahirvyāptipakṣa)の立場をとった．

地涌の菩薩 じゆのぼさつ 法華経従地涌出品に説かれる，大地より涌き出た無数の*菩薩たちのこと．本仏釈尊が久遠の昔に教化した弟子であるから〈*本化(ほんげ)の菩薩〉ともよぶ．この菩薩の出現によって，釈尊は自らの久遠成道(くおんじょうどう)を顕(あら)わし，*本門(ほんもん)の大法を説きあかした．上行(じょうぎょう)・無辺行(むへんぎょう)・浄行(じょうぎょう)・安立行(あんりゅうぎょう)の四大菩薩を代表とする地涌の菩薩たちは，「如来神力品(にょらいじんりきほん)」で仏滅後の法華経弘通(ぐずう)を誓って*付嘱(ふぞく)を受けた．*日蓮(にちれん)は，自分は地涌の上行菩薩であるとの自覚に立って法華経の弘通に生涯を捧げた．→上行菩薩．

シュバカラシンハ [s: Śubhakarasiṃha] ⇒善無畏(ぜんむい)

寿福寺 じゅふくじ 神奈川県鎌倉市扇ガ谷にある臨済宗建長寺派の寺．山号は亀谷山(きこくさん)．鎌倉*五山の第三．もとは源義朝邸跡．岡崎四郎義実が一寺を建立したが，1200年(正治2)源頼朝の夫人政子の発願で*伽藍(がらん)を建てて，*栄西(えいさい)を開山とした．はじめ京都*建仁寺と同様に禅天台真言兼修の道場とされたが，しだいに禅刹としての規模を整える．1247年(宝治1)，58年(正嘉2)には総門・仏殿・庫裏・方丈などが焼亡，1278年(弘安1)頃ふたたび禅刹としての体裁が整えられた．栄西につぎ*退耕行勇(たいこうぎょうゆう)，無本覚心(むほんかくしん)，*円爾弁円(えんにべんねん)，大歇了心(だいけつりょうしん)，*蘭渓道隆(らんけいどうりゅう)，大休正念(だいきゅうしょうねん)，*義堂周信(ぎどうしゅうしん)らが入山し，わが国の初期禅宗を考える上で重要な位置を占める．本尊は脱活*乾漆(だっかつかんしつ)造の宝冠釈迦如来像．*『喫茶養生記』(南北朝時代写)が伝わる．

儒仏論争 じゅぶつろんそう 中国における外来の仏教と中国固有の儒家思想の間の論争．仏教は流伝の初期には一種の方術としか見なされていなかったが，三国呉の頃の成立とされる牟子(ぼうし)*『理惑論(りわくろん)』に儒仏の一致を説きつつも，*剃髪，*出家の問題，*生死(しょうじ)観，夷夏(いか)論争など中国固有の思想との間に生じた摩擦が論じられている．

東晋の孫綽(そんしゃく)は『喩道論(ゆどうろん)』を著し儒家と仏教の一致を説く一方で，剃髪，出家を*孝(こう)の立場から非難する儒家に対して「身を立て道を行い，永くその親を光(かが)やかす」ことが孝の要点であると仏教の立場を主張した．また，郗超(ちちょう)は『奉法要』の中で，「積善の家に必ず余慶有り，積不善の家に必ず余殃有り」とする儒家の伝統的な考えに対して，「善は自ら福を獲，悪は自ら殃を受く」ものであり，あくまで本人にのみ及ぶとする仏教の*因果応報説を強調した．*沙門(しゃもん)の王者礼敬(らいきょう)の問題では，既に4世紀の半ば，庾冰(ゆひょう)と尚書令何充(かじゅう)らの間で取り沙汰されたが，東晋末，廬山(ろざん)の*慧遠(えおん)が「方外の賓である出家者は王者を敬礼すべからず」と主張したのに対し，桓玄は出家者が王者を敬礼しないことを許している．慧遠は『沙門不敬王者論』の中で，形(肉体)は尽くるも神(魂)は滅せず，という〈形尽神不滅論(ぎょうじんしんふめつろん)〉を説いたが，劉宋代には再び儒教の神滅・天命説と仏教の霊魂不滅論とが対立し，慧琳(えりん)の『白黒論(びゃっこくろん)』，何承天(かしょうてん)の『達性論(たっせいろん)』によって仏教が攻撃されると，宗炳(そうへい)は『難白黒論』『明仏論(めいぶつろん)』，顔延之(がんえんし)は『釈達性論』によって反駁し，互いに論争を繰り返した．斉代には范縝(はんしん)が『神滅論』を著して神滅を主張すると，蕭琛(しょうしん)，曹思文(そうしぶん)ともに『難神滅論』を著して論争した．このほか沙門の*偏袒右肩(へんだんうけん)や踞食(こじき)というインド由来の風俗も中国の礼教との間に摩擦を生じた．→沙門不敬王者，神滅不滅論．

唐代には韓愈(退之)が『原道』により仏道二教の有害無益を論じて僧尼道士の還俗，典籍の廃棄，寺観の廃止を主張し，『論仏骨表』では*仏舎利信仰を非難したが，憲宗の怒りにふれて流罪となった．北宋代，欧陽修が『本論』三編を著し仏教を攻撃し，儒教を中心とする立場を主張すると，石守道，李泰伯なども排仏論を唱えた．張横渠，二程，朱子，陸象山などの宋儒も仏教を研究し，仏教思想を取り入れたが，思想的方面から何れも鋭い排仏論を説いた．しかし，この時代には仏教，儒教それぞれから様々な儒仏道三教一致論が唱えられた．金代，李純甫(屏山)居士は『鳴道集説』により宋儒の排仏論を厳しく批判しながらも三教調和を説いた．明代には三教一致の傾向が強まったが，胡敬斎，羅整庵，詹陵など儒者の排仏論に対して，仏教側からは明末，屠隆が出て護法書『仏法金湯録』を著している．→仏道論争．

修法 しゅほう　〈すほう〉とも読む．仮名文学では〈ずほう〉とも．密教で*本尊に対して*儀軌に規定された作法(*次第・法)を修し，種々の*祈願の成就(*悉地)を得ようとする修行．作法は規則通り構えた*壇に本尊を迎えると*観想し，供物を献じ，口に*真言を唱え，手に印(*印相)を結び，心に本尊を観ずることにより本尊と*行者との一体化を体験することを眼目とする．具体的内容はインドの来客をもてなす作法に由来する．祈願の差異により*息災・*増益・*敬愛・*降伏・鉤召などの種類に分類され，対象の本尊も異なる．「山・三井寺などにわかちて，修法五壇ばかりはじめさせ給ふ」〔夜の寝覚1〕

受法 じゅほう　師より*仏法の*相承を得ること．一定の位に達したことを原則とする．特に密教では，灌頂壇に入って，すべての作法(*伝法)，特定の尊格の作法(受明)などの*灌頂を受け，重要な*印相と明呪(*真言)を授かり，いわゆる免許皆伝となることをいう．そのための灌頂を〈受法灌頂〉と呼ぶ．禅宗で用いる*印可，密教で用いる〈許可〉も同義．「仁和寺の二品親王覚法は白河院の皇子なり．寛助僧正に受法灌頂し給ふ」〔真言伝6〕

須菩提 しゅぼだい　サンスクリット語・パーリ語 Subhūti に相当する音写．スブーティ．*舎衛城に住む商人であった．舎衛城近くに建立された*祇園精舎が完成したのを記念し，釈尊が説法したのを聞き出家した．彼は祇園精舎を寄進した大富豪スダッタ(*須達，別名は給孤独長者)の弟スマナの子である．解空第一と呼ばれていた．このため般若経典においてもブッダの中心的な*対告衆となった．また無諍第一ともいわれ，教化活動のなかで*外道のものから非難・中傷・迫害を受けることがあっても決して争わないのを主義として，つねに円満柔和を心がけた．仏*十大弟子の一人．

須弥山 しゅみせん　仏教の宇宙観で，宇宙の中心をなす巨大な山．サンスクリット語で Sumeru または Meru といい，音写して〈須弥(山)〉〈弥(山)〉〈蘇迷盧〉，意訳して〈*妙高(山)〉という．*金輪の上の中心部に16万*由旬の高さでそびえ，その半分は水中にある．頂上には*帝釈天の宮殿があり，帝釈天を筆頭とする三十三天(*忉利天)が住む．山腹には四大王(*四天王)の住居がある．また日月も周遊し，山上より上は諸天界に連なる．他方下辺は七金山と八大海がめぐり，その外側四方に台形・四角・半円・円形よりなる*四大洲を配する．なおこの須弥山を表現した図絵に〈須弥山図〉がある．日本では古く*玉虫厨子絵以来，*東大寺大仏蓮弁や*二月堂本尊光背の線刻画に表されるが，それ以後の美術的作例は少ない．→九山八海，四大洲，付録(須弥山世界図)．

須弥壇 しゅみだん　仏教寺院の*本堂ないし諸堂の正面に据えて，その上に*本尊その他の仏像を安置する大型の壇で*須弥山を象ったもの．平安時代までは四角の箱型で，鎌倉時代に禅宗の渡来とともに壇上に高欄をめぐらし，上下が広く，中央に行くに従って幅が狭まる形式が興った．その由来は不明であるが，須弥山は本来*帝釈天王の所住の処であり，帝釈天が諸天の帝王としてその威徳を崇められるのになぞらえて，*人天の法王である仏の尊厳を示さんとしたものと想像される．→仏壇．

寿命 じゅみょう　いのち，生命．中国の古典には，「寿命を保つ」「寿命を養う」「寿命を全うする」「寿命を延ばす」など，さまざまの表現が見える．サンスクリット語のうち jīvita には生ける，生存せるの意があり，また āyus には生命力，活力，健康，さらには生存期間などの意がある．一定の間，いのちの絶えないことをいう．*『倶舎論』では，命(jīvita)の本質を生命力(寿，āyus)としたうえで，この寿が体温(煖)と意識(識)を保持するという．そして寿と体温と意識の三者が身体を捨てるとき，身体は材木のように横たわる，つまり死にいたるとする．無量寿経では阿弥陀仏の*四十八願中の第十三願に寿命無量願を説き，また法華経寿量品では過去の菩薩行によって成就された*如来の寿命は無量であることを説く．→生命．

撞木 しゅもく　〈撞〉は打つ，突く，たたくの意．鐘(*梵鐘)・*磬・木版・*雲版などをうち鳴らすための木製の棒で，多くは丁字形．なお形状の類似から，丁字形のものを撞木に見たてた複合語が多く生まれている．撞木杖・撞木鮫・撞木反などがそれであり，また，『好色一代男』以下近世文学に散見する京都の遊廓，撞木町も，町並みが丁字形だったことからの称という．「山寺の鐘よく鳴るといへども，法師来たって撞木をあてざれば其の音色がしれぬ」〔滑・浮世床2〕

須臾 しゅゆ　漢語としては，ほんの少しの間の意で，中国の古典にしばしば見える．仏典でも同義で，サンスクリット語 muhūrta などの訳語に用いられる．muhūrta は〈牟呼栗多〉と音写し，*『倶舎論』12 によると，120 刹那が 1 怛刹那(tatkṣaṇa)，60 怛刹那が 1 臘縛(lava)，30 臘縛が 1 牟呼栗多，30 牟呼栗多が 1 昼夜であるという．*刹那と同一視されることもある．「仏の悲願の船に乗りて，須臾にして往生することを得るも」〔往生要集大文第10〕

受用身 じゅゆうしん　[*s*: saṃbhoga-kāya]〈*報身〉ともいう．仏の*三身の説のなかで，絶対の真理そのものである*法身と，具体的な人間として衆生の眼前に現れる*応身(*化身，変化身)とを媒介する位置にあり，仏陀となるための長期間の修行のあいだに積み上げられてきた*福徳と*智慧の果報としての無量の*功徳を自ら享受し(自受用身)，また*説法を通して衆生に享受せしめる(他受用身)二つの側面のことをいう．前者は仏の自利，後者は利他のはたらきを表す(→自利利他)．伝統的には，他受用身と，それが住する世界である他受用土とは，*十地の*菩薩のみが見ることが出来るとされていたので，凡夫が念仏を修することによって*阿弥陀仏の他受用土(報土)とされる*極楽浄土に直ちに*往生することができる(凡入報土)のかどうかについては，中国仏教界で活発な議論が交わされることとなった．「弥陀因位の誓願の志す所の自受用身の仏となりて，さて化他の功徳を成ぜられたまふなり」〔聖覚四十八願釈1〕

修羅 しゅら　⇒阿修羅

周梨槃特 しゅりはんどく　サンスクリット語 Cūḍapanthaka (パーリ語 Cūḷapanthaka, Cullapanthaka)に相当する音写．チューダパンタカ．〈槃特〉と略称され，意訳して〈小路〉と呼ばれる．釈尊の弟子の一人．愚鈍であったが，釈尊に与えられたわずかな*偈と戒めを保ち，一心に修行してついに*阿羅漢果を得たという．仏法が愚者も賢者も差別しない例として，しばしば挙げられる．わが国の文学作品中にも散見し，鴨長明なども*『方丈記』の末尾で自問して「栖はすなはち浄名居士の跡をけがせりといへども，保つところはわづかに周利槃特が行ひにだに及ばず」と言っている．

衆寮 しゅりょう　禅宗寺院の建物の一つ．僧衆のいる寮舎の意．*僧堂とほぼ同じ造りであるが，僧堂が，禅堂ともいわれるように*禅定によって己事究明する場であるのに対して，衆寮は，経典や*語録の読書あるいは喫茶など，どちらかというと*智慧を磨く場として，併せて定慧円明ならしめようとして設置されたもの．「土地堂・祖師堂・方丈・衆寮幷びに諸寮舎，…塔頭においては卵塔・昭堂等荘厳極まりなし」〔尺素往来〕

首楞厳経 しゅりょうごんきょう　首楞厳経と略称される経典には2種がある．一つは姚秦の*鳩摩羅什の翻訳が伝わる2巻本の〈首楞厳三昧経〉であり，今一つは唐の般剌蜜帝訳とされる10巻本の〈大仏頂如来密因修証了義諸菩薩万行首楞厳経〉である(こちらは〈楞厳経〉〈大仏頂経〉などとも呼ばれる).前者は,仏が堅意菩薩らに対して大乗の*禅定たる*首楞厳三昧を説明するという内容で,インドで広く流布し,*支婁迦讖以来,しばしば漢訳もされた.そのため古くは中国でも研究されたが,後にはあまり顧みられなくなった.

一方,後者は,大部なものであるだけに広汎な内容を持つが,*如来蔵思想をその根本に置きつつ禅定を重んじ,密教思想などをも取り込んでいる.この経典は,その思想によって早くから禅宗で重んじられたが,翻訳の経緯などに疑わしい点が多々あり,思想の点から見ても中国で制作された*偽経と見られている.しかし,禅宗の発展に伴い,宋代以降も*円覚経(これも偽経である)とともに大いに流布を見,特に明代においては,当時の禅宗の基本的な立場である〈頓悟漸修〉を基礎づける経典として重視された.日本でも宋朝禅の移入に伴って重んじられるようになり,今日も禅宗でしばしば用いられている〈*楞厳呪〉も,この経典から採用されたものである.なお,*道元が,当時の風潮に抗して,円覚経とともにその偽経たるを見抜き,その依用すべからざるを主張したことは特筆すべきである.

首楞厳三昧 しゅりょうごんざんまい [*s*: śūraṅgama-samādhi] 首楞厳三昧経(*首楞厳経)その他多くの大乗仏典に言及される,大乗仏教の代表的な三昧.「英雄的な前進という三昧」の意味であると解せられ,*空の哲理を基調として,俗界に住しながら俗界に著することなく自由自在に衆生*済度の働きをなし,真理の世界を進みゆく*菩薩の実践のことをいう.思想的には*維摩経の所説との親縁性が強い.首楞厳三昧は単に*智慧の前提として,あるいは*六波羅蜜の一つとしての*禅定ではなく,菩薩のあらゆる三昧・*神通・智慧などを包含する,菩薩行の根幹としての概念であり,*般若波羅蜜や*仏性とさえ等置され,*十地において初めて得られるとされる高度の三昧なのである.中国天台の第2祖とされる*慧思がこれによって随自意三昧をたて,それが*智顗によって*四種三昧中の非行非坐三昧として受け継がれるなど,中国仏教に大きな影響を及ぼした.日本天台の中心である*比叡山の横川中堂が首楞厳院もしくは楞厳三昧院と呼ばれることも,この関連で注意すべきであろう.→三昧.

『集量論』 じゅりょうろん [*s*: *Pramāṇasamuccaya*] 唯識派の学匠*陳那(ディグナーガ,5-6世紀)の主著.*量の集成の意味.サンスクリット原文は散逸,チベット訳のみ.〈量〉(pramāṇa)は知識根拠ないし知識手段を意味するが,本論は*現量(直接知覚)と*比量(推論)の二量のみを量と認め,一部学派の認める声量(聖言量,アーガマ)および比喩量(類似性による認識)を独立した量としては否定する.他学派批判を多く含み,仏教内部のみならずインド*論理学一般に大きな影響を与えた.全体は6章より構成され,第1章現量論では自己認識(自証)論が展開される.第2章以降は比量論であるが,第5章アポーハ論(apoha,排除.言葉の意味は「他の排除」であるとする理論)において声量および比喩量が比量に他ならないことが論じられる.本論には陳那自身による注釈とジネーンドラブッディによる複注が存在している.

鐘楼 しゅろう ⇒鐘楼しょうろう

順縁・逆縁 じゅんえん・ぎゃくえん 〈順縁〉とは,順当な仏縁の意で,世間の*道理・*因果,人倫などにさからわない順当な事がらが仏道に入る*機縁となる,そのような縁をいい,〈逆縁〉はそれとは反対に,因果や道理に違逆し,人倫にもとるような悪しき事がらで,仏道から遠ざかるような縁を意味した.しかし,後に逆縁は,悪しき事がらによって仏道に入るよすがとなるような縁を意味するようになった.たとえば,*仏法を謗ることを縁として仏道に入るような場合の縁をいう.「たがひに順逆の縁むなしからずして,一仏浄土のともたらむ」〔黒谷上人語灯録12〕「それは順縁に外れたり,逆縁なりと浮かむべし」〔謡・卒都婆小町〕.→縁.

春屋妙葩 しゅんおくみょうは 1311(応長1)-88(嘉慶2) 臨済宗の僧.春屋は道号,妙葩は諱.甲斐(山梨県)の出身.幼くして*夢窓疎石に随侍.夢窓によって得度し,その晩年は常に左右に侍した.等持寺・臨川寺を経て*天竜寺・*南禅寺の住持を歴任．さらに，足利義満の帰依を受け，日本禅林最初の*僧録司となり，義満の創建になる*相国寺の住持となった．若いころ*竺仙梵僊に8年間師事，また竜山徳見にも師事して，この2人から古林清茂の偈頌の作風，また印刷技術を学び，『雲門一曲』(詩集)，『智覚普明国師語録』などの著作のほか，いわゆる*五山版とよばれる典籍の多くを開版するなど，*五山文学の発展，五山版刊行にあずかって力があった．

順観 じゅんかん ⇒逆観

巡錫 じゅんしゃく　僧が諸国を遍歴修行すること．また，仏法を弘め*教化すること．飛錫・*遊行・*行脚・巡教と同じ意味．〈錫〉は，僧や修験者の持つ杖である*錫杖のこと．杖頭に6個または12個の錫の輪をかけた木の杖で，持ち歩くと音をたてる．元来，僧が山野を遊行する時に，錫杖を振り鳴らして毒蛇や害虫を追い払ったといわれる．遊行中の僧が，一時寺院に滞在することを，錫杖を留めるとの意味で〈留錫〉あるいは〈*掛錫〉と呼ぶ．

俊芿 しゅんじょう　1166(仁安1)-1227(嘉禄3)　鎌倉時代初期の律僧．字は不可棄．肥後(熊本県)の出身．19歳のとき，太宰府*観世音寺で*受戒し，以後，南都・京洛に*戒律を学んだ．34歳のとき入宋し，戒律・天台・禅を学ぶこと12年，帰朝にあたり2千余巻の経論を将来した．*栄西の招きで一時*建仁寺に住したが，宇都宮信房が*泉涌寺を寄進したのでこれに移り，台・律・禅・浄・密の五宗を兼修する道場とした．関東にも下向し，朝野の帰依をうけた．著書に『三千義備検』2巻，『南山宗旨要抄』1巻などがある．弟子に湛海・定舜．諡号は大興正法国師．後世その戒律を〈北京律〉という．なお，没後間もない1244年(寛元2)記の詳伝に『泉涌寺不可棄法師伝』がある．

『順正理論』 じゅんしょうりろん　[*s: Nyāyānusāri(Nyāyānusāra)-śāstra*]　詳しくは『阿毘達磨順正理論』という．*カシミール地方の*説一切有部(薩婆多部)に属するサンガバドラ(Saṃghabhadra，衆賢)の著．80巻の*玄奘訳(653-654年)のみが存在する．説一切有部の宗義に批判を加えた*『倶舎論』に，説一切有部正統の立場から再批判を行うために，『倶舎論』の偈文を使いながら著された．『順正理論』は，もと『倶舎雹論』と称したが，*世親(ヴァスバンドゥ)との論争前に死去した衆賢を惜しんで世親が『順正理論』と命名したとされる．『倶舎論』を論破するために，衆賢自身正統説を逸脱し，新説を唱えた面もあり，彼の説を「新薩婆多」という．『倶舎論』研究には欠くべからざる書である．衆賢には他に『阿毘達磨顕宗論』がある．

順世外道 じゅんせいげどう ⇒ローカーヤタ

准胝観音 じゅんでいかんのん　〈准胝〉はサンスクリット語 Cundā の音写．わが国では真言*六観音の一つに加えられたが，経典には七倶胝仏母所説准提陀羅尼経(*不空訳)などのように仏母として説かれ，〈准胝仏母〉〈七倶胝仏母〉とも呼ばれる．胎蔵*現図曼荼羅では観音院でなく遍知院に配される．その像容は三目十八臂に表されることが多いが，東京国立博物館本の如き八臂像もある．准胝観音像は9世紀の後半醍醐寺の開山*聖宝が醍醐山上に造立安置したことで著聞するが，単独の造像例は少なく，むしろ真言系統の六観音中の1尊として表されることが多い．絵画では*広隆寺の画像(鎌倉時代)が著名である．

順流 じゅんる ⇒逆流

巡礼 じゅんれい　遠隔の*聖地に詣でる巡礼は，世界の諸宗教で重要な宗教儀礼となっている．インドでは昔から yātrā と称する．日本語では，巡礼に類似する言葉として〈巡拝〉〈参詣〉〈参宮〉などの用語があるが，これをヨーロッパ語にみると，その語源はラテン語のペレグリヌス(peregrinus)に由来するものが多く，その原義は，通過者とか異邦人という意味である．

【巡礼の類型】巡礼を比較してみると，いくつかの類型に分けることができる．個人型と集団型，修行型と遊楽型，激奮型と静寂型，国際型，国家型と地方型などである．なかでも直線型と円周型という類型は，東西宗教の巡礼比較にしばしば用いられる．キリスト教の巡礼(中世ヨーロッパの巡礼や近世以降のマリア巡礼など)やイスラーム教の巡礼(メッカ巡礼や各地の聖者巡礼など)などでは，おもに一カ所の聖地参詣を目的とした直線型巡礼が有力である．これに対して，仏教やヒンドゥー教など東洋宗教には，数多くの聖地を巡る円周型，経巡(へめぐ)り型がしばしば見られる．

【インド，スリランカ】仏教の巡礼では，まずインドにおいて*仏陀(ぶっだ)ゆかりの聖地を経巡る〈四大聖地巡礼〉(*藍毘尼園(らんびにおん)・*仏陀伽耶(ぶっだがや)・*鹿野苑(ろくやおん)・*クシナガラ)あるいは〈八大聖地巡礼〉がある．そして仏教が各地に伝播していくにつれ，その地に仏教聖地が誕生した．アジア仏教圏の著名な仏教寺院は，ある意味で仏教巡礼の聖地であるともいえる．

一般に*上座部(じょうざぶ)仏教圏の聖地は，仏陀自身とのかかわりで，その聖地性を確保している場合が多い．スリランカの場合などに顕著なように，仏陀自身の遺骨・遺品・*仏足石(ぶっそくせき)などに関連するもの，あるいは仏陀自身が生前にその地を訪問したという伝承などが，仏教聖地の権威のよりどころとなっている．

【中国】チベット，中国では，仏・菩薩の顕現による聖地が目立つようになる．中国の四大仏教聖地は，それぞれ*五台山が文殊(もんじゅ)菩薩，*峨眉山(がびさん)が普賢(ふげん)菩薩，*九華山(きゅうかさん)が地蔵(じぞう)菩薩，*普陀山(ふださん)が観音菩薩(観世音菩薩)の聖地となっている．五台山は，上代から中世にかけて多くの日本人僧が巡礼に訪れたところとして有名である．

【日本】日本の巡礼は平安期に盛んになる．貴人が巡礼者層の中心であったこともあって，巡礼地の多くは近畿地方にあった．仏教聖地としては，*南都七大寺・金峯山(きんぷせん)・*熊野(くまの)・*高野山(こうやさん)・*長谷寺(はせでら)などが著名である．*西国三十三所観音巡礼は平安期に確立していたようであるが，*四国八十八箇所*遍路(へんろ)がその形を整えるのは中世以降である．民衆層が各地の巡礼地に蝟集(いしゅう)するようになるのは江戸時代になってからで，新しい巡礼地が開かれ，各地の地方霊場も隆盛をみるようになった．これには幕府の施策や寺院をめぐる社会経済的要因も大きく影響している．

「春到らば名山を巡礼し，聖跡を訪尋せん」〔巡礼行記 2〕「日本国の中の，一切の霊(あや)しき所に巡礼して，必ず千部を誦せずといふことなし」〔法華験記中 60〕

疏 しょ　仏典に対する，中国人・朝鮮人・日本人の撰述した注釈書の総称．*経律論(きょうりつろん)(*三蔵(さんぞう))の注釈を，それぞれ〈*経疏〉〈律疏〉〈論疏〉と称す．狭義には，本文の章句に即した注釈をさし，もっぱら経・論の大意を論じた注釈(章(しょう)・義章(ぎしょう)・*玄義(げんぎ)など)と区別する．〈疏〉の語義は，滞りを除いて通じさせること．〈義疏〉ともいう．なお儒学，仏教ともに，〈疏〉は南北朝期の経典講義に由来するが，儒学においては，〈疏〉は特に漢魏の〈注〉〈解〉の解釈を通じて経義を疏釈した書をさす．「法花のごとき経の疏七巻を造りて，号なをば上宮御製疏(かみつみやのごせいのそ)といふ」〔上宮聖徳法王帝説〕

諸悪莫作 しょあくまくさ　⇒七仏通戒偈(しちぶつつうかいげ)

書院造 しょいんづくり　中世後期から近世初期にかけて成立した住宅様式．これに対し，古代の住宅を〈寝殿造(しんでんづくり)〉という．接客空間が独立し，邸内最上の建物として造られ，上段の間を設け，床・棚・付書院(つけしょいん)を造り，室内はすべて畳敷とする．柱は角柱で，建具は引違戸を用いる．寺院では客殿・*方丈など，居住用・接客用の建物にこの様式が用いられた．桃山時代にはこの接客用建物は〈主殿〉あるいは〈広間〉と呼ばれ，そのうちに寝室である納戸を伴っていたが，江戸時代初期，17世紀中ごろからこれは〈書院〉と呼ばれ，寝室を設けず，接客・対面の機能だけを持つようになる．このため，最重要建物が主殿あるいは広間と呼ばれるものを〈主殿造〉とし，書院といわれるようになってから後のものを〈書院造〉とする説もある．→数寄屋造(すきやづくり)．

生 しょう　生れること．転じて，生存することをもいう．サンスクリット語 jāti, janman などに対応する．衆生の生れ方には，卵生(らんしょう)・胎生(たいしょう)・湿生(しっしょう)・*化生(けしょう)の*四生を立てるのがふつうであるが，これに有色(うしき)・無色・有想・無想・非有想非無想を加えた〈九類生(くるいしょう)〉の説などもある．生れることは四苦の中の第1にあげられ，また，*十二因縁の中の第11支として，老死を導くとされるように，仏教においては基本的に*苦として捉えられる．生じたものは，*無常の原理に従って，必ず滅し，永遠に生滅を繰り返すことになるからである．*説一切有部(せついっさいうぶ)の三世両重(さんぜりょうじゅう)の十二因縁解釈に代表されるように，現世の生存があるのは過去世の*惑に基づくもので，こうして生れた現世において，再び*煩悩を重ね，また来世の生存を呼びおこすことになる．*生死はそのまま*輪廻に他ならず，その原因を断ち，生死の苦の世界を超えるところに*解脱・*涅槃が求められた．しかし，もう一方では，あえて生死を繰り返す中に入って衆生を救おうとする*菩薩の精神が生れ，大乗仏教の中には，生死の世界にこそ理想が実現されるという*生死即涅槃のような考え方も生れるに至った．このような発想は，もともと輪廻という観念を持たず，生死を一回的にとらえる傾向の強い東アジアの仏教で発展し，*本覚思想などに典型的に見られる．また，浄土への往生のように，生死の苦を脱した生も考えられるようになった．

「(煩悩の根源を)種々に観察するに，既に実の生なし．よりて来たる所もなく，また去る所もなし」〔往生要集大文第5〕「今生の所行愚かにして，未来もまた地獄・鬼畜の生を受けんか」〔愚迷発心集〕

性 しょう　一般に事物の本質や性質の意．存在するものの変らない本質．prakṛti, svabhāva, bhāva などの訳語．〈*本性〉〈*自性〉などと同義．また，真理のこと．*瑜伽行派の説く*三性や華厳宗において〈*性起〉などと用いられるときの〈性〉がこれにあたる．この意味では，しばしば〈相〉(lakṣaṇa, nimitta)に対する．〈相〉は外面的特徴を意味する．「性は，即ち真如の妙理なり」〔法相二巻抄上〕．→相，性相．

人間について言う時は，gotra の訳で，生れつきの素姓，先天的な素質をいう．〈種性〉(*種姓)と同義．「衆生の性に随ひ受くる所同じからず，一雨の潤す所各差別あり」〔ささめごと〕「間断なく案じ候へば，性もほれ，却りて退く心のいでき候ふ」〔毎月抄〕

°tā, °tva などの抽象名詞を作る接尾辞の訳として用いられることもある．*法性(dharmatā)，空性(śūnyatā)，染汚性(kliṣṭatva)などと用いる．

なお中国思想では，〈せい〉と読まれ，古代から人間固有の本性の意に用いられて重視され，特に道徳的観点から性善説・性悪説の論争が生れた．仏典における*仏性説や禅の*見性説もこのような伝統の上で理解される．→性善・性悪．

障 しょう ［s: āvaraṇa］　さわり，さまたげるもの，邪魔するものの意で，*悟りを得るための仏道修行の障害となるものをいう．そのような障害の中で最も大きな，また根本的なものは〈煩悩〉であるから，煩悩はまた〈煩悩障〉(kleśa-āvaraṇa)ともいう．また五無間業などの悪業を〈*業障〉といい，善悪の行為の結果として*三悪趣などに生れることを〈報障〉または〈異熟障〉という．

大乗仏教の*唯識思想では，障を〈煩悩障〉と〈所知障〉(jñeya-āvaraṇa．悟りの境地に対する障害，すなわち無智)の〈二障〉に分ける．そして*阿羅漢は煩悩障は断じているから*涅槃は得ているが所知障は断じていないから*菩提(究極の悟り)は得ていない，*仏は煩悩障・所知障ともに断じているから涅槃も菩提もともに得ている，として，この二障の断滅の相違によって大乗と小乗の得果に相違のあることを説いた．なお法華経提婆達多品などでは，女性は梵天王・帝釈天・魔王・転輪聖王・仏にはなれないという〈五障〉が説かれる．→煩悩，煩悩障・所知障，三障，五障三従．

鐘 しょう　⇒梵鐘

定 じょう ［s, p: samādhi, samāhita, samāpatti］　原語の漢訳語．音写して〈三昧〉などという．心を一つの対象に集中させて動揺を静め，平穏に安定させること．心の散乱を静めた瞑想の境地．同類語に*ヨーガ(yoga，*瑜伽)，*禅(dhyāna，*禅定・*静慮)がある．*八正道の第8に正定があり，*三学(戒・定・慧)および*五分法身の一つであり，さらに*五根・*五力の一つに数えられるなど，仏教古来の重要な実践大綱の一つ．後には特に*禅宗で重んじられる．もともと古代インドの宗教的実践として行われてきたものを仏教にも採用したもので，その境地の深まりに応じて様々な名称の〈定〉が説かれる．なお〈定〉の語と〈心〉とを結びつけた中国古典における用例としては，『荘子』天道に「一心定まりて天下に王たり，…一心定まりて万物服す」，『管子(かんし)』内業に「能く正し能く静め，然る後に能く定まる．定心中に在らば，耳目聡明，四枝(肢)堅固にして，以て精の舎と為すべし」などがある．「羅漢，定に入りてみるべき事なりとて，定に入りぬ」〔法華百座 6.19〕．→三昧．

乗 じょう［s: yāna］　乗物の意．原語の yāna はしばしば道や行路の意味をもつ．仏の教えは，衆生(しゅじょう)を*迷いの此岸(しがん)から*悟りの*彼岸(ひがん)に乗せ運ぶ乗物であるという考えから，仏の教法を〈乗〉といった．*大乗仏教が興起すると，自らの立場を平等無差別にすべての衆生を救うものとして大きな乗物に喩えて〈*大乗〉と称し，対立する旧来の仏教を〈*小乗〉とさげすんだ．そのほか，*一乗・*二乗・*三乗や*声聞(しょうもん)乗・*縁覚(えんがく)乗などと用いる．

性悪 しょうあく　⇒性善・性悪(しょうぜん・しょうあく)

性悪説 しょうあくせつ　仏にも*本性(ほんしょう)として悪があるということで，天台の善悪論に由来する．善悪については，原始仏教において，仏は世間的な善悪を越えると説かれ，大乗仏教では，ともに*空(くう)ということから善悪不二(ふに)が説かれた．ここから改めて現実の善悪の二をふり返ると，善のみならず，悪も善と相関するものとして，また善を高めるのに必要なものとして，その存在意義が認められてくる．天台智顗(ちぎ)は，*『法華玄義(ほっけげんぎ)』5 に，「ただ悪の性相(しょうそう)はすなわち善の性相なり．悪によって善あり，悪を離れて善なし」，「悪は是(こ)れ善の資なり」と主張した．〈善悪相資説〉といわれるもので，悪についていえば，悪があるから善を求める心がおこるのであり，その意味で悪は善を助けるものという意である．

この善悪相資説を最高善の仏と極悪の地獄にあてはめると，仏に本性として悪あり，地獄に本性として善ありということになる．そして前者を取って〈性悪説〉と呼ぶ．『観音玄義』(智顗説，灌頂記)に説かれており，それによると，仏は善の性質(性善)を持ち，善の行為(修善)をなした者で，悪の行為(修悪)はないが，悪の性質(性悪)はあり，それによって悪人にたいする理解がおこり，悪人を救うことが可能となる．いっぽう，極悪の地獄的存在は悪の性質(性悪)を持ち，悪の行為(修悪)をなした者で，善の行為(修善)はないが，善の性質(性善)はあり，それによって善へと救いあげられる可能性が出てくるという．山家(さんげ)派の四明*知礼(しめいちれい)は性悪説を天台宗の重要な特徴とした．→悪，善悪．

聖一国師 しょういちこくし　⇒円爾(えんに)

請雨 しょうう　*雨乞(あまごい)の儀式．農耕民族において請雨の儀礼は通有であるが，唐の道世撰*『法苑珠林(ほうおんじゅりん)』祈雨篇には，『周礼(しゅらい)』『抱朴子(ほうぼくし)』などの中国の典籍や，東晋の仏図澄(ぶっとちょう)(232–348)，廬山(ろざん)*慧遠(えおん)，支道林(しどうりん)(314–366)などの祈雨の事例を挙げている．また隋の那連提耶舎(なれんだいやしゃ)(490–589)訳の大雲輪請雨経(2 巻)や唐の*不空の同本異訳をはじめ，陀羅尼集経(だらにじっきょう)巻 11 や尊勝仏頂瑜伽法軌儀(そんしょうぶっちょうゆがほうきぎ)巻下にも祈雨のことが説かれているので，密教による請雨法が修されるようになったことが推測される．日本では主として空海をはじめとする*東密の僧による*神泉苑(しんせんえん)における請雨法が有名で，特に小野流の祖*仁海(にんがい)はしばしば請雨の法験をあらわしたので雨僧正と称されている．またこの請雨法に付随して，*陰陽道(おんようどう)の五竜祭が行われることが多い．

「大夫・謁者を遣して，四畿内に詣りて請雨(あまこい)ます」〔書紀持統 6.6〕「空海和尚勅を奉じて，神泉苑にて請雨経の法を修すべしといへり」〔古事談 3〕

請雨経曼荼羅 しょううぎょうまんだら　唐の*不空訳『大雲経祈雨壇法』に基づく請雨法の本尊．北周，隋の闍那耶舎(じゃなやしゃ)や那連提耶舎(なれんだいやしゃ)(490–589)による同本異訳の大雲輪請雨経に基づく請雨法の壇は，中央に呪師の上る高座を施し，外周は東・南・西・北に三・五・七・九頭の*竜をめぐらし，四隅に*華瓶(けびょう)を配していたが，後に中央の壇の代わりに獅子冠，*獅子座の一頭の竜を配するようになった．『大雲経祈雨壇法』になると，一頭竜の代わりに，海波中に海竜王宮を描き，宮殿(くうでん)内中央に釈迦如来(しゃかにょらい)，左に金剛手(こんごうしゅ)，右に観自在(かんじざい)の 2 菩薩，仏前の波間左に跋難陀(ばつなんだ)・難陀の 2*竜王，右に呪師・輪蓋(りんがい)竜王を配する叙景風の祈雨曼荼羅となった．ほとんど*白描(はくびょう)図像として図像集に収められているが，彩色の仏画遺品は乏しい．→請雨，雨乞(あまごい)．

定慧 じょうえ　*禅定(ぜんじょう)と*智慧(ちえ)の併称．仏教では，戒(かい)(śīla)，定(じょう)(samādhi)，慧(え)(prajñā)の修習を修道(しゅどう)実践の根幹とするので，これを総じて〈*三学〉という．このうち，〈*定〉は心を集中して散乱させぬこと，もしくはその状態，〈慧〉は事象や真理を認識するはたらき．この二者は互いに他を生じさせ，*相即(そうそく)不離の関係にあるとされ(定慧一体，定慧不二(ふに))，しばしば併称される．
「無始の罪障我が身に薫入して，今生に全く定恵の行業闕きぬ」〔今昔 13-29〕．→止観．

証果 しょうか　*修行によって得られる，さとり(証)という結果．また，さとりを証すること．たとえば*道元は，「阿耨多羅三藐三菩提(あのくたらさんみゃくさんぼだい)を学するに，聞教し，修行し，証果するに深なり，遠なり，妙なり」〔正法眼蔵諸悪莫作〕と言い，この語を〈聞教(もんぎょう)〉(正しい教えを聞くこと)，〈修行〉と対比して用いている．「天竺に優婆崛多(うばくった)と申す証果の羅漢まします．人を利益し給ふ事，仏の如し」〔今昔 4-8〕

性戒 しょうかい [*s*: prakṛti-śīla]　〈本性戒〉ともいう．*受戒の有無にかかわらず，人の本性上，犯してはならない*罪に対する戒め．遮戒(しゃかい)の対概念である．具体的には，殺・盗・*邪婬・*妄語は〈*性罪〉であり，それを戒めるのが性戒である(『倶舎論』)．まれに*僧伽(そうぎゃ)で積極的になすべき務め(*p*: cāritta)を指すことがある．この場合，禁止的性格をもつ*波羅提木叉(はらだいもくしゃ)を〈制戒〉(*p*: vāritta)というのに対する用法である．いずれも，戒(*戒律)を保つ*清浄(しょうじょう)な生活は仏道修行の手段，あるいは目的そのものとして，古来重んじられてきたが，当初は*十善道を中心とする素朴なものであった．それがやがて煩雑化し，軽重の差をつけられるようになり，その性格を考察するに及んだ．その結果生みだされた概念である．→遮戒．

聖覚 しょうかく　⇒聖覚(せいかく)

正覚 しょうがく [*s*: saṃbodhi]　原語は，完全なる悟りの意．〈三藐三菩提(さんみゃくさんぼだい)〉(samyak-saṃbodhi，正しく完全なる悟り)も同義．また，saṃbuddha(完全に悟れる者)の訳語として，〈*仏〉を意味することもある．〈正覚〉は，初期仏教では主に釈尊(しゃくそん)が菩提樹(ぼだいじゅ)下で成就した，*四諦(したい)・*八正道(はっしょうどう)・*縁起(えんぎ)などの理法に対する悟りをさす．大乗仏教では，諸仏が等しく成就する無上・不偏の悟りであり，経典や宗派によって解釈は異なるが，おおむね無相の*真如(しんにょ)や諸法の*実相などの体悟を内容とする．→覚，悟り．
「釈迦の御のり正覚成り給ひし日より，涅槃に入り給ひし夜にいたるまで」〔三宝絵中〕「初発心の時，すなはち正覚を成ず」〔義鏡上〕

定額寺 じょうがくじ　奈良時代や平安時代の寺格の一つで，*官寺に準ずる寺院のこと．680年(天武9)，私寺がみだりに建立され，私利を計るものが多くなったため，これを是正し，寺院の国家統制をはかろうとしたところより始まるとされる．平安時代初期に最も盛んとなり，准官寺として国家から修理料・灯分料など毎年一定額の施入があり，経営については*資財帳を提出して国家の検察を受ける義務を負った．また*年分度者も置かれた．しかし律令制が衰退するにつれ，国家からの経済援助が期待できなくなり，一方寺院の経済基盤が確立してくると，10世紀末には国家の検察のない〈御願寺(ごがんじ)〉が増加してくる．御願寺とは天皇御願を修する寺の意で，皇室を*檀越(だんおつ)とする私寺的性格が濃い．

聖観音 しょうかんのん [*s*: Āryāvalokiteśvara]　〈正観音〉とも書き，通形の*観世音菩薩(かんぜおんぼさつ)のこと．諸種組み合わせて*六観音(ろくかんのん)とか七観音と呼ぶ場合，多面多臂(ためんたひ)を持たない*変化(へんげ)しない二臂の観音を特にこの名称で呼ぶことが多い．水瓶(すいびょう)や蓮華(れんげ)を*持物(じもつ)とするが，厳密には，左手に未開敷(みかいふ)の蓮華を胸前に持ち，同じく胸前右手をたててその花びらを開こうとする胎蔵曼荼羅(たいぞうまんだら)*中台八葉院(ちゅうだいはちよういん)・蓮華部院の観音の姿が正統である．滝山寺(たきさんじ)，*大報恩寺(だいほうおんじ)(千本釈迦堂)，*鞍馬寺(くらまでら)などの彫像(いずれも鎌倉時代)がこれを忠実に立体化したものである．

勝義 しょうぎ [*s*: paramārtha]　最高の真実．原義は，最高の意義の意．〈第一義〉ともいう．同義語として〈*真如(しんにょ)〉〈*実相(じっそう)〉などがある．*『中論』24-8に「諸仏の説法は二諦に依る」と説かれるように，大乗仏教では，〈勝義〉と〈世俗〉の二つの真実(*二諦)があると説く．〈世俗〉は常識的真実，〈勝義〉は超世間的な真実で*無分別知の対象である．

『中論』にもとづくインドの*中観派や中国の*三論宗では，一切は勝義においては*空であり，*不生であると説いた．「世間浅近の賤しき事を譬へとして，勝義の深き理を知らしめんと思ふ」〔沙石集序〕．→第一義．

生起次第 しょうきしだい　[s: utpattikrama, t: bskyed rim]　インド後期密教*タントラ聖典が説く修行法．瓶*灌頂を受けて行う．精神集中において*曼荼羅を瞑想し，そこに仏たちを生起させる．さらに仏と自己を一体として瞑想し，自己の身体・言葉・心を浄化し，自分が本来具えている*仏性を活性化させる．またそれらが*光明の中に溶け入る様子を瞑想することによって，*空性の真理と*涅槃の本質をイメージとして体得する．身体的*ヨーガである〈究竟次第〉と組み合わされて，そこに入るための準備段階ともされる．チベットにおいても密教の修行法の基本である．→究竟次第．

性起説 しょうきせつ　華厳教学の中心となる教理．*如来蔵は，*菩提の原因になるとともに*輪廻の根拠ともなるのに対し，*智儼は，衆生が発心し，修行し，成道し，教化し，般涅槃し，舎利を残して人々に供養させ，功徳を積ませるといった善なる働きの根拠となるのみであるのが〈性起〉であって，*法身の働きにほかならない性起は，衆生の心のうちに起るのみであると説いた．やがて，*縁起との違いや天台の*性具説との違いが強調されるにつれ，性起は*真如が縁に従って展開するという真如随縁に近いものとして解釈されるようになった．性起の語は，*華厳経の「宝王如来性起品」に基づくが，*梵語は〈如来出現〉に当る言葉であり，性起に関する解釈は，〈性起〉という漢語に基づいている面が大きい．

聖教 しょうぎょう　インドの聖人である*仏陀の教え，すなわち〈仏教〉をいう．〈聖教〉の語は「聖人は神道を以て教を設く」〔易経観卦彖伝〕に基づき，本来は中国の聖人の教えすなわち*儒教を意味したが（たとえば東晋の戴逵のいう「聖教の幽旨を体す」〔釈疑論〕における聖教），廬山の*慧遠が仏門を「聖門」〔阿毘曇心序〕，仏典を「聖典」〔三法度序〕，仏道を「神道」〔仏影銘〕と呼んでいるように，やがて仏教をも〈聖教〉と呼ぶようになった．たとえば南斉の蕭子良のいう「聖教の明訣は理として凡（夫）の謀を絶す」〔浄住子浄行法門〕，あるいは「如来の聖教を奉行す」〔解深密経1〕などの〈聖教〉は仏教を意味している．有名な唐の太宗の「三蔵聖教序」〔広弘明集22〕も明確に仏教を指す（→聖教序）．

わが国で古く〈聖教〉の語を用いているのは藤原総前の侍宴の詩「聖教は千禩（祀）を越え」〔懐風藻〕であるが，仏教を指しているのは「大乗の聖教」「一代の聖教」〔選択集〕などである．なお，わが国では〈聖教〉を仏陀の教えの意から転じて，それを説き記したもの，すなわち経律論疏をはじめ広く仏典の総称とすることも多く，時に〈正教〉を当てることもある．また宗派の祖師・先徳の典籍遺文で，後世に範として仰がれるものをも称する．たとえば密教の事相聖教，浄土真宗の仮名聖教法語類．真宗で「お聖教」というときにはその意味である．

「日本の沙門有って来たって聖教（仏教）を求むるに，両部の秘奥・壇儀・印契を以てす」〔性霊集序〕「聖教を披閲すること，老いに至るまで倦まず」〔続本朝往生伝15〕「荘れる箱どもに，渡し奉れる所の正教を入れ奉れり」〔今昔6-2〕

正行・雑行 しょうぎょう・ぞうぎょう　人を悟りや浄土往生に導く正しい行いを〈正行〉といい，それ以外のさまざまな行いを〈雑行〉という．*善導は，*読誦・*観察・*礼拝・*称名・*讃歎供養の5種を人を浄土に往生させる〈正行〉（五種正行）とし，他のさまざまな行を〈雑行〉とした．特に5種の正行のうちの称名を〈正定業〉と呼んで，人がまさしく浄土に往生することが定まる行とした．「往生の行多しといへども，大きに分かって二とす．一には正行，二には雑行」〔選択集〕．→正定業．

浄行 じょうぎょう　清らかな行い．悟りを得ることにつながる*修行を広く〈浄行〉と称する．清らかな行いを実践し，*戒律を守ることを〈浄行持律〉という．ちなみに，南斉の蕭子良の『浄住子浄行法門』（『広弘明集』27所収）は，中国士大夫の在家居士としての仏教信仰を示す書である．「我はこれ，浄行にして真実の行者なり，三業六情におい

て犯す所無し」〔今昔 17-17〕

常行三昧（じょうぎょうざんまい）　天台*智顗(ちぎ)が説いた*四種三昧の一つで，*阿弥陀仏(あみだぶつ)を説く現存最古の文献*般舟三昧経(はんじゅざんまいきょう)に基づく修行方法を*止観(しかん)によって組織づけた行法．90日を一期として，阿弥陀仏像のまわりを歩き回りながら口に*念仏を唱え，心に阿弥陀仏を念ずるもので，昼夜続けるので〈常行〉の称があり，この*三昧が成就(じょうじゅ)すると諸仏をまのあたり観ずることができるので〈仏立三昧(ぶつりゅうざんまい)〉ともいう．*比叡山(ひえいざん)では法華三昧堂と共に常行三昧堂が建てられ，*円仁(えんにん)が*五台山の念仏を伝えた行儀と融合して浄土信仰が普及した．「念仏は慈覚大師のもろこしより伝へて貞観七年より始め行へるなり．四種三昧の中には常行三昧となづく」〔三宝絵下〕．→不断念仏．

聖教序（しょうぎょうのじょ）　唐の太宗が*玄奘(げんじょう)に命じてインド・西域将来の「三蔵(経・律・論)の要文，凡(およ)そ六五七部」を漢訳させた時，太宗が特に玄奘のために制作した序文．*『広弘明集(こうぐみょうしゅう)』22に「三蔵聖教序」として収載されている．*訳経の行われた弘福寺(こうふくじ)の僧懐仁(えにん)が，二十余年を費して(『金石萃編』49)，この序文を王羲之(おうぎし)の筆蹟の行書の中から字を拾い集めて石碑に刻し，これは〈集字聖教序〉として著名である．今も西安市の「碑林」中に現存．なお，〈聖教序〉と呼ばれるものには，このほか，北宋の太宗が*新訳の聖教(三蔵の秘言)に対して制作した「大宋新訳三蔵聖教序」(988年建碑，西安「碑林」に現存)，同じ北宋の真宗が制作した「聖教序」〔宋史真宗本紀〕などがあるが，唐の太宗のそれに遠く及ばない．

上行菩薩（じょうぎょうぼさつ）　法華経従地涌出品で説かれる，大地から涌き出でた*地涌(じゆ)の菩薩の代表である上行・無辺行(むへんぎょう)・浄行(じょうぎょう)・安立行(あんりゅうぎょう)の四大菩薩の筆頭．「如来神力品(にょらいじんりきほん)」で上行菩薩を代表とする地涌の菩薩は，仏に代って法華経の救いを滅後*末法(まっぽう)に弘めるように*付嘱(ふぞく)を受ける．*日蓮(にちれん)はこの末法弘通(ぐずう)の使命をもった上行菩薩に深い関心をもち，自ら仏使*本化(ほんげ)上行の生れかわりであるとの自覚をもって，末法の人と社会を救おうと，*法難に耐え法華経の弘通にその生涯を捧げた．

性空（しょうくう）　910(延喜10)?–1007(寛弘4)　天台宗の僧．通称，書写上人(しょしゃしょうにん)，播磨(はりま)の聖．京都の人．父は従四位下橘善根．36歳で出家，霧島(宮崎・鹿児島両県にまたがる山)に籠り法華読誦の行を積む．39歳のとき，播磨国(兵庫県)書写山に登り，後の*円教寺を創建した．声望四囲にきこえ，花山院は986年(寛和2)と1002年(長保4)に書写山に御幸，性空に閲している．皇慶・源信らと交渉があり，慶滋保胤(よししげのやすたね)・藤原道長・和泉式部ら，道俗の帰依者も非常に多い．結縁の詩歌も作られ，中でも和泉式部の「暗きより暗き道にぞ入りぬべき遥かに照らせ山の端の月」〔拾遺和歌集20〕は有名で，説話化されて伝世する．また花山院に『性空上人伝』の制作があり，具平(ともひら)親王の結縁詩も遺存する(『本朝麗藻』下)．臣勢広貴(こせのひろたか)画，具平親王賛の画像も制作されたという．なお性空をめぐる説話も多く，特に神崎(江口，大阪市)の遊女とのエピソードは中世説話集に頻出し，謡曲『江口』もこれに取材している．

証空（しょうくう）　1177(治承1)–1247(宝治1)　浄土宗*西山派(せいざんは)の祖．善慧房と号する．西山上人と通称．源親季の子で久我通親の養子．14歳で*法然(ほうねん)の弟子となり，*『選択(せんちゃく)本願念仏集』の撰述において勘文(かんもん)(原文との照合)の役をつとめ，*『七箇条制誡(しちかじょうせいかい)』の4番目に署名するなど，法然の有力な門下であった．宮廷との関係が深く，建永(承元)・嘉禄の念仏弾圧の際も罪を免れた．*慈円から西山善峰寺(よしみねでら)の往生院を譲られ，*『観無量寿経疏』などの講説を行う．弟子に浄音・立信・証入・証慧が出て，いわゆる西山四流を開いた．著書に『観経疏自筆鈔』など多数．諡(おくりな)は鑑智(かんち)国師．

性具説（しょうぐせつ）　天台の*実相論を特徴づける語．〈性具〉とは，一切衆生の*本性(ほんしょう)に*十界(じっかい)が具わっていることをいう．十界を善悪から分類すると，十界のうち仏界を除いた残りの九界は，地獄・餓鬼・畜生の三悪道(*三悪趣(さんあくしゅ))が悪であることはいうまでもないが，たとえ*菩薩(ぼさつ)であっても*無明(むみょう)の悪を完全に断じ尽くしていないため悪に属し，善は仏界のみである．天台以外の教理においては，十界は，差別現象においては善悪の相違があるが，それぞれの本性に関しては，*清浄(しょうじょう)，すなわち善であると説く．これに対して，天台では，善・浄のみならず，善悪・浄穢の一切万法が本来，性として衆生に具わっていると説く点に一大特色がある．このように本性に悪をも具えている点を特に強調して，性具説は〈性悪説(しょうあくせつ)〉ともいわれる．

上求菩提・下化衆生 じょうぐぼだい・げけしゅじょう　〈*菩提〉(bodhi)は仏の悟りの智慧(ちえ)，〈*衆生〉(sattva)は生きとし生けるものをいう．上に向かっては自ら仏の悟りを願求して仏道を修行しながら，下に向かっては*利他の行として衆生を教化し救済すること．大乗仏教の*菩薩行(ぼさつぎょう)は，*小乗の逃避的な*涅槃(ねはん)観を排斥し，*慈悲の精神に基づいて衆生の苦悩に共感しながら仏道を歩むすがたを理想像とした．なお，この思想を踏まえ，僧と稚児との悲恋を描いた秀作に南北朝時代の『秋夜長物語(あきのよのながものがたり)』がある．「春の花の樹頭に上るは，上求菩提の機をすすめ，秋の月の水底に沈むは，下化衆生の相(かたち)を見す」〔謡・敦盛〕

勝軍地蔵 しょうぐんじぞう　坂上田村麻呂(さかのうえのたむらまろ)(758–811)が東征の際，戦勝を祈った*地蔵菩薩の名．田村麻呂が僧延鎮(えんちん)とともに*清水寺(きよみずでら)を造立したとき，本尊十一面千手千眼観音の*脇侍(きょうじ)として地蔵菩薩と*毘沙門天(びしゃもんてん)を祀った．この地蔵菩薩を〈勝軍〉と名づけ，毘沙門天を〈勝敵〉と名づけたが，その*功徳(くどく)によって戦勝したという．この清水寺の勝軍地蔵と京都の東西に相対するのが愛宕山(あたごやま)白雲寺(京都市右京区)の本尊の勝軍地蔵で，愛宕大権現と同体とされる．この2カ所を核として勝軍地蔵信仰は広域にひろがり，特に武士階級の信仰が厚く，中院流にはこの菩薩の供養法を伝え，西光院(さいこういん)(千葉県野田市)などには騎馬姿の勝軍地蔵像が現存する．なお，願主の田村麻呂将軍や京都の将軍塚伝説と習合したことから，〈勝軍〉は〈将軍〉と表記されることもある．勝軍地蔵の霊験利益については，中世以降『地蔵菩薩霊験記』類を始めとする諸書に散見する．

聖冏 しょうげい　1341(暦応4)–1420(応永27)　浄土宗*鎮西派(ちんぜいは)第7祖．酉蓮社(ゆうれんしゃ)了誉と号し，額の三日月の相から世に三日月上人(みかづきしょうにん)と称された．8歳で出家し，浄土宗のみならずひろく顕密の諸教を修める．1386年(至徳3)常陸(茨城県)瓜連(うりつら)の常福寺に住す．1393年(明徳4)弟子の聖聡(しょうそう)に宗の奥義を五重の次第によって伝え，これが浄土宗*五重相伝(ごじゅうそうでん)の初めとなるなど，浄土宗興隆にあずかって力があった．晩年は江戸小石川の小庵(後の伝通院(でんずういん))に隠棲．

定慶[1] じょうけい　生没年未詳．鎌倉時代初頭に活躍した*慶派(けいは)の仏師．運慶(うんけい)の父*康慶(こうけい)の弟子といわれる．*興福寺を中心に行動し，遺品には1196年(建久7)の興福寺東金堂の維摩(ゆいま)像，1202年(建仁2)の同寺の梵天(ぼんてん)・帝釈天(たいしゃくてん)像(帝釈天は現在，根津美術館蔵)などがあり，また同寺の金剛力士像(*仁王(におう)像)も彼の作とする記録がある．運慶が大成した写実主義をいっそう徹底させ，細部にわたる克明な描写を得意とした．

定慶[2] じょうけい　1184(元暦1)–?　鎌倉時代前・中期の*慶派(けいは)の仏師．一部の署名に「肥後別当」「肥後法橋」という僧職名を記すために〈肥後の定慶〉と呼んで定慶[1]と区別する．署名に「坪坂住」とか「南方派」という地名や流派名を特記し，慶派主流に属さず独自な活動を続けていたらしい．『高山寺縁起』に「康運改名定慶」とあるが，運慶二男康運と同一人物とするのは無理．遺品に，1224年(元仁1)の*大報恩寺(だいほうおんじ)六観音像，1226年(嘉禄2)の*鞍馬寺(くらまでら)聖観音(しょうかんのん)像，1242年(仁治3)の石龕寺(せきがんじ)仁王像(兵庫県氷上郡)，1256年(康元1)の横蔵寺(よこくらじ)仁王像(岐阜県揖斐(いび)郡)などがある．作風は*運慶風を基本とするが，中国宋代仏画に見られる複雑な衣文(えもん)や装飾的な髪型・相貌を大胆に取り入れた独自の方向もみせる．

貞慶 じょうけい　1155(久寿2)–1213(建保1)　鎌倉初期の法相宗(ほっそうしゅう)の僧．解脱上人(げだつしょうにん)．*法然(ほうねん)の専修念仏停止を求めた*『興福寺奏状』の起草者として知られる．藤原貞憲の子．8歳で南都に下り，11歳で出家．興福寺に学んだが，1193年(建久4)笠置山に隠遁，1208年(承元2)*海住山寺(かいじゅうせんじ)に移った．法相教学に優れ，その復興に力を尽したが，同時に強い実践への志向をもち，持戒堅固で，*弥勒(みろく)信仰でも知られる．南都再興の中心人物の一人．著書に*『愚迷発心集』

『唯識同学鈔』など．

常見 じょうけん [s: śāśvata-dṛṣṭi] 世界は永遠に*常住で不滅であり，人は死んでも*我(が)(ātman)という固定した実体が永続して不滅である，とする主張をいう．〈断見〉の対．〈*見〉は見解，主張，意見の意味と，誤った不正な見解，*邪見をもいう．仏陀(釈尊)時代「我と世界は常住である．山頂のように不動，石柱のように固定したものである」〔長部1-1〕と説いた常見は，六十二見の一つで，仏教側から邪見，執見とされる．「昔劫毘羅(こうびら)外道常見をおこして，石と成りたりしを」〔雑談集3〕．→断見，六十二見．

『貞元釈教録』 じょうげんしゃっきょうろく 唐の円照(えんしょう)が800年(貞元16)に撰した*経録．30巻．くわしくは『貞元新定釈教目録』といい，略して『貞元録』『円照録』ともいう．後漢から唐の貞元年間に至る*訳経の目録．智昇の*『開元釈教録』を継承し，これに若干の修正を施すとともに，『開元録』以後に新たに訳出された経論を追補したもの．経録の組織・体裁はまったく『開元録』に準拠している．追補されたのは，訳者11名，訳出経269部341巻である．

鉦鼓 しょうこ 元来，雅楽に用いる打楽器で，浄土教において念仏や勧進の際に使用するようになった．多くは鋳銅製で，円盤形をなし，架(か)に懸けて打つ．〈鉦(しょう・かね)〉ともいう．雅楽では大鉦鼓(だいしょうこ)・釣鉦鼓(つりしょうこ)，道中を歩きながら奏する荷鉦鼓(にないしょうこ)があるが，平安時代に日本で創作されたものと考えられている．「九郎の小童は雅楽寮(うたづかさ)の人の養子(やしなひご)たり…鉦鼓・銅鈸子(どびやうし)等の上手なり」〔新猿楽記〕「其の南に大鼓・鉦鼓，各(おのおの)二つを荘(かざ)り立て」〔今昔12-22〕．→伏鉦(ふせがね)．

聖護院 しょうごいん 京都市左京区聖護院中町にある本山修験宗(ほんざんしゅげんしゅう)総本山．もと天台宗寺門派三門跡(もんぜき)の一つ．1090年(寛治4)*園城寺(おんじょうじ)の僧増誉(ぞうよ)(1032-1116)が白河上皇(1053-1129)の*熊野御幸の*先達(せんだつ)を勤めた功により，聖体護持の寺として賜った．鎌倉初期，熊野に所領を有した静慧(じょうえ)親王(1164-1203)が入寺して以来，*宮門跡(みやもんぜき)寺院となった．その後，門跡は三井*長吏(ちょうり)，熊野三山*検校(けんぎょう)，京都洛東に*勧請(かんじょう)された新熊野三山検校を兼職し，各地の熊野先達を掌握して，天台宗の〈本山派(ほんざんは)〉修験の棟梁(とうりょう)となった．1872年(明治5)の*修験道廃止後，天台寺門宗の寺院となったが，1946年(昭和21)に末寺と共に独立して修験教団を設立した．

なお，本寺は応仁の乱(1467-77)の兵火や火災で焼失し寺地も移転したが，1676年(延宝4)現在地に再建．書院は江戸初期の*書院造の好例で，寺宝には本堂に安置する不動明王像(平安時代)や智証大師像(1143)などがある．また毎年8月の大峰入りのための*山伏の行列は名高い．

焼香 しょうこう 香をたくこと．香をたいて仏に*供養(くよう)すること．インドの気候は高温で体臭など悪臭がはなはだしくなりやすく，また香木を多く産するところから，悪臭を消すために香料をたいたり，身体に塗ったり，衣服につけたりする風習が古くよりあったのが，仏教でも行われるようになったものである．中国や日本では，仏教伝来以前に香をたく風はなく，仏教と共に行われるようになり，種々の仏教儀礼中に取り入れられた．そして，*十種供養(じっしゅくよう)，*六種供養などの仏への供養として焼香が数えられている．また香をたくことは西方にも伝わってキリスト教の儀礼中にもみられる．現在わが国では特に*葬儀(そうぎ)における死者への供養として広く行われている．→香．

「室に児婦なし，頭(かうべ)を裹(つつ)める僧，半印の焼香，一点の灯(ともしび)」〔菅家文草4〕「観音の像の前に焼香礼拝して，倚子(いす)に坐して，手に印を結びて入滅」〔沙石集10末-3〕

長行 じょうごう [s: gadya] 仏教の経典・論書の文体で，韻文(*偈(げ))に対して，散文をいう．字句に制限がなく，行数が長いところから〈長行〉という．*楞伽経(りょうがきょう)1，*『瑜伽師地論(ゆがしじろん)』81など比較的後期の仏典に見える語．*吉蔵(きちぞう)は*経・*論に，長行のみからなるもの，偈のみのもの，偈と長行の混交したものの3種があるという(『百論疏』上)．インドの美文芸(kāvya)の理論でも，美文芸をpadya(韻文体)とgadya(散文体)とmiśra(それらの混交)に分ける．「この論の長行の中に，また五念門を修すと言へり」〔教行信証行〕「如来の説法に二種の趣きあり…浅略趣と言ふは諸経の中の長行・偈頌是れなり，秘

密趣とは諸経の中の陀羅尼是れなり」〔性霊集9〕

定業 じょうごう　*説一切有部の説で，報いを受ける時期が定まっている*業のこと．〈決定業〉ともいい，〈不定業〉に対する言葉．その時期については，現世，次の世，第三世以後の3期が区別され，それぞれに対応する業を〈順現業〉(順現法受業)，〈順生業〉(順次生受業)，〈順後業〉(順後受業)と称し，合わせて〈*三時業〉という．なお，*浄土教では，瞑想に入って阿弥陀仏とその世界を観察することを定業という．「定まれる業ありて，これをもて世を背きたまはば，浄土に往き登りて」〔上宮聖徳法王帝説〕「いかに定業なりとも，矢一つにて，ものもいはで死ぬる者やある」〔曾我1.河津〕

松広寺 しょうこうじ　韓国における仏･法･僧の*三宝を象徴する三寺のうち，僧宝の寺．韓国全羅南道曹渓山．大韓仏教*曹渓宗の第21教区の本山である．新羅末に体澄が創建し吉祥寺とする．その後衰えていたが，高麗の*知訥がここに*定慧結社を移してから重創され，王命によって松広山吉祥寺から曹渓山修禅寺に変った．知訥が亡くなってから勅によって慧諶が第2代になる．高麗時代には既に80余棟を持つ大寺刹であり，以後，朝鮮初期に至る180年にかけて15人の*国師が輩出し，禅宗の中心となった．朝鮮時代に入ってから衰えたものの，中期の浮休禅師によって再興され，その後，数度の重修を経て現在に至る．高麗時代までは契丹大蔵経を収蔵していたが現存せず，*義天の時代に刊行された大蔵経や朝鮮時代の版本など多数残っており，経典に付せられた経牌が43個残っている．また，木造の三尊仏龕をはじめ多数の貴重な宝物が保存されている．

『成業論』 じょうごうろん　[s: *Karmasiddhiprakaraṇa*]　*世親(ヴァスバンドゥ)の著作．チベット語訳，および毘目智仙訳『業成就論』と*玄奘訳『大乗成業論』の2種の漢訳がある．また本書に対するスマティシーラ(善慧戒)の注釈がチベット語訳に伝わる．本書は，伝統的な身口意の*三業(行為)説との関連のうえで世親自らの*業論を展開する．*説一切有部や正量部などの他の部派による業論を批判しながら，三業の本質をいずれも意思(cetanā，思)の特殊なあり方と規定し，業の継続(saṃtati，相続)を*異熟識，すなわちアーラヤ識(*阿頼耶識)によって説明する．*『倶舎論』『釈軌論』に続いて著された論書で，『縁起経釈』*『唯識二十論』*『唯識三十頌』に先行すると考えられているが，内容的にも*経量部から*瑜伽行派への移行過程の思想を読みとることができる．

照顧脚下 しょうこきゃっか　⇒脚下照顧

相国寺 しょうこくじ　京都市上京区相国寺門前町にある臨済宗相国寺派本山．山号は万年山．正しくは〈相国承天禅寺〉という．足利義満(1358–1408)が幕府隣接地に*春屋妙葩を*開山(*夢窓疎石を*勧請開山)として創建した．1382年(永徳2)建立を決定し2年後に*仏殿完成，1392年(明徳3)に至り*伽藍の完備をみた．*五山に列せられ，*塔頭の鹿苑院には*僧録司が置かれて江戸期初めまで五山派禅寺の統轄などにあたった．*五山文学の学僧も多く，学芸研鑽が盛んであった．創建以来，応仁の兵火(1467)による全焼や，その他いく度かの焼失と再建を繰り返している．現存最古の建築は1605年(慶長10)完成の*法堂で，天井には狩野光信筆の蟠竜図を描く．寺宝には，猿猴竹林図(長谷川等伯筆)，鳳凰石竹図(林良筆)，十牛頌(*絶海中津筆)，*無学祖元墨跡などがある．塔頭の寺宝には慈照院の紙本墨画達磨像，大通院の*竺仙梵僊墨跡などがある．

正勤 しょうごん　[s: samyak-pradhāna, samyak-prahāṇa]　正しい努力．*悟りへの道において，それを妨げる悪を断ち，それを進める善を起こすよう励むこと．prahāṇa(断つこと)に基づいて〈正断〉〈意断〉，pradhāna(努力)に基づいて〈正勝〉とも訳される．正勤には次の四つの区分があり，〈四正勤〉といい習わされる．1)すでに起こっている悪を断つ努力．2)いまだ生じていない悪は，これを起こさない努力．3)いまだ生じていない善を起こす努力．4)すでに起こっている善は，これを大きくする努力．四正勤は，*三十七道品の構成要素の一つでもある．

荘厳 しょうごん [s: vyūha, alaṃkāra]　サンスクリット語の意味は，vyūha は，みごとに配置されていること，alaṃkāra は，美しく飾ること．〈厳〉〈厳飾(ごんじき)〉とも漢訳された．漢字の〈荘〉〈厳〉はいずれもおごそかにきちんと整えるという意味で，〈荘厳〉という語は仏教では特に，*仏国土(ぶっこくど)や仏の説法の場所を美しく飾ること，あるいは仏・菩薩が*福徳・*智慧などによって身を飾ることをいう．仏の*三十二相のそれぞれが百の福徳で飾られていることを〈百福(ひゃっぷく)荘厳〉という．転じて，仏像や寺院の内外を飾ることを意味し，またその装飾に用いるものを〈荘厳具〉という．「かの方丈の室の内に，おのおの微妙に荘厳せる床を立てて」〔今昔 3-1〕

浄厳 じょうごん　1639(寛永 16)-1702(元禄 15)　真言宗の僧．字は覚彦，号は妙極堂・瑞雲道人・無等子．河内(大阪府)の人，俗姓上田氏．10 歳で*高野山の雲雪に出家受戒．以後南山(高野山)・南都で*顕密(けんみつ)二教，*事相*教相二相を修学．安祥寺(あんじょうじ)流の正嫡となり，諸流を統一して新安流を大成．河内・泉州でさかんに講筵を開き，延命寺(大阪府河内長野市)を中興．諸*儀軌(ぎき)のほか梵学，戒律にも詳しく，江戸中期の真言の巨匠．将軍徳川綱吉(1646-1709)の帰依を受け湯島に霊雲寺(東京都文京区)を開創．『普通真言蔵』『悉曇(しったん)三密鈔』など著書多数．弟子に蓮体(れんたい)(1663-1726)，慧光(えこう)(1666-1734)，*契沖(けいちゅう)など．

上座 じょうざ [s: sthavira, p: thera]　*僧伽(そうぎゃ)内で尊敬を受ける*比丘(びく)のこと．〈*大徳(だいとく)〉〈*長老(ちょうろう)〉〈*上臈(じょうろう)〉などとも漢訳される．どのような比丘を上座とするかについて，諸文献の規定は一様でない．たとえば，毘尼母経(びにもきょう)では*法臘(ほうろう)二十歳以上四十九歳以下を，*『南海寄帰内法伝』では法臘十歳以上を上座とする．また，*『十誦律(じゅうじゅりつ)』では十種の徳行(上座の十法)を具えた比丘が上座であるとしている．さらに，『集異門足論(じゅういもんそくろん)』によれば，上座に生年(jāti)上座，世俗(samvṛti)上座，法性(ほっしょう)(dharma)上座の 3 種があるとする．なお，上座は，中国・日本の寺院内で管理運営の責務を担う三種の役僧(*三綱(さんごう))の一つでもあり，また，中国の禅宗では修行者の第一座にあるものを〈上座〉〈*首座(しゅそ)〉などと呼ぶ．

性罪 しょうざい　それ自身が不善すなわち*悪である*罪．詳しくは〈自性罪(じしょうざい)〉と呼び，〈性重(しょうじゅう)〉〈実罪(じつざい)〉とも称する．二罪(性罪・遮罪(しゃざい))の一つ．仏陀が制定しなくてもそれを犯せば罪を得るとされるもので，*自性が罪過であるもの．それ自身が悪であるので，それを行えば他者を損ない自分をも損ない，必ず*悪趣(あくしゅ)に生じることになるとされる罪が〈性罪〉である．〈遮罪〉は，行為自体は悪ではないが，結果として悪をもたらす危惧があるので，仏陀が制定して罪とされたものを指す．遮罪は世間の譏嫌(きげん)を避けるために制定されたものと考えることができる．*『倶舎論(くしゃろん)』第 14 などでは殺人・*偸盗(ちゅうとう)・*邪婬(じゃいん)・*妄語(もうご)の四*波羅夷(はらい)法を性罪とし，*『成実論(じょうじつろん)』第 90 では四波羅夷法以外に悪口(あっく)・*両舌(りょうぜつ)・*綺語(きご)・貪(とん)・瞋(じん)・癡(ち)を含めた十悪(→悪)を性罪とするなど，経論により一定しない．

上座部 じょうざぶ [p: Theravāda, s: Sthaviravāda]　*仏陀(ぶっだ)の滅後 100 年ほどして，*律(教団規則)の解釈(十事の*非法，大天の*五事)などで意見が対立し，教団は保守的な上層の上座部と進歩的な*大衆部(だいしゅぶ)とに根本分裂して，〈部派(小乗)仏教時代〉に入った．上座部は*教理・*戒律ともに伝統を重視する傾向が強かった．その後，教団はさらに枝末分裂を繰り返すが，上座部系の代表的な部派には，インドで最大であった*説一切有部(せついっさいうぶ)やスリランカ(セイロン)に伝わり今日まで存続しているスリランカ上座部(分別説部)，そのほか，*経量部(きょうりょうぶ)・化地部(けじぶ)・法蔵部(ほうぞうぶ)・犢子部(とくしぶ)・飲光部(おんこうぶ)・正量部(しょうりょうぶ)などがある．上座部系は主として西方・北方インドに広まり，大衆部に比較して勢力は大きかった．またスリランカ上座部は，後に東南アジアにも伝えられた．→部派仏教，南伝仏教．

生死 しょうじ [s: jāti-maraṇa, saṃsāra]　生まれることと死ぬこと．また，いのちあるものが，生まれることと死を繰り返すことをも意味し，〈輪廻(りんね)〉と同義にも用いられる．それ故，〈生死輪廻〉〈生死流転〉などという表現も仏典には散見される．→死，輪廻．

【初期仏典】古代インドでは，いのちある

ものは，死後においても何らかの相続主体が存続し，その後，再び異なる境遇に生まれると考えられ，そのような生死は無限に繰り返されるとも考えられた．古代インド人にとって，これは苦悩の連続に他ならず，多くの宗教，思想はこのような生死の連続(輪廻)からの解放(解脱)を究極の目標に据えている．仏典においても，生死の連続は*苦と捉えられており，さらに，仏教においては，生死の繰り返しは，我々人間の*煩悩に起因すると考えられたため，煩悩を滅することにより，生死の連続からの解放が可能になるとされた．このように生死とは，*迷いのただ中にある我々自身のあり様を比喩的に表現したものでもある．生死の超克は苦の終焉であり，それは涅槃と等値となり，仏教の目指すべき目標とされる．→解脱．

【大乗仏典】*一切法の空性を説く*中観派などでは，生死輪廻する迷いの生存は，究極的には*無自性で*空なるものと考えられた．生死と涅槃を実体のある別物と考えるのは，実は我々の*分別作用のなせるわざに過ぎず，そのような概念的分別を離れた究極の立場から見れば，生死輪廻と涅槃には差別が存在しないという．また，*唯識思想の立場からも，主観と客観との対立を超越することにより，生死輪廻の根拠である*阿頼耶識が転じられて涅槃が得られるとされ，生死輪廻と別に涅槃が実在するとは考えない．このような発想に親和して，大乗仏典には〈*生死即涅槃〉〈*煩悩即菩提〉という表現も珍しいものではない．また，大乗仏典には，*分段生死と不思議*変易生死という2種の生死が知られている．*『成唯識論』などによれば，前者は，迷いの凡夫の生死であり，寿命の長短や肉体の大小など限定された分段身を受けて輪廻することを言い，後者は，迷いを離れた聖者の生死であり，*無漏の*悲願力により，束縛のない自由な身を受けて輪廻することを言う．→涅槃．

「常に休み怠たることをなさば，生死の家を離れずして菩提の道に向かひがたかるべし」〔三宝絵上〕「生死は必ず別離有り」〔今昔2-2〕

承仕 しょうじ　〈じょうじ〉とも読み，〈承仕法師〉〈宮寺承仕法師〉ともいう．寺社の堂塔殿舎の清掃管理，仏具の整備，挑灯・拈香・供花などの雑役を勤める僧．半僧半俗的な存在で，妻帯自由で正式の僧名はなく慶信・慶光といった仮名で呼ばれる．平安時代から諸寺に置かれた．後世には法皇御所・幕府などにも置かれ，長く勤めた者は法橋・法眼といった*僧位に叙せられた．

「壇場を塗らむがために，承仕以下到来せり」〔続本朝往生伝6〕

正直 しょうじき　〈正直〉という読みかたは仏教から取りこんだものであって，もとは〈正しく直き〉と読まれ，意味は，自然のまま，ありのままなすなおさということであったと思われる．『続日本紀』の宣命において，国民の持つべき心として，「貞しく浄き」とか「清く明き」「清く直き」ということが強調されており，それらは生れたままの自然な心をさしたもので，日本思想の基調をなす自然順応に由来している．〈正直〉と読み変えられても，本来の意味は保たれたといえよう．

鎌倉末期から南北朝・室町時代にかけて，*神道を優位に置いた神本仏迹・神主仏従の*反本地垂迹説が台頭していったが，それが倫理観念にも及び，典型的な日本倫理である正直・清浄を根本(本地，主)にすえ，代表的な仏教倫理である*慈悲を垂迹(従)とみなすにいたる．まず，北畠親房は『神皇正統記』(1339)において，三種の神器である鏡・玉・剣に正直・慈悲・智慧をあてはめ，鏡すなわち正直を最も根本のものとした．そのあとに出た慈遍は，反本地垂迹説を主張し，それを倫理観念にも適用して，『豊葦原神風和記』(1340)に，「宗廟ノ御本誓，正直清浄ヲ先トス」と説き，しかし人の心が悪くなってきたために，「仏大慈悲ヲ垂レ，穢悪ノ中ニ責入」という．

近世の*排仏論において，仏教の慈悲(仏の愛)は人間の自然な心の現れである男女の愛を否定して立てられたもので日本の直き心に反する，と非難されるにもいたった．なお漢語〈正直〉は，まっすぐで正しく，うそいつわりがないこと．「正直の道」「廉潔正直」などの語が中国古典に見える．

「一人の太子あり．拘拏羅と云ふ．形貌

端正にして心性正直なり」〔今昔 4-4〕「三業正直にして身心を策ち励まし，ただ一乗を誦して更に余念なし」〔法華験記上 19〕

勝持寺 しょうじじ　京都市西京区大原野南春日町にある天台宗山門派の寺院．小塩山大原院と号す．通称〈花の寺〉と呼ばれ，桜の名所として知られる．天武天皇(?–686)の頃*役小角が開いた寺といい，延暦年間(782–806)*最澄が寺観を整えたとされるが，仁寿年間(851–854)文徳天皇(827–858)の*帰依で再興され〈大原院勝持寺〉と号した．長岡京・平安京ゆかりの大原野社と近く，清和天皇(850–880)，醍醐天皇(885–930)の帰依や貴顕の*外護を受けた．その後も足利尊氏(1305–58)の庇護をうけるなど寺門興隆したが，応仁の乱(1467–77)以後は山林田畑に対する安堵はされたものの寺勢振わず明治を経て現在に至った．

本尊の薬師如来坐像は特異な右手の相を持つ鎌倉時代のほとけであるが，*厨子入りの檀彫薬師如来坐像(平安後期)は小像とは思えない彫りの強さに堂々たる威容を感じさせる．また 1285 年(弘安 8)造立の仁王像が*湛慶・慶秀の作者銘を持っている．なお，向日市寺戸から移された宝菩提院の観世音菩薩像(奈良–平安初期)が同じ宝物収蔵庫に安置されている．片足を垂下した一木彫像(*一木造)で唐風の顕著な作である．

『声字実相義』 しょうじじっそうぎ　平安初期，真言宗開祖*空海(弘法大師)の著作．1 巻．『声字義』ともいう．〈声〉は音声・言語，〈字〉は文字，〈実相〉は真実・真理の意味で，普通の考え方では言語や文字は真理(*悟りの内容)を表現することはできないとするが，本書では真実の仏(*法身)は自らのはたらき(身と口と意の*三密)として言語と文字を示すから，真実の仏の声・字そのものが真実をあらわすと説く．これを声字すなわち実相という．真言宗で説く*真言は真実語であるという思想，法身説法の思想を明らかにした言語哲学の書である．→『吽字義』．

生死即涅槃 しょうじそくねはん　大乗仏教の空観に由来するもので，悟った仏智から見たならば，迷える衆生(現実)の生死の世界そのものが*不生不滅の清浄な*涅槃の境地であるという意．〈*煩悩即菩提〉と対句で用いられる．煩悩のために生死の果(迷界の苦果)があり，菩提によって涅槃の果(悟界の証果)があるというような，両者が互いに隔絶した位置関係にあるのは，*凡夫が*執着し迷っているからであり，ひとたび仏智見を得たならば，煩悩には煩悩の*相はなく，菩提には菩提の相はなくなっており，いとうべき生死もなく，求むべき涅槃もない．積極的にいえば，煩悩と菩提，生死と涅槃は*不二・*相即している．こうして，生死即涅槃と煩悩即菩提の 2 句は連用される．

竜樹の*『中論』観涅槃品に「生死は涅槃といかなる差別もない．涅槃は生死といかなる差別もない」といい，真諦訳の*『摂大乗論』巻下に「生死は即ち涅槃なり．二は此彼なきが故なり」という．道元は*『正法眼蔵』において，「生死はすなはち涅槃なりと覚了すべし，いまだ生死のほかに涅槃を談ずることなし」〔弁道話〕，「ただ生死すなはち涅槃とこころえて，生死としていとふべきもなく，涅槃としてねがふべきものなし」〔生死〕と説く．

「生ぜず滅せず，垢れず浄からず．一色・一香も中道にあらずといふことなし．生死即涅槃，煩悩即菩提なり」〔往生要集大文第 4〕

成実宗 じょうじつしゅう　*『成実論』を研究する学派の称．『成実論』は，*ハリヴァルマン(訶梨跋摩)の著作で，主として部派仏教の*経量部の立場から*説一切有部の思想を批判し，また*大乗仏教の要素も取り込んでいる．梵本，チベット語訳は現存せず，*鳩摩羅什による漢訳(411–412)が現存するのみである．書名の意味は，「真実を完成する論」と推定され，その〈真実〉とは*四諦の教えを指すと考えられる．

鳩摩羅什によって『成実論』が漢訳されると，まず門下によって研究され，しだいに中国の南北両地で盛んに研究されるようになった．特に梁代には，涅槃経を最高の経典とみなす教判の立場にたつ*智蔵・*僧旻・*法雲の三大法師が，熱心に『成実論』をも研究し，そのため〈成論師〉などと呼ばれた．なかでも智蔵は『成実論大義記』『成実論義疏』を著して大きな影響力をもった．しかし，こうして梁代に最盛期を迎えた『成実論』の研究も，法上(495–580)や*吉蔵によって小乗の論書と規定されるに至り，しだいに衰微していった．『成実論』の注釈書も，智蔵のそれを含めてすべて散逸して現存せず，敦煌写本(*敦煌文書)の断簡や後代における断片的な引用が知られるだけである．なお，成実宗は，日本へは*三論宗とともに中国から伝わり，*南都六宗の一つとして存したが，三論宗の*寓宗として研究されるにとどまった．

『成実論』 じょうじつろん　*ハリヴァルマン(訶梨跋摩)著．*鳩摩羅什の漢訳が現存．16巻または20巻．4世紀後半の成立か．*経量部に立ち，それに大乗仏教を加味しながら，*説一切有部の基本的立場である*法の*実有思想を批判し，法が*空であることを強調．また，心を本体(心)と心理現象(*心所)とに分ける説に反対して，一つのまとまりあるものとして捉えることを主張．仏教以外の学説も，多く引用している．中国では，*『倶舎論』が翻訳されるまでは仏教教理の綱要書の代表とみなされ，盛んに研究されて，*成実宗を形成するに至った．その後，『成実論』が大乗論書であるか小乗論書であるかということで論義がおき，しだいに小乗論書と見なされるようになった．

聖者 しょうじゃ　[*s*: ārya, ārya-pudgala, muni]　一般には〈せいじゃ〉とも読む．〈聖〉とは宗教の中心的価値概念で，日常性・世俗性と対蹠され，何らかの形でそれを身につけた人が〈聖者〉〈*聖人〉〈*上人〉と称せられる．聖者性は，*禁欲・聖典読誦などの*修行・*苦行によって培われ，聖者は聖職者として秘義を解する知力を有し，*奇蹟を行ずる特殊な神秘力を具えていると信じられた．仏教では，主に*凡夫(pṛthag-jana，*異生)との対立概念として用いられる．*説一切有部では，*三賢・*四善根を経て，*見道に入った者，すなわち見道の初果(苦法智忍)を得た者を聖者と呼ぶ．大乗では，初地(*十地の中の初歓喜地)以上の者をさすこともあり，また*声聞・*独覚・*菩薩を一括して聖者と呼ぶ場合もある．「大権の聖者の，末代をかんがみて記し置き給ひし事なれども」〔太平記6.正成〕．→聖．

精舎 しょうじゃ　[*s*: vihāra]　サンスクリット語〈ヴィハーラ〉の漢訳語．*出家修行者の住する寺院．僧院．釈尊在世中の*祇園精舎・*竹林精舎などが有名．中国での注釈によれば，〈精舎〉は立派なすぐれた建物の意ではなく，精練(十分によく自己の智徳を練り鍛える)する者の舎宅の意であるとする．法華経分別功徳品には「栴檀もて精舎を立て，園林を以て荘厳す」とある．なお精舎の語は，『後漢書』党錮列伝に「劉淑…遂に隠居し，精舎を立て講授す．諸生常に数百人あり」と，世俗を離れた隠者が主催する学校・学舎の意味で用いられている．また*道教においても，道士の住む道館，もしくは在俗信者のための施設の意味で用いられる．なお『管子』内業には「定心中に在らば，耳目聡明，四枝(肢)堅固にして，以て精の舎と為すべし」とあって，精(*気のもっともすぐれたもの)の宿る所の意で用いられている．「ここに一の老嫗あり．宅を与へていはく，願はくは精舎をその中に造らむ，といへり」〔拾遺往生伝上5〕．→寺院，僧院．

常寂光土 じょうじゃっこうど　永遠・絶対の浄土を意味する．〈常寂光〉〈寂光浄土〉ともいう．*智顗が立てた*四土の中で，最後に置かれた世界．〈常寂光土〉という語は，智顗が*観普賢経の「釈迦牟尼仏を毘盧遮那遍一切処と名づけ，その仏の住処を常寂光と名づく」ということばから取り，久遠釈尊の本身(*法身)の世界(本土)にあてたもの．真に永遠な浄土は，此彼相対の限定的なわくをこえた絶対界であり，積極的にいえば，ただ今，この*娑婆において感得される浄土であるという趣意で，娑婆即寂光と考えられた．日本では，〈寂光の都〉などという．→浄土．

「釈迦牟尼仏を毘盧舎那と名付け奉る．一切の所に遍じ給へる故に，その仏の住所をば，常寂光と名付く」〔栄花玉の台〕「釈迦牟尼仏・毘盧遮那の国土，常寂光土なり」〔60巻本正法眼蔵法華転法華〕．

生者必滅 しょうじゃひつめつ　この世に生を享けたものは必ず最後には滅び，死んでいくという意味．〈*会者定離〉と対をなす．仏教の世界観の基本に〈*諸行無常〉がある．すべてのものは変化してやまない意味で，この認識が生きとし生けるもの(*衆生)に適用されたもの．「盛者必衰」とする*『平家物語』をはじめ，中世*無常観の象徴的用語として文学作品にも散見．「釈迦如来，生者必滅のことわりをしめさんと，沙羅双樹の下にしてかりに滅を唱へ給ひ」〔保元上．法皇崩御〕

尚闍梨仙人 しょうじゃりせんにん　〈尚闍梨〉はサンスクリット語 Śaṅkhācārya の音写と推定されている．〈螺髻仙人〉ともいい，わが国では〈商闍梨〉〈正闍梨〉をも当てる．*『大智度論』17に見え，その行状は，*六波羅蜜の一つ，禅定波羅蜜の例話として引かれる．尚闍梨仙人が禅定にはいって瞑想中，鳥が木の株と勘違いして頭上に巣造りをし，髻の中に卵を生んだ．仙人は*定より出てそれに気づき，卵がこわれることを恐れて再度入定し，雛がかえって飛び立つまで不動であった，という話．釈迦の*本生譚として説かれるもので，『三宝絵』『私聚百因縁集』などの仏教説話集にも散見する．

摂受 しょうじゅ　教化方法の一種で，〈折伏〉と対になる．摂受は，寛容・寛大な立場に立って，相手の立場を摂取包容する教化方法である．*勝鬘経十大受章に初出する．→折伏．

聖衆 しょうじゅ　聖なる人々の意で，*声聞・*縁覚・*菩薩などの聖位にある者をいう．特に浄土教では，極楽浄土の*阿弥陀仏に付き従う*観世音菩薩・*勢至菩薩などの菩薩衆をさす場合が多く，人々の臨終にあたって仏とともに*来迎するとされる．*阿弥陀経に「一心不乱なれば，その人命終の時に臨んで，阿弥陀仏，諸の聖衆とともにその前に現る」とある．このような聖衆の来迎を画いたものを〈聖衆来迎図〉と呼ぶ．

常住 じょうじゅう [s: nitya, śāśvata]　生滅・変化なく，永久に常に存在すること．*無常の対．*迷い・*有為の世界が無常であるのにたいし，*悟り・*無為の世界は常住であると考えられている．インドでは*ウパニシャッド以来，*アートマン(ātman，*我)は常住であるという前提が広く定着するが，仏教はこのようなアートマンを強く批判した．ただし仏教も，悟り(*涅槃)は*不生不滅の性質であり，その意味で常住であることを認めていた．さらに大乗仏教になると，*諸法の真のすがたを体得した*法身としての仏陀は常住であり，しかもすべての*有情(衆生)に遍満するその法身は，偶然的な煩悩に纏われている有情(衆生)の内にあっては常住なる悟りの本性，つまり無始以来の*如来蔵・*仏性としてあるとする〈仏性常住説〉も登場する．なおインドでは，常住は2種に区別されることがある．一つは生滅・変化の全くない静的・固定的な常住 kūṭastha-nitya と，他は常に変化を繰り返しながらも永遠に存在し続けていく動的な常住 pariṇāminitya とである．→永遠．

「衆生の尽く仏と作ることなければ，如来の常住なりといふこと明らかなり」〔勝鬘経義疏〕

生住異滅 しょうじゅういめつ　*諸法が生じ，存続し，変化し，消滅するという四つの変遷のすがた．教理的には〈有為法の四相〉といわれ，つくられた*法，つまり無常なる法が必ず具えている四つの特徴(相)をいう．*説一切有部の基本的な教理であり，*『倶舎論』などに詳しく説かれる．転じて〈生老病死〉と類義に，人間が生れ，成長し，老いて死ぬ意，または事物が生成変化して消滅する意に用いられることもある．なお，生住異滅に対して生住滅という〈三相〉の説もある．→四相，有為．

「生住異滅の移りかはる実の大事は，たけき河のみなぎり流るるがごとし」〔徒然155〕「凡夫の心と思へる者は…刹那に生滅してしばらくも停住せざる事，水の流注し灯の焔を続くがごとし．色身と同じく生住異滅す」〔夢中問答下〕

趙州従諗 じょうしゅうじゅうしん [Zhào-zhōu Cóng-shěn]　778–897　中国，唐代の禅僧．曹州(山東省)の人．俗姓は郝氏．南泉普願に師事し，途中で諸方に行脚に出たが，師の示寂の時までは南泉山を本拠として随身を続け，57歳で師の遷化に逢う．60歳で再行脚に出て，諸方の禅匠と問答商量して境涯を練り，80歳ではじめて趙州の観音院に住持し，120歳まで法を挙揚したという．諡号は真際大師．その宗風は棒喝のはげしさを示さず，平易な口語で法を説き，世に「口唇皮上に光を放つ」と称された．*語録として『趙州録』がある．

正宗分 しょうじゅうぶん　⇒科文(かもん)，分科(ぶんか)

常住物 じょうじゅうもつ　〈常住僧物(そうもつ)〉あるいは〈僧物〉ともいう．寺院の財産．ここに〈常住〉とは，寺院の運営を担当する役職で禅宗に始まる用語である．*比丘(びく)は原則的に*三衣一鉢(さんねいっぱつ)しか所有を許されないが，*僧伽(そうぎゃ)には建物，所属する樹木・田園などの財産がある．これらは僧伽すなわちそこに属する比丘の共有財産であり，それを〈常住物〉と称する．律典にも僧物の記事が見え，古くから定着していたが，中国に伝わってから，備蓄を必要とする生活環境であることも原因して，僕や家畜，米麦さらに金銭など，生産手段や貯蔵品などに拡大し，寺院財産は急激に膨張した．これらがやがて僧侶の私有財産所持の容認につながっていったのである．「また大宋宏智(わんし)禅師の会下(えげ)，天童は常住物千人の用途なり」〔随聞記3〕

聖衆来迎寺 しょうじゅらいこうじ　滋賀県大津市比叡辻にある天台宗の寺．山号は紫雲山．寺伝では，790年(延暦9)に*最澄(さいちょう)が自刻の地蔵菩薩像を安置して創建，後1001年(長保3)に*源信が念仏修行の道場にしたという．1527年(大永7)に真玄上人が再興．江戸初期には各地で什宝(じゅうほう)が*開帳されて*伽藍(がらん)が整えられた．客殿はこの時のもので，襖絵(ふすまえ)は狩野派による．主な什宝としては，鎌倉時代の六道絵(15幅)，高麗(こうらい)画の楊柳観音(ようりゅうかんのん)像，右手で衣の端を握る特異な姿の金銅薬師如来像(奈良時代)，透彫の金銅製光背が美しい地蔵菩薩像(1330)などがある．毎年8月16日には客殿で什宝が公開される．本尊は中央に阿弥陀如来(あみだにょらい)，左右に薬師如来と釈迦如来を配する天台の三尊並坐(びょうざ)形式である．

小乗 しょうじょう　[*s*: hīnayāna]　サンスクリット語は，劣った乗物の意．〈下劣乗〉と訳すこともある．自利よりも利他を標榜(ひょうぼう)し強調する*菩薩行(ぼさつぎょう)の仏教徒が自分たちの教えを〈大乗〉(すぐれた乗物)と称し，*声聞(しょうもん)と*縁覚(えんがく)の*二乗に対して，声聞と縁覚とは自利を図ることしかしないとして名付けた貶称(へんしょう)．このうち声聞乗は，大乗興起時代の守旧的で，煩瑣(はんさ)な教学に明け暮れた*部派仏教を指していると考えられるが，彼等自身が自らを小乗と称したわけではない．また今日，*南伝仏教を時に小乗仏教と呼ぶことがあるが，上の由来を考えれば適切でないといえよう．「あるいは大乗をとき，小乗をとき，あるいは実教をひろめ，権教をひろむ」〔黒谷上人語灯録11〕．→大乗．

清浄 しょうじょう　[*s*: śuddhi, viśuddhi, pariśuddhi]　*煩悩(ぼんのう)の汚れを意味する〈雑染(ぞうぜん)〉(saṃkleśa)に対立する．

【心性本浄説と染浄和合説】初期仏典の一部(パーリ増支部(ぞういつぶ))には，心は光り輝いている(*p*: pabhassara, *s*: prabhāsvara)という表現も見られ，後代の心性本浄(しんしょうほんじょう)説，すなわち心の*本性は光り輝いている(prakṛti-prabhāsvara)，さらには*自性(prakṛti, svabhāva)が清浄(viśuddha)であるとの説の根拠とされ，*如来蔵(にょらいぞう)・*仏性(ぶっしょう)説の淵源ともいわれる．ただし初期仏教の多くの経典は，心が清浄であるか*染汚(ぜんま)(雑染)されているかは後天的であるとし(染浄和合説)，心の清浄と雑染のあり方がそれぞれ安楽と苦悩の結果を導くという．

【清浄の分類】摩訶般若波羅蜜経(まかはんにゃはらみつきょう)16(不退品55)では，善行を積んで，身の曲りと心の邪(よこしま)がないことを〈身清浄〉と〈心清浄〉の二つとする．*悟り，あるいは悟りに近い状態と関連し，無*執着(しゅうじゃく)・*無我・*空などの意味を持つこととなる．*『倶舎論(くしゃろん)』16(業品4)では，しばらくの間，または永い間，一切の悪行と煩悩とを離れることを〈清浄〉と呼び，身体(身)・ことば(語)・おもい(意)の3種(*身口意(しんくい))の清浄を説く．無性(むしょう)の『摂大乗論釈(しょうだいじょうろんしゃく)』2では，しばらくの間，煩悩をおさえた状態を世俗の清浄(世間(せけん)清浄)，完全に煩悩を断った状態を，仏道*解脱(げだつ)の清浄(出世間(しゅっせけん)清浄)と分ける．また，世親(せしん)の*『往生論』では，*仏国土(ぶっこくど)である環境が清らかであることを山川国土の場所の清浄(器世間(きせけん)清浄)，その国土に住むものが清らかであることを生命あるものの清浄(衆生世間(しゅじょうせけん)清浄)という．

【浄信】また，信仰の一形態として，*仏法を聞いて，心が清らかに澄んだ状態になることを〈浄信(じょうしん)〉(prasāda が一般的)と呼び，一般信者の心のありようをいったが，やがて究極の静寂さと平等の心を〈浄〉と見て，悟りに入ることを〈浄信〉と解釈するようにもなった．

なお漢語の〈清浄(せいじょう)〉は，*道(どう)を体得した人が到達する清らかな境地をいい，道家思想で重んじられた．『老子』45章には「躁は寒に勝ち，静は熱に勝つ．清静にして天下の正と為る」とあり，じっとして静かであり何もしなければ天下の主長となることができるとしている．司馬遷も*老子の思想を要約して「無為自化，清浄自正」と記している(『史記』太史公自序)．

「かの土(ど)(浄土)の衆生は，その身，真金色(しんこんじき)にして，内外(ないげ)ともに清浄なり」〔往生要集大文第2〕「我等本来の心，自性清浄なり．実には仏と全く同じ」〔雑談集1〕

縄床 じょうしょう 〈縄牀〉とも書く．〈交椅(倚)(こうい)〉〈交牀〉〈胡床(こしょう)〉ともいう．縄製の椅子の一種で，前後の脚を交差させて畳むようにしたもの．比丘*十八物の一つ．『瑯邪代酔編』に「古えは地に席して坐す，未だ嘗て椅有らず，晋に至って乃(すなわ)ち縄床あり．即今の上馬交床の類，此れ椅を用うるの漸(はじめ)なり」とあり，また『五車妙選』に「杜詩に花影縄床に在りと．注に云く，縄を以て穿って坐具となす．即今の交椅なり．胡床とも云う．隋は胡を悪む．改めて交床と名づく．唐に胡床と改む」とある．「持てる物は，法花経一部…白銅の水瓶一口，縄床一足なり」〔霊異記下1〕

正定業 しょうじょうごう 正(ま)しく*往生の因と定められた*行業(ぎょうごう)の意．*称名(しょうみょう)の行をいう．善導は*『観無量寿経疏(かんむりょうじゅきょうしょ)』散善義において，行を〈正行(しょうぎょう)〉と〈雑行(ぞうぎょう)〉に分け，正行5種をさらに2業(ごう)に分かち，称名の行を「かの仏(阿弥陀仏)の願に順ずるが故に」正定の業とし，他の*読誦(どくじゅ)・*観察(かんざつ)・*礼拝(らいはい)・*讃歎供養(さんだんくよう)の4正行を〈助業(じょごう)〉と規定した．この思想はわが国の*法然(ほうねん)・*親鸞(しんらん)に受けつがれ，浄土教の中心思想をなしている．「後世のために念仏を正定の業とすれば，是をさしおきて余の行を修すべきにあらざれば」〔拾遺黒谷上人語灯録下〕．→正行・雑行，助業．

清浄光寺 しょうじょうこうじ 神奈川県藤沢市西富にある*一遍(いっぺん)を宗祖とする*時宗(じしゅう)の総本山．山号は藤沢山(とうたくさん)．別称，藤沢道場・遊行寺(ゆぎょうじ)．遊行4代呑海(どんかい)により1325年(正中2)開山．遊行上人(ゆぎょうしょうにん)を引退すると当寺の住持になり，藤沢上人を称して諸国散在の道場の指導に当るのが例であった．1513年(永正10)兵火に焼失，1607年(慶長12)再建．江戸時代は徳川氏の保護を受けて繁栄した．寺宝に『一遍聖絵(いっぺんひじりえ)』(*『一遍上人絵伝』)，後醍醐天皇画像，その他古文書・古記録がある．

勝常寺 しょうじょうじ 福島県河沼郡湯川村にある真言宗豊山(ぶざん)派の古刹．山号は瑠璃光山(るりこうざん)．810年(弘仁1)南都の僧*徳一(とくいち)の開基と伝え，会津五薬師の中央薬師と称せられる．本尊薬師三尊像は，本寺開創の折の本尊と考えられ，飛天光背を含めて奈良時代の様風を伝える東北地方屈指の古像である．その他，十一面観音立像，地蔵菩薩立像(2軀)，聖(しょう)観音立像および四天王像(4軀)など，いずれも創建に近い時期の一群の古像を伝えている．薬師堂は天正の兵火を免れた室町初期の建立で，四注造(しちゅうづくり)茅葺で軒が深く，いかにもこの地域にふさわしい様式を示している．

正定聚 しょうじょうじゅ [s: niyata-samyaktva] 〈正性決定(しょうしょうけつじょう)〉ともいい，まさしく悟りが決定している人またはその位を意味する．浄土教では，必ず*往生することに定まっている人びとのことをいう．*親鸞(しんらん)は，「信心定まるとき往生また定まるなり」〔末灯鈔〕といい，無量寿経に「即(すなわ)ち往生を得，不退転に住す」とある「即得往生」とはこの世(現生)において正定聚に住することであると〈現生(げんしょう)正定聚〉ということを強調する．「信心の定まらぬ人は，正定聚に住したまはずして，うかれたまひたる人なり」〔末灯鈔〕．→三定聚．

『清浄道論』 しょうじょうどうろん [p: *Visuddhi-magga*] *ブッダゴーサ(5世紀)が著した仏教教義の百科全書的綱要書．インド出身の著者がスリランカ(セイロン)に伝わるシンハラ語注釈書を*パーリ語に翻訳する前に，師匠であるサンガパーラから委嘱されて著したというが，実際には先行する『解脱道論(げだつどうろん)』(*Vimuktimārga*)を参考にしつつ，当時までにインドに伝わる教義にスリランカ伝来の材料を盛り込みながら纏め上げた作品とみられている．これによってスリランカ正統派となる*上座部大寺派の教義が確定し，*東南アジア仏教全体にとっての正統説の根拠となった重要な著作である．後の注釈者たちはこの著作に扱われていることは正統説とみなし原則として再び議論することはない．

23章からなる全体の内容は戒(かい)・定(じょう)・慧(え)という*三学にカテゴリー化された上で，ニカーヤ(→阿含経(あごんぎょう))からの引用とその説明や補足的逸話が，仏教教義の枢要である*四諦(したい)説に則って構造的に配列され，最後にはその膨大な内容全体が著作の冒頭に掲げられた一詩句に収まってしまうという驚異的な構造を持つ．上座部教義全体の術語の解釈や異説の整理，さらには瞑想技術の詳細などが，インド，スリランカ双方に起源する題材を交えて縦横無尽になされており，北伝とは異なった系統の仏教を探る上での資料的価値がきわめて高い．

焼身 しょうしん　仏に対する*供養(くよう)のため，あるいは他の生物を救うためにわが身を捨てることを〈*捨身(しゃしん)〉といい，*布施(ふせ)の最上のものとされた．焼身はその一つの形態で，法華経薬王品で*薬王菩薩(やくおうぼさつ)が仏への供養としてわが身を火に投じて〈焼身供養〉したことに基づく．中国や日本で*法華(ほっけ)信仰が盛んになるにつれて焼身の例がみられ，また日本で*浄土(じょうど)信仰が盛行するとわが身を焼いて〈焼身往生(おうじょう)〉することが行われた．「焼身の時に臨みて，新しき紙の法服を着て，手に香炉を執り，薪の上に結跏趺座して」〔法華験記上9〕「我身命を愛せず，ただ極楽に生まれむことを念ふ．身を焼き三宝に供養するにしかず」〔法華験記上15〕

証真 しょうしん　生没年未詳．宝地房と号し，日本天台の*本覚思想に批判を加えた最初の人物．正統派に属する天台学僧．法華三大部(*天台三大部)を注釈した『法華三大部私記』30巻(1207)のうちの『法華玄義私記』7において，種々の角度から本覚思想を批判した．特に本覚思想が*仏凡不二(ぶつぼんふに)の理に心酔して成仏のための修行を忘失したことに対し，無因有果(むいんうか)の*自然外道(じねんげどう)におちいるものと評した．浄土念仏の立場から本覚思想に批判を向けた*法然(1133-1212)とも交流．

生身 しょうじん　生まれながらの身体．父母から生まれた身体一般を指すが，特に仏・菩薩(ぼさつ)の衆生(しゅじょう)を救済するために*化現(けげん)する*化身(けしん)としての身体や，釈尊(しゃくそん)の生まれたままの身体を意味し，仏像の対語として用いることが多い．「その像，地獄の中に入りて，受苦の衆生を教化し給ふ事，生身の仏に異ならず」〔今昔6-19〕

精進 しょうじん [*s*: vīrya, *p*: viriya]　精魂をこめてひたすら進むこと．〈勤(ごん)〉とも訳される．*八正道(はっしょうどう)の第6に正勤(正しい精進)が置かれ，*五根(ごこん)・*五力(ごりき)などに取りあげられて重視され，さらに大乗仏教の実践を説く*六波羅蜜(ろくはらみつ)の第4徳目に挙げられている．本来は，俗縁を絶って*潔斎(けっさい)し，出家入道したのちはひたすら宗教的生活の一途に生きることをいう．それが民間の在家仏教者にとって，魚虫鳥獣の肉類を食べない意味へと転化した．また神道へ導入されて，禊(みそぎ)・*祓(はらえ)と並んで重要視され，食物上の禁忌ばかりでなく，行為上の禁忌，すなわち穀断(こくだち)・火断(ひだち)・塩断(しおだち)などの*物忌みまでを含むに至った．

なお，仏事や神事のために期間を限って精進をする場合，その期間が終って平常の生活にもどることを〈精進明(あけ)〉〈精進落(おち)〉〈精進解(どき)〉などという．現在では，服喪の期間が終り，菜食本位から解放されて肉食をとることが許されること，またその時にもてなす料理を意味することが多い．これに対して，精進中の食物を〈精進物〉といい，精進揚(あげ)はそれに用いる揚げ物の意．なお漢語〈精進(せいしん)〉は，物事に詳しく明らかになって仕事につとめ励むこと．

「誠に知んぬ，除難護国は般若特に尊く，積福滅災は精進するにしかざることを」〔顕戒論中〕「永暦元年十月十七日より精進を始めて，法印覚讃を先達にして，二十三日進発しき」〔梁塵秘抄口伝集〕

定心・散心 じょうしん・さんじん　〈定散二心〉ともいう．〈定心〉とは，雑念を離れて散動せず一つのものに集中する心のこと．〈散心〉とは，散動する通常の心のこと．*観無量寿経(かんむりょうじゅきょう)には阿弥陀仏の浄土へ往生するための16種の*観法を説いているが，そのうちはじめの13種は定心の善(定善)，のちの3種は散心の善(散善)とする．*親鸞は定散二心をともに自力とし，この二心をひるがえして，本願*他力に帰することをすすめる．「定心に法華を誦すること，既に万余部に及べり」〔法華験記中47〕「わづかに散心念仏ばかりを行として，知り難き臨終正念を期し」〔発心集7-12〕．→十六観，定善・散善．

成尋 じょうじん　1011(寛弘8)-81(永保1)　入宋した天台僧．父は藤原実方の子，母は源俊賢の娘とされるが，諸説ある．7歳で京都岩倉の大雲寺文慶(のち園城寺長吏となる)の門に入って*顕密を学び，行円・明尊から*台密を受け，1041年(長久2)大雲寺別当となり，関白頼通の護持僧をも勤める．62歳(1072)，*『往生要集』や*円仁・*奝然の巡礼記などをたずさえて入宋し，諸方を巡歴，汴京(開封)で訳経にも参加し，勅旨の祈雨の効で善慧大師を賜号される．ために帰国を許されず，仏典など527巻を弟子に託し，開封開宝寺で没．*『参天台五台山記』のほか，『観心論註』『法華経註』などの著作がある．

成身会 じょうじんえ　⇒両界曼荼羅

『正信念仏偈』 しょうしんねんぶつげ　『正信偈』と略称される．*親鸞の*『教行信証』の「行巻」の末尾にある7言120句の*偈文．大別して二つの部分から成り，初めの部分は，無量寿経に明らかにされている*本願を信じ，念仏を正信する道の広大なることを讃歎し，後の部分では，この教えの伝承者であるインド・中国・日本の*七高僧の教えの綱要を記してその徳を讃歎している．親鸞は，知恩報徳の思いからこの偈頌を制作したと述べている．本願寺8世*蓮如以来，朝夕の在家勤行にも広く読誦されている．

性善・性悪 しょうぜん・しょうあく　中国の伝統思想においては，性善・性悪の説が人性論として唱えられ，戦国中期の孟子が性善説を，戦国後期の荀子が性悪説を主張したことはあまりにも有名．漢代には揚雄が「人の性は善悪混ず」〔法言修身〕との説を唱える．なお総じて，中国思想史における人性論の展開からすれば，仏教の教えは性善の立場に立つということになる．

　天台宗において〈修善・修悪〉に対していう概念．実際に生じた*善悪を〈修善・修悪〉というのに対して，本性の上に本来具わっている善悪を〈性善・性悪〉という．前者は後天的であるのに対して，後者は先天的なものを意味する．一般に仏教では，*真如*法性は純真無妄で悪を具えていないが，*無明の妄縁に依りて本性に背き悪を起こすと考えるが，天台*智顗は善悪相即論を説き，特に『観音玄義』巻上では「闡提(極悪人)は修善を断じ尽くしてただ性善あり．仏は修悪を断じ尽くしてただ性悪あり」と述べている．この，仏に性悪ありとの説は，如来性悪法門といわれ，地獄界における仏の自由自在な救済活動の根拠となる理論となった．後世に大きな影響を与え，『観音玄義』偽書説も出されたが，山家派の四明*知礼はこれを天台教学の特徴として重視した．→悪．

定善・散善 じょうぜん・さんぜん　〈定散二善〉ともいう．定心の善，散心の善のこと．〈定心の善〉(定善)とは，雑念を払い心を集中して仏および浄土を一心に念ずることで，*禅定，*三昧(瞑想)をさす．〈散心の善〉(散善)とは，平生の散動する心のままで悪を捨て善を修めることで，道徳的善，徳行をさす．*観無量寿経に説かれる浄土へ往生するための十六観を*善導が定散二善にまとめ，*親鸞はともに自力の善とし，これらによっては*凡夫は真実の*報土に往生することはできないとする．「観経の意，初め広く定散の行を説いてあまねく衆機に逗す，後には定散二善を廃して，念仏一行に帰せしむ」〔選択集〕．→十六観，定心・散心．

性相 しょうそう　存在するものの*本性(ものそれ自体)とそのすがた，または，唯一・根本の真理と多様な現象をいう．*法相宗では，これを〈三性〉との関係で2種に解釈する．すなわち，一方では，〈性〉は存在するものそれ自体をいい，〈相〉はそれに具わる三性のことであるとし，他方，〈性〉は三性の中の円成実性，〈相〉は依他起性であるとする．なお，法相宗・*倶舎宗の学問を性相あるいは性相学というが，この意味では〈しょうぞう〉と読むのが普通．「内にあらず外にあらず中間にあらず，性相は如々にして倶に動ぜず」〔往生要集大文第5〕「この不思議の一心の中に性あり，相あり」〔法相二巻抄上〕．→性，相，三性．

浄蔵・浄眼 じょうぞう・じょうげん　［*s*: Vimalagarbha;

Vimalanetra] 法華経の「妙荘厳王本事品」中で説かれる妙荘厳(みょうしょうごん)王の2王子の名．同品によると，この2王子は*婆羅門(ばらもん)教を信ずる父王に向かい，神通を現じて仏の教えに引き入れ，さらに仏に会うことの稀なることを教えて(優曇波羅(うどんばら)の華の如く，一眼の亀の浮木の孔に値(あ)うが如し)，両親に仏(雲雷音宿王華智仏(うんらいおんしゅくおうけちぶつ))を供養させ，仏は法華経を説いて，妙荘厳王に未来成仏の*記別(きべつ)を与えたという．そして，この2王子は今の薬王・薬上の2菩薩であったとして，その功徳が讃えられている．→薬王菩薩．

正倉院 しょうそういん　奈良時代の寺院では宝物・什器(じゅうき)・米などを納める倉が多数あり，その一郭を〈倉垣院(そうえんいん)〉といった．〈正倉〉はとくに重要な倉を指し，それが一郭をなしていたとき〈正倉院〉と呼ぶ．正倉院は固有名詞ではなかったが，*東大寺のものが特に著名になったので，現在ではそれが固有名詞になっている．正倉は一般に寺の*三綱(さんごう)が管理する〈綱封蔵(こうふうぞう)〉であったが，東大寺のものは756年(天平勝宝8)前後に造営されたようで*聖武天皇の遺物を納めたので勅封となり今日に及んでいる．倉には*校倉造(あぜくらづくり)が多く用いられ，同形同大の二つの倉を並べ，上に一つの屋根をかけたものを〈双倉(ならびくら)〉といい，正倉院宝庫も最初はそうであったが，建立後まもなく中間部にも壁を造って現在のような形となった．→正倉院宝物．

正倉院宝物 しょうそういんほうもつ　東大寺大仏殿の西北にある*正倉院に納められた宝物の総称．*聖武天皇(しょうむてんのう)が756年(天平勝宝8)に崩御したのち，*光明皇后(こうみょうこうごう)が東大寺盧舎那仏(るしゃなぶつ)に献納した天皇遺愛品と，それ以外の東大寺の什宝類とに大別される．現存の校倉(あぜくら)は北・中・南の3室からなるが，北倉には光明皇后の献納品が収められ，中倉には武具や薬物類，南倉は東大寺の*大仏開眼(だいぶつかいげん)法会に関するものが収められていた．1963年以後は空調の完備した鉄筋コンクリート造りの西宝庫に保管されている．

この宝物(御物)の中には聖武天皇の宸翰(しんかん)になる『雑集』をはじめ，光明皇后の『楽毅論(がっきろん)』『杜家立成(とかりっせい)』など現在中国に存在しない王羲之の書の臨書などのほか，螺鈿(らでん)の飾りをほどこした白銅製の八花鏡(はっかきょう)が9面その当時のまま保存されている．そのほかに楽器類も琵琶(びわ)や阮咸(げんかん)あるいは蛇紋石の尺八などがある．それらが出土品でなく，地上での伝世品であるところに大きな特徴があるとともに，当時の目録通りに存在することにも大きな意義がある．ことにガラス製品にいたっては，奈良時代に唐を経由して渡来したものであり，当時のペルシア，インド，ギリシアなどの*シルク-ロードの文化がそのまま伝えられているのであって，この時代の日本文化の世界性を示すものが多く蔵されている．北・中倉は勅封(ちょくふう)，南倉は綱封(ごうふう)(*僧綱(そうごう)の管理下にあること)であったが，ともに勅封となり，毎年秋，奈良国立博物館などで宝物の一部が展示されている．

正像末 しょうぞうまつ　〈正法(しょうぼう)〉と〈像法(ぞうぼう)〉と〈末法(まっぽう)〉の*三時をいう．釈尊入滅後の教法の受けとられ方を3期に分けて示したもの．インドでは，正法・像法が説かれ，それとは独立に末法が説かれることもあるが，正像末の三時が組合せられるのは中国南北朝末期(6世紀)である．唐の基(き)の*『大乗法苑義林章』6に「教と行と証とを具(そな)えたるを名づけて正法と為す．但(ただ)教と行とのみ有るを名づけて像法と為す．教有りて余無きを名づけて末法と為す」とある．〈正法〉は釈尊の滅後500年あるいは1000年間，その教えと，それを実践する行(ぎょう)と，その結果としての証(しょう)(悟り)の三つが正しく具わっている時代．〈像法〉は次の1000年間で，教と行とはあっても，悟りを完成することのできない時代．そして〈末法〉は教えだけが残り，人がいかに修行して悟りを得ようとしても，とうてい不可能な時代をいう．多分に比喩的な時代区分で，時代が下がるにつれて，人びとの教法を受け容れる能力が衰えると考える史観である．

なお，正像末算定の基準となる釈尊入滅時としては，わが国では唐の法琳(ほうりん)『破邪論(はじゃろん)』に引く『周書異記』の説などに従って，周の穆(ぼく)王52年(紀元前949年)を一応の標準とした．伝最澄(さいちょう)作の*『末法灯明記(まっぽうとうみょうき)』などにも見えるもので，平安時代の永承7年(1052)入末法説も，正法1000年，像法1000年としてこれに依拠している．→正法，像法，末法．

「仏法に正像末を立つる事，しばらく一途の方便なり．真実の教道はしかあらず」〔随聞記5〕

招提 しょうだい　サンスクリット語 cāturdiśa の音写．一説に〈拓提(たくだい)〉の誤記という．四方という意味で，とくに東西南北の四方で自由に修行している僧達をさす．それらの僧を〈招提僧〉〈四方僧〉といい，彼らへの*施物(せもつ)を〈招提僧物〉〈四方僧物〉，用意される宿坊を〈招提僧房〉〈四方僧房〉といい，それらは僧団の共有物として与えられる．*唐招提寺の寺名はこれに由来する．→招提寺．

唱題 しょうだい　経典の*題目を唱えること．主に*日蓮(にちれん)系諸教団において，*法華経の題目を口誦することをいう．*法華信仰の凝縮としての唱題は，*持経者(じきょうじゃ)などを中心にすでに平安時代から行われていた．だがそこでは唱題の理論的な裏付けはなく，唱題の内容も「南無一乗妙法蓮華経(なむいちじょうみょうほうれんげきょう)」など一定したものではなかった．日蓮はそうした唱題の伝統を継承しつつ，その形式を「*南無妙法蓮華経」に統一し，それを*末法の衆生が実践すべき唯一の*行(ぎょう)として理論化していった．万人の*成仏(じょうぶつ)の原理は法華経の*本門に示されているが，釈尊はその精髄を題目に凝縮して，末法の人々に授けるべく〈*地涌(じゆ)の菩薩〉に委託した．したがって，地涌の菩薩たる日蓮が勧める「本門寿量品の肝心」である題目を*受持(じゅじ)するだけで，釈尊が積んできた功徳のすべてが自然に譲与されて誰も成仏可能となる，とするのが*『観心本尊抄(かんじんほんぞんしょう)』などに表明された日蓮の立場だった．近代に成立する*新宗教のなかにも，唱題を信仰実践の中核と位置づける教団は多い．

招提寺 しょうだいじ　[*s*: cāturdiśa-saṃgha]　インドでは*僧伽(そうぎゃ)は独立した共同体を形成した（現前僧伽）が，やがて横の紐帯として同一の教主と法に帰依せるものの集団（四方僧伽）の理念が発達した．*僧院の所有権は四方僧伽に帰属し，現前僧伽によって管理された．したがって*遊行(ゆぎょう)の出家者は誰でも逗留しえた．このような理念に基づく住処を〈招提寺〉（僧房）と呼ぶ．北魏の太武帝（在位423-452）が*伽藍(がらん)を建立して〈招提〉と名づけたことに由来する．なお，奈良の*唐招提寺の寺名は唐僧のための寺院の意味．「この寺は，公家武家尊崇，他に異にして，五山第二の招提なれば」〔太平記40.中殿御会〕．→招提．

『摂大乗論』 しょうだいじょうろん　[*s*: *Mahāyāna-saṃgraha*]　瑜伽行派(ゆがぎょうは)の*無着(むじゃく)（アサンガ）の主著で，*唯識(ゆいしき)教学の根本聖典の一つ．5世紀の成立．仏陀扇多(ぶつだせんた)・*真諦(しんたい)・達摩笈多(だるまぎゅうた)・*玄奘(げんじょう)の4種の漢訳とチベット語訳がある．原題の *Mahāyāna-saṃgraha* は，「大乗の要義をまとめたもの」の意．大乗独自の勝れた教義として，*阿頼耶識(あらやしき)・*三性(さんしょう)説・唯識性・*六波羅蜜(ろくはらみつ)・*十地(じゅうじ)・*無住涅槃(むじゅうねはん)・三種*仏身など10の主題をあげ，それまでの教学を整理しつつ要領よく組織している．大乗仏教の数少ない勝れた綱要書の一つであり，瑜伽行派の教理を組織化して示したものとして重要である．注釈に*世親(せしん)のもの，無性(むしょう)（500年頃）のもの，および著者不明でチベット訳のみに伝わる『分別秘義釈』がある．論・釈ともにサンスクリット原典は失われている．真諦訳の世親釈には訳者による増広が著しく，*如来蔵(にょらいぞう)系の思想が随処に導入されている．この真諦訳世親釈にもとづいて*摂論宗(しょうろんしゅう)が成立し，のちの中国仏教の展開に大きな影響を与えた．一方，玄奘訳の無性釈は*『成唯識論(じょうゆいしきろん)』との親縁性が強く，*法相宗(ほっそうしゅう)で特に重視されている．

聖提婆 しょうだいば　⇒アーリヤデーヴァ

上代文学と仏教 じょうだいぶんがくとぶっきょう　【前史】中国社会に仏教文化が流入するのは六朝時代，特に晋の南渡以後の五胡十六国の時代である．中国文学史は，仏教文化の流入をもって古代の伝統文学の時期と中世の新しい展開の時期とを区分する新しい考えも，戦後出てきた．翻って日本列島について考えてみると，倭(わ)の女王から倭の五王の時代，縄文・弥生を脱して古墳時代に入り，ようやく中国との交流の道がひらけて，ここに歴史時代のあけぐれの時に入るが，もちろんこの時期は中国においても仏教文化はようやく月氏系の*竺法護(じくほうご)あたりが*敦煌(とんこう)を中心に布教活動に入ったところである．

中国において仏教文化が黎明を迎えるのは胡僧である*鳩摩羅什(くまらじゅう)が*長安に到達して般若(はんにゃ)・法華(ほっけ)・維摩(ゆいま)などの諸経を漢訳す

ることを契機とする．敦煌莫高窟(ばっこうくつ)の北魏窟に交脚菩薩像が造られ，本生譚(ほんじょうたん)の素朴な壁画が描かれはじめるころで，それより150年を経て，6世紀なかばに百済の*聖明王(せいめいおう)が仏像・経論・幡蓋などを日本にもたらす．この時の進献表には仏教の思想が孔子の儒教より深いことを論じているが，それは天平時代の文章がまぎれたものといわれる．ほぼ同じ時に建窟された敦煌285窟(西魏)には*ヴィシュヌ神・*シヴァ神などインド神話の神々が描かれるとともに，伏羲(ふくぎ)・女媧(じょか)の中国神話の創世神も描かれて，流動的な仏教文化の姿を示す．

次いで高句麗・新羅の国使が来朝し，仏教文化への認識がわが国におこるとともに，これに対する保守的な排仏運動も盛んになる．物部守屋(もののべのもりや)と，蘇我馬子(そがのうまこ)・厩戸皇子(うまやどのおうじ)(*聖徳太子)との戦いを経て，聖徳太子によって*四天王寺が建立され，*三宝(さんぼう)を興隆すべき詔が出て，仏教文化がわが国に根づき，太子自ら勝鬘(しょうまん)・法華・維摩の*三経義疏(さんぎょうぎしょ)を撰述．しかし仏教文学の芽ばえは，太子の死後にまたなければならない．

【飛鳥時代】7世紀前半，飛鳥から白鳳にかけて，遣隋使の派遣にはじまる隋唐統一帝国との外交がはじまる時期は，唐では貞観16年の銘をもつ敦煌莫高窟の220窟が開かれ，維摩*変相(へんそう)の見事な仏教芸術が描かれるが，わが国でも藤原鎌足が病んだ時，百済の尼法明が山階の鎌足の家に至り，維摩変相の絵を掛け，維摩詰居士が問疾(病気見舞い)の文殊師利と問答する劇的な*維摩経問疾品の*絵解きをして，大職冠内大臣の病を癒したと『旧記』に明記される．仏教文学が，口頭での宣伝講唱の形式で説唱されるものをも含みうるとすれば，わが国講唱文学のはじめがここにあるという考えも成り立つ．

推古時代，法隆寺金堂の金銅釈迦三尊の背銘の*金石文はまだ仏教文学というほどではないが，650年前後に製作された*玉虫厨子(たまむしのずし)側壁の薩埵太子捨身飼虎本生変や雪山童子投身聞偈本生変の漆絵は，敦煌本洪字62号写本に絵解きの詞書があるように，絵解き唱導されたにちがいない．また686年の長谷寺蔵法華説相(ほっけせっそう)浮彫は，敦煌壁画の法華経変相と通ずるものがあり，和銅前後と思われる法隆寺金堂壁画の*浄土変，同じく五重塔心柱四面の塑像の群像が構成する維摩変・涅槃変・弥勒仏浄土変・分舎利変の一種の演劇的情景の造形作品は，まさしくこれに伴う講唱文学の存在をうらづけるものである．敦煌窟の初唐から盛唐にかけての仏教壁画の黄金期的な達成とはるかに呼応して，重厚な古代的な素朴から，興福寺の*阿修羅(あしゅら)像にみるような成熟した美意識がわが国の仏教美術にあらわれてくることを否定できない．

【奈良時代前期】白鳳より奈良天平にかけてのめざましい仏教文化の展開にもかかわらず，初期万葉の時代より柿本人麿の時代は，仏教意識は万葉の作品にほとんど現れず，大友皇子・大津皇子をはじめとする漢詩作品にも現れず，元明・元正天皇のころに相ついで撰進された『古事記』『日本書紀』の歴史叙述にも正面に出てこない．わずかに『日本書紀』の表記様式や措辞の上に仏教典籍の形式的な影響が認められるに過ぎない．→記紀と仏教，『万葉集』．

【奈良時代後期】奈良天平時代に至って，仏教文学と名づけられるに足る作品がはじめて現れる．それは*聖武天皇・*光明皇后の大仏建立を標徴とする時代で，盛唐，*則天武后朝のあと，開元・天宝の玄宗皇帝の時期に対応する．東大寺*正倉院の聖武天皇の宸翰『雑集』にみる早還林十首詩，浄土詩，穢土詩および十六想観詩のごときは，正に延暦期の空海(くうかい)文学の基底をなすもの，皇后藤三娘の識語のある『楽毅論』や，王勃詩序の写本の存在とともに，すでにわが国における仏教文学の黎明を告げるものである．この時期に出た山上憶良(やまのうえのおくら)や淡海三船(おうみのみふね)の作品，東大寺開眼供養会のための盧舎那仏(るしゃなぶつ)を供養する歌辞の序と四言・七言偈，さらに『懐風藻』所載の*智蔵・弁正・道慈・道融などの僧侶らは，鎌足の子貞慧とともに詩篇を残しているが，かれらは道融を除いて*長安留学の体験を持ち，詩を作っている．仏教意識をその文学に持ったものは比較的少ない．しかし道慈の長屋王宅宴詩の序や，道融の詠三毒詩は仏教文学というに足りる．長親王の子文室真人智努(ふんやのまひとちぬ)の*仏足跡(ぶっそくせき)礼讃の作品は，大仏開眼の752年ころ口頭で歌唱されたに違いないが，奈良薬師寺に歌を刻した碑が，仏足図とともに存することはよく知られる．

また，仏教と関係の深い文人として*鑑真(がんじん)に従って在俗の弟子となった淡海三船と，内外の典籍を収集して自邸を*芸亭院(うんていいん)と名づけて典籍を公開した石上宅嗣(いそのかみのやかつぐ)がいる．前者の手になる鑑真の伝記*『唐大和上東征伝(とうだいわじょうとうせいでん)』は有名．→平安文学と仏教，中世文学と仏教，近世文芸と仏教，近代文学と仏教．

常啼菩薩 じょうたいぼさつ　〈常啼〉はサンスクリット語 Sadāprarudita の訳．常に悲泣する者の意．〈薩陀波倫〉とも音写される．道行般若経(どうぎょうはんにゃきょう)には，夢の中で東方に*般若の大法があることを聴いたこの菩薩が東方に般若を求めることを述べる．*『大智度論(だいちどろん)』ではその名の由来として，衆生が苦しみに憂えているのを見て哀れんで泣くからとも，或いは*無仏の世に生れて仏道を求め，七日七夜の間，啼哭したからともいう．般若経守護の菩薩とされる．

浄智寺 じょうちじ　神奈川県鎌倉市山ノ内にある臨済宗円覚寺派の寺院．鎌倉五山の第四．山号は金峰山．1281年(弘安4)に死去した北条宗政(ほうじょうむねまさ)(1253-81)の*菩提(ぼだい)を弔うために妻と子息師時(もろとき)とが創建した．実際の開山は南洲宏海(なんしゅうこうかい)であるが，師の大休正念(だいきゅうしょうねん)・*兀庵普寧(ごったんふねい)の2人に開山の名誉を譲ったために開山には3人の名が連なる．1323年(元亨3)の北条貞時(さだとき)の13年忌法要には，鎌倉中の38カ寺から2030人の僧衆が招かれたが，浄智寺からは，*建長寺(350人)，*円覚寺(260人)につぐ224人が招かれた．それにも盛時の繁栄ぶりが知られる．以後，たとえば，1449年(宝徳1)9月から11月まで，一時的に鎌倉公方足利成氏(あしかがしげうじ)の御所となるなど，室町時代までは栄えたが，江戸時代には衰微した．鎌倉時代の木造地蔵菩薩像，南北朝時代の木造三世仏坐像，木造大休正念像，木造南洲宏海像などを伝える．

定朝 じょうちょう　?-1057(天喜5)　11世紀前半期を中心に活躍した仏師．仏師*康尚(こうじょう)の子と伝えられる．1020年(寛仁4)藤原道長*発願(ほつがん)の無量寿院九体阿弥陀如来像(各*丈六)の造立が最初の事績．これに続く*法成寺(ほうじょうじ)金堂・五大堂の巨像製作の賞として，自ら望んで法橋(ほっきょう)の位を授けられ，仏師*僧綱(そうごう)位の初例を拓いた．また1046年(永承1)に焼亡した*興福寺の復興造仏にたずさわり，法眼(ほうげん)位を授けられた．1053年(天喜1)の*平等院鳳凰堂(ほうおうどう)*阿弥陀如来像は唯一の確かな遺例である．同じ頃の西院邦恒朝臣堂(さいいんくにつねあそんどう)阿弥陀像は「天下これを以て仏の本様となす」と評された．清水寺で出家し，同寺別当にも任じられたという．

定朝は奈良時代の古典彫刻に学びながら，同時に中国彫刻の影響を完全に払拭して，日本独自の穏やかで優美な，*和様(わよう)の彫刻をつくりあげた．技法面では大像に用いられる*寄木造(よせぎづくり)，*等身以下の*割矧造(わりはぎづくり)の完成に関与していたとみられる．また飛天*光背や*蓮華座(れんげざ)などの*荘厳(しょうごん)についても，新しい着想があったとされる．

定朝の没後，その様式と技法は広く普及して，12世紀には造仏の絶対的な規範となった．定朝の系統を引く仏師は中央造仏界を独占し，鎌倉時代の*運慶(うんけい)・*快慶(かいけい)らを経て，その系譜は近世に至る．→仏師，仏所．

祥月 しょうつき　本来は，死後一周年目にあたる死亡月をいう．儒教でこの月を〈小祥忌(しょうしょうき)〉といったところから，この名称が出た．もともとはその時を期して*喪(も)を脱するので祥(＝吉祥)といったもの．後に，年々の死亡月をも〈祥月〉というようになった．また，その月の*命日(めいにち)を〈祥月命日〉という．「去年(こぞ)の今日ぞ親仁の祥月とて，旦那寺に参りて」〔浮・日本永代蔵1〕

生天 しょうてん　神々の世界(天界)に生まれること．生天を意味するインド語原語として svarga (*p*:sagga)，devaloka などの語を含む多様な表現が存するが，場所としての天界に生まれるという側面と，神々の一員として生まれる，言い換えれば，神々と同様の資質を具えるものとして生まれるという側面との両面から捉える必要があろう．生天は，人間界よりも幸いの多い天界に*再生(さいせい)するとはいえ，天界での寿命は有限であり，それ故，生天は通常，*輪廻(りんね)の枠内に位置付けられる．しかしながら，輪廻からの*解脱(げだつ)を究極の理想に掲げる仏教においても，特に，初期仏典では，生天説が在家信者への中心的な教説の一つとなっている点は注目に値する．

初期仏典においては，この世で*布施ふせ・*持戒じかい，その他の善行を修めることにより，死後，天界へ生まれるべし，という生天説は数多く，積極的に説かれている．これらは，神々への祭祀やバラモン(*婆羅門ばらもん)への布施などに起因する*福徳によって天界に生まれるとする，当時のバラモン教(*婆羅門教)の影響からも無縁とはいえまい．また，布施・持戒・生天に関する*説法は，未信者を仏教に導きいれる際の定型表現(次第説法と称される)の一部としても初期仏典に頻出する．さらに生天説は，部派仏教の説く*聖者しょうじゃの階梯である*四向四果しこうしか(*預流よる，*一来いちらい，*不還ふげん，*阿羅漢あらかん)の中にも組み込まれたり，また，*禅定ぜんじょうの階梯とも密接に連関するなど，出家者への教説にも深く浸透する．

なお，大乗仏典の中で，*阿弥陀仏あみだぶつなどの*浄土への往生を勧めるいわゆる浄土思想に関わる各種表現が，初期仏典の生天説に関わる各種表現と類似する面を多々有するため，その関連が古くから注目されている．→天．

「仁ひとは生天を楽ねがひ，我は寂滅を楽ふ」〔永平元禅師清規〕「生天は先なるべくとも，成仏は後ならんといへる」〔風俗文選〕

聖天 しょうでん ⇒歓喜天かんぎてん

浄土 じょうど 漢訳*無量寿経むりょうじゅきょうの「清浄国土」を2字につづめた言葉．〈清浄〉は『史記』始皇本紀に「(国土)内外清浄」とある．〈浄土〉とは*五濁ごじょくや地獄・餓鬼がき・畜生の*三悪趣さんあくしゅなどのない，仏・菩薩ぼさつの住む*清浄しょうじょうの*国土のこと．〈清浄仏土〉〈仏国〉〈仏刹ぶっせつ〉などともいい，*穢土えどに対する国土である．阿弥陀如来あみだにょらいの西方*極楽浄土，薬師如来の東方*浄瑠璃じょうるり浄土，釈迦しゃか如来の*霊山りょうぜん浄土，観世音菩薩の*補陀落ふだらく浄土など種々の浄土があるとされ，それぞれの経典に浄土の*荘厳しょうごんなありさまが説かれる．思想史の上からは，浄土は，〈来世らいせ浄土〉(往く浄土)，〈*浄仏国土じょうぶつこくど〉(成る浄土)，〈*常寂光土じょうじゃっこうど〉(在る浄土)の3種類に分けて考えられる．

【来世浄土】来世浄土とは，死後おもむく浄土として，*来世に立てられたもので，東西南北に想定されたが，*阿弥陀仏の西方極楽世界(*西方さいほう浄土)，阿閦あしゅく仏の東方妙喜みょうき浄土などが有名である．もとは*仏陀崇拝の線上で考え出されたもので，来世他土仏思想に由来する．すなわち，この世に仏はいないが，死後の来世に他の世界に行けば仏に会えるということで考えられた浄土である．阿弥陀仏の西方極楽世界に*往生するという浄土信仰が日本にいたるまで最も盛んとなり，死にさいして阿弥陀仏が迎えにくる(*来迎らいこう)という信仰もおこり，それらを教理化して浄土念仏思想が発達し，浄土変相図(*浄土変)や*来迎図などの絵がえがかれた．

【浄仏国土】浄仏国土とは，*仏国土を浄める意で，仏国土(buddha-kṣetra)は本来，仏の統括する一切の世界をさすが，ここでは特に現実の世界にポイントが置かれており，したがって浄仏国土とは現実世界の浄土化を意味する．いわば，現実に成る浄土である．大乗経典には，常に*菩薩ぼさつが浄仏国土に努めると説かれており，現実の中で仏道実践に励む菩薩の努め(菩薩行)として立てられたものが，浄仏国土である．特に*維摩経ゆいまぎょうの「仏国品」などが有名．

【常寂光土】常寂光土とは，一切の限定を越えた絶対浄土のことで，積極的にいえば，信仰を通して，ただ今，ここにおいて，つかまれ，ひたる浄土であり，その意味で，現実に在る浄土といえよう．これを説いたのは天台*智顗ちぎで，『維摩経文疏』1で*四土しどを立て，最後に究極・絶対の浄土として常寂光土を置き，仏身にあてては*法身ほっしんの土とし，また〈法性ほっしょう土〉とも称した．〈常寂光土〉という呼称は，法華経の結経とされる*観普賢経かんふげんぎょうから取ったものである．現実世界は*娑婆しゃば世界ともいわれるが，常寂光土は現実世界においてつかまれるということから，〈娑婆即寂光〉という表現が生れた．

【三浄土説をめぐって】以上3種の浄土説は，ときには矛盾・対立することもあった．たとえば，来世浄土は最も相対的・限定的なものであり，*機根きこんの低い者のための方便説で，真実説は，彼此・生死の限定を越えた絶対浄土としての常寂光土であるとし，来世浄土に基づいた浄土念仏に批判が投ぜられ，来世浄土そのものの絶対化も試みられた．

*本覚思想など現実肯定に立つ側からは，常寂光土が歓迎された．しかし，人が死にさいして，浄土に往生したいという願望をおこすことも，否定しがたい事実で，来世浄土を低次のものと評した智顗も，死にさいしては弥陀の浄土に往生することを念願した．日本にいたるまで，実際においては来世浄土の信仰が根強く続いたが，その背景には，このような人間の心情が関係している．

昭堂 しょうどう　禅宗寺院の*塔頭の中枢をなす施設の一つ．中国における饗堂の意で，*祖師の墳墓である*卵塔前にある祭享のための瓦敷きの堂をさす．日本における*開山塔頭の古い姿は，岐阜*永保寺開山堂(1352年)をはじめとし，鎌倉*建長寺西来庵や，*円覚寺正続院などに見ることができ，開山の*頂相と呼ばれる彫像を安置した*享堂とその前方に所在する祭祀法事のための昭堂を中心とする構成をとる．15世紀前半が昭堂造立の最盛期で，昭堂は塔頭の別称としても用いられたが，16世紀になると客殿が塔頭の中心となり，卵塔・昭堂を独立させずに客殿のなかに取り込む例もみられる．*大徳寺の竜源院客殿(1517年頃建立，1631・81年真前を拡張)や真珠庵客殿(1638年建立，42年真前を拡張)では，真前と呼ばれる昭堂部分を江戸初期に拡張していったことが知られる．

唱導 しょうどう　梁の慧皎の『高僧伝』13には「唱導は法理を宣唱して，衆の心を開き導くなり」と述べ，日本において唱導の歴史を初めて述べた虎関師錬は*『元亨釈書』で「唱導は演説なり」という．すなわち仏の教えを説き明かして人びとの心をその教えに引き込もうとする布教活動として，弁説をもってする一つの講経儀式を〈唱導〉と呼んだ．

平安末期，*澄憲・*聖覚以下子孫相ついで*安居院流と呼ばれた唱導が大いに行われたが，それをよく示したものに，聖覚の弟子信承撰の『法則集』がある．それには*導師の上堂・着座から委細に進退作法を示し，法会の種類(追善・造仏など)に応じた語句・発声の方法を説き，*表白・*願文・*発願・*四弘誓願・*諷誦文・*教化の次に*説法・*廻向・降座に至る．表白以下の読み上げられる漢文体は内容の洗練度，文章の巧拙，音声の抑揚が重要で，適切かつ具体的で，聴衆の心を打ち，感涙を催させる時は，神仏もこれに感じて*霊験を示すものと信じられた．これに続く説法は経名の解題，経の来歴を講義し，内容に入って判釈が行われ，*施主の徳業を讃歎し(施主段)，日本・中国・天竺(インド)の因縁譬喩談や霊験説話が引用される．この説法の時間が最も長く，話題の豊富さ，話術の技巧が求められた．

表白体詞章はその文体・用語に定まった型があるので，模範文集として書きとめられた．*『言泉集』『転法輪鈔』『拾珠鈔』などは天台系であり，良季撰『普通唱導集』は真言系の唱導文集である．また口頭詞章のための用意が*説話の蒐集分類を必要として，仏教説話集成立の原因ともなった．後にこの説法の部分が重要視されて，〈唱導〉の語が〈*説経〉〈*談義〉などと同義に用いられるようになった．

「ただ常住仏性の四字を称へ，人に仏事を勧めて，唱導を本となせり」〔続本朝往生伝41〕「大和国に説経師ありけり．いかなる賤家にも行きて，唱導しければ」〔沙石集6-4〕「本朝音韻を以て吾が道を鼓吹する者四家なり．経師といふ，梵唄といふ，唱導といふ，念仏といふ」〔元亨釈書29〕

聖道 しょうどう　儒教の文献『孟子』滕文公下などにいう「聖人の道」を2字につづめた言葉．古くは漢の揚雄の『法言』問明篇に「甚だしいかな，聖道の庸(凡人)に益無きや」とあるが，魏晋時代には「出家して聖道を成す」「聖道涅槃」〔注維摩詰経3〕などとあるように，インドの聖人である*仏陀の道を呼ぶようになり，さらにまた隋唐時代には，道教の文献『真元妙道修丹歴験抄』に「聖道を扶持して悪を制し善を興す」とあるように，道教の聖人の道を呼ぶようにもなった．

中国仏教における〈聖道〉の教えは，「往生浄土」〔安楽集上〕の教えを*易行道として説く*道綽によって*難行道と批判され，〈凡〉から〈聖〉への自力の修行を重視する法相・三論・天台・真言などの〈聖道門〉は，もっぱら念仏による往生仏国土を説く〈浄土門〉

ときびしく対立することになった．この聖道と浄土の二門に関しては，わが国の浄土宗の開祖*法然は「道綽禅師，聖道・浄土の二門を立てて，しかも聖道を捨てて正しく浄土に帰す」〔選択集〕と述べ，浄土真宗の開祖*親鸞は「おほよそ一代の教について，この界の中にして入聖得果するを聖道門と名づく，難行道と云へり．…安養浄刹(安楽浄土)にして入聖証果するを浄土門と名づく，易行道と云へり」〔教行信証化身土〕と述べている．→聖道門・浄土門．

ちなみに，南北朝期頃に成立した『太平記』では，〈聖道〉を自力の修行僧の意に用いて禅僧と対にし，「禅僧と聖道と召合せ宗論候へかし」〔24.依山門嗷訴〕，「禅僧に成りたらば沙弥・喝食に指をさされ，聖道に成りたらば児どもに笑はれんず」〔29.松岡城周章〕などとある．

「僧の過を説く時は，多くの人の信を破壊し，彼その煩悩を生じ，聖道(仏道)を障へむ」〔霊異記下33〕「大乗の聖教によるに二種の勝法あり．一つには聖道，二つには往生浄土なり．穢土の中にしてやがて仏果を求むるは皆聖道門なり」〔黒谷上人語灯録13〕

上堂 じょうどう　古くは〈陞座〉と同じ．*『祖堂集』8に「師は上堂する毎に示誨して云う」とあるように，住持などが，説法を行う建物である*法堂の*須弥壇に上り説法すること．古くは，不定期に説法は行われたが，次第に*公界上堂(定時の上堂)として定期に朝行われ，年分行持の〈四節上堂〉(結夏・解夏・冬至・年朝)や月分行持の〈五参上堂〉(1,5,10,15,20,25の各日)として定着した．〈早参〉または〈大参〉ともいう．説法内容も修行者中心から，皇帝の聖寿を祝禱する(祝聖)などの祈禱中心へと変化がみられるようになった．上堂の語はまた，粥飯のために*僧堂(食堂)に上る場合や，僧堂の上間(堂に向かって右)をいうこともある．「百丈の大智禅師，上堂説法の終りには，たびごとに大衆とよび給ふ」〔夢中問答中〕

成道 じょうどう　[s: abhisaṃbodhi]　サンスクリット語は，完全に悟るの意．〈*悟り〉を完成すること．とくに釈尊のそれを指す．〈*得道〉〈*成仏〉に同じ．漢語〈*道〉は，儒教では人倫の道を，道家・道教では形而上的な絶対的存在を意味したが，仏教ではそれを踏まえてbodhi(悟り)の訳語に当てた．〈成道〉の語も，儒教では人倫の道を完成する意味で，道家・道教系では*無為を修めて絶対的真理を体得する意味で使われる．〈得道〉も，『孟子』『荘子』など用例は多い．「釈迦如来の出世成道の時に会はむと願ぜるが故なり」〔今昔1-8〕「仏，成道の後二十五年といふに，阿難をめして給侍の御弟子としたまへり」〔法華百座3.7〕

成道会 じょうどうえ　釈尊の*成道を祝って行われる法会のこと．わが国では，釈尊は12月(臘月)8日に成道したと伝えられているため，成道会を〈臘八会〉ともいい，この日に行われるのが普通であるが，南方仏教では*ウェーサク祭として，5月の満月の日に誕生・涅槃などと一緒に祝われている．→臘八．

『証道歌』 しょうどうか　8世紀末頃の作と考えられるが，6祖*慧能に嗣いだ永嘉玄覚(675–713)述に帰せられる．1巻．1814字247句の作品で，三・三・七・七・七の句のリズムを繰り返す歌曲の型式を持ち，*南宗禅の思想を〈絶学無為の閑道人(閒道人とも)〉に託して，格調高く歌いあげている．その出現以来流行し，*敦煌写本にも『禅門秘要決』の名で異本が知られ，*円仁・*円珍の入唐求法目録にも見える．わが国では『禅宗四部録』に収められ，禅の入門書として親しまれている．

成等正覚 じょうとうしょうがく　〈等正覚〉(正しく完全な悟り，samyak-saṃbodhi)を成就するの意．*仏陀伽耶における菩提樹下での釈尊の悟りの体験をいう．〈*成道〉に同じ．〈等〉はパーリ語sammāあるいはその類似形をsama-(等しい)の意に解したもの，〈正〉はsam-をsat(正しい)の意に解釈したものであろう．〈正等覚〉〈正徧知〉とも訳す．「僧たちをやりたてまつり，成等正覚，頓証菩提とぞ(遺骸を)とりをさめける」〔曾我10.曾我にて〕

聖道門・浄土門 しょうどうもん・じょうどもん　〈門〉は*法門，教えをさす．釈尊の教えを総じて2種に分けたもの．*自力の行をはげんでこの世で悟りを開くことを目ざす*聖者の道を〈聖道門〉と称し，*阿弥陀(あみだ)の*本願を信じて念仏して浄土に生れ，来世に悟りを得ようとする*凡夫(ぼんぶ)の道を〈浄土門〉と称する．唐の道綽(どうしゃく)が*『安楽集』で説いたもの．聖道門は自力教で*難行道(なんぎょうどう)，浄土門は他力教で*易行道(いぎょうどう)とされる．道綽は，*末法(まっぽう)の今の時は，聖道門では悟り難く，浄土門によれば容易であるとした．

法然(ほうねん)も*『選択(せんちゃく)本願念仏集』の中で，道綽の教えを承(う)けて，「すみやかに生死をはなれんとおもはば二種の勝法のなかに，しばらく聖道門をさしをきて，えらんで浄土門にいれ」と強く呼びかけている．これは念仏して浄土に生れる道が易行であるという原理のほかに，人びとの教えを受容する能力(*機根(きこん))が衰えると信じられている末法という時代を考え合わせて，念仏往生こそ時(時代)機(教えの受容者)相応の教えという確信に基づいている．

「聖道門といふは，此の娑婆世界にて煩悩を断じ，菩提を証する道なり．浄土門といふは，この娑婆世界をいとひ，かの極楽を願ひて善根を修する門なり」〔黒谷上人語灯録12〕

浄土教 じょうどきょう　*阿弥陀仏(あみだぶつ)の*極楽浄土に往生し*成仏することを説く教え．〈*浄土〉という語は中国で成語化されたが，思想的にはインドの初期大乗仏教の〈*仏国土〉に由来するものであり，多くの仏についてそれぞれの浄土が説かれている．しかし，中国・日本においては阿弥陀仏信仰の流行にともない，浄土といえば一般に阿弥陀仏の浄土をさすようになった．唐代の*善導(ぜんどう)が「念念に浄土教を聞かんことを思い」〔法事讃上〕という場合の〈浄土教〉はすでにその意味である．浄土教は〈浄土門〉とも呼ばれ，日本では*浄土宗・*浄土真宗という宗派が成立した．現在は〈浄土思想〉〈浄土信仰〉という語も使われている．

【根本経典の成立とインドでの展開】浄土教は*無量寿経(むりょうじゅきょう)・*観無量寿経・*阿弥陀経を根本経典とし，これを*浄土三部経と称する．浄土教が成立したのは，インドにおいて*大乗仏教が興起した時代であり，およそ紀元100年頃に無量寿経と阿弥陀経が編纂されたときに始まる．その後，時代の経過とともに浄土教はインドで広く展開した．阿弥陀仏や極楽浄土に関説する大乗経論は非常に多く，浄土往生の思想を強調した論書としては，竜樹(りゅうじゅ)作と伝える*『十住毘婆沙論(じゅうじゅうびばしゃろん)』易行品，世親(せしん)の『無量寿経優婆提舎願生偈(むりょうじゅきょううばだいしゃがんしょうげ)』(『浄土論』*『往生論』とも)がある．観無量寿経はインドで編纂されたと見ることが困難であり，おそらく4-5世紀頃中央アジアで大綱が成立し，伝訳に際して中国的要素が加味されたと推定されるが，特に中国・日本の浄土教に大きな影響を与えた．

【中国】中国では2世紀後半から浄土教関係経典が伝えられ，5世紀の初めには廬山(ろざん)の*慧遠(えおん)が*般舟三昧経(はんじゅざんまいきょう)にもとづいて*白蓮社(びゃくれんしゃ)という念仏結社を作った．やがて浄土三部経を中心として曇鸞(どんらん)が『浄土論註』(*『往生論註』)，道綽(どうしゃく)が*『安楽集』，善導が*『観無量寿経疏』を著し，*称名(しょうみょう)念仏を中心とする浄土教が確立された．のち*慧日などが出て浄土教を禅などの諸宗と融合する傾向が生まれ，後に中国禅の大勢となった念仏禅(念仏と禅をあわせ行う)の基盤となった．

【日本】日本では7世紀前半に浄土教が伝えられたが，9世紀前半に*円仁(えんにん)が中国*五台山の念仏三昧法を*比叡山に移植した．やがて*良源(りょうげん)が『極楽浄土九品往生義』，源信(げんしん)が*『往生要集』を著して，天台浄土教が盛行するにいたった．*良忍(りょうにん)は融通念仏宗の祖となった．天台以外でも三論宗の*永観(えいかん)や真言宗の*覚鑁(かくばん)のような念仏者が輩出した．平安末期から鎌倉時代に入ると，法然(ほうねん)が*『選択(せんちゃく)本願念仏集』を著して浄土宗を開創し，弟子の親鸞(しんらん)は*『教行信証』などを著して浄土真宗の祖となり，*一遍(いっぺん)は諸国を遊行して時宗を開いた．これら浄土教各宗は，その後それぞれ発達をとげ，日本仏教における一大系統を形成して現在に及んでいる．

浄土教美術 じょうどきょうびじゅつ　*浄土教の思想・信仰にもとづく美術の総称．その主流は*浄土三部経などに説かれる*阿弥陀仏(あみだぶつ)とその*極楽浄土に関するもので，中国・日本において盛行した．→禅宗美術，密教美術．

【美術】インドでは2世紀の阿弥陀仏像(マトゥラー美術館)が存するが，極楽浄土の造形は知られていない．中央アジアではトルファンのトヨク石窟に6世紀後半の*観無量寿経かんむりょうじゅきょうの経文をともなう*観想のための阿弥陀浄土図壁画があり，浄土教美術の初期的様相を伝えている．中国では河南省小南海石窟に555年の観無量寿経による浄土図浮彫のあるのが早い．唐代には中国浄土教を大成した*善導ぜんどうがでて，その美術も最盛期をむかえた．*浄土変から観経変へと展開し，*敦煌莫高窟とんこうばっこうくつの壁画など多くの遺例がある．

日本では飛鳥時代前期から阿弥陀仏の造像が行われ，浄土図では622年(推古30)の*天寿国繡帳てんじゅこくしゅうちょう(中宮寺)がある．唐代美術の影響をうけて発展し，飛鳥時代後期の法隆寺金堂旧壁画の阿弥陀浄土図はその淵源を天竺西域伝来の瑞像という阿弥陀三尊五十菩薩図に求められ，奈良時代には*当麻曼荼羅たいままんだら(当麻寺)などが伝わった．平安中期には天台僧*源信げんしんがでて極楽往生を鼓吹し，浄土教美術も独自の展開をとげた．貴族などによる*阿弥陀堂の建立，*阿弥陀像や九品*来迎図くほんらいこうずの製作が盛んになり，1053年(天喜1)に藤原頼通ふじわらのよりみちの建てた*平等院鳳凰堂が現存する．阿弥陀聖衆しょうじゅ来迎図(高野山有志八幡講)など独立した来迎図が成立し，他方，*『地獄草紙』などの六道絵も製作された．鎌倉時代には浄土関係の新宗派が開かれ，宋代の浄土教美術も伝わり多様化した．上品上生じょうぼんじょうしょう来迎の阿弥陀二十五菩薩来迎図(*知恩院)など新たな図像も流行したが，信仰の大衆化につれてその美術は質的にはしだいに衰微した．

【建築】10世紀後半から鎌倉初期まで，阿弥陀仏を安置する特有の建築形式が生まれたが，それを〈浄土教建築じょうどきょうけんちく〉と呼ぶ．10世紀の浄土教流行の初期には，中流貴族が主体であったため，阿弥陀堂あみだどうは一間四面(方3間)ほどの小規模なものであった．浄土教建築が一気に大規模になり固有の形式が生まれたのは藤原道長ふじわらのみちなが，頼通によってである．道長は病を得て死期の近いことを覚悟すると，自邸土御門第の東隣に大規模な寺院*法成寺ほうじょうじの建立を計画した．道長による多くの建築群の中で，最初に建設されたのが1020年(寛仁4)建立の無量寿院であった．*伽藍がらんの西側に置かれ東面する南北に長い建物であり，規模は九間四面(すなわち正面11間，奥行4間)で，堂内に九体の*丈六じょうろく阿弥陀像を安置した(九体阿弥陀堂くたいあみだどう)．扉の内側は*九品浄土の様が描かれ，仏具などの調度は蒔絵・螺鈿などを施した華麗なものであった．道長は1027年(万寿4)にここで臥せって，*中尊の阿弥陀仏から牽いた五色の糸を握って死んだ．九品往生に対応する九体阿弥陀堂は，これ以後平安時代末までに20棟以上が建造されたことが確認されている．さらに道長の息頼通が，1053年(天喜1)宇治に建てた平等院鳳凰堂は，園池を前にして中堂から両側に翼楼が伸びた建築で，極楽浄土を地上に移したと風聞される建築であった．また鳥羽上皇によって平等院鳳凰堂を写した勝光明院しょうこうみょういんが1136年(保延2)に供養され，平泉の無量光院も鳳凰堂とほぼ同じ平面をもち，前方に広い池をもっていた．

このように顕著な特徴をもっていた浄土教建築は，鎌倉時代に入るといくつかが鎌倉の地に作られたが，他は小規模な阿弥陀堂が設けられるに留まった．200年ほどの一時的な流行であったことがわかる．代表する遺構に，九体阿弥陀堂として*浄瑠璃寺じょうるりじ本堂(1108)，方5間*裳階もこし付きの*法界寺ほうかいじ阿弥陀堂(鎌倉時代初め)などがある．

聖徳太子しょうとくたいし　574(敏達3)–622(推古30)　用明天皇の第2皇子．母は穴穂部間人あなほべのはしひと皇后．名号は厩戸皇子うまやどのみこ(または厩戸豊聡耳うまやどのとよとみみ皇子，上宮太子うえのみやのみこ)．聖王ひじりのきみ・法王のりのきみ・法大王・法王大王など仏教興隆の徳を称える漢語の称号もある．聖徳太子は諡号しごう．おばに当たる推古天皇(554–628)は即位の翌593年(推古1)に太子を皇太子につけて摂政とし，蘇我馬子そがのうまこ(?–626)と共に政治に当たらせた．

【事績】603年(推古11)新羅しらぎ遠征の中止と共に太子の内政改革の事業が始まる．まず同年12月に〈冠位十二階〉を制定して，官人身分の序列化をはかり天皇の人事支配権を強化した．この冠位の内容には，中国の儒教の礼制や道教の*五行ごぎょう思想の影響が色濃く認められる．また翌年4月には〈*十七条憲法〉を制定し，儒教・法家・仏教などの思想に基づいて官僚の心得を説いた．この第2条では「篤く三宝を敬え」と，特に仏教信奉を勧奨している．605年(推古13)には斑鳩宮(いかるがのみや)に遷り，607年(推古15)には小野妹子(おののいもこ)を隋に遣わして国交を開いた．前後4次にわたる遣隋使の派遣によって大陸の先進の文化・制度・技術の摂取に努める一方，隋への国書にみえる「東天皇，敬みて西皇帝に白す」の文言などから隋と対等の関係を維持せんとした点も窺われる．斑鳩宮に遷った頃から太子は仏教研究を深め，『日本書紀』によれば606年(推古14)自ら勝鬘経・法華経の講経を行い，後に法華経・勝鬘経・維摩経の注釈書である〈*三経義疏(さんぎょうぎしょ)〉を作製したとされる．また*四天王寺・*法隆寺(若草伽藍)などの寺院を建立した．*天寿国繡帳銘(てんじゅこくしゅうちょうめい)の「*世間虚仮(せけんこけ)，唯仏是真(ゆいぶつぜしん)」の語は太子の内面の仏教理解を示すものであろう．晩年の620年(推古28)，太子は馬子と議して『天皇記』『国記』などの史書を作った．622年(推古30)2月，太子は妃膳部菩岐々美郎女(かしわでのほききみのいらつめ)と前後して崩じ，磯長墓(しながばか)(*叡福寺(えいふくじ))に葬られた．

【伝記と信仰】太子の伝記としては『日本書紀』の記事が中心となるが，法隆寺の寺僧が太子に関わる史料を集録して平安時代になって成立した『上宮聖徳法王帝説(じょうぐうしょうとくほうおうていせつ)』は，部分的に古い記事を含み『書紀』の記事を補正する．唐からの渡来僧の思託(したく)撰『上宮皇太子菩薩伝(じょうぐうこうたいしぼさつでん)』は太子の南岳*慧思(なんがくえし)禅師後身説を説く．他にも，敬明(けいめい)撰『上宮太子伝』，明一(みょういつ)撰『聖徳太子伝補闕記』や，917年(延喜17)藤原兼輔(ふじわらのかねすけ)作とされる『聖徳太子伝暦(でんりゃく)』などがあり，特に『伝暦』は太子に関する神秘的な奇瑞も多く含み，平安時代の太子伝の集大成として後世に多大な影響を与えた．これらに基づいて後世，太子を聖者として讃仰する〈太子信仰〉が起こったが，鎌倉時代はその隆盛期で太子像や絵伝が多く作られ，室町以降は庶民文芸の領域にもその影響が顕著に見られる．⇀太子信仰．

浄土五祖 じょうどごそ　*法然(ほうねん)が*浄土宗相承の*祖師と定めた5人の高僧．中国の*曇鸞(どんらん)・*道綽(どうしゃく)・*善導(ぜんどう)・懐感(えかん)・少康(しょうこう)の5人．これは善導を中心とした考えで，すなわち，善導の師は道綽，道綽は曇鸞の碑文により浄土教に帰依，懐感は善導の弟子，そして少康は〈後善導〉といわれた人であった．この選定は，法然の〈偏依善導(へんねぜんどう)〉(偏(ひとえ)に善導に依ょる)をよく現している．なお，法然の*『選択(せんちゃく)本願念仏集』は，浄土宗の相承*血脈(けちみゃく)に，廬山(ろざん)の慧遠(えおん)流，慈愍(じみん)流，道綽善導流などを挙げている．⇀七高僧．

浄土三部経 じょうどさんぶきょう　*阿弥陀仏(あみだぶつ)とその*浄土に関する代表的な3種の経典．〈*無量寿経(むりょうじゅきょう)〉〈*観無量寿経(かんむりょうじゅきょう)〉〈*阿弥陀経(あみだきょう)〉をいう．この3経をさして*法然が「今はただ是れ弥陀の三部なり．故に浄土三部経と名づくるなり」〔選択本願念仏集上〕と述べたことに由来する．*浄土教諸宗の正依の経典で，無量寿経を〈大経〉，観無量寿経を〈観経〉，阿弥陀経を〈小経〉とも略称する．

【成立と伝訳】浄土三部経は当初からまとめて編纂されたものではない．無量寿経と阿弥陀経の2経の原初形態はともに紀元100年頃北西インドにおいて成立したものと見なされるが，観無量寿経はインドで編纂されたと見ることが困難であり，おそらく4–5世紀頃に中央アジアで大綱が成立し，伝訳に際して中国的要素が加味されたのではないかと推定される．

〈無量寿経〉(大無量寿経ともいう)は，曹魏の康僧鎧(こうそうがい)訳と伝えられるが，実際は東晋の*仏駄跋陀羅(ぶっだばつだら)(覚賢)と劉宋の宝雲(ほううん)の共訳(421)と考えられる．異本としては，漢訳4本のほかにサンスクリット原典とチベット訳があり，またコータン語訳，ウイグル語訳，西夏語訳の断片もある．〈観無量寿経〉は，劉宋の畺良耶舎(きょうりょうやしゃ)訳(430–442頃)と伝えられ，ウイグル語訳断片があるほかにはサンスクリット原典や異訳は存在しない．〈阿弥陀経〉は，姚秦の*鳩摩羅什(くまらじゅう)訳(402頃)で，異本として漢訳1本とサンスクリット原典およびチベット訳，ウイグル語訳，西夏語訳がある．

【内容】3経の内容としては，〈無量寿経〉は，阿弥陀仏の前生としての*法蔵菩薩がたてた*四十八願を説き，*無量寿仏(阿弥陀仏)と*安楽(*極楽)世界のすがたを詳しく描写し，*念仏を中心とした種々な実践法によって浄土への*往生を説き明かしている．〈観無量寿経〉は，阿弥陀仏と極楽世界を観想する十三観と，極楽往生の9種のあり方(*九品往生)を三観の形で説いたもので，あわせて*十六観の観法によって浄土への往生を高揚している．〈阿弥陀経〉は，阿弥陀仏と極楽世界のすがたを簡潔に描写し，念仏による浄土往生を説き，六方世界の諸仏がこれを讃歎することをあげて*信を勧めている．

【共通する思想】このように，3経はそれぞれ独自な内容を示しているが，しかしいずれも阿弥陀仏とその浄土への往生を強調している点に共通の特色がある．浄土思想に言及する経論は非常に多いが，この3経に並ぶものはなく，その意味で〈浄土三部経〉としてまとめられたのは十分な理由がある．日本の浄土教諸宗派の立場からいえば，*浄土宗は観無量寿経，*浄土真宗(真宗)は無量寿経，*時宗は阿弥陀経に重点をおくという相違はあるにしても，3経を一つにまとめて受けとめている点では，いずれも変りがない．

「双巻経・観経・阿弥陀経，これを浄土三部経といふ」〔黒谷上人語灯録11〕「阿弥陀の三尊を東むきにかけたてまつり，浄土の三部経，往生要集，八軸の一乗妙典も机の上に置かれたり」〔曾我12.虎いであひ〕

浄土寺 じょうどじ ①広島県尾道市にある真言宗浄土寺派大本山．転法輪山大乗寺と号す．*聖徳太子の建立と伝えられる．鎌倉時代末に奈良*西大寺の定証により中興．*本堂(1327)・*阿弥陀堂(1345)・*多宝塔(1329)などが再興され，西大寺末の律寺となった．のち足利尊氏により備後国*利生塔を建つ．江戸時代中期に真言宗泉涌寺派に変わり，第二次世界大戦後に独立．本堂は*和様を主とし新様式を多く含んだ*折衷様の貴重な遺構．彫刻に鎌倉時代の聖徳太子十六歳孝養像などがある．

②兵庫県小野市にある高野山真言宗の寺院．*行基草創の寺の跡に*重源が東大寺播磨別所として*伽藍を建立して隆盛となり，豊臣秀吉・徳川家康も寺領を寄進した．浄土堂は1194年(建久5)の建立で，*桁行3間，梁行3間，*宝形造の阿弥陀堂であるが，柱間が非常に大きく(6メートル)，重源がもたらした宋様式が最も多く使われている*大仏様の貴重な遺構である．*快慶の阿弥陀三尊像(1195)を本尊とし，堂・仏一体感のある信仰空間として著名．本堂(薬師堂)は1517年(永正14)の再建．→付録(寺院建築3)．

浄土宗 じょうどしゅう *法然を宗祖とする念仏宗．ひとえに*阿弥陀仏の*本願を信じ，もっぱら阿弥陀仏の名を唱えて西方の*極楽浄土に*往生することを説き，ひろく僧俗・男女・老少の別なく人々に勧められた．その往生の教えは，*無量寿経・*観無量寿経・*阿弥陀経の三経(*浄土三部経)と世親の*『往生論』を加えた〈三経一論〉を正依の経論とし，特に善導の*『観無量寿経疏』の説に基づいて，新しく一宗として開立された．

【教義の確立と念仏義の展開】すなわち法然は，1175年(承安5)*比叡山を去って東山の吉水に移り，これまで長く続いた*寓宗的立場を離れ，「ひとりだち」の*念仏として，ひろく人々に*一向専修の念仏をひろめた．さらに1198年(建久9)，*『選択本願念仏集』を著して立宗の教義を明らかにした．その総結には「それ速やかに生死を離れむとおもはば，二種の勝法の中に，しばらく聖道門をさしおきて，選びて浄土門に入れ，浄土門に入らむとおもはば，正雑二行の中に，しばらく諸の雑行をなげすてて，選びてまさに正行に帰すべし．正行を修せむとおもはば，正助二業の中に，なほ助業をかたはらにして，選びてまさに正定をもはらにすべし．正定の業といふは，すなはちこれ仏の名を称するなり．名を称すれば，かならず生ずることを得．仏の本願によるがゆゑに」と，いわゆる〈三選の文〉をあげて*選択廃立の本旨を明かした．このために*聖道諸宗から厳しい批難を受け，法然の吉水教団は何度も弾圧を蒙った．

しかし，時代の要請は，多くの庶民はもとより，諸宗の学僧たちもまた法然の教団に帰入するところとなり，それぞれの立場から念仏義が展開された．*長西の九品寺義，*弁長の鎮西義，*幸西の一念義，*証空の西山義，*隆寛の多念義などがあるが，のちに浄土真宗の祖師とされる*親鸞も法然門弟の一人であり，証空の孫弟子に当たる*一遍は時宗を開いた．

【鎮西義と西山義の変遷】中世浄土宗の諸

流派中，特に広まったのは弁長―*良忠(りょうちゅう)と続く鎮西義の一派で，東国の白旗(しらはた)流・藤田流・名越(なごえ)流，京都の三条流・一条流・木幡流と6派に分れた．中でも白旗流は，はじめ鎌倉*光明寺(こうみょうじ)，のち京都*知恩院(ちおんいん)を拠点として各地に進出し，*聖冏(しょうげい)の時代に教学体系や伝法形式などを整え独立した一宗の内実を備えた．近世初期には，聖冏の法流に属す江戸*増上寺(ぞうじょうじ)の存応(ぞんおう)(1544–1620)が徳川家康の知遇を得て宗内の実権を握り，幕府の日蓮宗弾圧に荷担して勢力を伸ばし，*檀林(だんりん)制度を定めて増上寺中心の近世浄土宗教団を形成した．この時点で一部の名越流寺院を除き，前述の諸大寺はもちろん*金戒(こんかい)光明寺，百万遍*知恩寺，清浄華院(しょうじょうけいん)，福岡の善導寺，長野の*善光寺などの大寺も含め，浄土宗の大半は白旗流増上寺の支配下に入った．また，近世に*門跡(もんぜき)寺院であった知恩院は，近代には総本山として名実ともに宗内の実権を把握し現在に到っている．→鎮西派．

また，西山義の証空の門下は西谷(せいこく)流・深草流・嵯峨流・東山流の4派に分れたが，嵯峨流・東山流は早くにすたれ，西谷流・深草流が京都を中心に栄えた．現在，粟生(あお)*光明寺を本山とする西山浄土宗と*禅林寺を本山とする浄土宗西山禅林寺派が西谷流を伝え，*誓願寺を本山とする浄土宗西山深草派が深草流を伝える．→西山派．

浄土真宗 じょうどしんしゅう　〈*真宗〉ともいう．*親鸞(しんらん)を開祖とする教団の宗名．この宗名は親鸞の主著*『教行信証(きょうぎょうしんしょう)』などに，一乗究極の教え，浄土門の真実の教えとして呼称されたものである．ただし，この宗名は，浄土宗などからの反発もあり，1872年(明治5)になって初めて公称されることになったもので，それまで一般には〈一向宗(いっこうしゅう)〉と呼ばれていた．インド・中国・日本の三国にわたる*七高僧によって伝承されたものとし，『教行信証』の成立をもって立教開宗とする．その教えは，弥陀本願の*名号(みょうごう)をそのまま信受することによって，ただちに*阿弥陀仏(あみだぶつ)の*浄土へ*往生することが決定し，そののちは報恩感謝の*念仏生活をいとなむものとし，これらはひとえに名号となってはたらく阿弥陀仏の力によるのであって，われわれ凡夫の力ではないとし，絶対*他力を強調する．

【浄土真宗の意味】〈浄土真宗〉という語は単に宗名をさしているだけでなく，次のような意味で用いられている．1)真実の教え．阿弥陀仏の*本願を説く*無量寿経(むりょうじゅきょう)の教えのこと．2)*選択(せんちゃく)本願すなわち*第十八願．「浄土宗のなかに真あり仮(け)あり，真といふは選択本願なり，仮といふは定散二善なり，選択本願は浄土真宗なり」〔末灯鈔〕とある．3)念仏往生．「浄土真宗のならひには念仏往生とまふすなり」〔一念多念文意〕とある．4)信心往生の教え．「真実信心をうれば実報土にむまるとおしへたまへるを浄土真宗とすとしるべし」〔唯信鈔文意〕とある．5)*往相(おうそう)・還相(げんそう)の廻向(えこう)．「謹んで浄土真宗を案ずるに二種の廻向あり．一つには往相，二つには還相なり」〔教行信証教〕とある．これらは順次に，浄土門の真実の教え，浄土真宗の根源，浄土真宗の伝承，浄土真宗の本質，浄土真宗の原理を示しているのであって，親鸞においては〈浄土真宗〉(真宗または浄土宗)とは特定の宗派名ではなくて，阿弥陀仏の浄土に往生する道そのもの，またはその教えの本質的意味をあらわしている．そして親鸞は師の*法然(ほうねん)に対して反抗する意識がなかったから，彼の言う〈浄土真宗〉とは，法然によって明らかにされた浄土往生を説く真実の教えなのである．

【教団の成立と展開】1207年(建永2，承元1)の念仏弾圧のさい，師法然とともに罰せられ，越後(新潟県)に流された親鸞は，許されてのち関東へ移って布教した．その中から，真仏(しんぶつ)(1209–58)を中心とする教団が下野(栃木県)高田に起り，高田門徒として*専修寺(せんじゅじ)を中心に奥州から東海地方へ教線を広げ，初期真宗教団の主流をなした．一方，親鸞の娘*覚信尼(かくしんに)は，京へ戻って没した親鸞の遺骨を大谷の地におさめて廟堂を建て，*覚如(かくにょ)の時に廟堂の寺院化がはかられ，〈本願寺〉と称するようになった．このころ，高田門徒の法脈につながる*仏光寺(ぶっこうじ)教団の勢力が強く，三代伝持の法脈を主張する覚如の本願寺教団と対立した．

8世*蓮如(れんにょ)に至って，その精力的な伝道により，本願寺の勢力は盛んとなる．越前

(福井県)吉崎を拠点とする蓮如の布教で北陸に広まった本願寺門徒は，農民を中心に戦国領主と対立してしばしば*一向一揆(いっこういっき)を起し，やがてこの対立は戦国武将の争いに本願寺を巻き込んで，織田信長といわゆる*石山合戦(1570–80)を繰り広げるに及んだ．その間，本願寺は寺域を転々と移し，*顕如(けんにょ)が信長に屈服し石山を退去した後，豊臣秀吉の寺領寄進(1591)によって京都に戻り，徳川家康のとき東西の二派に分れた．石山退去の際，頑強に抗戦を唱えた*教如(きょうにょ)は父顕如に義絶され，そのため弟の准如(じゅんにょ)が後継門主となった(後の西派)のに対し，家康が教如にも京都に寺地を与え(1602)，元和5年(1619)頃には独立した一派(東派)と見なされたのである．近世には，門主や上層部は両派とも貴族化したが，庶民の間に信仰が広がり，*妙好人(みょうこうにん)と呼ばれる信者像を出現させた．また，盛んな学問活動の一方で*異安心(いあんじん)論争が絶えず起き，明治期以降まで及んだ．→本願寺．

【真宗十派】こうして浄土真宗は，高田門徒の活動から始まって，本願寺教団を中心に歴史を展開させてきたが，そのほか，前述の仏光寺派と，そこから分派して一時本願寺に属した興正派，高田門徒と並ぶ有力門徒であった横曾根門徒の系統を引く木辺派，大町如道を祖として越前三門徒とよばれた山元派・誠照寺派・三門徒派，その三門徒派と深い関係をもった出雲路派があり，これらに高田派・本願寺派(西)・大谷派(東)を加えて，〈真宗十派〉という．

浄土変 じょうどへん　*浄土の姿を画図などに表現したもの．〈浄土変相〉〈浄土図〉などともいう．浄土信仰の流行に伴って制作され，阿弥陀如来(あみだにょらい)の西方*極楽浄土である〈阿弥陀浄土変(相)〉，薬師如来の東方*浄瑠璃(じょうるり)世界である〈薬師浄土変(相)〉，釈迦如来の*霊鷲山(りょうじゅせん)を描いた〈霊山浄土変(相)〉，また弥勒菩薩(みろくぼさつ)の*兜率天(とそつてん)である〈弥勒浄土変(相)〉などさまざまな種類がある．

一般には〈阿弥陀浄土変〉の作例が多く中国の*敦煌(とんこう)壁画などに見られるほか，日本でも奈良時代以来描きつがれ，*来迎図(らいこうず)などとともに*浄土教美術の重要な一面を形作っている．*観無量寿経(かんむりょうじゅきょう)には阿弥陀浄土の形容を詳細に説くが，それを忠実に絵画化したものを，〈観経変(相)〉〈観経曼荼(陀)羅〉〈浄土曼荼(陀)羅〉などということがある．浄土三曼荼羅と称される*智光(ちこう)曼荼羅・*当麻(たいま)曼荼羅・*清海(せいかい)曼荼羅は，観経変としての阿弥陀浄土変の著名な作例である．

「興福寺内に一堂宇を造り，観音菩薩像を安置し，補陀落山浄土変を繍(ぬいもの)して西辺に安んじ，阿弥陀浄土変を繍して東辺に安んず」〔扶桑略記天平宝字5.2〕

浄土門 じょうどもん　⇒聖道門・浄土門(しょうどうもん・じょうどもん)

『浄土論』 じょうどろん　⇒『往生論(おうじょうろん)』

『浄土論註』 じょうどろんちゅう　⇒『往生論註(おうじょうろんちゅう)』

『浄土和讃』 じょうどわさん　*親鸞(しんらん)の著した*『三帖和讃』の一つ．76歳の時の作．*浄土三部経のほか，諸種の経典によって浄土往生の教えを讃詠したもの．冠頭和讃2首，讃阿弥陀仏偈和讃48首，三経和讃36首，諸経和讃9首，現世利益和讃15首，勢至和讃8首，計118首から成る．

証如 しょうにょ　1516(永正13)–54(天文23)　真宗の僧．諱(いみな)を光教，信受院と号する．*本願寺10世．*実如の子円如の長男として生れ，1525年(大永5)実如の寂に伴い，10歳で継職．母の慶寿院(きょうじゅいん)と顕証寺蓮淳(れんじゅん)の補佐によって戦国の動乱期を過ごした．加賀*一向一揆の内部抗争に乗じて加賀を本願寺領国とし，1532年(天文1)*山科本願寺が焼かれると，寺基を大坂石山に移した(*石山本願寺)．その後，細川晴元ら畿内の諸将や越前の朝倉氏と和し，本願寺教団の体制整備につとめた．

上人 しょうにん　すぐれた人，高徳の人の意．仏(正法華経(しょうほけきょう))や仏弟子(維摩経(ゆいまぎょう))を指す場合もある．高僧や修行の進んだ聖者の尊称として用いられるのが本来の用法であるが，現在は浄土宗や日蓮宗などで広く使用され，単なる僧侶の敬称として用いられている．日本での最初の使用例は，市聖(いちひじり)の*空也(くうや)に付されたとされるが，その当時は特に*隠遁(いんとん)の高僧に対する称号であった．中世以後，一種の*僧位として，朝廷から勅許されたことがあった．「増賀上人，いまだ横川に住み給ひけるほどに」〔発心集2〕「俗典には権者の人を聖人と云(い)ひ，内典には上人を正とすべきなり」〔壒囊鈔2〕. →聖人(しょうにん).

聖人 しょうにん　もと中国で，いにしえの理想の帝王を〈聖人(せいじん)〉と呼び，人間の理想像として崇められていたが，仏教が中国に入って仏典が漢訳された時，ārya(*聖者(しょうじゃ))の訳語としてこの語があてられた．仏教では，仏・菩薩(ぼさつ)や*見道(けんどう)以上の位にある聖智(しょうち)を得た聖者の呼称として用いられてきたが，次第に一般化し敬称として使用されるようになった．わが国では僧侶の敬称の*上人(しょうにん)よりも一段高い尊称語として使われ，浄土真宗では*親鸞(しんらん)を，日蓮宗では*日蓮を聖人と呼ぶ．「西天竺に竜樹菩薩と申す聖人おはしけり．智恵無量にして慈悲広大になむおはしける」〔今昔4-25〕

焦熱地獄 しょうねつじごく　[*s*: Tapana]　〈炎熱(えんねつ)地獄〉ともいう．*八熱地獄(八大地獄)のうちの第六地獄．*殺生(せっしょう)・盗み・*邪婬(じゃいん)・*妄語(もうご)・*飲酒(おんじゅ)などの罪を犯したものが堕ちるところとされる．この地獄の鬼に捕らえられた罪人は，焼いた鉄棒で串刺しにされたり，鉄鍋の上で猛火にあぶられたり，数々の責苦を受ける．この地獄の外部には，分荼離迦処(ふんだりかしょ)・闇火風処(あんかふうしょ)など16の小地獄が付随しているという．「紅蓮・大紅蓮なりとも，名号・智火には消えぬべし．焦熱・大焦熱なりとも，法水には勝たじ」〔謡・善知鳥〕. →地獄.

称念 しょうねん　口に仏の名を称(とな)え，心に仏を念ずること．〈*観念〉の対．また，〈称名念仏〉の略で，口に仏の*名号(みょうごう)を称えること．特に*阿弥陀仏(あみだぶつ)の名を称えることをいう．「汝慎みて精進し，能(よ)く妙法華経を読み，観音を称念せり」〔法華験記下114〕「一心に弥陀仏の名を称念する，これを名づけて念仏とす」〔無量寿経釈〕. →称名念仏.

条帛 じょうはく　インドの服制のひとつ．熱帯地方で着用されるにふさわしく薄手の布帛で，上半身に直接肌の上からまとう．仏像では，*菩薩(ぼさつ)・*明王(みょうおう)あるいは*大日如来(だいにちにょらい)などが用い，肩から反対側の脇腹へ斜めにかける．

浄玻璃の鏡 じょうはりのかがみ　地蔵*十王経に見える．地獄の*閻魔(えんま)の庁で，死者の生前に犯した罪業を映し出す鏡．〈浄頗梨鏡〉などとも書く．*玻璃(はり)は*七宝の一つで，水晶のこと．わが国では鎌倉時代以降に，*十王信仰の流行とともにひろまった．「冥官具して傍(かたわ)らに行きて帳(とば)りを引き上げたれば，赫奕(かくえき)たる大円明の鏡あり．これ浄婆梨の鏡なり」〔八幡愚童訓〕

常不軽菩薩 じょうふきょうぼさつ　法華経常不軽菩薩品に登場する*菩薩の名．〈不軽菩薩〉と略す．一切衆生は皆やがて*成仏するであろうことを尊び，軽蔑や迫害にもめげずに「我，あえて汝等を軽しめず．汝等は皆まさに仏となるべきが故に」と言って*四衆(ししゅ)を礼拝した．これは法華経の*一乗思想(すべての衆生が平等に成仏できるとする)の実践的表現である．かれは釈尊の過去世の姿であるという．*日蓮(にちれん)は*末法において常不軽菩薩を継承する法華経の行者と自己認識した．〈常不軽〉のサンスクリット語 Sadāparibhūta は，*竺法護(じくほうご)訳〈正法華経〉では〈常被軽慢〉となっていて〈常に軽んぜられた〉という意味である．

聖福寺 しょうふくじ　福岡市博多区御供所(ごくしょ)町にある臨済宗妙心寺派の寺．山号は安国山．1195年(建久6)，*栄西(えいさい)は博多に一寺を創建することを源頼朝(1147-99)に願いでて許され，10年近い年月をかけ1204年(元久1)完工し，*建仁寺(京)・*寿福寺(じゅふくじ)(鎌倉)の2寺と合わせて禅の三大道場と呼ばれた．後鳥羽上皇(1180-1239)より「扶桑最初禅窟」の宸翰(しんかん)を受け，後に諸山(しょざん)(*甲刹(かっさつ))，ついで*十刹(じっせつ)に列せられた．なお，江戸後期に第123世住持となった仙厓義梵(せんがいぎぼん)(*仙厓)は画僧として名高い．寺宝には，大鑑禅師画像・高峰断崖中峰三師画像や天正17年小早川隆景寄進銘のある朝鮮鐘など多数を所蔵する．

生仏 しょうぶつ　*衆生(しゅじょう)(生きとし生けるもの，*凡夫(ぼんぶ))と*仏との併称．迷いの衆生と悟った仏とはそれぞれ対極をなす語であるが，大乗仏教では〈生仏一如(しょうぶついちにょ)〉あるいは〈仏凡一如(ぶつぼんいちにょ)〉〈*仏凡不二(ふに)〉といって，両者はその本質において一つであって異なるものではないとする．すなわち，衆生は誰でも本来的に*成仏(じょうぶつ)の因を具えており，それは仏の本質たる*法身(ほっしん)にほかならないから，衆生と仏とはその本質において等しいと

説くのである.「仏道もとより豊倹より跳出せるゆゑに，生滅あり，迷悟あり，生仏あり」〔正法眼蔵現成公按〕

成仏 じょうぶつ　*仏・ブッダとなること，*悟りをひらくこと．仏教でいうところの真理(伝統的に〈*法〉と呼ばれる)に目覚めること．〈作仏〉〈得仏〉〈*成道〉〈*得道〉などとも訳される．初期仏典・部派文献では，成仏は実際上，釈尊一人に限定されるのに対し，大乗仏典では，広く*衆生一般にも成仏の可能性を認めるという相違がある．また，*輪廻転生を前提とした古代インドにおいては，現世での修行のみによって成仏が可能になるのではなく，それ以前に想像を絶するほど長期間(部派では三*阿僧祇劫，大乗では三，七，乃至，三十三阿僧祇劫など)に及ぶ修行を経ているのだという考えも見られる(*歴劫修行).

中国・日本において大乗各宗の成仏の捉え方は多様であるが，衆生は本来*仏性(成仏するための因子)を有するという*如来蔵思想などを背景に，この肉身のままに釈尊と同じ悟りの境地を体現できるとする〈即身成仏〉という考え方が根底にある．即身成仏を説く代表とされる密教では，歴劫修行の過程を，*真言を唱えることによって代替できると考え，成仏を身近な位置に引き寄せた．このような発想は，表現は一様ではないにせよ，華厳宗の疾得成仏の説や，天台宗の初住位での成仏，また，禅宗の〈直指人心見性成仏〉つまり，自己の心(清浄なる本性)を徹見することが成仏に結びつくとする*頓悟の主張などにも通底しよう．さらには，*念仏の功徳により*阿弥陀仏の*安楽世界に往生してから成仏すると主張する浄土教でも，成仏が手の届き易い範囲に位置する点では同じ流れに属すると考えられる．特に，浄土真宗では〈往生即成仏〉，すなわち，往生がそのまま成仏であると考える．→即身成仏，直指，見性，往生．

「たとひ三心を具せずといへども…かの一たび名を聞くすらなほ成仏することを得といふ」〔往生要集大文第10〕

浄仏国土 じょうぶっこくど　*仏国土を浄めると訓じられるもので，世界の浄土化を意味する．浄土思想の一種．般若経典以来，しばしば強調されたもので，その際，必ず*菩薩が浄仏国土に努めると説かれている．つまり，大乗の菩薩行の一つであることを示している．大乗の菩薩行とは，個人的には衆生救済の実践であり，社会的には浄仏国土の実践ということである．「浄仏国土の菩薩の功徳荘厳をも忘れぬべし」〔今昔17-19〕．→浄土．

障壁画 しょうへきが　⇒壁画

清弁 しょうべん［s: Bhāviveka］ 490–570頃　バーヴィヴェーカの漢訳名で，〈分別明〉とも訳される．バーヴァヴィヴェーカ(Bhāvaviveka)，バヴィヤ(Bhavya)などとも呼ばれてきた．*中観派の学者．同時代の*論理学研究に刺激されて，すべてのものは*空であるということを推論式によって積極的に論証しようとし，独自な方法を確立した．そのため後に自立論証派の祖と位置づけられた．空性と対立する他学説の批判と空性の論証に使用される推論式は，それ自体は世俗でありながら空性を目指しているので*勝義に適合するものとして重要視した．この推論式重視の方法は，後に月称(*チャンドラキールティ)によって批判された．著作としては*『中観心論』*『般若灯論』『大乗掌珍論』がある．

正報 しょうほう　⇒依正

正法 しょうぼう［s: saddharma］　正しい道理．正しい教法．道元の*『正法眼蔵』における〈正法〉はこの意．また，この正しい教法が世に行われる期間をさす．すなわち，正法・*像法・*末法の中の正法年間のこと．正法時は釈尊滅後500年または1000年の間をさし，教・行・証，つまり，教えと，教えを実践する人と，これによって証りを開く人のある時期とされる．「これ濁世に正法を護るの人なり」〔法華験記上8〕「法住を記していはく，正法千年，像法一千五百年，末法一万年なり，と」〔十住心論1〕．→正像末．

聖宝 しょうぼう　832(天長9)–909(延喜9)　真言宗の法流の一つ小野流の祖．*修験道当山派の祖．*醍醐寺開祖．大和(奈良県)の人，一説に讃岐(香川県)の人．幼名恒蔭王．諡号理源大師．貞観寺真雅(801–879)の下で出家し，東大寺戒壇で*具足戒を受け，真雅より受明*灌頂(じゅみょうかんじょう)を受け，元興寺(がんごうじ)願暁・円宗に三論を，東大寺平仁に法相(ほっそう)，同寺玄永に華厳(けごん)を学ぶ．869年(貞観11)，興福寺*維摩会(ゆいまえ)に*竪義(りゅうぎ)を勤め名声を馳す．874年(貞観16)醍醐寺を開き，翌年，東大寺に東南院を創建して*三論宗の本拠となす．多くの堂塔・仏像を造立し，密教修法において霊験あり，内外の尊崇をあつめ，弟子たちからは尊師と呼ばれた．→野沢(やたく)二流．

正法眼蔵 しょうぼうげんぞう　禅で，仏法の真髄のことをいう．〈正法〉は正しい仏の教え，〈眼〉はその眼目のこと．〈蔵〉はそのすべてを含みもっている意．出典は，大梵天王問仏決疑経という．「仏の正法眼蔵・涅槃妙心の所をも，迦葉ひとりこそ破顔微笑し給ひしか」〔ささめごと〕

『正法眼蔵』 しょうぼうげんぞう　仮名で書かれた*道元(どうげん)の主著．75巻本，12巻本，60巻本，84巻本，83巻本，28巻本，95巻本などがある．道元は最晩年に自ら本書を改稿し，体系的に編纂しようとしたが，未完に終り，残されたのが12巻本であるという．75巻本は12巻本と重複する巻がなく，12巻本を前提にして，それ以前に書かれたものを集めたものと考えられ，今日，75巻本と12巻本をセットにして用いるのが普通である．それ以前には江戸時代に編纂された95巻本がしばしば用いられた．「辦(弁)道話(べんどうわ)」は古い編纂では『正法眼蔵』の中に含められていないが，もっとも早い1231年(寛喜3)の成立で，本書の序論的な位置を占めるものである．

本書を貫く思想は，「現成公案巻」にもっとも端的に示されている．そこでは，今ここに展開している現象世界をそのまま悟りの世界と見，それを*現成公案(げんじょうこうあん)と呼んでいる．それは*坐禅に専心する一瞬一瞬に実現するものであり，そこから*修証一等(しゅしょういっとう)(修行と悟りはひとつのもの)と言われることになる．本書の注目される巻としてはさらに，*仏性(ぶっしょう)の独特の解釈を含む「仏性巻」，時間論を扱った「有時巻」などが挙げられる．

ところが，12巻本に至ると，75巻本に見られたこのような哲学的な思索が影をひそめ，*因果応報の道理を信じ，厳格に規律を守った生活を送るべきことが説かれるようになる．ここから，従来12巻本の評価は75巻本に較べて低かったが，近年，12巻本にこそ道元の最晩年に達した思想が表されているとして，高く評価する傾向が強くなった．

なお，道元には『正法眼蔵』と名づけられた別書がある．これは300則の*公案を集めたもので，『正法眼蔵三百則』とか，漢字で書いてあることから『真字(しんじ)正法眼蔵』などと呼ばれる．仮名本の『正法眼蔵』執筆のための資料集としての性格を持つものである．『正法眼蔵』という書は，さらに遡ると，宋の*大慧宗杲(だいえそうこう)にもあり(3巻，1147年成立)，661則の公案を集めたもので，『正法眼蔵三百則』と同じ性格のものである．それ故，道元の『正法眼蔵』はもともと，大慧の同名の書の影響下に始められ，そこから次第に独自のものに脱皮していったと推測される．

『正法眼蔵随聞記』 しょうぼうげんぞうずいもんき　*懐奘(えじょう)編．6巻．*道元が折にふれて説き示した教えを，常に随侍していた懐奘が筆録したもの．「夜話に云く」とあるように，日常生活の中で，平易に仏道修行の心得が，初心者向きに懇切に示されている．「学道の人衣食に労することなかれ，広学博覧はかなふべからず，学道の人は人情をすつべきなり」など．あるいは故建仁寺の僧正(栄西)にまつわる法話など，解りやすい説示の中に，きびしい道元の仏法がかいま見られる．

正法律 しょうぼうりつ　如来(にょらい)の*正法(しょうぼう)に準拠する*律の意．江戸時代後期，*慈雲飲光(じうんおんこう)によって提唱された戒律運動．直ちに如来の所説に基づくことを目指す．慈雲は河内の高貴寺(こうきじ)(大阪府南河内郡河南町)に活躍した僧で，*悉曇(しったん)学でも著名．不殺生・不偸盗・不邪婬・不妄語・不綺語・不悪口・不両舌・不貪欲・不瞋恚・不邪見の〈十善戒〉を重視し，身口意(しんくい)の*三業(さんごう)において〈十善〉を実践することを主張した．十善戒は大小の諸戒を統摂するものであり，かつ人間の務め行うべき根元であると位置づけ，*『十善法語』*『人となる道』などを著したが，それらの著作の中には神儒仏の*三教一致思想が認められる．〈神下山(こうげさん)高貴寺規程〉には「正法律とは聖教の名目にして，外道邪宗に対して仏法の尊向を表せる名なり」とある．法系的には南山四分律(なんざんしぶんりつ)(→道宣(どうせん)，『四分律』)

に属するが，重要視したものは有部律(→『十誦律』)であり，ほぼ一切の経律を重視する立場を取る．→十善．

上品 じょうぼん　*観無量寿経で，*浄土に生れることを願う者を罪や修行の程度により最勝から極悪まで9段階(*九品)に分類する中での，上位3者(上品上生・上品中生・上品下生)をいう．人柄や品質の高尚なことを意味する〈上品〉も古くは〈じょうぼん〉といい，これに由来する語らしい．後に*善導は，一切衆生を本質的には迷える存在(九品皆凡)ととらえ，上下の差を大乗・小乗・悪などとの出合いの相違に帰する独自な解釈をし，それが*法然，*親鸞にも継承されている．「信心これ深し．あに極楽上品の蓮を隔てむや」〔往生極楽記18〕

浄飯王 じょうぼんおう　[*s*: Śuddhodana，*p*: Suddhodana]　シュッドーダナの漢訳名．釈迦族の王．*釈迦牟尼仏すなわち*悉達多と*難陀の父で師子頬王の子．浄飯王の諸弟として*仏伝中に名の見える〈白飯〉〈甘露飯〉なども名の内に〈飯〉(odana)の語を含んでいる．恐らくその領内で稲作が行われていたことを示すものであろう．仏典の中で彼は富裕な王とされ，いくつかの彼にまつわる伝説も語られている．おそらくは実在の国王で，*仏滅前に没したものと考えられる．

勝鬘経 しょうまんぎょう　[*s*: *Śrīmālādevī-sūtra*]　大乗仏教の経典．サンスクリット原典は断片的にしか現存しないが，漢訳として*求那跋陀羅訳の『勝鬘師子吼一乗大方広方便経』(436年訳)と菩提流志訳の*『大宝積経』「勝鬘夫人会」(710年訳)，ならびにチベット訳が伝わっている．また，*『究竟一乗宝性論』などにおける引用により，サンスクリット原文の一部を回収することが可能である．*波斯匿王の娘である勝鬘夫人を語り手として*如来蔵思想を説く経典であり，*如来蔵経，不増不減経とならんで，如来蔵思想を代表する経典とされる．本経典によれば，如来の*法身は，*常楽我浄なる絶対的なものであるが，それが衆生の中で*煩悩に覆われているとき，如来蔵と呼ばれる．しかし，そのことは極めて理解し難いことであって，一般人にとってはただ信じるしかないというのである．

インドでは『究竟一乗宝性論』の重要な典拠の一つとなり，中国では本経所説の二種生死(*分段生死・不思議*変易生死)と五住地惑が大乗と小乗を区別する理論として受容された．さらに，日本では*三経義疏の一つ*『勝鬘経義疏』を通じて大きな影響を与えた．在家の女性を語り手とする本経典の構成にも，日本仏教の気風と合致する点があったのであろう．

『勝鬘経義疏』 しょうまんぎょうぎしょ　*聖徳太子撰と伝える*勝鬘経の注釈書．1巻．〈三経義疏〉の一つ．中国江南の教学によりながら注釈がなされており，北京図書館所蔵敦煌本と近似するところが大きく，共通の祖本にもとづくと考えられる．最初に大意を述べ，勝鬘夫人は本来は如来の分身か法雲の大士であるが，阿踰闍国の人を教化するために女性のすがたを現したと説き，インドに生れ悟りをひらいた釈尊だけを仏と見る*三乗の教えを否定し，仏は永遠なものであることを表す*一乗の教えを経の本質とするという．→三経義疏．

声明 しょうみょう　法会における仏教声楽の称．仏に供する*法楽として僧侶が唱誦し，讃歎歌詠するもので，伝来当初は〈*梵唄〉と称していた．平安時代以降の仏教儀式の整備に伴い，〈声明〉ということばが用いられるようになったが，もとは古代インドのバラモン(*婆羅門)僧の実践的学問である*五明の一つで，音韻・文法学を意味する*サンスクリット語 śabda-vidyā の漢訳語にあたる．

詞章の傍らに記される*博士(一種のネウマ譜)を用いた独特の記譜法により，旋律が可視的に記録される．大別して古博士・五音博士・目安博士・図博士などがあるが，時代や宗派・流派によって名称や書法に異なりをみせる．具体的には，梵讃・漢讃・*和讃・*伽陀・*誦経・*念仏・*祭文・*講式・*表白・*論義・*仏名・*教化・*諷誦などがあげられ，唱法の特色や法会における機能に基づき様々な学問的分類がなされる．楽理的には，音階(洋楽のドレミと同格)にあたる「五音」(宮・商・角・徴・羽ぅ)および「七声しちせい」(五音に変宮・変徴，あるいは嬰羽・嬰商を加える)，「三種」の曲種(呂りょ曲・律りつ曲・中ちゅう曲)からなる施法，絶対音高を示す「十二律」(1オクターブを約半音で一越いちこつ・双調そうじょう・盤渉ばんしきなどの十二の音位とし，五音を配して調子とする)の音律と，旋律型・拍子・声明観から組織される．また，主要五音以外の塩梅音えんばいおんの微妙な機能や，転調にあたる反音へんおん・へんのん(変音)が声明の美的価値を高める．声明の歴史としては，12世紀から14世紀にかけてが最盛期で，以降伝承と普及の時代を経て今日に至る．その音楽性は，様々な謡いものや語りものに極めて大きな影響を与えた．→音楽と仏教．

【南都声明】養老4年(720)の「転経唱礼てんぎょうしょうらい」を正す詔勅に，唐僧道栄の曲節による儀式展開が促されており〔続日本紀〕，8世紀にその嚆矢がみられる．天平勝宝4年(752)の東大寺*大仏開眼供養における*四箇法要しかほうよう(唄ばい・*散華さんげ・*梵音ぼんおん・ぼんのん・*錫杖しゃくじょうの四曲)には，曲の整備が認められ，声明が儀式音楽として法会に用いられた典例とされる．平安時代以降の天台・真言の二大宗派の声明に対して〈奈良声明〉ともいい，*顕教けんぎょう系の声明である．現在は東大寺二月堂の*修二会しゅにえ(*御水取おみずとり)や薬師寺の修二会(花会式)などの一部の*悔過けか法要にその趣をとどめる．鎌倉時代には真言や天台声明の一派による影響があり，一時衰微の途にあった南都の声明が再興された．当時の音律に優れた理論家として『音曲秘要抄』や『声明源流記』などを著した東大寺*凝然ぎょうねんがおり，金沢かねさわ*称名寺しょうみょうじの釼阿けんなへの声明の流れをも録す．

【天台声明】慈覚大師*円仁えんにんが入唐の際，あらたに密教系と浄土系の声明を*比叡山ひえいざんに請来し体系化したことにはじまるとされ，その弟子*安然あんねんは『悉曇蔵しったんぞう』に声明の楽理を論じた．後に中興の祖である*良忍りょうにんは，円仁以降に分立した曲節の統一をはかり，大原に来迎院らいごういんを開いて，勝林院しょうりんいんとともに，中国声明発祥の地と伝えられる*魚山ぎょさんの名に因む〈大原流魚山声明〉の道場を築いた．その高弟家寛けかんは，声明の師として後白河法皇に声明集『二巻抄』を伝授，同じく家寛から声明集『唄葉』を授けられた藤原師長もろながを始祖とする妙音院流が出るなど，平安末期より鎌倉時代の初めにかけてその盛時を迎えていた．そうした中で家寛の高足智俊ちしゅんの門弟蓮界房浄心れんかいぼうじょうしん(古流)と蓮入房湛智れんにゅうぼうたんち(新流)とが対立し〔弾儀褒真抄，野守鏡〕，『声明用心集』や『声明目録』を著した湛智が新しい音楽理論に基づく革新的な流れを築き，以降天台声明の中枢となって現在に継承されている．

【真言声明】宗祖*空海には〈声字実相しょうじじっそう〉(→『声字実相義』)の思想があり，声明伝来の祖とされるが，声明家としての活躍は弟子の真雅しんが以降に顕著で，後に宇多法皇の皇孫である寛朝かんちょうは，声明の作曲や整備につとめるなど〈声明血脈けちみゃく〉に中興の祖として名を連ねた．その後諸派分流が激化する中，久安年間(1145-51)に*仁和寺にんなじ第5世覚性かくしょうが開いたという声明談義で，本相応院流ほんそうおういんりゅう・新相応院流・大進上人流だいしんしょうにんりゅう・醍醐流だいごりゅうの四流が正統とされた．仁和寺の両相応院流は第6世守覚のもとで一時統合したが，鎌倉時代前期に再び分流し，末期にはその一部が南都*西大寺さいだいじへと伝わった．一方大進上人流は，同前期に金剛峯寺こんごうぶじ検校の勝心により*高野山へと移され，以後〈南山進流なんざんしんりゅう〉と称した．覚意かくいによる五音譜の考案は画期的で，後の『声明集』の刊行や教則本『魚山蠆芥たいがい集』の編纂に，その反映が認められる．古義の真言声明は江戸時代にかけて衰微・廃絶の危機に遇い，現在は南山進流と同流を汲む新義二派(智山派・豊山派)の声明が宗内に伝承されている．

称名 しょうみょう　仏・菩薩の名，特に*阿弥陀仏あみだぶつの*名号みょうごうを称えること．「*南無阿弥陀仏なむあみだぶつ」と称えること．阿弥陀仏に対する*念仏に，心に仏を思う〈観念の念仏〉と，仏の名号を称える〈称名の念仏〉がある．また，諸仏が阿弥陀仏の名を称揚し*讃歎さんだんすることをさす．諸仏の称名は阿弥陀仏の*四十八願中の第十七願に誓われている．称名は広義には，「南無阿弥陀仏」のほか，「南無釈迦牟尼仏なむしゃかむにぶつ」「南無観世音菩薩なむかんぜおんぼさつ」「南無大師遍照金剛なむだいしへんじょうこんごう」などもさすが，「南無妙法蓮華経なむみょうほうれんげきょう」の場合は，むしろ念法であるので，*唱題と呼ばれる．なお，神仏の名号を称えることによって苦難を逃れ救済を得られるという信仰は，道教の経典の中にも多く見られる．「厳嶋の社は，称名あまねくきこゆる庭，効験無双の砌(みぎり)なり」〔平家5.富士川〕．→称名念仏，観念．

定命 じょうみょう　宇宙の生成・存続・破壊・*空無の4時期(*四劫(しこう))のうち，存続期(住劫(じゅうこう))内で時期に従って人の*寿命が定まっていることをいう．8万歳を最長，10歳を最短とし，100年毎に1歳を増減する．増す時期を*増劫(ぞうこう)，減ずる時期を*減劫(げんこう)という．現在は減劫の時期にあたり，*釈迦如来(しゃかにょらい)の時代は〈定命百歳〉の時という．定命を全うせずに若死することを〈中夭(ちゅうよう)〉という．なお中国本来の意味では，定められた運命，法令を定めること．「それ人間の寿命をかぞふれば，いまのときの定命は五十六歳なり」〔御文〕

称名寺 しょうみょうじ　神奈川県横浜市金沢区金沢町にある真言律宗の寺院．山号は金沢山．もとは*極楽寺末寺．北条実時(ほうじょうさねとき)(1224-76)が母の*菩提(ぼだい)を弔うため1260年(文応1)ごろ六浦(むつら)庄内に建てた念仏の寺を，67年(文永4)に妙性房審海(しんかい)を開山に迎えて律寺に改めた．2代釼阿(けんな)，3代湛睿(たんえい)は優れた学僧として知られる．六浦は朝比奈(あさひな)切通しを通じて鎌倉と繋がり，和賀江津(わかえのつ)とならぶ鎌倉の外港であった．称名寺は，六浦津を管理し，関銭(せきせん)を徴収していたようで，和賀江津に関して極楽寺が同じ立場にあったことを考えれば，*忍性(にんしょう)を中心とする律僧は北条氏と結んで鎌倉の海上ルート(貿易)を押さえていたと考えられる．境内には，北条実時以来の典籍類を集めた*金沢(かねさわ)文庫があり，*大蔵経など仏教関係典籍，紙背文書を中心とする〈金沢文庫古文書〉などの文化財が豊富にある．

浄妙寺 じょうみょうじ　神奈川県鎌倉市浄明寺にある臨済宗建長寺派の寺院．鎌倉五山の第五．山号は稲荷山．1188年(文治4)に足利義兼(あしかがよしかね)(?-1199)が創建．開山は退耕行勇(たいこうぎょうゆう)(1163-1241)という．はじめは〈極楽寺〉と称したが，13世紀の後半に月峰了然(げっぽうりょうねん)が住持となって名を改め，浄土系の寺院から禅宗の寺院となったのであろう．中興開基は足利貞氏(あしかがさだうじ)(1273-1331)．本寺の東側に鎌倉公方の屋敷があって，おそらくは，足利氏の*持仏堂(じぶつどう)が発展して寺となったのであろう．鎌倉前期の木造釈迦如来坐像，鎌倉中期の木造阿弥陀如来立像，鎌倉末期の木造退耕行勇坐像，足利尊氏(たかうじ)自画自賛の紙本地蔵菩薩像などを伝える．

称名念仏 しょうみょうねんぶつ　仏の*名号(みょうごう)，特に「*南無阿弥陀仏(なむあみだぶつ)」の名号を口に出して称える念仏．仏を*憶念(おくねん)・*観想する念仏と区別される．善導(ぜんどう)の*『観無量寿経疏(かんむりょうじゅきょうしょ)』には，「念仏」「念仏名」「称仏」の用例はあるが，「称名念仏」の用例は見られない．善導が正定之業(しょうじょうのごう)と位置づけた〈一心専念弥陀名号(いっしんせんねんみだみょうごう)〉(一心に弥陀の名号を専念する)を〈称名念仏〉という語で明確に規定したのは偏依(へんね)善導をかかげた*法然(ほうねん)である．*『選択本願念仏集(せんちゃくほんがんねんぶつしゅう)』には，「問ひて曰はく，何が故ぞ五種の中に独り称名念仏を以て正定の業と為すや．答へて曰はく，彼の仏の願に順ずるが故に．意は云はく，称名念仏は是れ彼の仏の本願の行なり」，「唯(ただ)称名念仏の一行を以て其の本願と為(な)したまへるなり」などの用例が見られる．法然においては，「念仏とは，専ら弥陀仏の名を称する是なり」の用例のごとく，称名と念仏は同義であった．→称名，念仏，正定業．

聖武天皇 しょうむてんのう　701(大宝1)-756(天平勝宝8)　名は首(おびと)．平城宮御宇天皇とも．第45代天皇．在位724-749．文武天皇(683-707)の皇子で，母は藤原宮子(?-754)．天皇として初めて臣下の娘藤原光明子を皇后(*光明皇后(こうみょうこうごう))とし，その勧めもあって諸国*国分寺・国分尼寺・*東大寺・大仏(*奈良大仏)などの大規模な仏教事業を推進．自らも熱心な信者として〈三宝の奴〉〈沙弥勝満〉と自称し，754年(天平勝宝6)には*鑑真(がんじん)から*受戒した．ことに*華厳経(けごんぎょう)に帰依し，この所説に依拠した東大寺盧舎那(るしゃな)(*毘盧遮那(びるしゃな))仏(大仏)建立ばかりでなく，華厳経大量書写もその治世に集中している．なお，遺愛の品々は光明皇后によって東大寺毘盧舎那仏に献納され，*正倉院宝物として今に伝えられている．

青面金剛 しょうめんこんごう　庚申(こうしん)の日にまつられる*夜叉(やしゃ)神．一身四手．頭頂には髑髏(どくろ)をいただき，顔は3眼，左の上手は三股叉，下手は棒をにぎり，右の上手は輪，下手は*羂索(けんさく)をとる．全身を青色で彩り，怒髪天をつく*忿怒(ふんぬ)の相を現す．*帝釈天(たいしゃくてん)の使者で，*羅刹(らせつ)とともに*毘沙門天(びしゃもんてん)の眷族(けんぞく)となって北方を守護するとされる．中国の民間道教に受容されて三尸(さんし)説と習合した．わが国でも広く普及し，板碑や石像に刻まれている．→庚申．

抄物 しょうもの　漢籍，仏典，一部の国書を注釈した書物のうち，室町期より江戸前期にかけて行われた，邦人による講釈や*談義の内容を記録した書物，またはその形式に則る書物の称．講義者の台本や聴衆による聞書の他，それらを整理・補足・集成した書物を含む．主として日本語の口語様式で記され，文語や漢語で表記されたものもある．原典に基づき「〜抄」「〜聞書」「〜口義」などの名を冠する他，万里集九(ばんりしゅうく)の『天下白』『帳中香』など，雅名を有するものもある．その内容は，原文の訓詁注釈に止まらず，啓蒙のための余説に及び，通釈の規矩は定めないことが多い．これらは主に室町期の，*五山禅林を中心とする漢学の盛行に伴って制作された．その作者としては『百衲襖』『史記桃源抄』を記した桃源瑞仙(とうげんずいせん)，『玉塵』を遺した惟高妙安(いこうみょうあん)，月舟寿桂(げっしゅうじゅけい)などが著名である．俗家では，明経道(みょうぎょうどう)を主宰する清原(きよはら)家の歴世や，林宗二(りんそうじ)の関わったものが知られ，漢学の普及に大きく関与した．

声聞 しょうもん ［*s*: śrāvaka, *p*: sāvaka］ サンスクリット語は，教えを聴聞する者の意で，原始仏教経典では出家・在家ともに用いられている．門弟や弟子の意で用いられることは*ジャイナ教でも同様であるが，仏教では後になると出家の修行僧だけを意味し，*阿羅漢(あらかん)を目指した．またジャイナ教では在俗信者のみを意味した．大乗仏教からはかれらは*小乗と呼ばれ，自己の悟りのみを得ることに専念し*利他の行を欠いた出家修行僧とされた．なお，法華経授記品で釈迦の*記別(きべつ)にあずかった4人の仏弟子，*摩訶迦葉(まかかしょう)・*須菩提(しゅぼだい)・*迦旃延(かせんねん)・*目連(もくれん)を総称して〈四大声聞〉という．「仏，声聞を求むる者の為に，人空法有の理を説きたまへり」〔十住心論4〕「四大声聞いかばかり，喜び身よりも余るらむ，われらは後世の仏ぞと，確かに聞きつる今日なれば」〔梁塵85〕．→縁覚(えんがく)．

唱門師 しょうもんじ　中世以降，*金鼓(こんく)を打って家々の門に立ち，阿弥陀経などの経文を誦し，念仏を唱えて，祈禱・方角占い・物乞いを業として渡世した俗法師．多くは社寺の境内の掃除や警固に従事するかたわら，陰陽占いや*今様(いまよう)・早歌(そうが)などの雑芸(ぞうげい)によって生計を立てた．金鼓の出す深妙なる音によって一切の罪障が除かれ，利福が得られるという信仰によったものである．〈声聞師(しょうもんじ)〉とも記され，〈金叩き〉ともよばれた．「民屋の門に立ちて金鼓を打つを声聞師と云ふ…今此の金鼓打つをば唱門師と書くべし．家々の門に立ちて妙幢の本誓を唱へ，阿弥陀経を誦して金鼓を打つ故にしか云ふ」〔壒嚢鈔9〕

長夜 じょうや　人が煩悩(ぼんのう)によって苦報を重ねる悪循環，すなわち*輪廻(りんね)から抜け出せないまま，無知の状態に永く留まっていることを長い夜にたとえた語．〈無明(むみょう)長夜〉〈長夜の闇〉などともいう．*親鸞(しんらん)は弥陀の*大願(だいがん)を「無明長夜の灯炬(とうこ)なり，智眼(ちげん)くらしとかなしむな．生死大海の船筏(せんばつ)なり，罪障おもしとなげかざれ」〔正像末和讃〕と讃詠している．「長夜の迷ひに道を失へることを知らず」〔愚迷発心集〕

常夜灯 じょうやとう　〈常灯明(じょうとうみょう)〉〈長明灯(ちょうみょうとう)〉ともいう．毎夜仏前・社前に灯して供する*灯明をいうが，昼夜不断に献じる常灯に模したもの．阿闍世王授決経(あじゃせおうじゅけつきょう)や*賢愚経(げんぐきょう)には，貧女が一心に供えた一灯が消えなかったという説話があり，また諸経に塔廟(とうびょう)に供する灯の*功徳(くどく)が説かれる．仏教では〈*法灯を継ぐ〉と表現するように灯明を重視し，仏を不断*供養(くよう)する意に擬したと思われる．比叡山(ひえいざん)の*根本中堂，*高野山の灯籠堂の常夜灯などは不滅の灯として有名．→貧者の一灯．

『成唯識論』 じょうゆいしきろん　インド*唯識思想の論典で，漢訳本10巻として現存する．*世親(せしん)（ヴァスバンドゥ）の*『唯識三十頌』に対する注釈書で，*玄奘(げんじょう)のインド留学当時までに著された諸注釈書を，*護法(ごほう)（ダルマパーラ）の説を中心に玄奘がまとめて一書として訳出したものと伝えられている．内容的には，まず仏教内外のさまざまな学派の唱える実体的な自己存在（*我(が)）ならびに諸要素(*法(ほう))の説を批判したのち，*八識(はっしき)論・*三性(さんしょう)説・*修行論の順に論述を展開するが，特に八識論に関する議論の詳しいのが本書の特徴である．サンスクリット原典は存在しないが，直接『唯識三十頌』の本文を注釈する部分に関しては，サンスクリットで伝わる『唯識三十頌』*安慧(あんね)釈とかなりよく一致する．しかしその一方では，四分(しぶん)説など，安慧釈には言及されない重要な教理が本書には多く含まれていることにも注意すべきである．本書に対する注釈書は中国・日本で数多く著されたが，特に重要なのが，玄奘を助けて本書の漢訳に関与した慈恩大師*基(き)による『成唯識論述記(じゅっき)』20巻ならびに『成唯識論掌中枢要(しょうちゅうすうよう)』4巻である．これらに基づいて中国では*法相宗(ほっそうしゅう)が形成され，日本にも伝えられた．

『従容録』 しょうようろく　曹洞宗の根本聖典の一つ．宋代の*宏智正覚(わんししょうがく)が百則の問答に頌(じゅ)を付した『宏智頌古(わんしじゅこ)』に，南宋の万松行秀(ばんしょうぎょうしゅう)(1166–1246)が北京の報恩洪済寺内の従容庵で評唱(ひょうしょう)を加えたもの．1224年(嘉定17)刊．現存のものは1607年(万暦35)の重刊本6巻である．臨済宗の*『碧巌録(へきがんろく)』と対比される．取り上げられた古則は，宗派に偏重することはないが，内容的には面壁九年の*菩提達摩(ぼだいだるま)の坐禅を強調したり，禅機を弄するものをさけ，〈綿密の宗風〉を主張する曹洞宗の立場が鮮明に述べられている．

請来目録 しょうらいもくろく　日本から留学した僧が，中国から持ち帰った書籍および法具などの目録．平安時代初期に入唐して密教を伝えた，*入唐八家(にっとうはっけ)と称される僧たちの目録が伝えられている．たとえば天台宗の*最澄(さいちょう)には，台州から将来した『台州録』(127部347巻と禅鎮など)と越州から将来した『越州録』(120部，ほか)，*円仁(えんにん)には『入唐新求聖教目録』(584部802巻，ほか)があり，真言宗の*空海には『御請来目録』(216部461巻，仏・菩薩像，道具など)がある．

常楽会 じょうらくえ　⇒涅槃会(ねはんえ)

常楽我浄 じょうらくがじょう　[*s*: nitya-sukha-ātma-śubha]　もともとは仏教において否定されるべき4種の見解をさし，〈四顚倒(してんどう)〉とよぶ．すなわち，*無常であるものを〈常〉と見，*苦であるのに〈*楽〉と考え，*無我であるのに〈*我〉ありと考え，*不浄なものを〈*清浄(しょうじょう)〉と見なすこと．しかし，大乗仏教中，*涅槃経(ねはんぎょう)や*勝鬘経(しょうまんぎょう)は，*如来が*常住(じょうじゅう)であり，*涅槃は最高の楽であることを強調し，四不顚倒(無常・苦・無我・不浄)をさらに超える存在として，常・楽・我・浄を究極のものと見なした．これを〈四波羅蜜(しはらみつ)〉あるいは〈四徳〉と称する．→四顚倒．

「常楽我浄の調べ麗(いつく)しくしてなほ麗しく，苦空無我の音(こゑ)妙にしてさらに妙なれば」〔盛衰記32〕「鸚鵡(あうむ)・舎利・迦陵頻伽(かりょうびんが)の声を聞き，苦・空・無常・無我の四徳波羅蜜のさとりをひらき給ひなば」〔曾我12.少将法門〕

常楽寺 じょうらくじ　滋賀県甲賀郡石部町西寺にある天台宗の寺院．山号は阿星山(あぼしさん)，本尊は千手観音(せんじゅかんのん)像．近くの*長寿寺(ちょうじゅじ)を〈東寺〉というのに対し，〈西寺〉と称される．和銅年間(708–715)*良弁(ろうべん)僧正の開基と伝え，古くは阿星寺五千坊の一つだったという．仁平年間(1151–54)に*伽藍(がらん)が再建され復興した．1360年(延文5)火災に遇ったが，間もなく観慶によって再興された．現在の本堂はこの時期の建立であり，背後にある三重塔は1398年(応永5)の勧進状と応永7年銘の瓦により，建立時期の推定ができる．共に純*和様(わよう)の貴重な遺構である．

定力 じょうりき　①[*s*: samādhi-bala]　*五力の一つ．*定(じょう)を悪を破る力としての五徳目(信・勤・念・定・慧)の一つと見て，定力という．「自性を明らめんとほっせば，まづ定力を専らにすべし」〔合水集上〕

②[*s*: samādhi-prabhāva]　定の威力の意．定すなわち*三昧(さんまい)の実践によって生ずる特異な能力．たとえば，それによって体験されるいろ・かたちは眼根(げんこん)(→五根)の対象ではないとされる．「行学を妨げんとしけれども，上人定力堅固なりければ，隙を伺ふ事を得ず」〔太平記18.高野与根来〕

青竜寺 しょうりゅうじ　⇒青竜寺(せいりゅうじ)

静慮 じょうりょ　[*s*: dhyāna]　サンスクリット語の意味は，熟考すること，瞑想すること．音写して〈*禅(ぜん)〉〈禅那(ぜんな)〉とも．〈*定(じょう)〉〈禅定(ぜんじょう)〉も同義．静かに真理を観察すること．心を散乱せず，一つのものに集中し，*智慧を得るための修行法．なお，ヨーガ学派の根本聖典である『ヨーガ-スートラ』には，*ヨーガの八実修法の第7にこの〈静慮〉が説かれている．ここでは集中した精神をさらに凝縮させること，つまり念ずる対象に自らの観念を一致させることをいう．「静慮と天眼(てんげん)とは実常なりと計(け)す」〔十住心論 3〕．→禅定．

精霊 しょうりょう　〈聖霊〉とも書く．宗教一般では共に〈せいれい〉と読む．精神・神識・霊・精ともいわれ，一般的には死者の*霊魂(れいこん)のこと．*無我を説く仏教では実体的な霊魂を認めなかったが，仏教が流布される中で，むしろ民間信仰に影響され，受け入れられた考え方．〈精霊会〉というものがあるが，これは盂蘭盆会(うらぼんえ)と同じである．盂蘭盆会には精霊を迎える〈精霊棚〉が作られ，最初の日に精霊を迎える〈精霊迎え〉，最後の日に精霊を送る〈精霊送り〉が行われる．なお，漢語の〈精霊(せいれい)〉は精微霊妙の気，または広く天地山川に住む神鬼の類を意味する．「聖霊の示すところ，更に疑ふべからず」〔霊異記 中 26〕「志す所の父母師君等の聖霊の，重罪を転じて軽罪となし，悪生を転じて善生を得べき功徳とは成る」〔妻鏡〕．→盂蘭盆．

聖霊会 しょうりょうえ　*聖徳太子の聖霊を祀る法会で〈太子会〉ともいわれる．太子と深い関係のある*法隆寺では748年(天平20)から行われていたと伝えるが，その他のゆかりの寺でも早い時期から行われた．太子の命日は2月22日であるが，現在，法隆寺では3月22日，*四天王寺では4月22日に厳修され，同時に行われる*舞楽も著名．俳句の春の季語ともなっている．「(黄鐘調の音階は)二月涅槃会より聖霊会までの中間を指南とす」〔徒然 220〕「以ての外に寒かりき．聖霊会の荒れなりと」〔多聞院日記 文禄 2.2.22〕

『性霊集』 しょうりょうしゅう　平安初期，真言宗開祖*空海(くうかい)(弘法大師)の詩文集．〈せいれいしゅう〉とも読む．詳しくは『遍照発揮性霊集(へんじょうほっきしょうりょうしゅう)』という．編者は空海の弟子*真済(しんぜい)．本書は真済の序と詩文集10巻とから成っていたが，平安中期以後に後の3巻が散逸したので仁和寺(にんなじ)の学僧済暹(さいせん)(1025-1115)が苦心して逸文を蒐集して「補闕鈔(ほけつしょう)」3巻とし，前の7巻に合わせて10巻とした．この十巻本には111の格調の高い詩文が収録され，空海の入唐求法から帰国後の高雄山寺(*神護寺(じんごじ))・*高野山(こうやさん)・東寺(*教王護国寺)に関するもの，空海をめぐる交友関係の文，宗教儀礼や追善供養の文などがあり，空海の生涯の活動と思想と文才と人間性を知る貴重な資料である．

精霊流し しょうりょうながし　*盂蘭盆(うらぼん)の最後に，家々に迎えていた先祖の*霊魂(れいこん)を川や海に送り流す行事．盆の飾りものをただ水辺に捨ててくるだけのものから，真菰(まこも)や麦藁などで舟を作り，美しく飾りたてて川に流しに行くものまで，その風習はさまざまである．ときには明りを入れた灯籠を流すことに主眼が移っているものまであって，観光行事などとして有名になったものも少なくない．水界の向うに*他界を認める観念の現れにはちがいないが，水と結びつくのは*魂(たま)迎えよりももっぱら魂送りのほうである．魂を送るという心意が御霊(ごりょう)信仰の一種である*川施餓鬼(かわせがき)の風習と重なりやすかったためでもあろうか．

少林寺 しょうりんじ　中国，河南省登封県にあり，496年(太和20)北魏の孝文帝(在位471-499)により創建された．中国禅宗の初祖達磨(だるま)(*菩提達摩(ぼだいだるま))がこの寺で*面壁(めんぺき)の行をし，その弟子*慧可(えか)の断臂(だんぴ)の話が伝わる．創建以来衰退と復興を繰り返し，20世紀前半の軍閥の内戦で主要*伽藍(がらん)を焼失しているが，北宋末(12世紀初)の建造になる初祖庵や，寺の名にちなみ少林寺拳といわれる格闘技を演ずる寺僧の姿を画いた壁画のある清代建築の観音殿などが残る．また，唐太宗御書碑・皇唐嵩岳少林寺碑そのほか多数の石碑があり，さらに8世紀末より約1000年間におよぶ歴代住持の墓塔220余があって，中国の建築と彫刻芸術の貴重な資料を呈する．

浄瑠璃寺 じょうるりじ　京都府相楽郡加茂町にある真言律宗の寺院．小田原山法雲寺と号す．〈九品寺(くほんじ)〉〈九体寺(くたいじ)〉ともいう．1047年(永承2)に義明上人を開山として*本堂建立という．その時の本尊が現三重塔本尊の薬師如来坐像らしい．1107年(嘉承2)新しい本堂が上棟され，翌年供養．この時の建物が〈九体阿弥陀堂〉の唯一の遺構である本堂で，供養された仏像が現存する9体の阿弥陀像にあたると考えられる．本堂前には平安時代の浄土式庭園の様相を示す園池が設けられている．このほか地蔵菩薩立像・四天王像(いずれも平安後期)および*厨子ずし入り吉祥天きちじょうてん像(鎌倉時代)などを伝えている．

浄瑠璃世界 じょうるりせかい　東方にある*薬師如来やくしにょらい(薬師瑠璃光るりこう如来)の*浄土で，脇侍きょうじの*日光にっこう・月光がっこう二菩薩も住む．薬師如来本願経に「瑠璃を地とし…皆七宝をもて成ずること極楽国の如し」とする．なお，わが国で室町時代の末から広く行われた音曲の〈浄瑠璃〉の名称も，間接的ながらこれに由来する．すなわち，薬師如来の申し子で，浄瑠璃世界にちなんで命名された浄瑠璃姫と牛若丸との恋を描いた『浄瑠璃御前物語』(十二段草子)がその曲節と相俟まって大好評を博したところから，同類の音曲一般に転用されるようになったものである．「時に東方より浄瑠璃世界の主薬師，忽然と出で給ひて」〔謡・白鬚〕

勝劣 しょうれつ　⇒難易・勝劣なんい・しょうれつ

青蓮 しょうれん　[s: utpala]　〈青蓮華〉の略．スイレン科の多年生水草．漢訳仏典には〈優鉢華うはつげ〉〈優鉢羅華〉などと音写される．蓮華は，その花弁や葉などの形状が眼を表すものとして比喩的に表現されるが，紅蓮華ぐれんげと同様に，青蓮華も眼に喩たとえられ，蓮のような美しい眼をもつものがしばしば讃えられる．また紺青色(nīla)は仏陀の眼の色とされ，*三十二相の一つ(眼色如紺青相)ともなっている．インドでは男女ともに青睡蓮(nīlotpala)のような眼が美しいとされる．なお，中国で〈青蓮宇せいれんう〉は仏寺の異称．またわが国の俗説では，開花した蓮華に対して蕾つぼみの蓮華を青蓮ともいう．「青蓮の御眼まなこは四大海を湛へ，御唇は頻頗果びんばくわのごとし」〔栄花玉の台〕「舌の先より，青き蓮はちすの花なん一房おひ出でたりける」〔発心集3〕．→蓮華．

青蓮院 しょうれんいん　京都市東山区粟田口あわたぐち三条坊町にある天台宗の寺．〈粟田御所〉〈粟田宮〉ともいい，*三千院・*妙法院みょうほういんと共に*延暦寺えんりゃくじ三*門跡もんぜきの一つ．1150年(久安6)天台*座主ざす行玄ぎょうげん(1097–1155)が三条白川にあった自坊を寺としたのに始まり，*比叡山ひえいざん東塔南谷の行玄の坊である青蓮坊の号をとり〈青蓮院〉と称した．寺地が現在地に移ったのは1237年(嘉禎3)以降である．1152年(仁平2)鳥羽天皇の子覚快かくかい法親王(1134–81)が第2世を継いでより門跡の名が起こり，第3世*慈円じえん(1155–1225)は熾盛光堂しじょうこうどうを建立して熾盛光法を歴代相伝の秘法としたほか，平安時代末から鎌倉時代初頭にかけては皇族や摂関家の子弟が入寺して法灯を継ぎ，寺勢は盛んで寺領も1300余石を有した．伏見天皇の皇子第17世尊円そんえん法親王(1298–1356)は書をよくして一派をなし，〈青蓮院流〉〈御家おいえ流〉と呼ばれて流布した．

不動明王画像(青不動，平安後期)は金剛峯寺こんごうぶじ(*高野山)の赤不動，*園城寺おんじょうじの黄不動と共に*三不動の一つとされて著名．ほかに宸翰しんかん・古文書，*台密たいみつ関係中心の*聖教しょうぎょう類など多数を伝存する．現在の客殿・白書院・小御所・対面所などの殿舎は1895年(明治28)の再建．客殿の庭園は室町時代の相阿弥そうあみ作とも江戸時代の小堀遠州作とも伝える．

鐘楼 しょうろう　〈しゅろう〉とも読む．時をしらせるための鐘を釣る建物．*南都六宗では*講堂の斜前(後)方にあり，*経蔵と相対して建つ．*桁行けたゆき3間，梁行はりゆき2間のものが多く，二重で初重に屋根をつけない〈楼造ろうづくり〉であったが，平安時代から初重にスカート状の〈袴腰はかまごし〉を付けるものができた．また方1間一重で四方吹放しのものもあり，二重ではないが，これも鐘楼といわれており，一般的にはこれが一番多く造られている．楼造のものは*法隆寺西院鐘楼(990年頃)が，袴腰付には同東院(1163)のものが，一重吹放しには*東大寺(1207–11の間)のものがある．なお中国では，北魏–唐代の宮殿の中に鐘楼・*鼓楼ころうを配し，宮門の禁衛のための入退報時に用いていた．南北朝–唐代の仏寺にも同趣の鐘楼および経蔵が東西に建てられた例が知られる．宋代の都市では寺院の鐘楼・鼓楼が市民生活にとっても報時の役割を果たしていた．→梵鐘ぼんしょう．

上臈 じょうろう　〈中臈ちゅうろう〉〈*下臈げろう〉に対する語．〈*臈ろう〉を多く積み重ねた僧．臈数の順で一臈・二臈といい，僧としての序列が上位となることから，転じて官位や身分の高い人の称．男女いずれにも用いるが，女性は特に〈上臈女房(にょうぼう)〉という．江戸幕府大奥の職制で御殿女中の上級者の職名とし，また女性に対する敬愛の称や遊女・女郎の称ともなったのは，二転三転の意味変化である．なお，中臈・下臈もそれに準じた意味の転化があった．「金峯山の別当は，かの山の一臈をなむ用ゐける」〔今昔28-18〕「我よりも今三年がこのかみなる翁，上臈にて侍り」〔発心集5-12〕

生老病死 しょうろうびょうし　人間のさけられない四つの苦しみ．生れること，老いること，病むこと，死ぬことをいう．これを〈四苦(しく)〉と称し，怨憎会苦(おんぞうえく)・愛別離苦(あいべつりく)・求不得苦(ぐふとくく)・五取蘊苦(ごしゅうんく)(五陰盛苦(ごおんじょうく)などとも)を合して〈八苦(はっく)〉という．『律蔵』大品によれば，仏陀の*初転法輪で*四諦(したい)説が説かれたとき，苦諦の説明で示された．なお，〈生〉と〈老死〉は，*十二因縁中の第11支・第12支に当たる．「生老病死のくるしみは，人をきらはぬ事なれば，貴賤高下の隔てなく，貧富共にのがれなし」〔一遍語録〕．→四苦八苦．

丈六 じょうろく　仏像の*法量(ほうりょう)を示す略語で，1丈6尺(4.85メートル)の意．坐像の場合はその半分で8尺(2.42メートル)となる．中国の周時代に用いられた尺度によるものを〈周(しゅう)丈六〉(ふつうの約4分の3にあたる)という．日本では平安時代後期，11世紀以降には髪際(はっさい)までの高さをいうことが多い．釈尊のすぐれて尊く，人間の身長8尺(周尺)に対して，その倍量の1丈6尺あったとする信仰に基づく．仏身のことを〈丈六八尺〉ともいう．本来無際限の仏が，衆生(しゅじょう)を*済度するため，仮に衆生と同じ形をとって現れる*応身(おうじん)仏の大きさで，*大仏の最小の単位とされた．これを基準にその2倍，5倍，10倍，またはその1/2，1/4，1/10などに造られることが多かった．1/2を〈半丈六〉と呼び，*等身(とうしん)(周尺による半丈六に近い)に次いで造像例が多い．

丈六の大きさを持つ仏像を〈丈六仏〉といい，丈六仏を*本尊とする堂宇を〈丈六堂〉とも呼んだ．わが国では，最古の本格的寺院である法興寺(ほうこうじ)(*飛鳥寺(あすかでら))の本尊(*飛鳥大仏)を丈六に造って以来，主要寺院の本尊の多くはこの大きさに造られ，藤原道長が1020年(寛仁4)に営んだ無量寿院(後の*法成寺(ほうじょうじ))には，観無量寿経(かんむりょうじゅきょう)の説く*九品(くほん)の*浄土になぞらえて，九体の丈六阿弥陀如来像を一堂に収める九体*阿弥陀堂が造られた．この形式の遺例として，*浄瑠璃寺(じょうるりじ)九体阿弥陀堂(*中尊周丈六，脇仏半丈六)が遺っている．

「けだし聞く，丈六の仏を造りたてまつる功徳(のりのわざ)甚大(おぎろ)なり」〔書紀欽明6.9〕

『肇論』 じょうろん　*鳩摩羅什(くまらじゅう)の高弟*僧肇(そうじょう)の論書．*老荘思想に造詣の深かった僧肇が鳩摩羅什から学んだ竜樹(りゅうじゅ)ら*中観派(ちゅうがんは)の諸論によって仏教教義の主要な問題を明らかにしたもの．「物不遷論(ぶつふせんろん)」「不真空論(ふしんくうろん)」「般若無知論(はんにゃむちろん)(附)劉遺民(りゅういみん)書問 答劉遺民書」「涅槃無名論(ねはんむみょうろん)」の4編と「宗本義(しゅうほんぎ)」からなる．「般若無知論」は*般若の真義を老荘の語句を用いて解釈したもの．この論を読んだ劉遺民からの僧肇に対する問とそれに対する僧肇の答も付されている．「物不遷論」は般若の智の立場からは一切のものが遷流(せんる)しないこと，「不真空論」は万象が真(*有(う))ではなく*空(くう)であることを説く．「涅槃無名論」は*涅槃が言葉で表せないことを後秦皇帝の姚興(ようこう)に教示したもの．『肇論』は当時の中国人の仏教理解の究極を示し，6世紀末の慧達の『肇論疏』など20数種の注疏が書かれている．本書の僧肇の思想は，浄土教の開祖曇鸞(どんらん)の*『往生論註』などに影響を与え，唐代の中期以降，中国禅の形成や華厳思想の展開に重要な役割を果たした．

摂論宗 しょうろんしゅう　*真諦(しんだい)訳『摂大乗論世親釈(しょうだいじょうろんせしんしゃく)』を主たる研究対象とする学派．無着(むじゃく)の*『摂大乗論』は真諦前にも翻訳されていた(仏陀扇多訳2巻がある)が，563年，真諦によって初めて『世親釈』がともに訳出されたことにより，この研究が急速に広まることとなった．摂論宗の*唯識(ゆいしき)教学として，阿梨耶識(ありやしき)(*阿頼耶識(あらやしき))を真妄和合識(わごうしき)とし，*八識とは別に第九*阿摩羅識(あまらしき)(根本浄識)を立てる点に特色がある．真諦には『九識義記』という著作もあったが，現存しない．真諦の門下によって中国全土に広まる勢いを見せたが，*玄奘(げんじょう)訳による*法相宗(ほっそうしゅう)がおこると，衰退していった.

初会 しょえ　〈会〉は〈*会座(えざ)〉ともいい，集会の意．初会は，仏が悟りを完成したあと，最初に説法がなされた集会のこと．釈尊や阿弥陀仏についていわれる．また，一つの経典の中で仏を中心とする集会の場が変っていくとき，その最初にもたれる集会のこと．たとえば，*華厳経では〈*寂滅道場会(じゃくめつどうじょうえ)〉がこれにあたる．「弥陀初会の聖衆は，算数(さんじゅ)のおよぶことぞなき」〔浄土和讃〕

所依 しょえ［s: āśraya］　漢語の〈所〉は後置される用言の対象を示す．したがって〈所依〉は，よりどころを意味し，さらに根拠をも示す．たとえば，*唯識(ゆいしき)思想では自己と世界とを含めた一切の*輪廻(りんね)的存在の所依，つまり依り所・根拠を*阿頼耶識(あらやしき)という．「かの罪人悪風に吹かれ，虚空の中にありて所依の処なし」〔往生要集大文第1〕

助縁 じょえん　目的の実現に対して有効である補助的なもの．三種懺悔(さんしゅさんげ)のうち，作法懺悔(作法に従って罪を*懺悔すること)と取相(しゅそう)懺悔(禅定や念仏によって仏・菩薩の姿を観じ罪を消滅すること)は，無生(むしょう)懺悔(罪過は本来空であると観じて罪を消滅すること)の助縁となる．『倶舎論疏』10では，食物に対する味や香のような，本体に付随する副次的要素をいう．「酒を以て身を資(たす)け，道行せば，仏道の助縁たるべし」〔雑談集3〕

初期仏教 しょきぶっきょう　⇀原始仏教(げんしぶつきょう)

諸行 しょぎょう［s: saṃskārāḥ］　もろもろの作られたもの，の意．*『平家物語』冒頭の「祇園精舎の鐘の声，諸行無常の響きあり」で知られる語．〈*諸行無常〉は，*法顕(ほっけん)訳の大般涅槃経(だいはつねはんぎょう)巻下などに見られる語で，パーリ本の aniccā vata saṅkhārā(もろもろの作られたものは実に永遠なものではない)に対応する．〈行〉の原語 saṃskāra(p: saṅkhāra)は，作ること，形成することを意味するとともに，このように作られたもの，形成されたものをさす例もある．後者の場合は〈*有為(うい)〉(saṃskṛta)と同義．この語は日本語としては〈さまざまな営み〉と理解されようが，原典の原意は〈あらゆる現象，万物〉である．「かしこき人は皆，諸行を常なりとはおもはぬ事にてぞ侍りける」〔九巻本宝物集2〕

諸行往生 しょぎょうおうじょう　*念仏以外の諸々の修行法を実践し，*極楽浄土に往生すること．法然(ほうねん)は*『選択本願念仏集(せんちゃくほんがんねんぶつしゅう)』の中で，極楽浄土に往生する修行法を二つに分類し，念仏往生と諸行往生とした．〈念仏往生〉とは*阿弥陀仏(あみだぶつ)の名を称え極楽に往生することで，〈諸行往生〉はこれに対するものである．この諸行往生の説は，覚明房*長西(ちょうさい)により主張され，諸行と念仏は極楽に往生するための正因で，その優劣はないとした．

諸行無常 しょぎょうむじょう［s: sarva-saṃskārā anityāḥ, p: sabbe saṅkhārā aniccā］　三法印(さんぼういん)の一つ．〈*諸行〉とは，すべての作られたもの，あらゆる現象の意．仏教では，われわれの認識するあらゆるものは，直接的・間接的なさまざまな原因(*因縁)が働くことによって，現在，たまたまそのように作り出され，現象しているに過ぎないと考える．ところが，いかなる一瞬といえども，直前の一瞬とまったく同じ原因の働くことはありえないから，それらの現象も同一ではありえず，時の推移とともに，移り変わってゆかざるをえない．この理法を述べたものが〈諸行無常〉である．すなわち，あらゆる現象の変化してやむことがないということ．人間存在を含め，作られたものはすべて，瞬時たりとも同一のままでありえないこと．→三法印．

【諸行無常偈】諸行無常の句は〈雪山偈(せっせんげ)〉(諸行無常(しょぎょうむじょう)，是生滅法(ぜしょうめっぽう)，生滅滅已(しょうめつめつい)，寂滅為楽(じゃくめついらく))の初句としてもよく知られ，*伊呂波歌(いろはうた)では「色は匂へど散りぬるを…」と和訳されている．ただし雪山偈の場合の原語は，三法印の場合のそれと表現をやや異にし，anityā vata saṃskārāḥ(p: aniccā vata saṅkhārā)「もろもろの作られたものは実に永遠なものではない」である．わが国では万物流転の相を表象する句として情緒的・詠歎的にとらえられ，その思想は文学的無常観の起点となった．それを端的に示すのが，*『平家物語』冒頭の「祇園精舎の鐘の声，諸行無常の響きあり」の句である．→雪山偈．

「雪山童子あまねく大乗経を求むるにあたはず．諸行無常，是生滅法といふこゑほのかに聞こゆ．驚きて見れば，人もなし」〔三宝絵上〕「昨日の楽しみ今日の悲しみ，諸行無常

はただ目の前に顕れたり」〔平治上.信西出家〕

濁悪 じょくあく　穢れや悪に満ちていること．この*娑婆世界は〈濁悪処〉，仏滅後の世は〈濁悪世〉とされる．一説に，〈濁〉は*五濁，〈*悪〉は十悪を指すという(『観無量寿経疏』)．濁悪世は〈五濁悪世〉〈*濁世〉〈悪世〉などとほぼ同義で用いられる．「今は世もいよいよ濁悪になりぬ，人もまた薄福なり」〔夢中問答上〕

濁世 じょくせ　穢れに満ちた時代．道徳が廃れた時代．『楚辞』厳忌・哀時命に「身，既に濁世に容れず」とある．仏教では，〈*五濁悪世〉〈*濁悪世〉〈悪世〉などとほぼ同義で用いられ，仏法が廃れ，乱れた世の中をいう．*末法を指していうことが多い．「それ往生極楽の教行は，濁世末代の目足なり」〔往生要集序〕

所化 しょけ　⇨能化・所化

助業 じょごう　善導は*『観無量寿経疏散善義において，*読誦・*観察・*礼拝・*称名・*讃歎供養の5種の*行を〈正行〉とし，その他の行を〈雑行〉とした．さらに5種の正行のうち，称名を〈正定業〉とし，他の4種を〈助業〉とした．こうして*称名念仏中心説が確立された．法然の専修念仏説はこの善導説にもとづく．「すすまじとするをすすめんために，助業は大切なり」〔一言芳談〕「正業といふは，五種の中に第四の念仏なり．助業といふはその外の四種の行なり」〔拾遺黒谷上人語灯録中〕．→正行・雑行，正定業．

所作 しょさ［*s*: kṛtya, karaṇīya, kartavya, kṛta, kriyā］〈所〉は，〈作す〉という行為が及ぶ対象を示し，もしくはその行為の限定を受けるものを示す語．この語に対応するサンスクリット語はおよそ動詞√kṛ(作す)の派生語であるが，特定されない．それゆえ漢訳語としての意味も多様であるが，義務，なすべきこと，なされたこと，行い，ふるまい，働き，作用などをさす語として用いられる．特定された場合の用例としては，仏の行いについて，〈所作已弁〉(kataṃ karaṇīyaṃ, なすべきことはすでになし終えた)というパーリ中部経典の表現が最も代表的なものである．「法華を読誦するをもて，一生の所作となす」〔法華験記上35〕

除災招福 じょさいしょうふく　〈攘災招福〉ともいう．災禍を消除し*福徳を招くこと．仏教が本来目指すところではないが，中国・日本の仏教では重要な位置を占める*現世利益の最も一般的なもの．奈良時代までは専ら経典*読誦がこの目的達成の主たる手段であったが，最澄・空海による密教の将来以後は，息災法・*増益法・*降伏法などの密教*修法が主となった．また中世以降は，*念仏・*題目などもこれに用いられるようになった．なお，〈*抜苦与楽〉と結合して〈除災与楽〉の語も生じた．「右，攘災招福の計は仏法の威験に懸り，護国利民の勤めは賢哲の祈禱に縁れり」〔尾張国郡司百姓等解〕「玉体を地に投げ除災与楽の御祈り」〔太平記34.二度紀伊国軍〕

諸寺縁起集 しょじえんぎしゅう　諸寺の縁起を集成した書の意で，収載内容は建立縁起に限らず，諸法会などの縁起にもわたっている．護国寺本・醍醐寺本・前田家本・菅家本などが知られているが，前田家本は別文が綴じこまれて目次と断簡が遺存するだけであり，菅家本は『南都七大寺巡礼記』の別名も付されている．これらは書名は同じでも本来は別個の本であり，収載内容も大きく異なっている．たとえば護国寺本と前田家本についてみると，前者が「法華八講縁起事」以下31条(ただし末尾の1条本文欠)を収載するのに対し，後者は「興福寺常楽会縁起」以下11条を収載するにとどまり，しかも共通する縁起は2条ほどに過ぎない．古来縁起類の集成が試みられ，それぞれ別個に編集されたものに〈諸寺縁起集〉という普通名詞的書名が付されたのであろう．各本の成立年代は不明であるが，室町期の成立とみられる菅家本を除けば，いずれも鎌倉時代には成立していたであろう．前田家本の表紙には梵字で釼阿(徳治-正和年間に称名寺長老)の自筆署名がある．

これらの縁起集には他にみられない縁起も少なからず収められ，寺史・法会史などの研究にはもちろん，仏教説話研究にも不可欠の資料である．ちなみに，散佚したと思われていた沙弥徳道の733年(天平5)記の「(長谷寺)観音縁起」も護国寺本中に見いだすことができる．

諸宗諸本山法度 しょしゅうしょほんざんはっと　江

戸時代前期に，幕府が各宗の*本山格の寺院を対象として布達した法令．1601年(慶長6)の「高野山寺中法度」に始まり，1616年(元和2)の「身延山久遠寺法度」まで50通弱が下されている．その中には，叡山・東寺・園城寺など個別寺院に宛てられたものや，曹洞宗・浄土宗など宗派宛のものが含まれ，各々の宗派やその本山を確定していく機能を果たした．内容は，各宗内の職制，座次，住職の資格，*紫衣や*上人号の勅許，本末関係，新寺建立の制限など多岐にわたる．

各寺院が中世以来の個別の事情を抱えていたため，幕府は僧録司の系譜を引く徳川家康側近の*崇伝を通じて実情を把握し，宗学を奨励する一方で僧侶の統制を進めた．また，朝廷が保持してきた僧侶への影響力を奪い，幕府膝元の関東に各宗派の本山を形成しようとする動向も認められる．これらは中世以来の寺院の特権を否定していく方向性を持つが，まず宗派内に案を求めて定めるという手法をとり，本寺・本山の権限を強化する側面もあったことにより受容された．しかし，宗派の支配が個別的であること，最後まで幕府の方針に抵抗した〈邪宗〉を残したこと，民衆に基盤を持つ浄土真宗・日蓮宗などには法度を出せなかったことなどの限界も存在した．そうした課題は，1665年(寛文5)の「諸宗寺院法度」や1722年(享保7)の「諸宗僧侶法度」など，各宗派共通の法令発布により解決に向かった．→寺院法度，本末制度．

初心 しょしん　初めに思い立った心，また世なれぬうぶな心の意．〈初発心〉の略として，仏教では初めて仏道を求める心を起すこと，またその心境，段階をいう．〈*新発意〉と同義．広く学問や芸道においても用い，初めてその道に志すこと，またその段階にある者を指す．なお，世阿弥の『花鏡』に「初心忘るべからず」とある初心は，若年の頃の未熟な芸や，その時期ごとの初体験を指し，上達したときの反省の種となる段階をいう．「初心の観行は深奥に堪へず」〔往生要集大文第4〕「初心の程はあながちに案ずまじきにて候ふ」〔毎月抄〕

『諸神本懐集』 しょしんほんがいしゅう　*存覚の著．2巻．1324年(元亨4)成立．親鸞の念仏を奉ずる者の日本の神々への対応について説き示したもの．*本地垂迹説は受けいれつつ，神々を〈権社の霊神〉(権化神)と〈実社の邪神〉(実類神)とに分けた(*権化神・実類神)．〈権社の霊神〉とは本地垂迹説によって高められた神(民族神)のことで，〈実社の邪神〉とは物霊・動物霊あるいは死霊・生霊など自然神のままでとどまった神(民俗神)をさす．前者については，仏教に帰依して仏法守護の善神となったと解釈されていたが，存覚は，仏法とは念仏であり，念仏さえ唱えていれば神々は喜びたもうのであって，それ以外の目的で神に祈願する要はないとした．真宗における神社不拝論は，ここに起因する．一方，〈実社の邪神〉については，たたりの神と考えられたものであり，仏教はもとより，世間でも，このような邪神を尊ぶのは正義ではないとされると評し，*祖先崇拝も同類とみなして，その信奉を禁じた．

なお，*反本地垂迹説では神道の清浄を本地とみなして仏教の*慈悲の上にすえたが，存覚は，清浄の身であっても心に邪見のとらわれがあれば神は受けいれないだろう，たとえ不浄の身であっても心に慈悲があれば神も守りたもうだろう，と説き，仏教の慈悲を神道の清浄の上に置いた．

女性 じょせい　【インド】古代インドでは，女性の地位が低かったことから，その女性観が仏教に流入し，仏教経典には女性差別の文言が多く見られる．中*阿含経・*法華経などには，女性は梵天王・帝釈天・魔王・転輪聖王・仏になれないという〈女人五障〉説が説かれている．しかし最古層の原始仏教文献*『スッタニパータ』などには女人五障は見られず，これは釈尊の直説ではなく教団分裂後に出現したものと考えられる．また法華経提婆達多品・*無量寿経(第三十五願)などには，女性は女身のままでは仏になれないので男身に変身することを要請する〈変成男子〉説が説かれており，大乗仏教においては女性救済のための方便説ともいえるが，あくまで女性差別を前提とした思想である．五障のサンスクリット語 pañca-sthāna は五つの階位の意であったが，〈五障〉と漢訳され，さらに日本では〈五つのさわり〉と訓じられたことから，女性に内在する*罪業・*罪障の意味に変化していった．→五障三従，変成男子．

【日本】日本の初期古代仏教においては，僧と尼は対等の地位にあり，五障などの仏教的女性蔑視思想は受容されていなかったと考えられる．しかし社会における家父長制の成立などを背景として，8世紀中頃から尼や尼寺に対する差別待遇が始まり，次第に尼の減少・地位低下が起こる．さらに9世紀後半から，仏教的女性差別の文言が文人貴族の*願文がんもんなどに登場するようになり，仏教的女性差別観が貴族社会に受容されていった．そのような中で変成男子説に基づく〈女人成仏にょにんじょうぶつ(往生)〉思想が展開され，また霊山では〈女人結界けっかい〉が広がっていった．従来の通説では鎌倉新仏教が初めて女人成仏(往生)を説いたとされてきたが，すでに平安時代の*顕密けんみつ仏教において説かれていた．差別と救済を併せ持つ女人成仏(往生)思想の広がりは，女性差別観が社会の中に定着していく指標としても捉えられるものである．鎌倉新仏教の思想においては，性差別を克服しようとする方向性も見られたが，中世後期からは，社会における女性の地位低下に伴い，さらには室町時代からの血盆経の流布などにもより，女人罪業観・女人不浄観などの女性差別観がさらに増幅されていくことになった．→女人成仏，女人禁制．

如拙 じょせつ　生没年未詳．室町時代初期の画僧．室町期の*水墨画壇に大きな位置をしめる*相国寺しょうこくじの如拙は，足利4代将軍義持(1386–1428)の支持を受け，一種のアカデミーを形成する方向で活動した．有名な〈瓢鮎図ひょうねんず〉の序文の中に，義持が如拙に新様の絵を描かせたと記されている．『丹青若木集たんせいじゃくぼくしゅう』(狩野一渓著，江戸前期)以降の画伝や*雪舟の〈破墨はぼく山水図〉の自序は，如拙→*周文→雪舟と画法を伝授したとするが，これは大むね肯定されている．〈大巧如拙〉は*絶海中津ぜっかいちゅうしん(1405没)の命名であるから，彼の没年以前に如拙は画家として知られていたものであろう．

所詮 しょせん　漢語の〈詮〉は，真理を説き明かすことを意味する用言．用言の前に付された〈所〉はその用言の対象を意味する．したがって〈所詮〉は，説き明かされた真理のこと．これは中国仏教の用語であり，〈能詮のうせん〉つまり経典に説かれる意義内容を表す文句と対になる言葉．仏教の典籍中には，したがって〈能詮の教〉と〈所詮の理〉という用法で使われることが多い．なお，「所詮浄土門の大意は」〔一言芳談〕のように，要するに，結局といった意味での用法は，詮ずる所，すなわち説き明かしてゆきついた所の意から転じた，中世以来の日本独特のものである．

「教は能詮に当たり，理は所詮となす．もし本より所詮の三理なしといはば，能詮の三教もまたなかるべし」〔法華義疏1〕「戒定恵の三学，一切経律論の所詮なり」〔雑談集1〕

所知障 しょちしょう　⇒煩悩障・所知障ぼんのうしょう・しょちしょう

初転法輪 しょてんぼうりん　仏の説法を〈転法輪〉といい，その最初のものをいう．すなわち釈尊が*成道じょうどうの後，はじめて*鹿野苑ろくやおんにおいて，阿若憍陳如あにゃくきょうじんにょら5人の*比丘びく(*五比丘)に*四諦したい・*八正道はっしょうどうの教えを説いたのをいう．またこの有り様を描いた経を〈転法輪経〉という．釈尊は悟りを得た後，しばらくの間は衆生に法を説くことを躊躇したと伝えられるから，仏の説法(教え)があってこそはじめて成り立ちうる仏教にとっては，初転法輪はまさに重要な事件であり，それ故〈八相成道〉の一つに数えられる．→転法輪，八相．

書道 しょどう　〈書道〉という漢語は，8世紀の文献に見える．ただし，あまり普及することなく，中国では一般に〈書法〉と称されるようになった．一方，日本で〈書道〉の語がひろく使われるようになったのは明治時代からで，歌道や*茶道さどうと同類の和製漢語の一つかと見られる．およそ，日本語の〈書道〉は中国語の〈書法〉に相当する，と考えてよい．

【書と写経・石経】そもそも，文字を書くということは，ただ書き写すのみにとどまってはいられなかった．毛筆を用いて一点一画を手で書くという行為は，その字形の多様さと相まって複雑な運動となり，一字一字の姿に微妙な変化を生み，そこに書き手の個性や心の動きまでが反映されるものとして関心を集めた．ことに仏典の書写すなわち*写経においては，信仰や修行に連なる意識がはたらき，文字を書くことに格別の価値が見出された．

写経は肉筆の文字であり，紙に書かれた文字は紙の消滅とともに失われてしまう．そこで後世に伝えるべき文字は石に刻まれて，*石経せっきょうや石碑が作られた．渾朴な味わいを見せる摩崖まがいの石経，清新な楷書の典範とされる褚遂良ちょすいりょうの雁塔*聖教序がんとうしょうぎょうのじょ碑，また，独特の様式美をもった*竜門石窟りゅうもんせっくつの造像記(*造像銘)など，いずれも仏教にかかわり，信仰に裏打ちされた書の名品といえる．

【書と僧】書道史に名を遺した人物は多く仏教と関係している．*空海くうかいについてはいうまでもない．書道史上の最高峰に位置する王羲之おうぎし(303?–361?)自身は仏教徒ではなく，熱心な*道教の信者であった．しかし，周囲には仏教の信者もおり，王羲之は儒仏道の三教にわたる教養世界に身を置いていた．王羲之の筆法を伝えた七世の孫とされる智永ちえいは僧侶であり，王羲之の書を集めて石碑を立てた僧侶もいる．懐素かいそ(725?–785?)は僧侶にして書家であり，*良寛りょうかんは懐素の書を学んで一家を成した．

【禅と墨跡】仏教を無視しては書道史は成立し難い．なかでも禅は宋代以降の書道史に目覚ましい影響を与えた．黄庭堅こうていけん(1045–1105)などはとりわけ禅に造詣が深く，その書風に独自の境地を示した．

*墨跡ぼくせきとは，ほんらいは墨による書跡つまり肉筆の意である．ところが，日本では特に禅僧の書を指していうことが習慣化し，中国では好まれないあるいは見向きもされないものが日本では尊重される，という対蹠的な評価が下された．禅といかに向き合うか，その受け止め方に日本と中国とそれぞれの書道観を窺うこともできよう．→唐様からよう，和様わよう．

序分 じょぶん　仏典に注釈を加え解釈するにあたり，内容により文段を区切ることが中国では特に発達した．経典は一般に，序分，正宗分しょうじゅうぶん(本論)，流通分るずうぶん(経の功能くのうを説き，広く伝えることを勧める部分)に分けられ，これを〈三分科経さんぶんかきょう〉という．〈序分〉は，経の説かれる由来・*因縁いんねんを述べる部分で，とくに「*如是我聞にょぜがもん」から*聴衆ちょうじゅの名を挙げる部分は諸経共通であるので〈通序〉，以下は各経典固有のものであるから〈別序〉という．また〈因縁分〉という言い方もある．「これは法花経の序分なれば，正宗の事をばいはずもあるべし」〔開目抄〕．→科文かもん，分科ぶんか．

諸法 しょほう　〈法〉はサンスクリット語 bhāva (存在，状態，生起)や vastu (事物)にもときに相応するが，dharma (要素，真理，教え，もの)の訳語として用いられることが最も多い．〈諸法〉はその複数形 dharmāḥ に対応する．〈法〉は多義を含むが，〈諸法〉とされた場合は，すべての存在要素，また，あらゆる存在，事物を意味する．ただし，漢語の〈法〉には本来そのような意味はない．多義を含む dharma をすべて〈法〉と訳出したために生じた問題である．存在を意味する漢語は〈*有う〉がふさわしい．ただし漢訳仏典における〈有〉はしばしば生存，人間の迷いの生存を意味する．「諸法の無常を観じて，忽ちに果を証して羅漢と成りにけり」〔今昔 1-26〕「諸法は影焔に似たりと聞けども，妄情現じて迷ひ易し」〔愚迷発心集〕．→法．

諸法実相 しょほうじっそう　*『中論ちゅうろん』の tattvasya lakṣaṇa, dharmatā, *法華経ほけきょうの dharma-svabhāva などを*鳩摩羅什くまらじゅうが訳したもの．すべての事物(*諸法)のありのまま(*自然じねん)の姿，真実のありようをいう．言語・思弁を超えた真実の世界は，仏の*方便によってのみ我々に知られるとして，その意義は多様に説かれるが，*『大智度論』で，*般若波羅蜜はんにゃはらみつによって観ぜられる世界が畢竟空ひっきょうくう(究極絶対の*空)であることを諸法実相とするように，大乗仏教を一貫する根本的思想である．法華経方便品に「唯ただ仏と仏とのみ乃いまし能よく諸法の実相を究尽ぐうじんしたまえり．所謂いわゆる諸法の如是相・如是性・如是体・如是力・如是作・如是因・如是縁・如是果・如是報・如是本末究竟等くきょうとうなり」(羅什訳)と説かれ，実相を明らかにする視点として*十如是じゅうにょぜをあげている．

中国では天台*智顗ちぎは諸法実相の内実を円融*三諦えんゆうさんだい，*一念三千などの理論によって説き明かした．*一行は浄菩提心の如実相を覚ることが諸法実相を知ることといい，禅宗は父母未生以前の*本来の面目こそ諸法実相といい具体的・行動的に意義を展開した．

日本では，道元が*『正法眼蔵』に「諸法実相」という巻を設け，法華経の「方便品」のことばを引用し，独創的な解釈を施しつつ，諸法実相を強調した．

「諸法実相を知らずして，諸法の因縁仮有の法をまことと思ひて」〔沙石集 10 本-7〕

諸法無我 しょほうむが　［*s*: sarva-dharmā anātmānaḥ, *p*: sabbe dhammā anattā］　三法印の一つ．〈*諸法〉とは，われわれの認識の対象となるあらゆる存在を意味し，また〈*我〉(ātman，*アートマン)とは，ある存在をそのものたらしめている永遠不変の本質を意味する．いかなる存在も不変の本質を有しないこと．すべてのものは，直接的･間接的にさまざまな原因(*因縁)が働くことによってはじめて生じるのであり，それらの原因が失われれば直ちに滅し，そこにはなんら実体的なものがないということ．したがって，われわれの自己として認識されるものもまた，実体のないものでしかなく，自己に対する*執着はむなしく，誤れるものとされるのである．「諸法無我の松のあらしのさびしさに是非得失も忘られにけり」〔明恵歌集〕．⇀三法印，無我．

初発心時便成正覚 しょほっしんじべんじょうしょうがく　「初めて発心する時，便ち正覚を成ず」と読み，新たに悟りを得ようとする心を起すとき，ただちに仏の正しい悟りを完成する，の意．*華厳経梵行品に出ることばで，初*発心の境位が本質的には仏の境位に等しいことを端的に示したものとして名高い．この思想は，華厳宗においては*法界縁起思想の一つのよりどころとなり，また〈信満成仏〉(信が確立するときに仏となる)の説を成立させるが，他方，とくに東アジア仏教の中に，着実･綿密な修行を軽視する一般的傾向も生み出した．「花厳宗には，初発心時便成正覚とて，また即身成仏とならふなり」〔黒谷上人語灯録 11〕

初発意 しょほっち　〈意〉はこころの意．〈初発心〉〈*新発意〉に同じ．初めて悟りを得ようとする心を起すこと．また，その人．また，新たに出家した人，なりたての出家者をいう．

除夜の鐘 じょやのかね　一年の最後の晩に，旧年を送り新年を迎えるために各地の寺院で撞っく鐘．〈除夜〉とは「旧年を除く」〔文明本節用集〕ところから名付けられ，〈除夕〉ともいう．除夜の鐘は，凡夫の持つ*百八煩悩を除去し清浄な新春を迎えるため，その数だけ打ち鳴らすとされる．起源は明らかでないが，歳暮に当年の労をねぎらうため除夜の宴が盛んとなった風とも関連があろう．ただし煩悩の数え方は多様である．

シラーヴァスティー［*s*: Śrāvastī］　⇀舎衛城

シーラバドラ［*s*: Śīlabhadra］　⇀戒賢

事理 じり　〈理事〉ともいう．物事の道理という意味ではなく，〈事と理〉という意味では，中国仏教で初めて用いられ，なおかつその教学で非常に重んじられた言葉である．その場合，〈事〉は個別的具体的な事象･現象を意味し，〈理〉は普遍的な絶対･平等の真理･理法を指す．このような思惟･概念はインド仏教では顕著ではなく，また漢訳仏典にも現れない中国仏教独特のものである．ただし，〈事理〉もしくは〈理事〉という言葉はみられないものの，〈事〉と〈理〉(あるいは〈理〉と同概念としての〈*道〉)とを対概念として把える思考は，仏教伝来以前の中国固有の思想に既に現れている．たとえば，『淮南子』要略訓「故著書二十篇則天地之理究矣，人間之事接矣，帝王之道備矣」(故に書二十篇を著せば，則ち天地の理は究まり，人間の事は接まり，帝王の道は備われり)などである．⇀理．

【迷情と智慧，現象と本体】中国仏教においては，この〈事理〉は 2 種に大別される．一には，迷情(惑いの心)と真理とを相対し，*凡夫などの迷情によって見られた*事相を〈事〉とし，聖人の*智慧によって体得される真理を〈理〉となすもの．そして，その真理は諸教の高下により異なり，*四諦の理，真空の理，*中道の理などとされる．二には，現象と本体とを相対するもので，森羅*差別の現象を〈事〉とし，その本体である平等･無差別の理法たる*真如を〈理〉とする．それはまた，それぞれ〈事法界〉(事象の世界)，〈理法界〉(理法の世界)と呼ぶこともある．

【各学派の説】現象としての〈事〉と本体と

しての〈理〉との関係については，各学派にそれぞれの説がある．たとえば，*唯識宗では真如(理)は凝然つまりはたらかずにじっとしている固まったものであるとの説をとるから，〈事〉と〈理〉とは隔絶したものとなる．*『大乗起信論』では，個別的事象はいずれも真如から現象したものであるから，〈事〉と〈理〉とは*相即して無別であるとする．*華厳宗では，〈事〉と〈理〉とは融通*無礙の関係であると説き，*四法界(事法界・理法界・理事無礙法界・事事無礙法界)や三重観門(真空観・理事無礙観・事事無礙観)などの教理を形成し，普遍的な〈理〉と個別的な〈事〉とが一体不可分であることを強調し，〈事理〉もしくは〈理事〉の語は中国華厳宗の教理を代表する言葉の一つとなった．

「法性の事，法性の理は理事円融す」〔守護国界章上の下〕「年来の間，一乗の善根，事理の功徳をもて西方に廻向し」〔法華験記下83〕

自力 じりき　自己に備わった能力を〈自力〉といい，仏・菩薩などの働きを意味する〈他力〉に対する．これは*行に対する心構えの別で，同じ念仏行にしても，称える*功徳をわが功績と見なすのが〈自力念仏〉，我の上に現れた仏の働きかけと見るのが〈他力念仏〉といえる．「もし自力の心に住せば，一声なほ自力なり．もし他力をたのまむは，声々念々みな他力なり」〔一言芳談〕．→他力．

死霊 しりょう　死者の霊魂，特に*怨霊をいう．奈良時代，死者の亡魂は自然災害や疫病の原因として恐れられた．平安時代になって，御霊や物の怪の信仰が盛んになるにつれ，死霊も*生霊とならんで*鎮魂の対象となった．死霊は供養を受けることによって浄められた祖霊に上昇すると信じられた．

「大納言が死霊をなだめむとおぼしめさんにつけても」〔平家3．赦文〕

資糧 しりょう［s: saṃbhāra］　素材，材料を意味する．さらに，悟り(*菩提)を養う糧として，修行によって獲得され蓄積される*善根*功徳をいう．大乗仏教の経典や論書にはしばしば福智，すなわち*福徳と*智慧の2種の資糧が説かれる．*『成唯識論』巻9によれば，*六波羅蜜は総じてこれら2種の資糧に通じるという．ただし個別的には，布施・持戒・忍辱・精進・禅定の前五波羅蜜が福徳に，第六の般若波羅蜜が智慧に，あるいはまた，布施・持戒・忍辱の前三波羅蜜が単に福徳に，第六の般若波羅蜜が智慧に配当されるのに対して，精進・禅定の二波羅蜜は福徳と智慧の両種に通じるともいう．

自利利他 じりりた　自ら利益を得ることを〈自利〉(svārtha, ātma-hita)，他人を利益することを〈*利他〉(parārtha, para-hita)といい，この両面を兼ね備えることが*大乗仏教の理想とされる．*菩薩が〈*上求菩提・下化衆生〉(上には自利のために菩提を求め，下には利他のために衆生を導くこと)を実践し，仏が*受用身において自受用・他受用の両面を兼ね備えるとされるのも，大乗仏教のこのような理想を示すものである．

「声聞戒とは，声聞においては自利，菩薩においては利他なり」〔顕戒論上〕「学道の人，言を出ださんとせん時は，三度顧みて，自利利他の為に，利あるべければこれを言ふべし」〔随聞記1〕

四輪 しりん　①(四輪三脈)　*タントラ仏教において，人間の身体中に，三本の脈管(nāḍī，ナーディー)とともに想定された四つの輪(cakra，チャクラ)．般若*大楽を強調し，行者が*法身へ融合することを目的として，ハタ-ヨーガ的な修法を重視した般若・母タントラ系のタントラは，ヒンドゥー-タントリズムにおける，とくにシャークタ派の身体観の影響を受けながら，四輪と三脈によってタントラ的身体構造を説明する．その代表的な聖典の一つである『サンヴァローダヤ-タントラ』によれば，次のとおりである．

タントラ行者の頭・喉・心臓・臍の部分に，それぞれ大楽輪・受用輪・法輪・変化輪が想定され，それらは順次に，三十二弁・十六弁赤色・八弁雑色・六十四弁青色の蓮華の形状をもつ．さらに，大楽輪の中央には微細な四弁の蓮華があり，それはマダスターナ(madasthāna，酔処)と呼ばれ，一切の拠り所にして*種子であり，菩提道場(*菩提そのもの)を本質とする．また変化輪の下にはカンダスターナ(kandasthāna，球根処)と呼ばれる七万二千の微細な蓮華がある．

三つの脈管とは，中脈アヴァドゥーティ(avadhūti)と，左の，*般若を本質とする脈管ララナー(lalanā)と，右の，*方便を本質とする脈管ラサナー(rasanā)である．ララナーとラサナーはカンダスターナにおいて合し，*菩提心を生じる．この菩提心は，タントラ行者の*瑜伽ゆが(yoga)的努力により，四輪を貫通してマダスターナに達する中脈アヴァドゥーティの中を上昇する．そして菩提心が，大楽輪の中央にあるマダスターナに到達するとき，大楽としての悟り(菩提)は成就する．→身体，チャクラ．

[2] *器世間を支える*金輪こんりん・水輪・*風輪の三輪の下にさらに空輪を加えて四輪とする．→三輪．

[3]『理趣釈』下巻において，中尊*毘盧遮那びるしゃなの*転法輪(真理の示現)を，〈金剛輪〉(東方*阿閦あしゅく如来が転ずる法輪)，〈宝輪〉(南方*宝生ほうしょう如来の法輪)，〈法輪〉(西方*阿弥陀あみだ如来の法輪)，〈羯磨かつま輪〉(北方不空成就ふくうじょうじゅ如来の法輪)の四輪とし，それを初会*金剛頂経の四大品に説かれる4種の*曼荼羅まんだら，すなわち金剛界曼荼羅・降三世曼荼羅・遍調伏曼荼羅・一切義成就曼荼羅に配当し，それらを毘盧遮那・法界体性智の現勢態たる四智の働きとする．「烏に乗る五智，兎に騎のる四輪は金体を曼荼海会に証し」〔性霊集7〕．→四智，五智，五仏．

字輪観 じりんかん　密教で*本尊などを象徴する*種子しゅじや*真言しんごんの文字を順に観じる*修法しゅほう．修行者の心臓(胸)を満月輪とし，そこに種子などの文字輪を*観想する．具体的には，1)地水火風空の*五大種子(ア・ヴァ・ラ・カ・キャ．→五輪)，2)本尊の種子，3)本尊の真言，4)本尊の梵ぼん号の4種がある．密教の行法ぎょうぼうのうち*入我我入観にゅうがにゅうかん・正念誦しょうねんじゅを*三密の身密と口く密にそれぞれ配する立場からは，字輪観を意密にあてる．さらに字相観・字義観・無分別観などの諸段階に細分することも可能．「字輪観に入りて至らざる所なく尊勝仏頂の小呪を誦するに，火毒城の中清涼にして」〔真言伝5〕

『時輪タントラ』 じりん―　[s: *Kālacakra-tantra*]　インドで11世紀に成立した密教聖典．従来の父母両*タントラを止揚統合する〈不二ふにタントラ〉といわれ，インド密教の発展の最終段階に位置する．マクロコスモスとしての宇宙と，ミクロコスモスである人体の対応関係を極限にまでおし進め，〈身口意具足時輪曼荼羅しんくいぐそくじりんまんだら〉に象徴される巨大な密教の体系を構築した．いっぽうイスラーム教徒の侵攻にさらされていたインドの状況を反映し，*金剛乗こんごうじょうの旗のもとにインドの伝統宗教を統合し，異教徒の侵入に備えることを説いた．チベットに伝播した『時輪タントラ』は，*プトゥンやドルポパの教学に影響を与え，天文暦学の発展にも貢献した．さらに仏教を護持するカルキが治める秘密の王国シャンバラとイスラーム教徒の最終戦争の予言は，モンゴルなどアジアの諸民族にも，大きな影響を与えた．→無上瑜伽むじょうゆがタントラ．

支婁迦讖 しるかせん　生没年未詳．後漢代の訳経僧．「支」は大*月支(氏)出身を意味し，「婁迦讖」はサンスクリット語 Lokakṣema の音写．支讖ともいう．後漢の桓帝(在位146–167)末に*洛陽に至り，光和(178–184)，中平年間(184–189)に〈道行般若経どうぎょうはんにゃきょう〉，〈*般舟三昧経はんじゅざんまいきょう〉(3巻本)，〈*首楞厳経しゅりょうごんきょう〉の3経を訳すなど，*『出三蔵記集』によれば14部27巻を訳出した．洛陽では支讖よりやや早い時期に*安世高あんせいこうが部派仏教系(小乗系)の経典を漢訳していたが，支讖は大乗系経典伝訳の嚆矢とされ，大乗仏教初期の重要な諸経典を漢訳した．道行般若経は*般若経系経典の初訳であり，魏晋の玄学・清談を通じて知識人に浸透した．般舟三昧経は*三昧の実修によって目の当たりに仏の姿を仰ぐ体験を得ることを説く．*阿弥陀あみだ浄土信仰を説き，廬山ろざんの*慧遠えおんの念仏結社の主要な指導経典となった．支讖の訳した首楞厳経は今は伝わっていないが，4–5世紀の知識人仏教徒の間に流布し，中国仏教の大乗化に大きな影響を与えた経典である．

シルク-ロード　西暦紀元前からローマ帝国(大秦たいしん)はパルティア(*安息国あんそくこく)経由で漢の絹を輸入し，漢人を元来は絹を示すらしい〈セレス〉の名で呼んだ．この絹をもたらす中央アジアのオアシス沿いの通商路がこの名で今日呼ばれている．それには*敦煌とんこうからホータンを経てヤルカンドに出る南道と，トルファン(*高昌国こうしょうこく)，クチャ(*亀茲きじ)を経て*カシュガルに出る北道とがあり，それぞれパミールを越えてパルティアまで西進した．後者は〈天山南路〉とも呼ばれた．インドの仏教は主としてこのシルク-ロードを経由して中国に伝わり，中国僧の多くもこの道を経由してインドに仏法を求めたが，シルク-ロード沿いの各地域にもそれぞれ仏教の興亡の歴史があった．→西域(さいいき)仏教．

地論宗(じろんしゅう)　世親(せしん)の*『十地経論(じゅうじきょうろん)』(*菩提流支(ぼだいるし)訳)を主たる研究対象とする学派．同論は，*十地経の釈論であること，阿黎耶識(ありやしき)(*阿頼耶識(あらやしき))の教説があることなどから，訳出(511年)以来，こぞって研究されるようになった．後，菩提流支系統の北道派と*勒那摩提(ろくなまだい)(-508-)—*慧光(えこう)(468-537)の系統の南道派に分かれ，記録によれば南道派の方が隆盛した．北道派は阿黎耶識を妄識として*真如(しんにょ)と異なるとみたが，南道派は阿黎耶識として真如と同一であるとした．隋(581-619)の時代，南道派に浄影寺の*慧遠(えおん)が出て，*摂論宗(しょうろんしゅう)の教学を摂取しつつ独自の教学をまとめている．後の*華厳宗(けごんしゅう)は，地論宗の系統から出てくる．

心 しん　⇒心(こころ)

信 しん　全仏教に通底する*三宝(さんぼう)(仏法僧)帰依には，三宝への〈信〉が前提とされよう．その意味では仏道修行のうえで〈信〉は不可欠の要素であるが，その〈信〉の内実は多岐にわたる．

【諸原語の意味】仏典で概ね〈信〉に相当するインド語原語としては，śraddhā (*p*: saddhā)，prasāda (*p*: pasāda)，adhimukti (*p*: adhimutti)，bhakti (*p*: bhatti) 等が挙げられる．śraddhā は仏典で〈信〉〈*信心(しんじん)〉などと訳される最も代表的な語であり，対象(仏や教義)に対する客観的・知的理解に基づく信頼・信用を意味し，宗教的行為を起こさしめる原動力でもある．修行徳目をまとめた*五根(ごこん)・*五力(ごりき)・七力(しちりき)などの最初に挙げられる他，アビダルマ(*阿毘達磨(あびだつま))では〈*心所(しんじょ)〉の一つに数えられ，*『倶舎論(くしゃろん)』では「信(śraddhā)とは心が澄むこと(prasāda)．また，他の人々の主張では，(四)諦(たい)，(三)宝，業(ごう)と(その)果報を確信すること(abhisaṃpratyaya)」などと説明される．prasāda は〈澄浄(ちょうじょう)〉〈浄信(じょうしん)〉〈*歓喜(かんぎ)〉などの訳語からも窺える通り，心が浄められること，しずまること，悦ぶこと，などの意を持つ．また，prasāda やその類語は*禅定(ぜんじょう)との関連で言及されることが多い点も特徴の一つである．adhimukti は〈*信解(しんげ)〉〈勝解(しょうげ)〉などと漢訳され，とりわけ知的な理解を前提とした信頼・確信という意義を持つ．南方*上座部(じょうざぶ)では，adhimukti とは対象に対して明確に決定する心のはたらき，などと解釈される．一方，śraddhā，prasāda，adhimukti などとは対照的に，人格神などへの情緒的，献身的，熱情的信仰を表現し，ヒンドゥー教諸文献に親しい bhakti (*バクティ)もまた，初期仏典以来，決して珍しいものではない．特に，アヴァダーナ文献(→譬喩(ひゆ))などで仏への讃仰を表現する場合などに顕著である．ただし，〈信〉を表す他の語のようには教理的用語として浸透することはなかったようである．

【大乗仏典の信】大乗仏典では，*華厳経(けごんぎょう)賢首菩薩品の「信は道の元，功徳の母となす」の教説や，*『大智度論(だいちどろん)』の「仏法の大海には信を能入となし，智を能度となす」など，部派文献同様に，究極目標である*智慧を獲得するための前提をなすものという〈信〉の位置が読み取れる．しかしそれと同時に，大乗仏典では部派文献に比して〈信〉の果す役割を重視する傾向も看取される．たとえば，華厳宗の*法蔵(ほうぞう)は十信(じっしん)位の成就によって*成仏が可能とする〈信満(しんまん)成仏〉の説を唱えたり，また，浄土教では〈信〉が*浄土往生のための重要な因行の一つとなっていたりする．浄土教の流れを追うならば，*親鸞(しんらん)は，さらにその〈信〉は衆生が自発的に起こすものではなく，*如来(にょらい)の側から*廻向(えこう)されたものであるとの*領解(りょうげ)にいたる．

神 しん　漢語としては『易』繫辞上に，「陰陽不測，これを神と謂う」と定義されているように，神妙不可思議な(もの)が原義．人間に畏敬され祭祀された天地山川の神々も〈神〉と呼ばれ，また人間の肉体(形・身)に宿り生命活動・精神作用をつかさどる精神や*霊魂(れいこん)も〈神〉と呼称される．中国哲学では伝統的に，〈神〉は万物を構成する〈*気(き)〉の神妙不可思議な作用とされる．

仏典では，〈神〉の語は devatā (神々，*天神)，vijñāna(神識，認識作用)，ātman(*アートマン，個我(こが))，puruṣa(*プルシャ，神我，霊魂)などの訳語に当てられた．このうち，人間の精神的な当体としての〈神〉(アートマンやプルシャ)の実在性や死後の永続を認める考えは，*無常・*無我を基本的立場とする仏教とは相い容れぬ*外道(げどう)の説として否定された〔中論観本住品，百論破神品〕．しかし他面では霊魂不滅の思想の表明されていることもある．仏教を受容した中国では，六朝末期(6世紀末)に至るまで〈神〉を*因果応報(いんがおうほう)や*輪廻転生(りんねてんしょう)の主体と見なし，死後における〈神〉の永続性を肯定する立場(神不滅論)を仏教の正説と見なす傾向が主流を占めた．→神(かみ)，神滅不滅論．

仁 じん　『尚書(しょうしょ)』金縢に「われは仁にして考に若(したが)う」とあるのが初出で，元来は，好ましい人柄の意味であった．*孔子のころは，〈仁〉は人と人とが親しみあう情愛，およびそうした心をもった人，の意味であったが，孔子はこれをあらゆる徳目を統括する普遍的道徳性に昇華した．『詩経』や『尚書』によって〈文〉を学び，孝悌(こうてい)の礼を実〈行〉し，自他双方への誠実という意味の〈忠信〉を守るという，〈文行忠信〉を代表とする孔子の教説は，すべて仁の完成を目的とするものであった．また，個人道徳はそのまま社会道徳に拡張され，『論語』顔淵に「己れを克(つつし)んで礼に復(かえ)れば天下仁に帰す」とあるように，仁は政治の要諦ともされた．戦国時代には，孟子によって，人間に先験的に内在する道徳であると同時に，「徳をもって仁を行う者は王たり」〔孟子公孫丑上〕として，天下を道徳的に統括する王者の政治の最高原理とされた．とくに徳目を強調すれば〈仁徳〉と称されるが，仁徳は王者を王者たらしめる至善の徳目であった．

当時世俗道徳を否定するものと考えられた仏教を排撃して成立した宋学になると，仁は一方では万物を生成する天地の営為自体にまで拡大され，一方ではたんなる道徳性を超えて人間性の根本，存在の窮極として原理化された．仁は宇宙と人間の根本原理となり，清末の譚嗣同(たんしどう)の『仁学』に至っても，仁は宇宙の本体たる以太(エーテル)の作用という位置をもっていた．

なお，仏教では「浮屠(ふと)(仏)の仁祠を尚(たっと)ぶ」〔後漢書楚王英伝〕のように，寺院を〈仁祠〉とよび，「仁尊は母胎に処(お)りて其の母に悩患無し」〔長阿含経1〕，「仏は権巧を謀(はか)る無きがゆえに能仁(のうにん)と号す」〔摩訶止観7下〕などのように，仏陀を〈仁尊〉〈能仁〉とも呼ぶ．また『慧遠文集』に多く見られるように，僧侶がしばしば〈仁者〉〈仁匠〉と呼ばれており，仁王経・仁王呪などの〈仁王〉も，人倫道徳がよく保たれていたインドの*十六大国の国王たちを呼ぶことばである．

仁と慈の意味の類同性から，すでに中国古典において〈慈仁〉〈仁慈〉という熟語が作られたが，漢訳仏典にもこれらの用例が見られる．これは仏教の*慈悲と仁とが人に対する愛情という点で共通の意味を持っていると捉えられたからであろう．→儒教．

塵 じん　ちり(rajas)の意．最小のちりとして，分子のように物質を構成する最小の単位，〈微塵(みじん)〉(paramāṇu-rajas)の意でも用いられる．汚れ・不純物という点で，欠陥・欠点(doṣa)，さらには，心を汚す塵・垢として*煩悩(upakleśa)の意でも用いられる．また，執着の対象となって煩悩を引き起こす外的な汚れとして，感官の対象(*境(きょう))(artha，viṣaya)をも意味する．→微塵，極微，一塵，根塵．

瞋恚 しんい　[*s*: dveṣa, krodha]　読みぐせで〈しんに〉とも．単に〈瞋〉とも〈恚〉ともいい，〈怒(ぬ)〉とも訳される．いかり憎むこと．*煩悩(ぼんのう)の中でも最も激しく衆生の善心を害し，仏道の障害となるものであるから，〈瞋恚の炎〉というように火にたとえられることが多く，むさぼり(*貪欲(とんよく))・無知(*愚癡(ぐち))と並んで*三毒(さんどく)の一つ，あるいは六*根本煩悩の一つに数えられる．なお，漢語の〈瞋恚〉は憤怒する意．『後漢書』華佗伝などに見える．「汝が瞋恚を発(おこ)して童子を勘当せし時に，読誦せし経を瞋恚の火の焼きつるなり」〔今昔13-8〕

心印 しんいん　1 [*s*: hṛdaya, hṛdaya-mantra] 密教の*曼荼羅(まんだら)を構成する諸尊には通常，それぞれ3種類の*真言(しんごん)が帰せられる．まず長大な〈大呪〉，それを要約した〈小呪〉，そしてさらにその心髄(hṛdaya)を取り出した〈心呪〉(hṛdaya-mantra)で，この心呪を〈心印〉という場合がある．ただし，それから予想される hṛdaya-mudrā という語がインド資料中に実在するか否かは不明．また*般若心経(はんにゃしんぎょう)末尾の「ギャーティ-ギャーティ-ハーラギャーティ」云々の句も〈心呪〉と称するが，これは600巻という般若経典の精要(hṛdaya)を集約した般若心経(*Prajñāpāramitā-hṛdaya-sūtra*)のさらに精髄を示すものであるからである．

2 〈仏心印〉の略で〈仏印〉とも．仏の*悟りを印(*印可・印証)にたとえた語で，仏祖から伝えられた永遠不変の悟りの核心をいう．禅宗では，それを*不立文字・*以心伝心のうちに受け伝えられたとする．「語録なんどをも甲斐甲斐しく沙汰し，祖師の心印をも直に承当し候はんずる事」〔太平記 26.妙吉〕

心学 しんがく　狭義には〈石門(せきもん)心学〉という．単に〈心学〉という場合には，朱子学さらには陸象山・王陽明の学を指す場合も多い．石門心学は，石田梅岩(いしだばいがん)(1685–1744)が始めた学問およびそれを継承した門流の思想運動を指す．「心」「性」「本心」の覚醒によって勤勉や倹約を実現しえる強靱な人格形成を成し遂げることを説き，近世中期以降の庶民に大きな影響を与えた．近世後期には領主層が採用して庶民教化に用いられた例もある．

創始者たる石田梅岩は，丹波桑田郡東懸(とうげ)(亀岡市)生まれの農民．京都に出て呉服商の奉公人となったが，読書に努め，小栗了雲(生没年不詳)と出会ってから悔悟し，1729年(享保14)からは自宅に講席を設けて熱心に心学の布教に尽力した．「心ヲ尽シ性ヲ知リ，性ヲ知レバ天ヲ知ル．天ヲ知レバ天即孔孟ノ心ナリ」〔都鄙問答〕とあるように，梅岩の教説には朱子学からの影響が大きかったが，「性ヲ知ル」ことを「無心」「無我」の境地と捉え，また「性」と「心」を厳格に区分していない点からも，*老荘思想や禅学の影響も無視しえない．「正直」と「倹約」に徳目が集約されているところには神道的教説の影響も見られる．注目すべきことは，こうした思想を梅岩は束脩(礼金)なしの聴講自由の講席で説いたことで，それまで修学の機会を持つことの少なかった商人層に人格的覚醒を促す役割を果たすこととなった．

梅岩の教説を継承した手島堵庵(てじまとあん)(1718–86)の働きで，心学の影響力は全国化されていった．堵庵は，「会友大旨」を定めて講舎組織を整えたほか，「性」を「本心」といいかえ，「いろは歌」を用いるなど〔児女ねむりさまし〕，梅岩よりも一段と心学の平易化に努めている．この結果，神儒仏三教一致的性格が一段と強まった．堵庵ののち，講舎は修正舎・時習舎・明倫舎の三舎に拡大し，中沢道二(なかざわどうに)(1725–1803)が出るに及んで江戸にも参前舎が開かれるに至った．日蓮宗の家に生まれ，等持院の法話などに強い感化を受けていた道二の場合，「一天四海皆帰妙法」といった仏教語が講話に頻出していることも注目される．道二の下で講舎はさらに全国に拡大し，同時に平易化は一段と進展し，「道とは順応するばつかり」〔道二翁道話〕というような封建権力への従順に集約される心学道話も増加していった．

清規 しんぎ　禅宗で*叢林(そうりん)における生活規範を定めた規則をいう．〈清〉は清衆(せいしゅ)，すなわち修行者をいい，〈規〉は規則の意．*百丈懐海(ひゃくじょうえかい)が定めた*『百丈清規』に始まるというが，それ自体は伝わっておらず，後代の附会とも考えられる．しかし，少なくとも百丈の頃には，禅宗独特の生活規範が確立していたことは間違いない．

【中国】インドでは僧侶の生活は*戒律(小乗戒)に基づいて営まれていたため，仏教を移入した中国でも，風俗や文化に合わせて多少の改変は加えられたものの，基本的にはインドの戒律がそのまま用いられていた．しかし，*馬祖道一(ばそどういつ)以降の禅では，日常性の中に*悟りを追求したから，一般の社会生活からの隔絶を基調とする小乗戒は思想的にそぐわず，全く新たな生活規範が設けられるに至った．これが〈清規〉であるが，その性格は，インドでは禁止されていた農作業などの労働が〈*作務(さむ)〉や〈*普請(ふしん)〉といった形で積極的に取り入れられている点に鮮明に看て取ることができる．現存する最古の清規は，北宋時代に長蘆宗賾(ちょうろそうさく)によって編集された『禅苑(ぜんえん)清規』(『崇寧(すうねい)清規』，1103)で，すでに〈両班(りょうばん)〉(*両序)などの役職や職務，毎年・毎月・毎日の行事などが細かく規定されている．その後も，惟勉(いべん)の『叢林校定清規総要』(『咸淳(かんじゅん)清規』，1274)や沢山弌咸(たくさん

(いっかん)の『禅林備用清規』(『至大(しだい)清規』, 1311)などの編集が続き, 元代に勅命で編纂された東陽徳輝(煇)(とうようとくき・とうようてひ)の『勅修百丈清規』(1337)によって大成された.

【日本】日本でも鎌倉時代には*道元(どうげん)の*『永平(えいへい)清規』や清拙正澄(せいせつしょうちょう)(1274–1339)の『大鑑(だいかん)清規』(1327)などが著されたが, 室町時代の後半になると*僧堂における参禅修行そのものが衰えたため, 清規の必要性は失われた. しかし, 江戸時代になって*隠元隆琦(いんげんりゅうき)らが再び僧堂生活を伝えると, 『黄檗(おうばく)清規』(1672)の影響下に清規の制定が相継いだ. 臨済宗の*無著道忠(むちゃくどうちゅう)が撰した『小叢林略清規』(1684)もその一つである. 一方, 曹洞宗では, その後, 古規復興運動が起こり, 『永平清規』への復帰が目指されたため, 臨済宗と曹洞宗で行儀に種々の相違が生じるに至った.

なお, 〈清規〉成立の影響は大きく, 南宋の時代には禅宗以外の寺院でも取り入れられるようになり, 道教でも『全真清規』が制定された. また, 儒教の「四大書院」などの学規は, 禅宗の清規を真似たものとされる. さらに日本でも浄土宗や日蓮宗で清規が定められた例がある.

「清規の中に, 禅僧の威儀ををさむべきやうを説かれたる事微細なり」〔夢中問答下〕

仁義 じんぎ　〈仁〉はあわれみの心, 〈義〉は物事のすじみちを通すこと. この仁と義は人の修めるべき道, すなわち人倫の道として*儒教における最も重要な徳目であり, 孟子がとりわけ強調した. 仏法を宗とする仏教においても, 仁義をいかに理解するか, 仏教の伝統と伝道上いろいろに説かれた. このうち, 日本仏教では江戸時代, 幕藩体制の確立による武家・公家の諸法度(はっと)の制定にともない, 仁義を以て先とする〈仁義為先(じんぎいせん)〉が叫ばれた. これは〈仏法為先〉に対するもので, 仏法を世俗化するものである. →仁.

新義真言宗 しんぎしんごんしゅう　宗祖弘法大師*空海(くうかい), 派祖興教大師*覚鑁(かくばん)とする真言宗の一派. 〈古義真言宗〉に対す. はじめ覚鑁が真言宗の復興を試み, *高野山(こうやさん)上に大伝法院を造立し, 金剛峯寺(こんごうぶじ)・大伝法院の両*座主(ざす)を兼ねたが, 金剛峯寺方がこれに反対したため, 高野山を下り根来山(ねごろさん)(*根来寺)に移住した. 覚鑁滅後, *頼瑜(らいゆ)が*加持身(かじしん)説法説を創唱し, 1288年(正応1)大伝法院も完全に根来に移して高野山から独立し〈新義真言宗〉が成立. 1585年(天正13)豊臣秀吉の根来攻めにより専誉(せんよ)(1530–1604), 玄宥(げんゆう)(1529–1605)の二*能化(のうけ)は大和*長谷寺, 京都*智積院(ちしゃくいん)に入り, 前者は〈豊山派(ぶざんは)〉, 後者は〈智山派〉となった. →真言宗.

心行 しんぎょう [*s*: citta-gocara]　心のはたらき, またその対象ないし範囲. または, 心に思念されたもののこと. 〈心行処滅(しんぎょうしょめつ)〉は, 心のはたらきの及ばないこと, 思いはかることができないことをいう. なお, 浄土教では, *安心(あんじん)(正しい信心を確立すること)と*起行(きぎょう)(念仏などの正しい実践を行うこと)のこと. これを〈他力の心行〉と呼び, 仏教一般で説き勧める種々の善行を〈自力の心行〉と呼んで区別する. 「よくよく心行を察して, 名利の穴をいで, 執着の氷をとくべし」〔沙石集10本–10〕「他力広大威徳の, 心行いかでかさとらまし」〔高僧和讃〕

信楽 しんぎょう　教えを聞いて信じ喜ぶこと. ひたすら信じて疑わず, おのずから心に*歓喜(かんぎ)が生じることをいう. また, 〈信〉は信じること, 〈楽〉は教えに従って修行し, 悟りを願い求めることの意に解釈されることもある(〈楽〉には願の意味がある). 浄土教では, 弥陀(みだ)の*本願を深く信じて疑わず, 救済されんことを願うことをいい, 〈至心(ししん)〉〈欲生(よくしょう)(我国)〉(ともに無量寿経の第十八願に出る)と合わせて三信(さんしん)とよぶ. *親鸞(しんらん)はこの三信を観無量寿経の至誠心(しじょうしん)・深心(じんしん)・廻向発願心(えこうほつがんしん)と同一視し, 特に信楽を重視した. 「念仏往生の本願を信楽するを他力と申すなり」〔末灯鈔〕. →三信, 至心信楽, 第十八願.

身口意 しんくい　[*s*: kāya, vāc, manas (citta)]　〈身〉は身体, 〈口〉(〈語(ご)〉とも漢訳する)は言語, 〈意〉は心意もしくは思慮. およそ一切の業(ごう)(karman, 行為)は, 〈身業〉(身体的行為), 〈口業〉(言語表現), 〈意業〉(心意作用)の三業によって包括される. 仏教では, 一般に〈身口意〉の悪業を戒め善業を勧めるが, いわゆる〈十悪業〉は, 身の三業(*殺生(せっしょう)・*偸盗(ちゅうとう)・*邪婬(じゃいん)), 口の四業(*妄語(もうご)・*両舌(りょうぜつ)・悪口(あっく)・*綺語(きご))，意の三業(*貪欲(とんよく)・*瞋恚(しんい)・*邪見(じゃけん))に分けられる．なお密教では，仏の*不可思議な働きを，身密・口密・意密の，いわゆる〈*三密〉によって包括する．「人，身・口・意を慎むべし．もし人，悪口をもって罵詈(めり)せば，語に随ひて其の報を受くべし」〔今昔 2-34〕．→業，三業．

神宮寺 じんぐうじ　〈神願寺〉〈神供寺〉〈神護寺〉〈神宮院〉〈宮寺(ぐうじ・みやでら)〉ともいう．神社の境内かその付近にあって，神社に付属する寺院．社僧が住み，神前で読経・加持祈禱を修して神祇に仕えた．仏教伝来以降，神祇信仰との交渉のなかで*神仏習合思想が生れ，さらに発展して平安時代中期以降，*本地垂迹(ほんじすいじゃく)説が成立した．神宮寺は神仏習合思想の成立にともなって現れ，ほとんどの神社に設けられた．代表的なものとしては，越前(福井県)の気比(けひ)神宮寺，若狭(福井県)の神願寺，伊勢(三重県)の多度(たど)神宮寺，常陸(茨城県)の鹿島(かしま)神宮寺，山城(京都府)の賀茂(かも)神宮寺，豊前(大分県)の宇佐八幡(うさはちまん)神宮寺などが有名．しかし明治初頭の*廃仏毀釈(はいぶつきしゃく)によって，ほとんどの神宮寺の堂塔伽藍は破壊された．

真空妙有 しんくうみょうう　〈真空〉は，仏教でいう〈*空〉は単なる*無ではないことを強調する語として，六朝初期の漢訳の*般若経(はんにゃきょう)類に既に見える．また，〈妙有〉の語は，*真如(しんにょ)の意味で，北魏*菩提流支(ぼだいるし)訳の『金剛仙論』などで盛んに用いられている．だが，〈真空妙有〉と熟すのは，*智顗(ちぎ)説・*灌頂(かんじょう)記とされる『仁王護国般若経疏』が，〈空〉でありつつ働きがあり，働きがありつつ〈空〉であることを〈真空妙有〉と称しているのが最初であろう．のち，華厳宗の*法蔵(ほうぞう)の晩年の作，ないし弟子などの偽作とされる『妄尽還源観(もうじんげんげんかん)』がこの語を，*虚無(こむ)でない真の〈空〉，単なる*有(う)ではない*玄妙なる在り方の意で用いてから，華厳宗やその影響を受けた諸宗において盛んに用いられ，やがて大乗の特徴を現す言葉とされるようになった．

真仮 しんけ　*真実と*方便(ほうべん)とをいう．より多くは，同義の*権実(ごんじつ)が用いられる．*究竟(くきょう)不変の真理と一時的なかりそめの手だてとして設けられたもの．真仮・権実に直接対応するサンスクリット語はなく，*中国仏教の独特の用語．*仮(け)・権は，〈権仮〉〈善権〉〈善権方便〉ともいわれ，たとえば〈権教〉は他者を真実の教えへ導くための一時的な仮の教え，〈*権智〉は真理を悟る実智に対して他者を導くために用いられる*智慧を意味する．「念仏成仏これ真宗，万行諸善これ仮門，権実真仮をわかずして，自然の浄土をえぞ知らぬ」〔三帖和讃〕「真実は虚仮に対することばなり．真と仮と対し，虚と実と対するゆゑなり」〔黒谷上人語灯録〕

信解 しんげ　[*s*: adhimukti]　原語は，強い意向，志向，信頼，確信などの意で，〈志楽(しぎょう)〉〈欲性(よくしょう)〉〈*信(しん)〉〈信受(しんじゅ)〉〈勝解(しょうげ)(新訳)〉など多くの訳語が当てられている．〈信解〉もその訳語の一つで，(教えを)確信すると同時に了解するという意に解される．この語は*法華経に多用され，特に「分別功徳品」の〈一念信解〉の語は，中国および日本天台とその流れを汲む*日蓮宗においては重要な意義を賦与されて理解されている．「如来心地の力，大士如空の心に非ずよりは，豈(あに)よく信解し，受持せむや」〔性霊集補闕抄 10〕

心源 しんげん　心は一切の存在を産出する源なので〈心源〉という．あるいは，現象世界を産出する根源の境位にある心を，現象としての心と区別して〈心源〉という．*『摩訶止観(まかしかん)』巻5上に「況んや復た結跏し，手を束(つか)ね唇を緘(つぐ)み，舌を結んで，実相を思惟し，心源一たび止まって法界同じく寂たるをや」とある．「古人語り侍る．歌の眼(まなこ)ある人なき人ありとなり．心源の至れる人はあるなるべし」〔ささめごと〕「御法の門に入りて，心の源を明らめむにも，この道を学びて哀れ深き事を悟らんにも」〔ささめごと〕．→心(こころ)．

神護寺 じんごじ　京都市右京区梅ケ畑高雄町にある，高野山真言宗の寺院．山号は高雄山．長岡京遷都(784)のころ和気氏(わけし)によって創められた〈高雄山寺(たかおさんじ)〉を前身とする．和気広世(弘世)(わけのひろよ)は入唐前後の*最澄(さいちょう)をこの寺に招き法華経講讃や灌頂壇(かんじょうだん)を開いたが，806年(大同1)帰朝の*空海も後にこの寺で*金剛界(こんごうかい)・*胎蔵(たいぞう)両部の*灌頂を行い，最澄やその弟子，南都の僧も入壇したことが，空海直筆の『灌頂暦名(かんじょうれきめい)』(国宝)によって知られる．

824年(天長1)，和気清麻呂(733-799)が延暦年中(782-806)に河内(大阪府)に建てていた神願寺を高雄山寺に移して〈神護国祚真言寺じんごこくそしんごんじ〉(神護寺)とし*定額寺じょうがくじとなった．*金堂こんどう本尊薬師如来立像はきびしい顔容をもつ一木彫像(*一木造)でこの期を代表する仏像である．そのご*真済しんぜいは840年(承和7)ごろ*多宝塔を建立して五大虚空蔵ごだいこくうぞう菩薩像を安置した．寺勢の衰微はなはだしかった平安末期，*文覚もんがく上人の悲願で後白河法皇(1127-92)や源・平二氏の協力も得て諸堂を復興し，諸方に分散していた寺宝類を取り戻した．〈高雄曼荼羅たかおまんだら〉として名高い紫綾地金銀泥曼荼羅は*高野山こうやさんから返還されたもので，唯一の空海在世時のものとして名高い．また源頼朝・平重盛・藤原光能の肖像画(その像主については近年異説がある)や真言八祖像，十二天屏風，神護寺経などすぐれた寺宝が多い．納涼房とよばれる*御影堂みえいどうには板彫の弘法大師像(1302)が安置されている．

真言 しんごん [s: mantra] 〈呪〉〈神呪〉〈密呪〉〈密言〉などとも訳す．本来は*『リグ-ヴェーダ』の本集(Ṛgveda-saṃhitā)を形成する神聖な呪句をいった．サーヴィトリー呪に代表されるそれらは，多く神々に対する呼び掛け，祈願の句であるが，この句それ自体に神聖な力(それが*梵ぼん(*ブラフマン)の語源であるとされる)が宿っており，神々をもその意味のごとくに支配するものと考えられ，この力に依頼して公的私的な祭祀においてバラモン(*婆羅門)僧によって誦唱された．この呪句の誦持じゅじの習俗が仏教の*密教に取り入れられ，中国に伝来した際にその呪句が〈真言〉と訳されたのである．これはmantraが神々に対する誠真の言葉であることからして，あるいはその権能としてその言葉に対応する真実を現成せしむると考えられることからして，蓋し適訳であろう．

密教が教理的に発達した段階において，真言は*三密加持かじ・三密瑜伽ゆがにおける口密くみつとして或る一尊の精神内容の言語的表現ないし，それを行者に実現せしめる言語表現による手段とされた．さらに，純然たる密教の成立を示す初会*金剛頂経しょえこんごうちょうぎょうにおいて，その*即身成仏そくしんじょうぶつの理念は真言(発菩提心真言ほつぼだいしんしんごん)を誦することをもって大乗仏教の三*劫さんごうにわたる*菩薩行ぼさつぎょう，すなわち*慈悲の原理に基づく他者に対する直接的働きかけの積集しゃくじゅうの過程を代替することにおいて構想されたのであるが，その際この即身成仏の構想の成立根拠としてこの真言の効力の自明性が自覚されていたのである．→陀羅尼だらに．

「別ことに一室を荘厳し，諸の尊像を陳列し，供具を糞布して真言を持誦せむとす」〔性霊集補闕抄9〕

真言宗 しんごんしゅう 弘法大師*空海くうかいを開祖とする日本仏教の一宗派．インド大乗仏教の最終段階で登場した*密教が8世紀初に中国に伝わり，空海がわが国に請来して大成した．〈真言密教〉，また*真言(mantra)，*陀羅尼だらに(dhāraṇī)を重視することから〈真言陀羅尼宗〉ともいい，天台宗の密教を*台密たいみつというのに対し，東寺(*教王護国寺きょうおうごこくじ)を中心に展開したので〈*東密とうみつ〉ともいう．

【教義内容】密教は*顕教けんぎょうに対する言葉で，*大日経だいにちきょう，*金剛頂経こんごうちょうぎょうの両部大経を所依の根本経典とする．顕教が応化身おうげしんの*釈迦を教主とするのに対し，密教は法身ほっしんの*大日如来を教主とする(→三身さんじん)．空海は*『弁顕密二教論べんけんみつにきょうろん』を著し，*悟りの世界は言葉では説明できず(果分かぶん不可説)，*成仏じょうぶつには極めて永い時間を要する(三劫さんごう成仏)と説く顕教を浅略の教えとし，悟りの世界を真言によって現すことができ(果分可説)，この身このままで成仏できる(*即身そくしん成仏)と説く密教を深秘の教えと位置づけた(以上，横の*教相判釈きょうそうはんじゃく)．さらに『秘密曼荼羅十住心論ひみつまんだらじゅうじゅうしんろん』(*『十住心論』)を著し，人間の心の状態を十の発展段階に分類して，第十番目の〈秘密荘厳心ひみつしょうごんしん〉が真言密教の究極の境地とした．通常，その前の一から九の段階を顕教の境地とする(九顕一密くけんいちみつ)が，これらの段階もより深い解釈によればすべて真言密教に含まれる(九顕十密)として，あらゆる宗教を包摂・統合する(以上，竪の教相判釈)．その悟りの世界すなわち大日如来を中心に諸仏菩薩が調和して存在する世界を可視的に図示したものが*曼荼羅である．密教では，心に曼荼羅の諸尊を観念し，口にその真言を唱え，手に諸尊の印契(*印相)を結ぶという*三密瑜伽の修行により本尊と一体となり即身成仏することを目指す.

【歴史展開】真言宗は教主・大日如来が*金剛薩埵に*法を授け，続いて*竜猛(竜樹)・*竜智・*金剛智・*不空・*恵果・空海と八祖に相伝したとされる．空海は長安*青竜寺の恵果和尚から805年に*灌頂の儀式によって密教の*付法をうけ，翌年帰朝した．816年(弘仁7)*高野山を修禅道場として開創し，さらに823年(弘仁14)東寺を勅賜され真言宗僧50人を定置して一宗の根本道場とし，教団の確立をみた．空海没後，東寺(実恵)・*神護寺(*真済)・海印寺(道雄)・貞観寺(真雅)・*金剛峯寺(真然)・安祥寺(恵運)・*円成寺(*益信)・*仁和寺(寛平法皇)・*醍醐寺(*聖宝)など，高弟らが住持する寺院に各々*年分度者が置かれるようになって分裂の危機をはらんだが，観賢が東寺長者・金剛峯寺座主などを兼摂し，東寺中心の本末体制を樹立した.

一方，10世紀には大師*入定信仰がおこり，高野山は*大師信仰の山へと変質していった．また，9世紀半ば以降，*事相の研鑽が盛んとなり，聖宝の法系の小野流と寛平法皇の法系の広沢流が分立し，*野沢二流から十二流，三十六流へと多岐に分派していった．12世紀に高野山の*覚鑁は秘密念仏思想を提唱し教学的に新機軸を出し，高野山の東寺からの独立を企てたが失敗し，根来に隠棲した．1290年(正応3)*頼瑜は覚鑁創建の大伝法院を根来に移し，*加持身説を唱え〈*新義真言宗〉の教学の根本とした．一方，東寺では南北朝期に*杲宝・賢宝らが東寺不二門教学を大成し，以後，*教相の上で*本地身説の〈古義真言宗〉と加持身説の〈新義真言宗〉の二つの流れに大きく分れた.

現代では，覚鑁を流祖とする新義派に智山(本山は*智積院)・豊山(本山は*長谷寺)・新義(本山は根来寺)の三派があり，その他は古義派で高野山・東寺・醍醐・御室(本山は仁和寺)・*大覚寺・山階(本山は*勧修寺)・*泉涌寺・*善通寺・真言律(本山は*西大寺)などの分派がある．昭和33年，十八本山による真言宗各派総大本山会(各山会)が設立され，御修法(*後七日御修法)の執行などの事業を協同で行なっている.

『真言宗教時義』 しんごんしゅうきょうじぎ　*安然撰．4巻．『教時義』『真言宗教時問答』『教時問答』とも言う．*台密の教学を確立した論著．885年(仁和1)に著された『菩提心義抄』5巻とともに，台密を大成した安然の教学上の代表的述作．両書の前後関係も古来の問題であり，『真言宗教時義』の成立年次は必ずしも明瞭ではない．本書の構成は一仏・一時・一処・一教という四一教判を基軸としている．その四一教判は，*円仁が入唐中に教示を受けた一大円教論(→円教)の展開と言いうるものであり，如来*随自意の立場から見ればあらゆる教えが密教であるという見地に立つ．台密の教義は，密教を中心に置きつつ天台法華教学との融合・一致を模索することを特色とする．安然はそれを密教の本質と捉え，本書で空海の*十住心について徹底的に批判した．ただし，日本密教史上初めて空海の諸著作を活用し，その教義を継承してもいる．また，本書や『菩提心義抄』には，蓮華三昧経(本覚讃)の尊重など，安然を起点とし，後の日本天台や東密の学匠に大きな影響を与えた主張が多々見られる.

『真言伝』 しんごんでん　栄海編．7巻．真言密教の三国相承史伝．1325年(正中2)成立．巻一に*竜猛から*恵果に至る真言七祖伝，巻二に密教所依の*陀羅尼・経典の功徳を説き，巻三以降に，最澄・空海から宗叡に至る*入唐八家伝以下僧俗114条の行状を挙げて，日本密教の相承と展開を記す．下限を久安・仁平年間(1145–54)に抑えるが，例外的に近来の英俊として慶円・*貞慶・高弁(*明恵)伝を収める．古来の真言八祖伝や行状図などの制作意図を日本密教史に敷衍した史伝的著述で，随時付記した*三宝の霊験功徳譚が日本文学，特に*説話文学研究に果す資料的価値も少なくない.

『真言名目』 しんごんみょうもく　1315年(正和4)以来，東寺(*教王護国寺)の学頭を勤め，後醍醐天皇(1288–1339)の帰依を受けたことで有名な頼宝(生没不詳)の著作．1巻．内容は真言宗の教理上の重要事項を掲げ，その要点を記したもの．その項目は，六大体大・四曼相大・三密用大・三種即身成仏・三劫・六無畏・十地・十縁生句・五智・四種法身・五転・十住心・両部大日・不二・有相無相・遮情表徳・浅略深秘・本有修生・字相字義・顕密分別の20．

真言律宗 しんごんりっしゅう　奈良*西大寺を本山とし，*戒律と真言密教とを密接にして不分離(*不二)とし，密教と戒律を実修しながら，衆生の救済をめざす宗派．弘法大師*空海を高祖とし，興正菩薩*叡尊を宗祖とする．叡尊は，1217年(建保5)，17歳の時に京都山科の*醍醐寺で出家し，同寺などで密教を主に学んだが，1236年(嘉禎2)9月以後，奈良西大寺を中心として興法利生(仏教を興し，衆生を救済する)活動に務める．とくに，戒律護持を勧め，併せて*光明真言などの密教の実修も勧めた．叡尊らの*律宗は，*俊芿の北京律に対して〈南京律〉と呼ばれる．

叡尊の死後，鎌倉極楽寺*忍性や西大寺信空(1231–1316)らによって，叡尊の教団は大いに発展を遂げ，全国に1500を越える末寺を有するに至った．しかし，のちには，浄土真宗・日蓮宗ほかの教団に信者を取られ衰退した．江戸時代には，槙尾山西明寺の明忍(1576–1610)，和泉神鳳寺の円忍(1609–77)，河内野中寺の慧猛(1614–75)らにより律宗の復興がはかられた．とくに，河内高貴寺の*慈雲は，釈迦の正法に帰ることを主張し，〈*正法律〉を宣揚した．1872年(明治5)には，太政官の命令により，一時，真言宗に吸収されたが，1895年(明治28)に独立し〈真言律宗〉と称した．

晋山 しんざん　新任の*住持が新たにその寺に住職として入ること．〈入山〉ともいう．〈晋〉は進むの意．寺のことを〈山〉というのは，もと寺院は山に建てられることが多く，その山の名前で所在を示したことから*山号が付されるようになり，それが山でなく平地に建てられた寺院にも広く適用されるようになったことから．それ故，寺の門のことを〈山門〉と呼び，寺域内を〈山内〉と呼ぶ．→入寺．

信士・信女 しんじ・しんにょ　〈信士〉はサンスクリット語 upāsaka(優婆塞)の漢訳語で〈清信士〉ともいい，在家の男性信者をいう．〈信女〉は upāsikā(優婆夷)の漢訳語で〈清信女〉ともいい，在家の女性信者をいう．のちには男女それぞれの*法名に付する称号ともする．亡夫の墓石に生きている妻の法名を刻むときは朱を入れる風習から，夫に先立たれた女性を〈赤い信女〉と称した．「親鸞上人化を越後に行ず．時に一信士あり．川を隔て紙を張り，弥陀の聖号を書かんと乞ふ」〔盤珪行業〕．→優婆塞・優婆夷．

尋伺 じんし　〈尋〉(vitarka)と〈伺〉(vicāra)．*旧訳では〈*覚〉〈観〉と訳される．雑阿含経(相応部)に「まず尋求し，伺察して，その後に言葉を発する．それ故，尋伺が語行である」とあることから，言語を発せしめる心の働きであることが知られる．*説一切有部は，不定法に分類される心の働き(*心所)とし，対象を粗放に考察することが〈尋〉，微細に考察することが〈伺〉とする．『入阿毘達磨論』によれば，〈尋〉は五識を引き起こし，〈伺〉は*意識とともに働く(→六識)．一方，*経量部は，言葉を引き起こす心の働きの中で粗放なものを〈尋〉で，細密なものを〈伺〉とする．この尋伺は，瞑想の深まりとともに失われるものであり，*色界初禅は〈有尋有伺〉であるが，中間定は〈無尋唯伺〉，二禅以上は〈無尋無伺〉とされる．

心地観経 しんじかんぎょう　詳しくは〈大乗本生心地観経〉といい，出家して閑静な処に住し，心を観察して仏道を成就すべきことを説く．8巻．この経典は，父母・衆生・国王・*三宝の*四恩を説くことで有名である．中に自性身，*受用身(自受用身・他受用身)，変化身の*三身を説き，*大円鏡智などの*四智を説き，無漏法爾種子の説を出し，さらには*月輪観や*三密も説かれるなどしており，唐の般若訳とされるが，かなり後代に制作されたものと考えられている．

真実 しんじつ　漢語の〈真実〉は漢訳仏典から現れる言葉で，それ以前の中国の文献にはみられない．漢訳仏典では，yathā-bhūta(あるがまま)や tathatā，tattva(そのようにあること，真理)などの訳語として用いられ，またそれらは〈*真如〉とも訳される．インドでの原義が，いずれも〈あるがまま〉であることに注目すべきであろう．なお，漢語の〈真実〉は「真，実也」なる訓詁があるように，同義の2字を重ねて造られた語．「十界の身，いづれか真実には大日如来法身の垂跡にあらざる」〔沙石集4-1〕「生きてあらん事，今日ばかり只今ばかりと真実に思ふべきなり」〔一言芳談〕

神社 じんじゃ　〈神のやしろ〉の意．『墨子』明鬼などに見える．日本では，日本の神々を祭る社殿のこと．日本の神社の起源は，もと，村の相談会の場として静かな森(杜)とか山が選ばれたことに端を発する．そのさい，自然の中の神霊の力を借りて事を運ぶことを考え，その場に神霊を呼びよせ，寄りつかせる道具(依代)を工夫した．依代には自然物や人工物(鏡・玉・剣など)あるいは特定の人間(巫女・稚児など)があてられ，たとえば森の中の大木に標縄を張って依代とするなどのことが行われた．そのようにしつらえられた村の集会場(社)が〈神社〉の始まりで，神社を古くは〈やま〉とか〈もり〉と呼んだゆえんでもある．後世に見られる社殿を持った神社とか常在の*神像などは，伝来した仏教による寺院建築・仏像彫刻の影響を受けたものであるが，はじめの遺風は現在でも残っており，たとえば奈良の大神神社は三輪山が神体となっていて，神像はなく，したがって拝殿はあっても神殿は造られていない．

神社の建物としては，依代を保管する庫(神庫)が最初に建てられたと考えられる．この〈ほくら〉がなまって〈ほこら〉(祠)となり，神社をさすようになる．のちに〈みや〉(宮)ということばも使われたが，語源は〈御屋〉すなわちりっぱな殿舎にたいする敬称で，神社が整った建物を持つにいたって，そう呼ばれるようになったと考えられる．仏教寺院の仏殿(金堂)の影響で神殿が造られたが，空白か，あるいは鏡・剣などの依代が神体として祭られた．のちに仏像彫刻の影響で神像が造られ，神殿に祭られることもあったが，その神像は人間そのまま神(人神)という考えに根ざしたもので，仏像と神像，寺院と神社の違いが，そこに見られる．*神仏習合が進むと，神社の中に寺院(*神宮寺)が設けられたり，寺院の中に神社(*鎮守)が置かれたりした．

深沙大将 じんしゃだいしょう　*玄奘三蔵がインドに赴いたとき流沙に出合って，夢に感得したといわれる．砂漠での危難を救うのを本誓とする守護神で，疾病を癒し魔事を遠ざけるという．多聞天(*毘沙門天)の*化身であるといい，また法華経行者に仕える曠野鬼神，また*央掘摩羅とも種々に説かれる．*儀軌には観音とする．般若経守護の*十六善神の画像中に玄奘と共に描かれ，般若経の巻首に置かれることもある．形像は，左手に青蛇を把り，右手は臂をまげて胸の前に掌をあげる．

真宗 しんしゅう　究極の真理(真実義)を説く教えのこと．また〈浄土真宗〉のこと．他の宗教に対して，仏教は真理を説く教え，真実の宗教であるから〈真宗〉といい，また各宗派はそれぞれ自宗をさして〈真宗〉と称する．法照は「念仏成仏はこれ真宗なり」といい，*親鸞はこれをうけて「念仏成仏これ真宗，万行諸善これ仮門」〔三帖和讃〕と，念仏成仏の*浄土門こそ真実の教えであり，救いの道であることを讃えている．もともとは宗派的な意味はなかったが，しだいに親鸞の系統の一宗派を指すようになった．→浄土真宗．

神秀 じんしゅう［Shén-xiù］　?-706　俗姓は李氏．開封(河南省)尉氏県出身．武徳8年(625)，洛陽天宮寺で出家．50歳のとき，蘄州(湖北省)黄梅県東山の*弘忍に参じた．咸亨5年(674)弘忍示寂の後，荊州江陵の当陽山玉泉寺に移った．久視元年(700)，京に召され，翌年，洛陽で*則天武后に謁した．中宗・睿宗にも召され三帝の国師となり，長安・洛陽両京の*法主となった．武后より当陽山玉泉寺に度門寺の賜号を与えられた．*神会が*慧能の法系を〈*南宗〉と主張した事により，神秀の法系は〈*北宗〉と貶称されることとなったが，華北，両京では依然として圧倒的な影響力を持っていたと思われる．神竜2年(706)，洛陽天宝寺で示寂．*諡号は大通禅師．代表的な著作に『観心論』1巻，『大乗無生方便門』1巻などがある．法嗣には嵩山普寂・京兆義福らがいる．

新宗教 しんしゅうきょう 【成立と展開】幕末から明治にかけて成立した新しい宗教．幕末に〈おかげ参り〉から発して〈ええじゃないか〉と呼ばれる民衆の*世直し運動がおこるが，それを組織化したものが新宗教の始まりといえよう．神道系と仏教系に分けられる．神道系では，長谷川角行はせがわかくぎょう(1541–1646)から食行身禄じきぎょうみろく(1671–1733)にかけて，富士信仰が富士講へと組織づけられたのが最初で，のちに不二道となり，維新後は実行教と名のり，いっぽう富士講から派生して丸山教がおこるが，大半は扶桑教として再出発した(→富士山)．仏教系では，長松清風ながまつせいふう(日扇にっせん，1817–90)が既成の法華宗八品はっぽん派の信者の集りである八品講を在家中心の*本門仏立講ほんもんぶつりゅうこうに組織替えしたのが最初である．その後，神道系では黒住教・天理教・金光教などがおこり，明治から大正・昭和にかけては，大本おおもと教やそれを母体としたものがおこり，第二次大戦後は，時代・社会の不安も手伝って，数々の神道系新宗教が改めて発生した．仏教系では，大正末期に日蓮法華信仰に基づいた霊友会がおこり，昭和にかけて，天台宗に由来する孝道教団や霊友会からの分れとして立正佼成会・妙智会・妙道会などが派生し，それぞれが発展していった．第二次大戦後，改めて編成しなおされ，現在にいたっている．霊友会とは別に日蓮信奉を旗印としておこされた創価学会は，戦時中に弾圧され，戦後，再出発した．

神道系の新宗教は，政府によって神社を中心とした神道(神社神道)と区別され，*教派神道と称され，また仏教系も含めて〈類似宗教〉の名のもとに統制され，ときに弾圧されたものも出たが，戦後は新宗教の連盟を結成し，活動に従事している．

【共通した特色】神道系にしても，仏教系にしても，既成の教義を取りこみながらも，教祖が新たに生みだしたものであり，その点では創唱宗教に入れられ，その意味で新興宗教と呼ばれる．共通した特色としては，*現世利益げんぜりやく・*祖先崇拝・社会改革の三つがあげられよう．いずれも民衆に基盤を置いたもので，前二者は日本的特色と考えられるが，社会改革は，民衆が幸福を念願しておこした世直し運動に由来する．なお，仏教系の新宗教の多くが日蓮ないし法華信仰を土台としているのは，日蓮の教説が上記の三つの特色のうち，現世利益と社会改革に即応するものがあるためと考えられる．

【新たな運動】なお明治以来の日本の近代化に伴って，創唱的新宗教には属さないが，神道系・仏教系，あるいは一般思想界において，新興の運動がおきている．*田中智学たなかちがく(1861–1939)の国柱会，*清沢満之きよざわまんし(1863–1903)の精神主義による浩々洞，伊藤証信いとうしょうしん(1876–1963)の無我苑，西田天香にしだてんこう(1872–1968)の一灯園，1899年(明治32)に結成された新仏教徒同志会，社会主義的な妹尾義郎せのおぎろう(1890–1961)の新興仏教青年同盟などが顕著な例である．

【新新宗教】1970年代以降，顕著な発展を示した新宗教教団を〈新新宗教〉とよびならわしている．阿含宗，統一教会(世界基督教統一神霊協会)，真光系教団，オウム真理教，幸福の科学，ワールドメイトなどがその例である．戦後までに発展期を迎えた教団の多くが停滞期を迎える中で，若者への布教に成功し，心身変容体験の意義を強調したり，現世での幸福な日常生活の追求にやや距離を置く姿勢を打ち出すなど，これまでの新宗教とはいくらか異なる特徴が目立つ．一般社会との葛藤も目立ち，1995年のオウム真理教地下鉄サリン事件以降，社会の批判を浴びる例が一段と増すようになった．

心所 しんじょ [*s*: caitasika, caitta] 〈心所有〉とも訳す．心に属するもの，の意．心(citta)そのものをときに〈*心王しんのう〉ともいい，その心王に属するさまざまなはたらきを意味する．*説一切有部せついっさいうぶや*唯識派ゆいしきはなどでは，多様な心理現象も，個々の心的要素の集合として見るが，その個々の心的要素をさす．アビダルマ(*阿毘達磨あびだつま)で世界を五つの範疇に分類する中の一つである．心所は，心王(*識しき)と時・*根こん(器官)などをともにする．この心所に，説一切有部は大地法だいじほう(10)・大善地法だいぜんじほう(10)・大煩悩地法だいぼんのうじほう(6)・大不善地法(2)・小煩悩地法(10)・不定地法ふじょうじほう(8)の計46を説き，唯識派では遍行へんぎょう(5)・別境(5)・善(11)・*煩悩ぼんのう(6)・*随ずい煩悩(20)・不定(4)の計51を説く．「因位の時に起こす所の心・心所は，観法坐禅の間に金剛界の中に入りて」〔覚海法橋法語〕．→心(こころ)，心王，五位七十五法，五位百法．

審祥 しんじょう　?-742(天平14)頃　*東大寺の前身である金鐘寺(こんしゅじ)で天平12年(740)に日本で初めて*華厳経(けごんぎょう)の講義をした僧．〈審詳〉とも記す．日本では，養老6年(722)に元明天皇の*菩提(ぼだい)のために華厳経八十巻を書写させた記録があり，華厳寺の普寂(ふじゃく)に師事した唐の*道璿(どうせん)も天平8年(736)に来日して*大安寺に住し，華厳に関する文献をもたらしたが，講義を行なったのは，*良弁(ろうべん)の懇願に応じ，法蔵の*『華厳経探玄記(けごんぎょうたんげんき)』に基づいて*仏駄跋陀羅(ぶっだばっだら)訳の華厳経を講じた大安寺の審祥が最初である．審祥は，朝鮮僧であるとか，入唐して法蔵に師事したなどという伝承もあるが，「新羅学生(しらぎがくしょう)」と呼ばれていることから見て，新羅へ派遣された日本僧であったと考えられる．その所蔵する文献は，法蔵の著作以上に*元暁(がんぎょう)の著作が多いことから見て，元暁の立場を主として法蔵の主張を折衷した学風であったと考えられる．これは以後の東大寺華厳学の学風にほかならない．

新勝寺 しんしょうじ　千葉県成田市成田にある真言宗智山派の大本山．成田山明王院神護新勝寺と号するが，一般には〈成田不動〉という．940年(天慶3)平将門(たいらのまさかど)(?-940)の乱を平定するために，広沢遍照寺寛朝(かんちょう)(916-998)が高雄山*神護寺(じんごじ)の不動明王像(伝空海作)を奉じて関東に赴き，東国平定後この像を安置して神護新勝寺を建立．元禄年中(1688-1704)，照範(しょうはん)が寺域を現在地に移して再興し，後に江戸深川に*出開帳(でがいちょう)して庶民の信仰を集め，成田詣では行楽をかねて盛行した．天保(1830-44)，安政(1854-60)の頃，照嶽が*本堂・*仁王門などを建立．昭和43年，新本堂・客殿などを完成．

なお，初代市川団十郎(1660-1704)の本寺不動尊の信仰は有名で，元禄16年(1703)には自作の歌舞伎『成田山分身不動』を自演し，それはやがて市川団十郎歴代のお家芸，歌舞伎十八番の一つ『不動』に展開した．ちなみに，市川団十郎の屋号〈成田屋〉も初代以来の成田不動信仰に由来する．四世鶴屋南北(1755-1829)に成田不動の*霊験(れいげん)を取り扱った歌舞伎や合巻の作があるのも，江戸市民の広範な成田山信仰を当てこんだものにほかならない．

心性蓮華 しんしょうれんげ　心の本性は本来清浄である(*自性清浄(じしょうしょうじょう))という説に由来し，その清浄な心性を*蓮華にたとえたもの．略して〈心蓮(華)〉ともいう．唐の一行(いちぎょう)の*『大日経疏(だいにちきょうしょ)』4では，心性を*肉団心(にくだんしん)(心臓)とみなし，それに蓮華をあてた．日本の密教ないし*本覚思想においては，肉団心を凡夫心とみなしつつ，蓮華にたとえ，その蓮華の中央に*大日如来，八葉の蓮弁に四仏四菩薩，計九尊(八葉九尊)が居ると説いた．*胎蔵界曼荼羅(たいぞうかいまんだら)を心性によせて説明したもので，凡夫心がそのまま清浄なる蓮華(当体蓮華)であり，本覚の如来にほかならないことを言ったものである．

なお，井原西鶴の『好色一代女』の末尾はこの思想を踏まえたもので，そこでは「我は一代女なれば，何をか隠して益なしと，胸の蓮華ひらけてしぼむまでの身の事，たとへ流れ(遊女の勤め)を立てたればとて，心は濁りぬべきや」と結んでいる．

「一切衆生の胸の間に八分の肉団あり．八葉の蓮花に形を取れり．此れを心蓮華と名づく」〔真如観〕「心法身と云ふは，無始本有の心性の法身なり…心蓮台と云ふは，一切衆生の身の中，胸の間に八葉蓮華あり．是を心蓮台と云ふ」〔菩提集〕

信心 しんじん　[*s*: śraddhā, prasāda, adhimukti]　仏の教えを信じて疑わない心．信ずる心は教義や理論に対し自ら確かめて確信する〈信〉(śraddhā)と人格神などに対し主観的に個人的に信じる〈信〉(bhakti)との2種に大別されるが，仏教の〈信〉は前者と言われる．〈信〉は*修行の第一歩と考えられ，*智慧を完成させるための前提となる．教えを聞いて確信し了解する〈信〉(adhimukti)は〈*信解(しんげ)〉〈勝解(しょうげ)〉と訳される．

雑阿含経(ぞうあごんぎょう)巻26に「何等を信力と為す．如来の所に於いて，信心を起こし，深く入りて堅固なり」とあり，華厳経(けごんぎょう)では「信は道の元，功徳の母となす」とされ，また北本大般涅槃経(だいはつねはんぎょう)巻35には「阿耨多羅三藐三菩提(あのくたらさんみゃくさんぼだい)は信心を因と為す」，『大智度論(だいちどろん)』巻1には「仏法の大海は信を能入となし，智を能度となす」と説かれるように，仏教への誘引の契機であるとともに，*正覚に至る最重要なものとして位置づけられる．『大乗起信論』では信心は4種に分けられ，根本を信じること，仏に無量の*功徳があると信じること，*法に功徳があると信じること，僧はよく*自利利他を修行すると信じることとされる．

一般に，信心は仏の教えを聞いて心が清らかになり，確信するとともに理解し受容することであり，またそれは仏法僧の*三宝や*因果の理を信じることであるが，浄土教においては，*阿弥陀如来の*本願力を信じることとされ，阿弥陀如来の誓いを聞いて疑う心のないこととされる．*親鸞は，我が身が罪悪深重の凡夫であることを自覚し，そのような自己を頼りにすることはできないので，自己を放棄し，*他力を信じるようになると考え，それを〈信心〉であるとした．しかも信心は如来から与えられるものと考え，独特の理解を示した．→信．

深信 じんしん　深く信じること．*善導は観無量寿経に説く往生人に具わる三心の第2「深心」を解説して「深信の心」とし，7種の深信をあげている．そのうち，第1の自身が救われがたい*凡夫であると深信すること(機の深信)と，第2のこのような凡夫を阿弥陀仏の*本願力がかならず救うと深信すること(法の深信)とを合わせて〈二種深信〉といい，本願に全幅的にまかせきる*信心の両面の相を表すものとして，特に重要視される．「深信といふは，決定して心をたてて，仏教にしたがひて修行してながく疑ひをのぞき，一切の別解別行，異学・異見・異執のために退失傾動せられざるなり」〔拾遺黒谷上人語灯録下〕．→三心．

身心一如 しんじんいちにょ　身体と精神とが別の原理ではないということ．身心の身とは本来女性が身ごもった姿を現す象形文字であるが，そのような身体と情動作用としての心を分け隔てる分別的な思考を否定するもの．道元の主著である*『正法眼蔵』の中でしばしば語られる言葉であり，「弁道話」では「仏法にはもとより身心一如にして，性相不二なりと談ずる，西天東地おなじく知れるところ，あへてたがふべからず．いはむや，常住を談ずる門には，万法みな寂滅なり．身と心とをわくことなし」と語られる．背景には*如浄の述べたとされる「*身心脱落」や，南陽慧忠の語である「身心一如，身外無余」(身と心とが一如である時，身の外によけいなものは何一つない)が先行するものとして知られる．

信心為本 しんじんいほん　*阿弥陀仏を信じる心こそが浄土に*往生するための最も肝要な正因であるということ．この場合の〈本〉は，宗本，根本，正因，唯一，先，第一などの意味に解釈しうる．浄土真宗の教義の根本は*信心にあるとされ，その信心は*他力の信心ともいわれるごとく阿弥陀仏から*廻向されて信仰者に届けられたものとする．したがって，信仰者の自律的な努力によって獲得するタイプの信仰心とは異なるものであり，どこまでも絶対他力の信心なのである．*親鸞においては〈信心正因〉の用例は見えるが〈信心為本〉の用例は見られず，親鸞の曾孫の*覚如において〈信心為先〉，すなわち「往生浄土のためにはただ信心をさきとす」〔執持鈔〕という表現が見え，やがて*蓮如において「聖人一流の御勧化のおもむきは信心をもて本とせられ候」〔御文章五の十〕のごとく〈信心為本〉の用例が確立する．

身心脱落 しんじんだつらく　身も心もぬけおちる意．身心が一切の束縛から解き放たれて自在の境地になること．*道元の用語．入宋求法して天童*如浄に参じた道元は，師の「参禅はすべからく身心脱落なるべし」の言によって悟道したという．しかし，如浄の*語録にはこの語が見られず，実際に如浄がそのように語ったかどうかをめぐって議論がある．「参禅は身心脱落なり…祇管に打坐するのみ」〔宝慶記〕

『信心銘』 しんじんめい　禅宗第3祖僧璨(?-606)に帰せられる作品で，4言146句の哲学詩．1巻．信ぜられる対象(仏)と信ずる心は，一つであることを信心という．人が持つ心のそのような本質について縦横に歌いあげ，古来より禅の真髄を示す書として重んじられている．*敦煌写本も存する．わが国では，*『証道歌』*『十牛図』『坐禅儀』とともに『禅宗四部録』に収められ，愛読されている．

神通 じんずう　[*s*: abhijñā, *p*: abhiññā]

*禅定(ぜんじょう)などを修めることによって獲得可能とされる，超人的能力のこと．〈神通力〉〈神力〉〈通(つう)〉などとも漢訳される．また，ṛddhi，prabhāva も〈神通〉などと訳される．仏典では〈*六神通〉(神足通，天眼通，天耳通，他心通，宿命通，漏尽通)や〈五通〉(六神通から漏尽通を除いたもの)や〈*三明(さんみょう)〉(宿住智証明，死生智証明，漏尽智証明)などとまとめて言及されることも多い．

仏典が神通に言及する場合，釈尊が*優楼頻螺(うるびんら)(鬱鞞羅)迦葉(*p*: Uruvela-kassapa)ら*三迦葉を神通力を駆使して教化した逸話など，特に未信者を教化する際などに素朴な超人的能力として示される事例も散見されるが，多くの場合，*智慧と結びつけて語られる点が特徴的である．たとえば，*『倶舎論(くしゃろん)』では〈六神通〉は「慧を自性と為す」とされるし，*『大乗荘厳経論(だいじょうしょうごんきょうろん)』でも〈六神通〉の各項は各々特定の対象(たとえば，他心通ならば他人の心を対象とする)に対する智(jñāna)であると規定される．また，漏尽通は〈漏〉(*煩悩)を滅し尽くして迷妄を断つ智ということで，*四諦(したい)や*縁起に関する智を指し，仏教の*聖者(しょうじゃ)にだけ許される高度な内容である．なお，*『大智度論(だいちどろん)』は，「若し，希有の事なければ多くの衆生をして得度せしむること能わざればなり」と神通の有用性を述べている．

「或いは飛梯(ひたい)を渡りて伎楽をなし，或いは虚空にのぼりて神通を現ず」〔往生要集大文第2〕

信施 しんせ　*在家(ざいけ)の信者が*出家に布施(ふせ)するほどこしのこと．信者の布施．在家主義仏教を標榜する*大乗仏教では，相互扶助的な意義を有する布施を重視し，*六波羅蜜(ろくはらみつ)の修行徳目の第1番目に置いている．そして〈三輪体空(さんりんたいくう)〉の施といって，施者・受者・施物の*三輪がすべて空(くう)であると体観すべきことを説いて，〈ほどこす〉ということに対する*執着(しゅうじゃく)・とらわれを戒めている．

「人の信施は，内に叶(かな)ふ徳ありて，受くるは福なり」〔明恵遺訓〕．→布施．

真盛 しんせい　1443(嘉吉3)–95(明応4)〈しんぜい〉ともいう．天台宗真盛派祖．伊勢(三重県)の人．*比叡山(ひえいざん)西塔(さいとう)にて20余年修学し，1483年(文明15)黒谷青竜寺に隠れ，専ら浄業(じょうごう)(*念仏)を修す．1486年(文明18)近江(滋賀)坂本の生源寺において*『往生要集(おうじょうようしゅう)』を講ず．*源信(げんしん)に傾倒し，その旧跡である*西教寺(さいきょうじ)を復興し，戒称(戒律と念仏)二門弘通(ぐずう)の道場とする．北陸・伊勢などを教化し，広く皇室・武家に帰依者をもった．その著に『奏進法語』『念仏三昧法語』などがある．勅諡(ちょくし)は〈円戒国師〉〈慈摂大師〉．

真済 しんぜい　800(延暦19)–860(貞観2)真言宗の僧．高雄僧正，紀ノ僧正，柿本僧正．京都左京の人．はじめ儒学を学び，後に*空海に師事して密教を習う．*伝法灌頂(でんぽうかんじょう)を受けたのち諸*儀軌(ぎき)を相承して『高雄口訣』を編した．空海の高野隠棲で高雄山寺(*神護寺(じんごじ))，宮中真言院を付嘱される．836年(承和3)真然(しんぜん)(804–891)とともに入唐を企てたが果たせず．東寺(*教王護国寺)一ノ長者となり，僧正位を贈られたがこれを空海に譲るよう奏上，空海には大僧正が追贈された．空海の詩文を集めて*『性霊集(しょうりょうしゅう)』10巻を編纂．著に『空海僧都伝』などがある．なお清和天皇と惟喬(これたか)親王の東宮争いの*加持(かじ)に敗れ，858年(天安2)の文徳天皇の病気平癒の祈禱に失敗した失意などから，死後天狗道に堕したとされ，その怨霊の跳梁を伝える説話は平安後期以後の文学作品にも頻出する．

神仙 しんせん　漢訳仏典ではインドの ṛṣi(仙人)の訳語として用いられた．ṛṣi は*『マハーバーラタ』*『ラーマーヤナ』などの叙事詩にしばしば登場する仙人であるが，原始仏教聖典の古い詩句においては修行者のことを bhikkhu(*比丘(びく))と呼ばずに ṛṣi と呼んでいる．釈尊も ṛṣi の一人と見なされていた．したがって仏教が中国に入ると，仏教と神仙とを結びつけて考えることは容易に行われた．なお仏陀を〈金仙(こんせん)〉すなわち黄金の神仙と呼ぶことが，すでに*『大智度論』などに見えている．

中国における〈神仙術〉は，〈神仙〉すなわち不老不死の永遠の生命の保持者となるための道術のこと．『漢書』淮南王劉安伝に「神仙黄白の術」とあり，下って『抱朴子(ほうぼくし)』釈滞に「神仙を求むる」ための絶対的な要件として，「精を宝(たも)つこと」(房中術)，「気を行(めぐ)

すること」(呼吸調整術)，「一大薬の服用」(金丹術)の「三事」を挙げ，同じく『抱朴子』遐覧には「仙薬の大なる者は金丹に先(まさ)るは莫(な)し」といっている．『漢書』にいう「黄白(黄金と水銀)の術」とは，この〈金丹〉を錬製する道術(錬金術)をいう．神仙を求める道術としての「三事」のうち，仏教と密接に関連するのは呼吸調整術である．→仙人，気．

神泉苑 しんぜんえん　京都市中京区堀川押小路にある真言宗東寺派の寺．〈しんせんえん〉ともいう．もと平安京造営の際に創設された禁苑で広大な池を有する．天皇・貴族の遊園であったが，平安時代に*空海がこの地で*雨乞(あまごい)の*修法(しゅほう)を行い効験を顕して以来，*請雨(しょうう)祈願の*道場となり，旱魃(かんばつ)のたびに朝廷が真言僧に祈禱を命じた．鎌倉時代以後しばしば荒廃したが，江戸時代初期に寺が造立され東寺(*教王護国寺)の所属となった．毎年正月に行われる*御修法(みしほ)のときには神泉苑の水を用いるならわしがある．5月には狂言も催される．

神像 しんぞう　一般的には，神が人格性を帯びるようになったとき，人格像としての神像が造られるといえる．日本においては，神像は長らく造られなかったが，8世紀後半に*神仏習合が進むなかで，各地に建立された*神宮寺(じんぐうじ)に神の帰依する仏としての仏像が造られ，さらに神の像が造られるにいたった．記録上の初例は多度神宮寺(三重)に僧満願が造った多度大菩薩の像である．

初期の神像は菩薩形か天部形あるいは僧形に表されたと推測され，確実な遺品はない．また9世紀後半には*教王護国寺(東寺)像を最古の例とする*僧形八幡神(そうぎょうはちまんじん)像も造られ，これと一具をなす俗体の男神・女神像も造られるようになった．平安後期には*陰陽道(おんようどう)に由来する大将軍神(京都・大将軍八神社)，神門に安置する門客人神(岡山・高野神社)などの遺例もあらわれ，神像彫刻は数は少ないながら，多彩な展開を示すようになる．

陣僧 じんそう　〈じんぞう〉とも．室町時代，戦陣へおもむく将軍に伴われた僧．文筆の用を足し，軍使となり，また戦没者の*廻向(えこう)をした．なお，陣僧の名称はなくとも，より古くからこの種の僧が従軍していたことは，『平家物語』で木曾義仲の幕下にあった大夫房覚明のごときにも徴せられるし，室町時代には時宗聖などの従軍もあった．「いろいろ謀事を廻らし，かの法師を陣僧に作り，廻状を書きてかの陣に送りける」〔足利季世記4〕

真俗 しんぞく　*無為(むい)自然の真実なる世界と名利に溺れる世俗の世界．『荘子』漁父に「聖人は天に法(のっと)りて真を貴び，俗に拘(とらわ)れず」，「真とは天より受くる所以なり．自然にして易(か)うべからず」とある．仏教の伝来後は，『荘子』のこの〈真俗〉をふまえて，*僧肇(そうじょう)が「真を談ずれば(物は)遷らずの称(ことば)あり，俗を導けば流動の説あり」〔肇論物不遷論〕と言い，陳の慧達が「空法の道(悟りの世界の真理)を開(しめ)すには真(諦)俗(諦)に逾(まさ)るは莫(な)し．所以に(実相の)次に二諦を釈す」〔肇論序〕と記すように，*出世間(しゅっせけん)の法と*世間の法，仏法と王法(*王法・仏法)を〈真俗二諦(にたい)〉と呼び，二諦論が中国仏教学の重要なテーマとなるに至る．浄影寺の*慧遠(えおん)が「俗とは世俗を謂(い)う．世俗の知る所なるが故に俗諦と名づく．真とは是れ其の妄(まどい)を絶つの称なり」〔大乗義章1〕と解説する二諦論は，その代表的なものである．→二諦．

なお，わが国では人間について用い，〈僧俗〉〈道俗〉と同義で，出家と在家，僧侶と俗人を意味することが多い．

「俗を出て真に入り，偽を去りて貞を得たり」〔性霊集序〕「誠に真俗の倚頼(いらい)，文武の達人なり」〔伽・秋夜長物語〕

神足 じんそく　1 [s: ṛddhi-pāda] サンスクリット語は，神通力(じんずうりき)の構成単位，神通力の基礎の意．神通力を獲得する基礎となる，意欲・努力・思念・思惟観察にもとづく4種の*三昧(さんまい)(四神足)のこと．pāda に〈足〉の意味もあるため〈神足〉と漢訳したもの．四神足は*三十七道品の構成要素の一つ．

2 [s: ṛddhi] *六神通の一つで，他の五神通に含まれないすべての不思議な力の総称．神足通．自在に飛行往来できることを，*神通を代表するとみなして，〈神足〉と訳したのであろう．

なお，〈神足〉の語は，すでに後漢の賦などに見える．またこの語は「ときに六祖に二位の神足ありき．南嶽の懐譲と青原の行思となり」〔正法眼蔵弁道話〕のように，高弟の意に用いられることもある．

身体 しんたい　仏教においては，ともすれば心が中心であり，身体の問題は無視されやすい．確かに三界唯心さんがいゆいしん(*三界唯一心)のように唯心論を標榜する思想もあり，その系統に立つ*唯識ゆいしき思想にしても，*識しきにすべてを還元することで，物質的・身体的要素を心的現象に解消している．しかし，仏教において身体が軽視されているかというと，そうではない．キリスト教のような厳格な霊と肉の二元論をとらないことにより，心のほうに力点を置きつつも，身体と心を相互関連的に捉え，人間存在を両者の統合として捉えようとする傾向が強い．→心こころ．

【初期仏教】初期仏教の基本的な範疇である*五蘊ごうんは，色しきに物質的・身体的要素をまとめ，他方，心的要素を受じゅ・想そう・行ぎょう・識という後の4つに分けているが，両者が統合されたものとして人間存在を見ている．人間の行為(*業ごう)は身しん・口く(語ご)・意いからなるものであり，それによって*輪廻りんねし，あるいはそれを統御し，浄めることによって*悟りに達する．それ故，身体的要素も心的要素と並んで重視されることになる．特に*禅定ぜんじょうにおいては，*数息観すそくかんに代表されるように，身体を統御することに配慮が払われる．また，部派仏教のアビダルマ(*阿毘達磨あびだつま)理論では，いかに五蘊の身心が形成され，業を作って輪廻するかということを説明することが大きな課題であり，*中有ちゅううの存在からこの世に生まれる段階を胎生学的に5段階に分けて論じたり(胎内五位)，*十二因縁説を三世両重さんぜりょうじゅうとして説明するなど，身心存在としての人間の個体への強い関心がうかがわれる．

【密教】身体的要素を重視する流れは密教において頂点に達する．密教の*即身成仏そくしんじょうぶつ説においては，この身体のままに究極の仏の悟りに至るのであり，それ故，心のみならず身体もまた理想状態に達することになる．*大日経には，a, va, ra, ha, kha の5つの*種子しゅじ(それぞれ地・水・火・風・空の*五大を象徴)を，腰下・臍・心臓・眉間・頭頂に布置する〈五字厳身観ごじごんしんかん〉が説かれ，五字によって*加持かじされた行者の身体は，そのまま*大日如来だいにちにょらいの身体と合一化するとされる．このような身体論は，後期の密教ではさらに発展するとともに，身体を浄め，その仏としての能力を開発する方法として男女の性的結合が採り入れられるようになる．日本においても，*空海の即身成仏説では，身体的・物質的要素である五大に心的要素である識を加えた*六大を本質とし(六大体大)，身・語・意の*三密の加持において行者と仏とが合一すると考えられた．院政期の*覚鑁かくばんに至ると，さらに五字厳身観を発展させた身体論へと展開する．

【天台・禅】密教以外では，禅などの瞑想法の展開において，身体的要素が重視される．天台の*止観しかんの体系では，修行者の実践過程において，その身心を統御する方法を非常に具体的に叙述する．例えば，病気のときはその病気を観察すべきことを述べ，中国医学を取り入れた身体観・病気観が展開される．禅宗においては，身心は一如のものとして把握される．とりわけ，*道元は，*如浄にょじょうのもとで，*身心脱落しんじんだつらくを経験して*安心あんじんを得たといわれ，*『正法眼蔵』の「身心学道」の巻では，身心ばかりか，山河大地も一体となった悟りの世界が展開されている．

真諦 しんたい［*s*: Paramārtha］　499–569　〈しんだい〉とも読む．パラマールタの漢訳名．中国仏教史における四大翻訳家の一人．西インドのアヴァンティ(Avanti)国，ウッジャイニー(Ujjayinī)の*婆羅門ばらもん出身の学僧．諸国を遍歴したのち546年海路から中国広州へ，548年中国南朝の梁*武帝の要請に応じて建康(*金陵きんりょう)に入ったが，梁末の戦乱のために各地を流浪しつつ多数の経論を訳出した．*金光明経こんこうみょうきょう，『倶舎釈論くしゃしゃくろん』*『摂しょう大乗論』『摂大乗論釈』*『中辺分別論』*『大乗起信論』など64部278巻を残したという．その後，南中国では『摂大乗論』にもとづきながら，独自の*唯識ゆいしき説を立てる*摂論宗しょうろんしゅうが発展し，真諦はその祖とされる．

震旦 しんたん　古くは〈しんだん〉と発音．〈真丹〉〈振丹〉〈旃丹〉などとも書く．古代インドで中国を指した呼称 Cīna-sthāna(チーナ-スターナ)に相当する音写．チーナはいわゆる China であり，スターナは場所・土地の意．中国では，仏教関係の文献(経典・論・疏など)以外にはほとんど使用されていないが，わが国では近世までしばしば用いた．

身池対論 しんちたいろん　1630年(寛永7)教義解釈をめぐって江戸城内で行われた，日蓮宗(にちれんしゅう)池上*本門寺(ほんもんじ)と身延*久遠寺(くおんじ)との論争．日蓮系教団では，他宗の信者から*布施を受けることも，他宗の僧に施すこともしない(*不受不施(ふじゅふせ))伝統があったが，豊臣秀吉のような天下人が出現すると，国主からの布施だけは例外であるという主張(受不施)も現れ，宗内を二分する論争が続いた．秀吉や徳川家康は不受不施の立場を違法として弾圧を加えた．身池対論はそうした歴史を承け，幕府の命により両派の代表者各6名を江戸城に召喚して実施されたもの．不受不施側からは池上本門寺の日樹(にちじゅ)・中山*法華経寺の日賢(にちけん)らが，受不施の身延側からは日乾(にちけん)・日暹(にっせん)らが出席した．幕府はこの対論に対し，教義上の理由ではなく，不受不施を禁止した家康の裁許に反するという理由で不受不施側を敗者と認定し，出席者を各地に流罪とした．また池上本門寺などの不受不施派拠点寺院を身延側に与えた．

『神敵二宗論』 しんてきにしゅうろん　平田篤胤(ひらたあつたね)著．1813年(文化10)頃成立．*『出定笑語(しゅつじょうしょうご)』の付録3巻をいう．真宗と日蓮宗を日本の神の敵として非難したもの．真宗では，存覚(ぞんかく)の*『諸神本懐集』に説かれているように，日本の神は仏法守護の善神となり，その仏法とは念仏のことで，念仏さえ唱えていれば神は喜びたもうのであって，それ以外の目的で神社に参拝する必要はなしとして神社不拝が主張され，日蓮宗では，日蓮が善神は*謗法(ほうぼう)の国日本を捨てて天上に帰った(*神天上(じんてんじょう))と説いたことに基づき，神社に神はおらず，参拝してもむだであるとし，神社不拝を主張した．これらが，平田篤胤から神の敵と非難された理由である．

塵点劫 じんでんごう　略して〈塵劫〉とも．計り知ることのできない長い時をいう．法華経化城喩品には〈三千塵点劫〉の比喩が，「如来寿量品」には〈五百塵点劫〉の比喩が説かれる．〈三千塵点劫〉とは，*三千大千世界を磨して墨とし，東方の千の国土を過ぎてその墨の一点を下ろし，その墨が尽きてから，過ぎ去った世界を更に*微塵(みじん)となしてその*一塵を一劫として計算しても，*大通智勝仏(だいつうちしょうぶつ)が世に出た昔はそれよりも無量無辺*阿僧祇劫(あそうぎこう)長いということを喩えたもの．〈五百塵点劫〉とは釈迦の久遠を喩えたもの．転じて極大・極小の数概念を表す語ともなり，江戸時代の代表的数学書『塵劫記』の書名の由来ともなった．「釈迦の正覚成ることは，このたび初めと思ひしに，五百塵点劫よりも彼方(あなた)に仏になりたまふ」〔梁塵21〕．→五百塵点劫．

神天上 じんてんじょう　〈善神捨国(ぜんしんしゃこく)〉ともいう．日本の神々は仏教に帰依して仏法守護の善神となったが，日本は*謗法(ほうぼう)の国となり，守るべき仏法はなくなったために，神々は日本を捨てて天上に帰ったという説．日本を謗法の国と断じた日蓮は，*『立正安国論(りっしょうあんこくろん)』において，金光明経や大集(だいじっ)経，仁王経などを引用しつつ，神天上・善神捨国を主張した．これが，日蓮宗に神社不拝の論をおこすことになる．「さるほどに六宗・八宗の田畠所領皆たふされ，正法失せはてぬ．天照太神・正八幡・山王等，諸(もろもろ)の守護の諸大善神も法味をなめざるか，国中を去り給ふかの故に」〔開目抄〕

神道 しんとう　【中国思想史上の神道】〈神道〉の語の中国思想史における初見は，『易経』観卦彖伝の「天の神道に観て四時忒(たが)わず，聖人は神道を以て教を設く」である．この〈神道〉の語は，同じく『易経』繋辞伝上の「陰と陽の測られざる，之を神と謂(い)う」「一(ある)いは陰，一は陽，之を道と謂う」に基づき，神秘霊妙な天地造化の世界の道理を意味する．その後，後漢の順帝の時代(2世紀半ば)に琅邪(ろうや)(山東省)の宮崇が師の干吉から授けられたという神書『太平清領書』(『後漢書』襄楷伝では太平経)では，〈神道〉の語は，「吾が書は神の心を知り…陰陽のために神道を作(おこ)す」〔巻68〕，「心意を正して蔵匿すること無きを得れば…神道来り…清明見(あら)わる」〔癸部〕などのように天神の道理を意味して，『易経』の神道よりも呪術宗教的な性格を強め，さらに4世紀，晋の葛洪(かっこう)の『抱朴子(ほうぼくし)』雑応では，「神道に五有り．坐すれば在り，立てば亡きは，其の数なり」のように，〈神道〉は*神仙の道術を意味して仙術道教的な性格を強めている．

一方，西暦紀元前後にインド・シルク-ロードから中国に伝来した仏教もまた，東晋の*慧遠や後秦の*僧肇が「神道に妙物の霊有り」〔沙門不敬王者論〕，「(仏)経に有余涅槃・無余涅槃と称するは…神道の妙称なるものなり」〔肇論涅槃無名論〕などと述べているように，宗教的世界の真理を意味して〈神道〉とも呼ばれており，さらにまた17世紀に中国に伝来したキリスト教も，上海の美華書館で刊行された倪維思著『神道総論』(1872)が示すように，〈神道〉と呼ばれている．

【日本思想史上の神道】この〈神道〉の語がわが国で初めて用いられるのは，720年(養老4)に成った『日本書紀』である．『書紀』に見える「神ながらとは神道に随ふなり」〔孝徳，大化3〕，「天皇は仏法を信じ，神道をも尊ぶ」〔用明，即位前〕などの〈神道〉(古くは〈かみのみち〉と訓読)の語は，仏教伝来以前の日本に古くから行われていた呪術宗教的な信仰もしくは思想を総称する言葉であり，上述の干吉の神書『太平清領書』における神道の語の用法に最も近い．そして8世紀以後，この〈神道〉の語の神学的・宗教哲学的解釈をめぐって，日本神道学の諸流派が成立し展開する．たとえば『大和葛城宝山記』『天地麗気記』などの教義書によって代表される〈*両部神道〉，いわゆる神道五部書(『宝基本記』『倭姫命世記』『御鎮座次第記』『御鎮座伝記』『御鎮座本紀』)を代表的な教義書とする〈*伊勢神道〉，吉田兼倶の『唯一神道名法要集』を代表的な教義書とする〈*唯一神道〉などである．

かくて，これらの日本神道学が上述の儒教易学の〈神道〉の形而上学もしくは*道教の天神玉皇の真道としての〈神道〉の宗教哲学を大幅に導入するに至ることはもちろんであるが，さらにまた，中国で〈神道〉とも呼ばれていた仏教の教義思想をも意識的・無意識的に採り入れることになる．伊勢の天照・豊受の両大神を真言密教の金剛・胎蔵の両界に比定する両部神道がその典型的な例証であるが，基本的に反仏教の立場を採る伊勢神道にしても，たとえば『倭姫命世記』の中の「業」「因」「誓願」などのように仏教語の使用が明確に指摘され，唯一神道の教義書『唯一神道名法要集』に至っては，「大毘盧遮那の実地を覚る」「往古の菩薩は智法身なり」「顕教の化儀は外清浄と謂ふ」など，仏教語の使用が枚挙に暇ないほどである．

なお明治以後のインド哲学の書に〈神道〉とあるのはdevayānaの訳であり，神々が勧請されて祭場に下り，祭祀が終ってから天に帰って行く道をいう．また*ウパニシャッドでは死者の霊が*ブラフマンの世界におもむく道をいう．いずれにしても明治以後の訳語であり，漢訳仏典に出てくる訳語ではない．

「天衆神道もし仏祖の行履を踏むときは，仏祖に近づく道あり」〔正法眼蔵行持上〕「神道のことはたやすくあらはさずと云ふことあれば，根元を知らざれば猥しき始めともなりぬべし」〔神皇正統記神代〕

神童寺 じんどうじ　京都府相楽郡山城町にある真言宗智山派の寺．北吉野山金剛蔵院と号す．*聖徳太子草創の寺伝があるが，寺号からみて*役小角が苦行の際に感得した金剛蔵王像を安置して〈神童教護国寺〉と称したという*開基が妥当であろう．泰澄(682-767)や*行基・*良弁の修行も伝えられる行の寺であったが，そのご寺運衰えたとき興福寺の願安が再興したという．治承(1177-81)の兵火の後は源頼朝(1147-99)の再興があり，元弘(1331-34)の兵火の後は1406年(応永13)に蔵王堂を建立して現在に至る．なお〈北吉野〉の別称は，以前*大峰山に毒蛇が増えて入峰できなかったとき，笠置を大峰に擬し，この寺を吉野としたところからこの名がおきたという．

『神道集』 しんとうしゅう　10巻50話．14世紀中頃-15世紀前半の成立．*本地垂迹・*和光同塵の教理教説や垂迹縁起を収める．垂迹縁起の中で，「熊野権現事」「二所権現事」「北野天神事」「諏訪縁起」など，先行する縁起類・古伝承(特に在地の伝承)に基づく物語的要素を含む諸篇は，中世後期の*本地物作品の先駆的なものとして注目される．編者は未詳で，説かれている教理は天台系であるが，伝本の内題下に「安居院作」とあるのは偽作であろう．上野国(群馬県)など東国関係話が多く，真字本『曾我物語』『私聚百因縁集』『平家族伝抄』『宝物集』などと同文的本文をもつ．中世後期の神仏をめぐる言説や新しい物語形態をさぐる上での根本作品である．

真読 しんどく　経典を始めから終りまで省略することなく*読誦することと．特に*大般若経600巻を通して読むこと．経題と経の一部だけを読む〈転読〉に対する．「にはかに僧衆を請じて真読の大般若を日夜六部までぞ読みたりける」〔太平記23.大森彦七〕「初夜に最勝王経を転読す．日中に観音品，後夜以後，大般若経を真読すと云々」〔吾妻鏡寛元2.1.1〕．→転読．

陳那 じんな　480–540頃　サンスクリット語 Dignāga に相当する音写．ディグナーガ．仏教論理学の確立者．有相唯識派の思想家．南インドの婆羅門の出身で，はじめ小乗の犢子部において出家したが，後に大乗に帰し，*世親(ヴァスバンドゥ)のもとで*唯識と*論理学を学んだと伝えられる．著作は，中国で〈八論〉として数えられるが，主著の*『集量論』において仏教独自の論理学と*認識論の確立に多大な貢献をなし，後世への強い影響は仏教の内外に及んだ．また『観所縁論』では，認識内部に現れる形象(相)が実在であるとする有相唯識説を初めて説いた．

新ニヤーヤ しん［s: Navya-nyāya］『ニヤーヤ-スートラ』(*Nyāya-sūtra*)を根本テキストとするニヤーヤ学の伝統は，次第に認識手段(pramāṇa *量)に関する議論が主要部分となり，ガンゲーシャ(Gaṅgeśa，14世紀)にいたると，論証学の諸概念を柱とする旧来の16原理に代わって4種の認識手段を軸とする〈新ニヤーヤ〉の学体系が確立した．以後，彼の著した『タットヴァ-チンターマニ』(*Tattva-cintāmaṇi*)が根本テキストとなり膨大な注釈群が書かれた．新ニヤーヤは世界・事象(認識も事象の一種)の厳密な記述方法に最大の関心を示し，関係概念およびそれと関連する諸術語の体系的使用を発達させ，その独特の文体は広くインドの諸学・文芸に影響を及ぼした．名辞の量化記号に相当する問題意識や，「かつ」「または」といった論理語の使用も認められ，西洋における記号論理学の発達にある種対応する形式主義への傾斜が指摘しうる．しかし新ニヤーヤの正確な評価は今後の課題である．なおニヤーヤ-ヴァイシェーシカ(Nyāya-Vaiśeṣika)の最大の理論家ウダヤナ(Udayana，11世紀)が，事実上新ニヤーヤの創始者であるとの見方も可能．→ニヤーヤ．

信女 しんにょ　⇒信士・信女

真如 しんにょ［s: tathatā］　原義は，その通りであること，あるがままの道理．漢訳語は，真の，あるいは真であることの意で，無為自然の道を真として，俗世に対立させる老荘の*真俗観をふまえた表現．tattva(それであること，真理，真実)の語が仏教をふくむインド思想一般で広く用いられるのに対して，この語は仏教に特有である．

初期仏典の用例は少ないが，此縁性(縁性)とも呼ばれる*縁起の道理の特質を，別様でなくまさにその通りである，という意味で tathatā(真如)と呼ぶパーリ相応部(「因縁相応」)の用例は重要である．*『カターヴァットゥ』は，東山(住)部や化地部が縁起を*無為法の一つと見なした根拠にこの経典の当該箇所を引く．*『異部宗輪論』もまた，同様の趣旨から，化地部が縁起真如を九無為の一つとしたと語る．このように，いくつかの伝統部派は，真如，すなわちあるがままの道理としての縁起を無為法に位置づけたものである．

真如を無為として重視する姿勢は，大乗仏教のなかでもとくに*瑜伽行派に継承される．同派は，*虚空・*択滅・非択滅・不動滅・想受滅・善法真如・不善法真如・無記法真如の〈八無為説〉から，後には三真如を一括して真如とし，〈六無為説〉を唱えた．これは伝統部派によるいくつかの無為説を摂取しながら，最終的に空性，*勝義，*法界と同義であり，*無分別智の対象となる真如を無為法の究極に位置づけたものと考えられる．

*法蔵の『大乗起信論義記』では，永遠不動の真理(不変真如)と生滅の現実にしたがって生成する真理(*随縁真如)の2種を立て，永遠相と現実相の関係づけに努めた．四季の自然との一体を特色とする日本においては，自然の風光と結びつけられてしばしば文芸作品の中に使われるにいたる．→真理．

「摩耶夫人真如に帰り給ひしゆふべ，五百羅漢くれなゐの涙を流しき」〔栄花鶴の林〕「三笠山雲居遥かに見ゆれども真如の月はここに

澄むかな」〔風雅和歌集 19〕

真如縁起 しんにょえんぎ　仏教の基本的な教説である*縁起の世界を，*真如を基体として説明する立場をいう．縁起とは，事物が相依そうえ相関しながら生起することで，それは事物を支える根本の理法(真理)としての真如によるものということから，〈真如縁起〉と称された．ただしそのような相依相関の世界の基体としての真如を固定的に実体視することは許されない．しかし歴史的には，この真如縁起の語によって真如を固定的に実体視する考えかたがあらわれていることもある．*『大乗起信論』にたいする後代の注釈の中で用いられている用語であり，〈如来蔵にょらいぞう縁起〉(われわれに内在する*如来蔵による縁起)と同じ意味で使われることもある．

信如尼 しんにょに　1211(建暦 1)-?　信如は諱いみな．鎌倉後期の律宗の尼．奈良*中宮寺ちゅうぐうじ中興開山．父は興福寺学侶璋円しょうえん．唐招提寺*覚盛かくじょうの弟子となっていた弟教円に勧められて，寛元年中(1243-47)に，覚盛から*比丘尼びくに戒を受け，律尼となる．教円は，律尼復興のために，男性から女性へ性転換したという．1249 年(建長 1)には大和(奈良県)正法尼寺しょうぼうにじを*結界・開創し，釈迦大念仏会を始めた．1262 年(弘長 2)には中宮寺に入り，同寺の復興に努めた．*戒律を護持する一方で，多くの尼を育成した．信如の最も有名な功績として，1274 年(文永 11)に，*法隆寺金堂での夢告により，長く所在が不明であった*天寿国繡帳てんじゅこくしゅうちょうを法隆寺宝蔵内で発見したことがある．

真人 しんにん　〈しんじん〉とも．もともとは，老荘の哲学で〈道どう〉の根源的真理の体得者を呼ぶ言葉．『荘子』大宗師に「心を以て道を捐すてず，人を以て天を助けず，これを真人という」「古いにしえの真人は水に入りて濡れず，火に入りて熱やけず」などとある．仏教が中国に伝来してからは，arhat (*阿羅漢あらかん)の漢訳語として用いられ，「自ら貴ばず，他を賤まず，これを真人の法という」〔中阿含 21 (真人経)〕，「真人を殺し衆僧を闘乱せんと欲する者」〔無量寿経下〕などと使われている．一方また中国禅の始祖とされる僧肇そうじょうの*『肇論』不真空論には，「幻化の人は真人に非ず」などとあり，これを承けて*臨済義玄りんざいぎげんは「随処に主と作なり，立処みな真」の得道者を〈真人〉と呼び，また「赤肉団上に一無位の真人有り」「無位の真人は是れ什麼なにの乾屎橛かんしけつぞ」〔臨済録〕など，〈真人〉を仏の同義語としても用いている．→無位の真人．

なお『荘子』の真人は，『史記』始皇本紀では「真人は水に入りて濡れず，火に入りて熱けず，雲気を陵しのいで天地と久長なり」というように神仙として道教化されており，さらに陶弘景とうこうけいの『真誥しんこう』運題象では「紫陽真人(周義山)，清霊真人(裴玄仁)」のように道教の得道者を呼ぶ言葉として定着する．わが国の天武天皇が即位 13 年(684)，八色やくさの姓かばねを定めた時その最上位に用い，死後はその諡おくりなに用いられている〈真人まひと〉は，『真誥』の真人の用法に最も近い．

わが国での初見は『日本書紀』推古 21 年で，そこでは*聖徳太子が尸解しかいの化人をさして〈真人〉と言っている(→尸解仙しかいせん)．道教的意味での得道者，神仙の意が強く，その古訓が〈仙〉と同訓の〈ひじり〉であったこととも照応する．後に転じて，一道の神妙をきわめた人の美称ともなったが，「人麿は世上の真人，天下の歌仙なり」〔普通唱導集中末〕などの用例には，なお原義の痕跡がうかがわれる．

「先の日に道に臥して飢者うえたるひと，それ凡人ただひとに非あらじ．必ず真人ひじりならむ」〔書紀推古 21. 12〕

神会 じんね [Shén-huì]　670-762 一説 668/680-760　中国，襄陽(湖北省)の人．俗姓は高氏．〈荷沢かたく神会〉〈南陽和上〉ともいう．初め*神秀じんしゅうに学ぶが，その派下の禅が長安・洛陽で全盛を誇っていた頃，南方に下って曹渓そうけい*慧能えのうに学ぶ．その寂後，720 年に南陽(河南省)竜興寺に住す．732 年 1 月，滑台(河南省)大雲寺において，神秀派下の禅を厳しく排撃し，慧能こそ達磨(*菩提達摩ぼだいだるま)の正系を継ぐ*南宗なんしゅう 6 祖であると主張し，神秀派下を*北宗ほくしゅうと貶称した．745 年，洛陽荷沢寺かたくじに住すが，北宗側の誣奏ぶそうにより左遷される．安禄山の乱(755)のとき，*度牒どちょうを売って香水銭こうずいせんを集め，唐朝の財政を助けた功により，再び荷沢寺に住した．

6 祖慧能顕彰運動を通じて南宗の優位を決定づけた点で，後の中国禅の方向を決める役割を果したが，その系統は*馬祖道一門下におされて姿を消した．しかし*敦煌からその*語録が発見され，一躍脚光を浴びるようになった．諡号は真宗大師・般若大師．

心王 しんのう　〈しんおう〉とも読む．仏教学における存在の分析をアビダルマ(*阿毘達磨)というが，そこでは，世界を心王・心所・*色・不相応行法・*無為の五つの範疇で見ていく．そのうち，〈心王〉は心の主となるものであって，〈*識〉のことをいう．個々の心作用としての〈心所〉はそれに相応して働く．そこで心王は全体を捉え，心所はその個別相に働くといわれる．*説一切有部のアビダルマでは心王は一つであり，*六識を一体と見る．大乗(*唯識派)のアビダルマでは*八識の各々が心王である．「念ずること得たり，秋の怨ひ多きことを，心王，我がために非なり」〔菅家文草1〕．→心，識，心所，五位七十五法，五位百法．

神秘主義 しんぴしゅぎ　鮮烈な印象や深い感動に襲われて，世界の意味が開示され自己の人格に劇的な変化がもたらされるような，尋常普通でない宗教体験を〈神秘体験〉という．キリスト教における見神や神秘的合一，仏教における*見性や豁然大悟など．言葉では表現できない非合理的神秘体験を，否定・背理・逆説・象徴などを用いて説明しようとする〈神秘思想〉，体験に至るため，*祈り・*瞑想・*坐禅などによって工夫する〈神秘修行〉の階梯，これらが神秘体験を中心に組織化された文化複合を総称して〈神秘主義〉と呼ぶ．

真福寺 しんぷくじ　名古屋市中区大須にある真言宗智山派の寺．北野山真福寺宝生院といい，〈大須観音〉と俗称される．鎌倉時代末期に開創，開山は伊勢外宮祠官の度会家より出た能信(1291–1354)．はじめ尾張国(愛知県)中島郡大須村に在り，後醍醐天皇の勅願所として寺号を賜わる．1612年(慶長17)徳川家康の命により現在の地に移る．古来貴重な典籍を収蔵し，〈真福寺本〉〈大須本〉の名で知られる．文庫は能信の創設になり，仏典のみならず，わが国の古典・史籍・古文書なども蔵し，その数は1万5千巻を越える．『古事記』『扶桑略記』『将門記』をはじめ，鎌倉期古写の『続本朝往生伝』以下の諸往生伝，天下の孤本戒珠偽撰『往生浄土伝』など稀世の史料も多い．

心仏及衆生，是三無差別 しんぶつぎゅうしゅじょう，ぜさんむしゃべつ　*華厳経夜摩天宮菩薩説偈品で如来林菩薩が説いた唯心偈の一節である．その第2行は「心の如く仏も亦爾なり．仏の如く衆生も然なり．心と仏と及び衆生，是の三に差別無し」と読まれて，華厳経の*唯心思想を証し唯心*縁起を説く一文とされる．すなわち，心は*五蘊を画く如く，また*仏を画き*衆生を画くから，すべては心を縁として生成する．それ故に仏も衆生も心に摂せられる意味において，心と仏と衆生との三つは差別がない，という意味である．

華厳宗では唯心縁起を説く*偈と見て，心は総体，仏と衆生とは別体であって，心は万有を総該するから，悟れば仏となり迷えば衆生となって，心の外に仏も衆生もないという意味を示すと解する．天台宗ではこれによって〈三法妙〉を立てる．すなわち山外派では心は*理(能造)，仏・衆生は事(所造)であると解釈して華厳宗に同ずるが，山家派では心・仏・衆生の三法がそれぞれ理事(*事理)を具え互いに能造・所造となって融けあい，互具互融する*諸法の*実相を顕すと理解する．→心．

「初めに真如実相を観ずるといふは，心仏及衆生の思ひをなして，是三無差別と観ずるなり」〔宝物集6〕

神仏習合 しんぶつしゅうごう　日本古来の神信仰が新たに伝来した仏教と接触することによって生じた，思想・儀礼・習俗面での融合現象．

【発生と展開】奈良時代には，神を仏教による救いの対象と捉えて，その救済実現のために神前*納経や*神宮寺の建立が行われた．また，神は仏法を守護するという*護法善神説もみられた．平安時代に入ると，仏・菩薩が仮の姿をとってこの世に出現したものが神であるとする，〈本地垂迹説〉が登場する．本地垂迹説は，仏・菩薩が権に現れたものという意味で神を〈*権現〉と呼んだり，「八幡大菩薩」(→八幡神)のように神に〈菩薩号〉を奉ずる段階を経て，平安後期には個々の神に*本地(ほんじ)が比定されるようになり，中世ではほとんどの神について具体的な〈本地仏〉が定められた．たとえば*天照大神(あまてらすおおみかみ)は，十一面観音あるいは大日如来の*垂迹とされた．本地垂迹の関係は狭義の仏–神だけの間に留まらず，高僧や堂舎に鎮座する仏像も，他界の仏が此土に垂迹した存在とみなされた．中世ではこのほか，垂迹としての神を〈権社(ごんしゃ)〉と呼ぶのに対して，死霊などを祀った神を〈実社(じっしゃ)〉として，両者を区分する方法も行われた(→権化神・実類神)．この本地垂迹思想は，天台教学の*本門・*迹門の思想に由来するといわれる．また日本古代の神仏習合が，中国のそれの強い影響下に成立したことも指摘されている．→本地垂迹説．

【影響】中世には，仏教の論理で神祇信仰を解釈した*山王神道(さんのうしんとう)や*両部(りょうぶ)神道も成立した．前者は天台の教義によって，後者は密教の教説に依拠して作り上げられた神道説だった．芸術の世界でも，習合曼荼羅(まんだら)・神像彫刻といった*垂迹美術が花開いた．文学の方面では，14世紀に成立する*『神道集』が，仏を本地とする主人公が人間と生まれ，試練を経て神として再生する説話を数多く収めている．こうした神仏一体化の流れに対し，鎌倉後期の*伊勢神道などでは神を仏の本地とする〈反本地垂迹説＝神本仏迹説〉が唱えられ，室町時代の吉田兼倶(よしだかねとも)らは，神道を根，儒教を枝葉，仏教を花とする〈*根葉花実論〉を説いた．だが，神仏習合は1868年(明治1)の*神仏分離令まで，日本における神仏関係論の中心的思潮であり続けた．なお，習合が進展する平安後期以降も，伊勢神宮や宮廷祭祀の場では神仏を隔離する伝統が残った．→反本地垂迹説．

神仏分離 しんぶつぶんり　明治のはじめに維新政府がとった，神道と仏教を分離する政策．神道の国教化と，神孫としての天皇の宗教的権威確立のため，1868年(明治1) 3月から諸社に対して下された，*社僧の還俗強制，仏像を神体とすることの禁止，社頭からの仏具の除去，神職に対する神葬の強要，などを内容とする一連の指令をいう．この神仏分離令は全国に*廃仏毀釈(はいぶつきしゃく)の嵐を巻き起こし，多数の文化財が破壊され膨大な廃寺が生じたが，真宗を中心とする仏教界の反対を受けて，政府も沈静化を目指した．神仏分離政策は江戸時代にも水戸藩や岡山藩・会津藩などで実施されたことがあるが，平安時代以来の*神仏習合の伝統をくつがえすには至らなかった．神仏分離の結果，近代では神道と仏教とは異質の宗教であるという観念が定着することになった．

神変 じんぺん　[s: (ṛddhi-)prātihārya, vikurvaṇa]　〈*変化(へんげ)〉〈変現〉〈神通(じんずう)変化〉〈神力自在(じんりきじざい)〉などともいう．*行者(ぎょうじゃ)が獲得する非凡で不可思議な力を*神通・神力(じんりき)・神通力・威神力(いじんりき)(原語は abhijñā, ṛddhi, anubhāva など)などというが，その力を行使して種々の姿や形，また不可思議な現象や出来事を現すこと．また現される不可思議な現象・出来事のこと．古来インドでは，*出家の行者は苛酷な*苦行によって超人的な力を得るものとされていたが，仏教でもそれを受け，特に修行を完成した*仏や*阿羅漢(あらかん)などは六通(ろくつう)(*六神通)，*三明(さんみょう)のすぐれた*智慧のはたらきを備えて，衆生(しゅじょう)教化の*方便として用いるものと考えられた．なお漢語の〈神変〉は，人智を越えた神秘的な変化という意味で，孫綽『遊天台山賦』などに用例が見える．

「色に耽(ふけ)りて忽ちに神変も失ひにけり」〔今昔 5-4〕「熊野山両所権現の御宝前に参詣する途中，不思議の神変所々にあり」〔諸山縁起〕

新発意 しんぼっち　〈しんぼち〉〈しぼち〉とも読む．新たに悟りを求める意をおこすこと，またその者の意で，*発心(ほっしん)して新たに出家して仏門に入った者の称．〈初発心〉ともいう．日本では俗に転化してやや揶揄(やゆ)的に新前坊主の意味で用いられることも多い．「梵録まづ添ふ新発意，書斎また覓(もと)む旧知音」〔菅家文草 1〕「新発意声立てて，『はあ，お七様，よい事を』といひけるに」〔浮・好色五人女 4〕

新仏 しんぼとけ　死後間もない*亡者(もうじゃ)のこと．日本の民間では，一般に死者のことを〈*ほとけ〉と通称する．したがって〈ほとけ〉には，仏・菩薩と併せて二つの意味がある．亡者のほとけには新仏と古仏(ふるぼとけ)とがあり，その区別を死後百日または1年，あるいは初めての*盆までなどとする例が多い．死者の霊魂は七七忌(*四十九日)までは屋内に滞留し，遺族や地域に障りや祟りを及ぼすと恐れられている．そこで，その死者(新仏)を慰和するための供養が企てられる．初七日から七七忌にいたるまでの七日ごとの供養をはじめ，東北地方や南西諸島ではシャーマンのイタコやユタを招いて口寄や魂分かしの巫儀を催す．それによって現世で抱いた怨念はことごとく霽れ，心おきなく冥界へ赴くことができるという．→古仏．

神明 しんみょう　漢語としては，〈*神〉に同じく天地の神霊や人間の*霊魂をさす．〈*明〉を付すのは事物を見通す知力に着目した表現であり，天地の〈神明〉はしばしば人間との*感応関係を述べる文脈で用いられる〔書君陳，孝経感応章〕．仏典では純粋な仏教概念ではないが，*無量寿経巻下，無量清浄平等覚経巻3などに，人間の悪行を記録して罰を下す神々として見える(神明記識)．なお日本では，〈神明〉とは*神仏習合思想のなかで，*神道の神々を意味し，神明は*本地としての仏の*垂迹として位置づけられた〔諸神本懐集〕．「深く本朝の神明仏法を念じて，食頃に観念せり」〔続本朝往生伝33〕「神明仏陀もさこそ御心を悩まされ候ふらんめとこそ存じて候ふに」〔伽・秋夜長物語〕

尽未来際 じんみらいさい　〈じんみらいざい〉とも読む．*未来の果てを尽くすまで．永遠の時間の果てまでずっと．いつまでも．〈尽未来劫〉という表現もある．旧訳*華厳経(六十華厳)巻23に「能く一切の仏法を受け，智慧を以て教化せん．広大なること法界の如く，究竟すること虚空の如く，未来の際を尽さん」とある．「尽未来際に至る迄，天照太神の苗裔たらん人を以って此の国の主とすべし」〔太平記16．日本朝敵〕

神滅不滅論 しんめつふめつろん　〈神〉は，形(肉体)に対する*霊魂．神滅不滅論争は中国の六朝時代(3-6世紀)に仏教が普及して行く過程で展開された，死後の霊魂の実在をめぐる奉仏者と仏教批判勢力との論争．そもそもインドの仏教では，霊魂に相当する*アートマン(*我)や*プルシャ(神我)の*常住性を認める考え方は，仏教の*無常・*無我の立場に反する*外道の説として否定された．しかし，インド仏教でもまれに霊魂不滅説の表明されていることもある．他方，仏教受容以前の中国では，人間の生死を「*気の聚散」という自然現象の一過程と見なす説〔荘子知北遊〕や，死後の〈神〉の実在を否定する論(桓譚や王充)もあったが，*儒教は死後の霊魂の存続を暗黙の前提とし，それを宗廟の祭祀の対象とした．

【輪廻と神不滅論】仏教が中国に受容された初期には，仏教は〈三世因果〉の教えとして理解され，*因果応報や*輪廻転生の主体としての〈神〉の不滅は，当然の前提として受けとめられた．その論は後漢の牟子*『理惑論』にすでに見られるが，東晋末の*慧遠は『沙門不敬王者論』形尽神不滅で，死後の〈神〉の不滅と，他の肉体への伝移をより明確に論述した．さらにその弟子の宗炳(375-443)は，『明仏論』において〈神〉を形而下の変化を越えた常住不滅なるものととらえ，〈身〉の束縛を脱した〈神〉の実現を〈*法身〉の成就と見なし，〈神不滅〉の論述を通じて*成仏が可能であることを論証した．

【神滅論】これに対し〈神滅〉の論は，東晋の何承天(370-447)の『達性論』や書翰に見えるが，仏教に大きな衝撃を与えたのは，梁の范縝(450-?)の『神滅論』である．彼は仏教隆盛が統治に与える弊害を除去し，儒教的統治秩序を回復することを目的とし，仏教の理論的基盤を崩すため，〈形〉と〈神〉を質と用の関係とする形神一体論に立って〈神滅〉を論証し，また万物の在り方を道家思想に由来する自然論にもとづけて，仏教の因果論を批判した．范縝のこの論に対し，〈神不滅〉の立場から蕭琛，曹思文，沈約，梁*武帝(在位502-549)らの反論が著され，梁代に論争は最高潮に達した．

神滅不滅論争は，インドとは精神的伝統を異にする中国が仏教を受容するに当たって避けられない課題であり，それが仏教内部の純理論的探究としてではなく，異なる生命観の対決という形で展開されただけに，思想的にも歴史的にも重要な意義をもっている．→神．

新訳 しんやく　新しい訳の意で，〈旧訳〉

に対する．中国の*訳経やっきょう史上，*玄奘げんじょう以後の訳を〈新訳〉といい，それ以前の〈旧訳〉と区別する．玄奘は旧訳を訛謬と批判した．とくに旧訳の音写語が*プラークリット（俗語）や西域諸語からの音写語であったために，*サンスクリット語の正しい発音を写したものではなかったことを厳しく批判し，多くの音写語を訳し変えた．その他，新しい訳語を多く採用し，訳文の統一に配慮し，原文に対してあくまで語学的に忠実であろうと努力した．→旧訳．

新薬師寺 しんやくしじ　奈良市高畑福井町にある華厳宗の寺．*『東大寺要録』では，747年（天平19）に*光明皇后が*聖武天皇の病気平癒を祈って建立したとされる．また『延暦僧録』では，光明皇后が香山寺こうざんじと共に創建したとする．奈良時代には法隆寺や四天王寺と並ぶ五百町歩の墾田を持った大寺であった．当初の*金堂こんどうや本尊は962年（応和2）の大風で倒壊．現在の*本堂は奈良時代末に建立されたもの．*内陣に珍しい円形の土壇があり，その中央に本尊の木造薬師如来坐像（平安初期）が安置され，十二神将（奈良時代）が取り囲む．本尊は*光背に六仏を表して*七仏薬師を表現する．十二神将は*塑像そぞうで，うち1体の*台座に「天平」云々の銘記がある．なお，香山寺の本尊とされる銅造薬師如来立像（香薬師）は，1943年に盗難に遭い所在不明．

新羅明神 しんらみょうじん　*園城寺おんじょうじ（三井寺みいでら）の護*伽藍神がらんしん．伝説によれば，智証大師*円珍えんちんが唐から帰朝のとき，船中に老翁が現れ，「我はこれ新羅明神なり，和尚のために仏法を護持せん」と告げ，また「比叡山は後日必ず喧騒の地となる故，伝来の経書をここへ置くべからず」と申された．そこで円珍は神の言の通りにし，*明神を三井寺の北野の地に祀った，といわれる．この話は1061年（康平4），大学頭・文章博士の藤原実範さねのりの記した『園城寺竜花会縁起』にあるもので，史実とは見なし難く，山門さんもん（*比叡山ひえいざん）で*円仁えんにんが祀ったという*赤山明神せきざんみょうじんに対抗して祀られたともいわれる．新羅明神は1049年（永承4）に三位を授与され，1052年には初めて新羅祭しんらさいが修される．円珍護法伝説もこの時期のことであろう．園城寺新羅善神堂の彫像の製作もこの頃とみられる．

親鸞 しんらん　1173（承安3）-1262（弘長2）*浄土真宗の開祖．綽空しゃくくう，善信とも称す．いわゆる鎌倉新仏教の祖師の一人．皇太后宮大進日野有範ありのりの子．母は幼時に没し，9歳で出家し*比叡山にのぼる．山では常行三昧堂じょうぎょうざんまいどうの堂僧を勤めていたといわれる．20年間の修行は悩みを解決してくれず，29歳（1201），*六角堂に参籠し，95日の暁に聖徳太子の示現を得て吉水に*法然をたずね，自力雑行ぞうぎょうを棄てて*他力本願に回心した．1204年（元久1）の*『七箇条制誡しちかじょうせいかい』には僧綽空と署名している．翌年法然から『*選択せんちゃく本願念仏集』を授かり，法然真影の図画を許された．このころ，〈親鸞〉と改名か．1207年（承元1），念仏弾圧で死刑を宣告されたが，遠流おんると なり，*還俗げんぞくして越後（新潟県）に流された．以後，非僧非俗を貫き，〈*愚禿ぐとく〉を姓とした．1211年（建暦1）赦免され，14年（建保2）家族とともに常陸（茨城県）に移住し，京都に帰るまで約20年間，関東各地で布教した．62-63歳ごろ，家族ともども京都に帰った．82歳ごろまでに，*善鸞・*覚信尼以外の妻子は越後に下る．1250年ごろ（建長初年）から関東の教団に対する弾圧と教団内の異義が生じ，善鸞を代理に派遣したが，かえって親鸞の教えから離反し，1256年（建長8）善鸞を義絶した．この前後に関東の門人に宛てて多くの著述がなされている．1262年（弘長2）11月28日，弟尋有じんうの坊舎で没．諡号しごうは見真大師けんしんだいし．主著*『教行信証きょうぎょうしんしょう』は東国時代に一応脱稿し，死ぬまで補訂推敲された．他力信心による*往生を説き，その信心は如来から与えられるものとした．自らの内なる*煩悩を深く見つめ，それ故にこそ弥陀の救いが与えられるとするその思想は，近代になって改めて高く評価されている．

親鸞没後，その廟所は親鸞の子孫によって護持され，*覚如かくにょによって*本願寺ほんがんじと称されるようになった．*蓮如れんにょによって大教団に発展し，今日の浄土真宗の基礎が築かれた．

浄土真宗諸派の間では親鸞解釈に関して相違があり，たとえば往生・成仏思想について，浄土真宗本願寺派や高田派の教義では，命終って浄土に往生し，ただちに成仏すると説くが，真宗大谷派では，信心決定後の生活が往生であり，その帰着点が成仏であると説く．

真理 しんり ［s: satya］　真の*道理，まことのことわり．satya を漢訳仏典では〈*諦(たい)〉と訳すことが多いが，それを現代の日本語に翻訳すると〈真理〉と訳される．漢訳仏典では〈*真実〉という語を頻繁に用い，〈真理〉という語を用いることは稀である．

【さまざまな〈真理〉の用例】現代の日本語では，真理は，英語の truth の訳語として定着している．さかのぼれば，ラテン語の vēritās，ギリシア語の alētheia にまで及ぶ．一般的には〈真実の道理〉を意味している．大別して，哲学的真理・科学的真理・宗教的真理に分けられ，キリスト教や仏教の場合は宗教的真理に属する．たとえば新約聖書に，イエスの言葉として「わたしは道であり，真理(alētheia)であり，命である」〔ヨハネ 14-6〕といい，またパウロは「愛は寛容であり，愛は情け深い．…不義を喜ばないで真理を喜ぶ」〔コリントⅠ 13-4～6〕といっている．

【仏教における〈真理〉の用例】これに対して仏教の場合は，真理という語はあまりなじまない．しかしないわけではない．中国の天台大師*智顗(ちぎ)は「方便道を名づけて人と為し，真理顕わるるを名づけて天と為す」〔摩訶止観 4上〕といい，華厳宗の第3祖*法蔵(ほうぞう)は，ある人の説として「涅槃などの経は仏性の真理を明かす」〔華厳五教章 1〕と述べている．わが国の*親鸞(しんらん)は「難信金剛の信楽は，疑を除き証を得しむる真理なり」といい，*明恵(みょうえ)は「仏道を願ふは，まづ一心を清むべし．清むといふは，外には名利を厭ひ，内には真理に向ふなり」という．

【仏教における真理の表現】しかし仏教語としては，真理よりは，その意味に通ずる〈*真如(しんにょ)〉など，その他数多くの語が用いられている．たとえば，*源信(げんしん)作と伝えられる『真如観』という著作があり，それは仏教の真理観を著者なりに述べたものである．そのなかに，真如の同義語として，*実相(じっそう)・*法界(ほっかい)・*法身(ほっしん)・*法性(ほっしょう)・*如来(にょらい)・*第一義(だいいちぎ)を挙げているが，けっしてこれだけに尽きるものではない．そのほか，仏・法・解脱(げだつ)・涅槃(ねはん)・諦・無為・無漏(むろ)などもそうであるし，大般涅槃経には，涅槃の別名として，無生・無出・無作・帰依・光明・灯明・彼岸・無相・無二・甘露，その他多くの語が示されている．もとより，それぞれ言葉が違うのであるから，それに応じて多少のニュアンスは異なってくるが，基本的に相通ずる所のあるのが，仏教の興味深い点である．つまり仏教の真理とは，言葉を超えた*悟りそのものから，それを表現するさまざまな言葉となるのが特徴である．

【日本思想の場合】日本思想の場合を少し見てみよう．熊沢蕃山(1619-91)は，「真を欣(よろこ)んで法に落ちなどすれば，真の義理には遠し」〔集義和書 15〕といい，学者はとかく観念的になって，〈真の義理〉から遠ざかっていることを指摘している．伊藤仁斎(1627-1705)は，天道・道・天命・理などで表しており，たとえば「天道と謂(い)ふものは，一陰一陽，往来已(や)まざるをもって，故にこれを名づけて天道といふ」〔語孟字義 天道〕といい，荻生徂徠(1666-1728)は，「道は知り難く，また言ひ難し．…後世の儒者は，おのおの見る所を道となす．みな一端なり」〔弁道〕といい，真の道は，先王の道，聖人の道であると述べている．

振鈴 しんれい　密教で，*修法の際に諸尊を*勧請(かんじょう)し，歓喜・供養などを表すために，鈴鐸(れいたく)や鈴杵(れいしょ)(*金剛鈴(こんごうれい))を振って鳴らすこと．禅宗では，道場で起床の時刻を知らせるために小鈴を鳴らすこと．また，就寝後に火の用心のために鳴らす〈火鈴(かれい)〉をもいう．「渚(なぎさ)に遊ぶ水鳥は，振鈴の声に驚き，藻に住む磯の鱗(うろくず)は閼伽(あか)の水にや浮かぶらん」〔盛衰記 18〕「始めの振鈴の時は来たらず．後鈴を聞き知りて来ける」〔雑談集 9〕

塵労 じんろう　心を疲れさすもの，すなわち*煩悩(ぼんのう)のこと．仏教では，塵(ちり)が微細で数多いところから煩悩の形容として用い(たとえば*客塵煩悩(きゃくじんぼんのう))，あるいは煩悩そのものに譬える．また，人間の心を本性清浄(ほんしょうしょうじょう)とする立場から煩悩を外来性のものとし，それを外界の感官の対象に求めてこれに6種を分かって*六塵(色(しき)・声(しょう)・香(こう)・味(み)・触(そく)・法(ほう))とした．仏教以外では一般に，俗世間のわずらわしさ，世俗的な苦労の意で用いられる．
「八万四千の塵労を造作すといへども，中にも愚癡をもって根本とす」〔反故集〕

ス

随縁 ずいえん　不変の対．*縁(事物の存在・生起についてのさまざまな条件)にしたがい応ずること．あるいは，*縁起の道理にしたがうことをいう．縁にしたがってさまざまに転変すること，あるいは縁にしたがってさまざまな行為におよぶこと．「随縁といふは，心の外に境をおいて修行するなり」〔一遍語録〕．→随縁真如．

随縁真如 ずいえんしんにょ　心の本性としての*真如・*法性ほっしょうがさまざまな*縁にしたがって(*随縁)作動すること．〈不変真如〉の対．真如は迷妄の世界の中にあって，衆生を悟りへと向かわせるはたらきをなす．*『大乗起信論』にたいする賢首大師*法蔵の注釈，『大乗起信論義記』では，真如に不変・随縁の二義をあげて，絶対に不動である心真如門を〈不変真如〉と解釈し，*無明むみょうの縁によって迷悟染浄の現象が生ずる心生滅門を〈随縁真如〉と解釈した．「法性有漏の大海に，随縁真如の風をしのぎて住まひはじめ給ひける」〔問はず語り 5〕．→真如縁起．

水火 すいか　水と火，また，水や火の災難，水に溺れ火に焼かれるほどの苦痛．『孟子』滕文公に「民を水火の中より救う」とあるのは後者の例．水も火も*四大・*五大の一つで万物の重要な構成要素であり，人間の生存になくてはならないものであるが，同時に人間に苦難をもたらすものとも見られ，*地獄で受ける呵責も多くは水火の苦痛によるものであった．しかし同時に，水と火はともに最も浄化力にすぐれたものであり，仏教ではたとえば*閼伽あか水や*護摩ごまの火のように，浄化・再生のための儀礼には不可欠のものであった．「欲恚の二縛が中には恚の縛をとき，水火の二河には火の河をいでたり」〔雑談集 6〕

瑞巌寺 ずいがんじ　宮城県宮城郡松島町にある臨済宗妙心寺派寺院．〈松島寺しょうとうじ〉ともいう．正式には青竜山瑞巌円福禅寺．828 年(天長 5)*円仁えんにんが創建したと伝え，1248 年(宝治 2)執権北条時頼(1227-63)により将軍家祈禱所とされ，天台宗から臨済宗に改められた．その後いったん衰微したが，1601年(慶長6)に仙台城に入った伊達政宗(1567-1636)は，1604年その復興をはかり造営に着手し，4年の歳月をかけて完成した．*本堂(もと*方丈(ほうじょう))・*庫裏(くり)・廊下などはこの時期の遺構で，桃山時代の代表的建造物である．

随喜 ずいき ［s: anumodanā］ 教えを聞いて心に大きな喜びを感じること．また，他人が善行を修めるのを見て喜ぶこと．法華経随喜功徳品では，法華経の教えを聞いて随喜する人の*功徳がきわめて大きいことを説き，*『大智度論』61では，自ら善行をなすよりも他人の善行を随喜する方が功徳が大きいと説く．「道俗耳を傾けて，随喜し発心する者多し」〔往生極楽記21〕

随自意 ずいじい 自分の意にしたがってふるまうこと．随他意の対．また〈随自意語〉の略．仏の*説法(せっぽう)には，自らの意に従って語られたもの(随自意語)，他の人々の意の深浅に従って語られたもの(随他意語)，その両者を含むもの(随自他意語)，の三つがあるという(涅槃経巻35)．仏の自らの意とは，*悟りの世界を意味する．随他意語は*方便(ほうべん)としてなされたものであり，権(ごん)(仮の教え)であるが，それに対して，随自意語こそ実の教えということになる．「(四種三昧の)四(よつ)には非行非坐三昧．いはく随自意これなり」〔閑居友上〕

垂迹 すいじゃく 仏や菩薩が具体的な姿を*示現(じげん)し，行為や言葉などを通じて衆生を教化・救済(くさい)すること．垂迹の本源としての仏や菩薩の*悟りそのものを〈*本地(ほんじ)〉という．そもそもこのような〈迹〉の概念は，『荘子(そうじ)』天運における〈迹(せき)〉(教化の迹(あと))と，〈所以迹〉(迹(あと)する所以(ゆえん)．教化を成り立たしめている*道(どう))の語に由来し，西晋の郭象(かくしょう)(252?-312)は『荘子注』において，これを聖王(内聖外王)の説明の中で展開し，〈迹〉を王者としての教化・統治，〈所以迹〉を聖人としての本質(絶対自由の境地)の意味で用いた．

この概念を仏教に導入したのは*僧肇(そうじょう)の『注維摩詰経(ちゅうゆいまきつきょう)』およびその序であり，彼は魏の王弼(おうひつ)(226-249)らが用いた〈本末〉の思想を援用して，〈所以迹〉を〈本〉と言い換え，〈本〉を菩薩の悟りの内容(不可思議*解脱(げだつ))，〈迹〉を菩薩が教化のために示現した*方便の意味で用いた．〈本迹〉の概念は，さらに法華経寿量品に説かれる*久遠実成(くおんじつじょう)の思想(釈迦仏は無限の過去においてすでに*成仏しており，この世における*出世・*成道・*入滅の姿は衆生*済度(さいど)のための仮の方便であるとする思想)と結合し，〈本〉は仏の本質としての悟りそのもの，〈迹〉は教化・救済のための種々の方便の意味で，経典解釈において広く用いられた．密教においても，*大日如来とその他の仏・菩薩との関係を，〈本〉(*本地身)と〈迹〉(*加持身)の関係でとらえた．

日本においては，平安朝中期以降，仏教の仏・菩薩・諸*天神と*神道(しんとう)の諸神を，〈本地〉と〈垂迹〉の概念によって関係づけ，仏教と神道を習合する思想が行われた．→本地垂迹説，反本地垂迹説．

「彼の権現は地蔵菩薩の垂跡，大智明菩薩と申す」〔今昔17-15〕「聖徳太子は救世観音の垂迹，我が朝に仏法を弘めんが為に来化しましましき」〔妻鏡〕

垂迹美術 すいじゃくびじゅつ 仏・菩薩がわが国の衆生(しゅじょう)を救うため，仮に神祇(じんぎ)の姿をとって現れるという*本地垂迹(ほんじすいじゃく)説に基づく美術．したがって，*本地が仏でその*垂迹として神は*権現(ごんげん)・*明神(みょうじん)と呼ばれる．

本地仏を説明的に示すものに，鏡面に仏像を刻んだ*鏡像(きょうぞう)と円板上に浮彫の仏像をとりつけた*懸仏(かけぼとけ)があり，*御正体(みしょうたい)と呼ばれている．神を表現したものに*神像があり，僧形(そうぎょう)の八幡神像(*僧形八幡神)のほか，さまざまな男神・女神像が，彫像・画像で示され，中には若宮を童子形で表している．さらに，神と本地仏の関係を示す絵画としていわゆる〈宮曼荼羅(みやまんだら)〉がある．これは神社境内の景観を描いて，各社殿に本地仏を描き添えるもので，*春日(かすが)曼荼羅・山王(さんのう)曼荼羅・*熊野(くまの)曼荼羅などがある．また，*修験道は神仏融合の実を身をもって体得しようとするもので，*蔵王権現(ざおうごんげん)像・役行者(*役小角(えんのおづぬ))像があり，さらに修験道で用いられる笈(おい)や入峰斧・三鈷柄剣などもこの対象となる．

垂迹美術の遺品は，神像彫刻は平安時代前期から伝存するが，他は平安後期以降，鎌倉

・室町時代の作品が多い．なお，神社建築において，八幡造・春日造・日吉造・権現造などは本地垂迹思想に基づく建築である．

瑞相 ずいそう [s: pūrva-nimitta] めでたい出来事の前兆．大地が震動する，光を発する，など．仏の*説法せっぽうの前などに起こるとされる．ただしわが国では，古くは「世の乱るる瑞相とか聞けるもしるく」〔方丈記〕のように，吉凶いずれにも用いて広く物事の前兆を意味した．「尋祐入道の極楽往生しける瑞相なり」〔今昔15-32〕

水天 すいてん [s: Varuṇa] 〈水神〉〈水王〉とも漢訳し，また〈和輪〉〈婆楼那ばるな〉の音写語がある．水の神．インドのヴァルナ神は，もと*ヴェーダの神話世界において宇宙の秩序を支配する司法神としてきわめて有力な神であったが，後には渇水を防ぐ水の神となり，竜(ナーガ)族の王として西方を守護する神となった．これがそのまま仏教に取り入れられ，*十二天の一つとなったもので，密教では胎蔵界曼荼羅たいぞうかいまんだらの外金剛部院と金剛界こんごうかい曼荼羅の外金剛部におかれる(→両界曼荼羅)．図像は一定しないが，左手に索，右手に剣を所持して，亀に乗った姿などで描かれる．→竜，竜王．

わが国の〈水天宮信仰〉は，在来的水神信仰に密教の水天供養が習合したものと見られるが，それに水神に仕えた巫女間につちかわれた御霊的母子神信仰も結びついていたことから，水難よけと安産・子育ての神となった．なお安産の信仰については，胎児を守る羊水との関連を指摘するむきもある．東京都中央区日本橋蠣殻かきがら町鎮座の水天宮は，水天宮信仰の本拠と見られる福岡県久留米市の水天宮を1818年(文政1)に勧請したものというが，広く庶民の信仰を集め，その信仰を背景とした歌舞伎の世話物狂言に河竹黙阿弥作『水天宮利生深川めぐみのふかがわ』がある．

水波の喩 すいはのたとえ 仏教の*唯心論的世界観の中で，現象と実在とが*不二ふにであることを明かす喩え．*楞伽経りょうがきょうや*『大乗起信論』などに出る．そのうち，〈水〉は心こころの実性・本性を示し，〈波〉は迷いの認識の働きを示す．波は水を離れてありえず，水が波となって揺れるように，迷いの認識も心の真性を離れるものではない．また，水は本来，水平を志向するように，心の本性も元来，*寂静じゃくじょうを本質とするのである．その水に波をおこす風にあたるものには，対象や*無明むみょうが考えられている．また，本末の関係を水波の関係でとらえ，*本地ほんじの仏を水，*垂迹すいじゃくの神を波にたとえることもある．〈水波の隔て〉などという．「水波体一なり．誰か諍論を生ぜむ．迷ふときは内外と謂ひ，悟れば唯一心なり」〔勧化往生論〕「神といひ仏といひ，ただこれ水波の隔てなり」〔謡・誓願寺〕「ここも稲荷の神社かみやしろ，仏神水波のしるしとて，甍並べし新御霊(大阪三十三所観音霊場の一つ)．拝み納まる」〔浄・曾根崎心中〕

随方毘尼 ずいほうびに *戒律はすべて*仏陀ぶっだによって制せられたという建て前をとるが，実際は事例に応じて順次細密化していった経過をもつ．また時代や地域に応じて自ら内容も変化せざるをえない(随方)．それゆえ，*律(*毘尼)の規定にかかわらず，新たに制定し，また廃止する必要が生じる．このように時と場所によって条文の改廃を認める規定を〈随方毘尼〉といい，〈随処毘尼〉ともいう．しかし教団の拡大にともなって，この制度を悪用して*破戒の口実にするケースが多く現れている．

水墨画 すいぼくが 色彩によらずに主として墨の濃淡によって描く絵をいう．中国・日本などで行われ，紙と墨という特殊な条件のもとに成立した東洋画の一つの特色を示すものである．ただし水墨画は，墨の濃淡の階調を表現する面的な性格が重視される点で，同じ墨の単色画でも，輪郭線による*白描画はくびょうが(白画)とは明らかに区別される．

水墨画は中国においては，唐時代(618–907)中・末期頃にはじまり，宋・元時代に大いに行われ，明・清時代にも盛んであった．中国の水墨画は職業的な絵師，士大夫したいふ階級および禅僧などによって，それぞれ異なる作風をみせて展開したのであるが，日本における初期水墨画は，当時の外来文化の担い手であった禅僧たちによって受容されたために，著しく*禅林の色彩を帯びたものとなった．そのことは画題の多くが禅宗的な*道釈画どうしゃくが(釈迦・観世音・文殊もんじゅ・達磨だるま・布袋ほてい・寒山拾得かんざんじっとくなど)や*頂相ちんぞうなどであること，画に禅僧の着賛のみられることなどからも明らかである．日本の水墨画は遺品からみると鎌倉時代末期，13 世紀後半頃からで，初期の画家として可翁・*黙庵・*明兆などが知られている．さらに時代が下ると*周文・*雪舟などの活躍があり，室町時代には水墨画は絵画の主流となって発展し，以後の日本の美術界に大きな影響を与えた．

随煩悩 ずいぼんのう ［*s*: upakleśa］　貪・瞋・癡・慢・疑・悪見の〈六*根本煩悩〉から流れ出た枝末煩悩，またはそれらに付随して働く煩悩をいう．*説一切有部の伝統では，随煩悩は根本煩悩をもふくむ．これに対して*唯識説では 6 煩悩とは区別され，忿・恨・覆・悩・嫉・慳・誑・諂・害・憍・無慚・無愧・掉挙・惛沈・不信・懈怠・放逸・失念・散乱・不正知の 20 が挙げられる．また*『倶舎論』では，失念・散乱・不正知に代って睡眠・悔を加えた 19 種類をあげる．「善の心所の起こる時は，是等の法みな善性なり．煩悩・随煩悩も起こらず」〔法相二巻抄上〕．→煩悩，三毒．

随眠 ずいめん ［*s*: anuśaya］　サンスクリット語は，内心に潜む悪に傾こうとする力を意味し，広くは*煩悩一般を表すことばである．特に*唯識派でいう随眠とは「有情に随逐し蔵識に眠伏せり」〔成唯識論 9〕と語義解釈されるように，常に身心につきまとい，深層の*阿頼耶識の中に隠れひそんでいる煩悩の*種子を意味する．煩悩がそのように阿頼耶識の中に眠っている位を〈随眠位〉とよび，これに対して煩悩が具体的に働く位を〈纏位〉(paryavasthā) とよんで区別する．「慈悲の心をもちて，先づ汝をわたして七種の道を行ひ，七随眠を断たしめむ」〔三宝絵上〕

水陸会 すいりくえ　〈水陸法会〉〈水陸斎〉〈水陸道場〉〈悲斎会〉ともいう．水中と陸上の*餓鬼に飲食物を散布して施す仏事．*施餓鬼会に同じ．中国では梁の*武帝が 505 年(天監 4)に行なったのが最初といわれ，その後すたれたが，唐の高宗のときに復活し今日まで行われる．短くて 7 日，長くて 49 日の間，数十人から数百人の僧侶が参加する最も大規模な仏事である．日本では平清盛(1118–81)に始まるといわれるが詳らかでない．

崇伝 すうでん　1569 (永禄 12)–1633 (寛永 10)　臨済宗の僧．字は以心，俗姓は一色氏．幕府の政治顧問．その住した*南禅寺塔頭の名から〈金地院崇伝〉と呼ばれる．南禅寺に入寺し，その後福巌寺・禅興寺・建長寺などを転住し，1605 年(慶長 10) 3 月南禅寺住持となる．08 年徳川家康につかえ，外交文書を掌る．11 年京都諸寺の寺領検地を奉行し，翌年から板倉勝重とともに幕府の寺院行政を担当．特に彼が力量を発揮したのは，武家諸法度・公家諸法度・*寺院法度などの起草と，大坂冬の陣のもとになった*方広寺鐘銘事件の処理であった．この頃は〈黒衣の宰相〉といわれ，諸大名も一目おく存在であったが，家康の没後，その葬儀をめぐって南光坊*天海に主導権を握られると，勢力はしだいに衰えていった．しかし宗内における権限は依然強く，1619 年(元和 5)僧録となり，*五山・*十刹以下の入院出世の権利を一手に掌握した．26 年(寛永 3)円照本光国師の号を得た．

崇福寺 すうふくじ　滋賀県大津市滋賀里町にあった古代寺院．現在は廃寺．大津京遷都(667)の翌年，天智天皇が宮城の西北山中に創建し，弥勒菩薩を祀ったと伝える．平安時代までは栄えたが，以後たびたびの火災などで衰微．1230 年(寛喜 2) *園城寺の中・北両院に付属させられ，のち廃絶．発掘調査によると，尾根上に小金堂と塔を東西に配し，谷を隔てた北と南の斜面には，それぞれ弥勒堂，金堂・講堂を置く．塔の心礎から，金銅・銀・金の三重函に納められたガラス製*舎利容器が発見され，他に銭・鏡・鈴・玉などが併せて出土した．

数寄 すき　〈数寄〉は当て字で，〈好く〉の連用形〈好き〉の名詞形．美学的意味に重点をおいて，風雅なことを好む，風流事に深い関心を持つことをいう．「十三夜の月の花やかにさし出でたるに，ただ，あたら夜の，と聞えたり．君もすきのさまやと思せど」〔源氏明石〕などはその一例．それが風雅に対する執心のはなはだしいことから，風流韻事に対する偏愛，偏った好みを持つ意にも転じ，「只数寄の懇志にひかれて，他人の嘲りを見ず侍り」〔連理秘抄〕のように用いられた．

さらに室町時代に茶の湯(→茶道)が非常に好まれるようになると，茶の湯に対する深い偏愛のさまをさすようになり，やがて〈好き〉といえば，茶の湯そのものを意味するに至った．この間，喫茶養生の風習と茶会が京都の臨済禅寺を拠点に流行し，さらに村田珠光(むらたしゅこう)(1422–1502)の茶禅一致の提唱などもあって，しだいに数寄の思想に閑寂枯淡を愛する禅的趣向が強まったことは注目される．

「茶の数寄にも品々あり．茶数寄といふものは，茶の具足を奇麗にして」〔清巌茶話〕「本朝の諺に，茶を好む者を謂(い)ひて数寄者といふ」〔酒茶論〕

数寄屋造 すきやづくり　*書院造が格式的な厳正な意匠であるのに対し，柱・床框(とこがまち)・長押(なげし)などに丸味のある材を用い，茶室風のやわらかな雅味ある意匠としたものを数寄屋造という．寺院では*西本願寺黒書院(1657)のように内向きの居住用建物に用いられた．

誦経 ずきょう　〈じゅきょう〉とも読む．経典を声をあげて読むこと．〈誦〉とは文をそらんじて節をつけて読むことをいう．経典の*受持(じゅじ)・*読誦(どくじゅ)が得道につながるということは，法華経や無量寿経などに見える．中国においても，儒教や道教の経典を声をあげて読むことに神秘的な力が認められていた．なお，日本では僧に誦経を依頼する時の*布施(ふせ)を意味する〈誦経物(ずきょうもの)〉を略して，〈誦経〉ということも多かった．「明けぬれば，所々に誦経せさせて，今日は帰りなんとし給ふ」〔狭衣3〕「有りし時使ひしもの皆，誦経にし給ふとて見給ふに」〔宇津保忠こそ〕

『宗鏡録』 すぎょうろく　永明延寿(えいめいえんじゅ)(904–975)著．100巻．961年(宋の建隆2)に成る．『宗鑑録(しゅうかんろく)』『心鏡録』とも呼ばれる(「至人の心を用うるは鏡の若(ごと)し」〔荘子応帝王〕に基づく)．著者延寿は，法眼文益(ほうげんぶんえき)下の天台徳韶(とくしょう)に嗣法し，*法眼宗(ほうげんしゅう)に属する．教と禅の根源に一つの真心(しんしん)を説き，あらゆるものがその真心から派生するという．そのはたらきは，あらゆる事物を映し出す鏡に喩(たと)えられる．全体は「標宗章」「問答章」「引証章」の3章からなる．経律論，禅語録，賢聖集より集大成されており，中には現在散逸した文献の引用も多い．一真心による総合主義の立場は，中国や日本の仏教に多大の影響を与えている．

宿世 すくせ　[s: pūrva]　〈しゅくせ〉とも読む．過去*前生(ぜんしょう)の世のこと．転じて，宿世の*業(ごう)，運命を意味する*宿業(しゅくごう)，*宿命(しゅくみょう)などと同義に用いられるようにもなった．ちなみに，平安時代の物語文学などではこの両義が共時的に使用されており，現在の文学用語としての宿世観などもそれを踏襲している場合が多い．「将門は，なほ伯父と宿世の讎(かたき)として，彼此(かれこれ)相揖(あひいふ)す」〔将門記〕「かかる事の筋につけて，いみじう物思ふべき宿世なりけり」〔源氏蜻蛉〕

宿曜道 すくようどう　暦算と星占に基づいて寿命や運勢を占定し*祈禱を行う方技で，平安中期から室町初期にかけて貴族社会を中心に浸透した．

〈宿曜〉は*二十八宿と七曜の略称であり，*空海や*円仁，*円珍らが相次いで唐から請来した*宿曜経(しゅくようきょう・すくようきょう)に依拠するとみられてきたが，近年では957年(天徳1)に*延暦寺(えんりゃくじ)の日延が呉越国から請来した〈符天暦(ふてんれき)〉を直接の典拠とすることが明らかにされている．唐の曹士蔿(そうしい)が8世紀後期に編纂した〈符天暦〉は，日本で862年(貞観4)から1684年(貞享1)まで公的に用いられた〈宣命暦(せんみょうれき)〉のような中国の官暦とは異なり，インドの暦法の系統に属する．日月五惑星に羅睺(らご)と計都(けいと)を加えた九曜の位置を推算でき，晩唐以後に盛行したホロスコープ占星術の基礎ともなった．

〈符天暦〉は日延以後，*東密(とうみつ)に通じた*東大寺の法蔵によって継承され，宿曜道の形成を促した．日本でこれが主に密教僧に尊重されたのは，密教が本来，インド占星術の観念を摂取して*修法(しゅほう)や*灌頂(かんじょう)などの実践において吉日良辰を選ぶことを重視したのに起因するものと思われる．鎌倉末期の〈二中歴(にちゅうれき)〉には22名の有力な宿曜師の名前が載るが，*興福寺・東大寺・棲霞寺(せいかじ)(*清涼寺(せいりょうじ))などの東密系と，延暦寺の*台密(たいみつ)系とに大別できる．

宿曜師による修法の様子は*『源氏物語』(桐壺巻)や『続古事談』のような作品や古記録の随所に描かれているほか，占申に用いられた勘文(かんもん)も16通伝存する．その内容は，個人の誕生時の九曜の位置をもとに命運を占う生年勘文，惑星の運行から翌年の運勢を占う行年勘文や，厄難と謹慎の有無を占う日月食勘文などに分類される．

興福寺や延暦寺を中心とする宿曜師は，こうした占法に基づいて皇族や貴族層の個人的な災厄を攘去し，延命招福を祈願するために諸種の星辰供を行う祈禱僧として，密教教団内に〈宿曜道〉という独自の専門的な職能領域を確立し，室町初期までその活動を展開した．

厨子 ずし　仏像・仏画・舎利(しゃり)および経巻(きょうかん)などを安置するもので，正面または三方・四方を観音開きの扉仕立てとし，開いてそのまま礼拝できる形としたものが多い．字義は厨房(ちゅうぼう)で用いる容器に始まるらしいが，形はインドの石窟寺院の*龕(がん)に基づくといわれる．わが国では木製漆塗りのものが多く，奈良時代以前は，仏像を安置するものは〈宮殿(くうでん)〉または〈六角殿〉，経巻を納めるものは〈厨子〉と呼ばれて区別されていた．法隆寺*玉虫厨子や*橘夫人(たちばなぶにん)念持仏厨子などは宮殿形の代表例で，その定形化したものが〈春日(かすが)形厨子〉と呼ばれるものである．その変形として*聖天(しょうでん)や*愛染明王(あいぜんみょうおう)などを安置する円筒形のものや，扁平な木瓜(もっこう)形のものなどがある．「合はせて厨子玖(九)合．仏物二合小，法物一合，通物六合」〔大安寺伽藍縁起幷流記資財帳〕「折節(をりふし)乞食法師が，小地蔵を厨子に入れて持ちて乞食しけるを見て」〔沙石集 8-14〕

篠懸 すずかけ　修験者(しゅげんじゃ)が着る，上衣と袴から成る法衣．〈鈴繫〉〈鈴懸〉〈鈴掛〉とも表記される．山中*斗藪(とそう)の際に衣の裾が篠の葉に覆い懸かるのでこの名があるとされているが，修験者が法衣に鈴を付けて斗藪を行なったためとも解される．教義上は*金剛界(こんごうかい)・*胎蔵界(たいぞうかい)の曼荼羅を表し，これを身に着けることで行者はそのまま凡聖不二(ぼんしょうふに)の境地に至るとされ，使用する布の数，ひだの数に従ってさまざまな教義的意味づけがなされている．「山伏の頭巾(ときん)・篠懸に笈(おひ)掛けて，女房を先に立てたらんずるは，さしも尊き行者にもあらじ」〔義経記 7.判官北国落〕

鈴木正三 すずきしょうさん　1579(天正 7)-1655(明暦 1)　江戸時代初期の曹洞宗の僧，仮名草子作者．俗名重三，通称九大夫．玄々軒・石平道人などと号す．三河(愛知県)出身の武士で，徳川家に仕え，関ヶ原や大坂の陣にも出陣したが，1620年(元和 6)出家．曹洞宗に属するが，既成の教学にとらわれず，世俗の職業生活に即した仏法を説き，仮名草子をもって布教し，またキリシタン批判の書もある．その職分論や仏教の政治的活用など，幕藩体制形成期におけるイデオロギー的役割が注目される．著作に*『驢鞍橋(ろあんきょう)』『盲安杖(もうあんじょう)』『二人比丘尼』『破吉利支丹』『因果物語』*『万民徳用』など．

鈴木大拙 すずきだいせつ　1870(明治 3)-1966(昭和 41)　明治から昭和期の仏教学者．本名貞太郎．金沢市出身．22歳で東京帝国大学哲学科選科入学．学生時代，鎌倉*円覚寺で今北洪川(いまきたこうせん)・*釈宗演(しゃくそうえん)について参禅，〈大拙〉の道号を受ける．1897年渡米し，出版社の編集に従事しながら仏教思想を研究．*『大乗起信論(だいじょうきしんろん)』を英訳，『大乗仏教概論』を英文で出版した．1909年帰国して東京帝国大学・学習院大学で教鞭をとり，21年真宗大谷大学教授に就任．東方仏教徒協会を設立し，英文雑誌『イースタン-ブディスト』(*Eastan Buddhist*)を刊行．46年鎌倉に松ヶ岡文庫を設立，『カルチュラル-イースト』(*Cultural East*)刊行．戦後もアメリカ各地の大学で仏教を講じ，仏教・禅思想を広く海外に紹介した功績は大きい．49年日本学士院会員．文化勲章受章．著書は『禅と日本文化』『日本的霊性』など多数．『鈴木大拙全集』(全32巻・別巻2)が出ている．

図像 ずぞう　〈仏教図像〉の略．広義には仏教の尊格が姿・形をとってあらわれたもの．狭義には*経軌(きょうき)や*口伝(くでん)に説かれる尊像・*曼荼羅(まんだら)の形式を示した図をさす．彩色の曼荼羅図も含まれるが，実際は*白描画(はくびょうが)(墨線のみで描いた絵像，一部淡彩のものを含む)が多い．*三密行(さんみつぎょう)にのっとった聖俗一致を説く密教で重視され，密教系の図像を特に〈密教図像〉と呼ぶ．密教では*阿闍梨(あじゃり)の十三徳の一つに曼荼羅を造作することをあげ，また*空海は『請来目録』で，「密蔵深玄にして翰墨(ふでとすみ)に載せがたし．さらに図画を仮りて悟らざるに開示す．…経疏，秘略にしてこれを図像に載せたり」と説く．法流の伝授，なかでも諸尊法の本尊画像として図像は不可欠の役割を果たす．

歴史的にみると，わが国へは最澄・空海・恵運えうん・円仁・円珍・宗叡しゅうえい などのいわゆる*入唐八家にっとうはっけを中心に多くの図像が請来された．それらの請来図像・唐本図像を土台として，*東密とうみつの小野流・広沢流(*野沢やたく二流)，そして*台密たいみつという諸宗・諸流に従って，恵什えじゅうの*『図像抄』(『十巻抄』ともいう)，心覚の*『別尊雑記べっそんざっき』，覚禅の*『覚禅抄かくぜんしょう』，承澄(もしくは尊澄)の*『阿娑縛抄あさばしょう』などの著名な図像集が編纂された．曼荼羅を中心としたものには興然こうぜん(1121-1203)の『曼荼羅集』がある．これらによると，同一の尊格でも経軌や口伝の相違によって種々の像容があり，中にはインドの後期密教の影響を受けた怪異な図像も鎌倉期にもたらされている．その他，個人的に図像表現やその伝承に貢献した人として，玄朝・*覚猷かくゆう・定智・良秀・円尋・信海などが知られている．→仏画．

『図像抄』 ずぞうしょう　平安後期の図像集．勝定房恵什えじゅう撰．10巻．『十巻抄じっかんしょう』『尊容抄そんようしょう』ともいう．保延年間(1135-41)頃の成立．諸尊法・諸経法について，各尊の梵号ぼんごう・密号みつごう・*種子しゅじ・*三昧耶形さんまやぎょう・道場観・*印相いんぞう・*真言しんごんが記され，その形像・*曼荼羅まんだらの計142図が収められている．尊別の図像の表された最も早い書で，全体の体裁は完備されていないが，後の*『別尊雑記』*『覚禅抄』などに影響を与えた．撰者については，勝定房恵什でなく平等房永厳ようげん(1075-1151)とする説がある．*醍醐寺だいごじ本(最古の写本，1193年頃)には，1139年(保延5)秋に鳥羽上皇のため前権少僧都永厳がこれを草する旨の奥書がある．しかし別本の奥書には，平等房の『十巻抄』は真実には恵什*阿闍梨あじゃりがこれを集めるとある．永厳が恵什に集めさせて撰したが，両者が不和になり，恵什が実際の撰述者であることを主張したものと解されている．永厳は保寿院流の開祖として知られるが，恵什の伝記は詳らかでない．→図像．

数息観 すそくかん［s: āna-apāna］　出入の息を数える*観法．出入の息を数えることによって，心の散乱を収め，心を静め統一する方法で，五停心観ごじょうしんかんの一つ．音写では〈阿那波那あなはな〉または〈安般あんぱん〉という．*ヨーガの*行法ぎょうぼうとしてインドで古くから行われていたのが仏教にも取り入れられたもの．最初期の漢訳仏典の一つである後漢の*安世高あんせいこう訳の安般守意経あんばんしゅいきょう上に「安般守意に十黠あり．数息・相随・止・観・還・浄・四諦を謂う」とあって，中国にも非常に早い時期に伝えられている．「さて常に息に心をゆるさざれ．其の故は息に心をゆるす時は，人驚きさはぐによりてあやまちもあるなり．是れ則ち数息観の意なり」〔孝養集中〕．→五停心観．

頭陀 ずだ　サンスクリット語・パーリ語 dhūta(または dhuta)の音写で，〈杜多とた〉〈杜荼とだ〉などとも音写する．漢訳では〈*斗藪とそう〉〈修治しゅぢ〉〈棄除きじょ〉などという．原義は，ふるい落とす，はらい除くの意．*煩悩ぼんのうの塵垢じんくをふるい落とし，衣食住についての貪り・欲望を払い捨てて*清浄しょうじょうに仏道修行に励むこと．そのための12種の実践項目を〈十二頭陀行〉という．

劉宋の*求那跋陀羅ぐなばつだら訳の十二頭陀経によれば，1)人家を離れた静かな所に住する，2)常に*乞食こつじきを行ずる，3)乞食するのに家の貧富を差別選択せず順番に乞う，4)1日に1食する，5)食べ過ぎない，6)中食ちゅうじき以後は飲物を飲まない，7)ボロで作った衣を着る，8)ただ*三衣さんねだけを適当量所有する，9)墓場・死体捨て場に住する，10)樹下に止まる，11)空地に坐す，12)常に坐し横臥しない，の12項目である．また，この中でも特に僧が乞食*托鉢たくはつして歩くことをさして〈頭陀〉ということがあり，その際に物を入れるために首から下げて携行する袋を〈頭陀袋ずだぶくろ〉という．後には，死出の旅路の用に供する意味で死者の首に頭陀袋を掛けたりするようになった．

「仏子源信，暫しばらく本山を離れ，西海道の諸州，名嶽・霊窟に頭陀せるに」〔往生要集付源信書状〕「所領の一所をも持たずして，乞食頭陀の行をして」〔保元下.義朝〕

スタイン［Mark Aurel Stein］　1862-1943　イギリスの探検家，考古学者．ハンガリーに生まれ，ドイツ，イギリスで学んだのち，1904年イギリスに帰化．中央アジア探検にすぐれた成果をあげた．生涯を中央アジア，とくに東トルキスタン(タリム盆地およびその周辺)の探検調査にささげ，1900-01年，06-08年，13-16年の前後3回にわたるかれの業績は自著の『古代コータン』『セリンディア』などに収められる．ダンダン-ウィリク，ニヤ，エンデレ，ラワク，古代楼蘭，ミーランなどの遺跡を発掘．この間，1907年と1914年の二度にわたり，*敦煌莫高窟(とんこうばっこうくつ)に赴いて多くの古写本を入手した．漢文やチベット語文などのこの膨大な資料は，*ペリオ収集写本とならび，東洋史学や仏教学をふくむ関連研究に画期的な貢献をなした．

スダッタ [*s*, *p*: Sudatta]　⇒須達(しゅだつ)

『スッタニパータ』 [*p*: *Suttanipāta*]　*南伝仏教の経蔵(小部(しょうぶ))に収められるパーリ語の経典．最古層の仏説を伝承する．sutta は*経，nipāta は集成の意で，〈経の集成〉を意味する．全体は，蛇の章・小さな章・大きな章・八つの詩句の章・彼岸に至る道の章，の5章からなり，この中に70余りの小さな経を含むためにこの名称をもつ．長短さまざまな詩集で，ときに散文を交える．

「蛇の章」は12経からなり，その第1経は，いずれも後半部に「その比丘(びく)は，この世とかの世とを捨て去る．──蛇が脱皮して旧い皮を捨て去るように」とあるために，〈蛇経〉の名をもつ．また第3経は有名な〈犀(さい)の角経〉で，いずれの詩も末尾に「犀の角のようにただ独り歩め」の一句を共有する．「小さな章」は比較的小さな14経を収め，「大きな章」は，やや長い12の経からなる．後者の第9経に*四姓(しせい)平等を説く〈ヴァーセッタ経〉がある．「八つの詩句の章」「彼岸に至る道の章」の2章は，本来独立していたもので，他の原始経典にも引用され，古い注釈(ニッデーサ Niddesa，義釈)も伝えられることから，とくに最古の層に属すると考えられている．「八つの詩句の章」は16経からなり，漢訳の義足経(ぎそくきょう)に相当する．「彼岸に至る道の章」は16人のバラモン(*婆羅門(ばらもん))青年の問いにブッダが答えるという構成をもち，序と結語をふくめ18節からなる．このように本経は，最古層の仏教思想とともに，最初期の仏教教団の状況を伝える貴重な経典である．

スティラマティ [*s*: Sthiramati]　⇒安慧(あんね)

捨聖 すてひじり　世俗の一切を捨て去った*聖の意で，特に時宗の開祖*一遍(いっぺん)の俗称．本寺を定めず，家や土地，家族など，現実生活の一切の束縛を捨て去って，*称名(しょうみょう)念仏の普及に諸国をめぐった行業からいわれたもの．近世語の〈捨坊主〉は似て非なるもので，道心など持ち合わせず，食いつめてやむなく僧になったようななまぐさ坊主などに対する蔑称．「たふとき捨聖のおはしつるが，念仏往生のさま，出離生死のおもむき説かれつるを聴聞するに」〔一遍聖絵4〕「何を捨て房主めが口にまかせてさへづるやらん」〔仮・浮世物語3〕

ストゥーパ [*s*: stūpa]　⇒塔(とう)，卒塔婆(そとば)

スートラ [*s*: sūtra]　⇒経(きょう)，修多羅(しゅたら)

頭燃 ずねん　頭上に火が燃えさかっていること，またその火の意で，一刻も放置できない状況が身にせまっていることをいう．具体的には，万物は*無常であり，己(おのれ)の身も無常であるから，一瞬一瞬に死と衰亡に向かっている，それだけに今を充実して生きる努力をし，老と死の不安を乗り越えよ，と説かれる．原始仏典の「なぜ笑うのか，世間は燃えているのに」〔法句経〕も同趣旨．なお，本語は多く「頭燃を払う」という慣用句の形で用いられ，時にそれを言い替えて「首(かしら)の火を揮(はら)ふ」〔今昔17-33〕などとした例も見られる．「まさに勤修すること，頭燃を救(はら)ふが如くすべし」〔往生要集大文第10〕「急ぐべし急ぐべし，頭燃はらふごとくと見えて候へば」〔曾我12.虎いであひ〕

頭破作七分 ずはさしちぶん　法華経陀羅尼品にみられる文で，「頭(こうべ)破(わ)れて七分と作(な)る」と読む．「陀羅尼品(だらにほん)」では，薬王菩薩・勇施菩薩・毘沙門天・持国天・十羅刹女(じゅうらせつにょ)などが，法華経を*読誦(どくじゅ)し，その教えをたもち，あるいは他者のために*説法する者があれば，その者を助け守ることを釈尊に誓っているが，〈頭破作七分〉は，もし法華経の説法者を悩ませ心を乱すものがあるならば十羅刹女がそのものに頭を破るという罰を与える，というものである．*『梁塵秘抄(りょうじんひしょう)』163はそれをよみこんだ*法文歌(ほうもんか)で，「法華経持(たも)てる人毀(そし)る，それを毀れる報いには，頭七つに破れ裂けて，阿梨樹(ありじゅ)の枝に異ならず」と歌い上げている．なお，類似の表現は，「泥首即破為七分」〔六度集経7〕，「頭破七分」〔生経2〕，「頭則破裂以為七分」〔過去現在因果経

4〕など諸経典に見える．

異端説をいだく者の頭が砕けて破片となるという思想は*ウパニシャッドやパーリ文原始仏典にまでさかのぼる．

「其の文を読めば，法花経の陀羅尼品の偈に，悩乱説法者，頭破作七分，といふ所許ばかり破れ残り給へり」〔今昔12-34〕

師兄 すひん　〈すひん〉は唐宋音．禅宗で同じ法系に属する兄弟子あにでしをいう．また，呼び掛ける時にも用いられる．「道吾云はく，師兄の尊旨に依り」〔祖堂集〕「西堂曰く，師兄，作麼生そもさんか捉する(師兄はどうとらえますか)」〔正法眼蔵虚空〕

スブーティ [*s*, *p*: Subhūti]　⇒須菩提しゅぼだい

頭北面西 ずほくめんさい　頭を北に顔を西に向けて寝るすがた．釈尊の*涅槃ねはんのすがたをいう．釈尊は入滅の時に*娑羅双樹さらそうじゅの間に頭を北にし，右脇腹を下にし，両足を重ねて横になった．したがって顔は西に向いているわけで，ここから仏入滅の姿を〈頭北面西〉という．後代の仏典は仏教が将来北方に久住するから頭北だというが，これは大乗仏教系統の後代の解釈である．しかし，中国や日本で死者を〈北枕〉にする習慣はここに由来する．「入滅の作法は，凡夫に同じからず．頭北面西にしてもて遷化せんげせり」〔法華験記中42〕

数法相配釈 すほっそうはいしゃく　数による仏教用語の整理は増一阿含経ぞういちあごんぎょうに見られるが，さらに本来関係のない項目でも，数が同じということから結びつけ，解釈を施す数法相配釈は中国でおきたもので，それが中心となった経典さえ偽作された．北魏，曇靖どんせい撰の*提謂経だいいきょうが代表的で，五戒・五星・五岳・五臓・五常・五行・五経・五徳・五色・五陰ごおんなどの五法相配釈が見られる．*『摩訶止観』6上にも同様の五法相配釈が見えており，*『法華玄義』5下には，「三道・三識・三仏性・三般若・三菩提・三大乗・三身・三涅槃・三宝・三徳，諸三法無量」と，三法相配釈が見えている．日本の天台*本覚思想になると，恣意的なほどに数法相配釈をおし進めるにいたった．なお，こうした解釈を仏法の枠を越えて無制限に拡大し，十二の縁語を40も列挙して「一切の諸法にをきて十二の数を具せずといふことなし」〔九巻本宝物集〕とし，往生十二門を開示したのが*『宝物集ほうぶつしゅう』である．

頭面礼足 ずめんらいそく　インドにおける最上の礼法．ひざまずいて顔を地面に接し，両掌で相手の足をいただいて，これに顔を接する．*稽首けいしゅ，*五体投地ごたいとうち，接足作礼せっそくさらい，*頂礼ちょうらいなどともいう．「仏前に来ては，頭面礼足とて，仏の御足をわが頭かうべにあてて礼をなす事大法なり」〔わらんべ草1〕

摺仏 すりぼとけ　〈しゅうぶつ〉とも．版木に紙を当てて摺った仏教版画．中国においては唐代(618-907)ごろから盛んに行われたが，日本では平安時代の作例は少なく，鎌倉時代以降に急速に流行した．平安時代の代表的作例には*浄瑠璃寺じょうるりじ九体阿弥陀仏中尊の像内から発見されたと伝える阿弥陀連坐像，*三十三間堂創建時の千体千手観音像内納入の千手観音二十八部衆像がある．三十三間堂千体千手観音像は鎌倉再興時の像にもやや異なる図像の千手観音二十八部衆像を納入する．以後，室町時代にかけて版木と摺仏がともに伝存する*当麻寺たいまでら護念院の十一面観音像や与田寺よだじ(香川県大川郡)の十二天像(1407)などもあり，遺品は一挙に増加する．なお，仏像を彫った印版を紙に捺したものを*印仏いんぶつと呼んで摺仏と区別しているが，中世以前の記録類において両者の区別は判然としていなかったらしい．

数論 すろん　⇒サーンキヤ

セ

性 せい　インド仏教では，出家の僧尼が，異性と性交渉をもつことを禁止していた．これは仏教興起以前からインド亜大陸に存在した〈*沙門〉と呼ばれる出家修行者の習俗にならったものと考えられる．そして性交を慎む*梵行こそ，出家の戒において，最も重要な要素と考えられるようになった．しかしこの事実は，出家者が，性の問題に関して無知であったということを意味するものではない．

仏教の基礎理論を整理した*『倶舎論』の「世間品」では，*欲界・*色界の衆生の性行為と受胎について，詳細な議論が展開されている．また保守的・伝統的な*南伝仏教国においても，僧侶の教育の一環として，性教育が行われている．これらは*輪廻転生説に基づき，父母の性行為によって形成された胎児が，どうして前世の衆生の生まれ変わりになるのかという問題を，解決するという意味をもっていた．そして出家者の梵行の意義も，輪廻からの*解脱を目指す修行者は，輪廻を再生産する性行為を行うべきでないという脈絡で解釈されたのである．

ところがインドで8世紀頃から発展した後期密教では，修道体系に性的な要素を大胆に取り入れるようになった．これらはインドの民間信仰にあった性的要素を，出家の戒を受けない在家の密教行者が取り入れたものと考えられるが，やがて出家者の教団にも受容され，輪廻転生の局面のうち，受胎を浄めるものと位置づけられるようになった．そこでインドの仏教を忠実に継承した*チベット仏教でも，後期密教系の性的な要素が，出家の戒と抵触しないように純化されながら，現在もなお伝承・実践されているのである．

*理趣経の十七清浄句などは，このような密教における性的要素受容の初期の例といえるが，日本では平安末期に，これらの要素と*陰陽道が習合して，真言*立川流が成立した．立川流については，密教の教義を曲解したものと批判されてきたが，髑髏を用いた憑霊など，インドの後期密教聖典に類似の記述が存在するものもあり，今後科学的，批判的な再検討が必要となっている．→性．

聖 せい　仏教では〈しょう〉と読む．*『大智度論』の巻55に「聖人は名字は是れ俗諦なるを知る」，同じく巻45に「凡夫地中に住み…聖人の中に住む」などとあるように，世俗性を示す〈凡〉もしくは〈俗〉に対立する，宗教性を意味する語．概念的には，自然と超自然，人間と超人間，日常性と非日常性，合理性と非合理性といった二項対立性による宗教の捉え方の代表的なものである．

デュルケム(Durkheim, É.)が〈聖〉(sacré)を〈俗〉(profane)から「分離され禁忌されたもの」と規定したように，聖(なるもの)は，世俗・自然・日常・一般を超え，否定し，離れ，禁忌とされる事象や状態を指す．世俗を離れ，我欲を否定して神仏に近づこうとする宗教者は*聖者・*聖人と呼ばれ，日常性から隔離された建物や空間が聖所・聖域とされ，禁忌の対象とされる山が聖山とされるなど，その例である．仏教でいう〈出世間〉(lokottara, *出世)は三界の煩悩を離れて悟りの境地に入ることを意味し，〈*世間〉(loka)に対立する概念である．

聖と俗はしばしば浄と不浄(穢)に対置され，聖＝浄，俗＝不浄とされることが少なくないが，これは正しくない．死や産血・月経などは不浄として忌避されるが，忌避されることにより宗教的性格を帯びるから聖のカテゴリーに入ることになる．晴・藝・穢のうち，晴と穢は聖，藝は俗に相当する．社会人類学者シュリニヴァス(Srinivas, M. N.)は浄を善き聖，不浄を悪しき聖と呼んだ．→世俗．

毳衣 ぜいえ［*s*: namata］　毛織物で作られた僧衣．古代中国においては，毳衣(毛織の衣服)は大夫の着る礼服とされたが，僧衣においては粗末な着衣と見なされる．それゆえ，大乗系十二*頭陀支の一つに挙げられる(八千頌般若，*『十住毘婆沙論』)．毳衣をまとっていたのは，西北インド以北の寒さの厳しい地方の僧たちであったらしい．チベットの僧も，時に毛織物で作った衣を着ている．中国でも，僧侶のことを〈毳侶(ぜいりょ)〉と呼ぶことがあった(『宏智広録(わんしこうろく)』).

清海曼荼羅(せいかいまんだら)　奈良超昇寺の清海(?-1017)が，長徳2年(996)に感得した旨の銘文が中央下辺にあり，外縁に*観無量寿経(かんむりょうじゅきょう)の*十六観相の頌文(じゅもん)を記した，観経*変相(かんぎょうへんそう)の一種．浄土三曼荼羅の一つ．精密な*当麻(たいま)曼荼羅と簡略な*智光(ちこう)曼荼羅の中間的な構図．下方，宝池会左右の父子相迎会の場面がないことは智光曼荼羅に通ずる．中央手前の音声菩薩(おんじょうぼさつ)や，左右の歌舞菩薩の数は智光曼荼羅より多い．原本は失われたが，聖光寺(しょうこうじ)(京都市下京区)，成覚寺(じょうかくじ)(宮城県仙台市)などに写しがあり，原本の紺地金銀泥絵の趣を伝えている．なお本曼荼羅の制作由来や霊異については，『当麻曼陀羅疏』巻5に詳しい．

聖覚(せいかく)　1167(仁安2)-1235(文暦2)　一般には〈しょうかく〉と読まれているが，同時代の文献によると〈せいかく〉が正しい．藤原通憲(信西)の孫，*澄憲(ちょうけん)の子．権大僧都．洛北の安居院(あぐい)に住し，安居院の法印とよばれた．天台の*恵檀二流(えだんにりゅう)を相承して*安居院流の教学を立てた．父と同じく*唱導の名手で「濁世の富楼那」〔明月記〕と評され「天下の大導師・名人」〔尊卑分脈〕といわれた．*法然(ほうねん)の高弟で，師に代って書いた「登山状」は名文で名高い．『四十八願釈』『唯信鈔』は*親鸞(しんらん)に大きな影響を与えた．『転法輪鈔』をはじめ唱導文献の蒐集・整理につとめ，その中でも*『言泉集(ごんせんしゅう)』はもっとも流布した．

誓願(せいがん)　[*s*: praṇidhāna]　仏・菩薩(ぼさつ)が必ず成し遂げようと誓う願い．自己の全心身をかけた願いで，自己および一切衆生(いっさいしゅじょう)の*成仏を目ざす．なお，仏道修行者の*求道(ぐどう)の〈立願(りゅうがん)〉についてもこの語を準用することがある(南岳*慧思(えし)の『立誓願文(りゅうせいがんもん)』の書名の用例)．*四弘誓願(しぐぜいがん)は一切の仏・菩薩に共通した誓願であるが，薬師(やくし)の十二願，阿弥陀(あみだ)の*四十八願，釈迦(しゃか)の五百大願など，それぞれに個別の誓願(本願)がある．「弥陀の誓願不思議にたすけられまゐらせて，往生をばとぐるなりと信じて」〔歎異抄〕「身を焼くの時に臨みて，誓願を立てていはく，われ千部の経に依りて，当(まさ)に極楽世界に生るべし」〔法華験記上15〕. → 願，本願.

誓願寺(せいがんじ)　京都市中京区新京極三条にある浄土宗西山深草派の総本山．山号は深草山．円光大師(*法然)二十五霊場の一つ．もと天智天皇の*勅願寺で奈良にあり，のち京都に移った．21世住持の蔵俊が法然に帰依して浄土宗に改め，*証空(しょうくう)門下の深草真宗院の円空立信が当寺を兼帯してより当派になったと伝える．さらにその弟子顕意道教によって念仏弘通(ぐずう)の一大道場となった．*一遍が参詣して和泉式部の霊を済度したという伝承もあり，時宗との関係も深い．この伝承に取材したのが，世阿弥作といわれる謡曲『誓願寺』である．再三炎上し，1585年(天正13)現在地に移転し，豊臣秀吉の側室松丸殿の発願によって豪壮な伽藍(がらん)が落慶した．説教の名手で後世落語の祖といわれ，*『醒睡笑(せいすいしょう)』の著作で有名な*安楽庵策伝(あんらくあんさくでん)は55世の住職．1869年(明治2)境内の大半が上地され，新京極の繁華街になった．なお室町後期の制作と見られる仮名縁起に『誓願寺縁起』があり，霊験利益譚を多数収録する．

青岸渡寺(せいがんとじ)　和歌山県東牟婁(ひがしむろ)郡那智勝浦町那智山にある天台宗の寺．那智山と号す．那智大滝に対し，那智大社と並ぶ．本尊は如意輪観音で，大社の*供僧の如意輪堂が分離したもの．*西国三十三所第1番*札所．仁徳天皇の時，*熊野権現を裸行上人が勧請(かんじょう)したことにはじまると伝える．院政期以後，観音の*補陀落(ふだらく)浄土と考えられるようになり，多くの信仰を集めた．1531年(享禄4)色川郷と争い，1581年(天正9)には織田信長に焼かれたが，豊臣秀吉が再興．

西山派(せいざんは)　法然(ほうねん)の弟子善慧房(ぜんえぼう)*証空(しょうくう)を派祖とする*浄土宗の一派．証空は，源親季の長男で，9歳の時に久我通親の養子となる．1190年(建久1)4月に14歳で法然の弟子となり，以後23年間常随した．その間に法然の浄土宗の奥義を極め，1198年(建久9)の*『選択(せんちゃく)本願念仏集』撰述に際しては，勘文(かんもん)の役を勤めた．法然滅後は，*慈円(じえん)の*付嘱(ふぞく)を受けて，1212年(建暦2)以来，京都西山善峰寺(よしみねでら)を拠点とした．以後，*『観無量寿経疏(かんむりょうじゅきょうしょ)』を初めとする*善導(ぜんどう)の著作の講説に努めた．それゆえ，証空の一派を〈西山派(流)〉，その教義を〈西山義〉(小坂義・弘願義とも)という．証空は嘉禄の法難では，流罪を免れた．

西山派教義の特色は，念仏一類往生・諸行不生義(念仏のみが極楽浄土に往生するための直接かつ正当なる要因であって，*諸行(しょぎょう)では往生できないとする義)にある．証空の弟子から浄音(じょうおん)の西谷(せいこく)流，証入(しょうにゅう)の東山(とうざん)流，立信(りゅうしん)の深草(ふかくさ)流，証慧(しょうえ)の嵯峨(さが)流と四流に分かれ(西山四流)，さらに示導(じどう)の本山(ほんざん)流(三鈷寺(さんこじ)流)，了音(りょうおん)の六角(ろっかく)流が分派した．現在は，西谷流と深草流の*法灯だけが継承されている．

勢至菩薩 せいしぼさつ [s: Mahāsthāmaprāpta] 〈大勢至菩薩〉〈得大勢菩薩〉ともいう．無量寿経(むりょうじゅきょう)，観無量寿経などに阿弥陀仏(あみだぶつ)の*脇侍(きょうじ)として*観世音菩薩とともに出る．観音が*慈悲をもって衆生(しゅじょう)*済度(さいど)するのに対し*智慧をもってする．密教では八大菩薩の一で，胎蔵曼荼羅(たいぞうまんだら)(→両界曼荼羅)の観音院に属する．観無量寿経では阿弥陀仏の左方に観音，右方に勢至を配して阿弥陀三尊とするが，密教は左右逆にする．未敷蓮華(みふれんげ)(蕾の蓮華)をもって象徴(*三昧耶(さんまや))とし，1周忌法要の供養仏とされる．*宝冠や頭部などに水瓶(すいびょう)を標幟(ひょうじ)としてつけるのが図像的特徴．*来迎図(らいごうず)では合掌の姿であらわされることが多い．

聖者 せいじゃ ⇒聖者(しょうじゃ)

『醒睡笑』 せいすいしょう *安楽庵策伝(あんらくあんさくでん)著．8巻．元和9年(1623)成立．策伝が長年書き留めていた諸々の話をまとめたもの．寛永5年(1628)に，かねてから依頼されていた京都所司代板倉重宗(いたくらしげむね)に浄書・献呈された．その献呈本からの転写本と，抜粋本の整版本が伝存する．前者に1030余話，後者に311話が，「落書」「賢だて」「自堕落」「悋気」「頓作」など42項目に分けて収められる．自ら見聞した各地の逸話や巷間説話など口承による話が多いが，*『宇治拾遺物語』や『古今著聞集』あるいは『無名抄』(鴨長明著)などの先行の書物を参照したものもみられる．落語の祖といわれ，また実際，後世の落語に多くの話材を提供しているように，笑話を主とするが，当時の貴紳の洒脱あるいは風雅な逸話も収める．このような種々雑多な話を書き留めたのは，卓越した*唱導(しょうどう)家であったと伝えられる浄土僧策伝が，自らの*説経(せっきょう)種本にするためであったといわれる．ただし浄土宗の優位を主張するのではなく，各宗の逸話がとられており，いわゆる説教色も薄く，話の面白さに比重が置かれているのが特徴といえる．

制多 せいた ⇒チャイティヤ

制吒迦童子 せいたかどうじ 〈制吒迦〉はサンスクリット語 Ceṭaka の音写．*不動明王の二大童子，もしくは*八大童子などの一つ．原語は，従僕，または悪鬼の意．通常*衿羯羅(こんがら)童子と対となって不動明王の*脇侍(きょうじ)となる．尊容は紅蓮色の童子形で，左手に*金剛杵(こんごうしょ)，右手に金剛棒を持ち，*天衣(てんね)をまとう．五髻(ごけい)(五つのもとどり)をとったり，白馬に乗る例もある．教理的には怒りを表して，人々の誤ちをただすという．不動明王自体が起源的に童子の要素を残すため，その*眷属(けんぞく)としては童子が要請されたと推測される．

聖地 せいち 仏典では〈霊塔〉(caitya)，ヒンドゥー教では〈霊場〉(tīrtha)という語を多く用いる．聖なる対象に関係づけられて神聖視される土地．仏教においては，釈尊の生誕の地(ルンビニー，*藍毘尼園(らんびにおん))，悟りを開いた地(ブッダガヤー，*仏陀伽耶(ぶっだがや))，最初の説法の地(サールナート，*鹿野苑(ろくやおん))，入滅の地(*クシナガラ)が〈四大聖地〉とされ，古くから巡礼が行われた．この4カ所に，*ヴァイシャーリー，シラーヴァスティー(*舎衛国(しゃえこく))，サーンカーシャ〈曲女城(きょくにょじょう)〉，ラージャグリハ(*王舎城(おうしゃじょう))を加えて〈八大聖地〉と呼ぶ．中国では*五台山・*峨眉山(がびさん)・*九華山(きゅうかざん)・*普陀山(ふださん)が四大名山として諸菩薩ゆかりの聖地とされる．これらの聖地を巡礼することが大きな功徳とされる．→巡礼．

清澄寺 せいちょうじ ⇒清澄寺(きよすみでら)

西堂 せいどう 禅宗寺院において，他寺の*住持の経歴をもつ僧が来て住するとき，これを〈西堂〉という．西は賓位(ひんい)であって，他山を退いた僧が別の寺院に来た場合に賓客であるところから，*僧堂の西堂位に迎えられたことに由来する．〈西庵(せいあん)〉ともいう．

これに対し，同じ寺院の前住は〈東堂〉という．

また，西堂は室町時代，*十刹(じっせつ)もしくは諸山(*甲刹(かっさつ))の住持の任命を受けた人の*僧階にも使われた．諸山の西堂は諱(いみな)で呼ばれたのに対し，十刹の西堂は*道号で呼ばれ，両種の西堂は区別されていた．これに対し*五山の住持は東堂といい，和尚(おしょう)の尊称で呼ばれた．なお，現在の曹洞宗においては住持を助けて衆僧を導く僧のことを西堂と呼び，その位置づけは大きく変化している．

生命 せいめい　人生を*苦(く)なるものとしてとらえ，それからの脱却を目的とする仏教では，とくにその初期においては，生命ということが純粋の自然現象として採り上げられることはほとんどなかった．しかし，限られた生命，有限な人生との自覚から，それをバネとして*永遠なるものに触れ，それに帰一し同化することを目指すのが宗教であるならば，初期の仏教でもそれは説かれていたし，むしろ積極的に求むべきだとされていたといえる．*煩悩(ぼんのう)の火が吹き消された状態を表す*涅槃(ねはん)(nirvāṇa)がそれである．涅槃は，永遠なるものへの帰一・同化によって到達しうる絶対的平安の境地を表すと解され，初期の仏教においては*現証されるべきものであったが，考察が深まるにつれて，次第に抽象的・*彼岸的なものへと変質していった．

これに対して，大乗仏教では，むしろ積極的に生命，無限の生命ということが主張されるようになる．無量寿経(むりょうじゅきょう)で〈*無量寿仏〉(Amitāyus)が説かれ，また法華経でいわゆる*久遠実成(くおんじつじょう)の仏が述べられているのはその一例である．仏に対する考察が進むにつれて，*法界(ほっかい)や*法身(ほっしん)・*真如(しんにょ)など超時間的な観念も現れるようになった．

無限の生命ということも，それが仏についていわれている間は超越的であるが，大乗仏教も中期以降になると，*輪廻転生(りんねてんしょう)するわれわれ凡夫の中にも*成仏(じょうぶつ)の因子たるべきものが存在し，しかもそれは生死輪廻(しょうじりんね)によってもいささかも変じることなく永遠に不変であるという，一種の内在仏思想とも呼ぶべきものが現れてくる．それが〈*如来蔵(にょらいぞう)〉〈*仏性(ぶっしょう)〉の思想である．そしてこの思想は，表相的には婆羅門(ばらもん)教系統の哲学で主張された*アートマン説に近似しているために，仏教として認め得るか否かをめぐって，その後の仏教者を長く悩ませることとなった．→死，生死．

聖明王 せいめいおう　?-554　正しくは〈聖王〉．百済(くだら)と日本との関係は，他の朝鮮諸国と違い，一貫して良好であった．6世紀の初め頃，百済に武寧王(ぶねいおう)が立ち，高句麗(こうくり)に攻められ漢城を捨てて公州に移ったが，やがて百済を立て直し，倭と修好した．武寧王の子聖明王は父王が523年に没した後，百済王となり父王の志をつぎ日本と修好し，仏像・経論を大和(やまと)の朝廷に献じた．これが我が国への〈仏教公伝〉で，その年は538年であるが，552年(欽明13)とする説もある．

青竜寺 せいりゅうじ　中国,唐の都*長安(西安市)の左京新昌坊に存した寺．804年(延暦23)*留学生(るがくしょう)として入唐した*空海が翌805年にこの寺の*恵果(けいか)阿闍梨(あじゃり)から両部の*灌頂(かんじょう)を受けたことで知られる．

隋の開皇2年(582)の創立で当初は霊感寺と称したが，唐の武徳4年(621)いったん廃寺となり，それを蘇州の僧法朗(三論宗の法朗とは別人)が竜朔2年(662)に復興して観音寺と改称し，それがさらに景雲2年(711)に改称されて青竜寺となった．会昌5年(845)の武帝の*廃仏(→三武一宗の法難)に遇って廃されたが，翌年復興されて護国寺と改称された．大中9年(855)に再び青竜寺となった．北宋元祐元年(1086)以降，最終的に廃毀された．なお，密教化したのは8世紀末の徳宗(在位779-805)の頃からで，わが国密教と縁が深く，空海の受法の後にも*台密の*円仁・*円珍・円載と*東密の真如親王は恵果の孫弟子の法全(はっせん)から，同じ円仁，東密の円行・恵運らは法全の同門の義真から受法している．

1973年遺址の発掘調査が行われ，現在は一部の建築物が復元され，公園となっている．空海紀念堂もここに建立されている．

清凉寺 せいりょうじ　京都市右京区嵯峨(さが)釈迦堂藤ノ木町にある浄土宗の寺院．〈しょうりょうじ〉ともいう．五台山と号し，俗に〈嵯峨の釈迦堂〉という．この地はもと嵯峨天皇(786-842)の離宮，のち皇子の左大臣源融(みなもとのとおる)(822-895)に賜り，棲霞観(せいかかん)と称する山荘が営まれたが，のちこれを寺とし〈棲霞寺〉と称した．987年(永延1)8月，東大寺僧*奝然(ちょうねん)宋より帰国，愛宕山(あたごやま)を中国*五台山に擬し，この地に*優塡王(うでんおう)思慕像の模刻*栴檀(せんだん)釈迦像を安置し，*比叡山に対抗して*伽藍(がらん)を建立し，大清凉寺と号せんとしたが，生前は勅許が下りず，弟子盛算は棲霞寺内に一堂を建てて清凉寺の寺名を許された．以後この像を「生身の如来」であるとの信仰が盛んとなり，棲霞寺をおさえて清凉寺が興隆した．

棲霞寺の旧本尊阿弥陀三尊像(平安前期)，奝然将来の釈迦像のほか，十大弟子像，文殊(もんじゅ)・普賢(ふげん)像(いずれも平安後期)および将来画像と考えられる十六羅漢(らかん)図(北宋時代)などが遺されている．なお，本寺を舞台とした*通夜物語形式の作品に*『宝物集(ほうぶつしゅう)』があり，また1515年(永正12)に制作された縁起絵巻『清凉寺縁起』も遺存する．→清凉寺式釈迦像．

清凉寺式釈迦像 せいりょうじしきしゃかぞう　京都嵯峨(さが)の*清凉寺の本尊，釈迦如来像の模刻像の汎称．清凉寺像は，東大寺僧*奝然(ちょうねん)が，北宋の雍熙2年(985)，帰国の直前に台州開元寺で*優塡王思慕(うでんおうしぼ)像と伝える釈迦如来立像を，張延皎・張延襲兄弟に中国産のサクラ材で模刻させて日本に持ち帰ったもの．原像は釈迦在世中に*栴檀(せんだん)で彫ったものと伝え，インドからキジルを経て中国に搬ばれたものとされていた．

中国ではすでに6世紀頃から盛んに模刻像が造られ，特殊な釈迦像信仰を形成していたが，わが国でも，三室戸寺(みむろとじ)像(11世紀末，京都府宇治市)をはじめとして，13世紀に*明恵(みょうえ)上人の個人的な釈尊思慕による西明寺(さいみょうじ)像(京都市右京区)，常楽院像(京都市北区)の造立，あるいは*叡尊(えいそん)の釈迦念仏の鼓吹による*西大寺像(建長元年・1249，善慶作)，*唐招提寺像(正嘉2年・1258)などの模刻によって，盛期を現出した．さらにこの信仰は近世に至るまでその輪を広げ，日本の仏像史のなかに，*善光寺式阿弥陀三尊像と共に，特殊な尊像信仰の流れを形成した．伝承のように，この像の形式はインド*グプタ期の作風を反映し，縄目状の頭髪や流水状の通肩の大衣(だいえ)の衣文(えもん)など特異な相をそなえ，*生身(しょうじん)の栴檀釈迦瑞像として信仰を集めた．→釈迦像，仏像．

世界 せかい [s: loka-dhātu]　*衆生(しゅじょう)の住む所．仏教の世界観では，*須弥山(しゅみせん)を中心とした*四大洲を一世界とし，三千大千世界(さんぜんだいせんせかい)によって全宇宙が構成されているとされる．それが一*仏国土(ぶっこくど)である．〈世界〉という語は仏典にはじまる．大仏頂首楞厳経(だいぶっちょうしゅりょうごんきょう)4には，〈世〉は過去・現在・未来の*三世の時間，〈界〉は東・西・南・北・東南・西南・東北・西北・上・下の十方の空間(*十方世界)をさすという説明があり，これは『淮南子』原道訓などの中国古典に見える〈宇宙〉(宇は空間，宙は時間をさす)という語に意味が近い．「いかなる者の，いづれの世界に率(ゐ)て行くにかあらん」〔狭衣1〕「ただ此の処を別れて，知らぬ世界に行きて仏道を行はむ」〔発心集1〕．→三千大千世界．

『是害坊絵巻』 ぜがいぼうえまき　数種の伝本があるが，根本絵巻は*曼殊院(まんしゅいん)蔵本．ただし，曼殊院本奥書によると，1308年(延慶1)，1329年(嘉暦4)，1354年(文和3)の転写を経たものという．上下2巻．上巻は詞5段絵5段，下巻は詞4段絵3段よりなり，日本の仏法障碍(しょうげ)のために来朝した唐の大天狗是害坊が，愛宕山(あたごさん)の大天狗日羅坊等の頼みで*比叡山(ひえいざん)の高僧たちを襲うが失敗し，腰骨を痛めて賀茂河原で湯治して唐に逃げ帰ったという説話を絵巻物としたもの．原話は『今昔物語集』20-2や『真言伝』5-25にも見えるもので，より古くは散佚『宇治大納言物語』にも収録されていたらしい．それが伝承間に変化を重ね，本絵巻では元寇を契機に盛り上がった国家意識の反映もうかがわれる．なお，本話に基づいた作品に謡曲『是界』(善界・是我意とも)や古浄瑠璃『愛宕の本地』などがある．

施餓鬼 せがき　餓鬼道にあって苦しむ一切の衆生(しゅじょう)に食物を施して*供養(くよう)することで，特にその法会をいう．〈施餓鬼会〉の略．〈施食(せじき)会〉ともいう．中国では不空訳の瑜伽焔口経(ゆがえんくきょう)に*阿難(あなん)が自分が*餓鬼になることを免れるために餓鬼に施食し，*陀羅尼(だらに)を誦したと説かれることに基づいて流行した．期日は特に定まらないが，日本では年中行事の一つとして*盂蘭盆会(うらぼんえ)に行われることが多い．盆には家の先祖の*精霊(しょうりょう)を祀るほか，ともに訪れてくる*無縁仏や餓鬼のためにも施餓鬼棚(精霊棚)をつくって施しをしなければならなかった．一般に餓鬼は供養するもののいない無縁仏とか祀るもののない霊魂として観念されたので，御霊(ごりょう)信仰に通じる性格をもつ．

中世には飢饉や戦乱などの折に河原に数万の群衆を集めてたびたび営まれたり，近世に入っては大火の犠牲者の*追善のために大寺院で修されたりした．両国の回向院で営まれた明暦3年(1657)の江戸大火(振袖火事)の際の死者供養などは，その代表例である．施餓鬼は浄土真宗をのぞく各宗派で行われる．また禅宗では，*生飯(さば)といって食事のたびに飯を数粒施す習慣も施餓鬼の作法だとしているが，これも民間の御霊の一種であるひだる神に対する作法と共通するものがある．

「上人，それより施餓鬼の法をぞ毎夕修し給ひける」〔明恵上人伝〕「蓮供御(はすくご)の祝着例の如し．晩景大光明寺の施餓鬼聴聞に参る」〔看聞御記応永24.7.15〕

赤山明神 せきざんみょうじん　*円仁(えんにん)が唐に留学(838–847)した帰途，航海の安全を祈願して祀り(*『入唐求法巡礼行記(にっとうぐほうじゅんれいこうき)』)，無事に帰国の後，*比叡山(ひえいざん)の横川(よかわ)に*勧請(かんじょう)した中国山東の道教の霊神．この*明神は，もともと「死者の神霊」を司る北方系(遼東西北数千里)の神であったが，「中国人の死者の魂神が岱(泰)山(たいざん)に帰するのと似ていた」〔後漢書烏桓伝〕ため，古くから鬼(死者の魂神)を治めるという土俗信仰をもつ泰山の神，泰山府君(『日知録』30.泰山治鬼)と一体化された．そして六朝時代の道教神学では，泰山府君(赤山明神)は死者の魂神を治めるとともに，生者の福禄寿をも司るとされた(『真誥』闡幽微)．

円仁が横川に祀った赤山明神は，すなわちこの道教の神の泰山府君であるが，この神は888年(仁和4)，弟子の安慧によって山麓の修学院の地に移され，現在は仏教と習合して〈赤山禅院〉と呼ばれている．しかし禅院の入口の大鳥居には「赤山明神」の額がかかり，祭神は依然として「泰山府君」と呼ばれている．→太山府君．

隻手の音声 せきしゅのおんじょう　*白隠慧鶴(はくいんえかく)が創始した*公案(こうあん)．両手を打てば音声があるが，隻手すなわち片手に何の音声があるかという．白隠はそれまで用いていた*趙州従諗(じょうしゅうじゅうしん)の*無字の公案(*狗子仏性(くしぶっしょう))より，このほうが*疑団が起りやすいといって，*法身(ほっしん)の境地を体得させる最初の公案として，もっぱら〈隻手の音声〉を使った．このように*見聞覚知(けんもんかくち)・思量分別を超えたところに，理尽き詞(ことば)窮まり，技もまた窮まったところで，忽然(こつぜん)として生死の迷いを超越し，*無明(むみょう)の闇を打ち破って，本来清浄の無相の自己に目覚めるというのである．

関寺 せきでら　滋賀県大津市逢坂にあった寺．〈世喜寺〉とも書く．逢坂(おうさか)関の東にあったことから〈関寺〉といった．開基不明．恵心僧都*源信のすすめにより僧延鏡が1021年(治安1)再興に着手．1025年(万寿2)，この寺の材木を運ぶ牛が*迦葉(かしょう)仏の化身(けしん)であるとの噂がひろがり，貴賤の人の尊崇を受けた．霊牛が入滅した同年6月，菅原師長(すがわらのもろなが)は『関寺縁起』を書く．この話は『栄華物語』,『今昔物語集』12–24,『古本説話集』下などに収められている．霊牛供養塔は関寺跡の長安寺に現存．能の秘曲『関寺小町』は，関寺の近くに住む老女(小野小町)の歌物語を描いたもの．→牛仏(うしぼとけ)．

石塔 せきとう　石造の*卒塔婆(そとば)．釈尊の遺骨を収納する〈仏塔〉と死者納骨のための〈供養塔〉を主として指すが，民間信仰の対象となる二十三夜・十九夜の月待(つきまち)塔，*庚申(こうしん)塔なども含んで石塔と称する場合もある．仏塔には一重・三重・五重・七重・九重・十三重などの層塔があり，*経蔵の役を担う経塔も少なくない．死者埋葬供養のために建造されるものは，円石塔・*五輪塔・*宝篋印塔(ほうきょういんとう)など種類が多く，墓石を石塔と称するところもみられる．「朝日扶桑国に出づれば，石塔遥かに影を此の池にうつし給ふ」〔盛衰記7〕「不思議やな，あの石塔は和泉式部の御墓とこそ聞きつるに，御住家とは不審なり」〔謡・誓願寺〕

石仏 せきぶつ　石製の仏像を指すけれども，石塔や石寺など仏教関係の石造物すべてを総称することもある．神道の石神と対比されるが，*神仏習合化の顕著なわが国民間では混融の形をとる例が少なくない．像容は多様であるが，古代へさかのぼるほど経典*儀軌(ぎき)に即応する仏・菩薩が多く，時代とともに民間信仰の影響をうけて変容し，*道祖神・*庚申(こうしん)塔などの形態も現れる．仏像を岩壁に刻む*磨崖仏(まがいぶつ)や日待・月待の塔面に彫ったり，板碑の形をとるなどその種類は多い．一般語としては〈いしぼとけ〉ともいい，その印象から転じて，無口で表情に乏しい人の称ともする．「わ仏(ほとけ)の前にてもと(元手)を失(う)せ，損をとらする事よと云ひて，石仏を投げ倒したる程に」〔地蔵菩薩霊験絵詞下〕

【美術】石を素材にした仏像で，丸彫(まるぼり)像・浮彫(うきぼり)像・線刻(せんこく)像がある．インドでは早く紀元前に*石窟寺院が開かれ，その風はアフガニスタン，中国にも及んでいる．単独の仏像もインドでは仏像成立当初の1世紀から，中国では5世紀から造られるようになり，日本でも飛鳥時代後期以降の作例があるが，大陸に比較して良質の石材に恵まれないために，日本では古代の石仏は少ない．しかし『日本書紀』敏達13.9には朝鮮半島より*弥勒(みろく)の石像が貢献されたことを記しており，半島系の帰化人によると思われる磨崖仏が現存する．奈良時代後期造立の頭塔(ずとう)(奈良市東大路町)の石仏は石に浮彫したもので，階段状塔の四方に安置されていたと考えられる．平安時代の著名な石仏としては，臼杵(うすき)の石仏(大分県臼杵市)があり，丸彫像や磨崖像が混在し，大谷(おおや)の石仏(栃木県宇都宮市)も岩壁に刻出した像である．平安時代中頃以降，鎌倉時代には庶民信仰に結びついて*地蔵菩薩(じぞうぼさつ)像が多くつくられ，*十輪院の石龕(せきがん)の本尊地蔵をはじめ釈迦・弥勒の石仏は有名である．室生(むろう)大野の石仏(奈良県宇陀郡)は岩石を平滑に磨いた上に線彫りした弥勒立像である．なお，近世の石仏は*六地蔵や*十三仏など日本各地にみられる．

施行 せぎょう　*布施(ふせ)の行為．人に物を施し与える修行・行法，また，それを行うこと．*六波羅蜜(ろくはらみつ)の第1として，大乗修行者が必修すべき行で，薩埵(さった)王子の*捨身飼虎(しゃしんしこ)，*尸毗(しび)王の捨身飼鷹の故事などは，その証話として古来最も著名である．なお，漢語〈施行(しこう)〉はほどこし行う意．中国古典に一般的に用いられる．「上代の明王，勅して施行し，霊地名所，縁に随って流布す」〔興福寺奏状〕

世間 せけん［s: loka］　漢語としては，世の中の意味で，『史記』淮南王伝などに用例が見える．サンスクリット語の原意は，場所の意味で，〈世(せ)〉〈*世界〉とも漢訳され，事象がその中で生起し壊滅する空間的広がりをさす．この語はまた，この空間的広がりの中に住む人(世人)も意味する．一般には〈*三界(さんがい)〉の語とともに，*迷いの存在としての*衆生(しゅじょう)が生死する場，あるいは*有情(うじょう)(衆生)を構成する*五蘊(ごうん)を意味し，否定すべきもの，移ろいゆくもの，空虚なるもの，の三点によって特徴づけられる〔仏性論2〕．また*部派仏教の教理では有情を取りまく自然環境が別立てされて〈*器世間(きせけん)〉(bhājana-loka)と呼ばれた．さらに大乗仏教の*『大智度論』などでは，〈五陰(ごおん)(五蘊)世間〉〈有情(衆生)世間〉〈国土世間〉の三世間(*三種世間)が説かれた．なお，迷いとしての存在や*煩悩(ぼんのう)を超出することを〈出世間(しゅっせけん)〉という．「世間は無常なり．ただ仏にしたがひたまはむこそ吉き事なれ」〔法華百座3.7〕「世間(よのなか)を厭ひて出家入道せり」〔往生極楽記35〕．→出世．

世間虚仮，唯仏是真 せけんこけ，ゆいぶつぜしん　虚妄な世俗の世界と真実の仏の世界を二元的に対比させ，仏の世界への憧憬を表明したもの．*天寿国繡帳(てんじゅこくしゅうちょう)，『上宮聖徳法王帝説(じょうぐうしょうとくほうおうていせつ)』に記されている聖徳太子の言葉．太子は晩年に政治の世界から退いて仏教に沈潜し，世俗を超えた真実の仏の世界を認識しようとした．これは日本人による最初の現世否定の思惟を示すものとして重要である．→聖徳太子．

施主 せしゅ　施しをなす主(あるじ)のこと．自ら費用を出して法会を開いたり，寺や僧に供養をする人をいう．もともと〈施〉は*布施(ふせ)の略称で，財施・法施・無畏施(むいせ)の3種に分けられるが，施主という場合は財物を施す当事者を指し，こうした信者を僧の側より見て*檀那(だんな)という．「学仏道の人には施主の供養あり，常の乞食(こつじき)に比すべからず」〔随聞記1〕

世親 せしん［s: Vasubandhu］　400頃-480頃　ヴァスバンドゥの新訳名で，旧訳(くやく)名は〈天親(てんじん)〉．ガンダーラ地方のプルシャプラ(現在のペシャーワル)の人．*弥勒(みろく)

(マイトレーヤ)→*無着むじゃく(アサンガ)→世親とつづく*唯識ゆいしき派三大論師の一人．無着の弟．無着と同じく，初め小乗仏教(*説一切有部せついっさいうぶ)を学び，そのすぐれた学才によって名声をえたが，後に無着に感化されて大乗に転向し，唯識思想を確立した．かれの思想には，*瑜伽行派ゆがぎょうはの伝統思想の一つであるアーラヤ識(*阿頼耶識あらやしき)説や*三性さんしょう説とともに，識の転変(vijñānapariṇāma)や［識］相続の特殊な転変(saṃtatipariṇāmaviśeṣa)と呼ばれる識の流れに関する*経量部きょうりょうぶ的な説が融合している．著書としては，小乗時代に著した*『倶舎論くしゃろん』，大乗転向後の*『唯識二十論』*『成業論じょうごうろん』『大乗五蘊論だいじょうごうんろん』『大乗百法明門論』*『仏性論ぶっしょうろん』*『往生論』(『浄土論』)など，さらには*『中辺分別論』*『大乗荘厳経論だいじょうしょうごんきょうろん』*『摂しょう大乗論』などに対する注釈書がある．とくにその主著*『唯識三十頌』はその後多くの論師によって注釈された．*護法ごほうを中心とする十大論師の注釈を取捨しながら玄奘げんじょうが*『成唯識論じょうゆいしきろん』をまとめあげるに及び，同論は*法相宗ほっそうしゅうの所依の論書となるにいたった．

世俗 せぞく ［*s*: saṃvṛti］ 原義は，世間一般ないし俗世間，あるいは世間の習俗や，さらにまた世間一般の人々をさす．仏教では主に，1) *勝義しょうぎ・*第一義(paramārtha)に対する世俗，あるいはまた，2)超世俗・出世間しゅっせけん(lokottara，*出世)に対する世俗・*世間(loka)という文脈で用いられる．1)は，*二諦にたい説，つまり勝義諦と世俗諦という伝統的な2種の真理説に関わる．このばあい世俗は，世間の共通意見や慣習を原意とし，後には言語表現や言語習慣の意味あいで，勝義の真理を伝えるために不可欠であると同時に，勝義の真理を覆いかくすものという否定的な意味づけも与えられた．2)は，超世俗(超俗)に対する世俗，すなわち出世間に対する世間という脈絡での用例である．超世俗は出家して僧として戒律を遵守する修行生活を営むことであるのに対して，世俗は，家にあって人間的な欲望を満たす普通一般の生活を行うことをいう．国語的にも仏法の対語として俗界・俗世間を意味することが多く，それは時に真実性に欠けるもの，低俗なものの意を潜在させることもある．エリアーデ(Eliade, M.)は〈聖〉と〈俗〉を人間が歴史のなかで形成し来きたった二つの生存状況と見なしたが，超世俗・世俗間には互恵関係がある．→聖せい．

「子ねの時の始め許ばかり追儺ついなす．新屋により儺おにやらはず．世俗の風による」〔小右記寛仁3.12.30〕「もし人世を遁れたれども…貴く行ふよしを聞かれんと思へば，世俗の名聞よりも甚し」〔発心集1〕

世尊 せそん *仏の称号の一つ．主としてサンスクリット語bhagavatの漢訳語で，bhaga(幸運，繁栄)とvat(を有するもの)の結合したもの．〈婆伽婆ばがば・ばぎゃば〉〈薄伽梵ばがぼん・ばぎゃぼん〉などと音写される．*福徳ある者，聖なる者の意味で，古代インドでは師に対する呼びかけの言葉として用いられていた．

仏教においては*釈尊しゃくそんを意味する語として用いられたが，神格化されるに伴い仏一般の尊称となり，万徳を具し世に尊敬されるが故にこのように漢訳された．仏の*十号の第十で，*阿含経あごんぎょう，*『成実論じょうじつろん』では他の九号を具える故に〈世尊〉であるといわれ，また*涅槃経ねはんぎょう，*『大智度論だいちどろん』では十号の外に置かれるなど，十号の総称として用いられた例もある．なおbhagavat以外にも仏を表すインド諸語が〈世尊〉と訳された場合もある．また，依自性えじしょう・清浄しょうじょう性・色麗しきらい性・名声みょうしょう・吉祥きちじょう・大威徳聚だいいとくじゅの6種の福分(bhāga)がある(vat)からbhagavat(世尊)である，と解釈されもする．

「身子が助けし鴿はとも世尊の御許に隠れしかば，恐りなかりき」〔三宝絵上〕「かつて種うう る処に元亮げんりょうを思ふにあらず，これ花の時に世尊に供くうせんがためなり」〔和漢朗詠集秋〕

世智弁聡 せちべんそう 略して〈世智弁〉とも．*八難の一つ．凡夫のあさはかな智慧でさまざまな仏の教えを取捨選択したり勝劣を論じ，仏道修行の妨げとなる態度をいう．世俗の知慧に長たけて仏道修行を軽んずることをもいい，転じて世渡りが巧みでせちがらいこと，けちなことを意味するようにもなった．「なかなか世智弁聡なるよりも，鈍根なる様にて切なる志を出だす人，速やかに悟りを得るなり」〔随聞記3〕「むすこもおさおさ親に劣らぬ世知弁もの(けちん坊)なるが」〔小盃〕

刹 せつ　〈さつ〉とも読む．

[1]サンスクリット語 kṣetra の音写で，〈刹多羅(せったら)〉〈差多羅(しゃたら)〉とも音写．土・地・田・国・国土などと意訳する．音写語の〈刹〉と意訳の〈土〉を併せて，〈刹土(せつど・せちど)〉とも訳す．土地・田畑・領地・国土などを意味し，転じて，神聖な土地・聖地，また仏が現れて*衆生(しゅじょう)を教化する世界(仏国(ぶっこく)・*仏国土(ぶっこくど)・仏界(ぶっかい)・仏刹(ぶっせつ))をも意味する語となった．無数の国土のことを〈刹塵(せつじん)〉という．「諸法の性は一切空無我なりと通達して，専ら浄仏土を求め，必ずかくの如きの刹を定めむ」〔一遍語録〕

[2]サンスクリット語 yaṣṭi，パーリ語 laṭṭhi の音写で〈刺瑟底(らしつてい)〉とも音写．はた竿．転じて，寺．インドや西域では堂塔の前に竿を立て，先端に*宝珠(ほうじゅ)火焔の形を付けて寺の印としたことから，転じて寺院を意味する語となった．寺刹(じさつ)・梵刹(ぼんさつ)・名刹(めいさつ)など．ただし意味上の類似から，[1] と [2] の間には混乱も見られる．「大臣乙巳の年の二月十五日，止由良佐岐(とゆらさき)(豊浦崎)に刹の柱を立て，大会を作(な)す」〔元興寺伽藍縁起幷流記資財帳〕

[3] *刹帝利(せっていり)の略．

説一切有部 せついっさいうぶ　[s: Sarvāstivādin]　〈有部〉と略称され，また〈説因部〉(Hetuvādin)ともいう．*部派仏教の中で最も優勢であった部派．紀元前1世紀半ばごろ，*上座部(じょうざぶ)から派生したと考えられる．迦多衍尼子(かたえんにし)(Kātyāyanīputra)が『発智論』を著して教学を大成した．*『大毘婆沙論(だいびばしゃろん)』は，その詳細な注解書．*三世実有(さんぜじつう)・法体恒有(ほったいごうう)を主張し，主観的な我(人我(にんが))は空(くう)であるが客体的な事物の類型(法)は三世にわたって実在する(*我空法有，人空法有)とした．この部派の正統説と目される*ヴァスミトラ(世友(せう))の説明によれば，三世にわたって実在するこれらの法は，恒常な本質(svabhāva，*自性(じしょう))を保ちながらも，作用が未だはたらかない，現にはたらいている，すでにはたらきを終えた，という作用の三つのあり方によって未来・現在・過去の法として区分される．人間については，*五蘊(ごうん)が瞬間瞬間に変化しながら持続するという五蘊相続説を唱えた．

その結果，*現在有体(げんざいうたい)・過未無体(かみむたい)を主張する*大衆部(だいしゅぶ)あるいは*経量部(きょうりょうぶ)と対立し，また西暦紀元前後に興った*大乗仏教も空の論理を展開して有部の説を批判するにいたったが，有部は依然として大きな勢力を保った．この『大毘婆沙論』の教理を，*世親(せしん)が，経量部の立場から批判を織り交ぜながらまとめた論書が*『倶舎論(くしゃろん)』である．衆賢(しゅげん)(Saṃghabhadra)はまた『倶舎論』を批判し，有部の正統説を明らかにするため*『順正理論(じゅんしょうりろん)』を著した．

説戒 せっかい　戒を説示する意．〈布薩(ふさつ)〉のこと．月に二度行われる布薩のときには，戒(*波羅提木叉(はらだいもくしゃ))の条文を1条ずつ読み上げ，それに違反しなかったかどうかを互いに確認し合ったところから，このように漢訳された．→布薩．

絶海中津 ぜっかいちゅうしん　1336(建武3)-1405(応永12)　臨済宗の僧．絶海は道号，中津は諱(いみな)．*五山文学を代表する一人．土佐(高知県)の人．若くして*夢窓疎石(むそうそせき)に従学し，のち*春屋妙葩(しゅんおくみょうは)に師事．建仁寺に移って*義堂周信(ぎどうしゅうしん)らと共に竜山徳見(りゅうざんとくけん)に師事して元の古林清茂(くりんせいむ)の学風を教えられ，五山文学作者として目ざめる．1368年(応安1)明に渡り，明朝風禅文学を学ぶ．帰国後足利義満の知遇を得，一時疎隔されたがふたたび寵遇を受けるようになり，等持寺・等持院を経て*相国寺(しょうこくじ)の住持となった．四六文の作法を明の季潭宗泐(きたんそうろく)(全室)・笑隠大訢(しょういんだいきん)(蒲室)から伝え，日本五山禅林に流布させた．著作に『蕉堅藁(しょうけんこう)』(詩文集)，『絶海和尚語録』がある．

石経 せっきょう　石に経文を刻みつけたもの．〈石刻経〉ともいう．磨崖(まがい)や壁面，あるいは碑板に刻みつける．インドでも多少行われたらしいが，大規模なものは中国にある．中国では儒教の石刻がすでに後漢時代から行われているが，仏教の現存最古の石経は北斉代(550-577)のもの．当時北周を襲った*廃仏の深刻な体験から，破壊されない仏典を後世に残そうとしたものらしい．最も規模の大きいものは房山(ぼうざん)石経で，隋代から遼代まで約500年にわたって一切経が刻まれた．朝鮮や日本でも石経がつくられた．→房山石経．

説経 せっきょう　狭義には，経典の解釈を講説すること．広義には，*説法と同義に用いられ，経典や教法を説き明かす演説をいう．法会においては，経釈と称される経典解釈が講説され，*表白・正釈（仏釈・経釈）・施主段と称される一連の営為を説法と呼んだ．説法を執り行う講師を説経師とも称した．

【インド・中国】説法は，釈尊にはじまる．十大弟子の一人，*富楼那尊者は説法第一と称された．十二部経（*十二分教）には，gāthā（*伽陀）〈諷頌〉，nidāna（尼陀那）〈*因縁〉，avadāna（阿波陀那）〈*譬喩〉など，説法を構成する要素が確認され，『三輪説法』のうちに口業説法輪が，*維摩経の*六塵説法には，説法を実演するために必要な事項が説かれる．*『四分律』に説法の*儀軌が制定されるなど，インドにおける説法（説経）学の進展を伝えている．これをうけて中国でも，仏法の解説や経典の講説が行われた．梁の慧皎撰『高僧伝』は唱導科を設けて，*唱導とは法理を宣唱することによって，衆心を開導するものであり，「声・弁・才・博」を重要な要素とすることや，因縁を交え譬喩を引いてなされた実態や，台本が作られていたことなど伝える．また，さまざまな仏教儀礼が行われたなかで，経典の解釈を講説する講経ならびに俗講は，わが国における*顕教法会に直接的な影響を与えた．

【日本での展開】日本では，*聖徳太子が推古6年（598）に*勝鬘経を講説した（『上宮聖徳法王帝説』）．経典の講説は，中国の講経と同様，大意（来意）・釈題目・入文判釈の三門釈をもってなされるのが基本であった．入文判釈は分文とも称され，*科文を提示することを主眼とし，これに従って展開する．*『法華修法一百座聞書抄』（百座法談聞書抄）ほか，説経（表白・施主段など含む）の言説（説法詞）を伝える文献は数多い．説法詞の作文は，美辞麗句を表白体をもって連ねた文言や，因縁や譬喩を交えるなど，文学的素養を必要とした．「説法優美」の言葉は，法会における講師の説法（説経）を賞賛したものだが，説法そのものは，*学侶の学問と一線を画するものとして危惧もされた．平安末期から鎌倉初期にかけて天台僧，*安居院*澄憲が富楼那の再誕と称された説法の上手として活躍するが，その説法は修法や読経と同様の効験を認められ，澄憲は説法道を確立する．安居院は説法詞の類聚・編纂を手掛け，以後これが宗派を超えて，南都・真言・三井寺・浄土宗・日蓮宗などにおいても書写され，それぞれにおける説法詞とともに所持され転用されてゆく．

説法は，*次第・法則に従った法会において行われただけでなく，さまざまな階層の人々を教化する演説としても行われた．そういった説法は，法会における説法詞の影響を受けつつも，より平易に仏法を解説した言説として，さらに文芸的要素を多分に含む営為としてもあった．

説経節 せっきょうぶし　〈説経浄瑠璃〉のこと．略して〈説経〉ともいう．鎌倉時代の末，室町時代初期のころ節付説教（*節談説教）から派生した民間芸能．民間を流浪する唱門師らの手にわたった説教（*説経）は，寺院の説経における譬喩・因縁談を簓・鉦・羯鼓を伴奏として語り，うたっていたが，門付をしたので〈門説経〉〈門談義〉とも呼ばれた．また歌謡性が強いことから〈歌説経〉ともいわれた．この系統のものとは別に大道芸人の中に入ったものは，やがて小屋で人形を遣う説経座となった．つまり説経節には1）門説経・歌説経の放浪芸の系統，2）小屋がけ興行の説経座の系統，の2種類があった．

近世には1）の系統を三井寺派の説経が支配した．三井寺所属の近松寺の支配下に関山の蟬丸神社があり，その配下に民間を流浪する多数の説経節語りがあって全国各地で活動した．この系統の人たちの中には，山伏の*祭文と結びついて〈説経祭文〉となり，文化・文政・天保（1804–44）のころに寄席に進出したものもあった．

2）の系統では近世において関東の玉川派，関西の日暮派が知られ，おおむね勢力を二分していた．そして両派とも蟬丸宮の配下に属し，そこから*口伝を受けていた．この説経節の全盛期は，寛永から万治・寛文（1624–73）のころであり，京都の日暮小太夫，大坂の説経与七郎，江戸の佐渡七太夫，江戸孫四郎，天満八太夫，結城孫三郎などが著名であった．正本として『五翠殿』（熊野之本地），『法蔵比丘』（阿弥陀之本地）『阿弥陀胸割』『梵天国』『目連尊者』『善光寺開帳』『釈迦の本地』『五大力菩薩』『曇鸞記』などがある．多数の演目の中で『苅萱』『俊徳丸』(信徳丸)『小栗判官』『三荘太夫』(山椒太夫)『梵天国』が五説経として重用されたが，享保(1716-36)のころ『苅萱』『三荘太夫』のほかは『愛護若(あいごのわか)』『信田妻(しのだづま)』(信太妻)『梅若』が入れ替って五説経といわれた．この系統の説経節は同じことの繰返しと演技面の低俗さ，興行方法の拙劣さなど難点が多く，宝永・正徳(1704-16)ごろに京坂の方から人気を失い，早く衰退してしまった．しかし江戸の方では説経節を放浪芸の系統から祭文として命脈を保ってきたのを巧みに利用して，寛政・享和(1789-1804)のころに再興した一派があった．薩摩派・若松派がその系統で，現在も活躍している．

石窟寺院(せっくつじいん)　山腹や峡谷などの崖面に対して水平に掘鑿(くっさく)し，礼拝対象を置く空間や住房などの宗教施設をつくり出したもので，インド，アフガニスタン，中国にみられる．水利の便や開掘の難易に従って立地は自ずから制限され，河川を伴う砂岩・石灰岩・礫岩・粘板岩質の崖面が選定される．石窟の高度位置も崖面の中腹以下が多い．内部構造は各地方の当時の宗教建造物の内部を襲用して窟内に忠実に模刻する．内壁などを彫刻や絵画でかざることが普通におこなわれ，また碑銘を伴うことがある．これらは遺跡の性格上比較的良好に保存された場合は古代宗教芸術の重要な資料であるばかりでなく，広く歴史・宗教史・言語学上多くの手がかりを与える．なおヒンドゥー教の場合は石窟全体が神々の住処として建造されている．

【インド】インドで最初に出現したのは紀元前3世紀，ビハール州ガヤー(*伽耶(がや))北方25キロメートルにあるバラーバル丘や隣接するナーガールジュニ丘における*アージーヴィカ派の簡素な石窟であるが，紀元前2世紀から400年ほどの間，特に西インド，そして南インドの一部で仏教石窟が盛んに開かれた．石窟寺院は主としてストゥーパ(*塔(とう))をまつる〈*チャイティヤ窟〉(礼拝洞)1と僧の住処である〈ヴィハーラ窟〉数窟で構成され，前者は奥堂を半円平面として四半球状の天井をもち，そこにストゥーパを安置し，つづく前堂は長方形平面にヴォールト天井を架した．これら全体を列柱が一周し，その外側に側廊を付する例もある．後者は，方形平面・平天井の広間を中心に三面にそれぞれ数窟の方形*僧房(そうぼう)をもつ(→付録(インド亜大陸の仏教寺院，ピタルコーラー石窟))．バージャー，コンディヴテー，*アジャンター，ナーシク，ベードサー，カールリー，カーネリー，ジュンナールが西インド，グントゥッパリが南インドの例．やや時代を経て5世紀から8,9世紀に至る間，西インドは再びアジャンター，アウランガーバード，カーネリー，そして新開の*エローラなどで活発に造営が進んだ．基本的には前期の構造をついだが，列柱ばかりでなく，窟内は浮彫や絵画で壮麗に厳飾され，またヴィハーラ窟は規模が大きくなり，奥に尊像を安置し，仏堂の趣きを濃くした．

【アフガニスタン】*ガンダーラ仏教(2-6世紀)の文化圏中にあったアフガニスタンのジャラーラーバードでは，ハッダ城を中心に多くの石窟が残存する．しかし石窟だけで完結するものはきわめてまれで，地上のストゥーパや建築と組み合わさって仏寺を構成した．こののち6世紀後半から急速に富裕化した*バーミヤーンで二大仏を中心に700に達する石窟が開かれ，またアームー川右岸のカラ-テペでは長方形石窟と地上建造物とからなる仏寺，また両地の中間のハイバクでは，岩山に掘りこんだストゥーパと石窟とがある．南部ではガズニー近くのフマイニー-カラで近年，石窟寺が発見された．

【中国】1)新疆(しんきょう)ウイグル自治区では天山南路に沿う拝城県*キジル石窟(4-8世紀，窟総数236)のほかタイタイル石窟があり，庫車県にはクムトラ石窟(6-10世紀，保存良好の窟総数はほぼ100)，シムシム・マチャポハ・クズカラハン(窟総数はそれぞれ52・34・46)がある．岩質は礫岩．尊像は彩色*塑像(そぞう)で，壁画をえがく．トルファン地区にベゼクリク石窟(7-13世紀，窟総数57)とトユク石窟(総数25)・ヤルホト(総数7)があり，いずれも晩期は*ウイグル高昌時代の仏教文化をしめす．

2)甘粛省(かんしゅくしょう)では*敦煌莫高窟(とんこうばっこうくつ)(北涼-元)・*炳霊寺石窟(へいれいじせっくつ)(西秦-明)・*麦積

山石窟(北魏–明)が中国初期石窟美術の姿を知らせ，安西の楡林窟(唐–元)，酒泉の文殊山(北魏–元)，張掖の金塔寺・馬蹄寺(北魏)，武威の天梯山(北涼–唐)は河西回廊に沿う石窟．甘粛省東部にはなお南北石窟寺(北魏–唐)がある．

3)これ以東の諸山の岩質は彫刻に好適で新疆や甘粛の塑像・壁画は消え石浮彫となる．陝西省・河南省・河北省・山東省では石灰岩や凝灰岩，山西省は砂岩，四川省は紅砂岩．もともと仏教東流以前からその良質の石を利用し多様で精緻な漢魏石彫が発達した．その伝統が殊に陝西省以東の北中国石窟に反映する．早期では山西省大同の*雲岡石窟(北魏)．太原の天竜山石窟(東魏–唐，窟総数24)の唐窟(第14・17・18・21)の仏・菩薩像は初唐末–盛唐の代表的彫像であるが，いま全山窟群は壊滅に近い状況を呈している．河南省では*竜門石窟(北魏–唐)のほかに砂岩の鞏県石窟(北魏，窟数5)の石彫はきわめて洗練された北魏末期の仏教芸術をつたえる．河北省南部には南北*響堂山石窟(北斉–明，窟数16)があり，かつて南響堂山第2窟前壁を飾った浮彫阿弥陀浄土図(北斉)は仏教史資料として貴重である．遼寧省義県の万仏堂石窟(北魏，窟数12)は東北地方唯一の石窟．山東省には青州市の雲門山(隋，窟龕数5)や駝山(隋唐，窟龕数6)などがあり，中国石窟の最東端にあたる．

4)中国西南地方では四川省に石窟寺院が多数遺存する．広元市の千仏崖・皇沢寺(北魏–宋)，楽山市の凌雲寺(唐)，大足県の北山・宝頂山(唐–宋)などが著名だが，このほかにも安岳県・巴中市・夾江県など各地で，唐宋代を中心とするおびただしい数量の石窟造像が発見，紹介されている．また雲南省には剣川県の石鐘山石窟(南詔，大理)などがある．

5)以上，中国石窟寺は主として北中国に大規模な展開をしめすが，中国南部では南京市(*金陵)郊外の棲霞山石窟(489年(南斉・永明7)頃創建)や浙江省の杭州石窟(五代–元)など少ない．

摂化 せっけ　〈しょうけ〉とも読む．〈摂〉は*摂取の略．仏や菩薩が衆生*済度のために，慈悲によって迷いの中に在る衆生を自らの下に収め取ること．〈化〉は化導もしくは化益の意．衆生を教え導き*悟りへ向かわせること．〈摂化〉は*教化と同じ意味で用いる〔大宝積経45，華厳一乗教義分斉章2，大慧普覚禅師語録3〕．「弥陀世尊もと深重の誓願を発して，光明・名号を以て十方を摂化したまふ」〔教行信証行〕

舌根 ぜっこん［*s*: jihvā-indriya］　*五根・*六根の中の一つ．味覚能力，味覚器官．舌根は肉体的な舌そのものを指すのではなく，ものを味わう，いわば味覚神経をいうのである．これによって味覚の対象(味境)が感じられ，さらに味に関する認識作用(舌識)と相俟って，味についての認識がなされる．舌根は，仏教においては味覚に関する能力のみを指し，音声についての能力を意味しない．ただし，説教などで比喩的に用いる場合には，「舌根の，我申し知らするにより」〔法華百座6.19〕のように，発声器官としての肉体的舌自体を意味することも少なくなかった．「舌に法喜禅悦の味を嘗め，嘗むるごとに舌根の楽を増す」〔無量寿経釈〕「舌根の悪心をなして(うそをついて)うさぎの血とは申すなり」〔法華百座6.19〕

摂取 せっしゅ　〈しょうじゅ〉とも読む．サンスクリット原語は，pari-√grah(取り込む，包み込む)，saṃ-√grah(収め取る)．漢語としては収め取るの意であるが，仏典特有の語．仏や菩薩が*教化・*救済するために，苦の中に在る衆生を自己の下におさめて恵みを垂れること〔大宝積経111，華厳経44〕．とくに*観無量寿経において，*無量寿仏(阿弥陀仏)はその大慈悲の光明によって，*念仏する衆生をすべて「摂取して捨てず」と説かれている．無量寿経の*第十八願が〈抑止門〉として*五逆や*謗法者を救済から除外するのに対し，観無量寿経はそのような悪人の救済をも認める〈摂取門〉の立場を取る．なお，無量寿経の古訳では「摂取」は「選択」と訳されており，*選択に同じく，選び取ることの意味にもなる(たとえば，奮迅王問経下に「正法を摂取す」)．「阿弥陀仏に帰命して，南無阿弥陀仏と唱ふれば，摂取の光に照らされて」〔一遍語録〕．→摂取不捨，抑止．

雪舟 せっしゅう　1420（応永 27）-1506（永正 3）　臨済宗の画僧．諱は等楊．備中国（岡山県）の人．相国寺の*如拙・*周文の画法を継承し，1467 年（応仁 1）には入明して*天童山景徳禅寺に参じたほか，3 年間北京などを歴訪し，明画の新しい手法に触れ，個性的な自らの様式を確立して，室町時代の*水墨画の頂点に立った．帰国後は京都には帰らず，各地を旅行した後，晩年は周防山口の雲谷庵に定住したらしい．〈四季山水図巻〉〈秋冬山水図〉〈慧可断臂図〉などの作がある．

摂取不捨 せっしゅふしゃ　*阿弥陀仏が一切の衆生を救い取り，見捨てないことをいう．限りない仏の*慈悲への讃辞．*観無量寿経中の第九観に，「（無量寿仏の）一々の光明は，あまねく十方世界を照らし，念仏衆生，摂取不捨なり」とあるのに由来する．*善導はこれを釈して，仏の光は普く照らすのになぜ念仏者のみを摂取するのかと自問し，念仏者には親縁・近縁・増上縁の*三縁があるとして，他の実践に比して*念仏が特に優れていると強調した．「しかれば光明の縁と名号の因と和合せば，摂取不捨の益をかうぶらんことうたがふべからず」〔黒谷上人語灯録 11〕．→摂取，抑止．

殺生 せっしょう　生きものを殺すこと．生命あるものを殺すことは仏教の*罪の中で最も重く，〈殺生戒〉（不殺生戒．生きものを殺してはならないという戒）は*五戒・*八斎戒・*十戒の第一にあげられ，在家者もこれを犯してはならないとされる．ちなみに不殺生（ahiṃsā）は，ただ殺さないというだけではなく，その生命をより良く生かしきるという積極的な意味をも含む．*放生がおこなわれるのはこの思想に基づいている．「殺生の暇に羈がれて，かつて一善の心なし」〔将門記〕．→不殺生．

接心 せっしん　〈摂心〉とも書く．心を摂めて，散乱させないこと．禅門では，〈接心会〉の略称として，一定期間，万事をなげうって，ひたすら坐禅弁道する修行の期間をいう．特に，釈尊*成道の故事にちなみ，12 月 1 日から 8 日まで行われる坐禅修行を〈臘八接心〉（〈臘〉は陰暦 12 月の意）といい，もっとも厳格に行われる．→臘八．

雪山 せっせん［s: Himavat］　原義は，雪を有するものの意で，インド亜大陸の北境に聳え立つヒマラヤ（Himālaya，雪の蔵）山脈の古名．なお，大乗涅槃経巻 14 によれば，釈尊はその*前世に雪山で修行していたので*雪山童子の名があり，童子が雪山で*羅刹（食人鬼）から聞いたと伝えられる偈に*雪山偈がある．

雪山偈 せっせんげ　*雪山童子が雪山において*羅刹（食人鬼）から聞き伝えたとされる偈（詩句）．「*諸行無常，是生滅法，生滅滅已，寂滅為楽」（作られたものはすべて無常である．生じては滅していくことを本性とする．生滅するものがなくなり，静まっていることが安らぎである）の 4 句からなる．句そのものは原始経典の*涅槃経（大般涅槃経巻下．なお同経のパーリ語原典や遊行経などの他の漢訳では第 3 句が若干異なっている）に見られるが，雪山偈の名は大乗涅槃経巻 14 の説くところに由来する．この偈は，〈諸行無常偈〉の名でも知られており，*伊呂波歌はこの偈の和訳とされる．

雪山童子 せっせんどうじ　大乗*涅槃経巻 14 に説かれる釈尊の*前世のすがた．*雪山で修行していたのでこの名がある．*帝釈天が童子の道心をためすために*羅刹（食人鬼）に変身し，*雪山偈の前半 2 句を唱えると，それを聞いた童子は，残りの 2 句を聞くために進んでわが身を投げて羅刹に施したという．帝釈天は童子の堅固な道心に感じ，これを空中に受けとめ，地上に安置して敬礼したと結ぶが，この*本生譚は古来人口に膾炙し，日本文学にも多様に取りこまれてきた．ちなみに，『三宝絵』上は本話を収め，中世物語『雪山童子』は本話を読物風に書きやわらげたもの．また『宇津保物語』俊蔭で，楽道執心の清原俊蔭が琴材を求めるために*阿修羅にわが身を施した趣向も，本話に基づいたものである．

説草 せっそう　法会に際して節調を付して読み上げられる文章もしくは*説経の素材となるノート類．中世において，*唱導に際して説経ノートの役割を果したものも〈説草〉とよばれ，*表白詞章（漢文体）と口頭詞章（説話体）が現存する．数葉の小冊子（多くは桝型本(ますがたぼん)で，携行に便がはかられた．表題と共にいかなる時に使用するかの注記があり，これらの集録が唱導文集や，仏教説話集の資料となったのである．

雪村友梅 せっそんゆうばい 1290(正応3)-1346(貞和2) 雪村は道号，友梅は諱(いみな)．越後白鳥郷の人で，源氏一宮氏の出身．渡来していた*一山一寧(いっさんいちねい)の侍童となり，18歳の時に入元した．在元中は，僧俗の名士の間を歴遊して鍾愛されたが，間諜の容疑で獄に繫がれるなどの辛酸をなめた．この間大いに学殖を蓄え，十数年の後に大赦を受け，次いで長安南山の翠微寺(すいびじ)の住持となり，一山に法を嗣いだ．元の朝廷は〈宝覚真空(ほうかくしんくう)禅師〉の号を特賜した．1329年(元徳1)，明極楚俊(みんきそしゅん)・*竺仙梵僊(じくせんぼんせん)・天岸慧広(てんがんえこう)などと同船して帰朝したが，時に40歳であった．信濃慈雲寺・西禅寺・豊後万寿寺・京都万寿寺・建仁寺を歴住し，信濃徳雲寺・播磨昌国寺を開山した．法嗣(はっす)に太清宗渭(たいしんそうい)，門生に雲渓支山(うんけいしざん)・乾峰士曇(けんぽうしどん)らがある．雪村は元朝風の新思潮を吸収将来し，偈頌(げじゅ)文学を禅林に紹介した．在元時代の詩偈集『岷峨集(みんがしゅう)』，帰朝後の語録詩文集『宝覚真空禅師録』がある．

接待 せったい 古くは『漢書』伊翁帰伝に「接待するに礼を以てす」などと見え，もてなすの意．禅院においては一期一会(いちごいちえ)の出会いの大切さを尊ぶところから重要なつとめとされている．また湯茶や食物を施すことにもいい，わが国では御馳走をして振舞う意に用いられる．もと死者の供養のために門口に湯茶を備えて*行脚(あんぎゃ)僧や往来人に施与した〈摂待〉〈接待茶〉〈門茶〉の意味が一般化していったものであろう．「すでに四月一日よりは，比丘僧，ありきせず．諸方の接待，および諸寺の旦過，みな門を鎖(とざ)せり」〔正法眼蔵 安居〕

絶対 ぜったい ［s: nir-apekṣa］ 仏教用語としては〈絶待(ぜつだい)〉と書く．他との比較相対を絶するの意．〈相待(そうだい)〉(相対(そうたい)，apekṣa)に対する語．*『摩訶止観(まかしかん)』3上に「待対すでに絶てば(絶待・絶対であるならば)即ち有為に非ず」，「相待と絶待と，対体は不可思議なり」などとある．ちなみに〈相待〉はもと『荘子』斉物論に見える語．その成玄英の疏に「是と非と，彼と我と，相待ちて成るとするも，理を以て推尋すれば，待つというも実(まこと)に非ず」とある．彼我・大小・善悪・苦楽など相対・対立する観念を超絶することをいう．事物の究極的なありかたを表現したもので，たとえばキリスト教の唯一神，*婆羅門(ばらもん)教の最高神，仏教の久遠仏などの永遠の存在，哲学一般における究極・最高の真理，ウパニシャッドにおける*ブラフマン(brahman，*梵(ぼん))，仏教の*ダルマ(dharma，*法(ほう))などの普遍的原理は，現実の有限なわく，人間の限定的な考えをこえたものとして，それらに〈絶対〉(絶待)の語が冠せられる．

【一乗妙法】仏教のダルマ(法)について見ると，最初は，現実のそれぞれの事物にそれぞれを支える法があると考えられ，総括して*諸法(しょほう)とか*一切法(いっさいほう)(sarva-dharma)と称せられたが，部派仏教になって諸法の整理・統合が試みられ，*五位七十五法という形に還元された．さらに大乗仏教の*法華経方便品になると，統一的真理として〈一乗妙法(いちじょうみょうほう)〉(ēka-yāna-saddharma)ということを主張し，中国においては，一乗妙法は諸物・諸法を統一する絶対の真理であるとされた．たとえば*教相判釈(きょうそうはんじゃく)において，法華経は，すべてが同じく一に帰する教え(万善同帰教(まんぜんどうききょう))と規定され，光宅寺法雲(ほううん)は*『法華義記』1において，〈*妙法〉を一切の相対的な名称をこえた絶対・究極の真理であると強調した．続いて天台智顗(ちぎ)は*『法華玄義』2上において，〈妙法〉を絶対の真理とみなしつつ，その絶対に〈相待(そうだい)妙〉(相対的絶対)と〈絶待(ぜつだい)妙〉(絶対的絶対)の2種があることを主張した．

【相待妙・絶待妙】相待妙とは，破麁顕妙(はそけんみょう)・廃権立実(はいごんりゅうじつ)・廃三顕一(はいさんけんいち)などと定義され，一口に*廃立(はいりゅう)といわれるように，諸経ないし*三乗の真理を相対的(麁)なもの，仮(かり)(権)のものとして否定・破廃し，それに対して法華経ないし*一乗の真理を絶対的(妙)なもの，真実(実)のものとして立てることで，諸経や三乗に相対・対立する絶対ということから，相対的絶対とみなされた．*凡夫(ぼんぶ)と*仏(ぶつ)についていえば，凡夫に相対・対立する仏は相対的絶対なるものとして，相待妙ということになる．

絶待妙とは，開麁顕妙(かいそけんみょう)・*開権顕実(かいごんけんじつ)・*開三顕一(かいさんけんいち)などと定義され，一口に*開会(かいえ)といわれるように，諸経ないし三乗を，単に否定・破廃するのではなく，絶対的(妙)なもの，真実(実)のものとしての法華経ないし一乗の真理へと開き，統摂することで，諸経や三乗との相対・対立をさらに絶した絶対ということから，絶対的絶対とみなされた．凡夫と仏についていえば，凡夫と仏の二元対立を絶した非凡非仏(*仏凡不二(ぶつぼんふに))のところに真の絶対的な仏，つまり絶対的絶対としての仏が見られるということで，積極的にいえば，真の絶対的な仏(絶待妙)においては，その中に凡夫が統摂されているということである．なお智顗においては，この絶待・相待は妙以外の概念にも適用され，このことは三論の*吉蔵(きちぞう)の著作にも広くみられる．

日本においては，後世，相待妙と絶待妙のいずれをよりどころとするかで，論議が生じた．たとえば，*法然(ほうねん)の浄土念仏は相待妙・廃立の典型で，凡夫と対立的に*阿弥陀仏(あみだぶつ)の絶対性が主張され，諸教・諸行を廃して念仏の一行が選び立てられた．反対に天台*本覚思想は絶待妙・開会を徹底させて，すべては永遠・絶対の仏ないし法の現れとして肯定するにいたった．

絶待妙 ぜつだいみょう ⇒絶対(ぜったい)

折衷様 せっちゅうよう *和様(わよう)に，*大仏様(だいぶつよう)・*禅宗様を大きく採り入れた建築様式をいう．14世紀以後，純粋な和様はほとんどなく，貫(ぬき)・木鼻(きばな)・桟唐戸(さんからと)などを採り入れたものが大部分であるから，言葉の意味からいえば，これらも折衷様であるが，建築史では14世紀を中心とし，瀬戸内海沿岸地方に行われた，和様を基とし，構架法に新様式を多く含んだ中世の本堂，たとえば*浄土寺本堂(1327)，*明王院本堂(1321)，*鶴林寺本堂(1397)などの様式を呼ぶ．

雪隠 せっちん 厠(かわや)・便所のこと．一説に*禅林の西序(せいじょ)(*仏殿や*法堂(はっとう)で正面に向かって西側(左側)に並ぶ役職者の位)の人の使う厠の〈西浄(せいちん)〉の語が転訛したものともいう．また隠所(厠)を雪(すす)いで浄潔にする意とも，雪(そそ)ぎ浄めて不浄を隠す意ともいう．もと中国杭州(浙江省)霊隠寺(れいいんじ)の浄頭(じんじゅう)寮(厠を掃除する役職の居室)の扁額の文字とされ，雪峰義存(せっぽうぎそん)(822-908)が隠所の掃除をして悟りを得た因縁によるとも(烏瑟沙摩経注)，あるいは雪竇智鑑(せっちょうちかん)(1105-92)が霊隠寺の浄頭の職を司ったことに基づく語とも，諸説がある．『洞上伽藍雑記』は「雪竇智鑑の如きは衆に居して此の職を霊隠に司る．今に至るも雪隠の美称あるなり」と解説している．→東司(とうす)．

刹帝利 せっていり サンスクリット語 kṣatriya に相当する音写．クシャトリヤ．〈刹利〉とも．インドの*四姓(しせい)(ヴァルナ)の一つで，王侯・武士階級をいう．kṣatriya は領土の支配者を意味し，最上身分の*婆羅門(ばらもん)とともにインド社会の支配層を形成したが，その統治権は婆羅門の宗教的権威によって裏づけられた．儀礼的には入門式によって*再生できる再生族に属する．ゴータマ-ブッダの時代，その伝道活動を支持した人々のうちでは当時*マガダ国を支配していた刹帝利の階層が有力であった．「智吉祥等の如きは，即ち中印土の人，もと刹帝利の種族，浄飯王の宗裔なり」〔参天台五台山記 5〕「刹利の家にむまれおはしまして，この生の楽しみをのみこそおぼしめすべけれど」〔法華百座聞 7.8〕

刹那 せつな サンスクリット語 kṣaṇa に相当する音写．〈念(ねん)〉〈念念〉などと漢訳する．きわめて短い時間．瞬間．最も短い*時間の単位．その長さについては，指を1回弾く(一*弾指(だんし))あいだに65刹那あるという説や，75分の1秒に相当するとする説など多くの異説がある．また*須臾(しゅゆ)と同一視されることもある．この世の存在物は，実体を伴ってあるようにみえるが，実際には，1刹那ごとに生滅を繰り返していて実体がないことを〈刹那生滅〉あるいは〈刹那無常〉という．「紫金台に安座して，須臾刹那もへぬ程に極楽界にいき着きぬ」〔栄花玉の台〕

刹那滅 せつなめつ [*s*: kṣaṇika, kṣaṇa-bhaṅga] 原始仏教以来の*諸行無常(しょぎょうむじょう)の教理の理論化であり，*諸法はただ一刹那のみ存在して滅するとする説．種々のアビダルマ(*阿毘達磨(あびだつま))論書に登場するが，この説を認めない部派もあり，さらにまた，刹那滅とされる*法の範囲も部派によって必ずしも同一ではない．*説一切有部(せついっさいうぶ)や*経量部

(きょうりょうぶ)は*一切法の刹那滅を説いたが，正量部(しょうりょうぶ)もしくは犢子部(とくしぶ)は心心所法（心および心の作用）の刹那滅は認めたが，心不相応行法（物にも心にも属さない法．たとえば寿命，言語）などについては認めなかったといわれる．説一切有部によれば，実体としての法である*生住異滅(しょうじゅういめつ)なる四相がそれぞれ順に，未来世にある法を現在に生ぜしめ，住せしめ，異ならしめ，滅せしめる．法は滅して過去世に去る（落謝(らくしゃ)する）．そして四相の作用対象として，法は現在・過去・未来の三世に亘って存在しなければならない（*三世実有(さんぜじつう)）と説かれる．一方，法の連続的な変化（*転変）の立場に立つ経量部は〈*現在有体(げんざいうたい)・過未無体(かみむたい)〉，および滅には因なしとする〈滅無因〉を説いた．

節分 せつぶん　季節の移り変る時，すなわち立春・立夏・立秋・立冬の称．特に立春の前日を指し，この日は厄払いの行事が各地で催される．民間では，戸口に鰯(いわし)の頭とにんにくなどの臭気のあるものを添えた柊(ひいらぎ)・とべらの枝を挿し，悪臭を発するものを焼いて，攘災(じょうさい)の呪(まじな)いとする．また豆撒(ま)き・豆打ちと称し「福は内，鬼は外」などと唱えながら豆を撒き，悪鬼悪霊を追放する．中国の追儺(ついな)式にならっているが，寺院の節分会は*修正会(しゅしょうえ)として行う例が多く，鬼面をかぶった仮装者を追放する所作が演じられる．「四月の朔日(ついたち)ごろ，節分とかいふことまだしきさきに渡したてまつり給ふ」〔源氏宿木〕「今夜は節分にて，此の処に絵馬を掛くると申し候ふ間」〔謡・絵馬〕．→追儺．

説法 せっぽう　*法(ほう)を説くこと．仏・仏弟子などが，人々を*教化(きょうけ)するために教法を説くこと．法華経(ほけきょう)寿量品には「常に説法教化して，無数億の衆生をして仏道に入らしむ」とある．〈*説経〉〈*唱導〉〈*勧化(かんげ)〉なども近似した意味．なお，仏像などで，仏が説法していることを示す指の形（*手印(しゅいん)）を〈説法印〉または〈*転法輪印(てんぼうりんいん)てんぼうりんいん〉という．その形（*印相(いんぞう)）には各種あるが，両手を胸前にあげるものが多く，右手親指と人差指，左手親指と中指の指頭をつけた形などで表される．「春日社にして法華経を講ずるに，紫雲なびき下りて，説法の庭を覆(おほ)へり」〔法華験記上3〕

説話 せつわ　中国の宋代には稗史(はいし)・小説などを口演する話芸をいい，またそこで演じられる物語の称ともした．日本では文字どおり話を説き聞かせること，またその話を意味した．初例は円珍の*『授決集(じゅけつしゅう)』にみる「唐人説話」である．現在は神話・伝説・昔話・世間話などを総称する術語となっている．口頭で伝承されるのが本来の姿であるが，それを記録に移したものをも含むのが普通である．仏教とは特に説経・講経を介して密接にかかわり，経説を敷衍(ふえん)し三宝の*霊験利益(りやく)を具体化するための例証（譬喩・因縁）として引用され，また絵画化されて説話画として講釈に利用されることもあった．→昔話と仏教，説経．

【インド・中国】説話が布教の強力な武器となったのは初期仏教以来で，特に本生経(ほんじょうきょう)（*ジャータカ）や*譬喩(ひゆ)経（avadāna）にはインド・西域地方の民間説話が大量に摂取されて，説話が*説法(せっぽう)の有力な資料となったことを示している．中国でも事情は同様で，経典の講釈や仏教説話の口演などは，寺院内の説経ではもちろん，*変文(へんぶん)や*変相図などからもうかがわれるように民衆相手の俗講(ぞっこう)でも盛んに行われ，多数の霊験説話集類も編集されて教化の用に供された．

【日本での展開—平安時代】こうした伝統は日本にも引き継がれ，日本的風土の中で新しい展開をみることになるが，これを基盤として成立したのが記載文学としての〈仏教説話文学〉である．それが具体的作品の形をとるのはやや遅く9世紀初頭の*『日本霊異記』においてであったが，その成立事情や収載内容をみるとき，同書はまさしく前代までの布教と説話の密接不離な関係が生み出した歴史的遺産にほかならなかった．その後平安時代を通じて，信仰の多様化にうながされて多彩な作品が生れた．『日本霊異記』のあとを受けた*『日本感霊録』，上流婦女子の仏教啓蒙書として作出された*『三宝絵』，浄土信仰の盛行が生み出した*『日本往生極楽記』以下の*往生伝類，法華経信仰の諸相と功徳(くどく)を説いた*『法華験記(ほっけげんき)』，地蔵信仰の台頭を反映した*『地蔵菩薩霊験記』などがそれであり，一方それらの基盤となった説経*唱導の資料としても，『東大寺諷誦文稿』（9世紀初め），

『法華修法一百座聞書抄』『打聞集』などが遺存する．

こうした仏教説話文学の累積を受けて，12世紀も中葉近い頃に登場したのが*『今昔物語集』であり，そこではインド・中国・日本三国の仏教説話はもとより，もろもろの世俗的話題までが編者の仏教的世界観の中に組みこまれて集大成されている．説話集の形態をとった仏教説話文学の一つの到達点とみるべきものであるが，そうした達成には，当時の説経が仏教以外の話題をも積極的に取り入れていた現実も影響するところがあったろう．

【鎌倉時代以降】続く鎌倉時代も，特に初中期は前代をしのぐ仏教説話文学の隆盛期で，作品数も多く，内容も一段と多様になった．中でも*通夜物語的構想のもとに六道苦を説いて往生十二門を教示した*『宝物集(ほうぶつしゅう)』，出家遁世者の求道(ぐどう)への憧憬と隠逸趣味から生れた*『発心集(ほっしんしゅう)』*『閑居友(かんきょのとも)』*『撰集抄(せんじゅうしょう)』，平俗な表現と卑近な話題を交えて法門を説いた*『沙石集(しゃせきしゅう)』*『雑談集(ぞうたんしゅう)』などは，それぞれに中世的個性に富む特筆すべき作品である．説経資料として三国仏教説話を集めた*『私聚百因縁集(しじゅひゃくいんねんしゅう)』や同類の『百因縁集』(上巻のみ現存)なども，*『言泉集(ごんせんしゅう)』『普通唱導集』(1302年頃)のような唱導集の存在と相俟ってみのがしがたい．一方，寺社の物語縁起や霊験記，地蔵・観音などの仏・菩薩利益集が多出したのもこの時代である．それらには絵巻物仕立てのものも多く，同類の説話性に富む高僧の伝記行状絵巻類，浄土変相図・六道絵・十界図などとともに民衆勧化にかかわるところが多かった．

室町時代以後近世を通じて，作品自体は依然として編集され，近世に入ると制作数は絶頂に達する．一方，説経*談義の盛行もそれにともない，仏教を介しての説話と民衆との接触も時代を追って拡大していった．

なお，集的形態をとったもののほかに，個々の仏教説話が単独で一編の物語に成長したり，あるいは他の文学ジャンルに摂取されて独自の展開を遂げた例も少なくない．また説話が法語文学に果した大きな役割，説経によって民間に伝播された説話の昔話としての再生など，仏教と説話との関係はきわめて広範多岐にわたるものがある．

世法 せほう　〈世間法〉の略．〈*仏法(ぶっぽう)〉に対する．俗世間のことがら．泡沫のような*有為(うい)無常の俗事のために苦悩する迷界の定めをいう．仏法は迷界からの出離を勧めることを基本とするが，大乗仏教では，現実の中に仏法を生かすということから，世法を肯定する．諸経典にも，「是法住法位，世間相常住」〔法華経方便品〕，「若説俗間経書，治世語言，資生業等，皆順正法」〔法華経法師功徳品〕，「若深識世法即是仏法」〔合部金光明経〕，「所有種種異論呪術言語文字皆是仏説」〔大般涅槃経如来性品〕などと説かれる．「仏法世法，唐土天竺の事まで，ひきかけひきかけ申されければ」〔曾我3.臣下ちやうし〕

施米 せまい　米を施すこと，またはその米で，窮民救済事業の一つ．*祈禱(きとう)をこらし*加持(かじ)して与えるときは多く洗米(せんまい)が用いられる．また平安時代に行われた賑給(しんごう)の一つが施米とよばれ，勅命によって，毎年6月，京都の山寺などに住む貧しい僧達に米や塩が施された．*安居(あんご)中の僧を慰安する趣旨から，三国より米300石を徴集し，校書殿の官人が手分けして行なったものとされる．「施米は古(いにしへ)よりこの月におほやけの行はしめたまふ事なり」〔三宝絵下〕

施無畏 せむい　サンスクリット語 abhaya-dāna の漢訳語で，何ものをも畏(おそ)れぬ力(abhaya)を与えること(dāna)．衆生(しゅじょう)の種々の*怖畏(ふい)すなわち五怖畏などを取り除いて安心させて救済することで，三施(財施・法施・無畏施)の一つであり，〈無畏施〉ともいう．→布施．

なお，施無畏(abhayaṃ-dada)は*観世音菩薩(かんぜおんぼさつ)の異名としても用いられ，〈施無畏者〉〈施無畏薩埵(さった)〉ともいう．法華経普門品には「是の観世音菩薩摩訶薩(まかさつ)は，怖畏急難(bhīta)の中に於て，能く無畏を施す(abhayaṃ dadāti)．是の故に此の娑婆(しゃば)世界は，皆これを号して施無畏者と為す」とある．なおこれを象徴する〈施無畏印〉(無所畏の徳を施して怖畏を取り去る*印相(いんぞう))がある．「東山道下野国日光山満願大菩薩の利生，ことに余社にすぐれ給へり．其の本地を訪へば，妙観察智の所変，施無畏者の応跡なり」〔日光山縁起〕「仏像を見るに，我が先に施す所の帯

鞘の刀，施無畏の手に持せり」〔粉河寺縁起〕

施物 せもつ　*布施(ふせ)する物品．僧や貧窮者に与える食料・衣料など．「御祈禱の成否も善根の大小も，ひとへに御信心の浅深によるべし．施物の多少によるべからず」〔夢中問答上〕

施薬院 せやくいん　〈薬院〉とも略称．仏教の*慈悲の教義に基づいて，私的に，或いは公的に設置された貧窮者の生活医療保護施設の一つ．薬草を栽培したり，薬を蓄えて貧病者に施与することを主目的とした．593年(推古1)，*聖徳太子が難波に建立した*四天王寺に，その付属施設の四箇院(しかいん)の一つとして設置されたというが確かではない．730年(天平2)4月には*光明皇后が皇后宮職(こうごうぐうしき)に施薬院を設けた．その後，それは政府の所管に移ったと考えられるが，詳細は不明．825年(天長2)には，使(し)・判官(じょう)・主典(さかん)・医師(くすし)各1人が置かれている．この公的施設は，平安時代には衰えたが，1585年(天正13)に施薬院全宗(ぜんそう)によって豊臣秀吉の後援を受けて一時期復活した．なお，鎌倉時代後期に，極楽寺*忍性(にんしょう)らによって，鎌倉桑谷に四天王寺四箇院をモデルとして，施薬院的施設として療病院・*悲田(ひでん)院が作られた．→四院(しいん)，福田(ふくでん)，社会福祉と仏教．

世友 せゆう　⇒ヴァスミトラ

禅 ぜん　〈禅〉は，精神の安定と統一を意味するサンスクリット語 dhyāna の俗語形，jhān の音写語，〈禅那(ぜんな)〉の省略形であるといわれているが，この言葉は，〈*定(じょう)〉とも意訳されるため，両者を合して〈*禅定(ぜんじょう)〉という言葉もしばしば用いられている(なお dhyāna は，しばしば〈*静慮(じょうりょ)〉とも意訳されている)．また，これと似た用語として，samādhi(〈*三昧(さんまい)〉〈三摩地(さんまじ)〉と音写，〈定〉〈正受(しょうじゅ)〉と意訳)，samāpatti(〈三摩鉢底(さんまぱってい)〉と音写，〈等至(とうじ)〉と意訳)，yoga(*ヨーガ，〈*瑜伽(ゆが)〉と音写)，śamatha(〈奢摩他(しゃまた)〉と音写，〈止(し)〉と意訳)などがあるが，それが示す範囲に多少の相違は見られるものの，いずれも〈禅定〉の意味で用いられている．インド古来の伝統的修行法であるヨーガが仏教に取り入れられたものであり，仏教においても原始仏教以来，極めて重要な位置づけが与えられているが，特に中国においては，*禅宗の成立によって，インドとは全く異なる，新たな〈禅〉概念が形成された．

【仏教における禅】ゴータマ-ブッダは，出家する以前から禅定を実践していたといわれ，出家後もアーラーダ-カーラーマやウドラカ-ラーマプトラに従って修行を重ね，最終的な悟りを得たのも禅定においてであったとされる．そのため，原始仏教以来，禅定は，正見・正思・正語・正業・正命・正精進・正念・正定の〈*八正道(はっしょうどう)〉の一つ，戒・定・慧の〈*三学(さんがく)〉の一つに数えられ，滅諦(めったい)や慧，すなわち悟りを開くための要件とされ，また，修道をめぐる思索の進展とともに，欲界定(よくかいじょう)・*四禅(しぜん)・*四無色定(しむしきじょう)など，種々なレヴェルの禅定が考えられるようになっていった．大乗仏教の成立後も，禅定は*六波羅蜜(ろくはらみつ)の一つに数えられ非常に重視されたが，*首楞厳三昧(しゅりょうごんざんまい)などの独自の禅定が説かれるとともに，*『大智度論』の外道(げどう)禅・声聞(しょうもん)禅・菩薩(ぼさつ)禅の区別に見るように，大乗の禅定を小乗のそれに勝るものと位置づけるようになった．また一方で，*維摩経(ゆいまぎょう)に見るように，*空(くう)思想の進展に伴い，悟りの境地はあらゆる囚われから自由でなくてはならないと考えられるようになり，禅定への執着の批判が重要なテーマとされるに至った．しかし，禅定が，ブッダの悟りを追体験する，すなわち，経典の記載を確認するための方法として，常に重んじられたことは否定しがたい．

【禅宗における禅】中国に仏教が流入した後も，禅定は重要な修行方法であり続けたが，その一方で，中国の固有思想の影響もあって，禅定に対する見方にも変化が生じた．特に中国的性格を多分に有する禅宗では，従来とは全く異なる，新たな〈禅定〉理解が行われるようになった．インド以来，禅定は精神統一という一つの修行法を指すに過ぎなかったのであるが，禅宗では，それに先立つ生活規範や，それによって得られる悟りも，それと一体のものと考えられるようになったのである．このため，禅宗では，〈禅定〉という言葉がほとんど用いられなくなり，単に〈禅〉とのみ呼ばれるようになっていった．こうした変化は，人々の関心の中心が，禅定の持つ神秘体験や超能力から，悟りをいかに現実に生かしてゆくかという点に向けられるようになったことを示すものといえる．この傾向は，すでに*北宗(ほくしゅう)禅にも見られたものであるが，その後，いよいよ強化され，*荷沢宗(かたくしゅう)を経て，ついには，〈平常心是道(びょうじょうしんぜどう)〉，すなわち，日常と悟りの*相即を説く馬祖(ばそ)禅が成立するに至った．馬祖禅では，日常生活においていかに悟りを体現するかが主要なテーマとなったため，禅*語録に表現されているように，〈禅〉は禅僧の言動によって表現されるべきものとなり，インド以来，この言葉が持っていた静的な性格は完全に失われた．さらに，彼らは自らの悟りに絶対の自信をもったから，経典の価値を限定的なものと考えるようになって，〈禅〉は経典から切り離されるに至った(*教外別伝(きょうげべつでん)，*不立文字(ふりゅうもんじ))．ここにおいて〈禅〉は，中国における全く新たな思想運動であった〈禅宗〉の価値観の体系そのものを示す用語と化したのである．

【禅の展開】*馬祖道一以降も禅宗は発展を続け，ついには中国仏教の主流となった．そのため，時代や禅僧の性格などによって〈禅〉にも様々な傾向の相違が見られるようになった．すなわち，唐末から五代にかけては，*潙仰宗(いぎょうしゅう)・*臨済宗(りんざいしゅう)・*曹洞宗(そうとうしゅう)・*雲門宗(うんもんしゅう)・*法眼宗(ほうげんしゅう)の，いわゆる〈五家〉が成立し，互いに宗風を競ったが，宋代以降は臨済宗と曹洞宗が中心となり，南宋時代には，それぞれの系統において*看話禅(かんなぜん)・*黙照禅(もくしょうぜん)という特徴的な禅風を挙揚するようになった．一方で，教外別伝・不立文字という立場への反省もあって〈教禅一致〉や〈禅浄双修〉などの運動も起こり，さらには，〈儒禅一致〉や〈三教一致〉なども唱えられるようになった．

日本に禅が定着したのは鎌倉時代で，中国では時あたかも南宋時代であったため，*栄西(えいさい)や*円爾(えんに)，*道元(どうげん)らによって看話禅や黙照禅が移入された．室町時代には，〈禅〉は中国文化の一環として一般にも広く受け入れられ，いわゆる〈禅文化〉が形成された．一方で*叢林(そうりん)は，臨済宗も曹洞宗も〈密参禅〉化し，禅修行も行われなくなって活力を失っていった．しかし，江戸時代になって明の*隠元隆琦(いんげんりゅうき)が渡来し，再び*僧堂生活を持ち込むと，復興の気運が醸成され，曹洞宗の卍山道白(まんざんどうはく)(1636–1715)や臨済宗の*白隠慧鶴(はくいんえかく)らが現れて今日の禅宗の基礎を築いた．とりわけ白隠は看話禅を革新して多くの弟子を養成し，その法系は明治以降，臨済宗の全てを覆うようになった．近代になると，禅思想は*西田幾多郎らの京都学派によって，西洋の哲学の限界を超えるものとして取り上げられ，また，*鈴木大拙によって海外にも紹介されて注目を集めたが，彼らの思想も白隠系の禅僧への参禅によるところが大きい．

善悪 ぜんあく　〈ぜんなく〉〈ぜんまく〉とも読む．*パーリ語の原始経典によると，〈善〉の原語としては puñña(*s*: puṇya)，kalyāṇa，bhadra，kusala(*s*: kuśala)，〈*悪〉の原語としては pāpa，akusala(*s*: akuśala)があげられる．また，善悪に関する説としては，*止悪修善(しあくしゅぜん)と善悪超越(ちょうおつ)の二説があげられる．〈止悪修善〉については，*法句経 183に「もろもろの悪をなさず，善をたもち，みずからの心を浄めることこそ，諸仏の教えである」と説いており，*七仏通戒偈(しちぶつつうかいげ)と呼ばれて尊重された．一方，〈善悪超越〉は仏の境地(*涅槃(ねはん))をいったもので，「善と悪とを捨て，目ざめた者」〔法句経 39〕，「善と悪とを捨て，…生死を超越した者」〔スッタニパータ 520〕などと説かれる．仏は悪のみならず，善をも捨て，超越するということは，一般の善悪論が*功徳(くどく)・*利益(りやく)を目的としたものだからで，善を意味する puñña(puṇya)などが，しばしば〈福〉と漢訳され，*因果についていえば，善因楽果・悪因苦果とされたところである．

*阿毘達磨(あびだつま)(論)によると，善と悪に*無記(善でも悪でもない中性)を加えて*三性(さんしょう)という．善は安穏の性で可愛(好ましい)の果を招くと，悪は不安穏の性で非可愛の果を招くと，定義される．あるいは善因楽果・悪因苦果という(俗に善因善果・悪因悪果といわれるのは厳密には誤り．道徳的に善あるいは悪の行為が因となって生ずるのは楽あるいは苦なる結果であるが，それは道徳的には無記である)．

善・悪をそれぞれ*勝義(しょうぎ)と*自性(じしょう)と*相応(そうおう)と等起(とうき)とに分かつことがある．勝義善とは涅槃，自性善とは無貪(むとん)・無瞋(むしん)・無癡(むち)・慚(ざん)・愧(ぎ)，相応善は自性善に相応する意業(いごう)，等起善は相応善によって起こされる身業(しんごう)・語業(ごごう)．勝義不善は*生死(しょうじ)，自性不善は*貪・瞋・癡・*無慚・無愧，相応不善は自性不善に相応する意業，等起不善は相応不善によって起こされる身業・語業である．

善を*有漏(うろ)・*無漏(むろ)に分かつことがある．有漏善とは未来に楽果をもたらすものをいい，無漏善とは涅槃を得るに役立つものをいう．すなわち，善悪は*業(ごう)の因・果の観念に基礎を置いた道徳的評価であるが，仏教の目指す究極である涅槃は業の因果，道徳上の善悪，を超えたところにあり，それは勝義の善と呼ばれる．それに至る道は，善悪因果の世界(有漏の世界)を抜け出す実践であり，すなわち無漏の善である．そのほか，いろいろと善の種類分けがなされたが，十悪を離れることを*十善と称し，十善の行為を十善業道といった．→悪，性悪説(しょうあくせつ)．

「善悪の報は影の形に随ふがごとく，苦楽の響きは谷の音に応(こた)ふるがごとし」〔霊異記上序〕

染衣 ぜんえ　〈ぜんね〉とも読む．出家者の衣．インドの僧団で着ていた*法衣(ほうえ)は，kaṣāya，kāṣāya といい，古布をつぎ合わせたもので，濁った色に染まっていた．この語の音写が〈*袈裟(けさ)〉であり，時に〈染衣〉と漢訳された．また出家すれば，剃髪し，染衣を着るから，漢語〈染衣〉は出家することをも意味する．〈染服〉も同義．なお，中国では黒い法衣を着るようになったので，漢語〈*黒衣(こくえ)〉〈*緇衣(しえ)〉(黒い衣)が僧の衣を意味するようになり，それを受けて日本では，〈染衣〉に黒衣，墨染(すみぞめ)の衣の意を生じた．「剃髪の後，染衣を著して受戒し給ふ」〔明月記建永 1.11.27〕「住持三宝といふは，画像木像は仏宝なり．かきつけたる経巻は法宝なり．剃髪染衣は僧宝なり」〔拾遺黒谷上人語灯録下〕

仙厓 せんがい　1750(寛延 3)–1837(天保 8)　〈仙崖〉とも書く．臨済宗の僧．諱(いみな)は義梵，仙厓は字である．別に百堂・虚白・阿摩訶和尚・無法斎・天民・退歩などと号した．美濃国(岐阜県)に生まれ，清泰寺空印を師として得度．その後諸国を歴遊して学び，博多の*聖福寺(しょうふくじ)盤谷に迎えられ，聖福寺 123 世を継承した．書画をよくし，人の意表に出る多くの遺例がある．特に禅味あふれる小画に短い自賛をつけた禅画は，海外にも紹介され評価されている．88 歳をもって示寂し，普門円通禅師と勅諡された．

旋火輪 せんかりん　[*s*: alāta-cakra]　松明(たいまつ)などをぐるぐる回すと，あたかも火の輪があるように見えるが，実際にあるのは刻々に移動している一つの松明にほかならない．そこから，*顚倒(てんどう)，つまり誤った認識，虚妄のたとえとして用いられている．またすべては実体なく，変滅することや衆生が執着して輪廻転生(りんねてんしょう)することにも譬える．

漸教 ぜんぎょう　⇒頓教・漸教(とんぎょう・ぜんぎょう)・

善巧方便 ぜんぎょうほうべん　[*s*: upāya-kauśalya]　仏・菩薩(ぼさつ)が衆生*教化(きょうけ)のために設ける巧妙な手だて・手段のこと．upāya は，近づくこと・到達すること，またそのための手段・方法を意味する．「釈迦・弥陀は慈悲の父母，種々に善巧方便し，われらが無上の信心を，発起せしめたまひけり」〔三帖和讃〕．→方便．

遷化 せんげ　〈遷移化滅(せんいけめつ)〉の意．すなわち，移り変化し，滅することで，仏教では僧侶が死去することの意で用いられる．しかし，漢語としての本来の意義は『前漢書』外戚伝上の孝武李夫人の条の例にみえるように，僧俗にかかわらず，人が死ぬことを意味した．なお，仏教では〈化を遷す〉と解して，この世界における*教化(きょうけ)を終えてその教化を他土に遷す(すなわち，この世界で死去すること)の意に取る解釈法もある．「高丘親王出家得度，弘法大師の御弟子に成り給ふ．入唐してかしこにて遷化し給ふ」〔愚管抄 2.嵯峨〕

『禅源諸詮集都序』 ぜんげんしょせんしゅうとじょ　唐・圭峰*宗密(けいほうしゅうみつ)撰．2 巻．宋・嘉祐 7 年(1062)刊．宗密は『禅源諸詮集』と題して，旧来の禅関係の著作を蒐集，抜粋したアンソロジーを編集していたとされるが現存せず，その総序である『都序』のみが伝わる．宗密の主張の基本は*教禅一致にあり，*華厳宗(けごんしゅう)における 5 祖の地位と，*荷沢宗(かたくしゅう)の法嗣(はっす)たる自覚とを矛盾なく統合するための体系を本書に示した．

禅の本源を本覚真性(ほんがくしんしょう)(*仏性(ぶっしょう))とし，これをもとに，*定慧(じょうえ)・理行(りぎょう)などを説明する．また，禅を 5 種，すなわち，外道禅・凡夫禅・小乗禅・大乗禅・最上乗禅に分類し，その最も高次の最上乗禅は，衆生の心は本来清浄でその心こそが仏であると悟る禅とされる．次いで教禅一致説を展開するに当たっては，教の3種，すなわち，密意依性説相教(*小乗および*唯識)・密意破相顕性教(般若空観系)・顕示真心即性教(*如来蔵系)と，禅の3宗，すなわち，息妄修心宗(*北宗系)・泯絶無寄宗(*牛頭禅，石頭系)・直顕心性宗(馬祖系，荷沢宗)とを対比させ，両者が融合して一致することを明らかにする．

漸悟 ぜんご　段階的に修行を積んで*悟りに達すること．段階を経ずに一気に悟りに達する〈頓悟〉に対する．禅門では頓悟を主張し，漸悟は低次の立場とされた．→頓悟．

善光寺 ぜんこうじ　長野県長野市長野元善町にある単立宗教法人．現在，天台宗の大勧進と浄土宗の大本願とが管理する．山号は定額山．

【創建の由来】本尊は552年(欽明13)百済の*聖明王から献上された*三国伝来の〈一光三尊〉(後光に阿弥陀・観音・勢至の三尊が現れる)の阿弥陀如来という．創建については諸説があり不詳．『善光寺縁起』では，当時の疫病流行の原因が本像崇拝にあるとした物部守屋(?-587)が本像を難波堀江に捨てた．これを602年(推古10)に本田善光が得て信濃国の自宅に安置し，さらに水内郡に遷して一寺が建立されて，善光の故事に因んで〈善光寺〉の勅額を賜ったとする．→善光寺式阿弥陀三尊．

【盛衰】当寺は中世以降，阿弥陀信仰の高まりで広く信奉され，「牛に引かれて善光寺参り」という説話も生まれた．多くの火災と復興を重ねるが，ことに上杉謙信(1530-78)の兵火に類焼してより，本尊は武田信玄(1521-73)により甲府の善光寺へ，さらに織田信長(1534-82)が美濃国へ，織田信雄(1558-1630)は尾張国甚目寺(愛知県海部郡)へ，徳川家康(1542-1616)は鴨江寺(静岡県浜松市)や甲府の善光寺へ，豊臣秀吉(1536-98)が京都*方広寺へ遷座させるなど移安を繰り返した．1598年(慶長3)に至り，本寺に戻されたという．当寺は中世には大本願(尼寺．当初天台宗*聖護院が善光寺の本寺．のち東叡山*寛永寺に移るが，なお大本願の宗旨は浄土宗．1686年(貞享3)に天台宗に改宗され，1876年(明治9)に浄土宗に復帰)が歴代*住持として寺務職を担っていたが，近世に入って大勧進重栄が出て大本願の支配を離れるに及び，両者は対峙して訴訟を重ねた歴史がある．

現在の*本堂は1707年(宝永4)の再建で，その壮大な建築は様式の特異性と相まって，近世大寺院建築の代表的存在とされている．他に山門(1750)や*経蔵(1759)があり，寺宝には鎌倉時代の阿弥陀三尊像(銅造)や釈迦涅槃像(銅造)がある．*門前町として今日の長野市の基盤をなした．

【文学作品への影響】本寺は中・近世文学との関係も深い．特に本寺の縁起譚は善光寺信仰を背景に人気を呼び，それに取材した作品に御伽草子の『善光寺の本地』や，『月界長者』『善光寺』などの浄瑠璃がある．また『曾我物語』に伝える虎御前の本寺止住と*廻国遊行は，曾我説話の成立と伝播にかかわるものとして注目されている．

善光寺式阿弥陀三尊 ぜんこうじしきあみださんぞん　552年(欽明13)百済から請来され，602年(推古10)秦巨勢大夫(一説には本田善光)が信濃(長野県)に運んだと伝える*善光寺本尊である阿弥陀三尊像の模像．平安時代末から鎌倉時代にかけ*浄土教の隆盛に伴い，わが国に初伝という善光寺本尊の模刻が流行し，遺品は関東を中心に，ほぼ全国的に分布する．銅造が多く，通常は*中尊と左右*脇侍を1枚の*光背に配した〈一光三尊〉形式で，中尊は通肩の衣をまとい，右手を*施無畏印，左手は垂下して第2，3指を伸ばし，脇侍は八角形の*宝冠をいただき，両手を胸前で上下に合わせるのが定形．在銘像では1195年(建久6)の甲府・善光寺像(山梨県甲府市)が最古の遺品である．なお善光寺の一光三尊像については『善光寺縁起』に種々説くところが多い．「純金の一光三尊の阿弥陀仏像，長一尺五寸，同じく脇士観世音菩薩・得大勢至菩薩像，各長一尺．同じく経論・幡蓋を副へ奉る」〔善光寺縁起 1〕「この旦那，善光寺の一光三尊を鋳奉りて，この堂に安置して」〔沙石集 2-3〕．→阿弥陀像．

洗骨 せんこつ　いちど埋葬した死体を，腐肉の土化したころに取り出して遺骨を洗浄し，再度埋納すること．東南アジアから東アジアの太平洋岸に広く分布する葬法の一つである．日本列島でも縄文期の遺跡にその痕跡がみられ，八丈島では近来まで見られた．ことに顕著なのは南西諸島で，死後3年•5年•7年など期限は一定していないが，必ず洗骨ののち供養巫儀くようふぎを行い，骨甕に入れて再葬した．*火葬を主とする仏教地帯では早く廃止された．→遺骨．

善根 ぜんこん [*s*: kuśala-mūla]　〈ぜんごん〉とも読む．〈善本〉〈徳本〉とも漢訳される．善根は，善を樹木の根にたとえたもの．すなわち根が花や果実をつけるもとであるのと同様に，善はよい*果報かほうをもたらすもとであることからの造語．また無貪むとん•無瞋むしん•無癡むちの三つを〈三善根〉という．「今善根を修せずは，悪趣に堕ちむ事疑ひあらじ」〔今昔13-19〕

善哉 ぜんざい [*s*: sādhu]　訓読すると〈よきかな〉．賛意•称讃のことば．いいぞ，そのとおりだ，すばらしい．人の言動をたたえる表現として，中国古典においては『論語』顔淵をはじめ広く用いられる．仏典では，仏が弟子の述べたことを承認し，賞める際に定型句として用いられる．「天人来たりて『善哉善哉，まことにこれ菩薩』と唱ふ」〔三宝絵上〕

善財童子 ぜんざいどうじ [*s*: Sudhana-śreṣṭhi-dāraka]　*華厳経けごんぎょう入法界品に登場する*求道ぐどうの童子で*菩薩ぼさつの名．福城の長者(グリハパティ)の家に生まれ，生誕のとき種々の珍宝が降り蔵に満ちたところから，この名を得たという．文殊師利菩薩もんじゅしりぼさつ(*文殊菩薩)に会い*発心ほっしんして南方へ求法の旅に出発，観音•弥勒みろくなど53人の*善知識を遍歴し，最後に*普賢菩薩ふげんぼさつに会って*大願の法門を聴聞し普賢の行位を*具足し，*正覚しょうがく•*自在力じざいりき•*転法輪てんぼうりん•*方便力ほうべんりきなどを得て，*法界ほっかいに証入するに至る．

善財の求法の旅は菩薩の修道の階梯を示すものと解され，古来より仏教徒に親しまれて偈賛げさんに表されたり絵図に画かれたりした．遺例に，*ボロブドゥールの善財童子歴参の浮彫図(8-9世紀)，*敦煌莫高窟とんこうばっこうくつ壁画の華厳経変相(9世紀)があり，わが国の*『華厳五十五所絵巻』(平安末期)は，善財童子の善知識歴参の物語を描いた絵巻である．なお俗説によると，東海道五十三次は，これに由来するといわれる．

占察経 せんさつきょう　2巻．偽経．〈占察善悪業報経せんさつぜんあくごうほうきょう〉〈地蔵菩薩業報経〉〈大乗実義経〉ともいい，〈漸刹経〉とも書く．説主は*地蔵菩薩．上巻では，木輪相を用いて*宿世すくせの善悪業および現世の苦楽吉凶を占って度脱どだつを求める法を明らかにし，下巻では*大乗に向かおうとする者は先ず衆生の心体こそが真の依りどころであることを知るべきだとし，それによって*信解しんげを修める者に唯心識ゆいしんしき観と*真如しんにょ実観の学習を提示する．この経典は上巻は〈大方広地蔵十輪経〉に基づき，下巻は*『大乗起信論』の教義を整備して中国で作られたものである．注釈書には明代の*智旭ちぎょくの『玄義』1巻などがある．

この占察経に基づく塔懺法とうせんぼうが中国の広州(広東省)から青州(山東省)まで伝播し，中国に留学していた*円光えんこうがこれを新羅しらぎに伝え〈占察法会〉を開き大衆教化につとめ，その後統一新羅時代の真表しんぴょうによって定着したとされる．また，円光はこの占察法会を恒常的に運営するために経済的な資源となる占察宝を設置し，この占察法会は嘉栖寺•安興寺•道場寺•興輪寺などで開かれたとする．

禅師 ぜんじ [*s*: dhyāyin]　仏教者の中で特に*禅定ぜんじょうに秀でた人をいう．〈瑜伽師ゆがし〉(yogin)とか〈瑜伽行者〉(yogācārin)と同意にも用いる．天台宗•浄土宗などでも用いるが，後には特に達磨系の禅を奉ずる人を言う場合が多い．「師曰く，経師に自ずから経師有り，論師に自ずから論師有り，律師に自ずから律師有り．院主，貧道の什麼なんの処をか怪しまん」〔祖堂集薬山章〕とあるように，達磨系に属するという自覚が他と区別させたもの．また，勅号として唐の*神秀じんしゅうが〈大通禅師〉を賜ってより，禅師号を特にもつ人をさす．宮中に奉仕する*十禅師のように，験力げんりきのすぐれた僧をさす場合もある．日本における禅師号は*蘭渓道隆らんけいどうりゅうに対する〈大覚禅師〉にはじまる．「その山に浄行の禅師ありて修行す．その名を寂仙菩薩とす」〔霊異記下39〕「洛陽より禅師なる僧請じて，宗風など伺ひ」〔沙石集10本-2〕

戦時教学 せんじきょうがく　昭和の戦時期に天皇

や国家を絶対とし，日本軍の戦いを聖戦として賛美した宗教教義．キリスト教・神道・江戸末以来の新宗教などについてもいわれるが，伝統的な仏教教団の戦時中の教義を指す場合が多い．明治維新以後，*廃仏毀釈の痛手を受けた仏教教団は，キリスト教を国家に害あるものと非難して仏教側の国家に対する忠誠を強調し，日清・日露戦争の際には戦争協力も始めていたが，昭和6年(1931)に満州事変が起ると，仏教排撃を叫ぶ国粋主義者や宗教を管理下に置こうとする政府の圧力を受け，各教団の国家への迎合の姿勢はさらに強まった．昭和12年(1937)に日中戦争が始まると，各教団は国民精神総動員運動に率先して協力している．

各教団は，日本における国家と仏教の結びつきが伝統的なものであることを示すために，*聖徳太子と*聖武天皇を礼讃し，宗派の根本文献から不敬とされる部分を削除するなどしたほか，宗の教義そのものを大幅に変えて皇道・国体と自宗の教義の一致，時には皇道・国体の優位を説き，戦争を聖戦・慈悲行として合理化しつつ，アジア諸国にそうした皇道仏教を広めようとした．一方，そのような風潮を批判する者は非難され，中には投獄されて獄死した者もいる．戦後，市川白弦を初めとして仏教の戦争責任を批判的に検証しようとする動きが現れ，浄土真宗を中心に戦時教学の見直しが進められているが，未だ十分に解明されるに至っていない．

『撰時抄』 せんじしょう　*日蓮著．5巻．1275年(建治1)の成立．蒙古襲来による日本亡国の危機に対し，日本国の救済は法華経への帰依によってのみ可能であると論ずる．日蓮は*五義の〈時〉を中心に，他の教・機・国・師との関係を論じ，仏滅後から*末法に至る仏法流布の歴史を検討して，末法こそが法華経の広まるべき時であり，日蓮こそが末法の導師であることを明らかにした．さらに諸宗，特に真言宗が亡国の悪法であると批判している．日蓮の五大部の一つ．

専修 せんじゅ　他の*行をさしおいて，専ら*一行のみを修すること．特に浄土教で専ら*阿弥陀仏の名を称えることをいう．さまざまな行を雑え修する〈雑修〉に対する．阿弥陀仏を対象とする*読誦・*観察・*礼拝・*称名・*讃歎供養の5種の正行(善導『観無量寿経疏』に説かれる)のみを修するか，あるいはその中の称名だけを修することを〈専修〉という．他方他の仏・菩薩に対するさまざまな雑行をまじえるか，称名(*正定業)以外の4種の*助業をまじえる修行を〈雑修〉という．*法然によって重視され，ここから法然一派の立場は〈専修念仏〉と称された．「唐の世に善導和尚と申し候ひし人，往生の行業において，専修・雑修と申す二つの行をわかちてすすめ給へる事なり」〔法然消息〕．→正行・雑行．

善珠 ぜんじゅ　723(養老7)–797(延暦16)　奈良末から平安初期に活躍した*法相宗の学僧．慈恩大師*基の再来と言われた．*秋篠寺の開基と伝承され，〈秋篠の僧正〉〈秋篠の善珠〉とも称される．俗姓は阿刀氏．大和国の出身．興福寺で*玄昉に師事して法相を学び，また*因明の学を修めた．793年(延暦12)正月，*比叡山文殊堂の落慶供養で堂達を勤め，翌年9月には*根本中堂の落慶供養の*導師を勤仕した．797年(延暦16)正月，早良親王の霊が安殿親王(平城天皇)を悩ましたおり，般若経を講じて験あり，その病悩平癒の功により僧正に任ぜられた．同年4月21日秋篠寺にて示寂．安殿親王はその死を悼み，善珠の形像を図して同寺に安置したと伝えられる．著作は『唯識義灯増明記』4巻，『法苑義鏡』6巻，『唯識分量決』1巻，『因明論疏明灯抄』12巻など，非常に多い．

禅宗 ぜんしゅう　中国と日本の仏教の一派．*禅，または*坐禅を宗とする人々の集まりで，〈禅仏教〉ともいう．坐禅の仕方そのものは，紀元前250年頃の『シヴェーターシヴァタラ-ウパニシャッド』や紀元100年頃の*『バガヴァッド-ギーター』に説く*ヨーガの技術と，今日の禅宗各派で行われる坐禅儀の説とのあいだに大きな違いはないようであるが，そうした禅の実践に基づいて歴史的に生みだされる世俗の思想と文化には，民族の風土と時代によって千差万別の展開がある．

【成立と展開】今日禅宗とよばれる宗派は，北魏末に中国に来たインド僧*菩提達摩(達磨)を初祖とし，唐より宋代にかけて，臨済(りんざい)・曹洞(そうとう)・潙仰(いぎょう)・雲門(うんもん)・法眼(ほうげん)の5家に分れ，さらに臨済より黄竜(おうりゅう)・楊岐(ようぎ)の2派が出るのを合わせて，〈*五家七宗(ごけしちしゅう)〉とよぶのに始まる．禅宗の成立は，中国民族の歴史意識の成果である．宋代以後，五家七宗は臨済宗楊岐派と曹洞宗の2派だけとなり，互いに達磨の正統を主張する．鎌倉より江戸時代の初めにかけてそれらのすべての流派が日本に伝わり，いわゆる二十四流を数え，今日では*曹洞宗・*臨済宗・*黄檗(おうばく)宗の3宗に大別される．

禅宗という名称は，8世紀の末ごろに，チベット王に招かれてインド僧と対論した中国僧*摩訶衍(まかえん)が，みずから〈頓悟(とんご)禅宗〉と名乗るのにはじまる．達磨によって中国にもたらされた禅宗は，*慧可(えか)・僧璨(そうさん)・道信(どうしん)・*弘忍(こうにん)と伝えられ，弘忍門下から*北宗(ほくしゅう)禅の*神秀(じんしゅう)と*南宗(なんしゅう)禅の*慧能(えのう)の2派に分れたとされる．その後，慧能の南宗禅が栄え，*頓悟を標榜した．摩訶衍は慧能を祖とする南宗頓悟の立場であり，大乗仏教の*如来禅より中国民族の宗教としての*祖師禅への転化を意味する．*『臨済録』に，「禅宗の見解(けんげ)の如きは，直に現今にして更に時節無し」というように，禅宗の悟りは常に現在のことであった．

【禅文化の創出】坐禅のみを手段としない悟りの宗教としての禅宗は，*行住坐臥の作用のすべてを禅の実現としたから，*普請(ふしん)や*作務(さむ)とよばれる集団労働を重視し，俗語による日常の*問答によってその宗旨を宣揚した．そのため各人各様の無数の*語録をのこす一方，儒教・仏教・道教を一貫する民族文化の再編を求めて広く社会の各層に進出し，政治，経済，学問，倫理，芸術の分野にまで独自の禅文化を創出することとなる．日本においても*五山周辺に生れた多様で個性的な諸芸能は，詩文，書芸，絵画，建築，造庭，音曲，能楽，茶の湯など，いずれも禅宗の悟りに基づく稽古修行の理論をもつ．久松真一は，それらいずれの分野にも共通する七つの性格を指摘して，不均斉，簡素，枯高，自然，幽玄，脱俗，静寂とし，完全なものを内より破る絶対無の創造であると説明している．

『撰集抄』(せんじゅうしょう)　13世紀後半成立の仏教*説話集．*『発心集(ほっしんしゅう)』*『閑居友(かんきょのとも)』の流れを汲む．撰者は*西行に仮託されるが未詳．121話の広本と58話の略本がある．後世者(ごせしゃ)の理想像たる人々の発心，遁世，修行，往生に関する讃嘆話集で，撰者が廻国行脚の旅先で見聞採話した体裁をとり，各話の後半に*『摩訶止観(まかしかん)』の遁世思想を基調とした長文の感想，教説が展開する．ただし巻8のみは詩歌能芸の功徳話を集める．後世の伝説的西行像の形成に大きな役割を果した．

禅宗美術(ぜんしゅうびじゅつ)　【美術】禅宗寺院内で生み出された美術作品をいう．禅の精神を汲んで日本で成立した芸術は，*庭園・茶の湯(*茶道)・立花(りっか)(*華道)・能(*能楽)など多岐にわたるが，禅宗美術の核になるのは*仏像・*仏画・*水墨画・*墨跡などである．中国では唐時代末から特色ある作品が現れ，南宋時代にもっとも隆盛した．日本では鎌倉時代，建長5年(1253)の*建長寺創建以降，文化の主役に躍り出た．

仏像では釈迦如来(しゃかにょらい)または*毘盧遮那仏(びるしゃなぶつ)を本尊としてまつることが多い．釈迦如来は，禅が*釈迦の悟りを追体験することを目的とするため，毘盧遮那仏は，禅が華厳(けごん)と密接な関係を持つために選ばれた．日本では南北朝時代以降，毘盧遮那仏を〈宝冠釈迦如来〉と呼ぶようになった．ほかに*韋駄天(いだてん)，*伽藍神(がらんじん)なども禅宗に独特の像である．仏画では*羅漢(らかん)図，観音図(求道者*善財童子に教えを授ける*善知識としての)が多い．悟境に至る修行を重んじるためである．こうした画像は礼拝のためでなく，*行住坐臥(ぎょうじゅうざが)が常に修行であることを修行者に喚起する意味合いが強い．肖像画・肖像彫刻が多いことも大きな特色である．*師資相承(ししそうじょう)を重んじ，*伝法の証明として*頂相(ちんぞう)(禅僧の肖像画)を用い，また大寺院では多数の*塔頭(たっちゅう)を営み，肖像彫刻(頂相彫刻)を安置したためである．

一般に禅僧の書を墨跡という．偈頌(げじゅ)(仏教的な詩)，法語，額字などその内容，用途はさまざまだが，高僧の墨跡はその悟境を示すものとして尊ばれる．黄庭堅(こうていけん)，張即之(ちょうそくし)など宋時代の書家の書風が中国僧を通じて日本の禅僧の間にも広がった．水墨画は，*道釈画(どうしゃくが)や禅機図(ぜんきず)と呼ばれる*公案などを画題にしたものが特に禅宗と関係が深い．

禅僧が余技として描くこともあり，さらに進んで画僧(*如拙(じょせつ)，*雪舟(せっしゅう)など)も現れた．*五山文学が盛んになる室町時代には，複数の僧が賛(*讃)を寄せた詩画軸(しがじく)が生まれた．

禅宗美術はおもに臨済宗の寺院，特に五山派を中心に展開し，*林下(りんか)に広がって中国の宋・元・明時代の文化を鎌倉-室町時代の日本に伝える役割を果たした．鎌倉時代の建長寺・*円覚寺などでは中国的色彩の濃い文化が定着したが，室町時代に隆盛を迎えた京都の禅刹では*和様(わよう)化が進んだ．江戸時代には渡来僧*隠元隆琦(いんげんりゅうき)の創めた黄檗宗(おうばくしゅう)の寺院が，明・清の文化を伝える一方，*白隠慧鶴(はくいんえかく)など個性的な禅僧の造形活動が注目される．→浄土教美術，密教美術．

【建築】禅宗が*栄西(えいさい)によって請来され，建仁2年(1202)に*建仁寺(けんにんじ)が創建されたとき，*仏殿(ぶつでん)という言葉が登場するので，請来当初から禅宗らしい建築があったことが分かる．本格的な中国の禅宗の寺院制度が請来されたのは，建長5年(1253)に供養された建長寺からと考えられていて，同時に建築様式も中国的な*禅宗様(ぜんしゅうよう)が用いられたと推定されている．14世紀初頭の建長寺の主要*伽藍は，南から*三門(さんもん)・仏殿・*法堂(はっとう)と中心軸線上に置かれ，それぞれが*回廊で結ばれていた．両脇には南から，西浄(せいちん・せいじょう)(*東司(とうす)，便所)，*浴室，庫院(くいん)(寺務所，調食所)，*僧堂が並び，背後には*方丈があり，園池を望んでいた(→付録・伽藍配置)．後ろの山を含む園地には三重塔などがあって*境致(きょうち)を構成していた．禅宗寺院に特有の歴代住職の隠居所である*塔頭(たっちゅう)は漸次数を増やし，本寺をほとんど取り囲む場合さえあった．塔頭は塔所(住職の墓所)，方丈(客殿)，*庫裏(くり)という建築群からなり，それぞれ固有の形式をもっていた．禅宗建築は京都・鎌倉の*五山を中心に成立し，南北朝時代足利尊氏のもとで，*夢窓疎石(むそうそせき)らの禅僧が主導した*安国寺(あんこくじ)の制度とともに全国に広く流布した．また，園地に十境などの境致を配して鑑賞する方法は将軍・大名・貴族の邸宅の庭園のみならず，都市域の景物にまで広く及んだ．

禅宗様 ぜんしゅうよう　日本の禅宗寺院の建築に用いられた建築様式．中国宋の正統的建築様式をもとにして，国内でつくり上げられたと考えられる．〈唐様(からよう)〉といっていたが，最近は禅宗建築の様式であるので，〈禅宗様〉と呼ぶ．1202年(建仁2)建立の*建仁寺に用いられたと思われるが，どの程度宋風であったか明らかでない．1253年(建長5)供養の*建長寺に至って様式的に確立したと考えられ，以後，禅宗の発展とともに広まり，*和様(わよう)のうちに採り入れられ，室町時代には禅宗様の入らない建築は全く見られないようになった．

禅宗様は禅宗という宗派的背景を持っていたので，*大仏様(だいぶつよう)と違い，江戸時代まで純粋な形で禅宗寺院に用いられた．貫(ぬき)を用いて長押(なげし)を打たず，柱に礎盤(そばん)，粽(ちまき)があり，組物は柱上だけでなく，柱と柱の間にも設ける詰組(つめぐみ)とし，左右に二手(ふたて)の広がりがあり，垂木(たるき)を放射状とし，虹梁(こうりょう)上に大瓶束(たいへいづか)を立てて上の荷を支え，天井は周囲を化粧屋根裏，中央を鏡天井とし，窓は花頭窓(かとうまど)，扉は桟唐戸(さんからど)，随所に木鼻(きばな)，拳鼻(こぶしばな)などを付け，装飾的な細部が多い．13世紀の遺構がないので，伝来当初の形は明らかでなく，現存する14-15世紀の遺構はかなり日本化が進んだものと見られる．代表的な遺構としては*永保寺開山堂(14世紀中頃)，正福寺地蔵堂(1407，東京都東村山市)，*円覚寺舎利殿(15世紀初め)などがある．→寺院建築，付録(寺院建築4)．

千手観音 せんじゅかんのん　[*s*: Sahasrabhuja]　千の慈手・慈眼をもってあまねく*衆生(しゅじょう)を*済度するという*変化(へんげ)観音で，*六観音の一つ．〈千手千眼(せんじゅせんげん)観(世)音〉〈大悲(だいひ)観(世)音〉とも称し，その救済力のすぐれたところから蓮華部(れんげぶ)の王〈蓮華王菩薩(ぼさつ)〉とも呼ぶ．多くの像例では十一面をもつが，胎蔵曼荼羅(たいぞうまんだら)(→両界曼荼羅)には二十七面千手が描かれ，両脇に婆藪仙(ばそせん)と功徳天(くどくてん)があらわされている．合掌手(がっしょうしゅ)を除いて大きい40本の手に*持物(じもつ)があり，余手の950数本は*光背(こうはい)状の小手として表現する．

奈良時代後期(天平)この曼荼羅は知られていなかったが，請来されていた千手観音の経典*儀軌(ぎき)や*図像をもとに文字通り千本を表現した名像が*唐招提寺(とうしょうだいじ)金堂や葛井寺

(大阪府藤井寺市)に造立されている．これらは中国唐代(618-907)における盛んな千手信仰を受けた形で行われたもので，来朝した*鑑真や唐より帰国した*玄昉などの強い千手信仰を投影したものである．千手経典の書写も同様で，それ以後，千手観音の造像は平安時代最も盛んに行われて多くの霊像を残し，院政期から鎌倉時代にかけても蓮華王院本堂(*三十三間堂)の1001体の造立に象徴されるように，千手観音は*観音信仰の中心に位置したのである．*西国三十三所の*札所霊場でも，千手観音を*本尊とする寺は圧倒的に多いこともこれを物語るものである．

専修寺 せんじゅじ　三重県津市一身田町にある真宗高田派の本山．山号は高田山．もと栃木県芳賀郡二宮町高田にあり，*親鸞面授の弟子真仏(1209-58)を開基とする．当初は*善光寺式阿弥陀三尊を安置した如来堂であったらしい．高田門徒の拠点であったが，1470年前後(文明初年)に，10世真慧(1434-1512)が*本願寺に対抗しようと，布教の拠点として一身田に無量寿院を建て，13世尭真のころ教団の中心も移り，〈専修寺〉と改名した．親鸞自筆の著作や書簡集をはじめ多くの史料を蔵している．なお，高田の専修寺も残っており〈本寺〉とよばれる．

千手陀羅尼 せんじゅだらに　〈大悲心陀羅尼〉ともいう．現存する経典は十数本あるが，いくつかの類型に収められる．通常用いられるのは*不空訳の〈千手千眼観世音菩薩大悲心陀羅尼経〉．*千手観音の*功徳を説き，密教・禅宗において読誦される．千手観音は1千の手のそれぞれの掌中に1眼を持ち，延命・滅罪・除病そのほか所願成満の功徳があるとされ，日本においても奈良時代より信仰を集めた．特に*玄昉は，中国よりその信仰を伝え，自らも写経している．

善所 ぜんしょ [*s*: sugati]　*六道輪廻の世界において，善業の*功徳によって*衆生が赴くよい境涯．人間界・天上界(天上の神々の世界)の二つをいう．また，諸仏の*浄土も善所といわれる．〈善趣〉とも．悪所・*悪趣の対．「功徳を修する者は三悪道に堕ちずして，必ず善所に生まるる事疑ひなし」〔今昔3-24〕

前生 ぜんしょう　この世に生れる前の生涯．*前世における生．また，そのときの生の在りよう．〈*今生〉〈*後生〉に対する語で，*輪廻思想にもとづくもの．「生有る者は皆，前生の父母なり」〔今昔16-4〕

禅定 ぜんじょう　サンスクリット語dhyānaの音写である〈禅〉と，その意訳である〈定〉との合成語．心静かに瞑想し，真理を観察すること．またそれによって心身ともに動揺することがなくなり，安定した状態．大乗仏教の*菩薩が実践すべき修行徳目である*六波羅蜜の第5に配される．中国ではこの禅定を専らとする*禅宗の成立を見た．なお，霊山に登って禅定に入り，修行を積むことから，日本では霊山の頂上をさして禅定ともいう．「心中に歓喜し，身心安楽なること禅定に入るが如し」〔往生要集大文第2〕「この清川と申すは，羽黒権現の御手洗なり．月山の禅定より北の腰に流れ落ちけり」〔義経記7．直江の津〕．→禅，定．

善神 ぜんしん　インドで成立した仏教は，各地に広まるにつれてそれぞれの土地の神々を仏法守護の善神としてその体系に包摂し，人間界の上に位置する天上界に配当した．代表的な*護法善神である*梵天・*帝釈天・*四天王は，いずれも本来は古代インドの神々である．仏教が日本に伝来すると，日本の神々もまたこれらの善神グループのなかに組み入れられ，仏教の宇宙論の中に位置づけられた．院政期に入ると，守護の善神が日本を捨てて他方に去ってしまった，という表現が頻出する．*日蓮はこうした観念を継承しつつ，日本を*謗法の国と批判し，善神は守るべき仏法が失われたため，国を捨てて天上に帰ったと主張した(善神捨国・*神天上)．この思想は日蓮宗において，〈神祇不拝〉の根拠とされた．「自らの高徳を怙み，その沙弥を刑ち，護法嚬蹙み，善神憎み嫌ふ」〔霊異記中1〕

善信尼 ぜんしんに　574-?　日本最初の出家者．*司馬達等の娘(斯末売，嶋)．敏達朝に2人の少女と共に*出家し桜井道場に住んだ．その後，悪疫が流行したことから仏教迫害が起こり，3人の尼は海石榴市に禁固されたが，やがて蘇我馬子(?-626)のはからいで，桜井道場を再興した豊浦寺(建興寺ともいう．尼寺)に3尼が迎え入れられた．用明朝に善信尼らは馬子のはからいで百済に赴いて正式に*受戒し，やがて帰国した．→向原寺(むくはらでら)．

善水寺 ぜんすいじ　滋賀県甲賀郡甲西(こうせい)町にある天台宗の寺．岩根山医王院と号す．和銅年間(708–715)に元明天皇(661–721)の勅願により建立され，和銅寺と称した．のち*最澄が比叡山*根本中堂(こんぽんちゅうどう)の建築材を当山より搬出し，またこの地で桓武天皇(737–806)の病気平癒を祈願し，善水寺の号を賜って延暦寺の別院としたと伝える．鎌倉時代に将軍の祈願所となり，南北朝時代に火災に遭ったが，1364年(貞治3)延海(えんかい)が現*本堂を再建した．その後1571年(元亀2)に織田信長の焼き打ちを受けたが，本堂は焼亡を免れた．*和様(わよう)を基調とし，*内陣・外陣に分かれる密教本堂の形式を持つ堂内には，本尊の木造薬師如来像(993)をはじめ多くの平安・鎌倉期の仏像が安置されている．

山水屏風 せんずいびょうぶ　密教で*灌頂(かんじょう)あるいは*曼荼羅供(まんだらく)という法会をいとなむ際に，*導師の後方に立てて使用する山水(風景)を描いた六曲一双の屏風．灌頂などの儀式は，インドではもともと野外で修したが，中国・日本では堂内で行われたため，インドの方法になぞらえる意味でこれを用いるとされる．本来は宗教的な機能はなく，単に山水を描いた屏風であったが，日本では平安末期以降に法会の場に登場するようになった．山水の風景の中に唐風・和風の人物を配したものや，*空海にゆかりのある寺院の景観を描いたものなどがある．京都国立博物館の屏風(平安後期，*教王護国寺旧蔵)は最古の遺例で唐絵と大和絵の混淆がうかがえる．*神護寺の屏風(鎌倉前期)は純然たる大和絵屏風．

前世 ぜんせ　*三世(さんぜ)の一つで，この世に生れ出る前の世．訓読して〈さきのよ〉という．〈先世(せんぜ)〉〈過去世〉も同義．ちなみに漢語としての〈前世〉は，〈いにしえ〉〈前代〉の意で，『戦国策』楚策や『楚辞』離騒などの中国の古典に用例が見える．「この人は前世に木を伐(こ)る賤(いや)しき人と有りき」〔今昔2-16〕「さるべくてこそ，釈迦仏も九重(ここのへ)を出で給ひけれ．前(さき)の世の契りおはしますらん」〔狭衣3〕

善逝 ぜんぜい［s: sugata］　原語の漢訳語で，〈修伽陀(しゅがだ)〉〈須伽陀(すがだ)〉などと音写する．原意は〈よくゆきし人〉であり，幸福な人，完成した者，よく悟りに到達した人をも意味し，*仏のことを指称する．菩薩持地経(ぼさつじじきょう)には「(涅槃(ねはん))に上昇し永く復た還らず，故に善逝と名づく」とある．仏の*十号(じゅうごう)の第五で，第一の*如来(にょらい)と対応して，*彼岸(ひがん)と此岸(しがん)を自在に往き来できるという来往自在の徳の往の方面を表していると見ることもできる．「冥には十二神将，忝(かたじけな)く医王善逝の使者として凶賊追討の勇士にあひ加はり」〔平家7.返牒〕

占星術 せんせいじゅつ　天にみられる現象や天体の動きを地上の人間や諸物と対応関係におき，天文学や数学と表裏一体となって発達した未来予知学．やがて民間伝承の諸々の占いを包括した．

仏教占星術はインド占星術を主な源とする．現存最古のインド暦法書，*ヴェーダ祭式補助文献『ヴェーダーンガジョーティシャ』(*Vedāṅgajyotiṣa*，前5–6世紀頃)は月と恒星の位置関係による祭祀の時刻の決定を目的とし，およそ27.3日で天を1周する月の軌道近くの27または28の星や星群を星宿と定めた．各星宿には主宰神があり，占星術の解釈は主宰神の属性によって行われた．アンギラスが主宰するプシュヤ宿は吉祥な星宿とされ，仏陀の降誕はこの星宿に月が入った日であったといわれている(『ブッダチャリタ』(*『仏所行讃(ぶっしょぎょうさん)』)1.9他)．星宿中心の占星術書『シャールドゥーラカルナ-アヴァダーナ』(*Śārdūlakarṇa-avadāna*，1–2世紀頃)は3世紀呉の竺律炎(じくりつえん)と*支謙(しけん)によって〈摩登伽経(まとうがきょう)〉に，4世紀初頭西晋の*竺法護(じくほうご)によって〈舎頭諫太子二十八宿経〉に漢訳された．

一方，バビロニアで成立した，黄道十二宮と惑星によるホロスコープ占星術が数理天文学の発達と共にギリシアを経て，1–2世紀ごろインドに入った．西洋占星術と融合したインド占星術はヴァラーハミヒラ(Varāhamihira)の『ブリハットサンヒター』(*Bṛhatsaṃhitā*，6世紀前半)にみられる．さらに，8世紀唐の*不空(ふくう)によって〈宿曜経(しゅくようきょう)〉にまとめられ，806年*空海によって日本にもたらされた．現在でもインドを起源とする星宿や惑星の攘災儀礼が星祭りとして密教で行われている．→二十八宿，宿曜経，星祭り．

千僧供養 せんそうくよう　多くの僧を請じて行う法会の意．〈千僧供〉〈千僧会〉〈千僧斎〉ともいう．*『大智度論』2によれば，インドの*頻婆娑羅（びんばしゃら）王が*王舎城で毎日千人の*比丘（びく）の食事を用意することを命じたのに始まるといわれる．中国では六朝時代から行われ，梁（502–557）の沈約の『千僧会願文』などが残っている．わが国では652年（白雉3）内裏（だいり）の千僧供養に始まり，徳川時代まで断続的に行われた．なかでも752年（天平勝宝4）4月東大寺*大仏開眼供養の一万僧招請，1169年（嘉応1）3月平清盛の福原亭千僧供養，1595年（文禄4）豊臣秀吉が三度にわたり八宗の各百僧を請じた*方広寺大仏会などは著名で，秀吉の時，日蓮宗*不受不施派の問題が生じた．「法勝寺千僧供養に，鳥羽院御幸ありけるに，宇治左大臣参り給ひけり」〔宇治拾遺8〕「この盛重，千僧供ひくとて，やうやうの物をととのへて，わが身，子どもよりはじめて，人夫五千人に持たせて山へ上りけり」〔続古事談5〕

浅草寺 せんそうじ　東京都台東区浅草2丁目にある聖観音宗（しょうかんのんしゅう）の総本山．〈浅草（あさくさ）観音〉と通称する．1950年，天台宗より独立．山号は金竜山．寺伝では628年（推古36）現在の隅田川から観音像が示現（じげん）し祀ったといい，645年（大化1）に*本堂を再建した勝海を*開山，857年（天安1）に堂宇を増築した*円仁（えんにん）を中興開山とする．その後，平公雅（たいらのきみまさ）や源頼朝（1147–99），また北条・足利氏などにより修築・再建を繰り返すが，徳川氏からは祈願所とされ，寺領5百石を受けて興隆した．近世末期には境内の奥山に興行物が立ち並び，寺内町の仲見世は江戸屈指の盛り場として繁昌したという．摂社（せっしゃ）三社権現（現在の浅草神社）の三社祭（古くは3月，現在は5月中旬）をはじめ，*四万六千日（ほおずき市），歳の市（羽子板市）など，今日に続く祭礼行事も多い．戦災で多くを焼失，現本堂は1958年の再建．収蔵文化財としては，伝小野道風筆法華経，元版一切経などがあり，また本寺ゆかりの伝説としては，『廻国雑記』や『江戸砂子』に収める美女身代りの石枕伝説が有名である．

闡提 せんだい　⇒一闡提（いっせんだい）

千体仏 せんたいぶつ　千体を一組として造った仏像．平安後期の造寺造仏の大流行を背景に興隆した，多数の仏像を造ることを*作善とする数量的功徳主義から生まれたもの．インド以来の*千仏思想と直接の関係はない．1132年（天承2）供養の得長寿院観音堂安置の千体観音，1159年（保元4）供養の白河北殿堂の千体阿弥陀，1164年（長寛2）供養の蓮華王院本堂千体千手観音などが知られる．蓮華王院像は鎌倉時代の再興堂（*三十三間堂）に創建像の一部が残り，鎌倉以後の補作像を合せて1001軀が現存する．以上は彫像の例であるが，画像としてあらわされた千体仏の例もある．

先達 せんだつ　一般には学問・技術・修行などに通達し，他者を導く先輩をさす．特に修験道（しゅげんどう）などの山岳宗教で*峰（みね）入りを重ねて，道中や峰中の作法に精通して入峰者を導く者をいう．こうした山岳登拝の先達は，平安時代末頃，*熊野詣での案内をした熊野先達を嚆矢（こうし）とする．その後，熊野先達は京都の*聖護院（しょうごいん）に掌握されて本山派修験となった．また大和の諸大寺に依拠した大峰（おおみね）修行の先達は当山三十六正大先達衆と呼ばれる結社を形成した．近世期になると先達は，伊勢・*高野山（こうやさん）をはじめ，各地の霊山や社寺の案内もするようになっていった．「康頼入道先達にて，丹波少将相具しつつ，日ごとに熊野詣でのまねをして」〔平家2．康頼祝言〕．→修験道．

旃陀羅 せんだら　サンスクリット語caṇḍālaに相当する音写．インドの社会で最下層に属する身分をいう．上位の階層から触れるべからざるものとして差別され，不可触民と称された．古代の*『マヌ法典』によれば，*首陀羅（しゅだら）出身の父と*婆羅門（ばらもん）出身の母との間に生れた混血種をいい，*四姓（しせい）（ヴァルナ）の外に落された．仏教は階級の平等ないし打破を主張し，近代になって，差別された民衆は仏教に依って解放運動をおこした．インドの独立と人種差別の撤廃のために非暴力の抵抗運動をおこした*ガーンディーは，彼らをハリジャン（harijan，「神の子」の意）と呼んだ．日本では*日蓮が自らを「海辺の旃陀羅が子なり」〔佐渡御勘気鈔〕と宣言し，当時の差別思想に抵抗を示した．

栴檀 せんだん［*s*: candana］〈旃檀〉〈旃弾那〉〈真檀〉とも音写．ビャクダン科の常緑樹で，インドや東南アジアに広く分布する．心材の色合いにより白・赤・紫・黒などに類別されるが，和名の〈白檀〉はこの白栴檀に由来する．堅く芳香を放つ心材が仏像彫刻などに好んで用いられるほか，粉末状にして香（薫香，塗香）にされる．根株から抽出した精油（白檀油）には薬効もある．〈牛頭栴檀〉は南インド・マラヤ山産出の赤栴檀で，最も香りが優れているとされる．ことわざの「栴檀は双葉よりも芳し」は『平家物語』に現れるが，観仏三昧経に由来する．→檀像，香．

全智 ぜんち　あらゆることを見きわめる完全な智慧．この語に相当するサンスクリット語の sarvajña，sarvajña-jñāna は，漢訳仏典では〈*一切智〉と訳され，道種智・一切種智とともに三智の一つとされる．→三智．

善知識 ぜんちしき［*s*: kalyāṇa-mitra］ kalyāṇa は美しい，善い意の形容詞．中性名詞として善・徳．mitra は友人．善き友，真の友人．仏教の正しい道理を教え，利益を与えて導いてくれる人をいう．〈善友〉とも漢訳される．*華厳経入法界品には*善財童子が53人の善知識を訪ねてついに*法界に入る求道物語が説かれる．なお，禅宗では参禅の者が*師家を呼ぶ称，真宗では念仏の教えを勧める人，特に信徒が正しい法の継承者として*法主を呼ぶ称とする．「仏の法を悟らむにも，善知識はこれ大因縁なりと云ふ」〔ささめごと〕

選択 せんちゃく　〈せんじゃく〉とも．浄土宗では〈せんちゃく〉とよみ，浄土真宗では〈せんじゃく〉とよむ．多くの中からすぐれたものを選びとること．阿弥陀仏が*法蔵菩薩であったとき，世自在王仏から二百十億の諸仏の国土を示され，それらの中から善いところを選びとり悪いところを捨て，もっともすぐれた*浄土とその浄土に生れる行を*摂取（完全に把握）して，そのような浄土を建立するため*四十八願を立てた．そこからこの願を〈選択本願〉という．また，特に*第十八願を指すこともある．*法然の選択本願念仏説は，このように阿弥陀仏が選択した第十八願の念仏こそ衆生の頼るべきものであると主張する．「人皆其の妄語を信じ，悉く彼の撰択を貴ぶ」〔立正安国論〕「白道とは，白の言は黒に対するなり．白は即ち選択摂取の白業，往生回向の浄業なり」〔教行信証信〕

『選択本願念仏集』 せんちゃくほんがんねんぶつしゅう　*法然著．1巻．1198年（建久9）成立．浄土真宗では〈選択〉を「せんじゃく」と読む．『選択集』と略称される．全16章からなり，各章は*浄土三部経や*善導の著作などから典拠となる文を引き，それに対して私釈を加えるという形で展開する．第1章では，道綽の*『安楽集』に基づいて，全仏教を浄土門（浄土に往生することを求める教え）と聖道門（修行により悟りを得ることを求める教え）とに分ける（→聖道門・浄土門）．続いて第2章では，善導の*『観無量寿経疏』によって，浄土門の行を正行と雑行に分け（→正行・雑行），さらに正行を*正定業と*助業に分ける．こうして，正定業である*称名念仏こそ往生のための肝要であることを明らかにする．第3章では，*無量寿経やその異訳によって，この念仏は*阿弥陀仏によって衆生救済のために選択されたものであることを論ずる．第4章以下は，この阿弥陀仏の選択を，釈尊やその他の諸仏がみな讃歎していることを経文によって明らかにするとともに，*三心などの念仏者の心得を説く．

法然は本書を少数の弟子にしか書写させなかったが，法然没後に刊行され，聖道門諸宗を誹謗しているかのように受け取られる文を含むところから，明恵の*『摧邪輪』などの厳しい批判を招き，大きな論争を惹き起こすことになった．

善通寺 ぜんつうじ　香川県善通寺市善通寺町にある真言宗善通寺派の総本山．五岳山誕生院と称する．*空海誕生の地であり，空海が中国より帰朝して，父母ならびに祖先の供養のために唐長安の*青竜寺に模して創建．〈善通〉は空海の父の名．また一説には空海の父の創建ともいう．後に東寺（*教王護国寺）*長者，随心院（京都市山科区）*門跡親厳（1151–1236）が兼住し，また*高野山の道範（1178–1252）が配流せられて再興．元弘年間(1331–33)のころ宥範(ゆうはん)(1270–1352)が堂舎を復興する．康永年中(1342–45)には讃岐(さぬき)国*利生塔(りしょうとう)が設置された．宥範は随心院流を当寺の本流とし，以後小野派の別格本山を経て，昭和6年善通寺派管長寺となった．なお本寺は，空海誕生の地として全国の*大師信仰の特別の霊場となっており，また*四国八十八箇所巡礼の第75番札所ともなっている．何度かの火災で焼失し，現在の堂塔は江戸末期以降の建築．寺宝に，一字一仏妙法蓮華経序品(平安前期)や平安後期の地蔵菩薩像・吉祥天像があり，空海が*恵果(けいか)から伝えられたとされる金銅の*錫杖(しゃくじょう)が伝わる．

千灯 せんとう　千灯または万灯というのは仏への施灯*功徳(くどく)を指すのであって，阿闍世王授決経などに説かれている「富者の万灯，貧者の一灯」のたとえに基づいて〈燃灯供養(ねんとうくよう)〉がなされることをいう．古代より盛んに寺院で行われ，東大寺でもすでに奈良時代に羂索堂(けんさくどう)(*三月堂)で行われ，その始まりは744年(天平16)12月に金鐘寺(こんしゅじ)と朱雀路に1万坏の灯を燃やして100人の僧を*得度(とくど)する法会がなされたのによるといわれている．また南都七大寺・高野山・法成寺(ほうじょうじ)などでものちに実施された．特に京都嵯峨の化野(あだしの)念仏寺地蔵盆での千灯供養は有名．→万灯会，貧者の一灯．

善導 ぜんどう [Shàn-dǎo]　613–681　中国*浄土教の大成者．*浄土五祖の第3，真宗*七高僧の第5に数えられる．終南大師，光明寺の和尚とも呼ばれる．山東省臨淄(りんし)の出身．出家して諸所を遍歴し，17–24歳の間に山西の*道綽(どうしゃく)をたずね，*観無量寿経(かんむりょうじゅきょう)を授かった．その後10年余，道綽に師事し，浄土の行業につとめた．道綽滅後，長安の南の*終南山(しゅうなんざん)悟真寺に入り，きびしい修行にはげむ．その後長安の都に出，庶民の教化に専念．*阿弥陀経を書写しては有縁(うえん)の人々に与え，その数は数万巻に及んだという．また浄土の荘厳の有様を絵図にして教化するなど，士女奉ずるものその数無量と伝えられる．一方で，竜門石仏造営工事の検校をつとめるなど，幅広い活動をしている．長安では光明寺，慈恩寺，実際寺などに住していた．門弟に懐感(えかん)・懐惲(えうん)らがいる．

著作に*『観無量寿経疏』(観経疏)4巻，『法事讃』2巻，『観念法門』1巻，*『往生礼讃偈』1巻，『般舟讃』1巻の5部9巻があるが，これらはほとんど長安の時代の作とされる．このうち『観経疏』は*称名(しょうみょう)念仏を重視した特異な観経解釈を示した．その流れは，中国では後に*法照(ほうしょう)らに受け継がれたが，むしろ日本では*法然(ほうねん)によって再発見されて以後，その門流に大きな影響を与えた．法然は「偏(ひと)へに善導一師に依(よ)る」(偏依(へんね)善導)〔選択本願念仏集〕と言い，親鸞は「善導独り仏の正意を明らかにせり」〔正信念仏偈〕と述べた．

善男子 ぜんなんし [s: kula-putra]　良家の子，すぐれた家系の若者の意．大乗仏典では，正しい信仰を持つ人のこと．*菩薩(ぼさつ)への呼びかけに用いられる．また，しばしば〈善女人(ぜんにょにん)〉(kula-duhitṛ)と一対で用いられる．わが国では，信心深い男女を称して*善男善女(ぜんなんぜんにょ)という．また，僧侶の世界では，男色の相手となる美少年の隠語として善男子の語を用いた．「もし善男子善女人ありて，阿弥陀仏の名(みな)を持(たも)ちて…心を一にして弥陀を念ぜば」〔孝養集下〕

善男善女 ぜんなんぜんにょ　仏法に帰依(きえ)した在俗の男女．経典に「是の善男子(ぜんなんし)・善女人(ぜんにょにん)の是の経典を読誦せんもの」〔法華経分別功徳品〕などという，〈*善男子〉〈善女人〉の略．「過を知りて必ず改むれば賢聖に斉(ひと)し．善男善女，恕(おもんぱか)るを仁とす」〔十住心論1〕

禅尼 ぜんに　仏門に入った女性．または，禅を修する*在家(ざいけ)の女性．〈禅定尼(ぜんじょうに)〉ともいう．男性を〈禅門〉または〈禅定門〉と称するのに対する呼び方．「彼の禅尼の平生(へいぜい)の時の身のふるまひをみおよぶにも，ただ柔和忍辱(にんにく)の風情ありて」〔御文〕

千日 せんにち　〈百日〉とならんで，回数を多く重ねて何らかの*功徳(くどく)を得ようとする時に，千日詣(もう)で・千日講・千日籠(ごも)りなど，千日を単位とする修行を行なった．〈千日詣で〉は，千日の期間，神社仏閣に詣でて祈願することであるが，後には，ある特定の日に一度参れば平日に千日参るのと同じ功徳があるとして，その日に参るように変化した．また，千日間経典を読誦する法会を〈千日講〉，千日間寺堂などに籠って修行することを〈千日籠り〉という．「父母千日の講を行ひて後世を弔ひければ，そのしるしにて天上に生れけるにや」〔続古事談2〕「那智に千日籠って三十三所の巡礼のためにまかり出でたる山伏ども，路に踏み迷うて」〔太平記5.大塔宮〕

千日回峰行 せんにちかいほうぎょう ⇀回峰行（かいほうぎょう）

泉涌寺 せんにゅうじ 京都市東山区泉涌寺山内町にある真言宗泉涌寺派の総本山．山号はもと東山，現在は泉山．*空海の創建とも藤原緒嗣（おつぐ）(773–843)の創建ともいう．初め法輪寺・仙遊寺と称したが，1218年(建保6)*俊芿（しゅんじょう）が中原(宇都宮)信房の崇敬により*伽藍（がらん）を再興．このとき境内に泉が涌いたので〈泉涌寺〉と改称．台密禅浄の四宗兼学(明治5年兼学を廃す)の道場で，*律儀を宣揚した．泉涌寺の律儀は，南都の*叡尊（えいぞん）らの〈南京律（なんきょうりつ）〉に対して〈北京律（ほっきょうりつ）〉と呼ばれる．弟子湛海（たんかい）は入宋して*仏舎利（ぶっしゃり）を奉安．その後，応仁の乱(1467–77)の兵火により伽藍を焼失したが，織田信長が再建し，豊臣・徳川氏によっても保護を受けた．*仏殿は1669年(寛文9)に*禅宗様（ぜんしゅうよう）によって再建され，ほかに大門(桃山時代)，開山堂(江戸時代)などがある．遺品に俊芿筆の付法状と『泉涌寺勧縁疏（かんえんそ）』などがある．境内には四条天皇など歴朝の御陵がある．

仙人 せんにん 古くは〈僊人〉と書き，〈仙〉の字の初見は後漢の劉熙（りゅうき）の「老いて死せざるを仙と曰う．仙は遷るなり．遷りて山に入るなり」〔釈名釈長幼〕である．〈僊人〉というのは「勃(渤)海の中…諸（もろ）もろの僊人及び不死の薬皆在り」「封禅して神僊人と接す」〔史記封禅書〕などとあるように，本来は神の一種とされ，祭祀祈禱と密接な関係を持っていた．しかし後漢以後は，山に入って自力で不老不死の道術を行う人を意味して〈仙〉の字が広く用いられるようになった．

【漢訳仏典の用例】漢訳仏典では，サンスクリット語 ṛṣi の訳．世間を離れて山などに住み，神変自在の術を駆使する呪力ある人をいう．最初期の仏教では仏も修行者も ṛṣi と呼ばれた．法華経提婆達多品の「阿私仙」，過去現在因果経1の「阿私陀仙人」「善慧仙人は山中に在りて五の奇特の夢を得たり」などの〈仙〉〈仙人〉は，いずれも『釈名』の解説する仙人と同類の概念である．なお，出曜経30には，仙人を定義して「五通の道を得て群に在りて最も尊く…内外清徹にして衆瑕の有ること無きもの」とある．ちなみに仏陀を〈大仙〉(maharṣi，偉大なる仙人)と呼ぶことは，涅槃経2に「大仙は涅槃（ねはん）に入る」とあり，同じく〈金仙（こんせん）〉(黄金の仙人)と呼ぶことは，*『大智度論』9に「迦那伽牟尼仏，秦には金仙人と言う」などとある．→神仙．

【日本の仙人】わが国でも奈良・平安時代より〈仙〉〈仙人〉の語は頻出し，古来の山岳修行者をも包摂して，*役小角（えんのおづぬ）・浦島が子・*久米（くめ）仙人以下，〈仙〉〈仙人〉と呼ばれる人物は数多い．〈仙〉〈僊〉を〈ひじり〉，〈仙人〉を〈やまひと〉と訓読したことにもうかがわれるように，彼等は人界を離れ，五穀葷腥を断って山中に練行し，ある者は不老長生と*神通力を得て飛行自在となり，ある者は死んで*尸解仙（しかいせん）と化した．これらの所伝を集録したものに大江匡房（まさふさ）の*『本朝神仙伝』がある．その中に僧伝が多く収められるのは一見奇異でもあるが，それは〈神仙〉を〈いきぼとけ〉と訓読したことにも見られるように，当時の神仙思想が多分に道・仏融合的で，僧伝の説く神秘性が道教的神仙性に通うところが大きかったせいであろう．なお，*『元亨釈書（げんこうしゃくしょ）』18には，播磨国(兵庫県)印南（いなみ）郡の法華山に住んだ「法道仙人」の話を載せて彼を「大仙」とも呼んでおり，同書の巻頭に載せる「元亨釈書を上（たてまつ）る表」には，仏教を「我が金仙氏の道」と呼んでいる．

「陽勝已（すで）に仙人に成り，身の中に血肉なくして，異なる骨，奇（あや）しき毛あり．両の翼身に生ひて，虚空を飛行すること，騏驎・鳳凰のごとし」〔法華験記中44〕「大仙(仏陀)の円智に略して五十三有り．機を鑑（かんが）み物に応じて其の数少なからず」〔性霊集1〕

善の綱 ぜんのつな 仏像の手などにつないで引く綱．多くは五色の糸でつくられ，*開帳や*供養のときに用いられる．民間では*野辺送りのとき，棺に巻いて引く綱のことをいう．「つけたる縄は，孝行の善の綱ぞ．おのおの結縁にてかけ候へ」〔曾我10.五郎〕「日野左大弁参議政資・細川右京兆政元，御棺の善の綱かたにかけ奉り，火屋の中に入り給ふ」〔将軍義尚公薨逝記〕

善派 ぜんぱ 鎌倉中期から後期にかけて，

主として奈良で活動した仏師の一派．善円(ぜんえん)(のちに善慶(ぜんけい)と改名，1197-1258)，その子善春(ぜんしゅん)，およびその周辺の仏師群の総称．善円は初期には興福寺・東大寺の僧侶が発願した仏像を造ったが，後半生は西大寺中興*叡尊(えいそん)の関係の事績がめだち，善春はそれを継いだ．善円と共同の事績がある増金・観慶・弁貫にも単独の遺品があり，また叡尊の興した*真言律宗(しんごんりっしゅう)関係の事績のある快成・円覚などの作品は作風・構造技法にも善円との共通性があり，彼らも善派に含めることができる．善円の出自は不明だが，鎌倉初期の*奈良仏師ないし*慶派(けいは)との何らかの関連が推測され，彼らの作風を基礎として，それを整理した一種工芸的な作風に特色がある．→仏師，仏所．

千部会 せんぶえ　千部読経(どきょう)の法会の意．〈千部経供養〉ともいう．*追善・祈願などのために同じ経を千人で1部ずつ読むこと(千僧読経ともいう)，または1人で千回読むこと．748年(天平20)*聖武天皇が元正太上天皇追善のため法華経千部を書写したのに始まるといわれ，平安時代には盛んに行われるようになった．「此の日皮聖人千部経・千体仏を供養すと云々」〔御堂関白記 寛弘7.3.21〕

千輻輪 せんぷくりん　千の輻(や)を持つ車輪の模様．車輪は，*転法輪(てんぽうりん)や*転輪聖王(てんりんじょうおう)の観念によって知られるように，めでたい印である．仏の掌や足の裏に描かれる．足の裏にあるのは足下千輻輪相(そくげせんぷくりんそう)として*三十二相の一つに数えられ，*仏足石(ぶっそくせき)には必ず表される．「世尊の足の下に千輻輪の文(あや)あり」〔往生要集 大文第4〕

千仏 せんぶつ　本来は〈賢劫(げんごう)の千仏〉，すなわち現在の*劫(こう)にすでに出現した*釈尊(しゃくそん)までの過去四仏(→過去七仏)と，将来出現する*弥勒(みろく)以下の996仏とを合わせていう．この千仏はさらに発展し，過去・現在・未来の三劫の各千仏，合せて〈三千仏〉の説となった．その信仰はインドから中国・日本にわたり流布し，*敦煌(とんこう)や*竜門(りゅうもん)など多くの〈千仏洞〉，すなわち多数の仏を壁に刻んだ*石窟寺院を生んだ．日本での作例として，法隆寺の*玉虫厨子(たまむしのずし)の宮殿(くうでん)内壁と扉の内側に貼られている銅板押出(おしだし)による千仏坐像があり，中国の石窟寺院の尊像表現を思わせる．なお，千仏の名を称える〈千仏会(え)〉の儀礼もある．

「漢(あやの)山口直大口(やまぐちのあたひおほくち)，詔(みことのり)を奉(うけたまは)りて，千仏の像(みかた)を刻(ゑ)る」〔書紀 白雉1〕「この賢劫の千仏の世に，なほこの魚の身を脱(のが)れず」〔今昔 2-34〕

塼仏 せんぶつ　〈甎仏〉とも書く．粘土を型につめて浮彫の仏像を造形し，焼いて造ったもの．仏龕(ぶつがん)状と方形の2種がある．中国では北朝・隋唐の遺品が少数ながら知られている．日本では飛鳥時代後期の寺院跡から多く出土し，各地に分布するが，そのうち35パーセントが奈良県に集中する．たとえば*川原寺裏山遺跡の方形三尊仏，*橘寺出土三尊仏，*岡寺出土天人像など．用途は多数を以て堂内壁面を飾り荘厳化したり，単一で礼拝の対象とされたらしい．

懺法 せんぼう　*懺悔(さんげ)(*悔過(けか))を行う方法すべてを意味するが，普通には諸経に基づく過罪を懺悔する行儀や，その儀式法則をいう．初期中国仏教では〈悔〉〈悔責(けしゃく)〉〈謝悔(しゃけ)〉〈懺〉〈懺謝(せんしゃ)〉などの用語をも用い，祈雨・除災・治病など*現世利益(げんぜりやく)のために行われたという記述があり，5-7世紀頃から，礼仏と懺悔を中心とする儀則が作られ(礼懺儀(らいさんぎ))，近世中国にまで盛行した．梁*武帝(りょうぶてい)制と伝える『慈悲道場懺法』や天台*智顗(ちぎ)の『法華三昧懺悔』『方等懺法』『金光明懺法』『請観音懺法』などが著名で，円覚経や華厳経・薬師経・地蔵経・千手観音経などに依るもの，占察(せんざつ)懺法・水陸水懺法・熾盛光(しじょうこう)法など多様なものが作られた．

日本では奈良期までは吉祥・薬師・阿弥陀の〈悔過法〉が行われ，平安期以後は*法華懺法(ほっけせんぼう)が主となり，円通(観音)・弥陀・仏名・舎利などの懺法が仏教行事となった．

「此の懺法(比叡山の法華懺法)は普賢経よりいでたり．四種三昧の中には半行半坐三昧となづけたり」〔三宝絵 下〕「仏供養し，聖の弟子どもなどして，宵暁に懺法阿弥陀経など読ませ給ふ」〔浜松中納言物語 4〕

千本念仏 せんぼんねんぶつ　京都市上京区にある真言宗光明山引接(いんじょう)寺(通称は千本閻魔堂)で，境内の普賢象(ふげんぞう)桜の開花とともに行われた念仏法会．寛仁年間(1017-21)の初め定覚が始めたと伝える．*踊躍(ゆやく)念仏だったが，

『言継卿記』永禄2年(1559) 3月8日条に「焔魔堂念仏曲共」とあり，上杉本〈洛中洛外図屏風〉にも閻魔王の前で罪人が責められている図が見え，室町時代後期には*狂言が演じられていた．大念仏狂言の一つだが，ここでは台詞せりふのある狂言も演じられる．なお，京都市上京区にある*大報恩寺(通称は千本釈迦堂)で毎年3月に行われる法会をさして〈千本念仏〉ということもある．「千本(大報恩寺)の釈迦念仏は，文永の比ころ，如輪上人，これをはじめられけり」〔徒然 228〕．→壬生みぶ念仏．

染汚 ぜんま [s: (saṃ-)kliṣṭa, saṃkleśa] 禅宗では〈ぜんな〉と読む．*煩悩ぼんのうなどを悪に染まった汚れたものとみなし，それによって本来清らかである心を汚すこと．また汚された状態．なお*無住道暁は，染汚と和歌との関係について言及し，「愛情にひかれて由なき色にそみ，空しき詞をかざる」歌を〈染歌〉とし，「(和歌の)綺語の失を論ぜば，失は人の染汚の心にあり」〔貞享版沙石集 5-12〕と論じている．「四大五蘊の自己を染汚せず」〔正法眼蔵諸悪莫作〕

善無畏 ぜんむい [s: Śubhakarasiṃha] 637-735 シュバカラシンハの漢訳名．東インドのオリッサ国の王子とも中インドの王子ともいわれる．王位を捨てて仏門に入り，ナーランダー寺(*那爛陀寺ならんだじ)で*大乗仏教とともに達磨掬多だるまきくた(Dharmagupta)より*密教を授かり，師のすすめによって80歳で中国の都*長安に入り，朝廷の厚い信頼を得て翻訳と密教の流布につとめた．*大日経だいにちきょう(7巻)をはじめ，蘇婆呼童子経そばこどうじきょう(3巻)，*蘇悉地経そしつじきょう(3巻)など重要な密教経典を数多く漢訳し，*『大日経疏』の作者としても知られる．*真言宗しんごんしゅうの伝持の第5祖．

扇面古写経 せんめんこしゃきょう 扇面を料紙にして法華経ほけきょう8巻と*開経・結経の*無量義経と*観普賢経を書写し，粘葉綴でっちょうとじにした冊子で，現在，法華経巻1・6・7と開結2経の5帖分が*四天王寺に，法華経巻8の1帖が東京国立博物館に，断簡として西教寺・藤田美術館・法隆寺・個人2家に5扇分が分蔵されている．料紙は貴族や庶民の日常生活が濃彩で描かれ，さらに金・銀箔や砂子すなごなどで装飾されているが，その下図は木版墨刷・肉筆・両者併用の3種類があって，かなり手の込んだ装飾料紙である．趣味性を志向した*装飾経というべき作品で，その制作は12世紀中頃と推定される．

善鸞 ぜんらん 生没年未詳．真宗の僧．慈信房と号す．*親鸞の子．東国から京都に帰った親鸞一家はやがて分散し，多くは越後に下ったが，善鸞は親鸞の膝下にいた．1250年(建長初年)頃から東国の門弟たちに在地支配者からの弾圧がはじまり，善鸞は親鸞に代って東国に下った．しかし支配者側に与くみするようになり，有力弟子を幕府に訴えるなどした．親鸞からある夜自分だけが本当の法門を授かったとし，それまでの*第十八願をしぼめる花として人々をまどわしたといい，1256年(建長8)親鸞から義絶された．

禅侶 ぜんりょ *禅定ぜんじょうを修する僧侶．転じて僧の総称ともする．

① 禅宗の僧をさす．〈*衲僧のうそう〉に同じ．「禅師，左右を離れず．玄宗を諮稟す．顔回の夫子の下に於けるが若ごとく，迦葉の釈尊の前に於けるが如し．彼中かしこの禅侶，皆歎伏を増す」〔祖堂集五冠山順之章〕

② *比叡山東塔の法華堂において*懺法せんぼうを修し，常行堂において念仏三昧を修する者．〈禅衆〉ともいう．「蓮花会と名づけて一日の法会を始行し，三院三十口の禅侶を嘱し一品経を講じける」〔大山寺縁起〕

禅林 ぜんりん 北周の庾信『五張寺の経蔵の碑』に「春園柳路，変じて禅林に入る」とあり，禅宗寺院のこと．〈*叢林そうりん〉ともいう．禅の修行者が諸方から集まって修行している所を叢くさむらや林に喩たとえたもの．*『大智度論』3に「多くの比丘，一処に和合する，是を僧伽と名づく．譬えば大樹叢聚する，是を名づけて林と為し，一一の樹を名づけて林と為さず，一一の樹を除きてまた林無きが如し」とある．「凶霧を払って禅林の蘂はなぶさ鮮やかに開け，濁波を清すまして定水の流れ潔く清すむ」〔澄憲作文集〕

禅林寺 ぜんりんじ 京都市左京区永観堂町にある浄土宗西山禅林寺派の総本山．聖衆来迎山しょうじゅらいこうさん無量寿院と号す．承暦年間(1077-81) *永観えいかん・ようかんが入寺し，念仏往生を鼓吹して復興に功があったことから，俗に〈永観堂〉と呼ばれる．855年(斉衡2) *空海の弟子真紹(しんしょう)(797–873)の創建．真紹は河内*観心寺に納めた五仏像を京都に移すため，藤原関雄(ふじわらのせきお)の東山山荘を改めて寺とし，*鎮護国家の道場となした．863年(貞観5)*定額寺(じょうがくじ)となり，禅林寺の号を賜った．中世，文永年間(1264–75)，西山西谷(せいこく)流の祖である浄音(じょうおん)(1202–71)が在住し，念仏の弘通(ぐずう)に努めた．寺宝としては，絹本着色山越(やまごえ)阿弥陀如来図をはじめ，大幅の絹本着色*当麻曼荼羅(たいままんだら)図など鎌倉時代の絵画を多く伝えている．なお，永観が本寺で念仏*行道中に阿弥陀見返りの相を感得し，それを写して本尊としたという所伝や，東南院に住して*『往生拾因』を著述したことなども著聞する．

『禅林象器箋』 ぜんりんしょうきせん　*無著道忠(むちゃくどうちゅう)著．20巻．1715年(正徳5)選述．禅籍．禅宗寺院における各種の規則・行事・機構・器物などについて，それらの起源・沿革からその意義にいたるまでを解説した禅宗辞典．内外の書籍を渉猟し，それを綿密に比較考証して結論をだすという考証学的手法によって編まれた．著者の無著道忠は江戸期臨済宗屈指の学僧である．

ソ

相 そう　特徴，属性，徴候などの意．サンスクリット語 lakṣaṇa に対応する．仏の*三十二相，*諸法の自相・*共相(ぐうそう)，現象界の*四相など，ある存在，またはものごとに特有の性質やしるしをいう．また，サンスクリット語 nimitta に対応して，命名の根拠となる外面的な特徴をいう．それに執われてはならないという意味で，否定的に用いられることも多い．事物の固有な特徴を意味する自相に対して，諸事物に共通する特徴を共相という．また，〈体〉(本体)と〈用〉(作用)に対して，あるいはまた〈性〉(本性，本質)に対して，もののすがた，様相の意味で〈相〉が立てられる．華厳宗で説く〈総相〉(全体としてのすがた)，〈別相〉(個別的なすがた)などの*六相も，この意味である．→体用(たいゆう)，性(しょう)，性相．

「相を融し性を照して，観心をして滞りなからしむ」〔摧邪輪〕「生死の相にあづからずといはば，実(まこと)の理(ことわり)を得たりといふべし」〔徒然93〕．

僧 そう［*s*, *p*: saṃgha, saṅgha］　【概説】仏・法とともに，仏教の根幹である*三宝(さんぼう)を構成する要素の一つで，*僧伽(そうぎゃ)とともに saṃgha(サンガ)の代表的訳語．広義にはブッダ(仏)に従ってその教え(法)を実践する出家者(*比丘(びく)，*比丘尼(びくに))および在家信者(*優婆塞(うばそく)・*優婆夷(うばい))の*四衆(ししゅ)，さらには*沙弥(しゃみ)，*沙弥尼(しゃみに)，*式叉摩那(しきしゃまな)(正学女)と呼ばれる見習修行者を加えた*七衆(しちしゅ)を指し，より厳密には*律蔵(りつぞう)の規定に則って有効な儀式を遂行する条件を満たした正規の出家者である比丘・比丘尼の集まりを言う．なお，漢訳の〈僧〉は，後に転じて僧伽の構成員である個々の比丘をも意味するようになった．

サンガ(僧)の運営や出家者の行動は律蔵によって定められているが，完成した段階の律蔵によれば，〈僧〉は4人以上の構成員で成り立ち，*結界(けっかい)(sima)によって規定される〈現前僧(げんぜんそう)〉(saṃmukhībhūtasaṃgha)と，現前僧を内に含むより大きな統一的コミュニティーである〈四方僧(しほうそう)〉(cāturdeśasaṃgha) の二重構造を持つ．現前僧は，出家儀式をはじめとするほとんどすべての日常的仏教活動を成り立たせるための基本単位であり，現前僧に規定されない個人単位の出家者は考えられない．インド仏教において〈僧〉は第一にこの現前僧を指すが，こうした制度と切り離されて経典や論書に記された思想が移入され，仏教が形成された東アジアにおいては，厳密な意味で律蔵に規定する〈僧〉は出現したことがないと考えられる．

結界によって規定される現前僧は，仏教の発展とともにおのずと多数化せざるを得ないが，四方僧がこの現前僧を統合する役割を果たす．寺院などの建築物や寝具などの什器備品，余剰の衣などは四方僧に帰属する財産となり，四方僧は理念的のみならず，制度的・経済的にも現前僧を統一し，仏教世界を作り上げている．

【歴史】仏教発生以前の古代インドにおいて，*沙門(しゃもん) (śramaṇa) の名前で呼ばれる出家者たちは，自然発生的にグループをなすこともあったが，基本的にはバラモン(*婆羅門(ばらもん))社会の宗教権威を否定し，*カーストを離れた「世俗外の個人」(individual outside the world) として活動していた．仏教はこうした個人単位の出家者のあり方を，社会との良好な関係を前提とした現前僧という小さな社会によって規定した．ここにおいて仏教に出家をすることは，単にバラモン世界という伝統社会を離脱し，世俗外の個人となるにとどまらず，仏教という特定の世界観を持つ新たな社会を選択することになった．加えてこれによって，仏教が時代を超えた伝統として継承される制度的骨格が作られた．

律蔵の形成過程を辿ると，仏教は当初*遊行(ゆぎょう)を中心とする生活形態だったものが，徐々に定住型へと変化をしてきたことが分かる．定住生活はもともと雨季の3カ月ないしは4カ月を屋内で修行する雨安居(うあんご) (varṣāvāsa) とよばれる習慣に端を発する．*安居の制度そのものは仏教教団の重要な儀式として後代まで続くものの，やがて寺院が建立されるようになると，出家者たちは安居に関係なく*僧院に定住することができるようになり，それによって教法の研究や伝授を専門とする者たちの活躍が可能となった．古い遊行型の仏教と，発展した定住型の仏教の二つの要素は，しばしば初期経典を通して，微妙な対立・緊張関係を持ったものとして登場する．前者の瞑想を中心とした遊行型の仏教と，後者の知識の伝授に携わる定住型の仏教の型は，*阿蘭若(あらんにゃ)住 (araṇyavāsin) と村落住 (grāmavāsin) の区別としてテーラヴァーダ(*上座部，*南伝仏教)の中では今日まで受け継がれている．

想 そう　サンスクリット語 saṃjñā の訳語で，意識，表象，観念の意．心の働きの一つで，事物の形象をふくむ特徴を捉えること．*五蘊(ごうん)の一つ．また，心に思い浮べること．ある対象のすがたを心の中にかたどり思うこと．*観無量寿経(かんむりょうじゅきょう)では太陽や水など16の形象を心の中にありありと思い描く想観(そうかん)の法(*十六観)が説かれる．

造悪無礙 ぞうあくむげ　「悪は思うがままに振る舞え」との言説．「極楽往生が決定したため悪を恐れる必要はない」とする*本願誇りとも密接に関連し，*専修(せんじゅ)念仏から派生して登場．顕密仏教だけでなく*法然(ほうねん)や*親鸞(しんらん)もこれを批判した．ただし造悪無礙を正面から主張した史料は存在せず，伝聞に基づいてそれを非難した文献しか残存していない．そのため史料批判に際し，その実態をどのようなものと想定し，「悪」の中身をどう捉えるか，盗みや殺人なども許容したと考えるかどうか，研究者の意見は大きく分かれる．ちなみに，*信心決定(しんじんけつじょう)した狩猟民が狩猟を続ければ造悪無礙と非難されるし，狩猟をやめれば偽りの賢善精進(けんぜんしょうじん)と批判されることになる．なお*『興福寺奏状』は「囲碁双六や女犯肉食は往生の妨げにならない」との専修念仏の言説を激しく批判しており，基本的には*戒律の価値をめぐる文化摩擦の一表現とみてよい．

僧位 そうい　官人に擬(なぞら)えて制された僧侶の位階．日本独特の制度で奈良時代以前から師位・半位・複位などの呼称が見え，『続日本紀』には760年(天平宝字4)*良弁(ろうべん)らの奏状を受けて，四位十三階が制定されたと見えているが内実ははっきりしない。整備されたものは8世紀末の〈伝灯(でんとう)〉〈修学(しゅがく)〉〈修行〉の3系列と，〈大法師位〉〈法師位〉〈満位〉〈住位〉〈入位〉の五位を組み合わせた形のものからで，それぞれ，大法師位は官人の三位，法師位は四位，満位は五位，住位は六位，入位は七位，無位僧は八位相当とされた．

のちに，修学・修行の2系列はなくなり，また野放図な昇叙から*僧綱も*凡僧も伝灯大法師に叙せられるようになったため，僧綱との上下関係の乱れを防ぐため，864年(貞観6)旧来の僧位の上に僧綱の位階として，僧正に〈法印大和尚位〉，僧都に〈法眼和上(尚)位〉，律師に〈法橋上人位〉が設けられた．法印・法眼・法橋に叙せられる者は，中世以降，仏師・絵師・儒者・医師などにも及んだ．僧位の制は，1873年(明治6)に廃止された．

僧院 そういん　*出家者たちが居住する建物．釈尊の時代には*遊行を生活の基調としていた仏教僧団も，やがて集団で定住するようになり，vihāra (*精舎)または saṃghārāma (*伽藍)と呼ばれる，彼らの共同生活のための施設が造られた．この施設の中にあって，修行者たちが居住する建物を〈僧院〉といい，いくつかの個室(僧房)からなっていた．漢語〈僧院〉は『摩訶僧祇律』(418年訳出)などから見える語．唐代の詩文にも見える．「仙壇に鶴睡りて洞花落ち，僧院に人稀にして沙草繁し」〔本朝無題詩10〕．→僧房．

宋雲 そううん [Sòng-yún]　生没年不詳．*敦煌の人．北魏の孝明帝(在位516-528)の時代，帝の使いとして恵生(慧生)らとともに都(*洛陽)を立ち，西域諸国を巡訪し，インドに入って多くの仏跡を巡礼し，幾多のサンスクリット文献を携えて都に帰った．宋雲の旅行記は一般に『宋雲行記』と呼ばれ，*『洛陽伽藍記』巻5に収録されている．なお，*『景徳伝灯録』の*菩提達摩(達磨)の箇所に，達磨死後3年のころ，宋雲が西域にて，片方のはきものを携えて行く達磨と出会ったことが記されているが，もちろん伝説にすぎない．

僧叡 そうえい [Sēng-ruì]　生没年未詳．中国,東晋時代に活躍した高僧．魏郡長楽(河南省安陽市)に生まれ，僧賢のもとで出家の後，仏典注釈の祖とされる*道安に師事，さらに後秦姚興の招請で弘治3年(401)*長安に迎えられた*鳩摩羅什のもとにおもむき，禅経の翻訳を請うとともにその門下に入り，*僧肇・*道生・道融とともに関内四聖と称された．羅什の仏典翻訳事業に参画し，*法華経の漢訳に貢献し本経に後序を加えるほか，*『大智度論』*『百論』*『成実論』，*維摩経などに序を，*『中論』*『十二門論』には序のほかに綱要書を著し，さらに師羅什の意に添って『成実論』を講説したとされる．*三論宗の開祖とされる羅什のもとで，『中論』以下の三論教学を修め碩学の評を得る．羅什の寂後に長安から江南に移り，師の伝えた大乗仏教を広めた．なお『梁高僧伝』に掲げられる長安の僧叡と建康の慧叡は同一人物との説があり，これによれば劉宋の元嘉13年(436)に寂したことになる．

僧園 そうえん　⇒精舎，伽藍，僧院

雑縁 ぞうえん　仏道修行の妨げになるもの．浄土教においては，念仏往生の妨げになるもの．*専修念仏の立場では，念仏以外の一切の*行業は，どのような善行であっても念仏に専念することを妨げるので，雑縁として否定される．「雑縁に近づきぬれば，みづからもさへ他の往生の正行をもさふるなり」〔黒谷上人語灯録13〕

相応 そうおう　互いに合致すること．〈函蓋相応〉(函とその蓋とがぴったり一致すること)などと用いる．術語としては，結びつけるを意味する √yuj，√bandh の派生語の訳語に用いる．*法と法とが相互に結びついた関係にあること(saṃprayukta)．特に，心(*心)と*心所との関係をいうことが多い．心と心所とは互いに，その依りどころ・対象・様相・生ずる時などを同じくする点で，〈相応〉している．また，教説の内容の主題による類別(saṃyukta)のこと．パーリ語*経蔵の第三部(漢訳〈雑阿含経〉に相当する)についていう．

増賀 ぞうが　917(延喜17)-1003(長保5)

平安時代の天台僧．俗姓は橘氏で参議恒平の子．京に生まれ，10歳の時，比叡山に登り*良源に師事した．顕密を十年余り学ん

だが，世俗の名利を深く厭い，超俗脱塵の生活を送った．963年(応和3)に大和の*多武峰に隠遁し，以後41年間常に*法華三昧を修し，かつ*『摩訶止観』や*『法華文句』を講じた．平常に奇行が多く，平安時代すでに説話化されて世上に喧伝された．このため増賀聖として後世に知られている．古伝に『和州多武峰寺増賀上人行業記』がある．

僧階　そうかい　日本で行われた僧の位階制度．公的なものは，飛鳥時代以来，1873年(明治6)に廃止されるまで，変遷を遂げながらも存続した．他方，鎌倉時代に形成された新しい諸宗では，禅・律宗の*長老・両班など各宗独自の僧階があった．1873年に公的な僧階は廃止されたが，各宗派に*管長の制度が設けられた後，各宗派で独自の僧階を設け，僧正・僧都などの称号を授け，僧階の高下によって僧の位次が定められるようになった．→僧官，僧位．

僧官　そうかん　朝廷より僧に与えられる官職．僧官は中国では北魏の道武帝(在位398–409)が法果を道人統とし，後秦の姚興(在位393–416)が僧尼を統制するため僧碧を僧主としたことに始まるといわれる．日本では中国の僧官を見習い，624年(推古32)に僧正・僧都・法頭の3官が置かれ，それぞれに観勒・鞍部徳積・阿曇連があてられたことに始まる．後に〈僧正〉〈僧都〉〈*律師〉の僧綱が置かれ，僧尼の監督，取締りにあたるようになった．「唯に僧官のみならず，これに重ぬるに俗爵を以てす．蓋し敬を傷はん」〔元亨釈書 27〕「その上儒者も医者も法橋・法印の僧官に任ぜられて世の面目とせり」〔小盃 2-7〕．→僧綱．

葬儀　そうぎ　死者を葬る儀礼．〈葬式〉〈とむらい〉などという．インドでは*火葬・土葬・水葬・遺棄葬などがあったが，仏陀の遺骸は*荼毘に付された．中国では，儒教は土葬を主としたが，禅宗では火葬と土葬を伝え，葬送の儀礼を発達させた．日本では，遺体を一定期間地上に安置した後に埋葬する*殯が行われ，仏教の伝来とともに火葬も行われるようになった．葬送の基本は死後における霊肉の分離を完了させることにあるが，それは密教や禅宗の影響でさまざまな儀礼手続きを生み出した．古くは墓所などに葬場殿を設け，青竹や枝で四方をめぐらした．四方には発心・修行・菩提・涅槃の四門をつくることがあり，棺が順次その門をめぐることで死者を涅槃におもむかせる儀礼が行われたのである．

現在では，死者が出ると枕許での読経(*枕経)，遺体の洗浄(*湯灌)を行い，遺体に*経帷子を着せて棺に納め，祭壇を設けて供養をおこなう．なお，喪主・近親・会葬者が死者を葬る前日に夜を徹して棺のそばで見守るのを*通夜といい，葬儀の当日葬列を組んで葬場に赴くことを*野辺送りという．しかし野辺送りは霊柩車の普及とともに廃れた．また，葬列が出発する前の告別式を〈葬式〉と呼び，近親者のみで行う内々の葬儀を〈密葬〉といって〈本葬〉と区別する場合もある．→葬制．

僧祇　そうぎ　サンスクリット語 sāṃghika, saṃgha に相当する音写で，*僧伽に属するもの，人の意．教団を構成する衆僧の意で，*大衆部の*律蔵を〈僧祇律〉，*比丘尼に許された五衣の一つで，腋・胸部を覆う〈覆肩衣〉を〈僧祇支〉(→三衣)，信徒の寄進物のごとき衆僧の共有物を〈僧祇物〉などというのもその意味での用法である．僧祇物の盗用は*四重*五逆に比肩すべき大罪ともされ，それを犯して悪道に堕した僧尼の説話も少なくない．また〈僧祇戸〉は，北魏(386–534)における僧曹(宗教行政官庁)付属の人戸のことで，曇曜の奏請で設置され，僧院維持と凶年時の賑給のため毎年粟60斛を納入させた．「唐土には，寺院定まり，僧祇物あり，常住物等あって，僧のために行道の縁となる」〔随聞記 4〕

僧伽　そうぎゃ　サンスクリット語・パーリ語 saṃgha に相当する音写．サンガ．単に〈僧〉とも音写する．また〈衆〉〈和合衆〉と漢訳．原義は集団，集会．古代インドでは，自治組織をもつ同業者組合，共和政体のことをサンガと呼んだ．これが仏教に採用されて修行者の集まり，教団の称とされた．*三宝の一つ．「金剛の三密無礙無数なるを僧伽といふ」〔性霊集補闕抄 8〕「僧は西天には僧伽と称ず」〔十二巻正法眼蔵帰依仏法僧宝〕．→僧．

僧形 そうぎょう　〈俗形(ぞくぎょう)〉の対語．髪を剃り，*法衣(ほうえ)をつけた僧の姿．また，その姿の人．中古・中世の文学・絵画・彫刻などでは，神仏習合思想に基づいて，神がこの形をとることも多い．そうした場合，それが*八幡神(はちまんじん)であれば，〈*僧形八幡神〉などと呼ぶ．「あきらかに御形をあらはし給ふに，やごとなき僧形の御たけ一丈ばかりなり」〔八幡愚童訓〕．→俗形．

雑行 ぞうぎょう　⇒正行・雑行(しょうぎょう・ぞうぎょう)

雑行雑修 ぞうぎょうざっしゅ　浄土教では，*念仏の行を〈正行(しょうぎょう)〉といい，これに対して念仏以外の諸行を〈雑行(ぞうぎょう)〉という．また，*阿弥陀仏(あみだぶつ)以外の諸仏を礼拝したり，その名を称(とな)え讃歎することなどをも〈雑行〉という．〈雑修〉とは，〈*専修(せんじゅ)〉に対し，雑行を修すること，また念仏のほか他の諸行を修することをいう．*親鸞(しんらん)は浄土の行でないものを雑行といい，*自力の行とする．また正行のなかの正業(しょうごう)(*正定業(しょうじょうごう))と*助業(じょごう)とを並べて修し，あるいは現世の祈りのため念仏することを〈雑修〉と呼んでいる．「こころはひとつにあらねども，雑行雑修これ似たり．浄土の行にあらぬをば，ひとへに雑行となづけたり」〔高僧和讃〕．→正行・雑行．

僧形八幡神 そうぎょうはちまんじん　*僧形であらわされた八幡神のこと．その姿は*菩薩戒(ぼさつかい)にもとづく大乗の菩薩号を名乗ることと密接に関わり，史料から「八幡大菩薩」を称したことが確認できる天応元年(781)頃には〈僧形八幡神〉として既に顕現していたと考えられる．その代表作例には画像の*神護寺(じんごじ)本(現存のものは鎌倉時代の模本．原本は10世紀以前の成立)，彫像の*教王護国寺(きょうおうごこくじ)(東寺)像，奈良・*薬師寺像(ともに9世紀の造立)および東大寺像(快慶作，1201年)がある．これらのうち神護寺本は僧形八幡神のみの独尊形式，教王護国寺像と薬師寺像はいずれも女神二体をともなう三尊形式となっており，僧形八幡神の尊容に限っても面貌・手勢・着衣などに相違が認められる．これらはそれぞれの図像の成立した環境の違いを示唆するものであろう．→八幡神，神仏習合．

曹渓宗 そうけいしゅう　韓国で現在最大の宗派．高麗(こうらい)時代に成立したが，時期や創設者は不明．1172年建立の「高麗国曹渓宗堀山下断俗寺大鑑国師之碑」に曹渓宗の名が見え，また1185年の「竜門寺重修碑」には祖膺大禅師が1125年に「曹渓禅」に合格したという記事があり，早くから曹渓宗にあたる宗名が存在したようである．高麗時代には，新羅(しらぎ)末期からの九山禅門(くさんぜんもん)以外にも多数の禅宗が伝来しており，曹渓宗も*義天(ぎてん)以後の宗派の一つして成立し，国家から認められたものと推定される．李朝朝鮮時代には，宗派の統合をはかる政策によって禅宗に組込まれ，〈曹渓宗〉という名称はなくなるが，*休静(きゅうじょう)・惟政(いせい)らは自分たちの系統を〈曹渓宗〉と名乗っており，1941年に現在の曹渓寺で再興された．曹渓宗の宗祖については，*知訥(ちとつ)・普愚(ふぐ)・慧勤(えごん)の3人のうちのいずれであるのか，論争となっており，決着していない．

相好 そうごう　[*s*: lakṣaṇa-vyañjana]　*三十二相(さんじゅうにそう)ならびに*八十種好(はちじっしゅごう)を指す．〈*相〉(lakṣaṇa)は目につきやすい特徴をいい，〈好〉(vyañjana)は目につきにくい微妙な特徴をいうという．*仏や*転輪聖王(てんりんじょうおう)にそなわる身体上の優れた特徴．ここから転じて顔かたちのことをいう．「御目には弥陀如来の相好を見奉らせ給ひ，御耳にはかうたふとき念仏をきこしめし」〔栄花鶴の林〕

僧綱 そうごう　仏教行政を統括するために国家が任命した*僧官のことで，すでに中国や朝鮮でも先例がみられたが，我が国では624年(推古32)に，ある僧が祖父を斧で殴殺したという事件を機に，〈僧正(そうじょう)〉〈僧都(そうず)〉を置いたとするのが初例である．その後〈*律師(りっし)〉が加わり，*道鏡(どうきょう)政権下での変則的な改編を経て，平安初期までに〈僧正〉〈大僧都〉〈少僧都〉〈律師〉の4階梯にほぼ定まったが，10世紀末にはこの上に〈大僧正〉も常置され，また各階には〈権官(ごんかん)〉が設けられていた．

治部省(じぶしょう)玄蕃寮(げんばりょう)の管轄下に属し，僧尼の*得度・*授戒に関する事務や度縁・*戒牒(かいちょう)・位記などの交付，僧尼名籍や官大寺の資財の管理，法会・講会に際しての衆僧の招請，その他，僧尼に対するもろもろの教導・監督を職務とした．執務する役所を〈僧綱所〉(*綱所)といい，奈良時代には*薬師寺に置かれたが，平安遷都後は*西寺(さいじ)，ついで東寺とうじ(*教王護国寺)に移された．所轄範囲は原則として京内に限られ，諸国では*国師(のちに*講師こうじ・*読師とくし・どくじ)がこれに当たった．平安中期以降，次第に員数が増加する一方で，栄誉的な地位に転化して，実質的な機能を果たさなくなったため，9世紀末に僧正・僧都級の2名を新たに*法務という職務に任じて専当させたが，11世紀中頃には，これも有名無実と化したことにより，それ以前から僧綱所の構成員であった*威儀師いぎし・従儀師じゅうぎし・じゅぎしの筆頭者が，惣在庁そうざいちょう・公文くもんとして僧綱所の実務を担当するに至り，以後，僧綱制はますます形骸化の一途をたどっていった．

増劫 ぞうこう　宇宙は，成じょう・住じゅう・壊え・空くうの過程により生成し衰滅する．これを〈四劫しこう〉というが，なかでも住劫じゅうこうでは，その間，人間の寿命が8万歳と10歳の間を100年毎に1歳の割合で振幅するとされている．その増減は，20劫からなる住劫の各1劫毎におこるため，都合往復20回繰り返されるのである．このときの，人寿が10歳から8万歳へ100年毎に1歳ふえていく間を〈増劫〉という．その反対は〈減劫げんこう〉である．その振幅は，まず減劫から始まり，所要の往復を経て増劫で終わる．ただし最初の減劫と最後の増劫のみ時間が2倍かかるとされている．「増劫の時には四種の輪王出で，減劫の時には仏出現したまふ」〔十住心論1〕．→劫，四劫，減劫．

荘厳 そうごん　⇒荘厳しょうごん

僧残 そうざん［s: saṃghāvaśeṣa］　*僧伽そうぎゃへの残留を許されること．また，それを規定した学処がくしょ(守るべききまり)のこと．*波羅提木叉はらだいもくしゃは一般に*五篇七聚ごひんしちじゅ(5章あるいは7章)に分類される．このうち*波羅夷はらいにつぐ重罪で13条から成る．贖罪しょくざいによって回復の余地がある*罪．1週間の謹慎と*懺悔さんげをする．罪状によってはさらに別住(別居)も課せられる．最重罪の波羅夷が追放でいわば〈僧無残〉であるのに次いで，かろうじて僧伽にとどまりうる重罪で，他を謗ったり，教団の和合を乱すことなどが含まれる．

荘子 そうし［Zhuāng zǐ］　荘周．中国古代の思想家，*老子と並んで道家を代表する人物であるが，生卒年・伝記とも明確でない．近年その実在を疑う説さえ出ている．荘子の最も古い伝記は，司馬遷しばせん(前145-86頃)の『史記』の列伝に見えるものである．その「荘子伝」によれば，宋(?-前286)の国蒙もう(今の河南省商邱しょうきゅう市付近)の人．姓は荘，名は周．蒙の漆園うるしばたけの吏をしたことがある．梁の恵王や斉の宣王と同じ頃である．学問は広くあらゆる分野に通じたが，その根本的な点は老子の説に帰着する．著書は十余万字，おおむね寓言が多い．楚の威王は宰相に迎えようとしたが，どぶの中で悠々自適に暮らした方がよいとして謝絶した，という．『荘子そうじ』中には荘子自身が登場し，特に名家の恵施との問答が見られることから，紀元前4世紀後半，孟子とほぼ同時代の人と推定される．現本『荘子』33篇は荘周およびその後学の著とした方が正確で，そのどれが荘周の原著かは未定の問題である．ただ内篇の「逍遥遊」「斉物論」を原『荘子』の精髄とすることは多くの学者の一致するところである．

中国における仏教経典の受容に際して，訳語をはじめその大きな思想基盤になったのは老荘の思想であるが，特に〈道どう〉という真実在の前では，すべての存在は等しい価値を持つことを説く，荘子の万物斉同の思想は，中国的な*仏性ぶっしょう論を生み出す土壌の役割を果たしたといえよう．すなわち，「道は在らざる所無し」とし，虫や瓦にも糞尿にも道が在るとの主張は，中国禅や天台学の仏性論において，*涅槃経ねはんぎょうの「*一切衆生いっさいしゅじょう，悉有仏性しつうぶっしょう」を「牆壁瓦礫しょうへきがりゃく，草木国土が仏性をもつ」と展開させるのと，思想的につながる面を認めることができよう．→老荘思想，道．

総持 そうじ［s: dhāraṇī］　音写語としての〈陀羅尼だらに〉は本来，保持する行為，さらに記憶の保持，精神集中などを意味するが，そのために誦する呪句としての陀羅尼の意味をとって訳したもの．本来インドでは，学習は筆記によらず記憶にたよったが，そのために長大な教義を要約して暗誦し記憶の保持をはかった．暗誦の句がやがて真言しんごんの神秘力との連想によってそれ自体記憶を増し，知識を保持する神秘的な力を持つものとして尊重されるようになり，さらにその内容を誦持者自身にもたらすものとして，真言と同じ意味になった．ただし，現実には真言に比べて比較的に長大なものを〈陀羅尼〉と呼称する場合が多い．「醍醐の通じて一切の病を治するが如く，摠持の如薬はよく一切の重罪を消し」〔十住心論1〕．→陀羅尼，真言．

総持寺 そうじじ　横浜市鶴見区にある*曹洞宗大本山．山号は諸嶽山．1911年(明治44)石川県鳳至(ふげし)郡門前町から現在地に移転．もとの総持寺は，1321年(元亨1)*瑩山紹瑾(けいざんじょうきん)が，諸嶽寺観音堂と称した真言寺院を，霊夢を感じた寺主定賢の請により，諸嶽山総持寺と禅刹に改めた．1325年(正中2)瑩山は峨山韶碩(がさんじょうせき)に後をゆずり，峨山は住山42年，法嗣25人のうち，太源宗真，通幻寂霊，無端祖環，大徹宗令，実峰良秀が五哲と称せられ，門葉大いに栄えた．総持寺を拠点としての，曹洞禅の地方的発展と，その民衆化が行われたのである．1351年(観応2)総持寺に五院(普蔵院・妙高庵・洞川庵・伝法庵・如意庵)が開かれ，五院の住持による*輪番制が，明治3年(1870)まで続いた．明治3年輪住を廃し，独住となる．明治31年火災に罹り，*伽藍(がらん)を消失．当時の貫主，石川素童は，時代の推移を洞察して，これを京浜の地に移した．能登の旧跡には別院が建てられ，総持寺祖院と称し，今日に至っている．

造寺司 ぞうじし　日本古代において*官寺の造営・修理・造仏・*写経などの事業のため，寺院ごとに設置された臨時の官庁．645年(大化1)大化改新のさい諸寺造営助成のための寺司設置を初見とする。673年(天武2)造高市大寺司が置かれ，以後，造大安寺司・造薬師寺司・造東大寺司・造西寺司等々の名称が見えているが，大半は8世紀のもの．長官(かみ)・次官(すけ)・判官(じょう)・主典(さかん)の四等官制で，その下に史生(ししょう)・舎人(とねり)以下の事務職と*大工(だいく)・小工(しょうく)などの技術者，労役夫である仕丁・雇夫があり，事業の分担によって造仏所・造物所・木工所・大炊厨所・写経所などの支所に分属した．最大の造東大寺司では官人構成は律令官制の省に相当し，労役夫にいたるまでの人数は千人近かった．

造寺司の経済は主に国から与えられた封戸の租税(調庸)に依拠していたため，8世紀末，寺院経済の膨張で国家財政が圧迫されると次々に廃止縮小されて，10世紀には造東大寺長官と造興福寺長官の名目的官職を残すのみとなった．

「造寺司，三綱所に牒す．合はせて封一千戸を充ぁて奉る」〔造東大寺司牒天平勝宝4.10.25〕

宗性 そうしょう　1202(建仁2)-78(弘安1)　華厳宗の学僧．藤原隆兼の子．*東大寺に入って道性・弁暁のもとで華厳(けごん)・倶舎(くしゃ)・因明(いんみょう)などを学んだ．*三会(さんえ)三講に参加して，その間に『最勝講問答記』『法勝寺御八講問答記』などを記した．1260年(文応1)に東大寺別当に任ぜられ，東大寺の*学侶(がくりょ)として500冊に及ぶ著書がある．代表的著作に，日本最古の僧伝である『日本高僧伝要文抄』，*弥勒(みろく)信仰に関する事蹟を集録した『弥勒如来感応抄』がある．その自筆本がほとんど現存している．

相承 そうじょう　教えや*悟りの内容・本質を師匠から弟子へと伝え受け継ぐこと．インド仏教においてすでに*戒律(かいりつ)や教法の伝授相承が行われたようであるが，特に中国において宗派が成立すると，それぞれの派の正統性を証明するものとして，天台宗で説く〈*金口(こんく)相承〉〈今師(こんし)相承〉〈九師(くし)相承〉の三種相承をはじめ，浄土・禅・真言など各派それぞれに相承の系譜を説くようになった．同時に，宋代(960-1279)儒学(じゅがく)では*孔子以来の道学の伝承の正統を主張する道統(どうとう)の説が行われた．

日本でも，インド・中国を経て日本仏教各宗の*祖師にいたる各種の相承説が立てられた．このうち日蓮宗(にちれんしゅう)で立てられたものに〈内外(ないげ)相承〉があり，根底真実の悟りたる*本門*内証(ないしょう)が本師*釈迦仏(しゃかぶつ)・*本化*上行菩薩(じょうぎょうぼさつ)・*日蓮大菩薩へと直接に受け継がれるのを〈内相承〉，*迹門(しゃくもん)の*釈尊(しゃくそん)から*薬王(やくおう)菩薩・*智顗(ちぎ)・*最澄(さいちょう)・日蓮へと*法華経(ほけきょう)の教旨を伝承したのを〈外相承〉という．

日本では，こうした相承の説は，仏教だけでなく儒学・神道・歌道・音楽・華道・茶道・武芸・工芸など，学問・芸能の広い分野に広がって，秘密独自の説・技能などを親から子へ，師匠から弟子へと伝授相承されるようになり，家元制度の成立へとつながるものともなった．

なお，中国古典における〈相承〉の語の用例としては，後漢の班固(はんこ)(32–92)『白虎通義』三正に「三正の相承くること，連環に順うが若(ごと)し」とあるものなどが見られる．

「法門の相承は古今かはらずといへども，学者の行儀は勝劣同じからざる事は何ぞや」〔夢中問答中〕．→口伝(くでん)，口訣(くけつ)，面授(めんじゅ)．

僧正 そうじょう ⇒僧綱(そうごう)，僧位

僧肇 そうじょう [Sēng-zhào] 384–414? 中国,後秦時代の学僧．京兆(長安)の人．*鳩摩羅什(くまらじゅう)に師事した夭逝の天才であった．中国古典とりわけ老荘を好み，支謙訳の*維摩経(ゆいまぎょう)を読んで仏教に転じた．羅什を涼州の姑臧に訪ねてその門に入り，長安ではその訳経を助けた．著とされる「般若無知論」「物不遷論」「不真空論」「涅槃無名論」(のちにこの四論に「宗本義」を付して*『肇論(じょうろん)』と呼ばれた)は，*般若(はんにゃ)・*空(くう)・*涅槃(ねはん)などに中国人として独自の思索をこらしたもので，のちの中国仏教に決定的な方向性を与えた．また『注維摩詰経』には鳩摩羅什・*道生(どうしょう)の注と並んで，僧肇の注も収録されており，その他いくつかの経序を著した．

増上 ぞうじょう [s: aupacayika, ādhipateya] 力強い，すぐれたの意．原語の形容詞 aupacayika は名詞 upacaya (増加，つけ加わること)から，同じく ādhipateya は名詞 adhipati (支配する者)から派生した語．両者の訳語として〈増上〉が当てられ，〈増上縁〉(力強い*縁，あることが成立するのを助ける，あるいは妨害しない条件．*四縁・*三縁の一つ)，〈*増上慢〉(おごり高ぶること)などとして用いられる．なお〈増長(ぞうじょう)〉もほぼ同義の語である．「身口意の三業もし増上ならば，業境得脱の機と心得て，偏(ひとへ)に業境を観ずべし」〔漢光類聚〕

増上寺 ぞうじょうじ 東京都港区芝公園にある浄土宗七大本山の一つ．三縁山(さんえんざん)広度院．もと真言宗の寺院であったが，1393年(明徳4)聖聡(しょうそう)(1366–1440)が改宗して増上寺と改名，江戸における*念仏布教の中心となった．1598年(慶長3)現在地に移され，徳川家康の援助を得て大*伽藍(がらん)が完成し，徳川家の菩提所ともなった．関東*十八檀林の首座として僧侶を養成し，*僧録所として一宗を統制する機関となり，近代浄土宗発展に多大な寄与をなした．*三解脱門(さんげだつもん)(*三門，1622)，*『法然上人絵伝』(2巻，鎌倉時代)，家康が寄進した宋版・元版・高麗版の三*大蔵経は度々の火災にも残り，文化財として貴重である．

増長天 ぞうじょうてん [s: Virūḍhaka] 〈ぞうちょうてん〉とも読む．四天王(してんのう)の一で，*須弥山(しゅみせん)の南面中腹に住して，鳩槃荼(くばんだ)(Kumbhāṇḍa)などの鬼神の首領であるとされる．南方を守護するので南方天ともいわれる．また*十六善神の一つにも数えられる．形像は，赤肉色で*忿怒(ふんぬ)の相を示し，甲冑の上に*天衣(てんね)を着て，右手に剣または鉾(ほこ)を持つのが普通である．→四天王，天．

増上慢 ぞうじょうまん [s: abhimāna, adhimāna] *慢の一種で，未だ悟っていないのに悟ったと思い，未だ得ていないのに得たと思って，おごり高ぶること．七慢・八慢の一つに数えられる．また一般に，自負のあまり思い上がる意にも用いられる．「仏教をば真の法にあらずと蔑如(べつじょ)して，増上慢を起こし」〔日蓮小乗大乗分別抄〕

装飾経 そうしょくぎょう 経巻を*供養することはしばしば法華経(ほけきょう)に説かれている．装飾経もこの教えにより行われるもので，サンスクリット語経典写本の夾板(きょうばん)に美麗な仏像を描いたり，またチベット訳経典の写本の首部が装飾されていることもあり，漢訳経典の*敦煌(とんこう)写経には，経文中に仏像などを描くものがあって，古来行われてきた．しかし，わが国ほど装飾経に善美がつくされた国はない．

奈良時代ではもっぱら紺紙や紫紙の金字経が法華経，金光明最勝王経(こんこうみょうさいしょうおうきょう)，華厳経(けごんきょう)にみられ，*正倉院の梵網経(ぼんもうきょう)は白麻紙であるが，その褾紙(ひょうし)の見返しに山水や飛鳥が描かれている．平安時代は装飾経の最盛期で，紺紙金字の法華経や*一切経が書写され，その多くは見返絵がついている．さらに料紙に色紙を用いたり，唐草文や波文を雲母摺(きらずり)にしたもの，鳥や草花・折枝などを模様風に描いたものなどがあり，いずれもその上に金銀の箔(はく)や砂子(すなご)を散らして装飾する．こうした装飾は紙背にも行われている．中には経文の1字ないし1行を塔形で囲んだ〈宝塔経〉や1字あて蓮台(れんだい)に乗せた〈蓮台

経〉，仏体と経文を並書した〈一字一仏経〉など，経文を仏にみたてる意匠が行われた．こうした装飾経にはその表紙・見返しに経意にちなむ絵が描かれた．平安時代，装飾経は主に法華経関係の経巻にみられ，いずれも貴族が願主ないし施主になって制作された．*平家納経，久能寺経(鉄舟寺蔵，静岡県清水市)，*扇面古写経(せんめんこしゃきょう)などが代表的遺品である．→写経，一品経(いっぽんぎょう)，紺紙金泥(こんしきんでい)．

僧都 そうず　⇒僧綱(そうごう)，僧位

葬制 そうせい　【インド】*ヴェーダなどの古い文献によれば，古代インドでは火葬のほかに，土葬・棄(き)葬・曝(ばく)葬・林葬などさまざまな葬法が行われていたことがうかがわれる．たとえば，仏典に名の見える*王舎城(おうしゃじょう)尸陀林(しだりん)(→寒林(かんりん))は屍を棄てる場所であった．しかし，*婆羅門教(ばらもんきょう)の葬法をまとまった形で叙べるものは，『ピトリメーダ-スートラ』(*Pitṛmedha-sūtra*)をはじめとするカルパ-スートラ(kalpa-sūtra，祭儀規定経)であり，ここでは再生族(→再生)の死に際して行われる火葬法がことこまかに規定されている．このように婆羅門教徒の間では，ねんごろな葬送は欠くべからざる重要な儀礼であり，入胎・成人・結婚など人生の節目ごとに行われるもろもろのサンスカーラ(saṃskāra，浄法)の最後をかざるものとなっている．

逆に古い仏教経典では葬制に言及されることは少なく，むしろ厚葬を避けようとした初期仏教徒の意図がうかがわれる．このことは仏教教理の一つの核心をなす*業(ごう)思想と無縁ではないであろう．少なくとも*出家者の死に際して行われたのは簡単な*供養を伴う火葬・棄葬・土葬などにすぎなかったと考えられる．ただし*釈尊(しゃくそん)の般*涅槃(はつねはん)に際しては，*転輪聖王(てんりんじょうおう)の死去に際して行われるような，盛大な*荼毘(だび)すなわち火葬の儀式がとり行われたことが経典などには記されている．

【中国】中国では古来厚葬を尊び，副葬品と棺槨(かんかく)を伴う土葬が広く行われていたが，仏教の伝来とともに，僧尼の間では火葬も少しずつ行われるようになった．俗人の間で火葬がどの程度普及したかは必ずしも明らかではないが，儒者が火葬を*孝(こう)に背き礼を乱すものとして嫌ったこともあって，インドや日本におけるほどには一般に広まっていない．

【日本】我が国では古くは，時には殉死(じゅんし)を伴う土葬が行われていたが，仏教の伝来とともに火葬も漸次広まり，すでに持統天皇(645-702)，文武天皇(683-707)の崩御に際しては，荼毘による火葬がなされている．しかし，近世において一般的だったのは土葬であった．近世一般の葬儀は，おおむね，*枕経(まくらぎょう)・*湯灌(ゆかん)・入棺・祭壇設置・*通夜(つや)・僧侶の*読経(どきょう)・野辺送り・読経そして土葬，あるいは荼毘・埋葬という次第をもって行われる．我が国では葬式はかなり手厚く行われるのが常であり，現在では種々の仏教儀礼の中で事実上最重要なものになっているが，これは我が国人の間に根強い*祖先崇拝によっていると考えられるのである．→火葬，葬儀．

僧籍 そうせき　僧尼の名や*得度(とくど)について記す帳簿．中国で東晋・北魏の頃から，課役を逃れようとする者を取り締るために設けられた．日本では推古天皇の時に僧尼が記録され，「大宝令」で6年ごとに造ることが規定され，治部省・玄蕃寮(げんばりょう)が掌った．*最澄(さいちょう)は，インドには僧籍がなく，僧籍を立てるのは兵・奴の法に等しいという経典の記述から，天台宗の僧籍は一般人と同じく民部省におくことを主張した．鎌倉時代以後，僧籍の制はゆるみ，江戸時代には各宗にまかされた．「仏国の法に依って，僧籍を立てず，統摂に預らず，叡山に安置して修学することを得しめたまへ」〔顕戒論下〕

創造説 そうぞうせつ　神の創造によって万物が発生したとする説．英語では creation theory といい，*流出説と並んで代表的な万物発生の論．キリスト教などの(唯)*一神教や*婆羅門(ばらもん)教などの単一神教において最高・絶対の一神が立てられたとき，創造という最大の属性が神に付与され，万物は神によって創造されたもの(被造物)とみなされた．たとえば婆羅門教においては，*ブラーフマナ時代(紀元前11世紀頃？)にプラジャーパティ(Prajāpati，造物主)という最高の一神が立てられ，仏教出現のころ(紀元前5世紀ごろ)になると，当時のインドの民衆によって*梵天(Brahmā)とか*自在天(Īśvara)などの最高の一神が想定され，いずれも万物創造の

神とされた．

仏教では，原始経典に自在天による創造説が紹介され，批判されている．〈自在天創造因説〉(*p*: Issara-nimmāna-hetu-vāda)と名づけられたもので，〈尊祐造説〉と漢訳された．自在天の*神通力(化作)によって苦や楽の結果が現れるという説であるが，仏教からは，主体的な因果形成の努力が否定され，すべては神の意志に任せることになるとして，宿命的な因果論(宿作因説)や無因縁説(*無因有果説)とともに最もまちがった思想とみなされた．

なお，日本の近世において*仏キ論争がおきたが，そのさい，仏教からキリスト教にたいして，もし神が人間や世界を創造したとするなら，なぜ悪や苦のない完全な形に造らなかったのかという疑問が投ぜられた．日本の神道について見ると，創造神を産霊神と呼んでおり，産むという自然的，生理的機能によせて創造が説かれている．自然順応を特色とする日本的思考の現れといえよう．

造像銘 ぞうぞうめい　〈造像銘記〉ともいう．仏像を造立する理由，*願文，*発願者名，*結縁者名，*供養した僧侶名，*仏師名，年紀などを記したもの．仏像の背面，内部，足枘，*台座，*光背などに記されることが多い．その方法は墨書，朱書き，刻銘など多彩である．像内納入品の省略的な表現とみられる場合もある．日本では鎌倉時代以後に造像銘をもつ作例が増加するが，ことに仏師の署名が見られることが注目される．その初例は1176年(安元2)に*運慶が造った*円成寺大日如来像である．修理に際して行うものを特に〈修理銘〉といって区別する．→像内納入品．

相即 そうそく　対立するように見える二つの事象・事物が実は一体不離であること．華厳教学の*縁起思想では〈相即相入〉という．華厳での〈相即〉とは，体(本体)の視点からすべての現象が密接不離であることをいい，〈相入〉とは，用(はたらき)の視点からすべての現象が密接不離であることをいう(→体用)．

天台教学における四明*知礼の説では，〈即〉に次の3種があるとする．本体は別である二つのものが互いに離れない〈二物相合の即〉．本体は同一であるが現れた相が異なるという〈背面相翻の即〉．対立するように見える二つのものが，それ自体において同一であるとする〈当体全是の即〉．知礼は，背面相翻の即を*別教とし，当体全是の即を*円教であるとして，ここに真の相即論が成り立つとする．→即．

「我も仏の功徳を具し，仏も我等が功徳を具せり．互ひに具し互ひに相即して，仏も衆生も其の体一なり」〔菩提集〕

相待妙 そうだいみょう　⇒絶対

『雑談集』 ぞうたんしゅう　鎌倉後期の仏教*説話集．*無住道暁(一円)編．10巻．1305年(嘉元3)成立．弟子の所望に応じて書いたものという．同じ編者による一般向けの*『沙石集』より難解・硬質であるが，体系的著述ではなく，随想的色彩が濃い．法談にまじえて仏教説話や昔話などを語り，自己の生い立ち，現在の生活・心境を述べる．道歌風の自詠七十余首も収録する．無住の学識の広さと洒脱な人柄をうかがわせる．版本のみで写本は知られない．

僧堂 そうどう　*『大智度論』2に「阿難，大力の阿羅漢と作りて即ち夜，僧堂の門に至る」とあり，僧の*坐禅の場所をいう．禅宗では坐禅修行の根本道場をいい，その位置は，*三門からその正面の*仏殿に向かって左に僧堂があり，右の*庫院と対置されているのが原則である．僧堂は別に〈雲堂〉(四方の*雲水僧が集い来って修行する道場)，〈選仏場〉(修行者から*仏祖を選出する道場)，〈枯木堂〉(枯木の如く心を動ぜず兀然と打坐が行じられる道場)，〈大徹堂〉(仏祖道に*大悟徹底する道場)とも称される．堂の中央に聖僧(文殊または観音，憍陳如，大迦葉の像)を安置し，周囲に単(坐禅の席)を設け，坐禅を中心に食事から睡眠までの一切の生活が行持される道場である．

この僧堂の*清規は唐代に*百丈懐海が禅門清規として制定する頃に始まる(『景徳伝灯録』6.禅門規式)．唐宋以来の古規の僧堂を最初に日本に建立し清規を行じたのは*道元で，山城の*興聖寺がそれであった(『雑談集』8)．後に日本臨済宗の方では〈禅堂〉と称して単に坐禅のみを行ずる道場となり，食事や睡眠は別の寮舎で行うようになって本来の僧堂とは性格を異にするに至った．なお古規の僧堂内の配置については，『叢林校定清規総要』『禅林備用清規』『支那禅刹図式』に図示があり，またその構造については*『永平清規』『僧堂清規』にも解説がある．

「寺院の最要は仏殿・法堂・僧堂なり．此中，仏殿本より有り，法堂未だし，僧堂最も切要なり」〔僧堂勧進之疏〕「常律房と二人住して候ひし時，一室の北面を僧堂にして二丈の床を二つ儲けて」〔興正聴聞集〕

曹洞宗(そうとうしゅう)　【中国】中国禅宗*五家七宗(ごけしちしゅう)の一．*洞山良价(とうざんりょうかい)と曹山本寂(そうざんほんじゃく)とを派祖とし，倒置して〈曹洞〉とする説と，曹渓*慧能(そうけいえのう)と洞山良价によって〈曹洞〉とする説があり，日本では後者が有力である．*南宗(なんしゅう)の青原行思(せいげんぎょうし)・石頭希遷(せきとうきせん)・雲巌曇晟(うんがんどんじょう)の法系につながる洞山良价の系統である．洞山良价の悟りの境界を5段階にまとめた〈洞山五位〉が有名である．曹山本寂の名づけによれば，正中偏(しょうちゅうへん)・偏中正(へんちゅうしょう)・正中来(しょうちゅうらい)・偏中至(へんちゅうし)・兼中到(けんちゅうとう)の五位である．正は絶対平等の*理，偏は相対差別の事(→事理)を意味し，事と理の*不二(ふに)を説明したものである．*道元が入宋伝法した天童*如浄(にょじょう)も，この法系の人である．

【日本】如浄に参じた道元が得法したのは1225年(南宋の宝慶1)で，1227年(安貞1)帰国．一時*建仁寺(けんにんじ)に滞在した後，深草に*興聖寺(こうしょうじ)を開いたが，叡山からの弾圧があったともされ，1243年(寛元1)*檀越(だんおつ)波多野義重の請で越前に移り，翌年*永平寺(えいへいじ)を開いた．孤雲*懐奘(えじょう)が2世となり，もと*達磨宗(だるましゅう)徒であった義介・義演が跡を継ぐが，〈三代相論(さんだいそうろん)〉と称される軋轢があったともされ，道元の中国人弟子である寂円の弟子義雲が5世となって以降，永平寺住持職は江戸期まで寂円派で*相承(そうじょう)された．

義介が加賀大乗寺(金沢市)へ移り，その弟子*瑩山紹瑾(けいざんじょうきん)が開いた能登永光寺(ようこうじ)(石川県羽咋市)，*総持寺(そうじじ)(石川県門前町)が教団形成の拠点となって，瑩山下の峨山韶碩(がざんじょうせき)・明峰素哲(めいほうそてつ)の門流が大いに栄えた．特に峨山下五哲と称された弟子たちが総持寺に五院をつくり，派下の寺院による*輪番制で運営したことが教団展開に結びついた．*只管打坐(しかんたざ)と表現されるように，道元は坐禅に教えを集約したが，瑩山下の僧たちは土地神などを取り込みながら，密教的な儀礼を用いて寺院を増やしていった．江戸期になると，永平寺・総持寺を両大本山とする本末関係が強制整備され，大中寺・竜穏寺・総寧寺が〈関三刹(かんさんせつ)〉として*寺社奉行と直結，本山住持を含めて宗門行政を牛耳った．鎌倉期に東明慧日(とうみょうえにち)・東陵永璵(とうりんようよ)が宏智派(わんしは)を，江戸初期に心越興儔(しんえつこうちゅう)が寿昌派(じゅしょうは)を伝えたものの法孫は絶え，道元派だけが残った．日本曹洞宗は道元を高祖，瑩山を太祖として，釈尊を加えた一仏両祖を本尊とし，末寺1万4千を数える．

像内納入品(ぞうないのうにゅうひん)　仏像などの像内に納められた物品．〈胎内納入品(たいないのうにゅうひん)〉ともいい，納入されたものが仏像の場合は〈胎内仏〉ともいう．*木彫像の内刳(うちぐり)部に入れられるのがほとんどだが，他の材質の像でもありうる．造立*願文(ぞうりゅうがんもん)・結縁交名(けちえんきょうみょう)などの記録，*舎利(しゃり)・経文・*真言(しんごん)・*種子(しゅじ)・仏像・月輪(がちりん)・*五輪塔など信仰にかかわるものが主だが，鏡・古銭・遺骨・遺髪まで納入する例があり，多種にわたる．987年(寛和3)に*奝然(ちょうねん)がもたらした*清凉寺の釈迦如来立像の背刳(せぐり)内には，種々の記録や絵画・工芸品の他に，裂(きれ)製の五臓六腑があり，生身(しょうじん)の釈迦像に対する信仰を知ることができる(→清凉寺式釈迦像)．

元来，中国では古くから舎利の像内納入の習慣があったものと推定されるが，これにならったわが国でも早くから行われ，8世紀に*石山寺本尊塑造観音像や*新薬師寺本堂薬師如来像の例がある．839年(承和6)の東寺(*教王護国寺)講堂諸尊には舎利にくわえて真言を書いた紙が納入され，以後，密教彫刻には真言・種子の類を納入するものが多い．1053年(天喜1)の*平等院鳳凰堂阿弥陀如来像はそれを月輪として納入するが，これ以後の宮廷の本格的造仏では月輪の納入が一般的になったとみられる．鎌倉時代からは像内納入品の風がにわかに盛んになり，像の造立に際して広く結縁・捨銭を求めた文書やその他の信仰上の品々が数多く納められた．*造像銘とあわせ，像の製作事情や時期を知る重要な手がかりとなる．

僧尼令 そうにりょう　僧尼の生活一般に関する規定を示した令の編名．701年(大宝1)に施行された「大宝令」は失われているが，復原により現存の「養老令」にほぼ変らないことが知られる．それ以前の「近江令」「浄御原きよみはら令」に僧尼令が含まれていたかどうかは不明である．

この令は仏教教団に対する規制的性格が濃く，令というにはあまりに律的である．全27条の内容はきわめて雑然としていて，禁止事項として罰則のもっとも重いものは*還俗げんぞくで，これを示した条文は第1観玄象条を始めとして7条に及ぶ．内律の還俗罪(*波羅夷はらい罪)に該当する条項以外に，天文による災祥や吉凶の卜占，厭符による巫術，所属寺院以外の道場の建立や民衆教化などがそれである．また事によっては還俗後，俗法による処罰を規定している．還俗以外の苦使刑(寺内の清掃，経典の書写)で軽いものは10日，重いものは100日，重刑を三度犯した場合は追放に処せられるが，その禁止事項は贈賄・音楽・博戯・飲酒おんじゅ・食肉じきにく・食五辛・蓄財・商取引・焚身などで，統一性を欠く．また*三綱さんごうの義務規定のほかに*僧綱そうごうに対する規定(第14任僧綱条)がある．

これらのうち，多くは唐の「道僧格」の影響を受けたもので，中に内律によって直接設けた規定もあるが，とくに僧綱を衆僧の公正な選挙によって任命するとしたことは独自の発想である．

宋版大蔵経 そうはんだいぞうきょう　宋代に刊行された木版刷の大蔵経．四版八本が存し，勅版に蜀本しょくほん・印経院本いんきょういんぼん・顕聖寺本けんしょうじぼんの三本，私版として福州版に東禅等覚院本とうぜんとうかくいんぼん・開元寺本かいげんじぼんの二本，思渓版しけいばんに円覚禅院本えんがくぜんいんぼん・資福禅寺本しふくぜんじぼんの二本，磧砂版せきさばん(延聖院本えんしょういんぼん)がある．

最初の勅版大蔵経〈蜀版大蔵経〉は宋朝の仏教保護政策のもと，太祖の命により，971年から983年まで約12年間かけ，唐智昇撰*『開元釈教録』に基づき蜀(四川省)の成都で彫成された(蜀本)．巻子本で毎行14字．全1076部，5048巻．13万の彫版が作られた．完成後は開封の太平興国寺内の印経院で印刷された(印経院本)．また，*『貞元じょうげん釈教録』所載の『開元釈教録』以降に漢訳された経典類や，中国撰述の仏書も勅許をへて追彫され，入蔵されている．1071年，経板は顕聖寺聖寿禅院に移され，印行が続けられた(顕聖寺本)．〈蜀版大蔵経〉は勅命によって国内の寺院に収蔵させるとともに，国外にも普及し，高麗大蔵経(*高麗蔵こうらいぞう)，契丹きったん版蔵経，*金刻大蔵経などの成立に大きな影響を与えた．日本には988年，東大寺の*奝然ちょうねんが将来している．

勅版のほか福州版・思渓版・磧砂版の3つの私版大蔵経の彫造が行われた．福州版には1080-1112年に開板された〈東禅等覚院本〉と1112-1151年に開板された〈開元寺本〉がある．東禅等覚院本は1103年，勅により〈崇寧万寿すうねいまんじゅ大蔵〉の名を賜わり，準勅版の扱いを受けた．版式は唐代の毎行17文字に復された．思渓版は湖州思渓(浙江省)で開板されたもので，〈円覚禅院本〉と〈資福禅寺本〉がある．前者は1132年頃までに完成されたものとみられる．資福禅寺本は円覚禅院本に24部450巻を追彫し補刻したもので，円覚禅院の寺号が法宝資福禅寺と改名されたため，資福禅寺本という．磧砂版(延聖院本)は磧砂(現在の江蘇省呉県)延聖寺において1231年に開板され，元代に完成した．→大蔵経，漢訳大蔵経．

僧旻[1] そうびん [Sēng-mín]　467-527　中国，南北朝時代の学僧．〈そうみん〉とも読む．俗姓は孫氏．呉郡富春(浙江省杭州市)の人．梁の荘厳寺を中心に活躍した．*法雲ほううん・*智蔵[1]ちぞうと共に梁の三大法師といわれる．特に*『成実論じょうじつろん』に精通し，『成実論』は大乗の論書であると主張した．著作として『二諦義』『法身義』などの短編が伝わっているのみである．

僧旻[2] そうびん　7世紀の留学僧．新漢人日文いまきのあやひとにちぶん，旻法師などと称される．608年(推古16)小野妹子おののいもこに従って隋に渡り，632年(舒明4)遣唐使犬上御田鍬いぬがみのみたすきとともに帰朝した．645年(大化1)大化改新の新政府発足にあたり高向玄理たかむこのくろまろとともに国博士くにはかせに任ぜられ，また同年十師の一人となった．吉凶を判断する能力を有し，流星の出現や白雉の献上に際してその解釈を呈した．653年(白雉4)病に臥すと孝徳天皇は自ら阿曇寺(あずみでら)に幸して彼を見舞い，その死に臨んで弔使を遣わして賻物をおくった．皇祖母尊(すめみおやのみこと)(皇極上皇)や皇太子中大兄皇子(なかのおおえのみこ)もまた使を遣わして喪を弔い，多くの仏菩薩の像を造って*川原寺(かわらでら)(または山田寺)に安置した．

崇福寺 そうふくじ　[1] 福岡市博多区千代4丁目にある臨済宗大徳寺派の寺．山号は横岳山(おうがくさん)．1240年(仁治1)随乗坊湛慧(ずいじょうぼうたんえ)が太宰府(だざいふ)の横岳(よこだけ)に創建し，翌年*円爾(えんに)を開山に迎え，円爾により万年崇福禅寺と名付けられた．1272年(文永9)より*南浦紹明(なんぽじょうみょう)が30余年間住して大いに禅の教勢をのばし，九州の有力な禅寺となった．戦国末期兵火に焼失し，1601年(慶長6)福岡築城に伴い，黒田長政(1568–1623)により現在地に移して再興された．寺宝には，黒田如水画像，伝相阿弥筆の出山釈迦図などがある．

[2] 長崎市鍛冶屋町にある黄檗宗(おうばくしゅう)の寺．山号は聖寿山(しょうじゅさん)．長崎在住の中国人林楚玉らは，在留中国人の*菩提寺(ぼだいじ)の創建を図り，1632年(寛永9)寺院建立の公許を得て，中国僧超然(ちょうねん)(1567–1644)を開山に迎えて造営した．一説には1629年(寛永6)造営ともいう．1655年(明暦1)黄檗宗の開祖*隠元隆琦(いんげんりゅうき)が入寺，弟子の*即非如一(そくひにょいち)が*伽藍(がらん)を整備．すべて中国福州の様式によって建てられ，福州寺・赤寺などとも呼ばれる．明末清初の中国建築様式を伝える，第一峰門(だいいっぽうもん)(1644)，*大雄宝殿(1646)をはじめ，三門・鐘鼓楼・媽姐門(まそもん)など異彩を放つ伽藍が残る．寺宝に呉彬(ごひん)筆の仏涅槃図，即非如一墨跡などがある．

僧兵 そうへい　古代・中世日本における武装した僧侶の称．〈僧兵〉の造語は新しいが，すでに10世紀末，世俗化した大寺院では，*大衆(だいしゅ)層を中心に*裹頭(かとう)で武装した悪僧が横行しており，11世紀には，かれらによる大寺社間の抗争，朝廷への強訴(ごうそ)などが頻発した．ことに*興福寺と*延暦寺の*衆徒(しゅうと)は，*南都北嶺(なんとほくれい)と並称され，強力な武力集団として知られた．武士政権の下で寺社勢力が衰退するにつれ，武力集団としての僧兵の威信も低下し，信長・秀吉の統一権力によって消滅させられた．

僧房 そうぼう ［*s*: vihāra］　原語〈ヴィハーラ〉の漢訳語で〈僧坊〉とも書き，〈*精舎(しょうじゃ)〉とも漢訳する．僧衆が居住する建物．インドでは本来は*安居(あんご)の住処のための個人的住処であったが，やがて公共の施設に発展したとき，房室(pariveṇa)がその中に造られた．後期の方形プランの僧房では，中庭を囲んで房室が配置されている．窟院(住窟)においても同様のプランが採用されている．

日本の*南都六宗では，寺内の僧はすべて僧房に住んだ．*桁行(けたゆき)2–3間を1単位とし，これをいくつも続けた長い建物で，梁行(はりゆき)は4間，中央2間を寝室とし，前後各1間を出入口および昼間の居住室とする．大寺院ではこれより梁行の小さい建物が並立し，大きい方を〈大房(たいぼう)〉，小さい方を〈小子房(しょうしぼう)〉といった．僧房は*講堂を囲んで造られることから〈三面僧房〉と呼び，おのおの方角を冠して〈東室(ひがしむろ)〉〈西室〉〈北室〉などといった．平安時代中頃から私僧房としての*子院ができ，僧房はしだいに廃れていく．奈良時代の僧房の1単位(大房＋小子房)の住僧は10人前後で，内部は土間のもの，土間・板敷併用，板敷の3種があった．*法隆寺東室(奈良時代)，*元興寺禅室(1244)に昔の状態が復原されている．→寺院建築，伽藍(がらん)，付録(インド亜大陸の仏教寺院，伽藍配置)．

像法 ぞうぼう　〈像〉は，形を模した，似せたの意．〈像法〉とは，仏の正しい教えにかたどった教えをいう．〈*正法(しょうぼう)〉，または〈正法〉〈*末法(まっぽう)〉の対．*三時のうちの一つ．像法の時代は正法に続く1000年間(500年間とする説もある)といわれ，仏の教えそのものとそれを学ぶ修行者は存在するが，もはや悟りを開くものはいないといわれる．しかし，このような歴史観は，一面においてかえって深い仏教の自覚を生み出し，たとえば中国南北朝時代には，社会的弱者への慈悲の活動を強調する*偽経の〈像法決疑経〉が作られている．なおわが国では，永承6年(1051)をもって像法時は終ると考えられ，その接近に伴って，次第に末法の到来に対する危機意識が高まった．→正像末(しょうぞうまつ)．

「一つには正法五百年，二つには像法千年，三つには末法万年なり」〔霊異記 下序〕「釈迦牟尼仏隠れ給ひて後一千九百三十三年になりにけり．像法の世にあらむ事，遺(のこ)る年いくば

くならず」〔三宝絵序〕

雑宝蔵経 ぞうほうぞうきょう　*譬喩(ひゆ)経典(avadāna)の一つ．472年(延興2)，北魏の吉迦夜・曇曜共訳．10巻121縁(話)より成る．収載話は経名が示すように多種にわたり，現在物語の人物を過去物語の人物と結びつける定型的譬喩譚のほかに，善因楽果・悪因苦果の現報・生報を説くだけの応報譚も多い．

*賢愚経(げんぐきょう)・撰集百縁経(せんじゅうひゃくえんきょう)とともに仏教譬喩文学を代表する経典で，中国では俗講資料にもなったらしく，*敦煌(とんこう)出土の『雑鈔』(珠玉鈔)には本経1-4「棄老国縁」を殷の紂王(ちゅうおう)治下の話に翻案した事例がみえる．また同縁中の挿話が3世紀後半成立の『三国志』魏書20の曹沖伝にも見えることから，訳経以前の影響を指摘するむきもある．日本でも本経の影響はすでに『日本霊異記』中3にうかがわれ，『今昔物語集』の天竺部にも本経に由来する説話が散見するなど，本経が仏教文学や説話文学に直接間接に与えた影響は大きい．なお棄老(きろう)説話の展開などは，本経収載話が日本文学に与えた影響を具体的に示す典型例である．→棄老説話．

草木国土悉皆成仏 そうもくこくどしっかいじょうぶつ　「草木国土悉(ことごと)く皆成仏す」と読み下されるもので，草・木・国土など心を持たないもの(*非情)すべてが，人間など心を持ったもの(*有情(うじょう))と同じように*仏性(ぶっしょう)があって*成仏することをいう．早くは*安然(あんねん)の『斟定(しんじょう)草木成仏私記』(9世紀)に「中陰経に云く」として引用され，その後，謡曲などに盛んに引用されたが，現存の中陰経には見あたらず，日本で新造された可能性も大きい．なお，この句の前には「一仏成道，観見法界」(一仏成道して法界を観見すれば)とあり，もともとは仏の成道の観点から見た場合のことをいい，あるがままの自然がそのまま成仏するという意味ではない．「ただ一筋に仏道をねがふ時は，草木国土悉皆成仏とぞ見えける」〔曾我11.貧女〕．→草木成仏．

草木成仏 そうもくじょうぶつ　草や樹木のような心を有しない*非情のものでも，*有情(うじょう)(*衆生(しゅじょう))と同じように*仏性(ぶっしょう)をもっており，*仏となることをいう．〈無情成仏〉〈非情成仏〉ともいう．有情・非情などの差別の見解を超えたならば，*万法はすべて*真如(しんにょ)仏性の顕現以外なにものでもないのであるから，非情の草木もまた*成仏することができるとする．

仏性について，涅槃経(ねはんぎょう)では〈*一切衆生悉有仏性(いっさいしゅじょうしつうぶっしょう)〉と説かれているが，中国においては，衆生の範囲を超えて，心をもたない草木でも同じように成仏できると考えられるようになった．この思想は浄影寺*慧遠(えおん)に萌芽的に見られるが，はっきりした形では三論宗の*吉蔵(きちぞう)にはじまる．唐代には天台・華厳・禅などがそれぞれの立場から草木成仏説を展開する一方，その主張が安易な空論に陥ることに対する批判も見られた．こうした中で天台の6祖*湛然(たんねん)は*『金剛錍論(こんごうべいろん)』を著して草木成仏説の立場から論陣を張り，大きな影響を与えた．

日本では，もともと固有の信仰に*アニミズム的，自然順応的な態度が見られ，草木成仏説も比較的抵抗なく受容された．*空海の*六大体大(ろくだいたいだい)説も一種の無情成仏説といえるが，特に草木成仏説が理論的に展開されたのは天台においてであり，*本覚思想の中で大きく発展した．たとえば，*良源に帰せられた『草木発心修行成仏記』では，草木の*生住異滅(しょうじゅういめつ)の相がそのまま*発心・*修行・*菩提(ぼだい)・*涅槃(ねはん)であると主張されている．このような思想は文芸にも大きな影響を与え，たとえば謡曲の中には〈*草木国土悉皆成仏(そうもくこくどしっかいじょうぶつ)〉という表現がしばしば現れている．「草木成仏は暫く置く．御辺の成仏はいかが御存知ある」〔沙石集3-4〕「草も木も仏になると聞く時は情(こころ)ある身のたのもしきかな」〔太平記24.依山門嗷訴〕

桑門 そうもん　サンスクリット語śramaṇaに相当する音写．*出家して修行につとめるもの．〈*沙門(しゃもん)〉と音写するのが一般的であるが，古い漢訳仏典には〈喪門〉と並んで〈桑門〉の語が用いられており，また，後漢の張衡(ちょうこう)の「西京賦」や，『後漢書』楚王英伝にも桑門の語が見える．「正応三年三月の比(ころ)，厳親桑門下向せさせ給ひけるに同道し給ふ」〔最須敬重絵詞5〕「濃き墨染にしほたれたる桑門(よすてびと)二人，御前に畏(かしこ)まって」〔太平記39.光厳院〕

増益 ぞうやく　1 [s: samāropa] 実体としては存在しない現象世界を，誤って実体として有ると認定することをいう．その意味で，そこには無いものを有るとすることが〈増益〉である．これに対し，何らか現象として有る世界を，全く存在しないと考えることを〈損減〉(apavāda)という．無を有とする増益と，有を無とする損減とをともに離れるとき，真実の世界が証得されると説かれる．

②［s: pauṣṭika］〈ぞうやく〉とも読み，〈増益法〉ともいう．密教の*修法(しゅほう)のうちで，現在の状態を積極的に変化させる*祈願(きがん)を総称する．商売繁盛・家門繁栄・学業成就などが含まれる．*護摩(ごま)の作法では，方形の炉が用いられ，財宝性を示す黄(金)色が重視される．尊格では，観音菩薩(かんのんぼさつ)(*観世音菩薩)・*虚空蔵(こくうぞう)菩薩・*宝生如来(ほうしょうにょらい)などが本尊とされる．「この真言門に四種の功能あり．一には息災，二には増益，三には敬愛，四には調伏なり」〔真言内証義〕

僧祐 そうゆう［Sēng-yòu］ 445-518 南朝の斉・梁時代に建康(けんこう)(*金陵(きんりょう))を中心に活躍した律僧．俗姓は兪氏．僧範に師事し，14歳で定林寺法達の室に投じ，*具足戒をうけた後，当時の*律の大家法穎(ほうえい)から律を学んだ．*『十誦律(じゅうじゅりつ)』を講じ，受けた施しによって定林寺・建初寺など諸寺を修復した．*無遮大会(むしゃだいえ)，捨身斎(しゃしんさい)などを行い，*経蔵(きょうぞう)を造り経典を収集した．梁の*武帝に礼遇され，晩年は足を悪くしたものの輿に乗って後宮においても*授戒を行なった．518年，建初寺で寂した．僧祐の撰述で現存しているものとしては中国で作られた現存最古の仏伝である*『釈迦譜(しゃかふ)』，『道安録』『綜理衆経目録』をもとに撰述された現存最古の経録とされる*『出三蔵記集』，六朝における儒仏道三教交渉の諸論を集めた*『弘明集(ぐみょうしゅう)』などがある．『十誦律』については『十誦義記』があるというが伝わっていない．

相輪 そうりん インドのストゥーパ(stūpa)の形を塔の屋頂に載せたもので，方形の〈露盤(ろばん)〉，半球形の〈伏(覆)鉢(ふくばち)〉，蓮花の〈受(請)花(うけばな)〉，九つの輪と檫管(さつかん)からなる〈九輪(くりん)〉，〈水煙(すいえん)〉，〈竜車(舎)(りゅうしゃ)〉，〈*宝珠(ほうじゅ)〉でできており，中心に心柱(しんばしら)(檫(しんばしら))が通る．〈九輪〉ともいう．露盤はストゥーパの基壇に，伏鉢は土饅頭に，受花は平頭(へいとう)に，九輪は傘蓋(さんがい)に当たる．なお，露盤は奈良時代には今日の相輪全体を指す言葉であった．→塔，付録(塔3-5)．

叢林 そうりん 僧が集まって修行する所，とくに禅宗寺院をいう．多くの修行僧が一カ所に住することを，木が叢(むら)がって林をなすさまにたとえたもの．中世以後，京都・鎌倉の*五山禅院を叢林といい，地方に展開した五山系以外の禅宗寺院を〈林下(りんか)〉というようになった．「あはれむべし，十方の叢林に経歴(きやうりやく)して一生をすごすといへども，一坐の功夫あらざることを」〔正法眼蔵坐禅箴〕．→林下．

相輪橖 そうりんとう 地に立てた柱に塔の*相輪を載せ，柱の中に経巻を収めたもの．〈相輪樘〉〈相輪塔〉とも書き，〈輪塔(りんとう)〉ともいう．820年，最澄が近江・山城の国境に建立したのが最初で，延暦寺西塔の名の由来．延暦寺(1905年改鋳)，輪王寺(栃木県，1643)，西蓮寺(さいれんじ)(茨城県，1287)の例がある．

僧録 そうろく *僧官の名称．僧侶でありつつ，国家に任命されて僧侶を取り締まる役職．国家権力と*僧伽(そうぎゃ)の自治確保の問題は，中国に仏教が導入されて以来，もっとも尖鋭な課題の一つであったが，*道安(どうあん)の「王法に依らずんば仏法成り立ち難し」という語に端的なごとく，結果的には国家権力の下に位置づけられた．かくて僧官の制が時代につれてその名称・役割に異同はありつつも継承されて来た．僧録は後秦代(384-417)に創始され，唐代(618-907)には中央の教団に関する監督事務を取り扱った．その役所を〈僧録司〉，長を〈都(と)僧録〉といい，俗官である功徳使(くどくし)の下に置かれた．

日本では，僧録は*五山派禅寺・禅僧の統括にあたる役職として，足利義満によって康暦1年(1379)に*春屋妙葩(しゅんおくみょうは)が任命されたのをはじめとし，江戸時代においても存続した．なおこれとは別に，日本では古くは『延暦僧録』のように〈僧録〉を僧伝を記録したものの意に用いた例もある．

「職は僧正・僧統・僧録を以てし，号は国師・大師・禅師を以てす」〔元亨釈書27〕

即 そく *維摩経(ゆいまぎょう)入不二法門品に「色は即(そく)是空…是(これ)を不二の法門に入ると為す」とあり，*『摩訶止観(まかしかん)』1上に「煩悩は即(そく)般若，結業は即解脱」とあるように，二つのもの・ことが，論理的な面において密着して一つ(不二(ふに))となり，時間的な面においては直ちに結合して連続することをいう．いずれにせよ，たがいに異なる(もしくは異なると考えられている)もの・ことが，その間の相異性をある意味では残しつつ，一体化するという理論は，仏教の*縁起(えんぎ)説に特有のきわめて自由で伸縮自在な関係性に基づく．ただしときには，元来は同一であるもの・ことを別異と見まがい，本来の同一性を回復することもいう．中国仏教においてはさかんに〈即〉の語が用いられ，大乗仏教の究極的真理の表現として〈*生死即涅槃(しょうじそくねはん)〉〈*煩悩即菩提(ぼんのうそくぼだい)〉がしばしば用いられた．→不二．

「不二の即とは，生死も三千具足，涅槃も三千具足なり．倶に三千円備して一体なり．故に，生死即涅槃と名づく」〔漢光類聚〕

触 そく　六つの感官の対象(*境(きょう)，*六境(ろっきょう))の一つで，触覚器官(身根(しんこん))の対象(spraṣṭavya)をいう．滑らかさ，粗さ，重さ，軽さ，冷たさ，ひもじさ，渇きの七つに，堅さ，湿りけ，温かさ，動きを固有のあり方(*自性(じしょう))とする地・水・火・風の*四大(しだい)元素(大種)の四つを加えた11種がある．また，感官(*根(こん))と対象(境)と意識作用(*識(しき))とがあい合することによる接触(sparśa)をいう．十二支縁起(*十二因縁)の第六支に相当する．あらゆる心とともに働く心の働き(*心所(しんじょ))の一つとして，*説一切有部(せついっさいうぶ)の十大地法，*唯識(ゆいしき)の五遍行，パーリの共一切心心所に分類される．

俗形 ぞくぎょう　髪をのばし，平常の服装をした俗人の姿．また，その姿の人．なお，*神像は本来俗形のはずであるが，*本地垂迹説(ほんじすいじゃくせつ)の影響により，中古以降僧俗両形に表現することが行われた．*八幡神などはその好例である．「敦実親王，大菩薩(八幡)の御影二体，一体は僧形，一体は俗形，を造立し奉り」〔古事談5〕．→僧形．

息災延命 そくさいえんめい［s: śāntika］〈息災法〉は密教の三種法あるいは*四種法もしくは六種法の一で，災害を除去し，*福徳を集める法．わが国において，攘災(じょうさい)の機能にさらに延命の願いが加わり，〈息災延命法〉として修せられる．「息災延命の方法，増長福寿の指南，ひとへに率都婆の功徳に有り」〔澄憲作文集〕．→延命法．

粟散 ぞくさん　〈粟散国〉〈粟散辺土〉ともいう．*須弥山(しゅみせん)を取り巻く大海上に，粟粒のように散在する多数の小国土．わが国もその一つで，南閻浮提(なんえんぶだい)(南贍部洲(なんせんぶしゅう))の果ての粟散国とされるが，そこには大国のインド・中国に対して，日本を仏国土から離れた*辺土の小国とする意識がうかがわれる．「仏前仏後の中間に生れて…粟散扶桑の小国に住して」〔愚迷発心集〕．→閻浮提．

即事而真 そくじにしん　陶淵明の詩『懐古田園』『飲酒』に「即事，欣ぶ所多く」「此の中，真意有り」，また『注維摩詰経』9に「即事にして…悟り深し」などとあるのに基づき，事(じ)に即して真ということ．*『肇論(じょうろん)』物不遷論の「触事而真」(事に触れて真なり)と同義である．つまり，現実の具体的な事物・事象(事)を通して普遍的な真理(*理)が見られるということで，智顗(ちぎ)の*『法華玄義』*『摩訶止観』などにしばしば出て来る語．〈即事顕理〉ともいう．智顗が法華経の統一的真理(一乗妙法)に基づいて総合・統一的な真理観・世界観を確立したことの上に，現実重視という中国的思考も加わって主張されたもの．

即身成仏 そくしんじょうぶつ　密教の宗教理想で，現在生きている間に，生きているこの身に即して*成仏の境地に到達しようとすること，あるいはそれが可能であるとすること．

【涅槃から成仏へ】ブッダ(*仏陀)の根本的立場において，仏教の宗教理想は，*出家修行によって*輪廻(りんね)としてのこの世界から*解脱(げだつ)し*涅槃(ねはん)(nirvāṇa)に帰滅することであった．しかし，この厳格な出家主義・禁欲主義は大多数の民衆の堪(た)えるところでなく，やがて何らかの意味で人間の現世的生を肯定しようとする*大乗仏教運動が興った．大乗の徒はブッダ自身の過去の永い輪廻の生はその成仏(ブッダとなること)にとって必須のものであったと解釈し，ブッダと同じ成仏の境地を宗教理想とし，その長遠な理想に向けて現在の生を規整するなら，やがてその成仏の境地に到達できるものと考え，三*劫(さんごう)にわたる*智慧の練磨と*慈悲の*利他行・*菩薩(ぼさつ)行の蓄積(*福徳・智慧の二資糧の積集(しゃくじゅう))という大乗の理念を形成した．

【現在生における成仏】しかし，やがて三

劫という長い時間の観念に堪えられなくなった人々は，三劫をかけなくとも何らかの宗教理想に到れるはずだと考え，現在生において成仏に到る方途を模索した．そしてそれは*金剛頂経こんごうちょうぎょうにおいて，大乗の三劫に*菩提心ぼだいしん（悟り・成仏を求める心）を浄める過程を，「私は菩提心を浄めよう（浄菩提心を発そう）」という発菩提心真言しんごんを誦するという象徴行為によって代替するという構想において提示され，ここに純然たる密教が成立した．その後の*タントラ仏教の展開は，一生を目処としたピータ（pīṭha，聖地）巡礼という*行法に帰結し，ここに密教徒は再び即身成仏の理念を離れることになった．

【日本での展開】日本では，即身成仏思想は空海くうかいの*『即身成仏義』によって確立された．これは*六大・四曼（*四種曼荼羅）・*三密の体系によって即身成仏を可能とするものである．真言宗の伝承では，空海自身即身成仏したとされ，そこから種々の説話が形成された．湯殿山ゆどのさんなどの*即身仏もまた，空海の故事に倣うものである．他方，空海と同じ頃，*最澄さいちょうによっても即身成仏が説かれた．これは密教ではなく，*法華経ほけきょうに基づくもので，法華経提婆達多品で8歳の*竜女りゅうにょが仏に宝珠を献じて成仏したという話により，法華経の力による即身成仏を説いた．この説は，成仏が困難と考えられてきた女性・子供・畜類という劣機の即身成仏を認めるもので，この説が密教系の即身成仏思想と習合することによって即身成仏の思想は身近なものと考えられるようになった．天台に学んだ*日蓮にちれんもまた，法華経信仰による即身成仏を説く．

「諸宗の諸もろもろの学者等ありて，即身成仏の義を疑ひて論を致す．時に大師（空海），かの疑を断たむが為に」〔今昔 11-9〕「西方より紫雲現じて，堂の内へ入るとみる程に，肉身ながら見えず．即身成仏の人にや」〔著聞集 釈教〕

『即身成仏義』 そくしんじょうぶつぎ　平安初期，真言宗開祖*空海くうかい（弘法大師）の著作．1巻．2頌8句の文をかかげ，それを解説して*即身成仏思想を説く．即身成仏とは，この身このまま*成仏できるという思想で，原理的と実践的と心理的の諸方面から説く．原理的には，人も仏も*六大ろくだい（地水火風空識．絶対なるもの）から成り，また六大のあらわれの*曼荼羅まんだらの世界でも人と仏とは相即不離である．また実践的には，人が手に印契いんげい（*印相いんぞう）を結び，口に*真言しんごんを誦し，心を仏の境地に集注すると，仏の*大悲だいひの心が人の心に通じて人の心が浄化されて*仏心を開く．これを加持かじ成仏という．また人の心の根底に*本覚の仏心があり，心理的にも成仏の可能性を説く．即身成仏は真言宗の教えの中核をなすものであるから，本書は解説されることが多く，注釈書も多い．

即心是仏 そくしんぜぶつ　〈即心即仏〉〈是心是仏〉も同意．ほかならぬ我々の心が仏であること．「是の故に汝等よ，心に仏を想う時，是の心は即すなわち是れ，三十二相八十随形好なれば，是の心は仏を作り，是の心は是れ仏なり」〔観無量寿経〕や「心，仏及び衆生は是の三差別無し」〔華厳経 夜摩天宮品〕などにより，禅思想の核心を示す語となる．特に*馬祖道一ばそどういつの禅風を代表する語．これが一つのパターンとして硬直化するとき，馬祖は〈非心非仏〉と逆転して説くこともある．

「もし一転語に非ずは，山河大地妙浄明心とも云ふべからず．また即心是仏とも云ふべからず」〔随聞記 2〕「いまだ迷倒の見をはなれざる人の，即心即仏といへる語に随って解を生じて，喜怒哀楽の妄情即ち是れ仏心なりと談ず」〔夢中問答 下〕

即心念仏 そくしんねんぶつ　心に即して仏を念ずるということで，〈約心観仏やくしんかんぶつ〉ともいう．中国天台の四明*知礼ちれいが『観無量寿経疏妙宗鈔』(1021)において，観無量寿経の〈是心作仏・是心是仏〉のことばに注釈を加えたものであるが，日本天台の霊空光謙れいくうこうけん(1652–1739)が『即心念仏安心決定談義本』(1727)を著し，改めて即心念仏を強調した．

霊空によれば，〈即心念仏〉とは，「浄土も弥陀も即ち我が心なりと知りて，念仏申」すことで，*唯心ゆいしんの弥陀・浄土の主張である．一元論的な浄土念仏思想で，そこから弥陀・浄土を来世・彼岸に対置して*口称くしょう(*称名しょうみょう)念仏を主張した*善導ぜんどう・*法然ほうねんの二元相対的な浄土念仏に対して，来世劣機のための方便説にすぎないと評した．霊空は『闢邪編びゃくじゃへん』(1689)を著して*玄旨帰命壇げんしきみょうだんを批判し，それによって*本覚思想は終りを告げたとされるが，しかし，霊空の即心念仏は，*己心(こしん)弥陀・己心浄土を主張した本覚思想の浄土念仏と軌を一にしている．霊空の即心念仏の論は諸宗に波紋を投じ，それぞれの宗との間で往復論難が繰り返された．

即身仏 そくしんぶつ　人間の肉体を持ったまま*成仏を成しとげた存在．*空海は真言密教の究極の目標を，修行者が死を待つことなく生身のまま成仏することに求め，そこから空海は今でも*高野山(こうやさん)奥の院に*入定(にゅうじょう)しているとの信仰が生じた．後代，空海のこの*即身成仏をモデルとして，行者はみずからの肉体をミイラ化させて即身仏になろうとし，ことに近世になると，*出羽三山の湯殿山(ゆどのさん)では多くの*行人(ぎょうにん)が民衆の*済度(さいど)を願って土中入定をくわだて，即身仏として崇(あが)められた．

俗諦常住 ぞくたいじょうじゅう　世俗的なありよう(俗諦)そのまま永遠(*常住)であること．法華経方便品に「是法住法位・世間相常住」ということばがあり，日本天台の*本覚思想では，それを徹底した現実肯定の意に用いた．たとえば*『枕双紙(まくらのそうし)』に，「世間相常住といふは，堅固不動なるを常住といふにはあらず．世間とは，非常の義なり，差別(しゃべつ)の義なり．無常は無常ながら，常住にして失せず」〔生死即涅槃事〕，「衆生は衆生ながら衆生，仏界は仏界ながら仏界，共に常住と悟るなり」〔仏界衆生界不増不減事〕と説かれ，『漢光類聚(かんこうるいじゅう)』1に，「煩悩菩提各々に本有(ほんぬ)常住」と説かれている．こうして，〈俗諦常住〉の語が生れた．「根塵識の触るる時は六道の衆生と成る．俗諦常住の大悲の時は六観音と成る．真諦法性の大悲の時は六地蔵と成る」〔万法甚深最頂仏法法要下〕

ゾクチェン [*t*: rdzogs chen]　〈*大究竟(だいくきょう)〉と訳す．チベット仏教*ニンマ派の*解脱(げだつ)の方法を説く中心教義．インド後期密教(*タントラ仏教)と中国*禅とが融合され，*無為(むい)自然を説く*老荘思想的な要素も混入して，あるがままで完成しているという心の本質を知る*観想法で，すみやかに解脱を得ることを目指す実践として発展した．本来は修道無用論の立場であったが，宗派の教義として次第に整えられ，思想的裏づけと複雑な修行階梯を加えていき，学匠ロンチェン-ラプチャンパ(Klong chen rab 'byams pa，1308-63)が『七蔵』(*mDzod bdun*)を著して，その教義体系を大成した．*菩提心(ぼだいしん)の*清浄(しょうじょう)な本質を明らかにする〈心部〉，*法界(ほっかい)の清浄な本質を明らかにする〈界部〉，迷いを断ち，呼吸法と身体的な*ヨーガによって光明のヴィジョンを観る〈秘訣部〉の三段階からなる．

則天武后 そくてんぶこう　[Zé-tiān wǔ-hòu]　624-705　中国,唐の高宗の皇后．并州文水(山西省文水県)の人．父は武士彠(ぶしかく)．永徽6年(655)，高宗の皇后となり，682年，高宗が没するとますます政治的支配力を強めていった．載初元年(690)には国号を周に改め帝位に就いた．この武周革命を思想的に支えたのは薛懐義(せつかいぎ)や法明(ほうみょう)など仏教僧で，彼らは大雲経(だいうんきょう)に付会して「武后は弥勒の下生であり，この世の主となる」との讖文(しんぶん)を製し，『大雲経疏』の中でも「女身を以て当に国土に王たるべき者は，聖母神后是なり」などの解釈を施した．690年には，大雲経を天下に頒布し，諸州に*大雲寺を置き，僧千人を度した．武后が進めた仏教保護政策としては，*竜門石窟(りゅうもんせっくつ)最大の仏像である奉先寺大盧舎那仏(だいるしゃなぶつ)の造像(675年)，仏授記寺沙門明佺(みょうせん)などに勅命した『大周刊定衆経目録』の撰述(695)などがある．また，則天文字と呼ばれる新字十余字を制定し，天下に広めたことでも有名である．→弥勒(みろく)信仰．

即非 そくひ　悟りの世界を表現するために，*鈴木大拙が使い始めた用語．個物が普遍でありながら同時に個物であるという意味で，*西田幾多郎の〈絶対矛盾的自己同一〉と同義である．*金剛般若経(こんごうはんにゃきょう)が，事物の〈空性(くうしょう)〉を表現するに当たって，「所言一切法，即非一切法．是名一切法」(言う所の一切法とは，即ち一切法に非ず．是れを一切法と名づく)のように，〈A即非A，是名A〉という形式をしばしば用いているのに拠ったもの．鈴木は，これを〈即非の論理〉と呼んだが，存在のこうした様態は形式論理学では成り立ち得ないものであり，ここに万物の〈空〉という在り方，すなわち悟りの世界が，言語＝概念による把握を超えたものであることが示されている．

俗聖 ぞくひじり　〈俗ながら聖〉の意で，俗人でありながら*聖のような行業の人を指す．髪を剃らず，生業につき，場合によっては妻子を持ちながら，僧をしのぐほどの仏道修行をする者を尊んでいう．ただし，中世以降は*山伏や法体(ほったい)の下層民など，半僧半俗の者をもいう．なお，平安時代の俗聖の行業は，『三州俗聖起請十二箇条事』の生活規律や『源氏物語』の宇治八の宮の生活などにうかがわれる．「いまだかたちは変へたまはずや，俗聖とか，この若き人々のつけたなる，あはれなることなり，などのたまはす…俗ながら聖になりたまふ心の掟やいかにと，耳とどめて聞きたまふ」〔源氏橋姫〕

即非如一 そくひにょいち　1616（中国万暦44）-71（日本寛文11）　*黄檗宗(おうばくしゅう)の禅僧．中国福建省の出身．18歳で出家，*黄檗山で*隠元隆琦(いんげんりゅうき)に受戒．諸方を遊歴して黄檗山に帰り，隠元の*印可(いんか)を受けた．隠元の渡日後3年，後を追って来日し，長崎*崇福寺(そうふくじ)に止まったのち，1663年（寛文3）宇治の黄檗山に隠元を訪ねた．翌年長崎に帰る途次，豊前（福岡県）の小倉侯に請われて，同地の福聚寺(ふくじゅうじ)の開山となる．晩年は崇福寺に隠居．著作に『即非禅師語録』がある．

俗名 ぞくみょう　俗体のときの名，つまり仏門に入って僧となる前の俗世間での名前で，*法名，法号，*戒名などの名に対する．*在家(ざいけ)の仏教徒にあっても，死後に生前の名を俗名とよぶのはごく普通の習慣であるが，これは近世の*檀家(だんか)制度下において，だれもが仏教による葬式を営むようになってから一般的になった用法といえる．また古代社会で，勅によったり罪科に処せられるなどで*還俗(げんぞく)したときには俗名（姓）を与えられ，あるいは俗名にもどった．859年（貞観1），台密の碩学(せきがく)堪慶が*女犯(にょぼん)の罪によって還俗させられ，任官して高向公輔(たかむこのきんすけ)と名のったのなどはその一例である．「与力の輩(ともがら)誰々ぞ．近江中将入道蓮浄俗名成正，法勝寺執行俊寛僧都」〔平家1.鹿谷〕

素絹の衣 そけんのころも　平安時代以来の僧尼が身につける衣服である*法衣(ほうえ)の一種．素絹，すなわち練らない白の絹糸（生絹(すずし)）で製したことからの称．綾・紋様がなく，古くは白衣であったが，次第に種々の色目が生じ，現在は*黒衣．丈が短いものと長いものがあり，後者は長素絹と称して正装の用．なお宗派によってデザインや着用の様式に差があり，*法相宗(ほっそうしゅう)の服制では，重絹と称して何枚も重ね着をする．下には指貫袴をはくのが普通である．「急ぎ内に入り，素絹の衣に脱ぎ替へて，さらぬ体にて御座(おはし)けり」〔盛衰記5〕

祖師 そし　一宗一派を開いた人，あるいはその教えの系統を伝えた人など，すなわち*開祖・宗祖，および列祖などをいう．たとえば，浄土宗では*法然(ほうねん)を宗祖といい，また中国の*善導を*高祖(こうそ)と呼ぶ場合には，法然を元祖(がんそ)という．浄土真宗では法然を元祖，*親鸞(しんらん)を宗祖あるいは高祖とよびならわしている．禅宗では*菩提達摩(ぼだいだるま)を祖師とする．曹洞宗では*道元を高祖，*瑩山紹瑾(けいざんじょうきん)を太祖と呼ぶ．日蓮(にちれん)宗では*日蓮を高祖・宗祖・元祖などと敬称し，一般に御祖師様(おそしさま)という呼び方もされる．「彼(か)の善導和尚は念仏の祖師にて，此の身ながら証を得給へる人なり」〔発心集3〕「浄泉寺へお参り申したり，下溝店(どぶだな)のお祖師さま（日蓮宗長遠寺）へお百度を上げに往ったりして」〔人情・春告鳥14〕

祖師絵伝 そしえでん　仏教を伝え，また一宗一派を開いた師の伝記を図絵したもの．主に諸宗派・諸寺院において*祖師たちの顕彰や布教のため製作された．障子・掛幅・巻子などの形式がある．平安時代の遺例には1069年（延久1）の旧法隆寺絵殿障子絵の『聖徳太子絵伝』（東京国立博物館），1136年（保延2）の旧永久寺真言堂障子絵の『真言八祖(しんごんはっそ)行状図』（出光美術館）などがある．

鎌倉時代にはいり『吾妻鏡(あずまかがみ)』1212年（建暦2）の将軍家の絵合(えあわせ)に吾朝四大師伝絵がみえ，この頃より祖師絵伝の製作が盛んになったと推測される．遺例には鎌倉後期の絵巻が多い．鎌倉仏教の祖師たちが，相次いで入寂すると，弟子たちが追慕あるいは自らの正統性を明らかにするため祖師の絵伝を製作した．そうした絵伝製作が旧仏教の側にも波及して，盛行したと考えられる．とりわけ浄土宗の*法然(ほうねん)（*『法然上人絵伝』『拾遺古徳伝(しゅういことくでん)』），浄土真宗の*親鸞(しんらん)（『善信聖人絵』)，時宗の*一遍(*『一遍上人絵伝』『遊行縁起』)，融通念仏宗の*良忍(*『融通念仏縁起』)や中国の浄土五祖(『浄土五祖絵伝』)などの絵伝が数多く製作され，宗派が分立していくなかで内容に相違の生じたものもある．また法相宗の*玄奘(『玄奘三蔵絵』)，華厳宗の*義湘と*元暁(『華厳宗祖師絵伝』(*『華厳縁起』))，律宗の*鑑真(『東征絵巻』)，真言宗の空海(『弘法大師絵伝』)などの絵伝もある．南北朝以降は新たな絵伝の撰述は少なくなり，より布教に適した版本や大画面の掛幅があらわれた．なお禅宗では，祖師たちの禅の悟りの契機を描いた〈禅機図〉が製作された．→祖師像．

祖師信仰 そししんこう　*祖師(*開祖，派祖)に対する信仰．即ち，生身の個人でありながら，聖なる体験をして，新しい宗派を開いてそれを広めた人への信仰のこと．生身の個人とは，たとえば浄土信仰の場合，歴史を超えた*阿弥陀仏が信仰の中心にあるはずなのに，*法然門下や*親鸞門下では，生身の個人である法然や親鸞が，同等あるいはそれ以上の信仰の対象となっている．そのことは，*知恩院の場合，*阿弥陀堂よりも法然の遺影を安置する*御影堂のほうが大きく，一般信者が主にそちらに参詣する点からもうかがわれる．聖なる体験とは，日常を超えた不可思議な体験で，夢で聖人と会ったり，常識では考えられないような宗教体験である．親鸞における*聖徳太子の夢告，法然における*善導との出会い，*日蓮における龍ノ口法難での奇蹟のようなものがその例である．この祖師信仰の産物として，〈祖師伝絵〉〈*祖師像〉〈祖師忌〉(御*影供，御忌，*報恩講，御*会式，*聖霊会など)がある．

祖師西来意 そしせいらいい　禅宗の祖師*菩提達摩が西天(インド)から東土(中国)に渡来して伝えた意図．すなわち仏法の奥義，禅の真髄の意．「如何なるか是れ祖師西来意」は禅の根本精神を問う禅問答のきまり文句で，それに対する祖師の様々な答えが*公案として用いられる．たとえば*趙州従諗は，この問いに「*庭前の柏樹子」と答えた．このように達摩がやって来たからといって，特別のことはないという答えが多い．「牙(人名)，又臨済に問う，如何なるか是れ祖師西来意」〔碧巌録2〕「樹下にしてたちまち人有って問はむ，いかならんか，これ祖師西来意と」〔正法眼蔵祖師西来意〕

祖師禅 そしぜん　如来禅に対して用いられる．*宗密は五種禅(外道禅・凡夫禅・小乗禅・大乗禅・最上乗禅)を立て，*菩提達摩所伝の禅は如来清浄禅たる最上乗禅であるとした．それに対し，馬祖禅(→馬祖道一)の法系が発展してくると，釈尊の教えを経典にもとづいて実践する如来禅に対し，*以心伝心によって釈尊から*摩訶迦葉に伝えられ，代々受け継がれて達摩によって中国に伝えられた*南宗禅の立場を〈祖師禅〉と称するようになった．その最初の人が仰山慧寂(807–883)である．以後，祖師禅は如来禅の上に置かれ，禅宗正伝の禅として位置付けられる．→如来禅．

祖師像 そしぞう　仏教を伝え，また一宗一派を開いた師の形姿を彫刻・絵画などで表現したもの．普通は仏弟子や*羅漢など経典に登場する人物の像から，インド・中国・日本の各宗祖師像，*禅宗で重んじられる*頂相など広く仏教者の肖像を指すが，仏教の開祖である釈尊の像はこれには含まれない．祖師像は像主を記念・追慕するとともに礼拝の対象としての性格をもって発展をみたため，外面的形似だけでなく内面的個性をも表出することが求められ，仏教美術のうちでも特にすぐれた作品を多く残している．→祖師絵伝．

【インド・中国】*摩訶迦葉・*阿難などの仏弟子は仏*涅槃の場面などに早くから表され，*ガンダーラや*マトゥラーなどの初期*仏伝図彫刻にすでにみられ，ハッダの壁画や西域・中国の*石窟寺院にも絵画・彫刻の作例がある．また羅漢像の製作は唐代以降の中国で盛んになり，*敦煌97窟には西夏期の十六羅漢壁画が現存し，御物本十六羅漢図は唐末の羅漢画の名手貫休(832–912)筆と伝えられる．隋唐以降の中国仏教で宗派化が進むと，各宗祖師の系譜が立てられ，その肖像を製作することが行われるようになる．それらは入唐学問僧によって日本へ伝えられて祖師像製作を促進した．

【奈良・平安期】日本では奈良時代から発達し，御物本*聖徳太子像は奈良時代以前とされる最古の祖師絵で，また*正倉院には*法相宗(ほっそうしゅう)祖師を描いた*厨子(ずし)絵が残る．彫刻では奈良時代に製作された唐招提寺の*鑑真(がんじん)像と法隆寺の行信(ぎょうしん)像が現存最古となる．平安時代になると，天台・真言の新仏教が中国からそれぞれの祖師像を伝え，将来(しょうらい)原本も現存する．東寺(*教王護国寺)の真言七祖像のうち五祖師の画像は，唐代の宮廷画家李真(りしん)の真跡で*空海の将来本である．日本ではこれに*竜猛(りゅうみょう)・*竜智(りゅうち)の二師像を加え七祖一組の画像とした．*円珍将来の『五部心観』(園城寺蔵)巻末の*善無畏(ぜんむい)の*白描(はくびょう)画像も唐代画家による祖師絵として知られる．

日本で製作された祖師絵では，*一乗寺の天台高僧像(11 世紀)が*竜樹(りゅうじゅ)から中国・日本の天台諸師 10 人を描いている．薬師寺の慈恩大師(*基(き))像も同じ頃の法相祖師絵であり，日本の真言初祖である空海の画像は*金剛寺本(12 世紀)が古く，*勤操(ごんぞう)の画像も高野山普門院本(12 世紀)が現存する．彫刻では，園城寺の円珍像(御骨大師)と東大寺の*良弁(ろうべん)像が 9 世紀のすぐれた作品で，法隆寺の童形聖徳太子像(11 世紀)と摂政形聖徳太子像(12 世紀)は記念の目的による祖師像の例．

【鎌倉期】鎌倉時代になると，さらに多様な宗派的な展開がみられ，同時に彫刻や絵画における写実表現の発達に促されて製作は一層盛んになる．興福寺の法相六祖像(康慶作)や*無着(むじゃく)・*世親(せしん)像(運慶作)は，すぐれた写実表現を示し，ともに鎌倉彫刻を代表するものとされる．新興仏教教団の祖師では，*法然(ほうねん)・*親鸞(しんらん)・*一遍(いっぺん)・*日蓮(にちれん)の像に，彫刻・絵画とも像主の風貌を的確に描写したすぐれた作品が残されている．旧仏教関係の高僧像として高山寺の*明恵(みょうえ)像があり，東大寺復興に努めた*重源(ちょうげん)や真言律を唱えた西大寺*叡尊(えいそん)には高い写実表現の彫像が伝えられている．

中国から宋元の仏教と美術を伝えた*俊芿(しゅんじょう)や禅宗諸師は，宋元様式による緻密な写貌表現の作品を新たにもたらし祖師像製作に大きな影響を与えたが，特に禅僧の肖像は〈頂相〉とよばれて盛んに製作され，画像・彫像とも多くの作品を残し，その伝統は南北朝・室町時代にも受け継がれている．また鎌倉時代には，伝統的なやまと絵のうちに，特に面貌の個性的特徴を的確に捉えた，〈似絵(にせえ)〉と呼ばれる手法が発達し，それによる作品としては，西本願寺の親鸞像や神護寺の*文覚(もんがく)像などがある．

なお，一般に肖像をさす語として〈御影(みえい・みえ)〉があるが，真言宗・日蓮宗・浄土真宗ではそれぞれ祖師空海・日蓮・親鸞を特にさす(浄土真宗では御影を〈ごえい〉と読む)．

蘇悉地 そしつじ　完成・成就を意味するサンスクリット語 siddhi(悉地(しつじ))に，見事な・勝れたを意味する su を添加した語である susiddhi を，悉地の場合と同様に音写したもので，蘇・悉・地それぞれの字句には本来意味はない．意訳語は〈妙成就〉．密教経典の一つ〈蘇悉地経〉は，他の経典の*法では成就しなかった諸事も，蘇悉地経の法に依ることによって成就すると主張し，自らの主題を「見事な完成」を意味する〈蘇悉地〉とした．金剛(こんごう)・胎蔵(たいぞう)の両大部に，ときに〈蘇悉地部〉を加えて*三部とする考えは，両大部を修しながらも成就に至ることのできない密教者を成就させることを主眼としている．蘇悉地経に基づく修法である〈蘇悉地法〉は，*台密(たいみつ)では三部大法の一つとされている．→蘇悉地経，悉地．

蘇悉地経 そしつじきょう　詳しくは〈蘇悉地羯囉経〉．*善無畏(ぜんむい)訳．3 巻．〈*蘇悉地〉(susiddhi)とは，妙成就と訳される．その巻上の中に「他の真言法を修して成就しないときに，この経の根本真言を兼ねて誦持せば，まさに速やかに成就すべし」という記が，この経の主意である．そして一般に*大日経による*胎蔵(たいぞう)部と*金剛頂経(こんごうちょうきょう)による*金剛界部との両部が密教の綱格とされているが，それにあわせて，唐において蘇悉地経による〈蘇悉地部〉が第三部として立てられるようになっていた．それ故，*円仁(えんにん)や*円珍(えんちん)や*東密の宗叡(しゅうえい)(809-884)が入唐したころには*三部の密教が行われていたので，それを伝承した*台密(たいみつ)では三部の組織をもつのである．

経典の系統は阿地瞿多(あじくた)訳の〈陀羅尼集経(だらにじっきょう)〉や菩提流志(ぼだいるし)訳の〈一字仏頂輪王経〉の類に属すと見られ，それは主尊が*仏頂(ぶっちょう)如来であること，諸尊を仏部・蓮華部・金剛部の三部に分けること，上中下の三*悉地や息災・増益・降伏の三種法(→四種法)を説くことなどが，これらの経に共通している．一説に蘇悉地経を胎蔵部の経という説があるが，一考を要するようである．

祖師堂 そしどう　*祖師，すなわち一宗一派の開祖・宗祖・高祖，あるいは一寺の開山・開基をまつった堂のこと．一般には宗祖の像を安置した堂のことで，〈祖堂〉ともいう．宗派により高祖や宗祖の画像・木像などの影像をまつるところから〈*影堂〉，敬称して〈*御影堂〉ともいう．真言宗では空海の影像を安置して御影堂または大師堂といい，浄土宗および浄土真宗の本山では高祖・宗祖を安置して御影堂と呼ぶ．日蓮宗では日蓮像を安置して祖師堂と称している．

祖先崇拝 そせんすうはい　人類学などで特定の系譜上の死者を奉祀の対象とする ancestor worship の訳語．広く死者一般を対象とする死者崇拝より狭く，父系・母系など社会組織によって異なるが，何らかの系譜的な繋がりにあると想定された特定の死者を，その子孫に当たると意識する人々が自覚的に祀る行為をさす．ただし崇拝という語からは，実践面が軽視され，また高貴な存在への尊崇といったイデオロギー的含意が強すぎることなどから，とくに日本の習俗を包括する学術用語としては，〈先祖祭祀〉が好んで使用されるようになっている．

教義の面だけでいえば，仏教は*霊魂の存在などを否定することから，祖先を祭壇に祀って飲食物を供えるといった習俗とは結びつきにくい．しかし実際には，仏教が各地に伝播し，民衆の宗教として受容される過程では，在来の祖先崇拝的慣行と強く習合し，これを維持強化する役割を果たす場合もあった．とくに中国から極東アジア地域に流伝した仏教には，この性格が顕著である．

日本ではすでに伝来の初期から，仏教は有力氏族による*氏寺建立という形態で受容され，七世父母の*菩提を弔う役割と結びついた．各宗派では，仏祖はもとより，それぞれの宗祖や列祖たちの祖師忌・*遠忌などが営まれ，これらは民間にも浸透して，葬儀や法事の風習となった．中世には中陰(*中有，*四十九日)から百カ日・一周忌・三回忌などの仏教的な死者の*追善儀礼が，中国から移入された*十王信仰と結びついて広く民衆層に広まった．日本ではさらに最終の三十三回忌(場合によっては五十回忌)にいたる*年忌行事の諸段階が発達した．その基盤に，死者は一定の期間を経るとカミ(祖霊)になるという，仏教以前の信仰習俗の存在を想定する学説もある．近世の寺請制度のなかで，仏教は庶民の葬祭を営み，家の先祖を供養する役割を確立した．明治期以降には国家主義教育のもとで，祖先崇拝は日本民族固有の道徳的美風として称揚される一面もみられた．

塑像 そぞう　塑土でつくった像をいう．*正倉院文書などには〈摂(塌)〉〈捻(埝)〉と記している．この技法の起こりは良質の石材に恵まれない中央アジアなどで，石胎の上に塑土を用いて仕上げたり，単独で自由な表現の可能なストゥッコの製作が盛んで，それが東方に伝えられたためと考えられる．*敦煌莫高窟もその例外ではなく，彩塑は*壁画と共に注目されている．

わが国現存最古の塑像としては，*当麻寺金堂の弥勒仏坐像(219.7 センチメートル)がある．その製作は 684 年(天武 13)頃といわれ，やや習熟しないブロック的な部分もあるが初唐様式を受け入れた像といえよう．小さい塑像では 711 年(和銅 4)頃製作された*法隆寺五重塔塔本像があげられ，坐板の上に心木を立てて藁を巻き荒土をつけて，乾燥を待ち紙苆などを用いた上精土をもって仕上げたものである．同寺中門仁王像も同年製作の塑像である．

奈良時代は*乾漆像全盛の時代といわれるが，東大寺*三月堂の執金剛神や伝日光・月光(実際は梵天・帝釈天)，*戒壇院の四天王像など写実的にすぐれた塑像も多く造られ，三月堂の客仏の吉祥天・弁才天像も重要な作例である．このほか*新薬師寺の十二神将，法隆寺食堂梵天・帝釈天・四天王像，*岡寺の如意輪観音などがあり，地方の国分寺周辺からも巨像の断片が発見されている．なお*薬師寺の塔本塑像のおびただしい数の心木や断片が知られており，小さい釈迦*八相などの群像表現に適した技法であったことがわかる．

「たとひ泥木塑像の麁悪なりとも，仏像をば敬礼すべし」〔随聞記4〕「壛(せふ)の神王の蹲(こむら)より光を放ち，奇(めづら)しき表(しるし)を示し」〔霊異記中21〕「観世音菩薩埝像一軀．彩色，雑玉をもつて餝(かざ)る，高さ三尺四寸」〔西大寺資財流記帳〕

『祖庭事苑』 そていじえん　睦庵善卿(ぼくあんぜんきょう)の撰．8巻．1108年に成る．*雲門文偃(うんもんぶんえん)，雪竇重顕(せっちょうじゅうけん)(980–1052)，天衣義懐(てんえぎかい)(993–1064)，風穴延沼(ふけつえんしょう)(896–973)，法眼文益(ほうげんぶんえき)(885–958)などの*語録(ごろく)，および『八方珠玉集(はっぽうしゅぎょくしゅう)』*『証道歌(しょうどうか)』『十玄談(じゅうげんだん)』などから，故事・成語・名数・人名・俚語・方語など2400余の事項を選んで詳細な解説を加えたもの．禅籍の語句の注釈書として最古のものであり，語録の古版の内容をうかがい知るものとしても重要である．

『祖堂集』 そどうしゅう　952年に十国の一つ，南唐国で編集された20巻より成る〈灯史〉(禅宗史書)で，留従効の援助のもと，雪峰義存(せっぽうぎそん)—保福従展(ほふくじゅうてん)と承ける泉州福先招慶寺の浄修禅師，文僜(ぶんとう)(省僜とも．？–972)門下の静(じょう)・筠(いん)の2人が編集に当たった．現行本は，冒頭に文僜の序と，高麗の釈匡儁(しゃくきょうしゅん)の「海東開版叙」を付している．〈*過去七仏〉から〈西天二十八祖〉〈東土六祖〉を経て，文僜に至る256人の伝記が集められており，編者が青原行思(せいげんぎょうし)(？–740)の系統に属するために，青原系を*南岳懐譲(なんがくえじょう)(677–744)の系統より先に置いている点に特徴がある．また，伝記には，しばしば文僜の〈讃頌〉が付されているが，これは先に撰述されていた『泉州千仏新著諸祖師頌』のものを取り込んだものである．

*南宗(なんしゅう)系の灯史としては，『宝林伝』(801)に続くものであるが，禅に革新をもたらした*馬祖道一(ばそどういつ)(709–788)以降の禅者の言行を伝えるものとしては最も古く，また，後の*『景徳伝灯録(けいとくでんとうろく)』(1004)などと較べると，採録されている問答などに出入りが見られ，共通する場合でも古形を伝えると見られるものが多く，高い資料的価値を有している．宋代の仏日契嵩(ぶつにちかいすう)(1007–72)が本書を見ていたことが確認されているものの，中国ではあまり流布しなかったらしく，日本に伝えられた形跡もないが，高麗に流入して，1245年に*大蔵経の一部として刊行された．しかし，その後は朝鮮でもほとんど忘れ去られ，近代になってその版木が*海印寺で発見されるに及んで，*敦煌(とんこう)文書とならぶ貴重な古禅籍として大いに注目されるようになった．

卒塔婆 そとば　サンスクリット語 stūpa に相当する音写で，〈率塔婆〉〈率都婆〉などとも書き，単に〈塔婆(とうば)〉とか〈塔(とう)〉ということもある．古代インドでは土饅頭型に盛り上げた墓または塚をさしたが，*舎利(しゃり)信仰の発展に伴って塔そのものの形状も変化し，仏教寺院を象徴する三重・五重などの塔になっていった．一方日本では，*五輪形式の塔が墓標として一般的になると，石板・木柱・木板に刻み目をつけただけの墓標や供養塔が作られるようになった．また民間では三十三回忌の*弔(とむら)い上げにあたって，葉のついたままの生木の一面を削って卒塔婆とする，いわゆる生き塔婆の風習も広く認められる．なお，東大寺僧珍海(1091–1152)は自著『菩提心集』(1128年成立)の中で，「本はそたうばと云ふ．それをそとばといひなせり．其のはじめの言(こと)ば を除きてたうばといふ．たうばを猶つづめて塔といふ」と解している．わが国最古の卒塔婆音転考として注目される．「真実の御身を斂(を)さめられ給へるこの山には，ただ標(しるし)ばかりの石の卒都婆一本ばかり立てれば」〔栄花疑〕．→塔．

麁妙 そみょう　〈麁〉は粗末，あらい，こまやかでない意で，〈細〉に対する語．麁悪語(悪口)・麁罪(重罪)・麁食などと用いられるが，天台教義では〈*妙〉に対して使用されることが多い．梵網戒(ぼんもうかい)を〈妙戒〉とし，*三乗に共通する小乗・大乗戒を〈権戒(ごんかい)〉〈麁戒〉とし，権・実を麁・妙ともいい，〈開麁顕妙〉の語もある．「風(ほの)かに聞く，地蔵大聖は衆生有縁(うえん)の導師，麁妙を論じ給はず利生新たにましますとなれば」〔地蔵菩薩霊験記5–15〕

蘇民将来 そみんしょうらい　*牛頭天王(ごずてんのう)に宿を貸したのが縁で，疫病の難をまぬかれることとなったという『備後国風土記』の登場人物．転じて*護符(ごふ)としてもひろく信じられる．この古代説話は6月の夏越(なごし)祭りの茅(ち)の輪行事の由来であるが，いっぽう民間では今日でも各地の寺社が「蘇民将来子孫之門」

などと書いた六角や八角柱の木製護符を配ったり，同じ文字を記した紙の呪符を家々の門口に貼って魔よけとする風習がひろがっている．→祇園会(ぎおんえ)．

作麼生 そもさん　唐末・五代頃から用いられる口語で，〈如何(いかん)〉と同義．どうして，どうしたら，どうであるか，などの意で，疑問または詰問の語．〈生(さん)〉は接尾詞．禅で多く用いる．「後に潙山(いさん)，仰山(ぎょうざん)に問う．此の二尊宿(そんしゅく)の意作麼生」〔臨済録勘弁〕「師曰く，なんぢ作麼生か捉する」〔正法眼蔵虚空〕

蘇油 そゆ　牛酪(ぎゅうらく)から製した油(ghṛta)で，〈酥油(そゆ)〉とも書き，単に〈蘇〉〈酥〉などともいう．食用ないし身体に塗るのに用いられた．わが国でも律令時代には諸国で製造されて貢進され，平安時代にも貴族階級の薬物や滋養の珍味とされた．わが国では牛乳を十分の一に煮つめて製したといわれ，凝縮した液状のものとも固体状のものともいう．また蘇摩那(そまな)(sumanā)の花汁で作った香油も同様に呼ばれることがあるほか，わが国では多くは菜種油をこれに当てる．また*護摩(ごま)に用いる油を指す場合がある．「我が法の中には蘇油の食を許さず」〔今昔3-4〕

ゾロアスター教 ―きょう [Zoroastrianism, Zarathushtrianism]　ゾロアスター(Zoroaster，またはザラスシュトラ Zarathuštra．前7-6世紀頃，一説に前630-553)を開祖とする．アフラ-マズダー(Ahura Mazdā)を主神とする古代イラン土着のマズダ教(Mazdeism)を継承し，体系づけた民族宗教であり，サーサーン朝ペルシア時代(226-642)に国教とされた．聖典は『アヴェスター』(*Avestā*)．特にそのなかで，「ヤスナ」(植物ハオマの汁の作成を含む祈禱祭文)の一部をなす〈ガーサー〉(詩文による諸神の*勧請(かんじょう)礼讃祭文)は聖典の中核であり，ゾロアスター自身によって叙述された箇所とするのが定説である．

【教義の概要】ゾロアスターはアフラ-マズダー(全てを知り給う主の意で，単にアフラとかマズダーとも呼ばれる)を最高神とし，その下にアムシャ-スプンタ(不死にして聖なる存在)を陪神として置いた．スプンタ-マンユ(アフラ-マズダーから万物の創造を委託された恩寵霊)をはじめ主要7陪神がいるが，その中で極度に重視されるようになったのはアシャ-ワヒシュタ(世界の全事象を成立せしめている根本的理法．*ヴェーダのリタ ṛta に対応)である．アシャはスプンタ-マンユによって創られ，神もアシャを以て神自身を律していく．アシャに服従して生活する者が理想とされるべきゾロアスター教徒であり，アシャに離反対立する者は罪人であり，救済されない反ゾロアスター者である．

ゾロアスターはドゥルグ(drug，虚偽．ヴェーダのドゥルフ druh に対応)を受容することを罪としたが，ドゥルグはアンラ-マンユ(破壊霊)の魔力であり，悪思・悪言・悪行を含む一切悪の根源である．ゾロアスター教でダエーワ(daēva，インド・イラン文化の deva)が悪魔とされるのはアンラ-マンユの不義を受容したからである．一方，インドの魔神アスラ(asura)に対応するアフラはアフラ-マズダーの形で残り，アシャを以て自らを律していく最高神に位置づけられた．

ゾロアスター教の中心的シンボルである〈火〉(ātar)は聖典中「アフラ-マズダーの子」とも称されるが，その火の力を持続させるのもアシャであり，アフラ-マズダーは終末に際して火の灼熱あるいは溶鉱によって善悪の審判を下す．原初から対立し合って存在する善と悪のいずれか一方を各自が主体的に選択し，その選択の結果に応じて死後各人の魂が応報を受けるとする思考はゾロアスターの教えの中核である．

【中国・インドへの伝播】ゾロアスター教は5世紀から8世紀にかけて中国へ移動し〈祆教(けんきょう)〉と呼ばれた．また今日，インド西北沿岸地域を中心に約10万のゾロアスター教徒が現存する．教徒は〈拝火教徒〉あるいは〈パールシー〉(Pārsī)と呼ばれている．3種類の聖なる火(アータシュ-ベーラム，アータシュ-アーダラーン，アータシュ-ダードガー)をとおしてのアフラ-マズダーへの信仰，およびダクマ(鳥葬の塔・沈黙の塔)における鳥葬の慣習などが厳守されている．

蘇婆訶 そわか　⇨唵蘇婆訶(おんそわか)

存覚 ぞんかく　1290(正応3)-1373(応安6)　真宗の僧．諱(いみな)は光玄．*本願寺3世*覚如(かくにょ)の長男．父に従って越前(福井県)・三河(愛知県)・信濃(長野県)を巡り浄土真宗の教化を援(たす)けたが，1322年(元亨2)義絶され，一度は許されたものの1342年(康永1)ふたたび義絶を受けた．仏教の広汎な知識に立って真宗の教義を解釈し，*親鸞しんらんの主著*『教行信証きょうぎょうしんしょう』を初めて注釈した『六要鈔』をはじめ，『浄土真要鈔』*『諸神本懐集』など多くの著述を遺した．子の慈観は*錦織寺きんしょくじを継いだ．

尊者 そんじゃ［*s*: āyuṣmat］　仏弟子に対する尊称．智徳のそなわったすぐれた*出家者．原義は，齢をもつ人であり，サンスクリット語では単なる敬称として年下の人にも用いられる．〈具寿〉〈*長老〉とも．「外道が門人悉く舎利弗の前に倒れ臥して…『願はくは尊者慈悲の心を起こして哀愍し給へ』と，己が罪をぞ謝し申しける」〔太平記24.依山門嗷訴〕

尊宿 そんしゅく　修行を積み，智徳もすぐれた僧に対する敬称．なお，空海は*『十住心論じゅうじゅうしんろん』2で本語の語義を「尊宿とは耆旧ぎく(多年修行を積んだ長老)にして見聞するところ多く，及び学行高尚にして世の師範とするところなり」と解説している．類義語に〈尊老〉がある．「京都には一人の尊宿まします．勘解由小路中納言法印坊宗昭これなり」〔最須敬重絵詞1〕

尊勝陀羅尼 そんしょうだらに　［*s*: uṣṇīṣavijayā dhāraṇī］　〈仏頂ぶっちょう尊勝陀羅尼〉の略．〈延寿えんじゅ陀羅尼〉〈善吉祥ぜんきちじょう陀羅尼〉ともいう．仏陀ぶっだの特徴を示した*三十二相のうちの頭頂の*肉髻にっけい(uṣṇīṣa)を仏格化した*仏頂尊の功徳くどくや境地を讃える内容で，滅罪めつざい・延命・厄除に効験があると伝える．中国では7世紀末頃，仏陀波利ぶっだはり三蔵がインドから*五台山へ将来したという信仰のもとに大流行し，それを刻んだ石造の尊勝幢どうが多数建立された．漢訳・チベット訳など文献資料が多いが，現行の*陀羅尼は『尊勝仏頂修瑜伽法軌儀』のそれに近い．サンスクリット原本は法隆寺に伝来保存されている．

尊勝法 そんしょうほう　尊勝仏頂ぶっちょう(もしくは仏頂尊勝)を本尊として*滅罪めつざい・除病などを祈願する*修法しゅほう．同尊は仏陀ぶっだの頂上*肉髻相にっけいそうを尊格化したものであるが，数ある*仏頂尊中最勝であるとする．その*功徳くどくを説くのが仏頂尊勝陀羅尼だらにであり，修法には同*陀羅尼を唱え，*尊勝曼荼羅まんだらを用いる．曼荼羅が依拠する*善無畏ぜんむい訳『尊勝仏頂修瑜伽法軌儀』と*不空ふくう訳『仏頂尊勝陀羅尼儀軌』の間には系統の相違があり，前者では八仏頂，後者では八大菩薩ぼさつを*眷属けんぞくとして用いる．「親王高野において百箇日尊勝の法を修す」〔古事談3〕．→尊勝陀羅尼．

尊勝曼荼羅 そんしょうまんだら　滅罪・延命・出産・祈雨などを修する尊勝法の本尊．大月輪がちりん内に七*獅子座に坐す金剛界こんごうかい*大日如来を中心に，直下の尊勝仏頂ぶっちょうより右回りに八大仏頂がめぐり，*三鈷杵さんこしょ・*輪宝りんぽう・*宝瓶ほうびょうつなぎの堺で区切る．上辺左右に雲上の2*飛天，下辺中央の供養壇の左三角形内に*不動明王，右半円形内に*降三世ごうざんぜ明王の2明王を配する．*善無畏ぜんむい訳『尊勝仏頂修瑜伽法軌儀』に基づくもの(護国寺・鎌倉時代，*高野山宝寿院・鎌倉時代)，また月輪内に金剛界大日，下方左右に降三世・不動を配する*円珍えんちん請来図像によるもの(*金剛寺，鎌倉時代)，そのほか図像集には矩形を9等分し，中央に*胎蔵界たいぞうかい大日，八方に八大菩薩を配する不空訳『仏頂尊勝陀羅尼儀軌』に基づくものもある．→尊勝法，仏頂．

ソンツェン-ガムポ　［*t*: Srong btsan sgam po］　581-649　古代チベットの王．在位593-638，643-649．13歳で即位してチベットを統一し，唐から吐蕃とばんと呼ばれた王朝を樹立した．インドに家臣トンミ-サンボータを派遣して文字と文法学を学ばせ，チベット文字を制定した．また，ネパールよりティツゥン妃を，唐より文成公主ぶんせいこうしゅを迎え，両妃はチベットにそれぞれインド仏教と中国仏教をもたらしたといわれる．後代，*観世音菩薩かんぜおんぼさつの*化身として崇められたため，その像は*阿弥陀仏あみだぶつの*化仏を戴いた姿に造る．ソンツェン-ガムポ王は歴代*ダライ-ラマに転生てんしょうし今もチベットを治めていると信じられている．

タ

諦 たい　真理，真実．サンスクリット語 satya（パーリ語 sacca）の訳語として用いる．唯一無二の〈一諦〉，真・俗の〈二諦〉，空・仮・中の〈三諦〉，苦・集・滅・道の〈四諦〉，四諦を細分した〈七諦〉〈十諦〉〈十六諦〉がある．またインド哲学の*サーンキヤ（数論）では tattva の訳語に用いて〈二十五諦〉を説く．→二諦，三諦，四諦．

大安寺 だいあんじ　奈良市大安寺に所在する高野山真言宗の寺院．寺伝によれば，617年（推古25）*聖徳太子建立になる額田部の熊凝精舎（熊凝寺）に濫觴を持つとされる*南都七大寺の一つ．747年（天平19）に勘録された『大安寺伽藍縁起幷流記資財帳』によれば，639年（舒明11）にこの*精舎を磯城郡百済川畔に移して〈百済大寺〉と改称し，さらに673年（天武2）にこの寺を高市に移築して〈高市大寺〉と称し，後に〈大官大寺〉と改称され京畿の三大*官寺の一つとして隆盛をきわめた．710年（和銅3）になって藤原京から平城京への遷都に伴って現在の地に移され〈大安寺〉と改称し，その大安寺式と呼ばれる特異な様式をもつ*伽藍の規模，寺格の高さから*東大寺・*西大寺に対して〈南大寺〉とも呼ばれた．*三論宗の学問寺としても隆盛をきわめ，この寺から道慈（?-744）・*勤操・行表（724-797）・*最澄・*良弁などの名僧を輩出した．

平安時代になって911年（延喜11），1017年（寛仁1）などの火災によってかなりの伽藍の焼失があったが，ある程度の再興はなされたようである．しかし平安時代末期頃には南都の他の大寺と同様，衰微の一途をたどり，鎌倉時代になって，*元興寺・西大寺などが教学復興と共に新しい発展をなしたが大安寺もこの流れにのり，西大寺末寺の一つとして中興された．現存の堂宇は明治時代に入ってからの建立で，寺宝としては本尊の十一面観音立像（奈良時代）を中心に，楊柳観音・千手観音などの奈良時代造顕になる木彫群が伝えられる．

【文学作品と本寺】日本文学との関係では，たとえば*『日本霊異記』におけるように，本尊の丈六釈迦像の霊験譚を含めて本寺関連の記事が散見する．なお，本寺関連の伝承として著名なものは，寺僧勤操が同学の亡友栄好に代わってその母を扶養した話〔三宝絵中18〕と，本寺創建時，地主神の子部明神が造塔を怒って落成の九重塔を雷撃焼失させた話〔大安寺伽藍縁起，三宝絵下17，今昔物語集11-16など〕であろう．前者は*法華八講の起源譚であると同時に勤操忌の由来譚でもあり，後者は本寺大般若会の由来譚ともなっている．

提謂経 だいいきょう　詳しくは〈提謂波利経〉という．現存しないが，古来，多くの書に引用されてきた．その内容には，*五戒と*五常・*五行・五臓などを配した（*数法相配釈）説や，*斎日と陰陽の関係を明かす説などがあって，明らかに*偽経である．おそらく曇靖なるものが，北魏太武帝の破仏（446-452）のあと，人心の安定と倫理の確立のために制作したと推定されている．後の*智顗や*宗密らは，この経も真撰として扱い，*人天の教え（倫理道徳）を説く段階のものと判定している．

第一義 だいいちぎ　最もすぐれた道理，究極の真理をさす．この意味での第一義のサンスクリット語は paramārtha（parama 最高の，artha 対象・目的・意味）で，〈第一義諦〉〈真諦〉〈勝義諦〉に同じ．言語表現あるいは言語習慣を意味する〈世俗諦〉に対立し，ことばによっては捉えられない究極の真理，すなわち*真如・*涅槃に相当する．この原義から，後には広く，最も重要で根本的な意味，をさすことになる．「狂言綺語の誤ちは，仏を讃むる種として，あらき言葉もいかなるも，第一義とかにぞ帰るなる」〔梁塵222〕「本師釈尊の第一義諦とする心地修行をなすべし」〔合水集中〕．→諦，勝義．

大威徳明王 だいいとくみょうおう［*s*: Yamāntaka］〈閻曼徳迦〉と音写．原語は，冥界の審判者とされるヒンドゥー神ヤマ（Yama，*閻魔）を降す者の意で，〈降閻魔尊〉とも呼ばれる．*文殊菩薩の化身とされ，*五大明王および*八大明王の一である．

六面六臂六足を持ち*忿怒形で水牛に乗る姿が尊形の特徴で，特異な尊容から〈六足尊〉の異名もある．怨敵*調伏を目的として礼拝されることが多く，日本では平安時代以後，戦勝祈願のための*修法がしばしば行われた．遺例として，彫像に東寺(*教王護国寺)の五大明王像中の1尊(平安前期)や真木大堂像(平安後期，大分県豊後高田市)，画像に談山神社(*多武峰)の平安後期のものなどがある．

大印契 だいいんげい [*s*: mahā-mudrā, *t*: phyag rgya chen po]　マハームドラー．〈大印〉ともいう．インド*密教において真理の姿，具体的な形を意味する語．性*瑜伽を含む身体的*ヨーガあるいは性瑜伽の女性パートナーをも指す．チベットに入って*カギュー派の中心教義として発展した．同派のガムポパ(sGam po pa, 1079–1153)は，インド密教の修行法に*中観思想と*禅宗的瞑想を取り入れ，*空性にして本来*清浄な心の本質を*観想し，概念的な思考にとらわれないあるがままの境地を得るという大印契の教義と実践方法を確立した．チベットでは，このような観想法による大印契を*顕教の大印契，身体的なヨーガによる大印契を密教の大印契として区別する．

大雲寺 だいうんじ　中国，唐の時代，政権を握った*則天武后(在位690–705)は，薛懐義(?–695)らの進言により，大雲経(*曇無讖訳)を利用し，武后は*弥勒菩薩の*下生であり，唐に代わって帝位に就くべきであるとする讖文を偽作させ，いわゆる武周革命(690)をおこす．武后は，大雲経を天下に配布し，さらに*長安・*洛陽の両京および諸州に大雲寺を建立した．諸州に官寺を建立することは隋代(581–619)より見られたが，同一の経典に依拠する官寺が一斉に諸州に置かれたのはこれが初めてであり，日本の*国分寺は大雲寺に倣ったものといわれている．

大衣 だいえ　⇒三衣

大慧宗杲 だいえそうこう [Dà-huì Zōng-gǎo]　1089–1163　宗杲は〈しゅうこう〉とも読む．中国，北宋末から南宋の人．俗姓は奚氏．臨済宗楊岐派の禅僧．宣州(安徽省)寧国の人．*『碧巌録』を著した*圜悟克勤の法をつぎ，1137年(南宋の紹興7)径山能仁禅院に住し，臨済の禅風を挙揚した．のち衡山に流され，『正法眼蔵』6巻を著す．許されて径山に再住し公案禅(*看話禅)を鼓吹した．その法系は大慧派として宋朝禅林でさかえた．曹洞系の*宏智正覚の*黙照禅を攻撃したのは有名．道元は，その著述の中で，逆に大慧の禅を痛烈に批判した．著書に『大慧語録』『大慧武庫』などがある．賜号は大慧禅師，諡号は普覚禅師．

大円鏡智 だいえんきょうち [*s*: ādarśa-jñāna]　略して〈鏡智〉ともいう．仏の持つ四智の一つ．大きな円い鏡に一切がありのままに映し出されるように，すべてを明らかにする曇り一つない*清浄な仏智．*唯識で第八*阿頼耶識を転じて得られる*無漏の清浄智をいう．密教ではこの智を五智のうちでも金剛部東方*阿閦如来の成ずる智と特定するが，これら五智すべてが*大日如来の円満なる智体を構成する点では，究極的には大日如来に属するものである．「鏡といふは，衆生本有の大円鏡智の鏡，諸仏已証の名号なり」〔一遍語録〕「得道の後は七識は平等性智となり，八識は大円鏡智となってまた相応なり」〔漢光類聚〕．→四智，五智，転識得智．

大我 たいが [*s*: mahātman, mahātmatā, māhātmya]　〈だいが〉とも読む．偉大な魂や徳性の持ち主であること，また偉大な徳性，威厳あるいは威力をもつことをさす．仏典では一般に，仏や菩薩の偉大さや，その智慧や涅槃の偉大であることを形容していう．

[1] 十地経・維摩経・法華経などの初期の大乗経典は，仏陀あるいは菩薩の偉大な本性や徳性の意味で，しばしばこの語を用いる．ただし，「大我」の訳は維摩経(玄奘訳の説無垢称経巻4)などのごく一部に散見されるのみで，多くの場合，それぞれの文脈や翻訳者の意図にもとづき「大」「広大」「勝大」「(大)威徳」「(大)威力」などと訳される．

[2] 大乗*涅槃経は，バラモン教(*婆羅門教)における*我(ātman, *アートマン)の観念から，*常住・*自在などの属性を借用し，仏陀をあえて我(アートマン)であると表明した．そのうえで，*二乗の涅槃とは

異なる仏・菩薩の大涅槃を，*常楽我浄の特質をもつ〈自在な大我〉(南北両本，チベット訳では bdag chen po)であると呼ぶ．このようなバラモン教における我の観念を意識した用例は，*『大乗荘厳経論』にも見られ，仏が獲得した清浄なる*真如は，〈偉大な本性の我〉(ātma-mahātmatā, ātma-māhātmya．漢訳は「大我」)であり，また〈最高の我〉(paramātman)ともいわれる．

大覚寺 だいかくじ　京都市右京区嵯峨大沢町にある真言宗大覚寺派大本山．山号は嵯峨山．*門跡寺院．876年(貞観18)恒寂法親王(825-885)を開山とし，嵯峨天皇(786-842)の離宮を改めて寺とした．その後久しく衰頽していたのを14世紀初め後宇多天皇(1267-1324)により再興された．同天皇は真言宗小野・広沢両流(*野沢二流)の正統を相承してその法流を当寺に伝えた．また後宇多天皇の皇統を〈大覚寺統〉といい，1392年の南北朝講和も当寺にて行われた．

境内には大沢池・名古曾滝跡など離宮当時の遺構も残り，平安期の池泉庭園の姿を残す．客殿(桃山時代)・宸殿(江戸初期)には，狩野山楽(1559-1635)の松鷹図・牡丹図・紅梅図などの襖絵が描かれている．また，後宇多天皇の『御手印遺告』，〈弘法大師伝〉をはじめ嵯峨・後深草・伏見・花園各天皇宸翰や渡辺始興筆の四季花鳥図などの墨跡・絵画，五大明王像(1176，明円作)など多数の寺宝を所蔵する．なお，江戸末期に当寺華務職により広められた生け花を〈嵯峨御流〉(未生流)という．

大迦葉 だいかしょう　⇒摩訶迦葉

諦観 たいかん　〈諦〉はあきらか，つまびらかであること，あきらかにすること．〈観〉は注意して見ること．それゆえ〈諦観〉は，あきらかに視ること．仏・菩薩を目であきらかに視ること〔普賢経，観無量寿経〕．また，つまびらかにみきわめること，つまびらかに観察し思惟すること，真理をあきらかに観察すること．あらゆるもの(一切諸法)の真実のすがた(*実相)をつまびらかに観察すること〔無量義経説法品〕．

諦観 たいかん　[Ch'e-gwan]　生没年未詳．朝鮮高麗国の人．中国では，845年の唐武宗による法難に続く唐末の争乱に加え，五代後周の世宗による法難(955年)によって仏教は大打撃を被り，天台の典籍もその多くが散佚した．このとき，呉越王銭弘俶(929-988)の求めに応じて，高麗王より多数の典籍を託され中国を訪れたのが諦観である．天台宗の12祖である義寂(919-987)に謁するや心服して師事，示寂までの10年間*天台山にあって，専ら天台教学を研鑽するに至った．この間に著されたのが*『天台四教儀』1巻であり，天台教学の入門書として現代まで読み継がれている．→法難，三武一宗の法難．

大願 だいがん　〈たいがん〉とも読む．大きな*誓願．阿弥陀如来の*四十八願や薬師如来の十二大願のように，仏・菩薩の衆生を救おうとする願いを指していう．転じて，内容のいかんにかかわらず，広く大きな願望を指すようにもなった．〈大願船〉は，迷いの海に浮ぶ衆生を救おうとする仏・菩薩の誓願を船にたとえたもの．「濁れる末の世の衆生を救はんがため，大願を発し給へる事ありき」〔発心集 2-10〕「我に大願あり，高雄興隆して大師の仏法を興ぜんと思ふ」〔明恵上人行状〕

大雁塔 だいがんとう　⇒大慈恩寺

対機説法 たいきせっぽう　教えを聞く人(機)の能力・素質にふさわしく*法を説くこと．主に仏の*説法をいう．〈随機説法〉〈随機説〉などともいう．人を見て法を説くことを，病に応じて薬を与える(*応病与薬)ことに喩える．善導の*『観無量寿経疏』玄義分に「如来機に対して法を説くこと多種不同なり」とある．「仏，此の観経・弥陀経等を説き給ふ事，時も別に，所も別に，対機も別に，利益も別なり．仏の説教は，機にしたがひ，時にしたがひて不同なり」〔黒谷上人語灯録 11〕

大教院 だいきょういん　明治初年に，*教部省が推進した国民教化運動の中核として東京紀伊徳川邸(のち*増上寺)に設置された機関．各府県中心地には〈中教院〉が，各地には〈小教院〉が設置され，それぞれ神官・僧侶・民間宗教者などから構成される*教導職を管轄して国民教化に当たった．教化は，「敬神愛国ノ旨ヲ体スベキ事，天理人道ヲ明ニスベキ事，皇上ヲ奉戴シ朝旨ヲ遵守セシムベキ事」という〈三条の教則〉に基づいて神仏両勢力合同で行われたが，*神道優位の下に仏教を取り込んだことは多くの混乱を生んだ．その後，*島地黙雷(しまじもくらい)ら浄土真宗から信教自由論に基づく〈大教院分離運動〉が起こり，ついに1875年(明治8)にそれが実現し，やがて神仏合同布教の停止を経て，同年には大教院そのものが廃止されるに至った．この教化運動は，維新直後の*神仏分離・*廃仏毀釈(はいぶつきしゃく)に対する仏教側の失地回復の役割も果たしたが，最終的に国家祖宗(そそう)の神道祭祀の下での信教自由論という国家神道体制を準備した側面も無視できない．

大工 だいく　律令制では宮内省木工寮(もくりょう)の技術官の最高位の職名．〈おおいたくみ〉という．奈良時代には臨時官制として〈*造寺司〉があり，その技術官の長も大工といった．修理職が設けられると，そこにも大工がおり，また造寺司の廃止後は各寺に〈造寺所〉がおかれ，それぞれ大工がいた．また平安後期には寺院造営に当たり，堂ごとに工匠(こうしょう)の長として大工が任命されている．大工の下には〈小工(しょうく)〉がおり，その下に長上工(ちょうじょうこう)，番上工(ばんじょうこう)が所属していた．一般の木工の工匠を〈番匠〉というのは番上工から出た名であろう．

中世では寺院所属の工匠は〈座〉を組織し，座衆の長を大工といい，大工は寺から任命されて田地を給され，その権利を〈大工職(だいくしき)〉といった．鎌倉時代では寺院ごとにあった工匠の座は*興福寺などでは大乗院座・一乗院座というように分かれ，大工の数は次第に多くなった．古代では大工は登用制であるが，中世では世襲となっている．大工職は寺院所属の座に限らず，中世では〈公方御大工(くぼうおんだいく)〉などがおり，近世では〈御大工(おんだいく)〉〈大工頭(だいくがしら)〉など呼ばれ，幕府および各藩にも設けられた．大工の数が多くなるにつれて，木工職人をすべて大工というようになり，大工の頭(かしら)を〈棟梁(とうりょう)〉というようになった．棟梁の名は室町時代から現れているが，一般的になるのは江戸時代からである．

大究竟 だいくきょう　⇒ゾクチェン

退屈 たいくつ　退き屈する意．仏教でもこれを受けて，仏道修行の困難に負けて，修行しようとする気力が衰退することをいう．一般には，いや気がさす，へこたれる，あきあきするなどから，ひまをもてあます意に使われる．「行人恒時に勇進することあたはずして，或いは心蒙昧し，或いは心退屈せん」〔往生要集大文第5〕

太賢 たいけん [T'ae-hyŏn]　8世紀に活躍した新羅(しらぎ)の*法相宗(ほっそうしゅう)の学僧．〈大賢〉とも記される．青丘(せいきゅう)沙門と号した．青丘とは朝鮮の美称である．生没年や師承など，詳しい伝記は不明であり，*円測(えんじき)の弟子である道証に法相学を学んだという伝承もあるが，確かでない．景徳王12年(753)の夏に日照りが続いたため，宮中で*金光明経(こんこうみょうきょう)を講じたところ，涸れ井戸から水が出たと伝えられる．774年に，茸長寺(じょうちょうじ)から*仏国寺(ぶっこくじ)に転じた．法相教学を中心としつつも，*元暁(がんぎょう)の影響を受けているため，唐の法相教学，円測・道証系の*唯識(ゆいしき)学，元暁の和諍(わじょう)(仏教の対立する諸説を融和・総合する)思想，*法蔵(ほうぞう)の華厳教学など，多くの系統の思想を平等に扱って折衷しており，師承筋にあたる円測・道証らの説についても取捨選択していることが特徴である．『成唯識論学記(じょうゆいしきろんがくき)』『薬師経古迹記(こしゃくき)』『起信論内義略探記』『梵網経(ぼんもうきょう)古迹記』その他，諸師の解釈を取捨して古迹記と称する著作を数多く著した．日本でもきわめて尊重され，特に『梵網経古迹記』は，代表的な*梵網経の解釈として宗派を越えて読まれた．

太元帥明王 たいげんすいみょうおう　⇒太元帥明王(たいげんみょうおう)

太元帥法 たいげんほう　〈たいげんすいほう〉とも読む．毎年正月8日から7日間，*太元帥明王(たいげんみょうおう)を本尊に行う*鎮護国家の修法．山城国小栗栖(おぐるす)法琳寺(ほうりんじ)の常暁(じょうぎょう)が承和6年(839)請来し，翌年12月宮中で始修．大壇上に武具を並べて行う特異な修法で，*調伏(ちょうぶく)を眼目とした．玉体安穏を祈願する御衣加持(ぎょいかじ)や，常暁が入唐前に明王の顕現をみた大和*秋篠寺(あきしのでら)の*閼伽井(あかい)の汲水での加持香水も行われた．仁寿元年(851)*後七日御修法(ごしちにちみしほ)に準じる大法とされ，法琳寺が永く修法院と定められた．主催者の太元*阿闍梨(あじゃり)(太元別当)は常暁から24代宣覚(せんかく)まで法琳寺別当が相承したが，小野流の良雅(りょうが)の補任後，法琳寺相承は途絶えた．

*醍醐寺理性院本願の賢覚が保延元年(1135)第30代に補任されて以降は理性院や安祥寺に継承され，15世紀以降は理性院でほぼ独占され明治4年(1871)まで連綿と修された．恒例修法のほかに平将門の乱の際の法琳寺での実施のように兵乱鎮圧や祈雨などのため臨時にも勤修された．現時は天皇即位の際に東寺(*教王護国寺)灌頂院で真言宗教団による実施が定例化し，昭和2年(1927)に行われた．

太元帥明王 たいげんみょうおう [s: Āṭavaka]　真言宗では伝統的に「師」の字を読まない．〈阿吒縛迦〉などと音写．〈太元明王〉〈太元〉〈曠野鬼神大将〉ともいう．曠野鬼神大将という訳名は，aṭavī(荒野)に由来すると考えたためであろう．もとインドの民俗神で，仏教では*鬼神の首領である十六薬叉大将あるいは*毘沙門天眷属の八大薬叉の一つとされる．怨敵*調伏の尊として知られ，日本では平安期に小栗栖の常暁(?-866)が請来して以来1871年(明治4)まで，毎年正月に*鎮護国家を祈り宮中などで*後七日御修法とともに〈*太元帥法〉が修されてきた．なお，この*修法は弓矢などの武器を用いる特別の秘法とされる．遺例として，*醍醐寺に鎌倉時代の四臂・八臂・三十六臂の画像3幅，*秋篠寺には鎌倉後期の木像(秘仏)がある．「法琳寺を以て修法院として太元の像を安置し給ふ．此の本尊は，常暁唐より帰り給ふに相順へる青衣の童子作り奉るところなり」〔真言伝3〕

太虚 たいこ [Tài-xū]　1890-1947　中国近代仏教改革運動の中心的推進者．俗姓呂氏，浙江省海寧県長安鎮に生まれる．1918年章炳麟らとともに上海で覚社を結成し，機関誌『覚社叢書』を刊行．この雑誌は1920年には『海潮音』に発展，現在でも台湾で継続出版されている．1922年に武昌において仏学院を創設．出家して寺院や山林に生活する仏教ではなく，仏教の道理によって社会を改良する仏教でなければならないとして，「人間仏教」「人生仏教」を提唱し，改革を唱えた．その改革は，大乗仏教の*自利利他を強調する教理革命，寺の資産を私物化しない寺産革命，僧団制度の確立を目指す僧制革命の三つに集約され，その後の中国仏教の方向性を築いた．仏教の文化的側面を重視し，その意志は，印順を介して現在の台湾の仏教界(仏光山，法鼓山，慈済功徳会など)にも大きな影響を与えている．

大悟 たいご　禅宗において，根本的な*悟りを得ること．*『臨済録』勘弁に「忽然として大悟す」，*『景徳伝灯録』4に「玄旨を大悟し」などとある．迷悟の対立の上で，迷から悟に至ることではなく，迷悟という二元対立そのものを突破すること．禅の参学弁道の目的とされるが，そうなるとまた修と証が別のものになり，新たな二元論を生ずる．そこから*道元が「大悟をまつことなかれ，大悟は家常の茶飯なり」〔正法眼蔵行持上〕と言うように，大悟を否定し，日常修行そのものが大悟であるとする立場も生れる．

醍醐 だいご [s: maṇḍa, sarpis, sarpirmaṇḍa]　バターを煮溶かした時，表面にできるクリーム状の浮きかす，あるいは上澄み．乳酪の最も精製されたもので，最高の味と言われる．〈醍酒〉という語は中国古典の『礼記』などにも見えるが，〈醍醐〉の語源は未詳．古代モンゴル語の音写ともいう．〈醍醐〉はまず漢訳仏典に現れ，後に唐代の詩文でも使われた．〈醍醐味〉は*五味の第5，究極の味として，真実教・*涅槃・*仏性などに喩えられる．なお，天台教学では，五時の第5である法華涅槃時を〈醍醐〉に喩える．「甘露の乳水，醍醐の油，濛々漫々として山谷に流る」〔性霊集1〕「聞くが如くんば，真言・止観両教の宗をば同じく醍醐と号し，倶に深秘と称す」〔日蓮消息文永12.1〕

退耕行勇 たいこうぎょうゆう　1163(長寛1)-1241(仁治2)　退耕は道号，行勇は諱．房名は荘厳房．禅僧になる以前の名は玄信．鎌倉前期の臨済宗黄竜派の禅僧で，*栄西の高弟の一人．真言と禅を融合したことで知られる．相模酒匂(小田原市)の出身とされるが，周防国(山口県)，あるいは京都の出身とする説もある．四条家の出という．*園城寺で修行したが，1181年(養和1)10月16日に鎌倉・鶴岡八幡宮の*供僧に任じられた．*台密を専門とする*官僧であった．1199年(正治1)ころには，*遁世して鶴岡八幡宮供僧を辞退し，栄西の弟子となって*寿福寺に入り，禅僧となった．栄西の後を承けて，第2代寿福寺長老(1215年拝任)，第3代東大寺大勧進(同年)に任命された．源実朝・北条政子らの帰依を受け，実朝追善のために建てられた高野山金剛三昧院長老(1234年拝任)にもなった．また，鎌倉*浄妙寺・東勝寺の開山となった．さらに遁世僧でありながら，師の栄西が権僧正にも補任されたのに倣って，律師・僧都と昇進．鎌倉永福寺・大慈寺の*別当にも補任された．

対告衆 たいごうしゅ　仏陀に相対して教えを告げられる者の意．対告者．経典中で「仏告阿難」「仏告舎利弗」「仏告大菩薩衆」という場合の*阿難，*舎利弗，大菩薩衆に当たる．*空を宣揚する*般若経のように，解空第一と言われる*須菩提を主な対告衆にすることによって，対告衆と経典の主題とを密接に結びつけている例がある一方，伝統的に釈尊の側にあったとされる仏弟子(*声聞)が選ばれているに過ぎず，経典の主題と対告衆との関係が希薄なものも少なくない．対告衆にまつわる有名な例としては，対告衆が前半では声聞，後半では*菩薩となっている*法華経が挙げられる．このような同一経典内における対告衆の交代は，主題の変遷・転換を反映している可能性も高く，古来仏教者・研究者を含めて議論の対象となってきた．

大興善寺 だいこうぜんじ　中国,陝西省西安市．隋の文帝が国の中心寺院として*長安に582年(開皇2)に建てた大寺．寺名は新都大興城の靖善坊に建てられたことに由来する．霊蔵に命じて場所を選定させ，そこに陟岵寺を移築して造った．文帝代には那連提黎耶舎・*闍那崛多ら訳経僧の活動の場ともなり，多くの高僧たちが出入・居住した．*煬帝の代に別格寺院ではなくなったが，唐の玄宗の代に*不空が入り，*青竜寺と並ぶ密教の中心道場として復興した．日本の*円仁・*円珍もここで学んでいる．現在，大興善公園内にあり，陝西省仏教協会の所在地である．現在の堂宇は明・清代のもので，山門楼・天王殿・鐘鼓楼・*大雄宝殿・観音殿などがある．

大黒天 だいこくてん　[*s*: Mahākāla]　〈大黒天神〉とも．またサンスクリット語の音写で〈摩訶迦羅〉とも呼ばれる．*自在天の化身で軍神，戦闘神，富貴爵禄の神，また堂舎食厨の神とされる．一面二臂ないし三面六臂で，黒または青黒色，忿怒・峻厳の相をなす．丈は5尺あるいは不定で，二臂の立像はおおむね左肩に袋を掛け持ち，右手を拳にして腰に当てる．この姿は大体鎌倉期のころまでで，室町期に入ると大国主命の民族信仰と結合して微笑の相が加わり，江戸期になると米俵上に坐立する福相となる．室町期以降，日蓮宗で盛んに信仰された．*七福神の一．

醍醐寺 だいごじ　京都市伏見区醍醐にある真言宗醍醐派総本山．山号は深雪山．笠取山上の〈上醍醐〉と山麓の〈下醍醐〉を総称して〈醍醐寺〉と呼ぶ．

【伽藍の造営と法流の展開】寺伝では876年(貞観18)理源大師*聖宝が准胝・如意輪の両観音像を*開眼したのが同寺の創建という．907年(延喜7)上醍醐に薬師三尊を祀った*薬師堂を建立．911年，聖宝の弟子観賢(853–925)が山上に*御影堂を建てる．919年，観賢は東寺(*教王護国寺)*長者，金剛峯寺(*高野山)*検校のほか醍醐寺初代*座主を兼任．949年(天暦3)朱雀天皇(923–952)の御願により法華三昧堂を建立．951年，五重塔を完成して*伽藍が整う．以上の隆盛には醍醐天皇(885–930)系統の源氏系皇室(宇多・村上両帝)の貢献するところが多い．

院政期になると，源氏系貴紳が相次いで入山し，とくに*事相の面で業績を残した．13代覚源(999–1065，花山天皇第4子)，14代定賢(1024–1100，源隆国の子)，15代勝覚(1057–1129，源俊房の子)，16代定海(1074–1149，源顕房の子)，17代元海(1094–1157，源雅俊の子)などの活躍により，醍醐寺は*東密事相小野流(*野沢二流)の中心の地位を得るに至った．1115年(永久3)勝覚の三宝院建立についで，聖賢(1083–1149)の金剛王院，賢覚(1080–1156)の理性院，元海の無量寿院，成賢(1162–1231)の報恩院(以上醍醐五*門跡)，道教(1200–36)の光台院がそれぞれ法流を立てて〈醍醐六流〉と称した．小野流の事相研究では，特に*図像関係資料に重要なものが少なくない．14代の定賢は三井寺(*園城寺)の*覚猷と兄弟であり，*台密の三井寺とも密接な関連を持つ．

南北朝期には政争に巻き込まれたが，室町期には足利義満(1358–1408)時代に満済准后が活躍．しかし応仁の乱(1467–77)では五重塔を除く伽藍の大半を失った．織豊政権下では義演(1558–1626)が豊臣氏の外護を受け，1598年(慶長3)有名な醍醐の花見を催した．江戸幕府は古義諸派には冷淡であり，とくに外護を加えなかったが，醍醐寺は古来の*修験道を整備体系化し，1613年(慶長18)〈当山派〉の本山としての地位を確立した．山上の准胝堂は*西国三十三所観音霊場の第11番*札所である．

【文化財】伽藍には，山上に薬師堂(1121)，清滝宮拝殿(1434)，如意輪堂(1611)，開山堂(1608)などが，山麓には金堂(平安後期)，創建時の五重塔，三宝院殿堂(1598)，*塔頭，霊宝館などが点在する．文化財も豊富で，五重塔初重壁画は建築と同時の制作で，*金剛界・*胎蔵の*両界曼荼羅，真言八祖像を描く．薬師堂創建時の本尊薬師三尊像(913頃)，五大明王像(平安中期)，*快慶作の弥勒菩薩像(1192)と不動明王像(1203)などの彫刻，絵因果経(奈良)，閻魔天像，訶梨帝母像(平安後期)，五大尊図，文殊渡海図(鎌倉)などの絵画，『十巻抄』(平安後期)，『十天形像』(1213写)などの図像資料，*空海真筆と伝える『大日経開題』『狸毛筆奉献表』，後宇多天皇宸翰『当流紹隆教誡』，後醍醐天皇宸翰『天長印信』などの書跡，そして『醍醐雑事記』(慶延，平安後期)，『孔雀経音義』などの文書にわたる貴重な資料を伝えている．

台座 だいざ　彫像を安置するための台．尊像の性格に応じて，さまざまな思想に彩られ，また時代の流行も加わって数多くの種類が行われた．大別して円形(六角・八角を含む)と方形とがある．最も一般的なのは*蓮華座で，蓮の花が古代インドにおいて根本神*ヴィシュヌの創造の意欲を象徴する聖なる花として崇められたことに起源する．仏教思想の展開に伴い，尊像は蓮花から*化生するものとして表されるようになり，蓮華座が成立した．

【蓮華座の構成】〈蓮華座〉には蓮池に咲く花を象ったものと，水瓶に挿された切花を意匠化したものとの2種があり，特に後者は，蓮華(蓮肉・蓮弁)，茎(束，上敷茄子)，荷葉(華盤)，水瓶(敷茄子)およびその基台(受座・反花・框座)を，比例よく積みあげて，八重または九重という発達した形式のものが現れた．逆に，*大仏のような巨大な尊像には，蓮華と反花だけの安定のよい形式が選ばれ〈大仏座〉と呼ばれた．

【各種の意匠】蓮華以外の意匠の台座も少なくない．*須弥山を象るといわれる方形の〈宣字座〉(宣字に似る)や，*半跏思惟像に多い円筒形の〈榻座〉は，いずれも大衣の端が垂れさがって，いわゆる〈裳懸座〉の形をとるものが多い．〈岩座〉は*四天王・*五大明王などの*護法・*忿怒の尊形に用いられ，*不動明王のみに用いられる〈瑟瑟座〉は，岩の凹凸を抽象化して整形したもの．また奈良時代以前には，岩の代わりに軟質の〈洲浜座〉も用いられた．このほか，*天部像に多く見られるものに〈荷葉座〉〈氍毹座〉(毛氈)があり，鳥獣を用いてその勢威を表そうとしたものに，五大*虚空蔵のほか，*孔雀明王の〈孔雀座〉，*大威徳明王の〈水牛座〉，*伊舎那天の〈白牛座〉，*普賢菩薩の〈白象座〉などがある．

〈*獅子座〉(siṃhāsana)は本来インド一般に国王の坐す豪華な牀座の名称であったが，それが仏教に取り入れられた．仏教では，百獣の王たる獅子が釈尊を護ることに発する台座形式であったが，後に*文殊菩薩に専ら用いられた．蓮華座の下辺に配される〈雲座〉は，*来迎思想による*阿弥陀如来や*地蔵菩薩などに用いられている．日用の形をそのまま用いたものに，高僧像などの〈牀座〉がある．→付録(仏像7)．

「新仏一体のぞみて，仏師所へ行き，台座・後光のせんさく申す」〔噺・軽口露がはなし〕「此の地蔵，本は三井寺の塔の内にましましけるなり，御手并びに蓮花座なし」〔今昔17-12〕

泰山 たいざん　中国，山東省泰安市の北にそびえる標高1524メートル(一説に1532メートル)の山．五岳(ごがく)(東岳泰山・中岳嵩山(すうざん)・南岳衡山(こうざん)・西岳華山(かざん)・北岳恒山(こうざん))の随一として，古代より漢民族の信仰をあつめてきた．東岳・太山・岱山・岱宗・天孫岳などとも称される．この山は人間の生命*魂魄(こんぱく)を支配するとされ，死者の魂はここに帰すると信じられた．後漢の頃から神格化されて〈太山府君(たいざんふくん)〉とも呼ばれるようになり，また*道教では〈東岳大帝〉として民間から広く崇められた．古来より天子の祭るべき聖山とされ，秦始皇帝・漢武帝・唐玄宗・清康熙帝など歴代の帝王もここに赴いて祭祀をおこなった．仏教寺院としては，前秦の竺僧朗(じくそうろう)が建立した朗公谷山寺を隋代に改称した神通寺や，南京の棲霞寺，荊州の玉泉寺，天台の国清寺とならんで天下四絶の一つとされる霊巌寺などが有名である．→太山府君．

太山寺 たいさんじ　[1] 愛媛県松山市太山寺町にある真言宗智山派の寺．山号は滝雲山(りゅううんざん)．*聖武天皇(しょうむてんのう)の勅願により，*行基(ぎょうき)が十一面観音像を自刻して安置したことに始まるという．その後，平安時代の歴代天皇が同形の観音像6軀を刻ませ奉納したと伝える．これら7軀の十一面像はいずれも平安後期の製作．鎌倉時代に入ってこの地の豪族河野氏が*本堂を再建，江戸時代には松山藩主の庇護を受け，山門・*鐘楼(しょうろう)を再興した．本堂(1305)は*和様(わよう)を基本とし，*大仏様(だいぶつよう)や*禅宗様(ぜんしゅうよう)を取り入れた*折衷様(せっちゅうよう)の代表例．

[2] 兵庫県神戸市西区伊川谷町にある天台宗の寺．三身山と号し，〈宝珠律院(ほうじゅりついん)〉とも呼ばれる．716年(霊亀2)藤原宇合(ふじわらのうまかい)(694–737)の病に際して開創され，藤原鎌足の子定恵(じょうえ)(643–665)を開山としたと伝える．皇室の尊崇を受け，鎌倉時代には寺勢盛んとなった．多数の*僧兵をかかえ，1333年(元弘3)には護良(もりよし)親王の令旨を受けて挙兵し各地に転戦した．江戸時代には，1648年(慶安1)に将軍徳川家光より朱印地35石を賜ったが，寺勢は次第に衰微した．現存する本堂は鎌倉時代の和様建築．彫刻・絵画・古文書など多数の文化財を保有している．

太山府君 たいざんふくん　太山は，中国の五岳の内，東岳泰山のこと．仏典では〈太山〉の語を用いる．太山が人間の寿命を支配し，死者の魂はそこに行くとする観念は，後漢時代(25–220)のころから盛んになり，その冥府(めいふ)の支配者が〈太山府君〉と呼ばれた．初期の漢訳仏典，たとえば3世紀半ばに*康僧会(こうそうえ)が訳出したとされる*六度集経(ろくどじっきょう)などでは，*地獄の語に太山が当てられている．六朝期の地獄巡りの物語においても，太山府君と閻羅王(えんらおう)とはその役割の点で重なりあっており，それが引き継がれて，唐末ごろに成立したと考えられる*十王経においても，十王の1人に太山王の名が見える．→泰山．

対治 たいじ　[*s*: pratipakṣa]　相手に向かい合って正しく治定する意で，仏教では，個々の煩悩(ぼんのう)の*迷いを断つこと．仏道修行の過程で*悟りのさまたげになる障害を除くことをいう．個々の障害を対症的に断じてゆくことから，病気を治す意となり，一方〈退治〉を当てて，こらしめる，討伐するの意に用いられるようになった．なお，わが国で〈退治〉の表記が見られるのは中世以後で，意味の転化もそれに対応したようである．「身病の対治に八つ有り．しかも心病の能治に五つ有り」〔十住心論1〕「あしきことと知りなば，漸々に退治すべきなり」〔随聞記2〕

大姉 だいし　婦人の敬称で〈善女人(ぜんにょにん)〉のこと．わけても*比丘尼(びくに)または*在家(ざいけ)で地位のある婦人を指す．後に日本では，男子の*法名(ほうみょう)に付す〈*居士(こじ)〉に対して，在家婦人に〈大姉〉号を用いるようになった．もとは身分の高い人に限られたが，現今では在家婦人一般に用いられている．「平人が戒名に，代々院号，代々居士，代々大姉などと騒ぐは，やっぱり驕りの沙汰さ」〔滑・浮世床2〕

大師 だいし　偉大な師，優れた指導者の意．仏・菩薩などをいう．また，高僧に対する尊称として用いられ，朝廷から下賜される*諡号(しごう)の一つとなった．日本では866年(貞観8)に，*最澄に〈伝教(でんぎょう)大師〉，*円仁に〈慈覚(じかく)大師〉の号が贈られたのが最初である．特に〈弘法(こうぼう)大師〉(*空海)に対する信仰が広まってからは，大師といえば弘法大師を指すようになった．「大師釈尊来たり給ひて食を乞ひ給ふ」〔今昔1-31〕「南岳・天台ふたりの大師，みな菩薩戒を受けたり」〔三宝絵下〕

大士 だいじ　[*s*: mahāsattva]　〈だいし〉とも読む．偉大な人の意．*菩薩(ぼさつ)(bodhisattva)の同義語あるいは形容句であり，並列して〈菩薩大士〉として用いられることが多い．音写語は〈摩訶薩〉〈摩訶薩埵〉．八千頌般若経には「衆生の大集団，衆生の大群衆の中の上首(最も勝れた人)となるであろう，という意味で菩薩は大士と呼ばれるのである」と説明されている．一方，*般若経には「菩薩 bodhisattva」と「大士 mahāsattva」の後半に表れる -sattva を「心」「勇心」と解釈する伝統があることから，竜樹作と伝えられる*『大智度論』は摩訶薩埵(大士)を「摩訶は大，薩埵は衆生に名づく，或いは勇心に名づく」と説明し，*ハリバドラは『現観荘厳光明』(*Abhisamayālaṃkārāloka*)で，「心が偉大なる利他の完成に向けられている人々が大士と呼ばれる」と定義している．

大慈恩寺 だいじおんじ　中国,陝西省西安市．〈慈恩寺〉ともいう．唐の太宗の皇太子治(のちの高宗)が母の文徳皇后の恩にむくいるために，648年(貞観22)に*長安(西安)の無漏寺の旧址に建立．規模の壮大なことで知られる．帰朝した*玄奘を迎えて上座とし，寺の西北に翻経院を作って翻訳に当らせ，652年(永徽3)にはサンスクリット経典の散佚を防ぐために五層の塔(大雁塔)を建てた．その後も慈恩大師*基をはじめとして高僧が次々に住し，長安仏教の中心であった．現在は，山門・*大雄宝殿・法堂・大雁塔で伽藍が構成されている．西安市仏教協会の所在地．→雁塔．

大師講 だいしこう　*空海の功徳をたたえ，*法楽を倍増するために真言宗寺院で修される法会で，〈月並御影供〉とも称し，*忌日にあたる毎月21日に行われる．また，空海に帰依する信者が毎月21日に輪番で集まり，御影を掲げて般若心経や大師宝号を読誦する法会および*講組織を指す．天台宗では，高祖智者大師(*智顗)の忌日11月24日を最終日とする法会を指し，*比叡山では〈*霜月会〉または〈天台会〉ともいい，*最澄の忌日6月4日から5日間行われる法会も〈大師講〉または〈六月会〉と称した．

在家では，旧暦11月23日夜から24日にかけて，各家で小豆粥や団子を大師様にお供えする大師信仰の一形態も〈大師講〉と称する．東北・関東北部・北陸・中部・山陰や鹿児島県大隅地方などに広く分布する行事で，講という名称にもかかわらず講中組織をとらない場合が多く，大師様がひそかに訪れるのを迎えるといい，マレビト(客)歓待習俗が，民衆に空海が恩恵を与えるという信仰に変容した．

大自在天 だいじざいてん　[*s*: Maheśvara]　⇀自在天

太子信仰 たいししんこう　*聖徳太子を聖者として仰ぐ信仰．太子没後次第に盛んになり，中世・近世には隆盛をきわめた．

【奈良・平安時代】奈良時代に編集された『日本書紀』には，太子が片岡山で飢人を救う話があり，太子信仰をもとに記されたものと考えられている．これ以外にも『日本書紀』には，多くの聖徳太子にまつわる話が記されるが，基本的には史実を越えた聖人としての人物像が描かれている．奈良時代後期には，太子を*慧思禅師の生まれ変わりとする説や，*法華経を将来したとする説が起こる．平安時代になると，天台宗を開いた*最澄が熱心に太子を信仰し，これが*比叡山の伝統となった．これらの太子に対する信仰を集大成したのが，平安時代中期の『聖徳太子伝暦』である．『聖徳太子伝暦』には，太子生誕時の奇瑞，2歳の時に「南無仏」と唱えたこと，太子が*救世観音の生まれ変わりであることなどが記され，後代の太子信仰に多大の影響を及ぼした．

【鎌倉時代】鎌倉時代には，*親鸞が京都の*六角堂に百日参籠し，太子の示現を得て*法然の門下に入っている．*日蓮や*一遍は，太子ゆかりの*四天王寺へと参詣している．また，この頃になると，*叡福寺太子廟が聖地化され，四天王寺とともに，多くの参詣の人々を集めた．太子廟では律宗の*叡尊も，*戒律復興を期して人々に戒を授け，自ら『太子講式』を作り，*西大寺で〈太子講〉を始めている．太子講は，後世にいたるまでさかんに行われた．またこの時代には，太子の尊像が多く造られ，二歳像・孝養太子像などが信仰の対象となった．

【影響】このように，太子信仰はあらゆる宗派に結び付き，民衆の信仰となっていった．その際，太子の事績を絵に描いて示した絵画も，重要な働きをした．『聖徳太子絵伝』などと称する掛幅は，各地の寺院に残され，*絵解きをされていた例もある．『聖徳太子伝暦』も，中世以降さかんに増補され，膨大な数のさまざまな太子伝が作られていった．それら中世太子伝は，多くの文芸作品と結び付き，御伽草子や浄瑠璃なども派生させている．また，中世後期から近世にかけては，太子伝説が大工や紙作りなどの職人の起源と結び付けられ，多くの職人からも信仰された．このように，太子信仰は，根強く民衆に結び付き，多くの場で，さまざまなかたちとなって現代に伝えられている．→未来記．

大師信仰 だいししんこう　〈*大師〉とは，もとは仏の尊称であり，また中国・日本で朝廷から高僧に賜る*諡号である．それゆえ*伝教大師，*元三大師（公式の諡号ではない）など〈大師〉と呼ばれた高僧は複数いる．〈大師信仰〉という場合も，〈元三大師良源〉に対する民間信仰もあるが，代表的なものは真言宗の開祖〈弘法大師空海〉に対する民間信仰である．その信仰の形態は，大師伝説・*大師講・大師粥・*四国八十八箇所札所廻り・*高野山信仰・*入定信仰・厄除け大師信仰，大師堂・大師像の建立などである．これらの信仰形態は仏教の一宗派の祖師に対する信仰としては他に例を見ないほど宗派性を超えて民間に広まっており，また人々の生活の一部になっている．

大師信仰がこのような超宗派性・民衆性を得たのは，空海の宗教が真言密教という神秘性・大衆性・普遍性・総合性を持ったものであったこと，および空海自身が宗教活動のみならず，土木事業や民衆教育活動など多彩なしかも地域的にも広汎な社会活動を展開したからであるが，特に空海の〈入定留身信仰〉は，空海がいつでもどこへでも信仰する人とともにあり，その人を救うという大師信仰の中核となっている．また空海滅後，その弟子たちや*高野聖・*廻国行者による大師信仰の鼓吹がこの信仰を全国的なものにし，また空海以前の*聖徳太子・*行基に対する信仰，あるいは地蔵・弥勒・即身仏信仰が大師信仰と重なってこの信仰を多彩なものにした．→空海．

大集経 だいじっきょう　[s: *Mahāsaṃnipāta-sūtra*]　詳しくは〈大方等大集経〉．60巻．中国，隋代に僧就が，北涼の*曇無讖訳の〈大集経〉29巻（あるいは30巻）に，隋の那連提耶舎訳の〈月蔵経〉12巻，〈日蔵経〉15巻などを合わせて一経としたもの．菩薩のために無礙の教えを説くことを標榜し，正法の守護を宣揚するが，全体として密教的色彩が濃厚である．「第9宝幢分」には転女成男（女が男に生れかわる）の思想，「第15月蔵分」には末法思想の根拠とされる*五五百歳（仏滅後を五百年ごとに区切って，正法の衰退を主張する）の思想が示されている．

帝釈天 たいしゃくてん　[s: Indra, Śakra]　インドラ神のこと．〈帝釈〉のフルネームはśakro devānām indraḥ（神々の力強い帝王，の意）で，〈帝〉はindraの訳，〈釈〉はśakraの音写．インド最古の聖典*『リグ-ヴェーダ』における最高神で，雷霆神の性格をもち，理想化されたアーリヤ戦士の姿をとる英雄神である．後に仏教に取り入れられて，*梵天とともに*護法の善神となる．欲界の第二天である*忉利天の主で*須弥山山頂の*喜見城に住み，*阿修羅と戦ってこれを降し，天下に使臣をつかわして，万民の善行を喜び，悪行をこらしめる威徳ある神である．*十二天の一で，*須弥山などの一切の山に住む*天神や鬼類の主として東方を守護する．遺例に，奈良時代の東大寺*法華堂像や*唐招提寺像，平安前期の*教王護国寺像がある．なお柴又帝釈天（題経寺，東京都葛飾区）は庶民信仰の寺として名高い．→インドラ，天，四天王．

大衆 だいしゅ　〈だいしゅう〉とも読む．漢訳仏典以前の中国古典では，一般に多くの人びとを意味していた．しかし，漢訳仏典では，〈大衆〉は次の2種の意味をもつ．阿含経典類では，saṃgha（*僧伽），つまり*出家者たちの集いの訳語にあてられ，大乗経典類では，pariṣad（会衆），つまり*説法の*会座に集まった人びとの訳語にあてられることが多い．いずれにせよ，〈大衆〉は仏典中では，単に多くの人びとを意味することは少なく，仏教に関わりのある人びととの集まりを意味する．

【日本での用法】わが国でも大勢の僧を意

味することに変わりはなく，一般的には一山一寺を構成する僧侶の総称であるが，限定的には，平安後期以降*南都北嶺などの諸大寺内に結集された特定の僧徒集団をさすことが多い．本来は*学侶を核に*堂衆が従属したが，次第に*行人階層(*僧兵集団)を包括した強力な武力的勢力となり，〈*衆徒〉とも呼ばれ，仏法護持を旗印に時の支配勢力に圧力を加えた集団である．*比叡山と*興福寺の大衆は代表的なもので，前者が日吉山王の神輿を，後者が春日神社の神木を押し立てて朝廷に強訴した事実は有名であり，『平家物語』以下の軍記物語には諸大寺の大衆の行動が活写されている．

「山階寺の大衆発りて公家に訴へ申すやう」〔今昔 31-24〕「延暦・興福両寺の大衆，額打ち論といふ事しいだして互ひに狼藉に及ぶ」〔平家 1. 額打論〕

第十八願 だいじゅうはちがん　阿弥陀仏が*因位の*法蔵菩薩として修行していたとき，それに先だって建立した〈四十八願〉のうちの第 18 番目の*願のこと．*無量寿経巻上によると第十八願の全文は，「設我得仏，十方衆生，至心信楽，欲生我国，乃至十念，若不生者，不取正覚．唯除五逆誹謗正法」(たとひ我れ仏を得たらんに，十方の衆生，至心に信楽して我が国に生ぜんと欲し，乃至十念せんに，もし生ぜずんば正覚を取らじ．ただ五逆と誹謗正法とを除く)である．

この願は*浄土教において特に注目され，願文中の語句について様々な解釈がなされた．たとえば，「至心・信楽・欲生」の 3 種の心(三心もしくは三信)を*親鸞以前の浄土教者は浄土往生を願う衆生の心ととらえたのに対して，親鸞はこの 3 種の心はいずれも阿弥陀仏の*他力廻向にもとづく真実の信心であるとみなした．また，「乃至十念」の箇所については，巻下の冒頭の本願成就文の「乃至一念」，あるいは*観無量寿経の下品下生の箇所の「具足十念」との異同に関して，*一念でもよいのか*十念が必要なのか，そもそも数の問題ではないのかなど，様々な議論がなされた．また，「唯除五逆誹謗正法」の箇所に関しても，文字通り*五逆罪と*正法を*誹謗したものを除くという意味か，それとも*抑止の意味かなど様々に解釈され，懐感『釈浄土群疑論』では十五家の解釈を挙げている．

浄土教家における第十八願の位置づけは総じて高いが，特に*善導の教えによって*専修念仏を唱えた*法然は，四十八願の中心はこの願にあると見て〈本願中の王〉と位置づけ，また念仏による往生を誓った願であるとして〈念仏往生の願〉と呼んだ．親鸞はこれを受け継ぎながらも，さらにこの願を〈*至心信楽の願〉，または〈本願三心の願〉とも名づけ，真実信心は阿弥陀仏の願心から生じることを明らかにした．→四十八願，三願，三信，他力本願．

「第十八願に，一切の諸行を選び捨てて，ただ偏に念仏の一行を選び取って，往生の本願としたまふ」〔無量寿経釈〕

代受苦 だいじゅく　他人の苦しみを代わって引き受けること．*衆生の苦悩をみずからの苦として受けとめその救済を志す，*菩薩の*慈悲心にもとづく行為をいう．地獄まで降りていって人々を救済すると信じられた地蔵菩薩の行はその一例であるが，日本では信者の身代りとなってその危害を取り除くという〈身代り地蔵〉の信仰へと変容した．日本において代受苦を強調した思想家の一人には*日蓮がいる．日蓮は*涅槃経の，「一切衆生の異の苦を受くるは悉くこれ如来一人の苦なり」といった言葉を根拠として，身に降りかかる迫害と弾圧を，すべての衆生を救いとるために自身が受ける試練と解釈し，それを堪え抜き使命感を高揚させる心の支えとしていった．

大衆部 だいしゅぶ ［*s*, *p*: Mahāsāṅghika］*釈尊の没後 100 年ほど後，*律(教団規則)の解釈(十事の*非法，大天の*五事)などで意見が対立し，教団は保守的な*上座部と進歩的な大衆部とに根本分裂して〈部派(小乗)仏教時代〉に入った．その後，教団はさらに枝末分裂を繰り返すが，大衆部からは一説部・説出世部・雞胤部・多聞部・説仮部・制多山部などが分出した．大衆部系は主として中インドから南インドに広まったが，概して勢力は小さかった．大衆部は，*説一切有部(上座部系)から分裂した*経量部と共に*現在有体

・過未無体(かみむたい)を主張し，説一切有部の*三世実有(さんぜじつう)・法体恒有(ほったいごうう)の説と対立した．→部派仏教．

大乗 だいじょう ［s: mahāyāna］ 原語を音写して〈摩訶衍(まかえん)〉ともいう．大きな(mahat. 複合語においては mahā-)乗物(yāna)の意で，*小乗(hīnayāna)に対する語．仏教の修行者は，*声聞(しょうもん)(仏弟子．僧院に集団生活をする出家)，独覚(どっかく)(一人で山野において*縁起を悟り，人に教えを説くことなく逝(ゆ)く出家．*縁覚(えんがく)ともいう)，*菩薩(ぼさつ)(仏陀になることをめざす在家および出家の修行者)の3種に分けられたが，*自利に専心する前二者の教えを〈小乗〉，*利他に励(はげ)む菩薩の道を〈大乗〉という．大乗とは，あらゆる衆生を乗せて悟りに導く大きな乗物(教え)のことである．

「其れ大乗の教法は真実の理なり．諸(もろもろ)の仏此れを讃(ほ)め給ふ．諸の聖衆また此れを尊ぶ」〔今昔 4-26〕「仏を造り，大乗を写し改め，懃(ねもころ)に善因を修するなり」〔霊異記 下38〕

『大乗院寺社雑事記』 だいじょういんじしゃぞうじき 興福寺大乗院第27代門跡(もんぜき)尋尊(じんそん)の日記．「寺務方諸廻請」「寺社雑事記」より成る．1450年(宝徳2)から尋尊没年の1508年(永正5)までの*興福寺・春日社に関する大乗院方の記録であり，室町時代の政治社会史に関する重要史料．応仁・文明の戦乱を避けて奈良に下った尋尊の父一条兼良らの文学関係記事，薪(たきぎ)猿楽・田楽や1464年(寛正5)の糺河原(ただすがわら)勧進猿楽見物についての財政のことなど，芸能史に関する記事も含む．

大乗会 だいじょうえ 華厳経・大集経(だいじっきょう)・般若経・法華経・涅槃経の五部の大乗経典を講説し，供養する法会．1078年(承暦2)10月，京都の*法勝寺(ほっしょうじ)で始まった勅会で，円宗寺(えんしゅうじ)の*法華会・*最勝会と合わせ，〈北京三会(ほっきょうさんえ)〉あるいは〈天台三会〉といわれる．*『元亨釈書(げんこうしゃくしょ)』によれば，円宗寺の法華会とこの大乗会の*講師は天台の僧があたり，この二会を経たものは*僧綱(そうごう)になるとある．

大乗戒 だいじょうかい *大乗仏教徒の持つ戒．*律蔵所説の戒は*七衆(しちしゅ)〈別解脱律儀(べつげだつりつぎ)〉であり，*小乗の戒とされるのに対し大乗経典に説かれる戒を指す．本来，*僧伽(そうぎゃ)の構成員が遵守すべき僧伽の規則は〈*律(りつ)〉と呼ばれ，〈戒〉と呼ばれるものは構成員各自の精神性が強調され律とは本来別物であったが，やがて両者は混同され，〈*戒律〉という用語が生じた．律の形式的な遵守よりも大乗*菩薩(ぼさつ)の僧侶としての理想の精神性を述べたものが〈大乗戒〉である．大乗は菩薩乗ともいい大乗戒は〈菩薩戒〉でもある．→菩薩戒．

【大乗戒を説く経論】インドにおける大乗戒を説く経論は*涅槃経(ねはんぎょう)および*『瑜伽師地論(ゆがしじろん)』，菩薩善戒経(ぼさつぜんかいきょう)などが有名である．大乗戒はやがて律蔵所説の戒との*会通(えつう)を要請され，両者を統合するために〈*三聚浄戒(さんじゅじょうかい)〉(摂律儀戒(しょうりつぎかい)・摂善法戒(しょうぜんぼうかい)・摂衆生戒(しょうしゅじょうかい))が作成され『瑜伽師地論』などにおいて主張された．一方，中国においては律蔵を小乗と位置づけたのに呼応し，大乗独自の戒が要請されたと見え，*菩薩瓔珞本業経(ぼさつようらくほんごうきょう)，*梵網経(ぼんもうきょう)などの大乗戒経が独自に制作された．このように大乗戒には小乗の立場を包摂するものと対決するものとの2種が存在する．

【梵網戒】大乗戒の中で周辺諸国に大きな影響を与えたものは『瑜伽師地論』系の〈三聚浄戒〉と梵網経に説かれる〈梵網戒〉である．梵網戒の護持すべき*学処(がくしょ)は10箇条の重罪(十重(じゅうじゅう))と48箇条の軽戒(きょうかい)とから構成された(*十重四十八軽戒)．十重は律蔵所説の四*波羅夷法(はらいほう)と『瑜伽師地論』所説の四他勝処法(たしょうしょほう)などから構成され，自らも犯さずまた他をして犯させないとする所に特徴がある(*十重禁戒(きんかい))．

【日本での展開】日本においては，*最澄(さいちょう)が南都との対立の中で大乗戒の主張をし，梵網戒の*受戒のみで正式な僧伽の構成員である大僧になれると主張した．*具足戒(ぐそくかい)の授受を主張する南都と対立したが，以後，*比叡山(ひえいざん)天台を中心に〈*円頓戒(えんどんかい)〉といわれる独自の展開を生み出した．また*空海によって密教独自の戒として〈*三昧耶戒(さんまやかい)〉が必要であるとされた．こちらでは具足戒の上に付加する形で授受される独自の戒が導入され，融和的な態度が取られた．

「山門すでに菩薩の大乗戒を建て，南都は又声聞の小乗戒を立つ」〔太平記 15. 園城寺〕

大乗戒壇 だいじょうかいだん 大乗の*菩薩戒(ぼさつかい)(*大乗戒)が授与される壇場．唐の765年(永泰1．代宗の代），勅によって*大興善寺に〈方等戒壇〉と称する*戒壇が設置された．この戒壇の特色は，戒律が身体的欠陥など支障として数える諸条件に抵触していても，戒を授与してもかまわないとし，ただ大乗の心をおこすことを条件として重視したことにある．つまりすべての者に平等に開放された戒壇であった．その後，宋代に入って1010年(大中祥符3)，〈甘露戒壇〉と呼ばれる戒壇が中国各地72カ所に造られ，これと別に〈大乗戒壇〉が慈孝寺に造られた．ここにいう〈甘露〉とは*涅槃の喩えで，戒は涅槃の初門とする考えに立つが，この戒壇では*声聞の*具足戒が授けられ，別に設けられた大乗戒壇は改めて菩薩戒を増受する戒壇であったと知られる．つまり開放的な方等戒壇が菩薩戒的な性格を喪失した甘露戒壇と大乗戒壇とに役割を分担した形で設けられたとみられる．

日本における戒壇は，*鑑真によって754年(天平勝宝6)4月に東大寺大仏殿の前に設けられたのが最初で，鑑真らは，聖武上皇・光明太后らには，僧俗に通じる菩薩戒を*授戒した．また，すでに僧侶であった賢璟ら80余人には，僧侶の戒律である具足戒を授戒した．すなわち，建壇当初は，菩薩戒も具足戒も授戒される戒壇であったが，以後は，東大寺戒壇においても，後に建壇された下野*薬師寺・筑前*観世音寺両戒壇においても，菩薩戒の授戒は行われなかったようである．ところが，*最澄は，そうした三戒壇を小乗戒壇とし，比叡山*延暦寺に*梵網経下に説く大乗菩薩戒を授ける大乗戒壇の樹立をめざした．それが公認されたのは822年(弘仁13)6月であった．延暦寺戒壇では，釈迦・文殊・弥勒・一切如来・一切菩薩の「不現前」(目に見えない)の五師のもと，座主を*戒師として梵網経下に説く*十重四十八軽戒の授戒がなされたが，日本における大乗戒壇といえば，この延暦寺戒壇が有名である．

『大乗義章』 だいじょうぎしょう　*地論宗の浄影寺*慧遠が，毘曇・成実・摂論・地論・三論などの教学の蘊蓄を傾けて編んだ仏教用語の解説辞典．全26巻より成っていたが，雑法聚を除く20巻が〈*大正新脩大蔵経〉(巻44)に収められている．教法聚・義法聚・染法聚・浄法聚に分かれ，それぞれ*法数順(二諦・三解脱門・四縁・八識などのように)に解説がある．本書の教学は，それまでの中国仏教を集大成しようとするものであり，*真諦の*唯識教学と*『大乗起信論』を統合する姿勢も見られる．

『大乗起信論』 だいじょうきしんろん　*如来蔵思想の系統に立つ大乗仏教の論書．インドの2世紀の有名な仏教詩人アシヴァゴーシャ(*馬鳴)の作と伝えられているが，実際の成立は5-6世紀のころであろう．テキストとしては，*真諦と実叉難陀(652-710)の訳とされる2種類の漢訳があり，一般には真諦の訳が多く用いられている．サンスクリット訳もチベット訳も残っていない．インド大乗仏教の後期の論書に影響を及ぼしていないこともあって，インド成立が疑われており，中国撰述説もある．しかし，大乗仏教の中心思想を理論と実践の両面から手際よく要約しており，短編ではあるが，古来，中国・日本の仏教では盛んに愛読され，その教義は仏教各宗の思想や教義に大きな影響を与えた．

【構成と中心思想】全体は5章に分かれており，第1章 因縁分(論を著す理由)，第2章 立義分(問題の所在，後の第3章における理論の骨子)，第3章 解釈分(理論の開陳)，第4章 修行信心分(いかなる信心をいかに修行するか)，第5章 勧修利益分(論の教えを実践することの利益を示して実践を勧める)より成る．

論全体は，一心二門三大を綱格とする．一心とは衆生心のこと．それを〈心真如門〉(永遠相，本質界)と〈心生滅門〉(現実相，現象界)の二方面から見る．また，*三大とは体(本体)・相(様相)・用(作用)のことで，事物を支える根本の理法(*真如)のあり方でもあるゆえに，体大・相大・用大と称する．心生滅門においては，如来蔵と*無明の結合した阿梨耶識(*阿頼耶識)から迷いの世界が展開すると説く．そこから逆に*覚に向かって進んでいくべきことがいわれ，その過程が*本覚・不覚・始覚の概念を用いて説明される．中国で諸種の注釈書が著されたが，特に華厳宗の*法蔵による『大乗起信論義記』が標準的なものとして広く用いられた．

『**大乗玄論**』だいじょうげんろん　*三論さん教学を大成した*吉蔵きぞうの著とされてきたが，吉蔵の弟子たちが編纂したものと推定されている．日本の南都での編纂とする説もある．5巻．吉蔵は，*法華経ほけきょうを初めとする，当時中国の仏教界において講学されていた大乗経典に対し多くの注釈を残しているが，本書には，これらの著作において問題とされている主要な教理がほとんど含まれている．いわば*般若経はんにゃきょうあるいは三論に立脚した大乗仏教の概論書というべきもので，吉蔵の著作中最も重要なものの一つである．本論は，「二諦義」「八不義」「仏性義」「一乗義」「涅槃義」「二智義」「教迹義」「論迹義」の8科より成るが，「八不義」は三論宗の同門の慧均えきんの撰述であることが判明した．

『**大乗三論大義鈔**』だいじょうさんろんだいぎしょう　単に『三論大義鈔』ともいう．4巻．日本*三論宗の安澄あんちょう(763-814)の孫弟子に当たり，*西大寺さいだいじに住した玄叡げんえい(?-840)の著．本書は，淳和天皇の命により三論宗を代表してその教理の概要を記して上まつったいわゆる天長勅撰六本宗書てんちょうちょくせんろくほんしゅうしょの一つである．自序に次ぐ本論は，「顕正けんしょう」と「破邪はじゃ」の二部門より成り，前者においては，三論宗の大成者である吉蔵きぞうの*『三論玄義』や*『大乗玄論』にもとづき三論宗の教義が述べられ，後者においては，主に*法相宗ほっそうしゅうの論破に力を注ぎつつ天台・華厳・真言の諸宗の教義が破折されている．50数部にわたる大乗・小乗の経論を援引し，また日本のみならず，インド・中国の諸師の論説を広く採り上げ批評している点は，三論からの仏教概論書としても注目される．→天長勅撰六本宗書，破邪顕正．

『**大乗荘厳経論**』だいじょうしょうごんきょうろん　[s: Mahāyānasūtrālaṃkāra]　*如来にょらいの所説(経)の主旨を明らかにすると共に称讃することを経荘厳きょうごんという．本書は，大乗の経典(の教え)を*荘厳する*論である．*瑜伽行派ゆがぎょうはの根本典籍の一つで，頌じゅ(→偈げ)は*弥勒みろく(マイトレーヤ)作，長行じょうごう(散文の注釈)は*世親せしん(ヴァスバンドゥ)作と伝えられる．唐の波羅頗密多羅はらはみったら訳，13巻．本書の構成は全く*『瑜伽師地論ゆがしじろん』本地分中の「菩薩地ぼさつじ」に依拠しており，すなわち菩薩の*種姓しゅしょう・*発心ほっしん・*信解しんげ・*六波羅蜜ろくはらみつ・修行の*功徳くどくなどが説かれる．なかに*唯識ゆいしきの教学が織りこまれており，*『摂大乗論しょうだいじょうろん』と共通の説も見られる．また，*『究竟一乗宝性論くきょういちじょうほうしょうろん』にも影響を与えた．サンスクリット文も伝えられている．

大正新脩大蔵経だいしょうしんしゅうだいぞうきょう　100巻．*高楠順次郎たかくすじゅんじろう(1866-1945)，渡辺海旭わたなべかいきょく(1872-1933)を都監として，1924年(大正13)から34年(昭和9)にかけて刊行．正篇55巻(漢訳経律論および中国撰述仏典)，続篇30巻(日本撰述仏典)，図像部(密教図像の翻刻・影印)12巻，総目録3巻から構成されている．近代仏教学にもとづく新しい*大蔵経を目指し，従来の大蔵経とは異なる編成をとり，漢訳の*経律論きょうりつろんのほか，*敦煌とんこう文献を含む中国・日本の撰述書をも収録する．漢訳経律論については，*高麗蔵こうらいぞうを底本として宋・元・明の各大蔵経のほか天平*写経てんぴょうしゃきょうなどと校合し，さらにはサンスクリット語・パーリ語なども参照されている．

『**大乗大義章**』だいじょうだいぎしょう　廬山ろざんの*慧遠えおんが長安の*鳩摩羅什くまらじゅうに書簡を送り，*法身ほっしんをはじめとする仏教教義上の重要問題数十条をただしたのにたいして鳩摩羅什が答えた対論集．3巻，18条にまとめられて現在に伝わる．東晋(317-420)末の中国人*沙門しゃもんの最高峰である慧遠の質問を通して，当時の仏教教義の理解がどの程度まで進んでいたのか，また広汎な教義のなかで中国人がいかなる問題に興味をもっていたのかをうかがうことができる．

大乗非仏説論だいじょうひぶつせつろん　大乗経典は仏(釈尊)の説いたものではないという説．すでに古くインドや中国において見えているが，客観的・実証的に大乗非仏説を唱えたのは，日本近世の*富永仲基とみながなかもとに始まる．仲基は*『出定後語しゅつじょうごご』(1745)を著し，経典すべてが釈迦一代において説かれたものではなく，歴史的進展にともなって異なった思想や学説がおこり，それが順次，前のものの上に付加されていった(異部*加上かじょう)とし，釈尊の*金口きんく直説じきせつと思われるものは原始経典(*阿含あごん経)，それもほんの一部であるとした．儒学者の服部天游(はっとりてんゆう)(1724–69)も，その影響を受けて『赤倮倮(せきらら)』を著し，同様の観点から大乗非仏説を唱えた．

明治に入って，ヨーロッパの近代的な学問研究の方法が取りいれられ，また原典研究が盛んとなるにしたがい，改めて大乗非仏説の論がおこり，*姉崎正治(あねさきまさはる)は『仏教聖典史論』を，*村上専精(むらかみせんしょう)は『仏教統一論』や『大乗仏説論批判』を著した．村上は大乗経典は歴史的事実を説かないが，教理的には釈迦の真意を伝えているとし，さらに前田慧雲(まえだえうん)も『大乗仏教史論』を著し，大乗の教理はすでに*原始仏教の中に胚胎するとした．そこから原始仏教ないし根本仏教に帰れとの声が高まっていった．しかし，原始経典にもどったとしても，釈尊の直説を探りだすことは困難であり，原始経典そのものがゴータマ-ブッダ没後に編集されたことなどから，大乗非仏説の主張ないし論争は，現在では下火となる．

大乗仏教(だいじょうぶっきょう) [*s*: Mahāyāna] 【概要】西暦紀元前後からインドに広がった仏教の新たな理念形成，変革の運動．大乗仏教は*三蔵(さんぞう)のうち経典と論書は有するものの，教団成立の根拠となる*律蔵は所有せず，またはるか後代まで碑文などの考古学的資料にもその存在が知られていないため，初期には*部派仏教教団から独立した存在ではなく，既成の部派内に誕生し発展した思想運動だったと考えられる．時代を下ると大乗の独立性をうかがわせる碑文や記録も現れるが，それが制度的に独立した教団となったことを示すものなのか，あるいは依然として学派に留まりつづけていたのかは定かでない．

【聖典の特徴】大乗仏教の最大の特徴は，伝統部派が阿含(あごん)・ニカーヤ(*阿含経)所収の限られた経典のみを仏説(buddhavacana)と認めたのにたいして，時代を下って新たに生み出される経典をも仏説と認めた点にある．ブッダ(*仏陀(ぶっだ))入滅後数世紀にわたって行われた*経と*律の編纂・伝承作業は，ある時期に完成されて聖典としての体系を閉ざすが，この編纂作業をより後代まで開かれたものとして認めていく流れは残存しつづけ，大乗経典はその流れに乗って誕生した．聖典化の作業を早くに閉ざした部派においては，仏説である経と，経にたいする弟子たちによる注釈である*論の区別は明確であるが，大乗経典の場合は経の中に論や律的な要素までも抱えており，内容的に経と論の区別が曖昧である．

【思想的特徴と菩薩意識】大乗仏教は，無上*菩提(むじょうぼだい)の志向，*六波羅蜜(ろくはらみつ)の実践，*空(くう)思想，*誓願(せいがん)思想，仏塔(ぶっとう)(*塔)・*仏像崇拝への否定的態度，他方*仏国土(たほうぶっこくど)(*浄土)観，現在十方仏(げんざいじっぽうぶつ)の存在，*利他(りた)意識，*三昧(さんまい)の強調，*禁欲の推奨などの教義的特徴を抱えているが，これらはすべて実践主体である*菩薩(ぼさつ)意識に統合されている．〈*大乗(だいじょう)〉とは，語義的には「偉大な mahā」「道(あるいは乗物) yāna」の意味を持ち，伝統仏教が現世において修行道を完成し終え，*阿羅漢(あらかん)(arhan)になることを理想としたのにたいし，この新たな運動の担い手たちは阿羅漢到達の目的を捨て，現世での救いの完成に拘泥せず，あくまで無上菩提(anuttarā samyaksaṃbodhiḥ)に至ってブッダ(Buddha)となることを目指す菩薩(bodhisattva，仏の悟りを目指す衆生)として自らを位置づけた．無上菩提への道は，釈尊が*成仏する以前に前世において菩薩として禁欲的*苦行や利他の*慈悲行などを実践し続けて諸徳性を積み上げた道であり，自らもこの道を歩み続ける決意をして「偉大な道を行く」ものと名乗った．したがって大乗ということばは菩薩としての道を歩む〈菩薩乗〉(bodhisattvayāna)，仏になることを目指す〈*仏乗〉(buddhayāna)と意味的に重なり合う．将来のブッダである菩薩には，ブッダになるためのさまざまな誓願(praṇidhāna)の樹立と誓願実現のための実践が要請される．実践行の代表は*布施(ふせ)・*持戒(じかい)・*忍辱(にんにく)・*精進(しょうじん)・*禅定(ぜんじょう)・*智慧(ちえ)の行の完成である六波羅蜜であり，この最後に挙げられた智慧の完成こそ大乗仏教思想の中心を占める空(śūnya)の思想に他ならない．大乗仏教で求められた新たな理念は，伝統的教義を担う阿羅漢という古い聖者像から，新興の諸教義を担い得る菩薩という新しい聖者像への転換の中に見出すことができる．

【ブッダ観の転換と三昧】大乗仏教において目指される聖者像が阿羅漢から菩薩へと変わり得た背景には，ブッダに直接見(まみ)えることを可能にする大乗教徒たちの三昧経験とそれに基づくブッダ観の根本的転換が横たわっている．ブッダを開祖である釈尊にのみ限定したとき，仏教徒たちはあくまで伝承される教えを間接的に聞く者(*声聞，śrāvaka)であるに留まるが，瞑想経験を通して直接ブッダに見えることを認めたとき，仏教徒は聞く世界を超えて現在に出会うブッダと対峙することが可能となる．*ジャータカなどの仏伝文学において釈尊の前世に限られていた菩薩という呼称が，大乗においては広く一般の修行者に認められるようになった契機もこの点にあり，ブッダとの現在の出会いが保証されることによって，前世において*燃灯仏に直接出会って菩薩として修行した釈尊と同様の位置に自らを据え，菩提の獲得を目指して修行を積む菩薩としての自覚を備えるようになった．大乗仏教が伝統仏教の持つ過去仏(*過去七仏)や*未来仏の思想を超え，現在する仏の存在を認めたのもこの*観仏体験の要素が欠かせない．最初期の大乗経典に三昧や禅定に関するものが多数を占める事実，多くの大乗経典が三昧の中からブッダが言葉を発する形を取っていること，さらに大乗の*阿蘭若での苦行重視なども，特定の場における三昧の実践とブッダ現存意識の不可分な関係を物語っている．大乗の最大の特徴である「新たに生まれる経典を弟子制作の論書ではなくあくまで仏説(buddhavacana)と受け取る」態度は，大きくはこうした菩薩意識の芽生えによって可能となったものである．

【題材の拡張】仏説の定義の広がりは聖者像の変更にも大きな影響を与える．阿羅漢から菩薩への移行には，こうした三昧による媒介に並行して，聖者像を構成する題材が飛躍的に増大した変化を考慮する必要がある．伝統部派において理想とされる阿羅漢のイメージは，阿含・ニカーヤという限られた仏説の経典に基づき，しかも硬い教義的な術語によってのみ構成されていたのにたいして，大乗仏教は新たに生まれ出る思想を核としながら，さまざまな仏伝文学や説話をも拒否することなく題材として取り入れ，貧弱な阿羅漢像とは比較にならないほど豊かな聖者・菩薩像を作り上げることに成功した．

【社会的態度】しかし菩薩のイメージが豊かな一方，こうした菩薩の自覚に立つ大乗仏教はしばしば厳しい苦行や禁欲生活を推奨し，僧院(村落)住よりも森林(阿蘭若)住に価値を置くなど，全体として反世俗的，厳格主義的傾向を強く持つことに注意しなければならない．これまで大乗仏教は大衆的な*在家仏教運動展開の結果として理解されたこともあったが，碑文資料や律蔵資料を根拠としたとき，時代を下るとともに大衆化し世俗化していったのは，実際には伝統仏教の側であり，既成教団の多くの出家者たちは，きわめて早い時期から在家者のための仏塔崇拝や仏像供養の儀式に関わっていたことが明らかとなってきた．大乗はこうした伝統教団が陥った世俗化傾向を厳しく批判し，ブッダが掲げた本来の理念と実践に戻ろうとする，むしろ復古主義的な運動としての意識が際立っている．初期の大乗経典や論書がしばしば世間的利得や名誉の受容，あるいは制度化された仏教教義に対して辛辣な批判を加え，形式化した仏塔信仰や仏像崇拝に代わって経巻の受持を薦めるのも，こうした意識の現れに他ならない．大乗に特有の他方仏国土(いわゆる浄土)への往生を説く経典も，菩薩として諸々のブッダのもとで理想的な修行することを目指すものであり，そうした菩薩がしばしば在家者への徹底した慈悲行を要求されるのも，あくまで成仏を目指す菩薩行の困難さを強調するものであって，けっして在家に向けたより安易な救済を主題として編まれたものではない．菩薩像のイメージの豊かさは，かえって禁欲的な理念によって支えられつづけたことを忘れてはならない．

【大乗の世俗主義化】しかし本来こうした厳格主義的傾向をもって興起した大乗運動も，やがて時代を下って伝統と化するや世俗化・大衆化の傾向を示し始め，ついには大乗経典の中から仏塔信仰や仏像崇拝の功徳を説く経典さえ生み出した．こうして阿羅漢に代わって菩薩という新たな聖者像に委ねられていた仏教の運動が限界を迎えると，やがて菩薩に代わって成就者(シッダ，Siddha．→悉地)という密教行者の新しいイメージに次の運動が託されはじめる．この時期を境にインド仏教は大乗から*金剛乗(vajrayāna)の時代へと歩み出していくことになる．

【大乗経典の編纂】紀元後1世紀以降に般若経・維摩経・法華経・華厳経・無量寿経などの大乗経典(第1期ないし初期大乗経典)が編集され，3世紀には*竜樹が『中論』などを著して空の思想体系化に努め，4世紀には勝鬘経・涅槃経などの*如来蔵経典および解深密経・大乗阿毘達磨経の*阿頼耶識経典(第2期ないし中期大乗経典)が編集された．5世紀には*無着・*世親によって*瑜伽行派が生まれ，*中観派と対立したが，経典としては如来蔵と阿頼耶識との統合をはかった楞伽経や大乗密厳経(第3期ないし後期大乗経典)が編集された．6世紀ころから密教化も進み，7世紀には大日経・金剛頂経などが作られ，金剛乗が成立した．ただし金剛乗は，自らを大乗と区別する意識をもっていた．また本来は小乗の一学派であった*経量部は，インド仏教の後期には大乗の一学派とみなされるようにもなった．

『大乗法苑義林章』 だいじょうほうおんぎりんしょう　*基撰．7巻．大乗仏教の教理を*法相唯識の立場から解説した著作で，29門からなる．『成唯識論述記』とともに基の主著と目され，法相唯識学の基本的教義を組織体系づけた著作である．7巻29門の構成を列挙すれば，第1巻: 総料簡章・五心章・唯識義林・諸乗義林，第2巻: 諸蔵章・十二分章・断障章・二諦義，第3巻: 大種造色章・五根章・表無表色章，第4巻: 帰敬章・四食章・六十二見章・八解脱章・二執章，第5巻: 二十七賢聖章・大乗蘊界処義・極微章・勝定果色章・十因章・五果義・法処色義林，第6巻: 三宝義林・破魔羅義林・三慧義林・三輪義林，第7巻: 三身義林・仏土章となる．注釈書には，弟子の*慧沼の『大乗法苑義林章補闕』がある．

『大乗法相研神章』 だいじょうほっそうけんじんしょう　護命(756-834)撰．5巻．822年(弘仁13)頃の成立．*天長勅撰六本宗書の一つ．「総顕三界差別門」「総顕五趣差別門」「総顕四生差別門」「略顕善悪因果門」「略顕三千大千門」「略顕唯識総摂門」「略顕仏教利益門」「略顕仏教時会門」「略顕諸宗各異門」「略顕因明正理門」「略顕種姓差別門」「略顕最初発心門」「略顕修行位次門」「略顕因円果満門」という14門を立て，*法相宗(*唯識)の立場を宣揚した．法相唯識の教義の綱要を述べるだけでなく，「略顕諸宗各異門」(巻2)では*南都六宗や*天台宗の教義を概説し，異説に批判を加えている．ただし，*真言宗には言及しない．本書の重要性は，*元興寺の護命が南寺の立場を伝える正系であることと，北寺(*興福寺)との関係を窺わせる資料が含まれることにある．「略顕因明正理門」(巻4)には北寺の代表である*善珠についての記述も見られる．

大石寺 たいせきじ　静岡県富士宮市上条にある日蓮正宗の総本山．多宝富士大日蓮華山と号す．日蓮の*六老僧の一人*日興による創建．日蓮の遺骨を収めた身延山(*久遠寺)は六老僧の*輪番制で管理されていたが，檀越の波木井実長が日向を2世とさだめたので，日興はこれを不服として下山し，南条時光に迎えられて大石ヶ原に大石寺を建てた．興門流はこれより始まる．今川・武田・徳川諸氏の外護をうけ，とくに徳川家宣の室天英院は七堂伽藍を中興させた．1899年(明治32)に日蓮宗富士派，1912年(明治45)に日蓮正宗を公称した．聖教類のほか，『曾我物語』古写本など国文学関係文献の収蔵でも知られる．第二次世界大戦後に急激に成長した創価学会は日蓮正宗の信者組織から出発した．

大施太子 だいせたいし　梵名は摩訶闍迦樊．*賢愚経大施抒海品に見え，その行状は*六波羅蜜のうち精進波羅蜜の例話として多く引かれる．*波羅奈国の大施太子(原経では婆楼施舎城の尼拘楼陀婆羅門の子)が，生類が生活のために殺生するのを悲しみ，艱難辛苦の末に竜王から如意珠(*如意宝珠)を乞い受け，国中に財宝を降らして一切衆生に施したという話．一度如意珠を奪い返されたが，貝殻(原経では亀の甲羅)で大海の水を汲み干して竜王から取り戻す段が山場になっている．釈尊の*本生譚として説かれるもので，『大智度論』12では能施，大方便仏報恩経悪友品では善友太子の名で同話を収める．しかし，わが国で最も流布したのは賢愚経に由来するもので，『三宝絵』上4，『宝物集』5，『登山状』などに収載する．

大山寺 だいせんじ　鳥取県西伯郡大山町にある天台宗の寺．山号は角磐山．奈良朝養老年間(717-724)に金蓮が創建したと伝えられる．古来，大山は大神山と呼ばれ神聖視されていたので，山岳修験の道場となる．地蔵菩薩が大智明権現の*本地仏として祭られ崇拝された．*円仁が阿弥陀仏を安置して*不断念仏を行なったという伝承がある．後に下山善神を祭り，道俗の信仰を集める．明治の*神仏分離によって急速に寺運が衰退した．遺構に*阿弥陀堂(1552)，寺宝に奈良時代の小金銅仏の観音菩薩立像，阿弥陀三尊像(良円作，1131)などを伝えている．

胎蔵(界) たいぞう(かい)　正しくは〈大悲胎蔵生〉(mahākaruṇā-garbhodbhava)という．母親が胎内で子供を慈しみ育てるように，仏の衆生に対する*大悲より生まれたものという意味である．*空海は〈胎蔵海会〉あるいは〈胎蔵〉と呼んでいるが，金剛界の〈界〉にひかれ，天台の*安然の頃から，〈胎蔵界〉と呼びならわし，一般化している．金剛界を真理の主体面すなわち〈智〉(*智慧)とするのに対し，胎蔵界を客体面すなわち〈*理〉とみなす．わが国ではのちに金剛界と胎蔵界を男女に配する説もあらわれたが，その典拠はない．

〈胎蔵(界)曼荼羅〉は主として大日経に基づいて画かれた．定印の*大日如来を取り囲む宝幢・開敷華王・*無量寿・天鼓雷音の*四仏と，*普賢・*文殊・*観自在・*弥勒の*四菩薩からなる*中台八葉院の他12のセクションに分かれる．われわれに最も親しい現図胎蔵曼荼羅は12大院からなるが，その他に『胎蔵図像』と『胎蔵旧図様』などの異図も伝えられている．→大日経，両界曼荼羅，金剛界，現図曼荼羅，付録(両界曼荼羅1)．

「法界宮に遊びて胎蔵の海会を観じ，金剛界に入って遍智の麻集を礼す」〔性霊集2〕「大日如来，一切衆生を救ひ護り給はむがために，胎蔵界の曼陀羅の大法を説き給ひて」〔今昔6-7〕．

胎蔵(界)曼荼羅 たいぞう(かい)まんだら　⇒両界曼荼羅

大蔵経 だいぞうきょう　仏教聖典の総称で，略して〈蔵経〉とも〈*一切経〉ともいう．もと中国で経典(*経)，戒律(*律)，経典・戒律の解説書や教義書(*論)の*三蔵を中心に若干の中国成立の文献を加えたものを〈大蔵経〉(隋時代以降)，〈一切経〉(南北朝時代以降)と呼んだのであるが，近世以来，漢訳以外の三蔵をも含めていうようになった．仏教が広まった諸国で大蔵経が編纂されたが，*パーリ語・漢訳・チベット語訳・モンゴル語訳・満州語訳のものが現存し，西夏語訳などの大蔵経はほとんど散逸して一部が現存するだけである．大蔵経に編入されていない仏教文献を〈蔵外〉という．

【パーリ語三蔵】ビルマ(ミャンマー)，タイ，カンボジア，ラオス，スリランカの*南伝仏教諸国に伝えられる大蔵経で，ブッダ(*仏陀)や仏弟子の言行録の集成である*経蔵(Sutta-piṭaka)，戒律の集成である*律蔵(Vinaya-piṭaka)，教法に対する後世の教義学者の研究を集めた論蔵(Abhidhamma-piṭaka)を含んでいる．大乗経典はまったく含まれていない．パーリ語原典は「パーリ聖典協会」(ロンドン)からローマナイズされて出版，〈南伝大蔵経〉65巻70冊はこれらのパーリ語三蔵と若干の蔵外文献の和訳である．→南伝大蔵経．

【漢訳大蔵経】初期仏教(*原始仏教)から*大乗仏教に至るすべての経・律・論を含んでいる．漢訳大蔵経の主なものは，971年から12年をかけて宋の太祖の命によって完成した蜀版大蔵経(北宋勅版大蔵経)をはじめとして，高麗王高宗の発願による開版(1251)で1512部6791巻を収録した再雕本〈*高麗蔵〉(初雕本は顕宗が1011年に発願し文宗の代に完成したが，1232年モンゴル軍の侵入で焼尽)，元の世祖による開版(1348)で6017巻を含む〈元蔵〉，明の成祖(永楽帝)による開版(1420)で6771巻を含む〈明蔵〉などがある．

これらの大蔵経に基づいて，わが国でも1648年(慶安1)*天海によって〈寛永寺版〉(天海版)が，1681年(天和1)*鉄眼道光によって〈黄檗版〉(*鉄眼版)が完成され，さらに近年になって，8539巻を収めた〈縮刷大蔵経〉(1885．大日本校訂縮刻大蔵経，大日本校訂大蔵経，縮刷蔵，縮蔵ともいう)，〈大日本校訂訓点大蔵経〉(卍字蔵経，1905)，〈*大日本続蔵経〉(1912)，全85巻3053部11970巻のほかに*図像と総目録を加えて100巻よりなる〈*大正新脩大蔵経〉(1924)などが刊行された．→漢訳大蔵経，宋版大蔵経．

【チベット大蔵経】全体を〈仏説部〉(カンギュル，bKa' 'gyur)と〈論疏部〉(テンギュル，bsTan 'gyur)とに分けるところに特色があり，収められている経典の数は諸大蔵経中で最も多く，とくに密教経典・論書には中国・日本の伝統ではまったく知られていないものが多い．インド仏教末期の仏教教学を知るうえで重要視される．チベット大蔵経には，〈ナルタン版〉(sNar thang)，〈北京版〉(カンギュル1055部，テンギュル3522部)，〈デルゲ版〉(sDe dge．カンギュル1108部，テンギュル3461部)，〈ラサ版〉(Lha sa)，〈チョネ版〉(Co ne)などがある．→チベット大蔵経．

【モンゴル語大蔵経】チベット語訳大蔵経を底本として元朝時代より翻訳が行われ，北元時代にカンギュルの全部，テンギュルの一部が翻訳完了，清代に改訳，木版が刊行された．モンゴル語訳大蔵経は単なるチベット語訳からの重訳ではなく，*サンスクリット語・チベット語・ウイグル語などに通じた学僧が，ある場合には漢訳とも校合して翻訳したものである．なお，〈満州語訳大蔵経〉については，いまだ全容が明らかにされていない．→モンゴル仏教．

大僧正 だいそうじょう　⇒僧綱

体相用 たいそうゆう　⇒三大

『大智度論』 だいちどろん　[s: *Mahāprajñāpāramitopadeśa(-śāstra)*]　『摩訶般若釈論』『智度論』『智論』などともいう．〈大品般若経〉の注釈書で100巻より成る．*鳩摩羅什の漢訳のみ伝わり，サンスクリット本もチベット訳もなく，またインドでもチベットでも引用されたことがない．しかし中国(や日本)では大いにもてはやされて，たえずこの大著が読まれた．経の初品の一語一句ごとに注釈して最初の34巻を構成し，第2品以下は抄訳された(本来はこの10倍に達すると本書末尾に記す)．*竜樹(ナーガールジュナ)の著とされるが，一部に訳者の付加が混じり，現在は著者不明説もある．

竜樹の主著*『中論』と同じく*空の思想を説くほか，*六波羅蜜・*菩薩その他を詳述し，さらに当時の諸思想や伝承・学説・物語(*ジャータカなどの仏教文学)・教団の*戒律を記し，傍ら暦法・算数その他にも触れる．それまでに成立していた100余の仏典(*阿含経などの初期経典から部派の論書を含み，初期大乗経典が最も多い)よりの引用がきわめて多数あり，仏教外のインド哲学諸派の諸思想も紹介して，まことに該博な知識に溢れる．諸引用によって，ほぼインドの中期仏教の概要が知られるほか，諸仏典の成立の一典拠を提供する．古来この大著は〈*真空妙有〉を説くといわれるが，この術語は本書中にはない．

袋中 たいちゅう　1552(天文21)-1639(寛永16)　諱は良定，蓮社号は弁蓮社．浄土宗名越派の学僧．陸奥国磐城(福島県いわき市)の出身．14歳(1565)の時，叔父良要のもとで出家，名越派の*檀林である如来寺(いわき市)，専称寺(いわき市)，円通寺(栃木県益子市)や，*足利学校・*増上寺などで学問の修養に励む．1581年(天正9)成徳寺(福島県楢葉町)の13世となり，1599年(慶長4)菩提院(いわき市)を開山する．1603年(慶長8)中国へ渡ろうと試みるが，琉球国に漂着，3年を過ごすことになる．この時の見聞を記したのが『琉球神道記』である．1606年(慶長10)帰国した袋中は，京都・奈良を活動の中心に置き，檀王法林寺(京都市)の復興，袋中庵(京都市)，念仏寺(奈良市)，心光庵(京都府相楽郡加茂町)，西方寺(京田辺市)の建立の傍ら，名越派の教義書を次々に執筆，名越派随一の学僧と謳われた．著作は他に『浄土血脈論』『題額聖闡賛』『当麻曼荼羅白記』などがある．→『琉球神道記』．

大通智勝仏 だいつうちしょうぶつ　法華経化城喩品に登場する*如来．三千*塵点劫の昔，王位を捨てて出家し，やがて仏陀となったこの如来には16人の王子がいたとされる．かれら十六王子たちも出家して大通智勝仏の説く法華経によってさとりを得，現にそれぞれの国土で法を説くという．東方の*阿閦仏，西方の*阿弥陀仏などに続いて，第16番目が娑婆世界の*釈迦牟尼仏であるとする．

退転 たいてん　修行によって得た境地を失

って，より低い境地に転落すること．転じて，*精進しょうじんを怠りなまけること．その反対が〈不退転〉(*不退)である．なお，さらに転じて，一般に衰退すること，特に家がおちぶれて転居することをも意味する．「命尽きんまで，念仏退転せずして往生すべし」〔歎異抄〕

大天 だいてん [s: Mahādeva]　マハーデーヴァの漢訳名．仏滅後200年(一説に100年)頃の人．*大衆部だいしゅぶに出家．*阿羅漢あらかんにはまだ無知や疑念が残るなど，阿羅漢の悟りを低く見る五つの事項(大天の五事)を主張し，大衆部が分裂を繰り返す契機になったという(一説には，この大天の*五事がもとで大衆部と*上座部が分裂する根本分裂が起ったともされる)．なお，*阿育王(アショーカ王)が各地に派遣した伝道師の中に同名の人物がいたことが知られているが，同一人物かどうかは不明．

大塔 だいとう [s: mahāstūpa, mahācaitya]　*僧院の中心となる仏塔に対して名づけられる．ピプラフワー塔，ラウリヤー-ナンダンガリー塔A，ソーナーリ第1塔，アンデール第1塔，*サーンチー第1塔，ガンタシャーラー塔，ナーガールジュナコンダの大塔，グディヴァーダ塔，ソーパーラー塔，*ガンダーラの*カニシカ大塔，タキシラの諸塔，マーニキアーラの大塔などは，*舎利が発見されるか，あるいは舎利を安置したと考うべき証拠がある．ブッダガヤー(*仏陀伽耶ぶっだがや)の大塔は記念塔であって，stūpa(ストゥーパ)ではない．→塔．

日本では，*多宝塔たほうとうのうち下層(*裳階もこし)が方5間のものを〈大塔〉という．最も早いのは*高野山大塔で，*空海が奏上して高野山の地を下賜せられ，その中心に大塔を建立したものである．現在の大塔は昭和に復元された．天台宗では*円仁えんにんが総持院に作った多宝塔が最も古く，他にいくつかの大塔が建設された．現存するのは*根来寺ねごろじ大塔(室町時代)，切幡寺きりはたでら大塔(江戸時代，徳島県市場町)だけである．→根本大塔．

「(高野の)大塔の扉を開かせて両界の曼荼羅を御拝見あれば」〔太平記39.光厳院〕

『大唐西域記』 だいとうさいいきき　略して『西域記』，まれに『西域伝』とも．唐の*玄奘げんじょうが貞観19年(645)2月*洛陽らくようにおける太宗の下命を奉じ，弁機べんきの協力をえて，翌20年7月13日に完成した，インド，中央アジア諸国(138国)に関する地誌．12巻．現行本では，伝本によって秘書著作佐郎敬播あるいは尚書左僕射燕国公(張説または于志寧)の序をもち，巻1冒頭に玄奘自序，また巻12末尾に跋ばつと弁機の讃さんをおく．国別叙述から成るが，その順序はほぼ17年往還の次第に従い，巻1・巻12は中央アジア，巻2から巻11が北・中・東・南・西の順に五インドに当てられ，なかんずく，巻8と巻9が中インドの摩掲陀(*マガダ)である．玄奘の伝記『大唐大慈恩寺三蔵法師伝』10巻(慧立・彦琮撰)と対比すると，インド後半部に若干出入りがある．根本資料は玄奘が実地に見聞した事象の手記と考えられるが，他に先志・先記・国志・印度記に拠ったことが書中に散見される．しかしそれらの書名は不明．現行本は各巻頭に「玄奘奉詔訳」「弁機撰」と両行に書くが，宋代に誤認されたもの．

ソグド，インド，トハーラの総説以外は，国別に，1)概況と2)各論・伝説の2部分構成．1)は，国域規模，自然地理，王都，物産，気候，風俗習慣，言語，貨幣，支配者，仏教事情，他の宗教を簡潔に概観．2)は，王都以外の町邑，仏寺，聖跡を王城からの方位里数で示し，それらに関する伝承・説話を述べる．2)を欠く国もあるが，普通2)が1)より遥かに叙述量が多く，本書の過半を占める．記述は4字句を基本に，体裁・用語など細部にわたって冷徹な編書方針で統一されている．ために19世紀から今世紀初頭，西欧の東洋学の展開に伴い，中央アジア，インドの古代地理・歴史・宗教解明の指針となり英仏3種の翻訳が公刊された．

【日本への伝来と影響】わが国にも奈良時代にはすでに伝来し，インド，西域事情を伝える基本文献として珍重され，その影響は言語・文学・本草・香薬・楽道など広い文化領域にわたった．特に本書や『大唐大慈恩寺三蔵法師伝』を通して伝えられた玄奘の渡天求法は大きな感動をもって迎えられ，その事績は伝奇化されて，やがて鎌倉期の『玄奘三蔵絵』(藤田美術館蔵)の制作に結晶された．また，本書収載の仏教説話や異国の奇譚珍聞は*『今昔物語集』*『宇治拾遺物語』以下の説話集に収録され，なかには再転して井原西鶴の『本朝二十不孝』に取材されるものもあるなど，説話文学を中心とする文学諸領域に大きな影響を与えた．一方，中国では本書を原拠として*『西遊記』(呉承恩, 1570 頃)が制作されたが，それを介して玄奘の渡天物語がわが国に受容された面も大きい．

『大唐西域求法高僧伝』 だいとうさいいきぐほうこうそうでん 略して『求法高僧伝』ともいう．*義浄ぎじょうが，7 世紀後半にインドに陸海両路で求法した中国僧 60 人の紀行を，自らの見聞に基づいてシュリーヴィジャヤ国(7-14 世紀頃スマトラ島東部を中心に栄えた王国)滞留中にまとめたもの．天授 3 年(692)に人に付託して*則天武后に奉上．上・下 2 巻から成る．諸僧の行状ながら，総合すると義浄の旅行自伝でもあり，当時のナーランダー-マハーヴィハーラ(*那爛陀寺ならんだじ)の状況，陸海両路のあり方，7 世紀後半のインド，中央アジア，南海の宗教・地理，さらに中国仏教を知る上で不可欠の名著．

大徳 だいとく [s: bhadanta] *徳の高い人，有徳者の意から，長老・仏・菩薩・高僧に対する尊称とされた．転じて，わが国では広く僧の呼称ともなったり，中国禅では二人称の代名詞，貴公の意や長上への尊称ともなった(*『景徳伝灯録』)．また中国では，隋唐時代の*訳経やくきょう従事者またその官職，さらに中央の僧官の職名に用いられたこともあった．「御加持にさぶらふ大徳たち，読経の僧なども，みな声やめて出でぬなる」〔源氏御法〕「峯の花折る小大徳(小坊主)，面立つらだちよければ裳袈裟よし」〔梁塵 304〕

大徳寺 だいとくじ 京都市北区紫野大徳寺町にある臨済宗大徳寺派本山．山号は竜宝山．

【創建と一流相承】1315 年(正和 4)一説に 1319 年(元応 1)頃，播磨はりまの赤松則村が*宗峰妙超しゅうほうみょうちょうのために小院を建てたのに始まる．皇室の*外護げごもあって寺域も拡大し，1326 年(嘉暦 1)には*伽藍がらんの完成をみた．その後五山十刹ござんじっせつの*十刹に列せられた．後醍醐ごだいご天皇(1288-1339)，花園法皇(1297-1348)より大徳寺の*住持は宗峰の法系に限る度弟院つちえん(禅宗で，住持が自分の派下の者または得度させた弟子を後継とする寺)たることを認められ，以後一流*相承そうじょう制を守り続けた．そのため，寺の住持を法系に関係なく任ずる十方住持制じっぽうじゅうじせいをとる室町幕府下の五山制下から離れていわゆる*林下りんか教団となったが，寺の格式は高く，住持は朝廷より補任の綸旨りんじを受けて入寺した．

【再建と伽藍・寺宝】応仁の乱(1467-77)に荒廃した寺の再建には住持*一休宗純いっきゅうそうじゅんの禅風とそれを支持した堺商人の力によるところが大きく，大徳寺の禅僧と堺商人とのつながりが後に千利休せんのりきゅう(1522-91)に至って*茶道を大成させることになる．戦国末以降は有力諸大名の外護も得て寺運隆盛であった．*三門は桃山時代，*仏殿・*法堂はっとうは江戸前期の*禅宗様ぜんしゅうよう建築，勅使門(桃山時代)は内裏だいりより，唐門からもん(桃山時代)は聚楽第じゅらくだいより移築したものなど，近世再建の伽藍をすべて残し，昔日の景観を今に伝える．勅使門・三門・仏殿・法堂が一直線上に並び，横に*経蔵・*鐘楼などの諸堂や*塔頭たっちゅうの建つ伽藍配置は，近世禅宗寺院の典型的例である．*方丈の襖絵は狩野探幽かのうたんゆう(1602-74)筆，庭園は江戸初期の名園という．そのほか牧谿もっけい(南宋末の画僧)筆の観音・猿・鶴図三幅対と竜虎図二幅，大灯国師画像(鎌倉時代)，後醍醐天皇宸翰しんかんなど多数の寺宝を所蔵する．

【塔頭の文化財】戦国末より江戸初期にかけて多くの塔頭が建てられたが，建築は創建時の姿を伝えるものが多く，院内には高僧の*墨跡ぼくせきはむろん，宋・元の絵画・工芸品や，曾我蛇足そがじゃそく・相阿弥そうあみ・狩野元信もとのぶ・狩野松栄しょうえい・狩野永徳えいとく・長谷川等伯はせがわとうはく・雲谷等顔うんこくとうがんなどの中・近世絵画史上の名作が所蔵され，*庭園は多様な作例を見せて日本造園史の貴重な遺産であり，また千利休をはじめ大徳寺にゆかりある茶人にかかわる茶室も多く残されている．なお塔頭の真珠庵は，現存の建物は近世初期の再建にかかるが，一休の開山，また一休に参禅して茶禅一致を説いた村田珠光むらたしゅこう(1422-1502)の所住で名高く，その墓も境内にある．

大日経 だいにちきょう [s: *Mahāvairocana-sūtra*] 正式の名は，〈大毘盧遮那成仏神変加持経だいびるしゃなじょうぶつじんべんかじきょう〉といい，*善無畏ぜんむいと*一行いちぎょうによる漢訳 7 巻．チベット訳は現存するが，サンスクリット原典は未発見．7 世紀初期に中インドで成立したインド中期*密教の代表的な経典で，中国と日本の密教に大きな影響を与えた．

【中期密教と大日経】6世紀以前のインド初期密教に対して，〈大日経〉〈*金剛頂経こんごうちょうきょう〉など中期密教の特色はつぎの通り．経の説者が釈尊しゃくそんではなく，真理を仏格化した*毘盧遮那びるしゃな如来(*大日如来)に変わる．*修法しゅほうの目的が*現世利益げんぜりやくから*成仏じょうぶつに移る．*大乗仏教特有の思想が直接反映されている．印契いんげい(*印相いんぞう)と*真言しんごんと三摩地さんまじ(*三昧さんまい)の*三密さんみつ相応を説く．整備された*曼荼羅まんだらがあらわれる．要するにそれまでの呪法として断片的に説かれていた密教が，教理的にも実践の上でも成仏を目的とするシステムとして構成された最初の経典が，大日経であったということができる．

【真言・天台両宗と大日経】*空海は若年の頃，大和の久米寺くめでら(奈良県橿原市)の東塔で大日経を発見し，その意味をたださんとして入唐を志したという伝承が残されている．また*最澄さいちょうは中国留学後，天台宗のため毎年2名の*年分度者を許されたとき，*『摩訶止観まかしかん』の学習者とともに大日経を中心とする密教の学習者を定め，これを*遮那業しゃなごうと呼んだ．真言・天台両宗において大日経は重要視され，一行による注釈書である*『大日経疏』20巻は*真言宗において，またその校訂本にあたる『大日経義釈』14巻は天台宗において，広く研究された．インドでは8世紀ブッダグヒヤ(Buddhaguhya)が広・略2種の注釈書を書き，チベット訳として現存する．しかしインド後期密教においては，大日経はそれほど重要視されなかった．

【内容】大日経は，執金剛秘密主の質問に対して，大日如来が答える形式をもって，仏の*智慧(一切智智いっさいちち)を獲得する方法と，その理論的な根拠を明らかにしている．「第1住心品」には割合思想的な内容が豊富で，「第2具縁品」以下の諸品は，実践法に関する記述が多い．「第1住心品」は，仏の智慧つまり*悟りとは何かとの問いに対し，大日如来が*菩提心ぼだいしんが因であり，仏の*大悲だいひが根であり，衆生しゅじょう救済のための*方便ほうべん活動が*究竟くきょうであると答え，凡人の心がそのまま悟りにほかならないことを明らかにしている．空海はこの「住心品」を根拠にして，人間の心を10種のありかたに分類し，その進化の過程を*『十住心論じゅうじゅうしんろん』10巻にまとめた．「第2具縁品」以下の記述をもとにして描かれたのが〈大悲胎蔵生曼荼羅だいひたいぞうしょうまんだら〉である．→胎蔵(界)，両界曼荼羅．

「(弘法大師が久米寺の)東院の大塔の柱の下を求むるに，歴然として大日経を得たり」〔和州久米寺流記〕

『大日経疏』だいにちきょうしょ　*善無畏ぜんむいが*大日経を翻訳するかたわら講述したのを，訳場に列した弟子の*一行いちぎょうが筆録したもの．大日経の思想を再組織し展開させたもので，中国密教の成立に大きな役割をはたした．これに，*空海の将来した『大日経疏』20巻(『大疏』『無畏疏』ともいう)，*円仁えんにんの将来した智儼ちごんや温古おんこによる再治本『大日経義釈ぎしゃく』14巻の異本がある．前者は*東密とうみつ，後者は*台密たいみつで重視されている．

大日如来だいにちにょらい　[s: Vairocana, Mahā-vairocana]　原語(マハー)ヴァイローチャナの意訳で，〈大日〉という漢訳は，インドの密教僧*善無畏ぜんむいとその弟子*一行いちぎょう禅師の案出である．〈毘盧遮那びるしゃな〉〈摩訶まか毘盧遮那〉とも音写．意味をとって〈(大)遍照如来〉とも漢訳する．大日如来は，*密教とくに中期密教とも呼ばれる純密(*大日経・*金剛頂経こんごうちょうきょうなど)の中心尊格である．起源的には古代イランの光明神アフラ-マズダーと近親関係をもち，初期の仏教では*転輪聖王てんりんじょうおうや*阿修羅あしゅら族の王として登場する．大乗仏教では，*華厳経けごんぎょうにおいて十方諸仏を全体的に包括する*法身ほっしん仏の地位を獲得．密教では大日経・金剛頂経に依拠する胎蔵曼荼羅たいぞうまんだら・金剛界曼荼羅の*本尊として重視される．→毘盧遮那，両界曼荼羅．

像容的には，*如来とはいいながら*瓔珞ようらく・臂釧ひせん・腕釧わんせん・*宝冠などを身につける一種の王者の姿をとる．*印相いんぞうとしては，金剛界大日如来像は左手の人差し指を右手のひらで覆う*智拳印ちけんいんを，胎蔵大日如来像は左右の手のひらを組み合わす*禅定ぜんじょう印を結ぶ．異系統の図像としては，胎蔵大日では一種の如来形をとる『胎蔵図像』の例が，金剛界大日では獅子座をとる『五部心観』「*金剛界八十一尊曼荼羅」の例がある．近年インドやチベットでは，異系統の諸例を含む金剛界・胎蔵両様の大日如来像が報告されている．わが国でも美術的な優品が多く，彫像では，*高野山金剛峯寺(こんごうぶじ)像(平安前期)，*円成寺像(平安後期，*運慶作)などが金剛界の像として，*広隆寺・*渡岸寺(どうがんじ)の像(いずれも平安時代)などが胎蔵界の像として知られる．画像では，金剛峯寺の絹本着色金剛界大日如来像，高野山善集院の絹本着色八宗論大日如来像(いずれも鎌倉時代)などが著名．

なお，その光明神・太陽神的性格は日本では日神(ひのかみ)の*天照大神と習合し，*本地垂迹説においては，天照大神の本地に大日如来があてられ，さらに*両部神道へと発展し，大日印文説話なども生み出している．

大日能忍 だいにちのうにん　生没年未詳．平安末から鎌倉時代初期の僧．日本達磨宗(だるましゅう)の祖．博多の出身．摂津国(大阪府)水田に三宝寺を創立して禅を唱道したが，1189年(文治5)，弟子の練中と勝弁を宋につかわし，*大慧宗杲(だいえそうこう)の法嗣である拙菴徳光(せったんとくこう)(1144–1203)より*印可を受けて帰らしめ，〈達磨宗〉と称して日本に広めた．しかし，新風の*南宗(なんしゅう)頓禅であったために，臨済宗の*栄西とともに，1194年(建久5)，弘通(ぐずう)停止の訴えにあう．能忍の弟子の仏地房覚晏(かくあん)は，大和(奈良県)の*多武峰(とうのみね)に住して法を広めたが，覚晏の弟子の孤雲*懐奘(えじょう)・覚禅懐鑑，懐鑑の弟子の徹通義介などは*道元の門に入り，能忍の流れそのものは消失する．→達磨宗．

大日本続蔵経 だいにっぽんぞくぞうきょう　151套(とう)751冊．中野達慧(なかのたつえ)(1871–1934)を編纂主任として，1905年(明治38)から12年(大正1)にかけて刊行．〈大日本校訂訓点大蔵経(卍字蔵(まんじぞう))〉の続編として刊行され，〈卍字蔵〉未収録の*経律論(きょうりつろん)107部のほか，中国撰述仏典1553部を収録する．中国撰述書の中には，〈*大正新脩大蔵経〉に収録されていないものも多く，中国仏教研究に広く利用されている．なお，本書編纂の際の資料は京都大学に一括寄贈され保存されている．

大日本仏教全書 だいにっぽんぶっきょうぜんしょ　150巻，別巻10巻，目録1巻．*南条文雄(なんじょうぶんゆう)・望月信亨(もちづきしんこう)・*高楠順次郎(たかくすじゅんじろう)・大村西崖(おおむらせいがい)らが中心となって，仏書刊行会より1912年(大正1)から1922年(大正11)にかけて刊行．日本撰述仏典953部を集成したものであるが，寺誌・伝記・日記など歴史資料や詩文集なども収録している点に特色がある．別巻10巻は京都鳴滝常楽院所蔵『十巻抄(図像抄・尊容抄)』のコロタイプ版である．なお，戦後，鈴木学術財団より重複を省き編成を改めた新編集版100巻(解題3巻・目録1巻を含む)が刊行されている．

大念仏寺 だいねんぶつじ　大阪市平野区平野上町にある*融通念仏宗(ゆうずうねんぶつしゅう)の総本山．1127年(大治2)，融通念仏宗の開祖とされる*良忍(りょうにん)が創建したという．その後，一時衰退したが，1321年(元亨1)法明良尊が第7世となって復興に努めた．以後数度の火災にも遭ったが，1661年(寛文1)一宗の総本山とされて隆盛に向かった．その後も火災に遭い，古い建造物は残っていないが，宝物の中には国宝の『毛詩鄭箋』がある．

提婆 だいば　サンスクリット語devaに相当する音写で〈天〉〈天神〉を意味し，次の人物の略称に使われる．1) *提婆達多(だいばだった)(Devadatta)．2) 聖提婆(しょうだいば)(*アーリヤデーヴァ，Āryadeva)．3) *大天(だいてん)(Mahādeva)．

提婆達多 だいばだった　サンスクリット語・パーリ語Devadattaに相当する音写．デーヴァダッタ．〈天授〉(天から授かった意)とも訳され，あるいは〈提婆〉とも略される．斛飯王(こくぼんのう)の子で，*阿難(あなん)の兄とも，釈尊のいとことも言われる．釈尊に従って出家をするが，釈尊を妬んでことごとく敵対し，三逆罪(出仏身血・殺阿羅漢・破和合僧)を犯したとされる．ただし法華経の中では，ブッダの善き友人(*善知識)として登場する．*律蔵には自ら5種の法を定めて衆徒を率いたことが述べられ，かれの衆徒が後世までも存続していたことは，〈提婆の徒〉として7世紀の*玄奘(げんじょう)が伝えている．→阿闍世(あじゃせ)．

大般涅槃 だいはつねはん　⇒涅槃(ねはん)

大般若会 だいはんにゃえ　*大般若経600巻を*読誦(どくじゅ)する法会で，古代には主として国家安寧や*除災招福を祈願するために催された．経典の読誦には全文を読む*真読(しんどく)と，経題や経典の一部のみを読む*転読(てんどく)とがあったが，同経は大部のため，通例後者の場合が多い．我が国では703年(大宝3)に藤原京の四大寺で修したのが記録に残る最古の例で，その後も諸寺や宮中でしばしば催された．当初は臨時の行事であったが，次第に諸寺では恒例仏事として定着し，とくに*大安寺だいあんじでは737年(天平9)に勅会となって以後，毎年4月6,7日の2日間，僧150人を請じて行われた．中世以降も諸宗で広く行われ，とくに地方では，虫送りのような農耕儀礼と結びついた村落行事になるところもあった．

大般若経 だいはんにゃきょう ［*s*: *Mahāprajñāpāramitā-sūtra*］　詳しくは〈大般若波羅蜜多経だいはんにゃはらみったきょう〉．*玄奘げんじょうがその最晩年に完訳して間もなく没した．いわば般若経典群の集大成であり，全600巻から成り，〈*大正新脩大蔵経たいしょうしんしゅうだいぞうきょう〉の計3巻を占めて，字数は約500万字．あらゆる仏典中で最大，それも桁外れに大きい．全体は16会ぇに分かれ，第11会–第16会を除いて，いずれも他に別の原典からの異訳があり，またそのなかの計6会にはサンスクリット本とチベット訳本がある．各会はそれぞれ独立して別々に成立し発展してきたものが，玄奘のインド旅行(629–645)当時には，この編集がなされていたのであろう．今日も日本の各寺院で，この600巻を各巻ごと数秒間ひろげる間に一言だけ*呪じゅを唱えて全巻*読誦どくじゅに代える*転読てんどくという儀礼がしばしば行われる．→般若経．

大悲 だいひ ［*s*: mahā-karuṇā］　仏の，衆生しゅじょうに対するいつくしみ．大智，すなわち悟り(自覚，自利)をあらしめる*智慧に対し，衆生*済度さいど(覚他，利他)をあらしめる原動力．仏に特有な18の徳性(*十八不共法じゅうはちふぐうほう)の一つ．大乗仏教は特に仏の慈悲を強調するが，さらに*菩薩ぼさつにも不可欠の徳と考える．たとえば観自在菩薩(*観世音菩薩)は，大悲を有するものとよばれる(大悲心陀羅尼)．さらに，菩薩は他者に代ってその苦を引き受けるとされ(大悲代受苦)，また，大悲をもって衆生を済度するため*涅槃ねはんに入らないとして〈大悲闡提せんだい〉ともよばれた(楞伽経)．「仏は大悲の心深く，教へは平等の法なり」〔三宝絵中〕「彼の聖徳太子は救世観音の応現，大悲闡提の菩薩なり」〔盛衰記8〕．→慈悲．

『大毘婆沙論』 だいびばしゃろん ［*s*: *Abhidharma-mahāvibhāṣā-śāstra*］　詳しくは『阿毘達磨大毘婆沙論あびだつまだいびばしゃろん』．略して『婆沙論』『婆沙』などともいう．梵本，チベット訳は現存せず，*玄奘げんじょうの訳した漢訳200巻と，北涼の浮陀跋摩ふだばつまらの訳した不完全訳60巻とがある．『大毘婆沙論』は〈大注釈〉という意味で，『発智論ほっちろん』を*説一切有部せついっさいうぶの正統説と位置づけ，これを注釈し，これにたいする異説を排除し，有部の正統説を顕示した論書である．2世紀後半に北インドを支配した*カニシカ王が有部に帰依し，彼の援助によって500人の*阿羅漢あらかんが*カシミールに集まって有部の*三蔵を*結集けつじゅうしたと伝え，その時結集した論蔵がこの『大毘婆沙論』となったという．おそらく有部内における数世紀にわたるアビダルマ(*阿毘達磨あびだつま)の研究が集大成されて，2–3世紀ごろに成立したと見てよい．

『発智論』の説に拠りながらも，*色法しきほうを*極微ごくみからできていると見ることや，*三世実有さんぜじつう・法体恒有ほったいごうう を主張し，法の*刹那滅せつなめつを説くなど，『発智論』より進んだ教理が多くあり，有部の特色ある教理体系が示され，他部派の教理も破斥する形で紹介されており，*部派仏教の研究に重要な論書である．さらに，大乗仏教にも基礎学として有部の教理が利用されているために，大乗仏教の理解にも役立つ論書である．ただし漢訳で150万言の大部の論書であるために，全体に通暁することは容易でなく，そのためにインドでも種々の綱要書が作られ，*『倶舎論くしゃろん』もその一つである．中国・日本でも『倶舎論』が主として研究され，『大毘婆沙論』まで研究を深める学者は少なかったが，最近は本書の研究が重要視されるようになった．

大白牛車 だいびゃくごしゃ　法華経譬喩品の*火宅かたくの喩えに出る車．火事の家から子供たちを外へ誘引するために，父の長者が羊車・鹿車・牛車を与えると呼びかけ，実際には大きな白い牛の引く車を，すべての子に与えたという．前の三車を声聞乗しょうもんじょう，縁覚乗えんがくじょう(*小乗)，菩薩乗ぼさつじょう(*大乗)，大白牛車を一乗にたとえる．天台宗などでは，三車の中の牛車と大白牛車は別なもので，大白牛車は三乗すべての者を一乗にのせるとし，すべての人が平等に成仏出来る一乗の思想にたとえる．一方法相宗などは，牛車と大白牛車とは同一と解し，菩薩乗の人が乗り，声聞乗と縁覚乗の中の不定性の人も乗れると，三乗思想の立場で解釈する．→一乗，三乗，五性各別．

「大白牛車を得むがために，願を発し，仏を造り，大乗を写し改め」〔霊異記下38〕「幼き子どもは稚し．三つの車を乞ふなれば，長者は我が子の愛しさに，白牛の車ぞ与ふなる」〔梁塵72〕

大仏 だいぶつ　通常の*化身仏の身高は1丈6尺(*丈六，4.85メートル)とされ，それ以上の巨大な仏像を〈大仏〉という．巨大な*仏身観に基づいた大仏の成立は，仏陀の神格化や理想化をさらに誇大に表現したとも考えられる．

その流れとしては，まず「*涅槃による真の*如来出現」を表す涅槃大像がインドの*クシナガラや*アジャンター第26窟などに認められ，スリランカ，東南アジアにおいても多く認められる．また，スリランカや東南アジアでは10メートルを超える仏坐像や仏立像も認められるが，いずれも*釈迦ないし*弥勒と考えられている．なお，インドには像高10メートルを超える大仏は現在のところ見出せない．そうした大仏としては，パキスタンの5世紀以前のダレル木造弥勒仏，アフガニスタン・*バーミヤーンの6世紀の石造仏立像2軀(55メートルと38メートル．近年，イスラームの宗教政治勢力タリバーンにより破壊された)，8-9世紀頃のムルベックの磨崖弥勒菩薩立像(10メートル)などがあげられ，これが「大仏思想」に基づいた大仏造立のいわば起源的な意義を担う．

やがてその流れは東漸し，また，中国では*敦煌莫高窟の南・北大仏をはじめ，*麦積山・*炳霊寺・天梯山・須弥山・天竜山・*雲岡などの石窟にはいずれも10メートルを超す巨大な大仏が認められる．それらの大仏は現在，いずれも釈迦ないし弥勒と考えられているが，隋以前の作例はともかく，隋以降では，襄州華厳寺木造*盧舎那仏坐像(開皇年間)や，彬県石造*阿弥陀三尊像(628年完成)などのような，他の大仏も造られるようになる．奈良*東大寺大仏と密接にかかわる*竜門石窟奉先寺洞石造盧舎那仏坐像(675年完成)や韓国慶州石窟庵本尊(8世紀後半，→仏国寺)などは〈六十華厳〉に説く「華厳一乗(和静一乗)思想」に基づき，阿弥陀浄土信仰などの他の諸思想を合一する総合的な性格を有する大仏であり，王権による仏教国教化の象徴的なモニュメントとして造立されたものである．韓国では，論山灌燭寺石造観音菩薩立像(985年，18メートル)など，*風水および土俗信仰と結びついた，現に俗称「弥勒」と呼ばれる巨大仏が高麗時代に多く認められる．日本では，飛鳥寺銅造釈迦如来坐像(飛鳥大仏)，東大寺銅造盧舎那仏坐像(奈良大仏)，高徳院銅造阿弥陀如来坐像(鎌倉大仏)が三大大仏として著名である．→飛鳥大仏，奈良大仏，鎌倉大仏．

大仏開眼 だいぶつかいげん　造仏した大仏に魂を入れる儀式で，*東大寺における大仏開眼供養は3回おこなわれている．天平の第1期は752年(天平勝宝4)4月9日に聖武太上天皇・光明皇太后の参列のもとに婆羅門僧正*菩提僊那を開眼師としておこなわれ，第2期は1185年(文治1)8月28日に後白河法皇の参列のもとで定遍僧正が*導師となり，第3期は1692年(元禄5)3月8日に済深法親王により挙行された．→開眼．

大仏頂曼荼羅 だいぶっちょうまんだら　中央*須弥山上の日輪(赤円)内に，*智拳印を結んで趺坐する一字金輪王(大日金輪)を中心に*七宝をめぐらす点は*一字金輪曼荼羅に通うが，その直上に金輪のちりばむ月輪(白円)内に，定印上に金輪を置いて趺坐する釈迦金輪を配する．須弥山左右の岩上には竹林・牡丹が繁り，手前の海中より二大*竜王，二大海神が湧出する叙景風曼荼羅に特色があり，*空海感得像の伝承がある．遺品に奈良国立博物館本(平安後期)がある．→一字金輪，別尊曼荼羅．

大仏様 だいぶつよう　鎌倉時代初期，*東大寺再建に当たり，僧*重源が用いた建築様式で，中国宋の様式を大々的に採用している．その源流はおそらく福建省あたりで行われていたものと思われる．従来は*和様・唐様(*禅宗様)に対し〈天竺様〉といわれていたが，インド様式と誤られる恐れがあるので，最近は〈大仏様〉と呼んでいる．江戸時代にはこれを大仏組(だいぶつぐみ)といっているのと，鎌倉再建および江戸再建の東大寺大仏殿，*東福寺大仏殿，*方広寺大仏殿などに用いられているところから，〈大仏様〉という．

東大寺南大門(1199)・開山堂(1200)，*浄土寺浄土堂(1194)に見られるもので，貫(ぬき)の多用，挿肘木(さしひじき)，皿斗(さらと)，隅の扇垂木(おうぎだるき)，断面円形の虹梁(こうりょう)，円束(えんづか)，小屋組をみせる構造法，木鼻(きばな)，桟唐戸(さんからど)などにその特色があり，豪放な様式といえる．1206年重源死後急速に和様のうちに吸収されたが，13世紀末から15世紀初めにかけて，禅宗様とともに和様のうちに採り入れられた遺構を多く残している．→寺院建築，付録(寺院建築3)．

大報恩寺 だいほうおんじ　京都市上京区五辻通六軒町西入溝前町にある真言宗智山派の寺院．山号は瑞応山．通称〈千本釈迦堂(せんぼんしゃかどう)〉と呼ばれる．義空上人を*開山とするが，中興(ちゅうこう)とする寺伝もある．1220-21年(承久2,3)の頃，釈迦如来像と十大弟子を仮堂に祀っていたが，尼崎(あまがさき)の材木商の寄進で1223年(貞応2)*本堂建立にかかり1227年(安貞1)に完成した．いまの本堂がこれで，旧市内では戦乱にも焼失しなかった*六波羅蜜寺(ろくはらみつじ)本堂と共に貴重な建築として現存する．棟木に年紀の墨書もあり純*和様(わよう)の本堂として有名．本尊釈迦如来坐像は*快慶(かいけい)の高弟行快(ぎょうかい)の作．十大弟子十軀も快慶一門の造像で，なかに「巧匠法眼快慶」の銘をもつ円熟した彫技の像が含まれている．この他，銅造誕生釈迦立像も鎌倉期のもの．肥後(ひご)*定慶(じょうけい)が1224年(貞応3)完成した六観音像は北野経王堂から移された像である．

大宝積経 だいほうしゃくきょう　［*s*: *Mahāratnakūṭa-sūtra*］　唐の菩提流志(ぼだいるし)訳(713)．49会(え)，120巻．*菩薩(ぼさつ)の修行や*授記(じゅき)に関する49の独立経典を集めて，宝の集積になぞらえたもの．〈迦葉所問経(かしょうしょもんぎょう)〉を中心にして種々の経典を編入，あるいは新作して成立したものと推定される．サンスクリット本は一部のみ現存．チベット訳は漢訳からの重訳である．

大菩提会 だいぼだいかい　［Mahabodhi Society］　現代スリランカ仏教復興の父にして，世界的に仏教復興運動を展開したアナガーリカ・ダルマパーラ(Anagārika Dharmapāla，あるいはダンマパーラ，1864-1933)が1891年，荒廃していたインド仏跡の復興を目指して設立した協会．彼は早くから諸国を往来して各地の仏教者などと交わり(来日は4回におよぶ)，資金を募り，仏跡を買収，修復し，それらを世界の仏教徒の聖地として復興させる事業を展開した．今日我々が仏跡を巡行できるのは，彼のおかげであるといっても過言ではない．カルカッタに本部を置き，また世界各地に支部をもって，現在もなお，*南伝仏教の普及伝道に中心的役割を果たしている．1998年には，アジア諸国の仏教指導者を京都に集め，「第1回全世界仏教興隆会議」を主催している．

退凡下乗 たいぼんげじょう　*『大唐西域記』巻9に見えるもので，古代インドのマガダ国の首都*王舎城(おうしゃじょう)にある*霊鷲山(りょうじゅせん)に登る道の途中にあったという，小さな石塔をさす．ふつう〈退凡下乗の*卒塔婆(そとば)〉と呼ばれている．王舎城に住むビンビサーラ(*頻婆娑羅(びんばしゃら))王が，霊鷲山における釈尊(しゃくそん)の説法を聞くために道を作ったが，その道の途中に〈下乗〉と〈退凡〉という石塔を作った．下乗に至れば，王が徒歩で行くこととし，退凡に至れば，随従する凡人をとどめて行かせなかったという．「退凡下乗の卒都婆の銘いかが書きたると問ひたりければ」〔古事談3〕

当麻寺 たいまでら　奈良県北葛城郡當麻町にある古刹．〈禅林寺〉ともいう．宗派は高野山真言宗と浄土宗が並立し，寺務は両宗が交替で当たる．用明天皇の皇子麻呂子(まろこ)親王の御願によって金堂に弥勒仏を安置．その後，壬申(じんしん)の乱(672)で功績のあった当麻真人国見が天武10年(681)2月に寺を現在地に移して〈当麻寺〉と称したと伝える．金堂本尊塑造弥勒仏坐像はこの時の製作のもの．古来から大和と河内を結ぶ要路であった二上山東南麓に勢力を張っていた当麻氏が，最盛期の国見の時代に氏寺として建立したのであろう．

*伽藍(がらん)は金堂と*講堂を南北軸上に並べ，その南にかなり離れて東塔(奈良時代末)，西塔(平安時代初期)の両*塔を置く．奈良時代末期頃に西側に曼荼羅堂(まんだらどう)(1161年(永

暦2)改修，現*本堂)が建立された．平安時代の弘仁年間(810–824)に真言化され，さらに中将姫伝説にまつわる〈綴織つづれおり根本曼荼羅〉(当麻曼荼羅)を中心とする*浄土信仰が加わり，本寺は著しく変質する．

治承4年(1180)，平重衡たいらのしげひらによる南都攻略は本寺にまで及び，曼荼羅堂・東西両塔を除く主要伽藍を焼失した．曼荼羅堂関連では，1208年(承元2)損傷著しい根本曼荼羅にかわる新曼荼羅の制作が発願され，1217年(建保5)に完成した(建保けんぽ曼荼羅)．1242年(仁治3)から1243年(寛元1)にかけて曼荼羅*厨子ずし扉の新調や*須弥壇しゅみだんの改修などが行われた．また，金堂(1268頃)，講堂(1303)などの復興もなされた．南北朝から室町時代にかけては，1370年(応安3)に*知恩院の誓阿上人が*奥院を創建し，1503年(文亀3)には現用の〈文亀ぶんき曼荼羅〉が制作された．桃山時代から江戸時代になると，信仰の中心は曼荼羅堂に移って〈本堂〉と呼ばれ，東門が曼荼羅堂参拝への表門とされるなど現在の当麻寺の姿が定着した．綴織根本曼荼羅の改修，文亀曼荼羅の補修，貞享年間(1684–88)の新たな曼荼羅〈貞享じょうきょう曼荼羅〉の制作などは曼荼羅信仰に支えられた近世の事績である．⇀当麻曼荼羅．

寺宝には，本尊塑造弥勒仏坐像・綴織根本曼荼羅・文亀曼荼羅・貞享曼荼羅のほか，乾漆四天王像(飛鳥時代後期)，阿弥陀如来像(平安後期)，『当麻曼荼羅縁起』(南北朝時代)など多数がある．なお，昭和30年代に建造物などの修理が実施された．本堂の奈良時代の創建以来の改造，拡張過程が明らかになったほか，屋根裏から平安後期をさかのぼる大量の光背・台座などが発見された．

当麻曼荼羅 たいままんだら　奈良の当麻寺に伝わる織成しょくせい(綴織つづれおり)の観経*変相図かんぎょうへんそうずおよびその転写本．わが国に流布した浄土三曼荼羅(当麻・*智光ちこう・*清海せいかいの三曼荼羅)の一つ．唐の善導ぜんどうの*『観無量寿経疏かんむりょうじゅきょうしょ』により描かれたもので，向かって左縁を『観経』の序文義として観経六縁(*阿闍世王あじゃせおう説話)，右辺は*極楽浄土を*観想するための前段階として十三観(定善じょうぜん義)を描き，下辺は残りの三観を九分して*九品往生図くほんおうじょうず(九品*来迎図らいごうず)(散善義)に当て，中央の銘文帯の左右に配する(⇀*定善・散善，*十六観)．中央部は上から虚空会こくうえ(会は段ともいう)・宝楼宮殿会ほうろうくうでんえ・三尊会・樹下会(左右)・宝池会・父子相迎会そうごうえ(左右)・舞楽会からなる最も完備した阿弥陀あみだ浄土変相．

原本は〈根本曼荼羅〉と称され，蓮糸(藕糸ぐうし)で織られたという中将姫ちゅうじょうひめ伝説で名高いが，種々の絹糸で織成された縦395センチメートル，横397センチメートルの大幅．従来は銘文中にあったという天平宝字7年(763)が制作年代を示すとされていたが，現在では中国唐時代の制作とする説が有力．1242年(仁治3)板張りに改装され，1676年(延宝4)板よりはがし，断片部を貼りつけて掛幅装に仕立替えたため現存部分は半分に満たない．浄土信仰の興隆に伴い，鎌倉時代以降，*禅林寺本・文亀本など多くの転写本や，1/4，1/6，1/16などの縮図本，版本なども流布した．⇀当麻寺．

【縁起説話と縁起絵巻】この曼荼羅の制作由来を説いたのが当麻曼荼羅の縁起で，大和国の横佩よこはぎの大臣の娘の念願を助け，阿弥陀仏と脇侍の観音が化尼・化女に*化現けげんして蓮糸曼荼羅を織り上げたとする．その後，娘は曼荼羅を瞻仰せんぎょうし，*念仏を唱えて極楽浄土に往生したという，いわゆる中将姫伝説である．この縁起説話は1254年(建長6)成立の『古今著聞集』や1257年(正嘉1)成立の*『私聚百因縁集』に収録するので，13世紀前半にはすでに成立していたが，これを詞書として制作されたのが鎌倉市*光明寺こうみょうじ蔵の『当麻曼荼羅縁起絵巻』である．この絵巻は上下2巻，全5段より成り，13世紀後半の制作と見られているが，浪漫的幻想的美に溢れた作品として評価が高い．

なお縁起説話は，鎌倉末期以降脚色敷衍されて継子いじめ的縁起物語化し，やがて謡曲に取材されて『雲雀山ひばりやま』となり，また読み物として室町物語『中将姫の本地』となった．近世にはいると古浄瑠璃や*説経節に『中将姫の御本地』が登場したが，以来いわゆる中将姫物が多数制作されて，浄瑠璃や歌舞伎界に大きな影響を与えた．一方，この間に当麻曼荼羅の*絵解きが研究され，その展開としての語り物が中近世の説経界に盛行した事実も見のがせない.

台密 たいみつ　伝教大師*最澄(さいちょう)以来，*天台宗に伝承されている*密教.〈台密〉の称は真言宗の〈東密〉の語と共に*『元亨釈書(げんこうしゃくしょ)』巻27が初見とされる.最澄は入唐し，805年(貞元21)，越州の竜興寺で順暁(じゅんぎょう)から三部三昧耶(さんぶさんまや)の密教を伝授され，帰朝して*止観業(しかんごう)(天台学)にあわせて*遮那業(しゃなごう)(密教)を申請し，*年分度者2名が認められた.次に，*円仁(えんにん)・*円珍(えんちん)が入唐し，多大の密教経典や*儀軌(ぎき)・*曼荼羅(まんだら)を請来し，また経典の注釈や論書を撰述した.

*遍照(昭)(へんじょう)はそれら諸師の伝授を一身に集めたが，特にその弟子である*安然(あんねん)は先師の説を推進して*『真言宗教時義』(4巻)，『菩提心義抄』(5巻)，*胎蔵界(たいぞうかい)・*金剛界(こんごうかい)・*蘇悉地部(そしつじぶ)や*灌頂(かんじょう)の儀軌を撰述し，ここに*空海に始まる〈東密〉に対峙する，台密の*教相・*事相が大成した.台密の流派には，まず最澄の根本大師流，円仁の慈覚(じかく)大師流，円珍の智証(ちしょう)大師流の根本三流があり，円仁の門下から川流(慈慧(じえい)大師流)と谷流(皇慶(こうけい)流)が分かれ，さらに谷流から蓮華流・法曼流・仏頂流・院尊流・智泉流・三昧流・穴太(あのう)流・味岡流・功徳流・梨本流の十流が派生した.この十流と根本大師流・智証大師流・川流を加えて〈台密十三流〉という.また円珍の系統による寺門派(→山門・寺門)も，山門の密教に近似しながらも，また特有の密教を展開している.

台密の教相の特色は，第一に*大日経・*金剛頂経と*法華経との一致説，第二に*毘盧遮那如来(びるしゃなにょらい)と*釈迦如来の一体説，第三に胎蔵・金剛界・蘇悉地の*三部立て，第四に胎蔵界は十三会の曼荼羅，金剛界は八十一尊曼荼羅であること，第五に*瑜祇経(ゆぎきょう)による胎・金合行灌頂を行うことなどがあげられよう.それらは東密と相違するものであるが，その中にはむしろ唐の密教を正確に伝承したものが多い.→東密.

「延暦の末，伝教・弘法一時に異受す.故に台密あり，東密あり」〔元亨釈書27〕

題目 だいもく　書物・講演などの表題の意であるが，とくに*法華経(ほけきょう)の表題である〈妙法蓮華経(みょうほうれんげきょう)〉(五字の題目)ないしそれに帰依する意の〈*南無(なむ)妙法蓮華経〉(七字の題目)のことをいう.題目を唱える*唱題(しょうだい)は*日蓮(にちれん)以前にも行われた形跡があり，比叡山でも*法華懺法(せんぽう)を修するとき三宝帰依のひとこまとして唱えられたが，*口称(くしょう)念仏の形での唱題は日蓮にはじまる.*智顗(ちぎ)は法華三大部30巻を講説して法華経の教理と修行法を組織したが，特に*『法華玄義』において法華経の題目〈妙法蓮華経〉の五文字を詳しく解釈した.日蓮は法華経のすべての功徳を題目の五字・七字に集約して行学を樹立した.中でも*湛然(たんねん)が智顗の「終窮・究竟の極説」は*一念三千であるとしたのに従い，題目と一念三千との関連性において題目の行的価値を論証するのが常であった.

佐渡流罪ののちは，法華経*本門(ほんもん)の信仰を標榜し，〈本門の題目〉と称した.すなわち久遠の昔に成道して以来*娑婆(しゃば)世界に*常住して衆生を教化し続ける本仏釈尊の〈因行果徳(いんぎょうかとく)〉は妙法五字に具足し，これを*受持(じゅじ)すれば，末代の凡夫は釈尊の徳を内具できる(『観心本尊抄』)と説いた.ただし，口称とともに身にも心にも受持して(三業(さんごう)受持)帰依の誠を捧げるよう常に戒めた.法然・親鸞の他力念仏とは対照的に，自力の要請が強い.→三大秘法.

「法華経の題目の功徳は十方の土のごとし」〔日蓮 題目功徳御書〕「御菩提の御ために，法華経一部・自我偈数度・題目百千返唱へ奉り候ひをはんぬ」〔日蓮 消息 弘安3〕

逮夜 たいや　〈逮〉は明日に逮(およ)ぶの意で，逮夜とは翌日の葬儀につながる夜，つまり死者を葬る前夜をいう.転じて，*年忌や*月忌(がっき)などの忌日(きにち)の前夜を指すようになった.一説に，死亡の日を当夜，次の夜を大夜(逮夜)と呼び，火葬の場合は三日目を*荼毘(だび)の夜という.「逮夜の夕暮に，持仏堂に蠟燭照らして鈴(りん)打ち鳴らせば」〔おらが春〕「霜月御仏事は，二十一日より御逮夜なり」〔九十箇条制法〕

体用 たいゆう　〈体〉と〈用〉.〈体〉は実体あるいは本体，〈用〉は作用あるいは現象，の意味に解されるが，より一般的にいえば，〈体〉とは根本的なもの，〈用〉とは派生的・従属的なものを，相関的に意味すべく用いられている概念である.体用の概念が仏教に由来するかどうかの議論はすでに南宋の王応麟

『困学紀聞』巻1に見えるが，〈本・用〉とか〈本・末〉〈質・用〉とかの類似の概念にまで広げず，文字通り〈体・用〉対挙の論法・表現のみを問題にすれば，5世紀後半から6世紀に，それも主として仏教関係の著作において明白な例(論法としては僧肇*『肇論』般若無知論などに見え，表現としては梁*武帝『立神明成仏義記』の沈績注，*智顗・*吉蔵の諸著作に見える)が指摘されている．「能に体・用の事を知るべし．体は花，用は匂ひのごとし．又は月と影とのごとし」〔至花道〕

大雄宝殿 だいゆうほうでん　中国や朝鮮における仏寺の本尊を祀る中心的建築物のこと．〈大雄〉は仏の徳を讃歎する語であり，ゆえに〈大雄殿〉は*仏殿を指す．〈大雄宝殿〉はその美称である．日本における*本堂とは異なり，*礼堂を一つ屋根の下に取り込まないので，日本の*金堂に相当すると言える．大雄宝殿の名は，日本では主に江戸初期に来日した*隠元隆琦を開祖とする*黄檗宗寺院の*伽藍において用いられた．本山となる京都府宇治市の*万福寺の大雄宝殿は1668年(寛文8)の建立で，*桁行3間，梁間3間，一重*裳階付き，長崎市の*崇福寺大雄宝殿はそれに先立つ1646年(正保3)の建築で，桁行5間，梁間4間，二重の建築である．いずれも当時の中国における建築様式が取り入れられ，黄檗様として知られる．また，安置する仏像も黄檗特有で，脇侍を迦葉尊者・阿難尊者とする釈迦三尊像と十八羅漢像を祀る．

対揚 たいよう　もと『尚書』『詩経』『礼記』『漢書』などの中国古典に見える語で，王命に答え，王命を発揚・称揚すること．〈対〉は，応対する，答える意．『尚書』説命に「説，拝し稽首して曰く，敢て天子の休命に対揚せん，と」の用例がみえる．仏典では，仏の*説法の場において，仏に対して問答などを行なって仏の説法を引き出し，仏の教法を発揚・称揚すること．そこから，一般に他の人に対して教えを説き示し，称揚することをもいう．*『摩訶止観』1上に「或いは仏身と作りて権を施し実を顕し，或いは九界の像と作りて漸頓を対揚す」とある．

また，*散華の儀式において，散華の*偈文の後，仏法・世法の*常住*安穏を願う偈文を唱えることを〈対揚〉という．なお，わが国での一般的語義は，「御方と敵と対揚すべきほどの勢」〔太平記8.3月12日合戦事〕のように，勢力が釣り合う，力が対応するの意．

「竜花会の中に，新たに対揚の首とならんこと，猶し富貴にして故郷に帰らんが如し」〔往生要集大文第3〕「衆僧共に行道一匝をはり，座に復す．対揚の間，堂童子進み寄りて花筥を収めて退下す」〔玉葉安元3.7.5〕

大楽 だいらく［s: mahāsukha］　密教の宗教理想そのもの，または密教の宗教理想である*即身成仏の境地を示す言葉で，通常の性的快楽を質的量的に向上拡大してその極限に実現する至高普遍の快楽の状態．仏教本来の立場は，人間と世界との共通の本質を根源的な力としての愛欲(kāma)，性的な意味合いにおける意志としての*渇愛(tṛṣṇā)であるとし，さらに人間的世界の現相を渇愛の必然としての個我の相克による*苦と認識し，渇愛を抑止・*滅尽することによって宗教理想である*涅槃(nirvāṇa)に帰入することをその目標とする．

密教の即身成仏の構想は仏教本来の涅槃に対応する*ウパニシャッドの*梵我一如の境地，*ブラフマン(*梵)の特性とされるsat(存在性)，cit(精神性)，ānanda(歓喜)におけるānanda，すなわち快楽性の局面に注目し，人間の本性としての渇愛の直接の現実態としての性的衝動力を抑止するのではなく，それを質的に高めることによってそのānandaの局面に合入(*ヨーガ)しようとしたものであり，そこに想定されたのが〈大楽〉という境地であった．大楽に到るテクニックは*タントラ仏教において種々に構想され，*四輪と三脉の身体観に結実した．

「越に大楽不空十七尊の曼荼羅あり」〔性霊集7〕

第六天 だいろくてん　*欲界の〈他化自在天〉のこと．仏教では*衆生の世界を*六道に分けているが，その中の一つに天界がある．天にも欲界・色界・無色界の*三界があるとされるが，その中の欲界にある六天を〈*六欲天〉と呼び，六欲天の第6層すなわち最上層の他化自在天を〈第六天〉と呼んでいる．*天魔波旬とか*魔王と呼ばれる天のことで，常に多くの*眷属けんぞくをひきいて人間界において仏道のさまたげをするといわれる．中世にはアマテラスが第六天魔王と密約をかわし，日本を支配する新たな神話が展開する．「第六天の魔王集まって，この国の仏法弘まらば魔障弱くしてその力を失ふべしとて，かの応化利生を妨げんとす」〔太平記16.日本朝敵〕．→天．

台湾仏教 たいわんぶっきょう　台湾に活躍する仏教の総称．台湾の仏教は17世紀頃より史料の上に確認できるが，その初期から大陸，特に台湾に面している福建省などの仏教の影響が強い．日本の統治時代には曹洞宗など日本の仏教諸派の流入も認められる．台湾仏教が本格的に隆盛を見せるのは，国共内戦によって中国国民党が台湾に逃れるのにともない，多くの大陸の名僧が台湾に来てから以降である．最初に大きな門侶集団を築き上げたのは，高雄の仏光山ぶっこうさんである．それ以外にも花蓮の慈済功徳会じさいくどくかい，台北の法鼓山ほうこさん，埔里の中台禅寺ちゅうたいぜんじが拠点として有名である．台湾仏教には正式の尼僧が存在し，女性の活躍が華々しく，また仏教青年会の活動も盛んである．大陸の伝統を受けた派と*太虚たいこの改革を受けた派などが混在し，文化活動や福祉活動に力を入れつつ，それぞれ勢力を伸張させている．

他界 たかい　〈他方世界〉の意で，他の地方，別な*世界．転じてわが国では，この世から他の世界へ生を移すこと，すなわち死去の意に用いられるようになった．なお*法相宗ほっそうしゅうでは，自分とは共通せず，他人のみに属する領域(visabhāga-dhātu，不同分界)のことをいう．「(神泉苑は)今は水浅く池あせたり．恐らくは竜王他界に移りたまへるか」〔太平記12.神泉苑〕「(大円上人は)明恵上人の他界の年は，二十一歳に成り給ふなり」〔塵嚢鈔1〕

高雄曼荼羅 たかおまんだら　⇒現図曼荼羅げんずまんだら

高楠順次郎 たかくすじゅんじろう　1866(慶応2)-1945(昭和20)　日本における近代的なインド学・仏教学の確立者．広島県出身．高楠家に養子に入るに際し，沢井洵の名を順次郎と改めた．号は雪頂．西本願寺派普通教校の学生時代から文筆で活躍し，のちに『中央公論』となる『反省会雑誌』の刊行に協力するほか，1887年(明治20)，友人たちと海外宣教会を創設し，海外向けの英文誌 *Bijou of Asia* を発行した．1890年には英国に留学し，*南条文雄なんじょうぶんゆうに続いてオックスフォード大学のマックス-*ミュラーに師事，近代的なインド学を学んだ．諸国で研鑽を積んで帰国し，東京帝国大学で*梵語を教え，1904年(明治37)には印度哲学科を設立．翌々年に〈印度哲学宗教史〉を講じ，自らも多くの研究を発表，国際的な学者として活躍した．

インド学・仏教学の分野で多くの弟子を育て，〈ウパニシャッド全書〉9巻，〈*大正新脩大蔵経〉100巻，〈*南伝大蔵経〉70巻などを編纂．早くから教育・出版による啓蒙に従事し，仏教による女子教育・人格教育の重要性を訴えて武蔵野女子学院を創立．1944年(昭和19)には文化勲章を受賞した．平和主義や人類愛を力説し，偏狭な大和魂派を批判していたが，晩年は，*廃仏毀釈はいぶつきしゃくの再来を恐れ，*縁起を説く仏教はもともと全体主義であって特に日本は全体主義を国体としていると断定し，*一即一切いちそくいっさいの華厳教学の立場から全体主義を擁護して無私の奉公を説くなど，時局に協力的な発言も多かった．

宝の山 たからのやま　正法念処経しょうぼうねんじょきょうに由来する「宝の山に入りて手を空しくして還る」の成句をいう．せっかくの好機にめぐり合いながら，その機会を生かさず，何の利益も得ないままに終わることのたとえ．平安中期以来諸書に頻出慣用されるが，仏書に引かれる場合は，人間に生れながら仏法を知らずに生涯を終える愚をたとえることが多い．なお，これを言い替えて，「崑崙こんろんの山に行きて玉を取らずして帰る」とか，「栴檀せんだんの林に入りて枝をよじずして出づ」などともいう．「汝，人の身を得て道を行はずなりにき．宝の山に入りて手を空しくして還るがごとし」〔三宝絵序〕

薪の行道 たきぎのぎょうどう　*法華八講ほっけはっこうで，*五巻の日に行われる所作．法華経第5巻の「提婆達多だいばだった品」に，前世の釈尊が薪を拾い水を汲んで仙人に仕え，妙法を得た話があり，この段くだりを唱する時，薪を背負った者が八講壇の周囲を一巡する．*行基ぎょうきの作と伝えられる「法華経をわが得しことは薪こり菜摘み水くみ仕へてぞ得し」の歌は，この教説に

由来する.「誠五巻の日は…たき木の行道などありて，舞楽をも奏せらるべきなれど」〔延徳御八講記〕

荼吉尼天 だきにてん　〈荼吉尼〉はサンスクリット語 Ḍākinī の音写.〈荼枳尼〉〈拏吉尼〉とも書く．略して〈荼天〉とも．*夜叉の類で，*大黒天の眷属ともいう．6カ月前に人の死を知る能力を持ち，死を待ってその心臓を食すとされる．胎蔵曼荼羅(→両界曼荼羅)では最外院に位置し，日本では*稲荷神と*習合された．後期インド密教のダーキニーは，*『ヘーヴァジュラ・タントラ』などの*タントラ聖典に説く女修行者をいう．裸体でどくろ杯や武器を持つ．ヒンドゥー教ではカーリー女神の従者で人肉を食すとされる．なお，荼吉尼天を祀る所願成就の祈禱は*東密・*台密両流で行われたが，*外道視されていた.「大権房といふ効験の僧のありけるに，だきに(咤祇尼)の法をおこなはせられけり」〔著聞管弦歌舞〕「あるいは宇賀神の法をこめ，あるいは荼天の法をこめ，大師手印をもって封ぜらるる物，人これを知らず」〔平治上.叡山〕

沢庵宗彭 たくあんそうほう　1573(天正 1)-1645(正保2)　臨済宗の僧．沢庵は道号，宗彭は諱．但馬(兵庫県)の出身．幼少で出家し諸師に参じた後，一凍紹滴(1539-1612)の法を嗣っぎ，*大徳寺・南宗寺(堺市)などに住したが，1627年(寛永4)*紫衣事件において江戸幕府の寺院政策を批判して出羽(山形県)に流罪となる．しかし正論を通さんとする硬骨ぶりは逆に名声を高め，のち江戸に移り徳川家光(1604-51)の帰依を得て東海寺(東京都品川区)開山に迎えられその地に没した．

自らは野僧をもって任じ，教化にあたっては直接に禅を語ること少なく，その言葉は平易・簡略であって，その中に教訓を加えた．著述には，柳生宗矩に剣禅一如を説いた『不動智神妙録』はじめ『東海夜話』『玲瓏集』ほか多数あり，人生論から医学・政治・芸術・宗教など多方面にわたり，禅の立場より解説したものがある．普光国師と諡された．

托鉢 たくはつ　僧侶が鉢を携えて町や村を歩き，食を乞うこと．古くは〈持鉢〉〈捧鉢〉あるいは〈乞食〉(piṇḍa-pāta)などと称した．〈托鉢〉の語が用いられるのは，中国では宋代頃からである．托鉢はインドの修行者の風習が仏教にとり入れられたもので，中国や日本の諸宗に伝えられ，特に禅宗では重要な修行のひとつとされている．なお禅家では，鉢を手に持って，食事のために*僧堂に行くことをも〈托鉢〉という．わが国では，略して〈鉢(をする)〉ということもあった．→乞食，行乞．

「托鉢の道心者，はっちはっちと門に立つ」〔浄・堀川波鼓下〕「行きくれて宿もなき時は，野にもふし山にも伏し，打飯きれますれば鉢もいたし，鉢ござらねばひだるき事を，度々こらへまする」〔盤珪語録〕

宅磨派 たくまは　〈宅間〉〈託磨〉などとも書く．平安時代の末期から鎌倉時代さらに室町時代にかけて活動した*絵仏師の一派．その祖とされる豊前守宅磨為遠は，出家して勝智と号し*法印に叙せられ，1132年(長承1)*高野山大伝法院の壁画を定智とともに描いた．その子為基は勝賀と称し，1191年(建久2)東寺(*教王護国寺)の*十二天像屏風を描いた．為久・俊賀・良賀・長賀・栄賀なども宅磨の家系または画系とされる．肥瘦の変化に富む描線，それを生かした淡彩など，宋画の影響を受けた画風が，伝統的な*仏画に新風をもたらした．

他化自在天 たけじざいてん　⇒第六天

タゴール [Rabīndranāth Tagore (Ṭhākur)]　1861-1941　ベンガル語の発音としてはロビンドゥロナトゥ・タクルという．近代ベンガルを代表する文学者．インド近代における宗教社会改革運動に重要な役割を果たしたデーヴェーンドゥラナートゥ・タゴールを父に，カルカッタに生まれる．自身が英訳した詩集『ギーターンジャリ』(*Gītāñjali*)により1913年，東洋人として初のノーベル文学賞を受けた．広く世界諸国を歴訪し(来日は1916,24,29年の3回)，列強諸国の侵略的国家主義を批判するとともに，被抑圧諸民族の解放を呼びかけた．多くの詩・戯曲・小説のほか論評などをものし，絵画もよくした．晩年には仏教，わけても釈迦に傾倒し，*仏伝に取材した戯曲もある．またシャーンティニケータンにある彼の創立したヴィシュヴァ-

バーラティー(インド国際)大学は，インドの伝統を尊重しつつも国際性豊な教育・研究機関となっている．

他受用 たじゅゆう ⇨受用身じゅゆうしん

他生 たしょう 現世げんぜ・この世の意の〈*今生こんじょう〉に対して，それ以外の〈*前生ぜんしょう〉(前世)あるいは〈*後生ごしょう〉(来世)のことをいう．なお〈多生たしょう〉は，何度も生まれかわって多くの生をうけることであるが，現在では〈他生〉としばしば混用され，〈他生の縁〉も〈多生の縁〉も，前世からの*因縁いんねんの意味で用いられている．「一樹の蔭一河の流れ，皆これ他生の縁ぞかし」〔謡・山姥〕「衆生一人が得道する事は，曠劫多生の御大事，方々の方便を廻めぐらし」〔発心集 7〕

打成一片 だじょういっぺん 〈打〉はつぎの〈成〉(なす)という動詞を強める接頭辞，〈片〉は量を表す語で，〈一片〉は広大な範囲の平面をいう．すなわち〈打成一片〉とはすべてを一つにする意である．禅で用いられ，天地万物，また我と世界とがすべて一体として体得された境地．「綿密に練磨して旧業宿障をつくすを，長養の工夫となづけたり．長養純熟しぬれば，これを打成一片となづく」〔夢中問答中〕

多神教 たしんきょう [polytheism] 特定の地域や社会の中で，同時に多くの神的な存在が信じられるような宗教形態のこと．ある程度の文化段階に達した社会では，かなりひろく見られ，古代エジプトやギリシア-ローマの宗教，古代インドの宗教およびヒンドゥー教，日本の神道などがその代表例に数えられる．多神教にもいくつかの型が分けられるが，一定の条件のもとでは，これら神的な存在は多少とも組織化され，人間社会の制度にならった神統が考えられたり，階層分化にもとづくパンテオン(神会，万神殿)が成立したりする．

仏教はもともと*法(dharma)の自覚を基本とする教えであり，超人間的に考えられた〈*神〉への信仰を中心とする型の宗教ではない．古代インド宗教の神々(deva)が〈*天〉として認められながら，*仏ぶつに従属する地位に置かれていることが，これを示している．ただ特に仏や*菩薩ぼさつが理想化され，超人間的で〈神〉的なものとなり，礼拝の対象とされたのも事実である．日本では仏と土着の宗教信仰(古神道)の神々とが習合し，〈仏神〉とか〈神仏〉と併称された．これらの場合，仏教は事実上，多神教に近い構造をもつにいたったとも見ることができる．→一神教，神仏習合．

たたり 神霊・*生霊いきりょう・*死霊しりょう・動物霊などの霊的存在が人間や社会に不幸・災厄をもたらすとする信仰現象．たたりの発現には原因が比較的はっきりしているものと，そうでないものとがある．前者には各種の*怨霊おんりょうがあり，疫病・火災・地震・飢饉などが*非業ひごうの死をとげた人びとの怨みや怒りのせいにされ，これを鎮めるために祭儀や祈禱が行われた．平安以降行われた*御霊会ごりょうえはその例．後者には疫神や物の怪けがあり，悪疫流行や原因不明の災厄はこれらに帰され，疫神祭や物の怪*調伏ちょうぶくの祈禱が営まれた．

たたり現象の典型的な例として，菅原道真の怨霊による一連の異変がある．京都御所への落雷や醍醐天皇の死が太宰府で憤死した道真の怨霊のたたりとされ，これを鎮めるために道真は北野天神として祀られるにいたる．たたりは神霊や死霊への供養不足，*精霊しょうりょう・動物霊の領域侵犯，生者の怨みや怒りをかう行為など，神界・人間界・自然界を問わず，その秩序や状態を人間や社会が傷つけ乱すことと結びついている．とくに怨霊のたたりは，為すべきでないことを為したこと(タブーの侵犯)への報いの意味をもつことが多い．たたりの当体を鎮めあるいは抜除するために，仏教僧侶による*加持祈禱が盛んに行われた．

立川流 たちかわりゅう 醍醐だいご三宝院勝覚しょうかく(1057–1129)の俗弟の仁寛にんかん(–1101–)が始祖とされる．仁寛は後三条天皇の第3皇子である輔仁親王の*護持僧ごじそうであったが，謀反の企てに坐して1113年(永久1)伊豆に配流され，名を蓮念と改めた．仁寛は在俗の人々に真言密教を授けていたが，武蔵国立川の陰陽師がそれを習うとともに，*陰陽道おんようどうを密教に混入して広めた．後世これを〈立川流〉と称するようになった．この間の経緯は詳細ではないが，その法流の兼蓮・覚印・覚明や，その弟子系統の道範や明澄などを通して*高野山こうやさん・泉州・丹後に伝播し，勧修寺流良弘の付弟真慶による太古流もその一派と見られ，さらに多くの門流の人々によって諸国に流布され，浄土宗や浄土真宗にも影響している．なお南北朝期に弘真(こうしん)(*文観(もんかん))が出て大成したと伝える．

その教義は，大仏頂首楞厳経(だいぶっちょうしゅりょうごんきょう)第9に「男女二根は即ち是れ菩提涅槃の真処」とあり，『理趣釈経』巻下に「二根交会して五塵の大仏事を成ず」ということに基づき，陰陽男女の道を*即身成仏の秘術とするなど，性の大胆な肯定が見られ，しばしば邪教として排撃され，たとえば*宥快(ゆうかい)の『宝鏡鈔』などには，その系譜・教理・典籍などを示し，批判している．このため，残存する典籍が少なく，実態は不明のところが多い．しかし神道への影響も見られ，中世において無視できない思想潮流である．天台宗の*玄旨帰命壇(げんしきみょうだん)と対比される．

立木仏 たちきぶつ　自然木の根を利用した，あるいはそれをかたどった岩座をそなえる仏像．山野に立つ霊木に仏がやどり形を現すという思想に基づくものと考えられる．日本では神木・霊木は神の憑代(よりしろ)として原始時代から神聖視されてきたが，*神仏習合の風潮を受けて，神に代わって仏が登場し，素木(しらき)の*化現(けげん)仏として表現されるようになった．平安時代後期から鎌倉時代にかけての遺品がある．智識寺(ちしきじ)十一面観音立像(平安後期，長野県更級郡)，大蔵寺(おおくらでら)薬師如来立像(平安後期，奈良県宇陀郡)，称念寺(しょうねんじ)薬師如来立像(延久6年・1074銘，滋賀県高島郡)などはその例．「社前に一神木あり．年を経て樹枯れ，株杌を彷彿す．時々光を放つ．社に憩へる人，かの樹をもつて須臾の間に仏像を造り，南無薬師仏と唱ふ」〔広隆寺来由記〕

橘寺 たちばなでら　奈良県高市郡明日香村にある天台宗の寺．正式名は仏頭山上宮皇院菩提寺(ぶっとうさんじょうぐうおういんぼだいじ)．創建年代は明らかでないが，*聖徳太子が自らの誕生の地に建立した寺とされ，606年(推古14)には太子が*勝鬘経(しょうまんぎょう)を講義したという．もとは四天王寺式*伽藍(がらん)配置で，最盛期には66の堂塔を数えた．中世には西大寺末寺の律宗寺院として中興されたが，永正年間(1504–21)に*多武峰(とうのみね)の衆徒に焼打ちされ，次第に衰退した．本尊は室町時代の聖徳太子勝鬘経講讃像．寺宝には絹本着色太子絵伝(室町時代)，日羅(にちら)立像(平安前期)，如意輪観音(にょいりんかんのん)坐像(平安後期)，鼉太鼓縁(だだいこえん)(鎌倉時代)などがある．なお，鎌倉末期の*太子信仰盛行の気運の中で，1314年(正和3)，寺僧法空が『聖徳太子伝暦』の注疏『聖徳太子平氏伝雑勘文』を著述して当寺に留めた．

橘夫人厨子 たちばなぶにんずし　*法隆寺に伝わる，*光明皇后(こうみょうこうごう)の母，橘大夫人県犬養宿禰三千代(?–733)の念持仏と伝える阿弥陀(あみだ)三尊像を入れる*厨子．総高268.9センチメートル．もと金堂所在．厨子は木造，須弥座(しゅみざ)の上に*天蓋(てんがい)を覆屋とする箱*龕(はこがん)を設け，四面には両開きの扉を釣る．中に，方形の蓮池より生ずる三茎の蓮の台(うてな)の上に阿弥陀三尊が*化生(けしょう)する様を，*化仏(けぶつ)と菩薩を配した光屏(こうへい)を含めて鋳銅鍍金(ちゅうどうときん)で表したものを安置する．伝承通りいずれも8世紀初頭頃の作であるが，須弥座は別物を転用した痕跡がある．龕部の扉の表裏に，如来・菩薩・四天王・金剛力士などが漆絵で描かれ，須弥座の腰板には，白土地彩色で供養図・僧形坐像・化生菩薩像などが描かれている．

奪衣婆 だつえば　*三途(さんず)の川のほとりにいて，死者の衣を奪いとる鬼女．*衣領樹(えりょうじゅ)の下で待ち，死者の衣をはぎとって懸衣翁(けんえおう)に渡すと，懸衣翁がこれを衣領樹にかけ，枝のしなり具合で罪の軽重を定めるという．〈葬頭河婆(しょうずかのばば)〉とも称する．中国成立の*偽経である*十王経などに見えるが，日本では民間信仰と習合し，路傍に*道祖神の一種である姥神として祭られることもある．なお，国書に見える奪衣婆に関する最古の具体的記事は，*『法華験記』巻中の70，蓮秀法師に「汝今まさに知るべし．是は三途河，我は是れ三途河の嫗なり．汝衣服を脱ぎて我に与へて渡るべし」とあるもので，これによると当時すでに十王経の所説が行われていたことになって注目される．「衣類引き出し，取り散らすは，三途川(さうづがは)の奪衣婆の呵責もかくやとあはれなり」〔浄・五十年忌歌念仏上〕

塔頭 たっちゅう　高僧の墓所に建てられた塔，あるいはそれを守る小庵．「師，達磨の塔頭に到る．塔主(たっす)云く，長老，先ず仏を礼せんか，先ず祖を礼せんか」〔臨済録行録〕．転じて，祖師の塔所の域内に建てられた*子院をいう．〈塔中〉とも書く．また大山の高名な禅僧が，*住持を退いて後に，山内に隠居した小院．元来は独立寺院ではなかったが，明治以降は末寺となって独立している場合が多い．「老病に久しく犯され，起居あたはずして，塔頭にして療養す」〔沙石集10末-3〕

立山 たてやま　富山県中新川郡にあり，北アルプスの北端に位置する．最高峰の雄山(おやま)は標高3000メートルを超える．雄山・富士ノ折立(ふじのおりたて)・大汝山(おおなんじやま)を〈立山〉と総称し，浄土山と別山を加えて〈立山三山〉という．主峰の雄山山頂には雄山神が祀られ，これを〈立山権現〉とも称した．山麓には登山口として宿坊の並ぶ芦峅寺(あしくらじ)と岩峅寺(いわくらじ)の山岳宗教集落が存在し，岩峅寺は加賀・能登・越中の三国，芦峅寺はそれ以外の諸国を*檀那(だんな)場として〈立山曼荼羅(まんだら)〉などを活用した布教活動を行なった．芦峅寺では，秋の彼岸に〈布橋大灌頂(ぬのはしだいかんじょう)〉と称される女人救済の擬死再生儀礼が行われた．縁起では，立山の開山者は越中国司の佐伯有若(さえきありわか)ないし，その子の佐伯有頼(ありより)とされる．『今昔物語集』などに，立山地獄に落ちた女人の救済説話がみられ，古くから立山の地獄谷に対する信仰が知られていた．この地獄信仰に浄土思想の浸透によって山中浄土の信仰が加わり，立山曼荼羅には，山中の地獄と浄土の世界が大きく描かれている．

田中智学 たなかちがく　1861(文久1)-1939(昭和14)　日蓮(にちれん)主義の仏教運動家．江戸日本橋に生まれる．日蓮宗の僧であったが，1879年(明治12)に*還俗(げんぞく)，*在家(ざいけ)仏教運動を志向して1885年に〈立正安国会(りっしょうあんこくかい)〉の設立を公表し，1914年(大正3)に〈国柱会(こくちゅうかい)〉と改名した．国家主義的で攻撃的な日蓮主義を鼓吹し，実践的にも理論的にも近代の日蓮理解に極めて大きな影響を与えた．彼の影響のもとに高山樗牛(ちょぎゅう)も日蓮主義を唱え，宮沢賢治も国柱会の会員であった．著書に『宗門之維新』などがある．

棚経 たなぎょう　本来は，*盂蘭盆会(うらぼんえ)に精霊(しょうりょう)棚を設けて種々の供物を供え，僧を招いて読経し，死者の霊を祀ることを意味した．江戸時代になると，各寺院の僧がそれぞれの*檀家を廻って読経することをいうようになった．「旦那寺の泉蔵主，棚経誦みに来たり見れば，棚打ちくづしてあり」〔仮・因果物語中〕

谷行 たにこう　修験道の*峰入り修行の途次，病気などにかかり修行を続けられなくなった者は谷に投げ落として生命を絶つという掟．修行集団としての規律を重んじる修験者に伝えられた峻厳な統制手段の一例である．「この道に出でてかやうに病気する者をば，谷行とて遥かの谷に落し入れ，たちまち命を失ふこと，これ昔よりの大法なり」〔謡・谷行〕

多念 たねん　*念仏を数多く称えること．浄土宗の開祖*法然(ほうねん)は日に念仏を六万遍ないし七万遍称えたという．*南無阿弥陀仏(なむあみだぶつ)の念仏一行をもってすべての人々が浄土に*往生できると説いた法然の門下の人たちの間で，教えの解釈が分れ，*信(しん)を伴わなければ無意味として，ただ数多く称えることよりはむしろ称える人の信が大切だと説く〈一念義(いちねんぎ)〉と，数多く称えねばならないとする〈多念義(たねんぎ)〉の主張があらわれた．「近来専修の輩(ともがら)，一念多念とて，たてわけてあらそふなるは，いづれか正とすべき」〔著聞釈教〕．→一念．

荼毘 だび　パーリ語 jhāpeta に相当する音写．死骸を火葬すること．音写として〈闍毘(じゃび)〉〈闍維(じゃい)〉〈闍鼻多(じゃびた)〉〈耶維(やい)〉〈耶旬(やじゅん)〉など．また意訳として〈焼身〉〈焚焼〉〈火化〉など．死骸の処理にほかに水葬・土葬・鳥葬があるが，火葬が古代インドでは一般的で，*釈尊も荼毘に付された．「荼毗の所に至りて一時に火に灑(そそ)くに，火の勢ひもとの如くにして滅する事なし」〔今昔3-34〕．→火葬，葬制．

多宝塔 たほうとう　[s: ratna-stūpa]　*多宝如来を安置する塔．*法華経見宝塔品に法華経説示の時，その前に高さ500*由旬(ゆじゅん)の七宝塔が出現して，塔中の多宝仏が*釈迦牟尼仏(しゃかむにぶつ)のために半座を分かって，塔中に坐せしめたという説(二仏並坐(にぶつびょうざ))に基づいて建立されている．日本の多宝塔は，*宝塔に*裳階(もこし)を付した形式をもつ．下層は方形，上層の軸部は円筒形であり，上下の連結部は饅頭形(亀腹(かめばら))をなし，頂に*相輪を設けている．中国以来*法華信仰の普及に伴って建立されるようになった．遺例に，二仏並坐の両像を安置する*東大寺戒壇堂内の多宝塔(江戸時代)，*大日如来を安置する*石山寺多宝塔(1194)などがある．→付録(塔5)．

多宝如来 たほうにょらい ［*s*: Prabhūtaratna］ *法華経の真実義を証明するために地より涌出せる宝塔中の*仏陀．法華経見宝塔品によれば，仏前に高さ500 *由旬の七宝塔が涌出し，宝塔の中から*釈迦牟尼仏の所説である法華経が真実であることを讃歎した．この塔中には多宝如来の全身があり，多宝如来は釈迦牟尼仏に半座を分かって坐せしめた．仏滅後に十方の国土において法華経を説く処があれば，この宝塔はこの経を聞くためにその前に涌出して証明となろう，との誓願によることを明示している．→多宝塔．

『玉造小町子壮衰書』 たまつくりこまちしそうすいしょ 平安中期(10世紀頃)成立の漢詩文．作者は空海，三善清行の両説あるが，未詳．*唱導僧の関与も想定できる．四六文問答体の序と五言古調詩とから成り，作者が路頭で出会った老女の転変する身の上と浄土へのあこがれをつづる．その美人壮衰の主題，並びに『白氏文集』『遊仙窟』などにならった構成と修辞は，平安末期以来，小野小町像の形成や唱導・説話・謡曲・御伽草子などの中世文学の表現に大きな影響を及ぼした．

魂迎え たまむかえ 魂祭り，いわゆる*盂蘭盆会にあたって死者，特に先祖の*霊魂を迎える行事．具体的には庭先で*迎え火をたき，墓に行って盆灯籠を先導に*精霊を家に案内して来る儀礼が中心になるが，地獄の釜の蓋があくという7月1日，あるいは7日にもこの観念をうかがわせる行事が行われる地方もある．また，むら方で盆花を山に採りに行く風があるのも，先祖の御魂を山から迎えるという心意の現れといえるだろう．精霊は盆の期間中家々に設けられた盆棚で祀られ，最後に〈魂送り〉の儀礼によってふたたび他界に戻って行くのである．

なお，古くは魂迎えは年間に数度行われたようで，とくに歳暮の魂祭りについては，平安初期の『日本霊異記』上12,下27以下諸書に散見し，『徒然草』19にも「亡き人のくる夜とて魂まつるわざは，このごろ都にはなきを，東の方にはなほする事にてありしこそあはれなりしか」とある．

「七月十三日，黄昏に及びて都鄙倶に聖霊を迎ふるの儀あり．此の時門前に於て必ず麻柯を折り，焚きてこれを迎へ火といふ」〔華実年浪草9〕

玉虫厨子 たまむしずし *法隆寺に伝わる，推古天皇(554-628)の念持仏と伝えられる*厨子．総高226.6センチメートル．本尊は盗難に遭って現存しない．須弥座の上に，鴟尾をあげた宮殿形を載せたもので，いずれも木製黒漆塗り，宮殿部の金銅透金具の下に玉虫の翅を伏せてあるので，この名がある．宮殿部の軒下には扇状に配した雲形斗栱があり，屋根は錣葺，丸瓦は行基葺で，いずれも飛鳥時代，7世紀後半の特色を示すと考えられている．宮殿部の内壁と扉の内側には銅板の打ち出しによる*千仏坐像(鍍金)が貼られ，これも*雲岡石窟など中国の*石窟寺院の尊像表現を思わせる．

宮殿部の扉・壁面および須弥座の腰板には，漆絵および密陀絵の技法によって彩画が施されている．宮殿部には二天・菩薩および*霊鷲山，須弥座には供養図・*ジャータカの二景(施身聞偈・*捨身飼虎)や*須弥山世界図などが配され，その様風は中国南北朝時代(420-589)に近く，雲気や天蓮華を空間に飛ばせて，神異の雰囲気に描かれている．各所に配された透金具および漆絵の文様も変化に富んだ雲気風のもので，同様の特色を示す．

霊屋 たまや 〈みたまや〉とも敬称する．死者の*霊魂をまつる霊廟，もしくは葬送の前に，殯のために遺体をしばらくの間安置しておくための建物．このほか今日でも民間にしばしば見られるのは，遺体の埋葬地点に建てておく小屋状のものである．これには棺覆いをそのまま利用することもあり，その期間も自然の崩壊にまかせる場合や，墓石を建てるまでとする場合などさまざまな地方差がある．類似の施設に，近親者が忌明けまで籠るための小屋があるが，霊屋はこれの変化したものと考えられる．「鳥辺野の南の方に二丁ばかり去りて，霊屋といふものを造りて，築土などつきて，ここに(遺骸を)おはしまさせんとせさせ給ふ」〔栄花鳥辺野〕．→殯．

手向け たむけ 行路の安全を願って，神仏に幣などをささげること．〈みち〉は古来，そこを通る人に各種の妖怪や人馬の死霊が憑っき祟る，きわめて危険な空間だったので，柴神，みさき神，ひだる神，のつご，野神，袖もぎ様などとよばれるこれら小さな神霊たちに対して，幣，花や草木，水，食物などを供えなければならなかった．手向けの場所は山道や峠など境界が多かった．峠(たうげ)は〈たむけ〉から転じたともいわれている．なお，神仏や死者の霊前に香花などの供物をそなえることをも〈手向け〉という．「このたびは幣ぬさもとりあへずたむけ山もみぢの錦神のまにまに」〔古今和歌集9〕「二七日になれども，火を燃とぼし，香華を手向くる者なし」〔因果物語上1〕

多聞天 たもんてん　⇒毘沙門天びしゃもんてん

多羅 たら　① サンスクリット語 pātra に相当する音写〈鉢多羅はったら〉の略．容器・鉢・皿などを意味する語．仏生会(*灌仏会かんぶつえ)のときに誕生仏の像を置く，銀や白銅などで作られた偏平な鉢．

② サンスクリット語 tāla に相当する音写．ヤシの木の一種，オオギヤシ．多羅樹．→貝多羅葉ばいたらよう．

③ サンスクリット語 Tārā, Tāraṇī に相当する音写．密教経典に登場する女性の菩薩の名で，*観世音菩薩かんぜおんぼさつの一種の配偶神．〈救う母〉の意．

ダライ-ラマ [t: Da lai bla ma]　チベット仏教の大僧院デープン寺の最初の*活仏かつぶつ貫主ソナム-ギャンツォが，1578年モンゴルのトゥメット部の王アルタン-ハンより受けた称号．〈ダライ〉は，その名のギャンツォ(大海)に当たるモンゴル語．〈ラマ〉は師僧を意味するチベット語．その2代後の転生てんしょう者ロサン-ギャンツォが1642年政権を掌握したので，以来チベット王の俗称となった．

*ゲルク派の開祖*ツォンカパの弟子ゲンドゥン-ドゥプパ(1391–1474，第1世)を，ソナム-ギャンツォ(1543–88，第3世)の前身者ゲンドゥン-ギャンツォ(1476–1542，第2世)に転生したものと追認することによって，国王となったダライ-ラマ(ロサン-ギャンツォ，1617–82)は第5世とされ，チベットを支配教化すると信じられていた*観世音菩薩の*化身けしんの転生者と見なされた．ゲルク派の宗教的権威もまたガンデン大僧院座首から国王としてのダライ-ラマに移った．6世は清朝の干渉を受けて不行跡を理由に位から下ろされ，北京に拉致らちされる途中に没した．7世没後，新転生者が成年に達するまで名代職が設けられ，全権を代行したので，その権力を享受するために9世から12世までは成年に達する前に暗殺されたらしい．13世はイギリス，ロシア，清朝勢力の間で空しく独立運動を試み，14世は1959年以降，北インドのダラムサーラに亡命政権を立てている．同14世(テンジン-ギャンツォ，1935–)は近年，世界各地をめぐって積極的な布教活動に従事し，平和運動家としても少なからぬ成功を収めている．

ターラナータ [s: Tāranātha]　1575–1634　チベット仏教*チョナン派を再興した大学匠．チョナン派関係の多数の論書があるほか，後期インド仏教の歴史を伝える貴重な資料『インド仏教史』の著者としても有名．〈ジェブツンダンパ〉(聖尊者)と呼ばれる．モンゴル人に転生てんしょうした*ダライ-ラマ4世とほぼ同じ時期にモンゴルのハルハに長く留まり，寺を建立し仏教を広めた．*ゲルク派と敵対していたリンプン派の首領カルマ-テキョンワンポを施主として中央チベットにタクテン-プンツォクリン寺を建立したが，ダライ-ラマ5世が政権を握ると，チョナン派に対する弾圧が行われ，同寺はゲルク派に改宗させられ，ガンデン-プンツォクリン寺と名付けられた．以後，チョナン派の勢力は急速に衰えた．死後ハルハの王族に転生し，モンゴル最大の*活仏かつぶつ〈ジェブツンダンパ〉(rJe btsun dam pa)として現在に至るまで転生を続けている．

陀羅尼 だらに　サンスクリット語 dhāraṇī の音写で，〈*総持そうじ〉〈能持のうじ〉などと漢訳する．経典を記憶する力，善法を保持する力を原義とし，さらに呪文の意として用いられるようになった．〈呪文〉は本来，修行者が心の散乱を防いで集中し，教法や教理を記憶し保持するために用いたもので，すでに大乗仏教の時代に盛行しており，密教の時代になるとさらに言葉に内在する存在喚起の効能に期待する性格を強めた．同じく呪文としては〈真言しんごん〉(mantra)や〈明呪みょうじゅ〉(vidyā)さらには〈心真言〉(hṛdaya-mantra)があるが，言葉によって存在を喚起し，事象を支配するという本質は同じである．陀羅尼はそれらのうちでは比較的長く，まず「ノウマク・サマンダボダナウ」(namaḥ samantabuddhānām)という*帰敬(ききょう)の辞に始まり，諸々の仏菩薩，神などに対する多くのエピセット(形容語句)を連ね，祈願をし，最後に「ソワカ(*蘇婆訶(そわか))」(svāhā)で結ぶ形式をとる場合が多い．「あやしう尊き法師のこゑにて，読経し陀羅尼よむ」〔大和168〕．→真言．

他力 たりき　〈自力(じりき)〉の対語として用いられる．一般には仏・菩薩(ぼさつ)による*加被力(かびりき)，*加護をさす．真宗では阿弥陀仏(あみだぶつ)の*本願のはたらきをさし，*信心を得ることも種々の行いも，すべて仏の*願力によるとする．他人の力と解するのは誤りで，いわゆる自力を支え自力の根源をなす超越的な力を意味する．中国の曇鸞(どんらん)は*『往生論註(おうじょうろんちゅう)』の中で，「人にさとりを求めさせる力も，さとりを開いた人が迷っている人びとを教え導く力も，他力による」(往還廻向由他力)といっている．「ただひとすぢに仏の本願を信じ，わが身の善悪をかへりみず，決定往生せんと思ひて申すを他力の念仏といふ」〔黒谷上人語灯録12〕．→自力，他力本願．

他力本願 たりきほんがん　他力と本願は同義で，*阿弥陀仏(あみだぶつ)が衆生を救済するはたらきのことであり，そのはたらきは阿弥陀仏の誓われた*四十八願にもとづくものである．特に*第十八願を指す場合もある．*『教行信証(きょうぎょうしんしょう)』行巻に，「他力といふは如来の本願力なり」とあるごとく，〈他〉とは阿弥陀仏，〈力〉とは本願力のことである．また，*親鸞(しんらん)の消息(*『末灯鈔(まっとうしょう)』十二通)に，「詮ずるところ，名号をとなふといふとも，他力本願を信ぜざらんは辺地に生るべし．本願他力をふかく信ぜんともがらは，なにごとにかは辺地の往生にて候ふべき」とあることから，他力本願と本願他力は同義であることがわかる．世間一般には，自己の主体性を放棄して他人の力だけを当てにしてものごとを成し遂げようとする依存主義・頼他主義に関して用いられることがあるが，これは語の本来の用法からして誤解である．→他力，本願．

達摩 だるま　⇒菩提達摩(ぼだいだるま)

ダルマ [s: dharma, p: dhamma]　原義は，「(存在と事物とを)支えるもの」．自然の現象と社会・人間の行為との総体を，根底から支え，各存在を本来の位置に固定・維持し，各々の在り方を決定するものであり，理法・世界秩序とともに，正義，社会規範としての法律，道徳律を指す．アルタ(利益)，*カーマ(快楽)と並ぶ，人の三大目的(あるいは*解脱(げだつ)を入れて四大目的)の一つ．紀元前6世紀以来の諸ダルマ-スートラおよび紀元前後に成立する*『マヌ法典』などに説かれる*四姓(しせい)(ヴァルナ)，四住期(しじゅうき)(アーシラマ．人の一生を，*梵行(ぼんぎょう)期・家長期・林住期・*遊行(ゆぎょう)期の4段階として設定したもの)に応じた宗教的ないし道徳的な義務，本来的・理想的な生き方をいう．また，祭式を典型とする倫理に適う善行そのもの，および，その結果として自己の上に積まれ*楽(らく)をもたらす*功徳(くどく)・*福徳(ふくとく)を指す場合には，*殺生(せっしょう)(ヒンサー)などを典型とするアダルマ(adharma，*非法，悪行・*罪業(ざいごう))と対立する．

ダルマの法源(プラマーナ，認識手段)は，天啓聖典*ヴェーダ，および，それに根拠を置く伝承聖典スムリティ，良俗慣行である．『マヌ法典』などへの注釈書(7-8世紀以降)，ダルマ-ニバンダ(12世紀以降)と続くダルマ-シャーストラ(インド古法典)の伝統は，英領統治下のヒンドゥー法に基礎理念を与え，現在に至るまでヒンドゥー教徒の社会・宗教生活に影響を及ぼしている．なお仏教におけるダルマ(法(ほう))は，原義を同じくしながら種々独自の意味展開を見せる．→法(ほう)．

達磨忌 だるまき　中国禅宗の初祖，達磨(*菩提達摩(ぼだいだるま))の入寂した10月5日の忌日に営む法要をいう．入寂の年月には異説があるが，一般には『伝法正宗記』5の528年(梁の大通2) 10月5日の説によって行われている．「十月五日，達磨忌なり，前日迎聖の牌を掛け，時に臨んで殿鐘三会して迎聖，大衆上殿，献粥諷経あり，前夜にも宿忌行道あり」〔椙樹林清規下〕

ダルマキールティ [s: Dharmakīrti]　600-660頃　漢訳名は〈法称(ほっしょう)〉．ディグナーガ(*陳那(じんな))の*『集量論(じゅりょうろん)』が説いた*認識論と*論理学を継承し，それらに存在論的根拠を与えた．個物(*自相)を対象とする知覚(*現量)のみが直接実在を認識し，実在は*アルタクリヤー(効果的作用)をなす能力をもつものと定義する．非実在である普遍(*共相(ぐうそう))を対象とする推論知(*比量)は錯誤知ではあるが，間接的に実在にもとづいて生じるので，確実な認識手段(*量)である．推論の根拠となる*因の三相をそなえた正しい論理的理由に3種を規定する．すなわち，非存在を推論するための〈非認識〉，同一の存在のある本質を別の本質によって推論する場合の〈本質的属性〉，別々の存在の間にある因果関係にもとづいて原因の存在を推論する根拠としての〈結果〉の3種である．この推理論を中心にあつかい，アポーハ論といわれる意味論を含んだ代表的な著書が『量評釈』(*Pramāṇavārttika*)である．他の著作に『量決着』(*Pramāṇaviniścaya*)，『正理一滴論』(*Nyāyabindu*)，『論拠一滴論』，『論争の規則』などがある．

達磨宗 だるましゅう　達磨(*菩提達摩(ぼだいだるま))を祖とする禅宗の別称であるが，日本では特に*大日能忍(だいにちのうにん)の禅宗をさす．大日能忍は1189年(文治5)，弟子2人を中国に遣わし，臨済禅を学び帰らせ，それを〈達磨宗〉と称して日本に広めた．1194年(建久5)に，*栄西(えいさい)の臨済禅とともに弘通(ぐずう)停止の訴えにあうが，*法然(ほうねん)の念仏と並んで盛んとなったことは，日蓮遺文(にちれんいぶん)の*『開目抄』『教機時国鈔』『佐渡御書』などに紹介されている．能忍は摂津水田(大阪府吹田市)の三宝寺を拠点としたが，京都府八幡市浄土宗正法寺所蔵文書によって，三宝寺が禅と密教と独自の*舎利(しゃり)信仰を保ちながら，応仁の乱前後まで存続したことが知られる．能忍の弟子のうち，大和(奈良県)*多武峰(とうのみね)に拠った覚晏(かくあん)下の，*懐奘(えじょう)は覚晏寂後に*道元(どうげん)に入門し，懐鑑(えかん)も後に門下僧とともに興聖寺(こうしょうじ)の道元に帰投した．懐奘は*永平寺2世となり，懐鑑門下の義介・義演らも永平寺僧団の中核となって，覚晏下達磨宗は日本*曹洞宗に同化した．

なお，藤原俊成(1114–1204)・定家(1162–1241)は和歌の理論(*歌論)を組み立て，それに基づいて新風の歌を創始したが，旧風側から達磨歌あるいは達磨宗と呼ばれて非難された．俊成・定家の歌がこのように呼ばれたのは，直接的には新風の*南宗(なんしゅう)頓禅を継承した大日能忍の達磨宗が関係しているとしても，全体的な思想背景としては，天台*本覚思想が考えられるといえよう．

「此の寺は伝教大師，震旦にして達磨宗を立てむ所を撰び遣はしてやりけるに」〔今昔20-34〕「達摩宗は，諸法はただ性のみあり，相は無しと云ふ」〔真如観〕

ダルマパーラ [*s*: Dharmapāla]　⇀護法(ごほう)

壇 だん [*s*: maṇḍala]　*曼荼羅(まんだら)の漢訳の一つ．密教で*修法(しゅほう)の際に仏像または仏を表示する塔などを安置し，供物(くもつ)や法具を配備する壇．元来インド，チベットでは土壇が用いられたが，中国・日本では半永久的な木壇が普通となった．修法の目的に従って，一般的な*本尊の壇としての〈大壇〉，*護摩(ごま)を焚くための〈護摩壇〉，*灌頂(かんじょう)のための〈灌頂壇〉，〈*三昧耶戒(さんまやかい)壇〉，その他〈聖天(しょうてん)壇〉〈神供(じんぐ)壇〉などがある．形状は原則的に方・円・蓮華(れんげ)・三角などの種類があるが，方形壇が一般的である．「悪鬼の名号をば，大壇の中に焼(た)き，賊人の形像をば，棘(うばら)楓(あをぎり)の下に着く」〔将門記〕「坊の外は一丈ばかりなる壇築(つ)きて建てられたり」〔山家集下〕

檀越 だんおつ　サンスクリット語 dānapati に相当する音写．*布施(ふせ)の主，つまり*施主を意味する．音転して〈だんおち〉とか〈だんのつ〉とも．わが国では一般に，寺院やそこに住む僧侶に*寄進(きしん)をする，いわば後援者のことをいう．江戸時代に寺請(てらうけ)制度が設けられてからは，特定の寺院に戸籍登録され，葬式などの法事をその寺院で行なってもらう人ないし家のことを指し，*檀家と呼ばれるのがふつうとなった．「寺(神護寺)の檀越大学頭和気弘世并びに真綱等，比叡の伝教大師を請じ奉れる文に」〔三宝絵下〕．→檀那，寺檀制度．

タンカ [*t*: thang ka]　チベットの軸装仏画．絵画以外に刺繍やアップリケを表装した作品もある．チベット仏教の伝播にともない，モンゴルや中国内地でも製作された．また祭礼で*開帳されるアップリケの大型タンカは，〈グーク〉(布尊像)と称される．その起源は，インドの布絵仏画(パタ)が，ネパールあるいはシルク-ロード経由で，チベットに伝えられたものと考えられる．*曼荼羅(まんだら)やツォクシン(諸尊や歴代ラマを樹木の形態に集合させた絵画)のタンカもあるが，*仏伝や*ジャータカ，阿弥陀・薬師・観音・文殊，各宗派の*祖師など，通仏教的な画題を描いたものが多い．また曼荼羅の諸尊を幾何学的なパターンから取り出して，礼拝用タンカに直したものもある．複数のタンカを組み合わせたセットは，原則として奇数幅で一具をなし，本尊タンカ(ツォタン)を中心に，全体が左右相称となるように設計されている．→チベットの仏教美術．

旦過 たんが　〈旦〉は明け方，夜明け．朝早く去る意．諸方を遊歴する行脚(あんぎゃ)僧が，寺院に一晩だけ宿泊すること．夕刻に着いて翌朝出立するので，この名がある．禅門ではそのための寮舎を〈旦過寮〉という．また，入門を乞う僧が最初の関門である庭詰(にわづめ)(入門を許されずに玄関先に放っておかれること)の期間をへて，一夜の投宿を許されて過ごす第2の入門試験のことを〈旦過詰〉という．「僧をば旦過に置いて，山伏は内へ入りぬ」〔太平記20.結城入道〕

檀家 だんか　江戸時代の寺請(てらうけ)制度により，葬祭を媒介として寺と契約を結んだ，寺院経営を支える基礎単位としての世帯．寺と檀家の寺檀関係が全国民に浸透し，制度として形成されるのは，島原の乱の直後，1638年(寛永15)頃からのことである．その後は幕法で離檀が禁じられていたため，檀家の側から寺や宗派を選択することはできず現在に至っている例が多い．寺院は檀家に対して，寺の*伽藍(がらん)修復費の負担，*本山などへの寄付金の負担，僧侶の僧階取得金の負担，僧侶やその家族の生活費の負担，仏事法要の費用の負担など，際限ない寺役の負担を課し，また義務づけた．しかし第二次世界大戦後の農地解放や都市への人口移動，公園墓地の増大などで，寺と檀家の関係もかなり変化しつつある．→寺檀制度，檀越(だんおつ)，檀那(だんな)．

湛海 たんかい　1629(寛永6)-1716(正徳6)　江戸時代前期の僧．造仏もよくした．伊勢(三重県)の出身．18歳で出家して江戸深川永代寺周光に真言密教を学び，*高野山蓮華三昧院頼仙(らいせん)(1588-1674)から*伝法灌頂(でんぽうかんじょう)，仁範に宗学をうけた．のち京都で四書五経を学びつつ愛宕山(あたごやま)に練行苦行をし，不動明王の*護摩(ごま)，歓喜天(かんぎてん)の華水供(けすいく)・浴油供(よくゆく)など信行(しんぎょう)に徹した．その後，粟田口(あわたぐち)に歓喜院を開いたが，和泉神鳳寺(じんぽうじ)や法隆寺に*律(りつ)を学び禅に親しんだ後，年来理想とした*役小角(えんのおづぬ)ゆかりの生駒(いこま)に*壇(だん)を築き，8万枚の不動護摩供を修し*法験をあらわした．1679年(延宝7)この地に仏像を彫刻して宝山寺(ほうざんじ)をおこした．

その確かな彫技は五大明王像や不動明王像など気迫あふれた*忿怒(ふんぬ)像に発揮され，やや誇張をまじえた表現ながら〈湛海様〉と呼ばれる独得の造像を数多く残した．なお専門仏師であった院達や清水隆慶(1659-?)を助手としたこともあって，伝統的な仏像表現を逸脱することなくその信仰内容を定着している．

談義 だんぎ　物事の道理を説きあかす意で，仏典の意義を説くこと．日本では〈説経〉の異称として講説や問答の意味に用いられ，中世末期には各地に〈談義所〉が設けられて教学の研究や説経が行われた．近世には辻談義・門(かど)談義・長談義・談義僧などの俗語も生じて一般化し，談義本(談義物)と称する読み物も刊行された．近代では〈談議〉とも書くようになり，はなし合うこと，相談すること，意見することの意にも用いられるようになった．「その頃，真言の御談義といふ事はじまりて」〔問はず語り3〕「聖光上人は，談義の最中にも，日中の時きたれる時は，一文一句をも誦しさして」〔一言芳談〕．→説経．

談義所 だんぎしょ　僧侶の学問所，修学の場．仏教の教理や宗門の教義について講説する所．広義には，在俗の者も対象とした*説法の行われる場．〈談所〉ともいい，〈談林〉〈檀林〉〈学室〉〈学問所〉〈学林〉ともいった．天台・浄土・日蓮・真言など諸宗に見られる．文献上確認できる古い例としては，「信州左久郡津金寺談義処」(天台宗，『法華玄義抄』第四，1276年(建治2)4月)，「重須談所」(日蓮宗，日順『表白』，1318年(文保2)11月)などがある．天台宗の場合でいえば，談義所は，*比叡山の広学*竪義(りゅうぎ)に臨むためなどの学問研鑽の場として，また在俗の者の教化の場として発展した．中世の天台宗寺院ではかつて59カ寺が談義所と確認されたが，近年の研究によって相当な数が想定される．談義所は全国各地に及んだ．特に叡山に近い柏原成菩提院じょうぼだいいんから中山道に沿って展開し，関東には月山寺・宗光寺・普照寺など著名な談義所が多い．

談義所の規模は様々だが，基本的には，講師である*能化のうけ1人に対し，随時40–50人の*所化しょけ（受講者）がいた．遠方から来る者は，談義所自体に身を置くほか，近隣の末寺や*檀那の家に宿泊して通う場合もあった．談義所間の交流は，人や典籍の両方にわたって盛んであった．所化が，名高い学僧に教えを受けるために遠路も厭わず全国規模で移動したことや，滞在中に聖教を熱心に書写している様子が諸書に記される．また学僧の交流は宗派を越えて盛んであり，談義所は宗派を越えた学問の場であった．近世になると，江戸幕府のもとで，浄土宗では十八檀林，天台宗では八檀林（十檀林）が制定され，活発な活動が行われたが，中後期には，学問所の退廃も問題化し，態度を誡めるための法度はっとが度々出されるようにもなった．→檀林，十八檀林．

湛慶 たんけい　1173（承安3）–1256（建長8）鎌倉時代前期に活躍した*慶派けいはの仏師．*運慶うんけいの長男．運慶なきあと慶派の棟梁として彫刻界を主導，1213年（建暦3）*法印ほういんとなる．1224年（貞応3）東寺大仏師職補任．運慶の作風を継承しながら，その力動感にかわり穏和な表現のなかの微妙な写実に特色をみせる．*高山寺こうざんじ白光神・善妙神像（1225頃），*三十三間堂の本尊千手観音せんじゅかんのん像（1254），雪蹊寺せっけいじ（高知県高知市）の毘沙門天びしゃもんてん・吉祥天きちじょうてん・善膩師ぜんにし童子三尊像などの遺品がある．

断見 だんけん　[*s*: uccheda-dṛṣṭi]　*因果の法則を無視し，人がひとたび死ねば断滅してしまって二度と生れることがないとする考えをいう．〈常見〉の対．仏陀（釈尊）時代の意見の一つで，世界と*我がの断滅を主張した．人の一生はこの世限りのものであるとし，死後の運命を否定して，この世でなした善・悪の行為とその*果報を無視する意見をいう．「肉体が壊れることによって断滅し，死後には存在しない」〔長部1-1〕と説かれる．仏陀はこの断見を常見とともに二つの極端な見解（*辺見）として斥けて，*中道のあり方としての*縁起を説いた．「万法の上において常見断見を起こすは外道の妄想なり」〔夢中問答中〕．→常見，六十二見．

弾指 だんし　[*s*: acchaṭā]　〈たんじ〉とも．親指の腹に人指し指を当ててはじいて音を出すこと．許諾・歓喜・警覚・入室の合図・不浄の除去などの意を表すしぐさ．わが国では〈爪弾つまはじき〉と同義に用い，嫌悪・排斥の気持をこめることが多い．また弾指に要するほどのごく短い時間をさし，20念を一瞬とし，20瞬を〈一弾指〉とする．また1弾指を65 *刹那せつなとする説もある．「慙愧して，鬢髪を剃除し，袈裟を被著き，弾指するとは，罪を滅し，福を得るなり」〔霊異記下38〕「末代の希異，耳に触るるごとに弾指す．親王の室を女御と称す．何の例ぞや」〔明月記安貞1.7.28〕

断食 だんじき　[*p*: āhārūparodha]　食物を減じ，あるいは全く絶つことによって，精神的高揚，または神秘世界との交流感が得られることに古代人が気付いたところから，断食は世界の宗教に共通の修行形態として行われるようになった．古代インドでは*ヨーガ派，*ジャイナ教徒，および*沙門しゃもんとよばれる山林修行者たちの間では，*苦行の重要な手段として断食が行われていた．釈尊も他の修行者と同じように断食を行なっていたが，やがて苦行の無意味なことを知って山を下り，覚りを得ることができたとされている．釈迦の断食苦行像，および*出山しゅっさん釈迦像はこの経過を示したものである．

本来，苦行のサンスクリット語tapasは修行の結果えられる不思議な霊力を意味し，原始仏典では精励して修行する意味でこの語を使っている．このように仏教は苦行としての断食は否定したが，修行の一つの手段としての断食や減食に反対しているわけではない．密教や修験道では，特殊な行法において，精神と肉体の清浄を保つために断食が行われる．また，塩や穀物など特定の食品を絶つことも珍しいことではなかった．中世，わが国の*高野山こうやさんには断食所とよばれる建物があった．これなどは，むしろ病気治療の手段としての断食施設であったらしい．

ジャイナ教では断食による*自殺が行われたが，わが国でも断食往生を遂げた人のいたことが，『法然上人行状画図』28，『発心集』3-7によって知られる．法然はこれを正しい念仏信仰のあり方ではないと批判し，鴨長明は「末の世にはいとありがたきことなり」と評している．

「初瀬へ参りて，三日断食をして籠りたるに」〔太平記 25. 自伊勢進宝剣〕「大石に蹲踞て専らに臥し息まず．常に食を断つことをもて業となせり」〔法華験記上 20〕

誕生仏 たんじょうぶつ　釈迦は，*摩耶夫人の右腋から生まれると7歩すすんで，右手を挙げて天を指し，左手を垂下して地を指し，「*天上天下唯我独尊」と唱えたという．この姿をあらわしたものを〈誕生仏〉という．4月8日の仏生会(*灌仏会)には，9頭の竜が幼い釈尊に水を注いだという九竜灌水の故事にならって水をかける．中国などに両手を下げる誕生仏があるのは，この灌水の意義に基づくが，右手を挙げ，左手を下げるのが一般的．ほとんどが銅造で遺品は極めて多い．正眼寺像(愛知県小牧市)は最も古い像の一つで，悟真寺像(奈良県宇陀郡)，灌仏盤を伴う*東大寺像，*善水寺像などが代表的．

檀像 だんぞう　熱帯で産する白檀(sandalwood, *s*: candana)で彫った仏像．古代インドにおいて白檀は，その芳香，材の緻密さ，薬効などが賞され，仏像を造るのに最高の材として珍重された．白檀木のうち芳香をもつ部分は心材のみであったから，大きな材は求め難く，通常の丸彫りは*一搩手半の大きさを基準とした．また白檀には赤味を帯びるものと黄味を帯びるものの2種があり，前者は南西インドのマイソール地方を主産地とし，後者はマレー半島，ジャワ，スマトラなどを産地とした．前者は〈赤栴檀〉または代表的な産地牛頭山(マラヤ山脈)の名を冠して〈牛頭栴檀〉，後者は〈黄檀〉と呼ばれた．小像であるため，インドから極東にもたらされることが多く，中国では輸入材による檀像の製作が特に盛んであった．中国からわが国にもたらされた檀像の古例としては，隋代(581-618)の旧円通寺観音菩薩立像(堺市博物館蔵)，唐代7世紀後半の*多武峰伝来と伝える十一面観音立像(東京国立博物館蔵)，719年(養老3)舶載の*法隆寺九面観音立像などがあり，*龕像では空海将来と伝える*高野山金剛峯寺諸尊仏龕(枕本尊)がある．

753年(天平勝宝5)に来朝した*鑑真の一行には檀像専門の工人がいたとみられ，これ以後カヤやヒノキなど代用材による檀像の製作が行われるようになり，この期の木彫興隆の契機となった．良質白檀の模擬色を表面に施したものや，あるいはまた巨像も造られている．広義の檀像の概念にはこれらも含まれる．

「檀像薬師如来．立像高さ三尺」〔広隆寺来由記〕「御斎会の本尊とて，白檀木にてつくれる一搩手半の尊なり」〔延徳御八講記〕

探題 たんだい　*竪義における最高の職位．竪義の*竪者に諸経論から選び出した論題10題を与え，*已講以下5名の学匠を問者として，竪者との間に問答往復せしめ，その結果を精細に批判して竪者の立てた義の及落を判定する最高権威者．探題になるには，勅会の論席に再々出仕し，大法会の*講師，竪義の問者を履歴して*擬講・已講を経てはじめて任ぜられた．現在，*比叡山では，別請竪義において一ノ問者を勤めた者が新しく探題に任命されることになっている．なお，鎌倉・室町幕府において政務・司法・軍事を管掌する要職名となったのは転用である．「人師・探題の位にあがれる山僧有りけり」〔沙石集 5 本-2〕

単伝 たんでん　真理を純粋に伝えること．禅宗では，*教外別伝，*不立文字の立場から，真理は経典によっては伝えられず，*以心伝心の*師資相承によってのみ，師から弟子に完全に余すところなく伝えられると考えた．このような*相承のあり方を*嫡嫡相承ともいう．なお，〈単〉はまじりけがなく純粋という意であるが，師からただ一人の弟子にだけ伝える意に用いられることもある．「栽松道者の古蹤，まさに単伝直指なるべし」〔正法眼蔵行持上〕

歎徳 たんどく　〈嘆徳〉とも書く．高僧が入滅してその葬送の儀式の時に，歎徳師が，高僧生前の修学・*修法の勝れたことや，仏法興隆の事績や衆生済度の功績の深いことなどを一代にわたって*讃歎することをいう．また真言密教の*灌頂修法の時，新*阿闍梨の徳を歎徳師が讃歎することや，大堂*竪義の時，*竪者が*探題の学徳の高いことや問者の博識であることを，*表白の中で讃えることもいう．「神日律師教授を勤め，聖宝嘆徳たり」〔真言伝4〕

檀特山 だんどくせん ［*s*: Daṇḍaka-parvata］ 釈尊の前生である須大拏(Sudāna)太子の苦行の山．*『大唐西域記』健駄邏国の条によれば，跋虜沙城(Varuṣa-pura?)の東北二十余里に弾多落迦(Daṇḍaloka，〈檀特〉はこれが転訛したDantak(a)に相当する音写)山があり，山上に無憂王(*阿育王)建立の塔があって，蘇達拏太子が隠棲した処であると伝えている．跋虜沙城はペシャーワルの東北東65キロメートルのシャーバーズガリーに比定され，それより東北にのびる丘陵の北端Mekha-sandaが檀特山に当たると推定されている．「悉達太子は十九にて伽耶城を出で，檀特山のふもとにて，木の葉をつらねてはだへをかくし」〔平家灌頂．大原御幸〕

タントラ ［*s*: tantra］ スートラ(sūtra，*経)が横糸を意味するのに対し，縦糸を意味し，経典には明確に説かれない秘密の意義を解明する文献を意味する．*顕教でも，*如来蔵思想を説いた*『究竟一乗宝性論』が大乗の〈後タントラ〉(ウッタラ-タントラ)と呼ばれた例があるが，インドでは，8世紀以後成立した後期密教の聖典群が，〈タントラ〉と呼ばれるようになった．これに対して*大日経，*金剛頂経など，中期密教までの聖典は，大乗仏典と同じくスートラ(経)と呼ばれていた．ところが*チベット仏教では，初期・中期を含めて，密教聖典全般を〈ギュー〉(タントラ)と呼ぶようになったため，欧米では，すべての密教聖典をタントラ，密教全般をタントラ仏教(Tantric Buddhism)と呼ぶ研究者が多い．

チベット仏教では，初期密教の聖典群を〈所作タントラ〉，大日経系の密教聖典を〈行タントラ〉，金剛頂経系の密教聖典を〈瑜伽タントラ〉と呼び，これに本来のタントラである後期密教系の〈*無上瑜伽タントラ〉を加えたタントラ四分説が有力である．また無上瑜伽タントラは種類が多いので，これを*『秘密集会タントラ』を中心とする〈父タントラ〉と，*『ヘーヴァジュラ-タントラ』『サンヴァラ-タントラ』を中心とする〈母タントラ〉，そして11世紀に成立した*『時輪タントラ』を中心とする〈不二タントラ〉の3種に分ける．

狭義のタントラである後期密教聖典には，従来から*ヒンドゥー教のシャークタ派の影響が指摘され，仏教の中で最も堕落した形態と見なされてきた．シャークタ派の影響は母タントラに顕著であるが，初中期密教からの教理的展開も多く，すべての要素をヒンドゥー教に求めるのは，行き過ぎである．

その教理的な特徴としては，死のプロセスを仮想的に体験する*ヨーガや，仏敵を*調伏し場合によっては死に至らしめる〈度脱〉，性的な要素を含む生理学的なヨーガなどが挙げられる．このうち調伏に関しては，日本の*大威徳明王に相当するヤマーンタカ崇拝が，父タントラ系において発展した．いっぽう母タントラ系では，初会金剛頂経(真実摂経)で，ヒンドゥー教の神々の妃(*シャクティ)たちを調伏するために導入されたヘールカの信仰が大きく発展した．

檀那 だんな サンスクリット語dānaに相当する音写．もともとは，施し・*布施を意味するが，わが国では，寺院や僧侶に布施・*寄進をするパトロン，つまり*檀越・*檀家と同じ意味で用いられた．布施を受ける寺のことは，〈檀那寺〉と呼ばれる．檀家がそこで死後の*菩提を弔ってもらうことになるので，〈*菩提寺〉とも呼ばれる．また，中世日本における特定寺社や霊場への参詣者を〈檀那〉といい，そうした参詣者集団を案内する役柄・権利は〈檀那職〉として売買・譲渡の対象となっていった．さらに，その役割・権利は領域的に縄張り化し，〈檀那場〉とも〈霞〉とも呼ばれた．たとえば，修験の*御師・*山伏たちは，場内の檀那の霊山への登拝を案内し，祈禱・宿泊の世話をした．なお檀那は，家を支えるパトロンとか，恩恵を与えてくれる者の意味から，既婚の男子，特に夫や主筋の相手に対する一種の敬称とも転じ，〈旦那〉とも書かれるようになった．→寺檀制度．

「沙門持法は檀那の食に預かり，或る時は

乞食して，世事豊かならず」〔法華験記上17〕「このあたりに住まひ致す猿引きでござる．今日は一段の天気でござるによって，檀那廻りを致さうと存ずる」〔狂言・靭猿〕

檀那流 だんなりゅう ⇀恵檀二流

『歎異抄』 たんにしょう　*親鸞滅後の*異端を歎いた書．1巻．著者を本願寺2世如信あるいは3世*覚如とする説もあったが，親鸞面授の弟子，常陸(茨城県)河和田の*唯円とするのが定説になっている．本文の内容から，著者は親鸞の言葉をじきじきに聞いた弟子で，住いが地方にあり，はるばる京都に上り親鸞から教えを受けた者でなければならないからである．

18条から成り，第九条までは親鸞の法語，第十一条から第十八条までは当時の異端を述べ，間の第十条に「念仏には無義をもて義とす」という*法然の法語を掲げて，第十一条以下の異端全般に対応させている．最後に法然と弟子7人の流罪，4人の死罪の記録を収める．親鸞滅後20年ほどして成立したものか．原本はなく，本願寺8世*蓮如の書写本が現存する最古のもの．親鸞の法語の部分にはその核心を語るものが多いが，親鸞の思想のすべてではない．異端の部分には当時の事情を知る好資料があり，著者のその説得ぶりに苦心の跡が見られて興味深い．

湛然 たんねん［Zhàn-rán］　711–782　中国,唐代の天台学僧で，*智顗を初祖とする中国天台の第6祖(*竜樹より数えて第9祖ともする)とされ，中興と称せられる．常州晋陵の荊渓(江蘇省宜興県)の儒家出身で，俗姓は戚氏．儒学の教養を持って730年左渓玄朗に就き，20年間天台*教観を学び，38歳出家し，曇一に律を学び，開元寺で*『摩訶止観』を講ずる．玄朗滅後は天台教観の宣揚に努め，唐代成立の華厳教学，新伝来の法相唯識学を研究し，それら教学を意識しつつ，また禅にも対抗して天台*円教を鼓吹した．玄宗以下三帝の招請に応ぜず，江南各地で天台教学を講じ，晩年は*天台山に帰り仏隴道場で入滅した．荊渓尊者，妙楽大師と称され，呉越王から円通尊者と追謚された．

その著した*天台三大部の注釈*『摩訶止観輔行伝弘決』『法華玄義釈籤』『法華文句記』は現在まで天台学研究の必須の書となり，そのほか『維摩略疏』『止観義例』『止観大意』『止観捜要記』*『金剛錍論』『五百問論』など著作は数多く，*懺法類の注にまで及ぶ．智顗の著述の多くを注釈したので，〈記主〉の美称を与えられた．門下には，比叡山の*最澄が受法した道邃・行満はじめ，普門・元皓・明曠・智度・法順・法顒らのほか，師の碑銘を選した翰林学士梁粛など偉才が多い．

担板漢 たんぱんかん　*『景徳伝灯録』12に「或るとき講僧を見て乃ち座主と云えり．其の僧，応諾せしかば，師(陳尊者)は云えり，この担板漢と」とあり，板を担ぐ者が板に視界を遮られて，一方は見えるが他の一方は見えないように，ものごとの一面だけを見て大局を見ることのできない人をいう．『禅苑清規』には「見を執ること担板にして，主人をして怪怒せしむることを得ざれ」と見える．「担板感(漢)いはく，惣じて，舞ひ・動に至るまで，左右前後とをさむべし」〔花鏡〕

断末摩 だんまつま　〈断末魔〉とも表記される．身中に64処とか120処とか存するとされる特別の急所，marman(末摩と音写．死節・死穴とも漢訳)に触れ，死に至ること．水・火・風の三大(→四大)のうち増盛するものがあると，諸筋を損い，その支節を分解するために激痛を生じて必ず命をおとすという．転じて，人の臨終の苦しみをいう．「断末摩はこれ最後の苦しみ，百処の支節，裂き切るがごとし」〔澄憲作文集〕

『ダンマパダ』［*s*: *Dharmapada*, *p*: *Dhammapada*］⇀法句経

檀林 だんりん　栴檀林の略．〈談林〉〈譚林〉とも書く．*栴檀は香木で，徳のある仏や仏弟子の住所が栴檀の林のようであるという意味から寺院のことをいい，転じて僧徒を教育する機関を指すようになった．〈檀林〉の名称は近世になって一般化し，それまでは〈談所〉〈談義所〉〈学室〉〈学問所〉などと呼ばれていた．江戸時代には浄土宗に関東十八檀林，天台宗に関東十檀林，日蓮宗の一致派には関東八檀林・関西六檀林などがあり，勝劣派にも檀林が開設された．

なお，延宝期(1673–81)の大坂の西山宗因を中心とする新風俳諧を談(檀)林派と称す

るのも，もと同派の江戸の田代松意が仏家の檀林にならい，俳諧修行道場の意味で自宅を「俳諧談林」と名づけて結社を作ったのが流派の総称となったものである．→十八檀林，学林，勧学院．

「宝樹檀林の間に化仏を拝し，ともに喜びを成す」〔聖覚四十八願釈 40〕「光明寺に行道あり．今の世までも浄土宗の檀林として，所化(しょけ)あまたありといふ」〔東海道名所記 1〕

断惑証理 だんわくしょうり　〈だんなくしょうり〉とも読む．惑を断じて理を証する，すなわち*煩悩(ぼんのう)を断じて*悟りの真理を体得することで，惑は煩悩，理は真理のこと．〈断惑証果〉も同義．「断惑証理なきがゆゑに，これをもつて生死を出づる輩(やから)なし」〔無量寿経釈〕「戒行において一戒をもたもたず，禅定において一もこれをえず，智慧において断惑証果の正智をえず」〔黒谷上人語灯録 15〕

チ

智慧 ちえ　一切の現象や現象の背後にある道理を見きわめる心作用．

【原語と訳語】この語に対応するサンスクリット原語は必ずしも特定できないが，原語と実際の訳語の用いられ方を考慮すると，代表的なものとしては，次の3通りの用例が見出される．第1には，原語 prajñā (*p*: paññā) の訳語として，〈智慧〉一語で，音写語の〈*般若(はんにゃ)〉と同等の意味合いで用いられる場合，第2には，〈智〉が原語 jñāna の訳語，〈慧〉が原語 prajñā の訳語として，〈智〉と〈慧〉という二つを示す用語として用いられる場合，第3には，いちいち対応する原語が意識されずに，漢訳語として独自の意味をもつに至った場合である．

【智慧・智・慧】第1の意味では，*無常・*苦・*無我，*縁起，*中道などの*諸法の道理を洞察する強靭な認識の力を指し，*三学の一つとされた．この用語としては，大乗仏教の代表的実践体系である〈*六波羅蜜(ろくはらみつ)〉の最後に位置づけられ，それ以前の五波羅蜜を基礎づける根拠として最も重要なものとみなされている．

第2は，〈慧〉(prajñā) と区別して〈智〉(jñāna) を用いるばあいで，部派仏教以降に顕著である．*説一切有部(せついっさいうぶ)では，慧は諸法を識別する普遍的な心作用(心所(しんじょ))の一つに位置づけられた．智は心作用としては慧に含まれるが，とくに悟りにみちびく心的能力として，慧の中心的な意味を担う．同派は，智を〈*有漏(うろ)智〉〈*無漏(むろ)智〉の二智や〈十智〉などに分類し，下は〈世俗智〉から上は〈無生(むしょう)智〉(もはや再生しないと自覚する智) に至るまでの智を詳論した．

大乗仏教では，*般若経およびそこに説かれた六波羅蜜の徳目の中では，とくに慧(般若)が重んじられたが，声聞(しょうもん)・独覚(どっかく)，菩薩，仏それぞれの智として〈*一切智〉〈道種智〉〈一切種智〉の*三智なども説かれる．一方，十地経(じゅうじきょう)の*十地説に対応させた十波羅蜜(じっぱらみつ)(六波羅蜜＋方便・願・力・智の四波羅蜜)の体系では，智を最高位に置く．慧に対する智の重視はとくに*瑜伽行派(ゆがぎょうは)の実践論に顕著である．同派は伝統的に*真如(しんにょ)を獲得させる〈正智(しょうち)〉(samyag-jñāna)を重んじ，〈如理智〉〈如量智〉，あるいはまた〈*無分別智〉(nirvikalpa-jñāna)・〈*後得智〉の二智や，〈*転識得智(てんじきとくち)〉(識を転じて智を得ること)による*四智を説くなど，〈智〉に関する理論を積極的に展開した．なお，後代の密教では，真如に相当する清浄法界(しょうじょうほっかい)そのものを大日如来の*法身(ほっしん)と見なし，これに〈法界体性智(ほっかいたいしょうち)〉の名を与えたうえで，*五智・*五仏の説を主張した．また後代，とくに中国・日本仏教では〈智〉(知り分けるはたらき)と〈慧〉(知がするどく，さといこと)それぞれの語意にも関係して，智は差別・相対の世俗諦(たい)を知り分け，慧は一切の事物が平等である第一義諦(真諦)をさとるもの，とも意味づけられた(→二諦)．

なお，第3の意味としては，以上に示した種々な意味合いが，〈智慧〉という一語に込められて広い意味で用いられていると考えられる．この場合には，多く，世俗的なさかしらな識別に対して，世事を離れた，あるいは世事を見通す叡智，かしこさを指して用いられる．

「内には戒を守り，智恵を修して正見に住し」〔沙石集 10 末-1〕「法など受け尽くして，賢き智慧なりければ，いとかしこき人にて」〔宇津保忠こそ〕

知恩院 ちおんいん　京都市東山区新橋通大和大路東入ル3丁目林下町にある浄土宗総本山．華頂山大谷寺知恩教院と号す．*法然(ほうねん)が草庵を結び入寂した地に，弟子の源智(げんち)(1183–1238)が文暦年間(1234–35)に法然を*開山とし大谷寺を創建したのが始まり．法然の没後，門弟たちが法然の月ごとの*忌日(きにち)に知恩講を修したのが寺名の由来となった．1523年(大永3)ごろ*知恩寺との争いに勝ち浄土宗総本寺の地歩を築く．徳川家康(1542–1616)の帰依をうけ，江戸時代は*門跡(もんぜき)寺となる．現存の建物は江戸時代初期の建造にかかり，本堂(*御影堂(みえいどう)，1639)は同期を代表する大建築で，*三門(さんもん)(1619)はわが国最大規模．他に狩野一門の障壁画を配した大方丈・小方丈，勢至堂(1530)，*経蔵などが建つ．*『法然上人絵伝』(鎌倉時代)，阿弥陀二十五菩薩来迎図(鎌倉時代)など多数の国宝・重要文化財を収蔵する．

知恩寺 ちおんじ　京都市左京区田中門前町にある浄土宗の七大本山の一つ．長徳山功徳院と号す．通称は〈百万遍(ひゃくまんべん)〉．もとは上賀茂神社の*神宮寺(じんぐうじ)で釈迦像を安置していたが，*法然(ほうねん)が一時在住する．法然の没後，弟子の源智(げんち)(1183–1238)が*専修(せんじゅ)念仏の道場とし，知恩寺と改めた．1331年(元弘1)悪疫が流行した時，後醍醐天皇(1288–1339)の勅命を奉じて第8世空円が念仏百万遍を修し効験があった．それにより百万遍の寺号が与えられる．皇室の帰崇が厚く，国家安穏を祈願する祈願所となった．1523年(大永3)ごろ*知恩院との本寺争いで敗け，第一の座次を知恩院へ譲った．その間，罹災・移転などを経て，1662年(寛文2)現在地に再興．寺宝に鎌倉時代の蝦蟇鉄拐図(がまてっかいず)・善導大師像・十体阿弥陀像などの絵画を蔵している．

智顗 ちぎ［Zhì-yǐ］　538–597　梁・陳・隋にかけて中国仏教を総合し天台教学を樹立した修禅僧で，*天台宗の開祖であるが，慧文(えもん)―*慧思(えし)の相承から第3祖ともされる．荊州華容県(湖南省北端)の出身．梁朝高官陳起祖の子で，字は徳安．15歳のとき侯景の乱にあい，18歳で湘州(湖南省長沙)果願寺で出家，諸方で修行後，23歳(560年)光州大蘇山(河南省南端)の慧思の下で*法華三昧(ほっけざんまい)を修して開悟した．師命により法喜ら27人と*金陵(きんりょう)(南京)に入り，瓦官寺で法華経題を開講，陳始興王や高官除陵・毛喜らに帰信され，高僧法済・大忍・慧弁・慧栄ら金陵の僧俗は講を受けた．38歳朝野の留めるのを捨て*天台山に籠り，思索と実修の末に天台教学を体系づけた．584年陳の後主の請により金陵霊曜寺・*光宅寺で開講した．588年隋の攻略のため荊湘地方や廬山に戦乱を避けたが，隋の統一後は文帝や晋王広(*煬帝(ようだい))の帰依を受け，晋王に*菩薩戒を授け，智者大師の号を贈られる．故郷荊州に玉泉寺を創建，593年*『法華玄義(ほっけげんぎ)』，翌年*『摩訶止観(まかしかん)』を講ずる．その後揚州に下り，晋王に『維摩疏(ゆいましょ)』を献じ，ふたたび天台山に入り，教団規範を定め，*止観の確立に努めた．597年，晋王の再三の招きで揚州に赴く途次，石城寺で病を得，11月24日入滅．

講述書は，『法華玄義』*『法華文句』『摩訶止観』のいわゆる*天台三大部のほか，維摩経・金光明経・観音経などの*玄義と文句(*疏)は*五重玄義の解釈法を用いたもので，そのほか『次第禅門』『六妙法門』『天台小止観』などの*観法の撰述，*懺法など数十部にのぼる．法華三昧・*三諦三観・*一念三千・*五時八教など独自の思想は，中国仏教形成の第一人者と称される．初めて放生池を設けたことも名高い．〈天台大師〉と称される．

智旭 ちぎょく［Zhì-xù］ 1599–1655 字は蕅益．号は八不道人．呉(江蘇省)木瀆の人．明末四大名家の一人．23歳で出家し，修学にはげむ．各種経典の注釈書や仏典解題集である*『閲蔵知津』など50余種200余巻の著述を残す．諸宗融合・三教合一という明末清初の時代思潮の下，儒学など幅広い教養を持った仏教知識人として，教理面では，天台思想を自らの基礎教学とした上で，*首楞厳経や*『宗鏡録』を所依の経典とする立場に基づき*性相融会・諸宗融通を主張した．また信仰面では，当時の仏教界の現状を批判して*戒律を重視すると共に，晩年は*雲棲袾宏に私淑して*浄土教の念仏信仰を自らの実践法門とした．

畜生 ちくしょう［*s*: tiryañc, tiryag-yoni］ サンスクリット語は鳥獣虫魚などあらゆる動物を意味する．〈傍生〉とも直訳された．漢語の〈畜生〉は家畜のことで，『管子』禁蔵，『韓非子』解老などに用例がある．仏教では前世の悪行の報いで，動物に生れ変ると考える．その動物の境涯を〈畜生道〉といい，*六道の一つ．人間に残害され，互いに殺傷しあう苦を受けるという．「畜生を見るといへども，我が過去の父母なり」〔霊異記上21〕「餓鬼の饑饉の憂へ，畜生残害の思ひ…ひとつとして受けずといふ事なく」〔曾我12.少将法門〕

竹生島 ちくぶしま ⇒宝厳寺

竹林精舎 ちくりんしょうじゃ［*s*: Veṇuvana Kalandakanivāpa, *p*: Veḷuvana Kalandakanivāpa］ 中インドの*マガダ国の首都*王舎城に建てられた最初の仏教寺院．〈迦蘭陀竹園〉〈迦蘭陀竹林精舎〉とも音写される．釈尊と僧団のためにカランダカ長者が奉献した竹林に，マガダの国王ビンビサーラ(*頻婆娑羅)が*伽藍を建立した．*祇園精舎・大林*精舎などとともに釈尊がしばしば滞在し説法した*精舎の一つ．

知見 ちけん［*s*: jñāna-darśana］ *智慧による洞察力．*悟り．法華経方便品では，仏が世に現れるのは，衆生の〈仏知見〉を開き，示し，悟らせ，入らしめるためにほかならないと説く(開示悟入)．〈知見〉の語は『漢書』文帝紀などにも用例が見え，見識の意で用いられている．なお，後代の禅宗では，〈知見〉をこざかしい*分別による見解，すなわち*無分別(分別を離れていること)の対と見て否定することがある．「如来の知見にあらずんば，了了に見ることあたはず」〔守護国界章上の下〕「三宝も御知見候へ」〔伽・三人法師〕

智拳印 ちけんいん［*s*: jñānamuṣṭi-mudrā］ *金剛界*大日如来および*一字金輪仏頂の*印相．〈大日法界印〉〈大日拳印〉〈第一智印〉〈大妙智印〉などともいうが，サンスクリット本資料では，〈覚勝(bodhyagrī)印〉が内容的に一致する．具体的には，両手を金剛拳すなわち親指を掌中に入れて握り，左の人差し指を立て右の拳でそれを握る．まれに左右が逆のこともある．左は*胎蔵本来所有の*五智，右は金剛界修生の五智と，あるいは左は*行者の身体，右は*五仏の宝冠と教義解釈することもある．「大師現証を顕さん為に，南方に向き智拳印を結びて観念をこらし給ふに」〔真言伝3〕

稚児 ちご 乳児・幼児からやや成長した児童までを指す称．古来，神霊の憑ょり付きやすい者として神事に奉仕し，祭礼などに美しくよそおって行列を組んだり，舞を舞ったりする．限定的には，寺院や公家・武家などに召し使われる少年を指し，これが男色の対象ともなり，近世には〈寺小姓〉と呼ばれるものもあった．おちご．「今は昔，児ども摩なで行きし観硯聖人といふ者ありき」〔今昔26-18〕「山・三井寺にもこれほどの児あるべしとも覚えず」〔義経記1.牛若鞍馬入〕

智光 ちこう 8世紀，奈良時代の僧．河内国安宿郡を本拠とした渡来系氏族の鋤田連氏の出身．9歳で出家し，山林修行に励んだり，鋤田寺など各地の寺に住して研学したというが，とくに元興寺がんごうじの*智蔵からは*三論さんろん教学を学び，のち三論宗の学僧として一派をなした．*浄土思想にも関心を持ち，我が国における浄土教学の先駆者としても知られ，元興寺極楽坊所蔵の〈智光曼荼羅まんだら〉と呼ばれる板絵着色の浄土変相図へんそうず(原本は焼失して転写本が現存)は，智光が夢中に*観想した*極楽浄土の様相を絵師に描かせたとの伝承を有している．現存する著作に『般若心経述義』『浄名玄論略述』があり，智光をモデルにした説話が*『日本霊異記』や*『日本往生極楽記』に見える．→智光曼荼羅，浄土変．

智光曼荼羅 ちこうまんだら　元興寺がんごうじの*智光(8世紀)が感得した観経*変相図かんぎょうへんそうず．浄土三曼荼羅の一．大江親通おおえのちかみち(?–1151)著といわれる『七大寺日記』中に原本拝観の記事(嘉承元年(1106))があり，*『覚禅抄かくぜんしょう』には縦横1尺ほどの小画面と伝えるが，室町時代に焼失した．上・下段の宝楼閣・宝池会は略体で，中間に*阿弥陀あみだ三尊と*聖衆しょうじゅ，宝池会に六舞楽菩薩と左右橋上に2*比丘びくを配するにすぎず，浄土三曼荼羅中，構図は最も簡略．遺品では*元興寺がんごうじ極楽坊の三本が有名．本尊*厨子ずし背面の変相図(12世紀後半，現在収蔵庫)は『覚禅抄』より複雑，厨子入本(室町前期)は小型，諸尊会の大きい軸装本(室町時代)．同系統に*長谷寺はせでら能満院本がある．

なお本曼荼羅の制作由来譚は，*『日本往生極楽記』*『往生拾因』*『今昔物語集』以下中古・中世の諸書に収録されてきわめて著名．『当麻曼陀羅疏』巻5はそれらを集約して詳しく，元興寺極楽坊所蔵の『極楽院記』『元興寺極楽院図絵縁起』などに記すところも，本曼荼羅を中心とする中世の極楽坊信仰をうかがわせるもの．→当麻たいま曼荼羅，清海せいかい曼荼羅．

智儼 ちごん［Zhì-yǎn］　602–668　*華厳宗の実質的な確立者．*華厳経を民間で広めていた*杜順とじゅんが地方官吏であった智儼の父の家を訪れ，12歳の智儼を見て，これは自分の子であるから還すようにといったため，両親も喜んで杜順に預けたところ，杜順は高弟の達法師たつほうしに託して指導させたと伝えられる．*玄奘げんじょうの師でもあった法常・僧弁などから*『摂大乗論しょうだいじょうろん』に基づく教学を学び，また至相寺の智正から*地論宗じろんしゅうの教学を学んだ．地論宗南道派の祖である*慧光えこうの『華厳経疏』に出会って無尽縁起(*法界ほっかい縁起)の義を理解し，さらに夢告によって*六相ろくそうを沈思し，27歳で華厳経の注釈である『捜玄記そうげんき』を著して華厳経を絶対とする立場を確立したという．*如来蔵にょらいぞう説ではすべての人が成仏できると説くのが通例だが，智儼は，如来蔵は*輪廻りんねと*涅槃ねはんの双方へ向かう根拠であって，むしろ迷いの世界の根拠という面が強いとし，涅槃へ向かうなどの善なる働きのみをなすのは華厳経が説く*性起しょうきであるとした．*長安の雲華寺や*終南山の至相寺などで華厳経と『摂大乗論』を講義し，*義湘ぎしょうや*法蔵ほうぞうなどの弟子を育てた．晩年には，新訳*唯識ゆいしき説や禅宗の主張と華厳の*一乗の立場の違いを示した『五十要問答』や『孔目章くもくしょう』などを著した．

知事 ちじ［s: karma-dāna］　寺院の役職．衆僧の雑事や寺院の事務を取り扱う役をいう．*大衆だいしゅに奉仕するところから〈悦衆えつしゅ〉などとも呼ばれた．中国でははじめは*維那いななどの僧官が寺務を受け持ったが，禅宗寺院の発達と共に制度が整備され，〈四知事〉〈六知事〉など各種の知事がおかれた．

四知事とは，〈監院かんいん〉(*監寺かんすとも．寺院の一切の事務を総監)，〈維那〉(禅宗では〈いのう〉〈いの〉とも読む．衆僧の綱紀を担当)，〈*典座てんぞ〉(衆僧の食事を司る)，〈直歳しっすい〉(寺内の建物の修理・作務を監督)で，寺務の繁忙に伴い監院が〈都寺つうす〉〈監寺〉〈副寺ふうす〉に分かれて事務を分掌して六知事となった．時代や寺院規模によって差がある．任期は大概1年で古参の者がそれにあたるのは隠徳を積む意もある．この知事が中国の地方長官の名称に転用され，それが日本の知事の語源ともなった．

「首座しゅそ大衆，知事等，みな面北して礼拝するなり」〔正法眼蔵安居〕「知事は僧の後見し，利他の益大なり」〔雑談集5〕

知識 ちしき［s: mitra］　友達のこと．漢語〈知識〉は，中国古典では，知人・知合いの意で，『荘子』至楽，『管子』入国などその用例は多い．この意味を踏まえて仏典の漢訳者たちは，kalyāṇa-mitra（良い友達），pāpa-mitra（悪い仲間）を〈善友〉〈悪友〉と訳すとともに，〈*善知識〉〈悪知識〉とも訳した．仏典で単に〈知識〉という場合は〈善知識〉をさし，良き信仰仲間を意味する．唐代には，在俗信者に対する呼びかけの語としても用いられたが，後には，〈教えを説いて導く徳の高い僧〉と限定的な意味で使われた．奈良時代には，金品・労力などを出しあって*写経・造寺造仏などを行う活動が盛んであり，そうした活動仲間を〈知識〉と称した．「善友を求むる志もうすく，知識につかへる暇もなし」〔沙石集 7-25〕

智積院 ちしゃくいん　京都市東山区東大路七条東瓦町にある真言宗智山派の総本山．五百仏山根来寺と称する．元来は室町時代初期に長盛が，*根来寺（和歌山県那賀郡）山内に創建した学坊であった．1556 年（弘治 2）より根来山の学頭坊の地位を得る．ついで玄宥（1529-1605）が*能化の座に就くが，1585 年（天正 13）豊臣秀吉の根来攻めにより*高野山に逃れた．その後，玄宥は京都*醍醐寺，また高雄*神護寺に移り，徳川家康の帰依を受け，京都北野に寺地を得て智積院を再建した．さらに関ヶ原の戦いの後，1601 年（慶長 6）には現在地にあたる洛東豊国神社の付属寺院 3 宇と寺領を得，これを改修して上寺（居室）と下寺（講堂）となし，教学の専門道場として再興した．

第 3 世日誉（1556-1640）の時には，1613 年（慶長 18）に，関東新義真言宗法度ならびに智積院法度，および寺領の朱印を家康より下賜される．さらに 1615 年（元和 1）豊臣家が滅亡し祥雲寺が召し上げになると，家康よりその寺域・堂舎が寄付された．以後，江戸時代を通じて新義真言宗の頭として確固たる地位を保った．1872 年（明治 5）*長谷寺とともに新義真言宗の総本山となり，高野山と交替で真言宗管長となる制度を定め，1900 年（明治 33）には〈智山派〉を公称した．特筆すべき美術品として長谷川等伯・久蔵親子とその一門による桃山時代の障壁画がある．

智水 ちすい　仏教では，水は熱さや苦しみを除き，*清浄を与えて生きとし生けるものを安楽にするという．すなわち万物を育み，清浄にする徳性を備えている．一方，*般若の智慧が*煩悩の垢を除き，衆生を*利益することから，智慧と水を複合語化して〈智水〉という．密教では特に*大円鏡智などの*五智を説くので，*灌頂用の瓶水を智水と呼ぶこともある．なお，智と水を結びつけたことばとして，中国古典では『論語』雍也の「子曰く，知者は水を楽しみ，仁者は山を楽しむ」がよく知られる．「値ぁひ難き如来の教法を修行せず，大日覚王の智水の流れにも身をも洗すがず」〔盛衰記 8〕「福田のまさに渇きなんとするに，智水いまだ掬まずは，何によってか善苗を植ゑん」〔愚迷発心集〕

地水火風 ちすいかふう　⇒四大

智蔵[1] ちぞう〔Zhì-zàng〕　458-522　中国，江蘇省蘇州の人．俗姓は顧氏，本名は浄蔵．僧柔（436-494），慧次（434-490）に受学し，同門の*法雲・*僧旻とともに梁の三大法師と称せられ，いずれも熱心に*『成実論』を研究した．とりわけ智蔵は『成実論大義記』『成実論義疏』を著して大きな影響力をもったが，著作は散逸して今に伝わらない．梁の*武帝（在位 502-549）の帰依をえて開善寺に住し，開善あるいは開善寺智蔵ともいわれる．

智蔵[2] ちぞう　生没年不詳．7 世紀の*三論宗の学僧．中国呉国の人．父福亮（645 年（大化 1）8 月に十師の一人に任命される）と共に来日．日本に初めて三論を伝えた高句麗僧慧灌について三論を学ぶ．その後，入唐して重ねて三論を伝えて*法隆寺に住し（第二伝），以後もっぱら三論を講じてその弘通に努めた．弟子に三論第三伝の道慈，*智光曼荼羅で名高い*智光，礼光などがいる．

秩父三十三所 ちちぶさんじゅうさんしょ　埼玉県西部の観音霊場．観音巡礼の*札所は，*観音経（法華経観世音菩薩普門品）に基づく観音*三十三身により三十三所とするのが通例であるが，現在の秩父巡礼は〈三十四所〉となっている．秩父巡礼に関する文献上の初見とされる室町時代中期，1488 年（長享 2）の『秩父観音札所番付』（32 番札所法性寺伝来）には，秩父巡礼の縁起を 1234 年（文暦 1）書写山*性空の開創と伝承し，札所の数を〈三十三所〉とする．もともと秩父三十三所であったものを，16 世紀ごろに*西国三十三所・*坂東三十三所と並べて百観音巡礼を成立させるため，〈三十四所〉にしたという説が有力である．現在の〈秩父三十四所〉の寺号および本尊(観音名)は以下の通り(通称は省略)．

1. 誦経山四万部寺(聖観音)，2. 大棚山真福寺(聖観音)，3. 岩本山常泉寺(聖観音)，4. 高谷山金昌寺(十一面観音)，5. 小川山語歌堂(准胝観音)，6. 向陽山卜雲寺(聖観音)，7. 青苔山法長寺(十一面観音)，8. 清泰山西善寺(十一面観音)，9. 明星山明智寺(如意輪観音)，10. 万松山大慈寺(聖観音)，11. 南石山常楽寺(十一面観音)，12. 仏道山野坂寺(聖観音)，13. 旗下山慈眼寺(聖観音)，14. 長岳山今宮坊(聖観音)，15. 母巣山少林寺(十一面観音)，16. 無量山西光寺(千手観音)，17. 実正山定林寺(十一面観音)，18. 白道山神門寺(聖観音)，19. 飛淵山竜石寺(千手観音)，20. 法王山岩之上堂(聖観音)，21. 要光山観音寺(聖観音)，22. 西陽山栄(永)福寺(聖観音)，23. 松風山音楽寺(聖観音)，24. 光智山法泉寺(聖観音)，25. 岩谷山久昌寺(聖観音)，26. 万松山円融寺(聖観音)，27. 竜河山大淵寺(聖観音)，28. 石竜山橋立寺(馬頭観音)，29. 笹戸山長泉院(聖観音)，30. 瑞竜山法雲寺(如意輪観音)，31. 鷲窟山観音院(聖観音)，32. 般若山法性寺(聖観音)，33. 延命山菊水寺(聖観音)，34. 日沢山水潜寺(千手観音)．

秩父巡礼はとりわけ江戸中期以降に盛んになったが，明治維新後の*廃仏毀釈で幾多の寺院が無住となった．地理的な巡りやすさもあり，現在，参拝者は多い．各寺院の宗派は曹洞宗もしくは臨済宗南禅寺派・同建長寺派など禅宗系がほとんどであり，一部に真言宗豊山派がある．→三十三所．

知訥 ちとつ［Chi-nul］ 1158–1210 朝鮮の禅を確立し，*曹渓宗の基礎を築いた高麗の禅僧．号は牧牛子．慧覚尊者とも称され，没後，熙宗から仏日普照国師の諡を贈られた．黄海道洞州(現在の瑞興郡)の出身．17 歳の時，慶州北道の普門寺で*李通玄の『新華厳経論』を得て，華厳と禅宗の根本は一致することを知った．25 歳で独学の身で正式の僧となったのち，全羅南道の清涼寺で*『六祖壇経』を読んでいたとき，「真如自性は外界の対象に縛られることなく常に自在である」という箇所に至って驚喜し，これに基づいて坐禅に打ち込み，32 歳の時に同志を集めて定慧社を結んでともに励んだ．すなわち，中国に渡った僧によって導入されたそれまでの朝鮮の禅宗とは異なり，知訥の禅は朝鮮で独自に形成されたものなのである．華厳教学は，*義湘以来盛んだったが，李通玄に着目したのも独自な点である．さらに『大慧語録』を読んで*大悟，42 歳の時，定慧社を松広山に移し，48 歳の時，曹渓山修禅社と改めた．これが現在の曹渓山*松広寺である．知訥は『六祖壇経』を坐禅の中心とし，李通玄・*宗密・*大慧宗杲の著作を重視し，信者には*金剛般若経の読誦を勧めた．著作は『修心訣』『円頓成仏論』『真心直説』『華厳論節要』など 10 部が残るが，弟子の作や別人の作も含まれている．

チベット大蔵経 ―― だいぞうきょう　8 世紀末以後，主に*サンスクリット語仏典をチベット語に訳出して集成したもの．*顕教部分は主に 9 世紀前半中に，*密教部分は 11 世紀以後に訳された．14 世紀はじめ頃，中央チベット西部のナルタン寺で*経・*律を内容とする〈カンギュル〉(bKa' 'gyur，仏説部)と論疏を扱った〈テンギュル〉(bsTan 'gyur，論疏部)に分けて写本の形で編集され，旧〈ナルタン版大蔵経〉が成立した．やがて増補されて前者は〈ツェルパ本カンギュル〉に，後者は〈シャル寺本テンギュル〉になった．いずれもインド仏教末期までの伝統をかなり正確な訳文で伝えている．

版本による最古のカンギュルは〈永楽版〉(1410)で，〈万暦重版〉(1606)がこれにつぎ，その後〈ジャン版〉(雲南麗江，1621)が，いずれもツェルパ本を基に成立した．テンギュルの最古版は雍正帝の 1724 年に開版された〈北京版〉で，その後の新〈ナルタン版〉(1742)および〈デルゲ版〉(1744)のテンギュルと同様に，先のシャル寺本テンギュルに基づく．チベット大蔵経としては，これらテンギュル 3 版にそれぞれのカンギュル(順次に 1692,

1732, 1733年開版)を合体したものが最も有名で，広く利用される．この3版に〈チョネ版〉(カンギュル1731，テンギュル1773年開版)を加えて四大版本という．また，1934年には*ダライ-ラマ13世の命により〈ラサ版カンギュル〉が開版されている．この他，とくにカンギュルには筆写本が多く存在し，近年ではカンギュルの伝承系譜に関する研究の進展が著しい．

チベットの仏教美術 ―の ぶっきょうびじゅつ チベットでは，古代吐蕃(とばん)王国の時代に仏教が導入され，周辺のインド，ネパール，シルク-ロード地域，中国から多様な仏教美術が伝播した．また近代に入って，他のアジア諸国では世俗的な文化が発展したのに対し，チベットでは依然として，仏教美術が文化の中心の地位を占めつづけた．

このうち〈*タンカ〉と呼ばれる軸装仏画は，チベットを代表する美術品で，*チベット仏教の伝播にともない，モンゴルや中国内地でも製作されるようになった．なお吐蕃が占領していた*敦煌(とんこう)の莫高窟(ばっこうくつ)からは，タンカの源流をなす幢画(とうが)が数点発見されているが，中央チベットには吐蕃時代の遺品は伝えられていない．また吐蕃時代に創建された寺院で，古代の壁画を捜索する試みもなされているが，いまだ万人を納得させる結論は得られていない．いっぽう彫刻では，森林資源に乏しいチベットの風土を反映して，木彫仏は少なく，*塑像(そぞう)，石像，鋳造(ちゅうぞう)，銅板打出しの仏像が主流を占めている．なおチベットでは，ネパールのネワール族の鋳造技術が高く評価されており，チベット仏教圏からネパールに造像を発注することも稀ではなかった．近年，東チベットで9世紀前半の*磨崖仏(まがいぶつ)が発見されたが，多くの戦乱に加え，文化大革命期に激しい仏教弾圧を経験したチベットでは，吐蕃時代に創建された寺院でも，古代に遡りうる仏像を見いだすことはきわめて困難である．

チベット仏教 ― ぶっきょう 7世紀前半に仏教はチベットに伝えられ，*ティソン-デツェン王の779年，サムイェー大僧院の本堂完成の折，インドのナーランダー大僧院(*那爛陀寺(ならんだじ))の長老*シャーンタラクシタによって6人のチベット人に*説一切有部(せついっさいうぶ)の*具足戒(ぐそくかい)が授けられ，*僧伽(そうぎゃ)が発足した．以来，*訳経(やっきょう)事業が始められ，現象世界を時間と空間とに分け，それぞれを実体視する〈*無明(むみょう)〉によって*執着(しゅうじゃく)し，苦しむものに〈*無自性(むじしょう)〉を説き，*利他行を勧める*中観(ちゅうがん)の教えが普及した．

【サムイェーの宗論】786年に*敦煌(とんこう)が占領されると，禅僧*摩訶衍(まかえん)がチベットに招かれ，不思不観の*坐禅による*解脱(げだつ)を説いて流行した．王はこの教えの反社会性を憂え，シャーンタラクシタの没後であったので，その弟子*カマラシーラを794年に招き，摩訶衍を論破させて中観の教義を正統とした(*サムイェーの宗論)．摩訶衍の禅は利己的救済に終始して利他行を欠くから*大乗ではなく，*禅定(ぜんじょう)に正見がないため〈*般若(はんにゃ)〉の完成がなく〈無自性〉が悟れないから仏教でさえありえないとされた．797年頃カマラシーラは暗殺されたが，843年の王朝分裂まで仏教は栄え，訳経事業も824年には峠を越えた．王朝の統制がなくなると，*如来蔵(にょらいぞう)思想を基盤にした当時流行の性*瑜伽(ゆが)を説く在家(ざいけ)密教，すなわち，*タントラ仏教が中国系の禅と共に流行した．

【戒律復興運動―ゲルク派の誕生】11世紀になると，*戒律復興運動が起こり，僧伽が再興され在家密教がしりぞけられ，*顕教(けんぎょう)による修習が盛んになり，*般若経の解釈学，*唯識(ゆいしき)や如来蔵思想の研究，中観2派の論争などが続いた．他方，新しいタントラ仏教を学ぶものも現れ，当時インドから入国して仏教界を指導した*アティシャもタントラ仏教の学習を勧めた．当初警戒されたタントラ仏教も次第に僧伽に受け入れられる形に改められていったので，顕教と併修される傾向が生じた．しかし，元(1271–1368)や明(1368–1644)の宮廷に悪名を遺したように，なお性瑜伽の問題があった．

その頃*ツォンカパが現れ，顕教の中枢に中観帰謬(きびゅう)論証派の教義を据え，密教の如来蔵思想に基づく理解を改めて，中観の〈無自性〉を深く観ずるための密教的禅定体系に変質する注釈を書き上げ，性的意義を除き戒律に背くことのない形で実践されるように*行者(ぎょうじゃ)の資格と修習の順序を厳しく規定した．かくしてインド仏教が目ざした小乗・

大乗・タントラ仏教を統合した修道体系を組織してチベット仏教正統派の*ゲルク派を1409年に立宗した．1642年に*ダライ-ラマ政権が成立すると，この派が政治的にも正統派として擁立された．

智目行足 ちもくぎょうそく　仏道修行上の二大必須条件の*智慧(ちえ)と*行(ぎょう)(実践)をそれぞれ人の目と足に譬えたことば．智慧はものごとの道理・真理を見て行を導き，行はその智慧を生ぜしめるものであるから，両者は相依相関の関係にあって，仏道修行には必ず両者がそなわらなくてはならないとされる．略して単に〈智行〉ともいう．「解行相成じ，智目行足，不二の門を照し，無住の道に歩む」〔義鏡上〕

茶 ちゃ　ツバキ科の常緑低木．中国南部(四川・雲南・貴州)の山岳地方の原産で，日本へは*栄西(えいさい)が宋から伝えたという説もあれば，九州に野生していたとする説もある．栄西が著した*『喫茶養生記(きっさようじょうき)』は，茶の医用品としての効能を説き，飲茶の風習を日本に定着させるうえで重要な意義を有した．栄西は山城栂尾(とがのお)*高山寺(こうざんじ)の*明恵(みょうえ)にも茶種を贈り，明恵はその種子を山中の深瀬に植えたところ地味に合い，良茶の評判を得るようになったと伝える．奈良西大寺*叡尊(えいそん)は，1284年(弘安7)に宇治川の殺生禁断を朝廷に申請して許可され，川に設置された網代(あじろ)を停止させた．他方，川を漁場とする漁民の生活を保護するために，茶を植えさせたという．

鎌倉末期から室町中期にかけて，茶会の一種である闘茶(とうちゃ)が大流行した．それは，本茶(栂尾茶)と非茶(それ以外の産地の茶)を飲み分け，点数をつけながら賭物を取る一種の博打である．その本茶の産地が高山寺であるように，飲茶は僧侶(寺院)から貴族・武士へ広まったのである．室町末期には，大徳寺の*一休宗純(いっきゅうそうじゅん)に参じて禅の影響を受けた村田珠光(むらたしゅこう)によって*わび茶の作法が創始され，千利休(せんのりきゅう)により*茶道が大成された．なお栄西以前は，蒸した葉を固形にして乾燥させた団茶を砕き，それに湯を注いで飲むのが一般的であったが，栄西は抹茶を飲むことを勧めた．しかし江戸時代以後は，現在においても普通の煎茶を飲むのが一般的となっていった．→茶道(さどう)．

チャイティヤ [*s*: caitya, *p*: cetiya]　〈制多(せいた)〉〈制底(せいち)〉〈支提(しだい)〉〈枝提(しだい)〉とも音写する．「積み上げる」を意味する動詞語根 ci に由来すると考えられるが，実際の用例では聖樹・聖林・聖岩・聖泉などのほか，土や石やレンガが積み上げられた記念構築物など，広く崇敬の対象として象徴化されたものをさす．仏教においては，早くから仏陀を象徴する*菩提樹や*塔(ストゥーパ)などの崇拝対象が〈チャイティヤ〉と呼ばれた．塔との区別については，「舎利(しゃり)あるものは塔と名づけ，舎利なきものは枝提と名づく」〔摩訶僧祇律33〕とも解説されるが，両者の区別は判然としない．とくに南インドやスリランカでは，塔を〈チャイティヤ〉または〈チェーティヤ〉と名づけた．後に崇拝対象としての塔が*僧院や窟院の中に導入されたときには，これを caitya-gṛha(支提堂・*祠堂(しどう))または caitya-guhā(支提窟(しだいくつ))と呼んでいる．

択滅 ちゃくめつ [*s*: pratisaṃkhyā-nirodha]　*涅槃(ねはん)(nirvāṇa)の別名．*智慧によって*煩悩(ぼんのう)を断滅させて得られる*寂静(じゃくじょう)の状態．〈択〉とは鍛錬された判断力・理解力などの智慧のことで，それによって誤った状態や見解から解放されて得られる状態を〈択滅〉という．一方，〈択〉によらずに，生ぜしめる縁を欠いてもとより消滅している状態を〈非択滅〉という．*『倶舎論(くしゃろん)』では，*虚空(こくう)および非択滅とならんで，択滅を*無為(むい)(asaṃskṛta)(三無為)の一つとし，〈択滅無為〉と呼ぶ．「択に由りて得る所滅す．名づけて択滅となす」〔成唯識論述記2末〕

チャクラ [*s*: cakra]　本来は〈輪〉の意．ヒンドゥー教，仏教，ジャイナ教の*タントラで，身体に設定される特殊な器官で，〈ナーディー〉(nāḍī)と呼ばれる脈管とともに，生理学的な*ヨーガ実践の基礎をなす．仏教では，7世紀後半に成立した*大日経が，身体の五処に*五大の輪(チャクラ)を布置する〈五字厳身観(ごじごんしんかん)〉を説くのが，もっとも早い言及と思われる．しかしこの段階では，いまだ生理学的ヨーガは説かれていない．これに対して9世紀に成立した*『ヘーヴァジュラ-タントラ』は臍に変化輪(へんげりん)，心臓に法輪(ほうりん)，喉に受用輪(じゅゆうりん)，眉間に大楽輪(だいらくりん)の四つのチャクラを説き，これが仏教の定説となった．しかし仏教でも11世紀に成立した*『時輪タントラ』は，ヒンドゥーのタントラと同じく，四つのチャクラに頭頂と生殖器の基底部を加えて，六つのチャクラを立てる．→四輪．

チャンダカ［*s*: Chandaka］⇒車匿

チャンドラキールティ［*s*: Candrakīrti］　7世紀．漢訳名は〈月称〉．*中観派の思想家・注釈家．主著の*『入中論』において克明な*唯識批判を展開する．*竜樹(ナーガールジュナ)の作品に対する注釈に『プラサンナパダー(浄明句論)』(*『中論』の注釈)，『空七十論注』，『六十頌如理論注』などがあるが，このうち『プラサンナパダー』(*Prasannapadā*)のみは梵本が現存し，それによって竜樹作『中論』の原文が回収できる．また*アーリヤデーヴァ(聖提婆)の*『四百論』に対する注釈『四百論注』(梵文断片が残存)を著した．『中論』の注釈に関連して仏護(*ブッダパーリタ)を批判した*清弁(バーヴィヴェーカ)への再批判を行なって帰謬論法の有効性を主張し，プラーサンギカ(帰謬論証派)とスヴァータントリカ(自立論証派)という中観派内の二派対立の端緒となった．チベットで重視された論師であり，諸作品は*チベット大蔵経に納められている．漢訳された作品はない．

中　ちゅう［*s*: madhya, madhyama］　二分法によって分けられたそのどちらにも属さず，それを超越したありかたを示す．二分法には，たとえば*有と*無，常と断，*苦と*楽などがあり，通常そのどちらかが一つの極端(anta，辺という)にまで進み，しかもそれに固執する．仏教はそれを批判して，この〈中〉を繰り返し説く．〈中〉は仏教全体を一貫している．同様に*孔子やアリストテレス，その他の多くの哲人や賢者たちによっても，〈中〉が尊ばれ説かれたのに対応する．

【初期仏教】*釈尊はもと豊かな王族の家に生まれ楽に満ちた青春を送り，やがてそれから*出家すると，厳しい*苦行に6年間も励み，しかしそれも捨てたあとに，瞑想のうちに*悟りを開いた．その経歴もあって，最初の説法であるサールナートの鹿の園(*鹿野苑)における*初転法輪には，〈中道〉(*p*: majjhimā paṭipadā)を掲げる例が多い．これは通常〈不苦不楽の中道〉と称され，また〈道〉は向かって(paṭi-)踏む(pad)に由来して，実践的色彩が濃い．また釈尊の当時は新しい自由思想家が輩出して，一方に快楽主義や*唯物論が，他方に苦行偏重や*禁欲主義があり，その両極端への批判も，中道説には込められていたと推察される．

初期の諸経典に説かれる〈中〉は，そのほかに，上述したとおり，*常住と断滅とに対する〈不常不断の中道〉や，有と無とに対する〈*非有非無の中道〉などがあり，これらは一つの極端に固執した偏見を厳しく戒める．このさい、一辺と他の辺とを共に否定する〈中〉は，必ず二重否定の構造を有し，これは仏教の理想であるニルヴァーナ(nirvāṇa，*涅槃)にあい通ずるところがある．ただし，その後の部派仏教には〈中〉の主張はほとんど現れない．

【竜樹の『中論』】初期大乗仏教を基礎づけた*竜樹は主著*『中論』(*Madhyamaka-śāstra*)において，特にその第24品に彼の中心思想である〈*縁起―*無自性―*空〉を詳述し，そのなかの第18偈に，〈縁起〉と〈空〉と〈中道〉(*s*: madhyamā pratipat)とをほぼ同義語として扱い，釈尊の中道への復帰を含意しつつ宣言した．『中論』という名称は，同書約450偈中でただ1回のみ登場するこの〈中道〉の語に基づく．また彼の信奉者は後代すべて*中観派(*s*: Mādhyamika)と称した．そのほか，*無着が著し*世親が注釈を加えた*『中辺分別論』(*s*: *Madhyānta-vibhāga*)は，*唯識説の重要な論書であって，ここには〈中〉と〈辺〉との分析が果たされた．→中道．

【中国仏教】中国仏教では，上述の『中論』の偈に〈*仮名〉(*s*: prajñaptir upādāya，相対的な仮説的表現)の語が挿まれているところから，空―仮―中がとりだされて，これを〈*三諦〉(三つの真理)と術語化し，特に天台教学がこれをめぐって詳細な分析を加えながら自説を展開しており，いわば絶対究極の真理を〈中諦〉として確立した．そのほか，仏教全般にわたり〈中〉はしばしば論述究明され，最重要視されている．

中有　ちゅうう［*s*: antarā-bhava］　〈中陰

〉ともいう．*前世での死の瞬間(死有)から次の生存を得る(生有)までの間の生存，もしくはそのときの身心をいう．その期間については，7日，49日(七七日)，無限定などいくつもの説がある．今日，死後7日ごとに法要を営み，*四十九日を〈満中陰〉とするのもそれらの説に基づいて起こった習慣である．この期間の身体は次に生を享ける*本有の形であり，人の場合は*五蘊をそなえた5,6歳くらいの子供の姿であるが，微小なため肉眼では見えないとされる．また中有は，*乾闥婆(gandharva)ともいわれ，香りのみを食物とするので〈食香〉とも訳される．しかし，仏教の学派では中有を認めないものも多い．→四有．

「中有といひていまださだまらぬ間は，はるかなる曠野に鳥獣などだにおともなきに，ただ一人まどひありく心細さ」〔俊頼髄脳〕「中有のありさま，おろおろ申し侍るべし．水すこしたまりたる所の，広き野のやうなるを，四五歳の子になりてただひとりゆくなり」〔九巻本宝物集2〕

中観 ちゅうがん　*有無，断常(*断見・*常見)といった極端な考えかた(二辺)を離れて，物事を自由に見る視点．竜樹は*『中論』第24章・第18偈において「縁起をわれわれは空性と呼ぶ。それはまた[要素や素材]を取っての表示(*仮名)であり，それこそが中道である」という．この偈頌は，すべての事物が他のものに依存して生起(*縁起)すること，いい換えればそれらは構成要素や素材の集合体として，その要素や素材にもとづいて仮に命名(仮名)されたものであり，それゆえ，素材がなくなれば存続できず，素材を得れば成立するという点では，厳密には有とも無ともいえない(*中道)ということ，この道理を空は意味しているというのである。中国天台宗の*智顗はこの偈頌の趣意に着目し，これを〈*空・*仮・*中〉の三諦を説くもの(三諦偈)と解釈した．かれはこの解釈に立って，〈中観〉を空観・仮観とならんで物事を把握する三視点の中の最も重要な視点と意味づけたのである．→三諦，三観．

なお，現在の〈*中観派〉という呼称は，中すなわち中道を学ぶ者，あるいは理解する者を意味するmādhyamikaに対する意訳である．これは，『中論』をときに『中観論』と呼び，智顗が上述のように中観を重んじて三観説を立て，また*義浄が7世紀後半のインド大乗仏教に中観と*瑜伽の二つがある，と伝えた中国での伝統的な呼称をふまえたものである。

「中観心を瑩いて，百非心虚にとどまらず」〔性霊集7〕「一中一切中なれば，空仮として中にあらざるなし．総じて中観なり」〔十住心論8〕

中巌円月 ちゅうがんえんげつ　1300(正安2)-75(応安8)　中巌は道号，円月は諱．初めの諱は至道．別に中正子・東海一漚子と号する．鎌倉の人で，平氏土屋氏の出身．16歳，円覚寺に東明慧日(曹洞宗宏智派)を拝して掛搭する．1325年(正中2)に渡元，古林清茂・竺田悟心・東陽徳輝(煇)などに参じ，1332年(元弘2)に帰朝する．上野利根庄の吉祥寺開堂に際し，東陽(臨済宗大慧派)への嗣法を表明，ために宏智派より背反行為として糾弾される．転々の後に鎌倉・豊後・京都の各万寿寺を歴住し，建仁寺に退居の意を示すが，同寺内の徒に暗殺を図られる．これにより晩年は，主として近江杣庄の竜興寺と建仁寺との間を往復し，その間に等持寺・建長寺などに歴住した．門生に*義堂周信らがあり，別源円旨・此山妙在らと交友した．中巌は，ひたすら悟道を求める信念の人であり，他方詩人としての気質をも有した．『東海一漚集』のほか，『中巌月和尚自歴譜』『仏種慧済禅師語録』などの著がある．〈仏種慧済禅師〉と諡された．

『中観荘厳論』 ちゅうがんしょうごんろん　[s: *Madhyamakālaṃkāra*]　後期*中観派の代表的な思想家である*シャーンタラクシタの著作．97の詩頌とそれらに対する自注からなり，注釈書に弟子の*カマラシーラ作の『同論細疏』がある．いずれもチベット語訳のみが伝承される．本書は，すべての存在(*一切法)が*無自性であることを離一多性，すなわち一性と多性のいずれでもあり得ないから無自性であるという論理をもって考証する．その構成は，プドガラ(補特伽羅，一種の*霊魂)や元素，さらには仏教内外で説かれる*識などを批判の対象とし，それらが離一多性のゆえに無自性であることを論じる前半63*偈けまでと，一切法が無自性であることの意味を，*世俗と*勝義しょうの立場から諸経典を援用しながら論じる第64偈以降の後半部からなる．かくして，かれは，「[*中観と*瑜伽行派ゆぎょうはの] 2つの学説の馬車に乗って，論理の手綱をとる人々は，それゆえ文字通りの大乗教徒となる」[第93偈] と喩えをまじえて結論にする．

『中観心論』ちゅうがんしんろん [s: Madhyamakahṛdayakārikā] *中観派ちゅうがんはを開創したバーヴィヴェーカ(*清弁しょうべん)の主著．全体は11章で，1000を越える詩頌からなる．唯一のサンスクリット写本に基づいて，各章別に校訂テキストが刊行されている．漢訳を欠くが，*アティシャなどによるチベット語訳がある．本書は，*声聞しょうもん学説，*三性さんしょう説に代表される*瑜伽行派ゆぎょうはの学説，さらには*サーンキヤや*ヴァイシェーシカなどの学説など，当時の仏教内外の諸学説を批判するなかで，*『中論ちゅうろん』を起点とする中観学説の心髄を明らかにするという構成をもつ．著者は後代，自立論証派の祖とも呼ばれるが，本書においても主張命題・理由句・喩例という三支さんからなる自立論証を積極的に用いる．なお，本書にはバヴィヤ作の注釈『論理の灯』(Tarkajvālā) がチベット語訳に伝わる．

中観派 ちゅうがんは [s: Mādhyamika] *竜樹りゅうじゅ(ナーガールジュナ)を祖師とし，その著作*『中論ちゅうろん』などを基本的典籍とする，インド*大乗仏教の一学派．すべてのものは原因条件をまって生起(*縁起えんぎ)するのであって，独立固有の実体性は持たず(*無自性むじしょう)，*空くうである(空性くうしょう)，物事をそのように把握するのが固定した考えかたに執われない*中ちゅうの立場(*中道)にほかならない．これが学説の基本的内容．

【初期・中期】竜樹に次いで聖提婆しょうだいば(*アーリヤデーヴァ)が*『四百論しひゃくろん』などによって学説の体系化を試み，遅れて仏護ぶつご(*ブッダパーリタ)，*清弁しょうべん(バーヴィヴェーカ)，月称げっしょう(*チャンドラキールティ)が輩出し，空性を記述し体得する方法についての議論を展開した．清弁は，仏教*論理学を体系化した*陳那じんな(ディグナーガ)の影響もあって，主張命題・理由・喩例の三部分からなる論証方法(自立論証)を用いて『中論』を注釈した．これに対して，仏護および月称は，『中論』において竜樹が多用した帰謬論法—広くは混合形の仮言三段論法—を正当な論証法と評価し，それぞれの注釈の中でこの論法を自覚的に採用した．後代，とくに10世紀後半頃から月称の中観学説の評価が高まる中で，中観派を清弁系の〈自立論証派〉と，仏護・月称系の〈帰謬論証派〉とに区分する見方が強調されることになる．

【後期】8世紀に活躍した寂護じゃくご(*シャーンタラクシタ)および蓮華戒(*カマラシーラ)の師弟は，5世紀以降長らく対立関係にあった*瑜伽行派ゆぎょうはによる*唯識ゆいしき説を，空を理解するための一つのステップとして肯定的に評価したため〈瑜伽行中観派〉と呼ばれた．8世紀から9世紀にかけては，中観派の学説は，*勝義＝空を共通理解したうえで，世俗的な事物と認識をいかに理解するかという視点から，瑜伽行派的な中観学説と*経量部きょうりょうぶ的なそれとに対比するのが一般的であった．前者は，世俗の事物を心・心作用のみに限定したうえで，知は自己の内なる形象を認識するという，知の自己認識論を前提にした〈有形象うけいしょう知識説〉を肯定する．これに対して，経量部的な中観学説の代表として清弁の学説が位置づけられた．当時の通説によれば，世俗的な事物には，心・心作用のみならず，物質的な諸法(*色法)も含まれ，知の認識対象としてこれらの外界の事物は存在する—これが経量部的な中観学説の骨子であった．

中宮寺 ちゅうぐうじ 奈良県生駒郡斑鳩いかるが町にある聖徳宗の尼寺で，もとは真言律宗．〈鳩いかるが尼寺〉〈法興尼寺〉ともいう．*門跡もんぜき寺院．*聖徳太子の母，穴穂部間人あなほべのはしひとの皇后(？-621)の宮所を寺としたと伝える．創建年代は明らかでないが，旧寺地の発掘から，*法隆寺若草伽藍がらんとほぼ同時期に建立されたと推定されている．文永年間(1264-75)に*叡尊えいぞんの後援を受けて*信如尼しんにょにが再興．1600年(慶長5)までに現在地に移建，その頃から宮家の皇女を迎える慣習が生じた．本尊の菩薩半跏ぼさつはんか像は，飛鳥時代後期の木彫像の名品(→半跏思惟像)．楠材から彫出され，特異な構造をもつ．寺宝の(*天寿国繍帳てんじゅこくしゅうちょう)残闕ざんけつは，聖徳太子の死を嘆いた妃の橘大郎女(たちばなのおおいらつめ)が，太子が往生した天寿国の有様を宮中の采女(うねめ)に縫わせたもの．

中啓 ちゅうけい　〈鳳扇(末広(すえひろ))〉〈蝙蝠(かわほり)〉ともいわれ，〈檜扇(ひせん・ひおうぎ)〉とともに公卿・官僧の用具である．中啓は竹骨に紙を張ったものであるが，親骨を外方に反らしてあるので，扇を閉じた時にも扇の先が開いているのでその名がある．束帯のとき檜扇は冬，中啓は夏に用いられるようになったが，僧家においては，袍裳*七条などの正装には檜扇を用い，その他の装束のときには中啓を用いるのが習わしになっている．中啓の親骨の透彫(すかしぼり)には，猫間透と丁字透とがある．「師，中啓を挙げ，曰く，『前へ出でられよ』と．上人進前す」〔盤珪語録〕

中元 ちゅうげん　陰暦7月15日のこと．正月15日を上元，10月15日を下元と称するのと併せて〈三元〉と呼ぶ．*道教の寺院である道観では，上元・中元・下元を天官・地官・水官大帝の生日とし，それぞれの官に罪を懺悔する斎醮が行われる．一方，この7月15日は仏教的年中行事である〈*盂蘭盆会(うらぼんえ)〉と結びついた．道教の三元の説の上に，盂蘭盆会が混合したという考え方に対して，逆に盂蘭盆会の影響を受けて三元の説が成立したという見解もある．ともあれ，唐代においては広く民衆の生活に影響を与える時節となった．転じて日本では，佳節の意味合いから近世以降，贈答の風習が生まれ，この時期にする贈物を〈中元〉というようになった．

「正月十五日を上元といふ．此の夜を元宵とも元夕ともいふなり．七月十五日を中元といふ．十月十五日を下元といふなり．…(唐の上元は)すなはち是れ七月否卦(ひのけ)，十五日に鬼霊をまつる日にあたるなり」〔奇異雑談集 6-1〕

中間 ちゅうげん　[s: antara]　antara(まん中，あいだ)の翻訳語として，同じ意味をもつ語を二つ重ねて造られた複合語．まん中，ちゅうかん，あいだの意．転じて日本では，どちらともつかないなかほどの，中途半端の意に用いられ，〈*中間法師(ちゅうげんほうし)〉(雑用係の半僧半俗の僧)や〈中間男(ちゅうげんおとこ)〉(侍と小者のあいだに位する召使．略して〈中間〉)などの語が生まれた．なお，〈中間〉は古くは女の使用人にも用いられた．「わづかに人界に生まれたりといへども，二仏の中間やみ深く，闘諍堅固の恐れはなはだし」〔発心集 5〕「頼清が中間に仕へける女ありけり」〔今昔 27-32〕

中間法師 ちゅうげんほうし　大寺で，*学侶(がくりょ)階級の僧に使われて仏事の雑用を勤めた，身分の低い僧．〈中間〉は身分が中程度の意で，具体的には学侶階級と半僧半俗的下僧の中間の位置をさす．〈中間僧〉とも．「堂衆(どうじゅ)と申すは，学生の所従なりける童部が法師になったるや，もしは中間法師原にてありけるが」〔平家 2.山門滅亡堂衆合戦〕「比叡(ひえ)の山に，なにがしとかやいひける人のもとにつかはれける中間僧あり」〔閑居友 上〕

『注好選』 ちゅうこうせん　*説話集．表記は漢文．1152年(仁平2)の古写本があり，*『今昔物語集(こんじゃくものがたりしゅう)』にも共通話が多く，12世紀初期には成立していたであろう．編者は未詳ながら，学僧または仏門に帰した儒家が想定される．3巻．完本は現存しないが，遺存する東寺(とうじ)本・金剛寺(こんごうじ)本を取り合わせると，上・中巻は完本が得られ，これによると，上巻は102話，中巻は60話となり，下巻だけが第49話後半以降を欠く．序文によると，童幼教育に資するための編書という．

上巻は数話を除けば中国説話で，天地開闢(かいびゃく)・三皇五帝に始まり，唐代以前の勧学・孝養説話，史話・故事逸話類を収録．中巻は仏典に由来するインドの仏教説話で，釈尊や仏弟子の行状や逸事が中心となる．下巻は内外典に取材した動物にまつわる故事因縁話を収め，仏教的視座に立つ．広義の儒仏二教に立脚した啓蒙姿勢は，後の*『実語教(じつごきょう)』や*『童子教(どうじきょう)』の先駆的意義を担い，これも本来は寺家の子弟教育用テキストだったかと思わせる．中世を通じてある程度流布したもののようで，中世説話集・中世浄土宗関係仏書，その他諸領域の文献にもしばしば抄出利用されることがあった．

中国 ちゅうごく　上古時代，黄河流域に建国した漢族は自らの住む国土を，南蛮・東夷・西戎・北狄の文化後進の四方の地方に対して，自らはその中央に位置すると考えて中国と称した．『荘子』田子方「吾れ聞く，中国の君子は礼儀に明らかなれども，人心を知るに陋なり」などとある．インドではガンジス河の上流・中流地域を「中央の地域」(madhya-deśa)と呼び，漢訳仏典では，これを〈中国〉と訳した．『高僧法顕伝』(*『仏国記』)には「道整は既に中国に到れば，沙門の法則，衆僧の威儀，事に触れて観る可きを見て，乃ち追いて秦土辺地の衆僧の戒律の残缺を歎く」とある．

中国の仏教美術 ちゅうごくのぶっきょうびじゅつ 【後漢-北魏】中国への仏教伝来は後漢時代に遡るが，後漢から三国・西晋時代にかけての仏教美術の遺品はごく限られ，事実上その歴史は南北朝時代に幕を開ける．南朝江南の遺品が僅少なため，この時代の仏教美術の全体像を正確に把握することは困難だが，北朝では質量ともに豊富な作例が残る．五胡十六国期に遡るものとしては多くの小*金銅仏のほか，*石窟せっくつ寺院最古の紀年銘(420年)をもつ*炳霊寺へいれいじ石窟の塑像・壁画などがあるが，造像活動が空前の活況を呈するのは，439年に華北を統一した北魏王朝においてである．5世紀後半に帝都平城(現・大同市)付近に営まれた*雲岡うんこう石窟と，5世紀末以降，新都*洛陽近郊に開かれた*竜門りゅうもん石窟の彫刻はその代表格で，中央アジアの影響が濃厚な前者から，漢民族伝統の人体表現を応用した後者に至る美術様式の変貌の過程をたどることができる．北魏竜門にみられる，痩身で肉体よりも着衣の表現に重点をおく彫刻様式はその後長らく造像の規範となり，東アジア全域に大きな影響を与えた．北魏期の遺品には*敦煌莫高窟とんこうばっこうくつ・*麦積山ばくせきざん石窟の塑像・壁画など，ほかにも注目すべき作例が多い．

【北魏分裂-唐】北魏の分裂(534)から589年に全土を再統一した隋の時代にかけては*響堂山きょうどうざん・天竜山てんりゅうざんの両石窟，近年山東省青州で出土した石彫群などが代表的遺品として挙げられる．この時期にみられる西方的な意匠の採用，彫像における量感の増大などの新展開は唐代に入るとさらに加速し，国際的な文化状況のもと，インド・*グプタ時代の様式に通じる理想的な写実表現を基調にした美術が開花した．質量ともに特に充実した展開がみられるのは高宗・*則天武后期で，竜門石窟を中心に豊富な遺品が残る．帝室勅願の竜門奉先寺ほうせんじ大盧舎那だいるしゃな像龕(675年完成)は記念碑的作例であり，また8世紀前半の長安宝慶寺ほうけいじの浮彫や太原の天竜山石窟の諸像は，写実表現の成熟度において頂点に位置づけられる．しかしながら唐代後半期には国家規模の造寺造仏活動は下火になり，仏教美術の遺品は敦煌や四川などの石窟寺院に数多く残るものの，中原地方の作例は乏しくなる．

【五代以降】五代から宋・元にかけての仏教美術は，仏教の主な担い手が貴族から民衆に移行していく流れとも呼応して，主題・様式とも世俗性を強めていく．仏教絵画は文人画として扱われるような一部の事例を除き，芸術の範囲外に属するとみなされがちになった．彫刻の作風も生々しい現実感の表出が顕著になる．しかしながら真に中国的な嗜好に基づく，人間味溢れる仏教美術がこの時代に成立したことも事実であり，旺盛かつ多様な造形活動の一端は各地の石窟や*伽藍がらんに残る遺品や，わが国への舶載品などからもうかがえる．この傾向は明清から近現代に至るまで一貫して継承されている．

中国仏教美術史は，おおむね西方からもたらされる情報と，漢民族の伝統文化の複雑な交錯のうちに展開したといえる．ただしたび重なる戦乱や*廃仏を経験したこともあって，関連作品の遺存状況は時代・地域・素材によって著しく異なる．このため中国仏教美術の理解にあたっては，史上に数多くの空白が存在することに特に留意する必要がある．

中国仏教 ちゅうごくぶっきょう 〈中国〉と呼ばれる地域(歴史上，地理的には一定しない)にかつて存在した仏教，および，現に存在する仏教の総称．限定的に，そのうちの中国独特の仏教を指していう場合もある．漢訳仏典を主なよりどころとして形成され，*朝鮮仏教(韓国仏教)や*日本仏教の母胎ともなった．

【初伝と時代区分による特徴】中国仏教の歩みは，いうまでもなく中国への仏教の初伝に始まるが，その時期に関しては，文献上は『魏略』の元寿1年(紀元前2年)とする説がもっとも信憑性が高い．しかし，実際には，張騫ちょうけんの西域遠征(紀元前139-126年)によって東西の貿易ルートが開かれて以後あまり年代を経ないころから，まずその関係者たちによって仏教も中国へ伝えられ始めたと推測される．その後，遅くとも後漢の明帝(紀元57-75年在位)のころには，仏教は中央の貴族・知識階層にも熱心な信者をもつまでになっている．こうして中国仏教の歴史はその幕を明け，いくたびか弾圧や迫害(*三武一宗の法難，文化大革命など)を受けながらも，今日まで命脈を保ってきた．それを大まかに特徴づけて区分すれば，1)誕生・伝訳の時代(前漢-西晋)，2)研究・建設の時代(東晋-南北朝)，3)成熟・繁栄の時代(隋-唐)，4)継承・浸透の時代(五代-明)，5)融没(ゆうぼつ)・世俗化の時代(清-現代)となろう．

【基本的性格―道の宗教】しかし，そうした時代的特徴の存在にもかかわらず，中国仏教にはある一貫した基本的性格が認められる．それは，一言でいえば，中国仏教は〈道(タオ)〉の宗教であるということである．たとえば，東晋代までの漢訳経典や仏教者の著述においては，悟りも修行の道すじもともに〈道〉(または道徳)と表現され，仏教は〈*道教〉，仏教者は〈*道士〉(または道人)などと呼ばれている．これらのことは，初期の中国仏教が自ら道家，儒家，ないし道教と類縁関係にある〈道〉の宗教であることを積極的に表明し，そこに生きる活路を見出そうとした証(あかし)である．もちろん，こうした大胆な中国思想への同一化の試みは，仏教の中国社会への定着，勢力の増大に伴ってその後修正され，経論の翻訳用語にも道家思想などからの目立った形での借用は減少してくる．しかしそれは，決して中国仏教が*インド仏教へと回帰しはじめたということではない．むしろこのころから，究極的には儒・道の二教(あるいはそのいずれか)と仏教は一致するという考え方を前提として，もっとも優れた〈道〉の宗教としての〈*仏道〉の本格的な宣揚が開始されるのである．→道(どう)，老荘思想．

【仏道の特質】では，その〈仏道〉の特質は何か．それは，*僧肇(そうじょう)が「道は決して遠くにあるのではない．どこででも真理は体得される．聖人は遠く隔たった存在ではない．道が体得されれば聖人にほかならない」〔肇論不真空論〕と端的に表明している〈現実即真実〉の思想であろう．天台宗の*諸法実相の思想も，華厳宗の*法界縁起の思想も，また禅宗の平常心是道といった思想も，みなこの路線の上に展開してくるといってよかろう．

なお，中国仏教がインド仏教の単なる継承ではないことを示す具体的事実としては，仏教学における儒教経典解釈学の全面的な導入，約四百に及ぶ*偽経(中国撰述経典)の出現，禅宗における*清規(しんぎ)(独自の教団規範)の成立と*語録(祖師の言行録)の尊重などが挙げられる．

中国文学と仏教 ちゅうごくぶんがくとぶっきょう

【詩】中国文学の基幹的なジャンルは，詩と文，小説と戯曲であるが，これらのジャンルの文学作品を仏教との関連で問題とするとき，まず注目されるのは，詩のジャンルにおける〈詩〉〈賦〉〈讃〉〈頌〉〈銘〉などの伝統的な韻文形式の作品である．たとえば唐の道宣(どうせん)の*『広弘明集(こうぐみょうしゅう)』に載せる宋の*謝霊運(しゃれいうん)の「臨終詩」〔統帰篇〕，梁の*武帝の「浄業賦」〔統帰篇〕，東晋の*支遁(しとん)の「阿弥陀仏像讃」〔仏徳篇〕，梁の簡文帝(かんぶんてい)の「菩提樹頌」〔仏徳篇〕，東晋の*慧遠(えおん)の「仏影銘」〔仏徳篇〕などであるが，これらはいずれも仏陀の功徳を讃え，修道の誠を誓う六朝仏教の代表的な作品である．そして唐宋代の主として禅匠たちを作者とする〈偈頌(げじゅ)〉の文学作品も，その名が端的に示しているように，仏教の*十二分教の第4「偈」(*伽陀(かだ)，gāthā．諷頌(ふじゅ))と中国古典詩の『六義』の第3「頌」とが重ね合わされたものと見ることができる．

【文】次に文のジャンルでは，梁の僧祐(そうゆう)の*『弘明集(ぐみょうしゅう)』に載せる東晋の慧遠の「報応を明らかにするの論」〔巻5〕，宋の宗炳(そうへい)の「明仏論」〔巻2〕，釈智静(しゃくちじょう)の「檄魔文」〔巻14〕など，また『文選』59に載せる梁の王巾(おうきん)の「頭陀寺碑文」，『広弘明集』に載せる陳の真観(しんかん)の「因縁無性論」〔法義篇〕，朱世卿(しゅせいきょう)の「性法自然論」〔法義篇〕，唐の太宗(たいそう)の「三蔵聖教序」〔法義篇〕など，さらには唐の柳宗元(りゅうそうげん)の「東海若」〔唐柳先生集20〕，劉禹錫(りゅううしゃく)の「曹渓六祖大鑑禅師碑文」〔全唐文610〕，白楽天(*白居易(はくきょい))の「西方(浄土)を画ける幀(かけもの)の記」〔白氏文集70〕などが，仏教と関わりをもつ具体的な作品例である．このほか特に注目されるのは，『広弘明集』に多く載せる〈懺文〉〈願文〉と，後の宋明時代の通俗小説の原型ともいうべき敦煌(とんこう)〈*変文〉である．懺文・願文は，たとえば梁の簡文帝の「六根懺文」〔広弘明集悔罪篇〕，沈約(しんやく)の「千僧会願文」〔広弘明集啓福篇〕などのように，宗教的絶対者に対する懺悔(さんげ)もしくは祈願の文章で，仏教に特有の宗教的な文学作品と言える．変文は，〈目連変文〉〈地獄変文〉のようにいわゆる仏教故事変文がその主流を占めて，これまたきわめて仏教色の濃厚な文学作品である．

【小説】小説に関しては，〈小説〉の語は仏教が中国に伝来する以前から用いられていたが(劉向(りゅうこう)『七略』)，その内容は「街談巷語，道聴塗説者の造る所にして」「君子は為さざるもの」〔七略小説家〕であり，仏教ともほとんど無関係であった．小説が仏教と密接な関連を持つようになるのは，前記の宋明通俗小説の源流をなす〈変文〉の俗語文学以後であり，仏寺を小説の舞台とし，僧侶・僧尼が主要な役割を演じ，仏教の教義が科白(せりふ)の中に採り入れられた作品も少なくない．ここではそれらのうち，特に仏教と密接な関連を持つ代表的な作品として*『西遊記(さいゆうき)』と『紅楼夢(こうろうむ)』を挙げる．『西遊記』は明代無名氏の作で，唐の名僧*玄奘(げんじょう)の入竺取経の大旅行に託して仏教の教義を小説的に演述したものである．『紅楼夢』の作者は清の曹雪芹(そうせっきん)．冒頭第1回の縁起を語る部分で，道士の空空道人に「ついに空(くう)によりて色を見，色よりして情を生じ，情を伝えて色に入り，色より空を悟る」と述べさせていることからも明らかなように，仏教の〈空即是色〉の宗教哲学を「水と泥」〔老子15〕に譬(たと)えられる女性と男性との葛藤に託して長編小説化した作品である．

【戯曲】最後に戯曲のジャンルでも，仏教と密接な関連を持つ作品は少なくないが，元の王実甫(おうじつぽ)の『西廂記(せいそうき)』と明の湯顕祖(とうけんそ)の『南柯記(なんかき)』は，その代表的な作品である．前者では，張珙秀才と鶯鶯小姐の「五百年風流業冤(ごうえん)の恋」の舞台が唐の河中府(山西省)の名刹(めいさつ)普救寺であり，また賊将孫飛虎から鶯鶯小姐を救出するのに活躍するのは快僧の恵明である．『南柯記』は，その末尾の部分に契玄禅師の唱(うた)う「衆生仏に自体無く，一切相は真実ならず」の曲詞を載せ，仏教の〈不真空〉の教義を戯曲として演述している．

注釈 ちゅうしゃく　経・律・論の*三蔵からなる仏典の解説．

【インド】パーリ蔵の経において小部(しょうぶ)経中の義釈(niddesa)は同じ小部経中の*『スッタニパータ』(経集)の一部分に対する注釈書である．同じく*本生(ほんじょう)(*ジャータカ)の聖典部分は*偈(げ)(韻文)のみからなっており，具体的な物語は本生注釈書(jātaka-aṭṭhakathā)として伝えられている．*阿含経(あごんぎょう)など法の注釈である*阿毘達磨(あびだつま)論などの論義(*優婆提舎(うばだいしゃ))は略説に対する広説で，詳細な注釈であり，原始経典では略説に対して注釈を〈分別〉(vibhaṅga)という．阿毘達磨論の注釈書は優婆提舎とはいわず，〈毘婆沙(びばしゃ)〉(vibhāṣā)，〈釈論〉(vyākhyā)という．律においては戒経(*波羅提木叉(はらだいもくしゃ))のうち，止持戒(禁止事項)の注釈が〈経分別〉(suttavibhaṅga)であり，作持戒(遵守事項)の注釈が〈*犍度部(けんどぶ)〉(khandhaka)である．経や論の代表的な注釈に『分別功徳論』(増一(ぞういち)阿含経の初めの4品の注釈)，*『大智度論』(大品*般若経(だいぼんはんにゃきょう)の注釈)，*『大毘婆沙論』(『発智論(ほっちろん)』の注釈)，*『中論』(中論本偈の注釈)などがある．

【中国】中国ではインドで成立した諸論が漢訳されたのに加え，中国の儒教経典や諸子の注疏の伝統を承けて，仏教内部においても，独立の書物を著すよりも注疏を作成することによって自己の思想を表現するあり方が一般的であった．その際，序文(じょぶん)・正宗分(しょうじゅうぶん)・流通分(るずうぶん)に分け，さらに詳細に科段を施すなどの形式が確立した(→科文(かもん)，分科)．代表的なものとして*僧肇(そうじょう)『註維摩詰経』，智顗(ちぎ)*『法華玄義』，*円測(えんじき)『解深密経疏』，法蔵*『華厳経探玄記』，道宣*『四分律行事鈔』などのほか，論書に対する曇鸞(どんらん)*『往生論註』，*吉蔵(きちぞう)『中観論疏』，善導*『観無量寿経疏』，*基(き)『成唯識論述記』などの注釈も作られた．

【日本】日本においても，注釈は教学の基本として活発に展開された．聖徳太子の*『法華義疏』をはじめ，その淵源はさかのぼる．時代が下がるにつれ，法会*論義の活動に対応して注釈が活発になる．注釈書としては，「釈」のつく書名が手がかりになる．12世紀の安居院(あぐい)の*澄憲(ちょうけん)『法華経釈』をはじめ，おびただしい経釈が作られる．経典の内容を敷衍，意味を補充し，増幅したり，多様な面をもつ．注釈は，細部の語釈レベルから深遠な教義にいたるまで多層に及ぶ．場に応じて，譬喩・因縁の*説話がつけられたりする．12,13世紀以降，『古今集』や日本紀などの古典の注釈が活発化するのにも応じて，同時代の文芸形成にもおおきな影響を及ぼすようになる．注釈はそれ自体完結することがない．前代の注釈と重層しあい，「今」「新」の注釈が媒介されていく．因縁集のごとき説話集の形成もまた注釈活動の一環とみてよいし，*『和漢朗詠集』の注釈は法会の*唱導(しょうどう)表現の基底として欠かせないものだった．論義草(ろんぎそう)をはじめ論義関係の聞書なども教学からの注釈とみなせよう．時代の要請する学と知に応じて経典が読み替えられていく，その基本が注釈であり，聖教を形成する根幹ともいえる．

中世文学と仏教(ちゅうせいぶんがくとぶっきょう)　鎌倉時代には前代以来の旧仏教に加えて新仏教諸宗が興起し，宗門の外護者も新興の武士階層を中心とする全国規模の豪族層に拡大して，仏教は空前の教線の拡張と民衆への浸透を遂げた．それだけに仏教の中世文化への影響は広範多岐にわたり，文学との関連も多大であった．

【和歌・連歌】まず和歌文学についてみると，『新古今和歌集』以下の勅撰集には前代を継承して「*釈教歌(しゃっきょうか)」が立てられ，僧俗の三宝関連の題詠が収められたが，特に鎌倉初期には新古今時代を代表する僧侶歌人として*西行(さいぎょう)・*慈円(じえん)・寂蓮(じゃくれん)(?–1202)があり，その詠歌の『新古今集』入集も群を抜いている．西行には家集『山家集』があって自然への愛着と仏教への憧憬(どうけい)を歌い上げ，慈円には家集『拾玉集』があって仏神*法楽の百首和歌を多収する．専門的歌人ではないが，*明恵(みょうえ)や*道元(どうげん)も和歌をよくし，『明恵上人歌集』には特異な仏教語が多くよみこまれ，自然に道心を移入させた一体境を詠じた佳作が目立ち，道元詠の集成とされる『傘松道詠(さんしょうどうえい)』には，禅の教義を三十一文字に道破したものが多い．また*夢窓疎石(むそうそせき)には歌集『正覚国師御詠』があり，勅撰集にも多く入集する．鎌倉時代末期には二条派から頓阿・浄弁・慶運・兼好らの歌僧が輩出し，室町時代に入ると，冷泉(れいぜい)派の歌僧正徹(しょうてつ)(1381–1459)が新古今的歌風を志向して，家集に『草根集』があり，その門から仏道の教義を援用して卓抜な歌論と連歌論を展開した心敬(しんけい)(1406–75)が出た．一方，歌道を仏道修行の所縁とする*歌論が成立したのもこの時代である．藤原俊成(ふじわらのしゅんぜい)が『古来風体抄(こらいふうていしょう)』(1197)に和歌の深義を*『摩訶止観(まかしかん)』の教義などになぞらえて以来，歌道と仏道の相関説は深まり，慈円は「ただ歌の道にて仏道は成りぬべし」〔拾玉集〕と説き，さらに梵語の*種字(しゅじ)や*真言呪(しんごんじゅ)の持つ言語的霊威を和歌の短句に敷衍(ふえん)して「和歌は日本の陀羅尼なり」(『沙石集』など)とする見解も生れた．この見解を踏まえて仏神も和歌を嘉賞し，詠歌するという解釈が成立し，中世を通じて広く仏神法楽のための和歌がよまれるようになった．

和歌と並んで室町時代に盛行した連歌においても事情は同様で，上記歌論を受けて連歌は*菩提(ぼだい)の因縁(『筑波問答』)とか，連歌の各句を仏乗に配して詠者はおのずから仏法の掟を具す(『梵灯庵主返答書』)などと説かれ，法楽連歌の興行も和歌を上回るものがあった．また連歌道をリードしたのは救済(きゅうせい)・周阿・梵灯庵・宗砌(そうぜい)・心敬・宗祇など多く僧籍の人であったし，中世詩論の到達点とされる心敬の『ささめごと』(1463–64)は，仏教諸宗の教義を駆使して，歌論・連歌論を展開し，仏教的思考の必要性を強調して「歌も連歌も観念の心肝要なるべし」などと説いている．なお仏教と和歌との関連について付記すれば，中世歌学の注釈面に仏教的，*神仏習合的解釈が濃厚であることや，古今伝授で知られる中世歌学の秘伝が仏教での*師資相承の秘儀にならったものであることなども見のがせまい．→和歌と仏教，連歌．

【物語文学】物語文学では，前代の亜流的仮名物語にも仏教色の濃いもの，たとえば『松浦宮(まつらのみや)物語』のように*輪廻(りんね)転生(てんしょう)を説き，舞台背景に北周の武帝の破仏を匂わせたような作品もあるが，仏教との関連において特筆すべきは*『平家物語』以下の中世軍記物語や，*本地物(ほんじもの)を中心とするいわゆる室町時代物語であろう．中でも『平家物語』は*浄土教の影響が顕著で，*諸行無常の世界観に立って源平二氏の戦乱興亡を描き，随所に哀艶悲壮な念仏往生人の行状を織りこみ，大尾を現世に六道苦を体験した建礼門院の極楽往生で結ぶ．全編を貫く信仰は熾烈なまでの西方浄土への憧憬であり，それに鮮明な色どりを添えているのが作中に高揚される女人往生の思想である．これを琵琶に乗せて盲僧が語る平曲の曲節が天台*声明に関係づけられ，その伝授を*伝法灌頂に見たてて「灌頂の巻」が立てられたのも，本書と仏教とのかかわりを一段と増幅するものである．南北朝期の成立とされる『太平記』や『曾我物語』も仏教に縁の深い作品であった．『太平記』は作者に天台の学僧玄恵が仮託されたのにふさわしく，全巻にまたがる作者の仏教的素養は驚くべきものがあり，「巻24」などにその典型を見ることができる．一方『曾我物語』は真名本と仮名本とでは成立基盤が異なり，真名本の成立には*安居院流*唱導僧や，*時宗教団などの参加，仮名本には浄土僧の参加が説かれている．そうした成立基層の差もあって，真名本には亡霊*廻向による鎮魂思想，仮名本には浄土教的宗旨が目立つ．これに比べると，後続の『義経記』などは特定の宗義性は持たないが，ここでも義経の不遇な生い立ちと悲劇的末路を描く過程で，修験道を始め広く仏教に関連する記事が認められる．

こうした影響関係に勝るとも劣らないのが，鎌倉末期から室町時代を通じて多作された短編物語(御伽草子)と仏教との関連である．中でも〈本地物〉と称される，習合思想に基づいて制作された神仏の前生物語は仏教と密接不離な関係にある．本地物の多くは前生に人界にあって辛苦の限りを尽した人が神仏に転生する物語で，その発想は*ジャータカに負うところがあったと見られる．作品の多くは『熊野の本地』『諏訪の本地』『中将姫の本地』など『○○の本地』と名づけられるが，中には『みしま(三島)』『梵天国』『物くさ太郎』のように〈本地〉を付さないものもある．もと寺社の布教用の物語縁起として唱導僧や民間宗教民に語られていたものが，次第に洗練されて読物化したものである．ちなみに，そうした本地物の古態を多数収録したものに南北朝期の*『神道集』があり，安居院流唱導家の編集に成るとされている．

本地物と並んで注目されるのは，『秋夜長物語』『幻夢物語』などの児物語や，『三人法師』のような*懺悔物語であろう．〈児物語〉は僧と*稚児の恋愛悲劇を主題とするが，単なる男色物語ではなく，実らぬ恋を仲立ちとして僧が真実の道心に目覚めるというもの．『秋夜長物語』では入水した稚児を観音の化身とし，そこに*上求菩提・下化衆生の意をも寓している．〈懺悔物語〉は僧尼が*発心の動機となった各自の悪行を懺悔する物語で，それによって罪障が消滅して菩提の縁となるとされ，近世の仮名草子や浮世草子の世界にも継承された．

これらに限らず，室町期の物語は一般に仏教色が濃厚で，出家往生のモチーフなどは，なんらかの形でそれを内包しないものが珍しいほどである．しかもそれが人間に限らず，禽獣虫魚から非情の草木にまで及んでいることは，中世に顕著な*草木国土悉皆成仏思想の投影でもあった．→物語と仏教．

【自照文学】自照文学を仏教との関連において見るとき，随筆としては鴨長明の『方丈記』と吉田兼好の『徒然草』，日記としては『とはずがたり』(1310前後)，紀行としては『海道記』(1223?)などが見のがせないものであろう．*『方丈記』と*『徒然草』はともに中世草庵の生活から生れた作品で，『方丈記』は，*末法思想を背景に*無常の現世を出離隠遁して西方浄土を希求する自己のあり方を激しく問いつめ，『徒然草』は，作者の覚醒した認識の目と美学をもって独自の無常論と真摯な求道論を展開する．『とはずがたり』は後深草上皇の寵を受けた二条の自伝的作品．愛欲に明け暮れた宮廷生活を捨離して仏門に入り，西行の跡をたどって*廻国修行をした女性の，仏道を通して自己を観照した回想録である．また『海道記』は，京都白川の出家者が綴った鎌倉一見の旅の紀行で，そこには道中の風物に寄せた彼の心情がその仏教思想を通して吐露されている．なお中世には，特に室町時代に入ると，貴族層や僧俗知識人によって信仰とレジャーを兼ねた諸寺諸山の巡礼参拝記の類が多数作出されている．

【説話文学】中世は説話文学の全盛期で，中でも仏教説話文学は主流的位置を占める．それだけに作品も多く，内容も，1)教化啓蒙性の強いもの，2)自照性が強く求道の資縁としたもの，3)説教材集成の意図をこめたもの，など多様であり，形式も物語的構想をとるもの，説話集的形態をとるもの，随想・評論風のものなどさまざまである．1)の代表的なものは*『宝物集』や無住の*『沙石集』*『雑談集』などであろう．『宝物集』は*通夜物語的構想のもとに『往生要集』以来の伝統を踏まえ，女人教化をも配慮して往生の要諦を説いた唱導物語の圧巻であり，『沙石集』は例話を駆使し，平俗な語り口を交えて広く多角的に仏法の本意を説く．鴨長明の*『発心集』，慶政の*『閑居友』，西行仮託の*『撰集抄』などは2)に属し，中世庵住の求道者の志向と思想を反映する．浄土僧住信の編した*『私聚百因縁集』のごときは，同じ浄土教に立脚しながら『発心集』とは異なって3)の色合いが強く，類書は他にも存在する．室町期に入ってからは，玄棟の『三国伝記』がインド・中国・日本三国の仏教説話を多く収録することで知られている．このほか中世には特定寺院の本尊をめぐり，または一般的な形で観音・地蔵などの*霊験利益集が多く制作され，また霊験譚で絵巻物となったものも少なくない．鎌倉初期の*『長谷寺霊験記』や室町期の実睿原撰・良観改編*『地蔵菩薩霊験記』，『矢田地蔵縁起絵巻』『星光寺縁起絵巻』などがその例である．

なお，仏教説話が*『宇治拾遺物語』などの読物的説話集に多数収録され，源顕兼編『古事談』(1212–15)に「僧行・仏寺」，橘成季編『古今著聞集』(1254)に「釈教」の部が立てられたことなども，当時信仰を離れたところでも仏教説話が盛行していたことを物語る．*勧化教導に関連して，この時代の法語文学も注目すべきで，安居院の*澄憲や『源氏供養表白』の作者に擬せられる*聖覚のような唱導門の名文章家に限らず，法然・親鸞・一遍・日蓮らの法語・消息類や，*『正法眼蔵随聞記』*『一言芳談』などの聞書も，その思想・内容，表現の格調において優に文学の一領域を主張するに足るものである．→説話．

【能狂言】能狂言は，その源流となった猿楽の大和四座が*興福寺の支配と外護下にあったように，成立史的にも仏教と密接している．また能を大成した世阿弥や金春禅竹の能楽論にも，禅や天台の教説の影響が強いとされている．能の脚本である*謡曲についてみても，亡霊廻向をテーマとする夢幻能は鎮魂慰霊の思想に基づき，万霊成仏の趣向は室町時代物語にも顕著な草木国土悉皆成仏思想に由来している．南北朝末より始まった神事能や勧進能も，中世文学や芸能に共通する神仏法楽思想に根ざすものであった．滑稽猿楽から出た狂言にも仏教関連のものが多く，『宗論』『布施無経』『魚説法』などの出家物，『禰宜山伏』『柿山伏』『蟹山伏』などの山伏物が代表的なもので，そこには僧尼や山伏の無知・貪欲な破廉恥行為が滑稽戯画化されている．

なお，猿楽関連の寺院芸能に僧や稚児が法会の後などに演じた*延年があり，武家社会で好まれた幸若舞も寺社で興行されることがあった．一方謡曲詞章に影響を与えた早歌(宴曲)は，前代の*今様に代ってこの時代に盛行したが，この中にも当時の信仰を背景に寺院霊場の霊験を述べ，参詣修行の道行などを叙したものが多い．→能楽，狂言．

【五山文学】漢文学の中核は五山文学である．鎌倉末期に起り，南北朝から室町初期を絶頂期とした五山派の禅僧による禅林の文学である．入元僧を介して宋元の禅林文学が移入されたのに始まり，修禅の助縁とする意味をもこめて，詩文(偈頌)と四六駢儷文の攻究創作が行われた．*義堂周信と*絶海中津が双璧とされ，代表的詩文集として*雪村友梅の『岷峨集』，義堂の『空華集』，絶海の『蕉堅藁』などがある．やや遅れて*一休宗純に*『狂雲集』があり，禅風の横溢した風狂の作をもって知られる．このほか，鎌倉初期の安居院澄憲・聖覚父子に代表される唱導家の作文も美文をもって名があり，その四六駢儷調の修辞は『平家物語』などの詞章にも影響を与えた．→五山文学，漢詩文と仏教．

【絵巻物】最後に文学の周縁的存在として絵巻物がある．中世には*義湘・*元暁・*玄奘らの伝教の祖師や法然・親鸞・一遍らの宗祖の伝記，諸寺社の物語縁起，阿弥陀・観音・地蔵などの仏菩薩の霊験譚などに取材した絵巻物が多数制作された．それらは文学としての詞書と絵画が結びついた見事な仏教芸術であるが，その詞書だけを切り離しても，一個の伝記文学ないし説話文学として独立できるものも少なくない．→絵巻．

中尊 ちゅうそん　*曼荼羅の中央に位置する尊格．たとえば，胎蔵界*現図曼荼羅の中尊は*大日如来（*毘盧遮那）．また金剛界現図曼荼羅成身会の中尊も大日如来であるが，同じく理趣会の中尊は*金剛薩埵．ただし曼荼羅の中尊はその理念において周辺の尊に対立する意味での中央の1尊ではなく，曼荼羅中の諸尊の全体を包括する上位概念としての*法身を表示する場合が多い．また，*三尊あるいは多数尊の中央の尊．本尊のこと．「高さ三丈の大日如来の像を飯室の阿闍梨をもつて書かしめて，此れを中尊として懸けたり」〔今昔 12-22〕「今千体を一堂に安ずるに当たり，すなはちこの像をもつて中尊となすのみ」〔粉河寺縁起〕．→本尊，両界曼荼羅．

中尊寺 ちゅうそんじ　岩手県西磐井郡平泉町にある天台宗の寺院．山号は関山．〈平泉寺〉ともいう．850年（嘉祥3）*円仁の開基と伝える．もと弘台寿院と号し，859年（貞観1）勅により中尊寺と改めるという．1057年（天喜5）源頼義（988-1075）は安倍貞任（1019-62）討伐の勝利を祈って寺領を寄せ，1105年（長治2）鎮守府将軍藤原清衡（1056-1128）は再興を企て，勅を奉じて造営を行なった．その*願文に安倍氏の乱（前九年の役，1051-62），清原氏の乱（後三年の役，1083-87）の敵味方両軍の戦没者の*菩提を弔うためとあるが，京都文化を輸入し現世浄土の建立の理想をめざしたものでもあった．1126年（大治1）*落慶供養の法会が催され，堀河・鳥羽両帝の*勅願寺となる．その後も2代基衡，3代秀衡（?-1187）が造営をつづけ，その規模は堂宇40余，僧房300余と伝えられる．4代泰衡（1155-89）は源頼朝（1147-99）に滅ぼされたが，堂塔には保護が加えられ，地方文化の魁として全国にその*荘厳を誇った．しかし1337年（建武4）に野火のため大半は焼失し，金色堂・*経蔵下層部のみが残った．火災を免れた寺宝に，〈中尊寺経〉（紺紙金字一切経（内15巻金銀交書経））と称される平安時代後期の*装飾経などがある．

〈金色堂〉は〈光堂〉ともいい，1109年，藤原清衡が堀河天皇（1079-1107）の勅を奉じて建立した*阿弥陀堂（1124）で，清衡・基衡・秀衡を葬る．方3間・*宝形造の堂で，屋根以外の外部，内部のすべてを金箔押とする．1689年（元禄2）『奥の細道』の旅で平泉を訪れた芭蕉の吟に「五月雨の降りのこしてや光堂」がある．

中諦 ちゅうたい　⇒三諦

中台八葉院 ちゅうだいはちよういん　胎蔵界曼荼羅中核部にある，開花した八葉蓮華を五色界道で方形に囲んだ区画（院）をいう．中央白蓮華上に宝冠をいただき，法界定印を結んで*結跏趺坐する*大日如来を中心に，上方（東）から右回りに宝幢・開敷華王・無量寿・天鼓雷音の胎蔵*四仏がめぐり，その間に普賢・文殊・観自在・弥勒の*四菩薩を配し，四隅に*華瓶をおく仏部の院．「誠にこれ四隅四行の薩埵，因円合成して，中央中台の遮那の果満顕れ現じ給ふ」〔盛衰記 24〕「嶺松風を含んで踰（瑜）伽上乗の理を顕し，山花雲を籠めて赤肉中台の相を秘す」〔太平記 39．光厳院〕．→胎蔵（界），両界曼荼羅，付録．

偸盗 ちゅうとう ［*s*: adattādāna］〈不与取〉とも訳されるように，与えられていない他人の財物を取ること．すなわち盗みをいう．出家*比丘の*戒律では教団を追放されるという四波羅夷罪の一つであり，〈偸盗戒〉（不偸盗戒）として在家の*五戒の一つ，さらには*十戒の一つに数えられる悪業．転じて，盗賊の称．なお漢語の本来の意味も，ぬすむ，ぬすびとで，『孔子家語』『漢書』など古くから使われている．「今身に偸盗して，与へざるをしかも取れば，死して即ちまさに鉄窟地獄に堕ちて」〔十住心論 1〕「偸盗空腹に堪へず，灰を喰ひて悪心を翻へす」〔著聞 偸盗〕．→悪，波羅夷．

中道 ちゅうどう ［*s*: madhyamā pratipat, *p*: majjhimā paṭipadā］　相互に矛盾対立する二つの極端な立場（二辺）のどれからも離れた自由な立場，〈*中〉の実践のこと．〈中〉は二つのものの中間ではなく，二つのものから離れ，矛盾対立を超えることを意味し，〈道〉は実践・方法を指す．仏陀は*苦行主義と快楽主義のいずれにも片寄らない〈不苦不楽の中道〉を特徴とする*八正道によって*悟りに到達したとされる．仏陀はまた，*縁起の道理にしたがう*諸法は，生じるのであるから無ということはなく，また滅するのであるから有(う)ということはないという意味で，〈*非有非無の中道〉であると説く．

竜樹(りゅうじゅ)の*『中論』は，*縁起(えんぎ)・空性(くうしょう)・*仮(け)・中道を同列に置いているが，これは，すべてのものは縁起し*空(くう)であると見る点に中道を見，空性の解明によって中道を理論づけるものである．*中観派(ちゅうがんは)はこの中道を標榜する．*瑜伽行派(ゆがぎょうは)によれば，認識対象は外在的なものでなく*識(しき)の顕れにしかすぎないので非有，しかし識の顕れは現実に存在するので非無であり，すべては認識作用にすぎないという〈一切唯識(いっさいゆいしき)〉において中道が把握される(唯識中道)．さらに中国においてはそれぞれ『中論』に基づいて，三論宗が真諦(しんたい)(第一義諦)と俗諦(世諦)の*二諦に関する二諦中道を，天台宗が空・仮・中の*三諦・*三観(さんがん)によって中道観を説いている．

「苦楽の二道を離れて中道の行に随ひて，今菩提を成ずる事を得たり」〔今昔1-8〕

中日 ちゅうにち　彼岸(ひがん)7日間の真中の日，すなわち春分・秋分の日．春・秋二季に行われる*彼岸会では，中日に太陽が真東から出て真西に沈むところから，その日没の瞬間を*観想して*西方浄土(さいほうじょうど)への再生を願った．これは日本にのみ見られる習俗であり，のちに*祖先崇拝と結びついて，先祖供養ないし墓参りの行事となった．「彼岸の中日にて御斎(とき)御沙汰．伏見殿，宮の御方はじめ参らせて」〔御湯殿上日記 延徳1.8.23〕

『中辺分別論』 ちゅうべんふんべつろん　[s: *Madhyānta-vibhāga*]　*弥勒(みろく)(マイトレーヤ)造，*無着(むじゃく)(アサンガ)伝とされる初期*瑜伽行派(ゆがぎょうは)の論書．全5章・約110*偈(げ)からなり，*世親(せしん)(ヴァスバンドゥ)による注釈がある．いずれもサンスクリット本のほか，チベット語訳，および2種の漢訳がある．世親注には*安慧(あんね)(スティラマティ)の複注があり，サンスクリット本(部分欠)とチベット語訳が伝わる．書名は，*有(う)と*無の極端(辺，anta)をはなれた〈中〉(madhya)を説くとの意味をもち，『弁中辺論』(*玄奘(げんじょう))とも訳される．本書は，*三性(さんしょう)説の立場から空性(くうしょう)に対する瑜伽行派流の解釈を打ち出した論書として重要で，後期の*唯識(ゆいしき)思想に至るまで大きな影響を与えた．*清弁(しょうべん)(バーヴィヴェーカ)もまた，とくに本書に説かれる三性説への批判を通して*中観派(ちゅうがんは)を創唱している．全5章の中では，虚妄*分別(こもうふんべつ)と空性の関係を語る第1章と，真実に関する伝統的な諸教理と関連させながら三性を根本真実として説明する第3章がとくに重要である．→中．

中峰明本 ちゅうほうみょうほん　[Zhōng-fēng Míng-běn]　1263-1323　〈ちゅうほうみんぽん〉とも読む．元代の臨済宗楊岐派(ようぎは)の禅僧．俗姓は孫氏．杭州(浙江省)の銭塘の人．9歳で母を失い，15歳で出家し，後に*天目山(てんもくざん)の高峰原妙(こうほうげんみょう)の弟子となって大悟し，その法を嗣ぐ．師の没後，名山の住持を避けて跡を隠し，*廬山(ろざん)や*金陵(きんりょう)などの各地を遊歴し，〈幻住庵〉と称する庵を結んだが，後，天目山に住す．霊隠寺(れいいんじ・りんにんじ)や*径山(きんざん)などからも住持に請われたが応ぜず，また，仁宗(じんそう)皇帝の招きをも断ったため，仁宗は〈仏慈円照広慧禅師〉という号と金襴の袈裟を賜った．至治3年(1323)，61歳で入寂．滅後，文宗は〈智覚禅師〉，順宗は〈普応国師〉と諡(おくりな)した．著作に『中峰広録』30巻がある．禅とともに念仏を重んじたため，明・清で主流となる禅浄一致思想の先駆とも見なされており，また，入元して師事する日本僧も多く，帰国後，〈幻住派〉と呼ばれる一派を成した．後に，この一派は密参禅が広まるうえで，非常に重要な役割を果したとされている．

中品 ちゅうほん　*観無量寿経(かんむりょうじゅきょう)に説かれる*九品(くほん)のうち，中3品の総称．九品往生では，〈中品上生(じょうしょう)〉〈中品中生(ちゅうしょう)〉〈中品下生(げしょう)〉の3位を指す．〈品〉の語は，中国で人物を鑑定したり官吏を登用する際に用いた〈九品(きゅうひん)〉の分類を意識して付されたものであろう．「中品の人と申すは，善悪において半ばなる人なり」〔孝養集下〕

中門 ちゅうもん　*南都六宗寺院の南大門(なんだいもん)内，*回廊の正面に開く門．〈南中門(なんちゅうもん)〉ともいう．飛鳥時代では中門の方が南大門より大きく，金剛力士(*仁王)を安置するが，奈良時代になると，南大門の方が大きくなり，中門には*四天王のうちの二天を，南大門に金剛力士を安置するようになる．遺構としては，*法隆寺(7世紀末)，*東大寺(1714)のものしかない．なお禅宗では〈三門〉という．→南大門，三門，門．

『中論』 ちゅうろん ［*s*: *Madhyamaka-śāstra*］ *竜樹(ナーガールジュナ)の主著．原サンスクリット語での書名は〈中についての頌〉の意味で，その第24章「聖諦の考察」第18頌「〈縁起〉をわれわれは〈空性〉であると呼ぶ．それは〈素材に基づいて認識上設定すること(仮，施設)〉であり，それはそのまま〈中の実践(中道)〉である」に由来する．すなわち『中論』は〈*縁起・空性・*仮〉の在りかたを明らかにし，〈*中の実践〉を課題とする論書ということになる．

全体は，すべてのものは独立的には生じない(不生)ということを説明する「ものの生起条件(縁)の考察」を始めとする27章により構成される．物事を固定的・実体的に把握しがちな言語・観念が*煩悩の根源となっているとする観点から，言語・観念の内含する矛盾を徹底的に指摘していくという論法がとられる．これは「空性はすべての固定的な考え方から離れること」だからであり，そのために帰謬論証的な表現形式が多用される．注釈書に，竜樹に帰せられる『無畏注』，青目(Piṅgala ピンガラ，4世紀)の漢訳『中論』(*鳩摩羅什訳)，仏護(*ブッダパーリタ)の『仏護注』，*清弁(バーヴィヴェーカ)の*『般若灯論』，月称(*チャンドラキールティ)の『浄明句論』などがあり，注釈の方法も一様ではない．

チューダパンタカ ［*s*: Cūḍapanthaka］ ⇒周梨槃特

長安 ちょうあん　現在の中国,陝西省西安市．漢の高祖によって「長に安かれ」との願いをこめて都が置かれたこの地は，以後，前趙・前秦・後秦・西魏・北周・隋・唐の都ともなった．*シルク-ロードの東端に位置する長安は，西方から伝えられる仏教の一大中心であり，後秦(384–417)代の逍遥園における*鳩摩羅什の訳経，唐代の弘福寺と慈恩寺における*玄奘の訳経，すなわち*旧訳と*新訳の訳経事業はとりわけ有名である．唐の武宗の廃仏(→三武一宗の法難)に際会した円仁は，長安城内の仏堂300余カ所が破壊されたと*『入唐求法巡礼行記』に伝える．→大慈恩寺．

超越 ちょうおつ　順序次第の中間をとびこえること．例えば*四禅・*四無色定の順序に従わず一気に高い*定に入ることを〈超越三昧〉といい，*預流・*一来の階位をこえて*不還果を得る聖者を〈超越証〉という．また，*涅槃を「有無を超越するの境地」〔肇論疏下〕というように，次元をとびこえて高い境地に入ることをいう場合もある．なお漢語〈超越〉は，ぬきん出てすぐれる，とびこえる，世俗を高く脱するなどの意で，一般的に使われている．

澄観 ちょうかん ［Chéng-guān］　738–839 中国*華厳宗の第4祖で，華厳教学の改革者．字は大休．勅号は清涼国師，俗姓は夏侯氏．浙江省会稽の出身．9歳のとき禅者の体真に師事し，11歳で出家．20歳で曇一から南山律を継ぎ，また常照に従って*菩薩戒を受けた．さらに無名に参禅して*荷沢宗の*印可を得たのち，慧苑の弟子の法詵に華厳宗の教えを受け，その法系を嗣いだ．安史の乱後，*五台山に登って大華厳寺に入り，ここで主著『華厳経疏』20(60)巻を著した．のち徳宗・順宗らのために教えを説き，また般若三蔵の〈四十華厳〉の訳出に参加するなど，〈七帝の門師〉として活躍し，810年には僧統となった．門下は千人にも及んだが，奥義に達した者は僧睿と*宗密の2人だけであったという．著書に前記のほか，『華厳随疏演義鈔』40(90)巻，『華厳行願品疏』10巻，『貞元華厳経疏』10巻，『法界玄鏡』1巻，『心要』1巻，『三聖円融観』1巻などがある．

澄憲 ちょうけん　1126(大治1)–1203(建仁3)　*安居院流*唱導の始祖．〈安居院法印〉といわれる．藤原通憲(信西)の7男．法印・大僧都．初め*比叡山にあって珍兼より檀那流の教学を受け，竹林房に居住したが，平治の乱で父の奇禍に会い下野国(栃木県)に配流された．帰洛後弁説の誉れが一段と高く，1174年(承安4)祈雨の*表白を読み上げて降雨の大功があったことは『古事談』3-79,『源平盛衰記』3などに見えて著聞する．1177年(安元3)天台座主明雲の伊豆配流行に扈従し，近江(滋賀県)の国分寺で*一心三観の相承血脈を授けられたという(『源平盛衰記』5)．老来妻帯して京都一条の里坊安居院に住し，唱導をもって一世に鳴った．その名声は『玉葉』にも散見し，『尊卑分脈』には「四海大唱導，一天名人也」と記す．浄土教学にも明るく，阿弥陀仏信仰を保持していたという．その*願文・表白類を収録するものに『転法輪鈔』*『言泉集』『澄憲作文集』『澄憲表白集』などが遺存する．なお，安居院流唱導を大成した*聖覚は実子であり，兄弟一族にも明遍・静賢・覚憲・勝賢(以上兄弟)，解脱上人*貞慶(甥)など俊秀が輩出している．

重源 ちょうげん　1121(保安2)-1206(建永1)　房号は俊乗房．また南無阿弥陀仏と号す．はじめ武士，のち出家して醍醐寺で真言密教を学び，真言念仏を行なった．入宋三度を自称．1181年(養和1)，前年平氏に焼かれた*東大寺再建のために同寺大勧進職に任ぜられて以後，*勧進聖(*同朋衆)を従えて諸方に結縁を勧めるなど事業に専念従事．宋人陳和卿を起用して大仏の再鋳を果し，大仏殿・南大門以下の諸建築を再建した．1185年(文治1)*大仏開眼供養，95年(建久6)大仏殿供養，1203年(建仁3)東大寺総供養が行われた．また，畿内・瀬戸内に活動拠点として7カ所の*別所を置き，多くに阿弥陀仏を本尊とする浄土堂を建設した．再建に用いられた建築様式を〈*大仏様〉という．『南無阿弥陀仏作善集』は，この事業に関する重源の自記．

長広舌 ちょうこうぜつ　〈広長舌〉の転．*三十二相の一つ．口から出せば顔を覆うことができるほどの大きな舌．弁舌が巧みであることの象徴と考えられたことから，後代には，弁舌さわやかに長々としゃべることを意味するようになった．なお，これを聡明無類の相とした記事が『続本朝往生伝』10(1101-04年成立)に見える．

長西 ちょうさい　1184(元暦1)-1266(文永3)　鎌倉中期の*遁世僧，浄土宗九品寺流の祖．讃岐国の出身で覚明房と号す．19歳で出家して*法然に常随師事し，その配流にも従った．1212年(建暦2)に法然が没すると諸師を歴訪し，西山派*証空から浄土宗を，泉涌寺*俊芿や住心房覚瑜から天台を，*道元から禅を学んだ．*念仏も*諸行も共に弥陀の*本願であるとする〈諸行本願義〉を唱え，洛北の九品寺や讃岐の西三谷寺を拠点に活動．著作には『浄土依憑経論章疏目録』(長西録)や『選択本願念仏集名体決』などがある．その門流を〈九品寺流〉といい，鎌倉中後期に大いに発展した．弟子のうち澄空・理円・上衍・証忍が京都で，覚心が讃岐で活動した他，道教とその弟子の性仙は鎌倉に進出して新善光寺や浄光明寺でめざましい活躍をみせた．東大寺*凝然も長西の講席に列している．

長者 ちょうじゃ　年長者，身分の高い人，徳のある人の意で，中国古典に広く用いられる．釈尊の時代に台頭してきた富裕な大土地所有者・商業資本家を gṛhapati(*居士)といい，なかでも特に社会的勢力があり，彼らを代表する立場にある者を śreṣṭhin(長者)という．いずれも仏教の擁護者として，仏典に現れ，〈長者〉と漢訳された．こうして，〈長者〉は金持ちの意味を持つようになった．また，わが国で東寺(*教王護国寺)の最高管理者を〈長者〉という．空海の遺告によるもので，勅任された．はじめは1人であったが，後に増え，一ノ長者から四ノ長者までの4人の長者が置かれた．なお，日本では広く首長・族長の意にも用い，宿駅の長，猿楽などの芸能一座の長，遊女の元締などの称ともした．「昔，長者の家なん侍りける．この家は倉どもの跡にて候ふなり」〔宇治拾遺13-1〕「僧正真済とて，東寺の長者，弘法大師の御弟子なり」〔曾我1.惟喬惟仁〕

長者窮子喩 ちょうじゃぐうじゆ　*法華七喩の一つ．法華経信解品に，父(仏)のもとを離れて困窮している子(*二乗の者)がやがて長者である父に巡り合い，親子の名乗りをあげ，すべての財産(一乗妙法)を相続するという喩えが説かれる．四大*声聞の一人*摩訶迦葉が，*舎利弗にたいする未来成仏の予言(*授記)を聞いて，求めもせずに無量の珍宝を得たような喜びを，この譬喩に託して述べる．同品に記される長者の家業には利息による生計も含まれ，法華経成立の時代背景が窺われる．

町衆 ちょうしゅ　〈まちしゅ〉とも．中世末から近世初期，京都・堺・石山などの都市で，〈町〉と呼ばれた自治組織を構成したそのところの住人．これら都市の町屋地域の住人を指していうこともある．主に商工人で，中心は家持層．京都では酒屋，土倉(質屋)，下級の武士・坊主・官人など雑多な職業の町屋地域の住人を含んだ．公家・武家・寺家も含むという説もあるが，これは疑問．町ごとに団結して，町年寄・月行事の選出，町掟の制定，町役の分担，祭礼や*風流踊への参加など，町の自治的な運営に当った．また町ごとに木戸を設け，朝夕に開閉，土一揆などの乱入があれば武装して町を自衛した．

真宗の*寺内町の町衆は真宗門徒が原則だったが，京都では念仏・禅のほか，とくに応仁の乱頃から*法華宗が町衆社会に急増し，天文のはじめ(1532–36)ごろ町屋地域に法華宗二十一京都本山が屹立，洛中は「題目の巷」と評された．町衆が*法華一揆を起して，乱入する土一揆・*一向一揆と戦闘したのはこの頃のことである．だが，1536年(天文5)の*天文法華の乱，1579年(天正7)の*安土宗論のあと，法華宗勢力は急速に京都町衆社会から衰退．さらに近世初頭，東西本願寺の洛中造営，知恩院の大拡張などもあって，法華宗は町衆の主流的宗教の地位を失った．

聴衆 ちょうじゅ　漢語の〈聴衆〉は仏典の漢訳に際して造られた語．*法(仏の教え)を唱える説法者(dharma-bhāṇaka)に対して，その教えを聴く人々のことで〈聴法衆〉ともいう．*説法の座に集まった人々(pariṣad)の訳語として用いられることもある．したがって，現代語の広い意味の聴き手とは意味が異なる．なお日本では，限定的な意味としては，法会などに参列して，*講師の説法を*聴聞する役の伴僧の称ともした．「同聞の聴衆も，心ならず各別に礼讃をしき」〔一言芳談〕「聴衆二十人，講師三十人召し集めて法服くばらせ給ふ」〔栄花疑〕

長寿寺 ちょうじゅじ　滋賀県甲賀郡石部町東寺にある天台宗の寺院．山号は阿星山．近くの*常楽寺を〈西寺〉というのに対し，〈東寺〉と称される．本尊は*秘仏の地蔵菩薩像．天平年間(729–749)*良弁僧正の開基と伝え，のち貞観年間(859–877)の再興という．中世には栄えたらしいが，戦国時代に衰微し，三重塔は安土の摠見寺に移されたといい，今は，鎌倉時代初期の純*和様建築の本堂と弁天堂(1550)が中世に溯る遺構である．

超世の悲願 ちょうせのひがん　阿弥陀仏の*本願のこと．*凡夫の懐く願いは自己の利益に関わるという性格をもつのに対し，阿弥陀仏の本願はあらゆる時代，あらゆる場所に住むすべての衆生が煩悩とその結果である苦しみ悩みから自由になることを願う無私の普遍的な願いであるので，このように呼ばれる．*親鸞の作と伝えられる*和讃の一つに，「超世の悲願ききしより，われらは生死の凡夫かは，有漏の穢身はかはらねど，こころは浄土にあそぶなり」とある．「超世の悲願はまたなんの料ぞ．こころざしを末法のわれらにおくり給ふ．われらもし往生をとぐべからずといはば，仏あに正覚をなり給ふべしや」〔拾遺黒谷上人語灯録中〕．→悲願．

朝鮮の仏教美術 ちょうせんのぶっきょうびじゅつ　韓国に仏教が伝来したのは三国時代(4–7世紀)である．まず高句麗に，続いて百済，新羅の順に仏教が伝わり，それに伴い，三国ともに中国の仏教美術の影響を受けるとともに，三国間において互いに影響を及ぼしながら，各国独自の仏教美術が展開して行く．7世紀後半，新羅によって半島の統一がなされると，これまで以上に高句麗式・百済式・新羅式の仏教美術の融合が生じ，また，中国・日本とも頻繁な交流を行うことにより，多角的な融合を目指した統一新羅の仏教思想のもと，造寺・造仏が一層盛んに行われる．13世紀からは，蒙古侵入による不安と国力の衰退および仏教に代わり道教と儒教が信仰され始めたことなどにより，造形的な衰退を招く．→朝鮮仏教，中国の仏教美術．

【建築】*伽藍配置や仏堂の建築様式については，おおむね中国と同様の過程を辿っている．しかし，仏塔については独自の変容が認められる．まず，三国時代には中国の影響のもとに木塔が建立され，特に高句麗では八角形の七層木塔が流行している．7世紀に至ると，木塔とともに，*石塔が建立され始める．まず，百済では木塔の形式を模した石塔が建立され，新羅においても木塔の形式と塼塔(せんとう)の形式とを合わせ持つ新羅独自の石塔が創建される．この新羅式石塔は統一新羅においても継承される．高麗(こうらい)後期に至ると，中国の遼・元の形式を取り入れた多角多層石塔が建立される．

【彫刻】仏教彫刻(仏像)については，三国時代においては*金銅仏(こんどうぶつ)や*塑像(そぞう)が主流をなしている．特に，中国に国境を接する高句麗では，中国の仏像の様式・図像の変化に呼応して展開する．百済においても，中国の影響下にありながらも，花崗岩を用いた*石仏の製作にいち早く取り組み，百済式の石仏を完成させている．三国において最も仏教伝来が遅れた新羅は，盛んに中国・高句麗・百済の仏教美術を取り入れ，その末期には，特に*半跏思惟像(はんかしゆいぞう)などに代表される新羅独自の金銅仏や石仏の形態を生み出している．統一新羅においては，金銅仏とともに，花崗岩を用いた石仏(*磨崖(まがい)・丸彫)の造立が全盛期を迎え，中でも慶州石窟庵(せっくつあん)の本尊(8世紀後半)は統一新羅屈指の秀作である．しかし，9世紀以降高麗初期に至るまで，図像的にも様式的にも石窟庵本尊の亜流とされる石仏が横行し，意欲的な造仏が行われなくなったことで，造形的な衰退を招くが，巨大石仏群において民間信仰が認められる．高麗末期においては，わずかに元の影響を受けた金銅仏が造立されるにすぎない．

【絵画】仏教絵画(仏画)は，主に仏像を祀る殿閣の壁に描かれる荘厳(しょうごん)用の壁画をはじめ，本尊の後壁に安置する礼拝用の〈後仏幀画(こうぶつていが)〉，法会を野外で行う際に本尊の代わりに掲げる〈掛仏画〉，仏教の尊像を描いた〈幀画〉，高僧の肖像を描いた〈影幀(えいてい)〉，経典の内容を描写した〈経変相図(きょうへんそうず)〉や〈写経変相図〉などに分けられる．最古の仏画は，5世紀前半の集安長川(ちょうせん)1号墓の前室に描かれた定印(じょういん)を結び左右に獅子を配する台座に坐す仏坐像である．いわゆる中国の古式金銅仏と同様の図像が用いられている．高麗時代は仏像の造立は低迷したが，それに代わり仏画の製作が盛んとなる．阿弥陀如来(あみだにょらい)系，観音菩薩(かんのんぼさつ)，地蔵(じぞう)菩薩，弥勒仏(みろくぶつ)などを描いたものが主流をなし，朱と緑を基調色とした透明感ある色彩の上に，金泥による繊細な文様を描きこむことにより，落ち着いた画風の中にも華やかさがあり，仏画において独自の様式を確立している．

【工芸】仏教伝来以後は，仏教儀式に使用された種々の仏具や仏器，工芸塔なども多く作られたが，そのうち，*舎利(しゃり)容器や*梵鐘(ぼんしょう)，浄瓶(じょうびょう)などに朝鮮の独創的な形態が認められ，細密な装飾文様とともに，朝鮮金属工芸技術の精巧さを顕示している．

朝鮮仏教 ちょうせんぶっきょう 【仏教の伝来】朝鮮に仏教が初めて伝来したのは372年(高句麗小獣林王2)に中国の前秦(ぜんしん)王の苻堅(ふけん)(338–385)が高句麗(こうくり)に使者を遣わし，仏像と経典ならびに僧，順道(じゅんどう)を送ってきたのがその最初であり，また，374年に東晋(とうしん)(一説に前秦)から阿道(あどう)がきたのを迎えて，375年2月に伊弗蘭寺(いふつらんじ)を創建して阿道を，さらに省門寺(しょうもんじ)を建てて順道をそれぞれ住せしめたのが寺院の始めであるといわれる．

次に百済(くだら)は高句麗よりは14年ほど遅れて384年(百済枕流王1)中国を周遊していたインド僧，摩羅難陀(まらなんだ)が東晋からきたのを迎えて，翌年，漢山州に仏寺を創建し，百済人10人を*得度(とくど)させたのが始めである．

新羅(しらぎ)仏教は最も遅れ，約30年程を経て，417–456(訥祇王(とつぎおう)の時)に高句麗から新羅の一善郡にきて，毛礼という者の家に留まっていた墨胡子(ぼくこし)という*沙門(しゃもん)が，中国の梁(りょう)から新羅の朝廷に贈られた*香(こう)の用途を教え，王女の重病を快癒させた因縁により優遇されたといわれる．初めは，この異国の教えに対する群臣の反対が強かったが，527年(法興王14)の異次頓(いじとん)の殉教によって仏教が広まった．

【三国仏教から統一新羅仏教へ】三国の高僧たちは盛んに中国に渡って仏教と中国文化を故国に伝えたが，江南における*三論宗再興の祖となった高句麗の僧朗(そうろう)のように，中国で指導者として活躍した僧も多い．インドにまで旅した僧もおり，*戒律の梵本をもたらした百済の謙益(けんえき)と，*『往五天竺国伝(おうごてんじくこくでん)』を著した新羅の慧超(えちょう)(8世紀)は特に名高い．

百済と高句麗は国使と高僧を隣国日本に派遣して日本仏教の基礎を拓き，あわせて日本文化の興隆に貢献した．高句麗から渡日した慧慈(えじ)(?-624)法師は*聖徳太子の師となり，慧灌(えかん)法師は日本三論宗の祖となるなど，受容期の日本仏教は高句麗・百済仏教と深い関係があった．

統一(668)前後の新羅仏教は，仏教の黄金時代をなして高い水準の著作を数多く残し，中国や日本にも大きな影響を与えた．代表的な僧に*元暁(がんぎょう)や*義湘(ぎしょう)や*円測(えんじき)などがいる．新羅末期から高麗(こうらい)初期にかけて禅宗が導入され，九山の禅門が形成されると同時に華厳(けごん)・天台・禅宗も栄えた．

【高麗仏教と以後の展開】高麗(918-1392)では仏教は国教の位置をしめ，統一新羅の仏教を継承するだけでなく，朝鮮仏教の独自性が強まるようになる．*均如(きんにょ)の華厳，*諦観(たいかん)の天台，*義天(ぎてん)の活躍，*知訥(ちとつ)の禅宗はその代表的なものであった．なによりも，蒙古軍の降伏の願いをこめて彫造した高麗大蔵経(*高麗蔵)は，護国仏教の性格が濃い朝鮮仏教の象徴といえよう．

李氏朝鮮(1392-1910)では，儒教を重んじて排仏政策をとったため，仏教は次第に衰退したが，普雨(ふう)(?-1561)，*休静(きゅうじょう)，惟政(いせい)(1544-1610)などが仏教の命脈を維持した．義僧を組織して豊臣軍と戦った休静が活躍していたころまでは，華厳宗・慈恩(じおん)宗・中神(ちゅうしん)宗・始興(しこう)宗などの〈教〉の4宗と，*曹渓(そうけい)宗・天台宗・摠南(そうなん)宗など〈禅〉の3宗の各宗派が，細々ながらも流伝していたが，それもいくばくもなく絶滅し，いつしか曹渓宗の一派である太古派の禅門が仏教を代表するようになる．その後，禅教両宗として曹渓宗のみが残る，まさに*法難の時代であった．

1910年に日本に統合されると，朝鮮総督府による寺刹令(1911)の制約を受け，新たに定められた本山・末寺の制度の中に組みこまれ，天皇を至上とする法式を強いられた．また日本仏教の影響により，僧侶の*肉食*妻帯も一部では行われるようになったが，現在では多くの僧尼は戒律を固く持している．1945年第二次世界大戦が終戦し，朝鮮の解放と共に信教の自由が認められ，活発な仏教復旧運動が展開されている．

調息 ちょうそく　息を調(ととの)えること．*坐禅は調身・調息・調心といわれる．*禅定(ぜんじょう)とは身心の安定統一であるが，インド古来の*ヨーガ以来，それは呼吸を統一することを媒介として行われて来た．〈*数息観(すそくかん)〉〈随息観(ずいそくかん)〉など，天台宗でも禅宗でも，調息のためのさまざまな工夫が伝えられている．なお中国においても早くから，呼吸を調えることは健康法・長生術の一つとして重視され，「吐故納新(とこのうしん)」〔荘子刻意〕や「胎息」〔抱朴子〕などの呼吸法が説かれ，道教においても行気法(こうきほう)の実修はきわめて重んじられた．

奝然 ちょうねん　938(天慶1)-1016(長和5)　平安中期の*三論宗の学僧．藤原氏の出身．京都の人．東大寺に入り観理(かんり)(894-974)から三論教学を，元杲(げんごう)(914-995)から真言密教を学ぶ．983年(永観1)(982年とも)入宋，太宗の厚遇を受けて*五台山などを巡礼し，987年(永延1)(986年とも)帰国．新印大蔵経五千巻や後に嵯峨*清凉寺(せいりょうじ)に安置され*清凉寺式釈迦像の原型となった仏像を将来．晩年には東大寺別当になった．なお，奝然請来の釈迦像胎内より〈僧奝然結縁状〉など貴重な文書が発見されている．

調伏 ちょうぶく［*s*: damana, vinaya］〈じょうぶく〉とも読む．抑制・制御の意．内的には身心を調和し制御して，自らの悪徳や悪行をしりぞけ，外的には敵意ある者を教化し，障害をもたらすものを打ち砕くこと．律典(毘奈耶(びなや))をさすこともある．密教で行われる〈調伏法〉は，〈*降伏法(ごうぶくほう)〉〈折伏法(しゃくぶくほう)〉ともいい，いくつかある*修法(しゅほう)体系の一つに数えられる．*五大明王などの威力ある尊格を本尊にいただき，*護摩(ごま)を焚いて敵や怨霊などを打ち破る修法で，原型は古く『アタルヴァ・ヴェーダ』中に見出される．〈調伏法〉の原語は abhicāraka または ābhicārika で，魔法をかける意．わが国では平安中期以降鎌倉期にかけて流行し，対立者の破滅や呪詛の消除，内乱の鎮圧，外敵の征服などを祈願して行われた．

「調伏の法，既に七日に満ずる日，壇の上に血多く泛(こぼ)れたり」〔今昔14-45〕「五大尊の四面の仏前に現れ給ひて，かの形代を調伏し給ふ」〔謡・調伏曾我〕

超仏越祖 ちょうぶつおっそ　*仏や*祖師を超越すること．仏教は*成仏(じょうぶつ)が目的であり，禅道は祖師の位にのぼることが目的であるが，禅門ではその仏位・祖位に執着することを嫌って，「仏に逢わば仏を殺し，祖師に逢わば祖師を殺せ」〔臨済録〕という．すなわち〈超仏越祖〉とは，仏の臭み，あるいは自分は祖師位にのぼったという執(とら)われを捨て，真の自由の境地を得ることを意味する．「超仏越祖といへるも，誠にはいかでか仏祖に越えん」〔貞享版沙石集 10 上-1〕

長保寺 ちょうほうじ　和歌山県海草郡下津町にある天台宗の寺．慶徳山と号す．1000 年(長保 2)一条天皇(980–1011)の勅願により*性空(しょうくう)を開基として創建し，1017 年(寛仁 1)に完成したと伝える．鎌倉時代後期から南北朝時代にかけて寺勢盛んとなり，*本堂・*多宝塔(たほうとう)以下諸堂が建立されたが，室町時代後期に衰微した．江戸時代に入り浅野幸長(あさのよしなが)・徳川光貞(とくがわみつさだ)が寺領を施入した．この間，天台宗・法相宗(ほっそうしゅう)・天台宗・真言宗と所属の宗派を変えたが，1666 年(寛文 6)徳川頼宣(とくがわよりのぶ)(1602–71)が当寺を紀州徳川家の*菩提寺(ぼだいじ)と定め，再び天台宗に帰属した．以後歴代紀州藩主の廟所となった．*和様(わよう)を基調に*禅宗様を交えた本堂，和様の多宝塔の他，大門・鎮守堂が現存するが，いずれも鎌倉から室町期にかけての建築．また境内には歴代紀州藩主や夫人・側室などの墓が存在する．

超凡越聖 ちょうぼんおっしょう　凡を超え，聖を越えること．凡聖ふたつながら超越すること．禅は，凡夫位を転じて聖位に入るという教家の見解は*能所(のうじょ)対立に執するとして斥け，凡聖不二の立場から，凡聖ともに超えることを主張する．「いはゆる生死は凡夫の流転なりといへども，大聖の所脱なり．超凡越聖せん」〔正法眼蔵身心学道〕．→凡聖一如．

聴聞 ちょうもん　聞くこと．漢語としての用例は古く，『書経』仲虺之誥にすでにみられる．仏教では，仏の*説法(せっぽう)，あるいは他の修行者の経典*読誦(どくじゅ)などを心を傾けて聞くことの意で用いられ，また経典に対する修行者の 10 種の*行(ぎょう)(十法行(じゅうほうぎょう))の一つに数えられる．「高座の上にて南無大恩教主釈迦大師とをがみたりければ，聴聞集会の人，同時にとなへて五体を地になげて礼拝しけり」〔続古事談 4〕

頂礼 ちょうらい　古代インドにおける最高の敬礼法で，尊者の足下にひれ伏し，頭の先を地につける．仏教でも仏の両足に頭をつけるのを〈頂礼仏足〉といい，両手両足頭を地につける*五体投地(ごたいとうち)は最上の敬礼法とされる．「三宝を囲遶(いにょう)して，一心に諸仏の妙法を頂礼すること一百八度なり」〔法華験記上 8〕．→帰命(きみょう)．

長吏 ちょうり　寺の長官のこと．*座主(ざす)・*検校(けんぎょう)・*別当などに相当．中国では中・下級地方官僚の職名だったが，古代・中世日本では園城寺(おんじょうじ)・勧修寺(かじゅうじ)・延暦寺(えんりゃくじ)首楞厳院(しゅりょうごんいん)などの長官の呼称として用いられた．ことに園城寺長吏は 859 年(貞観 1)の*円珍(えんちん)から始まるが，三井長吏・寺門長吏とも呼ばれて最も有名．勧修寺長吏は別当とも，首楞厳院長吏は検校とも呼ぶ．このほか白山神宮寺の長官も古来，長吏と呼ばれた．「山の座主・寺の長吏に仰せられて，山・三井寺の悪僧どもをめされけり」〔平家 8. 鼓判官〕

長老 ちょうろう　徳行(とくぎょう)が高く，年長な*出家修行者の通称．また修行者に対する尊称．サンスクリット語の āyuṣmat (*p*: āyasmant)(長寿な(人))，sthavira (*p*: thera)(敬われるべき(人))の訳語．いずれも〈*大徳〉〈*尊者〉などとも意訳される．ただし āyuṣmat は，原義の，齢をもつ人の義から若い人を指す場合もあるが，漢訳仏典では区別なしに〈長老〉と訳出される．ところで，漢訳仏典以前の中国古典にも〈長老〉という語はあり，その場合は，年老いた人や学徳ある人をいい，必ずしも宗教的な意味はない．なお，日本では〈長老〉の称号は各宗派によって用法が異なる．「誰か長老を尊び，眉寿(びじゅ)を貴ぶことを遺(わす)れむや」〔性霊集補闕抄 10〕「宋土の海門禅師，天童(天童山景徳寺)の長老たりし時」〔随聞記 4〕

勅願寺 ちょくがんじ　〈勅願所〉ともいう．天皇の勅によって創建された寺あるいは天皇の特別に帰依(きえ)する寺で，多くは天皇直筆の寺額(勅額)を賜り，創建した天皇の在世中は「今上皇帝聖躬万歳」などと書いた寿牌を，没後は位牌を本尊の脇に安置する．天武天皇(?–686)の薬師寺，*聖武天皇の東大寺など古代から存在したが，当時は皇后・皇子などの創建になるものも含めて〈御願寺(ごがんじ)〉と称した．勅願寺の呼称は，鎌倉時代以降，幕府も各地に御願寺を建立するにいたり，これと区別するために起こったものらしい.「上宮太子…四天王寺をたて給ふ. これ誠に勅願寺の最初なり」〔壒嚢鈔13〕「万法蔵院と号して，則ち御願寺になずらへられにけり」〔著聞釈教〕

チョナン派 ――は ［*t*:Jo nang pa］ トゥクジェ-ツォンドゥー(Thugs rje brtson 'grus, 1243–1313)が*『時輪タントラ』の教えを奉じて，中央チベットのチョモナンの地に僧院を建てたことに始まる*チベット仏教の一宗派. 17世紀に*ダライ-ラマ5世の弾圧を受けて衰退する. チョナン一切知者と呼ばれるトルポパ-シェーラプ-ギャルツェン(Dol po ba sher rab rgyal mtshan, 1292–1361)が『了義大海』(*Nges don rgya mtsho*)を著して唱えた他空説によって知られる.

如来蔵思想を説いた『究竟一乗宝性論』に基づいて，*常住不変の仏の本質(*仏性)に等しく，すべての存在の本質でもある如来蔵を認め，それにとっては他である外来的な*煩悩，汚れのみが*空であるとするのが〈他空説〉である. この他空説こそが*中観の空思想の真意，ブッダの本意(*了義)と主張したために，常住不変な本質そのものが空であると説く伝統的な〈自空説〉と対立し，とくに同時代の*プトゥンの批判を受けたが，後の*サキャ派，*カギュー派の中には支持者を得た. ほかに『インド仏教史』を著した*ターラナータを輩出した.

知礼 ちれい ［Zhī-lǐ］ 960–1028 中国，北宋の天台宗の僧. 四明(浙江省寧波)の人. 四明尊者・四明大法師と称される. 諡号は法智大師. 趙氏の立てた宋の時代の天台を〈趙宋天台〉と呼ぶが，知礼はその期に出て，華厳化した天台を原始天台にもどそうと努めた. 中唐の時代に華厳4祖の清涼*澄観と天台6祖の妙楽*湛然との間で，それぞれの立場から論争が交されたが，それ以後，天台は華厳における根本の一理としての*一心の強調に影響され，次第に華厳化していった. 知礼は華厳化した天台学者を〈山外派〉と評し，みずからを正統天台として〈山家派〉と称しつつ，山外派の源清の『十不二門示珠指』や宗昱の『十不二門註』などに対して*『十不二門指要鈔』を著し，華厳ないし山外派が根本の一理・一心に偏したことに批判を加え，色心(物心)・*事理の双具という本来の天台に帰れと主張した.

山家・山外の争いに関連して『十義書』『観心二百問』なども著し，また『観経疏妙宗鈔』『金光明玄義拾遺記』『金光明文句記』『観音玄義記』『観音義疏記』の五書は*智顗の五小部と名づけられた書の解説で，天台学に必須の書とされた. なお，日本の*源信は弟子の*寂昭の入宋に際して，天台義に関する27条の疑問を託し，それに対して知礼が答えを与えており，日中天台の交流の一つとして注目に値する. →山家・山外.

珍海 ちんかい 1091(寛治5)–1152(仁平2) 三論宗の僧. 画僧としても知られる. 理法房と号する. 藤原基光の長子. 東大寺東南院覚樹に*三論を学び，華厳・法相・*因明に通じた. また醍醐寺三宝院定海に師事して密教を受け，のち浄土教も修めた. 1142年(康治1)*御斎会・*維摩会の講師を勤めて*已講となる. 『大乗玄問答』『決定往生集』ほか著作も多く，碩学であった. 他方，内匠頭基光の才を稟け，画技をよくした. *白描図像の仁王経法本尊像(*醍醐寺，*教王護国寺)の南方幅や騎獅文殊像(米国・プリンストン大学美術館)などにその名がみえる. 1148年(久安4)には東大寺に伝来した法華堂根本曼陀羅(釈迦霊鷲山説法図，米国・ボストン美術館)を修補した. 教王護国寺の聖天図像には「珍海已講筆，天下第一絵師」と記され，名声が伝えられている.

鎮護国家 ちんごこっか 仏法によって国家を鎮め護ること. 元来，仏教は国家をはじめ一切の世俗の関係を離脱することを眼目としたが，一方で原始仏教の時代から，国土や民衆の災厄を払う攘災招福のための仏道修行・祈願も説かれ，国家が仏教を護持し仏教の功徳で国家が安泰になるという国家仏教の思想も存在した. 経典の中では仏教を護持する理想的国王を*転輪聖王と称し，アショーカ王(*阿育王)などがそのモデルになったと考えられる. 仁王護国般若波羅蜜経(*仁王般若経)や金光明最勝王経(→金光明経)には，国王がこれらの経典を受持・読誦すれば，*四天王や*地神が国土を守護し国家が繁栄するとあり，これらの経典が鎮護国家思想を説く護国経典として重視されるようになった．

とくに仏教が中国に流入して以降，強大な国家権力を確立した北魏などが勃興した南北朝期にこの動向は起り，統一王朝を築いた隋唐代に本格化して，周辺諸国にも影響を与えた．古代律令国家の建設途上の日本も，こうした思想を積極的に受容し，660年(斉明6)*仁王会の始行，676年(天武5)金光明経・仁王経の諸国での講説など，7世紀末以降，護国経典を読誦・講説する護国法会が活発に行われるようになった．後に法華経も加えて〈*護国三部経〉とされ，奈良時代には最勝王経の教説に基づき「金光明四天王護国之寺」を正式名称とする*国分寺も建立された．平安時代には空海が創始した*後七日御修法をはじめとする密教修法による国家守護も行われるようになった．

「東寺は弘法大師の御建立，鎮護国家左右なく候ふ」〔愚管抄6.後鳥羽〕

鎮魂 ちんこん　死者の霊(*死霊)を宥め鎮めること．〈たましずめ〉ともいう．古くから，死後の霊は生き残った者に危害を加えると信じられ，それを慰撫し供養するための儀礼が行われた．御霊を鎮めるための*御霊会，物の怪の憑依を駆除するための*加持祈禱，悪霊を鎮めはらうための道教的な反閇などはその例である．鎮魂を経て，死霊は浄められた霊すなわち祖霊へと上昇した．

鎮守 ちんじゅ　漢語の原義は，軍がとどまって乱をしずめ，その地を守ること．一国・王城・特定地域・村落・寺院などの一定地域の地霊を鎮めてその地域を守護する神をいう．従来からの土着の神を鎮守とすることが多い．〈鎮守の神〉ともいい，この神をまつった神社をとり囲む木立やその社域を〈鎮守の森〉という．日本の寺院の鎮守は中国寺院の*伽藍神に起源をもつとされる．ちなみに，日本でも古くは〈鎮守〉を「伽藍神社」〔法華験記上16〕とも称している．東大寺の*八幡神，興福寺の*春日明神，延暦寺の山王権現，園城寺の*新羅明神，金剛峯寺の丹生明神などは著名な鎮守．分祀された鎮守の神もあった．

「子を儲けむ事を請ひ願ひて，其の寺の鎮守に祈請して云はく」〔今昔13-15〕「今夜相国寺の鎮守の社伊勢・八幡・春日炎上す．神子の家より出火すと云々」〔看聞御記応永25.12.18〕

鎮西派 ちんぜいは　法然の弟子聖光房*弁長を派祖とする*浄土宗の一派．弁長が九州北部の善導寺(福岡県久留米市)を中心に布教したので〈鎮西派(流)〉，その教義を〈鎮西義〉という．*安心・*起行・作業(*往生を願う人の心のもちよう，実践の仕方)のすべてが，*口称念仏に帰するとする．弟子*良忠は教えを関東に広げ，以後，白旗・名越・藤田派の関東三派や一条・三条・木幡派の京都三派を派生させた．なかでも白旗派からは，*聖冏・聖聡が出て，*五重相伝(五重の次第によって宗義を伝え，五通の*血脈を伝授することをいう)の創始や江戸*増上寺の創建など，教義・教団の確立に努め，浄土宗本流の位置を形成し，今日の基礎を作った．

頂相 ちんぞう　禅僧の肖像画．〈ちんそう〉とも読む．〈ちん〉は〈頂〉の唐宋音で，首(頭部全体)の意．*印信，すなわち正しく*法をついだ証明として，師から弟子へと授受されたものをいうが，〈掛真・〉用，すなわち示寂した僧の仏事に際して祀るための肖像画をも含む場合が多い．中国において，世俗の肖像画から分離成立した．唐の*洞山良价の*語録に自賛頂相の事が見えるのが文献上の初見．北宋(960-1127)には頂相授受がすでに行われたと思われる．北宋の画家李公麟(1049?-1106)に禅僧仏印了元(1032-98)の「笑状」を写した記録がある．南宋(1127-1279)初期の禅僧語録にはきわめて多くの賛語が著録される．

わが国では*大日能忍が初めて拙菴徳光(1121-1203)の頂相を得て以来，鎌倉時代を通じて入宋・入元僧が*印可の証として多くの頂相を持ち帰った．あわせて，南宋・元の高僧の来朝がわが国の頂相制作を促した．わが国初期*禅林では入宋僧と来朝僧を中心とする頂相の受容・制作が顕著であったが，なかんずく*無準師範の法系(*兀庵普寧・*無学祖元・*円爾など)，虚堂智愚(1185-1269)の法系(*南浦紹明ぼじょうみょう)，*蘭渓道隆(らんけいどうりゅう)派を軸に展開した．

わが国で制作された頂相は，平安時代の仏家肖像画に比して少なくとも形式上では隔絶している．同時にその面貌表現においては，像主の直接的対看写照を最も重視し，即物的な写実性が強調された．厳格な写貌が頂相の特色である．したがって技法上も中国に学ぶところが多い．制作には伝統技法を有する*絵仏師や禅林で育った画僧が当たり，鎌倉時代を中心に優作が多い．→禅宗美術．

「おほよそ法語・頂相等をゆるすことは，教家の講師および在家の男女等にもさづく」〔正法眼蔵嗣書〕「大灯国師の頂相を本寺へかへして念仏宗となる」〔自戒集〕

鎮壇具 ちんだんぐ　寺院の堂宇を建立する際に，その永劫を願って地鎮(じちん)のために堂塔の地下に埋納する品々のこと．*興福寺や*東大寺から出土した例が著名で，両者共に多彩で豪華な夥しい品々が含まれており奈良時代の鎮壇の盛大さを具体的に物語っている．興福寺金堂*須弥壇(しゅみだん)下出土のものには金・銀・琥珀・瑪瑙・国石・青緑石・ガラス玉などの宝石類と和銅開珎や開元通宝の銭貨，刀子などの刀剣類と鏡，金銅盤，脚付杯，匙などの供養具が含まれ，東大寺金堂(大仏殿)須弥壇下出土のものには水晶玉・琥珀玉・ガラス玉などの玉類と，真珠入りの水晶合子を納めた銀製鍍金狩猟文小壺，金鈿荘や金・銀荘の太刀類，鏡，蟬形鏁子付き漆皮箱，刀子，挂甲などが含まれている．これら多彩な埋納品に勾玉や管玉，挂甲など6世紀頃の後期古墳の副葬品と同種のものが含まれることは，わが国古来の埋葬儀礼と鎮壇の作法が習合していることを示している．平安時代以降になると密教の修法の*儀軌(ぎき)が伝えられ，それにともなって地鎮法と鎮壇法の儀礼が行われるようになった．地鎮法では水瓶(すいびょう)と宝石を用い，鎮壇法では密教法具の*輪宝(りんぽう)と四橛(しけつ)(橛は杭(くい)のことで，密教の修法で壇の四隅に立てるところからこの名がある)を埋納する．

ツ

追善 ついぜん　〈追薦〉とも書く．善事を修し，*供養を施して死者の*冥福(めいふく)を祈る行為．一般には*十三仏に対応する七七日，百カ日および一，三，七，十三，三十三回(周)忌，あるいは命日・彼岸などに墓前に塔婆を建てて法要を行い，時には法具や仏像・堂塔を作ったり，古くは貧者に施行(せぎょう)をしたりして*功徳(くどく)を積み，もって死者の冥界での安穏を祈った．民間の信仰においては，死者が先祖の霊魂へと昇華していくための通過儀礼でもある．なお，〈追福〉も古来同義に用いられ，追福を追善と言い替え，「追ひて善事を修す」と訳した例が『今昔物語集』などに散見する．「汝等が追善の力によりて，我堪へ難き苦を免るる事を得たれども」〔今昔7-31〕「寺もなきがごとくに成り候ふをつくられ候ふべし．それにすぎたる御追善やは候ふべき」〔愚管抄6.後鳥羽〕

追儺 ついな　大晦日(おおみそか)や節分に悪鬼を追放する行事．〈鬼やらい〉〈儺(な)やらい〉〈厄はらい〉〈厄おとし〉などとも呼ばれる．〈儺〉は『色葉字類抄』に「歳暮に遂(逐)(お)ふ疫鬼の名なり」とするが，本来は疫鬼をはらう行事自体をさす語であった．中国先秦時代に天子が時候の変り目に儺を行なったことから，民間に広まった．わが国への渡来は明らかでないが，『続日本紀』の慶雲3年(706)のくだりに，疫病の大流行により初めて大儺を施行したとある．鉾(ほこ)と楯(たて)をもつ方相氏(ほうそうし)が大声を発し，鉾で楯を三度打つ．その風が寺社に導入され，面をかぶって仮装した鬼をはらう追儺会が各地に見られる．→節分．

「つごもりの追儺に，殿上人(てんじょうびと)や，振鼓(ふりつづみ)などして参らせたれば」〔栄花月の宴〕「月日はさながら，鬼やらひ来ぬるとあれば…人は童，大人ともいはず，儺やらふ儺やらふと騒ぎののしるを」〔かげろふ日記中〕

通教 つうぎょう　天台の教判(教相判釈(きょうそうはんじゃく))で用いられる教理用語．天台の教判は，古来〈五時八教〉の呼称のもとに体系化されてきたが，それを構成する要素は，五時と化儀四教と化法四教の三つである．このうち〈化法四教〉は，〈五時〉という五つの時に分類される釈尊一代の説法が，どのような教えをその内容としているかを示したものであり，蔵教(*三蔵教)・通教・*別教・*円教の四つに分類される．この四教は，最も浅い教えである蔵教から，最も深い教えである円教へと教えの深さによって4段階に位置づけられるものである．具体的には，*小乗教である蔵教に対し，第二番目に位置する通教とは，*大乗の入門的な教えを指す．つまり特定の経典ではなく，諸経典の教えの中で，入門的大乗教を指している．〈通〉の意味は*声聞・*縁覚・*菩薩に共通であること，前の蔵教に通じること(通同)，後の別・円二教に転入すること(通入)といわれる．→五時八教，教相判釈，化儀．

通度寺 つうどじ　韓国における*三宝を象徴する三寺のうち，仏宝の寺とされる古刹．慶州南道の霊鷲山のふもとに位置する．霊鷲山と称するのは，山の形が釈尊ゆかりの聖地である*霊鷲山に似ているためであり，通度寺の〈通度〉とは，広く人々を救うの意とも，この寺の*戒壇で広く*授戒得度せしめるの意ともいわれる．入唐していた*慈蔵が新羅善徳女王12年(643)に帰国し，将来した*仏舎利を奉安して金剛戒壇を築き，通度寺を創建して授戒するようになったと伝えられる．以後，*戒律の根本道場となって栄え，高麗初期には多くの建物が造られた．戒壇は石造であり，四隅には*四天王像が彫られ，中央に舎利塔が立つ．この舎利塔を寺の本尊とし，大雄殿には仏像を置いていないのが独自な点である．銀入糸銅製香炉その他，多くの文化財を蔵していることで知られる．

ツォンカパ [*t*: Tsong kha pa]　1357-1419　〈宗喀巴〉と音写し，正式な名をロサン-タクパ(Blo bzang grags pa)という．チベット仏教*ゲルク派，俗称〈黄帽派〉の開祖．中国青海省のツォンカ(西寧付近)の生まれであるためこの称がある．16歳のとき中央チベットに出て，主として*サキャ派のレンダワ(1349-1412)について中観帰謬論証派の教義を学んだ．11世紀にチベットに入り小乗・大乗・金剛乗(密教)の*会通統合を唱えた*アティシャの理念を継承した．このためインド仏教最後の伝統を伝えた*シャーキャシュリーバドラ由来の*戒律を守り，*中観哲学を奉じ，密教をも矛盾のない形で実修するという趣旨の教義体系を完成した．これにより自らが開祖となったこの派は〈ゲルク派〉(徳行派)と呼ばれた．1409年に*ラサの東方2日行程の地にガンデン大僧院を建立して本山とした．

その仏教実践論は顕教については*『菩提道次第論』によって，密教については*『秘密道次第大論』によって総括されている．*『中論』の注釈『正理大海』と*『入中論』の注釈『密意明解』はその基本的立場を一糸乱れぬ論理で綴ったものであるが，後者は，厖大な密教注釈書の著述の間に書き上げられた晩年の作として注目される．

辻説法 つじせっぽう　路傍で，往来の人たちに対して釈尊の教えを説くこと．転じて，街頭に立って広く教えを説くことをもいう．*日蓮の伝記では，鎌倉の小町の路上において，法華一乗の信仰の立場から諸宗の教義や碩学を批判したとされるが，史実としては確証がない．しかし，法孫の*日像が京都に初めて教えを弘通したおり，五条堀川の路傍で，材木の上あるいは石の上にあって，路上の人々に対して説法したと伝えられる．

辻善之助 つじぜんのすけ　1877(明治10)-1955(昭和30)　歴史学者．兵庫県出身．東京帝国大学国史科卒業後，1923年より同教授に就任，29年より38年まで史料編纂所初代所長，52年には文化勲章を受賞した．多くの史料を駆使して実証史学の立場から著された『日本仏教史』10巻が代表的業績で，今日でも参照されることが多い．特に近世仏教を堕落仏教と規定したことは，現在にいたるまで大きな影響を与えている．

角隠し つのかくし　女子のかぶりものの一種．中世の被衣に代り，近世になって婚礼などに用いられた．忌衣として頭を覆う風習は古くからあり，葬式に被衣や綿帽子をかぶる例があった．白紙を三角に折ったものを額にあてる風とも共通する．それが婚礼にも転用され，中世以来の被衣の伝統とも結びついて，角隠しが晴着の一種とされるようになった．同時に，女子が寺社に参るときの塵除けとしても盛んに用いられた．

角大師 つのだいし　＊元三大師を角を生やした＊降魔の像に描いた＊護符．江戸期以降，正月3日の元三大師＊良源の忌日に，天台宗寺院で配るようになった．とくに東日本ではこの護符を鬼守りといって，門口に貼り，魔除けにしている．かつて元三大師が鏡をみると角を生やした鬼の姿に映っていたという故事によるが，元三大師の鬼の姿は，＊比叡山の山の神の反映であろうと想像されている．なお，この習俗はすでに室町時代初期には行われており，1445–46年成立の行誉撰＊『壒嚢鈔』15にその由来を説いている．それによると良源は「或時鏡を以て容を写して誓ひて云はく，我が影像を置かん所には必ず邪魅災難を払はん」といい，特に防疫を誓ったという．この影像を鬼道に落ちた阿覚大師＊安然の鬼形とする伝承もあり，それでは護符を〈あんねさま〉などと呼ぶ．豆大師もこれにならった同類のもの．「元三の心を．守れなほ今年の丑の角大師」〔俳・続山の井〕．→豆大師．

壺阪寺 つぼさかでら　奈良県高市郡高取町にある真言宗豊山派の寺院．近世までは〈壺坂寺〉と書いた．正しくは〈壺阪山平等王院南法華寺〉という．＊西国三十三所の第6番札所．八角＊円堂に安置された本尊の千手観音は眼病に効験があるといい，その＊霊験を取り込んだ人形浄瑠璃『壺坂霊験記』や同名の歌舞伎狂言は，お里・沢市の愛情描写で知られる．

『南法華寺古老伝』によれば，703年(大宝3)に元興寺僧弁基が創建したといい，出土瓦や＊塔の旧心礎から白鳳時代の創建であることは認められる．847年(承和14)には＊定額寺に列せられた．1096年(嘉保3)に主要＊伽藍を焼失したが直ちに復興，中世には興福寺一乗院の末寺となった．三重塔は1497年(明応6)に落慶供養された古式な塔で，四天柱に転用された旧心礎はその中心に＊舎利孔を穿っている．＊礼堂は室町時代初期の建物で，組物に独特な手法をもつ．寺宝には鳳凰文甎(飛鳥時代後期)や＊一字金輪曼荼羅図(鎌倉時代)などがある．

なお本寺の＊観音信仰の文学への投影としては，上記の『壺坂霊験記』より古く，室町物語『さよひめ』(別名，壺坂)が本寺観音の本地物語を伝え，それに取材した古浄瑠璃『松浦長者』もある．井原西鶴作とされる浄瑠璃『暦』の中で，壺坂温泉の湧出と難病治療などが仮構されているのも，当時の本寺観音の信仰を背景としたものであろう．

罪 つみ　＊苦の報いを招く，非難されるべき行為．

【罪に相当する原語】漢訳仏典において〈罪〉という語が当てられるインド語(以下，パーリ語を掲げる)には種々のものがある．まず＊戒律を破ることによって生ずる客観的な罪(āpatti)があり，これを自らの行為として主体的に反省し認識する場合にも，その悪は罪(accaya)といわれる．これらはいわば，前者が倫理的・法律的な罪であり，他律的な罪であるのに対し，後者は宗教的な自律的に自覚された罪ということができる．そしてこれらはともに悪なる行為であるから，〈＊罪悪〉〈＊罪業〉(pāpa, akusala, asaddhamma)と呼ばれ，その根本要因は＊煩悩であるから，煩悩もまた罪(罪垢．vajja, sāvajja, kibbisa)として把握され，これらは苦しみをもたらすから，その点を重視して罪(福に対する罪，罪禍．agha, adhamma)と呼ばれる．

【心性の非本浄説と本浄説】＊説一切有部などでは，衆生の心性は本浄に非ずと見たから，煩いの少ない＊出家生活を尊び，他律的に戒律を厳守して，一つ一つの煩悩から遠ざかり，徐々に＊悟りに近づく(＊漸悟)という立場をとった．もし罪を犯した時には，他の＊比丘・＊比丘尼に告白し＊懺悔して，所定の＊罰を受けることによって出罪することになっていたが，この告白懺悔自体がいわば罰の一つであり，したがって罪も出罪も他律的であり，形式的であったということができる．

これに対して＊大衆部系の仏教では心性本浄説を展開させ，一切の衆生に＊仏性の存することを認め，修行によっていつかは浄らかな心の＊本性が顕現すると考えた．そのような傾向の思想が発展して，大乗仏教のうちの若干の流派では，罪の本体も空であると考えて，究極的な立場からは煩悩はそのまま*菩提(ぼだい)であるとし(*煩悩即菩提)，煩悩を断じないですみやかに悟りを得る(*頓悟(とんご))という立場をとった．またその教えはむしろ在家信者の方に重点が移されたため，他律的な戒律はそれほど重んじられなくなり，むしろ自らの犯した罪は，仏と向きあったところで(超越的な次元にふれるところで)，自らが自覚的に懺悔告白するということが中心となった．

この傾向は中国・日本に至り，*末法(まっぽう)という時代認識とともに更に深められ，とくに，罪悪は自己に内在することをつきつめたところに，*阿弥陀如来(あみだにょらい)の*本願力による救済が自覚されるという*他力本願の教えが形成されるに及んで，一大転回を見ることになった．

「濁世の起悪造罪は，暴風駛雨にことならず，諸仏これらをあはれみて，すすめて浄土に帰せしめり」〔高僧和讃〕

通夜 つや　夜を通して祈願し，*勤行(ごんぎょう)すること．夜明し，徹夜．もと寺社に*参籠(さんろう)して行なった．また通常の*法会(ほうえ)などでも行われ，ほぼ全国にひろまった．一夜を過ごす場合のほかに，〈七夜待ち〉とか〈二十六夜待ち〉のように数日にわたり，夜を徹して法要を行う例もあった．

人が死んだ時，*葬儀の前夜すなわち*逮夜(たいや)に，家族や近親・知人が集まり，僧を招いて読経し，故人の生前をしのんで過ごすことにもいうようになり，これを〈御通夜(おつや)〉〈夜伽(よとぎ)〉などという．しかし地域によっては，重病人を看護することをヨトギというのに対して，死んでからのをオツヤといって区別するところもある．また危篤の病人が出た場合，産土(うぶすな)神社に集まってその回復を祈るのをオツヤという場合もある．いずれにしても通夜には，死を媒介にする場合とそうではない場合があり，さらに死ぬ前の場合と死後の場合などがあったことがわかる．

「宮巡りの後，礼殿にして通夜千手経を誦(よ)み奉る」〔梁塵秘抄口伝集〕「いざや白山を拝まんとて，岩本の十一面観音に御通夜あり」〔義経記 7.平泉寺〕

通夜物語 つやものがたり　人々が寺社などに寄り合って問答や対談をする形式で構成された物語の総称．参籠者などが徹夜で話し合うことが多いので〈*通夜〉の名を冠するが，昼間に行われた場合もこれに含まれる．この物語には二つの型がある．一つは特定の人物が語り手となって聞き手がこれに対応する型，もう一つは参会者が同等の資格で会談する型で，前者の典型としては『大鏡』以下の〈鏡物(かがみもの)〉と称される歴史物語，後者に属するものとしては『太平記』35 の「北野通夜物語」や*『三国伝記』などが挙げられよう．

この物語様式は語り手と聞き手が形成する一種の座の文学とも称すべきものであるが，その成立には現実に寺社で行われた*説経の座や参会者の雑談の実態が影響するところが大であったろう．それを裏づけるように，この様式は仏教文学，特に*唱導(しょうどう)性の強い作品制作にも盛んに取り入れられて，*『宝物集(ほうぶつしゅう)』『西要鈔(さいようしょう)』『鹿島(かしま)問答』などを生み出した．物語評論の『無名(むみょう)草子』，仏教的視座に立つ歌論書『野守鏡(のもりのかがみ)』などもこの型に属する．

鶴の林 つるのはやし　〈鶴林(かくりん)〉の訓読語．大乗の*涅槃経(ねはんぎょう)の所説に由来するもので，釈尊が*クシナガラで入滅した時，その四囲にあって白色に枯死し，白い鶴が群がるように見えたという娑羅双樹(さらそうじゅ)林をいう．転じて，釈尊の入滅，貴人の死なども意味する．「鷲の峰に思ひあらはれ，鶴の林に声絶えにしよりこのかた，迦葉が詞を鐘の音に伝へ」〔三宝絵中序〕．→娑羅双樹．

『徒然草』 つれづれぐさ　随筆．上下 2 巻．卜部兼好(うらべけんこう)(吉田兼好，1283 頃–1350 以後)著．成立は鎌倉末から南北朝頃．出家遁世した著者の身辺雑感・趣味の記事から，自然・社会・人間の諸相，さらに思想的な叙述に至るまで，長短 244 の章段より成る．*『摩訶止観(まかしかん)』以下の仏典の引用が漢籍を凌駕することから，その思想の重要な部分を仏教に負っているのは事実である．しかし，引用の態度はまちまちで，原典の長句を忠実に引いた例は少なく(第 49 段後半の*『往生拾因』，第 98 段の*『一言芳談』など)，多くは仏典の短句や要約的趣旨の引用にとどまる．教義については，天台系浄土教・専修念仏・臨済禅・律など，多方面との関係が認められるが，一宗一派に偏することがなく，それぞれが著者の共感と関心において摂取され，その仏教思想の形成にあずかったと見るべきであろう．

文学作品として『徒然草』を見るとき，著者の人事・自然に対する観察や理解の深化が，こうした仏教思想の把握と密接にかかわっている点は特に注目すべきである(第137段，第155段など)．『徒然草』の文学的完成度は，著者の持つ伝統的美意識と独自の審美眼が，彼の仏教思想と見事に調和融合した時に最も高められたと言うこともできよう．

テ

庭園 ていえん　祭祀・儀式・饗宴・逍遥・接遇などの場として，あるいは鑑賞の対象として，一定の空間的・時間的美意識のもとに造形される屋外空間．おもに土・石・植物・水などの自然材料を用いて作られる．建築に付随，あるいは建築を包含する場合が一般的で，形態からは，人工的・図案的なデザインを持つ幾何学式と自然景観をモチーフとした風景式に大別できる．おおむね，中国・日本など東洋の庭園は風景式であるとされる．

【飛鳥時代】朝鮮半島から作庭の技術が伝えられたのは，飛鳥(あすか)時代のことである．612年(推古20)に百済(くだら)の人・路子工(みちこのたくみ)が宮殿の南庭に*須弥山(しゅみせん)像と呉橋(くれはし)を築いたことが『日本書紀』に見える．飛鳥(奈良県明日香村)では，石神遺跡，島庄(しまのしょう)遺跡などで石組の方池が，また古宮遺跡では卵形の池とそこから流れ出る蛇行水路が発掘されている．これらは朝鮮半島の影響を受けたデザインと見られるが，キジル千仏洞(*キジル石窟)第118窟壁画に描かれた池との類似が指摘され，本来仏教に関連するデザインであった可能性が大きい．

【奈良–平安時代】奈良時代は，日本固有の風景式庭園デザインが確立する庭園史上の画期である．平城宮(へいじょうきゅう)内の饗宴施設と見られる平城宮東院(とういん)庭園(奈良市)は奈良時代前期に築造され中期に改修されるが，改修後の後期東院庭園は，複雑な汀線(ていせん)を持つ池，洲浜(すはま)(緩勾配の礫敷き護岸)や築山(つきやま)石組など，後世の日本庭園に直接通じるデザインが完成の域に達している．また，*光明皇后(こうみょうこうごう)(701–760)追善のために造営された*法華寺(ほっけじ)阿弥陀浄土院(あみだじょうどいん)の庭園は，発掘の結果，後述する浄土庭園の先駆をなす可能性が高まっている．平安時代の貴族住宅の庭園で，様々な儀式の場として用いられた〈寝殿造(しんでんづくり)庭園〉は，寝殿の南に設けられた池庭である．洲浜で縁どられた池には中島を配し，中島には橋を渡す．平安時代中期以降，*観想を重んじる*浄土教信仰の台頭に伴い，*阿弥陀堂と園池により*極楽浄土の具現を目指した寺院の庭園が多く作られ，これを〈浄土庭園〉と呼ぶ．西方極楽浄土の観念にのっとり阿弥陀堂を原則的に園池西方に置く配置が特色であるが，デザイン的には寝殿造庭園の変型と捉えることもできる．*平等院(びょうどういん)，*浄瑠璃寺(じょうるりじ)などの庭園が往時の姿を今に伝える．なお，平安-鎌倉時代に，石立僧(いしだてそう)と呼ばれる僧侶が作庭の担い手として活躍したことが知られる．

【鎌倉-室町時代】鎌倉時代末期から南北朝時代にかけて尊崇された禅僧*夢窓疎石(むそうそせき)(1275-1351)は傑出した作庭家でもあった．とくに石組に優れ，*天竜寺曹源池(そうげんち)の竜門瀑(りゅうもんばく)・池中立石(ちちゅうりっせき)・石橋一帯のデザインは日本庭園における石組の最高峰と評価される．夢窓疎石の出現によって，儀式・饗宴・観想などの「場」としての様相の強かった日本庭園が明確に芸術作品的性格を帯びるようになる．この芸術作品的性格は，*書院造(しょいんづくり)住宅の成立に伴い屋内からの鑑賞対象としての性格が強まるにつれて，一層の重要性を増す．そうしたなか，室町時代に禅宗寺院で確立されるのが，〈枯山水(かれさんすい)〉である．水を使わず石・白砂・樹木の刈込みなどで象徴的に自然景観を表現するこの様式の代表的な作例として，具象的な*大徳寺大仙院書院庭園と抽象的な*竜安寺(りょうあんじ)方丈庭園があげられる．

【桃山-江戸時代】桃山時代における*茶道の完成と相俟って成立した茶庭は，本来的に茶室への通路空間であり，〈露地(ろじ)〉と呼ばれる．江戸時代の初期，池庭・枯山水・露地を総合したかたちで成立するのが〈廻遊式(かいゆうしき)庭園〉で，広大な敷地に池を穿ち，築山を作り，茶亭を配する形態と，変化に富む庭景を楽しみつつ茶亭を廻るという遊興・接遇的機能を持つ．桂離宮(かつらりきゅう)庭園(京都市西京区)は，傑出した構成とデザインを有する廻遊式庭園で，日本庭園のひとつの到達点とされる．また，江戸時代の大名が江戸屋敷や城下の別邸などに築造した廻遊式庭園を〈大名庭園〉と呼び，後楽園(東京都文京区)，兼六園(金沢市)などが代表的な作例である．一方，庶民の庭園趣味が高まるなか刊行された『都林泉名勝図会』(1799)に収められた庭園の多くが寺院庭園であったことは，庭園文化の重要な担い手としての寺院の存在をうかがわせる．

ディグナーガ［*s*: Dignāga］ ⇀陳那(じんな)

提唱 ていしょう　提起し，唱導すること．禅門で，*師家(しけ)が仏経や祖録を講義し演法することをいう．修行者の修行の手がかりとなることを目的とするため，学問的な訓詁注釈でもなく，通俗的な説法でもなく，*仏祖の言葉の根本精神を言句にとらわれることなく提示する．転じて，あることを提示主張する一般語として用いられる．

庭前の柏樹子 ていぜんのはくじゅし　禅語．庭さきにある柏(はく)の木という意味．なお，〈柏〉は日本の〈カシワ〉ではなく，〈コノテガシワ〉〈ヒノキ〉などの常緑樹の総称である．出典は『趙州録(じょうしゅうろく)』で，「時に僧有り問う，〈如何(いか)なるか是れ祖師西来意〉．師云く，〈庭前の柏樹子〉．学云く，〈和尚，境を将(も)って人に示すこと莫れ〉．師云く，〈我れ境を将て人に示さず〉．云く，〈如何なるか是れ祖師西来意〉．師云く，〈庭前の柏樹子〉」とある．非常に有名な問答で，*『無門関』などでも*公案として採用され，広く流布した．ダルマ(*菩提達摩(ぼだいだるま))がわざわざ中国にまでやってきて伝えようとしたもの(*祖師西来意(そしせいらいい))，すなわち，仏法の究極を尋ねる僧に対して，*趙州従諗(じょうしゅうじゅうしん)がこれを提示した意図は，崇高なるものを自己の外に求めようとする態度そのものを否定し，日々の生活における知覚の当体がそのまま〈祖師西来意〉であることに気づかせるところにある．この問答の要点は，趙州のそうした働きにあり，世界が〈悟り〉の現れであるから，〈庭前の柏樹子〉もその一部であるというような汎神論的な思弁を示そうとしたものではない．「古人に，いかなるかこれ仏，と問ひしに，庭前の柏樹子，と答ふ」〔ささめごと下〕

ティソン-デツェン［*t*: Khri srong lde btsan］ 742-797　古代チベットの王．在位754-796．吐蕃(とばん)最盛期の崇仏王．チベット顕教の祖*シャーンタラクシタとチベット密教の祖*パドマサンバヴァをインドより招聘し，チベット初の僧院サムイェー寺を落慶させた．この寺においてチベット初の6人の出家者が出，また，*大蔵経(だいぞうきょう)の翻訳が開始された．さらに中国仏教を代表する*摩訶衍摩訶衍(まかえん)(マハーヤーナ)とインド仏教を代表する*カマラシーラに宗論を行わせ，最終的にインド仏教をチベットの国教として称揚した．対外的には軍事国家として中央ユーラシアに進出し，763年安史の乱に乗じて唐の都長安を一時占拠し，金城公主(きんじょうこうしゅ)の兄ないし弟の広武王承宏を皇帝に擁立した．→サムイェーの宗論．

『ディーパヴァンサ』［*p*: *Dīpavaṃsa*］ ディーパは〈島〉，ヴァンサは〈歴史〉の意，『島王統史』または『島史』と訳す．著者不詳．4世紀後半から5世紀初頭頃に作られた(*ブッダゴーサ以前)現存最古のスリランカ(セイロン)の王統編年史で，*パーリ語の韻文で書かれている．22章より成り，インドにおける仏教の起源，スリランカへの伝来，さらには歴代のスリランカ国王の事績と仏教史を，最初よりマハーセーナ王(在位276-303)の時代まで記述している．『マハーヴァンサ』(大王統史)と共に重要な歴史資料．→『マハーヴァンサ』．

剃髪 ていはつ　頭髪や髭(ひげ)を剃ることで，〈落髪〉〈*落飾(らくしょく)〉などともいう．髪(かみ)や髭は飾りであるから，*出家して*仏道に入る時に，すべての虚飾を去る意味でこれを剃る．古くはインドの出家修行者の習俗であったが仏教に採り入れられ，中国に仏教が伝わった時にこの習俗が儒教の説く〈*孝(こう)〉の徳目と抵触することになった．3世紀中頃に成立した牟子(ぼうし)*『理惑論(りわくろん)』に「孝経に言わく，身体髪膚，これを父母に受く，敢て毀傷せずと．…今の沙門の剃頭，何ぞ聖人の語に違い，孝子の道に合わざるや」とあり，中国の仏教受容期に中国固有の文化がインドの異質な文化と接触した時の摩擦の具体的な一例として，この習俗が取り上げられていることが知られる．

仏教では，*律(りつ)によって，出家し仏門に入る時は必ず剃髪し，以後も定期的に行い，またその長さも2指(2寸)以内と厳密に定めており，さらに中国でこの習俗が定着すると，清信士度人経(しょうしんじどにんきょう)などの経典が作られて，その作法・儀礼までが厳格に規定されるようになった．しかし例外もあり，仏弟子の*摩訶迦葉(まかかしょう)は長髪であったといい(雑阿含41)，後世中国の*黄檗宗(おうばくしゅう)の禅僧は必ずしも剃髪せず，またわが国の*修験道(しゅげんどう)の僧，および*浄土真宗(じょうどしんしゅう)の僧侶も剃髪を行わない．

「住持三宝といふは，画像木像は仏宝なり．かきつけたる経巻は法宝なり．剃髪染衣は僧宝なり」〔拾遺黒谷上人語灯録下〕

デーヴァダッタ［*s*, *p*: Devadatta］ ⇒提婆達多(だいばだった)

デヴィズ ⇒リス-デヴィズ

出開帳 でがいちょう　*境内(けいだい)から他所に出張して行う開帳．居開帳の対．特定の一寺院が行う以外に，巡礼*札所(ふだしょ)がまとまって或る1カ所で行う場合もある．江戸時代の初め頃より盛んとなり，信濃*善光寺の阿弥陀，成田山*新勝寺の不動，*浅草寺の観世音，*秩父三十三所観音霊場などの出開帳が行われた．→開帳．

嫡嫡相承 てきてきそうじょう　〈嫡嫡〉は，嫡子(ちゃくし)から嫡子へと伝えること．血すじの正しさをいう．仏法の伝承が，師から弟子へと正しく行われること．*師資(しし)相承．経論に依らず，体験の伝承である禅では，宗旨の命脈を伝える上から，特に強調される．〈的的相承〉も同義で，〈的的〉はまさしく確かの意．師から弟子へと仏法が明確に伝えられることをいう．「このゆゑに正法眼蔵まのあたり嫡嫡相承しきたれり」〔正法眼蔵仏道〕「山僧の仏法，的的相承」〔臨済録示衆〕．→相承．

弟子 でし　仏門の門弟．相当する原語は複数あるが，教授されるべき者の意でśiṣyaが広く用いられ，仏説を聴聞する者という意味をもつśrāvaka(*声聞(しょうもん))もまた仏弟子をさす古くからの用語．またときに，師の近くに住む者の意でante-vāsinや，教育・訓練されるべき者であるvineya(所化(しょけ))も弟子と訳される．中国・日本の仏教では文字上の区別はなく，師について教えを受ける者の意に用いる．漢語としては『論語』学而に「弟子入りては則ち孝，出でては則ち弟」とあるように，父子兄弟での尊敬・謙譲を含意する．また，弟子が自分自身をさしたり，在俗信者をも含めることもある．「『釈迦牟尼仏の弟子』と名のりてゆるるかに誦(よ)みたまへる，また世に知らず聞こゆ」〔源氏須磨〕

鉄牛道機 てつぎゅうどうき　1628(寛永5)-1700(元禄13)　*黄檗宗(おうばくしゅう)の僧．鉄牛は道号，道機は諱(いみな)．また自牧子(じぼくし)ともいう．石見(いわみ)(島根県)の出身．15歳で出家，京・大坂などにて経典の講義を聞き，また参禅するなどの遍歴の後，*隠元隆琦(いんげんりゅうき)に会い，その高弟木庵性瑫(もくあんしょうとう)(1611–84)の法を嗣ぐ．*万福寺(まんぷくじ)造営に尽力したのをはじめ，多くの黄檗宗の寺院の*開山となり，教禅一致の立場に立って人の能力に応じて，ある時は平易に教えを説き，ある時には峻烈に対するなど広く教化につとめ，下総(しもうさ)(千葉県)椿沼の開墾などの社会事業にも力をそそいだ．大慈普応国師と諡(おくりな)された．著述に『鉄牛禅師語録』『自牧摘稿』などがある．

『鉄眼禅師仮名法語』 てつげんぜんじかなほうご　*鉄眼道光(てつげんどうこう)著．1巻．『瑞竜鉄眼禅師仮名法語』『鉄眼仮名法語』とも．1691年(元禄4)の刊本がある．女性のために，仏教を禅宗の立場から説示した*法語．まず*般若心経に説く「照見五蘊皆空度一切苦厄」の教理を説き，次にものの存在について，そのよって来たる本源を究明すれば真理を体得できると説示する．説くところは色(しき)・受・想・行・識(*五蘊(ごうん))についてそれぞれの意義をあかし，一切のものは地・水・火・風・空(くう)(*五大)の仮の結合であるから，ものに執着せずに無念無想の行である坐禅によって*見性成仏(けんしょうじょうぶつ)の*大悟に入れと説く．語りようは硬直な語気で，平易とはいいがたい．

鉄眼道光 てつげんどうこう　1630(寛永7)–82(天和2)　*黄檗宗(おうばくしゅう)の僧．鉄眼は道号，道光は諱(いみな)．肥後(ひご)(熊本県)の出身．はじめ浄土真宗の僧となり，のち禅に転じ木庵性瑫(もくあんしょうとう)(1611–84)の法を嗣ぐ．*大蔵経(だいぞうきょう)刊行の決意をし，講経僧として楞厳経(りょうごんきょう)，*『大乗起信論』など講義しつつ全国を行脚して資金を集め，黄檗一宗をあげての協力のもと1669年(寛文9)より刻をはじめ1681年(天和1)完成した．〈黄檗版〉または〈*鉄眼版〉大蔵経といわれ，日本において近代的な仏教研究が生まれる母胎となった．鉄眼は経典の説くところはすべて禅宗に帰着するという教禅一致の考えに立ち，また神秘家的側面を有する事業家的才能の持主であった．開版事業終わってのち飢饉救済に身を投じ，その途中に没した．宝蔵国師と諡(おくりな)された．著述に*『鉄眼禅師仮名法語』『鉄眼禅師遺録』などがある．

鉄眼版 てつげんばん　黄檗(おうばく)宗の*鉄眼道光(てつげんどうこう)によって刊行された*大蔵経．〈黄檗版〉とも言う．1669年(寛文9)に刊行を始め，1681年(天和1)完成．明(みん)の〈万暦蔵〉の復刻で，1618部7334巻よりなる．刊行にあたって，鉄眼は全国各地を行脚(あんぎゃ)して資金を集め，その間，飢饉(ききん)の際にはその浄財を放出するなどの苦労の末に完成したものである．テキストとしては必ずしもよくないが，大蔵経普及の功績は大きい．その版木は今日もなお*万福寺に現存している．

鉄囲山 てっちせん　[s: Cakravāḍa]　〈てついせん〉また訓読して〈てつ(ち)いのやま〉とも．仏教宇宙観で，*金輪(こんりん)の外辺を縁どる山脈．鉄でできている．水面上の高さは312.5 *由旬(ゆじゅん)，円周は361万350由旬あるという．「第八の山とは，梵には斫迦羅山(しゃきゃらせん)と云ふ．ここ(日本)には鉄囲と云ふ，純鉄の所成なり」〔十住心論1〕．→九山八海，付録(須弥山世界図)．

鉄鉢 てっぱつ　鉄製の鉢(はつ)．その材料・色・容量ともに規定の法(ほう)にかなったものであることから，〈応量器(おうりょうき)〉ともいわれる．もっぱら，*托鉢(たくはつ)の時に用いられる．現在東南アジアの仏教僧は，これで御飯やおかず，果物，菓子などを受ける．わが国では，金や米を受けることが多い．「鉢は鉄鉢なるべし．木鉢は外道の鉢なり」〔壒嚢鈔11〕．→鉢．

鉄仏 てつぶつ　鉄でつくられた仏像で，中国でも早くからつくられたという記録はあるが，宋代最も盛んであったといわれる．朝鮮半島では新羅(しらぎ)末期から高麗(こうらい)初めにかけての頃つくられ現存している．わが国でも鎌倉時代以降造立されている．東日本に集中している理由は不明であるが，山砂鉄を入手しやすい地域という条件と信仰が深いかかわりを持っていたといえよう．

大山寺(だいさんじ)(神奈川県伊勢原市)の不動三尊(鎌倉時代)は堂々たる威厳をもつ雄作として知られ，寛喜2年(1230)の体部陽鋳銘をもつ法蔵寺(ほうぞうじ)(愛知県海部郡)の地蔵菩薩立像，文暦2年(1235)の台座陽鋳銘をもつ長光寺(ちょうこうじ)(愛知県稲沢市)のすぐれた地蔵菩薩立像をはじめ，善勝寺(ぜんしょうじ)(群馬県前橋市)の阿弥陀如来(仁治4年)，薬師堂(栃木県上都賀郡)の薬師坐像(建治3年)など年紀の陽鋳銘が鉄仏特有の技法として注目される．しかし全体としては鋳損じもあり，あとの仕上げ細工の困難さも多く破損部をもつ作例が多い．→金銅仏(こんどうぶつ)．

寺 てら　⇒寺院(じいん)

寺請状 てらうけじょう　江戸時代に寺の僧侶が発行した切支丹(きりしたん)でないことの証明書．〈寺請証文〉ともいう．縁組・旅行・移転・奉公など身分異動や地理的移動のさいに身分証明書として寺から受けることが義務づけられた．寺請制度は江戸期初頭，転宗した切支丹が寺僧から証明を受けたことに始まる．転宗者以外の非切支丹も僧侶の証明を受ける地方があったが，一般に行われたのではなかった．しかるに島原の乱後，宗門(しゅうもん)改めが励行されるに至り，それと対応して1664年(寛文4)には身分と職業を問わず，全国一律に寺請制度が施行されることになった．

寺請制度は幕藩秩序を保つために有効な制度であったから，切支丹が影をひそめてしまった後も引き続き実施されて，寺檀制度の確立をもたらした．檀那寺(だんなでら)と*檀家(だんか)との関係を固定し，そのため檀家に檀那寺護持の責務を課することになった寺檀制度は，民政上の機能のゆえに公権力が寺院に加えた保護とあいまって，僧侶の腐敗を招いた．そのうえ寺にたいする檀家の負担も少なくなかったので，岡山藩や水戸藩では寺請を廃して神社の請文にかえ，仏葬に代えて神葬を採用しようとした．→宗門改め，寺檀制度．

「農人・町人・職人等に日本の誓詞，南蛮の誓詞をいださせ，寺請けをとり，其の後は一年も二年も改めの沙汰これ無くさしおかるる国あり」〔契利斯督記〕

寺から里へ てらからさとへ　里，すなわち*檀家(だんか)から寺へ物品を寄進するのが普通なのに，逆に寺から檀家へ物品を贈るということから，物事が逆であること，本末転倒のたとえ．近世初中期の間，京阪地方を中心に流行したことわざらしく，当時の上方文学作品に散見するが，寺が檀家丸抱えで維持されるようになり，金品の寄進が日常化した世相を思わせる句である．「少人のこなたよりとやかく歎かれしは，寺から里へのお児(ちご)しら糸の昔いふにたらず」〔浮・好色一代男1〕

寺子屋 てらこや　室町中期に始まり，江戸中期以降急増した庶民のための初等教育機関．寺で学ぶ子どもを〈寺子〉と称したが，寺子屋は都市ついで農村でも民家などを教場として開設．師匠には平民が多く，ほかに武士・僧侶・医師などがいた．民衆自身の生活の必要から設立され，幕府や藩は干渉も奨励もほとんど行わなかった．〈*往来物(おうらいもの)〉と称する教科書を使い，手習いによる読み書き能力の向上を中心にし，幕末にいたり，これに算を加えるところが増えた．1872年(明治5)の学制公布以降，小学校が急速に普及したのは，寺子屋がそれ以前に存在したからである．なお，寺子屋に入ることを〈寺入り〉〈寺上がり〉といった．これらの語は寺子屋の発足と同時に使用され始めた．〈寺上がり〉は，寺子屋を卒業すること，また卒業した人の意味で使われることもあった．→教育と仏教．

寺侍 てらざむらい　*門跡(もんぜき)や*院家(いんげ)に仕えて，その警備や雑務に従事した者．鎌倉時代には〈*侍法師(さむらいほうし)〉とよばれていた．〈寺侍〉の呼称は15世紀のころからみられるようになり，近世に至ってこの呼称が広く用いられた．剃髪して法衣を着したが，帯刀・肉食・妻帯を許され，法眼(ほうげん)・法橋(ほっきょう)などの*僧位を与えられる者もいた．のちに利権化し，寺侍の株が売買されることもあった．「今日舞御覧なり…兼日，河南浦・胡徳楽これあり．而れども南都の寺侍死去の間略さると云々」〔看聞御記応永28.8.19〕

寺銭 てらせん　〈寺金(てらきん)〉ともいい，略して〈寺(てら)〉という．博打(ばくち)をうつとき，その集会場(賭場(とば))の借り賃として，出来高のうちから一定の割合で貸元や席主に支払う金銭．博打が寺での法事の後などによく行われたからとも，また，灯明代の名目で徴収したので〈照らす金〉の意からともいう．

寺町 てらまち　寺院の多く集まっている街区，通りをいう．戦国時代から江戸時代の初期に，大名たちは自己の城下町の建設を進めた．そのさい，以前は武士，商工業者，寺院寺僧らが混住していたのを改め，武士の集住する街区，商工業者の集住する街区，寺院僧侶の集住する街区などを区別した城下町を建設した．その寺院僧侶の集住する街区が寺町となった．たとえば，当時，京都の東はずれにあたった京極寺町は，天正(1573-92)末年に豊臣秀吉によって浄土宗，臨済宗，曹洞宗，日蓮宗，時宗などの寺院が移転させられて形成された．こうした寺町形成の目的は，一つには都市の防衛線の役割を期待することにあり，いま一つには寺院と旧来の町との結びつきを切断することにあったと考えられている．

出羽三山 でわさんざん　山形県のほぼ中央部に位置する月山(がっさん)・羽黒山(はぐろさん)・湯殿山(ゆどのさん)の総称．主峰の〈月山〉は標高1984メートルの東北地方有数の高山で，山頂に月山本宮が祀られる．〈羽黒山〉は標高414メートルの里山で，山頂の三神合祭殿には三山の神すべてが祀られており，冬季に参詣不可能な月山と湯殿山の里宮の役割を兼ねていた．〈湯殿山〉(1500メートル)は月山・羽黒山とは異なり，山そのものがご神体ではなく，仙人沢の上流に湧き出る温泉の成分が固まった噴泉塔がご神体となっており，その自然崇拝的な信仰が特徴である．月山の*本地(ほんじ)は阿弥陀如来(あみだにょらい)，羽黒山の本地は観音菩薩(かんのんぼさつ)，湯殿山の本地は大日如来(だいにちにょらい)と薬師如来(やくしにょらい)である．

三山の山麓には八方七口と称される山岳宗教集落群が取り巻いており，庄内地方の羽黒山麓の手向(とうげ)は近世に麓三百六十坊と呼ばれた最大の宗教集落であり，今も茅葺きの豪壮な宿坊が軒を連ねている．それぞれの宗教集落が霞(かすみ)や*檀那(だんな)場と呼ばれる信者組織を有しており，その総体が出羽三山の信仰圏となり，東北一円から関東・信越地方に広がっている．羽黒修験(しゅげん)は徳川幕府から地方修験の本山として認められ，今も秋の峰と称される*山伏(やまぶし)修行が8月下旬に行われている．庄内地方の大網大日坊と七五三掛(しめかけ)注連寺は*即身仏(そくしんぶつ)を祀る寺院として知られ，近世の湯殿山信仰は十数体の即身仏を生み出したが，土中*入定(にゅうじょう)説は疑問視されている．

天 てん　サンスクリット語devaの訳で，神を意味する．神の概念は仏教の救済論には本来不必要であるが，バラモン(*婆羅門)文化の影響下に仏教にとりいれられた．バラモン教(*婆羅門教)においては*『リグ-ヴェーダ』以来33神，あるいは3339神ともいわれる多数の神が信仰されたが，その多くは自然現象が神格化されたものである．deva(本来，輝くもの，の意)は，ギリシア語zeusやラテン語deusと語源を同じくし，したがってバラモン教の神の概念はギリシア神話やローマ神話のそれと共通するところがある．

仏教　【受容と展開】バラモン教の神が仏教にとりいれられる経過のなかに二つの時代的ピークが認められる．一つは，仏教が誕生したときで，このときすでにバラモン教において流行していた*梵天(ぼんてん)・*帝釈天(たいしゃくてん)・*竜(りゅう)・*夜叉(やしゃ)(後二者は民間信仰的色彩が強い)などがとりいれられた．もう一つは*密教が誕生したころで，*ヒンドゥー教(バラモン教が民衆化したもの)の神々が仏教に入って摩醯首羅天(まけいしゅらてん)(ヒンドゥー教の*シヴァ神)や*那羅延天(ならえんてん)(ヒンドゥー教の*ヴィシュヌ神)，*大黒天(だいこくてん)，*荼吉尼天(だきにてん)などとなった．これらは仏あるいは仏法を守護する神となったが，その典型的な例が*ガンダーラの浮彫りに示される，*金剛(こんごう)を手に仏に従う金剛手(*インドラ神に由来する)である．なお，上記の2時期のあいだには*大乗仏教誕生の一時期があり，このときヒンドゥー教の神やイラン系の神が*菩薩(ぼさつ)としてとりいれられた．*観世音菩薩(かんぜおんぼさつ)・*弥勒菩薩(みろくぼさつ)など．

仏教ではこれらの神々は比較的低級な存在とされ，かれらの上に，仏教独自の天として，宗教的理想の境地を象徴するものがおかれた．以下，仏教における古典的な(すなわち比較的初期の)天界を説明しよう．まず〈天〉は神を意味すると同時に，神が住む場所(天界(てんがい)，svarga)をも意味する．天を五趣(ごしゅ)(五*悪趣)あるいは*六道(ろくどう)の一つとするときには，後者の意味あいが強い．天は五趣あるいは六道のうちの最高所を占めるが，それ自身のうちにさらに細かい段階が設けられている．*『倶舎論(くしゃろん)』によると，天につぎの27種がある(下位のものから挙げる)．四大王衆天(しだいおうしゅてん)・三十三天(さんじゅうさんてん)・夜摩天(やまてん)・覩史多天(としたてん)・楽変化天(らくへんげてん)・他化自在天(たけじざいてん)(以上は六欲天)，梵衆天(ぼんしゅてん)・梵輔天(ぼんほてん)・大梵天(だいぼんてん)・少光天(しょうこうてん)・無量光天(むりょうこうてん)・極光浄天(ごくこうじょうてん)・少浄天(しょうじょうてん)・無量浄天(むりょうじょうてん)・遍浄天(へんじょうてん)・無雲天(むうんてん)・福生天(ふくしょうてん)・広果天(こうかてん)・無煩天(むぼんてん)・無熱天(むねつてん)・善現天(ぜんげんてん)・善見天(ぜんけんてん)・

色究竟天(以上は色界の 17 天．ちなみに広果天と無煩天の間に無想天を入れて 18 天とする経典もある)，空無辺処・識無辺処・無所有処・非想非非想処(以上は無色界の 4 天)．

【六欲天・色界十七天・無色界四天】上記の諸天に簡単な解説を加えよう．*六欲天は神でありながら，いまだ欲望にとらわれている．ただし，人間よりはとらわれの程度が低い．〈四大王衆天〉は*四天王およびその配下のことで，*須弥山の中腹の四面に*持国天(東)・*増長天(南)・*広目天(西)・多聞天(*毘沙門天)(北)が住み，その下方に配下の薬叉(夜叉)達が住む．〈三十三天〉は Trāyastriṃśa の意訳で，音写すれば〈*忉利天〉である．これは 33 種の神を意味し，帝釈天を首長とし，須弥山上に住む．(『リグ-ヴェーダ』以来の神々がここにあてはめられているのである．)　ここまでの神は地上に住むので地居天といい，その上に空居天がつづく．〈*夜摩天〉は焔摩天・炎摩天とも綴られ，空居天の最初である．〈覩史多天〉は〈*兜率天〉とも綴られ，下界に降るまえの仏の滞在処として知られている．〈*楽変化天〉は*神通力によってみずから微妙な欲望の境地を造りだして楽しむ．〈他化自在天〉は〈*第六天〉とも綴られ，他人に欲望の境地を造りださせてそれを楽しむ．(最後の二天は欲望に関し，それなりの自由を得ている．)

色界の 17 天は，*静慮(*禅定)の深まりに応じて 4 段階に分類される．最初の 3 天は初静慮に，つぎの 3 天は第 2 静慮に，つぎの 3 天は第 3 静慮に，残りの 8 天は第 4 静慮に配される．このうち〈*色究竟天〉は音写すれば〈阿迦膩吒天〉であり，色界中の究極の天を意味する．

無色界の 4 天は，*三昧(禅定)の深まりに応じて配列されている．〈*空無辺処〉は空無辺処定(無限の虚空を見る三昧)を修得したものが住む世界である．〈識無辺処〉〈無所有処〉〈非想非非想処〉(*非想非非想天)は，それぞれ「内なる心識の無限を観ずる三昧」「いかなるものも存在しないとみる三昧」「想念を持たず，また持たないのでもない三昧」という三昧を修得したものが住む世界である．

以上の世界は上位のものほど高い位置にあって広く，そこに住むものは身体が大きく寿命が長いが，*三界のうち無色界だけは，物質(*色)を超越しているので，世界や身体に大きさはなく，寿命だけがある．→付録(須弥山世界図)．

中国思想　中国においても，〈天〉は〈神〉(上帝もしくは宇宙の主宰者)を意味すると共に，神が住む場所をも意味した．『詩経』大雅文王に「天の命は常靡し」，『書経』皐陶謨に「天は有罪を討つ」などとある〈天〉は上帝を意味し，『論語』述而に「天は徳を予に生ず」，『論語』八佾「罪を天に獲れば禱る所無きなり」という〈天〉は宇宙の主宰者を意味する．かくて〈天〉が〈神〉であることを明確に表現する『爾雅』釈天「天の言たる，神なり」や漢の董仲舒の『春秋繁露』郊義「天とは百神の大君なり」などの訓詁解釈が出現し，宇宙の主宰者・最高神を呼ぶ〈天帝〉〔荀子正論〕，〈天皇〉〔文選張衡.思玄賦〕，〈天公〉〔後漢書皇甫嵩伝〕，〈天王〉〔史記天官書〕，〈天主〉〔史記封禅書に初見〕，〈天尊〉〔無量寿経，隋書経籍志.道経〕などの称号が成立するに至る．

一方また『詩経』大雅下武に「三后(大王・王季・文王)は天に在り」，『書経』召誥に「先哲王は天に在り」，『墨子』尚賢に「聖人の徳は天の高きが若し」などとある〈天〉は，神の住む場所，天上世界を意味する．そしてこの〈天〉は古代中国で地上の世界が九に分けられる(『書経』禹貢の「九州」)のに対応して〈九天〉となり(『楚辞』離騒「九天を指して正と為す」)，さらに*道教の神学の三天説(清微天・禹余天・大赤天)ないし九天説(鬱単無量天・上上禅善無量寿天・梵監須延天・寂然兜術天・波羅尼蜜不驕楽天・洞元化応声天・霊化梵輔天・高虚清明天・無想無結無愛天)を生み，インド仏教の伝来以後は，三界二十八天説(欲界六天・色界十八天・無色界四天)の天の名称のみを改めて基盤に採り入れ，その上部に四種民天(太虚無上常融天・太釈玉隆騰勝天・竜変梵度天・太極平育賈奕天)および三清天(太清天・上清天・玉清天)と大羅天の合計八天を加増した道教三十六天説が成立する．そのうち大羅天には道教の最高神・元始天尊

(玉皇)が住み，三清天には道教三尊の神宝君・霊宝君・天宝君が，四種民天には功と行の満ち足りた善男子・善女人が，さらに二十八天には多くの神仙修行者達が住むとされる．詳細は『雲笈七籤』巻3および『道蔵』洞玄部本文類に収載される道教経典『九天生神章経』にある．

纏 てん ［s: paryavasthāna］ *煩悩の異名の一つ．不善の心理状態が*衆生にまつわりついて拘束し，生死輪廻からの*解脱を妨げることから，このようにいわれた．またときに〈纏〉は，*随眠(anuśaya)が心の奥深くに潜在的に存在する煩悩であるのに対して，それが実際の心理作用を伴って表面に現れた場合の煩悩をいう．さらにまた，〈纏〉は*随煩悩や枝末煩悩の一部として説明される．これは*無慚・無愧・嫉・慳・悔・眠・掉挙・*惛沈の8種を数えて〈八纏〉とする説と，これに忿・覆を加えて〈十纏〉とする説がある．

伝衣 でんえ 〈でんね〉とも読む．〈衣〉は出家者がまとう*袈裟．禅門においては，*伝法の証として師から弟子へと代々伝授される袈裟をいう．伝法・嗣法と同義に用い，仏法の真義，自己*本来の面目に目覚めた者に伝える．もと釈尊が弟子の*摩訶迦葉に仏法相続の証しとして金襴衣を授けたことに始まり，歴代の*祖師に伝えられて*菩提達摩に至り，さらに6祖*慧能に至って曹渓山に留められたとする．*『祖堂集』2に「達摩の衣を伝えて信と為す」と言われている．また，禅宗寺院で，*開山より歴代の*住持に伝持される袈裟をいう．なお，*『正法眼蔵』に「伝衣」の巻がある．「よく伝衣附法せしむるのみにあらず，桃花をみて悟道し，竹響をききて悟道する」〔正法眼蔵仏経〕

天海 てんかい 1536(天文5)-1643(寛永20) 天台宗の僧．*比叡山南光坊に住したことから〈南光坊〉とも号す．諡号は慈眼大師．生年や出自には諸説あるが，一説に会津高田(福島県)の人．11歳で出家し随風と号し，14歳で宇都宮の粉河寺(廃寺)の皇舜に天台を学ぶ．のち比叡山に登り実全に*天台三大部を学び，また園城寺や興福寺で倶舎・法相・華厳などの諸教学を究めた．1571年(元亀2)織田信長の比叡山焼打ち後，武田信玄の招きで甲州に赴き，学僧亮信・豪盛らと論議して名をあげた．後に世良田の長楽寺(群馬県新田郡)，江戸崎の不動院(茨城県稲敷郡)に住し，1590年(天正18)川越の無量寿寺(*喜多院)の豪海(?-1599)に師事して名を〈天海〉に改めたという．

徳川家康に謁見してより，次第にその信任を得て幕政にも参画するようになった．喜多院，長沼の宗光寺(栃木県芳賀郡)の住持を経て，1607年(慶長12)には比叡山東塔南光坊に住して*探題職を勤める一方，兵火後の*延暦寺復興に尽力した．さらに智楽院の号，毘沙門堂を賜り，1613年(慶長18)には日光山を領して，家康の死後にはその遺骸を日光山に移し，また*崇伝の意見を退けて，山王一実神道(→山王神道)の立場から家康に東照大権現の*諡号を贈る勅許を得た．この間，喜多院を関東天台の中心寺院とする意図をもっていたが，新たに*寛永寺を建立するに及び，東叡山の山号も移して*開山となった．天海の死後，*輪王寺*門跡が創設されてその基盤も築かれた．天海は慈慧大師*良源と共に両大師として祀られる．なお*聖教の蒐集でも知られ，その蒐書は〈天海蔵〉として一部が輪王寺などに遺存する．

天蓋 てんがい 仏像の頭上に懸け吊られる笠状の装飾．もとは熱帯国インドで，王侯貴人の外出に際して，従者がさしかける日傘に起源する．インドにおいて仏像の天蓋と結びつき，傘蓋の意匠が仏の力を象徴する大*蓮華の意匠と一体化した．この形式が中央アジアを経て中国に，さらに日本まで伝わった．本来は木骨に布を貼ったものであるが，木製・金属製・石造のものなどが行われた．*法隆寺金堂では木製方形，東大寺法華堂(*三月堂)では鏡を中心に据える木製大蓮華形，*平等院鳳凰堂には，方形と円形とを組み合わせた形がそれぞれ見られる．「諸天善神は天蓋を指し，幡を上げて，我等を守護して」〔如説修行鈔〕「八角の天蓋の内外に二十四の幡あり…天蓋の荘厳彩色甚妙なり．縁は八角にして大鏡の八寸許りなるを入れ，蓋の大きさは径一丈許りなり」〔参天台五台山記〕

天海版 てんかいばん 江戸時代初期に*天海によって刊行された*大蔵経．*寛永寺から刊行されたので〈寛永寺版〉ともいう．南宋の〈思渓版〉を底本とした折本木活字版で，三代将軍家光を檀越(だんおつ)(施主)として，1637年(寛永14)より48年(慶安1)までかかって，1453部6323巻を完成した．わが国で最初に完成した刊本大蔵経で，当時の最高の技術を用いているが，発行部数が少なく，広くは普及しなかった．

『デンカルマ目録』 もくろく ［*t*: *lDan dkar ma dkar chag*］ 9世紀前半までにチベット語訳された仏典名を記載したチベット最初の目録．8世紀後半から国家事業として始められた古代チベット王国の仏典翻訳がほぼ一段落した段階で，当時の翻訳官の中心であったカワ-ペルツェクおよびルイワンポなどがデンカル宮殿において，チベット語訳仏典の経名目録として作成したもの．700余りの仏典名を収録している．*顕教(けんぎょう)の経典および論書が主で，密教経典は布教が制限されていたため13経典しか記載されていない．その一方，漢文からのチベット語訳仏典も記載されている．その後も古代チベット王国において『チンプマ目録』『テンパンマ目録』が編纂されたが，現存しない．初期のチベット仏教における仏教受容の実態を反映している貴重な資料である．

伝教大師 でんぎょうだいし ⇒最澄(さいちょう)

天鼓 てんく *帝釈天(たいしゃくてん)(*インドラ神)が住む*忉利天(とうりてん)の善法堂(ぜんぽうどう)にあるという鼓のこと．打たなくとも自然に妙音(みょうおん)を発し，聞く者をして悪をつつしみ善を好み，勇気をふるいたたせるといわれる．また仏の声にもたとえられる．法華経序品には，仏が〈無量義(むりょうぎ)〉と名づける大乗経を説いたとき，天は*曼陀羅華(まんだらけ)をふらし，天鼓は自然に鳴ったと記述されている．「修羅は…一日三時の患(うれ)へあり，天皷自鳴の歎きあり」〔久遠寺本宝物集2〕

天狗 てんぐ 赤ら顔をして鼻が高く，翼を持って空中を自在に飛翔する妖怪の一種．手にうちわを持ち，修験者(しゅげんじゃ)もしくは僧の服装をして山中や樹上に住むと信じられた．鼻の高いのを〈大天狗〉，鼻先のとがったのを〈小天狗〉または〈烏(からす)天狗〉という．もと中国では，流星や彗星が落下する時の姿形が狗(いぬ)に似ているところから天の狗，すなわち〈天狗〉と称した．『日本書紀』では流星の現象を天狗(あまきつね)と解しているが，これも中国産の考え方に基づいている．

しかしわが国では，平安時代になると，名利をむさぼる我執・傲慢の僧が死後転生するものとされ，天狗道ともいうべき一種の魔界が想定されるようになった．後世高慢な人物を広く〈天狗〉と称するようになったのはこれに由来する．当時の天狗の形姿は一定しないが，多くは僧形，時に童形・鬼形をとることもあり，また空中を飛翔することから，鳶(とび)のイメージでとらえられることも多かった．尼の転生したものを〈尼天狗〉と称することもある．『今昔物語集』などにはこうした天狗説話が多数収められている．それを絵画化したものが，1296年(永仁4)制作の*『天狗草紙』で，そこには当時の興福寺や東大寺など七大寺の僧の堕落相が風刺的に描き出されている．

鎌倉時代以降になると，修験道の*山伏をも〈天狗〉と呼ぶようになった．山伏の修行法や風体が独特であるところから，他派の宗教者が軽蔑して言ったものである．一方民間では，里人が山中を異界ととらえ，そこに現れる怪異を天狗のイメージに託した．そこから天狗の正体を山の神とみなす傾向が生じた．現に各種の天狗像をグヒン(狗賓)・山人・山の神などと称する地域がある．

「近江の国比良(ひら)の山に住みける天狗，鵄(とび)の形としてその池の上を飛び廻るに」〔今昔20-11〕「山僧多く天狗となりて，和光の方便によりて出離すとこそ」〔沙石集1-6〕

『天狗草紙』 てんぐぞうし 鎌倉時代の*南都北嶺(なんとほくれい)や念仏・山伏・禅などの僧の驕慢(きょうまん)を7種の天狗にたとえて諷刺した絵巻．7巻．紙本着色．東京国立博物館・根津美術館・個人2家に分蔵されている．冒頭の詞書(ことばがき)に1296年(永仁4)10月に制作したことが記されている．絵は当時の大和絵(やまとえ)の正系を伝え，暢達(ちょうたつ)した描線と華麗なうちに落ち着いた色調をもつもので，制作年代の判明する鎌倉時代絵巻の規準作品である．この異本に『魔仏一如絵巻(まぶついちにょえまき)』(日本大学図書館蔵)がある．

天下 てんげ 天の下の世界．仏教の世界観によれば，*須弥山(しゅみせん)の頂上は*帝釈天(たいしゃくてんが住し三十三天(*忉利天(とうりてん))のすみかで，その下に*四天王(してんのう)の世界があり，さらにその下に四つの大陸(四天下(してんげ))がある．すなわち東の勝身洲(しょうしんしゅう)，南の贍部洲(せんぶしゅう)，西の瞿陀尼洲(くだにしゅう)，北の俱盧洲(くるしゅう)である．四つの大陸には人が住み，そのうちの贍部洲がわれわれの住処である．贍部洲の表面には*畜生もおり，地下には*地獄・*餓鬼の世界がある．日月星辰が須弥山の中腹を水平にめぐっている．なお，漢語としては天(大空)の下のすべての空間，中国の範囲内のすべての土地の意．「汝達(なむたち)砂(いさご)の塔をつくれるに，高さ一搩手(いつちやくしゆ)なるは後の世に鉄輪王となりて一天下に王とあらむ」〔三宝絵下〕「もし出家にあらずは，転輪聖王として四天下に七宝を満て，千の子を具足せむとす」〔今昔1-1〕．→天，四大洲．

天月・池月 てんげつ・ちげつ　天台智顗(ちぎ)は*『法華玄義』7上において，法華経の〈*迹門(しゃくもん)〉(前半)を池の月に，〈*本門(ほんもん)〉(後半)を天の月にたとえ，迹としての池月に対して本としての天月を知るべきことを強調した．日本天台の*本覚思想になると，天月・池月の論を現実肯定に応用するにいたる．たとえば*『枕双紙(まくらのそうし)』では，仏を天月に凡夫(ぼんぶ)を池月(水月)にたとえ，凡夫は現実の場(池)に仏(天月)が活現した姿であり，その意味では実仏であり本仏で，現実を超越した仏(天月)のほうがむしろ仮(け)仏であり迹仏であると説く．*日蓮(にちれん)は久遠釈迦(くおんしゃか)と諸仏との区別に天月・池月論を用いた．

天眼 てんげん［s: divya-cakṣus］　詳しくは〈天眼通〉(divya-cakṣur-abhijñā)ともいう．*五眼(ごげん)や*三明(さんみょう)の一つで，*六神通(ろくじんずう)の一つ．超人的な視力を指す．可視的な物質も突き通して見抜く視力．あらゆるものを見通す能力．未来の衆生の死と生の相を見通すという意味では，〈死生智証明(ししょうちしょうみょう)〉あるいは〈天眼明〉に同じ．「此の人(阿那律)は天眼第一の御弟子なり．三千大千世界を見る事，掌(たなごころ)を見るがごとし」〔今昔2-19〕

天皇 てんこう　天の神．北極星を神格化したもの．中国の前漢末期から後漢初期にかけて成立した緯書(いしょ)『春秋佐助期』や『春秋合誠図』などの中に，天の紫宮に住む宇宙の最高神として見える．〈天皇大帝(てんこうたいてい)〉ともいう．*道教では仙界の帝王として祭祀の対象とされたが，六朝末ごろから『老子』の〈*道(どう)〉を神格化した元始天尊(げんしてんそん)が最高神とされるようになると，その下位に置かれた．唐の高宗の上元1年(674)には地上の皇帝をも〈天皇〉と称した．また，中国の伝説上の太古の帝王である三皇(天皇・地皇・人皇)の一人をもさし，唐代においては禅門の巨匠，天皇道悟(『祖堂集』4)のように仏教僧侶もこの語を用いるに至っている．日本国の〈天皇(てんのう)〉の称号は，上記緯書の系統のそれを継承するものと考えられるが，この天皇を〈十善の君〉〈十善の主(あるじ)〉などと呼ぶのは仏教の*十善果報の思想に基づく．

『伝光録』 でんこうろく　*瑩山紹瑾(けいざんじょうきん)著．2巻．1300年(正安2)加賀大乗寺における講述．〈伝光〉とは，一灯から一灯へと光を伝える，*伝灯の意．釈尊からインド相承28祖，中国相承23祖，日本相承は*道元から師の*懐奘(えじょう)までの2祖，計1仏52祖に各1章を配して53章より成る．祖師たちの開悟の機縁やその*提唱があり，宗旨の命脈が開示されている．曹洞宗では*『正法眼蔵(しょうぼうげんぞう)』と並ぶ二大宗典．

転識得智 てんじきとくち　*識を転じて智を得ること．迷いの心のあり方が悟りの心のあり方に転ずることであり，修行して仏と成ることでもある．特に*唯識派(ゆいしきは)において説かれるもので，詳しくは*八識を転じて〈四智〉を得るのである．すなわち，*阿頼耶識(あらやしき)は*大円鏡智(だいえんきょうち)に，*末那識(まなしき)は平等性智(びょうどうしょうち)に，*意識は妙観察智(みょうかんざっち)に，眼(げん)・耳(に)・鼻(び)・舌(ぜつ)・身(しん)の五識は成所作智(じょうしょさち)に転ずるとされる．仏＝*覚者とは，この四智を*円満した存在のことである．また四智は，*仏身論にいう*報身(ほうじん)にあたる．→四智．

天竺 てんじく　インドの古称の一つ．すでに後漢時代から用いられた．中国文献にあらわれるインドの名称はほかに〈身毒(しんどく)〉〈賢豆(けんど)〉〈*印度(いんど)〉などがあるが，いずれもSindhu(インダス河の古称)というサンスクリット語から派生したといわれる．〈天竺〉はSindhuがビルマ語化してThindhu，Tindhuとなったものに由来するという説や，Sindhuの男性・単数・主格をあらわすSindhuḥの音写語とする説もある．

天竺様（てんじくよう）　⇀大仏様（だいぶつよう）

天寿国繍帳（てんじゅこくしゅうちょう）　622年(推古30)に*聖徳太子が妃の膳部菩岐岐美郎女（かしわでのほききみのいらつめ）と前後して没した後に，橘大郎女（たちばなのおおいらつめ）の願いにより推古天皇が采女（うねめ）らに命じて造らせた刺繡作品，〈天寿国曼荼羅〉ともいう．帰化系技術者がこれを指導し，東漢末賢（やまとのあやのまけん）・高麗加西溢（こまのかせい）・漢奴加己利（あやのぬかこり）の3人が下絵を描き，椋部秦久麻（くらべのはたくま）が監督となった．天寿国は弥勒（みろく）の浄土か弥陀（みだ）の浄土かなどと議論されたこともあったが，現在では漠然と死後に往生する永生の国と考えられており，中国の神仙信仰とのつながりも考えられる．

もとは約5メートル角の大きなものであったが，現在は88.8 × 82.7センチメートルの大きさのものに綴り合わされている．地は紫羅などを用い，人物・亀甲文・菩薩・鳳凰・建物などを，黄・赤・緑などの色糸で刺繡している．亀甲文に記された銘文には「*世間虚仮（せけんこけ），唯仏是真（ゆいぶつぜしん）」などの語句がみられるが，その全文は『上宮聖徳法王帝説（じょうぐうしょうとくほうおうていせつ）』に記されている．1274年(文永11)に，中宮寺の*信如尼（しんにょに）が夢中で感得し，*法隆寺の宝庫の中で発見し修理した．後世の補修もあるが，文献の裏づけもあり，飛鳥（あすか）時代の絵画・工芸の貴重な資料となっている．*中宮寺（ちゅうぐうじ）蔵．

天上天下唯我独尊（てんじょうてんげゆいがどくそん）　[*p*: aggo 'ham asmi lokassa]　世間において私が最も勝れたものであるの意．生れたばかりの釈尊が7歩あるいて右手をあげ，この句を述べたと伝えられている(*『大唐西域記』など)．元来は*過去七仏の第一である毘婆尸仏（びばしぶつ）が誕生した時，同趣旨の*偈（げ）を説いたとされていたが，やがて釈尊が誕生した時，他の人々がそう称讃したという説が生じ，さらには釈尊自身が自ら唱えたと信じられるに至った．〈唯我独尊〉は，のちに，ひとりよがりのうぬぼれという悪い意味に使われるようにもなった．「まづ髪をそらん時には，天上天下唯我独尊の心あるべし」〔仙伝抄〕「釈迦如来は三界の独尊，久成の如来にてましましかども」〔妻鏡〕

天神（てんじん）　[*s*: deva, devatā]　【仏教】天上の神々の意で，漢訳仏典では単に〈天〉とか〈神〉と称することが多い．*梵天（ぼんてん）・*帝釈天（たいしゃくてん）などの諸天(諸々の神々)を指す．天神は，仏教の諸天のみを指すだけでなく，仏教外の異教の諸天，つまりインドの神々一般を指す場合にも用いられる．また，〈天〉といった場合は仏教の神々を，〈天神〉といった場合は世間一般の神々を指すともいう．浄影寺（じょうようじ）の*慧遠（えおん）は，『大般涅槃経義記』巻3に，「天とは梵天，自在等を謂い，天神とは世間の種々の鬼神を謂う」と述べている．この解釈は，サンスクリット語 devatā に照らしてみるとすこぶる妥当のようであるが，しかし実際には仏典ではこのような区別はそれほど行われていない．大般涅槃経巻7に，「若し説きて言う有らん．菩薩は，天神を供養せんと欲するが為の故に，天祠に入る．所謂，梵天・大自在天・違陀天（いだてん）・迦旃延天（かせんねんてん）なり」とある．この天神ないし天といわれるものの奥にある実体は，仏教成立以前からインドで行われていた民間信仰や*婆羅門教（ばらもんきょう）などにおいて，祈禱や信仰の対象になっていた神々を仏教の中に取り込んで，護法神・護世神としたものである．古い成立のものは，最古の*ヴェーダの中にすでに現れている．山川草木，自然現象，その威力，働きなどを神格化し，また抽象的観念を神格化して生まれたものもある．⇀天，神．

【中国】〈天神〉は天上にいる神々の総称．天の神々が地上の人間世界を支配しているという観念は早くから見られ，殷代には，万物を主宰する最高神として〈帝〉または〈上帝〉とよばれる天上の人格神が考えられていた．殷周革命期以降は，〈帝〉〈上帝〉をより理法化した〈天〉があらわれ，〈天〉が有徳の人に命を授けて天子として地上に君臨させるという天命思想の成立を見た．受命の天子が*泰山で天地の神々を祭る封禅（ほうぜん）の儀式は，中国皇帝制の中で重要な意義を持っていた．天の神々としては，昊天上帝（こうてんじょうてい）(最も尊貴な神)の他に，日月星辰・風師雨師などがあり，周代の祭祀官のことを記した『周礼（しゅらい）』春官には，これら天神の祭り方が見えている．また*道教では，〈天神〉は地上の人々の行為を監視し，その善悪に応じて裁きをくだす神という性格を持ち，しばしば，*老子を神格化した老君がこの〈天神〉と同一視されている．*無量寿経巻下に「(悪を為せば)天神剋(よ)く識(しる)して其の名籍を別ち，寿終り神(しん)逝(ゆ)けば，下して悪道に入らしむ」などとある天神は，これと極めて近似する．→天．

【日本】わが国の天神は，天津神(あまつかみ)・国津神(くにつかみ)の対応関係にも見られるように，本質的には土着的神格に対して，アマ(天・海)より降臨または寄来した外来の遊行神(ゆぎょうしん)をさす．それがわが国土に福徳すなわち豊穣，災厄すなわち疫病などをもたらす威力ある神格と見なされ，それを表象するものと考えられたのが，農耕社会を左右する水の支配者で，同時に強大な破壊力を持つ雷または雷的エネルギーであった．それはやがて怨霊畏怖(おんりょういふ)に基づく御霊(ごりょう)信仰(→御霊会)と結びついて御霊は雷神(らいじん)化していったが，菅原道真(すがわらのみちざね)(845-903)が死後，〈天神〉と称されたのはそれを象徴するもので，それに習合思想的解釈が加えられたのが〈天満大自在天神〉の称号である．天神を学問の神とするのは，道真の御霊的資質が慰撫鎮魂(いぶちんこん)されて後，その学才的側面が強調された結果の変化であろう．→神，雷神信仰．

点心 てんじん　朝食や昼食の前に簡単な食事をとること．また，その食物をいう．少量の食物をすき腹に点ずるの意から〈点心〉と称する．後には昼食前の軽い間食，あるいは昼食そのものを指すようになり，さらには時間外のおやつ，もしくはそうした際に食べる菓子や軽食の類を意味するようになった．「寺家にては，種々にて酒在(あ)り．てんじん・夕飯在り」〔言国卿記文明10.10.4〕

天真独朗 てんしんどくろう　一般に天真は飾りのない自然なすがた，独朗は一人朗(あき)らかなこと．章安*灌頂(かんじょう)が，*『摩訶止観(まかしかん)』の序の中で，『摩訶止観』の趣意を一言で述べるとともに，師である天台*智顗(ちぎ)を讃歎するために用いた語．妙楽*湛然(たんねん)は，*『摩訶止観輔行伝弘決』1に「理非造作の故に天真と曰い，証智円明の故に独朗と云う」と解釈している．「理非造作」とは，作為を超えたありのままの本来の姿であることで*真如(しんにょ)*実相(じっそう)の理をいい，「証智円明」とは，真如実相を悟る*智慧が円満で明瞭なこと．「天真独朗理非造作の法体は，至つて高きが故に，解了する人希なり」〔漢光類聚〕「止観の窓の前には，天真独朗の夜の月を弄(もてあそ)ぶ」〔太平記8.山徒〕

『伝心法要』 でんしんほうよう　唐の*黄檗希運(おうばくきうん)の説法の記録．正しくは『黄檗山断際禅師伝心法要』．大中11年(857)の裴休(はいきゅう)の序を付す．洪州(江西省)鐘陵の竜興寺，宛陵の開元寺での説法の内容が収められている．黄檗の〈心要〉すなわち心のありかた，はたらきに対する見解を示したもの．黄檗の*語録としては他に宛陵の開元寺での説法を記録した『宛陵録(えんりょうろく)』があり，両者併せて『伝心法要』とよぶ場合もある．古くは，*『景徳伝灯録(けいとくでんとうろく)』巻9の末尾に*南宗(なんしゅう)の天真が付録として一部分を収め，宋初には定本が出来て福州版大蔵経に入蔵された．日本においても大休正念(だいきゅうしょうねん)が弘安6年(1283)に跋を付して刊行して以来，北条顕時(ほうじょうあきとき)による鎌倉版など，数種の版本が知られる．

典座 てんぞ　*『祖堂集』4に「潙山和尚は典座と造(な)る」とあるように，禅院において，修行僧の食事を司る役職をいう．六知事(禅院の運営に当る六人の役職位)の一つ．『禅苑清規(ぜんおんしんぎ)』3.典座に「典座の職は，大衆の斎粥を主(つかさど)る．須(すべか)らく道心を運(めぐ)らして時に随(したが)って改変すべし，大衆をして受用安楽ならしめよ」とある．なお，典座の一職を仏道とし，その意義と心構えを詳細に述べたものに『典座教訓』1巻(道元著)がある．「孚上座(ふじょうざ)はもと講者なり．夾山(かっさん)の典座に開発せられて大悟せり」〔正法眼蔵梅花〕．→知事．

天尊 てんそん　天中の尊，つまり*釈尊(しゃくそん)は五天の中の第一義天にして最尊なるがゆえに天尊という．浄影寺(じょうようじ)の*慧遠(えおん)の『無量寿経義疏』に「天尊，是れ仏の異名，天に五種有り．涅槃に説くが如し．一には世天．謂わく世人の王，名づけて天子と為す．二には生天．謂わく四天王乃至非想．三には浄天．謂わく須陀洹(しゅだおん)から辟支仏(びゃくしぶつ)に至る．四には義天．謂わく諸菩薩，諸法空寂の義を解するを以っての故に．五には第一義天．謂わく仏・如来．仏性不空の義を解するが故に，仏は是の如く五天中に於いて上なり．故に天尊と曰う」とある．また，*道教の神を天尊といい，その像を天尊像という．〈元始天尊〉は道教の最高神の名．

天台山 てんだいさん　中国,浙江省東部にあって数百から千メートルぐらいの峰々が連なる天台山脈の主峰．最高峰は華頂山ともいい，標高1138メートル．東晋の孫綽(320-377)の〈遊天台山賦〉に謳われるなど，古くから佳景幽寂の地として知られ，*道士•隠士が多く住し，さらに仏寺も多く建てられたが，575年(陳の太建7)*智顗がここに入山して以来，中国*天台宗の根本道場となった．〈天台宗〉という名称も山名に由来するものであり，このことによって天台山の名はさらに広く朝鮮•日本にも知られることとなった．*最澄がここに学んでわが国に天台宗を伝えたのをはじめ，*円珍•*重源•*栄西ら多くの留学僧が訪れている．山麓に隋の*煬帝(在位604-618)によって命名された国清寺があり，天台宗の中心地として今に至っている．孫綽の〈遊天台山賦〉には「天台山は，けだし山嶽の神秀なるものなり．海を渉れば則ち方丈蓬萊有り，陸に登れば則ち四明天台有り．皆玄聖の遊化する所，霊仙の窟宅する所なり」と謳われている．

天台三大部 てんだいさんだいぶ　〈法華三大部〉ともいう．天台*智顗が鳩摩羅什訳の*妙法蓮華経の奥深い意義を総論した*『法華玄義』，経文を天台独自の教義で解釈した*『法華文句』，および法華経の精神に基づき全仏教の修証と禅観を*止観の称で体系化した*『摩訶止観』の3書の呼称．同じく智顗撰と伝えられる『金光明経玄義』2巻，『金光明経文句』6巻，『観音玄義』2巻，『観音義疏』2巻，『観無量寿経疏』1巻の〈五小部〉に対していう．

3書はいずれも「隋天台智者大師説，門人灌頂記」とされているように，583年頃から師にしたがい*観法を受けた章安*灌頂が587年，27歳で*光宅寺における智顗の法華経の講を聴受してより，593-594年の玉泉寺での『玄義』『止観』の講述にいたる筆録を校訂再治したもので，『文句』などは69歳で添削したと自ら述べるように，幾度か修治され，異本も存したようである．

三大部の注釈は，六祖荊渓*湛然の『法華文句記』30巻，『法華玄義釈籤』20巻，*『摩訶止観輔行伝弘決』40巻が最も後世に影響を及ぼし，日本では平安末期の証真撰『三大部私記』30巻をはじめ，江戸期の普寂撰『復真鈔』，痴空撰『講義』，大宝撰『講述』など，天台三大部として講ぜられたものが多い．

『天台四教儀』 てんだいしきょうぎ　高麗の*諦観(960頃)著．1巻．唐末五代の*法難(845年の会昌の法難，955年の後周の法難)により天台の典籍が散逸し，宋代になって呉越王銭弘俶(929-988)がこれを高麗•日本に求めた．諦観は高麗王の命により*天台三大部などの典籍を携えて入宋し，この地で本書を著した．天台教義の大綱(中心は*五時八教の教判)と*観心(実践修行)の要略を知るための入門書であり，また一般仏教常識をあわせて説明してあることから，仏教の入門書としても重要視され，その注釈書も多い．

天台宗 てんだいしゅう　中国の天台智者大師*智顗を高祖とし，*比叡山を開創した伝教大師*最澄を宗祖とする宗派．〈法華円宗〉〈天台法華宗〉〈台家〉〈台宗〉〈山家〉とも称する．

【中国天台宗】智顗は*慧思から*法華経の真髄を承け，浙江省台州の*天台山で実修と思索の末，理論面と実践面の教観双修を立脚点とし，全仏教を整理統摂した*五時八教の教判(*教相判釈)を組織し，仏教思想を再編成した蔵•通•別•円の四教と空•仮•中の*三観を綱格として，*一心三観，*十如是，*十界互具，*一念三千，*十乗観法，*性具説などを説き，実相論として中国仏教を形成した．その教線は荊州•*五台山などに及んだが，後世まで都を離れた天台山を中心に，華厳教学と共に中国仏教の二大思想として展開した．章安*灌頂は智顗没後，師の著作の整理にあたるとともに，涅槃経の注釈を完成した．灌頂以後，六祖荊渓*湛然までは天台宗の暗黒時代といわれるが，湛然は華厳宗と法相宗に対抗して天台学を宣揚し，*天台三大部の注釈を完成し，また瓦礫にまで*仏性を認める非情仏性説をも説くに至った．唐末に兵乱で衰えた仏教も北宋代に復興し，天台宗も義寂(919-987)の時代に高麗から天台の書籍を逆輸入し，復興した．また，義寂の系統の義通•*知礼•仁岳系と志因の系統の源清(げんせい)・慶昭(けいしょう)・智円(ちえん)系とが緻密な教学論争を行い，70年に及ぶ*山家(さんげ)・山外(さんがい)の論争に展開したが，明代以後は禅や浄土との融合がみられるようになった．

【日本天台宗】日本天台宗は，最澄が東大寺で受戒後比叡山にこもり天台学を志したことに始まり，入唐(にっとう)後，806年(延暦25)比叡山に2人の*年分度者(ねんぶんどしゃ)(公認僧)勅許により公認された．最澄は入唐して天台仏教(*円教)のほか*菩薩戒(ぼさつかい)・*密教・*牛頭禅(ごずぜん)を相承し，円教の*止観業(しかんごう)と密教の*遮那業(しゃなごう)を叡山学生の教育制度とし，法相宗*徳一(とくいち)との*三乗と*一乗の論争を通じて大乗菩薩戒を提唱し，滅後勅許され，以後日本仏教は菩薩戒が主流となる．門下の*円仁(えんにん)・*円珍(えんちん)の入唐求法(ぐほう)により密教は充実し，*安然(あんねん)により*台密(たいみつ)が大成され，*回峰行(かいほうぎょう)を始めた相応(そうおう)の奏請により，866年(貞観8)最澄に〈伝教〉，円仁に〈慈覚〉のわが国初の*大師(だいし)号が追贈された．

18世天台座主*良源(りょうげん)は叡山を中興し，門下の*源信(げんしん)・*覚運(かくうん)の門流は恵心(えしん)流・檀那(だんな)流の*恵檀二流に分れて*口伝(くでん)法門に展開し，覚運・*皇慶(こうげい)の法系は川流(かわのりゅう)と谷流(たにのりゅう)の密教として諸流を生じた．良源没後，その門流に追われて円珍系は*園城寺(おんじょうじ)に入り，山門(比叡山*延暦寺(えんりゃくじ))と寺門(園城寺)の対立は後世まで続く．

円仁が伝えた五台山の念仏は，源信らの手で叡山*浄土教に展開し，*法然(ほうねん)・*親鸞(しんらん)たちの立宗の基盤となった．また，*栄西(えいさい)・*道元(どうげん)・*日蓮(にちれん)なども天台仏教を学びそこから巣立った学匠である．室町期には円戒と念仏を双修した*真盛(しんせい)の教義も派生した．このように新たな宗派の母体となる一方で，*安居院(あぐい)流に代表される*唱導活動や，東海・関東を中心に多くの*談義所寺院が成立するなど，天台仏教は教義や学問の活発な交流を背景に各地で教線を広げた．中世末期の関東天台では，近世の本末関係を先取りする動向も確認できる．

1571年(元亀2)織田信長の叡山焼き討ちにより堂舎を焼失するが，豊臣秀吉の時代に再建が許可され，独立した権門から政権に奉仕する存在に変化する．徳川家康の時代，関東天台出身の*天海(てんかい)は中世天台の伝統的神道(*山王神道)を再編し山王一実神道(さんのういちじつしんとう)を作り上げ，*東照宮祭祀の中心となった．その後，1625年(寛永2)の*寛永寺創建，1655年(明暦1)の*輪王寺門跡創設を経て天台宗の中心が江戸寛永寺に移る．寛永寺は将軍家祈禱寺となり将軍の葬礼も担当し，*増上寺(浄土宗，将軍家菩提寺)と共に近世で最も格の高い寺社となったが，戊辰戦争や第二次世界大戦で被災し，明治政府の寺領没収などで勢力を弱めた．1870年(明治3)天台宗本山は延暦寺に復し，1941年(昭和16)には山門派・寺門派・真盛派が合同したものの，戦後は20ほどの認証団体に分かれ現在に到っている．

天台大師 てんだいだいし ⇀智顗(ちぎ)

天中天 てんちゅうてん　神(天)の中の神(天)，つまり神をこえた神ということで，仏を形容したもの．原初期の仏教においては，*釈尊(しゃくそん)は神々や人間と同格と考えられたが，のちには，この世に対する執着を断ち，真理(*法)を悟った覚者(*仏)として，「人間と神々の尊敬を受け」〔スッタニパータ527〕，「人間や神々の中に比べるものがない」〔同544〕存在となったと讃じられ，そこから進んで，人間のみならず神々をも迷いの存在とし，それに対して，釈尊は人間や神々をも超越した存在と主張されるにいたる．こうして，釈尊を超神(atideva)とか超神の神(devātideva，天中天)とみなすようになった．

天長勅撰六本宗書 てんちょうちょくせんろくほんしゅうしょ　天長年間(824-834)，淳和天皇の勅により六宗がそれぞれの宗の教理の概要を記して上(たてまつ)った書．護命(ごみょう)が上ったのが830年(天長7)で，他書もこのころと見られる．律宗：豊安(ぶあん)『戒律伝来宗旨問答』3巻(上巻のみ存)，法相宗：護命*『大乗法相研神章』5巻，三論宗：玄叡(げんえい)『大乗三論大義鈔』4巻，天台宗：*義真(ぎしん)『天台法華宗義集』1巻，華厳宗：普機(ふき)『華厳一乗開心論』6巻(下巻のみ存)，真言宗：*空海(くうかい)『秘密曼荼羅十住心論』(*『十住心論』)10巻および*『秘蔵宝鑰』1巻．

天堂 てんどう　天衆(てんしゅ)の位置する殿堂．〈天宮(てんぐう)〉ともいう．*六道の一つで，欲界・色界・無色界の諸天をいう．天の上宮殿．また，悪行の結果としての*地獄に対して，善行の結果として生ずべき天を指すこともある．*『三論玄義』に，「若し必ず因なく果あらば，善は地獄を招き，悪は天堂を感ず」とある．→天，三界(さんがい)．

天童 てんどう　*天(神)が童子の姿で現れ，仏教の修行者などに奉仕し，仏法を守護するもの．〈護法天童〉〈護法童子〉ともいう．天人や*神仙の子供の称とすることもある．「舟に乗りて上洛しける時，天童十人出現して，舟をになひて岸に着しけり」〔著聞釈教〕．→童子．

天道 てんどう　漢訳仏典では〈天道〉は，*迷いの世界である五道や*六道の中では最上の生存者つまり神々を，あるいは彼等の住む世界を意味することが最も多く，サンスクリット語 deva-gati，svarga(神々の赴く所)に相応する．また，deva(*神)の訳語としても用いられる．ところで〈天道〉という漢語は，漢訳仏典以前の中国古典で既に広く使われており，天地大自然の理法や，天の運行などを意味していた．漢訳仏典では，たとえば*無量寿経(むりょうじゅきょう)の「天道は自然にして，蹉跌(たがう)こと得ず」のように後者の意で使われることもある．なおわが国では，古来天地をつかさどる神格，天神をさすことが多く，転じて日神・太陽の称ともなった．→天，天神．

「春生(せい)し秋殺(さつ)するは天道の理なり」〔性霊集4〕「六道の内，またかくの如きなり．天道を得る者は，万(よろづ)が一人もなし」〔今昔9-36〕「娘は天道にまかせ奉る．天の掟(おきて)あらば，国母，女御ともなれ」〔宇津保俊蔭〕

顚倒 てんどう［*s*: viparyāsa］　原義は，ひっくり返ること．真理にもとった見方・在り方，すなわち誤謬(ごびゅう)をいう．3,4,7 さらにはまた12からなる顚倒説がある．誤った想念(想(そう)顚倒)，誤った見解(見(けん)顚倒)，誤った心の在り方(心(しん)顚倒)を〈三顚倒〉といい，また*無常(むじょう)・*苦(く)・*不浄(ふじょう)・*無我(むが)なる現実存在を，常・楽・浄・有我ととらえて*執着(しゅうじゃく)する誤謬(常顚倒・楽顚倒・浄顚倒・我顚倒)を〈四顚倒〉といい，この三顚倒と四顚倒を合わせて〈七顚倒〉と呼ぶ〔瑜伽師地論8〕．さらにまた*部派仏教では，四顚倒の一つ一つに想・心・見の三顚倒を対応させ，*見道・*修道において断たれるべき〈十二顚倒〉の説を生んでいる．この説は初期の般若経典や*解深密経(げじんみっきょう)にも影響を与えている．→四顚倒，常楽我浄(じょうらくがじょう)．

「一心顚倒すれば獄率器杖を振るひ，十念成就すれば聖衆蓮台をかたぶく」〔孝養集下〕「我が身は五陰の仮舎(かりや)にして，四顚倒の鬼，常にその中に住し」〔法華験記中49〕

伝灯 でんとう　*法灯(ほうとう)を伝えること．法を*無明(むみょう)の闇を破る灯に喩(たと)えた語．禅で重視され，その流れは*『景徳伝灯録(けいとくでんとうろく)』に集成された．「問う，無舌土中に師無く弟無し．何が故に西天二十八代より，唐土六祖に至りて，灯を伝えて相い照し，今に至りて絶えざるや．答えて曰く，皆是れ世上の流布なり．故に是れ正伝にあらず」〔祖堂集嵩厳無染章〕．また日本では，*伝法者の意から付された*僧位の名称として用いられる．伝灯・修学・修行の三つの系列に，それぞれ無位・入位・住位・満位・法師位・大法師位の僧位を立て，〈伝灯法師位(ほっしい)〉〈伝灯大法師位〉などのようにいう．「伝灯の志いまだこれを遂げず」〔雑談集6〕「延暦十四年乙亥(きのとゐ)の冬十二月三十日，景戒，伝灯住位を得たり」〔霊異記下38〕

天灯鬼・竜灯鬼 てんとうき・りゅうとうき　もと*興福寺西金堂の壇上にあったという一対の木彫像で，国宝館に移されている．像高は天灯鬼78.2センチメートル，竜灯鬼77.8センチメートル．その名称〈天灯〉〈竜灯〉は共に中国の故事にならうものと思われるが，〈天灯鬼〉は頭に角を持つ鬼形の人物で重い*灯籠(とうろう)を左手と肩で支え，大きく口をあけてバランスをとるように右手をのばして立つ．一方〈竜灯鬼〉は*阿吽(あうん)の対照よろしく口を結んで*竜を肩にまきつけ，重い灯籠を頭上にして，その重さを開いた両足と腰で支えるような力感たくみな表現が注目される．竜灯鬼像内に1215年(建保3)*運慶(うんけい)の子康弁(こうべん)が造ったむねを記す紙片があったという記録がある．きわめてユニークなしかも彫技を凝縮したような表現は見事である．

天童山 てんどうざん　〈太白山〉ともいう．中国，浙江省寧波市の東30キロメートルにある．開山は義興で，晋の永康年間(300-301)に庵を結んだ時，天神の太白星が童子の姿となり，加護をなした〔仏祖統紀37〕というところから名づけられる．山下に中国五山の第三位の天童山景徳禅寺がある．歴代住持者で代表的な人は，*宏智正覚(わんししょうがく)，密雲円悟(1566–1642)，円瑛弘悟(1878–1953)などである．入宋僧*栄西が虚庵懐敞(きあんえしょう)に師事し，帰国後に千仏閣建築のために良材を送ったことや，また*道元がこの寺で*如浄(にょじょう)に参じて嗣法し，日本に*曹洞宗を伝えたことは特に名高い．万松関・万工池・玲瓏岩の名勝があり，鬱蒼とした竹林の中に堂々たる伽藍が今日も残っている．

転読 てんどく　〈転経(てんぎょう)・(てんぎん)〉また〈略読〉ともいう．最初から最後まで読む〈真読(しんどく)〉(信読)に対して，経題と経の一部分だけを読んで全巻の*読誦(どくじゅ)に代えること．国家安泰・五穀豊穣・病気平癒などを祈って*大般若経(だいはんにゃきょう)600巻などを読誦することは，日本ではすでに奈良時代から行われていたが，次第に儀礼化した略読が主となり，折本(おりほん)を空中で翻転する華やかな形式となった．今日でも天台・真言・禅宗その他で広く修されている．「大般若経を転読して，天中の天に供奠(くてん)す」〔性霊集6〕

天女 てんにょ　漢語〈天女〉は天に住む神女，特に織女の意味で中国古典にも見えるが，仏典では3種のサンスクリット語の漢訳に用いた．apsaras は空に棲んでいて，時に地上へ下りて来る妖精．devī は神の妃，女神．たとえば*弁才天や*吉祥天など．以上はインド神話一般に出る．devakanyā は〈神の娘〉の意．神々の世界，すなわち*天(deva)に生れた女性のこと．仏教の世界観では，*欲界の六天(*六欲天)には男女の区別があるが，*色界(しきかい)以上には区別がない．「此の人いのち終はらむとき，忉利天に生まれて，八万四千の天女に囲繞(ゐねう)せられて」〔法華百座3.26〕

天人 てんにん　〈天衆(てんしゅ)〉とも．道を修めた人，あるいは天界の*仙人の意で，『荘子』や『神仙伝』にも見える語だが，仏典では*天(deva)に住んでいる神々のこと．一般に，身体をもつ*欲界・*色界の天の神々をさす．仏や仏弟子のもとへ光を放ちながら訪れたり，空を飛翔しながら天の花・香・音楽で仏を讃歎するその姿は，仏典や仏教美術を豊かに彩っている．天人に死期が近づくと，その体に五つの前兆が現れるという(天人の*五衰(ごすい))．また，神々と人間の意で〈天人〉という．〈*人天(にんでん)〉に同じ．如来は神々と人間の師であるから〈天人師〉の称がある．「諸(もろもろ)の天人は，微妙の花を以て棺の上に散らし奉り」〔今昔3-33〕

天衣 てんね　仏像の装身具の一つ．〈纏衣〉とも書く．体に絡ませる細長い布帛だが，重さのないものといわれ，体のまわりに軽妙にまといつく．インドや*ガンダーラでは比較的太く表現されたが，中国では軽快にあらわされ，*飛天(ひてん)などの軽やかさを表現するには有効であった．なお，漢語の〈天衣(てんい)〉は，天子の衣，あるいは天女の衣という意味．「天より天衣及び瓔珞乱れ降る事雨の如し」〔今昔1-2〕

転依 てんね　［*s*: āśraya-parāvṛtti］　迷いの依り所(*依止(えじ)・*所依(しょえ))を転じて悟りの依り所とすること．とくに唯識*法相宗(ゆいしきほっそうしゅう)で重んじられる概念である．依り所とは，われわれの生存を形成する根拠となるものをさし，一般に*断惑証理(だんわくしょうり)の実践において，*煩悩のように断捨される諸要素と，*真如(しんにょ)・*智慧のように証得される諸要素とをこの名で呼ぶことが多いが，とくに唯識法相宗の教義においては*阿頼耶識(あらやしき)をさすものとしている．「此れ則(すなは)ち究竟転依の菩薩，果地円極の如来なり」〔真如観〕

天王寺 てんのうじ　東京都台東区谷中にある天台宗の寺院．山号は護国山．*日蓮(にちれん)に帰依(きえ)した関小次郎長耀が日蓮祖像を奉った庵に始まり，のち日源が開山となって長耀山感応寺尊重院と称した，もと日蓮宗寺院．徳川家光(1604–51)らの*外護(げご)で寺域を拡大したが，幕府の*不受不施(ふじゅふせ)派に続く悲田(ひでん)派の禁圧で，1698年(元禄11)天台宗に改宗．日遼らは配流，新たに慶運を寺主に迎え，*比叡山(ひえいざん)円乗院より毘沙門天(びしゃもんてん)像を迎えて本尊とし，鞍馬山(くらまやま)に擬した．1833年(天保4)現寺名に改称．戊辰(ぼしん)の役(1868)で多くが焼失．

天皇と仏教 てんのうとぶっきょう　【飛鳥・奈良時代】我が国に仏教が伝来した当初は，渡来系の豪族層がその主たる受容基盤であったが，飛鳥時代には用明(ようめい)天皇など仏教への帰依を明確にする天皇が現れはじめ，7世紀以降には舒明(じょめい)天皇の百済大寺(くだらのおおでら)(のちの*大安寺(だいあんじ))，天武(てんむ)・持統(じとう)天皇の*薬師寺，*聖武(しょうむ)天皇の*東大寺や諸国国分僧尼寺など，天皇家の発願による寺院造営も相次いで，それらの寺院が奈良時代の国家仏教の推進力となった．とくに天武・持統朝には，宮中で*斎会さいえが初めて設けられたこと，天武天皇の1周忌に殯宮もがりのみやで僧尼を請じて読経させたこと，あるいは持統天皇が初めて*火葬に付されたことなどにうかがわれるように，天皇の仏教信仰への傾斜が顕著にみられる．天皇自身が在位中に出家することはなかったが，退位後の例では聖武天皇が孝謙こうけん天皇に譲位したあと出家し，「勝満しょうまん」と称したのが早い例である．

【平安時代】当初は病悩が主な出家理由であったが，平安時代になると*仁和寺にんなじに入寺して寛平法皇かんぴょうほうおう（法名は金剛覚こんごうかく）と呼ばれた宇多うだ上皇に代表されるように，自ら僧として仏教界に身を投じるような例も出現し，院政期には上皇が〈*法皇〉となることが一般化した．また，仁和寺では上皇に真言しんごん密教の秘奥を伝授する*伝法灌頂でんぽうかんじょうがしばしば行われ，皇子の出家者で親王宣下を受けた〈*法親王〉が代々入室することもおこった．天皇家と関わりの深い寺院としては，このほかに嵯峨さが天皇の離宮を寺とした*大覚寺だいかくじ，10世紀末から院政期にかけて，歴代天皇の御願により相次いで建てられた四円寺しえんじや*六勝寺ろくしょうじなどがある．

【鎌倉時代以降】中世になると，葬送儀礼には仏教の影響が一層及んで，単に火葬のみでなく，寺院・僧侶が天皇の葬儀を執り行うことも始まった．天皇家の*菩提寺ぼだいじとして「御寺みてら」と通称された京都東山の*泉涌寺せんにゅうじがそれで，鎌倉中期に四条しじょう天皇の葬儀が当寺で行われたのを初例とし，南北朝期の後光厳ごこうごん天皇以後は幕末の孝明こうめい天皇まで，ほぼ歴代の天皇の葬礼が行われ，陵墓も境内に設けられた．また，天皇が即位式の時に，高御座たかみくら上で*真言と*手印しゅいんとにより*大日如来の姿態をとる，いわゆる即位灌頂も鎌倉後期から定着した．*灌頂はもともとインドの帝王が即位する際の儀式に起源があり，これを先蹤としたものだが，我が国の場合，天皇と大日如来とが一体化することで，国家仏教の体現者が天皇であることを表徴する儀礼としての意義を持っていた．

天馬 てんば　自在に天空を飛翔する天上界の馬で，駿馬しゅんめの異称ともする．中国では天の神である上帝が乗って天空を翔かける馬のことをいい，転じて，紀元前から西域のいわゆる汗血馬かんけつばを天馬と称して珍重し，神聖視して，*敦煌とんこう莫高窟ばっこうくつの壁画に見られるように，天馬を仏菩薩の乗用とした．周の穆王ぼくおうが天馬に乗って釈迦の*霊鷲山りょうじゅせんの会座えざに連なり，*聖徳太子が黒駒に乗って三越みこし（越前・越中・越後）を飛行したとされるのも，それにつながるものであろう．なお，白い天馬は観音の化現ともされる．「就中なかんずく天馬の聖代に来たる事，第一の嘉祥なり」〔太平記13.竜馬進奏〕

天部 てんぶ　*仏像分類の一つで，通常，如来にょらい部・菩薩ぼさつ部・明王みょうおう部以外の諸尊をさす．〈諸天部〉ともいう．天部像は密教になるや急増し，そのほとんどが胎蔵界曼荼羅たいぞうかいまんだらの最外院さいげいんに描かれている．200余に及ぶ尊は3種類に大別される．1) *八部衆はちぶしゅう: 古くから*顕教けんぎょうの守護神．*天（欲界六天・色界十八天・無色界四天），*竜りゅう，*夜叉やしゃ，*阿修羅あしゅら，*乾闥婆けんだつば，*緊那羅きんなら，*迦楼羅かるら，*摩睺羅迦まごらかからなる．天のなかでも*四天王・*帝釈天たいしゃくてん・*兜率天とそつてん・*他化自在天たけじざいてん（欲界天）・*梵天ぼんてん・*色究竟天しきくきょうてん（無色界天）が知られる．2) *十二天: 密教興隆に伴い，古来の*婆羅門ばらもん神が仏教に流入同化され，方角の魔を封ずる守護神となる．*伊舎那天いしゃなてん・帝釈天・*火天・*閻魔天えんまてん・*羅刹天らせつてん・*水天・風天・多聞天たもんてん（*毘沙門天びしゃもんてん）の〈八天〉が成立し，ついで梵天・地天・*日天にってん・*月天がってんが加わり〈十二天〉となる．このほか*弁才天べんざいてん・*那羅延天ならえんてん・鳩摩羅天くまらてんもみられる．3) 星宿せいしゅく: 日月星辰の運行の中に何らかの法則性を求めて，運勢・吉凶を占う．九曜くよう・*二十八宿・十二宮．そのほか北斗七星・北極星などがある．→両界曼荼羅，付録．

転変 てんぺん　[*s*: pariṇāma]　潜在しているものが開展して現れ出ること．*サーンキヤ学派は，多様性を備えた世界は根本質料因が開展して成立したもので，原因のうちにすでに結果が潜在的に存在している（*因中有果いんちゅううか論）と説く〈転変説〉を主張した．仏教はこれを*縁起説に対する邪説として批判したが，一方で他のインド思想諸学派と同様に

*輪廻りんねと*業ごうの思想を受け容れていたため，*無我むがでありながら業の影響を受けて何がどのように輪廻するのか，という難問に直面する．この課題の解決を図る過程で，部派仏教では補特伽羅ふとがら(pudgala，*霊魂)や*刹那滅せつなめつの心の連続(心相続)など，現に機能しているものとは別の潜在的な心をいうさまざまな概念が想定されたが，最終的に大乗仏教，*瑜伽行派ゆがぎょうはの*八識はっしき説において精緻な理論的解答が与えられた．

転変はここにおいて，*阿頼耶識あらやしき・*末那識まなしき・*六識ろくしきという三層構造をなす8つの*識が，業の潜勢力(*種子しゅうじ)の授受を介してどのような因果関係のもとに成立しているかを説明する中心的な概念として採用されるに至る(識転変)．転変の具体的なあり方は，種子が貯えられた結果，形成され存続するものが輪廻の究極の主体としての阿頼耶識(*異熟いじゅく転変)，阿頼耶識を依り所とし，そこに貯えられた種子が転変したものが自我意識としての末那識(思量しりょう転変)，阿頼耶識と末那識を背後にもちつつ対象を認識し，認識作用がもたらす種子を阿頼耶識に植えつける(*熏習くんじゅう)ものが表面的な心としての六識(了別境りょうべつきょう転変)であるとされる．八識がこのようにあくまで縁起に基づいて転変しており，その結果として知りうる世界全体があることを〈阿頼耶識縁起〉という．

伝法 でんぼう　*法門を師から弟子へ伝えること．〈*付法〉ともいう．密教では特に重視し，*秘法を授けるのに*灌頂かんじょうの儀式を行う．この儀式を〈*伝法灌頂〉といい，これを受けたものは伝法*阿闍梨あじゃりの位について，人に*法を教示することができる最高位となる．禅宗も*血脈相承けちみゃくそうじょうを重んじ，嗣法しほうの証として*袈裟けさを授ける．なお，江戸時代以降に粗暴な言動や振舞いを〈伝法〉といったりするのは，浅草伝法院の下男が寺の威光をかさにきてそのような振舞いをしたことに由来する．「天台の伝法，深く四依しえに依りまた仏経に順ず」〔顕戒論上〕

伝法灌頂 でんぼうかんじょう　密教で*四度加行しどけぎょうを成満じょうまんし，種々の徳を備えた弟子に対して，師の大阿闍梨だいあじゃりが秘密究極の*法を伝え，衆生の師たる〈阿闍梨位〉を継承させるために行う灌頂．〈阿闍梨灌頂〉〈付法灌頂〉ともいう．大阿闍梨はまず*三昧耶戒さんまやかい道場で弟子に*授戒し，続いて大曼荼羅壇だいまんだらだんに弟子を引き入れ花を投げ*有縁うえんの尊格を定めた後，*如来にょらいの智慧を表す瓶水びょうすいを灌頂し，有縁の尊格の印明いんみょう(*印相いんぞうと*真言しんごん)を伝授し，五鈷杵ごこしょなどを授ける．密教におけるもっとも重要な儀式の一つで，現在では寺院住職資格の必須条件とされる．金胎こんたい両部の伝法灌頂においては，*金剛界こんごうかいの後に*胎蔵界たいぞうかいに入壇させる醍醐三流・小嶋流，またその逆の順で行う広沢流・小野三流・中院流・持明院流がある．初めに胎蔵界，後に金剛界の次第は，*空海が在唐中に受けた灌頂次第に準拠したものという．→灌頂，阿闍梨．

転法輪 てんぼうりん　[*s*: dharma-cakra-pravartana]　仏の説法をいう．インド古代の聖王が持っていたと伝えられる〈輪〉(cakra(*チャクラ)．武器の一種が象徴化されたものか)が転がって自在に敵を砕破するように，仏の説法も衆生の迷いを破するので，〈法輪〉と呼ばれたもの．*説一切有部せついっさいうぶはこれを限定して，*見道けんどうに入らしめる説法のみを法輪としたが，*大衆部だいしゅぶや大乗仏教ではすべての仏の説法を転法輪という．またこの時の仏の姿を*印相いんぞうに表したものを〈転法輪印〉(説法印)という．「当来世々の転法輪の縁とせん，とうち誦し給ふ御声」〔狭衣2〕．→初転法輪，法輪．

天魔 てんま　[*s*: deva-māra]　〈天子魔〉ともいう．欲界よくかいの最高所にある*第六天(他化自在天たけじざいてん)の主の*魔王のことで，その名を*波旬はじゅんという．仏や修行者に対して様々な悪事をなし，また人が善事を行おうとする時，それを妨げる魔王である．仏が菩提樹ぼだいじゅ下で悟りを開こうとした時，この魔王が現れて仏の*成道じょうどうを妨げたが，仏はこの魔王を*降伏ごうぶくして成道した(*降魔ごうま成道)という．「悟り深く徳ある人は，諸天の擁護ひまなくして，天魔，其のたより得る事なし」〔発心集8〕．→魔．

転迷開悟 てんめいかいご　一切の迷妄，*三界さんがい生死しょうじの*煩悩ぼんのうを転じて*涅槃寂静ねはんじゃくじょうに生きる悟りを開くこと．転凡入聖てんぼんにっしょうと同義．

天目山 てんもくさん　中国，浙江省西北部，臨安県の北境にあり，古くは浮玉山という．東西の両天目に分かれ，両峰の頂にそれぞれ池があるため〈天目〉といわれる．また，西天目山(1507 メートル)には禅源寺・師子正宗禅寺・倒挂蓮花などが，東天目山(1479 メートル)には昭明禅寺・蓮花石座などがある．明の袁宏道(えんこうどう)(1568–1610)の詩が伝わる．「高攀天目山，衣上雲霧結，万壑競雄流，豈与廬山別」．なお，茶の湯で珍重される天目茶碗・天目形(てんもくなり)の名称は，鎌倉時代，当地の禅寺に学んだ禅僧が日本に持ち帰った茶碗を天目と称したことからという．「『もし御茶をまゐらば』と，湯桶に天目を置きて帰る」〔浮・好色一代男 2〕

天文法華の乱 てんもんほっけのらん　〈天文法難〉ともいう．1536 年(天文 5) 7 月，*比叡山(ひえいざん)の僧徒が中心となって京都の日蓮法華宗徒を襲撃した事件．これによって洛中の日蓮法華宗の本山 21 カ寺はすべて炎上し，宗徒は洛外追放となり，洛中での布教が禁じられた．またこの乱によって，三条以南の下京全域，上京の 3 分の 1 が焼失した．

この乱が惹き起された直接の原因は，比叡山西塔の華王房と日蓮宗信徒松本新左衛門久吉が一条烏丸観音堂において宗義の問答を行い(松本問答)，華王房が負けたことによる．山門(比叡山)は面目を失い，京都の日蓮宗寺院の破却と追放をくわだてた．山門がこの弾圧を計画した根底には，洛中における日蓮宗の隆盛があり，王城鎮護の宗門を標榜(ひょうぼう)する比叡山は，この隆盛を無視できなかった．しかも洛中の諸宗寺院にも危機感を与えた．弾圧をきめた山門は，園城寺・東大寺・興福寺・根来寺をはじめ，東寺・本願寺などの京都の諸山に援兵を請い，7 月 22 日に戦がはじまり，27 日までおよんだ．山門の兵力は 15 万，あるいは 8 万とも 6 万ともいい，日蓮宗側は 2 万あるいは 3 万ともいう．1542 年(天文 11)の勅許によって，ようやく日蓮宗の帰洛が可能となった．

天竜寺 てんりゅうじ　京都市右京区嵯峨天竜寺芒ノ馬場町にある臨済宗天竜寺派本山．山号は霊亀山．正しくは天竜資聖禅寺という．1339 年(暦応 2)足利尊氏(あしかがたかうじ)(1305–58)は後醍醐(ごだいご)天皇(1288–1339)の*菩提(ぼだい)のため，*夢窓疎石(むそうそせき)を開山として亀山天皇(1249–1305)の離宮跡に寺を建てることとした．元へ天竜寺船を派遣して造営費を助け，1345 年(貞和 1)完成し*五山に列せられ，尊氏は足利一門が天竜寺の*外護(げご)に力を尽くすべきをいい，室町時代を通じて幕府の保護が加えられた．室町初期には*塔頭(たっちゅう)雲居庵にて*春屋妙葩(しゅんおくみょうは)の指導のもとに盛んに出版事業を行なった．これを〈天竜寺版〉といい，*臨川寺(りんせんじ)版と共に*五山版の主要部分を形成する．

応仁の乱(1467–77)や蛤御門の戦(1864)の兵火をはじめとしてしばしば大火に見舞われ，現在の諸堂宇は明治以後のものであり，わずかに勅使門・中門などに江戸期の建築を残している．*方丈(ほうじょう)庭園は夢窓の作庭である．寺宝には，馬遠の真蹟とされる清涼法眼・雲門大師画像，呉道子筆の観音図，応永鈞命(おうえいきんめい)絵図などがある．塔頭の寺宝には妙智院の夢窓国師画像，慈済院の足利義持画像などがある．

天竜八部衆 てんりゅうはちぶしゅう　⇒八部衆(はちぶしゅう)

転輪聖王 てんりんじょうおう　[*s*: cakravartin, cakravarti-rājan]　〈転輪王〉〈輪王〉ともいう．正義をもって世界を治める理想の王．〈転輪〉とは，戦車あるいは日輪を馳せるイメージに由来する言葉らしい．転輪聖王の転ずる輪に金・銀・銅・鉄の 4 種類があり，金輪王(こんりんおう)は*四大洲のすべてを治め，鉄輪王は贍部洲(せんぶしゅう)(*閻浮提(えんぶだい))のみを治める．〈*転法輪(てんぽうりん)〉はこの観念が仏陀の*説法に応用されたもの．「仏涅槃に入り給ひて後，遺言に依りて転輪聖王の如く其の御身を荼毘(だび)に葬し奉らむとするに」〔今昔 3-34〕

ト

度 ど　漢訳仏典に現れる〈度〉は，そのほとんどが〈渡と〉の意．漢語の〈度〉は本来〈渡〉に通じ，日本でも古代から〈度〉に「わたす，わたる」の訓がある．漢訳仏典でも〈度〉は，渡る，渡すの意で用いられる．それは，宗教的には，この苦しみの世界から，かの目覚めの世界へ自己が*超越ちょうおつすること，および他者をそのように導き*救済くさいすることを意味する．〈度世どせ〉は自己が超越すること，〈度人どにん〉は人を*済度さいどすること，また究極の境地である*涅槃ねはんを〈*滅度〉というのも同様の趣旨からである．サンスクリット語としては一語に特定はできない．「此の書を写し取れ．人を度するに勝れたる書ぞ」〔霊異記下38〕

塔 とう［s: stūpa］　**インド**　仏教における塔（ストゥーパ）崇拝の起源は，*仏陀ぶっだの死後，その遺骨（*舎利しゃり）を祀るストゥーパが建立されたことに求められる．8万4千塔を築いたとされるアショーカ王（*阿育王あいくおう）の伝説に象徴されるように，その後ストゥーパは仏教徒の礼拝対象として非常な信仰を集めた．また，仏陀だけでなく，高僧の舎利を納めたストゥーパも少なからず建立された．

仏舎利を納めた最初の仏塔が，いかなる形状を持っていたかは，いまだ明らかでない．現存するストゥーパでもっとも時代が遡るのは，西デカンの初期石窟群や，*サーンチーの諸塔など，紀元前2世紀頃-紀元2世紀頃にほぼ現在の形を整えたと考えられるもので，いずれも円形の基壇（medhī）の上に半球形の覆鉢ふはつ（aṇḍa，伏鉢ふくはつ・ふくばち）を積み上げ，頂部に函形の平頭へいとう（harmikā）を載せ，その中心に傘蓋さんがい（chatrāvali）を冠した傘竿さんかん（yaṣṭi）を立てている．サーンチー，バールフト，アマラーヴァティーの諸塔のように，遶道にょうどう（pradakṣiṇā-patha）を囲む*欄楯らんじゅん（vedikā）や，入口の塔門（toraṇa）を，蓮華蔓草を中心とする装飾文で飾る例も多い．このようなストゥーパの形状および装飾原理には，天地をつなぐ宇宙軸の概念や，生命の源たる水（またはその象徴である蓮華）のイメージなど，伝統的なバラモン教（*婆羅門教）的宇宙観が反映されているといわれる．また，ストゥーパは別名*チャイティヤとも呼ばれ，インド土着の聖樹信仰・精霊信仰との関係も指摘されている．

*クシャーナ時代に仏像が製作された後も，ストゥーパは礼拝対象として重要視され続けた．ただ時代が下るにつれ形状は変化し，*グプタ時代以降になると，覆鉢に比して基壇が著しく高くなることや，基壇に礼拝像としての仏陀像を表すこと，傘蓋が数を増し，全体として円錐形をとる形が一般化することなど，初期ストゥーパとは異なるいくつかの特徴が顕在化するようになる．舎利を納める覆鉢部ではなく，高い基壇がストゥーパの主要部となる点や，多くの層を重ねる細長い傘蓋は，中国や日本に見られる仏塔とのつながりを想起させる要素として注目される．→付録（塔1,2）．

中国　【中国独自の塔の成立】中国に仏教が伝えられたのは漢代であるが，建築の面で明確な文献の初見は『呉志』に，後漢時代（25-220）末，笮融さくゆうが徐州に建てたという〈浮屠祠ふとし〉で，金色の仏像をまつり，九重の銅槃どうばんの相輪を屋頂に載せた二重楼閣を中心とし，閣道かくどう（二層回廊）をめぐらし，3千人を収容するものであった．浮屠（または浮図）は，仏陀ぶっだの転訛であるが，後にはストゥーパ（stūpa）を音写した率都波そとば（*卒塔婆）の訛略である〈塔〉を指す用語となる．しかし，初期の仏寺の浮屠とは，インドのストゥーパのもつ象徴的な細部，チャトゥラーバリ（傘蓋），ヤシュティ（傘竿）を相輪として採取して，実質的には中国本来の木造楼閣建築と合体させたものであり，機能的には，後世の〈*仏殿〉に相当するものであった．初期の寺院では仏殿と塔は一体化していたが，その後，*仏舎利信仰が高まるにつれて，仏をまつる仏殿と仏舎利を安置する高塔とが機能的に分離され，多層楼閣の屋頂に相輪を戴く形式が定着して，中国独自の〈塔〉の類型となったとみられる．ただし，ストゥーパ原型の伝来の径路・時期とも一様単純ではなく，東トルキスタン，*ガンダーラ，中インドなどの要素が混淆し，また高楼型の祖型が中国独自のものかどうかについても各種異なる見解がある．

【形式と材質】南北朝時代の寺院で伽藍の中心をなしたのは塔で，それも木造楼閣式塔であったとみられ，双塔を置く例も現れたが，のち唐代になると仏殿と塔の主従関係が逆転したらしい．北魏の*洛陽の永寧寺えいねいじ九重塔は当時を代表する木塔で，初層方9間（38.2メートル），外周1間を除く初層内側全面を日乾煉瓦積みとする平面をもち，高さ49丈と伝える．隋・唐時代には木塔のほか塼塔せんとうも多く建てられ，平面が方形のものが主流を占めた．現存する遺構の形式も多様で，上記のような多層塔を〈楼閣式〉と呼ぶほか，軒だけを何層も近接させて重ね，初層のみに塔身をもつ形式を〈密檐みつえん式〉といい，それ以外にも単層塔，チベットの塔形式〈チョルテン〉が元代に伝えられた〈ラマ塔〉，ボードガヤー（*仏陀伽耶ぶっだがや）高楼塔を摸して高大な台基の上に五塔を立てる〈金剛宝座こんごうほうざ塔〉および〈花塔〉などと称する各種異形の塔などがある．→付録（塔3）．

【代表的遺構】最古の遺構は嵩嶽寺すうがくじ塔（河南省登封，北魏・520）で，12角15層，密檐式の塼塔．神通寺じんつうじ四門塔（山東省歴城，東魏・544または隋・611）がこれに次ぎ，単層方形の石塔．塼塔ではほかに慈恩寺大雁塔じおんじだいがんとう（陝西省西安，唐・704頃，4角5層，楼閣式），薦福寺小雁塔せんぷくじしょうがんとう（陝西省西安，唐・707，4角旧15層，密檐式），崇聖寺千尋塔すうせいじせんじんとう（雲南省大理，南詔後期，4角16層，密檐式），会善寺浄蔵禅師塔（河南省登封，唐・746，4角単層），石造では棲霞寺せいかじ舎利塔（江蘇省南京，南唐・937-975，8角5層，密檐式），開元寺双塔（福建省泉州，南宋・1241-52，8角5層，楼閣式），そのほか数多くの遺構がある．特殊なものでは外表を琉璃塼るりせん（釉薬煉瓦）でつくった祐国寺ゆうこくじ鉄塔（河南省開封，北宋・1049，8角13層，密檐式），ラマ塔で最古の妙応寺白塔（北京市，元・1271），俗に五塔寺の名で知られる真覚寺金剛宝座塔（北京，明・1473）などがある．

日本　材料は木・石・金属（鉄・青銅）・瓦などで，形式から分類すれば層塔・*多宝塔・*五輪塔・*宝篋印塔ほうきょういんとう・無縫塔むほうとう（*卵塔らんとう）などがあり，舎利を入れた工芸品や，広義に解すれば*板碑いたび・*墓などもすべて入る．日本では大規模な塔はすべて木造で，石造・塼造のものはない．その形式は層塔・多宝塔が多く，*宝塔がごくわずかある．層塔は三重塔が最も多く，五重塔がこれに次ぐ．昔は*東大寺や*国分寺の七重塔，百済大寺の九重塔もあったが現存せず，十三重塔は談山神社（*多武峰とうのみね）に一つだけ残っている．平面は方形で，八角形のものは*法勝寺九重塔が著名であるが今はなく，安楽寺三重塔（鎌倉後期，長野県上田市）一つしかない．円形平面は宝塔と多宝塔上層に見られるだけである．

層塔は中心に心柱しんばしら（檫しんばしら・刹しんばしら）を立て，上に相輪を冠し，周囲に塔身を造る．心柱は初めは地中に心礎しんそをおき掘立柱ほったてばしらとしたが，まもなく地上に心礎をすえ，その上に心柱を立てるようになった．三重塔では平安時代末から心柱を初重上の梁はりに立てたが，五重塔では大部分は地上の心礎に立てているが，江戸時代末には塔身から釣るものも現れた．舎利は初めは心礎中に安置していたが，奈良時代には心柱中，相輪中に納めるものもでき，また舎利とともに*経巻（法舎利）を安置するものもでき，後には法舎利だけのものも多くなった．→付録（塔4,5）．

道 どう　〈道〉とは真直ぐな通路が原義であるが（「一達これを道と謂いう」〔爾雅釈宮〕），「道は須臾も離るべからず」〔礼記中庸〕とされることから，道理を意味するようになり（「道は理なり」〔荘子繕性〕），さらに万物の根源を呼ぶ哲学的な概念となる（「万物並び作おこれども…各おの其の根に帰り…道は乃すなわち久し」〔老子16〕）．中国の哲学史でこの〈道〉について論じている代表的な古典は，『老子』『荘子』『周易』（『易経』）のいわゆる〈三玄〉の書である．

【三玄の書における道】『老子』では，「道の道とすべきは常の道に非ず」〔1章〕と，儒道（先王の道，君子の道，孝弟忠恕の道）が否定的に批判され，「物有り混成し，天地に先だちて生じ，寂たり寥たり…吾れ其の名を知らず，之に字あざなして道という」〔25章〕，「道は常に無為にして為さざるは無し」〔37章〕などのように，超越的・根源的な真実在の世界，もしくは形而上的・哲学的な第一原理として強調される．→老子，老荘思想．

　また『荘子』では，「道に終始なく物に死生あり」〔秋水〕，「道は得べくして見るべからず」〔大宗師〕，「道は有りとすべからず，また無しとすべからず」〔則陽〕，「古(いにし)えの道人は之を是(ぜ)とする莫(な)く，之を非とする莫し」〔天下〕などのように，〈道〉が死生終始を超えた*非有非無(ひうひむ)の常存者であることを説く．→荘子．

　さらに『周易』では，「形よりして上なるもの，これを道という」〔繋辞伝〕，「一(ある)いは陰となり一(ある)いは陽となる，これを道という」〔繋辞伝〕のように，陰陽の変化の根源に在るもの，形而上の究竟的な原理を〈道〉と呼んでいる．→易学と仏教．

【道と仏教】そして，死生終始を超えて永遠不滅である根源の真理〈道〉と一体になることを究極の理想とする中国土着の民族的な宗教が〈道教(どうきょう)〉と呼ばれるように，*菩提(ぼだい)の悟りを得ることを究極の目的とする仏教もまた，その〈菩提〉が〈道〉と漢訳され，*沙門(しゃもん)が〈道人(どうじん)〉と漢訳されることなどから同じく〈道教〉とも呼ばれ（「菩提は胡語．此(ここ)（中国）に翻じて道と為す」〔大乗義章18〕，「如実に道を得たる者を道人と名づく」〔大智度論61〕），悟りの境地に入ることが「道に入る」（*入道）もしくは「道を得る」（*得道），仏陀の教えを習い修めることが「道を学ぶ」（*学道）などと呼ばれることになる．

　一方また，仏教の教義に関しても，たとえば「善悪の両業，人を通して果に至らしむ．これを名づけて（地獄・餓鬼・畜生などの）道と為す」〔大乗義章8末〕のように，〈五道〉もしくは〈*六道〉の業報輪廻(りんね)の〈道〉が有漏(うろ)（*煩悩(ぼんのう)）の世界への通路の意に解釈され，また「道の義(いみ)は云何(いかん)．涅槃(ねはん)の路を謂(い)う．これに乗じて能く涅槃の城に往くが故に」〔倶舎論25〕のように，無漏(むろ)（*涅槃＝寂滅無為）の世界への通路とも解釈されている．

　さらにまた，*『肇論(じょうろん)』涅槃無名論では，「涅槃をこれ道と名づく．寂寥にして虚曠，形名を以て得べからず，微妙にして無相，有心を以て知るべからず」のように，仏教における生死の因果を絶滅した円寂の悟りの境地が，『老子』や『荘子』の「寂たり寥たる道」「生死終始を超越した非有非無の道（真実在の世界）」と重ね合わせて解釈されている．

【仏陀の道―道教】かくて，インド・西域から中国に伝来した仏教は，仏陀(ぶつだ)の〈道〉の教えとして中国伝統の儒教の〈道〉，道教の〈道〉とも重ね合わされ，インドの聖人の〈道教〉として受容され，理解され，解釈されてゆく．3世紀の半ば，西域僧の康僧鎧(こうそうがい)らによって漢訳された*無量寿経(むりょうじゅきょう)において，〈仏教〉が四度にわたって〈道教〉と呼ばれており，また4世紀，晋の孫綽(そんしゃく)が仏教の何たるかを解説して，「夫(そ)れ仏とは道を体せし者なり．道とは物（衆生）を導く者なり．応感順通し，無為にして為さざる無き者なり」〔弘明集喩道論〕と述べているのなどが，そのことを何よりも良く実証する．→道教．

幢 どう [*s*: dhvaja]　音写して〈駄縛若〉．普通，竿柱を高く上に突出した〈ハタボコ〉（幡鉾）をいい，その先に*如意宝珠(にょいほうじゅ)をつけたものを〈宝幢(ほうどう)〉〈如意幢〉〈摩尼幢(まにどう)〉などと呼び，人頭のある幢を〈人頭幢(にんずどう)〉と呼んで，それぞれ諸尊の持物(じもつ)とされ，あるいは*三昧耶形(さんまやぎょう)とされる．また，*法を悟ったことの象徴，魔障(ましょう)を取り除いたことの象徴，仏・菩薩の*法門の象徴として用いられ，仏の*説法を「法幢を立てる」という．

　なお，〈幡(ばん)〉と同じく堂の*荘厳(しょうごん)に用いることもある．種々の形があるが，縁どりのある方形の布を三段につなぎ条帛(じょうはく)をつけたもの．また六角形の幡蓋(ばんがい)に幢または幡を取り付けて筒状にし，天井から吊り下げたものを〈幢幡〉といい，持物の幢とは区別する必要がある．木製漆箔のもの，金銅製のもの，錦や金襴製のものなどがある．→幡．

「或いは（如意宝珠を）幢の上に置きて幡を懸け，香を焼(た)き，八戒を持(たも)ちて行ふとは申したれども」〔宝物集1〕「宝幢の上に十方の仏菩薩神王等の像六十軀を図し奉る」〔性霊集7〕

道安 どうあん [Dào-ān]　312–385　中国，南北朝時代初期の僧．仏弟子は釈尊（釈迦族の聖者の意）の〈釈〉を姓とすべきであるとして，〈釈道安〉と名のった．仏図澄(ぶっとちょう)に学んだのち，戦乱を避けて各地を転々としながら仏道の修行と宣布に努め，晩年は前秦の苻堅(ふけん)の尊信を得て長安で過ごした．*鳩摩羅什(くまらじゅう)の招聘を苻堅に進言したが，自らは会うことができなかった．般若経典を研究し，瞑想を重視し，教団の規律を整え，経典目録『綜理衆経目録(そうりしゅきょうもくろく)』(『道安録』と呼ばれる)を作成し，訳経が正しく行われるための原則ともいうべき〈五失本三不易(ごしつぽんさんふえき)〉という翻訳論を確立し，経典の注釈を著し，数百の門弟を育成するなど，中国仏教発展の基礎を固めた．なお，〈一経三段(いっきょうさんだん)〉(経典を序・正説・*流通(るずう)の三段落に分ける)を創唱したといわれるが，実証されない．弟子に廬山(ろざん)の*慧遠(えおん)，*僧叡(そうえい)らがいる．

『東域伝灯目録』 とういきでんとうもくろく　興福寺沙門永超(えいちょう)(1014–95)が集め，1094 年(寛治 8)青蓮院(しょうれんいん)に献じた仏教書籍目録．1 巻．弘経録・伝律録・講論録・雑述録・伝記録・梵釈寺録伝記・護命僧都撰述に分類し，各宗の書目・巻数・撰者名を 1574 (伝来により 1588)部記載する．ただし，後世の付加もあり，現存伝本では高山寺本が善本とされている．なお，梵釈寺は桓武天皇が 786 年(延暦 5)近江(滋賀県)に建立した寺．護命(ごみょう)(750–834)は戒壇問題で最澄の論敵となった*法相宗(ほっそうしゅう)の僧である．

当位即妙 とういそくみょう　自己が住する当の位がそのまま*妙であること．〈当位即是〉ともいう．もと法華経の「この法，法位に住し，世間相常住なり」などの教説を受け，*日蓮遺文(にちれんいぶん)に「法華経の心は，当位即妙不改本位と申して，罪業を捨てずして仏道を成ずるなり」との用例があることから知られるように，*罪業を具えた*凡夫がそのまま妙，すなわち仏の当体であること，凡夫のままで仏道を成就することをいったもの．今日，当座の機転を表す〈当意即妙〉の語は，この語に由来する．

等覚 とうがく　平等の*悟りの意．仏が得る真実の悟りのこと．また，平等の悟りを得たものの意で，仏の別称の一つ．また，菩薩(ぼさつ)の*五十二位のうちの第 51 位で，間もなく仏になろうとする位をいう．*菩薩瓔珞本業経(ぼさつようらくほんごうきょう)では〈無垢地(むくじ)〉と名づける．天台宗では，三阿僧祇百劫の長い修行を完成してここに到達するという．究極の位に隣接するので〈隣極(りんごく)〉などとも名づけられる．「汝，法花の光に照らされて等覚に至るべし」〔今昔 12-34〕「等覚の菩薩の位に疾(と)く定まり給ふばかりのことども」〔浜松中納言物語 4〕

等活地獄 とうかつじごく　[*s*: Saṃjīva]　*八熱地獄(八大地獄)の第 1 番目の地獄．〈等活〉は saṃjīva (蘇生，更生)の訳語．殺生の罪を犯した者が堕ちる地獄とされ，*獄卒(ごくそつ)に責めさいなまれて死んでも，涼風が吹くや生き返り，あるいは空中に声があって生き返り，再び同じ責苦をうけることを繰り返すという．「八大地獄の中に，初め浅き等活地獄を尋ぬれば，この一閻浮提の下一千由旬なり」〔日蓮主師親御書〕．→地獄．

渡岸寺 どうがんじ　滋賀県伊香郡高月町にある寺．慈雲山光眼寺と号した．〈どがんじ〉ともいう．736 年(天平 8)*聖武天皇の勅願により泰澄(たいちょう)が創建し，790 年(延暦 9)に*最澄が*伽藍(がらん)を整備したと伝える．戦国期に戦火に遭い焼亡したが，在地の豪族井口氏によって観音堂が再建された．現在は真宗大谷派の向源寺(こうげんじ)に属している．本尊十一面観音菩薩立像は平安初期の*一木造．稀少な天台密教関係の遺品として注目される．

投機 とうき　禅宗でしばしば用いられている言葉で，書き下しでは「機に投ず」と読み，〈逗機(とうき)〉とも書く．「投」は自らを投げ込む，契合するの意であるが，「機」が〈*機縁〉〈禅匠の働き，活作略(かっさりゃく)〉〈*機根〉など多義を有する語であるため，〈投機〉も文脈によって様々な意味で用いられている．〈機縁〉，すなわち*悟りに気づく機会，きっかけの意味では，投機は悟りに至ることそれ自体を指す．禅僧が初めて悟りを開いた時に，その境地を表現した詩を〈投機の偈〉というのはこれである．〈禅匠の働き，活作略〉の意では，投機は修行者が優れた禅僧の活作略に身を投げ入れる，それに正面から向かい合うという意味となり，場合によって，その指導によって悟りを開く，あるいは，禅問答で互いに悟りの境地をぶつけ合う，の意ともなる．〈展事(てんじ)投機〉〈互換(ごかん)投機〉などという場合は，これである．また，単に〈機根〉，すなわち，能力・素質の意で用いられている例もあり，この場合は，相手に応じた指導を行うことを〈投機〉と表現する．

「展事あり，七尺八尺なり．投機あり，為自為他なり．恁麼(いんも)なる，すなはち学道なり」〔正法眼蔵身心学道〕「仏も随機・逗機など

とて，人の心に随ひてさまざまに説きかへ給へると也」〔ささめごと〕

道教 どうきょう　中国の思想史で〈道教〉の語が初めて現れるのは，『墨子』の「儒者は(天命説を)以て道教と為すも，是れ天下の人を賊する者なり」〔非儒篇〕，「天下の生くる所以は，先王の道教を以てすればなり」〔耕柱篇〕などである．『墨子』のいう「先王の道教」とは，儒教の経典『尚書』多士に「天(上帝)の明威を将(おこな)う」とあり，*孔子がまた『論語』において「罪を天に獲れば禱(いの)る所無し」〔八佾篇〕，「丘(われ)の(上下の神祇に)禱るや久し」〔述而篇〕，「祭れば必ず斉如(さいじょ)たり」〔郷党篇〕などといっているように，上帝*鬼神の明威を恐れ畏(かしこ)み，敬虔に祭祀祈禱を行い，天(上帝)の意志である「兼ね愛し交(こもご)も利する」宗教的な「義(ただ)しさ」の実践によって，「天下平らぐ」尚賢・尚同の理想社会を実現することであった．

【道教の確立と展開】この『墨子』のいわゆる「先王の道教」は，2世紀の半ば，後漢の順帝の漢安元年(142)に蜀(四川省)の鵠鳴山(こくめいざん)で天神の太上老君(神格化された『道徳経』の著者*老子)から「正一明威の道」を授けられた張道陵(『神仙伝』4)ないしその孫張魯(『三国志』魏書8)に受け継がれ，さらに5世紀の初め，北魏の明元帝の神瑞2年(415)，河南の嵩岳(すうがく)で同じく太上老君から「正一明威の道」を継承する『雲中音誦新科之誡(うんちゅうおんしょうしんかのかい)』を授けられた道士の寇謙之(こうけんし)によって，教義と儀礼，教団組織を整えたいわゆる宗教としての道教が確立された(『魏書』釈老志)．

この寇謙之の道教は，その後，北魏の太武帝によって熱烈に信奉護持され，その治世の太平真君3年(442)には帝みずから「道壇に至って符籙を受ける」〔北魏書太武帝紀〕までになり，以後，東魏・西魏・北斉・北周を経て南北王朝を統一した隋唐の時代にはその黄金時代を迎え，特に唐代には，太上老君(老子)は唐の皇室の遠祖として玄元皇帝とよばれ，道教は唐の王朝の国教としてその隆盛を極めた．

【道教と仏教】ところで，この「正一明威の道」の教えとしての道教が国家的な宗教として確立される北魏以前には，インド・西域から中国に伝来した仏教もまた，サンスクリット語 bodhi(*菩提(ぼだい))が〈道〉と意訳され，śramaṇa(*沙門(しゃもん))が〈道人〉と意訳されたことなどから，同じく〈道教〉と呼ばれていた．たとえば*無量寿経(むりょうじゅきょう)には，「如来は道教を光闡(のべあき)らかにし」「普(あま)ねく道教を現ず」などと，仏教が道教とも呼ばれており，このことは7世紀のはじめ，隋の天台宗の国清寺(こくせいじ)に関する文献集『国清百録』3に載せる「皇太子敬霊龕文」においてさえ同様に指摘される(「弟子(隋の皇太子)早くより道教を承く」)．そして仏教をこのように道教と呼ぶことと関連して，仏教経典の漢訳や漢訳経典に基づく仏教教理の注解・解釈にも，道教の経典・教義書の用語ないしは思想表現が多く導入されるに至っている．たとえば「天神剋(よ)く識(しる)して其の名籍を別つ」「天道は自然にして蹉跌するを得ず」〔無量寿経〕，ないしは「法身とは生ずること無くして生ぜざること無く…其の物たるや微妙無象にして有と為すべからず，備(つぶさ)に万形に応じて無と為すべからず」〔注維摩詰経方便品〕などの表現・解釈にそれを見ることができる．

一方また，魏晋以後の正一明威の道教においても，梁の陶弘景(とうこうけい)の編著『真誥(しんこう)』に見られるように，*法華経などの仏教教学の導入が目立ち，この正一派道教を改革する12世紀以後の河北新道教においても，たとえば全真教の王重陽(おうちょうよう)の道教神学に見られるように，*般若心経や*菩提達摩(ぼだいだるま)の禅教などの仏教教学が積極的に導入されている(『甘水仙源録』)．→道(どう)．

道鏡 どうきょう　?-772(宝亀3)　奈良時代末期の*法相宗(ほっそうしゅう)の僧．河内国(大阪府)若江郡弓削(ゆげ)氏の出身．*義淵(ぎえん)に法相(ほっそう)教学を学び，*葛城山で如意輪法(にょいりんほう)などを修行．762年(天平宝字6)(761年とも)近江保良宮に在った孝謙上皇の看病に宿曜(すくよう)秘法を用いて効験あり，上皇の寵を得て763年少僧都となったのを振り出しに大臣禅師・太政大臣禅師，766年(天平神護2)には*法王と僧界の頂点に登りつめた．政治の上でも重祚(じゅうそ)した称徳天皇の寵を背景に強権をふるい，769年(神護景雲3)には宇佐八幡宮の神託をきっかけに皇位を狙うにいたったが，藤原氏・和気氏によって阻止され，翌年天皇が没し後楯を失うと，即座に下野国(栃木県)*薬師寺別当に左遷されてこの地で没した．

同行 どうぎょう　一緒に行く人の意．志を同じくして仏法を信受奉行する仲間．〈同伴〉〈*同朋〉ともいう．単独では難しくても，同志が互いに励ましあえば行じうるところから成立するもので，結社念仏などその適例であろう．*四国八十八箇所の巡礼者が，たとえ一人で巡拝する場合でも，いつも弘法大師が同道するという意味で，笠などに〈同行二人〉と書くのを例とした．浄土真宗では門信徒を〈同行〉といい，禅宗ではこれを〈どうあん〉と読む．「同行に此の事をつぶさに語る．同行此れを聞きて貴む事限りなし」〔今昔 13-2〕「同行の山伏多く候へども，先様に宮腰へやり候ひぬ」〔義経記 7.平泉寺〕

道具 どうぐ　仏道を行ずるための用具．修行僧が身につけたり持参したりする，〈*三衣一鉢〉〈*六物〉〈*十八物〉などの必需品をいう．また，広く僧の所持品．密教では，修法に用いる，宝・鈴・杵・鈷などの器具をいう．

東慶寺 とうけいじ　神奈川県鎌倉市山ノ内にある臨済宗円覚寺派の寺院．山号は松岡山．俗に〈駆込寺〉〈縁切寺〉ともいう．開山は北条時宗の妻で，安達義景の娘である覚山志道尼(覚山尼)，開基は，その子貞時．1285年(弘安8)に開創さる．鎌倉尼五山の第二．第5代長老は後醍醐天皇皇女(用堂尼)であり，20代は豊臣秀頼の娘天秀尼であるなど，権力者の娘が長老となるなど，寺勢を誇った．江戸時代に，女性の方には離婚権がなかったが，東慶寺は，上野(群馬県)の満徳寺とともに，離縁を望む女性が駆込み，3年間住めば，離婚を認められる縁切特権を認められた寺(縁切寺)として有名であった．明治維新以後は衰退し，1903年(明治36)以後は僧寺となった．鎌倉時代末の木造水月観音菩薩坐像，太平寺伝来の土紋をもつ南北朝時代の木造聖観音菩薩立像などを伝える．→縁切寺．

唐決 とうけつ　日本の僧侶が，教義上の疑問を入唐僧に託して唐国へ送り，唐国の学僧に答えてもらったもの．*最澄問・道邃答，*義真問・答(決答者未詳)，*光定問・宗穎答，円澄問・広修答，円澄問・維蠲答，徳円問・宗穎答，*源信問・*知礼答などの唐決が伝えられ，『唐決集』2巻が存在する．

最澄の質問は*『摩訶止観』に関する疑問を質したもの，光定の質問は平安初期の日本天台が円・禅・戒・密の四宗融合を目指したところから，中国の初期天台の教義の中にはなかった密教の問題などを，同時代の中国天台に質したもの，徳円の質問は天台*智顗から*湛然にいたる祖典の解釈を質したものである．質問の内容から，日本天台に教学と実践という二つの傾向が存在したらしいことが伺われる．なかには満足のゆく答えが返ってこない場合もあったとみえ，唐決を批判する例も見える．最澄の質問として「別教の菩薩が二地以上に上り円位に廻入することがあるかどうか」，「唯識と唯心との同異はどうであるのか」などが見える．また，最後の源信の質問として「法華の授記を初住とするのか妙覚とするのか」，「五百門論は誤謬が多く湛然の著作ではないのではないか」などがある．平安朝における日本天台の関心事や諸問題，また*長安，*天台山，蜀地など地域による天台学の相違や唐・宋代の時代による相違が彷彿とされ，貴重である．

道元 どうげん　1200(正治2)-53(建長5)　鎌倉時代の僧．日本*曹洞宗の開祖．諱は希玄．父は久我通親．母は九条基房の女．3歳で父を，8歳で母を失う．13歳のとき良観を*比叡山に訪い，翌年座主公円について得度．のち三井寺(*園城寺)に公胤をたずね，そのすすめで*建仁寺に至る．在山期間は古字本『建撕記』によると6年．栄西の高足明全に師事し，1223年(貞応2)ともに入宋した．*天童山の無際了派，径山の浙翁如琰など大慧派の禅匠を歴訪したが，機縁あわず，長翁*如浄が天童山に住すると聞いて再訪．如浄に参じ1225年(南宋の宝慶1)如浄の「*身心脱落」の語を聞いて得悟した．如浄は*洞山良价の法系で中国曹洞禅の正脈を伝え，道元はその*只管打坐の禅を受けて継いだ．

1227年(安貞1)帰国して建仁寺に寓したが深草安養院に移り，1233年(天福1)*興聖寺(こうしょうじ)を開き，住すること十余年，純粋な禅の挙揚(こよう)と*『正法眼蔵(しょうぼうげんぞう)』の撰述につとめた．1234年(文暦1)に*懐弉(えじょう)が入門したのに続き，*大日能忍(だいにちのうにん)門下の*達磨宗からの入門が相次ぎ，それが比叡山を刺激したため，1243年(寛元1)波多野義重の請によって越前に移り，*永平寺(えいへいじ)を開き接化(せっけ)と著述につとめた．1247年(宝治1)には北条時頼の招きで鎌倉に下ったが，直ちに越前に戻った．1253年(建長5)永平寺を懐弉に譲り，8月京都で寂した．主著『正法眼蔵』の他*『普勧坐禅儀(ふかんざぜんぎ)』1巻，*『学道用心集』1巻，*『永平清規(えいへいしんぎ)』2巻，*『永平広録』10巻などの著作があり，懐弉の記した言行録*『正法眼蔵随聞記』も名高い．その思想の中核は，ひたすら坐禅をするところに*悟りが顕現していると考えるもので，その立場は*修証一等(しゅしょういっとう)(*修行と悟りは一体のもの)とか，*本証妙修(ほんしょうみょうしゅ)(本来的な悟りの上に立っての修行)などと呼ばれる．このような思想は75巻本『正法眼蔵』に見えるものであるが，晩年の12巻本『正法眼蔵』にいたると，*因果を重視し，厳格な出家修行を強調するようになった．その思想的変化を，*本覚思想(ほんがくしそう)の影響下にあった時期から，それを否定するようになったとみる解釈などがあるが，なお検討の余地が大きい．

道号 どうごう　*沙門(しゃもん)の別号．出身地・居住地・庵の名などにちなんでつけられたり，その沙門の徳の内容を表す語がつけられたりする．〈表徳号(ひょうとくごう)〉ともいう．天子や師から授けられる場合，時の人々から称せられる場合，自ら号する場合などさまざまある．なお，中国では，道号は道教の道士に授けられる称号をさすこともある．「小松谷の善瑩長老，道号玉峯，(扁額の)字をあそばさる」〔蔭凉軒日録永享10.3.8〕

登山 とうざん　〈とうせん〉とも読む．一般には，山上の社寺に参詣することをいい，〈登詣(とうけい)〉ともいう．もと天台宗や真言宗で，*剃髪(ていはつ)して出家*得度(とくど)し，はじめて本寺へ上ることを登山といった．また幼少にして出家を志し，習学のため山寺に入る意でもあったことから，転じて子供が読み書きなどを習うために寺院へ入る意にも用いられるようになった．「乃ち大師の本願は登山の朝に始まり，入滅の夕に終はる」〔叡山大師伝〕「その人は源氏の忘れ形見，牛若君と申す人なり．此の山に登山ありて，よきに学問めされ」〔伽・奈良絵本天狗の内裏〕

洞山良价 とうざんりょうかい　[Dòng-shān Liáng-jiè]　807–869　中国,唐代の禅僧．会稽(浙江省)の人．俗姓は兪(ゆ)氏．幼時に出家，20歳で*具足戒を受けて行脚(あんぎゃ)に出，南泉普願や*潙山霊祐(いさんれいゆう)に参じ，のち雲巌曇晟(うんがんどんじょう)についた．いったん雲巌を辞そうとして，川を渡ろうとしたとき*大悟して，雲巌の法を嗣いだ．洞山の普利院で宗風を振るったので，〈洞山〉の道号で知られる．のちに弟子の曹山本寂(そうざんほんじゃく)と連称して*曹洞宗(そうとうしゅう)の開祖と仰がれる．諡号は悟本大師．著作に『宝鏡三昧歌』『洞山録』がある．曹洞宗は中国*五家七宗の一つ．わが国には*道元によって伝えられた．

東寺 とうじ　⇒教王護国寺(きょうおうごこくじ)

道士 どうし　1 *道(どう)を修める人．道士という語は，元来，広く〈有道の士〉の意で中国の先秦・漢代の文献に見えるが，しだいに，*神仙の道を修める方術の士(方士)の意味に限定されて使われるようになり，のちにはもっぱら*道教の修行につとめる人のことをさすようになった．さらに，中国に伝来した仏教が〈道の教え〉とよばれたのに応じて，仏道を修める人・僧侶を〈道士〉の語でよぶこともあった．「此の国に本より崇(あが)めらるる五岳の道士と云ふ者共は，嫉妬の心を発(おこ)して」〔今昔6-2〕

2 インドの*婆羅門(ばらもん)(brāhmaṇa)をいう．または学問をする婆羅門青年(māṇava)をさす．

導師 どうし　*衆生(しゅじょう)を導く師の意で，仏教を教える指導者をいう．仏・菩薩に対する敬称として使われ，たとえば*弥勒(みろく)を〈当来の導師〉などと称する．転じて，仏教の儀式において，その執行の中心的な役割を担う僧をいう．「釈迦如来，当来導師の慈尊に付属し給ふにも」〔黒谷上人語灯録13〕「結願の導師には仲胤法印，そのころはいまだ仲胤供奉と申ししが」〔平家1.願立〕

童子 どうじ　[*s*: kumāra]　原語は少年・青年の訳語として用いられることが多い．〈童真(どうしん)〉ともいう．20歳未満の若者のこと．また，*出家を願って修行者に随う*得度以前の若者をいう．さらに，如来を*法王，菩薩を王子とし，後者を〈童子〉ともいう．漢訳仏典以前の中国古典にも見られる語で，意はやはり20歳未満の若者．日本では寺院に止住し，僧の身辺の世話や外出時の供をする少年の称．*法会などにも補助として参列し，雑用に奉仕する．修学してやがて僧となる者もあり，時に僧の男色の対象となる者もあるが，なかには年齢と関係なく，童髪のまま寺に使われて雑役に従事する者もある．年齢や経験に応じて〈中童子〉〈大童子〉などと呼ばれ，また特に高位の側近にあって奥向きの用事をする者を〈上童子〉ともいう．なお，華厳経入法界品に説かれる*善財童子の求道物語は有名である．→稚児，堂童子．

「童子十人ばかりして，老いたる法師を石の卒都婆の北の方に張り出でて」〔今昔 20-2〕「鮮やかなる中童子，大童子，しかるべき大衆あまた御供して」〔義経記 6.関東〕

『童子教』 どうじきょう　鎌倉時代中期以前に成立した児童教育のテキスト．著者はおそらく僧侶で，本来は寺家の子弟教育の用に作出されたものか．1句5字，330句より成り，口誦にも適するように2句1連を単位とする対句形式をとっている．内容は儒仏二教に立脚し，初めに日常処世の教訓，次に中国故事を引いて勧学・孝養を説き，終りを*厭離穢土・往生浄土のすすめと心得で結ぶ．『実語教』とともに中近世を通じて広く流布し，特に近世に入ってからは庶民教育の代表的テキストとして，『実語教』との合刻本を中心に，刊本の開板は百数十種にも及んでいる．なお，近世にはこれを模した類似のテキストの刊行もあり，本書が近世の教育・思想に及ぼした影響はきわめて大きい．→『実語教』．

童子経曼荼羅 どうじきょうまんだら　童子の病を除くために修する童子経法の本尊．獅子冠をいただき，左手に*宝珠，右手には鬼神の首を貫く三鈷戟をとり，甲冑装の梅檀*乾闥婆を中尊とする．まわりに童子に危害を加える牛・獅子・鳩摩羅天・野狐・猿・羅刹女・馬・婦女・犬・猪・猫・鳥・雉・獯狐・蛇にかたどる15鬼神を巡らし，傍らに各1児，都合15童子を描く．遺品に鎌倉時代の*智積院本やMOA美術館本がある．

道者 どうしゃ　仏道修行にはげむ者，求道者．また，仏道を修行した者，得道者．〈道人〉ともいう．転じて，連れ立って社寺参拝の旅をする人．その乗合船を〈道者船〉，旅宿を〈道者宿〉という．なお，漢語〈道者〉は〈有道の人〉の意で，『新書』修政語などに例が見られる．中国ではのちに，道教の修行者(*道士)の意にも用いられた．「よき武士と道者とは，死するさまをあたりにしらせぬ事ぞ」〔一遍語録〕「百人道者付け奉りて，三つの山の御参詣を事故なく遂げ給ふ」〔義経記 3.熊野別当〕

道綽 どうしゃく［Dào-chuò］　562–645　中国,隋・唐の僧．*浄土教の祖師．*浄土五祖の第2，また真宗*七高僧の第4．西河禅師とも呼ばれる．俗姓は衛氏．并州(山西省)汶水の人．14歳で出家し，涅槃経の学習に没頭．30歳を過ぎて，山間に持戒堅固な教団を結成した慧瓚禅師の傘下に入り，戒律と禅定の実践に十数年はげむ．禅師没後，609年，石壁玄中寺に*曇鸞の碑文を見て浄土教に回心した．*観無量寿経を講ずること二百回，日に七万遍の念仏を称えたという．小豆で数をかぞえる〈小豆念仏〉をすすめた．曇鸞の*『往生論註』(浄土論註)を継承した*『安楽集』の著作がある．

道釈画 どうしゃくが　鎌倉時代の末期に*禅宗美術の中で成立した*水墨画の一領域．中国で宋代に成立した，道教・仏教に関する人物画と俗人を描いた人物画を総称して〈道釈人物画〉という概念の日本的な展開である．礼拝対象としての宗教画の性格をもたず，鑑賞的な傾向を有する仏画(白衣観音・苦行釈迦・達摩・布袋・寒山拾得など)や，中国の神仙図，儒仏道三教統一思想にもとづく絵(三祖図や虎渓三笑図)などを指していう．禅宗的色彩の強い道釈画は，従来の日本の伝統的仏画に対して，一つの転機をもたらした．

堂衆 どうしゅ　〈どうしゅう〉とも．奈良・高野山・比叡山の大寺などにみられた僧侶の階層．学問に専心する*学侶に対し，堂塔の管理運営にあたる役割をもつ．13世紀前半ごろから実権をもち，寺院の寺領経営など，下衆の*僧兵などを駆って権益を守った．比叡山では，上方・中方・下衆のうち中方に属する．もともと学侶の下使い役の童部(わらわべ)で，剃髪して*中間法師(ちゅうげんほうし)となり，比叡山*三塔で結番して供華(くげ)などの雑用にあたっていた．そのなかから*行人(ぎょうにん)と称するものも出て，学侶と争うことが多かった．「今朝伝へ聞く，官軍近江の木戸において堂衆を撃つ」〔明月記建永1.9.27〕

闘諍 とうじょう [*s*: kalaha-vivāda] 争闘と争論のこと．*大集経(だいじっきょう)によれば，仏滅後500年を一区切りとして次第に仏の教えが廃れ，世の中が乱れてゆくとするが，その第5の500年(すなわち仏滅後2001年から2500年まで)を〈闘諍堅固(とうじょうけんご)〉といい，修行者たちが互いに自説を最高のものとして激しい争いをくりひろげる時代だとする．日本では*末法(まっぽう)に入った最初の500年に相当した．「世は闘諍堅固，なほし濫悪盛んなり」〔将門記〕．→五五百歳(ごごひゃくさい)．

道生 どうしょう [Dào-shēng] ?-434 中国，東晋から劉宋にかけて活躍した僧．俗姓は魏氏．〈竺(じく)道生〉ともいう．彭城(江蘇省徐州)に生まれ，竺法汰(じくほうた)(319-387)に従って出家．廬山(ろざん)の*慧遠(えおん)の下で研鑽を積み，後，長安に赴いて*鳩摩羅什(くまらじゅう)に師事．409年，建康(現・南京)に帰り，文辞にこだわらない自由な経義の研究によって〈善不受報義〉〈頓悟成仏義(とんごじょうぶつぎ)〉の新説を確立し，『二諦論(にたいろん)』『仏性当有論(ぶっしょうとうううろん)』などの論文を著した(現存しない)．さらに，六巻泥洹経(ないおんぎょう)に対する研究の結果，〈闡提(せんだい)成仏説〉(善根を断った人ですら*成仏できるとする説)を主張し，このため建康の仏教界から激しい非難を浴びて追放され，一時，虎丘山(こきゅうさん)に逃れた後，再び*廬山に入った．その後，*曇無讖(どんむしん)訳の四十巻本〈大般*涅槃経(だいはつねはんぎょう)〉を入手し，〈悉有仏性(しつうぶっしょう)〉の教義に接して自説への確信を強めた．

彼の教説は，*般若(はんにゃ)学の基礎の上に涅槃経・法華経の研究を結合し，真理の絶対性と普遍性を拠り所として〈*頓悟説〉と〈闡提成仏説〉を主張した点に特徴があり，六朝後期の*涅槃学の先駆となった．著書としては，上記の論文の外，維摩経・法華経・涅槃経に対する義疏(ぎしょ)があり，このうち『法華義疏』が現存する外，『注維摩詰経』や『大般涅槃経集解』に彼の注釈が収載されている．伝記は*『出三蔵記集』巻15，『高僧伝』巻7に見え，慧琳(えりん)(5世紀中葉)の書いた誄(るい)が*『広弘明集(こうぐみょうしゅう)』巻23に収められている．

道昭 どうしょう 629(舒明1)-700(文武4) 〈道照〉とも書く．*法相宗(ほっそうしゅう)の僧．河内国(大阪府)丹比郡船連(ふねのむらじ)の出身．653年(白雉4)入唐，*玄奘(げんじょう)三蔵に師事して法相教学を学び(一説には摂論(しょうろん)教学)，660年(斉明6)頃帰朝，法興寺(*飛鳥寺(あすかでら)・*元興寺(がんごうじ))の一隅に禅院を建てて住し，日本法相教学初伝(南寺伝)となった．このとき将来した多くの善本経典は平城遷都(710)後，平城右京の禅院に移されて重用された．のち全国を周遊して各地で土木事業を行い(ただし山背国(やましろのくに)宇治橋が道昭架橋との説は疑問が多い)，その遺風は*行基(ぎょうき)に受け継がれた．遺命により，わが国で初めて*火葬に付されたという．

道場 どうじょう [*s*: bodhi-maṇḍa] 〈菩提(ぼだい)道場〉あるいは〈菩提場〉とも訳す．釈尊が悟りを開いた場所をいう．広くは仏道修行の場所を指す．中国では寺全体，あるいは修行用の特別な建物や部屋を道場と呼んでおり，日本でも同義に用いたが，転じて武道をはじめ心身修練の場所をも道場というようになった．なお，ここでいう〈道〉(bodhi)とは悟りそのもののことであるが，中国思想における〈*道(どう)〉と区別して，これを〈*仏道〉と訳すことがあるため，「仏教という道」の意に解される傾向がある．「火を放ちて道場を焼き，仏の像をもて難破(なには)の堀江に流す」〔霊異記上5〕「建立せる道場は法成寺と号(なづ)けたり」〔法成寺金堂供養願文〕

東照宮 とうしょうぐう 1616年(元和2)に寂した徳川家康(1542-1616)を祀(まつ)る神社．遺骸は遺言により，いったん駿河(するが)(静岡県)の久能山(くのうざん)に埋葬されたが，1周忌を期して栃木県の日光山に築いた*奥院(おくのいん)廟塔(びょうとう)に改葬．この間，*天海(てんかい)による奔走があり，また改葬に先立ち朝廷より正一位，〈東照大権現〉の追号宣下があった．当初は〈東照社〉と称したが，1645年(正保2)の宮号宣下で〈東照宮〉と改める．江戸時代には御三家や諸大名もこれを建立し，東京の上野東照宮・

芝東照宮，埼玉の仙波東照宮，群馬の世良田東照宮など約100社が残る．中でも日光東照宮の社殿は三代家光(1604–51)の大改築により1636年(寛永13)完成．その本殿・幣殿・拝殿およびこれを囲む透塀・唐門・回廊・陽明門(通称，日暮しの門)は国宝．また家光(大猷院)も大猷廟に葬られている．独立した本殿と拝殿を幣殿でつなぐ形式は豊臣秀吉の廟豊国社の形式を引用したもので，〈権現造〉と呼ばれ，以後広く流布した．

東照宮へは1646年4月の例祭から，朝廷の奉幣使(日光例幣使)が派遣されて幕末まで続いた．また当初，東照宮・二荒山神社・満願寺は日光山*座主(後の天台宗輪王寺*門跡)が統轄し，石高も2万5千石余りに達した．明治の*神仏分離で2社1寺に分離され，のち別格官幣社となり，相殿に源頼朝・豊臣秀吉が配祀された．例祭は現在5月17日だが，翌日と10月17日に渡御祭がある．→輪王寺．

道成寺 どうじょうじ　和歌山県日高郡川辺町にある寺．天音山千手院と号す．法相宗から真言宗を経て天台宗となる．文武天皇の勅願により701年(大宝1)紀道成の創建と伝える．開基は*義淵．鐘にまつわる安珍・清姫の伝説で有名．この話はもと*『法華験記』などに見え，室町時代の絵巻『道成寺縁起』によって流布した．観世小次郎信光作の能「鐘巻」は改作されて「道成寺」となり，浄瑠璃・歌舞伎，あるいは民俗芸能などに道成寺物として盛行している．「今日吉日にてある間，紀州道成寺において，鐘の供養のござ候ふ間」〔謡・道成寺〕

唐招提寺 とうしょうだいじ　奈良市五条町にある寺院で，*律宗総本山．南都十五大寺の一つ．本尊は乾漆の*丈六盧舎那仏坐像(奈良時代)．

【創建の由来】唐僧*鑑真ゆかりの寺として，創建の事情は*『唐大和上東征伝』(779)に詳しい．鑑真は，止住していた東大寺唐禅院を弟子法進に譲り，759年(天平宝字3)に朝廷から賜った故新田部親王の旧宅地に新たに別院を設けて移り住み，ここを〈唐律招提寺〉と名づけた．〈*招提〉は四方(を往来する僧)の意．

【衰退と再興】平安時代は，遷都によって衰退していった南都の寺々と同様の運命をたどった．再興が始まるのは鎌倉時代になってからで，南都の教学復興に立ち上がった*貞慶から*叡尊・*覚盛などの活動による部分が多い．1202年(建仁2)には貞慶が東室を修理して念仏道場を設けた．1244年(寛元2)には，遁世した覚盛が唐招提寺に入寺して中興に務め，戒律などの教学面の復興がなされた．*伽藍の再興は覚盛を継いで中興第2祖とされる証玄(1220–92)の尽力による．*礼堂(1202)の*清凉寺式釈迦像，『東征伝絵巻』などはこの時期の復興を如実に物語る．1596年(慶長1)の地震による伽藍の全面にわたる破損は，本寺出身の護持院隆光(1649–1724)に帰依していた将軍徳川綱吉の生母桂昌院(1624–1705)の尽力によって修補された．創建以来火災がなく近世に至ったが，1802年(享和2)の落雷による810年(弘仁1)創建の塔の焼失，さらに1833年(天保4)には西室・開山堂，1848年(嘉永1)には戒壇堂が焼失した．しかし伽藍中心部には大きな火災はなく，*金堂・*講堂・*経蔵・宝蔵など創建時の貴重な遺構を今に伝えている．

【文化財】寺宝は本尊の乾漆盧舎那仏坐像を筆頭に木心乾漆の千手観音立像(奈良時代)，同薬師如来立像(平安初期)，もと講堂安置の奈良末期の木彫群，乾漆の鑑真和上坐像(奈良時代)などの彫刻，鑑真将来の*舎利容器(唐)を頂点とする奈良時代から室町時代の多量の工芸品，さらには絵画・経典などが伝存され，わが国でも屈指の文化財保有寺院である．なお鎌倉中期から室町時代にかけて，本寺で律部宋版の覆刻など仏書の開版が行われ，〈唐招提寺版〉と呼ばれている．

等身 とうしん　仏像を造立する際の一基準．自分すなわち普通の人間と同じ大きさのこと．*ガンダーラ初期の仏像は人間釈迦として等身大に造られたが，のち仏の超人化が進んで常人8尺(周尺，普通尺の3/4)の2倍の1丈6尺を基準とするようになった．また造立の*発願者，なかでも帝王と等身の仏像を造ることがインド，中国で行われ，わが国でも*聖徳太子の没後その冥福を祈って造られた*法隆寺金堂釈迦三尊像や，生前の念持仏とも称される同寺夢殿*救世観音像は，ともに太子等身の像といわれている．「上宮王の等身の観世音木像壱軀」〔法隆寺縁起幷資財帳〕「六地蔵の等身の綵色の像を造り奉りて」〔今昔 17-23〕．→丈六じょうろく，一搩手半いっちゃくしゅはん，法量．

道心 どうしん　仏道を求める心，求道ぐどう心．また無上菩提むじょうぼだいを求める心，すなわち自ら悟りを求めると共に他の者を悟りに導こうとする心．道心のある者の意の〈道心者どうしんじゃ〉の略ともし，その新参者を〈*今道心いまどうしん〉，急に思い立って仏門に入った者を〈俄道心にわかどうしん〉という．なお江戸時代には，物乞いをして歩く僧(乞食坊主こじきぼうず)の俗称ともなった．「国宝とは何物ぞ．宝とは道心なり．道心あるの人を名づけて国宝となす」〔山家学生式〕「北の方もとより道心いみじうおはして，常に経を読み給ふ」〔栄花さまざまのよろこび〕

東司 とうす　〈東浄とうちん・とうじん〉ともいう．禅宗七堂*伽藍がらんの一つ．禅院における厠かわや・便所の呼称．もとは東序とうじょ(*仏殿・*法堂はっとうで正面に向かって東西の両側に並ぶ役職のうち，東側(右側)に位置する六*知事の位)の側に在るものをいい，西序せいじょの僧の厠を〈西浄せいちん〉〈西司せいす〉と称したが，後には〈東司〉が厠の通名となり，西浄をも東司と呼称するようになった．「東司上にては汝と仏法を説くべからず」〔五灯会元 4〕「寺舎に居してよりこのかたは，その屋を起立せり．これを東司と称ず．ふるきには圊せい・かわやといひ，厠しといふときもありき．僧家の所住にかならずあるべき屋舎なり」〔正法眼蔵洗浄〕．→雪隠せっちん，両序．

道宣 どうせん [Dào-xuān]　596-667　中国,唐代の僧．俗姓は銭氏．潤州丹徒(江蘇省鎮江県)の人．南山(律)宗の開祖で，唐代初期随一の学僧．南山律師とよばれる．若くより*律りっ学に縁があり，615 年，大禅定寺の智首(567-635)に受戒した．のち*終南山しゅうなんざん(陝西省西安南方)に住し，律学に励んだ．南山宗命名の由来である．著述は多方面，多数にわたるが，3 種に大別される．一は，律学系統で*『四分律行事鈔しぶんりつぎょうじしょう』『戒壇図経』などで，日本の律学への影響も顕著である．二は，『感通録』『集古今仏道論衡』など神異や道教との関係など時代的課題への対応を示すもの．三は，『続高僧伝』『大唐内典録』*『広弘明集こうぐみょうしゅう』などの史伝や経録関係のもの．これは特に*僧祐そうゆう(445-518)の業績を継承発展させる意義をもち，中国仏教史研究上の必須の資料と認められている．彼の業績は当時の仏教事情を集約する趣があり，唐代初期仏教史の結節点を占める位置にあるが，単なる学僧ではなく，実践にも長けた人物であった．なお，日本南山宗の実質的開祖である*鑑真がんじんはその孫弟子にあたる．→『四分律』．

道璿 どうせん　702(中国長安 2)-760(天平宝字 4)　一説に 757 年没．中国,許州(河南省)衛氏の出身．定賓じょうひんから*戒律，普寂ふじゃくから*北宗ほくしゅう禅を受学．*戒師招請のため入唐していた普照ふしょう，栄叡ようえいの要請に応じて 736 年(天平 8)来朝．伝戒師として*大安寺西唐院に住し，東大寺*大仏開眼会には呪願師じゅがんしを勤めた．晩年病を得て吉野の比蘇寺ひそでらに退き没．没時には*律師．道璿は華厳・天台にも通じ，これらの教学は弟子行表ぎょうひょう(724-797)を通じて*最澄さいちょうに影響を与えた．伝記に吉備真備きびのまきび(693-775)の『道璿和上伝纂』がある．

道祖神 どうそじん　〈塞神さえのかみ〉とも呼ばれ，古くは疫病や悪霊が村落に侵入するのを防ぐ神として信仰されたが，集落の入り口や道路沿いに祀られたことにより，次第に旅人の安全を祈願する神に変化した．さらに近世になると，道路の二股にその祠が位置したことから転じて，生殖器崇拝と結びつき，夫婦和合や子孫繁栄の神となるなど，さまざまな信仰に付会されたが，仏教思想との交渉はあまりみられず，*地蔵信仰と習合した例が知られる程度である．*神像しんぞうの姿態として，始めは木製の人形が祀られたが，近世以降は石造塔が普通で，それには「道祖神」の文字が刻まれたものと，甲信越地方に特徴的に分布する男女二神を浮き彫りにした双体道祖神とがある．また，地域によっては藁人形にして，正月行事のどんど焼き(左義長さぎちょう)の祭りとして行われているところもある．

灯台 とうだい　灯供養具の一つ．円形の台座上に長い竿を立て，その上に灯盞とうさん(油皿)を乗せる形を基本とする．奈良時代の遺品は現存しないが，*正倉院しょうそういん宝物中に灯芯を切るために用いられる金銅製剪子せんすがあることから，この時代すでに灯台があったとみなされる．現存する遺品では平安時代のものに岩手・*中尊寺大長寿院の螺鈿平塵(らでんへいじん)灯台，鎌倉時代のものでは*法隆寺献納宝物中の高灯台がよく知られている．前者は台座と竿の部分に金平塵地に螺鈿の宝相華文(ほうそうげもん)を散りばめた豪華なもので中尊寺創建当初(大治3年〔1128〕)にさかのぼるものと考えられる．後者は灯盞の後ろに円形の反射板をつけ，一方の方向を明るく照らす仕様とし，また灯盞の高さも自在に調節できるようにした珍しい形式のものである．

同体三宝 どうたいさんぼう　〈一体三宝〉ともいう．仏(ぶつ)・法(ほう)・僧(そう)の*三宝を同体(一体)とみること．仏・法・僧の三宝は意味上は区別されるが，いずれも本質的には*真如(しんにょ)に発するから一つであるという．これに対して，仏・法・僧の三つに分けてとらえた三宝を〈別相三宝〉〈別体三宝〉などという．

東大寺 とうだいじ　奈良市雑司町にある*華厳宗(けごんしゅう)総本山．〈金光明四天王護国之寺(こんこうみょうしてんのうごこくのてら)〉〈総国分寺〉などとも称された．

【創建の由来と変遷】東大寺は*聖武天皇(しょうむてんのう)の743年(天平15)10月15日の詔(みことのり)により，*大仏(盧舎那仏(るしゃなぶつ)．→*毘盧遮那(びるしゃな))は，初め近江国甲賀寺の近くに，河内国智識寺にならって造顕されようとしたが，745年(天平17)平城京東辺の地に遷された．*大仏開眼供養は，752年(天平勝宝4)4月9日に聖武太上天皇・光明皇太后(*光明皇后)参列の下に婆羅門僧正*菩提僊那(ぼだいせんな)を開眼導師として行われた．*伽藍(がらん)は，752年に建立された大仏殿(*金堂)を中心に，以後30年を要して*講堂・三面*僧房(東室・北室・西室)，および七重塔・*鐘楼・*南大門と七堂伽藍を整え，*八宗(はっしゅう)兼学(当時は六宗)の道場として，*鎮護国家を祈る寺院として*良弁(ろうべん)・*行基(ぎょうき)らの努力により創建され，まさに*像法(ぞうぼう)中興の偉観を呈した．その間，754年(天平勝宝6)4月5日には，大仏殿前で，中国の揚州から招かれた*鑑真(がんじん)によって太上天皇らに戒が授けられ，*戒壇院が建立されて*授戒(*受戒)の制度が整った．しかし当時の偉容は法華堂(*三月堂)本堂・転害門(てがいもん)・*正倉院に残されるだけである．1180年(治承4)の平重衡(たいらのしげひら)による炎上後の*重源(ちょうげん)による*大仏様(だいぶつよう)(宋様式)での鎌倉復興のものとしては，南大門・*二月堂参籠所・鐘楼などにみえ，大仏殿などは公慶(こうけい)(1648-1705)によって再建され1709年(宝永6)に完成したものである．

華厳教学を中心に明一(みょういち)・高弁(*明恵(みょうえ))・*宗性(そうしょう)・*凝然(ぎょうねん)らが輩出し，中世には*空海の影響をうけて真言教学も盛んであった．

【文化財】草創期の奈良時代，再興期の鎌倉時代を中心に重要な作例を多く蔵する．彫刻では，法華堂の不空羂索観音(ふくうけんじゃくかんのん)像，梵天・帝釈天像，金剛力士像2軀，四天王像が奈良時代の脱活*乾漆像(だっかつかんしつぞう)の遺品．同堂の執金剛神像，伝日光・月光菩薩像，戒壇院戒壇堂の四天王像は同時代の*塑像(そぞう)の傑作．大仏は像身の大部分は後補で，両脚部や台座などに多少の当初部分を残すが，台座蓮弁毛彫は絵画資料としても貴重である．誕生釈迦仏像は大仏開眼時の製作か．鎌倉時代の作では，南大門の金剛力士像(1203)は*運慶・*快慶・定覚・*湛慶の作で，*慶派仏師によって再興された，大仏を巡る巨像群の唯一の遺品．俊乗堂俊乗上人像は再興大勧進重源の迫真の肖像．同堂の阿弥陀如来像(1202)，勧進所の僧形八幡神像(1201)，公慶堂の地蔵菩薩像は重源と関係深い快慶の作品．絵画では倶舎曼荼羅図(くしゃまんだらず)，『華厳五十五所絵巻』など平安後期の名品がある．工芸には花鳥彩絵油色箱(かちょうさいえゆしょくのはこ)，葡萄唐草文染革(ぶどうからくさもんそめかわ)など，奈良時代の遺品がある．

また，2万点の経巻・古文書などをも蔵している．記録としては*『東大寺要録』『東大寺続要録』『東大寺年中行事記』，文書としては『東大寺成巻文書』など多くの荘園関係文書のほか，宗性・凝然の仏教関係の多数の自筆本が存している．→三月堂，二月堂，正倉院宝物，大仏開眼，奈良大仏．

『東大寺要録』 とうだいじようろく　平安末期に編纂された*東大寺の記録の集成．もとの編者は不明だが，1134年(長承3)に観厳が増補・再編集した．1241年(仁治2)寛乗の巻子本2巻が*醍醐寺(だいごじ)に残され，1485年(文明17)の冊子本は東大寺にあり10巻本として作成された．本願・縁起・供養・諸院・諸会・諸宗・別当・封戸水田・末寺・雑事などの章に分かれている．東大寺開眼供養や現存しない『延暦僧録』を引用するなど，貴重な史料である．鎌倉復興後の記録としては『東大寺続要録』として編集され，江戸初期のものは整理されて『東大寺雑集録』とされている．

『唐大和上東征伝』 とうだいわじょうとうせいでん　真人元開(俗名淡海三船，722-785)撰．1巻．779年(宝亀10)成立．唐僧*鑑真の伝記．『東征伝』とも略称．鑑真の弟子*思託が入朝後，伝*戒師としての鑑真に対する僧たちの反感や誤解を解くために書いた『大唐伝戒師僧名記大和上鑑真伝』(『広伝』とも)3巻本を，思託の要請で，当時文人の首と称された淡海三船が麗筆をもって1巻本に整理したもの．3巻本(現存しない)の文章をいかに取捨整理し，駢儷体を主軸にした文章に仕立てたかは，諸書に散見する3巻本の引用によって知られる．

本書の内容は，鑑真が，日本に戒師を招く目的で入唐した栄叡・普照の意を汲んで，授戒伝律のために渡海を決意した経緯と，743年(唐の天宝2，日本の天平15)の第1回渡海計画以後12年にわたる6度の渡海の辛苦を詳らかにして，伝法に対する熱意のほどを語ることを主眼とする．前文には鑑真の出自や*戒律の化主と仰がれていたことを伝え，754年(天平勝宝6)入朝後については*東大寺戒壇院の創設，*唐招提寺創設と講律などに触れ，入滅の模様を語って遺徳を鑽仰している．また巻尾には元開の詩序を付した漢詩2首，その他数首を加えて鑑真の追悼とする．1298年(永仁6)，本書の本文をもとに『東征絵伝』5巻が作られているが，絵は六郎兵衛入道蓮行の筆になる．

堂童子 どうどうじ　寺内の諸堂の管理や雑役に奉仕する俗形の少年，また童形の男．童髪をしていることからの称で，必ずしも年少の者に限らず，中年になってもなお童子と呼ばれていた．年齢・経験などにより，中童子・大童子などと呼び分けられる．なお，*御斎会・*維摩会・薬師寺*最勝会以下，特に重要な法会では，四位五位の殿上人などが選ばれて臨時に堂童子となり，花筥を配る役などをつとめる．「堂童子とて俗なむ入りて仏供・灯明奉る」〔今昔11-17〕「堂童子は殿上の四位を用ふ」〔御堂関白記寛弘9.5.15〕．→童子．

堂堂廻り どうどうめぐり　神仏に祈願して，寺社の諸堂のまわりをめぐり歩くこと．何度もぐるぐるめぐることから〈度度めぐり〉を当てた例もある．転じて，多くの者が手をつないで円陣をつくり，一つ所をぐるぐる繰り返しめぐる子供の遊戯．また1人で直立して両手をあげ，目を閉じて身体をぐるぐるとめぐらせる遊びをもいう．さらには単に，同一の場所をぐるぐるとめぐり歩くこと，同一議論などを繰り返して話し続けることをいうようになった．「巡礼の堂堂めぐり時雨かな」〔崑山集〕「堂堂めぐりこうめぐり粟の餅もいいや(嫌)いや」〔童謡集〕

道徳 どうとく　正しい教法，*正法を〈道〉とし，道を具えて保持するのを〈徳〉とする．*悟りの本質，まことの*功徳，それらの体得者のことをもいう．この語はもと，人の行うべき倫常の道を表すものとして『易経』などにみえ，さらに*老子が根源的原理としての道とそれが万物を生成化育する造化の作用，大徳とを説いたことから，『老子』を『道徳経』と称するようにもなった．仏教での用法はそれからの借用．なお，現代語の〈道徳〉は moral の翻訳語で，行為の規範を意味する．「善知識にたのみて出離の要道を聞かんためならば，道徳ある人を別請するともくるしからじ」〔夢中問答上〕．→道，徳．

東南アジアの仏教 とうなんあじあのぶっきょう　歴史的な展開を概観すると，大乗仏教の伝播と衰微，南方上座仏教の広がりと国家的維持発展という二つの大きな流れがある．メコン河下流域におこった扶南では最盛期の6世紀頃には仏教が盛んで，中国・南朝の仏教に影響を与えたといわれる．カンボジアのアンコール帝国ではヒンドゥー教と仏教が並んで奉じられ，特にジャヤヴァルマン7世(在位1181-1218)は*観音信仰篤く，バイヨンなどの優れた仏教遺構を残した．島嶼部では，7世紀末にスマトラ島に滞在した*義浄がシュリーヴィジャヤ王国での密教系仏教の隆盛ぶりを報告している．ジャワ島ではシャイレーンドラ朝(750-832)で密教が信奉された．この王家の権威の象徴として造営された*ボロブドゥールは，金剛界曼荼羅(→両界曼荼羅)を立体的に表現したものとみられる．その後ジャワの仏教は*シヴァ神信仰と混淆した独特な密教として栄えるが，イスラームに席巻され衰退していった．

上座仏教の国家規模の展開は，11 世紀中期にビルマ(ミャンマー)統一を果たしたアノーヤター王(1014–77)が，乱れた仏教サンガ(*僧伽)の粛正を機してパーリ三蔵と僧を将来したのが最初とみられる．タイでは 13 世紀にスコータイ朝が成立すると，スリランカ系上座仏教が伝えられた．カンボジアでも 13 世紀末までに上座仏教化が進み，ラオスも 14 世紀中期にカンボジア経由で上座仏教を迎え入れる．その後タイでは歴代国王の庇護のもとで上座仏教が栄え，1750 年にはアユタヤ朝からスリランカへ仏教サンガ再興のために使節が派遣されるまでになり，これがスリランカ最大のシャム-ニカーヤ派のもととなる．上座仏教はこのように教団が王権と結びついて維持発展してきたのが特徴であり，ビルマにおける 15 世紀のサンガ統一や 18 世紀の宗教会議，タイにおける 18 世紀末の仏典結集や 19 世紀中期の教団改革運動はいずれも国王の主導による．

このほかにベトナムでは中国由来の禅や浄土系の大乗仏教が独自の展開をとげ，また東南アジア諸国に定住する華人の多くも，*儒教や*道教の要素が融合した中国系大乗仏教を信奉している．→南伝仏教，南伝大蔵経．

東南アジアの仏教美術 とうなんあじあのぶっきょうびじゅつ

東南アジア諸国は，いずれも早期においてインド文化の影響を強く受け，ヒンドゥー教とともに仏教も信仰し，寺院建立や仏像，壁画，仏具などの造形活動が展開して行く．しかし，インドと中国の二大文化圏に挟まれた諸国では，それぞれの地理的条件によって受容する文化情報にも差があり，また，多数の民族が混在していることで，土着的要素をも含んだ複雑な展開の軌跡を描いている．→東南アジアの仏教．

海路を通って早くからインド化されたインドネシアやミャンマーの南部，マレー半島，カンボジア南部，ベトナム中・南部(チャンパ)では，南インドやスリランカの影響が濃い初期を経て，7 世紀からは，インドネシアの*ボロブドゥールやチャンディ-ムンドゥット，チャンパのドン-ジュオン遺跡などに代表されるように，大乗仏教および密教系の寺院・仏像が活発に行われる．しかし，インドネシアの東部ジャワ時代(10–15 世紀)には，「シヴァ-ブッダ信仰」という特殊な宗教形態に基づいた仏教・ヒンドゥー教が混交した性格や図像を有するものが主流をなす．また，タイ内陸部で起ったドヴァーラヴァティーでは*法輪や仏倚坐像などが盛んに製作され，インドの信仰形態を維持する．

地理的に東インドに近いミャンマーの中・北部では，はじめは中インドや東インドの影響が認められる．「建寺王朝」と呼ばれるほど多数の*パゴダが建立されるパガン王朝(1044–1287)では，南部のタートーンよりスリランカ系の*上座部仏教が伝わり，*仏舎利が納められるパゴダをはじめ，釈迦や過去四仏，*仏伝や*本生譚などの*壁画が主流をなす．パガン朝の仏像は，地理的に近いインドのパーラ朝の影響は濃いが，密教は取り入れておらず，また壁画はインドよりはむしろチベットの画風を示す．

海路のインドネシアと陸路のミャンマーの二系統の影響を受け，独自な造形感覚を生み出したクメール(カンボジア)では，双方の影響が折衷された大乗仏教と密教系の仏像が製作された．アンコール王朝(802–1431)ではバイヨンなどに代表される壮大な寺院を生み出した．しかし，13 世紀以降はタイ族，チャム族の侵攻により国力が衰退し，造像の規模も縮小され，14–15 世紀からは上座部系仏教に関わる木彫がわずかに見られるにすぎない．

クメール美術の影響が非常に濃いタイ中部から始まるタイ美術は，1238 年，タイ族によるスコータイが建国され，以降，スリランカ系の上座部仏教とその美術が隆盛する．スコータイ期にはじまるタイ族の美術は，モン族のドヴァーラヴァティーやクメール族の影響を取り入れタイ族の伝統的要素を加えながら発展したもので，ウートン美術(12–15 世紀)，アユタヤー美術(14–18 世紀)，バンコク美術(1782 以降)へと継承される．

中国系の北部ベトナムは，937 年に独立するまでの約千年間，中国の支配下にあり，中国の影響の濃い文化を残す．しかし，7–8 世紀になると中国風を強く残しながらもインド美術の影響を取り入れたダイ-ラ様式があらわれ，独自の遺構を残している．李朝はこのダイ-ラ期の晩年にあたり，禅宗を保護し，中国風の造寺•造仏が多く行われた．さらに，陳朝•黎朝へと中国色の強い美術作品が造像される．

多武峰 とうのみね　奈良県桜井市の多武峰にあった天台宗の寺院．〈多武峰寺〉ともいう．藤原鎌足(614-669)の長男である僧定恵(貞慧)(じょうえ)が亡父の遺骸を摂津の阿威山から改葬し，十三重塔を建立したのが始まりとされる．のち塔の南に堂を建てて妙楽寺と号し，さらに塔の東に聖霊院を設けて鎌足の木像を安置した．平安時代に実性•*増賀が入山して以来，無動寺の別院となって天台宗に属し，*僧兵を擁して*興福寺としばしば争った．藤原氏や朝廷の尊崇が篤く，織田信長の検地の際には6千石もの寺領を有しており，江戸時代にも寺領3千石が与えられた．また天下に異変ある時は山が鳴動して鎌足像が破裂するといわれ，これをもってしばしば強訴をおこなった．しかし明治維新の*神仏分離の際に仏教色を除いて〈談山神社(だんざんじんじゃ)〉となり，僧侶は還俗した．いま東京国立博物館所蔵の檀像十一面観音はこの期に流出したものだが，中国唐代7世紀の作で，定恵が請来した可能性がある．

本寺の沿革を記すものに『多武峰略記』(1197，静胤撰)や『多武峰縁起』があり，また『今昔物語集』31-23には，本寺が無動寺の別院となったいきさつを伝える裏話を収める．なお本寺の起源とされる定恵の鎌足改葬については，最も信ずべき『家伝』上の「貞慧伝」に記す貞慧没年の問題や，大阪府高槻市と茨木市にまたがる阿武山古墳の遺骸が藤原鎌足である可能性が大きいことなどもあって，今後検討すべき点が残されている．

塔婆 とうば　⇨卒塔婆(そとば)，塔

到彼岸 とうひがん　⇨波羅蜜(はらみつ)

東福寺 とうふくじ　京都市東山区本町にある臨済宗東福寺派本山．山号は慧日山(えにちさん)．1236年(嘉禎2)九条道家(1193-1252)は*菩提寺(ぼだいじ)の建立を発願し，ついで*円爾(えんに)を開山に迎え20年近い年月をかけ1255年(建長7)完工をみた．当初は天台•真言•禅の三宗兼学道場であったが，のちに禅宗のみとなり*五山に列せられた．鎌倉末期に大火に見舞われて全焼し，南北朝時代に再建された．応仁の兵火は免れたが1881年(明治14)の火災で*仏殿•*法堂(はっとう)などを焼失した．*三門•*僧堂(禅堂)•*東司(とうす)(便所)など室町期の建築を残すが，上層に十六*羅漢(らかん)を安置する三門には*大仏様(だいぶつよう)の建築様式も認められるなど*伽藍(がらん)配置と共に他の五山の禅寺とは異なる姿を見せる．

寺宝には，無準師範(ぶじゅんしばん)画像(南宋時代)はじめ，室町時代の画僧*明兆(みんちょう)の筆による涅槃(ねはん)図•五百羅漢図などの絵画，聖一(しょういち)国師•虎関師錬(こかんしれん)墨跡など多数を所蔵する．*塔頭(たっちゅう)の寺宝には，同聚(どうじゅ)院の不動明王像(平安後期)，光明院の固山一鞏(こざんいっきょう)墨跡のほか，正覚庵の山叟恵雲(さんそうえうん)画像や栗棘(りっきょく)庵の出山釈迦図•梅花図のような鎌倉期の水墨画最初期の作品などがある．

当分 とうぶん　その分限に任じることの意．天台教学で用いる*教相判釈(きょうそうはんじゃく)上の用語で，跨節(かせつ)の対．*三乗諸教それぞれの，その経の内容について教えの意趣を判定することを〈当分〉という．それに対し，*法華経を中心として，他の経の教えの意趣を判定することを〈跨節〉という．一般に国語では，当座，しばらくの間の意味に用いられる．「天台宗の義立には，爾前においては当分の得道を許す．自義においてはなほ当分の得道を許さず」〔守護国家論〕．→跨節．

同朋 どうぼう　友人，仲間の意．鎌倉時代までは〈同法〉と書く方が一般的で，法を同じくする同心同学の者，つまり同門の弟子仲間を意味した．しかし，「弟子一人ももたず」といった浄土真宗の宗祖*親鸞(しんらん)は，ともに念仏を唱える同信の人々を〈同朋〉〈*同行(どうぎょう)〉と呼んだ．また，室町幕府で将軍に近侍して取次ぎやお伽(とぎ)などを勤めた*法体(ほったい)の従者を〈同朋〉という．〈童坊〉とも書く．阿弥号を名乗る*時宗の徒が多く，茶事芸能に長じる者も出た．江戸幕府では，若年寄の配下に属して営中で諸大名の身のまわりの世話をし，また将軍出向のさいは長刀を携(たずさ)えて供をした．なお，寺などで輿をかく人，禅寺では師家の供をする僧を〈同朋〉という．

「吉野の松本の峰にして本の山の同法に会ひて，年来(としごろ)の不審を請談しけり」〔今昔13-

3〕「医王山王の結縁も捨てがたく，同朋同宿の別れもさすがに余波惜しければ」〔伽・秋夜長物語〕

『東宝記』 とうぼうき　京都*教王護国寺（東寺）の寺誌．文和元年(1352)仁和寺宮源性のもとめをうけた東寺観智院*杲宝が，康永2年(1343)の権僧正道我が撰述にかかる『東寺縁起』の構成に倣い，寺内に関わる日記・縁起・補任・聖教・文書などを寺内外に求め割裂類聚したもの．杲宝撰述の3篇6巻を，弟子の賢宝が増補し，仏宝(上・中・下)，法宝(上・中・下)，僧宝(上・下)の3篇8巻とする．「仏宝」には*金堂・*講堂以下の諸堂宇と安置する本尊・道具などが，「法宝」には*灌頂・御*影供をはじめ諸法会と*『三十帖冊子』以下の安置聖教が，「僧宝」には*長者・定額僧などの寺職や諸堂有職が詳細に記され，併せて杲宝らの注記と典拠となる史料が掲げられており，今日伝存しない史料逸文も見られる．なお東寺には草稿本・清書本を合わせた12巻・1冊が伝来する．

東密 とうみつ　東密とは，広くは弘法大師*空海にはじまる*真言宗をいうが，この語は鎌倉時代末の*『元亨釈書』巻27が初見とされる．あるいは当時の東寺(*教王護国寺)が真言宗の教勢の中心であったためであろう．またそのころは，平安末期に*覚鑁が根来山(*根来寺)に退隠して以来200年経過しているが，その系統の智山派・豊山派の*新義真言宗はまだ興ってなく，覚鑁の大伝法院流は東密三十六流の中の，広沢六流の一とされているから，したがって〈東密〉とは，厳密には東寺・*高野山・*仁和寺・*醍醐寺などの，いわゆる古義派の範囲についての称呼というべきかもしれない．

【綱格と教理】さて東密の綱格や教理は，空海の時点でほとんど完成したといってよい．空海は入唐して，長安の*青竜寺で不空の弟子*恵果から*胎蔵(界)・*金剛界の両部の密教を伝授された．当時において密教の伝授は，ある者は両部，ある者は胎蔵部のみ，ある者は金剛界部のみ，ある者は*蘇悉地部を加えた*三部の授受が行われていたが，空海はその中の両部の受法である．空海はそれを〈両部不二〉と称したが，これが東密の綱格となり，台密の三部に対照される．

次に教理について，不空や恵果には教理に関する論述はあまり残ってなく，おそらく空海は恵果の口説や*金剛頂経(教王経3巻，略出経4巻)，*大日経(7巻)，それらの注釈書，*『菩提心論』(1巻)などにより，先人を超えて進展した教理を論述している．特にそのころまでは唐か朝鮮で偽作されたとしてかえりみられなかった*『釈摩訶衍論』を用いることにより，真言密教は〈不二摩訶衍〉(因と果，*煩悩と*菩提，*生死と*涅槃などの対立がなく，*一如の境地)であると述べている．この理論は台密の*安然の取るところで，後の*本覚思想の源流となっているが，台密では*法華経と大日経の一致，*釈迦と*大日如来との同一，胎・金・蘇の三部をいうのに対し，空海は真言密教の他の諸教に対する格段の優位，釈迦劣*応身に対する大日*法身の絶対性をいう．

このほかにも空海は多くの密教理論を構成し，胎・金の*修法*儀軌を整備したが，その教理の解釈や*事相作法の相違や師資の法脈などによって多くの流派を生じ，さらに大きくは古義と新義に分かれるところとなった．→台密．

灯明 とうみょう［*s*: dīpa］　ともしびのこと．パーリ語の大般涅槃経には，自己と真理(仏陀が説いた法)とを暗闇(迷い)を破る灯明(依り所)とせよ(*自灯明・法灯明)と説かれる．また，花や線香，菓子などとともに仏像や仏壇に供えられる灯(油やろうそく)のことをいう．法華経には，*貧者の一灯のたとえが説かれる．仏典一般には，灯明は，迷盲をうち破る*智慧にたとえられる．仏法の伝統を*法灯ともいう．「見れば仏の御前に御灯明有り」〔今昔2-19〕

道明寺 どうみょうじ　大阪府藤井寺市にある真言宗御室派の寺．山号は蓮土山．旧くは土師寺と称し推古天皇の代に土師連八島が創建．781年(天応1)八島の子孫土師古人に菅原姓を賜うに際し寺名を道明寺と改め，菅原道真(845-903)自身仏像や写経の奉納を行い，没後の天慶年中(938-947)には北野天満宮にならって〈道明寺天満宮〉が造られた．13世紀半ば頃に，*叡尊教団の法明房了祥が開山となり尼寺として再興された．戦国時代の兵火で焼失したが，織田信長・豊臣秀吉の援助で復興．1868年(明治1)の*神仏分離令によって現在の地に移転．本尊は平安時代の十一面観音で，ほかに菅原道真作と伝える十一面観音像，鎌倉時代の聖徳太子像がある．なお，江戸時代に竹田出雲らによって作られた人形浄瑠璃『菅原伝授手習鑑』は，道真が藤原時平の讒により大宰府に左遷されるとき本寺を訪れたという故事による．また当寺尼の製する道明寺糒は非常食として有名．

当来 とうらい　当に来るべき世のこと．また，*未来(anāgata)と同じ．普通，*時間は過去から未来へと進んで行くと考えられているが，仏教では，時間は未来(未だ生じない*諸法から構成されている)が現在に到達し，過去へ流れていくと見る．その意味で，未来はこれから行くべきところというより，いずこからか今にやって来るべきものなのである．なお*弥勒菩薩を〈当来(の)導師〉，その*出世に出合うことを〈当来の値遇〉という．「仏祖の往昔は吾等なり，吾等が当来は仏祖ならん」〔正法眼蔵渓声山色〕

道理 どうり　事物のすじみち．事物を貫いている法則．漢語の〈道理〉については，『荀子』修身，『韓非子』解老，『荘子』天下，『戦国策』秦策，『淮南子』主術訓などに用例が見える．道理とは本来〈道〉をより強く〈理〉として意識した概念であると思われ，〈理〉の語はやはり戦国後期の『荘子』(外篇・雑篇)，『荀子』，『韓非子』などに多く見える．〈道〉が普遍的な根源をいう概念であるのに対し，〈理〉は個物化の原理としての性格を色濃く持つ概念である．戦国後期から漢代にかけて，道と理の関係を規定し，理が個物化・特殊化の原理であることがしだいに明確になっていくが，〈道理〉はこうした〈理〉の観念が深められるなかで現れてきた概念である．日本では慈円が*『愚管抄』において，歴史を道理という史観で説明した．

「其の人は道理立てて望めども，(国守に)え成らじかし」〔今昔31-25〕「その中にも，道理すぎてこそは報じ奉りつかうまつらせ給ひしか」〔大鏡道長上〕．→道，理．

忉利天 とうりてん　サンスクリット語 Trāyastriṃśa に相当する音写．〈三十三天〉と漢訳される．*六欲天の第二．インドの世界観にあらわれる*須弥山の頂上にあり，*帝釈天すなわち*インドラがここに住んでいる．四方に峰があり，峰ごとに8天あるので32天，それに中央の帝釈天を加えて三十三天となる．釈迦の母である*摩耶夫人は死後にここに再生し，その母のために釈迦は一夏，ここに昇って説法したという．「摩耶夫人は失ぅせ給ひて忉利天に生まれ給ひにけりとなむ」〔今昔1-2〕「忉利天に登り給ふに，三十三天甍を双べ，四方四角珠を貫きたり」〔三国伝記8-13〕．→天．

等流 とうる ［*s*: niṣyanda］　同一なるもの，相似せるものが連続して生じること．時間的に先なる〈因〉が後なる〈果〉に同一性を保って連続する時，〈同類因・等流果〉または〈遍行因・等流果〉といい，果に等流の名を付す．浄心や煩悩心がそのまま持続する時も等流であり，〈等流心〉という．密教では*仏身を4種に分類して，天・竜・鬼に姿をかえた仏身を〈等流身〉という．また，*唯識学では善因善果・悪因悪果・無記因無記果となる潜在余力を〈等流習気〉(名言種子)という．「等流果に引かるるが故に，愛網の業を結び」〔霊異記下38〕

トゥルナン寺 ──じ ［*t*: 'Phrul snang］　*ラサ市内にあるチベット最初期の寺院．チョカン(Jo khang)または大招寺とも俗称され，チベット仏教徒の信仰の中心である．*ソンツェン-ガムポ王は，チベットの上に横たわり争乱の元となっている巨大な*羅刹女を鎮めるために，まず心臓の上にトゥルナン寺を，その両手足の上にそれぞれ12の寺を建立して鎮撫した，といわれる．文成公主が唐よりもたらした釈迦像とソンツェン-ガムポ王の念持仏の十一面観音像を本尊に祀り，歴代王侯の建立した諸仏や荘厳具に飾られている．西庭には822年に唐とチベットの間で締結された条約を記す唐蕃会盟碑文が建つ．この寺は三つの巡礼路(ナンコル，パルコル，リンコル)に同心円状に取り巻かれており，旧暦1月15日には*ゲルク派最大の大祭，祈願会法要(ムンラム)が挙行される．

灯籠 とうろう　*灯明(とうみょう)を安んずる籠の意で，灯供養具の一．古くは多く〈灯(燈)楼〉〈灯炉〉と表記し，〈とうろ〉ともよんだ．灯楼は灯明をともす楼，灯炉は灯明をともす炉の意で，基台に据え付けたものを建物に準じて〈灯炉殿〉ともいった．基台の上に立てる〈台灯籠〉は据付け用で〈置(おき)灯籠〉とも呼ばれ，懸吊用のものは〈釣(つり)灯籠〉と名付けられる．材質別にみると，石製・金属製・木製および陶製などがある．台灯籠は一般的に屋根(*宝珠(ほうじゅ)・笠)，中台(ちゅうだい)(火袋(ひぶくろ)・受台)，脚(竿(さお))，台(地輪(じりん))の4部からなり，釣灯籠は台を除いた形式で，頂辺に釣環を付する．四角・六角・八角・円形などが一般的．奇抜な意匠として，木彫の*夜叉(やしゃ)に灯籠を捧持させた*天灯鬼(てんとうき)・竜灯鬼(りゅうとうき)(興福寺蔵)のような例もある．

古くは仏殿前の*露地に大灯籠一基を建てるのが習わしであったが，後には正面左右に配されるようになった．残欠ではあるが*飛鳥寺(あすかでら)中金堂前の大理石製灯籠基台(飛鳥前期)はわが国最古の遺例である．現存作例としては*当麻寺(たいまでら)金堂前の凝灰岩製のものが最古(飛鳥後期)で，のちしばらく作例が途絶えるが，中世以降は銘記を持つ作例が多く遺っている．金属製では，*東大寺大仏殿前の高さ4メートルを超える金銅八角灯籠が代表的なもので，火袋に奏楽菩薩(そうがくぼさつ)や獅子を浮彫であらわすなど，大仏(*奈良大仏)と共に国家仏教を象徴するにふさわしい雄作といえる．ついで*興福寺南円堂前にあった金銅灯籠(弘仁7年，816)があり，中世以降は*観心寺鉄製灯籠(貞永2年，1233)以下銘記を持つものが多い．釣灯籠では春日大社(かすがたいしゃ)黒漆塗瑠璃(るり)灯籠が最古(平安後期)で，以後は元応元年(1319)銘の鉄製釣灯籠(京都国立博物館)以下，室町・桃山期にかけて遺例が多い．

「これ(写経)を銅篋に納め，金峰(きんぶ)に埋(うず)み，その上に金銅の灯楼を立てて常灯を奉り」〔金峰神社経筒銘寛弘4.8.11〕「月もとく入りて，御前の灯籠の火も昼のやうなるに」〔狭衣1〕「供養の日に成りて灯盧殿を起てて，王自ら右の名無し指を以て御灯明を挑(かか)げ給ひて」〔今昔11-29〕

度縁 どえん　⇒度牒(どちょう)

兎角 とかく［s: śaśa-viṣāṇa］　うさぎの角(つの)．うさぎの角のように見えるのは実は耳にすぎないため，うさぎの角についてあれこれ論議するのは無益である．そこで，〈兎角〉をもって非存在のもの，誤った*分別・*執着の対象の代表的な例とした．中国六朝時代に作られた志怪小説(不思議な出来事を綴った短文)の『捜神記』6や『述異記』に，ありえないことの例として，「大亀，毛を生じ，兎，角を生ず」という文が見える．なお，ともすればなどの意の〈とかく〉に〈兎角〉を当てるのは借字．→亀毛兎角．

斎 とき　正午の食事の称．朝食を〈粥(しゅく)〉と呼ぶのに対し，昼食を〈斎(さい)〉と称する．わが国では，食すべき時の食事の意から〈斎〉に〈とき(時)〉のよみを当てて，正午以前の食事の称とした．もと，インドの仏教徒は午後には食事をしないという戒律を守っていたことに由来する．また転じて，広く仏事の際の食事をさす称．〈おとき〉ともいう．「わづかに十年ばかり如法の儀ありて，朝一度の斎(さい)と名づけたり．日中非時と名づけて用ひ，夕方また事と云ひて三度用ゆる事，南北の名僧あるべき事の如くしあへり」〔雑談集9〕「南京の永超僧都は，魚肉無き限りは，時(斎)・非時もすべて食はざりし人なり」〔古事談3〕「坊主，斎(とき)より帰りに地蔵縄手と云ふ所の路あしきを直す」〔仮・因果物語下3〕．→斎(さい)，非時．

読経 どきょう　〈どくきょう〉とも読む．経典を読唱すること．〈*読誦(どくじゅ)〉ともいうが，区別すれば，〈読経〉は経文を見ながら読唱すること，〈*誦経(ずきょう)〉は経文を暗誦すること〔法華文句8上〕．経典の読誦は，本来，経義を理解し実践するため，また経を記憶し流布するためのものであったが，大乗仏教に至ると，しばしば〈読誦〉そのものに宗教的意義を認めるようになった．智顗の*『法華玄義(ほっけげんぎ)』巻5上では，大乗経典の読誦を*観行(かんぎょう)五品(ごほん)の修行の一つに数え，また善導の*『観無量寿経疏(かんむりょうじゅきょうしょ)』巻4では，*浄土三部経の読誦を，念仏などとともに浄土に往生するための*正行(しょうぎょう)の一つに数えている．なお中国・日本では，死者供養・祈雨(*雨乞，*請雨)・*鎮護国家などを目的とする経の読誦も行われた．→諷経(ふぎん)，看経(かんきん)．

「京に入りて如意寺に住し，念仏読経せり」〔往生極楽記 25〕「不断の読経・懺法など，たゆみなく尊きことどもをせさせ給ふ」〔源氏 御法〕

頭巾 ときん　修験者(しゅげんじゃ)が入峰(にゅうぶ)(*峰(みね)入り)修行の際に頭部に被る布製あるいは木製の帽子．〈兜巾〉〈頭襟〉とも表記される．*宝珠(ほうじゅ)形で12のひだがあり，この数は*六道衆生の*流転(るてん)と*還滅(げんめつ)，あるいは*十二因縁などにたとえられる．また大日如来の*五智の宝冠にもたとえられ，これを被った修験者は大日如来の教令輪身(きょうりょうりんじん)(→三輪身)である不動明王と同体になるともされる．頭巾には他に，1枚の布を折ってつくる折頭巾，帯状の黒布を頭に巻いて結ぶ長頭巾などがある．「皆柿の衣に笈(おい)を掛け，頭巾眉半ばに責め」〔太平記 5.大塔宮〕「褐(かちん)の脛巾(はばき)にごんづ履いて，袴の括(くくり)高らかに結ひて，新宮様の長頭巾をぞ懸けたりける」〔義経記 7.判官北国落〕

徳 とく　伝統的には，内面的な道徳性であると同時に，人に施した恩恵をもいう．〈徳〉の語は，西周時代以降，青銅器の銘文や古い文献に「徳を敬(つつし)む」などとみえ，元来は天帝や祖先神に飲食物を供え，威儀をととのえて祭るという王の行為と，その結果，*天から恩寵を得て天命を受けるという為政者としての心性を意味した．

神との関係を意味した徳は，やがて為政者の行動の敬虔(けいけん)さを表すものとなり，春秋時代には，諸侯が封建される根拠もその人格の有徳性におかれ，倫理的な内容をもつにいたった．『論語』為政には，徳によって政治をすることは多くの星が北極星に向かって挨拶しているようなものだ，とあり，武力や刑罰などの手段によらずに，君主の道徳性によって人民を心服させる〈徳治(とくち)〉の思想がみえる．君臣間の〈礼〉や〈敬〉，父子間の〈慈〉や〈*孝〉などの徳目も自覚され，とくに孝悌の家族倫理を根本として普遍的な徳目としての〈仁(じん)〉が提唱された．→仁．

戦国時代には，徳は個々の徳目の総称として人の心に先験的に内在する倫理とされ，道家(どうか)によって，人間道徳を超えた無為自然なる天地の理法にまで拡張された．一方，天の恩寵としての側面も為政者による恩恵として継承された．漢代には一般に「徳とは得」と音通によって説明され，『説文(せつもん)』の「外は人に得せしめ，内は己に得ること」に定着した．

仏教で徳に相当する代表的な原語は puṇya と guṇa である．puṇya は，上述した漢語の〈徳〉のもつ伝統的な意味合いに近く，善良な・美しい・幸運ななどを意味する形容詞としても，また善行・美徳・福徳などの名詞としても用いられる．一方，guṇa は仏教をふくむインド哲学一般において属性や性質の意味で多く使用されるが，ときに美徳・功徳・長所の意味でも用いられ，この場合は puṇya の意味内容にほぼ重なる．仏教ではまた，有徳(うとく)者を〈徳〉と呼ぶことがあり，特に〈*大徳〉の語は，「婆檀陀(bhadanta)，秦には大徳と言う」〔大智度論 2〕，「大徳の比丘，人は是れを阿羅漢と謂(い)う」〔大智度論 14〕などのように，仏に対する敬称から修行者に対する呼びかけまで，幅広く使われる言葉となっている．

徳一 とくいち　生没年未詳．〈とくいつ〉とも読む．平安時代初期の*法相宗(ほっそうしゅう)の学僧．恵美仲麻呂の子であるとも伝えられている．奈良で学び，若くして東国へ移り，会津(福島県)に住し，常陸(茨城県)の筑波山に寺を開いた．法相教学と天台教学，三乗思想と一乗思想の真実性をめぐって*最澄(さいちょう)と論争し，『仏性抄』をはじめ『中辺義鏡』3巻，『遮異見章』3巻，『恵日羽足』3巻，『中辺義鏡残』20巻などを著した．また*空海の真言教学に対して11カ条の疑問を呈した『真言宗未決文』を著した．なお空海は，815年(弘仁6)弟子を徳一に遣わして写経を依頼している．福島県磐梯町の恵日寺に徳一廟がある．→三一権実(さんいちごんじつ)．

毒鼓 どくく　〈どっく〉とも読む．毒を塗った鼓(つづみ)の意．大般涅槃経(だいはつねはんぎょう)巻9に，大乗涅槃の経法を毒鼓に譬え，毒を塗った鼓を打てば，これを聞く者は皆死に至るように，涅槃の経法を聞けば，心に思うが思うまいが，皆すべて*煩悩(ぼんのう)が滅せられると説くのに由来する．天台*智顗(ちぎ)は毒鼓を滅悪，*天鼓(てんく)(*忉利天(とうりてん)の鼓)を生善(しょうぜん)に譬えて，仏の*説法を〈毒天二鼓(どくてんにく)〉とした．また*日蓮(にちれん)は，*正法(しょうぼう)をそしる者に正法をぶつけて，相手を憤らせることによってかえって正法に導くという〈毒鼓の縁〉を重視した．「法の音は毒の鼓のごとし．一度聞くに無明のあたを殺す」〔三宝絵中〕「毒鼓の縁といふは，鼓に毒を塗りて是れを打つに，声の聞ゆる所の衆生皆命を失ふ．法音の無明悪業の為に毒として亡ぶるに譬へたり」〔沙石集 2-10〕

得業 とくごう　僧の*学階の名称．9世紀初期までは功徳*安居・官安居の*講師を勤めた者のことであったが，855年(斉衡2)諸国講読師補任試験の階梯を*読師は試業・複講・竪義の三階，講師はこれに夏講・供講を加えた五階と定めて以降，この階梯の修了者の呼称となった．また別に南都では興福寺*維摩会・同*法華会・薬師寺*最勝会の*竪義を歴任した者を称し，延暦寺では横川四季講と定心房三講の*聴衆を勤めた者を称した．また，浄土宗・浄土真宗の学階の一．「天台宗の得業の学生の数，一十二人と定むるは，六年を期となす」〔山家学生式〕

禿居士 とくこじ　⇒禿居士

読師 とくし　〈どくじ〉とも．[1] 法会で*講師と相対して仏前左の*高座に登り，経典を読む役の僧．*七僧の一．諸大寺の*安居や南京*三会，北京三会では*内供奉十禅師や本寺の高僧が任ぜられる重職．「天皇…施皎僧都を請けて読師とし，平城の宮の野寺に大法会をまうけ」〔霊異記下 35〕

[2] 国ごとに1人置かれ，講師・国司と共に*国分寺の仏事や国内諸寺の監察に当たる役職．795年(延暦14)に*国師が講読師制へ改組されると共に設置され，平安前期には6年の任期・補任試験制が定められた．初めは南都の独占であったが835年(承和2)に天台宗，翌々年には真言宗にも門戸が開かれ，両宗からは交互に補される制度になった．

読誦 どくじゅ　[*s*: svādhyāya, adhyayana]　漢語の〈読誦〉は読書することで，すでに『漢書』児寛伝などに見える．仏教では経典を声を出して読むことをいう．文字を見る場合を〈読〉とし，文字を見ない場合を〈誦〉として区別することがある．*読経のこと．仏教では経典を読誦する*功徳が説かれるので，自身の願いを実現させるために仏前において経典を読誦したり，また死者に功徳をふりむけるために葬式や法要で経典を読誦したりする．「仏の御前にして，香を焼きて経を読誦して居たりき」〔今昔 2-16〕．→諷経，看経．

得脱 とくだつ　解脱を得ること，すなわち生死の迷いを脱して*涅槃の境地に入ること．*煩悩を断じることによって心の束縛を離れ，絶対平安の境地に入ること．「我，鱗の身を受けて，得脱の期を知らず」〔発心集 8〕．→解脱．

得度 とくど　漢語の〈*度〉は〈渡〉に通じ，渡る，渡すの意．〈得度〉は漢訳仏典中では，*迷いの世界から目覚めの*彼岸に渡ること，生死*輪廻の流れを渡ること，あるいは他者を導き渡すことを意味する．その場合〈得〉には，得る，出来るの意は特にないことが多い．ところで，中国では*出家制度の整備された唐宋以後，出家して僧となり，僧籍に入ることを〈得度〉というようになり，日本にも移入された．現代日本語で使われる〈得度〉も，中国以来の用法である．「得度して精かに懃めて修学し，智行双びにあり」〔霊異記下 39〕

得道 とくどう　漢訳仏典に頻出する語であり，〈得仏道〉〈得入於仏道〉などと同じく，仏教的真理を体得することを意味する．必ずしも原語と対応しないが，*悟り，悟るの意の原語(bodhi, √budh)の訳語として用いられることが多い．漢語としての〈得道〉も古くから広く用いられているが，道家系，特に『荘子』での用例が多く，その場合は道家的な真理を体得することを意味する．漢訳仏典での用法は，この道家系のものを借用したものである．「身体は猶し塵俗の中に在り．修行得道の聖に験しあらず，蓋しこれ山沢に亡命する民ならむ」〔万葉 5〕「女人の得道すべき法門，聞かまほしく候へども」〔曾我 12．虎いであひ〕．→道．

『登山状』 とざんじょう　*比叡山に申し送る書状の意．『元久法語』ともいう．1帖．『法然上人行状絵図(勅修御伝)』32段に，法然の存念を*聖覚が執筆したとするのに従うべきか．法然が1204年(元久1)，*南都北嶺の*専修念仏停止の訴えに対して，『七箇条起請文』(*『七箇条制誡』)，『送山門起請文』を草した翌年頃の作とみられる．聖覚執筆を首肯させるような，*安居院流唱導調の駢儷的美文で綴った仏道修行の勧説に始まり，諸宗が相互誹謗をやめて共存すべき論拠を説きながら，浄土教の宗旨と念仏往生の*勝義を開示したもので，法語文学としてもすぐれている．なお末尾に近く，『三宝絵』上4に依拠した*大施太子の精進波羅蜜譚を引くなど，説話文学研究資料としても注目すべきものがある．

土地堂 どじどう　〈つちどう〉とも読む．禅宗寺院の境内を守護する土地神および護法神を祀る堂．〈鎮守堂〉〈伽藍堂〉ともいう．土地堂において土地神のために*諷誦するのを土地堂諷経あるいは土地諷経という．古くは，仏殿の両脇に*祖師堂とともに付設された．*『正法眼蔵』安居に，「知事あらかじめ土地堂に香華をまうく，額のまへにまうくるなり．集衆念誦す」とある．「土地堂・祖師堂・方丈・衆寮幷びに諸寮舎，塔頭においては卵塔・昭堂等荘麗極まりなし」〔尺素往来〕「鏡清和尚住院のとき，土地神かつて師顔をみることを得ず」〔正法眼蔵行持上〕

土砂加持 どしゃかじ　密教で行われる*修法の一つで，*光明真言により土砂を*加持する作法．不空羂索神変真言経28には，光明真言を誦して加持した土砂を亡者の死骸・墓・塔の上などに散じると，たとえその亡者が*地獄・*餓鬼・*畜生・*阿修羅の世界で苦しんでいても，この土砂の*功徳により光明を得て極楽浄土に往生し*菩提を得ると説かれ，これを典拠とする．日本では鎌倉初期に*明恵上人がその功徳を高唱してより盛んとなり，〈土砂加持法会〉として広く普及し現在に至っている．なお，明恵の所説を敷衍した絵巻物に1398年(応永5)の制作とされる『光明真言功徳絵詞』(3巻)がある．「その後安貞二年九月の比より，光明真言の法によって土砂加持あり」〔明恵上人行状〕

杜順 とじゅん [Dù-shùn]　557-640　*華厳宗の初祖とされる僧．正しくは〈法順〉．杜氏であったため，杜順と称された．没後，唐の太祖から「帝心」の号を授かったとされるが，疑わしい．雍州万年県(陝西省長安県)の出身．18歳で出家し，因聖寺の僧珍に師事して修行に励んだ．僧珍は，神秘的な事蹟によって民衆を感動させて組織し，寺院などを建立するタイプの活動家であったため，その影響を受け，自らも民衆教化と仏教事業の活動に努めた．作物を損なう虫たちを移動させたとか，河の流れをとめて渡ったといった様々な奇跡を起したという．晩年には宮廷に招かれ，多くの貴顕が*菩薩戒を授かった．*智儼の父の家を尋ね，12歳であった智儼を自分の子であるとして出家させたことは有名である．杜順は，弟子たちには華厳経読誦と普賢行を勧めており，普賢行の内実は不明であるものの，華厳経信仰を柱としていたことは疑いないが，杜順を華厳宗の初祖と位置づけるのは，*宗密からである．杜順の著作とされるもののほとんどは偽作であり，代表作とされる『法界観門』についても異説が多い．

斗藪 とそう [s: dhūta]　〈抖擻〉とも書く．〈頭陀〉の漢訳語．煩悩をふりはらってひたすら仏道修行にはげむこと．〈十二頭陀行〉と称して種々の行があるが，特に*乞食修行を指すことが多い．しかし，日本では広く仏道修行のために霊地霊場などを廻国*遊行する意にも用い，山川や山林などの語と結合して〈山川(林)斗藪〉などの熟語を生み出している．「斗藪と同和と，王宮と山巌と，影のごとくに随って離れず」〔性霊集8〕「ただ僧一人同伴として，山川斗藪の次いでに先聖の芳躅(霊跡)を尋ね」〔三国伝記3-3〕．→頭陀．

度僧 どそう　*得度出家し，剃髪して僧形となった者．国の許可を受け，出家人試所(出家所)での人物・学業審査を経て得度した〈官度僧〉(*官僧)と，無許可で出家した〈私度僧〉がある．前者は予め経業を記した「優婆塞貢進解」を治部省に提出し，*国分寺僧の欠員補充・臨時得度・*年分度者などの機会に得度が許された．後者は律令制下では違法とされていたが，経業ある者については正当な手続きを経れば官度僧に組み入れられた．→私度．

兜率天 とそつてん　*欲界の第四天．〈兜率〉はサンスクリット語 Tuṣita の音写で，〈都率〉〈兜術〉〈兜率陀〉〈覩史多〉などとも音写し，〈知足〉〈喜足〉〈妙足〉などと意訳される．この意訳は √tuṣ(満足する)に由来する．この天は，将来仏となるべき*菩薩が地上に下るまでの最後の生を過ごす場所であり，釈尊もここから白象に乗って*摩耶夫人の胎内に下ったという．その後，現在は*弥勒菩薩がここにおり，釈尊滅後56億7千万年経って地上に下ることになっているという．ここから兜率天は*弥勒信仰と結びついて重視されることになった．

弥勒信仰には，弥勒が兜率天からこの世界に下って来るのを待望する下生信仰と，それまで待てないので現在弥勒菩薩がいる兜率天に死後生れることを望む上生信仰があるが，兜率天が重要な意味を持つのは後者においてであり，弥勒上生経には弥勒の浄土としての兜率天の荘厳が描かれている．ここから中国においても日本においても兜率往生を求める者が数多く現れ，また，兜率天の姿を絵画的に表現した弥勒浄土変も現れた．そこで類似の構造を持つ阿弥陀の極楽浄土往生思想と優劣が競われることにもなった．「遠く邪道を離れて善趣に趣き向ひ，女は忉利天に生れ，僧は兜率天に昇りぬ」〔法華験記下129〕．→天．

度牒 どちょう　中国では僧尼の身分証明書として度牒が発行された．すでに北魏(386–534)の頃から行われたとされる．唐代以降，国家財政の窮乏を救うために，度牒を売買することがはじまり，僧尼の質の低下，腐敗をまねいた．

日本では〈度縁〉ともいい，律令制と共に導入された．公認の出家*得度のさい，国の機関から僧尼に交付される官僧身分証明書(*公験・告牒)．発行は太政官が行い，*僧綱・玄蕃寮・治部省の官人が署名する型式が一般的．得度者の死亡・*還俗にさいして破棄された．得度後*受戒のさいには，初めは*戒牒を重ねて発行する制だったが，8世紀半ばには度縁を破棄した上で戒牒を交付する制となり，さらに813年(弘仁4)には，戒牒とともに度縁の末尾に受戒の年月日を注記したものを所持させる制となった．官僧度牒制は14世紀半ばまで確実に機能していた．

「僧を罪する習ひとて，度縁を召し返し，還俗させ奉り」〔平家2.座主流〕

独覚 どっかく　⇒縁覚

独鈷 とっこ　〈とこ〉〈どくこ〉とも読む．〈独鈷杵〉の略で，〈一股杵〉ともいう．鈷は，〈股〉〈胋〉とも記す．密教の*修法に用いる法具で，把手の両端の鈷(峰・きっさき)が分かれておらず1本のみの金剛杵．胎蔵曼荼羅(→両界曼荼羅)の発生金剛部菩薩らの持物．教義的には唯一の*法界を示し，精進*勇猛，摧破の意味を表す．通例，中央の把手部には4個の球状の突起(鬼目)をつけ，その両側を八葉蓮華で飾る．「手に独鈷をにぎりたり．金色さびずしてきらめきたり」〔著聞釈教〕．→金剛杵．

鳥羽僧正 とばそうじょう　⇒覚猷

富永仲基 とみながなかもと　1715(正徳5)–46(延享3)　江戸時代の思想家．号は謙斎．大坂の人．家は道明寺屋という醤油醸造業者であった．若くして懐徳堂に学ぶ．懐徳堂は仲基の父吉左衛門もその設立者の一人である大坂町人の教育施設で，自由な気風で知られ，中井竹山や三宅石庵の指導下に仲基や山片蟠桃が育っている．仲基は早熟の天才で，十代で『説蔽』(現存せず)を著し，中国古代の思想の成立史を論じたという．その後，仏典研究に精力を注ぎ，その成果は死の前年，1745年(延享2)に刊行された*『出定後語』にまとめられた．

仲基の中国古典や仏典の研究の方法は近代的な思想史研究の先駆とも言うべきもので，その理論の中心は〈加上〉の説である．これは，聖人が著したとされる書物や説が実はそうではなく，後人が自己の説を主張する際に，先人の説に自説を重ね加えた上，聖人に仮託して正統性を装ったものだとするものである．仏典に関する彼の*加上説は当時賛否の議論をひき起したが，その理論の真の価値が認められるようになったのは近代になってからである．仲基は『出定後語』のすぐ後に『翁の文』を刊行し，仏教・儒教・神道がそれぞれ歴史的・地理的条件下に成立したものであることを論じ，それらにとらわれない〈誠の道〉を提唱した．→大乗非仏説論．

弔い とむらい　葬式後の各種*供養の和称．〈訪い〉と同根で，墓前霊前を訪れて*追善供養の祭りをし，もしくは遺族を訪れて慰めるところからきたものか．このうち*年忌ねんき法要は，多くは33年目など一定の年限の後は行われなくなり，その最後を〈*弔い上げ〉と呼ぶ地方も多い．また，葬式の民間での総称としても用い，弔い鐘，弔い婆，弔い飛脚(葬式の通知役)などの言葉がある．

弔い上げ とむらいあげ　葬式後の*年忌ねんき供養は必ず一定の年限で打ち切られ，その最終回を一般に〈弔い上げ〉という．〈問い上げ〉〈問い切り〉ともいう．通常は三十三回忌だが，地方により，宗派により前後する．またこれを境に仏が神になるとか先祖になる，あるいは天にのぼるとする所も少なくない．また上端に杉の葉など葉がついたままの生木や，二股に分れた木の一面を削ったものを*卒塔婆そとばにする風習は全国的である．

銅鑼 どら　円盤形の体鳴楽器．*法要の際の合図に用いられる．名が示すように，銅製の鑼ら(ゴング)で，厚手の鉦しょう・かねとは区別される．直径30-45センチ位のものを大鑼，20センチ前後のものを小鑼と呼ぶ．盆に似て3-4センチ位の縁があり，2孔をあけ紐をむすび，小形のものは片手に吊し，大きいものは架かなどの器物に懸けて，棒の頭が球状に布で包まれた桴ばちによって打つ．中国での初見は南北朝時代(439-589)からで，南アジアから伝わったと考えられる．「油断するなと，高提灯・鐲どら・鐃鉢を打ち立て打ち立て」〔浄・国性爺合戦3〕

止利仏師 とりぶっし　生没年不詳．飛鳥時代に活躍した*仏師．〈鞍作止利くらつくりのとり〉〈司馬鞍作首止利仏師〉ともいい，止利は〈鳥〉をも当てる．中国南朝の梁(502-557)から来朝したといわれる，鞍部に属する家柄である．祖父は*司馬達等しばたっと，父は司馬多須奈たすな，叔母は嶋女(*善信尼ぜんしんに)で，いずれも熱心な仏教信者だった．623年(推古31)の*法隆寺金堂釈迦三尊像の*光背こうはい銘に，止利の作であることを明記する．『日本書紀』には法興寺ほうこうじ(*飛鳥寺あすかでら)の丈六銅仏および*繡仏しゅうぶつも止利の作であるとする．

*法隆寺金堂釈迦三尊像は，中国北魏(386-534)の*竜門石窟りゅうもんせっくつなどに源流をたどることのできる一光三尊いっこうさんぞんの形式，中国の着衣，裳懸座もかけざ，あるいは杏仁形の目をしてアーケイック-スマイル(古拙の微笑)を浮かべる神秘的表情などの特徴がある．これと形も作風もよく似た，法隆寺の戊子年銘釈迦三尊像，法隆寺献納宝物(東京国立博物館保管)の中の数軀の小*金銅仏などは鋳造技法も共通しており，おそらく同一工房内での製作とみられる．これらを止利派の仏像と呼んでいる．

貪 とん［*s*: rāga, lobha］　好ましい対象に対する強い*執着しゅうじゃく，激しい欲求，むさぼり．また，それを起こさせる心理作用．なお，*愛(*s*: tṛṣṇā, *p*: taṇhā)，*貪愛も同様の意義をもつ．〈貪〉は，好ましくない対象に対する反感・嫌悪の心理作用である〈瞋しん〉(dveṣa)，および仏教の正しい道理についての無知である〈癡ち〉(moha)と共に，〈三毒〉〈三不善根〉などと呼ばれ，衆生しゅじょうを迷わせる最も根本的な*煩悩ぼんのうとされる．「貪起こる時の如き…応まさに此の念を作なすべし」〔勧心往生論〕「貪はむさぼりとて，利欲をかまゆる事，瞋はいきどをりとて，なにかに付けてほむらをもやせること，癡は愚癡とて，かへらざる事をくやみ叶はざる事を思ふ事なり」〔小盃4-6〕．→貪欲，三毒，根本煩悩．

貪愛 とんあい［*s*: tṛṣṇā, *p*: taṇhā］　〈貪とん〉(rāga, lobha)の同義語．自己の心情に合う好ましい対象に，強く*執着しゅうじゃくすること．激しい欲望・愛着・むさぼりの心理作用．「往生のさはりの中に，貪愛にすぎたるはなし」〔一言芳談〕．→貪，愛．

頓教・漸教 とんぎょう・ぜんぎょう　中国仏教の特色の一つとして，*教相判釈きょうそうはんじゃく(教判)の発達があげられる．中国へは，インドの経典成立の順序に関係なく大・小乗の経典が雑然と紹介され，5世紀までには*鳩摩羅什くまらじゅうらによって重要な多くの経典が翻訳された．その結果，諸経典を価値的に配列・整理し，また，経典間の矛盾・対立する思想に何らかの統一を与え，それによって釈尊しゃくそん一代の*説法せっぽう教化を秩序づけようとの試みがなされるようになった．これが教判である．

さて頓教・漸教は，教判発展の初期，5世紀頃に生まれた概念で，後代に大きな影響を与えた．〈頓〉は速やかなさま，〈漸〉は次第にの意で，仏が*悟りを開いた直後，すぐに説いた教えが〈頓教〉で，浅い教えから深い教えへ次第・順序を追って説いた教えが〈漸教〉である．*慧観や劉虬(438–495)の教判における頓教・漸教は，この意味である．*華厳経が頓教とされ，*阿含経・*般若経・*維摩経・*法華経・*涅槃経などが漸教とされる．

後の天台宗の化儀四教(頓・漸・秘密・不定)は，説法形式を4種に分類したものであるが，やはり華厳経を頓教とし，他の諸大乗経を漸教としている．また華厳宗の*五教十宗判では，五教の第四を頓教とし，段階的修行を説かず頓に悟ることを説く維摩経を当てている．

「頓教毀滅のしるしには，生死の大海きはもなし」〔三帖和讃〕「もし漸頓を明かさば，すなはち多門あり．しかるに悟と修と皆漸頓に通ず」〔禅宗綱目〕

頓悟 とんご　中国仏教で教義を分類する際に用いられた範疇の一つで，直ちに*悟りに至りうると説くのが〈頓悟〉であり，これに対して段階を経る必要性を説くのを〈*漸悟〉という．

【頓悟説の提唱と継承】〈頓悟〉説を初めて唱えたのは六朝時代の*道生であるが，同門の*慧観らは〈漸悟〉説を取ったという．道生の説は，悟りは分割され得ないという思想的立場に立つもので，後の禅宗のものとは異なり，原理論的な性格の強いものであった．南北朝時代の仏教教学の発展の中で，この立場は多くの人々の支持を得，*教相判釈の中で〈頓教〉として定立されたが，一方で，現実に存在する人々を悟りに導くには段階的な説示も必要であるとして，〈漸教〉も平行して認められていた．しかし，その後に現れた禅宗では，現世において究極の悟りを開くことを主張したため，〈頓悟〉のみに絶対的な価値が与えられ，〈漸悟〉は否定されるに至った．→頓教・漸教．

【禅宗における頓悟】唐代に禅を中原に広めた*神秀系の〈*北宗〉においても，〈頓悟〉は常識であったが，神秀の同門の*慧能の弟子であった荷沢*神会は，当時，全盛を誇っていた神秀一派に闘いを挑み，その立場を〈漸悟〉と決めつけ，師の説く〈*南宗〉こそが本当の〈頓悟〉であると主張して議論を巻き起こした．神会の批判には問題が多いが，その根本に思想上の相違があったことは間違いない．〈北宗〉の頓悟説は長期の修行や心の浄化を前提としたものであったが，即今における*定慧の*相即を説く神会では，悟りは観念的傾向を強め，論理的要請といった性格さえ帯びてきており，確かに〈頓悟〉の主張に一時期を画したものといえる．この〈南頓北漸〉説は，神会の社会的な成功によって広く受け入れられ，後世の禅宗の定説となった．その後，禅の主流は，同じく慧能の下から出，よりラジカルな*馬祖道一系の*洪州宗に移り，悟りの超越性を完全に否定し，人間性そのものに絶対的価値を求めるに至ったが，これは道生以来の頓悟説がその極点に達したものといえる．この思想は，その後も禅の基本思想の一つとして存在し続けたため，その移入に伴って日本にももたらされ，受容された．なお，中国の禅宗においては，その後，こうしたラジカルな立場への反省が生まれ，その修正としての〈頓悟漸修〉が唱えられるようになったことも注意すべきである．→南頓北漸．

「声聞にも成らず，独覚にも成らず，直ちに仏と成る．是れを頓悟大乗と名付く…先づ声聞にも独覚にも成りて後に成仏す．是れを漸悟の菩薩と名付く」〔法相二巻抄下〕

敦煌 とんこう　中国，甘粛省の西端に位置するオアシス都市．前漢・武帝(在位紀元前141–87)の西域経営の一環として元鼎6年(紀元前111)に敦煌郡がおかれて以来，中国最西端の軍事上の要衝として，また様々な東西の人と品物が行き交う国際都市として成長を続けた．同地では西方からもたらされる情報が中原に先んじて吸収され，3世紀に長安・洛陽などで活躍し，「敦煌菩薩」と呼ばれた訳経僧，*竺法護を輩出するなど，早くから華麗な仏教文化が開花した．周辺には多くの*石窟寺院が残り，中でも最も長期にわたって造営され，かつ規模も最大の〈莫高窟〉(敦煌千仏洞)は名実ともに中国を代表する仏教遺跡として世界的に名高い．

【莫高窟】莫高窟は敦煌市の南東約18キロメートルに位置し，鳴沙山東麓の粗い礫岩層の崖壁に約1600メートルにわたり膨大な数の窟龕が開かれ，*壁画・*塑像の残る窟は492に達する．塑像の総数は2415体，壁画の総面積は4万5千平方メートルと報告されている．

698年の「重修莫高窟仏龕碑」は，莫高窟が366年に沙門楽僔(らくそん)によって創建されたと伝えるが，現存最古の窟群(第268・272・275窟など)は5世紀にくだる．ただしこれら最初期窟の年代については北涼説と北魏説がある．その後，北魏・西魏・北周・隋・唐・五代・北宋・西夏・元の各時代を通じて盛んに開窟が行われ，また清代には重修が活発に行われた．諸窟の構造は，1)中心柱窟(窟中央に方柱があり，その周囲を巡回できる．北朝期の代表的な窟形式)，2)*禅定(ぜんじょう)窟(インドの*僧院窟に以た，小さな個室が付属する形式．北朝期に数例ある)，3)伏斗(ふくと)形方窟(天井が伏斗形で，奥壁に一大*龕(がん)を設ける．北朝–宋元の事例がある．隋唐窟の最も基本的な形式)，4)背屏(はいびょう)窟(後壁寄りに窟頂にまで達する背屏をもつ*仏壇を造り，周囲に通路がある．五代・北宋期に多い)などに大別され，造窟の最盛期ともいえる唐代には，奥壁に長大な*涅槃(ねはん)仏をおく窟(第148窟・158窟)や，高さ20–30メートル規模の大像を造る大仏窟(第96・130窟)も開かれた．

5世紀の塑像・壁画は力強い肉身表現や強烈な暈(くま)取りを用いた立体画法など西域的な作風が顕著だが，6世紀には中原の影響を受けて漢族色が濃厚な様式に変貌する．以後，莫高窟の美術様式は北周・隋代の塑像に顕著な量感の増大，唐代における写実表現の成熟など，基本的に中原地方の様式展開と軌を一にする．また壁画の主題では北朝期の因縁説話画，唐代を中心とする大画面の経変(きょうへん)(経意を絵画化したもの)や浄土図の盛行が特筆され，数多くの名作がある．7–8世紀に質量ともに頂点に達した莫高窟の造形活動は，781–848年の吐蕃(とばん)支配期頃を境に次第に活力を失っていくが，元代窟のチベット系の密教絵画など，類型化した作品群の中で異彩を放つ作例も存在する．

なお清末の1900年，第17窟(通称，蔵経洞(ぞうきょうどう))から道士王円籙(おうえんろく)によって膨大な数の写本・文書・絵画が発見された．1907年に当地を訪れたイギリスの*スタインを皮切りに，フランスの*ペリオ，日本の*大谷探検隊，ロシアのオルデンブルグなどによって国外に持ち出されたこれらの文物は世界の学界を驚嘆させ，国際的規模で〈敦煌学〉が興隆する端緒となった．今日では付近におかれている敦煌研究院を中心に，石窟の保存修復・研究活動が活発に行われている．→敦煌文書．

敦煌文書 とんこうもんじょ　20世紀初頭，敦煌から発見された数万点におよぶ古文書．〈敦煌文献〉〈敦煌遺書〉ともいう．大部分が漢文文献であるが，チベット語・コータン語・ソグド語・ウイグル語・サンスクリット語の文書も含まれる．内容は約9割が仏教文献で，その他に道教・景教・マニ教・儒家の経典をはじめ，歴史・地理・社会・経済・法律・政治・文学・芸術など実に多岐にわたる貴重な資料が含まれている．

文献の筆写された年代は，5世紀から11世紀の初頭までの600年近くにわたる．発見の経緯は，1900年，莫高窟(ばっこうくつ)千仏洞の石室管理人の王円籙(おうえんろく)が第16窟の壁面に封印された小さな石窟が存在し，中に膨大な古文書が収蔵されているのを発見したことによる．今日ではその窟は第17窟蔵経洞(ぞうきょうどう)と呼ばれている．その後の研究で，この窟が封印されたのは，約900年前の11世紀初頭であることがわかった．誰がどのような理由で封印したかに関しては，当初，西夏侵攻の影響によるものだとする説が有力であったが，近年では収蔵文書には残巻・断簡が多いことから不要になった古文書を一室に集めたという「廃棄物処理」説が主流になりつつある．

敦煌文書の蒐集に関しては，1907年のイギリスの探検隊のオーレル-*スタインを皮切りに，1908年にフランスの探検隊のポール-*ペリオ，1910年には清朝政府，1912年には日本の大谷光瑞(おおたにこうずい)を隊長とする*大谷探検隊の一員であった橘瑞超(たちばなずいちょう)と吉川小一郎(よしかわこいちろう)，1914年にはロシアの仏教学者オルデンブルグなどによって次々とおこなわれた．→敦煌．

鈍根 どんこん　利根(りこん)の対．宗教的な素質・能力が劣っていること．「仏の御弟子の須利般特は余りに鈍根にして，我が名をも忘れけり」〔沙石集2-1〕．→利根．

貪着 とんじゃく　〈貪著〉とも書く．「利養に貪著す」〔法華経序品〕などのように，むさぼり，執着することを意味する．俗に〈貪着〉あるいは〈頓着〉と書いて〈とんちゃく〉と読み，

深く心にかけたり，気にすることをいう．「此の人，世にありて五欲に貪着し，財宝を愛惜して」〔今昔 1-3〕

頓証菩提 とんしょうぼだい　段階的な修行を経ずに，ただちに*菩提(悟り)を得ること．〈疾証菩提しっしょうぼだい〉ともいう．インド仏教のドグマを破って中国的仏教理解を促進する契機となった東晋の*道生どうしょうの頓悟成仏とんごじょうぶつ説の流れをくみ，華厳宗けごんしゅうや禅宗に摂取されたが，とりわけ〈頓悟菩提〉を唱えた禅宗6祖*慧能えのうからの*南宗なんしゅう禅は頓悟主義によって発展した．日本の禅宗もこの法系からでており，臨済宗の*蘭渓道隆らんけいどうりゅうは*無心がそのまま頓証菩提の道だと説いた．なお密教でも*即身成仏と同義とされ，頓証菩提法がある．「今日より四ケ日，朝夕両座，開講演説す．けだし前院の聖霊の頓証菩提のおんためなり」〔玉葉安元 3.7.5〕．→頓悟．

遁世 とんせ　〈とんせい〉ともいう．中世には〈とんぜい〉といった．世間から遁のがれ，仏門に入ること．とくに中年に達してから*出家したような場合にいうことが多い．また，すでに出家している者でも，その帰属する教団の組織からふたたび脱出し，求道生活に入ることをいう場合もある．仏教において，正式な僧となるためには，世俗につながる家を出て，戒を受け，出家者の規律に沿った生活をしなければならなかった．仏伝によれば釈尊がその先例を示している．僧のことを〈出家しゅっけ〉とよぶのはこのためである．

日本における遁世はこの出家の行為と非常によく似ている．ただ，出家がどこかの宗団に属して生活する僧をさすことにほぼ限定されるのに対し，遁世は，出家とほとんど同義の場合と，世俗生活のわずらわしさを避け，山林に交わり，隠遁いんとん生活をすることを意味する場合もある．そうした遁世者の衣食住の実態がどのようなものであったか分らないことが多いが，山林に隠栖いんせいする遁世者の多くは，その生活を維持する程度の経済的裏づけは確保されていたものらしい．そのような遁世者の中に，*『方丈記』*『徒然草』のようなすぐれた文学作品を産み出す者が輩出した．さらに，中世においては，遁世は新しい意味を獲得した．いわゆる鎌倉新仏教の教団に入ることが〈遁世〉と呼ばれたのである．すなわち，延暦寺・興福寺・醍醐寺といった，官僧寺院の所属から離脱して，求道生活に励みつつも，逆に積極的に民衆に入ってゆくことが遁世と呼ばれたのである．*法然ほうねん・*親鸞しんらん・*栄西えいさい・*叡尊えいぞんらは遁世僧と呼ばれ，その教団に入ることも遁世と呼ばれた．→隠遁．

「出家遁世の本意は，道のほとり，野べの間にて死せむことを期したりしぞかし」〔一言芳談〕「急ぎ遁世の本意を遂げ，後生の得脱を営まんと欲す」〔明月記建永 1.6.4〕

曇徴 どんちょう　生没年未詳．高句麗こうくり僧．『日本書紀』によれば，610年(推古18)高句麗王の命により法定と共に来朝．儒学五経に通ずると共に，絵画工芸に堪能で紙・墨・彩色および碾磑てんがい(ひきうす，いしうす，また水車とも)などの製法を伝えたという．碾磑は日本での初見とされる．

曇無讖 どんむしん ［s: Dharmakṣema］ 385-433　〈どんむせん〉とも読み，〈曇摩讖どんません〉ともいう．北涼代の訳経僧．中インドの人．部派の仏教を学んでいたが，*涅槃経ねはんぎょうを読んで感激し，大乗に転じたという．20歳のときには200余万言をそらんじ，呪術に通じ，西域では大神呪師と呼ばれていた．涅槃経前分や菩薩戒経ぼさつかいきょう・菩薩戒本の経本をもって姑蔵こぞう(甘粛省武威県)に至り，412年，北涼の沮渠蒙遜そきょもうそんに招かれ訳経を行なった．主なものに大乗の*戒律で中国・日本では*梵網経ぼんもうきょうと並んで重視された菩薩地持経ぼさつじじきょうや，「一切衆生は悉く仏性を有する」などと説く大般だいはつ涅槃経40巻(北本涅槃経)，*則天武后によってもてはやされ*大雲寺だいうんじ設置のもととなった大雲経6巻などがある．大般涅槃経は南朝僧の慧厳えごん・*慧観・*謝霊運しゃれいうんらにより*法顕ほっけん訳大般泥洹経だいはつないおんぎょう6巻と対照して再治され，〈南本涅槃経〉36巻として広く流行した．訳経の数は*『出三蔵記集』によれば11部104(三本117)巻，*『開元釈教録』によれば19部131巻．最後は沮渠蒙遜の刺客に殺害された．

貪欲 とんよく ［s: rāga］　財物などをむさぼり求め，飽くことのないこと．単に〈*貪〉ともいう．*煩悩の中でも最も強いものであるから，*三毒さんどく(三不善根)の一つ，あるいは六*根本煩悩の一つに数えられる．なお*欲界にある貪欲を〈欲貪(よくとん)〉といい，*色界(しきかい)・*無色界(上二界ともいう)にある貪欲を〈有貪(うとん)〉という．ちなみに，漢語としての〈貪欲〉も同じ意味で，『戦国策』趙策をはじめ古典に用例が多い．「貪欲の煩悩にくるはされて，欲もおこり」〔末灯鈔〕「貪といふは，人のものをほしと思ひ，わが物を惜しと思ふなり」〔九巻本宝物集 2〕

曇鸞 どんらん ［Tán-luán］ 生没年は476–542とするが，明らかでない．およそその頃，北魏後半から北斉時代にかけての人ではないかとされている．*浄土五祖の第1，真宗*七高僧の第3．

霊山信仰の厚い*五台山近くに生れたらしく，インド*中観派(ちゅうがんは)の代表的論著である四論(竜樹(りゅうじゅ)の*『中論』*『十二門論』*『大智度論』，聖提婆(しょうだいば)の*『百論』)を学んだ．*大集経(だいじっきょう)の注釈中，病で倒れたが，霊感を受けて病気治癒，長生不死の仙経を道士陶弘景(とうこうけい)から授かったが，帰途，*菩提流支(ぼだいるし)に会い，仏教こそ長生不死の法であることを知り，菩提流支から*観無量寿経(かんむりょうじゅきょう)を授かり，仙経を焼き捨て浄土教に帰依した．菩提流支は世親の*『往生論』の訳者であるが，曇鸞の『浄土論註』(*『往生論註』『論註』とも．正式には『無量寿経優婆提舎願生偈註』)は『往生論』の注釈で，末法無仏の時代には*他力の信心による浄土往生成仏以外にないと説いた．幷州(へいしゅう)の大巌寺に住し，後に石壁の玄中寺に入り，さらに汾州平遥山の遥山寺に移って没した．勅宣により汾州西秦陵の文谷に葬られたという．

呑竜 どんりゅう 1556(弘治2)–1623(元和9) 浄土宗の僧．源蓮社然誉大阿(ねんよだいあ)と号し，武蔵国(埼玉県)埼玉郡の出身．地元の林西寺(りんさいじ)で出家，のち*増上寺で修学．多くの寺院を興隆し，徳川家康の命により大光院(だいこういん)(群馬県太田市)の開山となり，僧侶の養成に専心した．一方，庶民の救済に心を砕き，難産を救い，生活困窮者の子供を引き取り教育した．それより〈子育て呑竜〉と呼ばれ，尊敬されて今日に至っている．

ナ

内院 ないいん　*兜率天の無数の宝宮のうち，*弥勒菩薩がいて法を説く内側の宮殿．善法堂と称し，四十九重の楼閣をなすという．内院と外院を分かち，*四十九院の数をあげるのは日本で盛んになったようである．なお，寺などで奥の方にある道場などを内院ということもある．「奇樹怪石の池上には，都卒の内院を移して，四十九院の楼閣を並ぶ」〔太平記 8. 谷堂〕

内供奉 ないぐぶ　略して〈内供〉〈供奉〉ともいう．宮中の*内道場に奉仕する僧の職名．また，その僧．中国唐代の756年に元皎が補せられたのを初めとする．我が国では，772年(宝亀3)に始まるが，学徳兼備の僧として選ばれた〈*十禅師〉の兼職とされたので，〈内供奉十禅師〉ともいう．*御斎会の*読師や夜居の僧の役をつとめた．「石山寺の僧真頼は，内供奉十禅師淳祐に就きて真言の法を受けき」〔往生極楽記 20〕

内証 ないしょう　[s: pratyātma-adhigamana]　自らの心のうちで悟ること．心内の悟り．〈自内証〉とも訳す．思慮分別によって推測できないということを強調する場合に用いられる．この内証に基づいて外に現れた*利他の働きを〈外用〉と呼び，〈内証外用〉と総称する．なお，内証は外からはうかがい知れないところから，日本では秘密ないしは秘密の事柄を指す語として用いられ，家内の事情，経済状態，妻などをも意味するようになった．これらの意味では，近世以降〈ないしょ〉ともいう．「諸仏内証の不二法門あるべしとて」〔盛衰記 24〕「総じていづれの仏も成仏已後は内証外用の功徳，済度利生の方便みな深くましまして」〔黒谷上人語灯録 11〕

『内証仏法相承血脈譜』 ないしょうぶっぽうそうじょうけちみゃくふ　*最澄著．最澄が818年(弘仁9)比叡山に天台宗独自の大乗菩薩戒(*円頓戒)による得度*受戒の制度を建立しようとして，奈良諸宗の反対にあい，反論の書*『顕戒論』とともに，自己の伝えている仏教の正統性を主張して，820年(弘仁11)に著した*血脈．達磨大師付法相承師師血脈譜，天台法華宗相承師師血脈譜，天台円教菩薩戒相承師師血脈譜，胎蔵金剛両曼荼羅相承師師血脈譜，雑曼荼羅相承師師血脈譜からなる．最澄以後の加筆があるともいわれる．

内陣 ないじん　仏堂の*本尊を安置している部分をいい，その外を〈外陣〉という．平安時代末期からこの名称が現れる．*南都六宗系仏堂では*母屋を内陣，庇を外陣というが，この場合，仏後の来迎壁以外に間仕切はないので，内・外陣の仕切はない．密教系の*本堂は，*金堂と*礼堂とが一つになったものであるから，内・外陣の境には扉・格子戸などで仕切られている．なおこの場合，後方のもとの金堂に当たる部分の母屋・庇間に格子戸などを設け，左右を〈脇陣〉，背面を〈後陣〉〈後戸〉などと呼ぶものもある．

内典・外典 ないてん・げてん　仏教関係の典籍を〈内典〉，仏教以外の典籍を〈外典〉という．外典は，たとえばインドにおいては四*ヴェーダ，中国においては老荘儒墨などの百家の書をいう．内典は，仏教の典籍の総称であることから，唐の*道宣著『大唐内典録』，東大寺の*凝然述『内典塵露章』などのように書名とするものも多い．なお，類語に〈内教・外教〉がある．「純雑の義，内典のみにかぎらず，外典の中にその例ははなはだ多し」〔本願念仏集〕「内教を高麗の僧慧慈に習ひ，外典を博士覚哿に学びたまふ」〔書紀 推古 1.4〕

内道場 ないどうじょう　宮中に設けられた仏教の道場．〈内寺〉ともいう．中国では東晋の孝武帝(在位373–396)の代にこれに類するものが設けられたが，『大宋僧史略』巻中には，内道場は北魏(386–534)に起こり，その名を得たのは隋の*煬帝(在位604–618)の時とする．以後，南宋代(1127–1279)まで国家仏教の拠点として*不空・*澄観など高僧・名僧の活躍の場となった．わが国では奈良朝にその制度を導入したが，*空海は不空の旧制にならって宮中に〈真言院〉を建立し，国家守護の大法，*後七日御修法を始修した．なお，この内道場に奉仕する役僧が*内供奉である．

内仏 ないぶつ　本堂の*本尊に対し，僧が

*庫裏など私的生活の場に安置して礼拝する持仏をいう．→持仏．

内凡 ないぼん　⇒外凡・内凡

ナイランジャナー [s: Nairañjanā]　⇒尼連禅河

泥犂(梨) ないり　⇒地獄

ナーガボーディ [s: Nāgabodhi]　⇒竜智

ナーガールジュナ [s: Nāgārjuna]　⇒竜樹，竜猛

流れ灌頂 ながれかんじょう　死亡した妊産婦や水死者はじめ無縁の死者の*廻向，あるいは魚類供養などのため行う仏事．水によって罪穢を浄める在来の禊の習俗に密教の*灌頂を結びつけ，灌頂幡の功徳で死者の滅罪を願う．日本で始められた供養法．板塔婆の上に幡を懸け，これに*陀羅尼や経文や弥陀名号を書き，誦経供養して水中に流す．宗派や地方によって作法に相違があり，板塔婆を流すこともある．もと灌頂幡を流したのを板塔婆で代用したものであろうという．民間習俗化して各地に残り，〈川灌頂〉とも呼ばれるが，中世，京都の五条の橋で，〈いたか〉と呼ばれる人々が行なった流れ灌頂は有名．「いかにせむ五条の橋の下むせび果ては涙の流れ灌頂…流れ灌頂流させたまへ．卒塔婆と申すは大日如来の三摩耶形」〔七十一番職人歌合〕

『泣不動縁起』 なきふどうえんぎ　三井寺(*園城寺)の僧証空が，師智興が病気になった時，その身代りを申し出たところ，かねて証空が信仰していた不動明王画像がその志をあわれんで涙をながし，証空に代わって冥府に行き，師弟とも生きながらえたという説話を描いた絵巻．『不動利益縁起』ともいう．鎌倉時代の制作になる東京国立博物館蔵本，室町時代の清浄華院蔵本(京都市上京区)のほか，断簡も数種あり，中世かなり流布したことがわかる．

なお，絵巻が拠った説話も広範に流布し，世に三井寺常住院の泣不動縁起譚として有名．ちなみにその原形が『今昔物語集』巻19-24に初見してより，同話は『発心集』巻6-1，『九巻本宝物集』巻4，『元亨釈書』巻12，『三国伝記』巻9-6以下中近世諸書に頻出し，謡曲『泣不動』ともなっている．寺伝でもあったようで，『園城寺伝記』巻6以下寺側の記録にも散見する．

投込寺 なげこみでら　行き倒れで身元の知れない者や引取り人のない遊女などを葬った寺．死骸を，その死者だけの墓穴を掘って埋葬するのではなく，かねて掘っておいた大穴に投げ込むところから，このように称した．江戸吉原の遊女を葬った西念寺，浄閑寺はその例．「何々と二字あって縁応信女ならまだ好いが，たった(戒名が)二字では投込みへやった様だ」〔滑・浮世床2下〕

那先比丘経 なせんびくきょう　紀元前2世紀後半，西北インドを支配したギリシア人であるバクトリア王メナンドロス(インド名ミリンダ，弥蘭と音写)と仏教の学僧ナーガセーナ(那先)が,仏教の教理に関して問答を行なった対論書．パーリ文『ミリンダパンハ』(*Milindapañha*，『ミリンダ王の問い』)の最初の部分に相当し，ナーガセーナ長老の名前を題名としていて，経といっても仏説ではない．4世紀ころの漢訳で，これにA本とB本とあるが，欠落・混乱のひどいA本のほうが原形に近い．

最初に交された「名前の問い」は車を譬えにして，実体としての人格的個体のないことを認めさせて，*無我を説く．ついで*輪廻とその主体に関する対論がくりかえされる．その他，仏陀論・涅槃論・知識論など，現代人の抱くと思われる疑問が対論されている．ギリシア的思惟とインドないし仏教的思惟との対比を知る上で，興味をそそる文献である．源信は*『往生要集』において，臨終念仏の功徳のすぐれていることを明かすのに，本書の中の，舟にのせれば百丈の大石も沈まないという議論を引いている．19世紀末，パーリ文および漢訳がそれぞれ英訳されてから，欧米の人びとに本書が高く評価され始めた．

那提迦葉 なだいかしょう　サンスクリット語Nadī-kāśyapa(パーリ語Nadī-kassapa)に相当する音写．ナディー-カーシヤパ．*三迦葉のうちの次兄．火を崇拝する儀式を実修していて300人の弟子を擁していたが，兄の*優楼頻螺迦葉の釈尊帰依に伴い，弟*伽耶迦葉とともに弟子を連れて釈尊に帰依．迦葉三兄弟とその弟子たちは初期釈尊教団の中核となった．

鉈彫 なたぼり　像の全面またはその大部分に，水平方向の丸鑿まるのみあとを残している素木しらき像．中部地方以東の東日本に集中的に分布し，遺例は平安時代後期のものが多く，一部鎌倉時代のものもある．かつて未完成像とする説があったが，現在は完成像の一表現技法とする説が有力で，霊木から*化現けげんする仏を表したものとする解釈がある．代表例としては，宝城坊ほうじょうぼう薬師三尊像(神奈川県伊勢原市)，弘明寺ぐみょうじ十一面観音立像(神奈川県横浜市)，天台寺てんだいじ聖観音立像(岩手県二戸郡)などがあげられる．

納所 なっしょ　〈のうしょ〉ともいう．本来は，年貢などを納める所，また納めることをいい，その仕事を掌つかさどる役人も〈納所〉と呼ばれた．同様に，禅宗などの寺院で，金銭出納や年貢米などの仕事をする場所，およびその仕事をする役僧も〈納所〉と呼ばれた．転じて，寺務を取り扱う場所，およびこれに当る役僧(寺の住持ではない)をいう．この役僧は〈納所坊主なっしょぼうず〉とも呼ばれ，少しく軽く見られる傾向がある．「その下文くだしぶみをば伊賀の国の納所になすべきにあらず」〔今昔28-31〕「和尚，大益と云ふ納所を呼び，此の餅を芥子けし餅にして出だせ，と仰せ付けらる」〔仮·因果物語下〕

七寺 ななつでら　名古屋市大須にある寺院．〈七ツ寺〉とも書く．正式名称は稲園山とうえんさん正覚院長福寺と言い，創建は735年(天平7)，*行基ぎょうきが尾張国中島郡萱津かやつに正覚院を開創したのに始まる．787年(延暦6)に，河内権守紀是広きのこれひろが同年12月に病死した我が子を偲んで，7つの仏閣と12の僧坊を建立したことから〈七寺〉と呼ばれたが，現在は昔の*伽藍がらんの面影はない．平安時代末期に尾張権守大中臣朝臣安長と婿豊後守親実とが寺域を稲沢市七ツ寺町に移し，また*一切経いっさいきょうを書写させ，阿弥陀あみだ三尊を安置した．1611年(慶長16)には徳川家康の命により現在の大須の地に移った．現在収蔵される*写経は〈七寺一切経〉と呼ばれ，散逸した中国撰述の疑偽経典が含まれることが昭和期に判明し一躍有名になった．一切経は京都の*法勝寺ほっしょうじの流れを汲むと推定される．

南無 なむ　サンスクリット語 namas (namo, namaḥ)に相当する音写．〈なも〉とも読み，〈納莫のうまく〉とも音写される．また，〈*帰命きみょう〉〈帰礼きらい〉などと漢訳する．体を折り曲げて敬意を表すこと．阿弥陀仏あみだぶつに対して〈*南無阿弥陀仏〉といい，法華経に対して〈*南無妙法蓮華経〉といい，仏法僧の*三宝さんぼうに対して〈南無三宝〉，略して〈南無三〉などと用いられる．なお〈南無三宝〉〈南無三〉は，危機に際して仏·菩薩に救護を祈念する場合に用いられることが多かったことから，危険や失敗に驚く時に発する感動詞的表現ともなった．「院の内にそこら満ちたる人々，身のならん様も知らず，『南無』と拝み奉れば」〔栄花鳥の舞〕

南無阿弥陀仏 なむあみだぶつ　〈*南無〉はサンスクリット語の namas(帰依する)の音写語であるから，語義的には「わたくしは阿弥陀仏に帰依いたします」という意味である．〈六字の*名号みょうごう〉とも言い，衆生が浄土に往生する因とする．これを口で称えるのを〈*口称くしょう念仏〉，あるいは単に〈*念仏〉とも言い，また，これを書写して本尊を表示する．

浄土三部経の中では，*観無量寿経かんむりょうじゅきょうの「智者復た教へて合掌叉手しゃしゅし南無阿弥陀仏と称とな へしむ」〔下品上生段〕，「声をして絶へざらしめ十念を具足して南無阿弥陀仏と称へん」〔下品下生段〕の2カ所に用例がある．善導の*『観無量寿経疏』では，「南無と云ふは即ち是れ帰命きみょう，亦是れ発願廻向ほつがんえこうの義なり．阿弥陀仏と言ふは即ち是れ行なり．この義を以ての故に必ず往生することを得」とある．*親鸞しんらんは，〈南無〉(*帰命)を「本願召喚ほんがんしょうかんの勅命」(必ず救うという阿弥陀仏の呼び声)と解し，仏より*廻向された名号のいわれを深く信じてうなずくこと(聞信もんしん)を重視した．ちなみに，彼は六字の名号以外に，〈南無不可思議光如来なもふかしぎこうにょらい〉(九字の名号)，〈帰命尽十方無碍光如来きみょうじんじっぽうむげこうにょらい〉(十字の名号)を書写している．→阿弥陀．

「あなかなしといふ終りの言やはあるべき．南無阿弥陀仏とこそ申さめ」〔発心集2〕

南無妙法蓮華経 なむみょうほうれんげきょう　日蓮宗の*三大秘法の一つ，〈本門の題目〉のこと．〈*南無〉はサンスクリット語 namas の音写．*帰依きえ，信従，*敬礼きょうらいの意で，*妙法蓮華経に帰依信順すること．日蓮宗では妙法蓮華経の五字や南無妙法蓮華経の七字を〈題目〉といい，これを唱えること，すなわち〈唱題〉を信行の基本とし，成仏の唯一の法とする．*日蓮(にちれん)は，妙法蓮華経の題目は単なる経の題号ではなく，釈尊の説いた法華経の*功徳(くどく)のすべてが収められているから，これを口に唱え心に信受すれば，釈尊のもつすべての功徳が譲り与えられると説いて，これを〈本門の題目〉といい，〈本門の本尊〉〈本門の戒壇〉とともにその教義の中心においた．→題目，唱題．

「この本門の肝心，南無妙法蓮花経の五字においては，仏なほ文殊・薬王等にもこれを付属したまはず」〔観心本尊抄〕

那由多 なゆた　サンスクリット語 nayuta の音写．〈那由他〉とも書く．数の単位名で，1000億のこと．「身の高さは六十万億那由他恒河沙由旬なり」〔往生要集大文第4〕

那羅延 ならえん　サンスクリット語 Nārāyaṇa に相当する音写．ナーラーヤナ．ナーラーヤナは，最古の*『リグ-ヴェーダ』聖典においては，ナラという神格とともに，太陽と地上との間の地域に住む12の神的存在のグループであるサーディヤ神群の一つとされた．後代のヒンドゥー教においては，ナーラーヤナは*ヴィシュヌ神と同一視された．ナーラーヤナは仏教に取り入れられて，仏法の守護神とされた．金剛力士(*仁王)の各尊名を那羅延堅固，密迹(みっしゃく)金剛とすることがある．「色は日輪の如し，膚(はだへ)は月の如し，力は那羅延の如し，謀(たばかり)は梵王の如し」〔日蓮消息弘安3〕

奈落 ならく　サンスクリット語 naraka に相当する音写．〈那落〉〈捺落〉〈奈落迦(ならか)〉なども書く．地獄，また地獄へ堕(お)ちること．転じて，物事のどん底，最果ての意．また舞台用語として，舞台や花道の床下の総称とし，回り舞台やせり出しなどが置かれる．「正法を誹謗(ひほう)するは既に弥陀の願に除く．その報(むくい)，まさに那落に堕すべし」〔七箇条制誡〕「私は此方(こなた)様と一所に奈落までも夫婦でござる」〔伎・傾城仏の原2〕．→地獄．

奈良大仏 ならだいぶつ　正しくは*東大寺金堂(こんどう)(大仏殿)に安置される東大寺の本尊で，*華厳経(けごんぎょう)の教主・盧舎那仏(るしゃなぶつ)(*毘盧遮那(びるしゃな))の坐像(銅造)をいう．743年(天平15)*聖武天皇(しょうむてんのう)が総*国分寺(そうこくぶんじ)の本尊として*発願(ほつがん)した大仏は，当初，近江(滋賀県)甲賀で着手されたが，まもなく現地に移して工を再開，頭体部を8層に分けて鋳造(ちゅうぞう)し，757年(天平宝字1)に鍍金(ときん)が終了するまでおよそ11年の歳月を要した．像高は現在の像とほぼ同じ16メートルであった．記録は仏師として*国中連公麻呂(くになかのむらじきみまろ)の名を伝えるが，実際に技術者として活躍したか，もしくは技術・行政を含めた統轄者であったかについては説が分かれる．このほか，鋳師として高市大国(たけちのおおくに)・同真麻呂(しんまろ)などの名が残っている．

像はおよそ100年後の855年(斉衡2)に地震で頭部が落ち，さらに1180年(治承4)の乱には平重衡(たいらのしげひら)の兵火によって大仏殿が焼かれ，大仏も頭部が落ち手も折れるなどの損傷を受けた．この時の再建は*勧進(かんじん)僧となった俊乗房*重源(ちょうげん)が宋工陳和卿(ちんなけい)らの技術者を率いて遂行したが，これからおよそ350年後の1567年(永禄10)，三好・松永の兵火にかかって再び大仏殿・大仏ともに焼け落ちた．この際は，胴体部を鋳造で再造したものの，仏面は銅板でつくるという応急の処理であった．現在の頭部が鋳造されたのは1690年(元禄3)公慶(こうけい)上人(1648-1705)による大修造によってである．

このように大仏は造立以来，度重なる災害に遭い，ほとんど当初の姿をうかがうことはできないが，それでも右肘の内側から腹部の一部と両袖に創建時の部分を残すほか，蓮弁の大半が当初のもので，特に各蓮弁の表面には，華厳経に説く盧舎那仏の浄土〈*蓮華蔵世界(れんげぞうせかい)〉の雄大な線刻画が鮮やかにみられ，天平芸術の貴重な遺品となっている．

奈良仏師 ならぶっし　狭義には平安後期から鎌倉初期にかけての仏師の一派．*定朝(じょうちょう)の系統をひく頼助(らいじょ)・康助(こうじょ)・康朝(こうちょう)・成朝(せいちょう)とその一門．奈良に住み，興福寺内の仏所を統括する仏師であったと思われ，〈御寺(みてら)仏師〉〈南京(なんきょう)仏師〉の称もあり，名に〈山階寺(やましなでら)〉を冠して呼ばれることもあるが，興福寺専属の仏師ではない．彼らの古典研究に基づく造像が鎌倉彫刻の新様式を準備した．成朝以後の系譜は不明であり，また弟子筋の*康慶(こうけい)一門は〈慶派(けいは)〉と呼ばれる新興勢力となり，康慶の子*運慶の代には京都に進出した．広義には，各時代を通じて奈良地方とくに南都で活動した仏師群をさす．鎌倉中期の〈*善派〉，鎌倉末期から南北朝期の康俊・康成，南北朝期から室町期にかけて分立した〈椿井仏所〉・高間仏所・登大路仏所・富士山仏所などはその代表．→仏師，仏所．

那爛陀寺 ならんだじ　〈那爛陀〉はサンスクリット語 Nālandā の音写．ナーランダー寺．インドのビハール州ラージギールの北方約11キロメートルに位置する．5世紀初頭*グプタ王朝のシャクラーディトヤ(Śakrāditya，クマーラグプタ Kumāragupta，在位415–455)王の創建．これによってインドの周辺地に流布していた仏教の拠点が発祥の地*マガダに再建され，*カシミールやアンドラなどと共に隆盛をきわめた．*戒賢・*護法・護月・徳慧・堅慧・光友・勝友・智月らの学匠が輩出し，*玄奘や*義浄もここに逗留して学んでいる．ハルシャ王朝(606–647)やパーラ王朝(730–1175頃)の保護を受けながら14世紀頃まで存続したようである．

ナーランダー寺 ――じ　⇒那爛陀寺

成田山 なりたさん　⇒新勝寺

ナーローパ [*s*: Nāropa]　1016–1100一説956–1040　インドの密教行者．〈ナーダパーダ〉〈ナーローパンチェン〉など多くの別名で呼ばれる．*カシミールの出身で，インド仏教の中心地だったベンガルで仏教を学び，*ヴィクラマシーラ寺院の〈六賢門〉のうち，北門の学匠になったといわれる．しかし学究的な僧院生活に満足せず，ヴィクラマシーラを去って，在家密教行者のティローパ(Tilopa)を訪ね，俗に「十二の小難と十二の大難」と呼ばれる試練を経てその*法を相承し，八十四成就者の一人に数えられた．弟子には*アティシャ，*ラトナーカラシャーンティ，マイトリーパことアドヴァヤヴァジュラ，チベット仏教*カギュー派の祖マルパなどがいた．そこでカギュー派では，ティローパにつぐ宗門の第2祖として，とくに尊崇している．

難易・勝劣 なんい・しょうれつ　修行の難易と得られる*功徳の勝劣によって教法を判別する方法で，*浄土教の教義解釈においてしばしば用いられる．浄土教者は，*浄土の教法は修め易いが得られる功徳は劣っているとする諸派の論難に対して，浄土の教法は易行であり同時に勝行でもあることを証明し，浄土教の優位性を示そうとした．*曇鸞の難易二道の教判(*教相判釈)，*道綽の*聖道門と浄土門の二教判などをはじめとして，中国・日本の浄土教者は難易と勝劣の二点から教法を判別してきた．

法然は，*『選択本願念仏集』「本願章」において，*第十八願が一切の*諸行を捨てて念仏の*一行のみを選んで往生の*本願としたことに関して，勝劣と難易の二義を説いている．勝劣については，*名号は万徳の帰するところであるから念仏は勝であり，余行は劣であるとする．また，難易に関しては，*称名念仏の一行は修め易く，諸行は修め難い．すべての衆生を平等に往生させるために，難を捨てて易を取って本願となしたと解釈している．→易行，難行．

「初めに勝劣の義とは，念仏はこれ勝，余行はこれ劣．次に難易の義とは，念仏は修し易く，諸行は修し難し」〔守護国家論〕「難行道は，けはしき道をかちにてゆくがごとし．易行道は，海路を舟にのりてゆくがごとし」〔黒谷上人語灯録2〕

『南海寄帰内法伝』 なんかいききないほうでん　唐代の*義浄が南海の室利仏逝(シュリーヴィジャヤ)国(7–14世紀頃スマトラ東部を中心に栄えた王国)にあって，インド遊学中に親しく見聞した*比丘・*比丘尼の生活をまとめ，691年，中国での弘通を願って大津禅師に託し長安に送った書．4巻．本文篇は40章からなり，食事・洗浴の作法をはじめ修行の実際，師資(師弟)の道，等々がおさめられている．義浄はもっぱらナーランダー寺(*那爛陀寺)にいたが，大乗は*中観・*瑜伽の2派で，*菩薩を礼拝し大乗経を読むが，生活のありようは小乗とさほど変わらないと伝えている．

南岳懐譲 なんがくえじょう [Nán-yuè Huái-ràng] 677–744　俗姓は杜氏．金州(陝西省)の出身．15歳の時，荊州(湖北省)玉泉寺で弘景律師の下で出家．後に嵩山の慧安のもとで学び，そのすすめで曹渓の*慧能に参じた．15年間慧能に仕えて嗣法した．唐・

先天2年(713)，南岳の般若寺に住す．青原行思(せいげんぎょうし)と共に慧能の二大弟子とされる．法嗣(はっす)には*馬祖道一(ばそどういつ)があり，*百丈懐海(ひゃくじょうえかい)・*黄檗希運(おうばくきうん)・*臨済義玄(りんざいぎげん)と続くその法脈は，中国禅宗の主流をなす．*諡号(しごう)は大慧(だいえ)禅師．

難行 なんぎょう　［s: duṣkara, duṣkara-caryā］　実行し難いこと．苦しい修行．一般に非常に困難な修行を意味し，〈難行苦行〉などの熟語もあるが，極度の自虐的行為で肉体を苦しめる〈*苦行〉は仏陀によって否定されている．特に浄土教では，仏の*本願力によって*浄土へ行ける〈*易行(いぎょう)〉に対し，自らの修行実践によって悟りに至る方法を〈難行〉という．竜樹(りゅうじゅ)が*『十住毘婆沙論(じゅうじゅうびばしゃろん)』易行品に，*自力修行と*他力念仏を譬(たと)えて「陸道の歩行は則(すなわ)ち苦しく，水道の乗船は則ち楽しきが如し」と述べたのに由来し，この発想は中国・日本の浄土教家にも受け継がれた．

「難行苦行はかなはずとも，我も世をすてて，あしにまかせて行き」〔問はず語り 1〕「難証の聖道をすてて，易往の浄土をねがふべきなり．又この聖道・浄土をば難行道・易行道と名づけたり」〔黒谷上人語灯録 12〕

南三北七 なんさんほくしち　中国，南北朝時代(5–6世紀)の*教相判釈(きょうそうはんじゃく)を，智顗(ちぎ)が*『法華玄義(ほっけげんぎ)』で，南地3説と北地7説の10種の説に分類したもの．南地すなわち江南では*頓教(とんぎょう)を華厳経とし，不定教(ふじょうきょう)を勝鬘経・銚明経とし，*漸教(ぜんぎょう)について，1)岌師(ぎゅうし)による有相・無相・常住の三時教，2)宗愛(しゅうあい)(僧宗と曇愛とする説がある)や*僧旻(そうびん)による有相・無相・同帰・常住の四時教，3)僧柔(そうにゅう)や慧次(えじ)・*慧観(えかん)による有相・無相・抑揚・同帰・常住の五時教，に分類した．北地については，1)人天・有相・無相・同帰・常住の五時教(江南の3とは異なる)，2)*菩提流支(ぼだいるし)による半・満の二教，3)*慧光(えこう)による因縁・仮名・誑相・常住の四宗，4)因縁・仮名・誑相・常住・法界の五宗，5)因縁・仮名・誑相・真・常・円の六宗，6)有相・無相の二宗，7)一音教(いっとんぎょう)，が立てられたとした(北地の1および4–7には個人名が特定されていない)．智顗はこれらの教判を批判したうえで，五時八教の教判を立てた．「内典に南三北七の異執をこりて，蘭菊なりしかども，陳・隋の智者大師にうちやぶられて」〔開目抄〕．→三時教，五時教，五時八教．

南宗 なんしゅう　中国禅の南北二宗のうち，南を正統とする立場．禅宗の5祖*弘忍(こうにん)の下で，大半の弟子が北方の*長安・*洛陽地方に布教するのに，嶺南の獦獠(かつりょう)と蔑(さげす)まれた*慧能(えのう)のみは，韶州(しょうしゅう)曹渓山(そうけいざん)を道場として広く道俗に説法すること40年，*則天武后の勅にも応じなかったため，弘忍の仏法は南方に在りと言われたとされる．しかし実際には慧能の弟子*神会(じんね)の宣伝にかかるところが大きい．長安・洛陽に布教した*北宗(ほくしゅう)の人々が段階的な三学を説くのを全面的に批判し，*頓悟の立場を主張する．「本来無一物，何処(いずこ)にか塵埃(じんあい)を惹(ひ)かん」という慧能の偈句は，南宗の拠りどころを明示する．

北よりも南を正統とする発想は南北朝以来のもので，広く政治・経済・学術文化のすべてに及ぶが，宋代以後，江南に首都が移ると，禅の南北問題によって，それを再編しようとする動きが強まる．明の董其昌(とうきしょう)(1555–1636)の説はその好例である．

南条文雄 なんじょうぶんゆう　1849(嘉永2)–1927(昭和2)　仏教学者．浄土真宗大谷派の僧侶．1879年，笠原研寿(かさはらけんじゅ)とともにイギリスに留学，マックス-*ミュラーらにサンスクリット語を学び，帰国後，東京帝国大学講師，真宗大谷大学学監などを歴任した．留学中に『大明三蔵聖教(だいみんさんぞうしょうぎょう)目録』の英訳(「南条目録」と称される)を行なったほか，『大無量寿経』『阿弥陀経』『入楞伽経』『法華経』(ケルンと共編)などを校訂出版し，サンスクリット仏典研究に多くの業績を残した．著書に『懐旧録』などがある．

南泉斬猫 なんせんざんみょう　*『無門関(むもんかん)』や*『碧巌録(へきがんろく)』に見える*公案．南泉普願(なんせんふがん)(748–834)の門下の前堂と後堂の僧たちが猫について争っていた．師の南泉は，その猫をつかみあげて，「君たちが何か一句言うことができたら斬るまい，言うことができぬなら，ただちに斬り殺すぞ」と言った．誰も答えられなかったので，南泉はその猫を斬ってしまった．その晩，高弟の*趙州従諗(じょうしゅうじゅうしん)が外から帰ってきた．南泉はその日の話をした．趙州は草鞋を頭の上にのせて出て行った．南泉は言った，「もし君がいたら，猫を殺さずにすんだのに」．南泉の行為は，論争執着のもとを断ち切り，根源に還ることを示す．それに対し趙州の行為にはいくつかの解釈があるが，南泉の行為を揶揄し，軽くとがめる趣きのものである．

南禅寺 なんぜんじ　京都市左京区南禅寺福地町にある臨済宗南禅寺派本山．山号は瑞竜山．正しくは太平興国南禅禅寺という．1291年(正応4)亀山法皇(1249–1305)は東山の離宮禅林寺殿を改めて寺とした．*無関普門(大明国師，1212–91)を開山に迎え，10数年を費やして*伽藍を整備し，皇室が*檀越となった最初の禅寺になった．初めは寺号を〈禅林禅寺〉といったが後に現在の名に改め，*五山制度の中では五山の上という禅宗寺院最高の寺格を有していた．その間，数度の大火に見舞われ，応仁の兵火(1467)で全焼した後は寺運衰退し，再建された堂宇にも昔日の景観なく，江戸初期の以心*崇伝による再興まで荒廃のまま過ぎた．

*三門は1628年(寛永5)の建立で様式は*禅宗様．勅使門・*方丈(大方丈と小方丈よりなる)などは内裏その他から移築した桃山期の建築で，方丈内部の障壁画は狩野永徳・元信・探幽など狩野派の筆になる．大方丈庭園は小堀遠州(1579–1647)の作と伝える．そのほか，亀山天皇宸翰・大明国師画像など多数の寺宝を所蔵する．*塔頭の寺宝として，金地院には北宋時代の秋景冬景山水図や*明兆・長谷川等伯・狩野探幽の絵や小堀遠州作と伝える庭園などあり，天授庵に長谷川等伯筆の祖師図，聴松院に細川蓮丸画像などがある．なお，三門を舞台とした当たり狂言に，歌舞伎の『金門五山桐』(楼門五山(三)桐)の二つ目返しの南禅寺山門の場があり，今に上演されている．

難陀 なんだ　サンスクリット語・パーリ語Nandaに相当する音写．ナンダ．釈尊の異母弟．釈尊に従って出家するが，愛妻スンダリーとの結婚生活を忘れられずに愛欲に苦しむ．釈尊は*神通をもって天女とみにくい片目の雌猿を見せ，迷いを断たせたという．『長老偈』(*Theragāthā*)にはナンダの*偈として，装飾にふけり，うわついた心をもって愛欲に悩まされていた自分が，釈尊の導きで正しい実践の道を歩み，迷いに向かう心を正したと記す．後にアシヴァゴーシャ(*馬鳴)作の詩篇『サウンダラナンダ』の主題とされている．

ナンダ [*s, p*: Nanda]　⇒難陀

南大門 なんだいもん　南都六宗や天台宗・真言宗で，寺の周囲に築地をめぐらし，南正面に門を開いたものを〈南大門〉という．〈大門〉は外郭の築地に開いた門のうち，それぞれの方角の主要な門をいう．*法隆寺(1438)，*東大寺(1199)，東寺(*教王護国寺，1601)などのものが残っている．なお禅宗寺院では〈惣門〉がこれに当たる．なお，〈南大門〉という形式と呼称は朝鮮にも存する．→中門，門．

南伝大蔵経 なんでんだいぞうきょう　【パーリ語三蔵】〈ティピタカ〉(ti-piṭaka)と呼ばれ，*パーリ語で書かれた*三蔵の意．スリランカおよび東南アジアに展開する南方*上座部が伝承する経・律・論を含む仏典の総称．その中の*律蔵(Vinaya-piṭaka)は，戒の条文とそれに対する解説を集めた〈経分別〉(Suttavibhaṅga)，教団の管理・運営などに関する規則集である〈犍度部〉(Khandhaka)，およびこれらを補足する〈付随〉(Parivāra)の三部からなる．次に，*経蔵(Sutta-piṭaka)は，比較的長い34の経を集めた〈長部〉(Dīgha-nikāya)，不長不短の152の経を集めた〈中部〉(Majjima-nikāya)，比較的短い総計2875の経を56の内容に分類して収めた〈相応部〉(Saṃyutta-nikāya)，比較的短い2198の経を教法の数に着目して，1から11の法に分類した〈増支部〉(Aṅguttara-nikāya)，および以上のいずれにも属さない15の経を集めた〈小部〉(Khuddaka-nikāya)の五部からなる．最後の論蔵(Abhidhamma-piṭaka)には，法集論(Dhamma-saṅgaṇi)，分別論(Vibhaṅga)，界説論(Dhātu-kathā)，人施設論(Puggala-paññatti)，論事(Kathā-vatthu)，双論(Yamaka)，発趣論(Paṭṭhāna)の7論がある．

なお漢訳経典には，律蔵に対応するものは，異なる部派のものが五部伝承され，経蔵は〈小部〉を除く四部におおむね対応する〈長

う〉, 〈中(ちゅう)〉, 〈雑(ぞう)〉, 〈増一(ぞういち)〉の4つの*阿含経(あごんぎょう)が伝えられるが, これまた伝承部派を異にしている. 最後の論蔵については対応する漢訳はなく, 代わって*説一切有部(せついっさいうぶ)系のそれが漢訳経典に纏まったかたちで伝えられる.

【邦訳『南伝大蔵経』】以上のパーリ語三蔵は, いくつかの蔵外文献を含めて, 1935-41年に*高楠順次郎(たかくすじゅんじろう)の監修で『南伝大蔵経』65巻として完訳されている. その内容は, 三蔵中の律蔵が1-5巻, 経蔵が6-44巻(長部経典: 6-8, 中部経典: 8-11下, 相応部経典: 12-16下, 増支部経典: 17-22下, 小部経典: 23-44), 論蔵が45-58巻, そのほか三蔵外の文献として, 弥蘭王問経(みらんおうもんぎょう): 59上・下巻, 『島王統史』(*『ディーパヴァンサ』)・『大王統史』(*『マハーヴァンサ』): 60-61巻, *『清浄道論(しょうじょうどうろん)』: 62-64巻などがある. 各巻にはそれぞれ本文のほかに, 凡例・目次・解題・注記・索引などがある. 南方上座部の三蔵を中心とする文献をまとめて訳出した本叢書は, その索引などとあわせて極めて貴重である.

南伝仏教 なんでんぶっきょう　スリランカ・ビルマ(ミャンマー)・タイ・カンボジア・ラオスなどの国々に現存している仏教の総称. 〈南方仏教〉ともいう. これは, 中国・朝鮮・日本・中国東北部(旧満州)・モンゴル・チベット・ベトナム・台湾などに伝わった〈北伝仏教〉(北方仏教)と対照的である. 後者はいわゆる〈*大乗〉と呼ばれ, 前者は〈*小乗〉と悪く評されるが, 南方諸国ではみずから〈上座部仏教〉〈長老仏教〉(テーラヴァーダ)と呼ぶ. その由来は, 紀元前3世紀中頃にインドよりスリランカに*上座部系の一部派が伝わり, 当時の首都アヌラーダプラに大寺(だいじ)(*マハーヴィハーラ)が建てられたのが始まりで, このスリランカ上座部大寺派(他にも2派があったが12世紀中頃に滅亡した)が, 後に上記の諸国に順次伝わり今日に至っている.

その特色として, 礼拝する仏像は釈迦(しゃか)像だけ(一仏主義, 大乗は多仏主義). 釈尊の遺骨などを祭る仏塔崇拝も盛ん(→塔). *パーリ語の聖典である*三蔵(さんぞう)とその注釈書などフルセットの*大蔵経を完備. 教団は, *出家専門家と*在家信者とにはっきりと分かれ, 出家は*比丘(びく)(正規の男性修行者)・*比丘尼(びくに)(正規の女性修行者)・*沙弥(しゃみ)(男子見習僧)・*沙弥尼(しゃみに)(女子見習僧)などであるが, 今は正式の比丘尼はいない. 出家は厳しい*戒律(たとえば比丘の227戒など)を守り, *禅定(ぜんじょう)を修し, 経典(*経)を学習し, *托鉢(たくはつ)するなど僧院で集団修行生活を送っている. 特に雨期3カ月は〈*安居(あんご)〉の時で専ら僧院に籠って修行する.

一方, 出家の宗教的指導を受けつつ, 僧院を経済的に支えるのが在家信者である. 彼らは在家者としての戒(*五戒)と教えを守っているが, 出家者のように厳しい専門的修行はできないので, 彼ら独自の仏教生活を確立した. たとえば, 出家に*供養してその*功徳(くどく)を願うあり方, 比丘を招いて護呪(ごじゅ)経典を唱え招福除災を祈る〈パリッタ(護呪)儀礼〉, その他さまざまな俗信と結びついた*現世利益(げんぜりやく)的信仰(樹霊・精霊信仰など)である. 南伝仏教はこのように, 上部構造としての出家仏教は形式的には釈尊の仏教に近い純粋な面を保持しているが, その反面, 下部構造としての在家仏教は非仏教的な要素も多い. →南伝大蔵経, 北方仏教.

【スリランカ】紀元前3世紀の仏教伝来以降, マハーヴィハーラの系統の上座(部)仏教が栄え, 東南アジアの上座(部)仏教の源流となる. 紀元後5世紀にインドの*ブッダゴーサが来島し, 上座(部)仏教教学を確立した. その後, 南インドのタミル人進出によりヒンドゥー教や大乗密教に席巻されるが, 12世紀のパラッカマ・バーフ王がポロンナルワで仏教を復興させた. 16世紀からの西欧植民地支配下ではキリスト教に押されて仏教が衰えるが, 18世紀中頃にシャム(タイ)から*長老を招きサンガ(*僧(そう), *僧伽(そうぎゃ))を復興した. 現在はナショナリズムの支柱ともなっている.

【タイ】マハーヴィハーラ派上座(部)仏教が13世紀には渡来, スコータイ王国において上座(部)仏教の優位が確立して以降現在に至るまで, 仏教の守護者たる国王のもとで絶えることなく隆盛を保っている. 20世紀初頭のサンガ統治法制定により, サンガは国家統制のもとにおかれており, サンガの長は国王に任免される.

【カンボジア】13 世紀にサンスクリット文化の衰退にとってかわり，パーリ語によるスリランカ系の上座(部)仏教が興った．15 世紀以降タイに服属した約 300 年間，タイ仏教の強い影響を受けた．1970 年代のポルポト政権下でサンガ組織は壊滅的弾圧をうけるが，和平後は仏教復興の動きも著しい．

【ビルマ(ミャンマー)】11 世紀中期にアノーラタ王が国家を統一するとともに上座(部)仏教の僧と三蔵を招請して以来，歴代の王の信奉のもとで国家的な隆盛をみせた．度々の教団の混乱や戒律弛緩などの危機も，スリランカのマハーヴィハーラへの僧の派遣などにより戒律重視の伝統を堅持，1954 年には仏典第六*結集(けつじゅう)が行われた．80 年代にはタイにならってサンガ組織が構築され，88 年からの軍事政権下では強力な政治力のもとでサンガの制度化が進んでいる．

【ラオス】14 世紀半ばにカンボジアから上座(部)仏教がもたらされ，16 世紀中期以降はビルマ(ミャンマー)支配下でビルマ仏教の影響を受けた．1945 年以来サンガ統一が政府主導で進行，社会主義体制になってからも民衆の仏教信仰は衰えていない．

【バングラデシュ】現在はイスラーム教が圧倒的であるが，もともと釈尊教化の最東部にあり，多くの仏教遺跡が残る．19 世紀にビルマのアラカン地方の上座(部)仏教の影響をうけ，チッタゴン(特にバルア姓のベンガル系)およびその丘陵地帯(少数民族のチャクマ族，ビルマ系のマルマ族)を中心に上座(部)仏教が展開した．

【インドネシア】*ボロブドゥールに象徴される大乗仏教(密教)の興隆，仏教と*シヴァ教の融合など，独特のヒンドゥー-ジャワ文化が展開したのち，イスラームの到来とともに仏教は衰退する．しかし，1930 年代に神智協会の活動やスリランカ長老の訪問を契機に，上座(部)仏教がもたらされた．1960 年代後半以降，国民に公認宗教への帰属を要求する国家原則が徹底されると，イスラーム教，キリスト教とならんで国家公認の地位を得た仏教の信者も急激に増大した．

南都七大寺 なんとしちだいじ　〈七大寺〉ともいう．古代の官大寺についてはまず大官大寺・*川原寺(かわらでら)・*飛鳥寺(あすかでら)の 3 寺であったが，のちに*薬師寺が加えられ〈四大寺〉となり，平城遷都(710)後には，*大安寺・薬師寺・*元興寺(がんごうじ)・*興福寺・*東大寺の〈五大寺〉が成立し，それぞれ学派仏教を形成した．さらに*西大寺・*法隆寺も加わって，都が平安京に遷る(794)とともに，旧都の官大寺は〈南都七大寺〉と呼称され，京都の公卿達は南都七大寺を廻ることも多くなり，その時の巡礼記として 1140 年(保延 6)記の大江親通(おおえのちかみち)の『七大寺巡礼私記』以下が伝存する．→官寺．

南都北嶺 なんとほくれい　奈良の*興福寺(こうふくじ)と比叡山*延暦寺(えんりゃくじ)のこと．ふつう南都は，京都の南にある奈良を意味するが，9 世紀初め新興天台宗の開祖*最澄(さいちょう)が，法相宗ほか奈良諸宗と論争した際，奈良仏教諸宗を指す語として使用した．10 世紀後半から強大な*僧兵を養い，藤原氏の氏神である春日(かすが)神社の神木を奉じた興福寺と，日吉(ひえ)神社の神輿を奉じた延暦寺が，しばしば朝廷に強訴(ごうそ)したり，両者相争ったりしたため，この両寺を併せて示す語となった．〈南都北京〉，略して〈南北〉と称するのも同義．「南都北嶺共に護国護王の精祈を掌(つかさど)れり」〔太平記 17．山門牒〕

南都六宗 なんとろくしゅう　奈良時代の国家仏教を代表する六つの公認学団．*三論宗(さんろんしゅう)・*成実宗(じょうじつしゅう)・*法相宗(ほっそうしゅう)・*倶舎宗(くしゃしゅう)・*華厳宗(けごんしゅう)・*律宗(りっしゅう)の六宗をいい，このうち，成実宗は三論宗に，倶舎宗は法相宗に付属する*寓宗(ぐうしゅう)であった．〈宗〉は〈衆〉とも書き，寺内で個々独立の経済を営む存在であったが，平安中期以降のような排他的固定的性格は見られず，南都諸大寺では各寺に数宗が併存し，他宗の兼学や他寺へ行って学ぶのも自由であり，この点，今日の大学の学部・学科に近い．宗(衆)の実例は 8 世紀前半までに*元興寺(がんごうじ)・*大安寺・*興福寺・*法隆寺・弘福寺(ぐふくじ)(*川原寺(かわらでら))において三論・成実・法相・律の他，*清弁(しょうべん)系教学を奉ずる別三論宗，*摂論宗(しょうろんしゅう)，護国経の読誦(どくじゅ)研究に当たる修多羅宗(しゅたらしゅう)の名が見えている．

これらは南都六宗のうち，未成立の華厳宗を除く五宗に公認を限定して教学振興を図った 718 年(養老 2)の布告に始まる律令国家の政策下に再編成され，初めて〈六宗〉の語が見える 760 年(天平宝字 4)までに南都六宗と呼ばれる形に整えられた．以後，六宗のなかで法相・三論両宗の勢力が他を圧して行き，8世紀末には弟子の争奪などの角逐を演ずるにいたったが，南都すなわち六宗という概念は広く定着し，806年(延暦25)の新*年分度者制でも度者は六宗と天台宗にほぼ平等に配している．しかし一方でこの頃から六宗は旧来の学団的存在から排他的固定的宗派色を強め，奈良時代の自由な学風は失われていった．→八宗．

南頓北漸 なんとんほくぜん　*南宗なんしゅうと*北宗ほくしゅうの教えの違いを言い表したもの．南宗は自己の*仏性ぶっしょうを〈頓〉に悟るものであるとして，禅の正系の立場を取り，北宗は修行を経て〈漸〉に悟るものだとして，傍系とされる．しかし，このことは北宗とされる*神秀じんしゅう側の与り知らぬことであり，*神会じんねの宗教運動によるところが大である．→頓悟，漸悟．

南浦紹明 なんぽじょうみょう　1235(嘉禎1)-1308(延慶1)　紹明は〈じょうみん〉〈しょうみょう〉とも読む．南浦は道号，紹明は諱いみな．*諡号しごうは円通大応国師．鎌倉時代の臨済宗の禅僧．駿河国(静岡県)の人．幼くして駿河建穂寺たきょうじに入り，後に鎌倉*建長寺の*蘭渓道隆らんけいどうりゅうの門下となる．正元年間(1259-60)に入宋し，各地の名刹めいさつを歴訪し，虚堂智愚きどうちぐに師事して，その*印可を得た．1267年(文永4)に帰国．70年(文永7)に筑紫の興徳寺こうとくじ住持，72年(文永9)には太宰府*崇福寺そうふくじ住持となった．以後，30余年間にわたって九州各地で禅宗を広めた．1305年(嘉元3)には後宇多上皇の招きによって上洛し，万寿寺まんじゅじの住持となり，京都の公家たちに禅を広めた．1307年(徳治2)北条貞時の招きで鎌倉に移り，建長寺の住持となり，そこで没した．その禅風は，名利を避け，枯淡にして峻厳な修行で知られる．著書に『大応国師語録』3巻がある．

ニ

仁王 におう　〈二王〉が本来であるが，一般的には〈仁王〉を用いる．尊名は〈金剛力士こんごうりきし〉，もとは破摧はさいの武器*金剛杵こんごうしょ(vajra，ヴァジラ)を執り，仏法を守護する*夜叉やしゃ神．*二十八部衆の一．インドでは裸形らぎょう，中央アジア以東では武装形に表されることが多かったが，中国では寺門の左右に安置されて一対のものとなり，寺院の守門尊となった．*阿吽あうん対照のかたちをとるものが多く，武装形よりも，中国古来の力士のかたちにならった裸形が一般的となった．仁王を安置する寺門を〈仁王門〉と呼ぶ．その性格上，威嚇いかくの表情・姿態を持ち，これと関連して筋肉の躍動を誇張して表現するものが多い．

わが国の裸形の作例では*法隆寺中門像(一部が和銅4年(711)，塑造)，*醍醐寺像(長承3年(1134)，勢増・仁増作，木造)，*東大寺南大門像(建仁3年(1203)，*運慶・*快慶・定覚・*湛慶作，木造)などが各時代を代表する優作としてあげることができる．中国に多い武装像のわが国における例としては，*須弥壇しゅみだん安置の例として東大寺法華堂(*三月堂)像(奈良後期，乾漆造)がほとんど唯一の例であり，同堂*執金剛神しゅうこんごうしん像(奈良後期，塑造)は，独尊金剛力士像の唯一の遺例である．

「常に人の仁王といふをば，金剛形像といふべしと」〔壒嚢鈔11〕「五郎はすこしもはたらかで，二王だちにぞたちたり」〔曾我6.弁才天〕

二月堂 にがつどう　*東大寺二月堂は1667年(寛文7)に焼失する以前は奈良時代以来の小堂に増築・改造を重ねた建物であった．当堂には本尊の*秘仏ひぶつの*十一面観音像および奈良時代の金銅の*聖しょう観音像(秘仏)が安置され，銅造の本尊光背は奈良時代の貴重な遺品である．当初は上院観音堂と称され，二月堂と称されるようになったのは修二会しゅにえが毎年行われていたことによる．現在の建物は寛文9年5月9日に再建され，懸崖造りの正面7間・側面10間，*寄棟造・*本瓦葺の堂宇で，付属建物に鎌倉時代の閼伽井屋・食堂・仏餉屋・参籠宿所などがある．→修二会，御水取．

二河白道 にがびゃくどう　〈二河譬喩〉〈二河譬〉〈信心守護の喩〉ともいう．善導の*『観無量寿経疏』散善義に説く．*信を得て浄土に往生するすがたを喩えであらわしたもの．

【譬喩の概要】人が西に向かって行くと，忽然として二つの河に出合う．火の河は南，水の河は北にあり，それぞれ河幅は百歩，深くて底無く，南北には無限に続く．両河の中間に広さ4,5寸の白い道があって，両側から水と火が絶えず押し寄せている．曠野に頼るべき人もなくひとりぼっちで，しかも群賊悪獣が後ろから迫っている．引き返しても，立ち止まっても，前へ進んでも，死を免れない．そこで河にはさまれた白道を進んで行こうと決意すると，たちまちに東岸に声があって，「汝，ただ決定してこの道を尋ね行け，必ず死の災難はなからん．もしとどまらば即ち死なん」と勧め，また西の対岸から，「汝，一心正念にして直ちに来れ，我れ，汝を護らん」と呼ぶ者がある．東岸の群賊たちは，この道は嶮悪で死ぬに間違いないから，われわれの所へ戻れと誘う．しかし，その誘いに一顧だもすることなく，一心に白道を直進し，西岸に達して*安楽の世界に至り，諸難を離れ，善友とともに喜び楽しむことができたという．

【譬喩の教旨】東岸は*娑婆世界，西岸は*浄土，群賊悪獣は衆生の*六根・*六識・*六塵・五陰(*五蘊)・*四大，火の河は衆生の瞋憎，水の河は衆生の貪愛，白道は浄土往生を願う清浄の心，単独であることは常に悪友と交わり真の*善知識(師)に遇わないこと，東岸の声は*釈迦の教法，西岸の声は*阿弥陀仏の*本願，群賊の誘いは*他力信心の念仏者でない別解・別行・悪見の人びとをいう，とする．

【二河白道図，文芸作品】現世では釈迦の教法に帰依し，死後は阿弥陀仏の*誓願を頼みとせよという浄土教の教旨を譬喩的に説いたもので，中世以来浄土教の*説経にも盛んに援用されて広く流布した．その*絵解きに用いられたのが〈二河白道図〉で，京都府長岡京市の*光明寺や兵庫県香雪美術館所蔵のものが逸品として知られている．なお，この二河白道の趣向を取り入れた作品に古浄瑠璃『一心二河白道』『十界二河白道』があり，近松門左衛門作の歌舞伎にも古浄瑠璃と同名の『一心二河白道』がある．

「中路の白道は南無阿弥陀仏なり．水火の二河はわがこころなり．二河にをかされぬは名号なり」〔播州法語集〕「瑪瑙の如くなる切石を広さ二丈ばかりに平らに畳み連ねて，二河白道もかくやと覚えたる道一通りあらはれ出でたり」〔太平記38.彗星客星〕

ニガンタ-ナータプッタ　[*p*: Nigaṇṭha Nātaputta]　ブッダ(*釈迦)とほぼ同時代に生存したとされる，ジャイナ教の実質的な開祖．本名はヴァルダマーナ(Vardhamāna)．修行完成後，マハーヴィーラ(Mahāvīra)，またはジナ(Jina)とも呼ばれる．ニガンタ-ナータプッタという呼称は専ら仏典に見られるもので，「ニガンタ(束縛を離れた者)派の所属で，ナータ族の出身者」の意．*六師外道の一人に数えられる．伝承によれば，*ヴァイシャーリー近郊で生まれ，妻子をもうけた後に30歳で出家し，ニガンタ派の修行者となる．12年の*苦行を経て，42歳で完全智を得てジナとなり，その後30年ほどインド各地を遊行・教化に務め，72歳で亡くなったとされる．彼の教義と教団はその死後にも発展を続け，仏教と並ぶ，非正統バラモンの代表的宗派となる．→ジャイナ教．

肉化 にくか　超人間的な存在が人間，動物，その他の形をとって*化現し，恒常的にその働きを示すこと．肉化は二つ以上の異種の存在の融合であるが，その一方が他方に優越する点で，霊魂の*輪廻による転生とは違うし，また超人間的存在の一時的な憑依とも異なる．この種の肉化への信仰は，諸宗教にわたってかなりひろく見られる．キリスト教では，イエスが神の肉化(incarnation，受肉)であるという．仏教でも，仏のあり方(*仏身)についての反省が展開するにつれて，*応身や*化身が説かれるようになった．〈肉化〉というのは仏教の語ではないが，それに対応する思想は仏教のうちにも存在するのである．→応化．

肉食 にくじき ［s: māṃsa-bhojana］ 仏教において食はその制限が衣・住とともに*戒律に詳細に規定されており，*出家生活の基本的要素として重視されたものであることが分かるが，なかでも肉食の問題はインドにおいて最も重要な宗教的意味をもつ〈アヒンサー〉（*不殺生）の思想と不可分であるため，仏教にとどまらない大きな問題として早くから注目を集めるとともに，複雑な変遷を遂げながらインド外の仏教国へと広がっていった．仏教における肉食に対する態度は，条件付き許可から絶対的禁止まで，時代と文献によってその振れ幅が大きいが，その背景には，呪術・儀礼を中心とする*ヴェーダの宗教から仏教という倫理的宗教への移行という大きな変化に加え，瞑想修行のための*貪欲の排除や肉食に関する社会階層への配慮などの問題が横たわっている．

【肉食忌避の淵源】古代インドにおける肉食忌避の淵源については，正統バラモン（*婆羅門）のヴェーダの流れに求めるものと，非正統派の*苦行者・遊行者*沙門の系譜に求めるものの二つの説がある．沙門の流れに発する仏教においても，人為的殺戮を前提とする供犠とその食肉は禁止されており，〈三種浄肉〉（殺されるところを見ない，聞かない，類推できない肉）をはじめとする条件付き受容の許可は，宗教的な意味付けによる意図的殺生を拒む目的に沿ったものとなっている．この条件を満たす限り原始仏教においてあらゆる*布施を拒まないのが出家者に課せられた義務であり，肉食もその例外ではなかった．

【伝播と背景】しかしながら仏教においても森林（*阿蘭若）で瞑想修行する*比丘に限って肉食が全面的に禁止されることがあった．これは現在の南方（*上座部）仏教においても同様であり，肉食禁止の苦行者淵源を伺わせる事例である．阿蘭若型の仏教と関係の深い*涅槃経，*楞伽経などの一部大乗経典においては全面的な肉食禁止が謳われたが，こうした経典類は後に東アジアに広く流布したため，それらの諸地域において肉食の拒否は戒律の中心となった．東アジア仏教徒における肉食忌避はここに由来する．

肉食を禁止する思想が北インドから中国経由で東アジアに広がった背景には，インドにおける*カースト制度の強化とそれに伴う世俗社会一般での肉食不浄思想の流布というきわめて特殊な社会文化的な要素が存在する．しかしながら食のタブーの共有は，特定の宗教教団における最も顕著で強固な対外的アイデンティティ確認の根拠となるため，肉食忌避はやがてインドの特殊な社会的制約を離れ，東アジアにおける出家仏教の旗印の一つとなった．日本における獣肉食忌避の習慣も仏教の肉食禁止と関連がある．→妻帯．

肉団心 にくだんしん ［s: hṛdaya］ 〈肉団〉〈肉心〉ともいい，心臓のこと．*『翻訳名義集』6に「紇利陀耶，此を肉団心と言う．即ち意根の所託なり」とある．*『大日経疏』などによると質多心（citta）と*干栗駄心（hṛdaya）があり，前者が精神的なはたらきを指すのに対し，後者は肉体的な心臓であり，八葉の蓮華の形をしているという．これが〈肉団心〉である．*『臨済録』上堂に言う「赤肉団上一無位の真人」の〈赤肉団〉も心臓のことと解されるが，より広く生身の肉体を指すという解釈もある．「衆生の身の中に仏性まします といふは，人の身のむねのあひだに八分の肉団あり」〔法華百座 3.12〕「赤肉団上一無位の真人と云ふは，林際（臨済）を云ふた者ぞ」〔蕉窓夜話〕

西田幾多郎 にしだきたろう 1870（明治3）-1945（昭和20） 明治から昭和にかけての哲学者．石川県出身．号は寸心．1894年東京帝国大学哲学科選科卒業．第四高等学校教授などを経て，1910年京都帝国大学助教授，13年同教授．1897年頃から参禅し，その体験と西洋哲学の研究から，11年『善の研究』を出版して，主客未分の〈純粋経験〉の立場を論じた．その後はその論理的深化につとめ，〈絶対無〉すなわち〈場所〉の論理に到達して，〈西田哲学〉と呼ばれる独創的な哲学を構築した．さらに晩年は〈絶対矛盾的自己同一〉の論理によって歴史的世界の構造の解明を目指した．『自覚に於ける直観と反省』『働くものから見るものへ』など著作多数．弟子たちによって京都学派が形成された．40年文化勲章受章．『西田幾多郎全集』（全19巻）が出ている．

西本願寺 にしほんがんじ　京都市下京区堀川通花屋町にある浄土真宗本願寺派の本山．山号は竜谷山．1591年(天正19)，本願寺11世の*顕如(けんにょ)の時，秀吉から現在地を寄進され，*阿弥陀堂(あみだどう)(本堂)・*御影堂(みえいどう)の両堂が建てられた．顕如の没後，三男の准如(じゅんにょ)が後を継ぐ．1617年(元和3)堂宇を焼失したが，36年(寛永13)御影堂が再建され，漸次に諸堂が整えられた．現在，両堂をはじめ飛雲閣(ひうんかく)や白書院などの建築，親鸞自筆の『観無量寿経註』『阿弥陀経註』ほかの文化財をつたえる．→本願寺．

二十五有 にじゅうごう　衆生が*輪廻(りんね)の生存(bhava，*有(う))を繰り返す場としての世界(*三界(さんがい))を25種に分類したもの．欲界に14種，色界に7種，無色界に4種あるとされる．地獄・餓鬼・畜生・阿修羅(あしゅら)の四*悪趣(しあくしゅ)，弗婆提(ほつばだい)・瞿陀尼(くだに)・鬱単越(うったんのつ)・閻浮提(えんぶだい)の*四大洲，*四王天・三十三天(*忉利天(とうりてん))・*閻魔天(えんまてん)・*兜率天(とそつてん)・化楽天(けらくてん)・他化自在天(*第六天)(以上欲界)，初禅天・大梵天・二禅天・三禅天・四禅天・無想天・五浄居天(ごじょうごてん)(以上色界)，四空処天(以上無色界)の25種．「六道四生二十五有の間，諸(もろもろ)の大苦悩を受くべきものなり」〔一遍語録〕

二十二根 にじゅうにこん　アビダルマ(*阿毘達磨(あびだつま))において，人間が有する機能という観点から一つにまとめられた，22種の教義概念．〈*根〉(indriya)は支配力にすぐれ，機能や作用を起こす意．眼(げん)・耳(に)・鼻(び)・舌(ぜつ)・身(しん)・意(い)という，心の6つの認識作用(*六識)の依り所として機能する感覚器官(*六根(ろっこん))，性別を決定する女根(にょこん)・男根(なんこん)と一生涯の生存を可能にする命根(みょうこん)の3つの生存機能，喜(き)・苦(く)・楽(らく)・憂(う)・捨(しゃ)(無関心あるいは無反応)という感受作用あるいは心理状態を左右する5つのもの(五受根(ごじゅこん))，信(しん)・勤(ごん)・念(ねん)・定(じょう)・慧(え)という，悟りへと向かう善の5つのもと(五善根(ごぜんこん))，未知当知(みちとうち)・已知(いち)・具知(ぐち)という，*無漏(むろ)の*智慧の境地で力をもつ3つの徳性(三無漏根)をさす．

このうち，六根・女根・男根・命根・五受根の14が人間の常態を一括しているのに対し，五善根・三無漏根の8はそこから脱却して悟りをめざすに際し力を発揮するものをまとめている．ただし，女根・男根の2つは六根の身根に含まれ，また三無漏根は，五善根に六根のうちの意根と五受根のうちの喜根・楽根・捨根とを加えた9つを，見道(けんどう)・修道(しゅどう)・無学道(むがくどう)の*三道における階位に配した別称で，いずれも実体をもたないとされる．→五根．

二十八部衆 にじゅうはちぶしゅう　*千手観音(せんじゅかんのん)の*眷属(けんぞく)で，この観音を念じ*名号(みょうごう)や*陀羅尼(だらに)を誦するものを守護するとされる二十八の*天部衆である．すなわち，金剛力士(こんごうりきし)(*仁王(におう))をはじめ*梵天(ぼんてん)・*帝釈天(たいしゃくてん)・*四天王(してんのう)に*八部衆や大弁功徳天(だいべんくどくてん)(*吉祥天(きちじょうてん))など諸天を加える．経典ではそれぞれに500の眷属をもつ存在と説かれているが，実際には28体を表現する．蓮華王院(れんげおういん)本堂(*三十三間堂)像や*常楽寺像は鎌倉彫刻として名高く，前者の場合，*風神・雷神を別に加えていて古画に符合する．

二十八宿 にじゅうはっしゅく　月の軌道(白道)上にあり，日毎に月が宿る二十八の星座(星宿)．二十八宿説はインド，中国，ペルシア，アラブ民族，エジプト・コプト族の間で行われており，その新旧について定説はない．昴(ぼう)宿，畢(ひつ)宿，觜(し)宿，参(しん)宿，井(せい)宿，鬼(き)宿，柳(りゅう)宿，星(せい)宿，張(ちょう)宿，翼(よく)宿，軫(しん)宿，角(かく)宿，亢(こう)宿，氐(てい)宿，房(ぼう)宿，心(しん)宿，尾(び)宿，箕(き)宿，斗(と)宿，牛(ぎゅう)宿，女(じょ)宿，虚(きょ)宿，危(き)宿，室(しつ)宿，壁(へき)宿，奎(けい)宿，婁(ろう)宿，胃(い)宿の二十八．インドでは二十七宿説(のち二十八宿説)，中国では二十八宿説が行われた．

インドでは『ヤジュル-ヴェーダ』などに，中国では『呂氏春秋』などに見られる．仏典では摩登伽経(まとうがきょう)巻上(呉の竺律炎(じくりつえん)が*支謙(しけん)と共に訳したとされる)，舎頭諫太子二十八宿経(西晋*竺法護(じくほうご)訳)，大方等*大集経(だいほうどうだいじっきょう)宝幢分の三昧神足品(北涼*曇無讖(どんむしん)訳)，同日蔵分の星宿品(隋，那連提耶舎(なれんだいやしゃ)訳)，仏母大孔雀明王経(ぶつもだいくじゃくみょうおうきょう)巻下(唐*不空(ふくう)訳)，*宿曜経(しゅくようきょう)(同訳)などに出る．中国では角宿からはじめて東北西南の順に配するのに対し，仏教では大方等大集経三昧神足品を除き昴宿からはじめて七宿ずつを東南西北の順に配する違いがある．いずれの経典においても二十八宿のそれそれに相当する日の吉凶禍福を論じ，人の生年月日に配してその運命を占う．また，宿曜経によれば，牛宿を除く二十七宿を安重宿（畢翼斗壁），和善宿（觜角房奎），毒害宿（参柳心尾），急速宿（鬼軫胃婁），猛悪宿（星張箕室），軽燥宿（井亢女虚危），剛柔宿（昴氐）の七に分け，それぞれの吉事を定めている．

奈良時代には二十八宿説を含む摩登伽経が朝廷においてさかんに読誦され，平安時代以降は宿曜経が密教や*陰陽道(おんようどう)で吉日を選ぶときなどに重用された．釈迦金輪を中尊とする*星曼荼羅(ほしまんだら)では最も外側に配される．→占星術，星祭り．

二乗 にじょう　〈声聞(しょうもん)乗〉〈縁覚(えんがく)乗〉の二つ．〈乗〉は乗物の意で，*声聞や*縁覚に対する教え，あるいは声聞や縁覚の人びとを意味する．二乗は，現世に対する執着を断った聖者（*阿羅漢(あらかん)）ではあるが，現実逃避的，自己中心的であり，*利他の行を忘れたものとして，大乗仏教から〈*小乗〉と称された．

大乗から直接〈小乗〉と名指しで非難されたのは，西北インドに勢力を有した*説一切有部(せついっさいうぶ)や犢子部(とくしぶ)などのいくつかの部派であったようであるが，*『大智度論』では，小乗と呼ばれたかれらは大願も大慈大悲もなく，一切の功徳も求めようとせず，ただ老病死の苦から脱することのみを求めるとされている．そのため，二乗は*仏になれないと非難されることもあった．ただし*法華経では，二乗の人々も本来*菩薩(ぼさつ)であるという*開会(かいえ)の立場をとり，二乗の成仏（二乗作仏(さぶつ)）を説く．また同経方便品では，一乗以外の〈第二の乗物〉の意で二乗の語を用いる．あるいは大乗と小乗とを二乗と呼ぶこともある．→一乗，三乗．

「大僧等，徳は十地にひとしく，道は二乗に超えたり」〔霊異記上序〕

二双四重 にそうしじゅう　浄土真宗の教判（*教相判釈(きょうそうはんじゃく)）．仏教を〈竪出(じゅしゅつ)〉〈竪超(じゅちょう)〉，〈横出(おうしゅつ)〉〈横超(おうちょう)〉の二対・四重に分けたもの．自力*難行(なんぎょう)道を〈竪〉，他力*易行(いぎょう)道を〈横〉，悟りは徐々に開くものとする*漸悟(ぜんご)の教えを〈出〉，悟りはすみやかに開くものとする*頓悟(とんご)の教えを〈超〉として，判別，位置づける．竪出は唯識(ゆいしき)・三論など，竪超は禅・真言・法華・華厳など，横出は浄土真宗以外の浄土教，横超は浄土真宗に配されている．「菩提心について二種あり．一つには竪，二つには横なり．また竪についてまた二種あり．一つには竪超，二つには竪出なり．…また横についてまた二種あり．一つには横超，二つには横出なり」〔教行信証信〕．→横超・竪超．

二尊 にそん　浄土教で，*阿弥陀仏(あみだぶつ)と*釈迦仏(しゃかぶつ)をいう．阿弥陀仏は*彼岸(ひがん)において衆生(しゅじょう)を迎え取り，釈迦仏は此岸(しがん)から衆生を送り出す．特に，善導(ぜんどう)の*『観無量寿経疏(かんむりょうじゅきょうしょ)』において二尊のはたらきがセットにして論じられている．*二河白道(にがびゃくどう)喩がその典型．浄土宗鎮西派では二尊一致，西山派の西谷流では二尊一教，深草流では二尊二教の立場をとり，真宗では*観無量寿経の正宗分(しょうじゅうぶん)については二尊二教とみ，流通分(るずうぶん)については二尊一教とみる．

「二尊のあはれみにはづれ，本願にもれ候ふべし」〔一枚起請文〕

二尊院 にそんいん　京都市右京区嵯峨二尊院門前長神町にある天台宗の寺．山号は小倉山．承和年中(834–848)嵯峨天皇(786–842)の勅により慈覚大師*円仁(えんにん)が創建，初め〈二尊教院〉とも〈華台寺(けだいじ)〉ともいった．二尊院の寺名は，釈迦(しゃか)と阿弥陀(あみだ)の二尊を本尊とすることに由来する．のち*法然(ほうねん)が九条兼実(くじょうかねざね)(1149–1207)の援助により再興し，その高弟叡空(えいくう)(?–1179)，湛空(たんくう)(1176–1253)らが*法灯を継ぎ，天台・真言・禅・浄土の四宗兼学として栄えた．応仁の乱(1467–77)後，永正年間(1504–21)長門国（山口県）の僧広明恵教(1478–1541)が三条西実隆(さんじょうにしさねたか)(1455–1537)，公条(きんえだ)(1487–1563)父子の寄進で再興したのが現存の*本堂である．本尊の遣迎(けんごう)二尊は鎌倉時代以降流行した*浄土教美術の主題で，現世から来世に向かう往生者を励ます発遣(ほっけん)の釈迦と来世で往生者を迎える*来迎(らいごう)の阿弥陀を表す．鎌倉中期の製作．その他に中国宋代の仏画，鎌倉時代の法然上人画像，室町時代の十王画像などがある．

二諦 にたい　[*s*: satya-dvaya, dve satye]　2種の真理．〈*諦(satya)〉は正しいこと，つまり真であることや真理を意味する．通例では，*勝義(しょうぎ)(paramārtha)と*世俗(せぞく)(saṃvṛti)の二つの真理をさす．〈勝義〉は最高の意味，対象あるいは目的の意で，〈*第一義〉とも訳す．これに対して〈世俗〉は，一般に認められた意見や慣習を意味するパーリ語の sammuti がサンスクリット語化されたものと考えられている．

【インド仏教】二諦の説は，とくに部派仏教から大乗仏教において重視された．*説一切有部では，*有為と*無為のすべての*法は本質的に，つまり*自性を保持する点で勝義であり，これに対して，*諸法によって構成され，仮に名称を与えられた「壺」や「水」は，実質的なはたらきをもたず，単なる名称にすぎないという意味で世俗に位置づけられた．それゆえ世俗は*仮名(prajñapti)や*言説(vyavahāra)と同義であるという．*竜樹(ナーガールジュナ)もまた，このような二諦の語意をふまえて，新たな展開を生んだ．かれは*『中論』において，勝義は，〈*涅槃〉や〈空性〉そのものをさし，それは世俗としての言説によってはじめて示されうるという．そしてこの場合の世俗には，日常的な慣習表現ばかりでなく，勝義を知らしめる表現であるという意味では，伝統教説や，有為や無為の諸法も含まれるとした．*瑜伽行派は，二諦説のもつこのような二分法の問題を越えようとする立場から，*三性の説を展開した．さらにまた，これに異を唱えた*清弁(バーヴィヴェーカ)以降の*中観派の思想家たちは，瑜伽行派が提起した実践的な視点を考慮しながら，勝義と世俗の意味内容を掘り下げ，また幅をもたせながら，それぞれに独自の二諦説を展開した．

【中国・日本】中国三論宗の*吉蔵は上記の『中論』の説をふまえ，仏の説法のよりどころとなる理法としての二諦を〈於諦〉(約理の二諦)とし，それを説く教説上の二諦を〈教諦〉(約教の二諦)とする．そして教諦により，*有にとらわれる人には真諦(勝義諦)の空を説き，空にとらわれる人には俗諦(世俗諦)の有を説き，究極的には空にも有にもとらわれない*非有非無・非二非不二・非偏非不偏の*中道を証得させようとする．この場合，約理の二諦は究極の真理(中道)を教え悟らせる手段である．日本の*最澄は仏法を真諦，王法を俗諦とする(→王法・仏法)．*浄土真宗ではこれをふまえて，*極楽往生の教法を真諦とし，国家社会において遵守すべき世間的教法を俗諦として，この二諦は相依り相資けるものとする．→真俗．

「理に約すれば即ち真俗二諦，惑に約すれば則ち見思倶に破る」〔止観輔行伝弘決 6-2〕「大きに光明を放ちて，定に入りて真諦を思惟し給ふ」〔今昔 1-7〕

日奥 にちおう　1565(永禄 8)-1630(寛永 7)　日蓮宗不受不施派の祖．京都の生れ．仏性院と号し，28 歳の時京都の妙覚寺を継承した．1595 年(文禄 4)豊臣秀吉が東山大仏殿に*千僧供養を催した時，日奥は不受不施義にのっとり出仕を拒み，妙覚寺を退出した．99 年(慶長 4)徳川家康が重ねて強く出仕を命じたが，これにも応じなかったので，対馬に遠流．1612 年(慶長 17)許されて妙覚寺に帰住，その後不受不施公許状を得，盛んに不受義を鼓吹した．著書多く，『万代亀鏡録』に収められている．→不受不施．

日月灯明仏 にちがつとうみょうぶつ　[*s*: Candrasūryapradīpa]　大乗仏典に説かれる仏の一つ．太陽と月を*灯明としているものという意味．法華経序品によると，過去の無量無辺不可思議の*阿僧祇劫の昔，この仏が*正法を説かれたが，さらにその後も同名の日月灯明仏が 2 万も次々と世に現れたという．そして最後の日月灯明仏は，出家以前に王子 8 人の父であったが，*成仏してからは*無量義経を説き，また妙光菩薩のために法華経を 60 小劫の長期間かかって説かれた．三十日秘仏縁日としては，毎月 10 日がこの仏の*縁日とされている．

日持 にちじ　1250-?　*日蓮の本弟子 6 人(*六老僧)の一人．駿河(静岡県)の出身．号は蓮華阿闍梨．幼名を松千代といい，*日興の感化を受けて日蓮に帰依した．古来から『持妙法華問答鈔』は日持作，日蓮印可と伝えられる．日蓮の十三回忌を終えると，46 歳の時に単身蝦夷(北海道)から大陸に渡り，「一天四海皆帰妙法」の教えを自ら実践した．近年，遺品とみなされるものが中国の宣化から発見され，科学的な年代測定の結果，鑑定した資料が 13 世紀のものと認められた．これによって伝説であった日持の*海外布教がほぼ確実なものとなり，わが国の海外伝道の始祖として注目されている．

日什 にちじゅう　1314(正和3)-92(明徳3)日蓮宗顕本法華宗けんぽんほっけしゅうの祖．陸奥国(福島県)会津の生れ．玄妙と号する．比叡山に学んでのち会津羽黒山に帰り，*能化のうけとして学徒を養育したが，1379年(康暦1)，日蓮の書を読んで宗を改め中山門家なかやまもんけに入り，宗義を学んだ．81年(永徳1)中山法華経寺日尊にっそんの代理として上洛，天奏し，二位僧都に叙せられたが，84年(至徳1)本迹勝劣・経巻相承の義をたてて独立し，89年(康応1)京都に妙満寺みょうまんじを創し，会津妙法寺に帰って入寂した．この法流を日什門流あるいは妙満寺派という．

日像 にちぞう　1269(文永6)-1342(康永1)　日蓮宗の僧．肥後房と号す．*日朗にちろう高弟九老僧の一人．幼くして日朗の門に入り，ついで*日蓮に侍し将来を嘱望され，14歳，日蓮臨終のとき伝法委嘱をうけた．1293年(永仁1)上洛し，漸次教線を伸張したが，比叡山はじめ諸宗に憎嫉され，三度にわたり京都追放の院宣を受ける．のち*妙顕寺みょうけんじ建立を許され，1334年(建武1)勅願寺の綸旨を得，京都法華宗教団の重鎮，頭領として活躍した．この門家の流れを四条門流しじょうもんりゅうといい，門葉もっとも栄えた．

日日是好日 にちにちこれこうにち　毎日毎日がすばらしい．*雲門文偃うんもんぶんえんの言葉．『雲門広録』巻中を出典とするが，一般には*『碧巌録へきがんろく』第6則によって知られる．日常の一刻一刻に真理が実現しているということ．*馬祖道一ばそどういつの〈平常心是道びょうじょうしんぜどう・へいじょうしんぜどう〉に通うもの．『碧巌録』では「雲門垂語して云く，『十五日已前は汝に問わず，十五日已後，一句を道いい将もち来たれ』．自ら代って云く，『日日是れ好日』」と言われているが，この「十五日」に関しては諸説があって確定していない．→平常心へいじょうしん．

日隆 にちりゅう　1385(至徳2)-1464(寛正5)　*法華宗本門流の祖．法華経の*本門ほんもん・*迹門しゃくもんに関して勝劣を唱えた一人で，特に本門の中の八品はっぽんを中心とした．慶林坊といい，越中(富山県)射水郡浅井郷の出身．18歳のころ京都*妙顕寺みょうけんじの第6代貫首日霽にっせいの門に入り，叔父日存，日道について宗義を学ぶ．のち日存らとともに妙顕寺を退出し，独自の布教を展開．尼崎に本興寺を創し，京都の五条坊門に本応寺を開創，のち六角大宮に移して*本能寺とした．三百余巻にのぼる著書を著している．

日蓮 にちれん　1222(承久4)-82(弘安5)　*日蓮宗の開祖．いわゆる鎌倉新仏教の祖師の一人．

【修学から鎌倉布教】安房国(千葉県安房郡)小湊に漁夫の子として生れ，12歳のとき*清澄寺きよすみでらにあずけられ，16歳で出家，是聖房蓮長ぜしょうぼうれんちょうと名のる．その後，鎌倉遊学を経て，ついで*比叡山ひえいざんに学んだ．この間に天台教学のみならず，密教・浄土教など広く学んだが，次第に*法華経ほけきょう中心の信仰を確立するに至ったと思われる．32歳のとき故郷に帰る．伝承では，このとき清澄寺で〈南無妙法蓮華経〉と唱えたとされ，日蓮宗ではそれをもって立教開宗としている．*法然ほうねんの浄土念仏に批判を加えたことがもとで故郷を追われ，鎌倉に来て布教を開始．名も〈日蓮〉と改めた．その後，各地に天災地変・社会不安が続出したが，日蓮はそれを正しい信仰が確立していないからであると考え，念仏の停止と法華信仰の確立を訴えて，*『守護国家論』(38歳)や*『立正安国論りっしょうあんこくろん』(39歳)を著し，『立正安国論』は前執権の北条時頼に進呈した．

【流罪と教理体系の深化】しかし，日蓮の進言は聞きいれられず，逆に伊豆流罪るざい(40歳)となり，それより佐渡流罪(50歳)にいたるまで，たびたび迫害や弾圧にあう．その結果，浄仏国土に努める忍難殉教の*菩薩としての自覚を持つようになり，法華経「法師品」に説く〈如来使にょらいし〉や，ひいては「従地涌出品じゅうじゆじゅっぽん」の*地涌じゆの菩薩に自己をなぞらえるにいたる．佐渡流罪期には主要な教義書として，*『開目抄かいもくしょう』(51歳)および*『観心本尊抄かんじんほんぞんしょう』(52歳)が著された．

【身延退隠】53歳の春，許されて鎌倉に戻るが，自己の進言の受けいれられないことに見切りをつけて*身延みのぶの山に退き，弟子の養成に努めるとともに，未来にそなえて教理を本門の本尊・本門の戒壇・本門の題目の三要素(*三大秘法)に煮つめ，それに基づいて*『撰時抄せんじしょう』(54歳)などの*未来記的な著作を著した．61歳，常陸(茨城県)の湯で療養すべく身延を下山し，途中，信徒の池上宗仲邸(今の東京池上*本門寺)に立ちより，休息するが，臨終せまるを感じ，後事を*六老僧に託し，10月13日，息をひきとった．諡号(しごう)は立正大師．

日蓮遺文 にちれんいぶん　*日蓮が書きのこした論文，書簡，図録，仏書の写本や注釈類の総称．古来〈御書(ごしょ)〉〈祖書(そしょ)〉といわれていたが，1880年(明治13)刊『高祖遺文録』(小川泰堂編)以降，〈遺文〉の呼称が一般化した．真蹟や直弟子の写本など文献的に信の置けるものが数百点現存しており，日蓮自身の思想・行動のみならず，当時の文化一般を知る上での貴重な資料である．

日蓮宗 にちれんしゅう　*日蓮を宗祖とする教団のこと．中世末までは〈法華宗(ほっけしゅう)〉と呼んだが，天台宗から異議が出たために，天台法華宗と区別して〈日蓮法華宗〉と称するようになる．近代になっては，特に身延山(みのぶさん)*久遠寺(くおんじ)を総本山とする宗教法人を〈日蓮宗〉と称する．

【教団の成立と分派】日蓮は日昭(にっしょう)・*日朗(にちろう)・*日興(にっこう)・日向(にこう)・日頂(にっちょう)・*日持(にちじ)を*六老僧と定めて後事を託したが，日持は海外布教に旅立って北海道から中国へ渡ったと伝えられ，日頂は日興のもとに身をよせたので，実際には六老僧のうちの4人と富木(とき)日常(にちじょう)らが関東地方およびその周辺などで教団を形成していった．日蓮十三回忌の年から関西進出がつぎつぎと試みられ，室町時代には京都を中心として京畿西国に定着した．こうして，都市にも農村にも信仰集団がつくられ寺ができ，本寺・末寺が形成されたが，在地化に伴って日蓮の精神の表象としての*儀軌(ぎき)の在り方などについて対論が起り，また*法華経(ほけきょう)解釈の相違が対論され，教団の分派に及んだ．つまり，日蓮の教義を継承し，法華経を解釈する上で前半(*迹門(しゃくもん))と後半(*本門)とを融合的に把(と)らえる本迹一致論(一致派)と，本門を択一的に理解する本迹勝劣論(勝劣派)との二つの潮流が生じた．

【近世以降の門流】近世以降，日蓮教団も江戸幕府の政策下におかれ，各門流はそれぞれ〈一致派〉(身延山久遠寺・池上*本門寺・中山*法華経寺などの各門流)と〈勝劣派〉(富士*大石寺(たいせきじ)・京都妙満寺(みょうまんじ)・*本能寺・本隆寺・本禅寺・要法寺などの各門流)とに大別統治されるに至った．なお，信仰の純粋な伝統を貫き，未信者の*布施を頑強に拒否する〈*不受不施(ふじゅふせ)派〉は，禁圧され地下に潜行した．近代になって一致派教団は日蓮宗と公称し，勝劣派教団も宗名の変遷を経ながら，それぞれ日蓮正宗・顕本法華宗・法華宗(本門流，陣門流，真門流)・本門法華宗・日蓮本宗・日蓮宗不受不施派・本門仏立宗などと公称した．

【日蓮僧の活動と在家信徒】こうした流れの中にあって，一方では国家*諫暁(かんぎょう)・不受不施思想の伝統をうけつぎ，宗論活動を展開して日蓮思想を追体験しようとした久遠成院*日親(にっしん)や仏性院*日奥(にちおう)らが出るとともに，他方では日蓮思想を普遍化する方向で信仰を継承した行学院*日朝(にっちょう)，一如院日重(にちじゅう)(1549-1623)，草山*元政(げんせい)などの学僧が輩出した．教団を支えた信徒は，一般的に法華堅気(かたぎ)とよばれる剛信をつらぬき，*団扇太鼓(うちわだいこ)の行進などに象徴化された活発な行動性に強い印象をもたれているが，また茶屋・角倉(すみのくら)と並ぶ近世初頭の富豪であった後藤一族や，本阿弥光悦など，近世初頭の日本文化復興期の代表的文化人と評価される熱心な法華信者の系譜も見られる．さらに幕末から明治への変動期にあって日蓮思想の普及に尽力した学僧たち，在家主義に立っての日蓮法華の新宗教運動(たとえば*田中智学の国柱会(こくちゅうかい))，近代の文学者で日蓮法華信仰を継承した人々(高山樗牛(ちょぎゅう)・宮沢賢治など)，国家主義者で日蓮を奉じた人々なども注目されるところである．

日朗 にちろう　1245(寛元3)-1320(元応2)　*日蓮の高弟．*六老僧の一人．下総国(千葉県)の人で，筑後房といい，大国阿闍梨と号する．幼少より日蓮に侍し至孝第一と称せられ，日蓮の寂後，鎌倉*妙本寺(みょうほんじ)にあって，浜法華寺の日昭と共に教団の統率維持に任じた．また妙本寺と池上*本門寺(ほんもんじ)とを合わせ両山一寺として門家の中心とした．門下に*日像・日輪・日善・日伝・日範・日印・日澄・日行・朗慶のいわゆる〈九老僧(くろうそう)〉がおり，その門家の活躍は六老僧中最も華々しい業績を残している．

肉髻 にっけい [s: uṣṇīṣa] 〈仏頂(ぶっちょう)〉とも訳され，〈烏瑟膩沙(うしつにしゃ)〉と音写される．仏の頭頂にある肉の隆起．*三十二相の一つに数えられる．元来，*仏像において表現された髻(たぶさ)(まげ)が，肉の隆起と誤解されたものらしい．「仏には三十二相そなはり給ふ…肉髻・白毫(びゃくごう)なんど申すは菓の如し」〔日蓮消息文永9〕．→烏瑟膩沙，仏頂．

日興 にっこう 1246(寛元4)–1333(元弘3) *日蓮の高弟．*六老僧の一人．伯耆房(ほうきぼう)，白蓮阿闍梨と号する．甲斐国(山梨県)大井庄の生れ．少時より日蓮に侍して勉学し，筆芸第一と称せられる．日蓮が身延に入山した後は駿河・伊豆方面に教線をひろげ，1279年(弘安2)*熱原(あつはら)法難をのりこえて富士方面にゆるぎない基礎を固めた．日蓮滅後，諸老と議あわず，1288年(正応1)身延を下って富士に赴き，*大石寺(たいせきじ)・本門寺を建てて一派を別立した．門下に俊足多く，日朗につぐ．この流れを富士門流という．

日光・月光 にっこう・がっこう 薬師如来の*脇侍(きょうじ)として最も一般的な菩薩(ぼさつ)で，薬師三尊を構成する．〈日光遍照・月光遍照〉あるいは〈日耀・月浄〉ともいう．薬師如来の法を伝える役目をもつ．それぞれ日輪・月輪を持つ場合が多い．*薬師寺金堂像(奈良時代)は代表的な作例．

入室 にっしつ 〈にゅっしつ〉とも読む．弟子が師匠の奥義を授けられること．特に禅宗で，ただ一人，*師家(しけ)の部屋に入り，1対1で指導を仰ぐこと．もともと部屋に入るという意味であるが，『論語』先進篇の「師曰く，由や，堂に升るも，いまだ室に入らざるなり」によって，師匠の奥義を極めるという意味で用いられるようになり，仏教においても，密教や禅宗のように師承を重んじる宗派では，この言葉が盛んに用いられるようになった．さらに，禅宗において*公案(こうあん)禅が確立されると，弟子の公案理解を個別に点検する必要上，1人ずつ師家の部屋に入って自らの見解を呈示させるようになったが，これをも〈入室〉と呼ぶようになった．

日親 にっしん 1407(応永14)–88(長享2) 日蓮宗の僧．久遠成院(くおんじょういん)と号す．上総国(千葉県)埴谷の生れ．幼少より中山本妙寺日暹(にっせん)に侍す．1427年(応永34)上洛して弘通(ぐずう)し，摂津(大阪府)梶折に一乗寺を建てて大いに法線を拡げた．39年(永享11)『立正治国論(りっしょうちこくろん)』を以て将軍足利義教(あしかがよしのり)に諫暁(かんぎょう)したが，翌年2月投獄され，種々の拷問をうけ，遂に灼熱した鍋をかぶらされたが屈するところがなかった．これより人呼んで〈鍋冠(なべかむ)り日親〉という．義教が殺されるに及んで赦され，さらに盛んな伝道を行い，晩年*本法寺(ほんぽうじ)を建てた．

日想観 にっそうかん 〈日想〉〈日観〉〈日輪観〉などともいう．*観無量寿経(かんむりょうじゅきょう)に説かれる*十六観の第一．太陽が西の空に没していくさまを*観察(かんざつ)し，もって*極楽浄土が西方にあることを想い浮かべる修行．雑念をはらい，精神統一して西に向かって正座する．まさに日没のとき，その状態がつりさげた太鼓のように丸いことを観じとる．*善導(ぜんどう)によれば，春分と秋分の日は太陽がぴったり東方より出て真西に沈むので，西方*十万億土の*仏国土のかなたにある極楽浄土の所在を*観想する日想観を行うのに適した時だという．日本で大衆化した春秋の*彼岸会(ひがんえ)は，日想観を行なって極楽浄土をよろこびしたうことに由来する仏事ともいわれる．

「南院の闍梨，日想観を修して居れり．この時音楽西に聞え，聖衆東に来たる」〔拾遺往生伝上11〕「月の十五日の黄昏(ゆふぐれ)に至るごとに，五体を地に投げて西に向ひて礼拝して唱へていはく『南無西方日想安養浄土』といふ」〔往生極楽記38〕「今日ぞ彼岸の日想観，目は見えずとも拝せんと，小屋の菰垂(こもだれ)押し上げて，西に向ひて音をぞ泣く」〔浄・摂州合邦辻下〕

日朝 にっちょう 1422(応永29)–1500(明応9) 室町時代の代表的な日蓮宗の学僧．字(あざな)を鏡澄といい，行学院と称した．伊豆(静岡県)の宇佐美の出身．幼くして一乗坊日出(にっしゅつ)の弟子となり，のち学問修得のために，武蔵国(埼玉県)仙波談林，足利学校，京都，比叡山，奈良などに遊学し，41歳のとき身延山*久遠寺(くおんじ)第11代貫首にすすんだ．〈*日蓮遺文〉の蒐集および注釈，法華経の解釈，*論義による門下の教育，伽藍の整備などに尽力した．

日天・月天 にってん・がってん [s: Sūrya, Candra] 〈日天子・月天子〉とも．太陽(sūrya)および月(candra)を神格化したもの．本来，*婆羅門教(ばらもんきょう)の神であるが，仏教に取り入れられて仏教の守護神となった．太陽神が数頭びきの馬車に乗って天界を駆けめぐる図にはギリシアの影響がみられる．2神を一対の像で表したものとしてはクシャーナ時代の*カニシカの舎利容器やフヴィシカ王の金貨が古い．密教においては月神チャンドラは数羽の鵞鳥がひく車に乗る姿で表される．いずれも*十二天の一つで，日天は天空に居住する一切の光神の主(ぬし)，月天は一切の星宿神の主．「彼弟子として常に日天を拝しき．故に身，光明を放つ」〔聖徳太子伝暦上〕「花苑正に春日の色を開き，月天遍く秋夜の明を照らす」〔高野大師御広伝上〕

『入唐求法巡礼行記』 にっとうぐほうじゅんれいこうき
*円仁(えんにん)の入唐記録．4巻．『五台山巡礼記』ともいう．東寺(*教王護国寺)観智院の古写本と長野津金寺の古写本が現存．書名は，仏教本来の読みなら〈にっとうぐぼうじゅんらいぎょうき〉とすべきか．円仁は，*最澄(さいちょう)の弟子で，814年(弘仁5)得度(とくど)し，838年(承和5)*還学生(げんがくしょう)として遣唐使に従って入唐する．揚州に着いて*天台山をめざそうとしたが，還学生のために許されず，*五台山から*長安をめぐり，武宗による会昌(かいしょう)の*廃仏に遭遇し(845)，847年(承和14)帰国．五台山の念仏，長安の密教は，その有力な成果であった．

本書はその成果を，第1巻では乗船から揚州・楚州・登州まで，第2巻では赤山浦から五台山まで，第3巻は五台山から廃仏直前の長安，第4巻は会昌の廃仏，弟子惟暁の死，長安脱出，赤山浦から帰朝直後まで，と詳細に記述している．円仁自身の10年にわたる苦難に満ちた旅を記しているのはもちろんであるが，当時の中国の制度，風俗，景観，行事，地理，経済から，僧侶の状況，仏事，そして歴史的事件である会昌の廃仏の体験など，広汎な記録であり，仏教以外の各分野からも注目されている．円仁の直筆は残らないが，現存する古写本は比較的原型をとどめていると考えられる．→三武一宗の法難．

入唐八家 にっとうはっけ　八家は〈はちけ〉とも読む．平安時代前期，中国に行き密教を請来した8人の僧をいう．すなわち，*最澄(さいちょう)(入唐804–帰国805)，*空海(くうかい)(804–806)，常暁(じょうぎょう)(838–839)，*円仁(えんにん)(838–847)，円行(えんぎょう)(838–839)，恵運(えうん)(842–847)，*円珍(えんちん)(853–858)，宗叡(しゅうえい)(862–865)．最澄・円仁・円珍は天台宗，他は真言宗．八家と総称した早い例は*安然(あんねん)で，元慶9年(885)および延喜2年(902)の序をもつ8人の請来目録『八家秘録』が伝わる．また*凝然(ぎょうねん)(1240–1321)は，入唐して密教を伝えた者八家ありと8人を挙げた．なお真言宗で，恵運・宗叡・常暁・真如(しんにょ)・円行を〈入唐五家〉とし，その伝記を収録したものに『入唐五家伝』がある．「入唐の八家は在世年紀の遠近，霊徳所見の有無を論ぜず，先づこれを書きのせ侍り．八家は以て本朝真言請来の濫觴とするによりてなり」〔真言伝7〕

『二入四行論』 ににゅうしぎょうろん　*菩提達摩(ぼだいだるま)およびその弟子の言行を集めたもの．「二入」とは，教によって*宗(しゅう)を悟る〈理入〉と，*行(ぎょう)の実践により*道(どう)に至る〈行入〉とをいう．「四行」とは，修行のあり方を4つの立場より包摂するもので，報冤行(ほうえんぎょう)・随縁行(ずいえんぎょう)・無所求行(むしょぐぎょう)・称法行(しょうぼうぎょう)をいう．〈報冤行〉は，現在の苦が過去の怨憎(おんぞう)の結果であると看破すること，〈随縁行〉は，現在の自己のあり方が*因縁によることを覚り，因縁に随って動じないこと，〈無所求行〉は，一切の*法が本来*空寂であるとして，無所求に徹すること，〈称法行〉は，本性*清浄(ほんしょうしょうじょう)の理法に従って*六波羅蜜(ろくはらみつ)を実践することを指す．数種の*敦煌(とんこう)本が現存する．

二百五十戒 にひゃくごじっかい　*『四分律(しぶんりつ)』に規定された，一人前の僧たる*比丘(びく)の護持すべき*戒律の条数．他方，一人前の尼たる*比丘尼の護持すべき戒律の条数は，〈三百四十八戒〉．二百五十戒は，罰則によって，四*波羅夷(はらい)・十三*僧残(そうざん)・二不定(ふじょう)・三十捨堕(しゃだ)・九十単堕(たんだ)・四提舎尼(だいしゃに)・百衆学(しゅがく)・七滅諍(めつじょう)に分けられる．たとえば，波羅夷は，極重罪のことで，それを犯すと僧団追放に処せられる．すなわち，婬(性交)，盗(盗み)，殺(自ら人を殺し他人に殺させ，あるいは自殺を勧めて死なせること)，妄語(我は悟ったなど大言壮語すること)をなさないの四戒である．*律蔵では，二百五十戒の犯戒の罪を5種に分類し，さらに，未遂罪を加えて7種に細く分類する．これを〈*五篇七聚(ごひんしちじゅ)〉という．

二仏 にぶつ　二体の仏のこと．*釈迦如来(しゃかにょらい)と*弥勒(みろく)如来を指すことが多い．釈迦如来の滅後，56億7千万年後に出現するとされる弥勒如来までは〈二仏の中間(ちゅうげん)〉といわれ，また〈無仏の世〉ともいわれ，いわば仏教暗黒時代である．また*法華経見宝塔品において，*多宝如来と釈迦如来がともに宝塔のなかに坐することを〈二仏並坐(びょうざ)〉という．「十禅師の宮は無仏世界の化主，地蔵薩埵の応化なり…二仏中間の大導師，三聖執務の法体なり」〔太平記18.比叡山〕．→無仏．

『日本往生極楽記』 にほんおうじょうごくらくき　平安中期成立の往生者の行業集．慶滋保胤(よししげのやすたね)(933頃-1002)編．1巻．986年(寛和2)以前に初稿，のち補訂される．わが国最初の*往生伝．唐の迦才(かさい)著『浄土論』，文諗(ぶんしん)・少康共著『瑞応伝』や源信の*『往生要集』執筆の影響と，編者の*浄土思想の高まりから，国史，諸人別伝，故老の談話などをもとに，わが国の極楽往生者の実例40余伝を集めたもの．浄土に関心をもつ後続文人に大きな影響をおよぼし，往生伝編纂の流行をもたらし，浄土信仰発展史の上で貴重な資料となっている．

『日本感霊録』 にほんかんれいろく　9世紀後半成立の仏教*説話集．撰者は本元興寺の僧義昭(ぎしょう)．上下2巻58話を収載していたと思われる完本は散佚し，元興寺関係話のみを収める久安三年の奥書のある抄録本の15話など17話が伝存する．*『日本霊異記(にほんりょういき)』に倣い，標題は〈縁〉で示され，話は年代順に配列され，元興寺・兼坂山寺・豊山寺・東大寺といった南都の諸寺にまつわる四天王，観音，経典などの霊験利益話や因果応報話を載せる．後の諸寺諸仏霊験記の先駆とも称すべき性格を持つ．

日本大蔵経 にほんだいぞうきょう　48巻．中野達慧(なかのたつえ)(1871-1934)を中心として，1914年(大正3)から21年(大正10)にかけて刊行．*経律論(きょうりつろん)に対する注釈書のほか，*修験道(しゅげんどう)をふくむ各宗の著作など，日本撰述仏典753部を収録する．〈*大日本続蔵経(だいにっぽんぞくぞうきょう)〉同様，本書編纂の際の資料は京都大学に一括寄贈され保管されている．

日本仏教 にほんぶっきょう　【仏教伝来】私的には，すでに帰化人が仏法を信奉していたと思われるが，公的には，538年，百済(くだら)の*聖明王(せいめいおう)(聖王)が使者を通して仏像や経典を送ってきたことが，日本への仏教伝来(公伝)とされる．氏族分立の時代で，伝来にさいして崇仏・排仏の論争がおきたというが，実際は国際派の蘇我(そが)氏と国内派の物部(もののべ)氏の権力争いに仏教が巻きこまれたものであり，信仰的には，蘇我氏が自己の氏神として仏を取りいれ，物部氏は国神(くにつかみ)を立てたということである．仏が〈蕃神(となりのくにのかみ)〉とか〈客神(まろうどがみ)〉などと表現されたように，当時は，まだ仏と神との違いは知られていない．

【飛鳥・奈良時代】一般には，天武期(7世紀後半)あたりで天皇を中心とした国家体制が整ったとき，民族意識に伴って土着の神祇信仰(古神道)と外来の仏教との違いが明らかとなり，前者については「神祇令(じんぎりょう)」を制定して推進をはかり，後者については，一面で奨励しながら，他面では統制を加えた．奨励としては，寺院の建立(こんりゅう)，経典の読誦(どくじゅ)・講説，諸種の法要，仏像の製作などがあげられる．多くは*鎮護国家・*除災招福を目的としたものである．統制としては，「神祇令」とともに制定された「*僧尼令(そうにりょう)」があげられる．ただし，「僧尼令」には僧尼の保護という一面もある．

奈良時代になると，仏教の浸透が進み，*南都六宗のように，学僧によるめざましい研究成果も現れ，日本文化の形成に仏教が大きな影響を与えた．他方，仏教の日本化も見のがされてはならない．現実超越を基調とする仏教は，しばしば日本的変容を受けて現実肯定的になっていった．*神仏習合や文芸に摂取された仏教に，それが見られる．

【平安時代】平安時代になると，*最澄(さいちょう)，*空海(くうかい)が出て，改めて天台法華，真言密教の体系化に努め，それぞれの信仰・信念に基づいて一宗を確立し，本格的な日本仏教の時代を迎える．平安後期(11世紀後半)から末期(12世紀後半)にかけては，*末世的な社会様相も手伝って，浄土念仏の信仰が高まり，一般の人びとに受けいれられ，文芸の世界に取りこまれた．こうして，仏教は日本に定着していったが，それだけに，日本の仏教化と仏教の日本化の関係が一段と問題となる．たとえば，日本の仏教化として，現実肯定的な日本人の心に浄土念仏の現実否定ないし超越の思想が植えつけられたことがあげられるが，反面では仏教の日本化も見られ，鎌倉時代に入ると，後者のほうが顕著となる．

【鎌倉時代】鎌倉時代において，新興武士階級による現実への積極的な歩みが活発になると，現実肯定的な発想が強くなり，その影響を仏教も受ける．たとえば，叡山天台を中心として発展していった*本覚思想は，院政期から鎌倉中期(12–13 世紀半ば)になって徹底した現実肯定の論をうち立てた．このような状況下に，いわゆる鎌倉新仏教も誕生した(→鎌倉仏教)．平安末期の*末法的状況から出発した*法然(ほうねん)は，本覚思想とは逆に現実否定の浄土念仏を主張したが，そのあとに出た*親鸞(しんらん)・*道元(どうげん)・*日蓮(にちれん)などになると，本覚思想に近い現実肯定的な性格が強くなる．ただし，過度の現実肯定にたいしては批判を加え，仏教の現実超越的な性格を生かそうとした．鎌倉末期(14 世紀前半)にかけては，*臨済宗や*一遍(いっぺん)の時宗念仏も加わって，ここに新たな諸宗が成立する．他方，この時代には*本地垂迹説(ほんじすいじゃくせつ)が定着するとともに，次第に*神道の自立の傾向も現れ，新たな民族意識の展開が見られる．なお，室町時代に確立した文芸や*芸能には仏教の影響が著しく，禅宗文化，時宗の阿弥(あみ)文化，法華町衆文化などが活発であり，さらにそれらの思想的な共通背景として*天台本覚思想が無視できない．また，*一向一揆(いっこういっき)など一大政治勢力となった．

【室町時代–近世】室町時代，切支丹(きりしたん)の伝来とともにキリスト教が諸地方にひろまり，長崎のあたりは 1571 年(元亀 2)から 1587 年(天正 15)までの間は耶蘇(やそ)会の領地となり神社仏閣はすべて焼き払われたが，豊臣秀吉により切支丹は禁止され，新しい局面を迎えることになった．

近世においては，仏教は幕府の封建体制下に置かれ，新旧両宗派の制圧，*寺院法度(はっと)の制定などによって活動を自宗内にとどめさせられた．そういう中で，*仏キ論争と*排仏論がおきた．仏キ論争はキリスト教の伝来(1549)に伴っておきたものであり，排仏論は儒家・国学者などの側からおこされたもので，いずれも根本的な教理・思想に基づいて交された論争である．なお，キリスト教禁圧の手段として，幕府は*宗門(しゅうもん)改めを行い(1640)，*宗旨人別帳・寺請証文(*寺請状(てらうけじょう))を作って国民のすべてを仏教寺院に所属させたが，これが今日にいたるまでの*檀家制度を生むことになった．こうして仏教は体制の中に組み込まれ，そこから，近世の仏教はしばしば堕落したと言われるが，実際には優れた高僧も現れ，また，学問的にも高い水準に達していた．また，キリシタンとともに，日本の宗教史上で大きな弾圧を受けた日蓮宗の*不受不施派(ふじゅふせは)の活動なども見落としてはならない．

【近・現代】すでに江戸時代から一部の藩では*廃仏(はいぶつ)の動向が見られたが，幕末明治維新の動乱の中で*廃仏毀釈(はいぶつきしゃく)の運動が進み，寺院や仏像の棄却がなされた．明治政府はこのような極端な動向を抑えつつも，*神仏分離を強行し，従来の神仏習合の信仰形態は一変するに至った．当初，神道中心の政策を進めた明治政府は，やがて仏教を排除することの困難を悟り，1872 年(明治 5)に仏教側を引き込む形で*教部省を設置し，神仏融合の*大教院を設立したが，*島地黙雷(しまじもくらい)ら，真宗諸派の反対で失敗に終った．こうした中で，仏教界は次第に近代化の必要を痛感するようになり，宗派組織・教育機関・教化運動などの改革がなされ，西欧からの影響下に近代的な仏教学も成立した．思想的にも，*清沢満之(きよざわまんし)らによって教学の刷新が図られ，さらには*鈴木大拙(すずきだいせつ)のように世界的に影響力を持つ思想家も現れた．しかし，社会全体に民族主義的な動向が強くなり，さらには大陸への侵略がなされるようになると，仏教もまたその渦に巻き込まれ，戦争を賛美する*戦時教学がもてはやされた．敗戦後は，戦争協力が反省されるとともに，*藤井日達(ふじいにったつ)のように平和運動の先頭に立つ僧侶も現れた．また，創価学会や仏教系の*新宗教のように，民衆の生活に根ざした宗教運動も見られた．しかし，葬式仏教といわれるように，既成教団は概して死者儀礼に依存する体質が改められず，大きな課題を抱えたまま，今日を迎えている．

『日本霊異記』にほんりょういき　正式の書名は『日本国現報善悪霊異記』．『霊異記』とも略称される．〈霊異記〉のよみは〈れいいき〉とも．わが国最古の仏教*説話集．3巻．薬師寺の僧景戒けいかい・きょうかい編．編者自身の補訂を経て，最終的には弘仁年間(810-823)に成立．諸本によって出入りがあるが，総合すれば上巻35，中巻42，下巻39，計116話から成り，奈良時代の説話を主体に，雄略天皇の治世からほぼ年代順に配列する．序文によると，*因果応報の正理を説き，善因楽果・悪因苦果の*現報げんぽうの恐るべきを知らせるための撰述で，中国の類書*『金剛般若経集験記こんごうはんにゃきょうしゅうげんき』や*『冥報記めいほうき』にも触発されるところがあったという．

内容も若干の例外を除いてそれを裏づけるものが多いが，特に*私度しど僧が関与し，彼等を敬信すべきことを説いた話が目立つことは，*聖徳太子や役行者(*役小角えんのおづぬ)を日本仏教の祖的存在と位置づけ，*行基ぎょうきを特筆していることと相まって，本書の成立基盤に，奈良時代における私度僧団の積極的布教勧進活動があったことを思わせる．収載説話の中では，行基関連説話や道場法師関連説話などがよく知られている．なお，後代文学への影響としては，『今昔物語集』『三宝絵』などの重要な典拠となったほか，収載説話のいくつかが説経材としても利用され，間接的ながら広範かつ多面的な影響を与えたことも注目される．

ニマタク［*t*: Nyi ma grags］　1055-?　後期仏教伝播期(10世紀後半以降)のチベットにおける代表的な翻訳師の一人．*ラサの北方パツァプの出身で，若い頃およそ23年間*カシミールに滞在し，多くのパンディタ(学者)に師事するかたわら，主に*中観ちゅうがん系の諸論書の翻訳を行なった．とくに*『入中論にゅうちゅうろん』『プラサンナパダー(浄明句論じょうみょうくろん)』『菩薩瑜伽行四百論ぼさつゆがぎょうしひゃくろん広注』などの*チャンドラキールティ作の論書および注釈書を翻訳し，中観帰謬［論証］派の教理をチベットに本格的に導入したことで知られる．またかれは，すでに前期仏教伝播期(9世紀前半以前)に訳出されていた竜樹りゅうじゅ作*『中論』の翻訳も，上述の『プラサンナパダー』に一致させて校訂・再訳している．

ニヤーヤ［*s*: Nyāya］　六つの正統バラモン哲学体系(*六派哲学)の一つで，インドの*論理学・*認識論の発展に大きく貢献した．学祖アクシャパーダ(Akṣapāda)に帰された『ニヤーヤ-スートラ』(*Nyāya-sūtra*, 250-350年頃)を根本テキストとし，現存最古の注釈『ニヤーヤ-バーシュヤ』(4-5世紀)に始まり，ヴァーチャスパティ(9-10世紀)を経て11世紀のウダヤナまでに一連の注釈4部作が完成した．

チャラカの医学書にも「論議道」が説かれているように，古来インドでは討論が発達した．この討論術の伝統と〈教義綱要作成原則〉(tantrayukti)の諸概念を踏まえて設定された16項目(認識手段・認識対象・疑い・吟味・討論など)に通達して*解脱げだつに到達する，というのがニヤーヤ学の骨子である．特に認識手段(pramāṇa．正しい認識・判断をもたらす手段・根拠＝知覚，推理，聖典の教示など)と認識対象(prameya．*アートマン，身体，*業ごう，*輪廻りんねなど解脱のために正しく知るべき12の対象)の考察が主要な関心事となった．後代，ニヤーヤ学は〈認識手段の学〉とも呼ばれた．初期においては*竜樹りゅうじゅに代表される*空くう思想家と，5-6世紀以降は有相*唯識うそうゆいしき系の仏教論理学者(*陳那じんな，法称ほっしょう(*ダルマキールティ)など)と，概念的思考(有分別知うふんべつち)は実在を反映するか否か，実体原理(アートマンなど)は実在するか，正しい認識とは何か，推理(anumāna)の妥当性はいかに説明しうるか，などの諸問題をめぐり激論が交わされ，次第に実在論者としての，また後代にはバラモン的価値観(*ヴェーダの権威，神の実在性など)の擁護者としての理論構築を強化していった．

*ヴァイシェーシカ思想との関連は深く，存在分析には基本的に同派の六(ないし七)カテゴリー(padārtha，*句義)の概念が適用された．ヴァイシェーシカとの折衷・融合化はウッディヨータカラ(6世紀後半)を経てウダヤナにおいて顕著となり，以後，*新ニヤーヤの時代には〈ニヤーヤ-ヴァイシェーシカ〉(Nyāya-Vaiśeṣika)と一括して呼ぶべき学風となった．かくして，ニヤーヤ，ないしニヤーヤ-ヴァイシェーシカは，*ウパニシャッドに発する一元論的神秘思想とは対照的に，多

元的存在観・分析主義に立ち，一定の伝統理念の枠を保持しつつ，経験的事象から形而上的・宗教的問題にいたるまで理詰めで解明しようとする，インド合理主義の流れを代表する学問伝統として今日に至る．

入我我入 にゅうがが　にゅう　密教の*観法，すなわち観念による象徴操作法の一つ，あるいはその観法の原理を示す言葉．密教の*行法の本質は*ヨーガ(*瑜伽，即事的同一状態の実現)にあるのであるが，現実にはそれは〈本尊瑜伽〉としてある．それはまず行者自身に対応する特定の一尊を*観想によって観念的に，あるいは絵や彫像などによって現実的に設定する．その本尊は身(身体)・口(言葉)・意(精神内容)の三要素(*三密)を具えたものとしてあり，それに対して行者の側には身としての印契(*印相，mudrā)と口としての*真言(mantra)と意としての三昧耶印(samaya-mudrā，心中に念想によって生起させる象徴的な形象)がある．そして密教の行法の根本前提は，行者の側の三要素を操作して自身を本尊の一個の象徴(それを大印(mahā-mudrā)という)となし得たとき，行者自身はその本尊と全く同一である，すなわち瑜伽している，と見なすことにある．

実際の行法においては，行者は身に自らの本尊の羯磨印(karma-mudrā)を結び，口にその法印(dharma-mudrā)を発音し，心にその三昧耶印を観想して自らをその尊の大印となし(三密加持)，自己と本尊との平等(同一性)を観ずる．その場合，本尊が我が身中に入ったと観ずるのが〈入我〉であり，我が身が本尊の身中に入ったと観ずるのが〈我入〉である．

「入我我入の観，四摂の真言・印契まで，本尊と我と不二なりと観ずる肝要なり」〔雑談集1〕

入寺 にゅうじ　①徒弟が初めて*檀林(特定の大寺院などに置かれた仏教学問所)に入学すること．各宗の徒弟は*剃髪後にその宗派によって置かれた檀林に入学して僧風教育を受けた．「大和上年十四，父に随ひて寺に入る」〔唐大和上東征伝〕

②定められた寺院に入って，その寺の*住持となること．〈入山〉〈入院〉〈晋山〉ともいう．→晋山．

③〈入寺僧〉の略称で，東寺(*教王護国寺)や金剛峯寺(*高野山)など真言宗の大寺の*学侶の階級の一．*定額寺の*供僧に交入する意からの称という．「其の人，いまだ若くして，東寺の入寺に成りて拝堂しけるに」〔今昔28-9〕「一山の禅侶の中に六重の階位あり．いはゆる阿闍梨・山籠・入寺・三昧・久住者・衆分なり」〔高野山文書承久3.10.晦〕

入定 にゅう　じょう　[*s*: samādhi-praviṣṭa]　〈*定〉に入ること．また，入っていること．すなわち，意識を集中させて心が外界のものや妄想によって乱されないような状態に入ること．〈*出定〉の対．入定するとすぐれた*智慧や力が得られ，飲食もせずにいられるという．真言宗では，*空海は死んだのではなく，*高野山の石室中に〈入定留身〉していると信じられている．また，*摩訶迦葉が弥勒の出世を待って鶏足山に入定留身した故事(『付法蔵因縁伝』1などに所見)も，わが国の仏教文学となじみが深い．「入定の老僧戸を出でず，随縁の童子いまだ山を下らず」〔文華秀麗集中〕

『入中論』 にゅう　ちゅうろん　[*s*: *Madhyamakāvatāra*]　*チャンドラキールティ(月称，7世紀)の主著．本頌(三百余)とその自注から成る．「中の論書への悟入」の意味．チベット語訳のみ残存．*菩薩の10の階梯(*十地)に沿って十*波羅蜜それぞれの実践による功徳が論じられ，最終章では果としての仏地の功徳(*仏の特質)が説かれる．本作品の冒頭部分では，*声聞・*独覚は仏の説法によって生じ，諸仏*世尊は菩薩から生じ，菩薩の因(原因，本質)は*菩提心と不二智(有と無の両極を離れた智慧)とその二の根本である悲心(*慈悲)であると言う．全体の3分の2は第六発心現前地(*般若波羅蜜の実践)における*縁起の証得，すなわち法無我と人無我(→人空・法空)の論証に当てられる．このうち法無我に関連して克明な*唯識説批判が展開される．ジャヤーナンダによる注釈(チベット語訳のみ)が存在する．*ツォンカパが極めて重要視した．

入道 にゅうどう　原義は仏門に帰して悟りの境地に入ることであるが，一般的には仏門に入ること，また入った人をいい，広く僧尼の称ともする．しかし，この語は古来在家臭が強く，在俗のまま*僧形をして仏道修行をすること，またその人をさすことが多かった．*師資相承でない教義を〈入道法門〉などと言ったのもそのためである．なおわが国では，古くは特に皇族や三位以上の貴族など，上級貴族で仏門に入った人の敬称ともした．現代の入道の用法は二転三転の転義である．「身の暇を給はって出家入道し，片山里にこもり居て，一すぢに後世菩提のつとめを営み候はん」〔平家2.少将乞請〕「入道の宮の，わたり始め給へりしほど，その折はしも，色には，さらに出だし給はざりしかど」〔源氏幻〕

『入菩提行論』 にゅうぼだいぎょうろん ［*s*: *Bodhicaryāvatāra*］ *シャーンティデーヴァの主著で，『入菩薩行論』(*Bodhisattvacaryāvatāra*)ともいう．10章で，913の詩頌からなる．サンスクリット校訂本のほか，チベット語訳，漢訳，さらにはチベット語訳からのモンゴル語への翻訳もあり，また近代語への翻訳も多い．*チベット大蔵経には，プラジュニャーカラマティ(950–1000頃)の『同論細疏』を含む8点の注釈文献と二つの主要偈抜粋集が伝わる．*菩提心，*六波羅蜜，*廻向に関する章題をもつこの論書は，*菩薩が行うべき実践を，一人称単数表現を多用しながら流麗な詩文にのせて説く．とくに10世紀後半以降のインド仏教史および後伝期のチベット仏教史では，*中観派流の*菩薩戒を伝える文献として，あるいはまた第9章の「*般若波羅蜜」章を中心に*空の実践思想を説く論書として重んじられた．なお近年，*敦煌文書のなかに，同論の原形に近いと推定される異本のチベット語訳本の存在が確認されている．この異本の著者名はアクシャヤマティで，全体で9章，702.5偈からなり，現行本との内容的な相違も小さくない．

入滅 にゅうめつ 〈滅〉は*滅度・*寂滅ともいい，サンスクリット語 nirvāṇa，すなわち欲望の炎が吹き消された状態，宗教的解放を意味する言葉の訳語．〈*涅槃〉〈泥洹〉などとも音写され，また，*老荘思想の重要概念語〈*無為〉によって訳出されることもある．したがって〈入滅〉とは，そのような境地に入ることをいう．ただし，完全な*解脱は肉体の完全な消滅，つまり*死によって完結する，という考えから，〈入滅〉とは，宗教的に目覚めた人が死ぬことをも意味するようになった．「釈尊入滅のむかしは，日月も光をうしなひ，心なき鳥獣までも，うれへたる色にしづみける」〔問はず語り5〕．→滅．

如 にょ 「同じ」あるいは「似ている」などの意．また，「に同じく」「に似て」，あるいはまた両者の意味をふくめて，「のように」などの接続詞的な用例も多い．仏典では，yathā，tad yathā，iva，nyāya など，類例や比喩を示す語の訳語としてしばしば用いられる．また，通例では〈*真如〉と訳されることの多い tathatā の訳語ともなる．この場合は，「その通りである」ことを原意とし，事物や現象の真実のすがたを意味する．なおまた，*十六行相の一つに〈如〉(nyāya)があり，これは*四諦の中の道諦のもつ四特徴(形相)の一つをさし，「正しい仕方」「方法」の意．「法界皆如なり．何れの処か望みとなさむ」〔拾遺往生伝上〕

如意 にょい ① 物事が自分の意のままになること，またその不思議な力をいう．時に，*如意宝珠の略称ともする．如意宝珠(cintā-maṇi)とは，意のままに宝や食物・衣服を出したり，あらゆる願いをかなえてくれる空想上の宝珠．経典や仏法の*功徳を象徴したもので，密教ではこれを本尊とする法要もある．「逝者は化して金剛の躬となり，留まる人は変じて如意の身たらむ」〔性霊集7〕

② 僧の持物の一つで，*説法や*法会のときに持つ法具．サンスクリット語は anuruddha．もとは背を搔く孫の手のようなもので，名称の由来も，意のままになる便利なものをいうことからだろうが，次第に儀式に用いられるようになった．玉・角・木・竹などで製する．「己れは，年来如意と申す物をなむ造る．其の如意に牛の角を延ぶるには」〔今昔16-15〕

如意宝珠 にょいほうじゅ ［*s*: cintā-maṇi］ 〈如意珠〉〈如意宝〉〈如意摩尼〉などともいう．あらゆる願いを叶える不思議な珠．ひとたび手中にすれば，いかなる願望も成就できるという魔法の玉．欲するがままに財宝その他を出し，またよく病苦・災いなども防ぐという．海中に棲む怪魚マカラ(摩竭魚)，あるいは*竜王の脳中より採れるものとされ，希有なものであって，しかも衆生を*利益して限りないことから，仏や仏の教えなどの象徴ともされた．一説に*仏舎利の変形ともいわれる．造形的には通常，上部のみ円錐形の球体に作られ，*如意輪観音・*地蔵菩薩などの持物となっている．古来この宝珠を*本尊とする諸種の法要があり，密教の如意宝珠法もその一つである．

『御遺告』その他の*空海諸伝によると，空海は*恵果より如意宝珠を授かり，帰朝後国内の名山勝地に秘蔵したといい，その所在は宗門の極秘とされた．なお摩尼珠(maṇi)は元来，宝石の総称であるが，しばしば如意宝珠のことも指す．「その王の后，また我が天冠の中に如意宝珠を入れて，その塔に納め置き」〔今昔 2-24〕「我聞く，海の中に如意珠あなり．こころみに行きて求めむ」〔三宝絵上〕．→宝珠，摩尼，大施太子．

如意輪観音 にょいりんかんのん ［*s*: Cakravarti-cintāmaṇi］　音写して〈震多摩尼斫迦羅〉とする．*観音信仰の展開に伴って考えだされた変化観音で*六観音の一つ．初期の経典では如意輪陀羅尼経など二臂の姿を説く．第二次の訳経では，『観自在如意輪菩薩瑜伽法要』『観自在菩薩如意輪瑜伽』『観自在菩薩如意輪念誦儀軌』がいずれも六臂の姿を説く．

日本では平安前期以後，六臂像が多くつくられたが，その姿は具体的には*空海によって日本に伝えられた胎蔵曼荼羅(→両界曼荼羅)蓮華部院にあらわされた右膝を立て左膝を屈して坐る姿である．以後，日本の如意輪観音像はこの姿を基本として展開してゆく．*観心寺像・*醍醐寺像(いずれも平安前期)などは代表的な作例．

鐃 にょう　*梵音具の一つで，鋳銅製で丸形の*鈴に柄をつけたような形状を呈す．鈴には鈴子が入れてあり，柄を振って打ち鳴らす．栃木・日光男体山出土品や千葉・円福寺に奈良時代の遺品がある．これらは柄の末端を*三鈷形に形づくっていることから，密教法具の*金剛鈴に先行するものとみなされ，奈良時代の雑密の法具と考えられている．東大寺の弘安8年(1285)銘の鐃は，二月堂の*修二会(お水取り)において堂司鈴と称され使用されたものである．

遶仏 にょうぶつ　〈繞仏〉とも書く．仏や長上に対して，右肩を肌脱ぎにして(*偏袒右肩)合掌しながら時計回りに周囲を3回巡って(右遶三匝)尊敬の意を表すること．古代インドにおいて聖火・貴人に対する礼法であり，軍隊の凱旋の際に城壁の回りでの作法であったものが仏教に取り入れられ，後には法要の中で*行道しながら経を*読誦したり*散華するなど，複雑に儀式化されている．→右遶．

如実 にょじつ ［*s*: yathā-bhūta, yathā-bhūtam］　あるがまま，あるがままに，という意．仏教では bhūta や satya や tattva，あるいは tathatā という語が真実・真如を意味する．すなわち〈あること〉〈存在すること〉，あるいは〈それ〉とか〈これ〉と指し示しうるものがそのままで真実・真如であるという．したがって〈あるがまま〉〈あるがままに〉ということは，真実のとおり(に)，真如のまま(に)という意味になる．〈如実知見〉はその真実・真如を真実・真如のままに*知見すること，すなわち本当の*智慧(*般若)を表す．なお，漢語〈如実〉(実の如く)は事実のとおりにという意味で，『論衡』卜筮に用例が見える．「戒と智とまことに宝なるべし．多聞の益すくなし．ただ如実の智を得る方便なるべし」〔貞享版沙石集 9-9〕．→真如．

如浄 にょじょう ［Rú-jìng］　1163-1228　中国，越州(浙江省)の人．19歳で諸山を遊歴し，中国曹洞禅の雪竇智鑑の下で*大悟する．1210年(南宋の嘉定3)清涼寺に住し，瑞巌寺・浄慈寺をへて1224年(嘉定17)*天童山景徳禅寺に住す．その禅は*洞山良价の流れを汲み，南宋の上流社会と交渉のあった臨済禅の大慧派とは対照的に，名利を超越し*只管打坐に徹したものであった．*道元は如浄のもとで，「*身心脱落」の語を聞いて得道した．『如浄禅師語録』2巻がある．

如是我聞 にょぜがもん ［*s*: evaṃ mayā śrutam］　このように私は聞いた，の意．伝説では，釈尊の教えをまとめる最初の会議(第一*結集)において，*阿難はこう言ってから経の誦出を始めたので，以後，経典はこの文句で始まるようになったという．すなわち，ここに言う〈我〉は，釈尊が教えを説くのを傍らで聞いて記憶に留めていた阿難のことであると，一般には解されている．この形式は，後の大乗経典にもそのまま受け継がれ，仏(釈尊)の直説(じきせつ)ということを建て前とする経は，原始経典・大乗経典たるを問わず，いずれもこの文句で始まることを原則とする．なお，〈如是我聞〉は*鳩摩羅什(くまらじゅう)以後の訳で，それ以前は〈聞如是〉と言った．「如是我聞より，一心高声に一部を誦し訖(を)はりて，頭面作礼(ずめんさらい)して，すなはち入滅せり」〔法華験記中62〕

如是語 にょぜご　⇨本事(ほんじ)

女人禁制 にょにんきんぜい　信仰上，女性をけがれ多く，また僧の修行を妨げる者として，特定の寺院・霊場で女性の立入りを禁止したこと．区域を定める*結界(けっかい)石を立ててこれを標示したことから〈女人結界〉ともいう．禁止の事実は，*比叡山・*高野山・金峰山(きんぷせん)その他にみられ，平安時代の記録や文学作品に徴し得るが，この用語の見えるのは，室町時代のころからのようである．女性に本堂の*内陣(ないじん)に入るのを許さないのも禁制の一種といえよう．道元・法然・存覚らは女人禁制を強く批判否定した．「此の島は女人禁制とこそ承りて候ふに，あれなる女人は何とて参られ候ふぞ」〔謡・竹生島〕「若君様あれ御覧候へや，一枚は女人禁制，また一枚は産病者禁制，今一枚は細工禁制と書きてあり」〔説経・宝永版あいごの若5〕．→女人堂．

女人成仏 にょにんじょうぶつ　女性が*仏に成ること．古代インド社会では女性の地位が低かったことから，その女性観が仏教に入り込み，仏教経典には，女性は梵天王・帝釈天・魔王・転輪聖王・仏の5種には成れないとする〈五障(ごしょう)〉説(→五障三従)のような女性差別思想が散見されるが，大乗仏教の一切衆生に*成仏の可能性を認める系統においては，*変成男子(へんじょうなんし)説を用いて，女性は男身へ変身することによって成仏できると説明された．*法華経提婆達多品は8歳の*竜女(りゅうにょ)の成仏を説き，五障の女性も，変成男子によって成仏できることを説いている．また*無量寿経は浄土に女性はいないとするが，*阿弥陀仏(あみだぶつ)の第三十五願において，変成男子による女人往生を説いている．これらの女人成仏・女人往生思想は，女人救済説ではあるが，あくまで変成男子説に基づくものであり，差別の上に立った救済思想であるといえる．

日本においては，法華経や転女成仏経，無量寿経に基づいて，変成男子による女人成仏・女人往生が説かれた．従来の通説では鎌倉新仏教が初めて女人成仏(往生)を説いたとされていたが，すでに平安仏教において説かれていた．なかでも法華経は特別重視され，五障や竜女成仏の文言が9世紀後半から貴族社会において流布し始め，多くの文学作品にも登場するようになり，女人成仏(往生)思想は，平安時代の末頃にはかなりの程度広まっていたと考えられる．→女性．

女人堂 にょにんどう　*女人禁制(女人結界(けっかい))を行なった寺院の境域外に，女性のために建てられ，女性が籠って読経・念仏などを行なった堂宇．*高野山では，七つの登山口に設けられ，これ以上の*登山(とうざん)を禁じた．比叡山東坂本口の花摘堂は4月8日に限り開放され，堂まで女性の登拝が許されるならわしがあった．この日は仏誕生の日で，女性たちによって花摘堂に躑躅(つつじ)の花が飾られ，灌仏が行われたという．花摘堂は年に一度の女人堂といえよう．「禿(かぶろ)といふ宿の名もいやに，女人堂までは折々目をふさぎこして，花摘よりおのづから有難く」〔浮・男色大鑑3〕

如法 にょほう　[s: yathā-dharmam]　無量寿経下に「如法に修行す」，維摩経方便品に「まさに如法に説くべし」などとあるように，仏の教え(*法)のとおりに行うこと．正しいやり方．転じて副詞的に用いられて，型通りに，尋常に，まったく，などの意に用いられたほか，まじめで温和な人柄を指すなど，幅広い意味で用いられるようになった．なお，〈*如法経〉とは，正しい法式に従って経文を，特に法華経を書写することをいう．「日吉社(ひよしのやしろ)にして如法に法花経一万部転読する事有りけり」〔平家6.横田河原〕「僧堂なども如法わろくせばく，寮などもなくて」〔雑談集9〕

如法経 にょほうぎょう　一定の規則に従って*写経すること．特に法華経(ほけきょう)を書写供養し，これを*埋経(まいきょう)する行事をいう．また供養の法会，書写した経巻をもいう．用語は『日本霊異記』に初見し，そうした写経は古くから行われたようだが，『叡岳要記』所収の貞観6年(864)の壱道の記や『今昔物語集』巻11-27では，*円仁が*比叡山で行なったのに始まるとする．その後，*経塚が盛んに造営されるようになると，当然，如法経もこれにあわせて書写された．「河東の練行の尼の，写せる如法経の功ここに顕れ」〔霊異記下10〕「如法に精進にして，法花経を書き給ふ…如法経，これに始まる」〔今昔11-27〕

女犯 にょぼん　出家の僧が女性と性的な交わりを行い，*戒律を犯すこと．日本仏教の歴史上，はじめて女犯の禁制を破り，僧俗・男女の別をこえて在家仏教を確立したのは浄土真宗で，その宗祖*親鸞は，京都*六角堂の救世菩薩(観音菩薩)から「行者宿報によりたとい女犯すといえども，我玉女の身と成りて犯され，一生の間よく荘厳し，臨終には引導して極楽に生ぜしむ」〔親鸞伝絵上3〕の夢告をうけたと伝えられる．「専修の云はく，囲棊双六は専修に乖かず，女犯肉食は往生を妨げず」〔興福寺奏状〕

如来 にょらい ［s: tathāgata］　*修行を完成した者の称．諸宗教を通じて用いられた．後にもっぱら釈尊の称呼となり，さらに*大乗仏教では諸仏の称呼ともなった．サンスクリット語 tathāgata の語源・原義に関しては諸論があり，確定していない．〈そのような(tathā)境涯(gati)に赴いた人〉の意ととる説もある．*ジャイナ教聖典にも見え，おそらく仏教者の案出した語ではなく，当時一般に周知の語だったらしく，初期の仏典では語義説明がされていない．教理的な解釈が現れるのは*部派仏教になってからである．tathā は〈そのように〉〈如実に〉の意である．gata は〈去った〉，āgata は〈来た〉の意．そこで教理的解釈では，tathā＋āgata と見て，〈(過去の仏と)同じように来た〉〈真実から来た〉と解釈したり，tathā＋gata と見て，〈同じように行った〉〈真実へ赴いた〉などと解釈している．漢訳仏典では前者のようにとり，〈如来〉と訳す．後者に従い〈如去〉と訳した例は，この語の教理的解釈の文を除けばほとんどない．漢語〈如来〉は後漢の*安世高から始まる．中国仏教では概して〈真実より衆生の世界へ来たもの〉と解釈している．

〈如来〉などの仏の称号を〈如来十号〉(*十号)という．すなわち，如来・*応供・等正覚(正遍知)・明行足・*善逝・世間解・無上士・調御丈夫・天人師・*仏・*世尊である．各称号は初期仏教以来あるが，これを〈十号〉として数えることは後のもので，分け方も一定していない．概して，南伝(*南方仏教)では如来を除いて応供以下を一まとめに考えていたようであるが，北伝(*北方仏教)では，上記11の称号を〈十号〉とするために，世尊を除いたり，無上士と調御丈夫を一つに数えたりしている．

図像学的には，頭部に*肉髻が盛り上がる，*白毫がある，などの*三十二相・*八十種好と呼ばれる身体的特徴があるとされるが，すべてが造形化されたわけではない．衣は下半身に裙(裳)を着け，その上に*衲衣(大衣・*袈裟)をまとうのが普通である．別に僧祇支あるいは覆肩衣という右肩を覆う衣を着けることもある．ただし密教の*大日如来は*菩薩と同様の姿にあらわされる．

如来禅 にょらいぜん　*如来(仏)の根本精神を伝える禅．〈如来清浄禅〉〈最上乗禅〉ともいわれる．四巻*楞伽経巻2に，四種禅(愚夫所行禅・観察義禅・攀縁如禅・如来禅)の最高として立てられるのを最古とする．*神会や*宗密は，*菩提達摩門下が伝えるのはこの如来の最高の禅であるとする．しかし，*馬祖道一門下の禅が発展してくると，如来禅もまだ理にすぎているとして〈祖師禅〉が立てられるが，如来禅と祖師禅は同じであるとする禅者もいた．「今云ふ所は如来禅にもあらず，心性禅にもあらず」〔三国伝記11-30〕．→祖師禅．

如来蔵 にょらいぞう ［s: tathāgata-garbha］　すべての*衆生に具わっているとされる*悟りの可能性．〈仏性〉に同じ．如来蔵のサンスクリット語は*如来(＝仏)と胎(または胎児)との複合語で，如来を胎に宿すものの意で，衆生の説明語である．その出典は*如来蔵経の「一切の衆生は如来を胎に宿している(sarvasattvās tathāgatagarbhāḥ)」という句にある．胎中にあるものは胎児にほかならないので，後に*勝鬘経などでは，これを〈如来の胎児〉の意にとり，さらに，如来を如来たらしめている本性として*法身ほっしんにほかならず，ただそれが*煩悩ぼんのうを纏まとっているため，まだ如来のはたらきを発揮出来ない状態にあるもの(在纏位ざいてんいの法身)と解した．

*『究竟一乗宝性論くきょういちじょうほうしょうろん』はこうした諸義をふまえて，〈如来蔵〉を，1)衆生＝如来の胎児，2)衆生＝如来と同じ本性(*真如しんにょ)を有するもの，3)衆生＝如来の因(＝仏性)を有するもの，と解している．1)はさらに，すべての衆生が如来法身に遍満されている意と説明される．漢訳の*『仏性論』はさらにこれを承けて，1)は所摂しょしょう蔵(衆生は法身に包摂される．法身は宇宙大，衆生はその一部)，2)は隠覆おんぷく蔵(真如法身は衆生のうちに隠れ潜んでいる)，3)は能摂のうしょう蔵(衆生は如来の徳性を本性具有している)の三蔵とした．

如来蔵は，具体的には衆生の*自性清浄じしょうしょうじょう心をさし，それが衆生に*菩提心ぼだいしんをおこさせ，修行して悟りを得させる原動力となるという．同じ衆生の心である点で*阿頼耶識あらやしきと同一視されることがあるが(楞伽経，『大乗起信論』)，阿頼耶識は迷いの根元たる点で，如来蔵とはうらはらの関係にある．→仏性．

「如来蔵といふはすなはちこれ真実なり」〔勝鬘経義疏〕「自心に如来蔵あることを信ぜずんば，菩薩にあらざるが故に」〔義鏡上〕

如来蔵経 にょらいぞうきょう　[s: *Tathāgatagarbha-sūtra*]　漢訳では1巻の小部な経典だが，*如来蔵・*仏性ぶっしょう思想の起源となった重要なもの．*衆生しゅじょうは外来的・偶然的な煩悩ぼんのう(*客塵きゃくじん煩悩，āgantuka-kleśa)に覆われているが，それを取り除けば本来自己のうちにある*如来としての*本性ほんしょう(如来蔵，tathāgata-garbha)が輝き出すのであり，この意味で「一切衆生は如来蔵である」(sarvasattvās tathāgata-garbhāḥ)と述べられる．後代の解釈(*『究竟一乗宝性論くきょういちじょうほうしょうろん』*『仏性論ぶっしょうろん』)によれば，この意味は，1.衆生が如来の胎児として如来の内に蔵せられている(所摂蔵しょしょうぞう)，2.衆生が胎児として*真如しんにょたる如来そのものを宿している(隠覆蔵おんぷくぞう)，3.衆生の胎児は如来性という将来如来たるべき因(dhātu)に他ならない(能摂蔵のうしょうぞう)，という三義に解釈される．この3の意味において如来蔵は仏性(buddha-dhātu)と同義となる．如来蔵経はこれらの教義を，1.朽ちた蓮華の内にある如来化身，2.群蜂に囲まれた純粋な蜂蜜，3.皮殻に覆われた穀物の実，4.不浄処に堕ちた真金宝，5.貧家の地下にある宝蔵，6.アームラ果の内実，7.襤褸ぼろ布に包まれた真金の仏像，8.卑賤な女が宿した貴子，9.鋳型の中の仏像という9種の巧みな比喩で説く．如来蔵は中国では*地論宗じろんしゅうが顕宗第一の教義とし，華厳の*法蔵ほうぞうも如来蔵縁起を究極の*縁起とするなど，東アジア仏教に大きな影響を与えた．

如露如電 にょろにょでん　訓読すると〈ろのごとし，でんのごとし〉．*金剛般若経に「一切有為の法は…露の如く亦電の如し」とある．現象世界に存在するものは本来*空くうであり，*無我であることを譬えたもの．朝露は草木の葉に留まること瞬時であり，電光は一瞬に光り，そして消滅する．空・無我を譬えたものとしては，星・眼翳・燃灯・幻・露・水泡・夢・電光・雲(金剛般若経の九喩)が代表的である．

「筆のすさみを見れば，一切有為法，如夢幻泡影にょむげんほうよう，如露亦如電にょろやくにょでん，応作如是観おうさにょぜかんとぞかきたりける」〔曾我10．曾我にて〕

尼連禅河 にれんぜんが　サンスクリット語Nairañjanāに相当する音写．ナイランジャナー．インドのビハール州ハザリバグ地方のシマリアに源を発し，*仏陀伽耶ぶっだがやの近くを北流してモーハナー河と合し，パトナの東方でガンガー河(*ガンジス河)に注いでいる．現在はパルグ河と称する．仏陀は河畔のウルヴィルヴァーの*苦行林で6年間苦行をつづけたが得るところなく，苦行をすてて尼連禅河で沐浴した．仏伝文学によれば，セーナーニー村の長者の娘スジャーターの捧げる乳糜にゅうみ(牛乳で調理された食物)をとって体力を回復し，*菩提樹の下で*観想し*正覚を得たと伝えられる．

人 にん　[s: manuṣya, nara, puruṣa, pudgala]　ひと．五道・*六道・*十界じっかいの中にあり，*輪廻りんねする存在．manuṣya, nara, puruṣaなどは，動物や神など他の生命体と区別される人類，ひと，の意である．〈人法にんぽう〉という時の〈人〉(pudgala)は，個人存在のことで，それの構成要素である*法(dharma)に対立して考えられたもの．なお，漢語

〈人間〉は世間，この世の意味であり，中国古典では真なる世界に対する俗世間という語感をもつこともある．〈人界〉は人間の住む世界の意で，十界の一つ．

忍 にん [s: kṣānti] 〈忍〉は原語の漢訳語であるが，これに大別して二義がある．一つは，忍び耐える，忍耐の意で〈*忍辱〉ともいう．*六波羅蜜(大乗の*菩薩の6種の修行徳目)の一つに挙げられ，*誹謗者や迫害者によって加えられる危難や侮辱に対して，心を動かすことなく耐え忍ぶことである．もう一つは〈忍可〉の意で，はっきりそうだと認知することの意である．この意義における〈忍〉は修行道についていわれるもので，アビダルマ(*阿毘達磨)仏教では*修行の階梯における2種の〈忍〉を説く．第一は，聖者の位に入る前段階の修行階梯である*四善根の中の第3の位である〈忍〉．第二は，*聖者の位の階梯である*見道位(*四諦を観察してその理法を一分ずつ悟ってゆく位)において，順次に生ずる八智のそれぞれ直前の段階を〈忍〉といい，順次に四諦の理法を正しく忍可する位である．これに八智に対応して八忍がある．

なお，*娑婆(この世)のことを〈忍土〉というのはサンスクリット語 sahā(大地)を動詞語根√sah(たえしのぶ)と関連づけて〈忍〉と訳したため．

任運 にんうん [s: svarasa, ayatna] 〈にんぬん〉とも読む．漢語としては，人為を棄てて天のめぐり，あるいは人の次元を超えた理法に，一切をゆだねること．『宋書』王景文伝，『真誥』巻3などに用例が見える．思想的には，〈任数〉〔淮南子原道訓〕，〈任天〉〈任理〉〈任自然〉〔郭象・荘子注〕などとともに，老荘の〈無為自然〉の思想に基づく．

仏典では，svarasena(それ自身の性向によって，自然に)，ayatnena(努力を要しないで，自然に)などの訳語に当てられる〔倶舎論3,25など〕．たとえば，煩悩や智慧などが自然に継起することを〈任運相続〉といい〔大毘婆沙論18，起信論疏筆削記12〕，また一般に，事象が理法に従って自然に，あるいは自在に存在・生起・成就することを〈任運自爾〉〔摩訶止観5上〕，〈任運自発〉〔同3下〕，〈任運自成〉〔同2下〕などという．さらに禅門では，漢語本来の意味に従って，特に*禅定や*解脱の境地にあって心をはたらかせず，一切を在るがままに放擲して，しかもこだわりなく自由自在であることを〈任運自在〉という〔宏智禅師広録1，禅源諸詮集都序上2〕．

「熱き時には松能く清冷の影を作し，寒き時には任運に煖温の気あり」〔法華験記上18〕

仁海 にんがい 951(天暦5)-1046(永承1) 真言宗の僧．小野僧正，雨僧正ともいう．和泉国(大阪府)の出身．*高野山の雅真(?-999)に師事し，のち醍醐の元杲(914-995)に密教の奥義を学ぶ．さらに諸方に遊学し，小野(京都市山科区小野)に曼荼羅寺(現在の随心院)を建立．のち東寺(*教王護国寺)の別当となり，*神泉苑に請雨法を修して効験あり，その後，9回にわたり降雨を祈ってみな効を奏したので〈雨僧正〉といわれた．この法験は宋にまできこえ，宋人は〈雨海大師〉と称した．真言宗*事相の二大潮流である小野流の始祖．→野沢二流，請雨．

人我見・法我見 にんがけん・ほうがけん 個人の主体としての自我(*我 pudgala, ātman)が存在する，という誤った見解を〈人我見〉(*我見)というのに対して，個人の構成要素および外界のあらゆるものに実体(*自性 svabhāva，自相 svalakṣaṇa)を認める誤った見解を〈法我見〉という．

*部派仏教の諸学派は個体の中の自我は否定したが，それ以外の個体の構成要素および外界の物質的存在(これらすべてを*法 dharma という)に実体があることを認めた．とくに*説一切有部は，伝統的な個人存在を構成する要素であった*五蘊・*十二処・*十八界などに含まれる存在要素をさらに分析し整理し発展させて，*五位七十五法の体系を完成した．そしてこの五位七十五法を構成する物質的存在(11種の*色法)，心理的存在(一つの心法および46種の心所有法)，概念的存在(物質的でもなく心理的でもない，言語・論理・生理的存在など．14種の心不相応行法)，生滅せず変化もしない無制約的存在(3種の*無為法)というあらゆるものに実体がある，と主張した．

*般若経を初めとするすべての大乗経典や*竜樹などの大乗の哲学者たちは，これらの実体の存在を否定した．個我の否定を〈人無我〉といい，それ以外の実体の否定を〈法無我〉という．→人空・法空．

「いまだ断縛の剣を得ず．人我の空を解らず，何ぞ法空の理を覚らん」〔十住心論 4〕

人空・法空 にんくう・ほうくう ［s: pudgala-nairātmya, dharma-nairātmya］ 〈人無我・法無我〉に同じ．人の主体としての自我(ātman)という実体が存在しないことを〈人無我〉または〈人空〉といい，あらゆる存在に実体性(svabhāva)のないことを〈法無我〉または〈法空〉という．この場合，〈法〉はあらゆる「もの」を表し，〈我〉は実体を意味する．

ゴータマ-ブッダ(釈尊)は，*有情(意識ある生きもの，とくに人間)は物質的存在(色)・感受(受)・表象(想)・意欲(行)・意識あるいは思惟(識)という5種の要素(*五蘊)の仮の集合にほかならず，そこに自我という実体は存在しない(人空)，と教えた．この人空の教義は*部派仏教にも受けつがれた．

大乗仏教では，自我だけでなく，あらゆる物質的・心理的存在は，原因や条件によって生じ，滅するもの(*縁起)であるから，不変不滅の実体をもたない(*空)，という思想があらわれ(法空)，人空・法空の両者を並べ説くことになった．法空をも説くことは，人空のみを説いた部派仏教に対する，大乗仏教の重要な特色である．たとえば部派仏教の最大の学派であった*説一切有部は自我の存在は否定したが，それ以外のあらゆる存在を75種の範疇に分類し(*五位七十五法)，一切のものを実体的存在として認めた．*般若経や*竜樹は，自我とともにこれら一切のものも実体のない，空なるものであると主張した．→人我見・法我見．

認識論 にんしきろん 仏教も含めてインド思想一般の認識論では，認識とその対象の仲立ちとして*意(manas)を含む諸感官(*根，indriya)を考えるが，インド哲学諸派では知は*アートマンにおける属性として成り立ち，その意味で認識の主体はアートマンである．これに対し，アートマンを否定する仏教の認識論は知とその対象の関係を，当初は六処(*六入．内入処と外入処)の関係として捉えた．これは要するに主観の側を*六根(眼耳鼻舌身意)，客観(対象)の側を*六境(色声香味触法)とすることであるが，やがて主観の側は根と*識(vijñāna)に分かたれ，六根・六境・*六識(眼耳鼻舌身意の6種の識)の*十八界の理論が成立するに至る．根・*境・識は三事和合して*触その*心所ありとされる．ここで，根・境の関係は能取・所取，識・境のそれは能縁・所縁，識・根は能依・所依として捉えられる(→能所)．また，境(対象)を認識する作用が根に属するか識に属するかとの根見家・識見家の論争が存在した．

こうした阿含ないしアビダルマ(*阿毘達磨)仏教の議論を経て，仏教の認識論は*経量部や*唯識派を中心に一層精緻化した．一つの大きな争点として，知とは対象的形象(ākāra)の把捉であるが，形象はもともと境(対象)の側にあり直接にそれが捉えられるのか，それとも識においての形象の顕現を識は捉えているのかといった問題が存在した．前者は〈無形象知識論〉と呼ばれ，*説一切有部の立場であり，後者は〈有形象知識論〉と呼ばれ，経量部および有相唯識派の立場であった．経量部はこの形象の由来を外境に求め，他方，唯識学派はアーラヤ識(*阿頼耶識)なる深層的識に求めた．知は対象的形象としての〈相分〉，相分を把捉するところの〈見分〉，その見分を把捉するところの〈自証分〉，さらに自証分を把捉するところの〈証自証分〉，といった四つの契機から成るというのが*玄奘によって中国・日本に伝えられた*護法(ダルマパーラ，6世紀)の認識論であった．いずれにせよ仏教の認識論は修道論の基礎となるものであり，日常的認識の*虚妄性を去っていかにして真性の知に至るかという問題意識に支えられていた．

なお，認識論と*論理学をふくめて近年ではしばしば〈知識論〉と呼ぶ．これは，認識論が主として知覚の正しい根拠や対象を考察し，*論理学が正しい推理のあり方を考察する学問であることから，仏教はもとより，ヒンドゥー教系の多くのインド哲学諸派においても認識論と論理学の両者は正しい知識を獲得するために不可欠であるという共通の理解があったことに由来する．

任持自性・軌生物解 にんじじしょう・きしょうもつげ　仏教における〈*法〉(dharma)の意味を解釈する場合に用いられる用語．「(法は)自性を任持し，軌として物の解を生ず」と訓まれる．法(dharma)は元来，〈基体〉(dharmin)に対する性質の意味であったが，*説一切有部せついっさいうぶでは「固有の特質を保持するから(sva-lakṣaṇa-dhāraṇāt)」法であると解されて，基体の側に転じ，その側面を〈任持自性〉といい，その法が軌範となって人の理解を生じさせるのを〈軌生物解〉といった．

忍性 にんしょう　1217(建保5)-1303(嘉元1)　律宗の僧．字あざなは良観房．大和(奈良県)の出身．西大寺*叡尊えいぞんにしたがい*戒律と*密教を学ぶ．あつく釈迦や文殊菩薩を信仰し，貧窮者や癩病患者の救済にあたる．36歳のとき関東に下向し，まず常陸(茨城県)三村寺を拠点とした．その後，北条重時一族の支援を受け，文永4年(1267)以後は鎌倉*極楽寺を中心に戒律を広めた．また*聖徳太子を追慕して，病院や馬病舎を設置し，社会救済事業を推進した．なお，極楽寺を*光明真言こうみょうしんごんの道場とし，その流布に努めると共に寺院経営や出版事業，橋・道路・港湾の修造などにも功績を残し，叡尊教団の発展につくした．また摂津多田院や四天王寺別当，東大寺大勧進職にもなった．弟子に栄真・順忍．諡おくりなは忍性菩薩．

人情 にんじょう　〈情〉は古い漢文仏典では〈心〉のこと．したがって〈人情〉は，人のこころ(たとえば『大慈恩寺三蔵法師伝』7)．また人の気持，人間らしい心情をいう(大無量寿経下)．また中国禅籍では，人のもつ執着の心，人間的な迷いの心をいう．

日本においては，人間としての感情をいう語．*『正法眼蔵随聞記』3に「初心の行者は，まづ世情なりとも人情なりとも，悪事をば心に制して，善事をば身に行ずる」とあるように鎌倉時代から用いられているが，下って江戸時代になると，さまざまな人間の感情をいう語として拡大・深化して用いられるようになる．現実の社会では，人情の動く時，しばしば人間関係における〈義理〉と対立し葛藤を生ずる．そのために俗文学の演劇や小説では，この対立・葛藤を筋として多く用いている．近松門左衛門の世話物浄瑠璃はその例で，さらに近松以後の浄瑠璃・歌舞伎になると，筋を構成する有力な類型となる．元禄期の伊藤仁斎の「文学は人情を道いふ」ものであるとする説は，近世の文学観として注目すべきものである．

江戸後期になると，この語は，男と女の間の情愛として狭く限定しても用いられ，それを主な筋の展開に用いる小説として〈人情本にんじょうぼん〉というジャンルが成立する．人情本の中に見られる心情描写は，やがて日本の近代小説の心理描写へとつながる．近代の通俗文学の中にも，「義理と人情との葛藤」という主題はしばしば用いられている．→義理．

人天 にんでん　人間界と天界．人々と神々．*六道の中にあり，輪廻りんねする存在ではあるが，ふたたび生れる境涯としては比較的望ましいものと考えられていた．*五戒をたもって人間に，*十善を修めて天に生れると説く教えを，*大乗の立場から貶称へんしょうして〈人天乗にんでんじょう〉〈人天教にんでんきょう〉という．斉の劉虬りゅうきゅう，華厳宗の圭峯*宗密しゅうみつ，日本の融通念仏宗の大通融観などは，彼らの教判で，〈人天教〉を低級な教えとして，*五教の第一に置いた．「われ此の功徳に依りて人天に生まれて富貴を得む」〔今昔2-12〕「かるがゆゑに慈父(如来)しばらく人天乗を与へて，彼かの極苦を済すくふ」〔十住心論1〕

仁和寺 にんなじ　京都市右京区御室大内にある真言宗御室派の総本山．山号は大内山．〈御室おむろ御所〉とも〈仁和寺門跡もんぜき〉とも称した．886年(仁和2)光孝こうこう天皇(830-887)は大内山の南に*伽藍がらんを計画されたが，業なかばで崩御され，父帝の遺志を受けて宇多うだ天皇(867-931)がその造営を引き継いで888年(仁和4)*金堂こんどうを完成，阿弥陀あみだ三尊を安置して〈仁和寺〉と名づけた．のち醍醐だいご天皇(885-930)に譲位して899年(昌泰2)*益信やくしんに従って*得度し，空理くうりとなった法皇は御室および*円堂を造営して遷りこの寺に崩御された．以来，弘法大師の再来とされた性信しょうしん法親王(1005-85)以後，歴代*門跡は明治初年まで*法親王がこれを継ぐのをならいとした．

諸堂は江戸時代寛永年間(1624-44)の造立になるものであるが，宮中の諸殿を移建したものを含んで，格調高い殿舎のたたずまいを今に伝える．阿弥陀三尊は創建当時の様式を持つすぐれた像である．霊明殿には，北院の本尊であった薬師如来坐像(1103，円勢・長円作)を安置する．*空海在唐時の*『三十帖冊子』は寺宝中最高のもので，このほか中国北宋(960–1127)の仏画孔雀明王(くじゃくみょうおう)画像や多くの密教図像，また心覚(1117–80)撰の*白描(はくびょう)図像集成書の*『別尊雑記』57巻，現存する日本最古の医学書である丹波康頼(たんばのやすより)(912–995)編『医心方』5帖(平安時代写)など多数の古抄本を伝える．なお，鎌倉末期の成立と見られる『仁和寺書籍目録』(本朝書籍目録・御室書籍目録とも)は日本最古の国書目録．書籍目録としても『日本国見在書目録』に次ぐもので，古典研究には不可欠の資料である．

忍辱 にんにく [s: kṣānti] *堪忍(かんにん)すること，耐え忍ぶこと．大乗の*菩薩(ぼさつ)の修行徳目である*六波羅蜜(ろくはらみつ)の一つ．あらゆる侮辱(ぶじょく)や迫害に耐え忍んで怒りの心をおこさないことで，これを修行実践することによって，すべての外からの障害から身を保護することができるので，「忍辱の衣(ころも)」「忍辱の鎧(よろい)」〔法華経法師品，勧持品〕といわれる．また仏の*前生の修行時代に，忍辱を修行して〈忍辱仙人〉と称されたという本生譚(ほんじょうたん)はよく知られている．「法師の性，忍辱人に過ぎ，唐皇に重みせらる」〔霊異記上6〕「菩薩は世々に忍辱波羅蜜を行ふ」〔三宝絵上〕

仁王会 にんのうえ *仁王般若経(にんのうはんにゃきょう)を講読して*除災招福・*鎮護国家を祈る法会．〈仁王供〉〈仁王講〉〈仁王道場〉ともいう．また100人の僧をもって行うのを正式とすることから〈百座道場〉〈百座会〉ともいう．中国では陳の武帝の559年のものを初見として，唐代(618–907)には盛んに行われた．日本では660年(斉明6)のものを初例として，平安初期には十五大寺および*国分寺*安居(あんご)の恒例行事となると共に，貴族社会の年中行事として毎年恒例の春秋二季仁王会，天皇の代替りごとの一代一度仁王会，および臨時仁王会の三つが定式化された他，*高野山においても恒例行事となった．鎌倉幕府も将軍を主催者として幕府独自の仁王会を鶴岡八幡宮で行なった．「将門が謀反の時，禁中に仁王会ありける」〔愚管抄3.冷泉〕「南宮と申す社の前にして，百座の仁王講を行ふべき事を始む」〔今昔20-35〕

仁王経曼荼羅 にんのうぎょうまんだら *不空訳『仁王念誦儀軌』に基づく，息災を願う仁王経法の本尊．内院中央に剣・輪(一般は剣・索)を有す二臂(ひ)の*不動明王，八方に*三昧耶形(さんまやぎょう)の小月輪(がちりん)を配する．中院は四方に降三世(ごうざんぜ)・軍荼利(ぐんだり)・大威徳(だいいとく)・金剛夜叉(こんごうやしゃ)，四隅に賢瓶(げんびょう)，外院(げいん)は四方に四摂(ししょう)，四隅に外四供養(げのしくよう)，その間に右上方の伊舎那天(いしゃなてん)にはじまる八天を配する(*醍醐寺(だいごじ)・鎌倉時代，久米田寺(くめだでら)・平安時代，神上寺(しんじょうじ)・鎌倉時代)．そのほか三昧耶形のみからなる敷(しき)曼荼羅もある．→仁王般若経(にんのうはんにゃきょう)，別尊曼荼羅．

仁王般若経 にんのうはんにゃきょう 〈仁王護国般若波羅蜜(多)経〉の略称で，〈仁王経〉とも略称する．姚秦(ようしん)(384–417)の*鳩摩羅什(くまらじゅう)と唐の*不空の2訳があり，共に2巻8品．*波斯匿王(はしのくおう)など*十六大国王を主*聴衆(ちょうじゅ)として仏果・十地(じゅうじ)の行(ぎょう)を守る因縁，護国の因縁を説いたもので，殊に鳩摩羅什訳では仏教界への国家の不干渉を強く主張している．中国では早くから*偽経との説があったが，護国経として重視され，中国・朝鮮・日本を通じて，*仁王会などの国家仏事に重用された．密教でも仁王経法が四箇大法の一つとしてあり，*台密(たいみつ)では鳩摩羅什訳，*東密(とうみつ)では不空訳を用いた．また智顗(ちぎ)・吉蔵(きちぞう)・円測(えんじき)・空海など日中諸宗の学匠の注疏も多い．*護国三部経の一つ．

人非人 にんぴにん 人に似て人でないもの，あるいはまた，人と人でないものの総称．1)古代インド神話の，美しい声をもち歌舞に秀でた楽神とされるキンナラ(kiṃnara，*緊那羅(きんなら))の漢訳語．人に似て人ではないため，このような呼称をもつ．後に仏教では天・竜などの*八部衆(はちぶしゅう)の一とされた．2)人(manuṣya)と人でないもの(amanuṣya，*非人)との総称．この場合の非人は，緊那羅をもふくむ八部衆すべてをさす．またときに，六趣(*六道)のなかの人趣と畜生趣をのぞいた天・阿修羅・餓鬼・地獄の四趣を〈非人趣〉という．3)非人と同義に用いられ，内容も同じく八部衆をさす．天・竜などは人ではないが人の姿を現じるため，このように称される．

なお，わが国では，人間らしい心をもたぬ者や，人の道にはずれた行いをする者の意で転用されるようになる．人でなし，の意．

「その時にまた一切の天竜乃至一切の迦吒富単那(かたふたんな)，人非人等ありて，皆悉(ことごと)く合掌して」〔往生要集大文第10〕

ニンマ派 ―は［t: rNying ma pa］〈古派〉を意味する*チベット仏教の一宗派．吐蕃(とばん)王朝期，サムイェー僧院の建立開始(775)のときに地鎮祭を行なったインドの密教行者*パドマサンバヴァを開祖とする．インド*密教に中国の*禅宗，民間信仰などの多様な要素が混淆した教えを説き，とくに下層階級に浸透した．

その中心となるのは容易な*観想法によって*頓悟(とんご)することを目指す〈大究竟(だいくきょう)〉(*ゾクチェン)の教義であり，14世紀に活躍したロンチェン-ラプチャンパ(Klong chen rab 'byams pa，1308-63)によって体系化された．彼は〈九乗の教判〉を作り，*声聞(しょうもん)・*縁覚(えんがく)・*菩薩(ぼさつ)と5段階の密教の階梯を越える最高の地位に〈大究竟〉を置いた．これらの教義は，口伝や発掘された埋蔵経典(テルマ)によって相承されてきた．自派の教えがインド由来の正当なものであることを強調するため，典籍を偽造し，埋蔵経典としたものもある．死者のために唱える経典，いわゆる『死者の書』もそのひとつ．このため他派の批判も受けたが，民衆の間では今日までも強い支持を得ている．転生*活仏(てんしょうかつぶつ)の選定などに際して神の御告げを伝える〈神降ろし〉もこの派に属する．

人無我・法無我 にんむが・ほうむが ⇒人空・法空(にんくう・ほうくう)

ネ

根来寺 ねごろじ 和歌山県那賀郡岩出町にある*新義真言宗の総本山．一乗山大伝法院と号す．初め豊福寺と称したが，1140年(保延6)*覚鑁(かくばん)が*高野山から退き，一乗山円明寺を建立して鳥羽上皇(1103-56)の*勅願寺(ちょくがんじ)とした．1288年(正応1)*頼瑜(らいゆ)は覚鑁が高野山上に建立した〈大伝法院〉と〈密厳院〉を移し，ここで新義真言宗の教学を大成した．戦国時代には堂塔伽藍(がらん)2700余，寺領72万石となり，強力な根来*僧兵を置いたが，1585年(天正13)豊臣秀吉に焼打ちされ，学頭の玄宥(げんゆう)(1529-1605)，専誉(せんよ)(1530-1604)は逃れて後に京都と奈良に智山派(*智積院(ちしゃくいん))，豊山(ぶざん)派(*長谷寺)を構え，のち智豊両山の*能化(のうけ)が復興後の根来寺の*座主(ざす)を交替で務めた．根来大塔(1480年着工，1547年完成)と大師堂(1391)は秀吉の焼打ちを免かれた遺構で，他は江戸中期の再興後の建築である．なお，鎌倉末期から南北朝期にかけて本寺で板行された密教関係の*聖教(しょうぎょう)類を〈根来版〉という．

ネパール仏教 ―ぶっきょう 古代から〈ネパール〉と呼ばれたカトマンドゥ盆地を本拠地とするネワール族の仏教で，〈ネワール仏教〉ともいう．サンスクリット語を用いる現存唯一の*大乗仏教であり，仏典のサンスクリット原典を保存したことは，その大きな功績である．カトマンドゥ盆地には古代から仏教が伝播し，リッチャビ王朝の王は仏教を信奉し，そのチベット伝播にも大きな役割を果たしたことが知られている．13世紀にイスラーム教徒の侵入によりインドで仏教が滅びると，カトマンドゥ盆地には多数の仏教徒が避難し，さらにヒマラヤを越えてチベットに仏教最後の伝統を伝える者もあった．

その後，ネパールの仏教は徐々に衰退するが，ヒンドゥー王制のもとで，ネワールの仏教僧は妻帯し，仏教徒を*カースト化することで生き残った．さらに*チベット仏教がモンゴルに伝播し，内陸アジアに広大なチベット仏教圏が誕生すると，ネワールの仏教美術や工芸品は，チベット仏教圏に輸出されるようになった．このようにネパール仏教は，インドから仏教が姿を消した後も，チベット仏教と連携することで，その命脈を保ったのである．なお現在のネパール王国には，ヒマラヤ地域のチベット系少数民族が信奉するチベット仏教，スリランカからインドを経て伝播したテーラヴァーダ(*上座部)仏教も行われているが，〈ネパール仏教〉といった場合には，ネワールの伝統的仏教のみを指すことが多い．

涅槃 ねはん ［*s*: nirvāṇa, *p*: nibbāna］ 仏教における修行上の究極目標．インド思想では*解脱(げだつ)を究極の目的とするのが通例であるが，仏教は最初期から，解脱とともにこの涅槃の語を用いて修行実践の目的を指し示した．〈涅槃〉はサンスクリット語の俗語形の音写で，〈泥洹(ないおん)〉ともいう．

【伝統的な語義解釈】古くは*煩悩(ぼんのう)の火が吹き消された状態の安らぎ，*悟りの境地をいう．「涅槃とは何か．煩悩の根本といわれる貪欲(とんよく)の滅，瞋恚(しんい)(怒り)の滅，愚癡(ぐち)の滅をいう」〔相応部Ⅳ-38-4〕というように，これら三つ(*三毒(さんどく)，三火)を止滅した状態を涅槃の第一義とする．「すべての束縛から解脱することを涅槃という」〔相応部Ⅰ-10-7〕．漢訳で〈出稠林(しゅっちゅうりん)〉〈無欲林〉というが，煩悩の林から出ることを意味した訳例である．

また，生命の火が吹き消されたということで，*入滅(にゅうめつ)，死去をいう．〈*寂滅〉〈*滅度〉〈*円寂〉と漢訳される．「これより三カ月の後，如来は般涅槃(はつねはん)に入るべし」〔長部2-16〕．〈般涅槃〉は完全な涅槃の意で，特に釈尊の入滅を大いなる般涅槃(大般涅槃(だいはつねはん)，*p*: mahāparinibbāna)，あるいは大円寂という．

【無余涅槃・有余涅槃】釈尊の入滅はまた，生存中に涅槃を得た者が肉体などの生存の制約から完全に離れたことを意味し，これを一般に〈無余涅槃(むよねはん)〉または〈無余依涅槃(むよえねはん)〉という．「如来は無余涅槃に入りたもうた」〔長部2-16〕．これに対して，すべての煩悩を断ち切ってはいてもなお身体のけがれを残している場合を〈有余涅槃(うよねはん)〉または〈有余依涅槃(うよえねはん)〉という．すなわち，生存中に煩悩を滅して未来の生死の原因をなくした状態が有余涅槃，心身とも離脱した状態が無余涅槃である．→有余，無余．

【無住処涅槃】大乗仏教では，〈無住処涅槃(むじゅうしょねはん)〉が説かれる．〈不住涅槃(ふじゅうねはん)〉ともいい，生死の世界にとどまることなく，かといって涅槃の世界にも入らない状態，すなわち生死煩悩の迷いの世界にも悟りの世界にもとどまらない涅槃のことをいう．無住処涅槃という思想の背景には，あらゆる人びとを救うためには，自らが悟りの境地に入っていては救うことができない，といって煩悩に捉われていても救うことができない，自らは悟りの境地を体験しつつもその世界にとどまらず，悩み多い人びとの住む生死界にあって活動することこそ*菩薩の行である，という大乗仏教思想の展開がみられる．→不住涅槃，生死即涅槃．

なお中国仏教においては，僧肇(そうじょう)の*『肇論』涅槃無名論に涅槃の語を説明して，「秦(中国)には無為と言い，亦(また)滅度と名づく．無為とは，虚無寂莫にして，有為を妙絶するに取る」，「涅槃の道たるや，寂寥虚曠にして，形名を以て得るべからず，微妙無相にして，有心を以て知るべからず」というように，老荘思想の〈*道(どう)〉の概念を介して涅槃が理解されていた．

「生死に流転して涅槃を得ず」〔十住心論4〕「涅槃の時に衆生のともがらは如来に恋ひ悲しび奉りて」〔三宝絵下〕

涅槃会 ねはんえ 〈涅槃講〉〈涅槃忌〉ともいう．2月15日，*釈尊(しゃくそん)の*入滅(にゅうめつ)の日にわが国と中国で行われる追悼報恩の法会．*涅槃とは，本来はニルヴァーナのことで，迷いのなくなった境地を指すが，この場合は釈尊のなくなった意味に用いられている．実際は，釈尊入滅の月日は不明であるが，パーリ仏教ではヴァイシャーカ月の満月の日とされている．ヴァイシャーカ月とはインド暦によると第2の月なので，中国・日本では〈2月15日〉と定めたのである．涅槃図を掲げ，仏*遺教経(ぶつゆいきょうぎょう)を誦する．なお平安時代には，山階寺(*興福寺)の涅槃会が特に著名で，〈常楽会(じょうらくえ)〉とも称され，*『三宝絵』下でも年中主要法会の一つとして特記する．

「嵯峨の二尊院にて涅槃会をおこなはれける時，人々五十二種の供物をそなへけるに」

〔著聞釈教〕「山階寺の涅槃会にまうでてよみ侍りける．いにしへの別れの庭にあへりともけふの涙ぞ涙ならまし」〔後拾遺和歌集20〕

涅槃経 ねはんぎょう ［s: *Mahāparinirvāṇa-sūtra*, p: *Mahāparinibbāna-suttanta*］ 広くは，釈尊の入滅(大般涅槃)を叙述し，あるいはその意義を問う経典類の総称．これに阿含経典から大乗経典まで数種ある．

【初期経典の涅槃経】初期仏教中で，釈尊の最後の旅からはじまって，入滅に至る経過，荼毘と起塔について叙述する経典で，パーリ聖典〈長部〉に属するもの．元来は*律蔵中の*仏伝の一部であったと思われる．漢訳〈長阿含〉中の〈遊行経〉などがこれに相当する．この中では，釈尊が，自分の死後は「法を依りどころとし，自らを依りどころとせよ」(*自灯明・法灯明)といったこと，また「すべてのものはやがて滅びるものである．汝等は怠らず努めなさい」とさとしたことなどが重要．

【大乗涅槃経】大乗の〈大般涅槃経〉(漢訳3種，すなわち*曇無讖訳の40巻本〔北本〕，同再治本36巻〔南本〕，*法顕訳の〈大般泥洹経〉6巻．ほかにチベット訳2種，梵文断片などが現存)．この経典は同じ場面を舞台にとりながら，*如来の般涅槃(亡くなること)は方便であり，実は如来は*常住で変易することがないとして，如来*法身の不滅性を主張し，その徳性を*常楽我浄の四波羅蜜(四徳)に見出し，またそれを理由に，「一切衆生は悉く仏性を有する」(*一切衆生悉有仏性)と宣言する．この経は，法華経の*一乗思想を受け入れ，*如来蔵思想によってそれを発展させたもので，時には如来蔵をあえて〈*大我〉と表現する大胆さをもつ．また，法華経同様，大乗を誹謗するものに対して厳しい姿勢をとり，これを〈*一闡提〉(icchantika，欲望よりなる者)とよび，仏となる可能性をもたない(〈一切衆生〉の例外規定)とする．ただし，後の増広部分(法顕訳にない北本の第11巻以下)ではその主張を緩和し，方便説とする．この経は4世紀の成立なので，*竜樹には知られていない．

【その他の関連経典】〈大般涅槃経後分〉(漢訳2巻)．大乗の涅槃経は舞台を借りるだけで入滅自体を叙述する意図はもたないのに，これを誤解したものが，入滅から荼毘の部分を書き足して〈後分〉としたもの．チベット訳の一つは，曇無讖訳にこれを加えて，合本として訳出したものである．そのほか，大乗に至る過渡期のものとして，数種の涅槃経が漢訳として現存する．たとえば〈*遺教経〉(*鳩摩羅什訳，仏垂般涅槃略説教誡経)では，遺言のうちで，仏の肉身は滅びても法身は常住であると説くが，この〈法身〉は，仏の教えの集まりの意と解される．

涅槃寂静 ねはんじゃくじょう ［s: śāntaṃ nirvāṇam］ *三法印の一つ．*煩悩の炎の吹き消された*悟りの世界(*涅槃)は，静やかな安らぎの境地(*寂静)であるということ．「雪山童子の全身を捨つるも，涅槃寂静の半偈を聞かんが為なり」〔聖覚四十八願釈46〕

涅槃宗 ねはんしゅう 中国*十三宗の一つ．大乗の*涅槃経に基づき，その*仏身*常住，*一切衆生悉有仏性の教義を研究し宣揚する学派．涅槃経の「金剛身品」には，*如来(仏)の身は*不生不滅の常住身で永遠に壊れることのない*金剛の身であり，すなわちこれが*法身である，と説かれ，また「師子吼菩薩品」などには，あらゆる人びとがことごとく*仏性をもっており，*一闡提(*善根を断じて*成仏の見込みのないといわれている者)にすら仏性があって成仏することができる，と明記されている．大乗涅槃経の主要なものに北本と南本の2種がある．北涼の*曇無讖が〈大般涅槃経〉40巻を421年に訳了し，これが江南の建康に430年に伝えられ，*慧観・慧厳・*謝霊運などによって*法顕訳の〈大般泥洹経〉6巻(418年訳了)と対校・修治されて36巻にまとめられた．前者を〈北本涅槃経〉(40巻本)，後者を〈南本涅槃経〉(36巻本)という．

北本が江南に伝えられたことにより，それまで非難を受けていた*道生の一闡提成仏説の正当性が認められ，涅槃経の研究が盛んに行われ，南方の涅槃学派が生まれた．慧観は頓漸五時の*教相判釈を説き，涅槃経を常住教とし釈尊一代の説法最後の教と判じた．南北朝時代(439–589)の東晋・宋・斉・梁・陳にかけて涅槃経研究は最盛期を迎え，隋(581-619)以降も*慧遠・*吉蔵・章安*灌頂らによって注釈書が著されたが，摂論宗・天台宗の隆盛にともない涅槃宗は衰微し，初唐まで存続したものの三論宗・法相宗・華厳宗が盛んとなってからついに衰亡した．日本には奈良時代に*元興寺および*大安寺に伝えられ，涅槃宗が常修多羅宗と呼ばれた記録はあるが，独立した公認の宗となるには至らなかった．

涅槃像 ねはんぞう　釈迦が，*クシナガラ城の跋提河のほとり*娑羅双樹(鶴林)の間に*入滅する様子を表したもの．*仏伝中の重要な一場面である．

【インド・中央アジア】パキスタン・ペシャーワル博物館の*ガンダーラの石造浮彫像(2世紀)が現存最古の作例．カルカッタ・インド博物館のガンダーラ・ローリヤンタンガイ出土の石造浮彫像(2-3世紀)，*マトゥラー博物館の石造浮彫像(3世紀)などがこれにつぐ．中央アジアでは，アフガニスタン・*バーミヤーン渓谷ＦＣ洞の壁画涅槃図(6世紀)，*キジル第二小渓谷第2洞の壁画涅槃図(8世紀)，同第二区マヤ洞の壁画*阿闍世王故事図に描かれた四相図中の涅槃図(8世紀)，クムトラ・キンナリ洞の壁画涅槃図(8-9世紀)などが知られる．

【中国】中国では，*雲岡石窟第11洞・38洞に石造浮彫涅槃像(5-6世紀)，*炳霊寺石窟第132洞・*竜門石窟第14洞には同様の石造浮彫像(6世紀)がある．*敦煌では，莫高窟第295窟の天井画の涅槃図(6-7世紀)がある．同第158窟は巨大な塑像涅槃像と壁画(8-9世紀)とで涅槃の情景を表す．『歴代名画記』によれば*長安の大寺の壁面に〈涅槃変相〉も描かれていたことが知られる．また最近，江蘇省連雲港市の孔望山磨崖石刻中に後漢末(3世紀)の浮彫涅槃像があることが報告された．

【日本】わが国においては*法隆寺の塔本塑像(711)の内の涅槃像が最も早く，*須弥山を背景として釈迦が右肩を下にして横たわり，その周囲で多くの菩薩・羅漢・天・供養者などが嘆き悲しむさまを情景的にあらわす．『法隆寺伽藍縁起并流記資財帳』に「合塔本肆面の具攝(塔の基部の四面に配した摂像一括の意)．一具は涅槃像土，一具は弥勒仏像土，一具は維摩詰像土，一具は分舎利仏土」とある．これについで奈良・頭塔の石造線刻画(767)がつづく．彫刻では平安時代の作例は知られず，鎌倉時代の*岡寺像，観音寺像(香川県観音寺市)，穴太寺像(京都府亀岡市)などがあり，両手を伸ばして臥すものと，右手を手枕にして臥すものとの2種に分かれる．

一方，画像では奈良時代の*興福寺には画幅の涅槃図が蔵されていた(『興福寺流記』)．*涅槃会(常楽会)は，平安時代延暦23年(804)に*石山寺で始められたのが文献上の初見であり(『石山寺縁起』)，〈涅槃図〉は諸寺で催されたこの法会の本尊像として懸用するために，各時代を通じて制作されたと考えられる．わが国の涅槃図には2形式があり，第1形式は宝台の右側面を見せ，動物・会衆の少ないもの(平安後期の作例に多い)，第2形式は宝台の左側面を見せ，動物・会衆とも多いもの(鎌倉時代以降の作例)にほぼ分類される．金剛峯寺(*高野山)の応徳涅槃図(1086)は，絵画の作例としてはわが国現存最古の優作．ついで*鶴林寺太子堂の壁画(1112)が知られる．京都国立博物館の*金棺出現図(11世紀)は涅槃の一場面である再生説法を表す．

練供養 ねりくよう　*阿弥陀仏が二十五菩薩とともに*来迎して衆生を浄土に導くありさまを演劇化した*法会．平安時代に，阿弥陀仏が来迎する姿を画いた〈二十五菩薩来迎図〉がつくられ，それに基づいて演出される模擬的な法会を*迎え講といったが，それが後に流行するようになった．中でも有名なのが*当麻寺の法会で，5月14日の中将姫の忌日に行われる．二十五菩薩に扮した人々が仮面仮装をして楽の音にのり，仮設された極楽と娑婆の間を*行道する．「ねり供養まつり貌なる小家かな」〔新花摘〕

念 ねん　心に思うこと，いつも心に思うこと．『説文』に「念，常思也」とある．仏教では，サンスクリット語 smṛti(パーリ語 sati)の訳語として用いることが多い．これは記憶して忘れないことで，仏教において重要な実践徳目の一つとされた．すなわち，悟りへの修行法を示す*三十七道品の中では，*八正道の第7には〈正念〉が置かれ，また*四念処にくわえて*五根・*五力および七*覚支の一つとして念根・念力，念覚支が説かれる．*五位七十五法では心所有法の大地法の一つ，*五位百法では心所有法の別境の一つ．また，重要な〈念〉の用法として〈*念仏〉の〈念〉があるが，これももともとは思念する意であったのが，後に仏の名を口に唱える意に転じた．「念の心所は，経へて過ぎにし事を心のうちに明らかに記して忘れざる心なり」〔法相二巻抄上〕「念々の称名は念仏が念仏を申すなり」〔一遍語録〕

年忌 ねんき　人の死後，毎年めぐってくる死亡の当月当日．〈年回〉〈回忌〉〈祥月命日(しょうつきめいにち)〉ともいい，この日に*追善供養の仏事が行われる．時代を追って一周忌・三回忌・七回忌・十三回忌・十七回忌・二十五回忌・二十七回忌・三十三回忌・五十回忌・百回忌が設けられるようになった．奈良時代には，*聖武天皇の一周忌が東大寺で行われてその風がひろまったが，*光明皇后の場合は例外的に毎年の*祥月に仏事が行われた．中世になって三十三回忌まで行われることになったが，通常はこの年忌を〈*弔い上げ〉と称して，それ以後は仏事をしない．また南北朝期の前後から五十回忌・百回忌がはじめられたが，これらの法事を〈*遠忌(おんき)〉といって，それ以前の年忌と区別することがある．

一方，死んだ日から数えて初七日(しょなのか)・三七日・五七日・七七日に行う仏事は〈中陰法要〉といい，この慣習はすでにインドの経典に見える．百カ日および一周忌・三回忌は中国の葬制に由来する．つまり中国では初七日より*四十九日までの7日ごとの法事と百カ日・一周忌・三回忌の〈十仏事〉が行われ，それにともなって*十王信仰がおこり，*十王経がつくられた．儒教では一周忌を〈小祥〉，三回忌を〈大祥〉と称した．これらに対して，七回忌・十三回忌・三十三回忌に追善供養する風は，わが国の中世になってはじめられた(十三仏事)．ここに，日本の*祖先崇拝の一つの特色が見られる．なお，国王の年忌を*国忌といい，各宗では開祖の年忌法要を御影供(みえいく)(真言宗)・報恩講(浄土真宗)・御会式(おえしき)(日蓮宗)・永平忌(曹洞宗)などという．→十三仏．

「凡(およ)そ三十五日はこれを小練忌と謂(い)ひ，四十九日はこれを大練忌と謂ふ．百ケ日に望めば卒哭忌と号(なづ)く．一周忌はこれを小祥忌と謂ひ，三周忌はこれを大祥忌と謂ふのみ」〔尺素往来〕「三十三年の忌は，値(あ)ひ難く得難きの時なり」〔大谷本言泉集康暦3年草〕

拈華微笑 ねんげみしょう　華(はな)を拈(つま)んでほほえむ意．あるとき釈尊が*霊鷲山(りょうじゅせん)で，1本の花を手にとって示したところ，みな何のことかわからず黙っていたが，*摩訶迦葉(まかかしょう)だけがその意味を理解してにっこりほほえんだ．そのために，釈尊は迦葉に*法を伝えた，という伝説的な故事．*偽経の大梵天王問仏決疑経に見えるもので，宋代以後の禅宗において〈不立文字(ふりゅうもんじ)・教外別伝(きょうげべつでん)〉の立宗の基盤を示すものとして重用され，また，*公案の一つともなった．「迦葉尊者，霊山にして拈華微笑の時，すでに正法眼蔵，涅槃妙心を伝ふ」〔沙石集4-1〕．→教外別伝，不立文字，以心伝心．

拈古 ねんこ　〈古則〉すなわち禅門の*公案を拈提(ねんてい)する意で，古人の公案を取り上げて評釈すること．これに対して*頌古(じゅこ)というのは，古則に頌(じゅ)すなわち宗旨をこめた漢詩をつけることをいう．「遊方のちなみに，宣州の理(しん)禅師にしたがひて，雲門の拈古および雪竇の頌古拈古を学す」〔正法眼蔵自証三昧〕

念持仏 ねんじぶつ　⇒持仏(じぶつ)

燃灯仏 ねんとうぶつ　[s: Dīpaṃkara]　〈錠光(じょうこう)仏〉〈定光(じょうこう)仏〉〈提和竭羅(だいわかつら)仏〉とも訳され，「灯火を輝かす者」の意．過去世において菩薩として修行中の釈尊に成仏の*授記を与えたとされる仏．この仏に会った時，釈尊は5茎の蓮華を献じ，また自分の髪を解いてぬかるみに敷き仏を渡した．ために釈尊は授記を受けたという．

念仏 ねんぶつ　[s: buddha-anusmṛti, buddha-manasikāra]　今日，「*南無阿弥陀仏(なむあみだぶつ)」と*阿弥陀仏の名前を称える〈*称名(しょうみょう)〉と同義に考えられているが，仏教思想の展開史上，念仏の意味・種類・用法はきわめて多岐にわたっている．

【インド】初期仏教では，仏・法・僧・戒・施・天を思念する*六随念(ろくずいねん)やそれを発展させた十随念の第一〈仏随念〉のことを〈念仏〉といい，心を集中させて仏の*十号を*憶念(おくねん)

することを意味した．やがて，大乗仏教における多仏思想の成立により念ずる対象としての仏は過去・現在・未来の諸仏へと広げられ，その内容も仏の十号に加えて，*三十二相などの仏の身体的特徴や諸徳，さらには色も形もない*法身(ほっしん)仏に至るまで多様化していく．また，念仏の目的や得益も*生天(しょうてん)・*滅罪(めつざい)・*見仏(けんぶつ)・*仏国土(ぶっこくど)への往生など様々であった．

諸経典に説かれる念仏について二,三挙げると，*般舟三昧経(はんじゅざんまいきょう)では*禅定(ぜんじょう)(*三昧)中で一切の諸仏が目の前に現れること(見仏)を目的としてひたすら仏に思いを集中させる〈*般舟三昧〉(念仏三昧)が説かれ，*観仏三昧海経では仏の身体の各部分を順次に*観察・*観想していく〈観仏三昧〉が説かれている．また，*無量寿経(むりょうじゅきょう)をはじめとする浄土経典では，阿弥陀仏を念仏することにより阿弥陀仏の住する*極楽世界に往生できると説かれており，*浄土教の展開の過程で念仏の意味は随念(憶念)・思念(作為)・念仏三昧・見仏・観想・称名など様々な解釈がほどこされていく．

【中国・日本での展開】中国においては，当初，*白蓮社(びゃくれんしゃ)をはじめた廬山の*慧遠(えおん)のごとく仏を思念する〈念仏三昧〉が重視され，後代に至るまでこの実践は続けられた．一方，念仏思想の展開と民衆への普及の点で見逃すことができないのは，浄土経典や仏名経典の流行にともない阿弥陀仏の名を称えることを〈念仏〉とする思想が生まれたことである．この思想は*道綽(どうしゃく)を経て弟子の*善導(ぜんどう)によって大成された．彼は〈念声是一(ねんしょうぜいち)〉(憶念と*口称(くしょう)は同一である)を主張して〈*称名念仏〉(口称念仏)を念仏の中心にすえた．

日本においてもこの思想が偏依(へんね)善導をかかげる*法然(ほうねん)やその門下にうけつがれることになり，わが国の浄土教では〈口称念仏〉が主流になった．なお，*比叡山(ひえいざん)には*円仁(えんにん)などによって中国から伝えられた*声明(しょうみょう)音楽として，〈五会(ごえ)念仏〉や〈*引声(いんぜい)念仏〉がある．また，民間においては*踊念仏や*歌念仏なども行われてきた．

「もろもろの聖教(しょうぎょう)の中には，多く念仏をもって往生の業(ごう)となす」〔往生要集大文第8〕「たふとき読経の声かすかに，念仏などの声ばかりして」〔源氏夕霧〕

念仏踊 ねんぶつおどり　*時宗は*踊(おど)り念仏で知られているが，僧衆の〈踊念仏〉に対して在家信者の踊りを〈念仏踊〉といって区別する．ただし，中・近世の一般的用語としては両語を同義に用い，特に区別しないことも多い．念仏踊は*遊行上人(ゆぎょうしょうにん)の巡化によって全国各地に伝播したといわれ，さらに最近は，*高野聖(こうやひじり)などの時宗系回国聖による伝播力を重視するむきもある．『一遍聖絵(いっぺんひじりえ)』4に「ここを以て，童子の竹馬をばする是をまなびて処々にをどり，寡婦の蕉衣をうつ．これになずらへて声々に唱ふ」とあり，*一遍の時代にすでに民衆の間にひろがっていったことがうかがい知られる．江戸時代まで時宗寺院の所在地に念仏踊の講中があったことが，寺記や『遊行日鑑』で知ることができるが，その多くは消滅し，今日ではわずかに長野県佐久市，神奈川県藤沢市に見られる．

全国各地の盆踊り・鎮花祭・豊年祭などの行事で念仏踊と呼ばれるものが多いが，その多くは古くからの祭に伴う郷土芸能にあとから念仏が加味されたと考えられる．またそれと踊念仏との関係も明らかにすることは出来ない．四国の愛媛・徳島・香川3県には，古くから念仏踊が盛んであり，今日に伝えられているものがある．特に吉野川の支流貞光川流域の山村，徳島県貞光町端山字川見などに，素朴で迫力にみちた念仏踊が伝承されている．

「石井の念仏躍り，夜深に即成院へ行く．門前を通るの間，御所へ召し入る．種々の異形風流その興有り」〔看聞御記永享6.7.15〕「室町殿・同御方御所・御台，三十三間(堂)御参あり．四条だうじゃう(道場)念仏をどり御ちゃうもん(聴聞)と云々」〔言国卿記文明10.2.19〕

念仏講 ねんぶつこう　死者の葬送・*追善供養や，講衆の*逆修(ぎゃくしゅ)などを行うことを目的とした*講．〈往生講〉〈無常講〉〈鉦講(かねこう)〉〈尼講(あまこう)〉とも呼ばれる．*源信(げんしん)ら結衆25人が，浄土往生を祈願して*念仏三昧を行い，また結衆の葬送・追善を行うために始めた〈二十五三昧会〉が源流とされる．中世になると寺院内の僧侶によるものの他，鎌倉末には村落の上層住民も結成するようになり，村の惣堂

(そうどう)の境内や複数の村の共同墓地である惣墓などに供養塔を建立している．15 世紀以降には，一般民衆の参加により発展し，近世には村落社会をはじめ広く普及し，現代も行われている．多くの場合村単位か，またはそれより狭い村組単位で行われ，女人講や老人の講が任にあたっている場合も多く，葬送の念仏とともに月次の念仏，寺堂や路傍に祀られた仏の供養や安産祈願なども行なっている．

念仏宗 ねんぶつしゅう　*称名(しょうみょう)念仏，特に*阿弥陀仏(あみだぶつ)の名を称(とな)えることによって浄土に*往生することを説く宗派．より直接的には*法然(ほうねん)の立てた浄土宗を指すが，浄土真宗・時宗・融通念仏宗などを含む日本浄土教の総称として用いられる．「一(ひとり)の沙門あり，世に法然と号す．念仏の宗を立てて専修の行を勧む」〔興福寺奏状〕

年分度者 ねんぶんどしゃ　〈年料度者〉〈年分学生(がくしょう)〉〈年分〉ともいう．毎年諸宗・諸大寺に一定数の度者枠を設け，そのなかでおのおの所定の経論による試験に通った者に*得度(とくど)を許可する制度．その源流は 696 年(持統 10)の，*金光明経(こんこうみょうきょう)読誦(どくじゅ)のために毎年 12 月に度者 10 人を定めたことであるが，奈良時代の実態は不明．明確なものは平安初期まず三論宗・法相宗(ほっそうしゅう)について認められ，さらに 806 年(大同 1) *最澄(さいちょう)の上表によって，南都六宗と天台宗について計 12 名の本格的年分度者制が定められた．後に真言宗，さらには神護寺など*定額寺(じょうがくじ)にも認められ，その数は増加の一途をたどったが，10 世紀後期には有名無実化したと考えられてきた．しかし最近では，一種の定員制としての年分度者制は南北朝期まで機能していたとする説もある．「十二律呂に准じて年分度者の数を定め」〔顕戒論縁起〕

ノ

衲衣 のうえ　〈納衣〉とも書く．ぼろ布を綴りあわせて作った衣の意．〈*糞掃衣(ふんぞうえ)〉とほぼ同義である．インドの初期仏教の修行僧は，これを衣服として身にまとった．増一阿含経(ぞういちあごんぎょう) 5 には「著五納衣者(じゃくごのうえしゃ)」(さまざまなぼろ布を縫い綴った衣を着ている人)の語が見える．一方，〈*袈裟(けさ)〉のうち，裏を加えた有文織物の絹製のものを〈衲衣〉と呼ぶ説もある．あるいはそこから転じてか，袈裟と同義に用いられることも多い．「西の京に一(ひとり)の老尼あり．…上人，一の衲衣を補綴(ほてち)せしむ」〔往生極楽記 17〕「天台は布の衲を著し給へり．日本の衲は誠に法にあらざるなり」〔雑談集 3〕「暑げなるもの．随身の長(をさ)の狩衣，衲の袈裟」〔枕草子 123〕

能楽 のうがく　能と*狂言(きょうげん)の総称．明治初年以降の名称．それ以前は〈猿楽(さるがく)〉と呼ばれ，奈良時代初期に伝来した唐散楽(とうさんがく)に由来する．「弾久図(だんきゅうず)」(正倉院蔵)が示すように，当初は曲芸・奇術的な芸が主体であったが，平安・鎌倉期には，曲芸・*歌舞・秀句芸・物まね・寸劇など，多種な芸能を演じた(藤原明衡(ふじわらのあきひら)『新猿楽記』)．鎌倉期には，*延年(えんねん)・*風流(ふりゅう)・連事(れんじ)などと相互に影響し合い，劇形態の芸能へと成長した．鎌倉中後期には，大和猿楽の四座(円満井(えんまんい)・結崎(ゆうざき)・外山(とび)・坂戸(さかど))をはじめ，各地の有力寺院に付属する猿楽の座が，多く誕生していた．寺社の法会や祭礼で行われる〈翁猿楽(おきなさるがく)〉(式三番(しきさんばん))を上演する座である．翁猿楽は，*修正会(しゅしょうえ)や*修二会(しゅにえ)で法呪師(ほずし)が演じた鎮魔除魔的な所作が芸能化して猿楽にも継承されたもので，その祝禱的性格によって，寺社と強く結びついていた．大和地方の有力寺院では，江戸期まで専門の座が翁猿楽を演じ続けた．

一方，猿楽本来の芸質は，娯楽性の高い雑芸能であり，翁猿楽の上演に付随して，娯楽劇も同じ一座で演じられていた．金春(こんぱる)・観世(かんぜ)・宝生(ほうしょう)・金剛(こんごう)は，大和猿楽四座に参加して，娯楽劇を演じていた役者の名前である．彼らは同時代に活躍した人気役者で，独自の演能グループを結成して活動した．室町初期は，劇形態の能が急成長して翁猿楽と地位を逆転した時期である．観阿弥(かんあみ)(1333–84)，世阿弥(ぜあみ)(1363–1443 ?)親子が足利義満に認められて以来，猿楽は貴族階級の娯楽として発展し，1593年(文禄2)豊臣秀吉が観世・宝生・金春・金剛の四座に配当米を与え，近江猿楽はじめ諸国の座は四座に吸収統合された．江戸幕府もこれを踏襲し，徳川秀忠時代に喜多(きた)一流が加わる．明治以降五流として現在に至る．→謡曲．

納経 のうきょう　現世・来世の*福徳や死者の*追善のため経典を書写して寺社・霊場に納めること．インド以来行われてきた経典を土中に埋める*埋経(まいきょう)の風を受けて，日本でも平安時代後期以降，*如法経(にょほうきょう)納経が盛行し，藤原道長(966–1027)の金峰山山頂埋経や，平家一族の厳島神社納経(*平家納経)はその一例．経典としては法華経(ほけきょう)・般若経(はんにゃきょう)の例が多いが，阿弥陀経(あみだきょう)・*弥勒経(みろくきょう)の例も見える．中世には，書写した法華経を全国66カ所の霊場に1部ずつ納める六十六部納経が行われた．近世になると全国各地の代表的寺社を巡って納経所に法華経などの経を納め，引き換えに受領証をもらう風が起こり，さらには単に*廻国参詣して寺印などの証明を受ける形も生まれた．→六十六部．

能化・所化 のうけ・しょけ　*教化(きょうけ)する者，すなわち仏・菩薩・高僧などを〈能化〉といい，教化される者を〈所化〉(vineya)という．〈能化〉という語自体は，おそらく〈所化〉の対として中国で作られたのであろう．日本では高野山・長谷寺などの門主，西本願寺の学頭を能化と称し，また修行中の年少の僧を所化と呼ぶ．別に，神通力によって何かを化作(けさ)して現し出す人を能化(nirmātṛ)，化作されたものを所化(nirmita)とよぶ．「六道能化の地蔵薩埵にて候ふなり」〔太平記20.結城入道〕「汝が所計のごとくは，西方宗は，能化・所化倶(とも)に菩提心を亡ず」〔摧邪輪〕

納骨 のうこつ　*遺骨を納骨堂や墓におさめること．特に*火葬に伴う習俗といえる．葬送儀礼の一環としてみれば遺体処理の一つの方法にほかならないが，平安時代末期以降には，著名な霊山霊場に遺骨や*遺髪を納める風習が盛んになった．ことに*高野山へのそれは有名で，廻国の*高野聖(こうやひじり)に託された遺骨が各地から奥の院に集まってきた．反対に中世の高野山信仰はこの風習を媒介にして全国にひろめられたといえる．奈良市の*元興寺(がんごうじ)からは大量の納骨器が発掘されて，中世庶民信仰を解明する重要な資料とされている．また福島県会津若松市近郊の八葉寺には今日もなお遺骨・遺髪が納められている．

納所 のうしょ　⇒納所(なっしょ)

能所 のうじょ　能動の主体を〈能〉といい，受動の客体を〈所〉という．〈能〉〈所〉を冠してさまざまな仏教用語の対語を作る．たとえば認識主体ないし認識そのもの(能観・能縁・能取)と認識対象(所観・所縁・所取)，経典の文句(能詮(のうせん))とその言わんとする道理(*所詮)，特質(能相)と特質づけられるもの(所相)，依存するもの(能依)と依存される基体(所依)など．なお，〈能所一体(のうじょいったい)〉といえば，帰依(きえ)する*衆生(しゅじょう)と帰依される*阿弥陀仏(あみだぶつ)とが*南無阿弥陀仏において一体であることを意味する．「凡情尽き執心なくて，能所忘れ彼我絶えて，金剛の不可思儀(議)の妙用をいたす時」〔沙石集6-16〕

衲僧 のうそう　*衲衣(のうえ)を着ている修行僧の意．インドの最初期仏教の修行僧たちは，*糞掃衣(ふんぞうえ)と呼ばれる襤褸(らんる)すなわち破れ衣を着用していたが，その風は中国の禅僧たちにも伝えられ，禅僧たちは自らを指して，〈わたくし〉という意味で〈衲僧〉とか〈衲子(のっす)〉と言った．「衲僧の神変，言語(ごん)のいたるところにあらず」〔合水集上〕「禅宗の衲子，身心を決択(けつちゃく)し，戒律を守護し，心水澄浄ならば，欻然(くつねん)として心を見て，念念に諸の波羅蜜に相応せん」〔興禅護国論〕「衲子はすなはちこれ釈子なり」〔随聞記1〕

能忍 のうにん　⇒大日能忍(だいにちのうにん)

能力 のうりき　力役(りきえき)を能とする者の意で，寺に仕えて力仕事などの雑用をする半僧半俗的な下男．中世，院や*門跡(もんぜき)などに仕えて力役に従事した力者(りきしゃ)や力者法師の類で，後世の寺男に当る．「いかに能力，はや鐘をば鐘楼(しゅろう)へ上げてあるか」〔謡・道成寺〕

野伏 のぶし　野伏・山伏と併称されて，山野で修行する宗教者を指すが，もとは宮中の*仏名会ぶつみょうえで*導師をつとめる僧の呼称であったらしい．ただし戦国期になると，固定した主従制をとらず山野の地形を巧みに利用したゲリラ戦を得意とする武装集団(野武士)を意味するようになる．また近世では，定まった住居を持たず山野に野宿する浮浪者などを野伏のぶし・のぶせりと呼ぶようにもなった．「山伏も野伏もかくてこころみつ今は舎人とねりの閨ねやぞゆかしき」〔拾遺和歌集9〕「野伏ども山野に走り散って敗軍を送り責めけるほどに，討ち取られ，疵きずを蒙る者数をしらず」〔梅松論上〕．→山伏．

野辺送り のべおくり　〈野送り〉ともいう．中世以後の用語で，古くは〈山送り〉といった．葬式にあたって遺体を埋葬地まで送っていく儀礼．棺を中心に僧侶，近親や近隣の者が行列を組んで進むが，その名称も内容も地方によって大きな違いがある．〈じゃんぼん〉〈じんかん〉などというのは先頭に立つ鉦かねの音を模したものである．総体的には，家から出された死者の*霊魂がふたたび帰って来ないようにとの意味あいが強く現れ，仮門を作ったり家の壁を破って棺を出して，そのあとをただちにふさいでしまうとか，葬列の参加者が墓地から帰ってくる時には決して後を振り返らず，草履を投げ捨てて来るなどの風習が広く見られる．なお，埋葬地で火葬にすることを〈野辺の煙〉という．「死したる時の如く龕がんを拵こしらへ，野辺送りし」〔因果物語上1〕「母死ぬ．五人の子遠く山送りして帰るに」〔法華百座3.27〕

ハ

俳諧と仏教 はいかいとぶっきょう　近世の寛永時代(1624–44)，京都の公家・僧侶の中には，松永貞徳(まつながていとく)と俳諧を作り楽しんだ者が少なくなかった．僧侶は，中世以来の知識階級として，漢詩文だけでなく，和歌・連歌などを楽しむ者が多かったが，その伝統が俳諧にも及んだのである．その後，延宝時代(1673–81)の末期に，俳人達が漢詩文の精神とことばを取り入れて，俳諧を単なることばの慰戯から文学にまで高めようとし始めた時，漢詩文精神の基盤になっている*老子・*荘子の思想にも関心をもつようになり，さらには*老荘思想と結びついて行われていた*禅にも探求心を向けていった．

このような文学史的展開を受けて，以後の天和・貞享・元禄(1681–1704)の俳諧においては，*松尾芭蕉(まつおばしょう)をはじめとして，当時の俳人達の中には禅を学ぶ者が多くなっていった．それが芭蕉の門人達にも影響を与え，支考・路通のような僧侶出身の者だけではなく，嵐雪・丈草・杉風などのように禅を深く修行する者も多く出，また千那・浪化のような真宗僧侶も門下に入った．こうして，芭蕉の門人達の約2割が仏教にかかわりを持った．また芭蕉をはじめとして，門下達は，禅だけではなく，広く仏教各宗派にわたって寺院参詣などをしている．これは王朝時代以来の〈八宗兼学〉の民族的意識から来ている．また，老荘の学を兼ね修め，神社にも信仰参拝しているのは，中世以来の儒・仏・道三教一致の思想を基盤としているのである．以上のような仏教へのかかわりの在り方が，元禄以後，近世末期まで俳諧作者の間で伝統的に持続し，作品にもそれが反映している．→和歌と仏教，連歌．

敗種 はいしゅ［*s*: pūtibīja］　腐った種の意．〈敗根〉ともいい，草木の種や根が腐敗してしまえば成長することの叶わないことを，*二乗(にじょう)の不成仏に喩(たと)えた語．維摩経(ゆいまぎょう)不思議品では大乗の無上正等覚(むじょうしょうとうがく)の心を起さない*声聞(しょうもん)が敗種に喩えられている．「法華開顕の筵に至りて，初めて敗種還生の旨を説き，初住の証入を明かす」〔聖覚四十八願釈 14〕

貝多羅葉 ばいたらよう　〈貝多羅〉はサンスクリット語 pattra に相当する音写．〈葉〉はその意訳．〈貝葉〉〈多羅葉〉とも略称する．*多羅(tāla)樹の葉をさし，インドでは文書や手紙を書く際に紙の代りに用いられた．仏教経典も初期にはこうした貝葉に書写されたものが流布され，やがて紙本となっていった．近年アフガニスタンから，紀元後1–2世紀と推定されるクシャーナ文字で書写された〈八千頌般若経(はっせんじゅはんにゃきょう)〉の断片を含む多くの貝葉写本が発見され，注目を集めている．「多羅葉に書きて一由旬の城に籠めたりけん教への多きに成り侍りなんずれば」〔七巻本宝物集 7〕

波逸提 はいつだい［*p*: pācittiya］　*比丘(びく)・*比丘尼が護持すべき*戒律を罰則により5つに分類する五篇(ごひん)の一つ．*『四分律(しぶんりつ)』に説く比丘の*二百五十戒を例にあげれば，三十捨堕(しゃだ)・九十単堕(たんだ)を合わせたもの．〈捨堕〉は，尽(じん)捨提・棄堕(きだ)ともいうが，没収*懺悔(もっしゅうさんげ)の軽罪．*衣鉢(えはつ)などについて所定以上のものを所有するなどの不正取得に関する罪で，その品は教団に没収される．これが，捨の意味．そのうえ，4人以上の僧を前にして懺悔しなければならない罪．この罪を犯して懺悔しなければ，死後に三悪道(*三悪趣)に堕するという．これが堕の意味．〈単堕〉は，単提(たんだい)ともいうが，単なるうそ偽りをいうこと(小妄語)や，畜生を殺すなどの行為．これを犯せば，*布薩(ふさつ)のとき僧の前で懺悔しなければならない．→五篇七聚(ごひんしちじゅ)．

廃仏 はいぶつ　国王や政治権力が仏教を弾圧し，廃止すること．〈破仏〉や〈排仏〉ともいわれ，また仏教の側からは〈*法難〉とも呼ばれる．

【インド・チベット】インドでは，紀元前180年頃に，*マウリヤ王朝を滅ぼしてシュンガ王朝を興したプシュヤミトラによる廃仏が知られ，さらにまた*グプタ王朝下の6世紀初め，北インドに侵攻したフン族の王で，仏教を敵視したミヒラクラが廃仏を行なったと伝えられる．チベットではまた，古代チベット王朝の末期に登位したダルマ・ウィドゥムテンが王位を継承(841年)した後に廃仏を行なったという伝承がある．

【中国】中国で行われた国家による4回に及ぶ大規模な廃仏を，諡名に武(ぶ)を含む3帝(三武)と世宗(せいそう)(一宗)の代に行われたことから総称して〈*三武一宗の法難〉という．具体的には北魏太武帝(たいぶてい)の太平真君7年(446)の廃仏，北周武帝の建徳3年(574)の廃仏，唐の武宗(ぶそう)の会昌(かいしょう)2-5年(842-845)の廃仏，五代後周世宗の顕徳2年(955)の廃仏．儒・道勢力との対立，寺院所有の荘園の増加などによる国家経済の圧迫，仏教教団内部の腐敗などに起因する．

【日本】日本では二度の廃仏が有名である．一つは，6世紀に仏教が公伝したさい，崇仏派の蘇我(そが)氏と廃仏派の物部(もののべ)氏が争い，一時，廃仏派の物部氏の主張が通って，廃仏がなされた．しかし，以後は，仏教は大筋において保護され，江戸時代には，キリスト教を恐れる幕府によって庶民もいずれかの寺院の*檀家(だんか)にされ，仏教は国民宗教化していった．もう一つの廃仏は，1868年(明治1)の*神仏分離令を契機に行われたもので，*廃仏毀釈(はいぶつきしゃく)といわれる．神仏分離令は，*神仏習合の寺社から，神と仏を分離し，*神道を国教化することに狙いがあった．しかし，藩当局の政策的意図や神職・民衆などによって，津和野・薩摩・苗木・松本・富山の各藩など，廃仏がかなり徹底的に行われた地域もあった．

廃仏毀釈 はいぶつきしゃく　明治政府によって1868年(明治1)以来とられた神仏分離政策に伴う，寺院を破却し僧侶を*還俗(げんぞく)させるなどの仏教廃止運動をさす．明治以前は全国いたるところで寺院と神社は*神仏習合しており，大社においても別当僧が神官を兼ねたり，神体を仏像にしている例が多かった．*檀家制度に支えられた寺院は経営が安定しており，神社を支配していることが多かった．幕藩領主もキリシタンの摘発業務である*寺請状(てらうけじょう)の作成を寺院僧侶にまかせていたので，日本人全体がいずれかの寺の檀家になることが義務づけられていた．まさに国家仏教といってよい．

ところが明治政府は，天皇制国家を形成させるため伊勢神宮を国家の宗廟として，そのもとに国家神道政策をおしすすめ，全国の村鎮守クラス以上の神社から仏教的色彩を一掃するため神仏分離政策を行なったのである．そして国家神道の先兵的役割を果す村鎮守の神主の身分を僧侶より引き上げる政策をとった．水戸学や国学の思想の強いところでは，これを機会に今まで僧侶の風下におかれていた神官たちが，廃仏毀釈運動として徹底的な仏教排斥運動を展開した．そのため地域によっては仏教寺院すべてを破却したところもあった．それほどではなくとも，仏像・経典・伽藍(がらん)などが焼却された例は枚挙にいとまがない．この運動のもっとも激しかった代表的な地域は，薩摩藩・松本藩・富山藩・苗木藩・津和野藩，伊勢の神領，隠岐・佐渡などである．そのおびただしい処分の実態は『明治維新神仏分離史料』に収録されている．→神仏分離．

排仏論 はいぶつろん　インド・中国においても見られるが，特に日本近世において，仏教を現実超越・人間否定の思想ということで排斥したもの．すでに鎌倉中期(13世紀半ば)ごろ，神道の仏教からの独立運動がおこり，南北朝・室町時代には，現実肯定の日本思想に立って神本仏迹・神主仏従の*反本地垂迹説(はんほんじすいじゃくせつ)が主張されたが，近世になって，いよいよ現実超越を基調とする仏教に論難が向けられてくる．

【主要な排仏論】排仏論の中には，当時の仏教界の弊風を嘆いたものや，中江藤樹(1608-48)・熊沢蕃山(1619-91)などの陽明学者，および臨済僧から朱子学者に転じた藤原惺窩(せいか)(1561-1619)や林羅山(1583-1657)・山崎闇斎(1618-82)などによる儒教の人倫の道からの仏教批判もあるが，注目すべきものに，自然の人間性順応に端を発する日本的な現実肯定から仏教を論難したものがある．国学者の本居宣長(1730-1801)，神道家の平田篤胤(1776-1843)，封建体制に奉仕した朱子学に反対して原始儒教への復帰を唱えた古学派の山鹿素行(1622-85)，伊藤仁斎(1627-1705)・荻生徂徠(1666-1728)などがそれにあたる．かれらは共通して人間の自然な情を尊び，その発露としての男女の愛を肯定し，そこから仏教に批判を向けた．

たとえば，本居宣長は『玉勝間』1において，「真心とは，よくもあしくも，うまれつきたるままの心をいふ」と主張し，『源氏物語玉の小櫛』では，『源氏物語』を貫くものは〈もののあわれ〉で，それにたいして，仏教はもののあわれを捨てるものであり，「人の情には，遠かるべき道」と評した．伊藤仁斎もまた『童子問』において，「人を以て人の道を行ふ」と主張し，それは人間の至情としての愛を行うことであり，儒教の*仁も愛に帰するとし，このような人間の自然な欲情を*煩悩ぼんのうとして否定する仏教は，「天下に益なし」と批判した．なお，農民哲学を説いた安藤昌益も『自然真営道』において，男女の交わりを「自然の道」と説き，釈迦が妻子を捨てて独身となったことにたいして，「男女自然の人道に背く」と評した．

【平田篤胤の場合】本居宣長のあとをうけた平田篤胤は，富永仲基の*『出定後語しゅつじょうご』をまねて*『出定笑語』を著し，通俗・野卑なまでに仏教を嘲笑し去った．その付録として*『神敵二宗論』があるが，真宗と日蓮宗を神社参拝を否定する神敵と非難したものである．『俗神道大意』では，*両部神道や*山王神道などの*神仏習合説を取りあげ，日本の神の道を乱すものだと難じた．宣長から篤胤にかけて，国学は古道の学となり，さらに復古神道を生みだしたが，それが幕末の尊皇討幕や明治維新の*廃仏毀釈はいぶつきしゃくの運動の推進力となった．

【大乗非仏説】一種の文献学的立場から仏教に批判を加えたものに，富永仲基の『出定後語』と服部天游(1724-69)の『赤倮倮せきらら』がある．原始経典の*阿含あごん経の一部を除いて，すべての経典は釈迦如来没後に付加されていったものとし，そこから*大乗非仏説論を唱えた．仲基は，総じて思想・文化には歴史的・風土的な影響があるとし，そこからインド・中国・日本の思想的違いを論じた．

排耶書 はいやしょ　主に日本近世初期に，キリスト教を難じた書物の総称．17 世紀初期の『伴天連記ばてれんき』(著者未詳)は，早い時期の著作で日本侵略の危機を警告する．ついで転向した元信者の手になる『破提宇子はだいうす』(1620 年以降刊，*ハビアン著)や『顕偽録けんぎろく』(1636 年，フェレイラ著)が著され，教説を対象に非難を加えた．島原の乱(1637-38)以降には，民衆教化の方向が積極的に打ち出され，『吉利支丹きりしたん物語』(1639 年，著者未詳)や『破吉利支丹』(1642 年頃，*鈴木正三すずきしょうさん著)などの刊本が流布し，幕末・近代まで影響力を保った．総じてこれらには，絶対神のもとでの平等の観念や，布教と軍事的侵略の結合といった側面でのキリスト教への警戒が強く，教理対決への関心よりも宗教統制の志向が動機となって作成されているといえる．

廃立 はいりゅう　二つのもののうち一方を廃して他方を立てること．天台教義においては〈廃権立実はいごんりゅうじつ〉，あるいは〈廃迹立本はいしゃくりゅうほん〉の略として用いられる．すなわち権教ごんきょうたる三乗教に対する執着を廃して，*法華経において真実の一乗教を立て，迹仏しゃくぶつ(有限な仏)に対する執着を廃して法華経*本門(後半十四品の部分)において*久遠実成くおんじつじょうの本仏(本体としての永遠な仏)を立てることをいう．「方便を悪わろしといふ事はあるまじきなり．方便をもって真実をあらはす廃立の義，よくよく知るべし」〔蓮如上人御一代聞書〕．→開会かいえ．

バーヴィヴェーカ［s: Bhāviveka］⇒清弁しょうべん

墓 はか　一般的には死者の遺体を埋葬するための施設をいう．しかし死は人間の生命観や世界観が集約的に表出される機会であるから，その社会の葬法や宗教教理，階層などで，墓の理念も設備・規模・儀礼などもさまざまである．例えば古代社会の支配者や上流階級にとって，墓はしばしば死後の家と考えられ，古墳やピラミッドのようにそれにふさわしい形態をもったが，一般民衆の墓はかなり遅い時代までほとんど埋め捨てに近い状態であったと思われる．インドのヒンドゥー教徒のあいだでは，聖者のための墓はつくるが，一般世俗人の墓はつくらない．遺骨は*ガンジス河など神聖な河川に投棄する．*ガーンディーやネルーの墓といわれるものは実は記念碑であって，骨は河に流された．

他方日本では，遺体の一部のみを納めるだけの墓や，それさえも必要としない墓も存在する．*高野山は前者の代表的な例で，全国各地の人々が*高野聖こうやひじりの手を経てここに遺骨の一部や毛髪・歯などを納め，本来の墓の他にもう一つの墓を持った．この風習はまた高野山を*弥勒菩薩みろくぼさつの浄土とする他界観をも反映しており，より一般的にいえば一種の*山岳信仰に基づくものだが，似たような習俗は各地にあった．後者の例には*両墓制りょうぼせいをあげることができる．これは遺体を埋葬する墓と，礼拝や*年忌供養のための墓を別に設ける風習で，比較的広く分布している．仏教において墓の歴史は寺の歴史と不可分であり，民間の寺院には墓地に付随した堂庵から発達してきたとされるものも少なくない．

馬鹿 ばか　語源ははっきりしないが，無知とか迷妄を意味するサンスクリット語 moha に相当する音写語かともされる．このサンスクリット語の確かな音写語として〈莫迦〉がある．また一説に，漢語〈破家〉(家産を破る意)の転義とも．いずれにしても，愚かさを意味していることに変わりはない．ただし，本来〈年老いた〉を意味するサンスクリット語の mahallaka を語源とする説は信用しがたい．なお，古くは寺家の隠語的なものだったらしく，用例としては鎌倉時代末を溯るものが見当たらない．「此の塔頭たっちゅうの辺をば大覚谷と云ひて，人多くして好よき僧も馬嫁ばかも多かったと云ふぞ」〔蕉窓夜話〕

破戒 はかい ［s: śaithilika, duḥśīla］ 戒を破ること，また戒を破った人のことをいい，表面はともかく折あらば悪事をせんとする仏道に適さぬ僧侶を〈破戒比丘びく〉などという．原義は，怠慢，悪い習慣や性質のこと．*戒律は本来，教条的な禁止規定ではなく，正しい*修行生活からの逸脱を防ぐためのものであったから，その運用も弾力的で，あくまで自発的な意志を重んじたが，しかし戒条の固定化にともなって教条化の傾向を強めた．破戒という訳語の適用にもそのことが表れている．日本では，8世紀半ばに，*鑑真がんじんによって国家的*授戒制が基礎づけられ，官僧たちは，不婬戒ほかの戒律護持を目指した。しかし，官僧の数が増加するにつれて，戒律を犯す破戒僧も増えていった。そのことは、たとえば、「真弟子」という語の存在に示されている。「真弟子」というのは，真なる弟子という意味ではなく，自分の子で弟子になった僧を指す言葉で，それ自体，僧侶たちが婬戒を犯していたことを示している。その例として，*仁海にんがい僧正の真弟子成尊せいぞん僧都が挙げられる。

「持戒の者は少なく，破戒の者ははなはだ多し」〔本願念仏集〕「これ破戒無慚の法師なり，親近しんごんすべからず」〔法華験記中66〕

『バガヴァッド-ギーター』 ［s: *Bhagavadgītā*］ 叙事詩*『マハーバーラタ』第6巻に編入された宗教詩，通例〈神の歌〉と訳される．18章より成る．その原型は紀元前2世紀に溯るといわれる．パーンドゥの第3王子アルジュナは親族間の戦に臨みながら，戦争悪を反省して戦意を喪失する．彼の馭者となっている*ヴィシュヌ神の化身*クリシュナは，彼に私心を去り，行為の結果を唯一神に委ねて自己の本務に徹するという行動の形而上学を説く．諸哲学説を折衷し，唯一神への献身(*バクティ)，神の恩寵を説く，*ヒンドゥー教徒の尊ぶ特に有名な聖典となっている．その中で説かれるニルヴァーナ(*涅槃ねはん)やバクティの観念などをめぐっては法華経などとの影響関係も注目されている．

博士 はかせ　法会で唱えられる仏教声楽*声明しょうみょうの記譜法の総称．〈墨譜すみふ・ぼくふ〉とも称す．詞章の文字の傍らに記され，旋律(音高・動き)を可視的に表す．もとは漢語の声調である四声に基づく声点しょうてんから発展したと考えられ，初めは*口伝くでんにより相承されたものが，やがて曲ごとの楽譜として表記されて伝授されるに至った．時代や宗派および流派によって書法に異なりがあるが，記譜の様式からいくつかの分類が認められる．

線描に一定の法則をもたずに曲節のみを示す初期の譜を〈古こ博士〉あるいは〈只ただ博士〉ともいい，声点から発して一部旋律を付す博士などがこれにあたる．専ら天台宗で用いられる〈目安めやす博士〉は，音高や旋律の動きを微妙な線描によって視覚化したもので，機能的には只博士の類に属する．真言宗での普及が今日に及ぶ〈五音ごいん博士〉は，宮きゅう・商しょう・角かく・徴ち・羽うの5音階を，文字の脇に付した直線とその方向との角度によって明確に表したもので，音高表示を旨とする．図ず博士に付記された楽器の奏法譜(主に笛譜)に代わる合理的な記譜法で，旋律の細かい動きを補うために，後に一種の目安となる譜を併記するようになった．音名・階名・旋律型などの補助的な記号を書き込むことで，微細な旋律をより厳密に表すことをめざしている．

縛 ばく ［s: bandhana］ 煩悩ぼんのうを表す術語

の一つ．不善の精神作用•心理状態が人間の心を縛り付けて拘束する様子から表現された語．これに根本的な煩悩である貪とん(*執着しゅうじゃく)•瞋じん(怒り)•癡ち(*無知)の3種(*三毒さんどく)を配して結び付けたのが〈三縛〉といわれる．なお一般的語義として，仏敵や不善非道な人間を呪縛する意味にも用いられる．「父の縛を解かむと欲おもひ，すなはち僧の房に詣で，禅師を勧請す」〔霊異記上15〕「よりまし(もののけの取り付いた霊媒)明王の縛にかけて，霊あらはれたり」〔平家3.赦文〕．→煩悩．

白隠慧鶴 はくいんえかく　1685(貞享2)–1768(明和5)　江戸時代の臨済宗の僧．駿河国(静岡県)駿東郡に生まれ，15歳で原の松蔭寺しょういんじの単嶺祖伝たんれいそでんのもとで出家し，沼津の大聖寺息道に師事．1703年(元禄16)，清水の禅叢寺ぜんそうじの僧堂に挂錫けしゃくしたが，禅に失望して詩文に浸る．やがて，*雲棲袾宏うんせいしゅこうの『禅関策進』(1600)によって修行に開眼し，諸方を遍参へんざん．1708年(宝永5)，越後(新潟県)高田の英巌寺性徹しょうてつのもとで〈趙州*無字じょうしゅうむじ〉の*公案によって悟ったが，*増上慢に陥り，信州(長野県)飯山の道鏡慧端どうきょうえたん(正受老人，1642–1721)の指導によって*大悟，その法を嗣ぐ．1710年，禅病に罹ったが，京都の北白川に隠棲する白幽子という仙人に内観法を学び，完治した(これを記したものが*『夜船閑話やせんかんな』である)．1712年(正徳2)以降，諸方を遍参したが，1716年(享保1)に松蔭寺に戻り，以後，ここを中心に各地で講義を行うとともに，多くの著作を残した．主なものとして，漢文で書かれた『槐安国語かいあんこくご』(1750)，『荊叢毒蘂けいそうどくずい』(1758)，和文の『息耕録開筵普説そっこうろくかいえんふせつ』(1743)，*『遠羅天釜おらてがま』(1751)，『藪柑子やぶこうじ』(1760)，『おたふく女郎粉引歌』(1760頃)，『坐禅和讃』などがあり，また，書画にも巧みであった．

禅と念仏を峻別しつつ，宋朝禅以来の*看話禅かんなぜんの伝統を承け継いで公案の分類と使用法を整備し，また，〈*隻手の音声せきしゅのおんじょう〉の公案を新たに案出するなど，日本における看話禅の大成者と見做されている．そうした教導上の工夫もあって，その児孫は繁栄し，今日，日本の臨済宗は全てその系統によって占められているほどである．しかし，その一方で，『三教一致の弁』などの著作で〈三教一致〉や〈諸宗等同〉を説き，封建的身分制を前提とした上で庶民の善導に努めるなど，幕藩体制仏教の典型というべき側面も指摘されている．

白雲宗 はくうんしゅう　中国，宋代に興った新宗教．開祖は西京(今の洛陽)の宝応寺の僧で孔清覚こうせいかく(1043–1121)といい，白雲と号した．清覚は初め禅を修行し，後，これにあきたらず新義を唱え，自給自活の出家集団を組織した．*華厳経けごんきょうを最高とする独特の教判(*教相判釈きょうそうはんじゃく)を主張し，儒教•仏教•道教の三教一致を謳い，忠孝慈善を重んじ，*持戒堅固であって，やがて清覚の新説に賛同した出家•在家ざいけの者が集まるようになり，次第に民衆教団の相を示すようになった．清覚の著作には『三教編』『証宗論』『十地歌』などがある．元代には，一大新興教団となり，世祖の時代(1290年頃)には，元蔵と呼ばれる*大蔵経だいぞうきょう開板の事業もなしとげたが，1320年頃には，勢力の隆盛を恐れた官側によって弾圧され，命脈を断った．

白居易 はくきょい　[Bái Jū-yù]　772–846　中唐の詩人．字は楽天，香山居士•酔吟先生と号した．下邽かけいの人．聡慧人に絶し，800年，29歳で進士に及第した後，太子左賛善大夫など勤めたが，44歳の時に江州司馬に左遷された．その後は杭州，蘇州刺史を歴任し，刑部尚書で引退した．江州司馬のときに香炉峰こうろほう下の紫雲庵の傍らに草堂を作って住し，庵を〈遺愛寺〉と改称した．「遺愛寺鐘欹枕聴　香炉峰雪撥簾看」(遺愛寺の鐘は，枕を欹そばだてて聴き，香炉峰の雪は，簾すだれを撥かかげて看る)という詩を残している．平易な語句を用いた作詩は，社会を詠じ，政治を批判して，生前すでに広く愛誦された．仏教に通じ，遺編には仏教思想が見られる．832年，*洛陽の西南の竜門りゅうもんの東崖にある香山寺を重修し，清閒を寺主とし，洛陽仏光寺の如满大師と香火社を結んで仏事を修し，自らその文集を写して寺に留め，卒後その寺に葬られた．中唐を代表する詩人であり，王維おういなどとともに仏教信仰者の文人•詩人の出現によって仏教文学を大いに発達させた．また，白居易の文学が好まれた日本の平安朝においては狂言綺語きょうげんきごが肯定的に受けとめられ，慶滋保胤(よししげのやすたね)らにより勧学会(かんがくえ)も開催された．→狂言綺語，勧学会．

白山 はくさん　石川県・福井県・岐阜県の境界部に位置する火山．主峰の御前峰(ごぜんがみね)は標高2702メートル．御前峰(*本地(ほんじ)は十一面観音(じゅういちめんかんのん))，大汝(おおなんじ)峰(本地は阿弥陀如来(あみだにょらい))，別山(べっさん)(本地は聖観音(しょうかんのん))の三峰は〈白山三所権現〉と呼ばれた．山麓の登山口は加賀馬場(ばんば)・越前馬場・美濃馬場の三カ所があり，山頂(*禅定(ぜんじょう)ないし絶頂)へ至る登拝路を禅定道と称した．加賀馬場からの禅定道は吉野谷村中宮から檜新宮を経て大汝峰に至り，越前馬場からの禅定道は勝山市の平泉寺(へいせんじ)から石川県白峰村市之瀬を経て御前峰に至り，美濃馬場からの禅定道は白鳥町長滝寺(ちょうりゅうじ)から福井県和泉村石徹白(いとしろ)の白山中居(はくさんちゅうきょ)神社を経て別山に至る．白山は，越前の出身で修験道の開祖とされる*役小角(えんのおづぬ)とも関わりがあったといわれる泰澄(たいちょう)によって養老元年(717)に開かれたとされる．白山神を祀る白山神社は全国に散在する．白山の山名は年中の積雪に由来するといわれるが，朝鮮半島の白頭山(はくとうさん)との関連も指摘されている．

薄地 はくじ　[*s*: tanū-bhūmi, tanu-bhūmi]　〈薄〉の原語 tanū = tanu は，薄い，弱いの意で，*煩悩(ぼんのう)が薄くなる境地をいう．ただし後に，〈薄〉は〈逼〉の意とされ，苦しみに逼迫されている*凡夫(ぼんぶ)を指すとも意味づけられた．また〈博地〉とも書き，聖者にくらべて圧倒的に多数を占める凡夫を指す．また大品般若経(だいぼんはんにゃきょう)に説く*声聞(しょうもん)・*縁覚(えんがく)・*菩薩(ぼさつ)の*三乗に通じて設けた位(三乗共十地(さんじょうぐじゅうじ))の第五地で，声聞では斯陀含果(しだごんか)(*一来果)に相当し，菩薩では*不退転の位から*成仏するまでの間の位に相当する．「我は迷ひも耐へず，悟りもなき薄地の凡夫として，無量劫に名をだに聞かぬ平等大恵の教門にあへるは」〔発心集 7〕

麦積山石窟 ばくせきざんせっくつ　中国，甘粛省(かんしゅくしょう)天水県の東南45キロメートルに所在．麦たば状に突起した山容の故にこの名がある．高さ142メートルの紅砂岩の岩山に現存窟龕(くつがん)194．石彫に適せぬため大部分は塑造仏(*塑像(そぞう))に*壁画を配する．創建は5世紀前半．北魏の窟龕は89カ所．最初期の窟第74と第78の坐仏は*雲岡石窟(うんこうせっくつ)の曇曜(どんよう)五窟の仏像の様式に通じる．第115窟の北魏唯一の造像記は502年(景明3)．石窟造営は北魏以降も西魏・北周・隋・唐とつづくが，宋代造像は著しく高揚する．→石窟寺院．

バクティ　[*s*: bhakti]　*ヒンドゥー教では神を熱烈に信じ愛することで，〈信愛〉あるいは〈誠信〉と訳される．語源的には，「分配する」「仕える」などを意味する動詞√bhaj に由来する名詞．「崇拝対象」を意味すると思われる用例がパーニニ(前4,5世紀)の文典に見られ，古*ウパニシャッド中期のものでは〈信愛〉に近い意味で用いられる．民間の人格神信仰と*婆羅門教(ばらもんきょう)との接触のなかで発達してきたという見方が有力である．

ヒンドゥー教の思想家たちからバクティ思想の典拠として重視される*『バガヴァッド-ギーター』(前2世紀)では，ひたすら神へ専心帰依し到達しようとすることとされるが，神の恩寵を絶対視する宗教的態度もそこには看取される．『バガヴァッド-ギーター』や*ヴィシュヌ，*クリシュナ伝説の流布は，ヒンドゥー教発展の原動力となるが，その中でバクティが民衆の間に果たした役割は大きい．さらに，6世紀から10世紀にかけ，バクティ思想は，*シヴァ教系ナーヤナールやヴィシュヌ教系アールヴァールという宗教詩人たちのバクティ運動により，特に南インドで著しく浸透していく．これに対して，哲学的立場からはラーマーヌジャ(Rāmānuja, 1017–1137)などにより概念的に整備がおこなわれたが，主知主義的傾向の強いものであった．後代に大きな影響を及ぼした『バーガヴァタ-プラーナ』(*Bhāgavata-purāṇa*, 10世紀頃)に結実するバクティ思想は，神を熱烈に愛し慕い，官能的様相をも帯びていく．以後，バクティは，神の恩寵にすべてを委ねる絶対的帰依の思想と結びつき，ヒンドゥー教の信仰形態の一大潮流を形成していく．

白馬寺 はくばじ　中国，河南省洛陽市．後漢の明帝(めいてい)の永平年間(58–75)に，摂摩騰(しょうまとう)(迦葉(かしょう)摩騰)，*竺法蘭(じくほうらん)が*四十二章経(しじゅうにしょうぎょう)などを白馬に背負わせてインドから来たので，明帝は中国で初めて寺院を建立し，それらの経典を安置した．その因縁から寺の名前を〈白馬寺〉といったという．すなわち，白馬寺は中国最初の寺院である．ただし，中国への仏教初伝に関し，明帝にまつわる説が種々あるが，その古い資料には白馬寺は出ない．上述の白馬寺伝説は後代の創作であり，北魏(386-534)の頃より北朝を中心に広まったものらしい．現在の〈白馬寺〉は洛陽市の東12キロメートルにあり，寺門の両側に摂摩騰・竺法蘭の墓があり，門外に十三層の斉雲塔(せいうんとう)(1175年創建)がある．

白描 はくびょう　毛筆による墨の筆線だけで描かれた絵画．中国(特に唐代)では〈白画(はくが)〉という．原則として彩色や暈(ぼか)しなどを加えない．密教図像や似絵(にせえ)，あるいは鳥獣戯画など一部の*絵巻がこれに属する．平安後期から鎌倉・南北朝・室町期に流行．中国から請来された白描の密教図像(唐本)も少なくない．→図像．

羽黒山 はぐろさん　⇒出羽三山(でわさんざん)

パゴダ ［pagoda］　インド，ミャンマー(ビルマ)，中国，日本など東洋諸国の宗教建築における塔の総称．原語は明らかでないが，ヨーロッパ人が東洋の宗教建築を指して呼んだ語．普通，積層式の高い建物で，ミャンマーのゼーディあるいはパヤー，タイのプラ-チェディー(仏塔)やプラ-プラーン(塔堂)，中国の層塔やラマ教寺院の仏塔，日本の仏教寺院の塔などを指して広範に用いられる．一般には仏教建築の仏塔(ストゥーパ)を指すが，インドのヒンドゥー教建築にみられるシカラなどが含まれる場合もある．形態は，中国や朝鮮半島および日本などでみられる層塔型のものの他に，インドの*サーンチーの塔に代表される半球形(饅頭型)のものや，釣鐘型のもの，また穀物を堆積したような形のものなど，様々なものがある．→塔，付録(塔)．

伐折羅 ばさら ［*s*: vajra］　〈ばざら〉ともよみ，〈跋折羅〉〈伐闍羅〉などとも表記する．

1 *金剛(こんごう)と漢訳し，金剛石の意．転じて*金剛杵(しょ)，堅固不壊の智慧をも意味する．「左手に跋折羅を取り，右手に棒を取りて後につく」〔諸山縁起〕「嚩曰羅(ばざら)は智なり」〔性霊集補闕抄 8〕

2 薬師如来を守護する*十二神将の一．伐折羅大将という．わが国では十二神将を昼夜十二時の守護神に配することがあるが，伐折羅大将はその第二として丑の時に配される．彫像としては*新薬師寺や*興福寺東金堂の十二神将立像中のものが有名である．

3 新薬師寺像の，焔髪が天に逆立ち，嚙みつくように口を大きく開いた形相などに表徴されるように，伐折羅大将の降魔(ごうま)の*忿怒(ふんぬ)相が極めて異相であることから，〈ばさら〉は，奔放で，きわ立って異様なさまを意味する語となった．〈婆娑羅〉〈婆沙羅〉〈婆佐羅〉などを当て，鎌倉中期ごろから用いられた語のようで，次第に，世の常道にとらわれず，奇をてらい，華美を尽して異風にふるまうこと，またそうした形姿や風潮をさすようになった．南北朝時代，奢侈にふけり，驕慢なふるまいの多かった佐々木佐渡判官入道道誉が「ばさら」と称されたことが『太平記』21．佐渡判官に見える．なおこの語は，中世を通じてほぼ同義に用いられ，近世には〈寛濶(かんかつ)〉に通う意味にもなっていた．〈寛濶〉は近世初・中期の新興的気運と開放的世相を反映した語で，気質・服装などが派手で，見栄をはり，伊達をきそう意である．「近日，婆佐羅と号(なづ)けて専ら過差を好む．綾羅錦繡，精好の銀剣，風流の服飾，目を驚かさざるはなし．頗る物狂ひといふべきか」〔建武式目 1〕

波斯匿王 はしのくおう　〈波斯匿〉はサンスクリット語 Prasenajit(パーリ語 Pasenadi)に相当する音写．プラセーナジット．仏陀(ぶっだ)時代のコーサラ国王で*舎衛城(しゃえじょう)に都した．ブラフマダッタ王の子．タキシラに学んだのちに王位に即き，コーサラとカーシーを領有した．*釈迦族のマハーナーマと婢(はしため)とのあいだの女を釈種の女と偽られて第一王妃となしヴィルーダカ(*瑠璃王(るりおう))をもうけた．これはのちに釈迦族虐殺の原因となる．また妹コーサラ-デーヴィーを*マガダ国王ビンビサーラ(*頻婆娑羅(びんばしゃら))に嫁がしめてカーシー国を嫁資として与えた．ヴィルーダカの王位簒奪(さんだつ)にあってマガダに逃亡し命終した．なお，*勝鬘経(しょうまんぎょう)の説者である勝鬘(シュリーマーラー)夫人はこの王と妃マッリカーとのあいだの子である．

破邪顕正 はじゃけんしょう　誤った見解・*執着(しゅうじゃく)を打ち破りしりぞけて，正しい道理をあらわすこと．〈破邪申正(しんしょう)〉〈除邪(じょじゃ)顕正〉〈摧邪(さいじゃ)顕正〉ともいい，〈破顕〉〈破申〉と略称する．〈申〉は申明(のべあかす)の意．種々の経論にこの思想がみられる．

中国三論学派の吉蔵(きちぞう)は*『三論玄義』において，*三論の要旨を破邪と顕正の二つに分類して説くが，その帰結は〈破邪即顕正〉である．吉蔵は，邪を破れば人々を救い，正を顕せば大法を弘めることができるとし，まず「破邪」において仏教内外の誤った見解・とらわれ(*有所得(うしょとく))を破斥(はしゃく)し，次に「顕正」において内外・大小・*有無の相対観を否定し，*有(う)にとらわれる病を治すために*無(む)(*空(くう))と説くが，有病が消えてしまえば空薬も廃するのであり，空にもとらわれてはならないとする．そして*諸法の*実相(あらゆるものの真実のすがた)は言忘慮絶(ごんもうりょぜつ)(ことばと*分別をこえていること)であり破るべきものも収めるべきものもないのであって，この正しい道理を悟れば正観(しょうかん)を発生し，*苦が滅すると説く．すなわち，有にも空にもとらわれず，あらゆるとらわれを否定するのが〈破邪〉であり，破邪がそのまま〈顕正〉なのである．

日本の*南都六宗の一つである*三論宗は吉蔵の所説を継承している．凝然(ぎょうねん)の*『八宗綱要』の〈三論宗〉には「破邪の外，別の顕正なし．破邪すでに尽くれば，所得有ることなし．所得すでに無ければ，言慮寄ることなし」と記されている．

『婆沙論』 ばしゃろん　⇒『大毘婆沙論』(だいびばしゃろん)

波旬 はじゅん　サンスクリット語 pāpīyas に相当する音写．pāpīyas は〈悪しきもの〉を意味する形容詞 pāpa の比較級．パーリ語では pāpimant という．〈波旬〉は仏陀(ぶっだ)・菩薩(ぼさつ)・仏弟子の*修行を妨げようとする*魔(ま)であるが，*魔羅(まら)との区別は必ずしも明らかではない．おそらく同じものをさすと考えられる．〈魔王波旬〉〈天魔波旬〉という形で両者はしばしば並称される．「あるときは波旬を師とし，あるときは外道を友とす」〔三教指帰下〕「天魔波旬のために，精進の気を奪はるるともがらの，もろもろの往生の人をさまたげむとするなり」〔法然消息〕

芭蕉 ばしょう　[*s*: kadalī]　バナナの漢語名．塊状の根茎から，重なり合う長い葉鞘(ようしょう)で出来た偽幹が直立し，高さ5メートルくらいになる．この偽幹を良材と錯覚して切っても，葉ばかりで中に木質部がないことから，*諸法は空(くう)であることの喩えに用いられる．特に*五蘊(ごうん)のうちの行蘊が空であることの喩えとして，芭蕉が用いられる．「雨を過ぎて芭蕉秋に耐へず，行行念念として意(おも)ひ悠悠たり．三千世界空(むな)しきこと是(か)くの如し」〔菅家文草4〕

芭蕉 ばしょう　⇒松尾芭蕉(まつおばしょう)

蓮葉飯 はすのはめし　〈蓮飯(はすめし)〉〈蓮の飯(いい)〉ともいう．中世には〈蓮供御(はすのくご)〉とも．蓮の葉に包んで*精霊(しょうりょう)に捧げる，*盂蘭盆会(うらぼんえ)の供物．特に米と限られるわけではなく，生米や団子の類よりも野菜類が中心になる．盆の精霊には一般に水を手向けることが欠かせないが，茄子(なす)・瓜(うり)・胡瓜(きゅうり)など水気の多い野菜を細かく賽の目に刻んだものを水の物とか水の子と称して，蓮の葉にのせて供える．この時に生米と水をまぜるとする例や，団子をともに蓮の葉にのせるとする地方も多い．これを盆棚に供えたり，墓前に持って行ったりするのである．

盂蘭盆会の供物に蓮の葉を用いるのは平安時代以来のことで，『今昔物語集』24-49にも，盆供の上を蓮の葉で覆ったという記事が見える．極楽浄土の蓮にあやかって，亡霊の冥福を祈念したものであろう．なお，中世以来，〈亡霊〉に対して存命の父母を〈生御霊(いきみたま)〉と称し，これに蓮飯を供えて祝い，また蓮飯を親類知人にくばる習俗もあった．

「盂蘭盆例の如し．蓮供御の祝着，恒規の如し」〔看聞御記応永23.7.15〕「蓮めしとて近来専ら賞翫するは，蓮の巻葉浮葉のころを刻みて飯に和し，或いはかい敷きて其の香をうつすをいふ」〔誹諧歯がため〕

長谷寺 はせでら　奈良県桜井市初瀬にある真言宗豊山(ぶざん)派総本山．豊山神楽院と号す．*西国三十三所第8番の*札所(ふだしょ)．686年(朱鳥1)道明上人が西岡に1寺を建立し(本長谷寺)，727(神亀4)徳道上人(656-735)が藤原房前(ふじわらのふささき)(681-737)の外護により，東岡(現在の地)に長谷寺を建立し，十一面観音立像を安置したと伝える．爾来，奈良・平安・鎌倉時代を通じて皇族・貴顕・庶民の参詣が多く，その信仰・*霊験(れいげん)は『日本霊異記』『源氏物語』『枕草子』『今昔物語集』などをはじめ，多くの文学書に記されている．また，単独の霊験利益集としては鎌倉初期成立の『長谷寺験記』があり，縁起としては733年の徳道・道明記の『長谷寺縁起幷雑記』や菅原道真(845-903)に仮託された平安末期の『長谷寺縁起文』がある．

はじめ東大寺末の寺であり，のち興福寺末(*法相宗)に属したが，1588年(天正16)*根来寺の専誉(1530-1604)が入住して以来*新義真言宗の寺となり，のちに真言宗豊山派の総本山となった．江戸時代には多くの学徒が集まり，学僧が輩出して学山としての名声があがった．

*本堂(観音堂，大悲閣とも)は幾度も火災にあったが，その度に復興した．現在の本堂は，1650年(慶安3)三代将軍徳川家光の浄財寄進によって建立された舞台造の大建築である．本尊十一面観音は1538年(天文7)の造立．寺宝には銅版千仏多宝塔(法華説相図，7世紀末)をはじめ，仏像・工芸品・古文書などが多い．堂塔には本堂の他に，登廊・*鐘楼・*仁王門・五重塔・*御影堂・本坊・菩提院・本願院，および月輪院・金蓮院・慈眼院・歓喜院・梅心院・清浄院(以上，六坊)と能満院・昭和寮・宗宝蔵などがある．寺域は広く景勝の地であり，四季の眺めもよく，殊に春の桜・牡丹は美しく，花の寺としても知られている．『長谷寺編年資料』『長谷寺文献資料』がある．

『長谷寺霊験記』 はせでられいげんき　大和(奈良県)初瀬の長谷寺観音の*霊験を集めた*説話集．『長谷寺観音験記』が原名．撰者は長谷寺安養院の勧進聖．天正15年(1587)写本の増補部分は，同じく本願院所属の勧進聖の加筆であろう．1200(正治2)-09(承元3)の間に成立．上巻は観音の十九説法にちなみ寺伝の旧記によって19話，下巻は観音三十三身をかたどり諸家の記録によって33話の霊験説話を収録．『長谷寺縁起』と共に長谷寺の勧進聖による募財に利用された．

馬祖道一 ばそどういつ [Mǎ-zǔ Dào-yī] 709-788　現在の日本に伝わる中国禅の実質的な創始者．俗姓は馬氏．四川省徳陽県の出身．5祖*弘忍の孫弟子になる資州(四川省)処寂(648-734)について出家し，巴西(四川緜陽県)で受戒した．その後，四川を離れて遊方頭陀し，南岳(湖南省)において6祖*慧能に嗣いだ*南岳懐譲に出会い，その法を嗣ぐ．742年，建陽(福建省)仏跡巌で開法し，次いで撫州(江西省)西裏山，虔州(江西省)龔公山に住してしだいに評価を高め，769年頃に洪州(江西省)開元寺に入り，宗風を挙揚した．その禅は，日常性の中に悟りを見出すところに特徴があり，「即心即仏(*即心是仏)」(心こそが仏である)，「平常心是道」(あたりまえの心が道である)の名句が吐かれる．その門下は800余人，嗣法者は88人とも139人ともいわれ，多彩で個性的な禅者を多く輩出し，多くの禅*語録が生まれ，〈*洪州宗〉と呼ばれる．

八寒八熱 はちかんはちねつ　八寒は〈八寒地獄〉，八熱は〈八熱地獄〉(八大地獄)のこと．2種類の代表的な地獄の名を連ねて，地獄界全体を表す表現．「地獄の八寒八熱のくるしみ，餓鬼の饑饉のうれへ，畜生残害のおもひ」〔曾我 12.少将法門〕「八寒八熱の底までも，悪業の猛火忽ちに消えて，清冷の池水まさに湛へん」〔太平記 20.結城入道〕．→八熱地獄，地獄．

八敬戒 はちきょうかい　女性の正式な出家を許す条件として仏陀が定めたとされる8種の規則．〈八敬法〉〈八尊師法〉〈八不可越法〉〈八不可法〉ともいう．*『四分律』巻48によれば，1) 100歳の比丘尼でも新*受戒の*比丘を見たら礼拝する，2)比丘を誹謗しない，3)比丘の罪を論じない，4)*式叉摩那は比丘の衆僧によって大戒を受けることを求める，5)比丘尼が*僧残法を犯した場合には，比丘・比丘尼の二部僧の中で摩那埵(6日間の謹慎後，出罪*羯磨を経て復帰)を行う，6)半年以内に僧中において教授の人を求める，7)比丘の居ないところで夏*安居をしない，8)夏安居が終わった際には比丘*僧伽を詣でて*自恣の人を求める，の八つの規則．また『善見律』巻18によれば，女性の出家を許せば*正法が一千年から五百年に減じるが，この八敬戒により一千年に復したという．

八解脱 はちげだつ　[s: aṣṭau vimokṣāḥ, p: aṭṭha vimokkhā]　*四無色定，*滅尽定などを含む8種類の*禅定，*観法．

この場合の「解脱」の語は禅定の別名とされる．「解脱」と称される所以は，*『大毘婆沙論だいびばしゃろん』などによれば，これらの禅定の力によって貪とん(むさぼり)などの煩悩心を捨て去るから，と説明される(したがって，〈八解脱〉は〈八背捨はちはいしゃ〉とも訳される)．八解脱の各項の内容については，阿含あごん・ニカーヤでは極めて簡単に言及されるのみであるが，部派の論書にはかなり詳しい説明も見られる．

*『倶舎論くしゃろん』では，第一が内有色想観外色ないうしきそうかんげしき解脱(内にある色の表象に対する貪を除くために，外界の色を観察する)，第二が内無色想観外色解脱(内にはすでに色の表象に対する貪が除かれているが，それを確かなものにするために，外界の色を観察する)，第三が浄解脱身作証具足住じょうげだつしんさしょうぐそくじゅう(色を観察しても貪を起こさないような浄解脱を身中に体得する)，第四から第七が四無色定(空無辺処定・識無辺処定・無所有処定・非想非非想処定)，第八が滅受想定めつじゅそうじょう(*受と*想とを捨てる，滅尽定に同じ)と説明される．また『大毘婆沙論』によれば，初解脱が*四禅の初禅に，第二解脱が四禅の第二禅に，第三解脱が四禅の第四禅に，第四解脱から第七解脱までが四無色定の各定に，そして第八解脱が滅尽定に各々対応するとされる．なお，論書によっては，「解脱」の語を文字通り修行の到達点としての*解脱と解し，その解脱を目指すものがこの八解脱であるとする．→八勝処はっしょうしょ．

八十種好 はちじっしゅごう　〈八十随形好はちじゅうずいぎょうごう〉ともいう．*仏や*菩薩ぼさつにともなうとされる優れた80の特徴．三十二相に対して，比較的小さな特徴．歩き方が象のようにゆったりしている，耳たぶが輪状に長く垂れ下がっている，などがある．観仏三昧海経には*ガンダーラの仏像の特徴を反映したとみられる「髭を有する」がある．「(仏は)三学・四弁・五眼・六通内に備へ，三十二相・八十種好外に明らかなり」〔三宝絵上〕．→相好そうごう，三十二相．

八字文殊曼荼羅 はちじもんじゅまんだら　菩提仙ぼだいせん訳『八字文殊軌』に基づき，息災・*降伏ごうぶくに修せられる八字文殊法の本尊．内院の大月輪がちりん中央に，獅子に乗る八字文殊，周囲に八字*真言しんごんの*種子しゅじと*八大童子をめぐらす．輪外の四隅には右下の降三世ごうざんぜより右旋して大威徳だいいとく・無能勝むのうしょう・馬頭ばとうの四大明王を配する．外院げいんは四方に四摂ししょう，四隅に外供養げくよう，その間に八方天と后妃をおく．遺品に*高野山正智院本(鎌倉時代)がある．→別尊曼荼羅．

八大金剛童子 はちだいこんごうどうじ　修験道における金剛*蔵王権現こんごうざおうごんげんの眷属で，除魔じょま・後世ごせ・慈悲じひ・悪除あくじょ・剣光けんこう・香精こうせい・検増けんぞう・虚空こくうの8童子．それぞれ釈迦しゃか・獅子音ししおん・雲自在うんじざい・阿弥陀あみだ・帝相たいそう・梅檀香せんだんこう・阿閦あしゅく・虚空住こくうじゅうの8如来にょらいを*本地ほんじとする．なお，名称・本地については異説もある．*春日曼荼羅かすがまんだらの第二重に現れ，また*大峰山中の主要な宿の守護神とされる．元来は*行者ぎょうじゃの道中を守護する神格であったものが，金剛蔵王権現のパンテオンにとりいれられたと考えられている．

なお蔵王権現の八大金剛童子は，山林苦行者の守護神的性格の強かった不動明王の*八大童子に触発されたもののようで，中世以後の文学作品などでは両者が混淆使用された例も少なくない．中世以後の*役小角えんのおづぬ諸伝によると，この八大金剛童子は，葛城(木)山中の七所に配された七大童子とともに，役小角が末世の行者を済度するために祈念感得したものという．「(役行者は)将来末世の済度利生を契って，所々に金剛童子を分け置き奉る…八大金剛童子は大峰，また葛木は七童子，但し未出光嶽と申すは一童子，未来に契って当時は現形せず」〔私聚百因縁集8-1〕

八大地獄 はちだいじごく　⇒八熱地獄はちねつじごく

八大童子 はちだいどうじ　*不動明王と*文殊菩薩もんじゅぼさつは*眷属けんぞく・使者として八大童子を従えることがある．〈不動八大童子〉は，『聖無動尊一字出生八大童子秘要法品』所説の慧光えこう・慧喜えき・阿耨達あのくた・指徳しとく・烏倶婆誐うくばが・清浄比丘しょうじょうびく・*矜羯羅こんがら・*制吒迦せいたかの8尊．〈文殊八大童子〉は『八字文殊儀軌』に，計設尼けしに・烏波うぱ計設尼・地慧幢じえどう・不思議慧ふしぎえ・請召しょうじょう・救護慧くごえ・光網こうもう・無垢光むくこうをあげる．不動・文殊ともに童子形であるために侍者眷属も童子が用いられたと考えられる．なお，〈八大金剛童子〉ともいう．遺例として，*高野山金剛峯寺こんごうぶじの木彫像(鎌倉時代，伝*運慶作)が著名．「少わかき年に法家に入りて法華経を読誦し，兼てまた不動明王に奉仕せり…夢に八大金剛童子あり．身に三鈷・五鈷・鈴杵・剣等の法具をつけて，もて衣服とす」〔法華験記下92〕

八大明王 はちだいみょうおう　大妙金剛経に，八大菩薩より八大明王をあらわすとして，以下の対応が設定される．観自在菩薩(*観世音菩薩)—馬頭明王(*馬頭観音)，慈氏(*弥勒)—大輪，*虚空蔵—大笑(*軍荼利)，*普賢—歩擲，金剛手—*降三世，*文殊—*大威徳，除蓋障—*不動，*地蔵—無能勝．異説では不動にかえて*烏枢沙摩を置き，八大明王を不動の眷属とする．また*五大明王に，穢迹(烏枢沙摩)・無能勝・馬頭を加えたものとするが，五大明王とは元来系統を異にする組合せと考えられる．

八大竜王 はちだいりゅうおう　竜(nāga)は蛇形の*鬼神で，天竜*八部衆の一．八大竜王は，法華経序品に挙げられる八つの竜王で，〈難陀〉〈跋難陀〉〈娑伽羅〉〈和脩吉〉〈徳叉伽〉〈阿那婆達多〉〈摩那斯〉〈優鉢羅〉の総称．わが国では水神信仰と習合して，湖沼の水神に〈八竜権現〉など，八大竜王にあやかった神格を付している場合が多く，*雨乞の神ともなっている．「神泉苑の池にて仁王経を講じ奉らば，八大竜王も知見納受垂れ給ふべし」〔義経記6.静若宮〕．→竜．

鉢叩 はちたたき　空也念仏で，鉢を叩き，*念仏を唱えて死者の霊を慰めること．また，その流れを汲むという中近世の半僧半俗民．口に念仏や*和讃を唱え，*鹿杖をつき，鉄鉢または瓢簞をたたいて市中を*勧進して回った．春秋の彼岸や盂蘭盆などに出歩くほか，寒中には墓場めぐりなどもした．京都を中心におこったもので，室町時代の『七十一番職人歌合』の49番には*放下と組み合わされている．「かやうに候ふ者は，都に住まひする鉢叩きにて候ふ」〔謡・輪蔵〕「はちたたきの祖師は空也といへり．鹿角もこの道具といへり」〔七十一番職人歌合〕．→空也念仏．

八難 はちなん［s: aṣṭa-akṣaṇa］　宗教的行為(*梵行)を行い得ない8種の*境界．〈八難処〉ともいう．1は*地獄，2は*畜生，3は*餓鬼(以上の三悪道では苦しみのため)，4は長寿天，5は辺地(以上の2処にあっては楽に安住して*法を求めない)，6は聾盲瘖瘂(感覚器官等の身体的な理由のため)，7は*世智弁聡(世智にたけても邪見に陥る)，8は仏前仏後(仏の*出世に巡り合わない)．「我この功徳によりて，生まれむ所には中天に会はず，三途・八難を離れむ」〔今昔2-24〕

八熱地獄 はちねつじごく　〈八大地獄〉ともいう．仏教の説く諸々の地獄のなかでも，最もよく知られた8種の地獄．1)責苦によって命絶えても，また蘇生しては責苦を受けるという〈*等活地獄〉，2)鉄の黒縄で身体を巻かれ，それに沿って切り刻まれる〈黒縄地獄〉，3)鉄の臼に投げ込まれて鉄の杵で打ち砕かれるなどする〈*衆合地獄〉，4)湯の煮えたぎる大釜に投げ入れられるなどして叫声を発する〈*叫喚地獄〉，5)同種の責苦により，なお一層の苦しみを受ける〈大叫喚地獄〉，6)猛火・炎熱のために苦しむ〈*焦熱地獄〉，7)さらに一層の猛火・炎熱の苦しみを受ける〈大焦熱地獄〉，8)間断のない極限の苦しみに身をさいなまれる〈*阿鼻地獄〉(無間地獄とも)，の8種．地下1000ヨージャナ(*由旬)に等活があり，以下順に層をなして最下の阿鼻に至る．

これらの地獄には*殺生・盗み・*邪婬などの*破戒行為により堕ちるものとされ，特に父母や聖者を殺害し，また仏の教えを誹謗するなどの重罪(*五逆罪)を犯した者は，最低最悪の阿鼻に赴くとされる．これらの八熱地獄はおのおの四つの門を持ち，その門外には4種の〈増地獄〉(副地獄，すなわち煻煨・屍糞・鋒刃・烈火)が付随するという．八熱地獄の原型は*ヒンドゥー教のなかに見られるが，それが仏教に取り入れられ，仏教的な*因果応報の理論のもとに新たに説明されたものである．→地獄．

「次に地獄を見る．受苦の衆生多く此の中にあり．いはく，これ八熱地獄なりと」〔本朝新修往生伝39〕

八部衆 はちぶしゅう　古代インドの邪神であったが，釈尊に教化され，*仏法を守護するようになった8種の*天部．〈天竜八部(衆)〉とも称し，*天・*竜・*夜叉・*乾闥婆・*阿修羅・*迦楼羅・*緊那羅・*摩睺羅迦(まごらが)から成る．法華経など大乗経典では邪悪な鬼神の相を説くが，奈良時代の*興福寺の*乾漆像(かんしつぞう)や*法隆寺五重塔の*塑像(そぞう)は，むしろおだやかな相となっている．このほかに密教の図像や曼荼羅(まんだら)に現れることがある．「菩薩・天人・天竜八部・若干(そこばく)の衆会・異類の輩(ともがら)，皆おのおの(釈迦の死を)歎かずといふことなし」〔今昔 3-31〕

八万地獄 はちまんじごく　最も苦しい地獄である〈*無間地獄(むけんじごく)〉のこと．〈八万奈落(ならく)〉ともいう．無間地獄には，罪人を苦しめる八万四千の鉄の大蛇や八万四千の嘴から火を流す五百億の虫などがおり，八万億千の苦中の苦で満ちているとされる(観仏三昧海経 5)．「鬼大きに驚き，かの者をとって八万地獄へおとす」〔噺・鹿の巻筆〕．→八万四千．

八万四千 はちまんしせん　きわめて大きな数の形容で，無数の，あるいは一切のの意．略して〈八万〉とも〈八万四〉とも称する．八万四千法門・八万四千煩悩などと用い，八万四千の内容についても諸説があるが，本来は単なる形容にすぎない．*忉利天(とうりてん)の天女の数も八万四千，*阿育王(あいくおう)造立の石塔も八万四千塔と称される．〈八億四千〉も類語．「天の譴(せ)め，八万四千の毛の孔に入って，五臓六府(腑)に余る間」〔太平記 33.崇徳院〕「阿羅漢とは，八万四千の煩悩をつくしたるものなり」〔合水集中〕

八幡神 はちまんじん　〈八幡大菩薩(だいぼさつ)〉〈八幡大明神(はちまんだいみょうじん)〉ともいう．古来から広く信仰されてきた神．九州宇佐氏の氏神(うじがみ)にはじまるとされる．穀霊神・銅産の神としてあがめられ，かつ鍛冶とも関係．八幡の示験は欽明天皇のころとされ，この伝承では応神天皇の*垂迹(すいじゃく)神．応神降誕のとき八流の幡(はた)が産屋をおおった，赤幡八流が虚空になびいたことにもとづき〈八幡〉というとするから，もとは〈やはた〉と読んだであろう．

中央進出は奈良時代で，東大寺大仏造立助成を託宣，称徳天皇が宇佐八幡に和気清麻呂(わけのきよまろ)をつかわし*道鏡(どうきょう)即位の託宣を糺(ただ)したように，国家と結びついた．奈良時代末期・平安時代初頭には，護国霊験威力神通大菩薩・護国霊験威力神通大自在王大菩薩の号が朝廷から授けられ，〈八幡大菩薩〉の略称が広く用いられた．*神仏習合現象の一つである．860年(貞観2)大安寺行教(ぎょうきょう)が宇佐八幡を山城国(京都府)石清水(いわしみず)に*勧請(かんじょう)，石清水八幡宮とした．源頼義も相模国(神奈川県)鎌倉由比郷に勧請，その子孫源頼朝は小林郷に遷座，鶴岡八幡宮と称し，源氏の氏神としたので，武家社会の守護神として尊崇された．

一方，*本地垂迹(ほんじすいじゃく)説に基づいて，八幡の本地を阿弥陀仏(あみだぶつ)とすることが院政時代にあらわれ，鎌倉時代には釈迦仏(しゃかぶつ)との見方もあらわれた．八幡の形像は，菩薩であるところから僧形(そうぎょう)が多い(*僧形八幡神)．

鉢 はつ　サンスクリット語 pātra に相当する音写．〈はち〉とも読む．僧尼が常に所持し，僧団において私有物と認められた食器．〈*六物(ろくもつ)〉また〈*十八物(じゅうはちもつ)〉の一つに挙げられる．法(ほう)に応ずるという意味で〈応量器(おうりょうき)〉ともいう．鉄製・陶土製が定めで，それぞれ〈*鉄鉢(てっぱつ)〉〈瓦鉢(がはつ)〉とも称する．現在の鉢は1–2リットルほどの容量で，上方のせばまった椀状のものが，もっぱら*托鉢(たくはつ)用に用いられている．

罰 ばつ　[s, p: daṇḍa]　インド思想では，罰または刑罰は〈杖〉(棒，daṇḍa)という語で示される．杖で打たれる苦しみを罰として受けとめることに由来する．*ジャイナ教では，身(しん)・口(く)・意(い)の3種の苦を〈三罰〉となし，とくに身罰を重視する．しかし仏教では，苦楽を自己の*業(ごう)の*果報と受けとめ，身・口・意の〈*三業(さんごう)〉を説き，意業を最も重しとなし，行為の結果より動機を重んずる．苦を過去の業の結果と見るから，苦を他から加えられる罰とは見ない．そのために仏教の教理には，罰は説かれない．

仏教教団では，力を以てする刑罰を行わない．ただし，釈尊が*涅槃(ねはん)に入る前に，*僧伽(そうぎゃ)の忠告を拒否するチャンナ比丘(びく)に〈梵檀罰(ぼんだんばつ)〉(brahma-daṇḍa，当人と語ることを禁じる処罰法)を与えよと遺言したと伝える．これは罰である．さらに，言うことをきかない年少の*沙弥(しゃみ)に師匠の*比丘が罰を与えることが，*律蔵に説かれている．ゆえに，忠告を受け入れない者には罰を与えることが認められているわけである．*律で*戒律を破った比丘に罪を認め，犯罪比丘に制裁を加えることがあるが，これは比丘が修行のために，納得して制裁を受け入れるのであるから，罰とは言わない．

中国の道僧格や日本の*僧尼令は，国家が法律によって僧尼に制裁を加えたから，これは仏教の本来の性格を越えており，その苦使(くし)は罰の性格のものである．とくに江戸時代には，僧侶の*女犯(にょぼん)の罪はきびしく罰せられた．国家が*破戒の僧尼を制裁するのは罰と言ってよい．→罪．

八角堂 はっかくどう　⇒円堂(えんどう)

八功徳水 はっくどくすい　[s: aṣṭāṅga-upeta-ambhas]　〈はちくどくすい〉とも読む．8種のすぐれた特質(功徳)を具えた水．極楽浄土の池に満ちる水であって，8種の功徳とは，甘く，冷たく，やわらかく，軽く，澄みきり，臭みがなく，飲む時のどを損なわず，飲み終って腹を痛めないという八つの特質をさす．この八功徳水をたたえた七宝荘厳の宝池を〈八功徳池〉という．親鸞(しんらん)は*『浄土和讃』に「七宝の宝池いさぎよく八功徳水みちみてり」と極楽浄土の荘厳を讃詠している．「蓮華王院の後戸(うしろど)の辺に功徳水出づる事」〔著聞釈教〕「八功徳池には四色の蓮花ひらきて，色々の光をかはし」〔九巻本宝物集9〕

抜苦与楽 ばっくよらく　仏・菩薩が衆生を苦しみから救い，福楽を与えるということ．*慈悲のうち，前者が〈悲〉にあたり，後者が〈慈〉に相当すると解釈される．*『大智度論』27に「大慈は一切衆生に楽を与え，大悲は一切衆生の苦を抜く」の句が見える．仏教の基本的構造は，この苦しみの生存を解決して，至福の境地に達することであるから，この言葉は〈*厭離穢土(おんりえど)・*欣求浄土(ごんぐじょうど)〉という言葉とともに，仏教の基本的構造を端的に表現したものと考えることができる．「和光同塵の方便は，抜苦与楽の為なれば，大慈大悲の神慮のたすけ，などかあはれみ給はざらん」〔保元上．法皇熊野御参詣〕

法眷 はっけん　〈ほっけん〉〈ほうけん〉とも読む．仏法の上での眷属の意味で，特に禅宗において同じ*師家(しけ)のもとで一緒に修行する人，あるいは，同じ師家に*嗣法(しほう)したものをいう．兄弟弟子のこと．また，単に弟子のことをもいう．新たに住持になった兄弟弟子に贈る祝賀を述べた文書を〈法眷疏〉という．

白骨観 はっこつかん　〈びゃっこつかん〉とも．死後に屍相が次第に変化してゆくさまを想う9種の観想(*九相)の一つ．白骨を観じ想って人生の*無常をさとり，ひるがえって自己の*貪欲(とんよく)を除き惑業(わくごう)を離れようとする修行法．具体的には屍体が腐食し悪臭を放ちつつ解体を続け，ついに白骨にいたるが，この白骨が火に焼かれ最後に灰土に帰してしまうさまを心に強く想い浮べ続けるのである．精神を一点に集中させ続けること自体にも，*三昧(さんまい)としての意味があった．→不浄観．

白骨の御文 はっこつのおふみ　本願寺8世*蓮如(れんにょ)の*御文(おふみ)中の一通で，『五帖御文(ごじょうおふみ)』の第五帖16通に収まる．「夫(そ)れ人間の浮生なる相をつらつら観ずるに」に始まる御文で，「朝(あした)には紅顔ありて，夕(ゆうべ)には白骨となれる身なり」のくだりから，白骨の御文と呼ばれる．もと後鳥羽上皇の『無常講式』にもとづき，さらに*存覚(ぞんかく)の『存覚法語』によって蓮如が作ったことが知られる．その内容は，人生の無常が切切として述べられ，本願寺ではひろく葬式・中陰(*中有(ちゅうう))などに際して読誦される．

八斎戒 はっさいかい　[s: aṣṭāṅga-samanvāgata-upavāsa]　〈八戒斎〉〈*潔斎(けっさい)〉〈八関斎〉ともいい，単に〈*斎〉〈*斎戒〉ともいう．くわしくは〈八支近住斎戒(はっしごんじゅうさいかい)〉．斎は，つつしむ意で布薩(ふさつ)の訳であるが，ここでは食事の意．六斎日(ろくさいにち)に守る戒のことで，戒の数え方の違いにより8戒とする場合もあれば9戒とする場合もある．布薩の日に寺に出かけて，一昼夜守る*在家(ざいけ)の戒．在家の*五戒に衣食住の具体的な節制，すなわち装身具をつけず*歌舞を見ないこと(これらを二つとする経典では9戒)，高くて広いベッドに寝ないこと，昼をすぎて食事をしないこと，を加えて8条ないし9条としたもので，*出家生活に近い内容を持つ．原始仏教以来，僧俗を結ぶ有力な方法として重視され，大乗仏教でもこれを取り入れた．中国・日本では，1日に限らず八斎戒を長期間守る〈長斎(じょうさい)〉が行われ，僧俗共に護持した例が見い出される．→斎日，布薩．

「大宮宰相中将盛兼，八斎戒受けむとて，閑居の所に来臨あり」〔明恵歌集〕

鈸子 ばっし　*梵音(ぼんおん)具の一つ．〈銅鈸(どうばち)〉

〈銅盤〉〈鐃鈸(にょうはち)〉ともいう．鋳銅製鍛造仕上げで，西洋楽器のシンバルに似た形状をなす．2枚をすり合わせたり，相打って鳴奏する．法華経方便品に「若しくは人をして楽を作さしめ，鼓(つづみ)を撃ち，角(つのぶえ)・貝(ほらがい)を吹き，簫(しょう)・笛(ちゃく)・琴・箜篌(くご)，琵琶(びわ)・鐃(にょう)・銅鈸(どうはつ)」とあり，*法楽(ほうらく)に用いられる楽器の一つである．わが国へは宝亀11年(780)の『西大寺資財帳』に「銅鈸子六具各着交纈緒」との記載があり，奈良時代にはすでに伝えられていた．遺品は滋賀・百済寺の建長8年(1256)銘のもの，京都・東寺(*教王護国寺)の文保2年(1318)銘のものなど，鎌倉時代以降の作例が現存している．

八識 はっしき　*瑜伽行派(ゆがぎょうは)が説く，眼(げん)識・耳(に)識・鼻(び)識・舌(ぜっ)識・身(しん)識・意(い)識・末那(まな)識(染汚意(ぜんまい))・阿頼耶(あらや)識の八つをいう．意識までの〈*六識〉は部派仏教においても説かれていたが，瑜伽行派において我々の心に対する分析が深められるにつれて，六識だけでは複雑な人間の心理活動を十分に説明できないことが意識されるようになった．たとえば，凡夫が意識的には善をなしているときでも，なお本能的な自我意識から離れることができないのは何故なのか．*業(ごう)をなしてから*果報が得られるまで，その業の余力はどこに保たれているのか．六識が一時的に中断するとき，何が身体を維持しているのか，など．このような問題意識に対する探求の結果，六識の根底ではたらく，通常意識されることのない〈*末那識〉と〈*阿頼耶識〉という2種類の深層の心が新たに見出され，八識説が形成されることとなった．

八識のうち，眼識から身識までの〈五識〉(前(ぜん)五識)は具体的な個物を直感的に知覚する5種の感覚機能であり，〈*意識〉は，五識に伴ってはたらき，五識の知覚した内容を概念化して判断を下し，また五識から独立してはたらいてさまざまな思考をめぐらす識である．〈末那識〉は無意識的な自我執着心であり，最後の〈阿頼耶識〉は，自己の心や肉体，さらには自然界を生み出す根元的な心をいう．→識，心(こころ)．

「大乗の中に或いは六識分別よりも猶微細なる処に，第七識第八識あることを明かせり」〔夢中問答下〕

八宗 はっしゅう　律令国家によって公認された八つの学団のこと．*倶舎(くしゃ)宗・*成実(じょうじつ)宗・*律(りつ)宗・*法相(ほっそう)宗・*三論(さんろん)宗・*華厳(けごん)宗の南都六宗と，*天台(てんだい)宗・*真言(しんごん)宗の平安二宗をさす．鎌倉時代以後，〈八宗〉で日本仏教の全体を指す意味に用いられる場合もある．インドの*竜樹(りゅうじゅ)を〈八宗の祖師〉とよび，また日本仏教の全体に通じていることを〈八宗兼学〉ともいう．「それ宗の名を立つることは，もと華厳・天台等の八宗・九宗にあり」〔選択集〕「僧徒の勤めには，八宗の修学，一陀羅尼行者，法花持者なり」〔十訓抄10〕．→南都六宗，十宗．

『八宗綱要』 はっしゅうこうよう　鎌倉時代華厳宗の代表的学僧*凝然(ぎょうねん)が29歳(1268年(文永5))のとき著した仏教概説書．2巻．最初に仏教の基本について叙述し，ついで奈良・平安時代の宗派である倶舎宗・成実宗・律宗・法相宗・三論宗・天台宗・華厳宗・真言宗の八宗について，宗名の由来，拠り所となっている経論，インド・中国・日本にわたる歴史，および教理の要点について概説．最後に鎌倉時代の宗派である禅宗と浄土宗について短い説明が加えられている．→八宗．

八勝処 はっしょうしょ　［*s*: aṣṭau abhibhvāyatanāni, *p*: aṭṭha abhibhāyatanāni］　〈はちしょうしょ〉とも読む．八解脱(はちげだつ)よりも高次の8種類の*禅定(ぜんじょう)，*観法．〈八除入(はちじょにゅう)〉〈八除処(はちじょしょ)〉とも訳される．「勝処」と呼ばれる理由は，*『大毘婆沙論(だいびばしゃろん)』などによれば，対象を観察しても，それを勝伏するから，また諸々の煩悩を勝伏するからとされる．つまり，諸々の対象を観察してそれを克服し，煩悩を生じさせないようにする観法である．同論の説明によれば，〈八勝処〉とは，内に色想(しきそう)(色の表象)ありて少量の外色(げしき)(外界の色)を観ずる，内に色想ありて多くの外色を観ずる，内に色想なく少量の外色を観ずる，内に色想なく多くの外色を観ずる，そして，内に色想なく外の諸色の青・黄・赤・白を観ずる，ことの八つとされる．また，*『倶舎論(くしゃろん)』によれば，八勝処の最初の二つは八解脱の第一に，次の二つは八解脱の第二に，後の四つは八解脱の第三に対応するとされる．→八解脱．

八正道 はっしょうどう　［*s*: āryāṣṭāṅga-mārga］

八つの支分からなる聖なる道の意．*苦の*滅に導く八つの正しい実践徳目．〈八聖道〉〈八支正道〉ともいう．1)正見(正しい見解)，2)正思(正しい*思惟)，3)正語(正しい言葉)，4)正業(正しい行い)，5)正命(正しい生活)，6)正精進(正しい努力)，7)正念(正しい思念)，8)正定(正しい精神統一)の八つをいう．釈迦の最初の説法(*初転法輪)において説かれたと伝えられる．*四諦の教えにおいては〈道諦〉の内容を構成する．また，*苦楽の二辺(いたずらな*苦行と欲楽にふけるという二つの極端)を離れた*中道の具体的実践方法としても説かれる．*三十七道品の構成要素でもある．

「風すこしうち吹けば，御念仏の声に響きて，池の浪も五根五力・七菩提分・八正道を述べ説くと聞こゆ」〔栄花玉の台〕

『抜隊仮名法語』 ばっすいかなほうご　抜隊得勝(1327-87)著．1巻．『塩山法語』『抜隊法語』ともいう．弟子の編集になる．抜隊は広く諸国の禅林を修行し，1380年(康暦2)甲斐国向嶽寺に請ぜられ開山となった．序文には，坐禅によって*仏性の根源である〈自心〉をあきらめ，本来具有する真性を体得する，そして非空非色の理をきわめよと説く．*法語は13編よりなり，そのうち10編は尼僧・僧・武士・俗人に対する書簡法語で，応答体・説法体の形式で，高踏にはしらない親切心にみちた具体的な語り口である．

八相 はっそう　釈尊の一生における重大事件を八つにまとめたもの．〈釈迦八相〉とも，特に*成道を重視して〈八相成道〉ともいう．数え方に諸説があるが，一般に，1)降兜率(釈尊が*兜率天からこの世に降りてくる)，2)托胎(*摩耶夫人の胎内に宿る)，3)出胎(誕生する)，4)*出家(修行のため王宮から脱出する)，5)*降魔(*菩提樹下で修行を妨げる*悪魔を打破する)，6)成道(*悟りを開き，*仏陀になる)，7)*転法輪(弟子達に*説法する)，8)*入滅(*娑羅双樹の下で*涅槃に入る)，をいう．

インドでは*仏伝図の豊富な主題がしだいに四組・八相へ集約されていったが，成道以後の奇蹟的な事件が好んで表現された．他方，中国・日本では前半生の事件が多く挙げられ，生涯をたどるものとなっている．日本では八相に限らず複数の場面が描かれたものを〈釈迦八相図〉といい，涅槃の周囲に数場面が加えられたものを〈八相涅槃図〉と呼ぶ．鎌倉時代の復古的な釈迦信仰を背景に，中国の仏伝図の影響を受け，比較的多く制作された．

「曾成(久遠の完成)の道，八相に始まり，金山の体，四康に坐す」〔三教指帰下〕「柱ごとに両界の曼陀羅を図し，扉ごとに八相成道変を書けり」〔法成寺金堂供養願文〕

法堂 はっとう　*法を説く堂の意で，後には特に禅院において，*住持が人々に法を説く建物をさしてこの名称を用いる．他宗での〈講堂〉に相当するもの．〈法堂〉の語そのものは古くより使われたようで，新訳*華厳経75に「その時，善財童子まさに法堂に昇らんとす」とあり，*法華経法師功徳品には〈妙法堂〉の語が見える．インド一般にこのような建物をdharmaśālāと呼ぶが，サンスクリット仏典に出てくるかどうかは不明である．遺構としては，*大徳寺法堂(1636)，瑞竜寺法堂(1655，富山県高岡市)，*万福寺法堂(1662)などがある．「頃年の間，法堂・僧房・大衆の湯屋を構へ造りて，種々に修する所の功徳は」〔多度神宮寺伽藍縁起幷資財帳〕「十月十五日，法堂にして上堂して入滅の由示さる」〔沙石集10末-3〕．→講堂．

八音 はっとん　〈はちおん〉とも．

1 仏の音声を，その*徳の種別により8種としたもの．〈八種清浄音〉〈八種梵音声〉などともいわれ，八音のそれぞれの名称は経典によって異なる．*『大毘婆沙論』によれば，深遠・和雅・分明・悦耳・入心・発喜・易了・無厭．そのうち，〈入心〉は尊厳な音声で，聞く者の智慧をひらかせる．〈発喜〉は柔らかく優しい声，〈易了〉は不渇音で，音節が明瞭に聞き分けられる．〈無厭〉は不女声・無雌小声ともいわれる．「浄土に生まれて無生悪の位に登り，三明六通を具し，四弁八音を備へ」〔沙石集3-1〕

2 中国古典では8種の鳴り物の意で，金(鐘類)・石(磬類)・糸(琴瑟類)・竹(笛類)・匏(笙竽類)・土(壎類)・革(鼓類)・木(敔類)

の称．転じてあらゆる楽器，またそれがかなでる音楽をいう．「六楽倶に陳のべ，八音共に奏す」〔性霊集 7〕

般涅槃 はつねはん　⇀涅槃，円寂

法被 はっぴ　禅宗寺院で，本堂の*須弥壇の正面にかける布．また，説法や法要に際して，導師は*曲彔と呼ばれる朱あるいは黒塗りの屈曲した大椅子に坐るが，この曲彔にかける被布も〈法被〉と呼ばれる．布地は金襴などを用いる．なお，近世になると，下級武士や仲間が着用した裾の短い上着，いわゆる〈印半纏〉，また，唐人や武装の武士，鬼畜などの役に用いる能装束の一つも〈法被〉と称されるようになった．「此の外，帽子・沓・襪子…曲彔・法被・打敷・水引等，頭首以下，布施に加へらるべきなり」〔庭訓往来 10.3〕

八風 はっぷう　〈はちふう〉とも読み，〈八法〉ともいう．愛着したり憎悪したりして，修行者の心を動揺させる障害を八つにまとめて，風に譬えた語．具体的には，利（もうけ）・衰（おとろえ）・毀（そしり）・誉（ほめたて）・称（ほめしらせ）・譏（とがめ）・苦（くるしみ）・楽（たのしみ）の 8 種．

八不中道 はっぷちゅうどう　*『中論』最初の偈（*帰敬偈）の「不生にして亦不滅，不常にして亦不断，不一にして亦不異，不来にして亦不去…」に基づくもので，*不生不滅などの 8 種の否定（八不）を通じて明らかにされるところの中道，すなわち〈*中〉の立場・実践のこと．中国*三論宗は，『中論』の根本思想を真諦と世諦（俗諦）から成る*二諦説にあると見る。そして真諦（第一義諦）の立場からは*空にして不常であることが真実（諦）であり，世諦の立場では*有にして不断であることが真実であるという．したがって二諦の視点はそのまま，空（非有）と有（非空）の中道，不常と不断の中道，ひいては八不中道の立場に通じるという．上記の偈のサンスクリット原文では，〈八不〉は*縁起の修飾語になっているが，この八不中道という説は漢訳に依拠して独自に創出されたもの．「三論の八不中道のむねも，法相の五重唯識のこころも，すべて一切の万法ひろくこれにをさむ」〔三部経大意〕「珍海已講の禅那院，八不の湛水底澄めり」〔盛衰記 24〕．⇀中道．

馬頭観音 ばとうかんのん　［s: Hayagrīva］　音写して〈何耶掲唎婆〉．*観音信仰の広がりの中で最も異教的な内容を加えて変化した観音．*六観音の一．*忿怒の顔容から〈馬頭明王〉〈大力持明王〉の名もあって*八大明王の一ともされる．魔障や*煩悩を馬口のように食いつくして衆生を救済するところから〈噉食金剛〉の名もある．

胎蔵曼荼羅（⇀両界曼荼羅）では忿怒三面*化仏の背後に馬頭をつけた二臂（根本馬口印を結ぶ）像としてあらわし，*図像的には三面・四面八臂像など異像も極めて多い．彫刻作例では*観世音寺に 5 メートルを越える八臂立像（平安後期）があり，*浄瑠璃寺像（鎌倉時代）も有名である．坐像で中山寺像（鎌倉時代，福井県大飯郡）が同じく八臂像であるが，*大報恩寺像（1224）や豊財院像（平安時代，石川県羽咋市）は六臂立像，竹林寺像（室町時代，高知県高知市）は二臂立像である．なお六観音を*六道救済に配した場合，この尊は*畜生道に配されるところから，牛馬にかかわる庶民的信仰の造像も多い．

パドマサンバヴァ　［s: Padmasambhava］　8 世紀に活躍したインドの在家密教行者．中国では〈蓮華生〉という．八十四成就者のパドマーカラと同一視されることもある．密教揺籃の地ウディヤーナの出身で，吐蕃の*ティソン-デツェン王に招かれて，775 年のサムイェー寺定礎の*導師をつとめ，仏敵を*調伏するプルパ（金剛橛）の法などを伝えた．歴史的に確実な事績はこれだけであるが，チベット仏教*ニンマ派では，彼を〈グル-リンポチェ〉（尊師猊下）と呼んで著しく尊崇し，いまも払州の銅色吉祥山（サンドク-ペルリ）にあって，衆生を救済しつづけているという．また彼は，チベットの各地に〈埋蔵教法〉（テルマ）を秘匿したとされる．チベットに流布する彼の教法・予言・伝記も，ほとんどが 12 世紀以後発掘された埋蔵教法であり，科学的には再検討が必要である．

花供養 はなくよう　季節の花を仏・菩薩に*供養する儀式．*金峯山寺で 4 月 11–12 日に行う花供会式，*鞍馬寺で 4 月上・中旬 15 日間行う花供養，*大報恩寺千本釈

迦堂で5月5日に月遅れの灌仏会(かんぶつえ)として行う大報恩寺花供養，*薬師寺で3月30日より1週間行う花会式などが有名．なお，4月8日の灌仏会は全国共通の花供養といえる．「卯月八日の花供養，仏法流布の因縁なり」〔浄・釈迦如来誕生会1〕．→灌仏会．

華籠 はなご ⇒華籠(けこ)

花摘 はなつみ 山野で花を摘むことであるが，仏教ではこれに特別な意味を持たせて，4月8日の*灌仏会(かんぶつえ)(仏生会(ぶっしょうえ))の供花(くげ)を摘むことをいう．この日諸寺では花堂を特設し，小さな釈迦像(*誕生仏)を安置して山野の花を供養する．この*花供養は民間習俗としての3月3日，4月8日の山遊びとも密接に関係するもので，女性の参加が特徴的である．有名なのは，*比叡山(ひえいざん)戒壇堂の仏生会の花摘で，*女人禁制の時代，女性はこの日に限って*登山(とうざん)を許され，東坂本の花摘の社に参詣した．「この上の山へ，花つみにいらせ給ひてさぶらふ」〔平家灌頂.大原御幸〕「東寺にもまた花摘の儀あり．七日より花堂を造り，小釈迦の銅像を安んず」〔日次記事4.8〕

花祭 はなまつり ⇒灌仏会(かんぶつえ)

ハビアン［Fabian］ 1565(永禄8)-1621(元和7) 号は不干斎巴鼻庵(ふかんさいはびあん)．日本近世初期に活動したイエズス会修道士で，後に転向し排耶(はいや)活動を行なった．加賀または越中国の生まれの元臨済僧で，名は恵俊(えしゅん)(または恵春)と伝えられる．京都の*大徳寺で修行の後キリスト教に入信し，1583年(天正11)受洗する．3年後イエズス会の修道士となり，豊臣秀吉の伴天連(ばてれん)追放令(1587)の後も日本各地で布教を行なった．1605年(慶長10)年に京都で*『妙貞問答(みょうていもんどう)』を著し，翌年には林羅山(はやしらざん)と論争するなど護教活動に励んだが，1608年イエズス会を脱会し棄教した．その後は奈良・枚方・大坂・博多・長崎と移り住み，幕府のキリスト教弾圧に協力すると共に，1620年(元和6)反キリスト教の書『破提宇子(はだいうす)』を著し，翌年長崎で死去した．

バーミヤーン［Bāmiyān］ アフガニスタン中央部，ヒンドゥークシュ山脈西部にひらけた東西に長い小盆地．中国では，隋代(581-619)から〈失范延〉(Sher Bamiyan)，〈帆(忛)延〉の名ではじめて知られ，唐(618-907)に〈梵衍(那)〉〈望衍〉の音写も加わった．『魏書』の〈范陽〉はバーミヤーンではない．6世紀後半から，山北のエフタル勢力の消滅とともに，南北を結ぶ交通路上の要衝と化し，巨仏・百神を信仰する仏教王国となり，一時に繁栄した．サッファール朝(9世紀)，ガズナ朝(11世紀)，ゴール朝(12-13世紀)下に次第にイスラーム化し，モンゴルにより壊滅．南面する2キロメートルの断崖に700余の仏教石窟と二軀の大仏立像(38, 55メートル)が残存していたが，近年，大仏像はイスラームの宗教政治勢力ターリバーンにより破壊された．中央アジアの石窟寺院として*キジル石窟とともに仏教美術史上重要である．→石窟寺院．

破門 はもん 信徒を教団・宗門から追放すること．破門が絶大な効力を発揮したのは中世ヨーロッパにおいてであった．教権が王権を支配する社会では，破門は王権に対する社会的制裁の効果をもった．そのためしばしば王が破門された．この種の破門は，教権が王権を圧倒することの少なかった日本では存在しなかった．日本仏教における破門は，正統教学から逸脱した時に異義・*異安心(いあんじん)・邪義として追放されることであった．→波羅夷(はらい)．

波羅夷 はらい サンスクリット語 pārājika に相当する音写．原義は，他によって打ち勝たれたもの，と推定されている．*煩悩(ぼんのう)に負けて*罪を犯すこと．〈波羅夷処〉(pārājayika-sthānīya)ともいう．4種(婬(いん)・盗み・殺人・*妄語(もうご)(自分が悟っていないのに修行が完成したと言うこと))あることから〈四重(禁)〉とも呼ばれるが，*大乗戒では他に六重・八重・十重などの規定がある．*戒律の最重罪で教団追放の罪．国法との関係から，権力の介入を防ぐ意と，教団(*僧伽(そうぎゃ))の*清浄(しょうじょう)を保つための処置である．中国で国法に屈してより形式化し，日本では僧伽組織そのものが変容して，有名無実となるに至っている．「人を殺害(せつがい)しぬれば，永く氏(うち)を放たる．波羅夷罪の仏子の数に入らざるが如し」〔沙石集1-1〕．→四重．

祓え はらえ 〈はらい〉とも．宗教的な罪障・汚穢(けがれ)・災厄などを除去・浄化する儀礼行為．とくに*神道においては，浄く清かな心身の状態になってはじめて神との交流・融和が可能になるとされるので，〈祓え〉は最重要な営みである．その前提には，人間や共同体は生活過程の中で悪行を犯し汚穢を産み，他の汚穢に触れ，災厄に遭い，悪しきものにまみれやすいとの見方がある．

祓えの方法は大別して〈禊〉と〈祓い〉の2種ある．前者は身体に罪穢あるとき，または神事を行うに際して，水によって身体を洗滌することで，*沐浴とか水*垢離とも呼ばれる．その起源は，伊邪那岐神が伊邪那美神を求めて*黄泉の国(死穢に満ちたところ)を訪ね，穢れに触れたので日向(宮崎県)の阿波岐原において身を洗い清めたとの記紀神話の記述にあるとされる．後者は災厄や汚穢・罪障などを祓いの麻や形代に転移させることにより心身を清めることで，七瀬祓，河臨祓，巳日祓など諸種ある．その起源は，須佐之男命が天照大神にたいして行なった悪業の代償として，命に千座置戸を負わせ，鬚を切り，手足の爪を抜いて追放したとの記紀の記述にあるとされる．

国土上の一切の罪穢を根の国底の国に祓い遣る〈大祓〉は，古来6月と12月の晦日に行われたが，現今も宮中をはじめ全国の神社で行われる．

波羅提木叉 はらだいもくしゃ　サンスクリット語 prātimokṣa (パーリ語 pātimokkha)に相当する音写．原語の語義解釈はなお定説を見ないが，歴史的には〈別々解脱〉あるいは〈別解脱律儀〉と訳され，また〈戒本〉とも呼ばれた．原初的にはすこぶる簡単な徳目であったが，教団発展にともなって，*布薩の場で自省のために唱えるのを目的に編集された．*比丘・*比丘尼の持する戒条を列記したものであるが，後に在家*五戒に始まる種々の*禁戒をも*七衆の別解脱律儀，すなわち波羅提木叉と称するようになった．さらに梵網経の*十重禁戒なども波羅提木叉と呼ばれている．→戒本，戒律．

波羅奈国 はらなこく　サンスクリット語 Vārāṇasī に相当する音写．ヴァーラーナシー．中インド，ウッタル-プラデーシュ州，ベナレス(ヴァラナシ)市を中心とした国．古代インド*十六大国の一つで，〈カーシー〉(Kāśī，迦尸)とも呼ばれる．*ヒンドゥー教の聖地．*玄奘の*『大唐西域記』(7世紀)には，この国の大都城は*ガンジス河に臨み，民家は櫛の歯のごとくならび，住民は盛大に，家ごとに巨万の富を蓄えている．人々は多く*外道を信じ，*仏法を敬うものは少ないと述べている．市の東北には，*初転法輪の地サールナート(*鹿野苑)がある．

パラマールタ [s: Paramārtha] ⇒真諦

波羅蜜 はらみつ　サンスクリット語 pāramitā に相当する音写．〈波羅蜜多〉とも．*菩薩の基本的な実践徳目で，通常6種(六波羅蜜)あるいは10種(十波羅蜜)を数える．パーラミターの意味については異説があるが，言語学的に支持される解釈は pārami (＜parama 最高の)＋tā(状態)と分解する説で，〈究極最高であること〉，あるいは〈完成態〉などと訳せる．しかしながら伝統的な教理解釈では，しばしばこれを pāram (*彼岸に)＋ita(到った)という過去分詞の女性形と読み，彼岸(悟り)に到る*行と説明する．〈*度〉〈到彼岸〉などの訳語や，さらにチベット語訳の pha rol tu phyin pa (彼岸に到った)もまたこの第2の解釈に従うものである．

実践思想としての波羅蜜は，菩薩行と深い関係にある．*ジャータカで重視された*布施にはじまり，*智慧(prajñā，*般若)を第六の，最重要なものと位置づける六波羅蜜(六度)が菩薩の実践徳目としてまとめられたのは，道行般若経(179年，*支婁迦讖訳)や*六度集経(3世紀中頃，*康僧会訳)の原本が成立する以前の，およそ紀元前1世紀中頃と考えられている．さらにまた，菩薩の修行階梯を示す*十地の説が定着するようになると，智慧を拡張分化するかたちで，方便・願・力・智を加えた十波羅蜜(十度)が説かれることになる．→六波羅蜜，般若波羅蜜．

「波羅蜜といふは，到彼岸といふ事なり」〔法華百座 3.2〕「苦・空・無我，もろもろの波羅蜜を演説し」〔往生要集大文第2〕

婆羅門 ばらもん　サンスクリット語・パー

リ語 brāhmaṇa に相当する音写．バラモン．インドの*四姓(しせい)(ヴァルナ)制度の最上位の僧侶階級．*『リグ-ヴェーダ』は，神々が原人*プルシャを解体したとき，その口から生まれたとしている．インドの法典によると，バラモンに課せられた義務は，*ヴェーダ聖典を教授したり，学習したり，自己または他人のために祭祀を司ったり，*布施(ふせ)をしまた布施を受けることであるという．かれらはバラモン教(*婆羅門教)を産み，つねにインドの宗教・文化・学問の担い手として，重要な役割を演じてきた．なお，〈婆羅門僧〉のごとく，インドから渡来した修行者の呼称に用いられたり，一般に尊貴な人間をさすのに用いられたりもした．「天竺の舎衛国に一人の婆羅門あり．殊に道心ありて，常に迦留陀夷(かるだい)羅漢を供養す」〔今昔 2-29〕

婆羅門教 ばらもんきょう ［Brahmanism］ 古代インドにおいて，仏教興起以前に，バラモン(*婆羅門)階級を中心に，*ヴェーダ聖典に基づいて発達した特定の開祖をもたない宗教．Brahmanism とは，およそ前3世紀ころから，バラモン教自体がインド土着の諸要素を吸収して大きく変貌して成立してくる〈ヒンドゥー教〉と区別するために西洋の学者が与えた呼称．バラモン教(婆羅門教)はその邦訳語．広義にヒンドゥー教という場合にはバラモン教をも含んでいる．

紀元前1500年ころを中心に，インド-アーリヤ人がパンジャーブ(五河)地方(インダス河中流域)に進入し，さらに東進してバラモンの宗教・文化を確立し，バラモン階級を頂点とする4階級からなる*四姓(しせい)制度を発達させた．彼等は進入時からおよそ紀元前500年ころまでの間に，厖大な根本聖典ヴェーダを編纂した．その宗教の本質は多神教であるが，*『リグ-ヴェーダ』に始まる宇宙の根本原理の探求は*ウパニシャッドにおいてその頂点に達し，*梵我一如(ぼんがいちにょ)の思想が表明されるにいたった．またウパニシャッドで確立された*業(ごう)・*輪廻(りんね)・*解脱(げだつ)の思想は，インドの思想・文化の中核となったばかりか，仏教とともにアジア諸民族に深く広い影響を与えた．ヴェーダの神々のなかには，*帝釈天(たいしゃくてん)や*弁才天(べんざいてん)のように，日本で崇拝されているものもある．→ヒンドゥー教．

婆羅門僧正 ばらもんそうじょう ⇒菩提僊那(ぼだいせんな)

玻璃 はり ［s: sphaṭika］ インド古代の*七宝(しちほう)の一つ．水晶のこと．sphaṭika のさまざまな俗語形(例えば phaḷia)に対応して，〈玻璃〉〈頗梨〉〈頗胝迦(はていか)〉などと多様に音写された．漢訳仏典に見える語．やがて唐代の詩文などでも使われたが，ガラスの意味に転用され，現代中国語にまで至っている．〈玻璃鏡〉は諸経に見え，偽経の地蔵十王経には，地獄の*閻魔(えんま)の法廷に死者の生前の行いを映し出す〈*浄玻璃の鏡〉があるという記述がある．「渇仰の余りに，瑠璃・玻璃の地に額を着くる心地して，泣く泣く礼拝するに」〔明恵歌集〕

ハリヴァルマン ［s: Harivarman］ 3世紀-4世紀頃．〈訶梨跋摩(かりばつま)〉と音写され，〈獅子鎧(ししがい)〉とも漢訳される．*『出三蔵記集』の玄暢の記事によれば，中インドのバラモン(*婆羅門(ばらもん))の出身で，*ヴェーダやインド哲学一般に通じていたが，後に仏教に帰依し，クマーララータに師事した．『発智論(ほっちろん)』に基づいて*説一切有部(せついっさいうぶ)教学を学んだが，その説に満足せず，*大衆部(だいしゅぶ)の学者で大乗仏教を信奉する者と研鑽を積んで*『成実論(じょうじつろん)』(411-412年に*鳩摩羅什(くまらじゅう)が翻訳)を著したとされる．『成実論』は，*部派仏教の重要な教理を網羅的に取り上げるが，主に*経量部(きょうりょうぶ)の立場をとっており，しばしば大乗的な見解をも取り込んでいる．また，*ヴァイシェーシカなどのインド思想にも言及しており，この点でも重要な資料である．中国において盛んに研究され，*成実宗を成立させた．

パーリ語 ―ご ［p: Pāli］ 現在スリランカ，タイ，ミャンマー(ビルマ)，カンボジア，ラオスなどの*南伝仏教に使用されている言語で，南方上座部仏教の聖典語をいう．古く仏教の開祖釈尊が，この言語で中インド・*マガダ地方を中心に説法教化し，それが南伝仏教の聖典語として受け継がれたと伝統的に伝えられているが，パーリ語で聖典が編纂される以前には，マガダ語(または古代東部インド語)で教えが説かれていたと学界で認められているから，この伝統説は妥当性を欠く．

パーリ語は，*サンスクリット語を標準語というのに対して*プラークリット(俗語，民衆語)の一つで，言語系統的にはインド-ヨーロッパ語族に属し，中期インド-アーリアン語の中の初期俗語である．パーリ語(聖典語)は，現存する文献からみて，質・量ともに，あらゆるプラークリット語の中で最重要の語の一つである．

パーリ語の故郷に関しては諸説があるが，その代表的なものに，1)伝説上，マガダから発達したとする説，2)仏陀(釈尊)が活躍した諸地域で公用語とされていたコーサラ語から発達したとする説，3)スリランカに近いインド本土カリンガ地方の言語とする説，4)西方インドのウッジェーニー(Ujjenī)の言語に起源するとする説などがある．そのいずれも十分の説得力を欠くが，元来，マガダ語で説法した仏陀の言語的性格と，上座部仏教の中心地であったウッジェーニー地方の僧たちに伝持された事情，そして碑文・銘文から見ると，最後には西方語の影響を受けた事情からして，西北インド語の文法的・言語的特質をもつ言語である．その言語が海路スリランカに伝えられた．

ハリバドラ [s: Haribhadra]　800頃　漢訳名は〈獅子賢ししけん〉．*『現観荘厳論げんかんしょうごんろん』に対する注釈書『現観荘厳註』(『小註』)，『現観荘厳明みょう』(『大註』)などを著し，後世の*チベット仏教に大きな影響を与えた．とくに八千頌般若経はっせんじゅはんにゃきょうを合わせて注釈した『大註』は先行する*論師ろんじたちの作品からの引用を多く含み，資料的価値の点でも重要である．思想的系譜としてはいわゆる瑜伽行中観ゆがぎょうちゅうがん(*世俗としては*唯識ゆいしきを認めるが，*勝義しょうぎとしては*一切皆空いっさいかいくうを標榜する立場)に属するとされる．『小註』の冒頭で，『現観荘厳論』は*弥勒みろくの作であるが，*無着・*世親による解釈は不十分であり，*中ちゅうの立場からヴィムクティセーナ(解脱軍)が解釈したと述べている．

梁行 はりゆき　⇒桁行けたゆき

パールシヴァ [s: Pārśva]　⇒脇尊者きょうそんじゃ

ハルシャヴァルダナ [s: Harṣavardhana]　⇒戒日王かいにちおう

幡 ばん [s: patākā]　音写して〈波多迦はたか〉．わが国では「波多」〔倭名抄〕と呼び，*荘厳しょうごんのため仏殿の柱や*天蓋てんがいなどにかけ，あるいは法要を行う庭や*行道ぎょうどうする両側に立てる．三角形をした幡頭にいくつかに区切った坪つぼを持つ幡身，その坪の左右に幡手をつけ，幡身の下に数本の幡足をたらしたものである．坪には仏像や*三昧耶形さんまやぎょう・*種子しゅじ(*梵字ぼんじ)など画くこともある．材質も透彫り文様のある金銅幡，玉をつなぎ合わせた玉幡，錦・綾・絹・麻布の幡などがあり，*正倉院宝物の幡には，染めの技法によるあらゆる種類のものがある．なお，白紙で作る〈送葬幡そうそうばん〉(四本幡)は葬式に用い，*如来にょらいの名を書いて*施餓鬼せがきなどに用いる〈如来幡〉も同様である．「幡八流．各おのおの白き身，紫の縁，赤・黒・紫の足各四つ．各長さ一丈四尺六寸，広さ一尺五寸」〔西大寺資財流記帳〕「敬うやまつて年月日(某年某月某日)を以て道場の幡はた二十流を造り」〔性霊集7〕．→幢どう．

半跏思惟像 はんかしゆいぞう　*台座に掛け，左足を垂下し右足をあげて足を組み，右手を頰にあて，思惟する姿を表した仏像．5世紀末の*雲岡石窟うんこうせっくつなどにみられる中国の半跏思惟像は，銘文によれば思惟苦悩する*成道じょうどう以前の釈迦しゃか(*悉達多しっだった太子)を表現したものだが，それが未来の釈迦ということで弥勒みろく像と重なり，朝鮮では*花郎かろうと*弥勒信仰が加わって成道を求め思惟する*弥勒菩薩の姿として造像され，朝鮮仏教の影響下にあった日本の飛鳥仏教でも，一般に弥勒像の表現として用いられた．*聖徳太子関係の寺院には半跏思惟像が多いが，これは悉達多太子と聖徳太子とが重なったものと思われる．

インドや*ガンダーラにすでにこの姿の像があり，中国では南北朝時代(439-589)に盛んに行われた．朝鮮半島では特に盛行し，三国時代(313-676頃)から統一新羅時代(677-826頃)にかけて多くの作例がのこる．わが国でもこの風をうけて，飛鳥・天平時代に多くつくられた．韓国国立中央博物館の2軀の金銅像(三国時代末)は，わが国の*中宮寺像(飛鳥時代)，*広隆寺像(宝冠ほうかん弥勒・宝髻ほうけい弥勒と俗称．飛鳥時代)などの木彫像とともに特に著名．この他に，法隆寺献納宝物(東京国立博物館蔵)，観松院かんしょういん(長野県北安曇郡)，神野寺こうのじ(奈良県山辺郡)などに小金銅仏の遺例がある．なお，*野中寺やちゅうじ像

(666)にはこれが弥勒である旨の銘記がある.

『盤珪仮名法語』 ばんけいかなほうご　*盤珪永琢(ばんけいようたく)の説法聴き書. 2巻. 1758年(宝暦8)刊. 題簽(だいせん)は『盤珪禅師法語』であるが, 巻頭の書名は『盤珪仏智弘済禅師御示聞書』となっている. 末記によると, 宝暦7年に浪華の玉瑞が一向庵で発見し, 翌年刊行したとある. 形骸化した*公案禅を批判して, 不生(ふしょう)禅を主張した. 盤珪は, 日本禅宗の伝統による漢文の*語録を主とする考え方を排して, 平易な日本語で語りかつ著述すべきことを主張した禅者で, 日本の禅宗文学に名編を残した人として着目される.

盤珪永琢 ばんけいようたく　1622(元和8)-93(元禄6) 臨済宗の僧. 盤珪は道号, 永琢は僧名. 播磨(兵庫県)の出身. 11歳のとき, 『大学』を読んで, 〈明徳〉について疑いを発し, 17歳で同国赤穂(あこう)の随鷗寺(ずいおうじ)の雲甫(うんぽ)に就いて出家した. 〈明徳〉の2字の真意を求めて諸方に遍歴し, 26歳のときに*大悟して証明を求めたが, 正師を得られず, たまたま来日した中国僧道者に謁してその印証を得た. のち師兄(すひん)の牧翁に嗣法して, 〈不生(ふしょう)禅〉を提唱. 一世の名僧として, 多くの僧俗に*安心(あんじん)を与えた.

彼の説く〈不生の仏心〉は, 遠く中国唐代の純禅に直結するもので, たとえば黄檗希運(おうばくきうん)の*『伝心法要』の所説を本当にこなして日本語で説いたら, *『盤珪仮名法語』の説法そのものになるであろう. かれは, 平話(日常の話し言葉)で禅を説いたので, その所説は一般民衆に解り易かった. 最も純粋な禅の代表者として世界的に注目されている. →不生.

磐石 ばんじゃく　〈盤石〉とも書く. 大きな岩石のこと. 時間の単位の比喩に用いられる. 仏教では極めて長い時間を〈劫(こう)〉という単位で表す. その劫の表し方の一つに〈磐石劫〉(磨石劫)がある. 1辺1*由旬(ゆじゅん)(一説に約7キロメートル)の立方体の大岩石(磐石)があり, それを100年に一度, *天人の衣(あるいはカーシー産の綿ネル)でさっと払い, それを繰り返してその大岩石が磨滅消滅してもまだ尽きないのが1劫であるという. 経論によって異説が多い. 「劫の久しささまざまに侍り. 磨石劫・芥子劫云々」〔久遠寺本宝物集 2〕. →劫, 芥子(けし).

般舟三昧 はんじゅざんまい　サンスクリット語pratyutpannabuddhasaṃmukhāvasthita-samādhiに相当する省略された音写. 〈現在仏現前三昧〉とも訳される. 他方*仏国土(ぶっこくど)に現在する仏が面前に立ち現れるという内容の*三昧. 仏に三昧中で出会うことを説く*見仏(けんぶつ)思想は大乗仏教の特徴の一つであるが, その中の最も代表的なものが*般舟三昧経, *『大智度論(だいちどろん)』*『十住毘婆沙論(じゅうじゅうびばしゃろん)』などに説かれるこの般舟三昧である. 般舟三昧経(3巻)によれば, 戒を保ち, 人里離れた静処に居して西方極楽国(Sukhāvatī)において現に説法しつつある*阿弥陀仏(あみだぶつ)を一心に想念すること七昼夜に及ぶならば, 覚醒時にあるいは夢時に仏*現前するという. 中国においては廬山(ろざん)の*慧遠(えおん)がはじめて社を結んでこの三昧を行じ, *智顗(ちぎ)は摩訶止観(まかしかん)の一法とし, *善導(ぜんどう)は往生の業とするなど, もっとも影響を与えた三昧の一つである.

般舟三昧経 はんじゅざんまいきょう　大乗仏教の初期に成立した経典の一つ. 最も早く中国にもたらされた仏典の一つでもある. *三昧の実修によってまのあたり仏の姿を仰ぐ体験を得ることを説く. この経はごく一部分を除いて原文は失われ, 漢訳4本とチベット語訳が現存する. そのうち, *支婁迦讖(しるかせん)訳〈般舟三昧経〉3巻が古形を保ち, 基本的なテキストといえる. →般舟三昧.

汎神論 はんしんろん　[pantheism]　世界の一切の存在者をそのまま*神とみる思想上の立場. 近代に入って〈神〉の概念をめぐる論争の中から生れた用語で, 一般に神の超越性を強調するキリスト教の側からは, 非難の意味で用いられることが多い. 汎神論にもいくつかの種類があり, 万有は神の中にありという〈万有在神論〉(panentheism)もその一つである. 仏教は超越的な神を立てず, 「*一切衆生悉有仏性(いっさいしゅじょうしつうぶっしょう)」〔涅槃経〕を説くから, しばしば汎神論として特徴づけられてきた. これは誤りとは言いきれないが, 語の原義にてらして, そうした解釈には慎重を要する.

パンチェン-ラマ　[*t*: Paṇ chen bla ma]　1662年に没したタシルンポ大僧院座首パンチェン-チューキ-ギェルツェンの歴代転生(てん

者に対する俗称．〈タシ-ラマ〉ともいい，*阿弥陀仏の*化身とされる．中央チベット西部の反東部勢力を押えるため，5世*ダライ-ラマがその転生者を選んだが，かえって反東部運動の核を設ける結果となり，清朝の分割統治に利用された．ダライ-ラマ13世と対立した6世(9世ともする)は1923年中国に亡命し，その後の苦難の始まりの原因となった．

『パンチャタントラ』［*s*: *Pañcatantra*］〈五巻の書〉という意味．有名なインドの説話集で，聖書に次いで多くの外国語に訳されたといわれる．作者はヴィシュヌシャルマンであるとされるが，真の原作者および成立年代は明らかではない．多くの異本が伝わっており，その最も古いものは2世紀頃と仮定されている．挿話の多くは動物寓話であるが，その間に，多数の格言詩を引用している．「猿の心臓」(日本の「くらげ骨なし」)，「鼠の嫁入り」などを含む．

坂東三十三所 ばんどうさんじゅうさんしょ　関東地方における33カ所の観音巡礼の*札所．鎌倉時代中頃にはすでに成立していたとみられ，室町時代には庶民層の巡礼が行われていたことを示す納札が，栃木県足利市の鑁阿寺に残されている．戦国時代には西国・秩父と合わせて〈百観音〉巡拝の風習も起こり，江戸期に至って最盛期を迎えた．順路と所在地は次の通り．

1. 杉本寺(相模・神奈川県鎌倉市)，2. 岩殿寺(相模・逗子市)，3. 安養院田代寺(相模・鎌倉市)，4. 長谷寺(相模・鎌倉市)，5. 勝福寺(相模・小田原市)，6. 長谷寺(相模・厚木市)，7. 光明寺(相模・平塚市)，8. 星谷寺(相模・座間市)，9. 慈光寺(武蔵・埼玉県比企郡都幾川村)，10. 正法寺(武蔵・東松山市)，11. 安楽寺(武蔵・比企郡吉見町)，12. 慈恩寺(武蔵・岩槻市)，13. *浅草寺(武蔵・東京都台東区)，14. 弘明寺(武蔵・神奈川県横浜市南区)，15. 長谷寺(上野・群馬県群馬郡榛名町)，16. 水沢寺(上野・北群馬郡伊香保町)，17. 満願寺(下野・栃木県栃木市)，18. 中禅寺(下野・日光市)，19. 大谷寺(下野・宇都宮市)，20. 西明寺(下野・芳賀郡益子町)，21. 日輪寺(常陸・茨城県久慈郡大子町)，22. 佐竹寺(常陸・常陸太田市)，23. 観世音寺〔旧正福寺〕(常陸・笠間市)，24. 楽法寺(常陸・真壁郡大和村)，25. 大御堂(常陸・つくば市筑波)，26. 清滝寺(常陸・新治郡新治村)，27. 円福寺(下総・千葉県銚子市)，28. 竜正院(下総・香取郡下総町)，29. 千葉寺(下総・千葉市)，30. 高蔵寺(上総・木更津市)，31. 笠森寺(上総・長生郡長南町)，32. 清水寺(上総・夷隅郡岬町)，33. 那古寺(安房・館山市)．→西国三十三所，秩父三十三所．

般若 はんにゃ［*s*: prajñā, *p*: paññā］　サンスクリット語 prajñā の俗語形(おそらくは paññā)の音写．直観的・直証的な〈智慧〉をいう．般若は初期仏教以来，*無常・*苦・*無我などの*諸法の道理を見抜く智慧として，また*三学の一つとして重視された．大乗仏教では，菩薩の修行徳目である*六波羅蜜の締め括りに〈般若波羅蜜〉が置かれている．なお日本では，〈般若経〉の略語として〈般若〉を用いることも多く，また般若(智慧)が凡夫を煩悩の此岸から悟りの*彼岸に渡すことを舟に見たてて〈般若の舟〉などという．→智慧，般若波羅蜜．

「十六会の中に般若の空しきさとりを教へ，四十余年の後に法花の妙なる道を開き給へり」〔三宝絵中序〕「般若の舟と申す事のあるなり．その心は，般若はよろづをむなしと説くなり．その般若の舟にのりて苦海を渡れば，神仏のよろこばせ給へば」〔俊頼髄脳〕

般若経 はんにゃきょう［*s*: *Prajñāpāramitā-sūtra*］　詳しくは，〈般若波羅蜜(多)経〉．〈*大乗〉(mahāyāna)を最初に宣言した経典であり，名実ともに*大乗仏教の先駆を果たした．その原型はおよそ紀元前後ごろの成立と考えられるが，この名称の経典は実に多数にのぼり，漢訳された〈般若経〉だけでも42種を数え，種々のサンスクリット本やチベット訳本がこれに加わる．おおむね10種以上の系統を異にする般若経典群が現存し，それぞれ長い年月(最低600年あまり)にわたってつぎつぎと増広され，それらの各本が漢訳された．

【主要な経典】それらのうち重要なものとして，1)小品系：〈道行般若経〉〈小品般若経〉〈八千頌般若〉など，2）大品系：〈放光般若経〉〈光讃般若経〉〈大品般若経〉〈二万五千頌般若〉，3）〈十万頌般若〉，4）〈*金剛般若経〉，5）〈*理趣経〉（百五十頌般若），6）〈*大般若経〉，7）〈*般若心経〉，などがある，6）は7）以外の諸経典のすべてを含むほか，それ以外のものをも加えた完成態を示す．

成立の新古に関して，種々の議論が1）と2）との初訳（紀元2-3世紀）以来続けられ，ようやく最近にいたって，1）に属する道行般若経の最初の部分が最も古いとほぼ決着をみた．そしてその個所に「摩訶衍」（＝大乗）の語が登場する．般若経の成立以前に，*布施・*持戒・*忍辱・*精進・*禅定・*般若の*六波羅蜜が同列に説かれており，その第六の*般若波羅蜜が全体を統括した般若経の出現によって，革新的な大乗の宣言に結晶した．

【共通する思想】般若波羅蜜とは，一言で表すならば*智慧の完成であり，その内実を*空の思想が支える．それは部派とくに*説一切有部の構築した実体的思考を強く批判し，その固定的なありかたに対して厳しい否定を浴びせる．またその実践を，まったく新しい自由な視点から，現実の日常世界に他者と共に活躍する大乗の*菩薩が果たす．この菩薩は必ず仏の*悟りを目ざし，かつ*衆生全般の*教化に努めようとの決意から出発し，これを発菩提心（略して初発心，*発心）といい，しかもあくまで動揺しないために偉大な鎧に身を固めて，これを〈*弘誓の鎧を着る〉〈大誓荘厳〉と称し，以後ついに挫けることなく，終わりのない実践に精進する．それをまた空の思想が支えて，菩薩としてとらわれることはありえない．

【各経典の特色と受容】般若経典群の多くがみずから南方起源説に触れる．またほとんどの般若経典群は一様にかなり類似した表現をあくことなく反復する．ただ上述の5）の理趣経は*密教色がきわめて濃く，この経の*玄奘訳と*不空訳とは原本が相異し，真言宗の諸寺院は不空訳を*読誦する．さらに4）の金剛般若経は特に禅と関係が深く，7）の般若心経は浄土真宗と日蓮系とを除く仏教の諸宗でつねに読誦され，日本人の大多数にことに愛好されて今日にいたる．

般若寺 はんにゃじ　奈良市般若寺町にある真言律宗の寺．山号は法性山．都市奈良の北の入口を扼する位置に建つ．寺伝では*聖武天皇の勅願の寺ともいう．文献では742年（天平14）の「金光明寺写経所牒」が法名般若寺の初見．この寺が現在の寺観・宗派を確立するのは中世になってからで，観良房良恵が建長年間（1249-56）に十三重石塔を，文永年間（1264-75）に文殊菩薩を本尊とする*仏殿などの*伽藍を西大寺*叡尊の助力を得て整備し，これを境に西大寺の末寺となる．近くには北山十八間戸が作られ，叡尊らの非人救済活動などの拠点の一つをなした．しかし，1567年（永禄10）の三好・松永の兵火により，十三重石塔・*経蔵・楼門を残して焼失した．現本堂は江戸になっての建立で，経蔵から移した元亨4年（1324）在銘の仏師康俊作の木造文殊菩薩騎獅像を安置する．他に近年の十三重石塔解体修理の際に発見された，舎利塔・経巻・仏像など飛鳥後期から明治の一括納置品がある．なお説話ではあるが，『今昔物語集』19-23に伝える覚縁師弟の話は，平安中期における本寺盛衰の消息をうかがわせるものとして興味深く，また『太平記』5の「大塔宮熊野落事」に説く，護良親王（1308-35）の本寺での死地脱出のエピソードは有名である．

般若心経 はんにゃしんぎょう　［*s*: *Prajñāpāramitā-hṛdaya-sūtra*］　*玄奘訳が最も広く流布するが，*鳩摩羅什訳を含んで合計7訳が現存し，小本と大本との2種のサンスクリット本とチベット訳本とがそなわる．玄奘訳は小本に相当し，詳しくは〈般若波羅蜜多心経〉で，字数300字足らず．経名のなかの〈心〉（hṛdaya）は心臓をいい，核心・心髄の意．すなわち般若経典群に説かれる内容を*空という核心に凝縮し（たとえば*色即是空・空即是色），また末尾に*真言（mantra）を置き，*悟りの*彼岸への到達をたたえる．なお興味深いことに，サンスクリット語の原本（貝葉）は，古く日本に伝わり，小本は*法隆寺に，大本は奈良の*長谷寺に保存されてきた．→般若経．

般若湯 はんにゃとう　*禅林の隠語で，酒のこと．*般若(prajñā)が智慧と訳されることから〈智水〉という語に懸けたもの．〈智水〉は「智慧慈悲水」〔大日経疏8〕に基づく語で，『太平記』8.谷堂炎上にも「智水流れ清く」とある．僧の守るべき*戒律に不飲酒戒ふおんじゅかいがあることから世間をはばかって造られた語．『東坡志林』2には「僧は酒を謂いて般若湯となし，魚を水梭花となし，鶏を鑽籬菜となす」とある．なお，中世の仏家の隠語で，酒を〈大乗の茶〉とも称した．「玄水は医書の中に見えたる名なり．或いは僧の中には般若湯とも云へり」〔雑談集3〕．→飲酒，葷酒くんしゅ．

『般若灯論』 はんにゃとうろん　[*s*: *Prajñāpradīpa*]　*清弁しょうべん(バーヴィヴェーカ)が著した*『中論ちゅうろん』の注釈書．チベット語訳と漢訳が現存．『中論』自体は理由ぬきで簡潔に主張を提示するだけのもの，あるいは帰謬きびゅう論証的な表現を多く含むが，清弁はそれらをいちいち直接的論証としての推論式に書きかえることによって注釈している．その推論式の主張命題はしばしば〈*勝義しょうぎにおいては〉という限定づけをもち，特に否定判断については，ある概念の否定はそれと矛盾する概念の定立を含意しない，と規定され，清弁はこれによって空性くうしょうを論証できると考えた．彼の方法は後代に大きな影響を与えると共に，また月称げっしょう(*チャンドラキールティ)などによって批判された．

般若波羅蜜 はんにゃはらみつ　[*s*: prajñā-pāramitā]　〈般若〉(*s*: prajñā，*p*: paññā)は，仏教を一貫する最高の徳である智慧ちえをいい，それは直観的で総合的な特色があり，対象化し分析を進める知識(*s*: vijñāna，*p*: viññāṇa)とは異なる．〈波羅蜜〉(*s*: pāramitā)は，特に大乗仏教において強調され，完成を意味するが，漢訳とチベット語訳では，*彼岸ひがんに到る(度わたる)と解釈された．

般若波羅蜜は当初は他の波羅蜜と並列されており，それが他の諸波羅蜜(ことに*六波羅蜜ろくはらみつ)全体を統括したところに，大乗仏教がスタートする．それは智慧の完成とも，智慧によって彼岸に到るとも解され，その智慧の内容は*空くうすなわち完全な無執着しゅうじゃくの実現であり，いっさいのとらわれを離れ，実体的な考えを徹底的に否定することである．さらに般若波羅蜜のサンスクリット語が女性名詞であるところから，*仏母ぶつも(仏の母)とされ，のちに次第に密呪との関係が深まってゆく．→智慧，般若，波羅蜜．

「般若波羅蜜を行ひたまはずよりほかには，諸仏の正覚なりたまふ事なし」〔法華百座3.27〕「百人の僧を請じて，過去七仏の法より，般若波羅蜜を講読せしかば」〔曾我7.斑足王〕

反本地垂迹説 はんほんじすいじゃくせつ　仏本神迹・仏主神従の〈本地垂迹説〉とは反対に，神道しんとうを優位に置いて神本仏迹・神主仏従を主張した*神仏習合思想．本地垂迹の思惟方法に従いながら，*本地としては仏のかわりに神かみを立てたのである．なお，〈反本地垂迹説〉とは昭和時代の学者の命名である．

鎌倉中期(13世紀半ば)ごろに伊勢外宮げくうの神官の渡会わたらい氏が仏教からの独立を試み，まず神話・神事を整理・編集して〈神道五部書〉を作成し，*伊勢(渡会)神道の基盤とした．鎌倉後期(1300年前後)には，日本思想を取りこんで現実肯定の理論をうち立てた天台*本覚思想を逆輸入して，神道の理論化が試みられ，*空海に仮託した数種の理論書も編集され，さらに渡会行忠(1236–1305)・家行(1256–1351)によって，それらが体系づけられた．

南北朝・室町時代になると，いよいよ反本地垂迹説が主張されるにいたる．天台宗の僧から神道に回心した慈遍じへんの『旧事本紀玄義くじほんぎげんぎ』(1332)，『豊葦原神風和記とよあしはらしんぷうわき』(1340)，同じく良遍の『天地麗気記聞書てんちれいきききがき』(1419)，『神代巻私見聞じんだいのまきしけんもん』(1424)に，それが見られる．これらを受けて大成したものが，吉田兼倶よしだかねとも(1435–1511)の『唯一神道名法要集』である．本地垂迹説は仏教者によって神道を仏教にひきよせてなされたものであるが，反本地垂迹説は神道家によって仏教を神道にひきよせ，世俗的な神を本地ないし主とし，超俗的な仏を*垂迹ないし従としたもので，現実肯定の産物といえる．→本地垂迹説，神道，神かみ．

「(天照太神は)或る時は垂迹の仏と成って番々出世の化儀を調へ，或る時は本地の神に帰って塵々刹土の利生をなし給ふ．是れ則ち迹高本下の成道なり」〔太平記16.日本朝敵〕

『万民徳用』 ばんみんとくよう　世俗倫理が仏教に

一致することを説いた*鈴木正三すずきしょうさんの主著．1巻．1631年(寛永8)に著した「四民日用」をもとに，「三宝徳用」「修行の念願」の2章を加え1652年(慶安5)に完成した．その内容は，「四民」(武士・農民・職人・商人)それぞれの世俗的職業生活の中にこそ仏道修行があり，したがって職業は公的なものであり，それを果たす人々は役人といえる，というものである．とりわけ，僧侶は人々の悪心を治す役人であるとし，幕府が僧侶を役人として召しかかえ統治に役立てるべきと主張した．正三の弟は島原の乱(1637-38)後の天草代官であり，正三自身も禅僧仲間と九州で排耶はいや活動に従事した．本書の主張は，そうした体験にもとづき，キリスト教弾圧と*寺檀じだん制度の確立に向けた理論的枠組を提供したといえる．

ヒ

雛の会 ひいなのえ　奈良の*法華寺ほっけじ(国分尼寺)で3月に行われた*華厳会けごんえの通称．この日，華厳経入法界品に説く*善財童子の五十三知識歴訪のさまを人形で舞台に飾りつけ，尼たちが供養したことから〈雛の会〉と名づけられた．*『三宝絵』下13によると，この会は法華寺創建時以来の行事で，人形は綾錦の衣裳を着せた背丈7,8寸(約21-24センチメートル)のものという．こうした伝統をただちに後代の雛祭の一源流と見なすことは困難であろうが，同じ3月に尼寺で雛の会が年中行事として催されたことは，当時貴族の幼女の間で紙の雛遊びが行われていたことなどと相俟って，そこに何らかの脈絡を感じさせるものがある．「会の日ごとに錦綾を縫ひ着せて，舞台の上に置きて供養せしめ給ふ．本願の時より世の人いひ伝へて雛の会といへり」〔三宝絵下〕

非有非無 ひうひむ　有ると無いという存在と非存在との両者の否定は，同時に認識論的には肯定と否定との両者の止揚しように通ずる．すなわち，〈非有非無〉という語は，存在論的にも認識論的にも，いわゆる二分法からの超越を謳う．これは仏教思想の大きな特色であり，日常世俗の判断や認識を離脱して，二分法に基づくとらわれを捨てるべきことを示す．*釈尊しゃくそんにより，また*竜樹りゅうじゅにより，その他の偉大な仏教者によって，この語はしばしば強調され，真の意味の*中道ちゅうどうないし*空くう，ときに真理に相当する*真如しんにょのありかたが説明された．

なお，中国では*老荘思想において根源的な真理として説かれた*道どうについて，「道は有りとすべからず，また無しとすべからず」〔荘子則陽〕と説明され，これを承けて魏晋の玄学や仏教学，たとえば僧肇そうじょうの*『肇論』不真空論などにおいて非有非無の論が展開された．

「一念有うにあらねども三千性相分かれたり．又是れ無にあらねども一法として得べからず．其の性非有非無にして動ぜざる是れ中

道なり」〔註本覚讃〕

比叡山 ひえいざん　滋賀県と京都市の境に展開する東山連峰北端の山．〈叡山〉ともいう．京都市の東北方にあたり，古来，王城鎮護の霊山として崇められる．主峰の大比叡岳(大岳)は海抜848メートル，その西に四明岳がある．785年(延暦4)*最澄が入山して比叡山寺をつくり，東麓(大津市坂本)の日吉神社を地主神とした．最澄の死後*延暦寺の寺号を下賜され，比叡山は延暦寺の*山号ともなる．平安期以後，山といえば比叡山をさすことが多い．滋賀県と京都市にまたがる広大な寺域を*三塔(東塔・西塔・横川)と無動寺谷ほかの十六谷に区分する．東塔には，一山の本堂たる*根本中堂・戒壇院，西塔には釈迦堂，横川には四季講堂などがある．山麓には，坂本の赤山禅院(→赤山明神)，*西教寺などの寺があり，大津市には*園城寺がある．

東本願寺 ひがしほんがんじ　京都市下京区烏丸通七条にある真宗大谷派の本山．本願寺11世*顕如の長子*教如が徳川家康から土地の寄進をうけ，1603年(慶長8)のはじめ宗祖*親鸞の真影を迎え，堀川本願寺(*西本願寺)より独立．この時以来，本願寺教団は二分された．幕末期に数度の火災にあい，現在の*御影堂・*阿弥陀堂(本堂)の大建築は1895年(明治28)に竣工した．寺宝として，親鸞自筆の『顕浄土真実教行証文類』(*『教行信証』)や*覚如筆の『本願寺聖人親鸞伝絵』などの文化財を所蔵する．→本願寺．

光 ひかり　仏教では，物理的な意味での光が採り上げられることはあまりなく，仏・菩薩その他の霊格の威神力・*智慧・*慈悲などを象徴するものとして言及されることが多い．智慧の象徴あるいは同義語としての〈光〉は原始仏教でも言及されないわけではないが，頻繁に説かれるようになったのは*大乗仏教以後で，大乗経典には，仏身から発する光輝や仏名などとして，さまざまな姿・形で光が説かれている．法華経序品の「仏，眉間白毫相より光を放ちて東方万八千の世界を照らしたもうに，周遍せざることなく」という記述や，無量寿経に説く*無量寿仏の異名としての*無量光仏や無辺光仏などの12の名(十二光仏)は，そのような仏の智慧や徳相・威神力を象徴したものと見ることが出来よう．それをさらに発展させ，光の輝きそのものを仏の名称としたのが*毘盧遮那仏である．→光明．

光堂 ひかりどう　浄土教寺院で，堂内を金銀箔などで装飾し，光り輝く極楽世界を象徴した*阿弥陀堂の称．特定の称としては，中尊寺にある藤原清衡・基衡・秀衡3代の棺を納めた廟堂をさす．1109年(天仁2)清衡の建立．一間四面(*桁行3間，梁行3間)の単層で，内外上下4面すべてに黒漆を塗り，その上に金箔を張って金色を輝かす．内部の柱には細密繊細な彫刻をほどこし，螺鈿・珠玉をちりばめてある．中央壇上に阿弥陀・観音・勢至ほか8体の仏像を安置する．金色堂．「洛東に一宇を作り，弥陀の像を安んず．華麗耀煜にして俗に光堂と号く」〔元亨釈書17〕．→中尊寺．

彼岸 ひがん　[*s*: pāra, *p*: pārimaṃ tīraṃ]　かなたの岸．目指す理想の境地．*煩悩の激流ないし海の〈此岸〉から，修行によってそれを渡り切った向こう岸，つまり*輪廻を超えた*涅槃の境地のこと．わが国では，古くからの習俗と混交して，3月の春分と9月の秋分にそれぞれ7日間行われる*彼岸会のことを指す．なお，*菩薩の修行徳目であるさまざまな修行の完成である*波羅蜜(pāramitā)は，〈到彼岸〉とか〈*度(渡)〉と漢訳されることもある．「治暦年中の八月，彼岸の中に天王寺に詣でて」〔拾遺往生伝下4〕「仏陀の我等を勧むるは，むしろまた彼岸引摂の指南にあらずや」〔愚迷発心集〕

悲願 ひがん　もともとは，仏とか菩薩が，生きとし生けるもの(一切衆生)を救おうという*慈悲の心から発した*誓願のことを意味し，〈大悲願力〉を略した言葉であるとされている．とくに，*阿弥陀如来についてよく語られる言葉で，*親鸞などが盛んに用いている．これが〈悲〉〈悲し〉の意味が慈悲から悲哀に転じた語史を背景に，やがて，悲壮な決意をもってあることを成就しようとして立てる*願，さらに，是が非でも何かを実現しようとする願いのことを意味するようになった．「弥陀の悲願，

引摂広しといへども，誹謗正法，捨てて救ふことなし」〔興福寺奏状〕

彼岸会 ひがんえ　春分と秋分の日を*中日(ちゅうにち)として前後3日，計7日の間に修される*法会．この行事は日本にのみ見られるもので，*聖徳太子の頃より始まったともいわれるが，平安時代初期から朝廷で行われ，江戸時代に年中行事化した．また*在家の信者はこの間，寺参りや墓参りを行うのがならわしとなっている．*彼岸は*悟りの岸(悟りの世界)という意味で，此岸(しがん)，すなわち*迷いの岸(迷いの世界)に対する．このため，彼岸会とは悟りの世界に向かう，仏道精進の行事とも解される．また，観無量寿経(かんむりょうじゅきょう)の*日想観(にっそうかん)に由来し，春分と秋分に，西に沈む太陽を通して弥陀(みだ)の*西方浄土(さいほうじょうど)を観じたことに由来するともいう．それが日本の祖霊崇拝によって変容し，先祖供養の法要とか墓参りを意味するものとなり，日本独特の彼岸会となったとされる．

比丘 びく　サンスクリット語 bhikṣu(パーリ語 bhikkhu)に相当する音写．乞う人，*乞食(こつじき)者を原義とする．〈比呼(びこ)〉とも音写し，〈乞士(こつし)〉〈乞士男(こつしなん)〉とも漢訳する．*婆羅門教(ばらもんきょう)の遍歴修行者を特に bhikṣu と呼ぶことがあったが，仏教興起時代には諸宗教一般に，*托鉢(たくはつ)する男性の修行者をこのように呼んだ．やがて仏教では，*出家得度して*具足戒(ぐそくかい)を受けた男子の修行者を〈比丘〉と呼ぶようになり，〈パーリ律〉では227の戒条，*『四分律』では250戒(*二百五十戒)を受けるとされる．「明らかに知んぬ，比丘・比丘尼の外，別に出家の菩薩僧あることを」〔顕戒論中〕．→僧，四衆(ししゅ)，比丘尼(びくに)．

比丘尼 びくに　サンスクリット語 bhikṣuṇī(パーリ語 bhikkhunī)に相当する音写で，原義は，*乞食(こつじき)する女性の意．〈乞士女(こつしにょ)〉とも漢訳する．〈比丘(びく)〉すなわち男子の*出家修行者に対し，女性の出家修行者をいう．伝承では，最初に比丘尼になったのは釈尊の養母の摩訶波闍波提(まかはじゃはだい)(Mahāprajāpatī)で，釈尊ははじめ女性の出家を許さなかったが，養母の熱意と*阿難(あなん)のとりなしによって，比丘を敬(うやま)い，罵謗(ばぼう)したりしないなど八つの事項(*八敬戒(はちきょうかい))を守ることを条件に，女性の出家を認めたという．「天竺に一人の羅漢の比丘尼あり．名をば微妙(みみょう)といふ」〔今昔2-31〕．→比丘．

比丘尼御所 びくにごしょ　内親王および女王，または公卿・貴紳の息女などが出家して*住持(じゅうじ)となった寺．〈女王御所(にょおうごしょ)〉ともいう．こうした*尼寺(あまでら)は京都などでは中世から存在したが，江戸時代に入ってから一種の寺格となった．比丘尼御所のなかにも皇女・女王が天皇の猶子(ゆうし)となって住持する寺を〈御宮室(ごきゅうしつ)〉といい，公卿・貴紳の子女の住持する寺を〈御禅室(ごぜんしつ)〉といい区別があった．明治以降皇女・女王が尼寺に入ることはなくなり，比丘尼御所の寺格も廃され，単に御由緒寺院と称するようになる．

悲華経 ひけきょう　[s: *Karuṇā-puṇḍarīka-sūtra*]　北涼の*曇無讖(どんむしん)訳．10巻．この他，失訳〈大乗悲分陀利経〉8巻がある．本書にはサンスクリット原典があり，2種の刊本が出版されている．チベット語訳もある．浄土成仏(じょうどじょうぶつ)と穢土(えど)成仏を対比的に示し，穢土成仏の釈迦如来の大慈悲を讃える経典．昔，無諍念(むじょうねん)という名の王が浄土で成仏したいという*誓願を起こし，将来，*無量寿仏(むりょうじゅぶつ)(阿弥陀仏)になるであろうという*授記(じゅき)(予言)を受ける．これに対して，宝海という名の王の大臣は，あえて五百の誓願を起こして*五濁(ごじょく)悪世において仏になり，悩み苦しむ者を救いたいと願う．それを聞いた宝蔵如来(大臣の子)は，父である大臣を白蓮華のような大悲菩薩であると讃え，*娑婆(しゃば)世界であるこの穢土で釈迦如来になるであろうとの授記をなした．本経は，穢土成仏を称揚することに加え，*無量寿経とは異なる*本生譚(ほんじょうたん)を伝える点が注目される．

髭題目 ひげだいもく　日蓮宗で本尊として用いる大曼荼羅(だいまんだら)の中央に書かれている，〈*南無妙法蓮華経(なむみょうほうれんげきょう)〉の*題目のこと．その書き方が，「法」以外の6字の筆端を四方にひげのように勢いよくはねのばして書くところから，〈ひげ題目〉とか〈はね題目〉という．このひげは光を象徴したもので，題目の周囲に書き連ねられている仏界から地獄界までの*十界(じっかい)の万物が，妙法蓮華経の*光明(こうみょう)に照らし出されて真理を体得し，本来の仏界を具現して成仏する状態を表したものという．用語としては近世以後のもののようである．

「横時雨髭題目か日蓮忌」〔時世粧 2〕

卑下慢 ひげまん［s: ūnamāna］〈卑慢〉ともいう．*慢の一種で，自分より数段勝るものに対して，少しく劣るのみと思って慢心すること．七慢の一つに数えられる．また通俗的には，へりくだっているふりをして，実際には自慢する意にも用いられる．

非業 ひごう　*業（行為）には必ず行為の因（業因）と行為の果報（業果）とがある．業因業果(ごういんごうか)という．非業とは，*前世(ぜんせ)の業因によらない思いがけない報いをいう．一般的には，思いがけない災難に遭って死を招くような場合に用いる．たとえば，悲壮な最期を迎える場合，なぜこのような結果を受けるのかについて納得がいかないという意味で，〈非業の死を遂げる〉というような言い方をする．「法華経の行者なり，非業の死にはあるべからず」〔日蓮消息建治 2〕

英彦山 ひこさん　福岡県と大分県の境界部に位置し，山頂部は南岳（標高 1200 メートル，*本地(ほんじ)は釈迦(しゃか)），中岳（本地は阿弥陀如来(あみだにょらい)），北岳（本地は千手観音(せんじゅかんのん)）の三峰からなり，〈英彦山三所権現〉として信仰された．山麓の福岡県田川郡添田町に門前集落が立地している．山名は享保 14 年（1729）に〈彦山〉から〈英彦山〉に改められたが，その前の元禄 9 年（1696）に徳川幕府から本山派とは別の天台修験(しゅげん)の本山として認められ，九州一円の修験の中心地となり，*檀那(だんな)場からの英彦山参りの信者も多く集めた．開山については諸々の伝承が存在するが，藤原恒雄なる人物の入山が最初にあったとする伝承は，古朝鮮の開国神話である檀君神話との関連で注目されている．山腹には豊前坊などの窟を伴う行場が点在する．室町時代以来，三季の*峰入り儀礼が行われていたが，明治初期の*神仏分離で断絶した．

非時 ひじ［s: vikāla］　正しくない時，ふさわしくない時のこと．中国古典では「王は非時を以て発す」〔史記淮南王伝〕などと用いられている．仏教では，特に食事をするにふさわしくない時をいい，正午から翌日の未明までとされる（*『十誦律(じゅうじゅりつ)』）．また，〈非時食(ひじじき)〉の略語．*戒律に反した非時の食物，また非時に食事をすること．薬・水・ジュース類は除外される．出家者は常に，在家信者も*布薩(ふさつ)の日には〈非時食戒〉を守る．中国の禅林では，この戒に抵触するために，夕食を〈*薬石(やくせき)〉と称した（『禅苑清規』）．「御忌に候ふ僧達・関白殿をはじめ奉り，この殿ばら・異上達部(ことかんだちめ)・受領(ずりょう)，数を尽くして非時せさせ給ふに」〔栄花鶴の林〕「未申(ひつじさる)の時ばかりに非時して，法師原(ほうしばら)坂本へ下りぬれば」〔雑談集 3〕．→斎(とき)．

秘事法門 ひじぼうもん　真宗系統の秘密集団による*異端的な信仰．親鸞(しんらん)の長子*善鸞が異義のため義絶されたのを秘事的内容によるともいうが，不詳である．ついで本願寺 3 世*覚如(かくにょ)は『改邪鈔(がいじゃしょう)』で 20 の邪義を破した中に，〈夜中の法門〉とよぶ，指導者を帰依の対象とする〈知識帰命(ちしききみょう)〉（*善知識だのみ）の邪義を指摘しており，秘事の存在を推察させる．さらに 8 世蓮如(れんにょ)は〈*御文(おふみ)〉（御文章(ごぶんしょう)）で，知識帰命のほか，自己と仏の同一を強調し別に仏を拝まぬ〈不拝秘事(おがまずひじ)〉（無帰命*安心(あんじん)，法体(ほったい)づのり），信心により仏と同体になるとして来世往生を否定する〈一益(いちやく)法門〉，十*劫(じっこう)の昔に弥陀(みだ)が成仏したとき衆生の往生も定まったとして信心を疎かにする〈十劫秘事〉などの秘事法門を破している．

とくに徳川時代になり教団体制が固定化すると，秘事法門の潜行化・秘密化はいっそう進み，その摘発も厳格になった．著名なものに 1757 年（宝暦 7），67 年（明和 4），88 年（天明 8），97 年（寛政 9）頃に起った事件があり，いずれも幕府の裁決で結着した．秘事法門の多くは秘密裡に指導者が信仰者に恍惚状態で入信を確信させる形態をとり，明和 4 年の事件は立松懐之『庫裡法門記』に詳しく報告され，〈御蔵法門(おくらぼうもん)〉〈御蔵秘事(おくらひじ)〉の典型的な一つとして知られる．秘事法門は〈異安心(いあんじん)〉に含まれるが，狭義には分けてみるべきであろう．→異安心．

「越前の国にひろまるところの秘事法門といへることは，さらに仏法にてはなし，あさましき外道の法なり．これを信ずるものは，ながく無間地獄にしづむべき業にて，いたづらごとなり」〔御文〕

毘沙門天 びしゃもんてん［s: Vaiśravaṇa］〈多聞天(たもんてん)〉ともいう．〈毘沙門〉は原語に相当する音写で，〈多聞〉はその訳．ヒンドゥ一教における財宝の神クベーラ(Kubera)の別名．仏教神話では，*須弥山(しゅみせん)の第4層にいて*四天王(してんのう)のうちで最も由緒正しい神で，*夜叉(やしゃ)・*羅刹(らせつ)の衆を率いて北方を守護する善神．*十二天の一．福徳の名が遠く聞こえるというので〈多聞天〉，財を授けるから〈施財天〉ともいわれ，北方守護の武神として尊崇される．わが国での信仰は全国的で，特に*鞍馬寺(くらまでら)のそれは著名．鎌倉末期には，すでに*七福神の一つに数えられる．

なお平安時代以降，毘沙門天の霊験説話は諸書に頻出するが，その神性に基づいて仏法護持・怨敵降伏・致富成功をテーマとするものが多い．*吉祥天(きちじょうてん)をその妻または妹とする俗信も平安中期にはすでに一般的で，両神の結びつきを踏まえた信仰や，それに由来する伝承形成が文学に与えた影響も見逃せない．

【美術】四天王のうちの多聞天を独尊として祀るとき〈毘沙門天〉と称するのが一般的．吉祥天と善膩師童子(ぜんにしどうじ)を*脇侍(きょうじ)として配することもある．いずれかの手に宝塔を持つのが通形だが，例外もある．〈兜跋毘沙門天(とばつびしゃもんてん)〉は西域兜跋国に*化現(けげん)したといわれる特殊な異形像で，金鎖甲を着し，三面立の冠を被り，地天および尼藍婆(にらんば)・毘藍婆(びらんば)の2邪鬼の上に立つ．唐より請来され，もと羅城門(らじょうもん)上にあったという東寺(*教王護国寺)像など，この遺例は少なくない．→四天王．

非情 ひじょう　心の働きを持たないもの．草木・山川・土石など精神作用のないものをいう．〈有情(うじょう)〉に対する語．唐の*湛然(たんねん)をはじめ天台宗では，〈非情成仏(ひじょうじょうぶつ)〉(心の働きを持たないものでも*成仏できること．*草木成仏ともいう)を説く．これは，非情と有情，事物と精神(色心(しきしん))の*不二(ふに)に立った天台の総合統一の哲学に基づくが，さかのぼれば「果蓏(から)にも理あり」として〈*道(どう)〉の普遍性を説いた中国古典の『荘子』の思想とのつながりが考えられる．「非情にも三得ありといひつべし心澄む夜の松風の声」〔明恵歌集〕．→有情．

聖 ひじり　語源は「日知り」で，太陽の光が世界の隅々まで照らすように，この世のことをすべて知る意に由来し，聖帝・聖人など徳行すぐれ知識に通じた人に対する尊称から，僧侶にも用いられるようになり，特に平安中期以降，大寺院の高僧とは別な名僧に対する称となった．険しい山岳で特殊な霊力を得た呪験者，人里離れて住む隠遁僧，架橋や道路開拓など社会に寄与する修行僧，造像写経など修善の業を市民に勧誘する僧などが尊敬の対象となり，はじめ〈浄行禅師(じょうぎょうぜんじ)〉〈*菩薩(ぼさつ)〉などと呼ばれていたものが次第に〈聖〉となり，〈仙〉〈*聖人(しょうにん)〉〈*上人(しょうにん)〉も同義に用いられるようになった．教理的には特定なものはないが，法華と念仏を共業する者が多い．

初期の代表的な聖に*空也(くうや)がおり，*阿弥陀聖・市聖(いちのひじり)などと呼ばれた．多武峰聖*増賀(ぞうが)，書写聖*性空(しょうくう)，雲居寺瞻西(せんせい)上人などが著名で，他に平安後期に著された*往生伝類のなかにも見える．多く単独であるが，集団で居住する場所を〈*別所〉と呼ぶ．大原や高野山が著名で，中世には*高野聖や遊行(ゆぎょう)聖などが活躍した．聖や*沙弥(しゃみ)の階層からいわゆる鎌倉新仏教の開祖たちが輩出したことなどから，平安後期における既存の教団の枠外の民間布教者として，歴史的意義を評価する面が強い．なおこうした聖の行状は，*『日本霊異記』以来，仏教文学を中心に一貫して日本文学にも取り上げられているが，特に鎌倉時代初期の*『発心集』*『閑居友(かんきょのとも)』*『撰集抄』などは，多くの無名の聖を掘り起し，その浄行を讃美した作品である．

「昔上宮太子(聖徳太子)と申す聖いましき」〔三宝絵中〕「大和に信貴(しぎ)といふところに，行ひて，里へ出づることもなき聖さぶらふなり．それこそ，いみじく尊く，験(しるし)ありて，鉢を飛ばせて」〔信貴山縁起〕

非思量 ひしりょう　思慮分別を超えること．*『信心銘(しんじんめい)』に「非思量の処，識情測り難し」とあり，「非思量の処」は思慮分別を超えた悟りの境地をいう．薬山惟儼(やくさんいげん)(745–828)は「不思量底を如何(いかん)が思量する」という問いに，「非思量」と答えている(*『景徳伝灯録』14)．これは非思量が単なる思量の否定ではなく，思量と非思量の二元対立を超えなければならないことを言っている．*道元もまた非思量を重視し，「不思量を拈来(ねんらい)し，非思量を拈来して」〔正法眼蔵祖師西来意〕，「非思量はこれすなはち坐禅の要術なり」〔永平元禅師語録普勧坐禅儀〕などと言っている.

『秘蔵記』 ひぞうき　作者については, 1)*不空口説*恵果記, 2)恵果口説*空海記, 3)空海口説円行記, などの諸説があるが, 従来, 空海記の第2説が用いられる. しかし近時, 平安中期増広説もある. 本書の内容は, 両部曼荼羅(*両界曼荼羅)・*四種曼荼羅・四種壇法・*三部・五部・道場観・三句・五転・*灌頂・*本尊・*施餓鬼法・六大能生など密教の*事相に関する重要な項目100条程をあげ解説しており, 事相の研究に不可欠の書である. 注釈書は多い.

非僧非俗 ひそうひぞく　*『教行信証』後序にみえる*親鸞の発言. 1207年(建永2)の*専修念仏の弾圧で*還俗させられ越後に流罪となったのに対し, 親鸞は弾圧を批判するとともに「しかればすでに僧に非ず, 俗に非ず, この故に禿の字を以て姓とす」と宣して〈*愚禿親鸞〉と名乗った. 顕密の官僧でもなく, 俗人でもなく, 世俗のなかにあって仏法を生きる自らの立場を明らかにしたもの. 近年この発言が朝廷に提出された奏状の一節であったことが解明された. なお興福寺の*貞慶は, 1196年(建久7)の『地蔵講式』で, 自分たち顕密僧を出家とも在家とも言えない蝙蝠のような存在だと述べ, その堕落したあり方をきびしく自己批判している.

非想非非想天 ひそうひひそうてん　*無色界の最高の*天. 〈非想非非想処〉とも. 〈無色界〉は*三界の最上界で物質の観念とそれへの欲望をすでに離れて, 高度な精神だけが存在する. ここにも四つの*禅定(四無色定)があり, 次第に〈*空無辺処〉(*虚空の無限性を観ずる境地), 〈識無辺処〉(心のはたらきの無限性を観ずる境地), 〈無所有処〉(何ものも存在しない境地)と高められていくが, 最後に達する「意識も無意識もない境地」が〈非想非非想処〉(非想非非想天)である. 「非想非非想処に生ずといへども, 還りてまた堕落す」〔十住心論4〕. →四無色定, 天.

『秘蔵宝鑰』 ひぞうほうやく　平安初期, 真言宗開祖*空海(弘法大師)の著作. 3巻. 天長(824-834)の勅撰書. 『十住心論』(10巻)の長い引用文を省き, 重要な文を加筆したもの. 十住心の思想を説く. 人の心を最低の悪い心から最高の*悟りの心までを10段階に分け, それを世間三つの住心(第一,二,三), 小乗の*二乗の住心(第四,五), さらに大乗の法相・三論・天台・華厳の住心(第六,七,八,九), 最後に最高の真言宗の第十秘密荘厳住心に至るとし, これを*菩提心の展開の順序とし, また第一住心から第九住心までを*顕教とし, 第十住心を*密教として, 十住心の*教相判釈を説く. 古来多くの人々に解説され, 注釈書が多い. →『十住心論』.

羊の歩み ひつじのあゆみ　〈屠所の羊の歩み〉の略. 寿命が刻刻と消滅していくことを, 羊が屠場にひかれる様子にたとえた語. 涅槃経迦葉菩薩品に「朝露の勢の久しく停まらざるがごとく, 囚の市に趣き歩歩死に近づくがごとく, 牛羊の牽かれて屠所に詣づるがごとし」とある. 転じて, 気力を失ったものの遅い歩みをいう. *無常の喩えとして歌ことばにもなる. 「生死の舟をよそへずして, 屠所の羊の歩みは, 我身のほかにもてわすれ」〔撰集抄序〕「常よりもいと苦しうて暮れ行くは, 羊の歩みの心地して, さすがに物心細う思さるるに」〔狭衣2〕

飛天 ひてん　空中を舞って仏の*功徳を讃え, 仏世界を守る*天人. 実際には, 歌舞音声の*菩薩のうち, 空を舞うものをさす. インドやアフガニスタンなどでは飛翔感が乏しく説明的であったが, 中国に入ってからは*天衣や裳裾をひるがえしながら浮遊感を美しく表現するものが多くなり, 仏教美術の中で重要な役割を果たすようになった. 絵画では*法隆寺壁画(奈良前期)や, 唐風をもとにした*法界寺壁画(鎌倉時代)があり, 浮彫像では雲上に坐る形式の*平等院鳳凰堂*雲中供養菩薩がある. いずれも堂内の壁間を利用したものであるが, 飛天を*光背の周縁部に配した〈飛天光背〉も中国六朝時代以後盛んに行われた. なお, わが国では古くは〈飛天菩薩〉と呼ぶことが多く, 正倉院文書『造東大寺司牒解』天平宝字6.4.1にも「押金薄仏光・飛天菩薩三十三軀功五十八人」「塗金青飛天菩薩十八軀・花仏十五軀御髪　功二十一人」などと見える.

秘伝 ひでん　秘してたやすく人に伝えない

こと，また，その内容．*奥義(おうぎ)．秘密の伝授．仏法の奥深い意義は，伝えられる*機根によって誤って受けとられる恐れがあるため，師によってその奥義が秘せられ，よい弟子を得てはじめて秘密裡に伝えられる．密教は特にその*法を尊重する．特に口伝えの場合は〈秘授口伝(くでん)〉という．→口伝．

悲田院 ひでんいん　*慈悲の田，の意味．困窮者から蟻などの生物にいたるまで，*布施(ふせ)供養，救護することで，仏教福祉の中心的施設の一つ．中国では，系譜的には南北朝(420–589)のころから存在し，唐代(618–907)では半官半民の〈悲田養病坊(ひでんようびょうぼう)〉があった．日本では聖徳太子の*四天王寺の四箇院(しかいん)の一つが，そのはじまりと伝えられている．以後，*光明皇后が皇后宮職に，忍性(にんしょう)が*極楽寺にと各時代ともに設けられ，近代にもこの名称を付した施設がある．日本社会福祉施設史としては，最も長く続いたものである．→四院(しいん)，福田(ふくでん)，社会福祉と仏教．

『人となる道』 ひととなるみち　*慈雲飲光(じうんおんこう)著．『十善法語』を簡略化したもの．同名の書が3種類あり，初編・第2編・第3編とよばれる．このうち，第2編は不完本で『十善法語』の注解的なもの，第3編(人登奈留道)は*十善を神道の立場から論じたもので，最も流布したのは初編である．初編は1781年(天明1)，慈雲みずから再校し跋文を記したもので，長編の『十善法語』の内容を達意的に述べて1巻とし，*仮名法語としてすぐれている．→『十善法語』．

毘尼 びに　サンスクリット語 vinaya の音写で，〈毘奈耶(びなや)〉とも音写する．律(りつ)に同じ．原義は，取り除く，教育する，などの意があり，僧侶が正しい*修行生活を行う上での守るべき規則のこと．これらを集成したものが〈*律蔵(りつぞう)〉で，生活に即した規則集であることから，仏教の各部派によって内容に相違がある．中国に伝わってからは，そのうちの*『四分律(しぶんりつ)』がもっぱら用いられるようになったが，風俗習慣の違いもあって完全に守られることはなくなり，日本でも形式的な*受持(じゅじ)の宣言にとどまっている．→律．

非人 ひにん　人でないもの．天竜*八部衆などや，変化(へんげ)，世捨て人，真実心のない人などの称．中国の古典においては，非人は不具者の意味で『春秋左氏伝』などに用例があるが，非人を人間を越えた存在という広い意味で用いて，それに高い価値を認めたのは『荘子』である．すなわち「応帝王篇」では人為を超越した天真の境地を非人と称し，また「田子方篇」では老子の無為自然のありさまを非人と表現している．

日本中世では，ハンセン病(癩病)患者を中核として，乞食・墓掘人などの被差別民を指した．とくに，ハンセン病患者は，前世あるいは現世における悪行に対する仏罰を受けた人々と理解され，差別を受けた．また，官僧ではない僧侶や世捨て人も乞食生活をせざるをえないこともあって非人と呼ばれたり，自ら称することもあった．江戸時代になると四民身分の下に身分外身分としてえた・非人が固定化され，極端に差別され蔑視された．非人身分の一部は一般民に帰る場合も認められ，その点ではえた身分より多少は流動的であった．1871年(明治4)の〈解放令〉で，両身分とも法的な意味では平民とされた．「西行上人は身を非人になせども，かしこき世にはその名を照らす」〔ささめごと〕．→人非人．

火の車 ひのくるま　〈火車(かしゃ)〉を訓読みした語．生きているとき悪事を犯した者を乗せて地獄へ運ぶという，火の燃えさかっている車．転じて，収入が少なく家計が苦しいこと．「極楽の迎へは見えずして，火の車を寄す」〔宇治拾遺4〕

檜皮葺 ひはだぶき　〈ひわだぶき〉とも読む．檜(ひのき)の皮を重ねて葺(ふ)いた屋根．寺院建築は瓦葺とするのが本来の姿であったが，日本化されるに伴い，植物性の材料で葺かれるものがふえて来た．檜皮葺は京都付近に多い．木材を割った薄い板で葺いたものを〈柿葺(こけらぶき)〉といい，山間部や寒冷地の寺院ではこれが多い．→本瓦葺(ほんがわらぶき)，瓦．

飛鉢 ひはつ　*托鉢(たくはつ)の一種で，僧が自在に鉢を飛ばして*乞食(こつじき)すること．水瓶(すいびょう)を飛ばして飲料水を得る〈飛瓶(ひびょう)〉とともに，苦修練行の僧の験力(げんりき)を象徴する常套的神異である．*白山(はくさん)を開いた泰澄，大法師浄蔵，法道仙人以下，山林苦行の*聖(ひじり)や修験者を中心に，飛鉢・飛瓶の神異を伝える話は，古代・中世の説話集や僧伝類に頻出するが，特に有名なのは*『信貴山縁起』の「飛倉の巻」に見える命蓮の飛鉢である．飛鉢法の修法もあった．「かの朝の高僧，飛鉢の法を修して，斎食を受くるの時に自ら行き向はず」〔続本朝往生伝33〕「年来，此の所に行ひて，鉢を飛ばして食を継ぎ，瓶を遣りて水を汲む」〔今昔20-7〕

秘仏 ひぶつ　*厨子の中に秘蔵され外から見えないようにした仏像．七倶胝仏母所説准提陀羅尼経などに典拠がある．密教の盛行につれ平安時代以降多くなった．秘仏とする理由は，その仏像の*霊験が強く特別の尊崇をあらわすため，または*歓喜天などその尊容から衆目の誤解を招く恐れがあるためなどの理由に基づく．また従来，仏の専有空間であった仏堂内が鎌倉時代以降，人間の参入する空間となったことから，堂内に仏の空間を確保するため，厨子を設けたことにも関係がある．秘仏であっても一定の周期なり期日を選んで厨子を開け公開することがあるが，それを開帳という．なお，法隆寺夢殿の*救世観音が明治の初期にフェノロサらにより白布がとられたのは名高い．ほかに東大寺の*執金剛神や観心寺の*如意輪観音など，きめられた日に年1回開扉される像がある．→開帳．

非法 ひほう ［s: adharma］　*法にはずれた，規範・規則にはずれたの意．またはその事．仏滅後100年頃，跋闍子比丘(Vajjiputtaka)が，前日に*布施された塩を蓄えておいて食事に供してよい，中食後にも一定時間内なら食事をしてよいなどの10項目にわたる従来の*戒律に反する行為を唱えたために，第二*結集がもたれて，大会議でそれらが非法と決議された．これを〈十事の非法〉という．「今の代の絹の袈裟・衣鉢，全体皆非法なり」〔雑談集3〕

秘法 ひほう　〈秘密法〉の略称．密教で行う*護摩や念誦などの*修法一般の名称．*灌頂を受けた有資格者のみに秘密に伝えられる規則に基づいて行われる*行法で，みだりに他人に伝えることは越三昧耶罪になる．大法・秘法・普通法の三種修法の第二で，なにを秘法とするかは真言各流派によって異なる．また，天台宗では蘇悉地法や五秘密法をいい，日蓮宗では*三大秘法をいう．「陀羅尼の秘法といふは，方に依って薬を合はせ，服食して病を除くが如し」〔性霊集補闕抄9〕

誹謗 ひほう　近世以後〈ひぼう〉とよむ．けなしそしること．仏教語としては，仏教に対してそしること，悪口を言うこと．仏教をそしることを〈誹謗正法〉(*謗法)という．一般には，いかなる教えであれ，仏教に対して悪口を言ってはならないと戒めることをいうが，*日蓮は仏教を信奉していながら地獄に堕ちることのあることを指摘し，仏教を信奉するからには教主釈尊の真意に基づかないことが大罪であるという．たとえ小罪を恐れて消極的に悪口を控えても，釈尊の示す久遠の救済を遮れば最大の重罪となるという．「或る人は(嵯峨天皇を)聖君にあらずと誹謗す」〔霊異記下39〕「何ぞ妄言を吐いて，強ちに誹謗を成す」〔立正安国論〕

秘密 ひみつ ［s: guhya, rahasya, saṃdhyā, abhisaṃdhi］　顕わでないもの．はなはだ微妙で深遠な*奥義．仏が有資格者にしか判らないように，真の意味を隠して教えを説くこと．ことば・文字などの通常の方法では伝えることの不可能な奥深い趣旨を*曼荼羅・印契(*印相)・*陀羅尼・儀礼などの象徴的手法を用いて示すこと．密教．*大日如来の教え．〈秘密教〉は天台の化儀四教(→五時八教)の一つで，仏の同じ教えを聞いても解釈は各聴取者によって不同であり，しかも互いに不同を悟らせない説きかたがあるとする．「もし真言の実義を解すれば，すなはち，もしは天，もしは人，もしは鬼畜等の法門，皆これ秘密仏乗なり」〔十住心論3〕「発心して出家の後，専ら秘密教を学ぶ」〔真言伝7〕

『秘密集会タントラ』 ひみつしゅうえ ［s: *Guhyasamāja-tantra*］　インド後期密教を代表する密教聖典．8世紀にその原形が成立したと考えられる．チベットには吐蕃時代に伝播したが，現行のテキストは10世紀の*リンチェンサンポ訳である．また漢訳に施護の『一切如来金剛三業最上秘密大教王経』があるが，中国・日本では普及しなかった．B.バッタチャルヤは，ネパールに伝えられるサンスクリット写本に基づいて校訂テキストを出版し，その後バグチ，松長有慶による校訂テキストが発表された．現行の第十七分までが「根本タントラ」で，第十八分は「続タントラ」とされる．また釈タントラとして『密意解釈タントラ』『金剛鬘タントラ』『四天女請問タントラ』『智金剛集タントラ』などがある．いくつかの解釈学派が成立したが，〈聖者流〉と〈ジュニャーナパーダ流〉の二派が有力であった．

『秘密道次第大論』 ひみつどうしだいたいろん ［*t: sNgags rim chen mo*］ 『菩提道次第大論』と並ぶ*ツォンカパの主著．チベットに伝えられる密教を，体系的に叙述した論書．1405年から06年にかけて述作された．全巻は14章からなる．このうち第1章は総論であり，第2章から第4章までは，*所作・*行・*瑜伽のいわゆる「下部の三種タントラ」を扱う．つづいて第5章から*無上瑜伽タントラの解説に移り，*曼荼羅の建立と*灌頂を説く．ついで第11章は生起・究竟の二次第の総論である．そして第12章では*生起次第を説き，第13章は*究竟次第の総論，最後の第14章では究竟次第の行と得果が説かれる．*『秘密集会タントラ』を中心とする密教の体系を確立し，その立場は，今日の*ゲルク派に継承されている．→『菩提道次第論』．

『秘密曼荼羅十住心論』 ひみつまんだらじゅうじゅうしんろん ⇀『十住心論』

非滅現滅 ひめつげんめつ 〈滅に非ざれども滅を現ず〉と訓む．*『法華文句』9に見える語．法華経寿量品に，仏は久遠の昔に*成仏して以来，常に住しており，その生命は無限であって，衆生*教化のために，仮の*入滅を示す，と説かれるのに由来する．すなわち，*釈尊の入滅は実際の*滅ではなく，仮の入滅であるということ．「十号世尊も非滅現滅には，闍維(火葬の意)のけぶりにむせぶ事なれば」〔北野天神縁起〕

百一物 ひゃくいちもつ 〈百一供身〉〈百一衆具〉ともいう．僧尼が常に所持すべき6種あるいは18種の生活資具(*六物，*十八物)のほかに多数の持物があること．〈百〉は多数を意味し，〈百一〉とは種々多数の持物をそれぞれただ1個ずつだけ所有することを意味する．仏道修行者を，その実践の厳格さに応じて優(上品)，中(中品)，劣(下品)に分けるが，優は*三衣のみ，中は百一物を，劣は2個以上(長物)を蓄えるという(*『四分律行事鈔』*『釈氏要覧』)．

白衣 びゃくえ ［*s*: avadāta-vasana］ サンスクリット語は〈白い衣服〉の意．インドでは，修行者は出家者であることを示すためにサフラン色または柿渋色(木蘭)などの色の着いた衣服をまとうのに対し，在俗の人は白色の衣服を着ていた．そこから，〈白衣〉は在俗者，在家仏教者を意味する．さらに，家に住む者を意味する gṛhastha も〈白衣〉の原語となりうる．*維摩経には，在家の仏教信者を意味する〈白衣居士〉の語が見える．なお，中国・日本では，僧侶は*緇衣(鼠がかった黒色の法衣)を用い，それが白衣に対する言葉となった．また，白を〈素〉とも称するので，〈緇素〉で出家と在家(僧俗)を意味した．「使ひの禅僧一人・童子一人，共に白衣を着たり」〔往生極楽記 15〕「その白衣，僧とその寺に居て，暫くの間碁を作なす」〔霊異記中 18〕

白衣観音 びゃくえかんのん ① 胎蔵界曼荼羅*中台八葉院北方の観音院に配される諸尊の一．白処観音・白衣観自在母・大白身観音・大明白身菩薩などの名もある．左手に開蓮華を執り右手は臍前に仰伸する．

② *三十三観音の一．身に白衣を著け，岩上に草または蓮葉を敷いて坐る姿にあらわされ，背景に山水を描くことが多い．浄水瓶を傍に置くこともある．鎌倉時代末期以降*禅林の中で好まれ，*水墨画の流行とともに多くの作例を見た．牧谿(南宋末)筆の観音・猿・鶴図(*大徳寺)の白衣観音図などが著名である．

百王思想 ひゃくおうしそう 天皇百代に日本が衰滅するという一種の終末観．中国から伝来した宝志和尚作とされる未来記『野馬台詩』の一節「百王流竭畢」が典拠となって，日本独特の終末観として影響力をもった．早い例に『小右記』長久年間の託宣事件の例がある．*『愚管抄』をはじめ，中世には種々の例がみられる．*末法思想と相乗しつつ，それとも異なる危機意識を醸成させたもので，乱世をより実感させるものとなった．南北朝の乱終結後，ちょうど天皇百代に相当する時代，足利義満がこれを利用して王権簒奪を企図したとの説もある．『野馬台詩』の注釈が多彩に展開することと軌を一にしていた．百王を擁護する八幡はちまん信仰の高揚などはその反措定といえよう．

白毫 びゃくごう ［s: ūrṇā］ 仏の眉間みけんにある白い旋毛のかたまり．*仏や*転輪聖王てんりんじょうおうなどが具える*三十二相の一つ．阿弥陀仏を*観想する時には，この白毫相を観ずることによってその全*相好そうごうが感得できるとされ，*『梁塵秘抄』44 にも「眉の間の白毫の一つの相を想ふべし」と歌われている．「眉間の白毫，右に旋めぐりて宛転し，柔軟なること兜羅綿とらめんの如く，鮮白なること珂雪かせつに逾こえたり」〔往生要集大文第 4〕

百座 ひゃくざ 経典の講座や，法要行事の場が百カ所開かれること．*仁王般若経にんのうはんにゃきょう護国品には，国土が擾乱じょうらんするとき，百高座を設け，百法師を請じ，百灯をかかげ，百和合香を焚いて 1 日二度にこの経を講ずると，難を免れることができるとする．〈百座仁王講〉はこうした理由によって行われる．また，法華経についても〈百座法談〉が行われ，1110 年(天仁 3) 2 月から行われた法談についての*『法華修法一百座聞書抄』(『百座法談聞書抄』)が残っている．「内親王殿下の百座の御講を始めおはしまして，又重ねて二百日行はせ給ふ御功徳」〔法華百座 6.19〕

百丈懐海 ひゃくじょうえかい ［Bǎi-zhàng Huái-hǎi］ 749-814 中国，福州長楽県(福建省閩候びんこう県)の人．俗姓は王氏．西山(広東省潮安県)慧照えしょう和尚の下で出家し，衡山(湖南省)法朝ほうちょう律師の下で受戒した．次いで廬江(安徽省)の浮槎寺ふさじで*大蔵経だいぞうきょうを閲していたとき，*馬祖道一ばそどういつが南康(江西省贛かん県)で化けを振るっていると聞き，行きて師事し，その法を嗣つぐ．その寂後，その墓守りをしていたが，*檀越だんおつの請により，江西省南昌府奉新県の大雄山(百丈山)に住して法を宣揚した．百丈の最大の功績は，律院から独立して禅院を構え，そこでの日常生活の規範，すなわち*清規しんぎを制定したことにある(*『百丈清規』)．「一日作さざれば，一日食らわず」〔祖堂集巻 14〕の句は有名である．その禅は，三句(A・非A・非非Aという存在の三つのあり方)の外に透出して，自由を手に入れることを強調する．その門下から，*潙山霊祐いさんれいゆう・*黄檗希運おうばくきうんが出る．

『百丈清規』 ひゃくじょうしんぎ *馬祖道一ばそどういつの法嗣はっすである*百丈懐海ひゃくじょうえかいにより制定された禅宗独自の教団規則(*清規)．大小乗の*戒律を参照した清規の制定は，旧来の仏教より禅宗が独立を果たす上で大きな意義を持つ．『百丈清規』といった場合，本来の『百丈叢林そうりん清規』(古清規)を指す場合と，元代に勅命により再編された『勅修ちょくしゅう百丈清規』を指す場合とがある．前者は宋代には散佚したが，その後に制定された宋・長蘆宗賾ちょうろそうさくの『禅苑清規』により内容を伺うことが可能である．一方，後者は，元・東陽徳輝(煇)とうようとくき・とうようとくての編で，至元 2 年(1336)に刊行されたもので，元統 3 年(1335)に順帝の勅命をうけた百丈山大智寿聖禅寺の東陽徳煇らが，宗賾の『禅苑清規』，惟勉えべんの『咸淳かんじゅん清規』，沢山弌咸たくさんいっかんの『至大しだい清規』などを参観して重刊した．各種ある清規のうち最も整備されたもので，日本でも文和 5 年(1356)の*五山版をはじめいくつかの版本がある．

百度詣で ひゃくどもうで 神仏に対する祈願の方法の一つで，同じ神仏に百度参詣する行為．元来百カ日の間参詣することをいったが，今日一般には 1 日のうちに境内の一定の場所と本堂や拝殿との間を百度往復し，拝礼する方式に簡略化している．そのため百度石や数取りなどが備えられていることも多い．同様の習俗や観念に，三十三度詣で，千度詣で，*四万六千日などがあり，さらにこれを多人数で行なったり，七観音への七人七度参り(『看聞御記』)などのように組み合わせた方式もある．「むかし若くて百度詣などしけるを」〔長秋詠藻〕「人の詣でけるを見て，清水へ千度詣二度なむ参りたりける」〔今昔 16-37〕

百八煩悩 ひゃくはちぼんのう 人間のすべての*煩悩を数えあげたもの．〈百八結業〉ともいう．〈百八〉はインドでは数が非常に大きいことを表す．〈百八〉の具体的な内容については諸説があるが，一般には*見道けんどうおよび*修道しゅどうにて断つべき 98 の煩悩に*随煩悩の中の十*纏てんを加えたものをさす．中国では中国思想の節気と結びつけた説明もなされた．百八の鐘(*除夜の鐘)をつき，百八の数珠じゅずを用いるのは，この百八煩悩を断ずるためである．「二六時中のせみゃう(称名)の声，響き出でたる鐘の音は，百八煩悩の夢を覚ます」〔仮・竹斎〕「珠数一連百八煩悩のきづなをふっつと截って」〔噺・一休咄〕

百万塔 ひゃくまんとう　百万基の小塔の意．無垢浄光大陀羅尼経に，*陀羅尼を書写して，多数の小塔中に安んずれば，増命・滅罪・悪賊怨敵鎮撫の*利益を受けることができる，とあるのをうけて〈百万〉としたもの．孝謙天皇の天平宝字8年(764)，恵美押勝(藤原仲麻呂)の乱平定ののち，*鎮護国家と滅罪のために制作された．完成後は*大安寺・*元興寺・*興福寺・*薬師寺・*東大寺・*西大寺・*法隆寺・弘福寺(*川原寺)・*四天王寺・*崇福寺の十大寺に各十万基が分置された．各寺は特別の奉安殿を造り，これを〈小塔院〉または〈万塔院〉と呼んだ．これらはほとんど火災などによって失われ，現在，法隆寺にのみその一部が伝えられている．

三重・七重・十三重の3種があり，三重小塔1万基ごとに七重小塔1基，同じく10万基ごとに十三重小塔1基を造立した．材は主部に檜，*相輪に桂または桜を用い，それぞれを轆轤挽きとする．すべて平面は円形，外部は白土を塗り，稀に緑青・群青・朱または黄土彩のものがある．塔身の上部から穿孔し，銅版による摺本陀羅尼を納め，相輪の底部に枘を造り出して密閉した．この摺本は世界最古の印刷物という．このような多数の造塔は，インド以来盛んに行われ，インドでは*阿育王の8万4千塔，中国では呉越王銭弘俶(在位948-978)の金銅8万4千塔などがある．

百万遍 ひゃくまんべん　〈百万遍念仏〉の略．中国浄土教の*道綽が木槵子経，*阿弥陀経をもとに7日間に百万回*念仏を唱えれば往生決定すると唱え実修したことが始まりとされる．日本でも中古以来盛んで，京都の*知恩寺では10人の僧が1080粒の大*数珠を繰り回しながら念仏を100回(合わせて約百万遍)唱え極楽往生を願う仏事が行われてきた．後代には民間にも流布し，車座になり大数珠を繰り念仏を唱え，先亡追善・虫送り・雨乞いなどの祈禱を行うことを〈百万遍〉という．「いと道心おはしまして，百万返の御念仏など，常にせさせ給ふ」〔栄花玉の飾〕

白蓮教 びゃくれんきょう　中国，南宋の慈照子元(?-1166)によって興された，浄土信仰に立つ民衆仏教．〈白蓮菜〉〈白蓮宗〉〈蓮宗〉ともいう．東晋代に廬山の*慧遠が結んだ念仏の結社，*白蓮社を慕って始められたもので，*五戒の実践(たとえば，殺生戒にもとづく酒肉の禁止など)が厳しく求められた．異端の説として間もなく禁断されたが，元代に入り，廬山東林寺の普度が，『廬山蓮宗宝鑑』10巻を著してその教義を集成し，復興を図った．

この書の中心的な狙いは，慧遠以来の中国*浄土教の核心ともいうべき念仏三昧を宣揚することであるが，そのために諸宗の思想が導入・融和され，儒教倫理との折衷も試みられている．とくに，実践倫理としての〈慈心不殺〉(慈しみの心をもって，生きものを殺さないこと)などと並んで，父母への孝養や師長への奉仕が重視されること，白蓮教の〈本性の弥陀〉と禅宗の〈*正法眼蔵〉，孔子の〈天理〉，易経の〈太極〉との同一性が主張されることは，注目される．この普度による布教は，一時は公認されたが，のち再び禁止された．

その後，元代の末に韓山童がこれを弥勒下生の信仰と結びつけて広めて以来，この傾向が一般化した．また，その運動が朱元璋(明の太祖)によって弾圧され，〈左道乱正の術〉として異端視されるようになってから，白蓮教は秘密結社としての性格を強めつつさまざまの亜流を生み出し，しばしば反乱の温床ともなった．

白蓮社 びゃくれんしゃ　中国の東晋代に*廬山で*慧遠を中心に結ばれた念仏結社．『高僧伝』「慧遠伝」によると，元興元年(402)，慧遠68歳の時，慧遠を中心として出家在家の信者123人が，廬山の般若台精舎の阿弥陀像の前に集まり，*香華を捧げ，供物を供え，*念仏修行のための誓いを立てて結社を結んだという．結社の時点で参加した人名は定かでないが，劉遺民・周続之・宗炳・雷次宗・張野・張詮などの在俗者や，慧遠の弟子の僧侶としては曇恒・道昞・曇詵・道敬・曇順などはこの結社に参加していた時期があったであろうと推定される．唐代になると，白蓮社に参加した人々の伝記として，『東林十八高賢伝』『東林蓮社十八高賢伝』などが著されるに至った．

彼らの実践は念仏三昧あるいは*観仏三昧とよばれるもので，思想的には後漢の支婁迦讖訳*般舟三昧経に基づいて，*禅定の中で阿弥陀仏の姿や*西方浄土の様相などを*観想する方法であった．慧遠は『念仏三昧詩集序』において，「諸々の三昧あり，其の名甚だ衆きも，功高くも進み易しは，念仏を先となす」と記しているごとく，様々な*三昧の中で念仏三昧こそが功徳が高く，なおかつ修めやすいと考えたのである．実際にはその念仏三昧でさえ*口称念仏に比べれば極めて厳しい修行の中で体得されうるものであろうが，集団的に念仏三昧を実践したことの歴史的意味は大きく，慧遠は慧遠流*浄土教(蓮社)の始祖に位置づけられ，やがて白蓮社は宋代以降の念仏結社の活動にも少なからぬ影響を与えていくことになる．→白蓮教．

『百論』 ひゃくろん　中国の三論宗の伝承によれば，竜樹の*『中論』*『十二門論』と共に*三論の一つで，*アーリヤデーヴァ(聖提婆)の著作．婆藪開士の注釈文を含んだかたちで*鳩摩羅什によって漢訳された．*アートマン(*我)の存在することなどを主張する他学派の説を批判することによって，徹底して批判的・否定的な空性の立場を明らかにする．なおインド*中観派で〈百論〉という場合は，中国のそれとは異なり，同じアーリヤデーヴァの別の著作*『四百論』の略称．

白骨観 びゃっこつかん　⇒白骨観

譬喩 ひゆ　〈譬喩〉と訳されるサンスクリット語に3種ある．upamā(または upamāna)，dṛṣṭānta と avadāna である．upamā と dṛṣṭānta は*説法の理をよく理解させるための〈譬え話〉とか実例．論理学上の用語ともなる．avadāna には*十二分教の一分としての〈譬喩〉と〈譬喩経類〉といわれる一群の聖典文学のジャンルがある．十二分教で avadāna は音写に〈阿婆陀那〉〈阿波陀那〉があり，〈証喩経〉〈本起〉などの訳語がある．

【アヴァダーナ文学】avadāna(アヴァダーナ)文学は長い発達の歴史をもつ．第1段は，経律の中に挿入されて，経律の本文に教える教訓の実例を示したり，擬似歴史的説明を与えるもの．第2段は，単立のアヴァダーナまたはその集成で，パーリ聖典 Apadāna，サンスクリットの *Avadānaśataka*，*Karmaśataka* など．第3段は，後世発達の文学で，Āryaśūra の *Jātakamālā*，Kṣemendra の *Bodhisattvāvadānakalpalatā* などの作品．

アヴァダーナは，語源的には，英雄的行為の物語を意味する．〈譬喩〉と訳すのは，物語を譬え話的に用いるところから来ている．*Avadānaśataka* に見られるような完成されたアヴァダーナの説話形式は，1)現在世の物語ではじまる．2)「たとい百劫を経とも，業は消ゆることなし」云々の*偈が見出される．3)過去世の因縁物語が bhūtapūrvaṃ ～(昔々)のことばではじまる．4)過去仏の名があげられる．5)現在世物語の主人公と過去世物語の登場人物が結びつけられる．6)最後に「完全に黒い所行の果実は完全に黒く，完全に白い所行の果実は完全に白く，雑色のもののそれは雑色である，…」と*業に関する教説を説いている．*ジャータカに似ているが，ジャータカが仏菩薩を主人公とするのに対し，avadāna は〈仏弟子あるいは敬虔な信者を主人公とし，その前生物語において*過去七仏の誰かが登場する説話〉である．

【説経としての譬喩】わが国では広く譬え話の意に用い，*説経で経説を聴衆にわかりやすく説明するために引く譬え話の称ともする．なお類語に〈*因縁〉があり，両者は併記されることが多いが，譬喩は*機根が中位の人のために説かれる譬え話，因縁は機根が劣る人のために説かれる因縁話とされる．→法華七喩．

「中根四大声聞，下根千二百等には，譬喩を説き因縁を説く」〔真如観〕「仏は衆生の心のさまざまなるを鑒み給ひて，因縁・譬喩を以てこしらへ教へ給ふ」〔発心集序〕

ビュルヌーフ ［Eugène Burnouf］　1801–52　フランスの言語学者．エコール-ノルマル，コレージュ-ド-フランスの教授を歴任．ヨーロッパにおける*パーリ語研究の先鞭をつける一方，サンスクリット仏典研究にも重要な業績を残した．ラッセン(C. Lassen, 1800–76)と共同でパーリ語に関する論文を発表(1826)，パーリ語辞典編纂も進めるが未刊に終わった．また，ホジソン(B. H. Hodgson, 1800–94)がネパールからもたらした*サンスクリット写本の研究にも精力を注いだ．彼の『インド仏教史序説』(*Introduction à l'histoire du bouddhisme indien*, 1844)は，写本に基づくいくつかの仏典の翻訳や，仏教の歴史や教義についての研究を含んでいる．法華経の仏訳は彼の死後刊行された．*アショーカ王碑文研究，*プラーナの翻訳も残した．

廟産興学 びょうさんこうがく　清朝末期から中華民国初期にかけて，国家権力により寺院財産を強奪して，寺廟を学堂に変えることを目的とした，近代中国の仏教排斥運動．清末の高級官僚である張之洞が1898年に発表した『勧学篇』によって誘発された．彼はこの中で，教育振興の必要性を強調するとともに，仏教をおとしめ，寺廟財産は学堂設立の資金に充てるべきだという説を打ち出した．清帝徳宗はこれに賛意を表し，地方教育官僚もその命に従ったので，*廃仏行為は全国に広まるようになった．〈廟産興学〉の背景には，僧侶が多くの財産を持っていながら，社会に何の貢献もしていないことに，政府が非常な不満を感じていたことが挙げられ，民族主義や国家利益論の立場から，仏教を拒否した運動である．

平常心 びょうじょうしん　⇀平常心へいじょうしん

平等 びょうどう ［*s*: sama］　原始経典に見られる平等心(sama-citta)，平等行(sama-cariyā)など，〈平等〉には，*ジャイナ教における平等戒と同様，心の平静・寂静を意味するものが多い．それを受けてと思われるが，平等を*捨(upekṣā)と同一視する大乗論書の記述も見える．また，代表的な初期大乗経典の一つである*法華経には，「我は貪著すること無く，亦，限礙することもなくして，恒に一切の為に平等に法を説く」〔薬草喩品〕とあり，〈普く公平に〉の意味で，一切衆生に対する仏の平等説法が語られる．7–8世紀の中観派の論師*シャーンティデーヴァは自己と他者の平等観に基づいて，他者(衆生)の罪と苦を自己自身が引き受けるという，キリスト教の*代受苦を彷彿とさせる自他転換の思想を展開した．また，*空思想的真実の立場から見れば，*一切法は虚妄・不実・如夢・如幻の点で何の差別も無く，その意味で*諸法平等であるともいわれ，同時にこれが諸法の*実相であるとも捉えられる．唯識や密教などではこのような平等性を知る智を〈平等性智〉と呼ぶ．

平等院 びょうどういん　京都府宇治市宇治蓮華にある天台・浄土系の単立寺院．山号は朝日山．〈鳳凰堂〉で著名である．

【草創と諸堂の建立】この地には，はじめ左大臣源融(822–895)の別業(別荘)があったが，のち天皇の離宮となり，やがて998年(長徳4)に藤原道長(966–1027)の領するところとなり，その子藤原頼通(992–1074)が伝領した．頼通は別業を*喜捨して寺となし，1052年(永承7)天台僧明尊(971–1063)を開山とし，平等院と号した．翌1053年(天喜1)，鳳凰堂を建立，*定朝作の*丈六阿弥陀如来坐像を安置した．1056年(天喜4)*法華堂，1061年(康平4)皇后宮御願による*多宝塔，1066年(治暦2)父頼通の病気平癒のための師実(1042–1101)発願の五大堂・*鐘楼など，相次いで諸堂が建立された．しかし，建武年中(1334–38)の兵火で伽藍の多くを焼失して室町時代以降衰微．今日では創建以来の鳳凰堂，観音堂(鎌倉時代)，浄土院客殿(桃山時代)を残すのみである．

本寺は，宇治川のほとりの景勝の地に，この世ながらの極楽浄土を現出せしめようとの意図によって成ったもので，特にその中心をなす鳳凰堂とその本尊阿弥陀如来像には，当時の善美の限りが尽くされた．堂内*荘厳は〈古今に双び無し〉と評されたほどで，*光背・*台座・*天蓋・*須弥壇などの精巧な造りはもちろん，壁間に懸け吊られた*雲中供養菩薩，そして壁・扉に描かれた*九品往生図など，彫刻・絵画・工芸の各分野の最高の技工が集められている．

【文学作品と本寺】1180年(治承4)5月，以仁王を擁した源頼政が宇治橋の合戦で平軍に敗れ，本寺内に退いて自決したことは『平家物語』4に詳しく，一方道長の別業時代の本寺周辺地区は，『源氏物語』後編の中心的舞台となっている．また源隆国(1004-77)は本寺内の一坊南泉房に避暑して*『安養集』の著述を手がけ，伝説ではあるが，『宇治大納言物語』の取材をも試みたという．後に1486年(文明18)2月，山城国一揆が本寺に集合して掟法の整備を行なったことも知られている．

表白 ひょう びゃく　*法会や*修法を行う時に，その趣旨を本尊・僧・大衆に告げるため読みあげる文．〈啓白〉とも，また修法の始めに読み上げられるので〈開白〉ともいう．*導師が唱えるのが普通だが，表白師が唱える場合もある．趣旨・所願など華やかな美文であるため，また耳にこころよく聞えるために，語句に発端句・緊句・長句・隔句・漫句・傍句・送句など次序法則があり，追善・延命・除災・講経・堂塔供養などによりそれぞれの型がある．空海・最澄などの名作も遺存するが，平安末期の*安居院流の*唱導文集の集成である『転法輪鈔』には多くの作品が載せられ，『表白集』は真言宗系のもの．表白文は歴史・美術の研究に重要な資料を提供するものであるが，整理・翻刻が充分行われているとは言えない．

「法用の例のごとし．即ち表白して言はく」〔法華験記下106〕「猶歓感の余り，啓白の詞を尋ね召されけるに」〔盛衰記3〕

平入 ひらいり　建物の棟と平行な面を〈平〉といい，これと直角な面を〈妻〉という．平に主要な出入口のあるものを〈平入〉といい，妻にあるものを〈妻入〉という．仏堂は正面が奥行より長いものが多いから，平入が多く，妻入は少ない．

比量 ひりょう [s: anumāna]　知識手段(量)の一つ．文字通りには「anu-(後に，従属して) mā-(量る)」という動詞に手段を表す接尾辞(-ana)が付いたもの．推論，論証の意味．*陳那(ディグナーガ，5-6世紀)は比量を〈為自比量〉(自己の為の推論)と〈為他比量〉(他者に示す為の推論)の2種とする．前者は，三条件(*因の三相)を満たす因(理由)による対象の観察と定義され，後者は為自比量による知と同じ知を他者に生ぜしめる為に言葉で説くことであり，具体的には〈三支作法〉による論証を意味する．三支作法の第一支(*宗)は立論者の主張であるが，第二支(因)で因の第一相が，第三支(喩＝*遍充および実例)で因の第二・三相が示されるとされる．また，比量による知は*共相つまり一般相であり，それは言語的伝達が可能である．これは，現量知(直接知覚による知)である自相(個別相)が不可言であるのと対照的である．→量，現量．

毘盧遮那 びるしゃな　サンスクリット語 Vairocana (ヴァイローチャナ)の音写．*華厳経および*大日経・*金剛頂経その他の*密教の教主としての仏の名前で，輝きわたるもの，の意味．もとインドでは Vairocana とは，輝く太陽に由来するもの，を意味した．日本密教では〈光明遍照〉と訳し，あるいは〈大日(如来)〉という．ただし，その大日(如来)を金剛頂経(初会金剛頂経)に適用するとき，曼荼羅の*中尊すなわち*報身としての大日の原語は依然 Vairocana であるものの，それが曼荼羅の全体，*法身としての大日をいうとき，その原語は Mahāvairocana であると考えられる．→大日如来．

華厳経の仏を〈盧舎那仏〉といい，さらに〈毘盧舎那如来〉〈盧舎那如来〉〈釈迦如来〉を区別して法身・報身・応身の*三身に配当する考えがあるが，華厳経の教主は一貫して Vairocana であり，それを*仏駄跋陀羅訳の〈六十華厳〉(*旧訳・晋訳)では「盧舎那」と音写し，実叉難陀訳の〈八十華厳〉(*新訳・唐訳)では「毘盧遮那」と音写したものに基づいているのである．また歴史上の仏としての釈迦仏と毘盧遮那(盧舎那)とは一面では全同であり，そのことは「今の世尊毘盧遮那」と「今の世尊釈迦牟尼仏」という二つの用語が全く同一の歴史上のブッダ(*仏陀)を指すことからも知られるが，他面，歴史上のブッダのみならず，過去および未来の一切の仏は皆同じく毘盧遮那(盧舎那)であり，この面は「所有る一切の毘盧遮那如来」という用例から知られる．なお，わが国*東大寺の大仏(*奈良大仏)を〈盧舎那仏〉というが，〈六十華厳〉またはその影響下にある〈*梵網経〉によるものと考えられる．

造像例は多くはないが，中国*竜門石窟奉先寺洞の像高17メートル余の大盧舎那仏

(675)は名高い．東大寺大仏は江戸時代に大修造がなされたが，台座蓮弁は奈良時代の創建当初のものを残し，*蓮華蔵世界が雄大な線刻で描出されている．また*唐招提寺金堂本尊は奈良時代の作で光背が千体の*化仏で塡められている．

広沢流 ひろさわりゅう ⇀野沢二流

琵琶法師 びわほうし　公儀の僧ではないが，仏教教団に属し，*僧形をして琵琶を演奏しながら，経典を読み，また物語を語り歩くなどした盲人．表芸としては土俗信仰に根ざした災厄払いや仏教宣説の経典・物語類を*唱導し，裏芸に雑話・雑芸を披露していた．中世に入り，*『平家物語』などの合戦と鎮魂の物語を取り込むことによって，娯楽性と宗教性とを兼ね備えた独特な仏教芸能の世界を築き上げ，時の権力者たちの庇護を受けて自治組織(当道座という)をも持つようになった．「琵琶法師．…平治・保元・平家の物語，何れも皆暗にして滞りなし．音声・気色・容儀の体旨，共に是れ麗しくして興あり」〔普通唱導集上〕「為都歌都といふ二人の琵琶法師は，お日待より帰りて，道々眠かりしも」〔福富長者物語〕

貧者の一灯 ひんじゃのいっとう　古くは〈貧女の一灯〉と言った．阿闍世王授決経や*賢愚経に，信心深い貧しい女が仏に一灯を供養した功徳が国王や富者の万灯にまさった，とある話に基づいた句で，貧者の真心から出たわずかな寄進，またそれが極めて貴重であることの喩えとする．なお，由来譚は*『三宝絵』以下諸書に引かれて，古来著名である．「王の灯は皆消えぬ．貧女が一つの灯，三たび消つに消えず」〔三宝絵下〕「貧女が一灯といふ事，人ごとにこれを知れり」〔雑談集5〕

擯出 ひんずい　〈ひんしゅつ〉とも読み，〈駆擯〉〈擯治〉〈断頭〉も同義．*戒律を重んじ*清浄を宗とする僧団(*僧伽)にあって，その威厳を保つため，*破戒を犯した*比丘に対し，集会(擯出*羯磨)に基づき共住を止め，僧団を追放し一切の宗教活動を禁じる処罰．対象となる破戒行為とは，殺生・偸盗・邪婬・妄語の〈四*波羅夷〉，四波羅夷をはじめ身口意にわたる悪業の〈十*悪〉，十悪を含む*具足戒に不適格な〈十三難〉などで，その軽重により永久追放(尽寿駆擯)と一時的追放(権時駆擯)とが定められる．〈権時駆擯〉の場合，追放された犯戒者が*懺悔すれば，集会(解擯羯磨)により僧伽に戻ることが許された．日本の寺院社会においても，重科を犯した寺僧・宗僧を，寺家・院家が集会を開き寺帳・宗帳から除名しその立場を剝奪する〈擯出〉がなされた．また中世には擯出と同義の〈断頭〉が，文字通り死刑と解釈されその処断がなされた事例が見られる．

賓頭盧 びんずる　サンスクリット語・パーリ語 Piṇḍola-bharadvāja に相当する省略された音写．詳しくは，賓頭盧跋羅堕闍，賓頭盧突羅闍，賓頭盧頗羅堕，賓度羅跋囉惰闍など．コーサンビーの*優塡王の大臣の子で*婆羅門出身．神通力に優れていたが，それ以上に説法に優れていたので*獅子吼第一と呼ばれた．彼には種々の伝説があり，その伝説をもとに中国や日本では*食堂に彼の像が安置された．寺の本堂の外脇に彼の像を安置してあるのを見かけるが，病人が患っている箇所と同じ部分を撫でると治るという信仰がある．ここから〈撫仏〉の信仰が生まれた．十六*羅漢の第一．

貧道 ひんどう　仏道修行が未熟なこと，また修行未熟な僧．転じて，僧の謙遜の自称ともし，中国では早くから用例が見える．〈小僧〉〈羊僧〉などと同義．「年来の貧道の身に，今栄花を開き，官爵に預かる」〔今昔12-40〕「貧道二十八歳の時，遁世の門に入りて，律学六七年に及ぶ」〔雑談集3〕

ヒンドゥー教 ―きょう [Hinduism]　〈インド教〉ともいう．インド亜大陸に伝承されてきた民族宗教で，特定の開祖，教義，教団をもたない．ただ交易や移民によりインドネシアをはじめ東南アジアにも広まった．歴史的には，紀元前15世紀ごろに侵入したアーリア人と原住諸民族のそれぞれの宗教文化が融合し，変容していったものとされる．前者を中心とした仏教以前の宗教を特に〈バラモン教〉(*婆羅門教)という．ヒンドゥー教が包含する範囲はこのバラモン教の伝承を中核とするものだけとする狭い考え方と，イスラーム教やキリスト教を除くものの，インド亜大陸で生まれたシク教・*ジャイナ教・仏教を含めるものとする広い考え方との二通りがある．聖典としては，叙事詩の*『マハーバーラタ』や*『ラーマーヤナ』，生活規範書ともいうべき〈ダルマ-スートラ〉，古伝書の〈*プラーナ聖典〉，〈*タントラ〉や〈アーガマ〉という密教的要素の強い文献などがあるが，とりわけ『マハーバーラタ』の一節をなす*『バガヴァッド-ギーター』は愛好されている．

【特色】ヒンドゥー教の特色は次の三点にまとめられよう．第1に，多数の神々の存在を認めつつも，ある特定の神を絶対的な存在として崇拝する．なかでも*ヴィシュヌ神や*シヴァ神は好んで崇拝されている．さらに多くの女神がそれぞれの男神の妻，すなわち配偶神として崇拝される．女神は男神の性力(*シャクティ)を具現したものとされる．またブラフマー神(*梵天ぼんてん)が天地を創造し，ヴィシュヌ神がそれを維持し，シヴァ神が破壊すると考えられ，しかもそれらの三神は本来は一つだという〈三神一体説〉(*一体三神，tri-mūrti)が一般化した．神の崇拝は〈*供養〉(pūjā)という形式が一般化した．毎朝沐浴した後，「16 のおつとめ」(ṣoḍaśa-upacāra)からなる供養を行うのが一般的である．この場合*ヴェーダ聖典の一部，または独自のマントラ(*真言しんごん)を唱える．

第2に，生活習慣と密接に結びついている．*カースト制度という社会制度や受胎から誕生，さらに成人式・結婚式・葬式といった人生の通過儀礼(saṃskāra，サンスカーラ)の社会習慣はいまでも守られている．またジャガンナートなどの霊場への巡礼，ホーリーなどの祭りも人々に愛好されている．

第3に，哲学的には種々の学派がそれぞれの聖典を根拠としながら独自の議論を展開させるが，*輪廻りんねからの脱却と最高神のもとへ到ることが最高の目的だと共通して説いている．

頻婆娑羅 びんばしゃら　サンスクリット語・パーリ語 Bimbisāra に相当する音写．ビンビサーラ．〈瓶沙びょうしゃ〉とも音写される．古代インド*マガダ国の王．*王舎城おうしゃじょうに住み，仏教信者となって釈尊しゃくそんとその教団を*外護げごした．彼は王舎城で*托鉢たくはつし修行している出家直後の釈尊の姿を見て感動し，財産を与えて出家を止めさせようとしたと伝えられる．しかし*成道じょうどう後の釈尊を王舎城に迎えて篤く保護した．彼は息子の*阿闍世あじゃせ王子に幽閉され殺された．后は*韋提希夫人いだいけぶにん．

ビンビサーラ [*s*, *p*: Bimbisāra] ⇀頻婆娑羅びんばしゃらものにさせたと考えられる．

絵画・彫刻の作例に，観音*二十八部衆をあらわした仏画や唐本*白描(はくびょう)図像で虚空に風神・雷神を表現するものがあるが，蓮華王院(れんげおういん)本堂(*三十三間堂)には左右両端に風袋をもつ風神と小鼓を輪にした雷神の彫像が二十八部衆像とともに安置されている．

「栄西風神にあらず，何ぞ風を吹かしめむ」〔雑談集 9〕「雷神磐石を砕きて船筏を下しき」〔盛衰記 24〕

風水 ふうすい　山形・地形・方位・風向きなどから土地の良し悪しを見定め，墓・家・都などを適切な場所に建てることによって繁栄をはかる技術．〈堪輿(かんよ)〉〈地理〉〈地術〉〈青烏(せいう)の術〉などとも呼ばれる．土地の吉凶を占うことは，どの国でも古くから行われており，中国では後漢の頃には風水師の活動も盛んで書物も著されていたようだが，現在につながる風水説の直接の起源となる技術が体系化されて広まるようになったのは，東晋の郭璞(かくはく)の作と称する『葬経』が出現した頃からと推測されている．六朝期には陰宅(墓相)と陽宅(家相ほか)の両面で風水が流行するとともに仏教との習合も始まったようであり，風水を得意とする僧侶も多かったほか，仏教の内容を盛り込んだ風水の*偽経も作られた．

推古天皇 10 年(602)に百済(くだら)僧の観勒が「天文地理の書」をもたらして教授していることが示すように，風水は早くから東アジア全域に広まっている．特に朝鮮では仏教との結びつきが強く，道詵(どうせん)(827–898)については，風水地理説の第一人者とみなされ，高麗(こうらい)の建国に貢献したとする伝説が生まれるにまで至った．そうした風潮の中で，風水地理説に基づいて国家の要所となる名山に寺を建てれば国家が興隆するという信仰が高まり，裨補(ひほ)寺院と称される寺が各地に建てられた．

風前の灯 ふうぜんのともしび　風の吹き通すところに置かれた灯火で，消滅直前の状態をいう．物事のもろくはかないことのたとえ．中国での古い用例としては，人生のはかなさを詠じた『楽府(がふ)』怨詩行に「天徳悠(はる)かに且(か)つ長し，人命一(ひと)えに何ぞ促(みじか)し．百年未だ幾時ならず，奄(たちま)ち風の燭を吹くが若(ごと)し」と見える．略して「風燭(ふうそく)」〔西域記〕，「風灯」〔摩訶止観〕ともいう．*永観(えいかん)の『往生講式』に「一

フ

怖畏 ふい［s: bhaya］　おそれ，危惧(きぐ)すること，おそろしく思うこと．〈*恐怖(くふ)〉ともいう．仏典では，自責の念，他人の非難，刑罰を加えられること，死後に悪い世界へ生まれかわること，あるいは，虫の害，蛇の害，野獣の害，盗賊の害，魔性のものの害，水火の害など多くのものが怖畏を生じさせるものとしてあげられている．修行僧にとって怖畏が生じるのは，心がよく整えられていないためとされる．他人の非難をおそれてなされる*布施(ふせ)のことを〈怖畏施〉という．「悪道を怖畏し，読誦観念して菩提を欣求す」〔法華験記 上 24〕．→無畏．

風神・雷神 ふうじん・らいじん　天然現象を擬人化したもので，すでに密教では*婆羅門教(ばらもんきょう)の神を組み込んで神格化した風天・*帝釈天(たいしゃくてん)が風神・雷神の性格を持つものとされているが，おそらく中国古代の固有信仰から別の展開をとげたものであろう．すなわち中国の雷公(らいこう)・雷鼓(らいこ)・風伯(ふうはく)をインド的な裸形の鬼体としてあらわし，混然とした*天神のイメージに作り上げたものと思われる．*敦煌莫高窟(とんこうばっこうくつ)の仏教壁画に描かれている風伯・雷公の図はその一事例で，インド的信仰と中国的信仰の習合をうかがわせるものである．

日本でも仏教伝来以前より強力な自然神として畏敬され，特に稲作を中心とする農耕文化社会においては豊穣をつかさどるものと見なされた．ちなみに，朝廷が奉幣使(ほうへいし)を差遣した大和生駒(いこま)の竜田社(たつたしゃ)の風祭に代表される全国的規模の〈風神祭(かぜのかみまつり)〉は，風神の神意を鎮め，農作を風水害から守るための祭祀であった．一方，雷神はその水神・火神的神質から水利と日照，ひいては一切の民生を支配する強大な最高神格とされ，古来天神として畏敬信仰された．御霊(ごりょう)の猛威が雷的エネルギーで象徴されることの多いのもその一つの現れである．こうした在来信仰の土壌は，外来のインド的・中国的風雷信仰の受容と両者の習合をきわめて自然かつ容易な

生は是れ風前の燭，万事は皆春の夜の夢」と対句で用いられたことから，類似の表現が*願文・*表白などに散見し，『平家物語』冒頭では「風の前の塵」に言い替えている．「一生は是れ風前の灯なれば，威徳久しからじ．万事皆春の夜の夢なれば，名聞程あらじ」〔五常内義抄〕

風鐸 ふうたく　〈鐸〉は中国古代の打楽器(大鈴)で，寺院の堂塔の軒下に吊るすものを〈風鐸〉という．古くは堂塔の装飾具であることから〈宝鐸〉と美称した．内部に〈舌〉と〈風招〉が吊り下げられ，風招が風に揺れると，舌が鐸身に当たり音を発する．鐸身の断面は菱形が一般的で，表面は上下に区画が分けられ，上区に乳をあらわし，下区は無文とするものが多い．山村廃寺(奈良市)，*四天王寺出土のものなどが古例．「薬師の金堂一宇…角の隄瓦の端の銅の華形八枚，桶(樋)の端の金銅の花形四十六枚，各鈴鐸等を着け，また四角に各鐸を懸く」〔西大寺資財流記帳〕「宝幢院の前の庭に金の多宝塔を建立す．露盤・火珠・宝鐸・箜篌，荘厳微妙なり」〔法華験記上23〕

風流 ふうりゅう　⇒風流

風輪 ふうりん［s: vāyu-maṇḍala］　仏教宇宙観で，*虚空に浮かぶとされる巨大な空気の円盤状のかたまり．その厚さは160万*由旬，周囲の長さは10^{59}由旬ある．この上に水輪・*金輪・*須弥山などが乗る．空気が飛び散らないのは*衆生の*業の力によるという．「道力化功によりて，風輪うごかず，世界やぶれず」〔正法眼蔵行持下〕．→三輪，四輪．

不害 ふがい［s: ahiṃsā］　害しないこと，他の生きものを殺害しないこと．仏教ではこれを心理作用の一つとしてとらえ，アビダルマ(*阿毘達磨)ではすべての善心と相応する10種の心理作用(十大善地法)の一つとし，*唯識では無瞋(怒らないこと)の心作用のはたらきのあらわれと考えた．これを現実に具体化したものが不殺生戒である．近年，インド独立運動の父マハートマー・*ガーンディー(1869-1948)がこの不害をモットーに抵抗運動を展開した．→不殺生，五戒．

舞楽 ぶがく　雅楽の演奏形態のひとつで舞を中心とする．左方唐楽，右方高麗楽を伴奏とした舞．宮中および神社・寺院に伝承された．仏教との接点は*声明と舞楽を交互に行う〈舞楽法要〉にある．法会の儀式に組み込まれた供養舞楽(供養舞・行事舞)は，儀式終了後の余興としての入調舞楽と区別される．唄・*散華・*梵音・*錫杖の4種の声明と作法からなる〈*四箇法要〉に，雅楽の演奏を伴う舞楽を組合わせて行うものを〈舞楽四箇法要〉という．

そのはじまりは，752年(天平勝宝4)の東大寺*大仏開眼供養にあるとされ，後に，常楽会・曼荼羅供・仁和寺舎利会・醍醐寺桜会・一切経会・御願寺供養・十種供養・花供・放生会など様々な法会の中で行われた．師子・菩薩・迦陵頻・胡蝶の舞などの仏教舞楽がある．堂前正面の庭上に設けられた高欄の舞台上において，舞と僧侶の作法が繰り広げられる．法会の中で舞人は舞曲を舞うほか，菩薩・天童・八部衆・師子などに扮し，*行道面でも諸役を務めるなど，法要の儀式展開に深く参与する．現在は*四天王寺の*聖霊会に舞楽法要の典型を見ることができる．

不可思議 ふかしぎ［s: acintya］　原語は，思いはかることのできぬの意で，その漢訳語．また〈不思議〉に同じ．いずれも漢訳仏典の造語である．ところでこの語は，〈不可思議境界〉(目覚めの世界)，〈不可思議功徳〉(仏の偉大な*功徳)，〈不可思議解脱〉のように，本来は凡俗人には思いはかることのできない事柄のみを修飾する言葉で，わが国での用法とはやや異なる．ちなみに，日本語でも仏教語としては古来本来的用法が多いが，早くから一般語化し，平安時代にはすでに善悪いずれについても，広く人智の及ばない(こと)，常識を越えた異様な(こと)の意に用いられ，非難の気持をこめて用いることも少なくなかった．

「諸法の因縁は不可思議なり」〔往生要集大文第10〕「遥かに民の望みに越えて鷹にふけるは，あへて門を守るに狡犬を養ふの利にあらず．不可思議の至りなり」〔菅家遺誡〕

不可説 ふかせつ［s: anabhilapya, nirabhilāpya, avācya］　真の実在は言語によって表しえないことをいう．それは，一つには，言葉は一般者を表すので，特定の事には及びえないからであり，また一つには，真の本体は主観・客観の二元を離れ，一切の限定を離れていて，言葉では捉えられないからである．仏教では，〈第一義諦〉(勝義諦，最高の真理)は不可説であるとし，言語の世界は〈世俗諦〉にすぎないとする．ただし，世俗諦によらなければ，第一義諦に入る道もないとされている．「自在無窮，不可説の風雅を尽くし，この道の悟りを得べきは，新古今集あたりの歌仙の作なるべし」〔ささめごと〕

不可得 ふかとく ［*s*: anupalabdhi, nopalabhyate］ 不可得の〈得〉には二義があり，原義の〈得る〉には維摩経観衆生品「求女人相，了不可得」(女人の相を求めども，了に得べからず)などの用例があり，〈できる〉の意には法華経五百弟子品「善学方便故，不可得思議」(善く方便を学ぶが故に，思議するを得べからず)などの用例がある．後者の場合，〈得〉は〈可〉と同義．なお仏教の教理学では，あらゆる存在に固定不変な実体・本体を認めず，その存在が知覚されないことを特に〈不可得〉という場合があり，〈不可得空〉ともいわれる．「大日如来不可得の因果を摂して遮那の果徳をあらはし，不可得の言語をのべて毘盧の極理をしめす」〔野守鏡〕

『普勧坐禅儀』 ふかんざぜんぎ *道元著．1巻．入宋帰朝した道元が，1227年(嘉禄3)道俗のために著した書．*坐禅を宗旨とする開宗の意図をもつ．1233年(天福1)の自筆本から二十数年間たえず推敲をかさね，四六騈儷体の洗練された流布本が現行している．『禅苑清規』の坐禅儀を参考としつつも，坐禅を*安楽の法門とする立場から自在に改訂し，独自の*本証妙修，*修証一等の禅が挙揚され，宋朝禅の超克がこころみられている．

富貴寺 ふきじ 大分県豊後高田市蕗にある天台宗の寺院．山号は蓮花山．養老年中(717-724)僧仁聞の開創と伝え，もと阿弥陀寺と称した．大堂は俗に〈蕗の大堂〉と称する九州最古の木造建築で，12世紀前半の造営，当時の本尊・木造阿弥陀如来像を安置する．単層*宝形造で瓦は行基葺，長押上の板壁には，東西に各70余体，南に50余体の供養菩薩を描き，各面の中央には坐仏一体を配して，四方*四仏の相を表している．*内陣の後壁には阿弥陀*浄土変を描き，藤原時代の壁画として*醍醐寺五重塔に次ぐ貴重な遺例である．

布教 ふきょう 自己が信奉する宗教や信仰を他人に教え弘めること．布教は，原始宗教や民俗宗教のように教祖・開祖や指導者を欠くものには見られない．布教には，個人または少数者が相手に個人的に直接教えを説くもの，集会を開いて行う大衆布教，文書布教(伝道)，ラジオやテレビを利用しての視聴覚布教など多様な方法がある．仏教でも，釈迦の伝道以来，布教がなされたが，布教の仕方には，*摂受門と*折伏門の2つがあるとされる．すなわち，摂受門は，衆生の善を受け入れおさめて導く方法で，他方の折伏門は衆生の迷妄をくじき破って導くやり方である．いわゆる鎌倉新仏教の祖師の一人である*日蓮の折伏は有名．鎌倉新仏教は，布教の道具として*『法然上人絵伝』などの祖師絵伝を作った．祖師絵伝は，祖師の伝記を絵と文字とくに仮名文字で表したもので，文字を読めない人々へ布教の道具といえる．人びとは布教されることにより回心して特定宗教の信者になることが多いが，行き過ぎた強引な布教が社会問題になることも少なくない．

諷経 ふぎん 〈ふきょう〉とも読む．*看経の対で，声をあげて経文を*読誦すること．朝夕の修行に朝課諷経・晩課諷経がある．転じて，仏前の*勤行(つとめ)をいう．「宿忌の開山諷経，経呪耳に逆らふ，衆僧の声」〔狂雲集〕．→諷誦．

服 ぶく 〈ぶく〉は呉音．喪服．転じて，*喪に服すること．また，その期間．服喪，喪中．この期間中は，服装のほか，調度類も黒色や鈍色を用い，喪が明けると禊をする．令の規定では，天子・父母・夫などの死には1年，祖父母などには5カ月，妻・兄弟姉妹・嫡子には3カ月を服喪の期間と定めてある．「服いと黒うして，かたちなどよからねど」〔源氏夕顔〕「故殿の御服の頃，六月のつごもりの日」〔枕草子161〕

不空 ふくう ［*s*: Amoghavajra］ 705-774 アモーガヴァジラ．中国四大翻訳家の一人．北インドの*婆羅門系の父と，康国(現，サマルカンド地方)人の母との間で，西域に生まれ，13歳のとき叔父に連れられ*長安に入る．*金剛智について出家受戒し，主として*金剛頂経系統の密教を学ぶ．金剛智の滅後，自らインドに赴き，経論500余部を持ち帰り，多数の密教経典を翻訳するかたわら，玄宗(在位712-756)，粛宗(在位756-762)，代宗(在位762-779)3代の帝の厚い信頼を得て，護国の宗教として密教を特色づけ，中国社会に密教を定着させるのに大きな役割を果たした．金剛頂経系の第1番目の経典にあたる金剛頂大教王経と，第6番目にあたるとされる*理趣経など日本密教で重要な役割を果たした密教経典を数多く翻訳した．*恵果の師にあたり，*空海も不空に厚く私淑している．*真言宗の*付法の第6祖，伝持の第4祖．勅号は智蔵，大広智三蔵．諡号は大弁正広智不空三蔵和尚．

不空羂索観音 ふくうけんじゃくかんのん ［s: Amoghapāśa］ 音写して〈阿目佉播捨〉．〈ふくうけんさくかんのん〉とも読む．*観音信仰の展開に伴って考えられた変化観音で七観音(→六観音)の一．*大悲の*羂索(鳥獣を捕える道具)をもって一切衆生を*済度するという．その所依とする不空羂索神変真言経(30巻，菩提流志訳)は体系化された教理的な経典として有名．鹿皮をまとうところから〈鹿皮(衣)観音〉の称もよく用いられる．一面と三面が説かれ二臂・四臂・八臂など異像が多い．わが国では747年(天平19)ごろ造立の脱*乾漆像の東大寺法華堂(*三月堂)本尊のように一面三目八臂像が多い．ちなみにこの像は大仏(*奈良大仏)造立直前の時期に，後に造仏長官をつとめた*国中連公麻呂によって完成したとされている．このほか*広隆寺像(平安前期)，*興福寺南円堂像(鎌倉時代)が代表的な作例．南円堂像は奈良時代造立の，藤原摂関家に特に縁の深い像が南都焼打ち(1180)で焼亡したため，*康慶一門が再興したものである．

福田 ふくでん ［s: puṇya-kṣetra, p: puññakkhetta］ 善き行為の種子を蒔いて*功徳の収穫を得る田地という意味．仏教社会福祉の理念を知る語．はじめ釈尊を〈福田〉と仰ぎ*帰依して*供養の対象としたが，やがて聖者の仏弟子たちも〈福田〉と呼ばれた．ついで*布施供養される物，たとえば，出家修行者が身につけている4種の必需品，あるいは仏教*僧伽に属する施設が〈福田〉といわれるようになった(たとえば袈裟を福田衣という)．人の福田から物の福田へと変り，また両者が混用して使われた．いずれにしても，福田は布施供養する人にとって*菩提(さとり)の功徳を得る因となるところのものであった．

大乗仏教の時代になると，*菩薩(求道者)の*智慧と*慈悲に基づく利他行が重視されたから，福田思想は仏教徒の社会的実践の基本として展開した．菩薩にとって布施を実践するに当り，〈貧窮田〉(困窮の人を福田とする)，〈看病福田〉(自分が看病する病人を福田とする)などという新しい福田の種類も生じた．

わが国では*聖徳太子創建の*四天王寺に，敬田(尊敬すべき仏法僧)院・悲田(悲愍すべき貧窮孤独者)院・施薬院・療病院の〈四院〉が設けられ，*光明皇后もまた*東大寺に悲田院・施薬院を置いた．あるいは*行基が池川の土木工事を行なったり，布施屋(無料宿泊所)を設けたこと，*叡尊や*忍性が慈善事業を行なったことなど，いずれも大乗菩薩道の利他行にほかならない．なお，敬田・悲田の二福田に恩田(父母や師など)を加えて〈三福田〉という．これら菩薩の慈悲心の発露である福田思想には，世間的な功徳を求める思いはいささかもない．病者を拝み供養し，貧者を拝み布施するというのが，大乗の福田思想の根幹である．→社会福祉と仏教，四院，悲田院．

「衆生の功徳を出生する者をば福田となづく．これに二種あり．悲田と敬田となり」〔夢中問答上〕「諸の功徳の中には，乞丐人と病人とを哀れむを第一の福田といふなり」〔孝養集下〕

福徳 ふくとく ［s: puṇya］ 原義は，善いこと．〈*功徳〉とも漢訳される．善い行い，もしくは，それがもたらす善い報いのこと〔増一阿含経清信士品〕．また，他者に恵みをもたらす善行・功徳を意味することもある〔須真天子経1〕．*『大智度論』巻15は，*仏道を福徳門・智慧門の二門に分ける．このばあい福徳門は*布施・*持戒・*忍辱の三*波羅蜜はらみつを行じることをさす．また*『成唯識論』巻9でも，*六波羅蜜が福徳と智慧の二種の*資糧しりょうに配当され，広くは六波羅蜜すべてが二種の資糧に通じるが，個別には前五波羅蜜が福徳資糧で，*般若波羅蜜が智慧資糧に，あるいはまた前三波羅蜜が単に福徳資糧に相当し，*精進しょうじん・*禅定ぜんじょうの二波羅蜜は両種の資糧に通じるとされる．*華厳経けごんぎょう巻26では，八地以上の菩薩ぼさつが現ずる福徳成就の身体を〈福徳身〉と呼称している．なお漢語としての〈福徳〉は，*鬼神や統治者などがもたらす幸いや恵み．用例は『漢書』孔安国伝などに見える．「五戒を持たもたむ人の福徳限りなし」〔今昔2-26〕．→資糧．

伏(覆)鉢 ふくばち　⇒相輪そうりん

普化宗 ふけしゅう　禅宗の一派で，〈普化禅宗〉〈虚無宗こむしゅう〉ともいう．13世紀に入宋した心地覚心しんじかくしんが唐代の普化に始まる同宗の宗義と尺八吹奏とを学び伝えたのに始まるとする説がある．普化宗の宗徒が虚無僧こむそうで，江戸幕府は1677年(延宝5)のころから普化宗を公認し，諸国を尺八を吹きながら*行乞ぎょうこつする虚無僧を諸国探察に利用した．関西では京都妙安寺，関東では下総一月寺・武蔵鈴法寺が宗徒を取り締り，*寺社奉行の統制下に入っていた．1871年(明治4)廃止された．「普化はたしかに仏境界の人と覚えたり」〔驢鞍橋〕．→虚無僧．

不還 ふげん［*s*, *p*: anāgāmin］　音写して〈阿那含あなごん〉とも．もはや人間界にもどることなく，天界以上の階位に上って*悟りに至る者の意．四向四果しこうしかの一つ．〈不還果〉はその第三果で，原始仏教では五下分結(下位の世界に結びつける五つの煩悩)を断じた者が得る位であったが，*『俱舎論くしゃろん』では，*欲界の修惑(情的煩悩)をすべて断ち切ったため，もはや欲界に戻らずに悟りに至るとする．〈不還向〉とは，前段の*一来いちらい果を得た者が，次の不還果を得ようとして残余の修惑三品を断ちつつある位のこと．「憍尸迦けうしか梵志が不還果を証せし，女人を捨つる事なし」〔九巻本宝物集5〕．→四向四果．

普賢延命菩薩 ふげんえんめいぼさつ　*普賢菩薩が密教の*延命法の本尊として招請(普賢延命法)されたときの像．二臂ひ像と二十臂像の二つの形像がある．二臂像は*金剛薩埵こんごうさったと同形だが，*蓮華座れんげざの下に一身三頭の白象を配し，さらにその足下に5千の小象の支える*金輪こんりんを踏むと説かれる．この形式のものは一般的に*台密たいみつで行われ，代表作に松尾寺まつのおでら像(平安後期，京都府舞鶴市)がある．二十臂像は*金剛界こんごうかい十六菩薩と四摂ししょう菩薩の*三昧耶形さんまやぎょうを執り，蓮華座の下に四白象を配するなどの差がある．この形式は*東密とうみつで行われ，代表作に持光寺じこうじ像(1153，広島県尾道市)がある．またこの形式の像は胎蔵*現図曼荼羅たいぞうげんずまんだらの遍知院にあり，大安楽不空真実菩薩と呼ばれる．

普賢菩薩 ふげんぼさつ［*s*: Samantabhadra］　原語は，その姿や功徳をすべての場所にあまねく示す者の意．〈遍吉菩薩〉と漢訳することもある．*文殊菩薩もんじゅぼさつとともに釈迦如来しゃかにょらいの一生*補処いっしょうふしょの菩薩として*脇侍きょうじに配される．また法華経では同経を深く信奉するもののために白象に乗った普賢菩薩が現れ守護すると説き，華厳経はこの菩薩を讃嘆し，*善財童子が50余人の*善知識を訪れたのちに普賢菩薩を訪れて求道を全うしたことを説く．これらの経文に従って造形されたものに，普賢菩薩来儀像(平安後期，東京国立博物館蔵)や『善財童子歴参図』(通称*『華厳五十五所絵巻』，平安後期，東大寺蔵)の一齣などがある．また密教では，胎蔵*現図曼荼羅たいぞうげんずまんだらの*中台八葉院ちゅうだいはちよういんの東南隅に配されるほか，普賢菩薩の密教像としては*金剛薩埵こんごうさったがあり，さらにこれを*延命法の本尊としたものに*普賢延命菩薩がある．

布薩 ふさつ　［*s*: upavāsa, *p*: uposatha, *pkt*: (u)poṣadha］　プラークリット語の(u)poṣadhaに相当する音写．原語の古形はupavasathaで，火もしくは神に近住する意．*婆羅門教ばらもんきょうの新月祭と満月祭の前日に行われた儀式を仏教に取り入れたもの．発展段階に応じて内容や表現に相違が見られるに至った．半月に一度，定められた地域(*結界けっかい)にいる*比丘びく達が集まって，*波羅提木叉はらだいもくしゃを誦して自省する集会．のち，月に6回，六斎日ろくさいにちに*在家ざいけ信者が寺院に集まって*八斎戒を守り，*説法を聞き，僧を*供養する法会が盛んになり，これも〈布薩〉と称するようになった．「月ごとの十五日，三

十日に寺々に布薩をおこなふ．鑑真和尚の伝へ給へるなり」〔三宝絵下〕

賦算 ふさん　時宗の祖*一遍が念仏*勧進に用いはじめた方法．念仏の算を賦るの意．一遍は念仏を称えよと勧め，称えれば*同行の証として「南無阿弥陀仏決定往生六十万人」の札を渡した．六十万人は一遍が仏前に誓った勧進の目標であるとともに，*本願の救済対象である一切衆生を表す．念仏を称えたから仏の本願どおりに必ず浄土に*往生できるぞと予言することによって，人々に大きな安堵を与えたのである．一遍一代の賦算25万余人．代々の法主に継承されて来た．「遊行の利益を六十余州に広め，六十万人決定往生の御札を普く衆生に与へ候ふ」〔謡・遊行柳〕

プサン　⇒ラ-ヴァレ-プサン

不死 ふし［*s*: amṛta, *p*: amata］　原語アムリタ（アマタ）の漢訳語．〈阿蜜嘌多〉と音写されることもある．消極的には*死よりの解放を意味するが，より積極的に生命の存続，具体的には*非業の死を遂げることなく100歳の天寿を全うすること，さらに永遠の生命を意味し，さらに進んでこの種の生命力を賦与するもの，なかんずく飲食物，不老不死の妙薬の義となった．漢訳仏典の〈*甘露〉はこの後者の義をとったものである．*ヒンドゥー教の神々は大古に乳海を攪拌してこの〈甘露〉を得，これを飲んで不老不死となり，常に25歳の若さを保つといわれる．

古代インド人はこの不死の境地に達することを理想となし，そのために祭祀を行い，*苦行に身を挺し，特定の神を念じ，さらに最高の哲学的知見を求めた．その探究の諸相がインド思想史を彩っている．*梵とも*我ともいわれる最高究極原理は，真実・不壊・不死と称せられた．仏陀の成道直前の〈*降魔〉のエピソードも，死・苦・悪の象徴としての*魔（māra）の超克にほかならず，それは不死・*解脱の道の発見に通じている．不死はその意味で，*輪廻転生なき最高の安祥たる〈解脱〉〈*涅槃〉と同義に用いられる．なお，中国の*道教においては，不老長生，永遠の生命の獲得が究極の理想とされ，そのためのさまざまな道術（*神仙術）が説かれた．→不生，不生不滅．

「かの奉る不死の薬に，また，壺具して，御使ひに賜はす」〔竹取物語〕

無事 ぶじ　〈むじ〉とも読む．依り所となる実体（事，vastu）がないこと．また，とりたてて事件のないこと．安穏であること．あるいは，することがないこと．ひまなこと．働きがないこと．無用であること．これらの意味については否定的な意味で用いられる場合と，肯定的な意味で用いられる場合があり，特に禅宗では〈無事〉を一切の作為を離れた自然なあり方として尊ぶが，これには〈無事〉を是とした*老荘思想の影響が見られる．「道士の術を学んで，無為を業とし，無事を事とす」〔太平記 1.無礼講〕「今日の無事は，偏に母の御蔭なり」〔妙好人伝〕

藤井日達 ふじい にったつ　1885（明治18）-1985（昭和60）　日蓮宗の僧，日本山妙法寺大僧伽創始者，平和運動家．1903年（明治36）に日蓮宗で得度し，日蓮宗大学（立正大学）などに学んだが，衆生教化を志し，17年（大正6）より，うちわ太鼓を打って*唱題しながら練り歩くという独特のスタイルの布教を開始した．1918年以後，中国をはじめアジア各地に日本山妙法寺を建立し，布教伝道を行なった．この間，1933年（昭和8）に*ガーンディーに会い，思想的影響を受けた．戦後，1947年（昭和22）に妙法宗を設立，52年に〈日本山妙法寺大僧伽〉と改称した．非暴力主義にもとづく平和運動を標榜し，安保条約反対・軍事基地反対などの運動に積極的に参加した．また，汎仏教的立場から各地に*仏舎利塔を建立している．著書に自伝『わが非暴力』などがある．

富士山 ふじさん　静岡・山梨県境に位置する標高3776メートルの日本最高峰の火山．『竹取物語』に山名の由来を語る部分がみられるように，その信仰は古代にまでさかのぼる．古代には度々噴火を重ねたため，浅間大神として祀られた．平安時代には末代上人が富士登山を重ねて山頂に大日寺を建立したとされ，信仰登山の山として開かれた．山麓の村山（静岡県富士宮市）を中心に富士信仰は発展し，室町時代に登山する富士*行人の姿を狩野元信が描いた「富士参詣曼荼羅」は重要文化財に指定されている．富士山の登山口は静岡県側に大宮口・村山口・須山口・御殿場口，山梨県側に河口口・吉田口の6つが存在するが，江戸時代には吉田口が最も繁栄し，浅間神社の門前には百軒ほどの*御師の宿坊が建ち並んだ．

〈富士講〉の祖は長谷川角行(1541–1646)で，富士山中の人穴で修行を重ねた．その流れをくむ食行身禄(1671–1733)は庶民救済を志し，富士山烏帽子岩で断食*入定したが，その弟子たちの布教と富士講の結成によって富士信仰は爆発的に流行し，遥拝とミニ登山の目的で数多くの富士塚が江戸市中に造られ，60年に一度の*庚申の年には女性信者の登拝も可能となった．山頂にユートピアを求める富士講は明治の*神仏分離以降，教団組織化して扶桑教・神道実行教・丸山教などの*新宗教として継承されたが，第二次世界大戦後は有力講社や教会が独立して分派し，現在では信仰登山を行う富士講や御師の宿坊は少数となった．→講．

「かしこを見てあれば，富士詣の行人たちが，懺悔懺悔，六根罪障」〔松の葉〕

節談説教 ふしだんせっきょう　ことばに節(抑揚)をつけて語る話芸的な情念の説教をいう．中世に*声明・*和讃・*講式から採った芸能的な技術を顕著に示すようになった．特に真宗において発展して特異な節談を生んだ．近世には卓抜な型を創造し，名手や流派が続出して盛行したが，明治以後の宗門の近代化の中で衰退した．→説経．

武士道 ぶしどう　江戸時代に武士が太平の世の支配階層となることによって，平安時代中期以来の戦いの場において名誉を重んじる武士のあり方と，儒教で説かれる士大夫のあり方が結びつき，武士道が成立した．しかし，根本的には人を殺すことを生業とし，刀を常に携えている武士と，儒教が政治の担い手として想定した文民である士大夫のあり方は，必ずしも一致せず，その緊張関係が，武士道を独特なものとしている．一切の功利の意識を捨てて「犬死」すべきことを説く山本常朝の『葉隠』は，藩の維持の上では弊害となる殉死の禁止が大きな成立理由となっている．死を厭わないとはいっても，それは主君の利益のために犠牲となるという主体性を失ったあり方ではなく，主君の不興や処刑も覚悟することで，主君への諫言や悪行を改めない主君を合議の上で隠居させる〈押し込め〉のような，主君個人の意思と対立する行為すら可能とするものだった．武士にとって大きな課題である死の覚悟は禅の思想と親近性があり，*鈴木正三のような武士出身の禅僧の思想には，武士道の影響がみられる．

「武士道と云は死ぬことと見つけたり」〔葉隠〕

不惜身命 ふしゃくしんみょう　〈不自惜身命〉〈身命不惜〉などともいう．*菩薩，求道者が*衆生を救済するため，自分の身命を惜しまずなげうつこと．後にアジアで民衆救済のために自己を犠牲にしようとした志士・改革者の信条ともなった．また，仏法のために身命を惜しまないことをも意味し，多くの経典にみえるが，古くは*法華経にみえ，特に法華経の*受持を目的とすることを指す場合もある．実際に腕を焼いたり崖から身を投じた話も多く記されている．「さきに善知識の懺悔といふ事を教へて，不惜身命の領解になればとのたまひしを」〔庫裡法門記〕「四兵と共に此の所に有りて，身命を惜しまずして力を以て取らむ」〔今昔3-35〕

諷誦 ふじゅ　経文を声を挙げて読むこと．詩文を暗誦する時には〈ふうしょう〉とよみ，中国古典にも用例が見える．また，声を挙げて読むための文章．〈諷誦文〉．布施の品を*三宝に供える諷誦文と，*施主が死者*追善の志を述べ施物を供えて僧に誦読を請う請諷誦文がある．法会の時には施主が自作して諷誦師が読むが，後には*導師が自ら文を綴り読むようになった．追善供養などには欠かせぬものとなり，*施餓鬼会などで，この諷誦文を仏前に捧げ，僧が読むのを聞くことが死者に対する追善になると考えられ，*読経よりも重視されて今日に至っている．

僧の声の抑揚，文章の巧拙が要求され，多くの模範文集が行われた．現存最古の『東大寺諷誦文稿』は8世紀初頭の成立だが，*願文・*表白・*教化・*祭文などが含まれ，声を挙げて読み上げられるものすべてが〈諷誦〉と呼ばれた．これらの要句を集めて作法を説いた，無住編『諷誦指南要句集』(1660)はよく使われている．

「法華経を諷誦して，日夜数部を尽し，兼ねて法文正教を学習せり」〔法華験記上38〕「人々の諷誦あまた読みあげらるる中に…童御料と

申し侍りし御方の諷誦は，みづから遊ばしたりけるなんめり」〔撰集抄9〕

不住涅槃 ふじゅうねはん　[*s*: apratiṣṭhita-nirvāṇa]　とどまられていない涅槃，つまり涅槃にとどまらないこと，住しないこと．後にこれは不住生死(*生死に住しないこと)をも含むとされ，生死と涅槃のいずれにも住しない涅槃を意味すると説明されることになる．〈無住処涅槃〉ともいう．完全な涅槃にとどまっていては悩みのある多くの人びと(*衆生)を救うことができないし，生死の悩みに束縛されていては自らも悟ることができないから，生死を脱した涅槃にも生死界にもとどまらず衆生を救うという．*菩薩が*大悲をもって衆生界で活躍するという大乗仏教の菩薩行を背景として生れた語である．→涅槃．

不受不施 ふじゅふせ　*法華宗の僧は他宗の信者の*布施供養を受けず，信者は他宗の僧に供養してはならないとする制誡で，法華信仰の純正を守るため*日蓮以来いましめられてきた信条．日蓮滅後京都に開教した*日像は，1334年(建武1)に*勅願寺の綸旨を得，官位寺領を賜ったが，ついで各門流諸師は，勅願・祈願所たらんと活動してそれぞれ弘通の功をあげた．当時にあっては，公家・武家よりのこのような施与は全く不受不施の対象とならなかった．これを〈公武除外の不受不施〉という．

室町中期の頃になると，たとえ公武の施であっても仏法の中ではすべて平等であり特別にすべきでない，信不信を厳重にすべきであるという正統不受不施義が強調され，これが*日蓮宗伝統の正義であると確認された．1595年(文禄4)豊臣秀吉が先祖菩提のために*千僧供養会を催し，各宗の僧を招いた時，日蓮宗では，信者でない秀吉の供養会に出席すべきでないとする妙覚寺*日奥と，国主は特別であるからという公武除外制に立つ主張とが対立し，結局日奥は徳川家康に公命違背の故をもって対馬に遠流された．1612年(慶長17)，在島13年にして赦されたが，この後1665年(寛文5)，幕府は不受不施義を禁止し，僧俗は地下に潜んで宗命をついだ．この秘密教団を〈不受不施派〉という．この教団に対しては江戸時代を通じて厳しい取締りが続けられたが，その一方で，法中とよばれる出家の指導者の中からは，不受不施義を認可するよう幕府に訴え出て処罰されるものが跡を絶たなかった．不受不施派が国家的な公認をえるのは，明治維新を経た1876年(明治9)のことだった．

無準師範 ぶじゅんしばん　[Wú-zhǔn Shī-fàn]　1178–1249　南宋時代の臨済宗楊岐派の禅僧．剣閣(四川省)梓潼県の人．俗姓は雍氏．9歳で出家し，成都で学ぶ．後，*阿育王山の仏照徳光，霊隠寺・の破庵祖先に師事し，破庵の法を嗣ぐ．後，雪竇山や阿育王山，*径山などの名山に歴住し，淳祐9年(1249)，72歳で入寂．理宗皇帝に招かれて宮中において説法を行ない，〈仏鑑禅師〉の号を賜ったことは有名である．当時の*叢林の傾向を反映して，思想的には*三教一致思想を説き，また書画にも巧みであった．入宋した東福*円爾や渡来した*無学祖元・*兀庵普寧，水墨画の巨匠，牧谿など弟子は多く，彼らを通じて日本に与えた影響には大きなものがある．著作には『仏鑑禅師語録』5巻，『無準和尚奏対語録』1巻などがある．

補処 ふしょ　〈一生補処〉(eka-jāti-pratibaddha)の略．次の生で*仏となることが決まっている者をいう．サンスクリット語は，この一生だけ迷いの世界に縛られている者の意であるが，次に仏の位処を補うところから〈補処〉と意訳された．特に，釈尊の後に*成仏することになっている*弥勒菩薩を〈補処の菩薩〉と称する．「兜率天の弥勒なむ補処の菩薩にして，三会のあかつきに正覚なりたまふべき仏(に)はましませ」〔法華百座3.24〕

不生 ふしょう　[*s*: ajāti, ajāta, anutpāda]　〈生じること〉あるいは〈生じていること〉の否定．初期の*般若経典は，すべては*空にして，固有の特徴をもたず(*無相)，それゆえ不生にして不滅であると語る．竜樹は*『中論』においてこの論理を掘りさげ，すべての存在物は自分自身からも，他者からも，両者からも生じることはなく，また原因をもたずに生じることもあり得ない(四不生)と論じ，それゆえすべての存在物は不「生」であると結論づけた．この場合，「生じる」というのは*仮名を前提にした世間的な慣習表現にすぎず，厳密には正しくないという．すべては空にして*縁起する，つまり空であり固有の本質(*自性)をもたないからこそ縁起し，また縁起するのであるから空にして*無自性であるというのが厳密には正しく，その立場からは不「生」が結論されるという．

なお，江戸前期に出た*盤珪永琢は，「不生の仏心」「一切事は，不生でととのふ」〔盤珪禅師御示聞書19〕といい，不生で万事が尽されるとし，ひいては，「不滅といふも，むだ事」「不生といふて，不滅とは申さぬ」〔同前〕と説いて，一般の不滅(不死)の考えかたに批判を加えた．のちに盤珪禅が〈不生禅〉と呼ばれるにいたったゆえんである．→不生不滅，不死．

「如今不生にして赫日の台に常恒なり」〔性霊集7〕「法性の理は本より不生なれば，因縁生の義これなしといへども」〔漢光類聚〕

不浄 ふじょう [*s*: aśubha]　汚れていること，汚れ．精液(śukra)の訳語としても用いられる．仏教では大便・小便・膿・唾などのほか，内臓・筋・皮・血・髪その他の身体要素そのものをも不浄とみなした．また，僧侶に食べさせようとして殺したり，僧侶の目の前で殺したりした家畜の肉を〈不浄肉〉と呼び，適切でない手段で入手した財産を〈不浄財〉と呼ぶなど，僧侶や在家仏教信者としてふさわしくないものをも不浄と呼んだ．

日本では，仏教が説く不浄は伝統的な「けがれ」と結びついていった場合も多く，そうした不浄は神聖な場所や行事を汚すもの，伝染するものとして忌避された．特に恐れられたのは死の不浄と血の不浄であって，後者は出産と月経をも含んでおり，黒不浄・赤不浄・白不浄などの語で区別されたほか，女性そのものも不浄の身とされた．「夢に天女の像に婚ふと見て，明くる日に瞻れば，彼の像の裙の腰に，不浄染み汚れたり」〔霊異記中13〕．→不浄観，穢れ．

不調 ふじょう　⇒不調

不浄観 ふじょうかん　*五停心観の一つ．肉体の不浄な様相を観じて，煩悩・欲望を取り除く*観法．特に，死体が次第に腐敗してついに白骨になり，土灰に帰するまでの姿を心中に観ずること．その段階を九つに分けたものを〈九相〉(九不浄観)といい，南伝仏教では十不浄観が説かれた．原始仏教以来，盛んに修せられ，実際に墓場などで修されることもあった．シルク・ロードの禅定窟の壁画にも描かれており，仏教絵画の題材の一つとなっている．「不浄観する僧いできたりて，毒意がをるところにいたりて問ふに」〔法華百座3.1〕．→九相，白骨観．

峰定寺 ぶじょうじ　京都市左京区花脊原地町にある単立寺院．山号は大悲山．もと本山修験宗聖護院派に属した．俗称を〈北大峰〉というのは，奈良吉野の*大峰山に対していう名称．1154年(久寿1)天台宗の修験者三滝上人観空西念が石窟中に一堂を建立，千手観音像を安置したことに始まる．この像は平清盛(1118-81)の奉納で白檀の*一木造，*切金仕上げの美作．さらに同年，鳥羽法皇(1103-56)は千手像の*脇侍として不動三尊像を寄進して*勅願寺とした．中世には山門(*延暦寺)と寺門(*園城寺)の抗争に巻き込まれて衰微，1350年(貞和6)定知が再興，1712年(正徳2)以降，天台宗寺門派*聖護院に所属した．1350年再建の*本堂は懸造の構造で，*仁王門も同年の再建．彫刻はほかに，平安後期の毘沙門天像，1163年(長寛1)沙弥生西，平貞能の生母らが寄進した仁王像，1199年(正治1)造立の釈迦立像，工芸品では1154年(仁平4)の草花文を施した*磬などがある．

不生不滅 ふしょうふめつ　[*s*: anutpāda, anirodha]　*諸法の空性を表現する言葉．*般若経などに多く見られる．生は存在の成，滅は存在の壊と理解できる．不生に重点があるが，*般若心経に「是諸法空相，不生不滅，不垢不浄，不増不減」とあるように，しばしば他の否定句とともに使用される．ナーガールジュナ(*竜樹)は空性を*縁起と等置するが(『中論』24.18)，*『中論』の帰敬偈において，不滅不生・不断不常・不一不異・不来不去なる八つの否定によって形容された縁起(いわゆる八不の縁起)を説いた仏陀に敬礼すると述べている．(ここで，不滅・不生の順になっているのは，『中論』の諸注釈によれば，生が先，滅が後というきまりはないことを示すためである.） *チャンドラキールティによれば，この八不の縁起は*了義であるのに対し，他方，「無明に縁りて諸行あり，無明滅するによりて行滅す」などの滅などに形容された縁起(*十二因縁)は未了義である．これは，不生不滅を以て*涅槃を形容するナーガールジュナ(『中論』18.7; 25.3)の立場の反映といえる．→八不中道．

普請 ふしん　普く人々に請うて，寺の堂塔建築などの労働に共同で従事してもらうこと．転じて広く，建築，修理の意に用いられるようになった．禅寺などで修行者全員が一斉に労役に従うことを〈普請作務〉という．「普請造作に心をつくして，粉骨をいたさしむる条…殊勝に覚え侍りぬ」〔御文〕「身ども意図あり．この普請に大工一人も用ゐず」〔盤珪行業〕

布施 ふせ ［*s*: dāna］　出家修行者，仏教教団，貧窮者などに財物などを施し与えること．施すものの内容により，衣食などの物資を与える〈財施〉，教えを説き与える〈法施〉，怖れをとり除いてやる〈無畏施〉に分けられ，これらを〈三施〉という．大乗仏教では，*菩薩が行うべき六つの実践徳目(*六波羅蜜)の一つとされ，施す者も，施される者も，施物も本来的に空であるとして(三輪体空・三輪清浄)，執着の心を離れてなされるべきものとされた．転じて，僧侶に対して施し与えられる金品をいう．なお，漢語〈布施〉も人に物を施し与えることで，先秦諸子の書に用例は多く見える．「三日といふ午の時に結願して，大徳たち御布施に白絹十疋ともに行ふ」〔宇津保菊の宴〕

伏鉦 ふせがね　金属性の音響仏具の一つで，体鳴楽器の種別ではゴングの厚いものをいい，ベルに属する鐘や，薄いゴングの鑼(*銅鑼)とは区別される．敲鉦は〈たたきがね〉と呼ばれるが，〈木鉦〉に対して付けられたものと思われる．形状がよく似たものに〈鉦鼓〉があり，伏鉦は床上に置くために，下端の周辺に3本の短い足がついている．桴とも呼ばれる*撞木でこれをたたき，読経などの調子を整えるのに用いられる．おもに浄土宗で用いられた．

布施太子 ふせたいし　*布施行に徹したスダーナ(Sudāna，須達拏)太子の呼称．釈尊の*前生物語に登場する人物で，パーリ文*ジャータカでは，ヴェッサンタラと呼ばれている．父王の白象を布施したことを契機に城を追われ，人びとの乞いに応じてあらゆる財物を布施しつくし，山中暮しの間に*婆羅門に乞われて2児を召使いとして与え，ついに一婆羅門(*帝釈天の化身)に妃をも布施して，布施の行を完成したという．この前生譚は，わが国では*六度集経2に引く(太子)須大拏経系のものが行われ，『三宝絵』上12，『宝物集』8などに見える．

不殺生 ふせっしょう　サンスクリット語 ahiṃsā (アヒンサー)の漢訳語．〈不傷害〉などとも訳され，積極的には*慈悲・博愛をも意味する．殺される動物にたいする憐憫から*肉食の禁止と関連して説かれることもあるが，もともとは*婆羅門教の祭式の重要な要素となる犠牲獣の*供犠(hiṃsā)にたいして，*輪廻転生を唱える人々によって強調された徳目のひとつであって，いかなる生きものをも殺傷しないことをいう．仏教および*ジャイナ教のいずれにおいても*戒律の第一に掲げられるが，ジャイナ教がこれをもっとも徹底したかたちにおいて主張したのにたいし，仏教においては人間が人間を殺さないことを殊更に強調したがために，かえって厳格に適用されることなくおわった．現代にあっては，インド独立運動の指導者*ガーンディーによって彼のサティヤーグラハ運動の基礎理念をなす非暴力主義として展開され，またその精神はアメリカのキング牧師(Martin Luther King Jr., 1929–68)による黒人解放(公民権)運動などにも受けつがれた．→殺生．

『扶桑略記』 ふそうりゃっき　皇円(?–1169)著とされるが未詳．神武天皇より堀河天皇までの，仏教を中心とした編年体の歴史書．もとは30巻あったと伝えるが，神武天皇から平城天皇までの抄本と，第2–6巻，第20–30巻の16巻が現存している．六国史以下の史書や僧伝，寺院縁起などを抄録しており，各条に一々その出典が明示されているが，現在散佚したものも含まれる．永承7年(1052)の入末法を契機に，如来滅後〜年という紀年法を併用，仏教的歴史観を示す点でも注目される．『水鏡』ほか，中世に広く利用された．

付嘱 ふぞく [s: nikṣepa]　〈ふしょく〉とも読み，〈付属〉とも書く．布教の使命を付与すること．〈嘱累(ぞくるい)〉(parindanā)ともいう．また広く，あずける，授与するの意．法華経の「授学無学人記品」までは，声聞(しょうもん)・縁覚(えんがく)の*二乗に対する成仏の保証として*授記(vyākaraṇa)が説かれるが，「法師品」からは，大乗の*菩薩が説き明かされ，その菩薩に対して，仏のあとをついでの布教の使命が付与される．これが〈付嘱〉である．「一乗付嘱の儀式こそ，あはれに尊きものはあれ．釈迦牟尼仏は座より下(お)り，菩薩の頂摩(な)でたまふ」〔梁塵146〕「この房汝に付属せむ．吾今往生の時なり」〔拾遺往生伝下7〕

不即不離 ふそくふり　二つの事象・概念の関係が同一ではないが，しかし背反もしないこと．たとえば，*色(しき)と*空(くう)，*煩悩(ぼんのう)と*菩提(ぼだい)，*生死(しょうじ)と*涅槃(ねはん)，あるいは事(じ)と*理(り)(*事理)，一と一切などの関係について，それらが矛盾しつつ，しかもそれら自体において*差別(しゃべつ)がなく，もしくは互いに融和して区別されないこと．

二つの概念のこのような関係を，般若(はんにゃ)系経典では，〈不一不二(ふいつふに)〉〈不一不異〉ともいい，また〈〜即(そく)〜〉とも表現される．吉蔵(きちぞう)の*『大乗玄論』巻1はこれを〈不相離即〉と呼び，また知礼(ちれい)の*『十不二門指要鈔(じっぷにもんしようしょう)』巻上は，〈即〉の関係を〈二物相合(にもつそうごう)〉(異なる二物が離れぬ関係にあること)，〈背面相翻(はいめんそうほん)〉(現象は異なるが本体は同一であること)，〈当体全是(とうたいぜんぜ)〉(二物のそれ自体に即せば区別がないこと)に分類し，〈当体全是〉を正しい〈即〉とする．なお禅門においては，〈不即不離〉は「不即不離，非取非捨(ひしゅひしゃ)」〔宏智禅師広録4〕，「不即不離，不住不著(ふじゅうふじゃく)」〔黄檗山断際禅師伝心法要〕のように連言して，対象世界を捨離せず，しかもそれに執着(しゅうじゃく)しない超脱的処世を意味することもある．→不二，即．

不退 ふたい [s: avinivartanīya]　修行において退歩しないこと．〈*阿鞞跋致(あびばっち)〉〈阿惟越致(あゆいおっち)〉などと音写し，〈不退転〉とも訳す．また，そこに至れば二度と退歩しない位のことをいう．菩薩の階位(*五十二位)では，十住のうちの第七住を〈不退位〉と称するが，不退を得る位については経論や宗派によって説が異なる．〈不退地〉というも同義．「我，昔，般若を修行して不退の地を得たり」〔今昔7-6〕「今発(おこ)せる心はやんごとなけれど，いまだ不退の位に至らねば，事にふれて乱れやすし」〔発心集1〕

不退寺 ふたいじ　奈良市法蓮町にある真言律宗の寺．*西大寺の末寺．山号は金竜山．古くは〈不退転法輪寺(ふたいてんぼうりんじ)〉とも〈在原寺(ありわらでら)〉とも称し，南都十五大寺の一つに数えられた．悲運のうちに崩御された平城(へいぜい)上皇(774–824)の冥福を祈って皇子阿保(あぼ)親王(792–842)とその子の在原業平(825–880)が，上皇相伝の離宮〈萱(かや)の御所〉を847年(承和14)に寺に改め，業平自刻の観音像を安置し，不退転法輪寺と称したとの寺伝を持つ．鎌倉時代後期になって西大寺中興，*叡尊(えいそん)との関係を強め，以降，本来の興福寺一条院とのつながりに加えて西大寺系の寺院として存続．1181年(養和1)と1464年(寛正5)の火災のため，堂宇はわずかに*本堂(南北朝時代)，*多宝塔(鎌倉時代)，南門(鎌倉時代)を残すのみである．寺宝には本尊の聖観音立像(平安時代)，五大明王像(平安時代)，阿保親王坐像(室町時代)，舎利厨子(しゃりずし)(鎌倉時代)などがある．

傅大士 ふだいし [Fù dà-shì]　497–569　傅翕(ふきゅう)．中国,南北朝時代，斉の東陽の人．字は玄風，別に善慧大士と号し，世に傅大士・双林大士・東陽大士とも称し，弥勒(みろく)の生れ変りといわれた．〈*大士〉は有徳のすぐれた人物の意で，摩訶薩(まかさつ)(mahāsattva)の意訳語として用いられ，*菩薩(ぼさつ)を指す．梁の*武帝(在位502–549)の帰依を受ける．*居士(こじ)で双林寺を建て，*輪蔵(りんぞう)(転輪蔵)を創案して*大蔵経(だいぞうきょう)をこれに収めた．これによって，後世*経蔵(きょうぞう)には傅大士とその二子(普建・普成)の像を祭り，俗に〈笑い仏〉という．天台宗では，『独自詩』『行路難』などの作品中に*一心三観の思想を見出し，南岳*慧思(えし)の傍系の師とする．『善慧大士語録』4巻がある．

普陀山 ふださん　中国,浙江省普陀県にあり，舟山群島の一小島．仏教聖地を*巡礼する者が向かう四大名山(普陀山の他，*九華山(きゅうかさん)—地蔵菩薩(じぞうぼさつ)，*峨眉山(がびさん)—普賢(ふげん)

菩薩，*五台山―文殊菩薩)の一つで，観音菩薩(*観世音菩薩)の霊場．唐代あるいは後梁に，日本人僧の慧鍔(萼)が五台山で観音像を得て帰国途中，この地で大風に阻まれ出航できなかったため，庵を結んで観音像を安置したのが，開創の由来とされる．13世紀に，本山は観音菩薩を主に祀るとされ，多くの寺院が建立されて今日に至っている．往年，高麗・新羅・日本などに行く者は，この島に寄り観音を礼拝して，航海の安全を祈るのを常とした．普済寺・法雨寺・慧済寺が島内の三大寺院である．

札所 ふだしょ　巡礼者が参拝する寺堂をいう．参拝したことの証として巡礼が納札を納めるところから，この呼び名が出た．また参拝行為そのものを「札所を打つ」というのは，かつて納札は木もしくは金属の薄い板でできており，これを建物の柱などに釘で打ちつけたところからきている．札所にはそのほか，書写した経文や奉納物，霊験の次第を書きしるした*絵馬やそれにまつわる記念物などが掲げられ，霊場の功徳がひろめられるセンター的役割もはたしていた．
「難波津や三つづつ十と三つの里(三十三所)，札所札所の霊地霊仏巡れば罪も夏の雲」〔浄・曾根崎心中観音廻り〕

補陀落 ふだらく　サンスクリット語 Potalaka に相当する音写語．観世音菩薩が住む(あるいは降り立つ)と伝えられる山の名．伝説上の山と考えられるが，玄奘の*『大唐西域記』にはインド半島の南端近くに実在するかのように記され，また，実際にその地を特定しようとする試みもいくつかなされている．

観音信仰の隆盛とともに，〈補陀落〉の名は観音の霊地として，インド以外でも広く用いられるようになった．中国浙江省の舟山群島にある*普陀山は著名な観音霊場であり，またチベットでは，代々の*ダライ-ラマは観音の*化身とされるが，その住いであったラサの*ポタラ宮は Potalaka にその名を由来する．日本でも，那智山を補陀落(あるいはそこに至る東門)に見立てたり，また〈日光〉の地名もこれに由来する(補陀落→二荒→二荒→日光)という説もある．平安中期以降*熊野を中心に行われた補陀落渡海も，「補陀落山こそ，此の世間の内にて，此の身ながらも詣でぬべき所なれ」〔発心集3-5〕といった信仰を背景に，観音浄土への往生を目指して船出したものであった．

「堂内北壁上に，西方浄土及び補陀落浄土を画く」〔巡礼行記2〕「いはゆる補陀落世界に往生し，観音の眷属となりて，菩薩の位に昇らむ」〔法華験記下128〕．→観世音菩薩，観音信仰．

不断念仏 ふだんねんぶつ　*円仁が*五台山の*法照の念仏三昧法を比叡山に伝えたとされるもので，一定の期間中，僧が交替で四六時中絶えることなく*阿弥陀仏の*名号を称える修法．*四種三昧では〈常行三昧〉に相当する．円仁の没後，遺告によって相応らが貞観7年(865)より比叡山東塔の常行三昧堂で行なったとされ，続いて西塔・横川の常行堂でも行われ，やがて山外の諸寺に広まっていった．期日は，比叡山の不断念仏は陰暦8月11日から17日までの7日間であったが，他ではそれに限らず，期間も3日程度から時には21日ないし90日の長期にわたる場合もあった．→常行三昧．

〈不断経〉はこれに似て非なるもので，阿弥陀経に限らず，「法華経の不断経」「薬師経の不断経」などと言って，一定期間中，僧が交替で昼夜絶えず諸経を読誦するものをいう．経典読誦の*功徳によって滅罪往生，諸願成就をはかるもので，追善供養，安産祈願，来世往生などのために行われることが多かった．

「常行堂に十四の僧侶を置き，八月中に七箇日の不断の念仏を修す」〔石清水不断念仏縁起〕「おほかたの空もえんなるに，もてはやされて，不断の御読経の声々，あはれまさりけり」〔紫式部日記〕「この御一類の外の殿ばら皆，あるは不断経，あるは朝夕につとめさせ給ふ」〔栄花疑〕

普茶 ふちゃ　*大衆のために普く茶を供することをいう禅宗(*黄檗宗)の用語．黄檗宗の精進料理のことを〈普茶料理〉というのは，普茶がおわってから料理を出したことに由来する．「普茶，忠いはく，茶を点じて普く一衆に及ぼす．故に普茶といふ」〔禅林象器箋飲啖〕

不調 ふちょう　古くは〈ふじょう〉とも．調和しないこと．インドでは，病気は身体を構成する地水火風の四大元素が乱れることによるとして，これを dhātu-saṃkṣobha（元素の乱動）と呼んだが，この語を漢訳する際，身体の陰陽の*気のバランスがくずれる（不調）ことによって病気がおこると考える中国医学思想の観念を借りて，〈四大不調しだいふちょう〉とした．日本では更に広い意味で使われ，一般的に調子の良くない状態を指し，また，ふゆきとどきなこと，不都合なことの意にも用いられるようになった．「百千の僧の，浄戒を犯し，身心を不調せる，皆堕おちて苦を受くる事無量なり」〔今昔 7-23〕「この二人ははなはだ不調のものどもぞ．心ゆるしなせそ」〔北野天神縁起〕．→四大．

仏 ぶつ［*s*, *p*: buddha］　〈ブッダ〉すなわち〈目覚めた人〉〈真理を悟った人（*覚者）〉の意をあらわすサンスクリット語に対応する音写．古くは〈浮図ふと〉〈浮屠〉とも音写され，後には〈*仏陀〉などと音写された．ほとけ．もとはインド一般に，真理をさとった聖者を意味していた．

仏教の歴史においては仏教の開祖シャーキャムニ（*釈迦牟尼，*釈尊しゃくそん）をさすが，教理上は，悟りの普遍性の故に，広く修行者によって達成可能な目標とされる（とくに大乗仏教）．ただし帰依の対象としては三世十方の諸仏といい，*凡夫ぼんぶや*声聞しょうもん（仏弟子）・*縁覚えんがくなどとはもちろん，*菩薩ぼさつとすらも絶対的にかけ離れた超越的存在として仰がれる．この意味の仏陀は〈無上等正覚〉（阿耨多羅三藐三仏陀あのくたらさんみゃくさんぶっだ）と規定され，また，〈*如来にょらい〉などの*十号をもって称せられる．

仏とは〈自覚，覚他，覚行窮満〉と説明されるが，〈自覚〉とは元来，釈尊の菩提樹下の悟りをさし，〈覚他〉（他を覚らせる）は鹿野苑ろくやおんでの*初転法輪しょてんぼうりん以後，入滅に至るまでの教導をさす．前者は*智慧の完成，後者は*慈悲行の完成で，仏はこの智慧と慈悲の両面が完全であるので〈覚行窮満〉とされる．また，仏は*法（真理）を悟り，法（教え）を説いた者で，法を身体とするもの，法の体現者という意味で〈*法身ほっしん〉とよばれる．〈如来〉という称号も同様に〈如（＝真実のあり方）に来至したもの〉で，〈如よりこの世に来至したもの〉との両義をもって解された．また，帰依きえの対象として仏は〈*両足尊りょうぞくそん〉とよばれるが，元来は人類を意味した両足（二本足のもの）を智慧と慈悲の二足をもつものと解したものである．また仏は*三十二相・*八十種好はちじっしゅごうの優れた特徴を具えるという．→仏ほとけ，仏陀崇拝．

なお古代中国においては，『弘明集』1 所収の*『理惑論』に「仏の言は覚なり．恍惚として変化し，身を分ち体を散ず…火を蹈ふみて焼かれず，刀を履ふみて傷つかず」とあるように，はじめ仏は『荘子』に出てくる〈神人〉と同じようなものとして理解されていた．

仏画 ぶつが　彫刻の仏像に対して，絵画で表現された仏の像をいう．厳密には礼拝や法会に用いられる独尊や*三尊などの仏・菩薩の尊像画，およびそれらの集合像である浄土図や*曼荼羅まんだらなどを指すが，さらに広く仏教の教化や布教にかかわる比喩・因縁（縁起）・伝記などを題材として描かれた仏教説話画をも含める．

【成立と展開】その古層部分は，釈尊の生涯（*仏伝）・前生（*本生譚ほんじょうたん）などを描くものに始まり，やがて経典の内容を図解した〈経変きょうへん〉や諸仏の浄土を描いた各種〈*浄土変〉（*変相あるいは変相図ともいう）が現れ，さらにそれらが解体してさまざまの尊像画が誕生した．その後，密教の興隆に伴って仏画はとくに重要視され，*修法しゅほうに用いられる各種の曼荼羅や独尊の画像が量産されるにいたった．これらのうち仏伝・本生譚などの説話画や各種の変相図は，インド（*アジャンター），中央アジアの石窟壁画にその遺品が多く，その一部は中国を経由して日本（法隆寺*玉虫厨子たまむしのずし・金堂壁画など）に伝播した．これに対して各種の密教画はインドに発したが，それらの多くが滅失し，密教の繁栄した日本やチベットに多くの遺品が伝来する．

【日本の仏画】わが国の仏画は，古層に属する仏伝・本生譚にかかわる説話画や変相図（密教画に対して顕教画ともいう）は比較的少なく，またその多くは失われてしまったのに対して，平安時代以降の密教画の隆盛には見るべきものがあり，*両界曼荼羅をはじめとする各種の曼荼羅や独尊像が数多く作られた．他方，平安時代の中頃からは，にわかに興隆した*浄土教信仰の影響を受けて阿弥陀*来迎図あみだらいこうずを主流とするわが国独特の浄土教画が流行する．以上わが国の仏画は密教画と浄土教画を二大潮流とするが，なおこのほかに*法華経などの経典説話画も見逃せない．平安末期から鎌倉時代にかけては仏教の大衆化が進み，教化布教の対象としての仏教説話画が流行する一方，中国渡来の禅宗絵画などが興隆し，仏画の展開は事実上終焉を迎えた．→密教美術，浄土教美術，禅宗美術．

【表現形式】仏画の表現形式としては，インド，中央アジア，中国などにみられる石窟壁画のほか，わが国にみるような土壁や板壁，柱・扉などに描かれる壁画があり，それらは洞窟や堂内の*荘厳しょうごんをかねて極彩色された．これに対して礼拝や法会の対象となる仏画の多くは可搬性のもので，麻布・絹布・紙などに描かれる．これらの多くは掛物形式であるが，説話画の場合は巻物形式(*絵巻物)が少なくない．技法的には彩色・金銀泥絵・白描はくびょう画などがあり，とくに密教では*白描で描かれた図像を*師資相承ししそうじょうとして伝承するならわしがある．→壁画，図像．

『仏鬼軍絵巻』ぶっきぐんえまき 浄土の仏・菩薩が*五大明王や*十二神将など*忿怒ふんぬの諸尊をともなって*地獄を攻撃して鬼どもを退治し，地獄に苦しむ罪人たちを救って昇天させるという物語を描いた絵巻1巻．十念寺蔵(京都市上京区)．仏・菩薩の地獄抜苦の説話はいろいろあるが，それを合戦によって示すという着想は奇抜で，絵も一種のユーモアを感じさせる．詞絵とも一休和尚筆と伝えるが信じがたい．室町時代中期の制作と推定される．

仏教 ぶっきょう ［s: buddha-śāsana］ 仏の説いた教え．〈仏教〉の語は現代では広く*釈尊しゃくそんを開祖とする宗教の名として，*キリスト教，*イスラーム教と並べて用いられ，また遡って中国では，*儒教・*道教と並べて三教の一つに数えられた．しかし漢訳仏典では「諸悪莫作しょあくまくさ，衆善奉行しゅぜんぶぎょう，自浄其意じじょうごい，是諸仏教ぜしょぶつきょう」(→七仏通戒偈しちぶつつうかいげ)という偈などで，諸仏の教え(śāsana)の意で用いられるに留まり，いわゆる仏教の意味を表すには古来〈*仏法〉あるいは〈*仏道〉の語が多用された(*法＝教え，*道＝実践道，*菩提ぼだい)．「たとひ諸根を具すとも，仏教に遇ふことまた難し」〔往生要集大文第1〕

仏教儀礼 ぶっきょうぎれい 寺院社会が仏教の果たす宗教的効用を寺内・寺外に示し，それを実現する信仰心を誘うため，一定の所作次第にしたがって催す儀式であり，〈*法会〉とも呼ばれる．

【成立】仏弟子(寺僧)は心・身にわたる仏道修行(*行ぎょう)により*悟り(*覚悟かくご)をめざすもので，その宗教的な実践において常に自己の*菩提ぼだい(*自利)とともに，広く*衆生しゅじょうの救済(*利他)が図られた．つまり仏道修行により*功徳くどくが得られ，これを*廻向えこうすることにより自利・利他が達成される．そして日常的に重ねられる自利の修行は定型化の道をたどり，また衆生に利他を納得させる具体的な表現が求められるなかで，自ずから仏教儀礼が形づくられた．弘法大師*空海が*恵果けいかから密教を伝授される過程を儀礼化した*東密とうみつにおける*伝法灌頂でんぽうかんじょうの所作次第，聖衆来迎しょうじゅらいこうの様を具現化した*迎え講などはその好例といえる．*極楽往生の欣求ごんぐ，亡者の菩提をねがう*追善ついぜん，多彩な*現世利益げんぜりやく，このような聖俗の願いを実現するため，仏教教学に基づく法会が，寺院社会にとって不可欠な宗教活動と認識されるようになった．

【法会の勤修】聖俗が崇敬の対象とする仏・法・僧*三宝さんぼうは，寺院社会が存続する柱でもある．また寺院が寺院として存続する証としての法会は，三宝が一体化した表現ともいえる．つまり堂内に安置された仏像・仏画を主尊として，招請された*職衆しきしゅにより，教学に基づく一定の所作によって実現される法会の場には宗教的な*法悦ほうえつが生まれる．法会を主催する*檀越だんおつ，出仕する職衆，聴聞する*随喜ずいき衆が法悦の享受を確信するために，法会の場は様々な要素で*荘厳しょうごんされた．仏堂・本尊・仏具，職衆による所作・唱文・*声明しょうみょう，*舞楽の奏演，このような荘厳手段によってかざり立てられた法会の場に法悦が醸し出される．そして公家・武家をはじめ法会を主催する檀越にとって，法悦の場は取りも直さず世俗的な権力誇示の場ともなった．

【法会の展開】仏教の伝来以後，教学理解

と時代の要請を反映した法会が相次いで生まれた．奈良時代には*読経・誦経・講経・*悔過，平安時代には密教*修法や*論義，鎌倉時代には*念仏・*説戒の所作をもつ法会が盛んに勤修されている．特に貴族社会における現世利益の要請を容れて催された密教修法，院政期に上皇・*法皇の世俗的権力を誇示するため四箇大寺により勤修された*法華八講などの論義会，個人救済を掲げて幅広い階層に浸透した念仏などは，寺院社会と世俗社会の接点にあって，祈禱と崇敬という両者の関係を象徴する法会といえよう．

仏教年中行事 ぶっきょうねんじゅうぎょうじ　外来宗教であった仏教が定着するには，民族固有の*霊魂観・罪穢観などに基づく民俗信仰やその習俗と習合して文化変容し，社会に同化する過程があった．それには*民間信仰習俗に対する仏教教義による意味付けと，反対に民間習俗を仏教が取り入れる両方向があるが，この両面が複合されて行事や儀礼が形成されている場合が少なくない．ことに日本仏教は葬式仏教・祈禱仏教などともいわれるように，霊魂の存在や呪術的な*奇蹟を認めて民俗仏教化している．こうして民俗と結合した仏教年中行事の多くは，農耕祈願儀礼や*祖先崇拝といった，宗派を越えた信仰基盤の上に，地域社会の生活生産暦に応じた行事を形成してきたといえる．

【釈尊や宗祖に因む行事】仏祖*釈尊に因む行事に，4月8日の〈誕生会〉〈*灌仏会〉，12月8日の成道(悟り)を祝う〈*成道会〉，2月15日の入滅を偲ぶ〈*涅槃会〉があるが，4月8日は花を摘んで神仏を迎える民間の山遊びの風習などが背景にあり，また涅槃会も3月15日に*清凉寺で行う御松明(釈尊の*荼毘を再現)では豊作占いの火祭り行事となっている．また釈尊の成道までの*苦行に因み，禅宗では自己の修練と報恩のため*臘八接心を行う．また各宗祖や*開山の*忌日に営む報恩法会に真言宗の〈御影供〉，浄土宗の〈御忌〉，浄土真宗の〈*報恩講〉，日蓮宗の〈御*会式〉，天台大師*智顗の〈*霜月会〉，慈恵大師*良源の〈元三会〉，*聖徳太子の〈*聖霊会〉などがある．この他，仏・菩薩・天部神の*縁日や，特に観音縁日となる功徳日として*四万六千日や*千日詣でなどの習俗がある．

【季節に因む行事】一方，季節に因む行事として，初春行事となる〈*修正会〉〈*修二会〉は年頭に当たって*懺悔*滅罪を行いつつ，攘災・招福・延命など*現世利益を願うものだが，特に修正会で餅が*荘厳とされることには先祖の魂祭と共に収穫への感謝の意味があり，東大寺の*御水取や薬師寺の花会式に代表される修二会において，造花が飾られることには予祝の意味がある．これに対して，その収穫祭に当たるのが〈*十夜念仏〉や〈大師講〉である．また正月の魂祭に対応して〈*盆〉があるが，それは先祖祭のみならず，*餓鬼と同じ性格をもつ新亡霊の供養，或いは健在の父母に対する報恩儀礼，さらに畑作物の収穫祭などが混在した行事となっている．〈春秋*彼岸〉もまた現在は先祖供養の季節となる．同様に1年を二分する6月や12月(盆と正月の前に当たる)には罪穢を祓うことが強調されて，〈*布薩〉や〈*仏名会〉が営まれた．

【仏教行事と神社行事】この他，修験者の出峰に伴う験競べとして，*鞍馬寺の蓮華会，羽黒山の松例祭，吉野蔵王堂(*金峯山寺)の蛙飛びなどがある．また，現在では神社行事となるものでも仏教行事と関わるものも多い．たとえば石清水祭(京都府八幡市)の八幡祭が*放生会であったり，今宮神社(京都市北区)の〈やすらい花〉が高雄*神護寺の法華会と結び付いた*御霊会であったり，長田神社(兵庫県神戸市)の鬼追いがもとは薬師堂の行事であったなどである．なお*『三宝絵』下は，宮中や京都・奈良の諸大寺の行事を中心に，平安時代の主要な仏教年中行事31項を収録解説したものとして貴重．

仏教梵語 ぶっきょうぼんご　広義には，仏教文献に用いられる〈梵語〉(サンスクリット語)のことを意味するが，狭義には，〈仏教混淆梵語〉(Buddhist Hybrid Sanskrit)，つまり中期インド語(パーリ語はその古層の一つ)の諸方言と混淆した梵語のことを指す．多くの*仏伝文学や後代の仏教論書は正確な古典梵語で書かれているが，仏教特有の語彙を多く含むことにより仏教梵語としての特徴を示している．一方，仏教混淆梵語は，大乗仏教の興起発展の過程で，各地各派の仏教教団が用いた地方語(中期インド語諸方言)と梵語が混淆して，地域をこえて理解される言語となったもので，部派仏教から大乗仏教への展開に大きな役割を果たした．語中母音の挿入，母音の長短の変化，数の不一致，格の代用，特有の動詞語幹，語尾の長音化など，中期インド語に類似する言語現象をよく示している．→梵語，サンスクリット，パーリ語．

仏キ論争 ぶっきろんそう　【ザビエルの布教と仏教側への論難】キリスト教の日本宣教過程で生じた仏教との間の論争．特に16世紀中葉過ぎのイエズス会宣教師と仏教僧侶との*宗論(しゅうろん)が著名である．1551年(天文20)フランシスコ-ザビエルが大内氏の保護を受けて山口に滞在した時に起きた事件は，これに続く仏キ論争の原型ともいうべきものであった．すなわち，大内氏の傍らにつき従っていた真言宗の僧侶が，ザビエルの説明を聞いて，言葉や服装こそ互いに異なるけれど，自分たちの教法と内容は同じだと言って，非常な敬意と歓迎を示した．彼らはデウスの教えは結局〈大日〉(*大日如来)と合致するものと解釈したのである．しかし，ザビエルは彼らとの問答によって全く異なる教えであることを知り，修道士フェルナンデスに命じて辻説教をさせ，大日を拝むな，あの宗派は日本のほかの宗派と同じく悪魔が考え出したものと思えと説かせ，以来彼らの憎悪を受けた．

【論争の展開】はじめのうちは，宣教師の説くところを禅宗の僧侶は〈本分〉の境地と同じものであるといい，法華宗の徒は〈*妙〉，浄土宗徒は〈*阿弥陀(あみだ)〉であると解釈して，キリスト教の特異な観念の体系を認めなかった．しかし，決定的な差異が宣教師の側から指摘されて，各地で両者の論争が展開された．論争に立ち上がったのは，社会的勢力があり抽象的思考の訓練もある禅宗の僧侶が多く，造物主デウスは果たして存在するのか，人間の*霊魂が果たしてあるのか，それが実際に不滅なのか，なぜ悪魔が存在するのか，デウスの教えがなぜ日本に始めから存在しなかったのか，といった疑問をつきつけた．宣教師側は，日本の仏教は天主を知らず，ただその被造物を崇拝するものという結論をえたので，論争にも決して敗れない確信をもって臨んだ．しかし，1569年(永禄12)織田信長の面前で行われた仏僧朝山日乗(あさやまにちじょう)と宣教師フロイスおよび琵琶法師上がりのロレンゾとの有名な宗論が，日乗の暴力行為で終ったことが示すように，仏教側を説き伏せることはできなかった．勝敗は，誹謗(ひぼう)や中傷，迫害，さらには政治的な策謀や弾圧という，教理の問題を離れた現実の問題となって決せられた．

【論争の記録】なお，宗論の記録類ははじめキリスト教側のものしかなく，仏教側の排耶記録および著作が17世紀初頭キリスト教禁教後ようやく出現したのは，布教当時の受け身の状態を裏書きするとともに，*破邪顕正(はじゃけんしょう)というよりは台頭する神儒に対して仏教の存在意義を示すためのもの，といわれている．またキリスト教の教理を批判したものとしては，*鈴木正三(すずきしょうさん)の『破吉利支丹(はきりしたん)』のような書が残っている．また幡随意上人白道(ばんずいいしょうにんびゃくどう)の諸伝記は仏教側からのキリシタン教化を記している．

仏供 ぶつぐ　〈ぶっく〉とも読む．仏にお供えするもの．具体的には飲食物・*灯明(とうみょう)・*香(こう)・花など．*仏餉(ぶっしょう)はその飲食物，*閼伽(あか)は仏前にたむける浄水，特に香・花を入れる水の称．「仏供の机一脚を立つ．黒漆螺鈿(らでん)．唐錦の敷物同じ地に敷く．件(くだん)の机等は大幢の下なり」〔玉葉安元3.7.5〕

仏具 ぶつぐ　仏前の*荘厳(しょうごん)や仏の*供養に用いる種々の道具の総称．本来は仏教が成立するための三つの要素である*三宝(さんぼう)，すなわち仏宝・法宝・僧宝の区分にしたがって，仏分の道具(仏具)・法分の道具(法具)・僧分の道具(僧具)に分類される．これは天平19年(747)の『法隆寺伽藍縁起幷流記資財帳』をはじめ奈良時代の*資財帳でも「仏分」「法分」「僧分」と記載されていることからも知られるが，こんにちでは道具の用途によって便宜的に〈荘厳具〉〈供養具〉〈*梵音(ぼんおん)具〉〈僧具〉〈*密教法具〉などに分類するのが一般的である．

荘厳具は仏を供養するために僧侶や供養者が仏前で用いる道具である．仏の供養は古来，古代インドの習俗に根ざした灯・華・*香の3種の供養を基本とし，このほか飲食にかかわる供養具として鉢・鋺(わん)・水瓶(すいびょう)がくわえられる．灯供養具には*灯台(とうだい)・燭台(しょくだい)・*灯籠(とうろう)があり，華供養具には*華籠(けこ)・*華鬘(けまん)・*華瓶(けびょう)があり，また香供養具には据*香炉(すえごうろ)・柄(え)香炉・釣(つり)香炉などがある．梵音具は宗教的雰囲気を高めるために打ち鳴らして音を出す道具で，*梵鐘(ぼんしょう)・*鰐口(わにぐち)・*磬(けい)・*鉦鼓(しょうこ)・*雲版(うんぱん)・*鐃(にょう)・*伏鉦(ふせがね)・*銅鑼(どら)・*木魚(もくぎょ)・太鼓などがある．僧具は仏教の教法を実践してゆく上で欠かすことのできないもので，*戒律によって比丘*六物(びくろくもつ)とか比丘*十八物など，その基本的なものが示されてきた．こんにち僧具は，*袈裟(けさ)・横被(おうひ)・僧祇支(そうぎし)・裙(くん)・*直綴(じきとつ)・*帽子(もうす)・沓(くつ)などの衣服関係と，水瓶・*鉄鉢(てっぱつ)・*数珠(じゅず)・*錫杖(しゃくじょう)・*如意(にょい)・*払子(ほっす)・麈尾(しゅび)・柄香炉・華籠・据箱(すえばこ)・戒体箱(かいたいばこ)・持蓮華(じれんげ)などの*持物(じもつ)関係のものに分けられる．

仏牙 ぶつげ ⇒仏歯寺(ぶっしじ)

仏眼尊 ぶつげんそん ⇒仏眼仏母(ぶつげんぶつも)

仏眼仏母 ぶつげんぶつも 〈仏眼〉すなわち*如来(にょらい)の眼を尊格化した仏．仏眼を通して仏智が得られるため，仏眼は仏の能生(のうしょう)の徳，すなわち仏の母徳を有するところから〈仏眼仏母〉という．仏眼仏母には，*大日如来の所変として胎蔵界曼荼羅(たいぞうかいまんだら)遍知院に位する仏眼(虚空眼)がある．*明恵(みょうえ)上人讃のある画像(*高山寺(こうざんじ))，文永4年(1267)銘の木彫像(*仁和寺(にんなじ))が知られる．息災・*降伏(ごうぶく)に功徳がある．釈迦院の能寂母は*釈迦牟尼(しゃかむに)所変の仏眼尊．また*瑜祇経(ゆぎきょう)による*金剛薩埵(こんごうさった)所変の仏眼尊がある．*一字金輪曼荼羅(いちじきんりんまんだら)中尊の金輪仏頂(ぶっちょう)(胎蔵界日輪中の金剛界大日)の直下に金剛薩埵が所変した仏眼尊が位する．また仏眼曼荼羅中尊の仏眼仏母(金剛界月輪中の胎蔵界大日)の直下に金輪仏頂が存する．このように金輪仏頂と仏眼尊とは金胎*不二(こんたいふに)の密接な関係がある．→仏眼曼荼羅，両界曼荼羅．

「病者の息絶えて後，あるべき様は，なほなほ閑(しず)かにして，善知識おのおの仏眼大日の真言を満てよ」〔孝養集下〕「或る時は，修中に仏眼尊まのあたり形を顕してその前に現ず」〔明恵上人行状〕

仏眼曼荼羅 ぶつげんまんだら 金剛智訳の*瑜祇経(ゆぎきょう)に基づき，息災・*降伏(ごうぶく)のために修する仏眼法の本尊．内院は大八輻金剛輪上に三重の八葉白蓮華が描かれ，中心に仏眼仏母尊が獅子冠をいただき，膝前で定印(じょういん)を示し，白蓮華座上に*結跏趺坐(けっかふざ)する．第一重は仏眼仏母の直下に一切仏頂輪王(金輪仏頂)が膝前に八輻金剛宝輪を持って坐し，右回りに禽獣座(きんじゅうざ)上の七曜，第二重に八大菩薩，第三重に*八大明王をめぐらし，四隅には内四供(ないのしく)をおく．外院(げいん)は四方に四摂(ししょう)，四隅に外四供(げのしく)を配する(品川寺，東京都品川区，鎌倉時代)．また内院のみで八輻輪はなく，月輪(がちりん)上に八葉蓮華を描き，四隅の内四供を*三昧耶形(さんまやぎょう)で表すもの(*教王護国寺旧蔵，鎌倉時代)もある．このほか外院の四摂と外四供の間に八天を配するもの(神光院，京都市北区，平安時代)があるが，八天の記述は瑜祇経にはなく，興然(こうぜん)(1121–1203)の『曼荼羅集』に見られる．→別尊曼荼羅．

仏護 ぶつご ⇒ブッダパーリタ

仏光寺 ぶっこうじ 京都市下京区高倉通仏光寺にある真宗仏光寺派の本山．山号は渋谷山．了源(りょうげん)(1295–1335)が1320年(元応2)山科の興正寺を東山渋谷(しぶたに)に移し，寺号を仏光寺と改めて京都を中心に他派にない名帳・絵系図を用いて教線をひろげ，本願寺3世*覚如(かくにょ)のころ，教勢は*本願寺をしのぐものがあった．その後，経豪(きょうごう)(1451–92)が本願寺の*蓮如(れんにょ)に帰依し，多くの門徒と共に本願寺に帰属した．1586年(天正14)秀吉の大仏建立にあたり，現在の地に移る．寺宝に聖徳太子像，親鸞伝絵，絵系図，光明本尊などがある．

『仏国記』 ぶっこくき 『法顕伝(ほっけんでん)』『高僧法顕伝』などともいう．1巻．*法顕は399年，中国を出立し，仏の国インドに仏教教団の現況を尋ね，414年帰国した．その間の見聞を記録した書物が『仏国記』で，たとえば，当時インドには，小乗を学ぶ寺，大乗を学ぶ寺，大小兼学の寺の3種があり，それぞれ学徒を多勢擁していたことなどを伝えている．

仏国寺 ぶっこくじ 新羅(しらぎ)の古都である慶州郊外にある大寺院．535年に創建されたと伝えられる．751年，金大城が現世の父母のために発願して*伽藍(がらん)を重修し始め，前世の父母のために背後の山腹に〈石窟庵(せっくつあん)〉と呼ばれる石仏寺も建立したという．仏国寺は，1592年，豊臣軍による壬辰(じんしん)の倭乱(わらん)で伽藍のすべてを焼失したが，李朝によって大雄殿(*大雄宝殿)その他の諸殿が再建され，1970年から73年にかけて大復元工事がなされた．大雄殿の前に立つ石造の*多宝塔と釈迦塔，石灯籠は新羅当時の優品であり，基壇や階段などの石造部分にも創建当時の面影が見られる．

海に昇る朝日を受ける位置に建立された〈石窟庵〉は，花崗岩の*如来坐像を本尊として中央に配置し，壁面に彫られた*十一面観音や*十大弟子などの諸尊が本尊を囲む形の石窟であり，朝鮮の全時代を通じて最も優美華麗な仏教芸術として名高い．本尊は釈迦如来か阿弥陀如来か，他寺の仏像とかけはなれた様式はどの系統の工人の手によるものなのかなどに関して議論が多く，定説を見るに至っていない．

仏国土 ぶっこくど ［*s*: buddha-kṣetra］ 〈仏土〉あるいは〈仏国〉ともいう．普通には*菩薩の*誓願と修行によって建てられた仏の国，仏陀が住む世界をいうが，『高僧法顕伝』を*『仏国記』と別称するように，仏教が流布している国を〈仏国〉ということもある．諸経典に説かれている仏国土は様々である．*阿弥陀如来の国土である西方*極楽浄土，東方の*薬師如来の住所である*浄瑠璃世界など十方の諸仏に対する国土があり，これを〈十方浄土〉という．また*仏身に対する解釈の違いなどから三論宗では不浄・不浄浄・浄不浄・雑・浄の〈五土〉を，法相宗では法性土・受用土・変化土の〈三土〉を，天台宗では凡聖同居土・方便有余土・実報無障礙土・常寂光土の〈四土〉を説くなど宗派による仏土論も多様である．金・銀・瑠璃などの七宝で飾られているところから，仏土が〈宝土〉と呼ばれることもある．「若し須弥を接って他方の無数の仏土に擲げ置かんも」〔開目抄〕「夢幻の中ぞと一念に仏国を願ひける心ざし，さりとては痛はしく」〔浮・好色五人女4〕．→三土，四土，浄土．

仏師 ぶっし　仏像の製作者．中国・朝鮮にはこの用語例はないが，すでに飛鳥時代には渡来系の技術者で，法興寺(*飛鳥寺)丈六仏(*飛鳥大仏)や*法隆寺金堂釈迦三尊像を造立した鞍作部止利(鳥)が〈*止利仏師〉と呼ばれている．彼が技術者であったのか，監督者または組織者であったのかについては諸説がある．奈良時代になると，*官寺やこれに準ずる大寺の仏像を造立するため官営の〈造仏所〉が設けられたので，主要な技術者はいずれもこれに所属して〈仏工〉と呼ばれ，官人の身分を持ち，俗名を名のった．造東大寺司の次官となり，東大寺大仏(*奈良大仏)を造立したと伝える*国中連公麻呂は従四位下までのぼった官人である．→造寺司．

次いで平安前期になると，官営の造仏所が相ついで廃止・縮小され，造仏の主流は東大寺・東寺(*教王護国寺)など有力寺院に設置された〈寺院工房〉に移る．技術者はそれぞれ特定の寺院工房に所属して〈仏師〉と呼ばれ，僧侶に準じで僧名を名のり，自宗や自宗と関係の深い寺院の造仏に従事した．その多くは専門の技術者であったが，彫刻や絵画の諸芸に秀でた僧侶が寺院工房を指導する例も少なくなかった．東大寺の実忠，東寺の*聖宝・*会理などがその好例である．

平安後期になると，造寺・造仏の需要がいっそう増大し，仏師たちは宗派の別を越えて必要な造仏に参加したことから，次第に特定の寺院工房から解放され，やがて有力仏師が私的な〈仏所〉(工房)を構えるようになる．この期の仏師*康尚は僧侶に準じて*講師職を得ていた記録があり，さらに*定朝は藤原道長の*法成寺の仏像製作の賞として法橋の位を得た．ほんらい学識ある僧に与えられる*僧綱位を得ることによって，仏師の社会的地位は増した．仏所の棟梁は〈大仏師〉と呼ばれ，輩下に多数の〈小仏師〉を抱えておびただしい造仏の需要を分業的に消化することが可能になった．鎌倉時代の*運慶・*快慶などもこのような性格の仏師である．→仏所，絵仏師．

このほか，平安・鎌倉時代を通じて，特定の寺院や仏所に所属することなく地方を歴訪して〈仏師僧〉を名のり，地方有力者の造仏に従事する仏師もいた．また鎌倉時代以降には，*興福寺や東寺など特定寺院の造像事業に関する職権をもつ地位である〈大仏師職〉が設けられ，この職についた仏師を〈大仏師〉と呼んだり，秀れた仏師に対する一般的な敬称として〈大仏師〉という呼称が用いられることもある．

「仏師に種々(くさぐさ)の禄物を施し与へて，京に上らしむる時に」〔法華験記下 85〕「忽ちに大仏師康成が家に行きて，相語らひて，不日に地蔵の半金色の像造りて開眼供養しつ」〔今昔 17-10〕

仏歯寺 ぶっしじ　スリランカの古都キャンディにあるダラダー-マーリガーワ寺(Daḷadā Māligāva)の通称．*釈迦(しゃか)の犬歯を安置していることで有名．*『マハーヴァンサ』によれば，仏歯寺はキャンディ王国時代，ヴィマラダンマスリヤ1世(在位 1592-1604)の治世に創建され，キッティ-シリ-ラージャシーハ王(在位 1747-81)によって再建されたと伝えられる．そこに安置されている仏歯は，遠くシリ-メーガヴァンナ王(在位 303-331)の治世にインドのカリンガ国より将来されたものである．スリランカでは当初より仏歯信仰が盛んで，現在でも，仏歯を納めた*舎利(しゃり)容器を象の背に載せて練り歩くペラヘラ祭(毎年エサラ月(7-8月)に行われる)は，スリランカ最大の祭となっている．なお，〈仏歯〉のことを〈仏牙(ぶつげ)〉ともいう．「未だ一年を逾(こ)えずして師子国(スリランカ)に到る．国王宮中に郊迎し，七日供養し，便ち仏牙寺に安置せしむ」〔真言付法伝纂要抄不空三蔵〕

仏舎利 ぶっしゃり　パーリ語 bhagavato sarīra (*世尊(せそん)の遺体・遺骨)に相応する．〈舎利〉は音写語．sarīra は身体を意味するが，その複数形は遺骨を意味する．釈尊が*クシナガラでこの世を去ると，その遺体は*火葬され，八つの部族が分けあった．彼等はそれぞれ自国に仏舎利を収めた塔，〈舎利塔〉を建てて*供養(くよう)したという．後にアショーカ王(*阿育王(あいくおう))の時代になると，仏弟子などの遺骨・遺品などに対する崇拝も盛んとなり，〈仏塔信仰〉へと展開し，大乗仏教の興起に大きな役割を果たした．仏舎利は神秘的な力を有し，人々の願望をかなえると信じられたため，東アジア諸国でも舎利崇拝が広まり，舎利をめぐる奇蹟が歓迎された．→舎利，舎利信仰，塔．

なお，阿育王の仏塔(石柱)建立は，仏舎利信仰の東伝に伴い，阿育王の*閻浮提(えんぶだい)中八万四千真身舎利塔建立説話に発展し，その1基とされる塔が西晋の太康2年(281．一説に泰始元年(265))，中国浙江省寧波府の山中で発見されるに及んでその地に*精舎(しょうじゃ)が建立され，後の阿育王山広利禅寺となった．中国宋代(960-1279)に*阿育王山信仰が盛んとなるや，その影響下に日本でも空前の育王山信仰と仏舎利信仰の高まりが見られ，近江国石塔寺(いしどうじ)(滋賀県蒲生郡蒲生町所在の天台宗，阿育王山正寿院)の三重石塔を阿育王八万四千塔の1基とする伝承が誕生した．その由来を三河国赤坂の遊女力寿との関係において説く寂照の発心入宋説話は，『源平盛衰記』7 以下諸書に収録されて有名である．鎌倉時代には，釈尊追慕の舎利講が盛んに修せられた．

「仏の舎利をもて，法興寺の刹の柱の礎(つみ)の中に置く」〔書紀推古 1.1〕「塔はこれ仏舎利のうつはものなり．釈迦如来の舎利自然にきたりなむ」〔三宝絵中〕

仏種 ぶっしゅ　[s: buddha-gotra, buddha-vaṃśa]　*仏となる種．仏種姓(ぶっしゅしょう)，つまり仏を生み出す家系(*種姓(しゅしょう))の意．元来，仏弟子を社会組織になぞらえて，〈沙門釈種子〉とか〈仏子〉と称したのに由来する．とくに大乗仏教では，*菩薩(ぼさつ)を仏の後継者として，*如来(にょらい)の家に生れたもの，ジナ(＝仏)の子(最勝子)と称し，その使命は仏の家系を絶やさないこと(不断仏種，あるいは不断三宝種)にあるとした．仏種は如来種姓，*仏性(ぶっしょう)，*如来蔵(にょらいぞう)の縁語である．なお，法華経方便品の「仏種従縁起」は教理上の意訳で，原語は別．日本では，悟りを得るための所行，成仏の因を意味することが多い．

「若年の者より老年に至るまで，仏種を植ゑむがために，日々に一部も更に退き闕(か)かず」〔法華験記中 50〕「仏種は縁よりおこり，とくだつ(得脱)は宿報による」〔西行物語絵詞〕

仏所 ぶっしょ　仏像を製作する工房．奈良時代(8世紀)以前には，*官寺や官寺に準ずる大寺が建立される際は*造寺司(ぞうじし)の一組織として官営の〈造仏所〉が設けられて造仏活動の中心を果たしたが，平安前期(9世紀)に入ると，有力寺院に所属する〈寺院工房〉が興り，やがて平安後期(11世紀)以降，寺院から独立した，仏師が主宰する私的な工房が成立した．通常その工房や，そこから始まる仏師の系統を狭義の〈仏所〉という．その基を固めたのは*康尚・*定朝父子である．仏所は棟梁である〈大仏師〉以下，数人ないしは十数人の〈小仏師〉からなり，彫刻を専門とする〈木仏師〉のほかに，彩色を専門とする〈*絵仏師〉も所属させていたらしい．

定朝の系統をひく仏所は11世紀後半に三派に分かれた．定朝の直系は孫の頼助以降奈良に住み〈*奈良仏師〉と呼ばれた．12世紀末にその傍系から出た*康慶・*運慶の系統を〈*慶派〉と呼び〈七条仏所〉の名もある．定朝の子覚助を継いだ院助(?–1108)に始まる系統は〈*院派〉と呼び〈七条大宮仏所〉の名もある．定朝の弟子長勢の弟子にあたる円勢(?–1134)に始まる系統は〈*円派〉と呼び〈三条仏所〉の名もある．南北朝・室町期にはこのほかにも多くの小規模仏所が分立し，それらは〈椿井仏所〉〈宿院仏所〉のように，地名を冠して呼ぶことが多い．→仏師．

「仏所の法印に仰せて，御身等身の七仏薬師，并びに五大尊の像をつくり始めらる」〔平家3.御産〕

仏性 ぶっしょう [s: buddha-dhātu] *衆生が本来有しているところの，*仏の*本性にして，かつまた仏となる可能性の意．〈*覚性〉とも訳される．〈性〉と訳されるdhātuという語は，置く場所，基盤，土台の意であるが，教義上〈種族〉(gotra，*種姓)および〈因〉(hetu)と同義とされる．gotraは元来，種姓，家系の意であるから，仏性は仏種姓(*仏種)すなわち仏の家柄で，その家に生れたものが共通にもっている素性の意ともなる(その所有者が*菩薩)．また，将来成長して仏となるべき胎児，garbha(＝*如来蔵)の意味ももつ．

【一切衆生悉有仏性】〈仏性〉の語は，大乗の*涅槃経において「*一切衆生悉有仏性」の句で表現されている．これは*如来蔵経の「すべての衆生は如来蔵である」という宣言を承けつつ，衆生のうちなる*如来・仏とは，*煩悩にかくされて如来のはたらきはまだ現れていないが将来成長して如来となるべき胎児であり，如来の因，かつ如来と同じ本性であるという意で，〈仏性〉と名づけたものである．具体的にはそれは，衆生に本来具わる*自性清浄心と説明されるが，平易に言えば，凡夫・悪人といえども所有しているような仏心(*慈悲心)と言ってよいであろう．なお，仏性がすべての衆生に有るのか，一部それを有しない衆生(*無性，無仏性)も存在するのかをめぐって，意見がわかれる(*五性各別説)．この場合，仏性は仏種姓(buddha-gotra)のこと．また，一切は本来空という立場から言えば，仏性空で，その点から〈有仏性〉〈無仏性〉を論ずる場合もある(*『正法眼蔵』の「仏性」の巻，〈*狗子仏性〉の公案など)．

【無情仏性】なおインドでは，もっぱら〈衆生〉すなわち生きとし生けるもの，有情の生物のみに関して仏性の有無が論議されているが，中国では『荘子』知北遊に「道は在らざる所無し…稊稗に在り…瓦甓に在り」とあり，この〈*道〉が仏教のbodhi(*菩提)の意訳語として用いられることなどから，仏性は在らざる所無く，草木土石の無情の物にも在るとする論議が唐代の天台仏教学で展開されるようになった．唐の湛然*『金剛錍論』の「牆壁瓦石，無情之物」もまた仏性を持つという論議がその代表的なものであり，わが国の道元『正法眼蔵』仏性の「草木国土これ心なり．心なるが故に衆生なり．衆生なるが故に仏性有り」なども，その延長線上に位置づけられる．

仏餉 ぶっしょう 〈仏飯〉〈*仏供〉ともいう．インド以来の風習で，仏・菩薩を*供養するため，仏・菩薩の前に供えられる米飯のことをいう．一般に熟飯を用いるが，ときとしては洗米を代用することがある．〈餉〉は〈かれいい〉で，旅人または田野などで働く人がたずさえる食物のことで，これが転じたもの．僧徒は*戒律の規定により，午後食事をしないから(*非時)，仏餉も午後は供えないという説もある．またこれを盛る器を〈仏器〉という．「常灯・仏聖(餉の当て字)なども絶えずして，折節の僧供・寺の講説などしげく行はせければ」〔今昔28-20〕

仏乗 ぶつじょう [s: buddha-yāna] 仏の乗物の意．*大乗はすべての人びとの*成仏の道を説くために，〈仏乗〉と言われる．*一乗(一仏乗)に同じ．法華経方便品では，人びとの信順や素質などが異なっているために，*如来(にょらい)たちがただ一つの仏陀の乗物(仏乗)を巧みな*方便によって三つの乗物(声聞(しょうもん)乗・縁覚(えんがく)乗・菩薩(ぼさつ)乗の*三乗)に分けて説いたことが述べられている．また，声聞・縁覚の*二乗にたいする〈菩薩乗〉を仏乗という．「所伝の仏乗，年年新たに興り，能伝の学生，歳歳に清浄ならん」〔最澄請先帝御願天台年分度者随法華経為菩薩出家表〕「頻りに仏乗を悟りて，常に法花経を講ず」〔今昔 7-24〕

仏生会 ぶっしょうえ ⇒灌仏会(かんぶつえ)，降誕会(ごうたんえ)

『仏性論』 ぶっしょうろん　*仏性すなわち*如来蔵(にょらいぞう)を体系的に説明した大乗の論書で，*『倶舎論(くしゃろん)』や*『唯識二十論(ゆいしきにじゅうろん)』を著した*世親(せしん)(ヴァスバンドゥ)が撰述し，*真諦(しんだい)が6世紀に訳出した．全体は縁起分・破執分・顕体分・弁相分から成り，「縁起分」では*一切衆生悉有仏性(いっさいしゅじょうしつうぶっしょう)と説く意義や目的を明らかにし，「破執分」では外教や大小乗の誤った考えを論破し，「顕体分」では仏性の本質や如来蔵の三義を論じ，「弁相分」では仏性の特徴を如来蔵の十の観点から説明する．本書は，基本的に*唯識説に立ちながら，無仏性を認める唯識説に対し，一切衆生悉有仏性を主張する代表的な仏教論書であり，中国・日本において重視された．

『仏所行讃』 ぶっしょぎょうさん［s: *Buddhacarita*］仏教詩人アシヴァゴーシャ(*馬鳴(めみょう))作『ブッダチャリタ』の漢訳名．北涼*曇無讖(どんむしん)訳．漢訳とチベット語訳は28章からなるが，原典は第14章の途中までしか現存しない．本来28章よりなり，釈尊(しゃくそん)の誕生から死に至るまでの生涯を描いた叙事詩であり，*仏伝文学の中でも白眉である．カーリダーサ(Kālidāsa，4-5世紀頃)の作品に先行するカーヴィヤ(詩的技巧を伴う文学作品)として，文学史においても重要である．→インド文学．

仏心 ぶっしん　仏の心，大慈悲心をいう．*観無量寿経に「仏心とは大慈悲心是れなり」とある．わが国では〈ほとけごころ〉と読んで，大慈悲心，卑近な言い方をすれば，優しい心を意味することがある．また*衆生(しゅじょう)の心にそなわる仏の心，すなわち*仏性(ぶっしょう)を意味することがあり，特に禅宗で重視される．ここから禅宗のことを〈仏心宗〉ともいう．「己れを虚にして宗を求むるに，専ら仏心に冥(かな)ふ」〔義鏡上〕「一乗の正義といへるは仏心なり」〔夢中問答下〕

仏身 ぶっしん［s: buddha-kāya］ブッダ(*仏陀(ぶっだ))の身体のこと．ブッダの身体については，初期仏教(*原始仏教)から*大乗仏教にいたるまで種々に考察が行われた．これを〈仏身論(ぶっしんろん)〉という．

【二身説】ブッダ自身は，肉身は消滅するが真理(*法)は不滅であるから，自分のなきあとは不変の真理である法(dharma)をよりどころとするようにと弟子達に遺言したが，弟子達はブッダの人格を通して仏教を信仰していたので，既にブッダ在世時からブッダを超人的存在とみなす傾向があった．ブッダの*入滅(にゅうめつ)後はブッダの説いた法を不滅の身である〈*法身(ほっしん)〉(dharma-kāya)と呼び，ブッダの現実の身体である〈生身(しょうじん)〉と区別されるようになった．これを法身と生身(色身(しきしん) rūpa-kāya)の〈二身説〉という．

【大乗仏教の仏身説】大乗仏教の興起以後，仏身説は哲学的な思索の中心概念として急速な発展を遂げた．まず〈法身〉は真理性そのもの(*法性(ほっしょう)・*真如(しんにょ))，永遠不滅の真理の当体であるとされ，ブッダの生身は真理(法)から*衆生(しゅじょう)済度(さいど)のためにこの世に応現(おうげん)した人格身とみなされ，〈*応身(おうじん)〉(nirmāṇa-kāya，*化身(けしん))と名づけられた．さらに，これら法身・応身のほかに，*仏となるための因としての*行(ぎょう)を積み，その報いとしての完全な*功徳(くどく)を備えた仏身として〈*報身(ほうじん)〉(saṃbhoga-kāya)が立てられ，法報応(ほっぽうおう)の〈三身説〉が成立した．

*唯識(ゆいしき)においては，*転依(てんね)を完成して*解脱(げだつ)を達した瞬間に，*菩薩は自性身 svabhāva-kāya，*受用身(じゅゆうしん) saṃbhoga-kāya，変化身(へんげしん) nirmāṇa-kāya という三つの様相を備えた身を成就すると説く．自性身とは，受用身，変化身の成り立つ根拠となる平等な真理である*真如そのもののあり方を指す．受用身は如来自らの世界を自ら享受する自受用身 svasaṃbhoga-kāya と，*十地(じゅうじ)の菩薩たちのために最高の身体のありさまを示して菩薩たちにその功徳を享受させる他受用身 parasaṃbhoga-kāya に分かれ，変化身はそれ

以下の修行の階梯にある菩薩，*二乗，*凡夫たちのために，それぞれの能力に応じて説法をなすブッダ(*仏陀)の身体を指す．

【仏身説の発展】仏身説はさらに華厳を通し，*密教へ至っていよいよ精緻になっていく．十という法数によって仏教の教義体系を作り上げる華厳において，宇宙の中心にある*毘盧遮那法身は智慧の対象としての十身(解境の十仏)と，実践の成果として現れる十身(行境の十仏)との二つを備えるとする．密教においては，無量の仏の中心に*大日如来をたて，その身体は*六大(地・水・火・風・空・識)を本体(体)とし，四曼(大・三・法・羯，*四種曼荼羅)を性質(相)とし，*三密(身・口・意)を働き(用)と理解するが，加えて四種の法身(自性・受用・変化・*等流)として説明をする．大乗仏教，あるいは後期の*部派仏教において，仏身の問題は，単に身体の問題やブッダの人格信仰というに留まらず，仏教のもつコスモロジーにそのものの中心主題となっている点が重要である．→三身．

「よき形も惜しからず，形を捨てて仏身を願ふべし」〔三宝絵序〕「汝，この善根をもって願ふ所何事ぞや…人身をや願ふ．仏身をや願ふ，菩薩をや願ふ」〔今昔 2-6〕

仏跡 ぶっせき　釈尊縁の*聖地のことで，古来巡礼の対象となってきた．初期経典の大般涅槃経(*p*: *Mahāparinibbāna-suttanta*)には，誕生の地ルンビニー(*藍毘尼園)，成道の地ブッダガヤー(*仏陀伽耶)，初転法輪の地ヴァーラーナシー(*波羅奈国)，入滅の地*クシナガラ(拘尸那掲羅)の〈四大聖地〉が巡礼対象として挙げられている．もっとも仏跡がこれら四大聖地(四塔)に限定されているわけではなく，四塔に*祇園精舎や*王舎城など四カ所を加えた八塔を数えることもあり，あるいは釈尊入滅後に*仏舎利塔が建立された八カ所や，釈尊が赴いたと伝えられる地を指すときもある．アショーカ王(*阿育王)は即位後，四塔に巡礼するだけでなく交通の要所に多くの塔を建てたとされ，インドに限っても厳密には仏跡の数を限定することはできない．中国・日本でも，仏舎利・仏歯など釈尊縁のものが祀ってあるとされる場所は〈仏跡〉と呼ばれることがある．

仏跡は本来，釈尊を追慕する者たちが集い，何らかの意味で釈尊が永遠に現存し続けていることを確認し直す場所であった．大乗経典の中にはこの本来の意味に立ち返り，仏教者の在るところ全てが仏跡であると表明しているものもある．→巡礼，塔．

仏祖 ぶっそ　仏教の開祖の*釈尊と，その宗の*祖師のこと．*『仏祖統紀』には，中国の天台宗の立場より，釈尊以下インド，中国の祖師が記されている．また仏祖という言葉は，仏教史のなかでは特に禅宗で盛んに使われる．禅宗においては，*嫡嫡相承の*単伝の仏法を主張するため，正しい仏法を伝える祖師は，仏と同等，あるいは仏以上に重視される．*祖師禅と言われるゆえんである．

仏像 ぶつぞう　仏教において礼拝の対象とされる彫像や画像の総称．ただし通常は彫像のみを指すことが多く，また前者を〈仏像彫刻〉，後者を〈仏画〉と呼んで厳密に区別することもある．主題的には，*釈迦如来をはじめとする*仏陀(*如来)の像のみを狭義に指す場合と，*菩薩・*明王・*天など仏陀以外の仏教諸尊をも含めて広義に仏像と呼ぶ場合の二用法がある．→仏画．

【釈迦像の成立と諸尊の誕生】紀元前のインドでは，釈迦(仏陀)を具体的な人間の姿ではあらわさず，*菩提樹・*法輪・*仏足石・仏塔(*塔)など釈迦に関係の深い形象で代用した．したがってこの間はいわば〈無仏像の時代〉である．仏像の成立は紀元1世紀の末，現パキスタン領の*ガンダーラ地方で，主にヘレニズムとイラン文化の影響のもとに，最初は*仏伝図中の一登場人物として釈迦像があらわされたことに始まり，やがて礼拝の対象にふさわしい正面向きで立像，あるいは坐像形式の独立像に発展したと考えられている．また，これに続いてインドのジャムナー河畔の*マトゥラーでも仏像がつくられた．

当初，仏陀の像といえば仏教の創始者である釈迦の像にかぎられたが，間もなく過去仏や*千仏の思想が発生し，さらに大乗仏教の発達につれて*阿弥陀・*阿閦・*薬師・*毘盧遮那仏(密教では*大日如来)などの諸仏が生みだされた．菩薩は当初，前生で修行中の釈迦と現世における*成道(じょうどう)以前の釈迦を指したが(これを釈迦菩薩という)，のちには釈迦菩薩以外にも*弥勒(みろく)・観音(*観世音)・*勢至(せいし)・*文殊(もんじゅ)・*普賢(ふげん)・*地蔵など，やがて仏陀になるべき多数の菩薩が考えだされた．このほか密教が成立すると，*金剛(こんごう)という名のつく菩薩や，*金剛薩埵(さった)・*五秘密・*普賢延命など特殊な菩薩を生むと共に，*不動・*愛染(あいぜん)など*忿怒(ふんぬ)の形相(ぎょうそう)をした明王と呼ばれる忿怒像が新たに加えられた．このほか，ヒンドゥー教系諸神やその他の異教神が仏教に取り入れられ，*仏法や仏・菩薩，*伽藍(がらん)あるいは仏教信者などの守護を任務とする*四天王，*梵天(ぼんてん)・*帝釈天(たいしゃくてん)・*吉祥天(きちじょうてん)・*弁才天(べんざいてん)・訶梨帝母(かりていも)(*鬼子母神)などの天の一群もある．さらにこれら4種の仏教諸尊のほか，*十大弟子や*羅漢(らかん)などの僧，*鬼神の類，*神仏習合によって成立した*垂迹(すいじゃく)神なども加えて，広く仏像と呼ぶことも多い．→釈迦像．

【像容の定形】これら4種の尊像は形式の上で大体の定形があり，また各種の内部でも，*印相(いんぞう)(手と指の定められた形)と*持物(じもつ)(定められた持ち物)によって各尊像の名称を定め，その尊像の本誓(ほんぜい)(*本願・役割)を区別する．特に密教では印相・持物の区別がより厳密であり，衣の色彩についても厳格な規定がある．仏陀像の形式はすでにガンダーラとそれに続くインドの*クシャーナ王朝期のマトゥラー仏で大体の定形ができあがった．仏陀は頭部の盛りあがった*肉髻(にっけい)，眉間(みけん)の*白毫(びゃくごう)，首の*三道(さんどう)のほか，衣(*袈裟)も通肩(つうけん)か*偏袒右肩(へんだんうけん)の形式が行われたほか，遅れて頭髪の*螺髪(らほつ)が備わるなど仏陀形式の基本が成立し，菩薩像も*宝冠や*瓔珞(ようらく)・*天衣(てんね)などの装飾豊かな形式の原形が完成，明王像・*天部像もインドから西域を経て中国に東漸する間にそのほとんどの種類や形式，それに尊像の組合せが成立した．しかし4種を通じて，中国以東で新たに成立し変容をとげた形式や印相・持物なども少なくない．→付録(仏像)．

【仏像の姿勢】仏像の姿勢は立像(りゅうぞう)と坐像に大別される．〈立像〉は，両足を揃えて直立する形姿と，体の重心を片足にかけ他方の足を軽く踏み出す遊足(ゆうそく)形の2種がある．〈坐像〉は，両足の甲をそれぞれ他方の大腿部にのせて組み合わせる*結跏趺坐(けっかふざ)が基本形で，片足をはずすか，はずした足を*台座から垂下させる坐法を半跏坐(はんかざ)という．〈半跏像〉には，垂下させた足と反対の手指を頬に当てて思惟(しゆい)の姿をとる*半跏思惟像もある．日本では飛鳥前期に多くの作例がみられる．正坐する〈跪坐位(きざい)〉は阿弥陀仏の*来迎(らいごう)につきしたがう観音・勢至両菩薩に用いられる．このほか，椅子に坐って両足を並行に垂下させる〈倚像(いぞう)〉や両足を交叉させる〈交脚像(こうきゃくぞう)〉もあるが，中国像に多く日本では僅少である．特殊なものでは，*涅槃(ねはん)に入った釈迦をあらわす〈臥形(がぎょう)〉や*蔵王権現(ざおうごんげん)のように岩上に片足で立ち他方を踏みあげる形姿もある．→付録(仏像5姿勢)．

【表現様式の変遷】仏像の表現は製作された時代・地域によって著しい差違がある．ガンダーラ仏が風貌や衣襞(いへき)の表現にギリシア彫刻の影響を強くみせるのに対し，クシャーナ王朝期のマトゥラー仏では風貌も純インド的で体軀もたくましい姿に変化し，続く*グプタ王朝(4–5世紀)にいたると均整がとれ理想化された表現を獲得してインド仏の頂点を形成した．

中国では2世紀後半から造像が始まり，はじめはガンダーラ仏の影響下にあったが，南北朝の北魏(386–534)後期，*雲岡石窟(うんこうせっくつ)を経て*竜門(りゅうもん)石窟にいたって漢文化独自の形式・表現を獲得，やがて7世紀末から8世紀前半における唐代(618–907)の全盛期を迎えることになった．

朝鮮と日本の仏像は基本的には中国仏と並行関係において発展した．6世紀前半，日本に仏教と仏像が請来されてから，飛鳥時代は中国の北魏・東魏・北斉・北周様式を，主に朝鮮を介して受容し，奈良時代・平安時代前期は直接中国から初唐・中唐・晩唐様式を摂取したと考えられている．894年(寛平6)遣唐使が廃止され，平安時代後期には日本独自の様式(*和様(わよう))が形成されたが，鎌倉時代にふたたび中国宋代(960–1279)美術の影響をうけた．しかし，中国や朝鮮仏の影響を受ける際にも，そのつど日本独自の消化，和様化への努力が働いていたことも見逃されてはならない．

【材質と技法】仏像の材質・技法も製作地によって多彩である．ガンダーラ，インド，中国，朝鮮を通じて石像(*石仏)が主流を占めたのに反し，日本は木像(*木彫像)が中心であった．これは木を神聖視する日本人の信仰や木に対する親和感を背景としている．このほか，全地域にわたって金銅造(銅造を含む．*金銅仏)も多用され，また中国以東では，漆を主材とする乾漆造(*乾漆像)も重要な技法であった．日本で多用された木彫は，平安時代前期に流行した*一木造と平安時代後期以降に一般化した*寄木造・*割矧造に大別されるが，後二者は分業に適したため，平安時代後期に成立した*仏師の私工房である*仏所の発達と並行して流行し，膨大な造仏の需要を消化した．

「百済国の主，明王，始めて仏像経教ならびに僧等を度し奉る」〔上宮聖徳法王帝説〕「庚寅の年，堂舎を焼き切り，仏像経教を難波の江に流せり」〔元興寺伽藍縁起幷流記資財帳〕

仏足石 ぶっそくせき　〈仏足跡〉とも書く．ブッダ(*仏陀)の足跡の形を石に彫りつけ，画いたもの．*菩提樹・*法輪などと共に，仏像が製作される以前からブッダそのものを表現したものとして，礼拝の対象とされた．同様の足跡崇拝はヒンドゥー教・ジャイナ教にも見られる．後に東南アジア・中国・日本に伝えられ，金属製の巨大な仏足跡も鋳造された．わが国では，奈良*薬師寺の753年(天平勝宝5)造立の仏足石が最古とされ，それを礼讃する*仏足石歌の碑と共に現存する．

仏足石歌 ぶっそくせきか　奈良*薬師寺に現存する仏足石歌碑に刻まれた21首の歌．天武天皇の孫，文室真人智努が，亡き夫人*追善のために，753年(天平勝宝5)に造立したものと伝える．歌の内容は，釈迦如来の足跡もしくはそれを刻した石を讃えたものが主となっている．歌体は五・七・五・七・七・七で，短歌体の末尾にもう1句，七言句が加わった形式で，一般に〈仏足石歌体〉と呼ばれる．歌中に「保止気」(ほとけ)の文字が見えるのが注目される．なお，仏足石歌体が口誦に適した*歌謡形式であることを思うと，造立当初は仏足石の周囲を仏足石歌を唱えながら*行道し，仏足を通しての釈尊*讃歎が行われたことも考えられる．

『仏祖統紀』 ぶっそとうき　南宋の志磐の撰．54巻．1269年成立．*天台宗の立場から書かれた仏教史であって，禅宗の灯史に対抗する．中国の正史の体例にならい，本紀・世家・列伝・表・志をもって構成される．本紀には，*釈迦牟尼仏にはじまり，北宋初の天台宗の中興者である四明*知礼まで，天台宗につらなる西土と東土の諸祖を，世家には諸祖旁出の諸家を，列伝には諸師を配し，その立場は明白であるが，諸宗立教志や法運通塞志などを設けている点に，天台宗を中心とした伝教通史を書こうとする意図がうかがえる．

仏陀 ぶっだ　サンスクリット語 buddha に相当する音写で，〈*覚者〉(目覚めた人)と意訳される．なお，〈仏〉もまた俗語形の音写語．めざめ，さとった者という意で，もとインドの宗教一般において，すぐれた修行者や聖者に対する呼称であった．とくに仏教では多く用いられ，ゴータマ・ブッダ(*釈迦)をはじめ，*過去七仏，さらには三世十方の諸仏をもさす．なお，空海は〈没駄〉〈没度〉〈没弟〉などと音写している．「神明仏陀もさこそ御心を悩まされ候ふらんめとこそ存じて候ふに」〔伽・秋夜長物語〕「没駄は護念して速やかに本覚の殿に遊ばむ」〔性霊集 7〕．→仏．

仏陀伽耶 ぶっだがや　サンスクリット語 Buddhagayā に相当する音写．ブッダガヤー．ヒンディー語やビハーリー語での発音に従って現在ではボードガヤー(Bodhgayā)と発音され音写されることが多い．釈尊，すなわちブッダ(*仏陀)が*成道した土地であるためにこう呼ぶ．現在のビハール州ガヤー市の南約10キロメートル，東経85度の子午線上にあり，傍をパルグ河(経典にいうナイランジャナー河，*尼連禅河)が流れている．仏教徒の信仰の中心地の一つで，世界各国からの参拝者が多い．高さ50メートルの*大塔を中心に，西側には*菩提樹，金剛宝座が祀られている．

ブッダガヤー [*s*: Buddhagayā]　⇒仏陀伽耶

ブッダゴーサ [*p*: Buddhaghosa]　〈仏

音(ぶっとん)〉〈覚音(かくおん)〉などと漢訳することがある．5世紀前半の人．*南伝仏教史上，最大の注釈家．南インドの出身でインド各地を遍歴した後，スリランカ(セイロン)に来て，当時の首都アヌラーダプラの大寺(だいじ)(*マハーヴィハーラ)に留まり，そこに秘蔵されていた古代スリランカ語などの*三蔵(さんぞう)注釈書の多くを参照して，まず*パーリ語の*『清浄道論(しょうじょうどうろん)』を著した．次いでこれら古注釈を再構成しつつ，多くのパーリ語の三蔵注釈書を書いた．こうして彼はスリランカ仏教大寺派の教義を確立した．この教義は今日まで伝持されている．

仏陀崇拝 ぶっだすうはい　人格としての*仏陀(buddha)を崇拝すること．真理としての*法(dharma)の信仰に対する．ゴータマ-ブッダは法信仰をたてまえとし，法を悟って仏となったのであり，それゆえに，自己なきあとは法および*律(vinaya)を師とし，よりどころとするよう遺言した．しかし，信徒たちは釈尊という人格を通して法を受けとめていたので，法は単なる理法ではなく，人格の息吹きのかかった〈仏法〉(buddha-dharma)であった．その結果，釈尊が亡くなると，釈尊の遺品・遺骨・遺跡を通して釈尊を追慕するにいたり，さらに，ゴータマ-ブッダに代る仏を模索したり，ブッダの不滅な本身を思考するようになり，仏陀崇拝が展開していく．仏陀崇拝は，釈尊に代る仏を求める〈仏陀観〉と釈尊の現実身と永遠身を考える〈仏身論〉に分けることができる．

【仏陀観】仏陀観については，*ジャータカなどに見える〈過去仏〉思想に端を発して，未来にも仏が出現し，釈尊に代って救いの手をさしのべるという，〈*未来仏〉思想がおこった．その代表的なものが弥勒下生(みろくげしょう)の信仰で，*兜率天(とそつてん)に住する*弥勒菩薩が56億7千万年の後，この世に下生して人びとを救済するというものである．ついで，〈来世仏〉思想がおきた．来世の他の*仏国土にいけば仏に会えるとの信仰で，その代表的なものが西方*極楽浄土の*阿弥陀仏(あみだぶつ)の崇拝である．これに影響されて，未来仏としての弥勒菩薩も，一種の来世仏へと化した．兜率天は兜率浄土，弥勒菩薩は弥勒仏へと変り，その弥勒の浄土への往生が願われるにいたったもので，これを弥勒上生(みろくじょうしょう)信仰と呼ぶ．→弥勒信仰．

さらに進んでは，〈十方遍満仏〉思想がおきた．現在，この世においても，仏が十方いたるところに満ち満ちて存在するという思想で，その代表的なものが華厳経の教主の*毘盧遮那(びるしゃな)仏である．なお，その間にあって，法華経は*久遠実成(くおんじつじょう)の釈迦を主張した．その意図は，諸仏を釈迦にもどして整理・統合するとともに，現実の釈迦に永遠な仏ないし生命の生きたすがたを見ようとしたものである．十方遍満仏思想が一段と進展すると，〈内在仏〉思想に行きつく．仏が現在ただ今，人びとの中に存在するという考えで，涅槃経などに出る*如来蔵(にょらいぞう)(tathāgata-garbha)や*仏性(ぶっしょう)(buddha-dhātu)という語に表される思想がそれである．ひいては，だれでも悟れば仏になるという基本的意味が，*一切衆生悉有仏性(いっさいしゅじょうしつうぶっしょう)といわれるように，内在仏(仏性)という形で復活するが，しかし，実際信仰における崇拝対象としては，阿弥陀仏や久遠の釈尊などの具体性に富む仏が依然として求められた．

【仏身論】仏身論については，初期の大乗の経論は，〈*法身(ほっしん)〉(dharma-kāya)と〈色身(しきしん)〉(rūpa-kāya)の二身が立てられた．色身とは生滅の現実身をさし，法身とは不滅の真理(法)と一体となった永遠身のことで，色身としての釈尊は滅したが，法身としての釈尊は永遠不滅であるという考えである．*楞伽経(りょうがきょう)が登場する5世紀頃からは，永遠相(本質界)と現実相(現象界)との関係づけや統一に努めるようになり，それが仏身論にも及び，法身と色身を統一したものとして〈*報身(ほうじん)〉(saṃbhoga-kāya)が立てられ，〈法身〉〈報身〉〈*応身(おうじん)〉(nirmāṇa-kāya)の*三身説が誕生する．→仏身．

仏陀崇拝は中国から日本にかけて一段と進展していったが，それとともに，論議もおきた．一つは，久遠の釈迦仏や他の仏について，三身のどれをあてるかという論議で，純粋に永遠ということからは法身があてられ，永遠性と具体性の両者を満足させるものとしては報身があてられた．こうして法身か報身かをめぐって，論議が展開していった．もう一つは，法信仰と仏陀崇拝の関係で，仏教の基本からすれば，法が根底となるが，実際の信仰や法要からは，崇拝対象(*本尊)としての仏を無視はできず，こうして，法か仏かで論議がおきた．

『ブッダチャリタ』［*s*: *Buddhacarita*］⇀『仏所行讃(ぶっしょぎょうさん)』

仏駄跋陀羅 ぶっだばっだら　359-429　サンスクリット語 Buddhabhadra の音写．〈覚賢〉〈仏賢〉などとも訳す．東晋末から劉宋の訳経僧．北インドの人．罽賓(けいひん)(*カシミール)で仏大先に学び，そこで中国僧智厳(ちごん)に会い中国行きを決意．406年頃，関中に至る．長安には*鳩摩羅什(くまらじゅう)がいてよしみを結んだ．常に静を守り衆に同ぜずに坐禅をしていたが，それがもとで道恒(どうこう)らによって長安を追われ，弟子*慧観(えかん)ら40余人とともに廬山(ろざん)の*慧遠(えおん)のもとに身を寄せた．仏駄跋陀羅はそこで慧遠の請いによって〈達摩多羅禅経(だるまたらぜんぎょう)〉を訳出した．412年，荊州に赴き，劉裕(後の宋武帝)の帰敬を受け，413年，建業(けんぎょう)(*金陵(きんりょう))に入り，道場寺に止住した．416年，*法顕(ほっけん)将来の『摩訶僧祇律(まかそうぎりつ)』40巻を法顕とともに訳し，さらに大般泥洹経(だいはつないおんぎょう)も共訳した．418年から420年にかけては大本〈*華厳経(けごんぎょう)〉の初訳となる〈大方広仏華厳経〉60巻(六十華厳)を訳出した．以後これにより隋・唐に華厳宗が成立した．

ブッダパーリタ［*s*: Buddhapālita］470-540頃　*『中論(ちゅうろん)』の著名な注釈者の一人．意訳して〈仏護(ぶつご)〉ともいう．『ブッダパーリタ(仏護)根本中論注』と呼ばれるかれの注釈は，『中論』自体の内容に比較的忠実で，ごく一部の経典引用をのぞき，『中論』の偈頌と聖提婆(しょうだいば)(*アーリヤデーヴァ)の*『四百論』をしばしば援用する．また同注釈は，帰謬論法をふくむ[混合形の]仮言三段論法を駆使して『中論』を注釈する点に特色をもつが，しかし後に，このことが*清弁(しょうべん)(バーヴィヴェーカ)による強い批判を招く結果となった．ただし，その後*チャンドラキールティがかれの注釈方法を擁護し，逆に清弁批判を展開したため，後代，*中観派(ちゅうがんは)はここにブッダパーリタおよびチャンドラキールティによる〈帰謬[論証]派〉と，清弁による〈自立[論証]派〉とに分派したという伝承が定着した．

仏壇 ぶつだん　仏像をまつる壇．その用いる材質によって土壇・石壇・木壇などがあるが，後世の*須弥壇(しゅみだん)に当たる．狭義には寺院の仏堂内のものをいう．または在家における仏像安置の*龕(がん)や*厨子(ずし)を言う．日本でも早くから「仏壇，毎家には仏舎を作る」〔日本書紀通証〕と，家ごとに設けられたことを伝える．現在では，もっぱら在家の本尊や位牌(いはい)を安置する厨子または宮殿(くうでん)型のものをいう．「去んぬる昌泰二年に賜はりし料物を宛て，更に宝塔の荘厳を増し，改めて五方の菩薩の彩色幷びに仏壇・下蓮子・雲間の柱絵などを加ふ」〔神護寺実録帳931年(承平1)〕などはその古い用例である．「本尊の薬師如来，錦帳の内よりいでて仏壇の上に降す」〔頼印大僧正行状絵詞3〕

仏頂 ぶっちょう　仏の頭の頂(いただき)．仏の*三十二相の一つで，頭頂の肉が髻(まげ)の形に盛り上がっている．〈肉髻相(にっけいそう)〉あるいは〈無見頂相(むけんちょうそう)〉と呼ばれ，尊貴の相とする．もとは婆羅門(ばらもん)の頭髪のたぶさに由来するらしい．また，仏の頭頂にやどる最尊最勝の智慧・慈悲を仏格化した〈仏頂尊〉の略称ともされ，その仏頂尊の恐ろしい形相にことよせて，俗に無愛想な面相を〈仏頂面(ぶっちょうづら)〉というようになった．「(仏の)頂の上の肉髻(にくけい)は能ょく見る者なし．高く顕(あらわ)れて周円なること，猶し天蓋のごとし」〔往生要集大文第4〕「仏頂には，三科七大本(もと)と如来蔵といへり」〔貞享版沙石集10上〕．→肉髻，烏瑟膩沙(うしつにしゃ)．

仏哲 ぶってつ　生没年未詳．〈仏徹〉とも書く．林邑(りんゆう)(インドシナ半島東南部)出身．南インドに入って*菩提僊那(ぼだいせんな)に師事，密呪に通ずる．8世紀初め師と共に中国にいたり，さらに736年(天平8)共に来朝，*大安寺に住して菩薩(ぼさつ)・抜頭(ばとう)などの舞や林邑楽を伝える．東大寺*大仏開眼会には雅楽の師として瞻波(せんば)国で習得した菩薩・陪臚(ばいろ)・抜頭などの舞を教授した．このほか伝説的所伝はあるが不明な部分が多い．

仏天 ぶってん　天下を照覧する意から〈天〉を添えて，仏の尊称とした語．「そのところに念仏のひろまりさふらはんことも，仏天の御はからひにてさふらふべし」〔親鸞消息〕などはその例．また，仏と天神(仏教の諸天)

の総称として，わが国の在地の神々と対応させる.「仏天の加護を仰ぎ，神明の威力を憑たのみて」〔澄憲作文集〕

仏伝 ぶつでん　仏伝は一般に，下天・托胎たくたい・出胎しゅったい・*出家・*降魔ごうま・*成道じょうどう・*転法輪てんぽうりん・入*涅槃にゅうねはんの八段階に分ける〈*八相はっそう〉が基本とされる. はじめの下天を生天・下天，上天・下天としたり，托胎を入胎・住胎に分ける説もあるが，出家以後はほとんど変わらない. 妻をめぐる*提婆達多だいばだったとの争い，四門での四苦の発見(*四門出遊，四門遊観とも)，出家における従者や愛馬との別れ等々，劇的な数々の物語に彩られる. また，涅槃後の*舎利しゃり争奪，分納や*阿難あなん・*目連もくれんら弟子達をめぐる逸話もひろく仏伝に含まれるであろう. 仏伝のひろまりは，仏法の根元として，*末法思想の高揚とともに，釈迦しゃかの生涯への関心が高まったことによるだろう. →釈迦.

日本では，9世紀の*唱導しょうどう資料『東大寺諷誦文稿』にその断片がうかがえ，*『三宝絵』におおよその輪郭が語られる. 12世紀の*『法華修法一百座聞書抄』，金沢文庫本『仏教説話集』，安居院あぐいの*澄憲ちょうけんの『釈門秘鑰』などにもみえ，法会の唱導世界で頻繁に語られていた形跡を伝える. 敦煌*変文『太子成道経』などとの交響もみのがせない. また，重明親王の日記『李部王記』931年の条には，貞観寺の柱に画かれた〈八相成道〉が*絵解きされる例もあり，『栄花物語』にも藤原道長建立の*法成寺ほうじょうじの扉絵に釈迦八相が描かれていたという. 中世以降，掛幅の釈迦八相図がいくつか伝存し，涅槃図とともに図像学や絵解きからも重視され，今も*涅槃会などで絵解きは行われている. また，『本朝文粋』の*願文がんもんなどにも仏伝をふまえた対句がみられ，詩的表現にも昇華され，*『梁塵秘抄』の*今様や*和讃にも歌われていた. 詩歌の恰好の題材でもあった.

仏伝文学の集大成として注目されるのは，12世紀前半の*『今昔物語集』であり，仏伝が作品形成の基盤となっている. 仏伝経典の枠をふまえつつ，同時にそこから離れた表現を獲得している. 中世になると，『教児伝』『釈迦如来八相次第』など独自の仏伝物語がはぐくまれ，御伽草子『釈迦の本地』にきわまる. 近世にも『釈迦如来八相物語』『釈迦一代記図絵』『三世の光』など，あらたな仏伝文学が生産され続ける. 仏伝は聖徳太子伝をはじめ，さまざまな文芸に影響を及ぼし，物語史からみても一大原点であるといえる.

仏殿 ぶつでん　仏をまつる建築の総称. 特に寺院の*本尊を安置する中心建築をさす. 6-8世紀の日本では仏殿と*金堂こんどうの語が同時並行して用いられたが，後に金堂が多用されるようになった. 金堂は日本固有の語である. 中国では，*母屋もや柱と庇ひさし柱が同高のものを〈殿〉，庇柱が低いものを〈堂〉といい，〈殿〉のほうが高級な建築であった. 後，鎌倉時代に禅宗の請来にともなって中国の寺院建築の制度が持ち込まれたとき，本尊を安置する建築を〈仏殿〉と呼び，以後禅宗寺院での呼称となった. →寺院建築，伽藍，大雄宝殿.

仏塔 ぶっとう　⇒塔とう，パゴダ

仏道 ぶつどう　〈仏道〉と漢訳された言葉の原語は一つに特定はできない. しかし，なかで最も多いものはbodhi(*悟り・目覚め)であり，その場合〈仏〉に対応する原語はつかない. つまり，〈仏〉は漢訳者の補いである. 〈道〉はbodhiの意訳語で，〈*菩提ぼだい〉とも音写される. 〈*道〉は，*老荘思想の究極的な真理を表す言葉で，漢訳者がそれを借用したもの. この他の原語の場合も同じことがいえ，〈仏道〉が仏への道，悟りの道程を意味することは本来はない. なお，日本では古来〈仏の道〉と訓読されることの多い語で，その字義通り，仏の説き示した教え，菩提またはそれに到る道を意味し，時にそれを達成するための修行などをさすこともある.

「吾，昔数十の身を経て仏道を修行し」〔往生極楽記1〕「智恵の炬ともしびを燭して仏性の頂に登り，普く群生に施し，共に仏の道を成ぜむ」〔霊異記中序〕

仏道論争 ぶつどうろんそう　中国において外来の仏教と中国固有の道家，*道教との間で行われた宗教上の論争. 初期は仏教と*老荘思想，*神仙思想の先後，優劣を競う論争であったが，5世紀半ばに道教教団が成立してからは一方的な禁断にも結びついた. 三国魏の曹植そうしょく(陳思王)は『弁道論』の中で，仏教の立場から神仙思想，老荘思想を虚妄として論破し

た．西晋の道士王浮は仏僧帛遠と争い，*『老子化胡経』を偽作したといわれるが，道教側の主張には*老子が胡人(西域人)を教化したという化胡説と，老子が釈迦になったという作仏説の二つがある．仏教側も儒，道に対する優越を説くために経典を偽作し，仏の遣わした*摩訶迦葉ら三弟子がそれぞれ老子，*孔子，顔淵であるとする三聖化現説などを唱えた．

南朝・宋斉の道士顧歓が『夷夏論』を著し，道教はインドで成立した夷狄の教えである仏教に優越すると説くと，仏教側からは明僧紹，謝鎮之，朱昭之，朱広之，慧通，慧愍らが激しく反論した．北朝・北魏の孝明帝は520年，融覚寺曇無最と道士姜斌に仏と老子の先後について殿上で論議を行わせ，姜斌を「衆を惑わす」として配流にした．北周の武帝は儒道仏三教の先後，優劣を討論させ，儒教を先，道教を次，仏教を後とし，574年5月，道仏二教を禁断する詔を下して*沙門，道士を還俗させた．唐代には唐室と老子が同じく李姓であったことから道先仏後がいわれていたが，621年，太史令傅奕が益国利民の事として「減省寺塔僧尼事十有一条」を上表して僧尼の有害無益を指摘し，廃滅しようとすると，翌年，済法寺の僧*法琳が『破邪論』を著して道教の虚妄を指摘し，攻撃した．これを機会に仏教(明槩，李師政ら)と道教(李仲卿，劉進喜ら)間に論難が繰り返され，再び法琳は『弁正論』を著すなど，仏，道の論争は熾烈を極めた．625年，高祖は三教を老，儒，仏の順と定め，翌年，道仏二教を沙汰すべきことを詔した．次の太宗の代には道士秦世英の讒言により法琳は益州に配流された．660年，『老子化胡経』について高宗の面前で僧静泰と道士李栄による*宗論が行われ，結果的に668年，『化胡経』は焚棄され，705年には*偽経であるとして禁断された．中唐以降，儒仏道三教は融和に向かう一方，唐の武宗，北宋末の徽宗らは道教を信仰して仏教を圧迫した．

モンゴル治世下，金代に成立した新道教の全真教が盛んになると，1255年以来，仏道の論争が行われ，『老子化胡経』『化胡八十一化図』などの道蔵経典が焼却された．元の世祖フビライはチベット仏教僧八思巴(パスパ)を国師とし，極端な喇嘛教(*ラマ教)優遇政策を行なって道教を弾圧した．祥邁の『弁偽録』は仏教の立場からこの間の仏道の論争をまとめたものである．→儒仏論争．

仏日 ぶつにち　[*s*: jina-sūrya, tathāgatāditya]　仏が衆生の無知の闇を照らし，破することを太陽やその光にたとえたもの．たとえば*観無量寿経に「唯願仏日，教我観清浄業処」(太陽のごとき仏よ，という呼びかけ)とある．また，『栄花物語』30の「仏日既に涅槃の山に入り給なば，生死の闇に惑ふべし」は，*涅槃経19の「仏日将没大涅槃山」に基づく表現である．「仏日まさに没せんとするに，聖戈を揮ひてふたたび中らしめたまひ」〔顕戒論縁起〕「悲しきかな，仏日早く没して，生死流転の衢冥々たり」〔幸若・文覚〕

仏法 ぶっぽう　〈仏〉とは仏陀のことで，〈法〉とは真理・教えのことである．合わせて，仏陀が発見した真理，仏陀が説いた教えという意味になる．*仏教と同じ意味で，仏陀の教え，あるいは仏陀になる教えをも意味する．たとえば*四諦，*八正道や*三法印(*四法印)，*六波羅蜜など．また*十八不共法を仏法という場合は，仏陀の特性・美徳，仏陀の*瑞相を意味する．また世俗の秩序である〈王法〉に対して宗教的価値を表すものとして対置され，両者の関係がしばしば問題となった．「聖徳の王，嶋の大臣，共に謀りて仏法を建立て，さらに三宝を興す」〔上宮聖徳法王帝説〕「深く仏法に帰し，日に法花経を読み，弥陀仏を念じたり」〔往生極楽記33〕．→王法・仏法．

仏法僧 ぶっぽうそう　[*s*: buddha-dharma-saṃgha]　仏教を構成する三つの要素，すなわち仏と法と僧の〈*三宝〉のこと．また，「ぶっぽうそう」と鳴くように聞えるところから，コノハズクのことをいう．霊鳥とされる仏法僧は別種の，ブッポウソウ目の鳥．「口の罪とは，あしき事をいはず，仏法僧をそしらぬなり」〔法華百座3.12〕「後夜に仏法僧の鳥を聞く」〔性霊集補闕抄10〕．→仏，法，僧．

仏本行集経 ぶつほんぎょうじっきょう　極めて多様な内容を包含した，浩瀚な漢訳仏伝文献．60

巻．ガンダーラ出身の*闍那崛多(じゃなくった)(Jñānagupta, 523-600)訳．本経は法蔵部などの5部派の*仏伝を集大成したものと考えられる(この点，経題に「集」の字を含むのは象徴的である)．また，本経は*『マハーヴァストゥ』と特に深い関係があるとされる他，『ブッダチャリタ』(*『仏所行讃(ぶっしょぎょうさん)』)，『ラリタヴィスタラ』とも共通する内容が多々見られるが，本経自体のサンスクリット語原典は伝わっていない．全体構成は3部に分けられよう．第1部は初*発心(ほっしん)からマーヤー夫人(*摩耶夫人(まやぶにん))への入胎に至るまでの釈迦の過去世物語(過去仏の系譜や王統の系譜を含む)，第2部は釈迦の誕生から*成道(じょうどう)まで，そして第3部は様々な仏弟子の出家の因縁や前生話などを骨子とする，釈迦の伝道教化にまつわる部分である．

仏凡不二 ぶつぼんふに　*仏と*凡夫の不二・一体をいったもので，〈仏凡一体〉〈生仏一如(しょうぶついちにょ)〉〈*凡聖一如〉などともいわれる．*維摩経(ゆいまぎょう)入不二法門品では，有無・生死・善悪などの相対観念について，根底は空(くう)ということから，そのいずれにも固執してはならないと説かれ，ひいては両者の不二が主張された．これを仏と凡夫にあてはめたものが〈仏凡不二〉である．仏と凡夫の二元対立を超えたところに真の絶対的な〈仏〉があり，そこから現実の仏と凡夫の二つを見直すと，仏も不二・絶対の〈仏〉の現れならば，凡夫もまた不二・絶対の〈仏〉の現れとして肯定されてくる．特に不二・絶対をおし進めていった日本の天台*本覚思想において，このような凡夫肯定が徹底された．「大乗の法門は唯凡聖一如，迷悟不二，是れ肝要なり」〔雑談集10〕．→不二．

仏名会 ぶつみょうえ　〈仏名懺悔(ぶつみょうさんげ)〉〈御仏名(おぶつみょう)〉ともいう．毎年12月中旬(当初は15日より，後には随時)の3日間，内裏清涼殿において，仏名経の所説に基づき三世諸仏の仏名を唱え，その年に犯した罪障を*懺悔し，滅罪生善を祈願した法会(ほうえ)．すでに中国において行われていたが，わが国では淳和天皇の830年(天長7)閏12月8日に宮中で行われたのが始まりで，宮中恒例の仏事となったのは838年(承和5)からという．後には一夜の法会となり，諸国の寺院，また宮家・摂関家などでも修せられるようになった．

「高座に登る間に大衆は同音に仏名を称嘆す」〔巡礼行記2〕「仏名は，律師静安が承和の初めの年，深草のみかど(仁明天皇)をすすめ奉りて，始め行はせ給ふ」〔三宝絵下〕「十二月二十五日，宮の御仏名に，召しあればその夜ばかりと思ひて参りぬ」〔更級日記〕

仏名経 ぶつみょうきょう　*菩提流支(ぼだいるし)の翻訳とされてきた12巻本の〈仏名経〉を改竄し，各種の経典や経録から仏名や経論名，*懺悔文(さんげもん)などを加えて増広した*偽経(ぎきょう)．16巻本，18巻本，20巻本，30巻本，32巻本など内容や分巻の異なる数種類の〈仏名経〉が存在していた．この中で経録に最初に登場するのは16巻本であり，*『開元釈教録(かいげんしゃっきょうろく)』で「偽妄乱真録」の筆頭に挙げられていたが，『貞元新定釈教目録(じょうげんしんじょうしゃっきょうもくろく)』では〈大仏名経〉として入蔵された．この16巻本は長らく欠本とされてきたが，*敦煌(とんこう)写本や*七寺(ななつでら)写本の中から数多くの写本が見つかり，その全貌が明らかとなった．また，*大正新脩大蔵経所収の30巻本は*高麗蔵(こうらいぞう)にのみ収められていたものであり，12巻本に宝達菩薩が32の地獄を巡る偽経〈馬頭羅刹経(ばとうらせつきょう)〉(大乗蓮華宝達問答報応沙門経)や偽経〈仏説罪業報応教化地獄経〉を加え，〈現在賢劫千仏名経〉の一部や『大唐内典録』の経論名も取り込んで作られたものである．

仏滅 ぶつめつ　仏教の開祖であるゴータマ-ブッダ(*釈迦(しゃか))の死，*入滅(にゅうめつ)を言い，*涅槃(ねはん)(nirvāṇa)と同義ともなる．習俗的宗教であるバラモン教(*婆羅門教(ばらもんきょう))と異なり，創唱宗教である仏教にとって開祖ブッダの死は大きな意味を持ち，その解釈をめぐって展開する新たなブッダ観や世界観は，後の仏教教義の中心的主題となった．ブッダの存在を*常住(じょうじゅう)とする*法身(ほっしん)思想の発展，仏滅を起点として世界の終末論を展開する*末法思想，そして救済仏の降臨を期待するメシア主義的な*弥勒(みろく)信仰などは，いずれも仏滅と本質的な関係を持っている．

ブッダ入滅の問題はこうした仏教内部の教義問題に留まらず，古代インド歴史研究にとっても重要な意味を持つ．絶対年代の不明な古代インドの歴史は，ギリシア資料によって確認されるアショーカ王(*阿育王(あいくおう))の即位年代(紀元前3世紀中葉)と，仏教内部資料に記されるアショーカ王即位とブッダの入滅年代の関係を基準として整理されるため，仏滅年代の確定は古代インド史の基準年代の確定にほかならない．従来ブッダの入滅年代は大きく分けて，スリランカの史書である『大史』(*『マハーヴァンサ』)，『島史』(*『ディーパヴァンサ』)などに記され東南アジアの諸仏教国で伝統的に支持されてきた紀元前544/543年説(第一説，long chronology)，近代の西洋においてギリシア資料によってそれを修正した紀元前486–477年説(第二説，corrected long chronology)，そして中国・チベットに伝える紀元前400–368年説(第三説，short chronology)がある．現在でも仏滅年代は諸学者の間で最終的な意見の一致を見ていないものの，学問的見地から第一説を支持する学者はほとんどなく，新たに発見された碑文やインドの*プラーナ文献，そして進展した仏教文献学の成果を総合すると，第二説と第三説の間で第三説に近い年代(ほぼ紀元前400年前後)を支持する考えが多い．

なお，暦注のうち六曜の一つで，凶日とされるが，これは〈空亡〉〈物滅〉と変化してきた言葉で，仏の入滅とは関係ない．旧暦正月および7月から順に月の1日を先勝，友引，先負，仏滅，大安，赤口(しゃっこう・しゃっく)とし，さらに毎日をこの順で循環させる．

仏母 ぶつも　字義のとおり〈仏の母〉で，釈尊の実母である*摩耶夫人(まやぶにん)，あるいは養母のマハープラジャーパティー(摩訶波闍波提(まかはじゃはだい))を指す．また，仏を生み出すもと，すなわち*般若波羅蜜(はんにゃはらみつ)あるいは*法をいう．特に般若波羅蜜を仏母として尊ぶことはインドの般若系の仏教ではきわめて盛んであった．密教に至るとこれを神格化し，〈仏眼(ぶつげん)〉と称して崇拝するようになったが，この仏眼を〈仏母〉ないし〈*仏眼仏母〉と称する．なお，*心地観経(しんじかんぎょう)報恩品，観心品に，三世一切の仏は*文殊(もんじゅ)の教化を縁として成道したと説くことから，文殊師利をさすこともある．

「他宗所依の経は，一分の仏母の義有りといへども，しかれども，ただ愛のみ有って厳の義を闕(か)く」〔開目抄〕「文殊はそもそも何人(なにびと)ぞ，三世の仏の母と在(いま)す，十方如来諸法の師，皆是れ文殊の力なり」〔梁塵36〕

仏門 ぶつもん　字義どおりには，仏教の門，*悟りへの入り口であるが，仏教そのものをいう．インド仏教にはこのような表現はなく，したがって漢訳仏典にも見られない．中国仏教でも〈仏門〉という表現は検索できず，かわりに〈釈門(しゃくもん)〉〔注維摩詰経など〕という語が用いられる．また〈仏門に入る〉とは，*出家して*僧・尼僧となる意．なお，わが国でもこの語の古い用例は見当たらず，中世までは〈釈門〉が普通で，時に釈門を敷衍して「釈氏の門室に入りながら」〔秋夜長物語〕などともいう．

武帝(梁) ぶてい [Wǔ-dì]　464–549　南朝梁(りょう)の初代皇帝．在位502–549．姓は蕭(しょう)氏，諱は衍(えん)．南朝文化黄金時代を現出させ，南朝の仏教も頂点に達した．仏教を篤く信奉し，帝位についた502年，自宅を*光宅寺(こうたくじ)と改め*法雲(ほううん)を住まわせた．504年には詔を下し，*道教を捨てて仏教に帰依した．511年，自ら断酒肉文を撰し，仏教徒としての*戒律生活に入り，513年，宗廟の*犠牲を廃し，517年，天下の道観(どうかん)(道教寺院)を廃して道士を*還俗(げんぞく)させた．519年，禁中に*戒壇を築き*菩薩戒(ぼさつかい)を受け，527年には同泰寺(どうたいじ)において*捨身(しゃしん)し，529年には*無遮大会(むしゃだいえ)を行い，自らも*涅槃経(ねはんぎょう)を講じた．晩年はますます仏教に傾斜し，しばしば無遮大会や平等会を行い，538年には*盂蘭盆会(うらぼんえ)も行なった．著作に涅槃経，大品般若経(だいぼんはんにゃきょう)などの義記数百巻があったという．僧侶を優遇し，宝唱(ほうしょう)の*『経律異相』，宝亮(ほうりょう)の『大般涅槃経義疏』など多くの書を編纂させた．仏教への傾倒は梁朝を滅亡に導く原因ともなり，侯景(こうけい)の反乱により都を陥れられ，台城にて餓死した．

浮図 ふと　⇒仏(ぶつ)

不動 ふどう [s: acala, akopya, āniñjya]　原語はともに，動揺しないの意．漢語も同義で，用例は『易経』繋辞上に見える．仏典では，心・境地・威力などのゆるぎない様を形容する語．*『倶舎論(くしゃろん)』巻25では*阿羅漢(あらかん)を6種に分け，そのうち最も*利根(りこん)なる者を〈不動法〉(akopya-dharman)と称している．仏法において動揺せず*退転しないことに名づけたもの．またこの不動法の阿羅漢が，修行の究極の階位たる無学道(→有学・無学)に至って成就する境地を〈不動心解脱〉と称する．また，華厳経巻23では，菩薩の修行の階位を*十地に分けるが，そのうちの第八地を〈不動地〉(acala-bhūmi)という．無相(→有相・無相)の思惟によって*自在の力を得，もはや*煩悩によって動揺させられない境位．

なお密教においては，もろもろの明王の主尊である〈*不動明王〉の名．大日如来の命を受け，忿怒の姿を現し，魔を*降伏して修行者を擁護する明王とされる〔底哩三昧耶不動尊聖者念誦秘密法など〕．

「三千の諸法の当体常住にして無染不動なり」〔漢光類聚〕「さめて見たれば，すこしも此の道場をばはたらかず，不動なるは本分なりと夢に見たり」〔播州法語集〕

『不動智神妙録』 ふどうちしんみょうろく　徳川時代の禅僧，*沢庵宗彭の著書．柳生宗矩の求めに応じて書き与えられた*仮名法語で，無明住地煩悩，諸仏の不動智，問不容髪，石火の機，心の置き方，本心・妄心の説など，剣の心に託して禅の心の大事を説いたもの．

不動明王 ふどうみょうおう　[*s*: Acalanātha]　〈不動尊〉〈無動尊〉〈不動使者〉ともいう．原語は〈動かざる尊者〉の意で，インドの山岳系俗神の一種か．多臂像になると有力な*シヴァ神の影響も看取される．インドの後期*密教ではチャンダマハーローシャナ(Caṇḍamahāroṣaṇa，恐ろしき大*忿怒尊)とも呼ばれる．*明王という尊格分類から明らかなように密教特有の尊格で，大日経では*大日如来の使者として登場．仁王般若経系の*儀軌や摂無礙経では，大日如来が教化し難い衆生を救うために恐ろしい姿をとる教令輪身(→三輪身)とする．

像容は一面二臂を原則とし，通例では右手に剣，左手に*羂索を持つ．*金剛杵や宝輪を持つ異形像もある．四臂像・六臂像も伝わり，特に前者は安鎮曼荼羅(*安鎮法)や『十天形像』(*醍醐寺蔵)の本尊となり，護国的要素が強い．辮髪，水波(額のしわ)，左眼閉目，*迦楼羅炎(金翅鳥様の火炎)，*矜羯羅・*制吒迦の二童子が従うなどの特色を持ついわゆる十九観系の不動は，五大院*安然，石山寺淳祐(890–953)以後流行した．不動明王に*降三世明王や*大威徳明王などを加えた*五大明王・*八大明王も発展した．

わが国へは*空海が経典・図像などを最初に請来し，その後*円珍，相応(831–918)，*文覚などがその信仰を広めた．中世には死者*廻向の*十三仏の第一にあげられるとともに*修験道の中心仏の地位を占め，厳父のごとき威大な力から庶民信仰の一翼を形成するに至った．特に成田山*新勝寺は市川団十郎や二宮尊徳の信仰もあって不動信仰の拠点となっている．なお，不動信仰の拡大に伴い，その*功徳*利益を伝える霊験説話は明王部諸尊中格段に多く発生し，平安時代中期以降，説話文学を中心に各文学領域に頻出する．

【美術】不動明王はインドや中国においても造形されたが，現在ではその遺品はほとんど残っていない．日本においては代表的な密教像として重んぜられ，表現された図像もきわめて多様である．原則として二臂像に表され，右手に剣，左手に羂索をとるのが普通であるが，立像・坐像の別や細部の表現などに差がある．

日本の不動明王の主要な形式には3種類あり，空海請来様は，主として坐像で両眼を大きく見開き口を真一文字に閉じる．円珍感得像と伝える*園城寺の不動明王(平安前期，通称・黄不動)の系統は立像で両眼を見開いて正面向きに立つ．第三は最も広く流布したもので，立像・坐像ともにあるが，細部は〈不動十九観〉に従って左眼を閉じ，口を斜に咬みしめ，しかめた顔を示すなどの特徴がある．主要な身色は青黒色であるが，円珍系は黄色，他に赤不動(*高野山明王院，鎌倉時代)などの異像もある．十九観系のものには矜羯羅・制吒迦の二童子を伴うものが多い．

空海請来様では東寺(*教王護国寺)講堂および御影堂の彫像(共に平安前期)，円珍感得像(黄不動)の系統では園城寺の原本のほか*曼殊院本画像(平安後期)，不動十九観系では*青蓮院本画像(平安後期，通称・青不動)が著名である．→三不動．

プトゥン　[*t*: Bu ston rin chen grub]

1290–1364 チベットを代表する学僧．シャル寺を活動の拠点としたため，その学統は〈シャル派〉と称される．チベット語訳仏典を収集・整理して*大蔵経を編集し，その成果として『仏教史』とその付録として「大蔵経目録」を著した．特に〈論書部(テンギュル)〉の編集・校訂に努め，さらに「タントラ目録」も著した．『プトゥン仏教史』はインド仏教の通史として最も権威あるものとされる．また顕教・密教・その他の諸学問について大小様々な注釈を著し，全26巻の全集にまとめられている．特に密教についてはインド仏教最後期の*『時輪タントラ』について詳細な注釈を著した．チベット最大の宗派*ゲルク派の創始者*ツォンカパは密教経典の伝授の多くをプトゥンの弟子から受けている．

蒲団 ふとん　〈坐蒲〉ともいう．唐の欧陽詹『永安寺の照上人の房』詩に「草席蒲団，塵を掃かず」とあり，*坐禅のとき，尻の下に敷く円形の敷物．中に蒲の穂やパンヤがつめてある．基準としては，直径9寸(約34センチ)の円型であるが，現今の臨済宗では，四角い座蒲団を折り畳んで使用する．尻の下に敷く位置については，「蒲団は，全跏にしくにはあらず，跏趺のなかばよりはうしろにしくなり．しかあれば，累足のしたは坐蓐にあたれり，脊骨のしたは蒲団にてあるなり」〔正法眼蔵坐禅儀〕とあるように，背骨の下のみで，足を組んだひざ頭は蒲団の下に重ねて敷かれた坐蓐(坐蒲団)にあたることになる．

不二 ふに ［*s*: advaya］　advayaは，数の二を意味するdviの派生語dvaya(形容詞: 二重の・二種類の，中性名詞: 二重・対)に否定辞のa-が付いてできた語であり，形容詞として「二ではない」「単一の」，また中性名詞として「同一性」「単一性」を意味する．〈不二〉(あるいは〈無二〉)は仏教では一般に生死不二・善悪不二などという表現で使用され，相対的対立を超えることを意味する．なお，*ヴェーダーンタ学派においても〈不二〉(advaita)が説かれるが，これは*ブラフマンと*アートマン(個我)ないし現象世界の同一性を説く(不二一元論)ものであって，仏教における〈不二〉とは意味合いを異にする．

【インド仏教】同じく相対的対立の超越といっても，仏教諸学派によって〈不二〉の「二」として想定されるものに特徴が見られる．*中観派では有と無(*有無)の二辺(両極)を離れることとしての不二が強調され，この二辺を離れた*智慧(prajñā)を〈不二智〉と呼ぶ．一方，*唯識派では所取・能取(*能所)の無，すなわち客観として顕現するもの及び主観として顕現するものの止滅が不二とされ，そのときの智が〈不二智〉と呼ばれ，*無分別智を意味する．唯識派は〈不二〉に円成実性という「不二なるもの」を見るのに対し，中観派はこれを批判して，〈不二〉における否定辞「不(a-)」の働きは単なる否定でなければならないとした．また密教では，男尊によって象徴される空性(*般若)と女尊によって象徴される*大悲(*方便)の不二として*菩提心(*大楽)が説かれ，これは男尊と女尊の双入(結合)によって象徴された．

【中国・日本仏教】〈不二〉を説く経典としては「入不二法門品」なる章を持つ*維摩経が有名であり，中国・日本の不二思想に大きな影響を与えたが，それは必ずしも維摩経のままを受け継いだとはいえない．すなわち，維摩経においては〈不二〉はあくまで相対的対立の超越を意味するが，中国・日本では*『大乗起信論』などの影響下に，〈不二〉を相対的二(善悪など)を生み出す絶対的根源と捉え，これを*真如・*如来蔵と等視する傾向が強い．この傾向は*空海を経て徹底した現実肯定の不二論(天台*本覚思想)を生んだ．

「毎年十月法筵を荘厳し，維摩の景行を仰ぎ，不二の妙理を説く」〔家伝上〕「三世十方の仏，我が為に不二法門を示し給へ」〔今昔11-9〕

部派仏教 ぶはぶっきょう　ブッダ(*仏陀)*入滅後100年ごろ，*マウリヤ王朝のアショーカ王(*阿育王)の治世に，仏教教団は教義の解釈などをめぐって，ブッダ以下の伝統をそのまま守ろうとする保守的な〈*上座部〉(*p*: Theravāda, *s*: Sthaviravāda)と進歩的・自由主義的な〈*大衆部〉(*s*,*p*: Mahāsāṅghika)とに分裂し，この両派よりさらに多くの部派が分派した．これらの諸派が分立した時代の仏教を総称して，明治以降の学界で〈部派仏教〉と呼ぶようになったもので，古い文献に出てくる名称ではない．具体的な分派の事情は南北両伝で異なっているが，ブッダ入滅後100年ごろに，*戒律かいりつに関する10の新しい意見をめぐって仏教教団内に対立がおこり，上座*長老たちがこの新見解を否定したとする点は一致している．→非法．

【北伝による分派】北伝によれば，上座部と大衆部とに根本分裂したのち，100年後に大衆部から〈一説部いっせつぶ〉(Ekavyāvahārika)，〈説出世部せつしゅつせぶ〉(Lokottaravādin)，〈鶏胤部けいいんぶ〉(Kaukkuṭika, Kaukūlika)の3部派が分派し，ついで〈多聞部たもんぶ〉(Bahuśrutīya)，〈説仮部せっけぶ〉(Prajñaptivādin)が分派し，最後に〈制多山部せいたせんぶ〉(Caitika, Caityaśaila)，〈西山住部せいせんじゅうぶ〉(Aparaśaila)，〈北山住部ほくせんじゅうぶ〉(Uttaraśaila)が分派して，大衆部系は本末合せて9部派となった．

上座部の系統は根本分裂の後，ブッダの入滅後300年の初めに〈*説一切有部せついっさいうぶ〉(Sarvāstivādin)，〈雪山部せっせんぶ〉(Haimavata)の2部が分派し，さらに説一切有部から〈犢子部とくしぶ〉(Vātsīputrīya)が，犢子部から〈法上部ほうじょうぶ〉(Dharmottara)，〈賢冑部けんちゅうぶ〉(Bhadrayānīya)，〈正量部しょうりょうぶ〉(Sāṃmitīya, Saṃmatīya)，〈密林山住部みつりんせんじゅうぶ〉(Ṣaṇṇagarika, Channagirika)の4部派が分出した．また，説一切有部からは〈化地部けじぶ〉(Mahīśāsaka)が，化地部から〈法蔵部ほうぞうぶ〉(Dharmaguptaka)が分出した．ブッダの入滅後300年の末に説一切有部から〈飲光部おんこうぶ〉(Kāśyapīya)が，同じく400年に〈*経量部きょうりょうぶ〉(Sautrāntika)が派出して上座部系は合わせて11部となり，大衆部系の9部と合計して，北伝仏教の伝統では〈小乗しょうじょう二十部〉と呼んだ．

【南伝による分派】南伝によれば，大衆部から鶏胤部がまず分派して，それより多聞部と説仮部が分派し，同じく大衆部から一説部・制多山部が分派した．上座部からは化地部と犢子部が派出し，前者からは説一切有部→飲光部→説転部せってんぶ(*p*: Saṅkantika)→経量部の系統と法蔵部が，犢子部からは法上部・賢冑部・密林山(住)部・正量部が分派したとされる．

これらの諸部派のうちで，実際に特に有力であったのは説一切有部であり，大衆部系部派にはブッダ観などで*大乗仏教の先駆思想と見られる教義を説くものもある．

付法 ふほう　*法門を伝授し付託すること．〈付法蔵〉ともいう．大乗経典では仏が*法を説いた後，通常，*菩薩ぼさつを選んで教説の内容を授け，*受持じゅじ・*読誦どくじゅを勧め，流伝るでんの使命を託すことが記される．これが〈篇〉として独立する場合，〈付嘱品ふぞくほん〉〈嘱累品ぞくるいほん〉などと称する．また宗門にあっては，師が高弟を選んで宗派の教説を伝授し流伝の使命を託するが，その場合，*衣鉢えはつや証文(*印信いんじん)を授けて証あかしとすることがある．各宗派は，法門が仏から誤りなく伝承されたことを証明するために〈付法相承そうじょう〉の系統を説く．

「大師も奄然えんぜんとして化に従ふ．故かるがゆえに付法して云のたまはく」〔性霊集序〕「天竺に戒賢論師といひしは，付法蔵の三蔵にて，やごとなき智者にて」〔沙石集8-23〕

不犯 ふぼん［*s*: anāpatti］　*戒律かいりつ用語．〈無犯〉ともいう．*律の条項(*学処がくしょ)に触れないことをいう．学処の適用には，実例に従って様々な条件が付されており，それに合致しない場合はたとえ*罪を犯しても免罪される．また自覚しない場合，心神喪失者，学処制定のきっかけとなる最初の犯行者などはやはり不犯と認められている．また人間の弱さを認め，捨戒しゃかいによって犯戒ぼんかいをまぬかれる便法も用意されている．日本では特に婬戒いんかいを犯さない人を〈一生不犯〉と呼ぶ．「南都に，また一生不犯の尼ありけり．つひにあしざまなる名たちたる事もなくてやみにけり」〔著聞興言利口〕

『補忘記』 ぶもうき　新義真言宗の*論義のための参考書．江戸初期の成立．著者は観応かんのう(1656–1710)．二巻本(貞享版)と三巻本(元禄版)がある．論義に使用する語句約1千をいろは順に集録し，四声点・節*博士ふしはかせなどのアクセント記号や注記によって，*根来寺ねごろじ相伝の読み癖・発音・声調，また他宗派の異説を記す．さらに論義の作法を述べ，また文例を掲げる．中世のアクセントを知るうえでも貴重な資料．

父母恩重経 ぶもおんじゅうぎょう　中国で撰述さ

れた*偽経(ぎきょう). 1巻. 父母の*恩は天に極まりがないほど広大で重いが, 子はその*報恩の義務があり, それには7月15日に*盂蘭盆(うらぼん)を行い, 本経を書写して世人にひろめ, 自らも*受持(じゅじ)*読誦(どくじゅ)せよと説かれる. *孝(こう)思想を取り入れつつ中国人社会に仏教帰依を説いている. 偽経との理由で経典目録から排除され, 軽視されたにもかかわらず大衆の間に流布した. 1900年に発見された*敦煌(とんこう)文書の中に何点もの写本が含まれており, 再び陽の目をみることになった. その中には丁蘭など中国の孝子名を記す最古層のテキストや本経に関する*変相(へんそう)図や講経文なども発見されている. 本経は日本でも流布してきたが, その経文に相違する個所があるものの内容的には同じである. 本経の発展したものに〈大報父母恩重経〉が知られており, それは敦煌文書の中にも見出される. これは特に朝鮮半島や日本で流行したものらしく, 絵入りのものもある. ちなみに*『三国伝記』8-7「父母恩徳深重事」はこの経に基づいている. 注釈書は古くは中国の西明寺体清の『父母恩重経疏』があったが現存していない. 日本では大報父母恩重経の注釈書とともに江戸時代のものが数点ある. 本経は今日の人々にも説得力のある経典としてとりあげられ, 講経文や解説書が出版され続けている.

父母未生以前 ぶもみしょういぜん　禅語. 自分はおろか, まだ父や母も生まれていない時の意. 一般には, 善悪・凡聖・有無などのあらゆる概念的な把握を拒む, *悟りの当体を指すのに用いている. 類似した表現として, 〈空劫已前(くうごういぜん)〉〈朕兆(ちんちょう)已前〉などがあるが, この言葉が特に父母に言及しているのは, 悟りを自己との関連のもとで把握するよう求める点で, 切実性や具体性において, より優れた表現となっている. すなわち, 我々が通常〈自己〉と認識しているものは, 様々な概念的把握の集合体に過ぎず, それを絶した〈悟り〉の当体こそが, 我々が立ち返るべき本来の姿, すなわち, 〈本来の面目〉であるという意味. →本来の面目.

プラークリット [Prakrit]　中期インド-アーリヤ語の総称. *サンスクリット語が「完成, 洗練された」雅語であるのに対し, 「自然な(prākṛta)」民衆の言語であるという意味. サンスクリット語に比べ, 音韻や形態の簡略化が特徴的である. *アショーカ王碑文が現存最古のプラークリット語資料とみられる. 仏教の聖典語*パーリ語, ジャイナ教の聖典語アルダ-マーガディーなども古層のプラークリット語である. またサンスクリットの戯曲では, 高貴な男性のみサンスクリット語を話し, ほかの庶民や女性は地位や職業によってシャウラセーニー, マーガディーなどのプラークリット諸語を使い分けている.

プラクリティ [*s*: prakṛti]　「為す」などを意味するサンスクリット語 pra＋√kṛ から派生する名詞. *サーンキヤ哲学の術語で, 活動のない純粋な精神〈プルシャ〉と対をなす根本的な物質. 精神活動の主体となる統覚(ブッディ)や自我意識, 思考器官, 5つの知覚器官, 5つの行為器官, 5つの微細元素, 5つの粗大元素の合計23の物質的原理は, すべてプラクリティより一定の順に開展したものとされる. 漢訳では〈*性(しょう)〉〈*自性(じしょう)〉などがあてられ, 現在では〈原質〉〈根本物質〉などと訳される. 原語には「つくり出すもの」「基本形」などの広い意味があり, 統覚など次の原理を生み出すものも同様に呼ばれることがあるため, 区別して〈ムーラ(根本)プラクリティ〉(mūla-prakṛti)ともいう. 不可分な3つの構成要素, サットヴァ(sattva, 純質), ラジャス(rajas, 激質), タマス(tamas, 翳質(えいしつ))からなり, それらの平衡状態が, プルシャの観照という機会因をえて崩れると, プルシャと結合し, 開展が起る. 被開展物は結果としてあらかじめ原因に潜在するとされ(因中有果(いんちゅううか)), 〈プラダーナ〉(pradhāna, 勝因), 〈アヴィヤクタ〉(avyakta, 未顕現のもの)ともよばれる. →プルシャ, 因中有果・因中無果.

プラセーナジット [*s*: Prasenajit, *p*: Pasenadi]　⇒波斯匿王(はしのくおう)

プラーナ [*s*: purāṇa]　サンスクリット語で元来「古い」を意味する形容詞で, 「古い物語(古譚)」として特に5世紀以降しだいに現形を整えた*ヒンドゥー教文献群を指す. 主要なものは18ある. 作者は聖地や聖廟を遍歴する吟遊詩人たちと考えられ, 伝承の過程で雑多な内容が盛り込まれるなどして, 改竄増広の痕跡が顕著である. 内容には5つの特徴，1)宇宙の創造，2)宇宙の帰滅と再建，3)神々や聖仙の系譜，4)人祖マヌたちの治世，5)太陽の家系と月の家系にたどる王統史，を備えるとされる．しかし，現存各プラーナは必ずしもすべてを備えているわけではなく，他の主題を扱う部分も多い．文化百般への言及は重要な資料を提供する．「第5の*ヴェーダ」ともよばれ，ヒンドゥー教の聖典とみなされ，概して*ヴィシュヌ派か*シヴァ派に属す．特に重要なものとして，『バーガヴァタ-プラーナ』(*Bhāgavata-purāṇa*)や『ヴィシュヌ-プラーナ』(*Viṣṇu-purāṇa*)がある．

ブラーフマナ［s: Brāhmaṇa］　古代インド哲学の基本概念で，もと宗教的な祈禱や呪文に宿る神秘力を意味した〈*ブラフマン〉(brahman，*梵(ぼん))より派生した語で，この神秘力を多分に盛る文献を〈ブラーフマナ〉(梵書)と称し，また神秘力を身にそなえる聖職階級(バラモン(*婆羅門))を意味する．前者は*ヴェーダのサンヒターへの膨大な注釈文献で，祭式の神学的説明を中心にして，その間に神話伝説をまじえている．後者は古く〈地上の神〉と称してインド社会に君臨した僧職階級を意味している．

ブラフマン［s: brahman］　brahman(中性名詞)の原義は「詩(ṛc)の持つ神秘的な力」．それを体現するのが brahman あるいは brāhmaṇa(いずれも男性名詞)すなわち祭官である*婆羅門(ばらもん)．祭官が唱える詩の力は神をも左右し，宇宙の根本的創造力と見なされ，さらには，一切に遍満する根本原理と同一視される．宇宙の本体である brahman(*梵(ぼん))が ātman(*我(が))と同一視されて*ウパニシャッドのいわゆる〈*梵我一如(ぼんがいちにょ)〉の教義が成立する．中性原理 brahman の神格化されたものが男性の最高神 brahman(*梵天(ぼんてん)，Brahmā)．梵我の本質を悟証し，その本体と合一することで人は*業(ごう)を離れ*解脱(げだつ)する．

ウパニシャッド聖典に説かれるブラフマンの考察を主眼とする『ブラフマ-スートラ』(*Brahma-sūtra*)の*ヴェーダーンタ神学は，根本物質(prakṛti，*プラクリティ)と純粋精神(puruṣa，*プルシャ)を峻別する*サーンキヤの二元論に対峙して，ブラフマンを世界の質量因かつ動力因とする*一元論を立てる．自己開展するブラフマンが世界を創造し，世界は存続の後，ふたたびブラフマンに帰滅する．動詞語根 √bṛh(増大する)からの派生語 brahman が表す極大，遍在，無限定のブラフマンの本質は有(sat)，知(cit)，歓喜(ānanda)とされる．

神話は，世界の維持者*ヴィシュヌ神，破壊者*シヴァ神と並ぶ創造者としてブラフマンを描くが，両神のように，民衆の熱狂的な信仰対象とはならなかった．図像においては，四面四臂(しめんしひ)，*ヴェーダなどを手に，*蓮華座あるいは鵞鳥の上に座す．→アートマン．

風流　ふりゅう　〈ふうりゅう〉とも．1世紀に後漢の班固の撰した『漢書』に，前代の美風のなごりの意に用いられており，唐代になると，『晋書』などで，転じてみやびやかなこと，おもむきのあることをいうようになる．さらに同書では倫理的意味から美学的意味へと重点を移し，洒落で高尚な遊びをすることの意味にも用いている．こうした用法を受けて，わが国では古くは〈風流〉を〈みさお〉〈みやび〉とも訓読し，心操が清らかで高雅なさま，超俗的なさまをいい，また美意識の表現としては物心両面について洗練された美しさをさした．「大倭(やまと)の国宇太の郡漆部(ぬりべ)の里に風流(みさを)ある女あり」〔霊異記上13〕，「本より心風流(ふりう)にして，永く凶害を離れたり」〔今昔20-42〕などは前者の例であり，「あしひきの山にしをれば風流(みやび)なみ」〔万葉集4〕は洗練された都会的教養を意味した例である．

また平安末期になると，特定の意味として雅趣に富む精巧な細工をさす語ともなり，これが原義となって以下のような語義を派生した．1)平安末期以降，中世にわたって行われた拍子物踊(ひょうしものおどり)の称．囃子物(はやしもの)を伴奏として，華麗な装飾・仮装で舞踏する．またその拍子物の称．中世には僧侶の行う*延年(えんねん)の舞にもとりいれられた．のちには，さまざまな趣向をこらした寺社の祭礼の傘鉾(かさぼこ)や山車(だし)を〈風流〉と称し，それらを取り巻いて踊ることをもいった．現在の京都祇園祭(ぎおんまつり)の山鉾巡行(やまぼこじゅんこう)などの祭事や，各地に残る民間芸能としての風流踊の類はその後身で，後者については*念仏踊との関連も指摘されている．「それならばここに風流の面がござる程に」〔狂言・鬮盗人〕. 2)衣服や車の上などにつける花その他の飾りもの. 3)意匠をこらすこと. 「古きを学び, 新しきを賞する中にも, またく, 風流を邪(よこしま)にする事なかれ」〔風姿花伝〕. なお, 風流が細工を意味した好例として, 『今昔物語集』4-12 では原拠の『大唐西域記』12 の「機関秘術(からくり細工の精妙さ)」を「目出たき風流」と和訳している.

不立文字 ふりゅうもんじ　禅宗が自らの立場を表明するに当たってしばしば用いたスローガンで, 〈四句〉の中の一つ. *悟りに至るためには文字(言葉)による教示は必ずしも役に立たない, あるいは悟りの境地を表現するのに文字(言葉)は十分ではないという意味であり, 古くは『血脈論』などに見るように, 〈*以心伝心〉とセットの形で用いられる場合が多かった. この句は, もともと〈悟り〉が〈言葉〉=〈概念的把握〉を超えたものであることを素直に表現したものであったが, 後に禅宗が教団として確立を見ると, 教学研究を事とする他宗に対して自らのアイデンティティーを主張するものともなり, 〈教外別伝(きょうげべつでん)〉とセットの形で用いられるようにもなった. →教外別伝.

プルシャ [*s*: puruṣa]　サンスクリット原語では「人」「男」「家来」などを意味するが, *サーンキヤ哲学の術語として純粋な精神をいう. 個我(*アートマン)に同じ. すでに*『リグ-ヴェーダ』に「プルシャの賛歌」があり, 神々がプルシャ(原人)を供物にして祭祀を行う. これは一種の創造説で, プルシャは過去から未来にわたる一切であり, その各部位からバラモンなどの*四姓(しせい)や月などが生じる. *ウパニシャッドの思索においてもプルシャは様々に言及されるが, サーンキヤ派の文献に至ると, プラクリティやその派生物(被開展物)と全く異なる純粋な精神とされ, 観照し経験の主体であるが決して行為の主体とはならない, などの特徴が提示される. 現象的存在はプルシャとプラクリティの結合によりプラクリティから開展したもので, プルシャとプラクリティおよび被開展物を識別する知の獲得により, 被開展物がプラクリティに収束し, プルシャも本来の独存すなわち*解脱(げだつ)の状態を回復する. →プラクリティ.

富楼那 ふるな　サンスクリット語 Pūrṇa Maitrāyaṇīputra(パーリ語 Puṇṇa Mantāniputta)に相当する省略された音写. 詳しくは富楼那弥多羅尼子(ふるなみたらにし). カピラ城(*カピラヴァスツ)の近郊ドローナヴァストゥという*婆羅門(ばらもん)村に生まれた. 原語の名はプールナ・マイトラーヤニープトラという. マイトラーヤニーは母の名で, プトラは子の意. 母マイトラーヤニーの子プールナが本名の意味. 母は釈尊がサールナートの*鹿野苑(ろくやおん)で*成道(じょうどう)後最初の*説法で弟子になった五比丘の一人アジュニャ-カウンディニャ(阿若憍陳如)の妹である. 富楼那は弟子の中で説法に関しては最も優れていたので, 説法第一と呼ばれた. 漢訳では〈満願子〉ともいう. 仏*十大弟子の一人.

プールナ-マイトラーヤニープトラ [*s*: Pūrṇa Maitrāyaṇīputra, *p*: Puṇṇa Mantāniputta]　⇒富楼那(ふるな)

古仏 ふるぼとけ　死後百日あるいは1年を経過, もしくは初盆を済ませた*亡者(もうじゃ)をいう. *冥途(めいど)へ旅立った死者の霊魂は, *盂蘭盆会(うらぼんえ)・*彼岸会や*命日に招かれて喪家へ帰り, 遺族の供養(くよう)を受ける. 1年・3年・7年とつづいて*年忌法要をうけるうちに, 当初の荒ぶる魂は次第に鎮静浄化され人間性を消却して祖霊化へのプロセスをたどる. こうして三十三回忌の*弔い上げによって祖先神へ昇華する. 仏(ほとけ)が神へ転化する民間の霊魂観は, 日本の民間信仰の特色として注意すべきであろう. →新仏(しんぼとけ).

分科 ぶんか　〈科〉(きりめ, 段落)を分かつこと. 経論を解釈するにあたって, 全体を総合的に理解しやすいように, 本文の内容によって段落を区切ること. その区切った段落毎に内容を簡潔にまとめた字句を〈科文(かもん)〉という.

分科は4世紀中国の*道安(どうあん)から始まるとされ, 〈*序分(じょぶん)〉(その経典が説かれるに至った由来・因縁を述べる部分), 〈正宗分(しょうじゅうぶん)〉(その経典の中心となる教説を述べる部分), 〈流通分(るずうぶん)〉(その経典の後世での普及・*流通をすすめる部分)の三つに分ける分科法が最も代表的なものであるが, その他にも種々の分科法が行われ, 後にはあまりに細かく分科したために, かえって煩雑となり文意をとらえにくくするものもあらわれた．*『法華文句(ほっけもんぐ)』1上に「廬山の竜師は文を分ちて序・正・流通と為す」とある．→科文．

分身 ふんじん ［s: vigraha］ 仏の身から分れ出たものという意．法華経如来寿量品において，久遠(くおん)の釈尊が説き明かされたが，その意図は，釈尊の代りとして立てられた種々の仏を釈尊にもどして統一しようとしたことにある．*菩薩行(ぼさつぎょう)という実践的角度から見れば，現実の釈尊は永遠の仏の現実活動態ということにもなる．このようにして，釈尊に久遠が冠せられ，その久遠釈尊に諸仏を帰一させようとした．逆にいえば，諸仏は釈尊の身から分れ出たもの，あるいは釈尊の身を分けたものということになる．これを〈分身〉といい，諸仏のことを〈分身仏〉(tathāgata-vigraha)という．「正しく世を護る時に当り，分身の法師来たり，悪を滅じ善根を増す」〔朝熊山縁起〕

糞掃衣 ふんぞうえ ［s: pāṃsu-kūla］ 〈糞掃〉は pāṃsu に相当する音写．ぼろきれの衣という意．ごみためや路地などに無価値なものとして捨てられたぼろきれを拾い集めて，その丈夫な部分を取ってよく洗い，それらを綴って1枚の四角い衣としたもの．最初期仏教の修行僧はこれを身にまとっていた．*『四分律』は〈牛に嚼まれた衣〉などの10種を，*『清浄道論(しょうじょうどうろん)』は〈塚間(ちょうけん)(墓場の中)に捨てられた衣〉などの23種を挙げる．「出家の人にまた三類あり．…もし中根の者は常に乞食(こつじき)・糞掃衣なり」〔往生要集大文第10〕「衣服に糞掃衣あり，食に常乞食あり」〔随聞記2〕

分段生死 ぶんだんしょうじ 略して〈分段〉ともいう．身体とその寿命とに分段(限界)がある*生死，すなわち，ふつうわれわれ*凡夫がこうむる生死のあり方をいい，〈変易生死(へんにゃくしょうじ)〉に対する．生れ変り死に変りするためには，*業(ごう)が因となり，*煩悩(ぼんのう)が*縁となるが，この分段生死は*有漏(うろ)の善・不善業を因となし，二障(*煩悩障・所知障)のうちの煩悩障を縁とし，変易生死が無漏(むろ)業を因とし所知障を縁とするのに対比される．「分段生死をはなれ，初果を証したる聖者，なほ貪(とん)・瞋(じん)・癡(ち)等の三毒をおこす」〔三部経大意〕「分段の身は，衣食に依りて罪造る」〔今昔15-28〕．→変易生死，障．

忿怒 ふんぬ ［s: krodha］ いきどおり怒ること．仏像表現の一様式として，外敵の侵入を防ぐ守護尊，また*教化(きょうけ)し難い者を*調伏(ちょうぶく)・教化する教令輪身(きょうりょうりんじん)(→三輪身)は忿怒を身体的に表した〈忿怒相〉をとる．*不動明王はじめほとんどの*明王が忿怒相をとる〈忿怒尊〉(または忿怒王とも)である．具体的には，髪は燃え上がるがごとくに逆立ち(焔髪(えんぱつ))，3眼や5眼で多面多臂(ひ)多足となることも多く，口には牙を出し，手足を振り上げ威嚇する姿勢をとり，手には武器を持つことが多い．「忽ちに端正美麗の形を棄てて，本の忿怒暴悪の形と成りぬ」〔今昔13-4〕「金銀の泥をもって四大忿怒王の像四軀，四摂・八供養・八大天王の像等を画く」〔性霊集6〕

分別 ふんべつ ［s: vikalpa］ 対象を*思惟(しゆい)し，識別する心のはたらき．すなわち普通の認識判断作用をいう．*凡夫(ぼんぷ)のそれは，個人の経験などによって色づけられた主観と対象としての事物との主客相対の上に成り立ち，対象を区別し分析する認識判断であるから，事物の正しいありのままの姿の認識ではなく，主観によって組み立てられた差別相対の虚構の認識にすぎない．それゆえ凡夫の分別は，〈妄分別(もうふんべつ)〉ないし〈虚妄(こもう)分別〉(abhūta-parikalpa)と呼ばれる．それに対し，主客の対立を超えた真理を見る智慧を〈無分別智〉という．なお*『倶舎論(くしゃろん)』は分別を，眼(げん)識から身(しん)識までの五識がそれぞれの対象をとらえる〈*自性(じしょう)(svabhāva)分別〉，意識がそれらを思考・判断する〈*計度(けたく)(nirūpaṇa)分別〉，および意識が過去を記憶あるいは想起する〈随念(ずいねん)(anusmaraṇa)分別〉の三分別に分け，五識には自性分別をのぞく他の二分別がないことを強調する．またサンスクリット語の viśeṣa(特殊)，pariccheda(判別)，nirdeśana(開示)，vibhāga(分析)などもときに〈分別〉と訳される．→無分別．

俗には，物事をわきまえることの意に用いられ，〈無分別〉といえば思慮の足りないの意義で使われるから，この用法は〈無学〉(→有学(うがく)・無学(むがく))の例と同様，本来の意義とは反対の用法である．

「分別みだりに起こりて，得失止む時なし」〔徒然75〕「もしこの分別計度(けたく)を忘れ得

たらば…浄土穢土，凡夫聖賢のへだても亦あるべからず」〔夢中問答中〕

へ

平安文学と仏教（へいあんぶんがくとぶっきょう）　平安朝文学と仏教とのかかわりを大観すると，1)弘仁・承和期の空海・円仁を中心とする文学，2)貞観・寛平期の道真・長谷雄・清行らを中心とする文学，3)延喜・天暦期の竹取物語・宇津保物語，太子伝・日蔵入冥記の文学，4)長保・寛弘・万寿期の往生要集・三宝絵・極楽記，源氏物語・栄花物語，5)院政期の明衡・匡房の文学・唱導と絵巻，と大きく分けられよう．

空海（くうかい）は渡唐以前の青年期に人生いかに生くべきかを思索し，大学に学び，山林に修行し，儒教・道教を究めて，仮名乞児（けみょうこつに）(仏教)の生き方こそ行くべき道だということを漢文体小説，戯曲的対話の構成で創作した．*『三教指帰（さんごうしいき）』がそれで，わが国最初の仏教文学作品である．また彼の作品は*『性霊集（しょうりょうしゅう）』10巻に集められる．山居詩，山水文学，多くの願文・供養の文がまとめられて偉観である．

最澄（さいちょう）の散文*『山家学生式（さんげがくしょうしき）』も注目すべき人間形成の理念を具体的に表現したもの．空海の後を慕って入唐した円仁（えんにん）の紀行文学*『入唐求法巡礼行記（にっとうぐほうじゅんれいこうき）』は，入唐渡海，五台・長安における求法の情景が活写され，また俗講説唱の記録を残していることも貴重である．

弘仁中に薬師寺私度僧景戒（けいかい・きょうかい）は奈良時代から延暦にかけての本朝の応験説話集*『日本霊異記』3巻を編集．序文によれば中国の*『冥報記（めいほうき）』*『金剛般若経集験記（こんごうはんにゃきょうしゅうげんき）』などを範として，日本の現報善悪霊異の説話を集めたという．*『日本感霊録』も元興寺沙門義昭（ぎしょう）が編集した唱導説話集である．またこの時代の僧と宮廷との風雅の交わり，漢詩の酬唱の作品は嵯峨朝勅撰詩集の梵門部に収められる．興福寺の僧団が仁明天皇の40歳の賀の長歌を作るが，そこには仏教の典故を作り物に表し，歌に詠んでおり，『浦島子伝（うらしまのこのでん）』や『柘枝伝（しゃしでん）』の神仙小説をも造型化している．

菅原道真（すがわらのみちざね）の『菅家文草』には，道真の漢詩作品と散文の願文を収めるが，元白(元稹(げんしん)と*白居易)文学の影響と相並んで，仏教文学的要素が色濃い．『紀家集』は紀長谷雄(きのはせお)の別集，「雲林院行幸記」「仁和寺法華会記」「真済伝」などを含む．三善清行(みよしのきよゆき)は「意見十二箇条」などで僧徒の堕落を戒め，自ら「詰眼文」を作って，心眼を開いて*三帰の門に入る(仏・法・僧に帰依する)ことを勧める．

延喜・天暦に至ると，それまでの漢文一辺倒の意識に変革が起り，*和様(わよう)文化の盛んに興る時代となる．『竹取物語』は中国仏典や民俗の影響ありといわれ，『宇津保物語』の「俊蔭巻」には仏典の浄土描写の影響があり，「楼上巻」はやはり浄土表象を発想契機とする．

古因果経絵巻や経絵を描いた屏風や本生物語絵など，*仏伝・*本生譚・仏経霊験説話類が絵に描かれ，*絵解きされ，また四天王寺の画堂や法隆寺の太子霊廟の壁に描かれた太子伝絵による絵解き台本なども整理されて，『聖徳太子伝暦』などもこの頃に纂修されるが，平安朝中期，王朝文学の黄金時代になると，源為憲(みなもとのためのり)の*『三宝絵』が描かれ，その詞書が出る．王朝仏教文学の代表的な名作である．これと前後してもう一つの仏教文学の傑作である源信(げんしん)の*『往生要集』と慶滋保胤(よししげのやすたね)の*『日本往生極楽記』が成立する．『日蔵上人蘇生記』がもとになって，『北野天神縁起』の道真伝と冥界の地獄めぐり説話が絵を伴って民衆社会に浸透するのもこのころからである．*『和漢朗詠集』が藤原公任(ふじわらのきんとう)によってまとめられると，その仏事部の詩句や和歌が上下の社会にひろく朗唱される．

王朝密教が宮廷貴族の信仰を支配し，一方天台系の浄土信仰の鼓吹が台頭してくる長保・寛弘期に名作*『源氏物語』が紫式部により，さらに『栄花物語』の歴史実録文学が赤染衛門らにより作られる．『栄花物語』の法成寺建立前後の叙述は見事な仏教文学と言ってよい．また『源氏物語』の「桐壺巻」より「夢の浮橋巻」に至る構想は，仏伝・本生譚の仏教故事が発想の契機になっていることが，近時の研究で明らかになった．

院政期における仏教文学の盛行は，*『今昔物語集』の成立と，藤原明衡(あきひら)の『本朝文粋』と，大江匡房(おおえのまさふさ)・三善為康(みよしのためやす)による*往生伝の続撰にみることが出来る．ことに最近*『注好選(ちゅうこうせん)』の新出，『古本説話集』の発見は，『今昔物語集』成立に新しい問題を投げている．

鎮源(ちんげん)の『大日本国法華経験記』(*『法華験記』)や実叡の*『地蔵菩薩霊験記』など，相次いで撰せられるとともに，王朝の仏教文学の精華は，勅撰和歌集である『千載和歌集』の*釈教歌(しゃっきょうか)や，*『梁塵秘抄』の雑法文歌，安居院(あぐい)の澄憲(ちょうけん)・聖覚(せいかく)らの唱導文学*『言泉集(ごんせんしゅう)』などに見ることが出来る．

また12世紀後半ごろから*『信貴山縁起』のような絵巻の傑作が出現し，藤原俊成の『極楽六時讃絵解和歌』などと共に，中世的な仏教文学の形成—*『平家物語』の成立，『西行物語絵』の流行などの時代を呼び起して来るのである．→上代文学と仏教，中世文学と仏教，近世文芸と仏教，近代文学と仏教．

平家納経 へいけのうきょう　平清盛(たいらのきよもり)(1118–81)が1164年(長寛2)に厳島神社(いつくしまじんじゃ)(広島県佐伯郡宮島町)に奉納した装飾経．*法華経(ほけきょう)28品と*無量義経(むりょうぎきょう)・*観普賢経(かんふげんぎょう)・*阿弥陀経(あみだきょう)・*般若心経(はんにゃしんぎょう)各1巻に*願文(がんもん)1巻をそえた33巻である．清盛の願文によると，平家一門の繁栄は伊都伎島大明神の御加護によるものであり，その報恩のために一門の者32人が各巻を担当して制作したことがわかる．経巻はいずれも表紙・見返し・料紙・発装・金具・紐・軸に至るまで善美をつくして装飾され，特に，表紙・見返しに描かれた経意絵には多彩な絵画表現が用いられる．平安時代の代表的な装飾経である．→装飾経．

平家琵琶 へいけびわ　琵琶の一種．*『平家物語』を語る折の伴奏楽器として使われたところからこの名がある．海老尾が胴とほぼ直角に付いていて雅楽(ががく)琵琶に似るが，小さく，全長約60センチメートル．4絃5柱を標準とする．なお，琵琶を伴奏として『平家物語』を語る芸能，すなわち〈平曲(へいきょく)〉をも平家琵琶という．13世紀以降，京都を中心とし，各地の寺院に属する*琵琶法師によって語り広められた，源平合戦関係死者の鎮魂の仏教芸能である．

『平家物語』 へいけものがたり　12世紀末の源平

合戦に取材した軍記物語．12巻．成立年代，作者ともに未詳であるが，13世紀の末には*琵琶法師によって語り広められていたことが判明している．ただし，その語り口は現代に伝えられていない．伝本が多く，系統も錯綜しており，大きく語り本・読み本に大別される．前者は平曲・流布本につながり，後者は講釈でひろまったと考えられる．「奢れる者」「猛き人」であった平清盛とその一門が，「春の夜の夢」「風の前の灯」のようにあえなく滅びていったという歴史に焦点をしぼって物語を展開する．思想基盤には，〈*諸行無常〉〈盛者必衰〉という仏教の*無常観があり，日本文学史上有数の仏教文学であるということができる．

『平家物語』には，*『徒然草』226が成立の場と認定する比叡山延暦寺をはじめとして，高野山・熊野三山・奈良の諸大寺，清水寺・長谷寺・粉河寺・善光寺・厳島など多くの寺社にまつわる縁起・霊験・信仰談が組み込まれており，作品形成の過程にそれらの寺社を中心とする*唱導の物語が関与したことが知られる．

平間寺 へいけんじ　⇒川崎大師

吠舎 べいしゃ　サンスクリット語 vaiśya に相当する音写．ヴァイシヤ．〈毘舎〉とも．インドの*四姓(ヴァルナ)の一つで，農業耕作民および商人階層をいう．身分的には*婆羅門，*刹帝利の上位二階層に支配されたが，儀礼的にはその二階層とともに，入門式によって*再生できる再生族に属した．

平常心 へいじょうしん　〈びょうじょうしん〉とも．日常の心．つね日頃の心．〈平常〉の語は『後漢書』光武紀に「飲食言笑，平常の如し」とある．禅では，純粋の修養によって析出された真心や理念的に超越化したり内在化したりする本心を尊ぶのではなく，個々の人それぞれの生き生きとして日常底において働く心を強調し，それがほかならぬ悟りの心であると主張する．唐代禅の代表的な禅者である*馬祖道一や南泉普願(748-834)は，「平常心是道」(ふだんの心がそのまま悟りである)という．徹底した日常行為の肯定は，禅思想の核心的な主張である．

平生業成 へいぜいごうじょう　平生不断において，*他力の信心を獲得したその時に*往生の業因が成就し，浄土に生れる身にさだまること．臨終に*来迎を期待する〈臨終来迎〉に対して，*親鸞は「来迎は諸行往生にあり，自力の行者なるがゆゑに．臨終といふことは，諸行往生のひとにいふべし．いまだ真実の信心をえざるがゆゑなり」〔末灯鈔1〕と教誡し，*覚如・*存覚・*蓮如はこれを伝承して真宗の教義を明確化した．「親鸞聖人の一流においては平生業成の義にして臨終往生ののぞみを本とせず」〔浄土真要鈔〕

炳霊寺石窟 へいれいじせっくつ　中国，甘粛省永靖県の西南約40キロメートル，黄河北岸の小積石山に開鑿．上寺・下寺のうち大部分は下寺地区に集中．窟龕の総数は196．その内で下寺は窟40，龕144．規模最大の第169窟で「西秦建弘元年」(420)の造像題記が発見されたが，石窟創始はさらにさかのぼる可能性が高い．岩壁は砂岩だが初期第169窟は*塑像による造像で，壁間に*壁画を配する．そのうち一仏二菩薩像の第6号龕に「無量寿仏」の墨書題名があるのは注目される．開鑿は北魏・北周・隋・唐までつづく．→石窟寺院．

『ヘーヴァジュラ-タントラ』［s: *Hevajra-tantra*］　インドで9世紀後半に成立したと考えられる後期密教聖典．現行のテキストは根本*タントラから「金剛蔵現等覚」と「幻化」の2*儀軌を抄出したものとされ，『二儀軌』(*Dvikalpa*)とも呼ばれる．漢訳に法護の大悲空智金剛大教王儀軌経があるが，中国・日本では流行しなかった．D. スネルグローブが，サンスクリット校訂テキストを出版している．一般に無上瑜伽母タントラに分類されるが，チベット仏教*サキャ派では不二タントラとする．このタントラには，四輪三脈説や四歓喜などの，後期密教独自の生理学説が明確に説かれている．また*生死と*涅槃，*方便と*般若など，二元対立の絶対的統一の象徴として，性的な譬喩を大胆に用いる．そのため後期密教における堕落の最たるものとして，しばしば批判されることになった．→無上瑜伽タントラ，四輪．

壁画 へきが　建築物や墳墓などの壁面に直接描かれた絵画．人間の生前や死後の生活にかかわる空間を装飾するため生まれた．とくに古い時代には装飾を彫刻や浮彫で表し，その上に彩色することが行われたが，次第に壁画が主流をなすようになった．また時には壁画を背景に浮彫や丸彫の像を配することもある．→仏画．

【技法と壁面】中近東以西では石造建築の内部装飾としてはじめモザイクが用いられたが，やがて壁画が一般的となった．これらはいずれも漆喰しっくいの地塗りをていねいに施し，その上に彩色するが，彩色時に漆喰面が湿性の場合と乾性の場合とがあり，前者をフレスコ，後者をセッコという．東洋の石窟壁画の多くはセッコと推定される．日本の場合は木造建築を主流とし，壁画はごく一部に土壁画がある以外は，ほとんど〈板壁画〉で，白土下地を施した壁・扉・柱・天井などに彩色装飾を行う．なお日本では，このほかに間仕切りとして床壁や襖ふすまなどをめぐらし，これに仏画を含む各種の絵画を描くことが多いが，これは一般的に〈障壁画しょうへきが〉と呼ばれ，紙などに描いたものを貼り付けたものである．

【インド・中央アジア】著名な仏教壁画では，インドには*アジャンター諸洞の*仏伝・*本生図ほんじょうず，スリランカにはシーギリヤ岩窟の供養者像やダンブラ石窟の仏伝図，アフガニスタンには*バーミヤーン大仏背後の太陽神(スーリヤ)・千仏図などがあり，中央アジアには天山南道沿いのホータン周辺の仏教寺院址から発見された各種の壁画，天山北道沿いでは*キジル千仏洞，トルファン周辺のベゼクリク・トユクなどの千仏洞の石窟画から，果ては*敦煌莫高窟とんこうばっこうくつ壁画へと連なる仏教絵画東伝のルートが確認される．これらの*石窟寺院の壁画は地域によって多少の差はあるが，仏伝・本生譚を主題とするものから，大乗仏教の教理に基づいた仏菩薩像・*浄土変や経変まで，各時代・各地域の信仰に対応するさまざまの壁画が伝えられる．

【中国・日本】中国では唐代(618–907)に寺院壁画が最盛期を迎え，浄土変を主体とする壁画が流行した．そのほとんどすべてが失われたが，壮大な画面構成の一端は，敦煌莫高窟安西楡林窟ゆりんくつなど西北地方の石窟壁画や，西安周辺の墳墓壁画から類推できる．

日本の仏教壁画はすべて木造建築に付属するもので，土壁に描かれた遺品は，*法隆寺金堂・五重塔壁画(飛鳥時代後期)および*法界寺ほうかいじ阿弥陀堂小壁画(鎌倉時代)にすぎず，障壁画を論外におけば，他はすべて木造の壁・扉・柱・天井などに描かれた広義の板壁画である．著名な遺品には，*栄山寺えいさんじ八角堂柱絵(供養菩薩，奈良時代)，*室生寺むろうじ金堂後壁画(伝帝釈天曼荼羅，平安前期)，*醍醐寺だいごじ五重塔初層壁画(両界曼荼羅・真言八祖，平安後期)，*平等院鳳凰堂ほうおうどうの壁扉画(九品往生図ほか，平安後期)などがある．

『碧巌録』 へきがんろく　詳しくは『仏果圜悟禅師碧巌録』という．10巻．『碧巌集』ともいう．*雲門宗4世の雪竇重顕せっちょうじゅうけん(980–1052)が百則の*公案(本則)をまとめ，各則に*頌じゅ(詩の形で唱和したもの．→偈)を付した『頌古じゅこ百則』に対し，臨済宗11世の*圜悟克勤えんごこくごんが各則ごとに垂示すいじ(本則に対する簡単な序)，*著語じゃくご(本則と頌に対する簡単なコメント)，および評唱ひょうしょう(本則と頌に対する批評解説)を加えたもの．雪竇の文学的表現と圜悟の哲学的手腕が渾然一体となって，宗教書であると同時に，秀れた文学書ともなっている．*看話禅かんなぜんの発展はこの書に拠る所が大きく，この書に倣って*『従容録しょうようろく』*『無門関むもんかん』が作られた．宗門第一の書といわれ，近世日本禅に測り知れない影響をもつ．

別院 べついん　本山・本寺とは別に，それに準ずるものとして設けられた寺院．特に真宗では由緒の保存，末寺・門徒の統轄，また伝道教化のために指定あるいは建立され，明治以前は一般に〈御坊ごぼう〉と称したが，1876年(明治9)〈別院〉と名づけられて今日に及んでいる．本山より*輪番を任命して管理に当らせる別院と，由緒寺院としての別格別院とに分けられる．「当寺院は，夜須麿の上表によりて，延暦寺の別院となりをはりぬ」〔園城寺所司等解案 貞観 9.2.28〕

別願 べつがん　特別の願，すなわち仏・菩薩がそれぞれ独自の立場から立てた誓願せいがんのこと．*四弘誓願しぐぜいがんを〈総願〉というのに対する．総願とは，すべての仏・菩薩に共通して見られる誓願のこと．別願として，たとえば阿弥陀仏の*四十八願，釈迦仏の五百誓願，薬師仏の十二願，普賢菩薩の十大願などがある．中でも阿弥陀仏の四十八願がよく知られ，これはあらゆる衆生を救う願いをおこした*法蔵菩薩が世自在王仏の前で立てたものである．「もし別願あらば他方に生まるといへども，これ自在の生滅にして業報の生滅にはあらず」〔往生要集大文第2〕「第十八の願は別願の中の別願なり」〔教行信証化身土〕．→誓願，本願．

別教 べっきょう　天台宗では，化法四教の第三の称．他と区別して*菩薩だけに対して説かれる教えなので〈別教〉と名づける．菩薩が漸次に修行し，段階的な*悟りを経て仏となるという教え．空・仮・中の*三諦を順序だてて段階的に観察(次第三観)する点で，*円教の*一心三観と区別される．*華厳経がこの教えを説くとする．また華厳宗では，〈別教一乗〉のことで，声聞・縁覚・菩薩の*三乗の教えと完全に異なる一仏乗の超絶的教えをいい，華厳経をこれに配し，*法華経の〈同教一乗〉と区別する．転じて，広く*大乗のすぐれた教えの意ともする．「もし別教の人ならば，歴劫に修行して無生忍を悟り，もし円教の人ならば，乃至悪趣の身にてもまた頓証する者あり」〔往生要集大文第10〕．→五時八教，一乗．

別時念仏 べつじねんぶつ　日々の念仏では怠りがちとなるため，特定の期間を設けて，不断に念仏を行ずること．源信は*『往生要集』大文第6において，経論を引用しながら，別時念仏を平常に行うもの(尋常の別行)と*臨終に行うもの(臨終の行儀)とに分けた．前者は平常時，特別に1日から7日，10日から90日と期限を定めて，一心に弥陀を念じ名を称えること，後者は臨終に際して，弥陀の*来迎と浄土への*往生を願って念仏することを意味する．「湛増の墓堂において隣里に勧進し，七箇日別時の念仏を修する間」〔古事談4〕

別所 べっしょ　仏教諸宗の修学・修行に不満をいだく*聖たちが，本寺を離れた別の場所に*隠遁して，それぞれ集団を結んだ所．すでに平安時代から*比叡山・南都・*高野山などに別所がみられる．比叡山には七別所があり，西塔の北谷の黒谷別所から叡空や*法然が出た．また東大寺の南山城の光明山別所には*永観・*実範・明遍がいたが，特に明遍は高野山の蓮華谷別所に再隠遁し，いずれも念仏の*勧進につとめた．

なお，これら別所の念仏聖集団の行状は，発心往生説話や懺悔物語などに潤色されて数多く中世文学に登場している．特に高野系別所聖の間で醸成された説話物語が『平家物語』に投影し，また『三人法師』や『苅萱道心』などの中世物語として文学史に足跡をとどめていることは著名である．

「西塔の北谷の下に黒谷と云ふ別所有り，その所に籠り居て，静かに法花経を読誦し」〔今昔13-29〕「一人の娘をば母方の伯母なる人の許に預け置きて，高野の天野の別所に住み侍るなり」〔撰集抄9〕

『別尊雑記』 べっそんざっき　常喜院心覚(1117-80)が撰述した図像集．『五十巻抄』『別尊類聚鈔』『要尊雑記』とも．57巻の原本は*仁和寺蔵．心覚は天台宗三井寺の僧から真言に転じ，高野山などで勉学．*事相(実践法)研究に専念し，小野・広沢両流(*野沢二流)を修めた．密教尊像の梵号・*種子・尊像図・*曼荼羅図・印言などを記載．如来・仏頂・諸経・観音・菩薩・忿怒・天などの各部に分類し計121尊を収録．恵什の*『図像抄』(平安後期)，寛助の『別行鈔』(平安後期)などを参考とし，*『覚禅抄』に影響を与えた．→図像．

別尊曼荼羅 べっそんまんだら　*修法の目的に最もかなった*本尊を中心に諸尊を構成する曼荼羅．天変地異や病気などの災害を除く息災法(→息災延命)，事業の成功や延命を願う*増益法，愛しあい和合をはかる*敬愛法など，修法の*儀軌が整備されるにしたがい各種が作られた．

本尊により次のように分けられる．1)如来中心：*法華・*請雨経・*宝楼閣・菩提場・*尊勝曼荼羅など．2)仏眼・仏頂中心：*仏眼・*一字金輪・*大仏頂・*六字経・*星(北斗)曼荼羅など．3)菩薩中心：*阿弥陀・*五秘密・*五大虚空蔵・*八字文殊・*弥勒曼荼羅など．4)明王中心：*孔雀経・*仁王経・*愛染・*十二天・安鎮曼荼羅など．5)天中心：*閻魔天・*吉祥天・*童子経曼荼羅など．6)垂迹：*春日・*熊野曼荼羅など．以上のように種類はきわめて多い．わが国では平安時代末から鎌倉時代にかけて盛行した．→曼荼羅，両界曼荼羅．

別当 べっとう　原義は，兼務の長官を意味したが，やがて専任の長官の称となった語．諸大寺に置かれ，長官として，*三綱を指揮して寺務を統括する職．従来は，752年(天平勝宝4)*良弁の東大寺別当任命，757年(天平宝字1)慈訓の興福寺別当補任など奈良時代に始まるとされてきたが，それは間違い．平安前期に東大寺を初めとする諸寺に別当が補任され，他の寺にも広がった．その任命は，寺の五師(寺務を担当した5人の役僧で，〈年預五師〉ともいう)，*大衆の推挙(興福寺は藤原氏の簡定)を受けて官が行い，任期は4年であった．また，別当には，寺院経営の実務を担当する〈小別当〉，次期別当の立場にある〈権別当〉，上級官人を任じて*伽藍造作や*得度の庶務などを処理させる〈俗別当〉などがあった．さらに，盲人*琵琶法師などの当道座四官の一つとしての別当もある．「この寺(薬師寺)の別当とて年ごろあるに，道心並びなくして」〔今昔15-4〕

ベトナム仏教 ―ぶっきょう　ベトナムは，東南アジア諸国の中で唯一，漢字仏教圏に属する．これは，前漢がベトナム北部に交趾部九郡を置き，中国文化が広まったことによる．中国から交趾に移住した牟子がベトナムに仏教を伝えたとする伝承もあるが，インドから交趾に移住した西域商人の子孫である*康僧会が3世紀半ばに中国にわたって活躍していることなどから見て，牟子が活動した頃の交趾には，既にインドから海路で仏教が伝わっていたようである．

一時，独立したものの隋に征服されたのちは，インド僧の毘尼多流支(Vinītaruci)の弟子である法賢が*楞伽経に基づく*禅を広め，9世紀初めには，入唐して*南岳懐譲に学んだ無言通が*南宗禅を導入し，この二派がベトナム仏教の中心となった．11世紀初めに中国から独立して李朝が，また13世紀に陳朝が成立すると，歴代の皇帝は仏教を尊信したため，禅僧が政治・外交・文学などの面でも活躍するようになり，臨済禅も盛んとなっていった．明朝への服属期を経て，1428年に独立して大越が成立したが，大越および以後の王朝では*儒教が盛んとなって仏教の勢力は衰え，禅と*浄土教信仰との習合が進んで，中国宋代の白蓮宗(*白蓮教)の流れをくむ蓮宗が勢力を伸ばした．ベトナム仏教は民族主義的な面もあり，民間では聖霊信仰・祖先崇拝・儒教・道教などと習合した仏教が行われている．

ペリオ［Paul Pelliot］　1878–1945　フランスの東洋学者．1901年にハノイのフランス極東学院の教授となり，さらに1906–09年の間，中央アジア各地の遺跡を調査し，古文書・写本・木簡・絵画・彫刻など多数を発見した．とくに1908年，*敦煌の千仏洞において多くの写本や古文書などを収集した．漢文，チベット語，サンスクリット語，コータン語などからなるこれらの膨大な文献は，*スタイン収集の*敦煌文書と双璧をなすもので，東洋史学や仏教学をふくむ関連研究に多大な貢献をなした．アジアの諸国語に通じたかれは，『敦煌千仏洞』6巻をはじめ多くの著書・論文を発表し，1920年以降は，『通報』(*T'oung Pao*)の編集者としても活躍した．

変化 へんげ［*s*: nirmāṇa, nirmita］　万物の相が種々に変じること．仏教では，種々に形を変えて現れること，*神通力によってさまざまな姿に変わることをいう．また，変じたその身体を〈変化身〉〈*化身〉などという．日本では，特に仏神をはじめ，人間以外の霊的存在が通力によって人間に変身することをいい，それがやがて限定的に用いられて，妖怪・化け物の意に転じた．なお，この語そのものはもと，中国の『易経』の変易思想や『荘子』の融通無礙を表現する語としてよく用いられていたもの．「其の女は変化の者などにて有りけるにや」〔今昔29-3〕

変化観音 へんげかんのん　⇒観世音菩薩，三十三身，三十三観音

辺見 へんけん［*s*: antagrāha-dṛṣṭi］〈*辺執見〉ともいう．極端なことに執着する誤った見解のこと．具体的には，自我は人の死後も存続する*常住なものであるという*常見と，自我は人の死後には断滅するという*断見との二つの見解に固執すること．仏教では，自我(ātman)という常住・不変・単一・

自在な実体の存在を認めず，各瞬間に滅しながらも一つの流れ(相続)として続く意識を認める．人が*解脱げだつして*輪廻りんねを超越しない限り，その死後もこの意識の流れは続くが，それは自我ではない．→見．

『弁顕密二教論』べんけんみつにきょうろん　平安初期，真言宗開祖*空海くうかい(弘法大師)の著作．2巻．815年(弘仁6)頃の作か．*顕教(法相ほっそう・三論・天台・華厳けごんの4宗)と*密教(*真言宗)との差別・優劣を弁別し，真言宗の優越性と独立性を明らかにしたもの．顕密二教の*教相判釈きょうそうはんじゃくを説く．本書は「序説」と「引証喩釈」と「結語」とから成る．多くの引証文をあげるが，その趣意を要約すると，第一能説の仏身，第二所説の教説，第三成仏の遅速，第四教益の勝劣について顕密二教の著しい相違を説く．

弁才天べんざいてん　[*s*: Sarasvatī]　〈弁天〉と略称し，〈妙音天みょうおんてん〉ともいう．サラスヴァティー．インド最古の聖典*『リグ-ヴェーダ』のなかにあらわれる河川の神．水の女神，豊穣の女神で，後代には言葉の女神となり，学問・芸術の守護神とされ，特に詩人によって尊崇された．また〈弁財天〉と記される場合は，財福神の性格を示す．形像は，八臂はっぴまたは二臂にひで，白衣をまとい白蓮華の上に坐り琵琶を持つ．音楽・弁才の神としても信仰され，日本でも弁天の祀堂は湖辺・海辺にある．*七福神の一つ．遺例として，八臂像に東大寺*三月堂像(奈良時代)や吉祥天厨子扉絵(鎌倉時代，東京芸術大学蔵)，二臂像に鶴岡八幡宮像(鎌倉時代，神奈川県鎌倉市)などがある．なお，江ノ島・竹生島ちくぶしま・厳島いつくしまに祀る弁天は，三弁天として名高い．

偏衫へんさん　〈褊衫〉とも書き，〈へんざん〉とも読む．僧服の一つ．中国,北魏時代に，僧侶の*偏袒右肩へんだんうけんを嫌った宮人が，肩を覆う衣を布施したのに始まり，*律りつに定める*僧祇支そうぎしと，右肩を覆う袖のある衣を合わせ，衿えりをつけて縫い合わせて作製したものという．仏像彫刻では，北魏以降の中国の作例や，日本の作例に右肩を覆う方衣があらわれ，現代の研究者がそれを偏衫として認識してきたが，通肩つうけんに着けた僧祇支の右肩の部分と解釈すべきである．「褊衫のくびは手巾しゅきんにおほはれ，両袖は手巾にゆひあげられて」〔正法眼蔵洗面〕「三衣一鉢を受持し，衣を黒くし褊衫となして着し，大きなる袈裟をかけて」〔聖誉鈔下〕

遍充へんじゅう　[*s*: vyāpti]　遍満，充満の意味．三支作法さんしさほう(あるいは*五分作法ごぶんさほう)による推論(*比量ひりょう)の喩支ゆし(西洋の三段論法の大前提に相当)によって述べられる所立法しょりゅうほう(論証対象)と因(論証因)の関係，すなわち，所立法が因に必然的に随伴する関係．たとえば「かの山に火あり」を(かの山に見られる)「煙」から推論する際の「煙あるところ，そこに火あり」なる喩支が「煙」と「火」の遍充関係，つまり「火」が「煙」を遍充することを表明する．この関係を推論の主題である「かの山」に及ぼして，「かの山に火あり」を得る．比量において遍充を明確に述べるようになったのは*無着むじゃく(4–5世紀)の頃と考えられるが，仏教が初めてかどうかは不明である．喩支はそこにおいて遍充関係が成り立つ喩例(「かまど」)を必要とするが，後にラトナーカラシャーンティ(10–11世紀)は喩例を不必要とする遍充論(内遍充論)を唱えた．なお〈遍充〉は近代の訳語である．

辺執見へんじゅけん　〈へんしゅうけん〉とも．〈*辺見〉に同じ．1)自我と自我の所有物をありとする*有身見うしんけん(satkāya-dṛṣṭi)，2)辺執見(antagrāha-dṛṣṭi)，3)業報因果の道理を否定する*邪見(mithyā-dṛṣṭi)，4)誤った見解を真実とする見取けんじゅ(dṛṣṭi-parāmarśa)，5)正しくない戒律や禁制を悟りに導くものと誤解する*戒禁取かいごんじゅ(śīlavrata-parāmarśa)とを〈五見〉(五つの邪見)といい，その第2の辺執見とは，自我は死後も*常住であるとする*常見と，自我は死後断滅するという*断見，つまり自我の有と無とに固執する極端な誤解のことである．→見．

遍照へんじょう　[*s*: Vairocana]　*毘盧遮那仏びるしゃなぶつ，いわゆる*大日如来だいにちにょらいの原語Vairocanaの訳．大日如来の密号みつごう(密教内部での符号的呼び名)を〈遍照金剛こんごう〉という．また日本密教の開祖弘法大師*空海の*灌頂かんじょう名を〈遍照金剛〉というが，それは空海が唐長安*青竜寺せいりゅうじにおいて*恵果けいか阿闍梨あじゃりより両部灌頂を受けた折，*金剛界の場合も*胎蔵たいぞう界の場合もいずれも投華とうけした華が*曼荼羅まんだら中央の大日如来の上に落ちたという奇瑞に由来するものと考えられる．後世，日本において空海は神格化され，彼に対して〈南無遍照金剛〉という*名号がとなえられるが，これは空海自身に対する帰依と同時に，その背後にある，あるいは空海自身がそれと同一視される*法身・大日如来への帰依をも意味する．

遍照 へんじょう　816(弘仁7)-890(寛平2)　〈遍昭〉とも表記．天台宗の僧．俗名良岑宗貞．大納言良岑安世の子．僧正．在俗時は仁明天皇の寵臣として左近少将・蔵人頭に進み，才学優長の聞えが高かったが，天皇の崩御にあって850年(嘉祥3)比叡山で出家．円仁に師事し，その没後円珍より三部の*伝法灌頂を受け，台密を究めて*安然に相承した．陽成天皇母后藤原高子発願の元慶寺(花山寺)を付託されて*定額寺とし，その座主となったことから花山の僧正と称された．和歌に長じ，六歌仙・三十六歌仙の一人．歌風は概して知的で軽妙洒脱の風があり，『古今和歌集』以下勅撰集にも多数入集．家集に『遍昭集』がある．なお，往生人として『続本朝往生伝』に収められ，出家にまつわる逸話や行状は『大和物語』『今昔物語集』19-1などにみえて著名．出家時の詠「たらちねはかかれとてしもうば玉のわが黒髪をなでずやありけむ」や，『小倉百人一首』中の「天つ風雲の通ひ路吹きとぢよをとめの姿しばしとどめむ」などは人口に膾炙する．

変成男子 へんじょうなんし　女性が仏となるときは男子に変ることを言った語．〈転女成男〉とも．法華経提婆達多品では，前半に*提婆達多の成仏を述べ，さらに，五障の故に悟りを得ることが出来ないとされていた女性が法華経を会得して成仏することが，後半部分の主題となっている．すなわち，文殊菩薩が*竜宮で説いた法華経を聞いて，*娑竭羅竜王の8歳になる娘(*竜女)が悟りを得たという．「変じて男子と成る」と訳されたもとのサンスクリット語は，「女性の器官が消滅して，男性の器官が現れ」の意．仏の要件である*三十二相の中に*陰馬蔵相(男性の器官が平時は馬のように体内に隠れている)があることから，仏は男性でなければならないと考えられるにいたった．インド古来の女性差別の思想が仏教に取りこまれて，女性は成仏できないとされたが，「提婆達多品」は，そのように差別された女性も成仏できることを述べる．

『更級日記』の作者が少女時代，夢に「法華経の五の巻をとく習へ」と啓示されたのもこの経説を踏まえたもので，女人往生の確証とされた．なお女人成仏を説く経典は，法華経以外にも，海竜王経・離垢世女経などがある．→五障三従，女人成仏．

「霊山説教の砌には，八歳の童女まうでて我献宝珠と唱へしも，変成男子とこそ承れ」〔続教訓鈔14〕

変相 へんそう　仏典に説く*説話的な内容を絵画や浮彫などで造形的に表現したもの．〈変相〉とは，説話を図絵に「変えて」表現するとの意．たんに〈変〉とも，また〈変相図〉〈経変〉ともいう．*仏伝関係の本生経変相・本行経変相・降魔変相・涅槃変相のほか，大乗経典に基づく経変として，観経変相・法華経変相・地獄変相などが広く行われている．わが国では変相という語はあまり用いられず，観経変相は*当麻曼荼羅，法華経変相は法華経曼荼羅というように*曼荼羅の語が用いられ，また，仏伝図・地獄絵など，絵・図の語が用いられる場合が多い．

偏袒右肩 へんだんうけん　ひとえ(偏)に右肩をかたぬぐこと(袒)の意(『十誦律』，無量寿経)．インドの礼法の一つ．モエンジョ-ダーロの遺跡から発掘された一胸像によると，*インダス文明以来行われていたらしい．仏教では，敬意を表すときに，右肩をあらわし，左肩のみを*袈裟で覆った．わが国の僧尼も，袈裟を左肩のみに搭ける．これに対し，仏にかわって*説法するとき，*乞食をするときなどに両肩に袈裟を搭けることを〈通肩〉と呼ぶ．

弁長 べんちょう　1162(応保2)-1238(暦仁1)　鎌倉前期の*遁世僧，浄土宗*鎮西派の祖．字は弁阿，聖光房と号し，二祖上人・鎮西上人・善導寺上人と呼ばれた．筑前に生まれて1175年(安元1)*観世音寺で*受戒し，83年(寿永2)*延暦寺に遊学して宝地房*証真に師事，天台宗を学んだ．90年(建久1)に帰郷したが，97年に上洛して*法然の弟子となった．1204年(元久1)に帰国し筑前・筑後・肥後で*念仏を布教し，筑後国山本郷の善導寺など多くの寺を創建した．28年(安貞2)肥後白河の往生院で『末代念仏授手印』を著し浄土の*血脈(けちみゃく)を立てた．著書に『念仏名義集』『浄土宗要集』『徹選択(てつせんちゃく)本願念仏集』などがあり，念仏以外の*諸行は弥陀の*本願ではないが，諸行による往生も可能と主張．*良忠(りょうちゅう)など数多くの弟子がおり，その門流を〈鎮西派〉という．1827年(文政10)に大紹正宗(だいしょうしょうじゅう)国師号を授けられた．

辺土 へんど　都に遠い片田舎，かたほとり．また仏国インドから遠い国をいう．中国では六朝・唐の時代に，中国を中土(世界の中心，文明の中心)と見る伝統的な考え方をとる排仏論者と，仏国インドを中土とし中国を辺土と見る崇仏論者との間に論争がおこった．わが国の*最澄(さいちょう)は，東大寺式の受戒の伝統とは別に，*菩薩戒(ぼさつかい)の受戒だけで*比丘(びく)となることが認可されるよう*『山家学生式(さんげがくしょうしき)』を上表したが，護命(ごみょう)は「僧最澄未だ唐都(長安)を見ず．只辺州(天台山)に在りて即便(すなわ)ち還り来たり，今私に式を造り輙(たや)すく以て奉献す」〔顕戒論上〕と反対した．*日蓮(にちれん)はインドから遠隔の島国の日本を「日域辺土」〔月水御書〕，「世すでに末代に入て二百余年，辺土に生をうく」〔開目抄〕などといって，絶対者に対する自国の優越性を否定した．

「定めて極楽の辺土に疑ひなく至りにけむ」〔今昔15-19〕

変易生死 へんにゃくしょうじ　身体とその寿命との長短を思いどおりに長くも短くも変化させることができるような*生死のあり方をいう．〈分段生死(ぶんだんしょうじ)〉に対する生死であり，初地(しょじ)以上の*菩薩が行う生死である．〈不思議変易生死〉ともいい，迷いの*凡夫の生死(分段生死)は超えているが，その超えた境地を現実に実証する務めが残っているために，主体的かつ自由自在に現実の生死に対応することを意味する．この生死は*無漏(むろ)の業を因とし，所知障(しょちしょう)を*縁として引き起され，分段生死が有漏の善・不善業を因とし煩悩障(ぼんのうしょう)を縁とするのと異なる．所知障を縁とするとは，*上求菩提(じょうぐぼだい)・下化衆生(げけしゅじょう)を目指す菩薩は，求むべき菩提という法があり，済度すべき衆生という法があると考える法執(ほうしゅう)から所知障をおこすからである．→分段生死，煩悩障・所知障，障．

「究意難断の無明を断じて，分断変易の二種の生死を過ぎて菩薩には至るに」〔真如観〕

変文 へんぶん　唐代後半期に，仏教寺院を中心にして行われた説唱文芸．六朝期以来の，貴族的な*唱導文芸とは性格を異にし，もともと寺院における一般大衆むけの*説経(すなわち俗講(ぞっこう))の場において，聴衆の興味を引くため仏教故事などを語ったことに起源するとされ，やがて中国の民間伝説などの題材も取り入れて語るようになった．その語りの様式は，俗語をまじえ，散文と韻文とを組み合わせ，時には絵を示しつつ行われた．こうした文芸が唐代に広く行われていたであろうことは円仁(えんにん)の*『入唐求法巡礼行記(にっとうぐほうじゅんれいこうき)』などによってうかがわれるところであるが，19世紀の末年，*敦煌莫高窟(とんこうばっこうくつ)においてこうした語り物のテキストが少なからず発見されて，その実態が明らかになってきた．

その内容は次の3種類に分けられよう．最も古く成立したのは，仏典の一部を分かりやすく，時に当時の社会情況を反映させつつ解釈をした，〈阿弥陀経講経文〉〈妙法蓮華経講経文〉など講経文と呼ばれるもの．第二は，〈太子成道変文〉〈大目乾連冥間救母変文〉など，仏陀や弟子たちに関する仏教伝説を語ったもの．第三は，仏教には直接に関係しない中国古来の民間伝説などを語ったもので，〈伍子胥変文〉〈王昭君変文〉などがそれである．変文の〈変〉という呼び名は，地獄変などの*変相図にもかかわりインドに由来する名称とされる．なお，変文の説唱様式は，宋代の仏教者たちによる〈説経〉，明清時代に盛行した〈宝巻〉に引き継がれ，現在も宗教的内容を中心とした〈宣巻〉と呼ばれる文芸が民間に行われている．

遍路 へんろ　*四国八十八箇所の札所をめぐる*巡礼もしくは巡礼者をさして，特にこのようにいう．ただし，歴史的な用字は〈辺路〉であった．現在もっぱら用いられる〈遍路〉の文字は，1687年(貞享4)，真念が著した『四国辺路道指南』の中に見られるのを最初とし，明治時代まではごく一部で使われたにとどまる．〈辺路〉の初見は鎌倉時代の中末期で，それ以前には四国地方の霊場をさして〈四国の辺地〉とよんでいた(『今昔物語集』

31–14,『梁塵秘抄』301).〈辺路〉および,四国地方で物乞いをもっぱらとした遍路をさして〈へんど〉といったのが〈辺土〉だとすれば,いずれも辺地とつながるのかもしれない.

「此の西行は四国辺路を巡見せし,霊魂を崩御の後に尋ね奉る」〔保元下.新院御経沈め〕「われらが修行せし様は,忍辱(にんにく)袈裟をば肩に掛け,また笈(おひ)を負ひ,衣はいつとなくしほたれて,四国の辺道(へち)をぞ常に踏む」〔梁塵301〕

ホ

法 ほう [*s*: dharma, *p*: dhamma] dharma(ダルマ,達磨)は〈保つ〉(√dhṛ)という語根から成立した言葉で,〈同じ性格を保つもの〉〈法則〉〈行為の規範〉などの意味がある.この語が仏教に採用されて重用され,種々の意味に用いられた.それらを整理すると,1)法則・正義・規範,2)*仏陀(ぶつだ)の教法,3)*徳・属性,4)因(いん),5)事物およびその構成要素,の5種となる.このうち,仏陀の教法と,事物(構成要素)とを〈法〉ということは,仏教独自の用法であり,ここに仏教の特色が示される.ちなみに,中国古典では〈法〉は刑罰・制度・法律などを意味し,これを最も重んじたのは韓非子(かんぴし)らの法家思想家であった.→ダルマ.

【法の五義】*法句経(ほっくきょう)5の「実に怨(うら)みは怨みによって止むことはない.怨(うら)みを捨ててこそ止む.これは万古不易の法である」という時の〈万古不易の法〉(*p*: sanantanadhamma)は,変らない〈真理〉の意味の法である.つぎに,仏陀の説いた教えを*九分教(くぶんきょう)・*十二分教にまとめるが,これが〈法〉と呼ばれている.仏陀の教えは万人の模範とすべきものであり,教えに従って修行すれば*悟りに達しうる.教えに真理が含まれている.ゆえに〈教え〉は法である.教法は*三宝(さんぼう)の一つの〈法宝(ほうぼう)〉の内容であるが,法宝の内容は教法よりも広く,仏陀の悟りの*智慧(ちえ)や*煩悩(ぼんのう)を断ずる力なども法宝にふくめて尊敬されている.悟りの智慧や*禅定(ぜんじょう)などは仏陀のそなえる〈徳〉(guṇa)としての法でもあるが,徳にはなおこのほかに,仏陀のそなえる*十八不共法(じゅうはちふぐうほう)や*三十二相(さんじゅうにそう)などもふくまれる.さらに法に〈因〉(hetu)の意味が認められているが,例えば智慧や禅定は煩悩を断ずる因となる.この因の力が法と見られるのである.その意味では煩悩も,人を迷わす力があるから法と言ってよいのであり,作用のあるものはすべて法であるということになり,〈事物〉をその構成要素としての法と見る仏教独自の法観が成立する.

*『倶舎論くしゃろん』1には「自相を持するが故に法である」と法を定義しているが，これは法の持つ性質を〈自相〉と呼んでいるのである．

【法の定立—有・仮・空】事物の世界は*諸行無常しょぎょうむじょうであり，絶えず変化している．この変化の中で法をいかに定立するかが問題であるが，諸行無常に対応するものは*諸法無我しょほうむがであり，法の本性は*無我である，実体がない．無我であるから*無常の世界で法が成立しうる．*説一切有部せついっさいうぶは，固有の本質(*自性じしょう)と特徴(自相)をもつ法は，作用のあるなしという点で一刹那いっせつなの存在であるが，自性と自相を保持するものとしては常に有ると説いた．しかし作用がはたらく現在の一刹那の法にのみ存在性を認め，有部の法の*三世実有さんぜじつう説を批判した*経量部きょうりょうぶは，法は*仮けであると見た．さらに大乗の*中観派ちゅうがんはは，法は*空くうであると説いて，実体(自性)はないが作用として成立する法の存在性を主張した．現象界を構成するものは雑多なる法であり，実体としては把握されないが，作用として存在するという．

【有為法・無為法】法は大別すれば，物質界を構成する*諸法，心理的世界を構成する諸法，ならびに物質でも精神でもない諸法の3種であるが，この3種は〈有為法うぃほう〉と言って，無常の世界を構成する諸法である．これは*縁起えんぎの道理によって，諸行無常の世界が変化する諸法の世界として顕現するのである．これは，法は無常であるが力としての存在であることを示す．有為法のほかに，*涅槃ねはんや*虚空こくう(法を法として成立させるのに礙さまたげのないこと)などのような永遠の実在としての〈無為法〉が立てられ，*有為・*無為の両者で〈*一切法〉が摂せられる．

法の論義はインド仏教では盛んであったが，中国・日本の仏教ではほとんど忘れられ，関心が別の方面に移った．

坊 ぼう　僧の住する〈房ぼう〉(小舎，部屋)が集まる一区画〈僧坊〉をいう．古く都城とじょう制で区画された一部を〈坊〉と称したことから転じて，毘訶羅びから(vihāra)を〈僧坊〉と訳したもの．わが国では，平安時代すでに混同して〈房〉をも当てた．また*寺院の意味でも用いられて，自己の居住寺院を〈自坊〉，本寺を〈本坊〉，参詣者らの宿泊寺院を〈*宿坊しゅくぼう〉などと称する．また師弟相続の風が生じてより，その主を〈房主ぼうず〉(*坊主)と称するようにもなった．「ある房には仏に花香を奉り，ある房には経典を読誦する比丘あり」〔今昔4-9〕「寺中の僧房に，ひまなく僧も住みにぎはひけり」〔宇治拾遺2〕．→子院，僧房．

放逸 ほういつ ［s: pramāda, p: pamāda］なまけること，怠惰たいだ．心が散漫となり善行に専心できないこと．釈尊しゃくそんは「なまけることなく(不放逸)，自己を完成せよ」という*遺誡ゆいかいをして*入滅にゅうめつした．放縦に流れることを戒めて，*『倶舎論くしゃろん』4などでは大煩悩地法だいぼんのうじほう(→五位七十五法)の一つに，*唯識ゆいしき説では*随煩悩ずいぼんのうの一つに数える．そこから，〈不放逸〉(apramāda)が重視され，精励して修行する意味で，アビダルマ(*阿毘達磨あびだつま)教学では，大善地法の一つとしている．なお日本では，広く正道からそれて勝手気ままにふるまう，わがまま放題に荒々しくふるまうなどの意に用いられることが多い．「我が主，邪見・放逸にして仏を供養し奉らず」〔今昔1-34〕「御坊の余りに放逸におはすれば，取りてこそわたさんずれ．とく船賃なし給へ」〔義経記7.如意の渡〕

宝印 ほういん　寺院や神社が発行する*護符ごふに木版刷りしたり，納経帳などに捺したりする*宝珠ほうじゅ形の印．宝珠や宝塔の中に本尊の ꣴ hrīḥ などの*種子しゅじを*悉曇しったんで刻したり，*陀羅尼だらにや*卍まんじをあしらった朱印の類が多い．早い例としては，東大寺二月堂から*修二会しゅにえの功徳を込めて摺られて頒布された病厄消除の護符があり，そののち高野山・祇園ぎおん神社・那智権現などの寺社からも発行されるようになり，特に*熊野比丘尼くまのびくにが売り歩いた〈牛王(玉)宝印ごおうほういん〉が名高い．熊野社の宝印は神の使いとしての75羽の烏の絵文字の図様があり，二月堂の牛王宝印とならび*起請文きしょうもんの用紙に使われたことから起請文そのものの別名ともなった．このほかに，*『大智度論』に仏法僧の*三宝の中の法宝を宝印と呼ぶとし，また*三法印の意味もあるとの解釈が存する．なお，牛王宝印の「牛王」については，仏の異名，生土うぶすな，牛黄ごおうの通字と諸説があるが，一定しない．

「諸寺諸社の牛王宝印の御裏を以って全く

野心を挿まざる旨…数通の起請文を書き進ずと雖も〔義経記4.腰越〕「二月堂の牛王をかしければ，(幽霊は)其の間はきたらず」〔御伽物語3〕

法印 ほういん ① 仏の教えのしるし．ことわり．「今聖教によってこの集の宗要を撿察するに，大いに法印に違背し，邪道に相順ぜり」〔摧邪輪〕．→三法印，四法印．

② 僧位の一つで，〈法印大和尚位〉の略．*僧綱相当の僧位の最上位で，法眼・法橋の上に位置づけられる．864年(貞観6)真雅(801–879)の奏上を受けて制定され，真雅が初めて叙された．以後，しばらくは僧正のみが叙せられる位階であったが，1003年(長保5)聖清が*凡僧で叙せられ〈散位僧綱〉(僧綱本来の実務を担当しない呼称のみの僧綱)となって以来，その原則は次第に崩れ，僧都・律師から僧正にならずに法印に叙せられることも起こった．その結果，叙位者数も増加した．「導師法印公顕，勧賞に僧正になされにけり」〔著聞釈教〕．→僧位．

法雲 ほううん [Fǎ-yún] 467–529 中国，南北朝時代，江蘇省鎮江宜興の人．俗姓は周氏．7歳で建康の荘厳寺に出家し，僧成・玄趣・宝亮の弟子となり，中興寺僧印(435–499)に*法華経を学び，道林寺僧柔(431–494)にも教えを受けて同学の*智蔵・*僧旻と共に梁の三大法師と称される．30歳で妙音寺に法華経・浄名経(*維摩経)を講じて名声を博し，のち梁の*武帝(在位502–549)の帰依を得て*光宅寺の寺主となった．天監(502–519)末年には法雲寺主を兼ね，扶南国から献呈された三部の経典の監訳をし，525年(普通6)には大僧正となり，同泰寺に千僧会を設けた．*『法華義記』8巻が有名であるが，聖徳太子作とされる*『法華義疏』は主としてこの本に拠っている．光宅寺住持をもって〈光宅〉と呼びならわされる．なお法雲は，法華経の一乗妙法の説には最大の評価を与えつつも，久遠釈迦の説については，*涅槃経に比べて不完全であると評し，涅槃経中心の立場を取った．そのため，*智顗や*吉蔵の法華注釈書の中で批判を受けるにいたる．

法会 ほうえ 広義には，仏事・*法要のことで，仏・菩薩を*供養したり，経典を*読誦したり，*追善の法要を営んだりする，*仏法に関するあらゆる行事・儀式・集会を意味する．狭義には，〈*法華会〉〈*最勝会〉など，法華経・金光明最勝王経などの*鎮護国家や*祈禱などのために特定の経典を講説・読誦する集会を指す．「法会を厳り備け，行基大徳を請け奉り，七日法を説く」〔霊異記中29〕

法衣 ほうえ 僧尼の着用する*衣服．インドの仏教教団では，初め出家の*比丘の衣として，僧伽梨(大衣)，鬱多羅僧(上衣)，安陀会(下衣)の三衣のみが許されていたが，風土・気候の異なった国々への伝播につれて変遷がみられるようになった．中国・韓国の法衣は簡素であるが，日本では三衣を基本としながら，日常生活の資具としてよりも，*法会・儀式の際に用いる華美な形状・色彩の僧服が考案されるようになった．「三の尼等を将ゐて，都波岐市の長屋に至りし時，其の法衣を脱ぎて仏法を破り滅しき」〔元興寺伽藍縁起并流記資財帳〕「兵杖を横たへて法衣を汚し，甲冑を帯して社頭を往来す」〔太平記34.二度紀伊国軍〕．→三衣，袈裟．

法悦 ほうえつ 教えを聞き，信じ，あるいは思惟することによって得られる喜び．最近では宗教的エクスタシーを感じることを「法悦に浸る」という場合もあるが，漢訳仏典や中国・日本の古来の仏教書におけるこの語の用例は少なく，〈*法喜〉の語の方が一般的に用いられる．

法王 ほうおう [s: dharma-rāja] 漢訳仏典の新造語で，主として理法・仏法の王・宗主である*仏を意味する場合が多い．たとえば，*法華経譬喩品「我，法王たりて，法において自在なり」など用例は多い．派生語として〈法王子〉は次に法王(仏)の位につくべき*菩薩，〈法王家〉〈法王種〉は仏家・仏道を意味する．またインドでは，正しい理法に従って統治する王を〈法王〉ともいい，また*閻魔(Yama)のことを〈法王〉とも呼ぶ．

日本では，称徳天皇の天平神護2年(766)，僧*道鏡に授けられた位を〈法王〉という．日本最古の用例は，『釈日本紀』14に引く伊予温湯碑文中に見える「法興六年十月歳丙辰に在り．我が法王大王，恵総法師及び葛城臣(かづらきのおみ)と夷与(いよ)の村を逍遥し」で，ここでは法王は仏法に帰依した国王の意味で推古天皇に用いている．また，古くは〈法王〉は〈*法皇〉と通用し，仏門に入った上皇をさす法皇を法王と表記したり，逆に「同じ時に道鏡法師を以て法皇とし」〔霊異記下38〕のように，法王を法皇と表記することもあった．

「法王の音(みこゑ)は永く絶えて，鷲峰山の暮(ゆふべ)の嵐のみひとり冷(さむ)く」〔愚迷発心集〕

法皇 ほうおう　〈太上法皇〉〈禅定法皇〉ともいう．譲位した太上天皇(上皇)で*出家*入道した場合の呼称．宇多天皇(867–931)が897年(寛平9)譲位後，899年(昌泰2)に*益信(やくしん)について*受戒出家(法諱・空理，灌頂号・金剛覚)したのを初見として，以後，上皇で出家した場合みな法皇と称するにいたった．平安時代には譲位後間もなく出家して法皇となる例であったが，白河上皇(1053–1129)の院政開始以後は上皇が〈治天の君〉として俗権の頂点に立ち，さらに法皇は*法体(ほったい)ながらその権力を維持し，聖俗両界に大きな権力を及ぼした．なお法皇が止住する*仁和寺(にんなじ)や*大覚寺(だいかくじ)は，その世俗的な権威を背景に，寺院社会で優越した寺格を誇ることになった．「大乗妙経を公家にさづけ奉り，菩薩浄戒を法皇にたもたせ奉る」〔平家2.座主流〕

鳳凰堂 ほうおうどう　⇒平等院(びょうどういん)

報恩 ほうおん　自分が受けた恩に報いること．対応するサンスクリット語は kṛta-jña, kṛta-vedin, pratikāra など．恩を知り恩に報いることの重要性は諸仏典に説かれるが，正法念処経61では，報いることの容易でない恩として，母・父・如来・説法法師の4種を挙げる．舎利弗問経では，在家者は父母の恩に，出家者は師僧の恩にまず報いるべきであることを説く．*報恩講(ほうおんこう)は各宗の祖師への報恩のために行われる法会．「心をいたして孝養報恩のために阿弥陀経供養し」〔法華百座3.9〕．→恩，四恩．

報恩講 ほうおんこう　仏教寺院で宗祖・派祖の恩徳を謝するために開かれる*法会．浄土真宗では，本願寺第3世*覚如(かくにょ)が『報恩講式』(1294)をつくったのが始まりで，宗祖*親鸞(しんらん)の忌日陰暦11月28日を期して，西本願寺では新の1月9日から16日まで，東本願寺では新の11月21日から28日まで盛大な法会を催す．いずれも8日7夜にわたるので〈御七夜(おしちや)〉ともよばれる．末寺でも最大の年中法会として，本山の御七夜と重ならないように期日前に執行する．「はじめて今年聖人御正忌の報恩講にあひたてまつる条，まことにもて不可思議の宿縁(しゅくえん)」〔御文〕

『法苑珠林』 ほうおんじゅりん　中国の最大規模の仏教百科的類纂書．唐僧道世(どうせい)編．100巻．668年(総章1)成立．道世が先に*『経律異相(きょうりついそう)』などに触発され，*大蔵経の便覧に供するために編集した『諸経要集(しょきょうようしゅう)』20巻30部に大々的な増補改修を施したもの．100編668部から成り，初めに仏教的世界観にのっとって劫量・三界・日月・六道編を立て，続いて千仏・敬仏・敬法・敬僧の三宝諸編を配し，以下仏教百般の編目を連ねて最後を中国仏教史略ともいうべき伝記編で結ぶ．各編は初めに趣意を明らかにした述意部，次に関連諸部を立てて経論の要文を抄出し，終りに引証部・感応縁を付して憑拠の経説を引き，霊験譚を列記して感応の実例を示している．これに要した引用文献は膨大で，経律論疏・僧伝・霊験応報記類より道教典籍・史伝・志怪小説類にまでわたっているが，その中には散佚文献も少なからず含まれていて貴重である．

本書の持つ仏教百科全書としての利用価値は絶大で，わが国でも奈良・平安時代以来大蔵経要覧として重宝され，仏典の引用に当っても原典によらずに本書から孫引きすることが多かった．わが国の仏教文学全般に及ぼした影響も大で，わけても*説話文学や*唱導文学では本書を有力な取材源とした．『今昔物語集』にも間接的ながら広範な影響が見られ，『法華修法一百座聞書抄』『宇治拾遺物語』『三国伝記』など多くの作品に本書から出た話がみえる．『金沢文庫本仏教説話集』などはその最たるもので，収載話の過半数が本書を原拠とする．なお，本書は中国・日本両国で版行され，中国には1080年(宋の元豊3)刊の北宋版があり，日本ではそれを翻刻した1381年(康暦3)刊の五山版があるほか，江戸時代に入っても版行されている．

『報恩抄』 ほうおんしょう　*日蓮(にちれん)著．2巻．1276年(建治2)の成立．旧師道善房(どうぜんぼう)に対する報恩廻向(えこう)のために書かれた書．まず人間の根本道徳としての報恩の重要性を述べて，真の報恩は妙法五字の弘通(ぐずう)にあると説く．そしてインド・中国・日本の三国仏教史における諸宗の邪正を検討し，日蓮が釈尊の教えに随って妙法五字を弘め法華経の行者として報恩の道を実践したことを述べ，本門の*三大秘法を明かし，これらの功徳は道善房に集まると廻向を捧げる．日蓮の五大部の一つ．

放下 ほうか　放下僧・放下師をさす．放下僧と放下師は同じものであるが，後者は俗形の者をも含めた称呼．中近世の芸能者で，輪鼓(りゅうご)や玉・刀などを放下する芸，つまり手玉に取る曲芸を演じたことからの称であり，田楽法師(でんがくほうし)の流れを汲む者ともされる．室町時代の『七十一番職人歌合』49番では〈鉢叩(はちたたき)〉と組み合わされ，またその芸尽しを見せる演能に『放下僧』がある．それらによると，手に小切子(こきりこ)やびんざさらを持って打ち鳴らし，羯鼓(かっこ)を打ち，小歌などを口ずさみながら踏舞する芸も演じていた．放下僧は半僧半俗的なもので，出自を禅家に求め，禅法を口にすることを好んだというが，近世以後は仏教色が希薄になり，大道芸を売物にする全くの芸能民と化したようである．「この頃人の翫(もてあそ)び候ふは放下にて候ふ程に，某(それがし)は放下になり候ふべし．御身は放下僧に御なり候へ」〔謡・放下僧〕

奉加 ほうが　神仏に種々の財物を寄進すること．あるいはその寄進を集めるために*勧進(かんじん)すること．寺社の造営や橋梁の建造・修復などのために金品を寄進すれば，神仏との*結縁(けちえん)がなされ利益(りやく)が授けられるとの理由にもとづく．古くは*行基(ぎょうき)による東大寺大仏勧進などにまでさかのぼるが，中世以降ひろく一般の信仰を集め，超宗派的・超地域的な宗教活動となった．発願の趣旨を記し，寄進者名と寄進した金額(奉加金・奉加銀)などを記した帳簿を〈奉加帳〉という．「当寺修造の事，諸(もろもろ)の檀那の合力を恃(たの)まずんば，かつて成しがたし．もっとも御奉加を仰ぐところなり」〔吾妻鏡文治4.3.10〕

法界 ほうかい　⇒法界(ほっかい)

法界寺 ほうかいじ　京都市伏見区日野西大道町にある真言宗醍醐(だいご)派の寺．山号は東光山．〈ほっかいじ〉ともいう．1051年(永承6)日野資業(ひのすけなり)(990–1070)が別荘のあったこの地の寺址を復興して営んだ寺と伝える．もともと*薬師堂・*阿弥陀堂(あみだどう)・観音堂・五大堂などを具えた寺であったが，1221年(承久3)の兵火などで失われ，現存するのは鎌倉初期の建築と考えられている*宝形造(ほうぎょうづくり)，方5間，*裳階(もこし)をつけた阿弥陀堂のみである．内陣*須弥壇(しゅみだん)上に定朝様(じょうちょうよう)の阿弥陀坐像を安置し，四天柱に金剛界曼荼羅(こんごうかいまんだら)成身会(じょうじんえ)(→両界曼荼羅)の諸尊を画き，須弥壇上の小壁には供養の*飛天を，同小壁外側に如来(にょらい)坐像をあらわす．飛天は肥痩のあるのびやかな線で美しい．阿弥陀堂前方左側に明治初年，斑鳩竜田(いかるがたった)から移建した薬師堂があり，本尊薬師如来立像は1051年，法界寺創建時の作と考えられる．

法我見 ほうがけん　⇒人我見・法我見(にんがけん・ほうがけん)

宝冠 ほうかん　仏像の冠の総称．〈天冠〉ともいう．もとは宝玉で飾った冠の意で，王冠と同義であったが，この習俗が仏教尊像に応用されて仏教用語となった．*如来(にょらい)は一般に装身具をつけないが，大日如来と宝冠阿弥陀(あみだ)は宝冠をつける．*菩薩(ぼさつ)・*明王(みょうおう)・*天の各部ではそれぞれに制式を異にするが，大別して頭髪全部を覆う帽子状のものと，頭髪の一部を覆う頭飾状のものに大別される．木造・銅造透彫(すかしぼり)の2種があり，珠玉や*瓔珞(ようらく)または歩揺(ほよう)を配したものもある．

帽子状に近い高冠の例としては，法隆寺の*夢殿(ゆめどの)の観音像・*百済(くだら)観音像・四天王像(以上7世紀)や，東大寺法華堂(*三月堂)不空羂索(ふくうけんじゃく)観音像(8世紀)，*観心寺の如意輪(にょいりん)観音像(9世紀)などがあり，三面頭飾(菩薩像頭部の正面と左右側面の三面に花文様などをあらわした頭飾)形式としては，法隆寺*夢違(ゆめちがい)観音像や*薬師寺金堂の薬師三尊脇侍像(いずれも7世紀)などがある．宝冠装飾のモチーフは，ロゼット花文，パルメット系花葉文，宝相華(ほうそうげ)文などのほか，中国固有の雲気文が加わり，これらのもつ意味によって尊像の霊性を象徴している．宝冠を載せる支えの輪を〈天冠台〉といい，その耳後の位置から垂れる布片を〈冠帯(かんたい)〉という．

「唐にして伝へ得給へる所の大日如来の宝冠は，今にかの寺に有りとなむ」〔今昔11-28〕

坊官 ぼうかん　〈房官〉とも書く．東宮坊(とうぐう)

(ぼう)において内政をつかさどる職員をさすが，後に出家した皇族に随侍する人を意味するようになる．*門跡(もんぜき)寺院には必ずこれを置いて雑事の処理にあたらせた．剃髪して僧衣を着，帯刀するとともに，*肉食(にくじき)妻帯(さいたい)も許されていた．俗に〈殿上法師(てんじょうほうし)〉ともいう．「数輩の童形・出世者・坊官・侍僧に至るまで，経正の袂にすがり袖をひかへて」〔平家7.経正都落〕

法喜 ほうき [s: dharma-prīti] 仏の教えを聞き，あるいは味わうことによって得られる喜び．〈法悦(ほうえつ)〉ともいう．*維摩経(ゆいまぎょう)仏道品には「菩薩は法喜を妻とし，慈悲を娘とする」という表現があり，法華経五百弟子品などでは，法の喜びを食事にたとえて〈法喜食(ほうきじき)〉と表現している．「ひかりのいたるところには，法喜をうとぞのべたまふ」〔浄土和讃〕「法喜禅悦の味(あぢ)はひは口の中にみち，端厳殊妙の飾りは身の上に備はれり」〔海道記〕

法器 ほうき 法の器(bhājana)の意．*仏法(ぶっぽう)を受けてそれを*修行するのに堪えるだけの能力を持つ人のこと．〈器〉は才能・度量の意味で，またそれを持つ人物を指す．日蓮の*『立正安国論』に「当来の世に，此の身まさに無量の法器と為るべし」というのもその意．また，*法要や*修法(しゅほう)に用いる器具をもいう．「法器のものなりとて，聖の奉られたりける小童なり」〔発心集6〕

法帰依 ほうきえ ⇀自帰依・法帰依(じきえ・ほうきえ)

宝篋印塔 ほうきょういんとう 宝篋印陀羅尼(だらに)を内に納めることから出た名称であるが，塔形としては方形の階段状の基壇の上に方形の塔身をおき，上に方形の屋根を載せ，四隅に飾り(中国では山華蕉葉(さんかしょうよう)という)をつけ，屋頂に*相輪(そうりん)を載せたものをいう．石造，金属製の小塔が多く，大規模な木造のものはない．→付録(塔5)．

『宝慶記』 ほうきょうき *道元(どうげん)著．1巻．〈宝慶〉は南宋理宗の年号．入宋した道元が，天童山の*如浄(にょじょう)に師事したのは宝慶年間(1225–27)に当り，その間師に参問した要点を記録した留学メモ．道元の在宋間の動静や得法の機縁を知る上の貴重な資料で，滅後*永平寺方丈から発見され，*懐奘(えじょう)の浄書本が豊橋の全久院に存する．1750年(寛延3)面山瑞方(めんざんずいほう)による流布本の刊行があるが，両者の間には出入りがある．面山その他の注解が多く存する．

宝形造 ほうぎょうづくり 正方形・六角形・八角形の建物の屋根は隅棟(すみむね)が中央の1点に会し，ここに宝形(露盤・*宝珠をいう)を載せるので〈宝形造〉という．六角のときは〈六注〉，八角のときは〈八注〉ともいう．中国北宋時代の『営造法式』(1103)では，平面が正方形・八角形の亭榭(ていしゃ)の屋根形式をそれぞれ〈四角攢尖(さんせん)〉〈八角攢尖〉と称する．近代まで同じ用語が用いられ，たとえば天壇祈年殿(てんだんきねんでん)(北京)のような円形平面のものは〈円攢尖〉という．ただ，正方形平面の宝形造で照(て)り反(むく)り曲線をもつものは区別して〈盔頂(かいちょう)〉という．

法空 ほうくう ⇀人空・法空(にんくう・ほうくう)

放下 ほうげ 放り投げて落とす，放棄するの意．仏教語としては，心身にまつわる一切の執着，またその原因となるすべてのものを捨離すること．禅家などでよく用いる語で，*『正法眼蔵』三十七品菩提分法にも「重担を放下して出家す」と見える．「吾が生すでに蹉跎(さだ)たり．諸縁を放下すべき時なり」〔徒然112〕

法験 ほうげん 仏法の*霊験．特に，〈法〉は密教の呪法を意味し，したがって〈法験〉は密教の呪法の効果を意味することが多い．法験を競いあう験(げん)くらべもよく行われた．「神融上人妙法の力によりて，あらはに法験を施し，後に菩提を証せり」〔法華験記中81〕

法眼宗 ほうげんしゅう 法眼文益(ほうげんもんえき)(885–958)を祖とする中国禅宗の一派．*五家七宗(ごけしちしゅう)の一つ．文益は羅漢桂琛(らかんけいしん)(867–928)の下で得法した後，臨川(江西省)の崇寿院に住し，江南の国主・李氏の招きで*金陵(きんりょう)(江蘇省)の報恩禅院の住持となり，浄慧禅師の賜号を受けた．次いで清涼院に住し，三坐の大道場で*大衆(だいしゅ)を接化した．文益の法系は，雪峰義存(せっぽうぎそん)(822–908)—玄沙師備(げんしゃしび)(835–908)—羅漢桂琛の流れを受けるもので，古則(*公案)を取り上げて独自の理解を示すコメントをつける(*著語(じゃくご))のが特色である．門下に，天台徳韶(てんだいとくしょう)・百丈道恒(ひゃくじょうどうこう)・帰宗義柔(きしゅうぎじゅう)・報恩法安(ほうおんほうあん)らがあって浙江・福建を中心に栄えた．天台徳韶は天台教学と禅との総合を目指し，その法嗣(はっす)である永明延寿えいめいえんじゅ(904–975)は*『宗鏡録すぎょうろく』を著して諸宗の体系化，禅と浄土との*会通えつうを図った．北宋に至ると，*雲門宗うんもんしゅうが台頭したことや，諸宗融合の性格が禅本来の峻烈・簡潔な特色より乖離したこともあって急速に衰えた．

法語 ほうご　仏法を述べた言葉．特に，日本では，在家の信者に向かってなされた平易な説法を仮名文で記したものが〈*仮名法語〉と呼ばれて重要である．その最も古いものは源信の*『横川よかわ法語』であるが，鎌倉時代になると新仏教の祖師たちは布教のために消息の形で弟子達に法語を与えることがしばしば行われた．また，師の法話を弟子が筆録する*語録の類も重要である．こうした法語を集録したものが*『黒谷上人語灯録』以下数多く現れた．「次第に古いにしえの法語等，乞ひ求め尋ね出だして開板致し候ふ」〔反故集〕

宝号 ほうごう　仏・菩薩の名前．*名号みょうごう．〈宝〉は美称．仏・菩薩の名前を唱えると救済にあずかることができるといういわゆる*称名しょうみょう思想の発展に伴って，その名前は宝号として尊重されるようになった．「手に妙観察智の定印を結び，口に弥陀如来の宝号を唱ふ」〔拾遺往生伝上11〕

方広寺 ほうこうじ　京都市東山区茶屋町にある天台宗の寺．1586年(天正14)豊臣秀吉(1536–98)の発願によって着工された．本尊の木像大仏は1596年(慶長1)の大地震で倒壊したため，豊臣秀頼(1593–1615)の再興によって金銅大仏および*梵鐘が鋳造された．1614年(慶長19)その*落慶らっけい供養の際の鐘銘「国家安康」を発端に大坂の陣がおこり，豊臣氏の滅亡となった．1662年(寛文2)の地震で再び大仏が壊れたため，幕府は大仏をつぶして銅銭をつくった．1798年(寛政10)大仏殿は雷火で焼失し，明治になって跡地に豊国神社が建立された．天保年中(1830–44)に尾張国から半身仏を運び安置したのが現存のもの．

法興寺 ほうこうじ　⇀元興寺がんごうじ，飛鳥寺あすかでら

方広道人 ほうこうどうにん　*大乗を学ぶ者ではあっても*空くうを*無む(*虚無こむ，何もないこと)と誤解している人．仏教内部の*外道げどうとされる．〈方広〉はvaipulyaの訳とみられ，一般に「広大な経典」を意味し，ここでは大乗経典を指す．〈道人〉は教えを学ぶ人．竜樹りゅうじゅの*『大智度論』1に「仏法の中の方広道人の言」として「一切法は，不生・不滅，空にして無所有むしょうなり(何も存在せず，虚無である)．譬えば兎角・亀毛の常に無きが如し」を挙げ，これを誤った自説に固執し，過失をなすものと批判し，次に「諸法之実相(あらゆるものの真実のすがた)」を説いている．中国の吉蔵きちぞうの*『三論玄義』では，真俗*二諦にたいを誤解するものとして「大乗を学ぶ者にして方広道人と名づくるは，邪空に執して仮有けうを知らず，故に世諦せたい(俗諦)を失う．既に邪空に執して正空に迷えば，亦また真(諦)をも喪う」と論難している．また*澄観ちょうかんの『華厳経疏』28では，方広道人を「仏法内の外道」の一種としている．

法金剛院 ほうこんごういん　京都市右京区花園扇野町にある律宗の寺院．山号は五位山．この地はもと清原夏野きよはらのなつの(782–837)の山荘のあった勝地で，837年(承和4)夏野の没後，双丘寺と称されたが，のち天安寺と改め*定額寺じょうがくじとなった．その後衰微していたが，鳥羽天皇の中宮で，白河上皇の寵を受けた待賢門院璋子たいけんもんいんしょうし(1101–45)の御願により再興，法金剛院と改めた．本尊の阿弥陀如来坐像はその折の作で，*光背(二重円相部)・*台座を含め，1130年(大治5)仏師院覚が造立したものである．また女院の好みによって林賢法師が造り，3年後に徳大寺法師静意が改造した滝の石組みも現在遺っている．

宝厳寺 ほうごんじ　滋賀県東浅井郡びわ町の琵琶湖に浮かぶ竹生島ちくぶしまにある真言宗豊山ぶざん派の寺院．もとは天台宗延暦寺末．山号は巌金山．竹生島観音と呼ばれ，*西国三十三所の第30番札所．縁起では738年(天平10)に*聖武しょうむ天皇の勅命で*行基ぎょうきが創建し，752年(天平勝宝4)に郡司の浅井直馬養が観音像を造立したというが，おそらくは同地の都久夫須麻つくぶすま神社(竹生島明神)の*神宮寺として成立したもので，日本三弁才天の一つとして名高い*弁才天は*明神の本地仏として配されたのであろう．さらに中世には竹生島が本州の中心と認識された(『渓嵐拾葉集』)．以来，明治の*神仏分離に至るまで*観音信仰と弁才天信仰の霊場として貴賤の信仰

を集め，修験者の行場でもあった．いくたびか焼失し，現在の観音堂と唐門は1603年(慶長8)に豊臣秀頼が京都から移築したものである．

毎年6月(現在は8月)に行われる蓮華会(れんげえ)は弁才天を本尊とする最大の行事で，その華麗な船渡御の様は〈竹生島祭礼絵図〉(室町末期)によってしのぶことができる．寺宝には，法華経序品(竹生島経と呼ばれる*装飾経，平安後期)のほか十六羅漢図，刺繡弥陀三尊来迎図額，銅水瓶などがある．

【竹生島詣でと文学】平安時代以来盛行した貴紳衆庶の竹生島参詣の文学・芸能への影響も大で，特に弁才天の音楽神的性格は，*法楽のための琵琶中心の奏楽説話を多数生み出した．『平家物語』以下諸書に収録され，謡曲に『竹生島』，狂言に『竹生島参』があり，室町物語『さよひめ』は弁才天の本地を説き，古浄瑠璃『松浦(まつら)長者』が制作された．人形浄瑠璃『源平布引滝』も竹生島信仰にゆかり深い作品である．なお，本寺の由来を記したものに『竹生島縁起』がある．

宝座 ほうざ　〈*蓮華座(れんげざ)〉または〈仏座〉のこと．法華経薬王品に，「蓮華の中の宝座の上に生ず」という記述がある．また，〈金剛宝座(こんごうほうざ)〉のこと．釈尊が*成道した時の座所．金剛(ダイヤモンド)からなる宝座といわれ，中インドの*仏陀伽耶(ぶっだがや)の菩提樹(ぼだいじゅ)の下にある．「法照禅師忽(たちま)ちに宝座の前に跪(ひざまず)き，問ひ奉りて云はく」〔孝養集中〕

法座 ほうざ ［s: dharma-āsana］　*説法(せっぽう)する者の席．元来は仏の座を意味したが，後には説法する者の坐る座，特に〈*高座(こうざ)〉を意味するようになった．禅宗では，住持が坐して法を説く*法堂(はっとう)内の〈須弥座(しゅみざ)〉をいう．転じて，仏法が説かれる場所，またその集りをもさす．「かの法座の上に居て，名香を手にぬり，御経を取り奉りて」〔孝養集中〕「法堂(はっとう)にいたりて，法座の堦前(かいぜん)にして面南叉手してたつ」〔正法眼蔵安居〕

放参 ほうさん　*禅林において，粥(しゅく)後の〈早参(そうさん)〉(*上堂(じょうどう)・大参(たいさん))や晡時(ほじ)(午後2時から4時過ぎまで)の〈晩参(ばんさん)〉(小参(しょうさん))を放免休止すること．「如(も)し公界の上堂に遇わば早参す．粥罷(お)わって放参せず」〔禅苑清規2〕とあるように，早参が粥後に行われるが，これが住持の事故や臨時の祈禱のために取り止めとなる場合をいう．後には晩参を休むことの意味にも用いられ，現今では，早参・晩参だけではなく，*坐禅や規定の行事を行わないことに用いられる．放参を修行者に知らせるために鳴らす鐘を〈放参鐘〉という．なお日本では，禅寺で夕刻に*陀羅尼(だらに)を読誦することをも放参という．

「毎日の晩(く)れごとに放参と名づけて，楞厳呪(りょうごんしゅ)をよむことは日本より始まれり．唐土に放参といへるは別のれいぎなり」〔夢中問答上〕「大衆放参の陀羅尼を誦(よ)みたまへば，かの犬も縁まで上がり，わんわんと経を誦みしなり」〔仮・因果物語下15〕

房山石経 ほうざんせっきょう　中国，北京の西南70キロメートルの北京市地区房山県に位置する中国最大規模の*石経．太行山中にある標高450メートルの石経山(旧名白帯山)の山頂付近に掘られた雷音洞(らいおんどう)(華厳堂)をはじめとした9つの石窟中に収蔵された石経と，谷をはさんで向かい合う山の斜面に建てられた雲居寺(うんごじ)に収蔵された石経の総称．*法華経(ほけきょう)，*華厳経(けごんぎょう)，*涅槃経(ねはんぎょう)，*大集経(だいじっきょう)，*大般若経(だいはんにゃきょう)などをはじめとして1千余巻，経版数は大小1万5千余版にものぼる．

7世紀初頭，隋の大業年間(605-617)に，北周の廃仏により*末法(まっぽう)の到来に危機感を抱いた幽州智泉寺沙門静琬(じょうえん)(?-639)が，仏教経典を後代に伝えるため，劫火にも焚けないことを願い石経事業を発願し，石経山山頂付近に窟を開いたのがはじまりとされる．貞観年間(627-649)の題刻には，「今貞観二年(628)に至りて，已に末法に浸むこと七十五載，仏日すでに没し，冥夜方に深し．…静琬，正法を護る為に，已の門徒知識及び好施檀越を率い，この山頂に就きて，華厳経等一十二部を刊す」とある．静琬の没後もその遺志は引き継がれ，玄導—僧儀—恵暹(えせん)—玄法と五代にわたって*法灯(ほうとう)が継承された．安史の乱(755)後の混乱や会昌(かいしょう)の廃仏(845)で中断された時期もあったが，刻経の事業は遼・金・元代にまで続き，明・清代に至っても補修の事業が継続された．

主な支援者としては，静琬の時代，奉仏家として聞こえた蕭氏の一族である*煬帝(ようだい)の皇后とその弟の蕭瑀(しょうう)，および玄法の時代，開元年間(713–741)に*大蔵経や土地の寄進を奏上した玄宗の妹金仙長公主などがあげられるが，一貫して事業を支え続けた在地の有力者層の協力も見逃すことはできない．

法師 ほうし　〈ほっし〉とも読む．古来〈のりのし〉と訓読してきたが，そのよみ通りに，仏法を教え導く師，仏道の指導者の意．本来はそれにふさわしい*三学兼修の僧に当てられた語であろうが，次第に僧全般の称呼となり，さらに広く*僧形(そうぎょう)をした者，または事物を僧形に見立てて呼ぶ語ともなった．世過ぎの便宜から僧形に扮しただけの中近世の芸能・乞食(こつじき)の徒を〈法師〉と呼び，髪を剃った幼童を〈小法師〉と呼んだのもそれであり，また〈影法師〉とか〈起き上がり小法師〉などの造語もそれである．

なお，平安末期以後の文献に頻出する〈*山法師〉〈寺法師〉は，前者は比叡山(ひえいざん)の〈山〉を冠した*延暦寺(えんりゃくじ)の衆徒，後者は*園城寺(おんじょうじ)(三井寺)の〈寺〉を冠した園城寺の衆徒をさし，ともに武力を行使する*僧兵と化したことで知られる．また僧兵とは限らないが，荒々しく粗暴な僧を〈荒法師〉という．〈荒僧(あらそう)〉〈悪僧〉〈悪禅師〉なども類語で，こうした用語での〈荒〉と〈悪〉は同義．尼を〈女法師〉と呼ぶこともある．

「女児(をんなご)も，男児も，法師も，よき子ども持たる人，いみじううらやまし」〔枕草子 158〕「政所屋(まんどころや)のこぼれのこりたる所に，人の住むやうに見ゆ．人を呼べば女法師いできたり」〔古本説話集上 28〕

法事 ほうじ　仏・菩薩や先祖の霊を供養し，*斎(とき)を設けて教えを説き，仏の威徳をたたえる行事．〈仏事(ぶつじ)〉〈*法会(ほうえ)〉に同じ．仏の誕生や成道を祝う仏生会(ぶっしょうえ)や成道会(じょうどうえ)，多数の僧を招いて行う千僧会・万僧会，魚鳥を山野沼沢に放つ放生会(ほうじょうえ)，先祖を供養する盂蘭盆会(うらぼんえ)，そのほか*月忌(がっき)や*年忌に行われる仏事，および彼岸会(ひがんえ)，修正会(しゅしょうえ)などがある．「阿闍梨，今は律師なりけり．召して，この法事のこと掟(おき)てさせ給ふ」〔源氏蜻蛉〕

報謝 ほうしゃ　*四恩に感謝し報恩の誠を尽すこと．転じて，仏事を執行してくれた僧尼に報酬として*布施(ふせ)を与える行為をいう．当初は仏恩に報謝するのを専らとし，その具体的表現として仏事・法会・念仏を催行し，堂祠の造建・荘厳(しょうごん)のために金品を寄進することに意を尽した．こうした*善根を積むことによって死後に幸福な生活が保障されるという*応報観が生きていた．そこから巡礼や社寺参詣の道者に宿泊や施しを与える報謝の風も普及した．「かたじけなき御恩報謝のために，わが命あらんかぎりは，報謝のためと思ひて念仏まうすべきなり」〔御文〕「杉が袖から報謝の銭，たった一銭二銭で，三千余里を隔てたる大明国への長旅は，あはぬだ仏」〔浄・心中天の網島上〕

法主 ほうしゅ　*法(真理・仏の教え)の主，法を説く人，したがって，仏のことを指すのが古い用法．*勝鬘経(しょうまんぎょう)に「法王・法主にして自在を得たり」とある．中国では僧官の一つ，日本では法会の主催者や一宗の最高の統率者のことをも言う．日本の用法では〈ほっしゅ〉〈ほっす〉とも呼ばれる．「法主軌則をこのまねば，弟子の法師もほしからず」〔一遍語録〕「ただもっぱら弥陀をもって法門の主とす」〔曾我 12. 少将法門〕

宝珠 ほうじゅ　サンスクリット語 maṇi(摩尼(まに))に相当する漢訳語．両語を連ねて〈摩尼宝珠〉と呼ぶことも少なくない．災いを除き，願いをかなえる力を持つ宝石のことで，わが国では上の尖った球形に表されることが多い．橋の欄干などに付ける〈擬宝珠(ぎぼし)〉は宝珠の形を模したものという．この起源は定かでないが，*宝形造(ほうぎょうづくり)の屋根の頂の宝珠が転用されたものとも，神輿などの欄干に付ける葱花(ねぎばな)の形が僧侶の頭に似ているため〈葱法師(ぎぼし)〉と呼ばれるようになったともいう．「昔の太子は万里の波をしのぎて，竜王の如意宝珠を得給へり．今の我等は二河の水火を分けて，弥陀本願の宝珠を得たり」〔法然登山状〕．→摩尼．

法照 ほうしょう［Fǎ-zhào］　生没年，出身地は未詳．〈ほっしょう〉とも読む．中国，唐代の浄土教僧．8世紀後半に活躍．*諡号(しごう)は大悟和尚．〈五会法師(ごえほうし)〉あるいは〈後善導(ごぜんどう)〉とも称される．はじめ*慧遠(えおん)のあとを慕って*廬山(ろざん)に入り，その後，南岳衡山(こうざん)の弥陀台で念仏を行じていた承遠(しょうおん)について修行した．やがて，5種類の音調にもとづいて緩急次第して音楽的に念仏を唱える〈五会念仏〉を創始し，南岳・*五台山・太原・*長安をはじめとした地域にこの行法を広めた．著作には，『浄土五会念仏誦経観行儀』3巻，『浄土五会念仏略法事儀讃』1巻がある．両写本の断簡が*敦煌写本の中からも数十点見つかっていることから，五会念仏の行法が周辺地域にも広く普及していたことがうかがえる．また，日本の*円仁も法照が創建した五台山の竹林寺に住して修行し，五会念仏を学んで日本に伝えた．なお，法照には竹林寺での霊異を記した『大聖竹林寺記』なる著作もあったとされる．*『仏祖統紀』では，蓮社七祖(慧遠-善導-承遠-法照-少康-延寿-省常)中の第4祖に位置づけられている．

方丈 ほうじょう　1丈(約3メートル)四方(約4畳半)の広さ，またその広さの部屋をいう．維摩経に説く*維摩居士の簡素な部屋が，中国で古来廉潔な聖人の居室とされた方丈の部屋(環堵の室)に結びつけられ，そこから転じて1丈四方の僧の部屋を意味するようになった．禅院で*住持の居室を特に〈方丈〉といい，また住持その人を指していうようになった．中国的要素の多い禅院において，数少ない和風住宅的建物．後には禅院の*塔頭で，塔主の住所を兼ねた本堂の通称ともなった．最古の例に*東福寺竜吟庵方丈(室町時代)がある．「寂光院のかたはらに，方丈なる御庵室をむすんで，一間を御寝所にしつらひ」〔平家灌頂.大原入〕「将軍家，寿福寺の方丈ならびに若宮の別当坊に渡御す」〔吾妻鏡元久2.3.1〕

放生 ほうじょう　捕えた虫・魚・動物などの生き物を解き放って自由にすること．*殺生や*肉食をいましめ，*慈悲の実践として行い，その趣意や因縁は*梵網経，金光明最勝王経長者子流水品(*金光明経)その他の諸経に説かれる．また，この語は中国古典では『列子』説符に「正旦に生を放ちて，恩有るを示す」と見える．中国・日本でも古くより行われ，その法会を〈放生会〉という．特に有名なのは8月15日(現在は9月15日)の石清水八幡宮(京都府八幡市)の放生会で，平安時代には宮中の節会に準ずる仏事とされた．なお，魚類を放生する池を〈放生池〉といい，寺院の庭などに設けられる．「諸国に詔して，放生たしむ」〔書紀天武5.8〕「鎌倉の新八幡の放生会といふ事あれば，ことのありさまもゆかしくて，たちいでて」〔問はず語り4〕．→流水長者．

法成 ほうじょう ［Fǎ-chéng］　生没年未詳．8世紀から9世紀中頃，チベット支配下の*敦煌地方で活躍した中国人翻訳僧．チベット名チュドゥプ(Chos grub)．チベットのゴエ('Gos)寺の僧．レルパチェン(Ral pa can)王(在位815-841)の時代に翻訳官として活躍した．次のランダルマ(Glaṅ dar ma)王(在位841-843)は*ボン教支持者で，廃仏が断行されたので，当時吐蕃の治下にあった河西地方に逃れた．*敦煌文書に残る奥書によれば，甘州(現在の甘粛省張掖)の修多寺や沙州(現在の敦煌)で，チベット語や梵語から漢語へ，あるいはまたその逆の翻訳を行なっている．『瑜伽師地論分門記』(856-858年頃訳)，『大乗四法経論及広釈開決記』(833年訳)のほか，般若波羅蜜多心経，諸星母陀羅尼経，『大乗稲芊経随聴疏』『釈迦牟尼如来像法滅尽之記』などを漢訳している．また，*チベット大蔵経に含まれる入楞伽経，賢愚経，金光明最勝王経や，*円測の『解深密経疏』は漢訳または漢語仏典をチベット語に翻伝したものである．

『方丈記』 ほうじょうき　鎌倉初期の随筆．鴨長明(蓮胤)著．1巻．1212年(建暦2)成立．世の*無常を述べ，無常の相を示す事件として，著者が体験した五つの災厄を回想する．ついで著者の生い立ちから*遁世までを略述し，晩年にようやく得た草庵生活のやすらぎをうたいあげるが，一転してその自讃行為を批判し，阿弥陀如来への帰依の姿勢を示して作品を閉じる．全体で約1万余字の短篇だが，内容は起伏に富み，序の格調の高さ，災厄記事の迫力，日野の閑居を描く筆のみずみずしさなど，部分によってとりどりの魅力をたたえつつ展開する．文体は和漢混交文で対句仕立ての構文を多用，要所要所に詩歌など古典を源泉とする文飾が施され，表現効果をあげている．『日本往生極楽記』の著述で知られる慶滋保胤の『池亭記』や，それに先立つ*白居易の『池上篇』などに触発された試論で，中世の隠者文学の代表作の一つ．1 世紀後の兼好の*『徒然草』とともに後世多くの読者に迎えられた．

伝本は，鎌倉時代の大福光寺本以下，きわめて多数が残る．その大部分は，表記の差はあるものの内容的に大同小異だが，略本として分類される諸本は分量も少なく，文調も劣る．後人の偽作かと疑われるが，初稿のさまを伝えるものかともいう．→『発心集』．

法成寺 ほうじょうじ　京都市左京区鴨川の西辺，現在の鴨沂高校(上京区)のあたりにあった寺．御堂関白藤原道長(966-1027)の創建で，〈京都御堂〉とも呼ばれた．1019 年(寛仁 3) 3 月，道長病のために出家し，金色*丈六九体阿弥陀如来像を本尊とする*阿弥陀堂を建て，〈無量寿院〉と号した．さらに，1022 年(治安 2) 7 月，*定朝作の 3 丈 2 尺の大日如来像などの巨像を安置した*金堂，高さ 2 丈の不動明王を中心とする五大尊安置の五大堂などを完成し，〈法成寺〉と号した．その後も諸堂の造営相次ぎ，王朝時代の壮大な寺院として最も著名であった．1058 年(康平 1) 2 月に火災に罹り，金堂以下主な堂宇・仏像は焼亡した．のち藤原頼通(992-1074)によってほぼ元通りに再建され，鎌倉期にも有力な寺院として存続した．1317 年(文保 1)金堂倒壊し，のち廃滅に帰した．

なお，本寺の造営供養については『法成寺金堂供養記』などの記録もあるが，『栄花物語』や『大鏡』道長上に詳しく，特に前者は巻 17 (音楽)，巻 18 (玉の台)に最大の讃辞をもってその壮麗善美を説き尽くし，また巻 30 (鶴の林)には阿弥陀堂での道長の死を詳述している．一方『徒然草』25 は，金堂崩壊後の本寺の荒廃に言及して，作者の無常観を表出している．

宝生如来 ほうしょうにょらい ［*s*: Ratnasaṃbhava］ *金剛界*五仏のうち南方の*如来．*金光明経の四方*四仏の南方・宝相如来との関連が指摘されるが問題が残る．財宝性を象徴する宝部の主仏で，金剛宝・金剛光・金剛幢・金剛笑の*四菩薩を*眷属とする(四親近菩薩)．図像的には望みをかなえる*与願印を結ぶ．『五部心観』や*金剛界八十一尊曼荼羅という金剛界系異図曼荼羅では馬座をとる．*五智中ではあらゆるものの平等を説く平等性智を司る．教義的には*胎蔵五仏の開敷華王如来と同体とする．

報身 ほうじん　*仏になるための因である修行の報いとして得られた仏身．→三身，仏身．

法親王 ほうしんのう　〈ほっしんのう〉ともいう．*出家した親王のこと．厳密には，出家後に親王宣下を受けた皇子をいい，親王宣下後に出家した皇子は〈入道親王〉と称するが，後者をも法親王と称する例も多い．奈良時代以前から出家した親王の例は多いが，呼称としては，1011 年(寛弘 8)親王宣下を受けて 1018 年(寛仁 2) *仁和寺済信(954-1030)の下に入った師明親王(法諱性信，1005-85)を入道親王の，9 歳で仁和寺に入り 1085 年(応徳 2)に出家して 1099 年(康和 1)に親王宣下を受けた覚行(1075-1105)を法親王の初例とする．本来は天皇の皇子のみに限られる呼称だが，皇孫にも許される場合もある．また法親王の住寺は*宮門跡と呼ばれて尊ばれた．1871 年(明治 4)に廃止された．

坊主 ぼうず　〈房主〉とも書く．本来は*坊のあるじをさしたが，次第に僧の総称となり，さらに僧形をした者，髪を剃ったり短く刈ったりした者，また毛のない頭やそれに見立てられるものをも広くさすようになった．いわゆる茶坊主や坊主山などはこの類である．また，男の子の愛称となったのは，昔，幼時に髪を剃っていたことからの称．なお，キリスト教伝来の当初には，宣教師を坊主と呼んだこともあったという．「房主の内供は念誦して延(縁)に廻り行きて」〔今昔 19-37〕「何とて人の男をばうずになされたぞ」〔狂言・路れん〕

法蔵 ほうぞう ［Fǎ-zàng］ 643-712　中国，初唐代の僧．*長安の人(祖先は康居に住んだが，祖父の代に長安に来る)．俗姓は康氏，字は賢首．賢首大師・香象大師・康蔵法師と称される．*華厳宗の第 3 祖で，華厳教学の大成者．太白山で修行ののち，雲華寺で華厳経を講ずる*智儼の説法を聴いて弟子となり，智儼没後の 670 年に出家して太原寺に入り，以後，諸寺に移りながら，華厳教の宣布，訳経への助力，祈禱などに活躍し，武周王朝期の第一人者となった．*則天武后のために金師子を喩えとして説いた説法が『華厳金師子章』としてまとめられた．

華厳経を講ずること30余回といわれ，また実叉難陀の〈八十華厳〉の翻訳，*義浄の〈金光明最勝王経〉の翻訳などを助けた．著書に*『華厳経探玄記』20巻，*『華厳五教章』3巻(あるいは4巻)，『起信論義記』5巻などがあり，門下に文超・慧苑らがいる．また，兄弟子の新羅の*義湘に宛てた手紙(「寄海東書」という)は，真蹟が現存する．

法蔵菩薩 ほうぞうぼさつ ［*s*: Dharmākara］ *阿弥陀仏の修行時の名．*無量寿経によると，むかし世自在王仏が出現したとき，一人の国王が説法を聞いて*菩提心をおこし，王位を捨てて*沙門となった．これが法蔵菩薩(法蔵比丘)で，菩薩はその後も修行に努め，限りなく長い間思索にふけって(*五劫思惟)，*四十八願を立て，願成って*無量寿仏(すなわち阿弥陀仏)になったという．なおこの経説と内容は全く異なるが，室町時代にも『法蔵比丘』と題した阿弥陀仏の本地物語(『阿弥陀の本地』とも)があり，人気を博して説経浄瑠璃や古浄瑠璃にも取り入れられた．

鳳潭 ほうたん　1659(万治2)?–1738(元文3)　〈芳潭〉とも表記．江戸時代を代表する学僧の一人．諱は僧濬．摂津(大阪)池田の人．16歳で出家し，請われて*鉄眼道光の門下となった．*八宗を兼学して多くの著作を世に問い，諸宗の学僧と論争した．特に華厳に精通し，*澄観や*宗密は華厳の祖師とは言えないとして，*智儼や*法蔵の古義に戻るべきことを主張，華厳寺を創建して華厳宗の復興に努めた．その学問は批判的かつ総合的である．

報土 ほうど　自らの行為の報いによって得られた場所の意．*衆生がその行為の報いによって獲得する*国土をいう場合と，大乗*菩薩が自らの*誓願通りに修行を成就して*仏となった際，その仏が住する国土を，誓願・修行が報いられた仏(*報身)の国土，という意味で〈報土〉と呼ぶ場合とがある．浄土教では，阿弥陀仏の*極楽浄土が報土であるのか否か，議論のあるところである．中国の浄影寺の*慧遠などは，阿弥陀仏の浄土を〈*化土〉と解したが(*『大乗義章』)，一方，道綽の*『安楽集』や善導の*『観無量寿経疏』では〈報土〉であるとされる．日本の源信は*『往生要集』の中で，阿弥陀仏の浄土を報土と捉えながらも，その浄土の中に報土・化土の二土があることを示しており，また親鸞も*『教行信証』において，浄土の中には真実の報土と方便の化土との両者が含まれると解した．→三土，三身．

法灯 ほうとう　〈ほっとう〉とも読み，訓読して〈のりのともしび〉ともいう．*仏法，つまり仏の真理・教説のこと．仏法が生きとし生けるものの冥暗・蒙昧を照らし打ち破ることを，世間の灯火が闇黒を消して照明するのに譬えたもの．仏阿毘曇経巻上に「世尊，法螺を吹き，法鼓を撃ち，法幢を竪て，法幡を挂け，法灯を然もやす」とある．また，絶えることなく相続されてゆく*正法の伝統を，燃え続ける灯火に譬えてもいう．劉孝綽(481–539)『栖隠寺碑』「法灯をして永く伝わり，勝因をして長久ならしめんと欲す」など．また，日本では*徳の優れた高僧を〈法灯〉ということもある．

「法灯永く断えなば，何をもってか迷情を照らさん」〔愚迷発心集〕「澄憲は当時の北京の法灯なり」〔玉葉文治3.5.1〕「後周の代に大きに魔の風あふぎて，まさに法の灯を消たんとせしかば」〔三宝絵中〕

宝塔 ほうとう　中国では，〈宝殿〉〈宝閣〉などと同様に，単なる塔の美称で，特定の形態をしめす語ではない．日本でも『薬師寺縁起』(平安末)に奈良時代の*流記を引いて，「宝塔四基，二口は本寺に在り」とあり，塔の美称であるが，現在，建築では円形塔身に方形の屋根をかけた一重塔および*多宝塔の*裳階を取った二重塔を〈宝塔〉といっている．現存するものはほとんど石造で，木造のものは慈光寺(埼玉県比企郡，1556)，*本門寺(1828)にある．*最澄が六カ所に立てた〈一級宝塔〉はこの形かもしれない．→付録(塔5)．

方等 ほうどう ［*s*: vaipulya, *p*: vedalla］原語は〈毘仏略〉と音写し，〈方等〉〈方広〉などと訳される．広大な，大いに増広発展せしめられた，の意．原始仏典の分類である*九分教・*十二分教の一つで，教義を広説展開したものをいう．大乗仏教では，小乗の立場は狭小であり，自らの立場こそ真に広大であるとして，それを〈大方等〉〈大方広〉などという．このことから大乗経典のことを〈*方等経〉〈方広大乗〉などとも称する．天台の*五時八教の教判で，五時の第三時を〈方等時〉とするが，この場合は般若経・法華経・涅槃経を除いた大乗経典が含まれる．「大集方等は秋の山，四教の紅葉は色々に，弾呵法会は濃く淡く，随類毎にぞ染めてける」〔梁塵 49〕

方等経 ほうどうきょう　大乗経典の総称．広大な教義をもつことからいう．「何等をか名づけて毘仏略と為す．所謂大乗方等経典は其の義広大にして猶お虚空の如し．是れを毘仏略と名づく」〔大般涅槃経 15〕．また，原始仏典の分類である*九分教・*十二分教の方等(方広)と区別するために〈大方等〉〈大方広〉という語を用いることもある(大方等陀羅尼経・大方広仏華厳経)．「阿弥陀経，此の経を，我が祖師慈恩大師，方等経の印鏡と釈したまへり」〔法華百座 3.24〕．→方等．

法灯明 ほうとうみょう［*p*: dhammadīpa］　*法，つまり教説に示された真理を灯明として生きよ，という*釈迦の遺言の一句．自らを灯明として生きよ，という意味をもつ〈自灯明〉と一対になる．→自灯明・法灯明．

法難 ほうなん　仏教教団あるいは仏教徒の一部が，国家権力などにより，弾圧や迫害を受けたとき，被害を受けた側からいう語．つまり仏法の受難をさし，キリスト教などにおける受難や殉教に通ずる．類語とされる破仏・廃仏・滅仏・廃釈などは，どちらかといえば，弾圧ないし迫害をする側が用いた語．法難は，国家などの為政者による弾圧だけでなく，異教徒による迫害，既成教団による新興教団への圧迫によっても行われた．歴史的には，法難によって被害者意識が昂揚し，*末法仏教運動が展開された．

インドでは，6 世紀初頭に*カシミール地方の仏教がエフタルのミヒラクラ王によって迫害された．またヒンドゥー教徒やジャイナ教徒による迫害もあった．チベットではまた，9 世紀半ば，古代チベット末期に登位したランダルマ王が仏教弾圧を行なったという伝承がある．中国では，5 世紀半ばから 10 世紀半ばにかけて，仏教側から〈*三武一宗の法難〉と呼ばれる，4 王朝の 4 人の皇帝による廃仏が著名であるが，いずれも次の皇帝によって仏教復興政策がとられた．一宗派に対する法難としては，*三階教に対する二度の禁絶が挙げられる(600, 725)．日本においては特に鎌倉時代の，既成教団による新興教団への圧迫が知られ，*法然や*親鸞に対する〈承元の法難〉(1207)，*日蓮に対する〈*熱原法難〉(1279)が挙げられる．近代では，明治維新の際の*廃仏毀釈が日本仏教全体の法難といえるし，中華人民共和国成立以後，特に文化大革命の期間，仏教に対して厳しい圧迫が加えられた．法難の一つに数えられよう．→廃仏．

法爾 ほうに［*s*: dharmatā］　*法(事物)のあるがままな状態をいう．この法爾に自然が結びつけられて〈自然法爾〉(法爾自然)，*道理が結びつけられて〈法爾道理〉(dharmatā-yukti)という．また，両者を合わせて〈法然道理〉ともいう．

〈法爾道理〉については，空海の*『即身成仏義』に，「法爾の道理に何の造作かあらん」と説かれ，*法然の『禅勝房伝説の詞』には，「ただ一向に念仏だにも申せば，仏の来迎は，法爾道理にてそなはるべきなり」という．法爾道理は，自然法爾とともに中世の共通理念となったもので，たとえば慈円の*『愚管抄』にも，「大方は上下の人の運命も，三世の時運も，法爾自然にうつりゆく」「三世に因果の道理と云ふ物をひしとおきつれば，その道理と法爾の時運とのもとよりひしとつくり合はせられて，流れ下りもえのぼる事にて侍るなり」〔5. 後鳥羽〕と説かれている．

これは，自己のとらわれた恣意的・作為的な考え(人我見，我執)を捨てて(人無我，人空)，事物を事物に即して，ありのままに観察し，生かすことを意味するが，事物(法)のありよう，世のなりゆきのままに身を任せるという，宿命的・運命的な人生観に陥るおそれもあり，それに対しては，仏教から事物(法)にとらわれたものとして，法我見(法執)と評され，ひいては法我見を捨てて(法無我，法空)自由・自在となることが説かれた．→自然法爾，人我見・法我見，人空・法空．

「法爾の荘厳，豁然として円かに現じ，本有の万徳，森羅として頓に証せむ」〔性霊集7〕

法然 ほうねん　1133(長承2)-1212(建暦2)　*浄土宗の開祖．いわゆる鎌倉新仏教の祖師の一人．

【修学から専修念仏の選択】美作(岡山県)の人．押領使漆間時国の子で，幼名を勢至丸といった．9歳のとき父は夜討に遭うが，遺誡により仇討を断念．13歳で*比叡山に登り，15歳のとき皇円について出家．1150年(久安6)18歳のとき，西塔の黒谷に隠棲していた慈眼房叡空をたずねて弟子となり，〈法然房源空〉と名を改める．それより約25年間叡空につき，その間，京都はもとより南都(奈良)にも足を運んで学僧たちを歴訪するなど，研鑽を積んだ．1175年(承安5)43歳のとき，黒谷の経蔵で善導著*『観無量寿経疏』散善義の「一心専念弥陀名号」の文により心眼を開き，*専修念仏に帰した．まもなく叡山を下り，東山吉水(大谷)においてあらゆる階層の人々に浄土念仏の教えを説き，感化を蒙る人々が激増した．

【開宗・布教・法難】1186年(文治2)には大原で浄土念仏に関する法論をなし，聞く者を感服させた(*大原問答)．1198年(建久9)，九条兼実の請により*『選択本願念仏集』を著し，一宗を確立．1204年(元久1)，叡山の僧徒が蜂起して座主に専修念仏の停止を訴えたため，*『七箇条制誡』を草し，門弟190名の連署をそえて*延暦寺へ送った．しかし翌年には南都の興福寺から，専修念仏の九失を挙げた奏状(*『興福寺奏状』)が朝廷に出された．1207年(建永2)2月，弟子の住蓮・安楽が女官を出家させ，死罪となった事件を契機として，75歳の法然は土佐(高知県．実際には讃岐(香川県))に流罪となる．このとき，*親鸞などの弟子7人も各地に流された(建永の法難)．同年(承元1)12月，許されて法然は摂津(大阪府)の*勝尾寺に滞在．1211年(建暦1)東山大谷に帰り，翌年1月23日，弟子の源智に*『一枚起請文』を与え，2日後に80歳で示寂．東山天皇から円光大師の諡号を受け，のち五度にわたり勅諡号を受ける．別に黒谷上人とも呼ばれた．没後も法然の墓堂の破却(嘉禄の法難)など迫害が続いたが，信空・*隆寛・聖光・*幸西・親鸞・湛空・*証空・*長西・源智などの弟子によって，それぞれに門流が形成された．法然の思想を知る好資料として*『黒谷上人語灯録』がある．

『法然上人絵伝』 ほうねんしょうにんえでん　浄土宗の開祖*法然の生涯と事績を描いた絵伝．日本の高僧絵伝類のなかでも法然上人のそれは特に多くの種類があり，絵画史上からも注目される．法然の没後，浄土宗がいくつもの門流に分派したことが多くの絵伝類を産む原因であったろう．最古の絵伝『伝法絵流通』(1237，原本は伝存しない)と，後伏見上皇の勅命により製作された『法然上人行状絵図』(48巻伝，『勅修御伝』とも．*知恩院・*当麻寺奥院蔵，14世紀)が二つの系統となる．それ以降の絵伝類は，二つの系統のいずれかの影響のもとに製作された．

宝瓶 ほうびょう［s: kalaśa］〈迦羅奢〉と音写し，〈賢瓶〉ともいう．金属または陶製の瓶で，五宝・五香・五薬・五穀の二十種物を入れた香水を満たして*壇上に置き，仏・菩薩に*供養するもの．通常〈五瓶〉と呼ばれ，壇上の中央と四隅に配置される．瓶口は妙香花あるいは五色の*蓮華を挿して蓋とし，頸部は綵帛という帯を垂らして*荘厳する．金剛界曼荼羅・胎蔵曼荼羅(→両界曼荼羅)，あるいは一部の*別尊曼荼羅などにも図示されるほか，しばしば諸尊の*持物ともなる．「三密瑜伽の宝瓶には東寺・山門の花開け給へり」〔盛衰記8〕「五瓶の智水等しく流るといへども，女身垢穢の質には灑がず」〔無量寿経釈〕

法服 ほうぶく　僧尼の着用する衣服．〈*法衣〉〈僧服〉などともいう．インド仏教教団では，僧尼の衣服は材質・色・製法などが厳密に規定され，ぼろ布を用いたので〈*糞掃衣〉といい，濁った色を採用したので〈*袈裟〉(kaṣāya，*壊色)と呼ばれていた．これに3種があり，1)僧伽梨(saṅghāṭī，大衣・九条衣)，2)鬱多羅僧(uttarāsaṅga，上衣・七条衣)，3)安陀会(antaravāsaka，内衣・五条衣)で，*三衣という．中国・日本もこの三衣の形式をうけつぎながら様々なものが考案された．「寺の僧どもに給はすべき法服，あまた設けさせ給ひけり」〔狭衣2〕

『宝物集』 ほうぶつしゅう　鎌倉初期の仏教*説話集．平康頼編．一巻本から九巻本まで広略諸本があり，繁簡の差が甚だしいが，七巻本系が定稿本とされる．京都嵯峨の*清涼寺を舞台に僧俗が徹夜で対談する問答物語的構成を取り，宝物論争を序論として仏法を第一の宝と結論づけ，六道の苦界を説いて出離を勧め，往生の要諦十二門を開示している．*『往生要集』を原点とする往生思想を踏まえ，多数の証話・証歌を引いて往生極楽を勧説したもので，*『沙石集』と並ぶ*説経文学の代表作．中近世を通じて広く流布し，類似の後代作品を誕生させたほか，その論旨・詞章は『方丈記』『平家物語』『曾我物語』以下多数の文学作品に影響を与えた．

方便 ほうべん [*s*, *p*: upāya]　原語のウパーヤは接近する，到達するという意味の動詞から派生した語で，方法や手段の意．方便は一般に，*衆生を導くためのすぐれた教化方法，巧みな手段を意味する．*般若(*智慧)と対比される場合と，真実と対比される場合とがある．般若と対になる場合は，般若と方便の二つがいずれも菩薩道に必須なものととらえられる．*菩薩は般若だけに偏っては，衆生を救うことができず，衆生に対する*慈悲に基づく方便を発動させなければならないとされる．十*波羅蜜の第7に置かれる．真実と対になる場合は，衆生に真実を明かすまでの暫定的な手段を意味する．たとえば*法華経において，*三乗(*声聞乗・*縁覚乗・菩薩乗)という三種類の教えが実在するとかつて説いたことは方便であるとされ，真実には一仏乗(*一乗)しか存在しないとされる．この場合は後者の用例である．ただし，仏が衆生の救済のために，三乗を説いたこと自体は，仏の慈悲に基づく方便の力の展開であり，これは前者の用例である．法華経の第2章が「方便品」と呼ばれるのは，*第一義としては，この仏の方便の力をたたえるための命名である．*大日経には，仏が*一切智を得る場合，*菩提心を因とし，*大悲を根本とし，方便を*究竟とすると説き，方便に最高の価値を置いている．なお，方便はしばしば〈*善巧方便〉(upāya-kauśalya．方便において巧みであること)という熟語の形で用いられる．

「人の心を起こさせんとて，仏のしたまふ方便は，慈悲をも隠して，かやうにこそはあなれ」〔源氏蜻蛉〕

謗法 ほうぼう　詳しくは〈誹謗正法〉．仏教をそしること．一般的に，諸経典では仏教をそしることは重悪とされる．*日蓮は*法華経至上主義の立場に立って，*正法を法華経と同一視し，他宗派には謗法の罪があるとして，厳しく批判した．「善知識をおろかに思ひ，師をそしるものをば，謗法のものと申すなり」〔末灯鈔〕

『法法性分別論』 ほうほっしょうふんべつろん [*s*: *Dharmadharmatā-vibhāga*]　*弥勒(マイトレーヤ)作と伝承される*瑜伽行派の論書．サンスクリット断片(全体の約5分の1)のほか，チベット語訳に散文と韻文による2種の訳本がある．また*世親(ヴァスバンドゥ)による注釈がチベット語訳に伝わる．本書は，*三性説を基礎として，*法と*法性の関係を明らかにすることを主題とする．法は*無であるにもかかわらず主客(*能所)に二分されたものとして顕現するという性質をもち，法性はその主客に分かたれた法の無そのもので，それは*真如と同義であり，*有であるという．法と法性は無と有という異なる特質をもつ点で同一ではないが，法性の有も，法の無そのものであるという点で別異ではなく，それゆえ両者は不一不異であるという．法から法性に到達することが*転依で，本書はさらに，転依の特徴とそれへの悟入を詳説する．

法味 ほうみ　*仏法を受けてその意義が微妙で奥深いことを体得して知ることを，食物の美味にたとえたことば．新訳*華厳経巻25に「願わくは一切の衆生，無量の法味を得て法界に了達せん」とある．後に転じて，読経や講説などの儀式・法要そのものを指すようにもなった．なお，天台宗の唯一絶対であることを味に喩えた〈円宗一味〉なども，これと類似の発想の造語である．「我が得る

所の法味を心のままに手向けしに，明神，ゆめのうちにあらはれて」〔問はず語り 4〕

法名 ほうみょう　〈法号〉〈法諱〉ともいう．仏教徒になった者につける名前で，*俗名に対する称．出家し*受戒したあとに授けられるので〈戒名〉ともいう．真言宗では〈金剛名〉ともいう．真宗では受戒しないので戒名とはいわず常に〈法名〉という．宗派によっては阿号・誉号・空号・日号・釈号などの法号があり，また法名に*院号・道号・位号などを付すことが多い．法名は生前に受けるものだが，受けないうちに死亡した者には葬儀のおり授けられ，仏弟子の資格とみなされる．生前授与された法名は〈逆修法名〉とよばれる．また死後に*追善供養として遺族などの希望で故人に与えられる法名または院号などを〈追号〉という．→戒名．

「十戒を受けて，法名を自ら定真といへり」〔往生極楽記 36〕「祖竜と云ふ僧を呼び，髪を剃り，長老を請待して血脈を戴き，法名を付き，いよいよ右の如く行水して」〔因果物語上〕

法務 ほうむ　*綱所の実務上の長官で，諸寺の仏事・僧尼*度牒などを管理する最高の僧職．624年（推古 32）の観勒が初代僧正就任と共に着任したのを初例として，奈良時代には*鑑真・慈訓（?–777）らが任ぜられた．872年（貞観 14）正権官が設けられ，東寺長者真雅（801–879）を正法務，*興福寺延寿（?–885）を権法務とし，以後，正法務は東寺長者，権法務は他寺院の僧を当てることとなった．法務は適任者の無い場合は空席となることもあったが，956年（天暦 10）任の寛空（884–972）以後は中絶は見られない．1167年（仁安 2）にいたって正官の上に総法務が設置され，仁和寺の覚性（1129–69）*法親王が初代総法務に任命され，以後仁和寺僧をもってこれに当てた．「寛遍法務の坊へ出だし参らせて後，内裏へ申すべし」〔保元中．新院御出家〕

法無我 ほうむが　⇒人空・法空

坊守 ぼうもり　*真宗寺院における住職の妻のこと．一坊の留守ないし守護にあたる人の意．真宗僧侶は*肉食*妻帯をむねとしたため結婚するものが多く，その妻は夫の僧侶とともに寺院経営，門徒教化にも関与していた．特に源海に始まる荒木門流はこの傾向が顕著であり，鎌倉後期成立とされる『親鸞聖人御因縁』にはすでにこの名称が見られる．荒木門流の一部で行われた*名帳には門徒団の筆頭に道場主とならんで坊守が記され，*絵系図では，坊守を道場坊主とならんで門徒の師匠として描いているなど，門徒集団における高い権威を窺わせる．1925年（大正 14）真宗大谷派では坊守規定を発布して徽章・坊守衣・坊守袈裟を制定し，門信徒の模範となり法義相続において他に率先すべきことを定めるなど，その重要性が窺える．

法文 ほうもん　仏法を説いた文章．経律論の文章．古くは，「源信法門を造るごとに，覚運に送りて点読せしめていはく」〔続本朝往生伝 8〕のように，〈法門〉を当ててほぼ同義に用いることも少なくなかった．単なる誤用または当て字と見るよりは，法文即仏法，または仏門にはいるたよりという考え方に基づく用字と考えられる．「尊きわざをせさせ給ひつつ，法文を読み習ひ給へば」〔源氏橋姫〕

法門 ほうもん　［*s*: dharma-mukha, dharma-paryāya］　dharma-mukha は，仏の教えに向かうこと．dharma-paryāya は，教えの説き方，さらには仏の教説・教えの意．仏の教えは多種多様であることから，*八万四千の法門といわれる．なお，『周易』繋辞上の「道義の門」，『老子』の「衆妙の門」「天門」，『荘子』天下の「道を以て門となす」など，中国思想における〈門〉の意義ともあわせ考えれば，〈法門〉という漢語の〈門〉は真理が衆生に至るときも，衆生が真理に到達するときも必ず経由するかなめの意．「教・禅の法門を習学し，仏祖の妙用を希望す」〔夢中問答中〕「女人の得道すべき法門，きかまほしく候へども」〔曾我 12．虎いであひ〕

法文歌 ほうもんか　仏教経典から抜き出した要句あるいは経典そのものを歌題として，その意味・要旨などを詠じた短歌または*今様歌．〈経旨歌〉とよぶこともある．勅撰和歌集の釈教部を通覧すると，全体の半分は法文歌が占め，さらに法文歌の半分は*法華経にかかわる歌である．『本朝文粋』11 にみえる藤原有国の文によると，藤原道長が1002年（長保 4）に，東三条院詮子追善のため友人らをさそって法華経讃歎の歌を作り合ったことがあり，これが法文歌の最初のものとみなされる．1012年(寛弘9)に成った選子内親王の*『発心(ほっしん)和歌集』は最初の本格的法文歌集であり，平安時代末に出現した寂然(じゃくぜん)の『法門百首』は文芸的にも優れ，法文歌の白眉として後代に強い影響を与えた．

後白河院撰の*『梁塵秘抄』に，法華経をはじめ各種経典の趣旨を詠んだ歌二百余首を「法文歌」という部を立てて排列している．7・5あるいは8・5の4句を連ねたいわゆる今様(いまよう)歌体で，作者名の記載がなく，だれが作ったのかほとんど分らない．「神歌(かみうた)」に対置して「法文歌」という部を立てた最初のものであることから，法文歌は今様体経旨歌固有の呼称とする見方があるが，これは短歌形式の法文歌が成立したあと，その延長線上に現れたものとみて，やはり一連のものとして扱うべきである．中世以降，今様体の法文歌は急速にすたれ，短歌形式のもののみが*釈教歌の中核として長く存続した．

法要 ほうよう　*仏法(ぶっぽう)の肝要部分，教えの要点の意味だが，現在では仏教儀式の意味に転用され，*法事・仏事・*法会(ほうえ)などと混同していう．葬式のあとの先祖供養も法要という．なお，法式の内容により一箇(いっか)法要・二箇(にか)法要・*四箇(しか)法要の別がある．「智慧といっぱ，ひろく経教をならひ，あまねく法要を知りてとどこほる処なき是れなり」〔合水集上〕「僧としては，必ず四箇の法用，伽陀等の常の僧のするほどの声明・懺法・式等，形のごとく習ひ存知して」〔雑談集5〕

蓬萊 ほうらい　海中に在って神仙の住むという*道教の聖山．『史記』に「海中に三神山有り，名づけて蓬萊・方丈・瀛(えい)州という」〔始皇本紀〕,「此の三神山は渤海中に在り」〔封禅書〕などと記されている．現在の中国山東省に〈蓬萊〉と呼ばれる県があり，この地で漢の武帝が海中の蓬萊山を望祀したと伝えられる(『通典』州郡,古青州)．わが国では「東大寺宝物図録」に，衲袈裟の箱の蓋(ふた)に描かれた蓬萊図を載せているほか，古典文学でも早くから取り上げられている．

蓬萊信仰が日本古来の常世(とこよ)思想と習合したものが〈竜宮浄土〉で，それを示す典型的事例は，〈浦島説話〉に見られる蓬萊から竜宮への舞台転換である．竜灯で名高い，文殊有縁の九世戸(くせど)(京都府宮津市)なども竜宮浄土の一つであろうが，それがさらに極楽浄土と結びつくと，平家一門が信仰した安芸の厳島(いつくしま)神社(広島県宮島町)のような現世浄土のイメージとなる．→竜宮．

「東の海に蓬萊といふ山あるなり．それに銀(しろかね)を根とし，金(こがね)を茎とし，白き玉を実として立てる木あり」〔竹取物語〕「人の見及ばぬ蓬萊の山」〔源氏帚木〕

法楽 ほうらく　[s: dharma-ārāma, dharma-kāma]　原義は，*仏法の信受によって感知する楽しみの意．転じて，神仏に読経や音楽・舞踊などを手向けてその心を楽しませること，また和歌・連歌を奉納することをもいう．中世の初頭に和歌は日本の*陀羅尼(だらに)であるという思想がおこり，これが*本地垂迹(ほんじすいじゃく)思想と結びついて，仏前で陀羅尼を誦するのと同様に，神明に和歌・連歌を奉納すればこれを嘉納すると信ぜられ，中世後半になると，社頭で*詠歌し，これを神社に奉納する風習が全国的に流行した．ただし，法楽は儀礼の域にとどまるものであって，これによって作品や作家の宗教性が特に高まることは少なかった．「経を読み奉りては，常に此の神に法楽し奉りて過ぐしけるほどに」〔今昔19-33〕「参社のたびごとに，この歌をのみ詠じ侍りて，法楽し奉りつつ子孫の事を祈り申しけるとかや」〔野守鏡〕

法隆寺 ほうりゅうじ　奈良県生駒郡斑鳩町にある聖徳宗(しょうとくしゅう)総本山．もと*法相宗(ほっそうしゅう)．古くは〈法隆学問寺〉〈斑鳩寺(いかるがでら)〉〈鵤寺(いかるがでら)〉といわれたこともある．

【創建の由来】西院と東院に分かれ，西院*伽藍(がらん)は*塔と*金堂(こんどう)とが並立する法隆寺式伽藍配置をとり，柱が胴張り(柱の上下が細く中ほどがふくらんでいること．エンタシス)であるなど飛鳥(あすか)時代の建築様式を伝えている．金堂・五重塔・*中門(ちゅうもん)などが創建当時のものであるかどうかについて，再建・非再建の論争が起こったが，1939年(昭和14)に石田茂作らによって若草伽藍跡が発掘調査され，再建説がほぼ決定的となった．金堂には本尊として釈迦三尊像があり，北魏(386-534)後期の仏像様式を示し，*光背の*造像銘に，*聖徳太子が没したとき，623年(推古31)に遺族らが発願して鞍作止利(くらつくりのとり)

(*止利仏師)に命じて造らせたとある．同じく金堂にあり本尊となっている(区別して根本本尊ということもある)薬師如来像の光背銘には，用明天皇が病気の際，聖徳太子がその平癒を祈って造立を発願し，607年(推古15)に完成したとある．現存の薬師如来像は釈迦三尊像より後のものと思われ，その銘にも議論があるが，そのもとになったものが存在したと考えられ，聖徳太子が法隆寺を造った(若草伽藍跡に創建)と思われる．『日本書紀』によれば，法隆寺は670年(天智9)に焼失したとあるが，また別に643年(皇極2)の蘇我入鹿そがのいるかの東院焼討時に焼失との説もある．その後8世紀初め頃までには再建されたと思われる．法隆寺の建立の由来や寺の資財などを記したものとして『法隆寺伽藍縁起幷流記資財帳』があるが，これは747年(天平19)に牒上されたものである．→付録(伽藍配置)．

【西院と東院】西院伽藍は，再建当初(7世紀末)の金堂・五重塔・中門・*回廊，天平時代の*経蔵・東室ひがしむろ・*食堂じきどう・東大門の他，綱封蔵こうふうぞう(平安初期)，大*講堂(990)，鐘楼(990頃)，西円堂(1250)，南大門(1438)などが甍を並べて古代伽藍の姿を今に伝える．東院は聖徳太子・山背大兄皇子やましろのおおえのおうじの邸宅斑鳩宮の跡地に，739年(天平11)ころ僧行信ぎょうしんによって，太子の追善のために創建された寺院で，*救世観音くせかんのん像(飛鳥時代)を安置する〈夢殿ゆめどの〉(現存)を中心に*南大門・回廊・七丈屋・講堂(伝法堂，現存)から構成されていた．七丈屋は太子ゆかりの宝物を収蔵していたが，1069年(延久1)に聖徳太子絵伝の障子絵が作成され，堂内に安置された．また1121年(保安2)には西院東室の南端が聖徳太子像を安置する聖霊院しょうりょういんに改造された．法隆寺は*太子信仰を高揚させて寺院の再興を狙ったのである．中世において東院は，夢殿の改修，七丈屋の舎利殿・絵殿への大きな改造を経て，現在の姿となった．→夢殿．

【美術】伝来した仏教美術は質量ともに豊富である．彫刻では，飛鳥時代の名品として，すでにふれた金堂の釈迦三尊像，薬師如来像のほかに同堂の四天王像，夢殿の救世観音像，*百済くだら観音像，*夢違ゆめちがい観音像などが挙げられる．奈良時代の作品に五重塔塔本*塑像そぞう群(711)，西円堂薬師如来像，東院伝法堂の阿弥陀三尊像3具などがある．平安時代以後では，大講堂薬師三尊像，大御堂釈迦三尊像，金堂の吉祥天・毘沙門天像(1078)などのほか，もと東院絵殿の聖徳太子七歳像(1069)，聖霊院聖徳太子像および四侍者像(1121)などのように太子信仰に基づく作例が増加する．絵画では，1949年に焼損した金堂壁画，五重塔初層旧壁画が飛鳥絵画の遺例としてことに貴重である．工芸では，*玉虫厨子たまむしずし，*橘夫人たちばなぶにん厨子が飛鳥時代の稀少な遺品で，これらの扉や須弥座しゅみざの装飾は絵画資料としても重要である．なお，1878年に皇室に献納された，いわゆる法隆寺献納宝物(東京国立博物館保管)も法隆寺に伝来した貴重な文化財の一群である．

法量 ほうりょう　仏像を製作する際の基準的な大きさ，あるいは仏像を計測した際の数値．古来，像の高さを定めるのに，〈唐尺〉〈周尺〉の2種の尺度が用いられ，前者は現行の尺(33分の10メートル)にほぼ近く，後者はその4分の3ほどであった．古記録の中には周尺によるものを厳密に区別して「周丈六」などと記しているものもある．平安後期11世紀前半頃からは，像の髪際はっさいから測定した数値(髪際高)を法量の規準にすることも多くなり，頭頂からの測定数値(現在でいう像高)とそれが並び行われた．これと前記の唐尺・周尺の問題が混在するので，法量の数値は複雑である．→丈六，等身とうしん，一搩手半いっちゃくしゅはん．

法琳 ほうりん [Fǎ-lín]　572–640　初唐の護法僧．俗姓は陳氏．潁川郡(河南省許州)の人．広く儒教・仏教の学を修め，とくに*三論に通じた．601年に*長安に入り，617年には*道教の宗源を探ろうとして道服を着て道観どうかんに住したという．隋の奉仏政策に対し，唐の道先仏後の策のもと，太史令傅奕ふえきが僧尼の有害無益を指摘し，仏教を排除しようと「減省寺塔廃僧尼事十有一条」を奏上すると，翌年，『破邪論はじゃろん』2巻を著して道教の虚妄を指摘した．ただし，『破邪論』では仏教の中国伝来について先秦時代説，始皇帝時代説をとるなど行き過ぎた主張も見うけられる．626年には『弁正論べんしょうろん』8巻を撰して廃仏論者(主に道教徒)に反論した．639年，道士秦世英が『弁正論』は唐の皇室を誹謗するものであると上奏すると，一度は極刑を宣せられたが，法琳の弁論に帝はその死罪を許し，益州に移されたあと，翌640年，病没した．他に『三教系譜』『釈老宗源』などの著があったというが伝わらない．

法輪 ほうりん ［*s*: dharma-cakra, *p*: dhamma-cakka］ 仏の教え．仏が教えを説くことを〈*転法輪〉という．cakra(*チャクラ)は戦車の車輪，古代インドの円盤形の武器，または支配領域を意味し，釈尊の説いた*法(dharma)が威光をもって人から人へと遥かに広まることを喩えていると解釈される．仏および仏教の象徴の一つ．*転輪聖王が神秘的な〈輪〉(cakra)の威光で全世界を統一するという神話も，この〈法輪〉の概念とあいまって，仏典内でいっそう発展した．後には道教もこの語を借用している．「諸仏はここにおいて法輪を転じ，諸仏はここにおいて般涅槃す」〔万法甚深最頂仏心法要下〕

法輪寺 ほうりんじ 奈良県生駒郡斑鳩町にある寺．明治以降は真言宗東寺派に属したが，現在は聖徳宗．山号は妙見山．〈法琳(淋)寺〉とも書く．また地名から〈御(三)井寺〉とも称された．創建については古くから二説がある．すなわち『聖徳太子伝私記』は，*聖徳太子の病気平癒を願って622年(推古30)に山背大兄王(?-643)と由義王が*発願したとする．また『上宮聖徳太子伝補闕記』や『聖徳太子伝暦』は，670年(天智9)の*斑鳩寺(*法隆寺)焼亡後に百済の聞法師らが造立したとする．本尊の木造薬師如来坐像は飛鳥時代後期の作．寺宝には他に木造伝虚空蔵菩薩立像(飛鳥時代後期)，木造十一面観音立像(平安前期)や，平安後期の木造吉祥天立像・木造聖観音立像・木造地蔵菩薩立像などがある．*伽藍配置は法隆寺式．創建当初の唯一の遺構であった三重塔は1944年(昭和19)に焼失し，現在の塔は1975年の再興．なお，妙見堂の天井には*星曼荼羅が描かれ，本尊の*妙見菩薩像は秘仏．

法臘 ほうろう 〈法﨟〉とも書き，〈法歳〉ともいう．*法の上での年齢の意で，出家し*具足戒を受けて*比丘・*比丘尼になった以後の年数をいうので，また〈*戒臘〉とも称する．仏教では夏安居の制によって，夏安居の終了した翌日の7月16日を歳首として法齢に1を加える．それ故，経過した*安居の数によって法齢を数えるので〈夏臘〉ともいう．比丘・比丘尼はその人の年齢に関係なく法臘によって長幼が定められる．なお〈臘〉は歳末の意で，〈﨟〉はその俗字．「守敏奏して申さく，『我，世の寿，法臘共に空海に過ぎたり，先に詔を承らん』と」〔壒嚢鈔8〕．→﨟．

宝楼閣曼荼羅 ほうろうかくまんだら *不空訳の宝楼閣経画像品に基づく，堂供養や滅罪・息災法の本尊．重層の宝楼閣の中央に*説法印の釈迦如来，左右に四面十二臂の金剛手菩薩と四面十臂の宝金剛菩薩を置く．上方には2*天女，下方前面中央の宝池中より立上る一茎の蓮華上に金剛輻輪を立て，*四天王をめぐらし，左端に吉祥天女・金剛使者天女，右端に餉棄尼天女・花歯天女を配した鳥瞰的な叙景風曼荼羅(説会曼荼羅．米国・フリア美術館，平安時代)．このほか宝楼閣経の「画像品」と「建立曼荼羅品」を合成した，内外2院からなるより複雑化した曼荼羅もある(*教王護国寺宝菩提院旧蔵，鎌倉時代)．→別尊曼荼羅．

法論 ほうろん ⇒宗論

『慕帰絵』 ぼきえ 『慕帰絵詞』ともいう．本願寺*覚如の行状絵巻で，覚如の次男従覚(1295-1360)が覚如の没後まもなく，乗専のすすめにより，父の「帰寂を慕う」こころより，覚如82年の生涯を26段として10巻に分けてまとめた．詞書は三条公忠・一条実材・六条有光らが染筆，絵は藤原隆昌・隆章，藤原久信らが画き，現在も西本願寺に伝わる．全10巻中，第1巻と第7巻は紛失し，1482年(文明14)写し補われた．

北宗 ほくしゅう *神秀を祖とする初期禅宗教団のこと．*神会が自らの法系の正統性を主張せんとして，師の*慧能が南に宗風を張ったのによって〈南宗〉と自称するのに対して，この教団が北の*長安・*洛陽に布教したことによる．*観心を説き，漸修漸悟(→頓教・漸教，頓悟，漸悟)の禅だとされ，常に劣った蔑称として呼ばれる．中国絵画の上でも，明末の董其昌(15

55-1636)は自律的な文人画の伝統を〈南宗画〉と呼び，アカデミックな，精緻で装飾的な画風を〈北宗画〉と貶称した．→南宗．

墨跡 ぼくせき　中国においては，本来，筆跡あるいは手跡と同じ意として用いられ，わが国でもこれをうけていたが，室町時代末期，とくに*茶道の方からこの意味を禅林高僧の筆跡と，宋・元時代以降，禅宗との関係でわが国に入った張即之(ちょうそくし)や馮子振(ふうししん)など一部の中国人の筆跡を含めて，その鑑賞上かく呼ぶことが多い．茶の世界では，歴史的にみて，その文句の心を敬い筆者の徳を賞翫するといったところから，*祖師・*開山などの墨跡が第一に尊重されてきた．鎌倉時代以降，中国禅宗との交渉が深かった関係上，とくに宋・元代のそれはわが国にしか伝存しないものが多く，当時の日中交流を物語る貴重な資料となっている．たとえば，わが国では臨済宗楊岐派の禅がとくに盛んであった関係上，その祖師*圜悟克勤(えんごこくごん)の*印可状(東京国立博物館蔵)は，古来，わが国では墨跡の第一に推されてきた．

卜占 ぼくせん　吉凶を占うこと．筮竹(ぜいちく)を用いる占いを〈卜筮(ぼくぜい)〉という．中国では古くから亀甲(きっこう)・獣骨・筮竹・星象(せいしょう)・雲気・夢・干支などを用いた卜占が行われ，儒教の経典である『易経(えききょう)』はもと卜筮の書であり，また『周礼(しゅらい)』春官には太卜・卜師・卜人など卜占を掌る官職が周官として列記されている．仏教においては，卜占は衆生(しゅじょう)を欺き惑わす*外道(げどう)の妖術として否定され〔長阿含経阿摩昼経，雑阿含経520,521経〕，智顗(ちぎ)の*『摩訶止観(まかしかん)』巻4下にも，卜筮は*修道(しゅどう)を妨げる技能の一つとして排斥されている．ただし僧伝資料には，高僧が*仏道とともに兼ねて陰陽(おんよう)・暦算(れきさん)に通じ，卜占を善くした事例がしばしば記されている〔法苑珠林62.占相，高僧伝釈玄暢伝〕．→易学と仏教，陰陽道．

北伝仏教 ほくでんぶっきょう　各地に拡まった仏教のうち，北インドから*ガンダーラを経て，中央アジア，中国に伝わり，中国からさらに朝鮮，日本，ベトナム，台湾などに伝播したものをさす．実際には，セイロン(スリランカ)，ジャワなどを経て，海路で中国に伝わった場合も少なくない．〈北方仏教〉ともよばれ，〈*南伝仏教〉(南方仏教)と対をなす．歴史的には*マウリヤ王朝のガンダーラ統治にはじまり，ギリシア系やサカ族の支配を経て，*クシャーナ王朝期に中国と直接境を接するようになってから急速に中国への流入が促進された．教義上は北インドに勢力をもった諸部派，とくに*説一切有部(せついっさいうぶ)の系統が優勢で，これに後に*大乗仏教が加わった．その使用言語は，ガンダーラ語など北インド方言にはじまり，後には*サンスクリットによる経論が増すが，それらからのコータン語その他中央アジア諸国語への翻訳もあり，さらにその地域で新たに作られた経典類も存在した．大乗仏教の思想の一部はこれらインド外の諸地域の宗教との接触によって生じた可能性もある(たとえば，*弥勒(みろく)信仰や*阿弥陀(あみだ)崇拝など)．これらの聖典とその教義は，今日，漢訳経典となって伝えられている．

イスラーム勢力の進出以後，中央アジア経由の伝播ルートは衰滅するが，代って，チベット経由の新しい仏教が，モンゴル・旧満州(中国東北部)にまで拡まった．この系統は*カシミールやネパールを通じてチベットに入り，チベット語に翻訳された聖典によるものであるが，9世紀頃には*敦煌(とんこう)を通じて中国仏教と相互に交渉があり，元朝以後は中国にも伝わったので，地域的には北伝仏教に加えてしかるべきであろう．→西域仏教，ネパール仏教，チベット仏教，モンゴル仏教，中国仏教，台湾仏教，朝鮮仏教，日本仏教，ベトナム仏教．

法華経 ほけきょう　[*s*: *Saddharmapuṇḍarīka-sūtra*]　第1期(初期)大乗経典に属し，紀元50年から150年あたりにかけて成立したと考えられる経典．現存の漢訳本は，*竺法護(じくほうご)訳〈正(しょう)法華経〉(10巻27品．286年訳)，*鳩摩羅什(くまらじゅう)訳〈*妙法蓮華経(みょうほうれんげきょう)〉(7巻27品，のち8巻28品．406年訳)，*闍那崛多(じゃなくった)・達摩笈多(だつまぎゅうた)訳〈添品(てんぽん)妙法蓮華経〉(7巻27品，羅什訳の補訂．601年訳)の3本であるが，羅什訳がもっぱら用いられてきた．19世紀以降，ネパール，チベット，中央アジア，カシミール(ギルギット)などで原典写本が相次いで発見され，漢訳本と対比しながら，改めて法華経の成立状況や特色について研究が進められている．

【構成と内容】法華経は，伝統的には「安楽行品(あんらくぎょうほん)第十四」と「従地涌出品(じゅうじゆじゅっぽん)第十五」の間で区切りが入れられ，前半は「方便品(ほうべんぼん)第二」を中心として統一的真理（一乗妙法(いちじょうみょうほう)）を明かし（*開三顕一(かいさんけんいち)），後半は「如来寿量品(にょらいじゅりょうほん)第十六」を中心として永遠の仏（久遠釈迦(くおんしゃか)）を明かす（*開近顕遠(かいごんけんのん)）とされた．天台*智顗(ちぎ)(538–597)は*『法華文句(ほっけもんぐ)』において，前半を〈*迹門(しゃくもん)〉，後半を〈*本門(ほんもん)〉と称し，それぞれの特色づけに努めた．

ところで，原典の成立状況からすると，もう一つの部門が立てられてくる．それは，「法師品(ほっしほん)第十」から「嘱累品(ぞくるいほん)第二十二」（「提婆達多品(だいばだったほん)第十二」を除く）までの部分で，大乗の*菩薩ないし菩薩行が強調されている．たとえば「法師品」では，苦難を耐え忍んで慈悲利他の菩薩行に励む者が〈如来使〉とたたえられ，「従地涌出品」では，その典型として*地涌(じゆ)の菩薩のことが，「常不軽菩薩品(じょうふきょうぼさつほん)第二十」では*常不軽菩薩のことが物語られ，「如来神力品(にょらいじんりきほん)第二十一」および「嘱累品」では，菩薩たちに布教の使命付与（*付嘱(ふぞく)，嘱累(ぞくるい)）がなされる．

【特色】以上，伝統的立場と成立史的観点とを合わせて結論すると，宇宙の統一的真理（一乗妙法），久遠の人格的生命（久遠釈迦），現実の人間的活動（菩薩行道）が法華経の三大特色といえよう．それらは大乗仏教の3要素（法・仏・菩薩）をなすもので，古来，宗派の別なく注釈書が著されたり，法華思想の体系化がはかられたりした．一方で，他の代表的な大乗経典との関係や優劣が論ぜられた．たとえば中国の5,6世紀におきた*教相判釈(きょうそうはんじゃく)において，真理の統一性を説き明かしたものとして法華経を万善同帰教(まんぜんどうききょう)，純一性を説き明かしたものとして華厳経(けごんぎょう)を頓教(とんぎょう)，永遠性を説き明かしたものとして涅槃経(ねはんぎょう)を常住教(じょうじゅうきょう)と規定し，それらの間の優劣が論議された．

【日本における展開】日本では，聖徳太子の*『法華義疏(ほっけぎしょ)』（真偽問題がある）が法華経注釈の始まりであるが，平安初期に*最澄が出て，天台法華宗を樹立し，鎌倉中期に*日蓮が出て，改めて法華思想の体系化に努める．一般では信仰や書写の功徳が説かれた部分に目をつけ，除災招福や懺悔(さんげ)滅罪のための法会が営まれたり，法華経を書写する行事がなされるにいたる．また*法華八講など，法華経を講説する法会が催されたり，のちには法華経各品の内容が絵図に表されたり（*法華曼荼羅），説法（*絵解き）に用いられたりした．文芸面では，*釈教歌(しゃっきょうか)の多くが法華経歌であり，*説話にもしばしば法華経が引用されるなど，法華経は民間に広く流布するようになり，今日に至っている．

なお法華経の霊験功徳譚の編集は，中国や朝鮮（高麗）でも行われた．その中で唐の僧詳撰『法華伝記』，恵詳撰『弘賛(ぐさん)法華伝』，新羅僧の*義寂撰『法華経集験記』（『法華験記』）などは日本にも伝来し，同類国書の成立をうながした．その代表的なものが鎮源(ちんげん)撰*『法華験記』（『大日本国法華経験記』）である．また*『梁塵秘抄』に収める「法華経二十八品歌百十五首」なども，法華経各品を今様に歌いあげた*法文歌の圧巻として注目すべきものであろう．

法華経寺 ほけきょうじ　千葉県市川市中山にある日蓮宗の大本山．山号は正中山(しょうちゅうざん)．*日蓮の檀越(だんおつ)富木常忍(ときじょうにん)が出家して日常(にちじょう)と称し，自邸を法華寺としたことに始まる．他方，第2代日高(にちこう)は本妙寺を創建し，法華寺の貫首を兼ねた．第3代日祐(にちゆう)が千葉氏の外護をえて，当寺は大きく発展し，1545年（天文14）には両寺を合併して法華経寺と公称した．上記の3師は*日蓮遺文や本尊などを蒐集格護し，聖教(しょうぎょう)を守る掟を作ったため，日蓮真筆の*『立正安国論』*『観心本尊抄』をはじめとする貴重な聖教が現存する．

『法華経直談抄』 ほけきょうじきだんしょう　天台僧栄心(えいしん)が*法華経を*談義，講説した書．8巻．1546年（天文15）以前成立．栄心（?–1546）は，談義所で著名な近江柏原成菩提院(じょうぼだいいん)の末寺，菅生寺法華院にいた学僧．本書は栄心の没後，遺志によって成菩提院に寄進された．法華経二十八品を，一品ごとに来意（経中の位置づけ），釈名（品名の解釈と品の大意），入文判釈（本文の句意）の三段釈により講釈する．先行の注釈書と同様に，経論や釈義を用いつつ*科文(かもん)や語句を説いてゆくが，逐語的な解釈よりも，法華経そのものの意義を直に説くことを重視する傾向にある．尊舜の『鷲林拾葉鈔』とは，共通する物語・和歌などが多く，密接な関係がうかがえる．引用された豊富な物語や和歌は，*説法の資料源としても注目される．1635年(寛永12)と1659年(万治2)には版行され，寺院のみならず広く享受された．近世初期成立の噺本*『醒睡笑』や狂歌集『古今夷曲集』などに，その影響が見られる．→直談，直談抄．

菩薩 ぼさつ　［*s*: bodhisattva, *p*: bodhisatta］　サンスクリット語 bodhisattva に相当する音写語であるが，〈菩薩〉という漢語は，その短縮された俗語形から音写されたものと見なされている．一般には，*悟り(bodhi, *菩提)を求める*衆生(sattva, *薩埵)の意味であると解釈される．〈*大士〉(mahāsattva)という言葉と対にして用いられることが多い．

【起源と思想史的展開】もともとは，*仏伝文学において*成道以前の釈尊，特にその*前生のことを指す言葉であった．仏伝文学のなかで，*誓願，*授記，*不退，一生*補処(あと一生だけ迷いの世界に縛られること)などの菩薩の修行をめぐる重要な概念が準備され，また，釈尊が前生においてなしたとされる，特に自己犠牲を中心としたさまざまな*行が*六波羅蜜として組織されて，*大乗仏典へと受け継がれていくこととなる．*部派仏教においては，このような〈菩薩行〉を完成して*成仏しうるのは釈尊のような極めて限られた人のみとされていて，一般の修行者が目指し得る現実的な目標は*阿羅漢もしくは*縁覚だとされていたのであるが，この菩薩行の可能性をすべての人に解放したのが大乗仏教であった．したがって，大乗仏教においては，最高の悟りを求める心(*菩提心)をおこして，自らの修行の完成(*自利)と一切衆生の救済(*利他)のために六波羅蜜を行じて成仏を目指す人はすべて〈菩薩〉なのである．

このような菩薩の修行の階位を示すものとして，さまざまな説が組織されたが，もっともよく知られているものとして，*十地経に見られる歓喜地から法雲地に至る〈*十地〉の説がある．また，大乗仏教における菩薩行の観念では，迷いの世界と悟りの世界とを峻別する二分法的思考法が，*空の哲理に基づき排除され，苦しみに満ちた迷いの世界から逃れて安楽な世界に至ろうとするのではなく，むしろ困難な現実社会のなかで衆生とともに働き続けるところに真理と安らぎを見出そうとする傾向が強い．→首楞厳三昧．

【菩薩信仰】こういった大乗的菩薩道の思想が形成される一方，*観世音菩薩，*文殊菩薩，*普賢菩薩，*虚空蔵菩薩など，すでに高い境地に達していて，それぞれの立場から衆生の救済のためにはたらき続けていると信じられる伝説的な諸菩薩の崇拝が導入された．こういった菩薩達は，中国や日本でも盛んに信仰されて今日に至っている．さらに日本では，*神仏習合の進展とともに，日本固有の神を菩薩と称することも行われるようになった．八幡大菩薩が，その典型的な例である．また，現実の人間，たとえば*行基菩薩など高徳の修行者を〈菩薩〉と称することは，中国・日本ともに実例が認められる(→八幡神)．

なお図像学的には，髻を結い，下半身に裙(裳)を着け，*条帛・*天衣をかけ，*宝冠・胸飾・臂釧・腕釧などの装飾品をつける．ただし*地蔵菩薩は僧の姿にあらわされる(→付録・仏像2)．

菩薩戒 ぼさつかい　［*s*: bodhisattva-śīla, bodhisattva-saṃvara］　*菩薩を特色づける戒．〈大乗戒〉と同義．菩薩戒は在家にも出家にもありうるものであり，*僧伽の構成員を形成する*七衆を特色づける戒は〈七衆戒〉と総称されるのに対し，菩薩の特徴となる戒が〈菩薩戒〉と総称される．大乗仏教の成立に伴い主張されるようになったと考えられ，形式よりも動機や心を重視する傾向がある．すなわち*菩提心や*仏性に基づくものとされる．七衆戒が*律蔵の文献に説かれるのに対し，菩薩戒は*経蔵に説かれるのが一般的であり，インドで成立したと考えられる，*『瑜伽師地論』に説かれる〈*三聚浄戒〉(摂律儀戒・摂善法戒・摂衆生戒，後に饒益有情戒)は，その典型と考えられる．また，中国において成立した菩薩戒の代表に〈梵網戒〉がある．具体的に遵守すべき戒条は*学処と呼ばれ，『瑜伽師地論』では四重四十三軽戒が，*梵網経では*十重四十八軽戒が学処として定められたが，これらと異なるものを説く経典も存在する．→大乗戒．

菩薩瓔珞本業経 ぼさつようらくほんごうきょう　*華厳経の流れを引き*菩薩の階位と修行を説く大乗経典．〈瓔珞経〉とも略称される．姚秦の*竺仏念に帰せられる2巻本の漢訳が現存するが，実際は中国で撰述された経典であると見なされている．本経の説く菩薩行は十住・十行・十廻向・*十地・無垢地・*妙覚の四十二階位を経るものである．ただし，初住の前にある十信をも菩薩の階位と見なし，古来〈五十二位〉と解釈されてきた．本経の大きな特徴の一つは，*大乗戒として*三聚浄戒を説くとともに，それを*梵網経に説かれる〈*十重禁戒〉と結びつけている点にある．天台大師*智顗は，菩薩の階位・修行を説く経典のうち，本経が最も完備されたものであるとした．一方，伝教大師*最澄は自らの*大乗戒壇構想に際して，本経には依らずに梵網経に基づく大乗戒を主張した．→五十二位．

星祭り ほしまつり　星に除災求福を祈る行法・法会．インドの原始仏教では星占いや星祭りなどを禁じたが，密教ではこれを容認した．日本でもとくに密教系の寺院で行われることが多い．〈星供〉〈星供養会〉ともいう．堂の内に北斗七星や二十八宿などを配した北斗曼荼羅(*星曼荼羅とも)を掲げ，妙見菩薩を本尊として北斗七星法，妙見法，北斗尊星王法を修する．わが国では平安時代より諸寺院で行われ，また宮中の正月四方拝や民間の行事にも取り入れられた．今日では春の*節分に行われることが多い．星に対する信仰はインド，中国以来のものであるので，仏教寺院のそれも道教や易，陰陽五行説などとも複雑に習合しながら成立してきたと考えられ，また修験道においても重要な行法の一つとされている．なお，後世は〈星祭り〉を七夕祭りの称ともする．→妙見菩薩．

「故御堂の御時，此くの如きの祭の時は必ず御拝あり．(安倍)晴明，星祭の時の星下しを勤め仕りしなり」〔殿暦長治1.12.16〕「月輪禅定殿下の仰せによりて，星供を行ずる事七箇日」〔真言伝7〕

星曼荼羅 ほしまんだら　人の運勢を司る本命星を供養する星供(星祭り)に懸けて，除災延命をはかる北斗法の本尊．〈北斗曼荼羅〉とも称される．円形・方形の両種がある．内院中央には掌上に金輪をおく釈迦金輪が*須弥山上に坐し，上方に九曜，下方に北斗七星がめぐる．中院に十二宮，外院には*二十八宿をつらねる．円曼荼羅は天台座主慶円(10世紀末)，方曼荼羅は東密仁和寺の*寛助の創意になるとの伝承がある．遺品として円曼荼羅に*法隆寺本(平安時代)，方曼荼羅に久米田寺本(平安時代，大阪府岸和田市)がある．→星祭り．

菩提 ぼだい　サンスクリット語・パーリ語 bodhi の音写．漢訳して〈智〉〈*道〉〈*覚〉などという．悟りの*智慧．これを得た者が*仏であり，これを目指す*有情(*衆生)を*菩薩という．また広く*声聞菩提・*独覚菩提・仏菩提を〈三菩提〉ともいう．このうちで仏菩提は至高であるため，無上正等覚(*阿耨多羅三藐三菩提)とも呼ばれる．わが国ではまた，死者の冥福を祈ることを，俗に〈菩提を弔う〉という．「正法を聞かず，菩提を遠ざかる」〔三宝絵上〕「弘誓の海に船泛べ，沈める衆生引き乗せて，菩提の岸まで漕ぎ渡る」〔梁塵158〕

菩提寺 ぼだいじ　一家が代々その寺の*宗旨に帰依して，そこに墓所を定め，葬式・*追善供養を営み死者の*菩提を弔う寺のこと．669年(天智8)に藤原鎌足の妻鏡王女が山城山階寺を創建し，後に不比等が平城遷都(710)のとき南都へ移して*興福寺とし，藤原一門の氏寺としたのが早期の例である．それ以降も時の支配者は自らの氏寺を決めて，特別な関係をもつことが多かった．江戸時代の*檀家制度によって，菩提寺をもつことは民間にも普及することとなった．現在ある日本の大多数の寺院は菩提寺としての性格をもっている．「菩提寺の講堂の柱に，虫の食ひたりける歌」〔新古今和歌集20〕．→氏寺．

菩提樹 ぼだいじゅ　釈迦がその下で*悟り(bodhi，*菩提)を開いたとされる樹木．〈覚樹〉〈道場樹〉ともいう．サンスクリット語で pippala とか aśvattha とか呼ばれる樹木．学名は *Ficus religiosa* で，クワ科．日本の寺院に植えられている菩提樹やドイツの菩提樹(Lindenbaum)は，葉の形がこれに似たシナノキ科の植物である．*過去七仏にそれぞれ別種の菩提樹があるとされる．なお，シナノキ科の果実を〈菩提子〉といい，*数珠(じゅず)の材料とする．特に*唐招提寺の菩提樹は，*鑑真請来の菩提子に由来するものとされて著名．「仏の隠れ給ひにし後，初めて今日ごとに見るに，菩提樹の葉皆落つといへり」〔三宝絵下〕

菩提心 ぼだいしん [s: bodhi-citta] 〈*道心〉〈道意〉〈道念〉〈覚意〉ともいう．〈無上道心〉〈無上道意〉の訳語もある．*悟り(*菩提)を求める心，悟りを得たいと願う心などの意味．一般に*阿耨多羅三藐三菩提心(あのくたらさんみゃくさんぼだいしん)の略語というが，それに相当するサンスクリット語の単語はなく，「阿耨多羅三藐三菩提(完全な悟り)へ向けて心を発す」という形で用いられるのが普通．〈菩提心〉(ボーディチッタ)は大乗仏教特有の用語．特に*利他を強調した求道心をいう．菩提心は大乗仏教の*菩薩(ぼさつ)の唯一の心で，一切の*誓願を達成させる威神力(いじんりき)を持つと考えられた．

【密教における菩提心】*大日経では菩提心は一切智智の因とされ，*金剛頂経(こんごうちょうきょう)の根本的観法である*五相成身(ごそうじょうじん)観では，心月輪(しんがちりん)の上に*金剛杵(こんごうしょ)を*観想することにより，金剛不壊(ふえ)の菩提心が象徴された．そして時代が下るにつれ，菩提心は，悟りを求める心から，衆生の悟りを可能にする根元的な心識へと展開していった．*アティシャがスヴァルナドヴィーパ(スマトラ島?)に赴いて，セルリンパから承けたという菩提心の教えは，このような密教的な菩提心の観法の一つと考えられる．さらに後期密教においては，神秘体験をもたらす生理学的*ヨーガに欠かせない精液や経血が，「世俗の菩提心」「白赤の菩提心」などと称せられるようになった．

「仏在世の時，菩提心を起こす者千万ありしかど」〔栄花もとのしづく〕

『菩提心論』 ぼだいしんろん *空海(くうかい)以来，日本密教で極めて尊重された小部の密教論書．具名は『金剛頂瑜伽中発阿耨多羅三藐三菩提心論(こんごうちょうゆがちゅうほつあのくたらさんみゃくさんぼだいしんろん)』であり，金剛頂の語を有するが，*大日経(だいにちきょう)やその注釈も用いられている．作者は*竜猛(りゅうみょう)(竜樹)，訳者は*不空(ふくう)と伝えられているものの，中国撰述と考えるのが妥当である．大日経の注釈については，*『大日経疏』に見られない文，すなわち4種の*阿字(あじ)を*法華経の開・示・悟・入に配する『大日経義釈』独特の記述が活用されている．本書では，*即身成仏(そくしんじょうぶつ)の語により*真言(しんごん)法の優越性を主張し，*行願(ぎょうがん)・*勝義(しょうぎ)・三摩地(さんまじ)(*三昧(さんまい))という3種の*菩提心を説く．特に即身成仏を真言密教に限定していることに対しては，密教と天台教学の融会を主張する日本天台宗の学者によって諸見解が示された．三摩地段において，密教独自の*三密(さんみつ)行や*五相成身(ごそうじょうじん)観を論述し，巻尾に父母所生(ぶもしょしょう)の身に大覚位を証しうることを記している．また，*二乗(にじょう)の成仏を説くとともに，優劣の比較により，二乗は厭離(おんり)・超越すべき*境界(きょうがい)とする．

菩提僊那 ぼだいせんな 704–760(天平宝字4) Bodhisena(覚軍)の音写名．〈菩提仙那〉とも書く．奈良時代に日本に来たインド僧．*五台山の文殊菩薩を慕って中国に渡ったが，日本の入唐僧の招請に応じ，736年(天平8)九州太宰府に着く．*聖武天皇は行基ら百人を遣わして難波に出迎えさせた．奈良の*大安寺に住し，華厳経を奉じ，呪術にも精通していた．752年(天平勝宝4)東大寺大仏殿の*開眼供養法会には婆羅門(ばらもん)僧正として*導師をつとめた．754年東大寺に唐僧*鑑真(がんじん)をたずねる．伝記としては，法弟修栄が770年(神護景雲4)に撰した『南天竺婆羅門僧正碑文』がある．

菩提達摩 ぼだいだるま [Pú-tí Dá-mó] ?–530? *禅宗の初祖．菩提達摩(ぼだいだるま)は，サンスクリット語 Bodhidharma に相当する音写．後に多く〈菩提達磨〉と書かれ，また単に〈達摩〉〈達磨〉と略称される．諡号は円覚大師．北魏の末に西域を経て華北に来た多くの*三蔵法師のうちの一人だが，禅宗の発展に伴って詳しい伝記と語録が時代ごとに書かれた．宋代の禅宗史書によると，南インド香至国の第三王子で，*過去七仏より28代目の祖師となり，*教外別伝(きょうげべつでん)の*正法眼蔵(しょうぼうげんぞう)(さとりの真実)を伝えるため南海経由で梁に来て，

*武帝に迎えられた．しかし，武帝にはその教えが理解できなかったので，北魏に入り，嵩山*少林寺で独り*面壁して，後に2祖となる*慧可を指導し，禅の教えを伝えてインドに帰ったという．

達摩の語録とされる*『二入四行論』は，理と行の悟りに加えて，後者を四つに分けて説く．インド仏教の四摂法に当るもので，特に壁観(心が壁のように静かになって，外界と内心，自己と他者，凡夫と聖人など，一切の対立を超え，*空を悟ること)と名づける前者の実践は初祖の史実にふさわしい．達摩の語録の研究は，*敦煌発見のテキストを加えて近代中国仏教史の成果の一つである．梁の武帝や2祖慧可との問答は，古来*公案として工夫され，文学や絵画の題材となった．

【達摩説話】日本では，南岳*慧思との約束によって来日し，慧思の再来である聖徳太子と大和の片岡山で和歌を贈答してここで入滅したとされ，平安末期成立した大日能忍を祖とする日本*達磨宗はこの伝説によっている．この達摩渡日伝説の流布に加えて，平安初期には中国で成立した達摩の隻履帰天説話(達摩が中国で入寂後，棺中に履の片方を留め，片履で天竺に帰ったという話)も伝来し，両話の伝える尸解伝説の影響下に，わが国でも奈良・平安時代を通じて神仙・高僧などにまつわる多くの尸解説話が作出された(『七代記』*『本朝神仙伝』など．→尸解仙)．このほか，達摩の天竺僧行視察譚(『今昔物語集』所収)が創作されたり，幽玄に過ぎて難解な和歌を達摩歌と評したり，古浄瑠璃に『達磨の本地』『達磨公平』が登場したことなども，達摩画像の流行とともに，わが国における達摩受容の広がりをうかがわせるものである．江戸中期以後，坐禅姿の達摩をかたどった人形が，七転び八起きの縁起を祝う福ダルマとして信仰を集めている．また達磨人形の底に錘をつけて，倒してもすぐ起き上がる玩具として〈起き上がり小法師〉も中世以来愛好された．達磨の人形に脚がないのは，彼が坐禅ばかり修行していたので足が腐ってなくなってしまったという民間伝説にもとづく．

『菩提道次第論』 ほだいどうしだいろん　[*t*: *Byang chub lam rim*]　チベット仏教*ゲルク派の祖である*ツォンカパの主著．『大論』と『小論』の2種がある．アティシャの*『菩提道灯論』を範とし，悟りを目指す修行の階梯を論じる．とくに大乗の*菩薩の道を中心主題とし，精神集中の学習を説く〈止〉の章と，中観帰謬論証派(→中観派)の教義に従って*空性の真実の考察を行う〈観〉の章は，ツォンカパ自身の思想を伝えるものであり，ゲルク派教学の基本となった．世俗の立場においても自立的な存在を認めない中観帰謬論証派の見解に従いながらも，論理的考察を重んじ，すべての存在は*縁起しているという意味で空性を解釈することによってそれが無ではないことを強調し，虚無主義的な中観理解を批判する．→『秘密道次第大論』．

『菩提道灯論』 ほだいどうとうろん　[*s*: *Bodhipatha-pradīpa*]　*アティシャ著．自注も存する．チベット語訳のみ．アティシャをチベットに招聘した西チベット王チャンチュプウー(Byang chub 'od)の求めに応じてチベットにおいて著された．仏教内の相異なる様々な立場(小乗・大乗・密教)を，いずれも捨てることなく全て悟りに到る道の中に統合しようとした点に特徴がある．仏と法と僧の*三宝に帰依し，*慈悲の心を起して一切衆生を救うために正しい悟りを得ようと*発心し(発*菩提心)，小乗の*戒律と大乗の*菩薩戒とを受け，それを踏まえて*禅定を行なって他者を仏道に導くための*神通力を獲得し，*般若の智慧と他の五つの*波羅蜜(＝方便)とを二つとも修める(戒定慧の*三学)．般若の智慧においては*諸法の*空性を正しく論証し真実を理解する．これらを踏まえて，最後に*福徳と*智慧という，悟りのための二つの*資糧を速やかに完備するための密教の修行を行なって仏果を獲得すると説く．

菩提流支 ほだいるし　?–527　サンスクリット語 Bodhiruci の音写．ボーディルチ．〈菩提留支〉とも書く．あるいは漢訳して〈道希〉ともいう．北インド出身の僧．北魏の都*洛陽で訳経に従事し，大乗の経論30部余りを翻訳した．これらはインドにおける新しい大乗仏教(*唯識系の仏教)の動向を中国に紹介することになり，後世の教学に大きな影響を与えた．彼が訳した*『十地経論じゅうじきょうろん』の研究にもとづいて地論学派(*地論宗)が形成され，同じく彼の訳になる『無量寿経論むりょうじゅきょうろん』は，やがて中国浄土教の祖*曇鸞どんらんの*『往生論註』を生みだすことになる．なお，唐代にも同名の僧が洛陽に来り，武后のもとで訳経に従事した．

ポタラ宮　――きゅう　[*t*: Pho brang po ta la]　チベットの*ラサにある*ダライ-ラマの居殿．宮殿のたつ赤山(マルポリ)は，太古観音菩薩(*観世音菩薩かんぜおんぼさつ)がチベットを国見した丘であるとされ，観音菩薩の*化身とされる*ソンツェン-ガムポ王の王宮跡地ともされていたため，観音の聖地ポータラカ(*補陀落ふだらく)にちなんで〈ポタラ〉と称された．1647年ダライ-ラマ5世が始めてマルポリ山の南斜面に宮殿(白宮)を造営し，さらに，1696年にダライ-ラマ5世の摂政サンギェー-ギャンツォが5世の遺体を収めた仏塔を祀る〈赤宮〉を増築した．赤宮は『カーラチャクラ-タントラ』にそって設計されており，最上階に住むダライ-ラマを本尊とする構造となっている．ダライ-ラマの即位式・葬儀などはこのポタラ宮で行われる．

法界　ほっかい　[*s*: dharma-dhātu]　〈ほうかい〉とも読む．〈*法〉はそれ自体の性質を保持する存在者の意で，〈*界〉は境界の意で他と区別されるあり方を意味する．法界はいくつかの異なった意味をもつ．まず意識の対象，考えられるものの意で，*十八界じゅうはっかいの一つ．また，存在するものの意で，有為法ういほう・無為法むいほうのすべてを指す(→有為，無為)．さらに，事物の根源，存在の基体の意を表し，しばしば〈真理〉そのもの(*真如しんにょ)と同義とされる．

天台宗では，地獄界から仏界までの10種の世界を〈十法界じっぽっかい〉(*十界じっかい)といい，十法界のそれぞれが互いに他を具足することを〈十界互具ごぐ〉という．華厳宗では，真理そのものの現れとしての現実の世界を法界といい，その見方の上から，〈事法界〉(事物・事象の世界)，〈理法界〉(真理の世界)，〈理事無礙りじむげ法界〉(真理と事物・事象とが交流・融合する世界)，〈事事無礙じじむげ法界〉(事物・事象が相互に交流・融合する世界)の4種の区別(*四法界)などを立てる．真言宗では，全世界・全宇宙のことを法界といい，その本体は地・水・火・風・空・識の六つの根本要素(*六大)であるとする．

「竊ひそかに以おもひみるに，釈慈の示教，先に三帰五戒を開きて，法界を化し」〔万葉5〕「思ひを法界にかけて，一切の法は仏法なりと信じて，寂滅法界に安住すれば」〔閑居友上〕

法界縁起　ほっかいえんぎ　華厳宗けごんしゅうで説く，*縁起のあり方．二つの意味があり，一つは，諸経論に示される種々の縁起のあり方の包括的呼称．大きく，迷いの世界の縁起と悟りの領域の縁起とに分けて説明される．もう一つは，究極・真実の縁起のあり方を意味し，真理そのものの現れとして，あらゆる事物・事象が互いに*縁となり，自在に限りなく交流・融合しあって起っていることをいう．〈*一即一切・一切即一〉などと表現される．*澄観ちょうかんはこの思想を〈四法界〉として表した．このような見方の根底には，すべてのものが何らの実体性・固定性ももっていないという〈*無性むしょう〉の思想がある．〈法界無尽縁起〉〈無尽縁起〉〈一乗縁起〉などともいう．→法界，四法界．

発願　ほつがん　[*s*: praṇidhāna]　身のうちから願いが沸き起ること．誓いを立て，表明すること．単に願い・願望を起すという場合と，誓い・*誓願せいがんを立てるという場合とがある．悟りを得ようという誓願や，浄土を完成し，衆生を救済しようという誓願，そのほかさまざまな善行や福徳を積もうという誓いなどは後者の例．これら発願の旨を述べた文を〈発願文ほつがんもん〉〈*願文がんもん〉という．浄土教では*極楽往生を願う心を〈廻向発願心えこうほつがんしん〉という(→三心)．「定めて知る，心を至して発願すれば，願として得ぬこと無きを」〔霊異記下11〕．→願．

発起　ほっき　思い立って物事を始める意．仏教語としては〈発起菩提心ほっきぼだいしん〉の意で，道心を起すこと，仏門に入ることをいう．〈一念〉と複合した〈一念発起いちねんほっき・いちねんほちき〉は，それまでの迷いをふり捨てて仏道に専念する意．転じて，従来の考え方を改めて新しい気持で物事に打ちこむ意にもなった．「弥陀の光明にてらされまゐらするゆゑに，一念発起するとき」〔歎異抄〕

法起寺　ほっきじ　奈良県生駒郡斑鳩いかるが町

にある聖徳宗の寺で，もとは法相宗ほっそうしゅう．山号は岡本山．〈岡本寺おかもとでら〉〈池後寺いけじりでら〉とも称された．三重塔の旧露盤ろばん銘によれば，*聖徳太子の遺命で山背大兄王やましろのおおえのおう(?–643)が岡本宮を寺に改めたもので，638年(舒明10)に*金堂こんどう，685年(天武14)に*塔が建てられ，706年(慶雲3)に露盤が上げられた．発掘調査から，東に塔，西に金堂を配する法隆寺とは逆の*伽藍がらん配置であったことが判明した．奈良時代には*金銅仏12体や多数の経典を有していたことが『日本霊異記』や正倉院文書から知られる．その後は法隆寺*別当の支配下におかれ，次第に衰微した．三重塔は創建当時の端正な姿を保つ．本尊の木造十一面観音立像は像高3.5メートルの*立木仏たちきぶつで10世紀の作．他に銅造菩薩立像(飛鳥時代)を所蔵する．

法鼓 ほっく ［*s*: dharma-dundubhi］ 〈ほうく〉とも読む．法の鼓．仏の*説法せっぽうを，軍隊を進めるときにたたく太鼓にたとえたもの．つまり，太鼓は兵士をいましめ，仏の説法は*衆生しゅじょうをいましめるからである．用例としては，法華経序品に「大法鼓を撃つ」とある．また，禅宗寺院の*法堂はっとうの東北の隅に備える太鼓をいう．ちなみに西北の隅に備える太鼓を〈茶鼓さく〉という．「我は法王たり，よろしく法鼓を撃つべし」〔勝鬘経義疏〕

法句経 ほっくぎょう ［*s*: *Dharmapada*, *p*: *Dhammapada*］ *パーリ語で書かれた*上座部じょうざぶに属する*三蔵の経蔵の〈小部〉に含まれる経典の漢訳名．『ダンマパダ』とも呼ばれる．〈小部〉に属する*『スッタニパータ』とともに現存経典のうち最古の経典といわれ，古来もっとも広く仏教徒に愛誦されてきた．ダンマは〈*ダルマ，*法〉すなわち〈真理〉という意味，パダは〈ことば〉という意味である．423の詩から成り，励み・心・自己などのテーマ毎に26章に分けられている．*七仏通戒偈しちぶつつうかいげなど仏教教理を示すのに重要なことばがこの中には多くみられる．漢訳には，*支謙しけん・竺将焔じくしょうえん訳の〈法句経〉(2巻)と法炬ほうこ訳の〈法句譬喩経〉(4巻)があるほか，複数の異本がある．他の部派にも法句経が現存していることが知られている．

法華一揆 ほっけいっき 京都*町衆ちょうしゅを中心とする日蓮門徒が，土一揆・*一向一揆に対抗して京都を自衛すべく1532年(天文1)に起した一揆．京都二十一箇本山を拠点として結集した法華一揆は，京都を一向一揆の乱入から守り，その中心であった町衆により自治権を拡大，「娑婆即寂光」を実現するかに見えたが，延暦寺えんりゃくじ教団が日蓮教団を抑圧すべくよびかけた新旧仏教教団や戦国大名の連合軍のため，1536年潰滅させられた．→天文法華の乱．

法華会 ほっけえ *法華経ほけきょうを講読供養する法会．とりわけ次の恒例の勅会ちょくえをいう．東大寺法華会(746年(天平18)始修)，興福寺法華会(817年(弘仁8)始修)，円宗寺法華会(1072年(延久4)始修)，延暦寺法華会(967年(康保4)始修，1216年(建保4)勅会)．勅使が派遣されて行われる．円宗寺のそれは〈北京三会ほっきょうさんね〉の一つ．他に*『三宝絵』の諸寺の年中行事に挙げる高雄(神護寺)法華会が著名．*法華八講・十講・三十講なども，ときに法華会とよばれた．「(法花経を)書写して，これを講じて永く二日の法会を行ふ．これをば法花会と云ふ」〔今昔12-6〕．→三会さんね．

『法華義記』 ほっけぎき 8巻．『妙法蓮華経みょうほうれんげきょう義記』『法華義疏ほっけぎしょ』『法華経疏ほけきょうしょ』と種々の名で呼ばれてきた．梁の三大法師の一人，光宅寺*法雲ほううんの鳩摩羅什くまらじゅう訳*妙法蓮華経の講義を弟子が筆録したもの．弟子の名は明らかではないが，注釈書としての充実を期して，異説の提示，批判などについて独自の工夫をこらした跡が見られる．*智顗ちぎ・*吉蔵きちぞうの法雲批判の後にはあまり読まれなくなり，唐宋時代には散逸したらしく，幸い日本に伝えられていたテキストを華厳宗の*鳳潭ほうたんが元禄9年(1696)に刊行したものが現行本である．

本書の構成については，教判きょうはん，経題(妙法蓮華経)の解釈，法華経の*分科(段落分け)からなる総序ともいうべき部分が冒頭に置かれ，その後，「*如是我聞にょぜがもん」から経末までの随文釈義ずいもんしゃくぎの部分が続く．法雲は法華経についてきわめて詳密な分科を施し，智顗や吉蔵に大きな影響を与えた．智顗は「今古の諸釈，世に光宅を以て長と為す」〔法華玄義巻第1下〕と，吉蔵は「光宅の法華，当時に独歩す」〔法華玄論巻第1〕と認めたように，法雲の法華学は梁代において傑出していた．しかし，法雲は当時流行していた五時教判(*五時教)を採用して，*涅槃経を最第一と捉え，法華経には*仏性と常住*仏身が説かれていないので，涅槃経より一段劣ると考えた．智顗や吉蔵によってこの点が厳しく批判された．なお，日本の*聖徳太子の撰述と伝えられる*『法華義疏』は，『法華義記』を本義としてしばしば引用し，もっとも重要な参考書としている．

『法華義疏』[1] ほっけぎしょ　隋の三大法師の一人，*吉蔵が鳩摩羅什訳*妙法蓮華経を注釈したもの．12巻．『法華経義疏』『妙法蓮華経義疏』とも称される．吉蔵は会稽嘉祥寺に住していたとき，『法華玄論』10巻を撰述したが，その後，本書を撰述した．吉蔵が会稽嘉祥寺を離れる開皇17年(597)までに成立したと見られる．「提婆達多品」を含む法華経28品に対する随文釈義の形式の法華経疏であり，法華経全体の詳細な*分科(段落分け)を示し，その段落の要旨を明らかにし，多数の経論を引用し，また適宜問答を設けて，注釈を進めている．ただし，随所に随文釈義とは異なる，総論的な内容について項目を立てて論じている．たとえば，釈序品には部類の不同・品次の差別・科経分斉，釈方便品には来意門・釈名門・同異門・通別門について説いている．なお，吉蔵は本書の後にも引き続き法華経の研究に取り組み，『法華遊意』1巻(または2巻)，『法華統略』6巻(または3巻)を著した．

『法華義疏』[2] ほっけぎしょ　*聖徳太子の撰と伝える*法華経の注釈書．4巻．〈三経義疏〉の一つ．真偽未決である．*鳩摩羅什訳の二十七品本*妙法蓮華経に，光宅寺*法雲の*『法華義記』に依りながらも，著者の思索に基づいて取捨・解釈を加えて注釈をほどこしており，経の本文への批判も含まれている．最初に大意を述べ，法華経はあらゆる善を同一の原因として，その結果すべての人に永遠なる仏の生命を得させる神薬のような経であるとして*一乗思想を強調し，この経を説くために釈尊はこの世に生れたと説く．草稿が現存．→三経義疏．

『法華験記』 ほっけげんき　比叡山の僧鎮源が，中国での説話を集載した新羅僧義寂の『法華経集験記』にならって我が国の法華経霊験譚を集めたもの．長久年間(1040–44)の成立．一般に『本朝法華験記』とよぶが，古写本は『日本法花験記』もしくは『大日本国法華経験記』．3巻129話中105話が*『今昔物語集』に引用され，また初めて悪人往生話が採録されるなど後世への影響が大きい．同時代の*往生伝類に比べると山岳仏教の影や土着性が強く，また扱う題材の細部へのこだわりが特徴的である．

『法華玄義』 ほっけげんぎ　『妙法蓮華経玄義』の通称で，『玄義』とも略称．10巻．*天台三大部の一つ．天台*智顗が593年(隋の開皇13)荊州玉泉寺で講述し，章安*灌頂が筆録整理して私序を付した書．〈*妙法蓮華経〉の経題について釈名・弁体・明宗・論用・判教の5面から，その特色を述べたもの．これを*五重玄義と称し，天台教学の経典解釈法の伝統となる．〈法〉を心・仏・衆生の三法に概括し，〈*妙〉を相待・絶待で通釈し，*迹門・*本門の*十妙で別釈し，独自の天台教判をもって全仏教を統摂した，仏教概論ともいうべき書．→天台三大部．

『法華玄賛』 ほっけげんざん　唐の法相宗の開祖，慈恩大師*基が法相宗の立場から鳩摩羅什訳*妙法蓮華経を注釈したもの．10巻(または20巻)．『玄賛』『法華経玄賛』『妙法蓮華経玄賛』とも称される．天台大師智顗の*『法華文句』*『法華玄義』に対抗する意図があったようである．多くの中国の辞典を引用して難解な文字の解説に努め，*世親の『法華論』をしばしば引用している．法相宗の*五姓(性)各別の立場から，法華経「方便品」に説かれる*三乗方便・*一乗真実の思想は，*声聞・*縁覚・*菩薩のいずれにもまだ定まっていない不定種姓(性)の者を菩薩へと導くための*方便の教えであり，かえって三乗真実・一乗方便が正しいと主張した．『法華玄賛』の末注に唐の*慧沼の『法華経玄賛義決』1巻，智周(668–723)の『法華経玄賛摂釈』4巻がある．なお，基には法華経に出る618個の「為」について研究した『法華経為為章』がある．

法華三大部 ほっけさんだいぶ　⇒天台三大部

だいぶ

法華三昧 ほっけざんまい　*法華経(ほけきょう)の真髄を体得する*三昧をいう．*慧思(えし)禅師は「豁然として法華三昧を大悟した」といわれ，天台*智顗(ちぎ)は大蘇山の慧思の下で法華三昧の前方便(準備的な段階の意．*空観(くうがん)に相当)を得た(大蘇開悟)とされ，のちにその内容を空仮中(くうけちゅう)*三諦(さんだい)円融，*一心三観の説にまで発展させた．またその境地を証得するための*行法(ぎょうぼう)をも〈法華三昧〉と称する．すなわち智顗は*四種三昧の〈半行半坐三昧〉に『法華三昧行法(懺儀)』を位置づけたが，これが法華三昧といわれ，*法華懺法(せんぼう)の通称となり，*比叡山(ひえいざん)などではこれを修する道場を〈法華三昧堂〉(*法華堂)と称した．「五台山に在りて法花三昧を修し，天台の教迹を伝ふ」〔巡礼行記2〕

法華寺 ほっけじ　奈良市法華寺町にある真言律宗の尼寺．〈氷室御所(ひむろごしょ)〉ともいい，天平13年(741)の詔(みことのり)の大和国での〈法華滅罪之寺〉に相当する．本尊の十一面観音像は*光明皇后(こうみょうこうごう)の姿を刻んだものといわれるが，*一木造の典型的な*翻波式衣文(ほんぱしきえもん)が見られ，平安初期，9世紀の作．その草創は明らかでないが，称徳天皇の宣命には藤原不比等(659-720)の旧邸だともいわれている．法華寺は*叡尊(えいぞん)らの活躍により1245年(寛元3)ころには律寺として再興され，尼の*授戒場たる尼戒壇も設けられた．現在の本堂は室町末期，三好・松永の兵乱後に豊臣秀頼と淀君によって1601年(慶長6)再興されたものである．

法華七喩 ほっけしちゆ　*法華経(ほけきょう)に説かれる7種の喩え．もと*世親(せしん)『法華論』に説かれるもので，7種の増上慢心を破るために7種の譬喩が説かれるとする．1)三車火宅(さんしゃかたく)喩(譬喩品)，2)長者窮子(ちょうじゃぐうじ)喩(信解品)，3)三草二木(さんそうにもく)喩(薬草喩品)，4)化城宝処(けじょうほうしょ)喩(化城喩，化城喩品)，5)衣裏繫珠(えりけいじゅ)喩(貧人繫珠喩・衣珠喩，受記品)，6)髻中明珠(けいちゅうみょうしゅ)喩(輪王頂珠喩，安楽行品)，7)良医治子(ろういちし)喩(良医病子喩・医師喩，寿量品)の七つをいう．→火宅，長者窮子喩，三草二木，化城．

立項していない三つの譬喩について紹介する．〈衣裏繫珠喩〉は，ある親友の家で酔いつぶれた者が，親友が衣の裏に縫いつけてくれた宝石に気づかず，生活に追われて困窮し，苦労の果てに，親友と再会して，その宝石のことを打ち明けられるというものである．この宝石は仏の一切智(すべてを知る智慧)をたとえている．

〈髻中明珠喩〉は，*転輪聖王(てんりんじょうおう)は通常の戦功のものには，恩賞として転輪聖王だけがもつ髻(もとどり)の中の輝く宝石を与えることはないが，特別に大きな戦功のあるものには与えるというものである．この髻の中の宝石は法華経の説法をたとえている．

〈良医治子喩〉は，名医の父の留守に誤って毒を飲んだ子供たちが，父が外国で死んだという知らせによって正気を回復し，父の薬を飲んで治癒し，子供が全快した後，父は元気な姿で帰宅するというものである．「永遠の寿命をもつ釈尊が涅槃に入るのは衆生を救済するための方便にすぎない」という思想をたとえている．

法華宗 ほっけしゅう　法華経(ほけきょう)を所依の経典とする宗派のこと．伝教大師*最澄(さいちょう)が開いた*天台宗を法華宗・天台法華宗などともよぶ．*日蓮(にちれん)の開いた*日蓮宗は初期には法華宗とよばれ，室町時代にその呼称をめぐって*比叡山(ひえいざん)から攻撃されたことがある．明治時代に，*身延山(みのぶさん)を中心とする本迹一致派は日蓮宗を公称し，本迹勝劣派(本門と迹門(しゃくもん)に優劣をつける派)のうち*日什(にちじゅう)門流は法華宗と称した．1941年の宗派合同その後の解体を経て現在，顕本法華宗，法華宗陣門流，法華宗本門流，法華宗真門流，本門法華宗，日蓮法華宗，法華日蓮宗，正法法華宗，法華真宗がそれぞれ独立の教団を組織し，各自の管長を立てている．→法華信仰，法華経，本門，迹門．

『法華秀句』 ほっけしゅうく　*最澄(さいちょう)撰．3巻または5巻．821年(弘仁12)成る．法相宗*徳一(とくいち)との最後の論争書．法華経のすぐれている点を10章に立てて述べる．上巻(本・末)は法華経に仏は真実を顕(あらわ)しているという第1章を形成し，*『守護国界章』や『通六九証破比量文』を受けて論争が展開され，すべての人が成仏(じょうぶつ)できることを主張している．下巻に9章含まれ，*即身成仏などが記されている．なお，現行本の中巻は，元来

『法華輔照』という別な著作であった．→三一権実(さんいちごんじつ)．

『法華修法一百座聞書抄』 ほっけしゅほういっぴゃくざききがきしょう　『百座法談聞書抄』『大安寺百座法談』などとも称される．編著者不詳．1巻．1110年(天仁3)に，*大安寺(だいあんじ)においてある内親王(斎院禎子内親王とする説がある)の発願により主催された，法華経の百座講経の聞書きである．現存する聞書抄には19座の法話が見られる．講師は法相・天台・華厳などの諸宗の僧である．各経品をあげて主旨を説き，次いで譬喩の説話が語られ，施主の信心を賞賛する．聞書きには，教理より説話に強い関心をよせていることがうかがわれる．話材は*『法苑珠林(ほうおんじゅりん)』*『経律異相(きょうりついそう)』『法華伝記』などにもとづく中国仏教説話によるところが目立つ．

法華信仰 ほっけしんこう　法華経(ほけきょう)信仰のこと．とくに*日蓮(にちれん)が開宗した*法華宗(ほっけしゅう)(*日蓮宗)の説く信仰をいう．学問上用いられる語で，近代以前の文献に現れる語ではない．

法華経を釈尊*出世本懐(しゅっせのほんがい)，唯一の*正法(しょうぼう)であるとし，法華経，釈尊を軽視した余経や余仏の信仰を*謗法(ほうぼう)として徹底的に排除し，法華経への絶対の信心を捧げる〈専持法華〉を説く．*正行(しょうぎょう)としては法華経の眼目である*題目の受持，すなわち*唱題(しょうだい)だけで，この功徳(くどく)により人びとは男女・老若・僧俗・貴賤・貧富・善悪人の差別なく，*現世利益(げんぜりやく)と後生菩提(ごしょうぼだい)の*現当二世の仏果を得ることができるという．徹底した在家成仏の理念，祈禱の容認による現世利益の追求，その結果としての後世救済よりも現世救済思想の高揚，さらに「提婆達多品(だいばだったほん)」にもとづく*悪人成仏と*女人成仏の肯定などは，この信仰の特色となり，室町時代以降，台頭する武士・商工人・農民層のなかに多くの信者を得て全国に流布した．

他方，この信仰の内部には他宗への化法において，*折伏(しゃくぶく)と*摂受(しょうじゅ)という硬軟二つの潮流がつねに存在．前者は宗論・国主諫暁(かんぎょう)・*不受不施(ふじゅふせ)を標榜(ひょうぼう)し，内には他宗信仰を徹底払拭した強信の法華信仰を確立，一方後者は他宗への妥協的・協調的化法を採った．江戸期，前者は不受不施派として禁止されたが，後者は受不施派として幕府から公認され，この信仰の主流的地位を占めた．→法華経．

法華神道 ほっけしんとう　法華経の*開会(かいえ)の思想に基づいて，日本の神々を信仰することをいい，その中心は*三十番神(さんじゅうばんじん)で，これを一般に法華神道とよぶ．三十番神とは，日本国中に祀(まつ)る三十の神々が1カ月30日の間，毎日順番に国家と人々を守るというのであり，この神々を仰ぎ利益を願うのである．三十番神を日蓮宗に取り入れたのは日蓮の弟子*日像(にちぞう)で，室町時代には教団全般に広がり，*鬼子母神(きしもじん)・十羅刹女(じゅうらせつにょ)とともに法華守護の善神として尊ばれた．

法華懺法 ほっけせんぼう　*法華経(ほけきょう)，*観普賢経(かんふげんぎょう)にもとづき，天台*智顗(ちぎ)が『法華三昧懺儀』『法華三昧行法』として組織した懺悔法(さんげほう)．〈*法華三昧〉ともいう．智顗が*慧思(えし)から伝えたといい，1.厳浄(ごんじょう)道場，2.浄身，3.三業(さんごう)供養，4.請仏(しょうぶつ)，5.礼仏，6.六根懺悔，7.遶旋(にょうせん)，8.誦経(ずきょう)，9.坐禅，10.証相，の次第からなる．釈迦，*分身(ふんじん)仏，普賢菩薩を観じて三七日(21日間)懺悔誦経し，法華の悟りをめざす．天台宗に*円仁(えんにん)の相伝した法華懺法が朝課として行われ，京都*三千院に御懺法講が行われる．また，東大寺*修二会(しゅにえ)においても修されている．「弥陀念仏・法花懺法・灌頂・舎利会等は，大師(円仁)の伝ふるところなり」〔往生極楽記4〕「出家してよりのち，法華を読誦し，三時に常に法華懺法を修せり」〔法華験記上15〕．→懺悔，懺法．

法華堂 ほっけどう　〈法華三昧堂(ざんまいどう)〉ともいう．*法華三昧を修するところ，また*法華経(ほけきょう)に関する連続講義(長講(じょうごう))を行う建物をいう．*最澄(さいちょう)が*比叡山東塔(とうとう)に建立したのに始まり，後に西塔(さいとう)・横川(よかわ)にも建て，天台宗の寺院で広く建てられるようになる．後世，法華経以外の経典の講義にも用いられるようになった．なお，法華堂と*常行三昧を修する常行(三昧)堂と並べて廊下でつないだものを〈担堂(にないどう)〉といい，西塔の担堂は1595年の建立．また，法華三昧は死者の*追善供養にも修されたので，葬堂・納骨堂としても建立された．東大寺の*三月堂は別名を法華堂と称するが，*法華会を行なったのでこの名がある．→三昧堂．

法華八講 ほっけはっこう　鳩摩羅什くまらじゅう訳の*妙法蓮華経みょうほうれんげきょう8巻の1巻を1講ずつ行い全巻にわたる講経の*法会ほうえをいう．一之座から八之座にわたり，精義，*講師こうじ，*読師とくし，唄匿ばいのく散華，問者もんじゃ，堂達どうたつの諸役が行う．読師が経題を唱え講師が経文を講釈し，問者が教義上の質問を発して講師がこれに答え，精義が問答の判定をし，堂達が進行を司る．五之座の*五巻の日は*竜女りゅうにょ成仏がテーマで特に有名．八講に開結二経(*無量義経・*観普賢経)を加えた法華十講や，*法華経二十八品の各品を1講として開結二経を加えた法華三十講もある．なお法華八講は，『石淵いわぶち寺縁起』によると，*勤操ごんぞうが友人栄好の亡母供養のために同法7人を語らい，796年(延暦15)に石淵寺で行なったのに始まるといい，由来譚は*『三宝絵』中18以下に見えて著名．

「月に一度ひとたび，故君の御為に八講し給ふ」〔宇津保忠こそ〕「法花の八講を行はせ，三十講を始め置きて，既に仏法の地と成りにけるに」〔今昔31-23〕

法華曼荼羅 ほっけまんだら　*不空訳の威儀形色経，同訳『瑜伽観智軌』に基づく息災・*増益ぞうやくに修する法華経法の本尊．内院は八葉蓮華の中央に，法華経宝塔品に基づき，宝塔内に*釈迦しゃか・*多宝如来たほうにょらいを並坐びょうざさせ，八葉蓮華上に法華経に活躍する弥勒みろく・文殊もんじゅ・薬王やくおう・妙音みょうおん・常精進じょうしょうじん・無尽意むじんい・観世音かんぜおん・普賢ふげんの八大菩薩をめぐらし，四隅に釈迦四大弟子をおく．第二重は四方に四摂ししょう，四隅に外四供げのしくのほかは金剛界こんごうかい曼荼羅にならい，第三重は四方に*四天王，四隅には不動・降三世ごうざんぜ・軍荼利ぐんだり・烏芻沙摩うすさまの四大明王を配し，他は胎蔵界たいぞうかい曼荼羅に準じた*天部の諸尊を列ねる．このように*顕密融合のほかに内院は胎蔵界，中院は金剛界，外院は胎蔵界と，金胎両部が巧みに合成されている．遺品に鎌倉時代の*唐招提寺とうしょうだいじ本や*太山寺たいさんじ本がある．→両界曼荼羅．

『法華文句』 ほっけもんぐ　『妙法蓮華経文句みょうほうれんげきょうもんぐ』の通称で，『文句』『妙句』などと略称される．10巻．*天台三大部の一つ．天台*智顗ちぎが587年(陳の禎明1)，金陵*光宅寺で講じた法華経の筆録を四十余年整理し，629年に添削本とした書で，748年玄朗再治説もある．*『法華玄義』は経の要旨を総論し本書は経の文々句々の解釈で称を得たとされるが，両書は本来的には一体のもので，本書の特色は*本門・*迹門しゃくもんの分判と，因縁・約教・本迹・観心の四種釈によって，あらゆる*機根のための仏陀の教説である点を示す．→天台三大部．

法顕 ほっけん［Fǎ-xiǎn］　生没年未詳．中国,東晋の僧．平陽武陽(山西省襄垣)の人．俗姓は龔きょう氏．出家後，それまで中国に伝わる*戒律類の不備を慨き，399年，60歳のころ*長安を発ち，約17年のインド求法の大旅行をなし，414年ただ一人無事帰国した．帰国の後，ブッダバドラ(*仏駄跋陀羅ぶっだばだら)と共に『摩訶僧祇律まかそうぎりつ』や大般泥洹経だいはつないおんぎょう6巻を訳出した．彼の旅行記『法顕伝』(*『仏国記ぶっこくき』『歴遊天竺記伝』ともいう)は当時のインドや中央アジアの実情を伝えた貴重なものである．なお法顕の伝記は『法顕伝』や，それに基づく『高僧伝』3所収伝などを通じてわが国に紹介され，*『三国伝記』3-17などはそれを説話的にやわらげて収録する．

法性 ほっしょう［*s*: dharmatā］　*実相あるいは*真如しんにょと同じく，事物の本質，事物が有している不変の本性を意味する．*法は元来，事物の構成要素(*諸法)という意味を中心としながらも，ときにそれを支える*縁起などの道理の意味をあわせ持っていた．この二面が次第に分離し，現象(事物)およびその構成要素としての諸法と，諸法の本質としての法性とが相対させられるようになり，特に*瑜伽行派ゆがぎょうはに至ってこの区別が強調されるようになった．この場合は法性は*法界ほっかいや空性くうしょうと同義とされる．また真実・永遠の仏身(*法身ほっしん)を〈法性身〉，世界を〈法性土〉などという．「起き居て仏を念じ奉り，法性を観じて絶え入りぬ」〔今昔4-10〕「法性随妄の雲あつく覆て，十二因縁の峯にたなびいしよりこのかた」〔平家5.勧進帳〕

法称 ほっしょう　⇒ダルマキールティ

法性寺 ほっしょうじ　〈ほうしょうじ〉ともいう．現在は京都市東山区本町16丁目にある浄土宗西山禅林寺派の寺．山号は大悲山．925年(延長3)左大臣藤原忠平ふじわらのただひら(880-

949)の創建にかかり，盧舎那仏を本尊とし，天台座主法性房尊意(866–940)を開山となした有力な藤原氏の*氏寺であった．以後，歴代藤原氏による造営・造仏が相次いだが，なかでも道長(966–1027) 40歳の賀に際して，1006年(寛弘3)に造られた五大堂は著名で，その*中尊不動明王坐像と思われるものが現在同地の*東福寺同聚院に遺されている．1239年(延応1)九条道家(1193–1252)がこの地に東福寺を起こすや，法性寺は廃され，わずかに10世紀前半の，尊意の念持仏かと思われる千手観音立像を本尊として，現在の法性寺がその名を今に伝えている．

法勝寺 ほっしょうじ　〈ほうしょうじ〉ともいう．京都市左京区岡崎にあった寺．*六勝寺の一つで，はじめ〈大毘盧遮那寺〉と称した．白河天皇(1053–1129)の御願により，1075年(承保2) *金堂の造営をはじめ，1077年(承暦1)諸堂の造営が成って*供養が営まれた．金堂には3丈2尺の大毘盧遮那仏を安置，他の諸堂にも多くの巨像が並んで，その結構の壮大なること東大寺にも比すべき感があった．1083年(永保3)供養の八角九重大塔は高さ84丈ともいわれ，新たな都の景を成した．鎌倉末期には大勧進となった恵鎮円観により復興がなされ，律寺化した．のち室町時代まで続いていたらしいが，見るべき遺物は残っていない．1590年(天正18)滋賀*西教寺に合併した．

なお，本寺の造営供養の記録としては2種の『法勝寺金堂供養記』，『法勝寺金堂造営記』『法勝寺阿弥陀堂造立日時定記』などがある．また，八角九重大塔が1208年(承元2) 5月15日雷火によって焼失した事件は衝撃的なものだったらしく，『明月記』以下当時の記録・日記類に散見するほか，『発心集』8–7，『太平記』21などにも取り上げられている．なお本寺所住の人物で文学史上高名な人物に俊寛(?–1179)僧都がいる．

法身 ほっしん ［*s*: dharma-kāya］　*真理(*法)の身体，真理(法)を身体としているものの意味で，〈法仏〉〈法身仏〉〈自性身〉〈法性身〉などともいう．部派仏教の時代，*説一切有部ではブッダ(*仏陀)の肉身である生身に対して，ブッダの説いた*正法や*十力などの*功徳を〈法身〉と呼んだが，*大乗仏教では絶対的な真理を〈法身〉というようになった．法身・*報身・*応身の三身の一つで，真理そのものとしてのブッダの本体，色も形もない真実そのものの体をいう．また，*如来蔵説では，如来蔵が*煩悩を離れてそれ自身を現したものをいう．法身の*本性については，密教では自性・受用・変化・等流の四身をすべて法身とみなす四種法身を説くなど，多くの説がある．「仏の内証・法身は全く一体毘盧の身なり」〔雑談集6〕．→三身，仏身．

発心 ほっしん ［*s*: cittotpāda］　〈発意・ほっち〉ともいう．また詳しくは〈発菩提心〉〈発道心〉あるいは〈発阿耨多羅三藐三菩提心〉(この上なき正しい目覚めに向かう心をおこす)ともいう．しかし，サンスクリット原典の表現では，その多くは，正しい目覚めに対して心をおこすとあり，漢訳語では本来の意味が伝わらない．なお日本語独自の用法として，出家し仏道に入ること，またその達成のために遁世隠棲すること，転じて，目的意識を持って何かを思い立つことをも意味するようになった．「たまたま発心して修行する者ありといへども，また成就すること難し」〔往生要集大文第2〕．→菩提心．

『発心集』 ほっしんしゅう　鎌倉初期の仏教*説話集．鴨長明(蓮胤)編．8巻．長明晩年の作とされるが，成立年未詳．発心遁世談・往生談などを中心とする百余話を収める．序によると，自己の改心・向上のために書いたものという．聖者たちの崇高な事蹟から煩悩にとらわれた卑近な僧俗の言動に至る多彩な話題が扱われ，それらの中に人間の心の不思議さを探求しようとしている．天台浄土教の流れに沿う作品で，*『往生要集』や*往生伝類の影響が目立つ．→『方丈記』．

『発心和歌集』 ほっしんわかしゅう　平安時代の歌人，村上天皇皇女選子内親王(964–1035)の家集．1012年(寛弘9)成立．法華経・華厳経などの要文を題とした55首の*釈教歌を収める．単行の釈教和歌集の初めとされる．選子内親王は12歳で賀茂斎院に卜定(占い定める)されてより，57年の長きにわたって斎院として奉仕したため，とくに大斎院と呼ばれる．神に仕える，仏道信仰からは遠ざけられた存在であったが故に，かえって自己の信仰に深く執し，真摯に道を求め続けたといえる．

払子 ほっす［s: vyajana］〈払塵ほっしゅ〉〈塵尾しゅび〉ともいう．獣毛・麻などを束ね，これを柄につけて蚊虻などを追い払うのに使用したもの．虫類の*殺生せっしょうが禁止されていたインドで，修行中に悩まされる蚊などを殺すことなく追い払うために使用した(「蚊子を払う物」〔毘奈耶雑事6〕)．中国では，六朝時代に清談の際に塵尾を手に持つことが流行した(「玉柄の塵尾」〔晋書王衍伝〕)．転じて，法事法要の儀礼の道具，または*伝法の証明に与える品．禅門では日常使用している払子が*法そのものを表す象徴とされ，やがて伝法のときに与える証明の品ともなり，また，説法のときも使用されたため，師に代って説法が許される場合に与えられるようになった．現今では，禅門だけではなく，法要のときに*導師が用いる法具として使用されている．「先師すなはち払子をもて大きに円相をつくること一匝いっそうしていはく」〔正法眼蔵看経〕

法主 ほっす　⇒法主ほうしゅ

法数 ほっすう　教義上の名目で数を含むもの．数によってまとめられた術語群．たとえば*三宝さんぼうとか*四諦したいとか*八正道はっしょうどうとか．それらを集めて1の群から2,3,4の群と順次に配列する仕方を〈増一〉あるいは〈増支〉という．法数はべつだん特定の数に限られないが，実践に関する項目は四つにまとめる傾向が強いし(*四念処しねんじょ・四*正勤しょうごん・四*神足しじんそくなど)，*華厳経には10の数でまとめる仕方が目につく．

法相 ほっそう　①［s: dharma-lakṣaṇa］それぞれの*法の属性(*相)．その法を他の法と区別している特質．個々の法(事物)ばかりでなく，一切の事物(*一切法，*諸法)における区別，ないしは諸法がそれぞれ異なってあるあり方をもさす．また dharmatā の訳語として使われ，諸法の本性，そのありのままの姿を意味する(→法性ほっしょう)．「有縁の我等が為におこし給へる大悲の別願なれば，法相にもたがひ，因果のことわりもそむけり」〔発心集6〕

② *法相宗の略．また，*阿毘達磨あびだつまないしは法相宗の学問をいう．「元興寺にて三論の法文を学び，後に東大寺にて法相・花厳の法文を修学す」〔著聞釈教〕

法相宗 ほっそうしゅう　法相宗は，〈唯識宗ゆいしきしゅう〉〈慈恩宗じおんしゅう〉とも呼ばれ，唐代に，*玄奘げんじょうのもたらした*唯識系の経論，特に*『成唯識論じょうゆいしきろん』に基づいて，玄奘の高弟慈恩大師*基きにより創立された宗派である．玄奘による『成唯識論』の漢訳を助けた基は，同書に対する注釈書として『成唯識論述記じゅつき』20巻および『成唯識論掌中枢要しょうちゅうすうよう』4巻を著し，また同論に関連する種々の重要テーマを詳しく論じたモノグラフ集*『大乗法苑義林章だいじょうほうおんぎりんしょう』7巻を著述するなどして，法相宗の教義を確立した．

【教理の概要】本宗の教理の根幹は，すべてのものが自己の心の投影であるとする*唯心論(唯識説)であり，より詳細にいえば，自己の身心(有根身うこんじんならびに*八識はっしき)と世界(*器世間きせけん)のすべてが，自己の最深層の心である*阿頼耶識あらやしきの中に蓄積された過去の経験の潜在余力(*習気じっけ・*種子しゅうじ)から生ずるという，いわゆる〈阿頼耶識縁起説〉である．このような枠組みのなかで，本宗の教学は，悟りの智慧の前に明らかになる絶対的な理法(*法性ほっしょう)の考察よりは，むしろ*迷いの心の構造の分析を通して具体的な現象世界(*法相)のすがたを明らかにすることに力を注いだ．本宗が〈法相宗〉と称せられるゆえんである．阿頼耶識説を根幹とする，深層心理学ともいうべき精緻な心理分析の理論を中国仏教界に提供したことは，法相宗の教学の大きな貢献であったといえよう．しかしながら，本宗が，インド*瑜伽行派ゆがぎょうはの伝統を受け継いで，*有情うじょうの悟りの可能性に先天的な差別(*五性各別ごしょうかくべつ・*三乗さんじょう説)を認めたことは，当時の中国仏教界に大きな衝撃を与え，*成仏の可能性をすべての有情に認める人々(*一乗説)との間に，激しい論争(*三一権実さんいちごんじつ論争)を巻き起こすこととなった．

【展開と影響】基以降，法相宗の教学は，*慧沼えしょう(650-714)，智周ちしゅう(668-723)へと受け継がれた．しかしながら，上述した五性各別説への批判，さらには法相宗に特有の厳密な分析的思考法が必ずしも中国で高く評価されなかったこととも相俟って，玄奘の個人的名声に基づくその門流の一時的隆盛ののちは，法相宗が中国仏教界の主流を占めることはなかった．とはいえ，法相教学の概念の多くが華厳けごん教学のなかに組み込まれていることは周知の事実であるし，その他，初期*北宗ほくしゅう禅文献や密教文献にも，法相唯識系の概念が認められるなど，その後の仏教教学にかなり広範な影響力を及ぼしていることは，注意すべきである．また，宋・元代に至るまで華北を中心に相当広範に法相宗が学ばれていたことが，最近の研究により指摘されている．

【日本への伝来】一方，*道昭どうしょう，*玄昉げんぼうなどによって日本に伝えられた法相宗は，*元興寺がんごうじ(南寺)と*興福寺こうふくじ(北寺)を中心として学ばれ，*南都六宗なんとろくしゅうのうち最も有力な宗派として栄えた．中国における三一権実論争を引き継ぐかたちで，日本でも三乗説の立場に立つ法相宗の*徳一とくいちと，一乗を主張する天台宗の*最澄さいちょうとの間に激しい論争が交わされ，この論争は平安時代を通じて繰り返されることとなった．しかし，鎌倉時代になると，良遍りょうへん(1194-1252)により法相教学と一乗仏教とを融和させる試みもなされている．中世以降，宗派としての法相宗の勢力は振るわないが，その教学は仏教の基礎学として広く諸宗派の学僧によって学ばれて近年に至っている．

法則 ほっそく　本意は仏教において儀式を行う際の規則のことを示すが，宗派によって具体的な用いられ方には異なりがある．天台宗では，*導師どうしが法会ごとに作成して読みあげる式文のことをさし，*表白ひょうびゃく・神分じんぶん・霊分れいぶん・*祈願きがんからなる四段の法則をいうが，特に法会の趣旨を述べる「表白」と，諸法成就のために善神を*勧請かんじょうする「神分」とをひとまとめにした〈略法則〉のことをさすことが多く，*法華懺法ほっけせんぼうや*例時れいじ作法などに見られる．ほかに〈廻向えこう法則〉〈法華八講法則〉などがある．一方，真言宗では，*修法しゅほうの順序を記す*次第しだい・*儀軌ぎきの意から，法会の進行に従って唱えられる経文や*声明しょうみょう譜，諸役の作法などを秩序立ててまとめたものをいう．仁和寺にんなじ相応院流では，声明の譜本を編纂した声明集を「法則集」と称する．「法則集」は声明集が曲種ごとの分類であるのに対し，法会の次第順に編纂されるといった特徴をもつ．〈大般若だいはんにゃ法則〉〈常楽会じょうらくえ法則〉〈理趣三昧りしゅざんまい法則〉〈供養法法則〉などがある．

法体 ほったい　*法ほうの本体の意．法そのもの，法の本質をいう．法は普通は現象界の存在の構成要素を指す．部派仏教の*説一切有部せついっさいうぶは，現象界を構成する法の本体が過去・未来・現在の*三世さんぜに亘って実在であるとして，*三世実有さんぜじつう・法体恒有ほったいごうう説を唱えた．日本の浄土教では弥陀みだ(*阿弥陀)の*名号みょうごうや*念仏を〈法体〉と呼ぶ．これは法を*仏法ととらえた理解である．また〈体〉を，身体・姿と解して，*僧形そうぎょうと同意に用いるほか，時に「伏して惟おもんみれば，和尚法体如何いかん」〔性霊集補闕抄10〕のように，僧のからだに対する敬称とすることもある．「法体は一味なりといへども，機に随って浅深あり」〔顕戒論上〕

法体恒有 ほったいごうう　⇀三世実有・法体恒有さんぜじつう・ほったいごうう

布袋 ほてい［Bù-dài］　中国，唐末，五代後梁に実在した禅僧．明州奉化(浙江省)の人．名は契此けいし，号を長汀子ちょうていしという．福々しい面相で，巨腹をもち，布の袋を背負って旅をする修行僧として知られ，大きな袋にはさまざまな財貨が入っていて，布袋の行くところ幸運がもたらされるという信仰も生じた．弥勒みろくの化身ともされ，中国の寺院ではその像が入口に安置される．日本には室町時代，禅画の渡来とともに受容され，*七福神の一つとして民間に広まった．

仏 ほとけ　〈*仏ぶつ〉の訓読語．その語源については，中国で古く仏(buddha)が〈浮屠ふと〉〈浮図〉と音写され(『後漢書』楚王伝，桓帝紀)，それに〈その道の人〉を意味する〈家け〉，または性質・気配を意味する接尾語〈け〉がついて成ったという説，〈ほとほりけ〉(熱気)からきたもので，仏教が日本に伝来したときたまたま熱病が流行したためにこのように呼ばれたとする説，〈ほどけ〉(解)からきたもので，仏とは煩悩を解き放った存在であるというところからこう呼んだとする説がある．いずれも推測の域を脱しないが，仏の意味で〈ほとけ〉という和語を使った最初の例としては，

753年(天平勝宝5)の薬師寺*仏足石歌「釈迦(さか)の御足跡(みあと)石(いは)に写し置き敬(うやま)ひて後(のち)の保止気(ほとけ)に譲りまつらむ捧げまうさむ」が挙げられる．「仏造る真朱(まそほ)足らずは水たまる池田の朝臣(あそ)が鼻の上を掘れ」〔万葉集16〕

一方，〈ほとけ〉が死者の意味に使われるようになったことについては，中世以降死者を祭る器として〈瓮(ほとき)〉が用いられ，それが死者を呼ぶ名ともなったという説がある．しかし，日本では人間そのまま神であり(人神(ひとがみ))，仏教が伝来した当初は仏も神の一種とみなされた(蕃神(となりぐにのかみ))ことから推して，人間そのまま仏とされ，ひいては先祖ないし死者を仏(ぶつ)の意味で〈ほとけ〉と呼んだとも考えられる．

なおキリスト教伝来時には，創造主のデウス(Deus，天主)とその下生または子とされたイエス-キリストを仏といい，その教えを仏法と称した．また仏キ習合的理解から，信者が死んでパライゾ(paraíso, 天国)に行くことを「仏になる」とも言った．「さてもきりしたんが仏法の意趣を聞くに，天地開闢の時，でうすとも大あるじとも申す仏一体出現ましまして」〔吉利支丹物語上〕

仏の正月 ほとけのしょうがつ　正月，初めて仏事供養をする日．ここでいう〈仏(ほとけ)〉は死者または先祖をさす．正月15日の小正月(こしょうがつ)を済ませた16日以後に，初めて仏壇を開き雑煮などを供え，墓参りをする．〈先祖正月〉とか〈仏の年越〉〈鉦起し〉〈鉦の叩き初め〉などともいう．歳暮の12月16日に念仏の口止め，鉦の叩き納めをしたあとは，小正月が済むまで仏壇の扉を閉じ，一切の仏事を慎む．正月は神様の祭り月ということであろうが，神仏を神祭と弔死の二つに分断した後に形成された慣行と思われる．

墓碑銘 ほひめい　墓碑に刻する文体の一つで，散文のあとに韻文の銘を付するのでこういう．内容は，友人・知己・家族などの周辺人に対して，私的に死者の功業をたたえた伝記文である．多く墓上にたてるが，大官の場合など，墓への参道に建てられ〈神道(しんどう)碑銘〉ともいう．また棺とともに石盤を墓中に埋める場合は，〈墓誌銘〉という．これも散文の誌のあとに銘がある．これら個人の伝記は総じて〈碑誌伝状〉と称し，唐宋〈古文〉文学の重要な文章となっている．明の徐師曾の『文体明弁』に詳しい．

法螺 ほら　日本近海産では最大型の，フジツガイ科の巻貝．殻は古くから吹奏用楽器として使われ，軍陣で進退の合図に，また修験道(しゅげんどう)の法具として*山伏が用いた．この法螺貝を吹く音が大きいところから，のちに，思いがけない大儲けをすることなどを〈ほら〉というようになり，さらに，大袈裟に言うこと，うそをつくことを〈ほらを吹く〉などというようになった．「山伏の腰に着けたる法螺貝の」〔梁塵468〕「山ふたつに砕くると覚えし幾億限りなきほらの貝うねり出て」〔浮・新御伽婢子4〕「床で細銀など呉れられ，螺(ほら)な事の有りし」〔浮・傾城禁短気3〕

梵論 ぼろ　〈暮露(ぼろ)〉〈暮露暮露〉〈梵論師(ぼろんじ)〉とも．有髪(うはつ)の乞食(こつじき)僧．名称については，髪をほろほろと散らしていたからという説，〈バラ〉と〈ぼろ〉は通ずるのでバラモン(*婆羅門(ばらもん))の流れであるからかという説がある．流布本*『沙石集(しゃせきしゅう)』に見え，*『徒然草』115に，ぼろを，ぼろんじ・梵字・漢字などとよばれた者が「その始めなりけるとかや」の記述がある．室町時代には，〈ぼろ〉と〈薦僧(こもそう)〉(虚無僧(こむそう))とは別個の存在であったらしいが，近世には虚無僧の異称となっている．「かやうにしけるほどにぼろぼろといふもの，いさかひをしいでて，あたりの人までわづらはしかりければ」〔続教訓鈔14〕「七夕や暮露よび入れて笛をきく」〔花摘〕．→虚無僧．

ボロブドゥール [Borobuḍur]　インドネシア，ジョクジャカルタ北西40キロメートルにあるインドネシア最大の仏教建造物．彫刻の様式・碑文は8世紀後半から9世紀初頭，シャイレーンドラ朝(750–832)時代の建立を示す．方形6層壇(基壇層の幅は約120メートル)の上に円形3層壇をのせ，円形壇上には小ストゥーパ(*塔)を配し，その頂上に大ストゥーパを置く，全高31.5メートルの安山岩切石の構造物．ボロブドゥールの語意，建造物の意味などについては今なお議論が尽きない．ただし，この建造物が人々の参詣を前提にした一種のストゥーパであり，全体が一つの立体*曼荼羅(まんだら)の構成をもつことについては，ほぼ共通理解となっている．

下層6段の方形回廊の壁面には*過去現在因果経かこげんざいいんがきょう, *ジャータカ, *仏伝, *華厳経けごんきょう入法品などを題材にしたレリーフが彫られ, また同様に各回廊の東西南北に配置された仏龕ぶつがん内には大日だいにち・阿閦あしゅく・宝生ほうしょう・阿弥陀あみだ・不空成就ふくうじょうじゅの*五仏が, また上層3段の円形壇上にある格子目をもつ小ストゥーパ内には釈迦仏が, それぞれの*印相いんぞうをもって総計504体の坐像として安置されている. いずれも安山岩系の石材を用い, 後期*グプタ彫刻の伝統様式を継いでいる.

勃嚕唵 [ぼろん] 祈禱の際に*山伏が吹き鳴らす法螺ほら貝の音を表す語. 〈ぼろおん〉〈ぼろぼん〉〈ぼろんぼろ〉など種々の言い方があり, 教義的には*真言しんごんの一種とされる. また狂言『蟹山伏』『犬山伏』などに登場する山伏は, 数珠を摺りながらこの語を唱える. 法螺貝は山中*斗藪とそうで宿入・宿立・駈相・案内などの際に吹き方や回数を変えて吹かれるが, その音は仏の説法である*獅子吼ししくにたとえられ, 悪霊を鎮め獣類を畏怖させる力があると信じられた.「いま一祈り祈るならば, などか奇特のなかるべき, ぼろんぼろ, ぼろんぼろ」[狂言・禰宜山伏]

ポワ [t: 'pho ba] インド, チベットの密教に伝えられる*行法ぎょうほうで, インドの密教行者*ナーローパが大成した〈ナーローの六法〉の一つに数えられる. なお〈ポワ〉とは遷移を意味し, サンスクリットの原語はウトクラーンティ(utkrānti)と推定される. 後期密教では, あらかじめ自身の死の前兆をとらえ, 諸仏の*浄土に意識を遷移し, よき転生てんしょうを得ることが推奨されるようになった. そのため自らの死に備えて, *ヨーガに熟達したグル(guru, 尊師)から, 善趣ぜんしゅ(諸仏の浄土や天界・人間界など, *輪廻転生の世界の中で比較的のよい処)に意識を遷移させる秘伝を受けることが, チベットでは〈ポワ〉と呼ばれるようになった. また鳥葬や火葬に先だって, 密教僧が被葬者の遺体の九穴から意識を抜く儀礼も, 〈ポワ〉と呼ばれる.

品 [ほん] 漢語の〈品〉は, もろもろ(のもの)・種類・等級などの意味を持ち, 特に魏晋以降における社会の門閥もんばつ化に伴い, 官秩や家格の〈品別〉(等級化)が広く行われ, 文学・芸術の分野においても作家や作品の品別を行う形式の評論が多く作られた(『詩品』『古画品録』『書品』など).

仏典における〈品〉には二義がある. 一は, サンスクリット語 varga(同類のまとまり, 段落)もしくは parivarta(ひとめぐり, 篇章)の訳で, 典籍の〈篇〉や〈章〉のこと. 二は, サンスクリット語 prakāra(種類)や kalāpa(まとまり)の訳で〈品類〉とも漢訳され, 事物の種類もしくは同類の事物のまとまりを意味し, *『大毘婆沙論だいびばしゃろん』*『倶舎論くしゃろん』などに頻見する. なお*観無量寿経かんむりょうじゅきょうでは, 浄土に往生する者の性質・行為および果報を九等の〈品〉に分けて説いているが, この場合の品は〈等級〉の意味に近い. →九品くほん.

「経の文義を習ひ悟りて, 毎日ごとに一品を講じて」[今昔 13-33]「かのくにに九品の差別あり, われらいづれの品をか期すべき」[三部経大意]

盆 [ぼん] 〈盂蘭盆うらぼん〉の略語とされる. わが国では, 盂蘭盆会は7世紀に入って畿内の寺院で行われるようになった. 民間では, 旧暦7月15日前後に死者の霊がこの世に戻ってくるとする信仰があり, この時期とくに先祖の霊を祀る盆行事が集中的に行われている. また祖霊以外にも, 1年以内の*死霊しりょうを〈新精霊あらじょうりょう〉, 祀り手のいない死霊を〈*無縁仏むえんぼとけ〉などと称し, 特別な祭りを行なっている. なお, 〈盆〉の語源については, 祖霊を祀るための供物くもつを供える器からとする説もある.「七月十よ日になりて…盆ぼんのことのふうなど, さまざまになげく人々のいきざしを聞くも」[かげろふ日記下]「神事によって盆を拝せず」[玉葉承安 5.7.14]. →盂蘭盆.

梵 [ほん] [s: brahman] 古代インド哲学において宇宙の究極的原理と見なされた〈ブラフマン〉の漢訳語. もと祈禱の文句ならびにそれに宿る神秘力を意味し, 祭式万能の気運につれ神を左右する原動力とされ, さらに宇宙の根本的創造力の一名となった. 個体の究極的原理*アートマン(ātman, *我が)との合一(*梵我一如)に*ウパニシャッドの哲人は人間存在の究極目標を見出した. 元来, 中性の哲学的原理であったが, 後に男性化されてブラフマー(Brahmā, *梵天)となった. なお, 〈梵〉は, 広くインドや梵語(*サンスクリット)の称ともする.「諸もろもろの天人・魔・梵(梵天の意)・沙門・婆羅門等，皆悉(ことごと)く樹の下に充ち満てり」〔今昔1-2〕「第十四祖竜樹尊者，梵に那伽閼剌樹那(ながあらじゅな)と云ふ．唐には竜樹また竜勝と云ふ」〔正法眼蔵仏性〕．→ブラフマン．

盆踊り ぼんおどり　*盂蘭盆会(うらぼんえ)の際に，死者の霊を迎えて慰める目的で行われる踊り．新盆の家を巡り庭で踊ったり，村の広場で櫓(やぐら)を中心に輪を描きながら踊ったりする．平安時代の空也(くうや)の踊躍(ゆやく)念仏が，一遍(いっぺん)の*念仏踊に引き継がれ，民間に広まったとされている．中世以後，盆踊りの芸態のなかにいろいろの趣向が取り入れられ，*風流(ふりゅう)化して華美になる傾向が出て来た．元来は〈供養踊(くようおどり)〉とか〈精霊踊(しょうりょうおどり)〉の名称のように，訪れて来た*死霊(しりょう)が荒れないように鎮魂する意図があった．

梵音 ぼんおん　連声して〈ぼんのん〉とも．仏の声．〈梵〉は清浄なこと，また，仏の声を大梵天王の声にたとえるともいう．*三十二相中に梵音相がある．また，仏を讃える歌唱も梵音と呼ぶことがあり，特に*四箇(しか)法要(梵唄(ぼんばい)・散華(さんげ)・梵音・錫杖(しゃくじょう))の一つとして，散華の後で八句の偈(げ)を唱えて*三宝を供養することをいう．単に読経の声を梵音ということもある．「(阿弥陀仏の)梵音深妙にして，衆の心をして悦可(えつか)せしめたまふ」〔往生要集大文第2〕「醍醐の先帝の御仏名に，大法師梵音のことを勤めたり」〔拾遺往生伝中1〕

梵我一如 ぼんがいちにょ　宇宙の最高原理であるブラフマン(梵)と個我の本質であるアートマン(我)は本来同一であること．このことを知ることによって*解脱(げだつ)が達成される．『シャタパタ-ブラーフマナ』と『チャーンドーギヤ-ウパニシャッド』に伝えられるシャーンディリヤ(Śāṇḍilya)の教説に両者の一体性が説かれ，伝統的には二つの大格言(Mahāvākya)と呼ばれる*ウパニシャッドの文が典拠となっている．すなわち，『チャーンドーギヤ-ウパニシャッド』においてウッダーラカ-アールニが息子に最高存在である*有(う)(sat)を示して「汝はそれなり(tat tvam asi.)」と説き，『ブリハッド-アーラニヤカ-ウパニシャッド』において世界創造の当初ブラフマンが自身を認識して「私はブラフマンである(ahaṃ brahmāsmi.)」と言葉を発した．この文の「汝」と「私」がアートマン，「それ」と「ブラフマン」がブラフマンを意味するものとして，後代，*ヴェーダーンタ学派で〈梵我一如〉をあらわす命題としてまとめられた．この解釈からも知られるように，絶対者としてのブラフマンに対して，アートマンは身体を有する個我と解脱に達する最高我という二つの意義を有していることから，ヴェーダーンタ学派において，*シャンカラは不二一元論(ふにいちげんろん)(advaita)を主張し，両者の本質的関係からすれば現象世界は幻のように実体がないとし，ブラフマンと個我・現象世界の関係をめぐる解釈の相違から，ラーマーヌジャの制限一元論(viśiṣṭādvaita)，マドヴァの二元論(dvaita)などが展開した．→ブラフマン，アートマン，梵，我．

本覚 ほんがく　本来の*覚性(かくしょう)ということで，一切の衆生(しゅじょう)に本来的に具有されている悟り(*覚)の智慧(ちえ)を意味する．*如来蔵(にょらいぞう)とか*仏性を覚という面からいったもの．しかし，インドの原典に遡って原語を見出すことができず，中国での造語と考えられる．真諦(しんだい)訳*『大乗起信論』の用例が基本的なものであるが，そこでは，現実における*迷いの状態である〈不覚(ふかく)〉と，修行の進展によって諸種の*煩悩(ぼんのう)をうち破って悟りの智慧が段階的に当事者にあらわになる〈始覚(しかく)〉と相関して説かれている．すなわち，本覚は始覚によって到達される目標であるとともに，始覚の運動が可能となる内在的な根拠でもある．もともと『大乗起信論』では，衆生の心を解明するのに，その生滅する側面(心生滅)を説明するための概念であるが，東アジアでの思想展開の中で次第に絶対的な原理と見なされるようになった．このような動向は中国の華厳系の思想の中で発展し，さらに日本の本覚思想に及ぶことになる．本覚思想においては，本覚は内在的な原理ではなく，顕在化しているものと考えられ，現象世界がそのまま本覚の現れと見られるようになった．本覚思想でしばしば用いられる〈本覚真如〉という用語はそのような進展した思想を表す．→本覚思想．

本覚思想 ほんがくしそう　〈*本覚〉をキーワードとして，東アジアにおいて展開した仏教思想の一形態．比較的近年に一般化した用語であり，そのために研究者によって定義が異なり，必ずしも合意を見ていない．

狭義には日本の中世天台において展開した本覚門の思想を指し，〈天台本覚思想〉とも呼ばれる．典型的には*口伝くでん法門の形で伝えられ，後に先人に仮託して文献化されたものが多いため，その成立に関して不明の点が多いが，院政期頃から形成され，中世に隆盛を極め，近世になって批判を受けて衰退した．*源信げんしんに由来するという恵心流えしんりゅうと*覚運かくうんに由来するという檀那流だんなりゅうの二つの流れがあり（→恵檀二流），もっとも定式化されたものとして，恵心流の*三重七箇法門さんじゅうしちかほうもんがあり，また独自の教判として*四重興廃しじゅうこうはいが用いられた．その思想の特徴は，あるがままの現象世界をそのまま仏の悟りの世界と見るところにある．そこから，極端になると*凡夫ぼんぶは凡夫のままでよく，修行の必要もないとされる．そのために，一方でその高度な理論的達成が高く評価される反面，堕落思想としてしばしば批判の対象ともされる．主要な文献に『真如観しんにょかん』（伝源信作），『三十四箇事書さんじゅうしかことがき』（*『枕双紙まくらのそうし』．伝源信作），『修禅寺決しゅぜんじけつ』（伝最澄作），『漢光類聚かんこうるいじゅう』（伝忠尋作），『法華略義見聞ほっけりゃくぎけんもん』（伝忠尋作）などがある．その影響は多方面に及び，特に天台宗出身のいわゆる鎌倉新仏教の思想家たちに大きな影響を与えたと言われる．また，中世の文学・芸能・神道理論などにも広く影響を与え，日本的な仏教思想の展開のもっとも注目される形態とされる．

広義には，〈本覚〉をキーワードとして展開する思想を広く指す．〈本覚〉はもともと*『大乗起信論だいじょうきしんろん』に出る語で，本来は凡夫に内在する悟りを意味し，その点では*如来蔵にょらいぞう・*仏性ぶっしょうなどと近いが，次第に絶対化されるようになり，また，内在的可能性ではなく，顕現し実現したものと考えられるようになった．天台本覚思想はその極端化したものであるが，他にも華厳・密教・禅などの思想にかなり広く見られる．日本だけでなく，中国や韓国にも見られる．〈本覚〉やそれに類する原理はしばしば実体的な原理と見なされるところから，*外道げどう説に類するものとして批判を受けることもあった．また，天台本覚思想で典型的に発展するあるがままの現象世界の肯定の思想もまた，必ずしも〈本覚〉と結びつかなくても東アジアでさまざまな形態を取って主張されている．こうしたことを考えると，本覚思想を日本独自の仏教の形態と決めつけることは危険である．

『梵学津梁』ぼんがくしんりょう　高貴寺こうきじ（大阪府南河内郡）に在った*慈雲飲光じうんおんこうの編．約1千巻を擁し，本詮ほんせん以下の7部門より成る．西洋から近代的*サンスクリット研究が導入される以前に，本邦で試みられた壮大かつ組織的な*梵語ぼんご研究書．本詮は在来の梵文写本を集め，末詮はそれを解釈し，通詮は文典に相当し，別詮は在来の梵語関係図書を網羅し，略詮と広詮は辞典に相当している．最後の雑詮は前6詮の補遺となっているが，インド一般に関する資料を含んでいる．高貴寺蔵．

本瓦葺ほんがわらぶき　平瓦ひらがわらを並べ，その間を半円筒形の丸瓦まるがわらで覆ったもの．江戸時代中期に平瓦と丸瓦を一枚にした桟瓦さんがわらが発明されたので，これに対し，本来の瓦葺の意で〈本瓦葺〉といった．したがって，それ以前の瓦葺はすべて本瓦葺である．厚い板を縦に並べ，間を木製の瓦棒で覆ったものを〈木瓦葺こがわらぶき〉という．→檜皮葺ひはだぶき，瓦．

本願ほんがん ［*s*: pūrva-praṇidhāna］　過去に立てられた*誓願せいがん（praṇidhāna）の意．〈*宿願〉ともいう．多くの場合，「将来，自ら悟りをひらき（*上求菩提じょうぐぼだい），また，他の衆生を救済したい（下化衆生げけしゅじょう）」などと，未だ悟りを得ていない*菩薩などが起こす誓いのことを言うが，praṇidhāna の語によってこのような概念が明確化するのは大乗仏典においてである．*十地経じゅうじきょうの十大願や*四弘誓願しぐぜいがん，さらには，*法蔵菩薩（阿弥陀仏）や*阿閦如来あしゅくにょらい，*観世音菩薩の誓願などが有名である．また本願は，*廻向えこうや*授記じゅきという考え方とも密接に関係する．なお，浄土門などでは，本願の「本」を「根本」の義に解し，〈根本の誓願〉とする解釈も知られている．

ところで，誓願（*p*: paṇidhāna，paṇidhi など）という語自体は初期仏典にも珍しくないが，その内容は，*生天しょうてんや良き来世を願うなど在家的教説の枠内に留まるものであり，出家者の立場からはむしろ否定されるべき内容であることが多い．一方，*ジャータカや*『マハーヴァストゥ』などの本生経類においては，過去世において，菩薩が将来，成仏したいとの願いを起こす事例が散見され，大乗仏典が説く本願思想の先駆と考えられる．そもそも，過去世における菩薩の*発願という発想自体が，ジャータカなどの本生経類の発達と不可分であろう．

なお，上述のように，衆生を救済する側の菩薩などが起こす誓願だけでなく，救済される側の衆生が起こす誓願もまた，本願思想の形成を考える上で重要ではあるが，本願という場合には，過去において発願される菩薩などの誓願を指すことが多いようである．→願，別願．

「およそ四十八願，皆本願なりといへども，殊に念仏をもって往生の規とす」〔選択集〕「従来この穢土を厭離す．本願をもちて生をその浄刹に託せむ」〔万葉5〕

本願寺 ほんがんじ　京都市下京区にある*浄土真宗本願寺派本山(*西本願寺)と，*真宗大谷派本山(*東本願寺)との総称．*親鸞を開祖とするが，実際の開創者は曾孫の*覚如．1272年(文永9)親鸞の末娘*覚信尼と東国門弟が協力して東山大谷に親鸞の廟堂を建てたのに始まる．堂舎・敷地は*門徒の共有，それを管理する留守職が覚信尼の子孫相続とされた．覚恵を経て覚如が留守職を継ぐと，廟堂の寺院化と*本山化を企図．1321年(元亨1)には〈本願寺〉を称し，親鸞を開祖，如信を2世，自らを3世と位置づけた．東国門徒はこれに反発して独自に教団を形成したため，本願寺は門徒の糾合に失敗して低迷した．

8世*蓮如は近江を中心に活発に布教したため，1465年(寛正6)*延暦寺が東山の本願寺を破却．蓮如は71年(文明3)越前国吉崎(*吉崎御坊)に拠点を移し〈御文〉を述作するなどして独自の布教を展開した．その結果，教団は飛躍的な発展をとげて一大勢力となり，*一向一揆を組織して戦国大名と争うようになった．そこで蓮如は吉崎を退去し，80年(文明12)に京都山科に本願寺(*山科本願寺)を再興した．

1532年(天文1)細川晴元政権との対立から六角氏・法華門徒によって山科本願寺が焼かれ，10世*証如は大坂の*石山本願寺に拠点を移した．石山には巨大な宗教都市が形づくられて畿内諸地域に展開した*寺内町の核となり，59年(永禄2)には*門跡に列せられて朝廷内の地位も確立した．しかし天下統一をめざす織田信長と対立し，70年(元亀1)より激しく戦ったが，80年(天正8)正親町天皇の勅命によって講和(*石山合戦)．11世*顕如は開城して紀伊鷺森に退去し，講和に反対した*教如を義絶した．83年に和泉貝塚，さらに豊臣秀吉の命で85年に大坂天満，91年に京都七条堀川に移った(西本願寺)．顕如が没すると教如と准如の兄弟が後継を争ったが，93年(文禄2)秀吉の命で准如が継職．しかし教如はその後も本願寺を名乗って活動を続け，関ヶ原合戦では徳川家康に接近．その結果，1602年(慶長7)家康は烏丸六条に寺地を与えて教如の独立を認めた(東本願寺)．

江戸時代には両本願寺とも門跡となり，幕藩権力を背景に法主を頂点とする集権的体制を確立して末寺や教学を統制した．1774年(安永3)宗名を〈一向宗〉から〈浄土真宗〉に改めるよう幕府に求めたが，浄土宗の反対もあって許可されず，1872年(明治5)にようやく〈真宗〉の公称が認められた．

本願誇り ほんがんぼこり　*本願の救いを誇示すること．*阿弥陀仏の本願は，あらゆる念仏の衆生を*摂取し，罪深い悪人をこそ救うという，その悪人救済を曲解し*造悪無礙と結びついた異義をいう．早く*法然の門弟中に異義の発生を認めるが，*親鸞の晩年にもその門下に身・口・意の*三業による造悪無礙を主張する者がいたことが消息に見える．なお*『歎異抄』においては「弥陀の本願不思議におはしませばとて，悪をおそれざるは，また本願ぼこりとて往生かなふべからずといふこと，この条，本願をうたがふ善悪の宿業をこころえざるなり」と，本願誇りが弁護されている．

ボン教 ――きょう ［*t*:Bon po］　古代チベットの支配階級が持っていた民族宗教．現代の発音は〈プン〉であるため〈ポン〉とも表記される．吐蕃王家が属していたピャ(不夜)族は西方に拠っていた頃，*カイラーサ山の西にいたらしいこの宗教の信奉者ム族と通婚して自らも信者となり，やがて東遷した．元来は御霊神「ラ」を祀って招福攘災(じょうさい)を旨としたが，後に死者の葬儀をする〈シェン〉と合流し，シェンラプ-ミボを教祖とした．9世紀以後では仏教を取り入れ，今日ではまったく仏教化して教団を組織している．

教義は仏教，とくに*ニンマ派の影響が強いが，逆マンジ(卐)，左遶礼(さにょうれい)，イラン起源説などによって独自性を主張する．シェンは，死者に安らぎを与えるため，周囲の家畜を犠牲にして，七つの峠を越え，永遠の父祖の国に赴くための案内に立たせる．仏教は，その*殺生(せっしょう)を禁じ，観音(*観世音菩薩)の*化身(けしん)の馬バーラーハに*加護を求めて*執着(しゅうじゃく)に由来する苦を絶てよと教えた．これが*観音信仰と相俟って峠や高台に民間信仰の風馬(ルンタ)の布切れをはためかせるに至った．今日のボン教は1405年に中央チベット西寄りのツァンに建てられたメンリの僧院を中心に組織されたものに続いている．古いボン教は東女国にもたらされ，今日四川省の金川地区に残っている．「ラ」の信仰は今も民衆の心を底部で支配している．

梵行 ぼんぎょう [*s*: brahma-caryā] 〈*梵〉(brahman)は節制・禁欲を意味し，〈*行〉(caryā)は振舞・行為をさす．清らかな行い．すなわち出家者が*戒律を守って禁欲の生活を送ること．特にあらゆる性的な行為を慎むこと．古くインドでは，バラモン(*婆羅門(ばらもん))の送るべき人生の諸段階を四つに分け，そのうちの第一段階を〈梵行期〉(学生(がくしょう)期)といって，その間は身を清く保ちながら，師匠のもとで学習に専念すべきものとされた．これが仏教などの出家宗教では，生涯にわたる純潔主義に発展し，違犯すれば教団追放の重罪に処されるという修道上の基本となった．転じて，仏教の修行生活そのものも指す．「我，年十六にして出家して，梵行を修してこのかた一百四年なり」〔今昔1-5〕「持戒梵行にして，仏祖の行履にまかせて身儀ををさむれば」〔随聞記1〕

本化・迹化 ほんげ・しゃっけ 〈本化〉とは法華経*本門(ほんもん)の教主釈尊によって過去久遠(くおん)の昔に教化された菩薩(ぼさつ)をいい，〈迹化〉とは*迹門(しゃくもん)の教主によって教化された弟子たちをいう．本化は「従地涌出品(じゅうじゆじゅつほん)」において大地の下から涌き出てきた無数の菩薩(*地涌(じゆ)の菩薩)であって，上行(じょうぎょう)・無辺行(むへんぎょう)・浄行(じょうぎょう)・安立行(あんりゅうぎょう)の四人の導師がおり，「如来神力品(にょらいじんりきほん)」で仏滅後*末法の法華経弘通(ぐずう)を*付嘱(ふぞく)される．迹化は迹門の*会座(えざ)に列する文殊・弥勒・普賢・観音・薬王などの菩薩や舎利弗(しゃりほつ)・目連・摩訶迦葉(まかかしょう)・阿難などの仏弟子たちをいう．「本門の所化を以て迹門の所化に比校(ひきょう)すれば，一渧(たい)と大海と，一塵と大山となり」〔観心本尊抄〕「迹化の四依(しえ)は隠れて現前せず．諸天はその国を棄ててこれを守護せず」〔観心本尊抄〕

梵語 ぼんご 古代インドの標準的文章語である*サンスクリット語のこと．中国の訳経者がそれを〈聖語〉とも〈梵語〉とも呼んだのに由来する．〈*梵字〉〈梵夾〉〈梵本〉などにみられるように，〈*梵〉とは清浄の義と称せられ，梵語の由来は*『大毘婆沙論(だいびばしゃろん)』巻172や*『法苑珠林(ほうおんじゅりん)』に説かれている．それらによると，梵語は梵字(ブラーフミー文字に淵源する*悉曇(しったん)などの文字)と共に*梵天のつくるところで，世界開闢の初めに*光音天が地上に降下したが，地上の食を食した故に身重となって天に帰ることができず，そのまま地上に留まって，その言葉が人間に流布したといわれる．語るも(梵語)，書くも(梵字)，元来天上の聖語を象っている故に，聖語とも梵語とも称すると伝えられている．「梵語を経閣に翻(ひるがえ)し，鐘声を香台に聴く」〔文華秀麗集中〕．→仏教梵語．

本圀寺 ほんこくじ 京都市山科区御陵大岩にある日蓮宗大本山．山号を大光山という．もと〈本国寺〉と記したが，第19代日廷(にってい)が貫首職にあった1680年代に水戸光圀の熱心な外護を受けたことから，本圀寺と改めるに至った．開山は日静(にちじょう)で，1345年(康永4)鎌倉の本勝寺を京都六条堀川の地に移して本国寺と称したことに始まる．日静は足利尊氏の俗縁と伝えられる．公武の外護をえて発展し，*妙顕寺(みょうけんじ)と並び京都日蓮宗の二大法城となった．この流れを六条門流という．

本山 ほんざん 各宗派の中心寺院．江戸時代，幕府は各宗派に本末(ほんまつ)制度を法制化し，その頂点に立つ寺院を〈本山〉としてそのもとに末寺を統制させる組織を形成した.『諸宗階級』により本山を宗派ごとにあげると,天台宗は延暦寺・喜多院(のち寛永寺),真言宗は上方本寺と称し御室門跡・嵯峨門跡・醍醐寺・智積院・長谷寺・高野山,浄土宗は増上寺・知恩院,浄土真宗は東本願寺・西本願寺・仏光寺・専修寺,時宗は清浄光寺,臨済宗は五山派南禅寺・妙心寺・大徳寺,曹洞宗は永平寺・総持寺,黄檗宗は万福寺,普化宗は一月寺・鈴法寺,日蓮宗は久遠寺・本門寺・本圀寺・本成寺・妙満寺・法華経寺,本山修験は青蓮院,当山修験は三宝院などとしている.→本末制度.

本地 ほんじ　〈ほんち〉とも読む.本来のあり方,本来の境地.*本地垂迹(すいじゃく)説では,衆生救済のためにかりに*垂迹として現れる姿に対し,本来の仏・菩薩のあり方を〈本地〉と呼ぶ.究極の本地は真理そのものたる*法身(ほっしん)であり,〈本地法身〉といわれる.また,密教では〈*加持身〉に対して〈*本地身〉をいい,*禅では本来の境地を〈本地の風光〉という.なお,本地垂迹説における本地の意は,漠然と本体の意に転用されて,蝶の本地を毛虫として「人はまことあり,本地たづねたるこそ心ばへをかしけれ」〔堤中納言物語虫めづる姫君〕のように用いられることもあった.

「念仏往生の願は,これ弥陀如来の本地の誓願なり.余の種々の行は,本地のちかひにあらず」〔法然消息〕「専ら神明の威を仰ぎて,本地の徳を軽んずることなかれ」〔一遍語録〕

本事 ほんじ [s: itivṛttaka]　かくのごとき出来事,昔話の意.*九分教(くぶんきょう)・*十二分教(じゅうにぶんきょう)の一つ.*『順正理論(じゅんしょうりろん)』巻44によれば,「過去事に依って諸々の言論を起こし,すなわち過去事に依って言論究竟す.これを本事と名づ」ける.すなわち〈古来より伝承された過去世ではじまり,過去世で終わる過去世の物語〉である.jātaka(*ジャータカ)が現在世に因んで過去世を物語るのに対する.漢訳聖典に〈本事経〉(*玄奘(げんじょう)訳)がある.しかしその内容は過去世物語ではなく十二分教*祇夜(ぎや)の形式を有し,パーリ聖典における itivuttaka(如是語(にょぜご))に相当する.

パーリ語形 itivuttaka は,サンスクリットで ityuktaka(如是語)と itivṛttaka(本事)の2形に対応させうる.本事経の原本に itivuttaka とあったため,玄奘はこれを〈本事〉と誤訳したのであろうが,〈如是語経〉と訳すべきであった.十二分教の一分としては,〈如是語〉とするのが古く,〈本事〉とするのは,後世,過去世物語が発達したところから起きた転釈である.→譬喩(ひゆ).

本時 ほんじ　根本の時,本来の時の意で,釈尊が久遠(くおん)の昔に*成道(じょうどう)したその時をいう.法華経如来寿量品において釈尊は,自ら菩提樹下で始めて悟りを開いた〈始成正覚(しじょうしょうがく)〉を否定して,久遠の昔に成道した〈本仏〉であることを顕(あらわ)した.この〈久遠成道〉の時を本時といい,久遠成道の釈尊が本仏・本師・本尊であり,久遠成道の*娑婆(しゃば)世界は浄土となる.*日蓮(にちれん)は,この久遠成道の本仏釈尊の時間空間を超えた絶対的永遠の世界を「本時の娑婆世界」〔観心本尊抄〕とよんでいる.

梵字 ぼんじ　*サンスクリット(*梵語)を記すために用いられる文字の一つ.北セム系文字の最古形であるフェニキア文字が,メソポタミアを経て紀元前800年ごろにインドにもたらされ,〈ブラーフミー文字〉が成立した.この文字は,西暦紀元ごろに北方で方形,南方で円形に記される傾向が生じ,4世紀ごろに明確な差異が生じた.そして北方系のグプタ文字から6世紀に発達したシッダマートリカー文字が,中国・日本で〈梵字〉〈*悉曇(しったん)〉として知られている.なお密教で,仏・菩薩などの各尊を一字で標示した梵字を〈*種子(しゅじ)〉という.「率都婆を作り,みづから梵字を書きて,供養してぞ通られける」〔義経記2.鏡の宿〕.→付録(梵字悉曇字母表).

本地身 ほんじしん　真言密教の*仏身(ぶっしん)観で,加持身(かじしん)に対す.密教では,真理そのものを仏身とみた*法身(ほっしん)の*大日如来(だいにちにょらい)が,衆生(しゅじょう)に語りかけるものと考える.大地があらゆる生物・非生物の拠り所となるように,法身である大日如来も万物の根本であるから〈本地身〉という.真言宗の中では,古義真言宗では本地身が*説法(せっぽう)すると説き,*新義真言宗では,本地身に説法はなく,加持身のみが説法すると主張し,教義に相違をきたした.密教の本地身が転じて,日本の神々の本地を仏や菩薩(ぼさつ)に求める*本地垂迹(ほんじすいじゃく)の語が生まれた.→加持身.

本地垂迹説 ほんじすいじゃくせつ　神(かみ)の*本地は仏であり，日本の人びとを救うために仏が神として*垂迹したという説で，日本における*神仏習合思想の発達したもの．仏教が日本に伝来した当初は，インドにおけると同様に，神は迷える衆生(しゅじょう)の一種と考えられ，神を救済するために*納経(のうきょう)や*度僧(どそう)が行われ，また仏法の功徳(くどく)を*廻向(えこう)されて神身を離脱することが神託にうたわれたりした．しかし，天武・持統期(7世紀後半)あたりになって，天皇を中心とした国造りが整うとともに，天皇の氏神であった*天照大神(あまてらすおおみかみ)を頂点として，国造りに重用された神々は民族神へと高まっていき，仏教側からも，それらの神に敬意を表し，次第に格づけを上げるようになった．

全般的には仏教の*法味を味わって仏法守護の善神となったとの解釈を施しつつ，奈良時代末期から平安時代にかけて神に〈菩薩(ぼさつ)号〉を付してくる．*八幡神(はちまんじん)が八幡大菩薩と呼ばれるにいたったのが，その典型的な例である．これが徹底されると，ついに神を仏にまで上げるにいたり，いわゆる神仏同体の〈本地垂迹説〉の誕生となる．平安中期ごろから見え始め，神は本地の仏が権(かり)に垂迹の*化身(けしん)として現れた(*権化(ごんげ)，*権現(ごんげん))ものということから，神に〈権現号〉が付されるにいたる．八幡大権現がその例である．

ただし，自然霊や死霊など自然神(民俗神)のままでとどまった神に対しては，本地垂迹説を適用せず，区別した．*権化神・実類神，権社(ごんしゃ)の神・実社の神という区別がそれで，仏教徒としては権化神(権社の神)には敬意を表してよいが，実類神(実社の神)は信奉してはならないとの戒めも説かれた．

鎌倉中期以降，*神道(しんとう)の仏教からの自立の動きがおこると，仏教者による仏本神迹・仏主神従の本地垂迹説に不満を感じ，神道を優位に置いた神本仏迹・神主仏従の〈反本地垂迹説〉が主張されるようになった．

なお，本地垂迹説の副産物として，権現造りや垂迹画などの*垂迹美術が興起し，文学の面では，鎌倉中末期以降，*本地物(ほんじもの)が盛んに制作された．→反本地垂迹説．

「それ仏陀は神明の本地，神明は仏陀の垂迹なり．本にあらざれば迹をたるることなく，迹にあらざれば本をあらはすことなし」〔諸神本懐集本〕「本地内証の月，十万億土の天に高く懸かり，垂迹外融の光，明らかに七千余座の上に冠たり」〔太平記9.高氏篠村八幡宮〕

本地物 ほんじもの　御伽草子，説経浄瑠璃(*説経節)，古浄瑠璃などにみられる物語の類型．神仏習合思潮の*本地垂迹(ほんじすいじゃく)説を思想的背景にもつが，内容・構造は*ジャータカに類似して，神仏の*前生(ぜんしょう)譚を語る．その基本的構造は，主人公は神仏の申し子として誕生し，人間界において人間が現実に受けている憂悲苦悩と同じものを身に受けるが，神仏の加護により救済され，やがて神仏に転生(てんしょう)する，というもの．本地物は，神仏の霊験(れいげん)と信仰の功徳(くどく)を説く*唱導(しょうどう)の徒によって醸成され流布されたものであり，在地信仰の実態が反映されていて，従来の文芸にはみられない，きわめて中世的なものといえよう．物語史の上からは，古代神話に比すべきものとして，〈中世神話〉の呼称も与えられている．*『神道集(しんとうしゅう)』は本地物の先蹤(せんしょう)とみなされる物語的縁起を収めているが，本地物の原型は鎌倉期にすでに存する．

本性 ほんしょう　[*s*: prakṛti]　本来具わっている性質，生れつきの固有の性質の意．〈*自性〉(svabhāva)と同義であるが，多くの場合，生れつき，本来など副詞的に用いられる(たとえば本性清浄(しょうじょう)など)．他方，prakṛti は根元的なものの意もある(たとえばサーンキヤ学派の*プラクリティは万物展開の根元)．仏教は一般にその種の存在を認めないが，理論上，心は本来清浄と見て(*自性清浄心，*客塵煩悩染(きゃくじんぼんのうぜん))，これを〈心性〉(cittaprakṛti，心の本性)とよぶことがある．なお，中国思想では，人の本性(ほんせい)が善か悪かをめぐって，古来，性善・性悪の議論が展開されてきた．「三学の源は，一心の本性，無住の妙体なり」〔雑談集1〕．→性(しょう)．

本生 ほんじょう　釈迦の前世の姿を〈本生〉といい，その物語を〈本生譚〉という．日本ではすでに7世紀，法隆寺の*玉虫厨子(たまむしずし)の壁面の絵にみえる．薩埵(さった)太子の*捨身飼虎(しゃしんしこ)，*雪山童子(せっせんどうじ)の施身聞偈(せしんもんげ)として*敦煌(とんこう)の壁画などにもみえる有名な説話で，早くからひろまっていたことがうかがえる．984年(永観2)撰の説話集*『三宝絵』上巻に集成され，12 世紀の*『今昔物語集』巻 5 にも集中してみえる．仙人に供養できるものがなく我が身を火に投ずる兎が月にこめられるいわれの話，預かった猿の子供を鷲から取り返すために我が身の肉を切り裂いて与える獅子の話など，自己犠牲の慈悲の精神を体得する話題が多い．擬人化された動物譬喩の物語群は日本の民間伝承にまで根を降ろしていった．本生譚をもとに，民とともに悩み苦しみ苦難を克服する人が神に再生する〈*本地物〉の話型が中世に花開いたとみてよいだろう．

梵鐘 ぼんしょう　仏教寺院で時を知らせるために打つ大形の*鐘．〈*梵〉はサンスクリット語のブラフマン(brahman)の音写で，神聖・*清浄を意味し，神聖な仏事に用いるところから〈梵鐘〉と称される．俗に〈釣鐘〉と呼ぶほか，〈大鐘〉〈突鐘〉〈洪鐘〉〈撞鐘〉〈鴻鐘〉〈鳧鐘〉〈鯨鐘〉〈華鐘〉〈華鯨〉などの別称がある．通常，高さ 150–120 センチメートル，口径 90–60 センチメートルのものが多く，*鐘楼あるいは鐘楼門に釣り*撞木で撞っき鳴らす．それに対し，高さ 50 センチメートル前後以下，口径 30 センチメートル前後以下の小形の鐘を〈喚鐘〉あるいは〈半鐘〉といい，堂内に釣るして*法会や*坐禅などの開始を告げる．いずれも青銅(銅と錫の合金)で鋳造するが，まれには鉄製もある．

形状は中国鐘・朝鮮鐘・和鐘(日本の鐘)の間に多少の差違があるが，和鐘は通常上端に竜の頭をかたどった〈竜頭〉と呼ばれる釣手があり，以下，鐘身の上蓋に相当する笠形，円筒形の鐘身と続き，鐘身はさらに上から，上帯・乳ノ間・池ノ間・中帯・縦帯・草ノ間・下帯・駒ノ爪に区別される．中帯と縦帯は十字形に直交するが，これを袈裟襷という．中帯には相対して 2 個の蓮華形の撞座を設ける．時代が古いほど撞座の位置が高く，また撞座が竜頭の長軸方向と直角にあるものが古く，平安時代中期以降になると平等院鐘のように竜頭の長軸と同一方向につけられる．乳ノ間には乳と称する多数の突起が設けられ，音響効果を高める働きをする．日本最古の和鐘は*妙心寺梵鐘(698)で，雅楽十二律の黄鐘調に相当する音調を響かす名鐘として著名．制作年の判明するものでは，*興福寺(727)，劔神社(770，福井県丹生郡)，西光寺(839，福岡県福岡市)，大雲寺(858，京都市左京区)などの梵鐘がこれにつづく．

「愛当の山の神護の寺，三宝既に備はり，六度かくることなし．ただ，ある所の梵鐘，形小さくして音窄し」〔神護寺鐘銘貞観 17.8〕

凡聖一如 ぼんしょういちにょ　常に迷っている*凡夫と迷いを超越した*聖者とは，いずれも*空，すなわち固有・不変の本質をもたないという点で本質的に相違しないということ．〈凡聖不二〉ともいう．一般に大乗では 10 の修行段階(*十地)のうちの初地以上を聖者といい，それ以下の迷っているものを凡夫というが，積極的にはすべてのものが*仏性を持ち，また，一切の存在が*真如の現れであるとされ，そこから，改めて凡夫も聖者(*仏)と本質的には同一であると説かれてくる．「心性の本源は凡聖一如にして二如なし．これを本覚如来と名づく」〔天台法華宗牛頭法門要纂〕「本より魔仏一如にして，凡聖不二なり」〔謡・善界〕

本生図 ほんじょうず　釈尊前世の物語，ジャータカを描いた図で，インド・バールフト塔玉垣の鹿王本生図浮彫，*キジル石窟の本生図壁画，さらに*敦煌莫高窟 428 窟の*捨身飼虎図壁画など，インドでは浮彫に多く示され，西域や中国では*石窟寺院壁画に多くみられる．わが国では飛鳥時代の法隆寺*玉虫厨子の台座側面に施身聞偈・捨身飼虎の両図があり，古くから描かれた．本来，仏教美術はこうした仏教説話図から出発したとされるが，その意味でも，わが国の最古の仏教絵画にこの本生図がみられることは意義深い．しかし，以後わが国ではあまり描かれることはなかった．→ジャータカ，壁画．

本生譚 ほんじょうたん　⇒本生，ジャータカ

本証妙修 ほんしょうみょうしゅ　〈本証〉とは本来さとっていること．〈妙修〉とは，そのさとりの上の修行をいう．*道元は，修行を証を得るための手段と化する公案禅(→看話禅)を斥け，本証の上の*坐禅，修行そのものがそのまま仏行＝妙修となる証上の坐禅を説いた．

道元自身は〈本証妙修〉と一語にして用いていないが，その意をくんで，道元禅の特徴を表す言葉として用いられる．「妙修を放下すれば本証手の中にみてり，本証を出身すれば妙修通身におこなはる」〔正法眼蔵弁道話〕

本初仏 ほんしょぶつ ［*s*: ādibuddha］ インド密教最末期の*『時輪タントラ』(*Kālacakra-tantra*)において出現した超越的な*仏の観念．しかし，ネパールなどに残る絵画や彫像の形態(結跏趺座し胸前に交差した両手の右手に*金剛杵を左手に鈴を持する，あるいは明妃般若波羅蜜を抱擁する)は，それが伝統的な*金剛薩埵あるいは持金剛，すなわちそれ以前の*タントラ仏教においてすでに十分にポピュラーであった*法身仏，すなわち*曼荼羅の総体，実在界の存在性そのものの観念を継承したものであることをうかがわせる．

本質 ほんぜつ 認識内容の根拠となるものをいう．*護法の系統の*唯識派では，*識の中に，見るもの(見分)と見られるもの(相分)があり，その対象(相分)はさらにその識の外の対象に基づく場合があると考えられている．その場合，識内の相分を〈影像〉，*阿頼耶識によって現し出された外的対象を〈本質〉と呼ぶ．たとえば，眼識は阿頼耶識が現す*器世間を本質として，自識内に影像相分を浮かべ認識するのである．影像と本質の関係を，〈親所縁縁〉(直接的対象)と〈疎所縁縁〉(間接的対象)と呼ぶこともある．

凡僧 ぼんそう ① 凡愚・凡庸の僧のことで，〈平僧〉ともいう．

② *僧綱に任ぜられていない法師位の僧のこと．864年(貞観6)以降は法師位などとは別に僧綱の位階として*法印・法眼・法橋の三階が制定されたため，法師位などの者は非僧綱すなわち凡僧の位階となった．その位階は1285年(弘安8)の制によれば六位殿上人に準じ，そのうち*内供奉・*阿闍梨・*已講・*擬講・已灌頂などの職についている者を〈有識〉，他を〈非識〉と称した．なお東寺(*教王護国寺)においては*長者の下に凡僧*別当を置いて*伽藍の修築管理に当たらせた．→僧位．

本尊 ほんぞん 礼拝の対象として尊崇する仏・菩薩・曼荼羅などをいう．もと，密教の経典である*大日経や*瑜祇経に説かれ，それが諸宗それぞれの崇拝対象を呼ぶのに用いられた．

密教では*大日如来が本来の本尊(普門の本尊)であるが，諸菩薩・諸天すべて大日如来の一面の顕現した本尊(一門の本尊)とみなす．また，心の外に対象的に立てた本尊を〈有相の本尊〉といい，自己の心を本尊とみなすことを〈無相の本尊〉という．浄土念仏では*阿弥陀仏ないし阿弥陀三尊(阿弥陀仏と脇侍の観音・勢至の二菩薩)を本尊とするが，浄土真宗では，〈*南無阿弥陀仏〉の六字，〈南無不可思議光如来〉の九字，〈帰命尽十方無碍光如来〉の十字を本尊とすることがあり，それらを〈名号本尊〉と呼ぶ．なお，*光明の中に弥陀の名号および仏・菩薩・諸祖・先徳たちの像を描いた〈光明本尊〉といわれるものがあり，*日蓮の*十界曼荼羅と対比される．

本尊の語を多用したのは日蓮で，日蓮自身ははじめ立像の釈迦一仏を自己の本尊(*持仏)としたが，佐渡配流後は〈本門の本尊〉として*法華経の本門「如来寿量品」所説の*久遠実成の釈尊を本尊とした．その形貌を漢字で図示したのが十界曼荼羅(大曼荼羅)である．*『観心本尊抄』によると，これは*一念三千の理に基づいて*十界の諸尊を列座し，中央に〈*南無妙法蓮華経〉を大書し，その光明に照らされて十界が*本有の尊形となった姿を表している．

「かの岬には，堂ひとつあり．本尊は観音におはします」〔問はず語り 5〕

『本朝高僧伝』 ほんちょうこうそうでん 江戸時代に著された日本の高僧の伝記集成．美濃(岐阜県)臨済宗盛徳寺の卍元師蛮(1626–1710)撰になる．1702年(元禄15)成立．本文75巻，総目録1巻．*『元亨釈書』の僧伝を補うため諸書を博捜して，1662人の僧尼を10項に分けて編集．若干の例を除くと，その依拠を挙げていて，すでに散佚したものもあるが，溯及するのに便利．日本の僧伝の中で最多の人物を収めていて，日本仏教史研究の基本的文献の一つである．

『本朝神仙伝』 ほんちょうしんせんでん 伝記*説話集．大江匡房著．1巻1冊．1098年(承徳

2)頃成立か．倭武命以下，本朝の*神仙と目された37人(うち31人の伝が現存)の伝．名僧・修験(泰澄・役行者など)の神験説話のように，仏教的要素の強いものから，往昔の伝説的人物(武内宿禰など)や市井の庶民(竿打仙など)を扱ったものまで，幅広い人間類型を集録し，平安貴族の神仙趣味をうけつつも世俗的傾斜をもつ説話文学として珍重すべき特色をもつ．

梵天 ぼんてん [*s*: Brahmā] 非人格的で中性的な*ブラフマンが次第に擬人化されて登場した，*ヴェーダ時代後期を代表する男性の最高神．*ブラーフマナ時代からさらにブッタ以前の最初期の*ウパニシャッドの時代には，早くも万物の創造主として，プラジャーパティ(Prajāpati,「生類の主」)にとって代わった．ヒンドゥー教では破壊・維持を司る*シヴァ，*ヴィシュヌに対し生成の神として重んぜられるが，他の2神ほどの勢力は持たない．仏典では〈梵天常童子〉〈梵天娑婆主〉などが登場し，梵天は一般に*インドラ神に相当する*帝釈天と並ぶ諸天の長の位を占める．仏に*転法輪を勧めるいわゆる〈梵天勧請〉の物語は名高い．なお，梵天の住する*色界の初禅天，大梵天・梵輔天・梵衆天の総称ともする．*十二天の一つ．遺例に，東大寺*三月堂の*乾漆像(奈良時代)，*唐招提寺金堂像(木造，奈良時代)，*教王護国寺講堂像(木造，平安前期)などがある．「若干の菩薩・声聞大衆を引きゐて下り給ふに，梵天・帝釈・四大天王，皆左右に随へり」〔今昔 2-2〕「仏の教へに値ふ事，梵天の上より垂るる糸の大海の中にある針を貫かむよりも難かなれば」〔三宝絵序〕．→天．

本堂 ほんどう 寺の*本尊をまつる堂．10世紀初め，*醍醐寺釈迦堂を〈本堂〉と呼んだのが早い例．平安時代中・末期に多用されるようになり，『本朝世紀』(藤原通憲著，平安末)には「本堂といふはこれ本願堂なり」としている．奈良時代までは本尊を安置する堂は金堂(仏殿)または安置仏を冠した堂名で呼ばれ，礼拝や法会は主として堂外で行われていた．平安時代には*礼堂が別棟あるいは孫庇(→母屋)として付加されるようになり，金堂と礼堂が1棟となって奥行の深い建物となったため，金堂と呼ぶにふさわしくなくなって，本堂といわれるようになったのであろう．→金堂，仏殿．

本有 ほんぬ 〈ほんう〉とも読む．本来，有ること，または本来，持っていること．*涅槃や*般若に関しても〈本有〉〈始有〉(修行して初めて現れる)がいわれることがあるが，最も重要なのは，悟りの智慧の因(種子，特に無漏種子という)に関してである．*唯識派は，それは先天的に所有している(本有種子)という立場と，修行によって後天的にもたらされる(新熏種子)という立場があった(→種子)．*護法(*『成唯識論』)は，本有のものが修行によって開発されるという立場である．なお，生死*輪廻における生存の形態を四つの*有として説く説(*四有)があるが，受生(生有)以後，死ぬ(死有)までの間を〈本有〉という．「本有の五鏡を鑒みて福となし，常に仏護に沐して鎭へに法苑に遊ばむ」〔性霊集 6〕「本有常住の月輪は，無明煩悩の雲を掃ふ」〔盛衰記 24〕

煩悩 ぼんのう [*s*: kleśa, *p*: kilesa] 身心を乱し悩ませる汚れた心的活動の総称．*輪廻転生をもたらす*業を引き起こすことによって，業とともに，*衆生を苦しみに満ちた*迷いの世界に繋ぎ止めておく原因となるものである．外面に現れた行為(業)よりは，むしろその動機となる内面の*惑(煩悩)を重視するのが仏教の特徴であり，それゆえ伝統的な仏教における実践の主眼は，業そのものよりは煩悩を除くこと(断惑)に向けられている．

【初期仏教】*阿含経典では，*随眠・漏・*取・*縛・*結・*使などさまざまな呼称のもとに，煩悩に相当する種々の要素が挙げられているが，それらの中で代表的なものは〈*貪〉(*貪欲．むさぼり)，〈瞋〉(*瞋恚．にくしみ)，〈癡〉(*愚癡・*無知)のいわゆる*三毒である．*四諦説の枠組みのなかでは，飽くことを知らない欲望(*渇愛)，即ち貪が人生苦をもたらす根源であるとされる．十二支縁起(*十二因縁)説においても，渇愛は*生死の苦しみをもたらす原因として重視されるが，そのさらに根源には，仏教の道理に対する無知(*無明)，即ち癡があるとされるのである．

【部派仏教】*説一切有部(せついっさいうぶ)のアビダルマ(*阿毘達磨(あびだつま))では，煩悩を*根本煩悩と*随煩悩に大別する．〈根本煩悩〉とは，諸煩悩中特に根本的とされる貪・瞋・*慢(まん)・*疑(ぎ)・無明(癡(ち))・(悪)*見((あっ)けん)の六随眠を指す．これらは，*見道(けんどう)において四諦を*現観することによって一気に断ぜられる知的な迷い(見惑(けんわく))と，*修道(しゅどう)において修習を繰り返すことによって徐々に断ぜられていく情意的な迷い(思惑(しわく)または修惑(しゅわく))とに大別される(→見思惑)．見惑はさらに88に細分され，修惑は10に分類されるので，これらを総称して九十八(くじゅうはち)随眠という．これに十*纏(じってん)(*無慚(むざん)，無愧(むき)，嫉(しっ)，慳(けん)，*悪作(あくさ・おさ)，睡眠(すいめん)，掉挙(じょうこ)，*惛沈(こんじん)，忿(ふん)，覆(ふく))を加えたものが，よくいわれる*百八煩悩である．さらにまた，根本煩悩に随従しておこる煩悩として，19の〈随煩悩〉が挙げられている．*瑜伽行派(ゆがぎょうは)の説もこれと類似しているが，随煩悩として20種を挙げる点など若干の相違がある．

【大乗仏教】このように，多くの煩悩を数え，それらを断ずることによって輪廻から解放されようとするのが，初期仏教以来の仏教の基本的立場であったが，大乗仏教になると，煩悩を実体視して迷いの世界と悟りの世界とを峻別する考え方そのものが*空(くう)の立場から問い直されるようになり，〈*煩悩即菩提(ぼんのうそくぼだい)〉〈*生死即涅槃(しょうじそくねはん)〉などの考え方が前面に打ち出されるようになった．こういった考え方は，迷いの世界から隔絶されたところに真理の世界を求めるのではなく，迷いの世界のただ中で衆生とともに働き続けるところに真理の世界を見出そうとする*菩薩(ぼさつ)思想と密接な関係があり，瑜伽行派の無住処涅槃(→無住(むじゅう))の説も，この関連で理解されるべきものである．

一方，衆生の心は本来光り輝く清らかなものであり，それを汚している煩悩は副次的なものに過ぎない(心性本浄(しんしょうほんじょう)*客塵煩悩(きゃくじんぼんのう))のだから，煩悩の穢れを除くことによって心は本来の*清浄性を回復することができるのだという思想は，一部の阿含経典以来存していたのであるが，*如来蔵(にょらいぞう)思想に至って，特に重視されるようになったものである．また，密教においては，煩悩即菩提の思想がさらに強調されて，性的な愛欲そのものが清浄な菩薩の境地であると説かれるようになった．*理趣経(りしゅきょう)に説かれる十七清浄句の思想は，その最もよく知られた例の一つである．

中国・日本においても，断惑の思想よりは，むしろ煩悩即菩提の思想が重視された．〈不断煩悩得涅槃(ふだんぼんのうとくねはん)〉を説く*親鸞(しんらん)の思想は，その一つの典型例を示したものといえるであろう．

「身に光華を放ち，心に栄耀を着るに，煩悩悪業好まずして自らに集まる」〔法華験記下102〕「五大より貪欲・瞋恚等の諸(もろもろ)の煩悩を生ず」〔今昔1-5〕

本能寺 ほんのうじ　京都市中京区寺町通御池にある*法華宗本門流の四大本山の一つ．山号は卯木山(うぼくさん)．*日隆(にちりゅう)が*妙顕寺(みょうけんじ)から退出して五条坊門に本応寺を開創．のち1433年(永享5)如意王丸の寄進によって六角大宮に移転し，本能寺と改めた．1536年(天文5)の*天文法華の乱により焼失し，10年後に油小路と西洞院の間に復興．1582年(天正10)織田信長が明智光秀に討たれた〈本能寺の変〉により炎上．のち豊臣秀吉の都市計画により現在の地に移転．徳川氏の外護をうけて復興したが，しばしば火災にあった．現在の建物は1928年の造営である．

煩悩障・所知障 ぼんのうしょう・しょちしょう　[*s*: kleśa-āvaraṇa, jñeya-āvaraṇa]　*煩悩という障害と，所知に関する障害をいう．〈*障〉(āvaraṇa)は覆いさまたげるものを原意とし，*解脱(げだつ)や*一切智を得るうえでの障害を意味する．この二障による分類は，アビダルマ(*阿毘達磨(あびだつま))の煩悩論をふまえて，*瑜伽行派(ゆがぎょうは)の教理において重視された．ここにいう煩悩は貪(とん)・瞋(じん)・癡(ち)の*三毒に代表されるすべての煩悩で，これらが悟りへの障害となるため〈煩悩障〉と呼ばれる．〈所知〉とは知られるべきことを意味し，*四諦(したい)や*三性(さんしょう)などをさす．所知に関する障害とは，これらの所知に関して，智がはたらくことの障害となるもの，つまり煩悩によって汚染されていない不*染汚(ぜんま)の無智をさす．煩悩障は所知障を拠り所とするため，前者は必ず後者を伴うという関係にある．瑜伽行派では，これら二障を除くために，人と法の二*無我(*人空・法空)の理解が重視される．

煩悩即菩提 ぼんのうそくぼだい　*煩悩と*菩提(悟り)とは，いずれにも固有・不変の本質がない(*空)という点で，本来は*不二・*相即していること．煩悩がそのまま悟りの*縁となること．原始仏教・部派仏教では，煩悩を断ち切って菩提を得ると説かれ，煩悩と菩提は対立的に見られた．大乗仏教においても*菩薩は煩悩を断ち切ってその階位を登っていくと説かれる場合があるが，究極的には煩悩と菩提の不二・相即が説かれる．つまり，積極的にはすべては真実不変の*真如の現れであり，悟りの実現をさまたげる煩悩も真如の現れにほかならず，それを離れて別に悟りはないことをいう．〈*生死即涅槃〉とともに，大乗仏教の究極を表す句として，有名となった．

「法性を離れて外に諸法あることなきにより，是の故に是の如く説く，煩悩即菩提なりと」〔大乗荘厳経論随修品〕「我れ則ち真如なりと知りぬれば，煩悩即菩提なり，生死即涅槃なれば，煩悩を断じ，生死を離れむと思ふ煩もなし」〔真如観〕

梵唄 ぼんばい　一般に声明のことをいう．〈梵〉は*梵語ないし*梵音・梵声などの略．〈唄〉は*『十誦律』などに単独で出るが，唄匿・唄誦・経唄などでも現れる．唄は梵語音写用の文字であり，唄匿はpāṭha(*読誦)の音写とも考えられる．梵唄は元来*サンスクリット語の讃歌のことであろうが，現在では漢語讃・*和讃などを含めた声明，ひいては仏教儀式音楽一般をさす．中国では，『法華玄賛』4に，三国魏の陳思王といわれる曹植(192–232)が*魚山にあそび，谷間に聞こえる誦経の清流に響く美しい声調を聞き，初めて梵唄を制定したと伝えられている．「諸部の大乗の次第の諷誦は，梵唄・讃嘆をもて恭敬し，管磬・歌舞をもて供養す」〔法成寺金堂供養願文〕．→声明，音楽と仏教．

翻波式衣文 ほんぱしきえもん　彫像にあらわされた衣の襞を〈衣文〉という．翻波式衣文とは，大きな波と小さな波が一定の間隔を置いて交互にあらわれる様子からこの名がある．平安時代前期に盛んに行われた*一木造の仏像に効果的に使われた．大きな波は稜角の鋭いものや縄のように丸いものがあり，小さな波には鎬を立てたものが多い．*法華寺の十一面観音立像や*室生寺弥勒堂の釈迦如来坐像は，その最も美しく表現された例．この他に，室生寺金堂本尊の薬師如来立像(伝釈迦．平安前期)は大波1と小波2を1単位として繰り返す翻波式の一変型で，これを〈漣波式衣文〉〈複翻波式衣文〉ということがある．

凡夫 ぼんぶ［s: pṛthag-jana, bāla］〈ぼんぷ〉とも読む．仏教の道理を理解していない者．俗人．〈凡愚〉〈凡下〉も同じ意味．中国古典の〈凡人〉〈凡夫〉は，「庶民」「並の人」の意であり，聖人・王者の対．pṛthag-jana は〈*異生〉とも漢訳され，語源を解釈して，「生」(jana)は生類のこと，「異」(pṛthag)は*聖者とは異なっているさま，あるいは*輪廻して*六道の人・天のみならず地獄・餓鬼・畜生・修羅に生れ変わることを指していうとされる．熟語としての〈異生〉がもつ「低い階級の者」「世間一般の人」の意から，仏典では「世俗的なことがらになずんでいる愚か者」の意味になった．また，bāla は「愚か者」が原意であるが，仏典では特に「仏教の道理を知らない，世俗の愚か者」の意．この二つの原語はしばしば並置されるが，いずれも ārya(高貴な人，仏教者)の反対語で，とくに修行論では聖者(ārya)の階位(*見道，*四向四果の*預流向)に到達する前，*三賢と*四善根の階梯にある修行者を意味する．→外凡・内凡．

「仏だに凡夫におはせし時，堪へがたき事を堪へ，忍びがたき事をよく忍び給ひてこそ，仏ともなり給ひ」〔栄花楚王の夢〕「汝等程の大凡下の奴原が，さやうの事仕るべきやうやある」〔太平記5．大塔宮〕

本法寺 ほんぽうじ　京都市上京区本法寺前町にある日蓮宗の本山．山号は叡昌山．*不受不施を唱導した久遠成院*日親を開基とする．彼がはじめて四条高倉に京の伝道所を持ったのは永享年間(1429–41)というが，寺地や建立年代には諸説がある．将軍足利義教(1394–1441)にあてた『立正治国論』を著して逮捕され，寺も破壊されるなど*法難にあう．のち堺から洛内に還住を許されて三条万里小路，一条堀川戻橋などに*折伏く伝道の本拠を置き，1484年(文明16)寺内の規律を正すため法式をつくる．また1487年(文明19)『本法寺縁起』を起草して「永代不朽の宝所」となる新しい寺地を求め拡張を計画，*勧進をはじめたが，翌年入寂．豊臣秀吉の聚楽第建立の際洛中の整理があり現在地に移建された．

本阿弥本光の*外護や広く*町衆の信仰をうけ，のち本阿弥光悦(1558–1637)や長谷川等伯(1539–1610)も帰依して，ゆかりの書画を残している．なかでも等伯の涅槃図や肖像画と共に所蔵する関係資料の豊富さは特筆される．また伝銭舜挙の蓮花図なども有名である．

本末制度 ほんまつせいど　江戸時代の寺院本末制度をいう．寺院の〈*本山〉〈末寺〉の関係はそれぞれの宗派ごとに中世には成立していたが，幕府の手により法制化したのは江戸時代になってからである．1615年(元和1)，徳川家康は各宗に*寺院法度を制定したが，その中で各宗の本末制度を規定しており，その後この法度が本末制度の法的根拠になった．

幕府は1632–33年(寛永9–10)，各宗本山に対し，それぞれの宗派の末寺帳の提出を命じた．この時提出されたものの一部が現在内閣文庫に残っており，この帳面がその後江戸時代を通じ本末争論の時の裁許の基準にもなった．この本末帳に所収されている寺を〈古跡寺院〉とし，所収されていない寺を〈新地寺院〉として区別している．その後幕府は本末帳の提出を1692年(元禄5)，1745年(延享2)，1786–90年(天明6–寛政2)，1834年(天保5)に命じている．江戸幕府は本末制度の確立により，寺院の格式を重畳的なものとし，その頂点たる本山を通じて，寺院の統制をはかった．

本無 ほんむ　初期中国仏教における〈*真如〉(tathatā，その通りにあること，真理)の訳語．仏教で説く真理を道家の〈無〉の思想に引きつけ，有の本としての無という意味で〈本無〉と表現した．後漢の*支婁迦讖訳の道行般若経・般舟三昧経，呉の*支謙訳の大明度経，西晋の*竺法護訳の持人菩薩経・等月菩薩経・度世品経などに現れ，中国における仏教の受容を促進する役割を果たすとともに，〈空〉の一解釈として〈本無義〉を成立させるなど，中国独自の仏教の形成への礎石の一つともなったと考えられる．本無義は*道安の説とされる場合もあるが，*『肇論』不真空論では，心に無を尊び，何かといえば無と名づける，ただ無を好む論議であると批判している．→無．

梵網経 ぼんもうきょう　詳しくは〈梵網経盧舎那仏説菩薩心地戒品第十〉．上下2巻から成り，〈*菩薩瓔珞本業経〉と不可分の関係にある．共に華厳経の*菩薩戒思想を発展させ，具体化する性格をもち，一般に〈梵網戒〉と称する．現在では中国撰述の*偽経と考えられているが，*『瑜伽師地論』とならんで菩薩戒の二大潮流の一つを形成し，特に〈*十重四十八軽戒〉の*学処(守るべききまり)は小乗*具足戒を含まない純*大乗の立場を鮮明にし，中国・日本の菩薩戒思想に与えた影響は大きい．特に*最澄は本経により*大乗戒壇設立を企て，かくて日本仏教の多くでは具足戒を不要とするに至り，仏教の日本的変容を加速する一因となった．なお，原始経典の〈梵網六十二見経〉(*p*: *Brahmajāla-sutta*)も梵網経と略称されるが，本経とは内容的な関連はない．

本門 ほんもん　*法華経28品の前半14品を〈*迹門〉，後半14品を〈本門〉という．天台*智顗が法華経を解釈するとき，この二門に*分科し説明したことに基づく．迹門・本門の名は，仏陀観に基づいている．本門の本とは，*本地のことで，インド出現の釈尊が実は*久遠の昔にすでに*成仏していたと，釈尊の本地を*開顕した部分を本門という．ここに顕された仏を〈久遠本仏〉とよぶ．迹門の迹とは「あと」の意で，*方便して衆生を導くために本地から迹を垂れた仏，すなわち〈迹仏〉が説かれている部分をいう．そこで本仏と迹仏は，天にある実月と万水に映った月影の関係に喩えられる．このように仏陀観においては本門が勝れており，他の経典に明かされていない仏果が明かされている本門の特徴が，智顗によって〈本門の十妙〉としてまとめられている．一方仏果よりも仏因が詳しく説かれている迹門については，〈迹門の十妙〉として，その特徴がやはり10掲げられている．

*日蓮は，本門に基づきその教義体系を形づくった．日蓮の滅後，門弟の間にこの本門中心の立場をどう継承するかについてさかんに論議がなされ，本勝迹劣を主張する〈勝劣派〉と，本迹の一致・一体を主張する〈一致派〉とに分裂した．→十妙．

「迹門十四品一向に爾前に同ず．本門十四品も涌出・寿量の二品を除きては，皆始成を存せり」〔開目抄〕「適釈尊出世の昔，一乗弘宣の時，本迹二門に権智実智の一心三観を演べらる」〔盛衰記 5〕

本門寺 ほんもんじ　東京都大田区池上にある日蓮宗大本山．通称は〈池上本門寺〉，山号を長栄山という．*日蓮入滅の地に*檀越池上氏が堂宇を建立し，それが寺院へと発展したもの．1288 年(正応 1)日蓮の七回忌の折りに，日浄・日持が造立した日蓮坐像が現存する．本門寺の開創もその頃と推定される．中世においては鎌倉比企谷の*妙本寺とともに*日朗門流の中心寺院となり，貫首は妙本寺に住んで両寺を兼務した．近世前期に〈受不施〉〈*不受不施〉両派の対立が起こると，本門寺の日樹は不受不施派の中心となって活躍したが，1630 年(寛永 7)江戸城内で行われた〈*身池対論〉で江戸幕府から敗北を宣告され，信濃飯田に流罪となった．本門寺も受不施義の身延派に接収された．日蓮坐像のほかに，『兄弟抄』などの日蓮真蹟を蔵する．

本門仏立講 ほんもんぶつりゅうこう　長松清風(日扇)(1817–90)を開導とする，*法華宗本門流(八品派)の系統に属する在家の集まり(*講)．現在は〈本門仏立宗〉と公称している．本山は京都上京区の宥清寺．清風は八品派の日雄に従って改宗し，本能寺日肇の教えを受け，32 歳のとき淡路隆泉寺日耀のもとで出家．そのころ京都に本門八品講が，讃岐(香川県)に高松八品講が開かれていたが，清風は自ら本門仏立講を開き，死後ではなく現世での生活を重視する在家主義の立場から，*唱題の絶対視と教典読誦の否定，〈現証利益〉といった独自の教えを立て，それを平易に説いた「教歌」などで大都市の庶民の間に教線を広げた．

『翻訳名義集』 ほんやくみょうぎしゅう　宋の紹興 13 年(1143)に普潤大師法雲編．20 巻．中国宋代の梵語辞書．経典中の*梵語を意義によって分類し，語義を解説する．巻 1 の十種通号から巻 20 の寺塔壇幢までの 64 編より成る．各編とも，その語の由来・大意を記し，梵語対訳，異なった音写語を挙げ，典拠を示す．中国における経典翻訳の盛行のもとに，『翻梵語』『梵唐千字文』や『梵語雑名』『唐梵両語双対集』などを受け，宋代に大成した．この書は，わが国における梵語辞典の編纂の機運を作った．なお，梵蔵対照の語彙集である*『翻訳名義大集』は別書である．

『翻訳名義大集』 ほんやくみょうぎたいしゅう　[*s*: *Mahāvyutpatti*]　古代チベット王国において，サンスクリット語の仏典をチベット語に翻訳する際の訳語対照表として編纂された語彙集．8 世紀後半から本格化したサンスクリット語仏典のチベット語訳事業も，9 世紀初頭には訳語の不統一や混乱が多く見られるようになったため，814 年頃，チベット王ティデ・ソンツェン(Khri lde srong btsan，777–815)の命により，翻訳官多数が協議して本書を編纂し，その訳語を欽定のものとして確定したとされる．仏教用語に限らず，仏典に使用される日常用語，数詞，文法用語，固有名詞，職業など，総計 9565 項目を，内容に従って約 260 のテーマに分類して収録している．〈翻訳名義大集〉は近代仏教学の通称で，原語のタイトルは〈大語彙解説〉の意．

本来の面目 ほんらいのめんもく　自己本来のあり方．*衆生が本来的にそなえている真実のすがた．禅宗で重視される言い方．〈本分事〉〈本地風光〉などともいう．悟りは修行によって獲得されるものではなく，もともとそなえている本来の面目を発揮させることである．しばしばその根源性は*父母未生以前(父母が生れる以前)と表現される．

「もし人…みなともに一時に身心明浄にして大解脱地を証し，本来の面目現ずるとき…すみやかに証会の辺際を一超して，覚樹王に端坐し，一時に無等々の大法輪を転じ，究竟無為の深般若を開演す」〔正法眼蔵弁道話〕「もしいまだ父母未生前の本来の面目を見ずば，真実の道人といふべからず」〔夢中問答中〕

本来無一物 ほんらいむいちもつ　自己・*万法の本来の姿をいう．あらゆる一切の存在の真実のあり方は，本来*縁起・*空の現成であって，自我の執着すべき固定的実体はないこと．*『六祖壇経ろくそだんきょう』行由1にある語．「本来無一物なれば，諸事において，実有我物の思ひをなすべからず．一切を捨離すべし」〔播州法語集〕「げに本来一物なき時は，仏も衆生も隔てなし」〔謡・卒都婆小町〕

マ

魔 ま　〈魔〉とは，死あるいは殺を意味するサンスクリット語 māra に相当する音写．もともと「魔」という漢字はなかったが，māra の音写のために作られたという．〈*魔羅(まら)〉とも．*『大智度論』5 に「慧命を奪い，道法功徳善本を壊(やぶ)る，この故に名づけて魔と為す」とある．魔羅をときに〈*悪魔〉ともいうが，仏教の〈魔〉は*キリスト教など他宗教の悪魔とは著しく性格を異にする．仏教の〈魔〉に相当するものは*婆羅門教(ばらもんきょう)にも見られないが，同教典籍に登場するヤマ(冥府の主，*閻魔)，*カーマ，イーシヴァラ(*自在天(じざいてん))，ナムチなどの諸神格とおそらくなんらかの連関をもつものであろう．

【性格と分類】仏教の〈魔〉のもつ多様で複雑な性格を一言で表すことは難しいが，人の生命を奪い，仏道修行などもろもろの善事に妨害をなすというのがおそらくはその根本性格であろう．諸経論の中で〈魔〉は種々の方式で分類されている．たとえば『大智度論』5 などでは，蘊(うん)魔・煩悩(ぼんのう)魔・死魔・天子魔という 4 種の魔(*四魔)に言及されている．すなわち〈蘊魔〉と〈煩悩魔〉とは，人間を構成する*五蘊(ごうん)および人間存在にまつわる*百八煩悩をそれぞれ，結局は人命を奪うものたる〈魔〉と見なしたものであり，〈死魔〉とは*死そのものである．この 3 種の魔が内面の魔であるとすれば，第 4 の〈天子魔〉は外的世界を支配する一種の*神としての〈魔〉であり，〈他化自在(たけじざい)天子魔〉と名付けられる．この他化自在天は*欲界の最上部たる*第六天であり，魔界というよりはむしろもろもろの快楽をもたらす善美を尽くした楽園である．ここに住む天子魔は弓を携えた愛神カーマのような姿をとるとされ，もろもろの*眷属(けんぞく)とともに，人間の善事を妨げ，聖者の*法を憎み，さまざまの手だてをもって出世間(しゅっせけん)(*出世)を志す修行者を誘惑し堕落せしめるものと考えられている．

この世界を欲界・色界(しきかい)・無色界の*三界に分けた場合，人間と神々の大部分を包摂する欲界は，結局のところ〈魔〉の支配に帰することになる．このように〈魔〉とは，仏教思想の体系において枢要な地位を占めるものであるから，真に仏道修行の完成をめざす修行者は，必ず〈魔〉の妨害と誘惑とを完全に克服することに努めねばならない．それゆえにこそ*仏伝においても，釈尊(しゃくそん)の*成道(じょうどう)・開教・*涅槃(ねはん)にあたって，〈魔〉はつねに中心的な役割を果たしているのである．

「後周の代に大きに魔の風あふぎてまさに法の灯(ともしび)を消たんとせしかば」〔三宝絵 中〕「第六天の魔王成道をさまたげし時も，釈尊一指をあげて魔を降(くだ)し」〔野守鏡〕

埋経 まいきょう　経典を書写して地中に埋納すること，または埋納した経巻．その目的は釈尊*滅度後 56 億 7 千万年後，*兜率天(とそつてん)内院で修行中の弥勒菩薩(みろくぼさつ)が*出世して，竜華樹(りゅうげじゅ)の下で*三会(さんね)の説法をするのに備えて経典を残そうとするものである．この行事は唐から*円仁(えんにん)によってわが国に伝えられた．経典は法華経・無量義経・観普賢経・阿弥陀経・般若心経などに弥勒経，それに密教の大日経・金剛頂経・蘇悉地経(そしつじきょう)・理趣経がほとんどである．これを埋納した塚を*経塚という．

売僧 まいす　〈まいす〉は唐宋音．もと禅宗で商行為をする僧をさげすんで言った語で，広く一般に用いられた．*高野聖(こうやひじり)などがその代表的なもので，彼等は*勧進(かんじん)だけでは寺の維持と各自の生活が困難になったので，絹布の切れ・衣類・医薬品・筆紙墨など種々の物品を売り歩いた．しかし，中世を通じてその手口が次第に悪辣となり，行状も乱れていったので，売僧は商聖(あきないひじり)に限らず*破戒堕落僧全般をさす語となり，さらに人をだましたり，詐欺(さぎ)行為をはたらく者をののしる語ともなった．「あきなひするをば売僧と云ふ」〔壒嚢鈔 2〕「今ほどは，まいすがはやるほどに，もしだましな事もあるか」〔天理本狂言六義・仁王〕

マイトレーヤ [*s*: Maitreya]　⇒弥勒(みろく)

マウドガリヤーヤナ [*s*: Maudgalyāyana, *p*: Moggallāna]　⇒目連(もくれん)

マウリヤ王朝 おうちょう [*s*: Maurya]　紀元前 317–187．*マガダ出身のチャンドラグプタ(Candragupta)がナンダ王朝を倒して創設した王朝．王は首都をパータリプトラに定め，インド史上最初の統一国家を建設し，アレクサンドロスによって征服された西北インドの4州を併合した．第3代のアショーカ王(*阿育王)の治世が最盛期であった．彼自身は仏教に帰依し，王国とその周辺地域への仏教の宣布に努めたが，*婆羅門教，*ジャイナ教，*アージーヴィカ教などの他の諸宗教をも同様に保護し援助した．しかし同王朝は中央集権化と経済的統制力が弱かったため，アショーカ王の没後しだいに勢力をうしない，前187年に軍司官プシュヤミトラが自立して政権を奪取するにおよんで滅亡した．

魔王 まおう　*六欲天の第六天，他化自在天の主のことで，〈天魔*波旬〉とも呼ばれる．彼は多くの眷属をもつとされる．釈尊の*成道直前の*降魔は，心の中に住むこの魔王の軍勢を*降伏させたとされている．また，魔王というと，*インドラに殺された悪魔ナムチを指すことがある．「其の時に第六天の魔の宮殿自然ら振るひ動く．魔王の思ふ様」〔今昔1-6〕．→波旬，第六天．

摩訶 まか　サンスクリット語 mahā の音写．大いなる，非常の，の意．*『大智度論』巻3に「摩訶とは中国語で大きいとも多いとも勝れたとも訳せる」とあるように多義を含む．しかし，いずれもサンスクリット語の原義〈偉大な〉をはずれることはない．したがって，たとえば〈摩訶不思議〉という場合も，単に非常に不思議だ，というのではなく，人の思量を絶したすばらしさを表現する．摩訶般若波羅蜜経(*般若経)，〈摩訶衍〉(大乗の別名)なども事情は同じである．「念ひは帰す，観世音菩薩，声は誦す，摩訶般若経」〔菅家文草4〕

磨崖仏 まがいぶつ　自然の崖面や巨石に彫刻した仏像．露出した面にある場合と*龕状にくぼみをつけ，その中にある場合がある．インドには遺例がなく，スリランカ(セイロン)，パキスタンのスワート，中国では唐以後の四川省に多い．日本の主要な作例をみると，滋賀県栗東市の狛坂磨崖仏は8世紀頃の朝鮮半島系帰化人の製作であり，栃木県の大谷磨崖仏，大分県の熊野磨崖仏は平安時代中期，また同県の臼杵磨崖仏は平安後期の製作である．同一地域に近世まで造像が続けられた例もある．いずれも大陸の作例のように国家的な造営ではなく，辺地性がかなり濃厚な造像で，信仰の背景にも特殊なものを含んでいる．

摩訶衍 まかえん　8世紀末にチベットにおいて中国禅宗を布教した僧．〈摩訶衍〉は〈*大乗〉の意味のサンスクリット語 mahāyāna の音写．チベット語文献の中では「大乗和尚」とも呼ばれる．チベットが*敦煌に侵攻した786年に敦煌からチベット本土に渡り，北宋禅の系統を引く禅宗の教えを広めた．その後，インドから招聘された学僧*カマラシーラとの間に宗教論争(サムイェーの宗論)が起こり，最終的には異教とされチベットでの布教が禁止され，再び敦煌へ去った．その教えによれば，人を*輪廻に束縛し*成仏の障害となるものの根本は思考作用および知覚作用であり，これら一切の心作用を離れた状態が〈不思不観〉と呼ばれ，またそれが仏の境涯であるとされる．一切の行為を離れた*坐禅をしながら心奥に*妄想が起こることを内観することによって，即座にこの境地に到達するという〈*頓悟〉の思想を説いた．→サムイェーの宗論．

摩訶迦葉 まかかしょう　サンスクリット語 Mahākāśyapa (パーリ語 Mahākassapa)に相当する音写．マハーカーシャパ．〈大迦葉〉ともいい，単に〈迦葉〉ともいう．仏*十大弟子の一人で，*頭陀(衣食住に関して少欲知足に徹した修行)第一といわれた．*王舎城近くの村に住む*婆羅門の家に生まれた．釈尊に帰依して8日目に*阿羅漢果(最高の悟りの境地)に達した．釈尊の信頼を得て仏衣を授かり，教団の*長老にもなった．釈尊の死後，処々で説法された教えを編纂するために500人の修行者を集めて彼が主幹となって編集会議(*結集)を開いた．このとき経典や*戒律のテキストが成立した．釈尊がこの摩訶迦葉に*法を伝える契機になったという〈拈華微笑〉の故事は有名．→拈華微笑．

『摩訶止観』 まかしかん　天台三大部の一つ．10巻．*智顗が隋の開皇14年(594)4月26日より荊州の玉泉寺で講説したものを，章安*灌頂が聴記し，後に整理・修治を加えて完成させた．本書は仏教の実践修行を〈止観〉の二文字で表し，その止観を体系化した書物である．とくに，漸次(ぜんじ)止観・不定(ふじょう)止観・円頓(えんどん)の〈三種止観〉のうち，円頓止観を説いた書である．〈円頓止観〉とは，浅いものから深いものに漸次に進展する漸次止観とは違って，修行の最初から最も深く高い*実相を対境(観察の対象界の意味)として修する止観のことである．

本書の構成はいわゆる五略十広(ごりゃくじっこう)といわれ，全体が大意・釈名・体相・摂法・偏円・方便・正観・果報・起教・旨帰の10章から成り，その第1章の「大意」が，発大心・修大行・感大果・裂大網・帰大処の5項に分けられている．第1章の「大意」においては，*菩提心(ぼだいしん)についての字義解釈，生滅・不生滅・無量・無作の*四諦(したい)，*四弘誓願(しぐぜいがん)，円教の修行の階位である*六即(ろくそく)，*四種三昧(ししゅざんまい)などが説かれるなど，天台教学の重要な思想が論じられている．とくに，第6章の「方便」においては，第7章の「正観」において明かされる十境*十乗観法(じっきょうじゅうじょうかんぼう)の準備条件である25カ条の修行の用心(二十五方便)が説かれ，第7章の「正観」においては円頓止観の内実に相当する十境十乗観法が明かされ，その中で有名な*一念三千が説かれる．なお，『摩訶止観』は第7章の途中，つまり「正観」章で説かれる十境のなかの第七の〈見境〉で終わっており，第八の境以降，第10章までは実際には説かれていないが，これは，天台家では初心者の修行を詳しく論じ，高い位は名目を記すだけで，その内容については説かないという方針に基づくものである．→止観，天台三大部．

『摩訶止観輔行伝弘決』(まかしかんぶぎょうでんぐけつ)　中国,唐代の天台僧，*湛然(たんねん)が智顗(ちぎ)説・灌頂(かんじょう)記*『摩訶止観』10巻に対して撰述した注釈書．40巻．略して『止観輔行伝弘決』『止観輔行弘決』『輔行弘決』『弘決』などという．書名は，仏一代の教によって*止観の妙行を輔(たす)け，止観の妙行によって仏一代の教を伝弘(広めること)する意．決にはさまざまな意味が込められているが，要するに問題を解決することを意味する．智顗以降の天台宗内部に生じた異説や，新しく興った華厳宗・法相宗・禅宗に対して厳しい批判を展開し，天台の正義を宣揚した書である．とくに華厳宗に対して最も厳しく，無情仏性(むじょうぶっしょう)説や，法華漸頓(ほっけぜんとん)・華厳頓頓説などについて論議している．湛然は『摩訶止観』を重視し，本書以外に，『摩訶止観大意』『摩訶止観捜要記』『摩訶止観義例』『摩訶止観科文』を著している．

マガダ　[*s*: Magadha]　〈摩掲陀〉と音写．インドのビハール州，*ガンジス河南部の古称．仏陀(ぶっだ)の時代にハリヤンカ家系の出身であるビンビサーラ(*頻婆娑羅(びんばしゃら))王またはその子アジャータシャトル(*阿闍世(あじゃせ))王は，首都をギリヴラジャ(旧王舎城)からラージャグリハ(新*王舎城(おうしゃじょう))に遷した．アジャータシャトル王はコーサラ国を滅ぼしてガンジス河流域の支配権を握り，王朝発展の基礎を確立した．仏陀滅後に首都はパータリプトラに遷された．マガダの王統はシシュナーガ王朝・ナンダ王朝・*マウリヤ王朝・*グプタ王朝に継承され，この地域はインド統一国家の政治・文化の中心地となった．

莫妄想(まくもうそう)　〈まくもうぞう〉とも読む．文字通り，「妄想すること莫れ」の意．くだらない思慮分別は捨てなさいということ．禅宗では，*迷いの原因を言葉に囚われた悪しき思慮分別に求めるため，そこから脱却するよう人々を指導する目的で，しばしばこの言葉を用いる．唐代の汾州無業(ふんしゅうむごう)禅師が，修行者の様々な質問に対して，いつも〈莫妄想〉と応じたことから，禅思想の核心を示すものとして広く用いられるようになった．また，禅宗以外でも，一度決意したことを貫徹するよう求める言葉として用いられる場合がある．心をぐらつかせるなの意．

枕経(まくらぎょう)　死者の*通夜(つや)もしくは納棺の際に枕元で経を読むこと．本来は*菩提寺(ぼだいじ)の僧侶が夜を徹して読むものであったが，民間では臨終直後に居合わせた近親だけで般若心経などを読むまでに簡略化されることもまれでない．死の直後の死者の霊魂はきわめて不安定なため，成仏を促しかつ死体に悪霊がつくなどの異状がないように，枕元に灯明をともし，刃物を置き，さらに枕飯・枕団子，枕石などを供える．枕経にもそうした心意の表現が含まれていると考えられる．

『枕双紙』(まくらのそうし)　日本天台の*本覚思想

の集大成書で，34箇の*口伝法門から成る．別に四教・五時・一念三千（一心三観）の三箇宗要に関する一文が付されており，最後に，「これを以て昼は座の右に置き，夜は枕上に置き，これを思い，これを観よ」と結んでおり，ここから，〈枕双紙〉という題名が生じた．刊本は*源信の撰となっている．なお，近年になって*金沢文庫から発見された写本は，『三十四箇事書』と題され，撰号は平安末期の皇覚となっている．『枕双紙』の34箇の法門に相当するが，配列順序が一致せず，また2箇の法門に関して相違が見られる．

『枕双紙』ないし『三十四箇事書』の成立に関しては諸説あり，皇覚撰を認めるものから，鎌倉中期（13世紀半ば）に引き下げるものまである．天台本覚思想の集大成書であり，このあと，*四重興廃や*三重七箇法門のように本覚思想を整理して体系化する試みがなされていく．

摩睺羅迦 まごらが　サンスクリット語mahoragaに相当する音写．大蛇の意．蛇神．仏教に取り入れられて，仏法を守護する8種の半神的存在（*八部衆または天竜八部）の一つに数えられる．密教の胎蔵界曼荼羅（→両界曼荼羅）では外金剛部院の北方に姿が見える．

麻三斤 まさんぎん　禅語で，三斤分の麻糸の意．〈斤〉は重さを計る単位で，一斤は今日の600グラム弱に当たる．三斤の麻糸はちょうど衣服一着を作るのに必要な分量で，これを基準として流通が行われたという．出典は*『景徳伝灯録』巻22の「双泉師寛章」に「僧，洞山に問う，如何なるか是れ仏．洞山云く，麻三斤．師之を聞いて乃ち曰く，南に向いては竹有り，北に向ては木有りと」というものであるが，その後，洞山守初（910–990）と僧との問答の部分のみが*公案として*『碧巌録』や*『無門関』に採り上げられて有名になった．洞山が〈仏〉を問う僧に対して，それと無関係の〈麻三斤〉と答えた意図は，僧の思考の流れを截断し，問うている自己そのものに気づかせようとするところにある．*趙州従諗の〈*庭前の柏樹子〉などと同工異曲の公案といえる．

摩多羅神 またらじん　中古天台の〈玄旨壇〉の本尊．また〈摩怛利神〉ともいう．*『渓嵐拾葉集』第39「常行堂摩多羅神の事」の項に，慈覚大師*円仁が入唐して，五台山の*引声念仏を相伝し，*比叡山に常行堂を建立して*常行三昧を始修した．これが比叡山における*阿弥陀信仰のおこりであるが，摩多羅神はこの堂へ*勧請され守護神となった，と記されている．しかし摩多羅神の祭祀は，平安時代末から鎌倉時代にかけての，比叡山の*恵檀二流，特に檀那流の*玄旨帰命壇の形成と時を同じくするものと考えるべきであろう．

この神は主尊と丁礼多と你子多の三尊から成り，それは*三毒（貪瞋癡）煩悩の表象とされ，衆生が*本覚*法身の妙体であることを示すといわれる．その神像は唐制の頭巾をかぶり，和様の狩衣を着，左手に鼓を持ち右手で打つ姿である．左右の童子は風折烏帽子をつけ，右手に笹の葉，左手に茗荷を持って舞う姿をしている．*毛越寺や*輪王寺に伝わる延年舞はこの姿で踊る．また一説に，*広隆寺の牛祭の祭神や東寺（*教王護国寺）に祀る夜叉神も摩多羅神であるという．

町衆 まちしゅう　⇒町衆

松尾芭蕉 まつおばしょう　1644（正保1）–94（元禄7）　伊賀（三重県）上野に生れる．若くして京の北村季吟に貞門流の俳諧を学ぶ．1672年（寛文12）江戸に移り，俳諧によって身を立てようとする．1675年（延宝3）頃から大坂の西山宗因の作風（談林調）の影響を受け，近世庶民の現実生活を大いに謳歌するが，1680年（延宝8）頃から漢詩文の精神，表現に学ぶようになり，*老荘思想，さらに禅にも関心を持ち，深川臨川寺開山仏頂和尚について修行する．この時代における漢詩文，禅の修得が，後に芭蕉が樹立，展開してゆく高い詩的作風，〈蕉風〉の基盤となってゆく．1684年（貞享1）以後，旅に出ることが多く，旅に生き，作句し，最後は旅中大坂で没した．

マックス-ミュラー　⇒ミュラー

抹香 まっこう　〈末香〉とも書く．香木を粉末状にしたもの．身体に塗って清めに使う塗香や*香炉で用いる*焼香などに使用される．「当座の御歌，俄に御張行す．

抹香をもりて一寸燃ゆる間に読み出だすを勝ちとし，一寸より余るを負けとす」〔看聞御記 応永 23.2.11〕．→香．

末世 まっせ　一般には末の世(後の世・現代)，または世の末(終末)の両義がある．仏教語としては仏滅後長年を経た教法の衰退期．またはその後の法滅の意識に伴う混乱した世情を〈末法濁世(じょくせ)〉とか〈*澆季(ぎょうき)〉といい，本来は悲観的・否定的表現として用いられた．その後，末世の自覚は人々に猛省と発奮を求める結果となり，かえってそのような時期にかなった対処法(*三階教や鎌倉新仏教など)を生ぜしめる原動力となった．「仏，末世の衆生の，父母の養育の恩を報いざらむ事を誡め給はむがために」〔今昔 2-1〕「天下旁(かたがた)静かならず．末世の常儀といへども，もっとも恐歎すべきものか」〔明月記 寛喜 1.4.22〕

『**末灯鈔**』まっとうしょう　本願寺3世覚如の次男，従覚(じゅうかく)の編．1巻．1333年(元弘3,正慶2)成立．*親鸞(しんらん)の法語と諸国に散在する親鸞書簡とを集録したもの．全部で22編．すでに安置していた本を他の伝本と対校し，年号や日付の前後錯乱などをただして年代順に編集したという．書名は，末の世を照らす灯火の如き書物の意．親鸞の他の書簡集に比べ，その成立は最もおそいが，最も広く流布した．いわゆる*善鸞(ぜんらん)事件に関するものは一つも収めていない．

末法 まっぽう　仏教における時代観ともいうべき〈*正法(しょうぼう)〉〈*像法(ぞうぼう)〉〈末法〉の三時思想の第三時．教えだけが残り，人がいかに修行して悟りを得ようとしてもとうてい不可能な時代をいう．〈末代(まつだい)〉とも呼ばれる．仏法が衰退するこの末法の時代は，*吉蔵(きちぞう)の『法華玄論』10.正像義などによれば1万年とされ，その後，教えも完全に滅びる〈法滅(ほうめつ)〉をむかえるとされる．→三時，正像末．

【インド】インドでは，正しい教えが衰えて滅していくという正法滅尽の危機意識はすでに雑阿含経(ぞうあごんぎょう)や諸部派の*律(りつ)などにみられ，正法・像法の二時説も諸経典に散見される．また，*法華経などにも「末法」という漢訳語がみられるが，原語は仏の*入滅(にゅうめつ)より「後の時」という意味で用いられているにすぎない．結局，明確な三時思想はインドでは成立しなかったといえる．ただし，6世紀前半，エフタルの北西インド侵入にともなう仏教弾圧のなかで成立した*大集経(だいじっきょう)月蔵分には，仏滅後の仏道修行の衰退を5箇の500年に区分した説(五五百歳(ごごひゃくさい))と正法500年，像法1000年に区分する説が同一経典中に説かれており，中国で三時思想が普及していく上で重要な教証とされた．→五五百歳．

【中国】一方，中国では，三時思想の第三時として「末法」の語を最初に用いたのは*慧思(えし)(515-577)の『立誓願文(りっせいがんもん)』(566)であるとされ，自らは末法に入って82年目に生まれたと述べている．その後，北周の武帝の*廃仏(574-577)も行われるなかで，隋唐代にかけて仏教者の間に末法意識が普及しはじめ，時代と人間についての深い内省をうながした．なかでも*三階教の信行(しんぎょう)(540-594)，浄土教の*道綽(どうしゃく)(562-645)にはそれが強くみられる．

【日本】日本ではすでに奈良時代に現れ，しだいに末法意識が高まっていった．奈良時代には上記慧思の『立誓願文』に基づく正法500年，像法1000年説も行われたが，平安時代以降は上記吉蔵の『法華玄論』などに基づく正法1000年，像法1000年説が一般化し，唐の*法琳(ほうりん)(572-640)『破邪論』上に引く『周書異記』に釈迦の入滅を「周の穆(ぼく)王の五十二年，壬申の歳」(紀元前949年)とするのに従って，1052年(永承7)より末法の時代に入ったとされ，*『扶桑略記(ふそうりゃっき)』永承7.1.26にも「今年始めて末法に入る」と見える．それを裏づけるように，その頃から災害や戦乱などが続発したため，末法意識が特に強まり，この末法の世を救う教えとして*浄土教が急速にひろまることとなった．

「仏涅槃したまひしより以来(このかた)，延暦六年歳の丁卯に次(やど)れるに迄(およ)びて，一千七百二十二年を逕へたり．正像の二つを過ぎて末法に入れり(正法を500年として計算)」〔霊異記 下序〕「まことには，末代悪世，武士が世になりはてて末法にもいりにたれば」〔愚管抄 7〕

『**末法灯明記**』まっぽうとうみょうき　*最澄(さいちょう)撰とあるが，それに対しては偽撰説も提出され，決着していない．1巻．本書では，その時代を*像法(ぞうぼう)末期として，*末法に近いから仏法は本来のようには行われず，とりわけ*持戒の実践は都市のなかに虎がいるように稀なことであり，*破戒・無戒の僧も世の宝たりうるとしている．鎌倉期の親鸞・栄西・日蓮らは本書を最澄真撰として引用．栄西はこれによりかえって持戒を強調，親鸞らは末法における持戒の無意味さを主張する論拠としている．

マトゥラー [s: Mathurā, p: Madhurā] 〈秣菟羅(まとら)〉〈摩頭羅(まずら)〉と音写．インドのウッタル-プラデーシュ州の古都．交通の要路に位置し，古くからヒンドゥー教とくに*クリシュナ信仰の中心地であった．仏教やジャイナ教の伝播に伴ってかれらの一大拠点となった．サカ族・*クシャーナ王朝の支配下にあって繁栄し，多数の遺跡がある．

紀元前よりヤクシャ(*夜叉(やしゃ))像の製作を行うなど造形活動が盛んで，クシャーナ時代には*ガンダーラと共に，インドで最も早く仏陀(ぶっだ)像の製作を開始した．その初期の作例はヤクシャ像の造像伝統を継承した純インド的な様式を特徴とし，ギリシア-ローマ的要素の強いガンダーラの仏陀像とは対照的な作風を示している．また，5世紀の*グプタ王朝時代にはガンダーラ様式を融合した新たな仏陀像の様式を完成させ，ゴーヴィンドナガル出土像(マトゥラー博物館蔵)などに代表される，典雅な作風の仏陀像を数多く製作した．この他ジャイナ教やヒンドゥー教美術の遺品も豊富に存在するなど，グプタ王朝後期までその造形活動は北インドの中心的存在であった．

末那識 まなしき　*唯識派(ゆいしきは)が説く，深層に働く自我執着心のこと．*八識中の第七識にあたる．〈末那〉はサンスクリット語manasの音写．原義は，考えること．〈思量〉と意訳される．この場合の思量とは〈恒審思量(ごうしんしりょう)〉といわれ，恒(つね)に，すなわち睡眠中でも覚醒の時でも，広くは生死*輪廻するかぎり，深層において絶えることなく働きつづけ，さらに審(つまび)らかに，すなわち，根源的な心である*阿頼耶識(あらやしき)を対象として，それを自分であると考えて執拗に執着しつづける心をいう．この深層的な自我心を滅することによって，はじめてわれわれは真の意味での*無我行を実践することができる．「心の奥はいつとなくけがるるが如きなるは，この末那識の有るに依ってなり」〔法相二巻抄上〕

摩尼 まに　サンスクリット語maṇiに相当する音写．〈珠(しゅ)〉または〈*宝珠(ほうじゅ)〉と漢訳し，〈摩尼珠〉〈摩尼宝珠〉などともいわれる．摩尼はすなわち珠・宝石類の総称であるが，仏典では不可思議な功力(くりき)をそなえた宝珠にしばしば言及される．*竜王は髻髪(けいほつ)にそれを蔵め，*転輪聖王(てんりんじょうおう)の*七宝(しっぽう)の一にも数えられる．特に〈*如意宝珠〉(cintā-maṇi)には，悪疾を癒し，蛇毒を消し，濁水を清めるなどさまざまの願いをかなえる力があるとされている．なお，〈日精(にっしょう)摩尼〉(日摩尼とも)は，日天子宮殿(くうでん)内の火球で日輪の標識．*千手観音(せんじゅかんのん)などの持物で，盲人が祈念すれば目が開いて光を得るという．「空しく大海の鹹味(かんみ)を甞(な)めて，たれか竜宮の摩尼を獲ん」〔十住心論1〕「法華経聞くこそあはれなれ，仏もわれらも同じくて，平等大慧摩尼宝，末の枝とぞ説いたまふ」〔梁塵81〕

マニ教 ――きょう [Manichaeism]　マニ(Mānī, Manes. 215–274, 一説に216–273)を祖とし，3世紀にバビロニアに生起した主知主義的性質(gnostic)の強い宗教．Mānīは〈摩尼〉〈末尼〉と音写される．マニはキリスト教・仏教・ゾロアスター教などから種々の要素を取り入れ，独自の宗教体系を構築した．教義の根本は〈二宗三際〉である〔摩尼光仏教法儀略〕．二宗は明(精神・善)，暗(物質・悪)の原理的対立を意味し，三際は世界秩序の時間的発展を示し，〈初際〉(明・暗が境界によって分離していた原初的状態および暗界による明界への侵入を基因とする明界対暗界の闘争が開始される状態)，〈中際〉(明界の敗北によって生じた明界・暗界混淆の状態において，明界を暗界から*解脱(げだつ)させる闘争が展開される現実世界)，〈後際〉(明界の勝利と暗界の後退で表現される終末)から成っている．

マニ教団は〈聴者〉と〈僧侶〉(選ばれた者たち)に分かれ，整然とした僧制および教主制度をとっていた．特に僧侶は〈禁欲主義〉による救済と解脱を宗教的実践の中核とし，東洋的慣行である*断食(だんじき)修行や*肉食・*殺生(せっしょう)・*邪婬(じゃいん)の禁戒を厳守しなければならなかった．マニ教は中国において仏教・道教に仮託したために，マニ教関係資料には無明(むみょう・涅槃(ねはん)・煩悩(ぼんのう)・安楽国・盧舎那(るしゃな)〔摩尼教下部讃〕・業輪・三輪・三災・鉄囲(てっち)〔波斯教残経〕などの仏教語の使用や転用が散見する．いわゆる*シルク・ロードからはマニ教関係の資料が多数発見されている．

『マヌ法典』(ほうてん) [*s*: *Manu-smṛti*]
古代インドの法典(dharma-śāstra，ダルマ-シャーストラ)のうちでも，最も古く重要なもの．成立年代は不明であるが，紀元前200年から後200年の間に成立したと推定される．12章よりなり，韻文で書かれている．冒頭の宇宙創造神話に続き，〈梵行期(学生期)〉〈家長期〉〈林住期〉〈遊行期〉の四住期(アーシラマ)それぞれにおける義務，婦人の義務，王の義務，訴訟，種々の犯罪とそれに対する罰，結婚に関する規定，*カーストに関すること，贖罪法などを説き，最後に*輪廻(りんね)について説く．法典のテーマである*ダルマ(社会的義務)は，アルタ(実利)および*カーマ(享楽)とともに古来インドにおける人生の三大目的の一つとして重んじられ，ヒンドゥー社会の形成・維持に大きな役割を果してきた．

『マハーヴァストゥ』 [*s*: *Mahāvastu*]
〈大事(だいじ)〉と訳される*大衆部(だいしゅぶ)の説出世部所伝の釈尊(しゃくそん)の伝記を伝える経典．*仏伝(ぶつでん)としては古い成立である．説出世部の*律蔵から抄出されたものとされている．内容は，釈尊の遠い過去の生涯に，*燃灯仏(ねんとうぶつ)から将来仏となる約束をうけたことに始まり，近い過去としては，*兜率天(とそつてん)に生まれ，そこからマーヤー夫人(*摩耶夫人(まやぶにん))の胎内に托胎し，誕生・出家・成道(じょうどう)・布教などが述べられ，その中に教理が述べられている．仏教特有のサンスクリット(*仏教梵語)で書かれ，漢訳もチベット訳も存在しない．

『マハーヴァンサ』 [*p*: *Mahāvaṃsa*]
マハーは〈大きい〉，ヴァンサは〈歴史〉の意，『大王統史』または『大史』と訳す．著者はマハーナーマ(5世紀末)，ダンマキッテイ(13世紀末)など数人．『ディーパヴァンサ』(島王統史)と並ぶスリランカ(セイロン)の王統編年史書かつ仏教史書で，*パーリ語の韻文で書かれている．マハーナーマの書いた部分は『島王統史』と同じく，最初よりマハーセーナ王(在位276–303)の時代までであって，この部分を狭い意味の〈大王統史〉，それ以降を〈小王統史〉と呼ぶこともある．最後は1815年のシンハラ王朝の滅亡で終わっている．和訳は*南伝大蔵経の第60–61巻にある．⇀『ディーパヴァンサ』．

マハーヴィハーラ [*p*: Mahāvihāra]
大寺(だいじ)．紀元前3世紀，アショーカ王(*阿育王(あいくおう))によりインドからスリランカ(セイロン)に派遣されたと伝えられる*マヒンダを中心とする開教使の一行のために，仏教に帰依したデーヴァーナンピヤ-ティッサ王がアヌラーダプラに建立した寺院．*上座部仏教の発祥地であり，マハーヴィハーラ派(Mahāvihāravāsin)の拠点となった．*三蔵と伝統的な注釈を保存する学問の中心地で，内外の多くの学僧が集まった．5世紀には南インドから*ブッダゴーサが来島し，同派の伝統に従って経蔵や律蔵の注釈のほか，自ら*『清浄道論(しょうじょうどうろん)』を著して，上座部仏教の教学的な伝統を確立した．紀元前1世紀には*アバヤギリ-ヴィハーラ(無畏山寺(むいせんじ))派が分かれ，その後長く両派の勢力争いが繰り返されたが，12世紀にはマハーヴィハーラ派に統一された．

マハーヴィーラ [*s*: Mahāvīra] ⇒ニガンタ-ナータプッタ

マハーカーシヤパ [*s*: Mahākāśyapa, *p*: Mahākassapa] ⇒摩訶迦葉(まかかしょう)

マハーデーヴァ [*s*: Mahādeva] ⇒大天(だいてん)

『マハーバーラタ』 [*s*: *Mahābhārata*]
『ラーマーヤナ』と並ぶ古代インドの二大叙事詩の一つ．親族関係に立つクル100王子とパーンドゥ5王子を中心とするバラタ戦士にまつわる大武勲詩．18章より成り，戦争譚(6–9章)を中軸として多数の宗教詩(*『バガヴァッド-ギーター』など)，哲学詩(「モークシャダルマ」など)，教訓詩，神話，伝説(ナラ王物語，サーヴィトリー物語など)を盛る．*ヴィシュヌ神の系譜を語る『ハリヴァンシャ』を補遺に含み，全体で約10万頌から成る．4世紀には原形に近いものとなっていたと考えられ，後代のヒンドゥー文化に多大な影響を与えた．物語の或るものは仏教を通して本邦にも伝わった(*一角仙人(いっかくせんにん))．⇀『ラーマーヤナ』．

マハームドラー［s: mahā-mudrā］⇒大印契

マヒンダ［p: Mahinda, s: Mahendra］紀元前3世紀，*阿育王（アショーカ王）の子（一説には弟）．漢訳では〈摩哂陀〉など．スリランカ（セイロン）に仏教を伝えた人物として名高い．スリランカの王統史*『ディーパヴァンサ』や*『マハーヴァンサ』などに詳しく言及される．アヴァンティ国に生まれ，20歳で出家後，*上座部中心とされる西インドの教団で活躍．その後，4人の*比丘を含む主従7名でスリランカにわたり，当時の王デーヴァーナンピヤ-ティッサとミヒンタレー山上で会見し，王を教化する．マヒンダ一行は，都アヌラーダプラに*精舎を与えられるが，これが後の南方上座部の一大拠点となる*マハーヴィハーラ（Mahāvihāra，大寺）である．彼はスリランカの地に留まり，60歳で没したという．

豆大師　まめだいし　*角大師にならって東叡山*寛永寺が版行してくばった*護符．慈眼大師*天海の影像を三十三体捺したもので，近世魔除け，盗難除けとして門口・戸口・扉などに貼った．天海の長寿と法力にあやかったもので，〈豆〉には丈夫・達者を意味する〈まめ〉と，災厄を払う豆の意をかけている．近世の川柳などに散見する．「鬼を払ふ行力や除夜の豆大師」〔鸚鵡集10〕「豆と角（豆大師と角大師）ばかりに見せて娵洗ひ」〔誹風柳多留15〕

摩耶夫人　まやぶにん　〈摩耶〉はサンスクリット語・パーリ語 Māyā に相当する音写．マーヤー．釈尊の母の名．シャカ（釈迦）族の王シュッドーダナすなわち*浄飯王の妃なので夫人と呼ばれている．シャカ族の近隣のコーリヤ族出身．釈尊の継母にあたるマハープラジャーパティーは妹である．釈尊を托胎したとき，白象が胎内に入る夢をみた．釈尊はルンビニー園（*藍毘尼園）で，彼女の右脇腹から出生していると伝えられている．さらに釈尊誕生後7日目に他界し，*忉利天に生まれたと*仏伝には記される．

迷い　まよい　ものごとの真実が分からずに，誤った考えに*執着すること．*悟りに対する語．いつわりのすがたにとらわれて，それこそが真実であると思いこむことを，絶えず繰り返している状態．心が迷い動揺しているために，自分の望んでいることとは別の考えや言動をしている状態．〈迷妄〉〈*迷惑〉ともいう．迷いは心の状態によるから，*欲や*煩悩と同義語的に使われる場合が多い．このような迷いの境地を〈迷界〉といい，欲界・色界・無色界の*三界を指す．迷界を〈迷境〉ともいうが，特に外の事物に迷って*五欲を起こすことをもいう．*縁起の理法に迷った心を〈迷心〉といい，*無明こそ迷いの根本とする．また，*凡夫の心の思いそのものを指し，凡夫は情に流され，どんな思慮分別でも真実でないので〈迷情〉という．

なお，*大乗仏教の中では，迷いも悟りもともに*無自性であって，本来同一のものであり，迷いとか悟りとか二つに分けてとらわれる必要がないと強調された．それを〈迷悟一如〉〈迷悟一体〉〈迷悟不二〉などという．

魔羅　まら　サンスクリット語 māra に相当する音写．〈*魔〉とも．修行中の釈尊を誘惑しその*成道を妨げようとした*魔王の名．魔羅はまた成道後の釈尊に*転法輪を断念させようとはかり，*入滅直前の仏陀には般*涅槃に入ることを勧めている．マーラとは死・死神を意味し，*婆羅門教の死神，冥府の主ヤマ（Yama，*閻魔）と同じくムリトゥユ（Mṛtyu），アンタカ（Antaka）の異名を持つが，両者の関係は定かでない．初期仏典では魔羅は*阿修羅ナムチ（Namuci）として登場し，『ブッダチャリタ』（*『仏所行讃』）では愛神*カーマ（Kāma）に等しいものとなっている．なお，男根を〈まら〉というのは，〈魔羅〉が諸悪・諸煩悩の根元であることからの転義で，もと僧侶の隠語だったとされる．ただし，この語源説については，排泄を意味する和語〈まる〉よりの転訛とする異説もある．「梵に魔羅と云ふ．此に擾乱・障礙・破壊と云ふ．身心を擾乱し，善法を障礙し，勝事を破壊す．故に魔羅と名づく．此に略して魔と云ふ」〔大乗法苑義林章6〕「穴に取りあてたるまらもはづれて，尿さむざむにはぜちらされにけり」〔著聞興言利口〕

マリア観音 かんのん　切支丹(きりしたん)が官憲の詮議の眼をのがれて聖母マリアを祀るために，母性的な慈悲のゆえに広く信仰されていた観音の姿を借りて図像化したもの．観音の首飾りは十字架をまぎれこませるうえで好都合であった．像は観音堂や村寺に安置されることが多く，1尺を超える像は稀である．隠れ切支丹の遺跡がない地域からも発見され，九州から東北にわたる広汎な分布が推測されている．

摩利支天 まりしてん　〈摩利支〉は，サンスクリット語 marīci に相当する音写．マリーチは元来〈光線〉〈陽炎(かげろう)〉を意味する語であるが，*婆羅門教(ばらもんきょう)典籍では時にプラジャーパティ(Prajāpati，創生主)など諸神格の異名として用いられる．他人に知られず障害を除き利益をもたらす神とされ，仏教ではとくに密教で重んじられ，護身・勝利・財福などを司る独自の神格となった．通常，猪に乗り種々の武具を携えた*三面六臂(び)の神として表し出される．わが国では特に武士の間で守護神として信仰され，武者ぶりの勝れていることを「摩利支天の再来のようだ」などということもある．→隠形(おんぎょう)．

慢 まん ［s: māna］　他と比較して心の高ぶることをいい，自ら自己におごり高ぶることを〈憍(きょう)〉という．慢はふつう，慢・過慢(かまん)・慢過慢・*我慢(がまん)・*増上慢(ぞうじょうまん)・卑慢(ひまん)・邪慢(じゃまん)の〈七慢〉に分けられるが，八慢あるいは九慢とすることもある．それぞれ他に対して自らを誇ったり，他に対して自らを過大評価したり，我を執したり，徳もなく悟りも得ていないのに徳があり悟りを得ていると思い込んだりする*煩悩(ぼんのう)を分類したものである．「我が言は大慢に似たれども，仏記を扶(たす)け如来の実語を顕さんが為なり」〔日蓮 顕仏未来記〕「卑下の慢心，昼夜に相続し，未来の罪報，幾劫にか脱することを得ん」〔顕戒論 中〕

満願 まんがん　願いごとが，かなえられること．求めていたものが，得られること．また，一定の期間を定めて行う神仏への*祈願(日限(ひぎり)という)が満了すること．あるいは，その最後の日．〈*結願(けちがん)〉ともいう．神仏への祈願は*参籠(さんろう)の形をとり，期間は一日一夜から百日などの長期にわたる場合もあったが，普通は一七日(7日)を一区切りとし，願いが受納されない場合はさらに一七日日延べし，三七日(21日)程度で打上げということになった．そのため，七日目の夜の夢などに神仏の啓示があったとされる場合が多い．「当寺に参籠して祈請申しけるに，七日に満ずる夜，乳母と姫君との夢に，内陣より墨染の衣着し給へる僧来たりて」〔長谷寺霊験記 下〕

満済 まんさい　1378(永和4)-1435(永享7)　〈まんせい〉とも読む．室町時代に活躍した真言宗の僧．権大納言藤原師冬(ふじわらもろふゆ)を父に，将軍足利義満(あしかがよしみつ)の猶子として*醍醐寺(だいごじ)報恩院隆源(りゅうげん)のもとに入寺し，実済(じっさい)より*伝法灌頂(でんぽうかんじょう)をうけて三宝院賢俊(けんしゅん)の法流を相承，応永2年(1395)三宝院*門跡(もんぜき)を継いで醍醐寺*座主(ざす)に就任し以後39年にわたり在職する．東寺(*教王護国寺)*長者・*法務を歴任して准三后(じゅさんごう)の宣下をうけ，止住した京都門跡にちなみ法身院准后と称された．鎌倉時代中期に衰退した*東密(とうみつ)主流である三宝院流と同院の再興をはかり，同流を伝える報恩院・地蔵院から法流・聖教(しょうぎょう)を譲得し，寺内散在の祖師手跡を集め数多くの*事相(じそう)次第を書写・撰述して，醍醐寺聖教類の保存と法流の興隆に尽力する．また義満・義持(よしもち)や義教(よしのり)など歴代将軍の信頼あつく，*護持僧としての奉仕にとどまらず内政・外交にわたる幕政に諮問をうけ，その日記『満済准后日記』は室町時代中期の聖俗両界を語る好史料といえる．

卍 まんじ　インド語でスヴァスティカ(s: svastika)(吉祥あるの意)と呼ぶ．中国でこれを〈万字〉と呼ぶのは，西域で10,000を表す印が卍で，これが卍→㔺→万と変化したためらしい．ときに逆卍の卐とも書く．ナーガールジュナコンダ仏塔の仏足跡(*仏足石)やジュンナール(ボンベイの東)の仏教窟院の奉献文に印されている．ヒンドゥー教やジャイナ教でも用いられる．「胸に万字(まんじ)あり．実相印と名づけ，大いなる光明を放つ」〔往生要集 大文第4〕

曼殊院 まんしゅいん　京都市左京区一乗寺竹ノ内町にある天台宗の寺院．〈竹内門跡(たけのうちもんぜき)〉ともいう．*最澄(さいちょう)が*比叡山(ひえいざん)上に建てた堂宇を，天慶年中(938-947)に是算が西塔北谷に移し〈東尾坊〉と号したのに始まるという．天仁年中(1108-10)に〈曼殊院〉と改称する．のち洛北北山に移り，ここに*金閣寺が建てられるに及んで御所の近くに再び移築した．文明年中(1469-87)，伏見宮貞常親王の子慈運が入寺して以来*門跡寺院に列せられた．1656年(明暦2)，後水尾天皇の猶子(ゆうし)良尚法親王の奏請により現在地に移された．大書院(現*本堂)と小書院からなる書院もこの時に建てられた．寺宝も数多く，書画・*聖教(しょうぎょう)・古典籍など広範にわたるが，特に，*円珍(えんちん)感得の〈黄不動像〉(絹本着色，平安後期)，南北朝時代制作の*『是害坊絵巻(ぜがいぼうえまき)』，平安時代写の伝藤原行成筆『古今和歌集』などはよく知られている．歌書を中心とする古典や宸翰(しんかん)類の所蔵も多い．

曼殊沙華 まんじゅしゃげ　サンスクリット語 mañjūṣaka に相当する音写．〈柔軟花〉〈円華〉などと漢訳される．*曼陀羅華(まんだらけ)・摩訶(まか)曼陀羅華・曼殊沙華・摩訶曼殊沙華からなる四華(しけ)の一で，法華経が説かれる際の瑞兆として天から雨(あめふ)り，見る者の固い心を柔軟にするという．日本ではヒガンバナの別称．「釈迦の法華経説く始め，白毫(びゃくごう)光は月の如，曼陀羅曼殊の華降りて，大地も六種に動きけり」〔梁塵60〕．→曼陀羅華．

満誓 まんぜい　生没年未詳．奈良時代の僧侶・歌人．俗名笠朝臣麻呂．二度にわたり美濃守を歴任．720年(養老4)右大弁に上る．翌年元明太上天皇の病を機に出家し，沙弥満誓と称した．723年*観世音寺別当として筑紫(福岡県)に下り，折から大宰帥(だざいのそち)として西下していた大伴旅人とも交流を持った．代表作「世間(よのなか)を何にたとへむ朝びらき漕ぎ去(い)にし船の跡なきがごと」〔万葉3，拾遺和歌集に再録〕は，無常を詠んだ秀歌として，人々に愛唱され続けた．

曼荼羅 まんだら　サンスクリット語 maṇḍala の音写語．〈曼陀羅〉や〈曼拏羅〉などとも音写され，また，意味の上から壇，場，聚集(じゅじゅ)，輪円具足(りんえんぐそく)などとも訳される．広く「円状のもの」を意味する maṇḍala は，インドにおいては，とくに神々や仏・諸尊を安置して祭るために，円形状に，あるいはまたときに方形状に仕切られて聖域化された場所を意味した．曼荼羅は，儀礼に際して一時的に土壇を設け，その上に，聖典の規定に基づいて粉や砂を用いて表現されるのが通例であったが，仏教がインド以外の地に伝播する中で，掛け軸に図画する形式のものが一般的となった．

【成立】大乗仏教が発達するにつれて，悟りの境地を自らの心の内に銘記した．純粋に抽象的な観念を〈自性(じしょう)曼荼羅〉と称した．仏を観る*観想が発達するにつれて，仏の世界を具象的に心に映ずる〈観想曼荼羅〉が出現する．しかし一般には，仏を観ることが難しいため，観想によって得た映像を具体的に描いた，今日嘱目するような形像が作られた．梁代(502-557)の訳経である牟梨曼陀羅呪経(むりまんだらじゅきょう)に，壇の中心に*本尊をおさめ，これをめぐる*眷属(けんぞく)像の描き方(画像法)が初出する．近年インドの*カシミールにこの経の原本のサンスクリット写本(5-6世紀)が発見され，インドでもこの頃に曼荼羅の原型が出現したとみなされる．南北朝(420-589)から隋(581-619)代には，*請雨法(しょううほう)，*十一面観音など画像法も詳細になり，7世紀の初唐には金剛界(こんごうかい)的な*観法，中期には阿地瞿多(あじくた)訳の陀羅尼集経(だらにじっきょう)に集会壇が記され，8世紀，菩提流志(ぼだいるし)訳の不空羂索神変真言経(ふくうけんじゃくじんぺんしんごんきょう)や一字仏頂輪王経(いちじぶっちょうりんのうぎょう)になると，すでに胎蔵(たいぞう)曼荼羅の祖型が見出される．

【展開】インドにおいては7世紀初期に*大日経(だいにちきょう)，7世紀中頃から終わりにかけて*金剛頂経(こんごうちょうきょう)が成立し，それらによる〈胎蔵曼荼羅〉や〈金剛界曼荼羅〉には，*中尊に初めて*大日如来が出現したため，密教では これ以前を〈雑密(ぞうみつ)〉，以後を〈純密(じゅんみつ)〉と称して区別する．それらが中国に伝来するや，整備統合されて金胎(こんたい)両部の〈両界(りょうかい)曼荼羅〉(両部曼荼羅)が完成した．これらは*恵果(けいか)から伝授された*空海によって請来(しょうらい)され，〈現図(げんず)曼荼羅〉として流布した．これら総合曼荼羅とは異なる〈別尊(べっそん)曼荼羅〉も，請来*図像や*儀軌(ぎき)によりわが国で制作され，遺品も多い．

一方，純密成立以後の8世紀半ばより密教滅亡(1203)までを〈後期密教〉といい，この間に後期密教*経軌(きょうき)(*タントラ)による曼荼羅が作られたが，中国・日本には伝来せず，チベット，モンゴルに伝播し，元代(1271-1368)に朝鮮・中国に波及した．古い遺品としては，インド北西端のラダック地区のアルチ寺三層堂壁画の曼荼羅(12–13 世紀頃)が知られる．→胎蔵(界)，金剛界，両界曼荼羅，現図曼荼羅，別尊曼荼羅．

【形態】インドでは清浄な泥土をこねて壇を築き，表層に白土を塗り，諸尊を安置したり描いたりするが，*修法(しゅほう)が終わるや直ちに破壊するため遺品を欠く．チベットには*壁画や懸幅の*タンカが多く，彩色の〈砂曼荼羅〉もある．中国や日本では曼荼羅は絹や紙に彩色され，多く懸幅であるが，*灌頂(かんじょう)などには，壇上に〈敷(しき)曼荼羅〉が敷かれる．このほか板彫，金銅板，*鏡像(きょうぞう)や*懸仏(かけぼとけ)，*厨子(ずし)絵など各種の形態の曼荼羅もある．

【影響】諸尊の集合像としての曼荼羅の意味が拡張解釈されると，密教系以外の集合像も〈曼荼羅〉と称されるようになる．その代表例が中国や日本古代において*浄土変と呼んでいたものを平安中期において呼びかえた〈浄土曼荼羅〉である．鎌倉時代以後には新仏教の展開に伴って曼荼羅の用語例は一段と多岐にわたる．浄土教系では阿弥陀*来迎図(あみだらいこうず)を〈迎接(こうしょう)曼荼羅〉と呼び，*法然(ほうねん)には〈摂取不捨(せっしゅふしゃ)曼荼羅〉がある．*日蓮(にちれん)には〈*十界曼荼羅〉があるほか，宗派の教主に*祖師をめぐらせる〈法相(ほっそう)曼荼羅〉，*聖徳太子鑽仰に基づく〈聖皇(しょうこう)曼荼羅〉など，各宗派にそうした例がある．また*本地垂迹(ほんじすいじゃく)思想に基づく〈社寺曼荼羅〉も多様に展開した．

なお，欧米において曼荼羅のもつ意味を独自の仕方で理解し，重んじた研究者に，深層心理学者として有名なユング(1875–1961, C.G.Jung)がいる．かれは，曼荼羅の表現およびその理解には，個々人のその時々の内面的な心理状態が投影すると理解し，広義の曼荼羅図を，ひとの無意識世界を探究する重要な手だての一つとした．

「陀羅尼の法門三十余巻，種種の曼荼羅の図様十有余基，念誦の供具等を得たり」〔顕戒論縁起〕「御正日には，上下(かみしも)の人々，みな斎(いもひ)して，かの曼陀羅など，今日ぞ供養ぜさせ給ふ」〔源氏幻〕

曼陀羅華 まんだらけ　サンスクリット語 māndāra または māndārava に相当する音写．〈天妙華〉〈適意華〉などと漢訳される．四華(しけ)の一で，めでたいしるしとして天から雨(あめふ)り，見る者の心を悦ばせるという．日本ではチョウセンアサガオの別称としても用いられる．なお，諸天が仏徳を讃歎して四華を散花する記事は諸経典に見えるが，特に有名なのは法華経序品に梵天(ぼんてん)・帝釈天(たいしゃくてん)が釈尊の説法を讃歎して「この時に天より曼陀羅華・摩訶(まか)曼陀羅華・曼殊沙華(まんじゅしゃげ)・摩訶曼殊沙華を雨(ふら)して，仏の上及び諸の大衆に散じ，普(あまね)く仏の世界は六種に震動す」とある記事で，これを踏まえた描写は，中古・中世文学にも散見する．ちなみに，*『梁塵秘抄』所収の「法華経二十八品歌」序品の連作5首のほとんどがこれを歌い上げている．「法花経弘めし始めには，無数の衆生その中に，本瑞空に雲晴れて，曼陀羅曼殊の花ぞ降る」〔梁塵 59〕．→曼殊沙華．

万灯会 まんどうえ　燃灯会(ねんとうえ)の一つで，懺悔(さんげ)滅罪のため1万の灯明を点(とも)して仏・菩薩に供養する法会．*大宝積経(だいほうしゃくきょう)中の「菩薩蔵会」に基づく．また仏説施灯功徳経にも燃灯の功徳を説く．日本での燃灯の初例は651年(白雉2)とされるが，万灯を点じたのは744年(天平16)で，以後東大寺・本元興寺・薬師寺・金剛峯寺その他で恒例の法会となり，会日も定められた．阿闍世王授決経に説く*貧者の一灯の功徳は古来強調されたが，特に鎌倉時代になると，庶民の一人一灯の寄進を勧説して，長者の万灯よりも貧者の一灯が強調された．「薬師寺の万灯会は，その寺の僧恵達(えだつ)が始め行ひたるなり．昼は本願薬師経を講じて一日の法会を行ふ」〔今昔 12–8〕

政所 まんどころ　〈庁屋(ちょうのや)〉ともいう．*南都六宗寺院で，僧の日常生活に関する諸建物のあるところを大衆院(だいしゅいん)といい，その中心となる建物を〈政所〉という．今日の寺務所に当たる．*法隆寺食堂(奈良時代)は*資財帳に記される政所と大きさが一致するので，昔の政所であったと推定されている．

満濃池 まんのういけ　〈万濃池〉〈満農池〉とも書く．香川県仲多度郡満濃町にある灌漑(かんがい)用の大きな溜池(ためいけ)．現在の満水時面積は138.5ヘクタール，最大水深21.14メートル，周囲約20キロメートル．文武天皇の大宝年間

(701–704)に築造着工したが，のち何度か破損した．818 年(弘仁 9)の堤防決壊で修築に 3 年以上かかってもらちがあかず，郡司らは朝廷に願い出て讃岐(香川県)出身の*空海を築満濃池別当として迎えた．その人望により人夫が集まり一致団結して短時日に完成した．空海の社会救済活動の実例として有名である．

万福寺 まんぷくじ　京都府宇治市五ケ庄三番割にある*黄檗宗おうばくしゅう総本山．山号は黄檗山．*隠元隆琦いんげんりゅうきを開山とし，徳川家綱(1641–80)が*檀越だんおつとなり，諸藩の援助のもとに建立された．1661 年(寛文 1)より工事を始め 68 年(寛文 8)主要*伽藍がらん完成，その後も諸堂の建設が続けられた．すべて中国の明代(1368–1644)の建築様式によって造られ，細部も独特の形式を持ち，これを〈黄檗様おうばくよう〉という．建物はみな現存して，*三門・天王殿・*大雄宝殿・*法堂はっとうが伽藍中心線上に並び，左右の廊に接して*鐘楼・禅堂その他の諸堂が建つ明朝式伽藍の完備した姿を見せる．

江戸中期まで歴代*住持は中国僧が続き，行儀法式も中国式であり，煎茶の喫茶法もここから流布したといわれる．黄檗の三筆といわれた書風は江戸期の書道(*唐様からよう)に新風を吹き込み，伝えられた南画風の水墨画技法は池大雅いけのたいが(1723–76)などの文人画に影響を与えた．寺宝には，池大雅筆の西湖図・*虎渓三笑こけいさんしょう図，黄檗山木額，榜牌ぼうはいなどがある．*塔頭たっちゅうの宝蔵院では黄檗版大蔵経(*鉄眼版てつげんばん)の印行が行われ，その版木を所蔵する．

万法 まんぽう　すべての存在・事象．この場合の〈*法〉(dharma)は，事象・事物の意．万法は〈*一切法〉あるいは〈*諸法〉と同義であるが，主に中国人撰述の*経疏きょうしょ・*語録ごろく・文章に多く見える．特に華厳宗けごんしゅう，唯識ゆいしき(法相宗ほっそうしゅう)，禅ぜんの系統では，一切の事象は本来，*空くう・*無相なる唯一の*真如しんにょであるということを〈万法一如いちにょ〉〔信心銘，大慧普覚禅師語録 3〕といい，また，世界の一切の事象は一なる心の本体，もしくは阿梨耶識ありやしき(*阿頼耶識あらやしき)の所産であるということを〈万法一心〉〔宗鏡録 29〕，〈万法一心，三界唯識〉〔大方広円覚修多羅了義経略疏上 2〕，〈三界唯心，万法唯識〉〔臨済録〕などといい表す．

「万法自心にして本より一体なり」〔性霊集補闕抄 10〕「大品般若は春の水．罪障氷の解けぬれば，万法空寂の波たちて，真如の岸にぞ寄せかくる」〔梁塵 52〕

『万葉集』 まんようしゅう　古代最大の私撰歌集で，4500 余首の歌が収められており，作歌の実年代は 7 世紀前半から 759 年(天平宝字 3)までとされる．仏教関連歌には，後に人口に膾炙かいしゃする沙弥*満誓まんぜいの「世の中を何にたとへむ朝びらきこぎいにし舟のあとなきがごと」〔巻 3〕のほか，大伴旅人の「世の中は空しきものと知る時しいよよますます悲しかりけり」〔巻 5〕など，20 首ほどが挙げられるが，その大半は*無常観を主題としたものである．巻 4 の「この世には人言ひとごと繁し来む世にも」(高田女王)や巻 16 の「世間よのなかの無常を厭ふ歌二首」が到彼岸，来世について取りあげるが，他の仏教思想を歌うものは，山上憶良の作品のいくつかを除いてほとんど見当らない．また，仏教の事物，僧などを詠み込んだ歌には，それらをユーモラスに描いて戯歌となっているものが数首あることも目を引く．『万葉集』での僧・尼・沙弥などの僧職関係者の歌においても，数例を除いてその仏教的色彩は希薄であり，歌からうかがえる彼等の生活態度は非戒律的ですらある．万葉後期(平城遷都以後)は，東大寺・国分寺の創建，南都六宗の成立などをみる空前の仏教隆盛時代であった．それにもかかわらず，仏教讃歌がほとんどなく，大仏建立に関する歌さえも存在しないことは，むしろ留意すべき点である．

ミ

三井寺 みいでら ⇒園城寺(おんじょうじ)，法輪寺(ほうりんじ)

御影堂 みえどう 〈*影堂(えいどう)〉のこと．祖師・高僧の木像・絵像を安置した堂宇で，ふつう〈御影堂〉と敬称される．〈みえいどう〉〈ごえどう〉ともいい，また〈*祖師堂〉〈大師堂〉〈開山堂〉などの別称がある．浄土真宗では，*本願寺の源流である宗祖親鸞(しんらん)の墳墓が吉水へ移され，そこに廟堂を建てて影像を安置したのに始まり，そののち*阿弥陀堂(あみだどう)との両堂並立となるが，伝統的に御影堂の方が大きい．「聖人の御一流をも御再興候ひて，本堂・御影堂をも建てられ，御住持をも御相続ありて」〔蓮如上人御一代聞書〕

身代り みがわり 仏・菩薩が人間に代って仕事や苦難を引き受けてくれるという信仰．信仰の対象でもっとも多いのは地蔵と観音であり，〈身代り地蔵〉などの民間信仰が豊富である．たとえば，ひそかに地蔵が田植えを手伝ってくれ，地蔵堂の蓮座や地蔵の足に泥がついているのでそれと分ったというような言い伝えが残っている．また，人の代りに受けた傷跡が仏像に残っていたというような話も伝えられ，これを〈代受苦(だいじゅく)〉(duḥkha-udvahana)という．「我れ汝が身に代りて多くの疵を蒙れり．此れ汝が急難を救ふが故なり．若し虚実を知らむと思はば三井の観音を見奉るべし」〔今昔16-3〕．→地蔵信仰．

神輿振 みこしふり 僧徒が神輿を先頭に振り動かしながら朝廷に強訴(ごうそ)すること．特に日吉(ひえ)神社の神輿を振り立てる*延暦寺(えんりゃくじ)僧徒の強訴が著名．神輿振の初めは1082年(永保2)*熊野の僧徒が神輿を奉じて入洛したことにある．1093年(寛治7)奈良*興福寺の僧徒が春日神社の神木を奉じて強訴したのに続き，延暦寺僧徒の神輿振は95年(嘉保2)から始まり，平安時代の末までに10回に及んだ．

御斎会 みさいえ ⇒御斎会(ごさいえ)

微細会 みさいえ ⇒両界曼荼羅(りょうかいまんだら)，四種曼荼羅(ししゅまんだら)

御修法 みしほ ⇒後七日御修法(ごしちにちみしほ)

御正体 みしょうたい 古くは〈みしょうだい〉，また〈おしょうだい〉とも読んだ．*神道において，本来の根源的な尊体すなわち正真の尊像を言い表した語で，神は仏の*権現(ごんげん)(権(か)りに現れる形)とする*本地垂迹(ほんじすいじゃく)思想に基づく．神の憑代(よりしろ)である鏡面に*本地の仏がその正体を現すことを原義とし，転じてもっと具体的に，鏡面に線刻または浮彫で仏像を表した〈鏡像(きょうぞう)〉，これに懸吊用の鐶(かん)を付した〈懸仏(かけぼとけ)〉を指すようになった．*神仏習合の根源思想を生かしながら，対象物を尊ぶ呼び名として現在でも用いられている．「長さ一丈ばかり，広さ七尺ばかりなる石あり…中に御正体ましましけり．弥陀三尊なり」〔八幡宮巡拝記下〕「此の笈(おい)の中に羽黒の権現の御正体，観音のおはしますに」〔義経記7.三の口の関〕．→鏡像，懸仏．

微塵 みじん [s: rajas, paramāṇu-rajas] 目で見ることのできる最小のもの．非常に微細な物質．一極微(ごくみ)を中心に，その六方に六極微が集まって，一微塵を形作る．いわゆる原子と同じものといえる．*『大毘婆沙論(だいびばしゃろん)』136に，「この七極微は一微塵を成ず．これ眼と眼識(げんしき)所取の色(しき)(物質)の中に最も微細なる者なり」とある．微塵を〈小微塵〉〈中微塵〉〈大微塵〉に区分し，大微塵は一般人が見ることのできる〈遊塵〉ともする〔大智度論36〕．→極微．

水子 みずこ 堕胎することを〈水にする〉，流産することを〈水になる〉といったことからの称．流死産した胎児のこと．民間では生後間もなく死亡した幼児を含めて，赤子の葬送には成人のそれと異なる方法をとるものが少なくなかった．屋内の大黒柱の周囲や床下に埋める，なまぐさを棺の中に入れる，子ども専用の墓地を設けるなどの例のあったことが知られている．いずれも仏としてのあつかいをせずに，すみやかな再生を願ってのことと考えられている．また供養のために水子地蔵をまつる風習は江戸時代から盛んだったが，1970年代からはそのためばかりでなく，水子の祟りを鎮めるために地蔵をまつるという信仰が一部の寺院や教団を介して広まってきている．

水間寺 みずまでら 大阪府貝塚市水間にあ

る天台宗別格本山．山号は竜谷山．本尊は聖観音(しょうかんのん)．水間寺という称は秬谷川(きびたにがわ)(大川)と蕎原川(そぶらがわ)の合流点にあることに由来する．744年(天平16)，*聖武天皇の勅令によって*行基(ぎょうき)が開創したと伝える．往古は堂房150余をもち隆盛であったが，豊臣秀吉の*根来寺(ねごろじ)攻めの兵火で焼亡し，後に復旧した．本尊は厄除けの観音として庶民の信仰を集め，境内の愛染堂(あいぜんどう)は縁結びの神として知られる．なお2月初午(はつうま)の縁日に，参詣人が寺から種銭(たねせん)を借りて翌年倍返しをする習俗があり，これに取材した作品に井原西鶴の『日本永代蔵』(1688年刊)巻1「初午は乗って来る仕合せ」がある．

未曾有 みぞう　〈みぞうう〉とも読む．字義どおりには，これまでになかったほどの(こと)．漢訳仏典における用例はいずれも，いままでになかったほどすばらしい(こと)，を意味し，強い讃嘆の言葉である．したがって，わが国でこの語を善悪吉凶いずれの形容にも用いるのは原義の転化であるが，そうした用法もすでに中世には定着している．漢訳仏典での用例は，法華経(ほけきょう)をはじめ諸経典に頻出する．サンスクリット語 adbhuta(驚くべき)に相応し，また〈*希有(けう)〉〈難得(なんとく)〉〈難思議(なんしぎ)〉などとも漢訳される．

なおまた，仏陀の教説を分類した*九分教(くぶんきょう)・*十二分教の一つに〈未曾有法〉(*p*: abbhutadhamma, *s*: adbhutadharma)がある．これは仏説の中の，特に仏陀や*三宝の希有な徳性や，奇蹟的な事柄を表す際の定型的な感嘆表現を伴った教説をさす．

「一切の諸天・神祇・冥道，ひとつももれず，(念仏帳に)おのおの百遍入り給へり．不思議未曾有の事なり」〔著聞釈教〕「かくのごとくの優婆夷などの身にて，比丘を堀へ蹴入れさする，未曾有の悪行なり」〔徒然106〕

弥陀 みだ　⇒阿弥陀(あみだ)

道 みち　⇒道(どう)

密教 みっきょう　広義には神秘的な宗教の総称とされるが，狭義には*大乗仏教(だいじょうぶっきょう)の中の秘教をいう．日本では*顕教(けんぎょう)と対にして用いられる．民族文化の底流をとり入れ，中世インドの諸宗教に共通して現れた秘教的要素をタントリズムというが，密教(とくに後期密教)は外国人学者によって，〈仏教のタントリズム〉とも呼ばれる．

密教の原初形態は5-6世紀のインドに出現したが，当初から整備された体系をもっていたわけではなかった．これに対して7世紀に入ると*大日経(だいにちきょう)，*金剛頂経(こんごうちょうきょう)があいついで成立し，思想と実践体系が整備された．そこで日本では，大日経・金剛頂経系の密教を〈純密(じゅんみつ)〉，それ以前の原始的密教を〈雑密(ぞうみつ)〉と呼んで区別している．→タントラ．

【成立と展開】密教は，中央アジアから中国，チベット，東南アジアなど各地に伝播して栄えたが，現存するのはチベット，モンゴル，ブータン，シッキム，ネパールなどのいわゆるチベット文化圏と日本に限られる．

密教は*ヴェーダなどを生み出したバラモン教(*婆羅門教(ばらもんきょう))を主体とするアーリヤ文化と，モエンジョ-ダーロやハラッパーなどに遺品を残すインド原住民の非アーリヤ文化(→インダス文明)をともに継承し，*ヒンドゥー教と共通の基盤の中で，大乗仏教の一環として生育した．呪法(じゅほう)，儀礼，パンテオン(万神殿)などの中に，ヒンドゥー文化の濃厚な痕跡が認められるが，7世紀以降のインド密教では，それらを大乗特有の思想によって意義づけ，仏教化している．土着の宗教や文化との融合は，インドのみならずアジア各地に密教が伝播する過程で盛んに行われ，広義の*神仏習合(しんぶつしゅうごう)の形をとって各地の民族宗教と一体化して展開した．→チベット仏教，ネパール仏教，モンゴル仏教．

【教理・実践の特徴】手に印契(いんげい)(*印相(いんぞう))を結び，口に*真言(しんごん)を唱え，心を一点に専注する*三密(さんみつ)の*瑜伽(ゆが)行を通じて，マクロコスモスとしての*仏とミクロコスモスとしての*行者(ぎょうじゃ)の一体化をはかり，現存在である人間が*大日如来(だいにちにょらい)などの絶対の存在と本質的に異ならないことを知るところに*即身成仏(そくしんじょうぶつ)が果たされると説く．

現実世界が絶対世界に他ならないとする思想は，現実世界の一事一物を絶対世界の具体的な顕現とみる象徴主義と結びつき，また徹底した現実肯定と超俗脱凡が奇妙に共存する哲学を生み出した．

【チベット密教】チベット密教は，吐蕃(とばん)王国時代の8世紀から9世紀にかけて伝播した〈古密教〉に由来する*ニンマ派と，11世紀以後，インドから新たに伝えられた新訳密教に基づく他の各派では，その内容が大きく異なる．新訳の各派では，インドで8世紀後半以後発展した後期密教の聖典を*無上瑜伽《むじょうゆが》タントラと呼び，最高に位置づけるが，日本の雑密に相当する所作《しょさ》タントラ，大日経系の行《ぎょう》タントラ，金剛頂経系の瑜伽タントラも行われている．一方ニンマ派では，顕教の*三乗に加え，新訳の所作・行・瑜伽に相当する〈外《げ》の三乗〉，無上瑜伽に相当する〈内《ない》の三乗〉の九乗教判を立てる．

【中国・日本での受容】中国・日本の密教は7世紀以前のインド密教の継承である．*空海《くうかい》は9世紀はじめ中国より密教を日本に伝え，それに基づいて*真言宗の教理と実践法を構成した．*最澄《さいちょう》も密教を請来したが，弟子たちが発展させた天台《てんだい》教学の中で密教は次第に大きな比重を占めるようになった．真言宗で行われた密教を*東密《とうみつ》，天台の密教を*台密《たいみつ》と呼びならわしている．

「(智証大師は)青竜寺と云ふ寺にまします法詮《はっせん》(法全)阿闍梨と云ふ人に随ひて，密教を伝へ習ふ」〔今昔11-12〕

密教美術 みっきょうびじゅつ 【美術】インドを起源とする密教にもとづく美術．日本における密教美術の開花は奈良時代(8世紀)を中心とする雑部《ざつぶ》密教(雑密《ぞうみつ》，古密教とも)系の美術と平安時代(9世紀)以降の*金剛界《こんごうかい》と*胎蔵(界)《たいぞう(かい)》からなる両部曼荼羅《りょうぶまんだら》(*両界《りょうかい》曼荼羅)によって大系化された純粋密教(純密)系の美術に大別できる．

奈良時代の密教美術は*十一面観音・*不空羂索《ふくうけんじゃく》観音・*千手《せんじゅ》観音といった*変化《へんげ》観音の造像を中心に南都(奈良)において開花をみた．代表作例として*東大寺法華堂不空羂索観音像，東大寺二月堂千手観音光背残欠などがあげられる．なお，『西大寺資財流記帳《さいだいじしざいるきちょう》』に拠ると称徳朝に至っては火頭菩薩《かずぼさつ》・八臂*那羅延天《はっぴならえんてん》といった従来わが国では知られなかった尊像の造立が確認でき，雑部密教系の美術に新たな展開があったことが知られ，造像の一端は現存の*大安寺《だいあんじ》木彫群・*唐招提寺《とうしょうだいじ》木彫群に窺うことができる．

平安時代の密教美術は京洛およびその周辺を発信源として真言系(*東密)と天台系(*台密)のそれぞれにおいて独自に開花をみた．ただしこれを密教造像の観点から眺めるとき，そのあり方は東密・台密の別なく大きく3期に画期できる．すなわち，第1期は9世紀の空海をはじめとする*入唐八家《にっとうはっけ》によって請来《しょうらい》(将来)された様々な密教図像の直模再現の時期である．*神護寺《じんごじ》本両界曼荼羅(高雄《たかお》曼荼羅)，*教王護国寺《きょうおうごこくじ》(東寺)講堂諸仏，*観心寺《かんしんじ》*如意輪《にょいりん》観音像，神護寺五大*虚空蔵《ごだいこくうぞう》菩薩像，京都・安祥寺《あんじょうじ》*五智《ごち》如来像などがその代表作例である．

第2期は入唐八家による様々な請来(将来)*聖教《しょうぎょう》の蓄積を承けて既知の図像を関係*儀軌《ぎき》によって検討を行い，できるだけ儀軌の文言に忠実にかたちを再現していこうとする9世紀末から10世紀に起きた動きである．その代表作例には*清凉寺《せいりょうじ》*阿弥陀《あみだ》三尊像(棲霞寺《せいかじ》旧仏)，*醍醐寺《だいごじ》如意輪観音像(上醍醐・清滝宮《せいりゅうぐう》伝来)，同*五大明王《ごだいみょうおう》像(上醍醐・中院伝来)などがあげられる．

第3期は密教諸流の分派とその独自性・優位性を当代の王権に対して強調しようとする風潮を背景としながら，既知の図像や儀軌の文言を参考にして造像の主体(造像の指導的立場にあった僧侶)の恣意が積極的に加わる意楽《いぎょう》によりわが国で新たな尊格が創造された時期である．その典例を10世紀末に成立した天台系*山門《さんもん》の北斗《ほくと》曼荼羅(円形)およびこれに対抗すべく案出された真言系の北斗曼荼羅(方形)あるいは天台系*寺門《じもん》の尊星王《そんじょうおう》，さらにはこの尊星王の図像をもとに11世紀末に成立した真言系*勧修寺《かじゅうじ》流の六字明王に求めることができる(→星《ほし》曼荼羅，妙見菩薩)．ちなみに院政期(12世紀)，洛南の新興都市・鳥羽の活況を背景にその離宮(鳥羽殿)においては白河・鳥羽両院ともにこれら異形《いぎょう》の尊格に高い関心が示され*『図像抄』の編纂の起動力へと繋がった．そして，以後の密教の造像はこの三つのあり方が同時併行で展開し多様な密教美術が爛熟を迎えることとなる．→浄土教美術，禅宗美術．

【建築】密教建築は広く定義すると密教寺

院の建築ということになる．密教は平安時代以降全国に普及し，中世には真言・天台両密教の寺院が膨大な数に上ったので，全国に密教建築が存在したことになる．しかし，近年では密教建築の特質がより具体的に解明されつつあって，もう少し限定的な定義が可能である．最も狭義には密教特有の法会(特に*修法・*灌頂)専用の建築として特有の形式をもつものに限定できる．空海が発案した真言宗の密教建築に，神護寺根本真言堂・東大寺真言院・宮中真言院・東寺灌頂院などがある．横長の建築で*内陣の東西に胎蔵界・金剛界の両曼荼羅を対面して掛け，全体を幕で取り囲む形式を持つ．天台宗のものには*比叡山総持院灌頂堂・真言堂があり，方5間平面の内部の方3間部分を幕で囲み，内部に曼荼羅を安置する形式を持つ．いずれも修法(*後七日御修法・熾盛光法など)と灌頂の専用道場として企画されたものである．

次に密教独特の形を持つ塔に*多宝塔がある．空海が*高野山に計画した大塔は卵型を半分に水平に切って立て，方5間の*裳階を巡らした形式であった．後に方3間の裳階を持つ小規模なものが普及した．内部には密教仏(*大日如来など)や釈迦・*多宝如来を安置した．遺構に高野山金剛三昧院多宝塔(平安時代末期)，*石山寺多宝塔(鎌倉時代初期，→付録・塔5)などがある．さらに，外観は通常の層塔でありながら，内部に密教仏を安置して密教化したものも少なくない．遺構に醍醐寺五重塔(952年，内部に両界諸像を描く)，福山市の*明王院五重塔(1348年，内部に密教画を描く)，東寺五重塔(1644年，内部に胎蔵四仏を安置)などがある．

密教法具 みっきょうほうぐ　密教の*修法において用いる*仏具．*顕教で用いる*荘厳具や*梵音具などとは異なる独特な法具が用いられることから，一般の仏具とは区別して特に〈密教法具〉と称している．主なものに*金剛杵，*金剛鈴，金剛盤，*羯磨，*輪宝，*六器，飲食器，*華瓶，火舎などがあり，これらの法具を大壇や護摩壇上に配列して*灌頂，*加持，*護摩などの修法を行う．

密教がわが国に体系的に伝えられたのは平安時代に入って最澄・空海など*入唐八家らによるものとされるが，*正倉院文書中の*写経記録が示すように奈良時代にはすでにおびただしい密教経典の書写がおこなわれており，この時代かなりさかんになっていたことが推測される．これにともない密教法具ももたらされたようで，*正倉院宝物や福島県恵日寺の*忿怒形の*三鈷杵や静岡県修善寺裏山出土の*独鈷杵など奈良時代にさかのぼる作例はそれを裏づけるものである．最澄の『将来越州録』(805年)をはじめ入唐八家の*請来目録には密教法具が少なからず記載されてはいるものの，大壇上いっぱいに種々の法具を配置する〈大壇供〉ではなく簡素な道具立てであったものと思われる．

大壇供がいつ成立したかはにわかに決しがたいが，仁平3年(1153)銘*経筒を伴出した京都花背山経塚出土品には火舎と六器，華瓶をそろえた一面器があり，また大治5年(1130)の和歌山那智山出土品には4口の火舎をはじめ四橛・羯磨・華瓶・六器などが一括で含まれており，大壇四面具をそなえていたことがわかる．こうした状況から平安時代末期12世紀中頃には大壇供が整備されていたものとおもわれる．以後密教はその隆盛にともない野沢十二流(→*野沢二流)といった諸派に細分化されてゆき，各派がそれぞれ独自の*秘伝や*口伝にもとづいた修法をもつようになっていった．それにしたがい密教法具もその形式や意匠が多様化し，大壇供の配置も諸派によって相違するようになっていった．

三具足 みつぐそく　略して〈三具〉ともいう．仏に*供養する仏具のうち，*香炉・*華瓶・燭台(蠟燭立て)の三点セット．これらが最少の供養物であり，在家の*仏壇でも基本となる．三具足のうち，華瓶と燭台を各一対にして計五点としたものを〈五具足〉という．「仮令(たとえば)床押板に和尚の三鋪一対，古銅の三具足置きて」〔正徹物語下〕「あの三つ具足お寺へあげよ．後の世までも欲が止まぬ事ぞ」〔浮・世間胸算用1〕

密語 みつご　真の意味を意図的に隠して経

典中に説いたことば．特に*真言・*陀羅尼のことをいう場合が多い．後期インド密教の*タントラ文献では，〈密意語〉(saṃdhābhāṣā)，もしくは〈たそがれのことば〉(saṃdhyābhāṣā)として，非入門者に対して真の意味を隠しておくために，特に性的実践・悪食の実践にかかわる特定のことばをまったく別のことばにおきかえたものがある．この場合，入門者は密意語をもって語らねばならないとする(*『ヘーヴァジュラ-タントラ』)．「陀羅尼と云ふは，仏の秘蔵密語なり．重垢の者のためにこれを説き給ふ」〔真言内証義〕

密厳浄土 みつごんじょうど　*大日如来の*浄土のこと．〈密厳〉とは，秘密荘厳の略で，空海の*『十住心論』の第10番目が秘密荘厳住心で，真言密教の究極の境地を表す．それをもとに院政期の*浄土教の隆盛の中で，密教は浄土教思想として*覚鑁によって展開された．覚鑁の『密厳浄土略観』によれば，この浄土の中心は大日如来の法界宮殿であり，そのまわりに阿閦・宝生・阿弥陀・釈迦の*四仏の浄土があり，さらにそのまわりに十方の諸仏，四波羅蜜菩薩，十六大菩薩，十二天妃，二十八輪王などの*曼荼羅の諸尊とその国とが取り巻いているという．密教ではこの浄土に*三密行によって即身に入ることができると説く．「我が居りたる房舎を密厳浄土と観じて，自身の左右前後に四智四行を布列し」〔覚海法橋法語〕「遍照遮那の悟り開けて，密厳花蔵の土に遊び給ふも，あなめでた」〔盛衰記8〕

三瀬川 みつせがわ　⇒三途

峰入り みねいり　*修験道の基本的な修行形態で〈入峰〉ともいう．*吉野金峰山から*熊野に至る*大峰山のほか，*葛城山・羽黒山(*出羽三山)・*英彦山など諸山で季節を定めて行われる．*山伏は山中の各所に設けられた行場で苦修練行を重ねながら身心の鍛練と浄化をはかり，衆生の身を脱し仏として再生する(*成仏)ことをめざす．大峰山では，熊野から吉野に向かう本山派(天台宗聖護院)の順峰(順の峰入り)と，吉野から熊野に向かう当山派(真言宗醍醐寺)の逆峰(逆の峰入り)が行われた．「今に始めぬこの山の，度々峰入りして通ひ馴れたる山路なれども」〔謡・葛城〕「大峰修行をもつて修験の規模と致し候ふ儀故，入峰の度数に随ひ，法臈階級相定め候ふ」〔諸宗階級下〕

身延山 みのぶさん　山梨県南巨摩郡にある山．富士川西岸に位置し，海抜1153メートル．山腹に日蓮宗総本山久遠寺がある．久遠寺の*山号に用いられ，この寺の別称でもある．身延の地は，富士川の支流に深く刻まれ，渓谷をなしている．1274年(文永11)*日蓮は信者の南部氏の招きでこの地に草庵を構え，門弟の教化にあたった．1282年(弘安5)9月，病身の日蓮はこの地を去り，10月武蔵国(東京都)池上で入滅．遺言で身延に墓所がたてられ，久遠寺の基となった．→久遠寺．

身の程 みのほど　身分・分限・分際などの意．日本中世の天台に関して，「ある書に云く，身の程を知れと云ふ七字は山門の伝なり．在るべき様と云ふ六字は三井の伝なり」〔大原談義詮要鈔上〕との言い伝えが生れたが，後者の〈あるべきやう〉ということばも含めて，中世における共通理念といえるもの．仏教からすれば，自己にたいする執見を断ち，我欲を捨てて，事物をありのままに観察し，それに的確に即応することであり，主体的には自己の能力や境遇に応じて十全の努力をすることを意味するが，封建体制下の身分道徳などになると，各人の分限を法の定めとあきらめる宿命的・運命的なものに化する．なお安楽庵策伝は*『醒睡笑』(寛永版)6に「うそつき」と題して，「七字の口伝．山門にはあるにまかせよ，三井寺にはあるべきやうに，安居院には身の程をしれ，いづれも同じ心なり」と諷刺している．→あるべきようは．

壬生寺 みぶでら　京都市中京区梛ノ宮町にある律宗の寺．宝幢三昧院，心浄光院，地蔵院ともいう．通称は壬生地蔵．761年(天平宝字5)，*聖武天皇の勅願により唐僧*鑑真の開基と伝える．991年(正暦2)，園城寺の快賢が仏師*定朝に命じて地蔵菩薩像を造立，中興して小三井寺と呼ばれた．鎌倉中期に律僧の円覚導御により再興．幕末には新撰組の屯所となった．円覚の始めた大念仏会(壬生念仏)に伴う無言劇は壬生狂言と呼ばれ，現在は4月下旬に行われる．→壬生念仏．

壬生念仏 みぶねんぶつ　古くは3月15日から24日まで，近年は4月21日から29日まで，京都市中京区の*壬生寺で行われる大念仏の法会．1257年(正嘉1)円覚上人によって融通念仏会(ゆうずうねんぶつえ)が始められ，1300年(正安2)〈大念仏会〉として定着したと伝える．円覚は教理を庶民に伝えるために無言劇を始めたと言われるが，信じがたく，〈大念仏狂言〉あるいは〈壬生狂言〉といわれる芸能が大念仏会のときに演じられるようになったのは，室町時代の末頃であるらしい．大念仏狂言は千本閻魔堂(引接(いんじょう)寺)，嵯峨釈迦堂(*清涼(せいりょう)寺)にも伝承されているが，これらの寺はいずれも，中世期庶民の信仰・娯楽の中心地であった．

壬生寺でも，例えば『実隆公記』文明17年(1485)3月29日条に「壬生猿楽」とある大がかりな勧進猿楽も行われていた．『言継卿記』元亀2年(1571)3月21日条に「帰路壬生之地蔵堂念仏，猿等見物了」と見えるのは，後まで壬生狂言の代表曲とされた，人間が猿に扮(ふん)して張りめぐらした綱を渡りあるく曲芸のことで，元和年間(1615–24)頃の景観を描く岡山美術館本〈洛中洛外図〉にもこれが描かれている．鰐口(わにぐち)・締太鼓・笛の囃子によって身振りだけで演じられる仮面劇であって，現在は，桶取(おけとり)・山端(やまばな)とろろ・紅葉狩・餓鬼角力・湯立(ゆたて)・棒振(ぼうふり)など三十数曲を伝える．近松門左衛門の『けいせい壬生大念仏』には，猿の綱渡りと桶取が用いられている．→千本(せんぼん)念仏．

ミーマーンサー [*s*: Mīmāṃsā]　婆羅門(ばらもん)教の聖典である*ヴェーダの解釈学派として成立．*六派哲学の一つで，〈祭事討究〉(Karma-mīmāṃsā)とも称される．祭式文献ヴェーダの体系的な解釈を可能にする諸解釈原則を集成するとともに，聖典ヴェーダの権威擁護を掲げ，ヴェーダの権威を否定する仏教・*ジャイナ教と対立した．ジャイミニ(Jaimini，前200–100頃)が基礎づけた『ミーマーンサー-スートラ』(*Mīmāṃsā-sūtra*)を根本経典とし，注釈者シャバラスヴァーミン(Śabarasvāmin，500–550頃)，複注釈者クマーリラ(Kumārila，600–650頃)およびプラバーカラ(Prabhākara，600–650頃)により大成される．ヴェーダ解釈のみならず知識論・論理学・言語哲学にも及ぶ諸理論は仏教説と鋭く対峙し，*陳那(じんな)・*清弁(しょうべん)・法称(ほっしょう)(*ダルマキールティ)・寂護(じゃくご)(*シャーンタラクシタ)などの諸論師に批判された．言葉，意味，およびその両者の関係のいずれも*常住とし，ヴェーダの非人為性を唱え，無謬性を主張するとともに，仏教論理学・知識論学派の諸学説，なかでも，仏の*一切智・有形象知識論・声無常論・意味論・*無我説などを批判した．同じくヴェーダ聖典を扱う*ヴェーダーンタとは姉妹関係にある．

微妙 みみょう　仏教の真理・教えや，それを悟る*智慧(ちえ)の深遠ですぐれたさまを形容する語．*法華経方便品「甚だ深く微妙にして，解し難きの法なり」，「智慧甚だ微妙にして，諸仏の得る所(もの)なり」をはじめ，初期漢訳仏典から頻出する．ただし，この言葉は『老子』15「古(いにしえ)の善く士たるものは，微妙にして玄通し，深くして識(し)るべからず」など，すでに先秦(せんしん)時代から真理や智慧の深遠で測り難いことを表すのに用いられていた．わが国でも原義を保持しながら用法を敷衍し，広く事物が奥深くすぐれているさま，美しくすばらしいさまを形容するのに用い，〈めでたし〉とも訓読した．いずれにしてもこの語は，本来は無価値・反価値的な意味で用いられることはなく，現代の用法とはやや異なっていた．

「心経を誦する音(こえ)甚だ微妙にして，諸(もろもろ)の道俗の為に愛楽(あいぎょう)せらる」〔霊異記中19〕「身を微妙に荘厳して，光を放ち，大臣の前に来たりて，咲(えみ)を含みて大臣に告げていはく」〔今昔14-4〕

宮門跡 みやもんぜき　〈親王門跡(しんのうもんぜき)〉ともいう．江戸幕府は門跡を族姓の高下によって〈宮門跡〉〈摂家(せっけ)門跡〉〈公方(くぼう)門跡〉〈清華(せいが)門跡〉〈准(じゅん)門跡〉に分けた．そのうち*法親王または入道親王が*住持として居住する寺院を宮門跡と称した．明和年中(1764–72)には*仁和寺(にんなじ)・*大覚寺・円融寺(えんにゅうじ)・*青蓮院(しょうれんいん)・*妙法院・*曼殊院(まんしゅいん)・*聖護院(しょうごいん)・*知恩院が宮門跡であった．1871年(明治4)に門跡は廃止となる．→門跡．

ミュラー [Friedrich Max Müller]

1823-1900　ドイツに生まれ，のちにイギリスに帰化したインド学者．比較言語学，比較宗教学などの新しい科学的研究方法を導入するとともに，多くの著作によりインド思想を知識人に啓蒙することにも尽力した．パリで*ビュルヌーフの講義を受けて*『リグ-ヴェーダ』研究に開眼すると，1846年にロンドンに渡り，東インド会社とマハラジャの資金提供で『リグ-ヴェーダ』の刊行(全10巻，1849-74)を果たした．インド，イラン，中国の諸宗教の主要文献を英訳した『東方聖典』(*Sacred Books of the East*，1879-1910) 50巻の編者としての貢献も大きい．ほかにもインドの言語・宗教・神話・哲学の広い分野にわたる研究業績を残している．1850年以降，オックスフォード大学教授として，*南条文雄・笠原研寿・*高楠(たかくす)順次郎ら日本の先駆的研究者も育てた．

妙 みょう　すぐれた，不可思議などの意．しばしば奥深いという意味の〈玄〉と合わせて〈玄妙〉と用いられる．中国では，『老子』1に「常に無欲にして以て其の妙を観る」，「玄の又(ま)た玄，衆妙の門」とあるように，〈*道(どう)〉の深遠幽微なことをいうのに〈妙〉が用いられた．鳩摩羅什(くまらじゅう)の*妙法蓮華経(みょうほうれんげきょう)では，saddharma が〈妙法〉と訳されているが，智顗(ちぎ)は*『法華玄義』2上において，妙法の〈妙〉を釈して「妙とは不可思議に名づく」といい，また「妙を喚(よ)んで絶となす」として，妙を絶対の意に解した．さらに智顗は妙を絶待妙(ぜつだいみょう)と相待妙(そうだいみょう)に分け，また迹門(しゃくもん)十妙・本門十妙を説いて，法華経のすぐれた点を明らかにした．→十妙，妙法，絶対．

明 みょう　宗教的な目覚めの*智慧(ちえ)．その場合サンスクリット語は vidyā．人間存在のあらゆる苦悩の原因である無明(むみょう)の対語．漢語の〈明(めい)〉は『老子』16「命に復するを常といい，常を知るを明という」に見られるように，根源的真理を体得する明智をも意味していたから，vidyā の訳語として用いられたのであろう．また本来，宗教的・神秘的な知の意味あいが強いこの〈明〉は，インドでは古くから*ヴェーダ聖典，知識・学問，*神通力(じんずうりき)あるいは*真言(しんごん)・明呪(みょうじゅ)などの意で用いられた．「無明変じて明となる，氷の融けて水となるが如し」〔往生要集大文第4〕．→無明，三明，五明．

明恵 みょうえ　1173(承安3)-1232(貞永1)　鎌倉時代の華厳宗の僧．明恵は号．諱(いみな)は高弁(こうべん)．紀伊(和歌山県)の人．平重国の子．幼くして両親をなくし，高雄の*神護寺に登って*文覚(もんがく)に師事，16歳で東大寺で受戒，以後主に華厳を学ぶ．23歳の時，紀伊の白上峰に籠り，以後一時高雄に戻ったほか，34歳までほとんど紀伊で過ごした．1206年(建永1) 34歳の時，後鳥羽院より高雄の奥の栂尾(とがのお)の地を賜わり，*高山寺(こうざんじ)を建てて華厳の道場とした．以後この地において道俗の教化に努め教団を樹立した．

明恵の思想は栂尾に移ってから独自の展開をなすが，前後2期に分けられる．第1期は栂尾に移ってから約10年間で，この時期最大の出来事は，法然の*『選択本願念仏集(せんちゃくほんがんねんぶつしゅう)』に触れてそれに対する厳しい批判書*『摧邪輪(ざいじゃりん)』を著したことである．同時にその*専修念仏(せんじゅねんぶつ)に刺激され，三宝礼の行法を工夫している．第2期はその後40代後半以後で，*李通玄(りつうげん)の『華厳合論』を得てその実践的華厳解釈に感激し，仏光観を始めるに至った．仏光観を説いた『華厳修禅観照入解脱門義』は彼の主著である．明恵の業績は教学にとどまらず，自らの夢を綴った『夢記(ゆめのき)』，純真な心を歌った『歌集』なども高く評価され，*栄西(えいさい)の将来した茶の木を栂尾に植えたり，*『華厳縁起』を描かせるなど，幅広い文化活動の中心となって活躍した．伝記に『明恵上人行状』(喜海)，『明恵上人伝記』などがある．

『明恵上人遺訓』 みょうえしょうにんいくん　*明恵上人高弁の法語を弟子の高信(こうしん)が筆録整理したもの．1巻．『阿留辺幾夜宇和(あるべきようわ)』とも．明恵の死後，1235年(嘉禎1)から弟子たちが聞いていたものを集めはじめ，38年に完成した．51条の断片的な法語からなり，体系的なものではないが，難解な教学ではなく，平易な日常性の中に仏道を求める姿勢が注目される．特に冒頭の「人は阿留辺幾夜宇和と云ふ七文字を持つべきなり．僧は僧のあるべき様，俗は俗のあるべき様なり」という一節は有名．→あるべきようは．

明王 みょうおう　［*s*: vidyā-rāja］　〈*明〉と

は明呪(みょうじゅ)・*真言(しんごん)，すなわち霊的な知力を意味し，かかる力の特に秀れた神格者．教化しがたい衆生を畏怖させて従わせるために，*大日如来(だいにちにょらい)の命令を受けて*忿怒(ふんぬ)の姿(教令輪身(きょうりょうりんじん)．→三輪身)を*化現(けげん)することにより，諸々の悪を退治する*不動明王・*愛染(あいぜん)明王・*大威徳(だいいとく)明王・*降三世(ごうざんぜ)明王などの諸尊をいう．*五大明王・*八大明王などの別がある．女性は〈明妃(みょうひ)〉(vidyā-rājñī)と呼ばれ，チベット仏教では男女神抱擁像が多く見られる．「明王教誡の旨に任せて加持し奉りたるあひだ，天狗を結縛す」〔古事談 3〕「大明王あり．随求陀羅尼と名づく．よく諸(もろもろ)の調じ難き者を降伏して大神通あり」〔真言伝 2〕

冥応 みょうおう　〈めいおう〉とも読む．〈冥〉は，暗い・奥深いの意．仏・菩薩が人々の祈願・行為などに*感応して，人知れず暗々裡に*利益(りやく)を与えること．*冥加(みょうが)・冥益(みょうやく)・*冥利(みょうり)に同じ．顕応(けんおう)の対語．「法相の護持，四所の冥応，なんぞ贔屓(ひいき)を国家に加へざる」〔太平記 17．山門牒〕

明王院 みょうおういん　[1] 滋賀県大津市葛川坊村(かつらがわぼうむら)町にある天台宗の寺．北嶺山息障明王院(ほくれいさんそくしょうみょうおういん)と号し，葛川寺とも呼ばれる．天台*修験道(しゅげんどう)，*回峰行(かいほうぎょう)の道場．*比叡山(ひえいざん)東塔に無動寺(むどうじ)を創建し，北嶺回峰行をはじめた相応(そうおう)(831-918)が，この地の明王谷で修行中に滝の中から不動明王(ふどうみょうおう)を感得し，859年(貞観1)当院を建立して不動明王像を安置したと伝える．歴代の天皇の崇敬を受け，また足利氏や徳川氏も厚く信仰した．そのことを示す足利義満(1358-1408)や日野富子(1440-96)らの木造*参籠(さんろう)札が多数遺されている．

[2] 広島県福山市草戸(くさど)町にある真言宗大覚寺派の寺．中道山円光寺と号す．もと同市本庄町の地にあって，毛利氏・杉原氏の祈願所として栄えた．江戸時代に入って一時衰微したが，福山藩主となった水野勝成(かつなり)(1564-1651)が祈願寺として保護を加え，3代藩主勝貞(かつさだ)は17世紀中葉に草戸の常福寺(じょうふくじ)を合併し，以後備後随一の真言宗寺院となった．草戸の常福寺は807年(大同2)*空海の創建と伝える寺院で，西光山理智院(さいこうさんりちいん)と号した．鎌倉時代末から室町時代にかけて律僧の活動により*西大寺末寺となり堂宇が整えられた．また中世の集落遺構として著名な草戸千軒町はこの常福寺の門前町として発展したと考えられる．1620年(元和6)の洪水で多くの堂舎を失ったが，現存する*本堂は1321年(元亨1)建立の*折衷様(せっちゅうよう)の代表的遺構で，本尊は平安前期の十一面観音像．五重塔は1348年(貞和4)建立の純*和様(わよう)の塔で，内部周壁に真言八祖像，柱・天井に仏画が描かれている．

妙音天 みょうおんてん　⇒弁才天(べんざいてん)

妙音菩薩 みょうおんぼさつ　[s: Gadgadasvara]　法華経妙音品に出る菩薩．東方の浄華宿王智如来(じょうけしゅくおうちにょらい)の浄光荘厳国(じょうこうしょうごんこく)を住処とし，甚深の*智慧を成就し*法華三昧(ほっけざんまい)などの諸三昧を得ているとされる．また8万4千の菩薩と共に娑婆(しゃば)世界の*霊鷲山(りょうじゅせん)に来至して，現一切色身三昧(げんいっさいしきしんざんまい)の力により34の*変化(へんげ)身を現すなどして，娑婆世界および*十方世界の衆生に法華経を説き救護(くご)するとされる．〈妙音〉(gadgadasvara)とは〈納音(のうおん)〉とも訳され，口ごもれる音の意味と見られている．*帝釈天(たいしゃくてん)の声に由来するともいわれる．

冥加 みょうが　人知れず冥々(めいめい)のうちに仏・菩薩(ぼさつ)から*加護(かご)をこうむること．目に見えない神仏の加護．*冥応(みょうおう)・冥益(みょうやく)・*冥利(みょうり)に同じ．顕加(けんが)の対語．わが国では，身に余る冥加・幸いを「冥加に余る」「冥加に尽きる」などという．神仏に冥加を乞い，また冥加を感謝して寺社へ納める金銭を〈冥加金〉〈冥加銭〉という．「人は必ず陰徳を修すべし．必ず冥加顕益(けんやく)有るなり」〔随聞記 4〕

妙覚 みょうかく　微妙・深遠な悟りの意．仏の悟りをいう．また，菩薩の*五十二位の第52位，また四十二地の第42地．菩薩が修行によって到達する最後の位．煩悩(ぼんのう)を断じつくし，*智慧を完成するという．しばしば仏の位と同一視される．「三身円満し，究竟妙覚の位にかなひ給へる仏の」〔法華百座 6.24〕

冥官 みょうかん　〈めいかん〉とも読む．冥府(めいふ)の役人をいう．この語の，中国における古い使用例を知らないが，罪ある者たちが死後に行く世界に官僚組織を考えるのは，少なくとも魏晋(220-316)時期以来の中国的な冥府観の特徴の一つである．冥府の支配者である*太山府君(たいざんふくん)(仏教的な*閻魔王と習合する)や*十王たちには裁判官としての性格が強く，罪人たちがそこで受ける責苦も，当時の社会で実際に行われていた刑罰と重なり合うところが多い．こうした様相は，仏教文芸を通じて日本の俗信などにも反映している．「我を搦めて閻魔王の庁に将(ゐ)て行く．冥官・冥道，皆其の所にありて」〔今昔 13-35〕

冥顕 みょうけん　隠れていて見聞きできないものと，顕れていて見聞きできるもの．直接的でなくそれとはわからないものと，それとはっきりわかるもの．転じて来世と現世，また目に見えない神仏と現世の人間などの意にも用いる．なお，いつのまにか，それとわからない形で仏・菩薩より受ける*利益(りやく)・*加護(かご)を〈冥益(みょうやく)〉〈*冥応(みょうおう)〉〈*冥加(みょうが)〉などといい，はっきりとそれとわかる形で受けるのを〈顕益(けんやく)〉〈顕応(けんおう)〉〈顕加(けんか)〉などという．現世と死後の世界とを〈顕界(けんかい)〉〈冥界(みょうかい・めいかい)〉という．「冥顕の三宝孝行の心ざしをあはれみ給ふ事なれば」〔平家 5.咸陽宮〕「いつまで君を庇い参らせんとて，現在の主を打ち奉るぞ．冥顕の恐れもおそろしや」〔義経記 7.如意の渡〕

妙顕寺 みょうけんじ　京都市上京区寺之内通新町西入ル妙顕寺町にある日蓮宗大本山．山号を具足山という．日蓮の孫弟子にあたる*日像(にちぞう)の開山にかかり，1321 年(元亨 1)御溝(みかわみぞ)の傍，今小路に小庵を構えたことに始まる．京都における日蓮宗最初の寺院である．公武の帰依をえて勅願所，将軍家祈願所となり，1341 年(暦応 4)には四条櫛笥(くしげ)の地に移った．日蓮宗の展開を抑圧しようとした延暦寺側からたびたび非難・攻撃を受けたが，これをしのいで発展した．この法脈の流れを四条門流(しじょうもんりゅう)と称する．*法華宗(ほっけしゅう)本門流の祖*日隆(にちりゅう)，真門流の祖日真(にっしん)はこの門流からの分派である．

妙見菩薩 みょうけんぼさつ　人の命や運命を司るとされた北極星を神格化したもの．妙見菩薩の名は『正倉院文書』の「仏像彩色料注文」にみえるのを最古とする．ただし明確に尊容を規定した*儀軌(ぎき)がなかったため，他の図像が借用されたようである．たとえば，創建が奈良時代に遡る洛北の霊厳寺のそれは*吉祥天(きちじょうてん)に近い姿であったという(*『図像抄』)．また，奈良・春日山地獄谷磨崖仏の線刻菩薩形像は荷葉座(かようざ)に趺坐して手に執る蓮華の上に北斗七星をあらわすところから妙見菩薩像と考えられており，奈良時代末もしくは平安時代初期の造像の一端を示す．

その後，密教の受容に伴い，東密・台密ともに北極星を一字金輪仏頂(いちじきんりんぶっちょう)(*一字金輪)と位置づけるとともに独自に*星曼荼羅(ほしまんだら)が案出された．さらに，10 世紀末の天台宗内での山門と寺門の抗争・分裂を背景に，寺門の余慶(よけい)の周辺において山門の熾盛光法(しじょうこうほう)に対抗すべく妙見菩薩を尊星王(そんじょうおう)と呼んで，その修法である〈尊星王法〉を尊格ともども創出した．尊星王曼荼羅の中心尊の像容は*陰陽道(おんようどう)の禹歩(うほ)・反閇(へんばい)を取り込んで竜の背において片足立ちする菩薩形とする．

鎌倉時代に入ると千葉氏が両総平氏以来の妙見信仰を背景に道教の真武神(しんぶしん)の図像と性格を借用しながら，*十一面観音を*本地とする軍神(いくさがみ)としての妙見神を成立させた．その像容は髪を撫でつけにあらわした披髪(ひはつ)で甲冑を身にまとい霊亀(もしくは玄武)を踏まえる．これ以後，その図像と信仰は千葉氏が中山*法華経寺と密接な関係にあったことから，中山法華経寺を介し日蓮宗において受容され全国規模で展開をみた．

妙高 みょうこう　須弥山(しゅみせん)(Sumeru)の意訳語．su に妙の意がある．meru の意味は不詳．妙高山．→須弥山．

名号 みょうごう　名前，名称，尊称などの意で古くから用いる．例えば，『韓非子』詭使に「夫(そ)れ，名号を立つるは，尊と為す所以なり」とある．仏教では，主に仏・菩薩の名前を意味するが，尊称としての用法によるものであろう．仏・菩薩の名号は特別な力を有し，それを聞いたり唱えたりすると*功徳(くどく)があると信じられた．特に浄土教では，*阿弥陀仏(あみだぶつ)の名号を唱えて浄土に*往生することができるとされ，「*南無(なむ)阿弥陀仏」は〈*六字の名号〉と言われる．「阿弥陀をたのみ奉りて，ひまなく名号を唱へ，極楽を願ふ」〔発心集 2〕

冥合 みょうごう　直接目に見えない奥深いところで合致すること．ただし，偶然の合致ではなく，そこに何らかの神仏の意志などの働きが予想される場合に用いられる．「我が身をばわすれて，衆生を益する心をおこせば，大悲内に薫じて仏心と冥合する故に」〔夢中問答上〕

妙好人 みょうこうにん　浄土真宗における篤信者．〈妙好人〉の語は，唐の善導が*『観無量寿経疏』散善義で念仏者を賛嘆した言「人中の妙好人」に由来する．本来一般の念仏信者を指す語であったが，幕末に*『妙好人伝』が広く流布した結果，特に真宗篤信者を指す語となった．その多くは貧しく無学な農民や商人で，死後の往生を願って念仏に励み，現世では領主や本山に随順し，内面的充足と外面的忍従の一生を送った．大和の清九郎，讃岐の庄松，長州の於軽，因幡の源左などの名が，封建制下の理想的信者像として，*聴聞の場を通じ真宗門徒の間に広まった．さらに，石見国温泉津の下駄職人で生涯6千の宗教詩を残した浅原才一は，*鈴木大拙の紹介により広く一般に知られるようになった．

こうした信者像の成立する背景として，各地域の門徒の間で，*自利利他の仏教精神を職業倫理や日常道徳に展開させた動向が挙げられる．教団上層部が*異安心をめぐり，たび重なる教学論争で混乱する中，庶民層の間で妙好人の姿を通じて正しい信仰のあり方が見直されていく事態は，教団組織の硬直化と民衆の自律的宗教意識涵養という，近世後期の時代性を表すものといえる．

「この信心の人を，真の仏弟子といへり．この人を正念に住する人とす…この人を上上人とも，好人とも，妙好人とも，最勝人とも，希有人ともまうすなり」〔末灯鈔〕

『妙好人伝』 みょうこうにんでん　6編12巻．浄土真宗の篤信者(*妙好人)の伝記集．西本願寺派石見国浄泉寺の仰誓(1721–94)の編集にもとづく初編が没後門人の手で1842年(天保13)に刊行され，続けて同派美濃国専精寺の僧純が編集した2–5編が刊行され，1852年(嘉永5)に松前の象王が6編を刊行した．明治以降は活字版で版を重ね，種々の類書も作成されている．「妙好人」の語は，本来浄土系仏教全体にわたり使われたが，近世に本書が広まり以後真宗篤信者を指す語となった．登場人物の過半は19世紀の人々で，多くは名もない農民・漁民・商人であり，地域的には近畿地方が中心である．彼らは念仏三昧の生活を通じ現世に深い充足感を持つ一方で，世俗道徳を遵守し封建領主や本山の命に随順するなど宗門側の希望する信者像であり，宗祖である*親鸞の信仰とは異質とも論じられる．

名字 みょうじ　[*s*: nāman, nāma-dheya, saṃjñā]　nāmanは事物を指示し指標する名称，言語表現．nāma-dheya, saṃjñāは，名前，呼び名を意味する．漢語〈名字〉は名と字，もしくは名前(をつける)の意．浄土教では*阿弥陀仏の名を〈名字〉〈*名号〉という．〈名字比丘〉〈名字羅漢〉とは，実を伴わない名前ばかりの*比丘・*阿羅漢をさす．また，十信(→五十二位)の位にある名ばかりの*菩薩を〈名字菩薩〉という．なお，仏典では〈名字〉に拘泥することを戒めるが，この場合の〈名字〉はakṣara(文字)などの訳語．「ゆめゆめ仏法の名字をとなふることなかれ」〔法華百座2.28〕

名色 みょうしき　[*s*: nāma-rūpa]　名(nāman)と*色(rūpa)．概していえば，〈名〉は心的・精神的なもの，〈色〉は物質的なもので，〈名色〉はそれらの集まり，あるいは複合体のこと．

元来，インド古代の*ウパニシャッド哲学で，現象世界の名称(nāman)と形態(rūpa)，すなわち概念とそれに対応する存在の意味に用いられていたが，これが仏教に入ると，〈名〉と〈色〉でそれぞれ個人存在の精神的な面と物質的な面を表し，〈名色〉とはそのような心的・物的な諸要素より成る個体的存在のこととされた．すなわちこの場合の名色は，ほぼ*五蘊に等しいものと考えられ，論書などでも*受・*想・*行・*識の四蘊を〈名〉，色蘊を〈色〉に配当した説明が見られる．しかしまた，認識論的な観点から，外界の事物・存在も含めたすべての心的・物的な集まりを対象世界として，これを〈名色〉と呼ぶこともあり，その場合はむしろ，色・声・香・味・触・法の*六境に匹敵するものと考えられる．

名色は十二支縁起(*十二因縁)の第四支とされるなど，*縁起の支分として立てられるが，縁起説そのものの解釈によりその意味もさまざまにとりうる．しかし古い縁起説のなかでは，識(認識)と相互依存的な関係にあるものとして，名色は対象世界を表している．なお，縁起説の胎生学的解釈では，名色は胎児の成長過程の一段階，すなわち感覚器官の未発達な段階を指すとされる．

妙心 みょうしん　漢語としては，不思議な心の意．用例は郭象の『荘子注』徳充符に見える．仏典では，主として，*悟りを成就した者(仏)の不思議な心をいい，*円覚経には「如来円覚の妙心」といい，大方広如来秘密蔵経巻上には「菩提の妙心」の表現が見え，また『楞伽阿跋多羅宝経註解』巻4上には仏の〈妙心〉を*凡夫の〈妄心〉に対置している．また，悟りそのものとしての心〔天台八教大意〕，あるいは悟りそのものとしての清浄なる心の本体〔直心直説真心異名〕を意味することもある．「我等が見聞覚知の精霊は，悉く虚空を以て体とする常住不変の妙心より出でたる妙用なり」〔大応国師法語〕

明神 みょうじん　神に対する尊称として中国古典で用いられる．例えば，『詩』大雅・雲漢に「明神を敬恭すれば，宜しく悔怒無かるべし」とある．この語が日本において重視されるのは，神号として用いられるからである．一説には，『延喜式』で名神祭にあずかる神を〈名神〉というところから転じたとも言われ，また，両者は別の概念であるとも言われる．仏教側から日本の神を呼ぶ場合に用いられることも多い．稲荷大明神のように〈大〉がつけられることもある．

妙心寺 みょうしんじ　京都市右京区花園妙心寺町にある臨済宗妙心寺派本山．山号は正法山．花園上皇(1297-1348)は離宮の萩原殿を改めて禅寺とし，開山に関山慧玄(無相大師，1277-1360)を迎えた．その年代は1337年(建武4)ほか諸説があって明確でない．1342年(暦応5)には寺領として花園御所領を管理し寺の興隆がはかられたが，応永の乱(1399)に連座して室町幕府より廃絶処分を受けた．30余年を経て再興なったが応仁の乱(1467-77)に荒廃し，この時に*住持となった雪江宗深(1408-86)により以後の妙心寺の教勢拡張のもとがつくられ，戦国末以降有力諸大名の外護を得て隆盛となり，臨済宗中最大の末寺を持つ大寺となった．

現存の建物は戦国時代以降のものであるが，勅使門(1610)・*三門(1599)・*仏殿(1827)・*法堂(1657)が一直線上に並び，横に*経蔵・*鐘楼などの諸堂や*塔頭の建つ*伽藍配置は，近世の禅宗寺院の完備した姿を見せている．法堂天井の狩野探幽(1602-74)筆の雲竜図をはじめ，寺宝には虚堂智愚画像，関山慧玄墨跡，花園天皇宸翰その他多数を所蔵する．*梵鐘は698年(文武2)の日本最古の紀年銘を有し，その音色は黄鐘調という．多くの塔頭が諸大名の外護により建てられたが，そこには*如拙はじめ狩野元信・永岳・山楽・山雪，長谷川等伯，海北友松以下の中近世絵画史上の名作を多く所蔵する．また*方丈のほか，塔頭の玉鳳院・東海庵・霊雲院・退蔵院・桂春院などには日本造園史上の名庭が残されている．

名帳 みょうちょう　名前を列記する帳簿の意で，信者の名簿．〈檀家名簿〉〈門徒帳〉などともいう．*融通念仏宗では念仏弘通の大念仏に加入した信者の名を記帳するもの．「時に鞍馬寺(の)毘沙門天王をはじめ奉りて，梵天・帝釈等，名帳に名をあらはして入り給ひけり」〔一遍聖絵〕

明通寺 みょうつうじ　福井県小浜市門前にある真言宗御室派の寺院．山号は棡山．本尊は薬師如来坐像(平安後期)．古くは棡寺ともいう．平安初期の坂上田村麻呂(758-811)にまつわる草創伝承があり，平安末期から鎌倉初期には国衙の祈禱所となった．鎌倉後期に頼禅が堂塔を復興造営，寺領を集積して寺勢を拡大し，鎌倉・室町時代を通して幕府・守護・地頭の帰依を受けた．1310年(延慶3)には異国*降伏の祈禱を命ぜられている．*本堂は1258年(正嘉2)に棟上げされたもので，堂内に本尊のほか降三世明王立像，深沙大将立像(いずれも平安後期)を安置する．三重塔は1270年(文永7)に棟上げされたもので，本堂と共に鎌倉時代の代表的建造物である．寺宝には他に不動明王立像，『彦火火出見尊絵巻』などがあり，多数の*如法経料足寄進札や古文書も蔵する．古文書は若狭の代表的な中世文書群として名高い．

『妙貞問答』 みょうていもんどう　1605年(慶長10)に日本人のイエズス会修道士*ハビアンによって著されたキリスト教の護教書．3巻．浄土宗信者の妙秀とキリスト教徒の幽貞という2人の尼の問答を通じ，キリスト教の優越を説く内容を持つ．上巻では仏教，中巻では儒教・神道，下巻ではキリスト教を対象に議論が展開し，妙秀が受洗を決意する結末に至る．本書の内容は1960年にポルトガルで発見された教理書『日本のカテキズモ』(*Catechismus christianae fidei*, 1581)と共通した論述を持つため，ハビアン独自の見解とは言えないものの，刺激された林羅山が『排耶蘇』を著すなど思想的な影響力が認められる．

妙法 みょうほう［*s*: saddharma］　サンスクリット語は，dharma(法)にsat(正しい，善い，真のの意)が冠せられたもので，すでに*法句経などの原始経典に見えており，多くは〈*正法〉と漢訳され，*法華経の題名*Saddharmapuṇḍarika-sūtra*についても，*竺法護訳(286)は〈正法華経〉となっている．それが*鳩摩羅什訳(406)では〈妙法蓮華経〉と訳しなおされた．それについて，*吉蔵は『法華玄論』2で，「什公，正を改めて妙となすは，必ず，まさに深く致すところあるべし」と述べている．事実，羅什の弟子の*道生から*法雲・*智顗にかけて，法華経の注釈に際し，〈妙法〉を絶対の真理と解するにいたる．「妙法伝へ難し，その道を暢ぶる者は聖帝なり」〔顕戒論縁起〕「皎潔たり空観の月，開敷す妙法の蓮」〔菅家後集〕．→妙，絶対，一乗．

妙法院 みょうほういん　京都市東山区妙法院前側町にある天台宗の寺．山号は南叡山．〈新日吉門跡〉〈皇居門跡〉ともいう．1184年(元暦1)頃，*延暦寺西塔の昌雲(1114–91)が，後白河法皇(1127–92)の新熊野社・新日吉社の*勧請に際して，その*護持僧として勤仕するため，法住寺殿の近辺(現寺地の辺り)に里坊を開いたのに始まる．ついで実全(1141–1221)がその後を継ぎ，鎌倉時代初頭の建仁年間(1201–04)には祇園社の西南に移って綾小路坊となり〈妙法院御所〉と号した．さらに1227年(安貞1)に後高倉院の皇子尊性法親王(1194–1239)が入寺されるに及んで，梶井門跡(*三千院)，*青蓮院門跡と並ぶ天台宗延暦寺派三*門跡の地位を得た．その後，1340年(暦応3)の兵火と応仁の乱(1467–77)を経て荒廃したが，豊臣秀吉が*方広寺大仏を造立した際，妙法院はその経堂に当てられたため現在地にもどって堂舎を再建した．

文化財には，*庫裏(1604)，大書院(1619)，玄関(江戸初期)などの建造物のほか，ポルトガル国印度副王信書，後小松天皇御宸翰その他美術工芸品も多い．なお蓮華王院*三十三間堂は妙法院の所管．

妙法蓮華経 みょうほうれんげきょう［*s*: *Saddharmapuṇḍarīka-sūtra*］　白蓮華のような正しい*法の経典の意．406年，*鳩摩羅什訳，7巻27品．その原本については，〈添品妙法蓮華経〉の序に「護(の訳)は多羅葉に似たり．什(の訳)は亀茲の文に似たり」とある．隋朝において，法雲(467–529)以後智顗(538–597)以前に「提婆達多品」が新加され，智顗以後，添品法華訳出(601年)以前に「観世音菩薩普門品」(*観音経)の重頌が添えられて，現行の8巻28品の形態となった．*竺法護訳の〈正法華経〉(286年訳)のときは流布しなかったが，妙法蓮華経訳出とともににわかに讃仰者がふえた．→法華経，題目．

妙本寺 みょうほんじ　神奈川県鎌倉市大町にある日蓮宗妙本寺派本山．山号は長興山．開創は日蓮の弟子の*日朗．寺地はもと日蓮の信者である比企能本の邸宅のあった場所で，比企谷と呼ばれていた．能本はそこに小堂を建てて日蓮に寄進したとされるが，その地はやがて日朗に引き継がれて妙本寺へと発展した．日朗はこの寺を拠点として布教を進め，日朗門流(比企谷門流)と呼ばれる一派が形成された．妙本寺は商工業者などの帰依を受け，鎌倉はもとより関東日蓮教団の中心寺院として繁栄した．徳川家康の江戸移住に伴い貫主の日惺は池上*本門寺に移り，両寺を併せて管掌するようになった．日蓮入滅時に枕頭に掲げられたという「蛇形の本尊」をはじめとする，日蓮自筆の曼荼羅本尊，日蓮木像(室町時代)など多数の文化財を有する．

妙用 みょうゆう　霊妙なるはたらき．『老子』において〈*道(どう)〉を「衆妙之門」〔第1章〕と呼び，また「其用不窮」〔第45章〕と述べているのを踏まえた中国人の造語．文脈によって多義がある．仏の心もしくは*般若(はんにゃ)などの，寂然としてしかも万物を知照する霊妙なはたらき〔肇論答劉遺民書〕．また菩薩(ぼさつ)や仏の，*自在にこの世に応現して衆生(しゅじょう)を*教化(きょうけ)・*済度(さいど)する霊妙な*功徳(くどく)〔首楞厳義疏注経4-1〕をいい，*『華厳経探玄記(けごんぎょうたんげんき)』巻2では，この功徳を〈妙用自在〉と呼ぶ．さらに，*悟りそのものとしての心の本体の霊妙な作用〔大慧普覚禅師語録26〕を意味することもある．「人に善性あり，悪性あり．勝縁たる三宝の境に向かへば，妙用あらはれやすし」〔沙石集5本-1〕

名利 みょうり　世俗の名声とこの世の現実的な利益のこと．詳しくは〈名聞利養(みょうもんりよう)〉という．この二つは*凡夫(ぼんぶ)の抜きがたい欲望であり，*煩悩(ぼんのう)を増大させるものなので，仏教では仏道修行の障りとして厳に戒めている．「末代の仏法，名利を離れず」〔解脱上人戒律興行願書〕

冥利 みょうり　仏・菩薩によって知らず知らずのうちに与えられる*利益(りやく)．転じて，広く社会や他人から，目に見えない形でいつのまにか受ける利益や恩恵をもいう．わが国では〈男冥利〉〈商売冥利〉などというのはそれで，ある状態や地位にあることから自然に生まれてくる幸福や幸運を意味する．「ただ冥利を明らかにし，顕益を説かず」〔妙法蓮華経玄義7下〕「竹斎これを見るよりも，冥利のためと思ひつつ，薬を少し与へけり」〔仮・竹斎〕

未来 みらい [*s*: anāgata]　原語は，まだ到来していない(時)の意で，その漢訳語．また〈*当来〉〈未至(みし)〉〈未来世〉とも訳される．この語は漢訳仏典からあらわれる仏教造語である．その意味は，単に将来を示す場合と，『魏書』釈老志「凡そ其の経の旨は，大抵(おおよそ)生生の類は皆な行業(おこない)に因りて起り，過去・当今・未来ありて三世を歴ふるも，識神かつて滅せざるを言う」のように*来世を示す場合とがある．また〈未来際(さい)〉とは，未来の果て，の意味で，*永遠というのに近い．〈際〉は*境界(きょうがい)・辺際(へんざい)の意．「今もし勤修(ごんじゅ)せずは未来もまた然るべし」〔往生要集大文第1〕「未来長劫の苦悩は，深くこれ厭ふべし」〔愚迷発心集〕

未来記 みらいき　予言書．将来の予言を記した讖文(しんぶん)は平安朝以来世に現れたものが多く，殊に*聖徳太子の未来記と称する種々のものが偽作された．比較的古いものとして『栄花物語』に「正徳太子の御日記」とあるのを始めとして，『愚管抄』『平家物語』などにもその名が見え，『聖徳太子日本国未来記』なども存する．太子は「兼ねて未然(ゆくさきのこと)を知ろしめす」〔日本書紀推古前紀〕という聡明な人としての特性と，中国南北朝の高僧*慧思(えし)禅師の後身といわれたところから「予言する人」としての伝承を生じ，太子の予言と称される記文が「太子の未来記」として形成されていったとされる．さらに時代思潮として，*末法(まっぽう)思想や*百王思想などの終末観と太子信仰の興隆とが抱合されて生じたことから，「太子の未来記」は鎌倉時代に最も多く偽作され，その記事も世の事変に関して予測・予言するものとなる．百王思想の典拠となったのが『野馬台詩(やばたいし)』であり，梁の宝誌和尚の作とされる．すでに平安期から引用され，中世には多様な注釈が産み出され，聖徳太子未来記とも密接な関係をもつ．その他，伝教大師(*最澄(さいちょう))の天台座主未来記(『平家物語』)や，雲景の未来記(『太平記』)など，各種の未来記が流行した．

また，このような流行から伝藤原定家の歌論書として享受された定家偽作『未来記』や幸若舞曲の『未来記』といった書名の本が作られる．幸若の『未来記』は『太平記』の「雲景未来記」の系統に属するものであり，その曲中に未来譚が含まれていることから『未来記』とされたのであろう．こうしたものは，当時の中世社会における未来記(予言書)に対する関心を背景として作られたものと考えられる．なお一風変ったものとしては，日本での密教の隆昌を予言した*金剛智(こんごうち)三蔵の〈未来記〉のようなものも出現したが，これなどは明らかに*東密系の僧侶の手に成るものであろう．→太子信仰．

未来仏 みらいぶつ　未来に出現する仏のこと．〈将来仏〉〈当来仏〉ともいう．仏陀(ぶっだ)信仰に源流があり，過去仏に端を発して，未来にも仏が現れ，救いの手をさしのべるはずとの教理の永遠性の観点から，*釈迦滅後に釈迦に代わる仏の出現が必要とされた．*弥勒下生げしょうの信仰がこの未来仏思想の典型である．なお，天台宗などでは過去を釈迦，現在を薬師，未来を阿弥陀あみだとし，真言宗などではそれを釈迦・薬師・弥勒としている．

ミラレーパ [*t*: Mi la ras pa] 1040-1123 チベットの密教行者．ネパール国境に近いクンタンの出身．若くして黒魔術を学び，父親の遺産を横領した叔父一家を破滅させたのを悔いて，チベット仏教*カギュー派の祖マルパ(Mar pa)に弟子入りし，艱難辛苦の末，〈*大印だいん〉〈ナーローの六法〉などの秘法を伝授された．また弟子のレーチュンパをインドに派遣し，*ヨーガの秘法を学ばせた．生前からヨーガ行者・詩人として名声が高く，15世紀にツァンニュン・ヘールカが編集した『ミラレーパ伝』と『十万歌謡』(グルブム)は，現在でも多くのチベット人に愛読されている．一生を一所不住の在家密教行者として過ごしたが，後に弟子のガムポパが，カギュー派教団を樹立すると，チベットにおけるカギュー派の第2祖とされるようになった．

未了義 みりょうぎ ⇒了義りょうぎ

ミリンダ王 おう ⇒那先比丘経なせんびきょう

弥勒 みろく 弥勒は，サンスクリット語 Maitreya(パーリ語 Metteyya)に相当する音写で，友情・友愛，ないし慈愛を意味する maitrī に由来．好意的で，慈愛にみちた者の意．〈慈〉や〈慈氏じ〉などとも意訳する．*未来仏としての〈弥勒仏〉(弥勒如来にょらい)や，それに由来する〈弥勒菩薩ぼさつ〉の用例で知られ，あるいはまた*無着むじゃくを介して*瑜伽行派ゆがぎょうの論典を伝えたとされる人物をいう．

弥勒仏，弥勒菩薩 固有名詞としての弥勒の用例としては，未来仏としての弥勒仏が古い．パーリ長部26〈転輪聖王獅子吼経てんりんじょうおうししくきょう〉や対応する長阿含経6〈転輪聖王修行経〉，あるいはまた中阿含経66〈説本経〉には，遠い未来，人の寿命が8万歳になったときに弥勒という名の*仏が世に現れるという．とくに最後の中阿含経では，衆中の弥勒という名の*比丘びに対して，まさにその未来仏たる弥勒仏になるであろうとの*授記じゅをなしている．ただし同経典は，弥勒菩薩の呼称を用いてはいない．しかし，この同じ経典を引く『*大毘婆沙論だいびばしゃろん』や『*大智度論だいちどろん』では，すでに*菩薩の観念が定着していたこともあって，この授記を受けた比丘(弥勒)は，〈慈氏菩薩〉や〈弥勒菩薩〉と呼ばれる．弥勒菩薩については，諸種の*弥勒経典がある．そこにおいて弥勒は，*釈迦牟尼仏しゃかむににぶつについで，56億7千万年の後，この世に現れる将来仏であり，すでに菩薩として修行も成就し，一生*補処ふしょの位(あと一生のみで仏となりうる位)に達しており，今は*兜率天とそつてんの内院に住しているという．弥勒が世に現れるときには，華林園の竜華樹りゅうげじゅの下で*成仏じょうぶつし，*三会さんの*説法によって一切の人・天(人々と神々)を*済度さいどするとされる．今，弥勒が住している兜率天の内院は，弥勒の*浄土じょうど(兜率浄土)といわれ，観弥勒菩薩上生兜率天経には，その*荘厳しょうごん(しつらい)の様子が描かれ，そこに*往生おうじょうすべきことが説かれている．

この弥勒に対する信仰は，中国・朝鮮・日本に非常に大きな影響を与えている．わが国では8-10世紀頃，兜率上生じょうしょう(弥勒上生)を願う信仰が流行し，*吉野金峯山きんぶせんは弥勒浄土と考えられた．11世紀以後には，*末法の世を救う弥勒下生げしょうを熱烈に求める信仰も盛んとなり，この〈弥勒の世〉への期待は，たとえば幕末では，世直し運動とも結びついたのである．→弥勒経，弥勒信仰．

【美術】インド・*ガンダーラにおける造像は2世紀に遡り*過去七仏に対する未来仏，もしくは，釈迦三尊の脇侍，あるいは単独像として造像された．いずれも菩薩形で右手を開掌し，左手に水瓶すいびょうをもつ図像が主流．中国での造像は北魏時代(5世紀)に遡り，初期の造像においては中央アジアの影響を受けて*敦煌とんこうや*雲岡うんこうにおいて脛部をX字状に交差した交脚菩薩像として造立されたが，北周・隋以降は倚像や*結跏趺坐けっかふざ像に主流が移行する．また，如来形像も北魏時代に出現する．

日本では，飛鳥時代に作例の多い*半跏思惟はんかしい形の菩薩像を弥勒とすることが多いが，この形式を弥勒と特定できる作例は中国では確認できない．日本においても銘文に弥勒を明記する半跏思惟菩薩像は丙寅年(666)銘の大阪*野中寺やちゅうじ像のみであり，その銘文を疑問視する指摘があることにも問題は及ぶ．むしろ，わが国における初期の弥勒造像は飛鳥時代の奈良*当麻寺たいまでら像をはじめとして如来形像が主流であったようで，その伝統のなかに寛平4年(892)銘の和歌山・慈尊院像，建暦2年(1212)再興の奈良*興福寺北円堂像(*運慶作)なども位置づけられる．一方，菩薩形の弥勒像の本格的出現は平安時代に中国から『慈氏菩薩略修愈誐念誦法』の到来をまってからで，同経が*大日如来と同体を説くことも密教において菩薩形の弥勒造像が行われた所以である．その場合，弥勒の*三昧耶形さんまやぎょうが宝冠もしくは持物にあらわされることが多い．代表作例として大阪*観心寺像(伝宝生如来像)，建久3年(1192)銘の京都*醍醐寺三宝院像(*快慶作)をあげることができる．また，法華経普賢菩薩勧発品に法華経の受持・読誦が弥勒浄土・兜率天往生を説くことも菩薩形の弥勒造像の要因として無視できない．その最初期の例である寛弘4年(1007)の藤原道長の吉野金峯山における法華経などの*埋経は銘文に「弥勒の値遇」を明記しており，鎌倉時代，建治2年(1276)の神奈川*称名寺しょうみょうじ弥勒菩薩像も像内に法華経8巻を納入する．

弥勒　インド大乗仏教の二大学派の一つである*瑜伽行派ゆがぎょうはの学匠．マイトレーヤ．*無着むじゃく(アサンガ)の師といわれ，無着を介して*『大乗荘厳経論頌だいじょうしょうごんきょうろんじゅ』や*『中辺分別論頌ちゅうべんふんべつろんじゅ』などを公にしたと伝承される．その作品は，中国では*『瑜伽師地論ゆがしじろん』『分別瑜伽論』(散逸)『金剛般若経論頌こんごうはんにゃきょうろんじゅ』を加えた五書が知られ，またチベットでは，『法法性ほうほっしょう分別論』*『現観荘厳論げんかんしょうごんろん』*『究竟一乗宝性論くきょういちじょうほうしょうろん』を加えた五つが数えられ，「弥勒の五法」と呼ばれている．ただし今日では，この弥勒を，無着に先行する実在した*論師(270–350頃，または350–430頃)に対する呼称とする説も一方であるが，無着にとって弥勒はあくまでも内的な信仰上の師であり，したがってそれは兜率天上の弥勒菩薩に他ならないと解釈する研究者も多い．この場合には，弥勒に帰せられた論書の実際上の著者は無着ということになる．

弥勒経 みろくきょう　*弥勒菩薩の説法・成道・救済などに関する経典の総称．弥勒菩薩の下生げしょう，成仏と兜率浄土とそつじょうど，弥勒の出現の時期，*転法輪などのことを説いている弥勒下生経三部(*竺法護じくほうご訳〈弥勒下生経〉1巻，*鳩摩羅什くまらじゅう訳〈弥勒下生成仏経〉1巻，*義浄ぎじょう訳〈弥勒下生成仏経〉1巻)と，鳩摩羅什訳〈弥勒大成仏経〉1巻，東晋の失訳〈弥勒来時経〉1巻，および兜率上生の業因などをかかげた沮渠京声そきょけいせい訳〈弥勒上生経〉(観弥勒菩薩上生兜率天経，1巻)があり，総称して〈弥勒六部経〉ともいう．

【弥勒三部経】一般的には，仏の説法の会坐に参じた弥勒が12年の後に命終して*兜率天に往生し，その功徳を説いた〈弥勒上生経〉と，兜率天より弥勒が，蠰佉王の時に，修梵摩を父とし梵摩越を母としてこの世に56億7千万年後に下生して，釈迦遺法の弟子を救済すると説く〈弥勒下生経〉と，下生経に類する〈弥勒大成仏経〉を以て，*浄土三部経に対して〈弥勒三部経〉と称している．

ほかに弥勒が*正覚しょうがくを成ぜんとする所行の次第を述べた〈弥勒菩薩所問本願経〉(1巻)がある．なお，〈弥勒来時経〉には，人寿8万4千歳のとき弥勒が須凡を父，摩訶越題を母として婆羅門ばらもんの家に生まれ，仏の*相好そうごうを示して，竜華樹のもとで*三会さんねを催し，第一会では96億，第二会で94億，第三会で92億人の釈迦遺法の弟子としての*阿羅漢あらかんを救済するということが述べられる．また，弥勒信仰は中国の南北朝時代に盛んとなり，*雲岡石窟うんこうせっくつ・*竜門石窟りゅうもんせっくつなどに弥勒菩薩の巨像が造られた．→弥勒信仰．

弥勒下生 みろくげしょう　⇒弥勒信仰みろくしんこう

弥勒上生 みろくじょうしょう　⇒弥勒信仰みろくしんこう

弥勒信仰 みろくしんこう　弥勒信仰の起源は，インド中部のガンジス河のベナレス(*波羅奈国はらなこく)を中心とする地方に起こり，*釈迦しゃか滅後の救済者としての弥勒と，*『瑜伽師地論ゆがしじろん』の著者の弥勒と混同して*法相宗ほっそうしゅうによって盛んとなった．ことに中国では北魏(386–534)時代に始まり，願生兜率とそつの思想のみならず，*則天武后は自ら弥勒仏の再誕としてメシア的性格さえ展開した．朝鮮においても弥勒信仰は非常に有力で，新羅の

*花郎(かろう)と結びついて盛んとなった．日本でも飛鳥時代よりこの菩薩の信仰が高まり，東大寺*宗性(そうしょう)は鎌倉時代に，その三国の流れを知るために『弥勒如来感応抄』(5巻)を著している．またミロクは米作りの信仰儀礼とも民俗的につながっているといわれている．弥勒信仰の形態には，下生(げしょう)信仰と上生(じょうしょう)信仰がある．→弥勒，弥勒経．

【下生信仰】下生信仰は，弥勒が*兜率天(とそつてん)から下ってこの世に生まれることに対する信仰で，弥勒は釈迦滅後の56億7千万年後に*婆羅門(ばらもん)の家に生まれ，*竜華三会(りゅうげさんね)をもよおして未だ救済されていない仏弟子をことごとく救うとされる．この下生信仰はさらに発展して，遠い未来の下生による救済を待たずに，いま自分こそが弥勒の*化身(けしん)であるとして，自国に君臨して*世直しを意識した則天武后が中国にあらわれた．また朝鮮の花郎の発生や日本でも室町時代に〈弥勒〉の私年号を付して，世の苦難の改まることを意識したことがあるが，これらは下生思想のあらわれである．その他，幕末の*新宗教運動などにも弥勒下生思想の影響が見られる．「善根無量なり．定めて弥勒下生の暁を期せむ」〔往生極楽記 18〕

【上生信仰】それに対して上生信仰は，弥勒菩薩が常住説法している兜率天へ*往生しようという弥勒上生経に基づく信仰である．中国の*竜門石窟(りゅうもんせっくつ)の銘分にも「亡者上生天上，値遇弥勒仏」とあり，日本では*興福寺や*園城寺(おんじょうじ)・*元興寺(がんごうじ)の本尊として弥勒仏が安置された．*空海は自分が閉眼したのち，兜率天に住して，そこから真言宗の進展の状況を観察するのであると述べている．なお，弥勒の兜率天と阿弥陀の*極楽浄土の優劣がしばしば議論され，また，弥勒の兜率天に往生(上生)し，弥勒の下生とともに人間界に再生したいという信仰もおきた．

弥勒曼荼羅 みろくまんだら　*善無畏(ぜんむい)訳『慈氏菩薩略修愈誐念誦法』に基づき，滅罪・息災をはかる弥勒法の本尊．大白円内中心に*弥勒菩薩，四方に四波羅蜜(しはらみつ)，四隅に内四供(ないのしく)を配し，その間を*三鈷杵(さんこしょ)・宝塔(ほうとう)つなぎの堺で区切る．上方は*天蓋(てんがい)の左右に雲上の3*飛天，下方中央の供養壇の左半円内に降三世(ごうざんぜ)，右三角内に不動の両明王を配する．その配置は*尊勝(そんしょう)曼荼羅と逆だが，構成はほとんど同じ．尊勝曼荼羅に比し遺品に乏しいが，鎌倉時代の霊雲寺(れいうんじ)本(東京都文京区)や*醍醐寺(だいごじ)本が知られる．→別尊曼荼羅．

三輪明神 みわみょうじん　奈良県桜井市三輪山の大神(おおみわ)神社の祭神で，大己貴神(おおなむちのみこと)，別名大国主命の和魂(にぎみたま)といわれる．この神と仏教との関連は，*最澄(さいちょう)が*比叡山(ひえいざん)へ*勧請(かんじょう)したというが，むしろそれ以前，668年(天智7)，鴨宇志麻呂が祀ったともいわれている．859年(貞観1)，大比叡神が正二位，小比叡神が従五位上に叙せられ，880年(元慶4)にそれぞれ正一位と従四位に昇叙され，886年(仁和2)，*円珍(えんちん)の奏によって大小比叡に*年分度者を賜ったことなどがあるが，大比叡神が三輪明神，小比叡神は大山咋命(おおやまくいのみこと)というのは，大江匡房(おおえのまさふさ)(1041-1111)撰とされる『扶桑明月集』が早い典拠のようである．以降，鎌倉時代の後半期以後の『耀天記(ようてんき)』や『山家最略記(さんげさいりゃっき)』にはしきりに三輪明神が山王に擬せられ，その威験が説かれている．もう一つの例証は，鎌倉末期から*両部神道の系統の〈三輪流神道〉が形成せられ，*天照大神(あまてらすおおみかみ)と三輪明神との本迹(ほんじゃく)関係や，三輪明神と日吉権現(ひえごんげん)との同体説が論ぜられ，また神祇*灌頂(じんぎかんじょう)などの密教の*事相作法が残されている．→山王神道．

民間信仰 みんかんしんこう　民俗学・宗教学などで，地域社会の平均的生活者によって担われる信仰習俗を総称するために作られた学術用語．初期には，地縁・血縁関係で結ばれ，均質的な生業形態を基盤とする共同体的社会に自然発生した呪術的諸慣行，といったイメージが強く，仏教・キリスト教などの制度的・経典的宗教以前の太古から存在し，これらと対立する実体的領域を示す概念として使用された．近年では，むしろ制度的宗教の諸要素を複合的に受容した動態の場として構造論的に捉えたり，諸宗教の教義や儀礼が一般生活者によって語られ実践される具体相を捉えるための，操作概念として用いる傾向が強くなっている．この用法では，〈民俗宗教〉〈庶民信仰〉などの語によって代替される場合もある．

世界宗教とよばれる仏教も，教義や思想の

面だけではなく，日常世界に暮らす一般生活者の日々の不安や要求に応えるという現実的な面を備えており，むしろ歴史的な展開のなかで各地の文化に定着するうえでは，後者こそが大きな役割を果たしたといえる．仏教は在来の文化を大きく変容させる一方で，民間の諸慣行・諸習俗によって自らも変容を遂げた．すでに釈迦や弟子たちの伝承が形成される過程では，在来の民間説話が活用された．インドはもとより仏教が伝播した地域では，様々な土着の神々が仏法の守護神，仏の*眷属けんぞくなどとして組み入れられた．教義のうえでは否定されるはずの*霊魂れいこんや*精霊しょうりょうも容認され，日本では死者の魂を弔うことが，仏教の主要な役割のひとつとなった．平安時代に験者げんざとよばれた祈禱僧のように，山中で苦修練行した仏教者たちは，貴族や民衆からは超自然的な力をもった霊能者として期待され，これは*修験道しゅげんどうという独自の制度的宗教を生み出した．さらに近世以降には，在来の農村の習俗が仏教的要素を大幅に取り入れたり，寺の行事として営まれるようになった．*占星術，錬金術，*シャーマニズムなどと総称される宗教形態と仏教との習合も，アジア各地にみられる．

民主 みんしゅ　世紀経(長阿含経22)に見える語で，これと同類のものとして，〈平等主〉とか〈田主〉という語が存する．人民を守るために，大衆によって選び立てられた王(民主)であり，大衆に共通な王(平等主)と解説されている．一種の国家契約説ないし民約論的な国王観と考えられる．北畠親房きたばたけちかふさ(1293-1354)は『神皇正統記』序に世紀経などの説を引用しつつ，「衆ともにはからひて一人の平等王を立て，名づけて刹帝利と云ふ．田主と云ふ心なり．その初めの王を民主王と号しき」と紹介し，それに対して，万世一系の日本を最もすぐれた国と主張した．なお漢語〈民主〉は，民のかしら，君主の意で，『書経』など古くから用例が見える．

明兆 みんちょう　1352(文和1)-1431(永享3)　室町時代の画僧．淡路島に生まれ，京都五山の一*東福寺とうふくじの大道一以だいどういちい(1292-1370)を師とした．これは大道が淡路の安国寺に住したときからと考えられている．諱いみなは吉山きちざん，破草鞋はそうあいと号した．終生，東福寺の殿司でんす(堂宇の保全管理を行う)の役にあって，僧としての修行のかたわら画業に従事した．そのため兆殿司(兆典子)ともよばれる．相国寺しょうこくじの*如拙じょせつとほぼ同時代に活躍し，五百羅漢図(50幅，現存47幅)，聖一国師しょういちこくし像，達摩だるま・蝦蟇がま・鉄拐てっかい図，白衣観音図，涅槃図など多くの作品をのこした．

ム

無 む　〈無〉は，〈*有〉の対義語として非存在を意味するとともに，〈不〉〈非〉などと同様，否定辞としても用いられる漢語であるが，道家によって，この言葉に深い哲学的意味が与えられたため，中国や日本の仏教においても特別な意味を有するようになった．

【インド仏教】サンスクリット語 abhāva, asat, nāstitā などの訳語．インドにおいては一般的に，ものが存在しないことは，それが認識されないことによって知られると考えられている．すなわち，あるものが認識されないことが，それが存在しないことの根拠とされる傾向が強い．そのなかで*般若経や竜樹の*『中論』などは，認識され，従って存在するとして実体視されたものは，実はその実体性を欠く空なるものであると主張した．それによれば，〈無〉はものについての否定的な認識判断であるが，〈空〉〈空性〉の考えは〈無〉が一つのものとして実体視されることさえ拒否するもので，有無を超えている．その意味で有無を離れたものが空性の立場である．→有無，空．

【中国仏教】ところが，仏教が中国に流入すると，経典を翻訳するに際して道家哲学の用語が用いられ，また仏教の般若思想では*八不中道のように真理が常に否定的に表現されたので，その類似性から，中国古来の〈無〉の思想が仏教に流入することになった．特に，清談が流行した六朝の*格義仏教では，般若思想が主流を占め，その中心概念である〈空〉を〈無〉によって理解せんとする傾向が著しかったが，南北朝から隋唐にかけての仏教研究の進展によって，両者は完全に分離され，道家の〈無〉は〈有〉の対概念にすぎないが，仏教の〈空〉は，その両者を止揚した，より高次のものであるとされた．しかし，*禅の成立によって，〈無〉は再び仏教に取り込まれるに至った．すなわち，宋代の*看話禅でしきりに用いられ，とりわけ*『無門関』で有名になった，いわゆる〈趙州無字〉の公案において，有無という最も根源的な概念規定をも超えた〈悟り〉の世界が〈無〉の一語で表現されたのである．それゆえ，この〈無〉は，〈空〉の中国的，実践的表現であって，ニヒリズムの色彩を帯びた西欧の〈虚無〉とは全く性格を異にするものである．

今日，仏教思想の根幹を〈無〉に求める傾向が一部に見られるが，これは，江戸期以降，この公案が流布したことによるもので，特に近代になって，*鈴木大拙などによって取り上げられたことが大いに関係している．*西田幾多郎らの京都学派が，〈絶対無〉〈東洋的無〉を説いたのも，この延長線上にある．

「夢の中の有無は有無ともに無なり」〔発心集5〕「覚前の有無は，有皆無なり」〔ささめごと〕

無畏 むい　おそれのないこと，揺るぎのない自信．仏・菩薩の能力として，*説法における四つの揺るぎのない自信を〈*四無畏〉(catvāri vaiśāradyāni)という．また，衆生を危険から救い，安全な状態にすることを〈無畏施〉という．「汝，無畏を求むれば，我が境を出づることなかれ」〔十住心論2〕．→布施．

無為 むい　サンスクリット語 asaṃskṛta の訳語．原因条件(因と縁)によっては作られない，*不生不滅の存在をいう．〈*有為〉(saṃskṛta，つくられたもの)の対で，「為られたものではない」意．この世における一切の現象・存在は原因条件により生じ，必ず変化し消滅するもの(有為)であるが，そうではないもの．〈無為法〉ともいう．*説一切有部では*虚空・*択滅・非択滅の〈三無為〉を説く．すなわち〈虚空無為〉とはものが存在するこの空間，〈択滅無為〉とは人の正しい判断力によって得られた*滅で，修行の結果としての迷いの滅した*解脱の境地，〈非択滅無為〉とは原因条件を欠いているためにものが生じない状態である．

漢語〈無為〉は「何も為さない」，「何もしない」の意であるが，儒家では「無為にして治むる者は，其れ舜なるか」〔論語衛霊公〕にみるような，為政者の*徳により自ずと人民が徳化され，世が治まる上古時代の理想的な政治のあり方を指していう語であった．道家でも重要な思想概念を表す語とされ，人為的な取りはからいをやめる〈無為〉に加えて，万物が自ずからそうである（自ずから然りとする）あり方にしたがう〈無為自然〉が強調され，道家の中心思想とされた．さらに，「道は常に無為にして為さざるなし」〔老子37章〕のように絶対的真理たる*道（どう）のあり方と働きをも〈無為〉とした．

漢訳の*無量寿経（むりょうじゅきょう）では無為自然という言葉で*涅槃（ねはん）の境地を表現しているが，これは涅槃が生死*輪廻（りんね）を超越した，不変のものであることを表現したものである．*『肇論（じょうろん）』答劉遺民書では，「聖人は…無為の境に止まり，…」という．道家の無為自然の境地を暗黙裡に意識しながらも，ここでは仏教の文脈であることから，*因縁を超越した絶対的・*常住（じょうじゅう）的な境地がいわれている．〈無為〉という道家の言葉を用いながらも，仏教思想の根本的立場から，因縁を超越するものという意味を明らかにしている．

「それ恩をすてて無為に入りしより，あしたには花蔵世界の花をたづね，夕には本有常住の月を待ち」〔野守鏡〕「それ無為の世に有苗の伐を致し，垂拱の時に涿鹿（たくろく）の戦ひ有り」〔性霊集3〕

無一不成仏 むいちふじょうぶつ　法華経方便品に出てくる言葉．〈若有聞法者〉に続く句で，「もし法を聞くことあらんに，一（ひとり）として成仏せざるはなし」と読み下され，あらゆる人が成仏できるという*一乗（いちじょう）の思想を表現している．ただし，*応和の宗論（しゅうろん）に際し，天台宗の*良源が草木も成仏するという意味で用いたところ，法相宗の仲算（ちゅうさん）は「無の一は成仏せず」と読み，*仏性（ぶっしょう）を持っていない無種性（むしゅしょう）という一種類の人々は成仏出来ないと，法相宗の思想の根拠となるように読み下したと伝えられている（『応和宗論日記』などに出る）．→五性各別（ごしょうかくべつ）．

無位の真人 むいのしんにん　臨済宗の開祖，*臨済義玄（りんざいぎげん）の語．いかなる格付けをも拒否する真の主体．*『臨済録』上堂に，「赤肉団上（しゃくにくだんじょう）に一無位の真人あり，常に汝等諸人の面門より出入す．未だ証拠せざる者は看（み）よ看よ」とある．この〈赤肉団〉は心臓のことであるが，広く肉体を意味するという解釈もある．この自由に活き活きと活動している主体を自覚することが要請されているのである．〈真人〉は『荘子』に見える語で，早く〈*仏陀（ぶっだ）〉または〈*阿羅漢（あらかん）〉（arhat）の訳語として用いられた．臨済はその語を用いて，自己の真の主体の意に用いたのである．近代においては*鈴木大拙がこの語を臨済の基本思想として取り上げ，注目されるようになった．→真人．

「赤肉の真人洞庭に跨（また）がって太湖に遊び，兜率に往きて弥勒に参ずと云ふは…赤肉団上一無位の真人と云ふは，林際（臨済）を云ふた者ぞ」〔蕉窓夜話〕

無因有果 むいんうか　すべての存在は，結果としては存在していても（有果），その原因をいくら追究しても得るところはない（無因）という意で，これを説く思想を仏教では〈無因外道（むいんげどう）〉とよぶ．また，因も果も否定する主張を〈無因無果〉という．仏教は因と縁を説く宗教であるから，無因説は邪説として批判される．特に*善悪の果報は善悪の因によるという立場からすれば，原因の無いはたらきはしりぞけられる．→自然外道（じねんげどう）．

無憂樹 むうじゅ ［s: aśoka］ 樹木の名．音写は〈阿輸迦（あしゅか）（樹）〉で，意訳して〈無憂樹〉という．*過去現在因果経巻1によれば，釈迦の母*摩耶夫人（まやぶにん）が*藍毘尼園（らんびにおん）においてこの木の花を摘もうとしたとき，釈迦が右脇から生まれたとする．衆許摩訶帝経（しゅこまかだいきょう）も同様に伝えるが，別樹とする経典も少なくない．樹下での出産が安産であったのでその木を〈無憂樹〉，その花を〈無憂華（むうげ）〉と名づけたというのは俗説．「（摩耶夫人は）先づ種々（くさぐさ）の目出たき瓔珞（やうらく）をもって身を飾り給ひて，無憂樹下に進み至り給ふ」〔今昔1-2〕

無縁 むえん　*縁がないこと，ある事態の生起のための縁を欠いていること．たとえば，救われるべき*機縁をもたないものを〈縁無き衆生（しゅじょう）〉という．また，対象の無いことも無縁という．〈無縁の慈悲（じひ）〉などという場合の無縁は，特定の対象への*執着（しゅうじゃく）を持たないこと，平等無差別の意である．「（仏に）三不能といへることあり．一には無縁の衆生を度することあたはず」〔夢中問答上〕「観音の無縁の大悲，法界に馳せて有情を救ふなり」〔霊異記下38〕

無縁寺 むえんでら　①*無縁仏（むえんぼとけ），つまり弔う縁者のいない霊魂をまつるための寺．

また多くの災害死者をまつるところから，明暦の大火(振袖火事)の犠牲者を葬った東京両国の回向院(えこういん)を俗にこの名で呼ぶこともある．

2 墓地に付属してたてられた，葬儀のための施設．念仏講など地域社会による死者供養の場とされることもある．実際には規模も小さく，〈無縁堂〉とよばれるほうが多い．

3 中世以前の社会で，住僧のいない寺，もしくは世俗の権力の保護をうけない寺．無縁所．

無縁仏 むえんぼとけ　弔う者のいない死者．〈外精霊(ほかじょうろう)〉〈餓鬼(がき)〉〈客仏(きゃくぼとけ)〉などの民俗語彙がある．日本の民間では死者仏(ほとけ)を必ず供養してくれる遺族があるとみている．もしも子孫が絶えるなどして奉祀者がいないと，仏(ほとけ)の怨念は知友や縁者や他域に祟(たた)る．そこで〈三界万霊塔〉を築いて祀り，慰撫(いぶ)につとめたり，行路病死者などの無縁者の*廻向(えこう)のため，*盂蘭盆(うらぼん)の際に無縁棚をつくったりする．なお〈無縁仏(むえんぶつ)〉とは，過去世に自分と縁を結んだことのない仏をいう．

無我 むが　[*s*: anātman, *p*: anattan]　〈我〉(ātman)に対する否定を表し，〈我が無い〉と〈我ではない〉(非我)との両方の解釈がなされる．→我，アートマン．

【諸法無我】最初期の韻文経典(とくに*『スッタニパータ』など)に，無我はさかんに説かれ，その大多数の資料によれば，〈無我〉は*執着(しゅうじゃく)ことに*我執(がしゅう)の否定ないし超越を意味し，そのような無我を実践し続けてはじめて，*清浄(しょうじょう)で平安なニルヴァーナ(nirvāṇa，*涅槃(ねはん))の理想が達せられるという．初期の散文経典では，我(自我)を〈私のもの〉(*p*: mama)，〈私〉(*p*: ahaṃ)，〈私の自我〉(*p*: me attā)の3種に分かち，いっさいの具体的なもの・ことのひとつひとつについて，「これは私のものではない」「これは私ではない」「これは私の自我ではない」と反復して説く．これらを統括して，〈*諸法無我(しょほうむが)〉(*p*: sabbe dhammā anattā)の著名な術語が普遍化する．

【人無我・法有】*部派仏教に入ると，上述の定型が形式化し，とりわけ最大の*説一切有部(せついっさいうぶ)において，要素ともいうべき〈法(ほう)〉(*s*: dharma)への分析と総合が進展するにともない，その法の*有(う)が立てられるようになる．もとより初期仏教以来の無我説はなお底流として継承されており，ここに〈人無我(にんむが)・法有(ほうう)〉という一種の折衷説が生まれた．このなかの〈法有〉は，法がそれ自身の本質をもって独立に存在する実体(dravya，実物,体)であることを示し，法のもつ固有の本質を*自性(じしょう)(*s*: svabhāva)と呼ぶ．こうして有部を中心とする部派仏教には法の体系が確立され，それは一種の仏教哲学として，現在にいたるまで熱心に学習されている．→法．

【無自性・空】このような法有ないし自性に対して，これを根底から否定し破壊していったのが*大乗仏教とくに*竜樹(りゅうじゅ)であり，自性に反対の*無自性を鮮明にし，空(くう)であることを徹底させた．その論究の根拠は，竜樹によって開拓された従来の*縁起(えんぎ)説の根本的転換であり，それまでのいわば一方的に進行した関係性を，相互依存性へと縦横に広く深く展開させ，自在な互換と複雑で多元的な(なかに相互否定や矛盾をも含む)関係とを導入した．それはまた縁起関係にある各項をどこまでも相対化し，実体的な〈我〉もしくは自性の成立する余地をことごとく奪い去る．このような〈縁起―無自性―空〉の理論は，存在や対象や機能などのいっさい，またことばそのものにも浸透して，あらゆるとらわれから解放された無我説が完成した．竜樹以降の大乗仏教は，インド，チベット，中国，日本その他のいたるところで，すべてこの影響下にあり，空の思想によって完結した無我説をその中心に据えている．→空．

今日ではときにまた，〈無我夢中〉〈無我の境地〉〈無心〉などのように，ある一点への集注の極限において他の夾雑物を完全に排除した心のあり方をさして用いられる．

無外如大 むがいにょだい　1223(貞応2)-98(永仁6)　無着(むちゃく)とも号す．鎌倉時代後期を代表する禅尼．父は安達泰盛(あだちやすもり)，夫は金沢顕時(かなざわあきとき)とする説もあるが，それは，別人の無着と如大を混同したことによる間違いであろう．上杉氏の出身と考えられている．1277年(建治3)に景愛寺の寺地の寄付を受け，後に京都尼五山の筆頭となる景愛寺の開山となった．1285年(弘安8)に*無学祖元(むがくそげん)に参じ，弟子となる．『夢窓国師年譜』などによれば，如大は，無学の死後，無学の*塔頭(たっちゅう)として京都・正脈院を創建した．正脈院は，1340年(暦応3)から42年(康永1)にかけて高師直(こうのもろなお)によって真如寺に発展した．

迎え講 むかえこう　〈迎接会(ごうしょうえ)〉〈来迎会(らいこうえ)〉ともいう．俗に〈練供養(ねりくよう)〉とも称す．*観無量寿経(かんむりょうじゅきょう)の「阿弥陀仏は大光明を放ちて行者の身を照らし，諸(もろもろ)の菩薩と手を授けて迎接したまう」に基づく．*浄土教の講会の一．講会に参加する人たちが配役をきめ，仮面などをかぶり，阿弥陀仏が二十五菩薩を伴って娑婆(しゃば)の衆生(しゅじょう)を救うために*来迎(らいこう)する場面を劇として演じたところから，このようによばれた．恵心僧都(*源信(げんしん))が正暦年中(990-995)に華台院(けだいいん)で行なったのが始まりという(『古事談』3)．平安時代後期以降，浄土教の勃興に伴い，かなり流行した．現在でも奈良県の*当麻寺(たいまでら)などで行われている．「既に迎へ講の日に成りて，儀式ども微妙にして事始まるに，聖人は香炉に火を焼(た)きて娑婆に居たり」〔今昔15-23〕．→練供養．

迎え火 むかえび　〈迎い火〉とも．*盂蘭盆(うらぼん)や*彼岸会(ひがんえ)に，亡者の*精霊(しょうりょう)を迎えるために火を焚くこと．日本の民間では，死んだ仏(ほとけ)の精霊が，盆・彼岸などの供養日に喪家を訪れるという信仰が生きている．家を間違えることのないように，高い竿の先に松明(たいまつ)を燃やしたり灯明を点ずる例もあるが，最も多いのは家の門口か墓前で藁(わら)や苧殻(おがら)を焚く例である．「迎へ火をおもしろがりし子供かな」〔七番日記〕「この夕暮は，亡き人の来る魂祭る業とて…迎ひ火に麻殻の影消えて，十四日の夕間暮」〔浮・好色五人女5〕．→門火(かどび)，送り火．

無学 むがく　⇒有学・無学(うがく・むがく)

無学祖元 むがくそげん　1226(中国宝慶2)-86(日本弘安9)　中国から来日した臨済宗の僧．字(あざな)は子元，無学は道号，祖元は諱(いみな)．明州慶元府(浙江省)の出身．杭州の浄慈寺で出家し，径山(きんざん)の*無準師範(ぶじゅんしばん)に参じ，その法を嗣ぐ．温州(浙江省)能仁寺に住していた1275年(建治1)に，蒙古兵が寺に侵入し，白刃をかざして迫った．その際，無学は「乾坤孤筇(けんこんこきょう)を卓するに地なし，喜び得たり人空法亦空，珍重す大元三尺の剣，電光影裏に春風を斬る」と*偈(げ)を述べて危機を脱したという．無学祖元は，北条時宗により招聘されて，1279年(弘安2)に来日．*建長寺第5代長老を経て，北条時宗が蒙古襲来で死んだ人々の追善のために建てた*円覚寺の開山となり，宋の純粋禅を日本に定着させようと努めた．無学祖元の門流は仏光派というが，*夢窓疎石(むそうそせき)・*無外如大(むがいにょだい)といった優れた弟子が輩出し，日本臨済宗に大きな足跡を残した．語録に『仏光国師語録』10巻がある．謚(おくりな)は仏光禅師．

昔話と仏教 むかしばなしとぶっきょう　昔話と仏教との関係は複雑多様なものがあるが，そのかかわり方を集約すると二つのケースに類別される．1)昔話が仏典から出ている場合，2)昔話が仏教に取りこまれる場合，である．

【仏典由来の昔話】1)を代表するのは昔話が漢訳経典に起源する場合で，昔話の「猿の生肝(いきぎも)(海月(くらげ)骨なし)」「親棄て山(姥捨て山)」「雁と亀」「子育て幽霊」「話千両(話買い)」などがそれである．ちなみに，「猿の生肝」の原話は本生譚(ほんじょうたん)として生経(しょうきょう)1の「鼈獼猴経」にみえ，*六度集経(ろくどじっきょう)4，*仏本行集経(ぶつほんぎょうじっきょう)31にも異伝を収める．類話は*ジャータカに3伝あり，*『パンチャタントラ』4にも出ているが，日本の場合は漢訳経典またはそれを引用した中国の仏書を介して受容したとみてよく，それが伝承間に諸伝の雑糅(ざつじゅう)や語り口の改変など種々の変容を経て〈昔話〉に至ったものである．*『注好選』下13，*『今昔物語集』5-25，*『沙石集』5本-8などはそうした変容の足跡の記録であり，近世の赤本『猿のいきぎも』などになると，本話は完全に昔話になりきっている．それぞれの伝承事情は異なっても，「親棄て山」と雑宝蔵経1-9，「雁と亀」と*『五分律』・旧雑譬喩経1，「子育て幽霊」と旃陀越国王経，「話千両」と天尊説阿育王譬喩経・十巻譬喩経(*『経律異相』44所収)の関係も，基本的には「猿の生肝」の場合と大同小異である．→棄老(きろう)説話．

【仏教に取り込まれた昔話】一方，2)の例としては，『沙石集』や*『雑談集(ぞうたんしゅう)』が昔話の「猿地蔵」や「和尚と小僧」を取りこんでいることで有名であるが，これより古く

*『日本霊異記』にも昔話とつながる説話が散見し，「狐女房」の古型や，仏教説話化された「蟹報恩」「唄う骨(枯骨報恩)」などの話型がみえる．下って『今昔物語集』になると，この種の昔話と関係の深い仏教説話が一段と増加し，「藁しべ長者」の祖型として知られる長谷寺霊験譚も本書16-28に初見する．この話は長谷寺教団が同話型の民間説話に想を得て創出した布教用の霊験譚で，同寺の勧進聖ひじりがこれを各地に持ち回ったことが「藁しべ長者」の話型の伝播につながったともされる．とすれば，これなどは昔話と仏教との関係が二転三転した複雑な事例といえよう．

【説法教化と昔話】1)，2)を問わず，こうした昔話と仏教との密接な関連を生み出す強力な媒体となったのが布教勧進手段としての説法教化で，いってみれば，1)はそのための資料を漢訳経典などの仏典に求めたことからの帰結であり，2)はそのための資料を昔話などの民間伝承に採取したケースである．もともと経典中の*本生・譬喩ひゆ譚は説法の資料そのものであったし，一方民間伝承は民衆になじみ深いものであっただけに，それを*説経に取りこむことによって一段の効果が期待できたわけである．これらの話は説経を通じて都鄙に伝播し，時に*廻国遊行の徒などによって各地に運搬されることもあった．受容する民衆がそれを自分たちの話題とし，彼等の創意を加えて育て上げる時に，やがて外来の話は土地になじんだ昔話として定着することになる．

無関普門 むかんふもん　1212(建暦2)-91(正応4)　法諱ほうきは正しくは玄悟げんごで，普門は房号．大明だいみん国師．臨済宗の僧．信濃国(長野県)高井郡保科御厨の生まれで，井上氏(源氏)もしくは保科氏(神氏)の出身．13歳の時に越後国にいた叔父の寂円のもとで得度．信濃国の別所安楽寺あんらくじや上野国の世良田長楽寺ちょうらくじで研学し，京都*東福寺とうふくじの*円爾弁円えんにべんねんに参禅したあと，越後国の華報寺けほうじの住持を勤めた．1251年(建長3)入宋し，浙江省を中心に各地の禅宗寺院で修行．帰国後は越後国の正円寺しょうえんじや摂津国の光雲寺などに歴住．1281年(弘安4)東福寺第3世住持となり，さらに1291年(正応4)亀山上皇に請じられて，その離宮(禅林寺殿)を寺院とした*南禅寺なんぜんじの開山となった．これについては，禅林寺殿に出没した妖怪を禅の力で退けたことがきっかけで，上皇が禅宗に帰依し，離宮を禅刹に改めたとの逸話が伝わっている．

無記 むき［s: avyākṛta, p: avyākata］　回答されないこと，あるいは説明されないこと．ゴータマ-ブッダ(*釈迦しゃか)によって捨て置かれ，回答されることがなかった，ある種の形而上学的な主張ないし問いをさす．〈捨置記しゃちき〉ともいう．すなわち，1)世界は*常住じょうじゅう(永遠)であるか，*無常であるか，2)世界は有限であるか，無限であるか，3)*霊魂(jīva)と身体とは同一であるか，別異であるか，4)*如来にょらいは死後に存在するのか，存在しないのか，存在しかつ非存在であるのか，存在もせず非存在でもないのか，という4種類，10項目の主張ないし問いである．ただし，北伝の対応経典やインドの後代の論書では，4)に見られるような4つの選択肢(*四句)が1)と2)にも適用されて，総計で14項目(十四無記じゅうしむき)になる例が多い．ブッダは不回答の理由を，これらは「無益で，法に適合せず，…涅槃に導かないから」であると説明する．

また，区別されないこと，の意．あらゆるものを倫理的観点から善・悪，および善とも悪とも区別されないものの三者に分ける場合の，第三の善・悪に区別されないものを〈無記〉という．これに〈有覆無記うふくむき〉(*煩悩ぼんのうのけがれのある)と〈無覆無記むふくむき〉(煩悩のけがれのない)の二つがある．→善悪．

「思の心所は，心を善にも悪にも無記にも作り成す心なり」〔法相二巻抄上〕

無垢 むく［s: amala, nirmala, vimala］〈垢〉(mala)は*煩悩ぼんのうの意．煩悩，けがれがなく，*清浄しょうじょうなこと．〈有垢うく〉(samala)の対．汚れている*真如しんにょ(有垢真如)に対して清浄な真如を〈無垢真如〉という．*無漏むろ．また，けがれのないもの，*如来にょらいを特に指すこともある．「女人五つの障りあり，無垢の浄土はうとけれど，蓮花し濁りに開くれば，竜女も仏に成りにけり」〔梁塵116〕

向原寺 むくはらでら　奈良県高市郡明日香村にあった寺．『日本書紀』によれば，欽明13年(552)に天皇は崇仏の可否を群臣に尋ね，蘇我稲目(そがのいなめ)は可とし物部尾輿(もののべのおこし)らは否とした．稲目は百済(くだら)の*聖明王(せいめいおう)から献上された仏像などを与えられ，向原(むくはら)(豊浦(とゆら)の地にあった)の家を寺とした．それが向原寺で，わが国における仏寺の最初である．稲目が没した直後，向原の家は反仏派によって焼かれたが，やがて再興がはかられ，向原の家を移して〈桜井道場〉が造られ，それがさらに豊浦宮域に遷されて〈豊浦寺(とゆらでら)〉(建興寺ともいう．尼寺)となった．

無功用 むくゆう [s: anābhoga] 〈功用〉は身(しん)・口(く)・意(い)の意識的所作，作用をいう．〈無功用〉はそれがないことで，意識的な努力を必要としない意．無為自然の境地．*五十二位の第八地に至った*菩薩(ぼさつ)は，修行と*本願が熟しているため，意図しなくても自然に*利他行(りたぎょう)を行ずるといわれ，第八地以上を〈無功用地〉ともいう．「三には念不退．八地已去(いこ)は無功用にして，意(こころ)に自在を得るが故に」〔往生要集大文第10〕「これより三十四転してこの身を生成養育せん．五大五行の功用にあらずといふ事なし」〔真言内証義〕

無価 むげ 〈むか〉とも読む．価値をはかることができないほど貴重なこと．人心本具の*仏性(ぶっしょう)を〈無価の大宝〉〈無価の珍〉などという．「信楽慚愧のころものうらに一乗無価の玉をかけながら，隔生即忘して」〔黒谷上人語灯録12〕「戒をたもたぬ人は皆，心の馬もしづまらず，酔ひて忘れしむげの珠，これまた酒のとがぞかし」〔酒食論〕

無礙 むげ 〈無碍〉とも書く．物質的に空間を占めて他のものの妨げとなることがないことであるが，自由自在に融通して障りのないこと，*無所得(むしょとく)をも表す．光り映えていること，もしくは仏の*光明(こうみょう)を〈無礙光〉といい，親鸞(しんらん)の*『歎異抄(たんにしょう)』で称する〈無礙の一道〉とは，いかなるものにも妨げられない1本の道を意味する．「如来の大慈大悲と説法と，無碍の静慮(じょうりょ)と，一念によく無辺の類ひの身を現ずると」〔往生要集大文第6〕

無見 むけん ⇒有見・無見(うけん・むけん)

無間 むけん [s: ānantarya] 間断ない意．ある出来事から次の出来事までの間隔がないこと，あることの後に次のことが間をおかずただちに起ることをいう．*五逆(ごぎゃく)の罪は，それを犯すと死後ただちに*地獄に堕(お)ちるような行為なので，〈無間業(むけんごう)〉という．また〈*無間地獄〉は，間断なく苦を受け，楽をする間(ま)がない地獄のこと．サンスクリット語 Avīci を音写して〈*阿鼻(あび)〉とも言われる．「大苦悩を受くる事すこしも間(ひま)無き故に，無間と名づく」〔孝養集上〕「道綽四修をたてて，長時修・無間修といひつつ，唱念間断なかりけり」〔野守鏡〕

無間地獄 むけんじごく [s: Avīci] 〈*無間〉は原語の漢訳語で，音写は〈阿鼻(あび)〉．阿鼻地獄に同じ．「札銘には，無間地獄の罪人源義家と書きたり」〔古事談4〕．→阿鼻，八熱地獄，地獄．

夢幻泡影 むげんほうよう 一切存在が実体を持たず，*空(くう)であることを喩(たと)える．また，*無常の喩えとしても用いる．*金剛般若経(こんごうはんにゃきょう)に「一切有為法，夢幻泡影の如し」とあるのに基づく．同じことを大品般若経では幻・焔・水中月・虚空・響・乾闥婆・夢・影・鏡中像・化の〈十喩〉で表している．「この身は脆(もろ)きこと泡沫の如し，吾が命(めい)の仮なること夢幻の如し」〔性霊集8〕「一切世の中にあらゆることは，皆夢幻泡影露電の如くにて，一つも実なしと観ぜよ」〔驢鞍橋〕

無根 むこん 〈*根〉は，器官・能力などの義をもち，仏教用語として様々の概念を表す．〈無根〉とは，それらの能力・器官の欠けた状態をいい，大別して3種に分かれる．一は，根拠のないこと，つまり虚偽．二は，信根のないこと，つまり信仰をもたず仏教に縁のない者のこと．三は，男根・女根を持たない者のことで，*戒律の規定では*出家を許されないことになっている．「無根の大童(おおわらは)，上より躍り下りて，具して上らむと欲すれども，我，これを受けず」〔明恵上人夢記〕「その施を償はんが為に，無根石女(しゃくにょ)として皇后に随へり」〔壒嚢鈔7〕

無言 むごん ものを言わないこと．沈黙を守ること．沈黙は精神生活にとって大切なものとされ，やがて〈無言の行(ぎょう)〉(無言戒)として修行徳目に数えられるに至った．これは*婆羅門(ばらもん)の修行が仏教に採用されたものである．また，真理はことば(*言説(ごんせつ))では表現できないことをいう．あらゆる思想や概念を超越している(無言無説)などと強調されるに至った．*維摩経(ゆいまぎょう)では，〈維摩の無言(沈黙)〉が最高の境地である不二法門(ふにほうもん)(生滅や善悪などの相対的二者の対立を越えた絶対的な境地をさす)を示したものとして評価されている．中国の道家思想においても根源的真理である*道(どう)は，言語による表現を超越しているから〈無言〉であるとされ，道の体得者は「悠として其れ言を貴(遺)(わす)る」〔老子17〕忘言の境地に自適するものであるとされる．

「今日より始めて，無言断食す」〔拾遺往生伝下15〕「道場に入り，四人座を並(なら)べ，七日の無言を始む」〔沙石集4-1〕

無言太子 むごんたいし　*六度集経(ろくどじっきょう)4.太子墓魄経などに説く釈尊の*前生(ぜんしょう)で，*波羅奈(はらな)国王の太子，名は墓魄という．生れながら*三世(さんぜ)を洞察したが13歳まで物を言わず，父王や*婆羅門(ばらもん)に忌避されて生埋めにされそうになったが脱出し，後に父王に迎えられるがことわり，自分の須念王時代の*本生(ほんじょう)を語って無言の由来を説いて父王を教化したという．単経として仏説太子墓(慕)魄経(太子沐魄経とも)が2訳あるが，説くところはいずれも大同小異である．無言戒・無言行の由来や功徳(くどく)を説く経説として知られ，『源氏物語』夕霧に「無言太子とか，小法師ばらが悲しきことにするたとひのやうに，あしきことよきことを思ひ知りながら埋もれなむも言ふかひなし」とあるのもこの本生譚を踏まえたもの．なお，これと同類に〈無言童子〉があり，*王舎城(おうしゃじょう)の師子将軍の子として，大集経12.無言童子品やその異訳の単経仏説無言童子経にみえる．

無作 むさ［s: anabhisaṃskāra, akṛtrima, akṛta］　形成するはたらきのないこと，人為的でないこと，または，形成されていないもの，人為的でないものを意味する．〈有作(うさ)〉(ābhisaṃskārika)に対立する．無作は有作より価値の高いものとされ，〈無作の三身〉(修行によらない本来的な仏の*三身)，〈無作の四諦(したい)〉(あるがままの*四諦)というように用いられる．「有為の報仏は夢中の権果，無作の三身は覚前の実仏」〔ささめごと〕．→有作．

無慙 むざん［s: āhrīkya］　〈無慚〉とも書く．過失を犯しても自分自身に対して恥じることがない心．*随煩悩(ずいぼんのう)の一つ．これに対して，他者に対して自分の過失を恥じることのない心を〈無愧(むき)〉という．この無慙と無愧との二つの心は，悪行為をますます増大させる働きがある．*説一切有部(せついっさいうぶ)はこの二つの心作用を〈大不善地法〉とした．なお〈無慙〉は〈慙無し〉と訓読されたり，〈破戒〉と複合して〈破戒無慙〉の形で用いられることも多い．俗に〈無残〉〈無惨〉とも書き，いたわしい，いたましいなどの意に用いられる．

「無慙は，人にもはぢずして，善根をかろくして，もろもろのつみを作る心なり」〔法相二巻抄上〕「人の身を受け法師と成れりといへども，戒を破り慙(はぢ)無くして，返りて悪道に堕ちなむとす」〔今昔15-28〕

無始 むし［s: anādi, anādika］　原語は，始まりなき，無限の過去より永久に存するの意で，その漢訳語．また anādi-kālika(無始時来(むしじらい))の訳語でもあり，意味は同じ．いずれも，いくらさかのぼってもその始点を知りえない限りなき過去．〈無始曠劫(こうごう)〉ともいう．また〈無始古仏〉は，久遠の過去に*悟りを開き，永遠*常住の仏．なお，漢語としては『荘子』列禦寇「彼の至人は，精神を無始に帰す」のように，始めも終わりもなき真実在の世界を表す言葉．「大夫阿闍梨実印といふ僧の無始の罪障，悉(ことごと)く滅するなり」〔発心集7〕

無字 むじ　禅宗の*公案．*『無門関』第1則の「趙州(じょうしゅう)無字(狗子仏性(くしぶっしょう))」に「僧が，犬にも仏性があるかと尋ねたとき，趙州は無と答えた」とある．もともとこの「無」は「ない」という否定の答えであったが，五祖法演(ほうえん)(?-1104)の頃から，この「無」に特別の重みをもたせて，公案として重視するようになった．この「無」は，しばしば「ある」(有)に対する「ない」(無)ではなくて，有無の二元対立を超えた〈絶対無〉と解されるが，それでも不十分であり，そのような言表をも超えて，言語の意味機能自体を解体してしまう．そこに開かれてくる新たな世界の体得が要請されるのである．→狗子仏性，趙州従諗(じょうしゅうじゅうしん)．

「趙州真際大師にある僧とふ，狗子(くし)還(わん)有仏性也無(狗子にまた仏性有りや無(いな)や)…趙州いはく，無．この道を聞きて，習学すべき

方路あり」〔正法眼蔵仏性〕

無色界 むしきかい　*欲界・*色界・無色界からなる〈三界〉の最上層で，欲望も物質的な制約もはなれた高度に精神的な世界．*空無辺処から非想非非想処(*非想非非想天)までの四無色定の*禅定を修める者の境域．→三界，四無色定，天．

無自性 むじしょう　[*s*: niḥsvabhāva, asvabhāva]　固有の本質(自性)をもたないこと．〈有ぅ自性〉の対．すべての事物(bhāva)は，他のさまざまな事物や構成要素に依存しており，それゆえ固有の本質を欠いているという意味．竜樹は*『中論』第15章において「自性は他に関係せず，作られない」と定義づけ，これにより，自性を欠いていることを意味する*空と無自性とは同義であるという．この定義によれば，他に関係するものはすべて無自性であり，それゆえまた，他の事物に縁って生起することをさす*縁起は，必然的に空＝無自性を含意するという．竜樹によるこの無自性説は，*説一切有部が*諸法に自性を認め，そのうえで作用間の*因果などにより諸法の生成や消滅を説明する点を強く批判している．なおまた，*瑜伽行派の依用経典である*『解深密経』は，諸法の遍計所執・依他起・円成実の三相(＝三性)が，それぞれ自相・生起・勝義の観点から無自性であること(三無自性，三無性)を説く．→自性，空，三性．

無師独悟 むしどくご　〈無師自悟〉ともいう．師の指導に従わず，独自に修行をして*悟りを開くことをいう．ゴータマ-ブッダ自身，無師独悟であったが，仏教が教団として成立すると，弟子たちは，先覚者としてのブッダの教えを聞いて悟りを開くことが一般的となった(*声聞)．しかし，やがてブッダと同じように無師独悟するものも存在すると考えられるようになり，これを〈独覚〉(*縁覚)と呼ぶようになり，ブッダとの相違は，*慈悲に基づいて人々を導くかどうかにあるとされた．

後世，一般に仏教徒は経論に基づいてブッダの悟りを理解しようと努めたが，そこでは師からの教理の伝承はあっても，開悟自体はほとんど問題とならなかった．しかし，経論による理解よりも，ブッダの悟りそのものに直参することを目指す人々が現れると，無師独悟が再び具体的な問題となり，得られた悟りは〈*自然智〉などと呼ばれるようになった．なかでも*坐禅の実践を重視した禅宗では，無師独悟する人がしばしば現れたが，その場合でも，その悟りの正しさを証明する明師の*印可はどうしても必要であるとされた．なお，禅宗では，師の指導は単に*機縁を与えるに過ぎず，悟りに至るのも，結局は自分の力によるほかはないという意味で，弟子を激励するとともに悟りの根源性を示すために，しばしばこの言葉が用いられた．

「無師独悟は，法性の施為なり．たとひ生知なりとも，かならず尋師訪道すべし」〔正法眼蔵法性〕「これらの秀歌，まことに法身の体，無師自悟の歌なるべし」〔ささめごと〕

無始無終 むしむしゅう　いくら遡ってもその始点がない無限の過去より，未来永劫にわたる意．〈無始〉のみの場合は，〈無始無明〉や〈無始貪瞋癡〉のように好ましくない意味で使われることが多いが，〈無始無終〉の場合は，僧肇の*『肇論』に「真解脱者，離於言数，寂滅永安，無始無終」(真の解脱とは，言数を離れ，寂滅して永く安らかに，始めなく終りなし)，「我観如来無始無終」(我，如来は始めなく終りなきを観る)のように，*仏法・*如来・*涅槃の永遠性を形容することが多い．「仏々正伝する大道の，断絶を超越し，無始無終を脱落せる宗旨，ひとり仏道のみに正伝せり」〔正法眼蔵行仏威儀〕

無着 むじゃく　[*s*: Asaṅga]　395-470頃　アサンガの漢訳名．〈無著〉とも書く．*弥勒(マイトレーヤ)→無着→*世親(ヴァスバンドゥ)とつづく*唯識派の三大論師の一人で，世親の兄．弥勒によって説かれたとされる*三性説，アーラヤ識(*阿頼耶識)説，唯識無境説などの初期の*瑜伽行派の諸説を整理して，唯識思想の教理的基礎を築いた人．北インド，ガンダーラ国のプルシャプラ(現在のペシャーワル)に生れ，はじめ小乗仏教に入って空観を修行したが，それに満足せず，弥勒について大乗の空観を学んで*大悟したといわれる．著書としては，主著の*『摂大乗論』の他に『阿毘達磨集論』『顕揚聖教論』『順中論』『金剛般若経論』などがある．

無遮大会 むしゃだいえ　男女・貴賤・道俗などの区別なく平等に財施・法施(→布施ふせ)を行う法会のこと．5年に一度行うことから，〈五年大会ごねんだいえ〉(pañcavarṣika)とも呼ばれる．インドではアショーカ王(*阿育王あいくおう)がこの大会を開いたといわれ，中国でも梁の*武帝の治世に，529年の同泰寺どうたいじにおける大会を初めとしてしばしば催された．

日本では596年(推古4)*飛鳥寺あすかでらの落慶の際に無遮大会が催されたと伝えるが，以降も686年(朱鳥1)に天武天皇の*追善を目的に大官大寺だいかんだいじや飛鳥寺などの5寺で開かれたのをはじめ，宮中や諸寺で盛大に催された．特に861年(貞観3)には東大寺大仏修理後の法会として無遮大会が催されたが，その際，全国に10日間の殺生禁断が命じられ，諸国の*国分寺・国分尼寺に部内の僧尼を請じて*供養を施し，また参集した人々には*十善戒じゅうぜんかいが授けられた．なお，民間においても，私的な発願から一種の社会的作善として無遮会が行われることもあった．

「無遮大会かぎりなきをがみを五つの寺，大官・飛鳥・川原・小墾田豊浦をはりだのとゆら・坂田に設く」〔書紀朱鳥1〕「広き河原において，仮舎を立て作りて，無遮の法会を修す」〔法華験記上40〕

無住 むじゅう　[s: apratiṣṭhita, apratiṣṭhāna]　住するところがない，よりどころがないという意味で，何事にも執着しゅうじゃくをしない自由な悟りの境地をいう．〈不住〉ともいう．悟りの境地を〈*涅槃ねはん〉というが，小乗では身体が残ったままの涅槃を〈有余依うよえ涅槃〉(有余涅槃)，身体が滅した死後の涅槃を〈無余依涅槃〉(無余涅槃)とよび，この二つの涅槃のみを説くのに対して，大乗は涅槃にも住しない〈無住涅槃〉〈*不住涅槃〉ないし〈無住処涅槃〉という新たな涅槃を立て，これを*菩薩ぼさつが目指すべき涅槃と考えた．生死はもとより涅槃にも執着することなく，あくまでも衆生済度を本願とする菩薩の生き方を表したことばである．「無住自性清浄，涅槃の境なるべし」〔ささめごと〕

無住道暁 むじゅうどうぎょう　1226(嘉禄2)-1312(正和1)　臨済宗の僧．無住は道号，道暁は諱いみな．また〈一円いちえん〉と号す．俗姓梶原氏．鎌倉に生れ，18歳の時，常陸で出家した．28歳で遁世して律僧(当時，常陸三村寺で活動していた*忍性にんしょうの弟子か)となったが，35歳で*寿福寺に入り禅僧となった．後に西上して諸宗を学び，臨済宗東福寺派の*円爾弁円えんにべんねんの弟子となって禅密兼修を宗とした．尾張の長母寺(名古屋市東区)の住持として後半生を送り，修行のかたわら*『沙石集しゃせきしゅう』『聖財集』『妻鏡』*『雑談集ぞうたんしゅう』を書き，説話集編者として文学史にも名を残している．博識の僧侶で，話題の豊富さ，語り口の巧みさを特色とする．

無生 むしょう　生成変化の次元を超えていること．一切のものは*空くうであり，それ自体の固有の性質を持たず，したがって生じたり滅したりして変化することがないことをいう．一切万物が生滅して*無常であると認識する小乗の立場に対して，大乗の空観くうがんでは，生滅変化しているように見えるのは，人間の誤った*分別ふんべつの所産にすぎないと考える．なお，生滅変化を超越しているという点から，*涅槃ねはんや*法性ほっしょう，*如来蔵にょらいぞうなどを〈無生〉と形容する．「禅師今無生の法をとき給ふ．吾聴聞して忽たちまちに業苦を離れて」〔盛衰記9〕「真に無生を観ずるは究竟の持戒なり」〔ささめごと〕．→不生．

無性 むしょう　① [s: niḥsvabhāva] 固定した実体のないこと．またそのようなものが実在しないことであって，〈*空くう〉と同義語である．〈*無自性むじしょう〉ともいう．大乗仏教においては，あらゆるものは*因縁によって生起するゆえに無自性・空であると説く．

② [s: agotra] *菩薩ぼさつ・独覚どっかく(*縁覚えんがく)・*声聞しょうもんの三乗の悟りを得る素質(性)のない者，とくに*仏性ぶっしょうのない者をいう．〈無性(姓)有情うじょう〉の略であって，〈無種性(姓)むしゅしょう〉ともいう．唯識*法相宗ゆいしきほっそうしゅうの教義において五性の中の一つに数え，永久に*成仏できないものとされる．「ある衆生は三乗の種子皆無し．此の人は何いつと無く凡夫にてはつるなり．是れを無性有情と名付く」〔法相二巻抄下〕．→五性各別ごしょうかくべつ．

無上 むじょう　[s: anuttara]　この上なくすぐれた．それより上がないこと．〈阿耨多羅あのくたら〉と音写される．〈無上〉という語は中国の古典では『管子』宙合などに用例がある．〈無上正等覚むじょうしょうとうがく〉(無上等正覚・*阿耨多羅三藐三菩提さんみゃくさんぼだい)はこの上なく正しい悟り．〈無上道(むじょうどう)〉はこの上なくすぐれた道または悟り．〈無上甚深(むじょうじんじん)〉は，この上なくすぐれていて意味内容がきわめて深いこと(→開経偈)．また，仏のことを〈無上士〉あるいは〈無上尊〉という．「其の太子，世を厭ひて家を出でて，山に入りて六年苦行を修して，無上道を得給へりき」〔今昔 6-1〕「補処の弥勒におなじくて，無上覚をさとるなり」〔正像末和讃〕

無常 むじょう [*s*: anitya, *p*: anicca]　常(つね)でないこと，永続性をもたないこと．*常住(じょうじゅう)の対．*苦，*無我とならんで，仏教の伝統的な現実認識を示す．ひとの生存をふくめ，この世でわれわれが目にするすべては移ろいゆくものであり，一瞬たりとも留まることがないということ．この無常説は後に，すべての存在するものは刹那(せつな)に滅するものであるという*刹那滅論を生むことになる．

【初期仏教の無常説】初期の仏典はしばしば，*五蘊(ごうん)や*十八界(じゅうはっかい)に代表される一切の形成されたものは無常であり，それゆえ苦であり，それゆえそれらは*我(が)ではありえない，すなわち無我(非我)であると語る．そのうえで，*涅槃(ねはん)こそは静寂(*涅槃寂静)で，真楽であることを強調する．これらの説は後に整理され，*諸行無常・*一切皆苦・*諸法無我・涅槃寂静は，仏教の教理上の特徴を示すしるしであるとして，四つの法印(*四法印)と呼ばれた．

【日本文芸での展開】わが国の文芸における〈無常〉の初出は『万葉集』で，そこには〈人間無常〉と〈世間無常〉の2観念が認められる．「水泡(みなわ)なすもろき命」「人は花物ぞ」などは前者に，「世の中を常なきものと今ぞ知る」「世の中は数なきもの」などは後者にあたる．また，無常の受けとめ方に，「この世なる間は楽しくをあらな」という現世享楽的な態度と「潮干の山(彼岸)を偲(しの)ひつるかも」という涅槃(ねはん)憧憬的な態度の2種が見られる．

平安時代に入ると無常思想は一段と浸透し，流転する現世を〈憂き世〉とする美意識も次第に高まってくる．早く空海は*『三教指帰(さんごうしいき)』に無常論を展開し，『古今和歌集』にも詠嘆的無常観に立つ詠歌が少なくない．さらに10世紀の後半から11世紀，『蜻蛉日記』『宇津保物語』などを経て*『源氏物語』に至る王朝文学にも，世間無常の観念は色濃く投影されてくる．そして985年(寛和1)に源信の*『往生要集(おうじょうようしゅう)』が成り，〈人道〉が不浄・苦・無常の三相の下に説明され，「無常の殺鬼は豪賢を択ばず」と，〈無常〉に〈死〉そのものの観念が与えられる．以来それを展開させた浄土教団の活動と*末法(まっぽう)思想の台頭の中で，それを裏づけるように12世紀後半に内乱や天災地変が打ち続いたことを反映してか，13世紀の文学・思想書には〈無常〉の語が頻出する．藤原俊成(ふじわらのしゅんぜい)や*西行(さいぎょう)のような時代を代表する歌人が〈無常〉と題する歌を詠み，和歌所の寄人(よりうど)であった鴨長明(かものちょうめい)が自伝的評論*『方丈記』の巻頭に万象の解釈原理としての無常観を掲げ，それとほぼ時を同じくして，*『発心集(ほっしんしゅう)』*『撰集抄(せんじゅうしょう)』*『一言芳談(いちごんほうだん)』や道元・親鸞・日蓮らの法語類が，〈無常〉を絶対の規範視してそれへの帰服・随順を説いた．

一方，滅びの哲理である〈無常〉の世界観により，無常の運命に抗して敗れた一門の盛衰を叙した*『平家物語』以下，14世紀の文学には，〈死〉の同義語，または比喩的表現としての〈無常〉の語が，「無常の虎の身を責むる」「終(つひ)には皆無常の殺鬼に逢ひ」〔太平記〕，「無常の風に誘はれ，ただいま冥途に赴く」〔狂言・朝比奈〕，「無常の来たる事は，水火の攻むるよりもすみやかに，逃れがたきものを」〔徒然〕のように多用され，『宴曲集(えんきょくしゅう)』のような謡い物にも〈無常〉物が不動の地歩を占めるに至る．こうして近世に入ると，「荷桶おろして無常観じける(ままならぬことを嘆じた)」〔浮・日本永代蔵〕，「大晦日の暮がたに此の男無常発(おこ)り(世をはかなみ)」〔浮・世間胸算用〕のように日用語として用いられるほどに通俗化した．

「その，主(あるじ)と栖(すみか)と無常を争ふさま，いはばあさがほの露に異ならず」〔方丈記〕「普賢品を書写し已(をは)りて，開講供養し，合掌礼敬(らいきやう)して，すなはち無常に帰せり」〔法華験記 上23〕

無情説法 むじょうせっぽう　無情の*説法．〈無情〉は〈*非情〉ともいい，感情や意識のないもので，一般に山川草木瓦礫などを指す．〈無情説法〉は禅宗の用語で，中国の*『景徳伝灯録(けいとくでんとうろく)』15によれば，*洞山良价(とうざんりょうかい)(807–

869)の「無情説法はどのような人が聞き得るのか」という問いに対し，雲巌曇晟うんがんどんじょう(782-841)は「無情説法は無情が聞くことを得る」と答えた．これを聞いて洞山は「無情説法(解説)は不思議である．もし耳で聴こうとしても声が現れず，眼で声を聞いて方はじめて知ることができる」という*偈げを呈して去ったという．

日本の道元は*『正法眼蔵』無情説法において，無情を草木瓦礫と認めるのは浅薄な理解であるとしてこれを退け，無情は諸聖であり諸聖は無情であるとし，「無情所説無情なり(無情の説くことは無情そのものである)，無情説法即無情なるがゆゑに(無情の説法がそのまま無情そのものだからである)．しかあればすなはち無情説法なり」と説いている．ここにいう〈無情〉は真理そのもの，真理の具現者を指すとみられ，凡・聖，有情・無情の対立を超越しており思議することはできず，道元は「たとひ眼処聞声を体究せずとも，無情説法，無情得聞を体達すべし，脱落(*解脱げだつ)すべし，この道理つたはれるゆゑに」と説いている．

無常堂 むじょうどう　〈無常院〉〈涅槃堂ねはんどう〉〈延寿堂えんじゅどう〉とも称す．重病の僧を看護する堂．*祇園精舎ぎおんしょうじゃの西北角に設けられた．堂の四壁には，白骨の状を描き，死者が出れば南門より死体を出したという．また，白銀鐘・頗梨はり鐘各4個を備え，僧の死去に際して打ち鳴らした．*『平家物語』の「祇園精舎の鐘の声」というのは，その鐘の音をいう．985年(寛和1)に成立した源信の*『往生要集おうじょうようしゅう』「臨終の行儀」では，祇園精舎の無常院を引き，病者があれば，無常堂に移住させ，そこで臨終の行儀を整え，往生の想いをなすべきと説く．以後，無常堂は念仏僧によって広められ，鎌倉時代以後は，禅・律宗系の寺院にも設定された．他方，寺院の僧侶のみならず，『鎌倉幕府法』には，都市鎌倉を対象にして，路辺に遺棄された病者があれば無常堂へ送るように規定され，一般市民も無常堂へ送られるようになっていった．それにより，無常堂は葬地とも考えられるようになった．

無生法忍 むしょうほうにん　[*s*: anutpattika-dharma-kṣānti]　〈無生忍〉ともいう．一切のもの(*法)が*空くうであり，それ自体の固有の性質を持たず，したがって生滅変化を超えている(*無生)という道理を受け入れること(*忍)．kṣānti は通常忍耐の意で，それを〈忍〉と訳しているが，この場合の kṣānti は，事実や道理をそれとして受け入れるという意味．〈忍〉は〈認〉に通ずると解することもできる．無生法忍は大乗独自の概念である．*『大智度論』などは*不退の菩薩の段階で得ると説く．また，無量寿経上などは音響忍・柔順忍・無生法忍の〈三忍〉をあげる．「その善をもって城みやこの人，皆無生法忍を得てけり」〔今昔1-14〕「仏に値あひ法を聞きて無生忍を得る」〔顕戒論中〕

無上瑜伽タントラ むじょうゆが　インドで8世紀後半以後，*金剛頂経こんごうちょうきょう系の密教が発展して成立した後期密教の聖典群．*『秘密集会ひみつしゅうえタントラ』を中心とする〈父ちタントラ〉と*『ヘーヴァジュラ-タントラ』『サンヴァラ-タントラ』を中心とする〈母ははタントラ〉があり，11世紀に成立した*『時輪タントラ』は，両者を止揚統合する〈不二ふにタントラ〉といわれる．なお，〈無上瑜伽〉の語は，チベット語の〈ネンジョル-ラメー〉(rnal 'byor bla med)を訳したもので，サンスクリットの原語は yoganiruttara である．チベット仏教では，*所作しょさ・*行ぎょう・*瑜伽ゆが・無上瑜伽の四部タントラのうちで最高に位置づけられるが，中国では，一部が北宋時代に漢訳されたものの流行しなかった．インドでは最近，無上瑜伽系の仏像がいくつか発見されているが，その数は多くない．これはその伝授が秘密裡に行われ，一般信徒に無上瑜伽系の図像を示すことが禁止されていたからと考えられる．

無所得 むしょとく　[*s*: anupalabdhi, aprāptitva]　対象を実体として知覚しないこと．主観と客観の区別がないこと．また，あれこれと思いはかることや，*執着しゅうじゃくがないこと．この場合，〈無所有むしょう〉ともいわれる．とらわれの心がなく自由な境地．〈有所得〉の対．一般には，収入がないことや獲得するものがないこと(この場合 aprāptitva)の意味でいわれるが，仏教では，実体として得るもののないことが*空くうの認識と結びつくとみなされた．「無所得，無所悟にて，端坐して時を移さば，すなはち祖道なるべし」〔随聞記6〕. →有所得.

無心 むしん　〈心〉とは心の働きで，その働きがないことを〈無心〉という．仏教では，*妄念を断滅した真心を指していう〔宗鏡録45，83，金剛経，伝心法要下〕．心は対象に具体的な*相を認めて働き，その相にとらわれるが，そのようなとらわれ，迷いを脱した心の状態(無心)こそが真理(*法)を観照できるとされる．禅宗では「無念を宗とす」〔頓悟要門など〕として，無念無想，つまり無心の状態を重んずる．漢語の〈無心〉については，心の働きのない意味で『荘子』知北遊や『列子』仲尼などに用例が見えるが，陶淵明「帰去来辞」では，特に成心のない意味で用いた例が見える．
「古徳の云はく，心外に魔障なし，無心なるは即ち降魔なりと云々」〔夢中問答上〕．→有心・無心，無念．

無尽講 むじんこう　金融の相互扶助を目的とし，複数の人を講中として構成した組織．〈講〉は，*縁によって結ばれている人間関係は「尽きることが無い」という自覚から起り，相互に信頼される者たちで構成されるので，仏教・神道の同一集団内部で活用されることが多かった．江戸では〈無尽講〉あるいは〈無尽〉といい，京阪では〈頼母子〉(頼母子講とも)と普通にはいう．講中は一定の期間に一定額の掛金をし，その掛金を受け取る者の順序を決める．全員が掛金を受け取ると講は解散する．くじびきで掛金受取りの順番を決めることもあり，これが次に博打に転用されることもあった．天狗頼母子などはこれで，江戸幕府が禁止の触書を出したのはこのたぐいの無尽・頼母子である．→講．
「後家，町中に歎き，この家をたのもし(頼母子)の入札にして売りける」〔浮・日本永代蔵1〕「曲物に一から十五までの木札を入れ，右の手に錐を持ちて，天狗頼母子と名付け，道行く人を詐し」〔浮・本朝二十不孝3〕

無尽蔵 むじんぞう［*s*: akṣaya-ākara］　いくら取り出しても尽きることのない財宝を収めた蔵．仏の教法は広大無限の*功徳を内包していることを喩えてよく用いられる．*維摩経仏道品に「諸有の貧窮の者には，無尽の蔵を現作す」とある．
また，中国の寺院に置かれた金融機関の名を〈無尽蔵〉といった．これは信者から*布施された財物をもとに貸付を行なって，庶民に急場しのぎの資金を提供し，同時に飢饉のときの貧民救済や*伽藍の修復に備えようとするもので，南北朝期(420–589)から設けられ，唐代(618–907)には盛んとなったものだが，特に長安にあった*三階教の化度寺の無尽蔵院が有名であり，簡単な手続きで，しかも極めて低い利子で貸し出したので，庶民から非常に歓迎された．このような寺院の金融機関は，後には次第に営利的となっていったが，民間の重要な金融機関の一つとなり，また寺院経済を支える有力な財源ともなって，〈長生庫〉〈寺庫〉〈質庫〉〈解典庫〉〈解庫〉などとも呼ばれ長く存続していった．わが国にも，掛け金をして相互に融資し合う*無尽講・頼母子無尽が存在する．

無尽灯 むじんとう　仏の*法門をいう．*維摩経菩薩品に説かれ，すなわち一人の者が*法をもって多数の*衆生を開導すれば，また多数の衆生が多数の者を開導し，展転して尽きないことから，あたかも一個の灯が次々に移されて無数の灯となることに譬えていう．*菩薩の化導の義として説かれる．また転じて後世には〈長明灯〉(昼夜不断に灯す*灯明)の別名ともなった．

無相 むそう　⇒有相・無相．

夢窓疎石 むそうそせき　1275(建治1)–1351(観応2)　臨済宗の僧．夢窓は道号，疎石は諱．伊勢(三重県)の出身．はじめ天台・真言を学びのち禅を修し*高峰顕日の法を嗣ぐ．嗣法ののち十数年，人里離れた地に草庵を転々とした．その後，*南禅寺・*円覚寺などに住持となり帰依する者多く，*天竜寺はじめ多くの寺を開き，また足利尊氏(1305–58)にすすめて鎌倉末以来の戦乱に落命した人々の菩提のため全国に*安国寺・利生塔を建てさせた．
夢窓は思想的には柔軟で禅密兼修と見られ，性格は隠逸を好むが温順柔和である．人々に対しては各人の能力に応じた*方便を用いて理路整然と，かつ諄々と説き示し，人を感ぜしめること深く，朝野の帰依を一身に集めて広く社会を教化した．弟子1万3千余人といい，その法系の夢窓派(嵯峨門派)は室町*五山禅林の主流となり，夢窓の号のほか*国師号を7代の天皇より賜り七朝帝師(国師)という．作庭にもすぐれ*西芳寺・天竜寺をはじめ諸寺に残る名庭と共に造園史にも名を残す．著述には*『夢中問答集』『夢窓国師語録』『西山夜話』その他がある．

無体 むたい [*s*: abhāva]　自体のないこと，実体性のないこと．我々は，言葉に対応して〈もの〉が有ると一般に考えているが，現象世界には，そのような意味での実体ある〈もの〉はないことをいう．*迷いの認識に基づき，事物が有るとおり言葉で表現していると考えられたものを，〈無体随情仮〉ともいう(*『成唯識論』)．なお実体性がないことから，転じて根拠のないことをいい立てて我意を押しつけること，無理を押し通すことの意ともなり，〈無理無体〉などの語を生んだ．日本では古くは〈無代〉〈無台〉なども当て，〈むだい〉ともいった．「よもその者，無台にとらへからめられはせじ」〔平家4.競〕

無知 むち　知らないこと．知識・知見がなく，愚かなこと．法華経信解品に「迷惑無知にして，小法に楽著せり」とある．*老荘思想においては，人為・人知を否定し，人知のさかしらを去った無為素朴な境地を表す語として肯定的に〈無知〉の語を用いた．『老子』3に「常に民をして無知無欲ならしめ，かの知る者をして敢えて為さざらしむ」とあり，『荘子』胠篋には「甚だしいかな，知を好むことの天下を乱すや」とある．後秦の*僧肇は老荘思想を下敷きにして仏教を解釈し『般若無知論』を著し，その中で「知る所有れば則ち知らざる所有り．聖心は無知なるを以て，故に知らざる所無し」と述べている．僧肇の仏教理解は後の*中国仏教に大きな影響を与え，特に禅宗系統の著述に僧肇的な〈無知〉の用例が多く見られる．「たとひ無智無慚の僧なりとも，信敬せられば福田となり」〔夢中問答上〕「秦代の僧肇は般若を無知に示す」〔上顕戒論表〕

無著道忠 むちゃくどうちゅう　1653(承応2)-1744(延享1)　無著は〈むじゃく〉とも読み，〈無着〉とも書く．臨済宗の僧．但馬の人．初名は祖忠．字は無著．照冰堂・葆雨堂と号す．妙心寺竜華院で得度，25歳で竺印の後を嗣いで竜華院2世となる．常陸板久長勝寺の太岳本山に曹洞禅，仁和寺の真乗に*悉曇を学んだ．遺著は374種，911巻といわれ，禅籍の実証的語義解釈に努めた点に特色があり，*語録の注解，*清規法式の解析，禅語の言語学的研究など，広汎な著作が残されている．代表作に，*『禅林象器箋』20巻，『葛藤語箋』10巻，『虚堂録犂耕』30巻などがある．

『夢中問答集』 むちゅうもんどうしゅう　室町初期の禅籍．*夢窓疎石著．3巻．1342年(康永1)刊．夢窓が足利直義(1306-52)の問いに対し答える問答形式で禅を説いたものであり，仏教の基礎的知識をはじめとして*坐禅・*公案・*教外別伝など禅の諸側面について平易かつ丁寧に説き示している．禅の本旨を仮名まじり文で平明に説いた当時における禅の入門書というべきものであり，江戸期までの日本人の禅の著述としては最も流行した書籍の一つである．

無底 むてい　〈没底〉とも．底がないこと．禅で，思慮分別の制約を離れた，無限に豊かでとらわれのない境地をさす．『人天眼目』に「無底の籃に能ょく四大海を収め，五須弥を包括す」とあるように，無底籃・無底籃子・無底鉢などと熟して用いる．

牟尼 むに　サンスクリット語・パーリ語 muni に相当する音写．〈聖者〉〈賢者〉を意味する．沈黙の行を修する者，と通俗的に解釈されている．仏教の開祖は，シャーキヤ(*釈迦)族出身の聖者であるというところから，〈釈迦牟尼〉(Śākya-muni)と呼ばれている．さらに，*世尊の称号を付して〈釈迦牟尼世尊〉ともいう．「釈迦牟尼仏の弟子と名のりて，ゆるるかによみ給へる」〔源氏須磨〕．→釈迦牟尼仏．

無二無三 むにむさん　〈無二亦無三〉ともいう．*法華経方便品の「十方仏土の中には唯だ一乗の法のみ有りて，二も無く亦ま三も無し」に基づく表現．*三乗(声聞乗・縁覚乗・菩薩乗)の教えは仮の教え，*方便であって，真実には三乗の人がすべて仏となることのできる唯一の教え，一仏乗(*一乗)があるだけであるとする法華経の根本思想を説いたものである．

サンスクリット原典では，「二も無く亦た三も無し」の二,三に相当する原語は，序数詞で，第二の教え(縁覚乗)，第三の教え(声聞乗)はないという意味である．ところが中国では，サンスクリット原典のとおりに解釈する注釈と，二つの教え(声聞乗・縁覚乗)もなく，三つの教え(声聞乗・縁覚乗・菩薩乗)もないとする注釈の二つの立場があった．つまり，三乗のなかの菩薩乗と一仏乗とを同じとするか，異なるとするか，二つの解釈があったのである．法華経譬喩品では車にたとえているところから，前者を〈三車家(さんしゃけ)〉，後者を〈四車家(ししゃけ)〉という．→三車・四車．

なお日本では，上述の意味から転じて，ただ一つ，一途に，ひたむきに，などの意味を表すようになった．

「無二無三，一代教主尺迦如来の出世の御本懐の至極無双の教門」〔愚管抄 3.光仁〕「朱(あけ)に染(そ)んだ骸(からだ)をば，無二無三に引きずり出し，ひゃあ九太夫め，はてよい気味とひっ立って」〔浄・仮名手本忠臣蔵 7〕

無念 むねん　*有念(うねん)の対．思慮分別をこえ，とらわれを離れ，対象に対して心がゆらがない正念(しょうねん)のこと．特に*頓悟(とんご)禅の*南宗(なんしゅう)禅では「無念を宗とす」〔頓悟要門など〕と，これを強調する．*無我に到達した*無心の状態を〈無念無想〉という．これが，正念を失ったの意を介して，くやしい，残念の意に転ずる．「ただ一心の本源は自然に無念なり」〔一遍語録〕「我，敵の中にありながら，一功をなさざらんも無念なり」〔梅松論 上〕

無表 むひょう ［s: avijñapti］　身体や言葉によって善・悪の行為(karman，*業(ごう))を行なった場合，それによって生じた余力が潜在して表面に現れない状態をいう．身・語・意の*三業のうち，意業は心の中の行為(意志)であるからもともと目に見えないので表・無表の区別を設けないが，身・語の二業には表業と無表業の区別を設ける．〈表業(ひょうごう)〉は*刹那滅(せつなめつ)ですぐに滅してしまうが，その業によってひき起こされた*果報を生ぜしめる力は見えない状態で存続してゆく．これを〈無表業〉(avijñapti-karman)という．部派仏教の*説一切有部(せついっさいうぶ)では，表業を物質的存在(rūpa，*色(しき))とみるが，それによってひき起こされたものなのでこの業も〈色〉の範疇に入れて〈無表色(むひょうしき)〉(avijñapti-rūpa)と呼ぶ．

無仏 むぶつ　*仏のいないこと．仏が*入滅(にゅうめつ)してこの世を去り，仏が世にいまさぬこと．仏のいない世界，あるいはその時代を〈無仏世界〉という．〈有仏(うぶつ)〉に対する語．狭義には釈尊(しゃくそん)が入滅してから*弥勒菩薩(みろくぼさつ)が出現するまでの 56 億 7 千万年の間の時代をいう．また俗に転じて，仏教の恩沢の及ばない土地，すなわち辺鄙(へんぴ)な地を指すようになり，さらに転じて，無慈悲な，思いやりのない，の意で用いられ，また智慧(ちえ)のない者の意で用いられるようになった．「悪世の衆生の辺卑のさかひに生まれ，無仏の世にまどひて浮かぶ方なからん事をかがみ給ひて」〔発心集 8〕「さる無仏世界のやうなる所に帰らじ」〔宇治拾遺 8〕

無分別 むふんべつ ［s: nirvikalpa］　分別から離れていること．主体と客体を区別し対象を言葉や概念によって分析的に把握しようとしないこと．この無分別による*智慧(ちえ)を〈無分別智〉あるいは〈根本智〉と呼び，根本智に基づいた上で対象のさまざまなあり方をとらわれなしに知る智慧を〈*後得智(ごとくち)〉と呼ぶ．無分別を実現した心のあり方を〈無分別心〉という．なお一般には，思慮がない，見さかいがない，わきまえがないなど，悪い意味にも使われる．「十界の衆生は品々に異なりといへども，実相の理は一なるがゆゑに無分別なり」〔日蓮 三世諸仏総勘文教相廃立〕「分別は惑ひ有るゆゑに分別を備ふるなり．無分別智に到れば，分別已前に，物を照らし分け，つひに惑ふことなし」〔盤珪語録〕．→分別．

無辺 むへん ［s: ananta］　はてがないこと．限りなく大きいこと．また，無数の意にも用いる．中国，晋の郭璞の『江賦』に「察之無象，尋之無辺」という用例が見える．〈虚空無辺(こくうむへん)〉は*虚空が広大で際限がないこと．〈無辺世界〉も同様であるが，*世界が無数にあるという意で用いられることもある．〈無辺光〉は*阿弥陀仏(*無量光仏)の光明をいう．〈無辺行〉は法華経従地涌出品に見える四菩薩のうちの第 2 の菩薩の名．「無為の報土へ参りなば，無辺の菩薩を同学とし，上界の如来を師として，宝池にあそび」〔曾我 12.少将法門〕「(矢が)的のあたりにだに近くよらず，無辺世界を射給へるに」〔大鏡 道長.上〕

無縫塔 むほうとう　⇒卵塔(らんとう)

無明 むみょう [s: avidyā, p: avijjā] 漢語〈無明(むめい)〉(明無し)は目が見えない意で,『楚辞』9.懐沙などに用例が見える.転じて,聡明さに欠ける意.仏教語としての〈無明(むみょう)〉は,人生や事物の真相に明らかでないこと.すなわち,すべては*無常であり固定的なものはなにもない(*無我)という事実に無知なこと.この無明がもとで固執の念(*我見)をおこし,さらに種々の*煩悩(ぼんのう)の発生となる.*迷いの根本で,〈*愚癡(ぐち)〉(moha)とも称され,〈貪欲(とんよく)〉〈瞋恚(しんい)〉と合わせて*三毒といわれる.また,*十二因縁の第一支とされる.すなわち,無明を*縁(えん)として,行(ぎょう)・識(しき)・…・生(しょう)・老死(ろうし)の*諸法が生じ,無明が滅すれば,それらの諸法は滅するという.

【無明の分析】原始経典では,「無明こそ最大の汚れである.比丘たちよ,この汚れを捨てて,汚れなき者となれ」〔法句経 243〕などと説かれているが,*説一切有部(せついっさいうぶ)や*唯識派(ゆいしきは)において,詳細な分析が施された.たとえば*『大毘婆沙論(だいびばしゃろん)』25では,無明について不達・不解(ふげ)・不了と定義し,*『瑜伽師地論(ゆがしじろん)』84では,諸事象を「正しく了知しない」ことと定義した.同『瑜伽師地論』58では,相応(そうおう)無明と独行(どくぎょう)無明の2種があると説く.〈相応無明〉は,貪など他の煩悩と結合するもの,〈独行無明〉(または不共(ふぐ)無明)は,他の煩悩と結合せず,ただ*四諦(したい)などの道理を知らず愚闇なことをいう.*勝鬘経(しょうまんぎょう)では,相応無明を四住地の煩悩とし,独行・不共無明を無始無明住地として一切煩悩の根本とみなした.これに対応するものとして,*『大乗起信論』では,〈枝末無明〉(不覚(ふかく))と〈根本無明〉を立て,根本無明を無始無明と説く.

総括的にいえば,無明は迷いの根本であり,煩悩(惑)の根源をなすもので,十二因縁の最初に置かれ,また天台智顗(ちぎ)は*『摩訶止観(まかしかん)』において,空(くう)・仮(け)・中(ちゅう)の*三諦(さんだい)・*三観に応じて見思(けんし)・塵沙(じんじゃ)・無明の*三惑(さんわく)を立てた.なお,菩薩の*五十二位の最後の妙覚位で断ぜられる無明の最も根元的なものを〈*元品(がんぽん)の無明〉と呼んだ.ところで,このように無明を強調していくと,*覚性(かくしょう)と矛盾・対立をおこしかねない.『大乗起信論』は,〈覚〉と〈不覚〉の関係という形で,また*水波の喩(たとえ)などによって,その矛盾・対立の解消に努めている.

【譬喩的用法】なおわが国では,無明の境地に沈んで長く出離しえないさまを譬喩(ひゆ)的に表現して,〈無明長夜〉〈無明の闇〉〈無明の眠り〉〈無明の酔〉などという.また,無明は*法性(ほっしょう)と対応させて譬喩的に説かれることも多い.ちなみに,*『雑談集(ぞうたんしゅう)』4の譬喩譚は二者同体を説いたものであり,鎌倉末期成立の『無明法性合戦状』は,無明と法性を擬人化して法性の勝利を説いた合戦物語である.

「無明愚癡によるが故に,彼の血肉を愛して其の命根を断つ」〔十住心論 1〕「此の会(薬師寺万灯会)の功徳は,必ず智慧の光をえて無明の闇を照らす」〔三宝絵 下〕

『無門関』 むもんかん 中国宋代の禅僧,無門慧開(むもんえかい)(1183–1260)が編んだ*公案集.1巻.1229年刊.彼は中国*看話禅(かんなぜん)の大成者である5祖法演(?–1104)の6世の法孫で,5祖下の暗号密令といわれる公案の中でも,最も有名な「趙州(じょうしゅう)無字」(*狗子仏性(くしぶっしょう))を初関として,48則を集めている.本則に無門の評唱(ひょうしょう)(禅的な批評鑑賞)がつけられ,頌(じゅ)(宗旨を込めた漢詩)が付してある.この本は中国本土ではさして重要視されなかったようだが,入宋して無門に直接師事して嗣法した,わが国の心地覚心(しんちかくしん)(1207–98)がこれを日本に持ち帰って伝えた.江戸時代以降大いにもてはやされ,近代になって,いわゆる〈東洋的無〉(絶対無)の原典として,一躍著名となった.

無文元選 むもんげんせん 1323(元亨3)–90(明徳1) 無文は道号,元選は諱(いみな).*諡号(しごう)は聖鑑(しょうかん)国師.南北朝期の臨済宗の禅僧.父は後醍醐天皇,母は昭慶門院という.1343年(康永2)に入元し,古梅正友(こばいしょうゆう)より嗣法す.1350年(観応1)に帰国し,京都帰休庵を拠点として慈善事業を行なった.のち,井伊氏の外護を受けて広沢寺に入り,三河(愛知県),美濃(岐阜県)を中心に活動し,同地方の臨済宗発展に貢献した.1384年(至徳1)には,方広寺(ほうこうじ)(静岡県引佐(いなさ)郡引佐町奥山)を開いた.無文元選は,臨済宗十四派の一つで,方広寺を本山とする方広寺派の派祖とされる.方広寺は,のちに,豊臣・徳川氏の外護を受けて大いに栄えた.

無余 むよ ［*s*: nirupadiśeṣa, nirupadhika］ 余すところがないこと.〈無余依え〉とも訳す.〈有余うよ〉ないし〈有余依〉の対語. とくに*涅槃ねはんに関して用いられる. *煩悩ぼんのうを断じ尽くしたうえで, 最終的に, 余すところの肉体の束縛をも離れた完全な涅槃を〈無余涅槃〉, あるいは〈無余依涅槃〉という. →有余.

村上専精 むらかみせんしょう 1851（嘉永4）-1929（昭和4） 仏教学者. 丹波(兵庫県)出身. 浄土真宗大谷派の僧. 1894年,『仏教史林』を創刊し, 実証主義的な仏教史研究を創始した. 翌年には, *清沢満之きよざわまんしらと*東本願寺改革に参画した. 1901年,『仏教統一論(大綱篇)』を発表したが, そこに含まれた*大乗非仏説論は大きな反響を招き, 一時僧籍離脱を余儀なくされた. 1917年, 東京帝国大学に印度哲学科が設立されると初代教授に迎えられ, その後, 大谷大学学長などを歴任した.

無量 むりょう 計はかり知れないこと. 無限であること. 中国古典では, 宋玉の『神女賦』をはじめ広く用いられている. 仏典では人知を超えた真実を, 人知を超えているがゆえに, 否定的表現で示すことが多い. サンスクリット語 a-prameya, a-pramāṇa, a-mita もそうした表現の例で, いずれも √mā(量る)の派生語に否定辞をつけたもので, 量れないという意味. 時間・空間・数量・力量などが人知を超えて無限であること. 同義の ananta は, 果てしないという原意をとって〈*無辺〉と漢訳された.〈無量無辺〉と重ねた表現が多い.「其の所を掘りて見れば, 金銀等の宝を掘り出づる事無量無辺なり」〔今昔 2-24〕

無量義経 むりょうぎきょう 南斉の曇摩伽陀耶舎どんまがだやしゃ訳(481年). 1巻. 3品に分かれ, *法華経ほけきょうの序論に相当する内容であって, 経中の説法品に「四十余年未顕真実」のことばが見え, さらに法華経序品には「大乗経の, 無量義・教菩薩法・仏所護念と名づくるを説きたもう」ということばがあるので, 古来この経は法華経の開経かいきょうであるとされ, 結経けっきょうの*観普賢経かんふげんぎょうとともに〈法華三部経〉の一つとされてきた. しかし, 近年中国における偽経説が出されている. →開経・結経.

無量光仏 むりょうこうぶつ ［*s*: Amitābha］ サンスクリット語は, はかりきれない光明(をもつ者)の意. *阿弥陀仏あみだぶつの名号みょうごうの一つ. *阿弥陀経(梵本)によれば, 阿弥陀仏は寿命が無量であるから〈無量寿仏〉, 光明が無量であるから〈無量光仏〉とよばれる, という. また*無量寿経でも, 無量寿仏(すなわち阿弥陀仏)の威神光明は最尊第一であるとし, 無量光仏など12の号を掲げる(十二光仏). 無量寿仏の同体異名とされ, とくに漢訳仏典で〈無量寿仏〉と訳されているのが, 対応するサンスクリット原典では Amitābha となっているような場合も少なくない. →無量寿仏, 光明, 光.

無量寿経 むりょうじゅきょう ［*s*: *Sukhāvatī-vyūha*］ 〈大無量寿経〉〈大経〉〈双巻(観)経〉とも. 2巻. 浄土三部経の一. 三部経のうち最大で, 内容も詳しい. *法蔵菩薩が*四十八願を成就して成仏し*無量寿仏(*阿弥陀仏)となったこと, 安楽国土(*極楽)の荘麗なさま, 上中下の*三輩さんぱいの往生のあり方などを説く. とくに四十八願のうちの*第十八願は〈念仏往生願〉ともいわれ, *称名しょうみょう念仏による浄土往生を保証したものとして, 中国・日本の*浄土教ではきわめて重視された.

曹魏の康僧鎧こうそうがいの訳とされるが, 漢訳は本書を含め, 古来五存七欠十二訳といわれ, 訳者や成立年時についてはそれぞれ異説がある. サンスクリット原典も現存. 古い漢訳(大阿弥陀経・平等覚経)では本願の数が24であったが, 後に増広されて47願(サンスクリット本), 48願(無量寿経)の形に発展した. なお24願系の古訳や現行の無量寿経には,「自然」「無為」「清浄」「大道」「真人」「天神」「名籍」など, 魏晋時代の老荘ないし道教の文献と共通する用語が多く見え, 無量寿仏の教えそのものも〈道教〉と呼ばれている. →浄土三部経.

無量寿仏 むりょうじゅぶつ ［*s*: Amitāyus］ サンスクリット語は, はかりきれない寿命(をもつ者)の意. *阿弥陀仏あみだぶつの名号みょうごうの一つ. 阿弥陀仏について説く経典はきわめて多いが, その中でもとくに重要なのが*浄土三部経, とりわけ*無量寿経である. それによれば, 過去世に世自在王仏せじざいおうぶつが現れたとき一人の国王がその下に出家して*法蔵菩薩ほうぞうぼさつと名乗り, *四十八願しじゅうはちがんを成就して成仏した.

これが無量寿仏であり，今も西方の安楽世界(*極楽)で説法を行なっている，という．また*阿弥陀経(梵本)によれば，阿弥陀仏は寿命が無量なために〈無量寿仏〉，光明が無量なために〈無量光仏〉とよばれるという．しかし，サンスクリット原典と漢訳本の間には，Amitābha(無量光)とあるところが〈無量寿〉となっているなどの錯綜がまま見られる．中国人が無量光よりも無量寿という名称のほうを好んだためであると解する学者もいる．→無量光仏．

無漏 むろ［*s*: anāsrava］ さまざまな心の汚れがない状態．〈有漏(うろ)〉の対語．〈漏〉は，心の汚れを総称する語で，広い意味での*煩悩(ぼんのう)と同義．漏(āsrava)の原意は「流れ入ること」であるが，仏教では古来「流れ出ること」の意味に解し，汚れ・煩悩は五つの感覚器官や心から流れ出て，心を散乱させるものであると説明する．*説一切有部(せついっさいうぶ)のアビダルマ(*阿毘達磨(あびだつま))では，*涅槃(ねはん)をふくむ3種の*無為(むい)とともに，*四諦(したい)の中の道諦も無漏であると定義される．また〈無漏法〉〈無漏身〉〈無漏智〉などの合成語としても用いられる．「大千界の日月輪を集めたるが如くして，無漏の万徳荘厳せり」〔栄花音楽〕．→有漏．

室生寺 むろうじ 奈良県宇陀(うだ)郡室生村にある真言宗室生寺派の大本山．山号を宀一山(べんいつさん)といい，室生山悉地院(しっちいん)と号す．681年(天武10)天武天皇の御願により，*役小角(えんのおづぬ)が創建したと伝えられる．770–780年(宝亀年中)興福寺の賢璟(けんきょう)(714–793)が経営にあたり，その弟子修円(しゅえん)(771–835)が天長年間(824–834)に堂塔を建立し，824年(天長1)*空海が来山して摩尼宝珠(まにほうじゅ)をおさめ，真言密教の道場とした．また，堅慧(けんえ)(–850–)が入住して寺門興隆をはかり，長らく興福寺末となる．鎌倉時代には唐招提寺(とうしょうだいじ)・西大寺の律僧が入住した．江戸時代1694年(元禄7)護持院隆光(りゅうこう)(1649–1724)が入住して真言宗豊山(ぶざん)派の寺となり，桂昌院(けいしょういん)(徳川綱吉の母)の浄財寄進によって堂宇を修理した．近時豊山派から独立して室生寺派大本山となる．寺域は幽邃(ゆうすい)にして女人の参詣を禁じないので，〈女人高野(にょにんこうや)〉といわれる．

この寺は火災や兵火にあうことがなく，主たる堂塔がよく残っている．*金堂(こんどう)は平安時代初期の建立で*桁行(けたゆき)5間・梁行(はりゆき)4間に*礼堂(らいどう)が付く．屋根は*寄棟造(よせむねづくり)柿葺(こけらぶき)．*内陣(ないじん)に薬師如来立像(伝釈迦如来像)を中心に，向かって右に薬師如来・地蔵菩薩，左に文殊菩薩・十一面観音の各立像(いずれも平安前期)を，他に十二神将像(鎌倉時代)を安置する．地蔵菩薩はその光背と大きさが適合せず，本来の安置像は室生村三本松中村区所蔵の像と推測される．五重塔は奈良時代末の建立で，小塔ながら優美なもの．*本堂は桁行5間・梁行5間で，堂内は内陣と外陣に分れ，灌頂堂(かんじょうどう)の形式をとり，如意輪観音(にょいりんかんのん)像(平安後期)を安置し，*御影堂(みえどう)は大師堂で桁行3間・梁行3間，ともに鎌倉時代の建造物である．この他に弥勒堂(みろくどう)・護摩堂(ごまどう)・*庫裏(くり)などがある．寺宝には金堂内の仏像の他に，釈迦如来坐像(平安初期)，弥勒菩薩立像(奈良時代)，密教法具などがある．

メ

冥界往来 めいかいおうらい　死者の国を視察して人界にもどり，冥界の情報を現世の人々に伝える話．広義には異郷訪問譚に属する話型で，ダンテの『神曲』などもこれを踏まえた一例であるが，仏教と関係あるものに限定すると，*地獄めぐりや蘇生(そせい)譚の形をとるのが一般的である．地獄めぐりは，神通力や*入定(にゅうじょう)，または*閻魔(えんま)王の招待などによって冥界に行き，地獄の様相や責め苦を見聞して人界にもどる話で，死者の消息をも伝えることからその救済に発展する語り口もある．一方蘇生譚は，死者が閻魔王の審判を受けるが，生前のわずかな善根によって*娑婆(しゃば)世界にもどされるというのが定型で，地獄めぐりのモチーフと結合して説かれる場合が多い．

これらは六道絵などと同様，地獄の恐怖と*三宝(さんぼう)の功徳(くどく)を強調するのに効果的な*説経材として，中国・日本を通じて盛んに行われた．ちなみに，中国では六朝・唐宋の仏教説話集類に頻出し，その中の*『冥報記』*『金剛般若経集験記(こんごうはんにゃきょうしゅうげんき)』などは日本にも大きな影響を与えた．敦煌(とんこう)出土の*変文(へんぶん)中にも，同類の目連救母変文類や『唐太宗入冥記』がある．日本でも*『日本霊異記』*『今昔物語集』以下，この種の説話を収録する仏教説話集類は枚挙に暇がないが，単独の作品としても道賢(日蔵)の『冥途記』や『僧妙達蘇生注記』があり，また読み物化した御伽草子の『平野よみがへりの草紙』『天狗の内裏』などがある．これが中世末から近世初期になると，地獄破りの話型をもたらし，ユーモラスに地獄の敗北を説く狂言『朝比奈』や御伽草子『朝比奈地獄破り』の発想を生み，次第に冥界の権威は下落して，遂には3人の若い道楽息子に全地獄が白旗を掲げる落語の『地獄めぐり』にまで変容した．

迷信 めいしん　誤った信仰．また，道理に合わない言い伝えなどをかたくなに信ずること．現代では殊に，自然科学的な立場から見て，不合理な迷妄とされる信仰形態．何をもって不合理な迷妄とするかの基準は，時代・社会・科学の発達程度によって異なり，常に相対的である．目を病んでいる人が，おびんずるさま(*賓頭盧(びんずる))の目に自分の目脂を塗りつけ，代りに像の目についていたものを自分の目に塗りつけるとか，病弱な人が，生き神・生き仏といわれる人の入った風呂の湯を健康増進のために飲むといった行為は，現代では明らかに迷信とされる．医学的に有害であることがわかっているからである．ところが神がかった*霊媒(れいばい)がみずからの血液で記した神符を燃やし，その灰を水に溶かして飲むといった行為は，現代においても迷信とされず，俗信とか*民間信仰と呼ばれて暗に承認されている．それは非合理的ではあるが不合理かつ有害とは言い難いからである．

合理的に組み立てられた教理・教学をもつ諸既成宗教は，しばしば不合理な信仰や行為を正信に対する迷信として断罪する．特に自然科学的合理性と両立しうる教理を具えている仏教においては，各種信仰形態が含む迷信性を明らかにすることが比較的容易である．殊に浄土真宗では，吉日良辰，*護符，呪法など迷信的要素を徹底的に排除する．しかし民衆仏教・民俗仏教のレベルにおいては，常に迷信的要素が多少とも見られることは否めない事実である．

瞑想 めいそう［*s*: dhyāna］〈冥想〉とも書く．〈冥想〉は漢語としては，目を閉じて深く思索するという意味．東晋の*支遁(あるいは支道林，314–366)の「詠懐詩」に「道会冥想を貴び，罔象(もうしょう)玄珠を掇(と)る」とあり，大道に合一するために冥想が貴ばれている．深い精神集中のなかで根源的な真理と一体化することを「冥」の字を用いて表わすことは，『荘子』およびその郭象の注にしばしば見られる．「冥冥に視，無声に聴く．冥冥の中，独り暁を見，無声の中，独り和を聞く」〔『荘子』天地〕，「冥然として造化と一と為る」〔『荘子』養生主，郭象注〕など．「冥想」もそうした『荘子』の思想を背景として出てきたものと考えられる．

しかし，伝統的な仏教ではこの語はほとんど用いられていない．近代になって，仏教がヨーロッパで研究・実践されるようになると，禅やチベット仏教の実修がヨーガなどとともに，meditation，contemplation として理解されるようになった，それが邦訳されて〈瞑想〉と呼ばれるようになった．ヨーロッパにおいても，カトリックやキリスト教神秘主義の伝統では瞑想を重視する．ここから，仏教の瞑想もこれらのヨーロッパの伝統と比較され，また，心理学や精神医学の領域に取り入れられたりして，広く普及するようになった．

冥途 めいど　死者の*霊魂が赴くという地下の世界．〈冥土〉〈冥界〉〈冥路(めいろ)〉〈*黄泉(よみ)〉〈黄泉路〉などとも呼ばれ，暗黒のイメージを持つ．中国の冥府信仰(人間の寿命や禍福など運命を支配する神である*太山府君に対する信仰など)に由来する他界像で，地蔵*十王経によると，そこには閻魔(えんま)王に代表される*十王がいて，そこに赴く死者(霊)を裁くとされる．初七日には死者は秦広(しんこう)王の庁に到り，以下順に二七・三七・四七・五七・六七・七七日，百カ日・一周忌・三回忌と各王の庁に到って裁かれる．*三途(さんず)の川や*賽(さい)の河原もその道中にあるとされる．「妙達和尚死して七日を逕て甦生(よみがへ)り已(をは)りて，始めて冥途の作法，閻王の所説を語りぬ」〔法華験記上8〕

冥道 めいどう　〈みょうどう〉とも読む．*地獄・*餓鬼・*畜生などの冥界，特に*閻魔(えんま)王の住んでいる地獄をいう．転じて，冥界をつかさどる仏神や官人の総称ともする．わが国では，中世になって〈冥道供(めいどうく・みょうどうく)〉という法会が盛んに行われるようになった．これは閻魔王を本尊とし，冥界に堕ちた亡者や鬼霊を祀ってその救済をはかる密教修法で，〈閻魔天供〉ともいった．「我冥道に向ふに，悪鬼駈り追ひて将(ゐ)て去りぬ」〔法華験記下97〕「今日この御堂に影向し給ふらん神明・冥道達もきこしめせ」〔大鏡昔物語〕「さまざまの御祈りかずを尽くされしかどもそのしるしなかりしかば，成源僧正をめされて冥道供行はれしに」〔野守鏡〕

命日 めいにち　故人の死んだ日にあたる毎月または毎年のその日．*忌日(きにち)・*月忌(がっき)と同義だが，毎月のを〈忌日〉，毎年の月日にあたるのを〈正忌日〉または〈*祥月(しょうつき)命日〉といって区別することもある．地域によって祖先や親の命日をタチビといい，また葬列の出発の前に飲食を断つからタチビというところもある．亡者が他界に旅立つところからきたとも，またその日に断ちものをして精進するからとも考えられる．「婆羅門(ばらもん)，亀を害せんとす．母これを見て，その亀はなせ，なんぢが父の命日ぞ」〔曾我7.千草〕

冥福 めいふく　冥界(死後の世界)における幸福．また，死者の冥界での幸福を祈って仏事をいとなむこと．『魏書』崔挺伝に「八関斎を起し，冥福を追奉す」と見える．また，冥々のうちに形成される幸福の意で，前世からの因縁による幸福，かくれた善行によって与えられる幸福をいう．「毎(つね)に国家のために，先づ冥福を廻らす」〔三教指帰下〕

『冥報記』 めいほうき　唐代初年の653年ころに編纂された仏教*説話集．『唐書』経籍志など中国の古い書籍目録は2巻本とするが，日本に残存する高山寺本・尊経閣本以下の古写本はいずれも3巻．筆者の唐臨(とうりん)は初唐の官僚で，吏部尚書にまで昇進し，『唐書』にも彼の伝が立てられている．『冥報記』の編纂意図は，その自序に詳しく，世間には仏教の*応報の説を信じぬ者が多いが，そうした人々を*回心(えしん)させるため，三報の内でも人々の心を打つところが特に大きい*現報の実例を集めたのだという．集められた説話は，基本的にみな唐臨自身が直接間接に見聞したものであり，*法華経の霊験譚が大きな部分を占める．

書物全体の構成は聖から俗へ説話が配列され，僧侶たちの霊異譚の中心には，*三階教の教祖たちの事績が置かれており，唐臨の母方の高氏の人々がそれに深く関わっていたことが知られる．俗の部分は，主として当時の官僚社会内での噂話のたぐいを記録したものであるが，冥界譚などをはじめそこに民衆層の俗信に起源する説話も流れ込んでおり，仏教的な要素と中国古来の宗教伝承に由来するものとが混交している様相を見ることができる．なお本書の伝来は，*『日本霊異記』成立の一契機となり，*『今昔物語集』の有力な典拠ともなっている．

迷惑 めいわく　[s: bhrānti]　〈迷〉や〈迷乱〉ともいう．〈悟〉の対語で，真実の*智慧(ちえ)がなく，道理に反したことに*妄執(もうじゅう)することをいう．中国・日本では，〈迷〉は事理をあやまり，〈惑〉は事理に明らかでないことと解釈されることもある．なお，漢語の本来の意味は，道にまよう，心が暗くまどっている，人をまどわすなどの意で，中国古典に多くの用例が見られる．「云何(いかん)ぞ弥陀，愛羅刹の為に迷惑せられて不浄の行を作(な)さん」〔勧心往生論〕「夏の虫の火に入るが如く貪欲に迷惑して，仏神の事をも知らず，慈悲をもほどこさず」〔八幡宮巡拝記上29〕

滅 めつ　漢字仏教文献には〈滅〉が頻出するが，いずれも基本義は，消え失せる(こと)，ほろびる(こと)である．まず，苦悩が消滅して*業(ごう)のはたらきが停止した悟りの境地である*涅槃(ねはん)は〈滅〉と漢訳されることがある．*『大乗義章』巻2に「涅槃無為恬泊名滅」とある．また，一切の精神作用を滅し尽くした*禅定(ぜんじょう)を〈滅定〉ともいう．また特に釈尊(しゃくそん)の亡くなることを〈滅〉という．なお，*四諦(したい)の説においては，修行者の理想のあり方を〈滅諦〉といい，単に〈滅〉とのみいうことがある．その場合の〈滅〉の原語 nirodha は，せき止める，制止する，の意味である．「釈迦如来，生者必滅のことわりをしめさんと，沙羅双樹の下(もと)にしてかりに滅を唱へ給ひしかば」〔保元上．法皇崩御〕

滅罪 めつざい　己れの犯した*罪を除滅すること．そのための方法として，*称名(しょうみょう)・*念仏・*陀羅尼(だらに)・*懺悔(さんげ)などが説かれ，経典の中では，特に法華経が滅罪の功徳に富むものとされた．ちなみに，聖武天皇の*国分寺設置時にも，大和の国分尼寺(*法華寺)を「法華滅罪之寺」と名づけている．〈滅罪生善(しょうぜん)〉は，罪を除滅して善根を生むこと．大乗経典では，罪は固定したものではないという罪空思想にもとづき，一切の罪の除滅が可能であることを説く．なお，太平道や五斗米道など中国の初期道教教団においても，罪を除滅して救済を求めるために，〈思過〉〈首過〉と呼ばれる罪過の告白がおこなわれた．また日本においても，奈良時代より諸寺で懺悔の作法により広く衆生の犯した罪障を消除する悔過会(けかえ)(*修正会(しゅしょうえ)，*修二会(しゅにえ))が勤修され，これは後に春迎えの民俗行事として広まった．「ただ祈りはせで，滅罪生善の法どもを行はせ，念仏の声を絶えず聞かばや」〔栄花疑〕

滅尽 めつじん［s: nirodha］　ほろびつきてしまうこと．心のはたらきがすべて尽きてしまった*禅定(ぜんじょう)(精神統一)を〈滅尽定(めつじんじょう)〉(nirodha-samāpatti)といい，*欲界の*煩悩(ぼんのう)を断じ尽くして再び*退転しない位(不還果(ふげんか))の聖者(しょうじゃ)以上の者が修することのできる禅定であるとする．「此れは出家の羅漢の滅尽定に入れるなり」〔今昔4-29〕

滅度 めつど［s: parinirvāṇa］　完全な悟り．生死(しょうじ)を滅して(*滅)，*彼岸(ひがん)に渡る(*度)ことで，〈般涅槃(はつねはん)〉と同意．釈迦の死は完全な悟りの世界へ入ったことと理解されるところから，仏の死をも意味する．転じて，後世は高僧などの仏教者の死にも用いられる．「迦葉，仏の専(もはら)の弟子にましますといへども，仏の滅度に値(あ)ひ給はざる人なり」〔今昔3-32〕

馬鳴 めみょう［s: Aśvaghoṣa］　有名な仏教詩人アシヴァゴーシャの漢訳名．*仏伝を主題とする叙事詩『ブッダチャリタ』(*『仏所行讃(ぶっしょぎょうさん)』)，『サウンダラナンダ』，戯曲『シャーリプトラ-プラカラナ』などの作者．*鳩摩羅什(くまらじゅう)の『馬鳴菩薩伝』を始めとして，彼の生涯を伝えるいくつかの資料が存するが，いずれも伝説の域を出ない．*婆羅門(ばらもん)階級の出身で，*クシャーナ王朝の*カニシカ王と親交があったとみられる．年代は1-2世紀頃とされる．カーリダーサ(Kālidāsa，4-5世紀頃)に先行する詩人として文学史上重要である．なお，*『大乗起信論』も馬鳴作とされるが，仮託もしくは後代の別人によるものである．

面授 めんじゅ　師が弟子に面と向かって口伝えに*法門上の教義を伝えること．〈面授口訣(くけつ)〉ともいい，禅宗では〈面授嗣法(しほう)〉という．*仏法の要義は師から弟子へ誤りなく伝えられねばならないが，そのため，師は弟子の資質を見極わめ面々対峙して口づてに法門の深旨を伝える．宗密(しゅうみつ)の*『禅源諸詮集都序(ぜんげんしょせんしゅうとじょ)』巻下に「親しく釈迦に承け，代々相承して一々面授し，三十七世にして吾師に至る」という．「この両三人は，同上人面授の人々にて，かの御教訓なり」〔一言芳談〕「今ごろいにしへ，口決を伝へ面受(授)をとげし門徒等…路を尋ねて参集し給ひけり」〔本願寺聖人親鸞伝絵下〕．→口伝，口訣．

面壁 めんぺき　壁に向かって*坐禅すること．達磨(だるま)(*菩提達摩(ぼだいだるま))が嵩山(すうざん)*少林寺に住し，9年間，壁に面して坐し，終日黙然たりし故事に由来し，〈面壁九年〉といわれる．この達磨を〈壁観(へきかん)の*婆羅門(ばらもん)〉とも呼ぶ．面壁の達磨として画題でも有名である．〈壁観〉は，壁に向かって坐禅することではなく，もともとは壁のように寂静不動の境地に住することともいう．曹洞宗では，道元の*『永平清規(えいへいしんぎ)』により，現在も面壁して坐禅する．「初祖西来して少林に居して機をまち，時を期して面壁して坐せしに」〔随聞記5〕「面壁功成って面目なし，知らず積雪の満庭に深きことを」〔狂雲集〕

モ

喪 も　人の死を悼(いた)んで縁者が一定期間通常とは異なる生活を送ること．親疎によって喪に服する謹慎に強弱長短の差がある．

【インド】インドにおける喪は，〈*不浄〉(āśauca)の概念でとらえられる．不浄には出産(sūtaka)によるものと死によるものとの2種類がある．死により不浄が生じた場合，縁者は食事の制限，*ヴェーダの学習禁止，地面に眠る，感染を防ぐために誰とも付き合わないといった，日常生活にある程度制限が加えられる．不浄の期間は，血縁の濃さ，*カースト，死者の年齢などによって異なる．たとえば父母の死の場合，息子の不浄期間は10日間である．その他の縁者であるサピンダ親(sapiṇḍa)——一説には第7等親まで—やサマーノーダカ親(samānodaka)——一説には第14等親まで—には，不浄の期間は短縮される．不浄は死の瞬間ではなく，その事実が肉親によって知られた時に発生する．異国の地で死んだ場合，縁者が彼の死を知った時に不浄が生じるのである．不浄は葬式に参列した縁者ばかりではなく一般参加者にも生じる．また遺体が死者の村にとどまる限りその村全体に不浄が生じるからヴェーダの学習は禁止されることもある．ただしこの不浄の適用を受けない，正確には*沐浴(もくよく)だけで終わる〈瞬時の清浄〉(sadyaḥśauca)の場合もある．たとえば，死者が苦行者・自殺者・嬰児，あるいは手工業者などの特定のカーストである場合，縁者の不浄は瞬時の清浄で終わるとされる．ただし自殺者の場合は，祭餅(piṇḍa)のお供えとバラモン供養を骨子とするナーラーヤナ-バリ(nārāyaṇabali)を1年後に行なってから祖霊祭(śrāddha)を実施する．また王は常に政務をとる必要があるから，彼には肉親の死でも瞬時の清浄が適用される．ただし王の死の場合，王国に住む者の不浄は翌日まで続くとされる．

【中国】中国では5種(斬衰(ざんさい)・斉衰(しさい)・大功・小功・緦麻(しま))の喪服が規定され，父の死の場合は斬衰を服して3年(満2年)，母の死の場合は斉衰を服して3年(満2年)などと親等によって喪服の種類，喪に服する期間が定められた．

【日本】官民の間や時代ごとの違いがみられる．古代においては厚葬や重い服喪の風が行われたが，大化の新政にあたり，旧俗を改める「薄葬(はくそう)令」が発せられた．つづく「大宝喪葬令」において，たとえば父母・夫は1年，妻・嫡子は3カ月，嫡孫は1カ月など，親から甥・姪に至るまで，親疎に応じた服喪の期間がこまかく定められた．これは官衙(かんが)など公的な機関に勤務する官人に適用されたもので，近代官僚制の成立した明治維新政府が発した太政官布告による「服忌令」(1874)では，服喪の期間が大幅に短縮されて，父母が50日，夫が30日，妻・嫡子が20日などと決められた．現行の公務員制度でこれらがさらに縮められているのは，服忌観念の推移を示すといえよう．

民間の服忌観念は鋭敏で，地域ごとに伝統的慣行が定立している．とくに喪中の禁忌は厳重で，地域によっては特別の喪服を着け，髪を梳(くしけず)らず鬚も剃らずに蟄居(ちっきょ)し，ひたすら忌み籠って社会との交際を拒む．近隣の人も喪家との往来を絶ち，ともに飲食することを絶対に避ける．死の穢(けが)れが身に及ぶことを警戒するためである．ただし寺との交流は自由である．

盲亀浮木 もうきふぼく　〈浮木(うき)〉とも略称．大海に住む盲の亀が100年に一度海中から頭を出し，そこへ風のまにまに流された一つの孔がある流木が流れてきて，亀がちょうど偶然にもその浮木の孔に出遇うという極めて低い確率の偶然性を表す比喩譚．人間として生をうけることと，また*仏法に遇うことの難しさをたとえる譬話(たとえばなし)で，雑阿含経(ぞうあごんぎょう)巻16，北本涅槃経(ねはんぎょう)巻2,23，法華経(ほけきょう)巻7などに説かれる．後世，めったにない幸運にめぐりあうたとえに用いられるようになった．「仏は善知識に値(あ)ふ事をば，一眼の亀の浮木(うき)に入り，梵天より糸を下げて大地の針の目に入るにたとへ給へり」〔日蓮三三蔵祈雨事〕

妄語 もうご［s: mṛṣā-vāda］　嘘をつくこと，いつわりをいうこと．また，嘘いつわりのことば．十悪の一つ．仏教では特に，自己が悟ったといつわることを〈妄語戒〉(不妄語戒)として五戒の一つに数える．「十方の諸仏，三界の天衆，妄語したまはぬ行にて候へば，現世・後生の御つとめ，何事かこれにすぎ候ふべきや」〔法然消息〕「十戒のなかに妄語をばたもちて侍る身なればこそ，かく命をばたもたれて候へ」〔大鏡道長.下〕．→悪，五戒．

亡者 もうじゃ　死んだ者，特に死後その魂が成仏しないで*冥途(めいど)をさまよっている者．民間の信仰で亡者とは，死後間もないために行き所がまだ定まっていない*新仏(しんぼとけ)と，祀り手がいないために巷をさまよっている*無縁仏(むえんぼとけ)や*幽霊・妖怪の類と2通りの霊魂を主にさした．いずれも放置すれば祟(たた)りなどの災いをもたらすので，仏教の僧侶による*追善供養のほか，民間の巫女(みこ)による口寄せをしてその意思を聞いたり，さまざまな祭を営むことによって魂を鎮めなければならなかった．「具(つぶ)さに，無常の道理，亡者の功能，亡逝の日数を載す」〔巡礼行記2〕「作善の功徳さながら聖霊に廻向して，亡者にいとま申しつつ，泣く泣く都へ上られけり」〔平家12.六代被斬〕

妄執 もうじゅう［s: abhiniveśa］　強くとらわれること，誤った執着(しゅうじゃく)．執着はそれ自体，*煩悩(ぼんのう)による心の*迷いから生ずるもので，物事に対する正しい見解が得られない，虚妄なるものである．「念々の妄執，一々に悪身を受くる事は，はたして疑ひなし」〔発心集1〕．→執着．

帽子 もうす　〈もう〉は〈帽〉の呉音，〈す〉は〈子〉の唐宋音．僧侶が*法要・儀式の際，頭にかぶる布製のかぶりもの．〈誌公帽子(しこうもうす)〉は，5世紀の終り頃，禅僧，宝誌(ほうし)(誌公，418–514)が梁の*武帝に招かれたとき用いたのを初めとするという．また〈水冠(すいかん)〉は長さ約50センチメートルほどの半円筒形の布帽で，前面に〈水〉の字形のひだをとるところからこの名がある．中国の禅僧が用いたものが日本に伝わった．浄土宗では通常の法要には誌公帽子，*法会(ほうえ)・儀式の際は水冠を用い，ともに金銀の刺繡をほどこした華美なものが多い．なお，〈ぼうし〉と読めば，僧用に限らず布で作ったかぶり物の総称．「布施物は三衣・一鉢・坐具…手巾・脚布・帽子…以

下用意仕り候ふ」〔尺素往来〕

妄想 もうぞう [*s*: vikalpa] 誤った考え・想念，また*迷いの心によって真実を見誤ること．*凡夫の心のはたらきは，*煩悩によって心が曇らされている限り，すべて妄想となるので，禅では〈*莫妄想〉(妄想することなかれ)といって，心のはたらきを放棄することを説く．サンスクリット語 kalpa，parikalpa もまた〈妄想〉と訳される．一般には〈もうそう〉と読み，ありえないこと，根拠のないことをみだりに考える，あるいはそのような考えをいう．「もろもろの衆生は，妄想の夢いまだ覚めず」〔往生要集大文第5〕

盲僧琵琶 もうそうびわ 盲僧が演奏する楽器の一種．雅楽琵琶よりも小形で，海老尾は胴からまっすぐにのびる．また，それを用いて天台宗に属する盲目の*琵琶法師によって演じられる宗教芸能とそれに付随する雑芸をいう．厄神や*怨霊を鎮める除災招福の法要を主とするが，裏芸として娯楽性の豊かな物語なども演じられる．もと*最澄が入唐の路次，筑前の盲人に伝法したところから起るとされ，現在も福岡の成就院系と鹿児島の常楽院系との盲僧が九州各県に分布して伝承している．

毛越寺 もうつじ 〈もうつうじ〉とも．岩手県西磐井郡平泉町にある天台宗別格本山．医王山金剛王院と号す．*円仁の開基になる嘉勝寺を，奥州藤原氏が再興し，*金堂を円隆寺と号したといわれる．再興造営を藤原清衡(1056–1128)あるいはその子藤原基衡(生没年不詳)とする二説があるが，現在では後説の方が有力．別院の観自在王院は安倍宗任の女の建立とされている．1226年(嘉禄2)と1573年(元亀4)の火災ですべての堂宇を失った．発掘調査の結果，大泉ガ池の北岸に金堂，池の中に斜橋・中島・反橋，池の南に*南大門を配し，金堂の両側に翼廊が伸び，その先に*鐘楼・経楼が建ち，池の西側には嘉勝寺金堂が，東側には常行堂・*法華堂があったことが知られた．大泉ガ池を中心とする庭園は，平安時代後期の浄土式庭園の典型である．→付録(伽藍配置)．

毛頭 もうとう 毛のはえた頭の意で，寺家，特に禅宗で有髪の給仕者の称．半僧半俗的な有髪の侍童で，*喝食や*稚児をさす．「毛頭 モウトウ，喝食」〔印度本弘治2年写節用集〕．また，毛の先の意から，下に打消しの語を伴って，少しも，まったくの意の副詞ともなった．「毛頭虚言なんど申す法師ではなきぞ」〔地蔵菩薩霊験記5〕

妄念 もうねん 誤った想念．*迷いの心．*妄執・*妄想などと同義に用いられる．妄念は迷いの心，妄執は観念上の迷いなどと区別することもあるが厳密ではない．なお，俗に人魂のことを〈妄念の火〉というが，これは妄念を一種の怨念と解した例．「妄念はもとより凡夫の地体なり．妄念の外に別の心もなきなり」〔横川法語〕

殯 もがり 〈殯〉の字義は死人を賓(お客)としてしばらく身辺に安置する意．死者の身内の者が遺骸の側でしばらく暮すこと．現在は簡略化されて，一晩だけの*通夜で済ます．古代の天皇家や公家の間では，新しく建てた殯宮に柩を納め，その前で誄を奏したり歌舞音曲を演じて死者を慰撫した．本来は飛遊する*死霊を鎮留させるために行われたといわれ，今日民間にみる*霊屋や喪屋はそれの名残りであろう．殯の席に酒食を饗するのは，出立にあたり死者を力づけるためである．「天皇の病遂に差えずして，正宮に崩りましぬ…則ち殯宮を南庭に起つ．辛酉に南庭に殯す」〔日本書紀天武，朱鳥1.9〕

黙庵 もくあん 生没年未詳．鎌倉時代末から南北朝時代の禅僧，画家．日本の*水墨画の歴史の中で，いくつかの確実な作品があって，ある程度伝記の明らかな最初期の画家の一人．見山崇喜(一説に清拙正澄)を師として法諱を霊淵と改め，嘉暦年中(1326–29)頃，元に渡った．入元前の作品は伝わらない．『君台観左右帳記』(能阿弥・相阿弥著)や数書の画人伝は彼を元人と誤っている．黙庵は元で牧谿(南宋末)の再来などと称されたが，至正年間(1341–67)頃，彼の地で客死した．四睡図，布袋図，白衣観音図などが知られている．

木魚 もくぎょ 木で作った魚形の仏具で，これに大別して2種ある．一つは，古く〈木魚鼓〉〈魚鼓〉〈*魚板〉〈梆〉〈魚梆〉などとも呼ばれたもので，木で細長い魚の形に作ったものを廊下などに吊るし，これを叩き鳴らして食事や法事などの知らせとし，衆を集めるのに用いた．もう一つは，後，明代(1368–1644)の頃になると，木製でほぼ球の形で中をくり抜き空洞にし，横に細長い口をあけ，表面には魚や竜の模様を彫刻したものが作られるようになり，座蒲団のようなものの上に置き，桴(ばち)で叩いて鳴らし，*読経(どきょう)の際に調子をとるのに用いた．今日一般に〈木魚〉と呼ばれるのは，この球形中空のものである．魚の形にしたのは，魚は昼夜ともに目覚めているようにみえることから，怠惰を戒めるものという説がある．わが国には江戸時代に*黄檗宗(おうばくしゅう)とともに伝えられ，諸宗で使用されるようになった．「諸寺木魚鼓を打ちて行者を集む．是れ傅大士を以て根本と為す」〔参天台五台山記〕

木食 もくじき　肉類および五穀を食べず，もっぱら木の実・草の根などを食べて修行すること．中国では，木の実などを食べて仙人になったという伝説は数多く見られる．このような中国の*道教や*神仙術の影響もあって，日本でも古くから山中で穀断ち・塩断ちなどをしながら苦修練行する*聖(ひじり)が出現したが，彼らは固有な食物摂取による身心統御を通じて非凡な霊威を身につけた存在と見なされた．特に安土・桃山時代に高野山の復興につとめた*木食応其(おうご)は有名である．「或いは木食草衣し，或いは一口(いっく)の飯(はん)を求めて喫して，命(めい)懸糸(けんし)のごとし」〔合水集下〕．→十穀(じっこく)．

木食応其 もくじきおうご　1536(天文5)–1608(慶長13)　近江(滋賀県)出身の真言僧．もと武士で37歳のとき*高野山で出家し，米穀を断ち木の実だけで生きる木食苦行を積む．1585年(天正13)豊臣秀吉の紀伊攻めに際して和議をととのえて高野山への攻撃を中止させた．その後秀吉の帰依を受けて高野山の諸堂，京都*方広寺をはじめ各地の寺社を復興建立した．

木食五行 もくじきごぎょう　1718(享保3)–1810(文化7)　甲斐(山梨県)出身の*遊行(ゆぎょう)僧，仏師．五行明満(ごぎょうみょうまん)ともいう．22歳で仏門に入り，45歳で常陸(茨城県)羅漢寺の木食観海より木食戒を受けて米穀を断ち，木の実や果実を常食とし，以後，千体仏造像を発願し日本全国を遍歴して各地に特異な木彫仏像を残した．

黙照禅 もくしょうぜん　黙々と*坐禅することをもって足れりとする曹洞宗の*宏智正覚(わんししょうがく)の禅を*大慧宗杲(だいえそうこう)が貶称した語．宏智はこの語を逆用して，黙(坐禅)の中にこそ照(慧)があり，*仏祖(ぶっそ)の正伝の禅であると主張し，大慧一派の禅は話頭(わとう)(古則*公案(こうあん))に拘泥し，悟りを待つ〈看話禅(かんなぜん)〉だと批判した．*道元(どうげん)はこれを受け継ぎ，〈*只管打坐(しかんたざ)〉〈修証不二(しゅしょうふに)〉の禅に昇華した．今日では曹洞宗の禅を特徴づける語となっている．「大恵禅師の黙照邪禅と呵し，天台の祖師は闇証禅師と譏り給へる，坐して不禅の行人なり」〔雑談集4〕．→看話禅．

木彫像 もくちょうぞう　木を素材に用いた彫像．インドでは仏像に最適の材として白檀(びゃくだん)が選ばれ，その精神は白檀を産しない中国・日本にも伝えられ，彩色などを施さない代用材による*檀像(だんぞう)を生んだ．仏教美術における木彫像の中心をなす流れはこの檀像の系列であるが，やがて漆箔(しっぱく)・彩色などを施すものも一般的となった．特に日本は，平安時代以後木彫像が主流となり，*一木造(いちぼくづくり)にはじまって*寄木造(よせぎづくり)・*割矧造(わりはぎづくり)が考案され，やがて鎌倉時代には*玉眼(ぎょくがん)嵌入(かんにゅう)の手法も加えられて，アジア諸国のなかで，木彫王国ともいうべき盛んな情況を出現させた．

黙然 もくねん　黙っているさま．経典に，仏は「黙然として住したまえり」「黙然として坐す」という形式で示し，仏あるいは仏と同等の者が相手の申し出を了解承諾したことを意味した．沈黙による受諾，さらには肯定の表現は重要な仏教の特質を含んでいる．*維摩経(ゆいまぎょう)では，〈黙然無言〉の境地こそ最高とした．なお*仏陀(ぶっだ)は，形而上学的問題には沈黙を守った．*解脱(げだつ)に役立たないものに対して沈黙によって退けたことを意味する．「釈迦牟尼如来，黙然として坐し給へり．其の時に大梵天王来たりて」〔今昔1-7〕．→無言，無記．

木母寺 もくぼじ　東京都墨田区堤通にある天台宗の寺．山号は梅柳山．開基は忠円阿闍梨，創建は976年(貞元1)と伝える．1607年(慶長12)梅柳山隅田院を近衛信尹の命名により木母寺と改める．明治維新で廃寺，梅若神社となり，1888年旧称に復する．1976年，現在地に移転，境内の梅若塚も遷座．観世十郎元雅作の能「隅田川」による梅若丸の伝説が有名で，1679年(延宝7)安藤対馬守重治寄進の『梅若権現絵巻』3巻を所蔵する．

沐浴 もくよく　〈沐〉は水や湯を頭からかぶること，〈浴〉は水や湯の中に身体をつけること．〈沐浴〉で身を清める行為になる．とくにヒンドゥー教では，*ガンジス河などの聖水で沐浴すれば，罪や汚れがなくなるとされた．日常の清潔な生活のためにも沐浴は必要であったが，仏教では，それが放逸とならないようにとの戒めが説かれている．ただ，わが国では，古来の禊(みそぎ)の習俗の影響で，*精進潔斎(しょうじんけっさい)，*滅罪(めつざい)，願かけ，*苦行のために，沐浴が仏教でも奨励されるようになった．〈*斎戒(さいかい)沐浴〉と熟して使うこともある．

目連 もくれん　サンスクリット語 Maudgalyāyana (パーリ語 Moggallāna)に相当する音写．マウドガリヤーヤナ．〈目犍連(もくけんれん)〉とも．また，しばしば〈大目犍連〉(Mahāmaudgalyāyana)とも呼ばれる．仏*十大弟子の一人．*マガダ国の首都*王舎城(おうしゃじょう)の北方のコーリタに生まれる．本名は村名と同じコーリタ(Kolita)という．釈尊(しゃくそん)に帰依する前にはサンジャヤという懐疑論者の弟子であった．後に釈尊の弟子馬勝比丘の勧めで釈尊の弟子となる．ウッパラヴァンナー比丘尼と並んで目連は弟子の中で*神通(じんずう)第一といわれた．釈尊の説法を邪魔する神竜を*降伏(ごうぶく)させたとか，釈迦国を滅ぼそうとする軍隊を撃退しようとしたとかなど，神通力によって釈尊の身辺の護衛を行なったことが文献に記述されている．強引な伝道活動もしたようで，神通を行使してうらみを買い，*ジャイナ教徒などから迫害を受けたという．*提婆達多(だいばだった)の弟子たちによって暗殺されようとしたこともあった．また目連は*地獄で苦しむ母を救い出したといわれ，この故事に基づいて7月15日の盂蘭盆会(うらぼんえ)が行われるようになった．→盂蘭盆，盂蘭盆経．

裳階 もこし　〈裳層〉〈母層〉とも書く．*禅宗様(ぜんしゅうよう)では〈雨打(ゆた)〉という．平面的にみれば孫庇(まごびさし)(→母屋(もや))であるが，裳階の場合は屋根が本屋根と一続きにならず，一段低く取り付くので，屋根は二重になり，一見，二重の建物のように見える．裳階の内方の部分，つまり母屋と庇とを合せた部分の名称は特にないが，便宜上これを主屋(しゅおく)と呼ぶ．寺院建築で二重の建物を造るときは，初重の垂木上に横材をおき，その上に二重目の柱を立てる．しかし裳階のときは主屋の柱は二重にならず，主屋の柱の頂部近くに裳階の屋根が取り付く．これを外観上からいえば，二重の建物の時は，窓や扉が初重と二重とに設けられるが，一重裳階付きの場合は裳階のところに窓や扉がつくだけで，上下に窓や扉はつかない．二重か一重裳階付きかは上述の2点で判定すれば，区別は容易である．古代から中世初期では裳階付きの堂塔が多くあったが，現存するものは*薬師寺東塔(730)，*海住山寺塔(1214)，*平等院鳳凰堂(1053)，*法界寺(ほうかいじ)阿弥陀堂(1226)など，数は多くない．しかし禅宗では多く造られ仏殿は小規模なものを除き，すべて裳階付きである．

中国では，北宋時代の『営造法式』(1103)に〈副階(ふくかい)〉の語を用い，「副階周匝(しゅうそう)」のように記して四周に裳階をめぐらす形式を表す．古代の文献に〈重屋(じゅうおく)〉〈重檐(じゅうえん)〉などとみえるのもこの形式を指すとみられる．〈重檐〉(また重簷)は清代にいたるまで上下二層以上に重なる軒を表す語として用いられ，下層の軒が上層より外側にとりつく場合が多いため，実際には日本でいう裳階つきの形式をしめすのと同様である．

物我一如 もつがいちにょ　ものとわれとが一体であること．万物あるいは衆生(しゅじょう)と自己との間に何の隔てもないこと．究極・真実の世界における主体と客観との調和・一致を表す一表現．このような思想は，明確に，東晋の*僧肇(そうじょう)の「物我同根，是非一気」〔肇論不真空論〕の思想にまで遡(さかのぼ)ることができ，さらには僧肇が拠り所とした『荘子』の「斉物論」の思想とのつながりを見出すことができよう．ほぼ同義の語に，〈物我一体〉〈人境不二〉〈人法一如〉などがある．

物忌み ものいみ　神霊を迎えるに際して，*穢(けが)れを遠ざけ，静かに慎んでいること．中国古典語の〈斎(さい)〉もしくは〈*斎戒〉に相当し，『論語』郷党には「斉(斎)(ものいみ)すれば必ず明衣あり，布(あさぬの)なり，必ず食(たべもの)を変え，坐(せき)を遷(うつ)す」，また『孟子』離婁には「斎戒沐浴すれば，以て上帝を祀るべし」，『荘子』人間世には「祭祀の斎」を説明して「飲食せず，葷(なまぐさき)を茹(くら)わず」などとある．中国における仏教・道教の〈斎〉〈斎戒〉の教義は，呉の*支謙(しけん)訳の仏説斎経や北周武帝の勅撰に成る道教の教理百科全書『無上秘要』47.受法持斎などに具体的な記述が見えるが，仏教のそれは，仏教梵語 upoṣadha（烏脯沙他）もしくは poṣadha（脯沙陀）の漢訳．道教のそれは，『論語』の「斎」や『荘子』の「祭祀の斎」を継承する．→斎(さい).

物忌みの特徴は日常性を離れることによって心身の安静と浄化をはかることにある．当人は家族と離れて忌屋に籠り，別火を用い，平常と異なる食事をとり，白衣を身に着け，水*垢離(みずごり)をとって身を清めるなどのことをする．物忌みに服している間は*忌詞(いみことば)と称して，特定の語の使用を避け，別の語にかえて使う風習がある．仏を中子(なかご)，経を染紙(そめかみ)，寺を瓦葺(かわらぶき)，塔を阿良良岐(あららぎ)というなど，その例である．なお，こうした神事にかかわる物忌みのほかに，平安時代以降，*陰陽道(おんようどう)に基づく物忌みも盛行し，朝廷や民間の陰陽師がこれを管掌した．それはきわめて呪術性の強いもので，厄難消除を主体とし，外来の霊鬼から身を守るための精進潔斎行であることが多かった．なおこうした物忌み中は，木簡や紙片に〈物忌〉などと書いて，門戸や外簾(すだれ)などに付けた．これが現在の〈忌中(きちゅう)札〉のもとでもある．→忌.

「怪しうもののさとしなど繁うて，内にも御物忌がちにておはします」〔栄花花山〕「物忌には，音(こゑ)を高くして人に聞かしむべからず，また外より来たらむ人にはゆめゆめ会ふべからず」〔今昔 24-18〕「母屋(もや)の簾は皆おろしわたして，物忌など書かせて付けたり」〔源氏浮舟〕

物語と仏教　ものがたりとぶっきょう　物語の祖とされる『竹取物語』を初めとして，以下の諸作品には，当然ながら当時の人々を深く支配した仏教とその思想の反映が，作中の至る所に見出され，濃淡の差こそあれ，仏教と遮断されたところで創作された作品は皆無と言ってよいほどである．

【平安時代】まず『竹取物語』についてみるに，その成立基盤には月上女(がつじょうにょ)譚に象徴される仏経所出の類話の習合も考えられ，作中にも「仏の御石の鉢」など仏教と関わりのある用語が散見する．また『宇津保物語』を貫流する音楽奇瑞譚においても，*善財童子の遍歴を思わせる俊蔭の異郷巡歴，*雪山(せっせん)童子の*捨身(しゃしん)供養を粉本(ふんぽん)とした音楽樹入手の構想，俊蔭が習得した「浄土の楽」に対する仏菩薩の祝福など，この奇瑞譚は冒頭からすでに色濃く仏教的雰囲気に包まれている．これらの物語とそれほど距離を置かずに成立したと目される『多武峰(とうのみね)少将物語』は，藤原高光の突然の出家がテーマとなり，残された妻や同母妹愛宮の悲しみが，和歌や消息文を素材として生々しく語られ，当時の貴族社会にあって，絆(きずな)を振り切っての出離出家がいかに重大事であったかを物語る．その後の『蜻蛉(かげろう)日記』『紫式部日記』『和泉式部日記』『更級(さらしな)日記』などの女流日記も，それぞれ自己の内面世界を主体的に描き出した身の上の記であるが，憂愁に満ちた自分を語るとき，「本意」としての出家への願望が幾度となく表出され，孤独感が強調される．しかし，いずれも実行に移される気配はなく，彼女たちの道心の実体は，時折物詣でによって心を晴らし，浄土の荘厳(しょうごん)を情緒的，幻想的にあこがれる程度の世俗的な信仰心を出るものではなかった．

*『源氏物語』に反映する仏教も，日記文学の作者たちの持ち合わせた教養的，常識的理解，特に法華経を中心とする一般的な信仰や宗教観を超えるものではなかったようだが，光源氏を初めとする登場人物たちに，信仰という問題と直面させ，そこから生ずる苦悩や葛藤の姿を描いて，人間心理の内奥をえぐり出してみせる点に，この物語の奥深さと内在的宗教性が認められる．その構想の中には，特に天台宗の教理からの深い影響が認められるという指摘が，古来多くの人々によってなされてきた．全編の底流として，人間存在の理法を*宿世(すくせ)観に求め，人生の*有為(うい)転変を*因果応報と見る考え方があることも，仏教のそれに由来するものであろう．

こうした傾向は，基本的には以後の作品群にも継承されていく．しかしながら，『源氏物語』以後の後期物語，『狭衣(さごろも)物語』『夜の寝覚』『浜松中納言物語』『堤中納言物語』などでは，たとえば，『狭衣物語』における狭衣大将の，斎院である源氏宮と仏門の人女二宮への接近のくだりや，『浜松中納言物語』における中納言の，常に出家への志を抱きつつ韜晦(とうかい)する人物としての造型の方法，『堤中納言物語』「虫めづる姫君」に登場する姫君の，世俗を脱して〈*本地(ほんじ)〉を志向する変人ぶりなどに，仏教的世界との関連が認められはするものの，主題や構想という物語の主幹部分への仏教思想の直接的な浸透は希薄で，その点でも『源氏物語』とこれらの作品群との間には一線が画されよう．とはいえ，『浜松中納言物語』に見られる転生，すなわち中納言の亡父の唐の第三皇子への転生，唐后の吉野の姫君腹への転生予告などは，『源氏物語』の段階では確認しがたい*輪廻(りんね)転生思想の所産で，明らかに仏教思想の影響に出たものとして注目される．それはやがて鎌倉時代の『松浦宮(まつらのみや)物語』に継承されるが，そこでは唐の華陽公主を都率天衆，主人公の少将を天童，敵将宇文会を阿修羅の化身とするなど，転生思想に加えて*権化(ごんげ)思想，さらには*本地垂迹(ほんじすいじゃく)思想の片鱗をもうかがわせるものがある．→平安文学と仏教．

【鎌倉-室町時代】鎌倉時代に制作された物語は前代の伝統を継承したいわゆる擬古物語で，『松浦宮物語』にもうかがわれるように，仏教との関連も大むね前代的枠を出ず，しかもそれをより皮相的，形式的に踏襲した陳腐なものが多い．しかし，鎌倉時代以後，中世の新仏教や*唱導(しょうどう)の影響下に，新しい享受者を対象とした新興の物語が登場してくると様相は一変する．御伽草子とか室町時代物語などと総称されるこれらの作品の中で，最も注目されるのは神仏の*前生(ぜんしょう)を説いた〈本地物語〉(*本地物)である．その多くは『熊野の本地』『厳島の本地』など，「○○の本地」と呼ばれるもので，本来は本地垂迹，*神仏習合思想に基づいて日本の神々の本地を*仏国土(ぶっこくど)に求め，諸神の*垂迹前の前生を物語る趣旨のものであったろう．しかし，実際には必ずしもそれに限らず，広く在地の神々から仏菩薩・諸天にわたる仏神の前生を説く物語で，その発想や構造は，仏経に説く*ジャータカ，アヴァダーナ(*譬喩(ひゆ))などの前生譚に触発されるところが大きかった．これらは明らかに中世に顕著な神仏習合思想の所産で，もと唱導に供された物語縁起とでも称すべきものがその源流であろう．

次に，煩悩・悪行を*菩提(ぼだい)の縁とする物語が多いことも見のがせない．そこでは恋愛も殺人もすべて出離(しゅつり)*解脱(げだつ)の縁となり，しかもそこに生者による亡霊*廻向(えこう)，つまり鎮魂滅罪の思想がこめられていることも特徴的である．『秋夜長(あきのよなが)物語』『幻夢物語』などの〈児(ちご)物語〉や，『三人法師』のような〈懺悔物語〉がその典型で，それらの影響下に，擬古物語の伝統につながる同類物語の『鳥部山物語』『松帆浦(まつほのうら)物語』などが生れたことも注目してよい．

こうしたテーマやモチーフは平安以来の伝統的物語には確立していなかったもので，ここに中世仏教，特に中世浄土門の教旨と勧化の反映を見ることも出来よう．一方，中世物語には非情の情を強調する作品も少なくないが，これも作品を生み出す原動力となった中世*聖(ひじり)集団の理想的出家像の表出ととらえることが出来る．このほか，人間に限らず，鳥獣虫魚から草木土石に至る異類の解脱往生を説く物語が多いことも，この時代の特徴と言える．一乗思想に根ざした*草木国土(そうもくこくど)悉皆成仏(しっかいじょうぶつ)思想が，中世を通じてようやく一般化した結果であろう．→中世文学と仏教．

【物語・説話】なお物語を広義に解し，歴史物語・軍記物語・説話などをもその範囲に包みこむ時は，仏教との関係は一段と拡大深化しよう．平安後期の歴史物語『大鏡』『栄花物語』についてみても，前者は雲林院の菩提講を舞台に*通夜(つや)物語的構想をたて，*五時教に見立てて帝王・藤原氏の列伝史を物語り，後者は*『往生要集』の密接な影響下に，道長を中心とする藤原氏の栄華を阿弥陀浄土の荘厳をもって形容する．鎌倉以降の軍記物語では，*無常観を軸に源平二氏の興亡を描き，随所に被害者だった女人(にょにん)の往生をも点綴(てんてつ)した*『平家物語』，*怨親平等(おんしんびょうどう)・幽霊成仏の願いをこめて曾我兄弟の仇討ちを説いた『曾我物語』などを始め，軍記物語の思想・内容・詞章の全般にわたって仏教の影響するところは甚大である．さらに説話文学に至っては，その発生と展開自体が仏教の摂取・教化の歴史にささえられたところが大きい．*『日本霊異記』*『今昔物語集』以下多数の仏教説話集，*『三宝絵』『大日本国法華経験記』(*『法華験記』) *『日本往生極楽記』以下多数の仏・法・僧に関する*霊験集や伝記類，また唱導物語としての*『宝物集』の類に至るまで，仏教説話作品は常に説話文学の主流を占め，説話文学そのものが仏教の影響を抜きにしては考えがたいほどの領域である．→説話．

母屋 もや　〈身舎〉とも書く．建物の中心となる梁行(はりゆき)2間(小規模な建物では1間)の部分．*南都六宗寺院の仏堂の*内陣(ないじん)がこれに当たる．その外の部分を〈庇(廂)(ひさし)〉といい，外陣(げじん)がこれに当たる．なおその外に庇をつけたときは〈孫庇(まごびさし)〉という．母屋と庇はその間に間仕切(まじきり)がなくても，天井の高さ，形式に差があり，内部空間としての区別があり，〈母屋・庇〉という空間構成は日本建築の内部空間の基本として近世まで引き継がれる．なお，日本建築の〈母屋〉〈庇〉と関連する中国の用語に〈内槽〉〈外槽〉がある．〈槽〉は本来は側柱・入側柱の柱筋もしくは布基礎を意味する用語であるが，北宋の『営造法式』(1103)では実質上，日本の〈母屋〉〈庇〉に相当する範囲を〈内槽〉〈外槽〉と表す．→桁行(けたゆき)，間(けん)．

門 もん　一重の門には，正面の柱間(はしらま)(→間(けん))が1間のものに，親柱2本だけで上に屋根をかけた〈棟門(むねもん・むなかど)〉，2本の控柱(ひかえばしら)を加えた〈薬医門(やくいもん)〉，控柱が前後2本ずつ計4本になった〈四足門(よつあしもん)〉(四脚門(しきゃくもん)．*不退寺南門，1317)がある．これらは*平入(ひらいり)で屋根は*切妻造であるが，近世になると，*入母屋造のものもできる．また屋根に唐破風(からはふ)形の反転曲線を用いたものを〈唐門(からもん)〉といい，普通は親柱2本，平入で〈平唐門(ひらからもん)〉(*法隆寺北室院表門，室町時代)というが，妻入(つまいり)になったものを〈向唐門(むこうからもん)〉(*西本願寺唐門，桃山時代)といい，四脚門の屋根が唐破風形になった〈四脚唐門〉も近世には造られている．唐門は屋根全体が唐破風形になっているものをいうべきであるが，近世には正面の軒先に唐破風をつけただけのものも唐門と呼んでいる．正面の柱間が3間になると，控柱は前後につき8本となり，これを〈八脚門(はっきゃくもん)〉(法隆寺東大門，奈良時代)という．昔は，2階建ての門をすべて楼門(ろうもん)といっていたが，現在は屋根が二重になったものを〈二重門〉(*法隆寺中門，飛鳥時代)，鐘楼・経楼のように，下には屋根がなく，縁で上下の見切りをつけ，屋根が上にだけあるものを〈楼門〉(*般若寺楼門，鎌倉中期)と区別している．二重の門は正面の柱間が1間・3間・5間の3種類があり，屋根は入母屋造になるのが普通である．二重門は古代に多く，中世からは楼門が多くなる．しかし，禅宗の*三門はすべて二重門とする．

寺の外郭に開いた門は，方角を冠して*南大門(なんだいもん)・東大門(とうだいもん)というように呼び，*回廊正面にあるものを*中門(ちゅうもん)という．*塔が回廊内にあるときは中門に*仁王(におう)(金剛力士)を安置し，塔が回廊外に出たときは中門に*四天王のうちの二天を，南大門に仁王をおく．禅宗では南大門に当たるものを〈惣門(そうもん)〉，中門に当たるものを〈三門〉という．一般の寺院で，寺正面の門を〈仁王門〉と呼ぶのは，古代の南大門に当たるものである．また楼門の上に鐘を釣ったものがあり，〈鐘楼門(しょうろうもん)〉と呼ぶ．

なお，インド後期の*僧院では，僧院の入口に二つの突き出た楼門状の構造を持つ正面玄関と，その奥に後部玄関を配している．また仏塔の東西南北には塔門(とうもん)(toraṇa)が配置される(*サーンチーなど)．ヤクシーの彫像があるので樹神崇拝との関連も推定される．南インドのヒンドゥー寺院では入口の門が高い塔になって美しい彫刻で飾られる場合が多い．この塔門をgopuraと称する．

文覚 もんがく　生没年未詳．平安末期から鎌倉時代初期の真言宗の僧．もと上西門院の北面の武士で，遠藤盛遠といった．源渡の妻袈裟御前に横恋慕したうえ誤って殺害し，懺悔して出家したという．諸国で練行を積んで帰京，源頼朝の帰依を受けて荒廃した高尾山*神護寺(じんごじ)を再興．また東寺の大修復をも助けた．頼朝の没後，源通親の謀叛に連座して佐渡に，のち対馬に流された．動乱期の政界裏面に暗躍した僧として，『平家物語』や能楽・歌舞伎などに，潤飾された事蹟が伝えられている．

文観 もんかん　1278(弘安1)-1357(延文2)　文観は房名で，諱(いみな)は殊音(しゅおん)とも弘真(ぐしん)

ともいう．鎌倉後期から南北朝期の律僧，真言僧．後醍醐天皇によって登用された僧侶として有名．若い頃には奈良*西大寺(さいだいじ)末寺の播磨(兵庫県)北条常楽寺の律僧であった．1302年(正安4)には，奈良*般若寺(はんにゃじ)に移る．1316年(正和5)に*醍醐寺(だいごじ)報恩院の僧道順から*伝法灌頂(でんぽうかんじょう)を受け，報恩院流の法流に連なった．道順は後宇多院の信任厚い僧で，文観は道順人脈で後醍醐天皇と結びついたと考えられる．1324年(元亨4)3月には般若寺に文殊菩薩(もんじゅぼさつ)像を造り，後醍醐天皇の倒幕計画の成功を祈願した．また，1326年(嘉暦1)から29年(元徳1)にかけて，後醍醐天皇の命を受けて中宮西園寺禧子の御産祈禱と偽って鎌倉幕府滅亡の祈禱を行い，幕府によって硫黄島に流された．建武新政によって許され，東寺(*教王護国寺)長者，*醍醐寺座主となったが，新政の崩壊にともない失脚．また，*立川流(たちかわりゅう)の大成者として位置づけられている．

モンゴル仏教 ——ぶっきょう　1239年モンゴル軍がチベットを占領した結果，チベット仏教の*サキャ派から歴代の帝師が任命され，元(1271–1368)の宮廷内に*タントラ仏教が説かれた．そのため風紀が乱れ，元朝の没落を早めたといわれる．

16世紀になると，北方に勢いを得たモンゴルのトゥメット部のアルタン-ハンが，チベット*ゲルク派所属のデープン大寺の*活仏(かつぶつ)貫主(ソナム-ギャンツォ)を1578年青海に招いて会い，*ダライ-ラマの称号を贈って帰依した．ダライ-ラマは1582–88年にモンゴル各地を*巡錫(じゅんしゃく)し，ハルハのアバタイ-ハンを*教化(きょうけ)して上都の近くで没した．その転生(てんしょう)者としてアルタン-ハンの甥の子が指名されたのでゲルク派は多くの信徒を得た．*カルマ派はこれに刺戟されてチャハルのリンデン-ハンや青海に入ったハルハ系の王と結びついて対抗した．ゲルク派はジュンガルのホシュート部を青海に誘い，チベット国内も軍事的に制圧させた後，1642年ダライ-ラマ政権を立て，やがてモンゴル諸酋の任命権者となって自派の仏教を広めた．さらにジュンガルのガルダン-ハンを操って清と対立させたので，清は内・外モンゴルから青海までを直轄して外モンゴルの仏教は歴代ジェプツゥン-ダムパに，内モンゴルと青海のそれはドロンノールの歴代チャンキャ-ラマに管理させたが，ダライ-ラマの権威までは除けなかった．

文字 もんじ　中国後漢の許慎の『説文解字』によれば，象形文字・指事文字などを〈文〉といい，〈文〉をもとにして作られた形声文字・会意文字などを〈字〉という．

[1] 言語の音や意味を表す記号．もじ．仏教の教えは，種々の言語で書かれた聖典によって伝えられているが，主なものは，サンスクリット聖典，パーリ聖典，チベット語訳聖典，漢訳聖典である．サンスクリット聖典の文字は，制作年代により書体が異なるが，わが国へは悉曇(しったん)文字が伝えられた．今日ではデーヴァナーガリー文字によって印刷されている．パーリ聖典には特定の文字がなく，スリランカ文字，ビルマ文字，タイ文字，カンボジア文字が用いられた．ただし，いずれもアショーカ王(*阿育王(あいくおう))時代のブラーフミー文字に端を発する．近代ではローマ字音写が行われるようになった．チベット文字は，仏典翻訳のため7世紀に制定されたものである．

なおまた，古代の北インド，北西インドから中央アジアでは，およそ5世紀頃までカローシュティー文字も使用されていた．この文字はブラーフミー文字を知る者がアラム文字を借用して考案したものと考えられている．*アショーカ王碑文にも見られるほか，近年では，紀元後1世紀に遡ると推定されるカローシュティー文字によって書かれた多くの仏教写本がアフガニスタンから出土し，研究者の注目を集めている．→サンスクリット，パーリ語，悉曇．

[2] [*s*: vyañjana] 単に〈文(もん)〉ともいう．音節(シラブル)の意．文の連続によって構成される事物の名称を〈名(みょう)〉といい，名を連続してできる章句(文章)を〈句〉という．倶舎(くしゃ)，唯識(ゆいしき)の学問体系において，いずれも心不相応行法(しんふそうおうぎょうほう)(心に関係しない法)に分類される．

[3] 文字が書き記されたもの，すなわち経典や論書を指す．転じて学問の意．特に禅宗において，経典の文字づらに執われ，研究や解釈に打ち込んで修行をおろそかにする者を

さげすんで〈文字人(にん)〉〈文字法師(ほうし)〉などと呼ぶ．

聞思修 もんししゅ ［s: śruta-cintā-bhāvanā］ 悟りに導く*智慧(ちえ)(prajñā)を*修行の段階にしたがって3段階に分類したもの．すなわち，1)〈聞慧(もんえ)〉は，教えを聞いて了解する智慧，2)〈思慧(しえ)〉は，道理を*思惟(しゆい)して生ずる智慧，3)〈修慧(しゅえ)〉は，*観想・修習(しゅじゅう)して体得する正しい智慧，の〈三慧〉をいう．これは*仏の教えを聞き，その*法を受容して，自己の心中に思い浮かべて，反復しては正しく理解し，教えどおりに実践修行して，ついに悟りに至ることを段階的に分類したもののこと．「是れ教門の学門，只修行の為ぞかし．聞思修の次第その意(こころ)なり」〔沙石集10末-3〕

文殊会 もんじゅえ 文殊師利般涅槃経(もんじゅしりはつねはんぎょう)の所説に基づき，貧窮者に施しを行うに際して催された法会．奈良時代に泰善(たいぜん)や*勤操(ごんそう)らが私的に行なっていたが，828年(天長5)から毎年7月8日に京畿七道諸国で恒例の勅会として厳修されることになり，とくに京では東寺(とうじ)(*教王護国寺)・*西寺(さいじ)のそれが盛大で，貴族社会の年中行事の代表的な一つとなっていた．鎌倉時代には社会事業を進めた律宗の*叡尊(えいぞん)・*忍性(にんしょう)らが*西大寺(さいだいじ)や*般若寺(はんにゃじ)などでこれを行い，再び盛んになった．本尊は古くは僧形の聖僧(しょうそう)文殊像が普通であったが，中世には文殊騎獅(きし)像を中心とした五尊形式のものが多く用いられている．近世以降には次第に庶民を対象とし，その性格も福徳や智恵を授けることを目的とするものに変化した．

文殊菩薩 もんじゅぼさつ 〈文殊〉はサンスクリット語 Mañjuśrī の音写〈文殊師利(もんじゅしり)〉の略で，〈曼殊尸利(まんじゅしり)〉などとも音写する．原語の訳は〈妙吉祥(みょうきちじょう)〉〈妙徳(みょうとく)〉など．初期の大乗経典とくに般若(はんにゃ)経典においては，むしろ仏に代わるほどにさかんに活躍し，*般若＝*智慧(ちえ)を完全にそなえて，説法(せっぽう)をおこなう．そのほか各種の大乗経典でも，諸菩薩を主導する例が多い．*空(くう)に立脚するその智慧が文殊菩薩の特性であり，これから〈文殊の智慧〉の語が由来する．*観世音菩薩(かんぜおんぼさつ)などとは異なり，純粋に仏教内部から誕生した菩薩であり，後代の彫像ではしばしば獅子(しし)に乗って現れる．なお，中国東北部の旧称の満州はこの菩薩名にちなむといわれる．また毎年7月8日には，特に文殊菩薩を供養する〈文殊会(え)〉が催される．

【美術】密教以外では，*普賢(ふげん)菩薩と一対で*釈迦如来(しゃかにょらい)の*脇侍(きょうじ)となるのが通例．形姿は通常，右手をあげて左手を垂下させ(この逆もある)，ともに第1,3指を捻ずるものと，右手に剣，左手に経巻(あるいは巻篋(かんきょう))をとり獅子の背に乗るものの2種がある．一方，密教の独尊形式では，文殊菩薩の五字の*真言(しんごん)を表して頭部に五髻(ごけい)を結う〈五髻文殊〉のほか，真言の数によって一髻・六髻・八髻文殊などがつくられた．特殊なものでは，*維摩経(ゆいまぎょう)の所説にしたがい，病床の*維摩と問答を交える文殊菩薩が*法隆寺五重塔初層の〈維摩詰像土〉にみられ，また鎌倉時代以降には，文殊菩薩の聖地とされる中国*五台山信仰の興隆にともない，獅子にのる文殊が于闐王(うてんおう)(西域于闐国の王)以下，4人の従者をしたがえて海を渡る〈渡海文殊〉も流行し，彫刻・絵画の双方に多くの遺品をのこしている．なかでも，彫刻では維摩像と一対をなす*興福寺東金堂像や日本三文殊の一つとして名高い文殊院(奈良県桜井市)の騎獅子像(*快慶作)，絵画では*醍醐寺(だいごじ)の文殊渡海図などが著名．

門跡 もんぜき 平安初期には一門の祖師の法統を継承する寺，またはその僧をさしたが，平安後期から皇族・貴族などが出家して入室する特定寺院の称となる．室町時代ごろから一種の寺格となる．江戸幕府は門跡を制度化し，*法親王の*住持する〈*宮(みや)門跡〉，摂家(せっけ)の子弟の住持する〈摂家門跡〉，そのほかに〈清華(せいが)門跡〉〈公方(くぼう)門跡〉〈准(じゅん)門跡〉を区別して設けた．1871年(明治4)諸政一新とともに門跡制度は廃止，以降私称として使われる．「山門の繁昌・門跡の面目とこそ見えたりけれ」〔平家8.山門御幸〕

門前町 もんぜんまち 寺社の境内または門前に形成され発達した集落をさす．その成立は古代にさかのぼるが，著しく発達するのは中世以降のこと．寺社の荘園領主化と商工業の成長につれて，門前に市(いち)が成立した．しかし戦国時代以降，寺社勢力が衰えると門前町の形態も変化した．民衆の*巡礼や講参りが普及すると，参拝人を対象にした商店・宿屋が参道沿いに形成されていった．信濃(長野県)*善光寺，下野(栃木県)日光(*東照宮・*輪王寺)，讃岐(香川県)琴平(金刀比羅宮)，下総(千葉県)成田(*新勝寺)などが有名．

門徒 もんと 一門の徒輩．同じ門流に属して信仰を共にする人びとのことで，後には一寺に属する檀徒のことにも用いる．親鸞の*和讃に「門徒につねにみせしめき」〔高僧和讃〕とあり，*覚如の『報恩講式』にも「恒に門徒に語りて曰く」とあり，さらに蓮如の〈*御文〉では数おおく「門徒」の語を用いたため，おのずから真宗の信徒を呼称するようになった．「よく信心決定したまはば，その末末の門徒までも，ことごとく今度の一大事の往生をとぐべきなり」〔御文〕

問答 もんどう 〈問対〉ともいい，中国の古典『論語』『孟子』『荘子』『列子』などに多く見られる叙述形式．仏教では〈商量〉とも〈問酬〉ともいい，禅門では*学人(仏法修行の者)が仏法について問い，*師家(禅の指導者)が応答することをいう．また逆に師家が学人に問いを投げかけてその修行内容の真偽を点検し，真実の仏法へ開眼させるべく啓発することも行われる．問答の主眼は，自己*本来の面目の目覚めと真実仏法の挙揚ということにある．

最初期の仏教における釈尊の教化法は，多分に相手との問答によることが多かった．だから種々多数の教説が述べられたのである．このような問答は，中国禅宗において特に中唐以後に禅宗の盛行とともに，棒で打ち，大声に*喝を与え，指を竪てるなどの動作を伴って盛んとなり，汾陽善昭(947-1024)はその問答形式を18種に分類して示している．しかし南宋末期には形骸化して問答本来の意味を失うにいたった．

日本においても，鎌倉期以後江戸中期にかけて〈禅問答〉として盛んに行われ，*一休宗純の頓智咄に代表されるような機智に富む軽妙洒脱な禅問答の盛行をみたが，江戸末期以降は同じように形式化し，現今では*晋山・*上堂・法戦式などの特種な儀式として行われるに至っている．なお広く法会や課試などで，仏教教理の問題点を質疑応答することをも〈問答〉という．

「仰山ときに廨院主を選するに，…問答往来するに，仰山つひにいはく，信淮子これ女流なりといへども，大丈夫の志気あり」〔正法眼蔵礼拝得髄〕「五人の名哲を請じて開講供養し，義理を説かしめて，問答決疑せり」〔法華験記上23〕

聞法 もんぽう *仏法を聞くこと．仏教では，修行をして*悟りを開くことを目標とするが，その初めのきっかけとして，聞法を重視する．なお，浄土教では同様に〈聞名〉(阿弥陀仏の名を聞くこと)を重視する．「釈尊，霊山にて法をときたまひしに，波斯匿王，聞法結縁のためにまゐらせられたり」〔曾我9.波斯匿王〕

ヤ

薬王院 やくおういん　東京都八王子市の高尾山の山頂に所在する真言宗智山派の大本山．詳しくは高尾山薬王院有喜寺．*行基の開創，また醍醐寺俊源の中興と伝える．戦国期には後北条氏から75石を寄せられ，住持の源実らが当寺の道場で*印信を授けている．また薬師堂の*勧進も行われた．次代の尭秀は醍醐寺無量寿院において松橋の法流を許可され，田舎本寺として確立した．延宝5年(1677)の火事で中絶していたが，元禄15年(1702)に護持院隆光から再興を許可されて復興．*川崎大師(平間寺)，成田山*新勝寺とならび智山派関東三山と言う．

薬王菩薩 やくおうぼさつ　［*s*: Bhaiṣajyarāja］　薬をもって人々の身心両面の治病をする菩薩．観薬王薬上二菩薩経には，もと星宿光という名の長者であり，電光明長者はその弟であるという．2人は日蔵比丘に*供養したので兄は〈薬王菩薩〉，弟は〈薬上菩薩〉と呼ばれ，将来おのおの浄眼如来・浄蔵如来になると約束された．法華経薬王菩薩本事品には，薬王菩薩は一切衆生喜見菩薩の生まれ変わりとされる．薬草や薬壺を手にした形に造像される．薬師如来の八大菩薩や阿弥陀仏の二十五菩薩の一つでもある．

訳経 やくきょう　*サンスクリット語・*パーリ語などの仏典を翻訳すること．

中国　中国では，後漢から元まで1千年以上訳経が続いた．基づいた原典は，インドのみならず西域や南海地方からも伝えられた．初期の訳経には儒教や老荘などの哲学用語が援用され，それが*格義仏教に道を開いた．中国社会に受容されやすいよう種々の工夫がこらされ，口語的表現なども使われた．チベット訳のような訳語の統一はなされなかったが，*鳩摩羅什や*玄奘など偉大な翻訳家が出現すると，それに続く時代はその影響を強く受けた．*旧訳・*新訳の区別はそれに由来する．

【史料と変遷】訳経がどのように行われたかは，*経録によって知りうる．現存する経録は十指を越えるが，とりわけ*『出三蔵記集』*『歴代三宝紀』*『開元釈教録』が重要である．古代の訳経事情は不明な点が多く，諸経録の記載もまちまちであり，厳正な史料批判によっていずれが正しいかを判定しなければならない．独力による翻訳もないではないが，多くは複数の人物が訳経に関与し，役割を分担した．唐代以後，*訳場はしだいに大規模なものに発展し，宋代には国家機関として〈訳経院〉がつくられ，官制の訳場九位が定められた．なお，古代の訳経について見逃せない史料は経の序文や後記であるが，これらは『出三蔵記集』に収録されている．

【訳経三蔵】訳経に従事した僧を〈訳経三蔵〉という．訳経の時代的区分と訳経者について，『開元釈教録』の代録は，後漢から唐代までを19に区分し，そこに176名の訳経三蔵をあげている．また，小野玄妙『経典伝訳史』によると，古訳時代として後漢，魏呉，西晋，旧訳時代前期として東晋，劉宋，南斉，旧訳時代後期として梁，陳・隋，新訳時代として初唐，武周，中唐・晩唐・五代，趙宋，元以後という区分を設け，202名の訳経三蔵をとりあげている．

【翻訳論】訳語が時代により異なることは古くから気づかれていた．またいかなる訳文が最ものぞましいかという議論も早くから行われた．*支謙，支敏度，*道安，鳩摩羅什，*慧遠，*僧叡，*僧祐，彦琮，玄奘，*道宣，賛寧などが，訳経のあり方について自説を述べている．敦煌本の『衆経別録』には各経について文と質の区別を明記している．文質の論争に決着をつけたのが，道安の〈五失本三不易〉の説である．五失本とは，訳文が原文と相違しても許容されうる5原則をいう．三不易とは，三つの理由をあげて経説の変更が基本的に許されないことを述べたものである．訳経が正しく行われるための根本原則というべきものである．道安が期待した理想的翻訳がそののち鳩摩羅什によって実現された．鳩摩羅什を中心とするこの時期の訳経が，その後の中国仏教に決定的な方向づけを与えた．唐代には玄奘が〈五種不翻〉をとなえ，かならず音訳すべき五つの規準を提示した．これも一種の翻訳論である．玄奘には，旧訳の経典はすべて訛(なまり)や謬(あやま)りがあるから，新訳によってそのあやまりが正されなければならないという強い信念があった．

チベット　【前期仏教伝播期】チベットでは7世紀から9世紀前半にかけて栄えた古代チベット王国においてサンスクリット語仏典のチベット語への移植が組織的に行われた．チベット語の文字や文法体系も，この訳経事業に合わせて整備された．*ティソン-デツェン王(742–797)代に，インドの著名な学僧*シャーンタラクシタを招いて本格的なインド仏教の導入が始められ，その後約半世紀のうちに主要な経論が訳出された．翻訳にはインド人学僧とチベット人翻訳官とが共同で当たった．チベット人翻訳官としては*イェシェーデ，インド人学僧としてはジナミトラが有名である．9世紀初頭に至って訳語に混乱が生じてきたため，王の勅命により，翻訳の規則および重要な仏教語の欽定訳語とその解説をまとめた『二巻本訳語釈』とサンスクリット語とチベット語の欽定訳語集*『翻訳名義大集』が作成された．前者に示された翻訳規則では，語順や複合語の要素を含めて，できる限りサンスクリット語の構造に忠実であると同時に，チベット語としても理解しやすいものであることが求められている．既訳の仏典は，これら欽定訳語と翻訳規則に準拠するように改訂された．824年にはデンカル宮殿に集められた蔵訳仏典の総目録*『デンカルマ目録』が編纂された．

【後期仏教伝播期】842年に古代チベット王国が崩壊したのちは訳経事業も衰退したが，10世紀後半に，古代チベット王国の末裔であった西チベットのガリ地方の王の庇護のもとに，大翻訳官*リンチェンサンポが現れ，また1042年には，インドの大学問寺*ヴィクラマシーラから*アティシャが招聘され，仏教が再興された．古代チベット王国時代を仏教の「前伝期(前期仏教伝播期)」，この時期以降を仏教の「後伝期(後期仏教伝播期)」と称する．後伝期には，8世紀以降に成立した密教経典や後期大乗仏教の論書など多数の未訳経典が訳出された．特に密教経典については〈旧訳〉〈新訳〉と言う呼称が用いられ，*ニンマ派が，自らの由来を前伝期の訳出に遡らせるために〈旧訳〉密教経典を所依としたのに対し，*カギュー派や*サキャ派は新しいインド仏教を継承していることを強調するために〈新訳〉密教経典を所依とした．

【モンゴル語への翻訳】チベット語仏典のモンゴル語への翻訳は元朝時代に始まり，アルタン-ハンの遺志をついで，1607年には大蔵経経典部が建立された．その後清朝の乾隆帝のもとでチベット語大蔵経をもとにモンゴル語訳大蔵経論書部が建立された．学説綱要書(宗義書)の著者として名高いチャンキャ-ルルペードルジェ(1717–86)がその指揮に当たった．チャンキャは仏典蔵訳の際に制定された翻訳規則をもとにモンゴル語への翻訳規則を示し，論書部翻訳のための蔵蒙対照の仏教概念の解説書『正字法通達の源』を著した．

薬師経　やくしきょう　薬師如来の*本願・*功徳(くどく)・*仏国土などについて説く大乗経典．サンスクリット原典が西北インドのギルギットで発見されている．漢訳には4世紀前半の帛尸梨蜜多羅(はくしりみったら)訳と伝える〈灌頂抜除過罪生死得度経〉(灌頂経巻12所収)，達摩笈多(だつまぎゅうた)(?–619)訳の〈薬師如来本願経〉，*玄奘(げんじょう)訳の〈薬師琉璃光如来本願功徳経〉，*義浄(ぎじょう)訳の〈薬師琉璃光七仏本願功徳経〉の4点が現存し，うち義浄訳は薬師如来を含む*七仏薬師経である．チベット語訳も2点現存し，うち1点は七仏薬師経である．なお，「琉璃」は「瑠璃」と書くこともある．「六月ばかりに太秦(うずまさ)に参りて，御修法，薬師経の不断経など読ませ給ふ」〔栄花浦々の別〕

薬師寺　やくしじ　1 奈良市西ノ京町にある寺院で*法相宗(ほっそうしゅう)大本山．*南都七大寺の一つ．

【創建の由来と変遷】680年(天武9)に皇后(のちの持統天皇)の病気平癒を祈って天武天皇(?–686)が藤原京の中に建立を発願．天皇の死後は持統天皇(645–702)が造営事業を継続し，文武天皇の代に至り完成した．これが〈本(もと)薬師寺〉(橿原市城殿町)である．平城京への遷都(710)とともに718年(養老2)に藤原京から移建されたと伝えられる．*官寺として国家の庇護を受け，830年(天長7)に始められた*最勝会(さいしょうえ)は*三会(さんえ)の一つとして重要視された．*伽藍(がらん)配置は*金堂(こんどう)の前面に東西両*塔が建ついわゆる〈薬師寺式〉である(→付録・伽藍配置). 973年(天延1)に金堂と両塔を残して焼失, また1528年(享禄1)には金堂や西塔などを焼失するなど数次の被災により, 創建時の建物は東塔のみである. 近年, 伽藍の復興が企画され, 西塔・金堂・*中門・*講堂・*回廊・*僧房などが復元再建された.

【文化財】東塔は各重に*裳階を付けた三重塔で, 本薬師寺から移したか, 新造したかについては議論があったが, 現在では新造説が有力である. *相輪上部の水煙は雲の中に12人の*飛天を配した透かし彫りで, 他に例のない卓抜な意匠である. 金堂本尊銅造薬師三尊像も本薬師寺からの移坐説と平城移転後の新鋳説とがあり, 前者とすれば688年(持統2), 後者とすれば718年頃の完成となる. 中国初唐期ないし盛唐初期の彫刻様式の影響下にある名作である. 東院堂本尊銅造聖観音像は薬師三尊像とほぼ同時期の制作とみられ, 養老年間(717–724)創建と伝える東院堂の当初からの本尊の可能性がある. 麻布着色の吉祥天像は8世紀後半に吉祥悔過会の本尊として制作された, 唐代美人を連想させる画像. もと境内仏足堂にあった*仏足石, *仏足跡(石)歌碑は奈良時代の日本における仏足跡信仰を示す重要な遺品で, 後者は奈良時代の*金石文または仏教文学としても注目される.

【文学作品と本寺】本寺の縁起や本尊の*利益などを伝える*説話は中世までの文献に散見するが, 特筆すべきは, 奈良時代*行基が薬師寺僧の名において活躍し, その事績が多くの話題を生んで後代に影響を与えたこと, また薬師寺僧景戒の手で, 日本最初の説話集で, 本格的仏教説話文学の嚆矢ともいうべき*『日本霊異記』が撰集されたことであろう. 本寺の縁起は数種現存するが, 1015年(長和4)成立のものが最古のもののようである.

[2] 下野国(現在の栃木県河内郡南河内町薬師寺)にあった寺. 天武天皇が建立した寺院という. 770年(宝亀1)には*道鏡が, *別当に補任されている. 本寺は, *鑑真によって, 761年(天平宝字5)に*戒壇が樹立されたことで知られる. この戒壇は, 大和(奈良県)*東大寺, 筑前(福岡県)*観世音寺両戒壇とともに, 天下の〈*三戒壇〉と呼ばれる国家的戒壇の一つで, 「坂東十国」の*受戒希望の*沙弥が集まった. その*戒師は, 東大寺戒壇で*三師七証を勤める僧の中から選ばれた. 本寺は, 戒壇での*授戒が11世紀には機能を停止するほど衰退していった. しかし, 13世紀半ばには, *覚盛の弟子良遍の命を受けた律僧の慈猛(1211–77)によって復興され, 中世を通じて律宗寺院であったと考えられる. 中興に成功した慈猛は, 1263年(弘長3)には薬師寺政村に対して私的な授戒をも行なった. 南北朝期には室町幕府によって下野*安国寺に指定された.

薬師信仰 やくししんこう　*薬師経に説く大乗仏教の仏である*薬師如来(薬師琉璃光如来)に対する信仰. 薬師如来は*ガンジス河の砂数の10倍に等しい*仏国土を越えた彼方の東方の*浄瑠璃世界の主尊で, まだ*菩薩であったとき12の*大願をたてて衆生救済をした. *現世利益の仏として注目され, 特に治病や施薬の面で信仰を集めている. 日本でも*法隆寺創建に薬師如来が本尊とされるなど古寺の多くに安置され, 特に天武天皇は皇后の病気平癒を祈願して680年(天武9)に*薬師寺の建立を発願している. 古来眼病を治す仏として信ぜられ, 江戸時代には〈*朝観音・夕薬師〉といわれるほど庶民に信仰された. 薬師信仰の高まりとともに*七仏薬師の思想が生まれたが, インドにその信仰の形跡は定かでなく, 中国・朝鮮・日本で盛んである. しかし薬師経のサンスクリット原文が発見されているから, この信仰がインドで行われていたことは確実である.

薬師如来は*曼荼羅にみられず, しばしば*阿閦如来または*大日如来と同体とみなされる. 薬師如来を本尊として息災招福を修する密教の*修法を〈薬師法〉, 薬師如来に*懺悔する法会を〈薬師悔過〉, 薬師経を講義し讃嘆する*法座を〈薬師講〉といい, 講中の称ともする. 薬師如来の*真言は「オン・コロ・コロ・センダリ・マトウギ・ソワカ」で, 中陰(*中有)最後の*四十九日(七七日)の供養仏に配当されている. →薬師如来.

【文学への影響】薬師信仰の日本文学への

投影は*阿弥陀(あみだ)信仰との密接な関連のもとに平安中期より顕著になり，薬師の霊験利益譚が中国文献収載話をも含めて仏教説話文学に登場するほか，その*功徳(くどく)を讃嘆した歌謡は*『梁塵秘抄(りょうじんひしょう)』に収められる．また，中世の本地物語の中に『熊野の本地』『阿弥陀の本地』以下，阿弥陀と薬師の*因位(いんに)の関係を夫婦と説くものが多いのも注目される．太陽の運行からの連想も手伝って，東方の薬師は衆生を西方の阿弥陀の浄土へ導くと考えられたためである．

「あらはれての御祈りには…百座の仁王講，百座の薬師講，一搩手半(いっちゃくしゅはん)の薬師百体」〔平家1.願立〕

薬師堂 やくしどう　*薬師如来を本尊として安置している堂．薬師如来のほかに日光菩薩と月光菩薩の*脇侍(きょうじ)や，守護神としての*十二神将もまつられることが多い．奈良の*薬師寺をはじめ，薬師堂を本堂とする寺院は少なくない．なお，遺構として*醍醐寺(だいごじ)薬師堂(1121)や豊楽寺(ぶらくじ)薬師堂(平安末期，高知県長岡郡)がある．

薬師如来 やくしにょらい　［s: Bhaiṣajyaguruvaiḍūryaprabha］　具名を〈薬師琉璃光(るりこう)如来〉といい，東方の*浄瑠璃世界(じょうるりせかい)の教主．もと菩薩であったとき12の*大願(だいがん)を発し，衆生(しゅじょう)の病苦を除き，安楽を与えるなどの*現世利益(げんぜりやく)をもたらすことを誓う．薬師如来への信仰は，特に重病に陥った者のためにこの如来の像に対して〈薬師経〉を49遍読誦し，49灯を燃すことなどによりその意識を回復させ，命を継続させることが可能になる，とする続命法に基づいて盛んになった．*日光・月光菩薩を脇侍(きょうじ)として〈薬師三尊〉となり，*十二神将を*眷属(けんぞく)とする．薬師経をはじめとする一部の経典に説かれるだけで，その成立の時期や場所は明らかではない．中国では隋代(581-619)からこの尊に対する信仰が高まったかに考えられるが，遺品としては*敦煌莫高窟(とんこうばっこうくつ)を除くと非常に乏しい．ところが朝鮮半島では比較的遺例が多くなり，わが国では仏教伝来の当初から非常に積極的に造られたようで，古くからの名品が豊富にある．これは，現世利益的性格の強いこの尊に対する各民族の理解の相違を物語るものである．

経典に明確な像容が説かれないところから，様々な*印相(いんぞう)が行われる結果ともなった．すなわち，左手*与願(よがん)，右手*施無畏(せむい)という印相は他の尊像にも通ずる通仏相であるが，薬師の古像にこの印が多く，わが国では奈良時代以前の薬師像はほとんどこの形相(ぎょうそう)である．この他に，左手に*宝珠(ほうじゅ)や薬器を持つ像，あるいは両手に鉢と*錫杖(しゃくじょう)を持つ像などが行われたが，平安時代以降は，左手に薬器(壺)を持つ例が圧倒的に多い．また*七仏薬師もわが国ではよく行われた．*法隆寺金堂像・*薬師寺金堂像・*室生寺(むろうじ)金堂本尊像などは与願・施無畏印の例，*新薬師寺像・*神護寺像・*元興寺(がんごうじ)像・*仁和寺(にんなじ)像などは左手に薬壺を持つ例である．松虫寺(まつむしじ)像(平安後期，千葉県印旛郡)，鶏足寺(けいそくじ)像(鎌倉時代，滋賀県伊香郡)は七仏薬師の作例．→薬師経，薬師信仰．

訳場 やくじょう　〈訳経道場〉の意．中国では*訳経事業も多くは国王の保護のもとに行われたので，訳場も宮殿禁苑内で行われた例が少なくない．また特定の大寺院がこれに当てられることもあり，隋唐以後になると特別の訳場(翻経館，翻経院，訳経院など)がつくられもした．大部の経典を翻訳する場合は，訳場内における職務の分担が定められた．訳主(やくしゅ)，証義(しょうぎ)，証文(しょうもん)，書写(しょしゃ)，筆受(ひつじゅ)，綴文(てつもん)，参訳(さんやく)，刊定(かんじょう)，潤文(にゅんもん)を〈訳場九位〉と呼ぶ．経の巻末に訳経関係者の名が列記されているものを〈訳場列位〉という．

チベットにおいても，最初期の仏典翻訳は，国王の勅命のもとに国家的な事業の一つとして行われた．多くのばあい寺院の学堂において，インド人の教師とチベット人の翻訳官が協力してサンスクリット写本を翻訳するという共訳のかたちがとられた．

益信 やくしん　827(天長4)-906(延喜6)　真言宗の法流の一つ広沢流の祖．本覚大師，円成(城)寺僧正．備後(びんご)(広島県)の人．俗姓品治氏．石清水行教(ぎょうきょう)の弟．初め宗叡(しゅうえい)(809-884)の門に入って出家し，また奈良の*大安寺などに学ぶ．南池院の源仁(げんにん)(818-887)に*伝法灌頂(でんぽうかんじょう)を受け，中国の法全阿闍梨(はっせんあじゃり)系の*聖教(しょうぎょう)などを付嘱された．東寺(*教王護国寺)長者，東大寺別当を歴任するほか，宇多天皇(寛平法皇，

867–931)の帰依を受け*灌頂の*戒師となる．尚侍藤原淑子の病気平癒を祈願し，その東山山荘を改造した円成寺(えんじょうじ)(円城寺)の開山となり同寺で示寂．→野沢(やたく)二流．

薬石 やくせき　本来は薬品や治療法を意味し，『史記』倉公伝や『列子』湯問などの中国古典に広く見えているが，禅家では夕食の称．〈薬食(やくじき)〉ともいう．晩間の粥(しゅく)は，体を養い，病を療じて道業を進めるための薬として服するという意から名づけられたもの．元来，*比丘(びく)は正午を過ぎて食事をしないのが仏教の戒律であり，正午を過ぎて食事をすることは*非時食(ひじじき)として禁止されていた．しかし，*道元は「当山も亦(また)雪時の薬石を許す」〔正法眼蔵示庫院文〕として冬季のみ薬石を認め，中国では『日用清規』(1209)以降の*清規(しんぎ)に薬石を許している．「近日の間，宿霧相(あい)侵し，薬石験(しるし)を失ふ」〔太平記 23.就直義病悩〕「すなはち仏祖会下(えじょう)の薬石なり」〔正法眼蔵示庫院文〕

野狐禅 やこぜん　*『無門関』第2則の「百丈(ひゃくじょう)野狐」の話にちなんで，似て非なる邪禅を指していう語．百丈野狐の*公案というのは，前世に百丈山にいたという老人が，かつて「悟った者は因果の世界を超越し，因果に落ちない(不落因果)」と言ったために，五百生のあいだ野狐身の畜生道に落ち，*百丈懐海(えかい)から「因果は歴然としている(不昧因果)」と教えられて得悟したという話である．これは悟りの*因果超越的な面ばかり見て，因果的な現象世界との*相即(そうそく)の面を無視する態度を批判するものである．ここから禅の超越面を強調し，未だ真の悟りに達していないのに悟ったかのように思い上がった態度を批判的に〈野狐禅〉と呼ぶ．

「百丈の道処通方せり，然(しか)りと雖(いえど)もいまだ野狐の窟を出でず．黄檗の脚跟(きゃくこん)点地せり，然りと雖もなほ蟷螂(とうろう)の径(こみち)に滞れり」〔正法眼蔵大修行〕「婆修盤頭(ばしゅばんず)尊者，若(も)し闍夜多(じゃやた)尊者にあはずんば，生涯ただ野狐と成りて，そこばくの衆を惑乱すべし」〔合水集上〕

夜叉 やしゃ　サンスクリット語 yakṣa に相当する音写．ヤクシャ．〈薬叉(やくしゃ)〉と音写されることもある．主として森林に住む神霊である．*鬼神として恐しい半面，人に大なる恩恵をもたらすともされた．ヤクシャは樹木と関係が深く，しばしば聖樹と共に図像化されている．女性のヤクシャ(ヤクシー，ヤクシニー)の像も数多く残っている．水との縁も深く，「水を崇拝する(yakṣ-)」といったので yakṣa と名づけられたという語源解釈も存する．仏教に取り入れられて，*八部衆の一つとなった．なお，〈夜叉〉は特定の神格ではなく，北方守護の*毘沙門天(びしゃもんてん)の眷属である鬼神の総称．またわが国では古来，夜叉に帰依して新生児の無事を祈願し，名をもらい受ける習俗があり，その名の代表的なものが女子名の〈あぐり〉である．「元興寺の中門に二天まします．其の使者として夜叉あり」〔今昔 17–50〕

耶輸陀羅 やしゅだら　サンスクリット語 Yaśodharā(パーリ語 Yasodharā)に相当する音写．ヤショーダラー．釈尊(しゃくそん)出家前の妃，*羅睺羅(らごら)の母．古い経典には仏陀(ぶっだ)の妃のことはほとんど伝えられておらず，妃の名をあげ，それにまつわる伝説を語るのは比較的後代に成った経典である．妃の名としては他にバッダカッチャー(Bhaddakaccā)，ゴーパー(Gopā)などがあるが，ヤショーダラーが最も広く知られた名である．釈尊が女人の*出家を許したとき，彼女も他の釈迦族婦人とともに*比丘尼(びくに)となったことを伝える経典もある．この妃の出生については種々の説があるが，仏陀の従妹とするものが多い．

ヤショーダラー [*s*: Yaśodharā]　⇒耶輸陀羅(やしゅだら)

『夜船閑話』 やせんかんな　徳川時代の禅僧，*白隠慧鶴(はくいんえかく)の著した*仮名法語．1757年(宝暦7)刊．白隠は修行中に弁道究理が度を過ぎて，ひどい病気になった．そのとき洛東白川の白幽真人に〈内観の法〉を授かり，身心ともに健やかになって，*大悟徹底することを得た．そこで後年，門人たちが*菩提心(ぼだいしん)に燃えながら，中途で肉体の病気や，いわゆる禅病に悩むのを見て，これを救おうとして「一身の元気を臍輪・気海・丹田・腰脚・足心の間に充たしめる」内観の法を説いたのが本書である．これは〈*気〉を練ることによって身心を健康にする〈神仙長生不老の術〉であり，修禅者は必ず参禅とともにこの内観を兼修すべきであるとすすめる．

野沢二流 やたくにりゅう　*東密の*事相を代表する，小野・広沢の二流のこと．〈小野流〉は*聖宝を始祖とし，観賢(853–925)，淳祐(890–953)，元杲(914–995)，*仁海と*相承し，*口伝*口訣を尊重する．小野の随心院(京都市山科区小野)を本拠とし，醍醐三流・勧修寺三流の六流からさらに多くの枝末流派が分かれた．

〈広沢流〉は*益信を始祖とし，寛平法皇(宇多天皇，867–931)，寛空(884–972)，寛朝(916–998)と相承し，口伝よりも*儀軌を重んじる．保寿院・仁和御流・伝法院流などの六流に分派．広沢池畔の遍照寺(京都市右京区)にちなんで広沢流といい，現在では*大覚寺派・御室派(*仁和寺)が独立宗派である．

野中寺 やちゅうじ　大阪府羽曳野市野々上にある高野山真言宗の寺．青竜山徳蓮院と号す．〈中の太子〉と呼ばれる．*聖徳太子ゆかりの寺と伝え，明治初年までは本格的な戒律道場を持つ律院であった．*中門や*金堂・*塔・*講堂をはじめ*回廊の礎石が現存し，なかでも三方に添柱用の穴を持つ塔の心礎は横穴の*舎利孔を持つことでも有名．塔・金堂を左右に配する法隆寺式*伽藍配置と考えられている．寺宝の銅造弥勒菩薩半跏像は「丙寅年」や「中宮天皇大御身労坐之時…」の刻銘を持っており，666年(天智5)の造像とされる．飛鳥時代後期(白鳳)の典型的な様式を持っている．

柳は緑，花は紅 やなぎはみどり，はなはくれない　禅宗において，*悟りの心境とはどのようなものかを示すとき好んで用いられる語句．哲学的な表現をとらないのは，語句そのものの解釈に陥ることを避けるためである．緑の葉や赤い花という何の変哲もないありのままの自然の姿を示すことにより，悟りは日常生活そのものの中にあるとする禅宗の立場を端的に言い表している．南宋初期(13世紀)の禅僧道川が金剛経に頌と*著語をつけた『金剛経川老註』に「目前に法無し，さもあらばあれ，柳は緑，華は紅」とある．「草木も法身の相を現し，柳は緑，花は紅なる，その色々を現せり」〔謡・放下僧〕

屋根 やね　雨，雪や直射日光を防ぐために，建築物の上部に外部に面して設けられた覆い．仕上げの葺材を指す場合と，小屋組を含む構造全体を指す場合とがある．仏教を大陸から受容した時から仏教建築は*本瓦葺を基本としたが，日本では板・萱・檜皮などの植物性の葺材もしばしば用いられた．形状により*切妻造，*寄棟造，*入母屋造，*宝形造などの種別があり，寄棟造や宝形造では屋根面全体が葺材で覆われるが，切妻造と入母屋造では妻壁が外部に現れるので，野地板の端部は破風板，*母屋桁の木口は懸魚で覆われる．中国では各時代を通じて寄棟造が宮殿などの最高級の建築に用いられたのに対し，日本では奈良時代以外は入母屋造が重視された．

また屋根面に装飾的に破風を付加することも行われ，山型の千鳥破風や，中央を起らせ，両端を反対に反らせた唐破風とが多く用いられ，特に桃山時代以後，寺社建築の屋根を華やかに飾るようになった．なお，唐破風の起源を中国に求めるのには疑問があり，平安時代に我が国で独自に発生したと考えられる．

構造的発達の上で特筆すべきことは，野屋根(あるいは野小屋)と呼ばれる小屋裏の空間が発生したことである．奈良時代には化粧垂木の上に野地板を敷き，葺材を乗せていたが，法隆寺大講堂(990)頃から化粧垂木の上方に野垂木を並べ，野屋根が成立した．これにより雨仕舞のために屋根勾配を急にしても，化粧垂木の勾配を緩く保つことが可能となり，長い軒を出しても軒高が下がらなくなった．また鎌倉時代以降は，野屋根の空間に桔木と呼ばれる構造材を挿入し，経年変化による軒の垂下に対応するようになった．→瓦，付録(寺院建築1–4)．

野巫 やぶ　原義は田舎の巫医，すなわち呪術で治療する田舎医者の意．まじないに頼って医薬の本道に暗いことから，未熟な医者をさす．*『摩訶止観』7下では，一端だけを知って本義に暗いことから，学行に欠ける禅修行者の喩えとしている．なお，〈藪医(者)〉などの語は，〈野巫〉に草深い田舎を意味する〈藪〉(一説に〈野夫〉とも)を当て，重ねて〈医(者)〉を付したもの．「御内に召

しかかへられし野夫医者のありけるが，名をば通斎といふ」〔仮·浮世物語 4〕

山科本願寺 やましなほんがんじ　山城の山科野村(京都市山科区)に建立された本願寺のこと．現在，東西両本願寺の〈山科別院〉がその址を伝える．1465年(寛正6)大谷本願寺が比叡山の衆徒によって破却され，*蓮如れんにょは祖像を奉じて所々を転々としたが，5年間の越前吉崎在住を経て，若狭小浜より河内出口へ移り，1478年(文明10)山科に本願寺の再建を始め，80年(文明12)影堂が落成した．ついで蓮如の後を継いだ*実如じつにょの時代，寺内の機構が整備されたが，次の*証如しょうにょの1532年(天文1)，細川晴元の義父六角定頼と日蓮宗徒らによって焼かれた．→本願寺，石山本願寺．

山田寺 やまだでら　奈良県桜井市山田にあった寺院．大化改新に功績のあった蘇我倉山田石川麻呂の発願によって創建．石川麻呂は讒言ざんげんされて649年(大化5)この寺で自害した．傷心のあまり娘造媛みやつこひめ(中大兄妃)は亡くなった．その娘鸕野皇女うののひめみこ(天武天皇妃，持統天皇)らが深くかかわって，685年(天武14)に丈六薬師如来像の開眼供養が行われた．この薬師如来像は，1187年(文治3)*興福寺東金堂の本尊として持ち去られ，現在仏頭が同寺に残っている．1982年の発掘調査で，塔の東部分で*回廊の遺構が発見され，建築部材など創建当時の構造が確認された．従来最古とされた*法隆寺よりさらに古い木造建築として注目された．

山寺 やまでら　山の中にある寺．山を崇拝する信仰と山林での修行のため，寺院は山に建てられることが多かった．たとえば，延暦寺えんりゃくじは*比叡山ひえいざん，金剛峯寺こんごうぶじは*高野山こうやさんに建てられ，山の名をもって呼ばれた．鎌倉時代，禅宗と共に*五山·*十刹じっせつの制が伝えられ，禅寺に〈*山号〉が付けられるようになり，やがて他の宗の寺院にも山号が用いられるようになった．また山寺という名称は，*立石寺りっしゃくじの通称にもなっている．「奈良の京の東の山に，一つの山寺有り．その山寺に一人の優婆塞有り」〔今昔 17-49〕

夜摩天 やまてん　サンスクリット語 Yāma に相当する音写．*六欲天の第三．日夜·時節·時分が分かれるとき，不可思議の歓楽を受ける天とされる．その1昼夜は，人間界の200年に相当し，2000歳の寿命をもつとされる．また，六欲天の第三の領域すなわち夜摩天の住まいと解されることもある．*閻魔えんまと同じく，インド神話の中のヤマ(Yama)神に由来し，その天界が仏教に採り入れられたもの．「夜摩天に生まれて，その王の子と成りてその命二千歳」〔今昔 1-22〕．→天．

山伏 やまぶし　〈山臥〉とも書く．*修験道しゅげんどうの宗教的指導者．山に伏して修行することから〈山伏〉と記された．この修行により験力げんりきを修めることから〈修験者〉ともいう．*頭巾ときん·鈴懸すずかけ(*篠懸すずかけ)衣·*結袈裟ゆいげさをつけ，笈おいを背負い，*錫杖しゃくじょうを持ち，*法螺ほらを吹くという独自の姿で各地の霊山で修行した．教義の上では〈山〉の縦三画と横一画は*三身さんしん即一·*三部さんぶ一体·*三諦さんたい一念を示し，〈伏〉は人偏と犬からなる故，*煩悩即菩提ぼんのうそくぼだい·無明法性不二むみょうほっしょうふにを示すとされた．また山伏は修生しゅしょう·従因至果じゅういんしか，山臥は*本有ほんぬで従果向因を示すとされている．

なお山中苦行で体得した山伏の験力については，それを誇張した形で説く説話や物語が多いが，逆にそれを矮小化·滑稽化して法験のないえせ山伏を描いて笑いの対象としたのが，『禰宜ねぎ山伏』『犬山伏』『蟹山伏』など一連の〈山伏狂言〉である．

「山臥修行者は，昔の役行者えんのぎやうじや·浄蔵貴所じやうざうきしよといへども，ただ一陀羅尼の験者なり」〔新猿楽記〕「山伏あり．けいたう坊といふ僧なりけり．熊野，御嶽はいふに及ばず，白山，伯耆の大山，出雲の鰐淵，大かた修行し残したる所なかりけり」〔宇治拾遺 3〕

山法師 やまほうし　比叡山*延暦寺えんりゃくじの下級僧徒で，武器を帯して粗暴な振舞いに及んだ一団の者．いわゆる延暦寺の僧兵で，『平家物語』などでは「山門の大衆」とも呼ばれ，白河法皇をして賀茂川の水，双六すごろくの賽とともにわが意のままにならぬものと慨嘆させたという．*園城寺おんじょうじの〈寺法師てらほうし〉，奈良*興福寺や*東大寺などの〈奈良法師〉に対する称．延暦寺の僧兵は10世紀の末には3千人を数えるほどになったという．彼らは古代末から中世にかけて，教団内部で上級僧侶(*学侶がくりょ)と対立するばかりでなく，朝廷への強訴(ごうそ)や他の寺社との抗争に与力して恐れられていた.「夜部(よべ)何となう，世の物さわがしう候ひしを，例の山法師の下るかなんど，よそに思ひて候へば」〔平家 2.少将乞請〕. →僧兵.

ユ

唯一神道 ゆいいつしんとう　吉田(卜部(うらべ))兼倶(かねとも)(1435–1511)によって確立された神道で，〈唯一宗源(そうげん)神道〉〈吉田神道〉〈卜部神道〉ともいう．兼倶が先祖の兼延の名を借りて作った『唯一神道名法要集(ゆいいつしんとうみょうぼうようしゅう)』が典拠となっている．その中で神道は儒教・仏教の宗，万法の源と述べられ，神主仏従・神本仏迹の*反本地垂迹説や*根葉花実論が展開されている．それらの主張は天台から神道に回心した慈遍・良遍によって打ちだされ，そのあとに兼倶が出て大成したもので，背景として天台*本覚思想が考えられる．

唯円 ゆいえん　*親鸞の弟子．2人いる．1人は常陸国(茨城県)河和田(かわわだ)の唯円，もう1人は同国那珂郡鳥喰(とりばみ)の唯円である．一般に別人とされている．河和田の唯円は，鴻才弁説の名声ありといわれ，親鸞の孫唯善(ゆいぜん)の師で，本願寺3世*覚如(かくにょ)も教えを受けた．*『歎異抄(たんにしょう)』の著者と推定され，水戸河和田の報仏寺はその遺跡という．報仏寺本尊台座銘には1288年(正応1) 8月8日没とあるが，覚如の子従覚(じゅうかく)編の*『慕帰絵(ぼきえ)』には「正応元年冬上洛」とある．鳥喰の唯円は関東における親鸞面授の弟子である二十四輩の一人．西光寺がその遺跡という．

遺誡 ゆいかい　〈遺戒〉とも書く．死に臨んで後人のために訓誡を遺(のこ)すこと．あるいは遺された訓誡のこと．多く高僧の遺訓を意味する．〈永誡(ようかい)〉(永く後世に遺す誡め)ともいう．「遺教経は御入滅の日の中夜の説，最後の御遺誡なり」〔雑談集 6〕. →遺教.

遺教 ゆいきょう　釈尊(しゃくそん)が滅後の弟子たちに遺(のこ)した教え．狭義には釈尊が*入滅(にゅうめつ)時に遺した教誡である*遺教経をいうが，総じて仏*一代(いちだい)の*説法(せっぽう)を意味する．一般には，後世に教えを遺すこと，またその遺された教えを意味する．「如来の遺教，これによって沈隠し，正法の神力，またまた顕れ難し」〔顕戒論 下〕

遺教経 ゆいきょうぎょう　詳しくは〈仏垂般涅槃略説教誡経(ぶっすいはつねはんりゃくせつきょうかいぎょう)〉といい，〈仏遺教経〉ともいう．*鳩摩羅什くまらじゅう訳．1巻．経末に「これ我が最後の教誨するところなり」とあって，釈尊しゃくそんが*入滅にゅうめつに臨んで垂れた最後の*説法せっぽうをその内容とする．禅宗で特に重んじて，仏祖三経(他の二経は〈*四十二章経〉と『潙山警策いさんきょうさく』)の一つとする．→涅槃経．

遺偈 ゆいげ　禅僧が自らの臨終に際して弟子らのために書き残す偈文げもん(詩)をいう．一般的には，自己の禅的境地を表現することによって，弟子らに修行の目標を指し示すといった内容で，禅僧が最後に渾身の力を振り絞って書くものであるため，その全生涯を凝縮したような高い格調を備え，*墨跡の名品とされるものも多い．禅宗では，悟りを開くことによって生死を超越することが求められたため，古くから淡々と死を迎えることが禅僧のあるべき姿であると見なされていたが，そうした認識のもとで遺偈を書く風習が次第に広まり，宋代になると臨終儀礼の一部として定着を見た．その風習は禅宗とともに日本にももたらされ，今日まで受け継がれている．

結袈裟 ゆいげさ　修験者しゅげんじゃが用いる独自の袈裟で，*九条の袈裟を修行用に簡略化したもの．〈不動袈裟〉とも呼ばれる．左右2本，中央1本の細長い帯状の布を1カ所で結び合わせたもので，2本の帯を肩に掛け，1本を背に垂らして使用する．おのおのの帯には白あるいは黒の房が2個，合計6個の房が付けられる．九条が九界を表し，それを仏界の行者が身に着けることで*十界じっかいが具足するという．なお*修験道当山派では五色の錦でつくる磨紫金ましこん袈裟が用いられる．

唯識 ゆいしき［*s*: vijñapti-mātratā］　あらゆる存在はただ〈識〉，すなわち〈心〉にすぎないとする見解．般若経はんにゃきょうの*空くうの思想を受けつぎながら，しかも少なくともまず識は存在するという立場に立って，自己の心のあり方を*ヨーガの実践を通して変革することによって*悟りに到達しようとする教えである．この思想を打ち出した学派を〈瑜伽行唯識派ゆがぎょうゆいしきは〉あるいは単に〈*瑜伽行派〉または〈*唯識派〉とよぶ．→識，心こころ．

【唯識説の展開】vijñapti とは，知らしめるという意味．したがって，〈唯識〉とは語義的には，自己と自己を取り巻く自然界との全存在は自己の根底の心である*阿頼耶識あらやしきが知らしめたもの，変現したもの，という意味である．唯識説によれば，認識の直接の対象は心(識)の内にあるのであって，外にはない．外にあるかのように顕現するにすぎないという．しかし，これは決して心のみを実在視した*唯心論ではない．なぜなら心の存在もまた幻のごとき，夢のごとき存在であり，究極的にはその存在性も否定されるからである．この唯識思想は，*弥勒みろく(マイトレーヤ)によって唱えられ，*無着むじゃく(アサンガ)，*世親せしん(ヴァスバンドゥ)の兄弟によって組織体系化された．とりわけ世親が*『唯識三十頌さんじゅうじゅ』を著すに及び，それまでの教義の一応の体系化が達せられた．その後，この書の解釈をめぐって，多くの*論師ろんじたちによって論議がたたかわされた．

それらの諸説のうち，識の内にある形象(相分そうぶん)を依他起えたき，つまり*縁起する性質のものとして認める唯識説を〈有相うそう唯識説〉，あるいは〈有形象知識説〉や〈形象真実説〉と呼ぶ．この立場は*陳那じんなや*護法ごほうに代表され，*ダルマキールティ，プラジュニャーカラグプタ(9世紀前半頃)，さらに*ジュニャーナシュリーミトラに伝承された．なお，護法の解釈を正当とする立場にたって*玄奘げんじょうが*『成唯識論じょうゆいしきろん』を訳出することにより，中国において*法相宗ほっそうしゅうが成立した．法相宗は奈良時代に日本に伝えられ，以後現代にいたるまで，唯識思想は，単に法相宗の教義としてでなく，広く仏教の基礎学問として学ばれてきた．一方また，識が識そのもの(見分けんぶん)と識内の形象(相分)とに二分された状態は，すでに*虚妄こもうに*分別された誤ったあり方であり，それゆえ識内の形象は遍計所執へんげしょしゅうの(つまり分別された)性質のものであると理解する唯識説を〈無相唯識説〉，あるいは〈無形象知識説〉や〈形象虚偽説〉という．スティラマティ(*安慧あんね)に代表され，さらに後期唯識派の*ラトナーカラシャーンティもこの立場をとる．

【思想の特徴】唯識思想の特徴として，次のようなことが挙げられる．1) 心の種類として，眼識・耳識・鼻識・舌識・身識・*意識・*末那識まなしき・阿頼耶識あらやしきの8種をたてること(*八識)．このうち後の二つがいわゆる深層心理に属する．2) *三性さんしょう説を新たに打ち出したこと．全存在を心のなかに還元し，しかもその全存在のあり方を，〈遍計所執性へんげしょしゅうしょう〉(分別された非存在)と〈依他起性えたきしょう〉(因と縁という他なるものに依って生起した仮の存在)と〈円成実性えんじょうじっしょう〉(完成された真に存在するもの)の3種類に分類した．3) ヨーガを実践することによって唯識観という具体的な*観法かんぼうを教理的に組織体系化したこと．

「永眼大僧都といふ人侍りき．唯識・因明を明らかにせりとぞ」〔撰集抄〕「瑜伽・唯識の教文，弥勒下生の時まで守護し給はんこそ遥かなれ」〔八幡愚童訓〕

『唯識三十頌』ゆいしきさんじゅうじゅ ［*s*: *Triṃśikā Vijñaptimātratāsiddhiḥ*］ *唯識思想を30の詩頌をもって集大成した*世親せしん(ヴァスバンドゥ)の代表的著作．その主題は，*識しきの*転変とそれに伴う心作用の展開(1–19偈)，*三性さんしょう・三*無自性さんむじしょう説(20–25偈)，および唯識の正しい理解の仕方(26–30偈)である．この中でも本書の最大の特徴は，〈識転変〉(vijñāna-pariṇāma)の説にある．これは，識が第八アーラヤ識(*阿頼耶識あらやしき)，第七マナス(*末那識まなしき)，および眼・耳・鼻・舌・身・意の*六識という三層をもって転変，すなわち変化しながら展開することをさす．アーラヤ識は，行為のあらゆる結果(*異熟いじゅく)からなる深層の潜在意識である．それは六識やマナスとしての現実的な諸行為(*現行げんぎょう)が*熏習くんじゅうした結果であるとともに，そこからまた六識やマナスという現実的な諸行為が生じることから，根本識や*種子しゅうじ識とも呼ばれる．マナスとは，アーラヤ識に依存し，アーラヤ識を*アートマン(ātman，*我・自我)であると錯覚する*染汚ぜんまの識，すなわち自我に関する諸煩悩に覆われた識をさす．

サンスクリット本として本頌および*安慧あんね(スティラマティ)の注釈が伝えられ，いずれも対応するチベット語訳がある．漢訳には*玄奘げんじょう訳『唯識三十頌』のほか，*真諦しんだい訳『転識論』がある．さらにまた，玄奘が*護法ごほう釈を中心に十大論師の解釈を取捨して訳出した注釈書に*『成唯識論じょうゆいしきろん』があり，本書は中国*法相宗ほっそうしゅうの根本典籍となった．

『唯識二十論』ゆいしきにじゅうろん ［*s*: *Viṃśatikā Vijñaptimātratāsiddhiḥ*］ *『唯識三十頌』とならぶ*世親せしん(ヴァスバンドゥ)の代表作の一つ．外界に事物が実在するとみる他派からの批判に，ひとつひとつ反論することによって「一切はただ識のみである」という*唯識派の根本命題を立証した書．22の偈頌げじゅとそれに対する世親自身の注釈とから構成される．本書には〈*阿頼耶識あらやしき〉〈*三性さんしょう〉などの重要な用語はまったく認められないが，世親は他派への反証を通して間接的に〈唯識〉を主張したのである．したがって〈唯識〉を前面に出したもう一つの主著『唯識三十頌』と相俟まって，はじめて世親の思想体系の全体が知られうる．

唯識派 ゆいしきは ［*s*: Vijñāna-vāda, Vijñāna-vādin］ 認識の対象は外界の事物でなく，心(*識)の内に現れた事物としての顕現あるいは形象であると主張する学派．外界の事物と考えられたものは，そのような顕現あるいは形象があたかも外界にあるかのように誤って構想分別されたものに他ならないという．この学派は，*ヨーガ(*瑜伽ゆが)の実践を通して，外界の対象に対する誤った構想分別をはなれ，唯識性を観察することを重んじるため，〈瑜伽行派ゆがぎょうは〉ともいわれる．チベットではまた，一般に〈唯心派〉(sems tsam pa)と呼ばれる．4世紀頃から，*解深密経げじんみっきょうにおいて萌芽をみせ，*無着むじゃく(アサンガ)および*世親せしん(ヴァスバンドゥ)によって大成された．原語の意味は識論者であるが，*唯識(vijñapti-mātratā)説の論証をなす世親作の*『唯識三十頌』と*『唯識二十論』，および玄奘訳*『成じょう唯識論』の影響もあって，一般に〈唯識派〉と呼び慣わされている．→瑜伽行派．

唯心 ゆいしん ［*s*: citta-mātra］ あらゆる現象世界はただ心の現れにすぎないとする説．仏教では最初期から心の役割を重視しており，初期経典では，心は制御しがたく，あらゆる行動をひきおこすものであって，清らかな心で行えば浄らかな*果報が，*煩悩ぼんのうに汚れた心で行えば苦しみに満ちた果報がともなうと説いた．心の観察にうちこんだ*瑜伽ゆが師(yogācāra，習禅者)たちは，心がいかに現象世界を作り出してゆくかを説くようになり，この立場は，大乗菩薩の行を説く*十地経(じゅうじきょう)において〈三界唯心〉として定式化された(→三界唯一心)．唯心の思想は詳細な心の分析をともなう*唯識(ゆいしき)説へと発展していったが，唯心の思想を*自性清浄(じしょうしょうじょう)心や*如来蔵(にょらいぞう)思想などと結びつけた者たちは，善悪いずれの方向にも転じる心ではなく，すべての衆生が備える浄らかで根源的な心を強調するようになっていった．中国では，そうした系統の仏教が六朝末から盛んになったが，その代表は真心(しんじん)を説いた地論宗(じろんしゅう)・華厳宗(けごんしゅう)であり，達摩(だるま)伝来の*一心を強調した禅宗である．→心(こころ)．

唯心論 ゆいしんろん　[spiritualism]　意識，精神，観念など，心的な原理によって世界の一切の現象を解釈しようとする立場．〈*唯物論〉(materialism)の対をなす．こうした見方は素朴な場合もあるが，洗練されると哲学的な理論となる．東西の思想史上，その例は少なくない．仏教の中でも，とくに世親(せしん)の*『唯識二十論(ゆいしきにじゅうろん)』や*『唯識三十頌(さんじゅうじゅ)』などを基礎とする*唯識派の学説にはこの傾向が強い．唯識派は*華厳経(けごんぎょう)十地品の「三界所有唯是一心(さんがいしょうゆいぜいっしん)」などの説を根拠にして一種の唯心説を展開した．この説によれば，認識の対象とは認識内に顕現した影像ないし形象であって，外界の事物ではない．しかも認識内の対象である影像や形象もまた，主客を絶した*真如(しんにょ)の立場では，認識そのものとともに超えられ，*無心(acitta)になるという．→観念論，認識論，三界唯一心．

唯物論 ゆいぶつろん　[s: Cārvāka-darśana]　インド思想界は一般に*輪廻(りんね)を認め，かつ*解脱(げだつ)を志向するが，〈チャールヴァーカ〉(Cārvāka)ないし〈*ローカーヤタ〉(Lokāyata)と呼ばれる一派は，宗教・道徳の究極的価値を真っ向から否定し快楽主義を唱えた．実在するのは地・水・火・風の4元素のみで，死ねば精神も肉体も消滅すると主張するので〈唯物論〉とも評されるが，積極的に世界を物質から説明しようとする理論体系ではない．感覚のみを唯一確かな認識方法と見なし，推理の妥当性も宗教聖典の権威も認めず，「一生，楽しく暮らすべし」と説いたことから，インドでは伝統的に〈ナースティカ〉(nāstika．否定論者，不信の徒)の代表格とされる．いわゆる*六師外道のアジタ-ケーサカンバラにも唯物論的快楽主義の思想が見られる．彼らの思想は仏典など他派の文献に言及・批判されるのみで，ジャヤラーシ(Jayarāśi)の著作以外にチャールヴァーカの文献は現存しない．

維摩 ゆいま　サンスクリット語 Vimalakīrti の音写〈維摩詰(ゆいまきつ)〉の略．ヴィマラキールティ．垢(く)を離れた誉れある者の意で，〈無垢称(むくしょう)〉〈浄名(じょうみょう)〉などと訳される．大乗仏教の代表的な経典〈維摩経〉の主人公の名称．維摩は，当時の先進的な都市*ヴァイシャーリーに住む大資産家の設定で，維摩経ではこの*在家(ざいけ)の維摩が，釈尊の高弟や*菩薩(ぼさつ)らをはるかにしのぐ高度な教理を開演していく．その自由闊達な在家居士の姿は，中国知識人に大きな影響を与えた．維摩の居室は*方丈(ほうじょう)であり，鴨長明(かものちょうめい)の*『方丈記』の方丈はこれによったものである．→維摩経．

維摩会 ゆいまえ　藤原鎌足(ふじわらのかまたり)(614-669)は，*維摩経問疾品の*読誦(どくじゅ)によりその病がいえたが，その子の藤原不比等(ふひと)(659-720)も維摩経を重んじ，*興福寺を建立して維摩経を講讃する法会〈維摩会〉を始めた．後に鎌足の忌日10月16日に合わせ，10月10日より7日間の期日が定まり，801年(延暦20)勅命によって永く興福寺(その講堂を維摩堂という)において行うことが定められ，明治維新まで存続した．宮中大極殿の*御斎会(ごさいえ)，薬師寺の*最勝会(さいしょうえ)と共に〈南都三会(なんとさんね)〉(南京(なんきょう)三会)の一つであり，平安時代のもっとも権威ある法会であった．「山階寺(興福寺)にして維摩会を行ふ．此れは大織冠内大臣の御忌日なり」〔今昔 12-3〕．→三会(さんね)．

維摩経 ゆいまぎょう　[s: *Vimalakīrti-nirdeśa-sūtra*]　*鳩摩羅什(くまらじゅう)訳の〈維摩詰所説経(ゆいまきつしょせつきょう)〉(3巻)の他，*支謙(しけん)・*玄奘(げんじょう)の漢訳とチベット語訳が現存する．また近年，チベットの寺院にサンスクリット写本の存在することが公表され，話題を呼んでいる．初期大乗経典の代表作の一つ．主人公は*ヴァイシャーリーに住む資産家のヴィマラキールティ(Vimalakīrti，維摩詰と音写され，無垢称(むくしょう)などと訳される)で，在家(ざいけ)の主人公が，*大乗思想の核心を説きつつ，出家の仏弟子や*菩薩たちを次々と論破していくさまが，文学性豊かに描かれている．思想的には*般若空観を承けており，*不二の*法門に関する維摩の解答，すなわち〈沈黙〉は有名で，古来，〈維摩の一黙雷の如し〉と謳われている．なお，世界の*無自性性を表す芭蕉・水泡などの〈十喩〉は，日本文学にも多大の影響を与えた．→維摩．

用 ゆう ⇒体用

宥快 ゆうかい　1345(貞和1)-1416(応永23)　宰相房・性厳房とも号す．真言宗の学僧．出身地については，江戸時代の僧伝類では山城国(京都)とするが，室町時代の資料などから，下総国海上郡(千葉県銚子市)の生まれと推される．常陸国佐久山(茨城県常北町)浄瑠璃光寺の宥紺に受学，後に*高野山へ上り，宝性院の信弘のもとで，*事相・*教相・*悉曇を学び，中院・三宝院・西院・持明院の諸流を受ける．1374年(応安7)宝性院の院主，1383年(永徳3)には安祥寺(京都市)の門主となり，安祥寺流を継ぐ．而二門(一つのものを二つに分けてとらえること．金胎大日など)をもって教相を論じ宝門学派を形成，無量寿院の長覚(寿門学派)とともに，高野山における真言教学の大成を成し遂げた(応永の大成)．1406年(応永13)宝性院を弟子成雄に譲り善集院に退隠．著書に*立川流を批判して有名な『宝鏡鈔』，『大日経口之疏鈔』などがある．

幽玄 ゆうげん　美的理念あるいは様式概念を指す語．中国においては，奥深く微妙で窮め難いという意で，後漢のころの『少帝悲歌』に用例が見える．*老荘思想や仏教教義について「仏法は幽玄なり．解得すること可可地なり」などのように用いられ，日本においては，*最澄作とされる『一心金剛戒体決』5に「諸法幽玄の妙を得」とあるのを初見として，仏教関係で同様の用法が多い．

【歌論・連歌論における幽玄】『古今和歌集』真名序に見える「興幽玄に入る」は，思想的背景を離れて，和歌の興趣が神秘的で測り難いという意味で用いられている．和歌の方面では，壬生忠岑の『和歌体十種』に高情体の例歌をあげて「義幽玄に入る」と評しているのも，真名序の影響下にあるが，山水自然に遊ぶ作者の雅情を高潔かつ幽遠な境に至っていると述べている．藤原宗忠の『作文大体』に「余情幽玄体」という詩体を立てるのは，和歌における幽玄観の展開とかかわっている．藤原基俊の歌合判詞には，壬生忠岑の表現と似た「言凡流をへだてて幽玄に入れり」〔奈良花林院歌合〕などがあり，基俊に師事した藤原俊成は，和歌の心・詞・姿について幽玄の評語を用いている．

俊成が重んじた，艶なる心の深まりによる幽寂高雅な余情美の世界を，鴨長明は幽玄の体として把え，「詮はただ言葉にあらはれぬ余情，姿に見えぬ景気」であって，それは「一詞に多くの理をこめ，あらはさずして深き心ざしを尽」し，その「詞にも艶きはまりぬれば」自ずから幽玄の体を得ることができるという(『無名抄』)．このような艶を幽玄の属性と考える方向は，藤原定家・家隆などに見られ，より深められて行く．

室町時代，正徹は，深く心を廻らし技巧を尽した表現の中から感じられる妖艶な余情を持つものを幽玄体とした．二条良基は，その連歌論の中で，やさしく品位ある美，優美なものを幽玄と認めている．正徹に師事した心敬は，心の艶の窮まった所に存在する冷え寂びの境地を幽玄とする．

【能楽論における幽玄】歌論・連歌論において展開した幽玄は能楽論においても重要視された．世阿弥は，当時の観客が幽玄を重視していたことを受けて，まず気品の高い優美さ，優麗典雅な美を幽玄とし，舞歌・言葉・物真似に至るまで一貫して追求されるべきものとした．これが深められて，寂び冷えた美を幽玄の極致と理解するに至る．金春禅竹は，世阿弥の論を受けつぐとともに，和歌論・仏教哲理の影響下に，すべて*仏性を具有するものは幽玄であるという立場から論を立てている．

「幽玄の風体の事，諸道・諸事に於おいて，幽玄なるを以もて上果とせり．ことさら当芸に於いて，幽玄の風体，第一とせり」〔花鏡〕

『融通念仏縁起』 ゆうずうねんぶつえんぎ　融通念仏宗の開祖*良忍の伝記にあわせて融通念仏を感得した由来，日本の神仏の*結縁，道俗への念仏*勧進，没後の奇蹟，念仏の*功徳・*利益などを描いた絵巻．原本は1314年(正和3)成立であるが，本絵巻は融通念仏勧進のために用いられたので，多くの転写本が作られた．原本に近い頃の作品として，クリーヴランド美術館本・シカゴ美術館本があり，*清凉寺本・*禅林寺本は室町初期のすぐれた作品である．また，1391年(明徳2)には版本が印行されている．

融通念仏宗 ゆうずうねんぶつしゅう　〈大念仏宗〉ともいう．開祖は*良忍りょうにん．1117年(永久5)良忍が*阿弥陀仏あみだぶつの直説じきせつとして感受したという「一人一切人，一切人一人，一行一切行，一切行一行，是名他力往生．十界一念，融通念仏，億百万遍，功徳円満」の*偈げに基づき，自他の*念仏が融通して功徳くどくあることを説き，日課に*口称くしょう念仏すべきことを勧める．宗勢はしばしば衰微したが，元亨年間(1321-24)法明ほうみょうが，元禄年間(1688-1704)大通だいつうが出て，それぞれ宗勢の興起につとめた．明治7年(1874)宗名を公称，大阪市平野区の*大念仏寺を総本山とする．

祐天 ゆうてん　1637(寛永14)-1718(享保3)　浄土宗の僧．明蓮社顕誉みょうれんじゃけんよと号す．陸奥国磐城(福島県)出身．12歳のとき江戸*増上寺檀通について得度，のち諸寺に遊学．第5代将軍徳川綱吉，第6代将軍家宣の帰依を受けて，幕命により増上寺第36世となり大僧正に任ぜられた．民衆教化において，*六字名号ろくじのみょうごうを書いて頒布はんぷし，また*奈良大仏および*鎌倉大仏の営繕・修補をはじめ，多くの廃寺復興をおこなう．生仏いきぼとけとして崇敬される．1718年に目黒の庵居にて没する．弟子祐海ゆうかい(1683-1761)がその跡に祐天寺を創建し，祐天を開山とした．

勇猛 ゆうみょう ［*s*: utsāha, yatna］　〈ゆみょう〉とも読む．熱心な努力と強い意志の力をいう．また vīra(勇者，英雄)も〈勇猛〉と訳される．主に仏道修行を形容する語として使われ，〈勇猛精進しょうじん〉といえば，強い意志と努力をもって修行に励むことである．漢語としての意味は，たけく勇ましい意で，今日の用法ではこの意で用いられることが多い．「もし功徳の為にかく功をつみ，勇猛精進の心をおこさんには，現身に三昧をも得つべし」〔発心集8〕

幽冥 ゆうめい　〈ゆうみょう〉とも読む．暗いこと，暗い場所の意で，仏教では*無明むみょうや*三悪趣さんあくしゅ(三悪道)にたとえられる．また〈あの世〉〈*冥途めいど〉の意で，〈隠かくり世〉に同じ．漢語の〈幽冥〉は，奥深く妙なる〈*道どう〉を形容する語として用いられる場合と，死者の住む地下の世界をさす場合とがある．漢訳仏典では特に，迷いの暗黒に沈んでいる状態，あるいは地獄・餓鬼・畜生の三悪道のような仏の光明が及ばない場所の意で用いられる．ちなみに，六朝りくちょう宋の劉義慶りゅうぎけいが著した『幽冥録』には，冥界(地獄)を訪れる話などが収められている．「人は地獄幽冥の理に慚はぢ，我は天涯放逐の辜つみに泣く」〔菅家後集〕

幽霊 ゆうれい　*幽冥ゆうめい界に住み，時にこの世に姿を現すとされた*精霊しょうりょうや*死霊しりょうをいう．〈亡霊〉〈亡魂〉ともいう．インド仏教では，人の亡魂は，供養を受けて浄土に往生するまでのあいだ*六道に*輪廻りんね転生し，*鬼おにの姿をとると説かれた．中国でも，死後人の*魂魄こんぱくが塚や墓の周辺にとどまって鬼の姿をとるとする観念が発達し，それが仏教の輪廻説と結びついて，亡魂の浮遊遍歴に関する種々の妖怪譚がつくられた．

わが国では，平安時代に御霊ごりょうや物の怪けの存在が信じられ，この世に怨恨や執念を残して死んだ者などの霊として恐れられた．そこにはインドや中国で発達した*霊魂観の影響を見ることができるが，やがて近世になってそれらの*怨霊おんりょうが視覚化の洗礼を受け，〈幽霊〉という新しい妖怪のジャンルが生み出された．それは主として納棺された死人の姿で出現し，足がなく乱れ髪で，手先を垂れる姿勢をとっている．このパターンは当時制作された怪談劇や絵画に見られるが，それが出現する時間は草木も眠る丑三つ時，出現する場所は柳の木の下という定型がやがて出来あがった．こうした定型の成立には，歌舞伎などにおける幽霊造形の発想も影響するところがあったといわれる．水死人の霊と考えられた船幽霊や昔話によく出る幽霊女房なども，同じ心意から生み出されたものといえる．民間に伝わる盆行事では，死者の霊を迎えたり送ったりする風習があるが，そのことも幽霊出現の重要な契機をなしていたと考えられる．

「件くだんの精舎は，本・新共にもって幽霊の御追善なり」〔吾妻鏡嘉禄3.2.19〕「さては江口

の君の幽霊，仮に現れ，我に言葉を交はしけるぞや」〔謡・江口〕

瑜伽 ゆが　サンスクリット語 yoga の音写語．原義は，結びつくこと，結びつけることの意．感覚器官が自らに結びつくことによって心が制御される精神集中法や，自己を絶対者に結びつけることによって瞑想的合一をはかる修行法をさし，現今の心身の健康増進法としての〈ヨガ〉もこれに由来する．仏教では，*瑜伽行派ゆがぎょうは(Yogācāra)において，このような実践方法が重んじられ，独自の体系のもとに記述された．語の用例としては，上述のほかに，*『南海寄帰内法伝なんかいききないほうでん』に，〈*中観派ちゅうがんは〉に対する〈瑜伽行派〉の呼称として〈瑜伽〉という語が使われ，それに準じた用例も多いが，今日ではあまり用いられない．この意味では，〈瑜伽行派〉〈*唯識派ゆいしきは〉，または原音で〈ヨーガーチャーラ派〉というのが，現今では一般的である．密教ではまた，手に印契いんげいを結び(身密)，口に*真言しんごんをとなえ(口密)，*意に本尊を観ずること(意密)により，仏の*三密と感応道交することを〈三密瑜伽〉という．→ヨーガ．

「三昧耶に入って瑜伽を学ぶ．三秘密を持して毗鉢びばに達す」〔性霊集2〕「南都の修学に眼まなこをさらさざりしかば，瑜伽・唯識にもくらく」〔七巻本宝物集2〕

瑜伽行派 ゆがぎょうは [s: Yogācāra]　4–5世紀に成立したインド大乗仏教における最古の学派．*中観ちゅうがん派とともに，インド大乗仏教の二大思潮を形成した．般若経典の説く*六波羅蜜ろくはらみつ，*空くう，*真如しんにょなどの思想，および華厳経の「三界所有唯是一心(*三界唯一心)」「心如工画師，画種種五陰」などの説を基礎としながら，*『中論ちゅうろん』や*『四百論しひゃくろん』などの初期の大乗系論書による思想展開を踏まえ，*説一切有部せついっさいうぶに代表される伝統部派の教理体系を批判的に摂取したうえで，大乗的な*瑜伽(yoga)のあり方についての独自の実践理論とそれに基づく*認識論を構築した．

同派が拠り所とする最古の経典の一つが，*解深密経げじんみっきょうである．同経は，*竜樹りゅうじゅによって確立された空＝*無自性むじしょうの思想をも未*了義のものであると断じ，瑜伽行派としての事実上の独立宣言をなしたうえで，*三性さんしょう・三無自性説，*阿頼耶識あらやしき説，*唯識ゆいしき説などの同派の根本思想を基礎づけている．この経典を踏まえて同派の最初期の教学を集大成した論書が*『瑜伽師地論ゆがしじろん』である．

瑜伽行派は，*弥勒みろく(マイトレーヤ)が創始し，*無着むじゃく(アサンガ)と*世親せしん(ヴァスバンドゥ)の兄弟が組織体系化したと伝えられる．また，その思想的な特色から，瑜伽行派の*論師たちは，時代とともに(唯)識論者(Vijñāna-vādin)と呼ばれることが多くなった．

6世紀には，*陳那じんな(ディグナーガ)が活躍し，仏教*論理学を大成するとともに，知(＝心)は自己の内なる形象を認識するという，知の自己認識理論を基礎として，〈有形象うけいしょう知識論〉(sākāra-vijñānavāda)を確立した．法相ほっそう教学において〈有相うそう唯識〉説と呼ばれる立場がこれで，*『成唯識論じょうゆいしきろん』(玄奘訳)を通して同教学の形成に大きな影響を与えた*護法ごほう(ダルマパーラ)もまたこの立場を継承した．

『瑜伽師地論』 ゆがしじろん [s: *Yogācāra-bhūmi*]　略して『瑜伽論』ともいう．*瑜伽行派の代表的典籍の一つ．相当部分のサンスクリット原典，チベット語訳，漢訳(*玄奘げんじょうの完訳本と他に部分訳)が現存する．中国には*弥勒みろく(マイトレーヤ)作と伝え，チベットには*無着むじゃく(アサンガ)作と伝えるが，漢訳で100巻より成る大部のものであり，成立事情は複雑と考えられる．漢訳では，本地分ほんじぶん・摂決択分しょうけっちゃくぶん・摂釈分・摂異門分・摂事分の五分に分かれ，全体として瑜伽行者(yogācāra，瑜伽師)が学ぶべき対象，および歩むべき修行道とその究極の果位を明らかにする．

〈本地分〉は17のステップ(bhūmi，地)からなる修道の道程を描きながら，*説一切有部せついっさいうぶや化地部けじぶなどの伝統部派の教理に近いものから，*種子しゅうじ・法無我・四種真実・離言真如りごんしんにょ説など，大乗仏教系の教理への移行段階の思想を提示する．成立史的には第14「声聞地しょうもんじ」および第15「菩薩地ぼさつじ」が最古層に属する．〈摂決択分〉は，本地分に説かれる諸説の要義を解説し体系化するもので，*五事説や*三性さんしょう説などの初期瑜伽行派の代表的な思想を展開する．また同分は，序品を除く*解深密経の全体を含み，そこには最初期の*唯識説が見られる．〈摂釈分〉は諸経の儀則や形式を説明し，〈摂異門分〉は経中の*諸法の名義を，また〈摂事分〉は*三蔵中の要義を解釈する．

湯灌 ゆかん　死者の入棺に先だって，その体を湯水で洗い清める儀礼．通常近親の者が行うが，まれに近親者は一切手を触れないとする地方もある．また水に湯を加えて適当な温度にするという方式も全国的である．古来，仏教においても*沐浴は穢れや罪障を流し去る行為として重視され，中世には念仏聖などによる湯施行が盛んに行われた．こうした滅罪観ならびに，仏を湯水で清める灌仏の風習と，ここでいう湯灌との間には相互の影響があったと思われる．なお*阿含経や『礼記』喪大記など仏儒の聖典には同様の儀礼の記述がすでに見られる．江戸時代には，借家人や間借人は自宅で湯灌が許されなかったので，彼等のために，寺内に湯灌場と呼ばれる湯灌小屋が設けられていた．

「どこで死んでもあさましい，子供の水も受けまい，湯灌・葬礼誰たがせうぞ」〔浄・鑓の権三重帷子下〕「湯灌場はどこだ」〔滑・東海道中膝栗毛3下〕

瑜祇経 ゆぎきょう　詳しくは〈金剛峯楼閣一切瑜伽瑜祇経〉と題する密教経典．〈瑜祇〉は*ヨーガ行者を意味するサンスクリット語 yogin の音写である．唐の*金剛智に帰せられる2巻本の漢訳が現存するが，空海の「御請来目録」が*不空訳と伝えていることもあって訳者には古来異説があり，さらには中国撰述の可能性もある．本経の主題は，*須弥山の頂にあるとされる金剛摩尼宝峯楼閣での，世尊金剛界遍照如来の自*内証の境地を説き明かすことにある．須弥山頂金剛摩尼宝峯楼閣という場所，および金剛界如来という世尊の名称は*金剛頂経と一致しており，金剛頂経を基に成立したと見なされている．金剛・胎蔵両部の*不二を説くものとして，特に*東密では重要視される．なお，*高野山金剛峯寺は本経の名に因んで命名された．

遊行 ゆぎょう　漢語としては〈ゆうこう〉ともよみ，諸方をめぐり歩くこと，あちこち歩き回ること．仏教では〈ゆぎょう〉とよんでこれに特別な意味をになわせ，諸国を回って仏道を修行することをいう．少欲知足を旨とし，*托鉢を糊口の資としてひたすら*解脱を求めるのが本意である．

この種の僧をも広く〈遊行の聖〉などと呼ぶが，特にこの遊行を仏道修行の大眼目とし，諸方を遍歴修行して道心を磨き，民衆を念仏教化して回ったのが時宗の宗祖*一遍で，〈遊行上人〉略して〈遊行〉とも称される．時宗の歴代宗主も宗祖の遺風にならったので同様に呼ばれた．こうしたことから時宗総本山*清浄光寺も〈遊行寺〉と異称され，一遍が創始した*賦算の「南無阿弥陀仏決定往生六十万人」の札も〈遊行札〉と呼ばれた．西行・宗祇・芭蕉らが旅に詩心を練ったのも，志すところは別でも遊行の心に通うものがあったろう．なお謡曲『遊行柳』は，遊行上人と西行ゆかりの柳（『新古今和歌集』3）の精との出会いを扱ったものである．

「浄蔵浄眼の往反遊行し給ひけんを見給ひてよりこそ，妙荘厳王も心ぎよき三昧どもを勤め給ひて」〔狭衣4〕「まづ先年遊行の御下向の時も，古道とて昔の街道を御通り候ひしなり」〔謡・遊行柳〕

遊行寺 ゆぎょうじ　⇒清浄光寺

遊戯 ゆげ［s: vikrīḍita］　仏・菩薩の自由自在で何ものにもとらわれないことをいう．漢語の〈遊戯〉については『韓非子』難三などに，あそびたわむれる意味で用例が見えるが，『史記』荘子伝の用例は何ものにも束縛されることのない自由な境地を意味しており，『荘子』逍遥遊に代表される〈遊〉の思想を踏まえたものであろう．その意味では，書画や文章をはじめ芸術における自由無礙の境地を称して用いられる〈遊戯〉は，仏語によるよりもさかのぼって『荘子』の〈遊〉の思想に系譜づけることができる．なお，〈遊戯三昧〉は*『六祖壇経』頓漸第八に「見性の人は…即ち自在神通游(遊)戯三昧を得．是れを見性と名づく」とある．「無量の天人・聖衆は，心のままに遊戯す」〔往生要集大文第2〕

由旬 ゆじゅん　サンスクリット語 yojana の音写．距離の単位で，一説に約7キロメートル．yojana は，くびきにつけるの意で，

牛に車をつけて1日ひかせる行程を意味する.「その樹(うゑき),各(おのおの)千囲なり,高き事百由旬」〔今昔3-34〕

湯殿山 ゆどのさん ⇒出羽三山(でわさんざん)

油鉢 ゆはつ 油を入れる鉢(はち).それに油を満たして持ち運ぶ時に一滴もこぼさないように精神を集中することから,心を散らすことなく正念を持すること,また,それが至難であることの喩(たと)えとする.「油鉢を持つ」「油鉢を傾けず」などともいう.なお,『付法蔵因縁伝』3や*『大智度論』10には,釈迦在世時を知る老尼が,聖者優婆毱多(うばきくた)(Upagupta)が油鉢の油数滴をこぼしたのを見て,昔は威儀なき狂僧さえこのようなことはなかったのにと,仏法の衰微を嘆いた話を収め,『今昔物語集』4-7にも所見.「いとど戒律を守りて鉢の油を傾けず,真言をみがきて瓶の水をうつし」〔栄花疑〕

夢 ゆめ [*s*: svapna] インドの『マーンドゥーキヤ-ウパニシャッド』には,人間の意識状態を,浅きより深きへ四つに分けている.覚位・夢位・眠位・第四位である.〈覚位〉(覚醒状態)は人間の目覚めている時で,外界を認識する.〈夢位〉(夢眠状態)は内界を認識し,覚位よりは微妙な事物を経験する.〈眠位〉(熟睡状態)は熟睡の時で,内外一体となっており,ただ喜びのみを経験している.〈第四位〉は一切の認識を超えて,*アートマンが実現している状態である.夢位はこのように位置づけられている.

【霊夢と懐胎伝説】仏陀に関する伝説では,母の*摩耶夫人(まやぶにん)は白象が胎内に入るのを夢みて,仏陀を懐妊したという(修行本起経上).中国で天台宗を興した*智顗(ちぎ)の誕生についても,母が夢の中で色とりどりの香煙のおこるのを見,あるいは白鼠を呑んで智顗を孕んだと伝えられる(『続高僧伝』17).またわが国でも,*聖徳太子は,母后の夢に金色の僧が現れ,自分には*救世(くせ)の願があるといって后の胎に入り,身籠ったといわれ(『上宮聖徳太子伝補闕記』),*最澄も*空海も,それぞれの母が夢みて懐胎したと伝えられるなど,中国や日本の高僧誕生に関する霊夢の伝説はきわめて多い.

【夢解釈と経典での例】インドへ戻ってアビダルマ(*阿毘達磨(あびだつま))仏教では,夢を合理的に理解しようとする傾向が強く,いろいろな説に分れる.夢の本性は心と考えるもの,心の働きとなすもの,あるいは身心の絡まっているものなどの説があり,また,夢を事実となすもの,反対に妄想にすぎないとするものなどにも分れる.そうしたなかにあって,たとえば*過去現在因果経(かこげんざいいんがきょう)には,はるか遠い昔,善慧という仙人が,大海に臥し*須弥山(しゅみせん)を枕とし,一切衆生がその身内に入り,太陽や月を手にとる,という夢の記事があり,あるいは*般舟三昧経(はんじゅざんまいきょう)や*無量寿経(むりょうじゅきょう)には,熱心に仏を念じておれば,夢の中でも仏に見(まみ)え,もしくは*浄土に生れると記されている.

【霊夢と信仰の展開】わが国の浄土宗を開いた*法然(ほうねん)は,*善導の法語に触れて念仏の一門に帰したが,やがて夢の中で紫雲がおこり,無量の光が立ちこめ,その中から善導が現れて,*称名(しょうみょう)念仏を衆生に及ぼすようすすめた.これによって法然は念仏を弘めたという.その弟子*親鸞(しんらん)は,29歳のとき*六角堂に百日の参籠を試み,95日目の明け方の夢に聖徳太子が現れ,それが機縁となって法然に出会っている.親鸞と同年の*明恵(みょうえ)は,若い時からしばしば霊夢を見ているが,熟年になって仏光三昧のなかで,*四王天(しおうてん)・*忉利天(とうりてん)・*夜摩天(やまてん)を経て*兜率天(とそつてん)に到り,あるいは普賢・文殊・観音などの諸菩薩に出会っている.これは*三昧の中の一種の夢相であろう.このほか高僧の霊夢は多数あり,また古典の文学作品にも夢についてのさまざまな記事がある.→夢記(ゆめのき).

西洋では,フロイト,ユング,フロムなどの精神分析学者によって夢の分析が行われ,人間の意識の深層が究明され,今もなお盛んに展開されている.

夢違観音 ゆめちがいかんのん 〈ゆめたがいかんのん〉とも読む.*法隆寺に伝えられた像高87センチメートルの金銅像(こんどうぞう).*化仏(けぶつ)の阿弥陀(あみだ)を正面に,大きい三面頭飾をつけ,左手に小さい水瓶(すいびょう)を持つ通形の*観世音菩薩(かんぜおんぼさつ)像であるが,古来,悪い夢をみた時この観音に祈って良い夢に変えてもらうという信仰によってこの名がある.初唐様式を受け入れて造像された魅力的な顔容の像であるが,鎬(しのぎ)の強い鼻梁の線など,深大寺(じんだいじ)

(東京都調布市)釈迦しゃか像と同じ飛鳥時代後期(白鳳)の像であることを物語っている．今は失われた香薬師こうやくし像と共にこの期を代表する作例と考えられている．

夢殿 ゆめどの　法隆寺東院にある石造二重基壇の上に建てられた八角*円堂．*聖徳太子の斑鳩宮いかるがのみや跡と伝えられる地に，739年(天平11)に行信ぎょうしんが建立した．鎌倉時代に屋根・組物が補強されて現在の姿になった．太子が経典の解釈に困っているとき，夢に仏が現れて教えたという伝えからその名がある．本尊の*救世観音くせかんのん像はながく*秘仏であったが，1884年(明治17)にフェノロサと岡倉天心によって世に出され，代表的な飛鳥仏として知られるようになった．堂内に行信僧都像・道詮律師像があり，奈良・平安期の重要な肖像彫刻となっている．→法隆寺．

夢記 ゆめのき　夢を記録したもの．特に仏教に関するものを指すことが多い．これは*明恵みょうえの『夢記』が有名であるためだけでなく，仏教では夢を重視しており，自らの夢を丹念に書き留めた僧や，尊敬する師の神秘的な夢を記録しようとした僧が多いことによる．日本に特にそうした記録が多いのは，*石山寺・*清水寺など夢見で有名な寺を初めとして，寺や神社に*参籠さんろうして仏・菩薩に祈誓し，夢告を得る風習が，平安から鎌倉にかけて盛んであったうえ，貴族は日記をつける習慣があったこと，高僧の夢の記録や夢記に託した予言が歓迎されたことなども背景となっていよう．

日本の早い例としては，奈良末から平安初期にかけて活動した薬師寺景戒けいかい・きょうかいが夢を〈表相〉(前兆)とみなして，*『日本霊異記にほんりょういき』において自らの見た複数の夢を日時まで含めて詳しく記し，自分なりの判断を示していることが注目される．明恵の『夢記』は，19歳の時から没年近くまでの夢とそれに対する明恵の解釈が記されており，明恵が夢を手がかりとしつつ修行を進めていった様子が知られ，きわめて貴重な記録となっている．他に著名な夢記としては，『増賀上人夢記』『慈鎮和尚夢想記』などがあり，多聞院英俊(1518-99)の『多聞院日記』も生涯にわたって夢を記していることで知られる．→夢．

踊躍歓喜 ゆやくかんぎ　満ちあふれる喜び．真の救いにあった時の喜びをいう．〈踊躍〉とは身の姿や動作に現れた喜び，〈歓喜〉とは身心に満ちる喜びのこと．仏典に広くみられる．*『歎異抄たんにしょう』に「念仏まうしさふらへども踊躍歓喜のこころおろそかにさふらふこと」とあり，念仏を唱えても天におどり地におどるほどの喜びが心に出て来ないという*唯円ゆいえんの歎きが告白されている．これに対し*親鸞しんらんは，そうであるからこそ*他力の救いが絶対であるという．「観音蓮台をかたぶけて出現したまへり．踊躍歓喜のあまり，一首の歌をよみける」〔西行物語絵詞〕「来迎にあづからんうれしさよと思ひて，踊躍歓喜の心をこりたらん人は，自然に三心は具足したりと知るべし」〔黒谷上人語灯録5〕

踊躍念仏 ゆやくねんぶつ　⇨空也念仏くうやねんぶつ

ヨ

謡曲 ようきょく　能における舞や装束・演出などを考慮せず，謡(うたい)だけを対象とする時に用いる用語で，江戸末期以降使用される．その背景には室町後期以降，特に江戸期には広く庶民の間にまで浸透した謡の流行がある．

観阿弥(かんあみ)(1333–84)が大和猿楽に応用した曲舞謡(くせまいうたい)は，神仏の奇跡(白髭・太子)や寺社の縁起(天王寺・高野)など仏教的内容が多く，それを中心的見せ場に据えた物狂(ものぐるい)能では，讃えられる神仏の*加護により，行き別れていた親子が出会う(百万・柏崎など)．また*勧進(かんじん)説法を行う*喝食(かっしき)を主人公とした〈自然居士(じねんこじ)〉や，夏*安居(あんご)中の僧のもとに現れた小町の亡霊を描く〈通小町(かよいこまち)〉など，観阿弥時代から寺社の行事を舞台とした能が数多く存在する．また世阿弥(ぜあみ)(1363–1443?)の確立した夢幻能(むげんのう)(敦盛・井筒・舟橋など)では，古典作品の主人公が亡霊として登場し，*懺悔(さんげ)語りをして旅の僧に供養される．*阿弥陀(あみだ)信仰色濃厚な作り方である．一方，世阿弥は大和の補巌寺(ふがんじ)(曹洞宗)に帰依しており，『花鏡(かきょう)』『至花道(しかどう)』など彼の能楽論には，*禅林用語が散見する．世阿弥の娘婿金春禅竹(こんぱるぜんちく)(1405–70頃)は，仏教的哲理を借りて能の本質を説明しようとしており(六輪一露(ろくりんいちろ)説)，夢幻能〈芭蕉(ばしょう)〉では，芭蕉の精を女の姿で登場させて，仏教的「*無常観」を象徴的に表現しようとする．この他嫉妬の気持ちが鬼となった〈葵上(あおいのうえ)〉や，大蛇となって鐘に隠れる〈道成寺〉では，修験者の*調伏(ちょうぶく)によって解決される．大念仏の様子が見せ場に取り入れられた〈隅田川〉，*法華懺法(ほっけせんぼう)によって死者が呼び出される〈朝長(ともなが)〉など，仏教は様々な形で能に取り入れられている．→能楽．

影響 ようごう　〈ようこう〉とも読む．影が形に随(したが)い響が音に応ずるように，仏・菩薩が*機縁に応じて現れて仏法を守護し，衆生を*利益(りやく)すること．〈影向〉あるいは〈影嚮〉とも書き，日本では神の来臨をもいう．なお，〈影〉と〈響〉を相応し合うものの代表例とするのは中国の古くからの伝統によるが，〈影〉の字にひかれて，姿を現さずに来臨することを意味する場合もある．「それ愛太子(あたご)山は地蔵・竜樹の久住利生の処にして，唐の朝(みかど)の文殊影向(ようごう)の五台山に異ならず」〔法華験記 上16〕

栄西 ようさい　⇨栄西(えいさい)

楊枝 ようじ　[s: danta-kāṣṭha]　サンスクリット語は，〈歯をすくもの〉の意．〈歯木(しもく)〉〈牙杖(げじょう)〉とも．楊(かわやなぎ)の枝で作った，口内を浄める道具．小指ほどの太さの枝の先をかみくだいて歯の垢をぬぐい，舌をこすって臭気を除く．大乗の僧が身につけるべき*十八物(じゅうはちもつ)の一つ．「比丘斎食訖(を)はりて後，楊枝を嚼(か)み，口を嗽(すす)ぎ，手を洒(あら)ひ，礫(たびいし)を把(と)りて翫(もてあそ)ぶ」〔霊異記 下序〕「楊枝のながさ，あるいは四指，あるいは八指，あるいは十二指，あるいは十六指なり」〔正法眼蔵 洗面〕

羊僧 ようそう　⇨貧道(ひんどう)

煬帝 ようだい　[Yáng-dì]　569–618　隋の第2代皇帝．在位604–618．姓名は楊広，別名は英．隋の建国者楊堅(文帝)の第2子．隋の対陳軍司令官となり，揚子江北岸の江都(揚州)に新城を建て，590年，揚州総管に任命された．591年，天台*智顗(ちぎ)から*菩薩戒(ぼさつかい)を受け〈総持菩薩〉の*戒名が与えられ，智顗には〈智者大師〉の号が捧げられた．智顗との間の往復書簡は『国清百録』に残されている．592年，揚州に道仏の四道場を開き，そのうち慧日道場(えにちどうじょう)に智脱・法澄・智矩・*吉蔵・慧覚・慧乗・法安ら旧南朝仏教界の名僧を集めた．600年，皇太子となると都大興城(*長安)内に日厳寺(にちごんじ)を建立して彦琮(げんそう)・法顕などの名僧や吉蔵ら江都慧日道場の多数の高僧を住まわせた．604年，父楊堅を殺して位を奪い，翌年，東都*洛陽に新都を建設し遷都すると，新都にも道仏各二の四道場を創建した．このうち東都内慧日道場は名実備わった*内道場(ないどうじょう)の最初とされる．

楊文会 ようぶんかい　[Yáng Wén-huì]　1837–1911　字は仁山(じんざん)．石埭(せきたい)(安徽省石台)の人．清末の仏教居士．27歳の時，病中に*『大乗起信論(だいじょうきしんろん)』を読み仏教を知り，*首楞厳経(しゅりょうごんきょう)を読み仏道の研鑽を志した．1897年，仏教を広めるため〈金陵刻経処〉を設立し，自ら仏典の収集・校訂を行い，生前に約3千巻を出版した．またロンドンで*南条文雄と知り合い，彼から*大蔵経に未収録の経典の提供を受けて出版すると共に，続蔵経の編集に当たり，多くの注釈書を提供した．彼は教理面では華厳教学を思想的枠組みとし，信仰面では浄土教を自らの実践法門としたが，明末四大名家を尊敬し，仏教の諸宗派や内外の学について，それぞれの長所を採り調和する態度を示した．近世中国仏教の中興の祖であり，康有為・梁啓超・譚嗣同・章炳麟などに大きな思想的影響を与えた．

瓔珞 ようらく　金・銀・珠宝・真珠を紐で連ねた装身具で，首や胸などにつける．本来インドや中央アジアの習慣だが，中国でも唐代の女性の服飾に見られる．また，仏・菩薩像の飾り，*天蓋や仏前の*荘厳に用いる．〈纓絡〉とも書き，〈纓〉は首飾りの意の〈賏〉に由来，〈絡〉は網状になったもの．したがって漢語の〈纓絡〉は〈網状の首飾り〉の意．それが，珠宝などで造られていたので，偏を置き替えて〈瓔珞〉と書かれた．漢訳仏典ではサンスクリット語 hāra, muktāhāra（真珠の首飾り），ratnāvalī などの訳語．「宮殿の中にはもろもろの天の童子ありて，瓔珞を光り耀かせ，自在に遊び楽しむ」〔往生要集大文第2〕

楊柳観音 ようりゅうかんのん　*三十三観音の一つ．薬王観音と同体といい，種々な姿で古来，仏画に描かれてきたが，右手に楊柳の枝をもち，左手に*施無畏印を結ぶ像，または座右の花瓶に楊柳枝をさして水辺の岩の上に坐る像が流布する．楊柳枝は衆生の願望にしなやかにそうこと，衆病を除こうとする誓いを表し，除病の利益があるものとして，唐以降，中国や日本で信仰された．遺例として，高麗時代の画像が*大徳寺や*聖衆来迎寺などに伝えられている．

ヨーガ［*s*: yoga］　原語を音写して〈*瑜伽〉，意訳して〈相応〉などと表す．わが国では〈ヨガ〉と表記することがあるが，yo は長母音をもって発音される．結ぶ，繋ぐの意味の動詞ユジ（yuj-）より派生した語であるが，実際は様々な文脈で様々な意味で用いられる．〈結合〉〈繋ぐこと〉とのかねあいで個々の語義が説明される．基本的には，*解脱（*悟り）に向けてのなんらかの〈実践〉〈修練〉，特に〈精神統一〉と解し得る．

その起源を*インダス文明にまで辿りうるともいわれる，ある点では曖昧模糊としたこの〈ヨーガ〉という語の意義を明確にしたのは，その名前を付せられたインドの*六派哲学の一派〈ヨーガ学派〉である．その成立への仏教からの影響も看過しえぬほか，有神論という点では区別されるものの形而上学をほぼ同じくする点で*サーンキヤ学派とは密接な関係を指摘される．開祖パタンジャリ（Patañjali）に帰される紀元2–4世紀成立のその根本経典『ヨーガ-スートラ』（*Yoga-sūtra*）冒頭部で，ヨーガは「心作用の抑制」（citta-vṛtti-nirodha）と明確に定義され，*三昧（samādhi）に至るまでの八実修法などによって体系化されたものは，他学派の実践手段としても採用されるにいたる．

この意味の圏内で，ヨーガとは，解脱ないし悟りに向けての正しい見方を得るための〈*瞑想〉〈心統一〉の実修の一部ないし総体と見なし得るが，仏教でも古来，基本的修行法として尊重されてきた．さらに仏教では，*禅（dhyāna），*定（samādhi）という語で言及されることが多く，ヨーガを実修する*行者は〈ヨーギン〉（yogin），〈ヨーガーチャーラ〉（yogācāra）と呼ばれ〈瑜伽師〉などと漢訳される．仏教の〈*瑜伽行派〉（Yogācāra）は，*唯識思想によってこの*行を体系化したものである．密教では，特にヨーガの〈結合〉の側面が重視・教理化され，絶対者との〈結合〉〈合一〉の意味で用いられることがある．

またインドでは後代，身体的な強制（haṭha）を重んじる〈ハタ-ヨーガ〉が登場する．このヨーガは，とくに身体的な様々な姿勢（āsana．坐法，体位法）を重視し，シヴァ派のタントリズム（→タントラ）の教義を援用した独自の解脱論を展開した．今日行われるいわゆるヨガは，そのほとんどがハタ-ヨーガの流れを汲むものである．

『横川法語』 よかわほうご　*比叡山横川の恵心院に隠棲して学道に励んだ*源信の著と伝えられる．自画像の讃文（絵像や名号の上下に記されることば）であるという．他力念仏を讃歎した和文の短い法語で，『念仏法語』ともよばれる．弥陀の*本願によって凡夫(ぼんぶ)が臨終来迎にあずかり，浄土に往生することを説き，そのために*称名(しょうみょう)念仏することをすすめている．のちの念仏信仰に与えた影響は大きく，たびたび刊行・注釈・講義がなされた．

与願印 よがんいん ［*s*: varada-mudrā］ 〈施願印(せがんいん)〉〈施与印(せよいん)〉〈満願印(まんがんいん)〉ともいう．密教以前よりある*印相(いんぞう)で，*衆生(しゅじょう)の念願を授与する意を表す．右手のひらを外に向け五指をのばし下に垂らす．親指を掌中に横たえるとする伝承もある．左手は，*袈裟(けさ)の両角を把み臍前(せいぜん)に置く(*宝生如来(ほうしょうにょらい))，あるいは，仰いで臍前に置くなど諸説がある．また，左手を与願印とし，右手を挙げて外に向ける*施無畏(せむい)印とする複合印も，釈迦如来・薬師如来などに例が見られる．「左手は与願印を結び，右手は宝印を結べり」〔拾遺往生伝上4〕．→付録(仏像1)．

欲 よく　意欲・欲求・欲望，愛欲から*渇愛(かつあい)，*貪欲(とんよく)・*妄執(もうじゅう)など，*煩悩(ぼんのう)や*執着(しゅうじゃく)性までを含む語．何かを望み欲求する心のはたらきのことで，本能的欲求から精神的・向上性的意欲までも意味する．この中で向上性的意欲までを否定するのではなく，そこにまつわる対象への執着を否定する．したがって，わずかなもので満足する〈少欲知足(しょうよくちそく)〉が出家者には奨励される．

心のはたらき(*心所(しんじょ))の一つで，*『倶舎論(くしゃろん)』4では〈欲〉(chanda)を「なそうと望むこと」と説明したうえで，普遍的心作用である大地法(だいじほう)(→五位七十五法)の一つとする．*唯識(ゆいしき)では，〈欲〉はすべての心の状態に応じて起こるのではなく，ただ欲求する対象に対して起こる(別境(べっきょう))ので五別境の一つとする．

〈欲〉はまた愛欲(kāma)，特に*婬欲(いんよく)・性欲を意味する．*凡夫(ぼんぶ)が異性に対して，色欲・形貌欲・威儀姿態欲・語言音声欲・細滑欲・人相欲の姿形や声などの様相に対して起こす欲を〈六欲〉という．また六欲として，眼(げん)・耳(に)・鼻(び)・舌(ぜつ)・身(しん)・意(い)の6感覚器官(*六根)から生ずる6種の欲望をさすこともある．〈*欲界〉とは，このような愛欲などの欲が支配する領域を意味する．→五欲．

「閑(しず)かならむ所に居て禅定を修して，欲・悪等の不善の法を遠離すべし」〔今昔1-5〕「欲を成じてたのしびとせんよりは，しかじ財(たから)なからんには」〔徒然217〕

欲界 よくかい ［*s*: kāma-dhātu］　欲望にとらわれた生きもの(*有情(うじょう)・*衆生(しゅじょう))が住む世界．仏教の世界観で，欲界・*色界(しきかい)・*無色界からなる〈三界(さんがい)〉の最下層の境域をさす．*地獄(地獄に落ちたもの)・*餓鬼・*畜生・*阿修羅・人間(*人(にん))・*天(*神)の一部(*六欲天)が住む．→三界，天．

浴室 よくしつ　〈大湯屋(おおゆや)〉〈温室(うんしつ)〉などともいい，*南都六宗の大寺院ではその付属屋を含めて〈温室院〉という一院を構成していたものもある．*東大寺(1408)，*法隆寺(1605)などのものが残っている．東大寺を再建した*重源(ちょうげん)は*作善(さぜん)の一つとして大湯屋を造っていた．禅宗では重要な建物として浴室が数えられ，〈浴室清規(よくしつしんぎ)〉という規則を定め，入浴の作法を定めている．浴槽に湯を汲み込み，浴槽外で浴びて身を清める．*東福寺(1459)，*大徳寺(1622)のものがある．また蒸気浴の蒸し風呂もあった．→温室．

予言 よげん　神仏もしくは*死霊(しりょう)・祖霊などが，ある人物(予言者)を通して，未来に起るであろう出来事について人びとに予告すること．予言(者)には大別して2種ある．すなわち，霊的存在を自分の中に憑入(ひょうにゅう)させて第一人称で語る*霊媒(れいばい)型の予言(者)と，霊的存在を外側にして第三人称で意志を伝える霊感型の予言(者)とである．両者とも予言を語るときにはトランス状態(意識がかわった状態)になっていることが多い．旧約聖書のイザヤ，エレミア，ホセアなどや新約聖書のバプテスマのヨハネは予(預)言者としてよく知られている．ただし聖書における預言者は「神の言葉を伝える者」の意味に用いられる．

仏教では予言を〈*授記(じゅき)〉といい，仏が，ある修行者が未来に最高の*悟りを得るであろうと予言すること，また仏が，弟子に対して未来に仏に成れるであろうとの保証を与えることを意味する．授記のサンスクリット語はvyākaraṇaで，〈受記〉〈*記別〉〈記説〉などとも漢訳される．もとはある教説を分析したり，問答体によって解説することを指したが，後に未来世における悟りなどについての証言を意味するようになったとされる．

吉崎御坊 よしざきごぼう　越前国河口庄細呂木郷吉崎(現・福井県坂井郡金津町吉崎)に創建された本願寺の御坊(*別院)．*蓮如が1471年(文明3)興福寺一乗院の経覚の了解をえて，ここを拠点として北陸伝道が積極的に行われた．かくて，多屋(門徒の宿泊のために設けられた家屋)を中心に門前町ができ，73年(文明5)には勤行に用いる*『正信念仏偈』*『三帖和讃』の出版がなされ，急速に教化の実があがったが，多数門徒の群集は諸寺のねたみを招き，富樫一族の内紛にまきこまれ，75年(文明7)蓮如は吉崎を退出した．現在，東西両本願寺がそれぞれに寺基を伝える．→本願寺．

吉野 よしの　奈良県吉野郡．古代から僧侶や修験者の山岳修行の拠点とされた．奈良時代には神叡(?-737)が籠って自然智宗を開いた比蘇寺が知られた．平安時代以降は*蔵王権現をまつる山上の安禅，山下の蔵王堂を中心に石蔵寺・宝塔院などの塔頭が*金峯山寺を形成した．南北朝時代には後醍醐天皇(1288-1339)が皇居を定めた．その後，山内は天台の寺僧方と真言の満堂方の両者によって運営された．明治以降，金峯山寺は天台宗に所属したが，昭和23年に独立して金峯山修験本宗を設立した．

なお，吉野の自然と歴史は日本文学とも深くかかわってきた．古代その神仙的風土は柘枝の仙女の神婚譚を生み，また『万葉集』には天武・持統朝の吉野離宮行幸時の詠など多数の吉野詠歌を収める．平安時代以後は，桜で知られる歌枕としてその風光は広く和歌・俳諧の世界で取り上げられ，一方，吉野の歴史が生んだ物語は『太平記』『義経記』などに収録されて，それはやがて謡曲・浄瑠璃など演劇の世界にも展開していった．

寄木造 よせぎづくり　*木彫像の構造上の一技法．*一木造に対する用語で，頭部を含む像の主要部分を同等またはそれに近い量を持つ複数の材を寄せてつくる技法の総称．*丈六仏などの巨像の製作に際して考案されたもので，内刳を施し，一定の木寄せ法によって，像の軽量化と用材の経済的な効率が図られるとともに作業の分業化が促進された．10世紀の半ば頃から始まり，11世紀前半期に活躍した仏師*定朝によって完成されたと伝えられる．以後*等身大またはそれ以下の像にまで適用され，江戸時代まで仏像の基本的な構造技法となった．

寄棟造 よせむねづくり　四つの屋根面からなる屋根の形式．四方から隅棟が集まるので寄棟というのであろう．中国では，『考工記』匠人営国条に「殷人の重屋，四阿の重屋」とみえる「四阿」が寄棟造をいう最古の用例．その漢代の注には〈四注屋〉と説明する．唐代の営繕令にも「宮殿は皆四阿」とみえ，最高級の屋根形式とされ，王公以下の住宅は格の低い*入母屋造に定められていた．北宋時代の『営造法式』(1103)も〈四阿〉といい，最高級の殿閣の形式としている．清代の用語は〈廡殿〉という．日本では古語に〈東屋〉〈四阿〉〈阿舎〉(ともに訓は〈あずまや〉)というのがこれに当たる．真屋(*切妻造)に対し，東国の，あるいは地方のといった意味であろう．入母屋造も東屋のうちに含まれていたと思われる．寄棟造は奈良時代の建築に多く，寺の主要な建物に使われた．雨が四方に流れるという意味で〈四注〉ともいう．→寺院建築．

四つの借物 よつのかりもの　〈四つ〉は地・水・火・風の四大．宇宙間の万物が，四大を造物主から借り，それが和合して出来あがっているという考え方から，広くは宇宙間の万物，狭くは人間の肉身をいう．「借り置きし五つのものを四つかへし，本来空にいまそもとつく」〔咄・一休咄〕．→四大，四蛇．

世直し よなおし　この世を変えて，新しい世にしようとする意識．日本の伝統的な用語であり，文献上は，とくに地震に際して使われた事例が早く，中世室町時代頃に一般化していた．宗教的世界観としての世直しには，明確なメシアニズム(救世主による変革観)が欠けており，キリスト教におけるキリストの出現で救済されるというような前提はない．世直しの語が使われる大地震は，世界の破滅を意味しており，それによってこの世が改まることが潜在的に予想されていた．

仏教文化圏では，*弥勒菩薩の出現によ

り弥勒の世が到来するという思想があり，未来仏弥勒に対する信仰が厚い．日本では15–16世紀の戦国時代末期に，東日本を中心に弥勒の私年号が用いられており，弥勒下生信仰が普及していたことが推察される．世直しは，この世が改まるという意味で*弥勒信仰と共通する部分があるが，弥勒仏が到来するとされる時期を裏切って大地震が起ると，逆に大地震による世直しを否定する考えも出て来る．関東地方では1855年(安政2)，鹿島信仰にもとづく，鯰による大地震を描く鯰絵が流行したが，その中でも，弥勒出世を待たず地震による世直しを起した鯰男は弾劾されている．幕末の世直し一揆や，*新宗教運動の中に世直しは構想されるが，明確なイメージに欠けていることが指摘されている．

黄泉 よみ　地下にある死者(霊)の住む所．黄泉国(泉国)・・ともいう．記紀神話の宇宙観における天上・地上・地下の3段階区分の最下部．記紀では，伊邪那岐神が妻神を追って黄泉を訪ね，火をともして見たところ，妻神の身体には蛆がわき，各所に雷(蛇)が蟠踞していたと屍体腐敗のさまを記しており，暗くて穢れに充ち満ちたところとイメージされる．古墳の埋葬状態の印象から生じた観念と見る説もある．なお，後世は仏教における*冥途と習合し，ほぼ同義に用いられた．「ここにその妹伊邪那美命を相見むと欲ひて，黄泉の国に追ひ往きき」〔古事記上〕「遠つ国黄泉の界にはふ蔦の，各が向き向き，天雲の別れし行けば」〔万葉9〕．→黄泉．

預流 よる　[*s*: srota-āpanna，*p*: sotāpanna]　サンスクリット語を音写して〈須陀洹〉とも．*無漏の聖者の流れに入った者．四向四果の最初の段階．原始仏教では三結(*有身見，*戒禁取，*疑)を断じた者が得る位であったが，のちの*『倶舎論』では，*見道において見惑の八十八随眠(煩悩)を断った者が得るとする．この位に達すると*退転することがなく，最多でも7回人間界と天界を往来するだけで悟りに達するとされる．〈預流向〉は〈預流果〉に向かう見道位の十五心(刹那)のこと．→四向四果．

ラ

来迎 らいこう 〈らいごう〉とも読む．浄土に*往生しようと願う人の*臨終に，仏・菩薩が迎えに来ること．平安中期から来迎思想が儀式化し，迎接会ごうしょうえや*迎え講が行われ，また来迎の有様を画いた*来迎図，迎接曼荼羅が*浄土教美術となった．*法然ほうねんは，往生極楽のために来迎*引接いんじょうの形像造立をすすめたが，自身は，臨終に弟子たちが仏の手に五色の糸をかけてその糸を握らせようとしても取らなかったという(『西方指南抄』)．*親鸞しんらんは来迎を全く否定したわけではないが，臨終を待つことのない平生往生へいぜいおうじょうを力説した．「願はくは，仏，大光明を放ち，決定けつぢやうして来迎し，極楽に往生せしめたまへ」〔往生要集大文第6〕「弥陀の誓ひぞ頼もしき．十悪五逆の人なれど，一度御名を称となふれば，来迎引接疑はず」〔梁塵237〕．→迎接．

来迎図 らいこうず 〈らいごうず〉とも読む．*無量寿経むりょうじゅきょう所説の*阿弥陀仏あみだぶつの第十九願(→三願)や，*観無量寿経かんむりょうじゅきょうの*九品くほん往生の教えに基づいて，*浄土信仰者の信仰対象として描かれた仏画を来迎図と総称する．このうち観無量寿経の所説に従って描かれるものは，7世紀頃から観無量寿経変(西方変ともいう)の一部に九品来迎図として表され，日本では奈良時代の*当麻曼荼羅たいままんだら(および後の模本)においてその存在がうかがえる．〈九品来迎図〉は九通りの*来迎の様子を表すもので，1053年(天喜1)の*平等院鳳凰堂ほうおうどうの壁扉画などに建築の*荘厳しょうごんとして描かれたが，平安中期以降これとは別に独立した〈阿弥陀来迎図〉が成立した．985年(寛和1)源信撰述の*『往生要集おうじょうようしゅう』には*極楽浄土を讃美する中で*聖衆しょうじゅ来迎の楽しみを説くところがあり，このような思想に基づいて来迎図は源信自身が発案したといわれる．

以後，阿弥陀来迎図はさまざまに展開したが，これを構図の上から大別すると，真正面向きに来迎するものと，斜めに下降するものとに分けられ，前者は平安後期の〈阿弥陀聖衆来迎図〉(もと*比叡山ひえいざん蓮華谷にあり，現在*高野山こうやさん伝来)が，後者は*知恩院の〈阿弥陀二十五菩薩来迎図〉(鎌倉時代，通称は早来迎)が代表作とされる．このほか異形の来迎図には〈山越阿弥陀図〉〈帰り来迎図〉などがある．山越阿弥陀図には*禅林寺・*金戒光明寺の諸本(共に鎌倉時代)が著名であるが，後者は往生者の枕頭に立てる屏風形式のもので〈枕本尊まくらほんぞん〉とも呼ばれる．来迎図には阿弥陀仏によるもののほか，弥勒菩薩みろくぼさつや十一面観音によるものなどがある．→仏画，浄土教美術．

礼讃 らいさん [*s*: vandana] 仏や法や僧(*三宝さんぼう)などを礼拝し，その徳を讃たたえること．また，その際に誦する文章をいう．禅宗では出家*得度とくどの際に，出家の功徳くどくを説いた〈礼讃文〉を唱える．また浄土教では，善導ぜんどうが浄土往生のための礼讃の儀礼を定めた*『往生礼讃偈』が有名で，『礼讃』と略称する．「楽を奏し花を散じ，楼殿に往来して，如来を礼讃する者あり」〔往生要集大文第2〕

雷神 らいじん ⇒風神・雷神ふうじん・らいじん

雷神信仰 らいじんしんこう 雷かみなりは〈神鳴り〉とも表現されるように，雷鳴と雷光の脅威によって，早くから神格化されていた．天空を飛来し，雨や火を天から降らせるというので，*天神てんじんあるいは水神すいじんとも同一視されている．雷鳴は神の怒りの表現であり，神の意志を表す．落雷は神の来臨なのであり，雷の落ちた場所に青竹を立てて注連しめを張る風習が，落雷の多い東日本にみられる．また落雷した痕跡としての雷石が祀られたり，雷電神社が建立されている．雷電の具体像は大蛇や丹塗矢にぬりやである．大蛇は水神の*化現けげんした姿であり，丹塗矢は天上から飛来する象徴である．

雷神が天上から降臨して巫女に神の子を生ませるという神婚譚は，京都の賀茂神社や奈良の三輪みわ明神の縁起の中で語られている．雷には生殖機能を刺激する力があると信じられていたらしく，〈稲妻いなずま〉の名称のように，稲の成長を促進させるという俗信もある．桑の木が避雷と関係するという俗信もあり，落雷よけのまじないとして「くわばら」という語を唱えた．雷神が桑を嫌うという考えは，一方で桑原が雷神を祀る聖地と考えられたためであろうともいう．

平安時代に菅原道真すがわらのみちざねの*怨霊おんりょうが雷神と一体化して，さらに天神信仰とも合して民間に普及した．とくに北野天神の眷属神として統一され，天神社のなかに祀られる事例が多い．

来世 らいせ　もともとは，来たるべき世，*後世ごせの意．『尚書』仲虺之誥に「予，来世に台を以て口実と為さんことを恐る」とある．仏教では，死後に生れかわる在り方，世界を意味するようになった．原始仏教や部派仏教では他方世界を立てないので，この世界の中で*輪廻りんねを考えるが，大乗仏教では*極楽浄土のような他方世界をも〈来世〉として考える．日本では，こうした仏教の来世観に，もともとの*アニミズム的な霊魂観が一体化して，〈来世〉が考えられている．〈来生らいしょう〉ともいう．「誰か知らん，来世に苦辛多きことを」〔十住心論1〕

礼堂 らいどう　奈良時代の*金堂こんどうは仏をまつるための建物で，人が入って礼拝するためのものではなかった．そのため礼拝や仏事の時の人の座すところとして〈礼堂〉が発生した．これは神社における拝殿の発生と軌を一にするものである．礼堂は金堂の前面に孫庇まごびさし(→母屋もや)を付設する場合と，別棟として建てる場合とがあり，別棟として金堂(あるいは正堂しょうどう)と*桁行けたゆきの等しい建物を建てた場合，これを〈双堂ならびどう〉という．平安時代末にはこれらを1棟の建物として造り，奥行の深い密教本堂の形式が成立する．*当麻寺たいまでら本堂(1161)がその早い例である．中世の密教の本堂はほとんどこの形式をとった．東大寺法華堂(*三月堂，746)ももとは双堂であったものを，前後に棟を通した屋根を設け，全体を1棟の建物としたものである．→本堂．

礼拝 らいはい　仏・菩薩や祖師，*尊宿そんしゅく(年長・高徳の僧)など，人格的対象にたいして低頭・*合掌し敬礼すること．*『大智度論』には口礼・屈膝頭不至地・頭至地の3種をあげ，*『大唐西域記』は発言慰問・俯首示敬・挙手高揖・合掌平拱・屈膝・長跪・手膝踞地・五輪倶屈・*五体投地の9種の礼拝の形を示している．礼拝は恭敬くぎょうと信順の心の表現で信仰生活の基本であり，*懺悔さんげ，*祈禱，種々の*行法の実習などとともに行われる．礼拝行為は本来は個人的なものだが，集団の礼拝儀礼(*法会)に組み込まれることも普通である．心のあるところおのずと礼拝行為があるが，逆に礼拝行為や儀礼という形によって帰依と信仰の念が増大するものとされ，これは「礼は信なり」といった表現に示されている．

テーラヴァーダ(*上座部)仏教が内心の表白としての礼拝に終始するのにたいし，大乗仏教では外形としての礼拝儀礼を豊富に発達させている．インドのヒンドゥー教では，生ける王に仕えるように神像に礼拝するから，もてなしの意味で香・花・水・食事，時には舞踊を捧げる．仏教も仏・菩薩像などの礼拝にこの習慣を受けついでいるが，像崇拝の意味は同じでなく，像を通して*法とその働きへの礼拝が主で，像そのものの礼拝ではない．

「仏の来たり給へるを見奉りて，随喜の涙を拭のごひて礼拝して皆供養し奉りつ」〔今昔1-31〕「聴聞集会の人，同時に唱へて五体を地になげて礼拝しけり」〔続古事談4〕

礼盤 らいばん　*修法しゅほうのとき*導師どうしの坐る，丈の低い方形牀座しょうざ．箱形礼盤と猫脚礼盤の二形式があり，前者が古式である．前者は上下の框かまちの間に束つかを立て，間に格狭間こうざまを入れるのが一般的で，*中尊寺の金色堂や経蔵所用の伝えを有する礼盤は平安時代後期にさかのぼる古例．後者は座の四隅に反りのある猫脚を付け，座は入角いりすみ式に刳り込みを入れることが多い．ＭＯＡ美術館(*教王護国寺旧蔵)，東京国立博物館のものは鎌倉時代の遺例．「弥陀の像に対して，礼盤に登り，香炉を擎げ持ち」〔拾遺往生伝上21〕．→高座．

頼瑜 らいゆ　1226(嘉禄2)-1304(嘉元2)　真言宗の僧．字は俊音，初名豪信，俗姓土生川氏．紀伊(和歌山県)那賀郡の豪族の出身．初め城南の玄心に得度受戒．奈良で*顕教を学んだ後*高野山・*仁和寺にんなじ・*醍醐寺だいごじなどで真言の*事相*教相の二相を修学．1280年(弘安3)中性院ちゅうしょういん流を開く．金剛峯寺こんごうぶじ(高野山)の徒と対立し，大伝法院と密厳院を根来ねごろ(*根来寺)に移し，*新義真言宗を別立．古義の*宥快ゆうかい(1345-1416)，*杲宝ごうほう(1306-62)などに比される大学匠．主要著作に『大疏指心鈔』『真俗雑記問答』『秘鈔問答』『薄草子口決』など.

ラ-ヴァレ-プサン [Louis de la Vallée Poussin] 1869-1938 ベルギー生まれの仏教学者. フランスのソルボンヌで S.*レヴィの弟子として東洋の諸言語を学び, 1895年から30年以上にわたり母国のヘント大学の教授を務めた. この間, とくにテキスト校訂および訳注研究の面で多大な業績を残した. かれの研究はパーリ学から密教学までの広範囲に及ぶが, とくにアビダルマ(*阿毘達磨)および*中観思想研究の分野での貢献が目を見張る. その中でも*『中論』の*チャンドラキールティによる注釈書『プラサンナパダー(浄明句論)』と『入菩提行論細疏』(*『入菩提行論』のプラジュニャーカラマティによる注釈書)のサンスクリット本の校訂は, 今なお信頼度の高い底本として広く用いられ, *『倶舎論』および*『成唯識論』の翻訳も貢献度が高い. また*スタイン収集の*敦煌チベット写本に対する詳細な目録も貴重である. かれの弟子に*『大智度論』などの訳注研究で著名なE. ラモットがいる.

羅漢 らかん *阿羅漢の略で, 敬われるべき人の意. もとは*仏陀のことで, 仏の*十号の一つとされた. のちに意義が転化して, アビダルマ仏教で最高位の*修行に達した聖者のこと. 『(大阿羅漢難提蜜多羅所説)法住記』に16人の羅漢が*正法護持を誓い, *供養時には*眷属を率いて集まると説く. 〈十六羅漢〉は, 1)賓度羅跋囉惰闍(Piṇḍola-bharadvāja), 2)迦諾迦伐蹉(Kanaka-vatsa), 3)迦諾迦跋釐堕闍(Kanaka-bharadvāja), 4)蘇頻陀(Subinda, Suvinda), 5)諾矩羅(Nakula), 6)跋陀羅(Bhadra), 7)迦理迦(Kālika), 8)伐闍羅弗多羅(Vajraputra), 9)戍博迦(Jīvaka), 10)半託迦(Panthaka), 11)囉怙羅(Rāhula), 12)那伽犀那(Nāgasena), 13)因掲陀(Aṅgaja), 14)伐那婆斯(Vanavāsin), 15)阿氏多(Ajita), 16)注荼半託迦(Cūḍapanthaka).

【十六羅漢図】*玄奘の漢訳『法住記』(7世紀)以来, 十六羅漢の図写が始まったが, ことに唐末五代の著名な詩僧禅月大師貫休(832-912)が十六羅漢図の名手とされ, 蘇東坡(1036-1101)ら宋代の文人が*讃を記すようになって盛行し, また禅宗寺院を中心に造像された. 日本でも鎌倉末期以降, 禅の隆盛とともに羅漢画が流行し, *道元の『羅漢供養講式文』や*明恵の『十六羅漢講式』など羅漢を供養する〈羅漢講式〉が特に重視されるようになった. 十六羅漢図に, 北宋より*奝然が請来したと伝えられる*清凉寺のものや, 平安後期の東京国立博物館本をはじめとして多くの遺例が伝えられている. 十六羅漢に迦葉と軍徒鉢歎を加えた〈十八羅漢〉が描かれることもあり, 2人については異説もある. さらに, 増一阿含経や『十誦律』などに説く*五百羅漢が画像・彫像としてあらわされることもある.

「羅漢となるといへども, 後, 怨報を婆羅門の妻に得て殺さる」〔霊異記中5〕

裸形像 らぎょうぞう 実物の衣を着せるため, 全身または半身を裸形に造った彫像. 〈裸形着装像〉ともいう. 平安後期の作に東寺(*教王護国寺)伝武内宿禰像, *広隆寺太子殿聖徳太子像(1120)があり, 鎌倉時代には三重・金剛証寺像, 奈良・伝香寺像(1228)や*新薬師寺像(1239)など, その前期に遡る地蔵菩薩像の遺品があり, 他に阿弥陀如来・弁才天, 弘法大師・日蓮聖人などの像種が知られる. 裸形像を造った理由は判然としないものが多く, 個々に検討の要があるが, 底流には平安後期に勃興し, 鎌倉期に一般化した現実主義的な感覚があるとみてよい. 新薬師寺像は造立事情が明確な一例で, 願主尊遍が先師実尊没後, 師と同体視しうる地蔵像を造立し, これに実尊着用の法衣を着せて生前同様に奉仕せんとしたものである. 兵庫*浄土寺阿弥陀像(1201)は*行道の主尊として造られたもので, *聖衆を演じる人間と同じ衣を着せる意図によるのであろう.

楽 らく [*s*, *p*: sukha] たのしい, こころよいことで, 心身ともに*安楽であることをいう. 〈*苦〉に対する語. 仏教では, 〈楽〉について3種の理解がある. 1)人が対象と接したときに受ける感受作用の一つで, 〈楽受〉という. すなわち, 快適な対象を感受して心身ともにこころよく受ける感受作用である.

反対に，不快感をもたらし，苦痛をともなう感受作用を〈苦受〉といい，苦とも楽とも感じない感受作用を〈不苦不楽受〉または〈捨受しゃじゅ〉という．以上の三つの*受を〈三受〉という．2) *四顚倒してんどうの一つ，苦を楽と見る〈楽顚倒〉をいう．四顚倒とは，生存者について本来，*無常の存在であるのに常ととらえ，生存のあらゆるものが苦であるのに楽と見，不浄であるのに浄と見，*無我であるのに有我と見る，道理に違反したよこしまな四つの見解をいう．3) *涅槃ねはん，*悟り，*解脱げだつの境地をいう．たとえば無常偈(*雪山偈せっせんげ)「諸行無常，是生滅法，生滅滅已，寂滅為楽」にいう楽である．

*六師外道ろくしげどうの一人であるパクダ-カッチャーヤナは楽を7要素(地・水・火・風と苦・楽・生命)の一つとした．またインド哲学諸派の中でも*ヴァイシェーシカ(勝論)学派は，実体の一つである*我が(ātman)に属する17の性質の中の第13番目に快感，すなわち楽をあげる．また*サーンキヤ(数論)学派では，万物を構成する三要素の一つである純質(sattva)は楽(快)の性質をもつという．

なお，〈楽ぎょう〉はねがうという意味があり，心に欲する心がまえを意楽いぎょうという．→信楽しんぎょう．

落飾 らくしょく　飾りを落すこと，つまり髪を剃り落す意で，*剃髪ていはつと同義．髪を剃って仏門に入ること，出家をいう．『法華経直談鈔』2末-10に〈剃除鬚髪の事〉として，「ひげ・かみは面おもての荘かざりなり．されば出家をば落飾と翻するなり．かざりをそる(り?)落す故なり」と解説している．本来は身分を問わない用語であったが，日本では平安時代に入ると，天皇・皇后以下高貴な人に限定して用いられるようになった．「但し道慈少年にして落飾し，常に釈門に住まふ」〔懐風藻釈道慈2首序〕

楽変化天 らくへんげてん [*s*: Nirmāṇarati] *欲界に存する六つの天界(*六欲天)の第五．〈化楽天けらくてん〉〈妙変化天〉ともいう．自らの力によって作り出した欲望の対象を享受する．互いに微笑むことが性交にあたり，9歳の童子として生まれ，寿命は8千歳とされる．

洛陽 らくよう　中国，河南省北西部，洛水北岸にある都市．西の*長安(今の西安)とともに，中国の古い都のあったところとして著名である．紀元後では後漢，三国の魏，西晋がここを国都とした．また北魏は大同からここに遷都し，大都城を建設した．洛陽の*白馬寺は仏教初伝の伝説にもとづくもの．*『洛陽伽藍記』によれば，北魏時代には1367もの仏寺が建てられたという．隋唐時代はここを東都とした．

『洛陽伽藍記』 らくようがらんき　北魏(386-534)の楊衒之ようげんし(陽衒之・羊衒之とも書く)の著．5巻．北魏の都の*洛陽は，仏教都市として全盛を極めたが，北魏の末年，永熙えいきの乱を経て壊滅に帰した．乱の後，往時の栄華を追憶してこの書物が編まれた．永寧寺えいねいじをはじめとする城内城外の寺院をめぐる様々な事柄や歴史的事件のほか，都に住まいする庶民たちの生活などについても，抑制のきいた文体で生き生きと描写されている．最後の巻の，*宋雲そううんと恵生えしょうの西域への求法の旅の記録は，当時の中央アジア，インドの状況を知るための貴重な資料である．楊衒之が北魏の伽藍仏教に批判的であったことは，この書物に収められた，講経の僧が地獄へ落ちたという物語や，*『広弘明集こうぐみょうしゅう』巻7に引かれる彼の上表文の一部からも知られる．

羅睺羅 らごら　サンスクリット語・パーリ語Rāhulaに相当する音写．ラーフラ．釈尊しゃくそんと*耶輸陀羅やしゅだら(ヤショーダラー)の間に生まれた子．Rāhulaの意味は障碍しょうげという．釈尊がわが子の誕生を知って「障り(ラーフラ)が生まれた．繫縛が生まれた」といわれたことが命名の由来．出家後*智慧第一の*舎利弗しゃりほつに就いて修行した．その修行態度は不言実行であったので，多くの*比丘びくの尊敬の的であった．釈尊は「私の弟子の中で学を好む第一人者」といわれた．そこで学習第一の比丘と呼ばれた．しかしまた他の仏弟子たちを見下す態度もあったので，釈尊に誡められた．仏*十大弟子の一人．

ラサ [*t*: Lha sa]　チベットの首都の名．現在は中国，西蔵自治区の省都として〈拉薩〉とも漢字表記される．ツァンポ江支流のキーチュ河北岸にあり，7世紀半ばに建立された*トゥルナン寺(大招寺)に釈迦牟尼しゃかむにの像が祀られているところから〈仏の地〉を意味してLha sa(ラサ)と呼ばれるようになった．

古名は〈山羊の地〉を意味するRa sa(ラサ)で〈邏娑〉などと音写された．8世紀末頃までは王家の夏住地で，冬は南のヤルルンやサムイェーに宮居があった．1642年に成立した*ダライ-ラマ政権はこの地に*ポタラ宮を建て1660年から王宮とした．

ラージャグリハ [*s*: Rājagṛha] ⇨王舎城(おうしゃじょう)

羅什 らじゅう ⇨鳩摩羅什(くまらじゅう)

羅刹 らせつ　サンスクリット語 rakṣas, rākṣasa に相当する音写．インドの神話・伝説に現れる*鬼神の一種で，凶暴な祭祀破壊者・食人鬼とされることが多い．叙事詩*『ラーマーヤナ』に登場するラーヴァナ(Rāvaṇa)は羅刹王として名高い．羅刹は仏典においてもしばしば登場し，釈尊前生の*雪山童子(せっせんどうじ)に*雪山偈(げ)を授けた羅刹の話や，*『大唐西域記』11所見の，南海に羅刹女の島があり，女鬼が漂着する商人を夫としては食い殺す話は，*『今昔物語集』以下の説話集にも収録されて周知のもの．なお，仏画として描かれることのある法華経陀羅尼品の〈十羅刹女〉は，むしろ法華行者守護の善神である．

また密教では，この世を守護する*十二天(十方の諸天に日・月両天を加えたもの)に対する供養法を説く．その十二天の一つに，西南を守護し，甲冑を着けて剣を執る〈羅刹天〉がいる．

「羅刹近く立てり．其の形猛(たけ)く恐ろしくして，頭の髪は焔(ほのほ)の如く，口の歯は剣の如し．目を瞋(いか)らかして普(あまね)く四方を見廻(みめぐ)らす」〔三宝絵上〕「法華経持(たも)てる人ばかり，羨(うらや)ましきものはあらじ，薬王・勇施(ゆぜ)・多聞・持国・十羅刹に夜昼護られ奉る」〔梁塵161〕

落慶 らっけい　〈落〉は，中国で宮室ができあがった時の祭りのことをいった．寺社などの新築または修理の落成を祝うこと．その時に執り行われる*法要を〈落慶式〉〈落慶供養〉〈落成慶讃会〉などという．落慶式では，本尊如来を遷座奉安し入仏供養して，その工事の完成を神祇・仏祖・先祖などに*表白(ひょうびゃく)し，慶賀讃歎する．「宮所を造営し，鶴岡の八幡宮を落慶す」〔北条九代記1〕

臈次 らっし　僧侶の修行年齢を示す〈*臈(ろう)〉の次第で，長幼・序列を決定する．「僧家には上座は下座を思ふて哀れみ，下座は上座を重んじて敬ひ，座に就いても臈次を存じ」〔雑談集4〕「臈の次(ついで)にまかせて座をつらね」〔三宝絵下24〕

ラトナーカラシャーンティ [*s*: Ratnākaraśānti]　10世紀後半–11世紀初頭頃．後期*唯識派(ゆいしきは)の代表的な思想家，論理学者．*ヴィクラマシーラ大僧院で活躍した著名な学僧の一人で，*ジュニャーナシュリーミトラよりはやや年長の同時代人とされる．かれは，〈無形象知識説〉(nirākārajñānavāda)ないし〈形象虚偽説〉の立場から，真実においては自己認識する知のみが正しく，「青」などの形象の顕現は無始以来の迷乱の*習気(じっけ)によるもので虚偽であるという．著書の『般若波羅蜜教示論(はんにゃはらみつきょうじろん)』『中観荘厳教示論(ちゅうがんしょうごんきょうじろん)』はこの立場から仏教内外の関連説を批判し，また仏教各派の教理を*三乗(さんじょう)に分類して論述する綱要書に『三乗建立論』がある．いずれもチベット語訳のみが現存する．かれはまた，論証因と論証されるべき属性との間の*遍充(へんじゅう)(周延)関係を確定するうえで喩例は不要であるとする立場から，『内遍充論』(*Antarvyāptisamarthana*)を著した．これにはサンスクリット校訂本およびチベット語訳がある．また詩形論のほか，密教関係の著作も多い．

ラーフラ [*s*, *p*: Rāhula] ⇨羅睺羅(らごら)

螺髪 らほつ　*仏像の頭部に表現される，無数の螺(巻貝)の並ぶさまを呈する髪の形．*ガンダーラの仏像の髪がギリシア人風に波状に表されたのに対し，インド中央部の*マトゥラーで用いられた．また，〈螺髻(らけい)〉ともいうが，特に*婆羅門(ばらもん)の結髪にみられるように，中央で束ねてある形をいうらしい．「地震の間，大仏の螺髪二口，観音の前に落つ．又，頂上の螺髪，抜け上がる」〔百錬抄治承1.10.27〕「頭の上の螺髻は青き糸を巻くかと疑ひ」〔三宝絵上〕

ラマ教 ―きょう [Lamaism]　チベット仏教をいう俗称．18世紀前半にキリスト教の迹をたずねてチベットに入ったI.デジデリやカプチン派修道士達の報告に基づいて，ゲオルギ神父が仏教についての知識のないまま，著作中にチベットの仏教を〈ラマの宗教〉と呼んだのに由来する．〈ラマ〉(bla ma)は師僧を指し，御霊神〈ラ〉(bla)が託された人を意味する．19 世紀前半に西欧の学者が，〈ラマ〉による相伝を重視するのが後期のインド仏教一般の傾向であるのを，誤ってチベット仏教の特色とみなして〈ラマ教〉の称を定着させ，わが国でも 1877 年に〈喇嘛教〉の称が用いられた．

チベットにはインド仏教直系の*ゲルク派とは別に，*カギュー派・*サキャ派・*ニンマ派の仏教や，*ボン教，民間信仰が根づよく民衆の心を支配している．これらのうち中国禅の影響を受け，*本覚思想を鼓吹するニンマ派の仏教は，雑多な土俗信仰をも習合して広く下層にまで及んでいるため，外国人はこの派の仏教をもって誤って〈チベット仏教〉を代表させやすい．そこから，*大乗仏教が民間信仰であるボン教と同化して発達した仏教の一派などという理解が一般化したらしいが，適切ではない．また，ボン教は民族宗教であって民間信仰ではない．それゆえ近年では，〈ラマ教〉という呼称をとらず，〈チベット仏教〉と呼ぶのが通例となっている．→チベット仏教．

『**ラーマーヤナ**』［*s*: *Rāmāyaṇa*］　『マハーバーラタ』と並ぶ古代インドの二大叙事詩の一つ．数多くの伝承のある中でヴァールミーキ(Vālmīki)に帰せられるものが最も有名である．彼はインド最初の詩人とされ，詩文芸の祖とされる．7 巻より成り，初巻と終巻は後世の追加と思われるが，2 世紀頃に現形に近いものが出来上がったと考えられる．悲運の名君ラーマの愛と戦争に彩られた波瀾に富んだ一代記を盛る．彼は帝王の範とされるが，後世*ヴィシュヌ神の*化身(けしん)として崇められた．東南アジアや中央アジアに伝播し，*六度集経(ろくどじっきょう)を通して本邦の*『宝物集(ほうぶつしゅう)』にも伝えられている．→『マハーバーラタ』．

蘭渓道隆　らんけいどうりゅう　1213(中国嘉定 6)–78(日本弘安 1)　臨済宗の僧．蘭渓は道号，道隆は諱(いみな)．涪江(ふこう)(中国四川省)の出身．無明慧性(むみょうえしょう)(1162–1237)の法を嗣いで，1246 年(寛元 4)来日して九州・京都を経て，鎌倉の*寿福寺に入った．北条時頼(ほうじょうときより)(1227–63)に請われて大船の常楽寺住持，*建長寺開山となり，次いで*建仁寺・寿福寺などの住持となる．その間には讒言により甲斐(山梨県)，陸奥(宮城県)に配流されたこともあったが，没するまでの 30 余年間禅宗弘通に邁進した．

この頃までの日本の禅宗は他宗と兼修であり純一なものでなかったが，蘭渓により宋朝禅が広まることになる．人となり謹厳で弟子の育成には厳格であり，日常の規範を定めて励行させ，これ以後禅寺の規矩(きく)が正しく流布し，日本臨済禅の基が固められた．同時に天皇の聖寿万歳を祈るという禅宗の国家主義的要素ももたらされ定着した．その法系を大覚派という．〈大覚禅師〉と諡(おくりな)されたが，これは日本における*禅師(ぜんじ)号勅諡(ちょくし)の最初である．著述に『大覚禅師語録』『弁道清規』などがある．

欄楯　らんじゅん［*s*: vedikā］　聖域の周囲に*結界して囲んだ石柵．漢語の〈欄楯〉は，てすりの意．縦(たて)の木を〈欄〉，横の木を〈楯〉という．現存する最古のものは，ブッダガヤー(*仏陀伽耶(ぶっだがや))の菩提樹(金剛座)周辺の欄楯および*サーンチー第 1 塔の覆鉢上の傘蓋を囲んだ欄楯で，後者はアショーカ王(*阿育王(あいくおう))の建立に帰せられている．欄楯は支柱を 3 本の閂(かんぬき)で連結し，閂の端は支柱の軸受けの中にほぞ継ぎにされており，欄楯の上部には笠石(かさいし)を冠している．バールフト塔の欄楯には，*仏伝や*ジャータカをモティーフとした浮彫がなされ，無仏像時代の仏教彫刻の代表作とみられている．

卵塔　らんとう　死者の遺骨を葬る*石塔の一つで，形が卵形をしているのでその名がある．〈無縫塔(むほうとう)〉の一種．無縫塔とは縫目のない塔との意味で，稜角のある石塔に対する呼称であり，丸みをおびた一つの石材を塔身とするものを言う．卵塔はその略式であり，卵形の塔身を台座に置いただけのものを言う．簡素な形を特徴とし，僧侶の墓石として今日にいたるまで用いられている．日本では鎌倉時代より禅宗僧侶の間よりひろまり，次第に各宗の僧に普及した．転じて，広く墓・墓地の称ともなった．なお，〈卵塔場〉〈卵塔所〉は墓地・墓所の意．「雲門の卵塔，一茅廬(ぼうろ)，大用(だいゆう)は黄金殿上の居」〔狂雲集〕「水戸様御屋敷に成り，池を埋め給ふ時，此の浄土寺の卵塔，土取り場に成る」〔因果物語下〕

藍毘尼園　らんびにおん　〈藍毘尼〉はサンスクリ

ット語 Lumbinī に相当する音写．ルンビニー．ゴータマ-ブッダ(仏陀)誕生の地．ネパール南部タラーイ地方にある．シュッドーダナ王(*浄飯王じょうぼんおう)の妃マーヤー(*摩耶夫人まやぶにん)は，この地のサーラ樹の下でブッダを出生したと伝えられる．1896 年，アショーカ王(*阿育王あいくおう)建立の石柱が発見され，刻文によって，ブッダ誕生の地であることが確認された．中国僧の*法顕ほっけんや*玄奘げんじょうもこの地を訪れ，ブッダゆかりの遺跡を巡拝した記録を残している．→釈迦．

リ

理 り　〈理〉は，語源的には玉をよく磨いてその筋模様を美しく表すこと．また物事の筋目を意味する．それより，*道理・*義理・条理を意味するようになり，治める，正す，などの意に用いられる．漢訳仏典では，思想的に重要な概念を表す意味で〈理〉という言葉は用いられない．しかし，中国の仏教者たちは，東晋の*支遁しとんをそのはじめとし，漢訳仏典を解釈し，さらに独自の教理体系を築いていく際に，この中国伝統思想の重要な概念語を重用した．その場合，〈理〉は普遍的・抽象的な*真理を指すことが多く，特に〈事〉(個別的具体的な事象)と対になると，現象の背後にあって現象を現象たらしめている理法を意味する．

特に唐代(618-907)に盛になった華厳けごん教学では，〈事〉とともに〈理〉は重要な術語とされ，〈事法界〉〈理法界〉〈理事無礙むげ〉〈事事無礙〉の*四法界が説かれた．このうち〈理事無礙〉(普遍的な理法と個別的な事象とが一体不可分で，矛盾なく調和していること)に見られる現象である〈事〉の背後に絶対的な真理あるいは原理を示す〈理〉が存在するという考え方は，その後に興った宋学にも影響を与えたとされる．すなわち，北宋の程伊川ていいせんは「至顕なるものは事に如くはなく，至微なるものは理に如くはなし，而して事理一致顕微一源なり」として事理の一致を説き，事象の差別を説明するために理一分殊りいつぶんしゅ説をとなえた．また，これを受けて宋学を大成した朱熹しゅきは〈事〉を〈*気〉に置き換え，「理なるものは形而上の道なり，物を生ずるの本なり．気なるものは形而下の器なり，物を生ずるの具なり」とし，太極を形而上の〈理〉，陰陽を形而下の〈気〉とする理気二元論を説いた．→事理．

「理を縁とする願とは，一切の諸法は本より来このかた寂静なり」〔往生要集大文第 4〕

『リグ-ヴェーダ』［*s*: *Ṛgveda*］　アーリヤ人が伝えたインド最古の聖典ヴェーダ文献 4 種のうちの一つ．古代インドの宗教を知るうえで最も重要な文献．神々への讃歌（リチュ，ṛc）を集大成したもので，全10巻，1017編の讃歌をおさめる．紀元前1200年ころから1000年頃の間に中核が成立したとみられる．讃歌の4分の1は武勇神*インドラに捧げられ，ほかに司法神ヴァルナ（*水天），火神アグニ（*火天），風神ヴァーユ，言語の女神ヴァーチュなど，自然現象の神格化，理想的人間の超人化といった*多神教の特徴が顕著である．神々を讃歌で招来して生贄(いけにえ)を供えれば人々の願い事を叶えてくれるとする宗教観は，のちの祭式万能主義，バラモン（*婆羅門(ばらもん)）至上主義につながった．

最新層とみられる第10巻には，多神教に満足せず最高神，宇宙創造の原理を追求する傾向がみられ，黄金の胎からの宇宙創造，原人*プルシャの身体各部位からの万物の生成がうたわれる．こうした最高原理探求の傾向は，後の*ウパニシャッドの*梵我一如(ぼんがいちにょ)の思想をはじめとする*一元論的哲学思潮に大きな影響を与えた．⇀ヴェーダ．

六合釈 りくがっしゃく　［s: ṣaṭ-samāsa］　〈ろくがっしゃく〉とも読む．〈六離合釈(りくりがっしゃく・ろくりがっしゃく)〉（6種類の分析と総合）の略．*サンスクリット語の名詞合成語の意義を解釈するのに通常6種類の規定があるが，それらを中国・日本の学僧が古くからこの名称のもとに論じていた．それらは，〈相違(そうい)釈〉（並列的複合語 dvandva：複合語を構成する各成分（以下A，Bで表す）が並列的な場合．通例，AおよびBを意味する．例「声聞縁覚」），〈依主(えしゅ)釈〉（格限定複合語 tatpuruṣa：AとBとの間に，「の」「による」「のための」などの意味に相当する格の関係が認められる場合．例「仏国土」），〈持業(じごう)釈〉（同格限定複合語 karmadhāraya：AとBとが，名詞であれ形容詞であれ同格である場合．例「大乗，極楽浄土」），〈帯数(たいすう)釈〉（数詞限定複合語 dvigu：AとBとが同格で，しかもAが数詞の場合．例「三界」），〈有財(うざい)釈〉（所有複合語 bahuvrīhi：AとBの関係は上記の3つの限定複合語のいずれかと同じであるが，複合語全体が所有・所属を表す形容詞として他の語を修飾する場合．例「無量寿」），〈隣近(りんごん)釈〉（副詞的複合語あるいは不変化複合語 avyayībhāva：一般にAは不変化小辞，Bは単数・対格の名詞で，複合語全体として副詞的に用いられる場合．例「毎日，終日，各自」）の6とされる．ただし漢訳語に適用される六合釈は，インドの6種分類と必ずしも一致しないことがあり，またこの6種分類でサンスクリットの複合語のすべてが説明されるわけではない．

利根 りこん　〈利〉は鋭利の意．宗教的素質・能力がすぐれていること．*根（indriya）とは，力があって強い作用を有する（これを*増上(ぞうじょう)という）ものの意．教えを受ける者の持つ素質・能力を，利根・*鈍根(どんこん)の2根，利根・中根・鈍根，上根・中根・*下根などの3根にわける．修行の力によって根を修練してより良い根になることを〈練根(れんこん)〉〈転根(てんこん)〉といい，特に*声聞(しょうもん)（下根）から*縁覚(えんがく)（中根），*菩薩(ぼさつ)（上根）へ転じる場合に多く転根の語を用いる．「四人は利根にして先にすでに道を得たり」〔今昔 1-8〕

理在絶言 りざいぜつごん　存在の真の本性は，言語による表現を超絶していることをいう．この〈理〉は，論理や摂理の理ではなく，個々の現象的存在に対する普遍の*本性(ほんしょう)的存在を意味する．*『八宗綱要(はっしゅうこうよう)』の律宗(りっしゅう)の*相承(そうじょう)を説く箇所に，「仏是教主，理在絶言」とある．仏の本質は言語を超えていることをいっている．

理事 りじ　⇒事理(じり)

理趣会 りしゅえ　金剛界曼荼羅(こんごうかいまんだら)九会(くえ)のうち，上段右端の理趣経に基づく曼荼羅．方形の内院は9等分され，*中尊は*金剛薩埵(こんごうさった)で，他会の金剛界*大日如来と異なる．四方に下（東）から右回りに欲(よく)・触(そく)・愛(あい)・慢(まん)の四金剛，おのおのの傍に金剛女（外四供養(げのしくよう)に同じ）を配する．外院(げいん)は四摂(ししょう)・内四供養(ないのしくよう)をおく．男女の愛欲を肯定しながら昇華させる．*煩悩即菩提(ぼんのうそくぼだい)を求める新趣向の曼荼羅．中尊の変換によって，降三世(ごうざんぜ)・金剛拳(こんごうけん)・虚空庫(こくうこ)・那羅延天(ならえんてん)など，各種の理趣会曼荼羅が作られる．⇀理趣経，両界曼荼羅，付録．

理趣経 りしゅきょう　［s: *Prajñāpāramitā-naya-śatapañcāśatikā*］　〈般若(はんにゃ)理趣経〉ともいう．日本密教の*真言宗で常時*読誦(どくじゅ)される経典で，詳しくは〈大楽金剛不空真実三摩耶経般若波羅蜜多理趣品〉という．1巻．*不空(ふくう)

訳．本来，*玄奘訳の〈*大般若経〉(600巻)に含まれる「理趣分」を祖型とする般若経典であるが，それが密教化されたもので，密教内の伝承では*金剛頂経十八会のうちの第六会をなすものとされる．

内容は17段よりなり，各段の末尾に密教的な*種子(bīja，その段の内容を代替しうるはずの特定のシラブル)を付するが，殊に初段に「妙適清浄句是菩薩位」以下のいわゆる十七清浄句が説かれ，この内容が男女の性行為に関わり，かつその行為そのものを肯定するがごとき意味にとりうるものであるため(因みに妙適 surata とは，男女の性行為による快楽の状態を意味する)，この経典は仏教では本来否定され，抑圧さるべきものとしての性欲を肯定し，解放し，それによって密教の宗教理想たる諸仏の*大楽の境地に冥合せんとする革命的な思想を宣明するものであるとの理解がなされている．しかし，この十七清浄句に相当するものは，すでに玄奘訳の「理趣分」中に存することから，そのような一見性欲肯定的な表現には般若経典を誦持する菩薩たちの内面性に対する比喩としての性格が見出されねばならず，またこの経典それ自体の趣旨は，たとえば要約部分としての百頌偈の「菩薩勝慧者，乃至尽生死，恒作衆生利，而不趣涅槃」以下の偈が示す通り，純粋に*大乗的である．

この経典の読誦の習慣を定めたのは*空海であるが，その場合彼はこの経典のたとえば同じ初段の「金剛手よ，若し此の清浄出生句の般若の理趣を聞くもの有らば乃し菩提道場に至るまで一切の蓋障及び煩悩障法障業障を設え広く積集するとも必ず地獄等の趣に堕ちず，設え重罪を作すとも消滅すること難からず」という表現が示す如き罪障の消滅や堕地獄を防ぐ呪術的な効力に注目したものであろう．→般若経．

利生 りしょう　*衆生に*利益を与え，救済につとめること．また，衆生の受ける利益をいう．仏や菩薩が衆生を導くための巧みな手段を〈利生方便〉と呼ぶ．日本では『日吉山王利生記』など，神仏の由来や功徳を説く利生記の類が多く作られた．「念仏は，弥陀にも利生の本願，釈迦にも出世の本懐なり」〔法然消息〕「此れひとへに地蔵菩薩の利生方便の故なり」〔今昔17-7〕

理性 りしょう　理性は*事相に対する言葉で，*本性的世界を表す．*有為の現象世界に対し，そこを貫通する不変の実性が理性である．単に〈*理〉ともいう．なお*仏性に関して，理仏性(*真如)と行仏性(智の因，*種子など)を分けて説く場合があるが，その理仏性の意味で理性が用いられる場合もある．日本で明治以後，カントの Vernunft(推理の能力)の訳語として理性が応用されたりしているが，少なくとも仏教でいう理性は，認識論的よりも存在論的である．「天台宗・真言宗を除きて余の宗は，理性の仏を許さず．故に我が身の中に本有の仏ましますと知らざれば」〔菩提集〕

利生塔 りしょうとう　⇒安国寺

リス-デヴィズ [Thomas William Rhys Davids]　1843-1922　イギリスの仏教学者．1882年からロンドン大学で*パーリ語の教授，1904年から15年までマンチェスター大学の比較宗教学の教授を歴任した．1881年に〈パーリ聖典協会〉(Pali Text Society)を設立し，網羅的なパーリ語テキスト・翻訳の出版，学術雑誌の刊行によりパーリ仏教研究に多大な貢献をした．スリランカでの文官経験もあり早くからパーリ文献の信頼性に着目し，パーリ資料に基づいてブッダの生涯を描いている(*Buddhism*，1877)．また，『ミリンダ王の問い』(→那先比丘経)の英訳(1890，94)，『ディーガ-ニカーヤ』(長部)の英訳(1899-1921)，パーリ語・英語辞典の共著出版(1921-25)などの研究業績も残した．

利他 りた [s: parārtha, para-hita]　他の人びとを*利益し，救済につとめること．〈自利〉の対．大乗の*菩薩は自利と利他の行に励むが，この二つの行が完成(円満)するのは仏のみである．「願作仏の心はこれ，度衆生のこころなり．度衆生の心はこれ，利他真実の信心なり」〔高僧和讃〕．→自利利他．

李卓吾 りたくご [Lǐ Zhuō-wú]　1527-1602　儒教的価値観を真っ向から否定した陽明学左派の過激派．名は贄．卓吾は号．貿易港である泉州で回教(*イスラーム教)の家系に生まれる．科挙に合格して役人となったが，40歳頃から陽明学や禅・華厳を初めとする仏教に親しみ，50代で官を退き，62

歳で*剃髪(ていはつ)して寺に居住し，また各地をめぐって好学の士たちと議論を重ねた．朱子学に反対した王陽明・王竜渓などの〈良知〉説をさらに押し進めて〈童心(どうしん)〉〈真心(しんしん)〉を説き，人間は誰もがこの〈童心〉を具えている以上，その心のままに動くことが真の仏であると主張した．儒者を埋めた秦の始皇帝を「千古の一帝」と絶賛し，四王朝に仕えて無節操と非難されてきた馮道(ひょうどう)(882–954)を民衆の生活を第一とした政治家と礼讃し，儒教の聖典を批判して『水滸伝』その他の俗文学を「古今の至文」と称するなど，儒教の価値観を大胆に否定したため猛烈な非難を招き，投獄されて獄中で自殺し，著作は禁書とされた．

李卓吾は，唐代禅の影響を受けたほか，*老荘思想の強い居士，*李通玄(りつうげん)の『新華厳経論』を要約して『華厳合論簡要』4巻を著すほど華厳を重視し，また楞厳経(りょうごんきょう)も尊重した．これらから，〈情〉は否定する必要がなく，一般の人間が食べたり寝たりすることがそのまま人間の道だとする主張を引き出したため，道学者たちだけでなく，禅宗の側からも行きすぎであるとして批判された．

律 りつ［s: vinaya］　原義は，取り除く，教育する，の意．集団生活を営む僧侶の生活規則のこと．仏典は経・律・論の*三蔵(さんぞう)に分かたれるが，このうちの〈律蔵〉をも指すようになった．内容は*波羅提木叉(はらだいもくしゃ)と*犍度(けんど)に大別され，前者が個人の行為を規定する禁止条項からなり，後者が*僧伽(そうぎゃ)の運営規則からなっている．一般には〈律〉のことを〈戒律(かいりつ)〉と称して規律の意に用いる．⇀律蔵，戒律，経，論．

李通玄 りつうげん［Lǐ Tōng-xuán］　635–730 一説 646–740　中国，唐代の在俗の*華厳経研究者．敬称は棗柏大士(そうはくだいし)．一説には河北省滄州の人，また一説には唐の皇族の出．晩年になってから華厳経(八十華厳)の研究に志し，河南省盂県で十数年を費して注釈書『新華厳経論』40巻を完成した．他に『決疑論』4巻，『十明論』1巻などの著述がある．禅定(瞑想)を重視し，迷いと悟りの一体性を宣揚した．明末の陽明学者李卓吾(りたくご)(李贄(りし))，日本の*明恵(みょうえ)など，後世の多くの東アジアの思想家に大きな影響を与えた．

立花 りっか　⇀華道(かどう)

律儀 りつぎ［s: saṃvara］　原語は，抑制・制御を意味し，身心を抑制することである．また〈*禁戒(ごんかい)〉ともいう．*身口意(しんくい)による過失あるいは悪行を防止するはたらきのあるもの，すなわち善行を意味する．また，過失・悪行を抑制するよう定めた戒を〈律儀戒〉(saṃvara-śīla)という．以上は悪行を防止する善なる律儀なので〈善律儀〉というが，これと反対に，清浄な戒の障りとなるような，時を定めて守り行う一定の悪しき行為を〈悪律儀〉(または不律儀)という．たとえば，生業としての屠殺・狩猟・家畜の飼育などで，*涅槃経(ねはんぎょう)巻29には16種を挙げる．律儀は音転して〈りちぎ〉といい，義理堅く実直で，融通がきかないの意に転じた．

「まづ律儀の戒行を守らば，心も随って改まるべきなり」〔随聞記 1〕「さてもその方は，盗人の中でもりちぎ者じや」〔噺・軽口御前男〕

律師 りっし　1 *戒律に通じた僧，また常時*律を誦する僧．*経師・*論師・*禅師などに対応する呼称．

2 日本の*僧綱(そうごう)職の第3位．683年(天武12)に設置．任命の実例は698年(文武2)の善往(?–711)が初見．のち大律師・中律師の制となったが平安時代に入って復旧，826年(天長3)新たに権律師が設置された．また864年(貞観6)の僧綱位階制定に当たっては〈法橋上人位(ほっきょうしょうにんい)〉が律師階とされ従三位相当であったが，中世には五位殿上人に準ずるものとされた．員数は初め1人であったが平安時代に入って漸次増加し，その末期には15人となり権律師の数も初め2人から20人となった．⇀僧綱，僧位．

竪者 りっしゃ　〈立者〉とも書く．経典講説の大法会で義(自己の見解)を述べ立てる僧のこと．特に*竪義(りゅうぎ)という課試の勅会で，自己の義を立てる者．竪者の宣旨を受けるには*年分度者(ねんぶんどしゃ)に合格，さらに進んで*受戒後の複試にも合格しなければならなかった．中世以後*比叡山(ひえいざん)では得度受戒後，*顕教(けんぎょう)の12年間の論席勤仕，密教の*四度加行(しどけぎょう)および諸種の*灌頂(かんじょう)履修の後に資格が与えられた．竪者は*探題(たんだい)から出された10題の論目について，*已講(いこう)以下5名の学匠からの難問を，五重にわたって詳しく答え，探題のおしらべと及落の判定を受ける．首尾よく及第すれば縹(はなだ)の帽子の着用が許される．「岡本房の幡磨の竪者快実，はるかにこれを見て」〔太平記 2.師賢登山〕「御台所，御仏事の結願なり…導師，法橋定豪，請僧，法眼行恵，竪者，阿闍梨恵眼密蔵」〔吾妻鏡 建久 5.閏8.8〕

立石寺 りっしゃくじ　山形県山形市山寺にある天台宗の寺院．山号は宝珠山．立谷川の北岸，宝珠山の中腹にあり，通称は〈山寺(やまでら)〉という．*円仁(えんにん)(794-864)の創建という．鎌倉時代には将軍家祈禱所となり，北条時頼により禅宗化したが，建武以後，天台宗にもどった．根本中堂(こんぽんちゅうどう)には比叡山(ひえいざん)延暦寺(えんりゃくじ)の*根本中堂から分灯した*法灯を守る．後世，兵火を被ったが最上・徳川両氏の外護によって栄える．根本中堂・三重小塔は室町末期の建築であり，そのほか供養塔・山王権現(さんのうごんげん)・開山堂・*奥院(おくのいん)などの多数の坊舎が樹木の間に散在する．近年，円仁の*入定(にゅうじょう)窟から遺骨と頭部肖像が発見された．なお，*松尾芭蕉は『奥の細道』の旅中，立石寺を訪れて「閑(しずか)さや岩にしみ入る蟬の声」の名句を吟じている．

律宗 りっしゅう　*南都六宗の一つ．中国*道宣(どうせん)の説に基づき，*『四分律(しぶんりつ)』を重視し*菩薩戒として*三聚浄戒(さんじゅじょうかい)の受持を主張し，教理的には*唯識(ゆいしき)の影響を強く受ける．道宣を祖とする一派は道宣が長安南方の*終南山(しゅうなんざん)に活躍したことに因み〈南山律宗(なんざんりっしゅう)〉と呼ばれる．

【五律の中国伝来と四分律宗の成立】仏が制定した*戒律は*律蔵に説かれるが，インドにおいては*僧伽(そうぎゃ)の分派に従い 20 の部派ごとに伝持された．中国には，*説一切有部(せついっさいうぶ)の*『十誦律(じゅうじゅりつ)』，法蔵部の『四分律』，*大衆部(だいしゅぶ)の『摩訶僧祇律(まかそうぎりつ)』，化地部(けじぶ)の*『五分律』，根本説一切有部の『根本説一切有部毘奈耶(びなや)』の五律が伝えられたが，後代にまで大きな影響を及ぼしたのは『四分律』である．『四分律』は，北魏の*慧光(えこう)が『四分律疏』を制作したことから普及し始め，やがて唐の智首(ちしゅ)(567-635)，法礪(ほうれい)(569-635)，道宣などを経て中心的な位置を占め，〈四分律宗〉の体系が成立した．四分律宗は法礪の〈相部宗(そうぶしゅう)〉，道宣の〈南山律宗〉，懐素(かいそ)(624-697)の〈東塔宗(とうとうしゅう)〉，山西省に活躍した〈并部宗(へいぶしゅう)〉の 4 派に分類されるが，日本に伝わり影響を残したのは南山律宗と相部宗の二つである．

【日本への伝来と展開】日本に四分律宗を伝えたのは道宣の弟子恒景(こうけい)の高弟である*鑑真(がんじん)である．鑑真は 754 年(天平勝宝 6)に来朝し南山律宗と相部宗とを中心に伝えた．その後，*東大寺・下野*薬師寺・*観世音寺に朝廷公認の*戒壇が設立され，天下の〈*三戒壇〉と称された．また戒律の根本道場として*唐招提寺(とうしょうだいじ)が建てられた．律宗は平安初期の頃までは栄えるが，その後次第に衰え平安中期頃には衰退する．しかし，*授戒の儀式は*興福寺や東大寺の*堂衆(どうしゅ)と呼ばれる僧侶たちによって継承されていた．

院政期の頃より奈良の地において戒律の復興を通じ仏法の興隆を試みるのが，興福寺出身の*実範(じっぱん)であり，続いて*貞慶(じょうけい)・戒如(かいにょ)・*覚盛(かくじょう)・*叡尊(えいそん)らであった．覚盛・叡尊らの復興運動は，霊芝元照(れいしがんじょう)によって復興された宋代の南山律宗の影響を受け『行事鈔資持記(ぎょうじしょうしじき)』を用い，さらに通別二受という新たな*具足戒(ぐそくかい)の受法を主張した．また*近事(ごんじ)，近住(ごんじゅう)，形同(ぎょうどう)・法同(ほうどう)*沙弥(しゃみ)という新たな構成員の階層を設け，長斎(じょうさい)を守る衆を登場させるなど独自の発展を見せ，古代の復興そのものではない．→戒律復興．

*俊芿(しゅんじょう)・曇照(どんしょう)らが入宋して伝えた戒律は京都の*泉涌寺(せんにゅうじ)を中心に栄え〈北京律(ほっきょうりつ)〉と呼ばれたのに対し，覚盛・叡尊らの律宗は〈南京律(なんきょうりつ)〉と呼ばれた．しかし，後に覚盛と叡尊との間に見解の相違が生じ，それぞれ唐招提寺流と西大寺(さいだいじ)流とに分流し，現在では律宗と*真言(しんごん)律宗とに分派している．

『律宗綱要』 りっしゅうこうよう　東大寺戒壇院長老である*凝然(ぎょうねん)により撰述された*律宗の綱要書．嘉元 4 年(1306)に撰述途上の『律宗瓊鑑章(けいがんしょう)』60 巻から要点を集めて上下 2 巻とする．唐の南山大師*道宣(どうせん)が説いた南山律宗の教義に基づき，問答形式(全 37 問答)をとりながら，*戒行(かいぎょう)の機能，*三聚浄戒(さんじゅじょうかい)と通別二受法，*三観(さんがん)(性空観・相空観・唯識観)，三聚浄戒・*戒体・戒相・*観心(かんじん)の意義など律宗の基本的概念を示すとともに，インドにおける*戒律の伝持，中国における南山宗の成立とその相承，さらに*戒師招請による*鑑真来日から*戒壇建立と日本律宗の開宗，鎌倉時代における*実範・*貞慶の*戒律復興，*覚盛・*叡尊の自誓受戒と*俊芿の登場にいたる律宗伝来の歴史が叙述される．律宗の基本概念とその伝持の足跡を簡潔に語る好個の一書．

『立正安国論』 りっしょうあんこくろん　*日蓮著．1巻．1260年(文応1)の成立．宿屋入道最信を介して前執権北条時頼に提出された．国土の安穏の実現について，仏教者の視点から日蓮独自の献策が記されている．「主人」と彼によって*折伏される「客」との対話形式を取る本書において，主人＝日蓮は，頻発する災害の原因が，悪法(*法然の*専修念仏)の流布によって国土守護の*善神と聖人が日本を捨て去った(善神捨国・聖人辞所)ことにあること，それゆえ，念仏を禁止して正しい教え＝*法華経を広めれば(立正)，国土はおのずから安穏となり人々の平和な生活が実現する(安国)こと，逆にもしこのまま悪法の跳梁を許せば，「自界叛逆難」(内乱)と「他国侵逼難」(外国の侵略)といったさらなる内憂外患が勃発するであろうことを説く．本書は佐渡流罪期の*『開目抄』*『観心本尊抄』とともに，〈日蓮三大部〉の一つに数えられる．1269年(文永6)に門下の矢木胤家に与えた日蓮自筆本(全36紙中1紙を欠く)が，*法華経寺に現存．

律蔵 りつぞう［*s*, *p*: Vinaya-piṭaka］　*経・*律・*論の〈*三蔵〉の一つ．*僧伽の禁止条項を含む生活規則や運営規範を記した典籍をさす．各部派が伝承する律蔵の骨子はおおよそ共通するが，禁止条項の項目数などの細部については相違がある．中国や日本では，禁止条項(*p*: pātimokkha，*s*: prātimokṣa．*波羅提木叉)とその解説，および僧伽の運営規則(*p*: kamma，*s*: karman．*羯磨)などを詳細に記すものを〈広律〉と呼び，禁止条項のみをまとめたものを〈*戒本〉や〈戒経〉と呼称する．

パーリ語に南方*上座部の『律』があり，漢訳には，法蔵部の*『四分律』，説一切有部の*『十誦律』，化地部の*『五分律』，大衆部の『摩訶僧祇律』の四大広律が古くから伝承される．これに8世紀初頭に翻訳された『根本説一切有部毘奈耶』を加えて五大広律という．また，四大広律に，漢訳されなかった飲光部の広律が加えられて五部律とも呼ばれる．チベット訳には『根本説一切有部律』が伝えられる．

理密 りみつ　⇀事密・理密

利物 りもつ［*s*: sattva-hita］　*衆生を*利益し，救済につとめること．〈物〉とは衆生，生きとし生けるものをさす．〈利物〉という漢語は，『易経』乾卦文言伝に「君子は…物を利して以て義に和するに足る」と見え，万物に利益を与えることをいう．「時はこれ弥陀利物のさかり，所はまた大乗流布の国なり」〔発心集6〕．→利生．

利益 りやく［*s*: artha, hita］　福利，また福利をはかること．物質的な意味でも宗教的な意味でも用いられる．仏や菩薩の*慈悲，あるいは修行の結果として得られるが，この世で得られる利益を〈*現世利益〉といい，来世で得られる利益を〈後世利益〉という．「方便品の一字をかきし硯の水をくはへたるだにも，仏，さこそ利益したまひけれ」〔法華百座2.29〕

歴劫修行 りゃっこうしゅぎょう　*無量義経説法品に見える語で，*成仏まで極めて長い時間修行することをいう．〈歴劫〉は，劫を経ることで，*劫(kalpa)という長時間を経過することを意味する．これに対して，無量義経十功徳品では，〈速疾成仏〉(疾成)を主張し，それが成仏への大*直道であると説くにいたる．なお，これに*即身成仏が結びつけられてくる．〈即身成仏〉の語は菩薩処胎経諸仏行斉無差別品に見えるもので，それを天台六祖の妙楽*湛然(711-782)が法華経提婆達多品の*竜女成仏を論ずるさいに引用したものである．日本においては，最澄が*『法華秀句』などにおいて，〈大直道・即身成仏〉をもって法華最勝の論拠とし，他経は〈歴劫修行〉の故に法華経に劣るとみなした．

「次に菩薩乗といっぱ，歴劫修行成仏の教なり．三論・法相の二宗にならふところなり」〔黒谷上人語灯録11〕

竜 りゅう［*s*: nāga］　〈那伽〉と音写．蛇に似た形の一種の*鬼神．天竜*八部衆の一つ．インド神話におけるナーガは，蛇(特にコブラ)を神格化したもので，大海あるいは地底の世界に住むとされる人面蛇身の半神．彼等の長である〈竜王〉(nāga-rāja)は巨大で猛毒をもつものとして恐れられた半面，降雨を招き大地に豊穣をもたらす恩恵の授与者として信仰を集めた．特にインドの原住民部族の間では古くからナーガ信仰が盛んであった．

ナーガは仏教でも初期聖典以来知られ，特に仏伝文学には仏陀を豪雨より護った竜王の話などが見られて，早くから仏教彫刻などの題材ともされた．後にはインド神話の上で天敵とされていたガルダ鳥(*迦楼羅・金翅鳥)とともに八部衆に組み入れられ，また*仏法の聴聞者として〈八大竜王〉なども立てられた．中国では〈竜〉と漢訳された．中国の竜は，鳳・麟・亀とともに四霊の一つで神聖視された．角，四足，長いひげのある鱗虫の長で，雲を起し雨を降らせ，春分に天に昇り秋分に淵に隠れるといわれる．そこで仏教の竜も中国的な竜のイメージで思い浮かべられるなど，大きく変容した．わが国の竜神信仰は中国の竜と日本の蛇＝水神との習合であるが，*雨乞の神，豊漁の神，海の神として信仰された．→竜王，八大竜王．

わが国では，三輪山伝説〔日本書紀雄略7.7,日本霊異記上1以下〕や道場法師説話〔日本霊異記上3〕などに端的に示されるように，竜蛇は往々にして雷神の表象とされるが，これは両者がともに水を支配管理する神格なるが故の一体化である．なお，密教には請雨経法と称する雨乞の修法があるが，これは祭壇上に*水天(竜神)を中心に*十二天を祭り，大雲輪請雨経・大方等大雲経などの請雨の諸経を読誦して，竜神(竜王)を*勧請する修法である．→請雨．

竜王 りゅうおう［*s*: nāga-rāja］　インドにおいて，主として非アーリアン民族の間で行われた一種のトーテミズムとしての蛇(nāga)崇拝が仏教にとりいれられ，中国において四神の一つでもある竜神信仰と混淆した．密教の*修法の際の竜王はインドの蛇神としてのそれであるが，善女竜王のごとく中国風の姿で表される場合もある．水中に住み，雲を呼び雨を降らすと信じられ，*請雨法の本尊となることが多い．また法華経序品などでは護法の善神として*八大竜王を挙げる．「海の中の竜王のいたくものめでするものにて，見入れたりけるなりと思すに」〔源氏須磨〕

隆寛 りゅうかん　1148(久安4)-1227(安貞1)　鎌倉前期の*延暦寺の僧，浄土宗長楽寺流の祖．少納言藤原資隆の子で字は皆空，無我と号した．比叡山で伯父皇円や範源に師事し，青蓮院の*慈円に仕えた．北京*三会准講を経て1205年(元久2)に権律師となり翌年には大懺法院の*供僧に補された．その間，洛東の長楽寺に住して法然と交流し*『選択本願念仏集』(『選択集』)の披見を許された．25年(元仁2)定照が『弾選択』を著して法然の『選択集』を批判すると，『顕選択』を著して反論したため，27年に嘉禄の法難を招き*専修念仏の張本として奥州に流罪されることとなったが，御家人毛利季光の計らいで相模国飯山にかくまわれて，そこで没した．『具三心義』『極楽浄土宗義』などの著書があり，*諸行は非*本願のため辺地に往生と主張．一般に*多念義の祖と評されたが，現存著作にはその色彩は必ずしも明確ではない．弟子の智慶は鎌倉に長楽寺を開創して一時隆盛をみた．

竪義 りゅうぎ　〈立義〉とも書く．長年月かけて仏教教理を研鑽してきた学問僧が*竪者となって，その研修の成果による自己の義(見解)を立て，それに対して*已講などの学匠が問者になって質疑を発しその義を試し，繰り返された質疑応答の結果によって最高学匠の*探題が，竪者の立てた義の及落を判定する．このように竪者の立てた義を問者・探題が課試する一連の行事儀式を竪義といい，南都の〈研学竪義〉，北嶺の〈広学竪義〉などが有名である．「法成寺の竪義に参りて，その後公請に応ず」〔拾遺往生伝下26〕

『琉球神道記』 りゅうきゅうしんとうき　琉球の神について述べた神道書．*袋中(良定)著．5巻．執筆の動機は「備忘録」(自筆草稿本)，「王府の要請」(版本)の二説がある．巻一では，琉球も含め，衆生の生活する仏土・仏界について説明し，巻二(天竺)・巻三(中国)・巻四(琉球)を通して，仏教が天竺(インド)

から中国を経て琉球へと伝わった歴史をひもとく．最後に，巻五において琉球の神キンマモンが，仏・菩薩の化身であることを説き，琉球国が日本と変わらない「仏国」であることを明らかにする．仏教の徒である袋中にとって，琉球の人々が崇める蛇神，キンマモンは忌避すべき邪神であった．しかし琉球も，日本や中国と同じ仏の国のはずである，との思いが，『琉球神道記』を生み出したと考えられる．本書は，琉球王府の歴史書や地誌，方言集などに引用され，日本でも版行されるなど，多くの人々に享受された．

琉球仏教 りゅうきゅうぶっきょう　【琉球への仏教伝来】琉球への仏教伝来は決して早くはなく，英祖王(えいそおう)の代(1260–1300)に梵僧(ぼんそう)が渡来し，浦添(うらそえ)城の西に極楽寺を建てたのが最初とされる(『琉球国由来記』．『球陽』では梵僧の名を禅鑑とする)．また，察度王(さっとおう)の代，1384年(察度38)に薩摩坊津一乗院の頼重(らいじゅう)が護国寺を建てたともいわれるが(『球陽』)，琉球における仏教の興隆は，尚泰久(しょうたいきゅう)の代(1454–60)を待たなくてはならない．

五山僧芥隠承琥(かいいんしょうこ)に深く帰依した尚泰久は，広厳寺・普門寺・天竜寺・天界寺・天王寺などを次々と建立していった．さらに尚真王(しょうしんおう)の代(1477–1526)に至って，琉球禅宗の総本山であり，王家の*菩提寺(ぼだいじ)である円覚寺(えんかくじ)が建立され(開山は芥隠承琥)，仏教国としての体裁が整うことになる．臨済(りんざい)禅と王府との密接な関係は，宗教的な面にとどまらず外交面にもよく現れており，僧侶達は，冊封使(さっぽうし)や外来使節の接待・交渉などに活躍した．寧波(ニンポー)の乱(1523)の際，京都の月舟寿桂(げっしゅうじゅけい)のもとには，琉球出身の鶴翁智仙(かくおうちせん)(天界寺住侶)が訪れている．また，真言宗では，*補陀落(ふだらく)渡海で来琉したとされる日秀(にっしゅう)によって金武(きん)観音寺などが，浄土宗では，*袋中(たいちゅう)(良定(りょうじょう))によって桂林寺が建立された．

【薩摩藩の侵略以後】しかし，薩摩藩の琉球侵略(1609)以後，薩摩藩は仏教に様々な制限をかけた．説経の禁止(1663)や薩摩藩外での修行の禁止(1714)などによって僧侶の意識も低下していった結果，琉球における仏教は大打撃を受けることになる．『琉球国由来記』(1713)に記された，禅宗寺院14カ寺，密教寺院11カ寺の内，当時既に廃寺となっていた寺院は，禅宗寺院12カ寺，密教寺院9カ寺に及んでいる．もともと琉球には，固有のおなり神(キンマモン)信仰があり，王府の儀式から村々の決めごとに至るまで，おなり神を抜きにしては成り立たない．このような宗教的土壌にあって，仏教は王府との関係のみでしか成り立つことができず，薩摩藩の介入も災いして，ついに民衆にまでその教義を浸透させるには至らなかった．江戸時代末まで細々と命脈を保っていた寺院の多くも，経営を支えてきた王府の消滅と運命をともにせざるを得ず，琉球の仏教はますます衰微していった．

竜宮 りゅうぐう　海底・湖底にあるという*竜王の宮殿．サンスクリット語 nāga(蛇，蛇の神，竜)は〈*竜〉と漢訳されるが，その形態は同じではない．中国古典では，竜は深い淵に潜んでいると記されているが(『周易』『荘子』など)，仏典の nāga の王は眷属(けんぞく)とともに，水底の*七宝(しちほう)で造られた宮殿に住んでいるとされる．したがって，〈竜宮〉という漢語とその発想は仏典に由来する．『竜樹菩薩伝(りゅうじゅぼさつでん)』は，*竜樹が竜宮に赴(おもむ)き，大乗経典を授けられたと伝えている．

竜宮が*一切経を収蔵するという説は日本でも広く行われ，中古・中世文学にも散見するが，竜宮と日本文学との関係で特記すべきは竜宮訪問説話である．御伽草子の『浦島太郎』型の浦島説話，三井寺の梵鐘の由来を説く粟津冠者(『古事談』5)・俵藤太(『太平記』15)の竜宮訪問譚などが有名であるが，中には御伽草子の『地蔵堂草紙』のように，一切経収蔵のモチーフをも兼備する作品もある．なお日本の竜宮は，海幸山幸(うみさちやまさち)神話や浦島伝説の変遷にもうかがわれるように，在来固有の常世(とこよ)思想に神仙的*蓬萊(ほうらい)山信仰や仏教の浄土思想が習合したもので，往々にして現世に財富と幸福をもたらす理想境とも考えられていた．昔話「竜宮小僧」「竜宮女房」などは，庶民の竜宮観をよく示したものといえる．厳島(いつくしま)神社や九世戸(くせど)文殊堂(天の橋立)など，地上の竜宮に比定された霊地は諸方にあるが，特に前者は平安末期以来，浄土信仰と結びついて現世ながらの〈竜宮浄土〉とされた．

「云ふに随ひて竜宮に入りぬ．見れば七宝の宮殿あり．…光を放つ浄土の如くなり」〔今昔3-11〕

竜華三会 りゅうげさんね　〈りゅうげさんえ〉とも読む．〈弥勒(みろく)三会〉〈慈尊(じそん)三会〉ともいう．各種経典などに見える，*弥勒菩薩が56億7千万年後に*兜率天(とそつてん)より人間世界に出現して，竜華樹の下で悟りを得，三度(すなわち*三会に)説法して人々を救済することをいったもの．弥勒下生(げしょう)経には，初会に96億，二会に94億，三会に92億の人を救済するとある．

『付法蔵因縁伝』1などによると，*摩訶迦葉(まかかしょう)はこの弥勒下生の三会に世に出て，釈尊*付嘱(ふぞく)の衣を弥勒に手渡すために鶏足山(けいそくせん)に*入定(にゅうじょう)したとされる．わが国でも平安時代以降，*吉野の金峰山(きんぷせん)を弥勒浄土の兜率天の内院に擬し，その*出世に*結縁(けちえん)するための御嶽詣(みたけもうで)が盛行した．空海の高野山入定もこの三会に値遇(ちぐう)するためとする所伝もあり，こうした信仰の反映は，*『梁塵秘抄(りょうじんひしょう)』所収の歌謡などにも随所に見られる．なお，法然の師，皇円阿闍梨(こうえんあじゃり)が三会の暁を待つために長生の蛇体に化身し，遠江国笠原庄(静岡県浜岡町)の桜の池に住んだという伝説は，法然諸伝にも見えて著名で，謡曲『桜之池』などにも取材されている．

「わが山ほろびず，わが道尽きずば，この会も絶えずして竜華三会に至らしめむ」〔三宝絵下〕

流沙葱嶺 りゅうさそうれい　〈流沙〉は流れ動く沙で沙漠を一般には指すが，中国で漢代以前は，張掖(ちょうえき)郡に属した居延(きょえん)北方の居延沢自体ないしその付近の沙漠を指し，南北朝–唐では，敦煌(とんこう)・鄯善(ぜんぜん)間の白竜堆，ないし鄯善・且末(しょまつ)以北のタクラマカン沙漠を指した．〈葱嶺〉はパミール高地一帯をいうが，求法僧の伝記によれば今のターシュクルガーンが葱嶺山頂にあたるといい，これを越えてダレル，スワート，*ガンダーラなど求法の目的を達した．〈葱嶺〉は〈葱阜〉ともいう．なお流沙葱嶺は術語とも熟語ともいえない．

「玄奘三蔵は，梵網戒品に流沙のおぼれ声を誦せしかば」〔野守鏡〕「玄奘三蔵流沙葱嶺を凌ぎて仏生国へ渡り」〔盛衰記9〕

竜樹 りゅうじゅ [*s*: Nāgārjuna]　150–250頃　ナーガールジュナの漢訳名．初期*大乗仏教を確立した大*論師(ろんじ)．南インドに生まれ，バラモン(*婆羅門(ばらもん))の学問をすべて習得したのち仏教に転じて，北インドに移り，当時の*部派仏教と初期大乗とを学んで大乗仏教に傾倒し，多くの経典に通暁した．厳しい修行と透徹した思索とに基づいて，*『中論(ちゅうろん)』*『廻諍論(えじょうろん)』『六十頌如理論(ろくじゅうじゅにょりろん)』『空七十論(くうしちじゅうろん)』『広破論(こうはろん)』『宝行王正論(ほうぎょうおうしょうろん)』(*Ratnāvalī*)のほか，*『大智度論(だいちどろん)』*『十住毘婆沙論(じゅうじゅうびばしゃろん)』(この二つは著者に関して疑義がある)を著した．特に*空(くう)の思想を確立し，かれ以後の大乗仏教はすべてその影響下にあったため，後に日本では〈*八宗の祖〉とも称された．インドでは彼の空の思想は特に*中観派(ちゅうがんは)によって展開され，竜樹はその祖とされる．また中国・日本ではその著作は主に*三論宗によって研究された．晩年は南インドの故国に戻り没した．彼とナーガールジュナコンダ遺跡との関係が論議されている．なお，密教ではNāgārjunaを*竜猛(りゅうみょう)と訳して，7世紀に活躍した密教の祖の一人とするが，竜樹との混同が多く，しかもその実在性は薄い．

流出説 りゅうしゅつせつ　英語でいうemanation theoryに相当するもので，万物は一なる始源的原理から，時間的経過につれて流れ出たとする説．神によって創造されたとする〈創造説〉(creation theory)とともに，二大万物発生論をなす．流出説にあたるものとして，インドでは*サーンキヤの*転変説(pariṇāma-vāda)があげられる．大日経入真言門住心品では，〈流出外道(るしゅつげどう)〉の名であがっている．仏教は発生論をとらず，創造説・流出説のいずれにも批判を加えた．たとえば，サーンキヤが立てた始源的原理の*プラクリティ(*自性(じしょう))に対して，固定的実体なるもので，*空(くう)に反すると評し，因果論の観点からは，果としての万物がすでに因としてのプラクリティの中に存しており(*因中有果)，主体的な因果形成の努力を否定する説であると非難した．→創造説．

竜智 りゅうち [*s*: Nāgabodhi]　ナーガボーディの漢訳名．真言密教の*付法(ふほう)の8祖の第4．伝持の8祖では第2．*竜猛(りゅうみょう)(*竜樹(りゅうじゅ)の付法の弟子．第5祖*金剛智(こんごうち)の師とするが，竜猛が2–3世紀，金剛智が8世紀の人であるので，700歳の寿命という神話的要素を導入．このような長寿説は宗教世界と歴史世界との結合を意図したものである．*空海の作と伝える『真言付法伝』では金胎(こんたい)両部の立場から*善無畏(ぜんむい)の師事した達磨掬多(だるまきくた)(Dharmagupta)と同人とする．チベットの伝承では，竜樹の弟子である同名の密教者に著作12種をあげる．

竜灯鬼 りゅうとうき　⇒天灯鬼・竜灯鬼(てんとうき・りゅうとうき)

竜女 りゅうにょ　*竜王の娘．法華経提婆達多品には，法華経の教説を聴いてそれを会得した*娑竭羅(しゃから)竜王(海竜王)の8歳になる娘(Sāgara-nāga-rāja-duhitṛ)が女性の身体を転じて男性となり(*変成男子(へんじょうなんし))，成仏するという話が述べられている．この話は*女人成仏(にょにんじょうぶつ)の証拠として多く用いられる．「八歳の竜女は，最上利根の者にて，此の身を捨てずして三十二相八十随好を備へ」〔真如観〕

立破 りゅうは　仏教論理学である*因明(いんみょう)の用語．論義を行うさいの，主張(pakṣa)を〈立〉といい，それに対する反対主張(prati-pakṣa)を〈破〉という．〈りっぱ〉とも読まれるようになり，これが，おそらく論争において確然としたさまをいうところから，〈立派〉と書かれ，今日用いられる意味を持つようになったとされている．

竜猛 りゅうみょう [*s*: Nāgārjuna]　ナーガールジュナの漢訳名．真言密教*付法第3祖，伝持第1祖．大乗仏教*中観派(ちゅうがんは)の祖，竜樹(りゅうじゅ)とは同名異人と考えられる．*不空の『金剛頂経義決(こんごうちょうぎょうぎけつ)』に，竜猛菩薩が南天竺の鉄塔の前で*大日経(だいにちきょう)略本を得た後に，さらに祈願して塔内にて*金剛頂経広本を得たとの，両部大経伝授の説を記すが，実在の人物か疑問視もされている．*『菩提心論(ぼだいしんろん)』1巻，*『釈摩訶衍論(しゃくまかえんろん)』10巻が密教関係の著作とされる．→竜樹．

竜門石窟 りゅうもんせっくつ　中国，河南省洛陽市南郊13キロメートルの伊水をはさむ岩山，東山・西山にある．大部分は西山にあり東面する窟群の全長1.5キロメートル．岩質は石灰岩．開窟は北魏と唐のほぼ2時代に分ける．494年(太和18)，北魏の*洛陽遷都後まず古陽洞が開鑿(かいさく)される．ついで宣武帝勅願の賓陽中洞が長期の工事を経て523年までに完成．以下，蓮華洞・火焼洞・魏字洞・普泰洞・皇甫公窟など10余の現存大中諸窟が北魏衰亡(534)頃まで鑿造．北斉・隋代の造窟は低調だったが，初唐ではまず641年に北魏時代未完であった賓陽南洞が完工し，7世紀後半には唐朝廷の洛陽重視の政策のもと，竜門造窟は隆盛をきわめた．特に675年完成の奉先寺洞は*則天武后(そくてんぶこう)の後援により高さ17メートルの大盧舎那仏(だいるしゃなぶつ)，2菩薩，2仏弟子，2神王，2金剛力士の偉容を誇る．寺額は高宗皇帝の親筆であった．これに前後して敬善寺洞・潜渓寺洞・賓陽北洞・双洞・恵簡洞・万仏洞が，690年の武周革命以降には竜華寺洞・浄土洞・極南洞・摩崖三仏龕が開鑿．ついで東山に工事は移り看経寺洞・擂鼓台三洞など大型石窟が開かれた．だが8世紀前半までで以後は衰える．竜門総窟龕2100余だが，壊滅ははなはだしい．注目すべき造像記刻銘は碑文も含めて約2800点が現存する．→石窟寺院．

利養 りよう　⇒名利(みょうり)

量 りょう [*s*: pramāṇa]　サンスクリット語は，測定・目盛り・基準などを直接の語義とし，認識手段，ひろくは知識根拠を意味する．これに対してまた認識対象を〈所量(しょりょう)〉(prameya)といい，認識結果を〈量果(りょうか)〉(pramāṇa-phala)という．インドでは，認識論や論理学の問題として，量の考察が広く行われたが，仏教では，一般的に，直接知覚(*現量)と推理知(*比量)の2種，あるいはまた聖典に基づく知(聖言量(しょうごんりょう))を加えた3種が知識根拠として認められていた．

竜安寺 りょうあんじ　京都市右京区竜安寺御陵ノ下町にある臨済宗妙心寺派の寺．山号は大雲山．この地はもと四円寺(しえんじ)の一つで，円融(えんゆう)天皇(959–991)が発願した円融寺が営まれていたが，のち藤原実能(ふじわらのさねよし)の山荘となっていたのを，1450年(宝徳2)細川勝元(ほそかわかつもと)(1430–73)が譲り受け，*妙心寺第8世義天玄詔(ぎてんげんしょう)(承)(1393–1462)を招いて創建．玄詔は師の日峰宗舜(にっぽうそうしゅん)(1368–1448)を開祖として，自らは第2世となった．応仁の乱(1467–77)に焼失したが，勝元の子の政元(1466–1507)が再興，1797 年(寛政 9)再び堂宇の大半を焼失した．現在の方丈(*本堂)は 1606 年(慶長 11)建立の*塔頭西源院の本堂を火災後の寛政年間(1789–1801)に移建したもの．

方丈南庭は草木を一切使用せず，白砂に大小 15 個の岩石を配した枯山水の典型で，〈虎の子渡しの庭〉と俗称される．庭の背後を囲む築地塀の屋根瓦は 1978 年，柿葺に改修された．

両界曼荼羅 りょうかいまんだら　密教の教義を，*大日如来を中心とした諸尊の配置によって図示した曼荼羅．〈胎蔵(界)曼荼羅〉と〈金剛界曼荼羅〉からなる一大総合曼荼羅で，両曼荼羅を合わせて〈両界曼荼羅〉また〈両部曼荼羅〉という．密教寺院の堂内では，中央に仏器や仏具の並ぶ*壇があり，その両側に両界曼荼羅が懸けられる．向かって右(東)が胎蔵(界)曼荼羅，左(西)が金剛界曼荼羅である．なお，〈胎蔵界曼荼羅〉は，本来〈界〉がないため〈胎蔵曼荼羅〉であったものが，わが国に伝来後，金・胎両曼荼羅を併称するさい，金剛界曼荼羅との整合上，〈胎蔵界曼荼羅〉となり，〈両界曼荼羅〉の呼称が一般化した．「大塔の扉を開かせて両界の曼荼羅を御拝見あれば，胎蔵界七百余尊，金剛界五百余尊をば」〔太平記 39. 光厳院〕「金剛乗秘密教に依つて両部の大曼荼羅を建立せむと欲ふ」〔性霊集補闕抄 9〕．→曼荼羅，現図曼荼羅，付録(両界曼荼羅)．

胎蔵(界)曼荼羅　中央に開花する八葉蓮華は，胎蔵(界)大日如来を中心に*四仏*四菩薩のめぐる*仏性の世界を示す(*中台八葉院)．母親の胎内に眠る胎児の仏性の種子がいつしか目覚めて開花するごとく，また太陽にも比すべき大日如来の*慈悲の光が世界の隅々にまで光被するがごとく，仏性の放散展開してゆく姿を図形化したのが〈胎蔵(界)曼荼羅〉である．

生来*煩悩にわずらわされず純化しやすい仏性は上昇して光り輝き(遍知院)，煩悩に包まれた鈍重な仏性は，強烈な衝撃(*明王の*忿怒)によって目覚め，黒煙を上げて燃え上る(持明院)．仏性への目覚めは*蓮華の慈悲となり(観音院(蓮華部院))，*金剛杵のごとく*魔を破砕する勇気ともなり(金剛手院(金剛部院))，仏性の澄明な光をともした者は，智者の導きによって着実に*智慧への階梯を上る(*漸悟)(釈迦院)．一方，度し難い者も，電撃的な閃きによって*悟りへの道へ飛躍する(*頓悟)(虚空蔵院)．菩薩に点火された仏性の光は，さまざまな実践を通して光輝を増し(地蔵院，文殊院，除蓋障院，蘇悉地院)，迷える*衆生に浸透する(最外院(外金剛部院))．

このように胎蔵(界)曼荼羅は，仏性の大衆への下降図とも，また大衆が仏性を求めて悟りに入る上昇図ともみなされ〈*上求菩提・下化衆生〉を示すものとされる．→胎蔵(界)．

金剛界曼荼羅　9 等分された複合曼荼羅のため〈九会曼荼羅〉とも称される．九会の中心の〈成身会〉は，仏像を通して金剛界法を表現する〈大曼荼羅〉．内院は 5 個の白円からなり，各円は*如来を中心に四菩薩がめぐる．中央・金剛界大日如来(仏部)，下(東)・*阿閦(金剛部)，左(南)・*宝生(宝部)，上(西)・*無量寿(蓮華部)，右(北)・不空成就(羯磨部)で，胎蔵(界)にはない宝部・羯磨部の 2 部を加えている．中院は賢劫千仏(成身会以外は賢劫十六尊)および外供養・四摂菩薩を配し，外院に二十天をめぐらす．これが〈金剛界曼荼羅〉の基本形式で，九会の上から 2,3 段の六会がこの形式である．成身会の下方が〈三昧耶会〉で，仏の*持物などのシンボル(*三昧耶形)であらわす〈三昧耶曼荼羅〉．その左の〈微細会〉は*三鈷杵内の坐像であらわす〈法曼荼羅〉．上の〈供養会〉は，両手で蓮華をとる像であらわす〈羯磨曼荼羅〉．以上，大・三・法・羯の四曼荼羅を〈*四種曼荼羅〉という．供養会の上の〈四印会〉は，四種曼荼羅の簡略版．右の〈一印会〉は金剛大日 1 尊であらわす金剛界総括の曼荼羅．右方の〈*理趣会〉は*理趣経による*煩悩即菩提を求める曼荼羅．右端 2,3 段は〈降三世会〉(尊像)，〈降三世三昧耶会〉(三昧耶形)は，従来，諸天王の主であった大*自在天を*降伏した*降三世明王登場の新曼荼羅で，理趣会とともに後期密教の萌芽がみられる．

金剛界曼荼羅の特色は，内観・凝集のきわみに金剛身となり，おのが深層の根源において，如来と感応(*加持)し，現世の身のままに仏と成りうるという*五相成身観による*即身成仏にある．したがって曼荼羅も界線で区切る白円光(月輪)を負い，内観して金剛身を期する尊像を集合させて作る曼荼羅であるため〈金剛界曼荼羅〉という．→金剛界．

「中の窟に胎蔵曼陀羅を安置す．上の窟に金剛界の曼陀羅を安置す」〔真言伝4〕

楞伽経 りょうがきょう ［*s*: *Laṅkāvatāra-sūtra*］ 大乗経典の一つ．仏がランカー島(スリランカ)に降下して説いた経ということで，この題名(正しくは「入楞伽」)がある．*唯心の理に立って，一切が空，不生で幻の如しと説き，また*唯識の教理体系を採り入れて，*三性説や*八識説などを教える．とくに識の根元としての*阿頼耶識を，衆生のもつ成仏の能力をあらわす*如来蔵と同一視した点に特色がある．如来蔵と阿頼耶識の統合をはかったもので，成立は5世紀ごろと考えられる．漢訳は3種あるが，最も影響力の強かったのは宋訳の4巻本．*菩提達摩が伝持したという話が有名である．経中の〈*一字不説〉の語が禅宗の〈*教外別伝・*不立文字〉の典拠となる．また〈大悲闡提〉(*大悲をもって衆生を永久に済度し続けるため，自らは*涅槃に入らない菩薩)の説が有名．

『楞伽師資記』 りょうがしじき　初期禅宗史書の一つ．唐代の禅者，浄覚の撰．開元4年(716)頃までの成立とされる．*北宗禅の立場から初期禅宗の*伝灯を説く．中国禅宗の初祖を，4巻本*楞伽経の訳者である*求那跋陀羅とし，*菩提達摩以下*弘忍までを2–6代とする点，また，弘忍の後継者として7代に*神秀，8代に普寂・敬賢・義福・恵福を充て，*慧能―*神会の*南宗系を法系より排除する点に特色がある．中国初期禅宗の様々な思想が取り込まれており，資料として貴重である．*敦煌写本で伝わり，ペリオ3436，4564他，数種のテクストがある．

良寛 りょうかん　1758(宝暦8)–1831(天保2)　曹洞宗の僧．良寛は諱，道号は大愚．越後(新潟県)の出身．18歳で出家．のち備中(岡山県)の大忍国仙(1723–91)について修行，諸国行脚ののち故郷へ帰り寺泊や国上山その他に転住し漂泊の人生を楽しみ，山林に幽居して自然と語り，禅を語らず*托鉢僧の生活を送り，詩作と書道を楽しみ文人と交わり童児と遊ぶ清貧の生涯であった．成り行きのままに任せきり一切の意図的な働きを捨てた生き方であり，「災難に逢ふ時節には災難に逢ふがよく候．死ぬる時節には死がよく候」〔書簡〕という一文は良寛の人生観を語る言葉として知られる．万葉風の和歌，独自の風格をもつ漢詩に一家をなす書風は高く評価される．著述に『草の露』『草堂集』などがある．

了義 りょうぎ ［*s*: nīta-artha］ 〈了〉は明らか．明らかな*義理をもつものの意．仏陀の真意が明らかに説き明かされた教えや経典をさす．これに対して，真意が完全に説き明かされていないものを〈未了義〉〈不了義〉(neya-artha)という．すなわち，了義は真実の教え，未了義(不了義)は*方便の教えというのに同じであり，経典もまたしばしば〈了義経〉〈未了義経〉(不了義経)に分けられる．維摩経法供養品，涅槃経(南本)四依品には，「了義経に依って不了義経に依らざれ」という戒めが説かれている．「或いは爾前の経において決定・無性を嫌ふの文を見て，この義を以て了義経とし，法華・涅槃を以て不了義となす」〔守護国家論〕

領解 りょうげ　類義字を重ねた熟語で，悟る，理解するの意．仏教でも基本的にはそれを受けて，教えを聞いて理解することを意味する．中国の経典注釈においても，弟子が仏の*説法を理解することを〈領解〉という．浄土真宗では*安心と同義で用いられ，*蓮如の著に安心について説いた『領解文』がある．「いまだ本分には到らざる人の識情を以て，その言句に随つて義理を領解するは，ことごとくこれ妄想なり」〔夢中問答中〕

料簡 りょうけん　〈料揀〉〈量簡〉などとも書く．はかり調べること，考えをめぐらしえらび分けること．日本語では，「料簡が狭い」という日常語に見られるように，単に考えを意味する場合をはじめ，考えをめぐらす，堪え忍ぶなどの意味で用いられる．これらの用法は，いずれもすでに中国の典籍において見られるものであるが，中国仏教においては，経典を解釈する際の用語としてこの語が頻出する．その場合，料は〈はかり考える〉，簡は〈しらべる，択ぶ〉の意で，経文相互の相違を説明解釈して調和させたり，すでに述べた自論について出るであろう疑問を先取りして考察検討する場合や，また先師によってすでに深く考え調べぬかれた結論を指す場合などに用いられる．

良源 りょうげん　912（延喜12）-985（永観3）　平安時代中期の天台宗の僧．諡号は慈恵（慧）大師．俗称*元三大師・*角大師．近江国（滋賀県）浅井郡の生れ．第18代天台座主となる．藤原師輔ら摂関家の後援をうけ*比叡山横川を整備，*応和の宗論で名声をえ，堂舎の再建拡張，経済的基盤の確立，綱紀の粛正，修学の奨励を行い，叡山中興の祖といわれる．一方で貴族の子弟を優遇し，*山門・寺門の分裂，*僧兵横行の因を作った．自筆の遺言状があり，著書に『極楽浄土九品往生義』，弟子に*源信，*覚運などがいる．なお良源は説話的世界でも話題性に富む人物で，特に叡山護持の執念から死後天狗道に堕して住山し，寺門の降伏を企てたという伝承などは，著聞するところである．

楞厳経 りょうごんきょう　⇒首楞厳経

楞厳呪 りょうごんしゅ　〈りょうごんしゅう〉〈れんげんじゅ〉〈れんめんじゅ〉とも読む．詳しくは〈大仏頂万行首楞厳陀羅尼〉といい，〈仏頂呪〉〈首楞厳呪〉〈首楞厳陀羅尼〉〈楞厳秘密呪〉〈楞厳秘密神呪〉〈秘密神呪〉〈白傘蓋神呪〉などとも呼ばれる．唐代に中国で作られた偽経である*首楞厳経（大仏頂如来密因修証了義諸菩薩万行首楞厳経）の第7巻に載せられている長文の*陀羅尼で，特に宋代以降，禅宗で非常に重んじられ，今日も，楞厳会を初めとして，*涅槃会・*灌仏会・*達磨忌・*施餓鬼会などの様々な法会や葬儀などでしばしば*読誦されている．

霊鷲山 りょうじゅせん　[*s*: Gṛdhrakūṭa, *p*: Gijjhakūṭa]　インド，ビハール州のほぼ中央に位置する，かつてのマガダ国の首府ラージャグリハ（*王舎城）にある小高い山．サンスクリット語あるいはその俗語形から〈耆闍崛山〉とも音写され，〈鷲峰〉とも訳される．gṛdhra は禿鷲の意．頂上はわずかに平らになっており，鷲峰の名はその山頂の形に由来するとも言われている．釈尊の説法地の一つとして知られ，特に*法華経・*無量寿経などはここで説かれたとされる．山頂に続く参道は，その昔ビンビサーラ（*頻婆娑羅）王も車から降りて登ったという．日本では〈鷲の峰〉〈鷲の山〉などと呼ばれた．

両序 りょうじょ　東序と西序の総称で，禅宗で禅院の運営に当たる役職者をいう．いずれも期間を限って交代で努めることになっていた．〈両班〉ともいう．〈東序〉（東班）は，都寺・監寺・副寺・維那・典座・直歳（六*知事と呼ばれる）など，主に寺院の経営に関わる役職者をいい，〈西序〉（西班）は，首座・書記・蔵主・知客・知殿・知浴（六頭首と呼ばれる）など主として修行者の指導を行う役職者を指す．*仏殿や*法堂において，*仏壇に向かって六知事が右（東）側に，六頭首が左（西）側に席を占めたため，このように呼ばれるようになった．この制度は宋代に確立され，禅宗とともに日本にも伝えられたが，やがて役職の固定化が進んで両者間で乖離や対立も見られるようになり，また，禅僧の活動の場が*塔頭中心となるに従って，この制度そのものが次第に衰えていった．

『梁塵秘抄』 りょうじんひしょう　平安末期に成立した*歌謡集．後白河法皇（1127-92）撰．はじめは10巻あったとみられるが，現在では巻1の一部（21首）と巻2（545首）が残っているに過ぎない．部立には長歌・古柳・*今様（1巻），*法文歌・四句神歌・二句神歌（2巻）などがあるが，量的には法文歌（特に法華経歌）が最も多く，全体に天台を中心とする仏教色が強く浸透している．なお，今様の歌い手・歌唱法などの口伝を記した『梁塵秘抄口伝集』は本書と対をなす著作であったが，これもその一部分しか現存していない．法華経や観音をはじめ*熊野などの聖地参詣や巡礼等々，平安から中世にかけての一般の信仰をうかがえる貴重な作品である．

両舌 りょうぜつ　[*s*: paiśunya]　原義は，陰口，中傷．仏典では，他人の仲を裂くことば，一方で聞いたことを他方に告げ口し，双方の間に不和を生ぜしめる行為をいう．〈離間語(りけんご)〉ともいう．十悪の一つ．これを戒める〈不両舌〉は*十善戒の一つに数えられる．なお，漢語の〈両舌〉は，2枚の舌の意であることから，一つのことを二様にいうこと，前後で食い違った発言をすることの意にも用いられる．「それ両舌は人の親愛を離れしむるによって，別離の苦の故に地獄の苦を受く」〔十住心論1〕．→悪．

霊山寺 りょうせんじ　奈良市中町にある霊山寺真言宗の大本山．山号は鼻高山．〈れいざんじ〉ともいう．寺伝では*聖武天皇の勅願で*行基(ぎょうき)が開創，*菩提僊那(ぼだいせんな)がこれに協力したという．寺域からは奈良時代の古瓦が出土している．本尊の薬師三尊像は1066年(治暦2)に製作されたもの．*本堂は1283年(弘安6)に上棟されたもので，鎌倉中期を代表する建築の一つである．三重塔は1356年(文和5)に*供養された小ぶりの塔で，初層の内部に彩色画がよく残る．寺宝には他に平安初期の十一面観音像や鎌倉時代の*華鬘(けまん)などがある．もとは興福寺の末寺で明治に入って真言宗に改めた．

霊山浄土 りょうぜんじょうど　法華経が永遠に説き続けられる*霊鷲山(りょうじゅせん)を*浄土とよぶこと，またその浄土．それぞれの仏陀はおのおのの*仏国土(ぶっこくど)(浄土)を持つ．阿弥陀仏(あみだぶつ)の西方極楽浄土などがそれである．*日蓮(にちれん)は，もろもろの仏陀はすべて久遠釈尊の分身であるから，*娑婆(しゃば)世界こそ本土であるとする．そして仏教の究極として法華経が説かれた霊鷲山こそ，久遠(くおん)の浄土であるとした．後に日蓮は，晩年に住した*身延山(みのぶさん)を，日本に移した霊山浄土ともいった．「かの妙音菩薩は，霊山浄土に詣(けい)して不孝の輩(ともがら)をいましめ」〔平家5．咸陽宮〕「一切の諸仏，霊山浄土に集まらせ給ひて」〔日蓮消息弘安3〕

両足尊 りょうそくそん　[*s*: dvipadottama]　〈両足世尊〉〈最上二足尊〉などの漢訳語もある．両足(dvipada)，すなわち，2本足をもつもの(人間)のなかで最も尊い人の意．*仏の尊称の一つ．〈両足仙〉〈両足牟尼(むに)〉ともいい，またたんに〈両足〉ともいう．後世の解釈によれば，仏は*智慧(ちえ)と*大悲(だいひ)を土台にして立つからとか，また如来(にょらい)*十号の一つである明行足(みょうぎょうそく)に関連づけて，*明(みょう)(知識)と*行(ぎょう)(行為)の両者を円満具足しているから，などとされる．「仏をこそ両足尊と申し侍れ．三乗の心は欠けたるなるべし」〔ささめごと〕「今抜(跋)提河の滅度より二千年，紫磨金を瑩(みが)きて両足を礼す」〔和漢朗詠集下〕

良忠 りょうちゅう　1199(正治1)-1287(弘安10)　浄土宗*鎮西派(ちんぜいは)の第3祖．然阿弥陀仏(ねんあみだぶつ)(略して然阿)と号し，記主禅師(きしゅぜんじ)と尊称される．石見国(島根県)出身．若いころ天台・真言・法相・倶舎・禅・戒律を学び，38歳のとき鎮西派の*弁長(べんちょう)(1162-1238)の弟子となる．東国各地の教化につとめ，大仏朝直(おさらぎともなお)の帰依をうけて鎌倉に悟真寺(のちの*光明寺(こうみょうじ))を建立し住した．東国の浄土宗の指導者的立場を確立し，宮中に招かれ宗要を講じることもあった．良忠の滅後，門流は6流に分裂したが，そのなかの白旗派(しらはたは)が主流となって現在にいたっている．なお滅後，法弟道光が記した詳伝に『鎌倉佐介浄刹光明寺御伝』(記主禅師伝)がある．

良忍 りょうにん　1072(延久4)-1132(長承1)　*融通念仏宗(ゆうずうねんぶつしゅう)の開祖．はじめ良仁，光乗(静)房と称す．諡号(しごう)は聖応(しょうおう)大師．尾張(愛知県)の人．比叡山で出家し，東塔阿弥陀房の堂僧をつとめ，後に大原に来迎院(らいごういん)を建てて念仏を勧めた．1117年(永久5)，念仏三昧中に「一人一切人，一切人一人，一行一切行，一切行一行」の偈(げ)を感受して，一人の念仏が一切の人の念仏と融通する融通念仏をとなえて諸国を教化し，摂津(大阪府)の修楽寺(後の*大念仏寺)を根本道場とした．*声明(しょうみょう)にも巧みで，天台声明中興の祖とされる．

両部神道 りょうぶしんとう　真言密教の*金剛界(こんごうかい)・*胎蔵界(たいぞうかい)の両部の理論によって神仏関係，神々の関係を説明する*神道説の総称．その名称は吉田(卜部)兼倶(かねとも)(1435-1511)の『唯一神道名法要集』が初出といわれ，「胎金両界を以ては，内外二宮に習(かさ)ね，(曼荼羅の)諸尊を以ては，諸神に合わす．故に両部習合の神道という」と説く．またこのような習合説は，伝教・弘法・慈覚・智証の四大師が，神代の書(『日本書紀』神代巻や『旧事(くじ)本紀』)に密教の解釈を施したので，〈大師流神道〉ともいう，と解説している．おおむね両部神道をいいあらわしているといえよう．

しかし四大師を掲げることは，密教教理による神道説を象徴したものといってよく，伊勢神宮の内宮・外宮の思想的裏付けに密教の金胎両部を活用したものと思われる．具体的には，1106年（嘉承1）ころの『大神宮禰宜延平日記（だいじんぐうねぎのぶひらにっき）』に「日輪は大日如来なり，本地は盧舎那仏なり」とか，1191年（建久2）ころの『中臣祓訓解（なかとみのはらえくんかい）』に「阿字本不生」「三密万徳，阿字同躰」とか，そのころの『天地麗気記（てんちれいきき）』や『両宮形文深釈（りょうぐうぎょうもんじんしゃく）』に「両宮を以て両部と為す」という記に示されているが，これらの説は，*伊勢神道の神道五部書の成立に影響を与えている．

次に教派としての両部神道といえば，真言宗系の〈三輪（みわ）流神道〉と〈御流（ごりゅう）神道〉が室町時代に形成されている．前者は，平安時代末に鎮西沙門慶円が*三輪明神（みわみょうじん）を感得したことに始まると伝え，三輪明神と*天照大神（あまてらすおおみかみ）と同体であること，神祇*灌頂（じんぎかんじょう）が行われることなどであり，後者は大和の室生（むろう）で組織されたようで，*空海に仮託される『天地麗気記』による麗気灌頂や，『日本書紀』を神書として伝授する日本紀灌頂が行われた．また大工番匠や鍛冶についての多くの*印信（いんじん）が伝えられている．

両部曼荼羅 りょうぶまんだら　⇒両界曼荼羅（りょうかいまんだら）

両墓制 りょうぼせい　1人の死者について二つの墓を築造する慣行．死骸や*遺骨を土中へ埋納した所に墓標を立てたものを〈埋め墓〉〈捨て墓〉〈野墓〉〈三昧（さんまい）〉などとよび，これが第一次墓地である．これに対し，*盂蘭盆（うらぼん）・*彼岸・*命日などに参拝するための石塔を別に立てる．この第二次墓地は〈詣り墓〉〈卵塔場〉〈あげ墓〉〈からむしょ〉などとよばれる．第一次墓地へは七七日（*四十九日）まで参り，以後はもっぱら第二次墓地で*廻向（えこう）する．仏（ほとけ）の転化にわが国独自の観念をみることができる．→墓．

『**理惑論**』りわくろん　中国最初期の仏教教義を問答体の文章で解説した論書．梁の僧祐（そうゆう）編*『弘明集（ぐみょうしゅう）』1に載せる．著者は牟子（ぼうし）．37条から成り，この数について末尾の結語に「仏経の要を覧（み）るに三十七品（*三十七道品）有り，老氏道経（老子道徳経上）また三十七篇」，ゆえにこれに法（のっと）ったと記されている．〈理惑〉とは惑（まど）いを理（おさ）める意で，仏道に関する世俗の人々の惑いを治めるため，〈仏〉の意味とその伝記，〈道〉の意味とその修行法，霊魂の不滅と更生（輪廻（りんね）），沙門と戒律，〈道〉における夷（い）と夏（か）の問題などに関して，〈惑人〉が問いを発し，牟子がそれに答えるという体裁を取っている．なお，冒頭の序文によれば，著者の牟子は後漢末の人となるが，後人の仮託説もあり，本書の成立年代を遅くみる諸説がある．

林下 りんか　もとは叢林下（そうりんか）の意．禅門の修行道場を一般に〈*叢林〉といい，そこを指して〈林下〉というのが本来の意味であるが，日本禅宗においては*五山（ござん）の系統に入らない寺院をいう．南北朝から室町期に，いわゆる官寺の立場である五山*十刹（じっせつ）に列せられた禅院の*住持（じゅうじ）として，主に聖一（しょういち）派と夢窓（むそう）派の僧が入院したため，曹洞宗道元（どうげん）派と臨済宗大応（だいおう）派（応灯関（おうとうかん）の系統）など，官寺に列せられない寺院に対する，五山叢林よりも格下という意味を込めた，多分に差別的な呼称として用いられた．ただし日本禅宗の場合，官寺と私寺の区別は厳密ではなく，*東福寺（とうふくじ）のように五山に列せられながら聖一派の一流*相承（そうじょう）を許されている寺院もあるし，*大徳寺（だいとくじ）の場合は，一時五山の第1位に列せられたこともある．足利義満の頃に五山がほぼ確定して以後，曹洞宗道元派と臨済宗*妙心寺（みょうしんじ）派および大徳寺派が〈林下〉と呼ばれることになるが，室町幕府の衰退とともに五山叢林の勢力は衰え，結果としては林下寺院が教線を伸張していった．

臨済義玄 りんざいぎげん　[Lín-jì Yì-xuán]　?–866一説867　中国，唐末の禅僧．*臨済宗の祖．俗姓は邢（けい）氏．曹州南華（山東省兗（えん）州）の人．諡号は慧照禅師．若くして出家し，博く伝統の仏教学を修めた．*黄檗希運（おうばくきうん）に参じ，数年間修行の生活を送っていたが，仏法の大意を三度問うて三度打たれ，その指示により大愚（だいぐ）に到り，そこで*大悟する．大愚のはからいによって黄檗に戻り，法を黄檗に嗣っぐことになる．のち，成徳府（河北）に独立政権を樹立していた王氏の帰依を受け，鎮州城（河北省正定県）の東南隅，滹沱河（こだが）に臨んだ小院（臨済院）に住した．晩年に魏府(河北省大名県)に移り，その地で没した．

その禅は，裸の生身の人間を肯定するもので，真正の見解を得て自由人(無依の道人)となり，人惑を受けぬことを求める．特に「赤肉団上一無位の真人」の語は有名(→無位の真人)．教化に当っては「臨済の喝，徳山の棒」と言われるように，厳しい*喝によって弟子の活気を引き出すことにつとめた．弟子に三聖慧然，興化存奨，灌渓志閑らがいる．*馬祖道一にはじまる*洪州宗は，臨済に到って大機大用(生き生きとした働き)の禅として総括され，臨済宗を形成し，宋代(960-1279)に大いに栄え，中国仏教の主流となっていく．*『臨済録』は*語録の王といわれ，禅語録のバイブルとなっている．

臨済宗 りんざいしゅう　【中国】中国禅宗*五家七宗の一つで，唐代の禅僧，*臨済義玄を開祖とする．臨済は*馬祖道一によって大成された*南宗の大機大用の禅を，〈*無位の真人〉という絶対主体の確立の道として成就した．わが国ではその宗風を臨済「将軍」の禅と称したが，彼は一方ではその師*黄檗希運の禅風を受けて，単に棒喝の禅機だけでなく，独自の禅思想をもった人でもあった．

禅宗の五家では，はじめ雲門・法眼が江南で栄えるが，宋代に入って士大夫の参禅を得ることで勢力を伸ばした．特に石霜楚円下の黄竜慧南を祖とする〈黄竜派〉は，北宋代に*語録を成立させたり文人を接化して盛んとなり，やはり石霜下の楊岐方会を祖とする〈楊岐派〉は，南宋の*五山*十刹制と相俟って中国禅林を席巻した．禅宗五家七宗の七宗とは，五家に臨済宗の黄竜派と楊岐派を加えたものである．楊岐派からは，公案集*『碧巌録』を著した*圜悟克勤が出，圜悟の弟子の*大慧宗杲は*看話禅を大成した．

【日本】日本へは鎌倉時代，早くは*栄西が黄竜派を伝え，東福寺*円爾・*蘭渓道隆・*無学祖元らが楊岐派を伝え，その系統は室町時代京都五山を中心に栄えた．その後，*南浦紹明(大応国師)によって伝えられた系統が，その法嗣で大徳寺を開いた*宗峰妙超(興禅大灯国師)，宗峰の法嗣で妙心寺を開いた関山慧玄と相承し，「応・灯・関」の一流と称されて栄えた．大徳寺派からは，室町期に*一休宗純，江戸初期には*沢庵宗彭が出た．妙心寺派では，江戸中期の*白隠慧鶴が独自の*公案大系を確立して，臨済宗中興の祖と称された．また江戸初期に渡日した臨済僧*隠元隆琦は宇治に*万福寺を創建し，日本*黄檗宗の開祖となった．日本臨済宗には天竜寺派・相国寺派・建仁寺派・南禅寺派・妙心寺派・建長寺派・東福寺派・大徳寺派・円覚寺派・永源寺派・方広寺派・国泰寺派・仏通寺派・向獄寺派の各派があり，臨済宗十四派という．

『臨済録』 りんざいろく　*馬祖道一―*百丈懐海―*黄檗希運と承けた，唐の*臨済義玄の*語録で，弟子の三聖慧然の編輯とされる．義玄は，馬祖によって確立された，一切の超越的価値を否定して人間存在そのものを絶対化するという禅風(大機大用禅)を最もストレートに体現した禅僧であり，その言行録である本書には，後世，〈将軍〉にも喩えられた彼の行動的な禅風が遺憾なく発揮されている．全体は大きく「上堂語」「示衆」「勘弁」「行録」の4つの部分から成り，「上堂語」では弟子たちへの教戒とそれを契機としての問答が集められ，「示衆」は講義の記録で，懇切を極めた言葉で切々と弟子に訴えかけている．続く「勘弁」は，*趙州従諗などの名だたる禅僧との問答応酬の記録であり，「行録」は，黄檗の下で悟った因縁から，その*会下での修行，諸方行脚，そして*遷化にいたる一代記である．宋代以降，彼の法系は大いに栄えたため，本書も〈語録の王〉と呼ばれて尊ばれ，中国・日本を通じてしばしば開版された．

臨終 りんじゅう　〈臨命終時〉の略．命のまさに終ろうとする時をいう．臨終に際して心を正し，弥陀の*来迎，浄土への*往生を期することを〈臨終正念〉という．平安時代には，人が命終るときに心乱れず，平静な心をもって死を迎えることが重視され，身近の人びとが*念仏をともに称えて，その人が平静な心に住することを助けた例が多い．時には五色の糸で，絵像あるいは木像の*阿弥陀如来の手と死を迎えつつある人の手をつなぎ，正念に住することを助ける糸引きの念仏も行われた(→糸引如来).

こうした臨終の行儀は往生極楽の要諦として重視され，*『往生要集』大文第6に説くところがあるが，これをさらに敷衍したものに*覚鑁偽撰の『孝養集』があり，その下巻に十カ条にわたって詳細かつ具体的に説かれている．この行儀は後年キリスト教が伝来するや，切支丹宗徒の臨終の行儀を説く上にも参照されたふしがあって注目される．

「臨終の剋，正念に安住して，一心に念仏し，西に向ひて遷化せり」〔続本朝往生伝23〕

臨川寺 りんせんじ　京都市右京区嵯峨天龍寺造路町にある臨済宗天竜寺派の寺．山号は霊亀山．1330年(元徳2)後醍醐天皇(1288–1339)は，皇子世良親王の死後その離宮を遺嘱により寺とし，開山に元翁本元(1282–1332)を迎え，1335年(建武2)に至り改めて*夢窓疎石を開山とした．*十刹に列せられ，室町初期には東岡希杲らが主宰し，宋・元版の復刻を中心に『禅林類聚』はじめ十数種の書籍を刊行した．これを〈臨川寺版〉といい，天竜寺版と共に*五山版の主要部を形成し，五山の文芸勃興の緒となった．応仁の乱(1467–77)の兵火で焼失の後次第に衰退し，現在は*天竜寺の域外*塔頭.

輪蔵 りんぞう　機輪をつけて柱を中心に回転する書架のある*経蔵．〈転輪蔵〉ともいう．中国南北朝時代の梁の傅翕(*傅大士)の創始といわれる．本来は経巻の出納の便のために設けられたものだが，俗に，これを回転させるだけで経典を読むのと同じ利益が得られるとも信ぜられた．日本には禅宗と共に輸入されたようで，安国寺経蔵(1408，岐阜県吉城郡)は，内部に輪蔵を備えた最古の遺構である．なお，傅大士の輪蔵創作の伝承に基づいた作品に謡曲『輪蔵』がある．「釈迦一代の蔵経を大唐よりも渡しつつ，末世の衆生済度のため，輪蔵に納め，結縁の手に触れ縁を結ばせんとの，御神の誓ひぞありがたき」〔謡・輪蔵〕

リンチェンサンポ [*t*: Rin chen bzang po]　958–1055　チベットの訳経官．〈ロチェン〉(大訳経官)と通称される．プラン(西チベット南部)に生まれ，西チベットの王ララマ・イェシェーウーによって，二度にわたって*カシミールに派遣され，初会*金剛頂経，*『秘密集会タントラ』などを学んだ．帰国後は，精力的に仏典の翻訳を行う一方，王家の命を受けてプランにカチャル，ラダックにニャルマ，グゲにトリンの三大寺を建立した．今日西チベットに遺される独特の仏教美術は，彼がカシミールから導入したものとされ，〈リンチェンサンポ様式〉と呼ばれている．さらに1042年，*アティシャが西チベットに招かれると弟子となり，彼とともにいくつかのテキストを訳出した．チベットでは一般に，彼の活動をもって「仏教後伝」「新訳密教」のはじめとする．

輪廻 りんね [*s*, *p*: saṃsāra]　原語 saṃsāra は「流れる」ことから「さまざまな(生存の)状態をさまよう」ことを意味し，生ある者が生死を繰り返すことを指す．〈輪廻転生〉〈*生死〉〈生死流転〉などとも訳され，現代インド諸語では「世界」を意味する．輪廻思想は古代ギリシアや古代エジプトにも知られるが，インドでは業思想と結びついて倫理観が深められ，輪廻の状態を脱することが解脱・*涅槃であり，インドの諸宗教に共通する目的となっている．→業，解脱.

【インド思想】*ヴェーダの来世観は楽観的で，死後には天上界で神々・祖霊と交わることを願い，悪業によって*地獄におちることを恐れていたが，死後他界においても再び死が繰り返されることから，再死を克服し*不死を獲得することが説かれるようになった．死者のたどる道は神々(*天)・祖霊・地獄の3種に分かれ，この世に*再生する5段階の過程をアグニ(火神)への5種の献供になぞらえる五火説と神々と祖霊の二つ道と合わせて〈五火・二道説〉と呼ばれる体系的な輪廻思想が後期*ブラーフマナから初期*ウパニシャッドにいたって整備された．

紀元前6世紀以降，都市の勃興とともにバラモン(*婆羅門)思想に対抗するさまざまな思想が興ったが，仏典では*ジャイナ教を含むこれらの集団を*六師外道として伝えている．それらの思想は多く*苦行主義であり，業・輪廻に対する見解を示していると考えられる．ジャイナ教では世界は*霊魂(jīva)と非霊魂(ajīva)からなり，行為によって霊魂に業が流入する．この業身ごっしんが天・*人にん・*畜生・地獄の世界に輪廻する．付着している業の汚れを滅することで解脱し，そのための苦行を重んずる．

【仏教思想】仏教でも輪廻思想を採用し，人・天・畜生・*餓鬼・地獄の五つの輪廻の世界(五道ごどう・五趣ごしゅ)を説く．後に大乗仏教では*阿修羅あしゅらが加わり，*六道(六趣)輪廻として流布し，わが国でも定着している．原始仏教では解脱者の死後の存在や身体と生命の関係に対する解答を*無記むきとして退け，解脱のためには無意義な問題とした．しかし，*無我むが説において業を担う輪廻の主体を説明することは仏教教理の上で常に問題とされた．

*説一切有部せついっさいうぶでは輪廻を十二支縁起(*十二因縁)によって説明し(業感ごうかん縁起)，死有しうと生有しょううの間に〈中有ちゅうう〉の存在を認める．これは最大49日間の死者のさまよえる状態であり，中陰ちゅういん法要はこれにもとづく．チベットに伝わる『中有(バルドゥ)における聴聞による大解脱』(*Bar do thos grol chen mo*)は『チベットの死者の書』として西洋に紹介され，C. G. ユングによって評価された．

輪王寺 りんのうじ　栃木県日光市山内にある天台宗*門跡もんぜき寺院．山号は日光山．本尊は阿弥陀如来あみだにょらい・千手観音せんじゅかんのん・馬頭ばとう観音．本寺は勝道しょうどう(735–817)上人が766年(天平神護2)に草創した四本竜寺に始まり，784年(延暦3)には中禅寺ちゅうぜんじ・二荒権現社ふたらごんげんしゃも創建され，810年(弘仁1)の勅願により〈満願寺まんがんじ〉を賜号してより，長く一山の総号となった．寺伝では820年(弘仁11)に*空海が来山して滝尾権現の*勧請かんじょう，寺堂の建立，二荒山を日光山に改めたという．また848年(嘉祥1)には*円仁えんにんが来山して，薬師寺・本地神宮寺(三仏堂の前身)・常行堂じょうぎょうどう・*法華堂ほっけどうなどを建立，これより天台宗に属したという．以後，山内は36坊を数えて日光衆徒と称し，満願寺は別に〈一乗実相院〉といわれた．後の兵火により四本竜寺などを焼失するが，鎌倉幕府の*外護げごもあり，1240年(仁治1)には弁覚べんかく(?–1251)*座主ざすが本院を建立して光明院と賜号された．だが中世を通じて座主は鎌倉の勝長寿院の別当を兼ねて鎌倉に常住したため，その実権は権別当座禅院へと移った．

1590年(天正18)には寺領を豊臣秀吉に没収されて一時衰退したが，1613年(慶長18)に*天海てんかいが*貫主かんじゅとなって復興させ，徳川家康・家光の霊廟も造営された．1654年(承応3)守澄しゅちょう法親王(1634–80)が入山して，*寛永寺かんえいじ門主・天台座主を兼務し，別に〈輪王寺〉の号を賜って初代門跡となった．ここに幕末まで宗内の権勢を握るに至ったものである．明治の*神仏分離で東照宮・二荒山神社・輪王寺は分離され，一時，輪王寺号も廃された．遺構に，天台宗本堂の古制を伝える本堂(三仏堂，1647)，江戸初期の常行堂・法華堂・慈眼堂などがある．また，『大般涅槃経集解』など寺宝も多い．別院中禅寺は*坂東三十三所第18番札所．行事には4月2日の強飯式ごうはんしきが有名．→東照宮．

輪番 りんばん　順番をきめて交替で寺院の事務に携わる職務のこと．2種類のものがあり，一つは複数の支院(*子院)の住職が本寺の住持を交替で行う，日蓮宗竜口寺りゅうこうじや曹洞宗*総持寺そうじじなどにみられたもの．もう一つは*別院に*本山より派遣された僧侶に事務を管理させるもの．これは浄土真宗本願寺派，真宗大谷派，真宗高田派など真宗諸派にみられるもので，任命をうけた末寺の住持が勤める．大谷派では近世初頭から置かれたと伝えられ，本願寺派でも17世紀なかばまでには置かれていたことが知られる．明治前期にいったん輪番の呼称は廃止されるもののまもなく復活し現在に至っている．

輪宝 りんぼう［s: cakra］　本来は，ことに*ヴィシュヌ神の持物としての，投擲とうてきして敵を切断する円盤形または車輪形の武器．*チャクラ．*転輪聖王てんりんじょうおうの*七宝しちほう(輪・象・馬・珠・主蔵臣・玉女・主兵臣)の第一にこの輪(宝としての輪)があり，それは転輪聖王が軍を進めるときに転じて前進し，敵軍を摧破さいはする車輪を意味する．仏教では真理(*法)が世の人々の*煩悩ぼんのうを摧破し，あるいは邪説を打ち破って世に広まることに譬えてそのシンボルとなった．

初期仏教で仏像を製作する習慣が成立する

以前には，この*法輪(法の輪)をもってブッダ(*仏陀)そのものを表示したことがあり，また仏像においてその*台座の中央に縦に，つまり回転し進行するような状態においてこの意味の輪が彫られている例がある．密教では法具となって*灌頂(かんじょう)の際に受者の足の間にはさんで保持され，*即身成仏して法輪を転じ，一切衆生を利益(りやく)し救済(くさい)する本誓(ほんぜい)を象徴する．→転法輪．

「微風一たび扇(あふ)いで輪宝幾千ぞ，香雲しばしば熏じて法身開発せり」〔性霊集 7〕「王，輪宝の威勢にて，鉄の網をすき，いくさをおこして，海にむかひて竜王をせめ給ふに」〔法華百座 6.19〕

ル

留学生 るがくしょう　遣隋使・遣唐使に便して，中国や朝鮮の新羅などに派遣され，長期間に学問・仏教を学ぶ者．滞在期間は 20 年から 30 年に及び，遣隋使での南淵請安(みなみぶちのしょうあん)は 32 年，遣唐使での吉備真備(きびのまきび)は 17 年滞在した．*空海は 20 年を期したが 3 年で帰った．留学生のなかで，仏教を学ぶものを〈学問僧〉と別称することもある．〈留学僧〉ともいって短期の還学生(げんがくしょう)・還学僧と区別もする．留学生には絁(あしぎぬ) 40 疋，綿 100 屯，布 80 端を支給すると『延喜式』にみえている．→還学生，学生．

流記 るき　後代まで流し伝える定式とする記述の意で，ふつう寺院の*資財帳につかわれる語．実際には，流記資財帳とふつうの資財帳とで内容上の区別は見られない．

盧舎那仏 るしゃなぶつ　⇒毘盧遮那(びるしゃな)

流水長者 るすいちょうじゃ　金光明最勝王経(こんこうみょうさいしょうおうきょう)長者子流水品に収める*放生(ほうじょう)功徳譚の主人公．釈迦が*前生(ぜんしょう)に流水長者として，水が涸れて死にかけた大池の無数の魚類を助け，説法をして放生したところ，魚は死後三十三天(*忉利天(とうりてん))に転生して流水に報恩したという話．放生の功徳を説く経説として，石清水八幡宮の放生会(ほうじょうえ)以下諸国の放生会で講説され，『三宝絵』上 7 や『今昔物語集』12-10 などにも収録される．

流通 るずう　漢語としては，流れること，また，広く行きわたること〔塩鉄論軽重〕．仏典では，法・教・経などが広まる，もしくは広めること〔合部金光明経 6 など〕．〈流布(るふ)〉(spharaṇa)と同義であるが，漢訳仏典では〈流布〉の語が多く用いられ，中国人撰述の文献には〈流通〉の語が多く見える．

特に中国における経典解釈の際の科段(*科文(かもん)・*分科)分けの術語として頻用される．経を科段に分ける場合，通常〈*序分(じょぶん)〉〈正宗分(しょうじゅうぶん)〉〈流通分〉に三分されるが，このうち〈流通分〉は，経や教の*功徳(くどく)を明かし，弟子に*付嘱(ふぞく)し，*受持(じゅじ)・流布を勧める内容の段落であり，おおむね経典の終わりの部分がこれに当たる〔法華文句1上〕.

「この経を流通し，仏法を久住せしめ給ふべし」〔興正聴聞集〕「経にも序文・正宗分・流通とて…末にまた流通分とて，その経の徳をさまざまいひ流し侍るとなり」〔ささめごと〕

流転 るてん ［s: pravṛtti］ 〈るでん〉とも読む．生れかわり死にかわりして，*六道などの迷いの世界のうちをめぐり続けること．〈*輪廻〉に同じ．サンスクリット語の意味は，進みゆくこと，生起することをいう．*縁起や輪廻が進みゆくことを〈流転〉といい，止むことを〈還滅〉(nivṛtti)という．漢語〈流転〉は『後漢書』張倹伝などにも見え，流れ移るの意味で用いられている．輪廻してやまないことを〈流転門〉といい，*涅槃におもむいて輪廻の世界から脱することを〈還滅門〉と称する．「我等が所作は，流転の業にあらずといふことなし」〔愚迷発心集〕．→還滅．

瑠璃 るり ［s: vaiḍūrya］ 古代インドの*七宝の一つ．ラピスラズリのこと．サンスクリット語は，英語の beryl と語原が同じ．漢語〈瑠璃〉は，vaiḍūrya の俗語形(例えば verulia)の音写語〈璧流璃〉〈毘瑠璃〉などの省略形で，〈流璃〉〈琉璃〉〈流離〉などとも書く．すでに前漢の『塩鉄論』や後漢の『漢書』地理志や同書西域伝に〈璧流離〉〈流離〉〈瑠璃〉という表現が見える．仏典以外では，〈ガラス〉を意味することが多い．「その山の様は心ことなり，山の地は瑠璃なり」〔宇津保俊蔭〕「舎利一粒を得，即ち瑠璃の壺に入れて塔に安置して」〔今昔11-1〕

瑠璃王 るりおう 〈瑠璃〉はサンスクリット語 Virūḍhaka(パーリ語 Viḍūḍabha)に相当する音写〈毘瑠璃〉の略．ヴィルーダカ．漢訳は，増長・悪生．中インド古王国コーサラ国の王．王は釈迦族が仏陀を招こうとした*獅子座に昇り，追い払われたことから，父*波斯匿王の死後，即位すると，釈迦族の中心地*カピラヴァスツを攻略，一族を大量に虐殺したが，遂には仏陀の予言通り，突然の暴風雨でことごとく水没，王は*阿鼻地獄に落ち，宮殿も天火に焼かれたと伝えられる〔増一阿含経26〕．

ルンビニー ［s: Lumbinī］ ⇒藍毘尼園

レ

鈴 れい ［s: ghaṇṭā］ 仏教で用いられる楽器の一つ．金属製で上部に柄のついた鐘のような形をしており，内部には舌がつるされている．柄を握って振り，舌を周囲に当てて鳴らす．*金剛鈴として密教の*修法で用いるほか，*詠歌を唱える時に鉦とともに使用され，また巡礼者の持物ともなる．法具化された金剛鈴の場合は，*金剛杵と一対になることが多い．「鈴の声耳に通じて，明々と澄みやかなり」〔謡・調伏曾我〕

霊験 れいげん 神仏に祈願をこめ，信仰することにより，また経典を*受持・*読誦することなどによって，神仏の不思議な*感応があること．経典にも，仏が*神変を現して衆を威伏し，後におもむろに教化したことが見え，中国においても，仏教の流伝には多くの霊異があったことを伝え，それらの集録として*『金剛般若経集験記』『法華伝記』『三宝感通伝』など多くの霊験記が制作された．日本においても，*『日本霊異記』以下多くの仏教説話集は霊験談の集録であり，経典や仏・菩薩の霊験記をはじめ，中世以降は各寺社中心の霊験記が編集された．なお，霊場を意味する〈霊験所〉を略して〈霊験〉ということもある．「仏法霊験ありて国家安寧なることを得ん」〔顕戒論下〕「諸の山を廻り海を渡りて，国々に行き所々の霊験に参りて行ひけり」〔今昔13-1〕

霊魂 れいこん 身体の中にあり，そこから遊離すると信じられる不可視の存在．〈霊〉〈魂〉〈たましい〉〈たま〉といわれ，命や心の別名ともされる．

【インド】インドの関連術語が，〈霊魂〉や〈魂〉と漢訳された例は確認されていない．ただし，〈霊魂〉の観念にもっとも近似するのは〈命〉〈命者〉〈寿者〉〈神〉などと漢訳された jīva である．この語は，身体をささえ，生き物を生かしめる命，を原義とする．*ウパニシャッドでは，哲人ウッダーラカ-アールニが*アートマン(我)を，太初以来の存在そのものであり，しかもさまざまな創造物の中にそれぞれの命として内在すると語り，後世に多大な影響を与えた．ヤージニャヴァルキヤはまた，対象化されることのない認識主体(vijñātṛ)そのものをアートマンと呼ぶ．これは，死をも越えて存続する認識主体としての〈霊魂〉観を代表する．また*ジャイナ教では，存在するものを〈霊魂〉と〈非霊魂〉(ajīva)に分け，霊魂は感覚・意識をもつもので，動・植物はもとより，地・水・火および大気にいたるすべてに内在するとした．

仏教もまた，霊魂(jīva)と身体の関係(→無記)，さらにはまた霊魂に関係して，*輪廻りんねの主体の問題に直面した．輪廻の主体の問題については，文脈によっては，ウパニシャッド以来のインド哲学諸派が論じた種々の*我(atman．自身，神，神識とも訳す)の問題にも関わるが，いずれの意味合いにおいても，仏教は伝統的に我の否定，つまり*無我(非我)を旗印とした．ただし犢子部とくしぶなどの部派は，輪廻の主体としてプドガラ(pud-gala，補特伽羅ふとがら)を立て，それは*五蘊ごうんと非即非離の関係にあるとした．また，輪廻において何が行為と行為の結果を媒介するかという文脈では，*経量部きょうりょうぶは結果を生じる能力をもつ心身の*種子しゅうじ(bīja)によってこれを説明した．さらにこれをふまえて*瑜伽行派ゆがぎょうはは，*六識やマナス(*末那識まなしき)の経験を*薫習くんじゅうする潜在意識としての種子識，すなわちアーラヤ識(*阿頼耶識あらやしき)説を生んだ．

チベットにおいても，脱魂のための修法や葬送儀礼などを介しての霊肉分離観や，輪廻説や高僧ラマの*化身けしん説と表裏になった霊魂不滅観はかなり特徴的である．

【中国】中国では霊魂に関する事柄は，〈魂魄こんぱく〉〈*神しん〉〈*鬼神きしん〉などの語で議論されることが多かった．六朝時代の志怪小説などには，魂魄が人体から遊離して他者の所へ行ったり，動物に憑依したりする話が見え，また，病気は死者の霊魂である悪鬼の祟りであるという観念や，死者の霊魂が*泰山たいざんに集まるという観念も見えていて，霊魂の問題について一般民衆の間で大きな関心が注がれていたことがわかる．これに対して，儒教は*孔子以来，鬼神を敬して遠ざけるという理性的態度を取り，死者の霊魂が存在するか否かの問題を積極的に論じることはしなかった．しかし一方で，家族倫理である*孝を社会・国家秩序の源として重視した儒教は，子孫が亡き祖先の霊魂を祭祀することをきわめて重んじた．仏教受容に際して中国では，仏教擁護者と仏教排斥論者との間で*神滅不滅しんめつふめつの論争が起こったが，これは，仏教が輪廻転生の主体としての霊魂(神)の不滅を説く思想であると理解されたからである．中国に入った仏教は，祖先祭祀を重視する中国的伝統と融合して，祖先の幽魂を済度するための儀式を重んじるようになった．また，輪廻転生の思想は道教にも影響を与え，子孫が行う*斎さいの儀式によって七世の祖の幽魂が地獄から救済されて仙化するという死者救済の道が説かれるようになった．

【日本】わが国では，仏教を受容した貴族層は，父母や亡夫・亡妻の*追善のため，父母七生などの〈先霊〉を供養する法要を行なった．*盂蘭盆会うらぼんえや仏誕会などでも〈亡霊〉を*鎮魂する儀礼が行われ，しだいに伝統的な祖霊観と仏教の*成仏観が重層していった．やがて浄土教が浸透すると，死者の霊魂が*浄土，特に山中浄土に往生するという観念が盛んになった．源信の*『往生要集』では無我説の立場から霊魂の存在は説かれていないが，彼が組織した二十五三昧会にじゅうござんまいえ(念仏結社)の綱領では，死者の「尊霊」が浄土に赴くことが明記されている．

他方，奈良時代以降，〈死魂〉や〈亡魂〉が説かれ，平安時代になって〈御霊ごりょう〉や〈物の怪け〉が信じられるようになったが，死者や生者の霊魂が何らかの危害を加えるという観念も同時に流行した．それ以後今日までの仏教の諸教団においても，このような祖霊観や霊魂観が何らかの形で強い影響の痕跡を残している．

「手鞠ばかりの物の，辰巳の方より飛びつるは，面々は見給はぬか．それこそ義平の霊魂よ」〔古活字本平治下．清盛出家〕「元方卿の霊は陳ぶる所知ることなし．また良源僧正の霊は怨忿を含む事有り」〔百錬抄寛和1.8.29〕

例時 れいじ　〈例刻〉〈例時作法〉ともいう．きまった時刻に行う*勤行ごんぎょう．天台宗では毎夕座に行う*阿弥陀経あみだきょう読誦どくじゅを指し，ゆるやかに*引声いんぜいするその曲調は平安時代に*浄土教を生むきっかけをなした．*朝題目夕念仏，朝懺法夕例時の風習ができた．*円仁が中国の*五台山で学び比叡山の*常行三昧堂で行なったことに由来する．「法成寺の薬師堂にして例時を始めし日に，瑞相を現じたること」〔今昔 12-23〕「人のうせぬるあとには，あやしのものも朝夕にかねうちならし，例時懺法よむ事はつねのならひなれども」〔平家 6.築嶋〕

霊仙 れいせん　生没年未詳．平安前期の入唐僧，訳経僧．近江の出身と推定される．*興福寺で*法相唯識を学び，803 年(延暦 22)に入唐．*長安でさらに修学し，810 年には長安の醴泉寺で般若の大乗本生心地観経(*心地観経)の訳経に加わり，訳語•筆受の任にあたる．憲宗の時代に宮中の*内道場にも出入りを許される．820 年，*五台山に登り，金閣寺堅固菩薩院•霊境寺浴室院などに住す．825 年に嵯峨天皇から，また 828 年淳和天皇から資金が送られるが，二度目の 828 年に使者が霊境寺に到着した時には，すでに毒殺されていたという．自ら手の皮を剝いで仏像を画いたことでも有名．円仁の*『入唐求法巡礼行記』にも霊仙に関する記述がみられる．

冷暖自知 れいだんじち　〈冷煖自知〉とも書き，また〈れいなんじち〉ともいう．*『景徳伝灯録』4 に「人の水を飲みて冷暖自知なるが如し」とあり，人が水を飲めば，冷たいとか暖かいとかはひとりでにわかるという意．後には生得の自覚自知が悟りであって，他人には窺い知れないという意や，悟りの体験はその人にだけ知られるものであるから，自分自身で悟る以外には方法がないという意に解釈されるようになった．ただし*道元は，日常の*見聞覚知がそのまま悟りであるというのは，仏教の教えとは全く異なる*自然外道の考えであるとして，冷暖自知を重んずる禅教を全面的に否定する．「修行に冷煖自知の所なくば，至りがたしとなり」〔ささめごと〕

霊地 れいち　神仏や聖者•英雄などの事蹟とゆかりのある土地で，聖なる空間，禁忌された場所として畏敬•崇拝されるところ．〈霊場〉〈霊験所〉などとも称される．多くは秀逸な山川樹木，特異な形状の岩石•洞窟などの自然景観を中心にして構成されるが，そこに寺社や霊廟などの人為的な施設が付加されて，参詣や*巡礼の対象となる聖地とされるのが通例である．具体的には，インドの四大聖地•八大聖地，中国の四大名山，日本の*熊野や西国三十三観音霊場(*西国三十三所)などが名高い．日常の俗なる空間から脱し霊地•霊場の聖なる空間に足を踏み入れることによって，罪•穢れに満ちた身心は浄化•再生すると信じられた．なお道教では，仙人の住む場所，あるいは仙人になるための修行の場所としてふさわしい所を〈福地〉と呼ぶが，これも霊地と同じ性格のものである．「大師結界の霊地，遠く見て近く臨まず」〔無量寿経釈〕「金峰•熊野•長谷寺のもろもろの霊験所に詣でつつ」〔今昔 13-28〕

霊知不昧 れいちふまい　霊妙なる認識能力が明瞭に働いているという意味．華厳宗の清涼*澄観や圭峰*宗密が用いた言葉で，真心のありかた，*真如の性そのものがもつ性格を形容したもの．彼らによれば，〈知〉は思慮分別を事とする〈*識〉とも，静的に真如を観ずる〈智〉とも異なるものであり，それらを超えたものであるという．このように〈知〉を絶対視する思想は，元来，*神会に始まる*荷沢宗の伝統であるが，澄観や宗密は華厳宗の系譜に属しつつも，荷沢宗の影響を強く受けたため，この〈知〉の思想が取り込まれたのである．彼らの思想は折しも復興しつつあった天台宗にも大きな影響を与えたため，この思想も天台宗の中に流入していった．しかし，これは天台宗本来の立場と矛盾するものであったから，宋代には大きな問題となり，これを巡って山家派と山外派(*山家•山外)の間で論争が繰り広げられた．

霊媒 れいばい　神霊や*死霊などと交流し，その意志を媒介すること，またそのような能力のある宗教的職能者．一般にシャーマンともミディアム(medium)ともいい，わが国では東北地方の〈イタコ〉や沖縄の〈ユタ〉がよく知られている．女性であったり盲目であったりする例が多い．古くはこうした霊媒たちが山中で修行し，神や仏の託言を伝えることを通して，さまざまの宗教者になった．修験道の*山伏や*新宗教の教祖たちにもこうした霊媒体験が認められる．→シャーマニズム．

レヴィ [Sylvain Lévi] 1863-1935 フランスのインド学・仏教学者．コレージュ・ド-フランスの*サンスクリット語の教授のほか，ペテルスブルグ大学，ストラスブール大学教授，アジア協会会長などを歴任．多くの写本の発見とその原典の比定，漢文・チベット語資料を用いた経典・論書の成立史研究など，今日の仏教学に通じる新局面を拓いた．*馬鳴(めみょう)の研究をきっかけに*『大乗荘厳経論(だいじょうしょうごんきょうろん)』に注目し，校訂と翻訳を出版(1907,11)，さらにネパールで*『唯識三十頌(ゆいしきさんじゅうじゅ)』と*『唯識二十論』などの写本を発見(1922)し，*瑜伽行派(ゆがぎょうは)の*唯識思想の研究を発展させた．24歳で受け入れた弟子が西本願寺留学僧であったり，また日仏会館館長をつとめるなど，日本との縁も深い．

『歴代三宝紀』 れきだいさんぼうき 『三宝記』『長房録』などともいう．隋の費長房(ひちょうぼう)が597年(開皇17)に撰した．15巻．隋代までの仏教史，とくに*訳経(やくきょう)史を記述したもの．はじめの3巻は仏生誕から隋代に至る仏教年表，残りの12巻が*経録(きょうろく)で，代録と入蔵録をふくむ．費長房は北周の*廃仏により還俗させられた苦い経験から，道教に対して仏教の優越を誇示しようとする熱烈な護教意識を抱いた．それが災いして本書の，とくに古い訳経を扱った部分には，史実をあえて偽った記述がきわめて多い．北朝期の訳経に詳しいとはいえ，訳経史に大きな混乱をもたらした．

連歌 れんが 長句(五七五)と短句(七七)を交互に付けてゆく形式の詩．平安期は二句一章の短連歌であったが，平安末期には三句以上を続ける〈鎖(くさり)連歌〉の形が生まれ，鎌倉初期には百句続ける形式が成立，以後は百韻(ひゃくいん)形式が基準となる．連歌の長句・短句は，各々一句として独立・完結した意味表象をもつが，前句と付句とが互いに関連しつつ，句境が変化してゆくところに和歌とは異なる特性がある．また百韻の詠作は，独吟・両吟などの形態もあるが，10人前後の〈連衆(れんじゅ)〉が一座して詠むのが一般的であり，〈座〉をともにした共同制作というスタイルも連歌の特性である．

連歌と仏教との関わりについては，鎌倉中期から南北朝期にかけ，寺社の花の下で興行された〈花下連歌(はなのもとれんが)〉で活躍した者に地下(じげ)僧の多い点がまず注目される．鎌倉末期に〈花下連歌〉の指導者として活躍した善阿(ぜんな)は七条道場金光寺の僧と目され，連歌師や連衆の中には*時宗(じしゅう)と関わりの深い者も多かった．宗派は時宗に限らないが，室町期以降も専門の連歌師の多くは*僧形(そうぎょう)であった．詠作態度の面では，室町中期を代表する連歌師心敬(しんけい)が，歌・連歌の道と仏道を*一如(いちにょ)とする理論を展開し(『ささめごと』)，和歌・連歌の詠作と仏道修行に共通する，理想とすべき心のあり方を深く探究した．また，一巻を詠む折に運用される詠作上のルールを〈連歌式目〉というが，連歌は句境の変化展開を特性とするため，同一同種の素材や趣向・発想などの繰り返しを殊に嫌い，仏教用語を転用して〈輪廻(りんね)〉と称しこれを禁じた．〈輪廻〉を断つことが〈連歌式目〉の根本理念ともされ，連歌の本質とも深く関わっていた．その他，*追善(ついぜん)連歌では仏号や経典の*偈(げ)などを冠字(かむりじ)にした*名号(みょうごう)連歌や*法文(ほうもん)連歌などがしばしば詠まれた．→俳諧と仏教，和歌と仏教．

練行 れんぎょう *修行を練りあげること．つまり，熱心に仏道修行に励むことを意味する．なお平安時代には，この語を〈ねむごろに行ふ〉と訳した例がある．「河内の国若江の郡遊宜(ゆげ)の村の中に，練行の沙弥尼あり」〔霊異記上35〕

蓮華 れんげ [s: padma, utpala, nīlotpala, kumuda, puṇḍarīka] 蓮(はす)あるいは睡蓮(すいれん)の華．炎暑の国インドでは，涼しい水辺は生にとっての理想の場であり，その水面に咲く蓮華は苦しい現実の対極にあるその理想の境地を象徴するものとして古来親しまれ愛好された．なお，蓮 padma と睡蓮 utpala は品種が異なり，インド美術では明確に区別されるが，アジア各地への伝播につれ，両者の区別はしだいに曖昧になった．

【インド神話】まず，蓮華は大叙事詩*『マハーバーラタ』の天地創造の神話に説かれる．すなわち*ヴィシュヌ神は千頭を持つアナンタ竜王の上に臥して眠りつつ世界について瞑想するが，やがてその神秘的な眠りから覚めたヴィシュヌの臍(へそ)から金色の蓮華(この場合は padma)が生ずる．その蓮華上に*梵天(Brahmā)が坐しており，この梵天が万物としての世界を創造する．

【経典における表徴】仏教においては，泥中に生じてもそれ自体は泥に汚されず，清浄である蓮華は*煩悩から*解脱して*涅槃の清浄の境地を目指すその趣旨に合致して，当初より多様なシンボリズムにおいて用いられ，また蓮池の清涼とその水面に咲く蓮華の美は浄土経典をはじめとする大乗仏教の各経典で，*浄土・理想の仏国の情景を叙述する場合の必須の要素となっている．たとえば*無量寿経では，*極楽世界には*七宝の浴池があって*八功徳水が盈満し，「天優鉢羅華，鉢曇摩華，拘物頭華，分陀利華，雑色光茂，弥覆水上」(いろいろの色をした天妙の青蓮華や紅蓮華や黄蓮華や白蓮華がその水面を覆っている)とある．また往生者が，極楽浄土の蓮台上に*化生するとされたのも注目される．大乗経典の一方の代表ともいうべき*法華経の原名は *Saddharma-puṇḍarīka* であり，それは仏の*妙法(正しい真理の教説)を蓮の中でも最も高貴な白蓮華に譬えたものである．*華厳経の世界を〈*蓮華蔵世界〉，正しくは〈*蓮華蔵荘厳世界海〉(Kusumatalagarbha-vyūhālaṃkāra-lokadhātu-samudra)といい，文字通りには，大海の如くに広大な華の台蔵上の*荘厳の総体としての世界を意味する．

【図像への展開】また蓮華は，*観音のシンボルとされ，後には観音から発展した一連の尊格群を，〈蓮華部〉と呼ぶようになった．さらに蓮華部は，金剛手を中心とする〈金剛部〉と対立するものとされ，後には*金剛杵が男性原理，蓮華は女性原理の象徴と見なされるようになった．これに対して文殊やターラーの持物は，睡蓮である．いっぽう胎蔵曼荼羅(→両界曼荼羅)の中心には，八葉の紅蓮華が描かれる．これは*菩提心を象徴したもので，赤い色と八葉の形状は心臓(*肉団心)を象ったとする説があるが，*大日経には白蓮が規定されており，再検討が必要である．また八葉蓮華のデザインは，後期密教の曼荼羅にもしばしば出現する．

仏教における蓮華の用例としてもう一つ顕著なものに，それが仏あるいは菩薩の*台座(*蓮華座)をなすことがある．これは上述のヴィシュヌの臍から生じた蓮華台上に坐する梵天のイメージに由来するものであろうが，この梵天のイメージを逆に仏教からのものとする説も存する．

蓮華化生 れんげけしょう　浄土に*往生することを，*極楽の蓮の台の上に生ずることに譬えたもの．煩悩にとらわれた*凡夫の心が悟りを開いた仏の心に転化して生れ変ることを*化生と表現する．*無量寿経では，浄土往生に胎生・化生の2種を挙げる．〈胎生〉とは，疑惑の心が残存する者は*辺土の宮殿に生れ，その中にとどまって仏を見ることが出来ないこと(*疑城胎宮)を意味し，〈化生〉とは，仏智を信ずる者が浄土の*蓮華の中に生れ，*光明を放つこと，すなわち蓮華化生を意味する．

蓮華座 れんげざ　仏像の台座として最も一般的な形式で，蓮の花の開いた様をかたどる．略して〈蓮座〉，また〈蓮華台〉〈蓮台〉ともいい，訓読して〈は(ち)すのうてな〉ともいう．本来は古代インドにおける蓮華崇拝の観念が仏教のなかに取り入れられて成立したもので，*無量の創造力の象徴としての蓮華が起点となっている．古代インド神話のなかのブラフマー(*梵天)は，根本神*ヴィシュヌの臍に生じた蓮華から生まれた創造神である．この神を仏像に置き替え，仏像もまた蓮華から生まれ出た聖なる神格として表現されるようになった．→蓮華．

蓮華は池中より生えるものと，切り花として瓶に挿されたものの2種に表された．法隆寺*橘夫人厨子阿弥陀三尊像の場合は前者であり，一般的な蓮華座は，法隆寺西円堂の薬師如来坐像の例に明らかなように，後者である．上から蓮華(蓮肉・蓮弁)，束(上敷茄子)，華盤，(下)敷茄子，受座，反花，框座などを8重また9重に重ねて構成されるが，束は茎，華盤は荷葉，下敷茄子は水瓶，以下は水瓶の置台と考えるべきものである．蓮弁は各段段違いに葺く魚鱗葺と，垂直に揃えて葺く吹寄せ式とがあり，前者は奈良時代と鎌倉時代，後者は平安時代に多く行われた．また立像で片足ずつ2個の小さな蓮華を踏むものを〈踏割(ふみわり)蓮華座〉といい，五大明王の立像や鎌倉時代の*来迎(らいこう)式阿弥陀如来像などの，動きを表す尊像に用いられた．→台座，付録(仏像6).

「此の地蔵，本は三井寺の塔の内にましましけるなり，御手并びに蓮花座なし」〔今昔17-12〕「たちまちに観音の蓮台にのりて，安養の宝刹にいたるなり」〔三部経大意〕

蓮華蔵世界 れんげぞうせかい　*華厳経(けごんぎょう)に説かれる仏の世界．〈蓮華蔵荘厳世界海〉〈華蔵世界〉などともいう．*蓮華の花の形から想像的に表現された広大な世界で，*毘盧遮那(びるしゃな)仏が菩薩であったはるかな過去の世からの*誓願(せいがん)と修行によって飾り浄められたものであるとされる．華厳経の構想を踏まえて作られた*梵網経(ぼんもうきょう)では，〈蓮花台蔵世界海〉〈花華台蔵世界〉といわれる．それによると，千葉(せんよう)の一つ一つが，それぞれ百億の世界を含む千の世界をなす大蓮華の世界で，毘盧遮那仏はその中央の台座に坐して千の*化身の釈迦仏を現し，それらがまたそれぞれ百億の化身の釈迦仏を現し出すという．東大寺の大仏(*奈良大仏)の蓮弁にはこの経説が描かれている．

蓮如 れんにょ　1415(応永22)-99(明応8)浄土真宗中興の僧．諱(いみな)は兼寿(けんじゅ)，信証院と号す．諡号(しごう)は慧灯(えとう)大師．*本願寺7世存如(ぞんにょ)の長男．衰微していた本願寺に在って苦難の中に成長し，父に従って，堅田(かただ)や金森を中心に近江(滋賀県)の南部地方の教化に尽した．1457年(長禄1)，父の後を継いで本願寺8世となる．

*浄土真宗の伝統に立って改革を行なったため，1465年(寛正6)*比叡山衆徒による大谷本願寺の破却にあい，大津三井寺の南別所を経て，1471年(文明3)越前(福井県)の吉崎に坊舎を建てて移住(*吉崎御坊(よしざきごぼう))．数多くの〈*御文(おふみ)〉を作成し，*親鸞(しんらん)の*『正信念仏偈(しょうしんねんぶつげ)』*『三帖和讃』を開版するなど，活発な教化活動は北陸から東海・東国・奥州に及んだ．しかし1475年(文明7)，その教化を受けた門徒と在地領主との間に生じた利害関係の対立によって吉崎を出，新たに摂津・河内・和泉(大阪地方)で布教に専念．1480年(文明12)山城(京都府)の山科(やましな)に本願寺(*山科本願寺)を再建，教化はいっそう拡がって，他派より帰依するものも多かった．75歳で五男の*実如(じつにょ)に後を譲り隠居したが，その後も布教を続け，1496年(明応5)には大坂石山に坊舎(*石山本願寺)を建立するなど，その活動は85歳で没するまで続いた．*法然・親鸞・*覚如・*存覚の教えを継承し，直截簡明な教化に生涯をささげ，今日の本願寺教団の基盤を作った．

ロ

『驢鞍橋』 ろあんきょう　*鈴木正三の語録. 3巻. 正三が晩年の1648年(慶安1), 江戸に出て人々を教化した際の言行を弟子の恵中が記録したもの. 巻上に173条, 巻中に89条, 巻下に152条を収める. 断片的なもので体系だってはいないが, その中心となるのは,「勇猛心」「二王坐禅」などと繰り返し言われるように, 一途に修行に邁進精進することである. この立場から既成の形骸化した仏教が批判され, むしろ自由に機に応じて在家の職業生活や念仏にも意義が認められている.

﨟 ろう　〈臘〉の俗字. 元来, 年の暮れをいう語であるが, 仏教では, 僧侶が*具足戒を受けた後, *一夏90日間の修行(夏安居)を終えること. 暦の上での生年を数える〈世寿〉に対し, 僧侶の修行年齢を示し長幼の序を決定するのに用いる. 〈戒﨟〉〈法﨟〉〈夏﨟〉〈坐﨟〉とも.「年頃一﨟なる老僧別当にてありけるに, 次の﨟なる僧ありて」〔今昔28-18〕. →戒臘, 法臘.

籠山 ろうざん　山籠りして修行するの意. その者を〈籠山僧〉〈籠山*比丘〉といい, 山岳に入って外界との境を定めて籠山*結界し, 一定期間は下山しない. *最澄は天台宗の*学生養成のため, *比叡山に12年の籠山制度を設けて*止観・*遮那の両業を修得させることを制し, 818年(弘仁9)『天台法華宗年分学生式』として朝廷に上奏した. なおまた, 山岳修行が盛んになるにつれ, 各地の霊山などに修行道場として, 籠山堂が建てられるようになった.「籠山僧は内界の地際を出づべからざること. 東は悲田を限り, 南は般若寺を限り, 西は水飲を限り, 北は楞厳院を限り, 此の外にこれを出づべからず」〔天台座主良源起請天禄1.10.16〕

老子 ろうし [Lǎo zǐ]　『史記』「老子伝」によれば, 姓は李, 名は耳, 字は聃, 楚の苦県厲郷曲仁里(今の河南省鹿邑県付近)の人. 周の蔵書室の役人. また*孔子が老子のもとに行き礼を学んだこと, 関所の長の尹喜の求めにより五千余言の〈道徳〉の書(『老子』『道徳経』という)を著して去ったとされる. しかし「老子伝」の記事も曖昧であり, 老子は実在の思想家ではなく道家がその祖として作り上げた架空の人物であるとの説もある. 『道徳経』では, 天地万物を生成する根源的実在である〈*道〉を説き,〈道〉は人間の作為を超えた無為自然であるとする. 初期の漢訳仏典では, bodhi(*菩提と音写)が道, nirvāṇa(*涅槃と音写)が*無為と訳されるなど, 翻訳に老子の術語が利用されたり, śūnya(*空)が老子の*無によって解釈されたりなど, 中国仏教の発展に大きな思想的影響を与えた.

一方, 老子は2世紀半ばから神格化され〈老君〉そして〈太上老君〉と称せられ, さらにその〈道〉を神格化した〈太上道君〉〈元始天尊〉とともに道教の最高神となった. こうした展開と並行して, 周を去り関所を出た老子は西域・インドに行って*釈迦となり, 仏教を説いて胡人を教化したという〈老子化胡説〉が生まれ, *『老子化胡経』が作られた. 本来この伝説は仏教を抑える意図から道教側が説いたとも, 逆に仏教を中国人に理解させる方便として仏教側が作ったともいわれるが, 六朝以後の仏教・道教論争においては, 仏教側から『化胡経』は激しく論難された. →道, 道教, 老荘思想, 仏道論争.

老師 ろうし　広く学行に長じた老僧に対する敬称. 禅門では*師家に対する敬称. 〈老〉とは単に年齢の老いたことをいうのではなく, むしろ老練・老熟の老である. 広く〈老宿〉を指していう場合もある.「此の国にては老師行善とぞ云ひける」〔今昔16-1〕「華叟老師光を掩ふて後, 既に二十余稔におよぶなり」〔狂雲集〕

『老子化胡経』 ろうしけこきょう　道教の開祖とされる*老子が天竺に旅行して, 胡人(インド・西域の人々)に*道徳を説き教化を行なった(化胡)ということを主題とする道教の経典. 西晋の道士, 王浮の作とされる(『高僧伝』帛遠伝). 〈老子化胡〉のことは,『史記』老子伝に「老子, 関(函谷関, 一説に散関)に至り…道徳の意五千余言を言いて去る」とあり,『後漢書』襄楷伝に「或は言う, 老子は夷狄に入りて浮屠と為る」, 裴松之の『三国志注』に引く『魏略』西戎伝に「老子, 西のかた関を出で，西域を過ぎ天竺に之き，胡を教う」とあるのなどに基づき，道教の仏教に対する優位を主張するため，経典として捏造された．その後，仏教側からその虚偽性がしばしば批判攻撃され，元の世祖の至元18年(1281)，ついに「誕妄の説」として焚毀された．現在は羅振玉の『敦煌石室遺書』に収める十巻本『老子化胡経』残巻などによって，その具体的内容を知りうるが，後次的な付加が多く，王浮の原本とは大きく異なっている．

老荘思想 ろうそうしそう　司馬遷『史記』老子伝に，楚の苦県(河南省鹿邑県)の出身で周の王朝の「守蔵室の史」(宮廷図書館の司書)であったと記す老聃(李伯陽，*老子)の著述『老子道徳経』(『老子』ともいう)2篇，同じく『史記』荘子伝に，宋の蒙(河南省商邱市)の人でかつて郷里の漆園管理の小役人であったという荘周(*荘子)の学説を記録する「十余万言」の『荘子』，この両書に説かれている宇宙と人生の根源的な真理〈道〉(どう)の自覚もしくは体得を究極の目的とする学術教説を総称して〈老荘思想〉と呼ぶ．〈道〉をその思想の中核とするので，〈道家〉(道の真理を説く学派)ないし〈道家思想〉とも呼ばれる．『史記』の著者司馬遷の父司馬談によれば，道家の思想の本質は〈無為〉と〈無不為〉を重んじ，「虚無を本(体)とし，因循(随順)を用として」「万物の情を究め，万物の主と為る」〔論六家之要旨〕ことにあり，『漢書』の著者班固によれば，そのような道家者流(道の哲学者グループ)は「成敗，存亡，禍福，古今の道を歴記する史官(歴史の記録者)から出た」〔芸文志諸子略〕という．

『老子』と『荘子』を一体化する〈老荘〉の語の初見は，紀元前2世紀，漢初に成った『淮南子』要略の「験を老荘に考える」であり，老荘思想の盛行は3世紀，魏の時代である．わが国では8世紀の半ば，奈良朝末期に成った『懐風藻』に載せる越智広江の「荘老は我が好む所」〔述懐〕が最古の用例で，老荘思想に最も深い理解と傾倒を示している知識人は，「老荘を魂にかけて風雅を肺肝の間に遊ばしむ」〔悼松倉嵐蘭〕と言った*松尾芭蕉である．→道，道教．

【漢訳仏典への影響】この老荘思想と仏教との関連では，サンスクリット語 bodhi(*菩提)の意訳語に老荘の〈道〉を，nirvāṇa(*涅槃)の意訳語に老荘の〈*無為〉を，buddha(*仏陀)に『荘子』斉物論の〈*覚者〉もしくは〈大覚〉を，arhat(*阿羅漢)に『荘子』大宗師の〈*真人〉を，śramaṇa(*沙門，*桑門)に『荘子』天下の〈道人〉を，というように，仏典の漢訳に老荘の思想用語が多く用いられているのがまず注目される．また，「是れを仏道に通達すと為す」〔維摩経仏道品〕の*僧肇の注釈に「道を以て道と為さざれば…是非は心に絶ち…光を塵労に和す」とあって，経文の「仏道」を『老子』の「道の道とすべきは常の道に非ず」(1章)，「其の光を和して其の塵に同じくす」(4章)などで解釈し，「是の身に主無し」〔維摩経方便品〕については僧肇は「聚まりて生と為り，散じて死と為る…何ぞ真宰常主の者有らんや」と注釈して，経文の「無主」を『荘子』の「人の生は気の聚まりなり．聚まれば則ち生と為り，散ずれば則ち死と為る」〔知北遊篇〕，「真宰有るがごとくにして特だ其の朕を得ず」〔斉物論篇〕などで解釈しているように，漢訳された仏典の教義解釈に老荘思想が多く用いられている．

【仏教理解に果した役割】こうして，仏教がどのような宗教であるかの理解・解説においても，たとえば「仏とは漢の言に覚なり．まさに群生を悟さんとするなり．其の教は…専ら清浄を務め…意を息め欲を去てて無為に帰するなり」〔後漢紀10〕のように老荘思想がその根底基盤に置かれ，また「(浮屠の)道は清虚にして無為を貴尚し…慾を省き奢を去つ．…或は言う，老子は夷狄に入りて浮屠と為りしなりと」〔後漢書襄楷伝〕のように，浮屠(仏陀)と老子を混合し一体化しようとする動きが顕著となる．インド仏教で説かれる「一切衆生は悉く仏性を有す」〔涅槃経師子吼菩薩品〕すなわち成仏の可能性を持つのは*有情の存在に限られるという教説が，「道は在らざる所なし…稊稗に在り…瓦甓に在り…屎溺に在り」〔荘子知北遊〕の万物斉同の哲学によって，無情の存在も*仏性を持つと拡大解釈され(『金剛錍論』)，「如何が是れ仏」の問いに対して，「乾屎橛(乾いた屎かき橛)」〔無門関21則〕「麻三斤」〔碧巌録12則〕と答えるのも，老荘思想が大きな役割を果していると見ることができよう．

なお，*道元の「草木国土これ心なり．心なるが故に衆生なり．衆生なるが故に仏性有り」〔正法眼蔵仏性〕もまた，同様に老荘の「道は在らざる所なし」の思想の延長線上に位置づけられる．

臘八 ろうはち　〈ろうはつ〉とも．宋の呉自牧『夢粱録』7に「十二月八日，寺院これを臘八と謂う」とあり，釈尊の*成道の日をいう．また，〈臘八接心〉の略．禅院では釈尊の成道に因んで，自らの修行を策励し，かつまた仏恩に報いるため，12月1日から12月8日の朝まで，横に臥して眠ることなくひたすら坐禅を行ずるならわしである．「(釈尊は)臘八の暁はじめて大悟して，後，万衆の機に応じて法をとく」〔合水集中〕

良弁 ろうべん　689(持統3)–773(宝亀4)　奈良時代の学僧．相模国(神奈川県)柒部氏の出身．また百済氏とも近江国(滋賀県)志賀里の人とも．*義淵から法相教学を，*審祥から華厳教学を学ぶ．733年(天平5)金鐘寺(後の東大寺*三月堂)を建立，以後*法華会の創始など東大寺経営に尽力，*大仏開眼後初代*別当となった．また僧官としても順調に出世し745年(天平17)律師，没時には僧正．*『東大寺要録』によれば東大寺建立を*聖武天皇に勧めたのは良弁であったという．別名，根本僧正・金鷲菩薩．なお良弁が幼時鷲にさらわれて山城国多賀(異伝に春日山中)に遺棄され，出家大成後父母と再会した話は『東大寺要録』巻1以下中世諸書にも見え，いわゆる良弁杉の伝説として著名．同類のモチーフに取材したものに『神道集』巻6–33の「三島大明神之事」があり，それはさらに室町物語『みしま(三島)』に展開した．

ローカーヤタ [*s*: Lokāyata]　インドで唯物論的快楽主義を唱えた一派に対する呼称で，〈チャールヴァーカ〉(Cārvāka)とも呼ばれる．漢訳仏典では〈路伽耶陀〉などと音写，〈順世(間)〉などと訳される．彼ら自身の文献は散逸したが，開祖として仰がれる太古の聖賢ブリハスパティ(Bṛhaspati)に帰されたスートラ(簡潔文)が若干，他派の文献に引用されている．実在するのは4元素のみで，不滅の霊魂も来世も神も因果応報の道理も存在せず，感覚のみが唯一確かな認識方法で，推理も宗教聖典もあてにならない，現世を満喫するのが最高善である，と主張した．宗教・伝統通念に対して論法鋭い批判を浴びせる彼らは，「無味乾燥な論理」をもてあそぶ「不信の徒」(ナースティカ nāstika)としてインド思想界では忌み嫌われた．唯一現存するのはジャヤラーシ(Jayarāśi)の作品であるが，彼の思想はむしろ徹底した懐疑論といえる．→唯物論．

六因・四縁・五果 ろくいん・しえん・ごか　あらゆる原因を6種に分類して〈六因〉を立て，4種に分類することによって〈四縁〉を立てる．また，結果は5種に分類されて〈五果〉が立てられる．

【六因】1)ある事物が生じる時に，その生起の妨げとならないという点で，それ以外のすべての事物はその事物の原因となる．これに他の因には分類されない補助的原因を加えたものは，広い意味での原因(能作)であるから〈能作因〉とされる．能作因は，妨げないという点においてすぐれている(*増上)から，その結果を〈増上果〉とする．2)事物が互いに依存関係にある(俱有)時，それら事物は相互に因となり果となる関係にある．この場合，原因を〈俱有因〉，結果を〈士用果〉(人のはたらきのような因の作用による結果)とする．3)心と心の働き(*心所)が互いに結びつく(*相応)時，それらは相互に因となり果となる関係にある．この場合の原因を，俱有因とは別に立てて，〈相応因〉とする．ただし結果は士用果である．4)*刹那滅である事物が存続するように見える時，前の瞬間の事物は，次の瞬間の同じ事物の原因となる．これが〈同類因〉で，結果を〈等流果〉(因から等しく流れ出る結果)とする．5)苦諦を明察することによって断たれる(見苦所断)五*見・*疑・*無明と，集諦を明察することによって断たれる(見集所断)*邪見・見取見・疑・無明，それら11種の*煩悩は，所属する界・地のあらゆる*法を対象として働き(遍行)，同じ界・地に属するすべての煩悩(見道所断・修道所断の煩悩)を引き起こす原因となる(遍行)から，〈遍行の煩悩〉と呼ばれる．この遍行の煩悩ならびにそれと共に生じる心の働きなどが，同じ界・地に属する煩悩ならびにそれと共に生じる心の働きなどを引き起こす場合，その原因たる遍行の煩悩などを，同類因とは別に立てて，〈遍行因〉とする．ただし結果は等流果とされる．6)善悪の行為などは時間をおいて善悪とは異なる*無記(むき)の楽苦を結果として引き起こす(*異熟(いじゅく))．その善悪の行為などが〈異熟因〉で，〈異熟果〉を結果とする．

【四縁】1)〈増上縁〉は増上果を結果とする．2)心が連続して生起するとき，善悪などの違いがあったとしても，前の瞬間の心と心の働きは直後の心などに対してその生起の原因となる．これが〈等無間縁(とうむけんねん)〉(果と共通性をもつ直接の原因)であり，増上果をその結果とする．3)認識(*識)が生じる原因となる認識の対象(所縁(しょえん))が〈所縁縁(しょえんねん)〉であり，その結果は増上果とする．4)上記の六因から能作因を除いた五因が，〈*因縁(いんねん)〉(因たる縁)であり，士用果・等流果・異熟果をその結果とする．→四縁．

【五果】既出の増上果・士用果・等流果・異熟果の他に，煩悩の止滅(離繋(りけ))を〈離繋果〉として立てて五つとする．ただし，煩悩の止滅は，正しい智慧に基づくものではあっても，通常の因果関係に束縛されるものではない．それ故，離繋果は原因を持たない結果とされる．

『鹿苑日録』 ろくおんにちろく　*相国寺(しょうこくじ)鹿苑院(ろくおんいん)院主の，*僧録(五山派禅林の寺院・僧侶の管理役)としての執務記録を中心とする日記．158冊．景徐周麟(けいじょしゅうりん)ら歴代の院主の記述による，長享1年(1487)-享和3年(1803)の記事を載せる．原本は関東大震災により大部分焼失したが，翻刻が作成されてあり，また若干の院主の記録写本が残る．幕府の政策をうかがううえで貴重な資料．なお，僧録の輔佐役であった蔭涼職(いんりょうしょく)の記録が*『蔭涼軒日録』として伝わっている．

六観音 ろくかんのん　地獄・餓鬼などの*六道(ろくどう)世界に*輪廻(りんね)する衆生(しゅじょう)を救うために6体集成された観音．中国で天台大師*智顗(ちぎ)の提唱した大慈・大悲以下の六観音が最初だが，わが国では雨僧正*仁海(にんがい)が用いたとされる*聖(しょう)観音(地獄道)，*千手(せんじゅ)観音(餓鬼道)，*馬頭観音(畜生道)，*十一面観音(阿修羅(あしゅら)道)，*准胝(じゅんでい)観音(人(にん)道)，*如意輪(にょいりん)観音(天道)の6尊が主に造顕された．天台宗では准胝観音のかわりに*不空羂索(ふくうけんじゃく)観音を立てる．両尊を含めて〈七観音〉と称することもある．六観音完具の例としては*大報恩寺(千本釈迦堂)の彫像(1224年，*定慶)が著名．「六観音は，六道のためにとおぼしめしたり．本誓を思ふに，いとあはれなり」〔栄花鳥の舞〕

六牙の白象 ろくげのびゃくぞう　1 *釈尊(しゃくそん)の入胎(にったい)の象徴．釈尊の母マーヤー夫人(*摩耶夫人(まやぶにん))が，六牙の白象が胎内に入るのを夢にみて釈尊をみごもったと*仏伝(ぶつでん)に記されている．後世6本の牙(きば)を*菩薩(ぼさつ)の修行徳目である六度(*六波羅蜜(ろくはらみつ))あるいは菩薩の神通(じんずう)である六通(*六神通)であると解釈されることもある．

2 *普賢(ふげん)菩薩の乗物．法華経の行者を*悪魔や*羅刹(らせつ)が悩ますようなときは，六牙の白象に乗って普賢菩薩が現れると法華経に説かれる．「白き色の菩薩(普賢菩薩)白象に乗りて，漸く下りおはします」〔今昔20-13〕

六斎日 ろくさいにち　⇒斎日(さいにち)

六斎念仏 ろくさいねんぶつ　*踊念仏(おどりねんぶつ)の一種．月のうち8・14・15・23・29・30の6日を〈六斎日(ろくさいにち)〉といい，古代の南方仏教ではウポーサタ(*布薩(ふさつ))を行う日である．はじめはその六斎日の時に行われた．*死霊(しりょう)や*怨霊(おんりょう)の鎮魂を目的とし，鉦(かね)を打ち，経文に節をつけて唱え踊ったが，やがて笛や太鼓が加わるようになった．主として京都近辺で多く行われ，*盂蘭盆(うらぼん)や地蔵盆のころに演じられる．*空也(くうや)を始祖として発生したと伝えられる．ちなみに『空也上人絵詞伝』下は「毎月斎日ごとに太鼓・鐘をたたき念仏唱へ，衆生を勧め給ひて，往生する人ある時は太鼓・鐘をたたきて念仏を申し，有縁無縁の弔ひをなし給ふなり．是れに依りて，俗呼びて六斎念仏といひ伝へたり」とする．「大肩ぬぎ，撥(ばち)おって，南無阿弥陀南無阿弥陀，と六斎念仏高々といたしければ」〔噺・きのふはけふの物語〕

六字 ろくじ　〈*南無阿弥陀仏(なむあみだぶつ)〉の六字の*名号(みょうごう)をさす．〈六字の御名(みな)〉ともいう．六字の御名を称することは浄土の教えの根幹とされている．また〈六字*陀羅尼(だらに)〉の略で，〈六字の*真言しんごん〉ともいう．2種あり，一つは*文殊菩薩もんじゅぼさつの六字の真言，もう一つは請観音経(詳しくは請観音菩薩消伏毒害陀羅尼咒経)に基づいて立てられた*六観音の真言で，これらを誦して祈願することを〈六字法〉という．なお，請観音経を読誦することを六字御読経みどきょうと称し，また河に船を浮べて観音の六字法を修することを六字河臨法かりんほうと呼ぶ．

「南無とは十方衆生なり，阿弥陀とは法なり，仏とは能覚の人なり．六字をしばらく機と法と覚との三に開して，つひには三重が一体となるなり」〔一遍語録〕「仁平三年四月日，中宮御産の間，六字の御念誦の次ついでに」〔阿娑縛抄 86〕

六時 ろくじ　読経・法要などを行うために昼夜をそれぞれ三分したもので，昼を〈晨朝じんじょう〉〈日中にっちゅう〉〈日没にちもつ〉，夜を〈初夜しょや〉〈中夜ちゅうや〉〈後夜ごや〉に区分する．*阿弥陀経あみだきょうには，浄土では昼夜六時に*曼陀羅華まんだらけを雨ふらすとの叙述がある．*善導ぜんどうは，浄土往生を願う者が昼夜六時に仏を礼拝讃歎するための偈文げもんとして*『往生礼讃偈』を著し，これは浄土宗の儀式上，重要な聖典となっている．日本では，*源信の『六時讃』が有名．なお，〈六時〉は，1年を寒暑に応じて6期に分けた古代インドの季節区分にも使われる．

「昼夜に法花経を読誦して，六時に礼懺らいさんを行ずる事止とどまらず」〔今昔 7-17〕

六識 ろくしき［s: ṣaḍ-vijñāna］　眼げん・耳に・鼻び・舌ぜつ・身しん・意いの6種の識．眼識から身識までの〈五識〉(前五識)と*意識からなる．〈識〉(vijñāna)は*分別や判断などの認識作用，またはそれを行う認識主体としての心をいう．一般的には後者のような認識主体としての意味でいわれる場合が多い．それぞれの識は，それと対応する6種の感官(*六根ろっこん)と，およびその対象(*六境ろっきょう)とによって起こる，といわれる．また，*根・*境・識の和合によって認識がなされるとされることもある．アビダルマ(*阿毘達磨あびだつま)仏教では心のあり方をこの六識に分析するが，*唯識派ゆいしきはの仏教では，それに第七識としての*末那識まなしき，第八識としての*阿頼耶識あらやしきを加えて〈*八識はっしき〉とする．→識，心こころ，意．

「我が心は六識分別の妄心なるゆゑに，彼の土の修因にあらず」〔一遍語録〕「妄語・邪推，種々の不実は第六識(意識)の妄想の識なり」〔雑談集 4〕

六字経曼荼羅 ろくじきょうまんだら　六字神呪経などの説による*調伏ちょうぶく・息災を修する六字経法の本尊．大白円光(大月輪がちりん)の中央に，赤衣を着し，定印じょういん上に*輪宝りんぼうをおく如来形にょらいぎょうの釈迦金輪しゃかきんりんを中心に，直下の聖観音しょうかんのんから右回りに千手せんじゅ・馬頭ばとう・十一面・准胝じゅんてい・如意輪にょいりんの*六観音と*梵字ぼんじをめぐらす．上方には2供養天，下方海中の左右には大威徳だいいとく・不動の2明王を配し，中央山上の大円鏡のまわりに六神形がめぐる．2明王は*降魔ごうま，鏡は除魔を示す．遺品に*醍醐寺だいごじ本(室町時代)がある．→別尊曼荼羅．

六師外道 ろくしげどう　ゴータマ-ブッダとほぼ同時代の紀元前5-6世紀頃，ガンジス河中流地域の*マガダ地方を中心に活躍した6人の思想家．彼らは*ヴェーダ聖典と祭祀を批判し，伝統的なバラモン(*婆羅門ばらもん)に対立する*沙門しゃもん(p: samaṇa, s: śramaṇa)として自由な考え方をしたので，自由思想家といわれる．*ジャイナ教を除く5つの教団の聖典は現存せず，長阿含経じょうあごんきょう(p: Dīgha-nikāya)に属する*沙門果経(p: *Sāmaññaphala-sutta*)が最も詳しく彼らの思想を伝え，〈六師外道〉と総称される．

1)プーラナ-カッサパ(p: Pūraṇa Kassapa, 不蘭迦葉)＝〈道徳否定論〉 悪業も善業も何の果報もなく，倫理性は否定される．

2)マッカリ-ゴーサーラ(p: Makkhali Gosāla, 末迦梨瞿舎利)＝〈決定論〉 世界は霊魂・地・水・火・風・虚空・得・失・苦・楽・生・死の12の要素からなる．彼は*アージーヴィカ教(Ājīvika, 邪命外道じゃみょうげどう)の開祖であり，*マウリヤ王朝までは有力な宗教であったことが知られ，後にジャイナ教に吸収された．

3)アジタ-ケーサカンバラ(p: Ajita Kesakambala, 阿耆多翅舎欽婆羅)＝〈唯物論〉 地・水・火・風の4元素のみが実在であり，このような唯物論の思想を*ローカーヤタ(Lokāyata, 順世派じゅんせは)，あるいはチャールヴァーカ(Cārvāka)と呼ぶ．

4)パクダ-カッチャーヤナ(p: Pakudha Kaccāyana, 婆浮提伽旃那)＝〈七要素説〉

人間は地・水・火・風・苦・楽・生命の7要素から構成され，これらの要素は不変で，創造されたものでもなく，他を産出するものでもない．

5)サンジャヤ-ベーラッティプッタ(*p*:Sañjaya Belaṭṭhiputta，散若夷毘羅梨沸)＝〈懐疑論〉形而上学的問題について確定的な解答を避けたので，懐疑論者・不可知論者として知られる．ブッダの二大弟子サーリプトラ(*舎利弗しゃりほつ)とモッガッラーナ(*目連もくれん)はこの教団に属していたが，同門の250人を引きつれて仏教に帰依した．

6)*ニガンタ-ナータプッタ(*p*:Nigaṇṭha Nātaputta，尼乾子)＝ジャイナ教の開祖，尊称はマハーヴィーラ(*s*, *p*:Mahāvīra)．六師外道としての彼の思想は諸伝承で異なるが，*阿含経にはジャイナ教の記事が散見し，対立する教団の反目を伝えている．

彼らの思想に共通するのはバラモン教の開展説に対して〈集積説しゅうせきせつ(積聚説しゃくじゅうせつ)〉(ārambha-vāda．→積聚)の立場を採り，*業ごう・*輪廻りんねをめぐるいくつかの極論も，経済の繁栄にともなう物質的享楽とその反動の産物であり，現代の問題と無縁ではない．

六地蔵 ろくじぞう　地蔵菩薩は*六道ろくどうの*能化のうけとして説かれるが，その信仰が発展して日本で考案された6人の菩薩．*『覚禅抄かくぜんしょう』地蔵巻下には，大定智悲・大徳清浄・大光明・清浄無垢・大清浄・大堅固の名をあげ，それぞれ地獄・餓鬼・畜生・修羅・人間・天界の六道を守護し*教化きょうけするという．名称には異説が数種ある．寺や墓の入口，辻などに石像をみかけることが多い．江戸時代，主街道の出口に造立された江戸六地蔵をはじめ，庶民の生活に根づいた菩薩群で，六地蔵めぐりは各地で今も盛んである．「六地蔵の等身の綵色の像を造り奉りて，其の堂に安置して，法会を設けて開眼供養しつ」〔今昔17-23〕．→地蔵，地蔵信仰．

六趣 ろくしゅ　⇒六道ろくどう

六十二見 ろくじゅうにけん　仏陀(釈尊)時代に現れた種々の意見，見解の総称．パーリ長部経典の中の梵網経ぼんもうきょうに詳説される．その中心課題は，*我が(attan)と*世界(loka)の二つで，過去に関して常住論(我と世界が*常住であるとする説．4)，一分常住論(我と世界の一部のものが常住であり，その他は*無常であるとする説．4)，辺無辺論(世界が有限であるか無限であるかを論ずる説．4)，詭弁論(*六師外道ろくしげどうの中のサンジャヤ説に代表される懐疑論ないし不可知論．4)，無因論(我と世界の生起に原因はないとする説．2)の計18見があり，未来に関して有想論(我は死後に想念をもって存在するという説．16)，無想論(我は死後に想念をもたないで存在するという説．8)，非有想非無想論(死後に想念があるのでもなく，無いのでもないという説．8)，断滅論(我は死後に存在しないとする説．7)，現在涅槃論(現在の快楽の立場，あるいは*四禅の境地がそのままで*涅槃であるという説．5)の計44見を数える．仏陀は，これらの見解を斥けて，*無記・*中道の立場から*縁起を説いた．

六十六部 ろくじゅうろくぶ　日本全国六十六州の霊場をめぐり，書写した法華経を一部ずつ奉納する行脚あんぎゃ僧，またその書写した経典をいう．〈六部〉と略称され，〈廻国〉ともいう．北条時政が*江ノ島弁財天に*参籠さんろうして，その前生に「六十六部の法華経を書写して，六十六箇国の霊地に奉納」〔太平記5．時政参籠〕したとの示現を感得したことがこの風習の起源となったとする説(『倭訓栞』)もあるが，すでに鎌倉末期にその萌芽を見，江戸期に流行した習俗．村人からは畏怖と賤視の対象とされ，村はずれで一夜を過ごした六十六部が，神々の声を聞いて生まれた子供の寿命を予言する昔話や，村人が旅の六十六部を殺害して金品を奪ったという〈六部殺し〉の伝承が生まれた．近世には六十六部に身をやつした物乞いも多かったという．「鼻の落ちたる餅屋は，六十六部にさへきたなまれぬ」〔鶉衣〕「古郷ふるさとへ廻る六部は気の弱り」〔柳多留初〕．→廻国．

六種供養 ろくしゅくよう　密教で本尊に供養する6種の*供物くもつで，*閼伽あか・塗香ずこう・*華鬘けまん・*焼香しょうこう・飯食ぼんじき・*灯明とうみょうの総称．順に布施ふせ・持戒じかい・忍辱にんにく・精進しょうじん・禅定ぜんじょう・智慧ちえの*六波羅蜜ろくはらみつが配当される．このうち閼伽は洗足と漱口そうこうのための水を意味するが，これを除くと〈五種供養〉という．六種供養の実物を用意して行う〈事じ供養〉に対し，*手印しゅいんと*真言しんごんのみで象徴的に行う〈理供養〉の別がある．いずれにしても本尊を念ずる正念誦の前の〈前供養〉と，本尊以外の諸尊を念ずる散念誦の後の〈後供養〉の二度行われる．なお，6種の供物を本尊に供えて供養文を読み，その功徳を自他に振り向けるむねの*廻向文を読み上げることを〈六種廻向〉という．「弟子来たりて云はく『速やかに六種廻向し給へ』と」〔今昔 15-24〕．→供養．

六勝寺 ろくしょうじ　〈りくしょうじ〉とも読む．平安末期に天皇ないしは皇后の*発願によって，現在の京都市左京区の岡崎周辺に相次いで建立された，「勝」の字のつく六つの真言宗系の寺院．白河天皇の御願寺で1077年(承暦1)に落慶供養が行われた〈*法勝寺〉が最初で，以後，堀河天皇の〈尊勝寺〉(1102)，鳥羽天皇の〈最勝寺〉(1118)，待賢門院(鳥羽天皇の皇后)の〈円勝寺〉(1128)，崇徳天皇の〈成勝寺〉(1139)，近衛天皇の〈延勝寺〉(1149)と続いた．主として受領層の財力によって堂塔が建立されたり，法会が執行されることが多く，院政期に全盛を極めたが，南北朝期までにはほとんど衰退し，応仁の乱で廃絶した．*仁和寺御室が総*検校として六カ寺を統括し，各寺に置かれた*別当も仁和寺関係の僧が任命されることが多かった．

六成就 ろくじょうじゅ　経典の*序分(通序)を六つに分け，それぞれに成就の意味があることを言い，〈六種成就〉とも呼ばれる．たとえば法華経の「如是我聞．一時仏住．王舎城．耆闍崛山中．与大比丘衆．万二千人倶」(是くの如く我聞けり．一時仏は王舎城の耆闍崛山の中に住し．大比丘衆万二千人と倶なりき)について言えば，「如是」を，*阿難自身の経典に対する信順を示すことにより信成就，「我聞」を，阿難自身が聞くことにより聞成就，「一時」を，説法の時を示すことにより時成就，「仏」を，説法の主を示すことにより主成就，「在王舎城」などを，所説の道場を示すことにより処成就，「与大比丘衆」などを，一座同衆の者を示すことにより衆成就とする．中には六種のうち一部を欠いた経典もあるが，意味上はこれらを全て備えており，この六種が揃ってはじめて仏の教えが説かれるから，それぞれに「成就」の語をつけると説明する．経典序分の解釈は，この六成就を代表とし，他に五成就や七成就などの説もある．

六塵 ろくじん　[s: ṣaḍ-viṣaya]　*色・声・香・味・*触・*法の6種の認識の対象．*新訳の〈六境〉と同じ．これらは執着の対象として衆生の心を汚すので〈*塵〉と漢訳されたのである．「一念の迷心により，六塵の妄境を現じ，むなしく煩悩業をつくりて，その中に苦患をうけ」〔沙石集 5末-8〕．→六境．

六神通 ろくじんずう　[s: ṣaḍ-abhijñā]　〈六通〉ともいう．人知を超えた次の6種の自由自在な能力．〈*神足通〉は以下の五つの神通に含まれないさまざまな超能力の総称．たとえば飛行・変身．〈*天眼通〉は衆生の転生の状態を知る能力．または，あらゆるものを見通す能力．〈天耳通〉はあらゆる音を聴く能力．〈他心通〉は他人の考えていることを知る能力．〈*宿命通〉は過去世の生存の状態を思い出す能力．〈*漏尽通〉は自己の煩悩が尽きたことを知る能力．この中の天眼通・宿命通・漏尽通を別出して〈*三明〉ともいう．「六手は，六度菩薩の六神通をもって六道の衆生を利益することを表す」〔澄憲作文集〕．→神通．

六随念 ろくずいねん　[s: ṣaḍ-anusmṛti]　〈六念〉〈六念処〉ともいう．仏・法・僧・戒・施・天を心に思いとどめること．われわれが常に心にとどめて修行の助けとすべき6種である．それぞれの*功徳や*相を思い浮かべて，いましめ手本とする．→十念，念仏．

六相 ろくそう　華厳教学において，*諸法一つ一つの上に*円融しているとされる6種の性質．1)総相(全体性)，2)別相(個別性)，3)同相(同一性)，4)異相(相違性)，5)成相(生成性)，6)壊相(破壊性)よりなる．この六相が融合一体化していることを〈六相円融〉という．

1)家には椽や瓦などが具わっているように，一法が多徳を具えていることが〈総相〉，2)椽や瓦など各々は別個のものであるように，一法を成ずる諸*縁が別々であることが〈別相〉，3)椽や瓦などが協力して家を構成しているように，諸縁が和合して相反しないことが〈同相〉，4)椽や瓦などがそれぞれ独自のものであるように，諸縁それぞれに独自のすがたがあって相互に区別のあることが〈異相〉，5)椽や瓦などによって家が成立しているように，諸縁によって一法が成じていることが〈成相〉，6)椽や瓦などが独自の役目を果たしているように，諸縁がそれぞれのあり方から移動せず根本的に不作為であることが〈壊相〉である．1)と2)，3)と4)，5)と6)がそれぞれ対になっており，現象的存在の*無礙(むげ)なる*縁起性を3種の見方で捉えたものとなっている．この六相説は*十地経(じゅうじきょう)を淵源とし，浄影寺の*慧遠(えおん)，華厳宗第2祖の*智儼(ちごん)を経て，華厳宗第3祖の*法蔵(ほうぞう)によって完成された．

六即 ろくそく　天台教義では初発心(しょほっしん)から仏果に到るまでの階位を，諸経論の説を踏まえて*三蔵教(さんぞうきょう)・*通教(つうぎょう)・*別教(べっきょう)・*円教(えんぎょう)の四教に分けて体系的に論ずるが，それとは別に円教独自の六即説を立てる．円教においては，本質的に衆生即仏である点を〈即〉で示し，修行面について6種の段階がある点を〈六〉で示す．1) 理即(本来的に成仏している)，2) 名字(みょうじ)即(これを概念として理解する)，3) 観行(かんぎょう)即(体験しようとする*観心修行)，4) 相似即(*六根清浄(ろっこんしょうじょう)となり真の悟りと相似する)，5) 分証(ぶんしょう)(真)即(*真如(しんにょ)の部分を体現する)，6) 究竟(くきょう)即(完全なる悟り)をいう．〈即〉という仏と衆生の同一平等性によって自己卑下から免れ，〈六〉という差別によって*増上慢(ぞうじょうまん)から免れるとする．なお，別教の菩薩の*五十二位と対応させると，相似即が十信に，分真即が十住・十行・十廻向・十地・等覚に，究竟即が妙覚に相当する．観行即は*智顗(ちぎ)が新設した十信の前の五品弟子位に相当する．「自他ともに利して，疾(と)く六即に遷(うつ)り，永く三徳に入らしむ」〔比叡山天台法華院得業学生式〕．→即．

『六祖壇経』 ろくそだんきょう　弟子の法海によって編集された，禅宗の第6祖，*南宗(なんしゅう)の祖とされる曹渓*慧能(そうけいえのう)の言行録であり，南宗が禅の主流派を形成した後は，経典に準ずる扱いを受けて尊ばれてきた．現行本は，1291年に元の宗宝が刊行した本を祖本とするもので，冒頭に徳異(とくい)や契嵩(かいすう)の序文を付している．全体は「自序品第一」「般若品第二」「決疑品第三」「定慧品第四」「妙行品第五」「懺悔品第六」「機縁品第七」「頓漸品第八」「護法品第九」「付嘱品第十」の10章から成り，慧能の自叙伝や僧俗に対する説法，弟子との問答，入滅時の教誡などが記されている．そこからは，〈*煩悩即菩提(ぼんのうそくぼだい)〉や〈*無念〉〈*定慧等学(じょうえとうがく)〉などの主張や，西方往生に対する否定的な見解などを窺うことができるが，本書には，成立上，大きな問題があるため，その全てを慧能の思想と考えることはできない．

本書には多くの異本が知られているが，最も古い*敦煌(とんこう)本ですら，すでに数次に亘る増広を経た後のものであると見られている．近年の説では，その原形は，刺史の韋璩(いきょ)の求めに応じて慧能が韶州の大梵寺で*菩薩戒(ぼさつかい)を授けた際の説法を中核とし，それに入滅時の様子などを加えた比較的小規模のものであり，その後，*荷沢宗(かたくしゅう)の人々が，これを取り上げて自派の主張を数次にわたって書き込んで成立したのが敦煌本の祖本であるとされる．敦煌本成立の意義は重大であり，これによって慧能の6祖としての正統性が確立され，*南頓北漸(なんとんほくぜん)説や慧能と金剛経(*金剛般若経(こんごうはんにゃきょう))との結びつき，〈伝法偈(でんぼうげ)〉〈伝衣(でんえ)説〉などが定説となったことは後世に大きな影響を残した．現行本は，その後，禅の主流となった*洪州宗(こうしゅうしゅう)や石頭宗(せきとうしゅう)の人々が，慧能に自らの祖としての性格を付与するために，さらに増補と改編を行なったものである．

六大 ろくだい　あらゆる存在物を合成し，その本質を構成する地大・水大・火大・風大・空大・識大(精神的要素，特に*有漏(うろ)の*識からなるもの)の六つの根本元素．〈大〉はマハー-ブフータ(mahā-bhūta)の訳で，根本元素の意．六大はまた〈六界(ろっかい)〉(ṣaḍ-dhātu)ともいい，*『倶舎論(くしゃろん)』には地・水・火・風の四界(四大)に空界・識界を加えた六界が説かれる．空海の*『即身成仏義(そくしんじょうぶつぎ)』では特に，世間の事物や生き物も，*法身(ほっしん)*大日如来(だいにちにょらい)もともに絶対の真理(*法爾(ほうに)の六大)を本質としていて，両者間に差異はなく，たがいに融会し*相即相入の関係にあり(六大無礙(むげ))，このような六大がすべての現象の本体であるとする〈六大体大〉の説や，六大によって万有が成立したとする〈六大縁起〉説が強調された．→四大，五大．

「六大の所遍，皆これ我が身なり．十界の所有，ならびにこれ我が心なり」〔性霊集補闕抄 10〕「六大無碍の月晴るる時ありて，四曼相即の花発さくべき春を待ちけり」〔太平記 39．光厳院〕

六道 ろくどう［s: ṣaḍ-gati］ *衆生しゅじょうが自ら作った*業ごうによって生死を繰り返す六つの世界．〈六趣ろくしゅ〉ともいう．*地獄・*餓鬼・*畜生・*修羅（*阿修羅あしゅら）・*人にん・*天の六つ．地獄・畜生・餓鬼…の順序にする伝承や，修羅を地獄におさめる〈五道〉（五趣）の考え方もある．とくに，地獄・餓鬼・畜生を〈三悪道〉（*三悪趣）という．また，この三悪道と対比して，修羅・人・天を〈三善道〉（三善趣）ともいう．gati は，動詞 √gam（行く）に由来し，行くこと，道が原意で，〈道〉〈趣〉と漢訳されるが，六道の場合は〈境涯〉〈生存状態〉の意．*四生ししょうとあわせて〈六道四生〉という．六道に卵生・胎生・湿生・化生の四つの生れかたの分類をあわせたもので，これで輪廻りんねするすべての存在を包括する．六道を輪廻することを〈六道輪廻〉という．「六道四生に廻る事もまた，財たからを貪るに依りてある事なり」〔今昔 4-34〕．→輪廻．

【中国への影響】後漢代に仏教が中国に伝来して以来，輪廻と六道の観念はひろく中国社会に喧伝され，現世中心主義の中国人にとって大きな衝撃となった．とくに地獄のもつイメージの喚起力は，地獄の惨状を描く〈地獄変相図〉や*変文，地獄に堕ちた話を伝える*『冥報記めいほうき』，説話文学などを生み，美術・文学に幅広い影響を与えた．*道教も仏教の六道思想を取り入れ，類似の六道観念を形成した．また，この世で犯した罪により六道を輪廻するという観念は，人々に自己の*罪業を目覚めさせる機縁となり，南北朝時代には，罪を*懺悔さんげし，罪の除滅を願う〈懺悔文さんげもん〉が数多く書かれた．南北朝末期から隋・唐代に*末法まっぽう思想が広まると，六道輪廻の苦しみから衆生を救うという，阿弥陀仏・地蔵・観音への信仰が盛んになった．五代から宋代にかけて*敦煌とんこう壁画には六道が頻繁に描かれ，天台宗では，六道のそれぞれに観音を配する*六観音ろくかんのんへの信仰が盛んになった．

【日本への影響】日本で，六道や地獄などの語の初出は*『日本霊異記』であるが，その六道観念は比較的楽観的なものである．しかし，10 世紀に入り，律令制の崩壊とそれに伴う社会変動・戦乱の中で末法思想・*無常むじょう観が強まるとともに六道観念が深刻にとらえられた．とくに*源信は*『往生要集』や『二十五三昧式』（『六道講式』）に六道の恐しさを描き，文学・美術にも大きな影響を与えた．ちなみに，六道苦を説いて往生十二門を開示した*『宝物集』，「灌頂巻」に〈六道之沙汰〉を立てて全巻の大尾とした*『平家物語』，続発する大火・大風・飢饉・大地震に悪道の業苦を連想した*『方丈記』などは，いずれもその影響下に成った作品である．一方，平安中・末期より六道輪廻の苦を描いた屏風絵や絵巻物，いわゆる〈六道絵〉も盛んに製作されて*絵解きの用などにも当てられた．現存する 12 世紀後半作の*『地獄草紙』*『餓鬼草紙』『病草紙やまいのそうし』などはその代表的なものとされる．

「六道の衆生の心は，明らかなる鏡に像を見るが如し」〔往生要集大文第 2〕

【地蔵信仰】また，変動・戦乱の時期には六観音信仰や*地蔵信仰が広まった．とくに*地蔵は〈六道能化ろくどうのうけ〉とよばれ，六道の衆生をあまねく救うと信じられ，11 世紀には，六道のそれぞれに地蔵がいて衆生を救うという*六地蔵信仰が成立し，鎌倉時代以降には賽の神・*道祖神とも習合し，辻や墓地の入口には 6 体の地蔵がおかれた．そうした辻は，死者が六道に分れ行く場と考えられ，〈六道の辻〉〈六道の巷ちまた〉と呼ばれた．

六道銭 ろくどうせん 死者の副葬品として棺に納める 6 枚の銭貨のこと．銭貨を副葬する風習は中国漢代から大陸各地にあり，日本でも奈良時代から認められるが，平安時代の類例は少なく，今日の六道銭につながるものは中世以降と考えられる．ただし，古墓からの出土例によれば，中世段階ではまだ必ずしも 6 枚には限定されていなかったようである．6 という数は*六道を表し，俗に*三途さんずの川の舟渡し賃と説明される．また埋葬にあたって僧侶がくれる*血脈けちみゃくを冥途行きの道切手として納入する民俗例もある．なお，中国においても類似の習俗として，*紙銭しせんを焼くことが行われる．「我死せば，金柄かねつかの小刀と六道銭上銭六文龕の内へ入れよ」〔仮·因果物語上14〕. →紙銭.

六度集経 ろくどじっきょう　六度とは六波羅蜜のこと. 様々なかたちで伝えられている釈尊の本生譚〈ジャータカ〉を, *菩薩の修行徳目である布施·戒·忍辱·精進·禅定·智慧の六波羅蜜に則して分類し集成した経典. 原典は散逸し呉の*康僧会訳出の八巻本が現存している. 91話の物語よりなり, 大部分はパーリおよび他の漢訳と共通の内容となっている. 内訳は, 第1巻から第3巻が布施26話, 第4巻が戒15話, 第5巻が忍辱13話, 第6巻が精進19話, 第7巻が禅定9話, 第8巻が智慧9話である. 中には本生譚ではないものも含まれているが, これは大乗仏教が高揚する菩薩行に主眼を置いて編纂されているという, 他のジャータカとは異る本経の特徴を反映したものと考えられる. →六波羅蜜, ジャータカ.

勒那摩提 ろくなまだい　生没年未詳. サンスクリット語 Ratnamati の音写. 北魏代の訳経僧. 中インドの人. *三蔵の経文およそ1億偈をそらんじ, 禅観に明るかった. 北魏時代の508年, *洛陽に達し, 北魏宣武帝の勅を奉じ, 洛陽殿内などにおいて*菩提流支, 仏陀扇多と共に*『十地経論』を訳したほか, 『宝積経論』『法華経論』*『究竟一乗宝性論』4巻などを訳した. 訳経数は*『歴代三宝紀』や『続高僧伝』によれば『十地経論』など6部24巻であるが, *『開元釈教録』は『十地経論』などを数に入れず, 3部9巻とする. のち, 『十地経論』を所依として*地論宗(地論学派)が成立したが, 勒那摩提·菩提流支の意見の違いから, 勒那摩提の説を祖述する*慧光の南道派と菩提流支の門人道寵の法系である北道派が対峙した. 南道派では慧光が『十地経論』を普及させ, その弟子浄影寺*慧遠が地論宗を大成した.

六入 ろくにゅう　[*s*: ṣaḍ-āyatana]　〈六入処〉ともいい, *新訳では〈六処〉と訳す. 〈入〉(āyatana)とは入って来るところ, あるいは入って来るものの意. 前者の意味では, 外界の認識の対象がそこから入って来るところとしての*六根を指し, 後者の意味では, 外界における認識の対象として入って来るものである*六境を指す. 六根を〈六内入〉(六内処), 六境を〈六外入〉(六外処)といい, 合わせて〈十二入〉(*十二処)とする. それに*六識を加えたのが〈*十八界〉である. 六入は, *十二因縁の第5番目として説かれている.

六波羅蜜 ろくはらみつ　〈ろっぱらみつ〉とも読む. 大乗仏教において*菩薩に課せられた6種の実践徳目で, 〈六度〉ともいわれる. すでに*ジャータカや*仏伝の一部で菩薩の徳目として強調されていたが, *般若経系の初期の大乗経典がこれを集大成した. 1)布施波羅蜜(檀波羅蜜): 財施, 法施(真理を教えること), 無畏施(恐怖を除き, 安心を与えること)の3種. 2)持戒波羅蜜: *戒律を守ること. 3)忍辱波羅蜜: 苦難に堪え忍ぶこと. 4)精進波羅蜜: たゆまず仏道を実践すること. 5)禅定波羅蜜: *瞑想により精神を統一させること. 6)智慧波羅蜜(般若波羅蜜): 真理をみきわめ, *悟りを完成させる智慧. 六波羅蜜の中ではこの智慧(般若)波羅蜜が肝要とされ, 前の五波羅蜜はこれを得るための準備手段として要請される. 〈波羅蜜〉とはこれら6種の徳目の完成態をいう. また*華厳経十地品(*十地経)や同経を重視する諸論師は, この六波羅蜜に方便波羅蜜·願波羅蜜·力波羅蜜·智波羅蜜の四波羅蜜を加えて〈十波羅蜜〉を説く. なおこの六波羅蜜を, 本生譚を例話とし, 絵入りで平易に説いた典型的作品が*『三宝絵』上巻である. →波羅蜜, 般若波羅蜜.

「六波羅蜜に法りて授業諸宗の員を分かち」〔顕戒論縁起〕「仏の不思議神通方便をもて…六度の難行を一念十念の称名にかうぶらしめて」〔発心集6〕

六波羅蜜寺 ろくはらみつじ　京都市東山区松原通大和大路東入ル2丁目轆轤町にある真言宗智山派の寺. 補陀洛山普門院六波羅蜜寺. *西国三十三所第17番の札所. 平安中期*空也上人(光勝)が悪疫流行に際して十一面観音立像を刻んで安置したのが起源とされ, 当初は西光寺と称したが, 弟子中信が六波羅蜜寺と改名. *五三昧の一, 鳥辺野の入口にあたる〈六道の辻〉に位置し, 古来, 念仏鎮魂と地蔵霊験の寺として民衆の信仰を集めた．平安末期以来の記録に見える庶民の泥塔供養も，先年本堂基壇から発掘された泥塔7400基によって裏づけられている．8月8-10日の*万灯会は著名．近辺に平家が六波羅邸を，鎌倉幕府は探題を置いた．

応仁の乱(1467-77)の兵火を免かれた1363年(貞治2)再建の本堂は，豊臣秀吉により大仏殿の余材で修理が加えられたが，室町時代の様式をうかがわせる．空也が951年(天暦5)に刻んだと伝える十一面観音像，これと一具の四天王像，地蔵立像(鬘掛(かずらかけ)の地蔵)などの平安彫刻，地蔵坐像，伝運慶・湛慶像，伝平清盛像，空也上人像などの鎌倉彫刻を所蔵する．なお，説話文学史上有名なのは*地蔵信仰で，その感応利益譚は『今昔物語集』『宝物集(ほうぶつしゅう)』以下諸書に散見する．また，小野篁(おののたかむら)(802-852)が冥官を兼務して死者の免罪を計ったという伝承も本寺と結びつき，篁が*閻魔王から相伝したという南北朝期の牛王*宝印(ごおうほういん)や，その由来を説いた縁起類も伝存している．

六部 ろくぶ　⇒六十六部(ろくじゅうろくぶ)

六物 ろくもつ　僧尼が常に身に所持すべき6種の持物．大衣(僧伽梨(そうぎゃり))，上衣(鬱多羅僧(うったらそう))，内衣(安陀会(あんだえ))の〈*三衣(さんね)〉に，*鉢(はつ)(*鉄鉢)，*座具(尼師壇(にしだん))，漉水嚢(ろくすいのう)(飲水をこすための袋)を加えた6をいう．これらは，仏教修行者が蓄えることを許された最小限の生活資具である．大乗仏教になるとその数が増加し，〈*十八物〉となった(*『十誦律(じゅうじゅりつ)』『六物図』)．「比丘の六物と云ふは何ぞ．三衣一鉢，尼師壇(にしだん)・漉水嚢なり」〔壒嚢鈔11〕

鹿野苑 ろくやおん　[s: Mṛgadāva, p: Migadāya]　ムリガダーヴァの漢訳名．略して〈鹿苑〉ともいう．ブッダ(仏陀)が*成道(じょうどう)の後，5人の修行者に最初に説法(*初転法輪(しょてんぽうりん))して弟子とした地．ここから*五時八教の第二，*阿含経(あごんぎょう)の説時を〈鹿苑時〉と呼ぶ．〈リシ-パタナ〉(聖仙の住むところ)とも呼ばれる．*ガンジス河中流域にあるヒンドゥー教の聖地ベナレス(ヴァラナシ)市(*波羅奈国(はらなこく))の北東約7キロメートルにあり，現在のサールナート．紀元前3世紀の*マウリヤ王朝から12世紀のパーラ王朝に至るまでのストゥーパ(*塔(とう))，*僧院の遺構が出土し，インドの国標とされるライオン像，刻文を有するアショーカ王(*阿育王(あいくおう))建立の石柱がある．なお，日本では〈鹿苑〉を〈かせぎのその〉と訓読し，*釈教歌(しゃっきょうか)や*法文歌(ほうもんか)にも出てくる．「阿含経の鹿の声，鹿野苑にぞ聞こゆなる」〔梁塵47〕「知りそめしかせぎが園の萩の葉に隙(ひま)なくおける無漏の朝露」〔後鳥羽院正治二年第二度御百首〕

六喩 ろくゆ　鳩摩羅什(くまらじゅう)訳の*金剛般若経(こんごうはんにゃきょう)中の*偈(げ)で，現世の諸事象の一切を，夢・幻・泡・影・露・電の六つにたとえて一切空，*無常を説く．他の訳や梵本では影にかえて，星・翳(えい)(目がくもる病)・灯・雲をあげ〈九喩(くゆ)〉とする．*維摩経(ゆいまぎょう)(鳩摩羅什訳)では，幻・電・夢・炎・水中月・鏡中像とする．なお，観仏三昧海経(かんぶつざんまいかいきょう)では，念仏三昧のすぐれた徳を，長者の閻浮檀那紫金(えんぶだなしごん)・王の宝印・長者の如意珠・仙人の善呪・力士の髻珠(けいしゅ)・劫(こう)末の金剛山の六つにたとえる．「六喩般若の真文を写して，かの追善にぞ擬せられける」〔太平記27.直義〕

六欲天 ろくよくてん　〈六天〉ともいう．天(神)のうち，依然として欲望に束縛されている6種の天．1)四大王衆天(しだいおうしゅてん)，2)三十三天(さんじゅうさんてん)(*忉利天(とうりてん))，3)*夜摩天(やまてん)(焔摩天(えんまてん)・炎摩天)，4)覩史多天(としたてん)(*兜率天(とそつてん))，5)*楽変化天(らくへんげてん)，6)他化自在天(たけじざいてん)(*第六天)．「上は非想非非想天，六欲天の雲の上，下は九山，八海，竜宮，奈落の底までも」〔曾我11.鬼の子〕．→天．

六老僧 ろくろうそう　*日蓮(にちれん)の高弟6人のこと．日蓮は入滅に先立つ1282年(弘安5)10月8日，武蔵国(東京都)の池上宗仲(いけがみむねなか)の館において，日蓮滅後の依止師(えじし)，法灯として本弟子6人を定めた．すなわち，弁阿闍梨日昭(べんあじゃりにっしょう)(1221-1323)，大国阿闍梨*日朗(だいこくあじゃりにちろう)(1245-1320)，白蓮阿闍梨*日興(びゃくれんあじゃりにっこう)(1246-1333)，佐渡公日向(さどこうにこう)(1253-1314)，伊与公日頂(いよこうにっちょう)(1252-1317)，蓮華阿闍梨*日持(れんげあじゃりにちじ)(1250-?)である．なお日持は北海道から大陸に渡って布教したので，没年未詳．近年，日持の遺品と伝えられるものが中国北京西北の宣化で発見され，問題となっている．1989年に東京大学・東北大学の諸研究者の科学的測定の結果，その遺品の年代は西暦1300年プラスマイナス350年と判明した．

廬山 ろざん　中国,江西省の北部，鄱陽湖の西にそびえる山岳．〈匡山〉ともよばれるのは，匡俗という隠士がここに廬を結び，仙化したと伝えられるため．古くから山岳信仰の対象であったが，東晋の*慧遠(334–416)が山麓の東林寺を中心に教団を形成して以後，仏教の勝地となる．唐代には*馬祖道一の弟子の智常が帰宗寺に住した．仏教の勝地であるだけでなく，道士の陸修静(406–477)がこの地の簡寂観に住し，また周敦頤(1017–73)の濂渓書院，朱熹(1130–1200)が復興したことで知られる白鹿洞書院が存在するなど，儒仏道*三教を通ずる人文の淵藪である．宋の陳舜兪の『廬山記』，清の毛徳琦の『廬山志』は廬山の名勝誌．

露地 ろじ　覆いのないむき出しの土地をさすが，法華経譬喩品に説く火宅の喩えで，長者の子どもらが大白牛車に乗って火宅をのがれ，街路の露地に安坐したとあることから，*三界の火宅をのがれた境地，煩悩を離脱した境界をいう．なお，〈露地の白牛〉〈露牛〉は長者の子どもらを露地に運んだ白牛(車)で，*一乗の妙法の喩え．「さても花山院は三界の火宅を出でさせ給ひて，四衢道の中の露地におはしましあゆませ給ひつらん」〔栄花花山〕．→火宅．

漏尽 ろじん［s: āsrava-kṣaya］　*煩悩の尽きた状態．煩悩を尽すこと．āsrava(漏)とは本来，流入の意で，煩悩や*業や苦難が身の中へ漏れ入ること．*ジャイナ教ではもっぱらこの意に解する．*輪廻の原因であるこれらを防止し消滅させることにより，輪廻からの*解脱が得られると考えられていた．これが〈漏尽〉である．また，この状態を自ら知覚することを〈漏尽明〉〈漏尽通〉といい，*三明，*六神通の一つである．なお，仏教では後には，āsrava はもっぱら〈煩悩の漏出〉と解釈された．「世尊，漏尽の阿羅漢は，猶破器の如く，永く是の三昧を受くるに堪忍せず」〔開目抄〕

六角堂 ろっかくどう　京都市中京区堂之前町にあり，紫雲山〈頂法寺〉と号し，もと天台宗に属したが，現在は単立寺院．草創の縁起は聖徳太子*四天王寺建立の際，用材取得のためにこの地を訪れて開いたと伝えるが，名実ともに寺観が整ったのは平安遷都(794)後と思われる．822年(弘仁13)に嵯峨天皇の*勅願寺となっており，998年(長徳4)には花山法皇の行幸があり，その後*西国三十三所の第18番札所霊場となり今日に至る．

*如意輪観音を本尊とし，当時から六角形の*本堂であったところから〈六角堂〉と呼ばれた．『御堂関白記』や『小右記』など貴族たちの記録にもその名がしばしば登場する有力な京の寺院であった．また同時に，藤原貴族の信仰ばかりではなく広い庶民信仰の対象であったことも知られる．ちなみに*『今昔物語集』16-32には，六角堂の観音を深信した無名の若者が利益にあずかった話がみえ，*『梁塵秘抄』313にも身近な観音霊場として，「観音験を見する寺，清水・石山・長谷の御山，粉河・近江なる彦根山，間近く見ゆるは六角堂」とよまれている．1125年(天治2)『百錬抄』には「十二月五日京中炎上…六角堂始焼亡草創之後歴五百余歳」とあり，希有のこととして述べられている．*親鸞上人が，この六角堂に*参籠したことは六角夢想などその信仰の展開と開宗にかかわるとされる．応仁の乱(1467–77)以後の再興は主として*町衆によって行われ護持された．

池坊はこの六角堂の執行の住房で，1462年(寛正3)頃の専慶は生花の名手として知られ，そのご専承や専応など相つぎ，専好(1540頃–1621)は立華を創始して特に有名．以来，*華道の家元として名高い．なお，簡略な一文ながら，古伝をとどめるものに『六角堂縁起』が遺存する．

六器 ろっき　密教で*修法の時に仏・菩薩を*供養するための，*閼伽(水)・塗香・*華鬘(花)を盛り*壇上に配置する器のこと．閼伽器・塗香器・華鬘器ともそれぞれ2個あり，あわせて〈六器〉と呼ばれる．形状はすべて同じで，通常は金属製の埦と台皿よりなる．*行者の正面中央に置かれた火舎(*香炉)の左右に閼伽・塗香・華鬘の順で対称的に配備される．チベットの密教では，その数はさらに増加している．

六境 ろっきょう［s: ṣaḍ-viṣaya］　*色・声・香・味・*触・*法の6種の境．*旧訳では〈*六塵〉という．*十二処(十二入)の中の〈六外処〉(六外入)，すなわち認識客観にあたる．〈*境〉(viṣaya)は認識の対象または対象領域の意．六境はそれぞれ眼・耳・鼻・舌・身・*意の6種の感覚ないし知覚器官(*六根，六内処)に対応し，この〈*根〉と〈境〉との両者によって6種の認識作用(*六識)が生ずるとされる．また，根・境・*識の三者の和合によって認識が行われるとする説もある．六境のうち，〈色境〉は眼根によって見られる色彩と形象，〈触境〉は身根によって感じられる堅さ・熱さ・重さなど，〈法境〉は意根によって知覚される概念を含むすべての存在をいう．なお，法境を除いて〈五境〉という．

「衆生知見に知を立て，分別執著して六根となる．六根によりて六境を現じ，中間に六識の分別これあり」〔雑談集1〕

六根 ろっこん [*s*: ṣaḍ-indriya]　眼・耳・鼻・舌・身・*意の6種の根．*十二処(十二入)の中の〈六内処〉(六内入)にあたる．〈*根〉(indriya)は能力を意味し，さらにその能力を有する器官をいう．たとえば，〈眼根〉とは視覚能力もしくは視覚器官のことであり，同様に〈耳根〉は聴覚，〈鼻根〉は嗅覚，〈*舌根〉は味覚，〈身根しんこん〉は触覚についての能力ないし器官をいう．〈意根〉は前の*五根が感覚能力であるのに対し，知覚能力または知覚器官である．この六つの器官には，それに対応する*色・声・香・味・*触・*法の6種の対象(*六境，六外処)が入ってくるが，それによって6種の認識作用(*六識)が生ずるとされる．したがって六根は六識の拠り所といわれる．六根がその対象に対する*執着を断って浄らかな状態になることを〈*六根清浄〉または〈六根浄〉という．

「前世に法を謗りたる罪に依りて，六根を全く具せずして鼻無き果報を得たり」〔今昔5-23〕「三身仏性珠はあれど，生死の塵にぞ汚れたる，六根清浄得て後ぞ，ほのかに光は照らしける」〔梁塵137〕

六根清浄 ろっこんしょうじょう　〈六根浄〉ともいう．〈六根〉は，眼根・耳根・鼻根・舌根・身根・意根の六つをいう．これは視覚・聴覚・嗅覚・味覚・触覚という五つの感覚器官と，認識し思考する心とに当たり，この汚れがもろもろの*煩悩を起こさせる源とされる．六根清浄とは，この六つの汚れが除かれ心身ともに清らかになることをいう．法華経法師功徳品において法華経信仰の功徳として説かれたのが由来．日本には，登山の行者が金剛杖を手にもち，六根の不浄を浄めるために「六根清浄」と唱え念ずる風習がある．また六根から生じる不浄を払い清めるための〈六根清浄祓〉といわれる詞があり，近世以後に流布した有名な六根清浄祓は，「天照皇太神の宣く」ではじまり「無上霊宝神道加持」という吉田神道流の詞で終わっている．これに類した言葉に，六根の罪を*懺悔する〈六根懺悔〉がある．→六根．

六派哲学 ろっぱてつがく [*s*: Ṣaḍdarśana]　古代インドの正統バラモン(*婆羅門)系統の六つの主要な哲学体系の総称．インドには数多くの哲学体系が成立したが，そのうち，通例*サーンキヤ，*ヨーガ，*ニヤーヤ，*ヴァイシェーシカ，*ミーマーンサー，*ヴェーダーンタという六体系を指す(ただし，六派としてどの学派を数えるかについては必ずしも一定していない)．六派哲学おのおのの成立年代は明確ではないが，およそ西暦120年から600年ころまでの間に，諸学派の確立と展開が認められる．全体として共通の性格をもち，程度の差はあるが，*輪廻からの*解脱を究極の目標としている．

六方礼経 ろっぽうらいきょう　2世紀中頃の*安世高訳〈仏説尸迦羅越六方礼経〉の略．釈尊が尸迦羅越(シンガーラ)に在家者の倫理について説いたもので，世俗倫理についての教えが体系化されて説かれている．*パーリ語で書かれた『シンガーラへの教え』と題する経典に相当するもので，種々の人間関係において守るべき徳目が具体的に述べられている．実生活の指針を述べたものとされている．他の相当漢訳経典には，〈善生子経〉，長阿含の中の〈善生経第12〉，中阿含の中の〈善生経第19〉がある．内容は，仏が長者の子である尸迦羅越に対して，六つの方角を礼拝(六方礼拝)する意義を，インド古来の六つの人間関係に配当して説くもの．東を父母に，西を妻子に，南を師に，北を友人に当て，上方は修行者・バラモン(*婆羅門)に，下方は使用人に配当して，それぞれの人間関係においての礼節を説く．

六方礼拝 ろっぽうらいはい ⇒六方礼経(ろっぽうらいきょう)

如露如電 ろのごとしでんのごとし ⇒如露如電(にょろにょでん)

露盤 ろばん ⇒相輪(そうりん)

論 ろん ［*s*: abhidharma, *p*: abhidhamma］〈阿毘達磨(あびだつま)〉に同じ．教義・教理上重要な綱目などを集め，それらについて解釈・解説を施したもの．経・律とともに*三蔵を構成する．解釈・解説を受ける母胎となる部分を〈論母(ろんも)〉といい，この部分は経典などから集められたものであるが，論自体は仏弟子の撰・述とされ，この点，仏説・仏制を標榜する経や律とはその立場や性格を異にする．

パーリ語(*上座部)・漢訳(*説一切有部(せついっさいうぶ))ともに，基本的な論としてそれぞれ七つの論を伝えるが，両者に共通するものは一つもなく，したがって〈論蔵〉(Abhidhamma-piṭaka)そのものは*部派仏教になってからまとめられたものであることが知られる．のちになると，大小乗を問わず，それぞれの立場からさまざまな〈論書(ろんじょ)〉が作られるようになった．それらの中には，自ら阿毘達磨を名乗るもの(『阿毘達磨大毘婆沙論』(*『大毘婆沙論(だいびばしゃろん)』)，『阿毘達磨倶舎論』(*『倶舎論(くしゃろん)』)など)や名乗らないもの，ある特定の経典や論書を依り所とするものや独自の立場からテーゼを立てて論じたものなど，内容・形式ともにさまざまな形のものがある．→阿毘達磨，経，律．

論義 ろんぎ 〈論議〉とも書く．問答議論によって経論の意味を明らかにすることで，〈講論〉〈法問〉〈問答〉ともいう．インドの論義には*因明(いんみょう)の作法が多く用いられる．なお*十二分教の一つに*優婆提舎(うばだいしゃ)(upadeśa)があり，しばしば「論義(議)」と訳される．これは，仏説を摩訶*迦旃延(まかかせんねん)などの仏弟子が説明・解釈・議論したものをさし，後に三蔵の一つとして独自に位置づけられるアビダルマ(*阿毘達磨(あびだつま)，*論)に近い性格をもつ．またチベットでも論義・問答は重視され，僧院の学堂には，〈ドゥラ〉などと総称される重要な課程がある．およそ3年が費やされるこの課程では，*ダルマキールティ(法称)の著作を中心とするインドの因明を学びながら，独自の教科書を用いて基礎的な*論理学・*認識論と問答法を学ぶ．

中国では東晋(317-420)に*維摩経(ゆいまぎょう)の論義を行なったことに始まる．日本では，奈良時代以来，南都三会(なんとさんね)(興福寺*維摩会(ゆいまえ)，宮中*御斎会(ごさいえ)，薬師寺*最勝会(さいしょうえ))や*法華会(ほっけえ)などの勅会，諸大寺の法会に論義が修された．論義はその形式から，竪義(りゅうぎ)論義・講問(こうもん)論義に二大別される．〈竪義論義〉は，*竪義に立った者(*竪者(りっしゃ))の試験を意味し，十問の問答が竪者と*講師(こうじ)の間で行われ，〈講問論義〉は，*聴衆(ちょうじゅ)と講師の間で二問の問答が交わされる．また問者と答者が交互に入れ替わる〈番(つがい)論義〉や〈向(むかい)論義〉と呼ばれるもの，開催される場所から〈内論義(だいろんぎ)〉〈殿上(でんじょう)論義〉〈仙洞(せんとう)論義〉〈武家論義〉などと呼ばれるものがあった．維摩会の例から考えると，講問論義の内容は，一問目に経典の文に基づく出題がなされ，二問目には教義に関する出題がなされる傾向があった．院政期以降は，宮中*最勝講(さいしょうこう)・仙洞最勝講・法勝寺御八講(ほっしょうじみはっこう)などの三講と呼ばれる格式の高い法会において開催された論義が名高い．また寺内で開催される三十講などの様々な*講や法会にも論義が付属し，僧侶に勉学の場を提供した．格式の高い法会に*公請(くじょう)により出仕し講経や論義を行うことが僧侶世界の名誉であり，出世に繋がる登竜門として存在した．なお論義の様式は，院政期には既に一定の形式を持っていたと見え，次第に儀式化されていったと考えられるが，教理的には，近世の時代まで発展があったことも否定できない．

「法花経二十八品を，一日に一品を当てさせ給ひて，論議にせさせ給ふ」〔栄花疑〕「内論議・三十講などいふ事に出づるたびごとに，人に勝れて讃めらるる事限りなし」〔今昔17-33〕

論師 ろんじ ［*s*: ābhidhārmika］〈ろんし〉とも読み，〈阿毘曇師(あびどんじ)〉ともいう．経・律・論の*三蔵(さんぞう)のうちの，とくに論蔵に精通した人を指す．*『大毘婆沙論(だいびばしゃろん)』第15に「阿毘達磨(あびだつま)を解し，或は誦する者の若きを名づけて論師と為す」とある．広義には教理学者や*論義をよくする人についていい，〈論師〉はしばしば説者の意をもつ vādin の訳語ともなる．大乗・小乗に共通して用いられ，古来，法救(ダルマトラータ)，妙音(ゴージャカ)，世友(*ヴァスミトラ)，覚天(ブッダデーヴァ)の4人を婆沙会の四大論師といい，*馬鳴(アシヴァゴーシャ)，*竜樹(ナーガールジュナ)，聖提婆(*アーリヤデーヴァ)，童受(クマーララータ)の4人を四日論師という．「竜樹，天親は共に千部の論師なり．ただ権大乗を申のべて，法華経をば心に存して口に吐きたまはず」〔日蓮法華行者逢難事〕

論宗 ろんしゅう　ある特定の論書を拠り所として成立した学派をいい，*経宗に対する．*倶舎宗は*『倶舎論』，*成実宗は*『成実論』，*三論宗は*『中論』*『十二門論』*『百論』の三論書にそれぞれ依拠して成立した学派である．「天台独り論宗を斥け，特に経宗を立つ．論は此れ経の末，経は此れ論の本なり」〔叡山大師伝〕

論理学 ろんりがく　【仏教と論理学】インド論理学はバラモン(*婆羅門)の公開討論における論争術にその淵源を持つと考えられるが，仏教は論争一般に対して消極的態度をとっていた．その究極的な姿は*竜樹(ナーガールジュナ，150-250頃)に見られる．彼は*空思想の立場から一切の言語的営為を*戯論として，論理に積極的な価値を認めなかった．しかし仏教は他学派との思想上の論争に参画するにつれて，諸学派の影響を蒙らざるを得なかった．たとえば竜樹の*『中論』に対する青目(ピンガラ，4世紀)の注釈には論敵の言として「如本」「如残」「共見」といったニヤーヤ-ヴァイシェーシカ学派の論理学的タームが登場する．また，*『瑜伽師地論』では論理学は〈*因明〉(hetu-vidyā)の名の下に*五明(五つの学問)の一つとして位置付けられる．

【ディグナーガとダルマキールティ】やがて他学派との論争は論理学そのものについての論争に至り，*無着(アサンガ，4-5世紀)に知られていた*因の三相を基本にして，*陳那(ディグナーガ，5-6世紀)は諸学派を批判しつつ従前の論理学を刷新した．それは論証形式としては〈三支作法〉を，因(論証因)の条件規定としては〈因の三相〉を，そして三相を満たす因の吟味方法(九句因)を骨格とするものであった．つづいて*ダルマキールティ(7世紀)は因の三相を満たす因(正因)の存在論的性質を求め，正因は〈自性因〉(svabhāva-hetu)(「これは樹である．桜の故に」における「桜」)と〈結果因〉(kārya-hetu)(「かの山に火あり．煙の故に」における「煙」)と〈非知覚因〉の3種類に限られるとした．非知覚因とは，陳那に欠如していた否定命題の論証を因の三相の枠組みで可能にし，それを用いた論証は「ここに瓶はない．見られ得る条件を備えているのに見られないから」といったものである．

【仏教教理の論証】種々の仏教教理は論理学的論証を求められたが，たとえば，「存在するものは刹那滅である」という教理の論証は直接には困難であるとされ，代わってその対偶に相当する「刹那滅でないものは存在しない」の論証が試みられた．ここで，主題である「刹那滅でないもの」はしかし仏教徒にとっては存在し得ず，また陳那以来の三支作法にとって不可欠であった喩例(主題以外の実例)も存在しない．これは多くの仏教論理学者を悩ませたが，このような問題から，主題以外の喩例を論証に際して必要としない立場(内遍充論)が生まれた．なお，中国・日本へはダルマキールティ以降の論理学は伝わらず，専らシャンカラスヴァーミンの*『因明入正理論』(および陳那の『因明正理門論』)が*玄奘訳によって法相宗などで研究された．

ワ

和 わ　漢字〈和〉の原義は，軍門の前での和議の盟約とも，儀礼の楽の竹笛の調和ともいわれる．争いなき平和，穏やかに調った和らぎとは，そのまま仏の悟りの相といってよい．そこで仏教教団は〈和合僧(わごうそう)〉〈和合衆(しゅ)〉と呼ばれ，〈和顔愛語(わげんあいご)〉(和らいだ笑顔，親愛の言葉)で人に接することが尊ばれる．〈和〉は日本の意にもなるが，〈和国の教主〉と仰がれた*聖徳太子の作と伝えられる*十七条憲法の第1条には「以和為貴」とある．語そのものは*儒教から取られたが，礼(れい)との関連が説かれていないのは仏教の和合精神によっているからだ，との説もある．→和合僧．

我が立つ杣 わがたつそま　伝教大師(*最澄(さいちょう))が788年(延暦7)比叡山に*根本中堂を建立する際詠じたという「阿耨多羅三藐三菩提(あのくたらさんみゃくさんぼだい)の仏たちわが立つ杣に冥加あらせたまへ」〔新古今和歌集20〕から出た語．この歌は『和漢朗詠集』『梁塵秘抄』『袋草子』などにも収載され，きわめて有名になった．このため，比叡山*延暦寺のことを「我が立つ杣」と呼ぶようになり，さらに中世に入ると，「我が山」がその通称となった．「祈りこし我が立つ杣のひきかへて人なき峰となりやはてなむ」〔平家2.山門滅亡〕「その夜に比叡の山に著っき，我がすむ山ぞと思ひしに，伝教といふ法師，仏たちを語らひて，わが立つ杣とて追ひ出だす」〔伽・酒呑童子〕

和歌と仏教 わかとぶっきょう　和歌は，同一形式のまま，上代から現代までを貫流する日本文学中の唯一のジャンルである．このため，和歌と仏教との関係も，長きにわたって密接であり，その交流の様相は複雑を極める．

【万葉集】*『万葉集』初期の柿本人麻呂「巻向(まきむく)の山辺とよみて行く水の水沫(みなわ)のごとし世の人われは」〔巻7〕などに見られる無常歌に始まり，聖武天皇の頃ともなると，山上憶良の「水沫(みなわ)なすもろき命も栲縄(たくなは)の千尋にもがと願ひ暮しつ」〔巻5〕の詠に見るように，*維摩経(ゆいまぎょう)方便品の十喩の「是身如聚沫」を典拠とする仏教的色彩の濃い作品が現れる．また，「巻8」には，757年(天平宝字1)に山階寺で催された*維摩会(ゆいまえ)の「仏前唱歌」1首も見られ，次第に盛大化する仏教行事と和歌との結合の様子がうかがわれる．

【平安時代】平安時代の初期には，『古今和歌集』巻18雑下に『万葉集』の無常歌の系列に属する無常・厭世の歌が見られる程度であるが，中期ともなると，年中行事としての仏事・法会の種類が飛躍的に増え，中下流貴族を中心とした*勧学会・極楽会のような結社が盛行するようになり，この時代風潮を反映してか，本格的な〈*釈教歌(しゃっきょうか)〉が数多く勅撰集にも選入されるようになった．『拾遺和歌集』哀傷には，教理歌・法縁歌・述懐歌などが収められている．この頃から，*法文(ほうもん)の内容を詠んだ〈経旨歌(きょうしか)〉が盛行し，「法華経二十八品歌」や「維摩経十喩歌」などが私家集中に見出せる．これを受け，『後拾遺和歌集』では雑6に「釈教」が小部立として初めて独立し，経旨歌だけでも，法華経から5首，維摩経から2首が採入される．続く『金葉和歌集』にも26首が入るが，*浄土教的色彩を帯びた歌が増加している．この集の撰者源俊頼(みなもとのとしより)は，家集『散木(さんぼく)奇歌集』に，*『往生要集』を借りて書写した事実を記しており，集内の釈教126首中，110首あまりがことごとく弥陀や浄土を詠じた歌作であることによっても明らかなように，釈教歌の内容は，この期を境に次第に浄土讃歌へと変質した．『千載和歌集』になって，釈教は一部立として独立し，以後は，この部立は撰集類に不可欠な要素として重視され続ける．

【鎌倉時代以降】中世に入ると，仏教思想はますます深化を見せ，多様となる．『新古今和歌集』の釈教歌も，観音示現の歌，高僧の歌に始まり，「十界歌」「十楽歌」「五智歌」などの法数歌(ほっすうか)が目立っている．中には*『摩訶止観(まかしかん)』を詠んだ作も含まれているが，藤原俊成(ふじわらのしゅんぜい)の『古来風体抄(こらいふうていしょう)』以降の中世の*歌論に多大な影響を与えたのも，この『摩訶止観』にほかならなかった．またこの時期は，*西行をはじめとする法体(ほったい)歌人が輩出し，鎌倉末期から南北朝にかけては，浄弁・頓阿・慶運・兼好の和歌四天王，室町期には正徹(しょうてつ)らの活躍が目立っている．江戸時代には，禅を学んだ草庵歌人*良寛が出て，無心で純粋な境地を詠じた作を多く残した．教訓和歌としての道歌が流行するのもこの期で，中には釈教歌的な作も含まれている．

『和漢朗詠集』 わかんろうえいしゅう　藤原公任(ふじわらのきんとう)(966–1041)の撰といわれる．2巻．漢詩文中より抜き出した佳句一聯と和歌，合わせて八百余の詩歌が，四季・自然景物・人事などの部立に沿って編纂されている．仏教関係の朗詠詩歌は，仏名・山寺・仏事・僧・無常の部立のもとに49を数え，蓮如(れんにょ)のいわゆる〈*白骨の御文(おふみ)〉に引かれて有名な「朝(あした)に紅顔あつて世路(せろ)に誇れども，暮(ゆふべ)に白骨となつて郊原に朽ちぬ」(無常)を始めとして，都良香(みやこのよしか)の「三千世界は眼(まなこ)の前に尽きぬ，十二因縁は心の裏(うち)に空し」(山寺)，沙弥*満誓(しゃみまんせい)の「世の中をなににたとへむ朝ぼらけこぎゆく舟のあとの白浪」(無常)など，後代に多数引用されるものも多い．また，仏事部に引く「願はくは今生世俗の文字の業，狂言綺語の誤りをもつて，翻(かへ)して当来世々讃仏乗(さんぶつじょう)の因，転法輪(てんぼふりん)の縁とせむ」(白居易「香山寺白氏洛中集記」)は，仏教文学の成立しうる根本原理として多く援用されるに至る(→狂言綺語(きょうげんきご))．これらの仏教関連の朗詠詩歌は，仏教*歌謡や軍記物などに摂取受容され，変化しつつ伝播していった．朗詠のもつ四六駢儷(べんれい)体の古典的美辞麗句が，*願文(がんもん)・*表白(ひょうびゃく)・*諷誦文(ふじゅもん)などの作文や*説経の口がたりなどの*唱導(しょうどう)に及ぼした影響も多大なものがあるとされている．

脇侍 わきじ　⇒脇侍(きょうじ)

惑 わく ［s: kleśa, p: kilesa］　まどわすもの．迷い，また迷いのもとになるもの．対象に迷い，まどわされ，事理を正しく認識することが出来ない迷妄の心をいい，〈*煩悩(ぼんのう)〉に同じ．惑によって悪業(あくごう)が生じ，その悪業が因となって苦果を生じる*輪廻(りんね)のあり方を〈*惑業苦〉または〈*三道〉という．*阿毘達磨(あびだつま)の教義では，惑は見惑(けんわく)と修惑(しゅわく)(思惑(しわく)とも)の二つに大別され，〈見惑〉は*見道で，〈修惑〉は*修道で断ぜられるとする．→三惑，見思惑(けんじわく)．

惑業苦 わくごうく　〈わくごっく〉とも読む．〈*惑〉は*煩悩(ぼんのう)の異訳語．*貪着(とんじゃく)・*瞋恚(しんい)・*無知などの煩悩に基づく*業(ごう)・行為を〈惑業〉といい，その業により*三界を生死流転(しょうじるてん)する*苦がもたらされると考えられた．この惑と業と苦との三つは衆生(しゅじょう)が*輪廻(りんね)する次第を示したもので〈三道〉とも呼ばれる．また〈惑業事(じ)〉〈惑業生(しょう)〉ともいう．「煩悩・菩提もし一体ならば，ただまさに意(こころ)に任せて惑業を起こすべきや」〔往生要集大文第4〕．→三道．

話芸と仏教 わげいとぶっきょう　平曲・浄瑠璃・落語・講談・浪曲など日本の〈語る芸〉〈話す芸〉の源流に*説経(*節談(ふしだん)説教)がある．特に話芸(落語・講談)の世界で，高座の上に端座してさまざまな演出・表出をもって扇一本の素ばなしで話す形態は，説経から来ている．落語界でいう高座，前座，マンダラ(手拭い)，師匠と弟子，一席・二席などの用語や，講談界でいう中座読み，修羅場などの用語は，説経から出たものである．

落語の祖といわれる*安楽庵策伝(あんらくあんさくでん)は浄土宗の説経僧で，彼が著作した説経話材集*『醒睡笑(せいすいしょう)』に収める落とし噺は後世の落語に強い影響を与えた．上方落語の祖，露の五郎兵衛も日蓮宗の僧の出身で，僧形で活躍した．近世に庶民層に浸透した仏教は自然に多数の落語を生産した．仏教と関係が深い落語を宗派別に拾ってみると，真言宗では『大師の杵(きね)』『大師巡り』『高野違い』，浄土宗では『十八檀林』『万金丹』『小言念仏』『阿弥陀池』，真宗では『お座参り』『お文さま』『菊江仏壇』，日蓮宗では『法華長屋』『甲府い』『鰍沢(かじかざわ)』，禅宗では『野ざらし』『こんにゃく問答』，融通念仏宗では『片袖』，和宗では『天王寺詣り』『菜刀息子(ながたんむすこ)』などがあり，仏教全般では『お血脈』『景清』『山号寺号』『らくだ』『くやみ』『地獄八景亡者戯』など枚挙にいとまがない．現存する古典落語から仏教を取り除いたら，あとは寥々たるものである．仏教と話芸の密接な関係は，初代林屋正蔵の怪談噺や三遊亭円朝の怪談噺・人情噺(特に『真景累ケ淵』『怪談牡丹灯籠』『怪談乳房榎』)に濃厚に見ることができる．

講談・講釈は説経の異称であり，中世には仏教用語として多用された．経典講釈・法門講談の系列に神道・儒教系の講釈も加わり，軍談読みの出現により講談(講釈)は話芸となった．講談の歴史に登場する由己(ゆうこ)法眼や赤松法印は僧であり，近世講談史上に名高い霊全，増穂残口，深井志道軒，馬場文耕，金山正一，円山尼らはいずれも僧から講釈師に転向したものである．近代に入ってからでも，講談の演目の中には『釈迦御一代記』『聖徳太子御一代記』『中将姫』『西行法師御一代記』『親鸞聖人御一代記』『文覚上人昔物語』『蓮如上人御一代記』『一休禅師』『石山軍記』『日蓮記』『三蔵法師』など，仏教に関するものが多数あった．浪花節も山伏の*祭文から発展したものであり，浪曲界には安居院の*澄憲をもって浪曲の祖とする伝承がある．

輪袈裟 わげさ　日本で多く用いられる袈裟の一種で，幅5センチメートルほどの布を用いて輪形に作り，首に掛ける．布の端を縫い合わせて全くの輪形にするものと，布の両端を紐でつらねるものとがある．*三衣の*種子である3文字の*梵字を縫いこめて作った〈種子袈裟〉が初めとされ，天台宗・真言宗・修験道の僧侶が，山野での修行や*作務の際に用いた．後に日本仏教の各宗の間に広く用いられるようになった．〈伝道袈裟〉などの名で呼ぶ宗もある．「然るに世俗是れ(種子袈裟)を輪袈裟といふ．我が僧徒の中にも随順し，輪袈裟と呼ぶもの多し」〔諸宗階級上〕．→袈裟．

和合僧 わごうそう　[*s*: samagra-saṃgha, *p*: samagga-saṃgha]　仏教教団(*僧伽)の根本的な特質は「平和」であり，その特質を示したものが〈和合僧〉である．〈和合衆〉とも呼ばれる．和合僧は僧伽の特質であるため，saṃgha(僧，僧伽)の訳語としても使用されることもある．反対に，僧伽の平和を乱し分裂をもたらす〈破僧〉〈破和合僧〉(saṃgha-bheda)は*五逆の一つとして固く戒められている．和合僧の定義は諸*律によって必ずしも同じではないが，それらに共通して見られる観念は，和合僧においては僧伽の行事を共にするということである．そして，行事を共にするためには僧伽の構成員の行動・生活の限界範囲(シーマー，sīmā)が明確にされている必要があり，そのため，諸律の和合僧の定義もシーマーについても言及してあることが多い．→和．

和光同塵 わこうどうじん　「光を和らげ，塵に同ず」と読む．自らの才知を隠して，世俗に交わること．『老子』4に「和其光，同其塵，是謂玄門」とあるのに基づく．仏教では，仏・菩薩が衆生救済のためにその本来の在り方を離れ，衆生と同じ次元に現れることをいい，特に日本では*本地垂迹説に転用され，仏・菩薩が日本の神として出現することをいう．その際，*『摩訶止観』6下の「和光同塵結縁之始，八相成道以論其終」が典拠として重視された．「これ諸仏の方便にして，和光同塵ならくのみ」〔法華験記上22〕「熊野の本地は弥陀なり．和光同塵して念仏をすすめ給はんために神と現じ給ふなり」〔播州法語集〕「愚を詳つり智を淪かくし光を和らげ狂を示す」〔三教指帰中〕

和讃 わさん　仏教讃歌の一種．仏・菩薩，祖師・先徳，経典・教義などをほめたたえた，和語による讃歌．漢語または*梵語でとなえる〈漢讃〉〈梵讃〉に対する呼称である．七五音の句を連ねることが多く，これに曲節を付して朗唱するという形態をとる．和讃は，先行する『法華讃歎』『百石讃歎』など*讃歎流行のあとをうけて，平安時代中期ごろまでに成立，定着したとみられる．こんにち古和讃と称されるものに伝*良源作『本覚讃』，千観作『極楽浄土弥陀和讃』，*源信作『極楽六時讃』『来迎讃』などがあるが，これらは平安中期に勃興する天台浄土教に拠って流布したものが中心になっている．

鎌倉時代に入ると，和讃は教線拡大の具として新興の仏教勢力に見直されるところとなり，飛躍的な流行をみせる．特に浄土真宗・時宗などにこの傾向が著しく，親鸞作*『三帖和讃』，*一遍作「別願讃」や他阿作「往生讃」ほか13編などを含む時宗の『浄業和讃』などは，鎌倉時代和讃の代表的作品である．こうした動向はやがて真言・天台などの旧仏教の側にも波及し，高僧讃・神祇讃など各種和讃が作られ，広く民衆の間に流布するに至った．

和上 わじょう　〈和上〉〈*和尚〉〈和闍〉は，いずれもサンスクリット語 upādhyāya の俗語形の音写．〈鄔波駄耶〉とも音写される．原義は，出家*受戒した人々が，日々親近して教えを受けるべき教師のこと．狭義には，受戒の師をさす〔十誦律21〕．日本では，758年(天平宝字2)，*鑑真がんじんに〈大和尚〉の官位が授与されて以後，僧侶の官位の名称となった．その後，広く高僧の尊称として転用され，さらに住職以上の僧侶の汎称となった．なお日本では，宗派により書き方・読み方が異なり，律宗では〈和上わじょう〉，法相宗ほっそうしゅう・真言宗などでは〈和尚わじょう〉，華厳宗けごんしゅう・天台宗などでは〈和尚かしょう〉，禅宗・浄土宗などでは〈和尚おしょう〉を，それぞれ伝統的呼称としている．

「羅睺羅らごら等の五十人の子どもの頭を剃る．舎利弗和上(授戒の師僧)たり，目連教授としておのおの戒を授けつ」〔今昔 1-17〕「月ごとの十五日・三十日に寺々に布薩を行ふ．鑑真和尚わじやうの伝へ給へるなり．和上はもろこしの揚州の竜興寺の大徳なり」〔三宝絵 下〕「伏して惟おもんみれば，和尚くわしやう(最澄をさす)法体いかん」〔性霊集補闕抄 10〕

ワット-アルン [Wat Arun]　正式にはワット-アルンラーチャワラーラーム．ワットは寺，アルンは暁の意味．暁あかつきの寺．タイの首都バンコクのチャープラヤー川西岸にある仏教寺院．タークシン王(在位 1767-82)がトンブリーに都を樹立する際，この寺に到着したのがちょうど暁の頃であったことに由来する．タークシン王はこの古寺を修復して王宮内の王室守護寺院とし，1779年にのちのラーマ1世(在位 1782-1809)が，ラオスから持ち帰ったエメラルド仏が安置された．ラーマ1世がバンコクに王朝を開くと，この仏像は1784年に*ワット-プラケオに移された．高さ約74メートルの仏塔はラーマ3世(在位 1824-51)によって完成されたが，その砲弾状の頂は*シヴァ神の象徴であるリンガを表すともいわれる．三島由紀夫の小説『豊饒の海』の第3部「暁の寺」はこの寺院がモチーフとなっている．

ワット-プラケオ [Wat Phra-Kaeo]　タイの首都バンコクの王宮内にある王室の守護寺院．正式にはワット-プラ-シ-ラタナサッサダーラーム．エメラルド製の仏像(タイ語でプラケオ-モラコット)を本尊とすることから，略してワット-プラケオ，すなわち〈エメラルド寺院〉と呼ばれる．この仏像は15世紀に北部タイのチェンライで発見されたチェンマイ様式の半跏趺坐はんかふざ像で，いったんラオスのルアンプラバーンへ持ち出されたが，1779年にラーマ1世(在位 1782-1809，当時はトンブリー朝の将軍)が持ち帰って*ワット-アルンに安置し，さらに1784年に王宮内にこの寺院を建立して奉納した．毎年3回季節ごとに国王が仏像の黄金の装束を衣替えする儀式が行われている．本堂内部には*仏伝や*ジャータカ物語の壁画があり，また境内の回廊にはタイ版の*『ラーマーヤナ』物語に基づく178の場面が極彩色で描かれている．

鰐口 わにぐち　寺院本堂や社殿正面の軒先に懸ける梵音具(音を発する仏具)．鋳銅製または鋳鉄製で，扁平円形，*鉦鼓しょうこ二面を合わせた形に似る．正面中央の撞座つきざに太い吊り下げた鉦の緒と呼ぶ布縄を当てて音を出す．『和漢三才図絵』で「口を裂くの形たまたま鰐の首に似たるが故に之を名づくるか」と記している．銘文上の呼称は，建久3年(1192)の*長谷寺はせでら鰐口に「金口」，正嘉3年(1259)の*壬生寺みぶでら鰐口に「金鼓」とあり，正応6年(1293)の宮城・大高山神社鰐口に「鰐口」の銘が初見される．→金鼓こんく．

わび　簡素で閑寂枯淡な風趣．茶道・俳諧などで探究された美的理念の一つ．もとは，失意や落胆，困惑といった感情を表す語であったが，平安末期から鎌倉期にかけて欠如したさまや不如意の生活・人生に深い情趣を見出す傾向が生じ，中世以降〈わび〉は隠者や文人たちの間で積極的に評価されるようになった．

一方，禅宗の影響を受けた〈わび〉の文化は，室町中期の東山文化に至って顕著な展開を見せ，なかでも茶の湯においては，*禅の精神を取り入れ茶禅一味の境地を求める求道的な〈侘茶わびちゃ〉が生まれ，村田珠光むらたじゅこうを祖とし武野紹鷗たけのじょうおうを経て千利休せんのりきゅうによって大成された．珠光・紹鷗・利休はいずれも参禅修行など禅との関わりが深く，簡素で閑寂な〈わび〉の風趣とその美的理念は各々の禅の修得を通して深化洗練された．近世，*松尾芭蕉まつおばしょうは俳諧において〈わび〉の境地を継承発展させたが，〈わび〉への志向は深川の草庵に隠棲し仏頂禅師との交渉が生じた頃からで，*老荘思想への傾倒とともに禅の影響がうかがえる．→さび，茶道，俳諧と仏教．

和様 わよう　【建築】寺院建築は7世紀に

中国の建築様式が朝鮮を経由して入り，7 世紀末から 8 世紀にかけて，直接中国唐の様式が伝わり，これが長く日本の寺院建築の様式の基となった．その後，12 世紀末には*大仏様，また 13 世紀には*禅宗様として，宋の様式が入って来たので，これに対して，それ以前からの伝統化した様式を〈和様〉という．近世には和様とともに〈日本様〉とも呼んでいる．言葉からいえば，中国建築の日本化したものということになるが，禅宗様を唐様といったのに対して和様といったもので，〈日本化〉という強い意味を示すものではない．

軸部を固めるのに貫を用いず，長押により，組物は柱上のみにおき，左右の広がりは一手だけで，垂木は平行で放射状にしない．壁は土壁または横板壁とし，窓は連子窓，開口部は板扉あるいは蔀戸である．総じて装飾的な細部が少ない．代表的な遺構として*西明寺本堂(鎌倉初期)，*石山寺多宝塔(1194)などがある．大仏様が入ると，13 世紀の奈良の和様建築は貫・木鼻・桟唐戸などを採り入れ，新鮮味を加えた．これを〈新和様〉と呼ぶ．*薬師寺東院堂(1285)などが代表例．→寺院建築，折衷様，付録(寺院建築 2)．

【彫刻】彫刻においては，平安後期，11 世紀前半に仏師*定朝が，飛鳥時代以来日本が摂取してきた中国彫刻の基本的な形式を継承しながら，その間に日本の中で醸成された造形の諸要素を的確にまとめ，またある点では過去の伝統から完全に離脱して，独自の様式を完成した．この定朝の様式によって明確に成立したのが彫刻の〈和様〉である．形式の上では，頬のまるく張った顔，分散的に配置された目鼻だち，肥満のみられない肉身，うすい衣，数少ない単純な衣文線などによってあらわされた簡潔で明快な姿，形態の上では，奥行きの浅い薄い体軀やゆるやかな面構成などがその特色である．これ以後の彫刻における和様の支配力は強固で，外来様式の影響は表面的なものにとどまることとなった．

【書道】わが国の書は，つねに中国大陸の書の影響下に発展したが，平安時代前期，大陸文化に対する国風文化樹立の自覚的志向のなかに，『古今和歌集』に代表されるような，強く〈和〉を意識する文芸を生み出した．平安時代中期になると，なかでも中国東晋の王羲之(4 世紀)の書風を基礎にして，藤原行成(972–1027)に代表されるわが国固有の優美な書風を生んだが，これらを出発点として，〈世尊寺流〉(祖・藤原行成)，〈法性寺流〉(祖・藤原忠通，1097–1164)，鎌倉時代末期には〈青蓮院流〉(祖・尊円親王，1298–1356)，桃山・江戸時代初期には〈御家流〉〈大師流〉〈光悦流〉といった数多くの支流を生んだ．以上の系列に生まれた書を総括して〈和様〉という．なお，大師流の名称は，*空海を和様書道の祖と見る考え方に基づいたものである．→書道，唐様．

笑い わらい　笑いは，宗教的には邪気邪霊をはらって，生命を再活性化するという象徴の意味をもつ場合がある．天宇受売命の踊りに神々が笑って*天照大神が再出現したとの神話もそれかという．ここでの笑いは哄笑だが，仏教では〈微笑〉が重要である．禅宗では*世尊が拈華し*摩訶迦葉が微笑して，教外別伝の伝統が始まったという．微笑には不立文字の深甚微妙の意味が秘められている．*木食五行作のユーモラスな微笑仏にもその気配がある．〈笑い仏〉というときは，*経蔵の中に安置された*傅大士や*寒山・拾得の像をさす．または*歓喜天の俗称．→拈華微笑，教外別伝，不立文字．

割矧造 わりはぎづくり　*木彫像製作の一技法．干割れを防ぐために材の一部を木目に沿って割り，内部を刳って再び合せる〈割矧〉の手法を像の幹部に適用したもの．頭部を含む像の根幹部を縦の 1 材から彫り出し(一木造)，これを縦に割って内刳りを施し，さらに頸部下方で頭・体を割り放す〈割首〉を行なったうえで，これらを再び矧ぎ合せる．あるいは 1 材から彫り，まず体部背面を割り放し，体部を内刳りした後，割首を行い，さらに頭部を前後に割って内刳り，これらを矧ぎ合わせる．この技法によって 1 材で像を造っても内刳りが完全になり，干割れを防ぐことができる．平安時代 11 世紀，*定朝の活躍期に〈寄木造〉と同時に完成したものと推測され，以後，*等身大以下の像を製作するさいの最も一般的な技法となった．→一木造，寄木造．

宏智正覚 わんししょうがく　［Hóng-zhì Zhèng-jué］　1091–1157　中国,南宋の禅僧．隰州しっしゅう(山西省隰県)の人．俗姓は李氏．諡号は宏智禅師．11 歳で得度．18 歳より諸方を遊歴し，1124 年，中国曹洞宗の丹霞子淳たんかしじゅんの法を嗣ぐ．1129 年*天童山に住し，居ることおよそ 30 年．伽藍・規矩を整え中興の祖と称せられる．その禅は公案を用いない*黙照禅もくしょうぜんで，*大慧宗杲だいえそうこうの公案禅(*看話禅かんなぜん)と対比され，宋朝禅林の二大潮流をなした．宏智の禅は，道元禅の中に受けつがれ，*『正法眼蔵』坐禅箴には宏智の『坐禅箴』が掲載されている．他に『宏智広録』9 巻などの著作がある．

付　録

図　解……………………………………1087
インド亜大陸の仏教寺院(1087頁)
塔1～5(1088～1092頁)：1サーンチーの仏塔　2ガンダーラ形式の仏塔　3・4層塔　5多宝塔・宝塔・宝篋印塔・無縫塔・五輪塔
寺院建築1～4(1093～1096頁)：1細部名称　2和様　3大仏様　4禅宗様
伽藍配置(1097頁)
仏像1～7(1098～1104頁)：1如来部(印相・持物など)　2菩薩部　3明王部　4天部　5姿勢　6光背　7台座
須弥山世界図(1105頁)
両界曼荼羅1・2(1106, 1107頁)：1胎蔵界曼荼羅　2金剛界曼荼羅
サンスクリット語の手引き…………1108
梵字悉曇字母表…………………………1112
(付・十三仏の種子と真言)

仏教史略年表…………………………1115

地　図(表見返・裏見返)

「図解」中の寺院建築と塔の正面図・断面図は，法隆寺・西明寺・浄土寺・大徳寺・興福寺・石山寺の各寺の承諾と文化庁の許可を得て，文化庁保管の原図および『奈良六大寺大観』(岩波書店刊)を複写掲載．また，「須弥山世界図」は，町田甲一著『仏像―イコノグラフィ』(岩波グラフィックス)掲載の図をもとに作成した．

インド亜大陸の仏教寺院

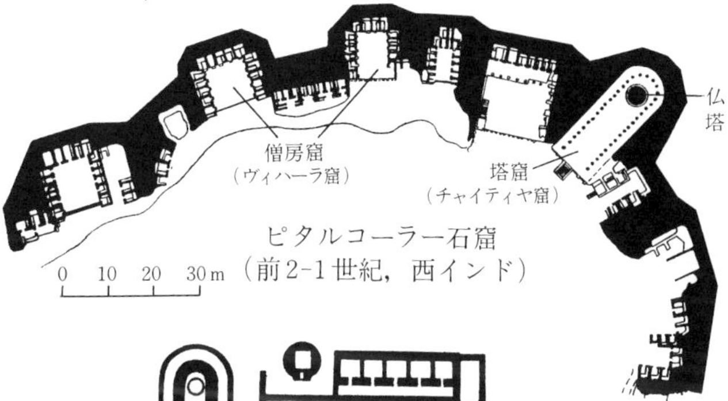

ピタルコーラー石窟
(前2-1世紀，西インド)

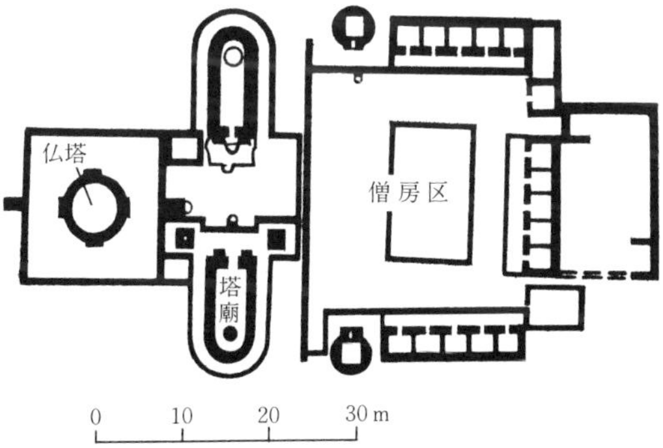

ナーガールジュナコンダ第26寺跡
(2-3世紀，東南インド)

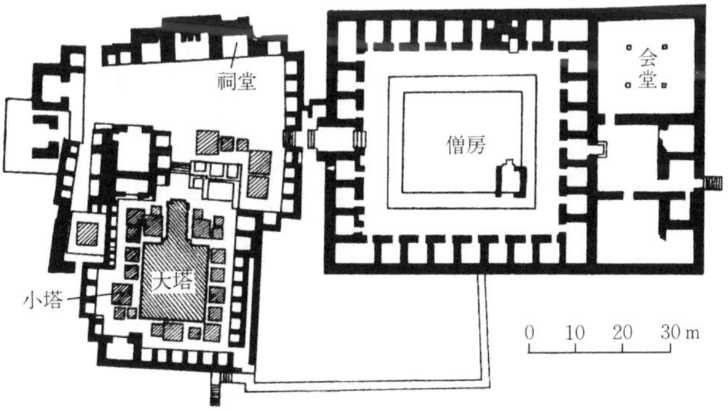

ジャウリアーン寺跡
(5-6世紀，タキシラ，パキスタン)

塔1　サーンチーの仏塔

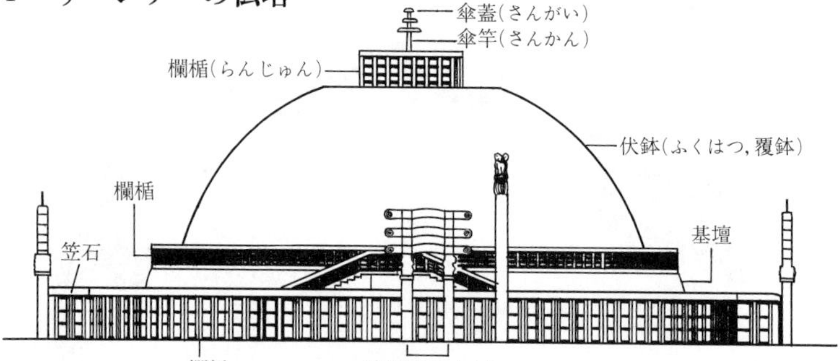

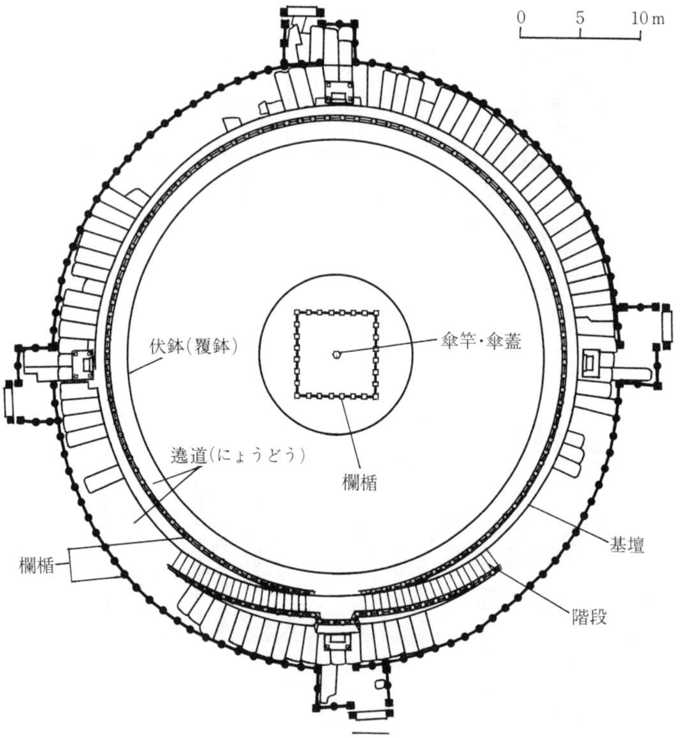

サーンチー第1塔
(前 2-1 世紀，インド)

塔2　ガンダーラ形式の仏塔

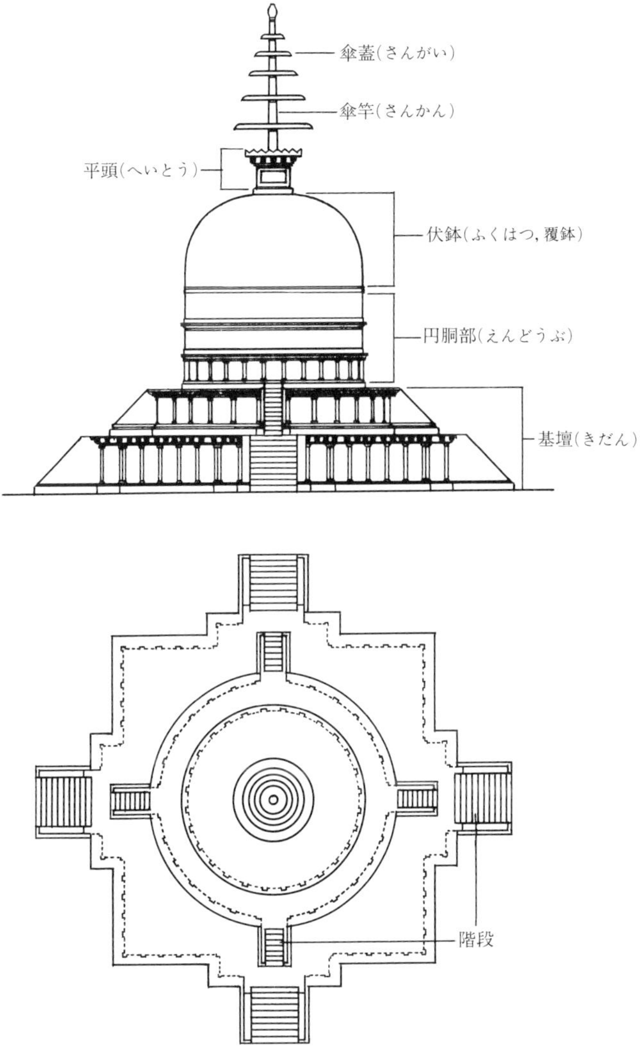

トーペ-ロスターム塔(復原, 基壇底辺 55 m)
(6 世紀, バルフ, アフガニスタン)

塔3　層塔

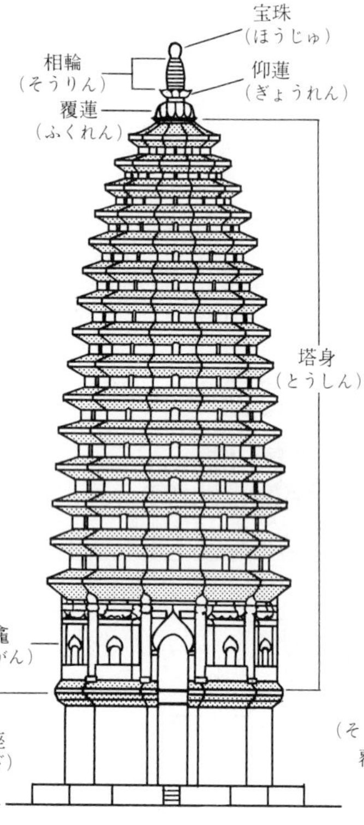

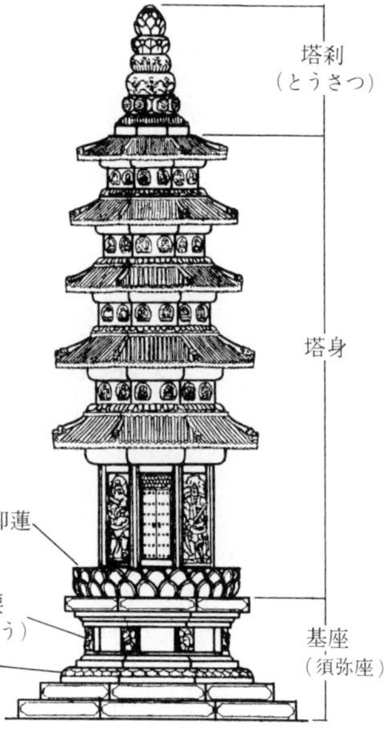

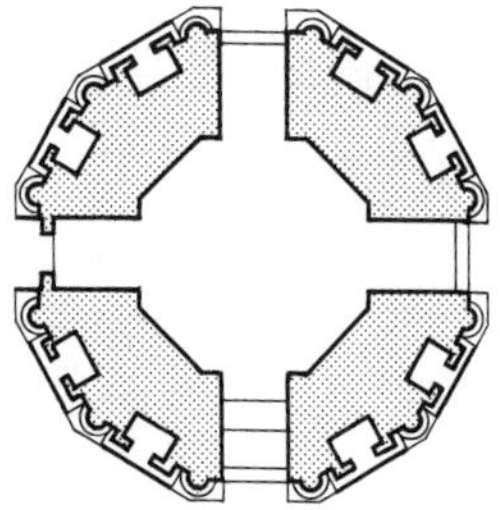

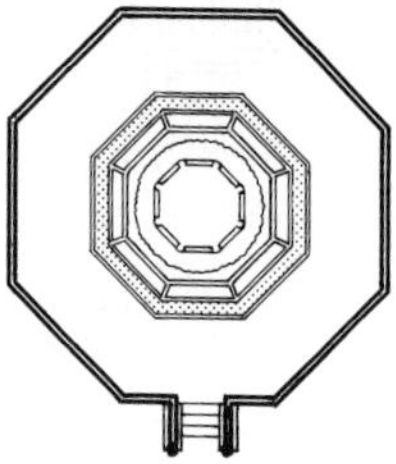

嵩嶽寺（すうがくじ）塔（中国河南省登封，北魏・520年，12角15層，密檐式塼塔，塔高約40 m）

棲霞寺（せいかじ）舎利塔（中国江蘇省南京，南唐・937-975年，8角5層，密檐式大理石塔，塔高15 m）

塔4　層塔

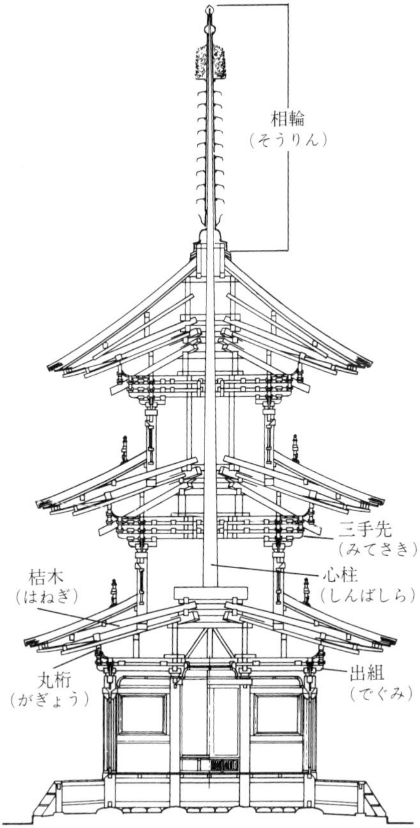

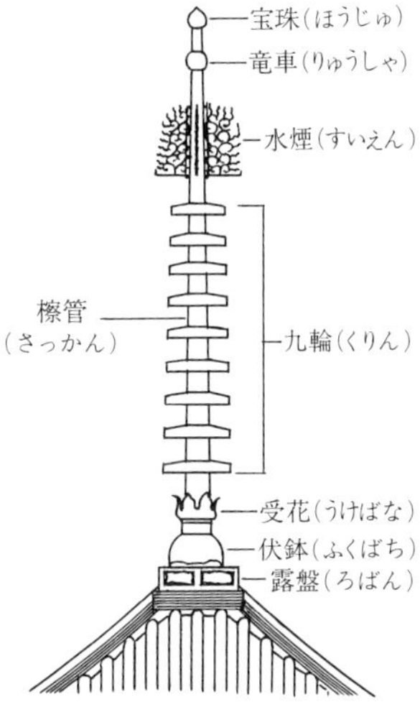

相　輪

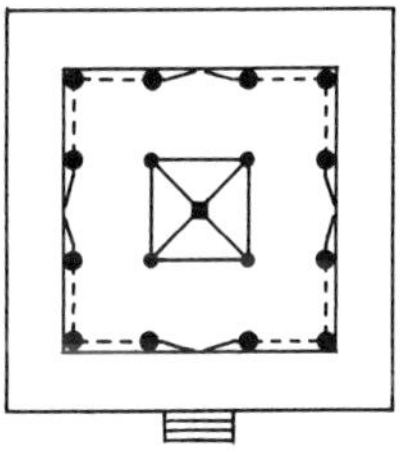

興福寺三重塔(鎌倉時代前期)

塔 5

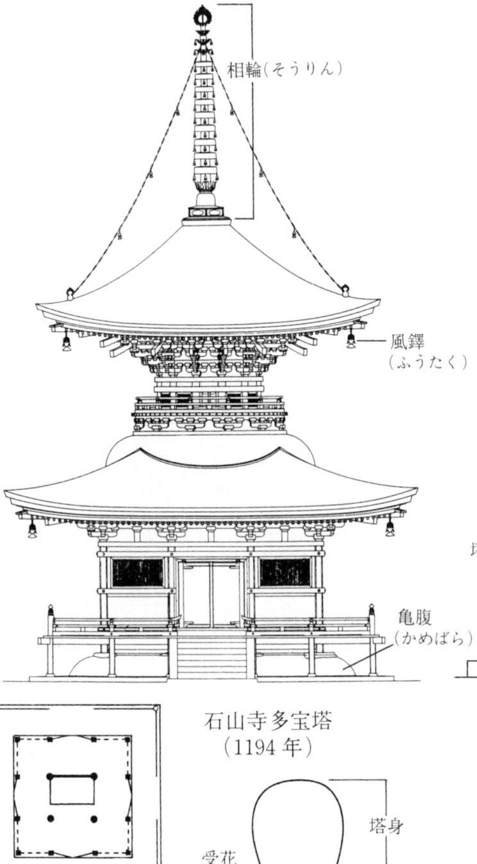

石山寺多宝塔
(1194 年)

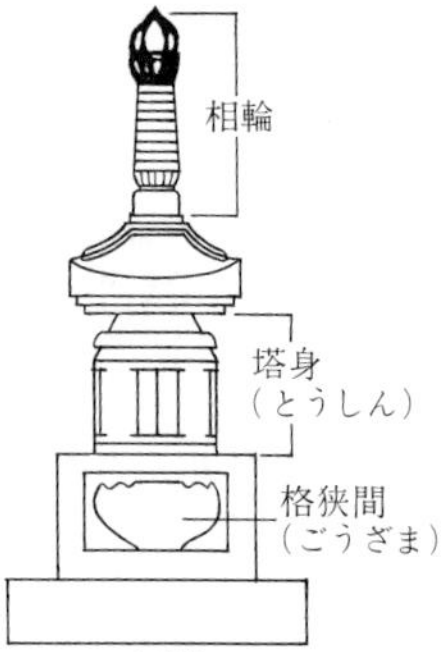

宝塔

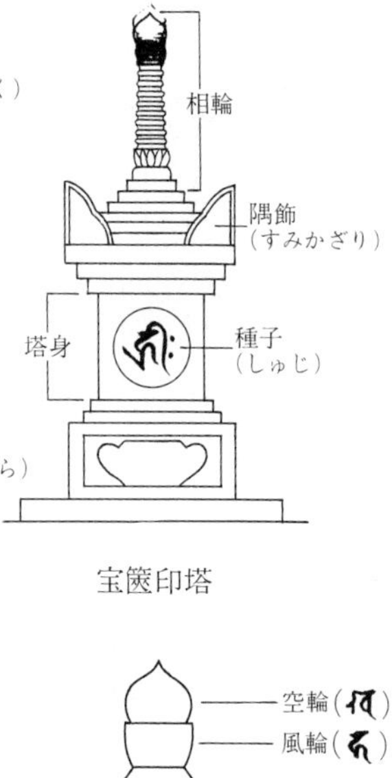

宝篋印塔

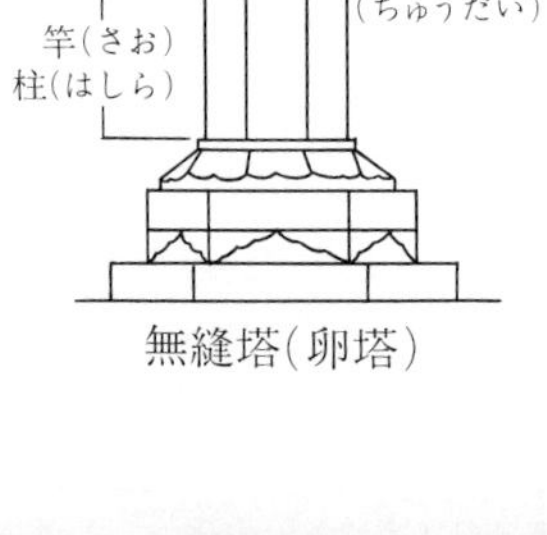

無縫塔(卵塔)

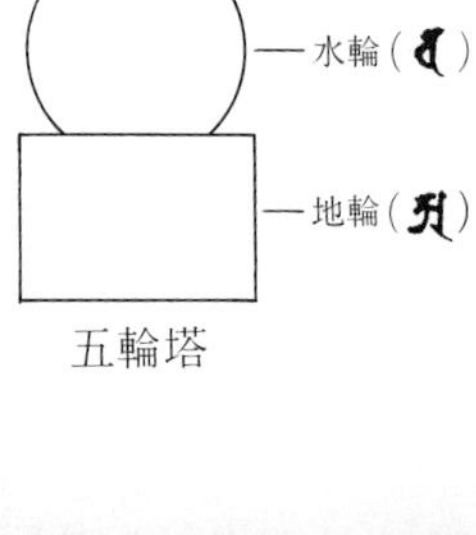

五輪塔

寺院建築1 細部名称

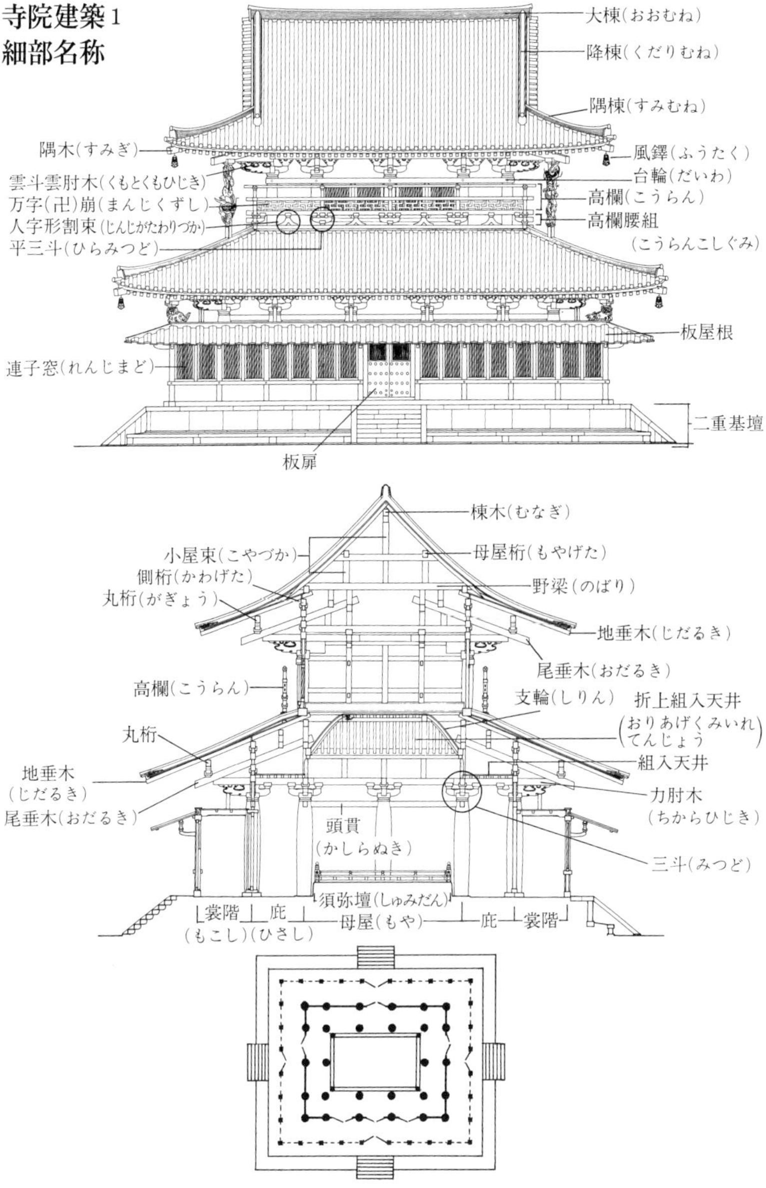
大棟(おおむね)
降棟(くだりむね)
隅棟(すみむね)
隅木(すみぎ)
風鐸(ふうたく)
雲斗雲肘木(くもとくもひじき)
台輪(だいわ)
万字(卍)崩(まんじくずし)
高欄(こうらん)
人字形割束(じんじがたわりづか)
高欄腰組
(こうらんこしぐみ)
平三斗(ひらみつど)
板屋根
連子窓(れんじまど)
二重基壇
板扉
棟木(むなぎ)
小屋束(こやづか)
母屋桁(もやげた)
側桁(かわげた)
野梁(のばり)
丸桁(がぎょう)
地垂木(じだるき)
尾垂木(おだるき)
高欄(こうらん)
支輪(しりん)
折上組入天井
(おりあげくみいれ
てんじょう)
丸桁
組入天井
地垂木
(じだるき)
力肘木
(ちからひじき)
尾垂木(おだるき)
頭貫
(かしらぬき)
三斗(みつど)
須弥壇(しゅみだん)
裳階
(もこし)
庇
(ひさし)
母屋(もや)
庇
裳階

法隆寺金堂(7世紀後半)

寺院建築 2
和様

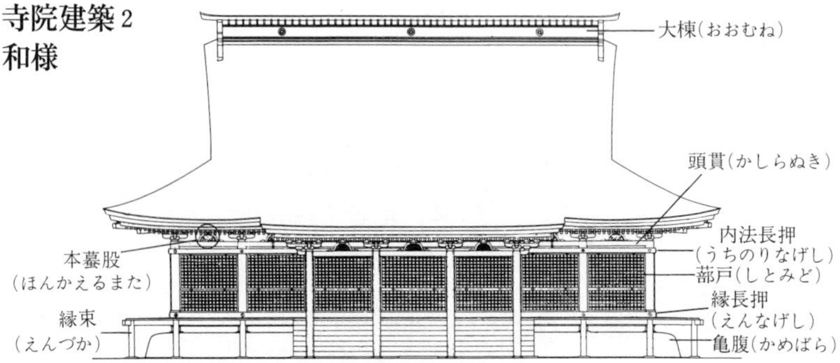

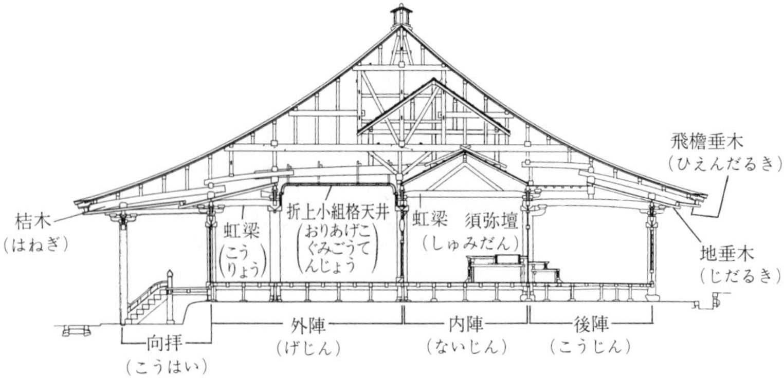

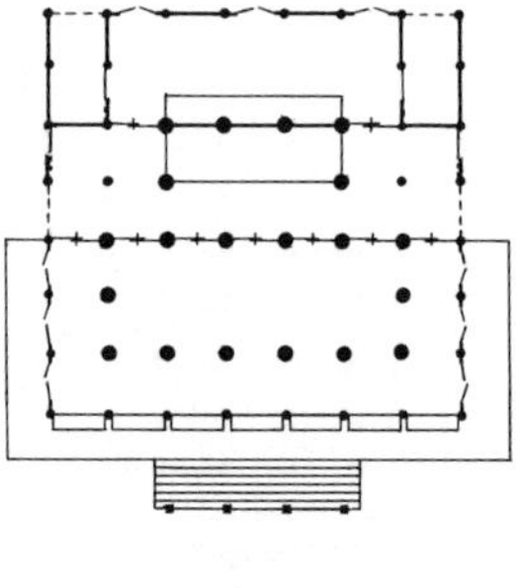

西明寺本堂(鎌倉時代前期)

寺院建築3　大仏様

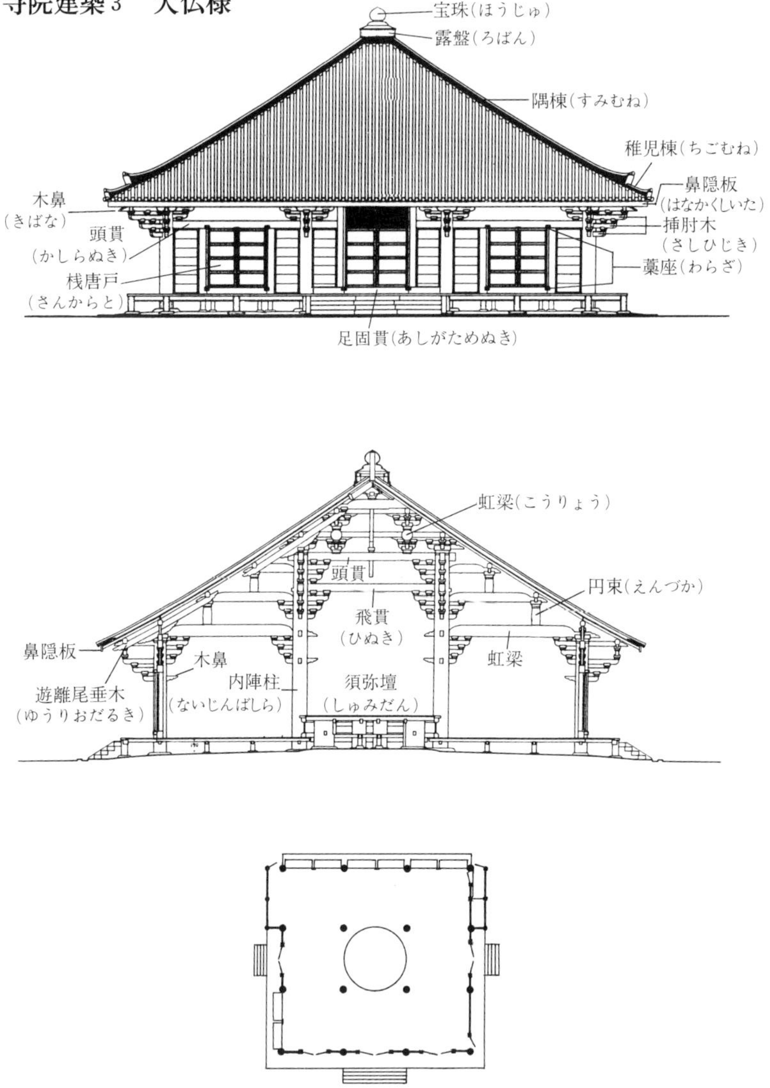

浄土寺浄土堂(1194年)

寺院建築 4　禅宗様

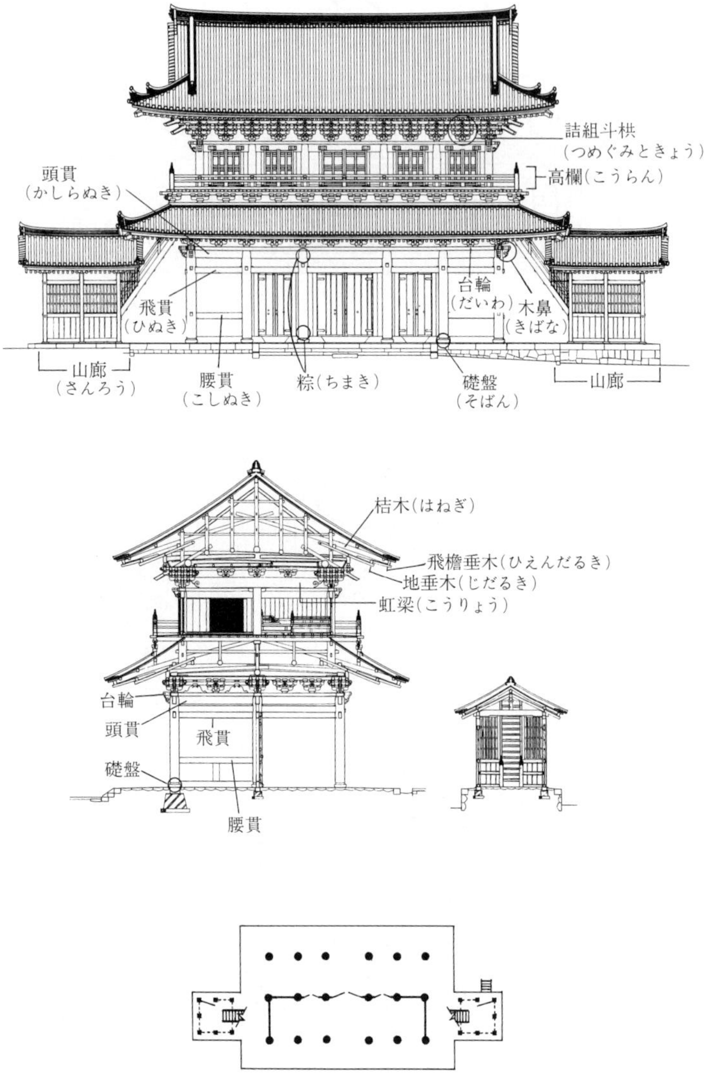

大徳寺三門(1526, 1589 年)

伽藍配置

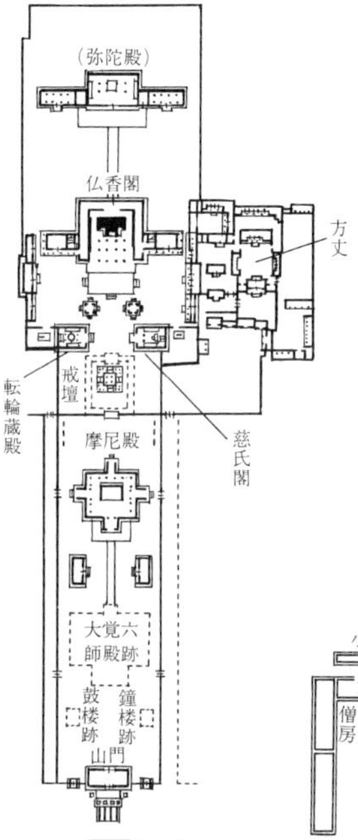

隆興寺 りゅうこうじ
(中国河北省)

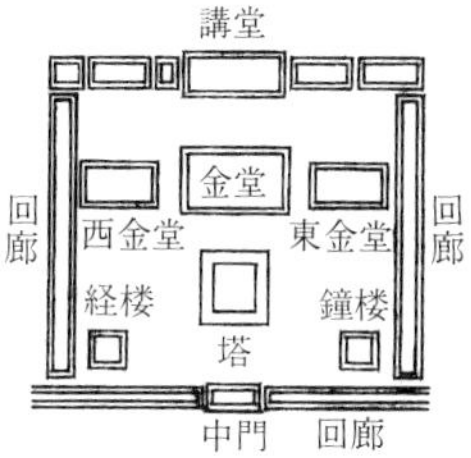

皇竜寺
(韓国慶州市)

飛鳥寺

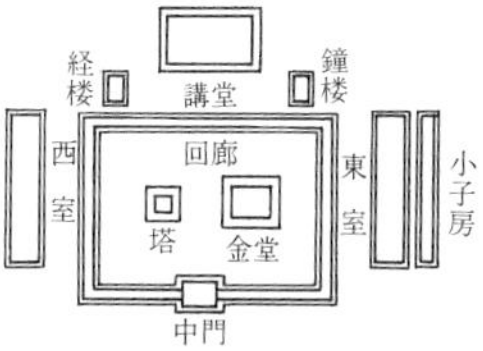

法隆寺

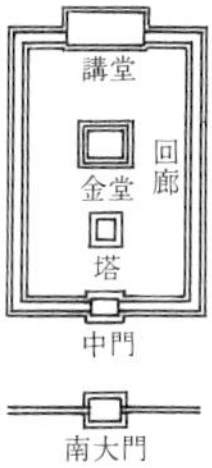

四天王寺

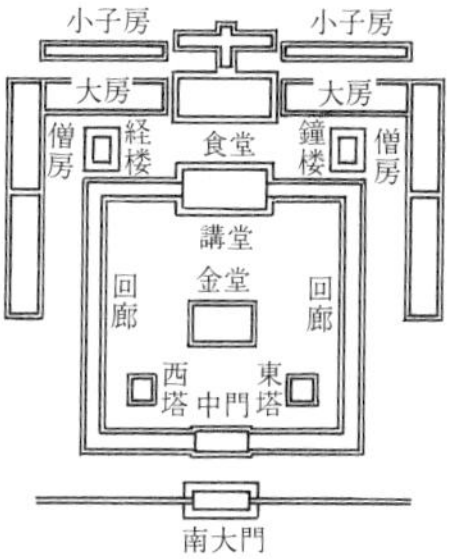

薬師寺

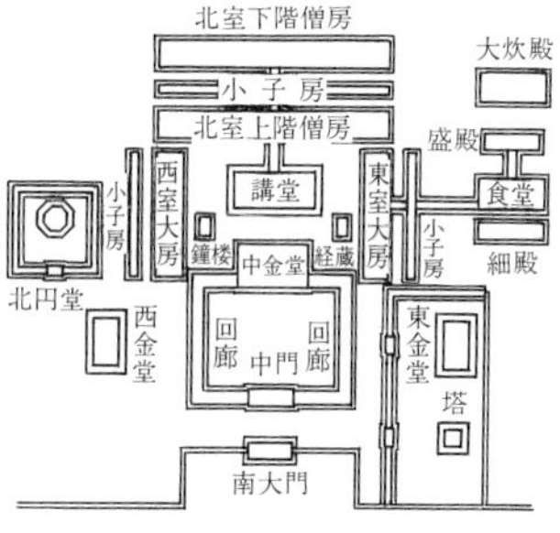

興福寺

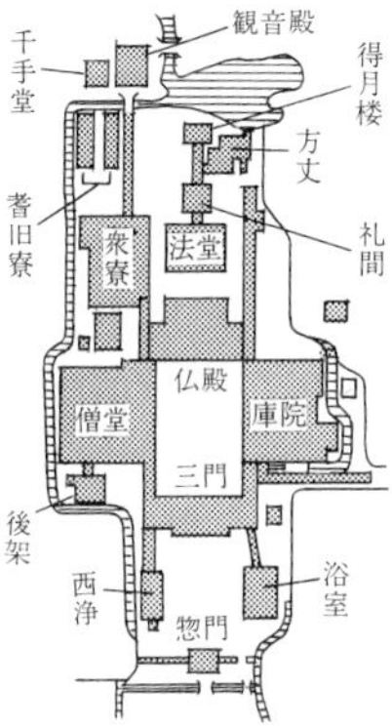

建長寺

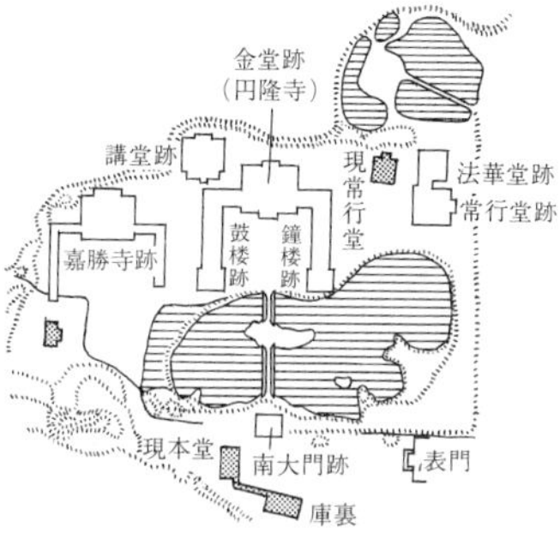

毛越寺

仏像 1　如来部（印相・持物など）

根本五印（釈迦の五印）①～⑤　大日の二印（❶金剛界，❷胎蔵界）

薬師如来

1 肉髻（にっけい）　2 白毫（びゃくごう）　3 三道（さんどう）　4 衲衣（のうえ）・袈裟（けさ）（偏袒右肩（へんだんうけん））
5 印相（いんぞう）（施無畏印（せむいいん））　6 薬壺（やくこ）　7 裳（も）・裙（くん）

仏像2　菩薩部

経籍
（きょうせき）

錫杖
（しゃくじょう）

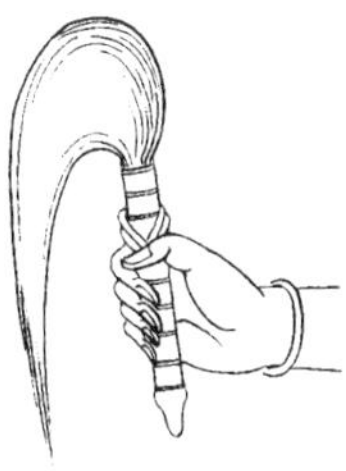

払子
（ほっす）

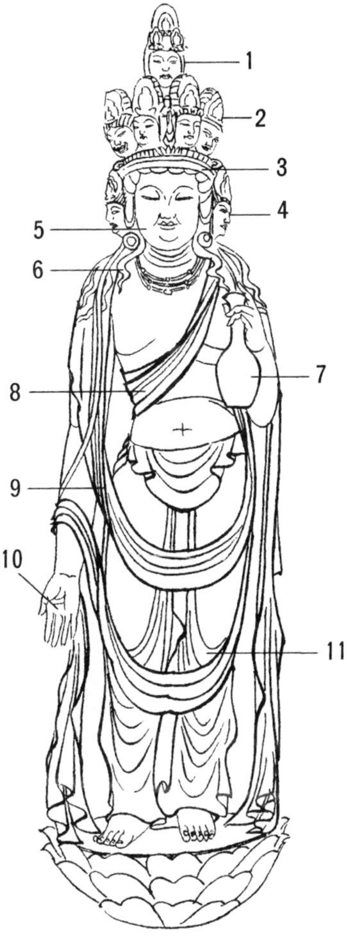

十一面観音

蓮華
（れんげ）

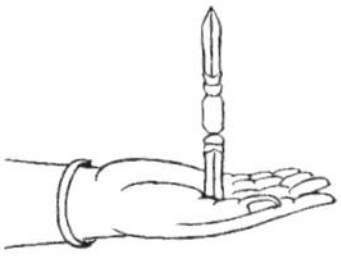

独鈷杵
（とっこしょ）

数珠（珠数）
（じゅず）

1 頂上仏面(ちょうじょうぶつめん)　2 小面(しょうめん)（変化面(へんげめん)）　3 天冠台(てんかんだい)
4 脇面(わきめん)（変化面）　5 本面(ほんめん)　6 垂髪(すいほつ)　7 水瓶(すいびょう)　8 条帛(じょうはく)　9 天衣(てんね)　10 印相(いんぞう)（与願印(よがんいん)）　11 裳(も)・裙(くん)

仏像 3　明王部

孔雀羽
（くじゃくう）

輪宝
（りんぼう）

愛染明王

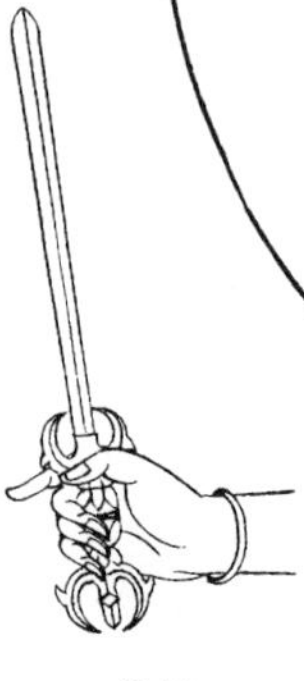

利剣
（りけん）

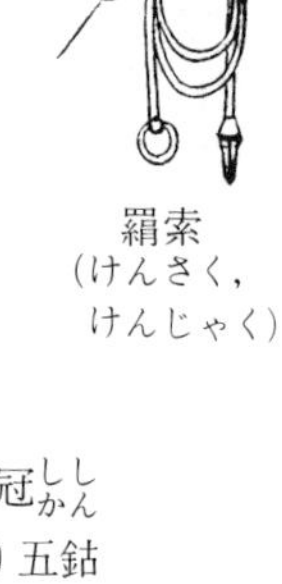

羂索
（けんさく，
けんじゃく）

1 火焔光(かえんこう)　2 蓮華(れんげ)　3 怒髪(どはつ)・焔髪(えんぱつ)　4 獅子冠(ししかん)　5 腕釧(わんせん)　6 臂釧(ひせん)　7 弓(ゆみ)　8 箭(や・せん)　9 胸飾(きょうしょく)　10 五鈷杵(ごこしょ)　11 五鈷鈴(ごこれい)

仏像 4　天部

人頭杖
（にんずじょう）

月輪
（がちりん）

宝棒
（ほうぼう）

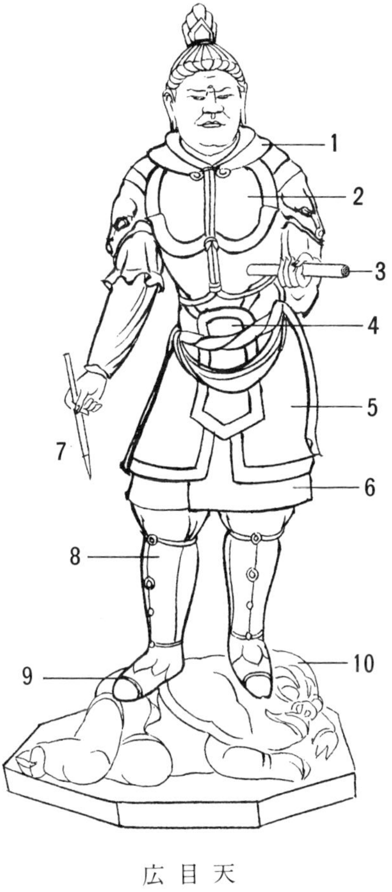

広 目 天

宝塔
（ほうとう）

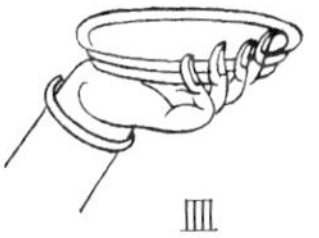

皿
（さら）

蛇索
（じゃしゃく）

1 襟甲（えりごう）　2 胸甲（むなごう）　3 巻子（かんす）　4 前楯（まえだて）　5 表甲（おもてごう）　6 下甲（したごう）
7 筆（ふで）　8 脛甲（すねごう）・脛当（すねあて）　9 沓（くつ）　10 邪鬼（じゃき）

仏像5　姿勢

跪坐像
（きざぞう）

半跏片足踏下像
（はんかかたあしふみさげぞう）

結跏趺坐像
（けっかふざぞう）

跳舞像
（ちょうぶぞう）

輪王坐像
（りんのうざぞう）

仏像6　光背

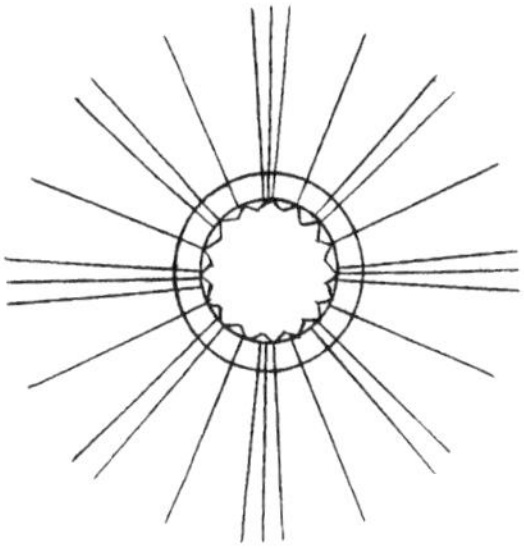

放射光
（ほうしゃこう）
傘後光
（かさごこう）

火焔光
（かえんこう）

飛天光
（ひてんこう）

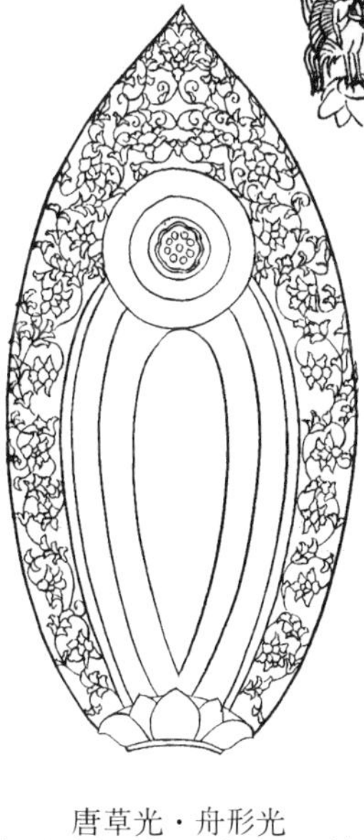

唐草光・舟形光
（からくさこう・ふながたこう）

宝珠光
（ほうじゅこう）

仏像 7　台座

雲座(うんざ)

獅子座(ししざ)

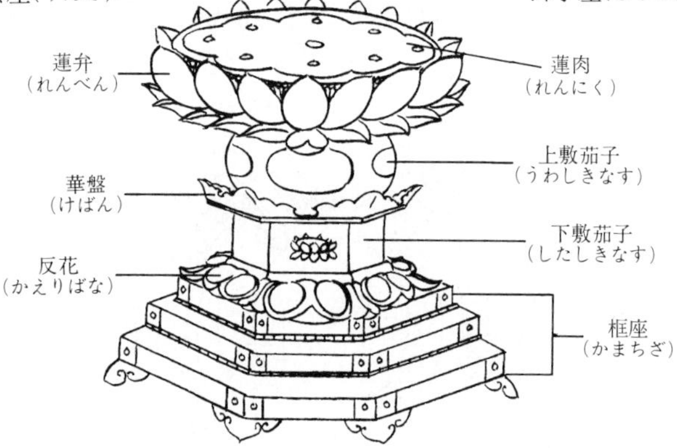

蓮華座(れんげざ)

礼盤座(らいばんざ)

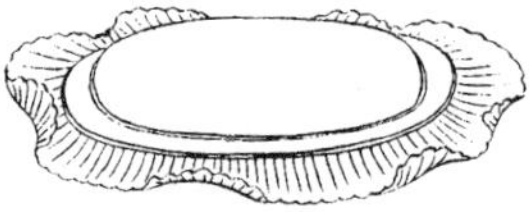

荷葉座(かようざ)

岩座(いわざ)

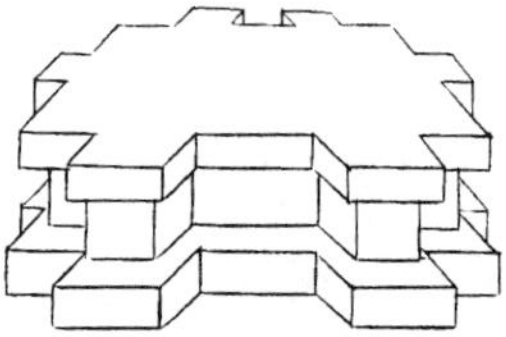

瑟瑟座(しつしつざ)

須弥山世界図

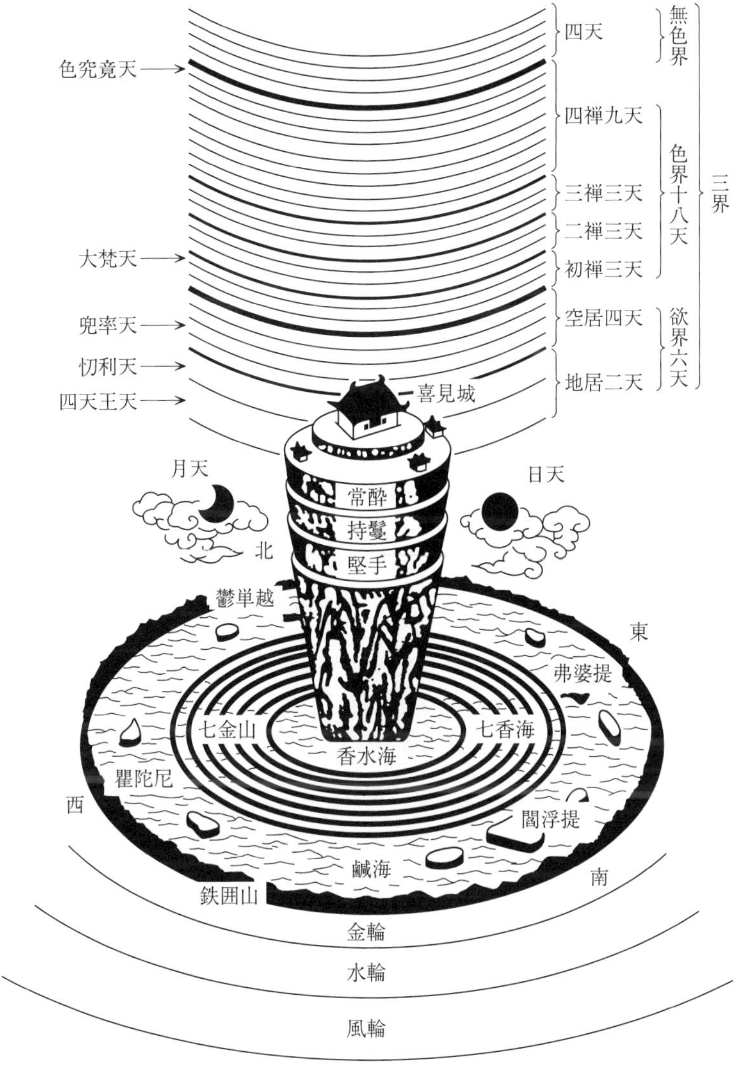
四天
無色界
色究竟天
四禅九天
色界十八天
三禅三天
三界
二禅三天
大梵天
初禅三天
兜率天
空居四天
欲界六天
忉利天
地居二天
四天王天
喜見城
月天
日天
常酔
持鬘
堅手
北
欝単越
東
弗婆提
七金山
七香海
香水海
瞿陀尼
西
閻浮提
鹹海
南
鉄囲山
金輪
水輪
風輪

両界曼荼羅1　胎蔵界曼荼羅

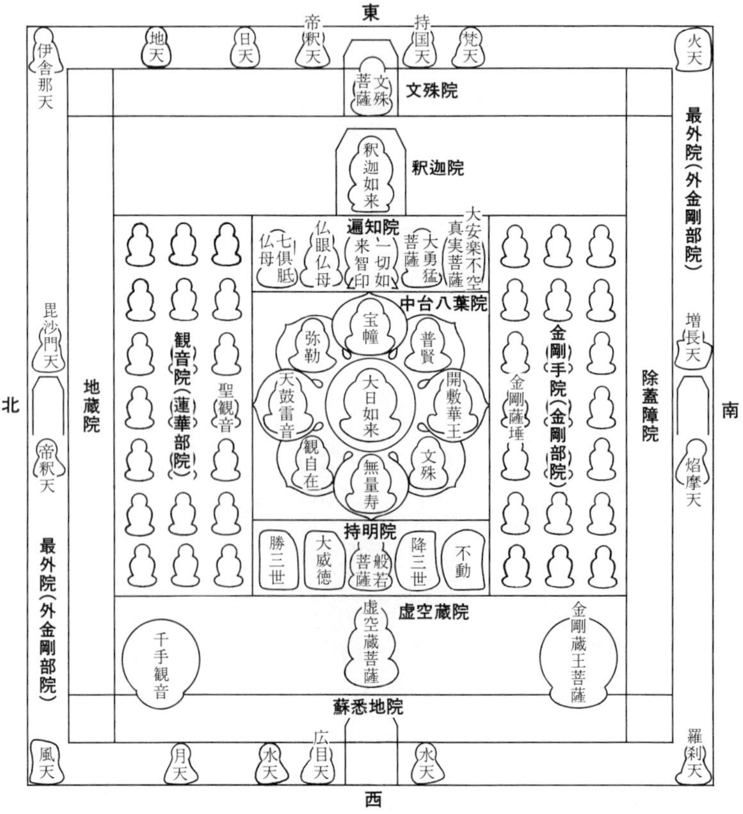

尊名・院明・会名(理趣会を除く)は，おおむね『秘蔵記』によるが，慣例もあり大村西崖『三本両部曼荼羅集』にしたがった．

両界曼荼羅 2　金剛界曼荼羅

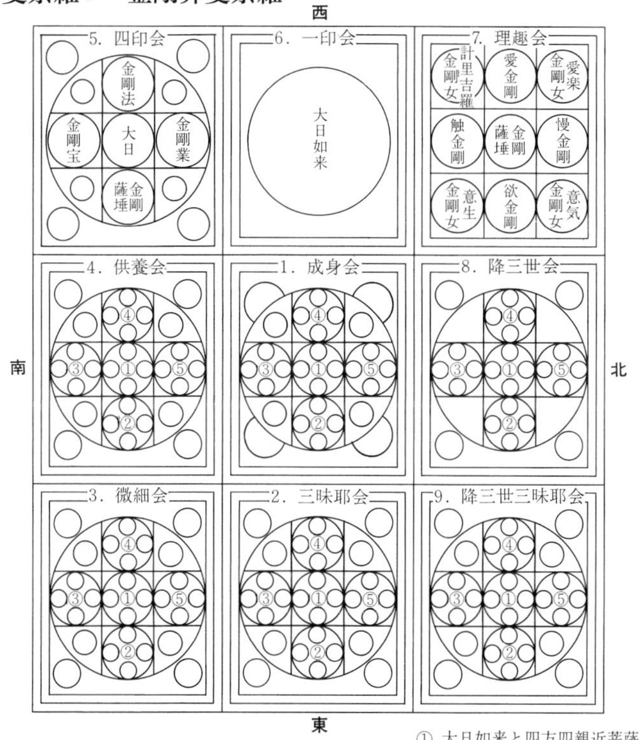

① 大日如来と四方四親近菩薩
② 阿閦如来と四方四親近菩薩
③ 宝生如来と四方四親近菩薩
④ 無量寿如来と四方四親近菩薩
⑤ 不空成就如来と四方四親近菩薩

成身会の諸尊配置

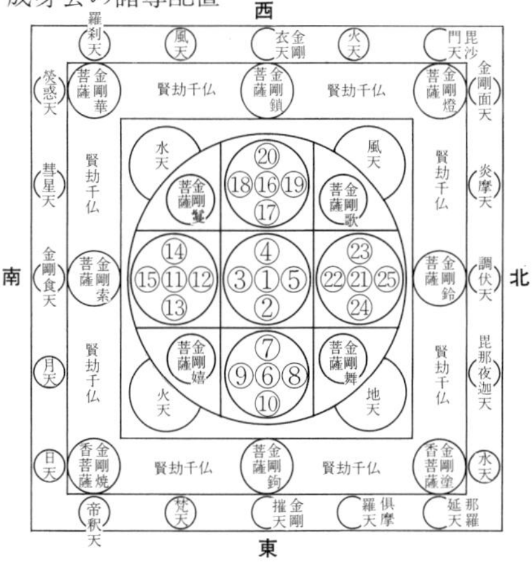

① 大日如来
② 金剛波羅蜜菩薩
③ 宝波羅蜜菩薩
④ 法波羅蜜菩薩
⑤ 羯磨波羅蜜菩薩

⑥ 阿閦如来
⑦ 金剛薩埵菩薩
⑧ 金剛王菩薩
⑨ 金剛愛菩薩
⑩ 金剛喜菩薩

⑪ 宝生如来
⑫ 金剛宝菩薩
⑬ 金剛光菩薩
⑭ 金剛幢菩薩
⑮ 金剛笑菩薩

⑯ 無量寿如来
⑰ 金剛法菩薩
⑱ 金剛利菩薩
⑲ 金剛因菩薩
⑳ 金剛語菩薩

㉑ 不空成就如来
㉒ 金剛業菩薩
㉓ 金剛護菩薩
㉔ 金剛牙菩薩
㉕ 金剛拳菩薩

サンスクリット語の手引き（付：原語表記について）

本辞典では，しばしば *s*: saṃskṛta のように，項目の該当箇所に対応する原語としてサンスクリット語(梵語)がローマ字表記で記載されている．また *p*: saṅkhāra のように，パーリ語その他が対応する原語と考えられている場合もある．インドに起源をもつ仏教思想とその関連文献で用いられる語句の意味を正しく理解するためには，サンスクリット語に代表される，インドでその当時使用されていた言語にまで遡って考慮することがしばしば必要となる．そこで以下に，これらの言語の特質と本辞典における取り上げ方について略述する．

サンスクリット語(梵語)とは？

サンスクリット語は中国や日本では〈梵語〉と呼ばれ，ブラフマー(梵天)という世界の創造神が作った言語が古くインド(天竺)において人間に伝えられたものであり，この言語がインド全土で使われていると信じられ，尊ばれてきた．このような伝説はさておき，サンスクリット語は，言語系統としてはインド-ヨーロッパ語族(印欧語族)のインド-イラン語派に分類される，古代インドの文章語・教養語である．その起源は西暦紀元前2000年頃を中心にインドに移住してきたと考えられるアーリヤ民族の言語に求められる．名称の由来するところのサンスクリタ(saṃskṛta)とは，「洗練され，完成された(言語)」を意味する．特にインドの天才的文法学者パーニニ(Pāṇini，前4世紀頃)に代表される文典家たちによって規定された文法の規則に則って正しく使用された標準語・雅語は〈古典サンスクリット語〉(Classical Sanskrit)と呼ばれ，古代インドに多数並存した俗語・方言の類(プラークリット語，Prakrit, prākṛta)からは峻別され，教養語としての格別に高い地位が与えられた．そしてこの文法的に固定された言語を正しく学習し自由に駆使できることが，ブラーフマナ(婆羅門，僧官司祭)階級を頂点とする古代インドの知識人にとって必須の学問教養とされていた．

〈サンスクリット語〉(Sanskrit)とはこの雅語の英語化された名称である．

パーリ語(プラークリット語)仏教文献

仏教は，興起の当初からサンスクリット語を用いていたわけではなかった．インド中央部のマガダ地方の小王族出身のゴータマ-ブッダを創唱者として，庶民階級とくに商業階層を中心に広まった仏教で用いられた言語は，いわゆる〈プラークリット語〉と総称されるインドの俗語・民間語の類であったと推測される．しかしゴータマ-ブッダの用いたであろう言語は現在でも正確には判明していない．ブッダの教えは彼の死後も口承によって仏教徒の間で伝えられた．これが文字に書き留められるようになったのは西暦紀元後150年頃とされる．これらの仏教の筆受文献で現存するものに，スリランカ・ミャンマー(ビルマ)・タイ・カンボジア・ラオスなどの南方仏教の聖典として伝えられるパーリ(巴利)語文献がある．〈聖典〉を意味するパーリ(Pāli)語は，言語の系統としてはアショーカ王法勅文の用語やジャイナ教聖典の用語(アルダ-マーガディー語)などとともにプラークリット(中期インド-アーリヤ)諸語のうちの一種である．インド各地に活動した仏教の各部派がそれぞれの地方の民衆語で著した聖典をかつては伝持していたと考えられ，パーリ語聖典はその中の一つにすぎなかった．パーリ聖典以外の，プラークリット語で書かれ貝葉(ばいよう)と呼ばれる棕櫚(しゅろ)の葉や樺皮に書き残された仏教文献が，高温多湿のインド本土でほとんど散佚してしまったのに対して，パーリ語聖典は経・律・論の三蔵が完備し，その他にも注釈文献・史書・学習書まで膨大な量が現存しているため，プラークリット諸語そのものの性格解明のための最重要手段となっている．しかし，パーリ語がインドのどの地方のプラークリット語と直接の関係を持ち，どのようにしてスリランカに伝えられ現在まで保持されるに到ったかは依然謎である．

仏教徒のサンスクリット語使用

最初はプラークリット語を用いてその活動をおこなっていた仏教徒もやがて聖典語としてサンスクリット語を採用するか，あるいはこれをプラークリット語と併用するようになった．説出世部(せつしゅっせぶ)に伝承されたブッダの伝記である『大事(だいじ)』(Mahāvastu)のように〈仏教混淆(こんこう)梵語〉(Buddhist Hybrid Sanskrit)と呼ばれる，俗語を混在させたサンスクリット語仏教文献も数少ないが現存する．また梵文『法華経(ほけきょう)』『普曜経(ふようきょう)』などのように，韻文部分にのみ俗語が残されて散文部分は標準的な古典サンスクリット語に書き改められた場合もある．このようなものを〈偈頌方言(げじゅほうげん)〉(Gāthā-dialect)と呼ぶことがあるが，韻文の部分は韻律の関係でサンスクリット語に改変しにくかったために元の言語が残ったもので，俗語から梵語への過渡的段階を示す例である．大乗仏教の経典はサンスクリット語で書かれたものが一般的であった．やがて仏教内にもアシヴァゴーシャ(Aśvaghoṣa，馬鳴(めみょう)．2世紀)のようにカーヴィヤ調の純粋サンスクリット語でインドの詩作の模範とされるような優れた作品を著す仏教詩人も出現するようになった．西暦4世紀以後になると，哲学・宗教の文献や公文書にサンスクリット語を用いる風潮がインド全体に定着し，仏教の教域の拡大と社会的認知の進展の度合に応じて，仏教徒もすすんでサンスクリット語で自らの文献を著すようになった．中期から後期にかけてのインド大乗仏教の経典や論書はすべてサンスクリット語で書かれ，正統婆羅門教学者やジャイナ教学者との教義をめぐっての論争もサンスクリット語を用いてさかんに行なわれている．ただし密教タントラ文献は後代に成立したものであっても例外で，俗語・卑語が用いられていることが多い．これは密儀を行なう特殊グループの排他的成員の間にのみ通じる秘密の隠語としての要素が強かったためと考えられる．

梵字・悉曇

梵字・悉曇(しったん)とは仏教に伝統的に伝えられた，梵語を書写する際の古代インドの音標文字である．同様の音標文字は時代・地域ごとにインドで多種類存在したが，6世紀ごろグプタ文字から発達したシッダマートリカー文字の系統がきわだって中国・日本に伝えられ，梵字・悉曇の書法・学問技法〈切継(きりつぎ)〉として僧侶の間に継承されて現在にいたっている．

漢訳された仏教文献

中国への仏教の初伝は後漢の明帝の時代(西暦67)とされるが，2世紀になるとパルティア国の安世高(あんせいこう)や大月氏国の支婁迦讖(しるかせん)らの西域出身の僧たちによる仏典の漢訳が開始された．訳出された仏典には最初から大乗経典も多く含まれていた．さらに時代がくだると天竺僧(インド人僧侶)の中国渡来もあった．敦煌出身の竺法護(じくほうご)やクチャ(亀茲)出身の鳩摩羅什(くまらじゅう)の活躍によって，漢訳された仏典の質と量は飛躍的に高まる．後漢から宋代にいたる約1千年の間にわたって仏典の翻訳事業は継続された．この際に，原音に対応する音を有する漢字で写す〈音訳〉と，原語の意味をこれに相当する自国語で置き換える〈意訳〉の2方法によって翻訳がなされたが，時代とともに〈意訳〉，すなわち仏典を中国人みずからのことばで理解しようとする傾向が主流を占めるようになった．ただし，密教の陀羅尼(だらに)のように原典の発音を伝えることが重視されるものは例外である．漢訳仏典は西暦2世紀をさかのぼる時代に翻訳が開始されていることから，現存するパーリ語仏典よりも古い形の言語形態や思想内容を示唆することがある．また西北インドや中央アジアの方言による伝承とか文献にもとづいて翻訳がなされたことを示す漢訳経典も存在し，仏典の言語研究や文献的系統(recension)研究の上で貴重な資料を提供するものとなっている．

ローマ字表記と発音・点綴法について

サンスクリット語の音組織

A．母　音　a）単 母 音： a, ā, i, ī, u, ū, ṛ, ṝ, ḷ, ḹ

b）二重母音： e, ai, o, au

B．子　音　a）破裂音および鼻音：

	無声無気音	無声帯気音	有声無気音	有声帯気音	鼻 音
軟口蓋音	k	kh	g	gh	ṅ
硬口蓋音	c	ch	j	jh	ñ
捲 舌 音	ṭ	ṭh	ḍ	ḍh	ṇ
歯　　音	t	th	d	dh	n
唇　　音	p	ph	b	bh	m

b）半 母 音： y（硬口蓋），r（捲舌），l（歯），v（唇）

c）歯 擦 音： ś（硬口蓋），ṣ（捲舌），s（歯）

d）気　　音： h, ḥ（visarga）

e）特別鼻音： ṃ（anusvāra）

サンスクリット語の古代インドにおける発音の状況を正確に知ることは困難であり，ただおおよそを推定しうるに留まる．大体はローマ字表記の示す音価に近かったものとして考えられている．発音上特に注意すべき点および一般的留意点を以下に掲げる．

◇ 単母音 a が基本の音節の長さ(mora; *s*: mātra)を構成し，これに慣って，i, u などの短音単母音の長さ，倍の長さとして ā, ī などの長音単母音や二重母音の長さが決められる．e, o は常に長音で，起源的に二重母音と考えられている．(ただし音節の長短を正確に知るためには韻律の規約や文法上の規則の知識が必要となる．)

◇ ṛ, ṝ, ḷ, ḹ は，音節を構成する母音的な機能を持つ r または l である．r̥, r̥̄, l̥, l̥̄ と記されることもある．

◇ kh, ch 等は k‘, c‘ 等とも記すことがあるが，明瞭に聞き取れる気音(aspiration)を伴う，一連の帯気音である．

◇ c＝〔tʃ〕; j＝〔dʒ〕; ṅ＝〔ŋ〕; ñ＝〔ɲ〕

◇ ṭ, ṭh, ḍ, ḍh, ṇ の捲舌音は舌端を口腔内に反らして舌端の裏を上歯茎裏部に当てて発音する．

◇ ṣ＝〔ʃ〕, ś＝〔ç〕

◇ ḥ(ヴィサルガ)は音節の最終部に付せられる気音で，これだけが独立して用いられることはない．

◇ ṃ(アヌスヴァーラ．＝ṁ)も音節の最終部に付せられる微弱な鼻音で，これだけで独立して用いられることはない．筆記の便宜上から他の鼻音の綴字のかわりに用いられることもある．

◇ 子音の三連続は避けられる．

◇ 連声(れんじょう)(saṃdhi)はフランス語の liaison に相当する音連結法であるが，フランス語の場合スペルまで変えられることはないのに対して，サンスクリット語においては音変化の結果がそのまま文字の書き表し方にまで影響を与える．

◇ 単語は(辞書に挙げられている)語幹の形か，必要に応じて絶対位置(in pausa)における語尾を付して記載されている．

◇ サンスクリット語においては2語あるいはそれ以上の複数語の結合による複合名詞が発達した．結合部分には - を挿入して意味内容の明確化をこころがけた．

以上は本辞典を使用する際のサンスクリット語(梵語)についての手引きとして略述したものである．より詳しくは，風間喜代三『言語学の誕生――比較言語学小史』(岩波新書，1978)；辻直四郎『サンスクリット文法』(岩波全書，1974)；水野弘元『パーリ語文法』(山喜房仏書林，1955)；Franklin Edgerton: *Buddhist Hybrid Sanskrit Grammar and Dictionary*, 2 vols. (Yale, 1953)等を参照されたい．

なおサンスクリット語の辞典としては，M. Monier-Williams: *A Sanskrit-English Dictionary* (Oxford, 1899, repr. 1982) がもっとも一般的であるが，このほかにも Otto Böhtlingk & R. Roth, A. A. Macdonell, C. Cappeller, V. S. Apte, N. Stchoupak, L. Nitti & L. Renou などによるそれぞれ苦心の編纂の成果があり，このうちには最近わが国で復刊されているものも多いので，学力の進展と目的に合わせて選んで使用すべきである．漢訳語との対応を知るためには，榊亮三郎・西尾京雄編著『四訳対校 飜譯名義大集』2巻(1916; repr. 1998 臨川書店)が Mahāvyutpatti の対校本として研究に不可欠であり，また荻原雲来編・辻直四郎監修『漢訳対照 梵和大辞典』(1940–74，鈴木学術財団刊; repr. 1986 講談社)が便利である．またパーリ語の辞典としては，水野弘元『二訂 パーリ語辞典 付・パーリ語略文法』(1968; 1975 春秋社)が入手も容易でかつ有益である．専門的にはこのほかに R. C. Childers 編や，Pali Text Society 編のものがあり，コペンハーゲンから V. Trenckner 企画の大辞典 (*A Critical Pāli Dictionary*) が刊行中である．また近年，Pali Text Society 編の *Pali English Dictionary* の本格的な改訂版・第一冊，M. Cone: *A Dictionary of Pāli*, Part Ⅰ: *a–kh* (Oxford: The Pali Text Society, 2001) が刊行された．

梵字悉曇字母表

1) 摩多点画：母音符のことで，加点摩多ともいう．体文各字は母音アを伴うが，他の母音(摩多)を伴う場合，摩多を点画の形に変えて体文に継ぐ．本欄には点画と継ぐ位置(□印が体文)を示す．

2) 切継半体：体文を２字切り継ぐとき，上半体の終画(字形によっては下部中央)に下半体(頭の部分を切り捨てる)を直接継いで１字を作る．３字以上は，中間の字は頭部を切り捨て上字に継ぎ，さらに終画を下字に継ぐ．

3) 漢字音訳：『梵字悉曇字母幷釈義』による(金剛頂経釈字母品にほぼ同じ)．

4) ローマ字表記：現代のサンスクリット語で最も広く行われている様式による．

5) 中天音：中インドの読み方(東密相承)．
南天音：『悉曇字記』の読み方で，南インドの音という(台密相承)．

6) 字義：相承悉曇学の字義を示したが，基本になっているものは金剛頂経釈字母品と『梵字悉曇字母幷釈義』である．

1．摩　多 (12字)

番号	悉曇文字	異体字(別体)	摩多点画	漢字 / ローマ字	中天音 / 南天音	字義
1				阿 a	ア ア	本不生不可得
2				阿引 ā	アー アー	寂静
3				伊 i	イ イ	根
4				伊引 ī	イー イー	災禍
5				塢 u	ウ ウ	譬喩
6				汙引 ū	ウー ウー	損減
7				曀 e	エー エ	求
8				愛 ai	アイ エー	自在
9				汚 o	オー オ	瀑流
10				奥 au	アウ オー	変化
11				闇 aṃ	アン アン	辺際
12				悪 aḥ	アク アク	遠離

2．別 摩 多 (4字)

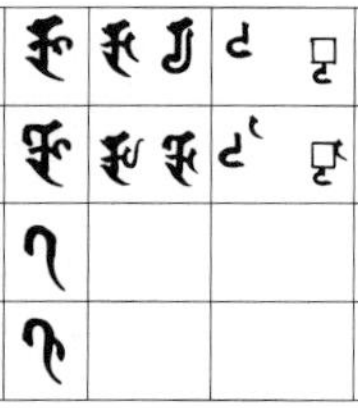

番号	悉曇文字	異体字(別体)	摩多点画	漢字 / ローマ字	中天音 / 南天音	字義
13				哩 ṛ	リ キリ	神通
14				哩引 ṝ	リー キリ	類例
15				侶 ḷ	リョ リ	染
16				嚧 ḹ	リョー リ	沈没

3．体　文 (33字)

番号	悉曇文字	異体字(別体)	切継半体 上部	切継半体 下部	漢字 / ローマ字	中天音 / 南天音	字義
17					迦 ka	キャ カ	作業
18					佉 kha	キャ カ	等空
19					誐 ga	ギャ ガ	行
20					伽 gha	ギャ ガ	一合
21					仰 ṅa	ギャウ ガ	支分
22					遮 ca	シャ サ	遷変
23					磋 cha	シャ サ	影像
24					惹 ja	ジャ ザ	生
25					酇 jha	ジャ ザ	戦敵
26					孃 ña	ジャウ(ニャウ) ザ	智
27					吒 ṭa	タ タ	慢
28					咤 ṭha	タ タ	長養
29					拏 ḍa	ダ ダ	怨対
30					荼 ḍha	ダ ダ	執持
31					拏 ṇa	ダウ ダ	諍論
32					多 ta	タ タ	如々
33					他 tha	タ タ	住処

番号	悉曇文字	異体字(別体)	切継半体 上部	切継半体 下部	漢字 ローマ字	中天音 南天音	字義
34					娜 da	ダ ダ	施与
35					駄 dha	ダ ダ	法界
36					曩 na	ナウ ナ	名
37					跛 pa	ハ ハ	第一義
38					頗 pha	ハ ハ	不堅
39					麼 ba	バ バ	縛
40					婆 bha	バ バ	有
41					莽 ma	マウ マ	吾我
42					野 ya	ヤ ヤ	乗
43					囉 ra	ラ(アラ) ラ	塵垢
44					邏 la	ラ ラ	相
45					嚩 va	バ バ	言説
46					捨 śa	シャ シャ	本性寂
47					灑 ṣa	シャ シャ	性鈍
48					娑 sa	サ サ	諦
49					賀 ha	カ カ	因業
4. 四 重 字 (2字)							
50					濫 llaṃ	ラン ラン	都除
51					乞灑 kṣa	キシャ サ	尽

十三仏の種子と真言

初七日　不動明王　カン　カンマン

ナウマク・サ(ン)マンダ・バザラダン・カン

二七日　釈迦如来　バク

ナウマク・サ(ン)マンダ・ボダナン・バク

三七日　文殊菩薩　マン

オン・ア・ラ・ハ・シャ・ナウ

四七日　普賢菩薩　アン

オン・サンマヤ・サトバン

五七日　地蔵菩薩　カ

オン・カ・カ・カ・ビサンマエイ・ソワカ

六七日　弥勒菩薩　ユ

オン・バ(マ)イタレイヤ・ソワカ

七七日　薬師如来　バイ(ベイ)

オン・コロ・コロ・センダリ・マトウギ・ソワカ

百ヵ日　観世音菩薩　サ

オン・アロリキャ・ソワカ

1周忌　勢至菩薩　サク

オン・サン・ザン・ザン・サク・ソワカ

3回忌　阿弥陀如来　キリク

オン・アミリタ・テイゼイ・カラ・ウン

7回忌　阿閦如来　ウン

オン・アキシュビヤ・ウン

13回忌　大日如来　(金)バン　(胎)ア

(金)オン・バザラ・ダト・バン
(胎)オン・ア・ビ・ラ・ウン・ケン

33回忌　虚空蔵菩薩　タラク

ナウボウ・アキャシャ・ギャラバヤ・オン・アリキャ・マリ・ボリ・ソワカ

仏教史略年表

1. この年表は，本辞典の内容にそくして作成した略年表で，仏教史を中心としながらも，関連する社会・思想・文化現象も収載するようにつとめた.
2. 1998年までを収めた.
3. 元号は日本にのみ付し，『新版 日本史年表』(歴史学研究会編，岩波書店刊)によった.
4. ＊：不確定あるいは前後数年の幅のある西暦年に付した.

   ◊：年代確定が困難で，推定年に相当幅のある場合，西暦年に代えて用いた.
5. 日本関係の明治時代以降の記事は日付を記したが，日付の不明なものおよび特定できないものには，○印を付して，「この年」を示した.
6. [イ][チ][朝]は，インド，チベット，朝鮮を表す.

西暦	イ　ン　ド	西暦	中　国　・　そ　の　他
前		前	
*2500	インダス文明の展開(〜前 *1400).		
		*1600	ミケーネ文明(〜前 *1100). **殷王朝,興る.**
*1500	アーリヤ人の西北インド侵入(〜前 *1200).		
*1200	『リグ-ヴェーダ』成立.		
		*1027	**周(西周),興る**(〜前 771).
*1000	アーリヤ人,ガンジス河流域へ進出(〜前 *800).		
*800	ブラーフマナ文献の成立.		
		770	**東周,興る**(〜前 256). (**春秋時代**,前 770〜403).
*600	十六大国併立時代——コーサラ,マガダ,アヴァンティ,ヴァンサの四大国繁栄.	*600	この頃,ゾロアスター教の成立.
*500	都市の成立(ガンジス河中流域). 古ウパニシャッド成立(〜前 200).		
		479	孔子没(前 551〜).
*463	**ゴータマ-ブッダ(釈迦)誕生**(前 566,前 624 など異説多し). この頃,六師外道の活躍.		
		403	**戦国時代**(〜前 221).
		399	ソクラテス没(前 470〜).
		*390	墨子没(前 *480〜).
*383	**ゴータマ-ブッダ入滅**(別説あり). ラージャグリハ(王舎城)で第 1 結集(五百結集).		
*372	ジャイナ教開祖,ニガンタ-ナータプッタ(マハーヴィーラ)没(別説あり).		
*350	パーニニ,文典を著し古典サンスクリット語の規範となる.	*350	荘子,道の哲学を説き真人・神人の哲学を確立.
		347	プラトン没(前 427〜).
		336	アレクサンドロス大王即位(〜前 323).
327	アレクサンドロス軍,西北インドに侵入.		
		322	アリストテレス没(前 384〜).
317	**マウリヤ王朝成立**(チャンドラグプタがナンダ王朝を倒す. 〜前 187).		
◊	この頃,チャンドラグプタの宰相カウティリヤ『実利論』を著す(3 世紀に現在の形に編纂).		
		*289	孟子没(前 *372〜).
*283	釈迦入滅後 100 年頃,ヴァイシャーリーで第 2 回結集(七百結集).		
◊	この頃,仏教全インドに広がる. この頃,上座部と大衆部の分裂(根本分裂). この頃,サーンキヤ学派成立(開祖カピラ,前 *350〜*250).		
*268	アショーカ王(阿育王)即位(〜前 *232). 仏教に帰依し法勅を岩石や石柱に銘刻.		
◊	この頃より以後,サーンチーの仏塔(第 1 塔)創建,以後増広.		
*247	マヒンダ長老,セイロン(スリランカ)に仏教を伝えるという. この頃より後,スリランカのアヌラーダプラ		

西暦	イ　ン　ド	西暦	中　国　・　そ　の　他
	にマハーヴィハーラ(大寺)建立.		
◊	この頃までに,ジャータカの原型成立.		
		*233	韓非子没.
		221	秦の始皇帝,中国統一.
		202	**前漢,成立**(～後8).
*200	この頃,ヒンドゥー教興起.		
*187	**シュンガ王朝成立**(～前*75).		
*160	メナンドロス(ミリンダ)王,西北インドを征服(ナーガセーナ長老と対論,那先比丘経の原型成立).		
◊	この頃,ミーマーンサー学派成立(開祖ジャイミニ,前*200～*100).		
	この頃,カーティヤーヤニープトラ『阿毘達磨発智論』を著す.		
		141	武帝即位(～前87).
		139	淮南王劉安『淮南子』を武帝に献上.
			張騫,西域遠征(～前126)し東西貿易ルート開かれる——以後,中国に仏教伝え始められるか.
*100	この頃までに,小乗部派の分裂終る.		
	大乗仏教運動興る.		
	『バガヴァッド-ギーター』の原型成立.		
		*91	『史記』(司馬遷)成立.
◊	この頃,スリランカにアバヤギリ-ヴィハーラ(無畏山寺)建立.		
58	(-57) ヴィクラマ紀元,始まる.		
*50	この頃,ヴェーダーンタ学派成立(開祖バーダラーヤナ,前*100～*1).		
◊	この頃,ヴァイシェーシカ学派成立(開祖カナーダ,紀元前後).		
◊	この頃,アジャンターの石窟寺院開鑿始まる(～9世紀).	*27	ローマ帝国成立.
		*4	キリスト教開祖,イエス誕生(～後*28).
		*2	中国に仏教伝わる——大月氏王の使節伊存,博士弟子景盧に浮屠経を口授.
		後 25	**後漢,成立**(～220).
後*60	**クシャーナ王朝確立**(クジューラ-カドフィセース王,西北インド攻略. ～*200衰微).		
◊	この頃,ガンダーラ地方,続いてマトゥラーで仏像の制作が始まる.	*65	楚王英,黄帝・老子と浮屠(仏)とを併せ祀る.
◊	第1期(初期)大乗経典成立(～*250)——般若経典,維摩経,華厳経,法華経,浄土経典.	67	中インドの迦葉摩騰・竺法蘭,四十二章経を持って洛陽に入り,白馬寺を建立して経典を安置したという.
78	シャカ紀元,始まる.		
*100	ニヤーヤ学派成立(開祖アクシャパーダ別名ガウタマ,*50～*150).		
◊	この頃,『ミーマーンサー-スートラ』成立.		
*129	カニシカ王即位(～*152,別説あり),ガンダーラにカニシカ大塔造立.		
◊	この頃までに,『ヴァイシェーシカ-スートラ』成立.	*148	安息国の安世高,洛陽に来る. 以後20余年間に安般守意経など30余部の経典を翻訳.
*150	この頃までに,『阿毘達磨大毘婆沙論』成立.		

西暦	イ　ン　ド	西暦	中国・その他
◊	この頃,アシヴァゴーシャ(馬鳴)『ブッダチャリタ』(仏所行讃)などを著し活躍.		
		166	桓帝,宮中に黄帝・老子と浮屠(仏)を祀る.
		*167	大月氏国の支婁迦讖,洛陽に来る. 以後,道行般若経,般舟三昧経などを訳出.
◊	この頃までに,『ラーマーヤナ』現形に近い形になる.	184	黄巾の乱起こる.
		*193	笮融,浮屠祠を建て金色の仏像を祀る.
*200	この頃までに,『マヌ法典』成立.	◊	この頃,『理惑論』(牟子)成るか.
			この頃までに,ベトナムにインド仏教伝来か.
		220	**魏,興る**(～265)――**三国時代**(～280).
◊	この頃,ナーガールジュナ(竜樹,*150～*250)『中論』『廻諍論』など著す.	*222	支謙,この頃より太子瑞応本起経,法句経(共訳),維摩詰経など訳出.
	この頃,『大智度論』成る.	*225	曹植,魚山で梵唄を作るという.
	この頃, アーリヤデーヴァ (聖提婆, *170～*270)『四百論』『百論』など著す.	*247	康僧会,この頃から建業で六度集経など訳出. 呉の孫権,彼のために建初寺を創建するという.
		249	王弼,何晏没――老荘思想による学問・思想運動を展開,仏教にも大きな影響を及ぼす.
*250	第2期(中期)大乗経典成立(～*480)――如来蔵経典,大般涅槃経,勝鬘経,解深密経など成立.	*250	中インドの曇柯迦羅,この頃,洛陽に来て『僧祇戒心』を訳出,梵僧による羯磨受戒を行う(中国仏教の受戒の始めという).
		*252	西域の康僧鎧,洛陽に来て無量寿経,郁伽長者経など訳出するという.
		*254	安息国の曇諦,洛陽に来て『曇無徳羯磨』を訳出.
*260	この頃,ラーフラバドラ活躍.	*260	朱士行,般若経の梵本を求めて于闐に求法.
		265	**晋(西晋),興る**(～316).
			この頃,敦煌の竺法護,長安に来る. 以後約40年間に光讃般若経,正法華経,維摩詰経など訳出.
*274	マニ教開祖,マニ処刑される(バビロニア).		
		*307	この頃までに,『老子化胡経』(王浮)成る.
		310	西域の仏図澄,洛陽に来て布教,門徒1万,多くの寺院を興隆.
		*312	この頃より,西域の帛尸梨蜜多羅,建康で大孔雀王神呪経,大灌頂神呪経などを訳出.
		◊	西晋末から東晋にかけて老荘思想による格義仏教盛行.
		317	**東晋,興る**(～420)――**五胡十六国時代**(316～439).
			この頃,葛洪の『抱朴子』成る.
*320	**グプタ王朝興る**(チャンドラグプタ1世即位. **～500 頃衰微**).		
*335	サムドラグプタ即位,南北インドへ支配権拡大. 婆羅門教を復興し,サンスクリット語を公用語とする.		
*350	この頃,『成実論』(ハリヴァルマン,*250～*350)成る.		
◊	この頃までに,『ヨーガ-スートラ』成立.	364	道安,『綜理衆経目録』(道安録)を著す.
	この頃までに,『ニヤーヤ-スートラ』成立.	366	支遁没――老荘思想を基盤に仏教(特に般若空)を研究し,東晋の貴族社会に影響を与える.
◊	この頃,『サーンキヤ-カーリカー』成立.		

西暦	インド	西暦	中国・その他
			楽僔,敦煌莫高窟を開鑿し始めると伝う.
		372	朝 中国の前秦王符堅,仏像・仏典,僧(順道)を高句麗に贈る——高句麗仏教の始め.
◊	この頃,スリランカで『ディーパヴァンサ』(島王統史)成立(4世紀後半から5世紀初め).	384	慧遠,廬山東林寺に入り30余年,山を出ず.
	この頃,カーリダーサ,『メーガドゥータ』『シャクンタラー』を著す——サンスクリット文学隆盛.		朝 インド僧,摩羅難陀,東晋より来て百済に仏教を伝える——百済仏教始まる.
		386	**北魏,興る**(~534).
			この頃,竺仏念,増一阿含経・中阿含経などを訳出.
		399	法顕,長安を発ってインドに向かう.
*400	この頃までに,『マハーバーラタ』の現形成立.	◊	この頃,炳霊寺石窟,麦積山石窟,開鑿始まる.
◊	この頃,マイトレーヤ(弥勒,*350~*430あるいは*270~*350),『瑜伽師地論』『中辺分別論』『現観荘厳論』を著したと伝えられる.	401	亀茲の鳩摩羅什,長安に来る.以後,坐禅三昧経,大品般若経,妙法蓮華経,阿弥陀経,維摩経,『大智度論』『中論』など訳出し中国仏教に大きな影響を与える.
		402	慧遠,念仏の結社,白蓮社を結ぶ.
		404	慧遠,『沙門不敬王者論』を著す.
		*407	この頃より,慧遠,鳩摩羅什に仏教教義上の重要問題について質し,羅什これに答える——後『大乗大義章』としてまとめられる.
		410	カシミールの仏陀耶舎,長安に来る.以後『四分律』,長阿含経など訳出.
		412	中インドの曇無讖,姑蔵に来る.以後,大般涅槃経(北本),大集経,金光明経など訳出.
		414	法顕,インドより帰り『仏国記』を著し,仏駄跋陀羅と『摩訶僧祇律』,泥洹経を訳出.
			『肇論』を著した僧肇,この頃没.
*415	この頃,ブッダゴーサ(仏音),スリランカのマハーヴィハーラ(大寺)に滞在し,『清浄道論』を著しパーリ語の三蔵注釈書を書く.	415	寇謙之,嵩山で太上老君の降臨に逢い,『雲中音誦新科之誡』を授けられ,北魏の太武帝に符籙を授け,道教の国教化に成功.
		420	**宋**(**劉宋**),**興る**(南朝.~479)——**南北朝時代始まる**(~589).
			この頃,北インドの仏駄跋陀羅,華厳経(60巻本)を訳出.
		433	謝霊運没——『弁宗論』を著して道生の頓悟説を支持.
		434	道生没——『二諦論』『仏性当有論』などを著し闡提成仏説・頓悟説を唱える.
		◊	慧観没——『弁宗論』『論頓悟慚悟義』を著して漸悟説を唱え,二教五時の教判を説く.
		435	求那跋陀羅,広州に来る.以後,雑阿含経,勝鬘経,楞伽経,過去現在因果経など訳出.
			この頃,僧叡没——鳩摩羅什の翻訳事業に参画.
		439	**北魏,華北を統一**(北朝.~534).
*440	この頃,ナーランダー寺(那爛陀寺)創建.		
		445	賢愚経(曇覚・威徳ら)訳出.
		446	北魏の太武帝,諸州に詔し,廃仏を断行(魏武の法難,三武一宗の法難の第1).
*450	アサンガ(無着,*395~*470),『摂大乗論』など著す.		
	ヴァスバンドゥ(世親,*400~*480),『倶舎論』『唯識三十頌』『往生論』など著す.		

西暦	インド	西暦	中国・その他
◊	この頃までに,『ブラフマ-スートラ』現形のように編纂される.	452	北魏の文成帝,仏教復興の詔を出す.
		460	雲岡石窟の開鑿開始――曇曜の文成帝への奏請による五大仏を彫った5窟に草創.
◊	この頃,『大乗起信論』成立か.	476	北魏,曇曜の奏請で僧祇戸・仏図戸を設け社会事業を行う.
	この頃,サンガバドラ(衆賢)『順正理論』を著し『倶舎論』を批判.		
		481	中インドの曇摩伽陀耶舎,広州にて無量義経を訳出.
*490	この頃,マハーナーマ,『マハーヴァンサ』(大王統史)の最初の部分を編纂.		
		494	竜門石窟の開鑿開始.
		504	梁武帝,道教を捨て仏教に帰依,南朝の仏教大いに振う.
		507	梁武帝の発願で光宅寺建立. 法雲,勅によって入寺,この頃『法華義記』を著す.
		508	北インドの菩提流支,洛陽に来る. 以後,金剛般若経,入楞伽経,深密解脱経,『十地経論』(共訳),『無量寿経論』など訳出.
			中インドの勒那摩提,洛陽に来る. 以後『十地経論』(共訳),『究竟一乗宝性論』など訳出.
		*510	范縝没――『神滅論』を著し,仏教批判の理論を展開.
		513	沈約没――仏教に帰依した文人士大夫で,『均聖論』『千僧会願文』などを著す.
		515	北魏,大乗教の乱起こる.
◊	この頃,ディグナーガ(陳那,*480～*540),『集量論』『因明正理門論』などを著す(新因明の成立).	516	『経律異相』(宝唱ら)成る.
		518	僧祐没――『釈迦譜』『出三蔵記集』『弘明集』を著す.
	この頃,シャンカラスヴァーミンの著作といわれる『因明入正理論』成る.	519	慧皎,『高僧伝』を著す.
		*520	この頃,菩提達摩,渡来して禅を伝える.その言行録に『二入四行論』がある.
	この頃,ブッダパーリタ(仏護,*470～*540),『仏護根本中論注』を著す.	*521	宋雲・恵生,西域より多くの梵本を持ち帰る.
	日　本		
*522	(継体16) 司馬達等,来朝して大和高市郡の草堂に仏像を安置すると伝える.		
		527	朝 異次頓の殉教――新羅仏教の始め.
		529	梁武帝,同泰寺に無遮大会を設け,涅槃経を講ずる.
		531	北インドの仏陀扇多,『摂大乗論』を訳出.
		535	趙伯休,廬山で「衆聖点記」を得るという.
		536	陶弘景没――道教経典『真誥』の編著者で,上清派道教教理を整理する.
		537	慧光没――地論宗南道派・四分律宗の祖.
538	(宣化3,欽明7) 百済の聖明王,仏像と経論を朝廷に贈る――仏教の公伝(一説552年).		
		*542	曇鸞没――『往生論註』(浄土論註),『讃阿弥陀仏偈』を著す.
		548	西インドの真諦,建康に入る. 以後各地を流浪しつつ金光明経,『倶舎釈論』『摂大乗論』『大乗起信論』『仏性論』など訳出.
		◊	この頃,『洛陽伽藍記』(楊衒之)成る.
		552	この頃,末法到来説,盛んとなる.

西暦	日　本	西暦	中　国・その他
554	(欽明15) 百済,僧曇慧と五経・易・暦・医博士らを交替派遣.		
		561	[イ] ダルマパーラ(護法)没——『成唯識宝生論』など著す.
		569	[朝] 皇竜寺,創建.
		570	道安,『二教論』を北周武帝に献じ,儒教と共に仏教の重要性を論証.
			この頃,響堂山石窟開鑿.
			[イ] この頃,バーヴィヴェーカ(清弁,490～*570)没——『中観心論頌』『般若灯論』を著す.
			[イ] この頃,スティラマティ(安慧,*510～*570)没——唯識派の思想家・注釈家.
		574	北周の武帝,廃仏を断行(周武の法難,三武一宗の法難の第2).これより末法思想が流布.
			道教の教理百科全書『無上秘要』勅撰される.
577	(敏達6) 百済の威徳王,経論と律師・禅師・比丘尼・呪禁師・造仏工・造寺工を贈る.	577	天台宗第2祖,慧思没——『立誓願文』『法華経安楽行義』など著す.
579	(敏達8) 新羅,調と仏像を贈る.		
		580	北周,仏道二教を復興.
			この頃,ベトナムに南インドの毘尼多流支が禅を伝え,弟子の法賢が広める.
583	(敏達12) 蘇我馬子,私宅に仏殿を造る(一説584年).		
584	(敏達13) 司馬達等の娘・嶋,出家して善信尼と称す.他に2女子も出家——出家の初め.		
	蘇我馬子,百済伝来の弥勒石像を善信尼らに供養させる.		
585	(敏達14) 蘇我馬子,塔を建て法会を行う.		
	物部守屋,塔・仏殿を焼き,仏像を難波の堀江に棄てるという.		
587	(用明2) 天皇,病のため仏教に帰依せんことを群臣にはかる.穴穂部皇子,豊国法師を率いて内裏へ入る.鞍部多須奈,天皇のために出家して仏像と寺を造ることを願う.		
	蘇我馬子,物部守屋を攻め滅ぼす.		
588	(崇峻1) 百済,仏舎利を献じ,僧・寺工・鑪盤博士・瓦博士・画工を贈る.		
	善信尼ら百済に留学.		
	法興寺(飛鳥寺)の造営を開始.		
		589	**隋,中国を統一**(～619).
590	(崇峻3) 善信尼,百済より帰国して桜井寺に住む.		
		591	煬帝,天台智顗より菩薩戒を受ける.
		592	慧遠(浄影寺)没——『大乗義章』を著し,多くの大乗経典に注釈.
	飛鳥時代(～7世紀前半).		
593	(推古1) 聖徳太子,摂政となる.	593	禅宗第2祖,慧可没.
	四天王寺を難波の荒陵に造営.		[チ] ソンツェン-ガムポ王登位.
594	(推古2) 仏法興隆の詔.	594	三階教開祖,信行没.
595	(推古3) 高句麗僧慧慈,来朝して聖徳太子の師となる.		
	百済僧慧聡,来朝.		

西暦	日本	西暦	中国・その他
596	(推古4) 法興寺(飛鳥寺)完成し,蘇我馬子の子善徳を寺司とし,慧慈・慧聡入住.		
		597	『歴代三宝紀』(費長房)成る.
			天台宗第3祖(開祖),智顗没——『法華玄義』『法華文句』『摩訶止観』など著す.
		600	北インドの闍那崛多没(諸説あり)——仏本行集経などを訳出.
601	(推古9) 聖徳太子,斑鳩宮を造営.	◊	[イ] この頃,エローラの石窟寺院開鑿.
602	(推古10) 百済僧観勒,来朝して暦・天文地理・遁甲方術の書をもたらす.		
603	(推古11) 秦河勝,蜂岡寺(広隆寺)造営開始.		
604	(推古12) 聖徳太子,十七条憲法を作り,三宝を敬うべきことなど定める.		
		*605	煬帝,東都洛陽に遷都し慧日道場など道仏各2の4道場を創建.
			この頃,静琬,房山に大蔵経の石刻を始める.
606	(推古14) 止利仏師により,法興寺(飛鳥寺)の銅の丈六釈迦像成り,金堂に安置する.	606	禅宗第3祖,僧璨没——『信心銘』を著す.
			[イ] ハルシャヴァルダナ(戒日王)統治(~*647)——仏教に帰依し学芸を奨励.
	聖徳太子,勝鬘経・法華経を講ずるという.		
	この年の4月8日,7月15日に斎会を設ける——灌仏会・盂蘭盆会の始まり.		
607	(推古15) 聖徳太子,法隆寺を創建(金堂薬師如来像の光背銘. 別説あり).		
	小野妹子,隋に出発.		
608	(推古16) 小野妹子に従い僧旻ら留学僧入隋.		
610	(推古18) 高句麗王,僧曇徴を派遣し,紙・墨・彩色・碾磑の製法を伝える.	610	彦琮没——『通極論』『衆経目録』を著す.
			この頃,イスラーム教,成立.
611	(推古19) 聖徳太子,『勝鬘経義疏』を著し,以後,『維摩経義疏』『法華経義疏』を著す(三経義疏)(別説あり).		
		*615	南インドの達摩笈多,薬師如来本願経を訳出.
		*618	**唐,興る**(~907).
		621	道士の傅奕,仏教を排撃して11条の意見を上書. 法琳これを駁して『破邪論』を,また駁して劉進喜『顕正論』を著す.
622	(推古30) 聖徳太子,斑鳩宮で没す. 橘大郎女ら天寿国繡帳を造る.		
623	(推古31) 聖徳太子の冥福を祈り釈迦三尊像を造る(法隆寺金堂,止利仏師).	623	吉蔵没——『三論玄義』『中観論疏』『法華義疏』『大乗玄論』など著す.
624	(推古32) 僧正・僧都・法頭を任じて僧尼を取締る.		
625	(推古33) 高句麗僧恵(慧)灌,来朝して三論を伝える(初伝).		
		629	玄奘,長安を発ち西域へ向かう(一説627年).
630	(舒明2) 第1次遣唐使派遣.	*630	[朝] 円光没——新羅仏教の基礎を築く.
	飛鳥岡本宮に移る.		
		632	中国天台宗第2祖,灌頂没.
			イスラーム教開祖ムハンマド(マホメット)没.
		635	ペルシア僧アラホン長安に入り,景教を伝え,3年後に波斯寺を創建.
639	(舒明11) 百済大寺(後の大官大寺,大安寺)の造営開始.		

西暦	日　本	西暦	中国・その他
		640	法琳没——『破邪論』『弁正論』などを著す.
			華厳宗の初祖,杜順没.
		640	[チ] 唐の文成公主,グンソン-グンツェンに嫁す.
643	(皇極 2) 飛鳥板蓋宮に移る.		
645	(大化 1) 孝徳天皇,仏教興隆を宣す. 十師を任じて僧尼を教導させ,法頭を任じて寺院の管理をさせる. また寺院造営の援助を宣す.	645	玄奘,インドより帰国し,翌年『大唐西域記』を著す. 以後,翻経院で『瑜伽師地論』『成唯識論』,大般若経など多数の経典を訳出.
			浄土教祖師,道綽没——『安楽集』を著す.
			[イ] シーラバドラ(戒賢)没——ナーランダー寺(那爛陀寺)の学匠で玄奘の師.
	白鳳時代(〜8 世紀初め).		
646	(大化 2) 大化改新の詔.	646	[朝] 慈蔵,金剛戒壇を築き通度寺を創建.
	薄葬の制を定める.		[チ] 文成公主,唐より仏像をもたらしラモチェ寺(小招寺)に安置.
	道登,宇治橋を造る.		
		648	長安に大慈恩寺建立,翻経院が設置され玄奘を中心に訳経活動が開始される.
		649	玄応,『一切経音義』(玄応音義)を著す.
			[チ] ソンツェン-ガムポ没——古代チベット王国(吐蕃王国)初代の王.
		◊	[イ] 大日経,この頃までに中インドで成立する.
			[イ] チャンドラキールティ,この頃までに『入中論』などを著す.
653	(白雉 4) 道昭,入唐し玄奘より法相教学を学び,660 年頃帰国(法相宗初伝).	*653	この頃,仏教説話集『冥報記』(唐臨)成る.
657	(斉明 3) 飛鳥寺の西に須弥山を石で造り盂蘭盆会を行う.	657	牛頭禅の祖,牛頭法融没.
658	(斉明 4) 智通・智達,入唐して玄奘より法相教学を学ぶ(法相宗第 2 伝).		
660	(斉明 6) 百の高座を設け仁王般若会を行う.	*660	[イ] ダルマキールティ(法称)没——『量評釈』『正理一滴論』などを著す.
663	(天智 2) 唐・新羅軍と白村江に戦って大敗.	663	[朝] 百済,滅ぶ.
667	(天智 6) 近江大津京に遷都.	667	南山(律)宗開祖,道宣没——『四分律行事鈔』『続高僧伝』『広弘明集』『大唐内典録』『感通録』など著す.
		668	[朝] 高句麗,滅び,統一新羅時代,始まる.
			『法苑珠林』(道世)成る.
			華厳宗第 2 祖,智儼没——『孔目章』『捜玄記』など著す.
669	(天智 8) 山階寺(後の興福寺)創建——藤原鎌足の病重く鏡王女発願.		
670	(天智 9) 法隆寺焼失(別説あり).		
		671	義浄,広州より海路インドに向かう. 途中,スマトラのシュリービジャヤに滞在.
672	(天武 1) 壬申の乱. 飛鳥浄御原宮へ遷都.		
673	(天武 2) 川原寺で一切経を書写.		
	百済大寺を高市に移し,高市大寺として再建. 677 年,大官大寺と改める.		
		674	中国禅宗の第 5 祖,弘忍没.
675	(天武 4) 殺生を禁断する.	675	則天武后,竜門石窟奉先寺大廬舎那仏造像.
676	(天武 5) 放生会,始まる.	676	[朝] 義湘,浮石寺を創建.
	諸国に,金光明経,仁王般若経を説かせる.		
680	(天武 9) 国の大寺を定め,諸寺の食封を 30		

西暦	日本	西暦	中国・その他
	年に限定.		
	薬師寺の建立発願——天皇,皇后の病平癒を願って発願,698年頃諸堂完成.		
		681	善導没——『観無量寿経疏』『観念法門』『往生礼讃偈』など著し浄土教を大成.
		682	法相宗初祖,基没——『成唯識論』を玄奘と訳出し,『成唯識論述記』『大乗法苑義林章』『法華玄賛』などを著す.
683	(天武12) 僧正・僧都・律師を任じて僧尼を監督——僧綱制の成立.		
	宮中で安居を行う.		
685	(天武14) 諸国の家毎に仏舎を造り,仏像・経を置いて礼拝供養させる.		
	山田寺の薬師如来像(興福寺仏頭)開眼.		
686	(朱鳥1) 天武天皇没し,無遮大会を大官大寺・飛鳥寺などで行う.	686	[朝] 元暁没——新羅仏教の代表的学僧.『華厳縁起』は元暁と義湘を主人公とする.
687	(持統1) 天武天皇の国忌の斎を京師の諸寺で行う.	◊	[イ] 金剛頂経,この頃までに南インドでその基本形が成立.
		690	則天武后,皇帝となり国を周(〜705)と号す.諸州に大雲寺を建立.
		692	義浄,『南海寄帰内法伝』『大唐西域求法高僧伝』を則天武后に送る.
693	(持統7) 仁王般若経を諸国で講説させる.	693	南インドの菩提流志,洛陽に来る.以後,大宝積経,不空羂索神変真言経など訳出.
694	(持統8) 金光明経100部を諸国に置き,毎年正月の上玄に読ませる.		
	藤原宮に遷都.		
		695	義浄,インドより洛陽に帰る.以後,実叉難陀と華厳経(80巻本)を訳出したほか多くの経典を翻訳.
			于闐の実叉難陀,洛陽に来る.以後,華厳経(80巻本),大乗入楞伽経など訳出.
		696	[朝] 円測没——『成唯識論疏』『解深密経疏』などを著す.
		698	渤海の建国(〜926).
699	(文武3) 役小角,伊豆に配流.		
700	(文武4) 道昭没し火葬する——火葬の始めという.		
701	(大宝1)『大宝律令』完成.翌年,大官大寺で僧尼令を説かせる.		
702	(大宝2) 僧正・大僧都・小僧都・律師を任命し,諸国に国師を置く.	702	[朝] 義湘没——朝鮮華厳宗初祖.『華厳縁起』は義湘と元暁を主人公とする.
703	(大宝3) 大般若会,藤原京の四大寺で初めて修される.		
		705	中宗,諸州に中興寺観を設置.
		706	北宗禅の祖,神秀没.
	奈良時代(〜794).		
710	(和銅3) 平城京に遷都.	710	[チ] 唐の金城公主,ティデ・ツクツェン(7歳)に嫁す.
	山階寺を平城京に移し,興福寺と号す.大官大寺を平城京に移す(別説あり).		
712	(和銅5)『古事記』(太安万侶)成る.	712	華厳宗第3祖,法蔵没——『華厳五教章』『華厳経探玄記』『大乗起信論義記』などを著す.
713	(和銅6) 風土記の編纂の詔.	713	禅宗第6祖,慧能没——説法は『六祖壇経』と

西暦	日本	西暦	中国・その他
			して編集される.
		714	法相宗第2祖,慧沼没.
		716	インドの善無畏,長安に来る.以後,大日経,蘇悉地経など多くの密教経典を訳出し,『大日経疏』を一行と著す.
717	(養老1) 百姓の私度を禁じ,行基の民間活動を禁圧.		この頃までに,『楞伽師資記』(浄覚)成る.
718	(養老2) 法興寺(元興寺),薬師寺を平城京に移す.	718	『金剛般若経集験記』(孟献忠)成る.
	僧綱を通じ,僧尼の学業・修行を奨励する.		
	道慈,唐より帰国し三論宗を伝え(第3伝),大安寺に住する.		
	『養老律令』完成.		
		719	慈愍流開祖,慧日,インド遍歴より帰り『浄土慈悲集』『般舟三昧讃』など著す.
			中インドの金剛智,広州に来る.長安・洛陽で密教を宣布し,略出念誦経など訳出.
720	(養老4) 僧尼に初めて公験を授ける.		
	『日本書紀』(舎人親王ら)成る.		
		721	玄宗,道士の司馬承禎から法籙を授かる.
723	(養老7) 興福寺に悲田院設置.		
		727	一行没——善無畏の大日経の訳出を助け,その講述を筆録して『大日経疏』となし,『開元大衍暦』を著す.
728	(神亀5) 義淵没——法相宗第3伝.		
	金光明経を諸国に10巻ずつ頒ち,国家平安を祈る.		
730	(天平2) 皇后宮職に施薬院設置.	730	『開元釈教録』(智昇)成る.
			李通玄没——『新華厳経論』など著した在俗華厳経研究者.
734	(天平6) 優婆塞・優婆夷の得度の条件を法華経あるいは最勝王経を諳誦し,かつ浄行3年以上の者と定める.		
735	(天平7) 玄昉,唐より経論5千余巻をもたらし帰朝(法相宗第4伝).	735	玄宗,『御注金剛経』を著し天下に頒布.
736	(天平8) 唐僧道璿,インド僧菩提僊那,林邑僧仏哲ら来朝.		
◊	法隆寺西院伽藍,この頃までに再建か.	738	玄宗,開元寺観を諸州に設置.
740	(天平12) 諸国に命じ法華経10部を写し,七重塔を建てさせる.		
	新羅僧審祥,初めて華厳経(60巻本)を講ず.		
741	(天平13) 聖武天皇,諸国の国分寺・国分尼寺の建立発願.		
743	(天平15) 盧舎那仏金銅像(大仏)の造立を発願,近江紫香楽に寺地を開く.		
		744	南岳懐譲没——その法脈は中国禅宗の主流となる.
745	(天平17) 行基を大僧正に任ずる.	◊	[イ]『秘密集会タントラ』,この頃までに原初形態成立か.
	大仏造立工事を平城京東辺(現東大寺地)に移す.		
	玄昉を筑前観世音寺に左遷.		
		746	不空,インドより再び長安に来る.以後,金剛頂経,理趣経,宿曜経など多数の密教経典を

西暦	日本	西暦	中国・その他
			訳出.
747	(天平19) 法隆寺・大安寺・元興寺などの『伽藍縁起并流記資財帳』勘録.		
749	(天平感宝1) 聖武天皇,東大寺大仏を礼拝し三宝の奴と自称する.		
	行基没.		
		*750	[イ] パーラ王朝興る(〜*1175).
			[イ] シャンカラ没——ヴェーダーンタ哲学を展開,不二一元論を主張.
			[イ] シャーンティデーヴァ没——『入菩提行論』『学処集成』などを著す.
		751	[朝] 金大城,仏国寺を重建し,石窟庵を建立.
752	(天平勝宝4) 東大寺大仏,開眼供養——インド僧菩提僊那を導師とする.		
754	(天平勝宝6) 唐僧鑑真,東大寺大仏前にて聖武太上天皇らに授戒.		
755	(天平勝宝7) 東大寺に戒壇院建立.	755	安禄山・史思明の反乱(〜763).
		756	仏教・道教の度牒を販売(香水銭).
759	(天平宝字3) 鑑真,唐招提寺を建立.	759	王維没.
760	(天平宝字4) 良弁・慈訓ら僧位に四位十三階の制を奏上,二色九階の制,定まる.	*760	[イ] ジュニャーナガルバ没——主著『二諦分別論』.
	皇太后の七七斎を設ける. 国毎に阿弥陀浄土画像を造らせ,また称讃浄土経を写させる.		
761	(天平宝字5) 下野薬師寺・筑前観世音寺に戒壇を建立——日本三戒壇成立.	761	[チ] ティソン・デツェン(在位754-796),仏教の国教化を決意.
		762	荷沢宗の祖,神会没(別説あり).
764	(天平宝字8) 藤原仲麻呂の乱.		
	道鏡を大臣禅師に任ずる.		
765	(天平神護1) 西大寺の造営開始.		
766	(天平神護2) 道鏡,法王となる.		
		768	盂蘭盆会を修し,以後年間行事とする.
770	(宝亀1) 道鏡を下野薬師寺別当に左遷.	770	杜甫没.
772	(宝亀3) 持戒・看病にすぐれた僧10人を選び,十禅師とする.	◊	法照,この頃,五会念仏を創始.
			[朝] 太賢(新羅・法相宗の学僧)この頃活躍.
			[チ] ニンマ派の祖,パドマサンバヴァ(インドの密教者)この頃活躍.
779	(宝亀10)『唐大和上東征伝』(淡海三船)成る.	779	[チ] サムイェー大僧院が創建され,ナーランダー寺(那爛陀寺)のシャーンタラクシタ,6人のチベット僧に授戒,僧伽が発足. 訳経はじまる.
	この頃,智光没——智光曼荼羅を感得.		
781	(天応1) 石上宅嗣没——旧宅を阿閦寺として,その一角に芸亭を設ける.		
		782	天台宗第6祖,湛然没——『金剛錍論』『法華玄義釈籤』『法華文句記』『摩訶止観輔行伝弘決』などを著す.
784	(延暦3) 長岡京に遷都.	*784	[イ] シャーンタラクシタ(寂護)没——『中観荘厳論』『真理綱要』などを著す.
785	(延暦4) 最澄,東大寺で具足戒を受け,比叡山に草庵を造る.		
786	(延暦5) 近江に梵釈寺建立.		
788	(延暦7) 最澄,比叡山寺(一乗止観院,延暦寺)を建立と伝える.	788	洪州宗の祖,馬祖道一没.
		790	石頭希遷没——『参同契』を著す.

西暦	日本	西暦	中国・その他
	平安時代(～1191).		
794	(延暦13) 平安京に遷都.	794	[チ] ナーランダー寺(那爛陀寺)のカマラシーラ招かれて,サムイェー大僧院で唐の摩訶衍を論破.
		◊	この頃,『証道歌』(永嘉玄覚)成る.
796	(延暦15) 東寺・西寺・鞍馬寺を創建し,左右両京・北方の鎮護とする.		
	勤操,石淵寺で法華八講を始修.		
797	(延暦16)『続日本紀』(菅野真道ら)成る.	*797	[イ] カマラシーラ(蓮華戒)没――『修習次第』などを著す.
	秋篠寺の開基,善珠没.		
	空海,『三教指帰』を著す.		
798	(延暦17) 年分度者の制を定め,35歳以上(801年に20歳以上)の正音(漢音)を習う者とし,教学の試問を課す.	798	北インドの般若,長安で華厳経(40巻本)を訳出.
	この頃,恩託没.		
		800	『貞元釈教録』(円照)成る.
			[イ] この頃,ヴィクラマシーラ寺,建立.
802	(延暦21) 最澄,高雄山寺(神護寺)で法華会を修す.	802	[朝] 海印寺,創建.
804	(延暦23) 最澄・空海,入唐.		
805	(延暦24) 最澄,帰朝し天台を伝え,灌頂を高雄山寺(神護寺)で修し,また毘盧舎那法を殿上で修す.	805	空海,長安青竜寺にて恵果より受法.
			恵果没.
806	(延暦25) 最澄の上表により,天台・華厳・律に2人,三論・法相に3人の年分度者が免許される.		
	空海,帰国して真言密教を伝え,『請来目録』を編する.		
		807	『一切経音義』(慧琳)成る.
812	(弘仁3) 空海,高雄山寺(神護寺)で最澄らに結縁灌頂を授ける.		
		814	百丈懐海没――清規の最初の制定者.
		*814	[チ] イェシェーデら編纂の『翻訳名義大集』制定され,訳経用語を統一.
816	(弘仁7) 空海,高野山(金剛峯寺)の開創を勅許される.		
817	(弘仁8) 最澄,『照権実鏡』を著し,法相宗の徳一との論争始まる.		
818	(弘仁9) 最澄,「六条式」「八条式」を制し,『守護国界章』を著す.		
819	(弘仁10) 最澄,「四条式」(以上三式の通称『山家学生式』)を制して比叡山に円頓戒壇の設立を上奏. 南都の僧連署して反対.	819	韓愈,『論仏骨表』を上奏して仏教を攻撃し,左遷される.
	僧綱および従儀師の員数を定める.		柳宗元没――大鑑禅師(6祖慧能)碑などを著す.
820	(弘仁11) 最澄,『顕戒論』『内証仏法相承血脈譜』を著す.	*820	無言通,中国からベトナムへ南宗禅を伝える.
822	(弘仁13) 勅により東大寺に灌頂道場(真言院)を建立し,空海,息災増益の法を修する.		
	最澄没――没後,比叡山に戒壇設立の勅許.		
	この頃,護命,『大乗法相研神章』(天長勅撰六本宗書の一)を著す.		
	この頃,『日本霊異記』(景戒)成る.		
823	(弘仁14) 空海,東寺を与えられて真言宗の		

西暦	日　本	西暦	中国・その他
	根本道場とし,教王護国寺と称する.		
		824	[チ] 最古の訳経目録『デンカルマ目録』成る.
827	(天長 4) 延暦寺戒壇院,建立.		
828	(天長 5) 文殊会,諸国で恒例の勅会として修される.		
	空海,綜芸種智院を創設.		
	この頃,入唐僧の霊仙没.		
830	(天長 7) 天長勅撰六本宗書,成る. 普機『華厳宗一乗開心論』,玄叡『大乗三論大義鈔』,豊安『戒律伝来記』,護命『大乗法相研神章』,義真『天台法華宗義集』,空海『十住心論』.		
		*832	この頃までに,ジャワのシャイレーンドラ王朝,ボロブドゥール建立.
834	(承和 1) 空海,中務省で後七日御修法を始修し,以後,宮中真言院で恒例となる.		
835	(承和 2) 空海,高野山で没す.	◊	法成(翻訳僧,チベット名チュドゥプ),この頃活躍.
838	(承和 5) 円仁・円行・常暁ら入唐.		
	清涼殿で仏名悔過を行う(内裏仏名悔過の始め).		
		839	華厳宗第 4 祖,澄観没——『華厳経疏』『華厳随疏演義鈔』など著す.
841	(承和 8) 清涼殿で昼の読経,夜の悔過を行う.	841	華厳宗第 5 祖,宗密没——『原人論』『禅源諸詮集都序』など著す.
842	(承和 9) 諸国国分寺に昼の読経,夜の悔過を命ずる.		
		843	[チ] チベット王朝分裂——仏教の国家統制失われる.
		845	唐の武宗,破仏を行う(会昌の廃仏,三武一宗の法難の第 3). 景教・祆教・マニ教も禁圧.
846	(承和 13) 諸国で仏名悔過を修す.	846	白居易(楽天)没.
847	(承和 14) 円仁,帰朝. 『入唐求法巡礼行記』を著す.		
851	(仁寿 1) 円仁,比叡山で五台山の引声念仏を導入して常行三昧を修す.		
853	(仁寿 3) 円珍入唐.	853	潙仰宗の祖,潙山霊祐没.
		◊	この頃,黄檗希運没——説法を裴休が記録して『伝心法要』となす.
854	(仁寿 4) 円仁,天台座主となる.		
858	(天安 2) 円珍,多くの経軌を請来して帰朝. 園城寺を再興して収める.		
	光定没——『伝述一心戒文』を著す.		
860	(貞観 2) 真済没——『性霊集』(空海の詩文集)を編纂する.		
861	(貞観 3) 東大寺大仏の修理終え,供養を修す.		
863	(貞観 5) 神泉苑で御霊会を修して崇道天皇・伊予親王らの霊を祀る.		
864	(貞観 6) 僧綱の位階を定め,法印大和尚位(僧正),法眼和尚位(僧都),法橋上人位(律師)とする.		
866	(貞観 8) 最澄に伝教大師,円仁に慈覚大師の諡号を追贈——最初の勅諡号.	866	臨済宗の祖,臨済義玄没(別説あり)——語録に『臨済録』.
868	(貞観 10) 円珍,天台座主となる.		
		869	曹洞宗の祖,洞山良价没.

西暦	日本	西暦	中国・その他
874	(貞観16) 聖宝,醍醐寺開創に着手.		
		875	黄巣の乱,始まる(〜884).
880	(元慶4) 安然,『悉曇蔵』を著す.		
		883	潙仰宗の祖,仰山慧寂没.
884	(元慶8) 円珍,『授決集』を著す.		
885	(仁和1) 安然,『菩提心義抄』を著す. 前後して『真言宗教時義』も成る.		
◊	この頃,『日本感霊録』(義昭)成る.	897	禅僧,趙州従諗没.
		◊	[イ] この頃までに,『ヘーヴァジュラ-タントラ』成立.
899	(昌泰2) 宇多上皇,仁和寺で益信について落飾(寛平法皇)——法皇の初見.		
900	(昌泰3) 菅原道真,『菅家集』『菅相公集』『菅家文草』を奉る. 翌年大宰権帥に左遷.		
904	(延喜4) 宇多法皇,仁和寺に御室を造営し移る.		
906	(延喜6) 益信没——広沢流の祖,円成寺開山.		
		907	唐滅び,五代十国.
917	(延喜17)『聖徳太子伝暦』成るか.		
921	(延喜21) 空海に弘法大師の諡号を贈る.		
927	(延長5) 円珍に智証大師の諡号を贈る.		
		936	[朝] 高麗,朝鮮半島統一(〜1392).
938	(天慶1) 空也,入京して市井に念仏を唱える.		
939	(天慶2) 平将門の乱の鎮圧を願って諸寺で調伏・祈禱盛んに行われる.		
		949	雲門宗の祖,雲門文偃没.
		952	『祖堂集』成る.
		955	後周の世宗,廃仏令を出す(後周の法難,三武一宗の法難の第4). 国家財政窮迫し仏像・仏具は銅銭に改鋳.
957	(天徳1) 良源,七仏薬師法を修す.		
		958	法眼宗の祖,法眼文益没.
		960	**宋(北宋),興る**(〜1127).
			太祖,仏教を復興.
			呉越王,戦乱で廃滅した仏典論疏を高麗・日本に求める.
			[朝] 諦観,法華三大部などを携えて入宋,『天台四教儀』を著す.
963	(応和3) 応和の宗論——宮中の法華八講で法相宗法蔵らと天台宗良源ら論争.		
	空也,金字般若経を鴨川の河原に供養し,万灯会を修す.		
970	(天禄1) 良源,二十六箇条制式を定める.		
		973	[朝] 華厳学僧,均如没.
		975	法眼宗第3祖,永明延寿没——『宗鏡録』を著す.
		*978	[チ] この頃,仏教復興運動始まる.
		983	蜀版大蔵経,成る.
984	(永観2)『三宝絵』(源為憲)成る.		
◊	『日本往生極楽記』(慶滋保胤),この頃成る.		
985	(寛和1) 源信,『往生要集』を著す.		
	良源没——応和の宗論で名声を得,「二十六条式」を作って天台教学の復興に努める.		

西暦	日　本	西暦	中国・その他
987	(寛和 3) 奝然,釈迦像(清凉寺釈迦像),経論を請来して宋より帰国(別説あり).		
		988	『宋高僧伝』(賛寧)成る.
991	(正暦 2) 『弘決外典抄』(具平親王)成る.		
993	(正暦 4) 円仁門徒(山門派)と円珍門徒(寺門派)争い,円珍門徒,比叡山を下る.		
◊	『玉造小町子壮衰書』,この頃までに成るか.		
1003	(長保 5) 寂昭,入宋. 源信「天台宗疑問二十七条」を託して知礼に質し,知礼これに答える.		
	増賀,多武峰で没する.		
		1004	『景徳伝灯録』(永安道原)成る.
1006	(寛弘 3) 興福寺の僧徒,強訴. これより僧徒神人の強訴盛んとなる.		
	藤原道長,法性寺五大堂を建立.		
1007	(寛弘 4) 藤原道長,金峯山に埋経.	◊	[イ] ラトナーカラシャーンティ(後期唯識派),この頃活躍か.
	円教寺開山,性空没.		
	檀那流の祖,覚運没.		
◊	『源氏物語』(紫式部),この頃成る.		
1012	(長和 1) 『発心和歌集』(選子内親王)成る.		
*1013	(長和 2) 『和漢朗詠集』(藤原公任),この頃成る.		
1017	(寛仁 1) 恵心流の祖,源信没――『往生要集』『一乗要決』『横川法語』などを著す.		
1018	(寛仁 2) 仁海,神泉苑で請雨経法を修す.		
		1019	『釈氏要覧』(道誠)成る.
			張君房,『雲笈七籤』を著す.
1022	(治安 2) 藤原道長,法成寺金堂供養.	1022	天台山外派,智円没――『金錍論顕性録』『閑居編』など著す.
1027	(万寿 4) 藤原道長,法成寺阿弥陀堂にて没.	*1027	[イ]『時輪タントラ』,この年以後に成立.
		1028	天台山家派,知礼没――『十不二門指要鈔』『十義書』『観心二百問』など著す.
1033	(長元 6) 『地蔵菩薩霊験記』(実叡原撰本),この年以降成るか.		
1041	(長久 2) 園城寺の戒壇設立の可否を諸宗に問い,延暦寺のみ反対.		
		1042	[チ] アティシャ,チベットに入り,以後『菩提道灯論』を著してチベット仏教に影響を与える.
1043	(長久 4) 諸国大旱,仁海,神泉苑で祈雨の修法を行う.		
	『法華験記』(鎮源),この頃成る.		
1049	(永承 4) 谷流の祖,皇慶没.		
		*1050	[イ] ジュニャーナシュリーミトラ没――『刹那滅論』『遍充論』『有形象証明論』などを著す.
1052	(永承 7) 末法到来説,盛んとなる.	1052	雲門宗の雪竇重顕没――『頌古百則』を著す.
	藤原頼通,宇治の別業を仏寺とし平等院と号す.		
1053	(天喜 1) 平等院阿弥陀堂(鳳凰堂)建立.		
		1055	[チ] 訳経官,リンチェンサンポ没.
1057	(天喜 5) 定朝没――平等院鳳凰堂本尊の阿弥陀如来像を作る.	*1057	ビルマ,パガン王朝のアノーヤター王,上座仏教の三蔵と僧侶を招請.
		*1059	契丹版大蔵経,この頃成る.

西暦	日本	西暦	中国・その他
		◊	『三宝感応要略録』(非濁),この頃までに成る.
		1064	[チ] カダム派の祖,ドムトゥン没.
*1071	(延久3)『安養集』(源隆国ら),この頃成る.		
1072	(延久4) 成尋,入宋.『参天台五台山記』を著す.		
1077	(承暦1) 法勝寺建立.		
1079	(承暦3) 永観『往生講式』成る(一説に1096年).		
1081	(永保1) 園城寺・延暦寺の僧徒激しく争い,園城寺を焼く.		
1086	(応徳3) 白河上皇,院政を開始.	1086	[朝] 義天,宋より帰国し,華厳・天台を宣揚.
		1091	[朝] 高麗続蔵経,開版始まる.
1093	(寛治7) 興福寺僧徒,春日社の神木を奉じて入京――神木動座のはじめ.		
1094	(嘉保1)『東域伝灯目録』(永超)成る.		
1095	(嘉保2) 延暦寺僧徒,日吉神輿を奉じて入京――神輿動座のはじめ.		
		1097	[チ] カギュー派の祖,マルパ没.
*1098	(承徳2)『本朝神仙伝』(大江匡房),この頃成る.		
1099	(康和1) 仁和寺の覚行を親王とする――法親王のはじめ.	◊	[チ] ニマタク(後期仏教伝播期の翻訳師),この頃活躍か.
*1100	(康和2)『往生拾因』(永観),この頃成る.	1100	[イ] ナーローパ没(生没年には異説あり).
		1101	蘇東坡没.
		1102	[チ] サキャ派の祖,クンチョク-ギェルポ没.
1106	(嘉承1)『七大寺日記』(大江親通)成る.		
	『東大寺要録』編纂始まる.		
◊	この頃,『扶桑略記』(皇円)成る.	1108	『祖庭事苑』(睦庵善卿)成る.
*1110	(天永1)『法華修法一百座聞書抄』,これより以降成る.		
		1112	福州版大蔵経(宋蔵)成る(東禅等覚院本).
		*1113	カンボジアのアンコール-ワットの大寺院,この頃造立開始.
1117	(永久5) 良忍,融通念仏の偈を感得するという.		
*1120	(保安1)『今昔物語集』,この頃以後成る.		
◊	この頃までに『注好選』成る.	1121	白雲宗の開祖,孔清覚没.
		1123	[チ] ミラレーパ没――カギュー派の第2祖とされる.
1125	(天治2) 寛助没――仁和寺成就院の開祖.		
1126	(大治1) 藤原清衡,中尊寺金堂・三重塔などの落慶供養.		
	白河法皇,諸国の魚網を捨てさせ殺生禁断.		
		1127	**南宋,興る**(～1279).
1132	(長承1) 覚鑁,高野山大伝法院・密厳院を建立.		
		1133	思渓版大蔵経(宋蔵),彫印される.
1134	(長承3)『打聞集』,この年以前に成る.		
		1135	臨済宗の圜悟克勤没――雪竇重顕の『頌古百則』に垂示・評唱・著語し『碧巌録』となす.
1140	(保延6) 鳥羽僧正覚猷没――多くの仏画を描く.		
	覚鑁,高野山を追われ根来山に移る.		

西暦	日本	西暦	中国・その他
	この頃,『図像抄』成る(保延年間).		
1143	(康治2) 新義真言宗の開祖,覚鑁没――『五輪九字明秘密釈』を著す.	1143	『翻訳名義集』(法雲)成る.
1144	(天養1) 実範没――戒律復興の先駆者.		
		1145	[朝]『三国史記』成る.
		1151	福州版大蔵経(宋蔵)成る(開元寺本).
1152	(仁平2) 珍海没――三論宗の僧で画僧.		
1156	(保元1) 保元の乱.		
		1157	曹洞宗の宏智正覚没――黙照禅を主張.
1159	(平治1) 平治の乱.		
1161	(応保1) 園城寺僧覚忠,観音霊場三十三所を巡礼(西国三十三所のはじめか).		
		1163	臨済宗の大慧宗杲没――看話禅を主張. 道士,王重陽,全真教を開く.
1164	(長寛2) 平清盛,一門と共に法華経などを書写し厳島神社に奉納(平家納経). 蓮華王院,落慶供養.		
		1165	スリランカのパラッカマ-バーフ1世,ポロンナルワで仏教を再興. 各派の対立を解消し,マハーヴィハーラ派に統一.
		*1166	白蓮教開祖,子元没.
1168	(仁安3) 栄西,1回目の入宋. 前年入宋の重源と共に帰国.		
1172	(承安2)『別尊雑記』(心覚)成る.		
1175	(承安5) 法然,専修念仏を唱え,比叡山を去り東山吉水に移る――浄土宗の始まり.		
1180	(治承4) 平重衡,南都を焼打ち――東大寺・興福寺焼失.		
◊	『宝物集』(初稿本,平康頼)この頃までに成る.		
	鎌倉時代(～1333).		
1185	(文治1) 源頼朝の奏請により諸国に守護・地頭を設置. 東大寺大仏開眼供養(重源による再建). 『梁塵秘抄』(後白河法皇撰),この頃までに成る.		
1186	(文治2) 法然,天台僧顕真らと大原勝林院にて念仏法論――大原問答.		
		*1189	金刻大蔵経,この頃成る.
1190	(建久1) 西行没――家集は『山家集』.		
1191	(建久2) 栄西,再度の入宋(1187)より帰国,臨済禅を広める.		
1192	(建久3) 源頼朝,征夷大将軍に任ぜられる.		
		1193	[チ] カルマ派の開祖,カルマ-ドゥースム-キェンパ没.
1194	(建久5) 栄西,大日能忍(達磨宗)らの禅の布教,延暦寺衆徒の反対で禁止.		
1195	(建久6) 東大寺大仏殿供養(重源による再建).		
1198	(建久9) 法然,『選択本願念仏集』を,栄西,『興禅護国論』を著す.		
		1200	朱熹没. この頃までに,タイにマハーヴィハーラ系上

西暦	日　　本	西暦	中国・その他
			座仏教が伝来.
1201	(建仁 1) 親鸞,比叡山を出て六角堂に参籠,法然の門に入る.		
1202	(建仁 2) 栄西,建仁寺を創建し,真言・天台・禅の三宗兼修の道場とする. 守覚法親王没——第6代仁和寺御室.		
1203	(建仁 3) 運慶・快慶ら,東大寺南大門の仁王像を完成. 安居院流の祖,澄憲没.	1203	[イ] ヴィクラマシーラ寺院,イスラーム教徒軍によって焼却される——インド仏教衰滅.
1204	(元久 1) 法然,「七箇条制誡」を作る.	1204	[チ] ヴィクラマシーラ寺院のシャーキャシュリーバドラ,チベットに招かれインド仏教最後の伝統を伝える.
1205	(元久 2) 興福寺大衆,念仏停止の訴状——「興福寺奏状」(貞慶起草).		
1207	(承元 1) 法然・親鸞,配流.		
*1209	(承元 3)『長谷寺霊験記』,この頃までに成る.		
		1210	[朝] 曹渓宗を開いた知訥没.
1211	(建暦 1) 俊芿,宋より帰国(1199年入宋),泉涌寺を再興し,律台密禅浄の道場とする. 栄西,『喫茶養生記』を著す.		
1212	(建暦 2) 浄土宗開祖,法然没. 鴨長明,『方丈記』を著す. また『発心集』をこの頃著すか.		
1213	(建保 1) 貞慶没——『愚迷発心集』など著す.		
		1215	[朝]『海東高僧伝』(覚訓編集)成る.
1220	(承久 2) 慈円,『愚管抄』を著す. 『宇治拾遺物語』,この頃成るか.		
1221	(承久 3) 承久の乱.		
1222	(貞応 1)『閑居友』(慶政)成る.		
1223	(貞応 2) 運慶没——東大寺の復興造営に従事し,南大門仁王像,興福寺北円堂の諸像を制作.		
1224	(元仁 1) 親鸞,『教行信証』の初稿成立——浄土真宗の開宗.	1224	『従容録』(宏智正覚の「頌古百則」に万松行秀が垂示・評唱・著語)成る.
		1225	[イ] シャーキャシュリーバドラ没——ヴィクラマシーラ寺最後の僧院長.
1227	(安貞 1) 道元,宋より帰国(1223年入宋)し,『普勧坐禅儀』を著す. 隆寛没——浄土宗長楽寺流の祖.		
		1228	『無門関』(無門慧開)成る.
		1231	磧砂版大蔵経,刊行開始.
1232	(貞永 1) 明恵没——『摧邪輪』『華厳縁起』などを著す.	1232	[朝] 符仁寺の初彫高麗大蔵経,モンゴル軍の侵入により焼尽.
1233	(天福 1) 道元,興聖寺を開き禅を弘通し,『学道用心集』『正法眼蔵』の撰述につとめる.		
1235	(文暦 2) 安居院流,聖覚没——『言泉集』を撰す.		
1236	(嘉禎 2) 叡尊・覚盛ら,東大寺で自誓受戒.		
1238	(嘉禎 4)『明恵上人遺訓』成る. 『正法眼蔵随聞記』(懐弉)成る. 『平家物語』,この頃までに成るか. 弁長没——浄土宗鎮西派の祖.	1238	タイの上座仏教,スコータイ王朝(～1438)において確立.
		1239	[チ] モンゴル軍,チベットに侵入し,ラデン寺,

西暦	日　　本	西暦	中国・その他
			ギェルラカン寺を破壊.
1241	(仁治 2) 退耕行勇没——鎌倉・浄妙寺を開創.		
1243	(寛元 1) 円爾,東福寺開山に迎えられる.		
1244	(寛元 2) 道元,越前の大仏寺(1246 年,永平寺と改称)に招請される.		
1246	(寛元 4) 蘭渓道隆,宋より来朝——建長寺開山に迎えられ(1253 年),のち建仁寺住持.		
1247	(宝治 1) 証空没——浄土宗西山派の祖.		
	幸西没——一念義を説き多念義と対立.		
1249	(建長 1) 覚盛没——唐招提寺の中興開山.		
	無準師範没——臨済宗楊岐派の禅僧.		
		1251	朝 高麗大蔵経,再彫成る.
1252	(建長 4) 良遍没——『観心覚夢鈔』を著す.	1252	『五灯会元』(慧明)成る.
	鎌倉深沢に金銅八丈の釈迦像を鋳造すると伝える(鎌倉大仏).		
1253	(建長 5) 日蓮,安房清澄寺で法華題目を唱え,鎌倉に布教——日蓮宗の開宗.		
	道元没.		
	北条時頼,建長寺創建.		
1255	(建長 7) 親鸞,『愚禿鈔』を著す.		
1257	(正嘉 1) 『私聚百因縁集』(住信)成る.		
1259	(正元 1) 『阿娑縛抄』成る(別説 1281 年).		
1260	(文応 1) 日蓮,『立正安国論』を著し北条時頼に上呈.		
	兀庵普寧,宋より来朝,建長寺住持となる.		
1261	(弘長 1) 日蓮,伊豆に配流.		
1264	(文永 1) 叡尊(西大寺中興),初めて光明真言を修す.		
	『歎異抄』(唯円か),この年以降成る.		
1266	(文永 3) 長西没——浄土宗九品寺流の祖.		
1267	(文永 4) 忍性,鎌倉の極楽寺に住し,社会救済事業を推進し,関東に律宗を広める.		
1268	(文永 5) 凝然,『八宗綱要』を著す.		
		1269	『仏祖統紀』(志磐)成る.
		1270	チ パクパ,フビライ-ハン(世祖)の帝師となる.
1271	(文永 8) 日蓮,佐渡に配流.	1271	**元朝,始まる**(～1368).
1272	(文永 9) 日蓮,佐渡で『開目抄』を著す.		
	覚信尼,親鸞の廟堂を建て,親鸞影像を安置する——京都大谷(吉水)に本願寺の創建.		
1273	(文永 10) 日蓮,佐渡で『観心本尊抄』を著す.		
1274	(文永 11) 日蓮,佐渡流罪を赦免——鎌倉に帰り,ついで身延に隠退し久遠寺を創建.		
	一遍,熊野に参籠,念仏賦算の神示を受ける——時宗の開宗.		
	文永の役——異国降伏の祈禱盛ん.		
	法然遺文『黒谷上人語灯録』成る(翌年完成).		
	信如尼,天寿国繡帳を法隆寺宝庫で発見.		
◊	この頃,北条実時,金沢文庫を創設.		
◊	『金言類聚抄』(潭朗),この頃までに成る.		
◊	『撰集抄』,この頃までに成るか.		
1277	(建治 3) 円照没——東大寺の中興開山.		

西暦	日本	西暦	中国・その他
1278	(弘安1) 宗性没――『日本高僧伝要文抄』などを著す.		
1279	(弘安2) 無学祖元,来朝. 建長寺に入住し,1282年,円覚寺開山に迎えられる.	1279	杭州白雲宗大普寧寺,大蔵経の出版に着手.
	熱原法難――駿河国富士熱原地方の日蓮門弟への弾圧.		
1281	(弘安4) 弘安の役――異国降伏の祈禱盛ん.		
1283	(弘安6) 無住道暁,『沙石集』を著し,後『雑談集』(1305年)を著す.		
		*1284	朝『三国遺事』成る.
1287	(弘安10) 良忠没――鎌倉光明寺を創建.		
	一向没――時宗一向派の祖.		
1288	(正応1) 頼瑜,大伝法院・密厳院を高野山より根来寺に移す――新義真言宗の分立.		
	日興,身延山を去り富士に移り,のち大石寺・本門寺を創建して一派を別立.		
1292	(正応4) 無関普門没――南禅寺の開山.		
1294	(永仁2) 日像,京都で法華宗を弘める.		
1298	(永仁6) 無外如大没――鎌倉時代後期の禅尼.		
1299	(正安1) 元使,一山一寧,鎌倉に来て和平の国書を呈する.		
		*1300	この頃までに,カンボジアにスリランカ系の上座仏教が伝来.
1308	(延慶1) 臨済僧,南浦紹明没.		
1311	(応長1) 凝然,『三国仏法伝通縁起』を著す.		
		1313	チ チョナン派の開祖,トゥクジェ・ツォンドゥー没.
1316	(正和5) 高峰顕日没――那須・雲巌寺を再興.		
1317	(文保1) 一山一寧没――五山文学の先駆者.		
1318	(文保2)『渓嵐拾葉集』(光宗)ほぼ成る.		
		1322	チ プトゥン,『仏教史』を著す.
1323	(元亨3) 中峰明本没――禅浄一致思想の先駆者.		
	『三部仮名鈔』(証賢),この頃までに成る.		
1324	(正中1) 存覚,『諸神本懐集』を著す.		
1325	(正中2) 呑海,清浄光寺(遊行寺)を開く.		
	『真言伝』(栄海)成る.		
	瑩山紹瑾没――総持寺を開き,『坐禅用心記』『伝光録』などを著す.		
1331	(元弘1,元徳3) 元弘の変.		
	『一言芳談』,この頃までに成る.		
	『徒然草』(吉田兼好),この頃成るか.		
1333	(元弘3,正慶2)『末灯鈔』(従覚)成る.		
1334	(建武1) 南禅寺を五山の第1とする.		
	『安心決定鈔』,この頃までに成るか.		
	南北朝時代(〜1392).		
1336	(延元1,建武3) 後醍醐天皇,吉野に移る.		
1337	(延元2,建武4) 大徳寺開山,宗峰妙超没.		
1339	(延元4,暦応2)『神皇正統記』(北畠親房)成る.		
1342	(興国3,康永1) 五山十刹の序列を再編.		

西暦	日本	西暦	中国・その他
1345	(興国6,康永4) 国毎に建てる寺塔を,安国寺・利生塔と名づける.		
1346	(正平1,貞和2) 虎関師錬没――『元亨釈書』などを著す.		
	五山文学僧,雪村友梅没.		
1348	(正平3,貞和4) 竺仙梵僊没――五山文学に貢献.		
1351	(正平6,観応2) 覚如没――『口伝鈔』などを著す. 絵伝『慕帰絵詞』(従覚)成る.	1351	紅巾の賊(白蓮教徒の反乱)起こる.
	夢窓疎石没――天竜寺を開き,『夢中問答集』を著す.		
		*1354	この頃,ラオスにランサン王国が成立し,カンボジアより上座仏教伝来.
1356	(正平11,延文1) 円観没――法勝寺を再興.		
1357	(正平12,延文2) 文観没――立川流を大成.		
1360	(正平15,延文5) 妙心寺開山,関山慧玄没.		
1362	(正平17,貞治1) 果宝没――『東宝記』を編纂.		
		1368	**明,興る**(～1644).
		1372	明版大蔵経(南蔵),刊行始まる.
1374	(文中3,応安7) 臨済僧,古先印元没.		
1375	(文中4,応安8) 五山文学僧,中巌円月没.		
1379	(天授5,康暦1) 春屋妙葩,天下僧録となる.		
1380	(天授6,康暦2) 足利義満,十刹の序列を定める.		
1386	(元中3,至徳3) 足利義満,五山の序列を定め,南禅寺を五山の上とする.		
1387	(元中4,嘉慶1) 抜隊得勝没――『抜隊仮名法語』を著す.		
1388	(元中5,嘉慶2) 義堂周信没――五山文学の代表者で,『空華集』『空華日用工夫集』などを著す.		
	相国寺開山第2世,春屋妙葩没.		
1390	(元中7,明徳1) 無文元選没――臨済宗方広寺派の祖.		
	室町時代(～1573).		
1392	(元中9,明徳3) 南北両朝合一.	1392	[朝] 李氏朝鮮,建国.
1397	(応永4) 足利義満,北山第(金閣寺)を造営.		
1405	(応永12) 絶海中津没――五山文学の代表者で,作品集は『蕉堅藁』.		
		1410	[チ] 永楽版カンギュル開版.
1414	(応永21) 清凉寺本『融通念仏縁起』,この頃成る.		
1416	(応永23) 宥快没――高野山の真言教学を大成.		
		1419	[チ] ゲルク派の開祖ツォンカパ没――『菩提道次第(大・小)論』『秘密道次第大論』などを著す.
1420	(応永27) 聖冏没――五重相伝の制度を確立し,『二蔵頌義』『顕浄土伝戒論』など著す.	1420	明版大蔵経(北蔵)開版始まる(1440年完成).
1431	(永享3) 明兆没――東福寺殿司・画僧.		
1435	(永享7) 満済没――『満済准后日記』を遺す.		

西暦	日本	西暦	中国・その他
1440	(永享 12) 日親,『立正治国論』を著し,足利義教に捕えられて拷問.		
1446	(文安 3)『壒嚢鈔』(行誉)成る. 『三国伝記』(玄棟),これ以前に成る.		
1465	(寛正 6) 延暦寺衆徒,東山の大谷本願寺を襲い,蓮如,近江堅田に逃れる.		
1467	(応仁 1) **応仁の乱**,始まる(～77). この間,戦火のため多くの寺社焼失.		
1471	(文明 3) 蓮如,越前吉崎に坊舎を建立し布教.		
1474	(文明 6) 加賀一向一揆蜂起.		
		1475	ビルマ(ミャンマー)のダンマゼーディー王,仏教使節をスリランカに派遣して再受戒させる.以後,受戒作法をマハヴィハーラ派のものに統一.
1480	(文明 12) 蓮如,山科に本願寺を再興.		
1481	(文明 13) 一休宗純没――大徳寺を再興し,『狂雲集』『自戒集』などを著す.		
1482	(文明 14) 足利義政,東山山荘(銀閣寺)の造営開始.		
1486	(文明 18) 真盛,近江坂本で『往生要集』を講じ,西教寺を復興,戒律・念仏の道場とする.		
1492	(明応 1) 沖縄首里に尚王家の菩提寺円覚寺建立,開山は芥隠承琥.		
1501	(文亀 1) 細川政元,日蓮宗本国寺と浄土宗妙講寺の僧を召して宗論させる.		
1506	(永正 3) 雪舟没――「山水長巻」などを描く.		
1518	(永正 15)『閑吟集』成る.		
		1528	王守仁(陽明)没.
1532	(天文 1) 法華一揆,山科本願寺を焼く.証如,大坂石山に寺基を移す(石山本願寺).		
1536	(天文 5) 証如,山科の道場を再興. 天文法華の乱――延暦寺僧徒,法華一揆を破る.		
		1544	㋠ ソナム-ギャンツォ(後のダライ-ラマ 3 世),ゲンドゥン-ギャンツォの化身に指定される.
1546	(天文 15) この頃までに,『法華経直談抄』(栄心)成る.		
1549	(天文 18) キリスト教伝来――フランシスコ-ザビエル,鹿児島に上陸.		
1567	(永禄 10) 松永・三好の兵火で,東大寺大仏殿など焼失.		
1571	(元亀 2) 織田信長,延暦寺を攻め堂塔を焼尽.		
	安土桃山時代(～1598).		
1573	(天正 1) 室町幕府,滅びる.		
		1578	㋠ ソナム-ギャンツォ,モンゴルのアルタン-ハンよりダライ-ラマ(3 世)の称号を受け,1585 年以後モンゴル各地に布教.
1579	(天正 7) 安土宗論――浄土宗と日蓮宗,安土浄厳院で宗論,織田信長,日蓮宗徒を処刑.		
1580	(天正 8) 顕如,織田信長と和睦――石山合戦終結(1570～).		

西暦	日　　本	西暦	中　国・そ　の　他
1581	(天正 9) 織田信長,高野聖千余人を斬る.		
1585	(天正 13) 豊臣秀吉,根来寺を攻め堂塔を焼く(根来・雑賀の一揆の鎮圧).		
1586	(天正 14) 豊臣秀吉,方広寺大仏殿の造営に着手.		
		1589	万暦版大蔵経,刊行始まる.
1591	(天正 19) 顕如,本願寺を京都七条堀川に移す(豊臣秀吉より寺地の寄進を受ける).		
		1592	[朝] 休静,豊臣秀吉軍の朝鮮侵略に対し,義勇軍を組織して国難を救う.
1595	(文禄 4) 日奥,方広寺大仏殿での千僧供養への出仕を拒否——不受不施の起こり.		
		1600	[イ] イギリス,東インド会社設立.
1602	(慶長 7) 教如,東本願寺を創始(徳川家康より寺地の寄進を受ける)——東西本願寺の分裂.	1602	李卓吾没——『華厳合論簡要』などを著す.
	江戸時代(〜1867).		
1603	(慶長 8) 徳川家康,江戸に幕府を開く.		
		1606	[チ] 北京版カンギュル再版される(万暦重版).
1608	(慶長 13) 日蓮宗日経・浄土宗廓山,江戸城で宗論,日経処罰される——慶長法難.	1608	[チ] ターラナータ『インド仏教史』を著す.
1612	(慶長 17) 幕府,キリシタンを禁止.		
1615	(元和 1) 幕府,諸宗諸本山法度を制定し,本末制度を規定.	1615	雲棲袾宏没——明の四大師の一人.
		1617	『大明高僧伝』(如惺)成る.
1621	(元和 7) ハビアン没——『妙貞問答』『破提宇子』などを著す.		
		1623	[チ] ジャン版カンギュル開版.
1625	(寛永 2) 天海,東叡山寛永寺を創建.		
1627	(寛永 4) 幕府,大徳寺・妙心寺などへの紫衣勅許を無効とし,幕命に背いた玉室宗珀・沢庵宗彭らは 1629 年流罪——紫衣事件.		
1630	(寛永 7) 受不施・不受不施の論争(身池対論),不受不施派への弾圧激化.		
1632	(寛永 9) 諸宗本山,幕府へ末寺帳を提出.		
1633	(寛永 10) 黒衣の宰相,金地院崇伝没.		
1635	(寛永 12) 幕府,寺社奉行を設置.		
	寺請制度,この頃より全国化する.		
1637	(寛永 14) 天海版(寛永寺版)大蔵経,刊行開始,1648 年完成.		
	天草・島原の乱,起きる.		
1639	(寛永 16) 袋中没——『琉球神道記』などを著す.		
1640	(寛永 17) 幕府,宗門改役を置く.		
1642	(寛永 19) 安楽庵策伝没——『醒睡笑』を著す.	1642	[チ] ダライ-ラマ政権成立——グシ-ハーン,チベットを征服,支配権をダライ-ラマ 5 世に移譲.
		1644	**清,北京に遷都**——中国支配開始.
1645	(正保 2) 沢庵宗彭没——『不動智神妙録』『東海夜話』などを著す.	1645	[チ] ダライ-ラマ 5 世,ポタラ宮殿の造営開始(1648 年に白宮,1695 年に紅宮完成).
1654	(承応 3) 隠元隆琦,長崎に来る——黄檗宗の始まり.		

西暦	日　　　本	西暦	中　国・そ　の　他
1655	(明暦 1) 鈴木正三没——『盲安杖』『万民徳用』などを著し,『驢鞍橋』(恵中編)を遺す.	1655	智旭没——『閲蔵知津』などを著す.
1661	(寛文 1) 隠元隆琦,黄檗山万福寺を創建.		
		1662	[チ] パンチェン-ラマ 1 世没.
1665	(寛文 5) 諸宗寺院法度を制定. 幕府,土水供養令を発して不受不施派を弾圧する.		
1668	(寛文 8) 元政没——『扶桑隠逸伝』など著す.		
1669	(寛文 9) 鉄眼道光,鉄眼版(黄檗版)大蔵経を刊行開始,1681 年完成.		
1671	(寛文11) 江戸幕府,全国的に宗旨人別帳を作らせる. 即非如一没——黄檗宗の僧.		
		1682	[チ] ダライ-ラマ 5 世没.
1691	(元禄 4) 幕府,日蓮宗悲田派を禁止. 浅井了意没——『浄土三部経鼓吹』など著す.		
1692	(元禄 5) 東大寺大仏,修復成り開眼供養. 幕府,新規寺院の建立を禁止.		
1693	(元禄 6) 比叡山に安楽律院が設けられ安楽律が唱えられる. 盤珪永琢没——『盤珪仮名法語』を遺す.		
1700	(元禄 13) 鉄牛道機没——多くの黄檗宗寺院を開創.		
1701	(元禄 14) 契沖没——古典研究書を著す.		
1702	(元禄 15)『本朝高僧伝』(師蛮)成る. 浄厳没——『悉曇三密鈔』などを著す.		
1705	(宝永 2) おかげ参り,この年流行.		
1706	(宝永 3) 幕府,日蓮宗三鳥派を禁止(1718 年にも).		
1709	(宝永 6) 東大寺大仏殿,再建落慶供養. 幕府,諸寺院の法会で男女同席の通夜を禁止.		
1723	(享保 8) 諸国の宗門人別帳を 6 年毎に作成するものと定める.		
1724	(享保 9) 幕府,3 尺以上の仏像の制作禁止.	1724	[チ] 雍正版テンギュル開版.
		1731	[チ] チョネ版カンギュル開版.
		1732	[チ] ナルタン版カンギュル開版.
		1733	[チ] デルゲ版カンギュル開版.
		1738	清版大蔵経(竜蔵)成る.
		1742	[チ] ナルタン版,デルゲ版テンギュル開版.
1744	(延享 1) 無著道忠没——『禅林象器箋』などを著す.		
1745	(延享 2) 富永仲基,『出定後語』を刊行して大乗非仏説を唱える.		
		1749	[チ] チャンキャ-ルルペー-ドルジェ,『宗義説定』を著す.
		*1750	スリランカ,タイから長老を招きサンガを復興し,シャム-ニカーヤ派の基礎を築く.
		1757	[イ] プラッシーの戦い.
1768	(明和 5) 白隠慧鶴没——『遠羅天釜』『夜船閑話』などを著す.		
		1773	大蔵経の満州語訳開始(1790 年完成). [チ] チョネ版テンギュル開版.
		1779	タイ,バンコクのワット-アルン(暁の寺)にエ

西暦	日　　本	西暦	中国・その他
			メラルド仏が安置される.
		1784	タイ,バンコクの王宮内にワット-プラケオ(エメラルド寺院)建立.
		1788	タイのラーマ1世,バンコクで仏典結集を行う(～89).
		1796	白蓮教徒の乱,起こる(～1803).
1798	(寛政10) 三業惑乱の論争起こる.		
1804	(文化1) 三業惑乱の対論,江戸城で行う. 慈雲没――『梵学津梁』『十善法語』『人となる道』などを著す.		
1806	(文化3) 農民の法名に院号・居士号・大姉号などつけることを禁止.		
1811	(文化8) 平田篤胤,『出定笑語』を著して仏教を攻撃.		
1831	(天保2) 良寛没――禅僧で漢詩人・歌人.		
		1840	アヘン戦争(～1842).
1842	(天保13)『妙好人伝』(仰誓編)刊行.		
		1850	太平天国の乱(～1864).
		1852	ビュルヌーフ没――『インド仏教史序説』などを著す.
1853	(嘉永6) ペリー,浦賀に来航.		
1856	(安政3) 月性,『仏法護国論』を著す.		
		1857	[イ] セポイの乱.
1867	(慶応3)『続日本高僧伝』(道契)成る. 朝廷,仏事祭式を廃止. ええじゃないか,大流行.		

西暦	日　　本	西暦	アジア・欧米
	明治時代(～1912).		
1868	(明治1) 明治維新. 3-28 神仏判然令,発布. 以後,廃仏毀釈運動起こる.		
1871	(明治4) 1-5 社寺領上知令,発布. 10-3 宗門人別帳・寺請制度を廃止.	1871	ビルマ(ミャンマー)ミンドン王,仏典の第五結集を行う.
1872	(明治5) 3-14 神祇省を廃して教部省を設置. 3-27 神社仏閣の女人禁制を廃止. 4-25 教導職を設置. 僧侶の肉食・妻帯・蓄髪を許可. 4-28 三条教則を発布. 6-28 自葬を禁じ,葬儀は神官・僧侶に依頼することを命ずる. 9-15 修験宗を廃止し,天台・真言の2宗に所属させる. 11-24 大教院設立,教導職養成の機関とする. 12-3 **この日を明治6年1月1日とする**.		
1874	(明治7) 2-12 融通念仏宗,宗名を公称.	1874	ミュラー,『リグ-ヴェーダ』の刊行完結(1849年刊行開始).
1875	(明治8) 1-29 大教院より真宗離脱. 5-3 大教院解散.	1875	[イ] アーリヤ協会設立. 神智協会設立.
1876	(明治9) 4-10 日蓮宗不受不施派の再興を許可.		

西暦	日　本	西暦	アジア・欧米
	○転宗転派の自由を許可.		
1877	(明治10) 1-19 教部省を廃止し,内務省に社寺局を設置.		
1878	(明治11) 12-20 真言宗,新義・古義に分立し,各々管長を設置.		
1881	(明治14) 6-11 真宗西本願寺派を浄土真宗本願寺派,東本願寺派を真宗大谷派と改称.	1881	リス-デヴィズ,パーリ聖典協会設立.
	10-3 神社・寺院以外での葬祭執行を禁止.		オルデンベルク,『ブッダ,その生涯・教説・教団』を著す.
1882	(明治15) 5-15 神道諸宗派の独立を認可.		
	6-26 法相宗,真言宗より独立.		
1884	(明治17) 8-11 教導職を廃し,寺院住職の任免などを各管長に委任.		
	○田中智学が立正安国会(後の国柱会)を設立.		
		1885	[イ] インド国民会議(派),設立.
1886	(明治19) 6-7 東大寺,華厳宗として,浄土宗から独立.	1886	[イ] ラーマクリシュナ没——近代インドの宗教家,神秘家.
1887	(明治20) 9-16 井上円了,哲学館を開設.		
1889	(明治22) 2-11 大日本帝国憲法制定——信教の自由,結社の自由などが保証される.		
	○西本願寺派,ハワイ布教を開始.		
1890	(明治23) 10-30 教育勅語,発布.		
1891	(明治24) 1-9 内村鑑三,教育勅語拝礼を拒否して不敬事件を起こす. 仏教側からの批判多出.	1891	[イ] セイロン(スリランカ)のアナガーリカ-ダンマパーラ,大菩提会を設立.
1892	(明治25) 1-6 大日本仏教青年会,結成.		
1893	(明治26) 9-11～17 シカゴの万国宗教大会に釈宗演らが参加.	1893	シカゴで万国宗教大会が開催される.
1894	(明治27) 8-1 日清戦争始まる.		
1895	(明治28) 6-7 真言律宗,真言宗より独立.		
	7-9 南条文雄,村上専精,清沢満之ら東本願寺教団の改革を建白.		
1897	(明治30) 6-10 古社寺保存法,発布.	1897	楊文会,金陵刻経処を設立.
	6-26 河口慧海,チベット探検に出発(1903年帰国. チベット大蔵経などを将来).		
1899	(明治32) 8-3 文部省,公認の学校における宗教上の教育・儀式を禁止.	1899	[朝] 海印寺,大蔵経を印刻し各寺に頒つ.
1900	(明治33) 3-10 治安警察法公布——神職・僧侶の政治結社加入を禁止.	1900	ミュラー没——インド学・比較言語学・比較宗教学に貢献.
	4-27 社寺局を神社局と宗教局に分離.		敦煌莫高窟千仏洞第17窟から古文書(敦煌文書)発見される.
1901	(明治34) 7-27 村上専精,『仏教統一論』第1編(大綱論)を発表——大乗非仏説論は大きな反響を招く. 1903・05年に第2編(原理論)・第3編(仏陀論)を発表.		
	9-21 大日本仏教慈善会,設立.		
	○文部省,宗教学校に徴兵猶予,進学許可を認定.		
1902	(明治35) ○仏教青年伝道会,設立.	1902	[イ] ヴィヴェーカーナンダ没——ラーマクリシュナ-ミッションを創設.
	8-15 大谷光瑞ら,中央アジアの仏跡探検に出発(-04年,08-09年,10-14年の3次にわたる調査が続く).		タイで,サンガ統治法が制定され,仏教教団の集権的組織化と国家管理体制が確立する.
1903	(明治36) 6-6 清沢満之没——浩々洞を開		

西暦	日　本	西暦	アジア・欧米
	き,雑誌『精神界』を発行.		
1904	(明治37) 2-10 日露戦争始まる. ○仏教各宗派,日露戦争に従軍布教使を派遣.		
1905	(明治38) 5-15 大日本続蔵経,刊行開始(1912年完結).		
		1910	[朝] 韓国併合.
1911	(明治44) 2-3 島地黙雷没——三条教則を批判し,政教分離・信教の自由を主張. **大正時代**(～1926).	1911	[朝] 朝鮮総督府より寺刹令が発布される. 楊文会没——近世中国仏教の祖.
1912	(大正1) 5-25『大日本仏教全書』,刊行開始(1922年完結). 5-17 日蓮宗富士派が日蓮正宗と改称.	1912	中華民国,成立. 敬安ら中華仏教総会を発足.
1913	(大正2) 6-13 内務省宗教局を文部省に移管,宗教行政と神社行政との分離を徹底.		
1914	(大正3) 9 日本大蔵経,刊行開始(1921年完結). 11-4 田中智学,国柱会を設立.	1914	7-28 第一次世界大戦勃発.
1915	(大正4) 12-11 仏教連合会,結成.		
1917	(大正6) 2-8 藤井日達,皇居前での唱題行,日本山妙法寺を開教. 6-20 国訳大蔵経,刊行開始(国民文庫刊行会,1918年完結).		
1919	(大正8) 6-6 井上円了没——哲学館(東洋大学の前身)を設立,『真理金針』を著す.		
		1920	オルデンベルク没——仏教学・ヴェーダ学に貢献.
1921	(大正10) 5 鈴木大拙,真宗大谷大学内に東方仏教徒協会を設立,*Eastern Buddhist* を創刊.		
		1922	太虚,武昌に仏学院を設立. レヴィ,ネパールで『唯識三十頌』『唯識二十論』の写本を発見. リス・デヴィズ没——パーリ仏教研究に貢献.
		1923	新仏教青年会(のちの仏化新青年会),発足.
1924	(大正13) 4-8 大正新脩大蔵経,刊行開始(1934年完結).	1924	ダールケ,ベルリン郊外に仏教の家(後スリランカ伝道協会に引き継がれる)を設立.
1925	(大正14) 10 東亜仏教徒大会,東京芝増上寺で開催. 10 大日本霊友会,結成. **昭和時代**(1926～89).		
1927	(昭和2) 11-9 南条文雄没——サンスクリット仏典研究に貢献.		
1928	(昭和3) ○日本仏教学会,発足.		
1929	(昭和4) 3-28 国宝保存法,公布. 10-31 村上専精没——『仏教史林』を創刊,『仏教統一論』を著す.		
1930	(昭和5) 5-10 日本宗教学会,設立. 5-16 木村泰賢没——初期仏教・アビダルマ思想を研究. 11-18 創価教育学会,設立.	1930	カンボジアのプノンペンに仏教研究所設立,タイ仏教の影響の除去をめざす.
1931	(昭和6) 4-3 日本全仏教青年連盟,創立大会. 4 妹尾義郎,新興仏教青年同盟を結成.	1931	宋の磧砂版大蔵経が発見され,のち影印版刊行.
		1932	タイ(シャム),立憲君主制となり,国王は仏教

西暦	日本	西暦	アジア・欧米
			徒であることと規定される.
1933	(昭和 8) 1-1『仏書解説大辞典』刊行開始(1936 年完結).		
		1934	インドネシアの仏教,スリランカの長老のジャワ訪問を契機に復興開始. 金刻大蔵経が発見され,翌年宋蔵遺珍として影印版刊行.
1935	(昭和 10年) 4-8 南伝大蔵経,刊行開始(1941 年完結).	1935	レヴィ没――インド学・仏教学に貢献.
1937	(昭和 12) 7-7 日中戦争始まる. 7-15 文相,宗教・教化団体代表者に挙国一致運動を要望. 12-20 荻原雲来没――サンスクリット文献研究に貢献.		
1938	(昭和 13) 3-5 大日本立正交(佼)成会,開教. 3-30 文部省,神・儒・仏 3 教代表と国民精神総動員,支那布教を検討. 8-4 宗教局,神・仏・基 3 教対支那布教協議会を開催.	1938	ラ-ヴァレ-プサン没――アビダルマ(阿毘達磨)と中観思想の研究に貢献.
1939	(昭和 14) 4-8 宗教団体法,公布(40 年 4 月 1 日施行). 11-17 田中智学没――日蓮主義の仏教運動家.		
1941	(昭和 16) 3-24 大日本仏教会,結成. 12-8 太平洋戦争起こる.	1941	[イ] タゴール没――近代ベンガルを代表する文学者.
1942	(昭和 17) 2-8 大詔奉戴宗教報国大会,開催. 4-2 神・仏・基・回の興亜宗教同盟,結成.	1942	シチェルバツコーイ没――仏教の論理学・認識論の研究に貢献.
1943	(昭和 18) 2-14 大日本仏教会,京都知恩院で聖旨奉戴護国法要を執行. 6-28 興亜宗教同盟,第 1 回興亜宗教協力会議を開催. 7-3 大日本仏教青年会連盟,大東亜仏教青年大会を開催.	1943	カンボジアで,サンガ勅令が発布され,サンガ組織に法的地位が与えられる. スタイン没――中央アジアの遺跡発見・発掘で東洋史学・仏教学に貢献.
1944	(昭和 19) 9-30 大日本戦時宗教報国会,神・仏・基の宗教家により結成.		
1945	(昭和 20) 6-21 高楠順次郎没――大正新脩大蔵経・南伝大蔵経を編纂. 8-15 ポツダム宣言受諾(8-14)の後,終戦. 12-15 ＧＨＱ(連合国軍総司令部),神道指令を発令――国家神道の禁止と政教分離の徹底. 12-28 宗教団体法,廃止. 宗教法人令,公布(信教の自由を保障).	1945	ペリオ没――中央アジアの遺跡調査で東洋史学・仏教学に貢献.
1946	(昭和 21) 1-1 創価教育学会を創価学会と改称. 6-2 日本宗教会(前身は大日本戦時宗教報告会),日本宗教連盟と改称. 11-3 日本国憲法,公布.		
1947	(昭和 22) 5-5 全日本宗教平和会議,築地本願寺で開催,宗教平和宣言を決定. ○沖縄仏教会主催の遺骨収集運動続く.	1947	パキスタン独立. インド独立. 太虚没――中国近代仏教改革運動の推進者.
		1948	ビルマ独立. [イ] ガーンディー没――非暴力主義によりインドの独立を導いた.

西暦	日　本	西暦	アジア・欧米
			セイロン独立. 大韓民国,樹立. 朝鮮民主主義人民共和国,成立.
1949	(昭和24) 1-26 法隆寺金堂壁画,焼失. 7-23 姉崎正治没——日本宗教学の基礎を築く.	1949	ラオス,フランス連合内独立.仏教,憲法により国教化. 中華人民共和国,成立. カンボジア,フランス連合内独立.仏教,憲法により国教化. 世界仏教徒会議,セイロン(スリランカ)のコロンボで開催.
1950	(昭和25) 5-30 文化財保護法,公布. 7-2 金閣寺,全焼.	1950	[イ] オーロビンド‐ゴーシュ没——近代インドの宗教思想家.
1951	(昭和26) 4-3 宗教法人法,公布. 10-15 日本印度学仏教学会,創立. 10-17 全新興教団連盟結成——日本新宗教連合と日本新宗教連合会が合併. ○沖縄仏教会とキリスト教連盟が沖縄平和連盟結成——戦没者の慰霊と平和運動を推進.		
1952	(昭和27) 9-25 第2回世界仏教徒会議,築地本願寺で開催.		
1953	(昭和28) 2-18 世界仏教徒日本連盟,結成.	1953	北京に中国仏教協会,設立.
1954	(昭和29) 6-25 全日本仏教会,結成. 10-5 全日本仏教婦人連盟,結成.	1954	ビルマ(ミャンマー)のラングーン(ヤンゴン)で仏典の第6回結集が行われる(〜56).
1955	(昭和30) 8-1 世界宗教会議,東京で開催. 10-13 辻善之助没——『日本仏教史』10巻を著す. 10-28 西蔵大蔵経,刊行開始(1966年完結).		
		1956	[イ] アンベードカル没——カースト制の撤廃や新仏教徒運動を推進.
1957	(昭和32) 8-9 原爆13回忌大法要,芝増上寺で執行.中国他10余カ国の代表が参加,仏教徒宣言を発表.		
		1959	[チ] チベット動乱で,ダライ‐ラマ14世インドに亡命. ラオスで,サンガ勅令が発布される.
1961	(昭和36) 7-25〜28 世界宗教者平和会議,京都で開催.	1961	ビルマで憲法改正され,仏教が国教化したが,非仏教徒の反発で社会混乱を招く.
		1962	タイで,新サンガ法が成立.
1963	(昭和38) 7-14 宇井伯寿没——初期仏教と唯識思想の研究に貢献.	1963	エジャトン没——『仏教混淆梵語文法および辞典』などを著す.
1966	(昭和41) 4-15 古都保存法,施行. 7-12 鈴木大拙没——『禅と日本文化』『日本的霊性』などを著す.		
1968	(昭和43) 1-22 日本宗教連盟,靖国神社国家護持法案に反対声明. 4-6 全日本仏教会,靖国神社国家護持法案に反対を決定.		
		1972	セイロン,国名をスリランカと改称.
1973	(昭和48) 12-8 インド・ブッダガヤーに日本寺落成.		
1974	(昭和49) 10-1 日中友好仏教協会,発足.		
1975	(昭和50) 3-13 第1回全日本仏教徒青年会		

西暦	日　　本	西暦	アジア・欧米
	議,神戸で開催. 12-7 インド・ブッダガヤーの日本寺で,第1回国際仏教徒結集,開催.		
1978	(昭和53) 6 高野山大学・種智院大学,インドのラダックに仏教文化調査団を派遣.		
1980	(昭和55) 10-15 東大寺大仏殿,昭和大修理落慶法要.		
		1981	イギリス,ロンドン郊外の僧院に戒壇が設立され,上座仏教サンガ(僧伽)が成立.
1985	(昭和60) 1-9 平和運動家,藤井日達没——日本山妙法寺大僧伽を創始. 10 第1回日中仏教学術会議,京都で開催.		
1987	(昭和62) 8-3 日本宗教代表者会議,比叡山宗教サミットを開催.		
	平成時代(1989〜).	1989	ビルマ,国名をミャンマーと改称.
1998	(平成10) 4-8 大菩提会主催の第1回全世界仏教興隆会議を京都で開催.		

索　引

和 文 索 引……………………………1149
欧 文 索 引……………………………1231

数字はページを示す．見出し語のページは太字で示した．ページの後ろに付した l, r は，それぞれ左,右の欄を示す．
和文索引は五十音順に配列，長音符号(ー)の読みは無視した．異なる表記のある語は，(　)に入れて示した．同一表記で意味の異なるものは，区別を指示する言葉を(　)に入れた．
欧文索引は，発音符号の有無にかかわらず，アルファベット順に配列した．

和文索引

ア

阿 3r,78r
愛 **1l**,66l,151r,485l,769r
愛嬌 1r
愛敬 **1r**
愛敬相 1r
愛敬法 1r
阿育王 **2l**,181r,276l,492r,876l,952l
阿育王山 **2r**
阿育王寺 2r
愛敬法 264l
愛見 **2r**
愛見の大悲 2r
愛語 431l
挨拶 **2r**
愛染 **3l**
愛染法 3l
愛染曼荼羅 **3l**,3l
愛染明王 **3l**,3l
『壒嚢鈔』 **3r**
愛別離苦 **3r**,420l,553l
愛欲 65r
愛論 280r
アヴァダーナ 850r
アヴァターラ 68l,348r
アヴァドゥーティ 560r
アヴァンティ 492l
アヴィヤクタ 888r
『アヴェスター』 651l
阿吽 **3r**
阿吽の呼吸 3r
青道心 54r
青不動 400l,552r,885r
閼伽(阿伽) **3r**,3r,1069r
閼伽井 4l
閼伽香水 3r
阿伽陀(阿掲陀, 阿竭陀) **4l**,4l
暁の寺 1082l
阿迦膩吒天 416r,734l
閼伽水 3r
赤不浄 153r,267l
赤不動 400l,885r
アーガマ **4l**,6r,854l
赤松連城 455r
秋篠寺 **4l**,617r
阿耆尼 155l
『秋夜長物語』 712r
下語 **4l**,463l
悪 **4r**,514l,613r
安居院 **5l**,535l,596l,716r
安居院法印 716r
悪因悪果 110r
悪因苦果 57l,260r,613r
悪友 700l
悪業 4r
悪作 **5r**,115l,340l
アクシャパーダ 795r
悪趣 **5r**,474l
悪説 340l
悪知識 700l
悪道 5r
アグニ 155l,1040l,1055r
悪人往生 187l,318r
悪人正因説 6l
悪人正機 **5r**,6l
悪人成仏 **6l**,318r
悪魔 **6r**,951l
悪律儀 1042r
暁烏敏 225l
明智光秀 362r
あげ墓 1053l
下火(下炬) **6r**,6r
阿号 17l
阿含 6r
阿含経 **6r**,781l
浅井了意 **7l**
朝観音・夕薬師 **7r**,1013r
浅草観音 622l
朝座夕座 **7r**
朝懺法夕例時 1060l
朝題目 7r
朝題目夕念仏 **7r**
『阿娑縛抄』 **7r**,592l
朝山日乗 870r
アサンガ **8l**,531r,715l,977l,1019r,1020r,1024r
阿字 **8l**,9l,151l
アシヴァゴーシャ **8r**,665r,875l,999r
アージーヴィカ教 **8r**,1068r
足利学校 **8r**
足利尊氏 22l,746l,991r
足利直義 992r
足利義政 229r
足利義満 229r,511l,520r
亜字形華瓶 277r
阿字観 8r,**9l**,151l
『阿字観用心口決』 8r,9l
芦峅寺 686l
阿私仙 9l
アシタ **9l**,9l
阿氏多 1035l
阿私陀 **9l**
アジタ・ケーサカンバラ 432r,451l,1021r,1068r
阿字の五転 8l
阿字本不生 8l
阿闍世 **9l**,34r,106r,471l,854r
アジャータシャトル 9l,**9r**,106r
阿闍梨 **9r**,176r,202l
阿闍梨(位)灌頂 176r,745l
阿闍梨耶 9r
アジャンター **10l**
アシュヴァッタ 459l
阿輸迦(樹) 981r
阿閦寺 79r
阿閦如来 **10l**
阿修羅 **10l**,1072l
阿修羅道 10r
阿須倫 10l
アショーカ王 2l,**10r**,10r,181r,276l,492r,876l,952l
アショーカ王碑文 2l,**10r**,888r
アショーカ石柱 395l
アーシラマ 689r,957l
飛鳥大仏 **11l**,368r
飛鳥寺 11l,**11l**,171l,368r
小豆念仏 754r
四阿(東屋, 阿舎) 55r,1031r
叉倉 11l
校倉造 **11l**
阿僧祇 **11r**
阿僧祇劫 11r,297r
阿素羅 10l
阿陀那識 20l
阿吒縛迦 657l
『アタルヴァ・ヴェーダ』 68r
アダルマ 689r
遏伽 3r
悪口 4r,**11r**
悪見 946l
安土宗論 **11r**,493l
熱原法難 **11r**,791l,913r

アティシャ　**12*l***,67*r*,702*r*,725*r*,925*r*
阿道　719*r*
アートマン　**12*l***,124*l*,890*l*,937*l*
阿泥律陀　12*r*
穴太寺　363*r*
アナガーリカ-ダルマパーラ　678*r*
阿那含　859*l*
阿那婆達多　825*l*
阿那波那　592*l*
阿那律　**12*r***,484*r*
阿難　**12*r***,276*l*
アーナンダ　12*r*,**13*l***,276*l*
阿難陀　12*r*
アーナンダガルバ　352*l*
アニミズム　**13*l***,432*r*
頞儞羅　486*l*
アニルッダ　12*r*,**13*l***
アヌルッダ　12*r*
姉崎正治　**13*l***,358*r*,667*l*
阿耨達池　**13*r***
阿耨多羅　988*r*
阿耨多羅三藐三仏陀　867*l*
阿耨多羅三藐三菩提　**13*r***,371*l*,923*r*,988*r*
阿耨菩提　13*r*
アノーヤター王　760*l*
あの世　**13*r***
あばた　**14*l***
阿波陀那　850*l*
阿婆陀那　487*l*,850*l*
アバヤギリ-ヴィハーラ　**14*l***,957*r*
アバヤギリ派　14*l*
阿鼻　**14*l***,985*r*
阿鼻叫喚　14*r*
阿鼻旨　14*l*
阿鼻地獄　14*l*,825*r*
阿毘達磨　**14*r***,250*r*,1077*l*
『阿毘達磨倶舎論』　**15*l***,250*r*
『阿毘達磨順正理論』　511*l*
『阿毘達磨大毘婆沙論』　**15*l***,676*r*
アビダルマ　14*r*,**15*l***,250*r*
アビダルマ-ピタカ　14*r*
阿毘曇　14*r*
阿毘曇師　1077*r*
阿鞞跋致(阿毘跋致)　**15*l***,15*l*,865*l*
ア・ビ・ラ・ウン・ケン　15*l*
阿毘羅吽欠　**15*l***
アヒンサー　**15*l***,182*l*,457*r*,785*l*,864*r*
頞部陀　14*l*
アフラ-マズダー　311*r*,651*l*
アポーハ　20*r*,284*r*,510*r*
尼　**15*l***,15*r*
雨乞　**15*r***,514*r*
尼講　811*r*
尼御前　15*r*
甘茶　**15*r***
尼寺　15*l*,**15*r***,841*r*
尼寺五山　16*l*
天照大神　**16*l***,349*l*,582*l*,942*l*
尼入道　15*r*
天探女　16*r*
天邪鬼　**16*r***
阿末羅識　16*r*
阿摩羅識　**16*r***,249*l*,415*r*
阿弥号　17*l*,17*r*,44*l*
阿弥衆　**17*l***
阿弥陀　**17*l***
阿弥陀経　**17*r***,322*l*,537*l*,539*r*
阿弥陀悔過　267*l*
阿弥陀三尊　393*r*,597*l*
阿弥陀三尊像　18*r*,615*r*
阿弥陀寺　**18*l***
阿弥陀浄土変(相)　542*l*,679*r*
阿弥陀信仰　17*l*,18*l*,537*l*
阿弥陀像　**18*l***
阿弥陀堂　**18*r***,538*l*,840*r*
阿弥陀如来　17*l*
阿弥陀聖　**19*l***,243*l*,843*r*
阿弥陀仏　17*l*,322*l*
阿弥陀仏号　17*l*
阿弥陀丸　215*l*
阿弥陀曼荼羅　**19*l***
阿弥陀来迎図　1033*l*
阿蜜哩多　860*l*
アムビカー　464*r*
アムリタ　189*l*,860*l*
雨僧正　802*r*
アモーガヴァジラ　857*r*
阿惟越致　15*l*,865*l*
アーユル-ヴェーダ　27*r*
荒川経　354*l*
阿羅漢　**19*l***,69*r*,105*l*,273*r*,422*l*,580*l*,1035*l*
阿羅漢果　19*r*,422*l*
阿羅漢向　422*l*
荒行　**19*r***,246*l*
アーラーダ-カーラーマ　458*r*
アーラニヤカ　69*l*
荒陵寺　447*l*
アラホン(阿羅本)　264*l*
阿頼耶　325*l*
アーラヤ識　19*r*
阿頼耶識　**19*r***,32*r*,262*l*,325*l*,358*l*,415*r*,480*l*,828*l*
阿頼耶識縁起(説)　20*l*,95*r*,249*l*,745*l*,933*r*
阿蘭那　20*l*
阿蘭若　**20*l***,241*l*
阿蘭若住　629*r*
蟻通し明神縁起譚　229*l*
蟻の熊野詣　257*r*
アーリヤー　149*r*
阿黎耶識(阿梨耶識)　19*r*
アーリヤデーヴァ　**20*r***,414*r*,453*l*,675*r*,706*l*,850*l*
在原寺　865*r*
在原業平　865*r*
アールヴァール　820*r*
アルタ　159*l*,689*r*,957*l*
アルタクリヤー　**20*r***,690*l*
アルダ-マーガディー　888*r*
アルタン-ハン　688*l*,1008*l*,1012*r*
阿留辺幾夜宇和　451*r*
『阿留辺幾夜宇和』　21*l*,969*r*
あるべきようは　**21*l***
阿練若　20*l*
あわれ　**21*l***
庵　**21*r***
行脚　**21*r***,511*l*
行脚僧　21*r*,79*l*
アングリマーラ　**21*r***,105*r*
安居　**21*r***,425*l*
安居院　11*l*
安国寺　**22*l***,991*r*
アンコール-トム　22*l*
アンコール-ワット　**22*l***
庵室　21*r*
行者　**22*r***
行粥　497*l*
暗証(闇証)　**22*r***,22*r*
暗証の禅師　22*r*,209*r*
安心　**22*r***,565*r*
安心起行作業　23*l*
『安心決定鈔』　**23*l***
安心立命　23*l*
安世高　**23*l***,800*l*,1076*r*
安息香　**23*r***
安息国　**23*r***
安陀会　331*r*,396*r*,397*l*,914*r*,1074*l*
安底羅　486*l*
安鎮法　**23*r***
安鎮曼荼羅　486*r*
庵寺　15*r*
安藤昌益　817*l*

安阿弥陀仏 126r
安阿弥様 18r,126r
安慧 **24l**,1019r,1020l
安然 **24l**,328r,547l,568r,680l,741l,885r
安穏(安隠) **24r**,24r
安般 592l
安般守意経 23l,592r
アンベードカル **24r**
菴摩羅識 16r,**24r**,249l
安養 25l,322l
『安養集』 **24r**,852l
安養浄土 **25l**
安楽 **25l**,322l
安楽庵策伝 **25r**,596r,597l,1080r
安楽行 407l
安楽国 25l
安楽国土 25l
安楽寺 748r
『安楽集』 25l,**25r**,537l,754r
安楽世界 25l
安楽騒動 26l
安楽律 **25r**
行履 **26l**
安立 **26l**
安立諦 26l

イ

意 **26r**,325l
異安心 23l,**26r**,35r,842r
意安楽行 407l
イェシェーデ **27l**
医王 **27l**
易往 **27r**
易往易行 27r
医王善逝 27r
易往而無人 27r
居開帳 131r,730r
医学 **27r**
斑鳩寺(鵤寺) **28l**,917r
鵤尼寺 706r
『夷夏論』 882l
威儀 **28r**,28r
異義 26r,35r
威儀具足 28r
威儀師 28r,**28r**
生き地獄 153l
威儀僧 28r
威儀即仏法 407l
生如来 29l
威儀法師 28r
生菩薩 29l
威儀細 271r,331r
生仏 **29l**
生御霊 822r
易行 **29l**,778r
意楽 **29l**,1036l
潙仰宗 **29l**,30r,323r
易行道 29l,537l,787l
生霊 **29r**,117r,123r
育王山 2r
育王山信仰 2r
イクシュヴァーク **29r**,177r
異解 26r
池上本門寺 949l
池後寺 927l
生(け)花 **29r**,155r,247r
已講 **29r**,194r
意業 26r,299r,382l,565r
韋紇 68l
遺骨 **30l**,471r
生駒聖天 169l
意根 26r,**30l**,30r,1076l
潙山霊祐 29l,**30r**
意地 **30r**
イーシヴァラ 424r
石川丈山 232r
意識 26r,**30r**,146l,828l,1068l
石田梅岩 564l
石手寺 **31l**
石塔寺 873r
異次頓 719r
伊字三点 **31l**
為自比量 852l
伊舎那天 **31l**,410l,486r
石山合戦 **31r**,220r,293l,542l,939r
石山寺 **31r**,32l,363r
『石山寺縁起』 31r,**32l**
石山本願寺 **32r**,44r,939r,1063r
イーシュヴァラクリシュナ 379l
異熟 **32r**,159l
異熟因 32r,1067l
異熟果 32r,159l,1067l
異熟識 20l,32r
異熟生 33l
異熟障 388r,513r
異熟転変 745l
違順 **33l**
異生 **33l**,947r
意生 **33l**
意成 33l
異生位 33l
異生性 33l
意生身 33l
異生羝羊(住)心 33l,482r
異生類 33l
以信代慧 **33l**
以心伝心 **33r**,890l
イスラーム 34l
イスラーム教 **33r**
イスラーム法 33r
伊豆流罪 789r
惟政 632r,720l
伊勢神宮 16l
伊勢神道 **34l**,578l,1053l
異相 1070r
倚像 877r
石上宅嗣 79r,174l,533l
韋提希夫人 9l,**34r**,854r
異体同心 **34r**
イタコ 115r,583l,1060r
板光背 309l
韋駄天 **35l**
板碑 **35l**
為他比量 852l
板壁画 895l
板彫十二神将像 35r
板彫仏 **35l**
異端 26r,**35r**
意断 520r
一一識 416l
一印 **35r**
一印一明 35r
一印会 35r,1049r
一印頓成 35r
一会 **35r**
一衣一鉢 **36l**
一円 467r,637r,988l
一円相 99r
一月三舟 **36l**
一河の流 **38l**
一行 **36l**
一行(人名) **36l**,637r,674r
一行一切行 36l
一行三昧 36l
一隅 **36r**
一夏 **36r**,1064l
一夏九旬 36r
一月三舟 36l
一元論 **36r**,889r
一期 **37l**
一期一会 35r,37l
一業所感 **37l**
一期生蘊 242r
『一言芳談』 **37l**
一字一仏経 636l
一字一石経 207r
一字金輪 **37r**
一字金輪仏頂 37r

一字金輪法 37r
一字金輪曼荼羅 37r
一字三礼 37r
一実 38l
一実神道 38l
一実諦 50l
一字不説 38l
一樹の蔭・一河の流 38l
一乗 38r, 88l, 373r, 874r
一乗院 310l
一乗縁起 926r
一乗顕性教 293r
一乗寺 39l, 363r
一乗止観院 39l, 104l, 358r
一乗十玄門 479l
『一乗仏性究竟論』 332r
『一乗法界図』 268r
一乗妙法 417l, 608r, 921l
『一乗要決』 39l, 289l, 332r
一塵 39r
一塵法界 39r
一即一切・一切即一 39r, 96r, 926r
一即多・多即一 39r
一代 39r
一大円教 96r, 568r
一代教 39r
一大事 40l
一代諸教 39r
一弾指 692r
一道無為住心 482r
一日経 40l
一日作さざれば，一日食らわず 848l
一如 40l
一寧 46l
一念 40r, 40r
一然 382r
一念蘊 242r
一念往生 40r
一念義 40r, 302r, 686r
一念三千 40r, 40r, 48r, 185r, 186r, 441r, 953l
一念信 40r
一念信解 40r, 566r
一念不生 40r
一念発起 40r, 926r
一の如 40l
市聖 41l, 243l, 843r
一仏 41l
一仏乗 38l, 41l, 88l, 875l
一仏即一切仏 41l
一仏多仏 41l
一仏土 41l
一分 41l

一分戒 41l
一分家 41l
一棒 41r
一木造 41r
『一枚起請文』 41r, 914l
一味 41r
一味蘊 42l
一微塵 39r
一味の雨 42l
一味の法 42l
一門一家の制 445l
一門の本尊 944r
一文不知 42l
一文不通 42l
一益法門 842r
一来 42l, 69r, 422l
一来果 42r, 422l
一来向 42l, 422l
一理随縁 42r
一類 42r
一類往生 42r
一類外道 42r
一類衆生 42r
一類相続 42r
一蓮托生(一蓮託生) 42r, 42r
一角仙人 43l
一喝 43l
一機一縁 43l
一休寺 477l
一休宗純 43r, 207r, 477r, 673r, 713r
一級宝塔 912r
一経三段 750l
一境四見 49l
一句 43r
厳島神社 893r, 917r, 1046r
一句子 43r
一句道尽 43r
一句道断 43r
一向 43r
一向(人名) 44l
一向一揆 31r, 44l
一光三尊 44r, 309l, 615l, 615r, 769l
一向宗 44l, 44r, 541l, 939r
一向専修 44l
一向派 44l
一股杵 768r
一箇半箇 44r
一切一心識 416r
一切皆苦 44r, 237r, 400r, 454r
一切皆空 45l
一切皆空宗 319r
一切皆成 45l

一切経 45r, 670l
一切経会 45r
『一切経音義』 45r, 120l
一切行苦 44r
一切経所 45r
一切経書写 188r
一切種子識 20l, 480r
一切衆生悉有仏性 45r, 808l, 874l, 875l
一切種智 377r, 394r, 696r
一切諸法 46l
一切即一 39r
一切智 46l, 238r, 377r, 394r, 623l, 696r
一切智智 674l, 924l
一切如来真実摂経 351l
一切法 46l, 902l
一切法一心 47r
一切法空 404r, 405l
一切唯識 283r, 715l
一山 46l
一山一寧 46l, 327l
一山国師 46r
一山派 46r
一山ばらり(と) 46l
一師印証 46r
一色一香 46r, 100r
一色一香無非中道 46r
一子地 47l
一子相伝 47l
一糸文守 82l
一周忌 47l
一生補処 47l, 862r
一生不犯 47l, 887r
一処四見 49l
一所不住 47l
一心 47r, 47r, 325r, 375r, 665r
一身阿闍梨 10l
一心一切法 47r
一心一心識 416r
一心戒 47r
一心帰命 47r
一神教 48l, 636r
一心敬礼 47r
一心三観 48r, 377r
一心正念 47r
一心称念 47r
一心専念 47r
一心専念弥陀名号 548r
一心不乱 47r
一水四見 48r
一世 49l
一石経 207r
一隻眼 49l

一殺多生 **49*l***
一刹那 **49*r***
一説部 319*r*, 887*l*
一闡提 5*l*, 45*r*, **49*r***, 332*r*, 808*l*
一相 **49*r***
一相一味 49*r*
一草一木各一因果 **50*l***
一諦 **50*l***
一体三神 **50*l***, 395*l*, 854*l*
一体三宝 **50*l***, 400*l*, 758*l*
一致派 790*l*, 949*l*
一知半解 50*l*
一知半解 **50*l***
一搩手 50*r*
一搩手半 **50*r***, 693*l*
五つのさわり 557*l*
五つの鬼 436*r*
一転語 **50*r***
一天四海 **50*r***
一天四海皆帰妙法 50*r*, 788*r*
一刀三礼 38*l*
一音 **51*l***
一音教 51*l*
一鉢 **51*l***, 92*l*
一筆経 **51*l***, 462*r*
一筆三礼 38*l*
一百三十六地獄 **51*l***
一百四十四地獄 51*l*
一百八遍 **51*l***
一遍 **51*r***, 51*r*, 52*l*, 116*l*, 427*r*, 527*l*, 860*l*
『一遍上人絵詞伝』 51*r*
『一遍上人絵伝』 **51*r***, 527*r*
『一遍上人語録』 **52*l***
『一遍聖絵』 51*r*, 527*r*, 811*r*
一品経 **52*l***
一品経懐紙 52*l*
一品経和歌 52*l*
五巻の日 318*l*
伊藤証信 571*r*
伊藤仁斎 817*l*
威徳 **52*l***
糸引如来 **52*r***
維那 **52*r***, 382*l*, 699*r*
稲荷 **52*r***
維那 52*r*
井上円了 **53*l***
井上哲次郎 234*l*
祈り **53*l***
位牌 **53*r***
意馬心猿 **53*r***
衣鉢 **54*l***
遺髪 **54*l***
井原西鶴 232*l*
異部加上 666*r*
衣服 **54*l***
『異部宗輪論』 **54*l***
伊弗蘭寺 719*r*
イブラーヒーム-イブン-アドハム 34*l*
惟勉 564*r*
医方明 27*r*, **54*r***, 342*r*
医方明処 54*r*
異品遍無性 63*r*
今北洪川 464*l*, 591*r*
今熊野 363*r*
今道心 **54*r***, 757*l*
新日吉門跡 974*l*
今様 **54*r***, 162*l*, 916*r*
忌 **55*l***
斎 55*l*
忌詞 **55*l***, 1005*l*
忌籠り 55*l*
忌衣 725*r*
意密 402*l*, 1024*l*
忌 267*l*
斎 267*l*
入母屋造 **55*r***, 1016*r*
異類 **55*r***
異類物 55*r*
伊呂波歌 **56*l***, 607*r*
岩峅寺 686*l*
岩座 659*r*
石清水八幡宮 826*r*, 910*l*
石淵僧正 356*r*
石淵寺 356*r*, 931*l*
石淵八講 356*r*
岩間寺 363*r*
印 58*r*
因 63*l*, 64*l*, 94*l*, 874*l*, 901*r*
院 21*r*, 408*l*
因位 63*l*
隠逸 62*r*
印可 **56*l***
因果 **56*r***
因果応報 **57*l***, 110*r*, 294*l*, 475*l*, 497*r*
印可状 46*r*, 454*l*
因掲陀 1035*l*
因行 156*l*
印経院本 639*l*
院家 **57*r***
印契 **57*r***, 58*r*, 475*l*
隠元隆琦 **57*r***, 109*r*, 162*r*, 565*l*, 962*l*, 1054*r*
因業 **58*l***
院号 **58*l***
印言 59*l*
隠者 62*r*
引出仏性 374*l*
印順 657*r*
院助 64*l*, 874*l*
引声 58*r*
引接(引摂) **58*l***, 58*l*
因成仮 263*l*
引接結縁 58*l*
引接寺 626*r*, 968*l*
引接想 58*l*
引接の悲願 58*l*
印信 **58*r***, 723*r*, 887*r*
引声 **58*r***
引声阿弥陀経 58*r*
引声念仏 58*r*, 101*l*, 811*l*
因是善悪・果是無記 32*r*
印相 **58*r***, 65*l*, 475*l*
因即縁 63*l*
院尊 64*l*
インダス文明 **59*l***
因陀羅 62*l*
因達羅 486*l*
因陀羅網 **59*r***
因中有果・因中無果 **59*r***, 379*l*, 888*r*
因中有果説 59*r*
院中衣 439*l*
因中無果 **59*r***
因中無果説(論) 59*r*, 463*r*
印度 **60*l***, 737*r*
引導 **60*l***
引導接(摂)取 58*l*
インド教 **60*r***, 853*r*
『印度蔵志』 **60*r***
インド哲学 **60*r***
インドの仏教美術 **60*r***
インド仏教 **61*l***
『インド仏教史』 688*r*, 722*l*
『インド仏教史序説』 851*l*
インド文学 **61*r***
インドラ **62*l***, 662*r*, 1040*l*
隠遁 **62*r***, 772*l*
因位・果位 **63*l***
因縁 **63*l***, 411*r*, 487*l*, 1067*l*
因縁観 333*l*
因縁生 63*l*
因縁日 100*r*
因縁分 558*r*
因縁和合 63*l*
因の三相 **63*r***, 852*l*, 1078*r*
院派 **63*r***, 874*l*
印仏 **64*l***
因分・果分 **64*l***
印明 58*r*
因明 **64*l***, 342*r*, 1078*l*
『因明正理門論』 64*r*, 65*l*,

ウ

有 **66l**, 75r, 299r, 301r, 374l, 410l, 485l
有愛 65r, **66l**
ヴァイシェーシカ 59r, **66l**, 1076r
『ヴァイシェーシカ-スートラ』 66r
ヴァイシヤ **67l**, 327r, 432l, 894l
ヴァイシャーカ 458r
ヴァイシャーリー **67l**, 276l, 597r
ヴァイデーヒー 9l, 34r, **67l**
ヴァイローチャナ 674r, 852r
ヴァジュラ 349l
ヴァジラボーディ **67l**, 351r
ヴァスバンドゥ **67l**, 108l, 250r, 481r, 520l, 549r, 601r, 666l, 875l, 1019r, 1020l, 1020r, 1024r
ヴァスミトラ **67l**, 157l, 414l, 603l, 1078l
ヴァーチュ 1040l
ヴァッツァ 492l
ヴァーツヤーヤナ 159l
ヴァーユ 1040l
ヴァーラーナシー **67r**, 459l, 832l, 876l
ヴァラーハミヒラ 621r
ヴァルダマーナ 457r, 784r
ヴァルナ 588l, 1040l
ヴァールミーキ 1038l
雨安居 21r, **67r**, 459r, 629l
ヴァンサ 492l
有為 **67r**, 206r, 554l, 980r
有為・無為 70l
ヴィクラマシラー寺 67r
ヴィクラマシーラ寺 **67r**
ウイグル **67r**
ヴィシュヌ **68l**, 348r, 464r, 820r, 854l, 1061r
ヴィシュヌ派 68l
『ヴィシュヌ-プラーナ』 889l
有為転変 67r
ヴィドゥーダバ **68l**
有為の四顚倒 446r
宇井伯寿 **68l**, 359l
ヴィハーラ **68r**, 162r, 408l, 524r, 640l
ヴィハーラ窟 605l
有為法 67r, 902l, 926l
有為法の四相 434r, 525r
ヴィマラキールティ **68r**, 1021r
ヴィムクティセーナ 283l, 834l
ヴィルーダカ **68r**, 821r, 1058l
ウェーサーカ 458r
ウェーサク祭 **68r**, 459r
ヴェーダ **68r**, 1039r
吠陀(吠咜) 68r
ヴェーダ語 390r
『ヴェーダの宗教』 117r
『ヴェーダーンガジョーティシャ』 621r
ヴェーダーンタ **69l**, 937r, 1076r
迂回道 418l
有縁・無縁 **69r**
有縁の衆生 69r
有縁の日 100r
有学・無学 **69r**, 139l, 422l
有学位 19r
有学地 139l
有願・無願 70l
浮世 **69r**
憂き世 70l, 989l
有教 71r, 384l
浮世比丘尼 73l
有垢 984r
有垢真如 984r
有形象知識説(論) 507l, 706r, 803r, 1019r, 1024r
有形象唯識説 415r
受座 659r, 1062r
受花(請花) 642l
有見・無見 **70l**
有顕・無顕 70l
有見有対色 143l
有作 **70l**, 986l
有財釈 1040l
宇佐八幡(宮) 751r, 826l
有時 **70l**
『うしかひぐさ』 478l
氏神 71l
有識 944l
『宇治拾遺物語』 **70r**
有自性 987l
烏瑟膩沙 **71l**, 791l
氏寺 **71l**, 923r
有時の而今 70r
牛仏 **71l**
有宗 **71r**
有情 **71r**, 370l, 502l
有情界 502l
有情世間 198r, 387r, 433l, 441r, 601r
有所得 **71r**
後戸 774r
有心 **71r**, 165r
有尋有伺 569r
有身見 **72l**, 280r, 898r
烏枢沙摩明王 **72l**, 337l
太秦寺 315r
右旋 74l
有相・無相 **72r**
有相教 72r
有相の本尊 944r
有象無象 72r
有相唯識(説) 72r, 415r, 579l, 1019r, 1024r
有待 **72r**
右大寺 363r
歌祭文 368l
歌説経 604r
宇多天皇(宇多法皇) 344r, 804r, 904l, 1014r, 1016l
優陀那 487l
歌念仏 **72r**
歌比丘尼 **73l**
ウダヤナ **73r**, 74l, 579r, 795r
有智・無智 **73r**
内位牌 53r
『打聞集』 **73r**, 353r
内刳 41r
打出仏 115l
有頂 73r
有頂天 **73r**
団扇太鼓 **73r**
ウッジェーニー 834l
ウッダーラカ-アールニ 937l, 1058r
鬱多羅僧 396r, 397l, 439l, 914r, 1074l
ウッタラ-タントラ 694l
鬱単越 437r
『宇津保物語』 893l, 1005r
優塡王 **74l**
優塡王釈迦像 461r
ウドラカ-ラーマプトラ 458r
有貪 773l

エ

閻浮提　**102*l***, 437*r*
閻浮檀金　**102*l***
円仏　**102*l***
閻浮那檀　102*l*
『延宝伝灯録』　265*r*
焔魔　102*r*
閻魔　6*r*, **102*r***, 422*r*, 951*l*, 958*r*
閻魔王　102*r*
炎摩天　1074*r*
焔摩天　486*r*, 734*l*, 1074*r*
閻魔天供　103*l*, 998*l*
閻魔天曼荼羅　**103*l***
閻魔堂　477*l*
閻魔羅　102*r*
円満　**103*l***
閻曼徳迦　653*r*
円密一致　**103*l***, 283*r*
円明　**103*r***
円明具徳宗　103*r*, 319*r*
延命地蔵　**103*r***, 103*r*, 104*l*, 436*l*
延命地蔵経　103*r*, **103*r***, 435*l*
延命法　**103*r***, 201*l*
円融　**104*l***
円融三諦　104*l*, 204*r*, 377*r*, 394*l*
円融相摂門　222*l*
円融房　392*l*
円融無礙　104*l*
円融門　222*l*
閻羅　102*r*, **104*l***
閻羅王　476*r*
厭離　123*l*
厭離穢土　**104*l***
円理随縁　**104*l***
延暦寺　**104*l***, 130*r*, 402*r*, 741*l*, 782*r*, 840*l*
延暦寺法華会　927*r*
『延暦僧録』　307*l*, 437*r*
『宛陵録』　739*r*
縁慮心　325*l*

オ

笈　105*l*
御家流　552*r*
笈摺　**105*l***
黄衣　300*r*
王円籙　771*l*
黄巻赤軸　**105*l***
奥義　**105*l***
王羲之　558*l*
奥義書　105*l*
応供　19*r*, **105*l***, 479*r*, 800*r*
央掘摩羅　**105*r***
応化　**105*r***, 268*l*
往詣　**105*r***
応化身　105*r*, 268*l*, 272*r*, 348*r*, 390*l*
応化仏　278*l*
応化利生　105*r*
応現　105*r*, **105*r***, 268*l*, 348*r*
往還　**105*r***
往還衣　106*l*
王玄策　132*l*
『往五天竺国伝』　**106*l***
王三昧　**106*l***
黄紙　111*l*
横死　**106*l***
黄紙朱軸　105*l*
王舎城　**106*l***, 276*l*, 597*r*, 953*r*, 1051*l*
王舎城の悲劇　187*l*
応頌　203*l*, 487*l*
横出　787*l*
往生　**106*r***, 176*l*
往生講　811*r*
『往生講式』　82*l*, **107*l***, 303*r*
『往生西方浄土瑞応刪伝』　107*l*
『往生拾因』　82*l*, **107*l***
往生即成仏　544*l*
往生伝　**107*l***, 793*l*
『往生要集』　**107*r***, 123*l*, 289*l*, 348*l*, 423*l*, 893*l*, 1072*r*
『往生礼讃』　108*l*
『往生礼讃偈』　**108*l***, 431*r*, 624*r*, 1033*r*, 1068*l*
『往生論』　**108*l***, 108*r*, 338*r*, 602*l*
『往生論註』　**108*r***, 108*r*, 483*l*, 773*r*
応身　105*r*, **108*r***, 268*l*, 272*r*, 289*l*, 348*r*, 390*l*, 875*r*, 879*r*
応身仏　390*l*
王随　265*r*
往相・還相　87*l*, 106*l*, **108*r***, 108*r*, 211*l*
往相廻向　87*l*, 106*l*, 108*r*
横超・竪超　**109*l***, 787*l*
王重陽　751*r*
黄椿紙　111*l*
応・灯・関　490*l*, 1054*r*
黄檗希運　60*l*, **109*l***, 739*r*, 1053*r*
黄檗山　**109*l***
『黄檗山断際禅師伝心法要』　739*r*
黄檗三筆　162*r*
黄檗宗　58*l*, **109*r***, 962*l*, 1054*r*
『黄檗清規』　565*l*
黄檗版(大蔵経)　**109*r***, 188*r*, 670*r*, 731*l*, 731*r*, 962*l*
黄檗様　231*r*, 681*l*, 962*l*
横病　106*l*
横病横死　106*l*
応病与薬　**109*r***
王浮　882*l*, 1064*r*
応仏　278*l*, 390*l*
欧米の仏教　**109*r***
応報　**110*r***
王法・仏法　**110*r***, 882*r*
王法為本　111*l*, **111*l***
王法仏法相依論　111*l*
王本願　**111*l***
黄麻紙　**111*l***
淡海三船　174*l*, 532*r*, 759*l*
応無所住而生其心　**111*r***
黄門　**111*r***
欧陽修　508*l*
往来　**111*r***
往来の利益　112*l*
往来八千返　111*r*
往来物　**112*l***
黄竜慧南　323*r*, 1054*l*
応量器　397*l*, 731*r*, 826*r*
黄竜派　323*r*, 1054*l*
誑惑　**112*l***
応和の宗論　50*l*, **112*l***, 332*r*, 493*l*, 981*l*, 1051*l*
御会式　88*r*, **112*r***, 120*l*, 810*l*
大工　656*l*
大江親通　310*l*
大江匡房　175*l*, 893*r*, 944*r*
大鐘　943*l*
大国主命　440*l*
大袈裟　**112*r***
大須観音　581*l*
大須本　581*l*
大谷光瑞　112*r*, 771*r*
大谷探検隊　**112*r***, 771*l*, 771*r*
大祓　832*l*
大原寺　392*l*
大原談義　112*r*
大原問答　**112*r***, 493*l*, 914*l*
大原来迎院　225*r*
大原流(魚山)声明　392*l*, 547*l*
大服　**113*l***
大峰山　**113*l***, 376*r*
大村西崖　675*l*
大山　**113*l***
大山詣で　113*l*
大湯屋　1030*r*
おかげ　**113*l***

おかげ参り 113r
岡寺 113r, 363r
不拝秘事 842r
御髪剃 113r
岡本寺 927l
置灯籠 764l
翁猿楽 812r
『翁の文』 768r
荻原雲来 114l
億劫 115r
抑止 114l
憶持 114l
憶持識 114l
抑止門 114l, 606r
沃焦 114l
沃焦海 114r
憶念 114r
奥院 114r
御蔵秘事 842r
御蔵法門 842r
諡 422l
御髪剃 113r
送り火 114r, 156l
悪作 115l
大仏朝直 312r, 1052r
御師 115l, 258l
押出仏 115l
御七夜 904r
御十夜 491l
和尚 115r, 598l, 1081r
御正体 963r
御祖師様 646r
恐山 115r
於諦 788l
織田信長 11r, 31r, 44r, 104r
御陀仏 115r
億劫 115r, 116r, 297r
越三昧耶 402l
おつとめ 347r
御通夜 727l
乙護法 341r
踊念仏 51r, 116l, 243r, 811r
鬼 116l
鬼瓦 166r
追儺 117l
鬼やらい 724r
小野玄妙 1011r
小野僧正 802r
小野妹子 539l
小野流 58r, 117l, 544r, 658r, 802r, 1016l
御仏名 117l, 883l
御文 27l, 117l, 1063l
お盆 76r
お前立ち 131r

御水取 117l, 506r
オーム 117l, 118r
オーム・マニ・ペーメエ・フーム 121r, 184r
御室御所 804r
御命講 88r
『遠羅天釜』 117l, 819l
オルデンブルグ 771l, 771r
オルデンベルク 117l
お礼参り 113r
怨 117r
恩 117r
俺 118r, 121l
園 407r
恩愛 118l, 118r
恩愛河 118r
恩愛獄 118r
陰界根 121l
陰界入 121l
音楽と仏教 118r
遠忌 120l, 810l
音義 120l
隠形(隠行) 120l, 120l
隠形法 120l
隠形薬 120l
飲光 120l, 410r
飲光部 887l
陰持入経 23l
飲酒 4r, 120l
飲酒戒 120l
園城寺 99r, 120r, 363r, 402r, 457l, 741l
怨親平等 121l
陰蔵 122l
怨憎会苦 121l, 420l, 553l
陰蔵相 122l, 386l
唵蘇婆訶 121l
恩徳 156l, 396l
陰入界 121l
陰陽道 122r
隠覆蔵 801l
隠坊(御坊) 121r, 121l
御坊聖 121r
陰魔 455l
唵麼抳鉢訥銘吽 121r, 184r
隠審 122l
隠密法華 388l
陰陽道 122r
陰馬蔵 122l
陰馬蔵相 386r
陰妄 122l
陰妄の一念 122l
陰陽道 122r
厭離 123l
厭離穢土 91l, 123l, 348l

怨霊 29r, 117r, 123r, 345l, 560l
遠離楽 344l

カ

果 124l, 159l
我 124l, 550r, 802r, 889l, 937l, 1069l
加威 157r
戒 124r, 133r, 341l, 482r, 493r, 495l, 664l
果位 63l, 63l, 124r
界 124r, 489r
蓋 124r, 317r
戒行 126l
海印三昧 125l, 401r
海印寺 125l, 315l
海印寺版大蔵経 125l
芥隠承琥 1046l
開会 38r, 125l, 464l, 609l
懐英 314l
海外布教 125r, 788r
戒学 376l
回忌 810l
開基 125r, 128l
戒急 126l
戒急乗緩 126l
回教 33r
戒経 132r, 1044l
契経 205r, 487l
開経・結経 126l
戒行 126l
開経偈 126l
開教使(開教師) 110l, 126l, 126l
界外 124r, 447r
快慶 18r, 126l, 540r
戒賢 126r, 288l, 341r
開眼 126r
開眼 127l
開元観 127l
開眼供養 127l
開元寺 127l
開元寺本 639r
『開元釈教録』 127r, 188l, 639l, 1011r
開元大衍暦 36l
『開元録』 127r
戒香薫習 495l
廻国(回国) 127r, 127r, 1069r
廻国巡礼 127r
回紇 68l
開権顕実 126r, 127r, 132l, 609l

開近顕遠 127*l*, **128*l***
戒禁取 **128*l***, 281*l*, 898*r*
戒禁取見 128*l*
開山 125*r*, **128*l***
開山忌 128*l*
開三顕一 38*r*, 126*r*, 127*r*, **128*l***, 609*l*
開山堂 128*l*, 219*r*
戒師 **128*r***
開士 **128*r***
開示 **128*r***
戒師行者 126*l*
開示悟入 128*r*, 698*r*
開遮 **129*l***
開迹顕本 126*r*, **129*l***
『改邪鈔』 27*l*, 141*l*, 842*r*
戒取 128*l*
海住山寺 **129*l***, 518*r*
戒場 130*r*
戒定慧 **129*l***
会昌の廃仏 399*l*, 792*l*
回心 89*r*, **129*l***
開制 129*l*
開祖 128*l*, **129*l***
懐素 1043*l*
開麁顕妙 609*l*, 650*r*
戒体 **129*r***
開題 **129*r***
開題供養 129*r*
戒台寺 **129*r***
戒壇 **130*l***, 130*r*, 665*l*
戒壇院 **130*r***, 178*r*, 179*r*
『戒壇図経』 163*l*, 408*r*, 757*l*
戒壇石 **130*r***
戒壇廻り **131*l***
戒牒 **131*l***, 248*l*, 768*l*
開帳 **131*r***, 730*r*
海潮音 **131*r***
『海潮音』 131*r*, 657*l*
開導依 26*r*
『海道記』 712*r*
『海東高僧伝』 **131*r***, 307*l*
懐徳堂 768*r*
界内 124*r*, 447*r*
戒日王 **131*r***
戒如 1043*r*
開廃会 **132*l***
開扉 131*r*
開白 852*l*
開敷華王 340*r*, 453*r*, 670*l*
界分別観 333*l*
外遍充論 507*l*
街坊 271*r*
回峰行 **132*l***
街坊化主 271*r*
開発 **132*l***
開発金剛宝蔵位 132*r*
戒本 **132*r***, 359*r*, 453*r*, 832*l*, 1044*l*
戒名 58*l*, **132*r***, 916*l*
『開目抄』 **133*l***, 789*r*
廻遊式庭園 729*l*
快楽主義 1021*l*
カイラーサ山 13*r*, **133*l***, 376*l*
カイラーサナータ寺 94*l*
戒律 **133*r***, 134*l*, 664*r*
戒律復興 **134*l***, 702*r*
海竜王寺 **134*r***
回廊 **135*l***
戒臈 1064*l*
戒臘 **135*r***, 919*r*
戒和上 128*r*, 253*r*, 384*r*, 494*l*
戒和尚 115*r*
カーヴィヤ 875*l*
カウティリヤ **135*r***
『カウティリーヤ-アルタシャーストラ』 135*r*
『カウティリヤ実利論』 135*r*
ガウリー 464*r*
反花 659*r*, 1062*r*
帰り来迎図 1033*r*
花苑院 409*l*
鵞王 **135*r***
果海 **136*l***
火界三昧 146*r*
火界定 472*l*
我我所 **136*l***
呵呵大笑 **136*l***
鏡女王 309*r*
餓鬼 116*l*, **136*l***, 191*r*, 199*l*, 599*r*, 1072*l*
『餓鬼草紙』 136*r*, **136*r***
餓鬼道 136*r*
カギュー派 **136*r***, 164*r*, 654*l*, 778*l*, 976*l*
火坑(火阬) **137*l***, 137*l*
臥形 877*r*
覚 **137*l***, 370*r*, 569*r*, 665*r*, 994*l*
槨 167*l*
覚晏 89*l*, 675*l*, 690*l*
廓庵師遠 477*r*
覚意 547*r*, 924*l*
我空法有 **137*r***
我空法空 138*l*
覚運 90*l*, **138*l***, 741*l*
鰐淵寺 **138*l***
覚音 879*l*
各各為人悉檀 426*l*
格義 **138*r***
格義仏教 138*r*
覚行 344*r*, 911*r*
覚行窮満 867*l*
覚訓 131*r*, 307*l*
学解 **138*r***
覚悟 **138*r***, 370*r*
覚山尼(覚山志道尼) 97*l*, 752*l*
覚支 **139*l***
学地 **139*l***
隠し念仏 **139*l***
覚者 **139*r***, 459*l*, 867*l*, 878*r*
学者 **139*r***
覚樹 923*r*
覚助 874*l*
学処 339*r*, 347*l*, 441*l*, 633*l*
郭象 587*l*
覚性 **139*r***, 874*l*
覚盛 134*r*, **140*l***, 494*l*, 756*r*, 1043*r*
学生 **140*l***
学匠 140*l*
学生期 940*l*
『学処集成』 474*l*
覚信尼 **140*r***, 541*r*, 939*l*
覚心不生住心 482*r*
客塵煩悩 204*l*
客司 412*l*
覚禅 140*r*
『覚禅抄』 **140*r***, 592*l*
覚他 867*l*
覚忠 185*l*, 363*l*
覚天 1078*l*
学頭 **140*r***
学道 **140*r***, 141*l*, 749*l*
『学道用心集』 **141*l***, 753*l*
我功徳力 403*r*
覚如 **141*l***, 254*l*, 364*l*, 541*r*, 904*l*, 919*r*, 939*l*
学人 **141*l***
廓然無聖 **141*l***
覚鑁 **141*r***, 345*r*, 565*l*, 806*r*, 967*l*
覚分 139*l*
覚法 344*r*
学法灌頂 176*r*
楽門 135*l*
学問僧 282*l*, 1057*r*
覚猷 **141*r***
学侶 140*l*, **142*l***
学寮 142*l*
学侶方 **142*l***, 314*l*
鶴林 **142*l***, 373*l*, 727*r*
学林 **142*l***
鶴林寺 **142*l***

『秘巻』 498r
華鯨 943l
駆込寺 97l, **142r**, 752l
火血刀 **142r**, 390r
懸仏 **142r**, 963r
我見 136l, **142r**, 802r
可見有対色 **143l**
華原磬 **143l**
過・現・未 391l
過・未・現 391l
加護 **143r**, 157r
火坑 137l
嘉号 421r
火光三昧 146r
火光定 472l
火光尊 155l
過去現在因果経 85l, **143r**
『過去現在因果経』 85l
過去七仏 **143r**, 440l
過去世 621l
過去帳 **144l**, 198r
過去仏 **144l**, 879l
葛西念仏 **144l**
笠置寺 **144r**
傘後光 309l
笠原研寿 234l
峨山韶碩 634l
峨山韶碩 264r, 634l, 638l
カーシー 832r
迦尸 832r
加持 **144r**, 150r, 157r, 200r
梶井宮門跡 392l
加持祈祷 144r, 150r, 200r
加持香水 467l
加持成仏 644r
加持身 **145l**, 587r, 941l, 941r
加持即身成仏 292l
加島法難 11r
迦湿弥羅 145l, 181l
カシミール **145l**, 181r
火車 845l
呵責(呵嘖, 訶責) **145r**, 145r
掛錫 **145r**, 463r, 511l
火舎香炉 316l
我執 **145r**, 160l
勧修寺 **146l**
勧修寺流 146l
カシュガル **146l**
我所 **146r**
和尚 146r, 1082l
迦葉 **146r**, 377l, 952r
華鐘 943l
火定 **146r**
加上 505l
火生三昧 146r

嘉祥寺 199r
加上説 **146r**, 768r
嘉祥大師 199r
何承天 507r, 583r
迦葉仏 143r
迦葉摩騰 421l, 428l, 820l
我所見 136l, 142r
我所執 146l
火神 1055r
掛真 723r
掛子 162l
火塗(火途) **142r**, 301l, 390r
春日形厨子 591l
春日権現 147r, 349l
『春日権現験記絵』 **147l**, 310r
春日四所明神 147r
春日社 310l
春日浄土曼荼羅 147r
春日神社 147l, 147r
春日版 **147l**
春日曼荼羅 **147l**
春日明神 **147r**, 723l
カースト 147r, 432l, 854l
火頭菩薩 72l
霞 694r
果頭無人 **148l**
観世自在 180l
跨節 **148l**, 761r
鹿杖 **148l**
風神祭 855l
火仙 155l
迦旃延 **148r**, 484r
火葬 30l, **148l**, 631l, 636l, 686r, 755r
我想(我相) **149l**, 149l
華叟宗曇 43r
火葬法 636l
掛搭 145r
伽陀 **149r**, 487l
ガーター 149r
『嘉泰普灯録』 338r
『カターヴァットゥ』 **149r**
迦多衍尼子 603l
火宅 **150l**, 676r, 1075l
荷沢寺 150l, 580r
荷沢宗 **150l**, 614r, 716r
荷沢神会 580r
刀加持 **150r**
我他彼此 **150r**
カダム派 **150r**, 280l
果断 **151l**
科段 161r
勝尾寺 151r
迦絺那衣 255l
月輪 151l

月輪観 **151l**
喝 **151l**
渇愛 1l, 65r, **151r**, 437l, 458l, 681r, 945r
月愛三昧 **151r**
月愛珠 152l
勝尾寺 **151r**, 151r, 363r
学階 **152l**
月忌 **152l**
月忌参り 152l
『楽毅論』 530l
活句 **152l**
活計 **152r**
渇仰 **152r**
月光 **152r**, 791l
月光遍照 791l
月光摩尼 **152r**
甲刹 **152r**
月山 **153l**, 383r, 733l
喝食 **153l**
喝食行者 153l
活地獄 **153l**
合釈 **153l**
月浄 791l
合掌 **153l**
月精摩尼 152r
活人剣 154l
月水 **153r**
割截衣 **153r**, 271r
豁然 154l
月天 **153r**, 486r, 791l
葛藤 **153r**
活人剣 **154l**
豁然 **154l**
豁然貫通 154l
豁然大悟 154l
活潑潑地(活撥撥地, 活鱍鱍地) **154l**, 154l
活仏 **154l**
羯磨 **154r**
羯磨金剛 154r
羯磨杵 154r
羯磨部 398r
羯磨曼荼羅 430l, 1049r
羯磨輪 154r
活命 **155l**
葛城山 101r, **155l**
勝論 66l, **155l**
カーティヤーヤナ 148r, **155l**
火天 **155l**, 486r, 1040l
過度 **155r**
裏頭 **155r**
華道 **155r**
裹頭衆 155r
果徳 **156l**

		カンクウ
門説経 604r	紙衣 161l	川灌頂 775l
門談義 604r	上醍醐寺 363r	河口慧海 **165r**
葛野寺 315r	髪長 **161l**	川崎大師 **165r**
門火 **156l**	過未無体 **161l**, **285l**	川施餓鬼 **165r**
『仮名源氏表白』 52l	ガムポパ 136r, 654l, 976l	川流 741l
金沢文庫 157l	禿居士 159l	蝙蝠 707l
金縛法 **156l**	鴨長明 910r, 932r, 989l	瓦 **166l**
カナーダ 66r	科文 **161l**, 890l	瓦経 **166r**
仮名法語 **156r**, 907l	ガヤー 161r	川原寺(河原寺) **167l**, 167r
迦膩色迦 **156r**	伽耶 **161r**	瓦葺 166r
カニシカ王 **156l**, 181r, 250l, 276l	ガヤー・カーシャパ 161r	棺 **167l**
	伽耶迦葉 **161r**, 377l	観 137l, **167l**, 169r, 171r, 186r, 413r, 569r
蟹満寺 157l	歌謡 54r, **161r**	願 **167l**
迦諾迦伐蹉 1035l	荷葉座 659r	龕 **167r**, 181l
迦諾迦跋釐堕闍 1035l	掛絡 **162l**	観阿弥 813l, 1028l
鐘 **157l**	迦羅奢 914r	監院 179l, 699l
鐘供養 **157l**	烏天狗 736l	雁宇(鴈宇) 182r
鉦講 811r	唐破風 1016r	寛永寺 **167r**, 735l
金子大栄 27l	からむしょ 1053l	寛永寺版 670r, 736l
金沢文庫 **157l**, 548l	唐門 1007l	顔延之 507r
ガネーシャ 169l	唐様 **162r**, 619r	雁王 135r
金叩き 549r	伽藍 **162r**, 407r, 630l	ガンガー 173l
珂然 307l	伽藍縁起幷流記資財帳 424r	勧学 **168l**
果縛 151l	伽藍神 **164l**, 723l	勧学院 **168l**
果縛断 151l	迦蘭陀竹園 698l	勧学会 **168r**, 212r
瓦鉢 826r	迦蘭陀竹林精舎 698l	願懸け 167r
加被 143r, 144r, **157r**	伽藍堂 767l	歓喜 **168r**, 562l
峨眉山 **157r**, 376r, 512l, 597r	伽藍配置 11l, 163r, 291r, 447l, 917r, 1012r	歓喜院 169l
画餅 **157r**		歓喜会 76r
カピラヴァスツ **158l**, 308l, 458l	カーリー 464r	歓喜丸 169l
	迦理 1035l	歓喜自在天 **168r**
迦毘羅衛 **158l**, **158l**	千葉駄 **164l**	歓喜団 169l
カピラ(仙) **158l**, 308l, 379l	カーリダーサ 62l, 875l	歓喜天 **168r**
カビール 34l	訶梨帝 195l	カンギュル 671l, 701r
歌舞 **158l**	訶梨帝母 **164l**	閑居 **169l**, 284r
歌舞観聴戒 158l	訶梨跋摩 **164l**, 523r, 524l, 833r	貫経 205r
禿居士 **159l**		寒行 **169l**
果分 64l, 64l, **159l**	迦陵頻 164l	諫暁 **169l**
果分可説 567r	迦陵頻伽 **164l**	観行 **169l**
果分不可説 567r	訶梨勒 **164r**	観経 187l, 539r
画餅 157r	ガルダ 165l	元暁 **169r**, 269l, 720l
果報 32r, **159l**, 294l	カルパ・スートラ 636l	願行 167r
カーマ **159l**, 689l, 957l	カルマ・ドゥースム・キェンパ 164r	感興偈 487l
鎌倉五山 **159l**, 326r		元慶寺 899l
鎌倉新仏教 159r	カルマ派 137l, **164r**	『観経四帖疏』 187l
鎌倉大仏 **159r**	迦楼羅 **165l**	観行即 1071l
鎌倉仏教 **159r**	迦楼羅焔光 309l	観経変(相) 542r
カーマ・シャーストラ 159l	火鈴 585r	観経曼荼羅 542r
『カーマ・スートラ』 159l	枯木堂 637r	『閑居友』 **170l**
框座 659r, 1062r	枯山水 729l	看経 **170l**
カマラシーラ **160l**, 372r, 473r, 501l, 702r, 706l	花郎 **165l**, 977r	『閑吟集』 **170l**
	嘉禄の法難 914r	看経銭 170l
我慢 **160l**	カローシュティー文字 391l, 1008r	看経堂 170l
神 48r, **160l**		寛空 1016l
神歌 917l	歌論 165l	

寒苦鳥　**170*l***
貫華　380*l*
勧化　**170*r***, 610*l*
ガンゲーシャ　579*l*
勧化所　170*r*
勧化帳　170*r*
『菅家文草』　174*r*, 892*r*
桓玄　471*r*, 507*r*
観賢　208*l*, 658*r*, 1016*l*
管絃講(管弦講)　119*r*, **170*r***, 170*r*
元興寺　11*l*, **170*r***
『元興寺伽藍縁起幷流記資財帳』　171*l*, 426*r*
元興寺極楽坊　171*l*
『漢光類聚』　938*l*
『漢語灯録』　261*r*
寒垢離　169*l*
観察　**171*r***, 516*r*, 527*l*
観察門　338*r*
願作仏心　**171*r***
漢讃　373*r*, 1081*r*
寒山・拾得　**171*r***, 172*l*
元三会　172*r*
関山慧玄　490*l*, 973*l*, 1054*r*
『寒山詩』　171*r*, **172*l***
寒山寺　**172*l***
関三刹　84*l*, 638*r*
元三大師　**172*l***, 726*l*, 1051*l*
韓山童　849*r*
官寺　**172*r***
含識　71*r*
乾屎橛　**173*l***
観自在　180*l*, 670*l*
観自在菩薩　**173*l***
ガンジス河　**173*l***, 301*r*
乾漆像　**173*r***
漢詩文と仏教　**174*l***
巻数　**175*r***
貫主(貫首，管主)　**175*r***, 175*r*
願主　**176*l***
勧修寺　146*l*
『咸淳清規』　564*r*, 848*r*
寛助　**176*l***
願所　**176*l***
元初　**176*l***
喚鐘　**176*r***, 943*l*
勧請　**176*r***
灌頂　**176*r***, 745*l*
灌頂(章安)　46*r*, 100*r*, **177*l***, 740*lr*, 928*r*, 952*r*
願生　167*l*
勧請開山　128*l*
『灌頂記』　177*l*
願成寺　**177*l***
願成就　167*l*
願成就院　78*l*
灌頂壇　690*r*
『灌頂暦名』　177*l*, 566*r*
『観所縁論』　579*l*
甘蔗王　**177*r***
元初の一念　176*l*
元初の無明　176*l*
勧進　**177*r***, 179*l*
寛信　146*l*
観心　171*r*, **177*r***, 183*r*, 186*r*, 209*r*, 428*l*
願心　167*l*
鑑真　**178*l***, 454*l*, 756*l*, 757*r*, 758*l*, 759*l*, 1043*r*
『感身学正記』　83*r*, 365*r*
『観心覚夢鈔』　**178*r***
観心寺　**178*r***
勧進所　177*r*
勧進帳　177*r*, **179*l***
観心念仏　178*l*
勧進比丘尼　73*l*, 177*r*
勧進聖　177*r*, 179*l*, 314*l*
観心法門　178*l*
『観心本尊抄』　41*l*, **179*l***, 324*r*, 789*r*
勧進元　177*r*
観心門　178*l*, 215*r*
監寺　**179*r***, 699*r*
巻数　175*r*
眼睛(眼精)　**179*r***, 179*r*
観世音寺　130*lr*, **179*r***, 375*l*
観世音菩薩　**180*l***, 184*l*, 348*r*, 385*r*, 611*r*, 866*l*
観世音菩薩普門品　184*l*, 974*r*
官僧　**181*l***, 767*r*
観想　171*r*, **181*l***, 183*r*, 494*r*
龕像　**181*l***
観想念仏　181*l*
観像念仏　181*l*
観想曼荼羅　960*r*
官大寺　172*r*
カンダスターナ　560*r*
願立て　167*r*
ガンダーラ　60*r*, **181*r***, 461*l*, 492*l*, 876*r*
ガンダルヴァ　291*l*
ガンダルヴァの都　291*l*
観智院　208*r*
寛朝　547*r*, 572*l*, 1016*l*
管長　**182*l***
ガーンディー　**182*l***, 817*r*, 856*l*, 864*r*
ガンデン大僧院　280*l*, 688*r*, 725*r*
雁塔　**182*r***
関東十八檀林　488*r*
官度僧　181*l*, 767*r*
看話禅　**182*r***, 300*r*, 654*r*, 980*l*, 1084*r*
堪忍　**183*l***, 805*l*
願人坊主　**183*l***
観念　181*l*, **183*r***, 183*r*
観念念仏　181*l*, 183*r*, 185*r*, 547*r*
寒念仏　169*l*
観念論　**183*r***
堪能　**183*r***
感応　**184*l***
観応　887*r*
観音　180*l*, **184*l***
観音院　1049*l*
観音観　492*r*
観音経　180*r*, **184*l***, 974*r*
観音供　185*l*
観音講　185*l*
観音正寺　363*r*
観音信仰　180*r*, 184*r*, **184*r***, 866*l*
観音懺法　185*l*
観音菩薩　180*l*
願波羅蜜　1073*r*
看病禅師　**185*l***
看病の僧　185*r*
看病福田　858*r*
寛平法皇　1016*l*
観普賢経　**185*r***
観普賢菩薩行法経　185*r*
観不思議境　**185*r***, 483*r*
観仏　171*r*, **185*r***
灌仏会　**186*l***, 307*r*
観仏経　186*l*
観仏三昧　185*r*, 811*l*
観仏三昧海経　**186*l***, 811*l*
観仏三昧経　186*l*
勘弁　**186*l***
観法　**186*r***, 492*r*
元品の無明　**186*r***, 994*l*
寒参り　169*l*, **187*l***
観無量寿経　**187*l***, 537*l*, 539*r*
『観無量寿経疏』　**187*l***, 624*r*, 679*l*, 784*l*, 914*l*, 972*l*
眼目　**187*r***
棺文　167*l*
願文　**187*r***, 926*r*
漢訳大蔵経　**188*l***, 670*r*
韓愈　508*l*
願力　167*l*, **188*r***
願力廻向　189*l*
願力不思議　189*l*

寒林 **189***l*
含霊 71*r*
甘露 **189***l*, 860*l*
甘露王 **189***l*
甘露戒壇 665*l*
観勒 855*r*, 916*l*
甘露軍荼利 262*r*
甘露城 **189***l*
甘露門 **189***l*

キ

気 **189***r*
鬼 116*l*, 191*r*, 197*l*, 201*l*
基 **189***r*, 217*l*, 240*l*, 384*l*, 550*l*, 661*l*, 669*l*, 928*l*, 933*l*
喜 139*l*, 195*r*, 452*r*, 456*r*
機 190*r*, 192*l*, 202*l*
疑 **190***l*, 359*l*, 946*l*
忌明け 55*l*
虚庵懐敞 82*l*, 743*l*
祈雨 15*r*
希運 109*l*
帰依 **190***l*
機縁 **190***l*
義淵 113*r*, **190***r*
義演 84*l*
祇王寺 **190***r*
闋音 180*l*
祇園会 **191***l*, 345*l*
祇園感神院 191*l*
祇園御霊会 191*l*, 345*l*
祇園社 191*l*
祇園精舎 **191***l*, 458*l*, 503*r*
棄恩入無為 118*r*, **191***r*
祇園祭 191*l*
鬼界 **191***r*
疑蓋 125*l*, 190*l*
「寄海東書」 196*r*, 912*l*
伎楽 119*l*, 158*r*, **191***r*
機感 **192***l*
機関 **192***l*
祈願 **192***l*
機関禅 192*l*
窺基 189*r*, **192***l*
機宜 **192***l*
儀軌 **192***l*
記紀と仏教 **192***r*
帰敬 **193***l*
起行 **193***l*, 565*r*
偽経(疑経) **193***l*, 193*l*
帰敬偈 193*l*
帰敬式 113*r*, 193*l*
帰敬序 193*l*
機教相応 416*l*
帰敬文 193*l*
喫棄羅 463*r*
疑曜 190*l*
鬼窟裏の活計 152*r*
記家 **193***r*
疑悔 190*l*
『義経記』 712*l*
季瓊真蘂 65*r*
伎芸天 **193***r*
忌月 201*r*
疑結 190*l*
希玄 752*r*
帰元 195*r*
起顕竟 **194***l*
喜見城 **194***l*
綺語 4*r*, **194***l*
徽号 422*l*
擬講 **194***l*
機根 **194***l*, 347*l*
跪坐位 877*r*
亀茲 **194***l*
鬼子母神 **195***l*
喜捨 **195***l*
帰寂 **195***r*, 426*r*
義寂(中国) 380*r*, 740*l*
義寂(朝鮮) **195***r*
菁閣崛山 **196***l*, 1051*l*
鬼趣 201*l*
祇樹給孤独園 191*r*, **196***l*
記主禅師 1052*r*
棄除 592*r*
義疏 512*r*
起請 **196***l*
義昭 793*l*, 892*r*
義寞 215*l*, 512*r*
義湘(義相) **196***l*, 196*l*, 268*r*, 269*l*, 271*l*, 720*l*, 912*l*
義浄 **196***r*, 307*l*, 673*l*, 778*r*, 912*l*
起請十二箇条 289*l*
疑城胎宮 **196***r*
軌生物解 **196***r*, 804*l*, 804*l*
起請文 196*l*, 902*l*
キジル石窟 **197***l*
帰真 195*r*
鬼神 **197***l*, 201*l*, 1059*l*
寄進 **197***l*
義真 104*r*, **197***r*
奇瑞 197*r*
犠牲 197*r*
器世界 198*l*
奇蹟(奇跡) **198***l*, 198*l*
鬼籍 198*r*
鬼籍簿 144*l*, **198***r*
器世間 **198***r*, 387*r*, 433*l*, 441*r*, 601*r*
器世間清浄 526*r*
記説 202*l*
亀泉集証 65*r*
貴霜 250*l*
帰俗 290*r*
義足経 593*l*
祇陀 191*r*, 503*r*
喜多院 **198***r*, 735*r*
北野天神 123*r*, 684*r*, 1034*l*
北政所 307*l*
北畠親房 522*r*
北枕 **198***r*, 594*l*
北室 640*r*
疑団 **199***l*
『ギーターンジャリ』 683*r*
季潭宗泐 603*r*
鬼畜 **199***l*
吉山 979*l*
吉祥 **199***l*
吉祥悔過 199*l*, 267*l*, 353*l*, 502*l*
吉祥御願 199*l*
吉祥坐 275*l*
吉祥懺悔 199*l*
吉祥天 **199***l*, 199*r*, 320*l*
吉祥天曼荼羅 199*r*
吉蔵 **199***r*, 217*l*, 405*l*, 666*l*, 928*l*
忌中 **200***l*
忌中棚 200*l*
忌中念仏 200*l*
忌中札 1005*l*
忌中屋 200*l*
義通 740*r*
乞丐 338*l*
給孤独長者 503*r*
喫茶去 **200***l*
『喫茶養生記』 82*r*, **200***l*, 370*l*, 507*l*, 703*l*
吉祥天 199*l*
義天 **200***r*, 224*l*, 720*l*
義天玄詔(承) 1048*r*
祈禱 144*r*, **200***r*
鬼道 **201***l*
起塔供養 407*r*
義堂周信 **201***l*, 240*r*, 327*l*, 713*r*
奇特 **201***l*
忌日 55*l*, **201***r*
紀長谷雄 893*l*
季御読経 **201***l*
耆婆 9*l*, **201***r*
耆婆耆婆 259*l*
軌範師 9*r*, **202***l*

吉備真備 207l	境 206l, 214l, 355r, 489r, 1076l	香厳智閑 157r
帰謬論証派 704l, 706r, 880l	僑 222r, 959l	行功 213l
帰謬論法 706r	行 206r, 299r, 301r, 316r, 485l, 554l	行劫 213l
木仏師 874l		行香 213l
黄不動 121l, 400l, 885r, 960l	軽安 139l, 206r	行業 213l
魏武の法難 399l	教育と仏教 207l	叫呼獄 209r
来振寺 337l	経石 207r	行乞 213l
記別(記莂) 202l, 202l, 257l, 487l, 1030r	行姪 208l	警策 213l
	行蘊 316l	仰山慧寂 29l, 30r, 99l, 647r
機法 202l	狂雲子 43r	脇侍 316r
機法一体 202l	『狂雲集』 43r, 207r	教時 216r
擬宝珠 909r	交会 208l	経師 213r
紀三井寺 202l, 363r	経衣 209l	行慈 354l
君名(公名, 卿名) 202r, 202r	教王護国寺 208l, 239r, 567r	澆時 210r
帰命 202r, 776r	教懐 314l	経旨歌 468r, 916r, 1079l
帰命合掌 153r	境界 209l	境識 214l
帰命尽十方無碍光如来 776r	教誨師 209l	『教時義』 214l, 568r
帰命壇 285r	教誨神変 197r	形色 214l, 415l
帰命頂礼 202r	経帷子 209l, 631r	境識倶泯 214l
『帰命本願鈔』 399l	教観 209r	『行事鈔資持記』 1043r
義無礙 456l	経巻 209l	孝子伝 304l
木村泰賢 202r, 286r	行願 209r	『教時問答』 568r
疑網 202r	叫喚地獄 209r, 825r	行者 214l
亀毛兎角 203l	教観二門 209l	教迹 214r
鬼門 203l	経軌 209r	教授阿闍梨 9r
祇夜 203l, 487l	教義 210l, 223l	経宗 214r
逆悪 203l	経木 210l	行住坐臥 214r
逆縁 203r, 510r, 510r	行基 210l, 427r, 448l, 460l, 758l	行粥 497l
逆観 203r, 485l		教授師 133r, 253r, 384r, 494l
逆化 203r	澆季 210r, 955l	経疏 214r, 512r
逆罪 203r	行儀 210r	尭恕 306r
逆修 203r	『教機時国鈔』 318r	経生 213r
逆修牌 53r	行儀分 210r	行勝 314r
逆修法名 916l	行基菩薩 922r	教信 152l, 215l
客塵煩悩 204l, 801l, 946l	経行 210r	行信 918l, 1027l
獲得 204l	行教 826r	形尽神不滅論 507r
逆峰 967l	『教行信証』 210r, 529l, 541l, 584r	匡真大師 80l
逆謗 204l		行水 215l
隔歴 204r	教行人地 38r, 211l	澆世 210r
隔歴三観 48r	行境の十仏 876l	経石 207r
隔歴三諦 104l, 377r, 394l	行苦 44r, 237r	交接 208l
逆流 204r	経供養 211l	教説 356l
逆路伽耶陀 204r	教化 82l, 162l, 211r	楽説 215r
脚下照顧 204r	教家 215r	楽説無礙 215r, 456l
伽羅 205l	教外 211r, 220r, 220r	教誨 215r
九華山 205l, 376r, 436r, 512l, 597r	行解 211r	教禅一致 150l, 215r, 490r, 613l, 614r
	行解兼修 212l	
球根処 560r	行解相応 138r, 212l	教祖 215r
救済 205l	教外別伝 33r, 212l, 220r, 613l, 810r, 890l	教相 209r, 215r, 216r, 434r
亀茲 194r		経蔵 6r, 206l, 216l, 286r, 392r, 670r, 780r
休静 205l, 632r, 720l	行玄 552l	
宮中最勝会 364l	狂言 212l, 627l, 812r	鏡像 216l, 963r
宮中最勝講 364r	狂言綺語 165l, 212r	行相 211r, 216l, 434l, 491r
キュンポ 136r	鞏県石窟 606r	行像 216r
経 205r, 216l, 256l, 487l		鏡像円融 216r

教相判釈 215r, **216r**, 319l, 329r, 384l, 769r
教相門 178l, 215r
脇尊者 **218l**
教誶 788l
経卓 218r
行タントラ 694l
境致 **218l**
境智 **218l**
鏡智 654r
経帙 **218l**
境智冥合 218l
夾紵 173r
交通 208l
経塚 **218r**, 951r
経机 **218l**
経筒 219l
敬田 219l
敬田院 407r
経典訓読 **219l**
『経典伝訳史』 1011r
経塔 **219r**
享堂 **219r**, 535l
経堂 216l
饗堂 535l
行道 **219r**
響堂山石窟 **220l**
教導職 **220l**
巧度観 377r
京都五山 **220r**, 326r
教頓機漸 **220r**
教内・教外 **220r**
経流し **220r**
行入 792r
教如 **220r**, 542l, 939r
行人 **221l**, 645l
行人方 **221l**, 314l
行年 **221l**
凝然 **221l**, 271l, 379l, 383l, 547l, 828r, 1043r
行の四依 410r
経箱 **221r**
教派神道 **221r**, 571l
教判 215r, 216r, **222l**
経櫃 221r
行表 366l, 653l, 757r
姜斌 882l
恐怖 **222l**
行布 **222l**
教部省 **222l**, 455r
行仏 **222l**
行布門 222l
経分別 710r, 780r
経変 867r, 899r
行法 **222r**

澆末 210r
憍慢 **222r**
行満 366l
経曼荼羅 219r
行用 **222r**
行誉 3r
孝養 314r
楽欲 **222r**
敬礼 **222r**
敬礼文 379l
教理 210l, **223l**
教理行果 **223l**
『経律異相』 **223l**
経律論 **223r**
経量部 **223r**, 285l
畳良耶舎 187l, 539r
教令輪身 404l
経楼 216l
経録 **223r**, 504r
経論釈 **224l**
御忌 120l, 647l
魚鼓 224r, 225r, 1002r
玉眼 **224r**
玉室宗珀 411r
玉泉天台 103r
曲女城 131r, 597r
曲木 225l
玉耶経 **224r**
玉耶女経 224r
曲泉(曲録) **225l**, 225l
虚玄 **225l**
挙古 300r
清沢満之 **225l**, 571r
魚山 **225r**, 547l
虚寂 **225r**
挙身光 309l
清澄寺 **225r**, 789r
魚板 225r, 1002r
魚梆 225r, 1002r
清水寺 **226l**, 363r
虚無 226r, 342r
虚無主義 **226r**
魚籃観音 **227l**
魚鱗葺 1062r
帰礼 776r
義理 **227l**
ギリヴラジャ 106r, 953r
切金 **227r**
截金 227r
切紙 192r, **227r**
切紙相承 228l, 443r
切紙伝授 228l
吉利支丹 228r
『吉利支丹物語』 817l
キリスト教 **228l**

紀哩陀耶 164l
切継 444r
切妻造 **228r**, 1016r
希麟 120l
棄老説話 **228r**, 641l
疑惑 **229l**
金閣寺 **229r**
銀閣寺 **229r**
緊迦羅 347r
金棺出現図 **230l**
金言 348l
『金言類聚抄』 **230l**
金鼓 348l
金刻大蔵経 188r, **230l**
径山 **230r**, 654r
径山寺 **230r**
『金七十論』 66r, 379l
錦織寺 **230r**, 652l
金人 **230r**
磬子 **231l**
『近世畸人伝』 **233l**
近世の仏教美術 **231l**
近世文芸と仏教 **231r**
金石文 **233l**
金蔵 230l
近代仏教 **233r**
近代仏教学 **234l**
近代文学と仏教 **234r**
金泥塗 **235r**
緊那羅 **235r**, 805r
経案 218r
均如 **236l**, 720l
金縛法 156l
経行 210r, 220l, **236l**
金峰山(金峯山) 368r, 376r, 976r, 1047l
金峯山寺 **236l**, 1031l
金峯山修験本宗 **236l**, 1031l
禁欲 **236r**, 457r
禁欲主義 457r
金陵 **237l**
金輪仏頂 871l

ク

苦 44r, **237r**, 260r, 437l
口安楽行 407l
愚異生 33l
庫院 **238l**, 261l
空 **238l**, 667r, 982r, 1064r
倶有因 1066r
空有 **239l**
空有二宗 239l
空有二論 239l
空衣派 458l

空海 78l, 208l, **239r**, 313l, 382l, 386r, 482r, 523l, 551l, 567r, 644l, 662l, 844l, 898l
空観 48r, **240l**, 377r
空教 **240l**, 241r, 384l
空空 **240l**, 241l
空華 **240r**
『空華集』 175l, 201l, 327l
空仮中 **240r**, 377r, 393r
『空華日用工夫集』 201l, **240r**
『空華日工集』 **240r**
空見 **240r**
空閑 20r, **241l**
空閑処 **241l**
空劫 **241l**, 297r, 421r
共業 241l, 299r
空劫已前 888l
共業共果 37l
空居天 734l
空三昧 238r, 383r
宮寺 566l
窮子 **241l**
宮寺承仕法師 522r
空寂 225r, **241r**
空寂行 **241r**
空宗 **241l**, 405l
寓宗 **241r**
共十地 480r
空手還郷 **242l**
空性 238l, **242l**, 242r, 706l, 716l, 980l
共生 **242l**
窮生死蘊 **242l**
共相 **242r**, 852r
空即是色 **242r**, 417r, 417r
空諦 **242r**, 377r, 393r
空大 **242r**, 335r
宮殿 591l
功能 255r
共般若 **242r**
空無 **242r**
空無辺処 **242r**, 456l, 734l, 844l
空無辺処定 242r
空門 **243l**
空門子 243l
空也 116l, **243l**, 243l, 243r, 460r, 1073l
空也忌 **243l**
空亦復空 240l, 241l
空也念仏 **243r**, 825l
九会 **243r**
倶会一処 **243r**
九会曼荼羅 349l, 1049l
久遠 **243r**

久遠偈 413l
久遠寺 **243r**, 577l, 790l, 967r
久遠実成 243r, **244l**, 244r, 587l, 598l
久遠釈迦 921l
久遠成道 941r
久遠の成仏 243r
久遠の弥陀 243r, **244r**, 442r
久遠本仏 243r, 948r
苦海 **244r**
公界 **244r**
公界上堂 244r, 536l
公界道場 244r
弘願 **244r**
『愚管抄』 **245l**, 412l, 847r
句après 66r, **245l**
供犠 **245l**
供給資養 260l
究竟 **245r**, 295r
苦究 246l, 692r, 779l
究竟位 267r, 295r
『究竟一乗宝性論』 **246r**, 801l, 977l, 1073l
究竟覚 245r
究竟次第 **247l**, 516l
苦行釈迦 247l
究竟即 246l, 1071l
究竟涅槃 245r
弘経の三軌 **247r**
工巧明 342r
恭敬礼拝 **247r**
苦行林 247r, 459l
苦苦 44r, 237r
グーク 690r
九句因 1078r
救苦観音 252l
供花(供華) 155r, **247r**, 247r
供花会 247r
倶解脱 273l
口訣(口決) **248l**, 248l, 254l
『弘決外典抄』 **248l**
公589 131l, **248l**, 768l
九顕一密 567r
九顕十密 567r
口業 **248l**, 299r, 382l, 565r
救済 **248r**, 366r
九斎日 **248r**
九字 **248l**
九識 16r, **249l**
九識説 416l
九師相承 634r
九次第定 401l
クシナガラ **249l**, 459r, 512l, 597l, 876l
拘尸那掲羅 249l, 876l

九字の名号 776r
狗子仏性 **249l**, 300r, 986r, 994r
『旧事本紀玄義』 359r, 838r
孔雀王 249r
『孔雀経音義』 330l
孔雀経法 249l, 250l
孔雀経曼荼羅 **249r**
孔雀座 659r
孔雀明王 249l, **249r**
倶舎宗 71r, **250l**, 250l, 782r, 828r
クシャトリヤ **250l**, 432l, 609r
クシャーナ王朝 **250l**
『倶舎雹論』 511r
『倶舎論』 250l, **250l**, 602l, 676r
口授 **250r**, 254l
苦受 237r, 260r, 1036l
久住 **250r**
久住者 251l
九十八随眠 946l
苦集滅道 **251l**
九種横死 106l
久修練行 **251l**
口称(口唱) **251l**, 251l
倶生 145l, 242l, **251l**
九条 **251l**
公請 **251l**
九条兼実 914l
倶生起 251l
九乗教判 806l, 965l
倶生神 **251r**
口称念仏 181l, 251l, 776r, 811l
九字を切る 249l
弘通 **251r**
救世 **252l**, 252l
弘誓 244r, **252l**
弘誓願 244r
救世観音 **252l**
救世菩薩 180l
弘宣 251r
九山八海 **252l**
九相(九想) **252r**, 252r, 863r
九僧 **252r**
宮僧 252r, 467r
供僧 **252r**, 467r
九相詩(九想詩) 252r
具長 103l, **253l**
具足戒 133l, **253l**, 1043l
具足十念 663l
苦諦 237r, **253r**, 434l, 437l, 491r

九体阿弥陀堂　18r, 19l, 538r, 551r, 553r
九体阿弥陀(如来)像　18r, 911l
九体寺　551r
瞿陀尼　437r
百済観音　**253r**
百済大寺　**253r**, 653l
愚癡　4r, **253l**, 396r, 945r, 994l
クチャ　561r
窟院　407r
口伝　**254l**
『口伝鈔』　141l, **254l**
九天説　734r
口伝法門　228l, 254l
苦道　396l
求道　**254r**
愚童持斎住心　482r
愚堂東寔　58l
功徳　87l, 108r, **254r**
愚禿　**254r**, 255l, 584r
功徳衣　255l
功徳海　254r
『愚禿鈔』　**255l**, 255l
愚禿親鸞　255l, 844l
功徳蔵　254l
功徳天　199l
功徳田　254r
瞿曇　**255l**, 458l
拘那含牟尼仏　143r, 356l
求那跋陀羅　**255l**, 1050l
グナバドラ　255l
九難　**255r**
国中連公麻呂　**255r**, 777r, 872r
弘忍　308l
九悩　**255r**
功能　**255r**
久能寺経　52l, 462r, 636l
苦縛　**256l**
苦縛の凡地　256l
鳩槃荼　635r
倶毘羅　358l
宮毘羅　358l, 486l
駆擯　853l
恐怖　**256l**
供奉　253l, **256l**, 774l
工夫(功夫)　**256l**
九部経　**256l**, 256r, 487r
弘福寺　167l
供奉僧　252r
グプタ王朝　**256r**
求不得苦　**256r**, 420l, 553l
九部法　256r

九分教　205r, **256r**, 487l, 913l, 941l
クベーラ　133l, 843l
求法　254r, **257l**
『求法高僧伝』　673l
公方門跡　968l, 1009r
九品　59l, **257l**, 278l
九品印　257l
九品衣　251l
九品往生　257l
九品浄土　257l
九品寺流　717r
九品来迎図　1033l
九品蓮台　257l
熊凝精舎　653l
熊　51l, **257r**, 376r, 499l, 512l, 866l
熊野観心十界図　258l
熊野九十九王子　257r
熊野牛王(玉)宝印　257r
熊野権現　349l
熊野三山　257r, 258l, 383r
熊野三所権現　257l
熊野十二所権現　257l
熊野先達　622r
熊野那智参詣曼荼羅　258l
熊野坐神社　257l
熊野速玉神社　257l
熊野比丘尼　73l, 177r, 258l, **258l**
熊野曼荼羅　**258l**
熊野詣　257r, 499l
クマーラグプタ　778l
鳩摩羅什　85l, **258l**, 260l, 483l, 666l, 920l, 974l, 1011l
クマーラータ　1078l
クマーラブリタ　201r
クマーリラ　968l
口密　402l, 1024l
『弘明集』　258l, 642l
共命鳥　259l
『愚迷発心集』　**259l**, 518r
久米仙人　**259r**
久米寺　239l, 259l, 674l
供物　**259r**
供物加持　144r
求聞持法　**259r**, 320r
九厄　255r
旧訳　258r, **259r**, 288l, 583r, 1011l
九喩　1074r
功用　985l
甑甎座　659l
供養　260l, 854l, 1069r
供養会　430l, 1049r

供養踊　937l
供養具　870r
供養田　446l
供養舞楽　856r
苦楽　**260r**
鞍部村主　452l
鞍作多須奈　368r
鞍作止利　368l, 452l, 769l
鞍馬信仰　261l
鞍馬寺　**260r**
庫裏(庫裡)　**261l**, 261l
クリシュナ　**261l**, 818r, 820r
九輪　**261l**, 642l
苦輪海　244l
古林清茂　201l, 327l, 420l, 511l, 603r
グル　936l
九類生　512r
拘留孫仏　143r
呉楽　192l
紅蓮地獄　**261l**
功労　470r
鼓楼　346l
九老僧　790r
黒田俊雄　35r, 159l
黒谷上人　914r
『黒谷上人語灯録』　**261r**, 914r
黒不浄　267l
訓伽尼　82l, 149l, 162l
童酒　**261r**
薫習　**261r**, 480r
捃拾教　**262l**
童酒山門に入るを許さず　120l, 261l
群生　**262l**
群生海　262r
裙子　418l
童腥　261l
軍荼利法　262r
軍荼利明王　**262r**, 337l
クンチョク-ギェルポ　368r
群盲象を評す(撫ず)　**262r**, 262r

ケ

仮　**263l**
悔　115l
夏　22l
偈　149r, 257l, **263r**, 487l
解　275l
夏安居　22l, **263r**, 425l, 919r, 1064l
磬　**263r**
敬愛法　3l, 200r, **264l**, 430l

外典 **276r**, 277l, **774r**, 774r	玄叡 666l	験者 287l
化土 **276r**, 395r, 912r	幻影主義的一元論 473r	見在 285l
化度 276r	建永の法難 302r, 914l	現在 **285l**
化導 276r	懸衣翁 93r, 390r, 685r	現在有体体・過未無体 223r, **285l**, 391r, 610l, 663r
外道 **276r**	謙益 719r	
化度寺 375l, 991r	顕応 970l, 971l	現在仏現前三昧 835r
介爾 **277l**	玄応 45r, 120l	羂索 285l
介爾陰妄心 277r	『玄応音義』 45r	見至 292r
介爾陰妄一念 277r	元翁本元 84r	玄旨 **285l**
化女 277r	顕미 157r, 970r, 971l	源氏一品経 52l
化人 **277r**	顕界 971l	『源氏一品経表白』 52l
外の三乗 965l	『見解の区別』 27l	顕色 214l, 415l
下輩 398r	『顕戒論』 **281r**, 366r	玄旨帰命壇 **285r**, 954l
下輩観 492r	賢覚 141r	源氏供養 **286r**
繋縛 277r	玄学 281r	原子集合説 433l
華盤 659r, 1062r	還学生 140l, **282l**, 1057r	原子説 432r
華瓶(花瓶) **277r**, 277r, 966r	還学僧 282l, 1057r	玄旨壇 **285r**, 954l
解擯羯磨 853r	研学竪義 1045r	原質 888r
化仏 **278l**	玄関 **282l**	堅実心 325r
化法 267r	現観 **282r**	元始天尊 734r, 1064r
化法四教 96r, 267r, **278l**, 329r, 377r, 393l, 725l, 896r	『現観荘厳論』 **282r**, 834l, 977l	原始仏教 **286l**, 359r
毛坊主 278l	玄義 **283l**, 330r	原始仏教聖典 286r
下品 **278l**	『玄義』 928r	『源氏物語』 32l, **286l**, **287l**, 893l, 1005r
外凡・内凡 **278r**	『元久法語』 766r	
外凡位 331l	祆教 651l	験者 **287l**
華鬘 **278r**, 1069r	賢環 996l	羂索 285l
懈慢 **278r**	建業 237l	羂索堂 377l
懈慢界 196r, **278r**	検校 **283l**	見取 281l, 898r
華鬘代 **278r**	顕教 **283l**	兼寿 1063l
仮名 **279l**, 788l	元暁 169r	幻住派 715r
仮名有 263l	現行 **283l**	見集所断 1066r
仮名世間 387r	現行熏種子 283r, 480r	賢首大師 911r
外面似菩薩内心如夜叉 **279l**	現行識 283r	幻出説 433l
悕望 **279r**	現行法 262l	見性 **287r**
仮門 **279r**	『顕偽録』 817l	顕正 405l
ゲーヤ 149r	賢愚因縁経 283r	賢聖 **287r**
外用 774l	源空 **283r**, 914l	現証 **287r**, 388r
快楽 **279r**	賢愚経 **283r**	還生 **288l**
化楽天 1036l	見苦所断 1066r	玄奘 260l, **288l**, 368l, 393l, 549r, 584l, 661l, 672l, 676l, 676r, 933r, 1011r, 1019l
ゲルク派 151l, **280l**, 703l, 725r	幻化 281l	
	現見 **284l**	
下郎 280l	還源 294l	現成公案(見成公案) **288r**, 288r, 545l
下藘 280l	現見法 284l	
夏臘(夏藘) 919r, 1064l	言語 **284l**	玄奘三蔵 288l
繋驢橛 **280l**	閑床 284r	『玄奘三蔵絵』 672r
戯論 **280r**, 284l	建康 237l	顕聖寺本 639r
戯論寂静 284l	減劫 **284r**, 333l, 421r, 548l, 633l	現生正定聚 527r
仮和合 **280r**		見性成仏 212l, **288r**, 416r
見 72l, **280r**, 359l, 946l	元旦 1016l	『顕浄土教行証文類』 141l
軒 21r	『元亨釈書』 **285l**, 307l, 318l	『顕浄土真実教行証文類』 210r
間 **281l**	遣迎二尊 787r	
幻 **281r**	賢劫の千仏 626l	見濁 **288r**, 333l
玄 **281r**	堅固衣 255l	建初寺 237l, 306l
幻有 281r	眼根 1076l	見思惑 **288r**, 377l, 405r
		現身 **289l**

源信　39*l*, 90*l*, 107*r*, **289*l***, 722*r*, 741*l*, 1029*l*, 1033*l*, 1072*r*
現身往生　289*l*
見心見性　287*l*
見心性　287*r*
見真大師　584*r*
現身仏　289*l*
現図曼荼羅　**289*r***, 960*r*
現世　285*l*, 292*l*, 391*r*
現世安穏・後生善処　**289*r***
元政　232*l*, **289*r***, 790*r*
源清　138*l*, 380*r*, 722*l*, 741*l*
玄籍　281*r*
顕説法華　388*l*
現世涅槃　294*l*
現世利益　**290*l***, 1044*r*
現前　**290*r***
現前地　290*r*
現前僧(伽)　290*r*, 531*l*, 628*r*
玄宗　127*l*
還相　106*l*, **108*l***, 108*r*, **290*r***
元蔵　670*r*
還相廻向　87*l*, 106*l*, 108*l*
眷属　**290*l***
還俗　**290*r***
玄題　**291*l***
見諦道　292*l*
乾闥婆　**291*l***, 705*l*
乾闥婆城　291*l*
犍駄羅(健駄邏)　181*r*
懸談(懸譚)　291*r*
玄談　**291*l***, 330*r*
顕智　255*l*
源智　41*r*, 697*l*, 697*r*, 914*l*
簡択(揀択)　**291*r***, 291*r*
玄中寺　754*l*, 773*r*
『建中靖国続灯録』　338*r*
賢冑部　887*l*
玄超　264*l*
建長寺　**291*r***, 326*r*, 619*l*, 1038*l*
建長寺指図　164*l*
現通仮実宗　319*r*
犍度　**292*l***, 1042*r*
賢豆　60*l*, 737*r*
見到　292*l*
見道　280*l*, **292*l***, 295*r*
玄棟　382*r*
『原道』　508*l*
見道位　267*r*, 295*l*
現当二世　**292*l***
乾沓和　291*l*
ゲンドゥン・ギャンツォ　688*l*
ゲンドゥン・ドゥプパ　688*l*

見得　**292*r***
顕得成仏　**292*r***
顕得即身成仏　292*r*
犍度部　292*l*, 453*r*, 710*r*, 780*r*
慳貪　**292*r***
還入　295*l*
顕如　**293*l***, 542*l*, 939*r*
建仁寺　82*l*, **293*l***, 326*r*
『原人論』　**293*l***, 490*r*
堅慧　246*r*
賢瓶　914*r*
見仏　280*l*, **293*r***
見仏三昧　293*r*
見仏性　287*r*
見分　415*r*, 803*r*, 944*r*
玄昉　**293*r***, 934*l*
現法　284*l*, 294*l*
現報　159*l*, **294*l***
賢宝　208*r*, 762*l*
現法涅槃　**294*l***
見法性　287*r*
建保曼荼羅　679*l*
顕密　**294*l***
顕密体制論　35*r*, 159*r*
玄妙　294*l*, 969*l*
還滅　**294*r***, 1058*l*
還滅の縁起　485*l*
還滅門　1058*l*
間面記法　274*l*, 281*l*
玄門　25*r*
見聞覚知　**294*r***
見聞知覚　294*r*
顕益　971*l*
玄宥　565*r*, 700*l*, 806*r*
剣葉刀林　**294*r***
還来　**295*l***
還来穢国　295*l*
還来生死　295*l*
玄侶　281*r*
顕了　122*l*
現量　24*l*, 242*r*, **295*l***, 510*r*, 1048*r*
玄朗　695*l*
堅牢地神　431*r*
見論　291*l*
玄論　291*l*, 330*r*
見惑　288*r*, 292*l*, 405*r*, 946*r*, 1080*l*

コ

胡　324*l*
悟　370*r*
五悪　4*r*, 295*l*
五悪段　**295*r***

五位　267*r*, **295*r***, 297*l*, 328*l*, 495*r*
五位七十五法　295*r*, **295*r***, 802*r*, 803*l*
五位百法　295*r*, **297*l***
五音博士　818*r*
古因明　64*r*
好　632*r*
劫　81*l*, **297*r***, 421*r*
孝　**298*l***
香　**298*r***, 623*l*
講　**298*l***
後有　**300*l***
業　**299*l***, 359*l*, 382*l*, 384*l*, 497*l*
公案　182*r*, 288*r*, **300*l***
公案禅　182*r*, 300*r*, 654*r*, 1084*r*
業異熟智力　491*r*
行為論者　226*r*
業因果　842*l*
ゴーヴィンダ　473*l*
行雲流水　79*l*, **300*r***
黄衣　**300*r***
皇円　864*r*
降閻魔尊　653*r*
光音天　**301*l***
劫火　**301*l***
業火　**301*l***
恒河　173*l*, **301*r***, 301*r*
皇覚　954*l*
広学竪義　**301*r***, 457*l*, 1045*r*
恒河沙　**301*r***
交割(校割)　**301*r***, 301*r*
交割帳　301*r*
業果色　415*l*
業感　**301*r***
業感縁起　56*r*, 95*r*, 299*r*, 301*r*, 1056*l*
高貴寺　410*r*, 545*r*, 938*r*
交脚像　877*r*
光教　542*r*
号叫地獄　209*r*
興教大師　141*r*
皇居門跡　974*l*
『広弘明集』　**301*r***, 757*l*
甲倉　11*r*
向下　305*l*
香華　**302*l***
公慶　758*r*, 777*r*
康慶　266*l*, **302*l***, 874*l*
皇皇　**302*l***, 741*l*
光兼　445*l*
光玄　651*r*
寇謙之　751*l*

向源寺 750r
孝謙上皇(天皇) 365r, 751l, 849l
江湖 **302r**
浩々洞 225l
江湖会 22l, 302r
光言 312r
光佐 293l
高座 302r, 908l
幸西 **302r**, 540r
甲刹 152r
衡山 376r
高山寺 **302r**, 969r
降三世会 1049l
降三世三昧耶会 1049l
降三世明王 **303r**, 337l, 1049l
光讃般若経 837l
孔子 **303l**, 495r, 563l, 1064l
香資 307r
講師 **303r**, 321l, 439r
講式 170r, **303r**
孔子教 495r
孝子伝 **304l**
恒沙 301r
講甎 1080r
光寿 220r
光宗 193l, 266l
業種子 480r
洪州宗 85r, **304r**, 770r, 823r
後周の法難 399l
綱所 **304r**
康助 777r
光勝 243l
劫焼 301l
迎接 **304r**
洪鐘 943l
鴻鐘 943l
光定 48l, **305l**
向上 **305l**
康尚 **305l**, 874l
業障 **305l**, 388l, 513r
向上一路 305l
向上一句 305l
迎接会 304r, 983l
高昌国 **305r**
興聖寺 **305r**, 638l, 752r
興正菩薩 83l, **305r**
興聖万寿禅寺 230r
迎接曼荼羅 961l
劫濁 **305r**, 333l
弘真 685l
庚申 **305r**, 548l
高信 969r
後陣 774r
荒神 401l

香神 291l
庚申会 305r
恒審思量 956l
劫尽大火 301l
庚申待 305r
香水 298r, 351l, 467l
香水加持 144r
香酔山 13r, 133r
仰誓 207r, 972l
孔清覚 819l
光世音 180l
香銭 307r
黄泉 **306l**
興然 592l
『興禅護国論』 82r, **306r**
高祖 **306l**
康僧会 237l, **306r**, 472l, 897l
康僧鎧 539l, 749l, 995l
香象大師 911r
高僧伝 **306r**
『高僧伝』 306r
『高僧法顕伝』 871r
『高僧和讃』 389l
高台寺 **307l**
光宅寺 **307l**, 697l, 884l, 903l
後宇多法皇(天皇) 344r, 655l
黄檗 693l
講談 1080r
降誕会 186l, **307r**
広智尚賢 380r
康朝 777r
広長舌 717l
広長舌相 386r
鉤召法 201l, 430l
高地伝 134l
香奠(香典) **307r**, 307r
広伝四箇大事 386l
勾当 **307r**
革堂 363r
講堂 **307r**, 829l
業道 **308l**, 396l
黄頭大士 **308l**
高徳院 159r
光得寺 78l
降兜率 829l
弘忍 91l, **308l**, 618l, 823l
業の秤 **308r**
劫波 81l, 297l
光背 **308r**
向拝 **308r**
古ウパニシャッド 75l
業病 **309l**
業風 **309l**
綱封蔵 530l
降伏 **309r**, 429l

興福寺 71l, **309r**, 312l, 782r, 923r
『興福寺縁起』 310l
『興福寺奏状』 **310r**, 518l, 914l
興福寺北円堂 78l
興福寺法華会 927r
降伏法 309r, 430l, 720r
公武除外の不受不施 862l
高弁 **311l**, 969l
康弁 742r
杲宝 208l, **311l**, 762l
高峰顕日 **311l**, 991r
弘法大師 239l, **311l**, 660r, 662l
講法堂 307r
黄帽派 725l
紅帽派 164r
降魔 **311l**, 829l
降魔印 311l
降魔坐 275l
光明 308r, **311l**
光明皇后 **312l**, 532l, 548r, 612l, 758l
光明寺(鎌倉) **312r**, 491l, 541l, 1052l
光明寺(長岡京市) **312r**, 541l
光明信仰 311l
光明真言 **312r**, 767l
光明遍照 852l
光明本尊 944r
広目天 **313l**, 446r, 734l
黄門 111r
講問論義 1077r
空也 243l, **313l**
曠野鬼神大将 657l
高野山 239l, **313l**
『高野山往生伝』 107r
高野三方 142l, 221l, **314l**, 314l
『高野春秋』 **314l**
『高野春秋編年輯録』 314l
高野聖 **314l**, **314l**, 843l
孝養 **314r**
光曜天 301l
高麗蔵 188l, **315l**, 666r, 670r, 720l
高麗大蔵経 125l, **315l**, 720l
業力 **315r**
広律 359r, 453l, 1044l
広隆寺 **315r**
皇童寺 **316l**
香炉 **316l**, 489l, 966r
『紅楼夢』 710l
広録 346l

鴻臚寺　**316r**, 408l
孤雲　89l
五蘊　**316r**, 433l
五蘊仮和合　316r, 433l
五蘊世間　387r, 601r
五蘊相続説　603l
五蘊無我　316r
御詠歌　81r, **317l**, 423r
御影堂　649l, 963l
五会念仏　101l, 811l, 910l
五会法師　909r
声量　284r, 510r
牛王宝印(牛玉宝印)　73l, **317l**, 902r
五陰　198r, 316r, **317l**
呉音　**317l**
五陰盛苦　**317l**, 420l, 553l
五陰世間　387r, 601r
許可　508l
個我　69l, 890l
五果　**317l**, 1067l
五戒　120l, 133r, 295r, **317l**, 332l, 458l, 607l, 714r, 1001r
五蓋　124r, **317r**
五岳　660l
呉楽　192l
五火・二道説　364r, 1055r
五火説　1055r
五月一日御願経　312l
粉河寺　**317r**, 363r
『粉河寺縁起』　317r
『粉河寺大率都婆建立縁起』　317r
木瓦葺　938r
顧歓　882l
五官　**318l**, 326l
五観　**318l**
伍官王　476r
御願寺　**318l**, 515r, 721r
虎関師錬　285l, 307l, **318l**, 327l
互換投機　750r
五巻の日　**318l**, 682r
国忌　337r
五義　**318r**
孤起偈　263r
古義真言宗　565l, 568l
五逆　5l, 203r, 204l, **318r**
五逆罪　203l, 318r, 319r, 343l
御宮室　841r
五教　270l, **319l**, 319l
五境　206r, **319l**, 344l, 418r, 1076l
五行　**319l**, 332l
五教十宗　217l, **319l**
『五教章』　270l
五教判　96r
五行明満　1003l
極悪　4r, **319r**
黒闇天　**320l**
虚空　**320l**, 703r
虚空華　240r
虚空蔵院　1049r
虚空蔵求聞持法　259r
虚空蔵菩薩　**320l**, 336l
虚空無為　980r
虚空無辺　993r
黒衣　**320r**
黒衣の宰相　320r, 589r
国学　**320r**
黒業　321r
国講師　303r
極光浄天　301l
国師　303r, **321l**
国師号　100r
極七返　439l
獄主　102r
極重悪　319r
黒縄地獄　**321l**, 825r
黒沈香木　205l
国清寺　740l
五具足　966r
獄卒　**321r**
穀断ち　1003l
国柱会　330l, 686l, 790r
国土　198r, **321r**, 447r
国土結界　274r
国土世間　198r, 387r, 601r
黒耳　320l
黒白　**321r**
黒白業　321r
国分寺　172r, 312l, **322l**, 548r, 654l
国分僧寺　322l
国分尼寺　322l, 548r
黒帽派　164r
極微　**322l**
極微塵　322l
極無自性住心　482r
極楽　25l, **322l**
極楽往生　106r
『極楽願往生歌』　**322r**, 447l
極楽国土　322l
極楽寺　**323l**, 804l
極楽浄土　322r, 367r, 534l
極楽世界　322l
極楽房(極楽坊)　171l
五葷　333r
虚仮　**323l**
五家　323r
五悔　380l
虎渓三笑　**323l**
五髻文殊　1009r
五家七宗　**323r**, 618l
苔寺　367l
虚仮之行　323l
五下分結　274r, 859l
杮葺　845r
虚玄　225l
五見　72l, 128l, 281l, **323r**, 466l, 898r
五眼　**323r**, 737l
五間色　328l
胡語　**324l**
挙語　463l
五綱　318r, **324l**
後光　308r, **324l**
語業　299r
五劫思惟　**324l**
五綱判　318r
五穀　442r
護国三部経　**324l**, 353l, 399r, 723l, 805r
五穀断ち　442r
五鈷金剛鈴　324r
五五百歳　**324l**, 662r, 955r
五鈷鈴　**324r**, 353r
心　**324r**, 1019l
五根　**325r**, 344l, 344r, 347l, 386r, 418r
『古今楷定疏』　187l
御斎会　**326l**, 364l
巨刹　**326l**
コーサラ国　458l, 492l, 821r
五山　**326l**, 326r
後山外派　380r
五山十刹　326l, 443r
五参上堂　536l
五山版　326r, **326r**, 420l, 511l
コーサンビー　74l
五山文学　46r, 175l, 201l, 326r, **326r**, 603r, 713r
五三昧　**327l**
居士　**327r**, 717r
五師　897l
五事　295r, **327r**, 672l
五時　267r, 329r, 725l
『古事記』　192r
五色　**328l**, 453r
五識　26r, 30r, 828l, 1068l
五色の糸　328l, 625r, 1054r
五時教　**328l**
五時教判　86l, 217l
五時講　328r
五時五教　24r, **328r**

孤地獄　422r
五字厳身観　345r, 576l, 703r
五支作法　341l
五字真言　15l
居士禅　330l
護持僧(御持僧)　329l, 329l
後七日御修法　329l
『五十巻抄』　896r
五失本三不易　750l, 1011r
五字の題目　680l
五時八教　217l, 267r, 329r
居士仏教　330l
子島寺　289l
子島曼荼羅　289r
ゴージャカ　1078l
虚寂　225l
五衆　316r
五趣　5r, 330l, 422l, 1056l, 1072l
五種阿闍梨　9r
五重　330l
『後拾遺往生伝』　107r
五十音図　330l
古十玄　479l
五重玄義　283l, 330r, 698l, 928r
五重相対　330r
五重相伝　330r, 518r
五十二位　331l, 923l
五十二衆　331l
五十二類　331l
五重塔　331l
五取蘊　237r, 317l, 474l
五趣蘊　331l
五取蘊苦　420l, 553l
五種観門　333l
五種供養　1069r
五受根　786l
五種姓　501r
五種正行　331l
五衆世間　387r
五種袖衣　106l
五種不男　331l
五種不翻　288l, 1011r
五種法　430l
五種法師　331l
五種楽　344l
五種鈴　353r
五障　332r, 344r, 513r, 556r, 799l
後生　300l, 331r, 334r
五条　331r
五乗　331r
五常　295r, 332l
後生一大事　331r

五条衣　162l
『五帖御文』　117l, 827r
呉承恩　368l
五盛陰苦　420l
五性各別　332l
五正行　171r, 193l
五条袈裟　271r
孤調解脱　332r
五障三従　332l
五正色　328l
五停心　278r, 381r
五停心観　333l, 381r, 592l, 863l
後生善処　289r, 331l, 333l
五小部　740l
五上分結　274r
五処加持　144r
五濁　333l
五濁悪世　333l, 555l
後白河法皇　1051r
居士林　333l
己心　333l
五辛　333r
己心(の)浄土　333r, 645l
己心(の)弥陀　333r, 645l
護身法　333r
牛頭・馬頭　333r
五衰　334l
牛頭宗　334l
牛頭禅　85r, 334l
牛頭栴檀　623l, 693l
牛頭天王　191r, 334r, 650r
牛頭法融　334l
後世　334r, 1034l
古跡寺院　948l
後世者　334r
後世利益　1044r
古先印元　334r
五善根　786l
御禅室　841r
胡僧　335l
小僧　335l
五相成身　335l, 352l
五相成身観　335r
古則　101l, 499r, 810l
古則公案　182r, 288l
五大　335r, 345l
五大院　24l
五大院大徳　24l
五大願　420l
五大広律　1044r
五大虚空蔵菩薩　320r, 336l
五大虚空蔵曼荼羅　336l
後醍醐天皇　236r, 1031l
五台山　101l, 336l, 376r, 395r, 512l, 597r

『五台山巡礼記』　792l
五大寺　782r
五大色　328l
五大種　335r
五大尊　337l
古代・中世の仏教美術　336l
五大堂　337l
五体投地　336r
五大忿怒　337l
五大明王　337l, 825l, 970l
五大力尊　337l
五大力菩薩　337l
ゴータマ・シッダールタ　458r
ゴータマ・ブッダ　143r, 337l, 458r, 879l, 1039l
五壇法　337l
五智　337l, 340r, 345r, 453r, 654r, 697l
五智如来　337r, 340r
五知判　318r
五智輪　345l
五通　574l
国家諫暁　169l
国忌　337l
乞士　841l
乞食　213r, 337r, 416l, 683l
乞食衣　396r
乞士男　338l, 841l
乞士女　338l, 841l
業障　305l
兀庵普寧　338l
五土　872l
五道　5r, 136l, 1056l, 1072l
『五灯会元』　338r
後堂首座　503r
胡道人　335l
五道転輪王　477l
後得智　338r, 697l, 993r
金刀比羅宮　358l
五鈍使　347l
五年大会　988l
五念門　171r, 193l, 338r
ゴーパー　1015r
向拝　308r
小林一茶　232r
五比丘　338r
五秘密　339l
五秘密曼荼羅　339l
五百戒　339r
五百結集　276l
五百塵点劫　339l, 577l
五百羅漢　19l, 339r, 1035r
五瓶　914r
五篇　340l

五篇七聚 **340l**,793l
護符 **340l**
五部 398r,453r
古仏 **340r**
五仏 **340r**,453r,697l
五部律 1044r
五分作法 **341l**,898r
御文章 27l,117l,**341l**
五分法身 273r,**341l**,376l
『五分律』 **341l**,1043l,1044l
五法 295r,328l
後報 159l,294l
護法 190l,**341l**,415r,549r,803r,1019r,1024r
御坊 895r
五法蘊 341l
護法善神 **341r**,620r
護法天童 742l
護法童子 742l
五方菩薩 337l
小堀遠州 780l
胡本 324l
五品 **341r**
語本 346l
悟本大師 753r
五品弟子位 341r
護摩 **342l**
護摩木 342l
護摩壇 342l,690r,966l
護摩の灰 342l
護摩札 342l
五味 **342l**
『五味禅』 478l
語密 402l
五明 **342r**,1078l
護命 669l
五明処 342r
虚無 **342r**
虚無空見 241l,342r
五無間 **342r**
五無間業 305l,318r,343l,389l
虚無宗 859l
虚無僧 **343l**,859l,935r
御免勧化 170r
虚妄 **343l**
虚妄不実 280r
虚妄分別 343l,891r
薦僧 343l,935r
籠り **343l**
籠り堂 343l,404r
籠り屋 404r
後夜 1068l
古訳 258r,260l
子安観音 **343r**
子安講 343r,344l
子安地蔵 **343r**
語要 346l
五欲 **344l**
『古来風体抄』 165l,711r,1079r
五楽 **344l**
『コーラン』 33r
垢離 **344l**
五力 **344r**,347l,386r
五利使 347l
御流 **344r**
御流神道 1053l
御霊 29r,123r,344r,560l,1059r
御霊会 117r,123r,191l,**344r**
御霊祭 344r
御霊神 345l
御霊信仰 117r
五輪 **345l**,345r
『五輪九字明秘密釈』 141r,**345r**
五輪成身観 345r
五輪卒塔婆 345r
五輪塔 345r,**345r**
五輪塔婆 345r
鼓楼 **346l**
語録 **346l**,1054l
五惑 **347l**
根 325r,**347l**,355r,489r,786l,1076l
魂 116l,197l,1058r
勤 528r
権 348r,356r,357l
近縁 374r
禁戒 **347l**,1042r
権戒 650r
金戒光明寺 **347r**
矜羯羅童子 **347r**,597r
権官 632r
根機 194r,347l,**347r**
根境 355r
権教 126r,**347r**,354l,373r,566r
勤行 **347r**
金口 **348l**
金鼓 **348l**
金口直説 348l
欣求浄土 91l,123l,**348l**
金口相承 348l,634r
権仮 566r
権化 **348r**,349l
権化神・実類神 **348r**,556r,942l
権現 348r,**349l**,581r
権現号 349l,942l
権現造 349l,756l,942l
金剛 **349l**
金剛院 479r
金剛界 **349r**
金剛界四菩薩 455l
金剛界大日如来 674r,1049r
金剛界八十一尊曼荼羅 **349r**
金剛界曼荼羅 349r,**349r**,352l,960r,1049l
金剛合掌 153r
金剛経 352l
金剛橛 830r
金剛座 465r
金剛索 285r
金剛薩埵 **350l**
金剛山(インド,朝鮮) **350l**
金剛三昧 **350l**
金剛寺 **350r**
金剛手 479r,733r
金剛手院 1049r
金剛手菩薩 350l
金剛杵 **350r**,383l,768r
金剛杖 **351l**
金剛定 350r
金剛乗 **351l**,668r
金剛心 **351l**
金剛水 **351l**
金剛誓水 351l
金剛山 350l
金剛智 **351r**,351r,858l
金剛囲山 350l
金剛頂経 349r,**351r**
金剛頂大教王経 351r,858l
金剛杖 351l
金剛童子 **352l**
金剛般若経 111r,**352l**,837l,985r
『金剛般若経集験記』 352l,**352l**
金剛般若波羅蜜経 352l
金剛部 398r,1062l
金剛部院 1049r
金剛峯寺 313l,**352r**,1025l
金剛峯楼閣一切瑜伽瑜祇経 1025l
『金剛錍』 352r
『金剛錍論』 **352r**,641r,695r,874r
金剛宝戒 **352r**
金剛宝座 908l
金剛名 916l
金光明経 324l,326l,**352r**,364l,364r
金光明最勝王経 326l,353l,

364*l*, 364*r*, 722*r*
『金光明最勝王経音義』 56*l*, 330*l*
金光明四天王教王護国寺 208*l*
金光明四天王護国之寺 322*l*, 758*l*
金剛薬叉 353*l*
金剛夜叉 72*l*, 337*l*, **353***l*
金剛夜叉法 353*l*
金剛喩定 242*l*, 350*r*, 401*r*
金剛力士 **353***l*, 479*r*, 783*r*
金剛輪寺 73*r*, **353***l*
金剛鈴 324*l*, **353***l*
言語道断 **353***l*
権者 354*r*
勤策 **353***r*, 470*r*
勤策男 354*l*, 470*r*
勤策女 354*l*, 470*r*
近事 **354***l*
金色相 386*r*
金色堂 714*l*, 840*l*
紺紙金泥 **354***l*
権時駆擯 853*r*
今師相承 634*r*
金翅鳥 165*l*, **354***l*
権実 **354***l*
権実二教 354*l*
権実二智 354*l*, 357*l*
近事男 74*r*, 354*l*
近事女 74*r*, 354*l*
権社 582*l*
権者 **354***r*
『今昔物語集』 **354***r*, 611*l*, 881*l*, 893*l*
権社の神 348*l*, 942*l*
権社の霊神 556*r*
禁呪 **355***l*
金鐘寺 1066*l*
金鷲菩薩 1066*l*
今生 **355***l*
根性 347*l*, **355***l*
厳浄 **355***l*
根上下智力 491*r*
金神 **355***l*
根塵 **355***r*
悟沈 **355***r*
言説 356*l*, 788*l*
金仙 **356***l*, 574*r*, 625*l*
『言泉集』 5*r*, 188*l*, **356***l*, 535*r*, 596*l*, 717*l*
金蔵 **356***r*
勤操 **356***r*, 931*l*
勤息 471*l*
権大乗 **356***r*

金胎両部 **356***r*
権智 354*l*, **357***l*
金地院 780*l*
金地院崇伝 589*r*
金堂 357*l*, 881*l*, 945*l*
金銅仏 **357***l*, 429*l*
魂魄 **357***r*, 1059*l*
金春禅竹 1022*r*
金毘羅 **358***l*
根辺蘊 42*l*
根本 **358***l*
根本悪 4*r*
根本蘊 42*l*
根本五印 59*l*
根本識 42*l*, **358***l*
『根本説一切有部毘奈耶』 1043*l*, 1044*r*
『根本説一切有部律』 1044*r*
根本大師 **358***l*, 366*l*
根本大塔 **358***r*
根本智 993*r*
根本中堂 104*r*, **358***r*
根本仏教 286*l*, **358***r*
『根本仏教』 358*r*
根本物質 888*r*
根本分裂 54*r*, 327*r*, 521*l*, 663*r*, 672*l*, 887*l*
根本法輪 **359***l*, 387*r*
根本法華 **359***l*, 388*l*
根本煩悩 254*l*, **359***l*, 563*r*, 589*l*, 946*l*
根本無分別智 338*r*
根本無明 994*l*
羯磨 134*l*, 253*r*, **359***l*
羯磨師 128*r*, 133*r*, 253*r*, 384*r*, 418*l*
悟眠 317*r*
悟眠蓋 125*l*
言忘慮絶(言亡慮絶) 353*r*
根葉花実論 **359***l*, 582*l*, 1018*r*
金輪 **359***r*, 403*r*
金輪王 360*l*, 746*r*
金輪際 **360***r*
金輪宝 360*l*
軒廊 135*l*
昆崙 **360***r*

サ

作 70*l*
斎 **361***l*, 366*r*, 827*r*
罪悪 **361***l*, 726*r*
『西域記』 672*l*
西域仏教 **361***l*
斎会 361*l*, **362***l*

罪禍 726*r*
斎戒 **362***l*, 827*r*
斎戒沐浴 1004*l*
西行 **362***l*, 618*l*, 711*l*, 989*l*
西教寺 **362***r*, 574*r*
罪垢 726*r*
罪空思想 999*l*
在家 **362***r*
最外院 1049*r*
財慳 293*l*
罪業 **363***l*, 726*r*
西国三十三所 **363***l*, 385*r*, 512*l*
西牛貨洲 437*r*
斎座 497*l*
西寺 **363***r*
細色 415*l*
斎食 **364***l*
斎日 366*r*
摧邪顕正 821*r*
『摧邪輪』 **364***l*, 623*r*, 969*r*
『摧邪輪荘厳記』 364*l*
『最須敬重絵詞』 **364***l*
罪障 **364***l*
最上稲荷 53*l*
最勝会 **364***l*, 1012*r*
最勝王経 353*l*, **364***r*
最勝王経講 364*r*
最勝講 **364***r*
最勝子 873*r*
最勝寺 1070*l*
最上乗禅 647*r*, 800*r*
最上二足尊 1052*l*
財施 864*l*, 1073*r*
再生 300*l*, **364***r*, 1055*r*
再生族 364*r*, 609*r*, 636*l*, 894*l*
西刹 367*r*
済運 551*l*
賽銭 **365***l*
妻帯 **365***l*
西大寺 83*l*, **365***r*, 569*l*
『西大寺資財流記帳』 365*r*
最澄 104*r*, 281*r*, 358*l*, **366***l*, 373*l*, 380*r*, 500*l*, 740*l*, 740*r*, 774*l*, 929*l*
在纏位の法身 801*l*
西土 367*r*
済度 **366***r*
西塔 104*r*, 395*l*, 840*l*
斎堂 418*r*
斎日 **366***r*
西念 322*r*, 447*l*
賽の河原 **367***l*
罪福 **367***l*
西方(極楽)往生 106*r*

西方極楽浄土 367r	左道乱正の術 849r	三縁 374l,607l
西芳寺 **367l**	悟り(覚り) **370r**,370r,615l, 657r	三科 316r,486l
西方浄土 **367r**,534r		サンガ 374r,400l,459l, 628r,631r
西方弥陀浄土 367r	覚り 370r	
西明寺 **367r**	佐渡流罪 789r	三界 124r,**374r**,416r,987l, 1030r
最明寺 **368l**	生飯 371r	
祭文 **368l**	茶飯 371r	三階 374r
『西遊記』 288l,**368l**,673l, 710l	さび 372l	山外 374r,380r
	ザビエル 228r,870l	傘蓋 735r,747l
『西要鈔』 399l	坐蒲 886l	三界火宅 374r
西蓮寺 642r	作仏 544l	三階教 **374r**
『サウンダラナンダ』 780, 999r	侍法師 372l	三階宗 374r
	差別 372l	三界所有, 唯是一心 375r, 1021l
佐伯有頼 686l	作法 372l	
佐伯有若 686l	『サーマ・ヴェーダ』 68r	三戒壇 180l,**375l**,1013r, 1043l
塞神 757l	三昧耶 372l	
蔵王権現 236r,349l,**368r**	作務 372l	三界に家なし 374r
蔵王堂 236l	サムイェー寺(僧院) 473r, 729r,806l,830r	山外派 380r,722l
坂田寺 **368r**		三界万霊塔 982l
嵯峨天皇 239r	サムイェーの宗論 160l, **372r**,702r,952l	三界唯一心 47r,325r,**375r**
坂上田村麻呂 226l,518l		三界唯心 47r,325r,1021l
嵯峨の釈迦堂 598r	作務衣 331r,372l	三学 273r,341l,**375r**,696r, 836r
娑竭羅竜王 **368r**,462l	サムドラグプタ 256r	
作願門 338r	侍法師 **372r**,732r	三角五輪塔 346l
前世 621l	作用 256l	山岳信仰 **376l**,498r
サキャ派 **368r**	作用論者 226r	サーンカーシャ 597r
サキャ・パンディタ 369l, 462l	作乱而去 **372r**	『山家集』 362r
	サラスヴァティー 898l	三迦葉 77l,161r,**377l**,459l, 775r
茶鼓 927l	ザラスシュトラ 651l	
座具(坐具) **369l**,369l,489l, 1074l	娑羅双樹 **372r**,459r,727r	三月堂 **377l**
	猿楽 812r	サンガバドラ 503l,511l
笮融 163l,408r,747r	猿田彦 305r	桟瓦葺 166r
桜井寺 16l	サールナート 61l,597r, 832r,1074l	傘竿 747l
桜井道場 16l,620r,985l		三観 48r,263l,**377l**,394r, 413r,715l
酒 120l,261r,838l	坐臙(坐蹋) 22l,1064l	
坐夏 321l	参 **373l**	三願 **377r**,378l
さげ尼 15r	讃 **373r**	三願的証 378l
『ささめごと』 711r	三悪趣 5r,142r,**373r**,390r, 422r,441l,1072l	三願転入 378l,**378l**,428r
座主 **369l**		三帰 190l,378r
『沙石集』 467r	三悪道 142r,373r,390r, 441l,1072l	慚愧 **378r**
作善 **369l**		三帰依 190l,**378r**
坐禅 **369r**,617r	散位付僧綱 903l	三帰依文 378r
『坐禅用心記』 **370l**	三一権実 366r,**373l**,500l, 933r	三帰戒 378r
坐像 877l		三祇百大劫 495r
左大寺 208l	三一権実論争 373r,493l	サーンキヤ 59r,**379l**,1076r
刹 326l,603l	三因仏性 **373r**	『サーンキヤ・カーリカー』 379l
雑修 617l,632l	三有 **374l**	
殺人刀 154l	『サンヴァラ・タントラ』 694r,990r	三逆 318r
雑想観 492r		三逆罪 675r
薩埵 **370l**,922l	『サンヴァローダヤ・タントラ』 560r	三教 **379l**
雑伝派 380r		三教一致 379l
サットヴァ 396r,888r	三蘊 242l	三経義疏 **379r**,539l,546r, 928l
サティヤーグラハ 182l,864r	三会 **374l**,396r	
茶道 37l,43r,**370l**,703l	三慧 **374l**,495l,1009r	三帰礼 **379r**
座頭 **370r**	三衣一鉢 397l	三苦 44r,237r

三垢　396r
三空　238r, 240l
参宮　511r
三仮　263l
山家・山外　**380r**, 722r, 741l
散華　**379l**
懺悔　267l, **380l**, 626r
参詣　511r
『三外往生伝』　107r
『山家学生式』　366r, **380r**, 892r
散華師　439r
山家大師　358r, 366l
三解脱門　238r, **381l**, 384l, 402r
三結　42l, 1032r
山家派　380r, 722l
懺悔物語　**381l**, 712r, 1006r
懺悔文　381l, 1072l
『山家要略記』　193r
三玄　748r
三患　397l
三賢　**381r**, 333l, 434l
三賢位　278r, 331l
三鈷　351l, 383l
三講　364r
三業　299r, **382l**, 565r, 826l
三綱　52l, **382l**, 427l
山号　**381r**
三業帰命説　382r
『三教指帰』　174l, 239r, **382l**, 892r
三業受持　500r
三劫成仏　567r
三業惑乱　27l, **382r**
『三国遺事』　382r
『三国伝記』　**382r**, 713l, 931l
三国伝来　**383l**
『三国仏法伝通縁起』　221l, **383l**
三鈷杵（三股杵）　**383l**, 383l
三災　**383r**
三際　391l
三山　**383r**
三三の法門　220r
三昧　238l, 381l, **383r**, 401l
三師　384r
三時　**384l**, 530r, 640r, 955l
三時教　217r, 240l, **384l**
三時業　**384l**, 520l
三支作法　341l, 852l, 898l, 1078r
三師七証　133r, 253r, 375l, **384r**, 493r, 494l
三師二証　375l

三車・四車　**384r**
三車一車の喩え　150l
三車火宅喩　929l
三車家　38r, 384r, 993l
サンジャヤ　472r, 1004l
サンジャヤ・ベーラッティプッタ　1069l
三受　260r, 457r, 1036l
三従　332r, **384r**
三十三観音　384r, 386l
三十三間堂　**385l**
三十三所　385l
三十三身　348r, **385r**
三十三天　386l, 734r, 763r, 1074r
『三十四箇事書』　938l, 954l
三重七箇大事　386l
三重七箇法門　386l, 938l
三十七道品　139l, 344r, 386r, 451l, 520r, 829l
『三十帖策子』　386r
『三十帖冊子』　386r
三獣渡河　386r
三十二相　386r, 632r
三重塔　**387l**
三十番神　387r, 930r
三十棒　**387l**
三種行儀　210r
三種教相　387l
三種供養　260l
三種外道　277l
三種懺悔　554l
三種止観　100l, 413r, 953l
三種浄戒　387l
三聚浄戒　134l, **387r**, 407l, 664r, 922r, 923l, 1043l
三種浄肉　785l
三種世間　387l, 601r
三種相承　634r
三種念仏　251l
三種法　430l
三種法輪　387l
三種法華　**388l**
三性　**388l**, 613r, 1020l
三証　287r, **388r**
三障　305l, **388r**
三乗　88l, 373r, **389l**
散杖　467l
三勝学　376l
三条教則　220l, 222l, 455r, 656r
三証具足　388r
三定聚　194r, **389l**
三乗真実一乗方便　373r
三条仏所　102l, 874l

三乗方便一乗真実　373r
『三帖和讃』　**389l**, 542r
三心　**389r**, 390l, 573l, 663l
三信　389r, **389r**, 432l, 565r, 663l
三身　108r, 272r, **390l**, 509l, 879r, 932r
散心　**390r**, 528l, 528r
三神一体　50l, 854l
三身説　875r
三心即一　390l
三途（三塗）　5r, 142r, 373l, **390l**, 390r
サンスカーラ　206r, 636l, 854l
サンスクリタ　206r
サンスクリット　**390r**, 869r, 940r, 941r
サンスクリット写本　**391l**
三途の川　390r
三施　611r, 864l
三世　**391l**, 621l
三清天　734r
三世因果　391r
三世間　387r, 601r
三世実有・法体恒有　391r, **391r**, 414l, 603l, 610l
三世両重　95r
三世両重の因果　56r, 299r, 485r
散銭　365l
三禅　432l
参禅　373l
散善　74r, 187r, **392l**, 492r, 529l, **529r**, 529r
三千院　**392l**
三千界　392r
三善根　616l
三善趣　373r, 1072l
三千塵点劫　339r, 577l
三千世界　392r
三千世間　40r, 185r
三千大千世界　**392r**, 599r
三善道　373r, 441r, 1072l
三選の文　540r
三千仏　626l
山川（林）斗藪　767r
三相　388l
三蔵　14r, 206l, **392r**, 670l, 780r, 1042l, 1044l, 1077l
三蔵教　329r, 377l, **393l**
三蔵師　393l
三蔵聖教序　516r
三蔵禅師　393l
三草二木　**393l**

三草二木喩 929*l*	三秘 394*l*	三藐三菩提 515*l*
三蔵法師 288*l*, **393***l*	サンヒター 68*r*	三明 402*l*, 574*l*, 737*l*, 1070*r*, 1075*l*
三蔵律師 393*l*	三百四十八戒 792*r*	
三尊 **393***r*	三部 **398***r*, 648*l*	三無為 703*r*, 980*r*
三大 393*r*, 665*r*	三武一宗の法難 398*r*, 816*l*	三無自性 987*l*
三諦 **393***r*, 704*r*	『三部仮名鈔』 399*l*	三無性 987*l*
三諦円融 263*l*	三部経 **399***r*	三無性説 388*r*
三諦偈 705*l*	三福田 858*r*	三無漏根 786*l*
三大誓願 133*l*	三不善根 4*r*, 396*r*, 769*r*, 772*r*	三面僧房 640*r*
三大秘法 **394***l*, 789*r*	サンプ僧院 151*l*	三面頭飾 905*r*
讃歎 **394***l*	讃仏偈 **399***l*	三面六臂 **402***r*
讃歎供養 516*r*, 527*l*	三仏寺 **399***r*	三門 402*r*, 716*l*, 1007*r*
讃歎門 338*r*	讃仏乗 **400***l*	山門 104*r*, 120*r*, 402*r*, **402***r*, 741*l*
サーンチー **394***r*	三仏性 374*l*	
三智 282*r*, **394***r*, 696*r*	三不動 **400***l*	三門徒 **403***l*
三長斎日 248*r*	三分 41*r*	讃門徒 403*l*
珊底羅 486*l*	三分科経 558*l*	三益 **403***l*
三天 **395***l*	三分別 891*r*	三礼師 439*r*
三転 **395***l*	三宝 **400***l*, 758*l*, 882*l*, 901*r*	三力 **403***r*
三転十二行相 395*l*	三法 928*r*	三輪 360*l*, 396*l*, **403***r*
三天説 734*r*	三報 384*r*	三輪空寂の布施 403*r*
『参天台五台山記』 336*l*, **395***r*, 529*l*	三宝印 400*l*	三輪清浄 452*r*, 864*l*
	三宝院 **400***r*, 658*r*	三輪清浄の布施 403*r*
三顛倒 742*l*	三法印 **400***r*, 454*r*, 554*r*, 559*l*, 808*r*	三輪身 **404***l*
三転法輪 388*l*, 395*l*		三輪体空 574*l*, 864*l*
三土 **395***l*, 872*l*	三宝院御流 344*r*	山林斗藪 767*r*
三塔 104*r*, **395***l*, 840*l*	『三宝絵』 **400***r*, 893*l*	参籠 **404***r*
三道 292*l*, 308*l*, **396***l*, 506*l*, 1080*l*, 1080*r*	『三宝絵詞』 400*r*	三論 199*r*, **404***r*, 405*l*, 487*l*, 850*l*
	『三宝感応要略録』 **400***r*	
『参同契』 **396***l*	『三宝記』 1061*l*	『三論玄義』 199*r*, **405***l*, 822*l*
三塔巡礼 395*r*	三宝荒神 **401***l*	三論宗 241*r*, 404*r*, **405***l*, 782*r*, 828*r*, 1047*r*
三徳 156*l*, **396***l*	三法輪 388*l*, 403*r*	
三毒 4*r*, 254*l*, **396***l*, 563*r*, 769*r*, 772*r*, 945*l*, 994*l*	『三報論』 294*l*	『三論大義鈔』 666*l*
	三菩提 923*r*	三惑 288*l*, **405***r*, 994*l*
三毒段 295*r*	三昧 125*l*, 381*l*, **401***l*, 510*l*, 513*r*, 612*l*, 835*r*, 1053*l*	
三悪趣 373*r*		**シ**
三忍 990*r*	三昧王三昧 106*l*	
三会 **396***r*	三昧僧 401*r*	支 463*l*
三衣 92*l*, 251*l*, 271*l*, 331*r*, **396***r*, 397*l*, 439*l*, 489*l*, 1074*l*	三昧堂 401*r*, **401***r*	止 171*r*, 413*r*, 612*l*
	三昧聖 19*l*, 121*r*, 401*r*	死 **406***l*
賛寧 306*r*	三悪道 373*r*	伺 137*l*, 569*r*
三衣一鉢 51*l*, **397***l*	三摩地 401*l*, 612*l*	使 275*r*, **406***r*, 945*r*
三熱 **397***l*, 468*r*	三摩鉢底 612*l*	寺 408*l*, 408*l*
三縁 374*l*	三昧耶 **401***r*	事 559*r*, 1039*r*
三念住 489*l*	三昧耶印 796*l*	慈 452*l*, 456*r*, 465*l*, 827*l*
山王一実神道 38*l*, 266*r*, 398*l*, 741*l*	三昧耶会 1049*r*	四 55*r*, 228*r*, 1031*r*
	三昧耶戒 **402***l*, 664*r*	自愛 **406***r*
山王権現 349*l*, 397*r*, 723*l*	三昧耶戒壇 690*l*	四悪 4*r*
山王神道 **397***r*	三昧耶形 402*l*, 430*l*, 1049*l*	四悪趣 5*r*, 441*r*
『山王霊験記』 **398***l*	三昧耶曼荼羅 402*l*, 430*l*, 1049*r*	止悪修善 **407***l*, 613*r*
三拝 **398***l*		四阿含 286*r*
三輩 **398***l*	三密 144*r*, **402***l*	四阿含経 7*l*, **407***l*
三縛 819*l*	三密加持 144*r*, 200*r*, 402*l*	四安楽行 25*l*, **407***l*
三罰 826*r*	三密相応 402*l*	四威儀 28*r*, 214*r*, **407***l*
生飯 371*r*	三密瑜伽 568*l*, 1024*l*	思已業 299*r*

四意趣 410r	自覚 867l	直綴(直裰) 418r, 418r
四一教判 24r	慈覚大師 101l, 413l, 660r	敷茄子 659l, 1062r
子院 21r, 407r, 640r	自我偈 413l	識の自己認識 415r
支院(枝院) 407l	寺家会 446l	尸棄仏 284r, 418r
四院 407r, 447l, 460r, 858l	四箇法要 413l, 856l, 937l	色法 143r
志因 380r, 740r	鹿曼荼羅 147r	敷曼荼羅 961l
寺院 407r	止観 377l, 413l, 953l	樒(梻) 419l, 419l
四印会 1049r	此岸 840r	識無処 456r, 734l, 844l
寺院建築 408l	事観 186r	四脚門 1007l
寺院法度 409r, 948l	時間 413r	四行 792r
四有 374l, 410l	止観業 415l	自行化他 419l
死有 374l, 410l, 705l	只管打坐 415l, 752l, 1003r	自行化彼 419l
始有 945r	祇管打坐 415l	持経者 419l
シヴァ 133l, 410l, 424r, 464r, 854l	『止観輔行弘決』 953l	識論者 1024r
ジーヴァカ 9l, 201r, 410l	『止観輔伝弘決』 953l	四句 419l
シヴァ派 410l, 464r	時間論 81l	四苦 419r, 420l, 553l
紫雲 410l	時間論者 413l	死句 152r
慈雲 134r, 410l, 484l, 545r, 569l, 845l, 938l	色 295r, 316r, 415l, 417r, 972r	竺 463l
慈雲尊者 410r	私記 222r	自空説 722l
四依 410r	識 19r, 214l, 316r, 325l, 415r, 485l, 489l, 581l, 1019l, 1068l	慈救呪 419r
死穢 200l, 267l		竺将焰 927l
思慧 1009l	食 416l	四弘誓願 167r, 244r, 419r
紫衣 411l, 411r	時機 416l	竺仙梵僊 420l, 511l
緇衣 320r, 411l	色有 374l	竺道生 216r, 755l
紫衣事件 411r, 683l	色蘊 316r	竺曇無蘭 224r
ジェータ 503r	識蘊 316r, 415r	四苦八苦 237l, 420l, 437l
慈恵大師(慈慧大師) 1051l	自帰依・法帰依 416l	竺仏念 420r, 453l, 923l
ジェータ太子 191r	色界 374r, 416l, 734l	四句分別 419l
ジェブツンダンパ 688r	色境 143l, 1076r	竺法雅 138r
四依法 253r, 494l	食身信禄 571l, 861l	竺法護 420r, 920r
四縁 94l, 411l, 1067l	色究竟天 73r, 416r, 734r	竺法蘭 420l, 428l, 820r
資縁 411r	直顕の一乗 39l	事供養 1069r
慈円 245l, 411l, 552r, 711l	食香 291l, 705l	四華 960l, 961r
慈延 233l	『信貴山縁起』 416r, 846l	師家 421l, 1064r
此縁性 95l, 124r	式三番 812r	寺家 421l
シェンラブ・ミボ 133r, 940l	直指 416r	思渓版 639r
四王 446r	食事五観 318l	四加行 283l
四王天 276l, 412l	直指単伝 416r	寺家人 421l
塩断ち 1003r	直指人心 212l, 416r	支謙 260l, 421l, 927l
四恩 118l, 412l	式叉摩那 133l, 417l, 470r, 628r	示現 348r, 421r
慈恩寺 661l		慈眼大師 735l
慈恩宗 933r	職衆(色衆) 417l, 417l	寺庫 460l, 991l
慈恩大師 190l	色身 390l, 875r, 879r	四劫 81l, 284r, 297l, 421r, 633l
知客 412l	直心 389r, 417l	
自我 45l, 124l, 142r, 145r, 802l, 803l, 897r	色身舎利 472l	思業 299r
	色心不二 417l	師号 421r
四海 412l	色即是空・空即是色 417r, 417l	諡号 421r, 422l
持戒 412r		四向四果 42l, 422l, 859l, 1032r
尸解仙 412r	直談 418l	
持戒波羅蜜 1073r	直談抄 418l, 418l	慈光寺経 52l, 462l
四箇院 407l	識転変 745l, 1020l	自業自得 422l
四箇格言 412r	直道 418l	誌公帽子 1001r
始覚 137r, 937r	食堂 418l	地獄 422r, 1072l
		『地獄草紙』 423l, 423l
		地獄卒 321r

持国天 **423*l***, 446*r*, 734*l*
四国八十八箇所 **423*r***, 512*l*, 900*r*
地獄変(相) 423*l*
地獄変相図 1072*l*
四枯四栄 373*l*
持業釈 1040*l*
地居天 734*l*
紫金 455*r*
持金剛 479*r*
持斎 **424*l***
自在 **424*l***, 476*l*
資財帳 **424*r***, 1057*r*
自在天 **424*r***, 636*r*
自在天創造因説 637*l*
自在な大我 655*l*
自在力 424*r*
『四座講式』 304*l*
自殺 **424*r***
自恣 22*l*, 76*r*, **425*l***
慈氏 **425*l***, 976*l*
獅子鎧 833*r*
獅子吼(師子吼) **425*l***, 425*l*
四事供養 260*l*
獅子賢 **425*r***, 834*l*
獅子座(師子座) 264*l*, **425*r***, 425*r*
師資承襲 425*r*
獅子(師子)身中の虫 **425*r***, 425*r*
師資相承 **425*r***, 730*r*
師資相伝 425*r*
四悉檀 **425*r***
獅子奮迅(師子奮迅) **426*l***, 426*l*
師子奮迅三昧 426*l*
慈氏菩薩 976*r*
事事無礙 125*l*, 271*l*, **426*l***
事事無礙法界 455*l*, 926*l*
四車 **384*r***
四蛇 436*r*
侍者 **426*l***
寺社縁起 **426*l***
示寂 **426*r***
四車家 38*r*, 384*r*, 993*l*
『死者の書』 806*l*
寺社奉行 **426*r***
死者霊 116*l*, 136*l*
四取 474*l*
四衆 363*l*, **426*r***, 628*r*
寺主 382*l*, **427*l***
時衆 44*l*, 427*r*
四洲 437*r*
四重 **427*l***, 482*l*, 831*r*
時宗 51*r*, **427*r***, 527*l*
四住期 337*r*, 689*r*, 957*l*
四重禁 427*l*, 831*r*
四十九院 210*l*, **427*r***, 774*l*
四十九日 **428*l***
四十九年, 一字不説 38*l*
四十華厳 269*l*, 716*r*
四重興廃 **428*l***, 938*l*
四重罪 319*r*, 427*l*
四重四十三軽戒 923*l*
四重四十二軽戒 134*l*
四十歯相 386*r*
四十二地 970*r*
四十二章経 **428*l***, 820*r*
四十八願 167*r*, **428*l***, 663*l*
四十八軽戒 482*r*
四十八夜 **429*l***
四十八夜念仏 429*l*
四十八体仏 **429*l***
四種護摩法 429*r*
四種三昧 **429*l***, 517*l*
四種釈 931*r*
四種成就法 430*l*
四種清浄 431*l*
四種相承 103*l*
四種念仏 181*l*
『私聚百因縁集』 **429*r***
四種法 200*r*, 264*l*, 309*r*, **429*r***
自受法楽 **430*l***
四種曼荼羅 **430*l***, 1049*r*
四種民天 734*r*
自受用 **430*r***
自受用身 509*r*, 875*r*
嗣書 46*r*, 454*l*
四生 272*l*, **430*r***, 512*r*
四姓 432*l*
四聖 441*r*
資生 **430*r***
自性 45*l*, **430*r***, 513*l*, 802*r*, 888*r*, 982*r*
自証 415*r*, **431*l***
自性因 1078*r*
四正勤 386*r*, **431*l***, 520*r*
自性罪 521*r*
四摂事 **431*l***
慈照寺 229*r*
四条式 282*l*, 380*r*
慈照子元 849*r*
時成就 1070*l*
自性住仏性 374*l*
始成正覚 941*r*
自性清浄 **431*l***
自性清浄心 287*r*, 325*r*, 431*r*, 801*l*, 874*r*
至誠心 389*r*, 390*l*
自性身 390*l*, 875*r*, 932*l*
資生施 430*r*
四聖諦 436*r*
四正断 386*r*
死生智証明 402*l*, 737*l*
死生智力 491*r*
資正の業 430*r*
自証分 415*r*, 803*r*
自性分別 891*r*
四摂法 431*l*
自性曼荼羅 960*r*
四静慮 401*l*, 432*l*
自性輪身 404*l*
至心 389*r*, 565*r*
地神 **431*r***, 435*l*, 435*r*, 486*r*
至心廻向の願 378*l*
自信教人信 **431*r***
四親近菩薩 455*l*
至心信楽 **431*r***
至心信楽の願 378*l*, 432*l*, 663*r*
四神足 386*r*, 575*r*
慈心不殺 849*r*
慈信房 627*r*
至心発願の願 378*l*
四姓 148*l*, **432*l***
自誓受 493*r*, 494*l*
自説 257*l*, 487*l*
四節上堂 536*l*
支識 561*r*
紙銭 **432*l***
四禅 401*l*, **432*l***
自然 **432*r***
事懺 380*l*
四善根 **434*l***
四善根位 278*r*
四禅天 432*r*
緇素 411*l*
四相 **434*r***, 628*r*
自相 242*r*, 295*l*, **434*r***, 802*r*, 852*r*, 902*l*
事相 215*r*, **434*r***
地蔵 **435*l***, 1072*r*
慈蔵 **435*r***, 725*l*
地蔵院 1049*r*
地蔵延命経 103*r*
地想観 492*r*
地蔵三経 435*l*
地蔵十王経 103*r*, 390*r*, 435*l*, 477*l*
地蔵十輪経 435*l*
地蔵信仰 **435*r***, 1072*r*
四双八輩 422*l*
地蔵菩薩業報経 616*r*
地蔵菩薩本願経 477*l*
『地蔵菩薩霊験記』 436*l*, **436*r***

地蔵盆　77*l*, 436*l*
地蔵本願経　435*l*
慈尊三会　1047*l*
四蛇　**436*r***
四諦　237*r*, **436*r***, 491*r*
支提　**437*l***, 703*r*
四大　432*r*, 433*l*, **437*l***
次第　222*r*, **437*r***
枝提　703*r*
次第縁　411*r*
四大王衆天　412*l*, 734*l*, 1074*r*
次第行布門　222*l*
支提窟　703*r*
四大広律　1044*l*
次第三観　48*r*, 377*r*, 896*r*
四大寺　172*r*, 782*r*
四大種　437*l*
四大洲　**437*r***
四諦十六行相観　434*l*
四大声聞　549*l*
『至大清規』　565*l*, 848*r*
支提堂　703*r*
四大不調　437*l*, 867*l*
シータヴァナ　189*l*, **437*r***
思託　307*l*, **437*r***, 759*l*
斯陀含　42*l*
四他勝処法　482*r*, 664*r*
自他彼此　150*r*
尸陀林　189*l*, **438*l***, 636*l*
寺檀制度　**438*l***, 482*l*, 732*l*
四智　337*r*, **438*l***, 654*r*, 697*l*, 737*r*
七有　439*l*
実恵(実慧)　8*r*, 9*l*, 178*r*, 208*l*
シチェルバッキー　438*l*
シチェルバツコイ　**438*l***
七覚支　139*l*, 386*r*, **438*l***, 457*r*
『七箇条起請文』　438*r*
『七箇条制誡』　438*r*, 914*l*
七観音　1067*r*
七逆罪　203*r*
七倶胝仏母　511*r*
七賢　287*r*, 295*r*, 434*r*
質庫　460*l*, 991*r*
七高僧　**438*r***
四知事　699*r*
七字の題目　680*r*
七衆　**438*r***, 628*r*
七聚　340*l*
七重行樹　439*l*
七重宝樹　439*l*
七衆戒　922*r*
七生　**439*l***
七証　384*r*
七聖　287*r*

七条　**439*l***
七情　439*l*
七条大宮御所　64*l*, 874*l*
七条仏所　266*l*, 874*l*
七祖　438*r*, **439*l***
七僧　303*r*, **439*r***, 766*l*
『七蔵』　645*r*
七僧法会　439*r*
七大寺　172*r*, 782*r*
『七大寺巡礼私記』　310*l*, 365*r*
『七大寺日記』　310*l*
七顛倒　742*l*
七堂伽藍　163*l*, **439*r***
七難　**439*r***
七難即滅七福即生　**440*l***
七難八苦　439*r*
実範　445*l*
七百結集　276*l*
七福神　**440*l***
七仏　143*r*, **440*l***
七仏通戒偈　144*l*, **440*l***, 613*r*, 927*l*
七仏薬師　**440*r***, 1013*r*
七仏薬師経　440*r*, 1012*r*
七仏薬師法　440*r*
七宝　439*l*, **440*l***, 833*r*, 1058*l*
七宝行樹　440*l*
七宝樹林　440*l*
七方便位　295*r*
七慢　959*l*
四注　1031*r*
寺中　407*l*
四朝高僧伝　306*r*
地鎮　724*l*
慈鎮　411*l*
地鎮法　23*r*, 431*r*, 724*l*
実有　66*l*, **441*l***
実恵(実慧)　8*r*, 9*l*, 178*r*, 208*l*
実叡　436*l*
十戒　133*l*, **441*l***
十界　422*r*, **441*l***, 442*l*, 926*l*
十戒歌　441*l*
十界互具　40*l*, 48*l*, 441*l*, 926*l*
十界修行　499*l*
十界図　441*l*, **442*l***
十界曼荼羅　41*l*, 179*l*, 394*l*, 441*l*, **442*l***, 944*l*, 961*l*
『十巻抄』　592*l*
『十巻章』　**442*l***
十境　218*l*, 483*r*
実教　354*l*, **442*l***
十境十乗観法　953*l*
習気　**442*l***, 480*l*
十劫正覚　244*r*, 442*l*
十劫の弥陀　244*l*, **442*r***

十劫秘事　842*r*
『実語教』　**442*r***, 754*l*
十穀　**442*r***
十穀断ち　442*r*
十穀聖　442*r*
実際　**443*l***
実罪　521*l*
十斎日　366*r*
実在論　183*r*
十刹　443*r*
執事　**443*l***
悉地　**443*l***, 648*r*
十師　484*l*
悉地成就　443*l*
実子相承　**443*l***
瑟瑟座　659*l*
実社　582*l*
実叉難陀　269*l*, 665*r*, 852*r*, 912*l*
実社の神　348*l*, 942*l*
実社の邪神　556*r*
十宗　319*l*, **443*r***
十種供養　260*l*, **443*r***
湿生　430*r*, 512*l*
疾証菩提　772*l*
十信　278*l*, 331*l*, 923*l*
直歳　699*l*
十刹　**443*r***
実相　**443*r***
実相印　444*l*
実相観　444*l*
実相念仏　181*l*
悉陀　458*l*
実諦　50*l*
集諦　237*r*, 434*l*, 437*l*, 476*l*, 491*r*
実大乗　356*r*
シッダッタ　**444*l***, 444*l*
悉達多　**444*l***, 458*l*
シッダマートリカー文字　444*l*, 941*r*
シッダールタ　444*l*, **444*l***, 458*l*
悉曇　**444*l***, 941*l*, 1008*r*
悉檀　425*r*
『悉曇三密鈔』　**444*r***, 521*l*
『悉曇字記』　**444*r***
悉曇章　444*r*
『悉曇蔵』　**444*r***
十智　696*l*
実智　354*l*, 357*l*
執持識　20*l*
実忠　872*l*
十纒　735*l*, 946*l*
執当　421*l*, **444*r***

十徳 **444r**	寺内 407l	四梵住 452r, **455l**, 456r
拾得 **171r**, 171r, 172l, **445l**	自内証 774l	四本幡 834r
実如 **445l**	寺内町 32r, **449r**, 939r	四魔 **455l**, 951l
失念 **445l**	磯長寺 83r	死魔 455l, 951l
漆箔 **445l**	ジナ教 **449r**, 457r	紫磨金 **455l**
十波羅蜜 696r, 832r, 1073l	自然 449r	紫磨金色 455r
実範 134r, 217r, **445l**, 1043r	自然外道 432r, 450l, **450r**	島地黙雷 **455r**, 656l
『十不二門』 445r	四念住 451l	枝末蘊 42l
『十不二門指要鈔』 **445r**, 722l	四念処 381r, 386r, 446r, **451l**	枝末法輪 387r
竹篦 **445r**	自然説 450l	枝末煩悩 589l
十遍処 **445r**	自然智 **451l**, 987r	枝末無明 994r
七宝 440r, **446l**	自然智宗 451l	四曼 430l
十方往生 106r	自然法爾 **451r**, 913r	指鬘外道 105r
十方住持制 673r	子縛 151l	四万六千日 **455r**
十法成乗観 483r	司馬多須奈 769l	事密・理密 **455r**
十方浄土 **446l**, 872l	司馬達等 **452l**, 769l	持明院 1049l
十方世界 **446l**, 599l	持鉢 683l	慈恩三蔵慧日 91r
十方遍満仏 879l	四波羅夷法 482l, 494l, 664r	慈恩流浄土教 91r
実報無障礙土 447r	四波羅蜜 550r, 696r	四無畏 **456l**, 489l, 980r
十法界 926l	四波羅蜜菩薩 455l	詞無礙 456l
執務別当 444r	志磐 878r	辞無礙 456l
室利仏逝 778r	尸毗(尸毘) **452l**, 452l	四無礙解 456l
実類神 348r, 349l, **446l**, 556r, 942l	鴟尾 166r	四無礙智 215r, **456l**
死出の田長 446l	慈悲 452l	四無礙弁 456l
死出の山 446l	慈悲観 333l, 452l	四無色定 401l, **456l**, 823r, 844l, 987l
四天 446r	四秘密 410r	四無所畏 456l
地天 431r, 486r	四百四病 453l	四無量心 452r, **456r**
寺田 446l	『四百論』 20r, **453l**, 706l, 850l	四明山 456r
四天下 737l	資福禅寺本 639l	四明三家 380r
四顛倒 381r, **446r**, 451l, 550l, 742l, 1036l	四部衆 426r	四明尊者 456r, 722l
四天王 313l, 412l, 423l, **446r**, 635l, 734l	四不生 862r	四明知礼 457l
四天王寺 407r, **447l**, 858r	四仏 340r, 349r, **453l**, 670l	四面廊 135l
緇徒 411l	持仏 **453r**	歯木 1028r
四土 **447r**, 524l, 534l, 872l	持仏堂 453l	持物 **457l**
四度 449l	四分 421r	霜月会 **457l**, 661l
私度 **447r**	寺分阿闍梨 9r	四門 243l
自度 448l, 448l	『四分律』 **453r**, 483r, 823r, 1043l, 1044l	緇門 411l
四道 448l	『四分律行事鈔』 **454l**, 757l	字門 444r
祠堂 162r, 408l, **448r**, 703l	四分律宗 1043l	寺門 104r, 120r, **402r**, 402r, **457l**, 741l
祠堂経 83r	慈遍 359r, 522r, 838l, 1018r	四門出遊 457l
祠堂銭 **448r**	時辺殷涅槃法 49r	四門遊観 457l
持統天皇 1012r	嗣法 **454l**	捨 139l, 195r, 452r, 456r, **457l**
自灯明・法灯明 416l, **449l**, 762r, 913l	自坊 902l	闍維 686r
四徳 550r	四法印 44r, 400r, **454r**	ジャイナ教 236r, **457r**, 784r, 864l, 1069l
至得果仏性 374l	四方僧(伽) 531r, 629l	ジャイミニ 968l
四加行 222r, **449l**, 489l	四方僧房 531l	邪婬 4r, **458l**
志度寺 **449l**	四方僧物 531l	邪婬戒 458l
『志度寺縁起』 449l	指方立相 **454r**	シャウラセーニー 888l
私度僧 181l, 447r, 767r	四菩薩 425r, 670l	舎衛国 597r
支遁 **449r**, 997r	新発意 582r	舎衛城 **458l**, 821r
ジナ 457r, 784r	四法界 **455l**, 560l, 926l, 926l, 1039r	釈迦 **458r**
	事法界 455l, 559l, 926l	

遮戒 4r, **459r**, 515l
社会福祉と仏教 **460l**
釈迦院 1049r
釈迦五尊 461l
釈迦三尊 393r, 461l
『釈迦氏譜』 461r
釈迦十六善神 492l
釈迦像 **461l**
釈迦族 177r, 546l
釈迦堂 461r
釈迦八相 829l
釈迦八相図 829r
『釈迦譜』 **461r**, 642l
釈迦牟尼 458r, 461r, 867l, 992l
釈迦牟尼世尊 464l, 992l
釈迦牟尼仏 143r, **461r**, 464l
娑伽羅 462l, 825l
娑竭羅竜王 **462l**, 899l, 1048l
邪鬼 16r
邪義 26r
シャーキャシュリーバドラ 67r, **462l**, 725r
シャーキヤミトラ 352l
写経 **462l**, 557l
写経司 462r
写経所 462r
写経生 462r
釈 **462r**
迹 587l
繹空 584r
析空観 377r
寂護 473r, 706r
著語 4l, **463l**
釈子 462r, **463l**, 463l
釈氏 462r, **463l**
寂室元光 82l
積聚 **463l**
集聚説 (積集説) 60l, 433l, 463l, 1069l
積聚精要心 463l
錫杖 **463r**, 489l, 511l
寂昭 (寂照) 289l, **463r**, 463r, 722r
寂場 465r
寂静 **463r**
寂静楽 344l
『釈氏要覧』 **464l**
寂然 917l
赤栴檀 693l
釈宗演 **464l**, 591r
釈尊 458r, **464l**, 867l
敵対開会 **464l**
『釈達性論』 507r
シャークタ派 465l, 694r

シャクティ **464r**
寂天 473r
釈道安 749r
赤肉団 785r, 981l
赤肉団上一無位の真人 1054l
折伏 **465l**, 525l
折伏法 720l
迹仏 948r
『釈摩訶衍論』 **465l**, 1048l
寂滅 **465r**, 465r, 807l
寂滅為楽 465r, 607r
寂滅場 465r
寂滅道場 **465r**
寂滅道場会 554l
迹門 127l, 128r, 428l, **465r**, 490r, 790l, 921r, 948r
釈門 462r, 884r
迹門の十妙 490r, 948r
シャクラーディトヤ 778l
釈論 710r
邪見 4r, 142r, 281l, **465r**, 898r
這箇 (遮箇, 者箇) 466r, 466l
遮罪 4r, 120r, 459r, **466l**, 521r
遮三の一乗 39l
捨此往彼 106r
社寺曼荼羅 147r, 258l, 961l
捨受 1036l
邪宗 466l
邪宗門 **466l**
灑浄 467r
邪正一如 **466r**
邪定聚 194r, 389l
社寺領上知 **466r**
捨身 466r
捨身飼虎 353l, **467l**, 687r, 943r
灑水 (洒水) **467l**, 467l
灑水観音 467r
灑水器 467l
『沙石集』 **467r**, 713l, 988l
社僧 **467r**
捨堕 340l, 815l
ジャータカ 257l, 395l, **467r**, 487l
差多羅 603l
捨置記 984r
釈教 **468l**
釈教歌 **468l**, 1079l
迹化 **468r**, 940l, 940l
釈家 462r
寂光院 **468r**
寂光浄土 **468r**, 524l
ジャーティ 147r, 432l

蛇道 397r, 468r
闍那崛多 **468r**, 658l, 883l, 920r
遮那業 415l, **469l**
車匿 **469l**
娑婆 183l, **469l**
娑婆即寂光 91l, 469r, 524r, 534r
シャバラスヴァーミン 968l
闍毘 686r
瀉瓶 **469r**
瀉瓶相承 469r
捨閉閣抛 **469r**
差別 **469l**
差別即平等 470l
邪魔 **470l**
奢摩他 171l, 612l
シャーマニズム **470l**
シャーマン 470l, 583l, 1060r
沙弥 133r, 353r, **470r**
沙弥尼 133l, **470l**
沙弥満誓 960l
邪命外道 8r, **470r**, 1068r
邪命食 416l
シャム・ニカーヤ派 760l
沙門 **470r**, 471l, 504l, 749l, 1068r
沙門果経 **471l**, 1068l
沙門釈種子 873r
沙門不敬王者 **471l**
『沙門不敬王者論』 85l, 110r, 259l, 471r, 507r, 583l
ジャヤヴァルマン7世 759r
ジャヤラーシ 1021l, 1066r
娑羅双樹 372r, **471r**
ジャラーラーバード 605r
舎利 30l, **471r**, 471l
舎利会 30l, 472r
舎利講 30l
舎利信仰 **471r**
舎利殿 30l
舎利塔 30l, 471r, 472l, 873l
シャーリプトラ 459l, **472r**, 472r
舎利弗 395l, 459l, **472r**, 484r
舎利容器 **472r**
シャル寺本テンギュル 701r
『シャールドゥーラカルナ・アヴァダーナ』 621r
シャル派 886l
謝霊運 **473l**, 772r, 808r
シャンカラ 69r, **473l**, 937r
シャンカラスヴァーミン 64r
シャーンタラクシタ 160l, **473r**, 702r, 705r, 706r

シャーンティデーヴァ **473r**, 797l, 851l
シャーンディリヤ 75l, 937l
シャンパ-カギュー派 136r
ジャン版 701l
取 317l, **474l**, 485l, 945r
衆 631r
趣 **474l**
受 316l, **474l**, 485l
呪(咒) **474r**, 474r, 567l
頌 149r, 263r, **475l**, 499r
修悪 529l
思惟 **475r**
手印 58r, **475l**
修因感果 **475l**
修因得果 475l
宗 **475l**, 478l, 480l, 488r
習 476l
自由 **475r**
集 476l
十悪 4r, 203l, **476l**, 484l
十悪業 565r
十悪業道 308l
『拾遺往生伝』 107r
従威儀師 28r
宗昱 722l
『拾遺黒谷上人語灯録』 261r
十一不二 51l
十一面観音 **476l**
十一面悔過 1117l, 506r
重衣 251l, 396r
宗叡 345l, 792r
『周易』 748r
十廻向 278r, 331l, 381r, 923l
十王 423l, **476l**, 477l, 480l
十王経 477l, **477l**
十王信仰 477l
十王図 477l
十王殿 477l
酬恩庵 477l
土用果 1066r
従覚 919r, 955l, 1018r
守覚法親王 344r, 437r, **477r**
『宗鑑録』 590l
従義 380r
従儀師 28r
『十牛図』 **477r**
宗教 **478l**
十行 278r, 331l, 381r, 923l
宗教関係法規 **478r**
宗教団体法 479l
宗教法人法 479l
宗教法人令 479l
呪禁 500l
十玄縁起 **479l**

十玄縁起無礙法門 479l
十玄門 479l
住劫 284r, 297r, 333l, 421r, 633l
十号 **479r**, 800l
執金剛 350l
執金剛神 **479r**
十三宗 **479r**
十三難 853l
十三仏 480l
十三仏事 480l, 810l
宗旨 480l, 482l
種子 32r, 262l, 285l, 442l, 480l
十地 331l, **480r**, 481l, 922l, 923l
住持 481l
十地経 269l, 480r, 481l, 481r, 483l, 922l
『十地経論』 481l, 562l, 926l, 1073l
十字金剛 154r
自由自在 476l
住持三宝 400l
集字聖教序 517l
種子生現行 283r, 480l
住持職 481l
十七条憲法 481r, 538l
十七清浄句 595l, 946l, 1041l
宗旨人別帳 482l
十事の非法 846l
十字の名号 776r
十四無記 984r
執着(執著) **482l**, 482l
習種性 501r
重頌 149r, 203l, 256r, 487l
十住 278r, 331l, 381r, 923l
十重戒 482r
十重禁 482l
十重禁戒 441l, **482l**, 482r, 664l, 832l
十重顕本 129l
十重四十八軽戒 134l, 482l, **482r**, 664r, 923l, 948r
十住心 217r, **482r**, 482l, 844r
『十住心論』 217r, 239l, **482r**, 844l
十重波羅提木叉 482l
『十住毘婆沙論』 **483l**, 1047l
重重無尽(十十無尽) **483l**
重々無尽縁起 95r
重頌偈 263l
『十誦律』 454l, **483l**, 1043l, 1044l
住処 407r

宗昭 141l
宗乗 480l, **483r**
種姓(種性) **501r**, 501r
十乗観法 185r, **483r**
周丈六 553l, 918r
住職 481l
習所成種姓 501r
住処世間 387r
周信 201l
住信 429r
十随念 810r
集積説 60l, 1069l
十善 **483r**, 545l
十善戒 134l, 317l, 441l, 545l
十善業道 308l, 484l
十禅師 **484l**, 774l
十善の主 484l
十善の君 484l
十善の帝位 484l
『十善法語』 410r, **484l**, 545r, 845l
宗祖 129l, 215r
十大弟子 **484r**
従他受 493r, 494l
衆徒 **484r**, 640l
終南山 **484r**, 624l, 757l
終南大師 624l
十二因縁 56r, 95r, **485l**, 972r, 994l, 1056l, 1073l
十二縁起 485l, **485r**
十二合掌 59l, 153l, 475l
十二光仏 840r, 995r
十二支縁起 56r, 95l, 485l, **485r**
十二処 **485r**, 489r, 1073r, 1076l
十二神将 486l
十二頭陀行 592r
十二大願 655r
十二天 **486l**, 744r
十二天供 486r
十二天曼荼羅 **486r**
十二入 485r, 489r, 1073r, 1076l
十二入処 485r
十二部経 **487l**, 487l
十二分教 75l, 202l, 205r, 257l, **487l**, 850l, 913l, 941l
十二分聖教 487l
『十二門論』 404r, **487l**
十如 487r
十如是 **487r**
十念 **488l**
宗派 **488l**
十八印 59l

十八空　238*r*, 240*l*
十八契印　489*l*
十八檀林　312*r*, **488r**
十八道　449*l*, **489l**
十八道加行　489*l*
十八不共法　456*l*, **489l**, 491*r*, 676*l*
『十八部論』 54*l*
十八物　**489l**, 1074*l*
十八羅漢　1035*r*
十八界　124*r*, **489l**, 803*r*, 1073*r*
十波羅夷　482*l*
十波羅提木叉　482*l*
十不善業　484*l*
摺仏　594*r*
繍仏　**489r**
十仏事　476*r*, 477*l*, 480*l*, 810*l*
周武の法難　399*l*
周文　**489r**
『聚分韻略』 318*l*
周遍含容観　377*r*
十遍処　445*r*
十法行　721*l*
宗峰妙超　**489r**, 673*l*, 1054*l*
十万億土　**490l**
十万頌般若　837*l*
十万億仏土　490*l*
宗密　150*l*, 270*r*, 293*r*, **490l**, 614*r*
十妙　445*r*, **490r**, 928*r*
什物　**490r**
宗門改め　**491l**
宗門改帳　491*l*
宗門帳　482*l*
宗門人別改帳　482*l*
十夜　312*r*, **491l**
十夜法要　491*l*
十喩　985*r*, 1022*l*
宗要　480*l*
十羅刹女　1037*l*
十力　489*l*, **491r**
修理銘　637*l*
十輪院　**491r**
十六観　492*r*
十六行相　216*l*, 434*l*, **491r**
十六善神　**492l**
十六大国　**492l**
十六羅漢　19*r*, **492r**, 1035*l*
十六観　34*r*, 187*l*, **492r**, 529*r*
宗論　11*r*, **493l**
受蘊　316*r*
修慧　1009*l*
衆園　162*r*
受戒　**493r**, 493*r*
授戒　**493r**
授戒師　128*r*
守覚法親王　477*r*
修伽陀　621*r*
呪願　474*r*, **494l**
呪願師　439*r*, 494*r*
受記　494*r*
授記　487*l*, **494r**, 1030*r*
授記作仏　202*l*, 494*r*
従儀師　28*r*
修行　206*r*, **494r**
誦経　590*l*
儒教　303*l*, **495r**
『衆経別録』 1011*r*
『衆経要集金蔵論』 399*l*
手巾　489*l*, **496r**
宿因　496*r*
宿院　498*l*
宿院仏所　874*l*
従空入仮観　263*l*, 377*l*
宿縁　**496r**
宿願　**496r**, 938*r*
宿業　496*r*, **497l**
粥座　**497l**
宿作因論　277*l*
縮刷大蔵経　315*r*, 670*r*
宿執　**497r**
宿習　**497r**
宿住随念智力　491*r*
宿住智証明　402*l*
宿世　590*l*
宿善　**497r**
宿善開発　497*r*
倏然　334*r*, 366*l*
祝髪　**497r**
粥飯　79*r*
宿坊　313*r*, **498l**, 902*l*
宿命　**498l**
宿命通　498*l*, 1070*r*
宿命明　402*l*
宿曜経　**498r**, 590*r*, 621*r*, 787*l*
受仮　263*l*
樹華　240*r*
綜芸種智院　207*l*, 240*l*, 460*r*, **498r**
授決　494*r*
『授決集』 100*l*, **498r**
従仮入空観　263*l*, 377*l*
衆賢　511*l*, 603*r*
修験者　376*r*, 499*l*, 1017*r*
修験道　376*r*, **498r**
頌古　300*r*, **499r**
『頌古一百則』 499*r*
衆合地獄　**499r**, 825*r*
守庚申　305*r*
『守護国界章』 332*r*, 366*r*, 384*l*, **500l**
『守護国家論』 **500l**, 789*r*
『頌古百則』 97*r*, 300*r*, 895*r*
呪禁　**500l**
執金剛神　479*r*
呪禁師　500*l*
種三尊　500*r*
種子(種字)　**500r**, 500*r*, 941*r*
受持　**500r**
授事　52*r*
受職灌頂　176*r*
種子袈裟　1081*l*
主師親　**500r**
種子曼荼羅　430*l*
修習　494*r*
修習位　267*r*, 295*r*
『修習次第』 160*l*, **501l**
種種界智力　491*r*
種熟脱　**501l**
種種勝解智力　491*r*
竪出　787*l*
呪術　474*r*, **501l**
殊勝　**501r**
種姓(種性)　**501r**, 501*r*, 513*l*, 874*l*
拄杖　41*r*, **502l**
修定　**502l**
衆生　71*r*, 198*r*, 370*l*, 374*r*, **502l**
修証一如　502*r*
修証一等　415*l*, **502r**, 545*l*
修正会　**502r**
衆生縁　452*r*
衆生界　502*l*
修正月会　502*r*
『修証義』 **502r**
主成就　1070*l*
衆成就　1070*l*
衆生濁　333*l*
衆生世間　387*r*, 502*l*, 601*r*
衆生世間清浄　526*r*
衆聖点記　**503l**
修証不二　502*r*, 1003*r*
衆生無辺誓願度　419*r*
修諸功徳の願　378*l*
数珠(珠数，誦珠，呪珠)　**503l**, 503*l*
修善　529*l*
修禅寺　**503l**
『修禅寺決』 938*l*
衆善奉行　**503r**
首座　**503r**, 521*r*
呪詛　474*r*
手足指縵網相　386*r*

須大拏　694*l*
須陀洹　204*r*, 1032*r*
須達　191*l*, **503*r***
須達多　503*r*
修多羅　205*r*, 487*l*, **503*r***
首陀羅　432*l*, **504*l***
修多羅供　504*l*
修多羅(供)銭　504*l*
修治　592*r*
守澄　1056*r*
竪超　**109*l***, 109*l*, 787*l*
集起心　325*l*
出家　**504*l***, 829*l*
出家楽　344*l*
出罪羯磨　253*l*
出山釈迦　**504*r***
『出三蔵記集』 188*l*, **504*r***, 642*l*, 1011*r*
出定　**505*l***, 796*r*
『出定後語』 146*r*, **505*l***, 666*r*, 768*r*, 817*l*
『出定笑語』 **505*r***, 577*l*, 817*l*
出世　**505*r***
出世間　505*r*, 595*r*, 601*r*
出世間食　416*l*
出世間乗　332*l*
出世間清浄　526*r*
出世者　505*r*
出世の一大事　505*r*
出世の素懐　505*r*
出世本懐　**505*r***
出胎　829*l*
出稠林　807*l*
習気　442*l*
シュッドーダナ　458*r*, **506*l***, 546*l*, 958*l*
出離　**506*l***
出離生死　506*l*
主殿造　512*r*
衆徒　484*r*, 663*l*
手灯　**506*l***
修道　295*r*, 494*r*, **506*l***
修道位　267*r*, 295*r*
手灯行　506*l*
シュードラ　432*l*, 504*l*, **506*r***
修妬路　205*r*, 503*r*
修二会　**506*r***, 783*r*
修二月会　506*r*
ジュニャーナガルバ　**506*r***
ジュニャーナシュリーミトラ　**507*l***, 1019*r*
受念処　451*l*
地涌の菩薩　455*l*, **507*l***, 517*l*, 531*l*, 789*r*, 921*l*
シュバカラシンハ　**507*l***, 627*l*
戍博迦　1035*l*
麈尾　933*l*
寿福寺　82*r*, 326*r*, **507*l***
受不施　577*l*
儒仏論争　**507*r***
修法　429*r*, **508*l***
受法　**508*l***
呪法　906*r*
受法灌頂　508*l*
須菩提　484*r*, **508*r***, 658*l*
修菩提心　335*r*
須弥座　908*l*
須弥山　376*l*, **508*r***, 734*l*, 971*r*
須弥山図　508*r*
須弥壇　**508*r***
寿命　**509*l***
受明灌頂　176*r*
寿命濁　333*l*
撞木　**509*l***
呪文　474*r*, 688*r*
誦文の法師　209*r*
須臾　**509*l***, 609*r*
受用身　**509*l***, 560*r*, 875*r*
受用土　395*r*
修羅　10*l*, **509*r***, 1072*l*
修羅道　10*r*
修羅の巷　10*r*
修羅場　10*r*
修羅物　10*r*
シュリー　68*l*, 199*l*
シュリーヴィジャヤ(王国)　673*l*, 759*r*, 778*r*
シュリニヴァス　595*r*
周梨槃特　**509*r***
衆寮　**509*r***
首楞厳経　**509*r***, 510*l*, 561*r*
首楞厳三昧　401*r*, 510*l*, **510*l***
首楞厳三昧経　509*r*, 510*l*
『集量論』 **510*r***, 579*l*
シュリー-ラクシュミー　68*l*, 199*l*
シュリーラータ　223*r*
『鷲林拾葉鈔』 418*l*, 922*l*
首盧迦　263*r*
手炉　316*r*
鐘楼　**510*r***, 552*r*
寿老人　440*l*
シュローカ　149*r*
修惑　42*l*, 288*r*, 506*l*, 859*l*, 946*l*, 1080*l*
順縁・逆縁　**510*r***
春屋妙葩　**510*r***, 520*r*, 746*r*
順観　203*r*, 485*l*, **511*l***
巡教　511*l*
順暁　366*l*, 680*l*
順化　203*r*
順解脱分　295*r*
順決択分　295*r*
順現業　520*l*
順現報　384*r*
順現法受　159*l*
順現法受業　384*l*, 520*l*
順後業　520*l*
順後次受　159*l*
順後受業　384*r*, 520*l*
順後報　384*r*
荀子　496*l*
順次生受　159*l*
順次生受業　384*r*, 520*l*
純質　396*r*, 888*r*
瞬時の清浄　1000*r*
巡錫　463*r*, **511*l***
俊芿　134*r*, **511*l***, 625*l*, 1043*r*
順生業　520*l*
俊乗房　717*l*
順生報　384*r*
『順正理論』 **511*l***
順世　195*r*
順世外道　**511*r***
順世(間)　1066*l*
順世派　1068*r*
准胝観音　**511*r***
准胝仏母　511*r*
順道　719*r*
淳祐　1016*l*
准如　542*l*, 786*l*, 939*r*
巡拝　511*r*
順峰　967*l*
純密　960*r*, 964*r*
准門跡　968*r*, 1009*r*
シューンヤ　238*l*
シューンヤター　238*l*
順流　204*r*, **511*r***
巡礼　**511*r***, 597*r*, 876*l*
巡礼歌　81*r*
所　813*r*
疏　215*l*, **512*r***
諸悪莫作　**512*r***
諸悪莫作，衆善奉行，自浄其意，是諸仏教　440*l*
書院　512*r*
書院造　**512*r***
生　485*l*, **512*r***, 553*l*
性　**513*l***, 529*r*, 874*l*, 888*r*
章　215*l*, 512*r*
証　370*r*
鉦　519*l*
障　**513*r***, 946*r*
鐘　**513*r***, 943*l*
世友　67*l*, 414*l*

常寂光土 447r, **524r**, 534r	証真 528l, 740l	正断 520r
生者必滅 88r, **524r**	蕭深 507r	正智 697l
尚闍梨仙人 **525l**	生身 528r, 875r	浄智寺 326r, 338l, **533l**
性種 501r	精進 139l, 275r, **528r**	上著衣 396r, 439l
正受 612l	定心・散心 528l	正中の宗論 490l
摂受 465l, **525l**	浄信 526r, 562r	承澄 8l
摂取 606r	成尋 395r, **529l**	定朝 18r, **533l**, 874l, 1031r, 1083l
聖衆 **525l**	精進明 528r	
成就 443l	成身会 349l, **529l**, 1049r	定朝様 18r
正思惟 475l	焼身往生 528l	祥月 **533r**
性重 521r	精進落 528l	祥月命日 152l, 201r, 533l, 810l, 998l
常住 **525l**, 989l	焼身供養 245r, 528l	
生住異滅 525r	『正信偈』 529l	生天 106r, 406r, **533r**
『勝宗十句義論』 66r	清信士 74r, 354l, 569r	聖天 168r, **534l**
趙州従諗 200l, 249r, 300r, **525r**, 729r, 779r	勝進道 448r	浄土 106r, 322r, **534l**, 537l
	精進解 528r	正堂 409l, 1034l
常住僧物 526l	清信女 74r, 354l, 569r	昭堂 219l, **535l**
正宗分 161l, **526l**, 558l, 890r	『正信念仏偈』 529l	唱導 5l, 356l, **535l**, 610l
趙州無字 182r, 249r, 980l, 986r, 994r	精進波羅蜜 1073r	勝道 1056l
	精進屋 343l, 404r	聖道 **535r**
常住物 **526l**	葬頭河婆 685r	上堂 **536l**, 908l
『趙州録』 249r, 526l, 729r	性善・性悪 5l, **529l**	成道 459l, **536l**, 536r, 544l, 829l
成熟 403l	乗専 254l, 364l	
摂衆生戒 387r, 407l	定善 74r, 187r, 492r, 528r, **529l**	小塔院 849l
摂衆生(の)願 378l, 428r		成道会 **536l**
聖衆来迎 304r	小千世界 392r	『証道歌』 **536r**
聖衆来迎寺 **526l**	摂善法戒 387r, 407l	正等覚 536r
聖衆来迎図 525l	小僧 335l	正等覚無畏 456l
正性 292l	正倉 530l	松島寺 586r
正勝 520r	性相 420r	成等正覚 **536r**
小乗 **526l**, 664l, 787l	聖聡 331l, 518r, 635l	常灯明 549l
正定 513l, 829l	成相 1070r	聖道門 22r, 535r, **536r**, 623r
声杖 463r	浄蔵・浄眼 529r	浄土往生 995r
清浄 526r, 550r	正倉院 11r, **530l**, 530l	浄土教 537l, 624l
縄床 489l, **527l**	正倉院宝物 **530l**	浄土教建築 538l
縄牀 527l	摂俗界 274r	浄土教美術 **537r**, 542l
小乗教 319l	少僧都 632r	証得 370r
定生喜楽 432l	正像末 **530r**	聖徳宗 917r
正性決定 527r	『正像末和讃』 389r	聖徳太子 379r, 460l, 481r, **538r**, 546l, 551l, 661r, 918l, 928l
正定業 187r, 516r, **527l**, 555l	『小叢林略清規』 565l	
清浄光寺 427r, **527l**	招提 **531l**	
勝常寺 **527r**	唱題 531l, 680r, 777l	『聖徳太子伝暦』 539l, 661l
成勝寺 1070l	聖帰現観 282r	浄土五祖 **539l**
正定聚 194r, 389l, **527r**	招提寺 **531l**	浄土三部経 17r, 187l, 399r, 537l, **539r**, 995l
正精進 829l	『摂大乗論』 **531r**, 553r, 576r, 987r	
『清浄道論』 **527r**, 879l		浄土三曼荼羅 596r, 679l, 699l
摂浄土(の)願 378l, 428r	『摂大乗論世親釈』 553r	
小乗二十部 887l	招提僧 531l	浄土寺 18r, **540l**
小乗仏教 526r	招提僧房 531l	浄土式庭園 98r, 552l, 1002r
清浄仏土 534l	招提僧物 531l	浄土宗 **540r**, 914l
成所作智 438l, 737r	聖徳婆 20r, 414r, 453l, **531l**, 675r, 706l, 850l	浄土仏 841r
生死輪廻 521r		浄土信仰 534r, 542l
生死流転 521r, 1055r	上代文学と仏教 **531r**	浄土真宗 **541l**, 570r, 584r, 939r
性信 344r, 911r	常啼菩薩 **533l**	
焼身 **528l**	聖達 427r	浄土図 542l

浄土庭園　729*l*
浄土念仏　534*r*
浄土変　**542*l***, 867*r*
浄土変相　542*l*
『浄土本朝高僧伝』 307*l*
浄土曼荼羅　542*r*, 961*l*
浄土門　22*r*, 535*r*, **536*r***, 537*l*, **542*r***, 570*r*, 623*r*
招杜羅　486*l*
『浄土論』 108*l*, **542*r***, 602*l*
『浄土論註』 108*r*, **542*r***, 773*r*
『浄土和讃』 389*l*, **542*r***
性激　307*l*
証如　32*r*, **542*r***, 939*r*
上人　**542*r***
聖人　**543*l***
焦熱地獄　**543*l***, 825*r*
正念　809*r*, 829*l*, 993*l*
称念　**543*l***
小の三災　383*r*
上輩　398*r*
上輩観　492*r*
条帛　**543*l***
浄玻璃の鏡(浄頗梨鏡)　**543*l***, 543*l*, 833*r*
常被軽慢　543*r*
小部　7*l*, 286*r*, 780*r*
常不軽菩薩　465*l*, **543*r***, 921*l*
調伏　720*r*
聖福寺　**543*r***, 614*l*
生仏　**543*r***
成仏　176*l*, 536*l*, **544*l***, 643*r*
生仏一如　543*r*, 883*l*
浄仏国土　534*r*, **544*l***
小仏師　872*r*, 874*l*
章炳麟　657*l*
障壁画　**544*r***, 895*l*
清弁　**544*r***, 706*l*, 716*l*, 838*l*
正遍知(正徧知)　479*r*, 536*r*, 800*r*
正報　89*l*, **544*r***
生報　159*l*, 294*l*
勝法　14*r*
正法　384*l*, 530*r*, **544*r***, 545*l*, 955*l*
聖宝　499*l*, **544*r***, 658*r*, 872*r*, 1016*l*
浄法　636*l*
称法行　792*r*
浄法熏習　262*l*
正法眼蔵　**545*l***, 849*r*
『正法眼蔵』 288*r*, **545*l***, 654*r*, 753*l*
『正法眼蔵三百則』 545*r*
『正法眼蔵随聞記』 89*r*, **545*r***
正法念処経　118*l*
正法律　134*r*, 410*r*, **545*r***, 569*l*
正法輪身　404*l*
正法華経　420*r*, 920*r*, 974*l*
摂法身(の)願　378*l*, 428*r*
上品　**546*l***
浄飯王　458*r*, **546*l***, 958*l*
小煩悩地法　297*l*
小品般若経　836*r*
摂末帰本法輪　387*r*
摂摩騰　421*l*, 428*l*, 820*r*
勝鬘経　**546*l***, 800*r*
『勝鬘経義疏』 379*r*, **546*r***
勝鬘夫人　546*l*
正命　829*l*
声明(五明)　342*r*
声明(仏教声楽)　119*l*, 225*r*, 392*l*, **546*r***, 818*r*, 947*l*
称名　516*r*, 527*l*, **547*r***, 810*r*
定命　**548*l***
『浄明句論』 716*l*
称名寺　157*l*, **548*l***
浄妙寺　326*r*, **548*l***
称名念仏　469*r*, 543*l*, 547*r*, **548*r***, 623*r*, 811*l*, 995*r*, 1030*l*
定命百歳　548*l*
生無自性　388*r*
聖武天皇　312*l*, 532*r*, **548*r***, 758*l*, 777*l*
生滅滅已　607*r*
青面金剛　305*r*, **548*r***
青目　716*l*
抄物　**549*l***
声聞　19*r*, 526*l*, **549*l***, 787*l*
紹文　58*r*
声聞形　435*l*
唱門師　123*l*
省門寺　719*r*
唱門師　123*l*, **549*r***
声聞乗　356*r*, 389*l*, 787*l*
声聞定性　332*l*
長夜　**549*r***
請益生　140*l*, 282*l*
請益僧　282*l*
常夜灯　**549*r***
『成唯識論』 288*l*, 341*r*, **549*r***, 602*l*, 933*r*, 1019*r*, 1020*l*
『成唯識論述記』 189*r*, 550*l*, 933*r*
『成唯識論掌中枢要』 189*r*, 550*l*, 933*r*
証喩経　850*l*
定誉　314*l*
『従容録』 **550*l***
将来仏　975*r*
請来目録　**550*l***
常楽会　**550*l***, 807*r*
常楽我浄　446*r*, **550*l***
浄楽寺　78*l*
常楽寺　**550*r***
『正理一滴論』 438*r*, 690*l*
定力　**550*r***
『正理大海』 725*r*
摂律儀戒　387*r*, 407*l*, 482*l*
『正理の蔵』 369*l*
青竜寺　**550*r***
正立手摩膝相　386*r*
静慮　401*l*, 513*r*, **550*r***, 612*l*
商量　1010*l*
聖霊　551*l*
精霊　**551*l***
聖霊会　**551*l***, 856*r*
精霊会　551*l*
精霊送り　551*l*
精霊踊　937*l*
清涼山　336*l*
清涼寺　598*r*
『性霊集』 174*r*, 239*r*, **551*l***, 574*r*, 892*r*
精霊棚　551*l*, 600*l*
精霊流し　**551*r***
正量部　887*l*
精霊迎え　551*l*
静慮解脱等持等至智力　491*r*
少林寺　85*r*, **551*r***, 925*l*
浄瑠璃　552*l*
浄瑠璃寺　18*r*, **551*r***
浄瑠璃浄土　534*l*
浄瑠璃世界　**552*l***, 1013*r*, 1014*l*
勝劣　**552*l***, **778*l***, 778*r*
勝劣派　790*l*, 949*l*
青蓮　**552*l***
青蓮院　**552*l***
青蓮院流　552*r*
青蓮華　552*l*
鐘楼　**552*r***
上臈　521*l*, **552*r***
生老病死　**553*l***
鐘楼門　1007*r*
丈六　**553*l***
丈六堂　553*l*
丈六八尺　553*l*
丈六仏　553*l*
『肇論』 **553*r***, 635*l*, 807*r*
成論師　523*r*
摂論宗　531*r*, **553*r***, 576*r*
初会　**554*l***
所依　**554*l***
所縁　94*l*, 813*r*

助縁 **554*l***
所縁清浄 431*l*
所縁縁 411*r*, 1067*l*
除蓋障院 1049*r*
所観 813*r*
初期仏教 286*r*, **554*l***
諸行 206*r*, **554*l***, 554*r*
諸行往生 369*r*, **554*r***
諸行本願義 717*r*
諸行無常 400*r*, 454*r*, **554*r***, 607*r*
諸行無常偈 607*r*
『諸経要集』 904*r*
濁悪 **555*l***
濁悪処 555*l*
濁悪世 555*l*
植諸徳本の願 378*l*
濁世 555*l*, **555*l***
燭台 966*r*
蜀版大蔵経 639*l*, 670*r*
蜀本 639*l*
所化 **555*l***, **813*l***, 813*l*
助業 527*l*, **555*l***
初江王 476*r*
所作 **555*l***
除災招福 **555*r***
所作已弁 555*l*
除災与楽 555*r*
所作タントラ 694*l*
諸山 152*r*
諸寺縁起集 **555*r***
除邪顕正 821*r*
書写山 96*r*, 517*r*
書写上人 517*r*
所取 813*r*
諸宗寺院法度 409*r*, 556*l*
諸宗条目 556*l*
諸宗諸本山法度 **555*r***
書生 213*r*
処成就 1070*l*
所摂蔵 801*l*
初心 **556*l***
『諸神本懐集』 **556*l***, 652*l*
女性 332*r*, **556*r***
如拙 **557*l***
所詮 **557*l***, 813*r*
初禅 432*l*
所相 813*r*
諸尊仏龕 181*r*, 693*r*
所知 946*r*
所知障 513*r*, **557*r***, 891*l*, 900*l*, **946*r***, 946*r*
諸天部 744*r*
初転法輪 437*l*, **557*r***, 1074*l*
書道 **557*r***
所得 71*r*
処非処智力 491*r*
徐福 257*r*
諸仏現前三昧 293*r*
序分 161*l*, **558*l***, 890*r*
書法 557*r*
諸法 **558*r***, 559*l*
諸法実相 444*l*, **558*r***
諸法但名宗 319*r*
諸法無我 400*r*, 454*r*, **559*l***, 902*l*, 982*l*
初発心 556*l*, 559*l*, 582*r*, 837*l*
初発心時便成正覚 **559*l***
初発意 **559*l***
庶民信仰 978*r*
初夜 1068*l*
除夜の鐘 **559*l***
所量 1048*r*
シラーヴァスティー 458*l*, **559*r***, 597*r*
白河上皇(天皇) 499*l*, 932*l*
シーラーディティヤ 132*l*
白旗流 541*l*
シーラバドラ 126*r*, 288*l*, 341*r*, **559*r***
白水阿弥陀堂 177*l*
自利 419*l*, 560*r*, 922*l*, 1041*r*
事理 **559*r***
自力 **560*l***, 689*l*
自力念仏 560*l*
自力の心行 565*r*
事理倶密 456*l*
自立論証 706*r*
自立論証派 544*r*, 704*l*, 706*r*, 880*l*
緇流 411*l*
死霊 116*l*, 117*r*, 123*r*, **560*l***
資糧 295*r*, **560*l***
資糧位 267*r*, 295*r*
思量心 325*l*
思量転変 745*l*
自利利他 **560*r***
四輪 **560*r***
字輪観 151*l*, **561*l***
四輪三脈 560*r*
『時輪タントラ』 **561*l***, 694*r*, 704*l*, 944*l*, 990*r*
支婁迦讖 **561*r***, 835*r*
シルク-ロード 361*l*, **561*r***
師錬 318*l*
四論 404*r*, 405*l*
地論宗 85*r*, 87*r*, 481*r*, **562*l***, 926*l*, 1073*l*
思惑 288*r*, 405*r*, 946*l*, 1080*l*
心 295*r*, 324*r*, **562*l***
信 **562*l***, 566*r*, 572*r*
神 **562*r***, 1059*l*
瞋 359*l*, 563*r*, 769*r*, 945*r*
仁 298*l*, 496*l*, **563*l***, 765*l*
尋 137*l*, 569*r*
塵 206*l*, 355*r*, **563*r***, 1070*r*
信愛 820*r*
身安楽行 407*l*
瞋恚 4*r*, 359*l*, 396*r*, **563*r***, 945*r*
真異熟 33*l*
心印 **563*r***
新因明 64*r*
神叡 1031*l*
親縁 374*r*
心猿意馬 54*l*
心王 581*l*
神我 563*l*, 583*l*
真雅 544*r*, 903*l*
心学 **564*l***
心覚 896*r*
新カダム派 151*l*, 280*l*
心月輪 151*l*
『シンガーラへの教え』 1076*r*
人間 802*l*
神願寺 567*l*
清規 84*l*, **564*r***, 848*l*, 848*r*
仁義 496*l*, **565*l***
仁義為先 565*l*
新義真言宗 141*r*, **565*l***, 568*l*, 806*r*, 1034*r*
神祇不拝 620*r*
真経 193*l*
心行 **565*r***
信行 374*r*, 955*r*
信楽 389*r*, **565*r***
心行処滅 353*r*, 565*r*
『心鏡録』 590*l*
身口意 **565*r***
身口意具足時輪曼荼羅 561*r*
身口意の三業 382*l*
真空観 377*r*
神宮寺 **566*l***
真空妙有 **566*l***
新熏種子 480*r*, 945*r*
真仮 **566*l***
信解 562*r*, **566*r***, 572*r*
心敬 72*l*, 372*l*, 711*r*, 1061*r*
『新華厳経論』 1042*l*
心解脱 273*r*
心外無別法 375*r*
身見 72*l*
心源 **566*r***
身光 308*r*
身業 299*r*, 382*l*, 565*r*

塵劫　577*l*
秦広王　476*r*
尋香城　291*l*
神護国祚真言寺　567*l*
神護寺　239*r*, 366*l*, **566*r***
神護寺経　354*l*
身根　643*l*, 1076
真言　15*l*, 284*r*, **567*l***, 688*r*
真言院　329*l*, 774*r*
真言宗　208*l*, 239*r*, **567*r***, 762*l*, 828*r*
『真言宗教時義』　**568*r***
『真言宗教時問答』　568*r*
真言宗付法の七祖　439*r*
真言宗付法の八祖　439*r*
真言声明　547*r*
真言陀羅尼宗　567*r*
『真言伝』　**568*r***
真金之蔵　356*r*
真言密教　567*r*
『真言名目』　**568*r***
真言律宗　83*l*, 365*r*, **569*l***, 1043*r*
真際　443*l*
真際大師　525*r*
晋山　**569*l***, 796*l*
心地　297*l*
信士　74*r*, **569*l***
尋伺　**569*r***
心地覚心　314*r*, 859*l*
心地観経　118*l*, 412*l*, 419*r*, **569*r***
真識　20*l*
『真字正法眼蔵』　545*r*
真実　**569*r***, 585*l*
真実教　373*r*
真実報土　276*r*
神社　**570*l***
真寂　289*r*
深沙大将　**570*r***
塵沙惑　377*r*, 405*r*
心呪　563*r*
神呪　474*r*, 567*l*
真宗　541*l*, **570*r***, 939*r*
神秀　**570*r***, 580*r*, 618*l*, 919*r*
新宗教　**571*l***, 1032*l*
新十玄　479*r*
真宗十派　542*l*
真宗大師　581*l*
尽寿駆擯　853*r*
神主仏従　838*r*, 942*l*
心所　26*r*, 30*r*, 295*r*, 325*l*, **571*r***, 581*l*, 696*r*
心性　431*r*, 942*r*
心所有　295*r*, 571*r*
審祥　271*l*, **572*l***
晨朝　1068*l*
新勝寺　**572*l***, 885*r*
信成就　1070*l*
心清浄　526*r*
身清浄　526*r*
心浄土浄　91*l*
心所有法　325*l*
心性本浄　325*r*, 431*l*, 526*r*, 726*r*, 946*l*
神照本如　380*r*
心生滅門　325*r*, 665*r*
心性蓮華　**572*r***
親所縁縁　944*l*
信心　351*l*, 562*l*, **572*r***, 573*r*
真人　580*l*
深心　389*r*, 390*l*, 573*l*
深信　389*r*, **573*l***
身心一如　417*l*, **573*l***
身心一如，身外無余　573*r*
信心為本　**573*r***
真心観　380*r*
真身観　492*r*
心真言　689*l*
新新宗教　571*r*
信心守護の喩　784*l*
信心正因称名報恩　141*l*
身心脱落　573*r*, **573*r***, 798*r*
心真如門　325*r*, 665*r*
『信心銘』　**573*r***
神通　246*l*, 402*l*, **573*r***, 1070*r*
神通光　311*r*
神通力　574*l*
信施　**574*l***
真盛　362*r*, **574*l***
真済　551*l*, **574*r***
神仙　**574*r***, 574*r*, 625*r*
神泉苑　345*l*, 514*r*, **575*l***, 802*r*
神仙術　574*r*
陞座　536*l*
神僧　467*r*
神像　570*l*, **575*l***, 643*l*
陣僧　**575*l***
新造説　60*l*, 463*r*
真俗　**575*r***
神足　**575*r***
『新続高僧伝』　306*r*
神足通　575*r*, 1070*r*
真俗二諦　575*r*
尋尊　664*l*
身体　**576*l***
真諦　260*l*, 415*r*, 553*r*, **576*r***, 653*r*, 665*r*, 697*l*
真達羅　486*l*
震旦　**576*r***
真檀　623*l*
神智協会　110*l*
心地覚心　994*r*
新地寺院　948*l*
身池対論　**577*l***
真弟　443*l*
『神敵二宗論』　505*r*, **577*l***
『塵添壒囊鈔』　3*r*
塵点劫　**577*l***
神天上　**577*r***, 620*r*
寝殿造　512*r*
寝殿造庭園　728*r*
信度　60*l*
身灯　506*l*
神道　86*l*, **577*r***
神道灌頂　177*l*
神道五部書　34*l*, 578*l*, 838*r*
神童寺　**578*r***
『神道集』　**578*r***
神道碑銘　935*l*
身毒　60*l*, 737*r*
真読　**579*l***, 743*l*
塵禿　255*l*
真徳不空宗　319*r*
陳那　63*r*, 64*r*, 242*r*, 284*r*, 295*l*, 415*r*, 510*r*, **579*l***, 852*l*, 1019*r*, 1024*r*, 1078*r*
瞋恚　563*r*
瞋恚蓋　125*l*
瞋恚の炎　563*r*
新ニヤーヤ　**579*l***, 795*r*
信女　74*r*, **569*l***, 569*r*, **579*r***
真如　**579*r***, 585*l*
真如縁起　95*r*, 249*l*, **580*l***
『真如観』　938*l*
真如識　415*r*
真如随縁説　42*r*, 104*l*
真如堂　491*l*
信如尼　**580*l***, 706*r*, 738*l*
真人　**580*l***, 981*r*
神会　91*r*, 150*l*, **580*r***, 770*l*, 919*r*
心念処　451*l*
身念処　451*l*
心王　30*r*, 325*l*, 415*r*, 571*r*, **581*l***
『神皇正統記』　522*r*
親王門跡　968*r*
心柱(櫘，刹)　642*l*, 748*r*
神秘思想　581*l*
神秘主義　**581*l***
神秘修行　581*l*
神秘体験　581*l*
真福寺　**581*l***
真福寺本　581*l*

信不具足　49r
心不相応行　295r, 297l
心不相応行法　284r, 1008r
真仏　541r, 620l
心仏及衆生，是三無差別　**581r**
新仏教徒運動　24r
神仏習合　**581r**, 838r, 942l
神仏分離　582l, **582l**, 816l
神不滅　583r
神不滅論　563l
神分　934l
神変　**582r**
『新編諸宗教蔵総録』　224l
神変大菩薩　101r
新発意　556l, 559l, **582r**, 582r
新仏　**582r**, 1001r
神本仏迹　838r, 942l
神本仏迹説　582l
身魔　455l
信満成仏　559l, 562r
心密　402l
身密　402l, 1024l
身密行　59l
神明　**583l**
身命不惜　861r
尽未来劫　583l
尽未来際　**583l**
神明　583l
神滅　583r
神滅不滅　1059r
神滅不滅論　357r, **583l**
『神滅論』　507r, 583r
真門　279r
新訳　259r, 288l, **583r**, 1011l
新薬師寺　312l, **584l**
新羅明神　**584l**, 723l
親鸞　5r, 210r, 255l, 378r, 389l, 529l, 541l, 542r, **584r**
真理　**585l**
神力　574l
『真理綱要』　473r
振鈴　353r, **585r**
心蓮(華)　572r
塵労　**585r**
新和様　1083l

ス

水煙　642l
随縁　42r, 104l, **586r**
随縁行　792r
随縁真如　579r, **586r**
水火　**586r**
水冠　1001r
瑞巌寺　**586r**
随喜　**587l**
随機説　655r
随機説法　655r
水牛座　659r
垂示　895r
随自意　**587l**
随自意語　587l
随自意三昧　510l
随自他意語　587l
垂迹　**587l**, 838r, 941l, 942l
垂迹美術　**587r**, 942l
垂迹曼荼羅　258l
酔処　560r
随処毘尼　588r
水神　588l, 1033r
随心院　802r, 1016l
水葬　148r
瑞相　**588l**
水想観　492r
随息観　720r
随他意語　587l
水天　486r, **588l**, 1040l
水天宮　588l
水天宮信仰　588l
随念分別　891r
水波の喩　**588l**, 994r
水波の隔て　588r
随方毘尼　**588r**
水墨画　**588r**
随煩悩　222r, **589l**, 946l
随眠　359l, **589l**, 735l, 945r
随眠位　589l
水浴衣　397l
水陸会　**589l**
水陸斎　589l
水陸道場　589l
水陸法会　589l
水輪　359r, 403r
スヴァータントリカ　704l
崇玄署　316r
崇伝　320r, **589l**
崇寧万寿大蔵　639r
崇福寺　473l, **589r**
『崇有論』　66l
居香炉　316l
菅原道真　117r, 123r, 174r, 180l, 345l, 424r, 684r, 739l, 762r, 892r, 1034l
数寄　**589r**
数寄屋造　**590l**
誦経　**590l**, 764r
誦経物　590l
『宗鏡録』　85l, **590l**
宿縁　496r
宿世　496r, **590l**
宿曜道　**590r**
塗香　298r, 954r, 1069r
頭光　308r
厨子　**591l**, 685r, 687r
数珠　503l
篠懸(鈴懸，鈴繫，鈴掛)　**591l**, 591l
鈴木正三　232l, **591l**, 817l, 839l, 870r, 1064l
鈴木大拙　110l, **591r**, 613r, 645r, 980r, 981r
図像　**591r**
『図像抄』　592l, **592l**
数息観　333l, **592l**
頭陀　338l, **592r**, 767r
スタイン　**592r**, 771l, 771r
頭陀行　338l
須達　503r
スダッタ　191l, 503r, **593l**
スダーナ　864l
頭陀袋　592r
『スッタニパータ』　**593l**
スティラマティ　24l, **593l**
捨て墓　1053l
捨聖　51r, **593l**
ストゥーパ　60r, **593r**, 642l, 747l, 821l
スートラ　205r, **593r**
砂曼荼羅　961l
頭燃　**593r**
頭破作七分　**593r**
洲浜座　659r
師兄　**594l**
スーフィー　34l
スブーティ　508r, **594l**
修法　508l
頭北面西　**594l**
数法相配釈　**594l**
墨染の衣　320r, 614l
宗密　490l
墨譜　818r
頭面礼足　**594r**
摺仏　**594r**
スリランカ上座部　521r
スリランカ伝道協会　110l
数論　379l, **594r**

セ

世　601r
世阿弥　300r, 310r, 813l, 1022r, 1028l
性　531l, **595l**
聖　524l, **595r**, 602r

西庵　597r
西安市　716l
褻衣　**595r**
制戒　515l
清海　596l
清海曼荼羅　**596l**
聖覚　5l, 356l, **596l**
棲霞寺　599l
清華門跡　968r, 1009r
誓願　167l, 252l, 401r, 419r, **596l**, 655l, 667r, 938r
誓願安楽行　407l
誓願寺　541l, **596r**
西澗子曇　46l
青岸渡寺　363r, **596r**
制教懺　380l
制限一元論　937r
青原行思　323r
聖語　940l
『星光寺縁起』　436l
西山義　541l, **597l**
西山上人　517r
西山派　517r, **596r**
勢至観　492r
勢至菩薩　**597l**
聖者　524l, **597l**
星宿　744r
西序　609l, 757l, 1051r
聖人　543l
『精神界』　225l
西司　757l
誓水　351l
『醒睡笑』　25r, 70r, **597l**, 1080r
清拙正澄　565l
西山住部　887l
世宗(後周)　398r, 816l
制多　**597r**, 703r
制吒迦童子　347r, **597r**
制多山部　887l
清談　291l
制底　703r
聖地　**597r**, 876l
成朝　777r
清澄寺　225r, **597r**
西浄　609l, 757l
聖典語　833l
西堂　**597r**
西班　1051r
生命　598l
聖明王　**598r**, 793r
青竜寺　239r, 264l, **598r**
褻侶　595r
清涼国師　716r
清涼寺　**598r**, 599l, 720l, 968l

清涼寺式釈迦像　461l, **599l**, 720r
精霊　551l
『性霊集』　551l
青蓮宇　552l
世界　**599r**, 601r, 1069l
世界悉檀　426l
『是害坊絵巻』　**599r**, 960l
施餓鬼　**599r**
施餓鬼会　136l, 165r, 599l
施願印　1030r
磧砂版　639r
赤山禅院　132l, 600l
赤山明神　**600l**
隻手の音声　183l, 300r, **600l**, 819l
石柱法勅　2l
関寺　71l, **600r**
『関寺縁起』　600r
石塔　**600r**
石頭希遷　302r, 396l
石仏　**600r**
施行　**601l**
『赤倮裸』　667l, 817l
石梁仁恭　46l
世間　387r, **601r**, 602r
世間解　479r, 800r
世間虚仮, 唯仏是真　539l, **601r**
世間食　416l
世間乗　332l
世間清浄　526r
世間清浄分別智　338r
世間法　611r
施護　351l
施जेट　843l
施食会　599r
世自在王仏　912l, 995r
施主　**601r**
世寿　1064l
是聖房蓮長　789r
是生滅法　607r
世親　108l, 223r, 250r, 481r, 520l, 549r, **601r**, 666l, 875l, 1019r, 1020l, 1020r, 1024r
是心是仏　644r
施身聞偈　687r, 943r
施設　26l, 263l
施設有　66l
世俗　**602l**, 787r
世俗有　66l
世俗諦　653l, 697l, 857l
世俗智　696r
世尊　479r, **602r**, 800r
世第一法　434l

世智弁聡　**602r**
刹　321r, **603l**
雪安居　22l
説一切有部　71r, 295r, 319r, **603l**, 887l
説因部　603l
説戒　**603r**
薛懐義　645r, 654l
絶海中津　175l, 327l, **603r**, 713r
石経　**603r**, 908r
説経　535l, **603r**, 610l, 691l, 1080r
説経祭文　368l, 604r
説経師　604l
説経浄瑠璃　604r
説経部　223r
説経節　**604r**
石窟庵　719l, 871r
石窟寺院　**605l**
接化　445l
摂化　**606l**
窒礙　415l
説仮部　319r, 887l
摂家門跡　968r, 1009r
雪江宗深　973l
石刻経　603l
舌根　**606l**, 1076l
摂取　**606r**
雪舟　**607l**
説出世部　319r, 887l
説道無畏　456l
摂取不捨　**607l**
摂取不捨曼荼羅　961l
摂取門　114l, 606r
殺生　4r, **607l**
殺生戒　607l
説障法無畏　456l
刹塵　603l
接心(摂心)　**607l**, 607l
接心会　607l
雪山　**607r**, 607r
雪山偈　56l, 554r, 607r, **607r**
雪山童子　607r, **607r**
雪山部　887l
説草　**607r**
殺賊　19r
接足作礼　594r
雪村友梅　327l, **608l**, 713r
接待　608l
絶待　608l
絶対　**608l**
絶対他力　541r
絶待妙　608r, **609l**
絶対無　618l, 785r, 980r,

986r,994r
絶対矛盾的自己同一　645r,785r
刹多羅　321r,603l
拙菴徳光　675l
折衷様　**609l**
雪竇重顕　80l,97r,300r,895r
『雪竇頌古』　97r
雪隠　**609l**
刹帝利　432l,**609r**
説転部　223r,887l
刹土　321r,603l
拙度観　377r
刹那　509l,**609r**
刹那生滅　609r
刹那無常　609r
刹那滅　285l,**609r**,989l
説の四依　410r
節分　**610l**,724r
説法　603r,**610l**
説法印　59l,610l,745r
説法衣　251r,396r
雪篷慧明　338r
設利羅　471r
説話　**610r**
妹尾義郎　571r
施福寺　363r
世法　**611r**
施米　**611r**
施無畏　**611r**
施無畏印　59l,475l,611r
施無畏薩埵　611r
施無畏者　180l,611r
施物　**612l**
施薬院　312l,407r,**612l**
世友　67l,414l,603l,**612l**,1078l
施与印　1030l
世路　391r,414l
善　514l,613r
禅　369r,401l,513r,550r,**612l**,617r,620r
善悪　5l,514l,**613r**
善悪相資説　514l
善悪超越　613r
善悪不二　466r
遷移化滅　614r
賤院　409l
善因善果　110r
善因楽果・悪因苦果　32r,57l,260r,613r
善友　623l,700l
染衣　271l,**614l**
善慧大師　529l
善慧房　517r
善円　626l
『禅苑清規』　848r,857l
仙厓(仙崖)　543r,**614l**,614l
旋火輪　**614r**
善吉祥陀羅尼　652l
漸教　86l,329r,**614r**,**769r**,769r,770l
善巧方便　**614r**,915r
遷化　**614r**
禅家　215r
善慶　626l
『禅源諸詮集都序』　490l,**614r**
漸悟　**615l**,726r,770l
善光寺　**615l**,615r
善光寺式阿弥陀三尊　18r,**615r**
銭弘俶　2r,655r,740r
前五識　26r,30r,828l,1068l
漸悟説　86l
洗骨　30l,**615r**
善根　434l,**616l**
善権　566r
善権方便　566r
善哉　**616l**
善財童子　269l,**616l**,623l
善財童子歴参図　270l
占察経　**616r**
占察善悪業報経　435l,616r
占察法会　616r
禅師　**616r**,1038r
戦時教学　**616r**
宣字座　659r
漸次止観　413r
『撰時抄』　**617l**,789r
選子内親王　932r
選択　623l
専修　**617l**
善趣　620l,936l
禅衆　627r
善珠　4l,64r,**617r**
禅宗　369r,612r,**617r**,924r
『禅宗四部録』　478l,536r,573r
『撰集抄』　**618l**
禅宗美術　336r,**618r**
禅宗様　162r,**619l**
千手観音　385l,**619r**
善宿男　74r
善宿女　74r
専修寺　541r,**620l**
千手信仰　620l
千手千眼観(世)音　619r
千手陀羅尼　**620l**
専修念仏　112r,617r,914l
善春　626l
善所　**620l**
前生　**620l**
禅定　369r,432l,513r,550r,612l,**620r**
禅浄一致　79r,715r
禅定印　59l,475l
禅浄双修　613l
禅定道　820l
禅定尼　624r
禅定波羅蜜　1073r
禅定法皇　904l
禅定門　624r
染浄和合説　526r
善信　584r
善神　**620r**
善神捨国　577r,620r,1044l
善心所　457r
善信尼　452l,**620r**,769l
善水寺　**621l**
山水屏風　**621l**
先世　621l
前世　391r,**621l**
善逝　479r,**621l**,800r
占星術　**621r**
千僧会　622l
千僧供　622l
千僧供養　**622l**
千僧供養会　862l
千僧斎　622l
浅草寺　**622l**
千僧読経　626l
先祖祭祀　649l
闡提　49r,**622r**
闡提成仏説　755l
千体仏　**622r**
闡陀迦　469l
先達　258l,**622r**
旃陀羅　**622r**
栴檀(旃檀)　**623l**,623l
栴檀乾闥婆神王　291l
旃弾那　623l
栴檀林　695r
全智　**623l**
善知識　**623l**,700l
善知識だのみ　842r
選択　**623l**
『選択集』　623r
選択本願　623l
『選択本願念仏集』　537l,540r,**623r**,914l
善通寺　**623r**
千灯　**624l**
善導　108l,187l,374l,**624l**,811l
禅堂　637r

仙洞最勝講　364r
前堂首座　503r
染汚　627l
禅那　369r, 401l, 550r, 612l
善悪　613r
善男子　**624r**, 624r
善男善女　624r, **624r**
禅尼　**624r**
善賦師童子　843l
千日　**624r**
千日回峰行　132l, **625l**
千日講　624r
千日籠り　624r
千日詣で　624r
泉涌寺　511l, **625l**, 1043r
善女人　624r, 660r
仙人　574r, **625l**
僊人　625l
千人結集　276l
詮慧　84l
染衣　614l
『禅苑清規』　564r
善の綱　**625r**
千利休　370r, 372l, 673r, 703l, 1082r
善派　**625r**, 778l
千部一日経　40l
千部会　**626l**
千部経供養　626l
染服　614l
千輻輪　**626l**
贍部樹　13r
贍部洲　102l
千仏　**626l**
塼仏（甎仏）　**626r**, 626r
選仏場　637l
千仏洞　626l
全分　41l
全分戒　41l
懺法　380l, **626r**
染法薫習　262l
善法堂　774l
善本　616l
千本閻魔堂　626r, 968l
千本釈迦堂　627l, 678l
千本念仏　**626r**
染汚　**627l**
染汚意　26r, 143l
千枚供養　220r
善悪　613r
善無畏　36l, **627l**, 648r, 673r, 674r
扇面古写経　**627l**, 636l
禅門　624r
禅問答　1010r

『禅門秘要決』　536r
専誉　565r, 806r, 823l
千葉　1063l
善鸞　26r, 584r, **627r**, 842r
善律儀　1042r
禅侶　**627r**
禅林　**627r**
禅林寺　82l, 541l, **627r**
『禅林象器箋』　**628l**, 992r

ソ

酥　651l
麁　490r
蘇　651l
相　72r, 393r, 513l, 529r, **628r**, 632r
僧　400l, 459l, **628r**, 631r
想　316r, **629r**
造悪無礙　**629r**
雑阿含　7l, 286r
草庵　21r
僧位　**629r**
相違決定　63r
相違釈　1040l
増一　933l
増一阿含　7l, 286r
僧院　407r, 524r, **630l**
宋雲　**630l**
想陰　316r
『宋雲行記』　630l
相依　240r, 430r
僧叡　**630l**
雑穢語　194l
僧　162r, **630r**
雑縁　**630r**
倉垣院　409l, 530l
双王　102r
相応　132l, 499l, **630r**, 741r, 866r, 970l
相応固　1066r
相応部　6r, 286r, 780r
相応無明　994l
早歌　162l
増賀　**630r**, 761l
僧階　631l
蔵外　670l
創価学会　669r
宗喀巴　725l
象迦陀　161r
僧伽吒陀羅尼　503l
増賀聖　631l
僧官　**631l**, 632r
総観　492r
総願　167r, 252l, 419r, 895r

双巻経（双観経）　995r
葬儀　631l
僧祇　**631r**
僧祇戸　460l, 631r
僧祇支　397l, 631r, 898l
僧祇物　631r
僧伽　133l, 459l, **631r**, 1081l
僧伽提婆　85l
僧伽藍　162l, 407r
僧伽藍摩　162r, 407r
僧伽梨　251l, 396r, 397l, 914r, 1074l
僧形　**632l**, 632l
蔵教　393l
蔵経　670l
雑行　**516r**, 516r, 527l, 555l, **632l**, 632l
雑行雑修　632l
僧形八幡神　575l, **632l**, **632l**, 826r
僧祇律　631r
僧具　870r
相空観　377r
曹渓宗　205r, **632l**, 701l, 720l
曹渓大師　91r
相好　**632r**
僧綱　631l, **632r**
像高　918r
増劫　285l, 421r, 548l, **633l**
僧綱所　304r, 632r
『宋高僧伝』　306r
相剋　319l
相国寺　326r
総国分寺　322l, 758l
総国分尼寺　322l
荘厳　**633l**
草座　369l
早参　536l, 908l
僧璨　573l, 618l
僧残　340l, **633l**
僧残法　253l
曹山本寂　638l, 753l
荘子　**633l**, 1065l
『荘子』　580l, 633r, 748r, 981l, 1065l
総持　**633r**, 688l
増支　933l
葬式　631l
蔵識　20l
増地獄　422r, 825l
総持院　264r, 363r, **634l**, 638l
造寺司　**634l**, 656l
造寺所　656l
相似即　1071l
増支部　7l, 286r, 780r

曹思文　507r
雑修　617l,632l
荘周　633l,1065l
僧澄　912l
宗純　43r
僧純　972l
宗性　307l,**634r**
相生　319l
相承　**634r**
僧正　631l,632r,**635l**
僧肇　258r,553r,**635l**,807r,992l
増上　347l,**635l**
増長　635l
増上慧学　376l
増上縁　374r,411r,635l,1067l
増上果　1066r
増上戒学　376l
増上寺　541l,**635l**
増上心学　376l
増長天　446r,**635r**,734l
増上慢　635l,**635r**
曹植　158r,225r,881l,947l
装飾経　462r,635r
僧都　631l,632l,**636l**
葬頭河　390r
葬制　**636l**
僧籍　**636r**
僧詮　405l
蔵川　477l
雑染　526r
総相　381r,628r,1070r
像想観　492r
相想倶絶宗　319l
創造説　**636r**,1047r
総相念住　278r,381r,451l
送葬幡　834r
造像銘　**637l**
造像銘記　637l
相即　**637l**
相続　898l
相続仮　263l
相即相入　59r,637l
相対　608l
相大　393r
相待　608l,928r
宋帝王　476r
相待開会　464r
相待仮　263l
相待妙　608r,**637r**
『雑談集』　**637r**,988r
増長天　635r
『僧伝排韻』　306r
僧堂　509l,**637r**

『曹洞教会修証義』　502r
曹洞宗　84l,323r,634l,**638l**,752r,753r
像内納入品　638r
相入　638r
僧尼令　**639l**
宋版大蔵経　**639l**
僧旻（中国）　**639l**
僧旻（日本）　**639r**
僧服　914r
崇福寺（長崎市）　**640l**,681l
崇福寺（福岡市）　**640l**
相部宗　1043l
造仏所　872r,873r
相分　415r,803r,944l
宗炳　259l,507r,583r
僧兵　155r,484r,**640l**
宗彭　683l
僧坊　640r,902l
僧房　162r,408l,531r,630l,**640l**
像法　384l,530r,**640l**,955l
雑宝蔵経　**641l**
雑密　960r,964r
僧曼　639r
僧無残　633l
相無自性　388r
草木国土悉皆成仏　**641l**
草木成仏　**641l**
僧物　526l
桑門（喪門）　**641r**,641r
惣門　780r,1007r
増益　429r,**641r**
増益法　200r,430l,642l
僧祐　188l,258r,307r,461l,504r,**642l**,757r
増誉　499l,519l
『綜理衆経目録』　188l,193l,505l,750l
相輪　**642l**
叢林　627r,**642r**,1053r
相輪樘　**642r**
葱嶺　1047l
僧朗　405l,719r
僧録　**642r**
僧録司　642r
麁戒　650r
蘇我馬子　11l,170r,538l,620r
『曾我物語』　712l
曾我量深　27l
即　637l,**642r**
触　474l,485l,**643l**
俗　595r,602r
息悪　354l

即位灌頂　177l
触境　1076l
俗形　**643l**
足下安平立相　386r
足下千輻輪相　626l
足下二輪相　386r
『続高僧伝』　306r,757l
息災延命　**643l**
息災延命法　643l
息災法　200r,430l,643l
粟散　**643l**
粟散国　643r
粟散辺土　643r
息慈　354l
触地印　59l,311r,475l
即色義　449l
即色宗　449l
即事顕理　643r
速疾成仏　1044r
即事而真　**643r**
触事而真　643r
息心　471l
即身成仏　292l,544l,567l,567r,**643r**,644l,1044r
『即身成仏義』　239r,442l,**644l**
『即身成仏義私記』　24r
即心是仏　304r,**644r**,823r
即心即仏　644r,823r
即心念仏　**644r**
即身印　**645l**,733l
俗諦常住　**645l**
ゾクチェン　**645l**,806l
則天武后　162l,**645r**,654l,673l,977l
即得往生　106l
『続日本高僧伝』　307l
即非　**645r**
俗聖　**646l**
即非如一　162l,**646l**
即非の論理　352l,645l
即便往生　106l
『続本朝往生伝』　107r
俗名　**646l**
俗妄真実宗　319r
嘱累　865l
嘱累品　887r
素絹の衣　**646l**
祖師　**646r**,646r,647l,649l
祖師絵伝　**646r**
祖師忌　647l
麁色　415l
祖師信仰　**647l**
祖師西来意　**647l**,729r
祖師禅　220r,**647r**,800r

祖師像 647*l*, **647***r*
蘇悉地 **648***r*, 648*r*
蘇悉地院 1049*r*
蘇悉地経 627*l*, 648*r*, **648***r*
蘇悉地部 648*r*
蘇悉地法 648*r*
祖師伝絵 647*l*
祖師堂 219*r*, **649***l*, 963*l*
疎所縁縁 944*l*
疎石 991*r*
祖先崇拝 **649***l*
塑像 649*r*
俗講 610*r*, 900*r*
『祖庭事苑』 212*l*, **650***l*
袖振り合うも他生の縁 38*l*
祖堂 219*r*, 649*l*
『祖堂集』 **650***l*
祖統説 454*r*
卒塔婆(率塔婆, 率都婆) 650*r*, 650*l*
ソナム・ギャンツォ 688*l*, 1008*l*
蘇頻陀 1035*l*
ソーマ 165*l*, 291*l*
蘇摩那 651*l*
麁妙 **650***r*
蘇民将来 191*l*, 334*r*, **650***r*
蘇迷盧 508*r*
作麼生 **651***l*
蘇油(酥油) 651*l*, 651*l*
祖霊 560*l*, 723*l*, 890*l*
ゾロアスター 651*l*
ゾロアスター教 311*r*, **651***l*
蘇婆訶 15*l*, 121*l*, **651***r*, 689*l*
尊円 552*l*
存応 541*l*
存覚 556*l*, **651***r*
損減 642*l*
存三の一乗 39*l*
尊者 **652***l*, 721*r*
孫綽 507*r*, 749*r*
尊宿 **652***l*
尊星王 971*r*
尊星王法 971*r*
尊星王曼荼羅 971*r*
尊勝寺 1070*l*
尊勝陀羅尼 **652***l*
尊勝仏頂 652*l*, 652*r*
尊勝法 **652***l*, 652*r*
尊勝曼荼羅 **652***r*
尊澄 8*l*
ソンツェン・ガムポ **652***r*, 763*r*
存応 488*r*
尊祐造説(論) 277*l*, 637*l*

『尊容抄』 592*l*
村落住 629*r*

タ

他阿 51*r*
体 393*r*, 680*r*
諦 436*r*, 585*l*, **653***l*, 787*r*
大 335*r*, 437*l*
大阿闍梨 9*r*
大安寺 **653***l*
『大安寺伽藍縁起幷流記資財帳』 653*l*
提謂経 594*l*, **653***r*
第一義 515*r*, **653***r*, 788*l*
第一義悉檀 426*l*
第一義諦 653*l*, 697*l*, 857*l*
大威徳明王 337*l*, **653***r*
大印 654*r*, 796*l*
大印契 137*l*, 164*r*, **654***l*
『大印契誓願』 164*r*
大雲経 15*r*, 645*r*, 654*r*, 772*r*
大雲寺 645*r*, **654***l*
大雲輪請雨経 15*r*, 514*r*
大衣 251*l*, 396*r*, 397*l*, **654***l*, 914*r*, 1074*l*
大慧禅師 36*r*, 779*l*
大慧宗杲 182*r*, 545*r*, **654***l*, 1003*r*, 1084*r*
大円鏡智 438*l*, **654***r*, 737*r*
『大王統史』 957*l*
大我 **654***r*, 808*l*
大覚国師 200*l*
大覚寺 **655***l*
大覚寺御流 344*r*
大覚寺統 655*l*
大覚禅師 616*r*, 1038*r*
大迦葉 **655***l*, 952*r*
諦観 655*l*
諦観(人名) 329*r*, **655***l*, 720*l*, 740*r*
大願 **655***r*
『大鑑清規』 565*l*
大官大寺 653*l*
大雁塔 182*r*, **655***l*, 661*l*
大蠍 190*l*
対機説法 **655***r*
大機大用 1054*l*
大機大用禅 1054*r*
大疑団 199*l*
大吉祥天女 199*l*
大休正念 338*l*, 739*l*
大経 539*l*, 995*r*
大教院 455*r*, **655***r*
大教院分離運動 656*l*

大叫喚地獄 825*r*
大行満 132*l*
太極 433*r*, 849*r*
大工 **656***l*
大愚 1050*r*
体空観 377*r*
大空経 238*l*, 240*l*
大究竟 645*l*, **656***l*, 806*r*
大工職 656*l*
第九識 16*r*
退屈 **656***l*
台家 740*r*
太賢 **656***r*
大元帥明王 **656***r*
太元帥法 656*r*, 657*l*
太元帥明王 309*r*, 656*r*, **657***l*
太虚 **657***l*
大悟 **657***r*
代語 300*l*, 463*l*
醍醐 **657***r*
大光院 773*l*
退耕行勇 **657***r*
対告衆 **658***l*
大興善寺 469*l*, **658***l*
大黒天 410*l*, 440*l*, **658***l*
醍醐寺 544*r*, **658***l*
醍醐味 342*l*, 657*r*
醍醐六流 658*l*
台座 **659***l*, 1062*r*
大参 373*l*, 536*l*, 908*l*
泰山 **659***r*, 660*l*, 1059*l*
太山王 476*r*
太山寺 **660***l*
大山寺 113*l*, 731*r*
太山府君 422*l*, 660*l*, **660***l*
対治 **660***l*
退治 660*r*
大姉 **660***r*
大師 **660***r*
大士 **660***r*, 922*l*
大寺 14*l*, 781*l*, 879*l*, 957*r*, 958*r*
大事 40*l*, 957*l*
太子会 551*l*
大慈恩寺 **661***l*
大直道 418*l*, 1044*r*
太子講 661*l*
大師講 **661***l*
大師五条 331*r*
大自在天 31*r*, 410*l*, 424*l*, **661***l*
対治悉檀 426*l*
太子信仰 539*l*, **661***l*, 918*l*
大師信仰 240*l*, 423*r*, 568*l*, **662***l*

大慈大悲　452r
第七識　956l
大集経　324l, **662l**, 955r
大地法　297l
帝釈天　62l, 486r, **662r**, 734l, 855l
帝釈網　59r
提舎尼　340l
大衆　**662r**
大衆院　409l, 961r
台宗　740r
第十九願　279r, 378l
第十八願　378l, 389r, 428r, **663l**, 689l, 995r
代受苦　**663r**, 963l
大衆部　319r, 327r, **663r**, 672l, 886r
胎生　106r, 430r, 512r, 1062r
大乗　526l, **664l**, 667r, 836r
大乗院　310l
『大乗院寺社雑事記』　**664l**
大乗会　**664l**
大乗和尚　952r
大乗戒　134l, **664l**, 664r, 922r
大乗戒壇　130r, **664r**, 948r
大聖歓喜天　168r
『大乗義章』　85r, **665l**
『大乗起信論』　580l, **665r**, 937r, 938l
『大乗起信論義記』　42r, 579r, 586r, 665r
『大乗玄論』　199r, **666l**
『大乗三論大義鈔』　**666l**
大招寺　763r
大乗始教　319l
大乗終教　319l
『大乗成業論』　520l
『大乗荘厳経論』　**666l**
『大乗荘厳経論頌』　977l
大正新脩大蔵経　188r, 315r, **666r**, 671l, 682r
『大乗大義章』　85r, 258r, **666r**
大焦熱地獄　825r
大乗の茶　120r, 838l
大乗非仏説論　147l, 505l, **666r**, 817l, 995l
『大乗百法明門論』　297l
大乗仏教　**667l**
太上法皇　904l
『大乗法苑義林章』　190l, 384l, 530r, **669l**, 933r
『大乗法相研神章』　**669l**
太上老君　751l, 1064r
大師流神道　1052r
大秦景教流行中国碑　264l
大秦寺　264l
帯数釈　1040l
大誓戒　457r
大勢至菩薩　597l
大誓荘厳　837l
大石寺　**669r**, 791l
大施太子　**669r**
大舌相　386r
大仙　625r
大山寺　**669r**
大善地法　297l, 457r
大千世界　392r
大薦福寺　182r
大川普済　338r
太宗(唐)　516r
胎蔵　670l
『大蔵音義』　45r
胎蔵(界)　**670l**
胎蔵海会　670l
胎蔵(界)大日如来　15l, 674r, 1049l
胎蔵(界)曼荼羅　670l, **670l**, 960r, 1049l
大蔵経　188l, **670l**
胎蔵四菩薩　454r
大僧正　632r, **671l**
大僧都　632r
体相用　**671l**
大蘇開悟　929l
体大　393r
大壇　690r, 966l
大壇供　966r
『大智度論』　404r, **671l**, 1047r
袋中　**671r**, 1045r
泰澄　820l
大通　1023l
大通禅師　570r, 616r
大通智勝仏　577r, **671r**
多一識　416l
大徹堂　637r
退転　**671r**
大天　327r, **672l**, 675r
大天の五事　327r, 672l
大伝法院　141r, 565l, 806r, 1034r
大塔　358r, **672l**
『大唐西域記』　288l, **672l**
『大唐西域求法高僧伝』　196r, 307l, **673l**
『大唐大慈恩寺三蔵法師伝』　672r
『大唐伝戒師僧名記大和上鑑真伝』　759l
『大唐内典録』　757l
台灯籠　764l
大徳　521l, **673l**, 721r, 765r
大徳寺　490l, **673l**
胎内五位　576l
胎内納入品　638r
胎内仏　638r
第二十願　279r, 378l
大日経　627l, 670l, **673r**
『大日経義釈』　100l, 674l, 674r
『大日経疏』　36r, 627l, 674l, **674r**
大日如来　351r, 674l, **674r**, 898r, 1049l
大日の印文　65l
大日能忍　**675l**, 690l, 925l
大日法界印　698r
大日本続蔵経　**675l**
大日本仏教全書　**675l**
大日本校訂訓点大蔵経　670r, 675l
『大日本国法華経験記』　928r
大日本続蔵経　670r
大念仏会　968l
大念仏狂言　627l, 968l
大念仏寺　**675r**, 1023l, 1052r
大念仏宗　1023l
大の三災　301l, 383r
提婆　**675r**
提婆達多　9l, 327r, 459r, 675r, **675r**
大般泥洹経　772r, 808l, 808r, 931r
大般涅槃　273r, **675r**, 807l, 808l
大般涅槃経　459r, 473l, 772r, 808l, 808r, 876l
提婆の徒　675r
大般若会　**675r**
大般若経　675r, **676l**, 837l
大般若波羅蜜多経　676l
大悲　452r, 489l, **676l**
大悲観(世)音　619r
大悲願力　840r
大悲心　389r
大悲心陀羅尼　620l
大悲闡提　49r, 676l, 1050l
大悲代受苦　676l
大悲胎蔵生　670l
大悲胎蔵生曼荼羅　674r
『大毘婆沙論』　250r, 603l, **676r**
大白牛車　150l, **676r**
大毘盧遮那成仏神変加持経　673r
大不善地法　297l

大仏　**677*l***,758*l*
大仏開眼　**677*r***,856*r*
大仏座　659*r*
大仏師　872*r*,874*l*
大仏師職　872*r*
大仏頂経　510*l*
大仏頂曼荼羅　**677*r***
大仏殿　758*l*,777*l*
大仏様　**677*r***,717*l*
太武帝(北魏)　398*r*,816*l*
『太平記』　95*l*,712*l*
対法　14*r*
大房　640*r*
大報恩寺　**678*l***
大方広　913*l*
大方広仏華厳経　269*l*,880*l*
大宝積経　**678*l***
大宝喪葬令　1001*l*
大方等　913*l*
大方等大集経　662*r*
大報父母恩重経　298*l*,888*l*
大菩提会　61*l*,110*l*,**678*l***
退凡下乗　**678*r***
退凡下乗の卒塔婆　678*r*
大煩悩地法　297*l*
大品般若経　671*l*,837*l*
当麻寺　**678*r***,679*l*,809*r*,983*l*
当麻曼荼羅　**679*l***
『当麻曼荼羅縁起』　312*r*
『当麻曼荼羅縁起絵巻』　679*r*
大満禅師　308*l*
大曼荼羅　179*r*,430*l*,841*r*,944*r*,1049*r*
大曼荼羅本尊　194*l*,394*l*,442*l*
台密　103*l*,**680*l***
台密十三流　680*l*
『大明高僧伝』　306*r*
『大明三蔵聖教目録』　779*r*
大無量寿経　539*r*,995*r*
帝網　59*r*
題目　531*l*,**680*l***,777*l*,841*r*
題目口称　251*l*
大目犍連　1004*l*
大門　780*r*
大文字　115*l*
逮夜　**680*r***,727*l*
体用　**680*r***
大雄殿　681*l*
大雄宝殿　357*l*,**681*l***
対揚　**681*l***
タイラー　13*l*
大楽　**681*r***
大羅天　734*r*
平清盛　96*r*,893*r*,894*l*
平貞国　491*l*
平重衡　310*l*,758*l*,777*r*
平重盛　2*r*
平康頼　915*l*
大力持明王　830*r*
第六識　26*r*,30*r*
第六天　**681*r***,734*l*,745*r*,952*l*,1074*r*
内論義　1077*r*
台湾仏教　**682*l***
他縁大乗住心　482*r*
道　709*l*,1065*l*
他界　**682*l***
高雄山寺　239*r*,366*l*,566*r*
高雄僧正　574*r*
高雄曼荼羅　289*r*,567*l*,**682*l***
高楠順次郎　188*r*,666*r*,675*l*,**682*l***,781*l*
高階隆兼　147*l*
高山樗牛　235*l*,686*l*,790*r*
宝の山　**682*r***
薪の行道　318*r*,**682*r***
滝沢馬琴　232*l*
滝山寺　78*l*
タキシラ　181*r*
ダーキニー　683*l*
荼吉尼天(荼枳尼天)　53*l*,**683*l***
沢庵宗彭　411*r*,**683*l***,885*l*
他空説　722*l*
沢山弌咸　564*r*,848*r*
托胎　829*l*
托鉢　213*r*,337*r*,**683*l***
ダクポ-カギュー派　137*l*
宅磨派　**683*r***
他化自在天　681*r*,**683*r***,734*l*,745*r*,951*l*,952*l*,1074*r*
他化自在天(子)魔　455*l*,951*l*
武田信玄　735*r*
高市大寺　653*l*
『竹取物語』　893*l*,1005*l*
武野紹鷗　370*r*,1082*r*
多元論　36*r*
タゴール　**683*r***
他受用　**684*l***
他受用身　509*r*,875*r*
他生　**684*l***
多生　684*l*
打成一片　**684*l***
他生の縁　684*l*
多生の縁　684*l*
タシ-ラマ　836*l*
タシルンポ大僧院　835*r*
多神教　**684*l***
他心通　1070*r*
敲鉦　864*l*
たたり　117*r*,**684*r***
立川流　595*l*,**684*r***,1008*l*
立木仏　**685*l***
橘瑞超　771*r*
橘寺　**685*l***
橘逸勢　386*r*
橘夫人厨子　453*r*,**685*r***
奪衣婆　93*r*,390*r*,**685*r***
脱活乾漆　173*r*
脱乾漆　173*r*
『達性論』　507*r*,583*r*
塔中　685*r*
塔頭　21*r*,535*l*,**685*r***
『タットヴァ-チンターマニ』　579*l*
達摩笈多　103*l*,920*r*,1012*r*
伊達政宗　587*l*
立山　**686*l***
立山権現　686*l*
立山曼荼羅　686*l*
荼天　683*l*
田中智学　571*r*,**686*l***,790*r*
棚経　**686*l***
谷行　**686*r***
谷流　302*l*,741*l*
谷文晁　32*l*
多念　40*r*,**686*r***
多念義　302*r*,686*r*
頼母子講　299*l*,991*l*
荼毘　148*r*,636*l*,**686*r***
他方世界　682*l*
多宝塔　**686*r***,966*l*
多宝如来　**687*l***
他方仏国土　668*r*
たま　1058*r*
魂送り　687*l*
たましい　1058*r*
たましずめ　723*l*
タマス　396*r*,888*r*
『玉造小町子壮衰書』　**687*l***
魂祭　76*r*
魂迎え　**687*l***
玉虫厨子　626*l*,**687*r***,943*r*
霊屋　**687*r***
手向け　**687*r***
多聞天　440*l*,446*r*,**688*l***,734*l*,842*r*
多聞部　887*l*
多羅　**688*l***,815*r*
ダライ-ラマ　110*l*,280*l*,**688*l***,703*l*,1008*l*
ダラダー-マーリガーワ寺　873*l*
ターラナータ　**688*r***,722*l*

陀羅尼　474r, 633r, **688r**
陀羅尼集経　960r
多羅菩薩　184r
多羅葉　815r
他力　560l, **689l**, 689l
他力念仏　560l
他力の心行　565r
他力本願　**689l**
ダールケ　110l
ダルマ　14r, 400l, 459l, **689r**, 901r, 957l
達摩(達磨)　**689l**, 924r
達磨忌　**689r**
達磨掬多　627l, 1048l
ダルマキールティ　20r, 64r, 295l, **689r**, 1019r, 1078r
ダルマ-シャーストラ　957l
達磨宗　675l, **690l**, 925l
ダルマ-スートラ　854l
ダルマトラータ　1078l
ダルマパーラ　190l, 341r, 415r, 549r, **690r**, 803r, 1024r
単　637r
壇　**690r**
単一神教　48l, 636r
檀越　**690r**, 690r
タンカ　**690r**, 702l, 961l
旦過　**691l**
檀家　438l, **691l**
湛海　231r, **691l**
檀家制度　438l
旦過詰　691l
旦過寮　691l
檀龕像　181r
談義　535r, **691r**, 691r
談義所　691r, **691r**
湛慶　266l, 385l, **692l**
断見　406l, **692l**, 897r, 898r
『探玄記』 269r
談山神社　761l
弾指　609r, **692r**
断食　457r, **692r**
噉食金剛　830r
談所　691r
断常の二見　75r
誕生仏　**693l**
断頭　853l
『丹青若木集』 557l
断善根　49r
檀像　**693l**, 1003r
単堕　815r
探題　**693r**
湛智　547r
単伝　417l, **693r**
単伝士印　411r
歎徳　**693r**
断徳　156l, 396l
檀特山　**694l**
タントラ　206l, **694l**, 854l
タントラ仏教　694l
タントリズム　964l
旦那　694r
檀那　**694r**
檀那職　694r
檀那寺　438l, 694r
檀那場　686l, 694r, 733l, 842l
檀那流　90l, 138l, 285r, **695l**, 938l
『歎異抄』 5r, **695l**, 1018r
湛然　41l, 352r, 641r, **695l**, 740l, 740r, 953l
檀越　690r
檀波羅蜜　1073r
担板漢　**695r**
歎仏偈　399r
断法　204l
断末摩(断末魔)　**695r**, 695r
『ダンマパダ』 **695r**, 927l
ダンマパーラ　110l
ダンマルチ-ニカーヤ　14l
談林　691r, 695r
檀林　142l, 488r, 541l, 691r, **695r**
譚林　695r
単廊　135l
断惑　945r
断惑証果　696l
断惑証理　**696l**

チ

知　1060r
智　696r
癡　253r, 769r, 945r
智慧　438l, **696r**, 836r, 838l
チェーティヤ　703r
智慧波羅蜜　1073r
智円　380r, 741l
知恩院　541l, **697l**
知恩寺　**697r**, 849l
智覚禅師　715r
近松門左衛門　232r
智顗　40r, 217l, 329r, 377r, 393r, **697r**, 740l, 740r, 928r, 931l, 952r
智行　703l
智旭　90r, **698l**
畜生　199l, **698l**, 1072l
畜生道　698l
竹生島　**698l**, 907r
竹林精舎　**698l**
池月　**737l**
知見　**698r**
智拳印　59l, **698r**
稚児　153l, **698r**
智光　171l, **698r**, 699l, 700r
智光曼荼羅　171l, 699l, **699l**
児物語　712l, 1006r
智儼　217l, 270r, 319l, 479l, 516l, **699l**
智山派　565r
知事　52r, **699r**
知識　**699r**, 838l
知識帰命　842r
知識論　803r
智積院　565r, **700l**
智首　1043l
智周　928r, 933r
智昇　127r, 188l
智正覚世間　387r
智証大師　99r
『智昇録』 127r, 188l
智真　51r
帙簀　218r
智水　**700l**
地水火風　**700r**
智蔵(開善寺)　523r, **700r**
智蔵(三論宗)　405r, **700r**
智誕　217l
父タントラ　694r, 990r
秩父三十三所　385r, **700r**
秩父三十四所　701l
郗超　507r
智洞　382r
智徳　156l, 396l
知訥　520l, **701l**, 720l
千鳥破風　1016r
『智度論』 671l
智波羅蜜　1073r
チベット大蔵経　671l, **701r**
『チベットの死者の書』 1056l
チベットの宗論　372r
チベットの仏教美術　**702l**
チベット仏教　**702l**, 1037r
血曼荼羅　289r
智目行足　**703l**
茶　82r, 200l, **703l**
チャイティヤ　448r, **703r**, 747r
チャイティヤ窟　407r, 605l
チャイティヤ堂　162r, 407r, 408l
搩手　50r
択法　139l, 291r
択滅　291r, **703r**

択滅無為 291r,703r,980r	中禅寺 1056r	張之洞 851l
チャクラ 360l,560r,**703r**,745r,919l,1056r	中千世界 392r	長者 717r
	中尊 **714**l	長者窮子喩 **717r**,929l
択力 291r	中尊寺 714l,840r	町衆 718l,927l
茶禅一味 1082r	中尊寺経 354l,462r,714l	聴衆 718l
茶禅一致 590l	中諦 377r,393r,704r,**714r**	『鳥獣人物戯画』 142l,303l
茶道 370l	中台八葉院 **714r**,1049l	長寿寺 718l
茶の湯 1082r	注茶半託迦 1035l	澄浄 562l
チャパ・チューキ・センゲ 151l	偸盗 4r,**714r**	長生庫 991l
チャールヴァーカ 1021l,1066l,1068r	中道 70l,704r,706l,**714r**,829l,830l,839r	趙城蔵 188r,230l
		調心 720l
チャンキャ・ルルペードルジェ 1012r	偸盗戒 714r	調身 720l
	中道教 384l	長勢 101r,316r,874l
チャンダカ 469l,**704l**	中道第一義諦 393r	超世の悲願 **718r**
チャンチュプウー 12l,134l,925r	中道第一義諦観 263l,377r	朝鮮の仏教美術 **718r**
	中日 **715r**	朝鮮仏教 **719r**
チャンドラキールティ 544r,**704l**,706l,716l,796r	中輩 398r	趙宋天台 722l
	中輩観 492r	調息 720l
チャンドラグプタ 135r,492l,951r	中部 6r,286r,780r	兆殿司 979r
	『中辺義鏡』 384l,765r	奝然 599l,639r,**720r**
チャンドラグプタ1世 256r	『中辺分別論』 704r,**715l**	庁屋 961l
中 70l,**704l**,714r,715l,716l	『中辺分別論頌』 977l	長部 6r,286r,780r
中阿含 7l,286r	中峰明本 **715r**	調伏 309l,430l,**720r**
中陰 428l,704r	中品 **715l**	調伏法 200r,309r,720r
中陰法要 810l	中門 **715r**,1007r	超仏越祖 **720r**
中有 374l,410l,428l,**704r**,1056l	中夜 1068l	長保寺 **721l**
	『注維摩詰経』 258r	頂法寺 1075l
中有の身体 291l	中天 548l	聴法衆 718l
中華大蔵経 188r,230l	偸蘭遮 340l	『長房録』 1061l
中観 48r,377r,**705l**	『中論』 404r,704r,706l,715l,**716l**,838l,1047l	超凡越聖 **721l**
中巌円月 **705r**		長明灯 549l,991l
中観帰謬(論証)派 795l	チューダパンタカ 509r,**716l**	長命寺 363r
『中観荘厳論』 473r,**705r**	チュドゥプ 910r	聴聞 **721l**
『中観心論』 544r,**706l**	頂 434l	頂門眼 49l
中観派 704r,**706l**,715l,1047r	長安 661l,**716l**	頂礼 **721l**
	長円 102l	頂礼仏足 721r
中宮寺 580l,**706r**	超越 **716r**	長吏 **721r**
中啓 **707l**	超越三昧 716r	長老 521l,**721r**
中元 707l	超越証 716r	長老仏教 781l
中間 **707l**	長覚 313l	長薀宗賾 564r,848l
中間僧 707r	澄観 270r,455l,479r,**716r**	勅額 **721r**
中間法師 **707r**	彫眼 224r	勅願寺 **721r**
『注好選』 **707r**	頂髻相 71l,386r	勅願所 721r
中国 **707r**	澄月 233l	『勅修御伝』 914r
中国の仏教美術 **708l**	張騫 708r	『勅修百丈清規』 565l,848l
中国仏教 **708l**	澄憲 5l,356l,604l,**716r**	チョナン派 688r,**722l**
中国文学と仏教 **709r**	重源 2r,18l,677r,**717l**,758l,777r	チョネ版 671l,702l
仲算 50l,112r,981l		知礼 380r,445l,456r,463r,**722l**,740r
注釈 **710l**	『澄憲作文集』 5r	
駐錫 145r	徴収 463l	『智論』 671l
中宿衣 396r	長光寺 100l	珍海 **722r**
中津 603r	長広舌 **717r**	鎮源 175l,893l,921r,928l
中世の仏教美術 336l	朝護孫子寺 416r	鎮護国家 111l,324l,**722r**
中世文学と仏教 **711l**	長西 540r,554l,**717l**	鎮魂 **723l**
	兆載永劫 297r	鎮守 164l,**723l**

鎮守堂　767l
鎮守の神　723l
鎮守の森　723l
鎮西義　541l, 723r
鎮西派　723r, 899r
頂相　648l, 723r
鎮壇具　**724l**
鎮壇法　724l
朕兆已前　888l
陳和卿　717l, 777r
沈黙　1022l

ツ

追号　916l
追善(追薦)　**724r**, 724r
鎚鍱像　115l
追薦　610l, **724r**
都維那　52r, 382l
追福　724r
通　574l
通戒　440l
通戒偈　440l
通教　329r, 377r, **724r**
通肩　899r
通受　494l
通序　558r
都寺　699r
通達位　267r, 295r
通達菩提心　335r
通度寺　435r, **725l**
ツェルパ本カンギュル　701r
ツォクシン　691l
ツォンカパ　280l, 702r, **725l**, 847l, 925r
番論義　1077r
突鐘　943l
月並御影供　661l
辻説法　**725r**
辻善之助　**725r**
度弟院　673l
土地堂　164l, 767l
角隠し　**725l**
角大師　172r, **726l**, 1051l
椿井仏所　778l, 874l
壺阪寺　363r, **726l**
『壺坂霊験記』　726l
妻入　852l
罪　**726r**
通夜　631l, 636r, **727l**
通夜物語　**727l**
釣鐘　943l
釣香炉　316r
釣灯籠　764l
鶴岡八幡宮　826r

鶴の林　727r
『徒然草』　712r, **727r**

テ

程伊川　1039r
庭園　**728r**
鄭学川　330l
ディグナーガ　64r, 242r, 284r, 295l, 415r, 510r, 579l, **729r**, 852l, 1024r, 1078r
提唱　**729r**
庭前の柏樹子　647l, **729r**
ティデ・デツェン　372r, 702l, **729r**
低地律　134l
ティデ・ソンツェン　949r
『ディーパヴァンサ』　**730l**
剃髪　298l, **730l**, 1036l
ディーパンカラ・シュリー・ジュニャーナ　12l
ティピタカ　780r
ティローパ　778l
デーヴァダッタ　9l, 459r, 675r, **730r**
デーヴァナーガリー文字　1008r
デヴィズ　**730r**
出開帳　131r, **730r**
的的相承　**730r**
嫡嫡相承　693r, **730r**
弟子　**730r**
弟子灌頂　176r
手島堵庵　564l
弟子丸泰仙　110l
鉄眼山　731r
哲学館　53l
鉄牛道機　**730r**
『鉄眼禅師仮名法語』　**731l**, 731l
鉄眼道光　188r, 670r, 731l, **731l**, 731r
鉄眼版　188r, 670r, 731l, **731r**, 962l
鉄眼山　350l, **731r**
徹通義介　84l
鉄鉢　**731r**, 826r
鉄仏　**731r**
鉄輪王　746r
デープン寺　688l, 1008l
デュルケム　595r
寺　**732l**
寺上がり　732r
寺入り　732r
テーラヴァーダ　781l

寺請状　438l, **732l**
寺請証文　732l
寺請制度　690r, 691l
寺男　813r
寺から里へ　**732l**
寺子　207l
寺小姓　698r
寺子屋　207l, **732r**
寺侍　372r, **732r**
寺銭　**732r**
寺法師　909l, 1017r
寺町　732r
デルゲ版　671l, 701r
テルマ　806l, 830r
出羽三山　383r, **733l**
天　**733l**, 1072r
纒　**735l**
纒位　589l
伝衣　**735l**
天海　320r, **735l**, 735r, 741l, 755r, 958l, 1056r
天界　533r, 733r
天蓋　**735r**
天海蔵　735r
天海版　670r, **735l**
典客　412l
『デンカルマ目録』　224l, **736l**, 1012l
天冠　905r
点鬼簿　144l, 198r
テンギュル　671l, 701r
『テンギュル目録』　224r
天行　319l
転経　743l
伝教大師　366l, 660r, **736l**
天狗　**736l**
天狗　**736l**
天宮　741r
『天狗草紙』　736r, **736r**
天鼓雷音　340r, 453r, 670l
天下　**736r**
天月・池月　**737l**
天眼　323r, **737l**
天眼通　737l, 1070r
天眼明　402r, 737l
天皇　737l
『伝光録』　264r, **737l**
転根　1040r
天山南路　562l
転識得智　697l, **737l**
天竺　60l, **737l**
天竺様　677r, **738l**
典寺署　316r
展事投機　750r
天子魔　455l, 745r, 951l

天衆 743*l*
天授 675*r*
天寿国繡帳 580*l*,601*r*,**738*l***
天寿国繡帳銘 539*l*
天寿国曼荼羅 738*l*
転生活仏 154*l*
『天聖広灯録』 338*r*
天上天下唯我独尊 **738*l***
殿上法師 906*l*
天神 **738*l***,1033*r*
天親 601*r*
点心 **739*l***
テンジン-ギャンツォ 688*r*
伝真言院曼荼羅 289*r*
天真独朗 **739*l***
『伝心法要』 109*l*,**739*r***
典座 699*r*,**739*r***
『典座教訓』 739*r*
天尊 **739*r***
天台会 457*l*,661*l*
天台山 366*l*,376*r*,395*r*,697*r*,**740*l***,740*r*
天台三大部 177*l*,698*l*,**740*l***,928*r*,931*l*,952*r*
天台三会 364*r*,664*l*
『天台四教儀』 329*r*,655*r*,**740*r***
天台宗 104*l*,366*l*,680*l*,697*r*,740*l*,**740*r***,828*r*
『天台宗疑問二十七条』 289*l*
天台声明 547*l*
天台神道 397*r*
天台大師 698*l*,**741*r***
天台大師報恩会 457*l*
天台徳韶 906*r*
天台法華宗 740*r*
『天台法華宗義集』 197*r*
天台本覚思想 938*l*
天台密教 103*l*
天台律宗 25*r*
天中天 **741*r***
天長勅撰六本宗書 666*l*,669*l*,**741*r***
天堂 **741*r***
天童 **742*l***
天道 **742*l***
顚倒 **742*l***
伝灯 **742*r***
天灯鬼・竜灯鬼 **742*r***
『伝灯玉英集』 265*r*
天童山 **742*r***,1084*r*
伝灯大法師位 742*r*
伝灯法師位 742*r*
『伝灯録』 265*l*
転読 579*l*,**743*l***
天耳通 1070*r*
天女 **743*l***
転女成男 662*r*,899*l*
天人 **743*l***
天人師 479*r*,800*r*
天人の五衰 334*l*
天衣 **743*r***
転依 **743*r***
纏衣 743*r*
伝衣 735*l*
天王寺 447*l*,**743*r***
天皇と仏教 **743*r***
天馬 **744*l***
天部 **744*r***
転変 87*l*,379*l*,**744*r***
転変説 433*l*,744*r*,1047*r*
転変流出一体説 433*l*
伝法 454*l*,**745*l***
伝法院流 141*r*
『伝法絵流通』 914*r*
伝法灌頂 176*r*,745*l*,**745*l***
伝法田 446*l*
転法輪 557*r*,**745*r***,746*r*,829*l*,919*l*
転法輪印 59*l*,475*l*,610*l*,745*r*
『転法輪鈔』 5*r*,356*l*,535*r*,596*l*,717*l*,852*l*
転凡入聖 745*r*
添品妙法蓮華経 184*l*,469*l*,920*r*,974*r*
天魔 455*l*,470*l*,**745*r***
天魔波旬 681*r*,822*l*,952*l*
天武天皇 1012*r*
転迷開悟 **745*r***
天目山 **745*r***
天文法難 746*l*
天文法華の乱 **746*l***
天理 849*r*
天竜山石窟 606*l*
天竜寺 326*r*,**746*l***,991*r*
天竜寺版 746*r*
天竜八部衆 10*r*,**746*r***,825*r*
転輪 746*r*
転輪王 746*r*
転輪聖王 **746*r***,919*l*
転輪蔵 865*r*,1055*l*

ト

渡 747*l*
度 366*r*,**747*l***,832*r*,840*r*
問い上げ 769*l*
問い切り 769*l*
塔 650*r*,**747*l***,821*l*
道 370*r*,536*l*,633*r*,**748*r***,807*r*,1064*r*,1065*l*
幢 **749*r***
同行 752*l*
道安 44*r*,85*l*,188*l*,**749*r***,1011*r*
冬安居 22*l*
『道安録』 188*l*,193*l*,505*l*,750*l*
道意 924*l*
『東域伝灯目録』 224*l*,**750*l***
当位即是 750*l*
当位即妙 **750*l***
当有 374*l*
東叡山 167*r*
『島王統史』 730*l*
道家 1065*l*
東海寺 683*l*
『東海夜話』 683*l*
等覚 331*l*,351*l*,**750*l***
道家思想 1065*l*
道果説 369*l*
等活地獄 **750*r***,825*r*
渡岸寺 **750*r***
投機(逗機) **750*r***,750*r*
道機 730*r*
当機衆 427*l*
董其昌 779*r*,919*r*
投機の偈 750*r*
道教 749*l*,**751*l***,1064*r*
道鏡 **751*r***,826*l*,903*r*
同行 **752*l***,761*r*
道暁 988*l*
同教一乗 39*l*,96*r*,896*l*
道行衣 331*r*
同行二人 752*l*
道行般若経 561*r*,836*r*
道具 **752*l***
登詣 753*l*
道契 307*l*
東慶寺 97*l*,**752*l***
唐决 **752*l***
投華得仏 176*r*,274*l*
倒懸 76*r*
道元 84*l*,141*l*,288*r*,545*l*,638*l*,743*l*,**752*r***,798*r*,857*l*,906*l*
道光 731*l*
道号 **753*l***
陶弘景 751*r*,773*l*
『東国高僧伝』 307*l*
塔金堂僧房等院 409*l*
榻座 659*r*
登山 **753*l***
洞山五位 638*l*

当山三十六正大先達衆　499*l*
当山派　376*r*, 499*r*, 544*r*, 659*l*
東山法門　308*l*
洞山良价　638*l*, 753*r*, 989*r*
灯史　265*l*
東寺　208*l*, 239*r*, 567*r*, **753*r***
等至　612*l*
等持　401*l*
道士　**753*r***
導師　**753*r***
同事　431*l*
童子　**753*r***, 759*l*
道慈　405*r*, 653*l*, 700*r*
『童子教』　442*l*, **754*l***
童子経法　754*l*
童子経曼荼羅　**754*l***
『道次第解脱荘厳』　137*l*
東寺大仏師職　266*l*
刀疾飢　383*r*
道者　**754*r***
道綽　25*r*, 537*l*, **754*r***, 811*l*, 955*r*
道釈画　**754*r***
道釈人物画　754*r*
堂衆　**754*r***
童受　1078*l*
道種智　377*r*, 394*r*, 696*r*
東序　757*r*, 1051*r*
闘諍　**755*l***
道生　**755*l***, 770*l*
道昌　315*r*
道昭(道照)　149*l*, **755*r***, 755*r*, 934*l*
撞鐘　943*l*
道場　465*r*, **755*r***, 774*l*
道誠　464*l*
等正覚　536*r*, 800*r*
東照宮　**755*r***
闘諍堅固　755*l*
道成寺　**756*l***
『道成寺縁起』　756*l*
道場樹　923*r*
道清浄　431*l*
東勝身洲　437*r*
唐招提寺　130*l*, 178*r*, **756*l***, 1043*r*
等身　**756*r***
童真　753*r*
道心　54*r*, **757*l***
道信　618*l*
道人　249*l*
東司　**757*l***
刀塗(刀途)　142*r*, 390*r*
道邃　366*l*
道世　904*r*

『東征絵伝』　759*l*
『東征伝』　759*l*
登山　753*l*
道川　1016*r*
道宣　301*r*, 306*r*, 454*r*, **757*l***, 1043*l*
道誦　855*r*
道璿　**757*r***
東禅等覚院本　639*r*
同相　1070*r*
道僧格　639*l*
道祖神　**757*r***
灯台　**757*r***
道諦　237*r*, 434*l*, 437*l*, 492*l*, 829*l*
同体三宝　**758*l***
東大寺　130*l*, 130*r*, 312*l*, 375*l*, 548*r*, **758*l***, 777*l*
同泰寺　884*r*, 988*l*
『東大寺雑集録』　759*l*
『東大寺山堺四至図』　377*l*
『東大寺続要録』　759*l*
『東大寺諷誦文稿』　861*r*
東大寺法華会　927*r*
東大寺法華堂　377*l*
『東大寺要録』　**758*r***
当体全是　464*l*, 865*l*
当体全是の即　637*r*
東大門　1007*r*
当体蓮華　572*r*
『唐大和上東征伝』　437*l*, 533*l*, **759*l***
堂達　439*r*
道寵　481*r*, 1073*l*
東浄　757*l*
東塔　104*r*, 395*r*, 840*l*
東堂　598*l*
堂塔　407*r*
堂童子　**759*l***
東ден寺　1043*r*
堂堂廻り　**759*l***
道徳　**759*l***, 1064*l*
当得往生　106*l*
東南アジアの仏教　**759*l***
東南アジアの仏教美術　**760*l***
道人　754*r*
道念　924*l*
多武峯　631*l*, **761*l***
『多武峯少将物語』　1005*r*
塔婆　650*r*, **761*l***
銅鉢　231*l*
銅鈸　827*r*
東班　1051*l*
同伴　752*l*
幢幡　749*r*

到彼岸　761*l*, 832*l*, 840*l*
東福寺　100*r*, 326*l*, **761*l***
当分　148*l*, 761*r*
同同　752*l*, **761*r***
同法　761*r*
『東宝記』　311*l*, **762*l***
同朋衆　17*l*
道品　386*r*
同品定有性　63*r*
東密　567*r*, 680*l*, **762*l***
灯明　**762*l***, 1069*r*
道明寺　**762*r***
等無間縁　26*r*, 411*l*, 1067*l*
塔門　747*l*, 1007*l*
唐邑　220*l*
東洋的無　249*r*, 980*r*, 994*r*
東陽徳輝(煇)　565*l*, 848*l*
ドゥラ　1077*l*
当来　292*l*, **763*l***, 975*r*
当来世　292*l*
当来の値遇　763*l*
当来(の)導師　753*r*, 763*l*
当来仏　975*r*
道理　**763*l***
唐律招提寺　756*l*
忉利天　662*r*, 734*l*, **763*r***, 958*l*, 1074*r*
道隆　1038*l*
棟梁　656*l*
唐臨　998*r*
東林寺　85*l*, 1075*l*
等流　**763*r***
同類因・等流果　763*r*, 1066*r*
等流果　1066*r*
ドゥルガー　320*l*, 464*l*
等流習気　763*r*
等流心　763*r*
等流身　763*r*
トゥルナン寺　**763*r***, 1036*r*
灯籠(灯楼，灯炉)　**764*l***
灯籠流し　115*l*
灯炉殿　764*l*
度縁　131*l*, 248*l*, **764*l***, 768*l*
遠山袈裟　271*r*
渡海文殊　1009*r*
兎角　**764*r***
『杜家立成』　530*l*
渡岸寺　750*r*
斎　**764*r***
読経　**764*l***, 766*l*
突吉羅　253*l*, 340*l*
頭巾(兜巾, 頭襟)　**765*l***, 765*l*
徳　**765*l***, 901*r*
徳一　366*l*, 373*l*, 384*l*, 500*l*, 527*r*, 741*l*, **765*r***, 929*r*, 934*l*

徳川家綱 962*l*
徳川家光 226*l*,683*l*
徳川家康 221*l*,589*r*,635*l*, 735*r*,755*r*
読経 764*l*
徳行派 725*r*
独行無明 994*l*
毒鼓 **765***r*
毒鼓の縁 766*l*
独鈷 768*l*
得業 152*l*,**766***l*
禿居士 159*l*,**766***l*
独参 373*l*
徳山宣鑑 387*l*
読師 439*r*,**766***l*
犢子部 319*l*,887*l*
徳叉伽 825*l*
読誦 516*l*,527*l*,764*l*,**766***l*
得大勢菩薩 597*l*
得脱 **766***l*
毒天二鼓 765*r*
得度 **766***r*
得道 536*l*,544*l*,749*l*,**766***l*
得仏 544*l*
徳本 616*l*
徳利形華瓶 277*r*
独鈷 768*l*
常世思想 917*l*,1046*r*
土佐光信 32*l*
『登山状』 **766***r*
都市王 477*l*
土地神 767*l*
覩史多天 734*l*,1074*r*
土地堂 164*l*,**767***l*
年の御読経 201*l*
土砂加持 145*l*,**767***l*
土砂加持法会 767*l*
杜順 270*l*,270*r*,**767***l*
度世 747*l*
斗藪(抖擻) 592*l*,**767***r*,767*r*
土葬 30*l*,148*r*,631*l*,636*l*
度僧 **767***l*
都僧録 642*r*
兜率往生 106*r*,768*l*
兜率浄土 322*r*,976*r*
兜率天 734*l*,**767***r*,976*r*, 1074*r*
杜多 592*r*
杜茶 592*r*
度他 448*l*
度牒 248*l*,**768***l*
独覚 94*r*,768*r*,987*l*
独覚乗 389*l*
独覚定性 332*l*
毒鼓 765*r*

独鈷 351*l*,**768***r*
独鈷杵 768*r*
蕃神 793*r*
度人 747*l*
鳥羽絵 142*l*
鳥羽上皇 141*r*
鳥羽僧正 141*r*,**768***r*
兜跋毘沙門天 843*l*
富永仲基 146*r*,505*l*,666*r*, **768***l*,817*l*
ドムトゥン 12*l*,150*r*
弔い 768*r*
弔い上げ 650*l*,769*l*,**769***l*, 810*l*
具平親王 248*l*
豊浦寺 620*r*,985*l*
『豊葦原神風和記』 522*r*
豊川稲荷 53*l*
豊臣秀吉 307*l*,806*r*,862*l*, 907*l*
豊臣秀頼 907*l*
銅鑼 769*l*
トリシュトゥプ 149*r*
止利仏師 11*l*,368*r*,452*l*, **769***l*,872*r*
トリムールティ 50*l*
屠隆 508*l*
トルファン 305*r*,561*r*
トルポパ・シェーラプ・ギャルツェン 722*l*
『とはずがたり』 712*r*
貪 359*l*,**769***r*,769*r*,772*r*, 945*r*
貪愛 769*r*,**769***r*
曇一 695*l*,716*r*
吞海 527*r*
頓教 319*l*,329*r*,**769***r*,770*l*
頓悟 615*l*,727*l*,**770***l*
敦煌 **770***r*,771*l*
敦煌学 771*r*
敦煌千仏洞 770*r*
敦煌菩薩 420*r*
敦煌文書 **771***r*
『頓悟往生秘観』 345*r*
頓悟説 86*l*,755*l*
頓悟漸修 510*l*,770*l*
頓悟禅宗 618*l*
頓悟菩提 772*l*
鈍根 268*l*,**771***r*
頓写会 40*l*
頓写経 40*l*
貪着(貪著) **771***r*,771*l*
頓成 27*l*
曇照 1043*r*
頓証菩提 **772***l*

貪瞋癡 396*r*
遁世 **772***l*
遁世僧 772*r*
頓智咄 1010*r*
貪着(頓着) 771*r*
曇徴 **772***l*
曇摩伽陀耶舎 995*l*
曇摩讖 772*r*
曇摩蜜多 185*r*
曇無最 882*l*
曇無讖 755*l*,**772***r*,808*l*, 808*r*,875*l*
曇曜 78*l*,460*l*,631*r*
貪欲 4*r*,396*r*,**772***r*,945*r*
曇鸞 108*r*,**773***l*
吞竜 773*r*

ナ

内院 774*l*
内衣 331*r*,396*r*,915*l*,1074*l*
泥洹 807*l*
内教・外教 774*r*
内供 253*l*,774*l*
内供奉 253*l*,484*l*,**774***l*
内供奉十禅師 484*l*,774*l*
内外相承 634*l*
内護 **268***l*,268*l*
内在仏 879*r*
内寺 774*l*
乃至一念 40*l*,663*r*
内色 415*l*
乃至十念 40*l*,488*l*,663*l*
内持仏堂 453*r*
内証 **774***l*
内書作用 774*l*
『内証仏法相承血脈譜』 366*l*, **774***l*
内陣 774*r*
内相承 634*l*
内典 277*l*,**774***r*
内道 276*r*
内道場 **774***r*,1028*r*
内の三乗 965*l*
内仏 453*r*,**774***r*
内遍充論 898*l*,1078*r*
内凡 278*r*,278*r*,**775***l*
内凡位 331*l*
内明 342*r*
ナイランジャナー 459*l*, **775***l*,801*r*
泥犁(泥梨) 422*r*,**775***l*
直会 245*l*
ナーガ 1045*l*
那伽 1044*r*

那伽犀那　1035*l*
中沢道二　564*r*
ナーガセーナ　775*r*
中野達慧　675*l*, 793*l*
ナーガボーディ　**775*l***, 1047*l*
長松清風　571*l*, 949*l*
中山寺　363*r*
ナーガールジュナ　89*r*, 95*r*, 238*r*, 414*l*, 483*l*, 487*r*, 671*l*, 706*l*, 716*l*, **775*l***, 1047*l*, 1048*l*
流れ灌頂　176*r*, 775*l*
『泣不動縁起』　775*l*
諾矩羅　1035*l*
抛入花　156*l*
投込寺　775*r*
梨本御坊　392*l*
南条文雄　234*l*
ナースティカ　1021*l*, 1066*r*
那先比丘経　**775*r***
撫仏　853*r*
那智山　180*r*, 866*l*
那智大社　257*r*
納所　**776*l***
納所坊主　776*l*
ナーディー　560*r*, 703*r*
ナディー・カーシヤパ　775*r*
七寺（七ツ寺）　492*l*, **776*l***, 776*l*
七寺一切経　193*l*, 776*l*
七七日　428*l*
浪花節　368*l*, 1081*l*
鍋冠り日親　791*l*
南無　202*r*, **776*l***, 776*r*
南無阿弥陀仏　251*l*, 547*r*, 548*r*, **776*r***, 810*l*, 971*r*, 1067*r*
『南無阿弥陀仏作善集』　369*r*, 717*l*
南無観世音菩薩　547*r*
南無三　**776*r***
南無三宝　776*r*
南無釈迦牟尼仏　547*r*
南無大師遍照金剛　423*r*, 547*r*
南無遍照金剛　**776*r***
南無妙法蓮華経　531*l*, 547*r*, 680*l*, **776*r***, 789*r*, 841*r*
南無　**776*l***
南無不可思議光如来　776*r*
ナーヤナール　820*r*
儺やらい　724*r*
那由多（那由他）　**777*l***, 777*l*
那羅延　**777*l***
那羅延堅固　777*l*

奈落迦　777*l*
奈落（那落、捺落）　422*r*, **777*l***, 777*l*
奈良声明　547*l*
奈良大仏　**777*l***
双倉　530*l*
双堂　1034*l*
奈良仏師　266*l*, 302*l*, **777*r***, 874*l*
奈良法師　1017*r*
ナーラーヤナ　777*l*
ナーランダー寺　288*l*, 778*l*, **778*l***
那爛陀寺　288*l*, **778*l***
成相寺　363*r*
成田山　**778*l***
成田不動　572*l*
ナルタン寺　701*r*
ナルタン版　671*l*, 701*r*
ナルタン版大蔵経　701*r*
那連提黎耶舎　658*l*
ナーローの六法　936*l*
ナーローパ　137*l*, 247*l*, **778*l***, 936*l*
燠　434*l*
難易・勝劣　778*l*
南円堂　363*r*
『南海寄帰内法伝』　196*r*, **778*r***
南岳懐譲　323*r*, **778*r***, 823*r*
南京大師　88*l*
難行　**779*l***
難行苦行　779*l*
南京三会　326*l*, 364*l*, 396*r*, 1021*r*
難行道　537*l*, 787*l*
南京仏師　777*r*
南京律　134*l*, 569*l*, 1043*l*
南京市　237*l*
南光坊　735*l*
男根　786*l*
南山流　547*r*
南三北七　**779*l***
南山律師　757*l*
南山（律）宗　454*l*, 757*l*, 1043*l*
難思議　964*l*
難思議往生　107*l*
汝はそれなり　937*l*
南宗　92*l*, 323*r*, 770*l*, **779*l***
南宗画　920*l*
南宗禅　618*l*
南条文雄　675*l*, **779*l***
「南条目録」　779*l*
『難神滅論』　507*l*
南泉斬猫　**779*r***
南禅寺　326*l*, **780*l***, 984*l*

南泉普願　779*l*, 894*l*
南贍部洲　102*l*, 437*l*
ナンダ　780*l*, **780*r***
難陀　**780*l***
南大寺　653*l*
南大門　**780*r***, 1007*r*
難陀竜王　825*l*
南中門　715*r*
南伝大蔵経　670*l*, 682*l*, **780*r***
南天鉄塔　358*r*
南伝仏教　**781*l***
難得　964*l*
南都三会　326*l*, 364*l*, 396*r*, 1021*r*
南都七大寺　**782*l***
南都声明　547*l*
南都北嶺　640*l*, **782*r***
南都六宗　**782*r***, 934*l*
南頓北漸　770*l*, **783*l***
『難白黒論』　507*l*
南屏梵臻　380*r*
南方仏教　781*l*
南浦紹明　490*l*, 640*l*, **783*l***, 1054*l*
南本涅槃経　473*l*, 772*r*, 808*l*
南陽慧忠　573*r*

ニ

丹生明神　723*l*
二王　**783*r***
仁王　479*r*, **783*r***
仁王門　783*r*, 1007*r*
二月堂　117*l*, 506*r*, **783*r***
二河白道　**784*l***
二河白道図　784*r*
二河譬喩　784*l*
ニカーヤ　286*r*
『二巻鈔』　255*l*
ニガンタ・ナータプッタ　432*l*, 457*r*, **784*r***, 1069*l*
『二巻本訳語釈』　27*l*, 1012*l*
『二儀軌』　894*l*
肉化　**784*r***
肉眼　323*r*
肉食　365*r*, **785*l***
肉心　323*r*
肉団　785*r*
肉団心　164*l*, 325*l*, **785*r***
二元論　36*l*, 889*l*, 937*r*
日向　244*l*, 669*r*, 790*l*, 1074*r*
耳根　1076*l*
尼寺　15*r*
錦織寺　230*r*
西田幾多郎　613*r*, 645*r*, **785*r***,

980r
西田天香　571r
尼師壇　369l, 1074l
西本願寺　786l, 939l
西室　640r
二重円相　308r
二十五有　**786l**
二十五三昧会　811r, 1059r
『二十五三昧式』　303r, 1072r
二十四縁　95r
二十四輩　1018r
二十二根　**786l**
二十八部衆　**786r**
二十八宿　**786l**
二重門　1007r
二種深信　389r, 573l
二障　513r
二乗　**787l**
二乗作仏　441r, 787l
二身　879r
二身説　390l, 875r
似絵　648r
二禅　432l
爾前　428l
爾前経　126r
爾前無得道論　413l
二双四重　**787l**
二尊　**787r**
二尊院　**787r**
二諦　238l, 515r, **787r**, 830l
『二諦分別論』　506r
二諦論　575r
尼陀那　63r, 487l
二智　697l
ニーチェ　226r
日奥　**788r**, 790r, 862l
日月灯明仏　**788r**
日経　265l
日厳寺　199r, 1028r
日持　50r, **788r**, 790l, 1074l
日什　**789l**
日重　790r
日常　790l, 921r
日静　940l
日常茶飯事　371r
日像　387l, **789l**, 930r, 971l
日日是好日　**789l**
日没　1068l
日耀　791l
日隆　**789l**, 946l
日輪観　791l
日蓮　41l, 133l, 179r, 244l, 500l, 617l, **789r**, 790r, 904r, 1044l
日蓮遺文　**790l**

日蓮三大部　133l, 179r, 1044l
日蓮宗　244l, **790l**
日蓮正宗　669r
日蓮法華宗　790l
日朗　790l, **790r**, 974r, 1074r
日観　791r
『日工集』　240r
肉髻　**791l**
肉髻相　71l, 880r
日光・月光　**791l**
日興　11r, 669r, 790l, **791l**, 1074r
日光山　735r
日光遍照　791l
入室　**791l**
日種　311r
入衆衣　439l
日昭　790l, 1074l
日精摩尼　956r
日親　790l, **791l**, 947r
日政　289l
日扇　571l, 949l
日想　791l
日想観　492r, **791r**, 841l
日中　1068l
日頂　790l, 1074l
日朝　790l, **791r**
日天　486r, **791r**
『入唐求法巡礼行記』　101l, 336l, 391l, **791r**, **792l**, 892r
『入唐五家伝』　307l
入唐五家　792r
入唐八家　**792l**
担堂　930r
二入　792r
『二入四行論』　85l, **792r**, 925l
二百五十戒　133l, **792r**
ニヒリズム　226r
二仏　**793l**
二仏の中間　793l
二仏並坐　686r, 793l
二辺　701l, 705l, 714r
『日本往生極楽記』　107r, **793l**, 893l
『日本感霊録』　**793l**, 892r
『日本高僧伝指示抄』　307l
『日本高僧伝要文抄』　307l, 634r
『日本国現報善悪霊異記』　795l
日本山妙法寺　61l, 860r
日本山妙法寺大僧伽　860r
『日本書紀』　192r, 661r
日本大蔵経　**793l**
日本仏教　**793r**

日本様　1083l
『日本霊異記』　294l, 610r, **795l**, 892r, 1027l
ニマタク　**795l**
二万五千頌般若経　282r, 837l
二物相合　865l
二物相合の即　637l
ニヤーヤ　**795r**, 1076l
ニヤーヤ・ヴァイシェーシカ　579l, 795r
『ニヤーヤ・スートラ』　579l, 795r
入院　796l
入我我入　**796l**
入山　569l, 796l
入寺　**796l**
入寺僧　796r
入寂　195r, 426r
入聚落衣　396l
入定　505l, **796l**
入定留身　796l
入定留身信仰　662l
入蔵　188l
『入中論』　704l, **796l**
入道　749l, **796l**
入道親王　911r, 968r
入道法門　797l
入峰　967l
『入菩薩行論』　797l
『入菩提行論』　474l, **797l**
入法界品　269l, 480l
入滅　98l, **797l**, 829l
入室　791l
如　**797r**
如意　**797r**
如意珠　797r
如意幢　749r
如意宝　797r
如意宝珠　797r, **797r**, 956r
如意摩尼　797r
如意輪観音　**798l**
鏡　**798l**
遶塔　220l
遶堂　220l
鏡鉢　828l
遶仏（繞仏）　220l, **798l**, 798r
饒益有情戒　387r, 407l
女王御所　841r
如去　800l
女根　786l
如実　**798r**
如実知見　798l
如浄　638l, 743l, 752r, **798r**
如信　254l
如惺　306r

如是我聞 798r	忍性 323l, 460l, 569l, 804l	涅槃楽 344l
如是語 257l, 487l, 799l, 941l	人情 804l	練供養 809r, 983l
如道 403l	人頭幢 749r	ネワール仏教 806r
女人往生 712l, 799l, 899r	人天 804r	念 74r, 114r, 139l, 609r, 809l
女人禁制 799l, 799r	人天教 804r	然阿 1052r
女人結界 274r, 557l, 799l, 799r	人天乗 804r	年回 810l
女人高野 996l	忍土 183l, 469l, 802l	年忌 810l
女人五障 556r	仁和寺 344r, 804r	拈華微笑 33r, 810r, 952r
女人成仏 557l, 799l, 899r, 1048l	仁和寺門跡 804r	拈古 300r, 810r
女人堂 799r	忍辱 802l, 805l	念持仏 453r, 810r
如法 799r	忍辱仙人 805l	念珠 503l
如法経 462r, 799r, 799r	忍辱の衣 805l	念住 381r
如法経筒 219l	忍辱の鎧 805l	念珠加持 144r
女犯 365l, 800l	忍辱波羅蜜 1073r	念誦の輪 503l
如来 479r, 800l, 867l	任ց 807r	念処 381r
如来加持力 403r	仁王会 723l, 805l, 805r	念声是一 811l
如来使 789r, 921l	仁王経 805r	燃灯会 961r
如来十号 479r, 800l	仁王経法 805r	燃灯供養 624l
如来性悪説 6l	仁王経曼荼羅 805r	燃灯仏 810r
如来清浄禅 647r, 800r	仁王供 805l	念念 609r
如来禅 647r, 800r	仁王講 805l	念仏 185r, 810r
如来蔵 546l, 800r, 801l, 808l, 874l	仁王護国般若波羅蜜経 722r	念仏往生 554r
如来蔵縁起 95r, 580l, 801r	仁王道場 805l	念仏往生(の)願 663r, 995r
如来蔵経 800r, 801l	仁王般若経 324l, 722r, 805l, 805r	念仏踊 51l, 811r
如来幡 834r	人の四依 410r	念仏講 811r
如理智 697l	人非人 235r, 805r	念仏三昧 811l, 849r, 866r
如量智 697l	人法 801r	念仏宗 812l
如露如電 801r	人法一如 1004r	念仏禅 58l, 537r
尼藍婆 843l	ニンマ派 645l, 806l, 830r	『念仏法語』 1030l
二類往生 42r	人無我 143l, 803l, 806l	年分 812l
尼連禅河 459l, 801r	人無我・法有 982r	年分学生 812l
俄道心 54r, 757l		年分度者 812l
人 801r, 1072l	**ヌ**	年預五師 897l
忍 434l, 802l		年料度者 812l
認悪 375l	布橋大灌頂 686l	
任運 802l		**ノ**
任運自在 802r	**ネ**	
任運自爾 802l		野位牌 53r
任運相続 802l	ネオ・ブディスト運動 24r	能 813r
忍可 282l, 802l	猫脚礼盤 1034r	衲衣 271r, 812r
人我 145r	根来寺 141r, 565r, 806r	納衣 812r
人界 802l	ネストリウス派 228r, 264l	能縁 813r
仁海 514r, 802r, 1016l	ネパール仏教 806r	能楽 812r
仁岳 380r, 740r	涅槃 273l, 703r, 807l, 862l, 1064r	能観 813r
人我見・法我見 145r, 802r	涅槃会 807r, 809r	納経 813l
仁寛 684r	涅槃忌 807r	納経所 813l
人境不二 1004r	涅槃経 808l, 808r	能化・所化 813l
人空・法空 803l	涅槃講 807r	『能顕中辺慧日論』 332r
認識手段 795r	涅槃寂静 400r, 454r, 808l	納骨 813l
認識対象 795r	涅槃宗 808r	能作因 1066r
認識論 803l	涅槃図 809r	能持 688r
任持自性・軌生物解 804l	涅槃像 809l	能取 813r
	涅槃堂 990l	納所 776l, 813r
		能所 813r
		能所一体 813r

能生 347*l*
能摂蔵 801*l*
能詮 557*r*,813*r*
衲僧 627*r*,**813*r***
能相 813*r*
能忍 **813*r***
能変 87*l*
納莫 776*r*
能力 **813*r***
野送り 814*l*
軒平瓦 166*r*
軒丸瓦 166*r*
衲子 79*l*,813*r*
野々村直太郎 27*l*
野墓 1053*l*
野伏 **813*r***
野辺送り 631*r*,636*r*,**814*l***
野屋根 1016*r*
法師 909*l*
法灯 912*r*

ハ

唄 158*l*,947*l*
拝一神教 48*l*
俳諧と仏教 **815*l***
拝火教徒 651*r*
裴頠 66*l*
裴休 109*l*,739*r*
敗根 815*l*
廃権立実 132*l*,608*r*,817*r*
廃三顕一 608*r*
唄師 439*r*
廃迹立本 817*r*
敗種 **815*l***
貝多羅葉 **815*r***
波逸提 340*l*,**815*r***
波逸提法 253*l*
唄匿 158*l*
廃仏(排仏) **815*r***,815*r*
廃仏毀釈 582*l*,816*l*,**816*l***
排仏論 438*l*,505*r*,**816*r***
背面相翻 865*l*
背面相翻の即 637*r*
排耶書 **817*l***
『排耶蘇』 974*l*
貝葉 815*r*
バイヨン 759*r*
波夷羅 486*l*
廃立 132*l*,608*r*,**817*r***
バーヴァヴィヴェーカ 544*r*
バーヴィヴェーカ 544*r*,706*l*,716*l*,**817*r***,838*l*
バヴィヤ 544*r*
墓 **817*r***,1053*l*
破家 818*l*
馬鹿 **818*l***
破戒 **818*l***
破戒比丘 818*l*
『バーガヴァタ-プラーナ』 820*r*,889*l*
『バガヴァッド-ギーター』 261*l*,**818*r***,820*r*,854*l*,957*r*
博士 546*r*,**818*r***
婆伽婆 602*r*
薄伽梵 602*r*
袴腰 552*r*
『破吉利支丹』 591*r*,817*l*,870*r*
魄 116*l*,197*l*,357*r*
縛 **818*r***,945*r*
白隠慧鶴 117*l*,183*l*,300*r*,600*l*,**819*l***,1015*r*
白雲寺 518*l*
白雲宗 **819*r***
帛遠 882*l*
白画 821*l*
白居易 165*l*,168*r*,212*r*,**819*r***
白山 **820*l***
白山三所権現 820*l*
白山神社 820*l*
博地 820*l*
薄地 **820*l***
帛尸梨蜜多羅 1012*r*
麦積山石窟 **820*l***
薄葬令 1001*l*
パクダ-カッチャーヤナ 1036*l*,1068*r*
バクティ 562*r*,818*r*,**820*r***
白頭大士 308*l*
白馬寺 408*l*,408*r*,**820*r***,1036*r*
白描 **821*l***
白麻紙 111*l*
白楽天 165*l*,400*l*
羽黒山 376*r*,383*r*,733*l*,**821*l***
羽黒修験 733*l*
破顕 821*r*
箱形礼盤 1034*r*
パゴダ **821*l***
伐折羅(跋折羅) 486*l*,**821*l***,821*l*
階隠 308*r*
波斯寺 264*l*
波斯匿王 **821*r***,1058*l*
破邪 405*l*
破邪顕正 **821*r***
破邪申正 821*r*
伐闍羅弗多羅 1035*l*
『破邪論』 530*r*,882*l*,918*r*,955*r*
『婆沙論』 676*r*,**822*l***
波旬 311*r*,745*r*,**822*l***
芭蕉(植物) **822*l***
芭蕉(人名) **822*r***
柱間 274*l*,281*l*
破申 821*r*
婆藪開士 850*l*
蓮の飯 822*r*
蓮供御 822*r*
蓮葉飯 **822*r***
蓮飯 822*r*
長谷川角行 571*l*,861*l*
長谷寺 363*r*,565*r*,**822*r***
『長谷寺観音験記』 823*l*
長谷寺式十一面観音像 476*r*
『長谷寺霊験記』 **823*l***
派祖 215*r*
破僧 1081*l*
破僧伽 2*l*
破麁顕妙 608*r*
馬祖禅 613*l*
馬祖道一 302*r*,304*r*,644*r*,**823*l***,894*l*
婆蘇蜜多羅 67*l*
『破提宇子』 817*l*,831*l*
波多迦 834*l*
秦河勝 142*l*,315*r*,447*r*
秦公寺 315*r*
波多野義重 84*l*,753*l*
ハタ-ヨーガ 1029*r*
跋陀羅 1035*l*
バーダラーヤナ 69*l*
パータリプトラ 2*l*,256*r*,276*l*,952*l*,953*r*
『パダールタ-ダルマ-サングラハ』 66*r*
パタンジャリ 1029*r*
鉢 397*l*,826*r*
蜂岡寺 315*r*
八寒地獄 261*l*,422*r*,823*r*
八寒八熱 **823*r***
八敬戒 **823*r***,841*l*
八敬法 823*r*
八功徳水 827*l*
八解脱 **823*r***,828*r*
八十種好 632*r*,**824*l***
八字文殊法 824*l*
八字文殊曼荼羅 **824*l***
八十華厳 269*l*,852*r*
八十随形好 824*l*
八条式 380*r*
八勝処 828*r*
八除処 828*r*
八除入 828*r*

八大金剛童子　368*r*, **824***r*
八大地獄　14*l*, 51*l*, 209*r*, 422*r*, 499*l*, 543*l*, 750*r*, 823*r*, **824***r*, 825*r*
八大聖地　597*r*
八大童子　347*l*, 597*r*, **824***r*
八大人覚　137*r*
八大明王　**825***l*, 970*l*
八大竜王　**825***l*, 1045*l*, 1045*r*
鉢叩　**825***r*
八難　**825***l*
八難処　825*l*
八忍　282*r*, 802*l*
八熱地獄　14*l*, 51*l*, 209*r*, 422*r*, 499*l*, 543*l*, 750*r*, 823*r*, **825***r*
八背捨　824*l*
八風　830*l*
八不可越法　823*l*
八部衆　10*r*, 165*l*, 236*l*, 291*l*, 744*r*, **825***r*, 954*l*, 1015*r*, 1045*l*
八万地獄　826*l*
八万四千　826*l*, 916*r*
八万四千法門　826*l*
八万四千煩悩　826*l*
八幡神　349*l*, 632*l*, 723*l*, **826***l*, 942*l*
八万大蔵経　315*l*
八幡大菩薩　581*r*, 632*l*, 826*l*, 942*l*
八幡大明神　826*l*
八万奈落　826*l*
八無為説　579*r*
八竜権現　825*l*
鉢　489*l*, 731*l*, **826***r*, 1074*l*
罰　726*r*, **826***r*
鉢盂　397*l*
八戒斎　827*r*
八角円堂　100*l*
八角堂　**827***l*
八関斎　827*r*
八寒地獄　261*l*, 422*r*, 823*l*
八脚門　1007*l*
八苦　420*l*, 553*l*
抜苦　452*r*
八功徳水　**827***l*
八功徳池　827*l*
抜苦与楽　**827***l*
法誉　**827***l*
法誉疏　827*l*
抜業因種化心　482*r*
莫高窟　770*r*
白骨観　**827***r*
白骨の御文　**827***r*

髪際　918*r*
八斎戒　133*l*, 362*l*, **827***r*
髪際高　918*r*
鈸子　**827***r*
八識　19*r*, 415*r*, **828***l*, 1019*r*, 1068*l*
八支近住斎戒　827*r*
八支正道　829*l*
跋闍子比丘　846*l*
八宗　**828***r*
八宗兼学　828*r*
『八宗綱要』　221*l*, **828***r*
八宗の祖　1047*r*
八種清浄音　829*l*
八種梵音声　829*r*
八勝処　**828***r*
八正道　386*r*, 437*l*, **828***r*
八聖道　829*l*
法掟　437*r*
法嗣　56*l*
『抜隊仮名法語』　**829***l*
抜隊得勝　829*l*
法全　99*l*, 101*l*, 486*r*, 598*l*
八千頌般若　837*l*
八相　311*r*, **829***l*, 881*l*
八相成道　557*r*, 829*l*
八相涅槃図　829*l*
バッダカッチャーナ　1015*r*
八智　282*r*, 802*l*
八注　906*r*
八天　744*r*
八纏　735*l*
法堂　307*r*, **829***r*
服部南郭　667*l*, 817*l*
八音　**829***r*
跋難陀　825*l*
般涅槃　98*l*, 807*l*, **830***l*, 999*l*
法被　**830***l*
八不　238*r*
八風　**830***l*
八不中道　**830***l*
八法　830*l*
『伴天連記』　817*l*
馬頭観音　**830***r*
馬頭明王　830*r*
鉢特摩　261*l*
パドマサンバヴァ　806*l*, **830***r*
バーナ　132*l*
花会式　186*l*
花供養　**830***r*
華籠　268*l*, **831***l*
花園上皇　973*l*
花摘　**831***l*
伏那婆斯　1035*l*
花祭　186*l*, 307*r*, **831***l*

花御堂　186*l*
パーニニ　390*r*
はね題目　841*l*
母タントラ　694*r*, 894*r*, 990*r*
ハビアン　817*l*, **831***l*, 974*l*
破風　1016*r*
破仏　815*r*
破法　204*l*
バーミヤーン　**831***l*
破門　**831***r*
林羅山　831*l*, 974*l*
早来迎　1033*r*
波羅夷　340*l*, 427*l*, **831***r*
祓い　832*l*
波羅夷処　831*r*
波羅夷法　253*l*
祓え　**831***r*
波羅提提舎尼法　253*l*
波羅提木叉　132*r*, 133*l*, **832***l*, 1042*l*
原坦山　234*l*
ハラッパー　59*l*, 964*r*
波羅奈国　459*l*, **832***l*, 876*l*
波羅頗密多羅　666*l*
パラマールタ　415*r*, 576*r*, **832***r*
波羅蜜多　832*r*
波羅蜜　**832***r*, 838*l*, 840*r*, 1073*r*
バラモン　833*l*, 889*l*
婆羅門　432*l*, **832***r*, 833*l*, 889*l*
バラモン教　833*l*, 853*l*
婆羅門教　**833***l*, 853*l*
婆羅門僧正　**833***r*, 924*r*
玻璃　440*r*, **833***r*
ハリヴァルマン　523*r*, 524*l*, **833***r*
『ハリヴァンシャ』　957*r*
玻璃鏡　833*r*
パーリ語　**833***r*, 869*r*, 888*r*
パーリ語三蔵　670*r*, 760*l*
ハリジャン　622*r*
パーリ聖典協会　1041*r*
パリッタ儀礼　781*r*
ハリバドラ　283*l*, **834***r*
梁間　273*r*
梁行　273*r*, 281*l*, **834***l*
パールヴァティー　464*r*
パールシー　651*r*
パールシヴァ　218*l*, **834***l*
ハルシャヴァルダナ　131*r*, **834***l*
『ハルシャチャリタ』　132*l*
パルティア　23*r*, 561*r*
破和合僧　1081*l*

幡　**834*l***
半跏坐　877*r*
半跏思惟像　**834*r***
半跏像　877*r*
半跏趺坐　275*l*
半行半坐三昧　429*l*,929*l*
『盤珪仮名法語』　**835*l***,835*l*
盤珪永琢　835*l*,**835*l***
伴蒿蹊　233*l*
ハンサ鳥　135*r*
晩参　908*l*
般闍迦　195*l*
磐石(盤石)　297*r*,**835*l***,835*l*
磐石劫(盤石劫)　81*l*,297*r*,835*l*
『播州法語集』　52*l*
般舟三昧　293*r*,401*r*,811*l*,**835*r***
般舟三昧経　561*r*,811*l*,**835*r***,850*l*
半鐘　943*l*
万松行秀　550*l*
半丈六　553*l*
范縝　86*l*,507*r*,583*r*
汎神論　**835*r***
幡随意上人白道　870*r*
般吒　111*r*
半託迦　1035*l*
パンチェン-チューキ-ギェルツェン　835*r*
パンチェン-ラマ　**835*r***
パーンチカ　195*l*
半択迦　111*r*
『パンチャタントラ』　**836*l***
坂東三十三所　385*r*,**836*l***
范道生　231*r*
般若(人名)　269*l*
般若　238*r*,242*r*,696*r*,**836*r***,838*l*
般若経　238*r*,240*l*,**836*r***
般若寺　**837*r***
般若時　329*r*
般若守護十六善神　492*l*
般若心経　417*r*,837*l*,**837*r***
『般若心経秘鍵』　442*l*
般若湯　120*l*,**838*l***
『般若灯論』　544*r*,**838*l***
般若徳　396*l*
般若の舟　836*r*
般若波羅蜜多心経　837*r*
般若波羅蜜　836*r*,837*l*,**838*l***,884*l*,1073*r*
般若理趣経　1040*r*
反本地垂迹説　359*r*,582*l*,**838*r***,942*l*,1018*r*
『万民徳用』　591*r*,**838*r***
万暦重版　701*r*

ヒ

悲　452*l*,456*r*,465*l*,827*l*
雛の会　**839*r***
非有　76*l*
非有非無　75*r*,749*l*,**839*r***
非有非無の中道　704*r*,715*l*
比叡山　104*l*,366*l*,395*r*,456*r*,741*l*,**840*l***
比叡山寺　840*l*
日吉神社　397*r*
檜扇　707*l*
東本願寺　221*l*,**840*l***,939*l*
東室　640*r*
毘羯羅　486*l*
光　**840*l***
光堂　714*l*,**840*r***
彼岸　**840*r***
悲願　167*r*,**840*r***
彼岸会　715*l*,**841*l***
ヒガンバナ　960*l*
非行非坐三昧　429*r*,510*r*
比丘　133*r*,338*l*,**841*l***
比丘尼　133*r*,338*l*,**841*l***
比丘尼御所　16*l*,**841*r***
比丘尼寺　15*r*
比丘尼所　15*r*
非苦非楽　432*r*
悲華経　**841*r***
髭題目　**841*r***
卑下慢　**842*l***
被限定者不二一元論派　69*r*
比呼　841*l*
肥後　678*l*
非業　**842*l***
非黒非白業　321*r*
英彦山(彦山)　376*r*,**842*l***,842*l*
英彦山三所権現　842*l*
鼻根　1076*l*
悲斎会　589*l*
庇(廂)　281*l*,774*r*,1007*l*
久松真一　618*l*
非時　416*l*,**842*l***
非識　944*l*
非時食　842*l*
秘事法門　27*l*,**842*r***
毘舎　432*l*,894*l*
飛錫　463*r*,511*l*
毘舎浮仏　143*r*
毘沙門天　133*l*,260*r*,440*l*,446*r*,486*r*,734*l*,**842*r***
毘舎離　67*l*,276*l*
秘授口伝　443*r*,845*l*
非情　**843*l***,989*r*
微笑　1083*r*
非情成仏　641*l*,843*l*
非濁　400*r*
聖　314*l*,419*l*,**843*l***,896*l*
聖方　314*l*
非思量　**843*r***
非心非仏　644*r*
『秘蔵記』　**844*l***
非僧非俗　215*l*,504*r*,584*r*,**844*l***
非想非非想処　73*r*,456*r*,734*l*,844*l*
非想非非想天　734*l*,**844*l***
『秘蔵宝鑰』　239*r*,442*l*,483*l*,**844*l***
比蘇山　451*l*
比蘇寺　757*r*,1031*l*
非知覚因　1078*r*
非択滅　703*r*
非択滅無為　980*r*
費長房　1061*l*
畢竟無般涅槃法　49*r*
羊の歩み　**844*r***
逼悩　237*r*
非天　10*l*
飛天　**844*r***
秘伝　**844*r***
悲田院　312*l*,407*r*,**845*l***
飛天光背　309*l*,844*r*
悲田養病坊　460*l*,845*l*
『人となる道』　484*l*,545*r*,**845*l***
『ピトリメーダ-スートラ』　636*l*
毘曇　14*r*
毘曇宗　479*r*
毘奈耶　845*l*
ビナーヤカ　169*l*
毘尼　588*r*,**845*l***
非人　805*r*,**845*l***
非人趣　805*r*
火の車　**845*r***
毘婆尸仏　143*r*,738*l*
毘婆沙　710*r*
毘婆舎那　171*r*
檜皮葺　**845*r***
飛鉢　**845*r***
飛瓶　845*r*
秘仏　**846*l***
ピプラーワー　158*l*
非法　**846*l***
秘法　**846*l***

誹謗　**846r**
被帽地蔵　435r
誹謗正法　4r, 846r, 915r
卑摩羅叉　483l
ヒマラヤ　376l
卑慢　842l
秘密　**846r**
秘密教　329r, 846r
秘密主　350l
『秘密集会タントラ』　694l, **846r**, 990r
秘密荘厳住心　482r
秘密荘厳心　567r
『秘密道次第大論』　725r, **847l**
秘密法　846l
『秘密曼荼羅十住心論』　482r, **847l**
非無　76l
氷室御所　929l
非滅現滅　**847l**
百一供身　847l
百一衆具　847l
百一物　**847l**
『百因縁集』　429r
白衣　**847r**
白衣観音　**847r**
白衣派　458l
百王思想　**847r**, 975r
百観音　836l
白業　321r
白毫　**848l**
百座　**848l**
百済寺　353l, 367r
百座会　805l
百座道場　805l
百座仁王講　848l
『百座法談聞書抄』　930l
白三羯磨　359r
白四羯磨　253r, 359r, 494l
辟支仏　94r
百丈懐海　109l, 564r, **848l**, 848r
『百丈清規』　564r, 848l, **848r**
『百丈叢林清規』　848r
百丈野狐　1015l
白象座　659r
白檀　623l, 693l, 1003r
百度詣で　**848r**
白二羯磨　359r
百八結業　848r
百八の鐘　848r
百八の数珠　848r
百八煩悩　359l, **848r**, 946l
百万塔　**849l**
百万遍　697r, **849l**
百万遍念仏　849l
白毛相　386r
白蓮教　**849r**
白蓮菜　849r
白蓮社　85l, 537r, 811l, 849r, **849r**
白蓮宗　849r
『百論』　20r, 404r, 453l, **850l**
『百巻抄(鈔)』　140r
百鬼夜行　55r
『百鬼夜行絵巻』　55r, 116r
『白黒論』　321r, 507r
白骨観　827r, **850l**
百福荘厳　521l
譬喩　487l, **850l**
譬喩経類　850l
比喩量　510r
ビュルヌーフ　**850r**
瓶　489l
病行　319l
表業　299r, 993l
廟産興学　**851l**
評唱　895r
平常心　**851l**, 894l
平常心是道　304r, 372l, 613l, 789l, 823r, 894l
平等　**851l**
平等院　18r, **851r**
平等王　477l
平等性智　438l, 737r, 851r
平等即差別　470l
表徳号　753l
表白　**852l**, 934l
平入　**852l**
平瓦　166r, 938r
平田篤胤　60r, 321l, 505r, 577l, 817l
毘藍婆　843l
比量　24l, 63r, 242r, 284r, 295l, 510r, **852l**, 1048r
毘盧遮那　269l, 674l, 674r, **852r**, 898r
毘瑠璃　1058l
非霊魂　1056l, 1059l
広沢流　58r, **853l**, 1014r, 1016l
檜皮葺　845r
琵琶法師　**853l**, 893r, 894l
ピンガラ　716l
貧窮田　858r
秉炬　6r
擯治　853l
貧者の一灯　**853l**, 961r
篇聚　340l
擯出　**853l**
擯出羯磨　853l
賓頭盧　**853r**
賓頭盧跋羅堕闍　853r
貧道　335l, **853r**
ヒンドゥー教　833l, **853r**
賓度羅跋囉惰闍　1035l
貧女の一灯　853l
頻婆娑羅　9l, 34r, 106r, 459l, 698r, **854l**
ビンビサーラ　9l, 106r, 459l, 698r, 854l, **854r**

フ

不悪口　484l, 545r
ファナー　34l
怖畏　**855l**
怖畏施　855l
不一不異　865l
不一不二　865l
不婬戒　65r, 458l
普雨　720l
諷誦　861r
風神・雷神　**855l**
『風信帖』　240l
副寺　699r
風水　**855r**
風前の灯　**855r**
風葬　148r
風鐸　**856l**
風天　486r, 855l
風流　**856l**, 889r
風輪　359r, 403r, **856l**
傅奕　882l, 918r
不廻向　87l
フェレイラ　817l
普応国師　715r
不飲酒　317l
不飲酒戒　120l, 838l
不害　**856l**
不可棄　511l
不覚　137r, 937r, 994l
舞楽　447l, 551l, **856l**
舞楽四箇法要　158l, 856r
普覚禅師　654r
舞楽法要　856r
不可見有対色　143l
不可見不対色　143l
不可思議　**856r**
不可思議境界　856r
不可思議功徳　856r
不可思議解脱　856r
不可説　**856r**
不可得　**857l**
不可得空　857l

普観　492r
豊干　171r,172l
『普勧坐禅儀』 84l,753l,**857l**
不綺語　484l,545r
富貴寺　**857l**
傅翕　865r,1055l
布教　**857r**
普敬　375l
諷経　857r
部行独覚　94r
不軽菩薩　543r
吹寄式　1062r
諷経　**857r**
服　**857r**
不空　351r,498r,**857r**,1040r
不共　489l
不空羂索観音　**858l**,858l
不空羂索神変真言経　858l, 960r
不共業　241l,299r
不共十地　480r
不空成就　337r,340r,349r, 453r
不空成就如来　404l
不空大灌頂光真言　312r
不共般若　242r
不共無明　994l
福州版　639r
復飾　291l
福地　1060r
福茶　113l
福田　407r,**858l**
福徳　**858r**
福徳資糧　859l
福徳身　859l
福徳門　858r
伏鉢(覆鉢)　642l,**859l**
不苦不楽受　260r,1036l
不苦不楽の中道　704r,714r
複翻波式衣文　947r
服喪　857r,1001l
福亮　405r,700r
複廊　135l
福禄寿　440l
普化宗　**859l**
普化禅宗　859l
苻堅　44r,719r,749r
不還　69r,422l,**859l**
覆肩衣　397l,631r
普賢延命法　104l,859l
普賢延命菩薩　104l,**859l**, 859r
不還果　422l,859l,999r
不還向　422l,859l
普現色身三昧　385r
普賢菩薩　157r,859l,**859r**
不孝　298l,496l
普光国師　683l
不黒不白業　321r
布薩　361l,603r,**859r**
賦算　51r,**860l**
プサン　**860l**
豊山派　565r
不死　189l,406l,**860l**
無事　**860r**
葛井寺　363r,619r
藤井日達　**860r**
不思議　856r
不思議変易生死　900l
変易生死　522l
富士講　571l,861l
富士山　**860r**
不自惜身命　861r
『父子相迎』 399l
節談説教　604r,**861l**,1080r
武士道　**861l**
不思不観　952r
伏見稲荷大社　52r
不邪婬　317l,483r,545r
不邪婬戒　65r,458l
不惜身命　**861r**
不邪見　545r
諷頌　149r,487l
諷誦　**861r**
不住　988l
『部執異論』 54l
不住涅槃　807r,**862l**,988l
不住之住　47r
不受不施　577l,**862l**
不受不施派　790r,862l
諷誦文　861r
無準師範　100r,**862r**,983l
補処　**862r**
不生　**862r**
普照　178l,757r
梟鐘　943l
不浄　**863l**,1000r
不調　**863l**,867l
不浄観　333l,**863l**
不定教　329r
不定業　520l
不浄財　863l
峰定寺　**863r**
不定止観　413r
不正色　271l
不定地法　297l
不定聚　194r,389l
不定種姓　501r
不定性　332l
不生禅　835l,863l
不浄肉　863l
不生の仏心　835l
不常不断の中道　704r
不生不滅　**863r**
付嘱　865l
補処の菩薩　862r
藤原明衡　175l,893l
藤原鎌足　309r
藤原清衡　40l,714l,1002l
藤原公任　1080l
藤原俊成　165l,711r,1079r
藤原定家　72l,165l
藤原仲麻呂　294l,312l
藤原不比等　1021r
藤原道長　18r,52r,219l, 236r,538l,911l
藤原宗友　175l
藤原基衡　40l,1002l
藤原頼通　18r,538l,851r
藤原道長　813l
普請　372l,**864l**
不瞋恚　545r
普請作務　864l
布施　431l,**864l**
伏鉦　348l,**864l**
浮石寺　196l
布施太子　**864l**
不殺生　182l,317l,457r, 483r,545r,607l,785l,**864r**
不殺生戒　607l
布施波羅蜜　1073r
布施屋　210l,460l
不善根　4r
武宗(唐)　398r,816l
不僧不俗の形　215l
不相離即　865l
『扶桑略記』 **864r**
付嘱(付属)　**865l**,865l
不即不離　**865l**
付嘱品　887r
不退　**865l**
不退寺　**865r**
不退地　865r
傅大士　**865r**,1055l
不退転　15l,865l
不退転法輪寺　865r
普陀山　180r,376r,512l, 597r,**865r**,866l
札所　423r,**866l**
補陀落　180r,596r,**866l**
補陀落山　257r
補陀落浄土　534l
補陀落渡海　257r,866l
不断経　866r
不断三宝種　873r

不断念仏　**866r**
不断仏種　873r
不断煩悩得涅槃　946r
普茶　**866r**
普茶料理　866r
不偸盗　317l,483r,545r
不偸盗戒　714r
不調　**867l**
仏　400l,458r,479r,800r,**867l**,878r
仏印　564l
仏画　**867r**
『仏果圜悟禅師碧巌録』 895r
仏鑑禅師　862r
仏器　874r
『仏鬼軍絵巻』 **868l**
仏教　516l,**868l**
『仏教活論』 53l
仏教歌謡　162l
仏教儀礼　**868r**
仏教公伝　598r
仏教混淆梵語　869r
『仏教混淆梵語文法および辞典』 89l
『仏教史林』 995l
仏教図像　591r
仏教説話文学　610r
『仏教統一論(大綱篇)』 995l
仏教年中行事　**869l**
仏教の家　110l
仏教のタントリズム　964l
仏教梵語　**869r**
『仏教論理学』 438r
服忌令　1001l
仏キ論争　**870l**
仏供　**870r**,874r
仏具　**870r**,966l
仏牙　**871l**,873l
仏眼　323r,871l,884l
仏眼尊　**871l**,871l
仏眼仏母　**871l**,871l,884l
仏眼法　871l
仏眼曼荼羅　**871l**
仏護　706l,716l,**871r**,880l
仏工　872r
仏光観　969r
仏光寺　**871r**
仏向上　305l
仏光禅師　983r
仏国　534l,872l
『仏国記』 **871r**,931r
仏国寺　**871r**
仏国土　321r,395r,534r,599r,**872l**
『仏護注』 716l
仏座　908l
仏事　909l
仏子　873r
仏師　63r,101r,266l,626l,777r,**872l**
仏歯寺　871l,**873l**
仏師僧　872r
仏舎利　**873l**
仏種　**873r**,874l
仏十号　479r
仏種姓　873r,874l
仏主神従　838r,942l
仏所　872r,**873r**
仏乗　356r,389l,667r,**874r**
仏性　374l,374r,800r,801l,**874l**
仏餉　**874r**
仏生会　186l,307r,**875l**
『仏性抄』 765r
仏性常住説　525r
仏餉田　446l
『仏性論』 602l,801l,**875l**
『仏所行讃』 **875l**,999r
仏心　**875l**
仏身　**875r**
物心一如　417l
仏心印　564l
仏身円満　335r
仏心宗　875r
仏身論　875r,879l
仏随念　810r
仏跡　**876l**
仏刹　534l
仏説　667l
仏祖　**876r**
仏像　**876r**
仏像崇拝　668r
仏足石(仏足跡)　532r,**878l**,878l
仏足石歌　**878l**
仏足跡信仰　1013l
『仏祖統紀』 **878r**
ブッダ　400l,458r,867l
仏陀　137r,458r,867l,**878r**,879l
ブッダガヤー　459l,597r,876l,878r,**878r**
仏陀伽耶　459l,512l,597r,876l,**878r**
仏陀観(ブッダ観)　668l,879l
ブッダグヒヤ　352l,674l
ブッダゴーサ　527r,781r,**878r**,957r
仏駄什　341l
仏陀崇拝　**879l**
仏陀扇多　1073l
『ブッダ，その生涯・教説・教団』 117r
仏陀多羅　94r
『ブッダチャリタ』 875l,**880l**,999r
ブッダデーヴァ　1078l
仏駄跋陀羅　85l,269l,539r,852r,**880l**,931r
ブッダパーリタ　706l,716l,**880l**
仏陀耶舎　453r,483l
仏壇　**880r**
仏知見　698r
仏頂　37r,71l,791l,**880r**
仏頂尊　37r,652r,880r
仏頂尊勝陀羅尼　652r
仏哲　**880r**
仏徹　880r
仏天　**880r**
仏伝　395l,461l,**881l**
仏殿　357l,**881r**,945l
仏伝図　60r
仏土　395r,872l
仏塔　60r,407r,471r,672l,821l,**881r**
仏道　**881r**
仏塔信仰　668r,873l
『仏道大意』 505r
仏道無上誓願成　419r
仏道論争　**881r**
仏図戸　460l
仏図澄　23r,460l
仏音　878r
仏日　**882r**
仏日契嵩　80l
弗若多羅　483l
仏飯　874r
仏部　398r
仏法　**110r**,111l,879l,**882r**
仏法為先　565l
仏法為本　111l
『仏法護国論』 276l
『仏法金湯録』 508l
仏法僧　**882r**
仏菩提　923r
仏凡一如　543r
仏凡一体　883l
仏本行集経　469l,**882r**
仏本神迹　838r,942l
仏凡不二　543r,609l,**883l**
仏名会　**883l**
仏名経　**883r**
仏名懺悔　883l
仏滅　**883r**

仏母 838*r*,**884*l***
仏母大孔雀明王 249*r*
仏門 **884*r***
仏遺教経 1018*r*
仏立三昧 517*l*
武帝(北周) 85*r*,398*r*,816*l*,882*l*
武帝(梁) 141*r*,223*l*,237*l*,307*l*,865*r*,**884*r***,903*l*
符天暦 590*r*
浮図 867*l*,**884*r***
浮屠 867*l*
普度 849*r*
不動 **884*r***
不動袈裟 1019*l*
不動地 885*l*
不動使者 885*l*
不動十九観 885*r*
不動心解脱 885*l*
不動尊 885*l*
『不動智神妙録』 683*l*,**885*l***
不動八大童子 824*r*
不同分界 682*l*
不動法 884*r*
不動明王 337*l*,400*l*,**885*l***
『不動利益縁起』 775*l*
プトゥン 224*l*,**885*r***
『プトゥン仏教史』 224*l*,886*l*
補特伽羅 1059*l*
プドガラ 12*r*,1059*l*
浮屠祠 163*l*,408*r*,747*r*
蒲団 **886*l***
不貪欲 545*r*
舟形光背 309*l*
不男 111*r*
不二 643*l*,**886*l***
不二一元論 473*r*,886*l*,937*r*
不二一元論派 69*r*,473*l*
不二タントラ 561*l*,694*r*,894*r*,990*r*
不二智 886*r*
不二法門 986*l*
不二摩訶衍 762*r*
覆鉢 747*l*
部派仏教 **886*r***
不変真如 579*r*,586*r*
付法 745*l*,**887*r***
不放逸 902*r*
付法灌頂 745*l*
普法宗 374*r*
付法蔵 887*r*
『付法蔵因縁伝』 307*l*
付法相承 887*r*
不犯 **887*r***
踏割蓮華座 1063*l*
『補忘記』 **887*r***
不妄語 317*l*,484*l*,545*r*
不妄語戒 1001*r*
父母恩重経 118*l*,298*l*,**887*r***
父母未生以前 **888*l***,949*r*
普門示現 385*r*
普門の本尊 944*r*
不与取 714*r*
豊楽寺 1014*l*
プラークリット 391*l*,833*r*,**888*l***
プラクリティ 370*l*,**888*r***,889*l*,890*l*
プラクリティ説 433*l*
プラーサンギカ 704*l*
『プラサンナパダー』 704*l*
プラシャスタパーダ 66*r*
プラジャーパティ 636*r*,945*l*,959*l*
プラジュニャーカラグプタ 1019*r*
プラジュニャーカラマティ 474*l*,797*l*
プラセーナジット 821*r*,**888*r***
プラダーナ 888*r*
プラーナ 462*l*,854*l*,**888*r***
プーラナ-カッサパ 1068*r*
プラバーカラ 968*l*
ブラフマー 854*l*,936*r*
ブラフマガヤー 161*r*
『ブラフマ-スートラ』 69*l*,889*l*
ブラーフマナ 69*l*,432*l*,**889*l***
ブラフマン 69*l*,567*l*,889*l*,**889*l***,936*r*,937*l*,945*l*
ブラーフミー文字 444*l*,940*r*,941*r*,1008*r*
『プラマーナ-ヴァールティカ』 462*l*
不律儀 1042*r*
プリティヴィー 431*r*,435*l*
ブリハスパティ 1066*l*
『ブリハットサンヒター』 621*r*
風流 51*r*,**889*r***
不立文字 33*r*,212*l*,613*l*,810*r*,**890*l***
不了義 1050*r*
不了義経 1050*r*
不両舌 484*l*,545*r*,1052*l*
プルシャ 888*r*,889*l*,**890*l***,1040*l*
プルシャプラ 181*r*,250*l*
富楼那 484*r*,**890*r***
プールナ-マイトラーヤニープトラ **890*r***,890*r*
富楼那弥多羅尼子 890*r*
プルパ 830*r*
古仏 582*r*,**890*r***
フロイス 870*r*
廡廊 135*l*
不老不死 860*l*
分科 161*r*,**890*r***
文化大革命 709*l*
分科法 890*r*
文亀曼荼羅 679*l*
分証即 1071*l*
分身 **891*l***
分真即 1071*l*
分身仏 891*l*
文成公主 652*r*,763*r*
糞掃衣 271*r*,**891*l***
分段 891*l*
分段生死 522*l*,**891*l***,900*l*
文帝 658*l*,697*r*
忿怒 **891*r***
忿怒相 891*r*
忿怒尊 891*r*
分別 710*r*,**891*r***
分別起 251*l*
分別経 202*l*
分別説部 521*r*
分別智 338*r*
文室真人智努 532*r*,878*l*
汾陽善昭 499*r*,1010*r*

へ

平安文学と仏教 **892*r***
平曲 893*r*
平家納経 636*l*,813*l*,**893*r***
平家琵琶 **893*r***
『平家物語』 554*r*,711*r*,893*r*,**893*r***
平間寺 165*r*,**894*l***
吠舎 327*r*,432*l*,**894*l***
平常心 **894*l***
平常心是道 372*l*,789*l*,894*l*
平生往生 1033*l*
平生業成 **894*r***
平僧 944*l*
平頭 747*l*
弁部宗 1043*r*
炳霊寺石窟 **894*r***
『ヘーヴァジュラ-タントラ』 694*r*,703*r*,**894*r***,967*l*,990*r*
壁画 **894*r***
壁観 925*l*,1000*l*
『碧巌集』 895*r*
壁観の婆羅門 1000*l*

907*l*	房主 902*r*,911*r*	謗法 5*l*,204*l*,846*r*,**915***r*
方広寺派 994*r*	法施 864*l*,1073*r*	法宝物 491*l*
方広大乗 913*l*	法訛 716*r*	『奉法要』 507*r*
方広道人 **907***l*	鳳扇 707*l*	『法法性分別論』 **915***r*
法興尼寺 706*r*	宝相 453*r*	法曼荼羅 430*l*,1049*r*
放光般若経 837*l*	法蔵 196*l*,217*l*,269*r*,270*l*,	法味 **915***r*
亡魂 1023*r*	270*r*,319*l*,479*l*,**911***r*	法名 132*r*,**916***l*
法金剛院 **907***r*	法蔵比丘 17*r*,322*r*,494*r*,	法明 1023*r*
宝厳寺 363*l*,**907***r*	912*l*	法務 **916***l*
宝座 **908***l*	法蔵部 453*r*,887*l*	法無我 143*l*,803*l*,806*l*,**916***l*
法座 908*l*	法蔵菩薩 17*r*,322*r*,324*l*,	法無礙 456*l*
法歳 919*l*	377*r*,399*r*,428*r*,494*r*,663*l*,	法無去来宗 319*r*
泡斎念仏 144*l*	**912***l*,995*r*	法滅 955*l*
宝索 285*r*	鳳潭(芳潭) **912***l*,912*l*,927*r*	坊守 **916***l*
放参 **908***l*	宝池観 492*r*	法文 **916***r*
宝山寺 169*l*,691*r*	宝地房 528*r*	法門 916*r*,**916***r*
放参鐘 908*r*	宝鐸 856*l*	法文歌 **916***r*
房山石経 188*r*,233*r*,603*r*,	法勅 10*r*	『法門百首』 917*l*
908*r*	宝土 872*l*	法門無量誓願学 419*r*
法師 **909***l*	報土 276*r*,395*r*,**912***l*	法融 334*l*
法事 **909***l*	宝塔 686*r*,**912***l*	法要 **917***l*
牟子 259*l*,507*r*,1053*l*	法灯 **912***r*	蓬萊 257*r*,**917***l*,1046*r*
報謝 **909***l*	方等 487*l*,**912***r*	法楽 **917***r*
法主 **909***r*	宝幢 340*l*,453*r*,670*r*,749*r*	法隆学問寺 917*r*
宝珠 642*l*,**909***r*,956*r*	法堂 829*r*	法隆寺 28*l*,**917***r*
法執 145*r*	方等戒壇 665*l*	『法隆寺伽藍縁起并流記資財
法住 47*l*	宝塔経 635*r*	帳』 379*r*,809*l*,918*l*
宝樹観 439*l*,492*r*	方等経 913*l*,**913***l*	法量 **918***r*
宝珠光 309*l*	方等三昧 429*l*	法琳 530*r*,882*l*,**918***r*,955*r*
法順 767*l*	方等時 329*r*,913*l*	法輪 745*r*,**919***l*
宝唱 223*l*	法灯明 449*l*,913*l*	法輪寺 **919***l*
法照 101*l*,624*r*,866*r*,**909***r*	法難 815*r*,**913***l*	法礪 1043*l*
報障 513*r*	法爾 **913***r*	亡霊 1023*r*
方丈 **910***l*	法爾自然 450*r*,451*r*,913*r*	法朗 199*r*,405*l*
放生 **910***l*	法爾道理 451*r*,913*r*	法臘(法﨟) 22*l*,135*l*,**919***l*,
法成 **910***r*	法然 41*r*,112*r*,261*r*,438*r*,	919*l*,1064*l*
傍生 698*l*	537*l*,539*r*,540*r*,617*r*,623*r*,	宝楼閣曼荼羅 **919***r*
放生会 910*l*	**914***l*,914*r*	宝楼観 492*r*
『方丈記』 712*r*,**910***r*,989*r*	法念処 451*l*	法論 493*l*,**919***r*
北条実時 83*r*,157*l*,548*l*	『法然上人絵伝』 **914***r*	『慕帰絵』 **919***r*
法成寺 18*r*,553*r*,**911***l*,931*r*,	『法然上人行状絵図』 914*r*	『慕帰絵詞』 919*r*
932*l*	法の四依 92*r*,410*r*	睦庵善卿 650*l*
北条重時 323*l*,804*l*	捧鉢 683*l*	牧牛図 477*r*
放生池 698*l*,910*r*	宝瓶 **914***r*	北俱盧洲 437*r*
北条時宗 94*r*,168*l*,983*r*	宝前 398*l*	墨胡子 719*r*
北条時頼 291*r*,368*l*,789*r*,	法服 **914***r*	北宗 570*r*,770*l*,**919***r*
1038*l*,1044*l*	法仏 390*l*,932*l*	北宗画 920*l*
宝生如来 **911***l*	『宝物集』 420*l*,713*l*,**915***l*	北宗禅 618*l*
法上部 887*l*	方便 **915***l*	睦州道踪 300*l*
『宝性論』 246*r*	方便有余土 447*r*	卜筮 920*l*
報身 390*l*,509*l*,875*r*,879*r*,	方便化身土 196*r*,276*r*,279*l*	墨跡 558*l*,**920***l*
911*l*	方便仮門 279*r*	卜占 **920***l*
法親王 344*r*,744*l*,**911***r*,	方便真門 279*r*	北山住部 887*l*
968*r*,1009*r*	方便波羅蜜 1073*r*	北宋勅版大蔵経 670*r*
坊主 902*r*,**911***r*	法宝 332*r*,901*r*	北伝仏教 **920***l*

北斗法 923r
北斗曼荼羅 923l,923r
墨譜 818r
北本涅槃経 473l,772r,808r
法華経 38r,920r
『法華経義疏』 928l
『法華経玄賛』 928r
法華経寺 921r,971r
『法華経直談抄』 921r
法華経千部一日経 40l
法華経法 931l
菩薩 128r,534r,660r,667r,
　837l,922l
菩薩戒 352r,387r,482r,
　664r,922r,948r
菩薩行 510l,534r,544r,922l
菩薩行道 921l
菩薩号 348r,581r,942l
菩薩地持経 772r
菩薩乗 356r,389l,667r,875l
菩薩定性 332l
菩薩大士 661l
菩薩瓔珞本業経 331l,377l,
　923l,948r
星供 923l,923r
星供養会 923l
ホジソン 851l
星祭り 622l,923l,923r
星曼荼羅 923l,923r,971l
墓誌銘 935l
細川勝元 1048r
『補続高僧伝』 306r
菩提 137r,370r,749l,922l,
　923r,947l,1064r
菩提薩埵 370l
菩提子 924l
菩提寺 694r,923r
菩提樹 459l,923l
菩提場 755r
菩提心 922l,924l,924r
『菩提心論』 442l,924l,1048l
菩提儞那 677r,758l,924r
菩提達摩(菩提達磨) 85r,
　551r,617r,689r,792r,924r,
　924r
『菩提道次第論』 725r,925l
菩提道場 755r
『菩提道灯論』 12l,925r
菩提分 139l
菩提分法 386r
菩提楽 344l
菩提流支(菩提留支) 481r,
　562l,773r,925r,925l
菩提流志 678l
菩提を弔う 923r

ポタラ宮 184r,866l,926l,
　1037l
発阿耨多羅三藐三菩提心
　932r
発意 932r
法界 926l
法界縁起 95r,926r
法界三観 377r
法界定印 59l
法界寺 905l
『法界図』 268r
法界体性智 337r,697l
法界無尽縁起 926r
法界力 403r
発願 926r
発願文 188l,926r
発起 926r
法起寺 926r
発起衆 427l
北京三会 364r,396r,664l,
　927r
法橋上人位 630l,1042r
北京律 134r,511l,569l,
　625l,1043r
北極星 971l
法鼓 927l
法救 1078l
法句経 421l,927l
法句譬喩経 927l
法華一揆 927l
法華会 927r,1066l
法華円宗 740r
『法華義記』 127l,128l,379r,
　903r,927l,928l
『法華義疏』(吉蔵) 199r,928l
『法華義疏』(聖徳太子) 379r,
　903r,921l,928l
『法華験記』 921r,928l
『法華玄義』 129l,490r,697r,
　740l,928r
『法華玄義私記』 528l
『法華玄義釈籤』 695r,740l
『法華玄賛』 190r,928r
『法華玄論』 955l
法華三十講 931l
法華三大部 740l,928r
法華三部経 185r,995l
法華三昧 429l,929l,930r
法華三昧堂 401l,517l,929l,
　930r
法華寺 312l,839r,929r
法華七喩 150l,272l,393l,
　717r,929l
法華十講 931l
法華宗 790l,929r

『法華秀句』 366r,929r
『法華修法一百座聞書抄』
　848l,930l
法華信仰 930l
法華神道 930r
法華懺法 626r,929l,930l
法華大会 457l
法華堂 930r
法華涅槃時 329l
法華八講 318l,356r,682r,
　931l
法華曼荼羅 931l
法華滅罪之寺 322l,929l
『法華文句』 128l,698l,740l,
　921l,931l
『法華文句記』 695r,740l
『法華略義見聞』 938l
法眷 827l
法顕 341l,808l,808l,871r,
　880l,931r
『法顕伝』 871r,931r
法師 909l
法主 909r
払塵 933l
法性 931r
法称 64r,295l,689r,931r
法照 909r
法性寺 931l
法勝寺 664l,932l,1070l
法性自爾 451l
法勝寺御八講 364l
法性身 390l,931r,932l
法性土 395r,534r,931l
法身 390l,875r,879r,932l
発心 89r,837l,932r
法身舎利 472l
『発心集』 932r
法身徳 396l
法親王 911r
法身仏 390l,932l
『発心和歌集』 468l,917l,
　932l
払子 933l
法主 909r,933l
法数 933l
法戦式 445r,1010r
法相 933l,933r
法相宗 71r,189r,782r,828r,
　933r,1012r,1019r
法相曼荼羅 961l
法則 934l
法体 934r
法体恒有 391r,934r
法体づくり 842r
掘立柱 408r,748r

法中　862r
『発智論』　250r, 603l, 676r
法灯　912r
発道心　932r
弗婆提　437r
北方仏教　920l
発菩提心　837l, 932r
発菩提心真言　567l, 644l
布袋　440l, **934r**
ボーディルチ　925r
ボードガヤー　878r
ほとけ　582r, 935l
仏　**934r**
仏心　875l
仏の正月　**935l**
墓碑銘　935l
法螺　**935r**
梵論(暮露)　**935r**, 935r
歩廊　135l
ボロブドゥール　759r, **935r**
勃嚕唵　**936l**
ポワ　**936l**
品　**936l**
盆　76r, **936r**
梵　567l, 889l, **936r**, 937l
本阿弥光悦　790r
凡位　331l
本有　945r
盆会　76r
盆踊り　**937l**
梵音　937l
梵音具　870r
梵我一如　473r, 889l, **937l**
本覚　137l, 140l, 665r, **937r**, 937r
本覚思想　386l, 937r, **937r**
本覚性　140l
本覚神　16l
本覚真如　937r
『梵学津梁』　410r, 444r, **938r**
本覚大師　1014r
本瓦葺　166r, **938r**, 1016r
本願　497l, 689l, **938r**
本願三心の願　663r
本願寺　31r, 44l, 140r, 541r, **939l**
本願召喚の勅命　776r
本願他力　189l
本願中の王　428r, 663r
本願の三心　390l
本願誇り　629r, **939r**
本願力　188r
ボン教　**939r**
梵行　319l, **940l**
翻経院　288l, 661l, 1014r

梵行期　940l
凡愚　947r
本化・迹化　**940l**
凡下　947r
本化の菩薩　507l
梵語　444l, 869r, **940r**, 941r
本興寺　168l
本圀寺　**940r**
本山　**940r**, 948l
梵讃　373r, 1081r
本山修験宗　519l
本山派　376r, 499r, 519r
本地　587l, 838r, **941l**, 942l
本事　257l, 487l, **941l**
本時　**941r**
梵字　940l, **941r**
飯食　1069r
本事経　941l
本地　145l, 587r, 941l, **941r**
本地垂迹説　581r, 838r, 941l, **942l**
本時の娑婆世界　941r
本地の風光　941l
本地風光　949r
本地仏　582l
本地仏曼荼羅　147r, 258l
本地法身　941l
本地物　712l, 942l, **942r**, 943l, 1006l
本地物語　1006l
本迹　587l
本迹曼荼羅　147r, 258l
梵書　889l
本性　513l, **942r**
本生　257l, 467r, 487l, **942r**
梵鐘　943l
凡聖一如　883l, **943l**
本性戒　515l
本性清浄　942r
本生図　**943l**
本生譚　467r, 942r, **943r**
凡聖同居土　447r
本性の弥陀　849r
凡聖不二　721l, 943r
本証妙修　**943r**
本生話　467r
本初仏　**944l**
本誓　401r
本質　**944l**
梵僊　420l
本葬　631r
凡僧　**944l**
本則　300l

本尊　179r, 714l, **944l**
本尊瑜伽　796l
梵檀罰　826r
本地　941l
『本朝高僧伝』　307l, **944r**
『本朝新修往生伝』　107r
『本朝神仙伝』　625r, **944r**
『本朝法華験記』　928r
梵天　486r, 636r, 854l, 889l, 936r, **945l**, 1062l
梵天勧請　176r, 284l, 945r
本堂　357l, 774r, **945l**
凡入報土　509r
本有　374l, 410l, **945r**
本有種子　480r
煩悩　124r, 274r, 275l, 275r, 359l, 396r, 406r, 735l, 818r, **945r**, 947l
本能寺　789r, **946r**
煩悩障　388r, 513r, 891l, 900l, **946r**
煩悩濁　333l
煩悩即菩提　522l, 523r, 946l, **947l**
煩悩魔　455l, **951l**
煩悩無尽誓願断　419l
梵音　937l
梵唄　119l, 158r, 225r, 546r, **947l**
翻波式衣文　**947l**
凡夫　331l, 381r, 943r, **947r**
本不生　8l, 9l
本仏　941r
本分事　949r
本坊　902l
本法寺　791l, **947r**
梵本　324l
本末制度　940r, **948l**
本無　**948l**
本無義　948l
梵網戒　134l, 664r, 922l, **948l**
梵網経　134l, 482l, 482r, 664r, **948r**
梵網六十二見経　948r
本門　127l, 128l, 428l, 465r, 490r, 790l, 921l, **948r**
本門三法門　394l
本門寺　577l, 790l, 790l, **949l**
本門の戒壇　394l
本門の観心　179r
本門の十妙　490r, 948r
本門の題目　394l, 680r, 776r
本門の本尊　394l, 944r
本門仏立講　571l, **949l**
本門仏立宗　949l

『翻訳名義集』 **949*l***
『翻訳名義大集』 27*l*, **949*r***, 1012*l*
本来の面目 466*l*, 888*l*, **949*r***
本来無一物 92*l*, **949*r***
品類 936*r*

マ

魔 6*r*, **951*l***, 958*r*
埋経 166*r*, **951*r***
売僧 **951*r***
埋蔵経典 806*l*
埋蔵教法 830*r*
マイトリーパ 137*l*
マイトレーヤ 282*r*, 666*l*, 715*l*, 915*r*, **951*r***, 977*l*, 1019*r*, 1024*r*
詣り墓 1053*l*
マウドガリヤーヤナ 459*l*, **951*r***, 1004*l*
マウリヤ王朝 **951*r***
前田慧雲 667*l*
魔王 311*r*, 681*r*, 745*r*, **952*l***
魔王波旬 6*r*, 822*l*
摩訶 **952*l***
磨崖仏 **952*l***
磨崖法勅 2*l*
摩訶衍 160*l*, 372*r*, 618*l*, 664*l*, 702*r*, 837*l*, 952*l*, **952*r***
摩訶迦葉 276*l*, 484*r*, **952*r***
摩訶迦旃延 148*r*
摩訶迦羅 658*r*
摩訶薩 661*l*, 865*r*
摩訶薩埵 661*l*
摩訶止観 185*r*
『摩訶止観』 41*l*, 697*r*, 740*l*, **952*r***, 953*l*
『摩訶止観輔行伝弘決』 41*l*, 248*l*, 695*l*, 740*l*, **953*l***
『摩訶僧祇律』 880*l*, 931*r*, 1043*l*, 1044*r*
マガダ 106*r*, 492*l*, **953*r***
摩掲陀 953*r*
マガダ語 833*r*
摩竭魚 798*l*
マーガディー 888*r*
摩訶波闍波提 458*r*, 841*l*, 884*l*
『摩訶般若釈論』 671*l*
摩訶毘盧遮那 674*r*
摩訶不思議 952*l*
真木大堂 654*l*
莫妄想 **953*r***, 1002*l*
枕経 631*r*, 636*r*, **953*r***
『枕双紙』 938*l*, **953*r***
枕本尊 181*r*, 453*r*, 693*r*, 1033*r*
摩醯首羅天 424*r*, 733*r*
孫庇 1007*l*
摩虎羅 486*l*
摩睺羅迦 **954*l***
麻三斤 **954*l***
磨紫金袈裟 1019*l*
マズダ教 651*l*
摩頭羅 956*l*
マダスターナ 560*r*
摩多体文 444*l*
摩多羅神 285*r*, **954*l***
摩怛利神 954*r*
町衆 718*l*, **954*r***
松尾寺 249*r*
松尾芭蕉 232*r*, 372*l*, 815*l*, **954*r***, 1065*l*, 1082*r*
マッカリ-ゴーサーラ 8*r*, 432*r*, 451*l*, 1068*r*
マックス-ミュラー **954*r***
末後一句 43*r*
抹香(末香) **954*r***, 954*r*
末寺 941*l*, 948*l*
末世 210*r*, **955*l***
末代 955*l*
『末灯鈔』 **955*l***
松尾寺 363*r*
末法 384*l*, 530*r*, **955*l***
末法濁世 955*l*
『末法灯明記』 530*r*, **955*r***
末摩 695*r*
松本問答 746*l*
『松浦宮物語』 711*r*, 1006*l*
マドヴァ 937*r*
摩登伽経 621*r*, 786*r*
マトゥラー 60*r*, 461*l*, 876*r*, **956*l***
秣菟羅 956*l*
マーナサ湖 133*l*
摩那斯 825*l*
末那識 26*r*, 143*l*, 146*l*, 325*l*, 415*r*, 828*l*, **956*l***
摩那埵 253*l*, 340*l*
マニ 956*r*
摩尼 152*r*, 909*r*, **956*r***
マニ教 **956*r***
マニ車 122*l*, 184*r*
摩尼珠 956*r*
マニ塚 121*r*
摩尼幢 749*r*
摩尼宝珠 909*r*, 956*r*
『マヌ法典』 689*r*, **957*l***
マハーヴァイローチャナ 674*r*
『マハーヴァストゥ』 **957*l***
『マハーヴァンサ』 **957*l***
マハーヴィハーラ 14*l*, 781*l*, 879*l*, **957*r***, 958*l*
マハーヴィハーラ派 957*r*
マハーヴィーラ 432*r*, 457*r*, 784*r*, **957*r***, 1069*l*
マハーカーシヤパ 276*l*, 952*r*, **957*r***
マハーデーヴァ 672*l*, **957*r***
『マハーバーラタ』 818*r*, 854*l*, **957*r***
マハープラジャーパティー 458*r*, 884*l*, 958*l*
マハームドラー 137*l*, 164*r*, 654*l*, **958*l***
真人 580*r*
マヒンダ 957*r*, **958*l***
『魔仏一如絵巻』 736*r*
マヘーシヴァラ 424*r*
豆大師 **958*l***
マーヤー 281*r*, 458*r*, 958*l*
両下 228*r*
真屋 55*r*, 228*r*
摩耶夫人 458*r*, 884*l*, **958*l***
迷い **958*l***, 994*l*
魔羅 822*l*, 951*l*, **958*r***
摩羅難陀 719*r*
マリア観音 **959*l***
摩利支天 120*l*, **959*l***
丸瓦 166*r*, 938*r*
マルパ 136*r*, 778*l*, 976*l*
マルパ-カギュー派 137*l*
客神 793*r*
慢 160*l*, 222*r*, 359*l*, 946*l*, **959*l***
満願 **959*l***
満願印 1030*l*
満願寺 1056*l*
卍元師蛮 265*r*, 307*l*, 944*r*
満済 **959*r***
卍山道白 46*r*, 84*l*
万字 959*r*
卍 **959*r***
卍字蔵 675*l*
卍字蔵経 670*r*
曼殊院 **959*r***
万寿寺 326*r*
曼殊沙華 **960*l***
曼殊尸利 1009*l*
満誓 174*l*, 959*r*, **960*l***, 962*r*
万善同帰教 608*r*
満足一切智智明 15*l*
曼荼羅(曼陀羅，曼拏羅)

690r, **960l**, 960l
曼陀羅華 **961l**
『曼荼羅集』 592l
満中陰 428l, 705l
万灯 624l
万塔院 849l
万灯会 **961r**
『マーンドゥーキヤ・ウパニシャッド』 1026l
満徳寺 97l, 752l
政所 **961r**
マントラ 200r
縵衣 153r
満濃池(万濃池) 240l, 460r, **961r**, 961r
万福寺 58l, 109r, 681l, 731l, **962l**
万福禅寺 109r
万法 46l, **962l**
万法一如 962l
万法一心 962l
『万葉集』 **962r**, 1079l

ミ

三井寺 120l, 363r, **963l**
御井寺(三井寺) 919l
御影 648r
御影供 82l, 88l, 120l, 810l
御影講 82l, 88l
御影堂 649l, **963l**
三河聖 463r
身代り **963l**
身代り地蔵 436l, 663r, 963l
三熊野 383r
神輿振 **963l**
御斎会 326r, **963l**
微細会 430l, **963l**, 1049r
御斎会論義 326l
未至 975l
御修法 329l, **963r**
『弥沙塞部和醯五分律』 341l
微笑 1083r
御正体 142r, **963r**
微塵 322l, 563r, **963r**
微塵劫 297r
水子 **963r**
水子地蔵 963r
水垢離 344l, 832l
水間寺 **963r**
弥山 508r
未曾有 **964l**
未曾有法 257l, 487l, 964l
禊 267l, 344r, 775l, 832l, 1004l

弥陀 17l, **964l**
御嶽詣 499l, 1047l
道 **964l**
密意語 967l
『密意明解』 725r
密印 58r
密檜式 748l
密軌 192r
密教 **964l**
密教図像 591r
密教美術 336r, **965l**
密教法具 870r, **966l**
三具 966r
三具足 277r, 316l, **966r**
密語 **966r**
密言 567r
密厳院 141r, 806r, 1034r
密厳浄土 141r, **967l**
密参禅 183l
密迹金剛 777l
密呪 567l
三瀬川 390r, **967l**
密葬 631r
三つの渡り 390r
密林山住部 887l
ミディアム 1060r
御寺仏師 777r
六月会 457l, 661l
源実朝 2r, 82r
源隆国 24r, 852l
源為憲 174r, 400r, 893l
源融 598r, 851r
源頼朝 826r
峰入り **967l**
身延山 244l, **967r**, 1052l
身の程 **967r**
壬生狂言 **968l**
壬生光背 309l
壬生寺 967r, **968l**
壬生念仏 967r, **968l**
ミーマーンサー **968l**, 1076r
『ミーマーンサー・スートラ』 968l
微妙 **968l**
三室戸寺 363r
宮沢賢治 235l, 686l, 790r
宮曼荼羅 1147l, 587r
宮門跡 911r, **968l**, 1009r
ミュラー 682r, **968r**
名 972r
妙 490r, 928r, **969l**
明 186r, 402l, **969l**
明庵 82l
明恵 21l, 269l, 271l, 303l, 364l, **969l**, 969r, 1027l

『明恵上人遺訓』 21l, **969r**
明王 **969r**
冥応 **970l**, 970r, 971l
明王院(大津市) **970l**
明王院(福山市) **970l**
妙音 970r, 1078r
妙音天 898l, **970r**
妙音菩薩 **970r**
明河 306r
冥加 157r, **970l**, 970r, 971l
妙戒 650r
冥界 971l
冥加金 970r
妙覚 331l, **923l**, **970r**
妙覚寺 788r
冥加銭 970r
冥官 **970r**
妙観察智 438l, 737r
妙喜浄土 534r
妙喜世界 10l
妙吉祥 1009l
明行足 479r, 800r
名仮 263l
冥顕 **971l**
妙顕寺 789l, **971l**
妙見信仰 971l
妙見菩薩 923l, **971l**
妙高 508r, **971r**
名号 907l, **971l**, 972r
冥合 **971r**
妙高人 542l, **972l**, 972l
『妙好人伝』 207r, 233l, **972l**, 972l
名号本尊 944r
命根 786l
名言種子 284l, 480r, 763r
名字 **972r**
名色 485l, **972r**
名字即 1071l
名字比丘 972r
名字菩薩 972r
明呪 688r
名字羅漢 972r
妙心 **973l**
明神 **973l**
妙心寺 **973l**
明全 752r
明尊 851r
名帳 **973l**
妙超 490l
明通寺 **973r**
『妙貞問答』 831l, **974l**
冥道 998l
冥道供 103l

妙莚　510r
明妃　339l, 970l
明遍　314r
妙法　608r, **974l**
妙法院　385l, **974l**
妙法蓮華経　184l, 450l, 680l, 776r, 920r, 974l, **974r**
『妙法蓮華経義記』　927r
『妙法蓮華経義疏』　928l
『妙法蓮華経玄義』　928r
『妙法蓮華経玄賛』　928r
『妙法蓮華経文句』　931l
妙本寺　790r, **974r**
妙満寺　789l
命命鳥　259l
名聞利養　975l
冥益　970l, 970r, 971l
妙用　**975l**
妙用自在　975l
妙楽大師　695l
名利　**975l**
冥利　970l, 970r, **975l**
妙立　25r
明蓮社顕誉　1023l
三善清行　174l, 893l
三善為康　175l, 893l
未来　763l, **975l**
未来記　**975r**
未来際　975l
未来世　975l
未来仏　144l, 879l, **975r**, 976l
ミラレーパ　136r, **976l**
未了義　**976l**, 1050r
未了義経　1050r
ミリンダ　775r
ミリンダ王　**976l**
『ミリンダ王の問い』　775r
『ミリンダパンハ』　775r
弥勒(人名)　282r, 666l, 715l, 915l, **976l**, 977l, 1019r, 1024r
弥勒(菩薩)　396r, 768l, **976l**, 978l, 1047l
弥勒経　**977r**
弥勒下生　879l, 976r, **977r**, 1032l, 1047l
弥勒下生経　977r, 1047l
弥勒三会　1047l
弥勒三部経　977r
弥勒上生　879l, 976r, **977r**
弥勒上生経　977r
弥勒浄土　976r
弥勒浄土変(相)　542l, 768l
弥勒信仰　768l, 977l, **977r**
弥勒大成仏経　977r

弥勒如来　976l
『弥勒如来感応抄』　634r
弥勒の五法　977l
弥勒仏　976l
弥勒法　978l
弥勒菩薩所問本願経　977r
弥勒曼荼羅　978l
弥勒来時経　977r
弥勒六部経　977r
三輪明神　**978r**
三輪流神道　978l, 1053l
民間信仰　**978l**
明極楚俊　420l
民主　**979l**
明蔵　670r
民俗宗教　978l
明兆　**979l**

ム

無　75r, **980l**, 986r, 1064r
無為　67r, 295r, 579l, **980r**, 1064r
無畏　**980r**
無為自然　981l, 1064r
無畏施　611r, 864l, 980l, 1073r
無畏山寺　14l
無一不成仏　**981l**
『無畏注』　716l
無為の四顛倒　446r
無位の真人　**981l**
無為法　579l, 902l, 926l, 980l
無因有果　63r, **981r**
無因外道　981r
無因無縁論　277l
無因有果説　450l
無有愛　65r
無憂王　2l
無憂華　981l
無憂樹　**981r**
無依の道人　1054l
無縁　69r, 452r, **981r**
無縁慈　**981l**
無縁の慈悲　981r
無縁の衆生　69r
無縁仏　**982l**, 1001r
無央数　11r
無我　12l, 124l, 299l, 902l, **982l**
無外大圭　**982r**
向論義　1077r
迎え講　304r, 809l, **983l**
迎え火　156l, **983l**

無学　**69r**, 69r, 295r, 422l, **983l**
無学位　19r, 267r, 295r
無学祖元　94r, **983l**
昔話と仏教　**983r**
無願　381l
無願三昧　238r, 383r
無関普門　780l, **984l**
無記　284l, 388l, 613r, **984r**
無愧　986r
無帰命　842r
無帰命安心　842r
無垢　**984r**
無垢地　331l, 750l, 923l
無垢識　249l, 415r
無垢称　1021r
無垢真如　984r
向原寺　**984r**
無功用　**985l**
無功用地　985l
無価　**985l**
無碍　**985l**
無礙　**985l**
無形象知識説(論)　803r, 1019r, 1037r
無形象唯識説　415r
無礙光　985l
無礙の一道　985l
無見　70l, 70l, **985l**
無聞　14l, **985l**
無顕　70l
無間業　5l, 203r, 985r
無間地獄　14l, 825r, 826l, 985r, **985r**
無見頂相　71l, 880r
無間道　448r
夢幻能　713r, 1028l
夢幻泡影　**985r**
無間滅の意　26r
向唐門　1007l
無根　**985r**
無言　**985r**
無言戒　985r
無言太子　**986l**
無言通　897r
無言の行　985r
無言無説　985r
無作　70l, **986l**
無作(の)三身　386l, 986l
無作の四諦　986l
無残　986r
無惨　986r
無悪(無慚)　**986l**, 986l
無始　**986r**
無字　**986r**

無事　860r
無色有　374l
無色界　374r, 456l, 734l, **987l**
無始曠劫　986r
無始古仏　986r
無師自悟　987l
無自性　238r, 388r, 430r, 982r, **987l**, 988r
無始時来　986r
無師独悟　**987l**
無始貪瞋癡　987r
無始無終　**987r**
無始無明　187l, 987r, 994l
無始無明住地　186r, 994l
無遮会　460l
無着(無著)　531r, 715l, 977l, **987r**, 987r, 1019r, 1020r, 1024r
無遮大会　884r, **988l**
無数　11r
無住　47l, **988l**
無住(処)涅槃　47r, 63l, 807r, 862l, 946l, 988l
無住道暁　467r, 627l, 637r, **988l**
無宿善　497r
無種性(無種姓)　45l, 49r, 332l, 988r
無酒神　10l
無生　**988r**
無性　332l, 926r, **988r**
無所有　990r
無上　**988r**
無常　**989l**
無情　989r
無常院　990l
無性有情(無姓有情)　49r, 988r
無常衣　209l
無常偈　1036l
無常講　811r
無上士　479r, 800r, 989l
無姓種姓　501r
無所有処　456r, 734l, 844l
無上正等覚　13r, 137r, 371l, 923r, 988r
無情成仏　641l
無上甚深　989l
無情説法　**989r**
無上尊　989l
無生智　696r
無上道　989l
無常堂　**990l**
無上道意　924l
無上等正覚　867l, 988r
無上道心　924l
無常鳥　446l
無生忍　990l
無生法忍　**990l**
無上菩提　667r
無上瑜伽タントラ　694l, **990r**
無所求行　792r
無所住　47l
無所得　**990r**
無心　72l, **991l**, 1021l
無瞋　484l
無尽　991l
無尽縁起　926r
無尽講　299l, **991l**, 991r
無尽蔵　460l, **991l**
無尽蔵院　375l, 991r
無尽灯　**991r**
無尋無伺　569r
無尋唯伺　569r
無相　**72r**, 72r, 381l, **991r**
無相三昧　238r, 383r
無相宗　405l
夢窓疎石　22l, 729l, 746l, **991r**, 992r
無相の本尊　944r
無相唯識　72r
無相唯識説　415r, 1019r
無体　**992l**
無退　15l
無体随情仮　992l
無知　945r, **992l**
無智　**73r**, 73r
無著道忠　565l, 628l, **992l**
『夢中問答集』　992l, **992r**
無底　**992r**
無底籃子　992r
無動尊　885l
無貪　484l
牟尼　461r, **992r**
無二無三　**992r**
無二亦無三　992r
無熱池　13r
無熱悩池　13r
棟門　1007l
無念　74r, **993l**
無念の行　74r
無念無想　993l
無般涅槃法　49r
ムハンマド　33r
無比法　14r
無表　**993l**
無表業　299r, 993l
無表色　418r, 993l
無覆無記　984r
無仏　**993r**
無仏性　874r
無仏世界　993r
無仏の世　793l
無分別　**993r**
無分別心　993r
無分別智　495l, 697l, 886r, 891r, 993r
無辺　**993r**
無辺行　993r
無辺光　993r
無辺世界　993r
無縫塔　**993r**, 1038r
無犯　887r
無明　186r, 253r, 359l, 485l, 945r, **994l**
無明長夜　549r
無明の酒　120r
無明惑　377r, 405r
無門慧開　300r, 994r
『無門関』　249r, 300r, 986r, **994r**, 1015l
無文元選　**994r**
無余　76l, **995l**
無余依　76l, 995l
無余(依)涅槃　272r, 273r, 807l, 988l, 995l
無欲林　807l
村上専精　667l, **995l**
ムーラ-プラクリティ　888r
紫式部　32l, 286l, 287l
村田珠光　43r, 370r, 673r, 703l, 1082r
ムリガダーヴァ　459l, 1074l
無力増上縁　411r
牟梨曼陀羅呪経　960r
無量　**995l**
無量義経　**995l**
無量光　17l
無量光天　301l
無量光仏　**995l**, 996l
無量寿　17l
無量寿院　620l
無量寿経　322l, 428r, 534l, 537l, 539r, 663l, **995r**
『無量寿経優婆提舎願生偈』　75l, 108l, 108r
『無量寿経論』　926l
無量寿仏　598l, 995r, **995r**
無量無辺　995l
無漏　77r, **996l**
室生寺　**996l**
無漏種子　945r
無漏善　614l
無漏智　696r

メ

冥応　970*l*
迷界　958*r*
冥界　998*l*, 998*r*
冥界往来　**997*l***
冥官　970*r*
迷境　958*r*
名教　495*r*
迷悟一如　958*r*
迷悟一体　958*r*
迷悟不二　958*r*
明算　313*l*
迷情　958*r*
鳴杖　463*r*
迷心　958*r*
迷信　**997*l***
瞑想(冥想)　**997*r***, 997*r*
冥土　998*l*
冥途　306*l*, **998*l***
冥道　**998*l***
冥道供　998*l*
『鳴道集説』　508*l*
名徳首座　503*r*
命日　**998*l***
冥府　306*l*
冥福　**998*r***
『明仏論』　259*l*, 507*r*, 583*r*
冥府殿　477*l*
『冥報記』　294*l*, **998*r***
明峰素哲　264*r*, 638*l*
迷妄　958*r*
迷乱　998*r*
迷惑　958*r*, **998*r***
女髪長　161*l*
迷企羅　486*l*
馬頭　**333*r***, 333*r*
滅　**999*l***
滅罪　**999*l***
滅罪生善　999*l*
滅定　999*l*
滅尽　**999*l***
滅尽定　401*l*, 823*r*, 999*r*
滅諦　237*r*, 434*l*, 437*l*, 492*l*, 999*l*
滅度　807*l*, **999*r***
滅無因　610*l*
メナンドロス　775*r*
妻沼聖天　169*l*
馬鳴　665*r*, 875*l*, **999*r***
『馬鳴菩薩伝』　218*l*, 999*r*
目安博士　818*r*
面授　254*l*, **999*r***
面授口訣　248*l*, 999*r*
面授嗣法　999*r*
面壁　**999*r***
面壁九年　1000*l*

モ

喪　857*r*, **1000*r***
盲亀浮木　**1001*l***
孟献忠　352*r*
妄語　4*r*, **1001*l***
妄語戒　1001*r*
孟子　496*l*, 563*l*
妄識　20*l*
亡者　582*r*, **1001*r***
妄執　**1001*r***
妄心観　380*r*
帽子　**1001*r***
妄想　**1002*l***
盲僧琵琶　**1002*l***
毛越寺　**1002*l***
毛頭　**1002*l***
妄念　**1002*r***
妄念の火　1002*r*
妄分別　891*r*
モエンジョ-ダーロ　59*l*, 964*r*
裳懸座　659*r*
殯　631*l*, **1002*r***
黙庵　**1002*r***
木庵性瑫　162*r*, 731*l*
木魚　225*r*, **1002*r***
木魚鼓　1002*r*
木槵子　503*l*
目犍連　1004*l*
木食　442*r*, **1003*l***
木食応其　1003*l*, **1003*l***
木食五行　**1003*l***
黙照禅　183*l*, 415*l*, **1003*r***, 1084*r*
木心乾漆　173*r*
木彫像　**1003*r***
黙然　**1003*r***
黙然無言　1003*r*
木母寺　**1003*r***
沐浴　**1004*l***
目連　76*r*, 189*l*, 395*l*, 459*l*, 484*r*, **1004*l***
裳階(裳層)　**1004*l***, 1004*l*
文字　1008*r*
母陀羅　58*r*
望月信亨　675*l*
喪中　200*l*
物我一如　**1004*r***
物我一体　1004*r*
モッガリプッタ-ティッサ　149*r*, 395*l*
没底　992*r*
本居宣長　160*r*, 320*r*, 816*r*
本元興寺　11*l*, 171*l*
本薬師寺　1012*r*
物忌み　275*r*, 528*r*, **1004*r***
物語と仏教　**1005*l***
物の怪　29*r*, 116*r*, 123*r*, 560*l*, 684*r*, 1059*r*
物部守屋　615*l*
母屋(身舎)　281*l*, **1007*l***, 1007*l*
門　**1007*l***
聞慧　1009*l*
文覚　567*l*, **1007*r***
文観　685*l*, **1007*r***
聞教　515*l*
『文句』　931*l*
モンゴル語訳大蔵経　671*l*
モンゴル仏教　**1008*l***
文字　**1008*r***
聞持　259*r*
聞思修　495*l*, **1009*l***
文字人　1009*l*
文字(の)法師　22*r*, 1009*l*
文殊院　1049*r*
問酬　1010*l*
文殊会　**1009*l***, 1009*r*
『文殊指南図讃』　85*l*
文殊師利　1009*l*
文殊の智慧　1009*l*
文殊八大童子　824*r*
文殊菩薩　336*l*, **1009*l***
文証　388*r*
聞成就　1070*l*
聞信　776*r*
門跡　57*r*, 968*r*, **1009*r***
門前町　**1009*r***
門徒　**1010*l***
問答　74*r*, 300*l*, 487*l*, 493*l*, **1010*l***, 1077*l*
問答体　202*l*
聞如是　799*l*
聞法　**1010*r***
聞名　1010*r*

ヤ

柳生宗矩　683*l*, 885*l*
薬医門　1007*l*
薬院　612*l*
薬王院　165*r*, **1011*l***
薬王観音　1029*l*
薬王菩薩　528*l*, **1011*l***
厄おとし　724*r*
役瓦　166*r*

訳経 **1011*l***
訳経院 1011*r*, 1014*r*
訳経三蔵 1011*r*
約教の二諦 788*l*
薬山惟儼 843*r*
ヤクシー 1015*r*
薬師経 **1012*r***, 1013*r*
薬師悔過 267*l*, 1013*r*
薬師講 1013*r*
薬師三尊 393*r*, 1014*l*
薬師寺(下野) 130*l*, 130*r*, 375*l*, 1013*l*
薬師寺(奈良) 878*l*, **1012*r***
薬師寺最勝会 364*l*
薬師浄土変(相) 542*l*
薬師信仰 **1013*r***
薬師堂 **1014*l***
ヤクシニー 1015*r*
薬師如来 552*l*, 1013*r*, **1014*l***
薬師如来本願経 1012*r*
薬師法 1013*r*
ヤクシャ 1015*l*
薬叉 734*l*, 1015*l*
訳場 **1014*r***
訳場九位 1014*r*
薬上菩薩 1011*l*
訳場列位 1014*r*
薬師琉璃光七仏本願功徳経 440*r*, 1012*r*
薬師琉璃光如来 1014*l*
薬師琉璃光如来本願功徳経 1012*r*
益信 **1014*r***, 1016*l*
約心観仏 644*r*
薬石 497*l*, 842*r*, **1015*l***
薬草喩 393*l*
厄はらい 724*r*
約理の二諦 788*l*
野狐禅 **1015*l***
八坂神社 191*l*
薬食 1015*l*
ヤージニャヴァルキヤ 75*l*, 299*l*, 1059*l*
『ヤージニャヴァルキヤ法典』 256*r*
夜叉 734*l*, **1015*l***
耶輪陀羅 458*r*, **1015*r***
『ヤジュル-ヴェーダ』 68*r*
ヤショーダラー 458*r*, 1015*r*, **1015*r***
『夜船閑話』 819*l*, **1015*r***
野沢二流 **1016*l***
『矢田地蔵縁起』 436*l*
野中寺 **1016*l***
柳は緑，花は紅 **1016*l***
屋根 **1016*l***
野巫 **1016*r***
ヤマ 102*r*, 422*r*, 653*r*, 951*l*, 958*r*, 1017*r*
夜摩 102*r*
山送り 814*l*
山越阿弥陀図 1033*r*
山階寺 309*r*, 923*r*
山科本願寺 939*l*, **1017*l***, 1063*l*
山科門跡 146*l*
山田寺 **1017*l***
山寺 **1017*l***
夜摩天 734*l*, **1017*l***, 1074*r*
大和絵 93*l*
山上憶良 174*l*, 532*r*, 962*r*, 1079*l*
山上宗二 35*r*
山伏(山臥) 499*l*, **1017*r***, 1017*r*
山伏祭文 368*l*
山伏十二道具 499*l*
山法師 909*l*, **1017*r***
ヤマーンタカ崇拝 694*r*
ヤントラ 501*r*

ユ

唯一神教 48*r*
唯一神道 359*r*, 578*l*, **1018*r***
『唯一神道名法要集』 359*r*, 578*l*, 838*r*, 1018*r*, 1052*r*
唯蘊無我住心 482*r*
唯円 5*r*, 695*l*, **1018*r***
遺誡(遺戒) **1018*l***, 1018*r*
遺教 **1018*r***
遺教経 808*r*, **1018*r***, 1018*r*
遺偈 **1019*l***
結袈裟 **1019*l***
遺骨 30*l*
唯識 **1019*l***
唯識観 377*r*
『唯識三十頌』 341*r*, 549*r*, 602*l*, 1019*r*, **1020*l***
唯識宗 933*r*
『唯識宗綱要』 178*r*
唯識中道 715*l*
『唯識二十論』 602*l*, **1020*r***
唯識派 1019*l*, **1020*r***
唯識論者 1024*r*
唯心 325*r*, 375*r*, 581*r*, **1020*r***
唯心縁起 375*r*, 581*r*
唯心偈 375*r*, 581*r*
『唯信鈔』 596*l*
唯心派 1020*r*
唯心論 183*r*, **1021*l***
維那 52*r*
唯物論 183*r*, **1021*l***
唯物論的快楽主義 1021*r*, 1066*l*
維摩 **1021*r***
維摩会 309*r*, **1021*r***
維摩詰 1021*r*
維摩詰経 421*l*
維摩詰所説経 1021*r*
維摩経 986*l*, **1021*r***, 1021*r*
『維摩経義疏』 379*r*
維摩の一黙雷の如し 1022*l*
維摩の無言 986*l*
用 222*r*, 393*r*, 680*r*, **1022*l***
友愛 452*l*
宥快 313*l*, 685*l*, **1022*l***
祐海 1023*l*
幽玄 **1022*l***
遊行 1025*l*
夕座 7*r*
有食封寺 172*r*
『融通念仏縁起』 **1022*r***
融通念仏宗 675*r*, **1023*l***, 1052*r*
祐崇 491*l*
用大 393*r*
祐天 **1023*l***
祐天寺 1023*l*
夕念仏 7*r*
友梅 608*l*
勇猛 **1023*l***
幽冥 1023*l*
勇猛精進 1023*l*
幽冥 **1023*l***
夕薬師 **7*r***
幽霊 1001*r*, **1023*r***
有霊観 13*l*
西蓮社了誉 518*l*
瑜伽 401*l*, 494*r*, 513*r*, 612*l*, **1024*l***, 1024*l*, 1029*l*
瑜伽行者 616*r*
瑜伽行中観派 706*r*
瑜伽行派 697*l*, 1019*l*, 1020*r*, 1024*l*, **1024*l***, 1029*r*
瑜伽行唯識派 1019*l*
瑜伽師 616*r*, 1020*r*, 1029*r*
『瑜伽師地論』 134*l*, 664*r*, 922*r*, 977*l*, 1024*r*, **1024*r***
瑜伽タントラ 694*l*
『瑜伽論』 1024*r*
湯灌 631*r*, 636*r*, **1025*l***
瑜祇 1025*l*
瑜祇経 **1025*l***
遊行 21*r*, 511*l*, **1025*l***

遊行期 337r	永琢 835l	預流果 422l, 1032r
遊行経 808l	嬰童無畏住心 482r	預流向 422l, 1032r
遊行寺 427r, 527r, 1025r, **1025r**	嬰児行 319l	四大聖地 597r, 876l
遊行宗 427r	楊文会 330l, **1028r**	四大聖地巡礼 512l
遊行上人 51r, 811r, 1025r	瓔珞(瓔絡) **1029l**, 1029l	四大名山 376r, 597r
『遊行上人縁起絵巻』 51r	瓔珞経 923l	
遊行僧 21r	楊柳観音 **1029l**	ラ
遊行聖 843r	余依 272r	
遊行札 1025l	ヨガ 1024l, 1029l	礼光 700r
遊戯 **1025r**	ヨーガ 513r, 612l, **1029l**, 1076r	来迎 **1033l**
遊戯三昧 1025r		来迎院 547l, 1052r
由旬 **1025r**	ヨーガ学派 1029r	来迎引接 58l
ユタ 583l, 1060r	『ヨーガ・スートラ』 1029r	来迎会 983l
雨打 1004l	ヨーガーチャーラ 1029r	来迎壁 774r
『喩道論』 507r	横川 104r, 395r, 840l	来迎図 **1033l**
湯殿山 383r, 644l, 645l, 733l, **1026l**	『横川法語』 **1029r**	礼讃 **1033r**
	与願印 59l, 475l, **1030r**	『礼讃』 1033r
油鉢 **1026l**	ヨーギン 1029r	礼懺儀 626r
勇猛 1023l	欲 **1030l**	礼讃文 1033r
夢 343r, **1026l**, 1027l	欲有 374l	頼助 777r, 874l
夢違観音 **1026r**	欲界 374r, **1030l**	来生 300l, 1034l
夢殿 343r, 918l, **1027l**	浴室 **1030r**	雷神 855l, 855l, **1033r**
夢記 **1027l**	浴室清規 1030r	雷神信仰 **1033r**
『夢記』 969r, 1027l	沃焦 114l	来世 334r, 391r, **1034l**
踊躍歓喜 168r, **1027l**	欲生 389r, 432l, 565r	来世浄土 534l
踊躍念仏 116l, 243r, **1027r**	欲貪 773l	来世他土仏思想 534r
ユング 961l, 1056l	欲貪蓋 125l	来世仏 879l
	浴仏会 186l	礼堂 **1034l**
ヨ	予言 202l, **1030r**	礼拝 516r, 527l, **1034l**
	横ざまの死 106l	礼拝門 338r
余 272r	吉川小一郎 771r	礼盤 **1034r**
夜居の僧 329l	吉崎御坊 939l, **1031l**, 1063l	頼宝 208r, 569l
栄叡 178l, 757r	慶滋保胤 168r, 174r, 212r, 793l, 893l	頼瑜 145l, 565r, 806r, **1034r**
楊億 265l		ラーヴァナ 1037l
永誠 1018r	吉田兼倶 359r, 387l, 578l, 582l, 838r, 1018r, 1052r	ラ・ヴァレ・プサン **1035l**
栄海 568r		羅漢 19r, **1035l**
永嘉玄覚 536r	吉田兼好 727r	羅漢講式 1035r
永観 82l	吉田神道 1018r	裸形像 **1035r**
楊岐派 323r, 1054l	吉野 **1031l**	裸形着装像 1035r
楊岐方会 323r, 1054l	善峰寺 363r	裸行派 458l
謡曲 **1028l**	預修 204l	楽 25l, 260r, 550r, **1035r**
永厳 592l	預修十王生七経 477l	落語 25r, 1080r
楊衒之 1036r	余乗 483r	楽受 260r, 1035r
永劫 81l, 297r	寄木造 533r, **1031l**	ラクシュミー 68l, 199l, 464r
影響(影向, 影嚮) **1028l**, 1028l	寄棟造 1016r, **1031r**	落飾 730l, **1036l**
	四足門 1007l	絡子 162l, 271r, 331r
影響衆 427l	四つの借物 **1031r**	落慶慶讃会 1037l
栄西 82l, **1028r**	四つの蛇 436r	楽僊 771l
楊枝 489l, **1028r**	夜伽 727l	楽顚倒 1036l
永宣旨 83l	世直し 571l, **1031r**	落髪 730l
羊僧 1028l, **1028r**	夜中の法門 842r	楽変化天 734l, **1036l**, 1074r
影像 944l	黄泉 423l, 998l, **1032l**	洛陽 1036l, 1036r
煬帝 199r, 697r, 740l, 774r, **1028r**	与麼 65l	『洛陽伽藍記』 **1036r**
	与楽 452l	螺髻 1037r
	預流 69r, 204r, 422l, **1032r**	羅睺羅 458r, 484r, **1036r**

囉怙羅　1035*l*
ラサ　**1036*r***
ラサナー　561*l*
ラサ版　671*l*
ラサ版カンギュル　702*l*
ラージャグリハ　106*l*, 276*l*, 597*l*, 953*r*, **1037*l***, 1051*l*
ラジャス　396*r*, 888*r*
羅什　258*l*, **1037*l***
羅刹　**1037*l***
羅刹天　486*r*, 1037*l*
落慶　**1037*l***
落慶供養　1037*l*
落慶式　1037*l*
羅次　**1037*l***
ラッセン　851*l*
ラトナーカラシャーンティ　898*l*, 1019*r*, **1037*r***
ラーフラ　458*r*, 1036*r*, **1037*r***
螺髪　**1037*l***
ラマ　688*l*, 1037*r*
ラマ教　**1037*r***
喇嘛教　1038*l*
ラーマーヌジャ　69*r*, 820*r*, 937*r*
『ラーマーヤナ』　854*l*, **1038*l***
ラムリム　12*l*
ラーナー　561*l*
蘭渓道隆　291*r*, 616*r*, **1038*l***
欄楯　747*l*, **1038*l***
卵生　430*r*, 512*r*
ランチュン・ドルジェ　164*r*
卵塔　**1038*r***
卵塔所　1038*r*
卵塔場　1038*r*, 1053*l*
蘭若　20*l*
藍毘尼園　458*r*, 512*l*, 597*r*, 876*l*, 958*l*, **1038*r***

リ

理　559*r*, **1039*r***
理一分殊　434*l*, 1039*r*
理観　186*r*
力波羅蜜　1073*r*
離喜妙楽　432*l*
利行　431*r*
『リグ・ヴェーダ』　61*r*, 68*l*, **1039*r***
六合釈　**1040*l***
六勝寺　1070*l*
離垢清浄　431*r*
理具即身成仏　292*r*
六如慈周　232*r*
理供養　1069*r*

六離合釈　1040*l*
離繫果　1067*l*
離間語　1052*l*
理源大師　544*r*
利根　**1040*r***
理在絶言　1040*r*
理事　559*r*, **1040*r***
リシ・パタナ　1074*l*
理事無礙　1039*l*
理事無礙観　377*r*
理事無礙法界　455*l*, 926*l*
理趣会　1040*r*, 1049*r*
理趣経　837*l*, 858*l*, 1040*r*, **1040*r***, 1049*r*
李純甫　508*l*
利生　**1041*l***
理性　**1041*r***
理証　388*r*
離生　292*l*
離生喜楽　432*l*
利生塔　22*l*, 991*l*, **1041*l***
利生方便　1041*l*
理深解微　33*r*
リス・デヴィズ　**1041*r***
理懺　380*l*
理即　1071*l*
利他　419*l*, 560*r*, 922*l*, **1041*r***
利他行　452*r*
李卓吾　**1041*r***
利他心　452*r*
理致　192*l*
律　133*l*, 664*l*, 845*l*, **1042*l***
李通玄　271*l*, 969*l*, **1042*l***
立花　155*r*, **1042*l***
律儀　**1042*l***
律儀戒　1042*l*
律師　631*l*, 632*l*, **1042*l***
竪者(立者)　**1042*r***, 1042*r*
立石寺　1017*l*, **1043*l***
律宗　569*l*, 756*l*, 782*l*, 828*r*, **1043*l***
『律宗瓊鑑章』　1043*r*
『律宗綱要』　221*l*, **1043*l***
律疏　512*r*
『立正安国論』　169*l*, 789*r*, **1044*l***
立正大師　790*l*
『立正治国論』　791*r*
『立誓願文』　88*l*, 955*r*
律蔵　206*l*, 286*l*, 392*l*, 670*l*, 780*r*, 845*l*, 1042*l*, **1044*l***
立僧首座　503*r*
立派　1048*l*
理入　792*r*
理法界　455*l*, 559*l*, 926*l*

理密　455*r*, 456*l*, **1044*r***
利物　**1044*r***
利益　**1044*r***
歴劫道　418*l*
略懺悔　381*l*
略出念誦経　351*r*
略伝三箇大事　386*l*
略読　743*l*
略法則　934*l*
歴劫　1044*r*
歴劫修行　**1044*r***
竜　588*l*, 825*l*, **1044*r***
竜王　825*l*, 1045*l*, **1045*l***
『竜王の喜び』　132*l*
竜蓋寺　113*r*
隆寛　540*r*, **1045*r***
立願　167*l*, 596*l*
隆琦　57*r*
竪義(立義)　**1045*l***, 1045*r*
劉虬　217*l*, 328*r*, 770*l*
『琉球神仏記』　671*l*, **1045*r***
琉球仏教　**1046*l***
竪義論義　1077*r*
竜宮　917*l*, **1046*l***
竜宮浄土　917*l*, 1046*l*
竜華寺　186*l*
竜華三会　396*l*, 978*l*, **1047*l***
隆光　756*l*, 996*l*
竜興観　127*l*
竜興寺　127*l*
流沙葱嶺　**1047*l***
竜山徳見　201*l*, 511*l*, 603*l*
竜車(竜舎)　642*l*
竜樹　89*l*, 95*l*, 238*l*, 414*l*, 483*l*, 487*r*, 671*l*, 706*l*, 716*l*, 982*r*, **1047*l***
流出説　636*r*, **1047*l***
竜神信仰　1045*l*
立像　877*l*
竜智　**1047*r***
竜灯鬼　742*r*, 742*r*, **1048*l***
竜女　899*l*, **1048*l***
立破　**1048*l***
竜猛　442*l*, 924*l*, **1048*l***
竜門石窟　**1048*l***
利養　**1048*l***
量　24*l*, 242*r*, 284*r*, 295*l*, 510*r*, 579*l*, 852*l*, **1048*l***
竜安寺　1048*r*
『霊異記』　795*l*
了因仏性　373*r*
了慧道光　261*l*
量果　1048*l*
両界曼荼羅　960*r*, **1049*l***
楞伽経　38*l*, **1050*l***

『楞伽師資記』 1050*l*
良寛 233*l*, 1050*l*
良観房 804*l*
了義 1050*r*
了義経 1050*l*
『了義大海』 722*l*
領解 1050*r*
『量決着』 690*l*
『領解文』 1050*r*
料簡(料揀,量簡) 1050*r*, 1050*r*
良源 50*l*, 112*l*, 172*l*, 726*l*, 741*l*, 981*l*, **1051***l*
楞厳経 510*l*, **1051***l*
楞厳呪 510*l*, **1051***l*
霊鷲山 376*l*, 1051*l*, 1052*l*
両序 1051*r*
良定 671*r*, 1045*r*
『梁塵秘抄』 55*l*, 162*l*, 921*l*, **1051***l*
両頭愛染曼荼羅 3*l*
両舌 4*r*, 1051*r*
霊山寺 **1052***l*
霊山浄土 534*l*, 1052*l*
霊山浄土変(相) 542*l*
両足世尊 1052*l*
両足仙 1052*l*
両足尊 867*r*, **1052***l*
両足牟尼 1052*l*
亮汰 103*r*
良忠 312*l*, 541*l*, 723*r*, **1052***r*
良忍 547*l*, 675*l*, 1022*r*, 1023*l*, **1052***r*
両班 1051*r*
療病院 407*r*
『量評釈』 462*l*, 690*l*
両部 349*l*
両部神道 34*l*, 578*l*, **1052***r*
両部の大経 351*r*
両部不二 762*l*
両部曼荼羅 960*r*, 1049*l*, **1053***l*
了別 325*l*, 415*r*
了別境転変 745*l*
了別心 325*l*
良遍 178*r*, 934*l*
霊簿 144*l*
令法久住 250*r*
両墓制 818*l*, **1053***l*
慮知心 325*l*
『理惑論』 139*r*, 259*l*, 507*r*, **1053***l*
輪円具足 960*l*
輪王 746*r*
林下 642*r*, 673*r*, **1053***r*

麟角喩独覚 94*r*
隣虚 322*l*
輪光 309*l*
隣極 750*l*
隣近所行 1040*l*
臨済義玄 109*l*, 981*l*, **1053***r*, 1054*l*, 1054*r*
臨済宗 82*r*, 323*r*, 1053*r*, **1054***l*
『臨済録』 1054*l*, **1054***r*
臨終 **1054***r*
臨終正念 1054*r*
臨終来迎 894*r*
臨川寺 **1055***l*
臨川寺版 1055*l*
輪蔵 216*l*, 865*r*, **1055***l*
リンチェンサンポ 846*r*, **1055***l*
リンチェンサンポ様式 1055*r*
輪塔 642*r*
輪廻 299*l*, **1055***r*
輪廻三道 396*l*
輪廻転生 299*l*, 1055*r*
輪王寺 **1056***l*
輪番 **1056***r*
輪宝 **1056***r*
臨命終時 1054*r*
林邑楽 880*r*

ル

類種開会 464*r*
ルイ・ワンポ 224*l*
留学生 140*l*, 282*l*, **1057***l*
留学僧 1057*r*
流記 **1057***r*
留錫 463*r*, 511*l*
盧舎那仏 269*l*, 758*l*, 852*r*, **1057***r*
流水長者 353*l*, 1057*r*
流通 **1057***r*
流通分 161*r*, 251*r*, 558*r*, 890*l*, 1057*r*
流転 **1058***l*
流転の縁起 485*l*
流転門 1058*l*
流布 1057*r*
瑠璃 440*r*, **1058***l*
瑠璃王 821*r*, **1058***l*
ルンビニー 458*r*, 597*l*, 876*l*, 958*l*, 1039*l*, **1058***l*

レ

鈴 **1058***r*

霊 1058*r*
霊空(光謙) 25*r*, 286*l*, 644*l*
霊験 1058*r*
例刻 1059*l*
霊魂 457*r*, 1056*l*, **1058***r*
霊魂・精霊崇拝 13*l*
霊山寺 1052*l*
例時 **1059***r*
霊芝元照 1043*r*
例時作法 1059*r*
霊場 **1060***l*
霊水信仰 117*l*
霊仙 **1060***l*
冷暖自知(冷煖自知) **1060***l*, 1060*l*
霊地 **1060***l*
霊知不昧 **1060***r*
冷暖自知(冷煖自知) 1060*l*
霊牌 53*l*
霊媒 **1060***l*
霊夢 1026*l*
レヴィ **1061***l*
『歴代三宝紀』 1011*l*, **1061***l*
レーチュンパ 976*l*
連歌 **1061***l*
練行 **1061***r*
蓮華 **1061***r*, 1062*l*, 1063*l*
蓮華王院 385*l*
蓮華王菩薩 619*r*
蓮華戒 1160*l*, 706*l*
蓮華化生 **1062***l*
蓮華坐 275*l*
蓮華座 659*l*, **1062***r*
蓮華手 180*l*
蓮華生 830*r*
蓮華蔵荘厳世界海 1062*l*, 1063*l*
蓮華蔵世界 1062*l*, **1063***l*
蓮華台 1062*r*
蓮華台蔵世界 1063*l*
蓮花台蔵世界海 1063*l*
蓮華部 398*l*, 1062*l*
蓮華部院 1049*l*
練根 1040*r*
蓮座 1062*r*
蓮社 850*l*
蓮社の七祖 439*r*
蓮宗 849*r*
蓮禅 175*l*
蓮台 1062*r*
蓮台経 635*r*
レンダワ 725*l*
『聯灯会要』 338*r*
蓮肉 659*r*, 1062*r*
練若 20*l*

蓮如　117*l*, 541*r*, 827*r*, 939*l*, 1017*l*, 1031*l*, **1063*l***
漣波式衣文　947*r*
蓮弁　659*r*, 1062*r*

ロ

漏　77*r*, 945*r*, 996*l*, 1075*l*
『驢鞍橋』　591*r*, **1064*l***
盧行者　22*r*
蘭(臘)　**1064*l***, 1064*l*
良医治子喩　929*l*
『聾瞽指帰』　240*l*, 382*r*
籠山　**1064*l***
『老子』　748*r*, 1065*l*
老子　751*l*, **1064*l***, 1065*l*
老死　485*l*, 553*l*
老師　**1064*r***
『老子化胡経』　882*l*, **1064*r***, 1064*r*
老子化胡説　1064*r*
『老子道徳経』　1065*l*
漏尽明　402*r*
老荘思想　**1065*l***
老聃　1065*l*
楼造　552*r*
臘八　**1066*l***
臘八会　536*r*
臘八接心　607*l*, 1066*l*
良弁　758*l*, **1066*l***
楼門　1007*r*
ローカーヤタ　1021*l*, **1066*l***, 1068*r*
路伽耶陀　204*r*, 1066*l*
ローカーヤタ派　204*r*
六因・四縁・五果　56*r*, 95*r*, **1066*r***, 1066*r*
鹿苑　1074*l*
鹿苑寺　229*r*
鹿苑時　329*r*, 1074*l*
『鹿苑日録』　**1067*l***
六合釈　1040*l*
六観音　**1067*l***, 1072*l*
六外処　485*r*, 489*r*, 1073*r*, 1076*l*
六外入　1073*r*, 1076*l*
六牙の白象　**1067*r***
六現観　282*r*
六斎日　248*r*, 361*l*, 366*r*, 827*r*, 859*r*, **1067*r***, 1067*r*
六斎念仏　**1067*r***
六字　**1067*r***, 1067*r*
六時　**1068*l***
六識　325*l*, 415*r*, 489*r*, 828*l*, **1068*l***, 1073*r*, 1076*l*
六字経法　1068*r*
六字経曼荼羅　**1068*r***
六師外道　276*r*, 784*r*, **1068*r***
『六時讃』　1068*l*
六地蔵　**1069*l***, 1072*r*
六字大明呪　121*r*, 184*r*
六字陀羅尼　1067*r*
六字の真言　1068*l*
六字の御名　1067*r*
六字の名号　776*r*, 971*r*, 1067*r*
六字法　1068*l*
六趣　5*r*, 441*r*, 474*l*, 1056*l*, **1069*l***, 1072*l*
六十華厳　269*l*, 852*r*, 880*l*
六十二見　280*r*, **1069*l***
六十六部　127*r*, 813*l*, **1069*r***
六種廻向　1070*l*
六種供養　4*l*, 260*l*, **1069*r***
六種拳　59*l*, 153*r*, 475*l*
六種成就　1070*l*
六種法　103*r*, 200*r*, 430*l*
六処　485*l*, 803*l*, 1073*l*
六勝寺　**1070*l***
六条式　380*r*
六成就　**1070*l***
六条万里小路仏所　64*l*
六所宝塔　395*r*
『六時礼讃』　108*l*
六塵　**1070*r***, 1076*l*
六神通　402*r*, 498*l*, 574*l*, 575*r*, 737*l*, **1070*r***, 1075*l*
六随念　810*r*, **1070*r***
漉水嚢　489*l*, 1074*l*
六随眠　946*l*
六相　628*r*, **1070*r***
六相円融　1070*r*
六即　**1071*l***
六足尊　654*l*
六祖大師　91*r*
『六祖壇経』　92*l*, **1071*l***
六大　124*r*, 926*r*, **1071*r***
六大縁起　96*l*, 1071*r*
六大体大　576*r*, 1071*r*
六大無礙　1071*r*
六知事　52*r*, 179*r*, 699*r*, 739*r*, 1051*r*
六注　906*r*
六頭首　412*l*, 1051*r*
六通　402*r*, 1070*r*
六天　1074*r*
六度　1073*r*
六道　5*r*, 10*r*, 136*r*, 422*r*, 441*r*, 1056*l*, **1072*l***
六道絵　997*l*, 1072*r*
『六道講式』　303*r*, 1072*r*
六道四生　1072*l*
六道銭　**1072*r***
六道能化　1072*r*
六道の巷　1072*r*
六道の辻　1072*r*
六道輪廻　441*r*, 1072*l*
六度集経　306*r*, 1038*l*, **1073*l***
六内処　485*r*, 489*l*, 1073*r*, 1076*l*
六内入　1073*r*, 1076*l*
勒那摩提　246*r*, 481*r*, 562*l*, **1073*l***
六入　485*l*, 803*r*, **1073*l***
六入処　1073*l*
六念　488*l*, 1070*r*
六念処　1070*r*
六波羅蜜　667*r*, 696*r*, 832*r*, 838*l*, 864*l*, **1073*r***
六波羅蜜寺　243*l*, 363*r*, **1073*r***
鹿皮観音　858*l*
六部　1069*r*, **1074*l***
六凡　441*r*
六無為説　579*r*
六物　**1074*l***
鹿野苑　459*l*, 512*l*, 597*r*, 832*r*, **1074*l***
六喩　**1074*r***
『六要鈔』　652*l*
六欲　1030*l*
六欲天　681*r*, 734*l*, 763*r*, 1017*l*, 1036*l*, **1074*r***
六老僧　790*l*, **1074*r***
露牛　1075*l*
ロザリオ　503*l*
廬山　85*l*, **1075*l***
ロサン-ギャンツォ　688*l*
ロサン-タクパ　725*l*
露地　729*l*, **1075*l***
露地の白牛　1075*l*
漏尽　**1075*l***
漏尽智証明　402*r*
漏尽智力　491*r*
漏尽通　1070*r*, 1075*l*
漏尽明　1075*l*
ロチェン　1055*l*
六界　124*r*, 441*r*, 1071*r*
六角五輪塔　346*l*
六角殿　591*l*
六角堂　363*r*, **1075*l***
六器　**1075*r***
六境　206*r*, 485*r*, 489*l*, 1068*l*, 1070*r*, 1073*r*, **1075*r***, 1076*l*
六甲秘呪　248*r*
六根　326*l*, 347*l*, 485*r*, 489*l*, 786*l*, 1068*l*, 1073*l*, **1076*l***,

1076*l*
六根懺悔　1076*r*
六根浄　1076*l*
六根清浄　1076*l*, **1076*l***
六根清浄祓　1076*r*
六派哲学　968*l*, **1076*r***
六波羅蜜　1073*r*
六法　489*l*
六法戒　133*r*, 417*l*
六方礼経　298*l*, **1076*r***
六方礼拝　1076*r*, **1077*l***
如露如電　**1077*l***
露盤　642*l*, **1077*l***
漏永尽無畏　456*l*
ロレンゾ　870*r*
論　14*r*, **1077*l***
論義(論議)　74*r*, 487*l*, **1077*l***,
1077*l*
論師　**1077*r***
論宗　214*r*, **1078*l***
論疏　512*r*
論書　14*r*, 1077*l*
論蔵　14*r*, 206*l*, 392*r*, 670*r*,
780*r*, 1077*l*
ロンチェン-ラプチャンパ
645*r*, 806*l*
『論仏骨表』　508*l*
論母　1077*l*
論理学　63*r*, 64*r*, **1078*l***

ワ

和　**1079*l***
若草伽藍　917*r*
我が立つ杣　**1079*l***
和歌と仏教　**1079*l***
『和漢朗詠集』　212*r*, 893*l*,
1080*l*
脇侍　213*r*, **1080*l***
脇陣　774*r*
惑　945*r*, **1080*l***, 1080*l*
惑業　1080*r*
惑業苦　396*l*, 1080*l*, **1080*l***
惑業事　1080*r*
惑業生　1080*r*
惑道　396*l*
話芸と仏教　**1080*r***
輪袈裟　**1081*l***
和気広虫　460*r*
和気弘世　366*l*
和顔愛語　1079*l*
和合衣　251*l*
和合衆　631*r*, 1079*l*, 1081*l*
和合僧　1079*l*, **1081*l***
和光同塵　**1081*l***
和国の教主　1079*l*
『和語灯録』　261*r*
和讃　**1081*r***
鷲の峰　1051*r*
鷲の山　1051*r*
和闍　115*r*, 1081*r*
和脩吉　825*l*
和上　115*r*, **1081*r***
和尚　133*r*, 1082*l*
和諍国師　169*r*
話則　300*l*
私はブラフマンである　937*l*
渡辺海旭　666*r*
和辻哲郎　286*r*
ワット-アルン　**1082*l***, 1082*r*
ワット-アルンラーチャワラーラーム　1082*l*
ワット-プラケオ　1082*l*,
1082*l*
ワット-プラ-シ-ラタナサッサダーラーム　1082*l*
話頭　182*r*, 300*l*
鰐口　348*l*, **1082*r***
わび　**1082*r***
侘茶　370*r*, 703*l*, 1082*r*
和様　**1082*r***
笑い　**1083*r***
笑い仏　865*r*, 1083*r*
割刹　41*r*
割刹造　41*r*, 533*r*, **1083*r***
『宏智頌古』　550*l*
宏智正覚　550*l*, 654*r*, 1003*r*,
1084*l*
宏智禅師　1084*l*

欧 文 索 引

A

a-hūṃ **3r**
a vi ra hūṃ khaṃ 15*l*
ab-maṇḍala 403*r*
abbhutadhamma 257*l*,964*l*
ābhā 301*l*
Ābhāsvara **301l**
abhāva 75*r*,980*l*,**992l**
abhaya-dāna 611*r*
Abhayagiri-vihāra **14l**
Abhayagirika 14*l*
abhayaṃ-dada 611*r*
abhicāra **309r**,720*r*
ābhicārika **309r**
ābhicārika 720*r*
abhidhamma **14r**,**1077l**
Abhidhamma-piṭaka 392*r*, 670*r*,780*r*,1077*l*
abhidharma **14r**,**223r**,**1077l**
Abhidharma-mahāvibhāṣā-śāstra **676r**
Abhidharma-piṭaka 14*r*, 206*l*
Abhidharmakośabhāṣya **250r**
ābhidhārmika **1077r**
abhijñā **573r**,582*r*
abhimāna **635r**
abhimukha **290r**
abhiniveśa 482*l*,**1001r**
abhiññā **573r**
abhiprāya 410*r*
Abhirati 10*l*
abhisamaya **282r**
Abhisamayālaṃkāra-nāma-prajñāpāramitopadeśaśāstra **282r**
abhisaṃbodhi **536l**
abhisaṃdhi 410*r*,**846r**
abhisaṃpratyaya 562*l*
ābhisaṃskārika **70l**,**986l**
abhiṣecanī **176r**
abhiṣeka **176r**
abhūta **343l**
abhūta-parikalpa 891*r*
abhyāsa 494*r*
acala **884r**
acala-bhūmi 885*l*
Acalanātha **885l**

ācārya 9*r*,202*l*
accaya 726*r*
acchaṭā **692r**
acintya **856r**
acitta 1021*l*
ādāna-vijñāna 20*l*
ādarśa-jñāna 438*l*,**654r**
adattādāna **714r**
adbhuta 201*l*,964*l*
adbhutadharma 487*l*,964*l*
adhamma 726*r*
adharma 689*r*,**846l**
adhimāna **635r**
adhimukti 562*l*,**566r**,**572r**
adhimutti 562*l*
ādhipateya **635l**
adhipati 635*l*
adhiṣṭhāna **144r**
adhvan 391*r*,414*l*
adhyātma-vidyā 342*r*
adhyavasāya 482*l*
adhyayana **766l**
ādi 78*r*,**358l**
ādi-anutpāda 8*l*
ādibuddha **944l**
Āditya 311*r*,486*r*
advaita 886*l*,937*r*
advaita-vāda 37*l*
Advaitin 69*r*
advaya **886l**
agada 4*l*
āgama **4l**,6*r*
āgantuka-kleśa 204*l*,801*l*
āgantuka-upakleśa **204l**
aggo 'ham asmi lokassa **738l**
agha 726*r*
Agni 155*l*,311*r*,486*r*
agra 73*r*
ahaṃ 982*l*
ahaṃ brahmāsmi. 937*l*
ahaṃkāra 146*l*
āhāra **416l**
āhārūparodha **692r**
ahiṃsā 182*l*,457*r*,607*l*, 856*l*,864*r*
āhrīkya **986l**
ahura 10*l*
Ahura Mazdā 311*r*,651*l*
Ajaṇṭā **10l**

ajāta **862r**
Ajātaśatru 9*l*,9*r*
Ajātasattu 9*l*
ajāti **862r**
Ajita 1035*l*
Ajita Kesakambala 1068*r*
ajīva 1056*l*,1059*l*
Ājīvika **8r**,1068*r*
Akaniṣṭha **416r**
ākāra **216l**,491*r*,803*r*
ākāśa **320l**
Ākāśagarbha **320l**
ākāśānāntyāyatana 456*r*
ākiñcanyāyatana 456*r*
akliṣṭa 1*r*
akopya **884r**
akopya-dharman **884r**
akṛta 70*l*,**986l**
akṛtrima **986l**
Akṣapāda 795*r*
akṣara 972*r*
akṣaya-ākāra **991l**
Akṣobhya 10*l*
akusala 613*r*,726*r*
akuśala 613*r*
al-Islām **33r**
alaṃkāra **521l**
alāta-cakra **614r**
ālaya 19*r*,325*l*
ālaya-vijñāna **19r**
Allāh 33*r*
āloka **311r**
amala **984r**
amala-jñāna 16*r*
amala-vijñāna 16*r*,249*l*
amanuṣya 805*r*
amata **860l**
ambā 15*l*
Ambedkar, Bhīmrāo Rāmjī 24*r*
Ambikā 464*r*
Amitābha **17l**,311*r*,**995l**, 996*l*
Amitāyus 17*l*,598*l*,**995r**
Amoghapāśa **858l**
Amoghavajra **857r**
amṛta **189l**,406*l*,**860l**
amṛta-dvāra 189*l*
amṛta-pura 189*l*
Ān Shì-gāo 23*l*

āna-apāna **592*l***
anabhilapya **856*r***
anabhisaṃskāra 70*l*, **986*l***
anābhoga **985*l***
anādi **986*r***
anādi-kālika 986*r*
anādika **986*r***
anāgāmin **859*l***
Anagārika Dharmapāla 110*l*, 678*r*
anāgata 391*l*, 763*l*, **975*l***
Ānanda 12*r*, **13*l***
ānanda 681*r*, 889*r*
ananta **993*r***
ānantarya **985*l***
anāpatti **887*r***
anāsrava **996*l***
anātman 12*l*, 491*r*, **982*l***
anattan 12*l*, **982*l***
anavatapta 13*r*
aṇḍa 747*l*
aṇḍa-ja 430*r*
Aṅgaja 1035*l*
Āṅgirasa 311*r*
Angkor Vat **22*l***
Aṅgulimāla **21*r***, 105*r*
Aṅguttara-nikāya 7*l*, 780*r*
anicca **989*l***
aniccā vata saṅkhārā 554*l*, 554*r*
anidarśana 70*l*
animism **13*l***
animitta 381*l*
ānimitta-samādhi 383*r*
āniñjya **884*r***
anirodha **863*r***
Aniruddha 12*r*, **13*l***
ānisaṃsa 254*r*
anitya 491*r*, **989*l***
anityā vata saṃskārāḥ 554*r*
añjali **153*l***
anotatta 13*r*
anta 704*l*, 715*l*
antagrāha-dṛṣṭi **897*r***, 898*r*
Antaka 958*r*
antara **707*l***
antarā-bhava 410*l*, **704*r***
antaravāsaka 331*r*, 396*r*, 914*r*
ante-vāsin 730*r*
aṇu 322*l*
anubhāva 582*r*
anumāna 795*r*, **852*l***
anumodanā **587*l***
anupalabdhi **857*l***, **990*r***
Anuruddha 12*r*, **13*l***
anuruddha 797*r*
anuśaṃsa **254*r***
anuśaya **275*r***, 275*r*, 359*l*, **406*r***, **589*l***, 735*l*
anusmṛti **114*r***
anutpāda **862*r***, **863*r***
anutpattika-dharma-kṣānti **990*l***
anuttara **988*r***
anuttarā samyaksaṃbodhiḥ 13*r*, 371*l*, 667*r*
anuyoga 206*r*
anya-tīrthya 276*r*
Apadāna 850*r*
Apara-godānīya 437*r*
apara-paryāya-vedanīyaṃ karma 384*r*
āpatti 726*r*
āpatti-pratideśanā **380*l***
apavāda 642*l*
apekṣa 608*l*
apoha 20*r*, 510*r*
apramāda 902*r*
Apramāṇābhā 301*l*
apraṇihita 381*l*
apraṇihita-samādhi 383*r*
aprāptitva **990*r***
apratiṣṭhāna **988*l***
apratiṣṭhita **988*l***
apratiṣṭhita-nirvāṇa **862*l***
apsaras 743*l*
Ārāḍa Kālāma 458*r*
arahant 19*r*
ārāma 407*r*
ārambha-vāda 60*l*, 433*l*, 463*l*, 1069*l*
araṇya 20*l*, **241*l***
Āraṇyaka 69*l*
araṇyavāsin 629*r*
arbuda 14*l*
argha 3*r*
arghya 3*r*
arhan 19*l*
arhat **105*l***, 580*l*
ariyapariyesanā 495*l*
artha 159*l*, **206*l***, 355*r*, 563*r*, **1044*r***
artha-kriyā **20*r***
artha-vijñāna **214*l***
arthacaryā 431*l*
ārūpya-dhātu 374*r*
ārya 287*r*, **524*l***, 543*l*, 947*r*
āryā 149*r*
ārya-pudgala **524*l***
Āryadeva **20*r***, 675*r*
āryāṣṭāṅga-mārga **828*r***
Āryāvalokiteśvara **515*r***
asaddhamma 726*r*
aśaikṣa **69*r***
āsakti 482*l*
asaṃkhya 11*r*
asaṃkhyeya 11*r*
asaṃskṛta 67*r*, 980*r*
āsana 1029*r*
Asaṅga **987*r***
asat 980*l*
asatkārya **59*r***
āśauca 1000*r*
āścarya 201*l*, **266*r***
Asita **9*l***, 9*l*
aśmagarbha 440*r*
asmi-māna **160*l***
Asoka 2*l*, **10*r***
Aśoka 2*l*, **10*r***
aśoka **981*r***
āsrava 77*r*, 996*l*, 1075*l*
āsrava-kṣaya **1075*l***
āsrava-kṣaya-jñāna-sākṣātkriyā vidyā 402*r*
āśraya **554*l***
āśraya-parāvṛtti **743*r***
aṣṭa-akṣaṇa **825*l***
aṣṭādaśa āveṇikā buddha-dharmāḥ **489*l***
aṣṭādaśa dhātavaḥ **489*l***
aṣṭāṅga-samanvāgata-upavāsa **827*r***
aṣṭāṅga-upeta-ambhas **827*l***
aṣṭau abhibhvāyatanāni **828*r***
aṣṭau vimokṣāḥ **823*r***
asti 441*l*
astitā 66*l*
astitva 75*r*
aśubha **863*l***
asura 10*l*
asvabhāva **987*l***
Aśvaghoṣa **999*r***
aśvattha 459*l*, 923*r*
Āṭavaka **657*l***
Atharvaveda 68*r*
atideva 741*r*
Atiśa **12*l***
atīta 391*l*
ātma-ātmīya **136*l***
ātma-dṛṣṭi **142*r***
ātma-grāha **145*r***
ātma-hita 560*r*
ātma-mahātmatā 655*l*

ātma-māhātmya 655*l*
ātma-saṃjñā **149*l***
ātma-śaraṇa **416*l***
ātman **12*l*,124*l***,142*r*,559*l*,563*l*,802*r*,803*l*,889*l*,897*r*
ātmīya 142*r*,**146*r***
attadīpa **449*l***
attan **124*l***,1069*l*
aṭṭha abhibhāyatanāni **828*r***
aṭṭha vimokkhā **823*r***
atyanta 245*r*
auddhatya-kaukṛtya 317*r*
aupacayika **635*l***
avācya **856*r***
avadāna 283*r*,487*l*,850*l*
Avadānaśataka 850*r*
avadāta-vasana **847*r***
avadhūti 560*r*
avaivartika 15*l*
avalokita 180*l*
avalokitasvara 180*l*
Avalokiteśvara 180*l*
Avanti 492*l*
āvaraṇa **513*r***,946*r*
āvaraṇa-traya **388*r***
āvāsa 407*r*
avatāra 68*l*,348*r*
Avestā 651*l*
Avīci 14*l*,985*r*,**985*r***
avidyā 186*r*,**994*l***
avijjā **994*l***
avijñapti **993*l***
avijñapti-karman 993*l*
avijñapti-rūpa 418*r*,993*l*
avinivartanīya 15*l*,**865*l***
avyākata **984*r***
avyākṛta **984*r***
avyakta 888*r*
āyasmant 721*r*
āyatana 121*r*
ayatna **802*l***
ayatnena 802*l*
āyurveda 27*r*
āyus 509*l*
āyuṣmat **652*l***,721*r*

B

Bādarāyaṇa 69*l*
bahirvyāptipakṣa 507*l*
Bahuśrutīya 887*l*
Bái Jū-yù **819*r***
Bǎi-zhàng Huái-hǎi **848*l***
bāla **947*r***
Bāmiyān **831*l***
Bāṇa 132*l*
bandhana **818*r***
Bar do thos grol chen mo 1056*l*
bdag chen po 655*l*
bhadanta **673*l***
Bhaddakaccā 1015*r*
Bhadra 1035*l*
bhadra 613*r*
Bhadrayānīya 887*l*
Bhagavadgītā **818*r***
bhagavat 602*r*
Bhāgavata-purāṇa 820*r*,889*l*
bhagavato sarīra 873*l*
Bhaiṣajyaguruvaiḍūryaprabha **1014*l***
Bhaiṣajyarāja **1011*l***
bhājana 906*l*
bhājana-loka **198*r***,433*l*,601*r*
bhakti 68*l*,562*l*,572*r*,**820*r***
bhatti 562*l*
bhava 66*l*,73*r*,299*r*,374*l*,786*l*
bhāva 66*l*,75*r*,513*l*,987*l*
bhava-agra 73*r*
bhava-rāga **66*l***
bhava-tṛṣṇā **66*l***
bhāvanā 206*r*,**261*r***,494*r*
bhāvanā-mārga 494*r*,**506*l***
Bhāvanākrama **501*l***
bhavataṇhā 65*r*
Bhāvaviveka 544*r*
Bhāviveka **544*r***
Bhavya 544*r*
bhaya **256*l*,855*l***
bhikkhu 841*l*
bhikkhunī 841*l*
bhikṣu 338*l*,841*l*
bhikṣuṇī 338*l*,841*l*
bhoga 430*r*
bhojanīya **416*l***
bhrānti **998*r***
bhūmi 297*l*
bhūta 798*r*
bhūta-koṭi **443*l***
bīja **480*l***
bījākṣara **500*r***
Bimbisāra 459*l*,854*l*,**854*r***
bKa' brgyud pa **136*r***
bKa' gdams pa **150*r***
bKa' 'gyur 671*l*,701*r*
bla ma 1037*r*
Blo bzang grags pa 725*l*
Bodhgayā 878*r*
bodhi 137*r*,**370*r***,536*r*,766*r*,881*r*,922*l*,923*r*,1064*r*
bodhi-citta **924*l***
bodhi-maṇḍa 465*r*,**755*r***
bodhi-pākṣika 386*r*
bodhi-pakṣya 386*r*
Bodhicaryāvatāra **797*l***
Bodhidharma 924*r*
Bodhipathapradīpa 12*l*,**925*r***
Bodhiruci 925*r*
bodhisatta **922*l***
bodhisattva 660*r*,667*r*,**922*l***
bodhisattva-saṃva **922*r***
bodhisattva-śīla **922*r***
Bodhisattvacaryāvatāra 797*l*
Bodhisattvāvadānakalpalatā 850*r*
bodhisattvayāna 667*r*
Bodhisena 924*r*
bodhyaṅga **139*l***
Bon po **939*r***
Borobuḍur **935*r***
Brahmā 486*r*,636*r*,889*l*,936*r*,**945*l***,1062*l*
brahma-caryā **940*l***
brahma-daṇḍa 826*r*
Brahma-sūtra 69*l*,889*l*
Brahmajāla-sutta 948*r*
brahman 69*l*,143*l*,889*l*,**889*l***,889*l*,**936*r***,940*l*
Brāhmaṇa 69*l*,**889*l***
brāhmaṇa 833*l*,889*l*
Brahmanism **833*l***
Brahmasūtra-bhāṣya 473*r*
Bṛhaspati 1066*l*
Bṛhatsaṃhitā 621*r*
'Brom ston 12*l*,150*r*
bSam yas 372*r*
bskyed rim **516*l***
bsTan 'gyur 671*l*,701*r*
Bù-dài **934*r***
Bu ston rin chen grub **885*r***
Buddha 458*r*,667*r*
buddha 137*r*,**139*r*,867*l***,878*r*,879*l*
buddha-anusmṛti **810*r***
buddha-dharma 879*l*
buddha-dharma-saṃgha **882*r***
buddha-dhātu 801*r*,**874*l***
buddha-gotra **873*r***
buddha-kāya **875*r***
buddha-kṣetra 321*r*,534*r*,**872*l***

buddha-manasikāra **810r**
buddha-śāsana **868l**
Buddha, sein Leben 117r
buddha-yāna 667r, **874r**
Buddhabhadra 880l
Buddhacarita **875l**
Buddhagayā 459l, 878r, **878r**
Buddhaghosa **878r**
Buddhaguhya 674l
Buddhapālita **880l**
Buddhatāra 94r
buddhavacana 667l
buddhavaṃśa **873r**
Buddhāvataṃsaka-nāma-mahā-vaipulya-sūtra **269l**
Buddhist Hybrid Sanskrit 869r
Buddhist Hybrid Sanskrit Grammar and Dictionary 89l
Buddhist Logic 438r
√budh 766r
Burnouf, Eugène **850r**
Byang chub lam rim **925l**
Byang chub 'od 12l, 925r

C

caitasika **571r**
Caitika 887l
caitta **571r**
caitya 448r, 597r, **703r**
caitya-gṛha 408l, 448r, 703r
caitya-guhā 703r
Caityaśaila 887l
cakra 403r, 560r, **703r**, 745r, 919l, **1056r**
Cakravāḍa **731r**
Cakravarti-cintāmaṇi **798l**
cakravarti-rājan **746r**
cakravartin **746r**
caṇḍāla 622r
Caṇḍamahāroṣaṇa 885l
candana **623l**, 693l
Candra 486r, **791r**
candra 792l
candra-bhāsa-maṇi-ratna **152r**
Candragupta 135r, 256r, 951r
Candrakīrti **704l**
Candrasūryapradīpa **788r**
caṅkrama **210r**
carita 206r
cāritta 515l
Cārvāka 1021l, 1066l, 1068r
Cārvāka-darśana **1021l**
caryā 206r, 940l
caste **147r**
catasrā ārūpyasamāpattayāḥ **456l**
catasraḥ parṣadaḥ **426r**
cattāri ariya-saccāni **436r**
Catuḥśataka **453l**
catur-ārya-satya **436r**
catur-varṇa **432l**
catur-yoni **430r**
cāturdeśasaṃgha 629l
cāturdiśa 531l
cāturdiśa-saṃgha **531l**
catuṣ-koṭi(ka) **419l**
catuṣpratisaṃvid **456l**
catvāraḥ pārājikāḥ **427l**
catvāri smṛtyupasthānāni **451l**
catvāri vaiśāradyāni **456l**, 980r
catvāro bhavāḥ **410l**
catvāro brahmavihārāḥ 456r
catvāro mārāḥ **455l**
catvāry apramāṇāni **456r**
Ceṭaka 597r
cetanā 520r
cetiya **703r**
Cha-jang **435r**
chanda 1030l
Chandaka 469l, **704l**
Channa 469l
Channagirika 887l
chatrāvali 747l
Ch'e-gwan **655l**
Chéng-guān **716r**
Chi-nul **701l**
Chos grub 910r
Cīna-sthāna 576r
cintā-maṇi 797r, **797r**, 956r
cit 681r, 889r
citta **324r**, 325l
citta-gocara **565r**
citta-mātra 375r, **1020r**
citta-vṛtti-nirodha 1029r
cittaprakṛti 942r
cittotpāda **932r**
Co ne 671l
contemplation 997r
Cūḍapanthaka 509r, **716l**, 1035l
Cūḷapanthaka 509r
Cullapanthaka 509r
Cundā 511r
cyuty-upapāda-jñāna-sākṣātkriyā vidyā 402r

D

Dà-huì Zōng-gǎo **654l**
Da lai bla ma **688l**
Ḍākinī 683l
Dakṣiṇa-jambudvīpa 437r
Daḷadā Māligāva 873l
damana **720r**
dāna 431l, 694r, **864l**
dānapati 690r
daṇḍa **826r**
Daṇḍaka-parvata **694l**
danta-kāṣṭha **1028r**
Dào-ān **749r**
Dào-chuò **754r**
Dào-shēng **755l**
Dào-xuān **757l**
darśana **280r**
darśana-mārga **292l**
daśa-bhūmi, daśa bhūmayaḥ **480r**
dasa kasiṇāyatanāni **445r**
Daśabhūmika-sūtra **481l**
daśa dhātavaḥ 441l
daśāni kṛtsnāyatanāni **445r**
deśanā 356l, **380l**
deva 675r, 733l, **738l**, 742l
deva-gati 742l
deva-māra **745r**
Devadatta 459r, 675r, **730r**
devakanyā 743l
devaloka 533r
devatā 562r, **738l**
devātideva 741r
devī 743l
dGe lugs pa **280l**
Dhahlke, P. W. 110l
Dhamaruci Nikāya 14l
dhamma **689r**, **901r**
dhamma-cakka **919l**
Dhamma-saṅgaṇi 780r
dhammadīpa **449l**, **913l**
Dhammapada **927l**
dhāraṇī 474r, **633r**, 688r
dhārayati **500r**
dharma 159l, 459l, 558r, **689r**, 804l, **901r**, 982l
dharma-ārāma **917r**
dharma-āsana **908l**
dharma-bhāṇaka 718l
dharma-cakra **919l**
dharma-cakra-pravartana

745r	shan 722*l*	eka-rasa **41r**
dharma-dhātu **926*l***	Dòng-shān Liáng-jiè **753r**	eka-yāna **38r**
dharma-dhātu-svabhāva-jñāna	doṣa 563r	ēka-yāna-saddharma 608r
337r	*Dīpavaṃsa* **730*l***	Ekādaśamukha **476*l***
dharma-dundubhi **927*l***	dravya 441*l*,982r	Ekavyāvahārika 887*l*
dharma-grāha 145r	dravyato 'sti 441*l*	ekīya **42r**
dharma-kāma 1*l*,**917r**	dṛṣṭa 284*l*	Eliade, M. 602r
dharma-kāya 390*l*,875r,	dṛṣṭa-dharma 284*l*,294*l*	Ellora **93r**
879r,**932*l***	dṛṣṭa-dharma-nirvāṇa **294*l***	evaṃ mayā śrutam **798r**
dharma-lakṣaṇa 933*l*	dṛṣṭa-dharma-vedanīya **294*l***	
dharma-mukha **916r**	dṛṣṭa-dharma-vedanīyaṃ karma 384*l*	**F**
dharma-nairātmya 803*l*		
dharma-paryāya **916r**	dṛṣṭa-śruta-mata-jñāta **294r**	Fǎ-chéng **910r**
dharma-prīti **906*l***	dṛṣṭānta 850*l*	Fǎ-lín **918r**
dharma-rāja **903r**	dṛṣṭi 72*l*,**280r**	Fǎ-xiǎn **931r**
dharma-śaraṇa **416*l***	dṛṣṭi-parāmarśa 898r	Fǎ-yún **903*l***
dharma-śāstra 957*l*	dṛṣṭi-prāpta 292r	Fǎ-zàng **911r**
dharma-svabhāva 444*l*,558r	dṛṣṭy-āpta 292r	Fǎ-zhào **909r**
Dharmadharmatā-vibhāga	Dù-shùn **767*l***	Fabian **831*l***
915r	dualism 36r	Fù-dà-shì **865r**
Dharmagupta 627*l*,1048*l*	dubbaṇṇa 397*l*	
Dharmaguptaka 453r,887*l*	duḥkha **237r**,491r	**G**
dharmāḥ 558r	duḥkha-sukha **260r**	
Dharmākara **912*l***	duḥkha-udvahana 963*l*	Gadgadasvara **970r**
Dharmakīrti **689r**	duḥkhaduḥkha 44r	gadgadasvara 970r
Dharmakṣema **772r**	duḥkhāḥ sarvasaṃskārāḥ	gadya **519r**
Dharmapada **927*l***	**44r**	gamana 206r
Dharmapāla **341*l***	duḥśīla **818*l***	Gaṇapati **168r**
dharmaśālā 829r	dukkha **237r**	*Gaṇḍa-vyūha* 269*l*
dharmatā 444*l*,558r,**913r**,	Durgā 464r	gandha **298r**
931r,933*l*	durgati **5r**	Gandha-mādana 13r
dharmatā-yukti 913r	Durkheim, É. 595r	Gandhāra **181r**
dharmin 804*l*	duṣkara **779*l***	gandharva 291*l*,705*l*
dharmoddāna 454r	duṣkara-caryā **246*l*,779*l***	gandharva-nagara 291*l*
Dharmottara 887*l*	dvādaśa āyatanāni **485r**	Gandharva-rāja 423*l*
dhātu 121r,**124r**,441*l*,	dvādaśāṅgadharmapravacana	Gāndhī, Mohandās Karamchand 182*l*
489r,874*l*	**487*l***	
Dhātu-kathā 780r	dvaita 937r	Gaṇeśa 169*l*
dhātu-saṃkṣobha 867*l*	dve satye **787r**	Gaṅgā **173*l***
Dhṛtarāṣṭra **423*l***	dveṣa **563r**,769r	Gaṅgā-nadī-vālukā(-vālikā)
dhuta 592r	dvija 364r	301r
dhūta 338*l*,592r,**767r**	*Dvikalpa* **894r**	Gaṅgeśa 579*l*
dhvaja **749r**	dvīpa 102*l*	garbha 435*l*,874*l*
dhyāna 369r,401*l*,513r,	dvipadottama **1052*l***	garuḍa 165*l*
550r,612*l*,620r,**997r**		gāthā 119*l*,149r,257*l*,**263r**,
dhyāyin **616r**	**E**	487*l*
Die Religion des Veda 117r		gati 142r,**474*l*,**1072*l*
Dīgha-nikāya 6r,780r	Edgerton, Franklin **88r**	Gaurī 464r
Dignāga 579*l*,**729r**	eka **42r**	Gautama 458r
dīpa **762r**	eka-akṣara-uṣṇīṣa-cakra **37r**	Gautama Buddha **337r**
Dīpaṃkara **810r**	eka-buddha-yāna 38r	Gayā 161r
divya-cakṣur-abhijñā 737*l*	eka-citta 375r	Gayā-kassapa 161r
divya-cakṣus **737*l***	eka-citta-utpāda 40r	Gayā-kāśyapa 161r
dKon mchog rgyal po 368r	eka-jāti-pratibaddha 862r	geya 149r,203*l*,263r,487*l*
Dol po ba sher rab rgyal mt-	eka-kṣaṇa 40r	geyya 203*l*,256r

ghaṇṭā **1058r**
ghṛta 651*l*
Gijjhakūṭa **1051l**
gīta 119*l*
gocara **206l**, 209*l*
Gopā 1015*r*
gopura 1007*r*
Gotama 458*r*
gotra **501r**, 513*l*, 874*l*
Govinda 473*l*
grāha 482*l*
grāhakākāra 415*r*
grāhyākāra 415*r*
grāmavāsin 629*r*
Gṛdhrakūṭa **1051l**
gṛhapati **327r**, 717*r*
gṛhastha **362r**, 847*r*
Gītāñjali 683*r*
Guàn-dǐng **177l**
guhā 407*r*
guhya **846r**
Guhyasamāja-tantra **846r**
guṇa **254r**, 765*r*, 901*r*
Guṇabhadra 255*l*
Gupta **256r**
guru 936*l*

H

Haimavata 887*l*
haṃsarāja **135r**
Hán-shān **171r**
hāra 1029*l*
Haribhadra **834l**
harijan 622*r*
harītakī 164*r*
Hārītī **195l**
Harivarman **833r**
harmikā 747*l*
Harṣacarita 132*l*
Harṣavardhana 131*r*, **834l**
hasta-mudrā **475l**
haṭha 1029*r*
Hayagrīva **830r**
henotheism 48*l*
hetu 63*l*, 64*l*, 78*r*, 94*l*, 491*r*, 874*l*, 901*r*
hetu-karman **58l**
hetu-paccaya 63*l*
hetu-phala **56r**
hetu-pratyaya 63*l*
hetu-vidyā **64l**, 342*r*, 1078*l*
Hetuvādin 603*l*
Hevajra-tantra **894r**
Himalaya(Himālaya) 376*l*, 607*r*
Himavat **607r**
hiṃsā 864*r*
hīnayāna **526l**, 664*l*
Hinduism **853r**
hita **1044r**
Hodgson, B. H. 851*l*
homa 342*l*
Hóng-rěn **308l**
Hóng-zhì Zhèng-jué **1084l**
hṛd 164*l*
hṛdaya 164*l*, **324r**, 325*l*, 563*r*, **785r**, 837*r*
hṛdaya-mantra 563*r*, 689*l*
hry-apatrapā **378r**
Huáng-bò Xī-yùn **109l**
Huì-guān **85r**
Huì-guāng **87r**
Huì-guǒ **264l**
Huì-kě **85r**
Huì-néng **91r**
Huì-rì **91r**
Huì-sī **88l**
Huì-yuǎn **85l**, **85r**
Huì-zhǎo **89l**
hūm 78*r*
Hyu-jŏng **205l**

I

icchantika 5*l*, 49*r*, 808*l*
idaṃpratyayatā 95*l*
idappaccayatā 95*l*
idealism **183r**
Ikṣvāku **177r**
Indra **62l**, 311*r*, 486*r*, **662r**
indra-jāla **59r**
indriya 325*r*, **347l**, 355*r*, 786*l*, 803*l*, 1076*l*
indriya-artha **355r**
indriya-viṣaya **355r**
Indu 60*l*
Introduction à l'histoire du bouddhisme indien 851*l*
īryā-patha **28r**
Īśāna **31l**, 486*r*
islām 34*l*
Issara-nimmāna-hetu-vāda 637*l*
Īśvara **424r**, 636*r*
īśvara 180*l*
Īśvarakṛṣṇa 379*l*
itivṛttaka 487*l*, **941l**, 941*l*
itivuttaka 257*l*, 941*l*
ityuktaka 487*l*, 941*l*
iva 797*r*

J

Jaimini 968*l*
Jainism **457r**
jambu 102*l*
Jambu-dvīpa 102*l*
jambū-nada 102*l*
jambu-vṛkṣa 13*r*
janman 512*r*
japa-mālā 503*l*
jarāyu-ja 430*r*
Jātaka **467r**
jātaka 257*l*, 487*l*, 941*l*
jātaka-aṭṭhakathā 710*r*
Jātakamālā 850*r*
jāti 147*r*, 432*l*, 512*r*
jāti-maraṇa **521r**
Jayarāśi 1021*r*, 1066*r*
Jeta 191*r*, 503*r*
Jetavana Anāthapiṇḍadasyārāma **191l**
Jetavana Anāthapiṇḍikārāma **191l**
jhān 369*r*, 612*l*
jhāpeta 686*r*
jhāpita **148r**
Jī **189r**
Jí-zàng **199r**
jihvā-indriya **606r**
Jina 457*r*, 784*r*
jina-sūrya **882r**
Jinism 457*r*
jīva 12*r*, 69*l*, 1056*l*, 1058*r*
Jīvaka 201*r*, **410l**, 1035*l*
jīvaṃ-jīvaka 259*l*
jīvita 509*l*
jñāna 696*r*
jñāna-darśana **698r**
Jñānagarbha **506r**
Jñānagupta 468*r*, 883*l*
jñānamuṣṭi-mudrā **698r**
Jñānaśrīmitra **507l**
jñeya-āvaraṇa 513*r*, **946r**
Jo nang pa **722l**

K

Kaccā(ya)na **115l**, 148*r*
kadalī **822l**
Kailāsa **133l**
kāla **413r**
Kālacakra-tantra **561l**, 944*l*
kālāguru 205*l*

kalaha-vivāda **755*l***
Kālakarṇī 320*l*
kālaṃ√kṛ **406*l***
kalāpa 936*r*
Kālarātri **320*l***
Kālarātrī **320*l***
kalaśa **914*r***
kālavādin 413*r*
kalaviṅka 164*l*
Kālī 464*r*
Kālidāsa 62*l*, 875*l*
Kālika 1035*l*
kalpa **192*r***, 297*r*, 421*r*, 1002*l*
kalpa-agni **301*l***
kalpa-sūtra 636*l*
kalyāṇa 613*r*, 623*l*
kalyāṇa-mitra **623*l***, 700*l*
Kāma 958*r*
kāma 1*l*, 65*r*, **159*l***, 458*l*
kāma-cchanda 317*r*
kāma-dhātu 374*r*, **1030*r***
kāma-mithyācāra **458*l***
Kāma-sūtra 159*l*
Kamalaśīla **160*l***
kāmataṇhā 65*r*
kamma **299*l***, 359*l*, 1044*l*
kammavādin 226*r*
Kaṇāda 66*r*
Kanaka-bharadvāja 1035*l*
Kanaka-vatsa 1035*l*
Kanakamuni 143*r*, 356*l*
kāñcana-maṇḍala 359*r*, 403*r*
kandasthāna 560*r*
Kāng Sēng-huì **306*r***
Kaṇikrodha **352*l***
Kaniṣka **156*r***
kāṅkṣā 190*l*
Kanyākubja 131*r*
Kapila 379*l*
Kapilavastu **158*l***, 308*l*, 458*r*
karaṇīya **555*l***
kāritra 255*r*
karma-dāna **52*r***, **699*r***
Karma dus gsum mkhyen pa 164*r*
karma-kāraka **128*r***
Karma-mīmāṃsā 968*l*
Karma pa **164*r***
karman 154*r*, 206*r*, **299*l***, 359*l*, 382*l*, 1044*l*
Karmaśataka 850*r*
Karmasiddhiprakaraṇa **520*l***
karmāvaraṇa **305*l***
kartavya **555*l***
karuṇā 452*l*, 456*r*
Karuṇā-puṇḍarīka-sūtra **841*r***
kārya-hetu 1078*r*
kaṣāya **88*r***, 271*l*, 614*l*, 914*r*
Kashgar **146*l***
Kāśī 832*r*
Kaśmīra **145*l***
Kassapa 377*l*
Kāśyapa 143*r*, 377*l*
Kāśyapīya 887*l*
kataṃ karaṇīyaṃ 555*l*
Kathā-vatthu 780*r*
Kathāvatthu **149*r***
kaṭhina 255*l*
Kātyāyana 148*r*, **155*l***
Kātyāyanīputra 603*l*
Kaukkuṭika 887*l*
kaukṛtya **115*l***
Kaukūlika 887*l*
kausīdya **273*l***
Kauṭilya **135*r***
Kauṭilīya Arthaśāstra 135*r*
kāvya 519*r*
kāya **565*r***
kāya-karman 382*l*
kha-puṣpa **240*r***
khakharaka **463*r***
khakkhara **463*r***
Khandhaka 780*r*
khandhaka 292*l*, 710*r*
Khri lde srong btsan 949*r*
Khri srong lde btsan **729*r***
Khuddaka-nikāya 7*l*, 780*r*
Khyung po 136*r*
kibbisa 726*r*
kilesa **945*r***, **1080*l***
Kiṃkara 347*r*
kiṃnara 235*r*, 805*r*
kiriyavādin 226*r*
kleśa **945*r***, **1080*l***
kleśa-āvaraṇa 513*r*, **946*r***
kliṣṭa 1*r*
kliṣṭa-manas 26*r*, 143*l*
Klong chen rab 'byams pa 645*r*, 806*l*
Komārabhacca 201*r*
Kǒng zǐ **303*l***
kośa 250*r*
Kosala 492*l*
Kosambī 74*l*
kośopagata-vasti-guhya **122*l***
Krakucchanda 143*r*
kriyā **555*l***
krodha **563*r***, **891*r***
Kṛṣṇa **261*l***
kṛta 118*l*, **555*l***
kṛta-jña 904*l*
kṛta-vedin 904*l*
kṛtya **555*l***
kṛtyaanuṣṭhāna-jñāna 438*l*
kṣama **380*l***
kṣaṇa 40*r*, 609*r*
kṣaṇa-bhaṅga **609*r***
kṣaṇika **609*r***
kṣānti 183*l*, **802*l***, **805*l***, 990*r*
kṣatriya **250*l***, 609*r*
kṣetra **321*r***, 326*l*, 603*l*
kṣiti 435*l*
Kṣitigarbha **435*l***
Kubera 133*l*, 486*r*, 843*l*
kula-duhitṛ 624*r*
kula-putra **624*r***
kumāra **753*r***
Kumārabhṛta 201*r*
Kumāragupta 778*l*
Kumārajīva 258*l*
Kumārila 968*l*
Kumbhāṇḍa 635*r*
Kumbhīra 358*l*
kumuda, puṇḍarīka **1061*r***
Kuṇḍalī 262*r*
kusala 613*r*
kuśala 613*r*
kuśala-mūla **616*l***
Kuṣāṇa **250*l***
Kuśīnagar 249*r*
Kuśinagara **249*l***, 459*r*
Kusinagarī 249*r*
kusuma-mālā **278*r***
kūṭasthanitya 525*r*
Kyun-yŏ **236*l***

L

la Vallée Poussin, Louis de **1035*l***
lābha **204*l***
lakṣaṇa 72*r*, 513*l*, 628*r*, 632*r*
lakṣaṇa-vyañjana **632*r***
Lakṣmī **199*l***, 464*r*
lakṣmī **199*l***
lalanā 561*l*
lam rim 12*l*
Lam rim thar rgyan 137*l*
Lamaism **1037*r***
Laṅkāvatāra-sūtra **1050*l***
Lǎo zǐ **1064*l***
Lassen, C. 851*l*
laṭṭhi 603*l*
lava 509*l*

layana 407*r*
lDan dkar ma dkar chag **736*l***
leṇa 407*r*
Lévi, Sylvain **1061*l***
Lha sa 671*l*, **1036*r***
Lǐ Tōng-xuán **1042*l***
Lǐ Zhuō-wú **1041*r***
Lín-jì Yì-xuán **1053*r***
lobha 482*l*, **769*r***, 769*r*
lohitamuktikā 440*r*
loka **601*r***, 602*l*, 1069*l*
loka-dhātu **599*r***
Lokāyata 204*r*, 1021*l*, **1066*l***, 1068*r*
lokottara 595*r*, 602*l*
Lokottaravādin 887*l*
lTa ba'i khyad par 27*l*
Lumbinī 458*r*, 1039*l*, **1058*l***

M

Mǎ-zǔ Dào-yī **823*l***
mada 222*r*
madasthāna 560*r*
Madhurā **956*l***
madhya **704*l***, 715*l*
madhya-deśa 708*l*
madhyama **704*l***
madhyamā pratipat 704*r*, **714*r***
Madhyamaka-śāstra 704*r*, **716*l***
Madhyamakahṛdayakārikā **706*l***
Madhyamakālaṃkāra **705*r***
Madhyamakāvatāra **796*r***
Mādhyamika 704*r*, **706*l***
mādhyamika 705*l*
Madhyānta-vibhāga 704*r*, **715*l***
Magadha 459*l*, 492*l*, **953*r***
mahā 952*l*
mahā-bhūta 437*l*, 1071*r*
mahā-karuṇā **676*l***
mahā-mudrā 339*l*, **654*l***, 796*l*
Mahābhārata **957*r***
Mahabodhi Society **678*l***
mahācaitya **672*l***
Mahādeva 327*r*, **672*l***, 675*r*, **957*r***
Mahakaccā(ya)na 148*r*
Mahākāla **658*l***
mahākaruṇā-garbhodbhava 670*l*
Mahākassapa 952*r*, **957*r***
Mahākāśyapa 952*r*, **957*r***
Mahākātyāyana 148*r*
mahallaka 818*l*
Mahāmaudgalyāyana 1004*l*
Mahāmāyūrī **249*r***
mahāparinibbāna 807*l*
Mahāparinibbāna-suttanta **808*l***, 876*l*
Mahāparinirvāṇa-sūtra **808*l***
Mahāprajāpatī 458*r*, 841*l*
Mahāprajñāpāramitā-sūtra **676*l***
Mahāprajñāpāramitopadeśa(-*śāstra*) **671*l***
Mahāratnakūṭa-sūtra **678*l***
maharṣi 625*r*
Mahāsaṃnipāta-sūtra **662*l***
Mahāsāṅghika **663*r***, 886*r*
mahāsattva **660*r***, 865*r*, 922*l*
Mahāśrī **199*l***
Mahāsthāmaprāpta **597*l***
mahāstūpa **672*l***
mahāsukha **681*r***
mahātman **654*r***
mahātmatā **654*r***
māhātmya **654*r***
Mahāvairocana 312*l*, **674*r***, 852*r*
Mahāvairocana-sūtra **673*r***
Mahāvākya 937*l*
Mahāvaṃsa **957*l***
Mahāvastu **957*l***
Mahāvihāra 14*l*, **957*r***, 958*l*
Mahāvihāravāsin 957*r*
Mahāvīra 457*r*, 784*r*, **957*r***, 1069*l*
Mahāvyutpatti **949*r***
Mahāyāna **667*l***
mahāyāna **664*l***, 836*r*
Mahāyāna-saṃgraha **531*r***
Mahāyānasūtrālaṃkāra **666*l***
Mahendra **958*l***
Maheśvara 424*r*, **661*r***
Mahinda **958*l***
Mahīśāsaka 341*l*, 887*l*
mahoraga 954*l*
Maitreya **951*r***, 976*l*
maitrī 452*l*, 456*r*, 976*l*
Majjhima-nikāya 6*r*
majjhimā paṭipadā 704*r*, **714*r***
Majjima-nikāya 780*r*
Makkhali Gosāla 8*r*, 1068*r*
mala 984*r*
mama 982*l*
mamakāra 146*l*
māṃsa-bhojana **785*l***
māna 160*l*, **222*r***, **959*l***
manas **26*r***, 143*l*, 146*l*, 325*l*, 803*l*, 956*l*
manas(citta) **565*r***
manas-karman 382*l*
Mānasa-(sa)rovar 133*l*
mānatta 340*l*
maṇḍa **657*r***
maṇḍala 403*r*, **690*r***, 960*l*
māndāra 961*l*
māndārava 961*l*
Manes 956*r*
Mānī 956*r*
maṇi 152*r*, 798*l*, 909*r*, 956*r*
Manichaeism **956*r***
Mañjuśrī 1009*l*
mano-maya-kāya 33*l*
mano-nāma-vijñāna 26*r*
manonāmavijñānam 146*l*
mano-vijñāna **30*r***, 146*l*
mano-vijñāna-bhūmika **30*r***
mantra 284*r*, **567*l***, 688*r*, 837*r*
manu-ja **33*l***
Manu-smṛti **957*l***
manuṣya **801*r***, 805*r*
Mar pa 136*r*, 976*l*
māra **6*r***, 470*l*, 951*l*, 958*r*
māra-jaya **311*l***
maraṇa **406*l***
maraṇa-bhava 410*l*
mārga 492*l*
marīci 959*l*
marman 695*r*
materialism 183*r*
Mathurā **956*l***
mātsarya-mala **292*r***
Maudgalyāyana 459*l*, **951*r***, 1004*l*
Maurya **951*r***
Māyā 458*r*, 958*l*
māyā **281*r***
Mazdeism 651*l*
mDzod bdun 645*r*
me attā 982*l*
medhī 747*l*
meditation 997*r*
Mekha-sanda 694*l*
Meru 508*r*
Metteyya 976*l*
Mi la ras pa **976*l***

Migadāya **1074*l***
Milindapañha 775*r*
Mīmāṃsā **968*l***
miśra 519*r*
mithuna **208*l***
mithunīcārin **208*l***
mithyā-dṛṣṭi **465*r***, 898*r*
mitra 452*l*, 623*l*, **699*r***
Mīmāṃsā-sūtra 968*l*
Moggaliputta-Tissa 149*r*
Moggallāna **951*r***, 1004*l*
moha **253*r***, 769*r*, 818*l*, 994*l*
mokṣa **273*r***, 275*l*
monism **36*r***
monolatry 48*l*
monotheism 48*r*
Mṛgadāva 459*l*, **1074*l***
mṛṣā **343*l***
mṛṣā-vāda **1001*l***
Mṛtyu 958*r*
mūḍha **253*r***
muditā 195*r*, 456*r*
mudrā **58*r***
muhūrta 509*l*
muktāhāra 1029*l*
mūla **358*l***, 359*l*
mūla-prakṛti 888*r*
mūla-vijñāna **358*l***
Müller, Friedrich Max **968*r***
muni 461*r*, **524*l***, 992*r*
musāragalva 440*r*
muṣita-smṛti **445*l***

N

nacca 119*l*
nāḍī 560*r*, 703*r*
Nadī-kassapa 775*r*
Nadī-kāśyapa 775*r*
nāga 825*l*, **1044*r***, 1045*l*
nāga-rāja 1045*l*, **1045*l***
Nāgabodhi **1047*r***
Nāgānanda 132*l*
Nāgārjuna **1047*r***, **1048*l***
Nāgasena 1035*l*
Nairañjanā 459*l*, **775*l***, 801*r*
Nairṛti 486*r*
nairyāṇika 492*l*
naiṣkramya **506*l***
naivasaṃjñānasaṃjñāyatana 456*r*
Nakula 1035*l*
Nālandā 778*l*
nāma 284*r*
nāma-dheya **972*r***
nāma-rūpa **972*r***
namaḥ 776*l*
nāman **972*r***, 972*r*
namas **202*r***, 776*l*, 776*r*
namata **595*r***
namo 776*l*, 776*r*
Namuci 958*r*
Nán-yuè Huái-ràng **778*r***
Nanda 780*l*, **780*r***
Nandikeśvara **168*r***
nara **801*r***
naraka **422*r***, 777*l*
naraka-pāla **321*r***
Nārāyaṇa 777*l*
nārāyaṇabali 1000*r*
Nāropa **778*l***
nāstika 227*l*, 1021*l*, 1066*r*
nāstitā 980*l*
nāstitva 75*r*
navaṅgabuddhasāsana 256*r*
navāṅgapravacana **256*r***
Navya-nyāya **579*l***
nayuta 777*l*
neya-artha 1050*r*
Nges don rgya mtsho 722*l*
nī 366*r*
nibbāna **807*l***
nidāna 63*r*, 487*l*
Nietzsche, F. W. 226*r*
Nigaṇṭha Nātaputta 457*r*, **784*r***, 1069*l*
nihilism 226*r*
niḥsaraṇa 492*l*
niḥsvabhāva 431*l*, **987*l***
nikāya 7*l*
nikṣepa **865*l***
nīlotpala **1061*r***
nimitta 513*l*, 628*r*
nir-apekṣa **608*l***
nir-√yā 366*r*
nirabhilāpya **856*r***
nirākārajñānavāda 1037*r*
niraya **422*r***
nirdeśana 891*r*
nirmala **984*r***
nirmāṇa 272*l*, **897*r***
nirmāṇa-kāya **108*r***, **272*l***, 390*l*, 875*r*, 879*r*
Nirmāṇarati **1036*l***
nirmātṛ 813*l*
nirmita **105*r***, **268*l***, 813*l*, **897*r***
nirmitaka 277*r*
nirodha 492*l*, 999*l*, **999*l***
nirodha-samāpatti 999*r*
nirupadhika **995*l***
nirupadiśeṣa **995*l***
nirvāṇa 98*l*, 272*r*, 465*r*, 703*r*, 797*l*, 1064*r*
nirvāṇa **807*l***
nirvikalpa **993*r***
nirvikalpa-jñāna 697*l*
niṣīdana **369*l***
niṣpanna **98*r***
niṣpannakrama **247*l***
niṣṭha-√gam 245*r*
niṣyanda **763*r***
nīta-artha **1050*r***
nitya **525*l***
nitya-sukha-ātma-śubha **550*l***
nivaraṇa **124*r***, 317*r*
nīvaraṇa **124*r***
nivṛtti **294*r***, 1058*l*
niyata-samyaktva **527*r***
niyati-vāda 450*l*
nopalabhyate **857*l***
Nyāya **795*r***
nyāya 492*l*, 797*r*
Nyāya-sūtra 579*l*, 795*r*
Nyāya-Vaiśeṣika 579*l*, 795*r*
Nyāyabindu 438*r*, 690*l*
Nyāyamukha 65*l*
Nyāyānusāri(Nyāyānusāra)-śāstra **511*l***
Nyāyapraveśa **64*r***
Nyi ma grags **795*l***

O

Okkāka **117*r***
Oldenberg, Hermann **117*l***
om **117*l***, 118*r*
oṃ 118*r*
oṃ maṇi padme hūṃ 121*r*
oṃ svāhā 121*l*
oṇīta-patta-pāṇi 215*l*

P

pabbajjā **504*l***
pabhassara 526*r*
pacceka-buddha **94*l***
pācittiya **815*r***
pada 284*r*
padārtha 66*r*, **245*l***, 795*r*
Padārtha-dharma-saṃgraha 66*r*
Padma **261*l***
padma **1061*r***

Padmasambhava **830r**
padya 519r
pagoda **821l**
paiśunya **1051r**
pakṣa 1048l
Pakudha Kaccāyana 1068r
Pāli **833r**
Pali Text Society 1041r
pamāda **902r**
pāṃsu 891l
pāṃsu-kūla **891l**
Paṇ chen bla ma **835r**
pañca balāni **344r**
pañca-cakṣus **323r**
pañca-dhātavaḥ **335r**
pañca-indriya **325r**, 418r
pañca-(mahā-)bhūtāni **335r**
pañca nivaraṇāni **317r**
pañca-paṇḍaka **331l**
pañca-śīla **317l**
pañca-skandha **316r**
pañca vastūni **327r**
pañca vatthūni **327r**
pañca vidyā-sthānāni **342r**
pañcadhammakkhandha 341l
pañcadharma 328l
pañcajñānāni **337r**
pañcākārābhisaṃbodhi(-krama) **335l**
Pañcatantra **836l**
pañcavarṣika 988l
pañcaviṣaya 418r
Pāñcika 195l
paṇḍaka **111r**
paṇidhāna 938r
paṇidhi 938r
Pāṇini 390r
paññā **836r**
paññā 696r, 836r, 838l
Panthaka 1035l
pantheism **835r**
pāpa **4r**, **361l**, 613r, 726r
pāpa-mitra 700l
pāpimant 822l
pāpīyas 311r, 822l
pāra **840r**
para-hita 560r, **1041r**
para-pravādin 276r
pārājayika-sthānīya 831r
pārājika 831r
paramāṇu **322l**
paramāṇu-rajas 563r, **963r**
Paramārtha **576r**
paramārtha **515r**, 602l, 653r, 787r
paramātman 655l
pāramitā 832r, 838l, 840r
parārtha 560r, **1041r**
parasaṃbhoga-kāya 875r
pariccheda 891r
parigraha 482l
parikalpa 1002l
parikarṣaṇa **60l**
parīkṣaṇa 291r
pārimaṃ tīraṃ **840r**
pariṇāma **87l**, **744r**
pariṇāma-vāda 433l, 1047r
pariṇāmana **87l**
pariṇāmanā **87l**
pariṇāminitya 525r
parindanā 865l
parinirvāṇa **98l**, **999r**
pariniṣpanna **98r**, 98r
pariniṣpanna-svabhāva 98r
paripūri **103l**
pariṣad 662r, 718l
pariśuddhi **526r**
paritrāṇa **248r**, 366r
Parīttābhā 301l
Parivāra 780r
parivāra **290r**
parivarta 936r
pariveṇa 640r
Pārsī 651r
Pārśva **218l**
Pārvatī 464r
paryaṅkam ā-√bhuj(√band-h) **275l**
paryanta 245r
paryavasthā 589l
paryavasthāna **735l**
pāśa **285r**
pasāda 562l
pāṣāṇa-nimitta 130r
Pasenadi 821r, **888r**
paśyati **280r**
patākā **834l**
Patañjali 1029r
pāṭha 947l
paṭi karoti **380l**
paṭicca-samuppāda **95l**
pātimokkha 832l, 1044l
pātra 51l, 397l, 688l, 826r
Paṭṭhāna 780r
pattra 815r
pauṣṭika 642l
pavāraṇā **425l**
Pelliot, Paul **897r**
pema 1l
peregrinus 511r
peta 116l
pha rol tu phyin pa 832r
'pho ba **936l**
Pho brang po ta la **926l**
'Phrul snang **763r**
Phya pa chos kyi seng ge 151l
phyag rgya chen po **654l**
Phyag rgya chen po'i smon lam 164r
pīḍa 237r
pīḍanā 237r
piṇḍa 1000r
piṇḍa-pāta **213l**, **337r**, 338l, 683r
piṇḍa-pātika 338l
Piṇḍola-bharadvāja 853r, 1035l
Piṅgala 716l
pippala 923r
Piprāhwā 158l
piṭaka 392r
pīṭha 644l
Pitṛmedha-sūtra 636l
piya 1l
pluralism 36r
polytheism **684l**
poṣadha 1005l
Potalaka 866l
prabhā **311r**
Prabhākara 968r
prabhāsvara 526r
prabhava 492l
prabhāva 574l
Prabhūtaratna **687l**
prabrajyā 493r
pradakṣiṇā-patha 747l
pradakṣiṇaṃ √kṛ **74l**
pradhāna 520r, 888r
prahāṇa 520r
Prajāpati 636r, 945l, 959l
prajñā 238r, 495l, 696r, **836r**, 838l, 1009l
prajñā-pāramitā **838l**
Prajñāpāramitā-hṛdaya-sūtra **837r**
Prajñāpāramitā-naya-śatapañcāśatikā **1040r**
Prajñāpāramitā-sūtra **836r**
Prajñāpradīpa **838l**
prajñapti 263l, 279l, 788l
prajñapti-sat 441l
prajñapti-sāvadya **459r**
prajñaptir upādāya 704r

Prajñaptivādin 887*l*
prakāra 936*r*
Prakrit **888*l***
prakṛti 513*l*, 526*r*, **888*r***, **889*l***, **942*r***
prakṛti-prabhāsvara **431*l***, 526*r*
prakṛti-śīla **515*l***
prakṛti-viśuddhi **431*l***
pramāda **902*r***
pramāṇa 24*l*, 295*l*, 510*r*, 579*l*, 795*r*, **1048*r***
pramāṇa-phala 1048*r*
Pramāṇasamuccaya **510*r***
Pramāṇavārttika 462*l*, 690*l*
Pramāṇaviniścaya 690*l*
prameya 795*r*, 1048*r*
praṇidhāna **167*l***, **596*l***, 667*r*, **926*r***, 938*r*
praṇīta 492*l*
prapañca **280*r***, 284*l*
prasāda 526*r*, 562*l*, **572*r***
Prasannapadā 704*l*
Praśastapāda 66*r*
Prasenajit 821*r*, **888*r***
praśna 202*l*
praśrabdhi **206*r***
pratibhāna **215*r***
pratijñā 475*r*
pratikāra 904*l*
prātimokṣa **132*r***, 832*l*, 1044*l*
pratipakṣa **660*r***, 1048*l*
pratipatti 206*r*, 492*l*, 494*r*
pratisaṃkhyā-nirodha **703*r***
pratisaṃkhyāna 291*r*
pratītya-samutpāda **95*l***
pratītya-samutpanna **98*r***
pratītya-samutpannā dharmāḥ 98*r*
pratyakṣa 284*l*, **290*r***, **295*l***
pratyakṣatva 284*l*
pratyātma-adhigama **431*l***
pratyātma-adhigamana **774*l***
pratyātma-vedya **431*l***
pratyavekṣaṇā-jñāna 438*l*
pratyaya 63*l*, **94*l***, 492*l*
pratyeka-buddha **94*l***
pratyutpanna **285*l***, 391*l*
pravāraṇā 76*r*, **425*l***
pravrajyā 493*r*, **504*l***
pravṛtti 294*r*, **1058*l***
prayoga **267*r***, 494*r*
preman 1*l*
preta 116*l*, **136*l***, 191*r*
priya 1*l*, 118*l*
priya-cakṣu 1*l*
priya-vāda 1*l*
priyavacana 431*l*
pṛṣṭha-labdha-jñāna **338*r***
pṛthag-jana **33*l***, **947*r***
Pṛthivī 431*r*, 435*l*, 486*r*
Pú-tí Dá-mó **924*r***
pudgala 12*r*, **801*r***, 802*r*, 1059*l*
pudgala-nairātmya **803*l***
Puggala-paññatti 780*r*
pūjā **260*l***, 854*l*
punar-bhava **300*l***
puñña 613*r*
puñña-kkhetta **858*l***
Puṇṇa Mantāniputta **890*r***, 890*r*
puṇya **254*r***, 613*r*, 765*r*, **858*r***
puṇya-kṣetra **858*l***
Purāṇa 68*l*, 462*l*
purāṇa **888*r***
Pūraṇa Kassapa 1068*r*
Pūrṇa Maitrāyaṇīputra **890*r***, 890*r*
puruṣa 563*l*, **801*r***, 889*l*, **890*l***
pūrva 496*r*, **590*l***
pūrva-abhyāsa **497*r***
pūrva-kāla-bhava 410*l*
pūrva-karman **497*l***
pūrva-nimitta **588*l***
pūrva-nivāsa-jñāna-sākṣātkriyā vidyā 402*l*
pūrva-praṇidhāna **496*r***, **938*r***
Pūrva-videha 437*r*
pūrva-yoga **496*r***
pustaka **209*l***
pūtibīja **815*l***

R

Ra sa 1037*l*
rāga 1*l*, 66*l*, 482*l*, **769*r***, 769*r*, **772*r***
Rāgarāja **3*l***
rahasya **846*r***
Rāhula 458*r*, 1035*l*, 1036*r*, **1037*r***
Rājagaha **106*l***
Rājagṛha **106*l***
rājahaṃsa **135*r***
rajas 563*r*, 888*r*, **963*r***
rakṣas 1037*l*
rākṣasa 1037*l*
Rāmānuja 69*r*, 820*r*
Rāmāyaṇa **1038*l***
Rang byung rdo rje 164*r*
rasanā 561*l*
rata 1*l*
rati 1*l*
ratna-stūpa **686*r***
ratna-traya **400*l***
Ratnagotravibhāga Mahāyānottaratantraśāstra **246*r***
Ratnākaraśānti **1037*r***
Ratnamati 1073*l*
Ratnasaṃbhava **911*l***
Ratnāvalī 132*l*
ratnāvalī 1029*l*
Raurava **209*r***
Rāvaṇa 1037*l*
ṛc 1040*l*
ṛddhi 574*l*, 575*r*, 582*r*
ṛddhi-pāda 575*r*
(ṛddhi-)prātihārya **582*r***
rdzogs chen **645*l***
rdzogs rim **247*l***
realism 183*r*
religion 478*l*
Ṛgveda 61*r*, 68*r*, **1039*r***
Ṛgveda-saṃhitā 567*l*
Rhys Davids, Thomas William **1041*r***
Rig veda 61*r*
Rigs gter 369*l*
Rin chen bzang po **1055*l***
rJe btsun dam pa 688*r*
rnal 'byor bla med 990*r*
rNying ma pa **806*l***
ṛṣi 356*l*, 574*r*, 625*l*
Rú-jìng **798*r***
rūpa **415*l***, 417*r*, 972*r*
rūpa-dharma **418*r***
rūpa-dhātu 374*r*
rūpa-kāya 390*l*, 875*r*, 879*r*
rūpaṃ śūnyatā **417*r***
rūpya 440*r*

S

Sa skya pa **368*r***
Sa skya paṇḍita 369*l*, 462*l*
Śabarasvāmin 968*l*
sabbe dhammā anattā **559*l***, 982*l*
sabbe saṅkhārā aniccā **554*r***
śabda 284*r*
śabda-vidyā 342*r*, 546*r*
sacca 436*r*, 653*l*
ṣaḍ-abhijñā **1070*r***
ṣaḍ-anusmṛti **1070*r***

ṣaḍ-āyatana **1073*l***
ṣaḍ-dhātu 1071*r*
ṣaḍ-gati **1072*l***
ṣaḍ-indriya **1076*l***
ṣaḍ-vijñāna **1068*l***
ṣaḍ-viṣaya 206*r*, **1070*r***, **1075*r***
Sadāparibhūta 543*r*
Sadāprarudita 533*l*
Ṣaḍdarśana **1076*r***
saddhā 562*l*
saddharma **544*r***, 969*l*, **974*l***
Saddharma-puṇḍarīka-sūtra **920*r***, **974*r***, 974*l*
sādhāraṇa-karman **241*l***
sādhu **616*l***
sadyaḥśauca 1000*r*
sāgara-mudrā-samādhi **125*l***
Sāgara-nāga-rāja-duhitṛ 1048*l*
Sāgara-nāgarāja **462*l***
sagga 533*r*
Sahā 183*l*, 469*l*
sahā 469*l*, 802*l*
Sahasrabhuja **619*r***
śaikṣa **69*r***
śaikṣabhūmi **139*l***
śaithilika **818*l***
sakad(sakid)-āgāmin **42*l***
sākāra-vijñānavāda 1024*r*
sākārajñānavāda 507*l*
Sākiya 458*r*
Śakra **662*r***
Śakrāditya 778*l*
sakṛd-āgāmin **42*l***
śakro devānām indraḥ 662*r*
sakti 482*l*
śakti **464*r***
Śākya 458*r*, 462*r*
Ṣākya-muni 458*r*, 461*r*, 992*r*
Sākya-putra **463*l***
Śākyamuni 143*r*
Śākyaśrībhadra **462*l***
sāla 372*r*
śāla 372*r*
(saṃ-)kliṣṭa **627*l***
śama 464*l*
sama **851*l***
samādhi 350*l*, 381*l*, 401*l*, **513*r***, 612*l*
samādhi-bala 550*r*
samādhi-prabhāva 550*r*
samādhi-praviṣṭa **796*r***
samagga-saṃgha **1081*l***
samagra-saṃgha **1081*l***
samāhita **513*r***
samala 984*r*
sāman 119*l*
samaṇa 470*r*, 1068*r*
samānārtha 431*l*
sāmaṇera 470*r*
sāmaṇerī 470*r*
Sāmaññaphala-sutta **471*l***, 1068*r*
Samantabhadra **859*r***
sāmānya-lakṣaṇa **242*r***
samāpatti **513*r***, 612*l*
samāropa 641*r*
samartha 255*r*
samatā-jñāna 438*l*
śamatha 171*r*, 413*r*, 612*l*
śamatha-vipaśyanā **413*l***
Sāmaveda 68*r*
samaya 401*r*, 414*l*
samaya-mudrā 796*l*
samaya-saṃvara **402*l***
saṃbhāra **560*l***
saṃbhinna-pralāpa **194*l***
saṃbhoga-kāya 390*l*, **509*l***, 875*r*, 879*r*
saṃbodhi **515*l***
saṃbuddha 515*l*
saṃdarśana 421*r*
saṃdhābhāṣā 967*l*
Saṃdhinirmocana-sūtra **272*r***
saṃdhyā **846*r***
saṃdhyābhāṣā 967*l*
saṃgha **374*r***, 459*l*, **628*r***, 631*r*, 662*r*, 1081*l*
saṃgha-bheda 1081*l*
Saṃghabhadra 503*l*, 511*l*, 603*r*
saṃghārāma 162*r*, 407*r*, 630*l*
Saṃghāta **499*r***
saṃghāvaśeṣa **633*l***
sāṃghika 631*r*
saṃgīti **275*r***
Saṃhitā 68*r*
Saṃjīva **750*r***
saṃjīva 750*r*
saṃjñā 629*r*, **972*r***
Sāṃkhya **379*l***
Sāṃkhya-kārikā 379*l*
saṃkleśa 526*r*, **627*l***
Saṃkrāntivāda 223*r*
Saṃmatīya 887*l*
Sāṃmitīya 887*l*
saṃmukhībhūtasaṃgha 628*r*
sammuti 788*l*
sampad **103*l***
saṃprayukta 630*r*
saṃsāra **521*r***, **1055*r***
saṃśaya 190*l*
saṃskāra 206*r*, 299*r*, 554*l*, 636*l*, 854*l*
saṃskāraduḥkha 44*r*
saṃskārāḥ **554*l***
saṃskṛta **67*r***, 206*r*, 390*r*, 554*l*, 980*r*
saṃsthāna **214*l***
saṃsveda-ja 430*r*
saṃtati 520*r*
saṃtatipariṇāmaviśeṣa 602*l*
samudācāra **283*r***
samudaya **476*l***, 491*r*
Samudragupta 256*r*
saṃvara 268*l*, **1042*r***
saṃvara-śīla 1042*r*
saṃvṛti **602*l***, 787*r*
samyag-jñāna 697*l*
samyak-pradhāna **520*r***
samyak-prahāṇa **520*r***
samyak-saṃbodhi 515*l*, 536*r*
saṃyojana **274*r***, 275*l*, **275*r***, 275*r*
saṃyukta 630*r*
Saṃyutta-nikāya 7*l*, 780*r*
sanantanadhamma 901*r*
Sanchi **394*r***
Sāñcī **394*r***
Śāṇḍilya 75*l*, 937*l*
saṅgha **628*r***
saṅghāṭī 251*l*, 396*r*, 914*r*
sanidarśana 70*l*
Sañjaya 472*r*
Sañjaya Belaṭṭhiputta 1069*l*
saṅkakṣikā 397*l*
Saṅkantika 887*l*
Śaṅkara 69*r*, **473*l***
Śaṅkarasvāmin 64*r*
saṅkhāra 206*r*, 554*l*
Ṣaṇṇagarika 887*l*
Sanskrit **390*r***
Sanskrit manuscripts **391*l***
śānta 464*l*, 492*l*
śāntaṃ nirvāṇam **808*r***
Śāntarakṣita **473*r***
Śāntideva **473*r***
śāntika **643*l***
sapta bhavāḥ 439*l*
sapta-kṛtpara 439*l*
sapta-kṛtvas **439*l***
sapta-ratna **440*r***
Sāramati 246*r*
saraṇa **190*l***
śaraṇa **190*l***

Sarasvatī 898*l*	Shàn-dǎo 624*l*	sparśa 643*l*
Śārdūlakarṇa-avadāna 621*r*	sharī'a 33*r*	spharaṇa 1057*r*
Śāriputra 459*l*, **472r**, 472*r*	Shén-huì **580r**	sphaṭika 440*r*, **833r**
Sāriputta 472*r*, 472*r*	Shén-xiù **570r**	spiritualism 183*r*, **1021l**
sarīra 471*r*, 873*l*	Shí-dé **171r**	spraṣṭavya 643*l*
śarīra 471*r*	Siddha 668*r*	sprul pa'i sku **154l**
śarīrāṇi 471*r*	siddham 444*l*	śraddhā 1*r*, 562*l*, **572r**
sarpirmaṇḍa **657r**	siddhānta 425*r*	śrāddha 1000*r*
sarpis **657r**	Siddhārtha 444*l*, **444l**, 458*r*	śramaṇa 458*r*, 470*r*, 641*r*,
sarva-dharma **46l**, 608*r*	Siddhattha 444*l*, **444l**, 458*r*	1068*r*
sarva-dharmā anātmānaḥ	siddhi 443*l*, 648*r*	śrāmaṇera **353r**, 470*r*
559l	Śikhin 143*r*	śrāmaṇera-saṃvara **441l**
sarva-jña 46*l*	śikṣā-pada **347l**	śrāmaṇerī 470*r*
sarva-saṃskārā anityāḥ **554r**	śikṣamāṇā 417*l*	śrāvaka **549l**, 730*r*
sarvajña 623*l*	*Śikṣāsamuccaya* 474*l*	Śrāvastī **458l**
sarvajña-jñāna 46*l*, 623*l*	śīla 132*r*, 133*r*, 495*l*	śreṣṭhin 717*r*
Sarvāstivādin 483*l*, **603l**,	śīla-vrata-parāmarśa **128l**	śrī 199*l*
887*l*	Śīlabhadra **126r**	Śrī-mahādevī **199l**
Sarvatathāgata-tattvasaṃgraha	Śīlāditya **131r**, 132*l*	Śrīlāta 223*r*
a 351*r*	śīlavrata-parāmarśa 898*r*	Srinivas, M. N. 595*r*
śaśa-viṣāṇa **764r**	śilpa-karma-sthāna-vidyā	*Śrīmālādevī-sūtra* **546l**
śāsana-amṛta 189*l*	342*r*	Srong btsan sgam po **652r**
sāsrava **77r**	sima 628*r*	srota-āpanna **1032r**
śāśvata **525l**	sīmā 1081*l*	śruta-cintā-bhāvanā **1009l**
śāśvata-dṛṣṭi **519l**	sīmābandha **274r**	Stcherbatskoi, Fyodor Ippolit-
sat 66*l*, 681*r*, 889*r*	siṃha-āsana **425r**	vich **438l**
ṣaṭ-samāsa **1040l**	siṃha-nāda **425l**	Stcherbatsky, Theodore
sati 809*r*	siṃha-vijṛmbhita **426l**	438*l*
satkārya **59r**	siṃhāsana 659*r*	Stein, Mark Aurel **592r**
satkāya-dṛṣṭi **72l**, 898*r*	Sindhu 60*l*, 737*r*	sthavira **521l**, 721*r*
satta **502l**	Sindhuḥ 737*r*	Sthaviravāda **521r**, 886*r*
satta-bhariyā 224*r*	sineha 1*l*	Sthiramati 24*l*
sattva **71r**, 370*l*, **502l**, 888*r*,	śiṣya 730*r*	stotra **373r**
922*l*	Śītavana **189l**	stūpa 472*l*, 642*l*, 650*r*, 672*l*,
sattva-dhātu 502*l*	Śiva **410l**	**747l**
sattva-hita **1044r**	Śivi 452*l*	styāna **355r**
sattva-loka 433*l*, 502*l*	Skanda 35*l*	styāna-middha 317*r*
satya 436*r*, **585l**, 653*l*, 787*r*,	skandha 121*l*, 316*r*	Śubhakarasiṃha **627l**
798*r*	skandha(ka) 292*l*	Subhūti 508*r*, **594l**
satya-dvaya **787r**	śloka 149*r*, 263*r*	Subinda 1035*l*
Sautrāntika **223r**, 887*l*	smaraṇa **114r**	Sudāna 694*l*, 864*r*
sāvajja 726*r*	smaraṇa, smṛti **114l**	Sudarśana **194l**
sāvaka **549l**	smṛti 74*r*, **114r**, 809*r*	Sudassana **194l**
Savattha 458*l*	smṛti-vijñāna 114*l*	Sudatta 503*r*, **593l**
Sāvatthī **458l**	snāna-śāṭaka **496r**	śuddhi **526r**
sDe dge 671*l*	sNar thang 671*l*	Suddhodana **546l**
seine Gemeinde 117*r*	sneha 1*l*	Śuddhodana 458*r*, **546l**
seine Lehre 117*r*	*sNgags rim chen mo* **847l**	Sudhana-śreṣṭhi-dāraka **616l**
sems tsam pa 1020*r*	ṣoḍaśa-ākāra **491r**	śūdra 504*l*, **506r**
Sēng-mín **639r**	ṣoḍaśa-upacāra 854*l*	sugata **621l**
Sēng-ruì **630l**	Soma 486*r*	sugati **620l**
Sēng-yòu **642l**	Sòng-yún **630l**	sukha 25*l*, 1035*r*
Sēng-zhào **635l**	sopadhika **76l**	sukha-vihāra 407*l*
sGam po pa 137*l*, 654*l*	sopadhiśeṣa **76l**	*Sukhāvatī-vyūha* **17r**, 25*l*,
shamanism **470l**	sotāpanna **1032r**	**995r**

Sukhāvatī **322l**
sukhāvatī 25l
śukra 863l
sumanā 651l
Sumeru 508r, 971r
śūna 238l
suñña **238l**
śūnya **238l**, 491r, 667r, 1064r
śūnyatā 238l, 242r, 381l
śūnyatā-dṛṣṭi **240r**
śūnyatā-samādhi 383r
śūnyatā-śūnyatā **240l**
śūnyataiva rūpam **417r**
śūraṅgama-samādhi **510l**
Sūrya 311r, 486r, **791r**
sūrya 791r
susiddhi 648r
sūtaka 1000r
sūtra **205r, 223r,** 487l, 503r
Sūtra-piṭaka 206l
Sūtravāda 223r
sutta **205r,** 256r
Sutta-piṭaka 6r, 216l, 392r, 670r, 780r
Suttanipāta **593l**
Suttavibhaṅga 780r
suttavibhaṅga 710r
suvarṇa 440r
suvarṇa-cakra 403r
Suvarṇaprabhāsottama-sūtra **352r**
Suvinda 1035l
svābhāsa 415r
svabhāva 45l, **430r,** 513l, 526r, 802r, 803l, 982r
svabhāva **449r**
svabhāva-hetu 1078r
svabhāva-kāya 875r
svabhāva-vāda 450l
svādhyāya **766l**
svāhā 15l, 689l
svalakṣaṇa 242r, **434r,** 802r
svapna **1026l**
svara 301l
svarasa **802l**
svarasena 802l
svarga 533r, 733r, 742l
svārtha 560r
svasaṃvedana 415r
svaṣmbhoga-kāya 875r
svastika 959r
svayaṃbhū **449r**
svayaṃbhu-jñāna **451l**

T

tad yathā 797r
T'ae-hyŏn **656r**
Tagore (Ṭhākur), Rabīndranāth **683r**
Taì-xū **657l**
Tailokyavijaya **303l**
tāla 688l, 815r
tamas 888r
Tán-luán **773l**
taṅhā 1l, 65l, 769r
taṇhā **151r, 769r**
tantra 206l, **694l**
tantrayukti 795r
Tantric Buddhism 694l
tanu-bhūmi **820l**
tanū-bhūmi **820l**
Tapana **543l**
tapas **246l,** 692r
Tārā 688l
Tāranātha **688r**
Tāraṇī 688l
tat tvam asi. 937l
tathāgata **800l**
tathāgata-garbha **800r,** 801l
tathāgata-vigraha 891l
tathāgatāditya **882r**
Tathāgatagarbha-sūtra **801l**
tathatā 40l, 569r, **579r,** 797r, 798r
tatkṣaṇa 509l
tattva 569r, 579r, 653l, 798r
Tattva-cintāmaṇi 579l
Tattvasaṃgraha 473r
tattvasya lakṣaṇa 558r
tattvasya lakṣaṇam 444l
tepiṭaka 393l
Ṭhākur, Rabindranath **683r**
thang ka **690r**
thera **521l,** 721r
Theravāda **521r,** 886r
Thugs rje brtson 'grus 722l
ti-piṭaka **392r,** 780r
tilakkhaṇa 454r
Tilopa 778l
tīrtha 597r
tīrtha-kara **276r**
tīrthika **276r**
tiryag-yoni **698l**
tiryañc **698l**
tisro vidyāḥ **402l**
tisso sikkhā **375r**
toraṇa 747l, 1007r

traikālya **391l**
traiyadhvika **391l**
trayaḥ samādhayaḥ **383r**
Trāyastriṃśa 734l, 763r
trayo bhavāḥ **374l**
tri-cīvara **396r**
tri-mūrti 50l, 395l, 854l
tri-piṭaka **392r**
tri-yāna **389l**
Triṃśikā Vijñaptimātratāsiddhiḥ **1020l**
trīṇi ratnāni **400l**
trīṇi śikṣāni **375r**
trīṇi vimokṣa-mukhāni **381l**
triṣṭubh 149r
trisvabhāva 388l
trividhaṃ śilam **387r**
tṛṣṇā 1l, 66l, 118l, **151r,** 458l, 681r, **769r,** 769r
tṛṣṇā-dṛṣṭi **2r**
tryadhvan **391l**
Tsong kha pa **725l**
Tuṣita 767r
Tylor, E. B. 13l

U

uccheda-dṛṣṭi **692l**
Ucchuṣma 72l
udakāṣāṭikā 397l
udāna 257l, 487l
Udayana **73r,** 74l, 579r
Udena 74l
Udraka Rāmaputra 458r
udumbara-puṣpa **74l**
Ŭi-chok **195r**
Ŭi-ch'ŏn **200l**
Ŭi-sang **196l**
Uigur **67r**
Ujjenī 834l
ullambana 76r
Ulūka 66r
Umā 464r
ūna 78r
ūnamāna **842l**
upacāra 263l, 273l
upacaya 635l
upādāna 317l, **474l**
upadeśa **74r,** 487l, 1077l
Upadeśasāhasrī 473r
upadhiśeṣa 272r
upādhyāya 115r, 1081r
upakāra 118l
upakaraṇa 430r
upakleśa 563r, **589l**

upalabdhi **71r**
Upāli 75r, **75r**
upamā 850*l*
upamāna 850*l*
upanayana 364*r*
upanidhyāna 291*r*
Upaniṣad 69*l*, **75***l*
upapāduka **272***l*, 430*r*
upapadya-vedanīyaṃ karma 384*r*
upapatti-bhava 410*l*
upāsaka 74*r*, 327*r*, **354***l*, 362*r*, 569*r*
upasaṃpad **493r**
upasaṃghaṭā 253*r*
upasaṃpadā-sīmāmaṇḍala 130*r*
upasaṃpanna **493r**
upasaṃpanna 253*r*
upāsikā 74*r*, **354***l*, 362*r*, 569*r*
upavāsa **361***l*, **859r**
upavasatha 859*r*
upāya 614*r*, **915***l*
upāya-kauśalya **614r**, 915*r*
upekṣā 195*r*, 456*r*, **457***l*
upoṣadha 1005*l*
(u)poṣadha **361***l*, **859r**
uposatha **361***l*, **859r**
uravāṇa 76*r*
ūrṇā **848***l*
Uruvela-kassapa 77*l*
Uruvilvā **247r**, 459*l*
Uruvilvā-kāśyapa 77*l*
urvan 76*r*
Uṣas 311*r*
uṣṇīṣa 71*l*, **791***l*
uṣṇīṣa-śiraskatā 71*l*
uṣṇīṣavijayā dhāraṇī **652***l*
ut-√tṛ 366*r*
utkrānti 936*l*
utpala **552***l*, 1061*r*
utpattikrama **516***l*
utsāha **1023***l*
Uttara-kuru 437*r*
uttaraṇa **248r**
uttāraṇa 366*r*
Uttaraśaila 887*l*
uttarāsaṅga 396*r*, 439*l*, 914*r*

V

vāc **565r**
vādin 1077*r*
vādita 119*l*
vādya **191r**

Vaidehī 34*r*, **67***l*
vaidūrya 440*r*, **1058***l*
vaipulya 487*l*, 907*l*, **912r**
Vairocana 269*l*, 311*r*, **674r**, 852*r*, **898r**
Vaiśākha 458*r*
Vaiśālī **67***l*
Vaiśeṣika **66***l*
Vaiśeṣika-sūtra 66*r*
Vaiśravaṇa 133*l*, 486*r*, **842r**
vaiśya **67***l*, 894*l*
vajja 726*r*
Vajjiputtaka 846*l*
vajra **349***l*, 350*l*, **350r**, **821***l*
vajra-ghaṇṭā **353r**
vajra-samādhi **350***l*
Vajrabodhi **351r**
Vajracchedikā-prajñāpāramitā **352***l*
vajradhātu **349r**
Vajrakumāra **352***l*
Vajrapāṇi **479r**
Vajraputra 1035*l*
Vajrasattva **350***l*
Vajraśekhara-sūtra **351r**
Vajrayakṣa **353***l*
vajrayāna **351***l*, 668*r*
vāk-karman 382*l*
Vālmīki 1038*l*
Vaṃsa 492*l*
Vanavāsin 1035*l*
vandana **222r**, **1033r**
varada-mudrā **1030***l*
Varāhamihira 621*r*
Vārāṇasī **67r**, 459*l*, 832*l*
Vardhamāna 457*r*, 784*r*
varga 936*r*
vāritta 515*l*
varṇa 148*l*
varṣa **21r**, 21*r*
varṣāvāsa 629*l*
vartamāna 285*l*
Varuṇa 486*r*, **588***l*
vāsanā **261r**, **442***l*
vaśīkaraṇa **264***l*
vaśitā **424***l*
vaśitva **424***l*
Vasubandhu **601r**
Vasumitra **67***l*
vaśya **264***l*
Vatsa 492*l*
Vātsīputrīya 887*l*
Vātsyāyana 159*l*
Vāyu 486*r*
vāyu-maṇḍala 403*r*, **856***l*

Veda **68r**
vedalla 257*l*, 487*l*, **912r**
vedanā **474***l*
Vedāṅgajyotiṣa 621*r*
vedanīya 110*r*
Vedānta **69***l*
Vedehī 34*r*, **67***l*
vedikā 747*l*, **1038r**
Veḷuvana Kalandakanivāpa **698***l*
venayika 227*l*
Veṇuvana Kalandakanivāpa **698***l*
Vesak **68r**
Vesākha 458*r*
veyyākaraṇa **202***l*, 257*l*, **494r**
vibhāga 891*r*
vibhaṅga 780*r*
vibhaṅga 710*r*
vibhāṣā 710*r*
vibhavataṇhā 65*r*
vicāra 137*l*, 569*r*
vicikitsā **190***l*, 317*r*
vidhi **192r**
Viḍūḍabha **68***l*, 1058*l*
vidyā 186*r*, 339*l*, 688*r*, 969*l*
vidyā-rāja **969r**
vidyā-rājñī 970*l*
vigraha **891***l*
Vigrahavyāvartanī **89r**
vihāra 162*r*, 408*l*, **524r**, 630*l*, **640***l*
vijānāti 415*r*
vijñāna 19*r*, 206*l*, 325*l*, **415r**, 563*l*, 803*r*, 838*l*, 1068*l*
vijñāna-pariṇāma 1020*l*
Vijñāna-vāda **1020r**
Vijñāna-vādin **1020r**, 1024*r*
vijñānānāntyāyatana 456*r*
vijñānapariṇāma 602*l*
vijñapti 325*l*, **415r**, 1019*l*
vijñapti-mātratā **1019***l*
vijñātṛ 1059*l*
vikāla **842***l*
vikalpa **891r**, **1002***l*
Vikramaśīla(Vikramaśīlā) mahāvihāra **67r**
vikrīḍita **1025r**
vikurvaṇa **582r**
vimala **984r**
Vimalagarbha **529r**
Vimalakīrti **68r**, 1021*r*
Vimalakīrti-nirdeśa-sūtra **1021r**
Vimalanetra 530*l*

vimokṣa **273r**
Viṃśatikā Vijñaptimātratāsiddhiḥ **1020r**
vimukti **273r**
vinaya 133r, **223r**, **720r**, 845l, **1042l**
Vinaya-piṭaka 206l, 392r, 670r, 780r, **1044l**
Vināyaka **168r**, 169l
vineya 730r, 813l
viññāṇa 838l
vipāka **32r**, 110r
viparyāsa **742l**
vipaśyanā 169r, **171r**, 186r, 413r
Vipaśyin 143r
vīra 1023l
viriya **528r**
Virūḍhaka **68r**, **635r**, 1058l
Virūpākṣa **313l**
vīrya **528r**
visabhāga-dhātu 682l
viṣaya **206l**, 209l, 355r, 563r, 1076l
viṣayābhāsa 415r
viśeṣa **501r**, 891r
viśiṣṭa **501r**
viśiṣṭādvaita 937r
Viṣṇu **68l**
Viṣṇu-purāṇa 889l
viśuddha 526r
viśuddhi **526r**
Visuddhimagga **527r**
visūka 119l
Viśvabhū 143r
vitarka 137l, 569r
vitasti 50r
vivarta-vāda 60l, 433l
vivikta 241r
vṛkṣa-puṣpa 240r
vyādhi-cikitsā-vidyā 54r, 342r
vyādhi-cikitsā-vidyāsthāna 27r
vyajana **933l**
vyākaraṇa **202l**, 487l, **494r**, 1030r
vyākaroti 202l
vyākhyā 710r
vyañjana 284r, 632r
vyāpāda 317r
vyāpti **898r**
vyavahāra 356l, 788l
vyavasarga-rata **195r**
vyayaduḥkha 44r
vyūha **521l**
vyupaśama 465r
vyutthāna **505l**

W

Wat Arun **1082l**
Wat Phra-Kaeo **1082l**
Wéi-shān Líng-yòu **30r**
Wŏn-ch'ŭk **97r**
Wŏn-gwang **97r**
Wŏn-hyo **169r**
Wù-ān Pǔ-níng **338l**
Wǔ-dì **884r**
Wú-zhǔn Shī-fàn **862r**

X

Xiè Líng-yùn **473l**
Xuán-zàng **288l**

Y

yajña 197r, **245l**
Yājñavalkya 75l
Yajurveda 68r
yakṣa 1015l
Yama 102r, 486r, 653r, 958r, 1017r
Yāma 102r, 1017l
Yama-rāja 102r
Yamaka 780r
Yamāntaka **653r**
yāna **514l**
yāna-traya **389l**
Yáng-dì **1028r**
Yáng Wén-huì **1028r**
yantra 501r
Yasodharā 1015r
Yaśodharā 458r, 1015r, **1015r**
yaṣṭi 326l, 603l, 747l
yathā 797r
yathā-bhūta 569r, **798r**
yathā-bhūtam **798r**
yathā-dharmam **799r**
yatna **1023l**
yātrā 511r
Ye shes sde **27l**
Yì-jìng **196r**
Yī-xíng **36l**
yoga 401l, 494r, 513r, 561l, 612l, 1024l, **1029l**
Yoga-sūtra 1029r
Yogācāra 1024l, **1024l**, 1029r
yogācāra 1020r, 1029r
Yogācāra-bhūmi **1024r**
yogācārin 616r
yoganiruttara 990r
yogin 616r, 1025l, 1029r
yojana 1025r
Yǒng-míng Yán-shòu **84r**
Yuán-wù Kè-qín **97r**
yuga-anta-agni **301l**
Yún-mén Wén-yǎn **80l**
Yún-qī Zhū-hóng **79l**

Z

Zarathushtrianism **651l**
Zarathuštra 651l
Zé-tiān wǔ-hòu **645r**
Zhàn-rán **695l**
Zhào-zhōu Cóng-shěn **525r**
Zhī-dùn **449r**
Zhī-lǐ **722l**
Zhī-qiān **421l**
Zhì-xù **698l**
Zhì-yǎn **699l**
Zhì-yǐ **697r**
Zhì-zàng **700r**
Zhōng-fēng Míng-běn **715r**
Zhú Fǎ-hù **420r**
Zhú Fǎ-lán **420r**
Zhú Fó-niàn **420r**
Zhuāng zǐ **633l**
Zōng-mì **490l**
Zoroaster 651l
Zoroastrianism **651l**

岩波 仏教辞典 第二版

1989年12月5日 第1版第1刷発行
2002年10月30日 第2版第1刷発行 ©
2020年10月5日 第2版第10刷発行

編 者 中村(なかむら) 元(はじめ) 福永光司(ふくながみつじ) 田村芳朗(たむらよしろう)
今野(こんの) 達(とおる) 末木文美士(すえきふみひこ)

発行者 岡本 厚

発行所 株式会社 岩波書店
〒101-8002 東京都千代田区一ツ橋2-5-5
電話案内：03-5210-4000
https://www.iwanami.co.jp/

印刷：凸版印刷 製本：松岳社

ISBN 4-00-080205-4 Printed in Japan

ロシア連邦
カザフスタン
ウランバートル
イシククル
キルギス
モンゴル
ウルムチ
ビシュバリク
キジル石窟
交河城
アークスー
クチャ
カラシャフル
トルファン
ハミ
カシュガル
ベゼクリク
トゥムシュク
クムトラ石窟
高昌城
ヤルカンド
タ－リム川
ロプノール
玉門関
安西
ラワク
ダンダン-ウィリク
敦煌
チャルクリク
クロライナ
(楼蘭)
莫高窟
ホータン
ニヤ
エンデレ
チェルチェン
ミーラン
ホータン川
青海
西寧
蘭州
炳霊寺石窟
カイラーサ山
麦積山石
ネパール
ラサ
成都
楽山
峨眉山
エヴェレスト
重慶
ブータン
ガンジス川
バングラデシュ
貴陽
インド
昆明
ミャンマー
(ビルマ)
ベトナム
ベンガル湾
ラオス
タイ